PONS

BASISWÖRTERBUCH

RUSSISCH

Russisch – Deutsch

Deutsch – Russisch

Neubearbeitung 2020

PONS GmbH
Stuttgart

PONS

Basiswörterbuch
Russisch

Bearbeitet von: Alexandra Berlina, Anette Dralle und Alina Khajtlina

Neuausgabe des
PONS Basiswörterbuchs Russisch,
ISBN 978-3-12-516090-3

1. Auflage 2020 (1,01 - 2020)

www.pons.com
E-Mail: kundenservice@pons.de

Gestaltung: Petra Michel, Essen
Logoentwurf: Erwin Poell, Heidelberg
Logoüberarbeitung: Sabine Redlin, Ludwigsburg
Satz: Olaf Mangold Text & Typo, Stuttgart
Druck: Druckerei C. H. Beck, Nördlingen
Printed in Germany

ISBN 978-3-12-516264-8

Inhalt

Содержание

Seite
Страница

Vorwort

Предисловие

Mit dem *Basiswörterbuch Russisch* reagiert der Verlag PONS GmbH auf die Veränderungen in der modernen, globalisierten Welt. Die immer stärker werdende Internationalisierung ermöglicht dem Einzelnen ein hohes Maß an Mobilität, Flexibilität und Kontakten; im beruflichen Kontext wird dies – neben Gewandtheit und ausgeprägter Kommunikationsfähigkeit – von ihm sogar gefordert. Viele Menschen sind meist nicht mehr nur ausnahmsweise mit ausländischen Freunden oder Geschäftskollegen in Kontakt, sondern regelmäßig und oft. Reisen ins Ausland sind für sie ebenso eine Selbstverständlichkeit wie Kooperationen mit Firmen in russischsprachigen Ländern. Zur erfolgreichen Gestaltung ihrer privaten und geschäftlichen Kontakte will das vorliegende Wörterbuch beitragen: Leicht unterzubringen, dabei mit reichhaltigem und anspruchsvollem Wortschatz, ist es ein praktischer Begleiter sowohl auf Reisen als auch bei der geschäftlichen Kommunikation.

Die einzelnen Wörterbucheinträge sind, entsprechend dem handlichen Format, relativ knapp abgefasst. Dank der klaren Eintragsstruktur hat man immer einen guten Überblick über die verschiedenen Bedeutungen des Stichworts und die Kontexte, in denen es typischerweise verwendet wird, und findet rasch die gesuchte Übersetzung.

In dem umfangreichen Mittelteil dagegen finden sich – auf mehr als 50 Seiten – ausführliche Informationen und Hinweise, zum Beispiel interkulturelle Tipps und thematisch geordnete Formulierungshilfen. Sie gehen über das rein Sprachliche hinaus und bieten viele wissenswerte und praktische Informationen zu den russischsprachigen Ländern.

Die beiden Wörterbuchhälften und der nützliche Mittelteil ergänzen sich gegenseitig im besten Sinn. Zusammen ergeben sie ein praktisches und handliches Wörterbuch, das die wesentlichen Informationen enthält und seinem Benutzer nicht nur in sprachlicher Hinsicht Sicherheit im Kontakt mit dem Ausland und einen souveränen Auftritt auf dem internationalen Parkett ermöglicht.

Stuttgart, im Januar 2020

PONS GmbH
Wörterbuch-Redaktion

Современному глобализированному миру нужны новые словари: компактный комментированный немецко-русский и русско-немецкий словарь издательства PONS отвечает требованиям международной деловой и общественной жизни. Мы становимся мобильнее, находят друзей, сотрудников и партнеров за границей; мобильность, общительность и умение налаживать зарубежные контакты высоко ценятся и необходимы для карьерного роста. Многие профессии требуют не просто командировок, а полноценного существования в разных странах и культурах попеременно. Сотрудничество с предприятиями в немецкоязычных странах стало неотъемлемой частью работы для множества предприятий. Словарь, который Вы держите в руках, занимает мало места, но содержит все необходимое для командировки. Он поможет Вам сориентироваться в дороге, в быту и на переговорах.

Несмотря на относительное краткое определение каждого слова, этот легкий попутчик поможет быстро составить представление о разных контекстах и найти нужное значение. Ясная структура не оставляет места для недоразумений. В середине словаря Вы найдете более чем пятьдесят страниц полезной информации Р например, культурные и бытовые рекомендации, тематически рассортированные фразы и практичные советы. Вы держите в руках не просто словарь, а источник полезных знаний о немецкоязычных странах.

Немецко-русский и русско-немецкий словарь надежно скреплены информационным блоком. Вместе эти три части позволят пользователю компактного словаря чувствовать себя уверенно не только в языковом плане, но и в быту, а также на деловых переговорах международного уровня.

Штуттгарт, янвáрь 2020

Редакция издательства PONS

Abkürzungen und Symbole

Сокращения и символы

In den gedruckten Wörterbüchern ist der Platz immer sehr knapp, weil auf einer begrenzten Anzahl von Seiten möglichst viele Stichwörter und Übersetzungen untergebracht werden müssen. Daher stehen in den Einträgen zahlreiche Angaben nur in Form von Zeichen und Abkürzungen. Diese finden Sie hier erläutert:

abk	Abkürzung	сокращение
adj	Adjektiv	имя прилагательное
ADMIN, АДМИН	Verwaltung	администрация
adv	Adverb	наречие
AGR, СЕЛХОЗ	Landwirtschaft	сельское хозяйство
akk	Akkusativ	винительный падеж
akr	Akronym	буквенная аббревиатура
ANAT, АНАТ	Anatomie	анатомия
arch	archaisch	устаревшее
ASTR, АСТРОН	Astronomie	астрономия
BAU, СТРОИТ	Bauwesen	строительство
BERGB, ГОР	Bergbau	горное дело
best	bestimmter Artikel	определенный артикль
BIO, БИОЛ	Biologie	биология
BÖRSE, БИРЖА	Börse und Handel	биржа и торговля
BOT, БОТ	Botanik	ботаника
CH	schweizerdeutsch	швейцарский вариант немецкого языка
CHEM, ХИМ	Chemie	химия
conj	Konjunktion	союз
dat	Dativ	дательный падеж
dim	Diminutiv	уменьшителное
DV, ОБДАН	Datenverarbeitung	обработка данных
EL, ЭЛЕК	Elektrotechnik	электротехника

etw, что-л.	etwas	что-либо
чего-л.	einer Sache *(gen)*	чего-либо
чему-л.	einer Sache *(dat)*	чему-либо
чем-л.	durch etwas, mittels einer Sache *(gen)*	чем-либо
о чем-л.	von etwas, über etwas	о чем-либо
f	Femininum	женский род
FILM, ФИЛЬМ	Film	фильм
FOT, ФОТ	Fotographie	фотография
fut	Futur	будущее время
g	Gerundium, Adverbial-partizip	деепричастие
gen	Genitiv	родительный падеж
geh	gehoben	книжный стиль
GEOG, ГЕОГ	Geographie	география
GEOL, ГЕОЛ	Geologie	геология
HIST, ИСТ	Geschichte	история
imp	Imperativ	повелительное наклонение
impf	imperfektiv	несовершенный
indekl	indeklinabel	несклоняемый
instr	Instrumental	творительный падеж
interj	Interjektion, Ausruf	междометие
irr	unregelmäßig	неправильный
jd, кто-л.	jemand	кто-либо
jdm, кому-л.	jemandem	кому-либо
jdn, кого-л.	jemanden	кого-либо
jds, кого-л.	jemandes	кого-либо
JUR, ЮР	Recht	юриспруденци
kaus	kausal	причинный
kf	Kurzform	краткая форма
KFZ, АВТО	Kfz-Wesen	автомобильное дело
komp	Komparativ	сравнительная степень
LING, ЛИНГВ	Linguistik	лингвистика

LIT, ЛИТ	Literatur und Literaturwissenschaft	литература и литературоведение
m	Maskulinum	мужской род
MAR, СУД	Schifffahrt	судоходство
MATH, МАТ	Mathematik	математика
MED, МЕД	Medizin	медицина
METEO, МЕТЕО	Meteorologie	метеорология
mf	Maskulinum und Femininum	мужской и женский род
MIL, ВОЕ	Militär	военные
mod	modal	модальный
MUS, МУЗ	Musik	музыка
n	Substantiv	имя существительное
Nom	Nominativ	именительный падеж
nt	Neutrum	средний род
num	Zahlwort	числительное
o	oder	или
ÖKOL, ЭКОЛ	Ökologie	экология
ÖKON, ЭКОН	Wirtschaft	экономия
österr	österreichisch	австрийский вариант немецкого языка
part	1. Partikel 2. Partizip	1. частица 2. причастие
part perf	Partizip Perfekt	причастие прошедшего времени
part präs akt	Partizip Präsens Aktiv	причастие настояшего времени действительного залога
part präs pass	Partizip Präsens Passiv	причастие настояшего времени страдательного залога
part prät akt	Partizip Präteritum Aktiv	причастие прошедшего времени действительного залога

part prät pass	Partizip Präteritum Passiv	причастие прошедшего времени страдательного залога
pej	*abwertend*	презрительный
perf	Perfekt	перфект
pers	Person	лицо
pf	perfektiv	совершенный
PHIL, ФИЛОС	Philosophie	философия
PHYS, ФИЗ	Physik	физика
pl	Plural	множественное число
POL, ПОЛ	Politik	политика
präp	Präposition	предлог
präpos	Präpositiv	предложный падеж
präs	Präsens	настояшее время
prät	Präteritum	прошедшее время
PRESSE, ПРЕС	Zeitungswesen	пресса
pron	Pronomen	местоимение
pron det	Determinativpronomen	определяющее местоимение
pron indef	Indefinitpronomen	неопределенное местоимение
pron inter	Interrogativpronomen	вопросительное местоимение
pron neg	verneinendes Pronomen	отрицательное местоимение
pron pers	Personalpronomen	личное местоимение
pron poss	Possessivpronomen	притяжательное местоимение
pron refl	Reflexivpronomen	возвратное местоимение
PSYCH, ПСИХ	Psychologie	психология
®	eingetragenes Warenzeichen	зарегистрированный товарный знак
REL, РЕЛ	Religion	религия
RUNDF, РАДИО	Rundfunk	радиотехника

sg	Singular	единственное число
SOZIOL, СОЦ	Soziologie	социология
SPORT, СПОРТ	Sport	спорт
super	Superlativ	превосходная степень
TECH, ТЕХ	Technik	техника
TELKOM, ТЕЛКОМ	Telekommunikation	телекоммуникация
temp	temporal	временной
THEAT, ТЕАТ	Theater	театр
TRANSP, ТРАНС	Verkehr und Transport	транспорт
TV, ТЕЛЕВИД	Fernsehen	телевидение
umg	umgangssprachlich	разговорный
unbest	unbestimmter Artikel	неопределенный артикль
ungebr	ungebräuchlich	неупотребительный
vi	transitives Verb	непереходный глагол
vr	reflexives Verb	возвратный глагол
vt	transitives Verb	переходный глагол
vulg	vulg	вульгарный
ZOOL, ЗООЛ	Zoologie	зоология

In der russischen Kurzgrammatik (S. 927 ff.) erläuterte Abkürzungen von Deklinations- und Konjugationstypen

Сокращения типов склонений и спряжений, объясненных в краткой русской грамматике (стр. 927 и на след.)

A	Das Substantiv entspricht dem Deklinationsmuster *A*.
e	Das Substantiv wird auf der Endung betont. Weitere Betonungsmuster sind *e1* und *e2*.
E	Das Verb entspricht dem Konjugationsmuster *E*. Weitere Konjugationsmuster sind *E1, E2, E3, E4, E5, E6, E7, E8* und *E9*.
I	- Bei Substantiven: entspricht dem Deklinationsmuster *I*. - Bei Verben: entspricht dem Konjugationsmuster *I*.
K	Das Substantiv entspricht dem Deklinationsmuster *K*.
O	Das Substantiv entspricht dem Deklinationsmuster *O*.
ple	Das Substantiv wird im Plural auf der Endung betont. Ein weiteres Betonungsmuster ist *ple1*.
pls	Das Substantiv wird im Plural auf dem Stamm betont. Ein weiteres Betonungsmuster ist *pls1*.
U1	- Bei Substantiven: entspricht dem Deklinationsmuster *U1*. Weitere Deklinationsmuster sind *U2, U3* und *U4*. - Bei Verben: entspricht dem Konjugationsmuster *U1*. Ein weiteres Konjugationsmuster ist *U2*.
UE1	Das Verb entspricht dem Konjugationsmuster *UE1*. Weitere Konjugationsmuster sind *UE2, UE3, UE4* und *UE5*.

Аа

а[1], **А** *nt indekl kyrillischer Buchstabe*
а[2] **I.** *konj* und, aber, sondern; **сегóдня не втóрник, а средá** heute ist nicht Dienstag, sondern Mittwoch; **II.** *part zur Einleitung eines Fragesatzes* (*umg*) wie? **а? что ты сказáл?** wie? was hast du gesagt?
абзáц <*gen pl:* **-цев**> *m K* Absatz *m*
абитуриéнт *m K* Studienbewerber *m*
абóрт *m K* (МЕД) Abtreibung *f*, Schwangerschaftsabbruch *m*; **сдéлать ~** abtreiben
абрикóс *m K* ❶ (*фрукт*) Aprikose *f*; ❷ (*дéрево*) Aprikosenbaum *m*
абсолю́тно *adv* absolut, ganz; **э́то ~ бессмы́сленно** das hat überhaupt keinen Sinn
абсолю́тный *adj* absolut
абстрáктный <*kf:* **-тен, -тна**> *adj* abstrakt
абстрáкция *f A2* Abstraktion *f*
абсу́рд *m K* Unsinn *m*
абсу́рдный <*kf:* **-ден**> *adj* absurd
авангáрд *m K* ❶ (ВОЕ) Avantgarde *f*, Vorhut *f*; ❷ (*в искýсстве*) Moderne *f*
авангáрдный *adj* Avantgarde-
авáнс *m K* Vorschuss *m*, Vorleistung *f*, Vorauszahlung *f*; **~ом** (*fig: зарáнее*) im Voraus
авантю́ра *f A* ❶ (*афéра*) Abenteuer *nt*; ❷ (*рискóванное предприя́тие*) Wagnis *nt*
авантюри́ст, авантюри́стка *m K / f A* ❶ (*искáтель приключéний*) Abenteurer, -in *m/f*, Draufgänger, -in *m/f*; ❷ (*афери́ст*) Hochstapler, -in *m/f*
авантю́рный *adj* Abenteuer-, abenteuerlich; **~ ромáн** Abenteuerroman *m*
авáрия *f A2* ❶ (*автомоби́ля*) Panne *f*; ❷ (*сýдна, самолёта*) Havarie *f*; ❸ (*на произвóдстве*) Betriebsstörung *f*; ❹ (*на АЭС*) Störfall *m*; ❺ (*несчáстный слу́чай*) Unfall *m*; **маши́на потерпéла авáрию** der Wagen hatte eine Panne
áвгуст *m K* August *m*
авиабилéт *m K* Flugticket *nt*
авиакомпáния *f A2* Fluggesellschaft *f*
авиалáйнер *m K* Verkehrsflugzeug *nt*
авиали́ния *f A2* Fluglinie *f*
авиапассажи́р *m K* Fluggast *m*, Passagier *m*
авиапóчта *f A* Luftpost *f*
авиарéйс *m K* Linienflug *m*
авиациóнный *adj* Flug-, Flugzeug-, Luft-
авиáция *f A2* Flugwesen *nt*, Luftfahrt *f*
авитаминóз *m K* (МЕД) Vitaminmangel *m*
авóсь *part* vielleicht, wenn man Glück hat
авóська <*gen pl:* **-сек**> *f A* (*umg*) Einkaufsnetz *nt*
австрали́ец, австрали́йка <*gen m:* **-йца, -йцев**> *m K / f A* Australier, -in *m/f*
австрали́йский *adj* australisch
Австрáлия *f A2* Australien *nt*
австри́ец, австри́йка <*gen m:* **-йца, -йцев**> *m K / f A* Österreicher, -in *m/f*
австри́йский *adj* österreichisch
Áвстрия *f A2* Österreich *nt*
автó *nt indekl* (*umg*) Auto *nt*
áвто-[1] *abk von* **автомати́ческий** automatisch
áвто-[2] *präfix* ❶ Selbst-; ❷ Auto-
автóбус *m K* Bus *m*, Omnibus *m*
автовокзáл *m K* Busbahnhof *m*
автогéн *m K* (ТЕХ) Schweißgerät *nt*
автóграф *m K* ❶ (*нáдпись*)

Autogramm *nt*; ❷ (*по́длинная ру́копись*) Autograph *m*

автода́ча *f A* Wohnwagen *m*, Wohnanhänger *m*

автодозво́н *m K* (*umg*) automatische Wahlwiederholung *f*

автодоро́га *f A* Kraftfahrstraße *f*

автодоро́жный *adj* Straßen-; **автодоро́жное происше́ствие** Verkehrsunfall *m*

автозапра́вочный *adj* Tank-, Tankstellen-; **автозапра́вочная ста́нция** Tankstelle *f*

автокатастро́фа *f A* Autounfall *m*

автомагази́н *m K* Autohaus *nt*

автомагистра́ль *f I* ❶ (*магистра́льная доро́га*) Kraftfahrstraße *f*, Fernverkehrsstraße *f*; ❷ (*автоба́н*) Autobahn *f*

автомастерска́я *f wie adj* Autowerkstatt *f*

автома́т *m K* ❶ (*аппара́т*) Automat *m*; ❷ (*ору́жие*) Maschinenpistole *f*

автоматизи́ровать *vt E2 impf/pf* automatisieren

автома́тика *f A* Automatik *f*

автомати́ческий *adj* ❶ automatisch, selbsttätig; **автомати́ческая телефо́нная ста́нция (АТС)** Fernsprechamt *nt* für Selbstwählbetrieb; ❷ (*машина́льный*) unbewusst, unwillkürlich

автомаши́на *f A* Auto *nt*, Kraftfahrzeug *nt*

автомобили́ст, автомобили́стка <*gen pl f:* -ток> *m K / f A* Autofahrer, -in *m/f*

автомоби́ль *m K1* Auto *nt*, Kraftfahrzeug *nt*; **легково́й ~** Personenwagen *m*, Pkw *m*; **грузово́й ~** Lastwagen *m*, Lkw *m*

автомоби́льный *adj* Auto-, Automobil-; **автомоби́льная катастро́фа** Autounfall *m*

автоно́мия *f A2* (АДМИН) Autonomie *f*, Selbstverwaltung *f*

автоно́мный *adj* autonom

автоотве́тчик *m K* automatischer Anrufbeantworter *m*

автопокры́шка *f A* (АВТО) Autoreifen *m*, Autoreifendecke *f*

а́втор *m K* ❶ Autor, -in *m/f*, Verfasser, -in *m/f*; **и́стинный ~** Ghostwriter *m*; ❷ (*субъе́кт а́вторского пра́ва*) Urheber *m*

авторита́рный *adj* autoritär; **~ режи́м** (ПОЛ) autoritäres Regime *nt*

авторите́т *m K* ❶ Autorität *f*, Ansehen *nt*; **по́льзоваться больши́м ~ом** großes Ansehen genießen ❷ (*кру́пный специали́ст*) Kapazität *f*

авторите́тный *adj* ❶ (*ви́дный, уважа́емый*) angesehen; ❷ (*компете́нтный*) kompetent; **авторите́тное мне́ние** sachkundige Meinung *f*

а́вторский *adj* Autoren-; **а́вторское пра́во** Urheberrecht *nt*; **~** [*o* **тво́рческий**] **ве́чер** Soloabend *m* (eines Künstlers)

автору́чка <*gen pl:* -чек> *f A* Füller *m*; **ша́риковая ~** Kugelschreiber *m*

автосто́п *m K* automatisches Haltesignal *nt*; **е́хать ~ом** per Anhalter fahren

автостоя́нка <*gen pl:* -нок> *f A* Parkplatz *m*

автостра́да *f A* ❶ (*автоба́н*) Autobahn *f*; ❷ (*магистра́льная доро́га*) Fernstraße *f*

автошко́ла *f A* Fahrschule *f*

ага́ *interj* aha!

аге́нт, аге́нтка *m K / f A* ❶ Agent, -in *m/f*, Spion, -in *m/f*; ❷ (ЭКОН) Vermittler *m*, Vertreter *m*

аге́нтство *nt O* Agentur *f*, Vertretung *f*; **~ печа́ти** Presseagentur *f*

агита́тор *m K* Agitator *m*

агита́ция *f A2* Agitation *f*

а́гнец <*gen sg:* а́гнца> *m K* (РЕЛ) Lamm Gottes *nt*

агра́рный *adj* Agrar-, landwirtschaftlich

агрега́т *m K* (ТЕХ) Aggregat *nt*

агресси́вность *f I* Aggressivität *f*

агресси́вный *adj* aggressiv, angriffslustig

агре́ссия *f A2* ❶ (*нападе́ние*)

Aggression *f*; ❷ (***напа́дки***) Angriffe *m pl*
ад <*präpos sg:* **в аду́**> *m K* (РЕЛ) Hölle *f*
ада́птер *m K* (ЭЛЕК) Adapter *m*
адапти́ровать *vt E2 impf/pf* anpassen
адапти́роваться *vi E2 impf/pf* sich anpassen, sich eingewöhnen
адво́кат *m K* ❶ Anwalt, Anwältin *m/f*; **наня́ть ~а** sich einen Anwalt nehmen; ❷ (***защи́тник на суде́***) Verteidiger, -in *m/f*
адеква́тный *adj* angemessen, entsprechend
администрати́вный *adj* Verwaltungs-
администра́тор *m K* ❶ (***заве́дующий***) Verwalter *m*, verantwortlicher Leiter *m*; ❷ (***в гости́нице***) Empfangschef *m*, Rezeptionist *m*
администра́ция *f A2* ❶ Verwaltung *f*, Administration *f*; ❷ (***на предприя́тии***) Unternehmensleitung *f*
адмира́л *m K* (СУД) Admiral *m*
а́дрес <*nom pl:* **-са́**> *m K ple* Adresse *f*, Anschrift *f*; **~ электро́нной по́чты** E-Mail-Adresse *f*, **~ отправи́теля** Absender *m*
адреса́т *m K* Adressat *m*, Empfänger *m*
а́дресный *adj* Adressen-; **а́дресное бюро́** Adressenauskunft *f*; **а́дресная по́мощь** gezielte Hilfe *f*
адресова́ть *vt E2 impf/pf* ❶ (***посла́ть по а́дресу***) adressieren; ❷ (***напра́вить в чей-л. а́дрес***) richten (an *+akk*)
а́дский *adj* (*auch fig*) höllisch
аэрозо́ль *m K1* Spray *m*
ажиота́ж *m K* ❶ (***шуми́ха***) Lärm *m*, Rummel *m*; ❷ (***возбужде́ние***) Aufregung *f*; ❸ (ЭКОН) Agiotage *f*
ажиота́жный *adj:* **~ спрос** Kaufrausch *m*
ажу́р *m K Zustand bester Ordnung*; **быть в ~е** in Lot [*o* in Butter] sein
аза́рт *m K* Eifer *m*
аза́ртный *adj* leidenschaftlich; **аза́ртные и́гры** Glücksspiele *nt pl*
а́збука *f A* ❶ (***алфави́т***) Alphabet *nt*; **но́тная ~** Notenschrift *f*; **~ Мо́рзе** Morsealphabet *nt*; ❷ (***буква́рь***) Abc-Buch *nt*, Fibel *f*; ❸ (*fig:* ***азы́***) Anfangsgründe *m pl*, Abc *nt*
а́збучный *adj* ❶ alphabetisch; ❷ (*fig:* ***элемента́рный***) elementar, allbekannt
Азербайджа́н *m K* Aserbaidschan *nt*
азербайджа́нец, азербайджа́нка <*gen m:* **-нца, -нцев,** *gen pl f:* **-нок**> *m K / f A* Aserbaidschaner, -in *m/f*
азербайджа́нский *adj* aserbaidschanisch
азиа́т, азиа́тка <*gen pl f:* **-ток**> *m K / f A* Asiat, -in *m/f*
азиа́тский *adj* asiatisch
А́зия *f A2* Asien *nt*
Азо́рские острова́ *m pl K* Azoren *pl*
азо́т *m K* (ХИМ) Stickstoff *m*
азы́ *m pl K* Anfangsgründe *m pl*
а́ист *m K* Storch *m*
айва́ *f A* ❶ (***плод***) Quitte *f*; ❷ (***де́рево***) Quittenbaum *m*
а́йсберг *m K* Eisberg *m*; **ви́димая часть** [*o* **верху́шка**] **~а** (*auch fig*) die Spitze des Eisbergs
АК *abk von* **акционе́рная компа́ния** *f* AG *f*, Aktiengesellschaft *f*
академгородо́к <*gen sg:* **-дка́**> *m K e Forschungszentrum außerhalb einer Stadt mit einer dazugehörenden Akademikersiedlung*
акаде́мик *m K* Mitglied *nt* der Akademie der Wissenschaften
академи́ческий *adj* ❶ Akademie-; ❷ (***уче́бный***) akademisch; ❸ (*auch pej:* ***чи́сто теорети́ческий***) rein theoretisch, abstrakt; **~ год** Studienjahr *nt*
акаде́мия *f A2* Akademie *f*; **~ нау́к** Akademie der Wissenschaften
аквала́нг *m K* Tauchgerät *nt*

A

аквалангист *m K* Sporttaucher *m*
акваре́ль *f I* Aquarell *nt*
аква́риум *m K* Aquarium *nt*
аквато́рия *f A2* Seegebiet *nt*, Gewässer *nt*
акведу́к *m K* Aquädukt *m*
акка́унт *m K* (ОБДАН) Account *m o nt*, Benutzerkonto *nt*
акклиматизи́роваться *vr E2 impf/pf* ❶ (*привы́кнуть*) sich akklimatisieren, sich eingewöhnen; ❷ (*приспосо́биться*) sich anpassen
аккомпанеме́нт *m K* (МУЗ) Begleitung *f*, Begleitmusik *f*
аккомпани́ровать *vi E2 impf* begleiten; **~ кому́-л. на роя́ле** jdn am Flügel begleiten
акко́рд *m K* (МУЗ) Akkord *m*; **заверша́ющий ~** (*auch fig*) Schlussakkord *m*
аккордео́н *m K* Akkordeon *nt*
аккредитова́ть *vt E2 impf/pf* (*посла́, журнали́ста*) akkreditieren
аккумуля́тор *m K* ❶ (АВТО) Batterie *f*; ❷ (ТЕХ) Akkumulator *m*
аккумуля́ция *f A2* (*накопле́ние*) Akkumulation *f*, Speicherung *f*
аккура́тный *adj* ❶ (*тща́тельный*) ordentlich; **у него́ ~ по́черк** er hat eine saubere Handschrift; ❷ (*то́чный*) genau, präzise; ❸ (*опря́тный*) sauber
акри́л *m K* (ХИМ) Acryl *nt*
акроба́т *m K* Akrobat *m*
акселера́т *m K* (*umg*) Frühreifer *m*
аксессуа́р *m K* Accessoire *nt*; **~ы** Zubehör *nt*
акт *m K* ❶ (*де́йствие*) Akt *m*, Tat *f*; **террористи́ческий ~** Terrorakt *m*, Terroranschlag *m*; ❷ (*докуме́нт*) Urkunde *f*, Akte *f*; ❸ (ТЕАТ) Aufzug *m*
актёр *m K* ❶ Schauspieler *m*; ❷ (*fig, pej: комедиа́нт*) Komödiant *m*
акти́в *m K* ❶ (ПОЛ) aktive Mitglieder *nt pl*; ❷ (ЭКОН) Guthaben *nt*; **име́ть на ~е** guthaben; **~ иасси́в** Aktiva und Passiva
активиза́ция *f A2* Aktivierung *f*
активизи́ровать *vt E2 impf/pf* aktivieren
активизи́роваться *vr E2 impf/pf* aktiviert werden
активи́ст *m K* ❶ (*како́й-л. организа́ции*) aktives Mitglied *nt*; ❷ (*обще́ственник*) ehrenamtlicher Funktionär *m*; ❸ (*сторо́нник акти́вных де́йствий*) politisch bzw. gesellschaftlich aktiver Mensch *m*; **профсою́зный ~** Gewerkschaftler *m*; **~ охра́ны окружа́ющей среды́** Umweltschützer *m*
акти́вность *f I* Aktivität *f*, Engagement *nt*; **со́лнечная ~** (АСТРОН) Sonneneinstrahlung *f*
акти́вный *adj* aktiv, tätig; **~ о́тдых** Aktivurlaub *m*
акти́вы *m pl K* (ЭКОН) Aktiva, Guthaben *nt*
а́ктовый *adj*: **~ зал** Aula *f*
актри́са *f A* ❶ Schauspielerin *f*; ❷ (*fig, pej: комедиа́нтка*) Komödiantin *f*
актуа́льность *f I* Aktualität *f*
актуа́льный *adj* aktuell, zeitgemäß; **~ вопро́с** eine brennende Frage
аку́ла *f A* Haifisch *m*
акупункту́ра *f A* (МЕД) Akupunktur *f*
аку́стика *f A* Akustik *f*
акуше́рка <*gen pl:* -рок> *f A* Hebamme *f*, Geburtshelferin *f*
акуше́рский *adj* Entbindungs-
акуше́рство *nt O* Geburtshilfe *f*
акце́нт *m K* ❶ Akzent *m*; **он говори́т без ~а** er spricht akzentfrei; ❷ (*ударе́ние*) Betonung *f*; **(с)де́лать ~ на чём-л.** (*fig*) einen Schwerpunkt setzen (auf +*akk*)
акценти́ровать *vt E2 impf/pf* (*auch fig*) akzentuieren
акци́з *m K* (ЭКОН) Akzise *f*, Verbrauchssteuer *f*
акци́зный *adj* (ЭКОН) Akzis-
акционе́р *m K* (ЭКОН) Aktionär *m*, Aktieninhaber *m*
акционе́рный *adj* Aktien-; **акционе́рное о́бщество** Aktiengesellschaft *f*, AG *f*

а́кция[1] *f A2* (*це́нная бума́га*) Aktie *f*; **курс а́кций па́дает/повыша́ется** die Aktien fallen/steigen; **его а́кции упа́ли** (*fig*) es sieht schlecht für ihn aus
а́кция[2] *f A2* (*де́йствие*) Aktion *f*, Handlung *f*; **~ проте́ста** Protestaktion *f*
алба́нец, алба́нка <*gen m:* -нца, -нцев, *gen pl f:* -нок> *m K / f A* Albaner, -in *m/f*
Алба́ния *f A2* Albanien *nt*
алба́нский *adj* albanisch
а́лгебра *f A* Algebra *f*
алгори́тм *m K* (МАТ) Algorithmus *m*
Алжи́р *m K* ❶ (*госуда́рство*) Algerien *nt*; ❷ (*столи́ца*) Algier *nt*
алжи́рец, алжи́рка <*gen m:* -рца, -рцев, *gen pl f:* -рок> *m K / f A* Algerier, -in *m/f*
а́либи *nt indekl* (ЮР) Alibi *nt*
алиме́нтщик *m K* (*umg*) Alimentenzahler *m*, Unterhaltszahler *m*
алиме́нты *m pl K* Alimente *pl*, Unterhaltszahlung *f*
алка́ш *m K* (*umg*) Trunkenbold *m*, Säufer *m*
алкоголи́зм *m K* Alkoholismus *m*, Alkoholabhängigkeit *f*; **лече́ние от ~а** Entziehungskur *f*
алкого́лик *m K* Alkoholiker *m*
алкого́ль *m K1* Alkohol *m*; **пло́хо переноси́ть ~** Alkohol schlecht vertragen
алкого́льный *adj* alkoholisch, Alkohol-
аллегори́ческий *adj* allegorisch, sinnbildlich
аллего́рия *f A2* Allegorie *f*
аллерге́н *m K* (МЕД) Allergen *nt*
алле́ргик *m K* Allergiker, -in *m/f*
аллерги́ческий *adj* allergisch; **~ на́сморк** Heuschnupfen *m*
аллерги́я *f A2* Allergie *f*; **у него́ ~ на кого́-л./что-л.** er ist allergisch gegen *+akk*
алле́я <*gen pl:* -ле́й> *f A1* Allee *f*
аллитера́ция *f A2* (ЛИТ) Alliteration *f*
алло́ *interj* hallo!
алма́з *m K* Diamant *m*
алта́рь *m K1* Altar *m*
алфави́т *m K* Alphabet *nt*
алфави́тный *adj* alphabetisch; **расста́вить в алфави́тном поря́дке** alphabetisch anordnen
алхи́мия *f A2* Alchimie *f*
а́лчность *f I* Habsucht *f*, Gier *f*
а́лчный <*kf:* -чен, -чна> *adj* habgierig
а́лый <*kf:* ал, а́ла> *adj* ❶ (*я́рко-кра́сный*) hochrot; ❷ (*пурпу́рный*) scharlachrot
альбатро́с *m K* Albatros *m*
альбино́с *m K* Albino *m*
альбо́м *m K* ❶ Album *nt*; **~ для рисова́ния** Zeichenblock *m*; ❷ (*репроду́кций*) Bildband *m*
альмана́х *m K* Almanach *m*, Jahrbuch *nt*
альпи́йский *adj* Alpen-, alpin; **альпи́йские ви́ды спо́рта** alpine Sportarten *f pl*
альпини́зм *m K* Bergsteigen *nt*
А́льпы *f pl A* die Alpen *pl*
альт *m K* ❶ (*го́лос*) Alt *m*, Altstimme *f*; ❷ (*инструме́нт*) Bratsche *f*
альтернати́ва *f A* Alternative *f*
альтернати́вный *adj* Alternativ-, alternativ; **альтернати́вная во́инская слу́жба** Zivildienst *m*
а́льфа *f A* (*бу́ква*) Alpha *nt*; **~ и оме́га** das A und O
алья́нс *m K* (ПОЛ) Allianz *f*, Bündnis *nt*
алюми́ний <*präpos sg:* -нии> *m K2* Aluminium *nt*
амазо́нка *f A* (ЫНЕР) Amazone *f*
Амазо́нка *f A* Amazonas *m*
амальга́ма *f A* (ХИМ) Amalgam *nt*
амба́р *m K* ❶ (*сара́й*) Scheune *f*; ❷ (*склад*) Lagerhaus *nt*, Speicher *m*
амби́ция *f A2* ❶ (*честолю́бие*) Ehrgeiz *m*; ❷ (*зано́счивость*) Hochnäsigkeit *f*; **име́ть амби́ции** Ambitionen haben; **уда́риться в амби́цию** (*umg*) den Beleidigten spielen
амбразу́ра *f A* (ВОЕ) Schießscharte *f*

амбулато́рный *adj* ambulant; **~ое лече́ние** ambulante Behandlung *f*
Аме́рика *f A* Amerika *nt*; **Лати́нская ~** Lateinamerika *nt*
америка́нец, америка́нка <*gen m:* -нца, -нцев, *gen pl f:* -нок> *m K / f A* Amerikaner, -in *m/f*
америка́нский *adj* amerikanisch
амнисти́ровать *vt E2 impf/pf* amnestieren
амни́стия *f A2* Amnestie *f*; **попада́ть/попа́сть под амни́стию** amnestiert werden
амора́льный <*kf:* -лен, льна> *adj* unmoralisch
амортиза́тор *m K* (ТЕХ) Stoßdämpfer *m*, Dämpfer *m*
амортиза́ция *f A2* ① (ЭКОН: *списа́ние*) Abschreibung *f*; ② (ТЕХ) Dämpfung *f*; ③ (*изна́шивание*) Verschleiß *m*
амплиту́да *f A* Amplitude *f*
амплуа́ *nt indekl* (ТЕАТ) Rollenfach *nt*
ампути́ровать *vt E2 impf/pf* amputieren, abnehmen
амфи́бия *f A2* (ЗООЛ) Amphibie *f*
амфитеа́тр *m K* Amphitheater *nt*
анаболи́ческий *adj* anabol; **анаболи́ческое сре́дство** Anabolikum *nt*
ана́лиз *m K* ① (*да́нных*) Analyse *f*, Auswertung *f*; ② (МЕД) Untersuchung *f*; **~ кро́ви** Blutprobe *f*; **~ кро́ви на спид** Aidstest *m*; ③ (МАТ) Analysis *f*
анализи́ровать *vt E2 impf* (*pf:* про-) analysieren; **~ да́нные** die Daten auswerten
анали́тик *m K* Analytiker *m*
аналити́ческий *adj* Analyse-, analytisch
аналоги́чный <*kf:* -чен, -чна> *adj* analog, gleichartig; **~ слу́чай** ein ähnlicher Fall *m*
анало́гия *f A2* Analogie *f*, Ähnlichkeit *f*
ана́льный *adj* (АНАТ) anal; **ана́льное отве́рстие** After *m*
анана́с *m K* Ananas *f*
анархи́зм *m K* Anarchismus *m*
анархи́ст, анархи́стка <*gen pl f:* -ток> *m K / f A* Anarchist, -in *m/f*
ана́рхия *f A2* Anarchie *f*
анатоми́ческий *adj* anatomisch; **~ теа́тр** (МЕД) Anatomiesaal *m*
анато́мия *f A2* Anatomie *f*
анахрони́зм *m K* Anachronismus *m*
анга́р *m K* Hangar *m*, Flugzeugschuppen *m*
а́нгел *m K* Engel *m*; **а́нгел-храни́тель** Schutzengel *m*
анги́на *f A* Angina *f*, Halsentzündung *f*
англи́йский *adj* englisch
англи́стика *f A* Anglistik *f*
англици́зм *m K* Anglizismus *m*
англича́нин, англича́нка <*pl m:* -ча́не, -ча́н, -ча́нам, *gen pl f:* -нок> *m U2 / f A* Engländer, -in *m/f*
А́нглия *f A2* England *nt*
англоговоря́щий *adj* englischsprechend; **англоговоря́щие страны́** englischsprechende Länder *nt pl*
англоязы́чный *adj* englischsprachig
анекдо́т *m K* ① Witz *m*; ② (*непристо́йный*) Zote *f*; ③ (*заба́вный расска́з из жи́зни*) Anekdote *f*; **трави́ть ~ы** Witze [*o* Zoten] reißen
анекдоти́ческий *adj* anekdotenhaft; **анекдоти́ческая ситуа́ция** unmögliche Situation *f*
анестези́я *f A2* (МЕД) Betäubung *f*, Anästhesie *f*; **ме́стная ~** örtliche Betäubung *f*; **о́бщая ~** Vollnarkose *f*
ани́с *m K* (БОТ) Anis *m*
анке́та *f A* ① (*опро́с*) Umfrage *f*; ② (*опро́сный лист*) Fragebogen *m*; **ви́зовая ~** Visumantrag *m*
анкети́рование *nt O2* Umfrage *f*, Befragung *f*
анке́тный *adj* Umfrage-; **анке́тные да́нные** Personalien *pl*
анкла́в *m K* Enklave *f*, Gebietseinschluss *m*
анна́лы *m pl K* Annalen *pl*
аннекси́ровать *vt E2 impf/pf* annektieren
анне́ксия *f A2* Annexion *f*
аннота́ция *f A2* kurze Inhaltsangabe *f*

аннотúровать *vt E2 impf/pf* eine kurze Inhaltsangabe verfassen

аннулúрование *nt O2* Annullierung *f*, Ungültigkeitserklärung *f*

аннулúровать *vt E2 impf/pf* ❶ annullieren, für ungültig erklären; ❷ (ЭКОН) stornieren; **~ закáз** abbestellen

анóд *m K* (ФИЗ) Anode *f*

аномáльный *adj* anomal, regelwidrig

анонúмка <*kf gen pl:* -мок> *f A* (*umg*) anonymer Brief *m*

анонúмный <*kf:* -мен, -мна> *adj* anonym; **~ тест** Blindtest *m*

анонúмщик *m K* (*umg*) *Schreiber anonymer Briefe*

анóнс *m K* ❶ (*объявлéние*) Annonce *f*, Anzeige *f*; ❷ (*предварúтельный обзóр*) Vorschau *f*

ансáмбль *m K1* ❶ (МУЗ, ТЕАТ) Ensemble *nt*; ❷ (*архитектýрный и т.п.*) Gesamtbild *nt*

антагонúзм *m K* Gegensatz *m*, Widerstreit *m*

Антарктúда *f A* Antarktis *f*

антéнна *f A* Antenne *f*; **параболúческая ~** Parabolantenne *f*

áнти- *präfix* Anti-, anti-, -feindlich, -feindlichkeit

антибиóтик *m K* (МЕД) Antibiotikum *nt*

антивоéнный *adj* Antikriegs-; **антивоéнное движéние** Friedensbewegung *f*

антиквариáт *m K* Antiquitätenhandel *m*

антиквáрный *adj* antiquarisch; **антиквáрная вещь** Antiquität *f*

антилóпа *f A* Antilope *f*

антинарóдный *adj* volksfeindlich

антипáтия *f A2* Abneigung *f*, Antipathie *f*

антисанитáрный <*kf:* -рен, -рна> *adj* unhygienisch; **антисанитáрные услóвия** gesundheitswidrige Verhältnisse *nt pl*

антисемитúзм *m K* Antisemitismus *m*

антистатúческий *adj* antistatisch

антифрúз *m K* Frostschutzmittel *nt*

антициклóн *m K* (МЕТЕО) Hoch *nt*, Hochdruckgebiet *nt*

антúчность *f I* Antike *f*

антúчный *adj* antik

антóним *m K* (ЛИНГ) Antonym *nt*

антрáкт *m K* ❶ (ТЕАТ) Pause *f*; ❷ (МУЗ) Zwischenmusik *f*

антрацúт *m K* Anthrazit *m*

аншлáг *m K* (ТЕАТ) *Anschlag: "Ausverkauft"*; **спектáкль идёт с ~ом** die Vorstellung ist ausverkauft

аню́тины глáзки <*gen pl:* -зок> *m pl K* (БОТ) Stiefmütterchen *nt*

АО *abk von* **акционéрное óбщество** *nt* Aktiengesellschaft *f*, AG *f*

аóрта *f A* (АНАТ) Aorta *f*, Hauptschlagader *f*

апартеид *m K* (ПОЛ) Apartheid *f*, Rassentrennung *f*

апатúчный <*kf:* -чен, -чна> *adj* apathisch, lustlos

апáтия *f A2* Apathie *f*, Teilnahmslosigkeit *f*

апеллúровать *vi E2 impf/pf* (*к комý-л./чемý-л.*) appellieren (an +*akk*)

апеллáция *f A2* ❶ Appell *m*; ❷ (ЮР) Berufung *f*; **подáть апеллáцию** Berufung einlegen

апельсúн *m K* Apfelsine *f*, Orange *f*

апельсúновый *adj* Apfelsinen-, Orangen-; **апельсúновое дéрево** Apfelsinenbaum *m*; **~ сок** Orangensaft *m*

аперитúв *m K* Aperitif *m*, leichter Drink *m*

АПК *abk von* **агрáрно-промы́шленный кóмплекс** *m* Agrar-Industrie-Komplex *m*

аплодúровать *vi E2 impf/pf* (*комý-л./чемý-л.*) applaudieren, Beifall klatschen

аплодисмéнты *m pl K* Applaus *m*, Beifall *m*; **под бýрные ~** unter stürmischem Beifall; **сорвáть ~** Beifall ernten

апогéй *m K2* ❶ (АСТРОН) Apogäum *nt*; ❷ (*fig:* **верши́на**) Höhepunkt *m*; **достигáть/дости́чь апогéя** seinen Höhepunkt erreichen

апокáлипсис *m K* Apokalypse *f*

аполити́чность *f I* politisches Desinteresse *nt*, Politikverdrossenheit *f*

аполити́чный <*kf:* -чен, -чна> *adj* unpolitisch, politikverdrossen

апоплéксия *f A2* (МЕД) Gehirnschlag *m*

апóстол *m K* (*auch fig*) Apostel *m*

апострóф *m K* Apostroph *m*, Auslassungszeichen *nt*

аппарáт *m K* ❶ (ТЕХ) Apparat *m*, Gerät *nt*; **копировáльный ~** Kopiergerät *nt*; **факсими́льный ~** Faxgerät *nt*; ❷ (ПОЛ, АДМИН) Apparat *m*, Nomenklatura *f*; **государственный ~** Staatsapparat *m*

аппарáтный *adj* Apparat-; **аппарáтные срéдства** (ОБДАН) Hardware *f*

аппаратýра *f A* Apparaturen *f pl*; **подслýшивающая ~** Abhörgeräte

аппарáтчик *m K* (*pej:* в СССР) Verwaltungsbeamte(r) *m*, Apparatschik *m*

аппендици́т *m K* Blinddarmentzündung *f*

аппети́т *m K* Appetit *m*; **прия́тного ~а!** guten Appetit! **~ прихóдит во врéмя еды́** der Appetit kommt beim Essen; **вóлчий ~** Bärenhunger *m*; **отсýтствие ~а** Appetitlosigkeit *f*

аппети́тный <*kf:* -тен, -тна> *adj* ❶ appetitanregend; ❷ (*соблазни́тельный*) verlockend

апрéль *m K1* April *m*

апрéльский *adj* April-; **первоапрéльская шýтка** Aprilscherz *m*

априóри *part* (ФИЛОС) a priori, von vornherein

аптéка *f A* Apotheke *f*

аптéкарь *m K1* / *f A* Apotheker, -in *m/f*

аптéчка <*gen pl:* -чек> *f A* Verbandskasten *m*; **домáшняя ~** Hausapotheke *f*

арáб, арáбка <*gen pl f:* -бок> *m K* / *f A* Araber, -in *m/f*

арáбский *adj* arabisch; **арáбские ци́фры** arabische Ziffern *f pl*

арави́йский *adj* arabisch; **Арави́йская пусты́ня** *f* Arabische Wüste *f*

Арáвия *f A2* Arabien *nt*

Арáльское мóре *nt O1* Aralsee *m*

арáхис *m K* Erdnuss *f*

арби́тр *m K* (ЮР, СПОРТ) Schiedsrichter *m*

арбитрáж *m K* ❶ (ЮР) Schiedsgericht *nt*; ❷ (ЭКОН) Arbitrage *f*

арбитрáжный *adj* Arbitrage-, schiedsgerichtlich

арбýз *m K* Wassermelone *f*

Аргенти́на *f A* Argentinien *nt*

аргóн *m K* (ХИМ) Argon *nt*

аргумéнт *m K* Argument *nt*, Beweis *m*; **весóмый ~** stichhaltiges [*o* schwerwiegendes] Argument *nt*

аргументáция *f A2* Argumentation *f*, Beweisführung *f*

аргументи́ровать *vi E2 impf/pf* argumentieren

ареáл *m K* Areal *nt*

арéна *f A* ❶ (*ци́рка*) Manege *f*; ❷ (*fig*) Arena *f*, Schauplatz *m*

арéнда *f A* Pacht *f*; **брать/взять в арéнду** pachten; **сдавáть/сдать в арéнду** verpachten

арендáтор *m K* Pächter *m*

арéндный *adj* Pacht-; **арéндная плáта** Pachtzins *m*, Miete *f*; **~ договóр** Pachtvertrag *m*

арендовáть *vt E2 impf/pf* pachten

арендодáтель Verpächter *m*, Vermieter *m*

арéст *m K* Verhaftung *f*, Festnahme *f*; **взять под ~** in Haft nehmen

арестóвывать *vt E impf* (*pf:* арестовáть) verhaften, festnehmen

аристокрáтия *f A2* Adel *m*, Aristokratie *f*

аритми́я *f A2* (МЕД) Rhythmusstörung *f*; **сердéчная ~** Herzrhythmusstörung *f*

арифме́тика *f A* Arithmetik *f*
арифмети́ческий *adj* arithmetisch; **арифмети́ческая зада́ча** Rechenaufgabe *f*
а́рия *f A2* (МУЗ) Arie *f*
а́рка <*gen pl:* а́рок> *f A* (СТРОИТ) Bogen *m*
А́рктика *f A* Arktis *f*
аркти́ческий *adj* arktisch; **~ по́люс** Nordpol *m*
АРМ *abk von* автоматизи́рованное рабо́чее ме́сто *nt* automatisierter [*o* computergestützter] Arbeitsplatz *m*, CAD-Arbeitsplatz *m*
Арме́ния *f A2* Armenien *nt*
а́рмия *f A2* ❶ Armee *f*, Heer *nt*; **служи́ть в а́рмии** seinen Wehrdienst leisten; ❷ (*auch fig:* ***большо́е коли́чество люде́й***) große Menge *f*
армяни́н, армя́нка <*pl m:* -мя́не, -мя́н, -мя́нам, *gen pl f:* -нок> *m U2 / f A* Armenier, -in *m/f*
армя́нский *adj* armenisch
арома́т *m K* Aroma *nt*, Duft *m*
ароматизи́ровать *vt E2 impf/pf* aromatisieren
арома́тный <*kf:* -тен, -тна> *adj* aromatisch, wohlriechend
арте́рия *f A2* ❶ (АНАТ) Arterie *f*, Pulsader *f*; ❷ (*fig:* ***путь сообще́ния***) Verkehrsweg *m*; **тра́нспортная ~** Hauptverkehrsader *f*
арти́кль *m K1* (ЛИНГ) Artikel *m*
арти́ст, арти́стка <*gen pl f:* -ток> *m K / f A* ❶ (***де́ятель иску́сства***) Künstler, -in *m/f*; ❷ (***актёр***) Schauspieler, -in *m/f*; ❸ (***лёгкого жа́нра и ци́рка***) Artist *m*; ❹ (*fig:* ***оригина́л***) Sonderling *m*; **ну ты ~!** (*umg*) na, du bist mir einer!
а́рфа *f A* Harfe *f*
архаи́зм *m K* ❶ (ЛИНГ) Archaismus *m*; ❷ (***пережи́ток***) Überbleibsel *nt*
арха́нгел *m K* (РЕЛ) Erzengel *m*
археóлог *m K* Archäologe *m*
археоло́гия *f A2* Archäologie *f*
архи́в *m K* Archiv *nt*; **сдава́ть в ~** archivieren, ad acta legen; **откры́ть ~ы** Archive der Öffentlichkeit zugänglich machen
архиви́рование *nt O2* Archivierung *f*
архи́вный *adj* Archiv-, Akten-; **архи́вная ко́пия** Aktenkopie *f*
архиепи́скоп *m K* Erzbischof *m*
архиере́й *m K2* Erzpriester *m*
архимандри́т *m K* Archimandrit *m*, Klosterabt *m*, Klostervorsteher *m*
архипела́г *m K* Archipel *m*, Inselgruppe *f*, Inselmeer *nt*
архите́ктор *m K* ❶ Architekt *m*, Baumeister *m*; ❷ (*fig:* ***творе́ц***) Architekt *m*, Schöpfer *m*
архитекту́ра *f A* Architektur *f*, Baukunst *f*
архитекту́рный *adj* architektonisch; **~ па́мятник** Baudenkmal *m*
арши́н <*gen pl:* арши́н> *m K altes russisches Längenmaß: 0,71m*; **ме́рить всех на сво́й ~** alles am eigenen Maßstab messen
асбе́ст *m K* Asbest *m*
асимметри́я *f A2* (*auch fig*) Asymmetrie *f*, Missverhältnis *nt*
аспе́кт *m K* Aspekt *m*, Gesichtspunkt *m*
аспира́нт, аспира́нтка <*gen pl f:* -ток> *m K / f A* Dissertant, -in *m/f*
аспиранту́ра *f A besonderer Ausbildungsgang für Dissertanten an der Hochschule*
ассамбле́я *f A2* Versammlung *f*; **генера́льная ~ ООН** UNO-Vollversammlung *f*
ассигнова́ние *nt O2* ❶ (***де́йствие***) Bewilligung *f*, Geldanweisung *f*; ❷ (***су́мма***) bewilligte Summe *f*
ассигнова́ть *vt E2 impf/pf* Geldmittel bewilligen [*o* bereitstellen]
ассисте́нт, ассисте́нтка <*gen pl f:* -ток> *m K / f A* Assistent, -in *m/f*, Gehilfe, Gehilfin *m/f*
ассорти́ *nt indekl* Mischung *f*; **конфе́ты ~** Pralinenmischung *f*

A

ассортиме́нт *m K* Sortiment *nt*, Angebot *nt*; **~ това́ров** Warenangebot *nt*; **широ́кий ~** große Auswahl *f*, reichhaltiges Angebot *nt*
ассоциа́ция *f A2* ① Vereinigung *f*, Gesellschaft *f*; ② (псих) Gedankenverbindung *f*, Assoziation *f*
ассоции́ровать *vt E2 impf/pf* (что-л. с чем-л.) assoziieren, verbinden
а́стра *f A* (бот) Aster *f*
астроло́гия *f A2* Astrologie *f*
астрона́вт *m K* Astronaut, -in *m/f*, US-Raumfahrer, -in *m/f*
астрономи́ческий *adj* ① astronomisch; ② (*fig:* *огро́мный*) immens, unermesslich; **астрономи́ческие су́ммы** Unsummen *f pl*
астроно́мия *f A2* Astronomie *f*
ата́ка *f A* (*нападе́ние*) Angriff *m*
атакова́ть *vt E2 impf/pf* angreifen
ата́с *m K tatarischer Schlachtruf*; **стоя́ть на ~е** Schmiere stehen
атеи́ст *m K* Atheist *m*
ателье́ *nt indekl* Atelier *nt*; **~ по ремо́нту о́буви** Schusterwerkstatt *f*; **~ худо́жника** Künstlerwerkstatt *f*
Атла́нтика *f A* Atlantik *m*
атланти́ческий *adj* atlantisch; **Атланти́ческий океа́н** *m* Atlantischer Ozean *m*
а́тлас *m K* Atlas *m*; **~ ми́ра** Weltatlas *m*
атле́т *m K* Athlet *m*, Sportler *m*
атмосфе́ра *f A* (*auch fig*) Atmosphäre *f*; **тя́гостная ~** bedrückende Atmosphäre
атмосфе́рный *adj* atmosphärisch; **атмосфе́рное давле́ние** Luftdruck *m*; **атмосфе́рные оса́дки** Niederschläge *m pl*
а́том *m K* Atom *nt*
а́томный *adj* Atom-, Kern-; **а́томная бо́мба** Atombombe *f*; **а́томная эне́ргия** Kernkraft *f*; **а́томная электроста́нция** Kernkraftwerk *nt*
атрибу́т *m K* ① (линг) Attribut *nt*, Beifügung *f*; ② (*характе́рное сво́йство*) Wesensmerkmal *nt*, charakteristische Beigabe *f*
АТС *siehe* **автомати́ческий**
атташе́ *m indekl* Attaché *m*; **торго́вый ~** Handelsattaché *m*
аттеста́т *m K* Zeugnis *nt*; **~ зре́лости** Reifezeugnis *nt*; **получа́ть ~ зре́лости** das Abitur machen
аттестова́ть *vt E2 impf/pf* beurteilen, attestieren
аудие́нция *f A2* Audienz *f*, offizieller Empfang *m*; **дать аудие́нцию** empfangen
аудиокассе́та *f A* Audiokassette *f*; **~ с за́писью** bespielte Audiokassette *f*; **чи́стая ~** unbespielte Audiokassette *f*, Leerkassette *f*
аудиофа́йл *m K* (ОБДАН) Audiofile *m*, Audiodatei *f*
ауди́рование *nt O2* (линг) Hören *nt*, Hörübung *f*, Hörverstehen *nt*
ауди́тор *m K* (экон) Wirtschaftsprüfer *m*, Bücherrevisor *m*
аудито́рия *f A2* ① (*помеще́ние*) Hörsaal *m*, Seminarraum *m*; ② (*слу́шатели*) Auditorium *nt*, Zuhörerschaft *f*
аукцио́н *m K* Auktion *f*, Versteigerung *f*; **продава́ть с ~а** versteigern
а́ут *m K* (спорт) Aus *nt*; **быть в ~е** im Aus sein
аутенти́чный *adj* authentisch, echt
аутотре́нинг *akr von* аутоге́нная трениро́вка *f* autogenes Training *nt*
аутса́йдер *m K* ① (спорт) abstiegsgefährdeter Verein *m*; ② (*fig:* *за́мкнутый челове́к*) Außenseiter *m*
афга́нец, **афга́нка** <*gen m:* -нца, -нцев, *gen pl f:* -нок> *m K / f A* ① Afghane, Afghanin *m/f*; ② (*ветера́н Афганиста́на*) Afghanistankämpfer *m*, Afghanistanveteran *m*
Афганиста́н *m K* ① Afghanistan *nt*; ② (*umg:* *война́ в Афганиста́не*) Afghanistankrieg *m*
афга́нский *adj* afghanisch
афери́ст *m K* Schwindler *m*, Trickbetrüger *m*

Афи́ны *f pl A* Athen *nt*
афи́ша *f A* (ТЕАТ) Aushang *m*, Anschlagzettel *m*, Plakat *nt*
афиши́ровать *vt E2 impf/pf* zur Schau stellen
афори́зм *m K* Aphorismus *m*
А́фрика *f A* Afrika *nt*
африка́нец, африка́нка <*gen m:* -нца, -нцев, *gen pl f:* -нок> *m K / f A* Afrikaner, -in *m/f*
африка́нский *adj* afrikanisch
аффе́кт *m K* (*возбужде́ние*) Affekt *m*; **де́йствовать в состоя́нии ~а** im Affekt handeln
ахилле́сов *adj:* **~а пята́** Achillesferse *f*
аэро́бус *m K* Airbus® *m*, Großraumflugzeug *nt*
аэровокза́л *m K* ❶ Flughafengebäude *nt*; ❷ (*зал вы́лета*) Abfertigungshalle *f*
аэродро́м *m K* Flugplatz *m*
аэропо́рт *m K* Flughafen *m*
аэроста́т *m K* (ТЕХ) Luftballon *m*
Аэрофло́т *m K* *russische Luftfahrtgesellschaft*
аэрофотосни́мок <*gen:* -мка, -мков> *m K* Luftaufnahme *f*
АЭС *abk von* а́томная электроста́нция *f* Atomkraftwerk *nt*, Kernkraftwerk *nt*

Бб

б, Б *nt indekl kyrillischer Buchstabe*
ба́бочка <*gen pl:* -чек> *f A* ❶ (ЗООЛ) Schmetterling *m*; ❷ (*га́лстук*) Fliege *f*, Binder *m*
ба́бушка *f A* ❶ Großmutter *f*, Oma *f*; ❷ (*стару́шка*) alte Frau *f*
бага́ж *m K e* Gepäck *nt*; **~ зна́ний** (*fig*) Kenntnisse
бага́жник *m K* ❶ (АВТО) Kofferraum *m*; ❷ (*у велосипе́да*) (Fahrrad-)Gepäckträger *m*
бага́жный *adj* Gepäck-; **~ ваго́н** Gepäckwagen *m*
Бага́мские острова́ *m K ple* Bahamas *pl*
багро́вый *adj* purpurrot
бадминто́н *m K* Badminton *nt*, Federball *m*
ба́за *f A* ❶ (*осно́ва*) Basis *f*, Grundlage *f*; ❷ (*учрежде́ние*) Station *f*; ❸ (*това́рный склад*) Warenlager *nt*; **на ба́зе чего́-л.** auf der Grundlage (von *+dat*); **~ да́нных** (ОБДАН) Datenbank *f*
база́р *m K* ❶ Markt *m*; ❷ (*umg:* *шум, гам*) Stimmengewirr *nt*; **пти́чий ~** Vogelsammelplatz *m* (an der Küste)
бази́роваться *vi E2 impf* ❶ (*на чём-л.*) sich stützen (auf *+akk*); ❷ (*где-л.*) ansässig sein, den Sitz haben
ба́зис *m K* Basis *f*
ба́зовый *adj* Grund-, Basis-; **ба́зовые зна́ния** *nt* Grund- [*o* Vor-] kenntnisse *f pl*
байда́рка <*gen pl:* -рок> *f A* Paddelboot *nt*, Kajak *nt*
Байка́л *m K* Baikalsee *m*
байт *m K* (ОБДАН) Byte *nt*
бак *m K* Behälter *m*
ба́кен *m K* Boje *f*
ба́ки *f pl A* Backenbart *m*, Koteletten *pl*
баклажа́н *m K* Aubergine *f*
бактериа́льный *adj* bakteriell
бакте́рия *f A2* Bakterie *f*
бал <*präpos sg:* на балу́> *m K ple* Ball *m*
балага́н *m K* ❶ (*постро́йка*) Bude

Б

f, Schaubude *f*; ② (*зре́лище*) Schaubudenvorstellung *f*; ③ (*fig:* *шуми́ха*) Durcheinander *nt*, Tohuwabohu *nt*
балагу́рить *vi I impf* (*umg*) Spaß machen, Witze machen
балала́йка <*gen pl:* -ла́ек> *f A* (муз) Balalaika *f*
бала́нс *m K* ① (экон) Bilanz *f*; ② (*равнове́сие*) Balance *f*
баланси́ровать[1] *vi E2 impf* (*pf:* с-) (*на чём-л./чем-л.*) balancieren
баланси́ровать[2] *vt E2 impf* (*pf:* сбаланси́ровать) (*уравнове́шивать*) ins Gleichgewicht bringen
бала́нсовый *adj:* ~ **итóг** Bilanzsumme *f*
балдёж *m K* ① (*umg*) Riesenspaß *m*; ② (*umg:* *наркоти́ческое состоя́ние*) Trip *m*, Rauschzustand *m*
балде́ть *vi E impf* ① (*umg*) die Zeit gut vertreiben; ② (*umg:* *наркотизи́роваться*) auf einen Trip gehen; **я балде́ю!** ich werde verrückt!
балери́на *f A* Ballerina *f*, Balletttänzerin *f*
бале́т *m K* Ballet *nt*
ба́лка <*gen pl:* -лок> *f A* Balken *m*
Балка́ны <*gen:* Балка́н> *f pl A* Balkan *m*
балко́н *m K* Balkon *m*
балла́да *f A* Ballade *f*
балла́ст *m K* (*auch fig*) Ballast *m*
балла́стный *adj* Ballast-; **балла́стные вещества́** (биол) Ballaststoffe *m*
балл[1] *m K* Note *f*, Zensur *f*; **она́ получи́ла хоро́ший ~** sie hat eine gute Note bekommen
балл[2] *m K* Stärkegrad *m*
балло́н *m K* Ballon *m*; **га́зовый ~** (хим, физ) Gasflasche *f*
ба́лова́ть *vt E2 impf* (*pf:* из-) verwöhnen, verhätscheln
балова́ться *vr E2 impf* (*umg*) Unfug treiben, unartig sein
баловство́ *nt O* Übermut *m*
балти́йский *adj* baltisch; **Балти́йское мо́ре** Ostsee *f*
Ба́лтика *f A* Ostsee *f*
бальза́м *m K* Balsam *m*
бамбу́к *m K* Bambus *m*
ба́мпер *m K* (авто) Stoßstange *f*
бана́льность *f I* Banalität *f*
бана́льный <*kf:* -лен, -льна> *adj* banal
бана́н *m K* Banane *f*
ба́нда *f A* Verbrecherbande *f*
банда́ж *m K* (мед) Bandage *f*
бандеро́ль *f I* ① (*ма́ленькая посы́лка*) Päckchen *nt*; ② (*в бума́жной обёртке*) Streifbandsendung *f*
ба́нджо *nt indekl* (муз) Banjo *nt*
банди́т *m K* Bandit *m*
банди́тский *adj* Banden-
банк *m K* ① (экон) Bank *f*; ② (*в ка́рточной игре́*) Spielbank *f*; **~ да́нных** (обдан) Datenbank *f*
ба́нка[1] <*gen pl:* -нок> *f A* Dose *f*, Büchse *f*; **консе́рвная ~** Konservendose *f*
ба́нка[2] <*gen pl:* -нок> *f A* (суд) Untiefe *f*
банке́т *m K* Bankett *nt*, Festessen *nt*
банки́р *m K* Bankier *m*
банкно́та *f A* Banknote *f*, Geldschein *m*
банкома́т *m K* Geldautomat *m*
банкро́тство *nt O* ① Bankrott *m*, Konkurs *m*, Ruin *m*; **объявля́ть ~** Konkurs anmelden; ② (*fig:* *прова́л, крах*) Scheitern *nt*, Misserfolg *m*
ба́ночка *dim von* **ба́нка**[1]
бант *m K* Schleife *f*
ба́ня *f A1* russisches Dampfbad *nt*
бараба́н *m K* Trommel *f*
бараба́нить *vi I impf* trommeln
бараба́нщик, **бараба́нщица** *m K / f A* ① Trommler, -in *m/f*; ② (*umg:* *стука́ч*) Denunziant, -in *m/f*
бара́к *m K* Baracke *f*
бара́н *m K* Hammel *m*
бара́нина *f A* Hammelfleisch *nt*
барахло́ *nt O* (*umg*) Krempel *m*, Kram *m*
бара́хтаться *vr E impf* zappeln, strampeln

Б

бара́шек <*gen sg:* -шка> *m K* Lamm *nt*, Lämmchen *nt*
бар *m K* Ausschank *m*, Bar *f*; **ночно́й ~** Nachtlokal *nt*
бард *m K* Liedermacher *m*
барда́к *m K* (*umg*) Schlamperei *f*, Lotterwirtschaft *f*
барито́н *m K* (муз) Bariton *m*
барме́н *m K* Barkeeper *m*
ба́рменша *f A* ❶ (***буфе́тчица в ба́ре***) Bardame *f*; ❷ (*umg:* ***владе́лица ба́ра***) Barkeeperin *f*
баро́метр *m K* Barometer *nt*
баррика́да *f A* Barrikade *f*
ба́рский *adj* herrschaftlich; **ба́рские зама́шки** (*fig*) Herrenallüren *pl*
барсу́к *m K* Dachs *m*
ба́рхат *m K* Samt *m*
ба́рхатный *adj* Samt-, samten
ба́рышня <*gen pl:* -шень> *f A1* (*auch pej*) gnädiges Fräulein *nt*
барье́р *m K* ❶ (*auch fig*) Barriere *f*, Schranke *f*, Hindernis *nt*; ❷ (спорт) Hürde *f*
бас *m K* Bass *m*
баскетбо́л *m K* Basketball *m*
ба́сня <*gen pl:* -сен> *f A1* Fabel *f*
бассе́йн *m K* Bassin *nt*, Becken *nt*
бастова́ть *vi E2 impf* (*pf:* за-) streiken
батальо́н *m K* Bataillon *nt*
батаре́йка <*gen pl:* -ре́ек> *f A* kleine Batterie *f*
батаре́я <*gen pl:* -ре́й> *f A2* ❶ (воe, элек) Batterie *f*; ❷ (элек) Aku *m*; **отопи́тельная ~** Heizkörper *m*
ба́тник *m K* Hemdbluse *f*
бато́н *m K* Stangenweißbrot *nt*
бах! *interj* bums!, baff!
бахва́литься *v + inst I impf* prahlen, aufschneiden
бахва́льство *nt O* Prahlerei *f*
бахрома́ *f A* Franse *f*
баци́лла *f A* Bazillus *m*
ба́шня <*gen pl:* -шен> *f A1* ❶ Turm *m*; ❷ (*umg:* ***высо́тный дом***) Hochhaus *nt*
бди́тельность *f I* Wachsamkeit *f*
бди́тельный <*kf:* -лен, -льна> *adj* wachsam
бег <*präpos sg:* на бегу́> *m K* Lauf *m*
бега́ <*gen pl:* -о́в> *m K ple* (спорт) Pferderennen *nt*
бе́гать *vi E unbest* (*best:* ***бежа́ть***) ❶ laufen; ❷ (*umg:* ***от кого́-ли́бо***) jdn meiden
бегемо́т *m K* Flusspferd *nt*, Nilpferd *nt*
бегле́ц *m K* Flüchtling *m*
бе́гло *adv* fließend, schnell; **она ~ говори́т по-неме́цки** sie spricht fließend deutsch
бе́глый *adj* ❶ (***убежа́вший***) flüchtig, entlaufen; ❷ (***бы́стрый***) flüchtig, schnell
бегля́нка <*gen pl:* -нок> *f A* weiblicher Flüchtling *m*
бегово́й *adj* Renn-
бего́м *adv* laufend, im Laufschritt
беготня́ <*inst sg:* -нёю> *f A1* (*umg*) Lauferei *f*
бе́гство *nt O* Flucht *f*; **обрати́ться в ~** die Flucht ergreifen
бегу́н, бегу́нья *m K / f A1* (спорт) Läufer, -in *m/f*
беда́ *f A pls* Unglück *nt*, Elend *nt*, Not *f*; **не ~** das ist nicht so schlimm
бе́дность *f I* Armut *f*
бе́дный <*kf:* -ден, -дна́> *adj* ❶ arm; ❷ (***несча́стный***) unglücklich
бедня́жка <*gen pl:* -жек> *mf A* (*umg*) armer Mensch *m*, armer Tropf *m*
бедня́к *m K e* ❶ (***неиму́щий***) Arme(r) *m*; ❷ (***крестья́нин***) armer Bauer *m*
бедро́ <*pl:* бёдра, -дер, -драм> *nt O* ❶ (***часть ноги́***) Oberschenkel *m*; ❷ (***бок***) Hüfte *f*
бе́дствие *nt O2* Unheil *nt*, Katastrophe *f*; **стихи́йное ~** Naturkatastrophe *f*
бе́дствовать *vi E2 impf* Not leiden, darben
бедуи́н, бедуи́нка *m K / f A* Beduine *m*, Beduinin *f*
бежа́ть <*präs:* бегу́, бежи́шь> *vi*

Б

UI best (*unbest*: ***бе́гать***) hinlaufen, hinrennen; **~ за кем-л.** jdm hinterherlaufen; **~ отку́да-л.** fliehen aus

бе́жевый *adj* beige

бе́женец <*gen:* **-нца, -нцев**> *m K* Flüchtling *m*, Asylbeweber *m*

без, безо *präp +gen* ohne (*+akk*); **~ гара́нтии** ohne Gewähr; **~ сомне́ния** zweifellos; **~ упако́вки** netto

безала́берный <*kf:* **-рен, -рна**> *adj* liederlich, unordentlich

безалкого́льный *adj* alkoholfrei

безбиле́тный *adj* fahrscheinlos

безболе́зненный *adj* ❶ schmerzlos; ❷ (*fig:* ***беспрепя́тственный***) ohne Schwierigkeiten, reibungslos

безбра́чие *nt O2* ❶ Ehelosigkeit *f*; ❷ (***у духове́нства***) Zölibat *m*

безбре́жный <*kf:* **-жен, -жна**> *adj* ❶ uferlos; ❷ (***бесконе́чный***) endlos

безве́трие *nt O2* Windstille *f*

безви́зовый *adj* visumfrei

безвку́сица *f A* ❶ Geschmacklosigkeit *f*; ❷ (***в иску́сстве***) Kitsch *m*

безвку́сный *adj* (*auch fig*) geschmacklos

безвозме́здный *adj* unentgeltlich, kostenlos, gratis

безвре́дный <*kf:* **-ден, -дна**> *adj* unschädlich, harmlos

безвре́менный *adj* (*geh*) vorzeitig, zu früh, ungelegen

безвы́ходный *adj* ausweglos; **он в безвы́ходном положе́нии** er ist in einer ausweglosen Lage

безглюте́новый *adj* glutenfrei

безгра́мотность *f I* ❶ (***негра́мотность***) Analphabetentum *nt*; ❷ (***неве́жество***) Unwissenheit *f*, Ignoranz *f*

безграни́чный <*kf:* **-чен, -чна**> *adj* grenzenlos

безда́рный <*kf:* **-рен, -рна**> *adj* ❶ unbegabt; ❷ (***о произведе́ниях***) stümperhaft

безде́йственный *adj* untätig, passiv

безде́йствие *nt O2* ❶ (***пра́здность***) Untätigkeit *f*; ❷ (***невмеша́тельство***) Nichteingreifen *nt*

безде́йствовать *vi E2 impf* ❶ (***о челове́ке***) tatenlos zusehen; ❷ (***о маши́не***) außer Betrieb sein

безде́лица *f A* Kleinigkeit *f*, Bagatelle *f*

безде́лье *nt O1* Nichtstun *nt*

безде́льник *m K* Faulpelz *m*, Taugenichts *m*

безде́льничать *vi E impf* faulenzen, herumgammeln

безде́тный <*kf:* **-тен, -тна**> *adj* kinderlos

безде́ятельный <*kf:* **-лен, -льна**> *adj* untätig, tatenlos

бе́здна *f A* ❶ Abgrund *m*; ❷ (*umg:* ***у́йма***) Unmenge *f*; **~ дел** eine Menge Arbeit

бездо́мный I. *adj* obdachlos; **II.** *m wie adj* Obdachlose(r) *m*

бездо́нный <*kf:* **-нен, -нна**> *adj* bodenlos

бездоро́жный *adj* unwegsam, unfahrbar

безду́мно *adv* gedankenlos, unbedacht

безду́мность *f I* Gedankenlosigkeit *f*

безду́шный <*kf:* **-шен, -шна**> *adj* herzlos, hartherzig

безжи́зненный *adj* leblos

беззабо́тный *adj* sorglos, unbekümmert

беззако́ние *nt O2* ❶ (***несоблюде́ние зако́нов***) Gesetzlosigkeit *f*; ❷ (***произво́л***) Willkür *f*

беззасте́нчивый <*kf:* **-ив**> *adj* unverschämt, rücksichtslos

беззащи́тный *adj* schutzlos, wehrlos

беззву́чный *adj* lautlos, kaum hörbar

безлими́тный *adj* unbegrenzt; **~ тари́ф** (ТЕЛКОМ, ОБДАН) Flatrate *f*

безли́чный <*kf:* **-чен, -чна**> *adj* (ЛИНГ) unpersönlich

безлю́дный <*kf:* **-ден, -дна**> *adj* menschenleer, öde

безме́рный <*kf:* **-рен, -рна**> *adj* maßlos, unermesslich

безнадёжность *f I* Hoffnungslosigkeit *f*

безнадёжный <*kf:* -жен, -жна> *adj* hoffnungslos
безнака́занно *adv* ungestraft, straflos
безнали́чный *adj* bargeldlos; **~ расчёт** bargeldloser Zahlungsverkehr *m*
безнра́вственность *f I* Unmoral *f*, Sittenwidrigkeit *f*
безнра́вственный <*kf:* -венен, -венна> *adj* unmoralisch, sittenwidrig
безоби́дный <*kf:* -ден, -дна> *adj* harmlos
безо́блачный <*kf:* -чен, -чна> *adj* wolkenlos
безобра́зие *nt O2* ❶ (*о вне́шности*) Hässlichkeit *f*; ❷ (*беспоря́док*) Unordnung *f*; ❸ (*бесчи́нство*) Unfug *m*; **э́то про́сто ~!** das ist abscheulich!
безоговóрочно *adv* bedingungslos, vorbehaltlos
безопа́сность *f I* Sicherheit *f*, Gefahrlosigkeit *f*
безопа́сный <*kf:* -сен, -сна> *adj* ungefährlich, sicher
безостано́вочный <*kf:* -чен, -чна> *adj* ununterbrochen, pausenlos
безотве́тственный <*kf:* -вен, -венна> *adj* unverantwortlich, verantwortungslos
безотка́зный <*kf:* -зен, -зна> *adj* störungsfrei, einwandfrei
безотлага́тельный <*kf:* -лен, льна> *adj* unverzüglich
безотцо́вщина *f A* ❶ (социол) Aufwachsen *nt* der Kinder in Familien ohne Vater; ❷ (*umg: ребёнок, вы́росший без отца́*) vaterlos aufwachsendes Kind *nt*
безоши́бочный <*kf:* -чен, -чна> *adj* fehlerfrei, fehlerlos
безпопе́зный <*kf:* -зен, -зна> *adj* wertlos, nutzlos
безрабо́тица *f A* Arbeitslosigkeit *f*
безрабо́тный I. *adj* arbeitslos; **II.** *m wie adj* Arbeitslose(r) *m*
безра́достный <*kf:* -тен, -тна> *adj* freudlos
безразли́чие *nt O2* Gleichgültigkeit *f*
безразли́чно *adv* gleichgültig; **э́то мне ~** das ist mir ganz gleich
безрассу́дный <*kf:* -ден, -дна> *adj* unbesonnen, kopflos
безрезульта́тный <*kf:* -тен, -тна> *adj* ❶ ergebnislos; ❷ (*безуспе́шный*) erfolglos
безу́держный <*kf:* -жен, -жна> *adj* ❶ (*неудржи́мый*) unaufhaltsam; ❷ (*несде́ржанный*) hemmungslos, zügellos
безукори́зненный <*kf:* -нен, -ненна> *adj* makellos, tadellos, einwandfrei
безу́мие *nt O2* (*auch fig*) Wahnsinn *m*, Verrücktheit *f*
безу́мный <*kf:* -мен, -мна> *adj* (*auch fig*) wahnsinnig, verrückt
безу́мствовать *vi E2 impf* ❶ unsinnig handeln; ❷ (*неи́стовствовать*) toben, rasen
безупре́чный <*kf:* -чен, -чна> *adj* einwandfrei, tadellos
безусло́вно *adv* ❶ (*разуме́ется*) natürlich, gewiss; ❷ (*несомне́нно*) zweifellos
безусло́вный *adj* ❶ (*безогово́рочный*) unbedingt; ❷ (*несомне́нный*) unzweifelhaft, eindeutig
безуспе́шный <*kf:* -шен, -шна> *adj* erfolglos
безуте́шный <*kf:* -шен, -шна> *adj* untröstlich
безуча́стный <*kf:* -тен, -тна> *adj* teilnahmslos, unbeteiligt
безъя́дерный *adj* kernwaffenfrei
безымя́нный *adj* dem Namen nach unbekannt, ohne Namen, anonym; **~ па́лец** Ringfinger *m*
беле́ть *vi E impf* (*pf:* по-) weiß werden, verbleichen
бели́ть <*präs:* белю́, бе́лишь> *vt I impf* (*pf:* по-) weiß anstreichen
бе́лка *f A* Eichhörnchen *nt*
беллетри́стика *f K* schöne Literatur *f*, Belletristik *f*
бело́к <*gen sg:* белка́> *m K* ❶ (биол) Eiweißstoff *m*; ❷ (*яйца́*)

Б

Б

Eiweiß *nt*; ③ (*гла́за*) das Weiße *nt* (des Auges), Sklera *f*

белоку́рый <*kf:* -у́р> *adj* blond, hellblond

белору́с, белору́ска *m K / f A* Weißrusse, -russin *m/f*

Белору́ссия *f A2* Weißrussland *nt*, Belarus *nt*

белору́сский *adj* weißrussisch

белосне́жный <*kf:* -жен, -жна> *adj* schneeweiß, schlohweiß, blütenweiß

бе́лый <*kf:* бел, бела́, бело́, белы́, *komp:* беле́е> *adj* weiß; **~ гриб** Steinpilz *m*; **~ дом** das Weiße Haus *nt*; **~ медве́дь** Eisbär *m*; **~ хлеб** Weißbrot *nt*; **~ биле́т** (ВОЕ) Befreiung vom Armeedienst aus Gesundheitsgründen; **средь бе́ла дня** am hellichten Tag

бельги́ец, бельги́йка <*gen sg m:* -и́йца, *gen pl f:* -ги́ек> *m K / f A* Belgier, -in *m/f*

бельги́йский *adj* belgisch

Бе́льгия *f A2* Belgien *nt*

бельё *nt O1* Wäsche *f*; **ни́жнее ~** Unterwäsche *f*; **посте́льное ~** Bettwäsche *f*; **цветно́е ~** Buntwäsche *f*

бельмо́ *nt O pls* (МЕД) Star *m*

бельэта́ж *m K* (ТЕАТ) erster Rang *m*

бензи́н *m K* Benzin *nt*; **неэтили́рованный ~** bleifreies Benzin; **обы́чный ~** Normalbenzin *nt*

бензоколо́нка *f A* ① Zapfsäule *f*; ② (*автозапра́вочная ста́нция*) Tankstelle *f*

бензонасо́с *m K* Benzinpumpe *f*

бе́рег <*präpos sg:* на берегу́, *nom pl:* берега́> *m K ple* Ufer *nt*, Küste *f*; **круто́й ~** Steilküste *f*; **быть вы́брошенным на ~** stranden; **выходи́ть из ~о́в** über die Ufer treten

бережли́вый <*kf:* -и́в> *adj* ① (*нерасточи́тельный*) sparsam; ② (*уме́ющий вести́ хозя́йство*) wirtschaftlich, haushälterisch

бе́режно *adv* behutsam; **обраща́ться ~ с кем-л./чем-л.** behutsam umgehen (mit *+dat*)

бе́режный <*kf:* -жен, жна> *adj* behutsam, vorsichtig

берёза *f A* Birke *f*

бере́менеть *vi E impf* (*pf:* за-) schwanger werden

бере́менная I. *adj* schwanger; **II.** *f wie adj* Schwangere *f*

бере́менность *f I* Schwangerschaft *f*; **она на тре́тьем ме́сяце бере́менности** sie ist im dritten Monat schwanger; **на после́днем ме́сяце бере́менности** hochschwanger

бере́т *m K* ① Barett *nt*; ② Baskenmütze *f*

бере́чь <*präs:* берегу́, бережёшь, бережёт, бережём, бережёте, берегу́т, *prät:* берёг, берегла́> *vt UE4 impf* (*pf:* с-) ① (*щади́ть*) schonen; **~ си́лы** seine Kräfte schonen; ② (*сохраня́ть*) bewahren, aufbewahren; ③ (*не тра́тить*) sparen; **~ та́йну** ein Geheimnis wahren; ④ (*оберега́ть*) schützen, hüten; **береги́ себя́!** pass gut auf dich auf!

бере́чься <*präs:* берегу́сь, бережёшься, *prät:* берёгся, береглáсь> *vr UE4 impf* (*mit gen oder inf*) sich vorsehen, sich in Acht nehmen (vor *+dat*)

берму́ды *pl A* Bermudashorts *pl*

беру́ши *pl A* Ohrenschützer *m pl*

бес *m K* (*umg*) Teufel *m*; **в него́ всели́лся ~** der Teufel ist in ihn gefahren

бесе́да *f A* ① (*разгово́р*) Gespräch *nt*, Unterhaltung *f*; ② (*интервью́*) Interview *nt*; ③ (ОБДАН) Chat *m*; **~ с гла́зу на́ глаз** Gespräch unter vier Augen;

бесе́дка *f A* Gartenlaube *f*

бесе́довать *vi E2 impf* (*pf:* по-) (*с кем-л. о чём-л.*) sich unterhalten, ein Gespräch führen

беси́ть <*präs:* бешу́, бе́сишь> *vt I impf* (*pf:* вз-) wütend machen, auf die Palme bringen

Б

бесúться <*präs:* бешýсь, бéсишься> *vr I impf* (*pf:* вз-) ❶ (*о живóтных*) tollwütig werden; ❷ (*umg: быть в я́рости*) wüten, vor Wut toben; **он с жиру бéсится** ihn sticht der Hafer

бесконéчность *f I* Unendlichkeit *f*

бесконéчный <*kf:* -чен, чна> *adj* unendlich, endlos

бесконтрóльность *f I* Unkontrolliertheit *f*

бесконтрóльный <*kf:* -лен, -льна> *adj* unkontrolliert

бескоры́стный <*kf:* -тен, -тна> *adj* uneigennützig, selbstlos

бесперебóйный <*kf:* -óен, -óйна> *adj* kontinuierlich, ununterbrochen

беспéчность *f I* Sorglosigkeit *f*, Leichtsinn *m*

беспéчный <*kf:* -чен, -чна> *adj* sorglos, unbekümmert

бесплáновый *adj* planlos

бесплáтно *adv* gratis

бесплáтный <*kf:* -тен, -тна> *adj* kostenlos, unentgeltlich; **бесплáтная прóба** Gratisprobe *f*

бесплóдие *nt O2* (МЕД) Unfruchtbarkeit *f*

бесплóдность *f I* (*fig*) Fruchtlosigkeit *f*, Ergebnislosigkeit *f*; **~ дéятельности** Ineffizienz *f*

бесплóдный <*kf:* -ден, -дна> *adj* ❶ unfruchtbar; ❷ (*о живы́х существáх*) steril; ❸ (*fig: бесполéзный*) fruchtlos, ergebnislos

бесподóбный <*kf:* -бен, -бна> *adj* unvergleichlich, beispiellos

беспокóить *vt I impf* ❶ (*волновáть*) beunruhigen; ❷ (*мешáть*) stören, belästigen

беспокóиться *vr I impf* (*pf:* за-) ❶ (*о ком-л./чём-л.*) besorgt sein, sich Sorgen machen um; ❷ (*затрудня́ть себя́*) sich bemühen; **пожáлуйста, не беспокóйтесь!** bitte machen Sie sich keine Umstände!

беспокóйный <*kf:* -óен, -óйна> *adj* ❶ (*неспокóйный*) unruhig, ruhelos; ❷ (*тревóжный*) sorgenvoll; **~ взгляд** sorgenvoller Blick *m*

беспокóйство *nt O* ❶ (*волнéние*) Unruhe *f*; ❷ (*озабóченность*) Besorgnis *f*; **вы́звать ~** Besorgnis erregen; ❸ (*помéха*) Störung *f*; **извинúте за ~!** entschuldigen Sie die Störung!

бесполéзно *adv* nutzlos; **э́то ~** das nützt nichts; **емý ~ об э́том говорúть** es lohnt sich nicht, mit ihm darüber zu reden

бесполéзность *f I* Nutzlosigkeit *f*

бесполéзный <*kf:* -зен. -зна> *adj* nutzlos, vergeblich

беспóмощность *f I* ❶ (*нуждá в пóмощи*) Hilflosigkeit *f*; ❷ (*бессúлие*) Ohnmacht *f*

беспóмощный <*kf:* -щен, -щна> *adj* ❶ (*нуждáющийся в пóмощи*) hilflos; ❷ (*нелóвкий, смущённый*) unbeholfen

беспоря́док <*gen:* -дка, -дков> *m K* ❶ (*непоря́док*) Unordnung *f*, Durcheinander *nt*; ❷ (*im pl: волнéния*) Ausschreitungen *f pl*, Krawalle *m pl*

беспоря́дочный <*kf:* -чен, -чна> *adj* unordentlich, ungeordnet, kunterbunt

беспосáдочный *adj* ohne Zwischenlandung

беспóшлинный *adj* ❶ (*не облагáемый пóшлиной*) zollfrei; ❷ (*не оплáченный пóшлиной*) unverzollt; **беспóшлинная торгóвля** Freihandel *m*

беспощáдный <*kf:* -ден, -дна> *adj* gnadenlos, schonungslos

бесправие *nt O2* Rechtlosigkeit *f*

бесправный <*kf:* -вен, -вна> *adj* rechtlos, entrechtet

беспредéл *m K* (*umg*) absolute Gesetzlosigkeit *f*, Missachtung *f* der Gesetze

беспредéльный <*kf:* -лен, -льна> *adj* (*auch fig*) grenzenlos, unermesslich

беспредмéтный <*kf:* -тен, -тна> *adj* (*разговóр*) gegenstandslos

беспреры́вный <*kf:* -вен, -вна> *adj* ununterbrochen, pausenlos
беспреста́нно *adv* unaufhörlich, in einem fort
беспрецеде́нтный <*kf:* -тен, тна> *adj* beispiellos
беспризо́рный I. <*kf:* -рен, -рна> *adj* verwahrlost, auf der Straße lebend; II. *m wie adj* verwahrloste(r) Jugendliche(r) *m*
бесприме́рный <*kf:* -рен, -рна> *adj* beispiellos
беспристра́стный <*kf:* -тен, -тна> *adj* unvoreingenommen, unparteiisch
беспричи́нный <*kf:* -нен, -нна> *adj* grundlos
бесприю́тный <*kf:* -тен, -тна> *adj* obdachlos
бессвя́зный <*kf:* -зен, -зна> *adj* zusammenhangslos, unzusammenhängend
бессерде́чный <*kf:* -чен, -чна> *adj* herzlos, hartherzig
бесси́лие *nt O2* Kraftlosigkeit *f*, Ohnmacht *f*
бесси́льный <*kf:* -лен, -льна> *adj* kraftlos, machtlos
бессла́вный <*kf:* -вен, -вна> *adj* schmählich, glanzlos; ~ **коне́ц** glanzloses Ende *nt*
бессле́дно *adv* spurlos; ~ **исче́знуть** spurlos verschwinden
бесслове́сный <*kf:* -сен, -сна> *adj* ① (***немо́й***) stumm; ② (***молчали́вый***) wortkarg; ③ (***поко́рный***) unterwürfig
бессме́ртие *nt O2* Unsterblichkeit *f*
бессме́ртный <*kf:* -тен, -тна> *adj* unsterblich
бессмы́сленность *f I* Sinnlosigkeit *f*
бессмы́сленный <*kf:* -ен, -енна> *adj* sinnlos
бессо́вестный <*kf:* -тен, -тна> *adj* ① (***нече́стный***) gewissenlos; ② (***на́глый***) frech
бессо́нница *f A* Schlaflosigkeit *f*
бессо́нный *adj* schlaflos
бесспо́рный <*kf:* -рен, -рна> *adj* ganz offenkundig
бессро́чный *adj* fristlos, unbefristet
бессты́дный *adj* unverschämt
бессты́дство *nt O* ① (***на́глость***) Unverschämtheit *f*; ② (***отсу́тствие стыда́***) Schamlosigkeit *f*
беста́ктность *f I* Taktlosigkeit *f*
бе́стия *f A2* (*fig:* ***скоти́на***) Bestie *f*, Biest *nt*
бестолко́вый <*kf:* -о́в> *adj* ① (*umg:* ***непоня́тливый***) schwer von Begriff; ② (***несвя́зный***) unverständlich
бестсе́ллер *m K* Bestseller *m*, Verkaufsschlager *m*, Renner *m*
бесфо́рменный <*kf:* -мен, -менна> *adj* formlos, klobig
бесхара́ктерность *f I* Charakterlosigkeit *f*
бесхозя́йственность *f I* ① (***неуме́лое веде́ние хозя́йства***) Misswirtschaft *f*; ② (***расточи́тельность***) Unwirtschaftlichkeit *f*
бесцве́тный <*kf:* -тен, -тна> *adj* (*auch fig*) farblos
бесце́льный *adj* ① (***не име́ющий це́ли***) ziellos; ② (***бесполе́зный***) nutzlos
бесце́нный <*kf:* -нен, -нна> *adj* ① (***драгоце́нный***) sehr wertvoll; ② (***неоцени́мый***) unschätzbar
бесце́нок *m K:* **за** ~ spottbillig
бесцеремо́нность *f I* Rücksichtslosigkeit *f*
бесцеремо́нный <*kf:* -нен, -нна> *adj* ① (***нетакти́чный***) rücksichtslos, ungeniert; ② (***на́глый***) unverfrohren
бесчелове́чный <*kf:* -чен, -чна> *adj* unmenschlich
бесче́стие *nt O2* Schmach *f*, Schande *f*
бесче́стный <*kf:* -тен, -тна> *adj* ehrlos, schändlich
бесчи́нство *nt O* ① (***эксце́сс***) Ausschreitung *f*; ② (***безобра́зие***) Unfug *m*
бесчи́нствовать *vi E2 impf* sein Unwesen treiben, randalieren
бесчи́сленный <*kf:* -ен, -енна>

adj unzählig, zahllos; **бесчи́сленное мно́жество** eine Unmenge *f*

бесчу́вственность *f I* Gefühllosigkeit *f*

бесчу́вственный <*kf:* -ен, -енна> *adj* ① (*лиши́вшийся чувств*) bewusstlos, ohnmächtig; ② (*холо́дный*) gefühllos, gefühlskalt; ③ (*безжа́лостный*) mitleidlos, herzlos

бесшу́мный <*kf:* -мен, -мна> *adj* ① (*беззву́чный*) geräuschlos, lautlos; ② (*со звукоизоля́цией*) schallgedämpft

бето́н *m K* Beton *m*

бетони́ровать *vi E2 impf* (*pf:* за-) betonieren

бечёвка <*gen pl:* -вок> *f A* Schnur *f*, Bindfaden *m*

бе́шенство *nt O* ① (мед) Tollwut *f*; ② (*fig: неи́стовая зло́ба*) Wut *f*, Zorn *m*; **прийти́ в ~** wütend werden

бе́шеный *adj* ① (мед) tollwütig; ② (*umg: необу́зданный*) wütend, rasend; ③ (*umg: неслы́ханный*) ungeheuer

бибабо́ *nt indekl* Handpuppe *f*

библе́йский *adj* biblisch

библиографи́ческий *adj* bibliografisch; **библиографи́ческие да́нные** bibliografische Angaben

библиогра́фия *f A2* Bibliografie *f*

библиоте́ка *f A* Bibliothek *f*

библиоте́карь *m K1* Bibliothekar, -in *m/f*

би́блия *f A2* Bibel *f*

бива́к *m K* Biwak *nt*

би́вень <*gen sg:* -вня> *m K1* Stoßzahn *m*

бигуди́ *nt pl indekl* Lockenwickler *m*

бидо́н *m K* Blechkanne *f*

бие́ние *nt O2* Schlag *m*; **~ пу́льса** Pulsschlag *m*

бижуте́рия *f A2* Modeschmuck *m*

би́знес *m K* ① (*де́ло*) Geschäft *nt*; ② (*делова́я акти́вность*) Geschäftsleben *nt*, Business *nt*; **большо́й ~** Big Business *nt*; **ча́стный ~** Privatunternehmertum *nt* Privatindustrie *f*; **де́лать ~ на чём-л.** ein Geschäft machen (mit +*dat*)

бизнесме́н *m K* ① Geschäftsmann, -frau *m/f*; ② (*pej: деле́ц*) Geschäftemacher *m*

бики́ни *nt indekl* Bikini *m*

биле́т *m K* ① (*проездно́й*) Fahrkarte *f*; **обра́тный ~** Rückfahrkarte *f*; **железнодоро́жный ~** Bahnfahrkarte *f*; **~ на самолёт** Flugticket *nt*; ② (*входно́й*) Eintrittskarte *f*; **~ в теа́тр** Theaterkarte *f*; **пригласи́тельный ~** Einladung *f*; ③ (*лотере́йный*) Lotterielos *nt*; **~ без вы́игрыша** Niete *f*; **вы́игрышный ~** Gewinnlos *nt*; ④ (*чле́нский*) Ausweis *m*

билья́рд *m K* Billard *nt*

бино́кль *m K1* Fernglas *nt*

бинт *m K* (мед) Verband *m*

бинтова́ть *vt E2 impf* (*pf:* за-) verbinden

биога́з *m K* Biogas *nt*

био́граф *m K* Biograph, -in *m/f*

биогра́фия *f A2* ① (*жизнеописа́ние*) Biographie *f*; ② (*на бла́нке*) Lebenslauf *m*

био́лог *m K* Biologe, Biologin *m/f*

биологи́ческий *adj* biologisch

биоло́гия *f A2* Biologie *f*

би́ржа *f A* (эко́н) Börse *f*; **~ труда́** Arbeitsamt *nt*

би́рка <*gen pl:* -рок> *f A* ① (*ярлы́к*) Etikett *nt*; ② (*у бага́жа*) Kofferanhänger *m*

бирю́льки <*gen pl:* -лек> *f pl A* Stäbchenspiel *nt*; **игра́ть в бирю́льки** (*fig*) Däumchen drehen

би́сер *m K* Glasperlen *f pl*

бискви́т *m K* Biskuit *nt*

би́тва *f A* Schlacht *f*

битко́м *adv:* **~ наби́тый** (*umg*) vollgestopft, gerammelt voll

бито́к <*gen sg:* -тка́> *m K e* Fleischkloß *m*, Klops *m*

би́тый <*part prät pass von:* бить>

adj ❶ geschlagen; ❷ (*разбитый*) zerschlagen, kaputt; **~ час** eine geschlagene [*o* volle] Stunde *f*

бить <*präs:* бью, бьёшь> *vt E4 impf* (*pf:* по-, про-, раз-) ❶ (*избивать*) schlagen, hauen; **~ по лицу** ins Gesicht schlagen; **~ по чьим-л. интересам** (*fig*) jds Interessen schädigen; ❷ (*ударять*) hämmern, trommeln; **часы бьют 8** die Uhr schlägt 8; **~ в цель** (*auch fig*) ins Ziel [*o* Schwarze] treffen; ❸ (*разбивать*) zerbrechen, zerschlagen; ❹ (*побеждать*) besiegen; **~ карту** eine Karte stechen; ❺ (*ключом*) sprudeln, quellen

биться *vr E4 impf* ❶ (*с кем-л.*) sich schlagen (mit *+dat*); ❷ (*над чем-л.*) sich abmühen (mit *+dat*); ❸ (*обо что-л.*) stoßen (gegen *+akk*); **~ головой о стенку** (*fig*) mit dem Kopf gegen die Wand rennen; ❹ (*разбиваться*) zu Bruch gehen, zerbrechlich sein; ❺ (*о сердце*) schlagen, klopfen, pochen; **сердце бьётся** das Herz klopft

бич <*gen pl:* -ей> *m K ple* ❶ Peitsche *f*; ❷ (*fig: наказание*) Plage *f*

бичевать *vt E2 impf* ❶ auspeitschen; ❷ (*fig: клеймить позором*) geißeln

благо I. *nt O* ❶ (*благополучие*) Wohl *nt*; ❷ (*польза*) Nutzen *m*; **общественное ~** Gemeinwohl *nt*; **идти на ~ кому-л.** jdm zugute kommen ❸ (*блага*) Güter *nt pl*; ❹ (*благосостояние*) Wohlstand *m*; **всех благ!** (*umg*) alles Gute! **II.** *konj* ❶ (*umg: тем более что*) um so mehr als; ❷ (*ведь же*) weil ja; ❸ (*раз уж*) wenn schon; **~ я оказался здесь** wenn ich schon einmal hier bin

благовоспитанный <*kf:* -ан, -анна> *adj* wohlerzogen, manierlich

благоговение *nt O2* ❶ (*сосредоточение*) Andacht *f*; ❷ (*глубокое почтение*) Ehrfurcht *f*

благоговеть *vi E impf* (*перед кем-л./чем-л.*) verehren, großen Respekt haben (vor *+dat*)

благодарить *vt I impf* (*pf:* по-) danken, sich bedanken; **благадарю вас!** danke!

благодарность *f I* ❶ (*выражение благодарности*) Dank *m*; ❷ (*чувство благодарности*) Dankbarkeit *f*; **из благодарности** aus Dankbarkeit

благодарный <*kf:* -рен, -рна> *adj* dankbar, erkenntlich; **благодарная тема** (*fig*) ein dankbaresThema *nt*

благодаря *präp +dat* dank (*+gen*); **~ тому, что** dadurch, dass

благодатный <*kf:* -тен, -тна> *adj* segensreich, wohltuend; **~ климат** (*auch fig*) ein gutes Klima *nt*

благодетель, благодетельница *m K1 / f A* Wohltäter, -in *m/f*

благодетельность *f I* Wohltätigkeit *f*

благодетельный <*kf:* -лен, -льна> *adj* wohltätig

благодеяние *nt O2* Wohltat *f*

благожелательный <*kf:* -лен, -льна> *adj* (*geh*) wohlwollend

благозвучие *nt O2* Wohlklang *m*

благой *adj:* **иметь благие намерения** gute Vorsätze haben

благонадёжный <*kf:* -жен, -жна> *adj* ❶ (*заслуживающий доверия*) zuverlässig, vertrauenswürdig; ❷ (*лояльный*) loyal

благополучие *nt O2* ❶ (*отсутствие тревог*) Wohlergehen *nt*, Glück *nt*; ❷ (*благосостояние*) Wohlstand *m*

благополучный <*kf:* -чен, -чна> *adj* ❶ (*благоприятный*) günstig; ❷ (*счастливый*) glücklich; ❸ (*не пострадавший*) wohlbehalten; **~ конец** Happy End *nt*; **из благополучной семьи** aus gutem Hause *nt*

благоприятный <*kf:* -тен, -тна> *adj* günstig

благоприятствовать *vi E2 impf*

(*кому́-л./чему́-л.*) begünstigen, fördern

благоразу́мие *nt O2* ❶ (*рассуди́тельность*) Besonnenheit *f*; ❷ (*понима́ние ситуа́ции*) Verständigkeit *f*, Einsicht *f*

благоразу́мный <*kf:* -мен, -мна> *adj* besonnen, vernünftig

благоро́дный <*kf:* -ден, -дна> *adj* ❶ (*из зна́тного ро́да*) adlig, vornehm; ❷ (*fig: досто́йный, великоду́шный*) edel, nobel; **благоро́дные мета́ллы** (*fig*) Edelmetalle

благоро́дство *nt O* ❶ (*великоду́шие*) Edelmut *m*; ❷ (*досто́инство, изя́щество*) das Edle *nt*

благоскло́нный <*kf:* -нен, -нна> *adj* (*geh*) geneigt, gewogen

благослове́ние *nt O2* ❶ (РЕЛ) Segen *m*; ❷ (*fig: согла́сие*) Billigung *f*

благослове́нный <*kf:* -ве́н, -ве́нна> *adj* gesegnet

благослови́ть <*fut:* -влю́, -ви́шь> *vt I pf* (*impf:* благословля́ть) ❶ (РЕЛ) segnen; ❷ (*fig: дать благослове́ние*) absegnen, gutheißen

благососто́яние *nt O2* Wohlstand *m*

благотвори́тельность *f I* Wohltätigkeit *f*

благотво́рный <*kf:* -рен, -рна> *adj* ❶ (*целе́бный*) wohltuend, heilsam; ❷ (*благоприя́тный*) günstig; **благотво́рное влия́ние** guter Einfluss *m*

благоустро́енный <*kf:* -о́ен, -о́ена> *adj* komfortabel eingerichtet

благоуха́ние *nt O2* Duft *m*, Wohlgeruch *m*

благоуха́ть *vi E impf* (*geh*) duften

благочести́вый *adj* fromm

блаже́нный <*kf:* -же́н, -же́нна> *adj* ❶ (*счастли́вый*) selig, überglücklich; ❷ (*nur Langform: глупова́тый*) einfältig; ❸ (*arch: юро́дивый*) besessen

бла́йзер *m K* Blazer *m*

бланк *m K* Formular *nt*, Vordruck *m*; **~ де́нежного перево́да** Überweisungsformular *nt*; **~ зая́вки** Anmeldeformular *nt*

блат *m K* (*umg*) Beziehungen *f pl*; **по ~у** durch Beziehungen, hintenherum

блева́ть <*präs:* блюю́, блюёшь> *vi E2 impf* (*pf:* с-) (*vulg*) kotzen

бледне́ть *vi E impf* (*pf:* по-) ❶ blass werden; ❷ (*fig: блёкнуть*) verblassen, unbedeutend erscheinen

бле́дный <*kf:* -ден, -дна́, -дно> *adj* blass, bleich; **име́ть ~ вид** (*fig*) blass aussehen

блёклый *adj* matt, welk, verblasst

блёкнуть *vi E1 impf* (*pf:* по-) ❶ (*бледне́ть*) fahl werden; ❷ (*auch fig: увяда́ть*) verwelken

блеск *m K* Glanz *m*, Funkeln *nt*; **~ остроу́мия** Geistesblitz *m*

блесну́ть *vi E1 pf* aufblitzen

блесте́ть <*präs:* блещу́, блести́шь, *oder:* блещу́, бле́щешь> *vi I impf* ❶ (*я́рко сверка́ть*) glitzern, glänzen; ❷ (*свети́ться*) leuchten

блестя́щий *adj* ❶ glänzend, blank; ❷ (*fig: превосхо́дный*) hervorragend, brillant; **блестя́щая иде́я** ein brillanter Einfall *m*

блеф *m K* Bluff *m*

блефова́ть *vi E2 impf/pf* bluffen

бле́ять <*nur 3. pers:* бле́ет, бле́ют> *vi E* blöken, meckern

ближа́йший *adj super* ❶ (*сле́дующий*) nächste(r, s), nächstliegend; **когда́ идёт ~ по́езд до Москвы́?** wann fährt der nächste Zug nach Moskau? **в ближа́йшее вре́мя** demnächst; ❷ (*бо́лее дета́льный*) näher; **при ближа́йшем рассмотре́нии** bei genauerer Betrachtung ❸ (*о лю́дях*) beste(r, s); **он мой ~ друг** er ist mein bester Freund

бли́жний I. *adj* nahe; **Бли́жний Восто́к** (ГЕОГ) Naher Osten *m*;

~ свет (АВТО) Abblendlicht *nt*; **II.** *m wie adj* (РЕЛ) Nächste(r) *m*; **возлюби́ бли́жнего твоего, как са́мого себя́!** liebe deinen Nächsten wie dich selbst!

близ *präp +gen* ❶ nahe (*+dat*); ❷ bei (*+dat*)

бли́зиться <*nur 3. pers:* бли́зится> *vr I impf* (*pf:* при-) sich nähern; **зима́ бли́зится к концу́** es geht auf den Frühling zu

бли́зкий I. <*kf:* -зок, -зка́, -зко, -зки́, *komp:* бли́же> *adj* ❶ nahe, nahegelegen; **мы близки́ к це́ли** wir sind nah am Ziel; **бли́зко от чего́-л.** nahe bei; ❷ (*об отноше́ниях*) *in enger, direkter Beziehung zu jdm/etw stehend*; **э́то мой ~ ро́дственник** das ist ein naher Verwandter von mir; **они́ близки́ друг с дру́гом** sie haben vertrauten Umgang; ❸ (*схо́дный*) ähnlich, verwandt; **перево́д бли́зок к оригина́лу** die Übersetzung ist originalgetreu; **II.** *m pl wie adj* die nächsten Angehörigen *mf pl*

близлежа́щий *adj* nahegelegen

близнецы́ <*nom sg:* близне́ц> *m pl K e* Zwillinge *m pl*

близору́кий <*kf:* -у́к> *adj* (*auch fig*) kurzsichtig

бли́зость *f I* ❶ (*по ме́сту и вре́мени*) Nähe *f*; ❷ (*об отноше́ниях*) Vertrautheit *f*, Intimität *f*; ❸ (*схо́дство*) Ähnlichkeit *f*

блин *m K ple* Plinse *f*, Pfannkuchen *m*; **пе́рвый ~ (всегда́) ко́мом** aller Anfang ist schwer

бли́нчик *dim von* **блин**

блиста́тельный <*kf:* -лен, -льна> *adj* (*fig*) glänzend, großartig

блиста́ть *vi E impf* ❶ (*сверка́ть*) glänzen; ❷ (*fig: выделя́ться*) glänzen, sich auszeichnen

блог *m K* (ОБДАН) Blog *nt o m*; **вести́ ~** bloggen; **писа́ть, на-** *pf* **что-л. в ~** etw bloggen

бло́гер *m K* (ОБДАН) Blogger(in) *m(f)*

блок *m K* ❶ (ТЕХ) Block *m*, Baustein *m*; **~ сигаре́т** eine Stange Zigaretten; ❷ (ПОЛ) Bündnis *nt*, Pakt *m*

блока́да *f A* ❶ Blockade *f*; ❷ (*сидя́чая забасто́вка*) Sitzstreik *m*

блоки́ровать *vt E2 impf/pf* ❶ blockieren; ❷ (*прегражда́ть*) versperren

блоки́роваться *vr E2 impf/pf* (ПОЛ) paktieren (mit *+dat*)

блокно́т *m K* Schreibblock *m*

блонди́нка <*gen pl:* -нок> *f A* Blondine *f*

блоха́ *f A pls1* Floh *m*

бло́чный *adj* Block-; **~ дом** *m* Blockhaus *nt*

блужда́ть *vi E impf* umherirren

блу́зка <*gen pl:* -зок> *f A* Bluse *f*

блю́дечко <*gen pl:* -чек> *nt O* ❶ (*для варе́нья и т.п.*) Schüsselchen *nt*; ❷ (*под ча́шкой*) kleine Untertasse *f*

блю́до *nt O* ❶ (*ку́шанье*) Speise *f*, Gericht *nt*; **люби́мое ~** Leibgericht *nt*; **пе́рвое и второ́е ~** erster und zweiter Gang *m*; ❷ (*посу́да*) Schüssel *f*

блю́дце <*gen pl:* -дец> *nt O1* Untertasse *f*

блюсти́ <*präs:* блюду́, -дёшь> *vi E6a impf* (*pf:* со-) hüten, bewahren; **~ национа́льные интере́сы** nationale Interessen wahren

блюсти́тель *m K1* Hüter *m*, Wächter *m*; **~ поря́дка** Ordnungshüter *m*

бля́ха *f A* kleines Blechschild *nt*, Marke *f*

боа́ I. *m indekl* (ЗООЛ) Riesenschlange *f*; **II.** *nt indekl* (*мехово́й шарф*) Federboa *f*

боб *m K e* Bohne *f*; **оста́ться на ~а́х** (*fig*) leer ausgehen

бобёр <*gen sg:* бобра́> *m K e* Biberfell *nt*

бобо́вые *nt pl wie adj* (БОТ) Hülsenfrüchtler *m pl*

бобр *m K e* Biber *m*

бобсле́й *m K2* (СПОРТ) Bob *m*, Bobschlitten *m*

Бог <*vok sg:* Бо́же> *m K* Gott *m*; **ве́рить в ~а** an Gott glauben; **бо́же**

мóй! mein Gott! **бог знáет** weiß Gott; **не дáй бог!** Gott bewahre! **слáва бóгу** Gott sei Dank!

богатéть *vi E impf* (*pf:* раз-) reich werden

богáтство *nt O* Reichtum *m*, Schatz *m*

богáтый <*komp:* богáче> *adj* ❶ (*состоятельный*) reich, vermögend; ❷ (*великолéпный*) herrlich, großartig; ❸ (*чем-л.*) reich (an *+akk*); **~ вы́бор** *m* (*fig*) reichhaltiges Angebot *nt*

богаты́рь *m K1 e* Held *m*, Recke *m*

богáч <*gen pl:* -чéй> *m K e* reicher Mensch *m*

боги́ня *f A1* Göttin *f*

богослóв *m K* Theologe *m*

богослóвие *nt O2* Theologie *f*

богослóвский *adj* theologisch

богослужéние *nt O2* Gottesdienst *m*; **вести́ ~** Gottesdienst halten

боготвори́ть <*präs:* -творю́, -твори́шь> *vt I impf* vergöttern, anhimmeln

богохýльство *nt O* Blasphemie *f*, Gotteslästerung *f*

бодри́ть <*präs:* бодрю́, -ри́шь> *vt I impf* (*pf:* о-) aufmuntern, anregen, stärken

бодри́ться *vr I* Mut fassen, sich zusammennehmen

бóдрость *f I* Munterkeit *f*

бóдрствовать *vi E2 impf* wach bleiben, wachen

бодрствýющий *adj* wach

бóдрый <*kf:* бодр, бодрá, бóдро, бодры́> *adj* rüstig, munter

боеви́к *m K* ❶ Kämpfer *m* einer militanten Gruppierung; ❷ (ФИЛМ) Actionfilm *m*

боевóй *adj* ❶ (*воéнный*) Kampf-, Gefechts-; ❷ (*вои́нственный*) kampfbereit, kriegerisch; ❸ (*бóйкий*) schlagfertig

боеприпáсы *m pl K* Munition *f*

боеспосóбный <*kf:* -бен, -бна> *adj* gefechtsbereit, kampffähig

бóже *siehe* **Бог**

бóжеский *adj* annehmbar; **по бóжеским цéнам** zu vertretbaren Preisen, relativ billig

божéственный <*kf:* -ен, -енна> *adj* ❶ (*исходя́щий от бóга*) göttlich; ❷ (*прекрáсный*) wunderschön; ❸ (*восхити́тельный*) entzückend

божествó *nt O* Gottheit *f*

бóжий *adj* Gottes-; **храм ~** (РЕЛ) Gotteshaus *nt*

бóй <*präpos sg:* в бою́, *gen pl:* боёв> *m K2 ple* ❶ (ВОЕ) Kampf *m*, Gefecht *nt*; ❷ (*сигнáлы ударáми*) Schläge *m pl*

бóйкий <*kf:* бóек, бойкá, бóйко, бойки́, *komp:* бóйче> *adj* ❶ (*провóрный*) gewandt, fix; ❷ (*оживлённый, шýмный*) lebhaft, belebt

бойкóт *m K* Boykott *m*

бойкоти́ровать *vt E2 impf* boykottieren

бóйня <*gen pl:* бóен> *f A1* ❶ (*скотобóйня*) Schlachthof *m*; ❷ (*резня́, избиéние*) Massaker *nt*, Gemetzel *nt*

бок <*präpos sg:* на бокý, *nom pl:* бокá> *m K ple* Seite *f*; **с ~у нá ~** von einer Seite auf die andere; **~ о ~** Seite an Seite; **под бóком** in allernächster Nähe

бокáл *m K* Becher *m*, Pokal *m*

боковóй *adj* Seiten-, seitlich

бокс *m K* Boxkampf *m*

боксёр *m K* Boxer *m*

бокси́ровать *vi E2 impf* boxen

болвáн *m K* ❶ (*чурбáн*) Holzklotz *m*; ❷ (*pej:* *дурáк*) Dummkopf *m*

Болгáрия *f A2* Bulgarien *nt*

болгáрский *adj* bulgarisch

бóлее *adv* ❶ (*geh*) mehr; **ситуáция всё ~ обостря́ется** die Situation spitzt sich immer mehr zu; **~-мéнее** mehr oder weniger; **тем ~, что** umso mehr, als; **~ чем когдá-л.** mehr denn je; ❷ (*для образовáния сравн. стéпени.*) *mit adj oder adv zur Bildung des komp*; **~ удóбный момéнт трýдно себé представи́ть** einen günstigeren Augenblick

Б

kann man sich kaum vorstellen

болéзненный <kf: -нен, -ненна> *adj* ❶ (*хи́лый*) kränklich; ❷ (*auch fig: нездорóвый*) krankhaft; ❸ (*auch fig: причиняющий боль*) schmerzhaft

болéзнь *f I* Krankheit *f*

болéльщик *m K* leidenschaftlicher Anhänger *m*, Fan *m*

болéть[1] <*präs:* болéю, болéешь> *vi E impf* ❶ krank sein; ❷ (*чем-ли́бо*) leiden (an +*dat*); ❸ (*fig: о ком-л./о чём-л.*) sich sorgen um, bangen um; ❹ (СПОРТ: *за когó-л.*) jds Fan sein

болéть[2] <*nur 3. pers:* боли́т> *vi I impf* schmerzen, weh tun; **что у вас боли́т?** was tut Ihnen weh? **у меня́ боли́т головá** ich habe Kopfschmerzen

болеутоля́ющий *adj* (МЕД) schmerzstillend; **болеутоля́ющее срéдство** Schmerzmittel *nt*

Боли́вия *f A2* Bolivien *nt*

болóтистый *adj* sumpfig

болóто *nt O* Moor *nt*, Sumpf *m*, Morast *m*

болт *m K* (ТЕХ) Bolzen *m*

болтáть[1] *vi E impf* (*umg: дви́гать*) baumeln, schlenkern; **~ ногáми** mit den Beinen baumeln

болтáть[2] *vi E impf* (*umg: говори́ть*) plaudern, quatschen; **~ вздор** Unsinn quatschen

болтáться *vr E impf* ❶ (*umg: висéть*) baumeln; ❷ (*об одéжде*) schlottern (*на* +*präpos* um +*akk*); ❸ (*слоня́ться без дéла*) herumlungern

болтли́вый *adj* geschwätzig, schwatzhaft

болтовня́ *f A1 e* (*pej*) Geschwätz *nt*, Gefasel *nt*

болту́н, **болту́нья** *m K / f A1* Schwätzer, -in *m/f*

боль *f I* ❶ Schmerz *m*; **головнáя ~** Kopfschmerzen; **~ в гóрле** Halsweh *nt*; **~ в мы́шцах** Muskelkater *m*; ❷ (*fig: нрáвственная*) Leid *nt*

больни́ца *f A* Krankenhaus *nt*

больни́чный **I.** *adj* Kranken-; **больни́чная кáсса** *f* Krankenkasse *f*; **II.** *m pl wie adj* Krankengeld *nt*

больнóй **I.** <*kf:* бóлен, больнá> *adj* ❶ krank; ❷ (*fig: болéзненный*) wund; **больнóе мéсто** (*auch fig*) wunder Punkt *m*; **~ вопрóс** (*fig*) ein heikles Thema *nt*; **II.** *m wie adj* Kranke(r) *mf*, Patient, -in *m/f*

бóльше **I.** <*komp von:* большóй> *adj adj comp* größer; **II.** *adv* mehr; **чтоб э́того ~ нé было!** das darf nicht mehr vorkommen! **э́то емý ~ нрáвится** das gefällt ihm besser; **всё ~** immer mehr; **как мóжно ~** möglichst viel

большинствó *nt O* Mehrheit *f*

большóй <*komp:* бóльший> *adj* ❶ groß; **бóльшей чáстью** meistens; **сáмое бóльшее** höchstens; ❷ (*замечáтельный*) bedeutend; **~ учёный** ein großer Gelehrter *m* ❸ (*взрóслый*) erwachsen

бóмба *f A* Bombe *f*

бомбарди́р *m K* (СПОРТ) Torschütze *m*

бомбёжка <*gen pl:* -жек> *f A* Bombenangriff *m*

бомби́ть <*präs:* -блю́, -би́шь> *vt I impf* (*pf:* раз-) bombardieren

бомбоубéжище *nt O1* Luftschutzbunker *m*

бомж *akr von* без определённого мéста жи́тельства *m* Landstreicher *m*, Obdachloser *m*

бомжи́ха *f von* **бомж**

бор[1] *m K* (ХИМ) Bor *nt*

бор[2] <*präpos sg:* -ý> *m K* Kiefernwald *m*

борéц <*gen sg:* -рца> *m K* ❶ Kämpfer *m*; ❷ (*побóрник*) Verfechter *m*; **~ за граждáнские правá** Bürgerrechtler *m*; ❸ (СПОРТ) Ringer *m*

бормотáние *nt O2* Gemurmel *nt*

бормотáть <*präs:* -мочý, -мóчешь> *vi E4 impf* murmeln, brummen

борови́к *m K e* Steinpilz *m*

бородá *f A* Bart *m*, Vollbart *m*

борода́вка <*gen pl:* -вок> *f A* Warze *f*
борода́тый *adj* bärtig
борозда́ *f A ple1* ❶ (СЕЛХОЗ) Furche *f*; ❷ (ТЕХ) Rille *f*, Nut *f*
борона́ *f A e2* Egge *f*
боро́ться <*präs:* борю́сь, бо́решься, *prät:* боро́лся, -лась> *vr E4b impf* (*с кем-л./чем-л.*) kämpfen, ringen; **~ с престу́пностью** die Kriminalität bekämpfen; **~ за кого́-л./что-л.** streiten [*o* sich einsetzen] (für +*akk*)
борт <*präpos sg:* на борту́> *m K ple* (СУД) Bord *m*; **на ~у́** an Bord *nt*; **выбра́сывать за́ ~** (*auch fig*) über Bord werfen
бортово́й *adj* Bord-, an Bord befindlich
бортпроводни́к, бортпроводни́ца *m K / f A* Steward, Stewardess *m/f*
борщ <*gen pl:* -щей> *m K e Suppe aus roten Rüben und anderem Gemüse*
борьба́ *f A* ❶ (*с чем-ли́бо*) Kampf *m* (gegen +*akk*); **~ с престу́пностью** die Bekämpfung der Kriminalität; ❷ (*за что-л.*) Kampf *m* (um +*akk*); **~ за власть** Machtkampf *m* ❸ (СПОРТ) Ringen *nt*
босико́м *adv* barfuß
Бо́сния *f A2* Bosnien *nt*
босоно́жки <*gen pl:* -жек> *pl A* Sandaletten *pl*
боти́нок <*gen sg:* -нка, *gen pl:* -нок> *m K* ❶ (*на шнуро́вке*) Schnürschuh *m*; ❷ (*полусапо́жки*) Halbstiefel *m*
бо́чка <*gen pl:* -чек> *f A* Fass *nt*, Tonne *f*
боязли́вый *adj* ängstlich, furchtsam
боя́ться <*präs:* бою́сь, бои́шься> *vr I impf* ❶ (*кого́-л./чего́-л.*) sich fürchten, Angst haben (vor +*dat*); **не бо́йся!** keine Angst! ❷ (*за кого́-л/что́-л.*) sich sorgen (um +*akk*); ❸ (*mit inf*) fürchten, befürchten

Брази́лия *f A2* Brasilien *nt*
брак [1] *m K* (*супру́жество*) Ehe *f*; **вступи́ть в ~** eine Ehe schließen; **расто́ргнуть ~** eine Ehe scheiden
брак [2] *m K* ❶ (*недоброка́чественный това́р*) Ausschuss *m*; **изде́лие с ~ом** ein schadhaftes Erzeugnis *nt*; ❷ (*umg: халту́ра*) Murks *m*
брако́ванный *adj* Ausschuss-; **~ това́р** Ausschussware *f*
бракова́ть *vt E2 impf* (*pf:* за-) aussondern
бракоде́л *m K* (*umg*) Ausschusserzeuger *m*, Murkser *m*
бракосочета́ние *nt O2* Trauung *f*, Eheschließung *f*
брани́ть *vt I impf* (*pf:* вы-) schelten, schimpfen
брани́ться *vr I impf* (*pf:* по-) ❶ (*ссо́риться*) sich streiten, sich zanken; **ми́лые браня́тся - то́лько те́шатся** was sich liebt, das neckt sich; ❷ (*руга́ться*) fluchen
брасле́т *m K* Armband *nt*
брат <*pl:* бра́тья, -тьев, -тьям> *m K* Bruder *m*; **двою́родный ~** Vetter *m*; **сво́дный ~** Stiefbruder *m*; **бра́тья и сёстры** Geschwister
бра́тский *adj* Bruder-, brüderlich; **бра́тская моги́ла** Massengrab *nt*
брать <*präs:* беру́, берёшь, *prät:* брал, брала́, бра́ло> *vt E4a impf* (*pf:* взять) ❶ (*принима́ть в ру́ки*) nehmen, entgegennehmen; ❷ (*забира́ть*) mitnehmen; ❸ (*на себя́*) auf sich nehmen, übernehmen; **ты сли́шком мно́го на себя́ берёшь** du mutest dir zu viel zu; ❹ (*принима́ть на рабо́ту*) einstellen, anstellen; **его́ беру́т программи́стом** er wird als Programmierer eingestellt; ❺ (*нанима́ть*) sich nehmen; **~ адвока́та** (sich) einen Anwalt nehmen; **~ такси́** ein Taxi nehmen; ❻ (*приобрета́ть*) kaufen; **~ биле́т** eine Karte [*o* ein Ticket] lösen; ❼ (*получа́ть*) in Anspruch nehmen, sich geben lassen; **~ о́тпуск** Urlaub

Б

Б

nehmen; ~ **уро́ки** Unterricht nehmen; ❽ (ВОЕ, СПОРТ) einnehmen, überwinden; ~ **с бо́ю** [*o* **при́ступом**] (*auch fig*) erkämpfen; ~ **барье́ры** (*auch fig*) Hürden nehmen; ❾ (*fig:* ***достига́ть***) sein Ziel erreichen; **она́ берёт хи́тростью** sie schafft es mit List; ~ **что-л. го́лыми рука́ми** etw mühelos erreichen; ❿ (*fig:* ***охва́тывать***) packen, überkommen; **меня́ зло́сть берёт** mich packt die Wut; ~ **кого́-л. за́ ду́шу** jdm ans Herz gehen

бра́ться *vi E4a impf* (*pf:* взя́ться) ❶ (***за что-л.***) anfassen, berühren; ❷ (***за ру́ки***) einander bei den Händen fassen; ❸ (***приступа́ть***) etw in Angriff nehmen; ~ **за рабо́ту** sich an die Arbeit machen; ~ **за у́м** zur Besinnung kommen; ❹ (***появля́ться***) irgendwo herkommen, genommen werden; **отку́да беру́тся э́ти де́ньги?** wo kommt das Geld her?

бра́узер *m K* (ОБДАН) Browser *m*

бра́чный *adj* ehelich, Hochzeits-

бревно́ <*pl:* брёвна, -вен, -внам> *nt O pls* ❶ Holzstamm *m*; ❷ (*fig, pej:* ***гру́бый челове́к***) Rohling *m*; ❸ (СПОРТ) Schwebebalken *m*

бред *m K* ❶ (МЕД) Fieberwahn *m*, Delirium *nt*; **в бреду́** im Delirium; ❷ (*fig*) Hirngespinst *nt*

бре́дить <*präs:* бре́жу, бре́дишь> *vi I impf* (МЕД) im Fieber sprechen

бредо́вый *adj* (*umg*) hirnverbrannt; **бредо́вая иде́я** Schnapsidee *f*, hirnverbrannte Idee *f*

бре́згать *v + inst E impf* (*pf:* по-) sich ekeln, Abscheu empfinden

брезгли́вый *adj* ❶ (***испы́тывающий отвраще́ние***) Ekel empfindend; **брезгли́вое** ~ Ekelgefühl *nt*; ❷ (***выража́ющий отвраще́ние***) voller Ekel [*o* Abscheu]

брезе́нт *m K* Plane *f*, Zeltbahn *f*

бре́зжить <*nur 3. pers:* бре́зжит> *vi I impf* (*pf:* за-) schwach schimmern, dämmern; **брезжи́т рассве́т** der Morgen graut

бре́мя *nt U1* (*auch fig*) Last *m*, Bürde *m*

бренча́ть <*präs:* бренчу́, -чи́шь> *vi I impf* klirren, klimpern

брести́ <*präs:* бреду́, бредёшь, *prät:* брёл, брела́> *vi E6a best* (*unbest:* ***броди́ть***) ❶ (***тащи́ться***) sich mit Mühe fortbewegen; ❷ (***ти́хо идти́***) langsam gehen

брешь *f I* Bresche *f*, Lücke *f*; **проби́ть** ~ (*auch fig*) eine Bresche schlagen

брига́да *f A* Brigade *f*; ~ **специали́стов** Expertenteam *nt*

бриллиа́нт *m K* Brillant *m*

брита́нец, брита́нка <*gen m:* -нца, -нцев*gen pl f:* -нок> *m K / f A* Brite, Britin *m/f*

брита́нский *adj* britisch

бри́тва *f A* ❶ (***ле́звие***) Rasierklinge *f*, Rasiermesser *nt*; ❷ (***прибо́р***) Rasierapparat *m*; **электри́ческая** ~ Rasierer *m*

бритоголо́вый *m wie adj* Skinhead *m*

бритьё *nt O1* Rasur *f*; **по́сле** ~ After-shave-

бри́ться <*präs:* бре́юсь, бре́ешь> *vr E4c impf* (*pf:* по-) sich rasieren

бровь *f I ple1* Augenbraue *f*

брод *m K* Furt *f*

броди́ть[1] <*präs:* брожу́, бро́дишь> *vi I unbest* (*best:* ***брести́***) umherstreifen, wandern

броди́ть[2] <*nur 3. pers:* бро́дит> *vt I impf* gären; **пи́во бро́дит** das Bier gärt

бродя́га *m A* Landstreicher *m*, Vagabund *m*

бродя́жничать *vi E impf* sich herumtreiben, vagabundieren

броже́ние *nt O2* Gärung *f*; **в наро́де** ~ (*fig*) im Volk brodelt es

броне- *präfix* gepanzert, Panzer-

бронежиле́т *m K* kugelsichere Weste *f*

бро́нза *f A* Bronze *f*

брони́рование *nt O2* ❶ (***мест***)

Reservierung *f*; ② (*биле́тов*) Buchung *f*

брони́ровать *vt E2 impf* (*pf:* за-) ① (*закрепля́ть*) reservieren; ② (*предвари́тельно зака́зывать*) buchen; **~ ме́сто в самолёте** einen Platz im Flugzeug buchen

бро́нхи *m pl K* Bronchien *f pl*

бронхи́т *m K* Bronchitis *f*

бронь, бро́ня *f I / f A1* ① (*закрепле́ние*) Reservierung *f*; ② (*докуме́нт*) Reservierungsschein *m*

броня́ *f A1* Panzerung *f*

бро́сить <*fut:* бро́шу, бро́сишь> *vt I pf* (*impf:* броса́ть) ① (*ки́нуть, швырну́ть*) werfen, hinwerfen; **~ замеча́ние** (*fig*) eine Bemerkung fallen lassen; **~ взгляд** (*fig*) einen Blick werfen; ② (*поки́нуть*) verlassen, im Stich lassen; **~ всё;** alles stehen und liegen lassen ③ (*прекрати́ть*) aufhören, aufgeben

бро́ситься <*fut:* бро́шусь, бро́сишься> *vi I pf* (*impf:* броса́ться) sich werfen, sich stürzen

бро́ский <*kf:* -сок, -ска> *adj* auffällig, grell; **~ заголо́вок** Aufmacher *m* Schlagzeile *f* Blickfang *m*

броско́м *adv* mit einem Ruck

бро́совый *adj* minderwertig, wertlos; **~ цена́** Schleuderpreis *m*

бросо́к <*gen sg:* -ска> *m K* Wurf *m*

бро́шка <*gen pl:* -шек> *f A* Brosche *f*

брошю́ра *f A* Informationsschrift *f*

брус <*pl:* бру́сья, -ьев, -ьям> *m U3* Balken *nt*

брусни́ка *f A* Preiselbeere *f*

брусча́тка *f A* ① (*булы́жная мостова́я*) Kopfsteinpflaster *nt*; ② (*булы́жник*) Pflasterstein *m*

бру́сья <*pl:* бру́сья, -ьев, -ьям> *m pl K* (СПОРТ) Barren *m*

бры́згать < *Formen auch nach E4:* бры́зжу, -жешь> *vi E impf* (*pf:* за-) ① spritzen; ② (*на кого́-л./что-л.*) bespritzen

бры́зги *f pl A* Spritzer *m pl*

бры́знуть *vi E1 pf* plötzlich hervorspritzen

брюзга́ *m/f A* (*umg*) Nörgler, -in *m/f*

брюзгли́вый <*kf:* -ив> *adj* mürrisch, griesgrämig

брюзжа́ние *nt O2* Nörgelei *f*, Quengelei *f*

брюзжа́ть <*präs:* брюзжу́, -жи́шь> *vi I impf* (*umg*) nörgeln, meckern

брю́ки *f pl A* Hose *f*

брю́хо *nt O* ① (*umg*) Bauch *m*; ② (*pej:* *пу́зо*) Wanst *m*; **наби́ть ~** sich den Wanst voll schlagen

брюши́на *f A* (АНАТ) Bauchfell *nt*

брюшко́ *nt O* (*umg*) Bäuchlein *nt*; **отрасти́ть ~** einen Bauchansatz bekommen

бу́бен <*gen sg:* -бна> *m K* Schellentrommel *f*

бу́бны <*gen pl:* бубён, *dat pl:* бубна́м> *f pl A* Karo *nt*, Schellen *f*; **ходи́ть с бубён** Karo [*o* Schellen] ausspielen

буго́р <*gen sg:* бугра́> *m K* Hügel *m*; **за бугро́м** (*umg*) im Ausland; **слиня́ть за ~** (*umg*) sich ins Ausland absetzen

будди́зм *m K* Buddhismus *m*

буди́льник *m K* Wecker *m*

буди́ть <*präs:* бужу́, бу́дишь> *vt I impf* (*pf:* раз-) wecken, aufwecken

бу́дка <*gen pl:* -док> *f A* Häuschen *nt*; **соба́чья ~** Hundehütte *f*; **телефо́нная ~** Telefonzelle *f*

бу́дни <*gen pl:* -дней> *m pl K* ① (*рабо́чие дни*) Werktag *m*; ② (*fig:* *повседне́вность, обы́денность*) Alltag *m*

бу́дничный *adj* Alltags-, alltäglich

будора́жить <*präs:* -ра́жу, -ра́жишь> *vt I impf* (*pf:* вз-) aufregen, aufwühlen

бу́дто *konj* als ob, als wenn

бу́дущее *nt wie adj* ① Zukunft *f*; **~ за таки́ми фи́рмами** die Zukunft gehört solchen Unternehmen; **в бу́дущем** in Zukunft; ② (ЛИНГ) Futur *nt*

Б

Б

бу́дущий *adj* zukünftig; **на бу́дущей неде́ле** in der kommenden Woche
бузина́ *f A* Holunder *m*
бу́й <*gen pl:* буёв> *m K2 ple* Boje *f*
бу́йвол *m K* Büffel *m*
бу́йный <*kf:* бу́ен, буйна́, -о> *adj* ungestüm, wild
бу́йствовать *vi E2 impf* ① (*неи́стовствовать*) toben; ② (*бесчи́нствовать*) randalieren, Unfug treiben
бук *m K* Buche *f*
бу́ква <*gen pl:* букв> *f A* Buchstabe *m*; **прописна́я ~** Großbuchstabe *m*; **стро́чная ~** Kleinbuchstabe *m*; **~ в бу́кву** genau, buchstäblich
буква́льный *adj* buchstäblich, wörtlich; **в буква́льном смы́сле** im eigentlichen Sinne
буке́т *m K* ① Blumenstrauß *m*; ② (*fig:* *арома́т*) Blume *f*, Aroma *nt*
букси́р *m K* (СУД) Schlepper *m*
букси́рный *adj* Schlepp-; **~ кана́т** Abschleppseil *nt*
буксова́ть < *meist nur 3. pers:* буксу́ет> *vi E2 impf* ① (АВТО) rutschen, schlupfen; ② (*fig:* *топта́ться на ме́сте*) auf der Stelle treten, nicht vorankommen
була́вка <*gen pl:* -вок> *f A* Stecknadel *f*
бу́лочка <*gen pl:* -чек> *f A* Brötchen *nt*
бу́лочная *f wie adj* Bäckerei *f*
булы́жник *m K* Pflasterstein *m*, Kopfstein *m*
бульва́рный *adj* Boulevard-; **~ рома́н** Groschenroman *m*
бульо́н *m K* Bouillon *f*; **мясно́й ~** Fleischbrühe *f*
бум *m K* Boom *m*, Hochkonjunktur *f*
бума́га *f A* ① Papier *nt*; ② (*докуме́нт*) Dokument *nt*, Schriftstück *nt*; **~ всё сте́рпит** Papier ist geduldig; **почто́вая ~** Briefpapier *nt*; **лино́ванная ~** liniertes Papier *nt*; **~ в кле́тку** kariertes Papier *nt*; **бума́ги** Papiere *pl*
бума́жка <*gen pl:* -жек> *f A* ① (*листо́к*) Zettel *m*; ② (*клочо́к*) Papierfetzen *m*; ③ (*pej:* *купю́ра*) Geldschein *m*; ④ (*umg, pej:* *официа́льная бума́га*) Schriftstück *nt*
бума́жник *m K* Brieftasche *f*
бума́жный *adj* Papier-; **бума́жная волоки́та** Papierkrieg *m*; **бума́жные де́ньги** Papiergeld *nt*; **~ кулёк** Papiertüte *f*; **бума́жная салфе́тка** Papiertaschentuch *nt*
бумажо́нка *f A* (*umgpej*) Wisch *m*
бунт *m K* Rebellion *f*
бунта́рский *adj* rebellisch
бунтова́ть *vi E2 impf* (*auch fig*) rebellieren
бура́вить <*präs:* -влю, -вишь> *vt I impf* (*pf:* про-) bohren
бура́н *m K* Schneesturm *m*
буржуа́зный *adj* bürgerlich
бури́ть *vt I impf* (*pf:* про-) (ГЕОЛ) bohren
бурли́ть *vi I impf* (*auch fig*) brodeln, kochen; **наро́д бурли́т** das Volk ist in Aufruhr
бу́рный <*kf:* -рен, -рна́> *adj* ① (*бушу́ющий*) stürmisch; ② (*неи́стовый*) heftig, ungestüm; **~ восто́рг** ungestümes Entzücken *nt*; ③ (*стреми́тельный*) rapide
бурча́ть <*präs:* бурчу́, -чи́шь> *vi I impf* (*pf:* про-) (*umg*) knurren, brummen; **у меня́ в животе́ бурчи́т** mir knurrt der Magen
бу́ря *f A1* Sturm *m*, Unwetter *nt*
бу́сина <*dim:* бу́синка> *f A* Glasperle *f*
бу́сы *pl K* Halskette *f* mit Steinen
бутафо́рия *f A2* ① (ТЕАТ) Requisiten *pl*; ② (*муля́ж*) Attrappe *f*
бутербро́д *m K* Butterbrot *nt*, belegtes Brötchen *nt*
буто́н *m K* Knospe *f*
буты́лка <*gen pl:* -лок> *f A* Flasche *f*; **~ из-под молока́** leere Milchflasche *f*
буфе́т *m K* ① (*сто́йка*) Büffet *nt*; ② (*заку́сочная*) Imbissraum *m*
бух! *interj* plumps!, bums!
буха́нка <*gen pl:* -нок> *f A* Laib *m*;

~ хле́ба ein Laib Brot

бухга́лтер *m K* Buchhalter *m*

бухгалте́рия *f A2* ① (*счетово́дство*) Buchführung *f*, Buchhaltung *f*; ② (*счётный отде́л*) Abrechnungsstelle *f*

бухга́лтерский *adj* Buchhaltung(s)-; **~ учёт** Buchführung *f* Buchhaltung *f*

бу́хта *f A* Bucht *f*

бушева́ть *vi E2 impf* ① (*о стихи́и*) tosen, stürmen; ② (*umg: бу́йствовать*) toben, Radau machen

буя́н *m K* Raufbold *m*, Randalierer *m*

буя́нить <*präs:* буя́ню, -нишь> *vi I impf* (*umg*) Radau machen, krakeelen

быва́лый *adj* erfahren, routiniert; **он челове́к ~ый** er ist ein alter Hase

быва́ть *vi E impf* ① (*случа́ться*) vorkommen, geschehen; **быва́ет ещё ху́же** es gibt Schlimmeres; **как ни в чём не быва́ло** als ob nichts geschehen wäre; **чего́ то́лько не быва́ет!** was es nicht alles gibt! ② (*име́ть ме́сто*) stattfinden; ③ (*находи́ться*) sich befinden; ④ (*посеща́ть*) zu sein pflegen; **ра́ньше я ча́сто у них быва́л** früher habe ich sie oft besucht

бы́вший *adj* ehemalig, einstig; **~ СССР** die ehemalige UdSSR; **~ муж** Ex-Mann *m*

бык *m K e* Stier *m*

были́нка <*gen pl:* -нок> *f A* (БОТ) Grashalm *m*

быстрота́ *f A* Schnelligkeit *f*, Geschwindigkeit *f*

бы́стрый <*kf:* быстр, -á, бы́стро> *adj* schnell, rasch

быт <*präpos sg:* в быту́> *m K* Lebensgewohnheiten *pl*, Lebensart *f*; **дома́шний ~** häusliches Leben *nt*

бытие́ *nt O2* (ФИЛОС) Sein *nt*, Dasein *nt*

бытова́ть <*nur 3. pers:* быту́ет> *vi E2 impf* vorkommen, verbreitet sein; **быту́ет мне́ние, что** es besteht [*o* herrscht] die Meinung, dass

бытово́й *adj* ① (*относя́щийся к повседне́вной жи́зни*) Lebens-; **бытовы́е усло́вия** Lebensbedingungen *pl*; ② (*испо́льзуемый в дома́шнем хозя́йстве*) Haushalts-; **бытова́я те́хника** Haushaltsgeräte *pl*

быть <*präs nur 3. pers sg:* есть> *vi UE1 impf* ① (*auch als Kopula: существова́ть*) sein; **кем ты хо́чешь ~?** was möchtest du einmal werden? ② (*име́ться*) als existierend feststellbar sein, vorhanden sein; ③ (*находи́ться*) sich befinden; **быть в Петербу́рге** in Petersburg sein; ④ (*происходи́ть, име́ть ме́сто*) sich ereignen, stattfinden; **э́то бы́ло давно́** es ist schon lange her; ⑤ (*приходи́ть*) kommen; **он бу́дет к ве́черу** er kommt gegen Abend; **жил-был...** es war einmal ...; **будь добр!** sei so gut! **~ вне себя́** außer sich sein; **как ~?** und was nun? **будь что бу́дет!** komme, was da wolle!

бюдже́т *m K* Haushalt(-splan) *m*, Budget *nt*

бюллете́нь *m K1* ① (*отчёт, сообще́ние*) Bericht *m*; ② (*периоди́ческое изда́ние*) Pressedienst *m*; **информацио́нный ~** Infoblatt *nt*; ③ (*избира́тельный листо́к*) Stimmzettel *m*, Wahlzettel *m*; ④ (*больни́чный лист*) ärztliches Attest *nt*; **взять ~** sich krankschreiben lassen

бюро́ *nt indekl* ① (*помеще́ние, учрежде́ние*) Büro *nt*, Sekretariat *nt*; **~ нахо́док** Fundbüro *nt*; **~ по трудоустро́йству** Stellenvermittlung *f*; ② (*пи́сьменный стол*) Schreibtisch *m*

бюрократи́зм *m K* Bürokratismus *m*

бюрократи́ческий *adj* bürokratisch; **~ аппара́т** Bürokratie *f*

бюрокра́тия *f A2* Bürokratie *f*

бюст *m K* ① (*скульпту́ра*) Büste *f*; ② (*грудь*) Busen *m*

бюстга́льтер *m K* Büstenhalter *m*, BH *m*

Вв

В

в[1], **В** *nt indekl kyrillischer Buchstabe*

в[2] **(во) I.** *präp lok +akk* ① (**куда?**) in (+*akk*); ② nach (+*dat*); **в шкóлу** in die Schule; **в Москвý** nach Moskau; **II.** *präp temp +akk* an (+*dat*); **в прóшлом годý** im letzten Jahr; **III.** *präp lok +präpos* ① (**где?**) in (+*dat*); ② auf (+*dat*); **в шкóле** in der Schule; **в чём?** worin?

вагóн *m K* Waggon *m*, Eisenbahnwagen *m*; **жёсткий ~** (ТРАНС) Wagen 2. Klasse; **мя́гкий ~** Wagen 1. Klasse

вáжность *f I* Wichtigkeit *f*, Bedeutung *f*

вáжный <*kf:* -жен, -жнá, -жно, -жны́> *adj* wichtig, bedeutend

вáза *f A* ① Vase *f*; ② (**для фрýктов**) Schale *f*

вáкуум *m K* Vakuum *nt*

вáкуумный *adj* Vakuum-; **в вáкуумной упакóвке** vakuumverpackt

вал <*präpos sg:* на валý> *m K ple* ① Schutzwall *m*; ② (ТЕХ) Welle *f*, Walze *f*; ③ (СУД) Welle *f*, Woge *f*

вáленки <*gen pl:* -нок> *m pl K* Filzstiefel *m pl*

валериáна *f A* Baldrian *m*

вали́ть[1] <*präs:* валю́, вáлишь> *vt I impf* (*pf:* с-) ① (**опроки́дывать**) umwerfen, zu Fall bringen; ② (**свáливать**) unordentlich zusammenwerfen; **~ всё в однý кýчу** (*fig*) alles in einen Topf werfen

вали́ть[2] <*nur 3. pers:* вали́т, валя́т> *vi I impf* herbeiströmen; **снег вали́т** dichter Schnee fällt

вальс *m K* Walzer *m*

валю́та *f A* ① Währung *f*; ② (**инострáнная**) Devisen *pl*

валю́тный *adj* Währungs-; **~ курс** Devisenkurs *m*

валю́тчик *m K* Devisenschieber *m*

валя́ться *vi E impf* unordentlich herumliegen

вам <*dat von:* вы>*pron pers* Ihnen, euch

вáми <*inst von:* вы>*pron pers* Ihnen, euch

вандали́зм *m K* Vandalismus *m*, Zerstörungswut *f*

вани́ль *f I* Vanille *f*

вáнна *f A* ① Wanne *f*, Badewanne *f*; ② (**купáние**) Bad *nt*; **сóлнечная ~** Sonnenbad *nt*; **принимáть вáнну** ein Bad nehmen

вáнная *f wie adj* Bad *nt*, Badezimmer *nt*

вáрварский *adj* barbarisch

вáрварство *nt O* Barbarei *f*

вáрежки <*gen pl:* -жек> *f pl A* Fausthandschuhe *m pl*

варёный *adj* gekocht

варéнье *nt O1 sehr fruchtige, süße Konfitüre*

вариáнт *m K* ① Variante *f*; ② (**тéкста**) Fassung *f*

вари́ть <*präs:* варю́, вáришь> *vt I impf* (*pf:* с-) kochen, abkochen; **~ пи́во** Bier brauen

вари́ться *vr I impf* (*pf:* с-) kochen, sieden; **~ в сóбственном сокý** (*fig*) im eigenen Saft schmoren

вас <*gen/akk/präpos von:* вы>*pron pers* ① Ihr, euer; ② Sie, euch

василёк <*gen sg:* -лькá> *m K e* (БОТ) Kornblume *f*

вáта *f A* Watte *f*

вáтный *adj* ① aus Watte; ② (**вя́лый**) schlapp; **вáтное одея́ло** Steppdecke *f*

ватрýшка <*gen pl:* -шек> *f A* Quarktasche *f*

вáфля <*gen pl:* вáфель> *f A1* Waffel *f*

вáхта *f A* Schiffswache *f*; **стоя́ть на вáхте** (auf) Wache stehen

ваш *pron poss* euer, Ihr

вбежáть <*fut:* вбегý, вбежи́шь> *vi*

U1 pf (*impf:* **вбегáть**) hineinlaufen, hineinrennen

вбивáть *vt E impf* (*pf:* **вбить**) einschlagen, einhämmern; **~ себé в гóлову** (*fig*) sich etw in den Kopf setzen

вбирáть *vi E impf* (*pf:* **вобрáть**) ① aufsaugen, absorbieren; ② (*fig: воспринимáть*) in sich aufnehmen

вбить <*fut:* **вобью́, вобьёшь**> *vt E4c pf* (*impf:* **вбивáть**) einhämmern

вблизи́ *adv* in der Nähe

вброд *adv* durch eine Furt; **переходи́ть рéку ~** den Fluss an einer Furt durchwaten

ввáливаться *vr E impf* (*pf:* **ввали́ться**) ① (*упáсть*) hereinfallen, hineinfallen; ② (*fig, umg: заявля́ться*) reinplatzen; ③ (*о щекáх, глазáх*) einfallen

ввали́ться <*fut:* **ввалю́сь, ввáлишься**> *vr I pf* (*impf:* **ввáливаться**) hereinfallen

введéние *nt O2* ① (*вво́дный раздéл*) Einleitung *f*, Vorwort *nt*; ② (*в дéйствие*) Einführung *f*

ввезти́ <*fut:* **ввезу́, -зёшь**> *vt E6 pf* (*impf:* **ввози́ть**) hineinfahren, hereinfahren

ввéрить <*fut:* **ввéрю, -ришь**> *vt I pf* (*impf:* **вверя́ть**) anvertrauen

ввернýть *vt E1 pf* (*impf:* **ввёртывать**) einschrauben

ввёртывать *vt E impf* (*pf:* **ввернýть**) einschrauben

вверх *adv* nach oben, hinauf; **~ по течéнию** stromaufwärts; **~ дном** drunter und drüber

вверхý *adv* oben

вверя́ть *vt E impf* (*pf:* **ввéрить**) anvertrauen

ввести́ <*fut:* **введý, -дёшь**> *vt E6a pf* (*impf:* **вводи́ть**) hineinführen, hereinführen

ввидý *präp +gen* wegen (*+gen*), angesichts (*+gen*); **~ тогó, что** da, weil

ввинти́ть <*fut:* **ввинчý, -нти́шь**> *vt I pf* (*impf:* **вви́нчивать**) (*что-л. во что-л.*) einschrauben

ввод *m K* Einführung *f*, Einsetzung *f*; **~ в дéйствие** Inbetriebnahme *f*

вводи́ть <*präs:* **ввожý, вво́дишь**> *vt I impf* (*pf:* **ввести́**) ① hineinführen, hereinführen; ② (*устанáвливать*) einführen; ③ (ОБДАН) eingeben; **~ когó-л. в курс дéла** (*fig*) jdn mit einer Sache vetraut machen, jdn in etw einführen; **~ в заблуждéние** (*fig*) irreführen, täuschen

вво́дный *adj* Einführungs-, einleitend

ввоз *m K* (ЭКОН) Einfuhr *f*, Import *m*

ввози́ть <*präs:* **ввожý, ввóзишь**> *vt I impf* (*pf:* **ввезти́**) einführen, importieren

ввóлю *adv* ① (*скóлько душé угóдно*) nach Herzenslust; **он наéлся ввóлю** er hat sich vollgegessen; ② (*в изоби́лии*) in Hülle und Fülle

ввязáться <*fut:* **ввяжýсь, ввя́жешься**> *vi E4 pf* (*impf:* **ввя́зываться**) (*во что-л.*) sich einmischen (in *+akk*)

вглубь *adv* in die Tiefe, in das Innere

вглядéться <*fut:* **вгляжýсь, вгляди́шься**> *vr I pf* (*impf:* **вгля́дываться**) (*в когó-л./что-л.*) genau betrachten, aufmerksam anschauen

вдавáться *vr E3 impf* (*pf:* **вдáться**) (*в мóре, в бéрег*) hineinragen, einschneiden

вдáлбливать *vt E impf* (*pf:* **вдолби́ть**) (*umg: что-л. в когó-л.; комý-л.*) eintrichtern, einpauken

вдалекé *adv* in der Ferne

вдали́ *wie* **вдалекé**

вдаль *adv* in die Ferne

вдáться <*fut:* **вдáмся, вдáшься**> *vi U2 pf* (*impf:* **вдавáться**) eindringen

вдвóе *adv* zweimal, doppelt; **~ бóльше** doppelt so viel; **~ мéньше** halb so viel; **снижáть ~** halbieren

вдвоём *adv* zu zweit

вдвойнé *adv* zweifach, doppelt

В

вдева́ть *vt E impf* (*pf:* вдеть) durchziehen; **~ ни́тку в иго́лку** einfädeln
вдеть <*fut:* вде́ну, -нешь> *vt E9b pf* (*impf:* вдева́ть) durchziehen
вдова́ *f A pls* Witwe *f*
вдове́ц <*gen sg:* -вца́, *gen pl:* -вцо́в> *m K e* Witwer *m*
вдо́воль *adv* in Hülle und Fülle, vollauf, reichlich
вдого́нку *adv* unmittelbar hinterher; **крича́ть кому́-л. что-л. ~** jdm etw hinterherrufen
вдолби́ть <*fut:* вдолблю́, -би́шь> *vt I pf* (*impf:* вда́лбливать) eintrichtern
вдоль I. *präp +gen* entlang (*+akk*), entlang (*+dat*); **II.** *adv* der Länge nach; **~ и поперёк** kreuz und quer
вдох *m K* Atemzug *m*
вдохнове́ние *nt O2* Inspiration *f*, Eingebung *f*
вдохнови́ть <*fut:* вдохновлю́, -ви́шь> *vi I pf* (*impf:* вдохновля́ть) (*кого́-л. на что-л.*) inspirieren [*o* anregen] (zu *+dat*)
вдохнови́ться <*fut:* вдохновлю́сь, -ви́шься> *v + inst I pf* (*impf:* вдохновля́ться) sich begeistern (für *+akk*)
вдохну́ть *vi E1 pf* (*impf:* вдыха́ть) einatmen
вдребе́зги *adv:* **разбива́ться ~** in Scherben gehen
вдруг *adv* plötzlich, unerwartet
вду́маться *vr E pf* (*impf:* вду́мываться) sich hineindenken
вду́мчивый *adj* ernst
вду́мываться *vr E impf* (*pf:* вду́маться) (*во что-ли́бо*) sich hineindenken, sich vertiefen (in *+akk*)
вдыха́ть *vt E impf* (*pf:* вдохну́ть) einatmen
веб-порта́л *m K* Onlineportal *nt*; **на ~е** im Onlineportal
вегетариа́нец, вегетариа́нка <*gen m:* -нца, -нцев, *gen pl f:* -нок> *m K / f A* Vegetarier, -in *m/f*
вегетариа́нский *adj* vegetarisch
ве́дать *vi E impf* ❶ (*arch:* знать) wissen; ❷ (*чем-ли́бо*) verwalten, leiten; **кто ве́дает э́тим?** wer ist dafür zuständig?
веде́ние *nt O2* Führung *f*, Leitung *f*
ве́дение *nt O2* Zuständigkeit *f*; **э́то не в их ве́дении** dazu haben sie keine Befugnis; **в чьём э́то ве́дении?** wer ist dafür zuständig?
ве́домость *f I ple1* Liste *f*, Verzeichnis *nt*
ве́домство *nt O* ❶ (*учрежде́ние*) Amt *nt*, Behörde *f*; ❷ (*о́бласть управле́ния*) Ressort *nt*
ведро́ <*pl:* вёдра, -дер> *nt O pls* Eimer *m*; **~ для му́сора** Mülleimer *m*
веду́щий I. *adj* ❶ (*иду́щий впереди́*) führend, leitend; ❷ (*гла́вный*) grundlegend, Haupt-; **II.** *m wie adj* (ТЕЛЕВИД) Moderator *m*
ведь I. *part* ❶ ja; **~ я не спо́рю!** ich streite ja gar nicht!; ❷ wirklich; **~ пра́вда?** ist es wirklich wahr? **II.** *konj* ❶ (*в вопроси́тельном предложе́нии*) denn; ❷ (*в утверди́тельном предложе́нии*) doch
ве́дьма *f A* ❶ Hexe *f*; ❷ (*umg, pej:* *ба́ба-яга́*) Drachen *m*, zänkisches Weib *nt*
ве́ер <*nom pl:* -ра́> *m K ple* Fächer *m*
ве́жливость *f I* Höflichkeit *f*
ве́жливый *adj* höflich, zuvorkommend
везде́ *adv* überall
везти́[1] <*präs:* везу́, везёшь> *vt E6 best* (*unbest:* *вози́ть*) ❶ fahren; ❷ (*о ло́шади*) ziehen
везти́[2] <*nur 3. pers:* везёт> *vi E6 impf* (*pf:* по-) Glück haben; **ему́ везёт** er hat Glück; **ему́ не везёт** er hat Pech
век <*präpos sg:* на веку́, *nom pl:* века́> *m K ple* ❶ (*столе́тие*) Jahrhundert *nt*; ❷ (*эпо́ха*) Zeitalter *nt*, Epoche *f*; **ка́менный ~** Steinzeit *f*; **сре́дние ~а́** Mittelalter *nt*; ❸ (*жизнь*) Lebenszeit *f*
ве́ко <*nom pl:* ве́ки> *nt O* Augenlid *nt*

велéть <*präs und fut:* велю́, вели́шь> *vt I impf/pf* (**кому́-ли́бо, чтóбы** *oder mit inf*) befehlen
великáн, великáнша *m K / f A pls* Riese, Riesin *m/f*
вели́кий <*kf:* -и́к, -и́кá, *super:* величáиший> *adj* groß
Великобритáния *f A2* Großbritannien *nt*
великоду́шие *nt O2* Großmut *f*
великоду́шный <*kf:* -шен, шна> *adj* großmütig, großherzig
великолéпие *nt O2* Herrlichkeit *f*, Pracht *f*
великолéпный <*kf:* -пен, -пна> *adj* ❶ prächtig, herrlich; ❷ (*fig:* **отли́чный**) großartig
величáвый *adj* majestätisch, erhaben
вели́чественный <*kf:* -вен, -венна> *adj* majestätisch, imposant
вели́чество *nt O* Majestät *f*; **Вáше ~** Euere Majestät
вели́чие *nt O2* ❶ Größe *f*, Erhabenheit *f*; ❷ (**достóинство**) Würde *f*
величинá <*pl:* величи́ны, величи́н> *f A pls* ❶ (МАТ) Größe *f*; ❷ (*fig:* **о человéке**) Kapazität *f*
велосипéд *m K* Fahrrad *nt*; **гóрный ~** Mountainbike *nt*; **éздить на ~е** Rad fahren, radeln
велосипеди́ст, велосипеди́стка <*gen pl f:* -ток> *m K / f A* Radfahrer, -in *m/f*
велоспóрт *m K* Radsport *m*
велю́р *m K* Velours *m*
вéна *f A* Vene *f*
венгéрский *adj* ungarisch
венгр, венгéрка <*gen pl f:* -рок> *m K / f A* Ungar, -in *m/f*
Вéнгрия *f A2* Ungarn *nt*
венéц <*gen sg:* -нцá> *m K e* ❶ (**венóк**) Kranz *m*; ❷ (**корóна**) Krone *f*; **тернóвый ~** (РЕЛ) Dornenkrone *f*; **идти́ под ~** sich kirchlich trauen lassen; ❸ (АСТРОН) Korona *f*; ❹ (*fig:* **блестя́щее завершéние**) Krönung *f*, Höhepunkt *m*
вéник *m K* ❶ Handfeger *m*; ❷ (**в бáне**) Rutenbesen *m*
венóк <*gen sg:* -нкá> *m K e* Kranz *m*
вентили́ровать *vi E2 impf* (*pf:* про-) ❶ lüften; ❷ (*fig:* **обсуждáть**) erörtern, klären
вентиля́тор *m K* Ventilator *m*
венчáние *nt O2* Trauung *f*
венчáть *vt E impf* (*pf:* у-) ❶ (**коронoвáть**) krönen; ❷ (*fig:* **успéшно завершáть**) krönen, erfolgreich zu Ende bringen; ❸ (**сочетáть брáком**) kirchlich trauen
вéра *f A* ❶ (РЕЛ) Glaube *m*, Religion *f*; ❷ (**увéренность**) Zuversicht *f*; ❸ (**довéрие**) Vertrauen *nt*
вéрба *f A* Weide *f*
вербáльный <*kf:* -лен, -льна> *adj* (ЛИНГ) verbal, mündlich
верблю́д *m K* Kamel *nt*
вербовáть *vt E2 impf* (*pf:* за-) (**когó-л. кудá-л.**) anwerben
верёвка <*gen pl:* -вок> *f A* Seil *nt*, Strick *m*
вéреск *m K* Heidekraut *nt*
вéрить <*präs:* вéрю, -ри́шь> *vi I impf* (*pf:* по-) ❶ glauben, vertrauen; **~ кому́-л. нá слово** jdm aufs Wort glauben; ❷ (**во что-л.**) glauben (an +*akk*)
вермишéль *f I* Fadennudeln *pl*
вéрно *adv* ❶ richtig; **э́то ~** das stimmt; **э́то, пожáлуй, ~** das mag stimmen; ❷ (**прéданно**) treu; ❸ (**верoя́тно**) wahrscheinlich, wohl
вéрность *f I* ❶ (**прáвильность**) Richtigkeit *f*; **для вéрности** sicherheitshalber; ❷ (**прéданность**) Zuverlässigkeit *f*, Treue *f*
верну́ть *vt E1 pf* ❶ (**отдáть обрáтно**) zurückgeben; ❷ (**забрáть**) zurückholen
верну́ться *vr E1 pf* zurückkommen, zurückkehren
вéрный <*kf:* -рен, -рнá, -рно> *adj* ❶ (**тóчный**) richtig, wahr; **вéрное**

замеча́ние eine treffende Bemerkung *f*; ② (*надёжный*) sicher, zuverlässig; **ве́рное сре́дство от чего́-л.** ein sicheres Mittel (gegen *+akk*) ③ (*пре́данный*) treu

ве́рование *nt O2* Glaube *m*, Religion *f*

вероло́мный <*kf:* -мен, -мна> *adj* wortbrüchig, treulos

вероло́мство *nt O* Verrat *m*, Treubruch *m*

вероя́тно *adv* wahrscheinlich, vermutlich

вероя́тность *f I* Wahrscheinlichkeit *f*; **по всей вероя́тности** aller Wahrscheinlichkeit nach

вероя́тный <*kf:* -тен, -тна> *adj* ① wahrscheinlich, vermutlich; ② (*предположи́тельный*) mutmaßlich

ве́рсия *f A2* ① Version *f*; ② (*реда́кция*) Fassung *f*

верста́к *m K* ① Werkbank *f*; ② (*столя́рный*) Hobelbank *f*

верста́ть *vt E impf* (*pf:* с-) (**текст**) umbrechen

вёрстка *f A* (*те́кста*) Umbruch *m*

ве́ртел *m K ple* Bratspieß *m*

верте́ть <*präs:* верчу́, ве́ртишь> *vi I impf* ① (что-л., че́м-л.) drehen, herumdrehen; ② (*fig, umg:* **кем-л.**) mit jdm nach Belieben [*o* Laune] verfahren; **она́ верте́ла им, как хоте́ла** sie machte mit ihm, was sie wollte

верте́ться *vr I impf* ① sich drehen, rotieren; ② (*fig, umg: слоня́ться*) sich herumtreiben

вертика́льный *adj* vertikal, senkrecht

вертля́вый <*kf:* -ля́в> *adj* zappelig, unruhig

вертолёт *m K* Hubschrauber *m*

ве́рующий *m wie adj* (РЕЛ) Gläubige(r) *mf*

верфь *f I* (СУД) Werft *f*

верх <*präpos sg:* на верху́> *m K ple* ① (*ве́рхняя часть*) oberer Teil *m*; ② (АВТО) Verdeck *nt*; ③ (*fig: вы́сшая сте́пень*) Höhepunkt *m*, Gipfel *m*; **взять ~ над кем-л.** über jdn die Oberhand gewinnen; ④ (*im pl: верхи́*) Spitze *f*, Obrigkeit *f*

ве́рхний *adj* obere, Ober-

верхово́й *adj* Reit-; **верхова́я езда́** Reiten *nt*

верхо́вье <*gen pl:* -вьев> *nt O1* Oberlauf *m*; **в верхо́вьях Во́лги** am Oberlauf der Wolga

верхо́м *adv* (*на ло́шади*) zu Pferde; **е́хать ~** reiten

верху́шка <*gen pl:* -шек> *f A* ① Spitze *f*; **пра́вящая ~** (*fig:*ПОЛ) Führungsspitze *f*; ② (*де́рева*) Wipfel *m*

верши́на *f A* ① Gipfel *m*, Spitze *f*; ② (*де́рева*) Wipfel *m*; ③ (МАТ) Scheitel *m*; ④ (*fig: кульмина́ция*) Höhepunkt *m*

верши́ть <*präs:* вершу́, -ши́шь> *vt I impf* ① (что-л.; чем-л.:*geh*) entscheiden, verfügen; ② (*вла́ствовать*) Macht ausüben

вес <*gen sg:* -а/-у> *m K* ① Gewicht *nt*, Masse *f*; ② (*fig: значе́ние*) Geltung *f*, Bedeutung *f*

веселе́ть *vi E impf* (*pf:* по-) lustig werden

весели́ть <*präs:* веселю́, -ли́шь> *vt I impf* (*pf:* раз-) belustigen, erheitern

весели́ться *vr I impf* (*pf:* раз-) sich vergnügen, sich amüsieren

весёлость *f I* Heiterkeit *f*

весёлый <*kf:* ве́сел, -а́, -о> *adj* lustig, fröhlich, heiter; **мне ве́село** mir ist froh zumute

весе́лье *nt O1* Frohsinn *m*, Fröhlichkeit *f*

весе́нний *adj* Frühlings-, Frühjahrs-

ве́сить <*präs:* ве́шу, ве́сишь> *vi I impf* wiegen, Gewicht haben

ве́ский <*kf:* ве́сок, -ска> *adj* schwerwiegend, stichhaltig

весло́ <*pl:* вёсла, вёсел, вёслам> *nt O pls* Ruder *nt*

весна́ <*pl:* вёсны, вёсен, вёснам> *f A pls* Frühling *m*

весно́й *adv* im Frühling

весну́шка <*pl:* **весну́шки, -шек, -шкам**> *f A* Sommersprosse *f*
весну́шчатый *adj* sommersprossig
весо́мый *adj* gewichtig
вести́ <*präs:* **веду́, ведёшь**> *vt E6 best* (*unbest*: **води́ть**) ① (***руководи́ть, заве́довать***) führen; **~ заседа́ние** eine Sitzung leiten; **~ перегово́ры** verhandeln; ② (***автомоби́ль***) führen, lenken; ③ (*nur 3. pers*) führen; **куда́ ведёт э́та доро́га?** wohin führt dieser Weg?;; ④ (***себя́***) sich aufführen, sich benehmen; **веди́ себя́ как сле́дует!** benimm dich anständig!
вести́сь <*nur 3. pers:* **ведётся**> *vr E6 impf* (*pf:* **по-**) ① geführt [*o* geleitet] werden; ② (*umg:* ***быть при́нятым***) üblich sein; **та́к уж у на́с ведётся** so ist es bei uns Sitte
ве́стник *m K* Bote *m*
весть *f I ple1* Nachricht *f*, Botschaft *f*
весы́ *m pl K e* Waage *f*
весь <*gen:* **всего́**, *dat:* **всему́**> *pron det* alle(s), ganz; **по всей Евро́пе** in ganz Europa; **в э́том он весь** das ist ganz seine Art
весьма́ *adv* ① (***о́чень***) sehr, überaus; **~ вероя́тно, что** es ist durchaus möglich, dass; ② (***дово́льно-таки***) ziemlich, recht
ветвь *f I ple1* ① Ast *m*, Zweig *m*; ② (*fig:* ***о́трасль***) Zweig *m*, Branche *f*
ве́тер <*gen sg:* **ве́тра**, *präpos sg:* **на ветру́**> *m K* Wind *m*
ветерина́р *m K* Tierarzt, -ärztin *m/f*
ветеро́к <*gen sg:* **-рка**> *m K* leichter Wind *m*
ве́тка <*gen pl:* **-ток**> *f A* ① kleiner Zweig *m*, Reis *m*; ② (ТРАНС) Zweigbahn *f*, Industriegleis *nt*; ③ (*fig:* ***ответвле́ние***) Abzweigung *f*
ве́то *nt indekl* Veto *nt*, Einspruch *m*
ве́треный <*kf:* **-ено**> *adj* ① windig; ② (*fig:* ***легкомы́сленный***) flatterhaft, leichtfertig
ветрово́й *adj* Wind-; **ветрово́е стекло́** Windschutzscheibe *f*
ветряно́й *adj* Wind-
ве́тряный *adj:* **ве́тряная о́спа** (МЕД: ***ветря́нка***) Windpocken *f pl*
ве́тхий <*kf:* **ве́тх, -а́, -о**> *adj* ① (***о строе́нии***) baufällig; ② (***о ве́щи***) abgenutzt; ③ (***дря́хлый***) gebrechlich, alt
ветчина́ *f A pls* Schinken *m*
ве́ха *f A* (*fig*) Markstein *m*, Meilenstein *m*
ве́чер <*nom pl:* **вечера́**> *m K ple* ① Abend *m*; **под ~** gegen Abend; **до́брый ~** guten Abend! ② (***мероприя́тие***) Abendveranstaltung *f*
вечери́нка *f A* Abendgesellschaft *f*, Party *f*
вече́рний *adj* abendlich, Abend-; **вече́рняя заря́** Abendrot *nt*
ве́чером *adv* abends, am Abend
ве́чно *adv* ① ewig; **ничто́ не ~ под луно́й** nichts währt ewig; ② (*umg:* ***постоя́нно***) ewig, ständig, dauernd; **~ ты мне меша́ешься под нога́ми** du stehst mir dauernd im Weg
ве́чность *f I* Ewigkeit *f*
ве́чный <*kf:* **-чен, -чна**> *adj* ① ewig; ② (***не зави́сящий от мо́ды***) zeitlos
ве́шалка <*gen pl:* **-лок**> *f A* ① (***крючо́к***) Kleiderhaken *m*; ② (***с не́сколькими крючка́ми***) Kleiderrechen *m*; ③ (***стоя́чая***) Kleiderständer *m*; ④ (***пле́чики***) Kleiderbügel *m*; ⑤ (***у пальто́***) Aufhänger *m*
ве́шать[1] *vt E impf* (*pf:* **пове́сить**) ① (***на что-л.***) hängen (an *+akk*); **не ве́шай го́лову!** lass den Kopf nicht hängen! ② (***подве́шивать, разве́шивать***) aufhängen; ③ (***казни́ть***) erhängen
ве́шать[2] *vt E impf* (*pf:* **с-**) (*umg:* ***взве́шивать***) abwiegen, wägen
ве́шаться[1] *vr E impf* (*pf:* **пове́ситься**) sich erhängen
ве́шаться[2] *vr E impf* (*pf:* **с-**): **~ кому́-л. на ше́ю** (*fig*) sich jdm aufdrängen
вещество́ *nt O* Stoff *m*, Substanz *f*
вещь *f I ple1* Ding *nt*, Sache *f*

ве́яние *nt O* geistige Strömung *f*, Tendenz *f*

ве́ять <*präs:* ве́ю, ве́ешь> *vi E impf* (*pf:* по-) wehen; **ве́тер ве́ет** der Wind weht

взад *adv* zurück; **~ и вперёд** vor und zurück, hin und her

взаи́мность *f I* ① (***взаи́мное согла́сие***) Gegenseitigkeit *f*; **быть осно́ванным на взаи́мности** auf Gegenseitigkeit beruhen; ② (***взаи́мная любо́вь***) Gegenliebe *f*

взаи́мный <*kf:* -мен, -мна> *adj* gegenseitig

взаимо- *präfix* gegenseitig

взаимоде́йствие *nt O2* ① (***согласо́ванность де́йствий***) Zusammenwirken *nt*; ② (***взаимообусло́вленность***) Wechselwirkung *f*

взаимоотноше́ние *nt O2* ① Wechselbeziehung *f*; ② (*im pl:* ***взаимоотноше́ния***) Beziehungen *f pl*

взаимопонима́ние *nt O2* gegenseitiges Einvernehmen *nt*

взаймы́ *adv* leihweise; **брать ~** borgen, entleihen; **дава́ть ~** verborgen, verleihen

взаме́н *präp +gen* anstatt (*+gen*), anstelle (*+gen*)

взаперти́ *adv* eingesperrt, hinter Schloss und Riegel

взба́лмошный <*kf:* -шен, -шна> *adj* ① (***неуравнове́шенный***) unausgeglichen; ② (***непредсказу́емый***) unberechenbar

взба́лтывать *vi E impf* (*pf:* взболта́ть) schütteln

взбежа́ть <*fut:* взбегу́, -бежи́шь> *vi U1 pf* (*impf:* взбега́ть) hinauflaufen

взбеси́ть <*fut:* взбешу́, -бе́сишь> *vt I pf* (*impf:* беси́ть) in Wut bringen

взбеси́ться *vr I pf* (*impf:* беси́ться) ① (*umg:* ***о челове́ке***) wütend werden; ② (***о живо́тном***) tollwütig werden

взбешённый *adj* (*umg*) wütend, fuchsteufelswild

взбива́ть *vt E impf* (*pf:* взбить) rühren, schlagen

взбира́ться *vr E impf* (*pf:* взобра́ться) hinaufklettern; **~ на го́ру** auf einen Berg steigen

взбить <*fut:* взобью, -бьёшь> *vt E4 pf* (*impf:* взбива́ть) schlagen

взболта́ть *vi E pf* (*impf:* взба́лтывать) schütteln

взбудора́жить <*fut:* взбудора́жу, -жишь> *vt I pf* (*impf:* взбудора́живать) in Aufruhr bringen

взбунтова́ться *vr E2 pf* (*auch fig*) sich empören, rebellieren

взвали́ть <*fut:* взвалю́, взва́лишь> *vt I pf* (*impf:* взва́ливать) ① aufladen; ② (***что-л. на кого́-л.***) aufbürden

взве́сить <*fut:* взве́шу, взве́сишь> *vt I pf* (*impf:* взве́шивать) abwiegen

взвести́ <*fut:* взведу́, -ведёшь> *vt E6 pf* (*impf:* взводи́ть) hinaufführen

взве́шенный *adj* überlegt, durchdacht; **~ отве́т** eine überlegte Antwort

взве́шивать *vt E impf* (*pf:* взве́сить) ① abwiegen; ② (*fig:* ***обду́мывать***) erwägen, abwägen

взве́шиваться *vr E impf* (*pf:* взве́ситься) sich wiegen

взвод *m K* (ВОЕ) Zug *m*

взводи́ть <*präs:* взвожу́, -во́дишь> *vt I impf* (*pf:* взвести́) (***вести́ вверх***) hinaufführen

взволно́ванный <*kf:* -ан, -анна> *adj* aufgeregt, erregt

взволнова́ть *vt E2 pf* (*impf:* волнова́ть) bewegen, aufregen

взгляд *m K* ① Blick *m*; **на пе́рвый ~** [*o* **с пе́рвого ~а**] auf den ersten Blick; ② (*fig:* ***то́чка зре́ния***) Ansicht *f*, Meinung *f*; **на мо́й ~** meiner Meinung nach, meines Erachtens

взгляну́ть <*fut:* взгляну́, взгля́нешь> *vt E1 pf* (*impf:* взгля́дывать) (*на кого́-л./что-л.*) jdn/etw anblicken, betrachten

взгре́ть *vt E pf* (*pf:* взгрева́ть) (*umg: кого́-л. за что-л.*) jdm den Kopf waschen

вздор *m K* Unsinn *m*, dummes Zeug *nt*

вздо́рить <*präs:* вздо́рю, -ришь> *vi I impf* (*pf:* по-) (*umg*) sich zanken, streiten

вздо́рный <*kf:* -рен, -рна> *adj* ❶ (*неле́пый*) unsinnig, töricht; ❷ (*задири́стый*) zänkisch, streitsüchtig

вздох *m K* Seufzer *m*

вздохну́ть *vi E1 pf* (*impf:* вздыха́ть) aufseufzen

вздра́гивать *vi E impf* (*pf:* вздро́гнуть) zusammenzucken, auffahren

вздува́ться <*nur 3. pers:* вздува́ется> *vr E impf* (*pf:* взду́ться) (МЕД) schwellen, anschwellen

взду́мать *vt E pf* auf einen Einfall kommen; **не взду́май!** lass es dir nicht einfallen!

взду́маться *vr E pf* (*unpers mit inf*) einfallen, in den Sinn kommen; **ему́ взду́малось прогуля́ться** er wollte auf einmal spazierengehen

взду́ться *vr E pf* (*impf:* вздува́ться) anschwellen

вздыха́ть *vi E impf* (*pf:* вздохну́ть) ❶ seufzen; ❷ (*по ком-л./чём-л.; о ком-л./чём-л.*) sich sehnen (nach *+dat*)

взима́ть *vt E impf* (АДМИН) erheben, einziehen; **~ нало́ги** Steuern einziehen

взира́ть *vi E impf* (*на что́-л./кого́-л.*) anschauen, ansehen

взла́мывать *vt E impf* (*pf:* взлома́ть) aufbrechen

взлёт *m K* ❶ Start *m*, Abflug *m*; ❷ (ЭКОН: *подъём*) Aufschwung *m*

взлете́ть <*fut:* взлечу́, -лети́шь> *vi I pf* (*impf:* взлета́ть) starten, aufsteigen; **~ на во́здух** (*auch fig*) in die Luft gehen, explodieren

взлом *m K* Einbruch *m*; **защищённый от ~а** einbruchsicher

взлома́ть *vt E pf* (*impf:* взла́мывать) aufbrechen, einbrechen

взмах *m K* Schwung *m*, Schwingen *nt*

взма́хивать *vi E impf* (*pf:* взмахну́ть) schwenken, schwingen

взмо́рье *nt O2* ❶ (*пляж*) Strand *m*; ❷ (*побере́жье*) Küste *f*

взнос *m K* ❶ (*внесе́ние пла́ты*) Zahlung *f*; ❷ (*вноси́мые де́ньги*) Beitrag *m*; **чле́нский ~** Mitgliedsbeitrag *m*

взобра́ться <*fut:* взберу́сь, -берёшься> *vr UE5 pf* (*impf:* взбира́ться) hinaufklettern

взойти́ <*fut:* взойду́, взойдёшь> *vi E7a pf* (*impf:* всходи́ть) hinaufsteigen

взорва́ть <*fut:* взорву́, -вёшь> *vt E4 pf* (*impf:* взрыва́ть) sprengen

взорва́ться <*fut:* взорву́сь, -вёшься> *vr E4 pf* (*impf:* взрыва́ться) explodieren

взрасти́ть <*fut:* взращу́, взрасти́шь> *vt I pf* (*impf:* взра́щивать) züchten

взра́щивать *vt E impf* (*pf:* взрасти́ть) ❶ (*разводи́ть*) züchten; ❷ (*расти́ть*) großziehen, aufziehen; ❸ (*тала́нты*) fördern

взросле́ть *vi E impf* (*pf:* по-) erwachsen werden

взро́слый I. *adj* erwachsen; **II.** *m wie adj* Erwachsene(r) *m*

взрыв *m K* ❶ Explosion *f*, Detonation *f*; ❷ (*fig*) *plötzlicher geräuschvoller Ausbruch*; **~ сме́ха** Lachsalve *f*

взрыва́ть *vi E impf* (*pf:* взорва́ть) ❶ sprengen; ❷ (*fig: возмуща́ть*) empören, aus der Fassung bringen

взрыва́ться *vr E impf* (*pf:* взорва́ться) ❶ explodieren; ❷ (*fig:*

выходи́ть из себя́) vor Ärger in die Luft gehen, hochgehen

взрывоопа́сный *adj* (*auch fig*) explosiv, brisant

взрывча́тка *f A* Sprengstoff *m*

взры́вчатый *adj* explosiv; **взры́вчатое вещество́** Sprengstoff *m*

взъеро́шенный *adj* struppig, zerzaust

взыва́ть *vi E impf* (*pf:* воззва́ть) (*geh:* к кому́-л. о чём-л.) anflehen (um +*akk*), anrufen

взыска́ние *nt O2* ❶ (ЮР) Strafe *f*, Geldstrafe *f*; ❷ (АДМИН) Einziehung *f*, Erhebung *f*

взыска́тельный <*kf:* -лен, -льна> *adj* anspruchsvoll, streng

взыска́ть <*fut:* взыщу́, взы́щешь> *vt E4 pf* (*impf:* взы́скивать) (*что-л. с кого́-л.*) einziehen, eintreiben; **~ до́лг** Schulden eintreiben

взя́тие *nt O2* ❶ Einnahme *f*, Eroberung *f*; ❷ (*про́бы*) Entnahme *f*

взя́тка <*gen pl:* -ток> *f A* ❶ (*в ка́рточной игре́*) Stich *m*; ❷ (*по́дкуп*) Bestechungsgeschenk *nt*, Schmiergeld *nt*; **брать взя́тки** sich bestechen lassen; **дава́ть взя́тки** jdn bestechen

взя́точник *m K* (*pej*) korrupter [*o* bestechlicher] Mensch *m*, Schmiergeldnehmer *m*

взя́точничество *nt O* ❶ (*коррумпи́рованность*) Bestechlichkeit *f*; ❷ (*корру́пция*) Korruption *f*

взя́ть <*fut:* возьму́, возьмёшь, *prät:* взял> *vt E4a pf* (*impf:* брать) ❶ nehmen; ❷ (*umg: заключи́ть*) folgern, schließen; **с чего́ ты взя́л?** woraus schließt du das? ❸ (*umg: для выраже́ния внеза́пности де́йствия*) *drückt in Verbindung mit einem Verb in der gleichen Form und einer Konjunktion eine plötzliche, unerwartete Handlung aus*; **возьму́ да и скажу́** ich werde es sagen; **а он возьми́ и приди́** und plötzlich kam er doch

взя́ться <*fut:* возьму́сь, возьмёшься> *vr E4a pf* (*impf:* бра́ться) ❶ (*ухвати́ться*) anfassen; ❷ (*обяза́ться*) übernehmen, auf sich nehmen; **~ за что-л.** sich verpflichten, etw zu tun; ❸ (*приступи́ть*) anpacken, in Angriff nehmen; **~ за кого́-л.** (*fig*) sich jdn vorknöpfen; ❹ (*име́ть свои́м исто́чником*) hergenommen werden

вибри́ровать *vi E2 impf* vibrieren

вид[1] <*gen sg:* -а/-у, *präpos sg:* в/на виду́> *m K* ❶ (*вне́шность*) Aussehen *nt*, Äußeres *nt*; **у тебя́ уста́лый ~** du siehst müde aus; ❷ (*фо́рма*) Form *f*; **в како́м ~е?** in welcher Form? ❸ (*состоя́ние*) Zustand *m*; **в пья́ном ~е** betrunken; ❹ (*ви́димость*) Anschein *m*; **де́лать ~, что** so tun, als ob; ❺ (*отку́да-л. на кого́-л./что-л.*) Blick *m*, Aussicht *f*; **~ сбо́ку** Seitenansicht *f* ❻ (*im pl: предположе́ния, наме́рения*) Aussichten *f pl*, Absichten *f pl*; **име́ть ~ы на что-л.** etw im Auge haben, aus sein (auf +*akk*); **~ на жи́тельство** (АДМИН) Aufenthaltsgenehmigung *f*

вид[2] *m K* ❶ (*род, сорт*) Art *f*; ❷ (БИОЛ) Art *f*; ❸ (ЛИНГ) Aspekt *m*

вида́ть *vt E impf* (*pf:* по-) (*umg*) sehen; **я вида́л ви́ды** ich habe viel erlebt; **не вида́ть** (*nur inf*) nicht zu sehen sein; **~, он до́ма** (*als Schaltwort*) offensichtlich ist er zu Hause

виде́ние *nt O2* ❶ Erscheinung *f*, Vision *f*; ❷ (*при́зрак*) Gespenst *nt*

видеомагнитофо́н *m K* Videorecorder *m*

видеопрое́ктор *m K* (ОБДАН) Beamer *m*

видеоте́кст *m K* Bildschirmtext *m*

ви́деть <*präs:* ви́жу, ви́дишь> *vt I impf* (*pf:* у-) ❶ sehen, sehen können; ❷ (*встреча́ть*) begegnen, treffen; **рад вас ~** ich freue mich, Sie zu sehen; ❸ (*признава́ть, распознава́ть*) einsehen,

В

erkennen; **~ кого́-л. насквóзь** (*fig*) jdn durchschauen

ви́деться <*fut:* **ви́жусь, ви́дишься**> *vr I impf* (*pf:* у-, с-, при-) ① sich sehen, einander begegnen; ② (*unpers:* ***представля́ться***) erscheinen

ви́димо *adv* vermutlich, offenbar

ви́димо-неви́димо *adv* sehr viel, eine große Menge

ви́димость *f I* ① (***возмóжность ви́деть***) Sicht *f*, Sichtweite *f*; ② (***вне́шнее подóбие***) Schein *m*, Anschein *m*

ви́димый *adj* sichtbar

видне́ться *vr E impf* sichtbar sein

ви́дный <*kf:* **ви́ден, -днá, ви́дно**> *adj* ① (***ви́димый***) sichtbar; ② (***стáтный***) ansehnlich, stattlich; ③ (***изве́стный***) angesehen

видоизмене́ние *nt O2* Abänderung *f*, Modifizierung *f*

видоизмени́ть <*fut:* **-изменю́, -измени́шь**> *vt I pf* (*impf:* **видоизменя́ть**) abändern

видоизменя́ть *vt E impf* (*pf:* **видоизмени́ть**) abändern, modifizieren

ви́за *f A* ① Visum *nt*; **запрáшивать ви́зу** ein Visum beantragen; **~ на въезд** [*o* **въезднáя ~**] Einreisevisum *nt*; ② (***помéтка на докумéнте***) Sichtvermerk *m*

визжáть <*präs:* **визжý, -жи́шь**> *vt I impf* (*pf:* за-) ① (***пронзи́тельно кричáть***) kreischen; ② (***о собáке***) winseln, jaulen; ③ (***о поросёнке***) quieken

визи́ровать[1] *vi E2 impf* (*pf:* за-) ① (***заверя́ть пóдписью***) abzeichnen, beglaubigen; ② (***стáвить вторýю пóдпись***) gegenzeichnen

визи́ровать[2] *vt E2 impf/pf* (ТЕХ) anvisieren

визи́т *m K* Besuch *m*

визитёр *m K* ① (*arch*) Besucher *m*; ② (***непрóшеный посети́тель***) ungebetener Gast *m*

визи́тка <*gen pl:* **-ток**> *f A* ① (*umg*) Visitenkarte *f*; ② (*umg:* ***мужскáя сýмочка***) Handgelenktasche *f*; ③ (*umg:* ***сюртýк***) Ausgehanzug *m*

визи́тница *f A* Visitenkartenbox *f*

визи́тный *adj:* **визи́тная кáрточка** Visitenkarte *f*

ви́зовый *adj* Visum-

визуáльный *adj* visuell

виктори́на *f A* Quiz *nt*

ви́лка <*gen pl:* **-лок**> *f A* ① Gabel *f*; ② (ЭЛЕК) Stecker *m*

ви́лы *f pl A* ① (***навóзные***) Mistgabel *f*; ② (***се́нные***) Heugabel *f*

виля́ть *vi E impf* ① wedeln; **~ хвостóм** mit dem Schwanz wedeln; ② (*umg:* ***уви́ливать***) Ausflüchte machen

винá *f A pls* Schuld *f*, Verschulden *nt*

винегрéт *m K Salat aus feingeschnittenem Gemüse*

вини́ть <*präs:* **виню́, вини́шь**> *vt I nur impf* (**когó-л. в чём-л.**) vorwerfen

ви́нный *adj* Wein-

винó *nt O pls* Wein *m*; **и́стина в винé** in vino veritas, im Wein liegt Wahrheit

виновáтый <*kf:* **-áт, áта**> *adj* schuldig

винóвник *m K* Schuldige(r) *m*, Verursacher *m*

виногрáд *m K* ① (***лозá***) Weinrebe *f*, Weinstock *m*; ② (***грóздья***) Weintrauben *f pl*

виногрáдарство *nt O* Weinbau *m*

виногрáдарь *m K1* Winzer *m*

виногрáдник *m K* Weinberg *m*, Weingarten *m*

винт *m K* Schraube *f*

ви́нтик *m K* Schräubchen *nt*

винти́ть <*präs:* **винчý, винти́шь**> *vt I impf* (*pf:* за-) (*umg*) schrauben

винтóвка <*gen pl:* **-вок**> *f A* Gewehr *nt*

винтовóй *adj* Schrauben-; **винтовáя лéстница** Wendeltreppe *f*

вирáж <*gen pl:* **-éй**> *m K e* Kurve *f*

виртуóзный <*kf:* **-зен, -зна**> *adj* virtuos

ви́рус *m K* Virus *nt*

ви́селица *f A* Galgen *m*

висе́ть <*präs:* вишу́, виси́шь> *vi I impf* hängen

ви́ски *nt indekl* Whisky *m*

висо́к <*gen sg:* виска́> *m K e* Schläfe *f*

високо́сный *adj* (*nur in fester Verbindung mit* **год**) Schalt-; **~ год** Schaltjahr *nt*

витами́н *m K* Vitamin *nt*

витами́нный *adj* Vitamin-; **~ чай** Vitamintee *m*

вита́ть *vi E impf* (*geh*) schweben; **~ в облака́х** (*fig*) über den Wolken schweben

вито́к <*gen sg:* -тка́> *m K e* Windung *f*, Drehung *f*

витри́на *f A* ❶ (*окно́ в магази́не*) Schaufenster *nt*; ❷ (*застеклённый шкаф или я́щик*) Schaukasten *m*

вить <*präs:* вью, вьёшь> *vt E4c impf* (*pf:* с-) winden; **~ вено́к** einen Kranz flechten; **~ гнездо́** (*auch fig*) ein Nest bauen

ви́ться <*fut:* вьюсь, вьёшься> *vr E4c impf* ❶ sich schlingen, sich winden; ❷ (*о расте́ниях*) sich ranken; ❸ (*о волоса́х*) sich kräuseln

вихрь *m K1* Wirbelwind *m*

вице- *präfix* Vize-

ВИЧ *abk von* ви́рус иммýнодефици́та челове́ка *m* Aids-Virus *nt*, HIV *nt*

ви́шня <*gen pl:* -шен> *f A1* ❶ (*плод*) Kirsche *f*; ❷ (*де́рево*) Kirschbaum *m*

вка́пывать *vt E impf* (*pf:* вкопа́ть) eingraben

вклад *m K* ❶ (*в ба́нке*) Einlage *f*, Depot *nt*, Guthaben *nt*; **сро́чный ~** Termineinlage *f*; ❷ (*fig*) Beitrag *m*; **внести́ ~** einen Beitrag leisten

вкла́дчик *m K* ❶ Einleger *m*, Kontoinhaber *m*; ❷ (*сберба́нка*) Sparer *m*

вкла́дывать *vt E impf* (*pf:* вложи́ть) investieren, hineinstecken

вкле́ить <*fut:* вкле́ю, вкле́ишь> *vt I pf* (*impf:* вкле́ивать) hineinkleben

включа́ть *vt E impf* (*pf:* включи́ть) ❶ (*свет, ра́дио и т.д.*) anschalten, einschalten; ❷ (*в спи́сок, в число́ и т.п.*) einschließen, aufnehmen

включа́ться *vr E impf* (*pf:* включи́ться) ❶ (ТЕХ) angehen; ❷ (*во что-л.*) sich einschalten, eingreifen (in *+akk*)

включа́я *präp +akk* ❶ einschließlich (*+gen*); ❷ (ЭКОН) inklusive

включе́ние *nt O2* ❶ (ТЕХ) Einschalten *nt*; ❷ (*в соста́в*) Aufnahme *f*

включи́тельно *adj* einschließlich

включи́ть <*fut:* включу́, вклю́чишь> *vt I pf* (*impf:* включа́ть) einschalten

включи́ться <*fut:* включу́сь, вклю́чишься> *vr I pf* (*impf:* включа́ться) (*auch fig*) sich einschalten

вколоти́ть <*fut:* вколочу́, -ло́тишь> *vt I pf* (*impf:* вкола́чивать) einrammen, einschlagen

вкопа́ть *vt E pf* (*impf:* вка́пывать) eingraben; **он останови́лся как вко́панный** er blieb wie angewurzelt stehen

вкра́сться <*fut:* вкраду́сь, вкрадёшься, *prät:* вкра́лся> *vr E4 pf* (*impf:* вкра́дываться) (*auch fig*) sich hineinstehlen, sich einschleichen; **здесь вкра́лась оши́бка** hier hat sich ein Fehler eingeschlichen; **~ в дове́рие к кому́-л.** sich jds Vertrauen erschleichen

вкруту́ю *adv* hartgekocht

вкус *m K* (*auch fig*) Geschmack *m*; **де́ло ~а** Geschmacksache *f*, Ansichtssache *f*; **со ~ом** geschmackvoll

вкуси́ть <*pr:* вкуша́ть, вкушу́> *vt I pf* (*impf:* вкуша́ть) ❶ (*arch*) kosten; ❷ (*fig, geh:* что-л. прия́тное) genießen; **~ удово́льствие** Vergnügen haben

вку́сный <*kf:* -сен, -сна́, -сно> *adj*

wohlschmeckend, schmackhaft, lecker
вкуша́ть *vt E impf* (*pf:* вкуси́ть) (*auch fig*) kosten, genießen
вла́га *f A* Nässe *f*, Feuchtigkeit *f*
влага́лище *nt O1* (АНАТ) Vagina *f*, Scheide *f*
владе́лец, владе́лица <*gen m:* -льца, цев> *m K / f A* ❶ (*со́бственник*) Eigentümer, -in *m/f*; ❷ (*облада́тель*) Inhaber, -in *m/f*, Besitzer, -in *m/f*
владе́ние *nt O2* ❶ (*облада́ние*) Besitz *m*; ❷ (*основа́тельное зна́ние*) Beherrschung *f*
владе́ть *v + inst E impf* ❶ besitzen; ❷ (*знать в соверше́нстве*) beherrschen
вла́жность *f I* Feuchtigkeit *f*
вла́жный <*kf:* -жен, -жна́, -жно> *adj* feucht
вла́мываться *vr E impf* (*pf:* вломи́ться) (*во что-л.*) gewaltsam eindringen, einbrechen
вла́ствовать *vi E2 impf* (*над кем-л./чем-л.*) herrschen (über +*akk*), regieren
власти́тель, власти́тельница *m K1 / f A* Herrscher, -in *m/f*
вла́стный <*kf:* -тен, -тна> *adj* herrisch
власть *f I ple1* ❶ (пол) Macht *f*, Gewalt *f*; **борьба́ за ~** Machtkampf *m* ❷ (*пра́во распоряжа́ться*) Macht *f*; **власть иму́щие** (*fig*) Machthaber *pl*; ❸ (*im pl: администра́ция*) Behörden *f pl*
влачи́ть <*präs:* влачу́, -чи́шь> *vt I impf* ertragen
влеза́ть *vi E impf* (*pf:* влезть) ❶ (*взбира́ться на что-л.*) hinaufklettern; ❷ (*проника́ть внутрь*) hineingehen, hineingeraten; **~ в долги́** (*fig*) Schulden machen; ❸ (*umg: умеща́ться*) hineinpassen; **все ве́щи в чемода́н не вле́зут** die Sachen gehen nicht alle in den Koffer hinein
влезть <*fut:* вле́зу, -зешь, *prät:* влез, -ла, *imp:* влезь> *vi E6 pf* (*impf:* влеза́ть) hinaufklettern
влечь <*präs:* влеку́, влечёшь,влеку́т, *prät:* влёк, влекла́> *vt UE4 impf* (*pf:* у-, по-) ❶ (*geh: тащи́ть*) schleppen, ziehen; ❷ (*fig: привлека́ть*) locken, anziehen; **его́ влечёт к нау́ке** ihn zieht es zur Wissenschaft; **~ за собо́й** (*fig*) nach sich ziehen, zur Folge haben
вли́ться <*nur 3. pers:* вольётся> *vr E4 pf* (*impf:* влива́ться) ❶ hineinfließen; ❷ (*fig: присоедини́ться*) hinzukommen
влия́ние *nt O2* Einfluss *m*; **благотво́рное ~** wohltuende Wirkung *f*; **име́ть ~ на кого́-л./что-л.** Einfluss haben (auf +*akk*)
влия́тельный <*kf:* -лен, -льна> *adj* einflussreich
вложи́ть <*fut:* вложу́, вло́жишь> *vt I pf* (*impf:* вкла́дывать) hineinlegen
вломи́ться <*fut:* вломлю́сь, вло́мишься> *vr I pf* (*impf:* вла́мываться) gewaltsam eindringen
влюби́ться <*fut:* влюблю́сь, влю́бишься> *vr I pf* (*impf:* влюбля́ться) (*в кого́-ли́бо*) sich verlieben (in +*akk*)
влюблённость *f I* Verliebtheit *f*
влюблённый <*kf:* -лён, -лена́> *adj* verliebt
вме́сте *adv* zusammen, gemeinsam; **~ с тем** gleichzeitig
вмести́ть <*fut:* вмещу́, вмести́шь> *vt I pf* (*impf:* вмеща́ть) fassen
вме́сто *präp +gen* anstelle (+*gen*), anstatt (+*gen*)
вмеша́тельство *nt O* Einmischung *f*, Intervention *f*
вме́шиваться *vr E impf* (*pf:* вмеша́ться) ❶ (*в чужи́е дела́*) sich einmischen; **~ во всё** überall mitreden; ❷ (*в ход собы́тий*) eingreifen, intervenieren
вмеща́ть <*nur 3. pers:* вмеща́ет>

vt E impf (*pf:* **вмести́ть**) fassen, Platz bieten

вмиг *adv* augenblicklich, sofort

вмонти́ровать *vt E2 pf* (*impf:* **вмонтиро́вывать**) einbauen

вмя́тина *f A* Delle *f*, Beule *f*

внача́ле *adv* zuerst, anfangs, zu Beginn

вне *präp +gen* ① außer (*+gen*); **~ до́ма** außer Haus; ② außer (*+dat*); **быть ~ себя́** außer sich sein; **~ вся́ких сомне́ний** unbezweifelbar

вне- *präfix* außer-

внебра́чный *adj* unehelich

внедри́ть <*fut:* **внедрю́, -дри́шь**> *vt I pf* (*impf:* **внедря́ть**) einführen; **~ в пра́ктику** in die Praxis umsetzen

внедри́ться <*fut:* **внедрю́сь, -дри́шься**> *vr I pf* (*impf:* **внедря́ться**) ① (***утверди́ться***) eingeführt werden; ② (***прони́кнуть***) eindringen

внеза́пно *adv* plötzlich, unerwartet

внести́ <*fut:* **внесу́, -сёшь**, *prät:* **внёс**> *vt E6 pf* (*impf:* **вноси́ть**) hineinbringen

внешнеэкономи́ческий *adj* außenwirtschaftlich, Außenwirtschafts-

вне́шний *adj* ① (***нару́жный***) äußerlich; **~ вид** Äußeres *nt*; **~ лоск** (*fig*) der äußere Glanz *m*; ② (***зарубе́жный***) auswärtig, extern; **вне́шняя поли́тика** Außenpolitik *f*; **~ ры́нок** Auslandsmarkt *m* Exportmarkt *m*

вне́шность *f I* Äußeres *nt*, Aussehen *nt*

внешта́тный *adv* nebenberuflich; **~ сотру́дник** freier Mitarbeiter *m*

вниз *adv* abwärts, hinunter, nach unten; **~ по тече́нию реки́** flussabwärts

внизу́ *adv* unten

вника́ть *vi E impf* (*pf:* **вни́кнуть**) eindringen, ergründen; **~ во что-л.** Einsicht nehmen (in *+akk*)

внима́ние *nt O2* Aufmerksamkeit *f*

внима́тельный <*kf:* **-лен, -льна**> *adj* ① (***сосредото́ченный***) aufmerksam, konzentriert; ② (***предупреди́тельный***) rücksichtsvoll, zuvorkommend

внима́ть *vi E impf* (*pf:* **внять**) (*arch oder geh:* ***слу́шать***) zuhören, lauschen

вничью́ *adv* (СПОРТ) unentschieden

вноси́ть <*präs:* **вношу́, вно́сишь**> *vt I impf* (*pf:* **внести́**) ① (***заноси́ть***) hereinbringen; ② (***включа́ть, впи́сывать***) eintragen, aufnehmen; ③ (***де́лать взнос***) einzahlen, einbringen; **~ зада́ток** anzahlen

внук *m K* Enkel *m*, Enkelkind *nt*

вну́тренний *adj* ① (***находя́щийся внутри́***) inner, Innen-; **вну́тренняя па́мять** (ОБДАН) interner Speicher *m*; ② (***не подлежа́щий огла́ске***) intern; ③ (***в преде́лах страны́***) Inlands-, Binnen-; **~ ры́нок** Binnenmarkt *m*

внутри́ I. *präp +gen* innerhalb (*+gen*); **II.** *adv* innen

внутрь I. *präp +gen* ins Innere von; **II.** *adv* nach innen

вну́чка <*gen pl:* **-чек**> *f A* Enkelin *f*

внуша́ть *vt E impf* (*pf:* **внуши́ть**) ① (***вызыва́ть у кого́-л.***) einflößen; **~ кому́-л. дове́рие** jdm Vertrauen einflößen; ② (***мы́сли и т.п.***) einreden, suggerieren; ③ (***пра́вила поведе́ния и т.п.***) einschärfen

внуше́ние *nt O2* ① (ПСИХ) Suggestion *f*; ② (***вы́говор***) Verweis *m*, Rüge *f*; **де́лать кому́-л. ~** jdm einen Verweis erteilen

внуши́тельный <*kf:* **-лен, -льна**> *adj* ① (***убеди́тельный***) eindringlich; ② (***впечатля́ющий***) beeindruckend

внуши́ть <*fut:* **внушу́, -ши́шь**> *vt I pf* (*impf:* **внуша́ть**) ① einflößen; ② einreden; ③ einschärfen

внять <*pr:* **вне́млю, вне́млешь**, *imp:* **вне́мли**, *prät:* **внял**> *vi E9a pf* (*impf:* **внима́ть**) ① (***услы́шать***) erhören, vernehmen; **~ чьей-л. про́сьбе** eine Bitte erhören;

② (*послу́шаться*) hören (auf *+akk*), jds Rat befolgen
вóвремя *adv* rechtzeitig
вóвсе *adv* (*nur in Verbindung mit einer Negation*) ganz und gar (nicht)
во-вторы́х *adv* zweitens
вóгнутый *adj* eingebogen, konkav
вода́ <*akk sg:* вóду> *f A pls* Wasser *nt*; **питьева́я ~** Trinkwasser *nt*; **прéсная ~** Süßwasser; *nt*; **чи́стой воды́** (*fig*) reinsten Wassers, durch und durch; **как в вóду ка́нуть** (*fig*) spurlos verschwinden; **как двé ка́пли воды́** (*fig*) zum Verwechseln ähnlich
води́тель *m K1* Fahrer *m*, Kraftfahrer *m*; **вторóй ~** Beifahrer *m*
води́ть <*präs:* вожу́, вóдишь> *vt I unbest* (*best*: *вести́*) ① führen, herumführen; **~ за нос** (*fig*) jdn an der Nase herumführen; ② (*автомоби́ль*) Auto fahren können
води́ться <*präs:* вожу́сь, -вóдишься> *vr I unbest* (*best*: *вести́сь*) ① (*с кем-ли́бо*) Umgang pflegen (mit *+dat*); ② (*nur 3. pers: имéться*) vorhanden sein, vorkommen; **в э́той рекé вóдится мнóго ры́бы** in diesem Fluss gibt es viele Fische; ③ (*nur 3. pers: быть при́нятым*) üblich sein; **у нас так вóдится** bei uns ist es so üblich; **э́то за ни́м вóдится** das ist seine Manier
вóдка <*gen pl:* -док> *f A* Wodka *m*
вóдный *adj* Wasser-; **~ путь** Wasserweg *m*; **~ спорт** Wassersport *m*
водоворóт *m K* Strudel *m*
водоём *m K* ① Wasserreservoir *nt*; ② (*im pl: водоёмы*) Gewässer *nt*
водока́чка *f A* Pumpstation *f*, Pumpenhaus *nt*
водола́з *m K* Taucher *m*
водола́зка *f A* (*umg*) Rollkragenshirt *nt*
водола́зный *adj* Taucher-
водонепроница́емый <*kf:* -ем> *adj* wasserdicht
водопа́д *m K* Wasserfall *m*
водопла́вающий *adv:* **водопла́вающая пти́ца** (зоол) Wasservögel *pl*
водопóй *m K2* Tränke *f*
водопровóд *m K* Wasserleitung *f*
водопровóдный *adj* Wasserleitungs-; **водопровóдная вода́** Leitungswasser *nt*
водорóд *m K* Wasserstoff *m*
вóдоросль *f I* Wasserpflanze *f*, Alge *f*
водостóк *m K* ① Abfluss *m*; ② (*жёлоб*) Abflussrinne *f*; ③ (*вдоль кры́ши*) Dachrinne *f*
водохрани́лище *nt O1* Stausee *m*
вóды *pl A* ① (*водоёмы*) Gewässer *pl*; ② (*курóрт*) Kurort *m*; **минера́льные ~** Mineralquellen *pl*
водяни́стый *adj* wässerig
водянóй I. *adj* Wasser-; **~ знак** Wasserzeichen *nt*; **водяна́я мéльница** Wassermühle *f*; **II.** *m wie adj* Wassermann *m*
воева́ть <*präs:* вою́ю, вою́ешь> *vi E2 nur impf* ① (*вести́ войну́*) Krieg führen (gegen *+akk*); ② (*umg: ссóриться*) sich streiten
воеди́но *adv* vereint
военача́льник *m K* Feldherr *m*
военнообя́занный *m wie adj* Wehrdienstpflichtige(r) *m*, Militärdienstpflichtige(r) *m*
военноплéнный *m wie adj* Kriegsgefangene(r) *m*
военнослу́жащий *m wie adj* Armeeangehörige(r) *m*
воéнный I. *adj* ① Kriegs-; ② (*относя́щийся к вооружённым си́лам*) militärisch, Militär-; **II.** *m wie adj* ① (*офицéр*) Militär *m*; ② (*солда́т*) Soldat *m*
вожа́к *m K* Anführer *m*, Führer *m*
вожделéние *nt O2* (*geh*) Lust *f*, Begierde *f*
вождь *m K1* ① Führer *m*; ② (*плéмени*) Häuptling *m*
вожжа́ *f A e2* Zügel *m*
воз <*präpos sg:* на возу́> *m K ple* ① (*кладь*) Fuhre *f*; ② (*повóзка с кла́дью*) Fuhrwerk *nt*; ③ (*fig: мнóжество*) Menge *f*

В

воз- *präfix* ① auf-, empor-; ② von neuem, wieder-

возбуди́мый <*kf:* -и́м> *adj* reizbar, erregbar

возбуди́тель *m K1* (мед) Erreger *m*

возбуди́ть <*fut:* возбужу́, -буди́шь> *vt I pf* (*impf:* возбужда́ть) ① (*интере́с*) hervorrufen, erwecken; ② (*аппети́т, влече́ние*) anregen, reizen; ③ (*взволнова́ть*) aufregen; **~ де́ло про́тив кого́-л.** (юр) einen Prozess anstrengen (gegen +*akk*)

возбужда́ющий *adj* anregend; **возбуда́ющие сре́дства** Aufputschmittel *nt*, Doping *nt*

возбужде́ние *nt O2* Aufregung *f*, Erregung *f*

возбуждённый *adj* aufgeregt

возвести́ <*fut:* возведу́, -ведёшь> *vt E6a pf* (*impf:* возводи́ть) errichten, aufbauen

возвести́ть <*fut:* возвещу́, -ести́шь> *vt I pf* (*impf:* возвеща́ть) (*geh: что-л.; о чём-л.*) verkünden

возводи́ть <*präs:* возвожу́, -во́дишь> *vt I impf* (*pf:* возвести́) bauen, aufbauen, errichten

возвра́т *m K* ① (*отда́ча*) Rückgabe *f*; ② (*возмеще́ние*) Rückerstattung *f*, Erstattung *f*; ③ (*домо́й и т.п.*) Rückkehr *f*

возврати́ть <*fut:* возвращу́, -врати́шь> *vt I pf* (*impf:* возвраща́ть) ① zurückgeben; ② zurückgewinnen

возврати́ться <*fut:* возвращу́сь, врати́шься> *vr I pf* (*impf:* возвраща́ться) zurückkommen, zurückkehren

возвра́тный *adj* ① (экон) Mehrweg-; ② (линг) reflexiv

возвраща́ть *vt E impf* (*pf:* возврати́ть) ① (*отдава́ть обра́тно*) zurückgeben; ② (*возмеща́ть*) zurückerstatten; ③ (*восстана́вливать*) zurückgewinnen

возвраща́ться *vr E impf* (*pf:* возврати́ться) zurückkehren, zurückkommen; **~ домо́й** heimkommen; nach Hause kommen; **~ к вопро́су** (*fig*) auf eine Frage zurückkommen

возвраще́ние *nt O2* ① (*домо́й, на ро́дину*) Rückkehr *f*, Heimkehr *f*; ② (*возмеще́ние*) Rückerstattung *f*, Erstattung *f*; **~ де́нег** Rückzahlung *f*; **~ това́ра** Retoursendung *f*, Remission *f*

возвы́ситься <*fut:* возвы́шусь, -вы́сишься> *vr I pf* (*impf:* возвыша́ться) ① (*подня́ться*) steigen; **он о́чень возвы́сился в мои́х глаза́х** (*fig*) er ist in meinen Augen sehr gestiegen; ② (*meist impf:* *вы́ситься*) sich erheben; ③ (*сде́лать карье́ру*) aufsteigen

возвыше́ние *nt O2* ① (*карье́ра*) Aufstieg *m*; ② (*высо́кое ме́сто*) Erhöhung *f*; ③ (*в це́ркви*) Empore *f*

возвы́шенный <*kf:* -шен, -шенна> *adj* erhaben

возгла́вить <*fut:* возгла́влю, -вишь> *vt I pf* (*impf:* возглавля́ть) ① (*встать во главе́*) an die Spitze treten; ② (*impf:* *руководи́ть*) leiten, an der Spitze stehen

воздвига́ть *vt E impf* (*pf:* воздви́гнуть) errichten, erbauen

возде́йствие *nt O2* ① (*влия́ние на кого́-л./что-л.*) Einfluss *m*; ② (*после́дствие, результа́т*) Auswirkung *f*

возде́йствовать *vt E2 impf/pf* ① (*ока́зывать де́йствие*) einwirken [*o* auswirken] (*на* +*akk* auf +*akk*); ② (*влия́ть*) beeinflussen

возде́лывание *nt O2* (селхоз) Anbau *nt*; **систе́ма ~ия** Anbausystem *nt*

возде́лывать *vt E impf* (*pf:* возде́лать) bebauen, bestellen

воздержа́ние *nt O2* Enthaltsamkeit *f*, Abstinenz *f*

возде́ржанный <*kf:* -жан, -жанна> *adj* enthaltsam

воздержа́ться <*fut:* воздержу́сь, -де́ржишься> *vr I pf* (*impf:*

воздéрживаться)
❶ (*уклони́ться*) sich enthalten (*+gen*); **~ при голосова́нии** sich einer Stimme enthalten;
❷ (*отказа́ться от чего́-л.*) verzichten (auf *+akk*)

во́здух *m K* Luft *f*; **носи́ться в ~е** (*fig*) in der Luft liegen

возду́шный *adj* Luft-, luftig; **~ поцелу́й** Kusshand *f*

воззва́ние *nt O2* Aufruf *m*, Appell *m*

воззре́ние *nt O2* Ansicht *f*, Anschauung *f*

вози́ться *<präs:* вожу́сь, во́зишься*> vr I impf*
❶ (*занима́ться де́лом*) hantieren, sich zu schaffen machen; ❷ (*с кем-л./чем-л.*) sich abrackern, sich abmühen (mit *+akk*); ❸ (*ме́длить*) trödeln

возлю́бленный, возлю́бленная *m/f wie adj* Geliebte(r) *mf*

возме́здие *nt O2* Vergeltung *f*, Rache *f*

возмести́ть *<fut:* возмещу́, -мести́шь*> vt I pf* (*impf:* возмеща́ть) (*что-л. чем-л.*) ersetzen

возмеща́ть *vt E impf* (*pf:* -мести́ть) ersetzen, erstatten; **~ кому́-л. убы́тки** jdm etw entschädigen

возмеще́ние *nt O2* Ersatz *m*, Erstattung *f*; **~ уще́рба** Schadensersatz *m*

возмо́жно *adv* vielleicht, möglicherweise

возмо́жность *f I* ❶ Möglichkeit *f*;
❷ (*благоприя́тный слу́чай*) Gelegenheit *f*; **по возмо́жности** soweit möglich; gegebenenfalls

возмо́жный *<kf:* -жен, -жна*> adj*
❶ möglich; **де́лать возмо́жным** ermöglichen; ❷ (*мы́слимый*) denkbar

возмути́тельный *<kf:* -лен, -льна*> adj* empörend

возмути́ть *<fut:* возмущу́, -мути́шь*> vt I pf* (*impf:* возмуща́ть) empören, entrüsten

возмути́ться *<pr:* возмущу́сь, возмути́шься*> vr I pf* (*impf:* возмуща́ться) sich empören, sich entrüsten

возмуще́ние *nt O2* Empörung *f*, Zorn *m*

вознагради́ть *<fut:* вознагражу́, -гради́шь*> vt I pf* (*impf:* вознагражда́ть) belohnen, honorieren

вознагражда́ть *vt E impf* (*pf:* вознагради́ть) entschädigen, belohnen

вознагражде́ние *nt O2*
❶ (*награ́да*) Belohnung *f*, Entlohnung *f*; ❷ (*опла́та*) Entgelt *nt*, Honorar *nt*; **~ за услу́ги** Provision *f*

возника́ть *<nur 3. pers:* возника́ет*> vi E impf* (*pf:* возни́кнуть) aufkommen, entstehen

возникнове́ние *nt O2* Entstehung *f*, Aufkommen *nt*

возня́ *f A1* ❶ (*шум*) Gepolter *nt*, Lärm *m*; **~ вокру́г чего́-л.** viel Aufheben *nt* (um *+akk*)
❷ (*хло́поты*) Scherereien *f pl*

возобнови́ть *<fut:* возобновлю́, -ви́шь*> vt I pf* (*impf:* возобновля́ть) erneuern, wiederaufnehmen

возобновле́ние *nt O2*
❶ (*отноше́ний*) Erneuerung *f*;
❷ (*де́ла или проце́сса*) Wiederaufnahme *f*

возража́ть *vi E impf* (*pf:* возрази́ть) ❶ (*кому́-л. на что-л.*) widersprechen; ❷ (*про́тив кого́-л./чего́-л.*) Einwendungen [*o* Einwände] vorbringen (gegen *+akk*)

возраже́ние *nt O2* ❶ (*до́вод про́тив чего-л.*) Einwand *m*;
❷ (*выраже́ние несогла́сия*) Widerrede *f*; **он не те́рпит возраже́ний** er duldet keinen Widerspruch; ❸ (ЮР) Einspruch *m*

возрази́ть *<fut:* возражу́, -ази́шь*> vi I pf* (*impf:* возража́ть)
❶ (*отве́тить*) erwidern, entgegnen;
❷ (*противоре́чить*) einwenden

B

во́зраст *m K* Alter *nt*; **де́тский ~** Kindesalter *nt*; **преклóнный ~** hohes Alter *nt*; **одногó ~а** gleichaltrig; **разли́чного ~а** verschiedener Altersstufen
возраста́ть *<nur 3. pers:* **возраста́ет***> vi E impf (pf:* **возрасти́**) zunehmen, größer werden, anwachsen, steigen
возраста́ющий zunehmend
возрасти́ *<nur 3. pers:* **возрастёт***> vi E6 pf (impf:* **возраста́ть**) größer werden, steigen
возроди́ть *<fut:* **возрожу́, -оди́шь***> vt I pf (impf:* **возрожда́ть**) ❶ *(fig: **возврати́ть к жи́зни**)* wiederbeleben, aufleben lassen; ❷ *(**разру́шенное**)* wieder entstehen lassen; ❸ *(**возобнови́ть**)* erneuern
возрожде́ние *nt O2* ❶ *(**духо́вное обновле́ние**)* Wiedergeburt *f*; ❷ *(**возобновле́ние**)* Erneuerung *f*; ❸ *(**восстановле́ние**)* Wiederaufbau *m*; ❹ (HIST: ***Эпо́ха Возрожде́ния***) Renaissance *f*
во́инский *adj* militärisch, Militär-; **во́инская обя́занность** Wehrpflicht *f*
вои́нственный *<kf:* **-вен/венен, -венна***> adj* kriegerisch
вои́нствующий *adj* ❶ militant, kämpferisch, kriegslüstern; ❷ *(**агресси́вный**)* aggressiv, streitbar, angriffslustig
во́й *m K2* Heulen *nt*, Geheul *nt*; **~ сире́ны** Sirenengeheul *nt*
во́йлочный *adj* aus Filz, Filz-
война́ *f A pls* Krieg *m*; **гражда́нская ~** Bürgerkrieg *m*; **быть на войне́** an der Front sein; **вступа́ть в войну́** in den Krieg eintreten
во́йско *nt O* ❶ Heer *nt*; ❷ *(im pl:* ***войска́***) Truppen *f pl*
войти́ *<fut:* **войду́, -дёшь**, *prät:* **вошёл, вошла́***> vi E7a pf (impf:* **входи́ть**) ❶ *(**зайти́**)* hineingehen, eintreten, einsteigen; **войди́те!** herein! ❷ *(**включи́ться в соста́в**)* beitreten (**в** *+akk* etw. *+dat*); ❸ *(**умести́ться**)* hineinpassen; **~ в привы́чку** *(fig)* zur Gewohnheit werden; **~ в курс де́ла** *(fig)* sich mit etw vertraut machen; **~ в чье-л. положе́ние** *(fig)* sich in jds Lage versetzen
вокза́л *m K* Bahnhof *m*
вокру́г I. *präp +gen* um, um ... herum (*+akk*); **Земля́ дви́жется ~ Со́лнца** die Erde kreist um die Sonne; **вокру́г го́рода** um die Stadt herum; **II.** *adv* ringsum, ringsherum, ringsumher
вол *m K ple* Ochse *m*
Во́лга *f A* ❶ (ГЕОГ) Wolga *f*; ❷ (АВТО) Wolga *m*
волево́й *adj* willensstark
волеизъявле́ние *nt O2* Willenserklärung *f*
волейбо́л *m K* Volleyball *m*
волк *m K ple1* Wolf *m*
волна́ *f A pls* Welle *f*, Woge *f*
волнова́ть *vt E2 impf (pf:* **вз-**) ❶ Wellen schlagen; ❷ *(fig: **трево́жить**)* aufregen, bewegen
волноре́з *m K* Wellenbrecher *m*
во́лос *<gen pl:* **воло́с***> m K ple1 (meist pl)* Haar *nt*; **~ы встаю́т ды́бом** *(fig)* die Haare stehen zu Berge
волосо́к *<gen sg:* **-ска́***> m K e* ❶ Härchen *nt*, Fussel *m*; **на ~** *(fig)* um ein Haar, um Haaresbreite; ❷ (**в ла́мпочке**) Drähtchen *nt*
волчи́ха *f A (umg)* Wölfin *f*
волчи́ца *f A* Wölfin *f*
волчо́к *<gen sg:* **-чка́***> m K* Brummkreisel *m*
волше́бник, волше́бница *m K / f A* Zauberer, Zauberin *m/f*
волше́бный *adj* ❶ Zauber-; **волше́бная па́лочка** Zauberstab; ❷ *(fig: **чару́ющий**)* zauberhaft, bezaubernd
волы́нка *f A* ❶ (МУЗ) Dudelsack *m*; ❷ *(umg: **каните́ль**)* Trödeln *nt*; **тяну́ть волы́нку** Zeit schinden
вольéра *f A* Voliere *f*, Freigehege *nt*

вольнослу́шатель *m K1* Gasthörer *m*
во́льный[1] *adj* (ИСТ: *свобо́дный*) frei, unabhängig
во́льный[2] <*kf:* -лен, -льна́, -льно> *adj* ungebunden, ungezwungen
во́ля[1] *f A1* Wille *m*; **име́ть си́лу во́ли** Willenskraft besitzen
во́ля[2] *f A1* Freiheit *f*; **дать во́лю свои́м чу́вствам** seinen Gefühlen freien Lauf lassen
вон *adv* fort, weg
вонь *f I* Gestank *m*
вообще́ *adv* ① (*обы́чно*) im Allgemeinen; ② (*в о́бщем*) überhaupt; **~ говоря́** eigentlich
вооруже́ние *nt O2* ① (*вое́нное снаряже́ние*) Bewaffnung *f*, Ausrüstung *f*, Waffen *pl*; **взять на ~** (*fig*) anwenden; ② (*де́йствие*) Aufrüstung *f*
во-пе́рвых *adv* ① erstens; ② (*пре́жде всего́*) zunächst (einmal)
вопию́щий *adj* (*fig*) schreiend, kraß; **вопию́щее противоре́чие** ein krasser Widerspruch
воплоти́ть <*fut:* воплощу́, -оти́шь> *vt I pf* (*impf:* воплоща́ть) (*что-л./в ком-л./чём-л.*) verkörpern, verwirklichen; **~ в жизнь** in die Tat umsetzen
воплоще́ние *nt O2* Verkörperung *f*
вопреки́ *präp +dat* ① ungeachtet (*+gen*); ② wider (*+akk*)
вопро́с *m K* Frage *f*; **о́стрый ~** akute Frage *f*; **зада́ть ~** eine Frage stellen; **(по)ста́вить под ~** in Frage stellen
вопро́сник Fragebogen *m*
вор *m K ple1* Dieb *m*; **карма́нный ~** Taschendieb *m*
ворва́ться <*fut:* ворву́сь, -вёшься> *vr E4 pf* (*impf:* врыва́ться) hineinstürmen
ворова́ть *vt E2 impf* (*pf:* с-) stehlen
ворожи́ть <*präs:* ворожу́, -жи́шь> *vi I impf* (*pf:* за-) ① (*гада́ть*) wahrsagen; ② (*колдова́ть*) zaubern
во́рон *m K* Rabe *m*
воро́на *f A* Krähe *f*; **бе́лая ~** (*fig*) schwarzes Schaf *nt*
воро́нка <*gen pl:* -нок> *f A* ① Trichter *m*; ② (*я́ма от разры́ва*) Geschosstrichter *m*
воронкообра́зный *adj* trichterförmig
воро́та *pl O* ① Tor *nt*, Pforte *f*; ② (СПОРТ) Tor *nt*
воротни́к *m K* Kragen *m*
ворча́ть <*präs:* ворчу́, -чи́шь> *vi I impf* (*pf:* за-) ① (*брюзжа́ть*) brummen, nörgeln; ② (*о соба́ке*) knurren
ворчли́вый <*kf:* -и́в> *adj* mürrisch, griesgrämig
вос- *präfix* ① auf-, empor-; ② von neuem, wieder-
во́семь <*gen:* восьми́, *inst:* восемью́ *oder:* восьмью́> *num* acht
во́семью *adv* achtmal
воск *m K* Wachs *nt*
воскреса́ть *vi E impf* (*pf:* воскре́снуть) (РЕЛ) auferstehen
воскресе́ние *nt O2* Auferstehung *f*
воскресе́нье *nt O1* Sonntag *m*
воскреснуть *vi E1 pf* (*impf:* воскреса́ть) auferstehen
воспале́ние *nt O2* Entzündung *f*
воспалённый <*kf:* -лён, -лена́> *adj* entzündet
воспита́ние *nt O2* Erziehung *f*
воспи́танный <*kf:* -ан, -анна> *adj* wohlerzogen
воспо́льзоваться *v + inst E2 pf* (*impf:* по́льзоваться) benutzen, sich etw. zunutze machen; **~ слу́чаем** die Gelegenheit ergreifen
воспомина́ние *nt O2* ① Erinnerung *f*; ② (*im pl:* *мемуа́ры*) Memoiren *pl*
воспрети́ть <*fut:* воспрещу́, -прети́шь> *vt I pf* (*impf:* воспреща́ть) (*что-л. oder mit inf*) verbieten, untersagen
воспреща́ть *vt E impf* (*pf:* возпрети́ть) verbieten
восприя́тие *nt O2* ① (*о́рганами*

B

чувств) Wahrnehmung *f*; ❷ (*усвое́ние*) Rezeption *f*

воспроизведе́ние *nt O2* ❶ (*репроду́кция*) Nachbildung *f*, Reproduktion *f*; ❷ (*переда́ча*) Wiedergabe *f*

воспроти́виться <*fut:* воспроти́влюсь, -вишься> *vr I pf* (*impf:* проти́виться) Widerstand leisten

воссоедине́ние *nt O2* Wiedervereinigung *f*

восстанови́ть[1] <*fut:* восстановлю́, -о́вишь> *vt I pf* (*impf:* восстана́вливать) ❶ wiederherstellen; **~ в па́мяти** (*fig*) ins Gedächtnis zurückrufen; ❷ (строит) restaurieren

восстанови́ть[2] *vt I pf* (*impf:* восстана́вливать) (*кого́-л. про́тив кого́-л./чего́-л.*) aufreizen, aufbringen (gegen +*akk*)

восстановле́ние *nt O2* ❶ (*возрожде́ние*) Wiederaufbau *m*; ❷ (*возобновле́ние*) Wiederaufnahme *f*

восто́к *m K* Osten *m*; **на ~е** im Osten; **на ~** nach Osten; **с ~а** von [*o* aus dem] Osten

Восто́к *m K* Orient *m*; **Бли́жний ~** Naher Osten *m*; **Да́льний ~** Ferner Osten *m*

восто́рг *m K* Begeisterung *f*; **прийти́ в ~** begeistert sein

восто́рженный <*kf:* -жен, -женна> *adj* begeistert

восторжествова́ть *vi E2 pf* (*impf:* торжествова́ть) (*над кем-л./чем-л.*) die Oberhand gewinnen, triumphieren

восто́чный *adj* Ost-, östlich; **Восто́чная Евро́па** Osteuropa *nt*

востре́бование *nt O2* Abruf *m*; **до востре́бования** postlagernd

восхити́тельный <*kf:* -лен, -льна> *adj* wunderschön, entzückend

восхити́ть <*fut:* восхищу́, -ити́шь> *vt I pf* (*impf:* восхища́ть) (*geh*) begeistern, entzücken

восьмёрка <*gen pl:* -рок> *f A* ❶ Acht *f*, Achter *m*; ❷ *Straßenbahnlinie Nr. 8*

восьмо́й *num ord* achte(r, s)

вот *part* hier, jetzt; **~ наш дом** da wohnen wir; **~ как!** na, so etwas! **~ и всё** das ist alles

воткну́ть *vt E1 pf* (*impf:* втыка́ть) hineinstechen

во́тум *m K* Votum *nt*

вошь <*gen sg:* вши, *inst sg:* во́шью> *f I* Laus *f*

вощёный *adj* gewachst, gebohnert

впе́рвые *adv* zum ersten Mal

вперёд *adv* ❶ vorwärts, nach vorn; ❷ (*umg:* *впредь*) in Zukunft, künftig; ❸ (*fig:* *зара́нее*) im voraus; **плати́ть ~** vorauszahlen; **часы́ ушли́ ~** die Uhr ging vor

впереди́ I. *präp* +*gen* vor (+*dat*); **II.** *adv* voraus, voran

впереме́жку *adv* abwechselnd

вперемешку *adv* durcheinander, in Unordnung, kunterbunt

впечатле́ние *nt O2* Eindruck *m*

впива́ть *vt E impf* (*pf:* впить) (*в себя́*) in sich aufnehmen, einsaugen

впива́ться *vr E impf* (*pf:* впи́ться) ❶ (*приса́сываться*) sich festsaugen; ❷ (*вонзаться*) eindringen; ❸ (*ухва́тываться*) sich festklammern (*за* +*akk* an +*dat*); **~ зуба́ми** sich festbeißen; **~ глаза́ми в кого́-л./что-л.** kein Auge lassen (von +*dat*); **~ в кни́гу** (*fig*) sich in ein Buch vertiefen

вписа́ть <*fut:* впишу́, впи́шешь> *vt I pf* (*impf:* впи́сывать) einschreiben, eintragen

впита́ть *vt E pf* (*impf:* впи́тывать) ❶ aufsaugen, einsaugen; ❷ (*fig:* *в себя́*) in sich aufnehmen

впи́ться <*fut:* вопью́сь, вопьёшься> *vr E4c pf* (*impf:* впива́ться) sich festsaugen (an +*dat*)

впи́хивать *vt E impf* (*pf:* впихнуть) (*кого́-л./что-л. во что-л.*) hineinzwängen, hineinpferchen

вполго́лоса *adv* halblaut
вполне́ *adv* völlig, durchaus
впра́во *adv* ❶ (*в пра́вой стороне́*) rechts; ❷ (*в пра́вую сто́рону*) nach rechts
впредь ❶ künftig; ❷ (*отны́не*) von nun an; **~ до дальне́йшего распоряже́ния** bis auf weiteres
впро́чем *konj* ❶ (*тем не ме́нее*) nichtsdestoweniger, trotzdem; ❷ (*als Schaltwort:* *хотя́*) obwohl; **а ~, кто его́ зна́ет** aber wer weiß das schon
впры́скивать *vt E impf* (*pf:* впры́снуть) (ТЕХ, МЕД) einspritzen, injizieren
впя́теро *adv* fünffach, fünfmal
впятеро́м *adv* zu fünft
враг *m K e* Feind *m*, Gegner *m*
враждова́ть *vi E2 nur impf* (*с кем-ли́бо*) auf dem Kriegsfuß stehen (mit *+dat*)
враз *adv* ❶ (*одновреме́нно*) gleichzeitig, auf einmal; ❷ (*сра́зу*) sofort
врата́рь *m K1* Torwart *m*
врать <*präs:* вру, врёшь> *vi E4 impf* (*pf:* совра́ть) (*umg*) flunkern, lügen
врач <*gen pl:* -че́й> *m K e* Arzt *m*
враща́ться *vr E nur impf* ❶ sich drehen; ❷ (*в како́й-л. среде́*) verkehren; **~ в учёных кру́гах** in gelehrten Kreisen verkehren
вред <*gen sg:* вреда́> *m K* Schaden *m*; **де́йствовать кому́-л. во вред** jdm zum Nachteil handeln
вре́дный <*kf:* -ден, -дна́, -дно> *adj* ❶ schädlich; **вре́дный для здоро́вья** der Gesundheit abträglich, ungesund; ❷ (*umg:* *злой*) boshaft
времена́ми *adv* zeitweise, ab und zu
вре́менно *adv* einstweilig, vorläufig; **~ освободи́ть от рабо́ты** (von der Arbeit) freistellen
временно́й *adj* Zeit-, zeitlich; **временно́е ограниче́ние** zeitliche Begrenzung *f*
вре́менный *adj* zeitweilig, vorübergehend
вре́мя <*gen sg:* вре́мени> *f U1* Zeit *f*, Uhrzeit *f*; **в то же ~** gleichzeitig; **тем вре́менем** zur selben Zeit
времяпрепровожде́ние *nt O2* Zeitvertreib *m*
вруче́ние *nt O2* ❶ (*награ́ды, о́рдена и т.п.*) Überreichen *nt*, Verleihung *f*; ❷ (*доста́вка адреса́ту*) Zustellung *f*
вручи́ть <*fut:* вручу́, -чи́шь> *vt I pf* (*impf:* вруча́ть) aushändigen, überreichen
врыва́ться *vr E impf* (*pf:* ворва́ться) gewaltsam eindringen, einbrechen
вса́дник, вса́дница *m K / f A* Reiter, -in *m/f*
все- *präfix* all-, allumfassend
всё[1] *siehe* **весь**
всё[2] *adv* (*всё вре́мя*) dauernd, immer; **они́ ~ болта́ют** sie plaudern immerfort; **~ ещё** immer noch; **~ же** dennoch, trotzdem
всевозмо́жный *adj* allerlei, vieler Art
всегда́ *adv* immer
вселе́нная *f wie adj* Weltall *nt*, Universum *nt*
всеме́рный *adj* größtmöglich
все́меро *adv* siebenmal
всеми́рно *adv* Welt-; **~-изве́стный** weltberühmt
всеми́рный *adj* Welt-, weltumfassend; **всеми́рная сла́ва** Weltruhm *m*
всео́бщий allgemein; **всео́бщая забасто́вка** Generalstreik *m*; **всео́бщее избира́тельное пра́во** das allgemeine Wahlrecht *nt*; **всео́бщая во́инская обя́занность** die allgemeine Wehrpflicht *f*
всеобъе́млющий <*kf:* -лющ> *adj* umfassend
всерьёз *adv* im Ernst, ernst gemeint
всё-таки *konj* trotzdem, ungeachtet dessen
вска́кивать *vi E impf* (*pf:* вскочи́ть) ❶ (*на кого́-л./что-л.,*

B

во что-л.) hinaufspringen, hineinspringen; ❷ (*ре́зко встава́ть*) aufspringen, auffahren; **~ с посте́ли** aus dem Bett fahren ❸ (*umg: бы́стро появля́ться*) sich bilden

вско́льзь *adv* beiläufig, nebenher

вско́ре *adv* bald, in kurzer Zeit

вскочи́ть <*fut:* вскочу́, вско́чишь> *vi I pf* (*impf:* вска́кивать) ❶ hinaufspringen; ❷ aufspringen

вскри́кивать *vi E impf* (*pf:* вскри́кнуть) aufschreien

вскружи́ть <*fut:* вскружу́, вскру́жи́шь> *vt I pf* (*impf:* кружи́ть): **~ го́лову кому́-л.** jdm den Kopf verdrehen

вскрытие *nt O2* ❶ Öffnen *nt*; ❷ (МЕД) Obduktion *f*

вскрыть <*fut:* вскро́ю, вскро́ешь> *vt E8 pf* (*impf:* вскрыва́ть) ❶ öffnen, aufmachen; ❷ (*fig: недоста́тки*) aufdecken, offenbaren; ❸ (МЕД) obduzieren

всласть *adv* nach Herzenslust

всле́дствие *präp +gen* infolge (*+gen*), aufgrund (*+gen*)

вслепу́ю *adv* blindlings, aufs Geratewohl

всмя́тку *adv* weichgekocht; **яйцо́ ~** ein weichgekochtes Ei

всо́вывать *vt E impf* (*pf:* всу́нуть) (*что-л. во что-л.*) etw einstecken (in *+akk*)

вспе́ниватель *m K1* Schaumerzeuger *m*, Schäumer *m*

вспо́мнить <*fut:* вспо́мню, вспо́мнишь> *vt I pf* (*impf:* вспомина́ть) (*кого́-л./что-л.; о ком-л./чём-л.*) sich erinnern, zurückdenken (an *+akk*); **вспо́мнил!** jetzt fält es mir ein!

вспомога́тельный *adj* Hilfs-, Behelfs-; **вспомога́тельное сре́дство** Hilfsmittel *nt*

вспыли́ть <*fut:* вспылю́, -ли́шь> *vi I pf* aufbrausen, zornig werden

вспы́льчивый <*kf:* -ив, -ива> *adj* reizbar, jähzornig

вспы́хивать *vi E impf* (*pf:* вспы́хнуть) ❶ (*воспламеня́ться*) in Brand geraten, aufflammen; ❷ (*о пла́мени, о све́те*) auflodern, aufblitzen; ❸ (*fig: внеза́пно возника́ть*) entbrennen, ausbrechen; **в её глаза́х вспы́хнул гнев** in ihren Augen loderte Hass auf; ❹ (*fig: ре́зко красне́ть*) erröten, erglühen

вспы́шка *f A* ❶ (*пла́мени*) Aufflammen *nt*; ❷ (*све́та*) Lichtblitz *m*, Aufleuchten *nt*; ❸ (*fig: внеза́пное возникнове́ние*) Ausbruch *m*; **~ эпиде́мии** Ausbruch *m* einer Epidemie; **~ гне́ва** Wutanfall *m*; ❹ (ФОТ) Blitzlicht *nt*

вспя́ть *adv* rückwärts, zurück

встава́ть <*präs:* встаю́, встаёшь> *vi E3 impf* (*pf:* встать) ❶ aufstehen, sich erheben; ❷ (*о небе́сных свети́лах*) aufgehen; **со́лнце вста́ло** die Sonne ist aufgegangen; ❸ (*fig: перед кем-л.*) entstehen

вста́вить <*fut:* вста́влю, -вишь> *vt I pf* (*impf:* вставля́ть) (*помести́ть внутрь*) einsetzen, einfügen

вста́вка <*gen pl:* -вок> *f A* ❶ (*де́йствие*) Einsetzen *nt*, Einfügen *nt*; ❷ (*вста́вленный отры́вок*) Zusatz *m*, eingesetzte Stelle *f*

встать <*fut:* вста́ну, вста́нешь> *vi E9b pf* (*impf:* встава́ть) aufstehen

встре́тить <*fut:* встечу́, встре́тишь> *vt I pf* (*impf:* встреча́ть) ❶ (*случа́йно уви́деть*) treffen, begegnen; ❷ (*обнару́жить*) finden, entdecken; ❸ (*приня́ть*) empfangen

встре́ча *f A* ❶ Treffen *nt*, Begegnung *f*; **~ на вы́сшем у́ровне** Gipfeltreffen *nt*; ❷ (*приём*) Begrüßung *f*, Empfang *m*; **устро́ить кому́-л. торже́ственную встре́чу** jdn feierlich empfangen; ❸ (*делово́й разгово́р*) Termin *m*; **у меня́ назна́чена ~** ich habe einen Termin; ❹ (спорт) Spiel *nt*, Begegnung *f*

встреча́ть *vt E impf* (*pf:* встре́тить) ❶ (*случа́йно ви́деть*) treffen, begegnen; ❷ (*обнару́живать*) finden, entdecken; **~ понима́ние у кого́-л.** auf Verständnis stoßen (bei *+dat*) ❸ (*приве́тствовать*) empfangen; **~ кого́-л. на вокза́ле** jdn am Bahnhof abholen

встреча́ться *vr E impf* (*pf:* встре́титься) ❶ (*ви́деться*) treffen, sich treffen; **он встреча́ется с мое́й сестро́й** er geht mit meiner Schwester; ❷ (*быва́ть*) vorkommen; **тако́е встреча́ется не ча́сто** so etwas kommt selten vor; ❸ (спорт) spielen (gegen *+akk*)

встре́чный *adj* Gegen-, entgegenkommend; **встре́чное движе́ние** Gegenverkehr *m*

встря́хивать *vt E impf* (*pf:* встряхну́ть) ❶ aufschütteln, ausschütteln; ❷ (*pf: растормоши́ть*) aufrütteln

вступи́ть <*fut:* вступлю́, всту́пишь> *vi I pf* (*impf:* вступа́ть) ❶ (*войти́*) einmarschieren; ❷ (*стать чле́ном*) eintreten, beitreten; ❸ (*нача́ть*) beginnen; ❹ (*перейти́ в но́вое состоя́ние*) übergehen; **~ в до́лжность** ein Amt [*o* seinen Dienst] antreten ❺ (муз) einsetzen

вступи́ться <*fut:* вступлю́сь, всту́пишься> *vr I pf* (*impf:* вступа́ться) (*за кого́-л./что-л.*) eintreten, sich einsetzten, Partei ergreifen (für *+akk*)

вступле́ние *nt O2* ❶ (*войск*) Einmarsch *m*; ❷ (*в организа́цию*) Eintritt *m*, Beitritt *m*; ❸ (*введе́ние, предисло́вие*) Einleitung *f*, Vorwort *nt*; ❹ (муз) Vorspiel *nt*

вступи́тельный *adj* ❶ Eintritts-; **~ взнос** Eintrittsbeitrag *m*; ❷ Eröffnungs-

всу́нуть *vt E1 pf* (*impf:* всо́вывать) hineinstecken

всю́ду *adv* überall

вся *siehe* **весь**

вся́кий *pron det* ❶ (*ка́ждый*) jede(r, s); **~ раз одно́ и то́ же** jedes Mal dasselbe; **во вся́ком слу́чае** jedenfalls; ❷ (*ра́зный*) verschieden

Вт *abk von* Ватт *m* Watt *nt*

вта́йне *adv* heimlich, im Stillen

втере́ть <*fut:* вотру́, -трёшь, *prät:* втёр, -ла> *vt E4b pf* (*impf:* втира́ть) (*что-л. во что-л.*) einreiben, einmassieren

втере́ться <*fut:* вотру́сь, -трёшься> *vr E4b pf* (*impf:* втира́ться) sich hineindrängen, sich einschleichen; **~ в дове́рие к кому́-л.** (*fig*) sich in jds Vertrauen einschleichen (bei *+dat*)

втихомо́лку *adv* im Geheimen, klammheimlich

вторга́ться *vi E impf* (*pf:* вто́ргнуться) gewaltsam eindringen, einbrechen

вто́ргнуться *vi E1 pf* (*impf:* вторга́ться) eindringen

вторже́ние *nt O2* ❶ Einbruch *m*; ❷ (вое) Invasion *f*

втори́чный <*kf:* -чен, -чна> *adj* sekundär; **втори́чное испо́льзование** Recycling *nt*

вто́рник *m K* Dienstag *m*

второ́й *num ord* zweite(r, s); **со второ́го захо́да** beim zweiten Versuch; **узна́ть из вторы́х рук** aus zweiter Hand erfahren; **обрести́ второ́е дыха́ние** neue Kraft schöpfen

второстепе́нный <*kf:* -е́нен, -е́нна, -енно> *adj* ❶ (*несуще́ственный*) nebensächlich; ❷ (*второразря́дный, зауря́дный*) zweitrangig, mittelmäßig; **~ писа́тель** ein mittelmäßiger Schriftsteller

в-тре́тьих *adv* drittens

втро́е *adv* dreimal, dreifach
втроём *adv* zu dritt
вту́лка <*gen pl:* -лок> *f A* Buchse *f*
втыка́ть *vt E impf* (*pf:* воткну́ть) (элек) einstecken
втяну́ть *vt E1 pf* (*impf:* втя́гивать) ① (*внутрь*) einziehen, hineinziehen, hinaufziehen; ② (*привле́чь*) heranziehen, hinzuziehen; ③ (*вовле́чь*) verwickeln
втяну́ться *vr E1 pf* (*impf:* втя́гиваться) ① (*привы́кнуть*) sich einleben, sich gewöhnen; **~ в рабо́ту** sich einarbeiten; ② (*пристрасти́ться*) seine Leidenschaft für etw entdecken
вуали́ровать *vt E2 impf* (*pf:* за-) verschleiern, vertuschen
вуа́ль *f I* Schleier *m*
вуз *abk von* высшее учёбное заведе́ние *nt* Hochschule *f*
вулка́н *m K* Vulkan *m*; **изверже́ние ~а** Ausbruch *m* eines Vulkans
вход *m K* ① (*ме́сто, где вхо́дят*) Eingang *m*; **гла́вный ~** Haupteingang *m*; ② (*до́ступ*) Eintritt *m*; **~ воспрещён** Eintritt verboten; **беспла́тный ~** freier Eintritt *m*; **пла́та за ~** Eintrittsgeld *nt*
входи́ть <*präs:* вхожу́, вхо́дишь> *vi I impf* (*pf:* войти́) ① (*заходи́ть*) hineingehen, eintreten; **входи́(те)!** komm(en Sie) herein! ② (*в ваго́н и т.п.*) einsteigen; ③ (*в соста́в*) zu etw gehören; **~ в коали́цию** an einer Koalition beteiligt sein; **~ в чьй-л. обя́занности** zu jds Pflichten gehören; **~ в чьй-л. расчёты** von jdm einkalkuliert sein; ④ (*вмеща́ться*) hineinpassen
входно́й *adj* ① Eingangs-; **вхо́дая дверь** Eingangstür *f*; ② Eintritts-; **~ биле́т** Eintrittskarte *f*
входя́щий *adj* (админ) eingehend; **входя́щие докуме́нты** eingehende Unterlagen *pl*
вхолосту́ю *adv* im Leerlauf
вцепи́ться <*fut:* вцеплю́сь, вце́пишься> *vr I pf* (*impf:* вцепля́ться) (*в кого́-л./что-л.*) sich festklammern (an *+dat*)
вчера́ *adv* gestern
вчётверо *adv* viermal, vierfach
вчетверо́м *adv* zu viert
в-четвёртых *adv* viertens
вше́стеро *adv* sechsmal, sechsfach
вшестеро́м *adv* zu sechst
в-шесты́х *adv* sechstens
въезд *m K* ① Einfahrt *f*; ② (*в страну́*) Einreise *f*; ③ (*в но́вую кварти́ру*) Einzug *m*
въе́хать <*fut:* въе́ду, въе́дешь> *vi UE2 pf* (*impf:* въезжа́ть) ① hineinfahren; ② (*в страну́*) einreisen; ③ (*посели́ться*) einziehen
вы <*2. pers pl:* вы, вас, вам, вас, ва́ми, о вас> *pron pers* ① ihr; ② Sie
вы- *präfix* ① *verbales Präfix zum Ausdruck des Erreichens eines Zieles ('völlig')*; ② *Präfix mit der Bedeutung 'aus-', 'heraus-'*
выбива́ть *vi E impf* (*pf:* вы́бить) ① (*вышиба́ть*) zerschlagen; ② (*выкола́чивать*) ausklopfen
выбива́ться *vr E impf* (*pf:* вы́биться) mühselig herauskommen; **~ из долго́в** aus den roten Zahlen [*o* Schulden] kommen;
выбира́ть *vt E impf* (*pf:* вы́брать) ① (*отбира́ть*) auswählen, aussuchen; ② (*отсортиро́вывать*) auslesen, aussondern; ③ (*голосова́нием*) wählen
выбира́ться *vr E impf* (*pf:* вы́браться) mit Mühe hinausgelangen; **~ из кри́зиса** eine Krise überwinden
вы́бить <*fut:* вы́бью, вы́бешь> *vt E4c pf* (*impf:* выбива́ть) herausschlagen
вы́боина *f A* Schlagloch *nt*
вы́бор *m K* ① Wahl *f*, Auswahl *f*; **у меня́ нет вы́бора** ich habe keine Wahl; **сде́лать пра́вильный ~** die richtige Wahl treffen; **предлага́ться на ~** zur Auswahl stehen; **~ това́ров** Warenauswahl *f*;

② (*im pl:* ***вы́боры***) Wahlen *f pl*; **досро́чные ~ы** vorgezogene Neuwahlen *pl*
вы́борка *f A* ① (*meist pl:* ***вы́писки***) Exzerpt *nt*, Auszug *m*; **~ да́нных** (ОБДАН) Datenabruf *m*; ② (***вы́борочная прове́рка***) Stichprobe *f*; **прове́рить что-л. на вы́борку** eine Stichprobe machen
вы́борочный *adj:* **вы́борочная про́ба** [*o* **прове́рка**] Stichprobe *f*
выбра́сывание *nt O2* Emission *f*
выбра́сывать *vt E impf* (*pf:* вы́бросить) ① (***как нену́жное***) wegwerfen; ② (*auch fig:* ***вы́швырнуть***) hinauswerfen; **~ на сва́лку** auf den Müll werfen; **~ на ры́нок** (ЭКОН) auf den Markt bringen
вы́брать <*fut:* вы́беру, -берешь, *prät:* вы́брал> *vt UE5 pf* (*impf:* выбира́ть) wählen, auswählen
вы́браться <*fut:* вы́берусь, -берешься> *vr UE5 pf* (*impf:* выбира́ться) mit Mühe hinausgelangen
вы́брос *m K* Emission *f*
вы́бросить <*fut:* вы́брошу, -бросишь> *vt I pf* (*impf:* выбра́сывать) wegwerfen, hinauswerfen
вы́быть <*fut:* вы́буду, -будешь> *vi UE1 pf* (*impf:* выбыва́ть) ① ausscheiden, austreten; **~ из шко́лы** von der Schule abgehen; ② (СПОРТ) ausscheiden
вы́везти <*fut:* вы́везу, -зешь> *vt E6 pf* (*impf:* вывози́ть) hinausfahren, abtransportieren
вы́верка *f A* Prüfung *f*, Eichung *f*, Justierung *f*
выверя́ть *vt E impf* (*pf:* вы́верить) prüfen, eichen, justieren
вы́веска <*gen pl:* -сок> *f A* ① Aushängeschild *nt*; ② (***фи́рмы***) Firmenschild *nt*, Dienststellenschild *nt*; **сме́на вы́весок** (*fig*) Etikettenwechsel *m*
вы́вести <*fut:* вы́веду, -ведешь> *vt E6 pf* (*impf:* выводи́ть) ① (***отку́да-л.***) hinausführen, hinausbefördern; ② (***удали́ть***) herausmachen, entfernen; ③ (***вы́сидеть***) ausbrüten, züchten
вы́вод *m K* ① (***удале́ние***) Hinausbefördern *nt*; **~ во́йск** (ВОЕ) Truppenabzug *m*; ② (***заключе́ние***) Schlussfolgerung *f*; **де́лать ~ы** Konsequenzen ziehen ③ (ЭЛЕК) Klemme *f*; ④ (ОБДАН) Ausgabe *f*
выводи́ть <*präs:* вывожу́, -во́дишь> *vt I impf* (*pf:* вы́вести) ① (***отку́да-л.***) hinausführen, hinausbefördern; **~ войска́** die Truppen abziehen; **~ из кри́зиса** aus der Krise führen; **~ из терпе́ния** aus der Fassung bringen; ② (***удаля́ть***) entfernen; **~ пятно́** einen Fleck entfernen; ③ (БИОЛ) ausbrüten, züchten
вы́воз *m K* Ausfuhr *f*, Export *m*
вывози́ть <*präs:* вывожу́, -во́зишь> *vt I impf* (*pf:* вы́везти) ① (***на тра́нспортном сре́дстве***) hinausfahren, abtransportieren; ② (***на э́кспорт***) exportieren; ③ (***привози́ть с собо́й***) mitnehmen, mitbringen
вы́глядеть <*präs:* вы́гляжу, -глядишь> *vi I impf* aussehen; **ты чуде́сно вы́глядишь** du siehst blendend aus
вы́говор *m K* ① (ЛИНГ) Aussprache *f*; ② (*fig:* ***порица́ние***) Rüge *f*, Verweis *m*
вы́года *f A* ① (***по́льза***) Vorteil *m*, Nutzen *m*; **извле́чь вы́году из чего́-л.** Vorteil ziehen (aus +*dat*) ② (***при́быль***) Profit *m*, Gewinn *m*; **~ при поку́пке** Einkaufsvorteil *m*
вы́годный <*kf:* -ден, -дна> *adj* ① (***удо́бный***) vorteilhaft, günstig; ② (***при́быльный***) lukrativ, gewinnbringend
выгора́живать *vt E impf* (*pf:* вы́городить) ① (***отделя́ть и́згородью***) umzäunen, abzäunen; ② (*fig:* ***защища́ть***) reinwaschen
вы́гореть[1] <*3. pers:* вы́горит> *vi I pf* (*impf:* выгора́ть) ① (***сгоре́ть***)

verbrennen, niederbrennen; ② (*вы́цвести*) verblassen, verschießen

вы́гореть[2] <*3. pers.:* **вы́горит**> *vi I pf* (*impf:* **выгора́ть**) (*fig*) gelingen; **де́ло не вы́горело** die Sache ist schiefgegangen

вы́городить <*fut:* **вы́горожу, -городишь**> *vt I pf* (*impf:* **выгора́живать**) ① abzäunen; ② (*fig:* *оправда́ть*) reinwaschen

выдава́ть <*präs:* **выдаю́, выдаёшь**> *vt E3 impf* (*pf:* **вы́дать**) ① (*вруча́ть*) aushändigen, ausgeben; ② (*о докуме́нте, спра́вке*) ausstellen; ③ (*за кого́-л., что-л.*) ausgeben für jdn/etw. [*o* als jd/etw.]

выдава́ться <*3. pers:* **-выдаётся**> *vr E3 impf* (*pf:* **вы́даться**) herausstehen, hervorragen

вы́дать <*präs:* **вы́дам, вы́дашь**> *vt U2 pf* (*impf:* **выдава́ть**) ① (*вручи́ть*) aushändigen, ausgeben; ② (*та́йну*) verraten, offenbaren; **~ себя́** sich verraten; **~ свои́ наме́рения** seine Gedanken offenbaren; ③ (*за кого́-л./что́-л.*) ausgeben (für *+akk*); **~ чью-л. мысль за свою́** jds Idee für die seinige ausgeben

вы́дача *f A1* ① (*вруче́ние*) Aushändigung *f*; ② (*докуме́нта*) Ausstellung *f*; ③ (*престу́пника*) Auslieferung *f*

выдаю́щийся *adj* hervorragend, namhaft

выдвига́ть *vt E impf* (*pf:* **вы́двинуть**) ① (*выта́скивать*) herausziehen; ② (*выставля́ть вперёд*) vorrücken; ③ (*fig:* *предлага́ть для обсужде́ния*) vorbringen; **~ доказа́тельства** Beweise erbringen ④ (*fig:* *повыша́ть,, выделя́ть*) befördern, aufrücken lassen; ⑤ (*fig:* *называ́ть*) nominieren, aufstellen; **~ на Но́белевскую пре́мию** für den Nobelpreis vorschlagen; **~ свою́ кандидату́ру** kandidieren

выдворе́ние *nt O2* Abschiebung *f*, Landesverweisung *f*, Ausweisung *f*

вы́дворить <*fut:* **вы́дворю, -ришь**> *vt I pf* (*impf:* **выдворя́ть**) ausweisen, des Landes verweisen

выделе́ние *nt O2* ① (*предоставле́ние*) Gewährung *f*; ② (*в те́ксте*) Hervorhebung *f*; ③ (*auch im pl:* *секре́ция*) Absonderung *f*, Ausfluss *m*; ④ (*вы́брос*) Ausscheidung *f*, Emission *f*

вы́делить <*fut:* **вы́делю, -делишь**> *vt I pf* (*impf:* **выделя́ть**) ① (*отобра́ть*) aussuchen; ② (*назна́чить из свое́й среды́*) bestimmen; ③ (*отличи́ть*) auszeichnen; ④ (*подчеркну́ть*) hervorheben; ⑤ (*предоста́вить*) abzweigen, zuweisen, zur Verfügung stellen; ⑥ (юр) abfinden

вы́делиться <*fut:* **вы́делюсь, -делишься**> *vr I pf* (*impf:* **выделя́ться**) ① (*отличи́ться*) sich hervortun, sich auszeichnen; ② (*о проду́ктах выделе́ния*) sich absondern

вы́делка *f A* Bearbeitung *f*, Anfertigung *f*

вы́держанный *adj* ① (*владе́ющий собо́й*) beherrscht, diszipliniert; ② (*после́довательный*) konsequent, folgerichtig; ③ (*о проду́ктах*) abgelagert

вы́держать <*fut:* **вы́держу, -жишь**> *vt I pf* (*impf:* **выде́рживать**) ① (*вы́нести*) aushalten, ertragen; **что-ли́бо не выде́рживает кри́тики** etw hält der Kritik nicht stand; **~ конкуре́нцию** konkurrenzfähig sein ② (*испыта́ния*) bestehen; **~ экза́мен** eine Prüfung bestehen; ③ (*вино́, древеси́ну и т.п.*) ablagern

вы́держка[1] <*gen pl:* **-жек**> *f A* ① (*самооблада́ние*) Selbstbeherrschung *f*,

Standhaftigkeit *f*; ② (фот) Belichtungszeit *f*; ③ (*хране́ние*) Lagerung *f*

вы́держка[2] <*gen pl:* -жек> *f A* Zitat *nt*, Auszug *m*

вы́дохнуться <*prät:* вы́дохся, -хлась> *vr E1 pf* (*impf:* выдыха́ться) ① an Aroma verlieren; ② (*fig, umg:* *обесси́лить*) an Kraft verlieren; **я совсе́м вы́дохся** ich bin fix und fertig

вы́дра *f A* ① (зоол) Fischotter *m*; ② (*pej:* *сте́рва*) zickige Frau *f*, Zicke *f*

выду́мывать *vt E impf* (*pf:* вы́думать) sich etw ausdenken, frei erfinden

выдыха́ться *vi E impf* (*pf:* вы́дохнуться) ① an Aroma verlieren; ② (*fig, umg:* *теря́ть си́лы*) an Kraft verlieren

вы́езд *m K* ① (*отъе́зд*) Abfahrt *f*, Ausreise *f*; ② (*ме́сто, через кото́рое выезжа́ют*) Ausfahrt *f*

выезжа́ть *vi E impf* (*pf:* вы́ехать) ① hinausfahren; ② (*уезжа́ть*) verreisen; **~ за грани́цу** ausreisen; ③ (*при перее́зде*) ausziehen; ④ (*fig, umg:* **на ком-л./чём-л.**) jds Arbeit/etw ausnutzen

вы́емка <*gen pl:* -мок> *f A* ① Vertiefung *f*, Einschnitt *m*; ② (гор) Abbau *m*

вы́ехать <*fut:* вы́еду, -дешь> *vt UE2 pf* (*impf:* выезжа́ть) ① hinausfahren; ② verreisen; ③ umziehen

вы́жать <*fut:* вы́жму, -мешь> *vt E9 pf* (*impf:* выжима́ть) ① auspressen; ② auswringen

выжива́ние *nt O2* Überleben *nt*, Fortbestand *m*

выжида́тельный *adj* abwartend

выжима́ть *vt E impf* (*pf:* вы́жать) ① (*сок*) auspressen; ② (*бельё*) auswringen; ③ (спорт) heben, stemmen

вы́звать <*fut:* вы́зову, -вешь> *vt E4a pf* (*impf:* вызыва́ть) herbeirufen

вы́зов *m K* ① (*приглаше́ние*) Einladung *f*; ② (*призы́в*) Aufforderung *f*; ③ (*проте́ст*) Herausforderung *f*; ④ (юр) Ladung *f*

В

вы́зубрить <*fut:* вы́зубрю, -ришь> *vi I pf* (*impf:* зубри́ть, вызу́бривать) (*umg*) einlernen, büffeln

вызыва́ть *vt E impf* (*pf:* вы́звать) ① (*проси́ть яви́ться*) herbeirufen; **~ врача́** einen Arzt holen; **~ такси́** ein Taxi bestellen; ② (*кого́-л. по спи́ску и т.п.*) aufrufen; ③ (*в суд и т.п.*) einladen, vorladen; ④ (*побуди́ть кого́-л. на что-л.*) zu etw bringen [*o* veranlassen]; ⑤ (*возбуди́ть*) hervorrufen; **~ беспоко́йство** Besorgnis erregen; **~ интере́с** Interesse erwecken

вызыва́ющий *adj* herausfordernd, provozierend

вы́играть *vt E impf* (*pf:* вы́игрывать) ① gewinnen; ② (*от чего́-л.*) profitieren (von +*dat*)

вы́игрыш <*gen pl:* -шей> *m K* Gewinn *m*

вы́игрышный *adj* ① (*вы́годный*) vorteilhaft; ② (*при́быльный*) einträglich

вы́йти <*fut:* вы́йду, дешь> *vi E7a pf* (*impf:* выходи́ть) hinausgehen, herausgehen

вы́кидыш <*gen pl:* -шей> *m K* Fehlgeburt *f*

вы́кладка <*gen pl:* -док> *f A* ① (строит) Ausmauerung *f*, Auslegung *f*; ② (*meist pl:* *расчёты*) Berechnungen *f pl*, Formeln *f pl*; ③ (вое) Gepäck *nt*, Sturmgepäck *nt*

вы́ключить <*fut:* вы́ключу, -чишь> *vt I pf* (*impf:* выключа́ть) ausschalten, abstellen

вы́корчевать <*fut:* вы́корчую, -чуешь> *vt E2 pf* (*impf:* выкорчёвывать) ① ausroden; ② (*fig:* *искорени́ть*) ausmerzen, ausrotten

выкра́ивать *vt E impf* (*pf:* вы́кроить) ① zuschneiden; ② (*fig:*

В

эконо́мить) abzweigen, einsparen; **~ время** Zeit finden

вы́куп *m K* ❶ (*пла́та*) Lösegeld *nt*; ❷ (*кого́-л. из пле́на и т.п.*) Loskauf *m*; ❸ (*чего́-л. из-под зало́га*) Einlösung *f*

выкупа́ть *vt E impf* (*pf:* **вы́купить**) ❶ (*что-л. из-под зало́га*) einlösen; ❷ (*освобожда́ть кого́-л.*) loskaufen, freikaufen

вы́купать *vt E pf* (*impf:* **купа́ть**) baden

вы́купаться *vr E pf* (*impf:* **купа́ться**) baden, ein Bad nehmen

вы́купить <*fut:* **вы́куплю, -пишь**> *vt I pf* (*impf:* **выкупа́ть**) ❶ einlösen; ❷ loskaufen

вы́лазка <*gen pl:* **-зок**> *f A* ❶ (ВОЕ) Ausfall *m*; ❷ (*fig*) heimtückischer Angriff *m*

вы́лечить <*fut:* **вы́лечу, -чишь**> *vt I pf* (*impf:* **выле́чивать**) auskurieren, auf die Beine bringen

вы́ложить *vt I pf* (*impf:* **выкла́дывать**) ❶ herauslegen, ausbreiten; ❷ (СТРОИТ) auslegen, ausmauern; **~ пли́ткой** fliesen; ❸ (*fig: рассказа́ть*) auspacken; **выкла́дывай!** schieß los!

вы́манить <*fut:* **вы́маню, -нишь**> *vt I pf* (*impf:* **выма́нивать**) ❶ (*кого́-л.*) herauslocken; ❷ (*что-л. хи́тростью*) sich etw erschleichen

выма́тывать *vt E impf* (*pf:* **вы́мотать**) entkräften, zermürben

выме́нивать *vt E impf* (*pf:* **вы́менять**) (*кого́-л./что-л. на кого́-л./что-л.*) eintauschen, austauschen (gegen *+akk*)

вымога́тельство *nt O* Erpressung *f*

вымога́ть *vt E impf* erpressen

вы́мотать *vt E pf* (*impf:* **выма́тывать**) zermürben

вы́муштровать *vt E2 pf* (*impf:* **муштрова́ть**) drillen

вынесе́ние *nt O2*: **~ пригово́ра** Urteilsfällung *f*, Urteilsverkündung *f*

вы́нести <*fut:* **вы́несу, -сешь**> *vt E6 pf* (*impf:* **выноси́ть**) hinaustragen

вынима́ть *vt E impf* (*pf:* **вы́нуть**) herausnehmen, herausziehen

выноси́ть <*präs:* **выношу́, -о́сишь**> *vt I impf* (*pf:* **вы́нести**) ❶ hinaustragen; ❷ (*переноси́ть*) ertragen; ❸ (*предлага́ть, объявля́ть*) zur Beurteilung vorlegen; **~ како́й-л. вопро́с на рефере́ндум** ein Referendum durchführen; **~ пригово́р** ein Urteil fällen; **~ сор из избы́** (*fig*) schmutzige Wäsche (vor anderen Leuten) waschen

выно́сливость *f I* ❶ Widerstandskraft *f*, Zähigkeit *f*; ❷ (СПОРТ) Ausdauer *f*

выно́сливый <*kf:* **-лив**> *adj* widerstandsfähig, standhaft

вы́нудить <*fut:* **вы́нужу, -удишь**> *vt I pf* (*impf:* **вынужда́ть**) zwingen, erzwingen

вы́нужденный <*kf:* **-ден, -дена**> *adj* erzwungen, notgedrungen; **вы́нужденная поса́дка** Notlandung *f*

вы́нуть <*imp:* **вынь,-те**> *vt E1 pf* (*impf:* **вынима́ть**) herausholen

выпаде́ние *nt O2* Ausfallen *nt*; **~ воло́с** Haarausfall *m*

вы́пасть <*fut:* **вы́паду, -дешь**> *vt E6 pf* (*impf:* **выпада́ть**) ❶ (her)ausfallen; ❷ (*об оса́дках*) fallen; **вы́пал снег** es hat geschneit; ❸ (*не состоя́ться*) ausfallen; ❹ (*вы́быть*) ausscheiden; ❺ (*утра́титься*) entfallen; ❻ (*nur 3. pers: доста́ться*) zuteilwerden, zufallen

вы́печка *f A* ❶ (*выпека́ние*) Backen *nt*; ❷ (*изде́лие*) Gebäck *nt*

вы́писать <*fut:* **вы́пишу, -шешь**> *vt E4 pf* (*impf:* **выпи́сывать**) ❶ (*сде́лать вы́борку*) herausschreiben; ❷ (*заказа́ть*) bestellen, abonnieren; ❸ (*исключи́ть*) aus der Liste streichen; ❹ (*докуме́нт*) ausschreiben, ausstellen

вы́писка <*gen pl:* **-сок**> *f A*

❶ (*извлече́ние*) Auszug *m*; **~ из счёта** Kontoauszug *m*; ❷ (*из больни́цы и т.п.*) Entlassung *f*, Abmeldung *f*
выпи́сывать *vt E impf* (*pf:* вы́писать) ❶ (*де́лать вы́писки*) herausschreiben; ❷ (*де́лать пи́сьменный зака́з*) bestellen; **~ газе́ту** eine Zeitung abonnieren; ❸ (*исключа́ть из спи́ска и т.п.*) von der Liste streichen; ❹ (*выдава́ть, выставля́ть*) ausstellen
вы́пить <*fut:* вы́пью, -пьешь> *vi E4c pf* (*impf:* пить, выпива́ть) ❶ austrinken; ❷ (*охмеле́ть*) sich einen Rausch antrinken
вы́плата *f A* Zahlung *f*, Auszahlung *f*
выпла́чивать *vt E impf* (*pf:* выплатить) zahlen, auszahlen; **~ зарпла́ту** den Lohn [*o* das Gehalt] auszahlen; **~ по частя́м** in Raten zahlen
выполне́ние *nt O2* Ausführung *f*, Vollzug *m*, Erledigung *f*
вы́полнить <*fut:* вы́полню, -нишь> *vt I pf* (*impf:* выполня́ть) ausführen, erfüllen, erledigen; **~ обеща́ние** ein Versprechen erfüllen [*o* halten]; **~ поруче́ние** einen Auftrag ausführen; **~ распоряже́ние** einer Anordnung Folge leisten
выполня́ть *vt E impf* (*pf:* вы́полнить) ausführen, erfüllen, erledigen
вы́потрошить *vt I pf* (*impf:* потроши́ть) die Eingeweide entfernen, ausnehmen, ausweiden
вы́пуклость *f I* Rundung *f*
вы́пуклый *adj* ❶ nach außen gewölbt, konvex; ❷ (*fig:* отчётливый) prägnant, scharf
вы́пуск *m K* ❶ Herauslassen *nt*; ❷ (*из печа́ти, в эфи́р*) Herausgabe *f*, Ausgabe *f*; ❸ (*проду́кции, а та́кже вы́пущенная проду́кция*) Fertigung *f*, Ausstoß *m*; **после́дний ~** das neuste Modell; **ра́зовый ~** Einzelfertigung *f*; ❹ (*уча́щихся*) Jahrgang *m*; ❺ (ЭКОН: *в обраще́ние*) Emission *f*
выпускно́й *adj* ❶ Abgangs-; **выпускны́е экза́мены** Abschlussprüfungen *fpl* ❷ (ТЕХ) Ablass-, Ablauf-, Auspuff-
вы́пустить <*fut:* вы́пущу, -пустишь> *vt I pf* (*impf:* выпуска́ть) ❶ hinauslassen, herauslassen; ❷ auslassen, weglassen; ❸ (*из печа́ти и т.п.*) herausgeben; ❹ (*проду́кцию*) produzieren, herstellen; ❺ (*из уче́бного заведе́ния*) das Abschlusszeugnis geben; ❻ (*на ры́нок*) in Umlauf setzen, emittieren; **~ в прода́жу** in den Handel bringen
выраба́тывать *vt E impf* (*pf:* вы́работать) ❶ (*производи́ть*) herstellen, produzieren; ❷ (*составлять, разраба́тывать*) ausarbeiten, erarbeiten; ❸ (*fig:* развива́ть) herausbilden
вы́работка <*gen pl:* -ток> *f A* ❶ (*изготовле́ние*) Herstellung *f*; ❷ (*объём вы́работки*) Produktionsmenge *f*, Ausstoß *m*; ❸ (*разрабо́тка*) Ausarbeitung *f*; ❹ (ГОР) Bau *m*
выра́внивание *nt O2* Ausgleich *m*
выра́внивать *vt E impf* (*pf:* вы́ровнять) nivellieren
выраже́ние *nt O2* ❶ Äußerung *f*, Ausdruck *m*; ❷ (ЛИНГ) Redensart *f*, Redewendung *f*
вырази́тель *m K1* Wortführer *m*
вы́разить <*fut:* вы́ражу, -разишь> *vt I pf* (*impf:* выража́ть) ausdrücken, zum Ausdruck bringen; **~ чьи-л. интере́сы** jds Interessen vertreten
вы́разиться <*fut:* вы́ражусь, -разишься> *vr I pf* (*impf:* выража́ться) ❶ (*вы́сказаться*) sich ausdrücken, sich äußern; ❷ (*прояви́ться*) sich zeigen, zum Ausdruck kommen; ❸ (*umg:*

В

вы́ругаться) derbe Ausdrücke gebrauchen

вы́расти <*fut:* вы́расту, -тешь, *prät:* вы́рос, -ла> *vi E6 pf* (*impf:* выраста́ть) ❶ wachsen, aufwachsen; ❷ (*увели́читься*) anwachsen; ❸ (*umg:* *из чего́-л.*) herauswachsen

вы́растить <*fut:* вы́ращу, -растишь> *vt I pf* (*impf:* выра́щивать) ❶ (*дете́й*) großziehen; ❷ (*ка́дры*) heranbilden; ❸ (биол) züchten; ❹ (селхоз) anbauen

вы́рвать <*fut:* вы́рву, -вешь> *vt E4 pf* (*impf:* вырыва́ть) herausreißen

вы́рваться <*fut:* вы́рвусь, -рвешься> *vr E4 pf* (*impf:* вырыва́ться) sich losreißen

вы́рез *m K* ❶ Zurechtschneiden *nt*; ❷ (*у оде́жды*) Ausschnitt *m*

вырожде́ние *nt O2* ❶ (*дегенера́ция*) Entartung *f*; ❷ (*fig:* *упа́док*) Verfall *m*, Dekadenz *f*

вы́рубка *f A* ❶ Abholzen *nt*; ❷ (*вы́рубленное ме́сто*) Holzschlag *m*; ❸ (*umg:* *зару́бка*) Kerbe *f*, Einschnitt *m*

вы́ручить <*fut:* вы́ручу, -чишь> *vt I pf* (*impf:* выруча́ть) ❶ (*кого́-ли́бо*) aus der Klemme helfen; ❷ (*получи́ть*) erwirtschaften

вы́ручка *f A* (экон) Erlös *m*; **~ от прода́жи** Verkaufserlös *m*; **~ с оборо́та** Umsatz *m*

вырыва́ть *vt E impf* (*pf:* вы́рвать) ❶ (her)ausreißen, entreißen, entwurzeln; **~ с ко́рнем** (*fig*) mit der Wurzel herausreißen; ❷ (*зуб*) herausziehen; ❸ (*fig:* *добива́ться у кого-л.*) erzwingen, abringen

вырыва́ться *vr E impf* (*pf:* вы́рваться) ❶ sich losreißen; **~ вперёд** (*auch fig*) einen Vorsprung gewinnen; ❷ (*fig:* *срыва́ться с языка́*) entschlüpfen, entfahren

вы́садить <*fut:* вы́сажу, -садшь> *vt I pf* (*impf:* выса́живать) ❶ (*пассажи́ров*) aussteigen lassen, absetzen; ❷ (биол) verpflanzen

высвобожда́ть *vt E impf* (*pf:* вы́свободить) ❶ befreien; ❷ (*(сре́дства и т.п.)*) freisetzen

высвобожде́ние *nt O2* Freisetzung *f*

вы́сечь[1] <*fut:* вы́секу, -ечешь, *prät:* вы́сек, -ла> *vt UE4 pf* (*impf:* высека́ть) einmeißeln, in Stein meißeln; **~ ого́нь** Feuer schlagen

вы́сечь[2] <*fut:* вы́секу, -ечешь, *prät:* вы́сек, -ла> *vt UE4 pf* (*impf:* сечь) auspeitschen

вы́сказаться <*fut:* вы́скажу, -сказешь> *vr E4 pf* (*impf:* выска́зываться) ❶ (*о чём-л./ком-л.*) sich äußern; ❷ (*за́ или про́тив*) sich aussprechen (für, gegen *+akk*)

вы́скочить <*fut:* вы́скочу, -чишь> *vi I pf* (*impf:* выска́кивать) hinausspringen, herausspringen; **у меня́ вы́скочило из головы́** es ist mir entfallen

вы́слать <*fut:* вы́шлю, -лешь, *prät:* вы́слал> *vt E4 pf* (*impf:* высыла́ть) ❶ (*по по́чте*) abschicken; ❷ (*из страны́*) des Landes verweisen

вы́смеять <*fut:* вы́смею, -смеешь> *vt E pf* (*impf:* высме́ивать) auslachen, verspotten

вы́смолить *vt I pf* (*impf:* смоли́ть) teeren

вы́сморкаться *vr E pf* (*impf:* сморка́ться) sich die Nase putzen

высо́кий <*kf:* -ок, -ока́, -о́ко́, -оки́, *komp:* вы́ше, *super:* вы́сший/ высоча́йший> *adj* ❶ hoch; **высо́кая конъюнкту́ра** (экон) Hochkonjunktur *f*; ❷ (*о челове́ке*) groß, hochgewachsen; ❸ (*возвы́шенный*) hoch, erhaben

высокого́рный *adj* Gebirgs-, im Gebirge gelegen; **~ масси́в** Hochgebirge *nt*

высокока́чественный *adj* hochwertig, von hoher Qualität

высококвалифици́рованный *adj*

hochqualifiziert, sachkundig

высокоме́рный <*kf:* -рен, -рна> *adj* hochmütig, eingebildet

высокопа́рный <*kf:* -рен, -рна> *adj* hochtrabend, schwülstig

высокопро́бный <*kf:* -бен, -бна> *adj* ❶ (*о зо́лоте*) von hohem Feingehalt; ❷ (*fig:* *высо́кого ка́чества*) Qualitäts-

высокопроце́нтный *adj* hochprozentig

высота́ <*nom pl:* высо́ты> *f A pls* ❶ Höhe *f*; ❷ (*возвы́шенность*) Anhöhe *f*; **быть на высоте́ положе́ния** (*fig*) einer Situation gewachsen sein

высо́тный *adj* Hoch-; **высо́тное зда́ние** Hochhaus *nt*

высотоме́р *m K* Höhenmesser *m*

вы́сохнуть <*fut:* вы́сохну, -нешь, *prät:* вы́сох, -ла> *vi E1a pf* (*impf:* высыха́ть) trocken werden

вы́ставить <*fut:* вы́ставлю, -вишь> *vt I pf* (*impf:* выставля́ть) ❶ (*вперёд*) nach vorn stellen; ❷ (*нару́жу*) hinausstellen; ❸ (*для пока́за*) ausstellen, zur Schau stellen; ❹ (*вы́двинуть*) aufstellen, nomimieren

вы́ставка <*gen pl:* -вок> *f A* Ausstellung *f*, Messe *f*, Schau *f*; **~ -я́рмарка** [*о* **-прода́жа**] Verkaufsmesse *f*, Verkaufsausstellung *f*

вы́ставочный *adj* Ausstellungs-; **~ павильо́н** Ausstellungshalle *f*

выступа́ть *vi E impf* (*pf:* вы́ступить) ❶ (*выходи́ть вперёд*) nach vorn treten, hervortreten; ❷ (*публи́чно*) (öffentlich) auftreten; **~ с докла́дом** einen Vortrag halten ❸ (*за како́е-л. де́ло*) sich einsetzen, sich engagieren; ❹ (*nur impf 3. pers:* *выдава́ться*) vorstehen, hinausragen

вы́сший *adj super* höchste(r, s]

высыла́ть *vt E impf* (*pf:* вы́слать) ❶ (*по́чтой*) abschicken; ❷ (*вы́дворить из страны́*) ausweisen, des Landes verweisen

высыха́ть *vi E impf* (*pf:* вы́сохнуть) ❶ trocken werden; ❷ (*о жи́дкости*) austrocknen, versiegen; ❸ (*вя́нуть*) verwelken; ❹ (*umg:* *си́льно худе́ть*) abmagern

выта́чивать *vt E impf* (*pf:* вы́точить) drechseln

вы́тащить <*fut:* вы́тащу, -щишь> *vt I pf* (*impf:* вытаскивать) herausholen

вытека́ть <*nur 3. pers:* вытека́ет> *vi E impf* (*pf:* вы́течь) ❶ herausfließen, auslaufen; ❷ (*nur impf: о реке́*) entspringen; ❸ (*fig: из чего́-л.*) sich ergeben, resultieren aus (aus *+dat*)

вытесне́ние *nt O2* Verdrängung *f*

вы́теснить <*fut:* вы́тесню, -нишь> *vt I pf* (*impf:* вытесня́ть) ❶ hinausdrängen; ❷ (*auch fig:* *оттесни́ть*) verdrängen; **~ кого́-л. с его́ до́лжности** jdn aus seiner Position verdrängen

вы́течь <*nur 3. pers:* вы́течет, вы́текут> *vi UE4 pf* (*impf:* вытека́ть) herausfließen

вы́точить <*fut:* вы́точу, -чишь> *vt I pf* (*impf:* выта́чивать) drechseln

вы́удить <*fut:* вы́ужу, -удишь> *vt I pf* (*impf:* выу́живать) ❶ herausangeln; ❷ (*fig, umg:* *вы́манить*) ergaunern

выха́живать *vt E impf* (*pf:* вы́ходить) ❶ (*больно́го*) gesundpflegen; ❷ (*ребёнка*) aufziehen

вы́ход *m K* ❶ Ausgang *m*; **запа́сный ~** Notausgang; ❷ (*ухо́д*) Ausscheiden *nt*, Austritt *m*; **~ из стро́я** (*fig:*ТЕХ) Ausfall *m*; ❸ (*в свет*) Erscheinen *nt*; ❹ (ТЕАТ) Auftritt *m*; ❺ (*fig: из положе́ния*) Ausweg *m*, Lösung *f*

выходи́ть <*präs:* выхожу́, -хо́дишь> *vi I impf* (*pf:* вы́йти) ❶ hinausgehen, herausgehen; ❷ (*выса́живаться*) aussteigen; ❸ (*конча́ться*) ausgehen, zu Ende gehen; ❹ (*появл.яться*) erscheinen; ❺ (*сде́латься*,

В

получи́ться) gelingen, geraten, werden; **~ из мо́ды** aus der Mode kommen; **у меня́ ничего́ не выхо́дит** (*umg*) ich schaffe das nicht

вы́ходить <*fut:* вы́хожу, -ходишь> *vt I pf* (*impf:* выха́живать) gesundpflegen

вы́ходка <*gen pl:* -док> *f A* ❶ (*эксце́сс*) Ausschreitung *f*, Unfug *f*; ❷ (*ша́лость*) toller Streich *m*, ungehörige Handlung *f*

выходно́й I. *adj* ❶ (*свобо́дный от рабо́ты*) arbeitsfrei; **~ день** Ruhetag *m*, arbeitsfreier Tag *m*; ❷ (*слу́жащий для вы́хода*) Ausgangs-; **выходна́я дверь** Ausgangstür *f*; **выходны́е да́нные** (*све́дения о вы́ходе кни́ги*) Impressum *nt*; **выходно́е посо́бие** Überbrückungsgeld *nt*, Abfindung *f*; II. *mf wie adj* ❶ (*umg: выходно́й день*) Ruhetag *m*; **у меня́ сего́дня ~** ich habe heute frei; ❷ (*о челове́ке*) *jd, der seinen arbeitsfreien Tag hat*; **он сего́дня ~** er hat heute frei

вы́цвести <*nur 3. pers:* вы́цветет, вы́цветут> *vi E6a pf* (*impf:* выцвета́ть) ausbleichen, verschießen

вычёркивать *vt E impf* (*pf:* вы́черкнуть) streichen, durchstreichen

вы́честь <*fut:* вы́чту, -чтешь, *prät:* вы́чел, вы́чла> *vt E6 pf* (*impf:* вычита́ть) subtrahieren

вы́чет *m K* Abzug *m*; **~ из зарпла́ты** Gehaltsabzug *m* Lohnabzug *m*; **за ~ом** nach Abzug

вычисле́ние *nt O2* Berechnung *f*, Überschlag *f*

вычисли́тельный *adj* Rechen-; **вычисли́тельная маши́на** Rechenmaschine *f*, Computer *m*

вычисля́ть *vt E impf* (*pf:* вы́числить) errechnen

вычита́емое *nt wie adj* Subtrahend *m*

вычита́ние *nt O2* Subtraktion *f*

вычита́ть *vt E impf* (*pf:* вы́честь) (*что-л. из чего́-л.*) subtrahieren, abziehen

вы́ше I. *präp +gen* oberhalb (*+gen*); II. *adj komp* höher; **он ~ меня́** er ist größer als ich; III. *adv* weiter oben

вы́шка <*gen pl:* -шек> *f A* ❶ Turm *m*, Warte *f*; ❷ (*umg: сме́ртная казнь*) Todesstrafe *f*

вы́явить <*fut:* вы́явлю, -явишь> *vt I pf* (*impf:* выявля́ть) ❶ (*обнару́жить*) zeigen, an den Tag bringen; ❷ (*разоблачи́ть*) aufdecken, enthüllen

вы́явиться <*fut:* вы́явлюсь, -явишься> *vr I pf* (*impf:* выявля́ться) sich zeigen, zu Tage treten

выясне́ние *nt O2* Klärung *f*, Klarstellung *f*

вы́яснить <*fut:* вы́ясню, -яснишь> *vt I pf* (*impf:* выясня́ть) (*положе́ние*) klarstellen, klären

вы́ясниться <*fut:* вы́явлюсь, -явишься> *vr I pf* (*impf:* выясня́ть) klarwerden

вьюно́к <*gen sg:* -нка́> *m K* (БОТ) Winde *f*

в (во)[2] I. *präp lok +akk* ❶ (*куда?*) in (*+akk*); ❷ nach (*+dat*); **в шко́лу** in die Schule; **в Москву́** nach Moskau; II. *präp temp +akk* an (*+dat*); **в пя́тницу** am Freitag; III. *präp lok +präpos* ❶ (*где?*) in (*+dat*); ❷ auf (*+dat*); **в шко́ле** in der Schule; **в чём?** worin? **в э́том** darin; **в три ра́за бо́льше** dreimal so viel

вяз *m K* Ulme *f*

вяза́ть <*präs:* вяжу́, вя́жешь, *prät:* вязал, -а> *vt E4 impf* (*pf:* с-) ❶ (*на спи́цах, крючко́м*) stricken, häkeln; ❷ (*свя́зывать, завя́зывать*) binden; ❸ (*fig: быть те́рпким*) (den Mund) zusammenziehen

вя́зкий <*kf:* -зок, -зка́, -зко, *komp:* вя́зче> *adj* ❶ (*густо́й*) zäh, zähflüssig; ❷ (*то́пкий*) matschig, sumpfig

вя́зкость *f I* Zähigkeit *f*, Viskosität *f*

вя́лость *f I* ❶ (*дря́блость*) Schlaffheit *f*; ❷ (*отсу́тствие бо́дрости*) Trägheit *f*
вя́лый <*kf:* -вял> *adj* ❶ (*дря́блый*) schlaff; ❷ (*увя́дший*) welk, verwelkt; ❸ (*лишённый эне́ргии*) träge, schwunglos
вя́нуть <*prät:* вя́л, вя́ла, *oder:* вя́нул> *vi E1 impf* (*pf:* за-, у-) welken, verwelken

Г

Гг

г, Г *nt indekl kyrillischer Buchstabe*
га́вань *f I* Hafen *m*
гад *m K* ❶ *alt oder umg: Sammelbezeichnung für Reptilien und Amphibien*; ❷ (*fig, pej:* *и́зверг*) Scheusal *nt*
гада́лка <*gen pl:* -лок> *f A* Wahrsagerin *f*
гада́ть I. *vi E impf* (*pf:* по-) wahrsagen; **~ на ка́ртах** Karten legen; **II.** *vi E nur impf* (*о ком-л./чём-л.*) mutmaßen
га́дить I. <*präs:* га́жу, га́дишь> *vi I impf* (*pf:* на-) (*о живо́тных*) sich entleeren; **II.** *v + dat I impf* (*pf:* на-) ❶ (*umg: па́чкать*) beschmutzen, besudeln; ❷ (*fig, umg: па́костить*) in die Suppe spucken
га́дкий <*kf:* -док, -дка́, -дко, *komp:* га́же> *adj* abscheulich, widerlich
гадю́ка *f A* ❶ (ЗООЛ) Viper *f*; ❷ (*fig, pej: змея́ подколо́дная*) Giftspritze *f*
газ[1] *m K* ❶ Gas *nt*; **дава́ть ~** Gas geben; **приро́дный ~** Erdgas *nt*; **выхлопны́е ~ы** Autoabgase *nt pl*; **отрабо́танные ~ы** Abgase; ❷ (*nur pl: га́зы*) Blähungen *f pl*
газ[2] *m K* Gaze *f*
газе́ль *f I* Gazelle *f*
газе́та *f A* Zeitung *f*; **ежедне́вная ~** Tageszeitung *f*
га́зовый *adj* Gas-; **~ заво́д** Gaswerk *nt*
газо́н *m K* Rasen *m*, Rasenplatz *m*
га́йка <*gen pl:* га́ек> *f A* Schraubenmutter *f*
гала́ктика *f A* Galaxie *f*
галантере́я *f A2* Kurzwaren *pl*
гала́нтный <*kf:* -тен, -тна> *adj* galant
галде́ть <*nur 2. und 3. pers:* галди́шь, -ди́т> *vi I impf* krakeelen, lärmen
галере́я *f A1* Galerie *f*; **карти́нная ~** Gemäldegalerie *f*
галёрка *f A* ❶ (ТЕАТ) Galerie *f*, oberster Rang *m*; ❷ (*пу́блика*) Galeriepublikum *nt*
гале́та *f A* Zwieback *m*
галлюцина́ция *f A2* Halluzination *f*
гало́п *m K* Galopp *m*; **скака́ть ~ом** galoppieren
га́лстук *m K* Krawatte *f*, Schlips *m*
га́лька <*gen pl:* -лек> *f A* ❶ (*кру́пная*) Geröll *nt*; ❷ (*ме́лкая*) Kieselstein *m*
гама́к *m K* Hängematte *f*
Га́мбург *m K* Hamburg *nt*
га́мма *f A* (МУЗ) Tonleiter *f*; **~ кра́сок** (*fig*) Farbskala *f*
гандбо́л *m K* Handball *m*
ганте́ль *f I* Hantel *f*
гара́ж <*gen pl:* -е́й> *m K* Garage *f*; **подзе́мный ~** Tiefgarage *f*; **я́русный ~** Hochgarage *f*
гара́нт *m K* Bürge *m*, Garant *m*
гаранти́йный *adj* Garantie-
гаранти́ровать *vt E2 impf/pf* garantieren, gewährleisten
гара́нтия *f A2* ❶ Garantie *f*, Gewähr(-leistung) *f*;

Г

2 (*гаранти́йный тало́н*) Garantieschein *m*

гардеро́б *m K* 1 (*помеще́ние*) Garderobe *f*; 2 (*шкаф*) Kleiderschrank *m*; 3 (*оде́жда*) Kleidung *f*

га́ревый *adj* Aschen-; **га́ревая доро́жка** (СПОРТ) Aschenbahn *f*

гармони́чный <*kf:* -чен, -чна> *adj* harmonisch

гармо́ния *f A2* 1 (МУЗ) Harmonie *f*; 2 (МУЗ) Harmonielehre *f*; 3 (*fig: согла́сие*) Einklang *m*

гаси́ть <*präs:* гашу́, га́сишь> *vt I impf* (*pf:* за-, по-) 1 löschen, auslöschen; 2 (*fig: подавля́ть*) unterdrücken; 3 (*fig: де́лать недействи́тельным*) entwerten, ungültig machen

га́снуть <*3. pers:* га́снет> *vi E1 impf* (*pf:* за-, по-, у-) 1 (*об огне́, электри́честве*) ausgehen; 2 (*fig: о наде́жде*) erlöschen

гастри́т *m K* (МЕД) Gastritis *f*

гастролёр *m K* 1 (ТЕАТ) ein Gastspiel gebender Schauspieler *m*; 2 (*pej: не име́ющий постоя́нной рабо́ты*) Gelegenheitsarbeiter *m*

гастроли́ровать *vi E2 impf* ein Gastspiel geben

гвозди́ка *f A* 1 Nelke *f*; 2 (*пря́ность*) Gewürznelke *f*

гвоздь[1] <*nom pl:* гво́зди> *m K1 e1* Nagel *m*; **и никаки́х гвозде́й!** (*fig*) keine Widerrede!

гвоздь[2] <*nom pl:* гво́зди> *m K1 e1* Clou *m*, Knüller *m*; **~ сезо́на** der Schlager der Saison

где *adv* wo; **~ бы то ни́ было** wo es auch sein mag; **~-ли́бо** [*o* **~-нибу́дь**] irgendwo

ГДР *abk von* Герма́нская Демократи́ческая Респу́блика *f* (ИСТ) Deutsche Demokratische Republik *f*, DDR *f*

геморро́й *m K2* (МЕД) Hämorrhoiden *pl*

ген *m K* Gen *nt*

генера́льный *adj* allgemein, General-

гене́тика *f A* Genetik *f*

генети́ческий *adj* genetisch

гениа́льность *f I* Genialität *f*

гениа́льный <*kf:* -лен, -льна> *adj* genial

ге́ний *m K2* 1 Genie *nt*; 2 (*auch fig: а́нгел-храни́тель*) Genius *m*; **до́брый ~** Schutzgeist *m*

геноци́д *m K* Völkermord *m*

географи́ческий *adj* geografisch; **географи́ческая ка́рта** Landkarte *f*

геогра́фия *f A2* Geografie *f*, Erdkunde *f*

гео́лог *m K* Geologe, Geologin *m/f*

геоло́гия *f A2* Geologie *f*, Erdgeschichte *f*

геометри́ческий *adj* geometrisch

геоме́трия *f A2* Geometrie *f*

георги́н *m K* (БОТ) Dahlie *f*

гепа́рд *m K* Gepard *m*

герб *m K* Wappen *nt*

германи́ст, **германи́стка** <*gen pl f:* -ток> *m K / f A* Germanist, -in *m/f*

германи́стика *f A* Germanistik *f*

Герма́ния *f A2* Deutschland *nt*

гермети́ческий *adj* hermetisch

герои́ня *f A1* (ЛИТ) Heldin *f*

герои́ческий *adj* heldenhaft

геро́й *m K2* (ЛИТ) Held *m*

ге́рцог *m K* Herzog *m*

гиаци́нт *m K* (БОТ) Hyazinthe *f*

ги́бель *f I* 1 (*geh*) Untergang *m*, Verderben *nt*; 2 (*смерть*) Sterben *nt*, Tod *m*

ги́бкий <*kf:* -бок, -бка́, -о, *komp:* ги́бче> *adj* biegsam, gelenkig, flexibel

ги́бкость *f I* (*auch fig*) Biegsamkeit *f*, Geschmeidigkeit *f*

ги́бнуть *vi E1 impf* (*pf:* по-) 1 ums Leben kommen; 2 (БОТ) eingehen; 3 (*auch fig: разруша́ться*) zugrunde gehen

гига́нт *m K* Riese *m*, Gigant *m*

гига́нтский *adj* gigantisch

гигие́на *f A* Hygiene *f*

гид *m K* Fremdenführer, -in *m/f*, Reiseleiter, -in *m/f*

гидроэлектроста́нция *f A2* (*ГЭС*) Wasserkraftwerk *nt*
гие́на *f A* Hyäne *f*
ги́льза *f A* Hülse *f*
гимн *m K* Hymne *f*
гимнази́ст, гимнази́стка *m K / f A* Gymnasiast, -in *m/f*
гимна́зия <*gen pl f:* -ток> *f A2* Gymnasium *nt*
гимна́ст, гимна́стка *m K / f A* Turner, -in *m/f*
гимна́стика *f A* Gymnastik *f*; **спорти́вная ~** Geräteturnen *nt*; **худо́жественная ~** Kunstturnen *nt*
гинеко́лог *m K* Gynäkologe, Gynäkologin *m/f*, Frauenarzt, -ärztin *m/f*
гинекологи́ческий *adj* gynäkologisch; **гинекологи́ческая кли́ника** Frauenklinik *f*
гипно́з *m K* Hypnose *f*
гипнотизи́ровать *vt E2 impf* (*pf:* за-) hypnotisieren
гипо́теза *f A* Hypothese *f*
гипотети́ческий *adj* hypothetisch
гиппопота́м *m K* Nilpferd *nt*
гипс *m K* Gips *m*
гипсова́ть *vt E2 impf* (*pf:* за-) einen Gipsverband anlegen, eingipsen
гирля́нда *f A* Girlande *f*
ги́ря *f A1* ① Gewicht *nt*; ② (СПОРТ) Hantel *f*
гита́ра *f A* Gitarre *f*
глава́ *f A pls* ① (*geh:* **гла́вное лицо́**) Haupt *nt*, Oberhaupt *nt*; ② (**нача́льник**) Chef *m*; **во главе́ чего́-л.** (*fig*) an der Spitze (*+gen*) ③ (СТРОИТ) Kuppel *f*; ④ (ЛИТ) Kapitel *nt*, Abschnitt *m*
главвра́ч <*gen pl:* -е́й> *m K* Chefarzt *m*
главнокома́ндующий *m wie adj* (ВОЕ) Oberkommandierende(r) *m*; **верхо́вный ~** Oberbefehlshaber *m*
гла́вный *adj* hauptsächlich, Haupt-, Ober-; **э́то гла́вное** das ist die Hauptsache
глаго́л *m K* (ЛИНГ) Verb *nt*; **вспомога́тельный ~** Hilfsverb *nt*
гладио́лус *m K* Gladiole *f*
гла́дить <*präs:* гла́жу, гла́дишь> *vt I impf* (*pf:* вы́-, по-) ① (**утюго́м**) bügeln; ② (**кого́-л./что-л., по кому́-л./чему́-л.**) streichen (über *+akk*); **~ кого́-л. про́тив ше́рсти** (*fig*) jdn gegen den Strich streichen ③ (**ласка́ть**) streicheln
гла́дкий <*kf:* -док, -дка́, -дко, *komp:* гла́же> *adj* ① glatt, eben; ② (**о сти́ле**) fließend
глаз <*präpos:* в глазу́> *m K ple* Auge *nt*; **не ве́рить ~а́м свои́м** seinen Augen nicht trauen
глазо́к [1] <*gen sg:* -зка́, *pl:* гла́зки, гла́зок, гла́зкам> *m K pls* (*dim*) Äuglein *nt*; **аню́тины гла́зки** (БОТ) Stiefmütterchen *nt pl*; **стро́ить кому́-л. гла́зки** jdm schöne Augen machen
глазо́к [2] <*pl:* глазки́> *m K ple* ① (**дверно́й**) Guckloch *nt*; ② (БОТ) Knospe *f*
глазу́нья *f A2* Spiegelei *nt*
глазу́рь *f I* Glasur *f*; **покрыва́ть ~ю** glasieren
гласи́ть <*nur 3. pers:* гласи́т> *vi I impf* lauten, besagen
гла́сный I. *adj* ① (**откры́тый**) öffentlich; **~ суд** (ЮР) öffentliche Gerichtsverhandlung *f* ② (ЛИНГ) vokalisch; **~ звук** Vokal; **II.** *m wie adj* Vokal *m*
гли́на *f A* Ton *m*, Lehm *m*
гли́нистый *adj* tonhaltig, lehmhaltig; **гли́нистая по́чва** Lehmboden *m*
гли́няный *adj* Ton-, tönern; **гли́няные изде́лия** Tonwaren *pl*
глист *m K* Eingeweidewurm *m*
глоба́льный <*kf:* -лен, -льна> *adj* global, weltweit
глода́ть <*präs:* гложу́, гло́жешь, *auch:* глода́ю, -а́ешь> *vt E4 impf* ① nagen, knabbern; ② (*fig:* **му́чить**) zermürben, quälen; **его́ гло́жет тоска́** der Gram nagt an seinem Herzen
глосса́рий <*präpos sg:* -рии> *m K2* Glossar *nt*, Wörterverzeichnis *nt*
глота́ть *vt E impf* (*pf:* глотну́ть) schlucken
гло́тка <*gen pl:* -ток> *f A* Kehle *f*,

Schlund *m*; **во всю гло́тку** aus voller Kehle, lauthals

глото́к <*gen sg:* -тка́> *m K* Schluck *m*

Г

глубина́ <*nom pl:* глуби́ны> *f A pls* Tiefe *f*

глубо́кий <*kf:* -бо́к, -бока́, -бо́ко́, *komp:* глу́бже, *super:* глубоча́йший> *adj* (*auch fig*) tief; **~ сон** tiefer Schlaf *m*; **глубо́кое убежде́ние** tief wurzelnde Überzeugung *f*; **глубо́кая о́сень** Spätherbst *m*; **глубо́кая ста́рость** hohes Alter *nt*; **до глубо́кой но́чи** bis tief in die Nacht hinein; **в глубо́кой дре́вности** in grauer Vorzeit

глубокомы́сленный <*kf:* -лен, -ленна> *adj* tiefsinnig

глубь *f I* Tiefe *f*; **в ~ страны́** in das Landesinnere

глупе́ть *vi E impf* (*pf:* по-) verblöden, schwachsinnig werden

глупе́ц <*gen sg:* -пца́> *m K* (*umg*) Dummkopf *m*, Depp *m*

глу́пость *f I* Dummheit *f*, Torheit *f*

глу́пый <*kf:* глуп, -а́, -о> *adj* 1 dumm, doof; 2 (*о ситуа́ции*) dumm, unerfreulich

глухо́й I. <*kf:* глух, -а́, -о, *komp:* глу́ше> *adj* 1 taub; **быть глухи́м к чему́-л.** (*fig*) taub sein (gegen +*akk*) 2 (*о зву́ке*) dumpf; **~ согла́сный** (линг) stimmloser Konsonant *m* 3 (*ти́хий, окра́инный*) abgelegen; **глуха́я прови́нция** abgelegene Gegend *f*; **глуха́я ночь** stockfinstere Nacht *f*; **~ лес** dichter [*o* tiefer]Wald *m* 4 (*сплошно́й*) blind, falsch; **глуха́я стена́** blinde Mauer *f*; **глухо́е окно́** blindes [*o* falsches] Fenster *nt*; **II.** *m wie adj* Taube(r) *m*, Gehörlose(r) *m*

глухонемо́й I. *adj* taubstumm; **II.** *m wie adj* Taubstumme(r) *m*

глухота́ *f A* Taubheit *f*

глуши́ть <*präs:* глушу́, глу́ши́шь> *vt I impf* (*pf:* о-, за-) 1 betäuben; 2 (*зву́ки*) dämpfen; 3 (*мото́р*) abdrosseln

глушь *f I* 1 (*глухо́е ме́сто*) Einöde *f*, abgelegener Ort *m*; 2 (*глуха́я ме́стность*) Wildnis *f*

глы́ба *f A* Klumpen *m*, Brocken *m*

глюко́за *f A* Glukose *f*, Traubenzucker *m*

глюте́н *m K* Gluten *nt*; **пече́нье без ~а** glutenfreies Gebäck *nt*

гляде́ть <*präs:* гляжу́, гляди́шь> *vi I impf* (*pf:* по-) 1 (*на кого́-л./что-л.*) jdn anschauen, jdn anblicken; **~ в о́ба** auf der Hut sein; **ни на что́ ни гля́дя** ohne jede Rücksicht 2 (*за кем-л./чем-л.*) aufpassen (auf +*akk*)

гля́нуть *vi E1 pf* (*umg*) einen kurzen Blick werfen; **куда́ ни гля́нешь** wohin das Auge auch blickt

гна́ться <*präs:* гоню́сь, го́нишься, *prät:* гна́лся, гнала́сь> *vr I best* (*unbest:* *гоня́ться*) 1 (*за кем-л./чем-л.*) nachrennen; 2 (*fig: стреми́ться*) trachten (nach +*dat*)

гнев *m K* Zorn *m*, Wut *f*

гне́вный <*kf:* -вен, -вна́> *adj* zornig, wütend

гнезди́ться <*nur 2. und 3. pers:* гнезди́шься, -ди́тся> *vi I impf* 1 (*вить гнёзда*) nisten; 2 (*auch fig: жить, юти́ться*) sich einnisten

гнездо́ <*nom pl:* гнёзда> *nt O pls* Nest *nt*

гнило́й <*kf:* гнил, -а́, -о> *adj* 1 (*auch fig*) faul, verfault; 2 (*о зуба́х*) modrig, kariös; 3 (*ве́тхий*) morsch

гниль *f I* Fäulnis *f*

гнить <*präs:* гнию́, гниёшь> *vi E4 impf* (*pf:* по-, с-) 1 (*по́ртиться*) faulen, verfaulen; 2 (*истлева́ть*) vermodern

гнои́ться <*nur 3. pers:* гнои́тся> *vi I impf* eitern

гно́й *m K2* Eiter *m*

гно́йный *adj* eitrig

гну́сный <*kf:* -сен, -сна́, -сно> *adj* schändlich, niederträchtig

гнуть <*präs:* гну, гнёшь> *vt E1 impf* (*pf:* со-, по-) biegen, krümmen

гобо́й *m K2* (муз) Oboe *f*

говори́ть <*präs:* говорю́, -ри́шь> *vi I impf* (*pf:* сказа́ть) ① (*по́льзоваться языко́м*) sprechen, reden (über +*akk*); **она хорошо́ говори́т по-ру́сски** sie spricht gut Russisch; ② (*выража́ть мы́сли*) sagen; **~ что-л. за чье́й-л. спино́й** (*fig*) etw hinter jds Rücken sagen; **со́бственно говоря́** eigentlich; **коро́че говоря́** mit anderen Worten; **стро́го говоря́** streng genommen; **открове́нно** [*o* **че́стно**] **говоря́** offen [*o* ehrlich] gesagt; **между на́ми говоря́** unter uns gesagt; **говоря́т, что...** man sagt, dass ... ③ (*свиде́тельствовать о чём-л.*) besagen; **э́то говори́т само́ за себя́** das spricht für sich selbst; **э́то говори́т о том, что...** das ist ein Indiz dafür, dass ...

говя́дина *f A* Rindfleisch *nt*

год <*präpos sg:* в году́, *nom pl auch:* года́, *gen pl auch:* лет> *m K ple* Jahr *nt*; **високо́сный ~** Schaltjahr *nt*; **учёбный ~** Schuljahr [*o* Studienjahr *nt*]; **вре́мя ~а** Jahreszeit *f*; **кру́глый ~** ein ganzes Jahr; **~а́ми** jahrelang; **ему́ седьмо́й ~** er wird sieben, er ist sechs

годи́ться <*präs:* гожу́сь, годи́шься> *vi I impf* taugen, sich eignen

го́дность *f I* ① (*спосо́бность*) Tauglichkeit *f*; ② (*приспосо́бленность*) Brauchbarkeit *f*; **срок го́дности** Verfallsdatum *nt*, Haltbarkeit *f*

го́дный <*kf:* -ден, -дна́, -о, -дны́> *adj* tauglich, geeignet, brauchbar; **~ к строево́й** [*o* **вое́нной**] **слу́жбе** wehrdiensttauglich; **ни на что не ~ челове́к** Taugenichts *m*; **~ для питья́** trinkbar

годо́вщина *f A* Jahrestag *m*

гол *m K ple* (СПОРТ) Tor *nt*

голени́ще *nt O* Stiefelschaft *m*

голла́ндец, голла́ндка <*gen sg m:* -дца, *gen pl f:* -док> *m K / f A* Holländer, -in *m/f*

Голла́ндия *f A2* Holland *nt*

голла́ндский *adj* holländisch

голова́ *f A e2* ① Kopf *m*; **у меня́ ~ закружи́лась** mir ist schwindelig; **вы́ше го́лову!** Kopf hoch! **приходи́ть в го́лову** einfallen, in den Kopf kommen; **вбить себе́ что-л. в го́лову** (*fig*) sich etw in den Kopf setzen; **лома́ть себе́** [*o* **над чем-л.**] **го́лову** (*fig*) sich (über etw) den Kopf zerbrechen; **сломя́ го́лову** (*fig*) Hals über Kopf; **теря́ть го́лову** (*fig*) die Beherrschung verlieren; **на свою́ го́лову** (*umg*) zum eigenen Nachteil ② (*arch: глава́*) Haupt *nt*, Oberhaupt *nt*

голова́стик *m K* Kaulquappe *f*

голо́вка <*dim von:* голова́, *gen pl:* -вок> *f A* ① Köpfchen *nt*; **була́вочная ~** Stecknadelkopf *m* ② (АНАТ) Eichel *f*

головно́й *adj* ① Kopf-; **~ мозг** Gehirn *nt*; **головна́я боль** Kopfschmerzen *pl* ② (*гла́вный, веду́щий*) Leit-; **головна́я компа́ния** Obergesellschaft *f*; **головна́я организа́ция** Dachorganisation *f*

головоло́мка <*gen pl:* -мок> *f A* Denksportaufgabe *f*

го́лод *m K* ① Hunger *m*; ② (*бе́дствие*) Hungersnot *f*; **умира́ть с ~у** verhungern

голода́ние *nt O2* Hungern *nt*; **лече́бное ~** Heilfasten *nt*

голода́ть *vi E impf* ① hungern, Hunger leiden; ② (*umg: для лече́бных це́лей*) fasten

голо́дный <*kf:* го́лоден, -дна́, го́лодно> *adj* hungrig

голодо́вка <*gen pl:* -вок> *f A* Hungerstreik *m*

гололёд *m K* Glatteis *nt*

гололе́дица *f A* Glätte *f*

го́лос <*nom pl:* голоса́> *m K ple* Stimme *f*; **ни́зкий ~** tiefe Stimme *f*; **быть в ~е** bei Stimme sein; **повы́сить ~** die Stimme erheben; **в оди́н ~** einstimmig; **пра́во ~а** (ПОЛ) Stimmrecht *nt*

Г

голосова́ние *nt O2* Abstimmung *f*, Stimmabgabe *f*

голосова́ть[1] *vi E2 impf* (*pf:* про-) ① (*за кого́-л./что-л.*) stimmen (für +*akk*); ② (*umg: vt*) abstimmen (über +*akk*)

голосова́ть[2] *vi E2 impf* (*pf:* про-) ① (*е́хать на попу́тных маши́нах*) per Anhalter fahren; ② (*пыта́ться останови́ть попу́тную маши́ну*) ein Auto (durch Winken) anzuhalten versuchen

голубе́ц <*gen sg:* -бца́> *m K e* Krautroulade *f*

голубогла́зый <*kf:* -а́з, а́за> *adj* blauäugig

голубо́й I. *adj* hellblau, himmelblau; **II.** *m wie adj* (*umg*) Schwule(r) *m*

го́лубь *m K1 ple1* Taube *f*

го́лый <*kf:* гол, -ла́, го́ло> *adj* ① nackt, bloß, kahl; **соверше́нно ~** splitternackt ② (*fig, umg: чи́стый*) rein; **го́лые фа́кты** nackte Tatsachen *f pl*; **~ расчёт** eiskalte Berechnung *f*

гольф *m K* (СПОРТ) Golf *nt*

Гольфстри́м *m K* Golfstrom *m*

го́льфы <*nom sg:* гольф> *m pl K* Kniestrümpfe *m pl*

гомеопа́тия *f A2* Homöopathie *f*

гомосексуали́ст *m K* Homosexuelle(r) *m*

гомосексуа́льность *f I* Homosexualität *f*

гомосексуа́льный *adj* homosexuell

гонг *m K* Gong *m*

го́нка <*gen pl:* -нок> *f A* ① (СПОРТ) Rennen *nt*; ② (*umg*) Hetze *f*

гонора́р *m K* Honorar *nt*, Gage *f*

гонча́р *m K* Töpfer *m*

гонча́рный *adj* Töpfer-; **гонча́рная мастерска́я** Töpferwerkstatt *f*

го́нщик, го́нщица *m K / f A* Rennfahrer, -in *m/f*

гоня́ть *vt E unbest* (*best:* *гнать*) ① (*погоня́ть*) jagen; **~ мяч** (СПОРТ) den Ball kicken ② (*прогоня́ть*) vertreiben; ③ (*meist pf: торопи́ть*) hetzen, antreiben; **гнать лошаде́й** die Pferde (mit der Peitsche) antreiben; **гнать маши́ну** mit dem Auto rasen

гоня́ться *vr E unbest* (*best: гна́ться*) (*за кем-л./чем-л.*) jdm/etw nachjagen, jdn/etw verfolgen

гора́ *f A e2* Berg *m*; **в го́ру** bergauf; **на́ши дела́ иду́т в го́ру** (*fig*) es geht aufwärts mit uns; **под го́ру** [*o* **с горы́**] bergab; **зима́ не за гора́ми** (*umg*) der Winter steht vor der Tür

горб *m K ple* (АНАТ) Buckel *m*, Höcker *m*

горба́тый <*kf:* -а́т> *adj* bucklig

горди́ться <*präs:* горжу́сь, горди́шся> *vr + inst I impf* stolz sein (auf +*akk*), sich brüsten (mit +*dat*)

го́рдость *f I* Stolz *m*

го́рдый <*kf:* горд, горда́, го́рдо> *adj* stolz

го́ре *nt O1* ① (*печа́ль*) Gram *m*, Kummer *m*; ② (*несча́стье*) Unglück *nt*; **на моё ~** [*o* **к моему́ го́рю**] zu meinem Unglück; **с го́рем попола́м** mit Mühe und Not; **слеза́ми го́рю не помо́жешь!** was nützt das Weinen!

го́ре- *präfix* (*vor Substantiv*) erbärmlich, schlecht; **~-администра́тор** (*fig*) Schildbürger *m*

горева́ть *vi E2 unbest* (*best: по-, за-*) (*о ком-л./чём-л.*) sich grämen, trauern (um, über +*akk*)

го́рестный *adj* kummervoll, traurig; **го́рестное изве́стие** traurige Nachricht *f*

горе́ть <*präs:* горю́, гори́шь> *vi I impf* (*pf:* с-) brennen; **щёки горя́т** die Wangen glühen [*o* brennen]; **(э́то) не гори́т!** es hat keine Eile!

го́рец, горя́нка <*gen pl m:* го́рцев *gen pl f:* горя́нок> *m K / f A* Bergbewohner, -in *m/f*

го́речь *f I* ① Bitterkeit *f*; **~ во рту** bitterer Geschmack im Mund ② (*fig: го́ресть*) Bitternis *f*

горизо́нт *m K* (*auch fig*) Horizont *m*

горизонта́льный *adj* horizontal, waagerecht

горилла *f A* Gorilla *m*
гористый <*kf:* -рист> *adj* bergig, Gebirgs-; **гористая местность** Berglandschaft *f*
горка <*dim von:* гора, *gen pl:* -рок> *f A* kleiner Berg *m*, Anhöhe *f*; **детская ~** Rutschbahn *f*; **ледяная ~** Rodelbahn *f*
горланить <*präs:* горланю, -нишь> *vi I impf* (*umg*) grölen
горло *nt O* Hals *m*, Kehle *f*; **по ~** (*auch fig*) bis zum [*o* über den] Hals; **быть сытым по ~** bis oben hinauf satt sein; **кричать** [*o* **орать**] **во всё ~** (*umg*) aus voller Kehle schreien
горлышко <*dim von:* горло, *gen pl:* -шек> *nt O* ❶ Kehlchen *nt*; ❷ (*бутылки*) Flaschenhals *m*
гормон *m K* Hormon *nt*
горностай *m K2* Hermelin *m*
горный *adj* ❶ Berg-, Gebirgs-; **~ велосипед** Mountainbike *nt*; **~ воздух** Höhenluft *f*; **горная цепь** Gebirgskette *f* ❷ (ГОР) Bergbau-; **горное дело** Bergbau *m*
горняк *m K* Bergmann *m*, Bergarbeiter *m*
город <*nom pl:* города> *m K ple* Stadt *f*; **~-побратим** Partnerstadt *f*; **за ~** aufs Land, ins Grüne
городской *adj* städtisch, Stadt-; **городское управление** Stadtverwaltung *f*
горожанин, горожанка <*nom pl m:* горожане, *gen pl f:* -нок> *m U2 / f A* Städter, -in *m/f*
гороскоп *m K* Horoskop *nt*
горох *m K* ❶ Erbsen *pl*; ❷ (*растение*) Erbsenpflanze *f*
гороховый *adj* Erbsen-; **~ суп** Erbsensuppe *f*
горошина *f A* Erbse *f*
горстка <*gen pl:* -ток> *f A* eine Handvoll *f*
гортань *f I* Kehlkopf *m*
горчица *f A* Senf *m*
горчичник *m K* ❶ (МЕД) Senfpflaster *nt*; ❷ (СПОРТ:*umg*) gelbe Karte *f*
горшок <*gen sg:* -шка> *m K e* Topf *m*; **ночной ~** Nachtgeschirr *nt*
горький <*kf:* -рек, -рька, -рько, *komp:* горче, *oder:* горше> *adj* ❶ (*komp: горче*) bitter; ❷ (*komp: горше*) schwer, kummervoll; **горькое разочарование** bittere Enttäuschung *f*
горючее *nt wie adj* Brennstoff *m*, Treibstoff *m*, Kraftstoff *m*
горючий *adj* brennbar; **горючие слёзы** (*fig*) bittere Tränen *f pl*
горячее *nt wie adj* warme Mahlzeit *f*
горячий <*kf:* -яч, -яча> *adj* ❶ heiß; **горячая вода** warmes Wasser *nt*; **по горячим следам** (*fig*) auf frischer Spur *f*; ❷ (*fig, umg: страстный*) hitzig, heftig; **горячая голова** Hitzkopf *m* ❸ (*fig: напряжённый*) angespannt; **горячая точка** Krisengebiet *nt*
горячить <*präs:* горячу, -чишь> *vt I impf* (*pf:* раз-) erhitzen, erregen
горячиться <*präs:* горячусь, -чишься> *vr I impf* (*pf:* раз-) sich ereifern
горячка *f A* ❶ (МЕД) Fieber *nt*; **белая ~** Delirium tremens *nt*, Säuferwahnsinn *m*; **родильная ~** Wochenbettfieber *nt* ❷ (*fig: спешка*) Hast *f*, große Eile *f*
госпиталь *m K1 ple1* Hospital *nt*
господин <*pl:* господа, -од, -одам> *m U2* Herr *m*; **господа!** (*Anrede*) meine Herren!
господство *nt O* ❶ Herrschaft *f*; ❷ (*господствующее положение*) Vorherrschaft *f*, Dominanz *f*; **~ на рынке** Marktbeherrschung *f*
господствовать *vi E2 impf* ❶ (*над кем-л./чем-л.*) herrschen (über +*akk*); ❷ (*преобладать*) vorherrschen
господь <*gen sg:* господа, *Vokativ:* господи> *m K* Herr *m*, Gott *m*; **Господи!** mein Gott!
гостеприимный <*kf:* -мен, -мна> *adj* gastlich, gastfreundlich
гостеприимство *nt O* Gastfreundschaft *f*

гости́ная *f wie adj* Wohnzimmer *nt*, Zimmer, in dem man Gäste empfängt

гость *m K1 ple1* Gast *m*; **у меня́ го́сти** ich habe Besuch *m*

госуда́рственный *adj* staatlich, Staats-; **госуда́рственная казна́** Fiskus *m*

госуда́рство *nt O* Staat *m*; **правово́е ~** Rechtsstaat *m*

го́тика *f A* Gotik *f*

готи́ческий *adj* gotisch

гото́вить <*präs:* гото́влю, -вишь> *vt I impf* ❶ vorbereiten; **~ кни́гу к печа́ти** ein Buch druckfertig machen; **~ уро́ки** die Hausaufgaben machen ❷ (*пи́щу*) zubereiten, kochen; ❸ (*специали́стов*) ausbilden

гото́виться <*präs:* гото́влю, -вишься> *vr I impf* ❶ (*к чему́-л. oder mit inf*) sich vorbereiten, Vorbereitungen treffen; ❷ (*быть гото́вым к чему́-л.*) sich gefasst machen (auf *+akk*)

гото́вность *f I* Bereitschaft *f*; **вы́разить свою́ ~** sich bereit erklären; **боева́я ~** (ВОЕ) Kampfbereitschaft *f*

гото́вый <*kf:* -о́в> *adj* ❶ (*пригото́вленный, сде́ланный*) fertig; **~ к печа́ти** druckreif; **~ к эксплуата́ции** betriebsbereit; **~ к употребле́нию** gebrauchsfertig ❷ (*согла́сный*) bereit; **он гото́в на всё** er ist zu allem bereit; **быть гото́вым к чему́-л.** willens sein; **быть гото́вым на что-л.** bereit sein (zu *+dat*)

грабёж <*gen sg:* грабежа́> *m K e* Raub *m*, Plünderung *f*; **~ среди́ бе́ла дня́** (*fig*) die reinste Geldschneiderei

граби́тель *m K1* Räuber *m*, Plünderer *m*

граби́тельский *adj* räuberisch

гра́бить <*präs:* гра́блю, -бишь> *vt I impf* (*pf:* о-) ausrauben, plündern

гра́бли <*gen pl:* -бель *oder:* -блей> *f pl A1* Rechen *m*, Harke *f*

гра́вий <*präpos sg:* -вии> *m K2* Kies *m*, Schotter *m*

гравирова́ть *vt E2 impf* (*pf:* вы-) gravieren

гравита́ция *f A2* Gravitation *f*, Schwerkraft *f*

гравю́ра *f A* Kupferstich *m*, Gravüre *f*

град *m K* Hagel *m*; **идёт ~** es hagelt; **уда́ры сы́пались ~ом** (*fig*) es hagelte Prügel

градострои́тельство *nt O* Städtebau *m*

гра́дус *m K* Grad *nt*; **де́лать поворо́т на сто во́семьдесят ~ов** (*auch fig*) sich um hundertachtzig Grad drehen, seine Meinung völlig ändern; **под ~ом** (*umg*) beschwipst, angeheitert

гра́дусник *m K* Fieberthermometer *nt*

граждани́н <*pl:* гра́ждане> *m U2 pls* Staatsbürger *m*; **Граждани́н!** (*Anrede*) Herr! **~ ФРГ** Bundesbürger *m*; **почётный ~** Ehrenbürger *m*

гражда́нка <*gen pl:* -нок> *f A* Staatsbürgerin *f*; **Гражданка!** (*Anrede*) Frau!

гражда́нский *adj* ❶ Bürger-; **гражда́нская война́** Bürgerkrieg *m*; ❷ (*невое́нный*) Zivil-; **гражда́нское лицо́** Zivilist, -in *m/f*; **гражда́нское му́жество** Zivilcourage *f*

гражда́нство *nt O* Staatsangehörigkeit *f*; **двойно́е ~** doppelte Staatsbürgerschaft *f*

грамм <*gen pl auch:* грамм> *m K* Gramm *nt*

грамма́тика *f A* Grammatik *f*

граммати́ческий *adj* grammatisch, grammatikalisch

гра́мота *f A* ❶ (*официа́льный пи́сьменный акт*) Urkunde *f*; **почётная ~** Eherenurkunde *f*, ❷ (*уме́ние чита́ть и писа́ть*) Lesen und Schreiben *nt*; **обуче́ние гра́моте** Lese- und Schreibunterricht *m*

гра́мотный <*kf:* -тен, -тна> *adj*

③ (*знáющий грáмоту*) schriftkundig, lese- und schreibkundig; **грáмотно писáть** fehlerfrei schreiben ④ (*свéдущий*) sachkundig, geschult; ⑤ (*без ошúбок*) fehlerlos; ⑥ (*со знáнием дéла*) fachmännisch

гранáта *f A* Granate *f*

грандиóзный <*kf:* -зен, -зна> *adj* grandios, großartig

гранúт *m K* Granit *m*

гранúца *f A* ① Grenze *f*; **госудáрственная ~** Staatsgrenze *f*; **пересéчь гранúцу** die Grenze passieren; **за гранúцу** ins Ausland; **за гранúцей** im Ausland; **из-за гранúцы** aus dem Ausland ② (*предéл, мера*) Grenze *f*, Schranke *f*; **~ дохóда** Einkommensgrenze *f*

гранúчить <*nur 3. pers:* гранúчит> *vi I impf* (*auch fig:* **с чем-лúбо**) grenzen an

грань *f I* ① (*fig:* *гранúца*) Grenzlinie *f*, Rand *m*; **на грáни войны́** am Rande des Krieges; **провестú чёткую ~ (мéжду чем-л.)** etw genau [*o* scharf](voneinander) abgrenzen ② (*плóскость*) Fläche *f*, Facette *f*

граф *m K* Graf *m*

грáфик[1] *m K* ① (МАТ) Graph *m*; ② (*расписáние*) Plan *m*; **часовóй ~** Stundenplan *m*; **~ движéния поездóв** Fahrplan *m*; **по ~у** (*о движéнии поездóв*) (fahr)planmäßig ③ (*план рабóт*) Terminplan *m*, Zeitplan *m*; **~ строúтельства** Bauplan *m*; **вы́биться из ~а** den Zeitplan nicht einhalten können; ④ (*графúческое изображéние*) Schaubild *nt*, grafische Darstellung *f*

грáфик[2] *m K* Graphiker, -in *m/f*

грáфика *f A* ① Grafik *f*; ② (ЛИНГ) Schreibweise *f*

графúн *m K* Karaffe *f*

графúня *f A1* Gräfin *f*

графúт *m K* Graphit *nt*

графúческий *adj* ① grafisch, zeichnerisch; ② (ОБДАН) Grafik-, grafikfähig

грáфство *nt O* Grafschaft *f*

грациóзный <*kf:* -зен, -зна> *adj* graziös, anmutig

гребёнка <*gen pl:* -нок> *f A* Kamm *m*; **стричь всех под однý гребёнку** (*fig*) alle über einen Kamm scheren

грéбень *m K1* Kamm *m*; **петушúный ~** Hahnenkamm *m*; **~ горы́** Bergkamm *m*, Bergrücken *m*; **~ волны́** Wellenkamm *m*

гребéц <*gen sg:* -бцá> *m K e* Ruderer, Ruderin *m/f*

грёза *f A* (*meist Pl*) Traum *m*, Wunschtraum *m*, Trugbild *nt*; **грёзы** Träumerei *f*; **мир грёз** Traumwelt *f*

грéзить <*präs:* грéжу, грéзишь> *vi I* träumen; **~ наявý** wachend träumen

грейпфрýт *m K* Grapefruit *f*

грек *m K* Grieche *m*

грéлка <*gen pl:* -лок> *f A* Wärmflasche *f*

гремéть <*präs:* гремлю́, -мúшь> *vi I impf* (*pf:* за-, про-) ① dröhnen, rasseln; **гром гремúт** es donnert; ② (*auch fig, meist im pf:* **звучáть, зазвучáть**) erschallen, ertönen

Гренлáндия *f A2* Grönland *nt*

грестú <*präs:* гребý, -бёшь, *prät:* грёб, греблá> *vi E6 impf* ① (*вёслами*) rudern; **~ прóтив течéния** (*fig*) gegen den Strom schwimmen; ② (*грáблями*) harken; **~ дéньги лопáтой** (*umg*) Geld wie Heu haben; **~ под себя́** (*umg*) seine Schäfchen ins Trockene bringen

греть *vt E impf* (*pf:* на-, со-) ① (*согревáть*) erwärmen, aufwärmen; ② (*vi:* *испускáть теплó*) wärmen; **сóлнце свéтит, но не грéет** die Sonne scheint, aber sie wärmt nicht; **~ себé рýки на чём-л.** (*fig*) sich gesundstoßen (an +*dat*)

грех *m K e* ① (РЕЛ) Sünde *f*; **перворóдный ~** Ursünde *f*;

Г

смерте́льный ~ Todsünde *f*; **отпуска́ть кому́-л. ~и́** jdm die Sünden vergeben; ② (*fig:* ***оши́бка, просту́пок***) Fehler *m*, Vergehen *nt*; **ста́рые ~и́** [*o* **~и́ про́шлого**] Altlasten *f*; **с ~о́м попола́м** mit Müh und Not

Гре́ция *f A2* Griechenland *nt*

греча́нка <*gen pl:* -нок> *f A* Griechin *f*

гре́ческий *adj* griechisch

грechи́ха *f A* Buchweizen *m*

греши́ть <*präs:* грешу́, -ши́шь> *vi I impf* (*pf:* со-) ① (РЕЛ) sündigen; ② (***про́тив чего́-ли́бо***) verstoßen (gegen *+akk*)

гре́шник, гре́шница *m K / f A* Sünder, -in *m/f*

гре́шный <*kf:* -шен, -шна́> *adj* sündhaft; **гре́шным де́лом** (*umg*) leider; **быть гре́шным в чём-л.** (*umg*) schuld sein (an *+dat*)

гриб *m K e* Pilz *m*; **ядови́тый ~** Giftpilz *m*; **съедо́бный ~** Speisepilz *m*; **расти́ как ~ы́ по́сле дождя́** (*fig*) wie Pilze aus dem Boden schießen; **а́томный ~** Atompilz *m*

гри́ва *f A* Mähne *f*

гри́вна <*gen pl:* -вен> *f A Währungseinheit in der Ukraine*

грим *m K* Schminke *f*

грима́са *f A* Grimasse *f*

гримёр, гримёрша *m K / f A* Maskenbildner, -in *m/f*

гримирова́ть *vt E2 impf* (*pf:* на-, за-) ① schminken; ② (***под кого́-л./что-л.***) schminken als (*+akk*)

гримирова́ться *vr E2 impf* (*pf:* за-) sich schminken (lassen)

грипп *m K* Grippe *f*

гриппо́зный *adj* Grippe-, grippal

гриф[1] *m K* (ЗООЛ) Lämmergeier *m*

гриф[2] *m K* (МУЗ) Griffbrett *nt*

гриф[3] *m K* Namensstempel *m*; **~ секре́тности** Vermerk *m* über Vertraulichkeitsgrad auf einem Dokument

гроб <*präpos sg:* в гробу́> *m K ple* Sarg *m*; **вогна́ть кого́-л. в ~** (*fig*) jdn ins Grab bringen; **переверну́ться в ~у́** (*fig*) sich im Grabe umdrehen

гроза́ *f A pls* ① Gewitter *nt*; ② (*fig:* ***тот, кто наво́дит у́жас***) Schrecken *m*

грози́ть <*präs:* грожу́, грози́шь> *vi I* ① (***кому́-л. чем-л.***) drohen, nachdrücklich einzuschüchtern versuchen; **~ па́льцем** mit dem Finger drohen; **~ увольне́нием** mit der Entlassung drohen ② (***предстоя́ть кому́-л.***) drohen, eintreffen können; ③ (***о ве́тхой постро́йке и т.п.***) im Begriff sein, einzustürzen u.ä.

гро́зный *adv* ① (***внуша́ющий страх***) fürchterlich, schrecklich, Furcht erregend; ② (***угрожа́ющий***) drohend; **~ взгляд** ein strenger Blick

грозово́й *adj* gewittrig, Gewitter-

гром *m K ple1* Donner *m*; **греми́т ~** es donnert

грома́дный *adj* riesig, kolossal, enorm; **грома́дное большинство́** die übergroße Mehrheit *f*

громи́ть <*präs:* громлю́, -ми́шь> *vt I impf* (*pf:* раз-) ① (***разруша́ть***) zerstören, demolieren; ② (ВОЕ) zerschlagen, vernichtend schlagen

гро́мкий <*kf:* -мок, -мка́, -мко, *komp:* гро́мче> *adj* laut, lautstark; **~ хо́хот** schallendes Gelächter *nt*

громкоговори́тель *m K1* Lautsprecher *m*

гро́мкость *f I* Lautstärke *f*

громозди́ть <*präs:* громозжу́, -зди́шь> *vt I impf* (*pf:* на-) anhäufen, auftürmen

громо́здкий <*kf:* -док, -дка, -дко> *adj* sperrig

громоотво́д *m K* Blitzableiter *m*

громыха́ть *vi E impf* (*umg*) poltern, donnern, rumpeln

грот *m K* Grotte *f*

гро́хот[1] *m K* Gepolter *nt*, polternder Lärm *m*

гро́хот[2] *m K* (ТЕХ) Sieb *nt*, Sortiersieb *nt*

грохота́ть <*präs:* грохочу́, -о́чешь> *vi E4 impf* ❶ (*шуме́ть*) poltern, krachen; ❷ (*о гро́ме*) rollen
грош <*gen pl:* -е́й> *m K e* Groschen *m*; **э́тому ~ цена́; э́то ~а́ ло́маного не сто́ит** das ist nicht einen Pfifferling wert; **рабо́тать за ~и́** (*fig*) für einen Hungerlohn arbeiten; **не име́ть за душо́й ни ~а́** (*umg*) völlig blank sein
грубия́н *m K* Grobian *m*
грубова́тый *adj* burschikos
гру́бость *f I* Grobheit *f*
гру́бый <*kf:* груб, груба́, гру́бо> *adj* ❶ (*просто́й, примити́вный*) grob; ❷ (*fig: приблизи́тельный*) ungefähr; **гру́бо говоря́** annähernd [*o* kurzgefasst] ❸ (*ре́зкий*) barsch, brüsk; **гру́бые слова́** grobe [*o* gemeine] Worte ❹ (*некульту́рный*) ungeschliffen; **гру́бое выраже́ние** ein derber Ausdruck *m*; **гру́бое наруше́ние** ein grober Verstoß *m* ❺ (*о волокне́, корма́х и т.п.*) unbearbeitet, roh; **мука́ гру́бого помо́ла** Schrot *m*
гру́да *f A* großer Haufen *m*; **~ разва́лин** Trümmerhaufen *m*
груди́нка *f A* Bruststück *nt*, Rippchen *nt*
грудь <*präpos sg:* в/на груди́> *f I ple1* ❶ Brust *f*; ❷ (*бюст*) Busen *m*; **корми́ть ~ю** stillen
груз *m K* ❶ Fracht *f*, Ladung *f*, Ladegut *nt*; ❷ (*fig: бре́мя*) Last *f*
грузи́н, грузи́нка <*gen pl m:* грузи́н, *gen pl f:* -нок> *m K / f A* Georgier, -in *m/f*
грузи́нский *adj* georgisch
грузи́ть <*präs:* гружу́, гру́зишь> *vt I impf* (*pf:* за-, на-, по-) ❶ laden, aufladen; ❷ (*загружа́ть*) beladen, befrachten
Гру́зия *f A2* Georgien *nt*
грузови́к *m K* Lastwagen *m*, LKW *m*
грунтово́й *adj* Grund-; **грунтовы́е во́ды** Grundwasser *nt*; **грунтова́я доро́га** unbefestigte Landstraße *f*
гру́ппа *f A* Gruppe *f*; **~ кро́ви** Blutgruppe *f*; **~ сотру́дников** Team *nt*; **иссле́довательская ~** Forschungsteam *nt*
группово́й *adj* Gruppen-; **группова́я фотогра́фия** Gruppenaufnahme *f*
грусти́ть <*präs:* грущу́, грусти́шь> *vi I impf* (*pf:* за-) traurig [*o* betrübt] sein
гру́стный <*kf:* -тен, -тна́> *adj* traurig, betrübt
грусть *f I* Wehmut *f*, Traurigkeit *f*
гру́ша *f A* ❶ (*плод*) Birne *f*; ❷ (*де́рево*) Birnbaum *m*
гры́жа *f A* (МЕД) Bruch *m*; **па́ховая ~** Leistenbruch *m*
грызня́ *f A1* ❶ (*соба́к и т.п.*) Beißerei *f*; ❷ (*fig, umg: ссо́ры*) Zänkerei *f*
грызть <*präs:* грызу́, -зёшь> *vt E6 impf* (*pf:* раз-) nagen, knabbern; **его́ грызёт со́весть** (*fig*) das Gewissen nagt an ihm
гры́зться *vr E6* ❶ (*о соба́ках и т.п.*) sich beißen; ❷ (*fig, umg: ссо́риться*) sich zanken
грызу́н *m K e* Nagetier *nt*
гря́дка <*gen pl:* -док> *f A* Beet *nt*
гряду́щий *adj* (*geh*) künftig, kommend; **на сон ~** vor dem Schlafengehen
грязево́й *adj* Schlamm-, Moor-; **грязевы́е ва́нны** (МЕД) Schlammbäder *nt pl*
грязни́ть <*präs:* грязню́, -ни́шь> *vt I impf* (*pf:* за-) beschmutzen, schmutzig machen
грязни́ться <*wie:* грязни́ть> *vr I impf* (*pf:* за-) schmutzig werden
грязну́ля *mf A1* Schmutzfink *m*, Dreckspatz *m*
гря́зный <*kf:* -зен, -зна́, зно> *adj* schmutzig, dreckig; **гря́зная посу́да** Abwasch *m*; **гря́зное де́ло** (*fig*) ein schmutziges Geschäft *nt*
грязь *f I* ❶ (*пыль, сор*) Schmutz *m*, Dreck *m*; **смеша́ть кого́-л./что-л. с гря́зью** (*fig*) jdn/etw durch den Schmutz ziehen ❷ (*земля́, по́чва*) Schlamm *m*; **меси́ть ~** durch den

Г

Schlamm waten; **лечéбная ~** (МЕД) Fango *m*, Heilschlamm *m*
губá <*nom pl:* гýбы> *f A ple1* Lippe *f*; **вéрхняя ~** Oberlippe *f*; **ни́жняя ~** Unterlippe *f*; **зáячья ~** (МЕД) Hasenscharte *f*

Г

губернáтор *m K* Gouverneur *m*
губи́ть <*präs:* гублю́, гýбишь> *vt I impf* (*pf:* по-) zugrunde richten, ins Verderben stürzen
гýбка <*gen pl:* -бок> *f A* ❶ (ЗООЛ) Schwamm *m*; ❷ (*для мытья*) Badeschwamm *m*
губнóй *adj* Lippen-; **губнáя гармóшка** Mundharmonika *f*; **губнáя помáда** Lippenstift *m*
гудéть <*präs:* гужý, гуди́шь> *vi I impf* ❶ tönen; ❷ (*о насекóмых*) summen; ❸ (*о самолёте*) surren; ❹ (*о сирéне, вéтре*) heulen
гудóк <*gen sg:* -дкá> *m K* ❶ (АВТО) Hupe *f*, Hupensignal *nt*; ❷ (*серéна*) Sirene *f*; ❸ (ТЕЛЕКОМ) Signalton *m*
гул *m K* Getöse *nt*; **~ голосóв** Stimmengewirr *nt*
гýлкий <*kf:* -лок, -лкá, -лко> *adj* widerhallend, schallend
гуля́ть *vi E impf* (*pf:* по-) ❶ spazieren gehen; ❷ (*fig, umg:* **не рабóтать**) frei haben; ❸ (*fig, umg:* **кути́ть, весели́ться**) bummeln, zechen
гуля́ш *m K* Gulasch *nt*
гумани́зм *m K* Humanismus *m*
гуманисти́ческий *adj* humanistisch
гуманитáрный <*kf:* -рен ,-рна> *adj* ❶ (*благотвори́тельный*) humanitär; **гуманитáрная пóмощь** humanitäre Hilfe *f*; ❷ (*общéственно-наýчный*) humanistisch; **гуманитáрные наýки** Geisteswissenschaften *f pl*
гумáнность *f I* Humanität *f*, Menschlichkeit *f*
гумáнный <*kf:* -áнен, -áнна> *adj* human, menschlich
гурмáн, гурмáнка *m K / f A* Feinschmecker, -in *m/f*
гýсеница *f A* ❶ (ЗООЛ) Raupe *f*; ❷ (ТЕХ) Kettenraupe *f*
густóй <*kf:* густ, густá, гýсто, *komp:* гýще> *adj* ❶ dicht; **~ тумáн** dichter Nebel *m*; **густы́е вóлосы** dichtes Haar *nt*; **густы́е брóви** buschige Augenbrauen *f pl* ❷ (*не жи́дкий*) dickflüssig
гусь *m K1 ple1* Gans *f*; **с негó как с гýся водá** (*fig*) an ihm prallt alles ab
гуськóм *adv* im Gänsemarsch
гуся́тина *f A* Gänsefleisch *nt*
гутали́н *m K* Schuhcreme *f*
гýща *f A1* ❶ (*осáдок*) Satz *m*, Bodensatz *m*; ❷ (*чáща*) Dickicht *nt*; **в гýще людéй** im Menschengewühl *nt*
ГЭС *abk von* **гидроэлектростáнция** *f* Wasserkraftwerk *nt*

Дд

д, Д *nt indekl kyrillischer Buchstabe*
да *part* ja
дава́ть <*präs:* даю́, даёшь> *vt E3 impf* (*pf:* дать) ① (*auch fig*) geben, bieten, erteilen; **~ есть** [*o* **пить**] zu essen [*o* zu trinken] geben; **~ взаймы́** verleihen; **~ согла́сие** [*o* **разреше́ние**] **на что-л.** bewilligen; **не ~ поко́я кому́-л.** jdm keine Ruhe lassen; **~ поня́ть** zu verstehen geben; **~ знать** wissen lassen ② (*imp + inf eines impf Verbs/ imp + 1. pl eines pf Verbs:* ***приглаша́ть сде́лать что-л.***) lass(t) uns, wir wollen; **дава́й пойдём!** komm, gehen wir! ③ (*umg:* ***бить***) schlagen
дава́ться <*präs:* даю́сь, даёшься> *vr E3 impf* (*pf:* да́ться) ① (***дать пойма́ть себя́***) sich fangen lassen; **не ~ в обма́н** sich nicht betrügen lassen; ② (*meist nur 3. pers:* ***удава́ться***) leichtfallen
дави́ть <*präs:* давлю́, да́вишь> *vt I impf* (*pf:* за-, раз-, вы-, на-) ① (*auch fig:* ***лежа́ть бре́менем***) drücken, lasten (auf *+dat*); ② (***сжима́ть***) drücken, zu eng sein; ③ (***расплю́щивать***) zerdrücken, zerquetschen; ④ (*nur impf:* ***размина́ть, выжима́я сок***) (aus)pressen, ausdrücken; ⑤ (*fig:* ***ока́зывать давле́ние***) einen Druck ausüben (auf *+akk*); ⑥ (*fig, nur impf:* ***угнета́ть***) bedrücken; ⑦ (*umg:* ***души́ть***) erwürgen
да́вка *f A* Gedränge *nt*, Gewühl *nt*
давле́ние *nt O2* ① Druck *m*; **кровяно́е ~** (МЕД) Blutdruck *m*; **атмосфе́рное ~** Luftdruck *m*; **ни́зкое ~** (МЕТЕО) Tiefdruck *m*; **избы́точное ~** (ТЕХ) Überdruck *m*; ② (*fig:* ***нажи́м***) Druck *m*, Zwang *m*; **ока́зывать ~ на кого́-л.** jdn unter Druck setzen
да́вний *adj* ① längst gewesen, einstig; ② (***о тради́ции***) althergebracht; **с да́вних пор** seit eh und je, von alters her
давно́ *adv* längst, seit langem; **давно́ бы так!** es war höchste Zeit! **уже́ ~** schon lange
да́вность *f I* (ЮР) Verjährung *f*
давны́м-давно́ *adv* (*umg*) sehr lange her, vor urzeiten
да́же *part* sogar; **~ не** nicht einmal
да́лее *adv* (***да́льше***) ferner, weiter; **и так ~** (***и т.д.***) und so weiter
далёкий <*kf:* -лёк, -ека́, -ёко, *komp:* да́льше> *adj* fern, weit, entfernt; **я далёк от мы́сли, что** es liegt mir fern zu glauben, dass
далеко́ *adv* weit; **он ~ пойдёт** er wird es weit bringen; **до э́того ещё далеко́** das hat noch lange Zeit; **далеко́ не** bei weitem nicht
даль *f I* Ferne *f*, Weite *f*; **в дали́** in der Ferne
дальне́йший *adv* weiter, ferner; **дальне́йшее разви́тие** Weiterentwicklung *f*; **в дальне́шем** fernerhin, im Folgenden
да́льний *adj* ① (***отдалённый***) fern, entfernt, entlegen; **да́льнее сообще́ние** (ТРАНС) Fernverkehr *m*; **Да́льний Восто́к** (ГЕОГ) der Ferne Osten; **~ свет** (АВТО) Fernlicht *nt*; ② (***дли́нный, далёкий***) weit; ③ (***о родстве́, знако́мстве***) weitläufig; **~ ро́дственник** entfernter Verwandter *m*
дальнови́дный <*kf:* -ден, -дна> *adj* weit blickend, weitsichtig
дальнозо́ркий <*kf:* -рок, -рка> *adj* ① (МЕД) weitsichtig; ② (*fig:* ***дальнови́дный***) weit blickend
да́льность *f I* Weite *f*, Reichweite *f*
дальто́ник *m K* Farbenblinde(r) *m/f*
да́ма *f A* Dame *f*
да́мба *f A* Damm *m*, Deich *m*

да́мский *adj* Damen-; **~ велосипе́д** Damenfahrrad *nt*

Да́ния *f A2* Dänemark *nt*

да́нные <*sg:* **да́нная**, *oder:* **да́нное**> *f pl wie adj* ① Daten *pl*, Angaben *f pl*; **анке́тные** [*o* **па́спортные**] **~** Personalien *pl*; **по име́ющимся да́нным** nach vorliegenden Angaben; ② (***зада́тки***) Anlagen *f pl*, Veranlagung *f*; ③ (***основа́ния***) Gründe *m pl*, Voraussetzungen *f pl*

да́нный <*part prät pass von:* **дать**> *adj* gegeben; **в ~ моме́нт** derzeit, momentan

дар *m K ple* ① (***подноше́ние***) Geschenk *nt*; ② (***дарова́ние***) Gabe *f*, Begabung *f*

дари́ть <*präs:* **дарю́, да́ришь**> *vt I impf* (*pf:* **по-**) (***кому́-л. что-л.***) schenken

дарова́ние *nt O2* Begabung *f*, Talent *nt*

да́ром *adv* ① (***(почти) беспла́тно***) umsonst, gratis; ② (***без вся́кой по́льзы***) vergeblich; **тра́тить вре́мя ~** die Zeit vergeuden

да́та *f A* Datum *nt*, Zeitpunkt *m*, Termin *m*; **~ рожде́ния** Geburtsdatum *nt*

дати́ровать *vt E2 impf/pf* datieren; **~ за́дним число́м** nachdatieren

да́тский *adj* dänisch

датча́нин, **датча́нка** <*nom pl m:* **датча́не**, *gen pl f:* **-нок**> *m U2 / f A* Däne *m*, Dänin *f*

да́тчик *m K* (ТЕХ) Geber *m*, Messfühler *m*

дать <*fut:* **дам, дашь**> *vt U2 pf* (*impf:* **дава́ть**) geben

да́ча[1] *f A2*: **~ показа́ний** (ЮР) Abgabe *f* von Aussagen

да́ча[2] *f A* Datscha *f*, Sommerhaus *nt*

два <*f:* **две**> *num m/nt* zwei; **по ~** je zwei; **ка́ждые ~ дня́** alle zwei Tage; **ни ~ ни полтора́** nichts Halbes und nichts Ganzes

два́дцать <*gen:* **двадцати́**> *num* zwanzig

два́жды *adv* zweimal; **~ два - четы́ре** zweimal zwei ist vier; **~ щёлкнуть** (ОБДАН) doppelklicken

двена́дцать *num* zwölf

две́рца <*gen pl:* **-рец**> *f A* ① kleine Tür *f*; ② (АВТО) Wagenschlag *m*

дверь <*präpos sg:* **на двери́**, *inst pl:* **дверя́ми**, *und:* **дверьми́**> *f I ple1* Tür *f*; **при закры́тых дверя́х** (*fig*) unter Ausschluss der Öffentlichkeit

две́сти <*gen:* **двухсо́т**> *num* zweihundert

дви́гатель *m K1* ① Motor *m*; ② (*fig:* ***дви́жущая си́ла***) treibende Kraft *f*

дви́гать <*präs auch:* **дви́жу, дви́жешь**> *vt E impf* (*pf:* **дви́нуть**) ① bewegen, schieben, vorwärts schieben; **~ рефо́рмы** (*fig*) die Reformen voranbringen; ② (*inst:* ***шевели́ть***) rühren

дви́гаться *vr E impf* (*pf:* **дви́нуться**) ① (***передвига́ться***) sich bewegen; ② (***тро́гаться с ме́ста***) sich rühren, in Bewegung kommen; ③ (***быть в движе́нии***) in Bewegung sein; **тебе́ на́до бо́льше ~** du musst dich mehr bewegen

движе́ние *nt O2* ① Bewegung *f*; **~ вперёд** [*o* **поступа́тельное ~**] Vorwärtsbewegung *f*; **привести́ в ~** in Bewegung setzen ② (***обще́ственное***) Bewegung *f*; **~ сопротивле́ния** (ПОЛ) Widerstandsbewegung *f*; ③ (***тра́нспорта, пешехо́дов***) Verkehr *m*; **у́личное ~** Straßenverkehr *m*; **встре́чное ~** Gegenverkehr *m*; **двусторо́ннее ~** Verkehr *m* in zwei Richtungen; **у́лица с односторо́нним движе́нием** Einbahnstraße *f*; **~ поездо́в** Zugverkehr *m*

дви́жимый[1] <*kf:* **-жим, -жима**> *adj* (***чем-ли́бо***) geleitet (von *+dat*)

дви́жимый[2] *adv:* **дви́жимое иму́щество** (ЮР) mobiles Vermögen *nt*

дви́жущий *adj* bewegend, treibend

дви́нуть *vt E1 pf* (*impf:* **дви́гать**) bewegen

двóе <*gen:* двои́х> *num sammel* zwei; **нас бы́ло ~** wir waren zu zweit
двоетóчие *nt O2* Doppelpunkt *m*
двóечник *m K* schlechter Schüler *m*, *in Rußland ist eine Eins die schlechteste Note*
двои́ться *vr I impf:* **у меня́ двои́тся в глаза́х** ich sehe alles doppelt
двóйка <*gen pl:* двóек> *f A* ① Zwei *f*; ② (СПОРТ) Zweier *m*
двойни́к *m K* Doppelgänger *m*
двойнóй *adj* doppelt, Doppel-; **в двойнóм разме́ре** doppelt soviel; **~ щелчóк** (ОБДАН) Doppelklick *m*
двóйня <*gen pl:* двóен> *f A1* Zwillinge *m pl*
двойня́шки <*gen pl:* -шек*nom sg:* двойня́шка> *mf pl A* Zwillinge *pl*
двóйственность *f I* ① (*дуали́зм*) Dualität *f*; ② (*повторя́емость*) Duplizität *f*, doppeltes Vorkommen *nt*; ③ (*противоречи́вость*) Zwiespältigkeit *f*; ④ (*двули́чность*) Doppelnatur *f*, Doppelzüngigkeit *f*
двóйственный <*kf:* -вен/-венен, -венна, -венно> *adj* ① (*протеворечи́вый*) zwiespältig; ② (*двули́чный*) doppelzüngig, zweigleisig
двор *m K e* Hof *m*; **постоя́лый ~** Gasthof *m*; **шкóльный ~** Schulhof *m*; **на ~é** draußen, auf dem Hof; **во ~é** im Hof
дворе́ц <*gen sg:* -рца́> *m K e* Palast *m*; **~ спóрта** Sportpalast *m*
двóрник *m K* ① Hausmeister *m*; ② (АВТО) Scheibenwischer *m*
дворня́жка <*gen pl:* -жек> *f A* Mischlingshund *m*
дворя́нский *adj* adlig
дворя́нство *nt O* Adel *m*
двою́родный *adj verwandt im 2. Grad*; **~ брат** (*кузе́н*) Cousin *m*; **двою́родная сестра́** (*кузи́на*) Cousine *f*
двоя́кий *adj* zweifach, doppelt
двукра́тный *adj* zweifach, zweimalig
двули́чный <*kf:* -чен, -чна> *adj* heuchlerisch, falsch
двусмы́сленный <*kf:* -лен, -ленна> *adj* zweideutig, doppelsinnig
двусторóнний *adj* ① zweiseitig, beiderseitig, doppelseitig; ② (ПОЛ) bilateral
двухдне́вный *adj* zweitägig
двухле́тний *adj* zweijährig
двухме́сячный *adv* zweimonatig; **~ ребёнок** ein Kind von zwei Monaten; **в ~ срок** innerhalb von zwei Monaten
двухнеде́льный *adj* ① zweiwöchig, vierzehntägig; ② (*о вóзрасте*) zwei Wochen alt
двухэта́жный *adj* einstöckig, zweigeschossig
двуязы́чный <*kf:* -чен, -чна> *adj* zweisprachig
деба́ты *m pl K* Debatte *f*
де́бет *m K* (ЭКОН) Soll *nt*, Sollseite *f*, Debet *nt*; **~ и кре́дит** Soll und Haben *nt*
дебóш <*gen pl:* -шей> *m K* Skandal *m*, Radau *m*, Krach *m*; **устрóить ~** Radau [*o* Krach] machen
дебоши́р *m K* Ruhestörer *m*, Randalierer *m*
де́бри *pl K1* ① (*ди́кие за́росли*) Dickicht *nt*, Wildnis *f*; ② (*fig: пу́таница*) Gestrüpp *nt*
дебю́т *m K* ① Debüt *nt*; ② (*в ша́хматах*) Eröffnung *f*
дебюти́ровать *vi E2 impf/pf* debütieren
дева́ть *vt E impf* (*pf:* деть) (*umg, meist prät*) tun, hintun; **не пóмню, куда́ я дева́л кни́жку** ich weiß nicht mehr, wohin ich das Buch gesteckt habe
дева́ться *vr E impf* (*pf:* де́ться) (*umg, meist prät*) irgendwo hingeraten, verlorengehen
де́верь *m K1* (*брат му́жа*) Schwager *m*
деви́з *m K* Devise *f*, Motto *nt*
деви́ца *f A* (*geh: де́вушка*) Mädchen *nt*, Jungfrau *f*

деви́ческий *adj* mädchenhaft
де́вка <*gen pl:* -вок> *f A* ① (*vulg*) Mädchen *nt*; **засиде́ться в де́вках** (*umg*) sitzen bleiben, keinen Mann bekommen ② (*pej:* *проститу́тка*) Dirne *f*
де́вочка <*gen pl:* -чек> *f A* kleines Mädchen *nt*
де́вственность *f I* Jungfräulichkeit *f*, Keuschheit *f*
де́вственный <*kf:* -вен/-венен, -венна> *adj* ① jungfreulich, keusch; ② (*fig: нетро́нутый, чи́стый*) unberührt, rein; **~ лес** Urwald *m*
де́вушка <*gen pl:* -шек> *f A* junges Mädchen *nt*; **~!** (*Anrede*) Fräulein!
девяно́сто <*gen:* -ста> *num* neunzig
девя́тка *f A* Neun *f*, Neuner *m*
девятна́дцать *num* neunzehn
девя́тый *num ord* neunte(r, s)
девя́ть <*gen:* девяти́> *num* neun
девятьсо́т *num* neunhundert
дёготь <*gen sg:* дёгтя> *m K1* Teer *m*
деграда́ция *f A2* Verfall *m*
деградир́овать *vi E2 impf/pf* verfallen
дегуста́ция *f A2* Kostprobe *f*; **~ вин** Weinprobe *f*
дегусти́ровать *vt E2 impf/pf* abschmecken, kosten
дед *m K* Großvater *m*; **Дед Моро́з** Väterchen Frost *nt*, Weihnachtsmann *m*
дедовщи́на *f A* Vorgesetztenwillkür *f* in der Armee
де́душка <*gen pl:* -шек> *m A* Großväterchen *nt*, Opa *m*; **~ и ба́бушка** Großeltern *pl*
дееспосо́бность *f I* ① Arbeitsfähigkeit *f*, Leistungsfähigkeit *f*; ② (ЮР) Rechtsfähigkeit *f*
дежу́рить <*präs:* дежу́рю, -ришь> *vi I impf* ① Dienst haben; ② (*бо́дрствовать*) wachen
дежу́рный I. *adj* diensthabend; **дежу́рная апте́ка** Apotheke mit Sonntagsdienst; **дежу́рное блю́до** Tagesgericht *nt*; **II.** *mf wie adj* Diensthabende(r) *mf*
дежу́рство *nt O* Wachtdienst *m*, Bereitschaftsdienst *m*, Sitzwache *f*
дезерти́р *m K* Deserteur *m*
дезерти́ровать *vi E2 impf/pf* desertieren
дезинфици́ровать *vt E2 impf* (*pf:* про-) desinfizieren
дезинфици́рующий *adj* desinfizierend
дезинформа́ция *f A2* Desinformation *f*
дезодора́нт *m K* Deospray *nt*, Deo *nt*
дезориенти́ровать *vt E2 impf/pf* desorientieren, irreleiten
де́йственность *f I* Wirksamkeit *f*
де́йственный *adj* wirksam, wirkungsvoll
де́йствие *nt O2* ① (*meist pl:* *проявле́ние акти́вности, посту́пок*) Handlung *f*, Aktion *f*; **име́ть свобо́ду де́йствий** freie Hand haben; **предоста́вить кому́-л. свобо́ду де́йствий** jdn gewähren lassen; **вое́нные** [*o* **боевы́е**] **де́йствия** (ВОЕ) Kampfhandlungen *f pl*; ② (*возде́йствие, влия́ние*) Wirkung *f*, Einfluss *m*; **благотво́рное ~** wohltuende Wirkung *f*; **побо́чное ~** (МЕД) Nebenwirkung *f*; **побо́чное ~** (МЕД) Nebenwirkung *f*; ③ (*проявле́ние на пра́ктике*) Gültigkeit *f*, Geltungsdauer *f*; ④ (ЛИТ, ФИЛМ) Handlung *f*; ⑤ (ТЕАТ) Akt *m*, Aufzug *m*; ⑥ (ТЕХ) Funktion *m*, Betrieb *m*
действи́тельно *adv* ① wirklich, tatsächlich; ② (*als Schaltwort:* *пра́во*) wahrlich
действи́тельность *f I* Wirklichkeit *f*; **в действи́тельности** in Wirklichkeit
действи́тельный <*kf:* -лен, -льна> *adj* ① wirklich, tatsächlich; **действи́тельное положе́ние веще́й** die wirkliche [*o* tatsächliche] Sachlage; **действи́тельная вое́нная слу́жба** aktiver

Wehrdienst *m*; ❷ gültig, rechtswirksam; **~ пропуск** gültiger Ausweis *m*

действовать *vi E2 impf* ❶ (*проявлять активность*) handeln, vorgehen; **~ в чьих-л.~ интересах** in jds Interesse handeln ❷ (*работать*) funktionieren; **прибор не действует** das Gerät funktioniert nicht; ❸ (*pf: подействовать*) wirken, Wirkung zeigen; **это подействовало** das hat gewirkt; **не ~** keine Wirkung haben; **~ кому-л. на нервы** (*umg*) jdm auf die Nerven gehen; ❹ (*о законе и т.п.*) gelten, gültig sein

действующий <*part präs akt von:* действовать> *adj* ❶ (*проявляющий активность*) handelnd; **действующая армия** (ВОЕ) Einsatzarmee *f*; **действующие лица** (ТЕАТ) (handelnde) Personen *f pl*; ❷ (*оказывающий воздействие*) wirkend; ❸ (ЮР: *действительный*) gültig; **~ договор** ein gültiger Vertrag *m*

декабрь *m K1 e* Dezember *m*

декабрьский *adj* Dezember-

декада *f A* Dekade *f*

декларативный <*kf:* -вен, -вна, -вно> *adj* ❶ (*формальный*) rein verbal, phrasenhaft; **обещания носят ~ характер** das Versprechen ist rein formal; ❷ (*nur Langform: в форме декларации*) deklarativ

декларация *f A2* ❶ (*провозглашение*) Deklaration *f*, Erklärung *f*; **правительственная ~** Regierungserklärung *f* ❷ (*требуемые сведения*) Erklärung *f*, Anmeldung *f*

декларировать *vt E2 impf/pf* ❶ (*провозглашать*) öffentlich erklären; ❷ (*сообщать сведения*) deklarieren, anmelden

декор *m K* Dekor *nt*, Verzierung *f*

декоративный <*kf:* -вен, -вна> *adj* ❶ (*для художественного оформления*) dekorativ; ❷ (*лишь для украшения*) unecht, nur zur Dekoration; **декоративное искусство** dekorative Kunst *f*; **~ элемент** Dekorationselement *nt*

декоратор *m K* ❶ Dekorateur *m*; ❷ (ТЕАТ) Bühnenbildner *m*

декрет *m K* ❶ Verfügung *f*, Dekret *nt*; ❷ (*umg: отпуск по беременности*) Schwangerschaftsurlaub *m*

делать *vt E impf* (*pf:* с-, на-) ❶ (*проявлять активность, заниматься, осуществлять*) tun, machen, eine Handlung ausführen; **что ~?** was tun? **~, так ~!** wenn schon, dann schon! **~ какую-л. работу** eine Arbeit machen; **~ покупки** Einkäufe machen; **~ доклад** einen Vortrag [*o* ein Referat] halten; **~ сообщение** eine Mitteilung machen; **~ кому-л./чему-л. рекламу** Werbung machen (für *+akk*); **~ вид, что** so tun, als ob; **от нечего ~** aus lauter Übermut; ❷ (*поступать каким-л. образом*) anstellen, sich holen, jdm zuteil werden lassen; **~ ошибки** Fehler machen ❸ (*изготовлять*) anfertigen, herstellen; **~ перевод** eine Übersetzung anfertigen; ❹ (*из кого-л./чего-л. кого-л./что-л.*) jdn/etw machen (aus *+dat*); **он делает из него хорошего мастера** er macht aus ihm einen guten Handwerker; ❺ (*приводить в какое-л. состояние, положение*) jdn/etw machen (zu *+dat*), jdn in einen bestimmten Zustand u.ä. bringen; **такой успех делает его счастливым** solcher Erfolg macht ihn glücklich; ❻ (*представлять в каком-л. виде*) jdn/etw als etw hinstellen

делаться *vr + inst E impf* (*pf:* с-) ❶ (*nur 3. pers: происходить*) geschehen; **что тут однако делается?** was geht hier eigentlich vor? ❷ (*становиться*) werden;

настроéние дéлается лýчше die Stimmung wird besser; **~ хорóшим специалúстом** zu einem guten Spezialisten werden ❸ (*осуществля́ться*) gemacht werden; **э́то дéлается óчень легкó** das ist leicht machbar

Д

делегáт *m K* Delegierter *m*

делегáция *f A2* Delegation *f*, Abordnung *f*

делёж <*gen pl:* дележéй> *m K e* Teilung *f*, Aufteilung *f*; **по дележý** durch Teilung

делéние *nt O2* ❶ Teilen *nt*, Teilung *f*; **~ на клáссы и категóрии** Klassifikation *f* ❷ (БИОЛ) Teilung *f*; **~ клéтки** Zellteilung *f*; ❸ (ФИЗ) Spaltung *f*; ❹ (МАТ) Division *f*; ❺ (*на шкалé*) Teilstrich *m*, Skalenteilung *f*

делéц <*gen sg:* дельцá> *m K e* (*pej*) Geschäftemacher *m*, Macher *m*

деликатéс *m K* Delikatesse *f*

деликáтный <*kf:* -тен, -тна> *adj* ❶ (*чýткий*) feinfühlig, zartfühlend; ❷ (*тактúчный*) taktvoll; ❸ (*щекотлúвый*) delikat, heikel

делúть <*präs:* делю́, дéлишь> *vt I impf* (*pf:* раз-, по-) ❶ teilen, aufteilen; ❷ (МАТ) dividieren; **~ двáдцать на пять** zwanzig durch fünf teilen; ❸ (*с кем-лúбо*) teilen (mit *+dat*)

делúться I. <*präs:* делю́сь, дéлишься> *vr I impf* (*pf:* раз-) teilbar sein; **II.** *vr I* (*pf:* по-) ❶ (*с кем-лúбо*) teilen (mit *+dat*); ❷ (*fig: сообщáть, расскáзывать*) teilhaben lassen (an *+akk*); **~ óпытом** Erfahrungen weitergeben

дéло *nt O ple* ❶ (*вопрóс, проблéма*) Sache *f*, Angelegenheit *f*; **переходúть срáзу к дéлу** gleich zur Sache kommen; **я к тебé по дéлу** ich habe ein Anliegen an dich; **в чём ~?** worum geht es? **~ в том, что** das Problem besteht darin, dass; **то и ~** immer wieder; ❷ (*meist in pl: положéние вещéй*) Sachlage *f*; **на дéле** in Wirklichkeit, in der Praxis; **как вáши делá?** (*umg*) wie geht es Ihnen? **как делá?** wie geht's? **ну и делá!** (*umg*) das ist aber allerhand! ❸ (*происшéствие, явлéние, факт*) Sache *f*, Geschehen *nt*; **стрáнное ~** eine komische Sache ❹ (*постýпок, дéйствие*) Tat *f*, Handlung *f*; **слóвом и ~м** in Wort und Tat; **~ чьих-л. рук** jds Werk ❺ (*предприя́тие*) Geschäft *nt*, Unternehmen *nt*; **прúбыльное ~** ein lukratives [*o* lohnendes] Geschäft;; **откры́ть своё ~** ein eigenes Unternehmen gründen; ❻ (*специáльность*) *in Bezeichnungen von Tätigkeitsfeldern und entsprechenden Lehrfächern*; **издáтельское ~** Verlagswesen *nt*; ❼ (*рабóта, труд*) Arbeit *f*; **быть без дéла** ohne Arbeit sein; ❽ (ЮР: *процéсс*) Fall *m*, Verfahren *nt*; ❾ (*собрáние докумéнтов*) Akte *f*, Aktenstück *nt*

деловúтость *f I* Sachlichkeit *f*

деловúтый <*kf:* -вúт> *adj* sachlich, tüchtig, geschäftstüchtig

деловóй *adj* ❶ (*относя́щийся к служéбной или предпринимáтельской дéятельности*) Geschäfts-, geschäftlich; **деловáя актúвность** Geschäftstätigkeit *f*; **деловы́е лю́ди** Geschäftsleute *pl*; **деловы́е кругú** Geschäftskreise *pl*; **деловы́е отношéния** Geschäftsverbindung *f*, Geschäftsbeziehungen *pl*; **деловóе письмó** Geschäftsbrief *m*; **~ англúйский** Wirtschaftsenglisch *m* ❷ (*деловúтый, дéльный*) sachdienlich

делопроизводúтель, делопроизводúтельница *m K1 / f A* Sachbearbeiter, -in *m/f*

делопроизвóдство *nt O* ❶ Schriftführung *mf*, Schriftverkehr *m*; ❷ (*ведéние дел*) Geschäftsführung *f*

дéльный <*kf:* -лен, -льна> *adj* ❶ (*nur Langform: спосóбный к рабóте*) tüchtig, gründlich;

❷ (*толкóвый*) vernünftig; **э́то дéльно** das hat Hand und Fuß; **~ совéт** sachkundiger Rat *m*
дéльта *f A* Flussdelta *nt*
дельтаплáн *m K* (спорт) Drachenflieger *m*
дельфи́н *m K* (зоол) Delphin *m*
демагóг *m K* Demagoge *m*
демилитаризи́ровать *vi E2 impf/pf* entmilitarisieren
демографи́ческий *adj* bevölkerungsstatistisch; **~ взрыв** Bevölkerungsexplosion *f*
демократизáция *f A2* Demokratisierung *f*
демократи́ческий *adj* demokratisch; **демократи́ческое государство** Demokratie *f*
демократи́чный *adj* ❶ demokratisch; ❷ (*о поли́тике*) volksnah
демокрáтия *f A2* Demokratie *f*
дéмон *m K* Dämon *m*
демонополизáция *f A2* Entstaatlichung *f*
демонстрáнт *m K* Demonstrant *m*
демонстрати́вный *<kf:* -вно*> adj* demonstrativ, ostentativ
демонстрáция *f A2* ❶ (*ми́тинг, манифестáция*) Demonstration *f*; **~ протéста** Protestkundgebung *f*; ❷ (*покáз*) Vorführung *f*, Schau *f*; **~ мод** Modenschau *f*
демонстри́ровать *vt E2 impf/pf* ❶ demonstrieren; ❷ (*dazu auch pf: продемонстри́ровать*) vorführen; **~ фи́льм** einen Film zeigen
демонтáж *m K* Demontage *f*, Abbau *m*
демонти́ровать *vt E2 impf/pf* abbauen, abmontieren
деморализовáть *vt E2 impf/pf* demoralisieren
дéнежный *adj* ❶ (*выражáющийся в дéньгáх*) Geld-, Währungs-, pekuniär; **дéнежная едени́ца** Währungseinheit *f*; **~ знак** Banknote *f*; **дéнежные срéдства** Geldmittel *pl*; **дéнежная сýмма** Geldbetrag *m*; **~ вклад** (Bar-)einlage *f*; **~ залóг** Kaution *f*; **~ перевóд** Überweisung *f*; **~ штраф** Geldstrafe *f*; ❷ (*umg: при́быльный*) gewinnbringend; ❸ (*umg: богáтый*) vermögend
день *<gen sg:* дня *inst sg:* днём*> m K1* ❶ Tag *m*; **~ рождéния** Geburtstag *m*; **~ недéли** Wochentag *m*; **рабóчий** [*o* **бýдничный**] **~** Arbeitstag [*o* Werktag] *m*; **восьмичасовóй рабóчий ~** Achtstundentag *m*; **непóлный рабóчий ~** Kurzarbeitstag *m*; **на днях** neulich, in diesen Tagen; **изо дня в ~** tagein, tagaus; **цéлыми дня́ми** tagelang von früh bis spät; ❷ (админ, экон: *срок*) Termin *m*; **~ платежá** [*o* **уплáты**] Stichtag *m*; **~ отпрáвки** Absendetag *m*
дéньги *<gen pl:* дéнег, *ab dat pl auch endbetont:* деньгáм*> f pl A* Geld *nt*; **мéлкие ~** Kleingeld *nt*; **фальши́вые** [*o* **поддéльные**]**~** Falschgeld *nt*; **быть при дéньгáх** gut bei Kasse sein; **ни за каки́е ~!** (*fig*) nicht für Geld und gute Worte!
депó *nt indekl* Depot *nt*
депортáция *f A2* ❶ (*принуди́тельное перемещéние*) Deportation *f*, Verschleppung *f*; ❷ (*выдворéние*) Abschiebung *f*
депрéссия *f A2* ❶ (экон) Depression *f*; ❷ (псих) Depression *f*, Niedergeschlagenheit *f*
депутáт *m K* Abgeordnete(r) *mf*; **нарóдный ~** Volksdeputierte(r) *mf*; **палáта депутáтов** Abgeordnetenhaus *nt*
дёргать I. *vt E impf* (*pf:* дёрнуть) ❶ ruckartig ziehen, zupfen; **~ за рукáв** am Ärmel zupfen; ❷ (*fig, umg: нерви́ровать*) dauernd belästigen, nerven; **II.** *vi E* (*nur 3. pers sg: о бóли*) zucken
деревéнский *adj* ❶ (*сéльский*) Dorf-; **~ жи́тель** Dorfbewohner *m*; ❷ (*fig: простóй*) ländlich
дерéвня *<gen pl:* -вéнь*> f A1 ple1*

Д

Dorf *nt*; **на дере́вне** auf dem Lande
де́рево <*Pl:* **дере́вья, дере́вьев, дере́вьям**> *nt O pls1* ① Baum *m*; **ли́ственное ~** Laubbaum *m*; **хво́йное ~** Nadelbaum *m*; **генеалоги́ческое ~** (*fig*) Stammbaum *m*; ② (*древеси́на*) Holz *nt*

Д

деревя́нный *adj* ① hölzern, Holz-; ② (*fig:* *рубль*) schwach; ③ (*fig, umg:* *натя́нутый*) steif
держа́ва *f A* (*geh*) Staat *m*, Macht *f*; **вели́кая ~** Großmacht *f*; **я́дерная ~** Atommacht *f*
держа́тель *m K1* ① (*владе́лец*) Besitzer *m*; **~ а́кций** Aktieninhaber *m* ② (ТЕХ) Halter *m*, Haltebügel *m*
держа́ть <*präs:* **держу́, де́ржишь**> *vt I impf* ① (*auch fig*) halten; ② (*не отпуска́ть*) festhalten; ③ (*храни́ть*) aufbewahren; **~ себя́ как-л.** sich verhalten, sich benehmen; **~ себя́ в рука́х** sich beherrschen; **~ язы́к за зуба́ми** den Mund halten
держа́ться <*präs:* **держу́сь, де́ржишься**> *vr I impf* ① sich halten; ② (*за кого́-л./что-л.*) sich festhalten [*o* festklammern] (an *+dat*); ③ (*приде́рживаться*) sich an etw. halten; **~ пра́вой стороны́** rechts gehen; ④ (*вести́ себя́*) sich benehmen; **~ уве́ренно** sicher auftreten; **~ особняко́м** sich aus etw heraushalten
дерза́ть *vi E impf* (*pf:* **дерзну́ть**) (*geh*) wagen, sich erkühnen
де́рзкий <*kf:* **-зок, -зка́, -зко**, *komp:* **де́рзче**> *adj* ① (*на́глый*) unverschämt, anmaßend, frech; ② (*отва́жный*) kühn, verwegen
де́рзость *f I* ① (*на́глость*) Unverschämtheit *f*, Dreistigkeit *f*; ② (*отва́га*) Kühnheit *f*, Wagemut *m*
дёрн *m K* Rasen *m*; **покры́тый ~ом** begrast
дёрнуть *vt E1 pf* (*impf:* **дёргать**) ① zupfen; ② (*fig, umg:* *дать дёру*) sich aus dem Staub machen
десе́рт *m K* Nachtisch *m*, Desert *nt*
дёсны <*gen pl:* **дёсен**> *f pl A* Zahnfleisch *nt*
деспоти́зм *m K* ① (ПОЛ) Gewaltherrschaft *f*, Despotismus *m*; ② (*произво́л*) Willkür *f*
десятикра́тный *adj* zehnfach
десятиле́тный *adj* zehnjährig
десяти́чный *adj* (МАТ) dezimal
деся́тка <*gen pl:* **-ток**> *f A* Zehn *f*; **попа́сть в деся́тку** (*fig*) ins Schwarze treffen
деся́ток <*gen sg:* **-тка**> *m K* zehn Stück *nt pl*; **деся́тками** dutzendweise; **в деся́ткий раз** (*fig, umg*) zigmal
деся́тый *num ord* zehnte(r, s); **одна́ деся́тая** ein Zehntel *nt*
де́сять <*gen:* **десяти́**>*num* zehn
дета́ль *f I* ① Detail *nt*, Einzelheit *f*; ② (ТЕХ) Einzelteil *nt*
дета́льный <*kf:* **-лен, -льна**> *adj* detailliert, ausführlich; **дета́льная информа́ция** nähere Informationen
де́тдом *akr von* **де́тский дом** *m* Kinderheim *nt*
детекти́в *m K* ① (*сы́щик*) Detektiv *m*; ② (*детекти́вный рома́н, фильм*) Krimi *m*
детёныш <*gen pl:* **-шей**> *m K* Junge *nt*, junges Tier *nt*
де́ти <*ab gen pl:* **дете́й, де́тям, дете́й, детьми́, де́тях**, *pl von:* **дитя́**, *und:* **ребёнок**> *nt pl O1* Kinder *nt pl*
детса́д *abk von* **де́тский сад** *m* Kindergarten *m*
де́тский I. *adj* ① kindlich, Kinder-; **де́тская боле́знь** Kinderkrankheit *f* ② (*fig:* *наи́вный*) kindisch, naiv; **II.** *m pl wie adj* Kindergeld *nt*
де́тство *nt O* Kindheit *f*
деть <*fut:* **де́ну, де́нешь**, *imp:* **день**> *vt E9b pf* (*impf:* **дева́ть**) hintun
де́ться <*fut:* **де́нусь, де́нешься**> *vr E9b pf* (*impf:* **дева́ться**) hingeraten
дефе́кт *m K* Defekt *m*, Fehler *m*, Mangel *m*

дефе́ктный *adj* defekt, mangelhaft
дефини́ция *f A2* Definition *f*
дефици́т *m K* ❶ (*недоста́ча*) Defizit *nt*, Fehlbetrag *m*, Verlustbetrag *m*; **~ бюдже́та** Haushaltsdefizit *nt* ❷ (*нехва́тка*) Mangel *m*, Lücke *f*, Engpass *m*; **быть в ~е** Mangelware sein; **~ това́ров** Güterknappheit *f* ❸ (*umg:* *дефици́тный това́р*) Mangelware *f*
дефици́тный *adj* knapp; **~ това́р** Mangelware *f*
дешеве́ть *vi E impf* (*pf:* по-) billig(er) werden
дешёвый <*kf:* дёшев, дешева́, дёшево, *komp:* деше́вле> *adj* ❶ (*недорого́й*) billig, preiswert; **~ товар** Billigware *f* ❷ (*fig:* *ничто́жный*) billig, wertlos, nichtig
де́ятель *m K1*: **~ иску́сств** Künstler *m*; **полити́ческий ~** Politiker *m*, Spitzenpolitiker *m*
де́ятельность *f I* ❶ Tätigkeit *f*, Wirken *nt*; ❷ (*заня́тие*) Beschäftigung *f*; **предпринима́тельская ~** Unternehmertätigkeit *f*; **профессиона́льная ~** Erwerbstätigkeit *f*
де́ятельный <*kf:* -лен, -льна> *adj* tätig, aktiv, energisch; **де́ятельное уча́стие** Engagement *nt*
джаз *m K* Jazz *m*
джем *m K* Marmelade *f*
дже́мпер *m K* Pullover *m*
джи́нсы <*auch:* джинс> *m pl K* Jeans *f*, Jeanshose *f*
джу́нгли <*gen pl:* джу́нглей> *pl K1* (*auch fig*) Dschungel *m*
диабе́т *m K* (МЕД) Diabetes *f*; **са́харный ~** Zuckerkrankheit *f*
диабе́тик *m K* Diabetiker *m*
диа́гноз *m K* Diagnose *f*; **поста́вить ~** eine Diagnose stellen
диагона́ль *f I* Diagonale *f*
диагона́льный *adj* diagonal
диагра́мма *f A* Diagramm *nt*, Schaubild *nt*
диало́г *m K* Dialog *m*
диало́говый *adj* ❶ (ОБДАН) Online-; ❷ (ОБДАН) Dialog-; **диало́говое окно́** Dialogfenster *nt*
диа́метр *m K* Durchmesser *m*
диапазо́н *m K* ❶ (ТЕХ) Ausmaß *nt*, Bereich *m*, Reichweite *f*; ❷ (ЭЛЕК) Bandbreite *f*; ❸ (*fig*) Spielraum *m*
диапозити́в *m K* (ФОТ) Dia *nt*
диафра́гма *f A* ❶ (АНАТ) Zwerchfell *nt*; ❷ (ФОТ) Blende *f*
диви́зия *f A2* (ВОЕ) Division *f*
диви́ть <*präs:* дивлю́, -ви́шь> *vt I impf* (*umg*) in Erstaunen versetzen, verwundern
диви́ться <*präs:* дивлю́сь, -ви́шься> *vr I impf* (*pf:* по-) (*umg:* *кому-л./чему́-л.*) sich wundern, staunen (über *+akk*)
ди́вный <*kf:* -вен, вна> *adj* wundervoll, wunderbar
ди́во *nt O* (*umg*) Wunder *nt*
дида́ктика *f A* Didaktik *f*
дие́та *f A* Diät *f*, Schonkost *f*; **соблюда́ть дие́ту** Diät halten
диети́ческий *adj* Diät-; **диети́ческая пи́ща** *f* Schon- [*o* Diät-]kost *f*; **~ проду́кт** Diäterzeugnis *nt*
дието́лог *m K* Ernährungswissenschaftler *m*
диза́йн *m K* Design *nt*
диза́йнер *m K* Designer *m*
ди́зель *m K1* ❶ (*мото́р*) Diesel *m*, Dieselmotor *m*; ❷ (*то́пливо*) Dieselkraftstoff *m*
дизентери́я *f A2* (МЕД) Ruhr *f*
дика́рь, дика́рка <*gen pl f:* -рок> *m K1* / *f A* ❶ Wilde(r) *mf*; ❷ (*fig:* *нелюди́мый челове́к*) Menschenscheue *f*; ❸ (*fig:* *отдыха́ющий*) Einzeltourist, -in *m/f*, Einzelurlauber, -in *m/f*
ди́кий <*kf:* дик, дика́, ди́ко> *adj* ❶ (*о живо́тных, расте́ниях*) wild lebend, wild wachsend; ❷ (*суро́вый*) wild, roh; **ди́кая ме́стность** Wildnis *f*; **~ За́пад** der Wilde Westen *m* ❸ (*fig:* *засте́нчивый*) scheu, menschenscheu; ❹ (*fig:*

чрезме́рный) wahnsinnig; **ди́кие це́ны** horrende Preise *pl*; **ди́кая боль** rasender Schmerz *m* ⑤ (*fig, umg:* *неле́пый, стра́нный*) unsinnig, absurd

дикта́т *m K* Diktat *nt*

дикта́тор *m K* Diktator *m*

диктату́ра *f A* Diktatur *f*, Gewaltherrschaft *f*; **установи́ть диктату́ру** eine Diktatur errichten

диктова́ть *vt E2 impf* (*pf:* про-) (*auch fig*) diktieren

ди́ктор *m K* Nachrichtensprecher *m*; **~ телеви́дения** Fernsehansager *m*

диктофо́н *m K* Diktiergerät *nt*

диле́мма *f A* Dilemma *nt*; **стоя́ть перёд диле́ммой** vor einem Dilemma stehen

дилета́нт *m K* Dilettant *m*, Laie *m*

дилета́нтский *adj* dilettantisch, nicht berufsmäßig

дина́мик *m K* Aktivlautsprecher *m*, Aktivbox *f*

дина́мика *f A* ① (ФИЗ) Dynamik *f*, Bewegungslehre *f*; ② (*разви́тие*) Dynamik *m*, Entwicklung *f*; **следи́ть за дина́микой чего́-л.** die Entwicklung verfolgen (von +*dat*); **~ цен** Preisentwicklung *f*; ③ (МУЗ) Dynamik *f*

динами́т *m K* Dynamit *nt*

динами́ческий *adv* dynamisch, eine Entwicklung aufweisend, von einer Triebkraft zeugend

динами́чный <*kf:* -чен, -чна> *adj* dynamisch, tatkräftig, energisch; **динами́чная ли́чность** eine dynamische Persönlichkeit *f*

дина́мо *nt indekl* Dynamo *m*

дина́стия *f A2* Dynastie *f*

диноза́вр *m K* Dinosaurier *m*

дио́д *m K* Diode *f*

дипло́м *m K* ① Diplom *nt*, Abschlusszeugnis *nt*; ② (*umg:* *дипло́мная ро́бта*) Diplomarbeit *f*; **защити́ть ~** sein Diplom ablegen ③ (*как награ́да*) Ehrenurkunde *f*, Diplom *nt*; **вруча́ть ~** das Diplom überreichen

диплома́т *m K* ① Diplomat *m*; ② (*fig:* *портфе́ль*) Aktenkoffer *m*

дипломати́ческий *adj* diplomatisch; **~ ко́рпус** diplomatisches Korps *nt*; **установи́ть дипломати́ческие отноше́ния** diplomatische Beziehungen *pl* aufnehmen

дипломати́чный <*kf:* -чен, -чна> *adj* taktisch geschickt, diplomatisch

дипломи́рованный *adj* diplomiert

дипло́мный *adj* Diplom-; **дипло́мная рабо́та** Diplomarbeit *f*

директи́ва *f A* ① Richtsatz *m*, Weisung *f*; **директи́вы ЕС** EG-Richtlinien *pl* ② (ОБДАН) Befehl *m*

дире́ктор *m K ple* ① (*учёбного заведе́ния, учрежде́ния*) Direktor *m*; ② (*предприя́тия*) Leiter *m*; **комме́рческий ~** kaufmännischer Direktor *m*, Geschäftsführer *m*

директри́са *f A* (*umg*) Direktrice *f*

дире́кция *f A2* Direktion *f*, Geschäftsleitung *f*

дирижа́бль *m K1* Luftschiff *nt*, Zeppelin *m*

дирижёр *m K* Dirigent *m*

дирижи́ровать *vi E2 impf* (МУЗ: *auch fig*) dirigieren, leiten

дисгармо́ния *f A2* Disharmonie *f*, Missklang *m*

диск *m K* ① Scheibe *f*; **~ Луны́** Mondscheibe *f*; **мета́ние ~** (СПОРТ) Diskuswerfen *nt* ② (ТЕХ) Scheibe *f*; **жёсткий ~** (ОБДАН) Festplatte *f*

дисквалифици́ровать *vt E2 impf/pf* (СПОРТ) disqualifizieren

диске́та *f A* (ОБДАН) Diskette *f*

дисково́д *m K* (ОБДАН) Diskettenlaufwerk *nt*; **~ жёсткого ди́ска** Festplattenlaufwerk *nt*

ди́сковый *adj* (ТЕХ) Scheiben-; **ди́сковая па́мять** (ОБДАН) Plattenspeicher *m*

дискомфо́рт *m K* ① (*verblasst:* *отсу́тствие комфо́рта*) Komfortlosigkeit *f*; ② (*fig:* *неприя́тное чу́вство*) Unbehagen *nt*

дискоте́ка *f A* Diskothek *f*, Disko *f*

дискримина́ция *f A2* ① (ПОЛ)

Diskriminierung *f*; ❷ (*umg:* ***пренебреже́ние***) Benachteiligung *f*, Zurücksetzung *f*

диску́ссия *f A2* Diskussion *f*

дискути́ровать *vt E2 impf* (*auch:* ***о чём-либо***) diskutieren

диспансериза́ция *f A2* (МЕД) *(jährliche) Gesundheitsvorsorgeuntersuchung*

диспе́тчерская *f wie adj* Verkehrszentrale *f*

диспле́й *m K2* ❶ (ТЕХ) Bildschirm *m*, Bildschirmgerät *nt*, Display *nt*; ❷ (ЭКОН: ***бро́ская рекла́ма***) Display *nt*, Blickfang *m*

диспропо́рция *f A2* (*auch fig*) Missverhältnis *nt*

ди́спут *m K* Disput *m*, wissenschaftliches Streitgespräch *nt*

диссерта́ция *f A2* Dissertation *f*; **писа́ть диссерта́цию** eine Dissertation schreiben

диссиде́нт *m K* Dissident *m*

диссона́нс *m K* (*auch fig*) Dissonanz *f*, Missklang *m*

дистанцио́нный *adj* Fern-, fern-; **дистанцио́нное управле́ние** Fernbedienung *f*; **с дистанцио́нным управле́нием** ferngesteuert

дистанци́роваться *vr E2 impf* (***от кого́-л./чего́-л.***) sich distanzieren (von *+dat*)

диста́нция *f A2* Distanz *f*, Abstand *m*; **соблюда́ть диста́нцию** (*auch fig*) Abstand halten

дисципли́на *f A* ❶ Disziplin *f*, Ordnung *f*; **соблюда́ть дисципли́ну** die Disziplin einhalten ❷ (***о́трасль нау́ки***) Disziplin *f*, Wissenschaftszweig *m*; **учёбная ~** Studienfach *nt*; Unterrichtsfach *nt*

дисциплини́рованный *adj* diszipliniert

дитя́ <*im sg nur nom gebräuchlich; pl siehe:* **де́ти**> *nt A1* (***ребёнок***) Kind *nt*

дифтери́я *f A2* (МЕД) Diphterie *f*

дифференци́ровать *vt E2 impf/pf* differenzieren, abstufen

дича́ть *vi E impf* (*pf:* о-) ❶ verwildern; ❷ (***о челове́ке***) menschenscheu werden

дичь *f I* ❶ (ЗООЛ) Wild *nt*; ❷ (***мя́со***) Wild *nt*, Fleisch *nt* von Wild; ❸ (*umg:* ***неле́пость, вздор***) Unsinn

длина́ *f A pls* Länge *f*

дли́нный <*kf:* -нен, -нна́, -нно> *adj* (*räumlich und zeitlich*) lang

дли́тельность *f I* Dauer *f*

дли́тельный <*kf:* -лен, -льна> *adj* langwierig, lange während, lang anhaltend; **оказывать дли́тельное возде́йствие** eine nachhaltige Wirkung zeigen

дли́ться <*präs:* **длю́сь, дли́шься**> *vi I impf* dauern, sich hinziehen

для *präp +gen* für (*+akk*); **~ чего́ э́то тебе́ ну́жно?** wozu brauchst du das? **~ того́, что́бы** um zu; **ведро́ ~ воды́** Wassereimer *m*; **вре́дный ~ здоро́вья** gesundheitsschädlich; **~ нача́ла** als Erstes; **~ поря́дка** ordnungshalber; **для переда́чи** zur Weiterleitung

дневни́к *m K* Tagebuch *nt*; **вести́ ~** ein Tagebuch führen

дневно́й *adj* Tages-; **дневна́я но́рма** Tagesnorm *f*; **~ свет** Tageslicht *nt*

днём *adv* ❶ am Tage; ❷ (***в тече́ние дня***) tagsüber; **~ ра́ньше** einen Tag früher; **днём и но́чью** Tag und Nacht

Днепр *m K* Dnjepr *m*

дно <*pl:* **до́нья, до́ньев, до́ньям**> *nt O* Boden *m*, Grund *m*; **морско́е ~** Meeresboden *m*; **пить до дна** austrinken; **вверх дном** drunter und drüber; durcheinander

до *präp +gen* ❶ bis zu (*+dat*), bis nach (*+akk*); **~ за́втра** bis morgen; **~ пя́тницы** bis Freitag; **~ свида́ния!** auf Wiedersehen! **~ сих пор** bisher, bis jetzt; **с утра́ ~ ве́чера** von früh bis spät; **е́хать ~ Москвы́** bis Moskau fahren ❷ vor (*+dat*); **~ на́шей э́ры** vor unserer Zeitrechnung; **~ войны́** vor dem

Krieg; ③ (*приблизи́тельно*) etwa, ungefähr; **моро́з доходи́л ~ сорока́ гра́дусов** die Kälte erreichte ungefähr vierzig Grad unter Null; **ему́ ни ~ чего́ нет де́ла** er kümmert sich um nichts; **мне не ~ того́** mir ist nicht danach zumute

доба́вить <*fut:* доба́влю, -вишь> *vt I pf* (*impf:* добавля́ть) hinzufügen, ergänzen; **к э́тому сле́дует ~** dazu muss noch gesagt werden

доба́вка <*gen pl:* -вок> *f A* ① (*добавле́ние*) Zusatz *m*, Ergänzung *f*; ② (*доба́вочное блю́до*) Zugabe *f*; **вкусовы́е доба́вки** Aromastoffe *m pl*; **проси́ть доба́вки** einen Nachschlag verlangen

добавле́ние *nt O2* Zusatz *m*, Ergänzung *f*, Nachtrag *m*

добавля́ть *vt E impf* (*pf:* доба́вить) hinzufügen

доба́вочный *adj* zusätzlich, Zusatz-; **~ дивиде́нд** Bonus *m*

доби́ться <*fut:* добью́сь, -бьёшься> *vr E4c pf* (*impf:* добива́ться) (*чего́-ли́бо*) durch Anstrengung erlangen, erreichen, erzielen, durchsetzen; **~ больши́х успе́хов** große Erfolge erzielen; **~ своего́** sein Ziel erreichen, seinen Willen durchsetzen

добра́ться <*fut:* доберу́сь, -берёшься> *vr UE5 pf* (*impf:* добира́ться) (*до кого́-л./чего́-л.*) mit Mühe erreichen; **~ до го́рода пешко́м** zu Fuß in die Stadt kommen; **я ещё до тебя́ доберу́сь!** (*fig*) dir werde ich es noch zeigen!, du kannst noch was erleben!

добро́ I. *nt O* ① (*всё хоро́шее, поле́зное*) Gutes *nt*, Nützliches *nt*; **де́лать ~ кому́-л.** jdm Gutes tun; **э́то не к ~у́** das führt zu nichts Gutem; ② (*согла́сие*) Zustimmung *f*, Einverständnis *nt*; **дава́ть ~ на что-л.** etw befürworten, etw genehmigen; ③ (*иму́щество, пожи́тки*) Hab und Gut *nt*, Habseligkeiten *f pl*; **II.** *adv* (*als Verstärkung*) gut denn, einverstanden; **~, сде́лаем так!** einverstanden, das machen wir so! **~ пожа́ловать!** herzlich willkommen!

доброво́лец <*gen sg:* -льца> *m K* (ВОЕ) Freiwillige(r) *m*

доброво́льный <*kf:* -лен, -льна> *adj* freiwillig

доброде́тель *f I* Tugend *f*

доброде́тельный <*kf:* -лен, -льна> *adj* tugendhaft

доброду́шие *nt O2* Gutmütigkeit *f*

доброду́шный <*kf:* -шен, -шна> *adj* gutmütig

доброжела́тельность *f I* Wohlwollen *nt*

доброжела́тельный <*kf:* -лен, -льна> *adj* wohlwollend, gönnerhaft

доброка́чественный <*kf:* -вен/-венен, -венна> *adj* ① von guter Qualität, gediegen; ② (МЕД *об о́пухоли*) gutartig

добросо́вестно *adv* bona fide, gewissenhaft

добросо́вестный <*kf:* -тен, -тна> *adj* gewissenhaft; **добросо́вестное приобрете́ние иму́щества** gutgläubiger Erwerb *m*

доброта́ *f A* Gutmütigkeit *f*, Herzensgüte *f*

добро́тный <*kf:* -тен, -тна> *adj* (*доброка́чественный*) von guter Qualität, gediegen

до́брый <*kf:* добр, добра́, до́бро, до́бры, *super:* добре́йший> *adj* ① (*осно́ванный на жела́нии добра́*) gut; **~ день!** guten Tag! **всего́ до́брого!** alles Gute! **бу́дьте добры́, помоги́те мне!** seien Sie so gut, und helfen Sie mir! **по до́брой во́ле** freiwillig ② (*добросерде́чный*) gutmütig; ③ (*ниче́м незапя́тнанный*) makellos, integer; **до́брое и́мя** sauberer Name *m* ④ (*благоприя́тный*) gut, günstig; **~ знак** ein gutes Zeichen *nt* ⑤ (*по ме́ньшей ме́ре*) gut, mehr als;

до́брая полови́на gut die Hälfte
добы́ть <*fut:* добу́ду, -бу́дешь, *prät:* до́бы́л, добыла́, до́бы́ло> *vt UE1 pf* (*impf:* добыва́ть) ① erwerben, (sich) beschaffen; ② (ГЕОЛ: *нефть*) fördern, gewinnen, abbauen
добы́ча *f A* ① (ГЕОЛ) Gewinnung *f*, Förderung *f*; **~ не́фти** Ölförderung *f*; **~ у́гля** Kohleabbau *m*; ② (*уло́в*) Fang *m*; ③ (*охо́тника*) Jagdbeute *f*; ④ (*о́тнятое, захва́ченное*) Beute *f*; **вое́нная добы́ча** Kriegsbeute *f* ⑤ (*fig: же́ртва*) Raub *m*, Beute *f*; **дом стал ~ей огня́** das Haus fiel den Flammen zum Opfer
дове́ренность *f I* (ЮР) Vollmacht *f*; **де́йствовать по дове́ренности** laut Vollmacht handeln
дове́ренный I. *adj* ① (*полномо́чный*) bevollmächtigt; ② (*уполномо́ченный*) beauftragt; **дове́ренное лицо́** Vertrauensmann *m*; **II.** *m wie adj* ① Vertrauensperson *f*; ② (ЭКОН) Treuhänder *m*, Fiduziar *m*; **~ торго́вой фи́рмы** Prokurist *m*
дове́рие *nt O2* Vertrauen *nt*
довери́тель *m K1* (ЮР) Kommittent *m*, Treugeber *m*
довери́тельный <*kf:* -лен, -льна> *adj* ① (*испо́лненный дове́рия*) vertrauensvoll; ② (*разгово́р*) vertraulich; ③ (ЭКОН) fiduziarisch
дове́рить *vt I pf* (*impf:* доверя́ть) ① vertrauen; ② (*та́йну*) anvertrauen
дове́риться *vr + dat I pf* (*impf:* доверя́ться) ① (*кому́-л./чему́-л.*) sich anvertrauen; ② (*положи́ться на кого́-л.*) sich verlassen (auf *+akk*)
дове́рчивость *f I* Leichtgläubigkeit *f*
дове́рчивый <*kf:* -ив, -ва> *adj* vertrauensselig, arglos
доверя́ть I. *vi I impf* vertrauen; **II.** *vt I impf* (*pf:* дове́рить) anvertrauen
довести́ <*fut:* доведу́, -ведёшь> *vt E6a pf* (*impf:* доводи́ть) hinführen, bringen
довести́сь <*nur 3. pers:* доведётся> *vr E6a pf* (*impf:* доводи́ться) sich ergeben, dass
дово́д *m K* Beweisgrund *m*, Argument *nt*
доводи́ть <*präs:* довожу́, -во́дишь> *vt I impf* (*pf:* довести́) ① (*доку́да-ли́бо*) hinführen, begleiten; **~ ребёнка до шко́лы** ein Kind zur Schule bringen ② (*fig: до како́го-л. состоя́ния*) bringen; **~ во́ду до кипе́ния** Wasser zum Kochen bringen; **~ де́ло до конца́** etw zu Ende führen; **кого́-л. до слёз** jdn zum Weinen bringen; **~ до чьего́-л. све́дения** (АДМИН) jdn zur Kenntnis bringen ③ (*fig, umg вы́вести кого́-л. из себя́*) jdn aus der Fassung bringen
доводи́ться <*3. pers:* дово́дится> *vr I impf* (*pf:* довести́сь) sich ergeben, dass; **мне довело́сь встре́тить его́** ich hatte Gelegenheit, ihn zu sehen
дово́льно *adv* ① (*в доста́точной сте́пени*) ziemlich, reichlich; **он ~ умён** er ist ziemlich klug; **уже́ ~ по́здно** es ist schon reichlich spät; ② (*prädikativ mit Genitiv: хва́тит*) genug, ausreichend; **с меня́ э́того ~** das genügt mir; ③ (*mit inf oder gen: хва́тит*) genug! **~ спо́рить!** Hört auf zu streiten! **~ слов!** genug der Worte! **~ на сего́дня!** genug, das reicht für heute!
дово́льный <*kf:* -лен, -льна> *adj* zufrieden
дово́льствоваться *vr + inst E2 impf* sich begnügen, sich zufriedengeben (mit *+dat*); **~ ма́лым** keine großen Ansprüche stellen
дог *m K* Dogge *f*
догада́ться *vr E pf* (*impf:* дога́дываться) erraten
дога́дка <*gen pl:* -док> *f A* Vermutung *f*, Annahme *f*
дога́дываться *vr E impf* (*pf:* догада́ться) ① (*уга́дывать*) erraten; ② (*предполага́ть, предчу́вствовать*) vermuten, ahnen

Д

догна́ть <*fut:* догоню́, -о́нишь, *prät:* догна́л, -ала́, -а́ло> *vt I pf* (*impf:* догоня́ть) einholen
догова́ривать *vi E impf* (*pf:* договори́ть) bis zu Ende sprechen
догова́риваться *vr E impf* (*pf:* договори́ться) (*о чём-ли́бо*) sich absprechen, sich verständigen; **~ о встре́че** ein Treffen vereinbaren
догово́р *m K* Vertrag *m*, Abkommen *nt*; **заключа́ть ~** einen Vertrag schließen; **расто́ргнуть ~** einen Vertrag kündigen
договорённость *f I* Abmachung *f*, Absprache *f*, Vereinbarung *f*; **дости́гнуть договорённости** eine Abmachung treffen, eine Übereinkunft erzielen
договори́ть *vi I pf* (*impf:* догова́ривать) bis zu Ende sprechen; **дать кому́-л. ~** jdn aussprechen lassen
договори́ться *vr I pf* (*impf:* догова́риваться) übereinkommen, sich einigen; **договори́лись!** abgemacht!
догово́рный *adj* vertraglich; **догово́рные отноше́ния** Vertragsverhälnis *nt*
догоня́ть *vt E impf* (*pf:* догна́ть) (*auch fig*) einholen
догоре́ть <*fut:* догорю́, -ри́шь> *vi I pf* (*impf:* догора́ть) ❶ ausbrennen, zu Ende brennen; ❷ (*о свече́*) ausgehen
доде́лывать *vt E impf* (*pf:* доде́лать) fertigstellen, erledigen
дое́сть <*fut:* дое́м, дое́шь> *vt U2 pf* (*impf:* доеда́ть) aufessen
дожда́ться <*fut:* дожду́сь, -дёшься> *vr E4 pf* (*impf:* дожида́ться) ❶ endlich [*o* noch] erhalten, erleben usw.; ❷ (*umg: довести́ до чего́-л.*) es dahin bringen, dass; **ты у меня́ дождёшься!** du kriegst noch was ab!
дождево́й *adj* Regen-; **~ червь** Regenwurm *m*
дождли́вый *adj* regnerisch; **дождли́вая пого́да** Regenwetter *nt*
дождь *m K1 e* Regen *m*; **затяжно́й ~** Dauerregen *m*; **идёт ~** es regnet
дожида́ться *vr E impf* (*pf:* дожда́ться) (*кого́-л./чего́-л.*) warten (auf *+akk*); **ждём не дождёмся** wir können es kaum erwarten
до́за *f A* Dosis *f*
доза́тор *m K* Dosiergerät *nt*, Dosiereinrichtung *f*; **~-насо́с** Dosierpumpe *f*; **~ жи́дкого мы́ла** Flüssigseifenspender *m*
дозвони́ться *vr I pf* (*impf:* дозва́ниваться) (*до кого́-ли́бо*) jdn (telephonisch) erreichen
дози́ровать *vt E2 impf/pf* dosieren
дои́ть <*präs:* дою́, до́ишь> *vt I impf* melken
дойти́ <*fut:* дойду́, -дёшь, *prät:* дошёл, дошла́> *vi E7a pf* (*impf:* доходи́ть) ❶ (*до кого́-л./чего́-л.*) erreichen, ankommen; **~ пешко́м** zu Fuß kommen; **~ по по́чте** (*о письме́*) erreichen ❷ (*прони́кнуть в созна́ние*) bewusst werden; **дошло́?** (*umg*) kapiert? klar? ❸ (*дости́чь кра́йней сте́пени чего́-л.*) zu etw kommen; **дошло́ до того́, что** es ist soweit gekommen, dass ❹ (*о преда́нии и т.п.*) überliefert werden
док *m K* Dock *nt*
доказа́тельство *nt O* ❶ (*до́вод*) Beweis *m*; **приводи́ть доказа́тельства** Beweise liefern ❷ (*подтвержде́ние*) Nachweis *m*; **веще́ственное ~** (ЮР) Beweisstück *nt*
доказа́ть <*fut:* докажу́, дока́жешь> *vt E4 pf* (*impf:* дока́зывать) beweisen, erweisen, nachweisen
дока́пываться *vr E impf* (*pf:* докопа́ться) ausfindig machen, herausfinden; **~ до и́стины** hinter die Wahrheit kommen
до́кер *m K* Hafenarbeiter *m*

доклáд *m K* ❶ (*выступлéние*) Vortrag *m*, Referat *nt*; **дéлать ~** ein Referat halten; ❷ (*донесéние, отчёт*) Bericht *m*

доклáдчик *m K* Redner *m*, Referent *m*

доклáдывать I. *vi E impf* (*pf:* доложи́ть) (*что-л./о чём-л.*) berichten, melden; **II.** *vt E impf* (*pf:* доложи́ть) (*добавлять чегó-л.*) dazulegen, hinzufügen

доконáть *vt E nur pf* (*umg*) erledigen, den Rest geben

докопáться *vr E pf* (*impf:* докáпываться) herausfinden

дóктор *m K* ❶ (*врач*) Arzt *m*, Ärztin *f*; ❷ (*учёная стéпень*) Doktor *m*

доктордáнт *m K* Habilitand *m*

дóкторша *f A* (*umg*) Ärztin *f*

докумéнт *m K* ❶ (*деловáя бумáга*) Dokument *nt*, Schriftstück *nt*; **подшивáть ~ы в дéло** Unterlagen abheften ❷ (*удостоверéние ли́чности*) Personalausweis *m*; **предъяви́ть докумéнты** sich ausweisen, seine Ausweispapiere vorzeigen

документáльный *adj* dokumentarisch, Dokumentar-; **~ фильм** Dokumentarfilm *m*

документáция *f A2* Dokumentation *f*, Unterlagen *f pl*; **техни́ческая ~** technische Unterlagen; **учётная ~** Abrechnungsbelege *m pl*

докýчливый <*kf:* -ив> *adj* lästig, zudringlich

долг <*präpos sg:* в долгý> *m K ple* ❶ Pflicht *f*, Schuldigkeit *f*; **служéбный долг** Amtspflicht *f*; **по ~у слýжбы** pflichtgemäß; **не остáться в ~ý у когó-л.** sich revanchieren (bei *+dat*) ❷ (*взя́тое взаймы́*) Geldschuld; **~и́** Schulden *pl*; **залéзть в долги́** (*fig*) Schulden machen; **ходи́ть в долгáх** (*umg*) verschuldet sein ❸ (экон) Verpflichtung *f* zu einer Gegenleistung, Verbindlichkeit *f*

дóлгий <*kf:* дóлог, долгá, дóлго, *komp:* дóльше, *und:* дóлее> *adj* (*räumlich und zeitlich*) lang; **отклáдывать в ~ я́щик** (*fig*) auf die lange Bank schieben

долговéчный <*kf:* -чен, -чна> *adj* dauerhaft

долговóй *adj* (экон) Schuld-, Schulden-; **долговáя кабалá** Schuldknechtschaft *f*

долговрéменный *adj* ❶ (*дли́тельный*) lange während; ❷ (*долгосрóчный*) langfristig

долгосрóчный *adj* langfristig

дóлжен <*f:* должнá, *nt:* должнó, *pl:* должны́> *adj präd* ❶ (*комý-л. что-л.*) schuldig sein; **он мне ~ сто рублéй** er schuldet mir hundert Rubel; ❷ (*mit inf, как модáльный глагóл*) müssen; **ты не ~ э́того дéлать** du musst das nicht machen; **он ~ скóро прийти́** er muss gleich kommen

должни́к *m K* Schuldner *m*, Debitor *m*

дóлжное *nt wie adj* Gebührendes *nt*; **воздáть ~ комý-л.** jdm Gerechtigkeit widerfahren lassen, jdm etw zugute halten

должностнóй *adj* amtlich, Amts-; **должностнóе лицó** Beamte(r), Beamtin *mf*; Amtsperson *f*

дóлжность *f I* Amt *nt*, Stelle *f*, Dienststelle *f*

дóлжный *adj* ❶ (*подобáющий*) gebührend; ❷ (*полагáющийся*) nötig

доли́на *f A* Tal *nt*

доли́ть <*fut:* долью́, дольёшь> *vt E4c pf* (*impf:* доливáть) (*что-л./чегó-л.*) nachfüllen, auffüllen, vollgießen

дóллар *m K* Dollar *m*, US-Dollar *m*

доложи́ть I. <*fut:* доложý, -лóжишь> *vi I pf* (*impf:* доклáдывать) berichten; **II.** *vt I* hinzufügen

долóй *adv* nieder!, weg damit! **уходи́ с глаз долóй!** geh mir aus den Augen!

долотó <*pl:* долóта, долóт> *nt O pls* Meißel *m*

до́ля <*gen pl:* **доле́й**> *f A1 ple1*
① Teil *m*; **в до́лю секу́нды** im Bruchteil einer Sekunde; **в э́том есть ~ и́стины** daran ist etwas Wahres; **льви́ная ~** Löwenanteil *m* ② (ЭКОН, ЮР) Anteil *m*, Quote *f*; ③ (*у́часть*) Schicksal *nt*, Los *nt*; **у него́ незави́дная ~** er ist nicht zu beneiden; **вы́пасть на чью-л. до́лю** jdm zuteil werden

дом <*gen sg:* **из дому**, *oder:* **из до́ма**> *m K ple* ① Haus *nt*; **~-новостро́йка** Neubau *m*; **сбо́рный ~** Fertighaus *nt*; ② (*дома́шний оча́г*) Heim *nt*, Zuhause *nt*; **о́тчий** [*o* **роди́тельский**] **~** Elternhaus *nt* ③ (*учрежде́ние*) Heim *nt*, Haus *nt*; **де́тский ~** Kinderheim *nt*; **торго́вый ~** Handelsfirma *f*

до́ма *adv* zu Hause, daheim; **быть как ~** sich wie zu Hause fühlen

дома́шний *adj* Haus-, häuslich; **дома́шнее хозя́йство** Haushalt *m*; **дома́шняя колбаса́** hausgemachte Wurst *f*; **дома́шняя страни́ца** (ОБДАН) Homepage *f*

до́мик *m K* Häuschen *nt*; **садо́вый ~** Gartenhaus *nt*; **рассыпа́ться как ка́рточный ~** (*fig*) wie ein Kartenhaus zusammenfallen

домина́нтный *adj* (*geh*) dominant, vorherrschend

домини́рование *nt O2* Dominieren *nt*, Dominanz *f*

домини́ровать *vi E2 impf* (*meist nur 3. pers*) dominieren, vorherrschen

домкрат *m K* Wagenheber *m*

домовладе́лец <*gen sg:* **-льца**, **-льцев**> *m K* Hausbesitzer *m*

домово́й *m wie adj* Hausgeist *m*

домо́й *adv* nach Hause

доморо́щеный *adj* ① selbstgezüchtet; ② (*pej:* *примити́вный*) hausbacken

домосе́д *m K* Stubenhocker *m*

домохозя́йка <*gen pl:* **-ек**> *f A* ① (*домовладе́лица*) Hauswirtin *f*; ② (*дома́шняя хозя́йка*) Hausfrau *f*

домрабо́тница *f A* Hausangestellte *f*

до́мысел <*gen sg:* **-сла**> *m K* unbegründete Vermutung *f*, Lügenmärchen *nt*

Донба́сс *akr von* **Доне́цкий бассе́йн** *m* Donezkohlebecken *nt*

донесе́ние *nt O2* dienstliche Meldung *f*, Rapport *m*

донести́ <*fut:* **донесу́**, **-сёшь**> *vt E6 pf* (*impf:* **доноси́ть**) etw irgendwohin tragen [*o* bringen]

донима́ть *vt E impf* (*pf:* **доня́ть**) (*umg*) piesacken, belästigen

до́нор *m K* ① (МЕД) Blutspender *m*, Organspender *m*; ② (ЭКОН: *спо́нсор*) Geldgeber *m*

доноси́ть <*präs:* **доношу́**, **-о́сишь**> *vt I impf* (*pf:* **донести́**) ① etw irgendwohin tragen [*o* bringen]; ② (*о чём-л.*) berichten, melden; ③ (*на кого́-л.*) denunzieren, anzeigen

доно́счик *m K* Denunziant *m*

доня́ть <*fut:* **дойму́**, **доймёшь**> *vt E9 pf* (*impf:* **донима́ть**) belästigen

допива́ть *vt E impf* (*pf:* **допи́ть**) austrinken

до́пинг *m K* (СПОРТ) Doping *nt*, Aufputschmittel *nt*; **принима́ть ~** dopen, Aufputschmittel nehmen

до́пинговый *adj* Doping-; **~ контро́ль** Dopingkontrolle *f*

допи́ть <*fut:* **допью́**, **допьёшь**> *vt E4c pf* (*impf:* **допива́ть**) austrinken

допла́та *f A* ① (*дополни́тельная пла́та*) Nachzahlung *f*; ② (*припла́та*) Zuschlag *m*, Zuzahlung *f*; **~ к за́работной пла́те** Lohnzulage *f*

доплати́ть <*fut:* **доплачу́**, **допла́тишь**> *vt I pf* (*impf:* **допла́чивать**) ① nachzahlen; ② (*приплати́ть*) draufzahlen

дополне́ние *nt O2* ① Ergänzung *f*, Nachtrag *m*, Zusatz *m*; ② (ПОЛ, ЮР) Novelle *f*; ③ (ЛИНГ) Objekt *nt*

дополни́тельно *adv* ergänzend, nachträglich, zusätzlich

дополни́тельный *adj* Ergänzungs-, Zusatz-; **дополни́тельная**

информáция Hintergrundinformation *f*; **дополи́тельные затрáты** [*o* **расхóды**] Mehrkosten *pl*; Zusatzkosten *pl*; **~ зáработок** Nebenverdienst *m*; Nebenerwerb *m*
допóлнить <*fut:* допóлню, -пóлнишь> *vt I pf* (*impf:* дополня́ть) ergänzen, vervollständigen, nachtragen
допрóс *m K* Verhör *nt*, Vernehmung *f*
допроси́ть <*fut:* допрошу́, допрóсишь> *vt I pf* (*impf:* допрáшивать) verhören, vernehmen
дóпуск *m K* ❶ (*дóступ*) Einlass *m*, Zutritt *m*; ❷ (*разрешение*) Zulassung *f*; ❸ (ТЕХ) Toleranz *f*
допускáть *vt E impf* (*pf:* допусти́ть) ❶ zulassen; **~ ошибку** (*fig*) einen Fehler begehen; **э́того нельзя́ допусти́ть** (*fig*) das muss verhindert werden ❷ (*fig: предполагáть*) annehmen, für möglich halten; **допу́стим, что** angenommen, dass
допусти́мый *adj* zulässig, vertretbar
допусти́ть <*fut:* допущу́, допу́стишь> *vt I pf* (*impf:* допускáть) ❶ zulassen; ❷ annehmen
допущéние *nt O2* ❶ (*разрешéние*) Zulassung *f*; ❷ (*предположéние*) Annahme *f*, Hypothese *f*
дорабáтывать *vt E impf* (*pf:* дорабóтать) ❶ (*завершáть*) fertigstellen; ❷ (*подправля́ть*) nachbessern, den letzten Schliff geben
дорабóтка *f A* Fertigstellung *f*, Nachbesserung *f*
дорóга *f A* ❶ (*путь*) Weg *m*, Straße *f*; **дать** [*o* **уступи́ть**] **комý-л. дорóгу** jdm den Weg freimachen; **стоя́ть комý-л. поперёк дорóги** (*fig*) jdm im Weg stehen; **дорóгу!** (*umg*) Bahn frei! **тудá емý и ~** (*umg*) das geschieht ihm recht; ❷ (*желéзная дорóга*) Bahn *f*; **желéзная ~** Eisenbahn *f*; **канáтная ~** Seilbahn *f* ❸ (*путешéствие*) Reise *f*; **в** [*o* **по**] **дорóге** unterwegs; **в дорóгу** für unterwegs; **отпрáвиться в дорóгу** sich aus den Weg begeben
дорогови́зна *f A* ❶ (*вздорожáние*) Verteuerung *f*; ❷ (*высóкая ценá*) der hohe Preis *m* der Ware
дорогóй <*kf:* дóрог, дорогá, дóрого, *komp:* дорóже> *adj* ❶ (*стóящий бóльших дéнег*) teuer, kostspielig; **дорогóе удовóльствие** ein teures Vergnügen *nt*; ❷ (*драгоцéнный*) kostbar; **дорогá кáждая минýта** (*fig*) jeder Augenblick ist kostbar; ❸ (*nur kf: котóрым дорожáт*) teuer, wert; ❹ (*в пи́сьмах*) lieb; **дороги́е друзья́!** liebe Freunde!
дорóгой *adv* unterwegs
дорогостóящий *adj* kostspielig
дорóдность *f I* ❶ Beleibtheit *f*, Korpulenz *f*; ❷ (*неповорóтливость*) Behäbigkeit *f*
дорóдный <*kf:* -ден, -дна> *adj* ❶ beleibt, korpulent; ❷ (*медли́тельный*) behäbig
дорожáть *vi E impf* (*pf:* вз-, по-) teurer werden; **жизнь дорожáет** das Leben verteuert sich
дорожи́ть <*präs:* дорожý, -жи́шь> *vt I impf* wertschätzen
дорóжка <*gen pl:* -жек> *f A* ❶ (*тропá*) Pfad *m*, Fußweg *m*; ❷ (*кóврик*) schmaler Teppich *m*, Läufer *m*; ❸ (СПОРТ) Bahn *f*; **беговáя ~** Rennbahn *f*; ❹ (ТЕХ) Spur *f*; **звуковáя ~** Tonspur *f*
дорóжный *adj* ❶ Weg-, Straßen-; **~ знак** Verkehrszeichen *nt*; **дорóжное строи́тельство** Straßenbau *m*; **~ указáтель** Wegweiser *m* ❷ (*предназнáченный для дорóги*) Reise-; **дорóжные расхóды** Reisekosten *pl*; **~ сбор** Maut *f*; **~ чек** Travellerscheck *m*, Reisescheck *m*

Д

доса́да *f A* Ärger *m*, Entrüstung *f*, Verdruss *m*

досади́ть <*fut:* досажу́, досади́шь> *v + dat I pf* (*impf:* досажда́ть) ärgern

доса́дный *adj* ärgerlich, verdrießlich; **доса́дное недоразуме́ние** ein bedauerliches Missverständnis *nt*

доса́довать *vi E2 impf* (на *кого́-л./что-л.*) sich ärgern (über *+akk*)

досажда́ть *vt E impf* (*pf:* досади́ть) ärgern, belästigen; **~ про́сьбами** jdm mit Bitten zur Last fallen; **здо́рово ~** (*umg*) jdm arg zusetzen

доска́ <*gen pl:* до́сок, о до́сках> *f A e2* ① Brett *nt*; ② (*кла́ссная, мемориа́льная и т.п.*) Tafel *f*; **гладильная ~** Bügelbrett *nt*; **ша́хматная ~** Schachbrett *nt*; **~ объявле́ний** (*в уче́бных заведе́ниях*) das Schwarze Brett *nt*

доскона́льный *adj* gründlich, sehr genau, penibel, akkurat

досла́ть <*fut:* дошлю́, дошлёшь, *imp:* дошли́, дошли́те> *vt E4 pf* (*impf:* досыла́ть) nachsenden

досло́вно *adv* Wort für Wort

досло́вный *adj* wörtlich; **досло́вно** Wort für Wort

досмо́тр *m K* Kontrolle *f*; **тамо́женный ~** Zollkontrolle *f*; **~ гру́зов** Frachtkontrolle *f*; **ли́чный ~** Leibesvisitation *f*

досмотре́ть <*fut:* досмотрю́, досмо́тришь> *vt I pf* (*impf:* досма́тривать) ① (*просмотре́ть до конца́*) bis zu Ende ansehen; ② (*произвести́ тамо́женный досмо́тр*) einer (Zoll-)Kontrolle unterziehen, durchsuchen

доспе́хи *m pl K* Rüstung *f*

достава́ла *mf A* (*umg, pej*) Beschaffer, -in *m/f*

достава́ть I. <*präs:* достаю́, -стаёшь> *vt E3 impf* (*pf:* доста́ть) ① (*вытаскивать*) herausholen, herausnehmen; ② (*fig: раздобыва́ть*) auftreiben, beschaffen; ③ (*umg: довести́ кого́-л. до гне́ва*) zur Weißglut bringen; **II.** *vi E3* (*дотя́гиваться*) reichen, langen

достава́ться *vr E3 impf* (*pf:* доста́ться) ① (*кому́-либо*) zuteil werden, zufallen; ② (*unpersönlich: получа́ть наказа́ние*) eine Strafe abbekommen; **ему́ доста́лось** (*umg*) er hat eins abgekriegt

доста́вить <*fut:* доста́влю, -вишь> *vt I pf* (*impf:* доставля́ть) ① (*по а́дресу*) bringen; **~ в больни́цу** ins Krankenhaus bringen; ② (*о по́чте*) zustellen; ③ (*fig: причини́ть*) bereiten; **~ удово́льствие** Vergnügen bereiten; **~ кому́-л. нема́ло хлопо́т** jdm viel zu schaffen machen

доста́вка <*gen pl:* -вок> *f A* Lieferung *f*, Zustellung *f*; **~ гру́зов** [*o* **това́ров**] Güterzustellung *f*

доста́точный <*kf:* -чен, -чна> *adj* ① ausreichend, genug; ② (*удовлетвори́тельный*) hinlänglich; **быть доста́точным** ausreichen; **э́то доста́точно изве́стно** das ist hinlänglich bekannt

доста́ть I. <*fut:* доста́ну, -нешь> *vt E9b pf* (*impf:* достава́ть) ① (*вы́нуть*) herausnehmen; ② (*с трудо́м получи́ть*) auftreiben; **II.** *vi E9b* ① (*дотяну́ться*) erreichen (bis zu *+dat*); **до потолка́** bis an die Decke reichen ② (*fig: хвати́ть*) reichen; **доста́нет на всех** es langt [*o* reicht] für alle; **у него́ не доста́нет ду́ху** er hat nicht den Mut

доста́ться *vr E9b pf* (*impf:* достава́ться) ① zuteil werden; ② (*fig*) abbekommen

дости́гнуть <*fut:* дости́гну, -нешь> *vt E1a pf* (*impf:* достига́ть) (*чего́-либо*) erreichen, erzielen; **~ успе́ха** Erfolg erzielen

достиже́ние *nt O2* ① (*како́й-л. це́ли*) Erreichung *f*, Erlangung *f*;

❷ (*успе́х*) Erfolg *f*, Leistung *f*, Errungenschaft *f*

достижи́мость *f I* Erreichbarkeit *f*

достижи́мый <*kf:* -и́м> *adj* erreichbar

дости́чь *wie* **дости́гнуть**

достове́рность *f I* Glaubwürdigkeit *f*, Richtigkeit *f*

достове́рный <*kf:* -рен, -рна> *adj* glaubwürdig, richtig; **из достове́рных исто́чников** aus zuverlässiger Quelle

досто́инство *nt O* ❶ (*уваже́ние к себе́*) Würde *f*; **держа́ться с ~м** sich würdevoll verhalten ❷ (*це́нность, преиму́щество*) Wert *m*, Vorzug *m*; **досто́инства и недоста́тки** Vor- und Nachteile *m pl*; **оцени́ть по досто́инству** nach Gebühr würdigen ❸ (*сто́имость*) Wert *m*, Wertangabe *f*; **~м в сто рубле́й** im Wert von hundert Rubel

досто́йный <*kf:* -о́ин, -о́йна> *adj* ❶ (*заслу́живающий чего́-л.*) würdig, wert (einer Sache *+gen*); **ей каза́лось, что она́ недосто́йна его** sie fühlte sich seiner nicht würdig; **~ проти́вник** ein würdiger Gegner *m*; **быть досто́йным чьего́-л. дове́рия** des Vertrauens würdig sein; ❷ (*испо́лненный досто́инства*) würdevoll; **досто́йная вне́шность** ein würdiges Aussehen *nt*; ❸ (*заслу́женный*) gerecht, gebührend; ❹ (*заслу́живающий чего́-л.*) wert; **~ подража́ния** nachahmenswert; **~ восхище́ния** bewundernswert; **~ любви́** liebenswert

достопочте́нный *adj* ehrbar, ehrwürdig

достопримеча́тельность *f I* Sehenswürdigkeit *f*

достопримеча́тельный <*kf:* -лен, -льна> *adj* sehenswürdig, bemerkenswert

достоя́ние *nt O2* Eigentum *nt*, Besitz *m*; **о́бщее ~** Gemeingut *nt*; **стать ~м исто́рии** in die Geschichte eingehen; **сде́лать ~м обще́ственности** der Öffentlichkeit zugänglich machen

до́ступ *m K* ❶ Zugang *m*, Zutritt *m*; **свобо́дный ~** freier Zutritt *m* ❷ (*DV*) Zugriff *m*; **~ к Интерне́ту** Internetzugang *m*

досту́пность *f I* ❶ (*общедосту́пность*) Erreichbarkeit *f*, Zugänglichkeit *f*; ❷ (*поня́тность*) Fassbarkeit *f*

досту́пный <*kf:* -пен, -пна> *adj* ❶ (*auch fig: подходя́щий для мно́гих или для всех*) zugänglich; **по досту́пной цене́** erschwinglich, preisgünstig; ❷ (*лёгкий для понима́ния*) fassbar, verständlich

досу́г *m K* Muße *f*; **на ~е** in den Mußestunden, in der Freizeit

досыла́ть *vt E impf* (*pf:* **досла́ть**) (*о по́чте*) nachsenden, nachschicken

досы́пать <*fut:* **досы́плю, -лешь,** *umg auch ab 2. sg:* **досы́пешь**> *vt E4 pf* (*impf:* **досыпа́ть**) hinzuschütten

досье́ *nt indekl* Dossier *nt*

досяга́емый *adj* greifbar, erreichbar

дотацио́нный *adj:* **дотацио́нная цена́** gestützter Preis *m*

дота́ция *f A2* Subvention *f*, Zuwendung *f*

дохо́д *m K* Einkommen *nt*, Ertrag *m*, Einnahme *f*; **~ на ду́шу населе́ния** Pro-Kopf-Einkommen *nt*; **побо́чные ~ы** Nebeneinkünfte *pl*; **с ни́зким ~** einkommensschwach; **~ с капита́ла** Kapitalrendite *f*

доходи́ть <*präs:* **дохожу́, дохо́дишь**> *vi I impf* (*pf:* **дойти́**) ❶ (*достига́ть*) jdn erreichen, gelangen (*до +gen* zu *+dat*); **до меня́ дохо́дят слу́хи** mir sind Gerüchte zu Ohren gekommen; **у меня́ ру́ки не дохо́дят** ich komme nicht dazu; **не доходя́ до остано́вки** kurz vor der Haltestelle; ❷ (*проника́ть в созна́ние*) bewusst werden, klar werden; **до**

него́ до́лго дохо́дит (*umg*) er hat eine lange Leitung; ③ (*достига́ть кра́йней сте́пени чего-л.*) bis zum Äußersten gehen; **~ до бе́шенства** (*fig*) wütend werden; **дойти́ до отча́яния** in Verzweiflung geraten

Д

дохо́дность *f I* Einträglichkeit *f*, Rentabilität *f*

дохо́дный <*kf:* -ден, -дна> *adj* einträglich, rentabel, lukrativ, gewinnbringend; **~ дом** Mietshaus *nt*

доце́нт *m K* Dozent, -in *m/f*

доче́рний *adj* (ЭКОН) Tochter-; **доче́рняя компа́ния** Tochtergesellschaft *f*

дочи́тывать *vt E impf* (*pf:* дочита́ть) zu Ende lesen

дочь <*inst pl meist:* дочерьми́> *f I1 ple1* Tochter *f*

д-р *abk von* до́ктор *m* Dr. *m*, Doktor *m*

драгоце́нность *f I* Kostbarkeit *f*, Kleinod *nt*

драгоце́нный <*kf:* -е́нен, -е́нна> *adj* kostbar; **~ ка́мень** Edelstein *m*

драже́ *nt indekl* Dragée *nt*

дразни́ть *vt I impf* ① necken, reizen; ② (*возбужда́ть*) anregen

дра́йвер *m K* (ОБДАН) Treiber *m*

дра́ка *f A* Prügelei *f*, Schlägerei *f*; **затя́ть дра́ку** eine Prügelei anzetteln

драко́н *m K* Drache *m*

драко́новский *adj* drakonisch, grausam; **драко́новские ме́ры** drakonische Maßnahmen *f pl*

дра́ма *f A* ① (ЛИТ) Drama *nt*; ② (*fig: тяжёлое пережива́ние*) Drama *nt*, Tragödie *f*

драматизи́ровать *vt E2 impf/pf* (*auch fig*) dramatisieren; **не бу́дем ~** wir wollen es nicht übertreiben

драмати́ческий *adj* dramatisch; **~ теа́тр** Dramentheater *nt*

драмати́чный *adj* (*о ситуа́ции*) dramatisch zugespitzt, spannungsvoll

дра́нка *f A* Dachschindel *f*

дра́ться <*fut:* деру́сь, дерёшься> *vr UE5 impf* (*pf:* по-) (*с кем-ли́бо*) sich raufen, sich herumschlagen (mit *+dat*)

драчу́н *m K* Raufbold *m*

дребезжа́ть <*nur 3. pers:* дребезжи́т> *vi I impf* klirren

древеси́на *f A* Holz *nt*

древе́сный *adj* Holz-; **древе́сная поро́да** Holzart *f*; **~ у́голь** Holzkohle *f*

древне́йший *adj super* uralt

древнеру́сский *adj* altrussisch

дре́вний *adj* alt, altertümlich, antik; **дне́вняя исто́рия** Geschichte *f* des Altertums

дре́вность *f I* Altertum *nt*, Antike *f*

дре́во <*Pl:* древеса́, древе́с, древеса́м> *nt O* (*alte Form von де́рево*) Baum *m*; **~ позна́ния** (РЕЛ) Baum *m* der Erkenntnis

древови́дный *adj* baumartig

древото́чец <*gen sg:* -чца, -чцев> *m K* Holzwurm *m*

дрема́ть <*präs:* дремлю́, дре́млешь> *vi E4 impf* dösen, schlummern

дрема́ться <*unpers:* дре́млется> *vr E4 impf*: **мне дре́млется** ich bin schläfrig

дремо́та *f A* Schlummer *m*, Halbschlaf *m*

дрессирова́ть *vt E2 impf* (*pf:* вы́-) dressieren, abrichten

дрессиро́вка <*gen pl:* -вок> *f A* Dressur *f*

дрессиро́вщик, **дрессиро́вщица** *m K / f A* Dompteur *m*, Dompteuse *f*, Dresseur *m*, Dresseurin *f*

дроби́ть <*präs:* дроблю́, -би́шь> *vt I impf* (*pf:* раз-) zerstückeln, zermalmen

дробле́ние *nt O2* Zerstückelung *f*, Zerkleinerung *f*

дробь *f I* ① (*для ружья́*) Schrot *nt*; ② (МАТ) Bruch *m*; **де́йствия с дро́бями** Bruchrechnen *nt*

дрова́ *nt pl O* Brennholz *nt*

дро́гнуть[1] <*präs:* дро́гну, -нешь, *prät:* дро́гнул> *vi E1a impf* frieren

дро́гнуть[2] <*fut:* дро́гну, -нешь> *vi E1 pf* (*impf:* дрожа́ть) ① erzittern;

❷ (*fig:* **оробе́ть**) Schwäche zeigen, ins Schwanken kommen

дрожа́ть <*präs:* дрожу́, -жи́шь> *vi I impf* (*pf:* дро́гнуть) (*auch fig*) zittern, beben

дрожжево́й *adj* Hefe-

дро́жжи <*gen pl:* -же́й> *pl A ple1* Hefe *f*

дро́жки <*gen pl:* -жек> *f pl A* Droschke *f*

дрожь *f I* Zittern *nt*, Frösteln *nt*, Schauer *m*

дрозд *m K* (зоол) Drossel *f*

друг <*nom pl:* друзья́> *m U3* Freund *m*; **~ по перепи́ске** Brieffreund *m*; **~ ю́ности** Jugendfreund *m*

друго́й *adj* anderer; **э́то друго́е де́ло** das ist etw anderes; **в ~ раз** ein andermal; **други́ми слова́ми** mit anderen Worten, anders gesagt; **с ~ стороны́** andererseits

друг дру́га <*gen:* друг дру́га, *dat:* друг дру́гу, *akk:* друг дру́га, *inst:* друг дру́гом, *präpos:* друг о дру́ге> *pron* einander; **забо́титься друг** [*o* **дру́ге**] füreinander sorgen

дру́жба *f A* Freundschaft *f*

дружелю́бный <*kf:* -бен, -бна> *adj* freundlich

дру́жеский *adj* freundschaftlich

дру́жественный *adj* freundschaftlich, Freundes-; **дру́жественные стра́ны** befreundete Länder *nt pl*

дружи́ть <*präs:* дружу́, дру́жи́шь> *vi I impf* (**с кем-ли́бо**) befreundet sein (mit *+dat*)

дру́жный <*kf:* -жен, -жна́> *adj* einmütig, einträchtig

дры́хнуть <*präs:* дры́хну, -нешь> *vi E1a impf* (*umg*) pennen

дря́блость *f I* Schlaffheit *f*

дря́блый <*kf:* дрябл> *adj* ❶ schlaff, welk; ❷ (*fig:* **слабово́льный**) willensschwach

дрянно́й *adj* minderwertig, lumpig

дрянь *f I* ❶ Schmutz *m*, Schund *m*; ❷ (*pej*) Lump *m*, Miststück *nt*

дря́хлость *f I* Altersschwäche *f*, Gebrechlichkeit *f*

дря́хлый <*kf:* дряхл, -а́, -о> *adj* ❶ altersschwach, gebrechlich; ❷ (*fig:* **устаре́вший**) antiquiert

ДТП *abk von* **доро́жно-тра́нспортное происше́ствие** *nt* Verkehrsunfall *m*

дуб *m K ple* Eiche *f*

дуба́сить <*präs:* дуба́шу, -а́сишь> *vt I impf* (*pf:* от-) ❶ (**кого́-ли́бо**) durchprügeln, windelweich schlagen; ❷ (**по чему́-ли́бо**) einschlagen

дуби́льный *adj* Gerb-; **дуби́льное произво́дство** *nt* (**дуби́льня**) Gerberei *f*

дуби́на *f A* ❶ Knüppel *m*, Keule *f*; ❷ (*fig, umg:* **болва́н**) sturer Mensch *m*, Dummkopf *m*

дуби́нка <*gen pl:* -нок> *f A* Knüppel *m*, Schlagstock *m*

дуби́ть <*präs:* дублю́, дуби́шь> *vt I impf* (*pf:* вы-) gerben

дублёр *m K* ❶ (**запасно́й**) Ersatzmann *f*; ❷ (**в кино́**) Double *nt*

дублика́т *m K* Duplikat *nt*

дубли́ровать *vt E2 impf* ❶ (**заменя́ть**) doubeln; ❷ (**фильм**) synchronisieren

ду́ло *nt O* Gewehrmündung *f*

ду́ма *f A* ❶ (*geh*) Gedanke *m*; **ду́мать ду́му** sinnen ❷ (*arch*) *Genre in der Volkspoesie*, Volkslied *nt*; ❸ (ист) Duma *f*, *Gremium in der politischen Struktur Russlands: Rat der fürstlichen Gefolgsleute; Abgeordnetenversammlung*; **Госуда́рственная Ду́ма** Staatsduma *f*; Unterhaus *nt* des russischen Parlaments

ду́мать I. *vi E impf* (*pf:* по-) (**о чём-ли́бо**) denken (an *+akk*), nachdenken (über *+akk*); **II.** *vi E nur impf* (**полага́ть**) glauben, meinen; **и не (по-)ду́маю** ich denke gar nicht daran; **и не ду́майте!** wagen Sie es bloß nicht!

дунове́ние *nt O2* Lufthauch *m*

ду́нуть *vi E1 pf* wehen

дура́к *m K e* Dummkopf *m*, Narr *m*; **валя́ть ~а́** den Dummen spielen; **держа́ть кого́-л. за ~а́** jdn für

Д

dumm verkaufen; **остава́ться в ~а́х** der Dumme sein

дура́цкий *adj* ① (*глу́пый*) närrisch; ② (*идио́тский*) blödsinnig

дура́чество *nt O* Albernheit *f*, Firlefanz *m*

дура́читься <*präs:* дура́чусь, -чишься> *vr I impf* herumalbern, blödeln

дурма́нить *vt I impf* (*pf:* о-) betäuben

дурно́й <*kf:* ду́рен/дурён, дурна́, ду́рно, ду́рны/дурны́> *adj* schlimm, übel; **дурна́я весть** schlechte Nachricht *f*; **дурна́я приме́та** böses Omen *nt*

ду́рочка <*gen pl:* -чек> *f A* Närrin *f*, törichte Frau *f*

дуть <*präs:* ду́ю, ду́ешь> *vi E impf* wehen, blasen; **здесь ду́ет** hier zieht es

ду́ться <*präs:* ду́юсь, ду́ешься> *vr E impf* (*pf:* на-) (*на кого́-либо*) schmollen (mit +*dat*)

дух *m K* ① (*су́щность чего́-л.*) Geist *m*; **~ вре́мени** Zeitgeist *m*; **в ~е вре́мени** zeitgemäß; **в э́том ду́хе** in diesem Sinne; **свято́й ~** (РЕЛ) Heiliger Geist *m*; ② (*дыха́ние*) Atem *m*; **перевести́ ~** Atem holen [*o* schöpfen]; ③ (*душе́вное состоя́ние*) Stimmung *f*; **быть в ~е** gut gelaunt sein ④ (*му́жество*) Mut *m*; **па́дать ~ом** den Mut verlieren ⑤ (*при́зрак*) Gespenst *nt*

духи́ *pl K* Parfüm *nt*

ду́хи *pl K* Geister *m pl*

духове́нство *nt O* Klerus *m*, Geistlichkeit *f*

духо́вка <*gen pl:* -вок> *f A* Backofen *m*

духо́вный *adj* ① (*вну́тренний, душе́вный*) geistig, seelisch; **духо́вная бли́зость** Geistesverwandtschaft *f*; **духо́вные це́нности** geistige Werte *m pl* ② (*свя́занный с рели́гией*) geistlich, religiös; **духо́вное завеща́ние** (kirchliches) Testament *nt*; **~ оте́ц** Beichtvater *m*; **духо́вная му́зыка** geistliche Musik *f*

духово́й *adj* ① Luft-; **духово́е ружьё** Luftgewehr *nt* ② (МУЗ) Blas-; **~ орке́стр** Blasorchester *nt*

душ <*gen pl:* ду́шей> *m K* Dusche *f*; **принима́ть ~** duschen

душа́ <*akk sg:* ду́шу> *f A pls* Seele *f*; **~ моя́!** mein(e) Liebe(r)! **все́й душо́й** mit Leib und Seele

душевнобольно́й **I.** *adj* geisteskrank; **II.** *mf wie adj* Geisteskranke(r) *mf*

душе́вность *f I* Herzlichkeit *f*, Innigkeit *f*

душе́вный *adj* ① (*вну́тренний*) seelisch, innerlich; **душе́вное состоя́ние** Gemütszustand *m*; **душе́вное споко́йствие** Seelenfrieden *m* ② (*серде́чный*) herzlich, innig

душево́й *adj* Dusch-; **душева́я каби́на** Duschkabine *f*

душераздира́ющий *adj* herzzerreißend

души́ть[1] <*präs:* душу́, ду́шишь> *vt I impf* (*pf:* за-) ① würgen, jdm den Atem benehmen; ② (*fig:* *подавля́ть*) unterdrücken

души́ть[2] <*präs:* душу́, ду́шишь> *vt I impf* (*pf:* на-) parfümieren

ду́шный *adj* stickig, schwül

дуэ́ль *f I* (*arch*) Duell *nt*; **вы́звать на ~** zum Duell fordern; **слове́сная ~** (*fig*) Wortgefecht *nt*

дуэ́т *m K* Duett *nt*

дыбы́ *adv:* **встать на дыбы́** (*auch fig*) sich bäumen, sich auf die Hinterbeine stellen

дым *m K ple* Rauch *m*; **нет ~а без огня́** (*fig*) wo Rauch ist, ist auch Feuer

дыми́ть <*präs:* дымлю́, дыми́шь> *vi I impf* (*pf:* на-) ① (*nur 3. pers*) schlecht brennen, schwelen; ② (*сигаре́той*) paffen, rauchen

дыми́ться <*wie:* дыми́ть> *vr I impf* (*pf:* за-) dampfen, qualmen

ды́мка *f A* Dunst *m*, Dunstschleier *m*

ды́мный *adj* rauchig, qualmig, verqualmt
ды́ня *f A1* Melone *f*
дыра́ *f A pls* Loch *nt*
ды́рка <*gen pl:* **-рок**> *f A* kleineres Loch *nt*
дырокóл *m K* Locher *m*
дыря́вить <*präs:* **дыря́влю, -вишь**> *vt I impf* lochen, durchlöchern
дыря́вый <*kf:* **-я́в**> *adj* löchrig; **дыря́вая па́мять** (*fig, umg*) ein Gedächtnis wie ein Sieb
дыха́ние *nt O2* Atem *m*; **задержа́ть ~** den Atem anhalten; **затруднённое ~** Atemnot *f*; **иску́сственное ~** künstliche Beatmung *f*; **у него́ дыха́ние спёрло** (*umg*) ihm ist die Puste ausgegangen
дыша́ть <*präs:* **дышу́, ды́шишь**> *vi I impf* ❶ atmen; **~ тяжело́** keuchen, schnaufen; ❷ (*излуча́ть*) strahlen (vor *+dat*); **его́ лицо́ дыша́ло ра́достью** er strahlte vor Freude
ды́шло *nt O* Deichsel *f*
дья́вол *m K* Teufel *m*, Dämon *m*
дья́вольский *adj* diabolisch, teuflisch
дья́кон *m K* Diakon *m*
дьячóк <*gen sg:* **-чка́**> *m K e* Küster *m*
дю́бель *m K1* Dübel *m*
дю́жий <*kf:* **дюж**> *adj* kräftig, robust
дю́жина *f A* Dutzend *nt*; **дю́жинами** dutzendweise
дюйм *m K* Zoll *m*
дю́на *f A* Düne *f*
дя́дюшка *m A* (*dim*) Onkelchen *nt*
дя́дя <*gen pl:* **-дей**, *oder:* **-ьёв**> *m A1* Onkel *m*
дя́тел <*gen sg:* **дя́тла**> *m K* Specht *m*

Ee

е, Е *nt indekl kyrillischer Buchstabe*
ева́нгелие *nt O2* Evangelium *nt*
евангели́ческий *adj* ❶ evangelisch; ❷ (*протеста́нтский*) protestantisch
ева́нгельский *adj* evangelisch
евре́й, евре́йка *m K2 / f A* Jude, Jüdin *m/f*
евре́йский *adj* jüdisch
е́вро *m indekl* Euro *m*
Евро́па *f A* Europa *nt*; **Восто́чная ~** Osteuropa *nt*
европе́ец, европе́йка <*gen sg m:* **-е́йца, це́в**> *m K / f A* Europäer, -in *m/f*
европеизи́ровать *vt E2 impf/pf* europäisieren
европе́йский *adj* europäisch; **Европе́йский сою́з** Europäische Union *f*
Еги́пет <*gen sg:* **-пта**> *m K* Ägypten *nt*
его́ [1] *pron poss* sein
его́ [2] <*gen/akk sg von:* **он**> *pron pers* ihn
еда́ *f A* ❶ Essen *nt*; **во вре́мя еды́** [*o* **за едо́й**] beim Essen ❷ (*блю́до*) Essen *nt*, Speise *f*
едва́ I. *adv* ❶ (*е́ле*) kaum; **его́ го́лос ~ слы́шен** seine Stimme ist kaum zu hören; **~-~** mit Müh und Not ❷ (*то́лько что*) soeben; **ему́ ~ испо́лнилось три́дцать лет** er ist gerade dreißig geworden; **II.** *konj* (*чуть то́лько*) kaum, sobald
едине́ние *nt O2* Einigung *f*
едини́ца *f A* ❶ Eins *f*, (*als Zensur: die schlechteste Schulnote in Russland*); **получи́ть едини́цу**

eine Eins bekommen; **(в неме́цкой систе́ме)** eine Sechs bekommen; ② (*величина́*) Einheit *f*, Maßeinheit *f*; **де́нежная ~** Währungseinheit *f*

едини́чный <*kf:* -чен, -чна> *adj* einzeln, vereinzelt; **~ слу́чай** Einzelfall *m*

единобо́рство *nt O* Zweikampf *m*

единовре́менный *adj* einmalig; **единовре́менное посо́бие** einmalige Zuwendung *f*

единогла́сие *nt O2* Einstimmigkeit *f*

единогла́сный <*kf:* -сен, -сна> *adj* einhellig, einstimmig

единоду́шие *nt O2* Einmütigkeit *f*

единоду́шный <*kf:* -шен, -шна> *adj* einmütig, einträchtig

единоли́чный *adj* Einzel-, individuell

единомы́шленник *m K* Gleichgesinnte(r) *m*

единообра́зие *nt O2* Einheitlichkeit *f*

единообра́зный <*kf:* -зен, -зна> *adj* ① (*станда́ртный*) einheitlich; ② (*одина́ковый*) konform

единоро́г *m K* Einhorn *nt*

еди́нственный *adj* einzige(r, s); **~ ребёнок** Einzelkind *nt*; **еди́нственное число́** (линг) Einzahl *f*, Singular *m*; **~ в своём ро́де** einzigartig

еди́нство *nt O* Einheit *f*, Einigkeit *f*

еди́ный <*kf:* -и́н> *adj* ① (*о́бщий*) einheitlich, einig; ② (*це́лый, це́лостный*) Einheits-, einheitlich; ③ (*оди́н, еди́нственный*) einzig

е́дкий <*kf:* е́док, едка́, е́дко, *komp:* е́дче> *adj* ① (хим) ätzend; ② (*о ды́ме*) beißend; ③ (*fig: злой, язви́тельный*) bissig, scharf

её[1] <*gen/akk sg von:* она́> *pron pers* sie

её[2] *pron poss* ihr

ёж <*gen sg:* ежа́, *gen pl:* еже́й> *m K e* Igel *m*

ежеви́ка *f A* ① (*я́года*) Brombeere *f*; ② (*куст*) Brombeerstrauch *m*

ежего́дный *adj* jährlich, Jahres-; **~ отчёт** Jahresbericht *m*

ежедне́вный *adj* ① täglich, Tages-; **ежедне́вная газе́та** Tageszeitung *f* ② (*бу́дничный, повседне́вный*) alltäglich

ежеме́сячный *adj* monatlich, Monats-; **~ взнос** Monatsbeitrag *m*

ежеминутный *adj* dauernd, fortwährend

еженеде́льный *adj* wöchentlich, Wochen-

ежеча́сный *adj* stündlich

ёжик *m K* ① kleiner Igel *m*; ② (*стри́жка*) Bürstenhaarschnitt *m*

ежо́вый *adj* Igel-; **держа́ть кого́-л. в ежо́вых рукави́цах** (*fig*) jdn unter der Fuchtel halten

езда́ *f A* Fahren *nt*, Fahrt *f*; **в двух часа́х езды́ от** zwei Stunden Fahrt

е́здить <*präs:* е́зжу, е́здишь> *vi I unbest* (*best:* е́хать) ① (*на чём-л.*) hin- und her fahren; **~ на по́езде** mit dem Zug fahren; **~ за́йцем** (*fig, umg*) schwarzfahren ② (*уме́ть е́здить*) fahren, fahren können; **~ верхо́м** reiten; **~ на велосипе́де** Rad fahren ③ (*путеше́ствовать*) reisen

е́ле *adv* kaum; **~ живо́й** halbtot; **~-~** mit Müh und Not

еле́йный *adj* salbungsvoll, süßlich

ёлка <*gen pl:* ёлок> *f A* ① (бот) Fichte *f*, Rottanne *m*; ② (*новогóдняя ёлка*) Weihnachtsbaum *m*; ③ (*новогóдний пра́здник*) Tannenbaumfest *nt*

ело́вый *adj* Fichten-; **~ лес** Fichtenwald *m*; **ело́вая ши́шка** Fichtenzapfen *m*

ёлочный *adj* Weihnachtsbaum-; **ёлочные игру́шки** [*o* **украше́ния**] Weihnachtsbaumschmuck *m*

ель *f I* (бот) Fichte *f*, Rottanne *f*

ёмкий <*kf:* ёмок, ёмка> *adj* geräumig

ёмкость *f I* ① (*сосу́д*) Behälter *m*; **~ для бензи́на** Benzinkanister *m*; ② Fassungsvermögen *nt*, Kapazität *f*; **~ накопи́теля информа́ции**

(ОБДАН) Speicherkapazität *f* ❸ (ЭЛЕК) Kapazität *f*

ему́ *<dat sg von:* он*>pron pers* ihm

ено́т *m K* Waschbär *m*

епа́рхия *f A2* ❶ (РЕЛ) Diözese *f*; ❷ (*fig, umg*) Zuständigkeitsgebiet *nt*

епи́скоп *m K* Bischof *m*

епископа́льный *adj* bischöflich

ерала́ш *m K* (*umg*) Wirrwarr *m*, Durcheinander *nt*

е́ресь *f I* (РЕЛ) Häresie *f*, Ketzerei *f*; **нести́ ~** (*umg*) völligen Unsinn reden

ерети́к *m K* Ketzer *m*

ерети́ческий *adj* ketzerisch

ёрзать *vi E* dauernd hin und her rutschen; **не ёрзай!** sitz doch still!

ерунда́ *f A* ❶ (*umg:* **чепуха́**) Unsinn *m*, dummes Zeug *nt*; ❷ (*umg:* **пустя́к**) Kleinigkeit *f*

ёрш *<gen sg:* ерша́, *gen pl:* -ше́й*>* *m K e* ❶ (ЗООЛ) Kaulbarsch *m*; ❷ (**щётка**) Flaschenbürste *f*; ❸ (*umg*) *Mischung aus Wodka und Bier*

ЕС[1] *abk von* Европе́йское Соо́бщество *nt* Europäische Gemeinschaft *f*, EG *f*

ЕС[2] *abk von* Евросове́т, Европе́йский сове́т *m* Europarat *m*

ЕС[3] *akr von* Европе́йский сою́з Europäische Union *f*, EU *f*

е́сли *konj* ❶ wenn, falls; **~ смо́жешь, приезжа́й** wenn du magst, dann komm; **что ~?** und wenn aber?; ❷ (*mit Konjunktiv:* **е́сли бы**) wenn, falls

есте́ственный *<kf:* -вен/-венен, -венна*>* *adj* ❶ (*nur Langform:* **приро́дный**) natürlich, Natur-; **~ проду́кт** Naturprodukt *nt*; **есте́ственная нау́ка** Naturwissenschaft *f*; ❷ (*fig, als adv:* **разуме́ется**) natürlich, selbstverständlich; ❸ (**непринуждённый**) ungezwungen

естествозна́ние *nt O2* Naturwissenschaft *f*

есть[1] *<präs:* ем, ешь*>* *vi U2 impf* (*pf:* **съесть**) ❶ essen; ❷ (*о живо́тном*) fressen; ❸ (ХИМ) zerfressen; **дым ест глаза́** der Rauch beißt in den Augen

есть[2] *<3. pers sg präs von:* быть*>* *vi UE1 impf* ❶ (*3. pers sg*) sein, *als Hilfsverb*; **так и ~!** so ist es auch! ❷ (**име́ется**) es gibt, es sind da; **у меня́ ~ иде́я** ich habe eine Idee; **в э́том что-то ~** das hat etwas für sich

есть[3] *interj* (ВОЕ) zu Befehl!

ефре́йтор *m K* (ВОЕ) Gefreiter *m*

е́хать *<präs:* е́ду, е́дешь*>* *vi UE2 best* (*unbest:* **е́здить**) fahren; **~ верхо́м** reiten; **~ на ли́фте** mit dem Fahrstuhl fahren; **~ домо́й** heimfahren

ехи́дничать *vi E impf* (*umg*) sticheln, lästern

ехи́дный *<kf:* -ден, -дна*>* *adj* boshaft, bösartig, giftig

ехи́дство *nt O* Bosheit *f*, Bösartigkeit *f*

ехи́дствовать *vi E2* ❶ boshaft [*o* bösartig] sein; ❷ (**злора́дствовать**) schadenfroh sein

ещё *adv* ❶ (**пока́ что**) noch, nach wie vor, bis jetzt; **~ моло́д** noch jung; **всё ~** noch immen; **нет ~** noch nicht; **~ не** noch nicht ❷ (**уже́**) schon; **~ год наза́д** schon vor einem Jahr; **~ ребёнком** schon als Kind ❸ (**дополни́тельно**) noch, zusätzlich; **~ раз** noch einmal; **~ и ~** noch und noch; **~ бы!** und ob! natürlich! **~ како́й!** und was für einer!

Е

Жж

ж, Ж *nt indekl kyrillischer Buchstabe*

жа́ба *f A* Kröte *f*

жа́бры *f pl A* Kiemen *f pl*; **взять кого́-л. за ~** (*fig*) jdm das Messer an die Kehle setzen

жа́воронок <*gen sg:* -нка> *f A* Lerche *f*

жа́дность *f I* ① (*а́лчность*) Gier *f*, Habsucht *f*; **~ к деньга́м** Geldgier *f*; ② (*umg: ску́пость*) Geiz *m*

жа́дный <*kf:* -ден, -дна́> *adj* ① (*а́лчный*) gierig, habgierig; **~ к деньга́м** geldgierig; **~ до зна́ний** (*fig*) wissbegierig; ② (*umg: скупо́й*) geizig

жа́жда *f A* ① (*жела́ние пить*) Durst *m*; ② (*fig: стра́стное жела́ние*) Begierde *f*, Verlangen *nt*; **~ де́йствий** Tatendrang *m*; **~ зна́ний** Wissbegier *f*

жа́ждать <*präs:* жа́жду, -дешь> *vt E4 impf* (*чего́-ли́бо*) dürsten, begehren, lechzen (nach *+dat*)

жале́ть *vt E impf* (*pf:* по-) ① (*сочу́вствовать*) Mitleid haben (mit *+dat*); ② (*сожале́ть*) bedauern; ③ (*бере́чь*) schonen, sparen; **не ~ трудо́в** keine Mühe scheuen

жа́лить *vt I impf* (*pf:* у-) ① stechen; ② (*о змее́*) beißen

жа́лкий <*kf:* -лок, -лка́, *komp:* жа́льче> *adj* ① (*вызыва́ющий сострада́ние*) bedauernswert, bemitleidenswert; ② (*невзра́чный, неказа́стый*) jämmerlich, armselig; **~ вид** kläglicher Anblick *m*

жа́лко *adv präd* (*жаль*) schade, es ist bedauerlich; **мне ~ его́** er tut mir leid; **мне ~ вре́мени** schade um die Zeit

жа́лоба *f A* Beschwerde *f*, Klage *f*

жа́лобщик *m K* ① (ЮР) Kläger *m*; ② (*pej: кля́узник*) Querulant *m*

жа́лованье *nt O1* Gehalt *nt*, Besoldung *f*

жа́ловать *vi E impf* (*pf:* по-) ① (*arch, geh: дарова́ть*) verleihen; ② (*nur impf: люби́ть*) gern mögen; **его́ там не жа́луют** er ist da nicht beliebt; ③ (*umg: посеща́ть*) besuchen

жа́ловаться *vr E2 impf* (*pf:* по-) (*на кого́-л./что-л.*) klagen, sich beschweren (über *+akk*)

жа́лость *f I* Mitleid *nt*; **кака́я ~!** wie schade!

жаль *siehe* **жа́лко**

жалюзи́ *nt indekl* Jalousie *f*, Rollladen *m*

жанр *m K* Genre *nt*, Gattung *f*

жар <*gen sg:* -а/-у, *präpos:* в жару́> *m K* Hitze *f*, Glut *f*; **зада́ть жа́ру кому́-л.** (*fig*) jdm einheizen, jdm Dampf machen

жара́ *f A* Hitze *f*

жарго́н *m K* Jargon *m*

жа́рить I. *vt I impf* (*pf:* за-, под-) braten, rösten; **II.** *vt I impf* (*шашлы́к*) grillen; **III.** *vi I impf* (*о со́лнце*) sengen, brennen

жа́риться I. *vr I impf* (*pf:* из-, под-) gebraten werden, schmoren; **II.** *vr I impf* (*umg: на со́лнце*) sich sonnen

жа́ркий <*kf:* -рок, -рка́, *komp:* жа́рче> *adj* ① heiß; ② (*fig: ожесточённый, стра́стный*) heftig, leidenschaftlich

жарко́е *nt wie adj* Braten *m*

жаросто́йкий *adj* hitzebeständig

жать [1] <*präs:* жму, жмёшь> *vt E9 impf* ① (*сжима́ть*) drücken; **~ кому́-л. ру́ку** jdm die Hand schütteln; ② (*выжима́ть*) pressen; ③ (*unpers: об о́буви*) drücken, zu eng sein

жать [2] <*präs:* жну, жнёшь> *vt E9 impf* (*pf:* с-) (*вести́ жа́тву*) Getreide mähen

жгу́чий <*kf:* жгуч> *adj* brennend,

beißend, heftig; **жгу́чая не́нависть** (*fig*) glühender Hass *m*

ждать <*präs:* жду, ждёшь> *vt E4 impf* (*кого́-л./что-л.; кого́-л./чего́-л.*) warten (auf *+akk*), erwarten; **~ свое́й о́череди** warten, bis man an die Reihe kommt

же *part Verstärkung* aber, doch, denn, hingegen; **что ~ ты молчи́шь?** warum sagst du denn nichts? **тогда́ ~** ebendann; **тот ~** derselbe; **та ~** dieselbe; **то ~** dasselbe

жева́ть <*präs:* жую́, жуёшь> *vt E2 impf* kauen

жела́ние *nt O2* ① Wunsch *m*; ② (*охо́та, страсть*) Begierde *f*, Lust *f*; **име́ть ~** Lust haben

жела́нный *adj* ersehnt, erwünscht, willkommen, begehrt; **пришёл ~ миг** der langersehnte Moment ist da

жела́тельный <*kf:* -лен, -льна> *adj* erwünscht, wünschenswert

желати́н *m K* Gelatine *f*

жела́ть *vt E impf* (*pf:* по-) (*чего́-либо*) wünschen, begehren; **сам того́ не жела́я** gegen seinen Willen

жела́ющий *m wie adj* Interessent *m*, Bewerber *m*

желе́ *nt indekl* Gelee *nt*

железа́ <*pl:* же́лезы, желёз, железа́м> *f A ple1* Drüse *f*

железнодоро́жник *m K* Eisenbahner *m*, Bahnbeamte(r) *m*

железнодоро́жный *adj* Bahn-, Eisenbahn-; **железнодоро́жная ли́ния** Eisenbahnlinie *f*

желе́зный *adj* ① eisern, Eisen-; **желе́зная доро́га** Eisenbahn *f*; ② (*fig: кре́пкий, си́льный*) eisern, unbeugsam

желе́зо *nt O* ① Eisen *nt*; ② (*umg:* ОБДАН) Hardware *f*

железобето́н *m K* Stahlbeton *m*

жёлоб <*nom pl:* желоба́> *m K ple* Rinne *f*; **водосто́чный ~** Regenrinne *f*

желобо́к <*gen sg:* -бка́> *m K* kleine Rinne *f*, Rille *f*

желте́ть *vi E impf* (*pf:* по-) ① gelb werden, vergilben; ② (*dazu kein pf: желте́ться*) gelb schimmern [*o* leuchten]

желтова́тый *adj* gelblich

желто́к <*gen sg:* -тка́> *m K* Eigelb *nt*, Eidotter *m*

жёлтый <*kf:* жёлт, желта́, жёлто, *und:* желто́> *adj* gelb; **~ дом** (*umg*) Irrenanstalt *f*; **жёлтая пре́сса** Sensationspresse *f*; **жёлтые страни́цы** Gelbe Seiten® *pl*

желу́док <*gen sg:* -дка> *m K* Magen *m*; **расстро́йство желу́дка** (МЕД) Durchfall *m*, Magenverstimmung *f*

желу́дочный *adj* Magen-; **желу́дочный сок** Magensaft *m*

жёлудь *m K1 ple1* Eichel *f*

жёлчь *f I* ① (АНАТ) Galle *f*; ② (*fig: раздраже́ние*) Zorn *m*, Gereiztheit *f*

жема́нный <*kf:* -нен, -нна> *adj* affektiert, geziert

жема́нство *nt O* Affektiertheit *f*, Ziererei *f*

жемчу́жина *f A* ① Perle *f*; ② (*fig: сокро́вище*) Kleinod *nt*

жена́ <*pl:* жёны, жён> *f A pls* Ehefrau *f*

жена́тый <*kf:* -а́т> *adj* (*nicht in Bezug auf Frauen*) verheiratet

Жене́ва *f A* Genf *nt*

жени́ть <*fut und präs:* женю́, же́нишь> *vt I impf/pf* (*einen Mann: кого́-л. на ко́м-л.*) verheiraten

жени́тьба *f A* (*nur vom Mann*) Heirat *f*

жени́ться <*fut und präs:* женю́сь, же́нишься> *vr I impf/pf* (*vom Mann: на ком-ли́бо*) heiraten, sich verheiraten

жени́х *m K* ① Bräutigam *m*, Verlobte(r) *m*; **~ и неве́ста** Brautpaar *nt* ② (*umg: и́щущий неве́сту*) Freier *m*, Bewerber *m*

же́нский *adj* Frauen-, weiblich; **же́нское движе́ние** Frauenbewegung *f*

же́нственный <*kf:* -вен/-венен,

-венна> *adj* weiblich, frauenhaft, feminin

же́нщина *f A* Frau *f*; **~-вра́ч** Ärztin *f*; **~-бизнесме́н** Geschäftsfrau *f*

жердь *f I ple1* ① Stange *f*; **худо́й как ~** (*fig*) dünn wie eine Bohnenstange ② (*в забо́ре*) Zaunpfahl *m*

жеребёнок <*gen sg:* -нка, *nom pl:* жеребя́та> *m U4* Fohlen *nt*

жеребе́ц <*gen sg:* -бца́> *m K e* Hengst *m*

жеребьёвка <*gen pl:* -вок> *f A* Auslosung *f*, Losziehung *f*; **проводи́ть жеребьёвку** auslosen

же́ртва *f A* (*auch fig*) Opfer *nt*

же́ртвовать *vt E2 impf* (*pf:* по-) ① (*дари́ть*) spenden; ② (*кем-л./чем-л.*) opfern; **~ собо́й** sich aufopfern

жест *m K* Geste *f*, Handbewegung *f*

жестикули́ровать *vi E2 impf* gestikulieren

жёсткий <*kf:* жёсток, жестка́, *komp:* жёстче> *adj* ① (*твёрдый*) hart, fest; **~ диск** (ОБДАН) Festplatte *f* ② (*о мя́се*) zäh; ③ (*fig: суро́вый, ре́зкий*) streng, hart

жесто́кий <*kf:* -о́к, -о́ка, *super:* жесточа́йший> *adj* ① (*безжа́лостный*) grausam, brutal; ② (*о́чень си́льный*) heftig, stark; ③ (*об оши́бке и т.п.*) folgenschwer

жестокосе́рдный <*kf:* -ден, -дна> *adj* hartherzig

жесто́кость *f I* ① (*беспоща́дность*) Grausamkeit *f*, Brutalität *f*; ② (*суро́вость*) Härte *f*, Strenge *f*

жесть *f I* Blech *nt*

жестя́щик, **жестя́ник** *m K* Klempner *m*

жечь I. <*präs:* жгу, жжёшь, жгут, *prät:* жёг, жгла, жгло> *vt UE4 impf* (*pf:* с-) verbrennen; **II.** *vi UE4 impf* (*pf:* с-) (*о ра́не и т.п.*) brennen, weh tun

живо́й <*kf:* жив, жива́> *adj* ① lebendig, lebend; **живо́е существо́** Lebewesen *nt*; ② (*fig: акти́вный*) lebhaft, rege; **~ интере́с к чему́-л.** reges Interesse (für *+akk*)

живопи́сный <*kf:* -сен, -сна> *adj* ① (*относя́щийся к жи́вописи*) Gemälde-; ② (*я́ркий, краси́вый*) malerisch

жи́вопись *f I* Malerei *f*

жи́вость *f I* Lebendigkeit *f*, Lebhaftigkeit *f*

живо́т *m K* Bauch *m*, Unterleib *m*; **у меня́ боли́т ~** ich habe Bauchschmerzen

живо́тное *nt wie adj* Tier *nt*

живо́тный *adj* ① Tier-, tierisch; ② (*fig: гру́бый, ни́зменный*) animalisch, triebhaft

жи́вчик *m K* ① (*umg*) Quirl *m*, lebhafter Mensch *m*; ② (БИОЛ) männliche Samenzelle *f*

живьём *adv* lebend, bei lebendigem Leibe

жи́дкий <*kf:* -док, -дка́, *komp:* жи́же> *adj* ① flüssig; ② (*водяни́стый*) dünn, wässerig; ③ (*ре́дкий, нача́стый*) schütter, spärlich

жи́дкость *f I* Flüssigkeit *f*

жизнелю́б *m K* Frohnatur *f*, lebensfroher Mensch *m*

жи́зненный *adj* ① (*относя́щийся к жи́зни*) Lebens-; **~ о́пыт** Lebenserfahrung *f*; **~ путь** Lebensweg *m*; ② (*ва́жный для жи́зни*) lebenswichtig, lebensnotwendig; ③ (*fig: насу́щный*) von entscheidender Bedeutung; **~ вопро́с** Lebensfrage *f*

жизнера́достность *f I* Lebensfreude *f*

жизнера́достный <*kf:* -тен, -тна> *adj* lebensfroh, lebenslustig

жизнь *f I* ① Leben *nt*, Existenz *f*; **всю свою́ ~** zeitlebens; **при жи́зни** zu Lebzeiten ② (*реа́льность*) Lebenswirklichkeit *f*, Geschehen *nt*; **ча́стная ~** Privatleben *nt*; **не от хоро́шей жи́зни** aus Not

жи́ла *f A* ① (*umg:* ***сухожи́лие***) Sehne *f*, Flechse *f*; ② (*umg:* ***кровено́сный сосу́д***) Blutader *f*, Blutgefäß *nt*; ③ (ГОР) Ader *f*, Erzgang *m*
жиле́т *m K* Weste *f*; **спаса́тельный ~** Schwimmweste *f*
жиле́ц, жили́ца *<gen sg m:* **-льца***>* *m K / f A* Bewohner, in *m/f*, Mieter, -in *m/f*, Untermieter, in *m/f*
жили́ще *nt O1* Wohnung *f*, Behausung *f*
жили́щный *adj* Wohnungs-; **жили́щные усло́вия** Wohnverhältnisse *pl*
жи́лка *<gen pl:* **-лок***>* *f A* ① (*dim, umg:* ***кровено́сный сосу́д***) Blutäderchen *nt*; ② (БОТ) Aderverzweigung *f*; **жи́лки** Geäder *nt*; **листа́** Blattrippe *f*
жило́й *adj* ① (***предназна́ченный для жилья́***) bewohnt, Wohn-; **~ дом** Wohnhaus *nt*; **~ райо́н** Wohngebiet *nt* ② (***обита́емый***) bewohnbar
жилпло́щадь *abk von* **жила́я пло́щадь** *f* Wohnraum *m*, Wohnfläche *f*
жильё *nt O1* ① (*nur sg:* ***ме́сто, где живу́т лю́ди***) bewohntes Gebiet *nt*; ② (*nur sg:* ***жили́ще***) Wohnung *m*, Unterkunft *f*; ③ (*nur sg:* ***жило́е помеще́ние***) Wohnraum *m*
жир *m K ple* Fett *nt*; **сма́зывать ~ом** einfetten
жира́ф *m K* Giraffe *f*
жире́ть *vi E impf* (*pf:* **о-, раз-**) dick werden, Fett [*o* Speck] ansetzen
жи́рный *<kf:* **-рен, -рна́***>* *adj* ① (***(о́чень) то́лстый***) fett, dickleibig; **жи́рная свинья́** (*auch fig*) ein fettes Schwein; **на́бранный жи́рным шри́фтом** fett gedruckt; ② (***содержа́щий мно́го жи́ра***) viel Fett enthaltend; **~ суп** fette Suppe *f*; ③ (***са́льный***) fettig, verfettet; **жи́рная ко́жа** fette Haut *f*; **жи́рное пятно́** Fettfleck *m*, Ölfleck *m*
жите́йский *adj* ① (***жи́зненный***) Lebens-; **де́ло жите́йское!** das kommt vor! **жите́йская му́дрость** Lebensweisheit *f* ② (***обы́денный***) alltäglich, Alltags-; **жите́йские забо́ты** Alltagssorgen *pl*
жи́тель, жи́тельница *m K1 / f A* Bewohner, -in *m/f*, Einwohner, -in *m/f*
жи́тельство *nt O* ① (***местожи́тельство***) Wohnsitz *m*, Aufenthaltsort *m*; **постоя́нное ме́сто жи́тельства** fester [*o* ständiger] Wohnsitz *m* ② (АДМИН: ***местопребыва́ние***) Aufenthalt *f*; **вид на жи́тельство** Aufenthaltsgenehmigung *f*
жи́тница *f A* Kornkammer *f*
жить *<präs:* **живу́, живёшь***>* *vi UE3 impf* ① (***существова́ть***) leben; **жил-был** (***в ска́зке***) es war einmal; **тебе́ что, ~ надое́ло?** (*fig, umg*) bist du lebensmüde? ② (***прожива́ть***) wohnen; ③ (***на что-ли́бо***) leben (von *+dat*), seinen Lebensunterhalt bestreiten; ④ (***чем-ли́бо***) sich ganz widmen
жи́ться *<nur 3. pers:* **живётся***>* *vr UE3 impf* (*umg:* ***кому́-ли́бо***) (irgendwie) leben
жму́риться *vr I impf* (*pf:* **за-**) blinzeln, die Augen zusammenkneifen
жму́рки *<gen pl:* **-рок***>* *f pl A* Blindekuh; **игра́ть в ~** Blindekuh spielen
жнивьё *<nom pl:* **жни́вья**, *gen pl:* **жни́вьев***>* *nt O1 pls* ① (СЕЛХОЗ: ***по́ле***) Stoppelfeld *nt*; ② (***соло́ма***) Stoppeln *f pl*
жрать *<präs:* **жру, жрёшь***>* *vi E4 impf* (*pf:* **со-**) (*vulg*) fressen
жре́бий *<präpos sg:* **-ии***>* *m K2* Los *nt*; **тяну́ть ~** losen; **~ бро́шен** (*fig*) die Würfel sind gefallen
жужжа́ть *<präs:* **жужжу́, жужжи́шь***>* *vi I impf* ① (***о пчеле́***) summen; ② (***о жуке́***) surren, brummen
жук *m K e* ① (ЗООЛ) Käfer *m*; ② (*umg:* ***плут***) Schlitzohr *nt*
жу́лик *m K* Gauner *m*, Dieb *m*
жу́льничать *vt E impf* (*pf:* **с-**) (*umg*)

betrügen, mogeln

журáвль *m K1 e* ① (зоол) Kranich *m*; ② (тех) Schwengel *m*

журнáл *m K* Zeitschrift *f*

журнали́ст, -ка <*gen pl f:* -ток> *m K / f A* Journalist, -in *m/f*

журнали́стика *f A* ① Journalismus *m*; ② (*учéбная дисципли́на*) Journalistik *f*

журчáть <*3. pers: sg:* журчи́т, *pl:* журчáт> *vt I impf* ① rauschen, rieseln; ② (*fig: о рéчи*) vor sich hinplätschern

жу́ткий <*kf:* -ток, -ткá> *adj* schauerlich, gruselig, unheimlich; **мне жу́тко** mir gruselt's; **жу́ткая истóрия** Schauergeschichte *f*

жу́тко *adv* (*umg: als Verstärkung*) schrecklich, unheimlich; **мне ~ неудóбно** es ist mir schrecklich peinlich

жюри́ *nt indekl* Jury *f*, Preisgericht *nt*

Зз

за I. *präp +akk* ① (*wohin?*) hinter (*+akk*); **уéхать ~ грани́цу** ins Ausland fahren; ② an (*+akk*); **сесть ~ стол** sich an den Tisch setzen; ③ (*wann?*) während (*+gen*); **он сдéлал всю рабóту ~ оди́н день** er hat die ganze Arbeit an einem Tag erledigt; **~ час до концéрта** eine Stunde vor dem Konzert; **II.** *präp +inst* ① (*wo?*) hinter (*+dat*); **~ грани́цей** im Ausland; ② an (*+dat*); **сидéть ~ столóм** am Tisch sitzen; ③ bei (*+dat*); **сидéть ~ чáем** bei einer Tasse Tee sitzen; ④ außerhalb (*+gen*); **он живёт ~ гóродом** er wohnt außerhalb der Stadt; ⑤ hinter (*+dat*) her; **бéгать ~ кем-ли́бо** hinter jdm herlaufen ⑥ nach (*+dat*); **послáть ~ дóктором** nach dem Doktor schicken, den Doktor holen; **III.** *präp +akk* für (*+akk*); **купи́ть что-л. ~ сто рублéй** etw für hundert Rubel kaufen; **пить ~ чьё-л. здорóвье** auf jds Wohl trinken; **~ и прóтив** für und wider; **я ~ э́то** ich bin dafür

забавля́ть *vt E impf* belustigen, amüsieren

забáвный <*kf:* -вен, -вна> *adj* (*смешнóй*) amüsant, lustig, witzig

забаллоти́ровать *vt E2 pf* (*impf:* забаллотирóвывать) (*кандидáта*) niederstimmen, bei der Wahl durchfallen lassen

забастовáть *vi E2 pf* einen Streik beginnen

забастóвка <*gen pl:* -вок> *f A* Streik *m*, Ausstand *m*; **предупреди́тельная ~** Warnstreik *m*

забвéние *nt O2* (*geh*) Vergessenheit *f*, Vergessen *nt*; **предáть что-л. забвéнию** etw der Vergessenheit preisgeben; **быть пре́данным забвéнию** in Vergessenheit geraten; **искáть забвéния в чём-л.** sich zu betäuben suchen (mit *+dat*)

забегáть *vi E impf* (*pf:* забежáть) ① (*к комý-л., кудá-л.*) einen kurzen Besuch machen, vorbeikommen (bei *+dat*); ② (*вперёд*) vorlaufen; **~ вперёд** (*fig*) vorgreifen

забéгать *vi E pf* anfangen (hin und her) zu laufen

забежáть <*fut:* забегý, -бежи́шь> *vi UI pf* (*impf:* забегáть) (*к комý-ли́бо*) kurz besuchen, kurz vorsprechen (bei *+dat*)

забетони́ровать *vt E2 pf* (*impf:*

бетони́ровать) betonieren

забива́ть *vt E impf* (*pf:* заби́ть) ① (*вкола́чивать*) einschlagen, rammen; ② (*заколачивать гвоздя́ми*) zunageln, vernageln; ③ (*наполня́ть до преде́ла*) vollstopfen; ④ (СПОРТ) ins Ziel schießen; **~ гол** ein Tor schießen; ⑤ (*скот*) abschlachten

забива́ться *vr E impf* (*pf:* заби́ться) ① (*спря́таться*) sich verstecken; **~ в у́гол** (*umg*) sich in die Ecke verkriechen; ② (*о снеге и пы́ле*) eindringen

забира́ть *vt E impf* (*pf:* забра́ть) ① (*с собо́й, к себе́*) nehmen, mitnehmen; ② (*umg: отнима́ть*) wegnehmen; ③ (*аресто́вывать*) verhaften, abführen

заби́ть <*fut:* забью, -бьёшь> *vt E4c pf* (*impf:* забива́ть) einschlagen, rammen

заби́ться <*fut:* забью́сь, -бьёшься> *vr E4c pf* (*impf:* забива́ться) sich verstecken, sich verkriechen

забия́ка *mf A* Raufbold *m*

заблесте́ть <*fut:* заблещу́, -блести́шь> *vi I pf* anfangen zu strahlen [*o* glänzen]

заблуди́ться <*fut:* заблужу́сь, -блу́дишься> *vr I pf* sich verirren, sich verlaufen

заблужде́ние *nt O2* Irrtum *m*; **находи́ться** [*o* **пребыва́ть**] **в заблужде́нии** sich im Irrtum befinden,; **вводи́ть кого́-л. в ~** jdn irreführen

заболева́ние *nt O2* Erkrankung *f*

заболе́ть I. *v + inst E pf* (*impf:* заболева́ть) erkranken (an *+akk*); **II.** <*nur 3. pers:* заболи́т> *vi I pf* (*impf:* заболева́ть) (*нача́ть боле́ть*) anfangen zu schmerzen

забо́р[1] *m K* Zaun *m*, Umzäunung *f*

забо́р[2] *m K* (ТЕХ) Entnahme *f*

забо́та *f A* ① (*трево́га, беспоко́йство*) Sorge *f*; ② (*попече́ние*) Sorge *f*, Fürsorge *f*

забо́титься <*präs:* забо́чусь, -бо́тишся> *vr I impf* (*pf:* по-) ① (*хлопота́ть*) sich sorgen (*о +inst* für *+akk*); **она́ забо́тится о хозя́йстве** sie kümmert sich um den Haushalt; ② (*уха́живать*) jdn/etw pflegen; ③ (*беспоко́иться*) sorgen, sich Sorgen machen (um *+akk*)

забо́тливый *adj* fürsorglich

забра́сывать I. *vt E impf* (*pf:* заброса́ть) (*auch fig: засыпа́ть*) bewerfen, zuschütten; **~ кого́-л. вопро́сами** jdn mit Fragen überhäufen; **II.** *vt E* (*pf:* забро́сить) ① (*заки́дывать*) (zu) weit werfen; ② (*fig: перестава́ть занима́ться*) vernachlässigen, aufgeben

заброниро́вать *vt E2 pf* (*impf:* брониро́вать) panzern

заброни́ровать *vt E2 pf* (*impf:* брони́ровать) reservieren

забры́згивать *vt E impf* (*pf:* забры́згать) (*гря́зью*) bespritzen, bekleckern

забыва́ть I. *vt E impf* (*pf:* забы́ть) (*кого́-л./что-л.; о ком-л./чём-л.*) vergessen, nicht mehr denken (an *+akk*); **~ о свои́х обя́занностях** seine Pflichten vernachlässigen; **забыва́ться II.** *vr E impf* (*pf:* забы́ться) ① (*погружа́ться в дремо́ту*) einschlummern; ② (*теря́ть созна́ние*) das Bewusstsein verlieren; ③ (*fig: предава́ться мечта́м*) in Träumereien versinken; ④ (*umg: переходи́ть грани́цы дозво́ленного*) sich vergessen, die Beherrschung verlieren; ⑤ (*passiv*) vergessen werden

забы́вчивость *f I* Vergesslichkeit *f*, Zerstreutheit *f*

забы́вчивый <*kf:* -ив> *adj* vergesslich, zerstreut

забы́ть <*fut:* забу́ду, -бу́дешь> *vt UE1 pf* (*impf:* забыва́ть) vergessen

забы́ться <*fut:* забу́дусь, -бу́дешься> *vr UE1 pf* (*impf:* забыва́ться) ① einschlummern;

② das Bewusstsein verlieren; ③ sich vergessen

зава́жничать *vi E pf* (*umg*) anfangen wichtig zu tun, anfangen sich etw einzubilden

завали́ть <*fut:* завалю́, -ва́лишь> *vt I pf* (*impf:* зава́ливать) ① (*загромозди́ть*) versperren; ② (*засы́пать*) verschütten; **~ пода́рками** (*fig*) mit Geschenken überhäufen; **~ рабо́той** (*fig*) mit Arbeit überlasten ③ (*umg: провали́ть*) verhauen, viele Fehler machen

завари́ть <*fut:* заварю́, -ва́ришь> *vt I pf* (*impf:* зава́ривать) (*чай, ко́фе*) aufbrühen

зава́рка *f A* ① (*ча́я*) Aufbrühen *nt*; ② (*чай для зава́рки*) Tee *m* zum Aufbrühen

заведе́ние *nt O2* Anstalt *f*, Einrichtung *f*, Institution *f*; **вы́сшее уче́бное ~** Hochschule *f*

заве́дование *nt O2* Administration *f*, Leiten *nt*

заве́довать *vt E2 impf* verwalten, leiten, führen

заве́домо *adv* bewusst, wissentlich

заве́дующий, заве́дующая *m/f wie adj* (*чем-ли́бо*) Leiter, -in *m/f*, Verwalter, -in *m/f*

завербова́ть *vt E2 pf* (*impf:* вербова́ть) anwerben

завере́ние *nt O2* ① (*слове́сное*) Versicherung *f*, Beteuerung *f*; ② (*по́дписью, печа́тью*) Beglaubigung *f*

заве́рить *vt I pf* (*impf:* заверя́ть) ① (*кого́-л. в чём-ли́бо*) beteuern, versichern (jdn etw +*akk*); ② (*удостове́рить*) beglaubigen

заверну́ть *vt E1 pf* (*impf:* завёртывать) (*umg impf auch: завора́чивать*) einwickeln, einpacken

заверша́ть *vt E impf* (*pf:* заверши́ть) abschließen, beenden

заверше́ние *nt O2* ① Vollendung *f*; ② (*оконча́ние*) Abschluss *m*; **в ~** zum Abschluss

заверя́ть *vt E impf* (*pf:* заве́рить) ① (*кого́-л. в чём-л.*) beteuern, versichern; ② (*печа́тью, по́дписью*) beglaubigen

заве́са *f A* (*auch fig*) Schleier *m*; **дымова́я ~** Dunstschleier *m*

заве́сить <*fut:* заве́шу, -ве́сишь> *vt I pf* (*impf:* заве́шивать) zuhängen

завести́ <*fut:* заведу́, -ведёшь> *vt E6a pf* (*impf:* заводи́ть) ① hinführen; ② einführen; ③ sich zulegen

завести́сь <*fut:* заведу́сь, -ведёшься> *vr E6a pf* (*impf:* заводи́ться) ① entstehen; ② anspringen

заве́т *m K* (*meist pl*) Vermächtnis *nt*; **Ве́тхий ~** (РЕЛ) Altes Testament *nt*; **Но́вый ~** Neues Testament *nt*

заве́тный *adj* ① (*дорого́й для кого́-л.*) sehnlich, heißersehnt; ② (*свя́то храни́мый*) heimlich, vertraut

заве́шивать *vt E2 impf* (*pf:* заве́сить) zuhängen, verhängen

завеща́ние *nt O2* Testament *nt*, Vermächtnis *nt*

завеща́ть *vt E impf/pf* (*что-л. кому́-л.*) vererben, vermachen

завива́ть *vt E impf* (*pf:* зави́ть): **~ во́лосы** die Haare kräuseln

зави́вка <*gen pl:* -вок> *f A* Kräuseln *nt*

зави́довать *vi E2 impf* (*pf:* по-) beneiden, neidisch sein (auf +*akk*)

завинти́ть <*fut:* завинчу́, -винти́шь> *vt I pf* (*impf:* зави́нчивать) zuschrauben, festschrauben

зависа́ть <*präs:* зависа́ю, -виса́ешь> *vi E4 impf* (*pf:* зави́снуть) (ОБДАН: *о компью́тере*) hängenbleiben, abstürzen

зави́сеть <*präs:* зави́шу, -ви́сишь> *vi I impf* (*от кого́-л./чего́-л.*) abhängen, abhängig sein (von +*dat*)

зави́симость *f I* Abhängigkeit *f*

зави́симый <*kf:* -им> *adj* abhängig
зави́снуть *vi E1 pf* (*impf:* зависа́ть) (ОБДАН) hängenbleiben, abstürzen
зави́стливый <*kf:* -ив> *adj* ❶ neidisch; ❷ (*о взгля́де*) neiderfüllt
зави́стник *m K* neidischer Mensch *m*, Neider *m*
за́висть *f I* Neid *m*
зави́ть <*fut:* завью́, -вьёшь> *vt E4c pf* (*impf:* завива́ть): **~ во́лосы** die Haare kräuseln
завладева́ть *v + inst E impf* (*pf:* завладе́ть) sich einer Sache bemächtigen
завле́чь <*fut:* завлеку́, -влечёшь> *vt UE4 pf* (*impf:* завлека́ть) verlocken
заво́д *m K* ❶ Werk *nt*, Betrieb *m*, Fabrik *f*; **пивова́ренный ~** Brauerei *f*; ❷ (*у часо́в*) Aufziehwerk *nt*
заводи́ть <*präs:* завожу́, -во́дишь> *vt I impf* (*pf:* завести́) ❶ (*куда́-л.*) hinführen; ❷ (*вводи́ть, начина́ть*) einführen; **~ но́вые поря́дки** Neuerungen einführen ❸ (*приобрета́ть, осно́вывать*) sich zulegen, gründen; **~ себе́ соба́ку** sich einen Hund zulegen ❹ (*начина́ть*) anknüpfen; **~ знако́мство с кем-л.** Bekanntschaft machen (mit *+dat*); **~ разгово́р о чём-л.** zu sprechen kommen (auf *+akk*) ❺ (ТЕХ: *мото́р*) ankurbeln, anlassen; ❻ (*часы́*) aufziehen
заводи́ться <*präs:* завожу́сь,-во́дишься> *vr I impf* (*pf:* завести́сь) ❶ (*появля́ться*) entstehen; **у него́ завели́сь де́ньги** er ist jetzt bei Geld; **в кварти́ре завели́сь насеко́мые** in der Wohnung nisteten sich Insekten ein; ❷ (*о мото́ре*) anspringen; ❸ (*fig, umg: начина́ть спо́рить*) ungehalten werden
завоева́ние *nt O2* ❶ Errungenschaft *f*, Leistung *f*; ❷ (ВОЕ) Eroberung *f*
завоева́тель *m K1* Eroberer *m*
завоёвывать *vt E impf* (*pf:* завоева́ть) ❶ (ВОЕ) erobern, erkämpfen; ❷ (*fig: добива́ться*) erringen, erwerben; **~ чьё-л. расположе́ние** jdn für sich gewinnen
заволо́чься <*fut:* заволоку́сь, -волочёшься, *prät:* заволо́кся, заволокла́сь> *vr UE4 pf* (*impf:* завола́киваться) sich bedecken, sich überziehen
завора́живать *vt E impf* (*pf:* заворожи́ть) bezaubern, in seinen Bann ziehen
завора́чивать *vt E impf* (*pf:* заверну́ть) ❶ (*свора́чивать, повора́чивать*) einbiegen, abbiegen; **~ за у́гол** um die Ecke biegen ❷ (*umg: не пропуска́ть*) zum Umkehren zwingen, umlenken; ❸ (*упако́вывать*) einwickeln, einpacken
заворожи́ть *vt I pf* (*impf:* завора́живать) bezaubern
завсегда́тай *m K2* Stammgast *m*, ständiger Besucher *m*
за́втра *adv* morgen
за́втрак *m K* Frühstück *nt*
за́втракать *vi E impf* (*pf:* по-) frühstücken
завуали́ровать *vt E2 pf* (*impf:* вуали́ровать) verschleiern, vertuschen
завы́сить <*fut:* завы́шу, -вы́сишь> *vt I pf* (*impf:* завыша́ть) zu hoch festsetzen, zu hoch ansetzen
завяза́ть <*fut:* завяжу́, -вя́жешь> *vt E4 pf* (*impf:* завя́зывать) ❶ zubinden, zuschnüren; **~ у́зел** [*o* **узло́м**] verknoten; **~ га́лстук** den Schlips [*o* die Krawatte] binden ❷ (*fig: нача́ть совме́стные де́йствия*) anknüpfen; **~ разгово́р** ein Gespräch anknüpfen
завяза́ться <*fut:* завяжу́сь, -вя́жешься> *vr E4 pf* (*impf:* завя́зываться) ❶ sich zubinden lassen, zugebunden werden; ❷ (*fig: нача́ться*) in Gang kommen, sich

З

entspinnen

загáдить <fut: загáжу, -гáдишь> *vt I pf* (*impf:* **загáживать**) beschmutzen, besudeln, versauen

загáдка <gen pl: -док> *f A* Rätsel *nt*

загáдочный <kf: -чен, чна> *adj* rätselhaft, mysteriös

загáживать *vt E impf* (*pf:* **загáдить**) (*umg*) bschmutzen, besudeln

загазóванный *adj* (экол) abgasbelastet; **не~** abgasarm

загáр *m K* Sonnenbräune *f*, Bräune *f*

загвóздка <gen pl: -док> *f A* (*fig*) Haken *m*, Schwierigkeit *f*; **в чём ~?** woran hapert es?

загибáть *vt E impf* (*pf:* **загнýть**) umbiegen

заглáвие *nt O2* ① (*кни́ги*) Titel *m*; ② (*статьи́, тéкста*) Überschrift *f*

заглáвный *adj* Titel-

заглуши́ть *vt I pf* (*impf:* **заглушáть**) ① (*звук*) übertönen; ② (*fig: смягчи́ть*) betäuben, dämpfen

загляде́нье *nt O1* Augenweide *f*, schöner Anblick *m*

загля́дывать *vi E impf* (*pf:* **заглянýть**) ① (*смотрéть кудá-л.*) flüchtig hinsehen, einen Blick werfen; ② (*в словáрь, кни́гу и т.п.*) nachsehen, nachschlagen (in *+dat*); ③ (*umg: заходи́ть к комý-л.*) einen kurzen Besuch machen, hineinschauen [*o* hereinschauen]

загнáть <fut: загоню́, -гóнишь> *vt I pf* (*impf:* **загоня́ть**) hineinjagen, hineintreiben

загни́ть <fut: загнию́, -гниёшь> *vi E pf* (*impf:* **загнивáть**) verfaulen

зáгнутый *adj* gebogen, gekrümmt

загнýть *vt E1 pf* (*impf:* **загибáть**) ① umbiegen; ② (*fig, umg: си́льно преувели́чить*) übertreiben, überspitzen

зáговор[1] *m K* (пол) Verschwörung *f*, Komplott *nt*

зáговор[2] *m K* (*заклинáние*) Zauberspruch *m*, Beschwörungsformel *f*

заговори́ть I. *vi I pf* (*impf:* **заговáривать**) ① zu reden beginnen; ② (*с кéм-ли́бо*) anreden, ansprechen; **II.** *vt I* (*impf:* **заговáривать**) ① (*fig, umg: утоми́ть разговóром*) die Ohren vollreden; ② (*заколдовáть*) besprechen, beschwören; **~ комý-л. зýбы** (*fig*) jdn beschwatzen

заголóвок <gen sg: -вка> *m K* Überschrift *f*; **брóский ~** Schlagzeile *f*

загоня́ть *vt E impf* (*pf:* **загнáть**) ① hineinjagen, hineintreiben; **~ скот** das Vieh in den Stall treiben ② (*лóшадь*) abhetzen; ③ (*звéря*) hetzen

загорáживать *vt E impf* (*pf:* **загороди́ть**) ① (*обноси́ть огрáдой*) umzäunen; ② (*преграждáть*) versperren, verstellen; **~ свет комý-л.** jdm im Licht stehen

загорáть *vi E* ① (*лежáть на сóлнце*) sich sonnen; ② (*станови́ться смýглым*) sich von der Sonne bräunen lassen

загорéвший *adj* braungebrannt

загорéть *vi I pf* (*impf:* **загорáть**) (*на сóлнце*) sonnengebräunt [*o* braun] sein

загорéться *vr I pf* (*impf:* **загорáться**) ① anfangen zu brennen, aufflammen; ② (*fig: начáться*) entbrennen; ③ (*fig: воодушеви́ться чем-л.*) sich begeistern, Feuer und Flamme sein (für *+akk*)

загороди́ть <fut: загорожý, -горóди́шь> *vt I pf* (*impf:* **загорáживать**) ① umzäunen; ② versperren

зáгородный *adj* außerhalb der Stadt; **~ дом** [*o* **дáча**] Landhaus *nt*

заготóвка *f A* ① (экон) Beschaffung *f*, Bereitstellung *f*; ② (тех) Werkstück *nt*

заграни́ца *f A* Ausland *nt*

заграни́чный *adj* ① Auslands-, ausländisch; ② (экон) Geschäfte im Ausland betreffend

загребáть *vt E impf* (*pf:* загрести́) zusammenraffen; **~ дéньги** (*umg*) Geld scheffeln
загрести́ <*fut:* загребу́, -гребёшь> *vt E6a pf* (*impf:* загребáть) zusammenraffen
загримировáть *vt E2 pf* (*impf:* гримировáть) schminken
загружáть *vt E impf* (*pf:* загрузи́ть) ❶ beladen, füllen; ❷ (ОБДАН) herunterladen, downloaden; ❸ (*fig:* ***делáми, рабóтой***) beschäftigen, überlasten
загру́женность *f I* ❶ Auslastungsgrad *m*; ❷ (*fig:* ***стéпень зáнятости; нагру́зка***) Beschäftigungsgrad *m*
загру́зка *f A* ❶ Ladung *f*, Beladung *f*; **~ реáктора** Füllung *f* des Reaktors ❷ (*fig:* ***нагру́зка***) Beschäftigungsgrad *m*, Auslastung *f*
загрязнéние *nt O2* Verschmutzung *f*
загрязни́ть <*fut:* загрязню́, -грязни́шь> *vt I pf* (*impf:* загрязня́ть) verschmutzen, verunreinigen
загрязни́ться <*fut:* загрязню́сь, -грязни́шься> *vr I pf* (*impf:* загрязня́ться) verunreinigt werden, schmutzig werden
загс *akr von* Зáпись Áктов Граждáнского Состоя́ния *m* Standesamt *nt*
зад <*präpos sg:* на/в заду́> *m K ple* ❶ hinterer Teil *m*; ❷ Gesäß *nt*
задави́ть <*fut:* задавлю́, -дáвишь> *vt I pf* (*impf:* давúть) ❶ zerdrücken, zerquetschen; ❷ (*nur pf:* ***переéхать***) überfahren; ❸ (*fig, umg:* ***задуши́ть***) erwürgen
задáние *nt O2* Aufgabe *f*, Auftrag *m*; **дать ~** einen Auftrag geben; **домáшнее ~** Hausaufgabe *f*
задáток *m K* ❶ (***пéрвый взнóс***) Anzahlung *f*; **внести́ ~** eine Anzahlung leisten ❷ (***авáнс***) Vorschuss *m*; **брать ~** sich einen Vorschuss auszahlen lassen ❸ (***при заключéнии договóра***) Draufgabe *f*
задáча *f A* ❶ Aufgabe *f*; **постáвить себé** [*o* **пéред собóй**] **задáчу** es sich zur Aufgabe machen ❷ (МАТ) Rechenaufgabe *f*; **реши́ть задáчу** eine Aufgabe lösen
задви́жка <*gen pl:* -жек> *f A* (***запóр***) Riegel *m*
задвóрки <*gen pl:* -рок> *m pl K* Hinterhof *m*
задевáть *vt E impf* (*pf:* задéть) ❶ (***касáться когó-л./что-л.***) streifen, leicht berühren; ❷ (***за что-л.***) anecken, anstoßen (an *+dat*); ❸ (*fig:* ***обижáть***) jdn schmerzhaft berühren, kränken
задéйствовать *vt E2 pf* einsetzen, einbeziehen
задéл *m K* Vorleistungen *f pl*, Vorarbeit *f*
задéлывать *vt E impf* (*pf:* задéлать) ❶ fest zumachen, verschließen; ❷ (***пробóину***) abdichten
задёрганный *adj* abgehetzt
задержáние *nt O2* Festnahme *f*, Verhaftung *f*
задержáть <*fut:* задержу́, -дéржишь> *vt I pf* (*impf:* задéрживать) ❶ (***останови́ть***) aufhalten; ❷ (***замéдлить***) verzögern; ❸ (***арестовáть***) festnehmen, verhaften
задержáться *vr I pf* (*impf:* задéрживаться) ❶ (***где-либо***) sich (zu) lange aufhalten; ❷ (***быть отлóженным***) sich verzögern, überfällig sein; ❸ (***затяну́ться***) sich in die Länge ziehen
задéржка <*gen pl:* -жек> *f A* ❶ Verzögerung *f*, Verzug *m*; **~ в рабóте** Stockung *f* der Arbeit ❷ (***неисправность, помéха***) Störung *f*, Hemmung *f*; ❸ (***остановка где-л.***) Aufenthalt *m*
задéть <*fut:* задéну, -дéнешь> *vt E9b pf* (*impf:* задевáть) streifen, leicht berühren
зáдний *adj* hinten befindlich, Hinter-;

З

за́днее сиде́нье (АВТО) Rücksitz *m*; **за́дним число́м** (*fig*) im Nachhinein, nachträglich

задо́лженность *f I* (ЭКОН) Verschuldung *f*, Schulden *pl*

задо́р *m K* ① (*озорство́*) Übermut *f*; ② (*рве́ние, аза́рт*) Eifer *m*; ③ (*запа́льчивость*) Hitzigkeit *f*

задо́рный <*kf:* -рен, -рна> *adj* ① (*озорно́й*) übermütig; ② (*в рабо́те*) eifrig; ③ (*вызыва́ющий*) hitzig, herausfordernd

задохну́ться *vr E1a pf* (*impf:* задыха́ться) ersticken

заду́мать *vt E pf* (*impf:* заду́мывать) sich vornehmen, beabsichtigen

заду́маться *vr E pf* (*impf:* заду́мываться) (*над чем-ли́бо*) sich Gedanken machen (über +*akk*); **заставля́ть ~ кого́-л.** jdm zu denken geben

заду́мка <*gen pl:* -мок> *f A* ① (*umg: наме́рение*) Vorhaben *nt*; ② (*umg: иде́я*) Einfall *m*, Idee *f*

задуши́ть <*fut:* задушу́, -ду́шишь> *vt I pf* (*impf:* души́ть) ① erwürgen; ② (*fig: подави́ть*) unterdrücken

задыха́ться *vr E impf* (*pf:* задохну́ться) ① ersticken, keine Luft bekommen; ② (*тяжело́ дыша́ть*) keuchen

зае́зд *m K* ① (СПОРТ) Rennen *nt*, Lauf *m*; ② (*прие́зд*) Anreise *f*

зае́здить <*fut:* зае́зжу, -е́здишь> *vt I pf* ① (*ло́шадь*) abhetzen, zuschanden reiten; ② (*fig, umg: задёргать*) abhetzen

зае́хать <*fut:* зае́ду, -е́дешь> *vi UE2 pf* (*impf:* заезжа́ть) ① (*куда́-л.*) einen Abstecher machen; ② (*за кем-л./чем-л.*) mit dem Auto abholen

зажа́рить *vt I pf* (*impf:* жа́рить) gar braten

зажа́ть <*fut:* зажму́, -жмёшь> *vt E9 pf* (*impf:* зажима́ть) einklemmen

зажéчь <*fut:* зажгу́, зажжёшь, зажжёт, *prät:* зажёг, зажгла́> *vt UE4 pf* (*impf:* зажига́ть) anzünden

зажéчься <*fut:* зажгу́сь, зажжёшься, зажгётся> *vr UE4 pf* (*impf:* зажига́ться) sich entzünden, in Brand geraten

зажива́ть *vi E impf* (*pf:* зажи́ть) (*nur 3. pers*) verheilen, vernarben

зажига́лка <*gen pl:* -лок> *f A* Feuerzeug *nt*

зажига́ние *nt O2* (АВТО) Zündung *f*

зажига́ть *vt E impf* (*pf:* заже́чь) ① anzünden; **~ сигаре́ту** sich eine Zigarette anzünden ② (*свет*) einschalten; ③ (*fig: вдохновля́ть*) begeistern

зажига́ться *vr E impf* (*pf:* заже́чься) ① sich entzünden, in Brand geraten; ② (*о све́те*) angehen, eingeschaltet werden; ③ (*fig: о глаза́х*) aufleuchten; ④ (*fig: вдохновля́ться*) sich begeistern

зажима́ть *vt E impf* (*pf:* зажа́ть) ① (ТЕХ) einklemmen, zusammenpressen; ② (*fig: кри́тику*) unterdrücken

зажи́точный <*kf:* -чен , -чна> *adj* wohlhabend

зажи́ть¹ <*fut:* заживу́, -живёшь> *vi UE3 pf* (*impf:* зажива́ть) verheilen

зажи́ть² *vi UE3 pf* (*nur pf*) ein neues Leben beginnen

заземля́ть *vt E impf* (*pf:* заземли́ть) (ЭЛЕК) erden

зазнава́ться *vi E unbest* (*best*: *зазна́ться*) sich viel einbilden, sich überheblich zeigen; **не зазнава́йся!** gib nicht so an!

зазна́йство *nt O* (*pej*) Großtuerei *f*, Angeberei *f*

зазо́рный <*kf:* -рен, -рна> *adj* anstößig

зазу́брина *f A* (ТЕХ) Scharte *f*, Zacke *f*

заигра́ть *vi E pf* (*impf:* заи́грывать) ① (*nur pf: нача́ть игра́ть*) anfangen zu spielen; **заигра́ла му́зыка** Musik ertönte; ② (*о ка́ртах*) abnutzen, abgreifen

заи́грывание *nt O2* Anbändelung *f*, Flirt *m*
заи́грывать I. *vi E impf* (*pf:* **заигра́ть**) abnutzen; **II.** *vi E nur impf* (*umg:* ***заводи́ть ша́шни с ке́м-ли́бо***) anbändeln, flirten
заика́ться *vi E impf* stottern, stammeln
заи́мствование *nt O2* ① (***де́йствие***) Entlehnung *f*, Übernahme *f*; ② (лИНГ: ***заи́мствованное сло́во***) Lehnwort *nt*
заи́мствовать *vt E2 impf* (*pf:* **заи́мствовать, по-**) ① (***у кого́-л.что-л.***) etw entlehnen (von *+dat*); ② (***чужо́й обы́чай и т.п.***) übernehmen
заинтересо́ванность *f I* (***в чём-ли́бо***) Interesse *nt*, Interessiertheit *f* (an *+dat*); **прояви́ть ~** sich interessiert zeigen
заинтересо́ванный <*kf:* **-ван, -вана**> *adj* (***в чём-ли́бо***) interessiert (an *+dat*)
заинтересова́ться *vr + inst E pf* sich interessieren, Interesse zeigen (für *+akk*)
заискива́ть *vi E impf* (***пе́ред кем-ли́бо***) sich einschmeicheln (bei *+dat*)
зайти́ <*fut:* **зайду́, -йдёшь**> *vi E7a pf* (*impf:* **заходи́ть**) kurz hineingehen
закабали́ть *vt I pf* (*impf:* **закабаля́ть**) knechten, unterjochen
зака́з *m K* Auftrag *m*, Bestellung *f*; **на ~** auf Bestellung; **костю́м, сши́тый на ~** Maßanzug *m*
заказа́ть[1] <*fut:* **закажу́, -ка́жешь**> *vt E4 pf* (*impf:* **зака́зывать**) bestellen, in Auftrag geben
заказа́ть[2] <*fut:* **закажу́, -ка́жешь**> *vt E4 pf* (*impf:* **зака́зывать**) verbieten
заказно́й *adj* ① (***о письме́***) eingeschrieben, Einschreibe-; ② (***сде́ланный на зака́з***) auf Bestellung; **~ костю́м** Maßanzug *m* ③ (***зака́занный***) bestellt, im Auftrag
зака́зчик, зака́зчица *m K / f A* ① Auftraggeber, -in *m/f*, Besteller, -in *m/f*; ② (***клие́нт***) Kunde, Kundin *m/f*
зака́зывать[1] *vt E impf* (*pf:* **заказа́ть**) bestellen, in Auftrag geben; **~ зара́нее** vorbestellen
зака́зывать[2] *vt E impf* (*pf:* **заказа́ть**) (***что-ли́бо*** *oder mit inf; arch*) verbieten
закалённый <*kf:* **-лён ,-ена́**> *adj* abgehärtet
закали́ть *vt I pf* (*impf:* **закаля́ть**) ① (ТЕХ) härten; ② (***здоро́вье***) abhärten
зака́лывать *vt E impf* (*pf:* **заколо́ть**) ① (***ножо́м***) erstechen; ② (***скрепля́ть була́вкой и т.п.***) zustecken, zuheften; **~ во́лосы** sich das Haar aufstecken
зака́нчивать *vt E impf* (*pf:* **зако́нчить**) beenden, abschließen, fertigstellen
зака́нчиваться *vr E impf* (*pf:* **зако́нчиться**) enden, zu Ende gehen, beendet werden
зака́пать I. *vt E pf* (*impf:* **зака́пывать**) ① bespritzen; ② einträufeln; **II.** *vi E nur pf* (***о дожде́***) zu tropfen [*o* tröpfeln] beginnen
зака́пывать[1] *vt E impf* (*pf:* **зака́пать**) ① (***забры́згивать***) bespritzen, vollspritzen; ② (***запятна́ть***) bekleckern; ③ (МЕД: ***вка́пать***) einträufeln
зака́пывать[2] *vt E impf* (*pf:* **закопа́ть**) (***зарыва́ть в зе́млю***) vergraben, eingraben
зака́тывать[1] *vt E impf* (*pf:* **заката́ть**) ① (***во что-л.***) einrollen, einwickeln (in *+akk*); ② (***засу́чивать брю́ки, рукава́***) hochkrempeln
зака́тывать[2] *vt E impf* (*pf:* **закати́ть**) irgendwohin rollen, wälzen
закипе́ть <*fut:* **закиплю́,**

3

-кипúшь> *vi I pf* (*impf:* закипáть) ① zu kochen beginnen, aufkochen; ② (*fig: о рабóте*) in Gang kommen

заклáд *m K* Pfand *nt*; **бúться об ~** (*fig*) wetten

заклáдка <*gen pl:* -док> *f A* ① Lesezeichen *nt*; ② (ОБДАН) Bookmark *nt*

заклáдывать *vt E impf* (*pf:* заложúть) ① (*помещáть, класть кудá-л.*) legen, stecken; ② (*отдавáть в залóг*) verpfänden, versetzen; ③ (*оснóвывать*) gründen, den Grundstein legen (zu +*dat*); ④ (*оснóвывать на чём-л.*) zugrunde legen (в +*akk* etw +*dat*); **~ фундáмент чегó-л.** (*fig*) den Grund legen (zu +*dat*)

заклéивать *vt E impf* (*pf:* заклéить) ① zukleben; ② (*óкна*) abdichten

заклеймúть <*fut:* заклеймлю́, -клеймúшь> *vt I pf* (*impf:* клеймúть) ① stempeln, mit einem Zeichen versehen; ② (*fig*) brandmarken

заклёпка <*gen pl:* -пок> *f A* (ТЕХ) Niete *f*

заклинáние *nt O2* Zauberspruch *m*, Beschwörungsformel *f*

заклинáть *vt E impf* (*pf:* закля́сть) ① mit Zaubersprüchen beschwören; ② (*fig, nur impf:* **умоля́ть**) inständig bitten; **онá заклинáла егó не éхать** sie beschwor ihn, nicht zu reisen

заключáть *vt E impf* (*pf:* заключúть) ① (*помещáть, окружáть*) einschließen; **~ договóр** [*o* **контрáкт**] einen Vertrag schließen; **~ мир** Frieden schließen ② (*дéлать вы́воды*) schlussfolgern; ③ (*закáнчивать*) abschließen; **~ речь** eine Rede beenden

заключéние *nt O2* ① (ЮР) Haft *f*; **пожúзненное ~** lebenslänglicher Freiheitsentzug *m*; **отбывáть ~** inhaftiert sein; ② (*договóра и т.п.*) Abschluss *m*, Unterzeichnen *nt*; **прийтú к заключéнию, что** zu dem Schluss kommen, dass ③ (*эксперти́за*) Gutachten *nt*; **сдéлать ~** ein Gutachten abgeben ④ (*окончáние*) Abschluss *m*; **в ~** (*в концé*) abschließend; ⑤ (*заключúтельное слóво*) Schlusswort *nt*

заключённый **I.** *adj* ① darin enthalten; ② (*о договóре*) abgeschlossen; **II.** *m wie adj* Häftling *m*, Strafgefangene(r) *m*

заключúтельный *adj* Schluss-, Abschluss-; **заключúтелыное слóво** Schlusswort *nt*

заключúть *vt I pf* (*impf:* заключáть) ① einschließen; ② abschließen; ③ schlussfolgern

закля́тый *adj:* **~ враг** Erzfeind *m*

закóлка <*gen pl:* -лок> *f A* ① (*для волóс*) Haarnadel *f*, Haarspange *f*; ② (*для гáлстука*) Krawattennadel *f*

заколóть <*fut:* заколю́, -кóлешь> *vt E4 pf* (*impf:* закáлывать) erstechen

закóн *m K* Gesetz *nt*; **~ прирóды** Naturgesetz *nt*; **нарýшить ~** gegen ein Gesetz verstoßen

закóнность *f I* ① (*правопоря́док*) Gesetzlichkeit *f*, Rechtsordnung *f*; ② (*правомéрность*) Rechtmäßigkeit *f*

закóнный <*kf:* -óнен, -óнна> *adj* gesetzlich, rechtmäßig, legitim

законодáтель *m K1* Gesetzgeber *m*

законодáтельный *adj* gesetzgebend, legislativ; **законодáтельная власть** gesetzgebende Gewalt *f*, Legislative *f*

законодáтельство *nt O* Gesetzgebung *f*, gesetzliche Bestimmungen *f pl*; **граждáнское ~** Zivilrecht *nt*; **дéйствующее ~** geltendes Recht *nt*

закономéрный *adj* ① gesetzmäßig; ② (*обоснóванный, oпрáвданный*) berechtigt

законсервúровать *vt E2 pf* (*impf:* консервúровать) konservieren, einkochen

зако́нченный *adj* ❶ abgeschlossen, vollendet; ❷ (*соверше́нный*) vollkommen; **~ идио́т** (*fig, umg*) Vollidiot *m*
зако́нчить *vt I pf* (*impf:* **зака́нчивать**) beenden
зако́нчиться *vr I pf* (*impf:* **зака́нчиваться**) enden
закопа́ть *vt E pf* (*impf:* **зака́пывать**) eingraben, vergraben
закопчённый *adj* rußig, verrußt
закорене́лый *adj* eingefleischt, unverbesserlich, notorisch
закрепи́ть <*fut:* **закреплю́, -крепи́шь**> *vt I pf* (*impf:* **закрепля́ть**) ❶ befestigen, festmachen; ❷ (*fig:* ***зафикси́ровать***) sichern, verankern; ❸ (*заброни́ровать*) sichern, reservieren (**за** *+inst* für *+akk*)
закрепи́ться <*fut:* **закреплю́сь, -пи́шься**> *vr I pf* (*impf:* **закрепля́ться**) ❶ (ВОЕ) sich festsetzen; ❷ (*упро́читься*) sich festigen; ❸ (*fig:* ***обоснова́ться***) Fuß fassen
закрепле́ние *nt O2* ❶ (ТЕХ) Befestigung *f*; ❷ (*fig:* ***установле́ние, фикси́рование***) Festigung *f*, Sicherung *f*, Verankerung *f*; ❸ (*за кем-ли́бо*) Sicherung *f*, Reservierung *f*
закругле́ние *nt O2* ❶ (*де́йствие*) Abrunden *nt*; ❷ (*ли́ния*) Rundung *f*; **~ доро́ги** (АВТО: ***поворо́т***) Kurve *f*
закругли́ть <*fut:* **закруглю́, -ли́шь**> *vt I pf* (*impf:* **закругля́ть**) ❶ (*прида́ть закругле́ние*) abrunden; ❷ (*fig:* ***прида́ть зако́нченный вид***) abrunden, ausfeilen
закры́тие *nt O2* Schließung *f*, Schluss *nt*
закры́тый <*kf:* **-ы́т**> *adj* ❶ geschlossen, zugemacht; ❷ (*запре́тный*) gesperrt; ❸ (*fig:* ***недосту́пный для посторо́нних***) geschlossen, exklusiv
закры́ть <*fut:* **закро́ю, -кро́ешь**> *vt E8 pf* (*impf:* **закрыва́ть**) ❶ schließen, zumachen; ❷ (*заслони́ть*) zudecken, bedecken; ❸ (*прегради́ть*) sperren; **~ движе́ние тра́нспорта** den Straßenverkehr sperren ❹ (*останови́ть рабо́ту*) den Betrieb einstellen; ❺ (*зако́нчить*) beenden; **~ заседа́ние** eine Sitzung schließen
закупи́ть <*fut:* **закуплю́, -ку́пишь**> *vt I pf* (*impf:* **закупа́ть**) ❶ einkaufen, auf Vorrat kaufen; ❷ (ЭКОН) ankaufen, aufkaufen
заку́пка <*gen pl:* **-пок**> *f A* ❶ Einkauf *m*, Besorgung *f*; ❷ (ЭКОН) Ankauf *m*, Aufkauf *m*
заку́порить <*fut:* **заку́порю, -ришь**> *vt I pf* (*буты́лку*) zukorken, zupfropfen
заку́ска <*gen pl:* **-сок**> *f A* ❶ Imbiss *m*; ❷ (*перед едо́й*) Vorspeise *f*
заку́сочная *f wie adj* Imbissbar *f*, Imbissstube *f*
заку́тать *vt E pf* (*impf:* **заку́тывать**) (***чем-л.; во что-л.***) warm einwickeln, einhüllen
зал *m K* Saal *m*, Halle *f*
зала́мывать *vt E impf* (*pf:* **заломи́ть**) einknicken, umknicken; **~ це́ны** (*fig*) zu hohe Preise verlangen
залёживаться *vr E impf* (*pf:* **залежа́ться**) ❶ zu lange liegen bleiben; ❷ (*о това́рах*) nicht verkauft werden
залёзть *vi E6 pf* (*impf:* **залеза́ть**) ❶ (*внутрь*) hineinkriechen, hereinkriechen; **~ в долги́** (*fig*) in Schulden geraten; ❷ (*наве́рх*) hinaufkriechen, heraufkriechen; ❸ (*прони́кнуть*) heimlich eindringen, sich einschleichen (in *+akk*)
зали́в *m K* (ГЕОГ) Bucht *f*, Golf *m*
зали́ть <*fut:* **залью́, -льёшь**> *vt E4c pf* (*impf:* **залива́ть**) ❶ (*auch fig:* ***затопи́ть***) überschwemmen,

З

überfluten; ❷ (*облить*) übergießen; **~ огонь** ein Feuer löschen

залиться I. <*fut:* зальюсь, -льёшься> *vr E4c pf* (*impf:* заливаться) hineinrinnen; II. *vr + inst E4c* ❶ (*песней*) anstimmen; ❷ (*о птицак*) schmettern, flöten; **~ смехом** in Lachen ausbrechen

залог[1] *m K* ❶ Pfand *nt*, Verpfändung *f*; **взять в ~** als Pfand nehmen; **отдать в ~** verpfänden; **~ успеха** (*fig*) Erfolgsgewähr *f* ❷ (юр) Kaution *f*; **освободить под ~** gegen Kaution freilassen

залог[2] *m K* (линг) Verbalgenus *nt*

заложить I. <*fut:* заложу, -ложишь> *vt I pf* (*impf:* закладывать) ❶ den Grundstein legen; ❷ verpfänden; II. *vt I nur pf* ❶ (*засунуть*) verlegen, an einen falschen Ort legen; ❷ (*загромоздить*) versperren, verstellen

заложник *m K* Geisel *f*

заломить <*fut:* заломлю, -ломишь> *vt I pf* (*impf:* заламывать) umknicken

залп *m K* Salve *f*

замазать <*fut:* замажу, -жешь> *vt E4 pf* (*impf:* замазывать) ❶ (*закрасить*) übermalen; ❷ (*замазкой*) verkitten; ❸ (*fig: скрыть*) vertuschen

замазка <*gen pl:* -зок> *f A* Kitt *m*

замалчивать *vt E impf* (*pf:* замолчать) (*umg*) verschweigen, totschweigen

заманить <*fut:* заманю, -манишь> *vt I pf* (*impf:* заманивать) anlocken, verlocken, hineinlocken

замарать *vt E pf* bekleckern, beschmutzen

замарашка *f A* (*umg*) Schmutzfink *m*, Schmierfink *m*

замаскироваться *vr E2 pf* (*impf:* маскироваться) ❶ sich tarnen; ❷ (*переодеться*) sich verkleiden

заматывать *vt E impf* (*pf:* замотать) ❶ (*чем-либо*) umwickeln (mit +*dat*); ❷ (*umg: утомлять*) ermüden

замедление *nt O2* ❶ Verlangsamung *f*; ❷ (*задержка*) Verzögerung *f*

замедлить <*fut:* замедлю, -лишь> *vt I pf* (*impf:* замедлять) ❶ verlangsamen; ❷ (*затянуть*) verzögern

замена *f A* ❶ Ersetzung *f*, Austausch *m*; ❷ (*замещение*) Vertretung *f*; ❸ (*заменитель*) Ersatz *m*, Ersatzmittel *nt*

заменимый <*kf:* -им> *adj* ersetzbar

заменить <*fut:* заменю, -менишь> *vt I pf* (*impf:* заменять) ❶ (*кем-л./чем-л.*) ersetzen (durch +*akk*); ❷ auswechseln, austauschen; **~ колесо** ein Rad auswechseln ❸ (*заместить*) vertreten

заменяемый *adj* austauschbar

замереть <*fut:* замру, замрёшь, *prät:* замер, замерла> *vi E4b pf* (*impf:* замирать) ❶ (*остановиться*) stocken, zum Erliegen kommen; ❷ (*оцепенеть*) erstarren, starr sein (vor +*dat*); ❸ (*о звуках*) verklingen

замёрзнуть *vi E1a pf* (*impf:* замерзать) ❶ (*о живых существах*) (er)frieren; ❷ (*о водоёме*) zufrieren

заместитель, заместительница *m K1 / f A* Stellvertreter, -in *m/f*, Vertreter, -in *m/f*

заместительство *nt O* Stellvertretung *f*

заместить <*fut:* замещу, -местишь> *vt I pf* (*impf:* замещать) vertreten

заметить <*fut:* замечу, -метишь> *vt I pf* (*impf:* замечать) ❶ bemerken; ❷ (*сделать замечание*) eine Bemerkung machen

заметка <*gen pl:* -ток> *f A* Notiz *f*, Vermerk *m*

заметный <*kf:* -тен, -тна> *adj* ❶ (*приметный*) merklich, auffallend; ❷ (*ви́дный*) bedeutend; **игра́ть заме́тную роль** (*fig*) eine bedeutende Rolle spielen

замеча́ние *nt O2* ❶ Bemerkung *f*, Äußerung *f*; ❷ Verwarnung *f*, Verweis *m*

замеча́тельный <*kf:* -лен, -льна> *adj* ❶ (*примеча́тельный*) bemerkenswert; ❷ (*превосхо́дный*) wunderbar, ausgezeichnet; ❸ (*выдаю́щийся*) vortrefflich, hervorragend

замеча́ть *vt E impf* (*pf:* заме́тить) bemerken; **не ~ кого́-л.** jdn nicht bemerken, keine Notiz nehmen (von *+dat*)

заме́шанный *adj* verwickelt; **быть заме́шанным во что-л.** in etw verwickelt sein, seine Hand im Spiel haben

замеща́ть *vt E impf* (*pf:* замести́ть) ❶ vertreten; ❷ (*до́лжность*) besetzen

замеще́ние *nt O2* ❶ (*заме́на*) Ersetzung *f*; ❷ (*кем-л.*) Vertretung *f*

зами́нка <*gen pl:* -нок> *f A* ❶ (*остано́вка*) Stockung *f*; ❷ (*промедле́ние*) Verzögerung *f*

замира́ть *vi E impf* (*pf:* замере́ть) ❶ (*остана́вливаться*) stocken; ❷ (*цепене́ть*) erstarren; ❸ (*о зву́ках*) verklingen, verhallen

за́мкнутость *f I* ❶ (*скры́тность, необщи́тельность*) Verschlossenheit *f*; ❷ (*уедине́ние, изоля́ция*) Abgeschlossenheit *f*, Isolation *f*

за́мкнутый *adj* ❶ (*необщи́тельный*) verschlossen, kontaktarm; **он о́чень за́мкнут** er geht nicht aus sich heraus; **вести́ ~ о́браз жи́зни** ein zurückgezogenes Leben führen ❷ (*обосо́бленный*) exklusiv, geschlossen

замкну́ться *vr E1 pf* (*impf:* замыка́ться) ❶ sich schließen; ❷ (*fig*) sich abschließen, sich abkapseln

замо́к <*gen sg:* -мка́> *m K* (Tür-)Schloss *nt*, Verschluss *m*; **навесно́й ~** Vorhängeschloss *nt*

за́мок <*gen sg:* -мка> *m K* ❶ Schloss *nt*; ❷ (*кре́пость*) Burg *f*

замо́лвить <*fut:* замо́лвлю, -мо́лвишь> *vt I nur pf*: **~ слове́чко за кого́-л.** (*fig*) ein gutes Wort einlegen (für *+akk*)

замолча́ть I. <*fut:* замолчу́, -чи́шь> *vi I pf* verstummen; **заста́вить кого́-л. ~** jdn zum Schweigen bringen; **II.** *vt I pf* (*impf:* зама́лчивать) totschweigen, verschweigen

замора́живание *nt O2* ❶ (ТЕХ) Einfrieren *nt*; ❷ (*fig: заде́ржка, прекраще́ние*) Einfrieren *nt*, Stopp *m*

замора́живать *vt E impf* (*pf:* заморо́зить) ❶ einfrieren; ❷ (*fig: приостана́вливать*) einfrieren, sperren; **~ це́ны** [*o* **зарпла́ту**] (ЭКОН) Preise [*o* Gehälter] einfrieren

замота́ть *vt E pf* (*impf:* зама́тывать) umwickeln

замо́чный *adj* Schloss-; **замо́чная сква́жина** Schlüsselloch *nt*; **гляде́ть в замо́чную сква́жину** (*fig*) durchs Schlüsselloch gucken

за́муж *adv steht in Verbindungen bezüglich der Heirat der Frau*; **выдава́ть ~** eine Frau vermählen; **выходи́ть ~** heiraten

заму́жняя *adj* (*nur in Bezug auf Frauen*) verheiratet

заму́ченный *adj* ❶ (*до́ смерти*) (zu Tode) gequält; ❷ (*fig: изму́ченный*) total übermüdet

замыка́ться *vr E impf* (*pf:* замкну́ться) ❶ (*о замке́*) sich schließen; ❷ (*fig: уходи́ть в себя́, уединя́ться*) sich absondern, sich abkapseln; **~ на чём-л.** sich konzentrieren (auf *+akk*)

за́мысел <*gen sg:* -сла> *m K* ❶ (*наме́рение*) Absicht *f*, Vorhaben *nt*; ❷ (*иде́я*) Idee *f*

замы́слить *vt I pf* (*impf:* замышля́ть) beabsichtigen, sich mit einer Absicht tragen

замыслова́тый <*kf:* -а́т> *adj*

(сло́жный) ausgeklügelt, kompliziert

за́навес *m K* Vorhang *m*, Bühnenvorhang *m*; **желе́зный ~** (*fig:* пол) der Eiserne Vorhang

занести́ <*fut:* занесу́, -несёшь, *prät:* занёс, занесла́> *vt E6 pf* (*impf:* заноси́ть) ① vorbeibringen; ② eintragen

зани́зить <*fut:* зани́жу , -ни́зишь> *vt I pf* (*impf:* занижа́ть) zu niedrig angeben; **~ оце́нку кому́-л.** jdn zu schlecht beurteilen

занима́тельный <*kf:* -лен, -льна> *adj* unterhaltsam, interessant

занима́ть[1] *vt E impf* (*pf:* заня́ть) sich ausleihen; **~ де́ньги у кого́-л.** sich Geld borgen (bei +*dat*)

занима́ть[2] *vt E impf* (*pf:* заня́ть) ① (**ме́сто**) einnehmen, beanspruchen; ② (**закрепля́ть, оставля́ть**) belegen, reservieren (**за** +*inst* für +*akk*); ③ (**террито́рию**) besetzen, einnehmen; ④ (**телефо́н**) besetzen; **за́нято** (ТЕЛЕКОМ) besetzt ⑤ (**до́лжность**) einnehmen, bekleiden; ⑥ (**развлека́ть, интересова́ть**) unterhalten, beschäftigen

занима́ться *vr + inst E impf* (*pf:* заня́ться) ① sich beschäftigen (mit +*akk*), sich befassen (mit +*akk*); ② (**каки́м-л.де́лом**) einer Tätigkeit nachgehen; ③ (*umg:* **преподава́ть**) unterrichten; ④ (*umg:* **забо́титься**) aich kümmern (**о** +*präpos* um +*akk*)

заноси́ть <*präs:* заношу́, -но́сишь> *vt I impf* (*pf:* занести́) ① (**приноси́ть куда́-л.**) vorbeibringen; ② (**запи́сывать**) eintragen; ③ (**поднима́ть ру́ку, но́гу и т.п.**) heben; ④ (*3. pers sg:* **засыпа́ть сне́гом, песко́м**) verwehen, verschütten; ⑤ (*3. pers sg:*АВТО) schleudern; ⑥ (*fig:* **случа́йно приводи́ть**) verschlagen

зано́счивость *f I* Anmaßung *f*, Arroganz *f*, Überheblichkeit *f*

зано́счивый <*kf:* -ив> *adj* anmaßend, arrogant, überheblich

зану́да *f A* (*pej*) Nervensäge *f*

заня́тие *nt O2* ① Tätigkeit *f*, Arbeit *f*, Beschäftigung *f*; **люби́мое ~** Lieblingsbeschäftigung *f*; ② (*meist pl:* **в те́хникуме, ву́зе**) Lehrveranstaltung *f*; ③ (ВОЕ) Einnahme *f*, Besetzung *f*

заня́тный <*kf:* -тен, -тна> *adj* interessant, unterhaltsam

занято́й <*kf:* за́нят, -та́, -то> *adj* beschäftigt

заня́ть[1] <*fut:* займу́, -мёшь, *prät:* за́нял, -няла́> *vt E9 pf* (*impf:* занима́ть) sich borgen, ausleihen

заня́ть[2] <*fut:* займу́, -мёшь> *vt E9 pf* (*impf:* занима́ть) ① einnehmen, beanspruchen; ② beschäftigen

заня́ться <*fut:* займу́сь, -мёшься> *vr + inst E9 pf* (*impf:* занима́ться) ① (**чем-л.**) sich machen (an +*akk*); ② (*umg:* **взя́ться за кого́-л.**) sich jdn vornehmen [*o* vorknöpfen]; **я ещё тобо́й займу́сь** ich werde dich mir noch vorknöpfen

заодно́ *adv* ① (**в согла́сии**) im Einvernehmen, gemeinsam; **быть ~ с кем-л.** am gleichen Strang ziehen; (mit +*dat*) ② (**попу́тно**) zugleich

заостри́ть <*fut:* заострю́, -остри́шь> *vt I pf* (*impf:* заостря́ть) ① spitz machen; ② (*fig:* **вопро́с**) zuspitzen

зао́чный *adj* in Abwesenheit; **зао́чная учёба** Fernstudium *nt*

за́пад *m K* Westen *m*; **на ~е** im Westen; **на ~** nach Westen; **с ~а** von [*o* aus dem] Westen

за́падный *adj* West-, westlich; **За́падная Евро́па** Westeuropa *nt*

западня́ *f A1* Falle *f*

запа́ивать *vt E impf* (*pf:* запая́ть) zulöten, verlöten

запа́л *m K* ① Zünder *m*; ② (*fig:* **поры́в**) Eifer *m*, Heftigkeit *f*

запа́с *m K* ① (*auch fig*) Vorrat *m*, Reserve *f*; **у нас в ~е два дня** wir haben noch zwei Tage Zeit; ② (**нали́чие**) Bestand *m*; **неприкосно-**

вéнный ~ eiserne Reserve *f*; **~ слов** (лИНГ) Wortschatz *m*

запаснóй *adj* Ersatz-, Reserve-; **запаснáя часть** Ersatzteil *nt*

запáсный *adj* Ersatz-, Reserve-, Not-; **~ вы́ход** Notausgang *m*

зáпах *m K* Geruch *m*, Duft *m*

запáчкать *vt E pf* (*impf:* пáчкать) beschmieren, beschmutzen

запаять *vt E pf* (*impf:* запáивать) zulöten, verlöten

запевáть *vt E impf* ein Lied anstimmen

запекáнка <*gen pl:* -нок> *f A* Auflauf *m*

запеленáть *vt E pf* (*impf:* пеленáть) in Windeln wickeln

заперéть <*fut:* запрý, -прёшь, *prät:* зáпер, заперлá> *vt E4b pf* (*impf:* запирáть) ① einschließen; ② abschließen

запечáтать *vt E pf* (*impf:* запечáтывать) ① versiegeln; ② (*письмó*) zukleben

запинáться *vr E impf* (*pf:* запнýться) stocken, stottern

запирáть *vt E impf* (*pf:* заперéть) ① (*где-л, кудá-л.*) einschließen; ② (*на ключ, на задви́жку*) abschließen, verriegeln

записáть <*fut:* запишý, -пи́шешь> *vt E4 pf* (*impf:* запи́сывать) aufschreiben

записáться <*fut:* запишýсь, -пи́шешься> *vr E4 pf* (*impf:* запи́сываться) sich eintragen

запи́ска <*gen pl:* -сок> *f A* ① Zettel *m*; ② (*im pl: замéтки*) Aufzeichnungen *f pl*, Notizen *f pl*

записнóй *adj* Notiz-; **записнáя кни́жка** Notizbuch *nt*

запи́сывать *vt E impf* (*pf:* записáть) ① aufschreiben, notieren; **у тебя́ есть чем записáть?** hast du was zum Schreiben? **~ в пáмять** (ОБДАН) abspeichern ② (*вноси́ть в спи́сок*) eintragen, einschreiben; ③ (*на магнитофóн*) aufnehmen; ④ (РАДИО, ТЕЛЕВИД) aufzeichnen

запи́сываться *vr E impf* (*pf:* записáться) ① (*вноси́ть себя́ в спи́сок*) sich einschreiben, sich eintragen; ② (*вставáть на учёт, на óчередь и т.п.*) sich anmelden; **~ к врачý** sich beim Arzt anmelden

зáпись *f I* ① (*занесéние*) Aufschreiben *nt*, Eintragen *nt*; ② (*докумéнт*) Eintragung *f*, Urkunde *f*; **дáрственная ~** Schenkungsurkunde *f*; ③ (*auch im pl: замéтки*) Notizen *f pl*, Aufzeichnungen *f pl*; ④ (*на приём и т.п.*) Anmeldung *f*; **предвари́тельная ~** Voranmeldung *f*; **учётная ~** (ОБДАН) Account *m o nt*; **создáть учётную ~** sich *dat* ein [*o* einen] Account einrichten; ⑤ (РАДИО, ТЕЛЕВИД) Aufzeichnung *f*; (*фонограмма*) Aufnahme *f*

заплани́рованный *adj* Plan-, eingeplant

заплати́ть <*fut:* заплачý, -плáтишь> *vt I pf* (*impf:* плати́ть) (*auch fig*) bezahlen (**за** +*akk* für +*akk*)

заплéсневелый *adj* verschimmelt

заплéсневеть *vi E pf* (*impf:* плéсневеть) schimmeln

запломбировáть *vt E2 pf* (*impf:* пломбировáть) plombieren

запнýться *vr E1 pf* (*impf:* запинáться) stocken, (in der Rede) steckenbleiben

заповéдник *m K* Naturschutzgebiet *nt*

заповéдный *adj* Schutz-, Schon-, Hege-

зáповедь I. *f I* (РЕЛ) Gebot *nt*; **дéсять зáповедей** die Zehn Gebote; **заподóзрить II.** *vt I* Verdacht schöpfen

запóлнить *vt I pf* (*impf:* заполня́ть) ① ausfüllen; ② (*напóлнить*) füllen

заполучи́ть *vt E pf* (*umg*) ergattern; **~ нáсморк** (*fig*) sich einen Schnupfen holen

запоминáть *vt E impf* (*pf:* запóмнить) sich einprägen, sich merken; **хорошó ~ чьи-л. словá**

jds Worte beherzigen

запомина́ться *vr E impf* (*pf:* запо́мниться) im Gedächtnis haften bleiben

за́понка <*gen pl:* -нок> *f A* Manschettenknopf *m*

запо́р *m K* ❶ Verschluss *m*, Riegel *m*; ❷ (МЕД) Verstopfung *f*

запоте́лый *adj* (*umg:* ***о стекле́ и т.п.***) angelaufen, beschlagen

запра́вить <*fut:* запра́влю, -вишь> *vt I pf* (*impf:* заправля́ть) zurechtmachen

запра́виться <*fut:* запра́влюсь, -вишься> *vr I pf* (*impf:* заправля́ться) ❶ (***горю́чим***) tanken; ❷ (*fig, umg:* ***пое́сть***) sich stärken

заправля́ть *vi E impf* (*pf:* запра́вить) ❶ zurechtmachen; ❷ (*nur pf:* ***управля́ть***) in der Hand haben; **она́ всем заправляет в до́ме** zu Hause hält sie die Zügel in der Hand

запра́вочный *adj* Tank-; **заправо́чная ста́нция** Tankstelle *f*

запра́шивать *vt E impf* (*pf:* запроси́ть) (***о чём-ли́бо***) anfragen, anfordern

запре́т *m K* Verbot *nt*

запрети́ть <*fut:* запрещу́, -прети́шь> *vt I pf* (*impf:* запреща́ть) verbieten

запре́тный *adj* verboten; **запре́тная зо́на** Sperrzone *f*; **~ плод** (*fig*) verbotene Frucht *f*

запреща́ть *vt E impf* (*pf:* запрети́ть) (***кому́-л. что-л.*** *oder mit inf*) verbieten, untersagen

запрограмми́ровать *vt E2 pf* (*impf:* программи́ровать) ❶ (ОБДАН) programmieren; ❷ (*fig:* ***предопредели́ть***) vorprogrammieren

запропасти́ться <*fut:* запропащу́сь, -пасти́шься> *vr I pf* ❶ abhanden kommen; ❷ (***о челове́ке***) verschwinden

запро́с *m K* ❶ (АДМИН) Anfrage *f*, Gesuch *nt*; ❷ (*meist im pl:* ***потре́бности, притяза́ния***) Ansprüche *m pl*; **с высо́кими ~ами** anspruchsvoll

запроси́ть <*fut:* запрошу́, -про́сишь> *vt I pf* (*impf:* запра́шивать) anfragen

запруди́ть <*fut:* запружу́, -пру́ди́шь> *vt I pf* (*impf:* запру́живать) ❶ stauen; ❷ (*fig:* ***запо́лнить***) überfluten

запуга́ть *vt E pf* (*impf:* запу́гивать) einschüchtern

за́пуск *m K* Anlassen *nt*, Ankurbeln *nt*

запусти́ть[1] <*fut:* запущу́, -пу́стишь> *vt I pf* (*impf:* запуска́ть) ❶ anlassen, starten; ❷ (***чем-ли́бо***) schleudern

запусти́ть[2] *vt I pf* (*impf:* запуска́ть) vernachlässigen

запча́сти *abk von* запасны́е ча́сти Ersatzteile *m pl*

запя́стье *nt O1* Handgelenk *nt*

запята́я *f wie adj* Komma *nt*

зараба́тывать[1] *vt E impf* (*pf:* зарабо́тать) ❶ verdienen; **~ себе́ на жизнь чем-л.** seinen Lebensunterhalt bestreiten (mit +*dat*) ❷ (***обеспе́чивыть себе́ свои́м трудо́м***) erarbeiten

зараба́тывать[2] *vi E impf* (*pf:* зарабо́тать) anfangen zu arbeiten, in Gang kommen

за́работный *adj:* **за́работная пла́та** Arbeitslohn *m*; **за́работная пла́та слу́жащих** Gehalt *nt*

за́работок <*gen sg:* -тка> *m K* Verdienst *m*, Einkommen *nt*, Erwerb *m*

заража́ть *vt E impf* (*pf:* зарази́ть) (МЕД: ***кого́-л. чем-л.*** *auch fig*) anstecken

зараже́ние *nt O2* (МЕД) Ansteckung *f*, Infektion *f*; **~ кро́ви** Blutvergiftung *f*

зара́за *f A* ❶ Seuche *f*, Epidemie *f*; ❷ (*umg, pej:* ***сво́лочь***) Drecksack *m*

зарази́ть <*fut:* заражу́, -рази́шь> *vt I pf* (*impf:* заража́ть) anstecken

зара́зный <*kf:* -зен, -зна> *adj* ansteckend

зара́нее *adv* im voraus, beizeiten; **~ позабо́титься о чём-л.** Vorsorge treffen (für *+akk*)

зарва́ться <*fut:* зарву́сь, -вёшься> *vr E4 pf* (*impf:* зарыва́ться) (*fig*) zu weit gehen

зарегистри́ровать *vt E2 pf* (*impf:* регистри́ровать) eintragen, registrieren

зарезерви́ровать *vt E2 pf* (*impf:* резерви́ровать) reservieren

зарекомендова́ть *vt E2 pf:* **~ себя́ с хоро́шей стороны́** [*о* **кем-л.**] sich gut bewähren (als)

заржаве́ть *vi E pf* (*impf:* ржаве́ть) rosten, rostig werden

за́риться *vr I impf* (*pf:* по-) (*на что-ли́бо*) erpicht sein, scharf sein (auf *+akk*)

зароди́ть <*fut:* зарожу́, -роди́шь> *vt I pf* (*impf:* зарожда́ть) erzeugen, ins Leben rufen

зароди́ться <*nur 3. pers:* зароди́тся> *vr I pf* (*impf:* зарожда́ться) entstehen, aufkommen, keimen

заро́дыш <*gen pl:* -ей> *m K* Keim *m*

за́росли *f pl I* Dickicht *nt*; **~ кустáрника** Gestrüpp *nt*

зарпла́та *abk von* за́работная пла́та *f* Lohn *m*, Gehalt *nt*

зарубе́жный *adj* ausländisch

зарубе́жье *nt O2* Ausland *nt*; **бли́жнее ~** Nachbarrepubliken der ehemaligen UdSSR

зару́бка <*gen pl:* -бок> *f A* Einschnitt *m*, Kerbe *f*

зарубцева́ться <*nur 3. pers:* зарубцу́ется> *vr E2 pf* (*impf:* зарубцо́вываться) vernarben

заручи́ться <*fut:* заручу́сь, -чи́шься> *vr + inst I pf* (*impf:* заруча́ться) sich versichern; **~ подде́ржкой** sich jds Unterstützung sichern

зарыва́ть *vt E impf* (*pf:* зары́ть) vergraben

зарыва́ться *vr E impf* (*pf:* зарва́ться) (*fig*) zu weit gehen, sich überheben

зары́ть <*fut:* заро́ю, -ро́ешь> *vt E8 pf* (*impf:* зарыва́ть) vergraben

заря́ <*akk sg:* зарю́, *und (alt):* зо́рю, *pl:* зо́ри, зорь, зо́рям> *f A1* ❶ (*у́тренняя*) Morgenrot *nt*; ❷ (*вече́рняя*) Abendrot *nt*; ❸ (ВОЕ) Zapfenstreich

заря́д *m K* ❶ (ЭЛЕК) Ladung *f*; ❷ (ВОЕ) Sprengladung *f*; ❸ (*fig: мо́щность*) Sprengkraft *f*

заря́дка <*gen pl:* -док> *f A* ❶ (ЭЛЕК) Laden *nt*; ❷ (*у́тренняя гимна́стика*) Morgengymnastik *f*

заса́да *f A* Hinterhalt *m*

засади́ть <*fut:* засажу́, -са́дишь> *vt I pf* (*impf:* заса́живать) (СЕЛХОЗ) bepflanzen

заса́ленный *adj* ❶ mit Fettflecken beschmiert; ❷ (*зата́сканный, гря́зный*) abgegriffen, schmuddelig

засверка́ть *vi E pf* aufblitzen, aufleuchten

засвети́ть <*fut:* засвечу́, -све́тишь> *vt I pf* ❶ (*заже́чь*) anzünden; ❷ (ФОТ) versehentlich belichten

засвети́ться <*fut:* засвечу́сь, -засве́тишься> *vr I pf* ❶ aufleuchten, erstrahlen; ❷ (*umg: проболта́ться*) sich verplappern

засвиде́тельствовать *vt E2 pf* (*impf:* свиде́тельствовать) ❶ (*подтверди́ть*) bezeugen, bescheinigen; ❷ (*удостове́рить*) beglaubigen, beurkunden

заседа́ние *nt O2* ❶ Sitzung *f*; **~ правле́ния** Vorstandssitzung *f*; ❷ (*конфере́нция, съезд и т.п.*) Tagung *f*

заседа́ть *vi E impf* ❶ an einer Sitzung teilnehmen; ❷ (*о конфе́ренции, съе́зде и т.п.*) tagen

засека́ть[1] *vt E impf* (*pf:* засе́чь) ❶ (*де́лать засе́чку*) einkerben, eine Kerbe einschneiden; ❷ (*umg: примеча́ть*) den Standort bestimmen; ❸ (*вре́мя*) stoppen

засека́ть[2] *vt E impf* (*pf:* засе́чь) (*до́ смерти*) zu Tode prügeln

заселить *vt I pf* (*impf:* заселять) bevölkern, besiedeln; **кем-либо** jdn ansiedeln

засечь[1] <*fut:* засеку, засечёшь, *prät:* засёк, засекла> *vt UE4 pf* (*impf:* засекать) einkerben

засечь[2] <*fut:* засеку, засечёшь, *prät:* засёк, засекла> *vt UE4 impf* (*impf:* засекать) zu Tode prügeln

засилье *nt O1* Dominanz *f*, übermächtiger Einfluss *m*

заслать <*fut:* зашлю, зашлёшь, *prät:* заслал> *vt E4 pf* (*impf:* засылать) ① an eine falsche Adresse schicken; ② einschleusen

заслуга *f A* Verdienst *nt*

заслуженный *adj* ① (***имеющий заслуги***) verdient, verdienstvoll; ② (***отдых и т.п.***) wohlverdient

заслуживать *vt E impf* (*pf:* заслужить) verdienen, sich einer Sache wert erweisen

заснуть *vi E1 pf* (*impf:* засыпать 1) einschlafen

засов *m K* Riegel *m*, Türriegel *m*

засовывать *vt E2 impf* (*pf:* засунуть) einstecken; **~ руки в карманы** die Hände in die Taschen stecken

засолить <*fut:* засолю, -солишь> *vt I pf* (*impf:* солить) einsalzen, einlegen

засорить <*fut:* засорю, -ришь> *vt I pf* (*impf:* засорять) verunreinigen, verstopfen

засохнуть *vi E1a pf* (*impf:* засыхать) vertrocknen, verdorren

заспанный *adj* verschlafen, schläfrig

заставать *vt E3 impf* (*pf:* застать) ① antreffen, vorfinden; ② (***застигать***) erwischen

заставить <*fut:* заставлю, -вишь> *vt I pf* (*impf:* заставлять) nötigen, zwingen, veranlassen; **~ кого-л. говорить** jdn zum Reden bringen; **~ себя сделать что-л.** sich zu etw aufraffen

застать <*fut:* застану, -нешь> *vt E9b pf* (*impf:* заставать) antreffen

застёгивать *vt E impf* (*pf:* застигнуть) zuknöpfen

застёжка <*gen pl:* -жек> *f A* Verschluss *m*; **~-молния** Reißverschluss *m*; **~ на липучках** Klettverschluss *m*

застенографировать *vt E2 pf* (*impf:* стенографировать) stenografisch aufnehmen

застенок <*gen sg:* -нка> *m K* Folterkammer *f*

застенчивость *f I* ① Schüchternheit *f*; ② (***смущение***) Verlegenheit *f*

застенчивый *adj* ① schüchtern; ② (***смущённый***) verlegen; **~ взгляд** ein verlegener Blick

застой *m K2* ① (***затишье***) Stillstand *m*; ② (экон) Stagnation *f*, Flaute *f*; ③ (пол: ***в СССР***) Stagnationszeit *f*

застойный *adj* ① stockend, stillstehend; ② (экон) stagnierend

застоявшийся *adj* (***о воде***) abgestanden

застраивать *vt E2 impf* (*pf:* застроить) bebauen

застраховаться *vr E2 pf* (*impf:* страховаться) (юр) sich versichern

застревать *vi E2 impf* (*pf:* застрять) steckenbleiben, festsitzen

застрелить <*fut:* застрелю, -стрелишь> *vt I pf* erschießen

застроить <*fut:* застрою, -строишь> *vt I pf* (*impf:* застраивать) bebauen

застройщик *m K* Bauherr *m*

застрять <*fut:* застряну, -нешь> *vi E9 pf* (*impf:* застревать) steckenbleiben

заступаться *vr E impf* (*pf:* заступиться) ① (***за кого-л./что-л.***) sich einsetzen (für +*akk*); ② (***брать под защиту***) in Schutz nehmen

заступление *nt O2* Antritt *m*; **~ на должность** [*o* **пост**] Amtsantritt *m*

заступник, **заступница** *m K / f A* ① (*geh:* ***ходатай***) Fürsprecher, -in *m/f*; ② (*защи́тник, покрови́тель*) Beschützer, -in *m/f*

засту́пничество *nt O* ① (*geh, arch: хода́тайство*) Fürsprache *f*; ② (*покрови́тельство*) Inschutznahme *f*

засты́ть I. <*fut:* засты́ну, -нешь> *vi E9b pf* (*impf:* застыва́ть) ① (*сгусти́ться*) fest werden; ② (*auch fig оцепене́ть*) erstarren, gefrieren; **~ в одно́й по́зе** in einer Stellung verharren; **засу́нуть II.** <*imp:* засу́нь> *vt E1 pf* (*impf:* засо́вывать) hineinstecken

за́суха *f A* Dürre *f*, Trockenheit *f*

засуши́ть <*fut:* засушу́, -су́шишь> *vt I pf* (*impf:* засу́шивать) ① (*я́блоки, грибы́ и т.п.*) dörren; ② (*цветы́ для герба́рия*) pressen, trocknen

засчи́тывать *vt E impf* (*pf:* засчита́ть) anrechnen, gutschreiben

засыла́ть *vt E impf* (*pf:* засла́ть) ① (*направля́ть по неве́рному пути́*) fehlleiten; ② (*аге́нтов, шпио́нов*) einschleusen

засыпа́ть[1] *vi E impf* (*pf:* засну́ть) einschlafen

засыпа́ть[2] *vt E impf* (*pf:* засы́пать) ① zuschütten; ② (*auch fig: вопро́сами*) überhäufen

засыха́ть *vi E impf* (*pf:* засо́хнуть) eintrocknen, vertrocknen

затаи́ть <*fut:* затаю́, -таи́шь> *vt I pf* (*impf:* зата́ивать) geheimhalten, verbergen; **~ дыха́ние** den Atem anhalten

зата́сканный *adj* (*fig: о выраже́нии*) abgedroschen, abgegriffen, strapaziert

затво́рник *m K* Einsiedler *m*; **жить ~ом** (*fig*) zurückgezogen leben

затева́ть *vt E2 impf* (*pf:* зате́ять) ① (*устра́ивать*) veranstalten, arrangieren; ② (*auch mit inf: предпринима́ть*) sich vornehmen; ③ (*замышля́ть*) einfädeln; **ло́вко зате́яно!** fein eingefädelt!

зате́м *adv* ① (*temp: по́сле э́того*) danach, anschließend; ② (*kaus: для того́*) darum, deswegen; **~, что́бы** damit, um zu

затемне́ние *nt O2* ① Verdunklung *f*; ② (ВОЕ: *светомаскиро́вка*) Verdunkelung *f*, Verdunklungsvorrichtung *f*

затемни́ть <*fut:* затемню́, -ни́шь> *vt I pf* (*impf:* затемня́ть) dunkel machen, verdunkeln

зате́я *f A2* (*auch pej*) Vorhaben *nt*, Unterfangen *nt*

зате́ять *vt E pf* (*impf:* затева́ть) ① veranstalten; ② sich vornehmen

зати́хнуть *vi E1a pf* (*impf:* затиха́ть) ① (*отзвуча́ть*) verhallen, verklingen; ② (*замо́лкнуть*) verstummen; ③ (*переста́ть издава́ть зву́ки*) still werden; ④ (*прекрати́ться, ослабе́ть*) sich legen, nachlassen

зати́шье *nt O1* (*auch fig*) Flaute *f*; **~ пе́ред бу́рей** Ruhe vor dem Sturm

заткну́ть *vt E1 pf* (*impf:* затыка́ть) zustopfen

затмева́ть *vt E2 impf* (*pf:* затми́ть) ① verdunkeln, verfinstern; ② (*fig: превосходи́ть*) in den Schatten stellen, übertreffen

затме́ние *nt O2* ① Finsternis *f*; **со́лнечное ~** (АСТРОН) Sonnenfinsternis *f* ② (*fig: помутне́ние рассу́дка*) Geistesverwirrung *f*

затми́ть <*nur 2. und 3. pers:* затми́шь, затми́т> *vt I pf* (*impf:* затмева́ть) ① (*скрыть*) verdunkeln; ② (*fig: превзойти́*) in den Schatten stellen

зато́ *konj* dafür

зато́р *m K* ① Stockung *f*; **~ в у́личном движе́нии** Verkehrsstau *f* ② (*ледо́вый*) Eisstauung *f*, Eisstau *m*

затормози́ть <*fut:* заторможу́, -мози́шь> *vt I pf* (*impf:* тормози́ть) ① (АВТО) bremsen; ② (*fig: задержа́ть*) hemmen, aufhalten

затра́гивать *vt E impf* (*pf:*

затро́нуть) (*auch fig*) berühren, streifen; **~ те́му** ein Thema anschneiden

затра́та *f A* (*meist im pl*) Aufwand *m*

затре́бовать *vt E2 pf* anfordern, verlangen

затро́нуть *vt E1 pf* (*impf:* затра́гивать) berühren, streifen

затрудне́ние *nt O2* Schwierigkeit *f*; **испы́тывать де́нежные затрудне́ния** in finanzielle Schwierigkeiten geraten

затрудни́тельный <*kf:* -лен, -льна> *adj* schwierig, bedrängt; **затрудни́тельное положе́ние** Zwangslage *f*

затрудни́ть <*fut:* затрудню́, -ни́шь> *vi I pf* (*impf:* затрудня́ть) ❶ (*сде́лать тру́дным*) erschweren, schwierig machen; ❷ (*кого́-л.*) schwerfallen, beschwerlich sein

затума́нить *vt I pf* (*impf:* затума́нивать) ❶ vernebeln; ❷ (*fig: завуали́ровать*) verschleiern

затупи́ться <*fut:* затуплю́сь, -ту́пишься> *vr I pf* (*impf:* затупля́ться) (*каранда́ш*) stumpf werden

затуха́ть *vi E impf* (*pf:* зату́хнуть) ❶ (*га́снуть*) erlöschen; ❷ (*утиха́ть*) abklingen

за́тхлый *adj* stickig, muffig

затыка́ть *vt E impf* (*pf:* заткну́ть) zustopfen

заты́лок <*gen sg:* -лка> *m K* Nacken *m*, Genick *nt*

заты́чка <*gen pl:* -чек> *f A* ❶ (*про́бка*) Pfropf *m*, Stopfen *m*; ❷ (*fig: вре́менный замести́тель*) Lückenbüßer *m*

затя́гивать *vt E impf* (*pf:* затяну́ть) ❶ fest zuziehen; **~ ту́же по́яс** (*fig*) den Gürtel enger schnallen; ❷ (*fig: заде́рживать*) hinziehen, hinauszögern

затя́гиваться *vr E impf* (*pf:* затяну́ться) ❶ (*об узле́ и т.п.*) sich zuziehen; ❷ (*покрыва́ться*) sich überziehen; **~ ту́чами** (*о небе́*) sich bewölken; ❸ (*о ра́не*) sich zuziehen, vernarben; ❹ (*о де́ле*) sich in die Länge ziehen, sich hinziehen

затяжно́й *adj* schleppend, langwierig; **~ кри́зис** Dauerkrise *f*

зауря́дный <*kf:* -ден, -дна> *adj* durchschnittlich, mittelmäßig

зау́чивать *vt E impf* (*pf:* заучи́ть) auswendig lernen

зафикси́ровать *vt E2 pf* (*impf:* фикси́ровать) ❶ fixieren, festhalten; ❷ (ТЕХ: *ввести́ в паз*) einrasten

захва́т *m K* Ergreifung *f*, Ansichreißen *nt*; **~ вла́сти** Machtergreifung *f*; **~ зало́жников** Geiselnahme *f*

захвати́ть <*fut:* захвачу́, -ва́тишь> *vt I pf* (*impf:* захва́тывать) ❶ mitnehmen; ❷ ergreifen; ❸ (ВОЕ) erobern

захва́тчик *m K* (ВОЕ) Eindringling *m*, Eroberer *m*

захва́тывать[1] *vt E impf* (*pf:* захвати́ть) ❶ (*брать с собо́й*) mitnehmen; ❷ (*завладева́ть чем-л.*) ergreifen, in Besitz nehmen; ❸ (ВОЕ) erobern; ❹ (*fig: увлека́ть*) fesseln, faszinieren

захва́тывать[2] *vt E impf* (*pf:* захвата́ть) abgreifen, durch häufiges Berühren beschmutzen

захире́ть *vi E pf* (*impf:* хире́ть) dahinsiechen, verkümmern

захло́пнуть *vt E1 pf* (*impf:* захло́пывать) zuschlagen, zuklappen

захмеле́ть *vi E pf* (*impf:* хмеле́ть) (*umg*) betrunken werden

захо́д *m K* ❶ (*со́лнца*) Sonnenuntergang *m*; ❷ (*о самолёте, корабле́*) Anflug *m*, Anlaufen *nt*; ❸ (СПОРТ, *попы́тка*) Versuch *m*; **со второ́го ~а** beim zweiten Anlauf

заходи́ть <*präs:* захожу́, -хо́дишь> *vi I impf* (*pf:* зайти́) ❶ (*посеща́ть*) kurz hineingehen, aufsuchen; **~ к кому́-л.** bei jdm vorbeikommen [*o* vorbeischauen]; **~ за кем-л./чем-л.** jdn/etw abholen ❷ (*входи́ть*) hineingehen, hereinkommen; **заходи́те!** herein! **~ далеко́ в лес** sich in den Wald vertiefen; **~ на поса́дку** (*о самолёте*) zur Landung ansetzen; **~ в порт** (*о корабле́*) den Hafen anlaufen ❸ (*перемеща́ться куда́-л., отку́да-л.*) gelangen; **~ за у́гол** um die Ecke biegen ❹ (*попада́ть не туда́, куда́ ну́жно*) hingeraten; ❺ (*о небе́сных свети́лах*) untergehen

захолу́стный *adj* (*pej*) abgelegen

захороне́ние *nt O2* ❶ (*де́йствие*) Bestattung *f*, Begräbnis *f*; ❷ (*ме́сто*) Grabstätte *f*; ❸ (*радиоакти́вных отхо́дов*) Endlagerung *f*

захорони́ть <*fut:* захороню́, -ро́нишь> *vt I pf* (*impf:* захороня́ть) ❶ begraben, bestatten; **~ у́рну** die Urne beisetzen ❷ (*помести́ть в храни́лище*) endlagern, deponieren

захоте́ть <*fut:* захочу́, -хо́чешь, -хо́чет, *pl:* -хоти́м, -хоти́те, -хотя́т> *vi U1 pf* (*impf:* хоте́ть) (*чего́-либо oder mit inf*) den Wunsch [*o* das Verlangen] zeigen

захоте́ться *vr U1 pf* (*impf:* хоте́ться): **мне вдруг захоте́лось** ich bekam plötzlich das Verlangen

заце́пка <*gen pl:* -пок> *f A* ❶ Häckchen *nt*; ❷ (*fig: предло́г*) Vorwand *m*, Anhaltspunkt *m*

зацепля́ться *vr E impf* (*pf:* зацепи́ться) ❶ sich anhaken (*за +akk* an *+akk*); ❷ (*umg: обосно́вываться*) Fuß fassen

заци́кливаться *vr E impf* (*pf:* заци́клиться) ❶ (*сосредото́чиваться на чём-л.*) sich auf eine Sache konzentrieren; ❷ (*umg: вбива́ть себе́ в го́лову*) sich (gedanklich) festfahren

зача́тие *nt O2* (БИОЛ) Empfängnis *f*; **непоро́чное ~** (РЕЛ) unbefleckte Empfängnis *f*

зача́ток <*gen sg:* -тка> *m K* ❶ (БИОЛ) Keim *m*; ❷ (*fig, meist pl: пе́рвый при́занак, первое проявле́ние*) Keim *m*, Ansatz *m*

зача́хнуть *vi E1a pf* (*impf:* ча́хнуть) ❶ (*поги́бнуть*) verkümmern; ❷ (*завя́нуть*) verwelken

заче́м *adv* weshalb, wozu

зачёркивать *vt E impf* (*pf:* зачеркну́ть) durchstreichen, streichen

зачёркнутый <*part prät pass von:* зачеркну́ть> *adj* gestrichen

зачёт *m K* ❶ (*зачи́тывание*) Anrechnung *f*; ❷ (*в университе́те*) Prüfung *f* ohne Note; **сдать ~** eine Bescheinigung bekommen ❸ (СПОРТ) Wertung *f*

зачина́тель *m K1* Initiator *m*, Vorreiter *m*

зачи́нщик *m K* (*pej*) Anstifter *m*

зачисле́ние *nt O2* ❶ (*начисле́ние*) Anrechnung *f*, Buchung *f*; ❷ (*приём*) Aufnahme *f*, Einstellung *f*; **~ в вуз** Immatrikulation *f*

зачи́тывать[1] *vt E impf* (*pf:* зачита́ть) ❶ (*чита́ть вслух, оглаша́ть*) laut vorlesen, verlesen; ❷ (*umg: кни́гу до дыр*) zerlesen

зачи́тывать[2] *vt E impf* (*pf:* заче́сть) ❶ anrechnen; ❷ (*ста́вить зачёт*) als bestanden anrechnen

заши́ть <*fut:* зашью́, зашьёшь> *vt E4c pf* (*impf:* зашива́ть) zunähen

зашто́рить <*fut:* зашто́рю, -ришь> *vt I pf* (*impf:* зашто́ривать) (*окно́*) zuhängen

заштрихова́ть *vt E2 pf* (*impf:* штрихова́ть) schraffieren, stricheln

защёлкиваться *vr E impf* (*pf:* защёлкнуться) (*о замке́*) einschnappen, ins Schloss fallen

защи́та *f A* ❶ Schutz *m*; **~ окружа́ющей среды́** Umweltschutz *m*; ❷ Verteidigung *f*, Verfechtung *f*; ❸ (ЮР) Verteidigung *f*; ❹ (ВОЕ) Verteidigung *f*; ❺ (СПОРТ)

Verteidigung *f*

защити́ть <*fut:* защищу́, -щити́шь> *vt I pf* (*impf:* защища́ть) schützen, verteidigen

защи́тник *m K* ① Verteidiger *m*, Beschützer *m*; ② (*побо́рник*) Verfechter *m*; ③ (ЮР) Verteidiger *m*, Anwalt *m*; ④ (СПОРТ) Hintermann *m*

защи́тный *adj* Schutz-; **защи́тного цве́та** khakifarben

защища́ть *vt E impf* (*pf:* защити́ть) ① schützen, verteidigen; ② (*оберега́ть*) beschützen; ③ (*предохраня́ть*) schützen, bewahren

защищённость *f I* ① (*безопа́сность*) Absicherung *f*, Sicherheit *f*; ② (*чу́вство защищённости*) Geborgenheit *f*

защищённый <*kf:* -щён, -щена, -щено́, -щены́> *adj* geschützt, gesichert

заяви́тель *m K1* ① (АДМИН) Antragsteller *m*; ② (ЮР) Anzeigeerstatter *m*

заяви́ть <*fut:* заявлю́, -я́вишь> *vt I pf* (*impf:* заявля́ть) ① erklären; ② anzeigen

заяви́ться <*fut:* заявлю́сь, -я́вишься> *vr I pf* (*impf:* заявля́ться) (*umg*) erscheinen, sich einfinden

зая́вка <*gen pl:* -вок> *f A* ① (*регистра́ция*) Anmeldung *f*; ② (*тре́бование*) Anforderung *f*; ③ (*зака́з*) Bestellung *f*; **предвари́тельная ~ на биле́ты** (ТЕАТ) Kartenreservierung *f* ④ (*де́лать зая́вку*) anmelden

заявле́ние *nt O2* ① (*хода́тайство*) Antrag *m*, Eingabe *f*, Gesuch *nt*; **~ о приёме на рабо́ту** Stellengesuch *nt*; **подава́ть ~** einen Antrag stellen ② (ПОЛ) Erklärung *f*

заявля́ть *vt E impf* (*pf:* заяви́ть) ① öffentlich erklären; ② (*выска́зывать*) erklären, aussprechen; ③ (ЮРЖ *в о́рганы*) anzeigen, mitteilen; **~ на кого́-л.** Anzeige erstatten (gegen *+akk*)

заявля́ться *vr E impf* (*pf:* заяви́ться) (*umg*) erscheinen, sich einfinden

за́яц <*gen sg:* за́йца> *m K* ① Hase *m*; ② (*fig:* *безбиле́тник*) Schwarzfahrer *m*

зва́ние *nt O2* Rang *m*, Dienstgrad *m*; **почётное ~** Ehrentitel *m*

звать <*präs:* зову́, зовёшь> *vt E4a impf* ① rufen; **~ к столу́** zum Essen rufen; **~ на по́мощь** um Hilfe rufen, um Hilfe bitten ② nennen; **как тебя́ зову́т?** wie heißt du?

звезда́ <*nom pl:* звёзды> *f A pls* ① (АСТРОН) Stern *m*; ② (*fig:* *знамени́тость*) Star *m*

звёздный *adj* Stern-; **~ час** (*fig*) Sternstunde *f*

звене́ть <*präs:* звеню́, -ни́шь> *vi I impf* (*pf:* за-, про-) ① (*звуча́ть*) klingeln; ② (*дребезжа́ть*) klirren, rasseln; **буди́льник уже́ прозвене́л** der Wecker hat schon geläutet

звено́ <*pl:* зве́нья, -ьев, -ьям> *nt O pls* ① Kettenglied *nt*; ② (*fig:* *составна́я часть*) Glied *nt*, Bestandteil *m*; **связу́ющее ~** Bindeglied *nt*; **всё э́то зве́нья одно́й цепи́** all das gehört zusammen

звере́ть *vi E impf* (*pf:* озвере́ть) grausam werden, verrohen

зве́рский *adj* ① bestialisch, grausam; ② (*umg:* *жу́ткий*) tierisch, riesig; **~ хо́лод** eine tierische Kälte

зверь *m K1 ple1* ① wildes Tier *nt*; **хи́щный ~** Raubtier *nt* ② (*fig, pej:* *и́зверг*) Bestie *f*

звон *m K* Klang *m*, Läuten *nt*

звони́ть *vi I impf* (*pf:* за-, по-) ① klingeln, läuten; **звоня́т** es klingelt [*o* läutet]; **~ в дверь** an der Tür klingeln; **~ в ко́локол** die Glocke ziehen ② (*кому́-л. по телефо́ну*) anrufen, mit jdm telefonieren

зво́нкий <*kf:* -нок, -нка́, -нко, *komp:* зво́нче> *adj* klingend, hell-

tönend; **~ гóлос** helle Stimme *f*
звонóк *<gen sg:* -нкá*>* *m K* ❶ Klingel *f*, Türklingel *f*; ❷ (*шкóльный*) Klingelzeichen *nt*; ❸ (*телефóнный*) Anruf *m*
звук *m K* Laut *m*, Schall *m*
звучáть *<präs:* звучý, -чи́шь*>* *vi I impf* (*pf:* за-, про-) ❶ tönen, klingen; ❷ (*im pf: зазвучáть, прозвучáть*) ertönen, erklingen
звýчный *<kf:* -чен, -чнá, *komp:* звучнéе*>* *adj* klangvoll
здáние *nt O2* Gebäude *nt*; **нóвое ~** Neubau *m*
здесь *adv* ❶ (*на э́том мéсте*) hier, da; ❷ (*при э́том*) hieran, hierbei
здорóваться *vi E2 impf* (*pf:* по-) (*с кéм-ли́бо*) einander begrüßen, sich grüßen
здóрово *adv* (*umg*) klasse, prima
здорóвый *<kf:* -óв, *komp:* здоровéе*>* *adj* ❶ gesund; **~ как бык** kerngesund,; **~ óбраз жи́зни** gesunde Lebensweise *f*; ❷ (*fig: об эконóмике*) intakt; ❸ (*umg: большóй*) groß
здорóвье *nt O1* Gesundheit *f*; **он пы́шет здорóвьем** er strotzt vor Gesundheit; **за Вáше/твоё ~!** prost! zum Wohl!
здрáвица *f A* Hoch *nt*, Trinkspruch *m*
здравоохранéние *nt O2* Gesundheitswesen *nt*
здрáвствовать *vi E2 impf* sich wohlbefinden, leben; **здрáвствуйте!** guten Tag!
здрáвый *adj* vernünftig; **~ смысл** gesunder Menschenverstand *m*
зéбра *f A* ❶ (зоол) Zebra *nt*; ❷ (*umg*) Fußgängerüberweg *m*
зев *m K* Rachen *m*, Schlund *m*
зевáка *mf A* Schaulustige(r) *mf*
зевáть *vi E impf* gähnen
зеленéть *vi E impf* (*pf:* по-) grünen, grün werden
зелёный I. *<kf:* зéлен, -á, -o*>* *adj* ❶ grün; **зелёные насаждéния** (*im pl*) Grünanlagen, *pl* Grünstreifen *m*; **~ теáтр** Freilichtbühne *f*; **давáть ~ свет чемý-л.** (*fig*) einer Sache grünes Licht geben; ❷ (*auch fig: незрéлый*) unreif; **~ юнéц** Grünschnabel *m*; **II.** *m wie adj* Umweltschützer *m*, Grüner *m*
земéльный *adj* ❶ Boden-; **земéльная сóбственность** Grundbesitz *m* ❷ (пол: *в Гермáнии*) Landes-; **~ парлáмент** Landtag *m*
землевладéние *nt O2* Grundbesitz *m*
земледéлие *nt O2* Ackerbau *m*
землетрясéние *nt O2* Erdbeben *nt*
земля́ *<akk sg:* зéмлю, *pl:* зéмли, земéль, зéмлям*>* *f A1 pls* ❶ (*земнóй шар*) Erde *f*, Erdkugel *f*; **на землé** auf der Erde; ❷ (*пóчва*) Erde *f*, Land *nt*, Erdboden *m*; ❸ (*сýша*) Festland *nt*; **большáя ~** Festland *nt* ❹ (*федерáльная, в ФРГ*) Bundesland *nt*
Земля *<akk sg:* Зéмлю*>* *f A1* (Planet) Erde *f*; **на Землé** auf der Erde
земля́к *m K* Landsmann *m*
землянóй *adj* Erd-; **земляны́е рабóты** Erdarbeiten *f pl*
земля́чка *<gen pl:* -чек*>* *f K* Landsmännin *f*
земнóй *adj* ❶ Erd-; **~ шар** Erdkugel *f*; **земнóе притяжéние** (физ) Erdanziehung *f* ❷ (*fig: житéйский*) irdisch
зéркало *nt O ple* Spiegel *m*; **~ зáднего ви́да** (авто) Rückspiegel *m*
зеркáльный *<kf:* -лен, -льна*>* *adj* ❶ (*nur Langform*) Spiegel-; **зеркáльное отражéние** Spiegelbild *nt*, Spiegelung *f* ❷ (*глáдкий как зéркало, блестя́щий*) spiegelglatt, spiegelblank
зернó *<pl:* зёрна, зёрен, зёрнам*>* *nt O pls* ❶ (*сéмя*) Korn *nt*, Samenkorn *nt*; ❷ (*хлеб в ви́де зернá*) Getreide *nt*
зигзáг *m K* Zickzack *m*
зи́ждиться *<nur 3. pers:*

зи́ждется> *vr E4 impf* (**на чём-ли́бо**) beruhen (auf *+dat*)
зима́ <*akk sg:* зи́му> *f A pls* Winter *m*
зи́мний *adj* Winter-, winterlich
зимо́вка *f A* Überwintern *nt*, Überwinterung *f*; **ме́сто зимо́вки** (БОТ, ЗООЛ) Winterquartier *nt*
зиморо́док *m K* (ЗООЛ) Eisvogel *m*
зия́ть *vi E impf* klaffen, gähnen
зла́ки *pl K* (БОТ) Gräser *nt pl*
злить <*präs:* злю́, зли́шь> *vt I impf* (*pf:* обо-, разо-) ärgern

З

зли́ться *vr I impf* (*pf:* разо-) (*на кого́-л./что-л.*) sich ärgern (über *+akk*)
зло <*gen sg:* зла, *im pl nur gen:* зол> *nt O* ❶ (ФИЛОС, РЕЛ: *отсу́тствие добра́*) (das) Böse *nt*; **добро́ и зло** das Gute und das Böse ❷ (*зло́ба*) Ärger *m*, Wut *f*; **со зла́** vor Wut; aus Ärger; **вымеща́ть ~ на ком-л.** seine Wut auslassen (an *+dat*)
зло́ба *f A* Groll *m*, verhaltener Zorn *m*; **~ дня** (*fig*) Tagesgespräch *nt*, Tagesereignis *nt*; **на зло́бу дня** zu einem aktuellen Anlass
зло́бность *f I* Bosheit *f*, Gehässigkeit *f*
зло́бный <*kf:* -бен ,-бна> *adj* ❶ (*вре́дный*) boshaft; ❷ (*озло́бленный*) erbittert; ❸ (*вражде́бный, язви́тельный*) gehässig; ❹ (*о взгля́де*) bitterböse
злободне́вный <*kf:* -вен, -вна> *adj* aktuell, akut
злове́щий <*kf:* -ещ> *adj* unheilvoll, unheilverkündend
злодея́ние *nt O2* Verbrechen *nt*, Frevel *m*, Greueltat *f*
зло́й <*kf:* зол, зла, *komp:* зле́е*super:* зле́йший> *adj* ❶ böse, boshaft; **со злым у́мыслом** böswillig; **быть злым на кого́-л.** (*nur kf*) böse sein (auf *+akk*); **осторо́жно, зла́я соба́ка!** Vorsicht, bissiger Hund! ❷ (*fig, umg: дурно́й, нехоро́ший*) arg, schlimm; **зла́я весть** eine böse [*o* üble] Nachricht *f*
злока́чественный *adj* (МЕД: *о́пухоль*) bösartig
злонаме́ренный <*kf:* -рен, -ренна> *adj* böswillig
злопа́мятный <*kf:* -тен, -тна> *adj* nachtragend
злополу́чный <*kf:* -чен, -чна> *adj* unglückselig
злора́дный <*kf:* -ден, -дна> *adj* schadenfroh
злора́дство *nt O* Schadenfreude *f*
злоупотребле́ние *nt O2* ❶ Missbrauch *m*; **~ дове́рием** Vertrauensbruch *m* ❷ (*вла́стью*) Übergriff *f*; ❸ (*чрезме́рное потрбле́ние*) übermäßiger Gebrauch *m*
злоупотребля́ть *vt E impf* (*pf:* злоупотреби́ть) ❶ missbrauchen; ❷ (*превыша́ть употрбле́ние*) übermäßig dem Körper zuführen; **~ алкого́лем** zu viel trinken
зме́й *m K2* ❶ (ЛИТ) Drache *m*; ❷ (*бума́жный*) Drachen *m*, Papierdrachen *m*
змея́ *f A1 pls* Schlange *f*; **ядови́тая ~** Giftschlange *f*; **подколо́дная ~** (*fig*) heimtückischer Mensch *m*
знак *m K* ❶ Zeichen *nt*; ❷ (*сигна́л*) Signal *nt*; ❸ (*си́мвол*) Symbol *nt*; **вопроси́тельный ~** Fragezeichen *nt*; **в ~ благода́рности** als Zeichen der Dankbarkeit
знако́мить <*präs:* знако́млю, -мишь> *vt I impf* (*pf:* по-) (*кого́-л. с кем-л./чем-л.*) bekanntmachen (mit *+dat*)
знако́миться <*präs:* знако́млюсь, -мишься> *vr I impf* (*pf:* по-) (*с кем-л./чем-л.*) sich bekannt machen (mit *+dat*), sich einander vorstellen, jdn/etw kennenlernen
знако́мство *nt O* ❶ (*с кем-ли́бо*) Bekanntschaft *f*; **э́то мо́жно сде́лать то́лько по знако́мству** (*umg*) das läuft nur über Beziehungen; ❷ (*с чем-ли́бо*) Kenntnis *f*, Vertrautheit *f*; **при бо́лее бли́зком знако́мстве** bei näherem Hinsehen
знако́мый I. *adj* bekannt, vertraut;

быть бли́зко знако́мым с кем-л. mit jdm näher bekannt sein; **II.** *mf wie adj* Bekannte(r) *mf*
знамена́тель *m K1* (МАТ) Nenner *m*
знамена́тельный <*kf:* -лен, -льна> *adj* ❶ bezeichnend; ❷ (*о да́те, собы́тии*) bedeutsam, denkwürdig
знаме́ние *nt O2* (*geh*) Vorzeichen *nt*, Omen *nt*
знамени́тость *f I* Berühmtheit *f*, prominente Persönlichkeit *f*
знамени́тый <*kf:* -и́т> *adj* berühmt, prominent
знаменова́ть *vt E2 impf* (*geh*) kennzeichnen, bedeuten
зна́мя <*gen sg:* зна́мени> *nt U1* Banner *nt*, Fahne *f*
зна́ние *nt O2* ❶ Wissen *nt*, Kenntnis *f*; **со ~м де́ла** mit Sachkenntnis; **~ люде́й** Menschenkenntnis *f*; ❷ (*im pl*) Kenntnisse *f pl*
знато́к *m K* Kenner *m*, Experte *m*
знать[1] *vt E impf* (*что-л.; о ком-л./чём-л.*) kennen, wissen
знать[2] *f I* (*ungebr*) Adel *m*, Aristokratie *f*
зна́харь, зна́харка <*gen pl f:* -рок> *m K1 / f A* (*pej*) Kurpfuscher, -in *m/f*, Quacksalber *m*
значе́ние *nt O2* ❶ (*смысл*) Bedeutung *f*, Sinn *m*; ❷ (*ва́жность*) Wichtigkeit *f*, Wert *m*; **придава́ть чему́-л. осо́бое ~** besonderen Wert legen (auf *+akk*); **приобрета́ть ~** an Bedeutung gewinnen ❸ (МАТ) Wert *m*
значи́тельный <*kf:* -лен, -льна> *adj* ❶ bedeutend, beträchtlich; ❷ (*зна́чимый*) bedeutsam
зна́чить <*präs:* зна́чу, -чишь> *vi I impf* bedeuten; **что э́то зна́чит?** was heißt das?, was bedeutet das?
значо́к <*gen sg:* -чка́> *m K* Abzeichen *nt*, Plakette *f*
знobи́ть *vi I impf:* **меня́ знobи́т** mich fröstelt
зоб <*präpos sg:* в зобу́> *m K ple* Kropf *m*
зов *m K* Ruf *m*
зола́ *f A* Asche *f*
золо́вка <*gen pl:* -вок> *f A* (*сестра́ му́жа*) Schwägerin *f*
золоти́стый <*kf:* -и́ст> *adj* ❶ goldfarben, goldglänzend; ❷ (*о волоса́х*) goldblond
золоти́ть <*präs:* золочу́, -оти́шь> *vt I impf* (*pf:* по-) vergolden
зо́лото *nt O* ❶ Gold *nt*; **чёрное ~** (*нефть*) Erdöl *nt* ❷ (СПОРТ: *золота́я меда́ль*) Goldmedaille *f*
золото́й *adj* ❶ Gold-, golden; **золото́е пра́вило** (*fig*) Faustregel *f*; **золота́я середи́на** (*fig*) goldener Mittelweg *m* ❷ (*fig: ми́лый*) goldig, herzig
зо́на *f A* ❶ Zone *f*, Bereich *m*, Gebiet *nt*; ❷ (*umg: тюрьма́*) Vollzugsanstalt *f*; ❸ (*umg: исправи́тельный ла́герь*) Straflager *nt*
зонд *m K* (ТЕХ) Sonde *f*
зонди́рование *nt O2* Sondieren *nt*
зонт *m K* Regenschirm *m*
зоо́лог *m K* Zoologe, Zoologin *m/f*
зооло́гия *f A2* Zoologie *f*
зоопа́рк *m K* zoologischer Garten *m*, Zoo *m*
зрачо́к <*gen sg:* зрачка́> *m K* Pupille *f*
зре́лость *f I* Reife *f*
зре́лый <*kf:* зрел, зрела́, -о> *adj* ❶ (*auch fig*) reig; **в зре́лом во́зрасте** in reifen Jahren ❷ (*обду́манный*) reif, reiflich
зре́ние *nt O2* Sehvermögen *nt*; **то́чка зре́ния** (*fig*) Gesichtspunkt *m*, Standpunkt *m*
зре́ть *vi E impf* (*pf:* со-) reifen, reif werden
зри́тель, зри́тельница *m K1 / f A* Zuschauer, -in *m/f*
зря *adv* umsonst, unnütz
зуб *m K ple1* Zahn *m*; **глазно́й ~** Eckzahn *m*; **~ му́дрости** Weisheitszahn *m*; **име́ть ~ на** [*o* **про́тив**] **кого́-л.** (*fig*) jdm grollen; **держа́ть язы́к за ~ами** (*fig*) den Mund halten

З

зубе́ц <*gen sg:* -бца́> *m K* (тех) Zahn *m*, Zacke *f*

зуби́ло *nt O* Meißel *m*

зубно́й *adj* Zahn-; **~ врач** Zahnarzt *m*; **зубна́я щётка** Zahnbürste *f*; **зубна́я эма́ль** Zahnschmelz *m*

зубоска́лить *vi I impf* spotten, spötteln

зубочи́стка <*gen pl:* -ток> *f A* Zahnstocher *m*

зубри́ть <*präs:* зубрю́, зу́бри́шь> *vt I impf* (*umg*) büffeln, pauken

зуд *m K* ① Juckreiz *m*; ② (*fig:* *вну́тренняя потре́бность*) Jucken *nt*, Drängen *nt*

зуде́ть <*nur 3. pers:* зуди́т> *vi I impf* jucken, prickeln

зя́блик *m K* Buchfink *m*

зя́бнуть *vi E1a impf* (*pf:* о-) frieren, frösteln

зять <*pl:* зятья́, зятьёв, зятья́м> *m K1 ple* ① (*муж до́чери*) Schwiegersohn *m*; ② (*муж сёстры*) Schwager *m*

Ии

и, И *nt indekl kyrillischer Buchstabe*

и *konj* ① und; **~ так да́лее** und so weiter; et cetera ② (*та́кже, да́же*) auch, sogar; **~...~** sowohl ... als auch; **~ без того́** ohnehin

и́бо *konj* (*geh:* *потому́ что*) denn, weil

и́ва *f A* Weide *f*

игла́ *f A pls* Nadel *f*

игнори́ровать *vt E2 impf/pf* ignorieren, missachten

иго́лка <*gen pl:* -лок> *f A* ① Nadel *f*, Nähnadel *f*; ② (*у живо́тных*) Stachel *m*

иго́льный *adj* Nadel-; **иго́льное ушко́** Nadelöhr *nt*

игра́ *f A pls* Spiel *nt*; **насто́льная ~** Brettspiel *nt*; **~ воображе́ния** (*fig*) Gedankenspiel *nt*, Einbildung *f*; **~ сто́ит свеч** (*fig*) der Einsatz lohnt sich

игра́ть *vi E impf* ① spielen; **~ на пиани́но** Klavier spielen; **~ на не́рвах** (*fig*) jds Nerven beanspruchen; ② (*auch fig:* *с кем-л./чем-л.*) spielen (mit *+dat*); ③ (*о вине́*) perlen, moussieren

игра́ючи *adv* spielend; **~ спра́виться с чем-л.** etw spielend erledigen

игрово́й *adj* Spiel-; **~ прито́н** Spielhölle *f*

игро́к *m K* Spieler *m*

игроте́ка *f A* Spielothek *f*

игру́шка <*gen pl:* -шек> *f A* Spielzeug *nt*, Spielsachen *pl*

игу́мен, игу́менья <*gen pl f:* -ий> *m K / f A1* Abt, Äbtissin *m/f*

иде́ал *m K* Ideal *nt*, Idealbild *nt*

иде́йный <*kf:* -е́ен, -е́йна> *adj* Ideen-; **иде́йное насле́дие** Gedankengut *nt*

идентифика́ция *f A2* Identifizierung *f*

идео́лог *m K* Ideologe *m*, Vordenker *m*

идеологи́ческий *adj* ideologisch

иде́я <*gen pl:* -е́й> *f A2* Idee *f*, Einfall *m*

иди́ллия *f A2* Idylle *f*

идиоти́зм *m K* Blödsinnigkeit *f*

и́дол *m K* ① Götze *m*, Götzenbild *nt*; ② (*куми́р*) Idol *nt*; ③ (*umg, pej:* *истука́н*) Holzkopf

идти́ <*präs:* иду́, идёшь, *prät:* шёл, шла> *vi E7 best* (*unbest:* *ходи́ть*) (*pf:* пойти́) ① gehen, laufen; **~ навстре́чу** jdm entgegengehen;

~ на пешко́м zu Fuß gehen; **часы́ иду́т вперёд** (*fig*) die Uhr geht vor; ② (*куда́-л.*) hingehen, sich begeben; **~ в магази́н** einkaufen gehen ③ (*auch fig: за кем-л./чем-л.*) hinterherlaufen, nachfolgen; ④ (*отправля́ться*) gehen, fahren; **по́езд идёт в семь часо́в** der Zug geht um sieben Uhr ab; ⑤ (*fig: кому́-л./чему́-л.*) passen zu; ⑥ (*fig: на что-ли́бо*) eingehen (auf *+akk*), sich einlassen (auf *+akk*); **~ на усту́пки** (*fig*) entgegenkommen ⑦ (*fig: говори́ться о ком-л./чём-л.*) handeln (von *+dat*); **речь идёт о но́вом ме́тоде** es geht um eine neue Methode; ⑧ (*о вре́мени, проце́ссе*) vergehen, im Gange sein; **вре́мя идёт** die Zeit vergeht; ⑨ (*о фи́льме, спекта́кле*) gegeben werden; **что идёт в кино́?** was läuft im Kino? ⑩ anbrechen, kommen; **весна́ идёт** der Frühling kommt; **нововведе́ния иду́т тру́дно** das Neue setzt sich nur schwer durch; ⑪ (*об оса́дках*) fallen; **идёт снег** es schneit; **идёт дождь** es regnet

иера́рхия *f A2* Hierarchie *f*; **~ ме́неджмента** [*o* **управле́ния**] (экон) Führungshierarchie *f*

иере́й *m K2* Priester *m*, Pfarrer *m*

иеро́глиф *m K* Hieroglyphe *f*

иждиве́ние *nt O2*: **быть на иждиве́нии у кого́-л.** von jdm unterhalten werden

из *präp +gen* aus (*+dat*), von (*+dat*); **~ загран́ицы** aus dem Ausland; **~ э́того вытека́ет, что** daraus geht hervor, dass; **~ любви́** aus Liebe; **~ после́дних сил** mit letzter Kraft

из- *präfix* aus-, heraus-

изба́ <*akk sg auch:* и́збу> *f A pls* Holzhaus *nt*, Bauernhaus *nt*

изба́вить <*fut:* изба́влю, -ба́вишь> *vt I pf* (*impf:* избавля́ть) ① (*кого́-л. от кого́-л./чего́-л.*) erretten, erlösen; **~ кого́-л. от бо́ли** jdn von seinen Schmerzen erlösen ② (*освободи́ть*) befreien

изба́виться <*fut:* изба́влюсь, -ба́вишься> *vr I pf* (*impf:* избавля́ться) (*от кого́-л./чего́-л.*) loskommen, sich befreien (von *+dat*)

избавле́ние *nt O2* (*освобожде́ние*) Befreiung *f*, Erlösung *f*

избалова́ть *vt E2 pf* (*impf:* балова́ть) verwöhnen

избега́ть I. *vi E impf* (*pf:* избежа́ть) (*кого́-л./чего́-л.*) meiden, vermeiden; **~ чьего́-л. о́бщества** seine [*o* ihre] Gesellschaft meiden; **~ столкнове́ний** Zusammenstöße vermeiden; **II.** *vi E impf* (*auch mit infinitiv: уклоня́ться от чего́-л.*) etw zu vermeiden suchen, sich drücken (um *+akk*)

избежа́ть <*fut:* избегу́, -бежи́шь> *vi U1 pf* (*impf:* избега́ть) (*кого́-л./чего́-л.*) vermeiden, entkommen, herumkommen (um *+akk*)

избива́ть *vt E impf* (*pf:* изби́ть) verprügeln

избира́тель, избира́тельница *m K1 / f A* Wähler, -in *m/f*

избира́тельный *adj* Wahl-; **~ бюллете́нь** Stimmzettel *m*; **избира́тельное пра́во** Wahlrecht *nt*

изби́тый *adj* ① zusammengeschlagen, misshandelt; ② (*fig: о выраже́нии*) abgegriffen, abgedroschen

изби́ть <*fut:* изобью́, -бьёшь> *vt E4c pf* (*impf:* избива́ть) zusammenschlagen

избра́ние *nt O2* Wahl *f*; **~ на но́вый срок** (пол) Wiederwahl *f*

и́збранный *adj* ① gewählt; ② (*fig: элита́рный*) auserlesen, erlesen, exquisit

избы́ток <*gen sg:* -тка> *m K* ① Überschuss *m*; **у него́ ~ сил** er hat Kraft im Übermaß; **~ предложе́ния** (экон) Überangebot *nt* ② (*изоби́лие*) Überfluss *m*; **име́ться в избы́тке** im Überfluss vorhanden sein

И

избы́точный *adj* überschüssig; **~ вес** *m* Übergewicht *nt*

и́зверг *m K* (*pej*) Unmensch *m*, Scheusal *nt*

изверну́ться *vr E1 pf* (*impf:* извора́чиваться) sich herauswinden, sich aus der Verlegenheit ziehen

изве́стие *nt O2* Nachricht *f*

извести́ть <*fut:* извещу́, -вести́шь> *vt I pf* (*impf:* извеща́ть) benachrichtigen

изве́стность *f I* Bekanntheit *f*, Berühmtheit *f*, Ruhm *m*, Ruf *m*; **приобрета́ть ~** bekannt werden; **име́ть мирову́ю изве́стность** Weltruf haben

изве́стный <*kf:* -тен, -тна> *adj* ❶ bekannt, berühmt; ❷ (*определённый*) bestimmt, festgesetzt; **в изве́стной сте́пени** in gewissem Maße

известня́к *m K* Kalkstein *m*

и́звесть *f I* Kalk *m*

извеща́ть *vt E impf* (*pf:* извести́ть) ❶ benachrichtigen, in Kenntnis setzen (*o* +*inst* von +*dat*); ❷ (ЭКОН) avisieren

извеще́ние *nt O2* ❶ Mitteilung *f*, Benachrichtigung *f*; ❷ (ЭКОН: *ави́зо*) Anzeige *f*, Avis *nt*

извива́ться *vr E impf* ❶ (*о доро́ге, реке́ и т.п.*) sich winden, sich schlängeln; ❷ (*от бо́ли и т.п.*) sich krümmen

изви́лина *f A* ❶ Krümmung *f*, Wegbiegung *f*; ❷ (АНАТ: *в мозгу́*) Hirnwindung *f*

изви́листый <*kf:* -ист> *adj* gewunden; **изви́листая доро́га** kurvenreiche Straße *f*

извине́ние *nt O2* Entschuldigung *f*

извини́ть *vt I pf* (*impf:* извиня́ть) entschuldigen, verzeihen; **извини́те!** Entschuldigung!

извлека́ть *vt E impf* (*pf:* извле́чь) herausziehen; **~ по́льзу** [*o* **вы́году**] **из чего́-л.** profitieren (von +*dat*)

извле́чь <*fut:* извлеку́, -влечёшь, *prät:* извлёк, -влекла́> *vt UE4 pf* (*impf:* извлека́ть) herausziehen, herausholen

извора́чиваться *vr E impf* (*pf:* изверну́ться) sich herauswinden, sich winden wie ein Aal

изворо́тливый <*kf:* -лив> *adj* wendig, gewandt, aalglatt

изврати́ть <*fut:* извращу́, -врати́шь> *vt I pf* (*impf:* извраща́ть) ❶ (*искази́ть, передёрнуть*) verdrehen, entstellen; **~ фа́кты** einen Tatbestand verdrehen [*o* die Tatsachen entstellen] ❷ (*испо́ртить*) pervertieren

извраще́ние *nt O2* ❶ (*искаже́ние, передёргивание*) Verdrehung *f*, Entstellung *f*; ❷ (*развраще́ние, растле́ние*) Perversion *f*

извращённый <*kf:* -ён, -ена́> *adj* ❶ (*передёрнутый*) entstellt, verdreht; ❷ (*испо́рченный*) pervers

изги́б *m K* Biegung *f*, Krümmung *f*, Knick *m*

изгна́ние *nt O2* ❶ (*наси́льственное выселе́ние*) Vertreibung *f*; ❷ (*ссы́лка*) Verbannung *f*, Exil *nt*

и́згнанный I. *adj* ❶ (*наси́льственно вы́селенный*) vertrieben; ❷ (*со́сланный*) verbannt; **II.** *mf wie adj* ❶ (*изгна́нник*) Vertriebener, Vertriebene *m/f*; ❷ (*ссы́льный*) Verbannter, Verbannte *m/f*

изголода́ться *vr E pf* ❶ ausgehungert sein; ❷ (*fig: по чему́-ли́бо*) hungern, sich sehnen (nach +*dat*)

изготови́тель *m K1* Hersteller *m*, Produzent *m*

изгото́вить <*fut:* изгото́влю, -вишь> *vt I pf* (*impf:* изготовля́ть) herstellen, produzieren, fertigen

изгото́виться <*fut:* изгото́влюсь, -вишься> *vr I pf* (*impf:*

изготовля́ться) sich vorbereiten
изготовле́ние *nt O2* Erzeugung *f*, Herstellung *f*, Fertigung *f*
издава́ть <*präs:* **издаю́, -даёшь**> *vt E3 impf* (*pf:* **изда́ть**) ❶ (*кни́гу и т.п.*) herausgeben; ❷ (*зако́н и т.п.*) erlassen
издалека́ *adv* von weitem; **нача́ть разгово́р ~** (*fig*) weit ausholen
изда́ние *nt O2* ❶ (*де́йствие*) Herausgabe *f*; ❷ (*произведе́ние печа́ти*) Ausgabe *f*; **по́лное ~** Gesamtausgabe *f*; ❸ (*тира́ж*) Auflage *f*, Edition *f*; **год изда́ния** Erscheinungsjahr *nt*
изда́тель *m K1* Verleger *m*, Herausgeber *m*
изда́тельство *nt O* Verlag *m*
изда́ть <*fut:* **изда́м, -да́шь**> *vt U2 pf* (*impf:* **издава́ть**) herausgeben
издева́тельство *nt O* Verhöhnung *f*, Verspottung *f*, Hohn *m*
издева́ться *vr E2 impf* (*над кем-л./чем-л.*) jdn/etw verspotten, seinen Spott treiben (mit *+dat*)
издёвка <*gen pl:* **-вок**> *f A* Verhöhung *m*, Verspottung *f*; **в издёвку** zum Hohn, zum Spott
изде́лие *nt O2* ❶ (*проду́кт*) Erzeugnis *nt*, Produkt *nt*; ❷ (*това́р*) Ware *f*
изде́ржки <*gen pl:* **-жек**> *f pl A* Ausgaben *f*, Kosten *pl*, Unkosten *pl*, Spesen *pl*; **~ произво́дства** (ЭКОН) Produktionskosten *pl*
издо́хнуть *vi E1 pf* (*impf:* **издыха́ть**) ❶ (*о живо́тных*) sterben, verenden; ❷ (*vulg:* *околе́ть*) krepieren
изжи́ть <*fut:* **изживу́, -вёшь**> *vt UE3 pf* (*impf:* **изжива́ть**) ❶ (*преодоле́ть*) überwinden, ausmerzen, aus der Welt schaffen; ❷ (*устрани́ть*) abschaffen, beseitigen
изжо́га *f A* Sodbrennen *nt*
из-за *präp +gen* ❶ hinter ... hervor (*+dat*); **встать ~ стола́** vom Tisch aufstehen; ❷ wegen (*+gen*); **~ тебя́** deinetwegen
излага́ть *vt E impf* (*pf:* **изложи́ть**) darlegen, berichten
излече́ние *nt O2* Heilung *f*
излечи́мый *adj* heilbar
излечи́ть <*fut:* **излечу́, -ле́чишь**> *vt I pf* (*impf:* **изле́чивать**) heilen, (aus)kurieren
изли́шек <*gen pl:* **-шка**> *m K* Überschuss *m*, Überfluss *m*
изли́шество *nt O* Überfluss *m*, Übermaß *nt*
изли́шний <*kf:* **-шен, -шна, -шне**> *adj* ❶ (*чрезме́рный*) übermäßig; ❷ (*нену́жный*) überflüssig, entbehrlich
излия́ние *nt O2* ❶ (МЕД) Erguss *m*; ❷ (*fig, im pl:* *излия́ния*) heftige Gefühlsäußerung *f*
изложе́ние *nt O2* ❶ (*де́йствие*) Schilderung *f*, Darstellung *f*; ❷ (*пересска́з*) Nacherzählung *f*; ❸ (*в шко́ле*) schriftliche Nacherzählung *f*; ❹ (*кра́ткое содержа́ние*) Kurzfassung *f*
изложи́ть <*fut:* **изложу́, -ло́жишь**> *vt I pf* (*impf:* **излага́ть**) darlegen
изло́м *m K* ❶ (*ме́сто изло́ма*) Bruchstelle *f*; ❷ (*надло́м*) Knick *m*
излуча́ть *vt E impf* (*pf:* **излучи́ть**) ❶ (aus)strahlen, Strahlen aussenden; ❷ (*fig:* *дыша́ть*) ausströmen
излуче́ние *nt O2* (ФИЗ) Strahlung *f*
излю́бленный *adj* bevorzugt, Lieblings-; **излю́бленное заня́тие** Lieblingsbeschäftigung *f*
изма́тывать *vt E impf* (*pf:* **измота́ть**) zermürben, erschöpfen, aufreiben
измельчи́ть *vt I pf* (*impf:* **измельча́ть**) zerkleinern
изме́на *f A* ❶ (*преда́тельство*) Verrat *m*; ❷ (*неве́рность*) Untreue *f*; **супру́жеская ~** Ehebruch *m*
измене́ние *nt O2* Änderung *f*, Veränderung *f*, Wechsel *m*
измени́ть I. <*fut:* **изменю́, -ме́нишь**> *vt I pf* (*impf:* **изменя́ть**) (*переде́лать*) ändern, verändern; **II.** *v + dat I* ❶ (*преда́ть*)

И

verraten; ❷ (*auch fig:* ***быть неве́рным***) untreu werden
изме́нник, изме́нница *m K / f A* Verräter, -in *m/f*
изме́нчивый <*kf:* **-ив**> *adj* veränderlich, unbeständig
измере́ние *nt O2* ❶ Messung *f*, Vermessung *f*; ❷ (физ: *разме́рность*) Dimension *f*; **те́ло име́ет три измере́ния** ein Körper hat drei Dimensionen; **пе́рвое, второ́е, тре́тье ~** die erste, zweite, dritte Dimension *f*

И

измери́мый *adj* messbar
измери́тельный *adj* Mess-; **~ прибо́р** *m* Messgerät *nt*
изме́рить <*fut:* **изме́рю, -ришь**> *vt I pf* (*impf:* **измеря́ть**) messen, vermessen
измота́ть *vt E pf* (*impf:* **изма́тывать**) erschöpfen, aufreiben
измышле́ние *nt O2* Erdichtung *f*, Erfindung *f*, Hirngespinst *nt*; **клеветни́ческое ~** Verleumdung *f*
измя́ть <*fut:* **изомну́, -нёшь**> *vt E9 pf* (*impf:* **мять**) zerknittern, zerknüllen
изна́нка *f A* ❶ linke Seite *f*; ❷ (*fig:* ***оборо́тная сторона́***) Kehrseite *f*
изнаси́лование *nt O2* Vergewaltigung *f*
изнаси́ловать *vt E2 pf* (*impf:* **наси́ловать**) vergewaltigen
изна́шиваемый *adj* abnutzbar
изна́шивание *nt O2* Abnutzung *f*, Verschleiß *m*
изна́шивать *vt E impf* (*pf:* **износи́ть**) ❶ abnutzen, verschleißen; ❷ (***оде́жду***) abtragen
изне́жить <*fut:* **изне́жу, -жишь**> *vt I pf* (*impf:* **изне́живать**) verwöhnen, verhätscheln
изнемога́ть *vi E impf* (*pf:* **изнемо́чь**) (***от чего́-ли́бо***) verschmachten, vergehen (vor *+dat*); **~ от жары́** in der Hitze schmoren
изнеможе́ние *nt O2* Erschöpfung *f*, Entkräftung *f*
изнеможённый <*kf:* **-ён, -ена́**> *adj* völlig erschöpft
изнемо́чь <*fut:* **изнемогу́, -мо́жешь**> *vi UE4 pf* (*impf:* **изнемога́ть**) ganz von Kräften kommen
изно́с *m K* Abnutzung *f*, Verschleiß *m*; **не зна́ющий ~а** verschleißfest, unverwüstlich
износи́ть <*fut:* **изношу́, -но́сишь**> *vt I pf* (*impf:* **изна́шивать**) abnutzen
изно́шенный *adj* abgenutzt, schäbig
изнуре́ние *nt O2* Erschöpfung *f*, Entkräftung *f*
изнури́ть <*fut:* **изнурю́, -ри́шь**> *vt I pf* (*impf:* **изнуря́ть**) erschöpfen, entkräften
изоби́лие *nt O2* Überfluss *m*, Fülle *f*
изобража́ть *vt E impf* (*pf:* **изобрази́ть**) ❶ (***опи́сывать***) darstellen, schildern; ❷ (***на сце́не***) darstellen, nachahmen; **~ Ча́цкого** (театр) Tschazkij spielen; **~ из себя́** (*umg: nur impf*) sich (irgendwie) stellen, etw vorspielen; ❸ (***выража́ть, отража́ть***) zeigen, widerspiegeln
изображе́ние *nt O2* ❶ (***де́йствие***) Darstellung *f*; ❷ (***описа́ние***) Schilderung *f*; ❸ (***рису́нок, репроду́кция***) Abbildung *f*, Bild *nt*
изобрази́ть <*fut:* **изображу́, -ази́шь**> *vt I pf* (*impf:* **изобража́ть**) darstellen
изобрести́ <*fut:* **изобрету́, -тёшь,** *prät:* **изобрёл, -брела́**> *vt E6a pf* (*impf:* **изобрета́ть**) erfinden
изобрета́тель, изобрета́тельница *m K / f A* Erfinder, -in *m/f*
изобрета́тельность *f I* Erfindungsgabe *f*, Einfallsreichtum *m*
изобрета́тельный <*kf:* **-лен, -льна**> *adj* erfinderisch, einfallsreich
изобрете́ние *nt O2* Erfindung *f*
изо́гнутый *adj* gebogen, gekrümmt
изоли́ровать *vt E2 impf/pf* isolieren, absondern
изоля́ция *f A2* ❶ Isolation *f*, Absonderung *f*; ❷ (элек) Isolierung *f*

изощрённый *adj* ❶ geübt, scharf, fein; ❷ (*утончённый*) raffiniert
из-под *präp +gen* ❶ unter ... hervor (*+dat*); ❷ aus der Gegend von (*+dat*)
Изра́иль *m K1* Israel *nt*
израсхо́довать *vt E2 pf* (*impf:* расхо́довать) ❶ (*де́ньги*) ausgeben; ❷ (*потреби́ть, истощи́ть*) verbrauchen
изрече́ние *nt O2* Spruch *m*
изуве́ченный *adj* verstümmelt, verkrüppelt
изуми́ться <*fut:* изумлю́сь, -ми́шься> *vr + dat I pf* (*impf:* изумля́ться) in Erstaunen geraten, sich sehr wundern
изумлённый *adj* erstaunt, verblüfft
изумру́д *m K* Smaragd *m*
изуро́довать *vt E2 pf* (*impf:* уро́довать) entstellen, verstümmeln, verunstalten
изуча́ть *vt E impf* (*pf:* изучи́ть) ❶ (*учи́ть*) lernen, erlernen; **~ англи́йский язы́к** Englisch lernen; ❷ (*занима́ться чем-л.*) studieren; ❸ (*иссле́довать*) erforschen, untersuchen
изуче́ние *nt O2* ❶ (*усвое́ние*) Erlernen *nt*; ❷ (*заня́тие чем-л.*) Studium *nt*; ❸ (*иссле́дование*) Erforschung *f*, Untersuchung *f*; **~ обще́ственного мне́ния** Meinungsforschung *f*,
изъя́н *m K* Fehler *m*, Mangel *m*; **с ~ом** schadhaft, fehlerhaft
изъя́тие *nt O2* ❶ (*вы́емка*) Entnahme *f*, Herausnahme *f*; ❷ (*конфиска́ция*) Beschlagnahmung *f*, Sicherstellung *f*; ❸ (*исключе́ние*) Streichung *f*
изъя́ть <*fut:* изыму́, -ы́мешь> *vt E9a pf* (*impf:* изыма́ть) ❶ (*вы́нуть*) entnehmen, herausnehmen; ❷ (*конфискова́ть*) beschlagnahmen, einziehen; **~ ору́жие** Waffen *f pl* sicherstellen; ❸ (*исключи́ть*) streichen
изы́сканный <*kf:* -ан, -анна> *adj* ❶ (*о блю́дах и т.п.*) erlesen; ❷ (*о вку́се, мане́рах*) fein, raffiniert
изыска́ть <*fut:* изыщу́, -ы́щешь> *vt E4 pf* (*impf:* изы́скивать) (*geh*) ausfindig machen; **~ возмо́жности** Möglichkeiten finden
изю́м *m K* Rosinen *pl*
изю́мина *f A* Rosine *f*
изю́минка <*gen pl:* -нок> *f A* ❶ Rosinchen *nt*; ❷ (*fig:* *соль*) Pointe *f*
изя́щество *nt O* ❶ (*элега́нтность*) Eleganz *f*; ❷ (*грацио́зность*) Zierlichkeit *f*
изя́щный <*kf:* -щен, -щна> *adj* ❶ (*грацио́зный*) elegant, grazil; ❷ (*изы́сканный*) apart
ико́на *f A* ❶ Ikone *f*, Heiligenbild *nt*; ❷ (ОБДАН) Icon *nt*
ико́та *f A* Schluckauf *m*
икра́[1] *f A* ❶ (*деликате́с*) Kaviar *m*; **зерни́стая** [*o* **чёрная**] **~** körniger Kaviar *m*; ❷ (*вы́метанная*) Laich *m*; ❸ (*в ры́бе*) Rogen *m*; **мета́ть ~** laichen; ❹ (*баклажа́нная*) Auberginenpüree *nt*
икра́[2] *f A* (АНАТ) Wade *f*
ил *m K* Schlamm *m*
и́ли *konj koord* oder; **~...~** entweder ... oder
и́листый *adj* schlammig
иллюзиони́ст *m K* Illusionist, -in *m/f*, Zauberkünstler, -in *m/f*
иллю́зия *f A2* ❶ (*ло́жное представле́ние, самообма́н*) Illusion *f*, Wunschvorstellung *f*; ❷ (*опти́ческий обма́н*) Sinnestäuschung *f*; **опти́ческая ~** optische Täuschung *f*
иллюмина́ция *f A2* Ilumination *f*, farbige Beleuchtung *f*
иллюстра́ция *f A2* Illustration *f*; **служи́ть иллюстра́цией чего́-л.** etw veranschaulichen [*o* erläutern]
иллюстри́ровать *vt E2 impf/pf* ❶ illustrieren, bebildern; ❷ (*fig:* *нагля́дно изобража́ть*) veranschaulichen
име́ние *nt O2* (*arch*) Gut *nt*, Landgut *nt*
и́менно *part* gerade, eben, ausgerechnet

И

име́ть *vt E impf* haben, besitzen; **~ с собо́й** dabei haben; **~ наготове** bereithalten; **~ це́лью** zum Ziel haben; **не ~ ничего́ про́тив** nichts dagegen haben; **~ значе́ние** relevant sein; **~ ме́сто** stattfinden; **~ (зако́нную) си́лу** gültig sein; **~ пра́во** das Recht haben; **~ хожде́ние** im Umlauf sein
име́ться *vi E impf* (*nur 3. pers*) vorhanden sein; **име́ется** es gibt
имита́ция *f A2* ❶ (*имити́рование; ко́пия*) Imitation *f*, Nachbildung *f*; ❷ (*подража́ние*) Nachahmung *f*; ❸ (*заме́на*) Ersatz *m*
имити́ровать *vt E2 impf* imitieren, nachmachen
иммигра́нт *m K* Immigrant *m*, Einwanderer *m*
иммигри́ровать *vi E2 impf/pf* einwandern
иммуните́т *m K* (МЕД, ЮР) Immunität *f*
императи́в *m K* ❶ (ФИЛОС) (kategorischer) Imperativ *m*; ❷ (ЛИНГ) Imperativ *m*
импе́рия *f A2* Imperium *nt*, Reich *nt*
импе́рский *adj* ❶ imperial, Reichs-; ❷ (*fig: великодержа́вный*) Großmacht-
и́мпорт *m K* ❶ (ЭКОН) Import *m*, Einfuhr *f*; ❷ (*umg: и́мпортный това́р*) Importware *f*
импортёр *m K* (ЭКОН) Importeur *m*
импорти́ровать *vt E2 impf/pf* ❶ (ЭКОН) importieren, einführen; ❷ (ОБДАН) importieren
и́мпортный *adj* importiert, Import-
импровизи́рованный *adj* ❶ (*неподгото́вленный*) improvisiert, aus dem Stegreif, unvorbereitet; ❷ (*вре́менный*) provisorisch, behelfsmäßig
и́мпульс *m K* Impuls *m*, Antrieb *m*
иму́щество *nt O* Vermögen *nt*, Besitz *m*
иму́щий *adv* vermögend; **власть иму́щие** Machthaber *m pl*
и́мя <*pl:* имена́, имён> *nt U1 ple* Name *m*, Vorname *m*
инакомы́слящий, инакомы́слящая *m/f wie adj* Andersdenkende(r) *mf*
ина́че I. *adv* (*по-друго́му*) anders; **II.** *konj* (*а то*) sonst, andernfalls
инвали́д *m K* Behinderte(r) *mf*
инвентариза́ция *f A2* Inventur *f*, Bestandsaufnahme *f*
инвента́рный *adj* Inventur-, Inventar-
инвента́рь <*gen sg:* инвентаря́, *inst sg:* -рём> *m K1* Inventar *nt*
инвести́рование *nt O2* Investieren *nt*
инвести́ровать *vt E impf/pf* investieren, anlegen
инвести́ция *f A2* ❶ (*meist im pl: капита́ловложе́ние*) Investition *f*, Geldanlage *f*, Kapitalanlage *f*; ❷ (*употребле́ние средств*) Aufwendung *f*, Geldausgabe *f*
инве́стор *m K* (ЭКОН) Investor *m*, Anleger *m*
инде́ец <*gen sg:* инде́йца, *nom pl:* инде́йцы> *m K* Indianer *m*
инде́йка *f A* ❶ (ЗООЛ) Pute *f*; ❷ (*мя́со*) Putenfleisch *nt*
инде́йский *adj* indianisch
и́ндекс *m K* Index *m*, Verzeichnis *nt*; **почто́вый ~** Postleitzahl *f*
индиа́нка <*gen pl:* -нок> *f A* ❶ (*жи́тельница И́ндии*) Inderin *f*; ❷ (*жи́тельница Аме́рики*) Indianerin *f*
индивидуа́льный <*kf:* -лен, -льна> *adj* individuell, persönlich
инди́ец <*gen sg:* -и́йца> *m K* Inder *m*
инди́йский *adj* indisch
индика́тор *m K* Indikator *m*, Anzeigegerät *nt*
И́ндия *f A2* Indien *nt*
индуи́зм *m K* (РЕЛ) Hinduismus *m*
инду́с *m K* Hindu *m*
индустриа́льный *adj* industriell
индустри́я *f A2* Industrie *f*
индю́к *m K* Puter *m*, Truthahn *m*
и́ней *m K2* Raureif *m*
ине́ртность *f I* Trägheit *f*, Tatenlosigkeit *f*
ине́ртный <*kf:* -тен, -тна> *adj* träge

инéрция *f A2* ❶ (физ) Trägheit *f*; ❷ (*fig:* *инéртность, лéность*) Trägheit *f*, Lässigkeit *f*

инженéр *m K* Ingenieur *m*

инженéрия *f A2*: **гéнная ~** Gentechnik *f*

инженéрный *adj* Ingenieur-

инжи́р *m K* ❶ (*плод*) Feige *f*; ❷ (*дéрево*) Feigenbaum *m*

инициати́ва *f A* Initiative *f*, Antrieb *m*; **по сóбственной инициати́ве** aus eigenem Antrieb

инициати́вный *adj* Initiativ-

инициáтор *m K* Initiator *m*, Wegbereiter *m*

инкассáция *f A2* ❶ (*дéнег*) Einkassierung *f*, Einziehung *f*; ❷ (экон: *получéние платежá*) Inkasso *nt*

инновáция *f A2* Innovation *f*, Neuerung *f*

иногдá *adv* manchmal, ab und zu

иногорóдний *adj* ❶ (*при́бывший из другóго гóрода*) aus einer anderen Stadt stammend, auswärtig; ❷ (*чужóй в гóроде*) ortsfremd

инóй *adj* ❶ (*другóй*) andere(r, s); ❷ (*нéкоторый*) manche(r, s); **~ые дýмают, что...** manche meinen, dass ...

иномáрка *f A* (*umg*) *ausländisches Auto*

инопланетя́нин *m U2* Außerirdische(r) *mf*

иносказáтельный *adj* allegorisch, sinnbildlich

инострáнец, инострáнка <*gen pl m:* -нцев, *gen pl f:* -нок> *m K / f A* Ausländer, -in *m/f*

инострáнный *adj* ❶ (*заграни́чный*) ausländisch, Auslands-; **~ язы́к** Fremdsprache *f* ❷ (пол: *венешнеполити́ческий*) auswärtig; **министéрство инострáнных дел** Außenministerium *nt*

инспéкция *f A2* Inspektion *f*

инстáнция *f A2* ❶ (админ) Instanz *f*, Behörde *f*, Dienststelle *f*; **соотвéтствующие инстáнции** die zuständigen Stellen; **вышестоя́щая ~** höhere Instanz *f*; ❷ (юр) Instanz *f*

институ́т *m K* ❶ (*вуз*) Hochschule *f*; ❷ (*наýчно-исслéдовательский*) Forschungsinstitut *nt*; ❸ (*учреждéние*) Institution *f*

инструктáж *m K* (*указáния, обучéние*) Instruktion *f*, Anleitung *f*

инструкти́ровать *vt E2 impf/pf* (*pf:* про-) instruieren, anleiten

инстру́ктор *m K* Ausbilder *m*; **~ по вождéнию** Fahrlehrer *m*

инстру́кция *f A2* ❶ (*указáния*) Anweisung *f*; **~ для пóльзователей** Gebrauchsanweisung *f*; ❷ (*предписáние*) Vorschrift *f*

инструмéнт *m K* ❶ (тех) Werkzeug *nt*; ❷ (муз) Instrument *nt*

интегрáция *f A* Integration *f*, Eingliederung *f*

интегри́ровать *vt E2 impf/pf* integrieren, eingliedern

интеллигéнтный <*kf:* -тен, -тна> *adj* intelligent, intellektuell

интенси́вность *f I* Intensität *f*

интенси́вный <*kf:* -вен, -вна> *adj* intensiv

интенсифици́ровать *vt E2 impf/pf* intensivieren

интервáл *m K* ❶ (*промежу́ток во врéмени*) Intervall *nt*, zeitlicher Zwischenraum *m*; ❷ (*дистáнция*) Zwischenraum *m*, Abstand *m*; ❸ (муз) Intervall *nt*

интервéнт *m K* Eindringling *m*

интервéнция *f A2* Intervention *f*

интервью́ *nt indekl* Interview *nt*, Befragung *f*; **взять у когó-л. ~** ein Interview machen (mit *+dat*); **~ при приёме на рабóту** ; Vorstellungsgespräch *nt*

интервьюи́ровать *vt E2 impf* (*pf:* про-) interviewen

интерéс *m K* Interesse *nt*, Aufmerksamkeit *f*; **проявля́ть ~ к чемý-л.** Interesse zeigen (für *+akk*)

интерéсный <*kf:* -сен, -сна> *adj* interessant

интересовáться *vr + inst E2 impf* sich interessieren (für *+akk*)

интерне́т *m K*, **Интерне́т** *m K* Internet *nt*; **до́ступ в ~** Internetzugang *m*
Интерне́т-прова́йдер *m K* Internetprovider *m*
Интерне́т-сленг *m K* Internetjargon *m*
интона́ция *f A2* Intonation *f*, Tonfall *m*
интри́га *f A* Intrige *f*
интригова́ть **I.** *vi E2 impf* (*про́тив кого́-ли́бо*) intrigieren; **II.** *vt E2 impf* (*pf:* за-) (*возбужда́ть любопы́тство*) neugierig machen
интуи́ция *f A2* Intuition *f*, Eingebung *f*
инфа́ркт *m K* Infarkt *m*; **~ миока́рда** (МЕД) Herzinfarkt *m*
инфекцио́нный *adj* Infektions-, ansteckend
инфе́кция *f A2* Infektion *f*; **кише́чная ~** Darminfektion *f*
инфля́ция *f A2* Inflation *f*, Geldentwertung *f*; **~ спро́са** Nchfrageinflation *f*
информа́тик *m K* Informatiker *m*
информацио́нный *adj* Informations-; **информацио́нное аге́нтство** Nachrichtenagentur *f*
информа́ция *f A2* ❶ (*информи́рование, оповеще́ние*) Information *f*, Benachrichtigung *f*; ❷ (*сообще́ние*) Mitteilung *f*, Meldung *f*; ❸ (*спра́вка, информацио́нный материа́л*) Auskunft *f*, Information *f*; ❹ (*да́нные*) Daten *pl*; **обрабо́тка информа́ции** (ОБ-ДАН) Datenverarbeitung *f*
информи́ровать *vt E2 impf/pf* informieren
инциде́нт *m K* Zwischenfall *m*, Vorfall *m*
инъе́кция *f A2* Injektion *f*, Spritze *f*
Инъя́з *akr von* институ́т иностра́нных языко́в *m* ❶ Fremdspracheninstitut *nt*; ❷ Hochschule *f* für Fremdsprachen
иподья́кон *m K* Hypodiakon *m*, Subdiakon *m*
ипохо́ндрик *m K* (ПСИХ) Hypochonder *m*
ипподро́м *m K* (СПОРТ) Rennbahn *f*
Ира́к *m K* Irak *m*
Ира́н *m K* Iran *m*
Ирла́ндия *f A2* Irland *nt*
ирони́чный <*kf:* -чен, -чна> *adj* ironisch
иро́ния *f A2* Ironie *f*
иск *m K* (ЮР) (gerichtliche) Klage *f*
искажённый *adj* verzerrt
искази́ть <*fut:* искажу́, -ази́шь> *vt I pf* (*impf:* искажа́ть) entstellen, verdrehen, verzerren
искале́чить *vt I pf* (*impf:* кале́чить) zum Krüppel machen, verstümmeln
иска́ние *nt O2* ❶ (*geh*) Suchen *nt*, Bemühen *nt*; ❷ (*im pl:* *иссле́дования*) Forschungen *f pl*
иска́тель *m K1* Sucher *m*; **~ приключе́ний** Abenteurer *m*
иска́ть <*präs:* ищу́, и́щешь> *vt E4 impf* suchen
исключа́ть *vt E impf* (*pf:* исключи́ть) ausschließen; **~ из спи́ска** aus der Liste streichen; **~ из институ́та** [*o* **университе́та**] exmatrikulieren; **не исключено** es ist nicht ausgeschlossen
исключа́я *präp +gen* außer (*+dat*), ausgenommen (*+akk*)
исключе́ние *nt O2* ❶ (*выведе́ние из соста́ва*) Ausschluss *m*; ❷ (*из пра́вила*) Ausnahme *f*; **без исключе́ний** ausnahmslos; **в ви́де исключе́ния** ausnahmsweise
исключи́тельно *adv* ausschließlich
исключи́тельность *f I* ❶ (*исключе́ние из о́бщих пра́вил, обы́чных норм*) Exklusivität *f*, Ausschließlichkeit *f*; ❷ (*чрезвыча́йность*) außerordentliche Beschaffenheit *f*; ❸ (*необы́чность, ре́дкостность*) Ungewöhnlichkeit *f*
исключи́тельный <*kf:* -лен, -льна> *adj* ❶ (*nur Langform: преиму́щественный*) Sonder-, ausschließlich; **исключи́тельное пра́во** (*монопо́лия*) Exklusivrecht *nt* ❷ (*экстраордина́рный; э́кстренный*) Ausnahme-,

außerordentlich, außergewöhnlich; **~ слу́чай** Ausnahmefall *m* ❸ (*необыкнове́нный, ре́дкий; необы́чный*) außergewöhnlich, ungewöhnlich; ❹ (*umg: осо́бенный; превосхо́дный*) exklusiv, ausgezeichnet

исковéркать *vt E pf* (*impf:* **ковéркать**) ❶ (*испо́ртить*) kaputt machen; ❷ (*мысль, слова́*) verzerren, verdrehen

исколо́ть <*fut:* **исколю́, -о́лешь**> *vt E4 pf* (*impf:* **иска́лывать**) zerstechen

иско́мый *adj* gesucht

ископа́емое *nt wie adj* (ГЕОЛ) Fossil *nt*; **поле́зные ископа́емые** Bodenschätze *pl*

искорене́ние *nt O2* Ausrottung *f*, Ausmerzung *f*

искорени́ть *vt I pf* (*impf:* **искореня́ть**) ausrotten, ausmerzen

и́скра <*gen pl:* **искр**> *f A* Funke *m*

и́скренний <*kf:* **-ренен, -ренна**> *adj* aufrichtig; **и́скреннее жела́ние** Herzenswunsch *m*

искривле́ние *nt O2* Biegung *f*, Krümmung *f*; **~ позвоно́чника** Rückgratverkrümmung *f*

и́скри́ться <*nur 3. pers:* **и́скри́тся**> *vr I impf* funkeln

искупа́ть [1] *vt E impf* (*pf:* **искупи́ть**) sühnen, wiedergutmachen

искупа́ть [2] *vt E pf* (*impf:* **купа́ть**) baden

искупа́ться *vr E pf* (*impf:* **купа́ться**) ein Bad nehmen, baden

искупле́ние *nt O2* Sühne *f*, Buße *f*

искуса́ть *vt E pf* (*impf:* **иску́сывать**) ❶ (zer)beißen; ❷ (*о насеко́мых*) zerstechen, an vielen Stellen stechen

иску́сный <*kf:* **-сен, -сна**> *adj* ❶ geschickt, gewandt; ❷ kunstvoll

иску́сственный <*kf:* **-венно**> *adj* ❶ (*nur Langform*) künstlich; **иску́сственное волокно́** Kunstfaser *f*; **~ интелле́кт** (ОБДАН) künstliche Intelligenz *f* ❷ (*неесте́ственный*) gekünstelt, unnatürlich

иску́сство *nt O* ❶ Kunst *f*; ❷ (*мастерство́, уме́ние*) Fertigkeit *f*; **из-за любви́ к иску́сству** (*fig*) aus Liebe zur Sache

искусствове́д *m K* Kunsthistoriker, -in *m/f*

искуше́ние *nt O2* Versuchung *f*

испа́нец <*gen:* **-нца, нцев**> *m K* Spanier *m*

Испа́ния *f A2* Spanien *nt*

испа́нка <*gen pl:* **-нок**> *f A* Spanierin *f*

испа́нский *adj* spanisch

испа́рина *f A* Schweiß *m*

испари́ться *vr I pf* (*impf:* **испаря́ться**) ❶ verdampfen, verdunsten; ❷ (*umg: исче́знуть, убра́ться*) verduften, sich aus dem Staub machen

испа́чкать *vt E pf* (*impf:* **па́чкать**) beschmutzen

испе́чь <*fut:* **испеку́, -ечёшь**> *vt UE4 pf* (*impf:* **печь**) backen

исповеда́льня <*gen pl:* **-лен**> *f A1* Beichtstuhl *m*

испове́даться *vr E pf* (*impf:* **испове́дываться**) (*auch fig*) beichten

и́споведь *f I* Beichte *f*

исполи́н *m K* (*гига́нт*) Riese *m*

исполне́ние *nt O2* Ausführung *f*, Erfüllung *f*, Durchführung *f*, Erledigung *f*; **приводи́ть в ~** (ЮР: *пригово́р*) vollstrecken

исполни́тель, исполни́тельница *m K1 / f A* ❶ (ЮР) Vollzieher *m*, Vollstrecker *m*; **суде́бный ~** Gerichtsvollzieher *m*; ❷ (*техни́ческий рабо́тник; поруче́нец*) Bearbeiter, -in *m/f*, ausführende Person *m/f*; **~ зака́за** (ЭКОН: *подря́дчик*) Auftragnehmer *m* ❸ (ФИЛМ) Darsteller, -in *m/f*; **~ гла́вной ро́ли** Hauptdarsteller *m*

исполни́тельный *adj* ❶ (*о фу́нкции*) vollziehend, exekutiv; ❷ (*аккура́тный, добросо́вестный*) sorgfältig, verlässlich

И

испóлниться *vr I pf* (*impf:* **исполня́ться**) ❶ (*осуществи́ться*) sich erfüllen, in Erfüllung gehen; ❷ (*о юбиле́е*) vollenden

исполня́ть *vt E impf* (*pf:* **испóлнить**) ❶ (*осуществля́ть*) erfüllen, ausführen; ❷ (*перед пу́бликой*) darstellen, spielen

испóльзование *nt O2* ❶ (*примене́ние*) Nutzung *f*, Verwendung *f*; **~ не по назначе́нию** Zweckentfremdung *f* ❷ (*реализа́ция*) Auswertung *f*, Verwertung *f*

испóльзовать *vt E2 impf/pf* ❶ (*пóльзоваться, применя́ть*) ausnutzen, sich zunutze machen, verwenden; ❷ (*реализóвывать*) auswerten, verwerten

испóльзоваться *vr E2 impf/pf* zur Anwendung kommen, verwendet werden

испóртить <*fut:* **испóрчу, -ртишь**> *vt I pf* (*impf:* **пóртить**) verderben, beschädigen, verpfuschen; **~ отноше́ния с кем-л.** es (sich) mit jdm verderben

исправи́тельный *adj* Besserungs-; **исправи́тлеьные рабóты** Strafarbeit *f*

испра́вить <*fut:* **испра́влю. -вишь**> *vt I pf* (*impf:* **исправля́ть**) ❶ (*оши́бку, оплóшность и т.п.*) berichtigen, verbessern; ❷ (*когó-ли́бо*) bessern, ändern; ❸ (*привести́ в испра́вность*) ausbessern, reparieren

испра́виться *vr I pf* (*impf:* **исправля́ться**) sich bessern

исправле́ние *nt O2* ❶ (*попра́вка, опроверже́ние*) Berichtigung *f*, Korrektur *f*; ❷ (*приведе́ние в испра́вность*) Ausbesserung *f*, Reparatur *f*

испрóбовать *vt E2 pf* (*impf:* **прóбовать**) ausprobieren; **~ все сре́дства** alle Mittel ausprobieren

испу́г *m K* Schreck *m*; **отде́латься лёгким ~ом** mit dem Schrecken davonkommen

испуга́ть *vt E pf* (*impf:* **пуга́ть**) erschrecken

испусти́ть <*fut:* **испущу́, -у́стишь**> *vt I pf* (*impf:* **испуска́ть**) ausstoßen; **~ крик** einen Schrei ausstoßen; **~ дух** (*fig*) den Geist aufgeben

испыта́ние *nt O2* ❶ (*прóба, прове́рка*) Versuch *m*, Probe *f*, Test *m*; **испыта́ния я́дерного ору́жия** Nukleartests *pl*; **ходовóе ~** (АВТО) Probefahrt *f*; **вы́держать ~** eine Prüfung bestehen; ❷ (*экза́мен*) Prüfung *f*; ❸ (*в жи́зни*) Prüfung *f*, Erprobung *f*; **~ на му́жество** Mutprobe *f*

испы́танный *adj* erprobt, bewährt

испыта́тельный *adj* Probe-; **~ срок** Probezeit *f*

испыту́емый *m wie adj* Prüfling *m*

испы́тывать *vt E impf* (*pf:* **испы́та́ть**) ❶ (*прóбовать, проверя́ть*) prüfen, erproben; **~ чьи-л. не́рвы** (*fig: nur impf*) jds Geduld auf die Probe stellen ❷ (*ощуща́ть*) empfinden, erleiden, erleben; **~ ра́дость** Freude empfinden; **~ му́ки** Qualen ausstehen; **~ стыд** sich schämen; **~ что-л. на себе́** etw am eigenen Leibe erfahren

иссле́дование *nt O2* Erforschung *f*, Forschung *f*, Untersuchung *f*, Studie *f*

иссле́дователь, иссле́довательница *m K / f A* Forscher, -in *mf*

иссле́довать *vt E2 impf/pf* erforschen, untersuchen

истека́ть *vi E impf* (*pf:* **истéчь**) ❶ herausfließen; **~ крóвью** (*fig*) viel Blut verlieren, verbluten; ❷ (*fig: о срóке*) ablaufen

истери́чный <*kf:* **-чен, -чна**> *adj* hysterisch

истéц <*gen sg:* **истца́**> *m K* (ЮР) Kläger, -in *m/f*

истече́ние *nt O2* ❶ Ablauf *m*; **по истече́нии срóка** nach Ablauf der Frist ❷ (МЕД) Ausfluss *m*

истéчь <*fut:* **истеку́, -течёшь**, *prät:* **истёк, -текла́**> *vi UE4 pf* (*impf:*

истека́ть) ablaufen

и́стина *f A* Wahrheit *f*; **изби́тая ~** Binsenwahrheit *f*

и́стинный <*kf:* -нен, -нна> *adj* wahr, wahrhaft, echt; **~ друг** ein echter Freund *m*

истолко́вывать *vt E impf* (*pf:* истолкова́ть) auslegen, interpretieren

истоми́ться <*fut:* истомлю́сь, -ми́шься> *vr I pf* (*impf:* томи́ться) verschmachten, sich vezehren

исто́рик *m K* Historiker, -in *m/f*

истори́ческий *adj* historisch, geschichtlich, Geschichts-; **истори́ческая часть го́рода** Altstadt *f*

исто́рия *f A2* ❶ (*ход разви́тия; нау́ка*) Geschichte *f*, Geschichtswissenschaft *f*; ❷ (*расска́з, повествова́ние*) Geschichte *f*, Erzählung *f*; **~ боле́зни** (*fig*) Krankenbericht *m*; ❸ (*происше́ствие*) Angelegenheit *f*, Begebenheit *f*

исто́чник *m K* ❶ (*auch fig*) Quelle *f*, Ursprung *m*; **~ жи́зни** die Quelle *f* [*o* der Usprung *m*] des Lebens; **из достове́рных ~ов** aus zuverlässiger Quelle ❷ (*первоисто́чник*) Quelle *f*, Urquelle *f*

истоще́ние *nt O2* ❶ Erschöpfung *f*; **~ сил** (*изнуре́ние*) Entkräftung *f*; ❷ (МЕД: *недоеда́ние*) Unterernährung *f*

истощи́ть <*fut:* истощу́, -щи́шь> *vt I pf* (*impf:* истоща́ть) ❶ (*запа́сы*) erschöpfen, aufbrauchen; **~ терпе́ние** (*fig*) die Geduld erschöpfen ❷ (*изнури́ть*) erschöpfen, entkräften

истреби́ть <*fut:* истреблю́, -би́шь> *vt I pf* (*impf:* истребля́ть) vernichten, ausrotten

и́стый *adj* echt, wahr

исхо́д *m K* ❶ (*коне́ц*) Ausgang *m*, Ende *nt*; **быть на ~е** zur Neige gehen; ❷ (РЕЛ: *ма́ссовый ухо́д*) Auszug *m*, Exodus *m*

исходи́ть <*präs:* исхожу́, -о́дишь> *vi I impf* ❶ (*из чего́-л., осно́вываться на чём-л.*) ausgehen (von +*dat*), sich stützen (auf +*akk*); ❷ (*происходи́ть*) stammen; **~ из ве́рных исто́чников** aus sicherer Quelle stammen ❸ (*истека́ть*) ausfließen; **~ слеза́ми** (*fig*) in Tränen zerfließen

исхо́дный *adj* Ausgangs-; **исхо́дная величина́** Bezugsgröße *f*; **~ текст** [*o* **код**] **програ́ммы** (ОБДАН) Quellcode *m*,; **~ текст** (ЛИНГ) Quelltext *m*

исхуда́ть *vi E pf* abmagern

исчезнове́ние *nt O2* Verschwinden *nt*

исче́знуть <*prät:* изче́з, -ла> *vi E1a pf* (*impf:* исчеза́ть) verschwinden, verlorengehen; **~ из ви́ду** (*umg*) von der Bildfläche verschwinden

исче́рпывать *vt E impf* (*pf:* исчерпа́ть) ❶ erschöpfen, verbrauchen; **~ все возмо́жности** [*o* **сре́дства**] (*fig: meist pf*) alle Möglichkeiten [*o* Mittel] ausschöpfen; ❷ (*де́ло, вопро́с и т.п.*) erledigen, vollständig klären

исче́рпывающий *adj* erschöpfend

исчисе́лние *nt O2* Berechnung *f*, Rechnung *f*

ита́к *konj* also

Ита́лия *f A2* Italien *nt*

италья́нец, **италья́нка** <*gen sg m:* -нца, -нцев, *gen pl f:* -нок> *m K / f A* Italiener, -in *m/f*

италья́нский *adj* italienisch

ито́г *m K* Endergebnis *nt*, Fazit *nt*, Bilanz *f*; **в коне́чном ~е** letzten Endes; **подводи́ть ~и** Bilanz ziehen

ито́говый *adj* Gesamt-, Abschluss-

иша́к *m K e* Esel *m*; **рабо́тать как ~** (*fig*) schuften

ище́йка <*gen pl:* -еек> *f A* / (*auch fig*) Spürhund *m*

ию́ль *m K1* Juli *m*

ию́нь *m K1* Juni *m*

и т. д. *abk von* и так да́лее und so weiter, usw.

Йй

й, Й *nt indekl kyrillischer Buchstabe*
йог *m K* Yogi *m*, Yogin *m*
йóга *f A* Yoga *nt*
йóгурт *m K* Joghurt *m*
йóд *m K* Jod *nt*

Кк

й

к [1], **К** *nt indekl kyrillischer Buchstabe*
к [2] I. *präp lok +dat* zu (+*dat*), an (+*akk*); **подъéхать к стáнции** zum Bahnhof fahren; II. *präp temp +dat* bis (+*akk*); **к 2010-му гóду** bis zum Jahr 2010; III. *präp präp +dat* gegen; **к девя́ти часáм** gegen neun Uhr; IV. *präp präp +dat* zu; **э́то ни к чемý** es hat keinen Zweck
кабáк *m K e* Kneipe *f*
кабáн *m K e* Eber *m*, Wildschwein *nt*
кáбель *m K1* Kabel *nt*
кáбельный *adj* Kabel-; **кáбельное телеви́дение** Kabelfernsehen *nt*
каби́на *f A* Kabine *f*, Zelle *f*; **~ грузовикá** Fahrerhaus *nt*; **~ пилóта** Cockpit *nt*
кабинéт *m K* ❶ (*рабóчая кóмната*) Arbeitszimmer *nt*, Amtszimmer *nt*; **лингафóнный ~** Sprachlabor *nt*; ❷ (*врачéбный, процедýрный*) Sprechzimmer *nt*, Behandlungsraum *m*; ❸ (пол: *мини́стров*) Kabinett *nt*, Ministerrunde *f*
каблýк *m K e* Absatz *m*
кавалéр *m K* ❶ Kavalier *m*; ❷ (*óрдена*) Ordensträger *m*, Ritter *m*
кáверзный *adj* ❶ (*мудрёный, хитроýмный*) kniffelig, verfänglich; ❷ (*ковáрный*) heimtückisch, arglistig; **~ вопрóс** eine spitzfindige [*o* arglistige] Frage *f*
Кавкáз *m K* Kaukasus *m*; **на ~е** im Kaukasus
кавкáзец, кавкáзка <*gen sg m:* -зца> *m K / f A* Kaukasier, -in *m/f*
кавкáзский *adj* kaukasisch
кавы́чки <*gen pl:* -чек> *f pl A* Anführungszeichen *nt pl*
кáдка <*gen pl:* -док> *f A* Kübel *m*
кадр *m K* (фот) Einzelbild *nt*, Momentaufnahme *f*; **за ~ом** im Off
кáдровый *adj* ❶ Personal-; **кáдровые вопрóсы** personelle Fragen *pl* ❷ (вое) Berufs-; **~ воéнный** Militär *nt*
кáдры *m pl K* Kader *m*, Kaderbestand *m*
каждоднéвный *adj* tagtäglich
кáждый *pron det* jede(r, s)
казáк, казáчка <*pl m:* -и, -ов, *und:* -й, -óв> *m K f A* Kosak, -in *m/f*
казáрма *f A* Kaserne *f*
казáться <*präs:* кажýсь, кáжешься> *vr + inst E4 impf* (*pf:* по-) ❶ (*вы́глядеть*) scheinen, den Anschein haben; **чтóбы ~ молóже** um jünger zu erscheinen; ❷ (*unpers: представля́ться*) vorkommen; ❸ (*nur 3. pers sg: быть вероя́тным, очеви́дным*) anscheinend
казáх *m K* Kasache *m*
Казахстáн *m K* Kasachstan *nt*

казённый *adj* ❶ (*госуда́рственный*) staatlich; **за ~ счёт** auf Staatskosten; ❷ (*бюрократи́ческий*) bürokratisch; ❸ (*fig, pej: бана́льный*) banal; **~ анекдо́т** ein platter Witz *m*
казино́ *nt indekl* Kasino *nt*, Spielkasino *nt*
казна́ *f A* (**бюдже́т**) Staatskasse *f*, Fiskus *m*
казни́ть *vt I impf/pf* hinrichten; **~ себя́** (*fig*) sich heftige Vorwürfe machen; sich selbst beschuldigen
казнь *f I* Hinrichtung *f*; **сме́ртная ~** Todesstrafe *f*
кайма́ <*gen pl:* каём> *f A e* Borte *f*, Kante *f*
кайф *m K* ❶ (*vulg:* **балдёж**) Spaß *m*, Riesenspaß *m*; **кайф!** geil!; ❷ (*наркоти́ческое состоя́ние*) Rausch *m*, Kick *m*; **лови́ть ~** (*auch fig*) sich einen Kick verschaffen
как I. *adv* wie; **~ вы сказа́ли?** wie bitte? **~ де́ла?** wie geht's? **~ ты догада́лся?** wie kommst du darauf? II. *konj* als, wie; **~ бу́дто** [*o* **бы**] als ob; **~ бы то ни́ было** jedenfalls; **~ ни в чём не быва́ло** als sei nichts geschehen [*o* gewesen]; **~ всегда́** wie immer; **~ мо́жно скоре́е** baldmöglichst
кака́о *nt indekl* Kakao *m*
как-нибу́дь *adv* irgendwie
како́й *pron inter* was für ein(er, s), welche(r, s)
ка́ктус *m K* Kaktus *m*
кал *m K* (**экскреме́нты**) Kot *m*
кале́ка *mf A* Krüppel *m*
календа́рный *adj* Kalender-; **~ гра́фик** Zeitplan *m*
календа́рь *m K1 e* ❶ Kalender *m*; **отрывно́й ~** Abreißkalender *m* ❷ (*календа́рь-па́мятка*) Terminkalender *m*
кале́чить *vt I impf* (*pf:* ис-) verkrüppeln, zum Krüppel machen, verstümmeln
кали́бр *m K* (ТЕХ) Kaliber *nt*, Durchmesser *m*
ка́лий <*präpos sg:* -ии> *m K2* Kalium *nt*
кали́на *f A* ❶ (*я́годы*) Schneeballbeeren *pl*; ❷ (*куст*) Schneeballstrauch *m*, Wasserholunder *m*
калори́йность *f I* Kaloriengehalt *m*
кало́рия *f A2* Kalorie *f*
ка́лька *f A* ❶ Durchzeichenpapier *nt*; ❷ (ЛИНГ) Lehnübersetzung *f*
калькуля́тор *m K* Taschenrechner *m*
калькуля́ция *f A2* (ЭКОН) Kalkulation *f*; **производи́ть калькуля́цию** kalkulieren
ка́льций <*präpos sg:* -ии> *m K2* (ХИМ) Kalzium *nt*
ка́мбуз *m K* Schiffsküche *f*, Kombüse *f*
камени́стый <*kf:* -и́ст> *adj* steinig
ка́менный *adj* steinern; **~ век** Steinzeit *f*
каменоло́мня <*gen pl:* -мен> *f A1* Steinbruch *m*
каменотёс *m K* Steinmetz *m*
ка́менщик, ка́менщица *m K / f A* Maurer, -in *m/f*
ка́мень <*gen sg:* -мня> *m K1 ple1* Stein *m*; **драгоце́нный ~** Edelstein *m*; **~ преткнове́ния** (*fig*) Stein des Anstoßes, Streitpunkt *m*
ка́мера[1] *f A* ❶ (*небольшо́е помеще́ние*) (kleiner) Raum *m*; ❷ (*тюре́мная*) Gefängniszelle *f*; ❸ (ТЕХ) Kammer *f*
ка́мера[2] *f A* (ФОТ, ФИЛМ) Kamera *f*
ка́мерный *adj* (МУЗ) Kammer-; **ка́мерная му́зыка** Kammermusik *f*
камерто́н *m K* (МУЗ) Stimmgabel *f*
ками́н *m K* Kamin *m*
кампа́ния *f A2* ❶ (ПОЛ) Kampagne *f*; ❷ (*arch:* ВОЕ) Feldzug *m*
камуфли́ровать *vt E2 impf/pf* (*pf:* за-) ❶ (ВОЕ) tarnen; ❷ (*fig: скрыва́ть*) tarnen, verschleiern
ка́мушек <*gen sg:* -шка> *m K* (*dim*) Murmel *f*; **это ~ в мо́й огоро́д** (*fig*) das ist auf mich gemünzt
камы́ш <*gen pl:* -ше́й> *m K e* Schilf *nt*, Schilfrohr *nt*

К

кана́ва *f A* Graben *m*; **сто́чная ~** Rinnstein *m*
кана́вка <*gen pl:* -вок> *f A* ❶ (*dim:* ***жёлоб***) kleiner Graben *m*, Rinne *f*; ❷ (*dim:* ***борозда́***) Rille *f*
Кана́да *f A* Kanada *nt*
кана́дец, кана́дка <*gen sg m:* -дца, -дцев, *gen pl f:* -док> *m K / f A* Kanadier, -in *m/f*
кана́дский *adj* kanadisch
кана́л *m K* ❶ Kanal *m*; **телевизио́нный ~** Fernsehkanal *m*; ❷ (*fig:* ***путь переда́чи информа́чии***) Weg *m*, Nachrichtenweg *f*
канализа́ция *f A2* Kanalisation *f*
канаре́йка <*gen pl:* -е́ек> *f A* (зоол) Kanarienvogel *m*
кана́т *m K* Seil *nt*, Tau *nt*; **перетя́гивание ~а** (*auch fig*) Tauziehen *nt*
кандалы́ *m pl K ple* Fesseln *f pl*
кандида́т, кандида́тка <*gen pl f:* -ток> *m K / f A* ❶ Kandidat, -in *m/f*, Anwärter, -in *m/f*, Bewerber, -in *m/f*; ❷ (*nur m:* ***в доктора́***) *akademischer Grad in Russland*; **~ нау́к** Doktor, -in *m/f*; **~ юриди́ческих нау́к** promovierter Jurist *m*
кандидату́ра *f A* Kandidatur *f*, Anwartschaft *f*
кани́кулы *f pl A* Ferien *pl*
кани́стра *f A* Blechkanister *m*; **~ для бензи́на** Benzinkanister *m*
каните́ль *f I* ❶ (***ёлочное украше́ние***) Goldfaden *m*, Silberfaden *m*; ❷ (*umg:* ***возня́, хло́поты***) langwierige Angelegenheit *f*, Schererei *f*
кано́н *m K* Kanon *m*
кано́э *nt indekl* (спорт) Kanu *nt*
кану́н *m K* (*auch fig*) Vorabend *m*; **кану́н Но́вого го́да** Silvester *m*
канцеля́рский *adj* Büro-; **~ рабо́тник** Bürokraft *f*; **канцеля́рская скре́пка** Büroklammer *f*
ка́пать I. <*präs:* ка́паю, -аешь> *vi E impf* tropfen; **II.** *vt E* (*pf:* на-) ❶ (***влива́ть по ка́плям***) einträufeln; ❷ (*umg, pej:* ***доноси́ть***) angeben, denunzieren
ка́пельница *f A* (мед) Tropf *m*
капита́л *m K* ❶ (экон) Kapital *nt*; **нача́льный ~** Startkapital *nt* ❷ (*fig:* ***спосо́бности, возмо́жности***) geistiges Leistungsvermögen *nt*
капитали́зм *m K* Kapitalismus *m*
капитали́ст *m K* Kapitalist *m*
капиталисти́ческий *adj* kapitalistisch
капиталовложе́ние *nt O2* Kapitalanlage *f*
капита́н *m K* ❶ (вое) Hauptmann *m*; ❷ (суд) Kapitän *m*
капитули́ровать *vi E2 impf/pf* (вое) kapitulieren
капитуля́ция *f A2* Kapitulation *f*
ка́пля <*gen pl:* -пель> *f A1* Tropfen *m*; **дождева́я ~** Regentropfen *m*
ка́пнуть *vi E1 pf* tröpfeln
капо́т *m K* Motorhaube *f*
капри́з *m K* Laune *f*; **отучи́ть кого́-л. от ~ов** jdm die Flausen austreiben
капри́зный <*kf:* -зен , -зна> *adj* launenhaft, launisch
ка́псула *f A* Kapsel *f*
капу́ста *f A* Kohl *m*; **белокоча́нная ~** Weißkohl *m*; **ква́шеная ~** Sauerkohl *m*; Sauerkraut *nt*
капюшо́н *m K* Kapuze *f*
кара́бкаться *vr E impf* (*pf:* вс-) klettern, hinaufklettern
карава́й *m K2* Brotlaib *m*
карава́н *m K* Karawane *f*
кара́кули *f pl A1* Gekritzel *nt*
караме́ль *f I* ❶ (***жжёный са́хар***) Karamell *m*; ❷ (***конфе́та***) Karamelle *f*, Karamellbonbon *nt*
каранда́ш <*gen pl:* -е́й> *m K e* Bleistift *m*; **просто́й ~** Bleistift *m*
каранти́н *m K* (мед) Quarantäne *f*
карате́ *nt indekl* Karate *nt*
кара́ть *vt E impf* (*pf:* по-) strafen, bestrafen
карау́л I. *m K* (вое) Wache *f*; **заступа́ть в ~** die Wache überneh-

men; **II.** *interj* (*крик о по́мощи*) Hilfe!

кардина́льный *adj* grundlegend

кардиоло́гия *f A2* (МЕД) Kardiologie *f*

каре́та *f A* Kutsche *f*

Кари́бское мо́ре *nt O1* Karibik *f*

ка́риес *m K* (МЕД) Karies *f*

карикату́ра *f A* Karikatur *f*; **рисова́ть карикату́ры** Karikaturen zeichnen

карка́с *m K* Gerippe *nt*, Gestell *nt*

ка́ркать *vi E impf* ❶ (*о воро́не*) krächzen; ❷ (*fig, umg, auch im pf: нака́ркать*) unken; **она́ нака́ркала э́то несча́стье** sie hat dieses Unglück herbeigeredet

карма́н *m K* Tasche *f*; **~ брюк** Hosentasche *f*

карма́нный *adj* Taschen-; **де́ньги на карма́нные расхо́ды** [*o* **карма́нные де́ньги**] Taschengeld *nt*; **~ вор** Taschendieb *m*; **кни́жка карма́нного форма́та** Taschenbuch *nt*

карнава́л *m K* (*ма́сленица*) Karneval *m*, Fastnacht *f*, Fasching *m*

карни́з *m K* Sims *m*; **око́нный ~** Fenstersims *m*

карп *m K* (ЗООЛ) Karpfen *m*

ка́рта *f A* Karte *f*; **географи́ческая ~** Landkarte *f*; **игра́льная ~** Spielkarte *f*

карти́на *f A* ❶ Bild *nt*, Gemälde *nt*; **~, напи́санная ма́слом** Ölgemälde *nt*; ❷ (*кинофи́льм*) Film *f*; ❸ (*обстано́вка*) allgemeine Lage *f*; **сего́дня ина́я ~** heute sieht die Situation anders aus

карти́нка <*gen pl:* -нок> *f A* (*иллюстра́ция*) Illustration *f*, Abbildung *f*; **кни́га с карти́нками** Bilderbuch *nt*; **переводны́е карти́нки** Abziehbilder *nt pl*

карто́н *m K* Pappe *f*

карто́нный *adj* Papp-; **карто́нная коро́бка** Karton *m*, Pappschachtel *f*

картоте́ка *f A* Kartei *f*

карто́фель *m K1* ❶ (БОТ) Kartoffelpflanze *f*; ❷ Kartoffeln *f pl*; **жа́реный ~** Bratkartoffeln *pl*; **~ в мунди́ре** Pellkartoffeln *pl*; **отварно́й ~** Salzkartoffeln *pl*; **хрустя́щий жа́реный ~** Kartoffelchips *pl*

карто́фельный *adj* Kartoffel-; **карто́фельное пюре́** Kartoffelbrei *m*, Kartoffelpüree *nt*

ка́рточка <*gen pl:* -чек> *f A* Karte *f*, Kärtchen *nt*

ка́рточный *adj* Karten-; **ка́рточная систе́ма** Rationierungssystem *nt*; **ру́хнуть, как ~ до́мик** (*fig*) einstürzen wie ein Kartenhaus

карто́шка <*gen pl:* -шек> *f A* (*umg*) Kartoffeln *pl*

ка́рты *f pl A* Spielkarten *f pl*, Kartenspiel *nt*

карусе́ль *f I* Karussell *nt*

карье́ра *f A* Karriere *f*; **(с)де́лать карье́ру** Karriere machen

карьери́зм *m K* Karrieredenken *nt*

карьери́ст, -ка <*gen pl f:* -ток> *m K f A* (*pej*) Karrieremacher, -in *m/f*, Streber, -in *m/f*

каса́тельно *präp +gen* betreffs (*+gen*), bezüglich (*+gen*)

каса́ться *vr E impf* (*pf:* косну́ться) ❶ (*кого́-л./чего́-л.*) berühren; ❷ (*fig: те́мы, вопро́са*) anschneiden, zur Sprache bringen; ❸ (*nur 3. pers sg*) angehen, betreffen; **что каса́ется** in Bezug auf; **что каса́ется э́того** diesbezüglich

ка́сса *f A* Kasse *f*; **биле́тная ~** Fahrkartenschalter *f*; **сберега́тельная ~** Sparkasse *f*

кассе́та *f A* ❶ Kassette *f*; **записа́ть на кассе́ту** auf Kassette aufnehmen ❷ (ФОТ) Patrone *f*

кассе́тник *m K* (*umg*) Kassettenrecorder *m*

касси́р, касси́рша *m K / f A* Kassierer, -in *m/f*

ка́ссовый *adj* Kassen-; **~ аппара́т** Registrierkasse *f*; **~ успе́х** Kassenerfolg *m*

кастра́ция *f A2* (МЕД) Kastration *f*

кастрю́ля *f A1* Kochtopf *m*

К

катализа́тор *m K* (ХИМ, АВТО) Katalysator *m*

катало́г *m K* Katalog *m*; **зака́зывать по ~у** über Versandhandel [*o* per Katalog] bestellen

ката́ние *nt O2* ① Rollen *nt*; ② Spazierenfahren *nt*; **~ на конька́х** Schlittschuhlaufen *nt*; **~ на лы́жах** Skilaufen *nt*; **~ на са́нках** Schlittenfahren *nt*

ката́р *m K* (МЕД) Katarr *m*

katара́кта *f A* (МЕД) grauer Star *m*

катастро́фа *f A* Katastrophe *f*

катастрофи́ческий *adj* kastastrophal

ката́ться *vr E unbest* (*best:* ***кати́ться, перека́тываться***) ① sich rollen, sich wälzen; **~ как сыр в ма́сле** (*fig*) wie die Made im Speck leben; ② (***на чём-ли́бо***) spazierenfahren

категори́ческий *adj* ① (ФИЛОС) kategorisch; ② (***реши́тельный***) entschieden

категори́чность *f I* Entschiedenheit *f*

катего́рия *f A2* Kategorie *f*, Klasse *f*

кати́ться <*präs:* качу́сь, ка́тишься> *vi I best* (*unbest:* ***ката́ться***) rollen, fahren

като́д *m K* (ФИЗ) Kathode *f*

като́к <*gen sg:* -тка́> *m K e* ① (***ледяно́й***) Eisbahn *f*; ② (ТЕХ) Walze *f*

като́лик, католи́чка <*gen pl f:* -чек> *m K / f A* Katholik, -in *m/f*

католи́ческий *adj* katholisch

каучу́к *m K* (БОТ, ХИМ) Kautschuk *m*

кафе́ *nt indekl* Café *nt*; **~-моро́женое** Eisdiele *f*

ка́федра *f A* ① Katheder *nt*, Rednerpult *nt*; ② (***в це́ркви***) Kanzel *f*; ③ (***в ву́зе***) Lehrstuhl *m*, Abteilung *f*

ка́фель *m K1* Kachel *f*

кафете́рий <*präpos sg:* -ии> *m K2* Cafeteria *f*

кача́ть *vt E impf* (*pf:* по-, на-) ① schaukeln; ② (***ребёнка***) wiegen; ③ (***во́ду***) pumpen; **~ права́** (*fig, umg*) auf sein Recht pochen

кача́ться *vr E impf* ① schaukeln, sich wiegen, pendeln; ② (***поша́тываться***) taumeln

качéли *f pl A* Schaukel *f*

ка́чественный <*kf:* -вен, -венна> *adj* Qualitäts-, von hoher Qualität; **ка́чественное изде́лие** Qualitätsprodukt *nt*; **знак ка́чества** Qualitätssiegel *m*, Gütezeichen *nt*

ка́чество *nt O* Qualität *f*, Beschaffenheit *f*; **~ жи́зни** Lebensqualität *f*; **в э́том ка́честве** in dieser Eigenschaft [*o* Funktion]; **в ка́честве дире́ктора** als Direktor

ка́чка *f A* (СУД) Schaukeln *nt*; **не переноси́ть морско́й ка́чки** die Seefaht schlecht vertragen

ка́ша *f A* Brei *m*; **овся́ная ~** Haferbrei *m*

ка́шель <*gen sg:* -шля> *m K1* Husten *m*

кашеми́р *m K* Kaschmir *m*

ка́шлянуть *vi E1 pf steht für einmal husten*

ка́шлять *vi E impf* husten

кашта́н *m K* ① (***плод***) Kastanie *f*; ② (***съедо́бный***) Marone *f*; ③ (***де́рево***) Kastanienbaum *m*

каю́та *f A* (СУД) Kajüte *f*, Kabine *f*

каю́т-компа́ния *f A2* (СУД) Speiseraum *m*, Offiziersmesse *f*

ка́яться <*präs:* ка́юсь, ка́ешься> *vr E4 impf* (*pf:* по-) ① (***в чём-ли́бо***) bereuen; ② (***кому́-ли́бо***) gestehen, beichten

квадра́т *m K* ① (ПУЩЬ) Quadrat *nt*; ② (МАТ) Quadratzahl *f*

квадра́тный *adj* quadratisch; **~ метр** Quadratmeter *m*

ква́кать *vi E impf* quaken

ква́кша *f A* (ЗООЛ) Laubfrosch *m*

квалифика́ция *f A2* Qualifikation *f*

квалифици́рованный *adj* qualifiziert, fachkundig; **квалифици́рованный рабо́чий** Facharbeiter *m*

квалифици́ровать *vt E2 impf/pf* ① (***оце́нивать***) bewerten, beurteilen; ② (***проверя́ть***) die

Qualifikation prüfen
квартáл *m K* ❶ (*чéтверть гóда*) Quartal *nt*; ❷ (*райóн гóрода*) Stadtviertel *nt*, Wohnviertel *nt*; ❸ (*кóмплекс здáний*) Häuserblock *m*
квартéт *m K* (муз) Quartett *nt*
квартúра *f A* Wohnung *f*; **двухкóмнатная ~** Zweizimmerwohnung *f*; **снимáемая ~** Mietwohnung *f*; **сóбственная ~** Eigentumswohnung *f*
квартúрный *adj* Wohnungs-; **квартúрная плáта** Miete *f*
квартиросъёмщик, квартиросъёмщица *m K / f A* Mieter, -in *m/f*
квартплáта *akr von* квартúрная плáта *f* Miete *f*
кварц *m K* Quarz *m*
квас *m K ple* Kwass *m*, *säuerliches Getränk aus Hefe (oder Schwarzbrot) und Malz*
квитáнция *f A2* Quittung *f*
квúты *adj:* **мы квúты** wir sind quitt; **мы с ним квúты** ich bin mit ihm quitt
квóрум *m K* Quorum *nt*; **квóрума нет** die Versammlung ist nicht beschlussfähig
квóта *f A* Quote *f*
кВт *abk von* киловáтт *m* Kilowatt *nt*, kW *nt*
кг *abk von* килогрáмм *m* Kilogramm *nt*, kg *nt*
КГБ *abk von* Комитéт Госудáрственной Безопáсности *m* KGB *m*
кегельбáн *m K* Kegelbahn *f*
кéгля <*gen pl:* -ей> *f A1* ❶ Kegel *m*; ❷ (*im pl*) Kegeln *nt*, Kegelspiel *nt*; **игрáть в кéгли** kegeln
кекс *m K eine Art Rosinenkuchen*; **рождéственский ~** Stollen *m*
кéлья <*gen pl:* -лий> *f A1* Klosterzelle *f*, Klause *f*
кем <*inst von:* кто>*pron inter* mit wem
кенгурý *m indekl* (зоол) Känguru *nt*
керáмика *f A* Keramik *f*
керосúн *m K* Kerosin *nt*, Petroleum *nt*
керосúнка <*gen pl:* -нок> *f A* Petroleumkocher *m*
кéсарев *adj:* **кéсарево сечéние** (мед) Kaiserschnitt *m*
кивáть *vi E impf* ❶ nicken, mit dem Kopf nicken; ❷ (*комý-либо*) zunicken; ❸ (*в чью-л. стóрону*) durch eine Kopfbewegung weisen; **~ на когó-либо** (*umg*) jdm die Schuld in die Schuhe schieben
кивнýть *vi E1 pf* kurz nicken
кидáть *vt E impf* (*pf:* кúнуть) (*бросáть*) werfen, schmeißen
кий <*präpos sg:* кий, *gen pl:* киёв> *m K2 ple* (*бильярдный*) Queue *nt*, Billardstock *m*
килокалóрия *f A2* (*ккал*) Kilokalorie *f*
киломéтр *m K* (км) Kilometer *m*
километрáж *m K* Kilometerstand *m*
киль *m K1* (суд) Kiel *m*
кинжáл *m K* Dolch *m*
кинó *nt indekl* Kino *nt*
киноактёр, киноактрúса *m K / f A* Filmschauspieler, -in *m/f*
кинозвездá <*nom pl:* -звёзды> *f A* Filmstar *m*
кинокáмера *f A* Filmkamera *f*
кинопрокáт *m K* Filmverleih *m*
киносъёмка <*gen pl:* -мок> *f A* Filmaufnahme *f*
кинотеáтр *m K* Kino *nt*
кинофестивáль *m K1* Filmfestival *nt*
кúнуть *vt E1 pf* (*impf:* кидáть) werfen
киóск *m K* Kiosk *m*
кúпа *f A* Pack *m*, Packen *m*; **~ пúсем** ein Stoß *m* [*o* Stapel *m*] Briefe
кипарúс *m K* Zypresse *f*
кипéть <*präs:* киплю, -пúшь> *vi I impf* (*pf:* вс-) ❶ (*о водé*) kochen, brodeln, sieden; ❷ (*fig: спóриться*) gut vorangehen; **рабóта кипúт** die Arbeit flutscht; ❸ (*fig: чем-либо*) kochen, brennen; **онá кипúт гнéвом** sie kocht vor Wut

К

Кипр *m K* Zypern *nt*
кипяти́льник *m K* ① (*погружно́й*) Tauchsieder *m*; ② (*бо́йлер*) Boiler *m*
кипяти́ть <*präs:* **кипячу́, -яти́шь**> *vt I impf* (*pf:* **вс-**) (ab)kochen
Кирги́зия *f A2* Kirgisien *nt*
кири́ллица *f A* Kyrilliza *f*, kyrillische Schrift *f*
кирпи́ч <*gen pl:* **-е́й**> *m K e* ① (*строи́тельный материа́л*) Ziegel *m*; ② (*шту́ка*) Ziegelstein *m*
кирпи́чик *m K* (*dim*) Steinchen *nt*; **по кирпи́чику** (*fig*) Schritt für Schritt
кисе́ль *m K1 süßsaure, mit Fruchtsaft gekochte Mehlspeise*
кислова́тый <*kf:* **-áт**> *adj* säuerlich
кислоро́д *m K* Sauerstoff *m*
кислота́ <*nom pl:* **кисло́ты**> *f A pls* (хим) Säure *f*; **азо́тная ~** Salpetersäure *f*; **се́рная ~** Schwefelsäure *f*; **у́гольная ~** Kohlensäure *f*
кисло́тность *f I* (хим) pH-Wert *m*
кисло́тный *adj* (хим) sauerhaltig; **~ дождь** (экол) saurer Regen *m*
ки́слый <*kf:* **-сел, -сла́, -сл**> *adj* sauer; **ки́слое молоко́** Sauermilch *f*
ки́снуть <*prät:* **кис** *und:* **ки́снул**> *vi E1 impf* (*pf:* **про-**) (*молоко́*) sauer werden
кисть *f I ple1* ① (*маля́рная, для рисова́ния*) Pinsel *m*; ② (*виногра́дная*) Traube *f*; ③ (*руки́*) Hand *f*
кит *m K e* (зоол) Walfisch *m*; **~ы́ би́знеса** (*fig*) Geschäftsriesen *m pl*
кита́ец, китая́нка <*gen m:* **-йца, -йцев**, *gen pl f:* **-нок**> *m K / f A* Chinese, Chinesin *m/f*
Кита́й *m K2* China *nt*
кита́йский *adj* chinesisch
кито́вый *adj* Walfisch-; **~ ус** Fischbein *nt*
китч *m K* Kitsch *m*
кичи́ться <*präs:* **кичу́сь, -чи́шься**> *vi I nur impf* protzen, angeben (mit +*dat*)
кичли́вый <*kf:* **-и́в**> *adj* (*umg:* *надме́нный*) großspurig, eingebildet
кише́ть <*nur 3. pers:* **киши́т**> *v* + *inst I nur impf* wimmeln von; **у́лица киши́т людьми́** auf der Straße wimmelt es von Menschen
кишка́ <*gen pl:* **-шо́к**> *f A* Darm *m*; **пряма́я ~** Mastdarm *m*; **у тебя́ для э́того ~ тонка́** (*umg*) dem bist du nicht gewachsen
ккал *abk von* **килокало́рия** *f* Kilokalorie *f*, kcal *f*
клавиату́ра *f A* Tastatur *f*
кла́виша *f A* Taste *f*
клад *m K* Schatz *m*
кла́дбище *nt O1* Friedhof *m*
кла́дка *f A* Mauerwerk *nt*
кладова́я *f wie adj* Lagerraum *m*, Magazin *nt*, Vorratskammer *f*
кладо́вка *f A* ① (*чула́н*) Abstellraum *m*, Rumpelkammer *f*; ② (*кладова́я*) Vorratskammer *f*
кладовщи́к *m K* Lagerhalter *m*
кладь *f I* ① (*груз*) Ladegut *nt*, Last *f*, Fracht *f*; ② (*бага́ж*) Gepäck *nt*; ③ (*едини́ца гру́за и́ли богажа́*) Kollo *nt*; **ручна́я ~** Handgepäck *nt*
клаксо́н *m K* (авто) Hupe *f*
кла́няться *vr* + *dat E impf* (*pf:* **поклони́ться**) sich verbeugen, sich verneigen (vor +*dat*)
кла́пан *m K* Ventil *nt*
кларне́т *m K* Klarinette *f*
класс *m K* ① (социол: *социа́льная гру́ппа*) Klasse *f*; ② (*разря́д, катего́рия*) Klasse *f*, Kategorie *f*; **~ позвоно́чных** (биол) die Klasse der Wirbeltiere; **купе́ пе́рвого ~а** ein Abteil *nt* erster Klasse ③ (*в шко́ле*) Schulklasse *f*; ④ (*кла́ссная ко́мната*) Klassenzimmer *nt*, Klassenraum *m*; ⑤ (муз: *специа́льность*) Fach *nt*
кла́ссик *m K* Klassiker *m*
кла́ссика *f A* Klassik *f*; **люби́тели кла́ссики** Klassikfreunde *m pl*
классифика́ция *f A2* Klassifikation *f*
классифици́ровать *vt E2 impf/pf* klassifizieren, einteilen
класси́ческий *adj* ① klassisch; ② (строит: *в ду́хе классици́зма*) klassizistisch

кла́ссный *adj* ❶ Klassen-; **~ руководи́тель** Klassenlehrer, -in *m/f*; ❷ (*umg:* ***отли́чный***) erstklassig, klasse

кла́ссовый *adj* klassenbedingt; **кла́ссовая принадле́жность** Klassenzugehörigkeit *f*

класть <*präs:* кладу́, -дёшь, *prät:* клал> *vt E6a impf* (*pf:* положи́ть) legen, hinlegen, hineinlegen; **~ я́йца** Eier hinlegen; **~ в осно́ву** (*fig*) zugrunde legen

клева́ть <*präs:* клюю́, клюёшь> *vi E2 impf* ❶ (***клю́вом***) picken, hacken; **~ но́сом** (*fig*) einnicken; **у него́ де́нег ку́ры не клюю́т** (*fig*) er hat Geld wie Heu ❷ (***о ры́бе***) anbeißen

кле́вер <*nom pl:* -а́> *m K ple* (БОТ) Klee *m*

клевета́ *f A* Verleumdung *f*

клевета́ть <*präs:* клевещу́, -е́щешь> *vi E4 impf* (*pf:* на-) verleumden

клеветни́ческий *adj* verleumderisch

кле́ить <*präs:* кле́ю, кле́ишь> *vt I impf* (*pf:* с-) kleben, leimen

клей <*gen sg:* кле́я> *m K2* Klebstoff *m*, Leim *m*; **универса́льный ~** Alleskleber *m*; **нама́зывать кле́ем** leimen

кле́йкий *adj* klebrig

клейкови́на *f A* Gluten *nt*

клейми́ть <*präs:* клеймлю́, -ми́шь> *vt I impf* (*pf:* за-) ❶ stempeln, markieren, eichen; ❷ (*fig:* ***разоблача́ть***) brandmarken, anprangern; **~ кого́-л. позо́ром** jdm ein Schandmal aufdrücken

кле́мма *f A* (ТЕХ) Klemme *f*

клён *m K* (БОТ) Ahorn *m*

клено́вый *adj* Ahorn-

клерк Bürokraft *f*

кле́тка <*gen pl:* -ток> *f A* ❶ Käfig *m*; **~ для птиц** Vogelbauer *nt*; **сиде́ть в золото́й кле́тке** (*fig*) im goldenen Käfig sitzen; ❷ (БИОЛ) Zelle *f*; **заро́дышевая ~** Keimzelle *f*; **не́рвная ~** Nervenzelle *f*; ❸ (***кле́тчатый узо́р***) Karo *nt*; **в ме́лкую кле́тку** kleinkariert

кле́точный *adj* (БИОЛ) zellular, Zell(en)-; **кле́точная мембра́на** Zellmembran *f*

клетча́тка *f A* (БИОЛ) Zellgewebe *nt*

кле́тчатый *adj* kariert

клёцка <*gen pl:* -цек> *f A* Kloß *m*, Knödel *m*

клешня́ <*inst sg:* -нёй, *gen pl:* -е́й> *f A1* Krebsschere *f*

клещ <*gen pl:* -е́й> *m K e* ❶ (ЗООЛ) Milbe *f*; ❷ (***кровокуса́ющий***) Zecke *f*

кле́щи <*gen pl:* -е́й> *m pl K ple1* Zange *f*, Kneifzange *f*

клие́нт, клие́нтка <*gen pl f:* -ток> *m K / f A* Klient, -in *m/f*, Kunde, Kundin *m/f*; **постоя́нный клие́нт** Stammkunde *m*

клиенту́ра *f A* ❶ (***круг постоя́нных клие́нтов***) Klientel *f*; ❷ (***круг зака́зчиков, покупа́телей***) Kundschaft *f*, Kundenkreis *m*

кли́зма *f A* (МЕД) Klistier *nt*, Einlauf *m*

кли́ка *f A* (*auch pej*) Clique *f*, Klüngel *m*

кли́макс *m K* (МЕД) Klimakterium *nt*, Wechseljahre *pl*

кли́мат *m K* (*auch fig*) Klima *nt*; **суро́вый ~** raues Klima *nt*

климати́ческий *adj* klimatisch; **климати́ческие усло́вия** Klimaverhältnisse *pl*

клин <*pl:* кли́нья, -ньев, -ньям> *m K* Keil *m*

кли́ника *f A* Klinik *f*

клини́ческий *adj* klinisch

клино́к <*gen sg:* -нка́> *m K e* Klinge *f*, Schneide *f*

клип *m K* Videoclip *m*

клич *m K* Ruf *m*; **боево́й ~** Schlachtruf *m*

кли́чка <*gen pl:* -чек> *f A* ❶ (***челове́ка***) Spitzname *m*; ❷ (***живо́тного***) Rufname *m*; ❸ (***конспирати́вное и́мя***)

К

Deckname *m*; ❸ (ОБДАН) Alias *nt*

клише́ *nt indekl* ❶ Klischee *nt*, Druckschablone *f*; ❷ (*fig:* *стереоти́п*) Stereotyp *nt*

клок <*pl:* клóчья, *gen pl:* -чьев> *m K* ❶ (*воло́с, ше́рсти*) Büschel *nt*; **~ воло́с** Haarbüschel *nt* ❷ (*тка́ни*) Fetzen *m*; **~ в кло́чья** zerfetzen

клокота́ть <*nur 3. pers:* клоко́чет> *vi E4 impf* sprudeln, brodeln

клони́ть[1] <*präs:* клоню́, кло́нишь> *vt I impf* (*fig:* *речь, разгово́р*) lenken, hinauswollen (auf *+akk*); **к чему́ ты кло́нишь?** worauf willst du hinaus?

К

клони́ть[2] <*unpersönlich:* кло́нит> *vt I impf:* **меня́ кло́нит ко сну́** ich bin schläfrig

клоп *m K ple* ❶ (ЗООЛ) Wanze *f*; ❷ (*umg:* *малы́ш*) Knirps *m*, Kleine(r) *m*

кло́ун *m K* Clown *m*

клуб *m K* Klub *m*, Verein *m*

клу́бень <*gen sg:* -бня> *m K1* (БОТ) Knolle *f*

клуби́ться <*nur 3. pers:* клуби́тся> *vr I impf* (*о тума́не*) in Schwaden aufsteigen

клубни́ка *f A* Gartenerdbeeren *f pl*

клубо́к <*gen sg:* -бка́> *f A* Knäuel *nt*; **~ ше́рсти** Wollknäuel *nt*

клык *m K* ❶ Stoßzahn *m*; ❷ (*у челове́ка*) Eckzahn *m*

клюв *m K* Schnabel *m*

клюка́ *f A* Gehstock *m*, Krücke *f*

клю́нуть *vi E1 pf* anbeißen; **~ на прима́нку** [*o* **на что-л.**] (*fig*) auf den Leim gehen, hereinfallen (auf *+akk*)

ключ[1] <*gen pl:* -е́й> *m K e* ❶ Schlüssel *m*; **~ от кварти́ры** Wohnungsschlüssel *m*; **~ зажига́ния** (АВТО) Zündschlüssel *m*; **га́ечный ~** Schraubenschlüssel *m*; **басо́вый ~** (МУЗ) Bassschlüssel *m*; **скрипи́чный ~** Violinschlüssel *m*; ❷ (ТЕХ) Taste *f*, Schalter *m*

ключ[2] <*gen pl:* -е́й> *m K e* Quelle *f*; **бить ~о́м** quellen, brodeln; **там жизнь бьёт ~о́м** (*fig*) dort herrscht Hochbetrieb

ключево́й[1] *adj* Schlüssel-; **ключево́й вопро́с** Kernfrage *f*; **ключево́е сло́во** Stichwort *nt*; **ключева́я роль** Schlüsselrolle *f*

ключево́й[2] *adj* Quell-; **ключева́я вода́** Quellwasser *nt*

ключи́ца *f A* (АНАТ) Schlüsselbein *nt*

кля́кса *f A* Klecks *m*, Tintenklecks *m*; **посади́ть** [*o* **сажа́ть**] **кля́ксу** klecksen

кляп *m K* Knebel *m*; **заткну́ть кому́-л. рот ~ом** jdn knebeln

клясть <*präs:* кляну́, -нёшь, *prät:* клял, кляла́, кля́ло> *vt E9 impf* verfluchen

кля́сться <*präs:* кляну́сь, -нёшься> *vr E9 impf* (*pf:* по-) schwören; **~ кому́-л. в ве́рности** jdm Treue schwören

кля́тва *f A* Eid *m*, Schwur *m*; **дава́ть кля́тву** geloben

кля́твенный *adj* eidlich

кля́узник *m K* Querulant *m*

км *abk von* **километров** *m* Kilometer *m*, km *m*

кни́га *f A* Buch *nt*; **~ стихо́в** Gedichtband *m*; **а́дресная ~** Adressbuch *nt*; **насто́льная ~** Handbuch *nt*; **пова́ренная ~** Kochbuch *nt*; **~ о́тзывов** Gästebuch *nt*

книголю́б *m K* Bücherfreund *m*; **о́бщество ~ов** Lesegesellschaft *f*

книгопеча́тание *nt O2* Buchdruck *m*

книготорго́вец <*gen sg:* -вца, -вцев> *m K* Buchhändler, -in *m/f*

книготорго́вля *f A1* Buchhandel *m*

книгохрани́лище *nt O1* (*в библиоте́ке*) Magazin *nt*

кни́жка <*gen pl:* -жек> *f A* Büchlein *nt*; **записна́я ~** Notizbuch *nt*; **зачётная ~** (*зачётка*) Studienbuch *nt*; **сберега́тельная ~** Sparbuch *nt*

кни́жный *adj* Buch-; **~ магази́н** Buchhandlung *f*; **кни́жная я́рмарка** Buchmesse *f*

кно́пка <*gen pl:* -пок> *f A*

① (*канцеля́рская*) Reißzwecke *f*; ② (*для застёгивания*) Druckknopf *m*; ③ (ЭЛЕК, ОБДАН) Knopf *m*, Taste *f*, Button *m*

кнут *m K* Peitsche *f*; **с по́мощью ~а и пря́ника** mit Zuckerbrot und Peitsche

княги́ня *f A1* Fürstin *f*

кня́жеский *adj* fürstlich

кня́жество *nt O* Fürstentum *nt*

князь <*pl:* князья́, -зе́й, -зья́м> *m K1* Fürst *m*

коали́ция *f A2* (ПОЛ) Koalition *f*, Allianz *f*

кобе́ль *m K1 e* ① (ЗООЛ) Rüde *m*; ② (*vulg: похотли́вый мужчи́на*) triebhafter Mann *m*

кобы́ла *f A* (ЗООЛ) Stute *f*

кова́рный <*kf:* -рен, -рна> *adj* hinterlistig, heimtückisch

кова́рство *nt O* Hinterlist *f*

кова́ть <*präs:* кую́, куёшь> *vt E2 impf* (*auch fig*) schmieden

ковёр <*gen sg:* -вра́> *m K* Teppich *m*; **вы́звать кого́-л. на ~** (*fig*) jdn zu sich zitieren

кове́ркать *vt E impf* (*pf:* ис-) ① (*по́ртить*) kaputt machen; ② (*мысль, слова́*) verdrehen

ко́врик *m K* ① (*доро́жка*) kleiner Teppich *m*, Läufer *m*; ② (*цино́вка*) Matte *f*

ковыля́ть *vi E impf* hinken, humpeln

ковыря́ть *vi E impf* (*в чём-ли́бо*) stochern

когда́ I. *adv* wann; **~ он придёт?** wann kommt er? **~-нибу́дь** irgendwann; **II.** *konj* ① als; **~ он просну́лся, бы́ло ещё темно́** als er erwachte, war es noch dunkel; ② wenn; **~ бы знал, не пошёл бы** wenn er es gewusst hätte, wäre er nicht gekommen

кого́ <*gen/akk von:* кто> *pron inter* wessen, wen

ко́готь <*gen sg:* -гтя> *m K1 ple1* (*у хи́щников*) Kralle *f*, Klaue *f*

код *m K* Kode *m*, Schlüssel *m*; **телефо́нный ~** Vorwahlnummer *f*; **~ ба́нка** Bankleitzahl *f*; **штрихово́й ~** (*на това́рах*) Strichkode *m*

ко́декс *m K* ① Gesetzbuch *nt*; **уголо́вный ~** Srafgesetzbuch *nt* ② (*arch: непи́саный зако́н*) Kodex *m*

коди́рование *nt O2* Kodieren *nt*, Verschlüsseln *nt*

ко́довый *adj* Kode-

ко́е-где *adv* mancherorts

ко́е-как *adv* mehr schlecht als recht, irgendwie

ко́е-кто *pron indef* ① (*не́которые*) (so) manche(r, s); ② (*кто-то*) irgendwer

ко́е-что *pron indef* manches

ко́жа *f A* ① Haut *f*; **сбра́сывать с себя́ ко́жу** (*о змее́*) sich häuten; **~ да ко́сти** (*fig*) nur noch Haut und Knochen; **из ко́жи вон лезть** (*fig*) sich für etw abstrampeln, sich die größte Mühe geben ② (*материа́л*) Leder *nt*; **натура́льная ~** Echtleder *nt*; **замени́тель ко́жи** Kunstleder *nt*; **изде́лия из ко́жи** Lederwaren *pl*

ко́жаный *adj* Leder-; **ко́жаная ку́ртка** Lederjacke *f*

ко́жный *adj* Haut-; **ко́жная боле́знь** Hautkrankheit *f*

ко́жух *m K* (ТЕХ) Gehäuse *nt*

коза́ *f A pls* (ЗООЛ) Ziege *f*

козёл <*gen sg:* -зла́> *m K* ① (ЗООЛ) Ziegenbock *m*; **го́рный ~** Steinbock *m*; **~ отпуще́ния** (*fig*) Sündenbock *m*; ② (*pej: болва́н*) Dummkopf *m*

Козеро́г *m K* (АСТРОН) Steinbock *m*

козлёнок <*gen sg:* -нка, *nom pl:* козля́та> *m U4* Ziegenkitz *nt*, Zicklein *nt*

козырёк <*gen sg:* -рька́> *m K* ① (*у ке́пки, фура́жки*) Mützenschirm *m*; ② (*наве́с*) Vordach *nt*

ко́зырь *m K1 ple1* (*auch fig*) Trumpf *m*

козыря́ть *vi E impf* (*pf:* козырну́ть) auftrumpfen

ко́йка <*gen pl:* ко́ек> *f A* Koje *f*

кок *m K* (СУД) Schiffskoch *m*

кокаи́н *m K* Kokain *nt*

коке́тливый <*kf:* -лив> *adj* kokett, gefallsüchtig

коке́тничать *vi E impf* kokettieren, liebäugeln (mit *+dat*)

коке́тство *nt O* Koketterie *f*

ко́клюш *m K* (мед) Keuchhusten *m*

коко́совый *adj* Kokos-; **~ оре́х** Kokosnuss *f*

кокс *m K* Koks *m*

коктéйль *m K1* ❶ Cocktail *m*; ❷ (*приём*) Cocktailparty *f*

кол <*pl:* ко́лья, -льев, -льям> *m K* Pfahl *m*

ко́ла *f A* Cola *f*

колбаса́ <*nom pl:* колба́сы> *f A pls* Wurst *f*; **ли́верная ~** Leberwurst *f*

колго́тки <*gen pl:* -ток> *f pl A* Strumpfhose *f*

колдова́ть *vi E2 impf* zaubern, hexen

колдовство́ *nt O e* Zauberei *f*, Hexerei *f*

колду́н, колду́нья <*gen pl f:* -ний> *m K / f A1* Zauberer, Zauberin *m/f*, Hexenmeister, Hexe *m/f*

колеба́ние *nt O2* ❶ (физ) Schwingung *f*; ❷ (*измене́ние*) Schwankung *f*, Fluktuation *f*; **~ температу́ры** Temperaturschwankung *f*; **~ обме́нного ку́рса** (экон) Floaten *nt*; ❸ (*нереши́тельность*) Unschlüssigkeit *f*, Schwanken *nt*

колеба́ться <*präs:* коле́блюсь, -лешься> *vr E4 impf* (*pf:* по-, за-) ❶ schwanken, schwingen, pendeln; ❷ (*fig: не реша́ться*) schwanken, zaudern

коле́но <*pl:* коле́ни, -ей, -ям> *nt O* Knie *nt*; **встать на коле́ни** sich hinknien

колесо́ <*nom pl:* колёса> *nt O pls* Rad *nt*; **чёртово ~** Riesenrad *nt*

колесова́ть *vt E2 impf/pf* (ист) durch das Rad hinrichten

колея́ *f A2* ❶ (*велосипе́дная*) Radspur *f*; ❷ (*железнодоро́жная*) Gleis *nt*; **войти́ в колею́** (*fig*) (wieder) ins Gleis kommen

ко́лика *f A* (мед) Kolik *f*

коли́чественный *adj* quantitativ, zahlenmäßig, mengenmäßig; **коли́чественное числи́тельное** (лингв) Kardinalzahl *f*, Grundzahlwort *nt*

коли́чество *nt O* Quantität *f*, Anzahl *f*, Menge *f*; **о́бщее коли́чество** Gesamtmenge *f*; **~ включе́ний** (телевид) Einschaltquote *f*

ко́лкий <*kf:* ко́лок, колка́, ко́лко> *adj* ❶ (*ко́лющийся*) spitz, stachelig; ❷ (*замеча́ние*) beißend, spöttisch

ко́лкости *f pl I* Sticheleien *f pl*, Anzüglichkeiten *f pl*

колла́пс *m K* (мед) Kollaps *m*

колле́га *mf A* Kollege, Kollegin *m/f*; **~ по рабо́те** Arbeitskollege, Arbeitskollegin *m/f*

колле́гия *f A2* Kollegium *nt*

коллекти́в *m K* ❶ Kollektiv *nt*, Arbeitsgemeinschaft *f*; **~ рабо́чих и слу́жащих** Belegschaft *f*; **~ преподава́телей** Lehrkörper *m* ❷ (*рабо́чая гру́ппа*) Team *nt*

коллективи́зм *m K* Kollektivgeist *m*, Teamgeist *m*

коллекти́вный *adj* kollektiv, gemeinschaftlich

коллекционе́р *m K* Sammler, -in *m/f*

коллекциони́ровать *vt E2 impf* sammeln

колле́кция *f A2* ❶ (*собра́ние*) Sammlung *f*; **собра́ть колле́кцию** eine Sammlung aufbauen [*o* zusammentragen]; ❷ (*моде́лей оде́жды*) Kollektion *f*

колли́зия *f A2* (*столкнове́ние*) Kollision *f*; **~ интере́сов** Interessenkonflikt *m*

коло́да *f A* ❶ (*чурба́н*) Holzklotz *m*; ❷ (*карт*) Karten *pl* eines Kartenspiels

коло́дец <*gen sg:* -дца, -дцев> *m K* Brunnen *m*

кóлокол <*nom pl:* -á> *m K ple* Glocke *f*; **бить во все ~á** (*fig*) Alarm schlagen

колокóльня <*gen pl:* -лен> *f A1* Glockenturm *m*; **~ на что-л. со своéй колокóльни** (*fig*) etw aus der Froschperspektive sehen

колокóльчик *m K* ① Glöckchen *nt*; **двернóй ~** Türklingel *f* ② (*бубéнчик*) Schelle *f*; ③ (БОТ) Glockenblume *f*

колонизáция *f A2* (*заселéние*) Kolonisation *f*

колóния *f A2* Kolonie *f*

колóнка[1] <*gen pl:* -нок> *f A* (*столбéц*) Spalte *f*, Kolumne *f*

колóнка[2] <*gen pl:* -нок> *f A* ① (*водоразбóрный кран*) Hydrant *m*; ② (*для подогрéва воды́*) Durchlauferhitzer *m*; ③ (*в вáнной*) Badeofen *m*; ④ (*бензозапрáвочная*) Zapfsäule *f*; ⑤ (*акусти́ческая*) Lautsprecherbox *f*

колóнна *f A* ① Kolonne *f*; **моторизóванная ~** eine motorisierte Kolonne *f*; ② (СТРОИТ) Säule *f*

кóлос <*pl:* колóсья, -ьев, -ьям> *m K pls1* Ähre *f*

колóсс *m K* (*гигáнт*) Koloss *m*, Riese *m*

колоссáльный <*kf:* -лен, -льна> *adj* kolossal, enorm

колоти́ть <*präs:* колочу́, -óтишь> *vt I impf* (*pf:* по-) ① (*ударя́ть*) hauen; ② (*umg:* *избивáть*) prügeln

колóть[1] <*präs:* колю́, кóлешь> *vt E4 impf* (*pf:* за-) (*иглóй*) stechen

колóть[2] <*präs:* колю́, -кóлешь> *vt E4 impf* (*pf:* на-) ① (*дровá*) hacken; ② (*орéхи*) knacken

колóться <*präs:* колю́сь, кóлешься> *vr E4 impf* ① (*nur 3. pers.:* *быть колю́чим*) stachelig sein; ② (*umg:* *о наркомáне*) fixen; **ему́ и хóчется и кóлется** (*fig, umg*) er macht sich die Entscheidung schwer

колпáк *m K e* ① Kappe *f*; ② (ТЕХ) Kappe *m*; **~ для сы́ра** Käseglocke *f*; **быть под ~óм у когó-л.** (*fig*) von jdm beschattet werden

Колу́мбия *f A2* Kolumbien *nt*

колхóз *akr von* **коллекти́вное хозя́йство** *nt* Kolchose *f*

колыбéль *f I* Wiege *f*

колыбéльная *f wie adj* (*пéсня*) Schlaflied *nt*, Wiegenlied *nt*

колыхáть <*präs:* колы́шу, -ы́шешь> *vt E4 impf* wiegen, (sanft) bewegen

кольé *nt indekl* Collier *nt*

кольрáби *f indekl* Kohlrabi *m*

кольцó <*gen pl:* -лец> *nt O pls* Ring *m*; **обручáльное ~** Ehering *m*

колю́чий <*kf:* -ю́ч> *adj* stachelig; **колю́чая прóволока** Stacheldraht *m*

колю́чка <*gen pl:* -чек> *f A* (БОТ) Stachel *m*, Dorn *m*

кóлющий *adj* Stich-, stechend; **кóлющее ору́жие** Stichwaffe *f*; **кóлющая боль** (*fig*) stechender Schmerz *m*

коля́ска <*gen pl:* -сок> *f A* Wagen *m*, Handwagen *m*; **дéтская ~** Kinderwagen *m*; **инвали́дная ~** Rollstuhl *m*; **мотоци́кл с ~ой** Motorrad *nt* mit Beiwagen

ком <*pl:* кóмья, -ьев, -ьям> *m K* Klumpen *m*, Kloß *m*, Ball *m*; **снéжный ~** Schneeball *m*

кóма *f A* (МЕД) Koma *nt*

комáнда *f A* ① (СПОРТ) Mannschaft *f*; ② (ВОЕ: *отря́д*) Trupp *m*; ③ (СУД: *экипáж*) Besatzung *f*; ④ (*прикáз*) Kommando *nt*, Befehl *m*; ⑤ (ОБДАН) Befehl *m*; **прави́тельственная ~** (*fig*) Regierungsmannschaft *f*

команди́р *m K* (ВОЕ) Kommandeur *m*

командирóвка <*gen pl:* -вок> *f A* Dienstreise *f*; **быть в командирóвке** sich auf einer Diennstreise befinden

команди́рский *adj* Kommando-; **~ [*о* капитáнский] мóстик** (СУД) Kommandobrücke *f*

комáндный *adj* ① (ВОЕ)

Kommando-; **кома́ндная строка́** (ОБДАН) Befehlszeile *f*; **кома́ндные высо́ты** (*fig*) Vormachtstellung *f*; ❷ (СПОРТ) Mannschafts-

кома́ндование *nt O2* (ВОЕ) Kommando *nt*; **гла́вное ~** Oberkommando *nt*

кома́ндовать *v + inst E2 impf* ❶ kommandieren, befehlen; ❷ (*umg: распоряжа́ться*) im Befehlston anweisungen geben, kommandieren

кома́ндующий *m wie adj* (ВОЕ) Befehlshaber *m*; **главно~** Oberbefehlshaber *m*

кома́р *m K e* Stechmücke *f*; **~ но́са не подто́чит** (*fig*) alles ist tipptopp, daran ist nichts auszusetzen

К

комба́йн *m K* (СЕЛХОЗ) Mähdrescher *m*; **кухо́нный ~** Küchenmaschine *f*

комбина́ция *f A2* ❶ Kombination *f*; **~ кла́виш** (ОБДАН) Tastenkombination *f*; ❷ (*расчёт*) Berechnung *f*; ❸ (*же́нское бельё*) Unterkleid *nt*

комбинезо́н *m K* Overall *m*

комбини́ровать *vt E2 impf* kombinieren

комедиа́нт, **комедиа́нтка** <*gen pl f:* **-ток**> *m K / f A* ❶ Komödiant, -in *m/f*; ❷ (*fig: притво́ра, лицеме́р*) Heuchler, -in *m/f*

коме́дия *f A2* Komödie *f*, Lustspiel *nt*

коменда́нт *m K* Kommandant, -in *m/f*; **~ общежи́тия** Wohnheimleiter *m*

коменда́нтский *adj* Kommandanten-; **~ час** Ausgangssperre *f*

коме́та *f A* (АСТРОН) Komet *m*

коми́зм *f I* Komik *f*

ко́мик *m K* ❶ (*коми́ческий актёр*) Komiker, -in *m/f*; ❷ (*fig: весельча́к*) Spaßvogel *m*

комисса́р *m K* Kommissar, -in *m/f*

комиссио́нные *m pl wie adj* (ЭКОН) Provision *f*

комиссио́нный *adj* Kommissions-; **~ магази́н** An- und Verkauf *m*, Secondhand-Laden *m*; **~ сбор** Gebühr *f*; **комиссио́нное вознагражде́ние** (ЭКОН) Provision *f*

коми́ссия *f A2* ❶ Kommission *f*, Ausschuss *m*; **~ ОО́Н по права́м челове́ка** UNO-Menschenrechtskommission *f* ❷ (ЭКОН) Provision *f*

комите́т *m K* ❶ Ausschuss *m*, Komitee *nt*; ❷ (*сове́т*) Beirat *m*; **роди́тельский ~** (*в шко́ле*) Elternbeirat *m*; ❸ (*umg*) KGB *m*

коми́чный <*kf:* **-чен, -чна**> *adj* komisch, ulkig

ко́мкать *vt E impf* ❶ (*мять*) knüllen, knautschen; ❷ (*fig, umg сокраща́ть*) kurz und abgehackt sprechen

коммента́рий <*präpos sg:* **-ии**> *m K2* Kommentar *m*, Anmerkung *f*; **коммента́рии изли́шни!** Kommentar überflüssig!

коммента́тор *m K* Kommentator *m*, -in *f*

комменти́ровать *vt E2 impf/pf* (*pf:* **про-**) kommentieren

коммерса́нт *m K* (ЭКОН) Kaufmann *m*, Geschäftsmann *m*

комме́рция *f A2* Kommerz *m*, Handel *m*

комме́рческий *adj* ❶ (ЭКОН: *торго́вый*) kaufmännisch; **комме́рческое ат** (ОБДАН) At-Zeichen *nt*, Klammeraffe *m* ❷ (*на комме́рческой осно́ве*) kommerziell, nichtstaatlich, privat; **комме́рческая програ́мма** (ТЕЛЕВИД) Privatfernsehen *nt*; **комме́рческие це́ны** freie Preise *m pl*

комму́на *f A* (АДМИН) Kommune *f*, Gemeinde *f*

коммуна́льный *adj* Kommunal-; **коммуна́льная кварти́ра** [*o* **коммуна́лка**] Wohnung *f* mit mehreren Hauptmietern

коммуни́зм *m K* Kommunismus *m*

коммуника́бельный <*kf:* **-лен, -льна**> *adj* kommunikativ, mitteilsam

коммуника́ция *f A2* ❶ Kommunikation *f*; ❷ (*im pl: пути́ сообще́ния*) Verkehrswege *m pl*;

❸ (*im pl: проводка во́до-, газо-, тепло- и энергоснабже́ния*) Versorgungsleitungen *f pl*

коммуни́ст, коммуни́стка <*gen pl f:* -ток> *m K* ❶ Kommunist, -in *m/f*; ❷ (*член компа́ртии*) Parteimitglied *nt*

коммунисти́ческий *adj* kommunistisch

ко́мната *f A* Zimmer *nt*, Raum *m*; **~ для госте́й** Gästezimmer *nt*; **~ ма́тери и ребёнка** Babywickelraum *m*; **~ для бесе́д** (ОБДАН) Chatroom *m*

ко́мнатный *adj* Zimmer-; **ко́мнатное расте́ние** Zimmerpflanze *f*

комо́д *m K* Kommode *f*

комо́к [1] <*gen sg:* -мка́> *m K* Klümpchen *nt*; **~ в го́рле** (*fig*) ein Kloß im Hals *m*; **~ не́рвов** (*fig*) Nervenbündel *nt*

комо́к [2] *akr von* **комме́рческий ларёк** *m* Kiosk *m*

компа́кт-диск *m K* Compact Disc *f*, CD *f*

компа́ктный <*kf:* -тен, -тна> *adj* kompakt, dicht

компа́ния *f A2* ❶ (*круг обще́ния*) Gesellschaft *f*, Zusammensein *nt*; **соста́вить кому́-л. компа́нию** jdm Gesellschaft leisten ❷ (ЭКОН: *о́бщество, предприя́тие*) Gesellschaft *f*, Unternehmen *nt*

компаньо́н *m K* (ЭКОН) Kompagnon *m*, Teilhaber *m*

ко́мпас *m K* Kompass *m*

компенса́ция *f A2* Kompensation *f*, Ausgleich *m*, Entschädigung *f*, Abfindung *f*; **~ за нанесённый уще́рб** Schadenersatz *m*; **пра́во на компенса́цию** Anspruch auf Entschädigung *f*; **вы́плата компенса́ции** Abfindungszahlung *f*

компенси́ровать *vt E2 impf/pf* kompensieren, ausgleichen, abfinden; **~ кому́-л. убы́тки** jdn für seine Verluste entschädigen

компете́нтность *f I* ❶ (*зна́ние де́ла*) Kompetenz *f*, Sachkenntnis *f*; ❷ (*заве́дывание чем-л.*) Zuständigkeit *f*

компете́нтный <*kf:* -тен, -тна> *adj* ❶ (*све́дующий в чём-л.*) kompetent, sachkundig, fachkundig; ❷ (*ве́дающий чем-л.*) zuständig

компете́нция *f A2* ❶ (*объём зна́ний*) Kompetenz *f*, Sachverstand *m*; ❷ (*круг полномо́чий*) Kompetenz *f*, Zuständigkeitsbereich *m*

ко́мплекс *m K* ❶ (*совоку́пность*) Gesamtheit *f*, Komplex *m*; **~ мер** (ПОЛ) Maßnahmenpaket *nt*; **~ зда́ний** Gebäudekomplex *m*; ❷ (ПСИХ) Komplex *m*, Hemmung *f*; **~ неполноце́нности** Minderwertigkeitskomplex *m*

ко́мплексность *f I* Komplexität *f*

ко́мплексный *adj* komplex

компле́кт *m K* ❶ (*набо́р*) Satz *m*, Set *nt*; ❷ (*о́бщее коли́чество*) Gesamtanzahl *f*

комплектова́ть *vt E2 impf* (*pf:* у-, с-) komplettieren, vollständig machen

комплиме́нт *m K* Kompliment *nt*; **засыпа́ть кого́-л. ~ами** jdn mit Komplimenten überschütten

компози́тор *m K* (МУЗ) Komponist, -in *m/f*

компози́ция *f A2* ❶ (*худо́жественная структу́ра*) Komposition *f*, Zusammenstellung *f*, Anordnung *f*; **~ произведе́ния** (ЛИТ) Aufbau *m* eines literarischen Werkes; ❷ (*произведе́ние му́зыки, жи́вописи и т.п.*) Komposition *f*; ❸ (МУЗ: *тео́рия сочине́ния*) Kompositionslehre *f*; ❹ (ХИМ: *соста́в*) Komposition *f*

компоне́нт *m K* Komponente *f*, Bestandteil *m*

компо́ст *m K* Kompost *m*

компо́стер *m K* Fahrscheinentwerter *m*, Entwerter *m*

компости́ровать *vt E* entwerten

компо́т *m K* Kompott *nt*

компре́сс *m K* Kompresse *f*

компромети́ровать *vt E2 impf* (*pf:* с-) kompromittieren, bloßstellen

компроми́сс *m K* Kompromiss *m*; **идти́ на ~** einen Kompromiss eingehen; **гото́вый к ~ам** kompromissbereit
компроми́ссный *adj* Kompromiss-; **~ вариа́нт** Mittelweg *m*
компью́тер *m K* (ОБДАН) Computer *m*, Rechner *m*; **насто́льный ~** Mikrocomputer *m*, Desktop *m*
компью́терный *adj* Computer-; **компью́терная сеть** Computernetz *nt*; **~ ви́рус** Computervirus *m*; **компью́терные и́гры** Computerspiele *nt pl*
компью́терщик *m K* (*umg*) Computerfachmann *m*

K

кому́ <*dat von:* кто> *pron inter* wem
комфо́рт *m K* Komfort *m*, Bequemlichkeit *f*
комфорта́бельный <*kf:* -лен, -льна> *adj* komfortabel, mit allen Bequemlichkeiten ausgestattet
конве́йер *m K* Fließband *nt*
конве́нция *f A2* (*соглаше́ние, догово́р*) Konvention *f*, Übereinkunft *f*
конве́рсия *f A2* (ЭКОН) Umstellung *f*, Umwandlung *f*
конве́рт *m K* Briefumschlag *m*
конверти́ровать *vt E2 impf/pf* (ЭКОН) konvertieren
конверти́руемый *adj* (ЭКОН) konvertierbar, konvertibel
конво́й *m K2* Geleitschutz *m*, Konvoi *m*
конгре́сс *m K* Kongress *m*
конденси́ровать *vt E2 impf/pf* (ТЕХ) kondensieren, verdichten
конди́тер *m K* Konditor, -in *m/f*
конди́терская *f wie adj* Konditorei *f*
кондиционе́р *m K* Klimaanlage *f*; **с ~ом** klimatisiert
конди́ция *f A2* ❶ (*но́рма*) (geforderte) Gütebestimmungen *f*; ❷ (СПОРТ: *фо́рма*) Kondition *f*; ❸ (ЭКОН: *усло́вие поста́вки, платежа́*) Kondition *f*
конду́ктор *m K* Schaffner, -in *m/f*
конёк <*gen sg:* конька́> *m K* ❶ Pferdchen *nt*; **морско́й ~** (ЗООЛ) Seepferdchen *nt*; ❷ (СТРОИТ) Dachfirst *m*; ❸ (*fig: хо́бби*) Steckenpferd *nt*, Lieblingsbeschäftigung *f*
коне́ц <*gen sg:* -нца́> *m K* Ende *nt*, Schluss *m*; **~ неде́ли** Wochenende *nt*; **счастли́вый ~** Happy End *nt*; **к концу́ 1994 го́да** am Jahresende 1994; **положи́ть ~ чему́-л.** (*fig*) einer Sache ein Ende bereiten; **едва́ своди́ть концы́ с конца́ми** (*fig*) von der Hand in den Mund leben; **отда́ть концы́** (*vulg*) abkratzen
коне́чно *part* natürlich, sicherlich, gewiss
коне́чность *f I* ❶ (АНАТ) Extremität *f*; ❷ (ФИЛОС, РЕЛ: *тле́нность*) Vergänglichkeit *f*; ❸ (*в простра́нстве*) Endlichkeit *f*
коне́чный <*kf:* -чен, -чна> *adj* ❶ End-; **~ результа́т** Endergebnis *nt*; **коне́чная остано́вка** Endstation *f*; **в коне́чном счёте** letztlich; ❷ (ФИЛОС, МАТ) vergänglich, endlich
конкре́тный <*kf:* -тен, -тна> *adj* konkret
конкуре́нт Konkurrent *m*, Mitbewerber *m*
конкуре́нтный *adj* Konkurrenz-; **конкуре́нтная борьба́** Konkurrenzkampf *m*
конкуре́нция *f A2* Konkurrenz *f*, Wettbewerb *m*
конкури́ровать *vi E2 impf* (*с кем-л. в чём-л.*) konkurrieren, wetteifern
конкури́рующий *adj:* **конкури́рующая фи́рма** (ЭКОН) Konkurrenz *f*, Konkurrenzunternehmen *nt*
ко́нкурс *m K* ❶ Wettbewerb *m*, Preisausschreiben *nt*; **~ красоты́** Schönheitswettbewerb *m*; **откры́тый ~** öffentliche Ausschreibung *f*; **вне ~а** außer Wettbewerb; ❷ (*при поступле́нии в вуз*) Numerus clausus *m*; ❸ (ЭКОН) Konkurs *m*
ко́нкурсный *adj* ❶ Wettbewerbs-;

на ко́нкурсных нача́лах auf der Wettbewerbsgrundlage; **~ экза́мен** Aufnahmeprüfung *f*; ❷ (экон) Konkurs-

ко́нный *adj* Pferde-; **~ заво́д** Gestüt *nt*; **~ спорт** Reiten *nt*, Pferdesport *m*

конопля́ *f A1 e* (бот) Hanf *m*

консерва́нт *m K* (хим) Konservierungsmittel *nt*

консервати́вный <*kf:* -вен, -вна> *adj* konservativ; **консервати́вные взгля́ды** konservative Ansichten *f pl*; **кра́йне ~** erzkonservativ

консерви́ровать *vt E2 impf* (*pf:* за-) ❶ konservieren, einmachen, einkochen; ❷ (*fig, meist pf:* *приостана́вливать*) einstellen

консе́рвный *adj* Konserven-; **~ нож** Büchsenöffner *m*

консе́рвы *pl K* Konserven *f pl*

конста́нта *f A* (мат, физ) Konstante *f*

констати́ровать *vt E2 impf/pf* konstatieren, feststellen

конституцио́нный *adj* konstitutionell, verfassungsmäßig; **~ суд** Verfassungsgericht *nt*

конститу́ция *f A2* ❶ (пол: *основно́й зако́н*) Verfassung *f*, Grundordnung *f*; ❷ (анат, мед: *сложе́ние*) Konstitution *f*, Körperbau *m*

конструи́ровать *vt E2 impf* (*pf:* с-) konstruieren, entwerfen

конструкти́вный <*kf:* -вен, -вна> *adj* ❶ konstruktiv, aufbauend; **конструкти́вная кри́тика** konstruktive Kritik *f*; ❷ (тех: *относя́щийся к констру́кции*) Konstruktions-

констру́ктор *m K* ❶ Konstrukteur, -in *m/f*; ❷ (*игру́шка*) Baukasten *m*

констру́кция *f A2* Konstruktion *f*

ко́нсул *m K* Konsul *m*; **генера́льный ~** Generalkonsul *m*

ко́нсульство *nt O* Konsulat *nt*

консульта́нт *m K* Berater, -in *m/f*

консультацио́нный *adj* Beratungs-, Consulting-; **~ пункт** Beratungsstelle *f*

консульта́ция *f A2* ❶ (*де́йствие*) Beratung *f*; **обрати́ться за консульта́цией к специали́сту** fachmännischen Rat einholen ❷ (*консультацио́нное бюро́*) Beratungsstelle *f*

консульти́ровать *vt E2 impf* (*pf:* про-) einen Rat erteilen, beraten

консульти́роваться *vr E2 impf* (*pf:* про-) konsultieren, um Rat fragen

конта́кт *m K* ❶ (элек) Kontakt *m*; ❷ (*fig: связь*) Kontakt *m*, Verbindung *f*; **войти́** [*o* **вступи́ть**] **в ~ с кем-л.** sich in Verbindung *f* setzen (mit *+dat*)

конта́ктный <*kf:* -тен, -тна> *adj* ❶ (элек) Kontakt-; **конта́ктная ли́нза** (мед) Kontaktlinse *f*; ❷ (*fig: общи́тельный*) kontaktfreudig; ❸ (*fig: слу́жащий для свя́зи*) Kontakt-; **~ телефо́н** Infoline *f*; **~ а́дрес** Kontaktadresse *f*

конте́йнер *m K* Container *m*, Behälter *m*; **~ для му́сора** Mülltonne *f*

конте́кст *m K* Kontext *m*, Zusammenhang *m*

континге́нт *m K* (экон) Kontingent *nt*

контине́нт *m K* Kontinent *m*, Erdteil *m*

конто́ра *f A* ❶ (*рабо́чий кабине́т, о́фис*) Büro *nt*; ❷ (*служе́бное, торго́вое помеще́ние*) Geschäftsstelle *m*; **обме́нная** [*o* **меня́льная**] **~** Wechselstube *f*

контраба́нда *f A* ❶ (*де́йствие*) Schmuggel *m*; ❷ (*контраба́ндный това́р*) Schmuggelware *f*

контрабанди́ст, контрабанди́стка <*gen pl f:* -ток> *m K / f A* Schmuggler *m*, -in *f*

контраба́с *m K* (муз) Kontrabass *m*

контра́кт *m K* Vertrag *m*, Kontrakt *m*; **приня́ть кого́-л. на осно́ве ~а** [*o* **на контра́ктной осно́ве**] jdn unter Vertrag nehmen

контра́ст *m K* Kontrast *m*

контрацепти́в *m K* (мед) Verhütungsmittel *nt*

контраце́пция *f A2* (мед) Empfängnisverhütung *f*
контрме́ра *f A* Gegenmaßnahme *f*; **в ка́честве контрме́ры** im Gegenzug *m*
контролёр *m K* Kontrolleur, -in *m/f*
контроли́ровать *vt E2 impf* (*pf:* про-) kontrollieren, überprüfen, checken; **~ положе́ние** (*fig*) die Lage im Griff haben
контро́ль *m K1* Kontrolle *f*; **выходи́ть из-под контро́ля** sich der Kontrolle entziehen, außer Kontrolle geraten; **взять под контро́ль** unter Kontrolle stellen
контро́льный *adj* Kontroll-; **контро́льная рабо́та** Klassenarbeit *f*
конту́зия *f A2* (мед) Quetschung *f*, Prellung *f*
ко́нтур *m K* Kontur *f*, Umriss *m*
ко́нус *m K* Kegel *m*
конфедера́ция *f A2* (пол) Konföderation *f*, Staatenbund *m*; **~ госуда́рств** Staatenbund *m*
конферансье́ *m indekl* Conferencier, Conferencieuse *m/f*
конфере́нц-зал *m K* Konferenzraum *m*, Tagungsraum *m*
конфере́нция *f A2* Konferenz *f*
конфе́та *f A* Stück Konfekt *nt*, Bonbon *m*; **шокола́дные ~** Pralinen *f pl*
конфетти́ *nt indekl* Konfetti *nt*
конфигура́ция *f A2* Konfiguration *f*, Gestaltung *f*
конфиска́ция *f A2* Beschlagnahme *f*, Konfiszierung *f*
конфли́кт *m K* Konflikt *m*; **~ поколе́ний** Generationskonflikt *m*; **быть в ~е с сами́м собо́й** einen Konflikt mit sich austragen; **~ назрева́ет** der Konflikt schwelt; **развяза́ть ~** einen Konflikt auslösen; **ула́дить ~** einen Konflkt schlichten
конфликтова́ть *vi E2 impf* (*с ке́м-ли́бо*) mit jdm im Streit liegen; **конфликту́ющие сто́роны** (юр, пол) Streitparteien *f pl*
концентра́т *m K* (хим) Konzentrat *nt*
концентра́ция *f A2* ① Konzentration *f*; **концентра́ция всех сил на чём-л.** (*fig*) die Konzentration aller Kräfte auf etw; **спосо́бность к концентра́ции** (псих) Konzentrationsfähigkeit *f*; ② (*скопле́ние*) Ballung *f*; **~ населе́ния** Bevölkerungsballung *f*; ③ (хим) Konzentration *f*
концентри́роваться *vr E2 impf* (*pf:* с-) (*на чём-ли́бо*) sich konzentrieren (auf *+akk*)
конце́пция *f A2* Konzept *nt*
конце́рн *m K* (экон) Konzern *m*
конце́рт *m K* Konzert *nt*; **~ по зая́вкам** Wunschkonzert *nt*; **благотвори́тельный ~** Wohltätigkeitskonzert *nt*
концла́герь *akr von* концентрацио́нный ла́герь *m* Konzentrationslager *nt*, KZ *nt*
ко́нчик *m K* Zipfel *m*, Spitze *f*; **~ па́льца** Fingerkuppe *f*; **~ но́са** Nasenspitze *f*
ко́нчить *vt I pf* (*impf:* конча́ть) ① beenden, abschließen; **ко́нчено!** und damit basta! ② (*umg: университе́т, институ́т*) absolvieren
ко́нчиться *vr I pf* (*impf:* конча́ться) zu Ende gehen, enden; **моя́ подпи́ска ко́нчилась** mein Abonnement ist abgelaufen
конъюнкту́ра *f A* ① (экон) Konjunktur *f*, Geschäftslage *f*; **благоприя́тная ~** günstige Konjunktur *f* ② (пол) gesamtpolitische Lage *f*
конь <*nom pl:* ко́ни> *m K1 e1* Pferd *nt*
коньки́ <*sg:* конёк, -нька́> *m pl K* Schlittschuhe *m pl*; **ро́ликивые ~** Rollschuhe *m pl*
конькобе́жец, конькобе́жка <*gen sg m:* -жца, -жцев, *gen pl f:* -жек> *m K / f A* Schlittschuhläufer, -in *m/f*
конья́к *m K e* Kognak *m*

конюшня <*gen pl:* -шен> *f A1* Pferdestall *m*
кооператив *m K* Genossenschaft *f*
кооперативный *adj* kooperativ, genossenschaftlich
кооперация *f A2* ① (*сотрудничество*) Kooperation *f*, Zusammenarbeit *f*; ② (ЭКОН: *кооперативное движение*) Genossenschaftswesen *nt*
кооперирование *nt O2* Kooperieren *nt*
координата *f A* ① (МАТ) Koordinate *f*; ② (*fig: nur im pl: адрес*) Adresse *f*; **оставить свои координаты** seine Adresse hinterlassen
координация *f A2* Koordination *f*
координировать *vt E2 impf/pf* koordinieren
копать *vt E impf* (*pf:* вы-) graben, schaufeln
копаться *vr E impf* ① (*в чём-либо*) wühlen, kramen (in *+dat*); ② (*umg: медлить, возиться*) trödeln
копеечка <*dim von:* копейка> *f A* Kopeke *f*
копейка <*gen pl:* -еек> *f A* Kopeke *f*; **ни копейки** keinen Pfennig; **с точностью до копейки** auf Heller und Pfennig; **дрожать над каждой копейкой** (*fig*) jeden Pfennig umdrehen
копилка <*gen pl:* -лок> *f A* Sparschwein *nt*
копировальный *adj* Kopier-; **~ аппарат** Kopierer *m*, Kopiergerät *nt*
копировать *vt E2 impf* (*pf:* с-) ① kopieren; ② (*подражать*) nachahmen
копить *vt E* sparen; **~ силы** Kräfte sammeln
копия *f A2* ① (*ксерокопия*) (Foto)kopie *f*, Ablichtung *f*; ② (*через копирку*) Durchschlag *m*, Durchschrift *f*; ③ (*восстановленный документ*) Doppel *nt*, Duplikat *nt*; ④ (*картины, фильма*) Kopie *f*; ⑤ (ФОТ) Abzug *m*; ⑥ (*fig: совершенное подобие*) Abbild *nt*, Ebenbild *nt*
копна <*gen pl:* -пён> *f A e* Heuhaufen *m*; **~ волос** (*fig*) dichter Haarschopf *m*
копоть *f I* Ruß *m*
копошиться <*präs:* копошусь, -шишься> *vr I impf* ① kribbeln, wimmeln; **в голове у него копошились мысли** (*fig*) Gedanken schwirrten ihm durch den Kopf; ② (*fig: возиться, копаться*) sich rühren, kramen
коптить I. <*präs:* копчу, коптишь> *vt I impf* (*pf:* на-) räuchern; **II.** *vi I* (*pf:* за-) (*nur 3. pers: испускать копоть*) rußen; **свеча коптит** die Kerze rußt
копчёный *adj* geräuchert; **копчёное мясо** Rauchfleisch *nt*
копчик *m K* (АНАТ) Steißbein *nt*
копыто *nt O* Huf *m*
копьё <*gen pl:* -ий> *nt O1 pls* ① Lanze *f*; ② Speer *m*; **ломать копья из-за чего-л.** (*fig*) heftig streiten (um *+akk*)
кора *f A* (БОТ) Rinde *f*; **~ головного мозга** (АНАТ) Hirnrinde *f*; **земная ~** (ГЕОЛ) Erdkruste *f*
кораблекрушение *nt O2* Schiffbruch *m*
корабль *m K1 e* Schiff *nt*; **космический ~** Raumschiff *nt*
коралл *m K* Koralle *f*
коралловый *adj* Korallen-; **~ риф** Korallenriff *nt*
коран *m K* (РЕЛ) Koran *m*
корейский *adj* koreanisch
коренастый <*kf:* -аст> *adj* stämmig, untersetzt
коренной *adj* ① (*основной*) grundlegend; **~ вопрос** Kernfrage *f*; **коренная черта** Grundzug *m*; **коренным образом** gründlich; **~ зуб** Backenzahn *m*; ② (*исконный*) gebürtig, alteingesessen; **она коренная москвичка** sie ist eine waschechte Moskauerin
корень <*gen sg:* -рня, *pl:* -ни, -ней> *m K1* (*auch fig*) Wurzel *f*;

пускáть кóрни Wurzeln schlagen; **в кóрне измени́ть что-л.** etw von Grund auf verändern
Корéя *f A1* Korea *nt*
корзи́на *f A* ❶ Korb *m*; **~ для бумáг** Papierkorb *m* ❷ (ОБДАН) Papierkorb *m*
коридóр *m K* Korridor *m*, Flur *m*
кори́ть *vt I impf* rügen, schelten, tadeln
корифéй *m K2* Koryphäe *f*, Kapazität *f*
кори́ца *f A* Zimt *m*
кори́чневый *adj* braun
кóрка *f A* ❶ Rinde *f*, Kruste *f*; ❷ (*апельси́на*) Schale *f*

K

корм <*nom pl:* кормá> *m K ple* Futter *nt*, Tiernahrung *f*
кормá *f A* (СУД) Heck *nt*, hinterer Teil *m*
корми́лец, **корми́лица** <*gen sg m:* -льца, -льцев> *m K / f A* Ernährer, -in *m/f*
корми́ть <*präs:* кормлю́, кóрмишь> *vt I impf* (*pf:* на-) ❶ ernähren; **~ грýдью** stillen ❷ (*живóтных*) füttern
кормýшка *f A* (*auch fig*) Futterkrippe *f*
корнеплóд *m K* (БОТ) Knollenfrucht *f*
корóбить <*präs:* корóблю, -бишь> *vi I impf* (*pf:* по-) (*auch unpersönlich*) abstoßen, unangenehm berühren; **э́то егó корóбит** daran nimmt er Anstoß
корóбка <*gen pl:* -бок> *f A* Schachtel *f*; **картóнная ~** Karton *m*; **~ конфéт** Pralinenschachtel *f*; **черепнáя ~** (АНАТ) Schädeldach *nt*; **~ передáч** (АВТО) Getriebe *nt*
корóва *f A* Kuh *f*; **дóйная ~** Milchkuh *f*
корóвник *m K* Kuhstall *m*
королéва *f A* ❶ Königin *f*; ❷ (*в шáхматах:umg*) Dame *f*
королéвский *adj* königlich
королéвство *nt O* Königreich *nt*
корóль *m K1 e* König *m*; **некоронóванный ~** (*fig*) ungekrönter König *m*
корóна *f A* Krone *f*
коронáция *f A2* (*короновáние*) Krönung *f*
корóнный *adj* Kron-; **~ нóмер** (*fig*) eine glanzvolle Nummer *f*, Spezialität *f*
коротáть *vt E impf* (*pf:* с-): **~ врéмя** sich die Zeit vertreiben
корóткий <*kf:* кóрóток, короткá, кóрóтко, кóрóтки́, *komp:* корóче> *adj* kurz; **корóткие вóлны** (ЭЛЕК) Kurzwellen *f pl*; **корóткое замыкáние** (ЭЛЕК) Kurzschluss *m*; **в сáмые корóткие срóки** in kürzester Zeit [*o* Frist]; **кóротко и я́сно** kurz und bündig, klipp und klar
корóче *adj komp* (*корóче говоря́*) kurz gesagt
корпéть <*präs:* корплю́, -пи́шь> *vi I impf* (*umg:* *над чем-ли́бо*) ackern (an *+dat*), brüten (über *+dat*)
корпорáция *f A2* ❶ (*óбщество, объединéние*) Körperschaft *f*, Verein *m*; ❷ (ЭКОН) Unternehmensvereinigung *f*
кóрпус I. *m K* (АНАТ) Rumpf *m*, Körper *m*; **II.** <*nom pl:* -á> *m K ple* ❶ (*здáние*) Gebäude *nt*; **заводски́е ~á** Werkanlagen *f pl*; ❷ (*корабля́*) Rumpf *m*; ❸ (*часóв*) Gehäuse *nt*; ❹ (ВОЕ) Korps *nt*
корректи́в *m K* Korrektur *f*, Berichtigung *f*; **внести́ ~ы** berichtigen
корректирóвка <*gen pl:* -вок> *f A* Korrektur *f*; **~ кýрса** Kurskorrektur *f*
коррéктный <*kf:* -тен, -тна> *adj* korrekt, angemessen; **коррéктное поведéние** korrektes Benehmen *nt*
коррéктор *m K* ❶ (ТЕХ) Korrektor *m*; ❷ (ОБДАН) Rechtschreibprüfprogramm *nt*
корректýра *f A* ❶ (*дéйствие*) Korrektur *f*, Berichtigung *f*; ❷ (*óттиск, распечáтка*) Korrekturabzug *m*, Korrekturfahne *f*; **читáть ~у** Korrektur lesen
коррéкция *f A2* (*корректирóвка*) Korrektur *f*; **постепéнная ~**

schrittweise Verbesserung *f*
корреспонде́нт, **корреспонде́нтка** <*gen pl f:* -ток> *m K / f A* Korrespondent, -in *m/f*, Berichterstatter, -in *m/f*
корреспонде́нция *f A2* Korrespondenz *f*, Briefwechsel *m*
корру́пция *f A2* Korruption *f*, Bestechlichkeit *f*
корсе́т *m K* Korsett *nt*
ко́рточки <*gen pl:* -чек> *f A*: **присе́сть на ~** in die Hocke gehen; **сиде́ть на ко́рточках** hocken, kauern
корчева́ние *nt O2* Rodung *f*
корчева́ть *vt E2 impf* (*pf:* выкорчевать) roden
ко́рчи *pl A* (*umg*) Krämpfe *pl*
ко́ршун *m K* (зоол) Geier *m*, Milan *m*
коры́стный <*kf:* -тен, -тна> *adj* eigennützig
корыстолюби́вый <*kf:* -ив> *adj* habgierig, geldgierig
корь *f I* (мед) Masern *pl*
коса́[1] <*akk sg:* ко́су> *f A pls* Zopf *m*
коса́[2] <*akk sg auch:* ко́су> *f A pls* Sense *f*; **нашла́ ~ на ка́мень** (*fig*) es ging hart auf hart
коса́[3] *f A pls* Landzunge *f*; **Ку́ршская коса́** Kurische Nehrung *f*
ко́свенный *adj* indirekt, mittelbar; **узна́ть что-л. ко́свенным путём** etw auf Umwegen erfahren; **ко́свенная речь** (линг) indirekte Rede *f*
коси́ть[1] <*präs:* кошу́, ко́сишь> *vt I impf* (*pf:* с-) mähen
коси́ть[2] <*präs:* кошу́, коси́шь> *vi I impf* ❶ schielen; ❷ (*fig, umg:* ***под кого́-ли́бо***) sich ausgeben (für *+akk*)
косме́тика *f A* Kosmetik *f*; **употребля́ть косме́тику** sich schminken; **а́вто~** (авто) Autoputzmittel *nt*
космети́ческий *adj* kosmetisch; **космети́ческие това́ры** Kosmetika *nt pl*; **космети́ческая опера́ция** Schönheitsoperation *f*; **~ ремо́нт** Schönheitsreparatur *f*
космети́чка <*gen pl:* -чек> *f A* Kosmetiktasche *f*, Kosmetikbeutel *m*
косми́ческий *adj* kosmisch; **косми́ческое простра́нство** Weltraum *m*
космодро́м *m K* Kosmodrom *nt*, Weltraumbahnhof *m*
космона́вт *m K* Kosmonaut, -in *m/f*, Raumfahrer, -in *m/f*
космона́втика *f A* Raumfahrt *f*; **пилоти́руемая ~** bemannte Raumfahrt *f*
космополи́т, **космополи́тка** <*gen pl f:* -ток> *m K / f A* Kosmopolit, -in *m/f*, Weltbürger, -in *m/f*
ко́смос *m K* Kosmos *m*, Weltall *nt*; **в откры́том ~е** im freien Raum *m*
косну́ться *vr E1 pf* (*impf:* каса́ться) berühren
ко́сный <*kf:* -сен, -сна> *adj* konservativ, stur
косо́й <*kf:* кос, коса́, ко́со> *adj* schräg, schief; **броса́ть на кого́-л. косы́е взгля́ды** (*fig*) jdn schief [*o* scheel] ansehen
костёр <*gen sg:* -тра́> *m K* ❶ Scheiterhaufen *m*; ❷ (***на прива́ле, в ла́гере***) Lagerfeuer *nt*; **разложи́ть ~** ein Feuer machen
костля́вый <*kf:* -яв> *adj* ❶ knochig, dürr; ❷ (***о ры́бе***) grätig
ко́стный *adj* Knochen-; **~ мозг** Knochenmark *nt*
ко́сточка <*dim von:* кость> *f A* kleiner Knochen *m*, Knöchelchen *nt*
косты́ль *m K1 e* Krücke *f*
кость <*präpos sg:* кости́> *f I ple1* ❶ Knochen *m*; **слоно́вая ~** Elfenbein *nt*; ❷ (***ры́бная***) Gräte *f*; **выбира́ть ко́сти** entgräten; ❸ (***игра́льная***) Würfel *m*; **игра́ в ~** Würfelspiel *nt*
костю́м *m K* ❶ (***мужско́й***) Anzug *m*; ❷ (***же́нский***) Kostüm *nt*; ❸ (***карнава́льный***) Faschingskostüm *nt*; ❹ (***национа́льный***) Tracht *f*
костя́к *m K e* ❶ (***скеле́т***) Gerippe *nt*, Knochengerüst *nt*; ❷ (*fig:* ***основно́й соста́в***) Kern *m*, Stamm *m*

К

косу́ля *f A1* (зоол) Reh *nt*

косы́нка <*gen pl:* -нок> *f A* Dreieckstuch *nt*, Kopftuch *nt*

кот *m K e* Kater *m*; **~ напла́кал** (*fig*) sehr wenig

котёл <*gen sg:* -тла́> *m K* Kessel *m*

коте́льная *f wie adj* ① (*кочега́рка*) Kesselhaus *nt*; ② (*в подва́ле*) Heizungskeller *m*

котёнок <*gen sg:* -нка, *nom pl:* котя́та> *m U4* (*dim*) Kätzchen *nt*, Katzenjunges *nt*

ко́тик *m K* ① (*dim von* **кот**) Kätzchen *nt*; ② (*морско́й*) Seebär *m*

коти́роваться *vr E2 impf* ① (*на би́рже*) an der Börse zugelassen sein; **~ на би́рже** börsenfähig sein; ② (*fig, umg: по́льзоваться успе́хом*) allgemein anerkannt werden

котиро́вка *f A* (экон) Kotierung *f*, Notierung *f*

коти́ться <*nur 3. pers:* коти́тся> *vr + inst I impf* (*pf:* о-) (*о ко́шке*) Junge werfen

котле́та *f A* Frikadelle *f*; **ру́бленая ~** Bulette *f*; **отби́вная ~** Kotelett *nt*

котлови́на *f A* Mulde *f*, Talmulde *f*

кото́рый I. *pron inter* welche(r, s); **кото́рый час?** wie viel Uhr ist es? **II.** *pron rel* der

котте́дж <*gen pl:* -ей> *m K* ① (*особня́к*) Einfamilienhaus *nt*, Eigenhaus *nt*; ② (*за́городный дом*) Landhaus *nt*

ко́фе *m indekl* Kaffee *m*; **~ в зёрнах** Bohnenkaffee *m*; **~ в порошке́** Pulverkaffee *m*; **~ с молоко́м** Milchkaffee *m*

кофева́рка *f A* Kaffemaschine *f*

кофеин *m K* Koffein *nt*; **без ~а** koffeinfrei

кофе́йник *m K* Kaffeekanne *f*

кофе́йный *adj* ① Kaffee-; ② (*о цве́те*) kaffeebraun

кофемо́лка *f A* Kaffemühle *f*

коча́н *m K e:* **~ капу́сты** Kohlkopf *m*

коче́вник, **коче́вница** *m K / f A* Nomade, Nomadin *m/f*

кочеры́жка <*gen pl:* -жек> *f A* Kohlstrunk *m*

кошелёк <*gen sg:* -лька́> *m K e* Geldbeutel *m*

ко́шечка <*gen pl:* -чек> *f A* (*dim von* **ко́шка**) Kätzchen *nt*

ко́шка <*gen pl:* -шек> *f A* Katze *f*

кошма́р *m K* (*auch fig*) Alptraum *m*

кощу́нство *nt O* ① (рел: *богоху́льство*) Blasphemie *f*, Gotteslästerung *f*; ② (*fig: хула́, клевета́*) Lästerei *f*

кощу́нствовать *vi E2 impf* (*над кем-л./чем-л.: злосло́вить*) lästern (über *+akk*)

коэффицие́нт *m K1* ① (мат) Koeffizient *m*, Faktor *m*; ② (экон) Index *m*

краб *m K* (зоол) Krabbe *f*

кра́деное *nt wie adj* Diebesgut *nt*

кра́деный *adj* gestohlen

краеве́дение *nt O2* Heimatkunde *f*

краеве́дческий *adj* heimatkundlich; **~ музе́й** Heimatmuseum *nt*

кра́жа *f A* Diebstahl *m*; **~ со взло́мом** Einbruchsdiebstahl *m*

кра́й <*präpos sg:* в/на краю́, *pl:* края́, краёв> *m K2 ple* ① (*коне́ц*) Rand *m*; **на краю́ стола́** an der Tischkante *f*; **на краю́ све́та** (*fig*) am Ende der Welt ② (*страна́*) Land *nt*; **родно́й ~** Heimatland *nt* ③ (админ: *регио́н*) *offizielle Bezeichnung einiger großer administrativer Gebiete (Subjekte der Föderation) in Russland*; **Краснода́рский ~** Region Krasnodar

кра́йне *adv* überaus, äußerst

кра́йний *adj* ① (*после́дний*) am Rande gelegen, letzte(r, s) in der Reihe; **кто кра́йний?** wer ist als Letzter dran? **~ спра́ва** (*на фотогра́фии*) ganz rechts; ② (*преде́льный*) äußerst, extrem; **на Крайнем Севере** im äußersten Norden; **в кра́йнем слу́чае** im Notfall; **на ~ слу́чай** für den Notfall *m*; **по кра́йей ме́ре** zumindest, wenigstens

крáйность *f A* Extrem *nt*; **метáние из однóй крáйности в другýю** (*fig*) Fallen von einem Extrem ins andere
крамóла *f A* Aufruhr *m*
крамóльник *m K* Umstürzler *m*
кран¹ *m K* (*водопровóдный*) Wasserhahn *m*; **водоразбóрный ~** (*колóнка*) Hydrant *m*
кран² *m K* (СТРОИТ) Baukran *m*
крапи́ва *f A* Brennessel *f*
крапи́вник *m K* (ЗООЛ) Zaunkönig *m*
красáвица *f A* Schöne *f*, Schönheit *f*, schöne Frau *f*, schönes Mädchen *nt*; **онá пи́саная ~** sie ist bildschön; **Спя́щая Красáвица** Dornröschen *nt*
краси́вый *<kf:* -и́в*>* *adj* schön, hübsch; **краси́вая жизнь** (*fig*) Luxusleben *nt*; **краси́вые словá** (*fig*) schöne Redensarten *f pl*
краси́тель *m K1* Farbstoff *m*
крáсить *<präs:* крáшу, крáсишь*>* *vt I impf* (*pf:* вы-, о-, по-) ① (mit Farbe) anstreichen; **~ в бéлый цвет** weiß anstreichen; ② (*вóлосы*) färben; ③ (*arch: украшáть*) verzieren, schmücken
краси́ться **I.** *<fut:* крáшусь, крáсишься*>* *vr I impf* (*пáчкать крáской*) abfärben; **II.** *vr I* (*pf:* на-) (*подкрáшиваться*) sich schminken; **III.** *vr I* (*pf:* вы́-, по-) (*крáсить вóлосы*) sich die Haare färben
крáска *f A* ① Farbe *f*, Malfarbe *f*; **сгущáть крáски** (*fig*) zu dick auftragen, übertreiben; ② (*im pl: цветá*) Farben *f pl*; **осéнние крáски** Herbstfarben *pl*
краснéть *vi E impf* (*pf:* по-) rot werden, erröten
красновáтый *adj* rötlich
красноречи́вый *<kf:* -и́в*>* *adj* ① beredt, redegewandt; ② (*многозначи́тельный*) ausdrucksvoll, vielsagend; **~ примéр** ein aufschlussreiches Beispiel *nt*
красноречие *nt O2* Redegewandtheit *f*
краснýха *f A* (МЕД) Röteln *pl*
крáсный *<kf:* -сен, -снá, крáснó*>* *adj* ① rot; **Крáсная шáпочка** Rotkäppchen *nt*; **крáсное дéрево** Mahagoni *nt*; **~ уголóк** Kulturraum *m*; ② (*в нарóдной рéчи и поэ́зии*) schön; **не рáди крáсного словцá** (*fig*) nicht der schönen Worte wegen; ③ (ИСТ) revolutionär, dem Sinn der Oktoberrevolution entsprechend; **Крáсная Áрмия** die Rote Armee
красовáться *vr E2 impf* ① (*пéред зéркалом*) sich selbst bewundern; ② (*выставля́ть себя́ напокáз*) sich zur Schau stellen
красотá *<nom pl:* красóты*>* *f A pls* Schönheit *f*
крáсочный *adj* farbenfroh
красть *<präs:* крадý, -дёшь*>* *vt E6a impf* (*pf:* у-) stehlen
крáсться *<fut:* крадýсь, крадёшься*>* *vr E6a impf* schleichen, sich schleichen
крáтер *m K* (*вулкáна*) Krater *m*
крáткий *<kf:* -ток, -ткá, *komp:* крáтче, *super:* кратчáйший*>* *adj* kurz; **~ визи́т** Kurzbesuch *m*; **крáткая фóрма** *f* (ЛИНГ) Kurzform *f*
краткосрочный *<kf:* -чен, -чна*>* *adj* kurzfristig
крáткость *f I* Kürze *f*; **крáткость - сестрá талáнта** (*fig*) in der Kürze liegt die Würze
крах *m K* ① (*катастрóфа*) Zusammenbruch *m*; **потерпéть ~** scheitern; ② (ЭКОН: *банкрóтство*) Bankrott *m*, Pleite *f*; **экономи́ческий ~** Wirtschaftskollaps *m*
кревéтка *<gen pl:* -ток*>* *f A* Garnele *f*
креди́т *m K* (ЭКОН) Kredit *m*; **~ довéрия** (*fig*) Vertrauensvorsprung *m*
крéдит *m K* (*экон: крéдит счёта*) Haben *nt*, Habeseite *f*; **дéбет и ~** Soll- und Habeseite *f*

К

кредитова́ть *vt E2 impf/pf* ❶ (*Bankwesen:* выдава́ть креди́т) kreditieren, Mittel bereitstellen; ❷ (*Bank- und Rechnungswesen:* запи́сывать в кре́дит) gutschreiben, entlasten

кредито́р *m K* (экон) Gläubiger *m*, Kreditgeber *m*

кре́до *nt indekl* (взгля́ды) Glaubensbekenntnis *nt*, Credo *nt*; **изложи́ть своё кредо́** Farbe bekennen

крем *m K* Creme *f*; **торт с кре́мом** Cremetorte *f*

кремато́рий <*präpos sg:* -ии> *m K2* Krematorium *nt*

крема́ция *f A2* Feuerbestattung *f*, Einäscherung *f*

креме́нь <*gen sg:* -мня́> *m K1* ❶ Feuerstein *m*; ❷ (*fig:* непреклóнный челове́к) unbeugsamer Mensch *m*

Кремль[1] *m K1* ❶ Moskauer Kreml *m*; ❷ (*fig*) *die Staatsführung Russlands*

кремль[2] *m K1 e Stadtfestung in russischen Städten*

кре́мний *m K2* (хим) Silizium *nt*

крен *m K* (суд) Schlagseite *f*

кре́ндель *m K1 ple1* Kringel *m*

креп *m K* (ткань) Krepp *m*

кре́пкий <*kf:* -пок, -пка́, -пко, *komp:* кре́пче, *super:* крепча́йший> *adj* ❶ (твёрдый) fest, hart; ❷ (прóчный) fest, dauerhaft; **~ сон** (*fig*) fester Schlaf *m*; ❸ (*fig:* си́льный) kräftig, stark; **кре́пкое здорóвье** gute Gesundheit *f*; **~ стари́к** ein rüstiger alter Mann; **~ морóз** heftiger Frost *m*; ❹ (о напи́тках) stark

крепостнóй I. *adj* (ист) leibeigen, hörig; **II.** *mf wie adj* Leibeigene(r) *mf*

кре́пость[1] *f I ple1* (сооруже́ние) Festung *f*

кре́пость[2] *f I* ❶ (*nur sg:* си́ла) Festigkeit *f*, Stärke *f*; ❷ (*nur sg:* напи́тка) Stärke *f*

кре́сло <*gen pl:* -сел> *nt O* Sessel *m*; **инвали́дное ~** Rollstuhl *m*; **~-кача́лка** Schaukelstuhl *m*; **держа́ться за своё кре́сло** (*fig, pej*) sich an sein Amt klammern

крест *m K e* Kreuz *nt*; **поста́вить на чём-л. ~** jede Hoffnung aufgeben (auf *+akk*)

кrести́ны *f pl A* Tauffest *nt*

крести́ть I. <*präs und fut:* крещу́, кре́стишь> *vt I impf/pf* (*pf:* о-) (об обря́де креще́ния) taufen; **II.** *vt I impf* (*pf:* пере-) (осеня́ть крёстным зна́мением) bekreuzigen

крести́ться I. <*fut:* крещу́сь, кре́стишься> *vr I impf/pf* (*pf:* по-) (проходи́ть обря́д креще́ния) sich taufen lassen; **II.** *vr I impf* (*pf:* пере-) (перекрести́ться) sich bekreuzigen

кре́стник, кре́стница *m K / f A* Patenkind *nt*

кре́стный *adj* (*REL*) Kreuz-; **~ ход** Prozession *f*; **кре́стное знаме́ние** Kreuzzeichen *nt*

крёстный *adj* Paten-; **крёстная мать** Patin *f*, Patentante *f*; **~ оте́ц** Pate *m*, Patenonkel *m*

кресто́вый *adj* Kreuz-; **~ похóд** (ист) Kreuzzug *m*; **~ ход** (строит) Kreuzgang *m*

крестья́нин, крестья́нка <*nom pl m:* крестя́не, *gen pl f:* -нок> *m U2 / f A* Bauer, Bäuerin *m/f*

крестья́нский *adj* bäuerlich, Bauern-; **~ двор** Bauernhof *m*

креще́ние *nt O2* Taufe *f*; **Крещение** (церкóвный пра́здник) Dreikönigsfest *nt*

крива́я *f wie adj* Kurve *f*; **~ результа́тов де́ятельности** Erfolgskurve *f*

криви́ть <*präs:* кривлю́, -ви́шь> *vt I impf* (*pf:* ис-, по-) ❶ krümmen; ❷ (перека́шивать) verziehen; **~ лицó** das Gesicht verzerren; **~ душóй** (*fig*) sich verstellen

криви́ться <*präs:* кривлю́сь, -ви́шься> *vr I impf* (*pf:* с-) das

Gesicht (als Zeichen der Unzufriedenheit) verziehen

кривóй <*kf:* крив, кривá, крúво> *adj* ① krumm, schief; **кривóе зéркало** Zerrspiegel *m*; **кривáя улы́бка** (*pej*) schiefes Lächeln *nt*; ② (*одноглáзый*) einäugig

крúзис *m K* Krise *f*; **~ середúны жúзни** Midlifecrisis *f*; **экономúческий ~** (ЭКОН) Wirtschaftskrise *f*; **переживáть ~** sich in einer Krise befinden; **преодолéть ~** eine Krise überwinden

крúзисный *adj* Krisen-; **крúзисная ситуáция** Krisensituation *f*

крик *m K* ① Schrei *m*; **~ о пóмощи** Hilferuf *m*; **послéдний ~ мóды** (*fig*) der letzte Schrei; ② (*im pl*) Geschrei *nt*

крúкнуть *vi E1 pf* aufschreien

криминáл *m K* Kriminalfall *m*

кристáлл *m K* Kristall *m*

критéрий <*präpos sg:* -ии> *m K2* Kriterium *nt*, Maßstab *m*

крúтик *m K* Kritiker, -in *m/f*; **~ режúма** (*диссидéнт*) Regimekritiker, -in *m/f*

крúтика *f A* Kritik *f*, Beurteilung *f*; **рéзкая ~** scharfe Kritik; **наводúть крúтику на что-л.** (*umg*) Kritik üben (an *+dat*)

критиковáть *vt E2 impf* kritisieren

критúческий *adj* kritisch

кричáть <*präs:* кричý, -чúшь> *vi I impf* ① schreien; ② (*на когó-лúбо*) jdn anschreien, anfahren

кров *m K* Obdach *nt*, Bleibe *f*; **без ~а** obdachlos

кровáвый *adj* ① blutig; **кровáвая бúтва** (*fig*) eine blutige Schlacht *f*; ② (*fig: жестóкий*) blutrünstig

кровáть *f I* Bett *nt*; **двуспáльная ~** Doppelbett *nt*

крóвельщик *m K* Dachdecker *m*

крóвный *adj* ① leiblich, blutsverwandt; ② (*fig: об интерéсах*) eigen, ureigen

кровоизлия́ние *nt O2* (МЕД) Bluterguss *m*; **~ в мозг** Gehirnschlag *m*

кровообращéние *nt O2* Blutkreislauf *m*

кровопролúтие *nt O2* (*geh*) Blutvergießen *nt*

кровопролúтный *adj* blutig, mörderisch

кровоснабжéние *nt O2* Durchblutung *f*

кровотечéние *nt O2* Blutung *f*

кровоточúть <*nur 3. pers:* кровоточúт> *vi I impf* bluten

кровь <*präpos sg:* в кровú> *f I* Blut *nt*

кровянóй *adj* Blut-; **кровяны́е тельцá** Blutkörperchen *nt pl*

кроúть *vt I impf* (*pf:* с-) zuschneiden

крокодúл *m K* (ЗООЛ) Krokodil *nt*

крóкус *m K* (БОТ) Krokus *m*

крóлик *m K* (ЗООЛ) Kaninchen *nt*; **подóпытный ~** (*fig*) Versuchskaninchen *nt*

кроль *m K1* (СПОРТ) Kraul *nt*

крóме *präp +gen* außer (*+dat*); **~ тогó** außerdem

крóмка <*gen pl:* -мок> *f A* Kante *f*, Rand *m*

кроссвóрд *m K* Kreuzworträtsel *nt*

кроссóвки *f pl A* Sportschuhe *m pl*, Turnschuhe *m pl*

крот *m K e* (ЗООЛ) Maulwurf *m*

крóткий <*kf:* -ток, -ткá, -ткo> *adj* sanft, mild; **~ как овéчка** lammfromm

кротóвый *adj* Maulwurfs-; **~ ход** Maulwurfshügel *m*

крохá <*nom pl:* крóхи> *f A* ① Krume *f*; ② (*im pl:fig незначúтельное колúчество*) ein ganz klein wenig

крóха *mf A* Kleine(r) *mf*, Knirps *m*

крóшечный *adj* winzig

крошúть <*präs:* крошý, крóшишь> *vt I impf* (*pf:* ис-, рас-, на-) zerkrümeln

крошúться <*fut:* крошýсь, крóшишься> *vr I impf* (*pf:* ис-, рас-) (ab)bröckeln

крóшка <*gen pl:* -шек> *f A* ① Krümel *m*; ② (*umg: мáленький ребёнок*) Kleine(r) *mf*, Knirps *m*

круг I. <*präpos sg:* в кру́ге> *m K ple* ❶ (*окру́жность*) Kreis *m*; **по кру́гу** im Kreis; **Поля́рный ~** Polarkreis *m*; **на ~** (*umg: в сре́днем*) im Durchschnitt; **поро́чный** [*o* **за́мкнутый**]**~** (*fig*) Teufelskreis *m*; **~ замкну́лся** (*fig*) der Kreis hat sich geschlossen; ❷ (*предме́т, име́ющий фо́рму кру́га*) kreisförmiger Gegenstand *m*; **спаса́тельный ~** Rettungsring *m*; II. <*präpos sg:* в кругу́> *m K ple* ❶ (*fig: о́бласть, сфе́ра*) Kreis *m*, Bereich *m*; **~ обя́занностей** Aufgabenbereich *m*; ❷ (*fig: гру́ппа бли́зких люде́й*) Personenkreis *m*; **~ знако́мых** Bekanntenkreis *m*; **влия́тельные ~и́** einflussreiche Kreise *pl*; ❸ (СПОРТ) Runde *f*

круглосу́точный *adj* durchgehend, rund um die Uhr

кру́глый <*kf:* кругл, -á, -о> *adj* ❶ (*име́ющий фо́рму кру́га*) rund, kreisförmig; **перегово́ры за кру́глым столо́м** (ПОЛ) Gespräche am runden Tisch ❷ (*fig: по́лный, це́лый*) voll, ganz; **~ год** das ganze Jahr über, ganzjährig; **кру́глая да́та** runder Geburtstag *m*; **~ сирота́** Vollwaise *f*; **~ дура́к** (*umg, pej*) ein ausgemachter Dummkopf *m*

кругово́й *adj* Kreis-; **кругово́е движе́ние** Kreisverkehr *m*; **кругова́я пору́ка** (*fig*) wechselseitige Bürgschaft *f*

круговоро́т *m K* Kreislauf *m*

кругозо́р *m K* (*fig*) Horizont *m*, Interessenkreis *m*

круго́м *adv* ringsherum

кружи́ть <*präs:* кружу́, кру́жишь> *vi I impf* ❶ (*враща́ть, крути́ть*) drehen; **это́ кру́жит ему́ го́лову** das steigt ihm zu Kopf(e); ❷ (*кружи́ться*) kreisen, Kreise ziehen; ❸ (*блужда́ть*) umherirren

кружи́ться <*fut:* кружу́сь, кру́жишься> *vr I impf* ❶ (*враща́ться*) sich drehen; **у меня́ кружи́ться голо́ва** mich schwindelt; ❷ (*де́лать круги́*) Kreise ziehen; ❸ (*nur 3. pers: о сне́ге, пы́ли*) wirbeln

кру́жка <*gen pl:* -жек> *f A* große Tasse *f*

кружо́к <*gen sg:* -жка́> *m K* ❶ kleiner Kreis *m*; ❷ (*fig: гру́ппа, объедине́ние*) Arbeitsgemeinschaft *f*, Zirkel *m*

круи́з *m K* Kreuzfahrt *f*, Rundreise *f*

крупа́ *f A pls* Grütze *f*, geschälte (und gemahlene) Getreidekörner *nt pl*; **ма́нная ~** Grieß *m*; **перло́вая ~** Graupen; **сне́жная ~** (*fig*) Graupelschauer *m*

кру́пный <*kf:* -пен, -пна́> *adj* ❶ groß, Groß-; **съёмка кру́пным пла́ном** (ФИЛМ) Nahaufnahme *f*; **~ рога́тый скот** (СЕЛХОЗ) Großvieh *nt*; **кру́пное землевладе́ние** (ЭКОН) Großgrundbesitz *m*; **кру́пное предприя́тие** (ЭКОН) Großunternehmen *nt*, Großbetrieb *m*; **кру́пная сде́лка** (ЭКОН) Transaktion *f*; **~ зака́з** (ЭКОН) Großauftrag *m*; ❷ (*о зёрнах, песке́ и т.п*) grob, grobkörnig; ❸ (*fig: значи́тельный, ви́дный*) bedeutend

круто́й <*kf:* крут, -á, -о, *komp:* кру́че> *adj* ❶ (*отве́сный, обры́вистый*) steil, abschüssig; ❷ (*внеза́пный*) jäh, scharf; **~ поворо́т** (*auch fig*) scharfe Kurve *f*; ❸ (*о варёной пи́ще*) hartgekocht, dick; **круто́е яйцо́** hartes Ei *nt*; **~ кипято́к** siedelnd heißes Wasser *nt*; ❹ (*fig: суро́вый, жёсткий*) hart, unnachgiebig; **круты́е ме́ры** strenge Maßnahmen *f pl*; **~ нрав** ein schroffes Wesen *nt*; ❺ (*umg: мужи́к, па́рень*) echt stark, geil

круше́ние *nt O2* ❶ Unfall *nt*, Katastrophe *f*; **~ по́езда** Zugunglück *nt*; ❷ (*fig: прова́л*) Scheitern *nt*, Krach *m*

крыжо́вник *m K* ❶ (*я́года*) Stachelbeere *f*; ❷ (*куст*) Stachelbeerstrauch *m*

крыла́тый <*kf:* -áт> *adj* geflügelt;

крыла́тая раке́та (ВОЕ) Marschflugkörper *m*; **крыла́тое выраже́ние** (*fig*) geflügeltes Wort *nt*

крыло́ <*pl:* кры́лья, -ьев, -ьям> *nt O pls* ① Flügel *m*; ② (*nur sg: fig: группиро́вка внутри́ па́ртии*) Parteiflügel *m*; **ле́вое и пра́вое ~ па́ртии** der linke und der rechte Flügel *m* der Partei; ③ (АВТО) Kotflügel *m*

Крым *m K* Krim *f*; **в ~у́** auf der Krim

кры́са *f A* Ratte *f*; **водяна́я ~** Wasserratte *f*

кры́тый *adj* ① (*покры́тый*) bedeckt; ② (*име́ющий кры́шу*) überdacht; **~ бассе́йн** Hallenbad *nt*; **~ ры́нок** Markthalle *f*

крыть <*präs:* кро́ю, кро́ешь> *vt E8 impf* (*pf:* по-) ① decken; **~ кры́шу** das Dach decken; ② (*umg, im Kartenspiel: бить ка́рту*) stechen; **~ не́чем** (*fig*) es gibt nichts zu entgegnen; ③ (*fig, umg: руга́ть кого́-л.*) losschimpfen (auf *+akk*); **~ ма́том** fluchen

кры́ться <*nur 3. pers:* кро́ется> *vr E8 impf* (*umg: за чем-л., в чём-л.*) dahinterstecken; **не зна́ю, что у него́ за э́тим кро́ется** ich weiß nicht, was sich bei ihm dahinter verbirgt; **за э́тим то́чно что-то кро́ется** da steckt schon etwas dahinter

кры́ша *f A* ① Dach *nt*; **двуска́тная ~** Satteldach *nt*; **раздвижна́я ~** (АВТО) Schiebedach *nt*; **у него́ ~ пое́хала** (*fig, pej*) er hat nicht alle Tassen im Schrank ② (*fig: прикры́тие, личи́на*) Deckmantel *m*

кры́шка <*gen pl:* -шек> *f A* Deckel *m*; **~ радиа́тора** (АВТО) Kühlerhaube *f*; **тепе́рь ему́ ~** (*umg*) jetzt ist es aus mit ihm

крючо́к <*gen sg:* -чка́> *m K e* ① Haken *m*, Häkchen *nt*; ② (*вяза́льный*) Häkelnadel *f*

крюшо́н *m K* (*пунш*) Bowle *f*

кряхте́ть <*präs:* кряхчу́, -хти́шь> *vi I impf* krächzen

ксенофо́бия *f A2* Ausländerfeindlichkeit *f*, Fremdenfeindlichkeit *f*, Fremdenhass *m*

ксероко́пия *f A2* Fotokopie *f*; **сде́лать ксероко́пию** (*umg: отксе́рить*) fotokopieren

ксе́рокс *m K* (*копирова́льный аппара́т*) Kopiergerät *nt*, Kopierer *m*

кста́ти *adv* ① (*как вво́дное сло́во*) übrigens, nebenbei gesagt; ② (*во́время*) zur rechten Zeit; **прийти́ как нельзя́ ~** wie gerufen kommen, im rechten Augenblick kommen; **э́то мне весьма́ ~** das kommt mir sehr gelegen

кто I. < кто, кого́, кому́, кого́, кем, о ком> *pron inter* wer; **II.** *pron rel* der, welcher, die, welche, das, welches

кто-ли́бо *pron indef* irgendjemand

кто-нибу́дь *pron indef* irgendjemand

кто́-то *pron indef* jemand

Ку́ба *f A* Kuba *nt*

ку́бик *m K* ① kleiner Würfel *m*; ② (*де́тская игру́шка*) Baustein *m*, Bauklotz *m*; **~ Ру́бика** der rubiksche Zauberwürfel *m*

ку́бок <*gen sg:* -бка> *m K* ① (*ча́ша*) Kelch *m*; ② (СПОРТ) Pokal *m*; **~ Евро́пы** Europacup *m*

кувши́н *m K* Kanne *f*, Krug *m*

кувырко́м *adv* kopfüber; **всё идёт ~** alles geht drunter und drüber

куда́ *adv* ① wohin; ② (*umg: к чему́*) wozu; ③ (*vor komp: куда́ как*) bei weitem

ку́дри <*gen pl:* кудре́й> *m K1 ple1* Locken *f pl*

кудря́вый <*kf:* -я́в> *adj* (*курча́вый*) lockig, gelockt

кузе́н, кузи́на *m K / f A* Cousin, Cousine *m/f*

кузне́ц *m K e* Schmied *m*

ку́зница *f A* Schmiede *f*

ку́зов *m K* (*KFZ*) Karosserie *f*

кукареку́ *interj* kikeriki

ку́кла <*gen pl:* -кол> *f A* Puppe *f*;

игра́ть в ку́клы mit Puppen spielen
кукова́ть *vi E2 impf* kuckuck rufen
ку́колка <*gen pl:* -лок> *f A* ① (*dim*) Püppchen *nt*; ② (зоол) Puppe *f*
ку́кольный *adj* Puppen-; **~ теа́тр** Puppentheater *nt*
кукуру́за *f A* ① Mais *m*; ② (*кукуру́зные хло́пья*) Cornflakes *pl*; **возду́шная ~** Popcorn *nt*
куку́шка <*gen pl:* -шек> *f A* Kuckuck *m*
кула́к[1] *m K e* Faust *f*; **пуска́ть в ход кулаки́** handgreiflich werden; **сжать** [*o* **сжима́ть**] **ру́ку в ~** die Hand zur Faust ballen

кула́к[2] *m K e* (ист) Kulak *m*, *Großbauer im Russland der zwanziger Jahre*
кули́к *m K* (зоол) Schnepfe *f*
кулина́рный *adj* kulinarisch; **~ реце́пт** Kochrezept *nt*
кули́са *f A* Kulisse *f*; **загля́дывать за кули́сы** (*auch fig*) hinter die Kulissen schauen
кулуа́ры *m pl K Wandelgang im Parlament oder im Theater*; **в кулуа́рах конфере́нции** (*fig*) am Rande *m* der Konferenz; **в кулуа́рах** (*fig*) hinter den Kulissen;
кульмина́ция *f A2* Höhepunkt *m*; **достига́ть свое́й кульмина́ции в чём-л.** gipfeln (in *+dat*)
культ *m K* Kult *m*; **~ ли́чности** (ист) Personenkult *m*; **~ наси́лия** Gewaltverherrlichung *f*
культиви́ровать *vt E2 impf* kultivieren
культу́ра *f A* ① Kultur *f*; **~ ре́чи** Sprachpflege *f* ② (биол, селхоз) Kultur *f*
культури́зм *m K* (спорт) Bodybuilding *nt*
культури́ст *m K* ① (спорт) Bodybuilder, -in *m/f*; ② (*umg, pej: похваля́ющийся свое́й си́лой*) Muskelprotz *m*
культу́рный **I.** *adj* Kultur-, kulturell; **II.** <*kf:* -рен, -на> *adj* (*образо́ванный*) kultiviert, gebildet; **III.** *adj* (бот) gezüchtet; **культу́рное расте́ние** Kulturpflanze *f*
кунжу́т *m K* (бот) Sesam *m*
куни́ца *f A* (зоол) Marder *m*
купа́льный *adj* Bade-; **~ костю́м** Badeanzug *m*
купа́льня <*gen pl:* -лен> *f A1* Bad *nt*, Badeanstalt *f*; **откры́тая ~** Freibad *nt*
купа́ть *vt E impf* (*pf:* вы́-, ис-) (*ребёнка*) baden
купа́ться *vr E impf* (*pf:* вы-, ис-) baden; **идти́** [*o* **пойти́**] **~** baden gehen; **~ в де́ньгах** (*fig*) in [*o* im] Geld schwimmen
купе́ *nt indekl* (транс) Abteil *nt*, Zugabteil *nt*; **~ для куря́щих** Raucherabteil *nt*
купе́ц <*gen sg:* -пца́> *m K e* (ист) Kaufmann *m*
купе́ческий *adj* ① (*arch*) zum Stand der Kaufleute gehörend; ② (*fig: pej безвку́сно показно́й*) auffällig reich, protzig
купи́ть <*fut:* куплю́, ку́пишь> *vt I pf* (*impf:* покупа́ть) ① kaufen; ② bestechen
ку́пол <*nom pl:* -á> *m K ple* ① (строит: *свод*) Kuppel *f*; ② (*у ру́сской це́ркви*) Zwiebelturm *m*
купо́н *m K* ① (экон: *а́кции, облига́ции*) Coupon *m*; **стри́жка ~ов** (*umg*) Couponabschneiden *nt*; ② (*о́рдер на получе́ние това́ра*) Bezugsschein *m*; ③ *Währungseinheit in der postsowjetischen Ukraine (bis 1996)*
купю́ра *f A* Banknote *f*
курд, **курдя́нка** <*gen pl f:* -нок> *m K / f A* Kurde, Kurdin *m/f*
куре́ние *nt O2* Rauchen *nt*; **пасси́вное ~** Passivrauchen *nt*
кури́льщик, **кури́льщица** *m K / f A* Raucher, -in *m/f*; **зая́длый ~** Kettenraucher *m*
кури́ть <*präs:* курю́, ку́ришь> *vi I impf* (*pf:* по-) rauchen; **бро́сить ~** das Rauchen aufgeben

кýрица <*pl:* кýры, кур, кýрам> *f A* (зоол) Huhn *nt*, Henne *f*
курóк <*gen sg:* курка́> *m K* Schlagstück *nt*, Abzug *m*
куропа́тка <*gen pl:* -ток> *f A* (зоол) Rebhuhn *nt*
курóрт *m K* Kurort *m*, Badeort *m*; **климати́ческий ~** Luftkurort *m*; **лечéбный** Heilbad *nt*
курóртник, **курóртница** *m K / f A* Kurgast *m*
курс[1] *m K* ① (*учéбный*) Kurs *m*, Lehrgang *m*; **~ лéкций** eine Vorlesungsreihe *f*; ② (*в вýзе, тéхникуме*) Studienjahr *nt*
курс[2] *m K* ① (*направлéние движéния*) Kurs *m*, Richtung *f*, Route *f*; **бра́ть** [*o* **взять**] **~ на что-л.** (*auch fig*) etw ansteuern, etw anstreben; **быть в ~е чегó-л.** (*fig*) auf dem laufenden sein; **держа́ть когó-л. в ~е чегó-л.** jdn auf dem Laufenden halten; ② (пол: *ли́ния, установка*) Linie *f*; ③ (экон: *на би́рже, в ба́нке*) Kurs *m*
курси́ровать *vi E2 impf* ① (ТРАНС *соверша́ть рéйсы*) verkehren; ② (*туда́ и обра́тно*) pendeln, hin- und herfahren; ③ (*о слýхах: ходи́ть, носи́ться*) kursieren
курсóр *m K* (ОБДАН) Cursor *m*; **мига́ющий ~** blinkender Cursor *m*
кýртка <*gen pl:* -ток> *m K* Jacke *f*; **~ с капюшóном** Anorak *m*
курча́вый <*kf:* -а́в> *adj* (*кудря́вый*) lockig, kraus
курьёз *m K* (*смешнóй или стра́нный слýчай*) Kuriosum *nt*
курьёзность *f I* Kuriosität *f*
курьёзный <*kf:* -зен, -зна> *adj* kurios, seltsam
курьéр *m K* Kurier *m*, Eilbote *m*
куса́ть *vt E impf* ① beißen; ② (*о насекóмых*) stechen
куса́ться *vr E impf* ① bissig sein; ② (*umg, fig о дороги́х това́рах*) viel zu teuer sein; **цéны куса́ются** die Preise sind gepfeffert
куса́чки <*gen pl:* -чек> *f pl A* Kneifzange *f*, Beißzange *f*
кусóк <*gen sg:* -ска́> *m K e* ① Stück *nt*, Happen *m*; **~ хлéба** eine Schnitte [*o* Scheibe] Brot; ② (*fig, umg* **ты́сяча рублéй**) Tausender *m*; tausend Rubel *pl*
кусóчек <*gen sg:* -чка> *m K* (*dim*) Stückchen *nt*
куст *m K e* ① Strauch *m*, Busch *m*; ② (*im pl:* **кусты́**) Gebüsch *nt*
куста́рный *adj* ① (*ремéсленный*) Handwerks-, Heimindustrie-; **куста́рные издéлия** handwerkliche Erzeugnisse *nt pl*, Heimindustrieartikel *m pl*; ② (*fig: неумéлый*) primitiv, stümperhaft
куста́рь *m K e* Heimarbeiter *m*, Handwerker *m*
кути́ла *mf A* (*pej*) Prasser, -in *m/f*, Zecher, -in *m/f*
кути́ть <*präs:* кучý, кýтишь> *vi I impf* prassen, zechen
кýхня <*gen pl:* кýхонь> *f A1* ① Küche *f*; ② (*fig: nur sg: подоплёка*) Hintergründe *m pl*
кýча *f A* Haufen *m*; **зараба́тывать кýчу дéнег** (*fig*) jede Menge Geld verdienen
кýчер <*nom pl:* -а́> *m K ple* Kutscher *m*
кýшанье *nt O1* Essen *nt*, Speise *f*, Gericht *nt*
кýшать *vi E impf* (*pf:* вы-, по-, с-) essen
кушéтка <*gen pl:* -ток> *f A* Couch *f*

Лл

л, **Л** *nt indekl kyrillischer Buchstabe*

лабири́нт *m K* (*auch fig*) Labyrint *nt*

лаборато́рия *f A2* Labor *nt*, Laboratorium *nt*

ла́ва *f A* (*вулка́на*) Lava *f*

лава́нда *f A* (БОТ) Lavendel *m*

лави́на *f A* Lawine *f*; **опа́сность схо́да лави́н** Lawinengefahr *f*; **подо́бный лави́не** (*fig*) lawinenartig

лави́ровать *vi E2 impf* ❶ manövrieren, sich geschickt durchschlängeln; ❷ (*fig: уви́ливать*) Ausflüchte machen

ла́вка *<gen pl:* -вок*> f A* ❶ (*скаме́йка*) Bank *f*; ❷ (*магази́нчик*) Laden *m*, Verkaufsbude *f*

лавр *m K* ❶ (БОТ) Lorbeer *m*, Lorbeerbaum *m*; ❷ (*fig: nur im pl: сла́ва*) Lorbeeren *pl*; **сниска́ть себе́ ~ы чем-л.** für etw Lorbeeren ernten, sich verdient machen (um *+akk*)

ла́герь *<nom pl:* -я́*> m K1 ple* ❶ (*вре́менное поселе́ние и́ли стоя́нка*) Lager *nt*, Camp *nt*; **разби́ть ~** ein Lager aufschlagen; ❷ (*для заключённых, военнопле́нных*) Lager *nt*, Strafanstalt *f*; **~ для бе́женцев** Flüchtlingslager *nt* ❸ (ПОЛ: *группиро́вка, тече́ние*) Lager *nt*

лад *<präpos sg:* в ладу́*> m K ple* ❶ (МУЗ) Tonart *f*; ❷ (*umg: мане́ра, спо́соб*) Art und Weise *f*; **на но́вый ~** auf eine neue Art und Weise; ❸ (*мир, согла́сие*) Eintracht *f*

ла́дить *<präs:* ла́жу, ла́дишь*> vi I impf* (*с кем-ли́бо*) auskommen, klarkommen (mit *+dat*)

ла́дно *part* (*umg*) einverstanden, geht in Ordnung

ладо́нь *f I* Hand *f*, Handfläche *f*

лазе́йка *<gen pl:* -е́ек*> f A* Schlupfloch *nt*

ла́зер *m K* (ФИЗ, МЕД) Laser *m*

ла́зерный *adj* (ФИЗ, ТЕХ) Laser-; **~ диск** Compact Disc *f*, CD *f*; **~ луч** Laserstrahl *m*; **~ при́нтер** Laserdrucker *m*

ла́зить *<präs:* ла́жу, ла́зишь*> vi I unbest* (*best*: *лезть*) klettern, eindringen

лазу́рный *<kf:* -рен, -рна*> adj* lasurblau

лазу́рь *f I* Himmelblau *nt*

лак *m K* Lack *m*; **~ для воло́с** Haarlack *m*, Haarspray *m*; **~ для ногте́й** Nagellack *m*

лака́ть *vi E impf* (*о живо́тных*) schlabbern

лаке́й *m K2* ❶ (*arch*) Lakai *m*, Diener *m*; ❷ (*pej: подхали́м, лизоблю́д*) Kriecher *m*, Schleimer *m*

лакирова́ть *vt E2 impf* (*pf:* от-) lackieren

ла́комиться *<präs:* ла́комлюсь, -мишься*> vr + inst I impf* (*pf:* по-) naschen

ла́комый *<kf:* -ом*> adj* lecker; **~ кусо́чек** Leckerbissen *m*

лакони́чный *<kf:* -чен, -чна*> adj* lakonisch

лакто́за *f A* Laktose *f*; **напи́ток без лакто́зы** laktosefreies Getränk *nt*

ла́ма[1] *f A* (ЗООЛ) Lama *nt*

ла́ма[2] *m A* (РЕЛ) *buddhistischer Priester oder Mönch*

ла́мпа *f A* Lampe *f*; **насто́льная ~** Tischleuchte *f*

ла́мпочка *<gen pl:* -чек*> f A* Glühbirne *f*

ландша́фт *m K* ❶ (ГЕОГ, ГЕОЛ) Landschaft *f*; ❷ (*auch fig: карти́на, пейза́ж*) Landschaftsbild *nt*

ла́па *f A* Pfote *f*, Tatze *f*

лапша́ *f A* Nudel *f*

ларёк <*gen sg:* ларька́> *m K e* (*кио́ск*) Verkaufsstand *m*, Bude *f*

ласка́тельный <*kf:* -лен, -льна> *adj* zärtlich; **ласка́тельное обраще́ние** Kosewort *nt*

ласка́ть *vt E impf* (*pf:* при-) liebkosen

ла́сковый *adj* ❶ zärtlich, liebevoll; ❷ (*о ве́тре*) sanft

ла́стик *m K* (*umg*) Radiergummi *m*

ла́сточка <*gen pl:* -чек> *f A* (зоол) Schwalbe *f*

лата́ть *vt E impf* (*pf:* за-) flicken, stopfen

Ла́твия *f A2* Lettland *nt*

лате́нтный *adj* (*скры́тый, нея́вный*) latent, verborgen

лати́нский *adj* lateinisch; **~ алфави́т** (*лати́ница*) lateinische Schrift *f*; **~ язы́к** Latein *nt*

лату́нь *f I* Messing *nt*

латы́нь *f I* Latein *nt*

латы́ш, латы́шка <*gen pl m:* латыше́й, *gen pl f:* -шек> *m K / f A* Lette, Lettin *m/f*

латы́шский *adj* lettisch

лауреа́т *m K* Preisträger, -in *m/f*; **~ Но́белевской пре́мии** Nobelpreisträger, -in *m/f*

ла́цкан *m K* (*отворо́т пиджака́*) Revers *nt*

лачу́га *f A* Hütte *f*

ла́ять <*präs:* ла́ю, ла́ешь> *vi E5 impf* ❶ bellen; **~ на кого́-л.** jdn anbellen ❷ (*тя́вкать*) kläffen

лгать <*präs:* лгу, лжёшь, *3. pers pl:* лгут> *vi E4 impf* (*pf:* со-) lügen

лгун, лгу́нья *m K* / <*gen pl:* -ний> *f A1* Lügner, -in *m/f*

ле́бедь *m K1* (зоол) Schwan *m*

лев <*gen sg:* льва, *pl:* львы, львов> *m K* (зоол) Löwe *m*

левосторо́нний *adj* Links-, linksseitig; **левосторо́ннее движе́ние** Linksverkehr *m*

левша́ <*gen pl:* -ше́й> *mf A e* Linkshänder, -in *m/f*

ле́вые *f pl wie adj* (пол) Linke *f*

ле́вый *adj* ❶ linke(r, s); ❷ (*fig, umg нелега́льный*) link, illegal; **ле́вая рабо́та** Schwarzarbeit *f*; ❸ (POL: *радика́льный*) radikal; **ле́вые па́ртии** (*о па́ртиях социалисти́ческого то́лка*) Linksparteien *pl*

легализова́ть *vt E2 impf/pf* legalisieren

лега́льность *f I* Legalität *f*

лега́льный <*kf:* -лен, -льна> *adj* legal

леге́нда *f A* Legende *f*, Sage *f*

легенда́рный <*kf:* -рен, -рна> *adj* legendär, sagenhaft

лёгкий <*kf:* лёгок, легка́, легко́; легки́, *oder:* лёгки, *komp:* ле́гче, *super:* легча́йший> *adj* ❶ leicht, Leicht-; **~ как пёрышко** federleicht; **лёгкая рабо́та** leichte Arbeit *f*; **лёгкая атле́тика** (спорт) Leichtathletik *f*; **тебе́ легко́ говори́ть** du hast leicht [*o* gut] reden; **с лёгким се́рдцем** (*fig*) leichten Herzens; ❷ (*легкомы́сленный*) leichtsinnig, leichtfertig

легкове́рный <*Kf:* -рен, -рна> *adj* leichtgläubig

лёгкое *nt wie adj* (анат) Lunge *f*

легкомы́сленный <*kf:* -лен, -ленна> *adj* leichtfertig, leichtsinnig

легкомы́слие *nt O2* Leichtsinn *m*

лёгкость *f I* Leichtigkeit *f*; **с лёгкостью** mit Leichtigkeit, ohne Schwierigkeiten

лёд <*gen sg:* льда, *präpos sg:* на льду> *m K* Eis *nt*; **па́ковый ~** Packeis *nt*

леденéц <*gen sg:* -нца́> *m K e* ❶ (*конфе́та*) Bonbon *nt*; ❷ (*im pl: поду́шечки в одно́й упако́вке*) Kandiszucker *m*; **~ на па́лочке** Lutscher *m*; **~ от ка́шля** Hustenbonbon *nt*

леденя́щий *adj* eisig, eiskalt; **~ ду́шу** (*fig*) furchteinflößend

ледоко́л *m K* Eisbrecher *m*

ледяно́й *adj* ❶ Eis-; ❷ (*fig: о́чень холо́дный*) eisig, frostig; **с ледяны́м ви́дом** mit einer eisigen Miene

лежа́ть <*präs:* лежу́, лежи́шь> *vi I*

Л

impf ❶ liegen; **~ в постéли** im Bett liegen; ❷ (*fig:* ***на ком-л./чём-л.***) ruhen, lasten (auf *+dat*)

лежáчий *adj* liegend; **~ больнóй** bettlägerig; **под ~ кáмень водá не течёт** (*fig*) wer rastet, der rostet

лéзвие *nt O2* Klinge *f*, Schneide *f*

лезть <*präs:* лéзу, лéзешь> *vt E6 best* (*unbest*: ***лáзить***) ❶ klettern; **~ без óчереди** (*umg*) sich vordrängeln; ❷ (*umg:* ***вмéшиваться во что-лúбо***) sich einmischen (in *+akk*); **~ в дрáку** handgreiflich werden

лéйка <*gen pl:* лéек> *f A* Gießkanne *f*

лейкемúя *f A2* (МЕД) Leukämie *f*

Л

лейтенáнт *m K* (ВОЕ) Leutnant *m*

лекáрственный *adj* Heil-; **лекáрственное растéние** Heilpflanze *f*

лекáрство *nt O* Arznei *f*; **~ от чéго-лúбо** Heilmittel (gegen *+akk*)

лéкарь *m K1* Arzt *m*; **врéмя - лýчший ~** (*fig*) die Zeit heilt alle Wunden

лéксика *f A* (ЛИНГ) Lexik *f*, Wortschatz *m*; **бáзовая ~** Grundwortschatz *m*

лексикóн *m K* ❶ (*arch:* ***словáрь***) Lexikon *nt*, Wörterbuch *nt*; ❷ (ЛИНГ: ***запáс слов***) Wortschatz *m*, Vokabular *nt*

лéкция *f A2* Vorlesung *f*

ленúвый <*kf:* -úв> *adj* faul, träge

лéнта *f A* Band *nt*, Streifen *m*; **клéйкая ~** (*скоч*) Klebestreifen *m*; **магнúтная ~** Tonband *nt*

лентя́й, лентя́йка <*gen pl f:* лентя́ек> *m K2 / f A* Faulenzer, -in *m/f*, Faulpelz *m*

лень *f I* Faulheit *f*

леопáрд *m K* (ЗООЛ) Leopard *m*

лепетáть <*präs:* лепечý, -éчешь> *vi E4 impf* ❶ (***о младéнце***) lallen; ❷ (***бормотáть***) stammeln

лепúть <*präs:* леплю́, лéпишь> *vt I impf* (*pf:* вы́-, с-) kneten, modellieren

лéпта *f A* kleiner Beitrag *m*

лес <*präpos sg:* о лéсе/в лесý, *nom pl:* -á> *m K ple* Wald *m*; **лúственный ~** Laubwald *m*; **тропúческий ~** Regenwald *m*; **хвóйный ~** Nadelwald *m*

лесá *pl K* (СТРОИТ) Gerüst *nt*

лесбия́нка <*gen pl:* -нок> *f A* Lesbierin *f*, Lesbe *f*

лесбия́нский *adj* lesbisch

лесúстый <*kf:* -úст> *adj* waldig

леснúк *m K e* Förster, -in *m/f*

леснóй *adj* Wald-; **~ пожáр** *m* Waldbrand *m*; **леснóе хозя́йство** *nt* Forstwirtschaft *f*

лесозащúтный *f A*: **лесозащúтная полосá** Waldschutzstreifen *m*

лесорýб *m K* Holzfäller *m*

лéстница *f A* Treppe *f*, Leiter *f*; **винтовáя ~** Wendeltreppe *f*; **на лéстнице** im Treppenhaus *nt*; **служéбная ~** (*fig*) Dienstleiter *f*

лéстничный *adj* Treppen-; **лéстничная клéтка** Treppenhaus *nt*

лесть *f I* Schmeichelei *f*

летá <*gen pl und akk pl von:* год> *nt pl O e* Alter *nt*, Jahre *nt*; **скóлько вам лет?** wie alt sind Sie? **в летáх** bejahrt

летаргúя *f A2* ❶ (МЕД) Lethargie *f*; ❷ (*fig:* ***безучáстие***) Teilnahmslosigkeit *f*

летáть *vi E unbest* (*best*: ***летéть***) fliegen

летéть <*präs:* лечý, летúшь> *vi I best* (*unbest*: ***летáть***) ❶ fliegen; ❷ (*nur best*, *fig:* ***нестúсь***) dahineilen, sausen; **как бы́стро летúт врéмя** wie schnell die Zeit vergeht

лéтний *adj* Sommer-; **лéтнее врéмя** Sommerzeit *f*

лётный *adj* Flug-; **лётная шкóла** Flugschule *f*

лéто *nt O ple* Sommer *m*; **бáбье ~** Altweibersommer *m*

летоисчислéние *nt O2* Zeitrechnung *f*

лéтопись *f I* Chronik *f*

лётчик, **лётчица** *m K / f A* Flieger, -in *m/f*, Pilot, -in *m/f*

лече́бный *adj* Heil-; **лече́бная гимна́стика** Krankengymnastik *f*

лече́ние *nt O2* Behandlung *f*, Kur *f*

лечи́ть <*präs:* лечу́, ле́чишь> *vt I impf* ① (*о враче́: изле́чивать*) behandeln, kurieren; ② (*о́рган; часть те́ла*) sich etw behandeln lassen

лечь <*fut:* ля́гу, ля́жешь, *prät:* лёг, легла́> *vi UE5 pf* (*impf:* ложи́ться) sich hinlegen

лжец *m K e* (*pej*) Lügner *m*

лжи́вость *f I* (*pej*) Falschheit *f*, Verlogenheit *f*

лжи́вый <*kf:* лжив> *adj* verlogen

ли *part* ob; **ли ... ли ...** ob ... oder ...

либерали́зм *m K* Liberalismus *m*

либера́льный <*kf:* -лен, -льна> *adj* liberal

ли́бо *konj* (*и́ли*) oder

Лива́н *m K* Libanon *m*

ли́вень <*gen sg:* ли́вня> *m K1* Regenschauer *m*

ли́верный *adj* Leber- *(auch aus anderen Innereien)*; **ли́верная колбаса́** Leberwurst *f*

Ли́вия *f A2* Libyen *nt*

ливре́я *f A2* (*arch*) Livree *f*

ли́га *f A* Liga *f*

ли́дер *m K* ① (ПОЛ) Führer *m*, Leitfigur *f*; **~ оппози́ции** Oppositionsführer *m*; **полити́ческие ~ы** führende Politiker ② (ЭКОН) Vorreiter *m*; ③ (СПОРТ) Tabellenführer *m*

ли́дерство *nt O* (ПОЛ, СПОРТ) Führung *f*

лиди́ровать *vt E2 impf* ① führen, die Führung haben; ② (СПОРТ) in Führung liegen

лиза́ть <*präs:* лижу́, ли́жешь> *vt E4 impf* lecken, ablecken

лизоблю́д *m K* (*pej*) Schleimer *m*, Kriecher *m*

ликвида́ция *f A2* Liquidation *f*, Liquidierung *f*

ликвиди́ровать *vt E2 impf/pf* liquidieren

ликёр *m K* Likör *m*

ликова́ние *nt O2* Jubel *m*, Frohlocken *nt*

ликова́ть *vi E2 impf* (*geh*) jubeln, frohlocken

лилипу́т, **лилипу́тка** <*gen pl f:* -ток> *m K / f A* Liliputaner, -in *m/f*

ли́лия *f A2* (БОТ) Lilie *f*

лило́вый *adj* lila

лими́т *m K* Limit *nt*, Höchstgrenze *f*; **~ ско́рости** Höchstgeschwindigkeit *f*

лимити́ровать *vt E* limitieren, begrenzen

лимо́н *m K* ① (*плод*) Zitrone *f*; ② (*umg: миллио́н рубле́й*) eine Million Rubel

лимона́д *m K* Limonade *f*

лимо́нный *adj* ① Zitronen-; **~ сок** Zitronensaft *m* ② (*о цве́те*) zitronengelb

лимузи́н *m K* (АВТО) Limousine *f*

ли́мфа *f A* (БИОЛ) Lymphe *f*, Lymphflüssigkeit *f*

лимфати́ческий *adj* (БИОЛ) Lymph-; **~ у́зел** Lymphknoten *m*

лингви́ст *m K* Linguist, -in *m/f*, Sprachwissenschaftler, -in *m/f*

лингви́стика *f A* Linguistik *f*, Sprachwissenschaft *f*

линéйка <*gen pl:* -éек> *f A* ① Lineal *nt*; **логарифми́ческая ~** (МАТ) Rechenschieber *m*; ② (*ли́ния*) Linie *f*; ③ (*о́бщее построе́ние в шко́ле и́ли пионерла́гере*) Appell *m*; ④ (ОБДАН) Leiste *f*

лине́йный *adj* linear

ли́нза *f A* (ФИЗ) Linse *f*

ли́ния *f A2* ① (*auch fig*) Linie *f*; **крива́я ~** Kurve *f*; **по матери́нской ли́нии** mütterlicherseits; ② (*fig: направле́ние, о́браз де́йствий*) Linie *f*, Kurs *m*; ③ (ТРАНС: *маршру́т*) Linie *f*, Route *f*; **парохо́дная ~** Schifffahrtslinie *f*; ④ (ЭЛЕК: *прово́дка*) Leitung *f*; **~ высо́кого напряже́ния** Hochspannungsleitung *f*

линко́р *akr von* **лине́йный**

Л

Л

кора́бль *m* Schlachtschiff *nt*
лино́ванный *adj* liniiert
лино́леум *m K* Linoleum *nt*
линчева́ть *vt E2 impf/pf* (ист) lynchen
ли́нька *f A* ① (*у живо́тных*) Haaren *nt*; ② (*у птиц*) Federn *nt*, Mausern *nt*
линя́ть I. *vi E impf* (*pf:* по-) (*о тка́ни*) abfärben, ausbleichen; **II.** *vi E* (*pf:* вы́-) ① (*о живо́тных*) haaren; ② (*о пти́цах*) sich mausern
ли́па[1] *f A* (бот) Linde *f*
ли́па[2] *f A* ① (*umg:* *подде́лка*) Fälschung *f*, Imitation *f*; ② (*umg:* *обма́н*) Schwindel *m*
ли́пкий <*kf:* -пок, -пка́> *adj* klebrig
ли́повый[1] *adj* (бот) Linden-; **~ чай** Lindenblütentee *m*
ли́повый[2] *adj* ① (*umg:* *подде́льный*) gefälscht, fingiert; ② (*umg:* *ненастоя́щий*) nicht echt
ли́ра[1] *f A* (муз) Lyra *f*, Leier *f*
ли́ра[2] *f A* (*италья́нская валю́та*) Lira *f*, italienische Währungseinheit *f*
ли́рика *f A* ① (лит) Lyrik *f*; ② (*fig, umg, pej:* *сентимента́льничание*) Gefühlsduselei *f*
лиса́ *f A pls* (зоол) Fuchs *m*
лиси́чка <*gen pl:* -чек> *f A* (*гриб*) Pfifferling *m*
лист I. <*pl:* ли́стья, -ьев, -ьям> *m K pls* (бот) Blatt *nt*; **II.** <*pl:* листы́, -о́в> *m K e* ① (*бума́ги*) Blatt *nt*, Bogen *m*; ② (*докуме́нт*) Liste *f*, Schein *m*; **больни́чный ~** Krankenschein *m*
листа́ть *vi E impf* blättern, umblättern
листва́ *f A* Laub *nt*
ли́ственница *f A* (бот) Lärche *f*
ли́ственный *adj* Laub-; **ли́ственное де́рево** Laubbaum *m*
листо́вка <*gen pl:* -вок> *f A* Flugblatt *nt*; **~-вкла́дыш** (*к лека́рствам*) Beipackzettel *m*
лита́вры *f pl A* (муз) Pauke *f*
Литва́ *f A* Litauen *nt*
лите́йный *adj* Gieß-; **~ цех** [*о* **лите́йное произво́дство**] Gießerei *f*
ли́тера *f A* (*в полигра́фии*) Buchstabe *m*, Letter *f*
литерату́ра *f A* Literatur *f*
литерату́рный *adj* literarisch; **~ неме́цкий язы́к** Hochdeutsch *nt*; **~ язы́к** (линг) Standardsprache *f*
лито́вец, **лито́вка** <*gen sg m:* -вца, -вцев, *gen pl f:* -вок> *m K* / *f A* Litauer, -in *m/f*
лито́вский *adj* litauisch
литр *m K* Liter *m*
литурги́я *f A2* (рел: *богослуже́ние*) Liturgie *f*
лить I. <*präs:* лью, льёшь> *vt E4c impf* ① gießen, schütten; ② (тех: *Metall*) durch Gießen erzeugen; **II.** *vi E4c* (*unpersönlich:* *о дожде́*) heftig strömen
ли́ться <*nur 3. pers:* льётся> *vr E4c impf* ① (*о дожде́*) strömen, sich ergießen; ② (*о воде́*) ständig fließen
лифт *m K* Fahrstuhl *m*
лиха́ч *m K* (*umg*) Draufgänger *m*; **води́тель-лиха́ч** (*pej*) Raser *m*
лиха́чество *nt O* ① (*umg*) Draufgängertum *nt*; ② (*pej:* *неосторо́жная езда́*) Raserei *f*, leichtsinnige Fahrweise *f*
лиха́чить <*präs:* лиха́чу, -чишь> *vi I impf* (авто) rasen, zu schnell fahren
ли́хо[1] *nt O* (*arch:* *зло*) Böses *nt*
ли́хо[2] *adv* (*umg*) flott, keck
лихо́й[1] <*kf:* -лих, -лиха́> *adj* (*umg:* *отча́янный*) keck, waghalsig
лихо́й[2] <*kf:* -лих, -лиха́> *adj* (*arch:* *злой, недо́брый*) böse; **лиха́ беда́ нача́ло** (*fig*) aller Anfang ist schwer
лихора́дить <*unpersönlich:* лихора́дит> *vt I:* **меня́ лихора́дит** ich fiebere, mich fiebert
лихора́дка *f A* (мед) Fieber *nt*
лихора́дочный <*kf:* -чен, -чна> *adj* ① (*nur Langform*) Fieber-, fiebrig; ② (*fig:* *суетли́вый, не́рвный*)

fieberhaft, hektisch
лицево́й *adj* ❶ (*относя́щийся к лицу́*) Gesichts-; ❷ (*пере́дний, нару́жный*) Vorder-, Außen-; **лицева́я сторона́ тка́ни** Außenseite *f*, die rechte Seite *f*; **~ счёт** (*fig:* ЭКОН) Personenkonto *nt*, lebendes Konto *nt*
лице́й *m K2* ❶ (*arch*) *(früher) eine priveligierte höhere Schule (meist für Jungen)*; ❷ (**вид шко́лы в постсове́тской Росси́и**) *höhere Schule im Rahmen des Schulsystems im postsowjetischen Russland*
лицеме́р, лицеме́рка <*gen pl f:* -рок> *m K / f A* Heuchler, -in *m/f*
лицеме́рие *nt O2* Heuchelei *f*
лицеме́рить <*präs:* лицеме́рю, -ришь> *vi I impf* heucheln
лицеме́рный <*kf:* -рен, -рна> *adj* heuchlerisch, scheinheilig
лице́нзия *f A2* (ЭКОН) Lizenz *f*, Genehmigung *f*; **~ на ИТД** Gewerbeschein *m*; **изготá́вливать по лице́нзии** in Lizenz herstellen
лицо́ *nt O pls* ❶ Gesicht *nt*; **сохрани́ть ~** das Gesicht wahren; **пе́ред лицо́м чего́-л.** (*fig*) angesichts (+*gen*) ❷ (**индиви́дуум**) Person *f*; ❸ (*fig:* **и́мидж**) Image *nt*, Profil *nt*
личи́нка <*gen pl:* -нок> *f A* (ЗООЛ) Larve *f*, Made *f*
ли́чно *adv* persönlich, eigenhändig
ли́чность *f I* ❶ (**индиви́дуум**) Person *f*; ❷ (**индивидуа́льность**) Persönlichkeit *f*; **выдающаяся ~** prominente Persönlichkeit *f*
ли́чный *adj* persönlich; **э́то моё ли́чное де́ло** das ist meine Privatsache; **~ вклад** persönlicher Beitrag *m*
лиша́й *m K2* (МЕД) Flechte *f*
лиша́йник *m K* (БОТ) Flechte *f*
лиша́ть *vt E impf* (*pf:* **лиши́ть**) ❶ (*кого-л. чего́-л. на зако́нном основа́нии и т.п.*) entziehen, berauben; **~ кого́-л. возмо́жности** jdm die Möglichkeit [*o* Chance] nehmen; **~ сло́ва** das Wort entziehen ❷ (*причиня́ть кому́-л. ли́чный уще́рб*) bringen (um +*akk*); **~ кого́-л. че́сти** jdn um seine Ehre bringen
лиша́ться *vr E impf* (*pf:* **лиши́ться**) ❶ (*чего́-л.: потеря́ть, утра́тить что-л.*) jdn/etw verlieren, einbüßen, kommen (um +*akk*); **~ рабо́ты** die Arbeit verlieren; ❷ (*нево́льно быть лишённым чего́-л.*) gebracht werden (um +*akk*); **~ чувств** das Bewusstsein verlieren
лишён <*part prät pass von:* **лиши́ть**> *adj kf* beraubt, bar
лише́ние *nt O2* ❶ (ЮР) Entzug *m*, Entziehung *f*, Aberkennung *f*; **~ свобо́ды** Freiheitsstrafe *f*; ❷ (*im pl:* **нужда́**) Entbehrungen *f pl*; **терпе́ть лише́ния** Not leiden
лиши́ть <*fut:* лишу́, лиши́шь> *vt I pf* (*impf:* **лиша́ть**) entziehen
лиши́ться <*fut:* лишу́сь, лиши́шься> *vr I pf* (*impf:* **лиша́ться**) verlieren
ли́шний <*kf:* ли́шне> *adj* ❶ (*изли́шний, нену́жный*) überflüssig, unnötig; **~ вес** Übergewicht *nt*; ❷ (*дополни́тельный*) zusätzlich; **~ раз** noch einmal
лоб <*präpos sg:* в/ на лбу> *m K* Stirn *f*; **зада́ть вопро́с в ~** (*fig*) eine unvermittelte Frage stellen
лов *m K* Fang *m*
лови́ть <*präs:* ловлю́, ло́вишь> *vt I impf* (*pf:* **пойма́ть**) ❶ fangen, auffangen; **~ ры́бу** angeln; **~ ста́нцию** (РАДИО) den Empfänger auf einen Sender einstellen; ❷ (*по́льзоваться чем-л.*) nutzen, ausnutzen; **~ удо́бный слу́чай** eine günstige Gelegenheit abpassen [*o* nutzen]; **~ ры́бку в му́тной воде** (*fig*) im Trüben fischen; ❸ (*улича́ть кого́-л. в чём-л.*) ertappen; **~ кого́-л. на сло́ве** jdn beim Wort nehmen; **~ себя́ на мы́сли** sich bei dem Gedanken ertappen

Л

ло́вкий <*kf:* **ло́вок, ловка́, ло́вко**> *adj* ❶ (*уме́лый, иску́сный*) gewandt, geschickt; ❷ (*хи́трый*) pfiffig, clever

ло́вкость *f I* Geschick *nt*, Geschicklichkeit *f*; **~ рук** Fingerfertigkeit *f*

лову́шка <*gen pl:* **-шек**> *f A* Falle *f*

логари́фм *m K* (МАТ) Logarithmus *m*

ло́гика *f A* (ФИЛОС, МАТ) Logik *f*

логи́чный <*kf:* **-чен, -чна**> *adj* logisch, folgerichtig

логопе́д *m K* (МЕД) Logopäde *m*, Sprachheilpädagoge *m*

ло́дка <*gen pl:* **-док**> *f A* Boot *nt*; **мото́рная ~** Motorboot *nt*; **надувна́я ~** Schlauchboot *nt*; **подво́дная ~** U-Boot *nt*; **перевози́ть** [*o* **переправля́ть**] **на ло́дке** booten; **сиде́ть в одно́й ло́дке** (*fig*) im selben Boot sitzen

Л

ло́дочки <*gen pl:* **-чек**> *f pl A* (*же́нские ту́фли*) Pumps *m pl*

ло́дочник *m K* Bootsführer *m*

ло́дочный *adj* Boots-; **ло́дочная при́стань** Bootsanlegestelle *f*

лоды́жка <*gen pl:* **-жек**> *f A* (АНАТ) Knöchel *m*

ло́жа *f A* (ТЕАТ) Loge *f*

ложи́ться <*präs:* **ложу́сь, ложи́шься**> *vi I impf* (*pf:* **лечь**) ❶ sich hinlegen; ❷ (*идти́ спать*) schlafen gehen

ло́жка <*gen pl:* **-жек**> *f A* Löffel *m*; **столо́вая ~** Esslöffel *m*; **ча́йная ~** Teelöffel *m*

ло́жный <*kf:* **-жен, -жна**> *adj* ❶ (*оши́бочный, неве́рный*) falsch, unwahr; **~ вы́вод** Trugschluss *m* ❷ (*преувели́ченный*) übertrieben, unrichtig; **ло́жное чу́вство стыда́** das übertriebene [*o* ungesunde] Schamgefühl *nt*; ❸ (*обма́нчивый*) Schein-, Trug-

ложь <*gen sg:* **лжи**, *inst sg:* **ло́жью**> *f I* Lüge *f*; **~ во спасе́ние** Notlüge *f*

лоза́ *f A pls* ❶ (БОТ: *виногра́дная*) Rebe *f*, Weinstock *m*; ❷ („*волше́бный прут*") Wünschelrute *f*

ло́зунг *m K* Losung *f*, Parole *f*, Kennwort *nt*

локализова́ть *vt E2 impf/pf* lokalisieren

лока́льный *adj* lokal, örtlich; **лока́льная сеть** (ОБДАН) LAN *nt*

локомоти́в *m K* Lokomotive *f*

ло́кон *m K* Locke *f*

ло́коть <*gen sg:* **ло́ктя**> *m K1 ple1* (АНАТ) Ell(en)bogen *m*; **чу́вство ло́ктя** Solidaritätsgefühl *nt*

лом *m K ple1* ❶ (*инструме́нт*) Brecheisen *nt*, Brechstange *f*; ❷ (*ло́маные ве́щи*) Bruch *m*, Schrott *m*

ло́маный *adj* zerbrochen

лома́ть *vt E impf* (*pf:* **с-**) brechen, zerbrechen, kaputt machen; **~ го́лову над чем-л.** (*fig*) sich den Kopf zerbrechen (über *+akk*)

лома́ться *vr E impf* (*pf:* **с-**) ❶ zerbrechen, zu Bruch gehen; ❷ (*umg, pej* **кривля́ться**) sich zieren

ломба́рд Pfandleihe *f*, Pfandhaus *nt*

ломи́ть I. <*präs:* **ломлю́, ло́мишь**> *vt I impf* ❶ brechen, biegen, knicken; ❷ (*fig:* **напира́ть**) sich vorwärtsdrängen; **II.** *vi I* (*unpersönlich:* **о бо́ли**) weh tun

ломи́ться <*fut:* **ломлю́сь, ло́мишься**> *vr I impf* ❶ (**от чего́-л.**) brechend voll sein; ❷ (*fig: лезть напроло́м*) mit Gewalt einzudringen suchen

ло́мка <*gen pl:* **-мок**> *f A* Brechen *nt*, Zerbrechen *nt*, Niederreißen *nt*; **~ го́лоса** (*fig*) Stimmbruch *m*

ло́мкий <*kf:* **-мок, -мка́**> *adj* brüchig, zerbrechlich

лопа́та *f A* ❶ Schaufel *f*; **рабо́тать лопа́той** schaufeln ❷ (*штыкова́я*) Spaten *m*

лопа́тка <*gen pl:* **-ток**> *f A* ❶ (*мастеро́к*) Kelle *f*; ❷ (АНАТ) Schulterblatt *nt*

ло́паться *vr E impf* (*pf:* **ло́пнуть**) platzen

ЛОР *abk von* отоларинго́лог *m* Hals-Nasen-Ohren-Arzt *m*, HNO-Arzt *m*
лоси́ны *f pl A* Leggings *pl*
лоск *m K* Glanz *m*, Schliff *m*
лоску́т *m K e* Flicken *m*
лосо́сь *m K1* (зоол) Lachs *m*
лось *m K1 ple1* (зоол) Elch *m*
лосьо́н *m K* Lotion *f*; **~ для бритья́** Rasierwasser *nt*
лот *m K* (суд) Lot *nt*
лотере́йный *adj* Lotterie-; **~ биле́т** Lottoschein *m*; **но́мер лотере́йного биле́та** Losnummer *f*
лотере́я *f A2* Lotterie *f*
лото́ *nt indekl* (*вид ка́рточной игры́*) (Bilder-)Lotto *nt*
лохма́тый <*kf:* -ма́т> *adj* ❶ (*растрёпанный*) zottig, struppig, zerzaust; ❷ (*непричёсанный*) ungekämmt
лохмо́тья <*gen pl:* -тьев> *pl O* Lumpen *m pl*, Fetzen *m pl*; **оде́тый в ~** zerlumpt
ло́цман *m K* (суд) Lotse *m*
лошади́ный *adj* Pferde-; **лошади́ная си́ла, л.с.** Pferdestärke *f*, PS
ло́шадь <*inst pl:* -дьми́> *f I ple1* (зоол) Pferd *nt*; **бегова́я ~** Rennpferd *nt*; **верхова́я ~** Reitpferd *nt*
лощёный *adj* (*о бума́ге*) glänzend, Glanz-
лощи́на *f A* Mulde *f*, Talsenke *f*
лоя́льность *f I* Loyalität *f*
лоя́льный <*kf:* -лен, -льна> *adj* loyal
луг <*präpos sg:* на лугу́, *nom pl:* -а́> *m K ple* Wiese *f*; **~ альпи́йский** Alm *f*
лу́жа *f A* Pfütze *f*
лужа́йка <*gen pl:* -а́ек> *f A* ❶ kleine Wiese *f*; ❷ (*поля́на*) Waldlichtung *f*
лук[1] *m K* (бот) Zwiebel *f*; **зелёный ~** Schnittlauch *m*; **лук-поре́й** Lauch *m*
лук[2] *m K* (спорт) Bogen *m*; **стрело́к из ~а** Bogenschütze *m*
лу́ковица *f A* Zwiebel *f*
луна́ *f A pls* Mond *m*
лу́на-па́рк *m K* Vergnügungspark *m*
луна́тик *m K* (мед) Schlafwandler *m*
лу́нный *adj* Mond-
лунохо́д *m K* Mondauto *nt*
лу́па *f A* Lupe *f*; **взять кого́-л./что-л. под лу́пу** (*fig*) jdn, etw unter die Lupe nehmen
лупи́ться <*präs:* луплю́сь, лу́пишься> *vr I impf* (*pf:* об-) ❶ (*шелуши́ться*) sich schälen; ❷ (*отва́ливаться*) abbröckeln
луч <*gen pl:* -е́й> *m K e* Strahl *m*; **~ све́та** (*auch fig*) Lichtstrahl *m*
лу́чше I. <*komp von:* хоро́ший> *adj* besser; **II.** *adv* ❶ (*komp von: хорошо́*) besser; **ему́ ~** es geht ihm besser; **как нельзя́ ~** bestens, ausgezeichnet; ❷ (*in prädikativen Wendungen*) lieber; **~ не спра́шивай** frag lieber nicht
лу́чший <*komp und super von:* хоро́ший> *adj* beste(r, s); **мо́й ~ друг** mein bester Freund; **в лу́чшем слу́чае** bestenfalls
лы́жи *f pl A* Ski *m pl*; **беговы́е ~** Langlaufski *m pl*; **во́дные ~** Wasserski *m pl*
лы́жник, лы́жница *m K / f A* Skifahrer, -in *m/f*, Skiläufer, -in *m/f*
лы́жный *adj* Ski-; **~ костю́м** Skianzug *m*; **~ подъёмник** Skilift *m*; **лы́жные боти́нки** Skistiefel *m pl*
лыжня́ <*gen pl:* -е́й> *f A1* Skispur *f*, Loipe *f*
лысе́ть *vi E impf* (*pf:* об-) kahlköpfig werden, eine Glatze bekommen
лы́сина *f A* Glatze *f*
лы́сый <*kf:* лыс, -а́, -о> *adj* kahl, glatzköpfig
льви́ный *adj* Löwen-; **льви́ная до́ля** (*fig*) Löwenanteil *m*
льви́ца *f A* (зоол) Löwin *f*
льго́та *f A* ❶ (*усту́пка*) Vergünstigung *f*; ❷ (юр: *преиму́щественное пра́во*) Vorzugsrecht *nt*, Privileg *nt*; **социа́льные льго́ты**

Л

Sozialleistungen *f pl*; **по́льзоваться льго́тами** Vorteile *m pl* ausnutzen; **предоставля́ть льго́ты** Vergünstigungen *pl*, Vorzugsrechte *pl* einräumen

льго́тный *adj* vergünstigt; **~ биле́т** ermäßigte Fahrkarte *f*; **льго́тная цена́** Sonderpreis *m*

льсте́ц *m K e* (*pej*) Schmeichler, -in *m/f*

льстить <*präs:* льщу, льстишь> *v + dat I impf* (*pf:* по-) schmeicheln

любе́зничать *vi E impf* ❶ (*umg:* *флиртова́ть, заи́грывать*) flirten, schäkern (mit *+dat*); ❷ (*втира́ться в дове́рие*) sich einschmeicheln (bei *+dat*)

любе́зность *f I* ❶ Liebenswürdigkeit *f*; **оказа́ть ~** einen Gefallen tun ❷ (экон: *в отноше́ниях с клие́нтом*) Kulanz *f*, Entgegenkommen *nt*

любе́зный <*kf:* -зен, -зна> *adj* ❶ liebenswürdig, freundlich; ❷ (экон: *усту́пчивый, иду́щий на встре́чу*) kulant, entgegenkommend

люби́мец, люби́мица <*gen sg m:* -мца> *m K / f A* Liebling *m*; **~ пу́блики** Publikumsliebling *m*

люби́мый <*kf:* -и́м> *adj* Lieblings-; **люби́мое блю́до** Lieblingsessen *nt*, Leibgericht *nt*

люби́тель, люби́тельница *m K1 / f K* ❶ (*знато́к*) Kenner, -in *m/f*; ❷ (*почита́тель*) Liebhaber, -in *m/f*; ❸ (*охо́тник до чего́-л.*) Freund, -in *m/f*; **~ му́зыки** Musikfreund *m*; **~ пи́ва** Biertrinker *m*; **~ поспа́ть** Langschläfer *m* ❹ (*непрофессиона́л*) Amateur, -in *m/f*

люби́ть <*präs:* люблю́, лю́бишь> *vt I impf* ❶ (*испы́тывать любо́вь*) lieben, liebhaben; ❷ (*пита́ть скло́нность к кому́-л./чему-л.*) mögen, gern haben; **~ свою́ профе́ссию** an seinem Beruf hängen ❸ (*о цвета́х и т.п.*) verlangen; ❹ (*де́лать что-л.*) etw gerne tun

любова́ться I. *vr E2 impf* (*pf:* по-) (*кем-л./чем-л.*) etw mit Vergnügen betrachten; **II.** *vr + inst E2 impf* (*geh:* *на кого́-л./на что-л.*) sich ergötzen, sich weiden (an *+dat*)

любо́вник *m K* Liebhaber *m*, Geliebter *m*

любо́вница *f A* Geliebte *f*

любо́вный *adj* Liebes-; **любо́вная тоска́** Liebeskummer *m*

любо́вь <*gen sg:* любви́, *inst sg:* любо́вью> *f I* Liebe *f*; **~ к бли́жнему** Nächstenliebe *f*; **~ к живо́тным** Tierliebe *f*; **~ к приро́де** Naturverbundenheit *f*; **~ к поря́дку** Ordnungsliebe *f*; **~ к чте́нию** Leselust *f*; **матери́нская ~** Mutterliebe *f*

любозна́тельность *f I* Wissensdurst *m*

любозна́тельный <*kf:* -лен, -льна> *adj* wissbegierig

любо́й *adj* beliebig; **в любо́е вре́мя** zu jeder Zeit

любопы́тный I. <*kf:* -тен , -тна> *adj* ❶ (*любопы́тствующий*) neugierig; **любопы́тная толпа́** schaulustige Menge *f*; ❷ (*занима́тельный*) interessant; ❸ (*информати́вный*) aufschlussreich; **II.** *mf wie adj* Neugierige(r) *mf*

любопы́тство *nt O* Neugier *f*; **из любопы́тства** aus Neugier

любопы́тствовать *vi E2 impf* (*pf:* по-) (*име́ть любопы́тство*) neugierig sein

лю́бящий <*part präs akt von:* люби́ть> *adj* liebevoll; **~ дете́й** kinderlieb

лю́ди < люде́й, лю́дям, люде́й, людьми́, о лю́дях, *pl von:* челове́к> *m pl K1* Menschen *m pl*, Leute *pl*

людое́д *m K* Menschenfresser *m*, Kannibale *m*

люк *m K* ❶ Luke *f*; ❷ (суд) Luk *nt*; ❸ (*подва́ла, чердака́, в сце́не*) Falltür *f*

люкс I. *adj* erste Klasse, Luxus-; **гости́ница-люкс** Luxushotel *nt*; **II.** *m K* (*ко́мната в гости́нице*) *komfortables Zimmer im Hotel, Kreuzfahrtschiff usw.*
Люксембу́рг *m K* Luxemburg *nt*
лю́лька *<gen pl:* -лек*> f A* Wiege *f*
люмба́го *nt indekl* (МЕД) Hexenschuss *m*
лю́стра *f A* Kronleuchter *m*
лю́тый *<kf:* лют, люта́, *komp:* люте́е*> adj* grausam, grimmig
лягуша́тник *m K* (*де́тский бассе́йн*) Planschbecken *nt*
лягуша́чий *adj* (ЗООЛ) Frosch-; **лягуша́чья ла́пка** Froschschenkel *m*
лягу́шка *<gen pl:* -шек*> f A* (ЗООЛ) Frosch *m*; **древе́сная ~** Laubfrosch *m*
ля́жка *<gen pl:* -жек*> f A* (АНАТ) Lende *f*, Schenkel *m*
ля́згать *v + inst E impf* ① klirren (mit *+dat*); ② (*зуба́ми*) mit den Zähnen klappern
ля́псус *m K* Lapsus *m*, Schnitzer *m*

Мм

М

м, М *nt indekl kyrillischer Buchstabe*
маг *m K* Magier *m*, Zauberer *m*
магази́н *m K* ① Geschäft *nt*, Laden *m*, Verkaufsstelle *f*; **~ самообслу́живания** Selbstbedienungsgeschäft *nt*; **~ уценённых това́ров** Discount-Geschäft *nt*; **ходи́ть по ~ам** einen Einkaufsbummel machen; ② (ВОЕ: *обо́йма*) Magazin *nt*
магистра́ль *f I* Verkehrsader *f*; **выходна́я** [*o* **выездна́я**] **~** Ausfallstraße *f*
маги́ческий *adj* magisch; **маги́ческое сло́во** Zauberwort *nt*
ма́гия *f A2* Magie *f*
ма́гний *m K2* (ХИМ) Magnesium *nt*
магни́т *m K* Magnet *m*
магни́тный *adj* Magnet-, magnetisch; **магни́тное по́ле** (ФИЗ) Magnetfeld *nt*
магнито́ла *f A* Radiorecorder *m*
магнитофо́н *m K* Tonbandgerät *nt*; **кассе́тный ~** Kasettenrecorder *m*
мажо́р *m K* (МУЗ) Dur *nt*
мазня́ *f A1* (*pej*) Geschmier *nt*, Schmiererei *f*
мазу́т *<gen sg:* -а, -у*> m K* Heizöl *nt*, Schweröl *nt*
мазь *f I* Salbe *f*; **~ от ожо́гов** Brandsalbe *f*; **натира́ть ма́зью** salben
май *m K2* Mai *m*
ма́йка *<gen pl:* ма́ек*> f A* ① Unterhemd *nt*; ② (*футбо́лка*) T-Shirt *nt*; ③ (СПОРТ) Trikot *nt*, Sporthemd *nt*; **жёлтая ~** (СПОРТ: *Radsport*) Gelbes Trikot *nt*
майоне́з *m K* Mayonnaise *f*
майо́р *m K* (ВОЕ) Major *m*
ма́йский *adj* Mai-; **~ жук** (ЗООЛ) Maikäfer *m*
мак *m K* (БОТ) Mohn *m*
макаро́нный *adj* Nudel-; **макаро́нные изде́лия** Teigwaren *pl*
макаро́ны *<gen pl:* макаро́н*> f pl A* Makkaroni *pl*
Македо́ния *f A2* Mazedonien *nt*
маке́т *m K* ① (*моде́ль, имита́ция*) Modell *nt*, Attrappe *f*, Nachbildung *f*; ② (*но́вого но́мера газе́ты и т.п.*) Layout *nt*
макия́ж *m K* Make-up *nt*, Schminke *f*
ма́клер *m K* (ЭКОН) Makler *m*
макре́ль *f I* (ЗООЛ) Makrele *f*

максимали́ст *m K einer, der immer aufs Ganze geht*
максима́льный <*kf:* -лен, -льна> *adj* maximal, Höchst-
ма́ксимум *m K* Maximum *nt*, Höhepunkt *m*; **приложи́ть ~ уси́лий** alles daran setzen
макулату́ра *f A* ① (***нену́жная бума́га***) Makulatur *f*, Altpapier *nt*; ② (*umg:* ***низкопро́бная литерату́ра***) Schundliteratur *f*
маку́шка *f A* ① Scheitel *m*; ② (*umg:* ***верши́на, верху́шка***) Spitze *f*, Wipfel *m*
мале́йший *adj super* geringste(r, s), mindeste(r, s); **ни в мале́йшей сте́пени** nicht im geringsten
ма́ленький *adj* klein; **~ да уда́ленький** klein aber fein

мали́на *f A* ① (***я́года***) Himbeere *f*; ② (***куст***) Himbeerstrauch *m*
мали́нник *m K* (***за́росли мали́ны***) Himbeergesträuch *nt*
ма́ло *adv* wenig; **э́то ~-что меня́ет** das ändert wenig an der Sache; **так же ~** ebensowenig
малоду́шный <*kf:* -шен, -шна> *adj* kleinmütig, halbherzig, mutlos
малоизве́стный <*kf:* -тен, -тна> *adj* wenig bekannt
малокро́вный <*kf:* -вен, -вна> *adj* blutarm
ма́лый <*kf:* мал, мала́> *adj* klein; **~ би́знес** (экон) kleine und mittlere Betriebe *m pl* , Kleinunternehmertum *nt*; **ма́лое предприя́тие** (экон) Kleinbetrieb *m*
малы́ш, малы́шка *m K / f A* Kleine(r) *mf*, Knirps *m*
ма́льва *f A* (бот) Malve *f*
Ма́льта *f A* Malta *nt*
ма́льчик *m K* Junge *m*; **~ для битья́** (*fig*) Prügelknabe *m*; **~ на побегу́шках** (*fig*) Mädchen *nt* für alles
мальчи́шеский *adj* knabenhaft
мальчи́шество *nt O* Kinderei *f*
мальчи́шка *f A* (*umg*) Bengel *m*, Lausbub *m*
малю́тка *f A* Kleinkind *nt*, Kleines *nt*
маля́р *m K* Anstreicher *m*, Maler *m*
маляри́я *f A2* (мед) Malaria *f*
ма́ма *f A* Mutter *f*, Mama *f*; **суррога́тная ~** (*fig*) Leihmutter *f*
ма́менькин *adj* (*arch:* ***принадлежа́щий ма́меньке***) der Mutter gehörend; **~ сыно́к** (*fig*) Muttersöhnchen *nt*
ма́монт *m K* (зоол) Mammut *m*
ма́мочка *f A* Mama *f*, Mami *f*, Mutti *f*
ма́нго *nt O* (бот) Mango *f*
манда́нт *m K* (юр: ***довери́тель***) Mandant, -in *m/f*
мандари́н *m K* ① (бот) Mandarine *f*; ② (***в дре́внем Кита́е***) Mandarin *m*
манда́т *m K* (пол: ***депута́тское ме́сто***) Mandat *nt*; **прямо́й ~** Direktmandat *nt*
манёвр *m K* ① (вое) Manöver *nt*, Übung *f*; ② (*fig:* ***уло́вка, хи́трость***) Manöver *nt*
маневри́ровать *vi E2 impf* (*pf:* с-) (*fig:* ***прибега́ть к уло́вкам***) manövrieren
мане́ж *m K* ① (***для верхово́й езды́***) Reitbahn *f*; ② (***цирк***) Manege *f*; ③ (***для ма́леньких дете́й***) Laufstall *m*
манеке́н *m K* (***в витри́не***) Schaufensterpuppe *f*
манеке́нщик, манеке́нщица *m K f A* Dressman *m*, Modell *nt*
мане́ра *f A* Manier *f*, Art und Weise *f*; **~ говори́ть** Ausdrucksweise *f*; **~ держа́ться** Umgangsformen *pl*; **худо́жественная ~** Malweise *f*
мане́рный <*kf:* -рен, -рна> *adj* manieriert, geziert, gekünstelt
манже́та *f A* Manschette *f*
маникю́р *m K* Maniküre *f*
манипули́ровать *v + inst E2 impf* manipulieren
манипуля́ция *f A2* Manipulation *f*
мани́ть <*präs:* маню́, ма́нишь> *vt I impf* (*pf:* по-) locken, anlocken
манифе́ст *m K* (пол) Manifest *nt*
ма́ния *f A2* (псих) Manie *f*, Wahn *m*; **~ вели́чия** Größenwahn *m*; **~ пресле́дования** Verfolgungswahn *m*

мансáрда *f A* (СТРОИТ) Mansarde *f*
маньяк *m K* (ПСИХ) Wahnsinnige(r) *mf*, Geistesgestörte(r) *mf*; **сексуáльный ~** Triebtäter *m*; **убийца-маньяк** Serienmörder *m*
марафóн *m K* (СПОРТ) Marathon *m*, Marathonlauf *m*
мáрганец *<gen sg:* -нца> *m K* (ХИМ) Mangan *nt*
маргарин *m K* Margarine *f*
маргаритка *f A* (БОТ) Gänseblümchen *nt*
маринáд *m K* Marinade *f*
маринóванный *adj* Essig-, eingelegt; **маринóванные огурцы** Essiggurken *f pl*, Gewürzgurken *f pl*
мариновáть *vt E2 impf* (*pf:* за-) ❶ marinieren, einlegen; ❷ (*umg, fig:* ***мýчить, томить***) auf die Folter spannen
марионéтка *f A* (*auch fig*) Marionette *f*
марихуáна *f A* Marihuana *nt*
мáрка *f A* ❶ (***заводскáя***) Marke *f*, Firmenzeichen *nt*; **держáть мáрку** das Image bewahren; ❷ (***почтóвая***) Briefmarke *f*; ❸ (***валюта***) Mark *f*
мáркéтинг *m K* (ЭКОН) Marketing *nt*
маркиза *f A* (***навéс***) Markise *f*
маркировáть *vt E2 impf/pf* markieren, kennzeichnen
маркирóвка *f A* Markierung *f*
марксизм *m K* Marxismus *m*
марксистский *adj* marxistisch
мáрлевый *adj* Mull-; **мáрлевая повязка** Mullbinde *f*
мáрля *f A1* Mull *m*
мармелáд *m K* ❶ (***конфéты***) Geleekonfekt *nt*; ❷ (***в фóрме фрýктов***) Geleefrüchte *pl*
Марóкко *nt indekl* Marokko *nt*
мáрочный *adj* (ЭКОН) Marken-; **~ знак** Markenzeichen *nt*; **~ товáр** Markenartikel *m*
Марс *m K* Mars *m*
март *m K* März *m*
марципáн *m K* Marzipan *nt*
марш[1] **I.** *m K* ❶ (ВОЕ) Marsch *m*; **~ протéста** (ПОЛ) Protestmarsch *m*; ❷ (МУЗ) Marsch *m*; ❸ (***лéстничный***) Treppe *f*; **II.** *interj* marsch!, vorwärts! **шáгом ~!** (ВОЕ) im Gleichschritt marsch! **~ отсюда!** hau ab!
марш[2] *m K* (***болóтистая плодорóдная пóчва***) Marsch *f*
маршрýт *m K* ❶ (***путь слéдования***) Marschweg *m*, Strecke *f*; ❷ (***поéздки***) Reiseroute *f*; ❸ (ОБДАН) Pfad *m*; **~ пóиска** Suchpfad *m*
мáска *f A* Maske *f*
маскарáд *m K* ❶ Maskenball *m*, Kostümfest *nt*, Maskerade *f*; ❷ (*umg:* ***маскирóвка***) Vermummung *f*
маскировáть *vt E2 impf* (*pf:* за-) (*auch fig*) tarnen, maskieren
маскировáться *vr E2 impf* (*pf:* -за) (***переодевáться под когó-л.***) sich verkleiden, sich vermummen
маскирóвка *f A* ❶ Maskierung *f*; ❷ (***камуфляж***) Tarnung *f*
мáсленица *f A* (***недéля перед великим постóм***) Fastnachtswoche *f*
маслина *f A* ❶ (***плод***) Olive *f*; ❷ (***дéрево***) Olivenbaum *m*
мáсло *nt O* ❶ (***сливочное***) Butter *f*; ❷ (***растительное***) Öl *nt*
мáсляный *adj* ölig, Öl-; **мáсляная крáска** Ölfarbe *f*
мáсса *f A* ❶ (***вес***) Masse *f*; ❷ (*umg:* ***большóе количество***) Unmenge *f*
массáж *m K* Massage *f*; **дéлать ~** massieren
массажист, массажистка *<gen pl f:* -ток> *m K / f A* Masseur, -in *m/f*
массив *m K* Massiv *nt*; **гóрный ~** Gebirgsmassiv *nt*; **леснóй ~** Waldbestand *m*; **~ дáнных** (ОБДАН) Datei *f*
массивный *<kf:* -вен, -вна> *adj* ❶ (***солидный***) massiv; ❷ (***громóздкий***) massig, klotzig
массировать *vt E2 impf* massieren
мáссовый *adj* massenhaft; **срéдства мáссовой информáции** Massenmedien *pl*
мáстер *m K* Handwerksmeister *m*;

М

~ на все ру́ки (*umg*) Tausendsassa *m*
мастери́ть *vt I impf* (*pf:* с-) basteln, hantieren
мастерска́я *f wie adj* ① Werkstatt *f*; ② (*худо́жника*) Atelier *nt*; **ремо́нтная ~** Reparaturwerkstatt *f*
ма́стерский *adj* meisterhaft
мастерство́ *nt O* Meisterschaft *f*, Können *nt*
масти́ка *f A* Bohnerwachs *nt*; **натира́ть масти́кой** bohnern
масшта́б *m K* ① (*масшта́бная лине́йка; разме́р*) Maßstab *m*; ② (*fig: разма́х*) Maßstab *m*, Ausmaß *nt*, Dimension *f*; ③ (*fig: крите́рий, мери́ло*) Maßstab *m*, Kriterium *nt*, Norm *f*
масшта́бный <*kf:* -бен, -бна> *adj* ① Maßstabs-; ② (*всеобъе́млющий, обши́рный*) umfassend, umfangreich

M

мат [1] *m K* (спорт) Matte *f*
мат [2] *m K* (*в ша́хматах*) Matt *nt*; **получи́ть ~** schachmatt sein; **объяви́ть** [*o* **поста́вить**] **~** jdn mattsetzen
мат [3] *m K* (*umg: брань*) gemeine Schimpfwörter *nt pl*
матема́тик *m K* ① Mathematiker, -in *m/f*; ② (*umg: учи́тель матема́тики*) Mathematiklehrer, -in *m/f*
матема́тика *f A* Mathematik *f*
математи́ческий *adj* mathematisch
математи́чка *f A* (*umg: учи́тельница матема́тики*) Mathelehrerin *f*
материа́л *m K* ① Stoff *m*, Material *nt*; ② (*конструкцио́нный*) Werkstoff *m*; ③ (*да́нные*) Unterlagen *pl*, Daten *pl*
материали́зм *m K* (филос) Materialismus *m*
материализова́ть *vt E2 pf* (*impf:* материализо́вывать) umsetzen, verwirklichen
материали́ст *m K* (филос) Materialist *m*
материалисти́ческий *adj* (филос) materialistisch
материа́льный *adj* (филос, экон, юр) materiell; **материа́льные це́нности** Sachwerte; **материа́льная заинтересо́ванность** materielles Interesse *nt*
матери́к *m K* Festland *nt*, Kontinent *m*
матери́нский *adj* mütterlich; **матери́нская любо́вь** Mutterliebe *f*
матери́нство *nt O* Mutterschaft *f*
мате́рия *f A2* ① Stoff *m*; ② (филос, физ) Materie *f*, Substanz *f*
ма́тка <*gen pl:* -ток> *f A* ① (анат) Gebärmutter *f*; ② (зоол) Weibchen *nt*, Königin *f*, Muttertier *nt*
ма́товый <*kf:* -ов> *adj* matt; **ма́товое стекло́** Mattscheibe *f*
матра́с, матра́ц *m K* Matratze *f*
ма́трица *f A* ① (биол, мат) Matrix *f*; ② (тех) Matrize *f*
матро́с *m K* Matrose *m*
матч *m K* (спорт) Spiel *nt*, Wettkampf *m*, Match *nt*
мать <*gen sg:* ма́тери> *f I1* Mutter *f*; **родна́я ~** leibliche Mutter *f*; **~-одино́чка** alleinerziehende Mutter *f*
ма́фия *f A2* Mafia *f*, organisiertes Verbrechen *nt*; **нарко-~** Drogenmafia *f*
мах *m K* Schwung *m*; **одни́м ~ом** schlagartig, sofort
маха́ть <*präs:* машу́, ма́шешь> *v + inst E4 impf* (*pf:* махну́ть) ① winken; **~ руко́й** mit der Hand winken; ② (*разма́хивать*) fuchteln
махина́ция *f A2* ① (*интри́га*) Machenschaft *f*; ② (экон: *противозако́нная опера́ция*) Schiebung *f*
махро́вый *adj* ① frottiert; **махро́вое полоте́нце** Frottiertuch *nt*; **махро́вая ткань** Frottee *m*; ② (*fig: завзя́тый, кра́йний*) Erz-; **~ реакционе́р** Erzkonservative(r) *m*
ма́чеха *f A* Stiefmutter *f*
ма́чта *f A* (суд) Mast *m*

маши́на *f A* ① Maschine *f*; **стира́льная ~** Waschmaschine *f*; **шве́йная ~** Nähmaschine *f* ② (*автомоби́ль*) Auto *nt*; ③ (*автома́т*) Automat *m*; ④ (*fig: компью́тер*) Computer *m*
машини́ст *m K* Maschinist, -in *m/f*; **~ теплово́за** Lokomotivführer, -in *m/f*
машини́стка *f A* Schreibkraft *f*
маши́нка *f A* Schreibmaschine *f*
маши́нный *adj* maschinell, Maschinen-; **~ зал** Computerraum *m*; **~ язы́к** [*o* **язы́к ВМ**] Maschinensprache *f*
машинопи́сный *adj* maschinengeschrieben
маши́нопись *f I* ① Maschinenschrift *f*; ② (*машинопи́сный текст*) Maschinenschreiben *nt*
машинострое́ние *nt O2* (экон) Maschinenbau *m*
мая́к *m K e* Leuchtturm *m*
ма́ятник *m K* Pendel *nt*
мгла *f A* ① (*тума́н*) Nebel *m*; ② (*ды́мка*) Dunst *m*; ③ (*geh: тьма́*) Finsternis *f*
мгли́стый <*kf:* **-и́ст**> *adj* dunstig, diesig
мгнове́ние *nt O2* Augenblick *m*; **в ~ о́ка** im Handumdrehen
мгнове́нный *adj* momentan, augenblicklich
ме́бель *f I* ① Möbel *pl*; ② (*дви́жимость, обстано́вка*) Mobiliar *nt*, Einrichtung *f*; **мя́гкая ~** Polstermöbel *pl*; **о́фисная ~** Büromöbel *pl*
ме́бельный *adj* Möbel-; **ме́бельная перево́зка** Möbelwagen *m*
мегафо́н *m K* Megafon *nt*
мёд <*gen sg:* **-а, -у**> *m K* Honig *m*; **пчели́ный ~** Bienenhonig *m*
меда́ль *f I* Medaille *f*; **бро́нзовая ~** Bronzemedaille *f*; **золота́я ~** Goldmedaille *f*; **серебря́ная ~** Silbermedaille *f*; **завоева́ть ~** eine Medaille gewinnen
медальо́н *m K* Medaillon *nt*
медве́дь *m K1* (экон) Bär *m*
медве́жий *adj* Bären-; **медве́жья берло́га** Bärenhöhle *f*; **оказа́ть кому́-л. медве́жью услу́гу** (*fig*) jdm einen Bärendienst erweisen
медвежо́нок <*gen sg:* **-нка**, *pl:* **-жа́та**> *m U4* (*dim*) Bärenjunges *nt*
ме́дик *m K* Mediziner, -in *m/f*
медикаме́нт *m K* Medikament *nt*, Arznei *f*
ме́диум *m K* Medium *nt*
медици́на *f A* Medizin *f*, Humanmedizin *f*; **о́бщая ~** Allgemeinmedizin *f*
медици́нский *adj* medizinisch; **медици́нское образова́ние** medzinische Ausbildung *f*
ме́дленность *f I* Langsamkeit *f*
ме́дленный <*kf:* **-лен, -ленна**> *adj* ① langsam; ② (*споко́йный, неторопли́вый*) gemächlich; ③ (*fig: затяжно́й*) schleichend
медли́тельность *f I* (*неторопли́вость*) Behäbigkeit *f*
медли́тельный <*kf:* **-лен, -льна**> *adj* ① behäbig, geruhsam; ② (*вя́лый*) schleppend
ме́длить *vi I impf* zögern, zaudern
ме́дный *adj* kupfern
медо́вый *adj* Honig-; **~ ме́сяц** (*fig*) Flitterwochen *pl*
медсестра́ *akr von* **медици́нская сестра́** *f* Krankenschwester *f*
меду́за *f A* ① (зоол) Qualle *f*, Meduse *f*; ② (*мифи́ческое существо́*) Meduse *f*
медь *f I* (хим) Kupfer *nt*; **жёлтая ~** Messing *nt*
ме́жду *präp +inst* zwischen; **~ собо́й** untereinander; **~ тем** inzwischen, unterdessen, außerdem
междунаро́дный *adj* ① international, Welt-; ② (*заграни́чный*) Auslands-; **междунаро́дное пра́во** (пол) Völkerrecht *nt*; **междунаро́дная конве́нция** (пол) internationales Abkommen *nt*; Länderabkommen *nt*; **междунаро́дная торго́вля** (экон) Welthandel *m*; **~ матч**

(СПОРТ) Länderspiel *nt*
межнациона́льный *adj* zwischen den Nationen (bestehend); **~ конфли́кт** Nationalitätenkonflikt *m*; **~ концéрн** (ЭКОН) multinationales Unternehmen *nt*
межрегиона́льный *adj* überregional
Ме́ксика *f A* Mexiko *nt*
мел *m K* Kreide *f*
меланхоли́чный <*kf:* -чен, -чна> *adj* melancholisch
меланхо́лия *f A2* Melancholie *f*; **впада́ть в меланхо́лию** melancholisch werden
ме́лкий <*kf:* -лок, -лка́> *adj* ① klein; ② (*мелково́дный*) flach; ③ (*неглубо́кий*) flach; ④ (*fig:* *незначи́тельный*) klein, unbedeutend; **ме́лкие де́ньги** Kleingeld *nt*; **напеча́танное ме́лким шри́фтом** Kleingedrucktes *nt*
мелоди́чный <*kf:* -чен, -чна> *adj* melodisch
мело́дия *f A2* Melodie *f*
ме́лочный *adj* kleinlich; **ме́лочные приди́рки** Haarspalterei *f*
ме́лочь *f I* ① (*разме́нная моне́та*) Kleingeld *nt sg*; ② (*fig:* *пустя́к, безде́лица*) Bagatelle *f*, Kleinigkeit *f*
мель *f I* Sandbank *f*
ме́льница *f A* Mühle *f*; **~ для пе́рца** Pfeffermühle *f*; **ветряна́я ~** Windmühle *f*
мембра́на *f A* (ТЕХ, АНАТ, БИОЛ) Membran *f*, Membrane *f*
мемориа́л *m K* (*кому́-ли́бо*) Mahnmal *nt* (für *+akk*), Gedenkstätte *f*
мемориа́льный *adj* Gedenk-; **~ музе́й** Gedenkstätte *f*
мемуа́ры <*gen pl:* -ов> *m pl K* (*воспомина́ния*) Memoiren *pl*, Lebenserinnerungen *pl*
ме́неджер *m K* ① (ЭКОН) Manager *m*; ② (*организа́тор*) Organisator *m*
ме́нее *adv* ① weniger; **~всего́** am wenigsten; **не ~** mindestens; **тем не ~** nichtsdestoweniger, trotzdem; **~ чем за год** in weniger als einem Jahr; ② (*in Verbindung mit adj oder adv zur Bildung von Vergleichen*); **~ краси́вый** weniger schön
мензу́рка *f A* Messbecher *m*
менинги́т *m K* (МЕД) Hirnhautentzündung *f*
мено́вой *adj* (ЭКОН: *ба́ртерный*) Tausch-; **менова́я торго́вля** Tauschhandel *m*; **менова́я** [*o* **ба́ртерная**] **сде́лка** Tauschgeschäft *nt*
менструа́ция *f A2* (БИОЛ) Menstruation *f*
менталите́т *m K* (СОЦИОЛ) Mentalität *f*
ментол *m K* Menthol *nt*
ме́ньше *adv* kleiner, darunter
ме́ньший *adj komp* ① mindere(r, s); **по ме́ньшей ме́ре** mindestens ② (*бо́лее ю́ный*) jüngere(r, s)
меньшинство́ *nt O* Minderheit *f*; **национа́льное ~** (ПОЛ) nationale Minderheit *f*
меню́ *nt indekl* ① Speisekarte *f*; ② (ОБДАН) Menü *nt*
меня́ <*gen/akk von:* я>*pron pers* ① meiner; ② mich
меня́ть *vt E impf* (*pf:* по-) ① tauschen, wechseln; ② (*заменя́ть, изменя́ть*) auswechseln, ändern; **~ ши́ны** die Reifen auswechseln; **~ мне́ние** seine Meinung ändern
меня́ться *vr E impf* (*pf:* по-) ① sich verändern, sich wandeln; ② (*места́ми и т.п.*) tauschen, austauschen
ме́ра *f A* ① (*auch fig:* *до́ля, сте́пень, грани́ца*) Maß *nt*; ② (*fig:* *мероприя́тие, шаг*) Maßnahme *f*; **отсу́тствие чу́вства ме́ры** Maßlosigkeit *f*; **соблюда́ть** [*o* **знать**] **ме́ру** maßhalten
ме́рзкий <*kf:* -зок, -зка́> *adj* widerlich, abscheulich
мёрзнуть <*prät:* мёрз, мёрзла> *vi E1 impf* (*pf:* за-) frösteln, frieren
ме́рзость *f I* Scheußlichkeit *f*
ме́рин *m K* Wallach *m*

ме́рка *f A* ❶ Maß *nt*, Messlatte *f*; ❷ (*fig:* ***масшта́б, крите́рий***) Maßstab *m*, Kriterium *nt*; **по на́шим ме́ркам** für unsere Verhältnisse
мероприя́тие *nt O2* ❶ (***ме́ра, шаг***) Maßnahme *f*, Schritt *m*; ❷ (***предпри́нятое де́ло***) Veranstaltung *f*
мертвечи́на *f A* Aas *nt*
мёртвый <*kf:* мёртв, мертва́, мёртво> *adj* tot
мерца́ть <*nur 3. pers:* -ца́ет> *vi E impf* ❶ blinken, flimmern; ❷ (***об огне́***) flackern, glimmen
меси́ть <*präs:* мешу́, ме́сишь> *vt I impf* (*pf:* с-) (*Teig*) rühren
ме́сса *f A* (РЕЛ) Messe *f*
местéчко *nt O* ❶ (***населённый пункт***) Ortschaft *f*; ❷ (***ме́сто***) Plätzchen *nt*; **тёплое ~** (*fig*) ein warmes Plätzchen *nt*
мести́ <*präs:* мету́, метёшь, *prät:* мёл, мела́> *vi E6 impf* (*pf:* под-) fegen, kehren
ме́стность *f I* Gegend *f*
ме́стный *adj* ❶ (***лока́льный***) örtlich; ❷ (***зде́шний***) hiesig; ❸ (***о населе́нии***) einheimisch; **~ жи́тель** Einheimische(r) *mf*; **ме́стное вре́мя** Ortszeit *f*; **ме́стная сеть** (ТЕЛЕКОМ) Ortsnetz *nt*; **~ телефо́нный разгово́р** (ТЕЛЕКОМ) Ortsgespräch *nt*; **ме́стная сеть ВМ** (ОБДАН) Lokalnetz *nt*
ме́сто *nt O ple* ❶ (***занима́емое ме́сто; до́лжность***) Platz *m*, Stelle *f*; ❷ (***пребыва́ния, происше́ствия, де́йствия и т.п.***) Ort *m*, Stätte *f*; ❸ (ТЕАТ, ТРАНС) Sitz *m*, Sitzplatz *m*, Platz *m*; ❹ (***в парла́менте***) Parlamentssitz *m*, Mandat *nt*; **~ встре́чи** Treffpunkt *m*; **~ преступле́ния** Tatort *m*; **~ заключе́ния** Haftanstalt *f*; **~ происше́ствия** Unfallstelle *f*; **~ рожде́ния** Geburtsort *m*; **~ рабо́ты** Arbeitsstätte *f*; **рабо́чее ~** Arbeitsplatz *m*
местожи́тельство *nt O* ❶ Wohnort *m*; ❷ (*geh:* ***резиде́нция***) Wohnsitz *m*, Domizil *nt*
местоиме́ние *nt O2* (ЛИНГ) Pronomen *nt*
местонахожде́ние *nt O2* ❶ Sitz *m*, Niederlassung *f*; **~ фи́рмы** Firmensitz *m*; ❷ (***ме́сто размеще́ния***) Standort *m*; ❸ (***местопребыва́ние***) Aufenthaltsort *m*
местопребыва́ние *nt O2* ❶ (***пребыва́ние, нахожде́ние***) Aufenthalt *m*; ❷ (***го́род, дере́вня и т.п.***) Aufenthaltsort *m*
месторасположе́ние *nt O2* Standort *m*
месторожде́ние *nt O2* (ГОР) Lager *nt*, Lagerstätte *f*, Vorkommen *nt*
месть *f I* Rache *f*; **кро́вная ~** Blutrache *f*
ме́сяц *m K* ❶ Monat *m*; ❷ (***серп луны́***) Mondsichel *f*
ме́сячный *adj* monatlich; **~ окла́д** [*o* **ме́сячное жа́лованье**] Monatsgehalt *nt*; **ме́сячная за́работная пла́та** Monatslohn *m*; **~ дохо́д** Monatseinkommen *nt*
мета́лл *m K* Metall *nt*; **благоро́дный ~** Edelmetall *nt*
металли́ческий *adj* metallen, Metall-
металлурги́ческий *adj* (ЭКОН) Metall-, Hütten-; **металлурги́ческая промы́шленность** Metallindustrie *f*, Hüttenindustrie *f*
мета́н *m K* (ХИМ) Methan *nt*
мета́ть <*präs:* мечу́, ме́чешь> *vt E4 impf* (*pf:* с-) schleudern; **~ би́сер пе́ред сви́ньями** (*fig*) Perlen vor die Säue werfen; **~ гро́мы и мо́лнии** (*fig*) Gift und Galle spucken; **~ икру́** (ЗООЛ) laichen
мета́фора *f A* (ЛИНГ) Metapher *f*
мете́ль *f I* Schneegestöber *nt*, Schneesturm *m*
метео́р *m K* (АСТРОН) Meteor *m*
метеоро́лог *m K* Meteorologe *m*
метеорологи́ческий *adj* meteoro-

logisch; **метеорологи́ческая ка́рта** Wetterkarte *f*

метеороло́гия *f A2* Meteorologie *f*

метеосво́дка *akr von* метеорологи́ческая сво́дка *f* Wetterbericht *m*

метеослу́жба *akr von* метеорологи́ческая слу́жба *f* Wetterdienst *m*

мети́с *m K* Mischling *m*

ме́тить <*präs:* ме́чу, ме́тишь> *vi I impf* (*pf:* на-, по-) ① markieren; ② (*auch fig:* ***в цель***) zielen (*в* +*akk* nach +*dat*); **~ в цель** in die Mitte zielen; ③ (*fig:* ***стреми́ться***) aus sein, es abgesehen haben

ме́титься <*präs:* ме́чусь, ме́тишься> *vr I impf* (*pf:* на-) (*в кого́-л./что-л.*) zielen

ме́тка *f A* ① (***засе́чка***) Kerbe *f*; ② (***маркиро́вка***) Markierung *f*; ③ (ОБДАН) Tag *m*

ме́ткий <*kf:* -ток, -тка́, -тко> *adj* ① treffsicher; ② (*fig:* ***то́чный, ве́рный***) treffend

метла́ <*pl:* мётлы, мётел> *f A pls* Besen *m*; **но́вая ~ по но́вому метёт** (*fig*) neue Besen kehren gut

ме́тод *m K* ① Methode *f*; ② (***техноло́гия***) Verfahren *nt*

мето́дика *f A* Methodik *f*

методи́ст *m K* Methodiker *m*; **~ по лече́бной гимна́стике** Krankengymnast, -in *m/f*

методи́ческий *adj* methodisch, systematisch

метр *m K* ① Meter *m*; ② (***сантиме́тр***) Metermaß *nt*; **складно́й ~** Zollstock *m*

метро́ *abk von* метрополите́н *nt* U-Bahn *f*

метропо́лия *f A2* Metropole *f*

мех *m K* ① (***шку́ра***) Fell *m*, Pelz *m*; ② (*im pl:* ***меха́***) Pelzwaren *f pl*

механи́зм *m K* ① (*auch fig*) Mechanismus *m*; ② (***устро́йство, прибо́р***) Maschine *f*, Gerät *nt*; ③ (***техноло́гия***) Verfahren *nt*, Verfahrensweise *f*

меха́ник *m K* Mechaniker, -in *m/f*

меха́ника *f A* Mechanik *f*

механи́ческий *adj* ① mechanisch; ② (*fig:* ***машина́льный***) gedankenlos, automatisch

мехово́й *adj* Pelz-; **мехова́я шу́ба** Pelzmantel *m*

мецена́т *m K* Mäzen *m*

мецена́тство *nt O* Mäzenatentum *nt*

меч *m K* Schwert *nt*; **дамо́клов ~** (*fig*) Damoklesschwert *nt*

мече́ть *f I* Moschee *f*

мечта́ *f A* Traum *m*; **голуба́я ~** (*fig*) sehnlichster Wunsch *m*; **сокрове́нная ~** Wunschtraum *m*

мечта́ния *nt pl O2* Träumerei *f*

мечта́тель, мечта́тельница *m K1 f A* Träumer, -in *m/f*

мечта́тельный <*kf:* -лен, -льна> *adj* schwärmerisch, träumerisch

мечта́ть *vi E impf* ① (*о ком-л./чём-л.*) träumen (von +*dat*); ② (***бре́дить чем-л.***) schwärmen (für +*akk*)

меша́лка *f A* ① (***смеси́тель, ми́ксер***) Mischer *m*, Mischanlage *f*; ② (***муто́вка***) Quirl *m*

меша́ть I. *vt E impf* (*pf:* по-, с-) ① (*best:* ***поме́шивать***) umrühren; ② (*best:* ***сме́шивать***) mischen; **II.** *v + dat E impf* (*pf:* по-) ① (***обременя́ть, докуча́ть***) stören, behelligen; ② (***препя́тствовать***) behindern; **~ кому́-л. рабо́тать** jdn bei der Arbeit stören; **э́то не помеша́ет** es wäre begrüßenswert

мешо́к <*gen sg:* -шка́> *m K e* ① Sack *m*; ② (***су́мка***) Beutel *m*; **спа́льный ~** Schlafsack *m*

мига́ть *vi E impf* (*pf:* мигну́ть) ① (*о ла́мпе*) flackern; ② (*о све́те*) flimmern; ③ (*о маяке́*) blinken; ④ (*о челове́ке*) blinzeln

мига́ющий *adj* flimmernd, blinkend; **~ ку́рсор** (ОБДАН) blinkender Cursor *m*; **~ свет** Blinklicht *nt*

мигра́ция *f A2* Migration *f*, Wanderung *f*

мигре́нь *m K1* (МЕД) Migräne *f*

МИД *abk von* Министе́рство

Иностра́нных Де́л *nt* Auswärtiges Amt *nt*
ми́зе́рный <*kf:* -рен, -рна> *adj* ❶ (*незначи́тельный*) klein, unbedeutend; ❷ (*жа́лкий, смехотво́рный*) armselig, läppisch
микроавто́бус *m K* Kleinbus *m*
микро́б *m K* (БИОЛ) Mikrobe *f*
микроволно́вый *adj* Mikrowellen-; **микроволно́вая печь** Mikrowellenherd *m*
микрокалькуля́тор *m K* Taschenrechner *m*
микрокли́мат *m K* Mikroklima *nt*
микропроце́ссор *m K* (ОБДАН) Mikroprozessor *m*
микрорайо́н *m K* Wohngebiet *nt*, Wohnbezirk *m*
микроско́п *m K* Mikroskop *nt*; **электро́нный ~** Elektronenmikroskop *nt*
микрофо́н *m K* Mikrophon *nt*
ми́ксер *m K* Mixer *m*, Mixgerät *nt*
миксту́ра *f A* (МЕД) Mixtur *f*
милитари́зм *m K* (ПОЛ) Militarismus *m*
милитари́стский *adj* (ПОЛ) militaristisch
миллиа́рд *m K* Milliarde *f*
миллиарде́р *m K* Milliardär *m*
миллиа́рдный *adj* ❶ Milliarden-; ❷ milliardste(r, s)
миллигра́мм *m K* Milligramm *nt*
миллиме́тр *m K* Millimeter *m*
миллио́н *m K* Million *f*
миллионе́р *m K* Millionär *m*
миллио́нный *adj* ❶ Millionen-; ❷ millionste(r, s)
милови́дный <*kf:* -ден, -дна> *adj* lieblich, niedlich
милосе́рдие *nt O2* ❶ (*сострада́ние*) Barmherzigkeit *f*; ❷ (*серде́чная доброта́*) Herzensgüte *f*; **сестра́ милосе́рдия** Krankenschwester *f*
милосе́рдный <*kf:* -ден, -дна> *adj* barmherzig
ми́лостивый <*kf:* -ив> *adj* gnädig
ми́лостыня *f A1* Almosen *nt*; **проси́ть ми́лостыню** betteln
ми́лость *f I* (*geh:* *поща́да, снисхожде́ние*) Gnade *f*
ми́лый <*kf:* мил, мила́, ми́ло> *adj* ❶ (*дорого́й*) lieb; ❷ (*прия́тный, сла́вный*) nett
ми́ля *f A1* Meile *f*; **морска́я ~** Seemeile *f*
ми́мика *f A* Mimik *f*
ми́мо *adv* vorbei; **проходи́ть ~** vorbeigehen
мимо́за *f A* (*auch fig*) Mimose *f*
мимохо́дом *adv* ❶ (*ме́жду про́чим*) beiläufig; ❷ (*случа́йно*) nebenher
ми́на *f A* ❶ (ВОЕ) Mine *f*; **~ заме́дленного де́йствия** Zeitbombe *f* ❷ (*выраже́ние лица́*) Miene *f*, Gesichtsausdruck *m*
минаре́т *m K* Minarett *nt*
минда́ль *m K1* ❶ (*nur sg:* *оре́х*) Mandeln *pl*; ❷ (*nur sg:* *минда́льное де́рево*) Mandelbaum *m*
минда́льный *adj* Mandel-; **минда́льное пиро́жное** Makrone *f*
минера́л *m K* Mineral *nt*
минера́льный *adj* Mineral-; **минера́льная вода́** Mineralwasser *nt*
миниатю́ра *f A* Miniatur *f*
минима́льный <*kf:* -лен, -льна> *adj* minimal, Mindest-; **~ разме́р** Mindestmaß *nt*; **~ дохо́д** (ЭКОН) Mindesteinkommen *nt*; **в ~ срок** in allerkürzester Zeit
ми́нимум *m K* Minimum *nt*, Mindestmaß *nt*; **прожи́точный ~** (ЭКОН) Existenzminimum *nt*; **как ~** mindestens; **свести́ до ми́нимума** [*o* **к ми́нимуму**] auf ein Mindestmaß reduzieren
министе́рство *nt O* Ministerium *nt*
мини́стр *m K* Minister, -in *m/f*; **~ иностра́нных дел** Außenminister *m*; **~ фина́нсов** Finanzminister *m*
минию́бка *f A* Minirock *m*
мино́р *m K* ❶ (МУЗ) Moll *nt*; ❷ (*fig:* *пода́вленное настрое́ние*) niedergedrückte Stimmung *f*
мину́вший *adj* ❶ (*проше́дший*)

M

vergangen, verflossen; ❷ (**про́шлый**) vorig; **на мину́вшей неде́ле** in der vorigen Woche

ми́нус I. *m K* ❶ (МАТ) Minuszeichen *nt*; ❷ (*fig:* **недоста́ток**) Mangel *m*, Unzulänglichkeit *f*; **оказа́ться в ~е** (ЭКОН) in die roten Zahlen geraten; **II.** *part* (МАТ) minus; **де́сять ~ три бу́дет семь** zehn minus drei ist sieben

мину́та *f A* Minute *f*; **~ молча́ния** Gedenkminute *f*

мину́тный *adj* Minuten-; **мину́тная стре́лка** Minutenzeiger *m*

мир[1] *m K* (*nur sg:* **отсу́тствие войны́, согла́сие**) Frieden *m*; **борьба́ за ~** Kampf *m* für den Frieden; **заключи́ть ~** Frieden schließen; **в ми́ре и споко́йствии** in Ruhe und Frieden

мир[2] <*pl:* -ро́в> *m K* (**свет, земно́й шар**) Welt *f*

мири́ться *vr I impf* (*pf:* по-, при-) ❶ (**с кем-ли́бо**) sich aussöhnen (mit +*dat*); ❷ (**принима́ть, терпе́ть**) hinnehmen, akzeptieren; ❸ (**идти́ на что-л.**) etw in Kauf nehmen, sich abfinden (mit +*dat*)

мировоззре́ние *nt O2* Gesinnung *f*, Weltanschauung *f*

миро́вой *adj* Welt-; **мирова́я война́** Weltkrieg *m*; **мирова́я обще́ственность** Weltöffentlichkeit *f*

миролюби́вый <*kf:* -и́в> *adj* friedliebend, friedfertig

ми́ска *f A* Schüssel *f*

миссионе́р, -ша *m K / f A* Missionar, -in *m/f*

ми́ссия *f A2* ❶ (**дипломати́ческая**) Mission *f*, Gesandtschaft *f*; ❷ (**поруче́ние**) Mission *f*, Auftrag *m*

ми́стик *m K* Mystiker, -in *m/f*

ми́стика *f A* Mystik *f*

мистифика́ция *f A2* Mystifikation *f*, Täuschung *f*

ми́тинг *m K* (ПОЛ) Kundgebung *f*, Meeting *nt*

митрополи́т *m K* ❶ (РЕЛ: **архиепи́скоп**) Metropolit *m*, Erzbischof *m*; ❷ (**глава́ правосла́вной це́ркви**) *in der Ostkirche: Leiter einer unabhängigen Landeskirche*

миф *m K* ❶ (**сказа́ние**) Mythos *m*; ❷ (**леге́нда**) Legende *f*; ❸ (**небыли́ца, вы́думка**) Märchen *nt*, Erfindung *f*

мифоло́гия *f A2* Mythologie *f*

мише́нь *f I* ❶ (*auch fig*) Zielscheibe *f*; ❷ (**в ти́ре**) Schießbudenfigur *f*; **сде́лать кого́-л. ~ю для насме́шек** jdn zur Zielscheibe des Spottes machen

ми́шка <*gen pl:* -шек> *m A* ❶ *Kosewort*; **~ косола́пый** Bär im russischen Volksmund ❷ Teddybär *m*; ❸ *Diminutiv des männlichen Vornamens Michail*

мишура́ *f A e* (*auch fig*) Firlefanz *m*, Tand *m*

младе́нец <*gen sg:* -нца> *m K* Baby *nt*, Säugling *m*; **~ Христо́с** (РЕЛ) Christkind *nt*; **уста́ми младе́нца глаго́лит и́стина** (*fig*) Kindermund tut Wahrheit kund

мла́дший *adj komp* jüngere(r, s); **~ брат** kleiner Bruder *m*

млекопита́ющий *m wie adj* (БИОЛ) Säugetier *nt*

мле́чный *adj* Milch-; **Мле́чный Путь** Milchstraße *f*

мм *abk von* **миллиме́тр** *m* Millimeter *m*

мне <*dat/präpos von:* я>*pron pers* ❶ mir; ❷ (**обо (мне)**) von mir, über mich

мне́ние *nt O2* Meinung *f*, Auffassung *f*; **быту́ющее** [*o* **расхо́жее**] **~** gängige Meinung *f*

мни́мый <*kf:* мним> *adj* ❶ (**предполага́емый**) angeblich; ❷ (**ка́жущийся**) scheinbar, vermeintlich

мни́тельность *f I* Argwohn *m*

мни́тельный <*kf:* -лен, -льна> *adj* argwöhnisch, misstrauisch

мно́гий *adj* (*meist im pl*) viel;

мно́гие го́ды seit Jahren; **во мно́гих отноше́ниях** in vielerlei Hinsicht
мно́го *adv* viel
мно́го- *präfix* viel-, mehr-
многозначи́тельный <*kf:* -лен, -льна> *adj* bedeutungsvoll, vielsagend
многозна́чный <*kf:* -чен, -чна> *adj* mehrdeutig
многокра́тный <*kf:* -тен, -тна> *adj* ❶ vielfach; ❷ (*неоднокра́тный*) wiederholt
многоле́тний *adj* langjährig, mehrjährig
многолю́дный *adj* belebt; **~ пло́щадь** belebter Platz *m*
многонациона́льный *adj* multinational; **многонациона́льное госуда́рство** Vielvölkerstaat *m*
многоно́жка *f A* (зоол) Tausendfüßler *m*
многообеща́ющий *adj* vielversprechend
многообра́зие *nt O2* Vielfalt *f*, Mannigfaltigkeit *f*
многообра́зный <*kf:* -зен, -зна> *adj* vielfältig, mannigfaltig
многочи́сленный <*kf:* -лен, -ленна> *adj* zahlreich
мно́жество *nt O* ❶ (мат) Menge *f*; ❷ (*большо́е коли́чество*) Menge *f*, Vielzahl *f*
мобилиза́ция *f A2* ❶ Mobilisierung *f*; ❷ (вое) Mobilmachung *f*
мобилизова́ть *vt E2 pf* (*impf:* мобилизо́вывать) mobilisieren; **~ все си́лы** alles aufbieten
моби́льный <*kf:* -лен, -льна> *adj* ❶ (*подви́жный*) mobil, beweglich; ❷ (*переносно́й*) Mobil-; **~ телефо́н** Mobiltelefon *nt*
моги́ла *f A* Grab *nt*
моги́льщик *m K* Totengräber *m*
могу́чий <*kf:* -у́ч> *adj* gewaltig, mächtig
могу́щественный <*kf:* -вен, -венна> *adj* mächtig
могу́щество *nt O* Macht *f*
мо́да *f A* Mode *f*; **мужска́я ~** Herrenmode *f*; **входи́ть в мо́ду** in Mode kommen
мода́льный *adj* (лингв) Modal-; **~ глаго́л** Modalverb *nt*
моделирование *nt O2* ❶ (*имита́ция*) Simulation *f*; ❷ (*ле́пка, формо́вка, проектиро́вка*) Modellierung *f*; ❸ (*моделестрое́ние*) Modellbau *m*
моде́ль *f I* ❶ Modell *nt*; ❷ (*манеке́нщик, манеке́нщица*) Model *nt*
моде́м *m K* (обдан) Modem *nt*
модерниза́ция *f A2* (экон) Modernisierung *f*
модифика́ция *f A2* ❶ (*измене́ние*) Abänderung *f*, Modifizierung *f*; ❷ (*разнови́дность*) Modifikation *f*
мо́дный <*kf:* -ден, -дна> *adj* ❶ modisch; ❷ (*сле́дующий мо́де*) modebewusst; ❸ (*популя́рный*) beliebt; ❹ (*широко́ распространённый*) weit verbreitet; **мо́дные украше́ния** Modeschmuck *m*; **мо́дная пье́са** Bühnenschlager *m*
мо́жно *adj kurzf* man kann, man darf; **~ войти́?** darf ich hereinkommen? **как ~ скоре́е** so schnell wie möglich
моза́ика *f A* Mosaik *nt*
мозг *m K e* ❶ (*головно́й*) Gehirn *nt*; ❷ (*ко́стный*) Mark *nt*; ❸ (*fig: интелле́кт*) Intellekt *m*, Verstand *m*; **спинно́й ~** Rückenmark *nt*; **до мо́зга косте́й** (*fig*) durch und durch
мозгово́й *adj* ❶ (анат, мед) zerebral, Hirn-; ❷ (*костномозгово́й*) Mark-; **мозгова́я ата́ка** (*fig: совме́стный интенси́вный по́иск реше́ния*) Brainstorming *nt*
мозжечо́к <*gen sg:* -чка> *m K* (анат) Kleinhirn *nt*
мозо́ль *f I* ❶ (*на рука́х*) Schwiele *f*; ❷ (*на нога́х*) Hühnerauge *nt*; ❸ (*волды́рь*) Blase *f*

мой, моё, моя́ <*gen sg:* моего́, мое́й, моего́> *pron poss* mein
мо́крый <*kf:* мо́кр, мокра́, мо́кро> *adj* ❶ (*сыро́й, вла́жный*) feucht; ❷ (*промо́кший*) nass
мол *m K* (*да́мба*) Mole *f*
Молда́вия *f A2* Moldawien *nt*
молда́вский *adj* moldauisch
Молдо́ва *f A* Moldawien *nt*
моле́кула *f A* (физ, хим) Molekül *nt*
молекуля́рный *adj* molekular
моли́тва *f A* (рел) Gebet *nt*; **чита́ть моли́тву** ein Gebet sprechen
моли́ть <*präs:* молю́, мо́лишь> *vt I impf* flehen, anflehen (о +*präpos* um +*akk*)
моли́ться <*präs:* молю́сь, мо́лишься> *vr I impf* ❶ beten; **~ Бо́гу** zu Gott beten; ❷ (*umg:* на кого́-л.) anbeten
мо́лния *f A2* ❶ Blitz *m*; ❷ (*fig:* застёжка) Reißverschluss *m*
молодёжь *f I* ❶ (*в совоку́пности*) Jugend *f*; ❷ (*молоды́е лю́ди*) junge Leute *pl*; ❸ (*подраста́ющее поколе́ние*) Nachwuchs *m*
молодо́й <*kf:* мо́лод, молода́, мо́лодо> *adj* jung
мо́лодость *f I* Jugend *f*
молодцева́тость *f I* (*umg*) Schneid *m*
молодцева́тый <*kf:* -а́т> *adj* (*fig*) forsch, schneidig, zackig
молоко́ *nt O e* Milch *f*; **сгущённое ~** Kondensmilch *f*; **це́льное ~** Vollmilch *f*; **сухо́е ~** Milchpulver *nt*
мо́лот *m K* Hammer *m*; **серп и ~** (*в СССР*) Hammer und Sichel
молоти́ть <*präs:* -очу́, -о́тишь> *vi I impf* dreschen
моло́ть <*präs:* мелю́, ме́лешь> *vt UE5 impf* (*pf:* с-) mahlen; **~ чепуху́** (*fig, umg*) Unsinn reden
моло́чный *adj* Milch-; **моло́чная буты́лка** Milchflasche *f*; **~ зуб** Milchzahn *m*; **моло́чная фе́рма** Molkerei *f*

М

молчали́вость *f I* Schweigsamkeit *f*
молчали́вый <*kf:* -и́в> *adj* schweigsam
молча́ние *nt O2* Schweigen *nt*; **храни́ть ~** (*fig*) sich in Schweigen hüllen
молча́ть *vi I impf* schweigen
моль *f I* (зоол) Motte *f*; **сре́дство от мо́ли** Mottenkugeln *f pl*
мольбе́рт *m K* Staffelei *f*
моме́нт *m K* ❶ Moment *m*, Augenblick *m*; **в э́тот ~** in diesem Augenblick ❷ (*обстоя́тельство*) Moment *nt*
момента́льный *adj* Momentan-, Sofort-; **момента́льное фо́то** Momentaufnahme *f*
мона́рх *m K* (пол) Monarch *m*
мона́рхия *f A2* (пол) Monarchie *f*
монасты́рский *adj* klösterlich, Kloster-
монасты́рь *m K1 e* Kloster *nt*
мона́х, мона́хиня *m K / f A1* ❶ Mönch *m*; ❷ Nonne *f*
моне́та *f A* Münze *f*, Geldstück *nt*; **~ в оди́н е́вро** Eineurostück *nt*
монито́р *m K* (тех) Monitor *m*, Bildschirm *m*
монога́мный *adj* monogam
моноло́г *m K* Monolog *m*, Selbstgespräch *nt*
монопо́лия *f A2* (экон) Monopol *nt*
моното́нность *f I* Eintönigkeit *f*, Monotonie *f*
моното́нный <*kf:* -о́нен, -о́нна> *adj* eintönig, monoton
монстр *m K* Monster *nt*, Ungeheuer *nt*
монта́ж *m K* Einbau *m*, Montage *f*
монта́жник, монта́жница *m K / f A* Monteur, -in *m/f*
монтёр *m K* Elektriker, -in *m/f*
монти́ровать *vt E2 impf* (*pf:* с-) montieren, zusammenbauen
монуме́нт *m K* Monument *nt*
монумента́льный <*kf:* -лен, -льна> *adj* monumental
мопе́д *m K* Moped *nt*
мопс *m K* (зоол) Mops *m*
мора́ль *f I* Moral *f*

мора́льный <*kf:* -лен, -льна> *adj* moralisch
морато́рий <*präpos sg:* -ии> *m K2* ① Moratorium *nt*; ② (экон: *отсро́чка, пролонга́ция*) Stundung
морг *m K* Leichenhalle *f*
морга́ние *nt O2* Augenzwinkern *nt*
морга́ть *vi E impf* (*pf:* моргну́ть) blinzeln; **не моргну́в гла́зом** (*fig*) ohne mit der Wimper zu zucken
мо́рда *f A* ① (*у живо́тных*) Schnauze *f*, Maul *nt*; ② (*vulg:* *ха́ря*) Fresse *f*
мо́ре *nt O1 ple* Meer *nt*, See *f*; **вну́треннее ~** Binnenmeer *nt*; **рукотво́рное ~** (*geh*) Stausee *m*; **в откры́том ~** auf hoher See
морепла́вание *nt O2* Seefahrt *f*
морж *m K* ① (зоол) Walross *nt*; ② (*fig:* *купа́льщик*) Winterschwimmer *m*
мори́лка *f A* Beize *f*
мори́ть *vt I impf* (*pf:* за-) ① (*трави́ть*) vertilgen, vergiften; ② (*umg:* *му́чить*) quälen, ausmergeln; **~ го́лодом** hungern lassen
морко́вь *f I* Möhre *f*
моро́женое *nt wie adj* Speiseeis *nt*
моро́з *m K* Frost *m*; **Дед Моро́з** Väterchen Frost
морози́лка *f A* Gefrierfach *nt*
морози́льник *m K* Gefriertruhe *f*
моро́зный *adj* frostig, eiskalt
мороси́ть <*nur 3. pers:* -си́т> *vi I impf* nieseln
морско́й *adj* Meeres-, See-; **морско́е дно** Meeresgrund *m*; **~ путь** (суд) Seeweg *m*; **морско́е сообще́ние** (суд) Seeverkehr *m*; **~ флот** (вое) Marine *f*; **страда́ющий морско́й боле́знью** (мед) seekrank
морфе́ма *f A* (линг) Morphem *nt*
мо́рфий <*präpos sg:* -ии> *m K2* Morphium *nt*
морфоло́гия *f A2* (линг) Morphologie *f*
морщи́на *f A* Runzel *f*
морщи́нистый <*kf:* -ист> *adj* runzelig, faltig
мо́рщить *vt I impf* (*pf:* на-) runzeln; **~ лоб** die Stirn runzeln; **~ нос** die Nase rümpfen
моря́к *m K e* ① Seemann *m*; ② (*матро́с*) Matrose *m*
Москва́ *f A* ① (*Stadt*) Moskau *nt*; ② (*Fluss*) Moskwa *f*
москви́ч, **москви́чка** *m K / f A* Moskauer, -in *m/f*, Moskowiter, -in *m/f*
моски́т *m K* (зоол) Mosquito *nt*
моско́вский *adj* Moskauer
мост *m K ple* ① Brücke *f*; **возду́шный ~** Luftbrücke *f*; **сжига́ть все ~ы** (*fig*) alle Brücken hinter sich abbrechen; ② (авто) Achse *f*
мо́стик *m K* kleine Brücke *f*, Steg *m*; **капита́нский ~** (суд) Kommandobrücke *f*
мостки́ <*gen. pl:* -ко́в> *m pl K e* Steg *m*, Bretterweg *m*
мота́ть *v + dat E impf* (*pf:* на-, по-, у-) ① (*в мотки́*) haspeln; ② (*на клубо́к*) (auf)wickeln; **~ себе́ не́рвы из-за чего́-л.** (*fig, umg*) sich herumärgern (mit +*dat*)
моте́ль *m K1* (авто) Motel *nt*
мотива́ция *f A2* Motivation *f*, Anregung *f*
мотиви́ровать *vt E2 impf/pf* begründen
мотивиро́вка *f A* Begründung *f*
моти́в *m K* ① (псих) Motiv *nt*, Anreiz *m*; ② (лгтые) Motiv *nt*, Sujet *nt*; ③ (муз) Motiv *nt*
мотовство́ *nt O* Geldverschwendung *f*
мото́р *m K* (тех) Motor *m*
мото́рный *adj* Motor-; **мото́рная ло́дка** Motorboot *nt*
моторо́ллер *m K* Motorroller *m*
мотоспо́рт *m K* Motorsport *m*
мотоци́кл *m K* Motorrad *nt*
мотоцикли́ст *m K* Motorradfahrer, -in *m/f*
моты́га *f A* (селхоз) Hacke *f*
мотылёк <*gen sg:* -лька́> *m K e*

(зоол) Falter *m*, Schmetterling *m*

мох *<gen sg:* **мха***>* *m K* (бот) Moos *nt*

мохнáтый *<kf:* **-áт***>* *adj* ❶ (*космáтый*) zottig; ❷ (*взъерóшенный*) struppig; ❸ (*пушúстый*) flauschig

мочá *f A e* (биол) Harn *m*, Urin *m*

мочевóй *adj* Harn-; **~ пузы́рь** (анат) Harnblase *f*

мочúть *<präs:* **мочу́, мóчишь***>* *vt I impf* (*pf:* **за-, на-**) anfeuchten, befeuchten

мочúться *<präs:* **мочу́сь, мóчишься***>* *vr I impf* (*pf:* **по-**) (биол) urinieren, Harn lassen

мóчка *<gen pl:* **-чек***>* *f A* (анат) Ohrläppchen *nt*

мочь I. *<präs:* **могу́, мóжешь***>* *vi UE4 impf* (*pf:* **с-**) ❶ (*имéть разрешéние, прáво*) dürfen; ❷ (*имéть возмóжность, умéть*) können; **мóжет быть** vielleicht, mag sein; **не мóжет быть** das ist unmöglich, das kann nicht wahr sein; **II.** *f I* (*arch:* *сúла*) Kraft *f*; **кричáть во всю́ ~** aus vollem Halse schreien

M

мошéнник *m K* (*pej*) Gauner *m*, Schlitzohr *nt*

мошéнничать *vi E impf* (*pf:* **с-**) mogeln

мошéнничество *nt O* ❶ (*жу́льничество*) Gaunerei *f*; ❷ (*обмáн*) Betrug *m*

мошкá, **мошкарá** *f A* (*nur sg:* зоол) *Sammelbegriff für kleine Insekten*

мóшка *<gen pl:* **-шек***>* *f A* ❶ Schnake *f*, Kribbelmücke *f*; ❷ (*мáленькая му́ха*) kleine Fliege *f*

мошóнка *f A* (анат) Hoden *m*

мóщность *f I* ❶ (тех, экон) Leistung *f*, Kapazität *f*; ❷ (*машúны*) Leistungsvermögen *nt*, Leistungsfähigkeit *f*

мóщный *<kf:* **-щен, -щнá***>* *adj* ❶ (*могу́чий*) mächtig; ❷ (*umg:* *сúльный, огрóмный*) gewaltig; ❸ (тех: *производúтельный*) leistungsfähig

мощь *f I* ❶ (*власть, влия́ние*) Macht *f*; ❷ (*сúла*) Stärke *f*; **воéнная ~** (пол) die militärsche Stärke *f*

мрак *m K* (*auch fig*) Finsternis *f*

мрáмор *m K* Marmor *m*

мрачнéть *vi E impf* (*pf:* **по-**) (*auch fig*) sich bewölken, sich verfinstern

мрáчный *<kf:* **-чен, -чнá***>* *adj* düster, finster; **~ ю́мор** (*fig*) schwarzer Humor *m*

мстúтельный *<kf:* **-лен, -льна***>* *adj* rachsüchtig

муж *<nom pl:* **мужья́***>* *m U3* ❶ (*супру́г*) Ehemann *m*, Gatte *m*; ❷ (*geh, oft scherzhaft:* *человéк с высóким положéнием*) *gesellschaftlich einen hohen Rang besitzender Mann*; **учёный ~** Gelehrte *mf*; **госудáрственный ~** Staatsmann *m*

мужúк *m K* ❶ (*arch*) Bauer *m* (im Gegensatz zu Bürger); ❷ (*umg:* *мужчúна*) Mann *m*

мужчúна *m A* Mann *m*

музéй *m K2* Museum *nt*

му́зыка *f A* Musik *f*

мультимéдия *f indekl* Multimedia

му́мия *f A2* Mumie *f*

мундúр *m K* Uniform *f*; **картóшка в мундúре** (*fig*) Pellkartoffeln *pl*

мундшту́к *m K* Mundstück *nt*

муравéй *<gen sg:* **-вья́***>* *m K2 e* (зоол) Ameise *f*

мурáшки *<gen pl:* **-шек***>* *f pl A* Gänsehaut *f*

мус *m K* Mus *nt*; **я́блочный ~** Apfelmus *nt*

мускáт *m K* ❶ (*opéx*) Muskatnuss *f*; ❷ (*пря́ность*) Muskat *m*

му́скул *m K* (анат) Muskel *m*

мускулату́ра *f A* (анат) Muskulatur *f*

мускулúстый *adj* muskulös, kräftig

му́сор *m K* ❶ Müll *m*; ❷ (*сор*) Kehricht *m*; ❸ (*строúтельный*) Bauschutt *m*; ❹ (*umg, pej:* *милиционéр*) Milizionär *m*

му́сорный *adj* Müll-; **му́сорное ведрó** Mülleimer *m*; **му́сорная свáлка** Mülldeponie *f*

мусоровóз *m K* Fahrzeug *nt* der Müllabfuhr, Müllwagen *m*

мусоропрово́д *m K* Müllschlucker *m*
му́сорщик *m K* ❶ Müllmann *m*; ❷ (*води́тель мусорово́за*) Müllfahrer *m*
муссо́н *m K* (ГЕОГ) Monsun *m*
мусульма́нин < *nom pl:* -а́не> *m U2* Moslem *m*
мусульма́нский *adj* moslemisch
мусульма́нство *nt O* Islam *m*
мута́ция *f A2* Mutation *f*
му́тный <*kf:* -тен, -тна́> *adj* trübe, matt
му́ха *f A* Mücke *f*; **де́лать из му́хи слона́** (*fig*) aus einer Mücke einen Elefanten machen
мухомо́р *m K* (БОТ) Fliegenpilz *m*
муче́ние *nt O2* Qual *f*, Pein *f*
му́ченик *m K* Märtyrer *m*
му́ченический *adj* Märtyrer-; **му́ченическая смерть** Märtyrertod *m*
мучи́тель *m K1* ❶ Peiniger *m*; ❷ (*fig, umg:* *о ребёнке и т.п.*) Quälgeist *m*
мучи́тельный <*kf:* -лен, -льна> *adj* ❶ qualvoll; ❷ (*тру́дный, тя́гостный*) mühsam
му́чить *vt I impf* (*pf:* за-, из-) quälen, peinigen, plagen, schinden, foltern
му́читься *vr I impf* (*pf:* за-, из-) ❶ leiden; ❷ (*терза́ться*) sich quälen; **~ над чем-л., с чем-л./с кем-л.** (*fig*) sich mit etw (ab)quälen
муштрова́ть *vt E2 impf* (*pf:* вы́-) (BOE: *auch fig*) drillen
мча́ться *vr I impf* rennen, rasen
мще́ние *nt O2* Vergeltung *f*
мы <*1. pers pl:* нас, нам, нас, нами, о нас> *pron pers* wir
мы́ло *nt O* Seife *f*; **жи́дкое ~** Schmierseife *f*
мы́льный *adj* seifig
мыс *m K* Kap *nt*, Vorgebirge *nt*
мы́сленный *adj* gedanklich, mental
мы́слимый <*kf:* -им> *adj* denkbar, erdenklich
мысли́тель *m K1* (*филосо́ф*) Denker *m*
мысли́тельный *adj* geistig; **мысли́тельные спосо́бности** Denkfähigkeit *f*
мы́слить *vi I impf* denken, sich vorstellen
мысль *f I* ❶ Gedanke *m*; ❷ (*иде́я*) Idee *f*, Einfall *m*; ❸ (*мышле́ние, систе́ма взгля́дов*) Denken *nt*; **чита́ть** [*o* **уга́дывать**] **~** Gedanken lesen; **о́браз мы́слей** Denkungsart *f*
мыть <*präs:* мо́ю, мо́ешь> *vt E8 impf* (*pf:* вы́-, по-) ❶ waschen; ❷ (*купа́ть*) baden; **~ пол** den Fußboden aufwischen; **~ посу́ду** abwaschen, spülen
мы́ться <*präs:* мо́юсь, мо́ешься> *vr E8 impf* sich waschen, baden
мыча́ние *nt O2* Gebrüll *nt*
мышело́вка *f A* Mausefalle *f*
мышле́ние *nt O2* ❶ Denken *nt*; **но́вое ~** (ПОЛ, ЭКОН) neues Denken ❷ (*о́браз мы́слей*) Denkweise *f*
мы́шца *f A* (АНАТ) Muskel *m*
мышь *f I* ❶ (ЗООЛ) Maus *f*; **лету́чая ~** Fledermaus *f* ❷ (ОБДАН) Maus *f*; **кно́пка мы́ши** Maustaste *f*; **ко́врик для мы́ши** Mauspad *nt*; **управле́ние с по́мощью мы́ши** Maussteuerung *f*; **щёлкнуть ~ю** mit der Maus klicken
мышья́к <*gen sg:* -а́, -у́> *m K e* Arsen *nt*
мэр *m K* (АДМИН) Bürgermeister *m*
мю́зикл *m K* (МУЗ) Musical *nt*
Мю́нхен *m K* München *nt*
мя́гкий <*kf:* -гок, -гка́> *adj* ❶ weich; ❷ (*fig:* *нестро́гий; уме́ренный*) mild; ❸ (*fig:* *не́жный, кро́ткий*) zart, sanft; **~ знак** (ЛИНГ) Weichheitszeichen *nt*; **мя́гкая ме́бель** Polstermöbel *nt*; **~ кли́мат** ein mildes Klima *nt*; **мя́гкий нрав** ein zartes Gemüt
мя́гко *adv* ❶ weich; ❷ (*снисходи́тельно*) milde; **~ говоря́** milde gesagt [*o* ausgedrückt]
мя́гкость *f I* ❶ Weichheit *f*; ❷ (*доброта́; уме́ренность*) Milde *f*

мягкоте́лый <*kf:* -е́л> *adj* ① (*лишённый эне́ргии*) energielos; ② (*бесхара́ктерный*) charakterlos, willensschwach; **он ~ челове́к** er hat kein Rückgrat
мяки́на *f A* Spreu *f*; **его́ на мяки́не не проведёшь** (*fig*) man kann ihn nicht hinters Licht führen
мя́коть *f I* Fruchtfleisch *nt*
мясни́к *m K* Fleischer *m*, Metzger *m*
мясно́й *adj* Fleisch-; **мясна́я ла́вка** Fleischerei *f*, Metzgerei *f*
мя́со *nt O* Fleisch *nt*; **ру́бленое ~** Hackfleisch *nt*
мясору́бка *f A* Fleischwolf *m*
мя́та *f A* (БОТ) Minze *f*; **пе́речная ~** Pfefferminze *f*
мяте́ж *m K e* Meuterei *f*, Rebellion *f*, Revolte *f*, Aufruhr *m*
мяте́жник *m K* Rebell *m*
мяте́жный <*kf:* -жен, -жна> *adj* ① rebellisch, aufsässig; ② (пол: *преда́вший, измени́вший*) abtrünnig
мя́тый *adj* ① (*в скла́дках*) faltig; ② (*ско́мканный*) zerknittert
мять <*präs:* мну, мнёшь> *vt E9b impf* ① (*дави́ть*) quetschen; ② (*ко́мкать*) zerknittern, zerknüllen
мя́ться <*nur 3. pers:* мнётся> *vr E9b impf* (*о тка́ни*) knittern
мяу́кать *vi E impf* (*pf:* про-) miauen
мяч *m K e* Ball *m*

Н Нн

н, Н *nt indekl kyrillischer Buchstabe*
на[1] I. *präp +präpos* ① (*где́?*) auf (+*dat*); **~ столе́** auf dem Tisch; **~ у́лице** auf der Straße ② (*где́*) an (+*dat*); **на стене́** an der Wand; ③ (*где́?*) in, bei (+*dat*); **~ заво́де** in einer Fabrik; **~ фи́рме** bei einer Firma; ④ (*где́*) bei; **~ э́той встре́че** bei diesem Treffen; ⑤ (*на чём?*) auf, mit; **е́хать ~ авто́бусе** mit dem Bus fahren; **ката́ться ~ велосипе́де** Rad fahren ⑥ (*куда́?*) auf, an, zu (+*dat*); **идти́ ~ рабо́ту** zur Arbeit gehen; **пое́хать ~ мо́ре** ans Meer fahren; ⑦ (*на что?*) auf, für; **~что тебе́ э́то?** wozu brauchst du das? ⑧ (*когда́?*) an, in, für; **~ сле́дующий день** am nächsten Tag; **~ Рождество́** über Weihnachten; **опозда́ть ~ час** sich um eine Stunde verspäten ⑨ in, auf; **перевести́ кни́гу ~ ру́сский язы́к** das Buch ins Russische übersetzen; **~ э́то** darauf, dazu; **~ э́тот раз** diesmal; II. *interj* ach! **вот тебе́ и ~** das ist ja eine schöne Bescherung
на[2] *interj* nimm, nehmt, nehmen Sie; **вот тебе́ и на́!** (*fig*) das ist ja eine schöne Bescherung!
набалда́шник *m K* Knauf *m*
набе́г *m K* Überfall *m*
набега́ть *vi E impf* (*pf:* набежа́ть) ① rennen, anrennen (**на** +*akk* gegen +*akk*); ② (*сбега́ться, стека́ться*) zusammenströmen
на́бережная *f wie adj* Kai *m*
набива́ть *vt E impf* (*pf:* наби́ть) ① (*чу́чело*) ausstopfen; ② (*ме́бель*) polstern; ③ (*тексти́ль*) bedrucken; **~ себе́ це́ну** (*fig*) sich selbst loben
набива́ться <*nur 3. pers:* -а́ется> *vr E impf* (*pf:* наби́ться) ① (*собира́ться, ска́пливаться*) sich ansammeln; ② (*навя́зываться*) sich aufdrängen
набира́ть *vi E impf* (*pf:* набра́ть) ① (*собира́ть*) sammeln; ② (*принима́ть уча́щихся,*

служа́щих) aufnehmen, einstellen; ③ (ВОЕ: **призыва́ть**) ausheben, rekrutieren; ④ (ТЕАТ) engagieren; ⑤ (*Druckwesen:* **те́кст**) setzen; ⑥ (**но́мер телефо́на**) wählen; ⑦ (**ско́рость, пу́нкты и т.п.**) zulegen

набира́ться *vr E impf* (*pf:* **набра́ться**) ① (**собира́ться**) sich ansammeln; ② (*fig:* **усва́ивать, запаса́ться**) sich aneignen

наби́ть <*fut:* **набью́, -бьёшь**> *vt E4c pf* (*impf:* **набива́ть**) ① ausstopfen; ② polstern; ③ bedrucken

наблюда́тель *m K1* Beobachter, -in *m/f*

наблюда́тельность *f I* Beobachtungsgabe *f*

наблюда́ть *vt E impf* ① beobachten, verfolgen; ② (**присма́тривать**) beaufsichtigen

наблюде́ние *nt O2* ① Beobachtung *f*; ② (**надзо́р**) Aufsicht *f*, Kontrolle *f*

на́божность *f I* (РЕЛ) Frömmigkeit *f*

на́божный <*kf:* **-жен, -жна**> *adj* (РЕЛ) fromm

набо́р *m K* ① (**компле́кт**) Set *nt*, Garnitur *f*; ② (**ассортиме́нт**) Sortiment *nt*; ③ (**приём уча́щихся, слу́жащих**) Aufnahme *f*; ④ (**призы́в**) Rekrutierung *f*, Einberufung *f*; ⑤ (**вербо́вка**) Werbung *f*; ⑥ (*Druckwesen:* **те́кста**) Setzen *nt*; ⑦ (**телефо́нный**) Wahl *f*; **~ инструме́нтов** Handwerkszeug *nt*; **~ кра́сок** Malkasten *m*; **сквозно́й ~** (ТЕЛЕКОМ) Durchwahl *f*; **бессмы́сленный ~ слов** (*fig*) Wortschwall *m*

набо́рщик *m K* (*Druckwesen*) Setzer, -in *m/f*

набра́сывать *vt E impf* (*pf:* **наброса́ть**) ① (**на пле́чи**) umherwerfen; ② (*fig:* **де́лать набро́сок**) konzipieren, entwerfen

набра́сываться *vr E impf* (*pf:* **набро́ситься**) (**на кого́-ли́бо**) herfallen (über *+akk*), einstürmen (auf *+akk*)

набра́ть <*fut:* **наберу́, -берёшь**> *vt E4a pf* (*impf:* **набира́ть**) sammeln

набра́ться <*fut:* **наберу́сь, -берёшься**> *vr E4a pf* (*impf:* **набира́ться**) ① sich ansammeln; ② (**найти́ в себе́**) in sich aufsteigen lassen; **~ на́глости сде́лать что-л.** sich etw herausnehmen; **~ хра́брости** Mut fassen; ③ (*fig, umg:* **напи́ться**) betrunken sein

наброса́ть *vt E pf* (*impf:* **набра́сывать**) ① umherwerfen; ② (*fig*) konzipieren, entwerfen

набро́сок <*gen sg:* **-ска**> *m K* Skizze *f*, Entwurf *m*, Konzept *nt*

навева́ть *vt E impf* (*pf:* **наве́ять**) ① heranwehen; ② (*fig:* **вызыва́ть**) hervorrufen

наве́дываться *vt E impf* (*pf:* **наве́даться**) kurz besuchen

наверняка́ *adv* sicherlich, ganz bestimmt

наверста́ть *vt E pf* (*impf:* **навёрстывать**) aufholen, nachholen

наве́рх *adv* nach oben, hinauf

наверху́ *adv* oben

навеселе́ *adv* (*fig*) angeheitert, leicht betrunken, angetrunken

наве́сить <*fut:* **наве́шу, -ве́сишь**> *vt I pf* (*impf:* **наве́шивать**) einhängen

навести́ <*fut:* **наведу́, -ведёшь**> *vt E6a pf* (*impf:* **наво́дить**) ① hinführen; ② richten

навести́ть <*fut:* **навещу́, -вести́шь**> *vt I pf* (*impf:* **навеща́ть**) besuchen, aufsuchen

наве́тренный *adj* (СУД) luvwärts

наве́шивать *vt E impf* (*pf:* **наве́сить**) ① (**на пе́тли**) einhängen; ② (**прицепля́ть**) anhängen

навеща́ть *vt E impf* (*pf:* **навести́ть**) besuchen, aufsuchen

наве́ять *vt E pf* (*impf:* **навева́ть**) ① heranwehen; ② hervorrufen

навига́тор *m K* ① (**шту́рман**) Navigator *m*; ② (**устро́йство**) Navigationsgerät *nt*, Navi *nt (umg)*

навига́ция *f A2* Navigation *f*

Н

наводи́ть <*präs:* -вожу́, -во́дишь> *vt I impf* (*pf:* навести́) ❶ (*кого́-л. куда́-л., на что́-л.*) hinführen; ❷ (*что-л. на что-л., кого́-л.*) richten (auf +*akk*); **~ на чей-л. след** auf jds Spur bringen; **~ кого́-л. на мысль** (*fig*) jdm einen Gedanken nahelegen; **~спра́вки** (*fig*) Auskunft einholen

наводне́ние *nt O2* Flutkatastrophe *f*, Überschwemmung *f*

наводни́ть *vt I pf* (*impf:* наводня́ть) überschwemmen

наво́з <*gen sg:* -а, -у> *m K* Mist *m*; **выгреба́ть ~** ausmisten

наво́зный *adj* Mist-; **наво́зная ку́ча** Misthaufen *m*

на́волочка *f A* Kissenbezug *m*

навостри́ть <*fut:* -стрю́, -стри́шь> *vt I pf* (*umg*) schärfen; **~ у́ши** (*fig*) die Ohren spitzen

навреди́ть <*fut:* -ежу́, -еди́шь> *vt I pf* (*impf:* вреди́ть) Schaden zufügen, schädigen

навсегда́ *adv* für immer; **раз и ~** ein für alle Mal

навстре́чу *adv* entgegen; **идти́ ~** (*auch fig*) entgegenkommen; **идти́ ~ чьим-л. тре́бованиям** (*fig*) jds Forderungen nachkommen

на́вык *m K* ❶ (*практи́ческое уме́ние*) Fertigkeit *f*; ❷ (*о́пыт, сноро́вка*) Routine *f*

навью́чивать *vt E impf* (*pf:* навью́чить) bepacken, laden

навяза́ть <*fut:* -яжу́, -я́жешь> *vt E4 pf* (*impf:* навя́зывать) ❶ an-, umbinden; ❷ stricken; ❸ aufdrängen

навя́зчивый <*kf:* -чив> *adj* aufdringlich, zudringlich

навя́зывать *vt E impf* (*pf:* навяза́ть) ❶ (*на что-л.*) anbinden, umbinden; ❷ (*связа́ть на спи́цах*) stricken; ❸ (*fig: заста́вить приня́ть*) aufzwingen, aufdrängen

навя́зываться *vr + dat E impf* (*pf:* навяза́ться) sich aufdrängen, sich anbiedern

нага́дить <*fut:* нага́жу, -га́дишь> *vt I pf* (*impf:* га́дить) ❶ sich entleeren; ❷ (*fig*) schaden

нагиба́ться *vr E impf* (*pf:* нагну́ться) (*за чем-ли́бо*) sich bücken (nach +*dat*)

на́глость *f I* Frechheit *f*; **иметь ~ сде́лать что-л.** (*fig*) sich etw herausnehmen

на́глый <*kf:* нагл, -гла́, -на́гло> *adj* frech, unverschämt, dreist

нагля́дность *f I* Übersichtlichkeit *f*

нагля́дный <*kf:* -ден, -дна> *adj* ❶ (*об изложе́нии, объясне́нии и т.п.*) anschaulich; ❷ (*легко́ обозри́мый*) übersichtlich; **нагля́дно-иллюстрати́вная рекла́ма** (ЭКОН) Display *nt*

нагна́иваться <*nur 3. pers:* нагна́ивается> *vr E impf* (*pf:* нагно́иться) (МЕД) vereitern

нагное́ние *nt O2* ❶ (МЕД: *проце́сс гное́ния*) Eiterung *f*; **~ ра́ны** Wundeiterung *f*; ❷ (*гно́йный нары́в; гнойни́к*) Eiterbeule *f*

нагну́ться <*fut:* нагну́сь, -нёшься> *vr E1 pf* (*impf:* нагиба́ться) sich bücken

на́голо *adv* kahl; **обрива́ть ~** kahlscheren

нагоня́й *m K2* (*umg*) Schelte *f*, Vorwurf *m*

нагоня́ть *vt E impf* (*pf:* нагна́ть) einholen

нагото́ве *adv* bereit; **стоя́ть ~** bereitstehen

награ́да *f A* Auszeichnung *f*, Prämie *f*, Preis *m*; **~ за поймку магази́нних во́ров** Fangprämie *f*

награжда́ть *vt E impf* (*pf:* награди́ть) auszeichnen, ehren

награжде́ние *nt O2* Ehrung *f*; **~ победи́телей** (СПОРТ) Siegerehrung *f*

нагрузи́ть <*fut:* -ужу́, -у́зишь> *vt I pf* (*impf:* нагружа́ть) ❶ laden; ❷ (*что-л./кого́-л. чем-л.*) beladen (mit +*dat*)

нагру́зка *f A* ❶ (ТЕХ) Last *f*, Auslastung *f*; ❷ (*fig: загру́женность*) Belastung *f*; **~ на окружа́ющую среду́**

Umweltbelastung *f*
над *präp +inst* über; **~ столо́м** über dem Tisch; **смея́ться ~ кем-л.** über jdn lachen
надба́вка *f A* ❶ (*к за́работной пла́те*) Zuschlag *m*, Zulage *f*; ❷ (*к цене́*) Aufschlag *m*, Aufpreis *m*
надвига́ться *vr E impf* (*pf:* надви́нуться) nahen; **надви́гается гроза́** ein Gewitter braut sich zusammen
надгро́бие *nt O2* ❶ (*надгро́бный ка́мень*) Grabstein *m*; ❷ (*плита́*) Grabplatte *f*
надева́ть *vt E impf* (*pf:* наде́ть) ❶ anziehen, anlegen; ❷ (*шля́пу*) aufsetzen
наде́жда *f A* Hoffnung *f*; **возлага́ть наде́жды на кого́-л./что-л.** Hoffnung setzen (auf *+akk*); **вселя́ть в кого́-л. наде́жду** jdm Hoffnung machen
надёжность *f I* ❶ Zuverlässigkeit *f*; ❷ (*безопа́сность*) Sicherheit *f*
надёжный <*kf:* -жен, -жна> *adj* (*достове́рный; внушающий дове́рие*) zuverlässig, verlässlich
наде́ть <*fut:* наде́ну, -де́нешь> *vt E9 pf* (*impf:* надева́ть) anziehen
наде́яться *vr E5 impf* (*pf:* по-) hoffen, erhoffen; **наде́юсь, что** hoffentlich
надзира́ть *vi E impf* (*за кем-л./чем-л.*) beaufsichtigen
надла́мывать *vt E impf* (*pf:* надломи́ть) ❶ (*отла́мывать*) anbrechen; ❷ (*сгиба́ть*) knicken; ❸ (*fig: ослабля́ть, подрыва́ть*) brechen, untergraben
надлежа́щий *adj* ❶ (*поло́женный по заслу́гам*) gebührend, gehörig; ❷ (*поло́женный в соотве́тствии с пра́вилами*) ordnungsgemäß
надло́м *m K* Bruch *m*
надло́мленный *adj* ❶ (*auch fig*) geknickt; ❷ (*повреждённый*) angebrochen
надме́нность *f I* Arroganz *f*, Hochmut *m*
надме́нный <*kf:* -ме́нен, -ме́нна> *adj* arrogant, eingebildet
на́добность *f I* ❶ (*необходи́мость*) Notwendigkeit *f*; ❷ (*потре́бность*) Bedarf *m*; **без осо́бой на́добности** unnötig
надое́сть <*fut:* -ем, -ешь> *v + dat U2 pf* (*impf:* надоеда́ть) lästig werden; **мне надое́ло** ich habe es satt
надо́лго *adv* für lange Zeit
надо́мный *adj* Heim-; **надо́мная рабо́та** Heimarbeit *f*
надорва́ться <*fut:* -рву́сь, -рвёшься> *vr E4 pf* (*impf:* надрыва́ться) ❶ einreißen; ❷ sich überanstrengen
надписа́ть <*fut:* -пишу́, -пи́шешь> *vt E4 pf* (*impf:* надпи́сывать) (*кни́гу*) signieren
на́дпись *f I* ❶ (*на чём-л.*) Aufschrift *f*; ❷ (*на ка́мне, де́реве и т.п.*) Inschrift *f*; ❸ (*ро́счерк*) Schriftzug *m*; ❹ (*отме́тка*) (schriftlicher) Vermerk *m*
надре́з *m K* ❶ (*зару́бка, насе́чка*) Kerbe *f*; ❷ (*разре́з*) Einschnitt *m*
надре́зать <*fut:* -ре́жу, -ре́жешь> *vt E4 pf* (*impf:* надреза́ть) anschneiden, aufschneiden
надруга́тельство *nt O* ❶ (*оскверне́ние; износи́лование*) Schändung *f*; ❷ (*богоху́льство*) Blasphemie *f*
надрыва́ться *vr E impf* (*pf:* надорва́ться) ❶ (*разрыва́ться*) einreißen; ❷ (*перенапряга́ться*) sich überanstrengen; ❸ (*fig, umg вка́лывать*) schuften
надсмо́трщик *m K* Aufseher, -in *m/f*
надстра́ивать *vt E impf* (*pf:* надстро́ить) aufstocken
надстро́йка *f A* ❶ Überbau *m*, Aufbau *m*; ❷ (филос) Überbau *m*
надува́тельство *nt O* (*umg*) Betrug *m*
надува́ть *vt E impf* (*pf:* наду́ть) ❶ aufblasen; **~ ши́ну** einen Reifen aufpumpen; ❷ (*fig, umg:*

обма́нывать) beschwindeln, betrügen, beschummeln
надувно́й *adj* aufblasbar
наду́манный <*kf:* -ман, -манна> *adj* ① (*приду́манный*) erdacht, ersonnen; ② (*иску́сственный*) gekünstelt, konstruiert
наду́тый <*kf:* -ду́т> *adj* ① (*auch fig*) aufgeblasen; ② (*fig: оби́женный*) unzufrieden, schmollend
наду́ть *vt E pf* (*impf:* надува́ть) aufblasen
надуши́ть <*fut:* -душу́, -ду́шишь> *vt I pf* (*impf:* души́ть) parfümieren
надуши́ться <*fut:* -душу́сь, -ду́шишься> *vr I pf* (*impf:* души́ться) sich parfümieren
нае́зд *m K* ① (*прие́зд*) (kurzer) Besuch *m*; ② (АВТО: *автомаши́ны*) Überfahren *nt*
наём ① (*рабо́чей си́лы*) Einstellung *f*; ② (*кварти́ры*) Mieten *nt*
наёмник *m K* (ВОЕ) Söldner *m*
наёмный *adj* Lohn-; **~ рабо́тник** Arbeitnehmer *m*
нажда́к *m K e* Schmirgel *m*
нажи́м *m K* (*auch fig*) Druck *m*; **ока́зывать ~ на кого́-л.** jdn unter Druck setzen
нажима́ть *vt E impf* (*pf:* нажа́ть) drücken; **~ на кно́пку** den Knopf betätigen
нажи́ть <*fut:* -живу́, -вёшь> *vt UE3 pf* (*impf:* нажива́ть) ① erwerben, gewinnen; **~ себе́ состоя́ние** sich ein Vermögen erwerben; **~ капита́л из чего́-л.** (*fig*) Kapital schlagen (aus +*dat*) ② (*fig: навле́чь на себя*) sich zuziehen
нажи́ться <*fut:* -живу́сь, -вёшься> *vr UE3 pf* (*impf:* нажива́ться) (*на чём-ли́бо*) profitieren (von +*dat*)
наза́д *adv* ① zurück; ② (*вспя́ть; в обра́тном направле́нии*) rückwärts
назва́ние *nt O2* Name *m*, Bezeichnung *f*; **~ у́лицы** Straßenname *m*; **~ фи́рмы** Firmenname *m*
назва́ть <*fut:* -зову́, -вёшь> *vt E4a pf* (*impf:* называ́ть) ① benennen; ② nennen; ③ bezeichnen
назе́мный *adj* Erd-, Land-; **назе́мная ста́нция** Bodenstation *f*
назида́ние *nt O2* Belehrung *f*
назида́тельный <*kf:* -лен, -льна> *adj* ① (*geh: возвыша́ющий ду́шу*) erbaulich; ② (*поуча́ющий*) schulmeisterlich; **~ тон** belehrender Ton *m*
назло́ *adv* zum Trotz, zum Ärger; **сде́лать что-л. ~ кому́-ли́бо** etw zu jds Ärger tun
назнача́ть *vt E impf* (*pf:* назна́чить) ① (*устана́вливать, определя́ть*) festlegen, festsetzen, bestimmen; **~ це́ну** den Preis festsetzen; **~ свида́ние кому́-л.** sich verabreden (mit +*dat*) ② (*выдвига́ть, предлага́ть*) ernennen, benennen; ③ (*предпи́сывать*) verordnen
назначе́ние *nt O2* ① (*предназначе́ние*) Zweck *m*, Bestimmung *f*; ② (*цель пое́здки*) Destination *f*; ③ (*на до́лжность*) Ernennung *f*, Berufung *f*
назна́чить <*fut:* -зна́чу, -чишь> *vt I pf* (*impf:* назнача́ть) ① festlegen; ② ernennen, benennen
назо́йливый <*kf:* -ив> *adj* ① aufdringlich, zudringlich; ② (*сли́шком любопы́тный*) naseweis
назрева́ть <*nur 3. pers:* -ва́ет> *vi E impf* (*pf:* назре́ть) (*auch fig*) reifen
назре́вший *adj* ① (*о собы́тиях*) herangereift; ② (*подлежа́щий рассмотре́нию*) spruchreif; ③ (*давно́ назре́вший*) überfällig
называ́ть *vt E impf* (*pf:* назва́ть) ① (*дава́ть и́мя*) benennen; ② (*по и́мени*) nennen; ③ (*характеризова́ть*) bezeichnen; ④ (*номини́ровать*) nominieren; **~ ве́щи свои́ми имена́ми** (*fig*) das Kind beim Namen nennen
называ́ться *vr E impf* heißen; **как называ́ется э́та у́лица?** wie heißt diese Straße?

наи- *präfix dient zur Bildung des super*; **~легча́йший** der leichteste

наибо́лее *adv* ① am meisten; ② *dient zur Bildung des super*; **~ ва́жный** der wichtigste

наибо́льший *adj super* der größte

наи́вность *f I* Naivität *f*, Einfältigkeit *f*

наи́вный <*kf:* -вен, -вна> *adj* naiv, einfältig, kindisch

наизу́сть *adv* auswendig; **учи́ть** [*o* **заучи́ть,вы́учить**] ~ auswendig lernen

наименова́ние *nt O2* ① Bezeichnung *f*; **~ профе́ссии** Berufsbezeichnung *f*; ② (*в спи́ске*) Posten *m*, Position *f*

наиме́ньший *adj super* mindeste(r, s)

на́итие *nt O2* (*geh*) Eingebung *f*; **по на́итию** einer Eingebung folgend

найти́ <*fut:* -йду́, -йдёшь> *vt E7 pf* (*impf:* **находи́ть**) finden

наказа́ние *nt O2* ① Strafe *f*; ② (*ка́ра*) Bestrafung *f*; ③ (*напа́сть*) Plage *f*

нака́занный *adj* bestraft; **быть нака́занным за что-л.** büßen (für +*akk*)

наказа́ть <*fut:* -кажу́, -ка́жешь> *vt E4 pf* (*impf:* **нака́зывать**) bestrafen

наказу́емый <*kf:* -ем> *adj* ① strafbar; **наказу́емое дея́ние** (ЮР) strafbare Handlung *f*, Straftat *f*; ② (*о челове́ке: заслу́живающий наказа́ния*) straffällig

нака́зывать I. *vt E impf* (*pf:* **наказа́ть**) ① bestrafen; ② (*дете́й*) züchtigen; **II.** *vi E* (*внуша́ть кому́-ли́бо*) nahelegen, einimpfen

нака́лывать *vt E impf* (*pf:* **наколо́ть**) ① (*ножо́м, ви́лкой*) anstechen, aufstechen; ② (*забива́ть*) schlachten, abschlachten; ③ (*fig, umg: надува́ть*) beschummeln; ④ (*коло́ть, руби́ть*) hacken, spalten

накану́не I. *adv* am Vortag; **II.** *präp* +*gen* (*fig*) am Vorabend (+*gen*); **~ Но́вого го́да** am Silvesterabend

нака́пливать *vt E impf* (*pf:* **накопи́ть**) ansammeln, anhäufen, akkumulieren

нака́пливаться *vr E impf* (*pf:* **накопи́ться**) ① sich ansammeln, sich aufstauen; ② (ЭКОЛ) sich anreichern

нака́чивать *vt E impf* (*pf:* **накача́ть**) pumpen, aufpumpen

нака́чка *f A* ① Pumpen *nt*, Aufpumpen *nt*; ② (*fig: фина́нсовая подде́ржка*) finanzielle Unterstützung *f*, staatliche Unterstützung *f*; ③ (*fig, umg: взбу́чка, нагоня́й*) Anschnauzer *m*

наки́дка *f A* ① Umhang *m*; ② (*fig: надба́вка*) Zuschlag *m*, Aufpreis *m*

наки́дывать *vt E impf* (*pf:* **наки́нуть**) ① (*пальто́*) überziehen; ② (*fig: це́ну*) den Preis erhöhen, aufschlagen

наки́дываться *vr E impf* (*pf:* **наки́нуться**) (*fig: набра́сываться, обру́шиваться*) herfallen (**на** +*akk* über +*akk*)

наки́нуть *vt E1 pf* (*impf:* **наки́дывать**) überziehen

наки́нуться *vr E1 pf* (*impf:* **наки́дываться**) ① einstürmen; ② herfallen

накипе́ть <*nur 3. pers:* -пи́т> *vi I pf* (*impf:* **накипа́ть**) (*fig: накопи́ться*) sich ansammeln, sich aufstauen

накла́дка *f A* ① (ТЕХ) Lasche *f*; ② (*fig, umg* **неуда́ча**) Missgeschick *nt*

накладна́я *f wie adj* ① Lieferschein *m*; ② (СУД) Frachtbrief *m*

накла́дно I. *adv* (*umg*) kostspielig; **э́то ~** (*umg*) das geht ins Geld; **накладно́й II.** *adj:* **накладны́е расхо́ды** Gemeinkosten *pl*

накла́дывать *vt E impf* (*pf:* **наложи́ть**) ① füllen, legen, auflegen; **~ в штаны́** (*umg*) in die Hosen machen; ② (МЕД) anlegen; **~ повя́зку** einen Verband anlegen;

~ **на себя́ ру́ки** (*fig*) Selbstmord begehen; ③ (*fig:* ***налага́ть***) auferlegen; ~ **обяза́тельства на кого́-л.** jdm Verpflichtungen auferlegen

наклéивать *vt E impf* (*pf:* **наклéить**) auf-, ankleben

наклéйка *f A* Aufkleber *m*

накли́кать <*fut:* **-ичу, -ичешь**> *vt E4 pf* (*impf:* **наклика́ть**) (*umg:* ***беду́***) heraufbeschwören

наклóн *m K* ① (СПОРТ) Beuge *f*; ② (ТЕХ) Neigung *f*, Gefälle *nt*

наклонéние *nt O2* ① (***дéйствие***) Neigen *nt*; ② (ЛИНГ) Modus *m*

наклóнный *adj* geneigt; **кати́ться по наклóнной плóскости** (*fig*) auf die schiefe Bahn geraten

накова́льня *f A1* Amboss *m*

наколóть <*fut:* **-колю́, -кóлешь**> *vt E4 pf* (*impf:* **нака́лывать**) anstechen, aufstechen

наконéц *adv* endlich, schließlich

накопитель (ОБДАН) Speicher *m*

накопи́ть <*fut:* **-коплю́, -кóпишь**> *vt I pf* (*impf:* **нака́пливать**) ① anhäufen, akkumulieren; ② (***дéньги***) sparen

накоплéние *nt O2* ① Anhäufung *f*; ② (***сбережéние***) Sparen *nt*

накрича́ть <*fut:* **-чу́, -чи́шь**> *vi I pf* (*impf:* **крича́ть**) (***на кого́-ли́бо***) anschreien

накроши́ть *vt I pf* (*impf:* **кроши́ть**) zerbröckeln, zerkrümeln

накрыва́ть *vt E impf* (*pf:* **накры́ть**) decken, bedecken, zudecken; ~ **на стол** den Tisch decken

налага́ть *vt E impf* (*pf:* **наложи́т**) belegen; ~ **арéст на иму́щество** pfänden

нала́дить <*fut:* **-ла́жу, -ла́дишь**> *vt I pf* (*impf:* **нала́живать**) ① (ТЕХ) instand setzen; ② (***организова́ть***) organisieren, in die Wege leiten

нала́дчик *m K* (ТЕХ) Einrichter *m*

нала́женный *adj* gut funktionierend, intakt

нала́живание *nt O2* (***конта́ктов***) Aufnahme *f*, Zustandekommen *nt*

нала́живать *vt E impf* (*pf:* **нала́дить**) ① (***рабо́ту***) organisieren; ② (***конта́кты***) aufnehmen; ③ (***стано́к***) einrichten

налéво *adv* nach links

налёт *m K* ① Überfall *m*, Raubüberfall *m*; ② (***бомбёжка***) Bombenangriff *m*; ③ (*fig:* ***оттéнок***) Anflug *m*, Andeutung *f*

налета́ть[1] *vi E impf* (*pf:* **налетéть**) ① (***прилета́ть***) angeflogen kommen; ② (***на кого́-л./что-л.***) anstürmen (gegen +*akk*); ③ (*umg:* ***наска́кивать***) stoßen (gegen +*akk*)

налета́ть[2] *vi E pf* (*impf:* **налётывать**) eine bestimmte Strecke mit dem Flugzeug zurücklegen

нали́ть <*fut:* **-лью́, -льёшь**> *vt E4c pf* (*impf:* **налива́ть**) eingießen, einschenken

налицó *adv präd* vorhanden, anwesend; **быть** ~ (*fig*) auf der Hand liegen

нали́чие *nt O2* ① Vorhandensein *nt*, Existenz *f*; ② (ЭКОН: ***нали́чность***) Bestand *m*

нали́чность ① (***нали́чие***) Disponierbarkeit *f*; ② (ЭКОН: ***това́ров***) Bestand *m*; ③ (***дéнежная***) Barbestand *m*

нали́чные *pl wie adj* Bargeld *nt*, Kasse *f*; ~ **срéдства** Bargeld *nt* Geldmittel *pl*

нали́чный *adj* ① disponibel, verfügbar; ~ **соста́в** Personalbestand *m*; ② (***о дéньгах***) bar; **нали́чные дéньги** Bargeld *nt*

налóг *m K* (ЭКОН) Steuer *f*, Abgabe *f*; ~ **на доба́вленную стóимость** Mehrwertsteuer *f*

налóговый *adj* (ЭКОН) Steuer-, steuerlich; **налóговая деклара́ция** Steuererklärung *f*; ~ **консульта́нт** Steuerberater *m*

налогооблoжéние *nt O2* Besteuerung *f*

налогоплатéльщик *m K* Steuerzahler, -in *m/f*, Steuerpflichtiger *m*

налóженный *adj* auferlegt; **налóженным платежóм** per

Nachnahme
наложи́ть <*fut:* -ложу́, -ло́жишь> *vt I pf* (*impf:* накла́дывать) ❶ füllen; ❷ auferlegen
нам <*dat von:* мы> *pron pers* uns
намагни́тить <*fut:* -ни́чу, -ни́тишь> *vt I pf* (*impf:* намагни́чивать) magnetisieren
нама́зать <*fut:* -ма́жу, -ма́жешь> *vt E4 pf* (*impf:* нама́зывать) bestreichen
нама́тывать *vt E impf* (*pf:* намота́ть) aufwickeln
намёк *m K* Anspielung *f*, Andeutung *f*
намека́ть *vi E impf* (*pf:* намекну́ть) (*на кого́-л./что-л.*) anspielen, hindeuten (auf *+akk*)
намерева́ться *vr E impf* beabsichtigen, vorhaben
наме́рен *adj kurzf* gewillt
наме́рение *nt O2* Absicht *f*, Vorhaben *nt*
наме́тить <*fut:* -ме́чу, -ме́тишь> *vt I pf* (*impf:* намеча́ть) ❶ planen; ❷ konzipieren
намеча́ть *vt E impf* (*pf:* наме́тить) ❶ (*плани́ровать*) planen, sich vornehmen; ❷ (*набра́сывать*) abstecken, konzipieren
намо́рдник *m K* Maulkorb *m*
намо́рщить *vt I pf* (*impf:* мо́рщить) ❶ (*лоб*) runzeln; ❷ (*лицо́*) verziehen
намочи́ть <*fut:* -мочу́, -мо́чишь> *vt I pf* (*impf:* мочи́ть) ❶ einweichen; ❷ (*увлажни́ть*) anfeuchten
намы́ливать *vt E impf* (*pf:* намы́лить) einseifen
намы́литься *vr I pf* ❶ sich einseifen; ❷ (*fig, umg:* (*собира́ться*) *отпра́виться*) abhauen, vorhaben, sich irgendwohin zu begeben
нанести́ <*fut:* -несу́, -несёшь> *vt E6 pf* (*impf:* наноси́ть) ❶ zusammentragen; ❷ eintragen; ❸ zufügen
нанизáть <*fut:* -нижу́, -ни́жешь> *vt E4 pf* (*impf:* низа́ть, нани́зывать) auffädeln, aufreihen
нанима́тель *m K1* Arbeitgeber *m*
нанима́ть <*fut:* найму́, наймёш> *vt E impf* (*pf:* наня́ть) ❶ (*рабо́тников*) einstellen; ❷ (*кварти́ру*) mieten; ❸ (*маши́ну, су́дно, самолёт*) chartern
наноси́ть <*präs:* -ношу́, -но́сишь> *vt I impf* (*pf:* нанести́) ❶ (*сноси́ть куда́-л.*) zusammentragen; ❷ (*на ка́рту, чертёж*) eintragen; ❸ (*кра́ску*) auftragen; ❹ (*fig: причиня́ть*) zufügen; **~ на ка́рту** auf der Karte einzeichnen; **~ оби́ду кому́-л.** jdn beleidigen; **~ визи́т** einen Besuch abstatten
наоборо́т *adv* ❶ umgekehrt, im Gegenteil; ❷ (*и наоборо́т*) vice versa
наора́ть <*fut:* -ру́, -рёшь> *vi E4 pf* (*impf:* ора́ть) (*на кого́-ли́бо*) anbrüllen, anschnauzen
напада́ть *vi E impf* (*pf:* напа́сть) ❶ (*на кого́-ли́бо*) überfallen, angreifen, herfallen (über *+akk*); ❷ (*о вреди́телях*) befallen; **~ на след** (*fig*) jdm auf die Spur kommen
напада́ющий *m wie adj* ❶ Angreifer *m*; ❷ (СПОРТ) Stürmer *m*, Angreifer *m*
нападе́ние *nt O2* ❶ Überfall *m*; ❷ (ВОЕ: *ата́ка*) Angriff *m*
напа́дки <*gen pl:* напа́док> *f pl A* ❶ (*вы́пады*) Angriffe *m pl*; ❷ (*обвине́ния*) Beschuldigungen *f pl*; ❸ (*приди́рки, ко́лкости*) Anfeindungen *f pl*
напа́сть I. <*fut:* -паду́, -падёшь> *vi E6 pf* (*impf:* напада́ть) ❶ überfallen; ❷ angreifen; **II.** *f I* ❶ (*несча́стье*) Unglück, Übel *nt*, Unheil *nt*; ❷ (*невезе́ние*) Pech *nt*
напева́ть *vt E impf* (*pf:* напе́ть) vor sich hin singen
напёрсток <*gen sg:* -тка> *m K* Fingerhut *m*
напе́рчи́ть <*fut:* -пе́рчу́, -пе́рчи́шь> *vt I pf* (*impf:* пе́рчи́ть) pfeffern
напеча́тать *vt E pf* (*impf:* печа́тать) ❶ drucken;

Н

❷ (*опубликова́ть*) veröffentlichen
напива́ться *vr E impf* (*pf:* **напи́ться**) ❶ (*утоля́ть жа́жду*) seinen Durst stillen; ❷ (*станови́ться пья́ным*) sich betrinken
напи́льник *m K* Feile *f*
напира́ть *vi E impf* drängen
написа́ние *nt O2* Schreibung *f*, Schreibweise *f*; **~ с прописно́й** [*o* **большо́й**] **бу́квы** Großschreibung *f*
написа́ть <*fut:* -пишу́, -пи́шешь> *vt E4 pf* (*impf:* **писа́ть**) ❶ schreiben; ❷ (*сочини́ть*) verfassen
напи́ток <*gen sg:* -тка> *m K* Getränk *nt*
напи́ться <*fut:* -пьюсь, -пьёшься> *vr E4c pf* (*impf:* **напива́ться**) ❶ seinen Durst stillen; ❷ sich betrinken

Н

наплы́в *m K* ❶ Andrang *m*, Auflauf *m*; **~ бе́женцев** Flüchtlingsstrom *m* ❷ (ФИЛМ) Einblendung *f*
наподо́бие *präp +gen* in der Art von, à la
наполне́ние *nt O2* Füllung *f*
наполня́ть *vt E impf* (*pf:* **напо́лнить**) füllen
наполови́ну *adv* zur Hälfte
напомина́ние *nt O2* Mahnung *f*; **~ о платеже́** Zahlungserinnerung *f*
напо́мнить *vt I pf* (*impf:* **напомина́ть**) ❶ (*кому́-л. о ком-л./чём-л.*) erinnern (an *+akk*); ❷ (*кому́-л. кого́-л.: durch Ähnlichkeit*) erinnern (an *+akk*)
напр. *abk von* **наприме́р** z.B.
напра́вить <*fut:* -влю, -вишь> *vt I pf* (*impf:* **направля́ть**) ❶ richten, leiten, lenken; ❷ schicken
направле́ние *nt O2* ❶ Richtung *f*; ❷ (*курс, ли́ния*) Kurs *m*; ❸ (*руково́дство*) Lenkung *f*; ❹ (*делега́ции, войск*) Entsendung *f*; ❺ (*в больни́цу*) Einweisung *f*
направля́ть *vt E impf* (*pf:* **напра́вить**) ❶ schicken; **~ по по́чте** mit der Post schicken; ❷ (*geh: посыла́ть кого́-л. куда́-л.*) entsenden, delegieren; **~ на лече́ние** in Kur schicken; ❸ (*войска́*) abkommandieren; ❹ (*управля́ть*) lenken; ❺ (ТЕХ) leiten
направля́ющий *adj* leitend; **направля́ющая пла́нка** (ТРАНС) Leitplanke *f*
напра́во *adv* nach rechts
напра́сный <*kf:* -сен, -сна> *adj* vergeblich
напра́шиваться *vr E impf* (*pf:* **напроси́ться**) ❶ (*навя́зываться*) sich aufdrängen, sich selbst einladen; ❷ (*fig: сле́довать*) sich ergeben, naheliegen
напро́тив I. *adv* ❶ umgekehrt; ❷ (*не так, как на́до*) verkehrt; **он всё де́лает ~** er macht alles verkehrt; **II.** *präp +gen* gegenüber von (*+dat*); **III.** *part* im Gegenteil, dagegen
напряга́ть *vt E impf* (*pf:* **напря́чь**) ❶ anstrengen; ❷ (*отдава́ть*) einsetzen
напряже́ние *nt O2* Anspannung *f*; **высо́кое ~** (ЭЛЕК) Hochspannung *f*
напряжёнка *f A* (*umg*) Engpass *m*
напряжённость *f I* ❶ Spannung *f*, Anspannung *f*; ❷ (*напряжённая ситуа́ция*) gespannte Lage *f*
напряжённый <*kf:* -ён, -ена́> *adj* ❶ gespannt, angespannt; ❷ (*уси́ленный*) angestrengt; ❸ (*утоми́тельный*) anstrengend; **напряжённая рабо́та** Hochbetrieb *m*
напрями́к *adv* ❶ (*umg*) geradeaus; ❷ (*fig: без обиняко́в*) ohne Umstände
напряму́ю *adv* (*umg*) direkt, geradeaus
напря́чь <*fut:* -прягу́, -пряжёшь> *vt UE4 pf* (*impf:* **напряга́ть**) ❶ anstrengen; ❷ aufbieten
напуга́ть *vt E pf* (*impf:* **пуга́ть**) ❶ erschrecken; ❷ (*запуга́ть*) einschüchtern
напу́дрить *vt I pf* (*impf:* **пу́дрить**) pudern, einpudern

напыли́ть <*fut:* -пылю́, -ли́шь> *vt I pf* (*impf:* пыли́ть) vollstauben

нараста́ние *nt O2* ❶ (*увеличе́ние*) Zunahme *f*; ❷ (экон: *рост*) Aufwärtstrend *m*; **~ недово́льства** wachsender Unmut *m*

нараста́ть *vi E impf* (*pf:* нарасти́) ❶ anwachsen, zunehmen; ❷ (*fig: распространя́ться*) um sich greifen

нарасхва́т *adv* rasch

нара́щивать *vt E impf* (*pf:* нарасти́ть) ❶ (*темп, ско́рость*) zulegen; ❷ (тех) ansetzen, verlängern; ❸ (*fig: уси́ливать*) verstärken

наре́з *m K* Einschnitt *m*

нареза́ть <*präs:* -реза́ю, -реза́ешь> *vt E4 impf* (*pf:* наре́зать) ❶ schneiden, aufschneiden; ❷ (тех) einschneiden

наре́зать <*fut:* -ре́жу, -ре́жешь> *vt E4 pf* (*impf:* нареза́ть) in Scheiben schneiden

наре́чие *nt O2* ❶ (линг) Adverb *nt*; **употребля́емый как ~** adverbial ❷ (*диале́кт*) Mundart *f*

наре́чный *adj* (линг) adverbial

нарисова́ть *vt E2 pf* (*impf:* рисова́ть) ❶ zeichnen; ❷ (*fig: описа́ть*) darstellen, beschreiben

наркоби́знес *m K* Drogengeschäft *nt*, Drogenhandel *m*

нарко́з *m K* (мед) Narkose *f*

наркома́н *m K* Drogenabhängige(r) *m*

наркома́ния *f A2* Drogensucht *f*

наркома́нка *f A* Drogenabhängige *f*

наркома́фия *f A2* Drogenmafia *f*

нарко́тик *m K* ❶ Droge *f*, Rauschgift *nt*; ❷ (мед) Betäubungsmittel *nt*; **употребля́ющий ~и** drogenabhängig

наркоти́ческий *adj* narkotisch; **наркоти́ческое сре́дство** (мед) Betäubungsmittel *nt*

наро́д <*gen sg:* -а, -у> *m K* ❶ Volk *nt*; ❷ (*nur sg:*) Menschen *pl*, Leute *pl*

народнохозя́йственный *adj* (экон) gesamtwirtschaftlich, volkswirtschaftlich

наро́дный *adj* ❶ Volks-; ❷ (*фолькло́рный*) volkstümlich; **наро́дная пе́сня** Volkslied *nt*; **~ та́нец** Volkstanz *m*; **наро́дная респу́блика** (пол) Volksrepublik *f*; **наро́дное хозя́йство** (экон) Volkswirtschaft *f*

наро́ст *m K* Auswuchs *m*

наро́чно *adv* ❶ (*наме́ренно*) absichtlich; ❷ (*специа́льно*) eigens, speziell; ❸ (*ра́ди шу́тки*) zum Spaß; **как ~** wie ausgerechnet

на́рты *pl A* Rentierschlitten *m*, Hundeschlitten *m*

нару́жный <*kf:* -жен, -жна> *adj* ❶ äußere(r, s), Außen-; ❷ (*fig: показно́й*) äußerlich

нару́жу *adv* ❶ (*сюда́*) heraus; ❷ (*туда́*) hinaus; ❸ (*на у́лицу*) nach außen

нарумя́нить *vt I pf* (*impf:* румя́нить) ❶ röten; ❷ (*румя́нами*) rot schminken

нару́чники <*gen pl:* -ков> *m pl K* Handschellen *f pl*

наруша́ть *vt E impf* (*pf:* нару́шить) verletzen, verstoßen (gegen +*akk*); **~ зако́н** gegen ein Gesetz verstoßen; **~ чей-л. поко́й** jds Ruhe stören; **~ угово́р** sich nicht an die Absprache halten

наруше́ние *nt O2* ❶ Störung *f*; ❷ (*противозако́нное дея́ние*) Verletzung *f*, Verstoß *m* (gegen +*akk*); **~ споко́йствия** Ruhestörung *f*; **~ устано́вленного поря́дка** Ordnungswidrigkeit *f*; **~ догово́ра** (юр) Vertragsverletzung *f*, Vertragsbruch *m*; **~ пра́вил** (спорт) Foul *nt*

наруши́тель *m K1* Verletzer *m*; **~ грани́цы** Grenzverletzer *m*; **~ пра́вил у́личного движе́ния** Verkehrssünder *m*

нару́шить *vt I pf* (*impf:* наруша́ть) verletzen, verstoßen (gegen +*akk*)

нарци́сс *m K* (бот) Narzisse *f*

нары́в *m K* ❶ (*о́пухоль*) Geschwür *nt*; ❷ (*нары́в*) Abszess *m*

наря́д[1] *m K* ❶ (*оде́жда*) Gewand

nt; ❷ (*пра́здничное пла́тье*) Festkleid *nt*; ❸ (*национа́льный костю́м*) Tracht *f*

наря́д[2] *m K* (*поруче́ние*) Arbeitsanweisung *f*, Order *f*

наря́д[3] *m K* (*патру́ль*) Polizeistreife *f*

наряди́ть <*fut:* -ряжу́, -ря́дишь> *vt I pf* (*impf:* наряжа́ть) kostümieren

наряди́ться <*fut:* -ряжу́сь, -ря́дишься> *vr I pf* (*impf:* наряжа́ться) sich ausstatten

наряду́ *adv* ❶ neben, außer; ❷ ebenso wie; **~ с э́тим** gleichzeitig

наряжа́ть *vt E impf* (*pf:* наряди́ть) kostümieren, schön kleiden, herausputzen

наряжа́ться *vr E impf* (*pf:* наряди́ться) sich ausstatten, sich schön machen, sich herausputzen, sich herrichten

нас <*gen/akk von:* мы> *pron pers* ❶ unser; ❷ uns

насади́ть <*fut:* -сажу́, -са́дишь> *vt I pf* (*impf:* насажда́ть) ❶ anpflanzen; ❷ (*fig: наси́льственно вводи́ть*) einführen, einbürgern

наса́ливать *vi E impf* (*pf:* насоли́ть) salzen

населе́ние *nt O2* Bevölkerung *f*; **~ земли́** Weltbevölkerung *f*

населённый <*kf:* -лён> *adj* Bevölkerungs-; **~ пункт** Ortschaft *f*

насели́ть <*fut:* -селю́, -сели́шь> *vt I pf* (*impf:* населя́ть) bevölkern

насе́чка *f A* Einschnitt *m*

наси́лие *nt O2* ❶ Gewalt *f*; ❷ (*давле́ние, принужде́ние*) Zwang *m*; **соверша́ть ~ над кем-л.** jdm Gewalt antun

наси́ловать *vt E2 impf* (*pf:* из-) ❶ sich vergreifen (an +*dat*); ❷ (*же́нщину*) vergewaltigen

наси́льственный <*kf:* -вен, -венна> *adj* Gewalt-, gewaltsam; **наси́льственное преступле́ние** Gewaltverbrechen *nt*

наска́кивать *vi E impf* (*pf:* наскака́ть) (*на кого́-л./что-л.*) prallen (gegen +*akk*)

наска́льный *adj* ❶ Fels-; ❷ (*пеще́рные*) Höhlen-; **наска́льные изображе́ния** Höhlenmalerei *f*

насквo̒зь *adv* durch und durch, völlig

наско́лько *adv* ❶ um wie viel; ❷ inwieweit, inwiefern; ❸ so viel, soweit; **~ мне изве́стно** meines Wissens

наскочи́ть <*fut:* -скочу́, -ско́чишь> *vi I pf* (*impf:* наска́кивать) prallen (gegen +*akk*)

наску́чить *vi I pf* (*umg*) überdrüssig werden

наслади́ться <*fut:* -ажу́сь, -ади́шься> *vr + inst I pf* (*impf:* наслажда́ться) genießen, sich laben (an +*dat*)

наслажде́ние *nt O2* Genuss *m*, Lust *f*

насле́дие *nt O2* ❶ (*geh*) Nachlass *m*, Erbschaft *f*; ❷ (*завеща́ние*) Vermächtnis *nt*

насле́дник, насле́дница *m K / f A* ❶ Erbe, Erbin *m/f*; **~ престо́ла** Thronfolger, -in *m/f* ❷ Stammhalter *m*; ❸ (*fig: прее́мник*) Nachfolger, -in *m/f*

насле́дный *adj* Erb-

насле́дование *nt O2* Erbfolge *f*, Nachfolge *f*

насле́довать *vt E2 impf/pf* (*pf:* у-) erben

насле́дственный *adj* ❶ Erb-, erblich; ❷ (*унасле́дованный*) vererbt; **насле́дственная боле́знь** (МЕД) Erbkrankheit *f*

насле́дство *nt O* Erbe *nt*; **лиша́ть насле́дства** enterben; **оставля́ть в ~** hinterlassen

насмеха́ться *vr E impf* (*над кем-л./чем-л.*) verhöhnen, sich mokieren (über +*akk*)

насме́шка *f A* Hohn *m*, Spott *m*

насме́шливый *adj* höhnisch, gehässig

насоли́ть I. <*fut:* -олю́, -о́лишь> *vt I pf* (*impf:* наса́ливать) salzen;

II. *vi I nur pf* (*fig:* **досади́ть**) einbrocken, versalzen

насо́с *m K* Pumpe *f*; **возду́шный ~** Luftpumpe *f*; **то́пливный ~** (АВТО) Einspritzpumpe *f*

на́спех *adv* flüchtig, in aller Eile; **де́лать что-л. ~** herumpfuschen (an *+dat*)

наста́вник *m K* ① (**учи́тель, ма́стер**) Lehrmeister *m*; ② (**забо́тящийся**) Betreuer *m*; ③ (СПОРТ: **тре́нер**) Coach *m*

наста́ивать *vi E impf* (*pf:* **насто́ять**) (**на чём-ли́бо**) bestehen, beharren (auf *+dat*)

на́стежь *adv* sperrangelweit offen

насто́йчивость *f I* Beharrlichkeit *f*, Hartnäckigkeit *f*

насто́йчивый <*kf:* **-ив**> *adj* ① (**упо́рный**) beharrlich; ② (**настоя́тельный**) eindringlich; ③ (**целеустремлённый**) zielstrebig

насто́льный *adj* Tisch-; **~ те́ннис** (СПОРТ) Tischtennis *nt*

настора́живать *vt E impf* (*pf:* **насторожи́ть**) ① wachsam [*o* misstrauisch] machen; ② (**заставля́ть прислу́шаться**) aufhorchen lassen

настоя́ние *nt O2* Drängen *nt*

настоя́тельница *f A* (РЕЛ) Äbtissin *f*

настоя́тельный <*kf:* **-лен, -льна**> *adj* vordringlich

настоя́ть <*fut:* **настою́, -стои́шь**> *vi I pf* (*impf:* **наста́ивать**) (**на чём-ли́бо**) bestehen (auf *+dat*)

настоя́щий *adj* ① (**неподде́льный**) echt; ② (**действи́тельный**) wahr; ③ (**по́длинный**) regelrecht; ④ (**о вре́мени**) augenblicklich; **к настоя́щее вре́мя** in der Gegenwart

настра́ивать *vt E impf* (*pf:* **настро́ить**) ① beeinflussen, einnehmen; **~ кого́-л. в по́льзу чего́-л.** jdn einnehmen (für *+akk*) ② (МУЗ) stimmen; ③ (ТЕХ) einstellen, einrichten

настра́иваться *vr E impf* (*pf:* **настро́иться**) sich einstellen (auf *+akk*)

настрое́ние *nt O2* ① Laune *f*, Stimmung *f*; ② (**умонастрое́ние**) Geisteshaltung *f*

настро́енный <*kf:* **-ен**> *adj* ① gelaunt; ② (**на что-л.**) gesinnt; ③ (МУЗ) gestimmt; ④ (*kf + infinitiv*) gewillt sein, etw zu tun

настро́ить *vt I pf* (*impf:* **настра́ивать**) ① (МУЗ) stimmen; ② (*fig:* **кого́-л. на что-л.**) beeinflussen, einnehmen

настро́й *m K2* (*umg*) Geisteshaltung *f*

наступа́тельный <*kf:* **-лен, -льна**> *adj* Angriffs-, offensiv

наступа́ть *vi E impf* (*pf:* **наступи́ть**) ① kommen; ② (**о су́мерках, но́чи**) einbrechen, hereinbrechen; ③ (**кому́-л на но́ги**) jdm auf die Füße treten; ④ (ЮР) verfallen; ⑤ (ВОЕ: *nur impf*) eine Offensive durchführen

наступле́ние *nt O2* ① Beginn *m*; ② (**холодо́в и т.п.**) Eintritt *m*; **~ холодо́в** Kälteeinbruch *m* ③ (ВОЕ) Angriff *m*, Offensive *f*

на́сухо *adv* trocken; **вы́тереть ~** abtrocknen, trockenreiben

насу́щный <*kf:* **-щен, -щна**> *adj* ① (**актуа́льный**) aktuell; ② (**о́стрый**) dringlich, akut; ③ (**релева́нтный**) relevant

на́сыпь *f I* ① Damm *m*; **железнодоро́жная ~** Bahndamm *m* ② (**отко́с, на́сыпь**) Böschung *f*

насы́тить <*fut:* **-сы́щу, -сы́тишь**> *vt I pf* (*impf:* **насыща́ть**) sättigen

насы́щенность *f I* Sättigungsgrad *m*, Sättigung *f*; **~ цве́та** Farbsättigung *f*

насы́щенный <*kf:* **-ен, -енна**> *adj* reichhaltig, gesättigt; **~ собы́тиями** ereignisreich

натáпливать *vt E impf* (*pf:* **натопи́ть**) einheizen

натвори́ть *vt I pf* (*umg*) anstellen, ausfressen, anrichten

натере́ть <*fut:* **-тру́, -трёшь**> *vt*

E4b pf (*impf:* натира́ть) ① (*пол*) scheuern, bohnern; ② (*втере́ть*) einreiben; ③ (*на тёрке*) reiben; ④ (*но́ги и т.п.*) sich etw wund reiben

на́тиск *m K* Drang *m*

наткну́ть <*fut:* -ткну́, -кнёшь> *vt E1 pf* (*impf:* натыка́ть) aufspießen, aufstecken

НАТО *nt indekl* (пол) Nato *f*

натопи́ть <*fut:* -топлю́, -то́пишь> *vt I pf* (*impf:* ната́пливать) einheizen

наточи́ть <*fut:* -точу́, -то́чишь> *vt I pf* (*impf:* точи́ть) schleifen, schärfen

натрави́ть <*fut:* -травлю́, -тра́вишь> *vt I pf* (*impf:* натра́вливать) (*на кого́-л.*) aufhetzen (gegen +*akk*)

на́трий *m K2* (хим) Natrium *nt*

нату́ра *f A* ① Natur *f*, Charakter *m*, Eigenart *f*; **он весёлый по нату́ре** er hat ein fröhliches Naturell; ② (*моде́ль*) Modell *nt*; ③ (экон: *проду́кты*) Naturalien *pl*; **в натура́льной фо́рме** in natura

натурали́зм *m K* Naturalismus *m*

натура́льный *adj* ① (*есте́ственный*) natürlich; ② (*в натура́льной фо́рме*) Natural-; ③ (*настоя́щий*) echt; **~ шёлк** reine Seide *f*

натыка́ть *vt E impf* (*pf:* наткну́ть) aufspießen, aufstecken

натюрмо́рт *m K* Stilleben *nt*

натя́гивать *vt E impf* (*pf:* натяну́ть) spannen, straffen

натя́жка *f A* Spannen *nt*; **с натя́жкой** (*fig*) mit knapper Not

натя́нутость *f I* Steifheit *f*

натя́нутый <*kf:* -ут> *adj* stramm, gespannt; **натя́нутые отноше́ния** (*fig*) gespanntes Verhältnis *nt*

натяну́ть <*fut:* -тяну́, -тя́нешь> *vt E1 pf* (*impf:* натя́гивать) spannen, straffen

науга́д *adv* auf gut Glück, blindlings

нау́ка *f A* ① Wissenschaft *f*; ② (*fig, umg* *уро́к*) Lehre *f*; **есте́ственные нау́ки** Naturwissenschaften *f*

наутёк *adv* auf und davon

научи́ть <*fut:* -учу́, -у́чишь> *vt I pf* (*impf:* учи́ть) (*кого́-л. чему́-л.*) lehren, beibringen

нау́чно-иссле́довательский *adj* Forschungs-; **~ институ́т** wissenschaftliches Forschungsinstitut *nt*

нау́чный <*kf:* -чен, -чна> *adj* wissenschaftlich, Forschungs-; **нау́чные иссле́дования** Forschung *f*; **~ рабо́тник** Wissenschaftler *m*

нау́шники *m pl K* (тех) Kopfhörer *m*

наха́льный <*kf:* -лен, -льна> *adj* frech, dreist, vorlaut

нахлобу́чивать *vt E impf* (*pf:* нахлобу́чить) (*umg*) stülpen

нахлобу́чка <*gen pl:* -чек> *f A* (*umg*) Rüffel *m*

нахму́рить *vt I pf* (*impf:* хму́рить) die Stirn runzeln

находи́ть <*präs:* -хожу́, -хо́дишь> *vt I impf* (*pf:* найти) finden, ausfindig machen, entdecken

находи́ться <*präs:* -хожу́сь, -хо́дишься> *vr I impf* (*pf:* найтись) ① sich befinden, liegen; ② (*umg:* *уста́ть от ходьбы́*) sich müde laufen

нахо́дка *f A* Fund *m*

нахо́дчивый <*kf:* -ив> *adj* schlagfertig, einfallsreich

нацара́пать *vt E pf* (*impf:* цара́пать) ① kratzen, zerkratzen; ② (*написа́ть*) schreiben, kritzeln

наце́лить *vt I pf* (*impf:* наце́ливать) ① zielen; ② (*fig:* *на кого́-л./что-л.*) steuern (auf +*akk*), anspielen (auf +*akk*)

наце́нка *f A* (экон) Aufpreis *m*, Aufschlag *m*

на́цизм *m K* (ист) Nazionalsozialismus *m*

национализа́ция (экон) Nationalisierung *f*, Verstaatlichung *f*

национализи́ровать *vt E2 impf/pf* (экон) verstaatlichen

национали́зм *m K* (пол) Nationalismus *m*

национа́льность *f I* ① (*этни́ческая принадле́жность*) Volkszugehörigkeit *f*; ② (*принадле́жность к на́ции*) Nationalität *f*
национа́льный <*kf:* -лен, -льна> *adj* national; **~ пра́здник** Nationalfeiertag *m*; **~ геро́й** Nationalheld *m*; **~ гимн** (ПОЛ) Nationalhymne *f*; **национа́льная сбо́рная** (СПОРТ) Nationalmannschaft *f*
наци́ст *m K* (*pej*) Nationalsozialist, -in *m/f*, Nazi *m*
на́ция *f A2* Nation *f*
нача́ло *nt O* Anfang *m*; **для нача́ла** fürs erste; **с нача́ла до конца́** von A bis Z; **~ игры́** (СПОРТ) Anspiel *nt*
нача́льник *m K* Leiter *m*, Vorgesetzte(r) *mf*, Chef *m*; **~ отде́ла** Abteilungsleiter *m*
нача́льный *adj* Anfangs-; **нача́льная шко́ла** Grundschule *f*
нача́ть <*fut:* -чну́, -нёшь> *vt E9 pf* (*impf:* начина́ть) anfangen, beginnen; **~ издалека́** weit ausholen; **~ с нуля́** bei Null beginnen
начина́ющий I. *adj* angehend; **~ худо́жник** angehender Künstler *m*; **II.** *m wie adj* Anfänger *m*
начисле́ние *nt O2* Zurechnung *f*; **~ проце́нтов** Verzinsung *f*
начи́слить *vt I pf* (*impf:* начисля́ть) berechnen
начи́танный <*kf:* -ан, -анна> *adj* ① belesen; ② (*све́дующий*) bewandert
начи́щенный *adj* ① blitzsauber; ② (*чи́стый до бле́ска*) blank
наш *pron poss* unser; **с ~ей стороны́** unsererseits
нашаты́рь *m K1* Salmiak(geist) *m*
наэлектризова́ть *vt E2 pf* (*impf:* электризова́ть) elektrisieren
НДС *abk von* нало́г на доба́вленную сто́имость *m* MWSt *f*, Mehrwertsteuer *f*
не *part Verneinung* nicht, kein; **э́то ~ моё де́ло** das geht mich nichts an; **я тут ~ при чём** ich kann nichts dafür
неадеква́тный <*kf:* -тен, -тна> *adj* (*geh*) unangemessen
неаккура́тный <*kf:* -тен, -тна> *adj* ① (*geh*) unordentlich, schlampig; ② unpünktlich
неаппети́тный *adj* unappetitlich
небезызве́стный <*kf:* -тен, -тна> *adj* allgemein bekannt, sattsam bekannt
небе́сный *adj* himmlisch, Himmels-; **небе́сное те́ло** (АСТРОН) Himmelskörper *m*
неблагода́рность *f I* Undank *m*, Undankbarkeit *f*
неблагода́рный <*kf:* -рен, -рна> *adj* undankbar
неблагонадёжный <*kf:* -жен, -жна> *adj* ① (ПОЛ) nicht loyal, verdächtig; ② (*ненадёжный*) unzuverlässig
неблагополу́чный <*kf:* -чен, -чна> *adj* ungünstig, unglücklich
неблагоприя́тный <*kf:* -тен, -тна> *adj* ungünstig
неблагоразу́мие *nt O2* Unvernunft *f*
неблагоустро́енный *adj* unkomfortabel
не́бо <*nom pl:* небеса́> *nt O ple* Himmel *m*
нёбо *nt O* Gaumen *m*
небоеспосо́бный *adj* kampfunfähig
небоскрёб *m K* Wolkenkratzer *m*
небре́жность *f I* ① Nachlässigkeit *f*; ② (*неря́шливость*) Schlamperei *f*; ③ (*хала́тность*) Fahrlässigkeit *f*
небре́жный <*kf:* -жен, -жна> *adj* ① nachlässig, schlampig; ② (*хала́тность*) fahrlässig
небыва́лый *adj* nie da gewesen, beispiellos
небыли́ца *f A* erfundene Geschichte *f*, Märchen *nt*; **расска́зывать кому́-л. небыли́цы** (*fig*) jdm einen Bären aufbinden
небьющийся *adj* unzerbrechlich
нева́жный <*kf:* -жен, -жна́> *adj* ① unwichtig, belanglos; ② (*не ахти́*

како́й) mies, miserabel
невдалеке́ *adv* unweit, in der Nähe
неве́дение *nt O2* Unkenntnis *f*, Unwissenheit *f*
неве́домый *adj* ① unbekannt; ② (***таи́нственный***) geheimnisvoll
неве́жда *mf A* Unwissende(r) *m*, Ignorant *m*
неве́жественный <*kf:* -вен/-венен, -венна> *adj* ungebildet, unwissend
неве́жество *nt O* ① Unwissenheit *f*, Ignoranz *f*; ② (*umg:* ***невоспи́танность***) Unhöflichkeit *f*
невезе́ние *nt O2* Missgeschick *nt*
неве́рие *nt O2* Unglaube *m*
неве́рность *f I* Untreue *f*; **супру́жеская ~** Ehebruch *m*
неве́рный <*kf:* -рен, -рна́> *adj* ① (***непра́вильный***) falsch, unrichtig; ② (***вероло́мный***) untreu, treulos; ③ (***оши́бочный***) fehlerhaft
Н
невероя́тность *f I* Unwahrscheinlichkeit *f*
невероя́тный <*kf:* -тен, -тна> *adj* unwahrscheinlich, unglaublich
неве́рующий I. *adj* ungläubig; **II.** *m wie adj* Atheist *m*
невесо́мость *f I* Schwerelosigkeit *f*
невесо́мый <*kf:* -со́м> *adj* schwerelos
неве́ста *f A* Braut *f*
неве́стка *f A* ① Schwiegertochter *f*; ② (***жена́ бра́та***) Schwägerin *f*
невзго́да *f A* Missgeschick *nt*, Unglück *nt*
невзира́я на *präp +akk* trotz (+*dat*), ungeachtet (+*gen*), ohne Rücksicht auf (+*akk*); **невзира́я на э́то** ungeachtet dessen; **невзира́я ни на что** trotz alledem
невзнача́й *adv* (*umg*) zufällig, unvermutet
невзыска́тельность *f I* Genügsamkeit *f*, Anspruchslosigkeit *f*
невзыска́тельный <*kf:* -лен, -льна> *adj* genügsam
неви́данный <*kf:* -дан, -данна> *adj* ① (noch) nie gesehen; ② (***чуде́сный***) wunderbar
невиди́мка *mf A* Unsichtbare(r) *m*; **ша́пка-~** Tarnkappe *f*
неви́димый <*kf:* -им> *adj* unsichtbar
неви́нность *f I* ① Unschuld *f*; ② (***де́вственный***) Jungfräulichkeit *f*
неви́нный <*kf:* -и́нен, -и́нна> *adj* ① unschuldig; **с неви́нным ви́дом** mit Unschuldsmiene ② (***безоби́дный***) harmlos; ③ (***де́вственный***) jungfräulich
невино́вный <*kf:* -вен, -вна> *adj* (ЮР) unschuldig
невменя́емый <*kf:* -ем> *adj* ① (ЮР) unzurechnungsfähig; ② (***непредсказу́емый***) unberechenbar
невмеша́тельство *nt O* Nichteinmischung *f*
невнима́ние *nt O2* ① (***неосторо́жность***) Unaufmerksamkeit *f*, Unachtsamkeit *f*; ② (***равноду́шие***) Gleichgültigkeit *f*
невнима́тельность *f I* Unaufmerksamkeit *f*, Unachtsamkeit *f*
невнима́тельный <*kf:* -лен, -льна> *adj* unaufmerksam, achtlos
невня́тный <*kf:* -тен, -тна> *adj* undeutlich; **~ го́вор** Gemurmel *nt*
не́вод *m K* Fischnetz *nt*
невозврати́мый *adj* unersetzlich, unwiederbringlich
невозде́ланный *adj* ① (СЕЛХОЗ: ***необрабо́танный***) unbebaut; ② (***лежа́щий под па́ром***) brachliegend
невозде́ржанность *f I* Unmäßigkeit *f*
невозде́ржанный <*kf:* -жан, -жанна> *adj* unmäßig, maßlos, exzessiv
невозмо́жность *f I* Unmöglichkeit *f*
невозмо́жный <*kf:* -жен, -жна> *adj* unmöglich
невозмути́мость *f I* Gelassenheit *f*, Kaltblütigkeit *f*
невозмути́мый *adj* gelassen, unerschütterlich, unbeeindruckt
нево́льный *adj* unwillkürlich
нево́ля *f A1* Unfreiheit *f*, Gefangenschaft *f*, Sklaverei *f*
невообрази́мый <*kf:* -им> *adj* un-

vorstellbar, unglaublich
невооружённый *adj* unbewaffnet
невоспи́танность *f I* Ungezogenheit *f*
невоспи́танный <*kf:* -ан, -анна> *adj* ungezogen
невосприи́мчивость *f I* ① Unempfindlichkeit *f*; ② (мед) Resistenz *f*, Immunität *f*
невостре́бованный <*kf:* -ан, -анна> *adj* ① nicht abgeholt; ② (*о способностях и т.п.*) nicht gebraucht
невразуми́тельный <*kf:* -лен, -льна> *adj* unverständlich, unklar
невреди́мый <*kf:* -и́м> *adj* heil
невро́з *m K* (псих) Neurose *f*
невроло́гия *f A2* (мед) Neurologie *f*
невроти́ческий *adj* (псих) neurotisch
невы́годный <*kf:* -ден, -дна> *adj* nachteilig, unvorteilhaft
невы́держанный <*kf:* -ан, -анна> *adj* ① unbeherrscht; ② (*без еди́нства*) uneinheitlich; ③ (*о вине́*) nicht ausgereift
невыноси́мый <*kf:* -и́м> *adj* unerträglich
невыполне́ние *nt O2* Nichtbefolgung *f*, Nichterfüllung *f*
невырази́тельный <*kf:* -лен, -льна> *adj* ausdruckslos
негати́в *m K* (фот) Negativ *nt*
негати́вный <*kf:* -вен, -вна> *adj* negativ
негермети́чный *adj* undicht
негла́сный *adj* nicht öffentlich, inoffiziell
неглиже́ *nt indekl* Morgenrock *m*
него́дность *f I* Unbrauchbarkeit *f*
него́дный <*kf:* -ден, -дна́> *adj* ① unbrauchbar; ② (*неприго́дный*) untauglich
негодова́ние *nt O2* ① (*geh*) Zorn *m*; ② (*возмуще́ние*) Empörung *f*; **приходи́ть в ~** sich entrüsten
негодя́й *m K2* Halunke *m*, Schuft *m*, Schurke *m*
негостеприи́мный <*kf:* -мен, -мна> *adj* ungastlich
негото́вность *f I* Nichtbereitschaft *f*; **~ к конта́ктам** Berührungsangst *f*
негр *m K* Neger *m pej*
негра́мотность *f I* ① Analphabetentum *nt*; ② (*некомпете́нтность*) Unwissenheit *f*, Inkompetenz *f*
негра́мотный I. *m wie adj* Analphabet *m*; **II.** *adj* (*некомпете́нтный*) inkompetent
негума́нный <*kf:* -а́нен, -а́нна> *adj* unmenschlich, inhuman
neда́вний *adj* unlängst geschehen; **с неда́вних пор** seit neuestem
неда́вно *adv* vor kurzem, neulich
недалёкий <*kf:* -лёк, -лека́> *adj* ① nahe; ② (*fig: ограни́ченный*) beschränkt; **в недалёком бу́дущем** in absehbarer Zukunft
недальнови́дный *adj* (*fig*) kurzsichtig
неда́ром *adv* nicht umsonst, nicht ohne Grund
недви́жимость *f I* (экон) Immobilien *pl*, Liegenschaften *pl*
недвусмы́сленный *adj* eindeutig, unzweideutig
неде́йственый *adj* ineffizient
недействи́тельность *f I* Ungültigkeit *f*
недействи́тельный *adj* unwirksam, ungültig, nichtig; **станови́ться неде́йстви́тельным** (юр) erlöschen
недели́мый <*kf:* -и́м> *adj* unteilbar
неде́ля *f A1* Woche *f*
неде́лями *adv* wochenlang
недобо́р *m K* Fehlbetrag *m*, Rückstand *m*, Ausfall *m*; **~ нало́гов** (экон) Steuerdefizit *nt*
недоброжела́тельность *f I* ① (*антипа́тия*) Abneigung *f*; ② (*неми́лость*) Missgunst *f*
недоброка́чественность *f I* (экон) Minderwertigkeit *f*, schlechte Qualität *f*
недоброка́чественный *adj* (экон) fehlerhaft, minderwertig, defekt, von

Н

schlechter Qualität; **~ това́р** minderwertige Ware *f*
недобросо́вестность *f I* Unzuverlässigkeit *f*, Pflichtvergessenheit *f*
недове́рие *nt O2* Misstrauen *nt*
недове́рчивый *adj* misstrauisch
недове́с *m K* Untergewicht *nt*, Fehlgewicht *nt*, Gewichtsmanko *nt*
недово́льный <*kf:* -лен, -льна> *adj* ❶ unzufrieden; ❷ (*серди́тый*) missmutig, verdrießlich; ❸ (*разозлённый*) verärgert
недово́льство *nt O* ❶ Unzufriedenheit *f*; ❷ (*неудово́льствие*) Unmut *m*, Missfallen *nt*
недовыполне́ние *nt O2* Rückstand *m*
недога́дливость *f I* Mangel *m* an Scharfsinn, Begriffsstutzigkeit *f*

Н

недоговорённость *f I* ❶ Verschweigen *nt*; ❷ (*нея́сность*) Unklarheit *f*; ❸ (*отсу́тствие договорённости*) Nichtübereinkunft *f*
недоеда́ние *nt O2* Unterernährung *f*
недои́мка *f A* (экон) Zahlungsrückstand *m*
недои́мщик *m K* rückständiger Schuldner
недока́занный *adj* unbewiesen, unerwiesen
недо́лго *adv* nicht lange
недолгове́чный <*kf:* -чен, -чна> *adj* ❶ (*о живы́х существа́х*) kurzlebig; ❷ (*о веща́х и явле́ниях*) nicht von Dauer
недоно́шенный *m wie adj* frühgeborenes Kind
недооце́нивать *vt E impf* (*pf:* недооцени́ть) unterschätzen, unterbewerten
недопусти́мый <*kf:* -и́м> *adj* unzulässig
недопуще́ние *nt O2* Nichtzulassung *f*, Verweigerung *f*
недора́звитый <*kf:* -ит> *adj* unterentwickelt
недоразуме́ние *nt O2* ❶ Missverständnis *nt*; ❷ (*оши́бка, недосмо́тр*) Versehen *nt*
недорого́й <*kf:* -до́рог, -дорога́, -до́рого> *adj* preisgünstig
недосмо́тр *m K* (*невнима́тельность*) Unachtsamkeit *f*, Versehen *nt*
недостава́ть <*unpers:* -стаёт> *vi E3 impf* (*pf:* недоста́ть) ❶ (*нехвата́ть*) mangeln, knapp sein; ❷ (*отсу́тствовать*) fehlen, vermisst werden; **нам тебя́ недостава́ло** wir haben dich vermisst
недоста́ток <*gen sg:* -тка> *m K* ❶ Fehler *m*; ❷ (*дефици́т*) Mangel *m*, Engpass *m*; **испы́тывать о́стрый ~ в чём-л.** Mangel leiden (an +*dat*); **~ това́ров** Güterknappheit *f*; **за недоста́тком чего́-л.** aus Mangel (an +*dat*)
недостаточность *f I* ❶ Mangel *m*, Unzulänglichkeit *f*; ❷ (мед) Insuffizienz *f*
недоста́точный <*kf:* -чен, -чна> *adj* ungenügend, mangelhaft
недоста́ча *f A* ❶ (экон) Fehlbetrag *m*, Manko *nt*; ❷ (*о това́рах*) Fehlbestand *m*; **~ в ка́ссе** Kassenfehlbetrag *m*
недостающий *adj* fehlende(r, s)
недостижи́мость *f A* Unerreichbarkeit *f*
недостижи́мый <*kf:* -и́м> *adj* unerreichbar
недостове́рный <*kf:* -рен, -рна> *adj* ❶ (*сомни́тельный*) unglaubwürdig; ❷ (*непрове́ренный*) unüberprüft; ❸ (*неве́рный, ло́жный*) falsch
недосто́йный <*kf:* -о́ин, -о́йна> *adj* unwürdig
недосту́пный *adj* unzugänglich, unerschwinglich
недосчита́ться *vr E pf* (*impf:* недосчи́тываться) ❶ vermissen; ❷ (*потеря́ть*) verloren haben
недоуме́ние *nt O2* Befremden *nt*; **вы́звать чьё-л. ~** jdn befremden
недочёт ❶ (экон) Fehlbetrag *m*, Manko *nt*; ❷ (*im pl:* *дефе́кты*) Mängel *m pl*, Fehler *m pl*

не́дра *pl O* Innere(s) *nt*; **~ земли́** Erdinnere(s) *nt*
не́друг *m K* (*geh*) Feind *m*, Gegner *m*, Widersacher *m*
недружелю́бие *nt O2* Feindseligkeit *f*, Unfreundlichkeit *f*
неду́г *m K* Leiden *nt*, Krankheit *f*
неесте́ственный *adj* unnatürlich, gekünstelt
нежела́ние *nt O2* ① Unwille *m*; ② (***неохо́та***) Unlust *f*
нежела́тельный <*kf:* -лен, -льна> *adj* unerwünscht
нежи́рный *adj* (***о проду́ктах***) fettarm
не́житься *vr I impf* (*umg*) sich aalen
не́жность *f I* ① Zartheit *f*; ② (***не́жное обраще́ние***) Zärtlichkeit *f*
не́жный <*kf:* -жен, -жна́> *adj* ① zart; ② (***в обраще́нии***) zärtlich
незабыва́емый <*kf:* -а́ем> *adj* unvergesslich
незави́симость *f I* Unabhängigkeit *f*, Autonomie *f*, Selbständigkeit *f*
незави́симый <*kf:* -им> *adj* unabhängig, autonom
незако́нный *adj* (ЮР) ungesetzlich, illegal, illegitim
незако́нченный *adj* unvollendet
незамедли́тельный <*kf:* -лен, -льна> *adj* unverzüglich
незамени́мый <*kf:* -и́м> *adj* unersetzbar
незаме́тный <*kf:* -тен, -тна> *adj* ① (***небро́ский***) unauffällig; ② (***неулови́мый***) unmerklich
незаму́жняя *adj* (***о же́нщине***) unverheiratet, ledig
неза́нятый <*kf:* -ят> *adj* frei
незапа́мятный *adj* undenklich
незапо́лненный *adj* blanko; **~ чек** Blankoscheck *m*
незаслу́женный *adj* unverdient
незащищённый *adj* ① schutzlos; ② (***нужда́ющийся в по́мощи***) schutzbedürftig
незва́ный *adj* ungeladen
нездоро́вый <*kf:* -о́в> *adj* ① ungesund; ② (*auch fig*) krankhaft
неземно́й *adj* überirdisch
незлоби́вый *adj* arglos
незнако́мый <*kf:* -о́м> *adj* unbekannt, fremd
незначи́тельный <*kf:* -лен, -льна> *adj* bedeutungslos, nichtig
незре́лый *adj* (*auch fig*) unreif
неизбе́жный <*kf:* -жен, -жна> *adj* ① unausweichlich; ② (***неорврати́мый***) unabwendbar
неизве́стный <*kf:* -тен, -тна> *adj* ① unbekannt; ② (***нея́сный, непоня́тный***) obskur
неизлечи́мый <*kf:* -и́м> *adj* unheilbar
неизме́нный <*kf:* -нен, -е́нна> *adj* ① (***постоя́нный***) unveränderlich; ② (***не меня́ющийся***) gleichbleibend; ③ (***не подлежа́щий измене́нию***) unabänderlich
неизмери́мый <*kf:* -и́м> *adj* unermesslich
неиму́щий *adj* (*geh*) besitzlos, mittellos
не́искренний <*kf:* -енен, -енна> *adj* unaufrichtig
неискушённый <*kf:* -ён> *adj* unerfahren
неисповеди́мый <*kf:* -и́м> *adj* (*geh*) unergründlich
неисполне́ние *nt O2* Nichterfüllung *f*
неисполни́мость *f I* Unerfüllbarkeit *f*
неиспо́льзованный *adj* ungenutzt
неиспо́рченный *adj* ① unverdorben; ② (*fig:* ***неви́нный***) rein, unverdorben
неисправи́мый <*kf:* -и́м> *adj* unverbesserlich
неиспра́вность *f I* (ТЕХ) Defekt *m*, Störung *f*; **~ мото́ра** Motorschaden *m*
неиспра́вный <*kf:* -вен, -вна> *adj* defekt, nicht intakt
неистовство *nt O* Zorn *m*, Rage *f*
неистовствовать *vi E2 impf* rasen, sehr wütend sein
неистовый <*kf:* -ов> *adj* ① (*geh*)

leidenschaftlich, ungestüm; ② (*бе́шеный*) rasend

неистреби́мый <*kf:* -и́м> *adj* unausrottbar

неисцели́мый <*kf:* -и́м> *adj* (*geh*) unheilbar

нейло́н *m K* Nylon *nt*

нейтрализова́ть *vt E2 impf/pf* neutralisieren

нейтра́льный <*kf:* -лен, -льна> *adj* neutral

нейтро́н *m K* (физ) Neutron *nt*

неквалифици́рованный *adj* unqualifiziert, ungelernt; **~ рабо́чий** Hilfskraft *f*

некомпане́йский *adj* (*umg*) ungesellig; **~ челове́к** Spielverderber *m*

некомпете́нтность *f I* Inkompetenz *f*

не́который *pron indef* ① ein gewisser; ② (*im pl:* ***ины́е***) manche, einige

некрити́чный <*kf:* -чен, -чна> *adj* kritiklos, unkritisch

некроло́г *m K* Nachruf *m*

некуря́щий *m wie adj* Nichtraucher *m*

нела́дно *adv* schlecht, nicht in Ordnung; **здесь что-то ~** hier ist etw faul, hier stimmt etw nicht

нелега́льный <*kf:* -лен, -льна> *adj* (ЮР, ЭКОН) illegal

нелёгкий *adj* langwierig

неле́пость *f I* Unsinnigkeit *f*

неле́пый <*kf:* -ле́п> *adj* unsinnig, widersinnig

нeléстный *adj* abfällig

нело́вкий <*kf:* -вок, -вка́> *adj* ① plump, ungeschlacht; ② (*fig: ohne kf:* ***мучи́тельный, неприя́тный***) peinlich; **поста́вить кого́-л. в нело́вкое положе́ние** jdn in eine peinliche Lage bringen

нело́вкость *f I* ① Ungeschicklichkeit *f*, Plumpheit *f*; ② (***смуще́ние***) Peinlichkeit *f*

нелоги́чный <*kf:* -чен, -чна> *adj* unlogisch

нельзя́ *adv präd* ① man darf nicht; ② man soll nicht

нелюди́мый <*kf:* -и́м> *adj* menschenscheu

нема́ло *adv* ① (***дово́льно мно́го***) recht viel; ② (***не́сколько***) etliche, viele

немалова́жный <*kf:* -жен, -жна> *adj* wesentlich, relevant

нема́лый <*kf:* -ма́л> *adj* nicht unbedeutend, ordentlich; **~ срок** geraume Zeit *f*

нема́рочный *adj:* **~ проду́кт** (ЭКОН) No-Name-Produkt *nt*

нематериа́льный <*kf:* -лен, -льна> *adj* immateriell

неме́дленный *adj* sofortig, augenblicklich, unverzüglich

не́мец <*gen:* -мца, -мцев> *m K* Deutscher *m*

неме́цкий *adj* deutsch; **~ язы́к** Deutsch *nt*; **уро́к неме́цкого языка́** Deutschunterricht *m*

немецкоязы́чный *adj* deutschsprachig

не́мка *f A* ① Deutsche *f*; ② (*umg:* ***учи́тельница неме́цкого языка́***) Deutschlehrerin *f*

немно́гий *adj* wenige(r, s)

немно́го *adv* ein wenig, ein bisschen

немногосло́жный *adj* ① einsilbig; ② (*fig:* ***ре́зкий, нелюбе́зный***) kurz angebunden

немо́й <*kf:* нем, -ма́, -не́мо> *adj* (*auch fig*) stumm

немы́слимый <*kf:* -им> *adj* unvorstellbar, undenkbar

ненави́деть <*präs:* -ви́жу, -ви́дишь> *vt I impf* ① hassen; ② (***чу́вствовать отвраще́ние***) verabscheuen

ненави́стный <*kf:* -тен, -тна> *adj* verhasst

не́нависть *f I* Hass *m*; **испо́лненный не́нависти** hasserfüllt

ненадёжность *f I* ① (***сомни́тельность***) Unsicherheit *f*; ② (***недостове́рность***) Unzuverlässigkeit *f*

ненадёжный <*kf:* -жен, -жна> *adj* unsicher, unzuverlässig

ненаси́льственный *adj* gewaltlos
нена́стный <*kf:* -тен, -тна> *adj* trübe, regnerisch
нену́жность *f I* Nutzlosigkeit *f*
нену́жный *adj* entbehrlich, nutzlos, überflüssig
необду́манный <*kf:* -ман, -мана> *adj* unüberlegt; **необду́манная поку́пка** Impulskauf *m*
необеспе́ченный <*kf:* -чен, -чена> *adj* ❶ unbemittelt; ❷ (экон) nicht gesichert, ohne Deckung
необосно́ванный *adj* unbegründet, nicht stichhaltig
необразо́ванный <*kf:* -ан, -анна> *adj* ungebildet
необрати́мость *f I* Nichtkonvertibilität *f*
необрати́мый <*kf:* -и́м> *adj* ❶ nicht umkehrbar; ❷ (*не подлежа́щий отме́не*) unwiderruflich
необу́зданный <*kf:* -дан, -дана> *adj* zügellos, ungezügelt
необходи́мо *adv präd* es ist nötig
необходи́мость *f I* Notwendigkeit *f*; **~ де́йствий** Handlungsbedarf *m*; **при необходи́мости** bei Bedarf , notfalls
необходи́мый <*kf:* -и́м> *adj* notwendig, erforderlich
необщи́тельный <*k:* -лен, -льна> *adj* kontaktarm
необы́чный <*kf:* -чен, -чна> *adj* ❶ ungewöhnlich, ausgefallen; ❷ (*непривы́чный*) fremdartig
необяза́тельный <*kf:* -лен, -льна> *adj* ❶ (*ни к чему́ не обя́зывающий*) unverbindlich; ❷ (*факультати́вный*) fakultativ, nicht obligatorisch; ❸ (*не выполня́ющй свои́х обя́занностей*) pflichtvergessen
неограни́ченный *adj* unbegrenzt, unbeschränkt
неоднозна́чность *f I* ❶ (*двусмы́сленность*) Doppelsinnigkeit *f*, Doppeldeutigkeit *f*; ❷ (*неоднозна́чность*) Mehrdeutigkeit *f*, Ambiguität *f*
неоднокра́тный <*kf:* -тен, -тна> *adj* wiederholt, mehrfach
неодноро́дный <*kf:* -ден, -дна> *adj* nicht gleichartig, heterogen
неодобре́ние *nt O2* Missbilligung *f*
неоживлённый *adj* flau
неожи́данность *f I* Überraschung *f*; **растеря́ться от неожи́данности** (*umg*) baff sein
неожи́данный <*kf:* -дан, -данна> *adj* ❶ überraschend, unerwartet; ❷ (*внеза́пный*) plötzlich, abrupt
неомрачённый *adj* ungetrübt
нео́н *m K* Neon *nt*
неонаци́ст *m K* (*pej*) Neonazi *m*
нео́новый *adj* Neon-; **нео́новая ла́мпа** Neonlampe *f*; **нео́новое освеще́ние** Neonlicht *nt*
неопа́сный *adj* ❶ ungefährlich; ❷ (*не вызыва́ющий сомне́ний*) unbedenklich
неопла́ченный *adj* ❶ (*о счёте*) offen; ❷ (*об о́тпуске, труде́ и т.п.*) unbezahlt; ❸ (*о су́мме*) ausstehend
неопра́вданный *adj* ungerechtfertigt
неопределённость *f I* ❶ Unbestimmtheit *f*; ❷ (*неизве́стность*) Ungewissheit *f*; **правова́я ~** Grauzone *f*, unübersichtliche Gesetzeslage *f*
неопределённый <*kf:* -нен, -нна> *adj* ❶ unbestimmt; **непоределённая фо́рма глаго́ла** (линг) Infinitv *m* ❷ (*неизве́стный*) ungewiss
неопровержи́мый <*kf:* -и́м> *adj* unwiderlegbar
неопря́тный <*kf:* -тен, -тна> *adj* ❶ (*гря́зный*) schmutzig; ❷ (*неря́шливый, небре́жный*) unordentlich, schlampig
нео́пытный <*kf:* -тен, -тна> *adj* unerfahren
неоргани́ческий *adj* (хим) anorganisch
неосе́длый *adj* nicht sesshaft
неосторо́жный <*kf:* -жен, -жна> *adj* unvorsichtig
неотёсанный <*kf:* -ан, -анна> *adj*

❶ (*auch fig*) ungehobelt; ❷ (*fig:* ***гру́бый***) grobschlächtig, plump, ungeschlacht

неотло́жность *f I* Dringlichkeit *f*

неотло́жный *adj* dringlich

неотрази́мый <*kf:* -и́м> *adj* unwiderstehlich

неофаши́зм *m K* (пол) Neofaschismus *m*

неохо́тно *adv* ungern

неохо́тный <*kf:* -тен, -тна> *adj* ❶ lustlos; ❷ (***скрепя́ се́рдце***) halbherzig

неоцени́мый <*kf:* -и́м> *adj* (*geh*) unschätzbar

непи́саный *adj* ungeschrieben; **~ зако́н** ungeschriebenes Gesetz *nt*; **непи́саное пра́вило** Faustregel *f*

непла́новый *adj* unplanmäßig

неплатёжеспосо́бность *f I* (экон) Insolvenz *f*, Zahlungsunfähigkeit *f*

Н

неплатёжеспосо́бный <*kf:* -бен, -бна> *adj* zahlungsunfähig, illiquide, insolvent

неповинове́ние *nt O2* ❶ (***непослуша́ние***) Ungehorsam *m*; ❷ (***упря́мство***) Widerspenstigkeit *f*

неповрежденный *adj* unversehrt

неповтори́мый <*kf:* -и́м> *adj* (*geh*) einmalig, unwiederholbar

непого́да *f A* Unwetter *nt*

непогреши́мость *f I* Unfehlbarkeit *f*

непогреши́мый <*kf:* -и́м> *adj* unfehlbar

неподве́домственность *f I* (админ) Unzuständigkeit *f* des Amtes

неподви́жность *f I* ❶ Unbeweglichkeit *f*; ❷ (***оцепене́ние, онеме́ние***) Starrheit *f*, Steifheit *f*

неподви́жный <*kf:* -жен, -жна> *adj* ❶ unbeweglich, bewegungslos; ❷ (***оцепене́вший, онеме́вший***) starr, steif

неподгото́вленный *adj* unvorbereitet

неподде́льность *f I* Echtheit *f*

неподде́льный <*kf:* -лен, -льна> *adj* unverfälscht, ungeheuchelt, echt

неподсу́дность (юр) Unzuständigkeit *f* des Gerichtes

непоколеби́мый <*kf:* -и́м> *adj* (*geh*) unerschütterlich, felsenfest

непоко́рный *adj* ungehorsam

непокры́тый *adj* ❶ unbedeckt; **с непокры́той голово́й** barhäuptig; ❷ (экон) ungedeckt, offen

непола́дки *f pl A* (тех) Störungen *f pl*; **техни́ческие ~** technisches Versagen *nt*

непо́лный *adj* unvollständig; **~ рабо́чий день** (экон) verkürzter Arbeitstag; **непо́лная рабо́чая неде́ля** (экон) Kurzwoche *f*; **рабо́тать ~ рабо́чий день** kurzarbeiten

непонима́ние *nt O2* Unverständnis *nt*

непоня́тный <*kf:* -тен, -тна> *adj* ❶ unverständlich; ❷ (***стра́нный***) seltsam

непопуля́рный *adj* unbeliebt, unpopulär; **непопуля́рные ме́ры** (пол) unpopuläre Maßnamen *pl*

непосе́да *mf A* (*umg*) Zappelphilipp *m*

непосе́дливый <*kf:* -ив> *adj* ❶ (***вертля́вый***) zappelig; ❷ (***живо́й***) rege

непослу́шный *adj* ungehorsam, aufsässig

непосре́дственный <*kf:* -вен, -венна> *adj* ❶ unmittelbar, direkt; ❷ (*fig:* ***есте́ственный***) unbefangen

непостижи́мый <*kf:* -и́м> *adj* ❶ (***непоня́тный***) unbegreiflich; ❷ (***немы́слимый***) unfassbar; **э́то непостожи́мо!** es ist nicht zu fassen!

непостоя́нный <*kf:* -нен, -нна> *adj* unbeständig, unstet, flatterhaft

непоступле́ние *nt O2* (экон) Ausfall *m*

непочти́тельный <*kf:* -лен, -льна> *adj* respektlos

непра́вда *f A* Unwahrheit *f*; **э́то ~!** das stimmt nicht!

непра́вдоподо́бный <*kf:* -бен, -бна> *adj* unglaubwürdig

непра́вильный <*kf:* -лен, -льна> *adj* ❶ falsch; ❷ (*против пра́вил*) regelwidrig; ❸ (*оши́бочный*) fehlerhaft; **непра́вильная оце́нка** Fehleinschätzung *f*

неравноме́рный *adj* ❶ ungleichmäßig; ❷ (*необосно́ванный*) unbegründet

неправоме́рный *adj* rechtswidrig

неправомо́чный <*kf:* -чен, -чна> *adj* (ЮР) unbefugt, nicht zuständig

непракти́чный *adj* unpraktisch

непредвзя́тый *adj* unvoreingenommen

непредви́денность *f I* Unvorhersehbarkeit *f*

непредви́денный <*kf:* -ен> *adj* ❶ unvorhergesehen; ❷ (*чрезвыча́йный*) außerordentlich

непредсказу́емость *f I* Unvorhersehbarkeit *f*

непредсказу́емый <*kf:* -ем> *adj* ❶ unkalkulierbar; ❷ (*о челове́ке*) unberechenbar

непреклóнный <*kf:* -нен, -нна> *adj* ❶ (*неумоли́мый*) unerbittlich; ❷ (*упóрный*) unbeugsam

непреме́нный <*kf:* -нен, -нна> *adj* unbedingt

непреодоли́мый <*kf:* -и́м> *adj* unüberwindlich

непреры́вный <*kf:* -вен, -вна> *adj* ununterbrochen, durchgehend

непреста́нный <*kf:* -нен, -нна> *adj* ❶ unaufhörlich; ❷ (*постоя́нно*) ständig

непрести́жность *f I* geringes Ansehen *nt*

непри́быльный <*kf:* -лен, -льна> *adj* (ЭКОН) keinen Gewinn abwerfend, unrentabel, nicht lukrativ

неприве́тливость *f I* Unfreundlichkeit *f*

неприве́тливый <*kf:* -ив> *adj* unfreundlich

непривлека́тельный <*kf:* -лен, -льна> *adj* reizlos

непривы́чный <*kf:* -чен, -чна> *adj* ungewohnt

непригля́дный <*kf:* -ден, -дна> *adj* ❶ unansehnlich; ❷ (*fig: недостóйный*) unwürdig

неприго́дность *f I* Untauglichkeit *f*, Unbrauchbarkeit *f*

неприго́дный <*kf:* -ден, -дна> *adj* ❶ (*нену́жный*) unbrauchbar; ❷ (*неподходя́щий*) ungeeignet, untauglich

непризна́ние *nt O2* (ПОЛ) Nichtanerkennung *f*

непри́знанный *adj* verkannt; **~ ге́ний** verkanntes Genie *nt*

неприка́янный *adj* ❶ (*беспокóйный*) ruhelos; ❷ (*беспóмощный*) hilflos, verloren

неприкоснове́нность *f I* (ЮР) Unantastbarkeit *f*, Integrität *f*

неприкры́тый <*kf:* -ы́т> *adj* ❶ unbedeckt, nicht zugedeckt; ❷ (*fig: откры́тый*) unverhohlen, offenkundig

неприли́чный <*kf:* -чен, -чна> *adj* unanständig, anstößig

неприме́не́ние *nt O2* (ПОЛ) Nichtanwendung *f*; **~ си́лы** Gewaltverzicht *m*

непримири́мый <*kf:* -и́м> *adj* unversöhnlich, unvereinbar

непринуждённость *f I* Zwanglosigkeit *f*

непринуждённый <*kf:* -дён, -дённа> *adj* zwanglos, ungezwungen, locker, natürlich

неприня́тие *nt O2* Annahmeverweigerung *f*

неприсоедини́вшийся *adj* blockfrei

непристóйность *f I* Obszönität *f*, Unanständigkeit *f*

непристóйный <*kf:* -óен, -óйна> *adj* unanständig, obszön

непристу́пный <*kf:* -пен, -пна> *adj* ❶ unnahbar; ❷ (*недружелю́бный*) abweisend

непритяза́тельность *f I* Genügsamkeit *f*, Anspruchslosigkeit *f*

непритяза́тельный <*kf:* -лен, -льна> *adj* anspruchslos, genügsam

неприхотли́вый *adj* anspruchslos

Н

неприя́знь *f I* Abneigung *f*, Aversion *f*
неприя́тие *nt O2* Ablehnung *f*, Widerwille *m*
неприя́тность *f I* Ärger *m*, Unannehmlichkeit *f*
неприя́тный <*kf:* -тен, -тна> *adj* ❶ unangenehm; **~ вкус во рту** fader Geschmack *m* im Mund ❷ (*доса́дный*) unangenehm, leidig
непробу́дный сон *m K* ❶ tiefer Schlaf *m*, fester Schlaf *m*; ❷ (*fig: смерть*) ewiger Schlaf *m*, Tod *m*
непроводни́к *m K* (ЭЛЕК, ФИЗ) Nichtleiter *m*
непродажный *adj* unverkäuflich
непродолжи́тельный <*kf:* -лен, -льна> *adj* kurz; **~ визи́т** Kurzbesuch *m*, Stippvisite *f*
непродукти́вный *adj* unproduktiv
непроизводи́тельный *adj* unproduktiv

Н

непроизво́льный <*kf:* -лен, -льна> *adj* ❶ spontan; ❷ (*нево́льный*) unwillkürlich
непроница́емость *f I* Impermeabilität *f*, Undurchlässigkeit *f*
непроница́емый I. *adj* impermeabel, undurchlässig; **во́до~** wasserdicht, wasserundurchlässig; **во́здухо~** luftdicht, luftundurchlässig; **непрости́тельный II.** <*kf:* -лен, -льна> *adj* unverzeihlich, sträflich
непрофессиона́л *m K* ❶ (*люби́тель*) Laie *m*; ❷ (*дилета́нт*) Dilettant *m*
непро́шенный *adj* ungeladen, ungebeten
непту́ний *m K2* Neptunium *nt*
непунктуа́льный *adj* unpünktlich
неравноме́рность *f I* Ungleichmäßigkeit *f*
нера́вный <*kf:* -вен, -вна́> *adj* ungleich; **ста́вить кого́-л. в ~ые усло́вия** jdn benachteiligen
неразбери́ха *f A* (*umg*) Durcheinander *nt*; **по́лная ~** völliges Durcheinander *nt*; **~ в зако́нах** (ПОЛ) Grauzone *f*
неразбо́рчивый <*kf:* -ив> *adj* ❶ (*о по́черке*) unleserlich, undeutlich; ❷ (*в вы́боре средств*) nicht wählerisch
неразвито́й *adj* ❶ unterentwickelt; ❷ (*у́мственно*) geistig zurückgeblieben
неразгово́рчивый <*kf:* -ив> *adj* ❶ (*немногосло́вный*) wortkarg, mundfaul; ❷ (*молча́ливый*) schweigsam
неразлу́чный <*kf:* -чен, -чна> *adj* unzertrennlich
неразрешённый *adj* ❶ (*невы́ясненный*) ungelöst, ungeklärt; ❷ (*запрещённый*) verboten, unerlaubt
неразреши́мый <*kf:* -и́м> *adj* (*о пробле́ме*) unlösbar
неразры́вный <*kf:* -вен, -вна> *adj* ❶ (*нерву́щийся*) unzerreißbar; ❷ (*fig: нерасторжи́мый*) unauflöslich
неразу́мный <*kf:* -мен, -мна> *adj* unvernünftig
нерасположе́ние *nt O2* Abneigung *f*
нерасторжи́мый <*kf:* -и́м> *adj* unlösbar
нерациона́льный <*kf:* -лен, -льна> *adj* unrationell
нерв *m K* (АНАТ) Nerv *m*
не́рвный *adj* ❶ Nerven-, nervlich; ❷ (*fig: неспоко́йный*) nervös; **не́рвное истоще́ние** Nervenzusammenbruch *m*; **не́рвная систе́ма** Nervensystem *nt*
нерво́зность *f I* ❶ Nervosität *f*; ❷ (*спе́шка*) Hektik *f*
нерву́щийся *adj* strapazierfähig
нереа́льный <*kf:* -лен, -льна> *adj* ❶ unwirklich, irreal; ❷ (*чу́ждый действи́тельности*) wirklichkeitsfremd
нерегуля́рность *f I* Unregelmäßigkeit *f*
нерегуля́рный *adj* unregelmäßig
нере́зкий *adj* unscharf
нерента́бельность *f I* ❶ (ЭКОН) Unwirtschaftlichkeit *f*; ❷ (*неэффекти́вность*) Ineffizienz *f*

нерента́бельный <*kf:* -лен, -льна> *adj* ① unrentabel, unwirtschaftlich; ② (*неэффекти́вный*) ineffizient
нереши́тельный <*kf:* -лен, -льна> *adj* ① unentschlossen; ② (*ро́бкий*) zaghaft
нержаве́ющий *adj* rostfrei; **нержаве́ющая сталь** Edelstahl *m*
неря́ха *mf A* ① (*umg*) Dreckspatz *m*; ② (*о же́нщине*) Schlampe *f*
неря́шливость *f I* Schlamperei *f*
неря́шливый <*kf:* -ив> *adj* schlampig, unordentlich
несамостоя́тельный <*kf:* -лен, -льна> *adj* unselbstständig, abhängig
несве́дущий *adj* unwissend
несво́йственный <*kf:* -вен, -венна> *adj* ① nicht eigen; ② (*чу́ждый*) fremd; **быть несво́йственным кому́-л.** jdm fernliegen
несвя́зный <*kf:* -зен, -зна> *adj* unzusammenhängend, inkohärent
несгово́рчивый <*kf:* -ив> *adj* ① unnachgiebig; ② (*не те́рпящий возраже́ний*) rechthaberisch
несессе́р *m K* Nessessär *nt*
несимпати́чный <*kf:* -чен, -чна> *adj* unsympathisch
несказа́нный *adj* (*geh*) unsagbar
не́сколько *num* ① einige, etliche; ② mehrere; **~ раз** mehrmals
нескро́мный <*kf:* -мен, -мна́> *adj* ① unbescheiden; ② (*назо́йливый*) vorlaut, naseweis
неслы́ханный <*kf:* -ан, -анна> *adj* unerhört
несмотря́ на *präp +akk* trotz (*+dat*)
несмотря́ на то, что *konj* obwohl
несно́сный <*kf:* -сен, -сна> *adj* unausstehlich, unerträglich
несо́бранный *adj* ① unkonzentriert; ② fahrig
несовершенноле́тний I. *adj* minderjährig; **II.** *m wie adj* Minderjährige(r) *m*
несоверше́нный <*kf:* -е́нен, -е́нна> *adj* unvollkommen
несовмести́мость *f I* Inkompatibilität *f*; **~ це́лей** Zielantinomie *f*
несовмести́мый <*kf:* -и́м> *adj* ① unvereinbar, unverträglich; ② (ОБДАН) inkompatibel
несовпада́ющий *adj* abweichend; **несовпада́ющие мне́ния** Meinungsverschiedenheit *f*
несовпаде́ние *nt O2* ① (*разли́чие*) Differenz *f*; ② (*несоотве́тствие*) Diskrepanz *f*
несовреме́нный <*kf:* -е́нен, -е́нна> *adj* unzeitgemäß, unmodern
несогла́сие *nt O2* ① Uneinigkeit *f*; ② (*противоре́чие*) Unstimmigkeit *f*; ③ (*неприя́тие*) Ablehnung *f*
несомне́нный <*kf:* -е́нен, -е́нна> *adj* zweifellos, unbestritten
несообрази́тельный <*kf:* -лен, -льна> *adj* begriffsstutzig
несоотве́тствие *nt O2* Diskrepanz *f*, Nichtübereinstimmung *f*, Disparität *f*
несостоя́тельность *f I* ① (*об аргуме́нтах*) Haltlosigkeit *f*; ② (ЮР) Zahlungsunfähigkeit *f*, Insolvenz *f*, Konkurs *m*
несостоя́тельный <*kf:* -лен, -льна> *adj* ① nicht stichhaltig, haltlos; ② (ЮР: *неплатёжеспосо́бный*) bankrott, zahlungsunfähig, insolvent
неспе́шный <*kf:* -шен, -шна> *adj* langsam, gemächlich
неспорти́вный <*kf:* -вен, -вна> *adj* unsportlich
неспосо́бность *f I* Unfähigkeit *f*
неспосо́бный <*kf:* -бен, -бна> *adj* unfähig
несправедли́вость *f I* Ungerechtigkeit *f*
несправедли́вый <*kf:* -и́в> *adj* ungerecht
несравне́нный <*kf:* -е́нен, -е́нна> *adj* ohnegleichen, einmalig
нестаби́льность *f I* Instabilität *f*
нестанда́ртный *adj* ungewöhnlich, unkonventionell
нести́ <*präs:* несу́, -сёшь, *prät:* нёс, несла́> *vt E6 best* (*unbest:*

носи́ть) ❶ (*auch fig*) tragen; **~ вздор** (*umg*) quasseln; **~ отве́тственность** Verantwortung tragen; **~ расхо́ды** Kosten bestreiten; **~ слу́жбу** Dienst leisten ❷ (*приноси́ть*) bringen; **ку́ры несу́т я́йца** Hühner legen Eier

нести́сь <*präs:* **несу́сь, -сёшься**> *vr E6 impf* ❶ rennen, rasen, sausen; ❷ (*о зву́ках*) ertönen, erschallen; ❸ (*о ку́рах*) Eier legen

несура́зный <*kf:* **-зен, -зна**> *adj* widersinnig, unlogisch, dumm

несу́шка *f A* (зоол) Henne *f*

несуще́ственный <*kf:* **-вен, -венна**> *adj* unwesentlich, irrelevant

несча́стный <*kf:* **-тен, -тна**> *adj* unglücklich; **~ слу́чай** Unfall *m*, Unglücksfall *m*; **~ слу́чай на произво́дстве** Arbeitsunfall *m* Betriebsunfall *m*

Н

несча́стье *nt O1* ❶ Unglück *nt*; ❷ (*беда́*) Unheil *nt*; ❸ (*неуда́ча, невзго́да*) Missgeschick *nt*; **к несча́стью** unglücklicherweise; **това́рищ по несча́стью** Leidensgefährte *m*

нет *part* nein; **категори́ческое ~** klares Nein *nt*; **отве́та ещё ~** die Antwort steht noch aus

нетари́фный *adj* (экон) außertariflich

нетерпели́вый <*kf:* **-и́в**> *adj* ungeduldig

нетерпе́ние *nt O2* Ungeduld *f*

нетерпи́мость *f I* Intoleranz *f*, Unduldsamkeit *f*

нетороплив́ость *f I* Gemächlichkeit *f*

неторопли́вый <*kf:* **-и́в**> *adj* gemächlich

нето́чность *f I* Ungenauigkeit *f*

нето́чный *adj* ungenau

нетрадицио́нный <*kf:* **-о́нен, -о́нна**> *adj* unkonventionell

нетре́бовательность *f I* Bescheidenheit *f*, Anspruchslosigkeit *f*

нетре́звый *adj* angetrunken; **быть в нетре́звом ви́де** unter Alkoholeinfluss

нетро́нутый *adj* ❶ unberührt; ❷ (экол) naturbelassen

нетрудово́й *adj* ❶ nicht durch Arbeit erworben; **~ дохо́д** nicht erarbeitetes Einkommen *nt* ❷ (*не рабо́тающий*) nicht erwerbstätig; **нетрудово́е населе́ние** Nichterwerbspersonen *pl*

нетрудоспосо́бный <*kf:* **-бен, -бна**> *adj* arbeitsunfähig, erwerbsunfähig

не́тто *adv* (экон) netto; **дохо́д ~** [*о* **чи́стый дохо́д**] Nettoeinkommen *nt*

неуважи́тельность *f I* Respektlosigkeit *f*

неуважи́тельный <*kf:* **-лен, -льна**> *adj* ❶ respektlos; ❷ (*пренебрежи́тельный*) geringschätzig

неуве́ренность *f I* Unsicherheit *f*

неуве́ренный *adj* unsicher

неуда́ча *f A* ❶ Misserfolg *m*, Fehlschlag *m*, Flop *m*; ❷ (*невзго́да*) Missgeschick *nt*; ❸ (*невезе́ние*) Pech *nt*; ❹ (*пораже́ние*) Rückschlag *m*; **зако́нчиться неуда́чей** fehlschlagen; **потерпе́ть неуда́чу** eine Niederlage erleiden

неуда́чник *m K* ❶ (*проигра́вший*) Verlierer *m*; ❷ (*не спра́вившийся с чем-л.*) Versager *m*; ❸ (*несчастли́вец*) Pechvogel *m*

неуда́чный <*kf:* **-чен, -чна**> *adj* ❶ missglückt, misslungen; ❷ (*безуспе́шный*) erfolglos; **неуда́чная спекуля́ция** Fehlspekulation *f*; **~ това́р** Flop *m*

неудержи́мый <*kf:* **-и́м**> *adj* unaufhaltsam

неудо́бный <*kf:* **-бен, -бна**> *adj* ❶ unbequem; ❷ (*fig: нело́вкий, неуме́стный*) peinlich, deplatziert

неудовлетвори́тельно *adv* ❶ unbefriedigend; ❷ (*Schulnote*) ungenügend

неудовлетвори́тельный <*kf:* **-лен, -льна**> *adj* unbefriedigend; **кра́йне неудовлетвори́тельное**

состоя́ние Missstand *m*
неудово́льствие *nt O2* Unzufriedenheit *f*; **во́згласнеудово́льствия** Buhruf *m*; **вы́звать ~** Unwillen hervorrufen
неукло́нный *<kf:* -о́нен, -о́нна*>* *adj* stetig, unaufhörlich, kontinuierlich, unaufhaltsam
неуклю́жий *<kf:* -ю́ж*>* *adj* linkisch, plump, ungeschickt, klobig
неулови́мый *adj* ❶ unfassbar, nicht erreichbar; ❷ (*fig: незаме́тный*) unmerkbar, unmerklich; **~ для гла́за** unsichtbar
неуме́ние *nt O2* Unvermögen *nt*, Unfähigkeit *f*
неуме́стный *<kf:* -тен, -тна*>* *adj* unangebracht, unangemessen, deplaziert
неумоли́мый *<kf:* -и́м*>* *adj* (*geh*) unerbittlich
неумы́шленный *adj* unabsichtlich
неуправля́емый *<kf:* -я́ем*>* *adj* unlenkbar, außer Kontrolle geraten
неуравнове́шенный *adj* unausgeglichen, unausgewogen
неустойка (экон) Konventionalstrafe *f*, Vertragsstrafe *f*
неустойчивость Instabilität *f*
неусто́йчивый *<kf:* -ив*>* *adj* unbeständig, schwankend
неусту́пчивый *<kf:* -ив*>* *adj* unnachgiebig, starrsinnig
неутоми́мый *<kf:* -и́м*>* *adj* unermüdlich
неухо́женный *adj* ungepflegt
неуча́стие *nt O2* Nichtteilnahme *f*; **~ в вы́борах** Wahlenthaltung *f*
неую́тный *adj* ungemütlich
неф *m K* (строит) Kirchenschiff *nt*; **боково́й ~** Seitenschiff *nt*; **центра́льный ~** Mittelschiff *nt*
нефи́рменный *adj* (экон) No-Name-; **нефи́рменное изде́лие** No-Name-Produkt *nt*
неформа́л *m K* (*umg: член неформа́льной гру́ппы*) Alternativer *m*
неформа́льный *adj* ❶ informell; ❷ (*неофициа́льный*) inoffiziell; ❸ (*непринуждённый*) ungezwungen, spontan; ❹ (социол) alternativ
нефтеперераба́тывающий *adj* Erdöl verarbeitend; **~ заво́д** Raffinerie *f*
нефть *f I* Erdöl *nt*; **~-сыре́ц** Rohöl *nt*
нефтяно́й *adj* Öl-; **нефтяно́е загрязне́ние** Ölpest *f*
нехва́тка *f A* ❶ Mangel *m*, Knappheit *f*, Fehlbestand *m*; ❷ (экон: *недоста́ча*) Manko *nt*, Fehlbetrag *m*; **~ вре́мени** Zeitmangel *m*
нехи́трый *adj* (*umg*) leicht, einfach, unkompliziert
неходово́й *adj* schwer absetzbar; **~ това́р** Ladenhüter *m*
неча́янный *adj* ❶ (*ненаме́ренный*) unbeabsichtigt, ungewollt; ❷ (*неожи́данный*) unverhofft, unerwartet
нече́стный *<kf:* -тен, -тна́*>* *adj* unehrlich, unfair, unlauter
нечистопло́тный *<kf:* -тен, -тна*>* *adj* ❶ unrein, schmutzig; ❷ (*fig: нече́стный*) gewissenlos, unehrlich
нечисто́ты *<gen pl:* -то́т*>* *f pl A* ❶ Kot *m*; ❷ (*му́сор, отбро́сы*) Unrat *m*; ❸ (*сто́чные во́ды*) Abwasser *nt*
нечле́н *m K* Nichtmitglied *nt*
не́что *pron indef* (*nur im nom und akk*) etwas
неэкологи́чный *<kf:* -чен, -чна*>* *adj* umweltschädlich
неэкономи́чность *f I* (экон: *нерента́бельность*) Unwirtschaftlichkeit *f*
неэкономи́чный *<kf:* -чен, -чна*>* *adj* unwirtschaftlich, unökonomisch, unrentabel
неэмоциона́льность *f I* Gefühllosigkeit *f*
неэтили́рованный *adj* (хим) unverbleit, bleifrei
неэффекти́вный *<kf:* -вен, -вна*>* *adj* unwirksam, ineffizient
нея́сность *f I* Unklarheit *f*
нея́сный *<kf:* -сен, -сна́*>* *adj*

① unclear; ② (*неопределённый, расплы́вчатый*) undeutlich, vage

ни *part Verneinung* nicht; **~ в ко́ем слу́чае** keinesfalls; **~ ра́зу** nie

нивели́ровать *vt E impf/pf* nivellieren

нигде́ *adv* nirgends, nirgendwo

нигили́зм *m K* Nihilismus *m*

нигилисти́ческий *adj* nihilistisch

нидерла́ндский *adj* niederländisch

Нидерла́нды <*gen pl:* -дов> *m pl K* die Niederlande *pl*

ни́же I. *adj komp* ① niedriger; ② (*fig: подле́е*) niedriger, gemeiner; **II.** *adv* ① darunter; ② (*в кни́ге*) im folgenden, im weiteren; **смо́три ~** siehe unten , s.u. ③ (*по реке́*) flussabwärts

ни́жний *adj* untere, Unter-; **ни́жняя то́чка** Tiefpunkt *m*; **Ни́жняя Саксо́ния** Niedersachsen *nt*; **~ эта́ж** Erdgeschoss *nt*; **~ преде́л ка́чества** Mindestqualität *f*; **~ преде́л цен** Preisuntergrenze *f*; **~ у́ровень управле́ния** Lower Management *nt*

низи́на *f A* Niederung *f*

ни́зкий <*kf:* -зок, -зка́, -зко*komp:* ни́же> *adj* ① niedrig; ② (*fig: по́длый*) niedrig, gemein

низкопокло́нник *m K* (*pej*) Kriecher *m*

ни́зменность *f I* Flachland *nt*

никако́й *pron neg* keine(r, s)

ни́кель *m K1* (хим) Nickel *nt*

никогда́ *adv* nie, niemals; **сейча́с как ~** jetzt erst recht

нико́им о́бразом *adv* (*geh*) keineswegs

никоти́н *m K* Nikotin *nt*; **с ни́зким содержа́нием ~а** nikotinarm

никто́ *pron neg* niemand, keine(r, s)

никчёмный <*kf:* -мен, -мна> *adj* unnütz, nutzlos; **~ челове́к** (*umg*) Niete *f*

нимб *m K* Nimbus *m*; **свято́й ~** Heiligenschein *m*

НИОКР *abk von* нау́чно-иссле́довательские и о́пытно-констру́кторские рабо́ты Forschungs- und Entwicklungsarbeiten *pl*

нисходи́ть *vi I impf* absteigen; **нисходя́щий ме́тод** Top-Down-Methode *f*

ни́тка *f A* ① Faden *m*; **вдеть ни́тку в иго́лку** einfädeln; ② (*im pl: ни́тки*) Nähgarn *nt*

нить *f I* (*auch fig*) Faden *m*

ничего́ *adv* nichts

ничто́ < ничего́, ничему́, ничто́, ниче́м, ни о чём>*pron neg* nichts

ничто́жный <*kf:* -жен, -жна> *adj* nichtig, geringfügig

ничья́ <*gen sg:* ничье́й> *f wie adj e* (спорт) Unentschieden *nt*

ни́ша *f A* ① Nische *f*; ② Lücke *f*

ни́щенский *adj* (*fig*) armselig, miserabel; **ни́щенская зарпла́та** Hungerlohn *m*

нищета́ *f A* Elend *nt*

ни́щий I. <*kf:* нищ, нища́> *adj* bettelarm; **II.** *m wie adj* Bettler *m*

НЛО *abk von* неопо́знанный лета́ющий объе́кт *m* Ufo *nt*

но *konj* aber, jedoch; **бе́зо вся́ких ~** ohne Wenn und Aber

Но́белевский *adj* Nobel-; **~ лауреа́т** [*o* **лауреа́т Но́белевской пре́мии**] Nobelpreisträger *m*

нова́тор *m K* ① Erneuerer *m*; ② (*пионе́р*) Pionier *m*

нова́торский *adj* ① wegweisend, bahnbrechend; ② (экон) innovativ

нова́торство *nt O* Pioniergeist *m*

нова́ция *f A2* ① (*но́вшество, нововведе́ние*) Neuerung *f*; ② (экон) Innovation *f*

Но́вая Зела́ндия *f A2* Neuseeland *nt*

нове́лла *f A* Erzählung *f*, Novelle *f*

но́венький I. *adj* (*umg*) funkelnagelneu; **II.** *wie adj* Neuling *m*, Neue(r, s)

новизна́ *f A* Neuheit *f*

нови́нка *f A* ① Novum *nt*; ② (экон) Produktinnovation *f*; **кни́жная ~** Neuerscheinung *f*

новичо́к <*gen sg:* -чка́> *m K e* ① Neuling *m*, Anfänger *m*; ② (*в* *би́знесе, на эстра́де и т.п.*) Newcomer *m*

новобра́нец <*gen:* -нца, -нцев> *m K* (ВОЕ) Rekrut *m*

нововведе́ние *nt O2* ❶ Neuerung *f*; ❷ (ЭКОН) Innovation *f*

новолу́ние *nt O2* Neumond *m*

новостро́йка *f A* Neubau *m*

но́вость *f I* ❶ Neuigkeit *f*; ❷ (*изве́стие*) Nachricht *f*

новоя́вленный *adj* neuerschienen, neugebacken

но́вшество *nt O* ❶ Novum *nt*; ❷ (*нови́нка*) Neuheit *f*; ❸ (ЭКОН: *нововведе́ние*) Innovation *f*

но́вый <*kf:* нов, нова́, но́во, новы́> *adj* neu, Neu-; **Но́вый Год** Neujahr *nt*; **встреча́ть Но́вый Год** Silvester feiern; **но́вая реда́кция** Neufassung *f*, Neubearbeitung *f*; **но́вое вре́мя** (*fig*) Neuzeit *f*

нога́ *f A e2* ❶ Bein *nt*; ❷ (*ступня́*) Fuß *m*; **~ в ги́псе** Gipsbein *nt*; **идти́ в но́гу со вре́менем** (*fig*) mit der Zeit Schritt halten; **но́ги колесо́м** O-Beine; **поста́вить на но́ги** (*fig*) auf die Beine stellen

но́готь <*gen sg:* но́гтя> *m K2 ple1* ❶ (*на ноге́*) Fingernagel *m*; ❷ (*на ноге́*) Zehennagel *m*

нож *m K e* Messer *nt*

но́жка *f A* ❶ Beinchen *nt*; **свина́я ~** Eisbein *nt* ❷ (*ступня́*) Füßchen *nt*; ❸ (*стола́, штати́ва и т.п.*) Bein *nt*; **~ сту́ла** Stuhlbein *nt*; **ци́ркуля** Schenkel *m* ❹ (БОТ) Stiel *m*

но́жницы <*gen pl:* -ниц> *f pl A* Schere *f*

но́жны <*gen pl:* -жен> *f pl A* Scheide *f*; **вложи́ть меч в ~** (*fig*) den Krieg beenden

ноздря́ *f A1* (АНАТ) Nasenloch *nt*

НОК *abk von* Национа́льный Олимпи́йский Комите́т *m* Nationales Olympisches Komitee *nt*

нокаути́ровать *vt E2 impf/pf* (*auch fig*) schlagen

ноль *m K1* Null *f*

номенклату́ра *f A* ❶ Nomenklatur *f*; ❷ in Sowjetrussland Verzeichnis der wichtigsten Führungspositionen; ❸ (*fig:* **вы́сшие круги́**) Oberschicht *f*

но́мер *m K* ❶ Nummer *f*; **~ до́ма** Hausnummer *f*; **~ расчётного счёта** Kontonummer *f*; **~ телефо́на** Rufnummer *f*; **~ счёта** Kontonummer *f*; ❷ (*журна́ла*) Heft *nt*, Ausgabe *f*; ❸ (*в гости́нице*) Hotelzimmer *nt*, Appartment *nt*; **двухме́стный ~** Doppelzimmer *nt*; **одноме́стный ~** Einbettzimmer *nt*; ❹ (*разме́р*) Größe *f*

номерно́й *adj* Nummern-; **~ знак** (АВТО) Nummernschild *nt*

номина́л *m K* (ЭКОН: *номина́льная сто́имость*) Nennwert *m*, Nominalwert *m*; **по ~у** zum Nennwert

номина́льный <*kf:* -лен, -льна> *adj* nominell, Nominal-; **номина́льная сто́имость** (ЭКОН) Nennwert *m*

Норве́гия *f A2* Norwegen *nt*

норве́жец, норве́жка <*gen m:* -жца, -жцев, *gen sg f:* -жек> *m K / f A* Norweger, -in *m/f*

норве́жский *adj* norwegisch

но́рка *f A* ❶ (kleine) Höhle *f*; ❷ (ЗООЛ) Nerz *m*

но́рма *f A* ❶ Norm *f*; **~ произноше́ния** Aussprachenorm *f*; ❷ Rate *f*; **~ при́былиr** Profitrate *f*; **~ приро́ста** Zuwachsrate *f*

нормализова́ть *vt E2 impf/pf* ❶ normalisieren; ❷ (*ула́дить, утрясти́*) wieder ins Lot bringen

норма́льный <*kf:* -лен, -льна> *adj* normal

нормати́в *m K* ❶ (ЭКОН) Richtsatz *m*; ❷ (СПОРТ) Leistungsforderung *f*

нормати́вный *adj* normativ, Normativ-

норми́рование *nt O2* Normung *f*, Normierung *f*

норми́рова́ть *vt E2 impf/pf* normen

нос <*präpos sg:* о но́се, в носу́> *m K ple* ❶ Nase *f*; **~ крючко́м** Hakennase *f*; **вздёрнутый ~**

Stupsnase *f*; **води́ть за ~** (*fig*) an der Nase herumführen; **заруби́ть себе́ на ~у** (*fig*) sich hinter die Ohren schreiben; **оста́ться с ~ом** (*fig*) leer ausgehen; **на ~у вы́боры** (*fig*) die Wahlen stehen vor der Tür; **на ~у коне́ц го́да** das Jahr geht bald zu Ende ② (суд) Bug *m*

носи́лки *pl A* Tragbahre *f*

носи́льщик *m K* Gepäckträger *m*

носи́тель *m K1* Träger *m*; **~ языка́** Muttersprachler *m*; **раке́та-~** (тех) Trägerrakete *f*; **~ обще́ственного мне́ния** Meinungsführer *m*

носи́ть <*präs:* ношу́, но́сишь> *vt I unbest* (*best:* **нести́**) (*auch fig*) tragen

носи́ться <*präs:* ношу́сь, но́сишься> *vr I impf* hin- und herlaufen

но́ский <*kf:* -сок, -ска́> *adj* (*об оде́жде*) haltbar, strapazierfähig

носово́й *adj* ① Nasen-; **носово́е кровотече́ние** Nasenbluten *nt* ② (линг) nasal

носо́к <*gen sg:* -ска́> *m K e* ① Socke *f*; ② (*у о́буви*) Schuhspitze *f*; ③ (*ноги́*) Fußspitze *f*; **на носка́х** auf den Zehenspitzen

носоро́г *m K* (зоол) Nashorn *nt*, Rhinozeros *nt*

ностальги́я *f A2* ① Nostalgie *f*; ② (*тоска́, меланхо́лия*) Sehnsucht *f*

но́та *f A* ① (муз) Note *f*; ② (пол) Note *f*; **~ проте́ста** Protestnote *f*

нотариа́льный *adj* notariell; **нотариа́льная конто́ра** Notariat *nt*

нота́риус *m K* Notar, -in *m/f*

нота́ция *f A2* ① Moralpredigt *f*, Gardinenpredigt *f*; ② (муз) Notierung *f*, Notenschrift *f*

но́тный *adj* Noten-; **~ ключ** (муз) Notenschlüssel *m*

но́у-ха́у *nt indekl* (экон) Know-how *nt*, Fachwissen *nt*

ночёвка *f A* Übernachtung *f*

ночле́г *m K* ① Übernachtungsmöglichkeit *f*; ② (*ночёвка*) Übernachtung *f*

ночно́й *adj* Nacht-, nächtlich; **ночна́я сме́на** Nachtschicht *f*; **ночна́я рабо́та** Nachtarbeit *f*

ночь *f I ple1* Nacht *f*; **по ноча́м** nachts; **споко́йной но́чи!** gute Nacht!

но́чью *adv* nachts, in der Nacht

но́ша *f A* Last *f*

ноя́брь *m K1* November *m*

НПС *abk von* нало́г на доба́вленную сто́имость *m* Mehrwertsteuer *f*

нрав *m K* Gemüt *nt*, Naturell *nt*

нра́виться *vr I impf* (*pf:* по-) ① gefallen, behagen; **не ~** missfallen ② (*о пи́ще*) schmecken

нравоуче́ние *nt O2* Moralpredigt *f*

нра́вственность *f I* Sittlichkeit *f*

нра́вственный <*kf:* -вен, -венна> *adj* sittlich

НТР *abk von* нау́чно-техни́ческая револю́ция *f* wissenschaftlich-technische Revolution *f*

ну! *interj* na!

нувори́ш *m K* (*pej*) Neureiche(r) *m*

нуди́зм *m K* Nudismus *m*, Freikörperkultur *f*

ну́дный <*kf:* -ден, -дна́> *adj* langweilig, monoton

нужда́ *f A pls* ① Not *f*; ② (*потре́бность*) Bedürfnis *nt*; ③ (*нехва́тка*) Mangel *m*; **жить в нужде́** Not leiden; **спрвля́ть нужду́** seine Notdurft verrichten

нужда́ться *vr E impf* ① (*в чём-ли́бо*) brauchen, benötigen; ② (*терпе́ть нужду́*) Not leiden

нужда́ющийся **I.** *adj* bedürftig; **~ в по́мощи** hilfsbedürftig; **II.** *wie adj* Bedürftige(r) *mf*, Arme(r) *mf*

нулево́й *adj* Null-; **~ вариа́нт** Nulllösung *f*; **нулева́я то́чка** Nullpunkt *m*

нуль *m K1* Null *f*; **начина́ть с ну́ля** bei Null anfangen

нумера́ция *f A2* Nummerierung *f*

нумерова́ть *vt E2 impf* (*pf:* за-, про-) nummerieren, durchnummerieren

нутро́ *nt O e* (*umg*) Inneres *nt*, Seele

f; **это мне не по нутру́** das geht mir gegen den Strich
ны́не *adv* heute, jetzt
ны́нешный *adj* (*umg*) jetzig, derzeitig
ныря́льщик, ныря́льщица *m K / f A* Taucher, -in *m/f*
ны́тик *m K* Quengler *m*
ныть <*präs:* но́ю, но́ешь> *vi E8 impf* quengeln, jammern
нытьё *nt O1 e* Quengelei *f*, Nörgelei *f*
нюа́нс *m K* Nuance *f*
ню́хать *vt E impf* (*pf:* по-) 1 riechen; **~ таба́к** Tabak schnupfen 2 (*принюхиваться*) schnuppern
ня́ня <*gen pl:* ня́нь, ня́ней> *f A1* 1 Babysitterin *f*; 2 (*за грани́цей*) Au pair *nt*; 3 (*в больни́це*) Krankenpflegerin *f*

Oo

о, О[1] *nt indekl kyrillischer Buchstabe*
о[2] *präp +präpos* (*vor Vokalen:* **об**) über, von, zu; **~ чём** worüber, wovon; **ду́мать ~ бу́дущем** an die Zukunft denken
оа́зис *m K* Oase *f*
обанкро́титься <*fut:* -о́чусь, -о́тишься> *vr I pf* 1 (экон) bankrottgehen, pleitegehen, Konkurs anmelden; 2 (*fig: потерпе́ть неуда́чу*) scheitern
оба, обе, оба <*gen:* обо́их, обе́их, обо́их> *num m/f/nt* beide; **мы ~** wir beide; **обе́ими рука́ми** mit beiden Händen
обая́ние *nt O2* Charme *m*, Anziehungskraft *f*, Attraktivität *f*
обая́тельный <*kf:* -лен, -льна> *adj* 1 (*очарова́тельный*) charmant; 2 (*симпати́чный*) sympathisch
обва́л *m K* Einsturz *m*; **го́рный ~** Bergrutsch *m*
обвести́ <*fut:* -веду́, -ведёшь> *vt E6a pf* (*impf:* обводи́ть) 1 herumführen; 2 (*окружи́ть*) umgeben, umringen; 3 (спорт) umspielen
обветша́лый <*kf:* -а́л> *adj* (*о постро́йке*) baufällig
обвива́ть *vt E impf* (*pf:* обви́ть) umschlingen
обвине́ние *nt O2* 1 Anschuldigung *f*, Beschuldigung *f*; **выдвига́ть** [*o* **предъявля́ть**] **~ кому́-л.** einen Vorwurf erheben (gegen *+akk*) 2 (юр) Anklage *f*
обвини́ть *vt I pf* (*impf:* обвиня́ть) 1 anklagen, beschuldigen; 2 (*упрекну́ть, приписа́ть*) vorwerfen, unterstellen; 3 (юр: *уличи́ть, изобличи́ть*) belasten
обвиня́емый *m wie adj* (юр) Angeklagte(r) *m*
обви́сший *adj* 1 (*дря́блый*) schlaff, schlapp; 2 (*вися́щий*) hängend
обви́ть <*fut:* обовью́, обовьёшь> *vt E4c pf* (*impf:* обвива́ть) umschlingen
обвора́живать *vt E impf* (*pf:* обворожи́ть) entzücken
обгова́ривать *vt E impf* (*pf:* обговори́ть) absprechen, besprechen, vereinbaren
обгоня́ть *vt E impf* (*pf:* обогна́ть) überholen, überrunden
обгоре́вший *adj* angebrannt
обде́лать *vt E pf* (*impf:* обде́лывать) bearbeiten; **~ де́ло** (*umg*) deichseln
обдели́ть *vt I pf* (*impf:* обделя́ть) übervorteilen
обду́мать *vt E pf* (*impf:* обду́мывать) überdenken, durchdenken

обе́гать *vt E pf* (*umg*) ablaufen, abklappern
обе́д *m K* ① Mittagessen *nt*; **по́сле ~а** nachmittags; **сего́дня по́сле ~а** heute Nachmittag; **у нас в 12 ~** wir haben um 12 Uhr Mittagspause; ② (*пра́здничное засто́лье*) Festessen *nt*
обе́дать *vi E impf* (*pf:* по-) speisen, zu Mittag essen
обе́денный *adj* Mittags-; **обе́денное вре́мя** Mittagszeit *f*; **~ переры́в** Mittagspause *f*; **~ стол** Esstisch *m*; **в обе́денное вре́мя** mittags
обезбо́ливание *nt O2* (МЕД) Betäubung *f*
обезбо́ливающий *adj* Betäubungs-; **обезбо́ливающее сре́дство** Betäubungsmittel *nt*
обезгла́вить <*fut:* -влю, -вишь> *vt I pf* (*impf:* обезгла́вливать) ① köpfen; ② (*geh: лиши́ть руково́дства*) der Führung berauben
обезжи́ренный *adj* fettarm, mager; **обезжи́ренное молоко́** Magermilch *f*
обезлю́деть <*nur 3. pers:* -еет> *vi E pf* menschenleer werden
обезобра́живать *vt E impf* (*pf:* обезобра́зить) verunstalten
обезья́на *f A* (ЗООЛ) Affe *m*; **человекообра́зная ~** Menschenaffe *m*
оберега́ть *vt E impf* (*pf:* оберe̍чь) (*от чего́-либо*) behüten (vor *+dat*)
обёртка *f A* Einschlagpapier *nt*, Hülle *f*
обескура́живать *vt E impf* (*pf:* обескура́жить) entmutigen
обеспе́чение *nt O2* ① (*де́йствие*) Sicherstellung *f*, Absicherung *f*; ② (ЭКОН: *покры́тие, сохра́нность*) Deckung *f*, Sicherung *f*; ③ (*гара́нтия*) Gewährleistung *f*; **аппара́тное ~** (ОБДАН) Hardware *f*; **прога́ммное ~** (ОБДАН) Software *f*
обеспе́ченный *adj* gutsituiert, begütert
обеспе́чивать *vt E impf* (*pf:* обеспе́чить) ① (*гаранти́ровать*) sichern, sicherstellen, gewährleisten, ermöglichen; ② (*снабжа́ть чем-л.*) versorgen (mit *+dat*); ③ (ЭКОН) decken
обесси́ленный *adj* erschöpft
обесцве́тить <*fut:* -цве́чу, -цве́тишь> *vt I pf* (*impf:* обесцве́чивать) ① bleichen, entfärben; ② (*во́лосы*) blondieren
обесце́нивание *nt O2* (ЭКОН) Entwertung *f*; **~ де́нег** Inflation *f*, Geldentwertung *f*
обесце́нивать *vt E impf* (*pf:* обесце́нить) entwerten, abwerten, wertlos machen
обесче́стить <*fut:* -е́щу, -е́стишь> *vt I pf* (*impf:* бесче́стить) entehren
обеща́ние *nt O2* Versprechen *nt*; **дава́ть ~** ein Versprechen geben; **сдержа́ть ~** ein Versprechen halten
обеща́ть *vt E impf* (*pf:* по-) (*кому́-л. что-л.*) versprechen
обжа́лование *nt O2* (ЮР) Berufung *f*, Appellation *f*
обже́чь <*fut:* обожгу́, обожжёшь> *vt UE4 pf* (*impf:* обжига́ть) ① verbrennen; ② (*кипятко́м*) verbrühen
обжо́ра *f A* (*umg, pej*) Vielfraß *m*, Fresssack *m*
обзавести́сь <*fut:* -еду́сь, -едёшься> *v + inst E6 pf* (*impf:* обзаводи́ться) sich anschaffen, sich ausstatten (mit *+dat*); **~ семьёй** eine Familie gründen
обзва́нивать *vt E pf* (*impf:* обзвони́ть) durchrufen, herumtelefonieren
обзо́р *m K* Überblick *m*
обива́ть *vt E impf* (*pf:* оби́ть) ① beschlagen; ② (*ме́бель*) polstern; **~ поро́ги** (*fig*) Klinken putzen
оби́вка *f A* Bezug *m*, Polsterung *f*
оби́да *f A* ① (*чу́вство оби́ды*) Betroffenheit *f*, Schmerz *m*; ② (*оскорбле́ние*) Beleidigung *f*, Kränkung *f*

оби́деть <*fut:* оби́жу, оби́дишь> *vt I pf* (*impf:* обижа́ть) beleidigen, kränken; **он му́хи не оби́дит** (*fig*) er kann keiner Fliege etw zuleide tun

оби́деться <*fut:* оби́жусь, оби́дишься> *vr I pf* (*impf:* обижа́ться) beleidigt sein, sich gekränkt fühlen

оби́дчивый <*kf:* -ив> *adj* leicht beleidigt

оби́женный *adj* ❶ gekränkt, verletzt; ❷ (*неприя́тно поражённый*) befremdet

оби́лие *nt O2* ❶ (*изоби́лие*) Überfluss *m*; ❷ (*избы́ток*) Fülle *f*

оби́льный <*kf:* -лен, -льна> *adj* reichlich, reichhaltig

обиня́к *m K e:* **без ~о́в** ohne Umschweife, klipp und klar

обита́емый <*kf:* -а́ем> *adj* ❶ bewohnt; ❷ (*жило́й*) bewohnbar

обита́тель, обита́тельница *m K / f A* Bewohner, -in *m/f*

обита́ть *vt E impf* bewohnen

оби́ть <*fut:* обобью́, обобьёшь> *vt E4c pf* (*impf:* обива́ть) beschlagen, polstern

обихо́д *m K* ❶ (*укла́д жи́зни, повседне́вность*) Alltag *m*; ❷ (*испо́льзование в быту́*) Gebrauch *m*, Bedarf *m*; **предме́ты дома́шнего ~а** Haushaltswaren *pl*

обкле́ивать *vt E impf* (*pf:* обкле́ить) bekleben

обкра́дывать *vt E impf* (*pf:* обокра́сть) bestehlen

обла́ва *f A* Razzia *f*

облага́ть *vt E impf* (*pf:* обложи́ть) ❶ (*окружа́ть чем-л.*) umlegen; ❷ (*покрыва́ть*) bedecken, zudecken; ❸ (*затя́гивать*) überziehen; ❹ (*окружа́ть*) umzingeln; **~ нало́гом** (*fig*) besteuern

облагора́живание *nt O2* Veredelung *f*

облада́ние *nt O2* Besitz *m*

облада́тель *m K1* ❶ Besitzer *m*; ❷ (ЮР) Inhaber *m*

облада́ть *v + inst E impf* ❶ besitzen, verfügen (über *+akk*); ❷ (*vulg:* *же́нщиной*) ficken

о́блако <*gen pl:* -о́в> *nt O ple* Wolke *f*

обла́мывать *vt E impf* (*pf:* облома́ть) abbrechen

обласка́ть *vt E pf* ❶ gütig behandeln; ❷ (*fig, arch:* *осы́пать ми́лостями*) begünstigen

о́бласть *f I* ❶ *Bezeichnung für viele Subjekte der Russischen Föderation*; **О́мская ~** Gebiet Omsk; ❷ (*окре́сности*) Gegend *f*, Umgebung *f*; ❸ (*fig: сфе́ра*) Gebiet *nt*, Bereich *m*; **~ зна́ний** Fachgebiet *nt*, Wissensgebiet *nt*

о́блачность *f I* Bewölkung *f*

о́блачный <*kf:* -чен, -чна> *adj* wolkig, bewölkt

облега́ть <*nur 3. pers:* -га́ет> *vi E impf* (*pf:* обле́чь) (*о пла́тье*) sich schmiegen, eng anliegen

облегча́ть *vt E impf* (*pf:* облегчи́ть) erleichtern; **~ со́весть** sein Gewissen entlasten

облегче́ние *nt O2* ❶ Erleichterung *f*, Befreiung *f*; ❷ (*упроще́ние*) Vereinfachung *f*

облеза́ть *vi E impf* (*pf:* обле́зть) ❶ (*о волоса́х*) ausfallen; ❷ (*о кра́ске*) abbröckeln

обле́ниваться *vr E impf* (*pf:* облени́ться) faul werden, vergammeln

облепи́ха *f A* (БОТ) Sanddorn *m*

облесе́ние *nt O2* Aufforstung *f*, Bewaldung *f*

облета́ть I. *vt E impf* (*pf:* облете́ть) ❶ (*вокру́г чего́-л.*) etw umfiegen, fliegen (um *+akk*); ❷ (*fig:* *бы́стро распространя́ться*) durchlaufen, von Mund zu Mund fliegen; **II.** *vi E impf* (*pf:* облете́ть) (*осыпа́ться*) abfallen

облига́ция *f A2* (ЭКОН) Schuldverschreibung *f*, Obligation *f*

о́блик *m K* ❶ (*вне́шний вид*) Antlitz *nt*; ❷ (*хара́ктер, своеобра́зие*) Charakter *m*,

О

Eigenart *f*, Gepräge *nt*

обличе́ние *nt O2* ① (**изобличе́ние**) Überführung *f*, Entlarvung *f*; ② (**обвине́ние**) Beschuldigung *f*

обло́жка *f A* Umschlag *m*, Cover *nt*

облока́чиваться *vr E impf* (*pf:* облокоти́ться) sich mit dem Ellenbogen aufstützen

облупи́ться <*nur 3. pers:* облу́пится> *vr I pf* (*impf:* лупи́ться) ① (**о ко́же и т.п.**) abgehen; ② (**о ла́ке, кра́ске и т.п.**) abbröckeln, abblättern

облуче́ние *nt O2* (физ) Bestrahlung *f*

обма́кивать *vt E impf* (*pf:* обмакну́ть) eintauchen

обма́н *m K* Betrug *m*, Täuschung *f*; **~ зре́ния** optische Täuschung *f*

обману́ть <*fut:* -ану́, -а́нешь> *vt E1 pf* (*impf:* обма́нывать) täuschen, betrügen, belügen

обма́нчивый <*kf:* -ив> *adj* betrügerisch, täuschend

обма́нщик, **обма́нщица** *m K f A* Betrüger, -in *m/f*

обме́н *m K* ① (**ме́на, разме́н**) Tausch *m*, Wechsel *m*; ② (**заме́на**) Austausch *m*, Umtausch *m*; **~веще́ств** Stoffwechsel *m*; **пункт ~а валю́ты** Wechselstube *f*

обме́нивать *vt E impf* (*pf:* обменя́ть) ① (**на что-ли́бо**) tauschen, eintauschen (gegen +*akk*); ② (**де́ньги на другу́ю валю́ту**) einwechseln (in +*akk*)

обме́ниваться *v + inst E impf* (*pf:* обменя́ться) wechseln, tauschen

обме́нный *adj* (экон) Wechsel-; **~ курс** Wechselkurs *m*

обмолоти́ть <*fut:* -лочу́, -ло́тишь> *vt I pf* (*impf:* молоти́ть) dreschen

обморо́женный *adj* erfroren; **обморо́женное ме́сто** Frostbeule *f*

о́бморок *m K* Bewusstlosigkeit *f*, Ohnmacht *f*; **упа́сть в ~** in Ohnmacht fallen,

обмыва́ть *vt E impf* (*pf:* обмы́ть) ① waschen, reinigen; ② (**поко́йника**) *den Leichnam vor der Grablegung waschen (orthodoxes Ritual)*

обнадёживать *vt E impf* (*pf:* обнадёжить) hoffen lassen, Hoffnungen erwecken

обнадёживающий *adj* vielversprechend

обнажа́ть *vt E impf* (*pf:* обнажи́ть) ① entblößen; ② (**са́блю и т.п.**) ziehen, zücken; ③ (*fig:* **раскрыва́ть**) bloßstellen, aufdecken

обнажённый *adj* ① (**челове́к**) nackt, bloß; ② (**са́бля**) blank; ③ (**фа́кты**) offengelegt

обнаро́дование *nt O2* Publikmachen *nt*, Verkündigung *f*

обнаро́довать *vt E* veröffentlichen

обнаруже́ние *nt O2* ① (**откры́тие, нахожде́ние, распозна́ние**) Entdecken *nt*, Auffinden *nt*, Erkennen *nt*; **~ оши́бок** (ОБДАН) Fehlererkennung *f*; ② (**проявле́ние**) Hervortreten *nt*

обнару́живать *vt E impf* (*pf:* обнару́жить) ① (**открыва́ть, находи́ть, распознава́ть**) entdecken, auffinden, erkennen; ② (**разоблача́ть**) zum Vorschein bringen, offenbaren; ③ (**проявля́ть, выска́зывать**) zeigen, erbringen

обнару́живаться *vr E impf* (*pf:* обнару́житься) sich zeigen

обнима́ть *vt E impf* (*pf:* обня́ть) umarmen

обнови́ть <*fut:* -влю́, -ви́шь> *vt I pf* (*impf:* обновля́ть) erneuern, neugestalten, aktualisieren

обновле́ние *nt O2* Erneuerung *f*, Modernisierung *f*

обню́хать *vt E pf* (*impf:* обню́хивать) beschnuppern

обня́ть <*fut:* -ниму́, -ни́мешь> *vt E9a pf* (*impf:* обнима́ть) umarmen

обобща́ть *vt E impf* (*pf:* обобщи́ть) ① verallgemeinern, generalisieren; ② (**резюми́ровать**) zusammenfassen;

❸ (*испо́льзовать*) auswerten
обобще́ние *nt O2* ❶ Verallgemeinerung *f*; ❷ (*резюме́*) Zusammenfassung *f*; ❸ (*испо́льзование*) Auswertung *f*
обогати́ть <*fut:* -ащу́, -ати́шь> *vt I pf* (*impf:* обогаща́ть) ❶ (*чем-л.*) anreichern; ❷ (ГОР) aufbereiten; ❸ (*fig:* **допо́лнить**) bereichern, ergänzen
обогаще́ние *nt O2* ❶ Bereicherung *f*; ❷ (ГОР) Aufbereitung *f*
обогна́ть <*fut:* обгоню́, обго́нишь> *vt I pf* (*impf:* обгоня́ть) überholen
обогрева́ть *vt E pf* (*impf:* обогре́ть) ❶ wärmen; ❷ (*ота́пливать*) beheizen
о́бод *m K* Felge *f*
обожестви́ть <*fut:* -влю́, ви́шь> *vt I pf* (*impf:* обожествля́ть) vergöttern
обозли́ться <*fut:* -злю́сь, зли́шься> *vr I pf* (*impf:* зли́ться) sich erzürnen, in Wut geraten
обознача́ть *vt E impf* (*pf:* обозна́чить) ❶ markieren, kennzeichen; ❷ (*зна́чить*) bedeuten, besagen
обозначе́ние *nt O2* ❶ (*де́йствие*) Bezeichnung *f*, Kennzeichnung *f*; ❷ (*наименова́ние*) Bezeichnung *f*; ❸ (*на ка́рте*) Markierung *f*
обозрева́ть *vt E impf* (*pf:* обозре́ть) überblicken
обозри́мый <*kf:* -и́м> *adj* absehbar
обо́и <*gen pl:* -о́ев> *pl K2* Tapete *f*; **окле́ивать обо́ями** tapezieren
обойти́ <*fut:* -йду́, -йдёшь> *vt E7a pf* (*impf:* обходи́ть) (*auch fig*) umgehen, übergehen
обойти́сь <*fut:* -йду́сь, -йдёшься> *vr E7a pf* (*impf:* обходи́ться) ❶ (*с кем-ли́бо*) behandeln, umgehen (mit +*dat*); ❷ (*чем-ли́бо*) auskommen (mit +*dat*); ❸ (*без чего́-ли́бо*) entbehren können
обокра́сть <*fut:* обкраду́, обкрадёшь> *vt E6a pf* (*impf:* обкра́дывать) bestehlen
оболва́нивать *vt E impf* (*pf:* оболва́нить) verdummen
оболо́чка *f A* Hülle *f*; **земна́я ~** Erdkruste *f*
обольсти́тельный <*kf:* -лен, -льна> *adj* verführerisch
обольсти́ться <*fut:* -льщу́сь, -льсти́шься> *vr I pf* (*impf:* обольщаться) sich verführen [*o* verleiten] lassen
обоня́ние *nt O2* Geruchssinn *m*
обоня́ть *vt E impf* (*geh*) riechen
обо́рванный <*kf:* -ан> *adj* (*umg*) zerlumpt
оборва́ть <*fut:* -рву́, -рвёшь> *vt E4 pf* (*impf:* обрыва́ть) ❶ (*сорва́ть*) abreißen; ❷ (*разорва́ть*) zerreißen; ❸ (*fig:* **ре́зко останови́ть**) abbrechen, scharf unterbrechen
обо́рка *f A* Krause *f*, Rüsche *f*
оборо́на *f A* (ВОЕ) Verteidigung *f*, Abwehr *f*; **министе́рство оборо́ны** Verteidigungsministerium *nt*
оборони́тельный *adj* defensiv, Verteidigungs-
оборо́нка *f A* (*umg:* **оборо́нная промы́шленность**) Rüstungindustrie *f*
оборо́т *m K* ❶ (*колеса́*) Umdrehung *f*; ❷ (*направле́ние*) Wendung *f*; ❸ (ЭКОН) Umlauf *m*, Umsatz *m*; ❹ (*оборо́тная сторона́*) Kehrseite *f*, Rückseite *f*; **см. на оборо́те** bitte wenden; **на ~е** auf der Rückseite; **~ ре́чи** (ЛИНГ) Redewendung *f*
оборо́тный *adj* ❶ Kehr-; ❷ (ЭКОН) Umlauf-; **оборо́тная сторона́** Kehrseite *f*; Rückseite *f*
обору́дование *nt O2* Ausrüstung *f*, Ausstattung *f*, Einrichtung *f*
обору́довать *vt E2 impf/pf* einrichten, ausstatten
обоснова́ние *nt O2* Begründung *f*
обосно́ванность *f I* Stichhaltigkeit *f*
обосно́ванный <*kf:* -ан> *adj* stichhaltig, begründet
обоснова́ть *vt E2 pf* (*impf:*

обосно́вывать) begründen

обоснова́ться *vr E2 pf* (*impf:* обосно́вываться) ❶ (*посели́ться*) sich niederlassen; ❷ (*где-л., в ка́честве кого́-л.*) sich etablieren

обосо́бить <*fut:* -блю, -би́шь> *vt I pf* (*impf:* обособля́ть) ausgrenzen, absondern

обособле́ние *nt O2* Absonderung *f*, Isolierung *f*

обостре́ние *nt O2* Verschärfung *f*

обостри́ть <*fut:* -рю́, -ри́шь> *vt I pf* (*impf:* обостря́ть) verschärfen, zuspitzen

обостри́ться <*fut:* -рю́сь, -ри́шься> *vr I pf* (*impf:* обостря́ться) sich verschärfen, zunehmen

обраба́тывать *vt E impf* (*pf:* обрабо́тать) ❶ bearbeiten, abarbeiten, erledigen; ❷ (СЕЛХОЗ) bestellen, bewirtschaften

О

обрабо́тка *f A* ❶ Bearbeitung *f*; ❷ (*облагора́живание*) Veredelung *f*; ❸ (ОБДАН) **~ да́нных** Datenverarbeitung *f*; (*ана́лиз*) Datenauswertung *f*; **электро́нная ~ да́нных** elektronische Datenverarbeitung *f*

обра́довать *vt E2 pf* (*impf:* ра́довать) erfreuen

о́браз *m K* ❶ (*вид, о́блик*) Erscheinung *f*; ❷ (*представле́ние*) Bild *nt*; ❸ (*литерату́рный*) Gestalt *f*; ❹ (*спо́соб*) Weise *f*, Art *f*; **~ врага́** Feindbild *nt*; **~ мы́слей** Denkweise *f*; **~ жи́зни** Lebensweise *f*, Lebensstil *m*, Lebenswandel *m*

образе́ц <*gen sg:* -зца́> *m K e* ❶ Muster *nt*, Vorbild *nt*; ❷ (ТЕХ) Probe *f*, Prüfstück *nt*

о́бразный <*kf:* -зен, -зна> *adj* bildhaft, figürlich

образова́ние[1] *nt O2* ❶ (*формирова́ние*) Gestaltung *f*, Herausbildung *f*; ❷ (*возникнове́ние*) Bildung *f*, Entstehung *f*; ❸ (*фо́рмация*) Formation *f*, Gebilde *nt*

образова́ние[2] *nt O2* (*просвеще́ние*) Bildung *f*; **вы́сшее ~** Hochschulbildung *f*

образо́ванный <*kf:* -ан> *adj* gebildet, kultiviert

образова́ть *vt E2 pf* (*impf:* образо́вывать) ❶ bilden; ❷ (*основа́ть*) gründen

образова́ться *vi E2 pf* (*impf:* образо́вываться) ❶ sich bilden; ❷ (*возни́кнуть*) entstehen

образцо́вый <*kf:* -о́в> *adj* beispielhaft, mustergültig

обра́мить <*fut:* -млю, -мишь> *vt I pf* (*impf:* обрамля́ть) einfassen, umrahmen

обрати́ть <*fut:* -ащу́, -ати́шь> *vt I pf* (*impf:* обраща́ть) ❶ hinwenden, zuwenden; ❷ (*fig*) lenken, richten; ❸ verwandeln

обрати́ться <*fut:* -ащу́сь, -ати́шься> *vr I pf* (*impf:* обраща́ться) ❶ (*к кому́-л.*) sich wenden, sich richten (an +*akk*); ❷ (*преврати́ться*) sich verwandeln

обра́тный *adj* ❶ (*веду́щий, напра́вленный наза́д*) zurück, Rück-; ❷ (*противополо́жный*) entgegengesetzt, konträr, Gegen-; **~ биле́т** Rückfahrkarte *f*; **обра́тная свя́зь** Rückkoppelung *f*, Feedback *nt*

обраща́емость *f I* Umlaufgeschwindigkeit *f*

обраща́ть *vt E impf* (*pf:* обрати́ть) ❶ hinwenden, zuwenden; ❷ (*fig: направля́ть*) lenken, richten; ❸ (*превраща́ть*) verwandeln; **~ внима́ние на что-л.** seine Aufmerksamkeit richten (auf +*akk*); **не ~ на что-л. внима́ние** hinwegsehen (über +*akk*) ❹ (РЕЛ: *auch fig*) bekehren (zu +*dat*)

обраща́ться *vr I impf* (*pf:* обрати́ться) ❶ (*с кем-л./чем-л.*) verfahren, vorgehen, umgehen (mit +*dat*); **уме́ть ~ с чем-л.** etw handhaben ❷ (*к кому́-л.*) sich wenden (an +*akk*); ❸ (*к официа́льному лицу́ по како́му-л. де́лу*) vorsprechen (wegen *+gen*); **~ за сове́том** um Rat fragen; **~ с вопро́сом к кому́-л.** eine Frage richten (an *+akk*); **~ к кому́-л. с про́сьбой** mit einer Bitte herantreten (an *+akk*); **~ к кому́-л. за по́мощью** jdn um Hilfe bitten; ❹ (*загова́ривать с кем-л.*) ansprechen, anreden; **~ на Вы** siezen ❺ (*превраща́ться*) sich verwandeln (in *+akk*)

обраще́ние *nt O2* ❶ (*с кем-л./чем-л.*) Umgang *m* (mit *+dat*); ❷ (*к кому́-л.*) Anrede *f*; ❸ (*заявле́ние, посла́ние, воззва́ние*) Schreiben *nt*, Botschaft *f*, Aufruf *m*; **~ к наро́ду** Appell *m* an das Volk; **~ в инста́нции** Instanzenweg *m*; ❹ (*к резе́рвам, запа́сам*) Rückgriff *m* (auf *+akk*); ❺ (ТЕХ, ЭКОН) Umlauf *m*; ❻ (РЕЛ) Bekehrung *f*

обреза́ние *nt O2* (РЕЛ) Beschneidung *f*

обре́зать *<fut:* -ре́жу, -ре́жешь*>* *vt E4 pf* (*impf:* обре́зать) ❶ beschneiden; ❷ (*садо́вые дере́вья*) stutzen; ❸ (*отре́зать*) abschneiden

обремени́тельный *<kf:* -лен, -льна*>* *adj* ❶ (*тяжёлый, утоми́тельный*) beschwerlich; ❷ (*тя́гостный*) lästig

обременя́ть *vt E* ❶ belasten, beschweren; ❷ (*беспоко́ить кого́-л. чем-л.*) belästigen (mit *+dat*)

оброни́ть *<fut:* -оню́, -они́шь*>* *vt I pf* ❶ fallen lassen, verlieren; ❷ (*fig: сло́во*) nebenbei bemerken

обруга́ть *vt E pf* (*impf:* руга́ть) schimpfen, beschimpfen

о́бруч *m K* Reifen *m*

обруча́ться *vr E impf* (*pf:* обручи́ться) sich verloben

обру́шение *nt O2* Einsturz *m*

обру́шиваться *vr E impf* (*pf:* обру́шиться) ❶ einstürzen; ❷ (*fig: о несча́стьях, бе́дах и т.п.*) heimsuchen

обры́в *m K* Abgrund *m*, Abhang *m*

обрыва́ть *vt E impf* (*pf:* оборва́ть) ❶ (*срыва́ть*) abreißen; ❷ (*Früchte: я́годы, цветы́*) pflücken; ❸ (*ре́зко остана́вливать*) abbrechen, unterbrechen

обры́вок *<gen sg:* -вка*>* *m K* Bruchstück *nt*, Fetzen *m*

обры́згать *vt E pf* (*impf:* обры́згивать) bespritzen

обсервато́рия *f A2* Observatorium *nt*, Sternwarte *f*

обсле́дование *nt O2* Untersuchung *f*, Test *m*; **~ на СПИД** Aidstest *m*

обслу́живание *nt O2* ❶ Betreuung *f*, Bedienung *f*; **медици́нское ~** ärztliche Versorgung *f*; ❷ (*пассажи́ров*) Abfertigung *f*; ❸ (*те́хники*) Wartung *f*, Bedienung *f*, Service *m*

обслу́живать *vt E impf* (*pf:* обслужи́ть) ❶ bedienen; ❷ (*забо́титься о ком-л./чём-л.*) betreuen

обста́вить *<fut:* -влю. -вишь*>* *vt I pf* (*impf:* обставля́ть) (*кварти́ру*) herrichten, möblieren, ausstatten

обстано́вка *f A* ❶ (*ситуа́ция*) Lage *f*, Situation *f*; ❷ (*атмосфе́ра*) Atmosphäre *f*, Klima *nt*; ❸ (*в кварти́ре и т.п.*) Ausstattung *f*, Einrichtung *f*

обстоя́тельный *<kf:* -лен, -льна*>* *adj* ❶ (*подро́бный, дета́льный*) ausführlich, eingehend; ❷ (*основа́тельный*) gründlich, umständlich

обстоя́тельство *nt O* ❶ Umstand *m*; ❷ (ЛИНГ) Adverb *nt*; **обстоя́тельства де́ла** Sachlage *f*

обстре́л *m K* Beschuss *m*

обсуди́ть *<fut:* -ужу́, -у́дишь*>* *vt I pf* (*impf:* обсужда́ть) besprechen, erörtern, diskutieren

обсужда́ть *vt E impf* (*pf:* обсуди́ть) beraten, besprechen, diskutieren

обсужде́ние *nt O2* Besprechung *f*, Diskussion *f*

обсчита́ть *vt E pf* (*impf:*

обсчи́тывать) ① (*обману́ть*) übervorteilen, prellen; ② (*произвести́ расчёт*) rechentechnisch erfassen

обсчита́ться *vi E pf* (*impf:* обсчи́тываться) sich verrechnen

обта́чивать *vt E impf* (*pf:* обточи́ть) abschleifen

обтека́емый <*kf:* -ем> *adj* stromlinienförmig

обтрёпываться *vr E impf* (*pf:* обтрепа́ться) ausfransen

обу́гливаться *vr E impf* (*pf:* обу́глиться) verkohlen

обу́за *f A* (*fig:* *бре́мя*) Last *f*, lästige Verpflichtung *f*

обузда́ть *vt E pf* (*impf:* обу́здывать) zügeln, bändigen

обусла́вливать, обусло́вливать *vt E impf* (*pf:* обусло́вить) ① (*служи́ть причи́ной*) bedingen; ② (*служи́ть осно́вой*) Grundlage sein (für *+akk*)

обустра́ивать *vt E impf* (*pf:* обустро́ить) ① (*интегри́ровать*) eingliedern, integrieren; ② (*наводи́ть поря́док*) ordnen, Ordnung schaffen

обустро́йство *nt O* Eingliederung *f*, Integration *f*

о́бух *m K* Beilrücken *m*

обуча́ть *vt E impf* (*pf:* обучи́ть) ① lehren, schulen; ② (*како́й-л. специа́льности*) ausbilden; ③ (*преподава́ть*) unterrichten

обуча́ться *v + dat E impf* (*pf:* обучи́ться) ① lernen; ② (*како́й-л. специа́льности*) ausgebildet werden; ~ **ремеслу́** ein Handwerk erlernen ③ (*в ву́зе*) studieren

обуче́ние *nt O2* ① (*преподава́ние*) Unterricht *m*; ② (*подгото́вка*) Ausbildung *f*, Lehre *f*; ③ (*ку́рсы*) Schulung *f*, Training *nt*; **заочное ~** Fernstudium *nt*

обхо́д *m K* ① Rundgang *m*; ② (*обхо́дный манёвр*) Umgehung *f*, Umgehen *nt*; **врачебный ~** (МЕД) Visite *f*

обходи́тельный <*kf:* -лен, -льна> *adj* ① (*коммуника́бельный*) umgänglich, gesellig; ② (*предупреди́тельный*) zuvorkommend

обходи́ть <*präs:* -хожу́, -хо́дишь> *vt I impf* (*pf:* обойти́) ① (*auch fig:* *вокру́г чего́-л.*) umgehen; **~ кого́-л. за версту́** jdn meiden, einen Bogen machen (um *+akk*); **~ вопро́с** eine Frage umgehen; ② (*umg:* *быва́ть где-л., у кого́-л.*) abklappern, ablaufen; ③ (*fig:* *не учи́тывать*) übergehen, benachteiligen; ④ (*fig:* *о слу́хах*) sich verbreiten

обходи́ться <*präs:* -хожу́сь, -хо́дишься> *vr I impf* (*pf:* обойти́сь) ① (*с кем-ли́бо*) behandeln, umgehen (mit *+dat*); ② (*чем-ли́бо*) auskommen (mit *+dat*); ③ (*без чего́-ли́бо*) entbehren können; **не име́ть возмо́жности ~ без чего́-л.** angewiesen sein (auf *+akk*)

обши́вка *f A* ① Bezug *m*, Polsterung *f*; ② (*кайма́*) Borte *f*; ③ (*металли́ческая*) Beschlag *m*

обща́ться *vr E impf* ① Umgang haben, verkehren (mit *+dat*); ② (*име́ть конта́кты*) Kontakte haben

общежи́тие *nt O2* ① Wohnheim *nt*; ② (*обще́ственный быт*) Gemeinschaftsleben *nt*; **студе́нческое ~** Studentenwohnheim *nt*

обще́ние *nt O2* Umgang *m*, Verkehr *m*, Kommunikation *f*

обще́ственность *f I* ① Öffentlichkeit *f*; ② (*о́бщество*) Allgemeinheit *f*, Allgemeinwesen *nt*; **свя́зи с ~ю** Öffentlichkeitsarbeit *f*; **стать достоя́нием обще́ственности** an die Öffentlichkeit gelangen

обще́ственный *adj* ① gesellschaftlich, Gesellschafts-; ② (*публи́чный*) öffentlich; ③ (*коллекти́вный, социа́льный*) gemeinschaftlich, sozial;

~ **тра́нспорт** öffentliche Verkehrsmittel *nt pl*; **в обще́ственных места́х** in der Öffentlichkeit; ~ **строй** (социол) Gesellschaftssystem *nt*

о́бщество *nt O* ① Gesellschaft *f*; ② (*организа́ция*) Gesellschaft *f*, Verband *m*, Vereinigung *f*, Verein *m*; **в о́бществе друзе́й** im Kreise von Freunden; **акционе́рное ~** (экон) Aktiengesellschaft *f*; **спорти́вное ~** Sportverein *m*

обществове́дение *nt O2* Sozialkunde *f*, Gemeinschaftskunde *f*

о́бщий <*kf:* общ, обща́> *adj* gesamt, allgemein; **в о́бщем и це́лом** im Großen und Ganzen; **име́ть что-л. о́бщее с кем-л./чем-л.** etw gemein haben (mit +*dat*); **о́бщее бла́го** Wohlfahrt *f*, Gemeinwohl *nt*

общи́на *f A* Gemeinde *f*

общи́тельность *f I* Geselligkeit *f*, Aufgeschlossenheit *f*, Kontaktfreudigkeit *f*

общи́тельный <*kf:* -лен, -льна> *adj* gesellig, aufgeschlossen, kontaktfreudig

о́бщность *f I* ① (*совпаде́ние*) Gemeinsamkeit *f*; ② (*совоку́пность*) Gemeinschaft *f*; **~ интере́сов** Interessengemeinschaft *f*

объедине́ние *nt O2* ① (*де́йствие*) Vereinigung *f*, Zusammenschluss *m*; ② (*сою́з*) Vereinigung *f*, Verband *m*; ③ (экон: *конце́рн и т.п.*) Interessengemeinschaft *f*; **~ Герма́нии** Wiedervereinigung *f* Deutschlands

объединённый *adj* vereint, geeint; **объединённая Германия** das vereinte Deutschland; **объединёнными уси́лиями** mit vereinten Kräften

объедини́ть *vt I pf* (*impf:* **объедня́ть**) ① (*слить, сплоти́ть*) vereinigen; ② (*связа́ть*) verknüpfen, zusammenfassen

объедини́ться *vr I pf* (*impf:* **объединя́ться**) ① sich vereinigen; ② (*с кем-л. про́тив кого́-л.*) sich (mit jdm gegen jdn) verbünden

объе́зд *m K* ① Rundfahrt *f*; ② (*кружно́й путь*) Umweg *m*, Umleitung *f*

объе́здить <*fut:* -зжу, -здишь> *vt I pf* (*impf:* **объезжа́ть**) bereisen

объезжа́ть *vt E impf* (*pf:* **объе́здить, объе́хать**) ① bereisen; ② (*все места́*) alles abfahren; ③ (*е́хать в объе́зд*) umfahren; ④ (*верхову́ю ло́шадь*) zureiten

объе́кт *m K* ① (*предме́т*) Objekt *nt*, Gegenstand *m*; **неопо́знанный лета́ющий ~** [*o* **НЛО**] Ufo *nt* ② (*цель*) Ziel *nt*; ③ (*сооруже́ние*) Anlage *f*

объекти́в *m K* (фот) Objektiv *nt*

объекти́вность *f I* Objektivität *f*

объекти́вный <*kf:* -вен, -вна> *adj* objektiv

объём *m K* Umfang *m*, Volumen *nt*; **~ груди́** Oberweite *f*; **~ па́мяти** (ОБДАН) Speicherkapazität *f*

объёмистый <*kf:* -ист> *adj* (*umg*) umfassend, voluminös

объёмный <*kf:* -мен, -мна> *adj* umfangreich

объе́хать <*fut:* -е́ду, -е́дешь> *vt UE2 pf* (*impf:* **объезжа́ть**) ① bereisen; ② umfahren; ③ alles abfahren

объяви́ть <*fut:* -явлю́, -я́вишь> *vt I pf* (*impf:* **объявля́ть**) ① erklären; ② bekannt geben, bekannt machen, verkünden

объяви́ться <*fut:* -явлю́сь, -я́вишься> *vr I pf* (*impf:* **объявля́ться**) sich einfinden, auftauchen

обы́чай *m K2* Brauch *m*, Sitte *f*; **наруша́ть стари́нный ~** einen alten Brauch brechen

обы́чный <*kf:* -чен, -чна> *adj* ① (*привы́чный*) üblich, regulär; ② (*обыкнове́нный*) gewöhnlich; ③ (*сре́дний, посре́дственный*) normal, durchschittlich; ④ (*общепри́нятый*) konventionell, herkömmlich, regulär; **обы́чное ка́чество** Durchschnitt *m*

обя́занность *f I* ❶ Pflicht *f*, Verpflichtung *f*; ❷ (*должностна́я*) Funktion *f*, Aufgabe *f*; **э́то вхо́дит в его́ ~** dies gehört zu seinen Pflichten; **исполня́ющий ~и** [*o* **и.о.**] (АДМИН) designiert

обя́занный <*kf:* -ан, -ана> *adj* verpflichtet

обяза́тельный <*kf:* -лен, -льна> *adj* ❶ (*обя́зывающий*) verbindlich; ❷ (*не факультати́вный*) obligatorisch, Pflicht-; **~ предме́т** Pflichtfach *nt* ❸ (*зна́ющий свой долг*) pflichtbewusst

обяза́тельство *nt O* Verpflichtung *f*

обя́зывать *vt E impf* (*pf:* обяза́ть) verpflichten

обя́зываться *vr E* engagieren, sich verpflichten

ова́льный *adj* oval

ова́ция *f A2* Ovation *f*; **бу́рные ова́ции** frenetischer Beifall *m*

овдове́вший *adj* verwitwet

овёс *m K* (БОТ) Hafer *m*

ове́чий *adj* Schafs-

ове́чка *f A* (ЗООЛ) Schäfchen *nt*; **неви́нная ~** (*fig*) Unschuldslamm *nt*

овладева́ть *v + inst E impf* (*pf:* овладе́ть) ❶ (ВОЕ) einnehmen; ❷ (*зна́ниями*) erlernen; ❸ (*справля́ться с чем-л.*) meistern, beherrschen

о́вощи <*gen pl:* -щей> *m pl K1* Gemüse *nt*

овся́ный *adj* Hafer-; **овся́ные хло́пья** Haferflocken *pl*

овца́ <*nom pl:* о́вцы, *gen pl:* ове́ц> *f A* (ЗООЛ) Schaf *nt*

овча́рка <*gen pl:* -рок> *f A* (ЗООЛ) Schäferhund *m*; **неме́цкая ~** der deutsche Schäferhund *m*

ога́рок <*gen sg:* -рка> *m K* Kerzenstummel *m*

огласи́ть <*fut:* -ашу́, -аси́шь> *vt I pf* (*impf:* оглаша́ть) bekanntgeben, mitteilen, publik machen

огла́ска *f A* Verbreiten *nt*, Ausplaudern *nt*; **предава́ть огла́ске** an die Öffentlichkeit bringen; **э́то не подлежи́т огла́ске** dies ist vertraulich zu behandeln

оглаше́ние *nt O2* Offenlegung *f*

огло́бля *f A1* Deichsel *f*

оглуша́ть *vt E impf* (*pf:* оглуши́ть) betäuben

оглуши́тельный <*kf:* -лен, -льна> *adj* ohrenbetäubend

огляде́ться <*fut:* -яжу́сь, -яди́шься> *vr I pf* (*impf:* огля́дываться) ❶ sich umsehen, umblicken; ❷ (*fig: привы́кнуть*) sich umsehen, heimisch werden

о́гненный <*kf:* -нен, -ненна> *adj* feurig

огнетуши́тель *m K1* Feuerlöscher *m*

огнеупо́рный <*kf:* -рен, -рна> *adj* feuerfest

огова́ривать *vt E impf* (*pf:* оговори́ть) ❶ vereinbaren, ausbedingen; **~ сра́зу** von vornherein hinweisen; ❷ (*umg: черни́ть*) verleumden

огово́рка *f A* ❶ Versprecher *m*; ❷ (*ограниче́ние*) Vorbehalt *m*, Einschränkung *f*; ❸ (ЮР) Klausel *f*; **с огово́ркой** mit Vorbehalt

оголённый *adj* entblößt; **~ про́вод** (ЭЛЕК) frei liegende Leitung *f*

ого́нь <*gen sg:* огня́, *nom pl:* огни́> *m K1 e* Feuer *nt*; **вы́сечь ~** Feuer schlagen; **олимпи́йский ~** olympisches Feuer *nt*; **быть ме́жду двух огне́й** (*fig*) zwischen die Fronten geraten sein

огора́живать *vt E impf* (*pf:* огороди́ть) umzäunen, einzäunen

огоро́д *m K* Gemüsegarten *m*

огороди́ть <*fut:* -ожу́, -о́дишь> *vt I pf* (*impf:* огора́живать) umzäunen

огорча́ть *vt E impf* (*pf:* огорчи́ть) ❶ (*раздража́ть*) verärgern; ❷ (*разочаро́вывать*) enttäuschen, bekümmern

огорче́ние *nt O2* Verdruss *m*

огорчённый *adj* betrübt

огра́бить <*fut:* -блю, -бишь> *vt I pf*

(*impf:* гра́бить) ① ausrauben, berauben; ② (*соверши́ть кра́жу со взло́мом*) einbrechen; **~ банк** (*umg*) eine Bank knacken

ограбле́ние *nt O2* ① Beraubung *f*; ② (*разбо́йничье нападе́ние*) Raubüberfall *m*

огражде́ние *nt O2* ① Umzäunung *f*, Einzäunung *f*; ② (*доро́жное и т.п.*) Absperrung *f*

ограниче́ние *nt O2* ① Beschränkung *f*, Einschränkung *f*; **без ограниче́ний** unbeschränkt ② (*сокраще́ние*) Drosselung *f*; **~ ско́рости** (АВТО) Tempolimit *nt*

ограни́ченность *f I* ① Begrenztheit *f*; ② (*fig: у́мственная нера́звитость*) Beschränktheit *f*

ограни́ченный <*kf:* -чен> *adj* ① beschränkt, knapp; ② (*о челове́ке*) beschränkt, borniert, stur

ограни́чивать *vt E impf* (*pf:* ограни́чить) ① begrenzen, beschränken, einschränken; ② (*лимити́ровать*) limitieren

ограни́чиваться *v + inst E impf* (*pf:* ограни́читься) ① sich beschränken (auf *+akk*); ② (*дово́льствоваться чем-л.*) es bewenden lassen (bei, mit *+dat*)

огро́мный <*kf:* -мен, -мна> *adj* ① riesig, riesengroß, Riesen-; ② (*мо́щный*) gewaltig

огу́льный <*kf:* -лен, -льна> *adj* (*pej*) unterschiedslos, pauschal

огуре́ц <*gen sg:* -рца́> *m K e* Gurke *f*

ода́лживать *vt E impf* (*pf:* одо́лжить) borgen, leihen

одарённый <*kf:* -ён> *adj* begabt, talentiert

ода́ривать *vt E impf* (*pf:* одари́ть) schenken, bescheren

одева́ть *vt E impf* (*pf:* оде́ть) anziehen, ankleiden

оде́жда *f A* Kleidung *f*, Bekleidung *f*

оде́рживать *vt E impf* (*pf:* одержа́ть) erringen; **~ побе́ду над кем-л.** einen Sieg erringen (über *+akk*)

одержи́мый <*kf:* -и́м> *adj* besessen

оде́тый *adj* angezogen; **быть оде́тым во что-л.** etw anhaben, etw tragen

оде́ть <*fut:* -е́ну, -е́нешь> *vt E9b pf* (*impf:* одева́ть) anziehen, ankleiden

одея́ло *nt O* Decke *f*, Bettdecke *f*; **стёганое ~** Steppdecke *f*; **шерстяно́е ~** Wolldecke *f*

одея́ние *nt O2* Gewand *nt*

оди́н, **одна́, одно́** *num m/ f/ nt* ① eins; ② eine(r, s); **оди́н за други́м** einer nach dem anderen; **оди́н из основа́телей** Mitbegründer *m*; **оди́н к одному́** ganz genau wie; **я́сно одно́** eines steht fest

одина́ковый <*kf:* -ов> *adj* ① gleich; ② (*похо́жий*) ähnlich; ③ (*совпода́ющий*) konform; **в одина́ковой ме́ре** gleichermaßen

оди́ннадцать *num* elf

одино́кий I. <*kf:* -о́к> *adj* ① (*поки́нутый*) einsam, verlassen; ② (*живу́щий оди́н*) allein stehend, allein lebend; **II.** *m wie adj* ① allein stehende Person *f*; ② (*воспи́тывающий в одино́чку*) allein erziehende Person *f*

одино́чество *nt O* Einsamkeit *f*, Alleinsein *nt*; **чу́вство одино́чества** Vereinsamung *f*; **остава́ться в одино́честве** vereinsamen

одино́чный *adj* Einzel-; **одино́чная ка́мера** Einzelzelle *f*

одна́ *siehe* **оди́н**

одна́жды *adv* einmal, einst

одна́ко *konj* jedoch, allerdings

одно́ *siehe* **оди́н**

одно- *präfix* ① ein-; ② *bezeichnet Zugehörigkeit zu demselben*

одновре́ме́нный <*kf:* -е́нен, -е́нна> *adj* gleichzeitig, simultan

одногоди́чный *adj* einjährig

одноднéвный *adj* eintägig

однозна́чный <*kf:* -чен, -чна> *adj* ① eindeutig; ② (*недвусмы́сленный*) unmissverständlich; **~ вы́вод** eindeutige Schlussfolgerung *f*

одноимённый <*kf:* -ёнен, -ённа> *adj* gleichlautend

однока́шник, однока́шница *m K / f A* ① (*umg*) Klassenkamerad, -in *m/f*, Mitschüler, -in *m/f*; ② (*в ву́зе*) Kommilitone, Kommilitonin *m/f*

однокла́ссник, однокла́ссница *m K f A* Klassenkamerad, -in *m/f*

однообра́зие *nt O2* Einerlei *nt*, Eintönigkeit *f*, Monotonie *f*

однообра́зный <*kf:* -зен, -зна> *adj* einförmig, eintönig, monoton

однора́зовый *adj* einmalig, Einweg-; **однора́зовая та́ра** Einwegverpackung *f*; **~ шприц** Einwegspritze *f*

одноро́дный <*kf:* -ден, -дна> *adj* ① gleichartig; ② (*гомоге́нный*) homogen

односторо́нний <*kf:* -о́нен, -о́ння> *adj* einseitig

одноэта́жный *adj* einstöckig

одобре́ние *nt O2* Billigung *f*, Zustimmung *f*

одо́брить *vt I pf* (*impf:* одобря́ть) billigen, gutheißen; **не ~** missbilligen

одолева́ть *vt E impf* (*pf:* одоле́ть) übermannen, überkommen; **его́ одолева́ют сомне́ния** er wird von Zweifeln geplagt

одолже́ние *nt O2* Gefallen *m*, Gefälligkeit *f*; **сде́лать кому-л. ~** jdm einen Gefallen tun

одолжи́ть <*fut:* -жу́, -жи́шь> *vt I pf* (*impf:* ода́лживать) borgen, leihen

одува́нчик *m K* (БОТ) Löwenzahn *m*

одура́чить *vt I pf* (*impf:* дура́чить) übertölpeln

одурма́нить *vt I pf* (*impf:* дурма́нить) berauschen, betäuben, umnebeln

ожере́лье *nt O1* Halskette *f*, Collier *nt*

ожесточе́ние *nt O2* Verbitterung *f*

ожесточённый *adj* erbittert, verbissen

оживи́ть <*fut:* -влю́, -ви́шь> *vt I pf* (*impf:* оживля́ть) wiederbeleben, animieren; **~ эконо́мику** (ЭКОН) die Wirtschaft ankurbeln

оживи́ться <*fut:* -влю́сь, -ви́шься> *vr I pf* (*impf:* оживля́ться) aufleben

оживле́ние *nt O2* ① Betrieb *m*, Betriebsamkeit *f*; **там цари́ло ~** dort herrschte reges Leben; ② (ЭКОН: *эконо́мики*) Belebung *f*

оживлённость *f I* Lebhaftigkeit *f*

оживлённый <*kf:* -ён> *adj* ① belebt; ② (*fig:* *бо́йкий*) lebhaft, rege; **оживлённая торго́вля** lebhafter Handel *m*

ожида́ние *nt O2* ① Warten *nt*, Erwartung *f*; ② (*наде́жда*) Hoffnung *f*; **по́лный ожида́ний** erwartungsvoll

ожида́ть *vt E impf* ① erwarten; ② (*предвкуша́ть*) entgegensehen; **как и сле́довало ~** erwartungsgemäß

ожо́г *m K* ① Verbrennung *f*; ② (*ра́на от ожо́га*) Brandwunde *f*

озабо́ченность *f I* Besorgnis *f*, Besorgtheit *f*

озабо́ченный <*kf:* -чен> *adj* besorgt, sorgenvoll

озагла́вить <*fut:* -влю, -вишь> *vt I pf* (*impf:* озагла́вливать) betiteln, benennen

озада́ченный <*kf:* -ен> *adj* ① (*поста́вленный в тупи́к*) verdutzt, stutzig; ② (*смущённый*) verlegen; ③ (*поражённый, ошеломлённый*) betroffen, bestürzt, verblüfft

озада́чивать *vt E impf* (*pf:* озада́чить) ① (*ста́вить в тупи́к*) stutzig machen; ② (*приводи́ть в замеша́тельство*) in Verlegenheit bringen; ③ (*поража́ть, ошеломля́ть*) bestürzen, verblüffen

озаре́ние *nt O2* (*auch fig*) Erleuchtung *f*

озари́ть <*nur 3. pers:* -и́т> *vt I pf* (*impf:* озаря́ть) ① (*освети́ть*) bescheinen; ② (*auch fig*) erleuchten

озву́чивать *vt E impf* (*pf:* озву́чить) vertonen

оздорови́ть <*fut:* -влю́, -ви́шь> *vt I pf* (*impf:* оздоровля́ть) ① gesund machen; ② sanieren

оздоровле́ние *nt O2* ① Gesundung *f*; ② (экон: *сана́ция*) Sanierung *f*, Erneuerung *f*

озелене́ние *nt O2* Begrünung *f*

о́зеро <*pl:* озёра, озёр, озёрам> *nt O* See *m*; **иску́сственное ~** Stausee *m*, Baggersee *m*

озло́бленный <*kf:* -ен> *adj* verbittert, erbost

ознако́мить <*fut:* -млю, -мишь> *vt I pf* (*impf:* знако́мить) ① (*с чем-л.*) bekannt machen (mit *+dat*); ② (*ввести́ в курс де́ла*) einführen (in *+akk*)

ознако́миться <*fut:* -млюсь, -мишься> *vr I pf* (*impf:* ознакомля́ться) Einblick gewinnen, sich vertraut machen

ознакомле́ние *nt O2* ① (*просмо́тр, прове́рка*) Einsicht(nahme) *f* (in *+akk*); ② (*взгляд на что-л.*) Einblick *m* (in *+akk*); ③ (*введе́ние во что-л.*) Einführung *f* (in *+akk*)

ознаменова́ть *vt E2 pf* (*impf:* знаменова́ть) ① (*geh: собо́й что-л.*) bedeuten; ② (*отпра́зновать*) begehen

означа́ть *vt E impf* bedeuten

озно́б *m K* ① (мед) Schüttelfrost *m*; ② (*дрожь, тре́пет*) Schauder *m*, Schauer *m*

озоле́ние *nt O2* Veraschung *f*, Veraschen *nt*

озо́н *m K* Ozon *nt*

озо́новый *adj* Ozon-; **озо́новая дыра́** Ozonloch *nt*; **~ слой** Ozonschicht *f*

озорни́к *m K e* Schlingel *m*, Strolch *m*

озорно́й *adj* mutwillig

озорство́ *nt O e* Ausgelassenheit *f*, Übermut *m*

озя́бнуть *vi E1a pf* (*impf:* зя́бнуть) frieren

оказа́ние *nt O2* Bezeigung *f*; **~ по́мощи** Hilfeleistung *f*

оказа́ть <*fut:* -ажу́, -а́жешь> *vt E4 pf* (*impf:* ока́зывать) erweisen, bezeigen; **~ дове́рие** Vertrauen entgegenbringen; **~ услу́гу** einen Dienst erweisen; **~ честь** Ehre erweisen

оказа́ться <*fut:* -ажу́сь, -а́жешься> *vr + inst E4 pf* (*impf:* ока́зываться) ① (*очути́ться*) hingeraten, gelangen, sich finden; ② (*предста́ть в действи́тельности*) sich erweisen, sich entpuppen (als *+nom*); ③ (*unpersönlich*) sich herausstellen; **оказа́лось, что ...** es stellte sich heraus, dass ...

окайми́ть <*fut:* -млю́, -ми́шь> *vt I pf* (*impf:* окаймля́ть) umsäumen, einfassen

ока́нчивать *vt E impf* (*pf:* око́нчить) ① beenden, zum Abschluss bringen; ② (*те́хникум, вуз*) absolvieren

ока́нчиваться *vr E impf* (*pf:* око́нчить) enden, zu Ende gehen, seinen Abschluss finden

океа́н *m K* Ozean *m*; **за ~ом** in Übersee

о́кись *f I* (хим: *окси́д*) Oxyd *nt*; **~ ме́ди** Patina *f*

оккупа́нт *m K* (вое) Besatzer *m*, Eindringling *m*

оккупацио́нный *adj* (вое) Besatzungs-; **оккупацио́нная держа́ва** Besatzungsmacht *f*

оккупа́ция *f A2* (вое) Besatzung *f*

оккупи́ровать *vt E2 impf/pf* (вое) besetzen, einnehmen

окла́д *m K* ① Gehalt *nt*; ② (*военнослу́жащих*) Besoldung *f*

оклевета́ть <*fut:* -ещу́, -е́щешь> *vt E4 pf* (*impf:* клевета́ть) verleumden

окно́ *nt O pls* (обдан) Fenster *nt*

око́вы <*gen pl:* око́в> *f pl A* Fesseln *pl*

околдова́ть *vt E2 pf* (*impf:* околдо́вывать) ① verzaubern, behexen; ❷ (*fig:* *очарова́ть*) bezaubern, faszinieren

о́коло *präp +gen* etwa, circa, um

око́льный *adj* (*о доро́ге*) umständlich, nicht direkt; **~ путь** Umweg *m*

оконча́ние *nt O2* ❶ (*заверше́ние*) Beendigung *f*, Abschluss *m*; ❷ (*коне́ц*) Ende *nt*, Schluss *m*; **~ ве́чера** Ausklang *m* des Abends; **~ рабо́ты** Feierabend *m*; ❸ (ЛИНГ: *сло́ва*) Endung *f*; ❹ (*в ша́хматах*) Endspiel *nt*

оконча́тельный <*kf:* -лен, -льна> *adj* ❶ (*заключи́тельный*) abschließend; ❷ (*не подлежа́щий пересмо́тру*) endgültig; ❸ (*определённый*) definitiv

око́нчить *vt I pf* (*impf:* ока́нчивать) ❶ beenden; ❷ absolvieren

око́п *m K* (ВОЕ) Schützengraben *m*, Schanze *f*

О

окочене́вший *adj* ❶ erstarrt; ❷ (*от хо́лода*) klamm

око́шко *f A* ❶ kleines Fenster *nt*; ❷ (*на по́чте*) Schalter *m*; ❸ (*в ба́нке*) Kassenschalter *m*

окра́ина *f A* Rand *m*, Randgebiet *nt*; **~ го́рода** Stadtrand *m*; **~ ле́са** Waldrand *m*

окра́сить <*fut:* окра́шу, окра́сишь> *vt I pf* (*impf:* окра́шивать) ❶ färben, anstreichen; ❷ (*сде́лать кра́сным, румя́ным*) röten

окра́ска *f A* ❶ Färbung *f*; ❷ (*отте́нок*) Farbton *m*

окрести́ть <*fut:* -ещу́, -е́стишь> *vt I pf* (*impf:* крести́ть) ❶ (РЕЛ) taufen; ❷ (*umg:* *назва́ть*) nennen, taufen

окре́стный *adj* umliegend

о́круг *m K* (АДМИН) Bezirk *m*, Distrikt *m*

округле́ние *nt O2* ❶ (*auch fig*) Abrundung *f*; ❷ (*fig:* *су́ммы*) Pauschalierung *f*

округли́ть *vt I pf* (*impf:* округля́ть) ❶ (*auch fig*) abrunden; ❷ (*о чи́слах в сто́рону повыше́ния*) aufrunden; ❸ (*fig:* *су́мму*) pauschalieren

окру́глый <*kf:* -у́гл> *adj* rundlich, kugelrund

окружа́ть *vt E impf* (*pf:* окружи́ть) einkreisen, umringen, umzingeln

окружа́ющий *adj* umgebend; **окружа́ющие** (*nur pl*) Mitmenschen *pl*; **окружа́ющая среда́** Umwelt *f*

окруже́ние *nt O2* Umfeld *nt*, Umgebung *f*; **в чьём-л. окруже́нии** im Kreise (*+gen*); **попа́сть в ~** (ВОЕ) in einen Kessel geraten

окружи́ть *vt I pf* (*impf:* окружа́ть) einkreisen, umringen, umzingeln

окрылённый *adj* beschwingt

окрыли́ть *vt I pf* (*impf:* окрыля́ть) beflügeln; **успе́х его́ окрыли́л** der Erfolg hat ihn beflügelt

октя́брь *m K1* Oktober *m*

окули́ст *m K* Augenarzt, -ärztin *m/f*

окуна́ть *vt E impf* (*pf:* окуну́ть) eintauchen

о́кунь *m K1* Barsch *m*

окупа́ться *vr E impf* (*pf:* окупи́ться) ❶ sich auszahlen; ❷ (*сто́ить, быть вы́годным*) sich lohnen

оку́ривать *vt E impf* (*pf:* окури́ть) räuchern

оку́рок <*gen sg:* -рка> *m K* Zigarettenkippe *f*

оку́тать *vt E pf* (*impf:* оку́тывать) einhüllen, umwickeln

ола́дья <*gen sg:* -ьи, *gen pl:* -дий> *f A1* Pfannkuchen *m*

олéнь *m K1* (ЗООЛ) Hirsch *m*; **се́верный ~** Rentier *nt*

оли́ва *f A* (БОТ) Olivenbaum *m*

оли́вка *f A* Olive *f*

оли́вковый *adj* ❶ Oliven-; **оли́вковое ма́сло** Olivenöl *nt* ❷ (*о цве́те*) olivgrün

олимпиа́да *f A* Olympiade *f*

олимпи́йский *adj* olympisch; **олимпи́йские и́гры** Olympische Spiele *pl*; **~ чемпио́н/олимпи́йская чемпио́нка** Olympiasieger, -in *m/f*

оли́фа *f A* Firnis *m*

олицетвори́ть *vt I pf* (*impf:* олицетворя́ть) verkörpern, personifizieren

о́лово *nt O* (ХИМ) Zinn *nt*

оловя́нный *adj* Zinn-; **~ солда́тик** Zinnsoldat *m*

о́лух *m K* (*umg*) Lümmel *m*

ольха́ *f A pls* (БОТ) Erle *f*

ома́р *m K* (ЗООЛ) Hummer *m*

омле́т *m K* Omelett *nt*

омола́живать *vt E impf* (*pf:* омолоди́ть) verjüngen

омрача́ть *vt E impf* (*pf:* омрачи́ть) ❶ verfinstern; ❷ (*fig:* ***броса́ть тень***) überschatten, verdüstern

он <*3. pers sg:* его́, ему́, его́, им, о нём> *pron pers* er

она́ <*3. pers sg:* её, ей, её, (е́ю) ей, о ней> *pron pers* sie

онани́зм *m K* Masturbation *f*

они́ <*3. pers pl:* их, им, их, и́ми, о них> *pron pers* sie

онла́йн-торго́вля *f A1* Onlinehandel *m*

оно́ <*3. pers sg:* его́, ему́, его́, им, о нём> *pron pers* es

ООН *abk von* Организа́ция Объединённых На́ций *f* UNO *f*

опада́ть *vi E impf* (*pf:* опа́сть) (***о ли́стьях***) (von den Bäumen) abfallen

опа́ла *f A* ❶ (*geh*) Ungnade *f*; ❷ (***объявле́ние вне зако́на***) Acht *f*, Bann *m*

опали́ть *vt I pf* (*impf:* пали́ть) versengen

опаса́ться *vr E impf* ❶ (***чего́-ли́бо***) fürchten, befürchten; ❷ (***за кого́-ли́бо***) bangen (um *+akk*)

опасе́ние *nt O2* ❶ Befürchtung *f*; ❷ (***сомне́ние***) Bedenken *pl*

опа́сность *f I* Gefahr *f*; **~ для жи́зни** Lebensgefahr *f*; **подверга́ть опа́сности** gefährden; **в слу́чае реа́льной опа́сности** im Ernstfall

опа́сный <*kf:* -сен, -сна> *adj* ❶ gefährlich, riskant; ❷ (***угрожа́ющий***) bedrohlich; **~ для жи́зни** lebensgefährlich

опе́ка *f A* ❶ Vormundschaft *f*, Obhut *f*, Bevormundung *f*; **находи́ться под опе́кой** unter Vormundschaft stehen; ❷ (ЮР) Treuhand *f*

опека́емый, опека́емая *nt wie adj* Mündel *nt*, Bevormundete *mf*

опека́ть *vt E impf* ❶ bevormunden; ❷ (***оберега́ть***) behüten; **ме́лочно ~** gängeln

опеку́н *m K e* Vormund *m*

о́пера *f A* ❶ (МУЗ) Oper *f*; ❷ (***о́перный теа́тр***) Opernhaus *nt*

операти́вный <*kf:* -вен, -вна> *adj* kurzfristig, prompt, schnell; **операти́вная па́мять** (ОБДАН) Arbeitsspeicher *m*

опера́тор *m K* ❶ (ТЕХ) Bedienungskraft *f*; ❷ (ТЕЛЕВИД, ФИЛМ) Kameramann *m*; ❸ (ОБДАН) Operator *m*, Operationsbefehl *m*

операциони́ст *m K* (***в ба́нке***) Schalterbeamte(r), -beamtin *m/f*

операцио́нная *f wie adj* (МЕД) Operationssaal *m*, OP *m*

операцио́нный *adj* Operations-, operativ; **~ зал** (***в ба́нке***) Schalterraum *m*; **операцио́нная систе́ма** (ОБДАН) Betriebssystem *nt*

опера́ция *f A2* ❶ (МЕД) Operation *f*, chirurgischer Eingriff *m*; **де́лать опера́цию** operieren; ❷ (ТЕХ) Arbeitsgang *m*, Operation *f*; ❸ (ЭКОН) Geschäft *nt*, Transaktion *f*; ❹ (ВОЕ) Aktion *f*

опереди́ть <*fut:* -ежу́,-еди́шь> *vt I pf* (*impf:* опережа́ть) ❶ überholen, zuvorkommen; ❷ (*fig:* ***превзойти́ кого́-л.***) übertreffen

опережа́ющий *adj* ❶ vorauseilend, beschleunigt; ❷ (*fig:* ***в разви́тии и т.п.***) überdurchschnittlich

опере́ние *nt O2* (***у птиц***) Gefieder *nt*

опере́тта *f A* (МУЗ) Operette *f*

опере́ться <*fut:* обопру́сь, обопрёшься> *vr E4b pf* (*impf:* опира́ться) ❶ (***на кого́-л./что-л., обо что-л.***) sich stützen (auf *+akk*); ❷ sich lehnen (an *+akk*); ❸ (*fig*) Unterstützung finden (bei *+dat*)

опе́рившийся *adj* flügge

O

опери́ровать I. *vt E2 impf/pf* ❶ (мед) operieren; ❷ (*geh:* *де́йствовать*) operieren, handeln; **II.** *v + inst E2 impf* (чем-л.) operieren, handhaben (mit *+dat*)
опери́ться *vr I pf* (*impf:* опери́ться) ❶ (*о птенца́х*) sich befiedern; ❷ (*fig: стать самостоя́тельным*) flügge werden
о́перный *adj* (муз) Opern-; **~ певе́ц** Opernsänger *m*; **~ теа́тр** Opernhaus *nt*
опеча́тать *vt E pf* (*impf:* опеча́тывать) versiegeln
опеча́тка *f A* ❶ Druckfehler *m*; ❷ (*при печа́тании на клавиату́ре*) Tippfehler *m*
опи́лки <*gen pl:* -лок> *f pl A* Sägespäne *pl*, Sägemehl *nt*
опира́ться *vr E impf* (*pf:* опере́ться) ❶ (*на кого́-л./что-л., обо что-л.*) sich stützen (auf *+akk*); ❷ (*облока́чиваться*) sich lehnen (an *+akk*); ❸ (*fig: находи́ть подде́ржку*) Unterstützung finden (bei *+dat*)
описа́ние *nt O2* Beschreibung *f*
описа́ть <*fut:* опишу́, опи́шешь> *vt E4 pf* (*impf:* опи́сывать) beschreiben
опи́ска *f A* ❶ Schreibfehler *m*; ❷ (*по невнима́тельности*) Flüchtigkeitsfehler *m*
о́пиум *m K* Opium *nt*
опла́та *f A* Bezahlung *f*, Zahlung *f*; **~ нали́чными** Barzahlung *f*; **~ труда́** Entgelt *nt*,; **почасова́я ~** Stundenlohn *m*
оплати́ть <*fut:* -ачу́, -а́тишь> *vt I pf* (*impf:* опла́чивать) ❶ bezahlen; ❷ vergüten
опла́чивать *vt E* ❶ bezahlen, zahlen, begleichen; ❷ (*вознагражда́ть за рабо́ту*) vergüten; **~ расхо́ды** die Kosten tragen; **~ прое́зд** Fahrgeld zahlen
оплодотвори́ть *vt I pf* (*impf:* оплодотворя́ть) befruchten
опло́т *m K* Bollwerk *nt*, Hochburg *f*
опло́шность *f I* ❶ (*про́мах*) Fehlgriff *m*; ❷ (*просту́пок*) Fehltritt *m*; **допусти́ть ~** einen Fehler machen
опозда́вший *m wie adj* Nachzügler *m*
опозда́ние *nt O2* Verspätung *f*
опозда́ть *vi E pf* (*impf:* опа́здывать) sich verspäten; **~ на по́езд** den Zug verpassen
опозо́рить *vt I pf* (*impf:* позо́рить) entehren, schänden
опозо́риться *vr I pf* (*impf:* позо́риться) sich blamieren, sich eine Blöße geben
о́ползень *m K1* (геол) Erdrutsch *m*
опо́мниться *vr I pf* sich besinnen, zur Besinnung kommen
опо́ра *f A* ❶ Stütze *f*, Halt *m*; ❷ (*опо́рная нога́*) Standbein *nt*; ❸ (*fig: подде́ржка*) Rückhalt *m*
опо́рный *adj* Stütz-; **~ пункт** Stützpunkt *m*
опорожни́ть *vt I pf* (*impf:* опорожня́ть) (*umg*) leeren, entleeren
оппозицио́нный *adj* (пол) oppositionell
оппози́ция *f A2* (пол) Opposition *f*
опра́ва *f A* ❶ Einfassung *f*, Fassung *f*; ❷ (*для очко́в*) Brillengestell *nt*
оправда́ние *nt O2* ❶ Rechtfertigung *f*, Entschuldigung *f*; ❷ (юр: *оправда́тельный пригово́р*) Freispruch *m*
оправда́ть *vt E pf* (*impf:* опра́вдывать) ❶ rechtfertigen; ❷ (*fig: вы́городить*) reinwaschen; ❸ (юр: *вы́нести оправда́тельный пригово́р*) freisprechen
опра́виться <*fut:* -влюсь, -ви́шься> *vr I pf* (*impf:* оправля́ться) ❶ (*попра́вить пла́тье и т.п.*) sich zurechtmachen; ❷ (*fig: прийти́ в себя́*) sich erholen; **~ от уда́ра** sich von einem Schlag erholen
опра́шивать *vt E impf* (*pf:* опроси́ть) abfragen, befragen

О

определе́ние *nt O2* ❶ Bestimmung *f*, Feststellung *f*; ❷ (***дефини́ция***) Definition *f*; ❸ (юр) Beschluss *m*; ❹ (лингв) Attribut *nt*
определённый <*kf:* -ёнен, -ённа> *adj* bestimmt, definitiv
определи́ть *vt I pf* (*impf:* **определя́ть**) ❶ (***установи́ть, вы́яснить***) ermitteln, bestimmen, ausmachen; ❷ (***установи́ть, назна́чить***) festlegen, festsetzen; ❸ (***дать определе́ние***) definieren
определять *vt E* festlegen, festsetzen
определя́ющий *adj* maßgebend, entscheidend
опро́бовать *vt E impf/pf* ❶ erproben; ❷ (***прове́рить***) prüfen
опроверга́ть *vt E impf* (*pf:* **опрове́ргнуть**) ❶ (***оспа́ривать***) bestreiten, dementieren; ❷ (***дава́ть опроверже́ние***) widerlegen, entkräften; ❸ (***официа́льно***) dementieren; ❹ (***отка́зываться***) widerrufen
опроверже́ние *nt O2* ❶ (***официа́льное***) Dementi *nt*; ❷ (***нагля́дное***) Gegendarstellung *f*; ❸ (***ре́плика***) Entgegnung *f*; ❹ (***отка́з***) Widerruf *m*
опроки́дывать *vt E impf* (*pf:* **опроки́нуть**) ❶ kippen, umstürzen; ❷ (*fig:* ***опроверга́ть***) umstoßen
опроки́дываться *vr E impf* (*pf:* **опроки́нуться**) ❶ umkippen; ❷ (суд) kentern
опро́с *m K* Umfrage *f*, Befragung *f*
опроси́ть <*fut:* -ошу́, -о́сишь> *vt I pf* (*impf:* **опра́шивать**) abfragen, befragen
опротестова́ть *vt E2 pf* (*impf:* **опротесто́вывать**) Einspruch erheben (gegen +*akk*)
о́птик *m K* Optiker, -in *m/f*
о́птика *f A* ❶ Optik *f*; ❷ (***магази́н***) Optikergeschäft *nt*
оптима́льный <*kf:* -лен, -льна> *adj* optimal, bestmöglich
оптими́зм *m K* ❶ Optimismus *m*; ❷ (***уве́ренность***) Zuversicht *f*
оптими́ст *m K* Optimist *m*
оптимисти́чный <*kf:* -чен, -чна> *adj* optimistisch, zuversichtlich
оптими́стка *f A* Optimistin *f*
о́птимум *m K* Optimum *nt*
опти́ческий *adj* optisch
опто́вый *adj:* **опто́вая торго́вля** Großhandel *m*; **~ торго́вец** [*o* **оптови́к**] Großhändler *m*
о́птом *adv* en gros
опубликова́ть *vt E2 pf* (*impf:* **опублико́вывать**) veröffentlichen; (***че́рез социа́льные се́ти***) posten
опуска́ть *vt E impf* (*pf:* **опусти́ть**) ❶ (***в почто́вый я́щик***) einwerfen; ❷ (***в во́ду***) eintauchen; ❸ (***вниз***) sinken lassen; ❹ (***пропуска́ть***) auslassen, weglassen
опуска́ться *vr E impf* (*pf:* **опусти́ться**) ❶ (***сесть***) sich setzen, sich niederlassen; ❷ (***о пти́це***) sich setzen; ❸ (***о лета́тельном аппара́те***) landen; ❹ (***о за́навесе***) fallen; ❺ (***понижа́ться***) sinken, heruntergehen; ❻ (***мора́льно, вне́шне***) verlottern, vergammeln, herunterkommen
опустоша́ть *vt E impf* (*pf:* **опустоши́ть**) ❶ verwüsten; ❷ (***разоря́ть***) zugrunde richten
опустоше́ние *nt O2* Verwüstung *f*
опустоши́тельный <*kf:* -лен, -льна> *adj* verheerend
о́пухоль *f I* (мед) Geschwulst *f*; **ра́ковая ~** Krebsgeschwür *nt*
опу́шка *f A* (***ле́са***) Waldrand *m*
опыле́ние *nt O2* ❶ (бот) Bestäubung *f*; ❷ (селхоз: ***ороше́ние***) Besprengung *f*
опыли́тель *m K1* Bestäuber *m*
опыли́ть *vt I pf* (*impf:* **опыля́ть**) (бот) bestäuben
о́пыт *m K* ❶ Erfahrung *f*, Erkenntnis *f*; **профессиона́льный ~** Berufserfahrung *f*; **по со́бственному ~у** aus eigener Erfahrung ❷ (***экспериме́нт***) Versuch *m*
о́пытный <*kf:* -тен, -тна> *adj* ❶ erfahren, versiert; ❷ (***быва́лый***)

О

routiniert; ③ (*ohne kf:* **про́бный**) Versuchs-, Pilot-; **~ экземпля́р** Muster *nt*

опьяне́ние *nt O2* ① Alkoholeinfluss *m*, Trunkenheit *f*; **в состоя́нии наркоти́ческого опьяне́ния** unter Drogeneinfluss; ② (*fig:* ***эйфо́рия***) Rausch *m*

опьяни́ть *vt I pf* (*impf:* **опьяня́ть**) berauschen

опя́ть *adv* wieder, noch einmal

ора́нжевый <*kf:* -ев> *adj* orange

оранжере́я *f A2* (БОТ) Gewächshaus *nt*

ора́тор *m K* Redner, -in *m/f*

ора́ть <*präs:* ору́, орёшь> *vi E4 impf* (*pf:* за-, на-) ① schreien, brüllen; ② (***галде́ть, ссо́риться***) grölen, krakeelen

орби́та *f A* (АСТРОН) Orbit *m*, Umlaufbahn *f*; **околозе́мная ~** Erdumlaufbahn *f*; **на орби́те** im Weltraum

орга́зм *m K* (БИОЛ) Orgasmus *m*, Höhepunkt *m*

о́рган *m K* ① (АНАТ) Organ *nt*; **~ чувств** Sinnesorgan *nt*; ② (***коми́ссия, колле́гия***) Gremium *nt*, Körperschaft *f*; ③ (АДМИН: ***инста́нция***) Behörde *f*, Dienststelle *f*; **~ы безопа́сности** Sicherheitsbehörde *f*; **госуда́рственные ~ы** Staatsorgane *nt pl*

орга́н *m K* (МУЗ) Orgel *f*

организа́тор *m K* Organisator *m*, Veranstalter *m*; **~ пое́здки** Reiseveranstalter *m*

организацио́нный *adj* organisatorisch

организа́ция *f A2* ① (***де́йствие***) Organisierung *f*, Organisation *f*; ② (***поря́док, структу́ра***) Organisation *f*, Struktur *f*; ③ (***учрежде́ние***) Institution *f*, Einrichtung *f*

органи́зм *m K* (БИОЛ) Organismus *m*

организова́ть *vt E2 impf/pf* ① organisieren, veranstalten; ② (***основа́ть***) gründen

органи́ст, **органи́стка** <*gen pl f:* -ток> *m K / f A* (МУЗ) Organist, -in *m/f*

о́ргия *f A2* Orgie *f*

оргте́хника *f A* Bürotechnik *f*

орда́ *f A pls* ① (ИСТ) Horde *f*; ② (*fig*) Horde *f*, Haufen *m*

о́рден *m K* ① Orden *m*, Auszeichnung *f*; ② (РЕЛ) Orden *m*

о́рдер *m K* ① Order *f*, Anweisung *f*; ② (***тало́н***) Gutschein *m*, Bezugsschein *m*; **~ на аре́ст** Haftbefehl *m*

ордина́рный <*kf:* -рен, -рна> *adj* gewöhnlich, durchschnittlich

орёл <*gen sg:* орла́> *m K e* (ЗООЛ) Adler *m*

оре́х *m K* ① Nuss *f*; **гре́цкий ~** Walnuss *f*; **лесно́й ~** Haselnuss *f*; **земляно́й ~** Erdnuss *f*; ② (***оре́ховое де́рево***) Nussbaum *m*

оре́шник *m K* Haselstrauch *m*

оригина́л *m K* ① (***по́длинник***) Original *nt*; ② (***образе́ц***) Vorlage *f*; ③ (***о челове́ке***) Sonderling *m*, Eigenbrötler *m*

оригина́льность *f I* ① Originalität *f*; ② (***характе́рная осо́бенность***) Eigenart *f*

оригина́льный <*kf:* -лен, -льна> *adj* ① (***по́длинный***) Original-, echt; ② (***своеобра́зный***) originell; **оригина́льная иде́я** neue Idee *f*; **оригина́льные те́ксты** Originaltexte *m pl*

ориента́ция *f A2* Orientierung *f*

ориенти́р *m K* Anhaltspunkt *m*, Orientierungshilfe *f*, Richtlinie *f*; **но́вые ~ы** neue Trends *m pl*

ориенти́ровать *vt E2 impf/pf* ① orientieren; ② (***информи́ровать***) unterrichten

ориенти́роваться *vr E2 impf/pf* (*pf:* с-) sich zurechtfinden, sich orientieren

ориентиро́вочный *adj* Orientierungs-, vorläufig; **по ориентиро́вочным да́нным** schätzungsweise

орке́стр *m K* (МУЗ) Orchester *nt*,

Kapelle *f*; **джа́зовый ~** Jazzkapelle *f*; **симфони́ческий ~** Symphonieorchester *nt*
орна́мент *m K* Ornament *nt*
орнито́лог *m K* Ornithologe, -in *m/f*, Vogelkundler, -in *m/f*
ороси́ть <*fut:* -ошу́, -оси́шь> *vt I pf* (*impf:* ороша́ть) bewässern
ороше́ние *nt O2* Bewässerung *f*
ортопе́д *m K* (МЕД) Orthopäde, Orthopädin *m/f*
ортопеди́ческий *adj* orthopädisch
ору́дие *nt O2* ❶ (*инструме́нт, прибо́р*) Werkzeug *nt*, Gerät *nt*; ❷ (ВОЕ) Geschütz *nt*; ❸ (*fig: сре́дство*) Werkzeug *nt*, Waffe *f*, Mittel *nt*
ору́довать *v + inst E2 impf* (*чем-ли́бо*) hantieren (mit *+dat*)
ору́жие *nt O2* (ВОЕ) Waffe *f*; **~ ма́ссового пораже́ния** Massenvernichtungswaffen *f pl*
орфографи́ческий *adj* (ЛИНГ) orthografisch
орфогра́фия *f A2* (ЛИНГ) Orthografie *f*, Rechtschreibung *f*
орхиде́я *f A2* (БОТ) Orchidee *f*
оса́ *f A pls* (ЗООЛ) Wespe *f*
оса́да *f A* Belagerung *f*
осади́ть I. <*fut:* -ажу́, -а́дишь> *vt I pf* (*impf:* осажда́ть) (ВОЕ) belagern; **II.** *vt I* (*impf:* оса́живать) ❶ (*останови́ть (ло́шадь)*) zum Stehen bringen, zügeln; ❷ (*fig: поста́вить на ме́сто*) zurechtweisen, in die Schranken weisen
осади́ться <*fut:* ажу́сь, -а́дишься> *vr I pf* (*impf:* осажда́ться) (ХИМ) (sich) ansetzen
оса́дки <*gen pl:* -дков> *m pl K* ❶ Niederschlag *m*; ❷ (*радиоакти́вные*) Fallout *m*
оса́док <*gen sg:* -дка> *m K* (ХИМ) Rückstand *m*
осажда́ть *vt E impf* (*pf:* осади́ть) (ВОЕ) belagern
оса́живать *vt E impf* (*pf:* осади́ть) ❶ zum Stehen bringen, zügeln; ❷ (*fig: ста́вить на ме́сто*) zügeln, zurechtweisen
осва́ивать *vt E impf* (*pf:* осво́ить) ❶ (*испо́льзовать*) erschließen; ❷ (*овладева́ть*) sich aneignen
осва́иваться *vr E impf* (*pf:* осво́иться) ❶ (*с де́лом*) sich einarbeiten; ❷ (*где-ли́бо*) sich eingewöhnen, sich einleben
осве́домиться <*fut:* -млюсь, -мишься> *vr I pf* (*impf:* осведомля́ться) (*о чём-л.*) sich erkundigen (nach *+dat*), sich informieren (über *+akk*)
осведомлённость *f I* ❶ (*подко́ванность*) Beschlagenheit *f*; ❷ (*зна́ние де́ла*) Sachkenntnis *f*
освежа́ть *vt E impf* (*pf:* освежи́ть) ❶ erfrischen; ❷ (*fig: в па́мяти*) auffrischen
освежа́ться *vr E impf* (*pf:* освежи́ться) sich erfrischen, sich laben
освежи́тельный *adj* erfrischend; **освежи́тельные напи́тки** Erfrischungsgetränke *nt pl*
освети́ть <*fut:* -ещу́, ети́шь> *vt I pf* (*impf:* освеща́ть) erleuchten
освеща́ть *vt E impf* (*pf:* освети́ть) ❶ (*auch fig*) erleuchten, beleuchten; ❷ (*fig: разъясня́ть*) erhellen, aufhellen; ❸ (*в пре́ссе*) behandeln; **широко́ ~ что-л.** ausführlich berichten (über *+akk*)
освеще́ние *nt O2* ❶ Beleuchtung *f*, Licht *nt*; ❷ (*fig: истолкова́ние*) Erhellung *f*, Aufhellung *f*; ❸ (*в пре́ссе*) Berichterstattung *f*
освиста́ть <*fut:* -ищу́, и́щешь> *vt E4 pf* (*impf:* осви́стывать) auspfeifen
освободи́ть <*fut:* -ожу́, -оди́шь> *vt I pf* (*impf:* освобожда́ть) ❶ befreien; ❷ (*отпусти́ть*) freilassen; **~ из-под аре́ста** aus der Haft entlassen; **~ це́ны** (*fig*) die Preise freigeben; ❸ (*вре́менно для чего́-л.*) freistellen; ❹ (*от до́лжности*) (vom Amt) entbinden, (vom Dienst) suspendieren; ❺ (*от хла́ма*) entrümpeln; ❻ (*кварти́ру*)

ausziehen, räumen; ❷ (*fig:* *разгрузи́ть*) entlasten

освобожде́ние *nt O2* ❶ Befreiung *f*; ❷ (*на свобо́ду*) Entlassung *f*, Freilassung *f*; ❸ (*от како́й-л. обя́занности*) Entlastung *f*, Erlass *m*

освое́ние *nt O2* ❶ (*овладе́ние*) Aneignung *f*, Beherrschung *f*; ❷ (*испо́льзование*) Erschließung *f*; **~ косми́ческого простра́нства** (ТЕХ) Erschließung *f* des Weltraumes

осво́ить *vt I pf* (*impf:* осва́ивать) ❶ erschließen; ❷ sich aneignen

освяти́ть <*fut:* -ящу́, -яти́шь> *vt I pf* (*impf:* освяща́ть) (РЕЛ) weihen; **да освяти́тся и́мя твоё** geheiligt werde dein Name

освяще́ние *nt O2* (РЕЛ) Weihe *f*

оседа́ть *vi E impf* (*pf:* осе́сть) ❶ (*о пы́ли и т.п.*) sich absetzen, sich ablagern; ❷ (*о до́ме, о земле́*) sich senken, herabsinken; ❸ (*поселя́ться*) sich niederlassen, sesshaft werden

оседла́ть *vt E pf* (*impf:* осёдлывать) ❶ satteln; ❷ (*fig, umg* *получи́ть власть над кем-л.*) in seine Gewalt kriegen

осе́длый <*kf:* -е́дл> *adj* ansässig, sesshaft

осёл <*gen sg:* осла́> *m K e* (ЗООЛ) Esel *m*

осело́к <*gen sg:* -лка́> *m K e* Schleifstein *m*

осе́нний *adj* herbstlich

о́сень *f I* Herbst *m*; **цыпля́т по о́сени счита́ют** (*fig*) man soll den Tag nicht vor dem Abend loben

о́сенью *adv* im Herbst

осе́сть <*fut:* ося́ду, ося́дешь> *vi UE5 pf* (*impf:* оседа́ть) ❶ sich absetzen; ❷ sich niederlassen

осироте́лый *adj* (*auch fig*) verwaist

оскверни́ть *vt I pf* (*impf:* оскверня́ть) schänden, beschmieren, entweihen

оско́лок <*gen sg:* -лка> *m K* Splitter *m*; **~ стекла́** Glasscherbe *f*

оскорби́тельный <*kf:* -лен, -льна> *adj* beleidigend, ausfallend, verletzend

оскорби́ть <*fut:* -блю́, -би́шь> *vt I pf* (*impf:* оскорбля́ть) ❶ beleidigen, kränken; ❷ (*ра́нить*) verletzen

оскорбле́ние *nt O2* Beleidigung *f*, Beschimpfung *f*

ослабева́ть *vi E impf* (*pf:* ослабе́ть) ❶ schwach werden, erschlaffen; ❷ (*fig: о сопротивле́нии, внима́нии и т.п.*) sich abschwächen, nachlassen

осла́бить <*fut:* -блю, -бишь> *vt I pf* (*impf:* ослабля́ть) ❶ schwächen; ❷ (*отпусти́ть*) lockern

ослабле́ние *nt O2* ❶ Schwächung *f*; ❷ (*дисципли́ны и т.п.*) Lockerung *f*

ослепи́тельный <*kf:* -лен, -льна> *adj* blendend

ослепи́ть <*fut:* -плю́, -пи́шь> *vt I pf* (*impf:* ослепля́ть) blenden

ослепле́ние *nt O2* ❶ Blendung *f*; ❷ (*fig: введе́ние в заблужде́ние*) Verblendung *f*

осложне́ние *nt O2* (МЕД) Komplikation *f*

осма́тривать *vt E impf* (*pf:* осмотре́ть) ❶ (*рассма́тривать*) sich etw ansehen, betrachten; ❷ (*го́род, музе́й и т.п.*) besichtigen; ❸ (МЕД: *обсле́довать, изуча́ть*) untersuchen, prüfen

осме́ивать *vt E impf* (*pf:* осмея́ть) auslachen, lächerlich machen

осме́ливаться *vr E impf* (*pf:* осме́литься) wagen, sich erdreisten

осмо́тр *m K* ❶ (*го́рода, музе́я и т.п.*) Besichtigung *f*; **нача́ло ~а** Beginn *m* des Rundgangs; ❷ (*с це́лью контро́ля*) Inspektion *f*, Prüfung *f*; ❸ (*обсле́дование*) Untersuchung *f*; **медици́нский ~** (МЕД) ärztliche Untersuchung *f*

осмотре́ть *vt I pf* (*impf:* осма́тривать) ❶ sich etw ansehen; ❷ besichtigen; ❸ untersuchen

осмысле́ние *nt O2* ① (*усвое́ние, распознава́ние*) Erfassen *nt*, Erkennen *nt*; ② (*размышле́ние*) Überdenken *nt*; **~ исто́рии** Geschichtsbewältigung *f*, Aufarbeitung der Geschichte
осна́стка *f A* ① Ausstattung *f*; ② (суд) Takelung *f*, Takeln *nt*
оснаща́ть *vt E impf* (*pf:* оснасти́ть) ① ausstatten, ausrüsten; ② (суд) auftakeln
оснаще́ние *nt O2* Ausstattung *f*, Ausrüstung *f*
осно́ва *f A* ① Basis *f*, Grundlage *f*; ② (линг) Stamm *m*; **лежа́ть в осно́ве чего́-л.** einer Sache zugrunde liegen
основа́ние *nt O2* ① (*де́йствие*) Gründung *f*, Stiftung *f*; ② (*фунда́мент*) Fundament *nt*, Basis *f*; ③ (*по́вод, причи́на*) Anlass *m*, Grund *m*, Begründung *f*; ④ (хим) Base *f*
основа́тель, основа́тельница *m K1 / f A* Gründer, -in *m/f*
основа́тельный <*kf:* -лен, -льна> *adj* gründlich, tiefgehend, tiefschürfend
основа́ть *vt E2 pf* (*impf:* осно́вывать) gründen, begründen, stiften
основно́й *adj* Haupt-, hauptsächlich
основополага́ющий *adj* grundlegend
основополо́жник *m K* ① (*основа́тель*) Begründer *m*; ② (*созда́тель*) Schöpfer *m*
осно́вывать I. *vt E impf* (*pf:* основа́ть) ① gründen, begründen, ins Leben rufen; ② (*учрежда́ть*) stiften; **II.** *vi E* (*на чём-ли́бо*) beruhen, basieren (auf *+dat*)
осо́бенно *adv* besonders, insbesondere
осо́бенность *f I* ① Besonderheit *f*; ② (*характе́рное сво́йство*) Eigenheit *f*, Eigenart *f*
осо́бенный <*kf:* -бенен, -бенна> *adj* besonders; **что́-то осо́бенное** etwas Besonderes *nt*
особня́к *m K e* Eigenheim *nt*, Einfamilienhaus *nt*
особняко́м *adv* abseits
осо́бый *adj* besondere(r, s), Sonder-
осознава́ть <*präs:* -наю́, -наёшь> *vt E3 impf* (*pf:* осозна́ть) ① (*признава́ть, распознава́ть*) einsehen, erkennen; ② (*сознава́ть, отдава́ть себе́ отчёт*) sich bewusst sein [*o* werden]; ③ (*прочу́вствовать*) verinnerlichen
осозна́ние *nt O2* Begreifen *nt*, Erkennen *nt*, Bewusstwerden *nt*
о́спа *f A* (мед) Pocken *pl*
оспа́ривать *vt E impf* (*pf:* оспо́рить) ab-, bestreiten, in Abrede stellen
остава́ться <*präs:* -таю́сь, -таёшься> *vr E3 impf* (*pf:* оста́ться) ① bleiben, verharren, dableiben; ② (*о деньга́х, вре́мени и т.п.*) übrig bleiben; ③ (*сохраня́ться*) bestehen bleiben; **~ в живы́х** mit dem Leben davonkommen, überleben; **оста́вшиеся в живы́х** Überlebende *pl*; **~ на второ́й год** (*в шко́ле*) sitzen bleiben; **~ ни с чем** (*fig*) leer ausgehen,
оста́вить <*fut:* -влю- ви́шь> *vt I pf* (*impf:* оставля́ть) ① lassen; ② (*не взять с собо́й*) zurücklassen; ③ (*забы́ть взять*) hierlassen, stehen lassen, liegen lassen; ④ (*поки́нуть; бро́сить, прекрати́ть*) verlassen, sein lassen; ⑤ (*сохрани́ть*) behalten, aufbewahren; **оста́вьте!** lassen Sie das! **~ как есть** belassen; **~ жела́ть лу́чшего** (*fig*) viel zu wünschen übrig lassen
остально́й *adj* übrig, restlich, sonstig
остана́вливать *vt E impf* (*pf:* останови́ть) ① aufhalten, stoppen, zum Stillstand bringen; **~ кровотече́ние** (мед) eine Blutung stillen ② (*автомаши́ну*) anhalten; ③ (*часы́*) stoppen; ④ (*произво́дство*) stilllegen, abstellen

О

остана́вливаться *vr E impf* (*pf:* **останови́ться**) ① stehen bleiben, (an)halten, Halt machen; ② (***де́лать прива́л***) rasten, innehalten; ③ (***о часа́х***) ablaufen, stehenbleiben; ④ (***о произво́дстве***) zum Stillstand kommen, ruhen; ⑤ (***в гости́нице***) absteigen, einkehren, logieren; ⑥ (*fig:* ***сосредото́читься***) eingehen (auf *+akk*)

остано́вка *f A* ① Halten *nt*, Stoppen *nt*; ② (***прива́л, передь́шка***) Halt *m*, Rast *f*; ③ (***в хо́де визи́та***) Zwischenstation *f*, Zwischenstop *m*; ④ (***ста́ция***) Haltestelle *f*; **авто́бусная ~** Bushaltestelle *f*; **~ се́рдца** (МЕД) Herzstillstand *m*

оста́ток <*gen sg:* -тка> *m K* ① Rest *m*, Überrest *m*; ② (*im pl:* ***изли́шки***) Überreste *m pl*; ③ (*im pl:* ***оса́дки, отбро́сы***) Rückstände *m pl*, Abfälle *m pl*; ④ (*fig, meist im pl:* ***пережи́ток***) Überbleibsel *nt*; ⑤ (***карандаша́, свечи́***) Ende *nt*, Stumpf *m*; **без оста́тка** restlos

оста́ться <*fut:* -а́нусь, -а́нешься> *vr E9b pf* (*impf:* **остава́ться**) ① bleiben, übrig bleiben, verbleiben; ② bestehen bleiben

остекли́ть *vt I pf* (*impf:* **остекля́ть**) verglasen

остерега́ться *vr E impf* (*pf:* **остере́чься**) (***кого́-либо***) sich in Acht nehmen (vor *+dat*)

о́стов *m K* ① Gerüst *nt*, Gestell *nt*; ② (***карка́с***) Gerippe *nt*

осторо́жность *f I* Vorsicht *f*, Behutsamkeit *f*

осторо́жный <*kf:* -жен, -жна> *adj* ① vorsichtig; ② (***бе́режный***) behutsam; ③ (***рассуди́тельный***) bedächtig

остриё *nt K2 e* ① (***о́стрый коне́ц***) Spitze *f*; ② (***ле́звие***) Schneide *f*

остри́ть I. *vt I impf* schärfen; **II.** *vi I impf* (*pf:* **состри́ть**) Witze machen, flachsen

о́стров *m K ple* Insel *f*

острота́ *f A e* Schärfe *f*

остро́та *f A* Witz *m*, geistreiche Äußerung *f*

остроу́мие *nt O2* Esprit *m*, Geist *m*

остроу́мный <*kf:* -у́мен, -у́мна> *adj* geistreich, witzig

о́стрый <*kf:* остёр/остр, остра́> *adj* ① scharf, spitz; ② (***о зре́нии, слу́хе, вку́се и т.п.***) scharf; ③ (*fig:* ***напряжённый***) gespannt, zugespitzt; ④ (*fig:* ***крити́ческий, актуа́льный***) akut, relevant; ⑤ (*fig:* ***ко́лкий, язви́тельный***) scharf, gepfeffert

остуди́ть <*fut:* -ужу́, -у́дишь> *vt I pf* (*impf:* **студи́ть, остужа́ть**) auskühlen lassen, kaltstellen

остыва́ть *vi E impf* (*pf:* **осты́ть**) (*auch fig*) sich abkühlen, auskühlen

осуди́ть <*fut:* -ужу́, -у́дишь> *vt I pf* (*impf:* **осужда́ть**) verurteilen, missbilligen

осужде́ние *nt O2* ① Missbilligung *f*; ② (ЮР) Verurteilung *f*

осуша́ть *vt E impf* (*pf:* **осуши́ть**) ① trocknen; ② (ЭКОЛ: ***боло́та***) trockenlegen; ③ (***выпива́ть до дна***) austrinken, leeren

осуществля́ть *vt E impf* (*pf:* **осуществи́ть**) durchführen, umsetzen, verwirklichen

осы́паться <*fut:* -плюсь, -плешься> *vr E4 pf* (*impf:* **осыпа́ться**) ① (***о штукату́рке и т.п.***) abbröckeln, abfallen; ② (***о ли́стьях и т.п.***) abfallen, herabfallen; ③ (***о дере́вьях***) entlauben, Blätter verlieren; ④ (***о цвета́х***) abblühen

ось *f I e1* Achse *f*; **земна́я ~** Erdachse *f*

от *präp +gen* von (*+dat*), ab; **~ и́мени** stellvertretend für; **~ ... до** von ... bis; **~ души́** nach Herzenslust; **сре́дство ~ ка́шля** Mittel *nt* gegen Husten

ота́пливать *vt E impf* (*pf:* **отопи́ть**) heizen, beheizen

отбе́ливать *vt E impf* (*pf:* **отбели́ть**) bleichen

отбива́ть *vt E impf* (*pf:* отби́ть) ❶ (*отража́ть*) abschlagen; ❷ (ВОЕ) zurückerobern; **~ ата́ку** einen Angriff abwehren ❸ (*umg: перема́нивать*) abspenstig machen, wegnehmen
отбира́ть *vt E impf* (*pf:* отобра́ть) ❶ (*выбира́ть*) auswählen, auslesen, aussondern; ❷ (*забира́ть си́лой*) abnehmen, wegnehmen, abknöpfen
отби́ть <*fut:* отобью́, отобьёшь> *vt E4c pf* (*impf:* отбива́ть) ❶ abschlagen; ❷ zurückerobern; ❸ abspenstig machen, wegnehmen
отблагодари́ть *vt I pf* sich erkenntlich zeigen, sich revanchieren
о́тблеск *m K* ❶ (*auch fig*) Abglanz *m*, Widerschein *m*; ❷ (*отсве́т*) Gegenlicht *nt*
отбо́й *m K2* ❶ (ВОЕ) Entwarnung *f*; ❷ (*в пионерла́гере*) Nachtruhe *f*; **от них отбо́я нет** man kann sich ihrer nicht erwehren
отбо́р *m K* Auslese *f*, Auswahl *f*, Selektion *f*; **есте́ственный ~** (БИОЛ) natürliche Auslese *f*
отбро́сить <*fut:* -о́шу, -о́сишь> *vt I pf* (*impf:* отбра́сывать) ❶ (*в сто́рону*) zur Seite werfen; **отбра́сывать тень** Schatten werfen; ❷ (*fig: отказа́ться от чего́-л.*) verwerfen, aufgeben
отбро́сы *m pl K* Abfall *m*, Müll *m*
отбукси́ровать *vt E2 pf* (АВТО) abschleppen
отбы́ть <*fut:* -бу́ду, -бу́дешь> *vt UE1 pf* (*impf:* отбыва́ть) ❶ (*отъе́хать*) abreisen, abfahren; ❷ (*отсиде́ть, отрабо́тать и т.п.*) ableisten, verbüßen; **~ срок наказа́ния** eine Strafe verbüßen
отва́живаться *vr E impf* (*pf:* отва́житься) (*осме́литься*) wagen
отва́жный <*kf:* -жен, -жна> *adj* tapfer, mutig
отва́ливаться *vr E impf* (*pf:* отвали́ться) bröckeln
отва́ривать *vt E impf* (*pf:* отвари́ть) abkochen
отвезти́ <*fut:* -езу́, -езёшь> *vt E6 pf* (*impf:* отвози́ть) hinfahren, hinschaffen, befördern
отверга́ть *vt E impf* (*pf:* отве́ргнуть) ❶ ablehnen, zurückweisen; ❷ (*бре́зговать, не принима́ть*) verschmähen; ❸ (*изгоня́ть*) verbannen, ausstoßen
отверну́ть *vt E1 pf* (*impf:* отвёртывать, развора́чивать) ❶ aufdrehen, öffnen; ❷ zurückschlagen, umschlagen; ❸ abwenden
отве́рстие *nt O2* Öffnung *f*, Loch *nt*
отвёртка *f A* Schraubenzieher *m*
отвёртывать *vt E impf* (*pf:* отверну́ть) ❶ aufdrehen, öffnen; **~ кран** den Hahn aufdrehen; ❷ (*отогну́ть, загну́ть*) zurückschlagen, umschlagen; ❸ (*лицо́*) abwenden
отве́с *m K* Lot *nt*
отве́сный *adj* steil, abschüssig
отвести́ <*fut:* -веду́, -ведёшь> *vt E6a pf* (*impf:* отводи́ть) ❶ hinbringen, wegbringen; ❷ ablehnen, ablenken; ❸ ableiten
отве́т *m K* Antwort *f*, Bescheid *m*; **дать ~** antworten, Auskunft geben; **призыва́ть к ~у** (*fig*) zur Rede stellen, zur Rechenschaft ziehen; **в ~ на что-л.** als Antwort (auf +*akk*)
ответвле́ние *nt O2* Abzweigung *f*
отве́тить <*fut:* -ве́чу, -ве́тишь> *vi I pf* (*impf:* отвеча́ть) antworten
отве́тный *adj* ❶ Antwort-; **отве́тное письмо́** Antwortschreiben *nt*; ❷ Gegen-; **~ уда́р** (ВОЕ) Vergeltungsschlag *m*
отве́тственность *f I* ❶ Verantwortung *f*, Verantwortungsgefühl *nt*; ❷ (ЮР) Haftung *f*, Haftpflicht *f*
отве́тственный <*kf:* -вен/венен, -венна> *adj* ❶ (*несу́щий отве́тственность*) verantwortlich, zuständig; ❷ (*ва́жный*) verantwortungsvoll; ❸ (*осознаю́щий отве́тственность*) verantwortungsbewusst; ❹ (*ва́жный*) bedeutend

О

отвеча́ть *vi E impf* (*pf:* отве́тить) ① antworten, erwidern; ② (*за что-ли́бо*) geradestehen, haften (für *+akk*); **~ за свой посту́пки** für seine Handlungen Rede und Antwort stehen; ③ (*соотве́тствовать*) entsprechen

отвинти́ть <*fut:* -нчу, -нти́шь> *vt I pf* (*impf:* отви́нчивать) abschrauben

отвлека́ть *vt E impf* (*pf:* отвле́чь) ablenken, abbringen

отвлече́ние *nt O2* ① Ablenkung *f*; ② (*абстра́кция*) Abstrahieren *nt*

отвлечённый <*kf:* -ён> *adj* abstrakt

отвле́чь <*fut:* -влеку́, -влечёшь> *vt UE4 pf* (*impf:* отвлека́ть) ablenken

отводи́ть <*präs:* -ожу́, -о́дишь> *vt I impf* (*pf:* отвести́) ① (*куда́-л.*) hinbringen, wegbringen; **~ ребёнка в шко́лу** das Kind in die Schule begleiten ② (*отклоня́ть*) ablehnen, ablenken; ③ (*сто́чные во́ды*) ableiten

отвози́ть <*präs:* -вожу́, -во́зишь> *vt I impf* (*pf:* отвезти́) hinfahren, hinschaffen, befördern

отвора́чивать I. *vt E impf* (*pf:* отверну́ть) ① (*открыва́ть*) aufdrehen, öffnen; ② (*отгиба́ть*) zurückschlagen, umschlagen; ③ (*лицо́*) abwenden; II. *vt E impf* (*pf:* отвороти́ть) (*отка́тывать*) fortwälzen, beiseiteräumen

отворо́т *m K* Aufschlag *m*, Revers *nt*

отврати́тельный <*kf:* -лен, -льна> *adj* abscheulich, ekelhaft

отвраще́ние *nt O2* Abscheu *f*, Ekel *m*, Widerwille *m*, Abneigung *f*; **вы́звать ~ у кого́-л.** jdn anekeln, jdn anwidern; **испыта́ть ~ к кому́-л.** jdn verabscheuen; **испыта́ть ~ к чему́-л.** sich ekeln (vor *+dat*)

отвыка́ть *vi E impf* (*pf:* отвы́кнуть) (*от чего́-ли́бо*) sich abgewöhnen

отвяза́ть <*fut:* -яжу́, -я́жешь> *vt E4 pf* (*impf:* отвя́зывать) abbinden, losbinden

отгова́ривать *vt E impf* (*pf:* отговори́ть) (*от чего́-ли́бо*) ausreden, abraten, abbringen (von *+dat*)

отгово́рка *f A* Ausrede *f*, Ausflucht *f*

отгора́живать *vt E impf* (*pf:* отгороди́ть) abgrenzen

отгружа́ть *vt E impf* (*pf:* отгрузи́ть) ① (*сгружа́ть*) abladen; ② (*грузи́ть*) verladen

отгрыза́ть *vt E impf* (*pf:* отгры́зть) abnagen

отдава́ть <*präs:* -даю́, -даёшь> *vt E3 impf* (*pf:* отда́ть) ① abgeben, weggeben; ② (*возвраща́ть*) zurückgeben; ③ (*долг*) zurückzahlen

отдава́ться <*präs:* -даю́сь, -даёшься> *vr E3 impf* (*pf:* отда́ться) sich hingeben

отдалённый <*kf:* -ён> *adj* entfernt, entlegen; **отдалённые перспекти́вы** langfristige Perspektiven *f pl*

отдали́ть *vt I pf* (*impf:* отдаля́ть) ① (*оттяну́ть*) hinauszögern; ② (*fig:* *сде́лать чу́ждым кому́-л.*) jdm entfremden

отда́ть <*fut:* -дам, -дашь> *vt U2 pf* (*impf:* отдава́ть) ① abgeben, weggeben; ② zurückgeben

отда́ться <*fut:* -да́мся, -да́шься> *vr U2 pf* (*impf:* отдава́ться) sich hingeben

отда́ча *f A* ① Rückgabe *f*, Abgabe *f*; ② (*отска́кивание*) Rückprall *m*, Rückstoß *m*; ③ (экон) Nutzen *m*, Nutzeffekt *m*; ④ (*самоотда́ча*) Engagement *nt*, persönlicher Einsatz *m*

отде́л *m K* Abteilung *f*, Dezernat *nt*; **~ ка́дров** Personalabteilung *f*

отде́лать *vt E pf* (*impf:* отде́лывать) ① vollenden; ② herrichten, ausstatten; ③ ausschmücken, garnieren; ④ (*umg:* *изби́ть*) verprügeln

отде́латься *vr E pf* (*impf:* отде́лываться) ① (*от кого́-л./чего́-л.*) loswerden;

② davonkommen; **~ лёгким испу́гом** mit dem Schrecken davonkommen

отделе́ние *nt O2* ① (*де́йствие*) Abtrennung *f*, Abspaltung *f*; ② (*отде́л*) Abteilung *f*; ③ (*филиа́л*) Zweigstelle *f*, Zweigniederlassung *f*, Außenstelle *f*; ④ (*в больни́це*) Station *f*

отдели́ть *vt I pf* (*impf:* отделя́ть) ① abgrenzen; ② abtrennen

отде́лка *f A* ① (*оконча́тельная обрабо́тка*) Endfertigung *f*; ② (СТРОИТ) Ausbau *m*, Vollendung *f*; ③ (*оформле́ние, украше́ние*) Ausstattung *f*, Verzierung *f*

отде́лывать *vt E impf* (*pf:* отде́лать) ① (*заверша́ть обрабо́тку*) vollenden; ② (*оформля́ть*) ausstatten; ③ (*украша́ть*) ausschmücken, garnieren

отде́лываться **I.** *vr E impf* (*pf:* отде́латься) ① fertig werden; ② (*от кого́-ли́бо*) loswerden; ③ (*от чего́-ли́бо*) loskommen (von *+dat*); ④ (*fig: уде́рживаться от чего́-л.*) sich erwehren (*+gen*); **II.** *v + inst E* davonkommen

отде́льный *adj* ① (*изоли́рованный*) einzeln, separat; **отде́льная ко́мната** Einzelzimmer *nt*; ② (*im pl: ины́е*) mancher; ③ (*отделённый от други́х*) abgesondert; **отде́льное предприя́тие** Einzelunternehmen *nt*

отделя́ть *vt E impf* (*pf:* отдели́ть) ① (*отграни́чивать*) abgrenzen; ② (*выделя́ть, отрыва́ть*) abtrennen; ③ (*разделя́ть*) scheiden; **~ запято́й** (ЛИНГ) durch Komma trennen

отдохну́ть *vi E1 pf* (*impf:* отдыха́ть) sich erholen, ausruhen, ausspannen

отду́шина *f A* ① Abzug *m*, Luftloch *nt*; ② (ТЕХ) Luftpfeife *f*, Gusspfeife *f*

о́тдых *m K* Erholung *f*, Entspannung *f*

отека́ть *vi E impf* (*pf:* оте́чь) (МЕД) anschwellen

оте́ц *<gen sg:* отца́*> m K e* ① Vater *m*; ② (РЕЛ) Pater *m*; **по отцу́** [*o* **со стороны́ отца́**] väterlicherseits

оте́ческий *adj* väterlich, Vater-

оте́чественный *adj* ① (*geh*) vaterländisch, Vaterlands-; **оте́чественная культу́ра** Nationalkultur *f* ② (ЭКОН: *вну́тренний*) einheimisch, Inlands-

оте́чество *nt O* (*geh*) Vaterland *nt*

оте́чь *<fut:* -теку́, -течёшь, -течёт, *prät:* отёк, отекла́*> vi UE4 pf* (*impf:* отека́ть) (МЕД) anschwellen

отзвуча́ть *vi E impf* verhallen, abklingen

о́тзыв *m K* ① (*реце́нзия*) Gutachten *nt*; ② (*рекоменда́ция*) Referenz *f*; ③ (*оце́нка*) Stellungnahme *f*; ④ (ВОЕ) vereinbarte Antwort *f* auf eine Losung, Kennwort *nt*

отзыва́ть *vt E impf* (*pf:* отозва́ть) ① (*посла́, депута́та*) abberufen; ② (*брать обра́тно*) zurückziehen, zurücknehmen

отзы́вчивый *<kf:* -ив*> adj* ① hilfsbereit; ② (*гото́вый что-л. сде́лать*) bereitwillig

отка́з *m K* ① (*отклоне́ние*) Ablehnung *f*, Absage *f*; ② (*нежела́ние*) Weigerung *f*, Verweigerung *f*; ③ (*от чего́-л. жела́тельного*) Verzicht *m*; ④ (ТЕХ) Ausfall *m*; **рабо́тать без ~а** (*fig*) einwandfrei funktionieren

отказа́ть *<fut:* -кажу́, -ка́жешь*> vi E4 pf* (*impf:* отка́зывать) absagen, verweigern, abschlagen; **~ в про́сьбе кому́-л.** jdm eine Bitte abschlagen

отказа́ться *<fut:* -кажу́сь, -ка́жешься*> vr E4 pf* (*impf:* отка́зываться) ① (*оста́вить что-л.*) verzichten (auf *+akk*); ② (*отклони́ть*) absagen, ablehnen

отка́рмливать *vt E impf* (*pf:* откорми́ть) mästen

откача́ть *vt E pf* (*impf:*

откáчивать) ❶ (*вóду*) auspumpen; ❷ (*umg: утóпленника*) wiederbeleben
откáшливаться *vr E impf* (*pf:* откáшляться) sich räuspern
отклáдывать *vt E impf* (*pf:* отложи́ть) ❶ (*отсрóчивать*) aufschieben, hinauszögern; ❷ (*в стóрону*) ablegen, zurücklegen
óтклик *m K* ❶ Echo *nt*; ❷ (*fig: óтзыв, резонáнс*) Widerhall *m*, Anklang *m*; ❸ (псих: *обрáтная связь*) Feedback *nt*; **встречáть ~** Anklang finden
откликáться *vr E impf* (*pf:* откли́кнуться) (*на что-ли́бо*) reagieren; **~ на приглашéние** einer Einladung Folge leisten
отклонéние *nt O2* ❶ Abweichung *f*; ❷ (*откáз*) Ablehnung *f*
отклони́ть <*fut:* -оню́, -óнишь> *vt I pf* (*impf:* отклоня́ть) ablehnen, abweisen; **~ предложéние** einen Vorschlag ablehnen
отклони́ться <*fut:* -оню́сь, -óнишься> *vr I pf* (*impf:* отклоня́ться) abweichen, abkommen
отключáть *vt E impf* (*pf:* отключи́ть) ausschalten, abschalten
откóрм *m K* (селхоз) Mast *f*
открепи́ть <*fut:* -плю́, -пи́шь> *vt I pf* (*impf:* открепля́ть) abmachen, losmachen
открепи́ться <*fut:* -плю́сь, -пи́шься> *vr I pf* (*impf:* открепля́ться) sich abmelden
откровéние *nt O2* (рел) Offenbarung *f*
откровéнный <*kf:* -éнен, -éнна> *adj* aufrichtig, freimütig, offen
открывáть *vt E impf* (*pf:* откры́ть) ❶ öffnen, aufmachen; ❷ (*кни́гу*) aufschlagen; ❸ (*кран*) aufdrehen; ❹ (*пáмятник*) enthüllen; ❺ (*вы́ставку*) eröffnen; ❻ (*теáтр*) einweihen; ❼ (*fig: обнарýживать*) aufdecken, entdecken; ❽ (*fig: предваря́ть*) einleiten
открывáться *vr E impf* (*pf:* откры́ться) ❶ sich öffnen, aufgehen; ❷ (*о заседáнии и т.п.*) beginnen; ❸ (*fig: открывáть сéрдце комý-л.*) sich jdm offenbaren
открывáшка *f A* ❶ (*umg*) Öffner *m*; **~ для консéрвных бáнок** Dosenöffner *m*; **~ для буты́лок** Flaschenöffner *m*; ❷ (*штóпор*) Korkenzieher *m*
откры́ть <*fut:* -рóю, -рóешь, -рóет> *vt E8 impf* (*pf:* открывáть) ❶ öffnen; ❷ eröffnen; ❸ entdecken
откры́тие *nt O2* ❶ Öffnung *f*; **~ грани́ц** Grenzöffnung *f*; ❷ (*началó*) Eröffnung *f*; ❸ (*обнаружéние*) Entdeckung *f*, Erkenntnis *f*
откры́тка *f A* ❶ (*почтóвая*) Postkarte *f*; ❷ (*с ви́дом*) Ansichtskarte *f*; **поздрави́тельная ~** Glückwunschkarte *f*; ❸ (*бланк закáза*) Bestellkarte *f*
откры́тость *f I* Offenheit *f*
откры́тый <*kf:* -ы́т> *adj* ❶ offen, geöffnet; **на откры́том вóздухе** im Freien ❷ (*fig: общи́тельный*) aufgeschlossen, offen; **~ для внéшнего ми́ра** weltoffen
откýда *adv* woher
откýпоривать *vt E impf* (*pf:* откýпорить) ❶ öffnen, entkorken; ❷ (*бóчку*) anzapfen, anstechen
откуси́ть <*fut:* -ушý, -ýсишь> *vt I pf* (*impf:* откýсывать) ❶ abbeißen; ❷ (*щипцáми*) abkneifen, abknipsen
отлагáть *vt E impf* (*pf:* отложи́ть) (геол) ablagern
отлáмывать *vt E impf* (*pf:* отломи́ть) abbrechen, zerbrechen
отлёт *m K* Abflug *m*
отлетéть <*fut:* -ечý, -ети́шь> *vi I pf* (*impf:* отлетáть) ❶ abfliegen; ❷ (*оторвáться*) abgehen, abspringen
отли́в *m K* Ebbe *f*
отли́вка *f A* ❶ (*литьё*) Gießen *nt*, Guss *nt*; ❷ (*литóе издéлие*)

Gussstück *nt*, Gusserzeugnis *nt*
отличáть *vt E* (*pf:* отличи́ть) ❶ (*различáть*) unterscheiden; ❷ (*выделя́ть*) auszeichnen
отли́чник, отли́чница *m K f A* *Schüler, der in der Schule ständig die Note "sehr gut" bekommt*
отли́чно *adv* ❶ ausgezeichnet, perfekt; ❷ (*оцéнка*) *die höchste Note im russischen Schulsystem, entspricht dem deutschen "sehr gut"*
отли́чный <*kf:* -чен, -чна> *adj* ❶ ausgezeichnet, hervorragend; ❷ (*отличáющийся*) sich unterscheidend
отложи́ть I. *vt I pf* (*impf:* откла́дывать) ❶ (*на врéмя*) aufschieben, hinauszögern; ❷ (*в стóрону*) ablegen, zurücklegen, beiseitelegen; **II.** *vt I* (*impf:* отлагáть) (ГЕОЛ) ablagern
отломи́ть *vt E pf* (*impf:* отла́мывать) abbrechen
отлучáть *vi E impf* (*pf:* отлучи́ть): **~ от цéркви** (*REL*) exkommunizieren
отлучáться *vr E impf* (*pf:* отлучи́ться) ❶ kurz verreisen, weggehen; ❷ (*с рабóчего мéста*) abkömmlich sein
отлучéние *nt O2* (РЕЛ: *от цéркви*) Kirchenbann *m*
отлýчка *f A* kurze Abwesenheit *f*
отмáхиваться *vr E impf* (*pf:* отмахнýться) ❶ abwinken; ❷ (*fig: отвергáть с пренебрежéнием*) verschmähen
óтмель *f I* seichte Uferstelle *f*; **песчáная ~** Sandbank *f*
отмéна *f A* Abschaffung *f*, Annullierung *f*, Aufhebung *f*
отмени́ть *vt I pf* (*impf:* отменя́ть) aufheben, rückgängig machen
отмеря́ть *vt E impf* (*pf:* отмéрить) abmessen
отмéтить <*fut:* -мéчу, -мéтишь> *vt I pf* (*impf:* отмечáть) ❶ anmerken; ❷ feststellen
отмéтка *f A* ❶ (*оцéнка*) Zensur *f*, Note *f*; ❷ (*помéтка*) Vermerk *m*
отмечáть *vt E impf* (*pf:* отмéтить) ❶ anmerken, anstreichen, markieren; **~ наградóй** (*fig*) auszeichnen; ❷ (*обращáть внимáние*) bemerken, feststellen; ❸ (*записывать*) vermerken, notieren; ❹ (*вноси́ть в спи́сок*) verzeichnen; ❺ (*umg: какóе-л. собы́тие*) begehen, feiern
отмы́ть <*fut:* -мóю, -мóешь> *vt E8 pf* (*impf:* отмывáть) ❶ abwaschen; ❷ (*fig: оправдáть*) reinwaschen
отмы́чка *f A* ❶ Dietrich *m*; ❷ (*подóбранный, поддéльный ключ*) Nachschlüssel *m*
отнести́ <*fut:* -несý, -несёшь> *vt E6 pf* (*impf:* относи́ть) ❶ hinbringen; ❷ beziehen
отнести́сь <*fut:* -несýсь, -несёшься> *vr E6 pf* (*impf:* относи́ться) (*к комý-л./чемý-л.*) sich verhalten (gegenüber *+dat*)
отнимáть *vt E impf* (*pf:* отня́ть) ❶ abnehmen, wegnehmen, entziehen; ❷ (МАТ) abziehen, subtrahieren; ❸ (МЕД) amputieren
относи́тельно *adv* ❶ bezüglich, hinsichtlich (*+gen*); **~ э́того** diesbezüglich; ❷ (*сравни́тельно*) verhältnismäßig, relativ
относи́тельный <*kf:* -лен, -льна> *adj* relativ; **относи́тельное придáточное предложéние** (ЛИНГ) Relativsatz *m*
относи́ть <*präs:* -ношý, -нóсишь> *vt I impf* (*pf:* отнести́) ❶ hinbringen, hinschaffen; ❷ (*к чемý-либо*) beziehen (auf *+akk*)
относи́ться <*präs:* -ношýсь, -нóсишься> *vr I impf* (*pf:* отнести́сь) ❶ (*принадлежáть*) angehören, dazugehören, zählen (zu *+dat*); ❷ (*выражáть своё отношéние*) sich verhalten (gegenüber *+dat*); ❸ (МАТ) sich verhalten (zu *+dat*)
отношéние *nt O2* ❶ (*к комý-л./чемý-л.*) Verhältnis *nt*; ❷ (*пози́ция*) Haltung *f*, Einstellung

f; ③ (***связь, каса́тельство***) Beziehung *f*, Hinsicht *f*; ④ (*im pl:* ***свя́зи***) Beziehungen *f pl*; ⑤ (МАТ) Relation *f*; **во всех отноше́ниях** in jeder Hinsicht

отня́ть <*fut:* -ниму́, -ни́мешь> *vt E9a pf* (*impf:* отнима́ть) abnehmen, wegnehmen

отобража́ть *vt E impf* (*pf:* отобрази́ть) abbilden, darstellen

отображе́ние *nt O2* ① (***отраже́ние***) Widerspiegelung *f*; ② (*fig:* ***отраже́ние***) Abbild *nt*; ③ (***репроду́кция***) Abbildung *f*; ④ (***изображе́ние***) Darstellung *f*

отодвига́ть *vt E impf* (*pf:* отодви́нуть) hinausschieben, zurückstellen

отозва́ть <*fut:* отзову́, отзовёшь> *vt E4a pf* (*impf:* отзыва́ть) ① abberufen; ② (***брать обра́тно***) zurückziehen, zurücknehmen

отойти́ <*fut:* -йду́, -йдёшь> *vi E7 pf* (*impf:* отходи́ть) weggehen, sich entfernen

отомсти́ть <*fut:* -мщу́, -мсти́шь> *v + dat I pf* (*impf:* мсти́ть) (***за что-ли́бо***) sich rächen, Rache nehmen (für *+akk*)

отопи́тельный *adj* Heiz-; **~ прибо́р** Heizkörper *m*

отопле́ние *nt O2* Heizung *f*; **центра́льное ~** Zentralheizung *f*

ото́рванный *adj* ① abgerissen; ② (*fig:* ***утра́тивший связь***) getrennt; ③ (*fig:* ***одино́кий***) abgeschieden; **~ от жи́зни** lebensfremd, praxisfern

оторва́ть <*fut:* -ву́, -вёшь> *vt E4 pf* (*impf:* отрыва́ть) ① abreißen; ② trennen

отпеча́таться *vr E pf* (*impf:* отпеча́тываться) ① sich abdrücken, einen Abdruck hinterlassen; ② (*fig:* ***запечатле́ться***) sich einprägen

отпеча́ток <*gen sg:* -тка> *m K* Abdruck *m*; **налага́ть ~** (*fig*) prägen

отпива́ть *vi E impf* (*pf:* отпи́ть) (***из стака́на***) nippen

отпи́ливать *vt E impf* (*pf:* отпили́ть) absägen

отпи́ть <*fut:* отопью́, отопьёшь> *vi E4c pf* (*impf:* отпива́ть) nippen

отплати́ть <*fut:* -ачу́, -а́тишь> *v + dat I pf* (*impf:* отпла́чивать) ① (***отблагодари́ть***) einen Gegendienst leisten, jdm vergelten, sich revanchieren (bei *+dat*); ② (***отомсти́ть***) heimzahlen

отплыва́ть *vi E impf* (*pf:* отплы́ть) (СУД) ablegen, auslaufen

отплы́тие *nt O2* (СУД) Auslaufen *nt*

отполирова́ть *vt E2 pf* (*impf:* полирова́ть) (blank) polieren

отпо́р *m K* Abfuhr *f*; **дать ~** eine Abfuhr erteilen, Paroli bieten

отправи́тель *m K1* Absender, -in *m/f*, Einsender, -in *m/f*

отпра́вить <*fut:* -влю, -вишь> *vt I pf* (*impf:* отправля́ть) ① schicken; ② (***в доро́гу***) auf den Weg schicken; ③ (***това́ры***) abladen; ④ (***по́езд***) abfertigen; ⑤ (***письмо́***) abschicken, absenden; **~ сообще́ние электро́нной по́чтой** (ОБДАН) eine E-Mail abschicken

отпра́виться <*fut:* -влюсь, -вишься> *vr I pf* (*impf:* отправля́ться) ① sich begeben; ② (***о по́езде***) abfahren; ③ (***о самолёте***) abfliegen

отпра́вка *f A* Versand *m*, Versendung *f*

отправле́ние *nt O2* ① (***отъе́зд***) Abreise *f*, Abfahrt *f*, Abflug *m*; ② (***отсы́лка***) Absendung *f*, Einsendung *f*; ③ (***почто́вое***) Sendung *f*

отпра́здновать *vt E2 pf* (*impf:* пра́здновать) feiern, begehen

отпра́шиваться *vr E impf* (*pf:* отпроси́ться) um Urlaub bitten, freibekommen

отпружи́нить *vi I pf* (*impf:* пружи́нить) federn, schnellen

о́тпрыск *m K* ① Spross *m*; ② (*fig*) Sprössling *m*

отпу́гивать *vt E impf* (*pf:*

отпугну́ть) abschrecken
о́тпуск *m K* Urlaub *m*; **уходи́ть в ~** in Urlaub gehen
отпуска́ть *vt E impf* (*pf:* отпусти́ть) ❶ entlassen, loslassen; ❷ (*с рабо́ты*) freistellen, entschuldigen; ❸ (ТЕХ) lockerlassen; **~ бо́роду** einen Bart wachsen lassen
отпускни́к, отпускни́ца *m K f A e* Urlauber, -in *m/f*
отпускно́й *adj* Urlaubs-; **отпускны́е де́ньги** Urlaubsgeld *nt*
отраба́тывать *vt E impf* (*pf:* отрабо́тать) ❶ (*прораба́тывать*) durcharbeiten, einüben; ❷ (*како́е-то вре́мя*) abarbeiten
отрабо́танный *adj* ❶ erprobt, bewährt; ❷ (ЭКОЛ) verbraucht; **отрабо́танные га́зы** Abgase *pl*
отрабо́тка *f A* ❶ Durcharbeitung *f*; ❷ (ГОР) Abbau *m*
отрави́ть <*fut:* отравлю́, отра́вишь> *vt I pf* (*impf:* отравля́ть) (*auch fig*) vergiften
отравле́ние *nt O2* Vergiftung *f*
отра́дный <*kf:* -ден, -дна> *adj* erfreulich
отража́ть *vt E impf* (*pf:* отрази́ть) ❶ reflektieren, widerspiegeln; ❷ (ВОЕ) abwehren, abschlagen
отража́ться *vr E impf* (*pf:* отрази́ться) ❶ sich spiegeln; ❷ (*fig: находи́ть своё отраже́ние*) sich zeigen, seinen Niederschlag finden
отраже́ние *nt O2* ❶ Reflexion *f*, Widerspiegelung *f*; ❷ (*зерка́льное отраже́ние*) Spiegelbild *nt*; ❸ (ВОЕ) Abwehr *f*; ❹ (*fig: отображе́ние*) Abbild *nt*, genaue Wiedergabe *f*
о́трасль *f I* Zweig *m*, Branche *f*; **~ промы́шленности** Industriezweig *m*; **~ нау́ки** Wissenszweig *m*
отре́зать <*fut:* -е́жу, -е́жешь> *vt E4 pf* (*impf:* отреза́ть) abschneiden
отрезвле́ние *nt O2* Ernüchterung *f*, Desillusionierung *f*
отре́зок <*gen sg:* -зка> *m K* Abschnitt *m*, Strecke *f*; **~ пути́** Wegstrecke *f*
отрека́ться *vr E impf* (*pf:* отре́чься) (*от кого́-л./чего́-л.*) abschwören, entsagen; **~ от престо́ла** abdanken, auf den Thron verzichten
отре́чься <*fut:* -еку́сь, -ечёшься> *vr UE4 pf* (*impf:* отрека́ться) abschwören, entsagen
отрица́ние *nt O2* ❶ Verneinung *f*; ❷ (ЛИНГ) Negation *f*
отрица́тельный <*kf:* -лен, -льна> *adj* negativ, abfällig
отрица́ть *vt E impf* ❶ leugnen, verneinen, negieren; ❷ (*оспа́ривать*) bestreiten; ❸ (*опроверга́ть*) widerlegen; ❹ (*отклоня́ть*) ablehnen
отро́сток <*gen sg:* -тка> *m K* (БОТ) Ableger *m*, Spross *m*
о́троческий *adj* ❶ Knaben-, Jungen-; ❷ (*о де́вочке*) Mädchen-; **~ го́ды** (*перехо́дный во́зраст*) Flegeljahre *pl*, Knabenalter *nt*
отруба́ть *vt E impf* (*pf:* отруби́ть) abhacken, abhauen
о́труби <*gen pl:* отрубе́й> *m pl K1 ple1* Kleie *f*
отруга́ть *vt E pf* (*impf:* руга́ть) ausschimpfen
отры́в *m K* ❶ Loslösung *f*; ❷ (*fig: отчужде́ние*) Entfremdung *f*, Distanz *f*
отрыва́ть *vt E impf* (*pf:* оторва́ть) ❶ abreißen; ❷ (*fig: разъединя́ть*) trennen
отры́вок <*gen sg:* -вка> *m K* Passage *f*, Ausschnitt *m*
отря́д *m K* ❶ (ВОЕ) Trupp *m*; ❷ (*гру́ппа*) Gruppe *f*, Abteilung *f*; **~ птиц** (ЗООЛ) Klasse *f* der Vögel
о́тсвет *m K* ❶ (*о́тблеск*) Gegenlicht *nt*; ❷ (*отраже́ние*) Widerschein *m*
отсе́ивать *vt E impf* (*pf:* отсе́ять) aussieben, auslesen
отсека́ть *vt E impf* (*pf:* отсе́чь) abhacken, abhauen
отсиде́ть <*fut:* -сижу́, -сиди́шь> *vt*

О

I pf (*impf:* отси́живать) absitzen; **~ срок** eine Strafe absitzen

отска́кивать *vi E impf* (*pf:* отскочи́ть) ① (*отпря́нуть*) zurückspringen, zur Seite springen; ② (*о пу́ле, мяче́*) abprallen

отслужи́вший *adj* ausgedient

отсове́товать *v + dat E2 pf* abraten

отсро́чка *f A* ① Aufschub *m*; ② (*упла́ты*) Stundung *f*; **~ упла́ты нало́гов** Steuerstundung *f*; ③ (*umg: продле́ние сро́ка*) Verlängerung *f*

отстава́ние *nt O2* Zurückbleiben *nt*, Rückstand *m*

отстава́ть <*präs:* -та́ю, -таёшь> *vi E3 impf* (*pf:* отста́ть) zurückbleiben, nicht nachkommen

отста́вка *f A* ① (*мини́стра, прави́тельства*) Rücktritt *m*; ② (*о чино́вниках*) Ruhestand *m*; ③ (*увольне́ние*) Verabschiedung *f*; **в отста́вке** außer Dienst (a. D.); im Ruhestand (i.R.)

отставно́й *adj* ① (*о вое́нных*) verabschiedet, außer Dienst; ② (*о чино́вниках*) im Ruhestand

отста́ивать *vt E impf* (*pf:* отстоя́ть) sich einsetzen, sich stark machen (für *+akk*); **~ свои́ интере́сы** seine Interessen verteidigen [*o* wahren]

отста́лый <*kf:* -а́л> *adj* ① rückständig; ② (*слабора́звитый*) unterentwickelt

отстаю́щий I. *adj* (*о шко́льнике*) leistungsschwach; **II.** *m wie adj* (*в соревнова́нии*) Schlusslicht *nt*

отстёгивать *vt E impf* (*pf:* отстегну́ть) ① aufknöpfen, aufhaken; ② (*ремни́*) abschnallen

отстоя́ть <*fut:* -ою́, -ои́шь> *vt I pf* (*impf:* отста́ивать) sich stark machen, sich einsetzen (für *+akk*)

отстрани́ть *vt I pf* (*impf:* отстраня́ть) (*удали́ть, смести́ть*) entfernen, absetzen; **~ от до́лжности** vom Dienst suspendieren

о́тступ *m K* Rand *m*, Abstand *m*; **де́лать ~** einrücken

отступа́ть *vi E impf* (*pf:* отступи́ть) ① (*auch fig*) zurücktreten, beiseitetreten; **~ перед тру́дностями** vor Schwierigkeiten zurückweichen; ② (*воє*) sich zurückziehen; ③ (*предава́ть*) aufgeben, abtrünnig werden; **~ от ве́ры** vom Glauben abfallen

отступле́ние *nt O2* ① (*от пра́вила, от те́мы*) Abweichung *f*; ② (*воє*) Defensive *f*, Rückzug *m*

отсу́тствие *nt O2* Fehlen *nt*, Abwesenheit *f*; **~ интере́са** Desinteresse *nt*

отсу́тствовать *vi E2 impf* ① fehlen, nicht vorhanden sein; ② (*о лю́дях*) abwesend sein; ③ (*на уро́ке*) fehlen

отсчёт *m K* Abzählen *nt*; **обра́тный ~ вре́мени** Countdown *m*

отсчи́тывать *vt E impf* (*pf:* отсчита́ть) abzählen

отсю́да *adv* hieraus, von hier aus; **иди́ ~!** hau ab!

отта́ивать *vi E impf* (*pf:* отта́ять) auftauen

отта́лкивать *vt E impf* (*pf:* оттолкну́ть) ① wegstoßen, zurückstoßen; ② (*auch fig*) abstoßen

отта́лкивающий *adj* (*fig*) abstoßend, widerwärtig

отта́скивать *vt E impf* (*pf:* оттащи́ть, оттаска́ть) ① fortziehen, fortschleppen; ② (*umg: за что-л.*) zerren, ziehen; **~ за во́лосы** an den Haaren ziehen

отта́ять *vi E pf* (*impf:* отта́ивать) auftauen

оттени́ть *vt I pf* (*impf:* оттеня́ть) ① schattieren; ② (*цвета́*) abstufen; ③ (*fig: вы́делить*) hervorheben

отте́нок <*gen sg:* -нка> *m K* ① Färbung *f*, Farbton *m*; ② (*auch fig*) Schattierung *f*, Nuance *f*

о́ттепель *f I* Tauwetter *nt*

оттесни́ть *vt I pf* (*impf:* оттесня́ть) zurückdrängen; **~ сопе́рника** (*fig*) den Rivalen ausstechen

о́ттиск *m K* Abdruck *m*

отто́к *m K* (*auch fig: уте́чка*) Abfluss *m*; **~ ка́дров** Personalabgang *m*

оттолкну́ть *vt E1 pf* (*impf:* отта́лкивать) abstoßen
оттопы́риваться *vr E impf* (*pf:* оттопы́риться) (*об уша́х*) abstehen
отту́да *adv* dorther, von dort
оття́гивать *vt E impf* (*pf:* оттяну́ть) (*fig: затя́гивать*) hinausziehen, hinauszögern
отупе́ть *vi E pf* (*impf:* тупе́ть) (*auch fig*) stumpf werden, abstumpfen
отуча́ть *vt E impf* (*pf:* отучи́ть) (*кого́-л. от чего́-л.*) jdm etw abgewöhnen
отхо́д *m K* ① Abfahrt *f*, Abgang *m*; ② (ВОЕ) Rückzug *m*; ③ (*отклоне́ние*) Abweichung *f*; ④ (*fig: разры́в с чем-л.*) Abkehr *f*
отходи́ть <*präs:* -хожу́, -хо́дишь> *vi I impf* (*pf:* отойти́) ① (*о по́езде*) abfahren; ② (*удаля́ться*) sich entfernen; ③ (*в сто́рону*) beiseitetreten; ④ (*на коро́ткое вре́мя*) kurz weggehen; ⑤ (*fig, umg: приходи́ть в себя́*) zu sich kommen, sich erholen; ⑥ (*fig: отклони́ться*) abrücken; **~ от те́мы** vom Thema abkommen
отхо́ды *m pl K* ① Abfallstoffe *m pl*, Abfälle *m pl*; ② (*отбро́сы*) Abfall *m*
отчека́нить *vt I pf* (*impf:* чека́нить) ① (*моне́ту*) prägen; ② (*fig: слова́ и т.п.*) deutlich artikulieren
о́тчество *nt O* Vatersname *m*
отчёт *m K* Bericht *m*, Rechenschaft *f*; **отдава́ть себе́ ~ в чём-л.** (*fig*) sich voll bewusst sein (über *+akk*)
отчётливый <*kf:* -ив> *adj* klar, deutlich
отчи́зна *f A* (*geh*) Vaterland *nt*
о́тчим *m K* Stiefvater *m*
отчисле́ние *nt O2* ① Abzug *f*, Abgabe *f*; ② (*из ву́за*) Exmatrikulation *f*
отчисля́ть *vt E impf* (*pf:* отчи́слить) ① (ЭКОН) abführen; ② (*из ву́за*) exmatrikulieren
отчита́ть *vt E pf* (*impf:* отчи́тывать) (*umg*) abkanzeln, die Leviten lesen
отчита́ться *vr E pf* (*impf:* отчи́тываться) ① (*перед кем-л. в чём-л.*) jdm Rechenschaft ablegen (über *+akk*); ② (*предоста́вить отчёт*) Bericht erstatten, berichten
отчужде́ние *nt O2* ① (ЮР: *путём прода́жи*) Verkauf *m*, Veräußerung *f*; ② (ПОЛ, ЭКОН: *путём изъя́тия*) Enteignung *f*; ③ (*отдале́ние*) Entfremdung *f*
отше́льник *m K* Einsiedler *m*, Eremit *m*
отшлифова́ть *vt E2 pf* (*impf:* шлифова́ть) schleifen, abschleifen
отъезд *m K* Abreise *f*, Abfahrt *f*, Aufbruch *m*
отыска́ть <*fut:* -ыщу́, -ы́щешь> *vt E4 pf* (*impf:* оты́скивать) auffinden, ausfindig machen
отягча́ть *vt E impf* (*pf:* отягчи́ть) erschweren, belasten
о́фис *m K* ① Büro *nt*; **помеще́ние под ~** Büroraum *m*; ② (*конто́ра*) Geschäftsstelle *f*
о́фисный *adj* Büro-
офице́р *m K* (ВОЕ) Offizier *m*
официа́льный <*kf:* -лен, -льна> *adj* ① (*ве́домственный*) amtlich, behördlich; ② (*с соблюде́нием форма́льностей*) offiziell
официа́нт, официа́нтка <*gen pl f:* -ток> *m K / f A* Kellner, -in *m/f*, Ober *m*
офо́рмить <*fut:* -млю, -мишь> *vt I pf* (*impf:* оформля́ть) ① gestalten; ② (*бага́ж*) abfertigen; ③ (*па́спорт*) ausstellen
оформле́ние *nt O2* ① (*вне́шнее*) Gestaltung *f*; ② (*выполне́ние форма́льностей*) Abwicklung *f*, Abfertigung *f*
охарактеризова́ть *vt E2 pf* (*impf:* характеризова́ть) charakterisieren
охва́т *m K* ① Umfassung *f*; ② (*включе́ние*) Einbeziehung *f*
охвати́ть <*fut:* -ачу́, -а́тишь> *vt I pf* (*impf:* охва́тывать) ① umfassen; ② (*умо́м*) begreifen; ③ (*о*

чу́встве) ergreifen, packen

охладева́ть *vi E impf* (*pf:* охладе́ть) (*к кому́-л./чему́-л.*) gleichgültig werden, sich entfremden (von *+dat*)

охлади́ть <*fut:* -ажу́, -ади́шь> *vt I pf* (*impf:* охлажда́ть) kühlen, abkühlen, kaltstellen

охлади́ться <*fut:* -ажу́сь, -ади́шься> *vr I pf* (*impf:* охлажда́ться) sich abkühlen

охо́та *f A* ❶ Jagd *f*; **~ на ведьм** (*fig*) Hexenjagd *f*; ❷ (*жела́ние*) Lust *f*

охо́титься <*fut:* -о́чусь, -о́тишься> *vr I impf* (*на кого́-л./что-л., за кем-л./чем-л., auch fig*) jagen, nachjagen (*+dat*)

охо́тник *m K* Jäger *m*

охо́тно *adv* ❶ gerne, sehr gern; ❷ (*с гото́вностью*) bereitwillig

охра́на *f A* Bewachung *f*, Schutz *m*, Wache *f*; **~ окружа́ющей среды́** Umweltschutz *m*; **~ па́мятников** Denkmalschutz *m*

О

охрани́ть *vt I pf* (*impf:* охраня́ть) ❶ bewachen; ❷ (*защити́ть*) schützen

охра́нник *m K* Schutzmann *m*

охри́пший *adj* heiser

оце́нивать *vt E impf* (*pf:* оцени́ть) ❶ (*сто́имость и т.п.*) werten, bewerten; ❷ (*на глаз*) schätzen, abschätzen; ❸ (*fig: ка́чество рабо́ты, обстано́вку, челове́ка*) einschätzen, beurteilen; **~ по досто́инству** würdigen

оце́нка *f A* ❶ (*де́йствие*) Bewertung *f*, Schätzung *f*; ❷ (*fig: сужде́ние*) Einschätzung *f*, Urteil *nt*; ❸ (*балл*) Note *f*, Zensur *f*; **выставля́ть оце́нку** benoten ❹ (*ка́чественная характери́стика*) Prädikat *nt*

оцепле́ние *nt O2* ❶ (*прегражде́ние*) Absperrung *f*; ❷ (*цепь люде́й*) Kette *m*

оцифрова́ние *nt O2* Digitalisierung *f*

оцифро́ванный *adj* digitalisiert

оча́г *m K* (*auch fig*) Herd *m*

очарова́ние *nt O2* ❶ Zauber *m*, Charme *m*; ❷ (*притяга́тельная си́ла*) Anziehungskraft *f*

очаро́ванный *adj* verzaubert; **быть очаро́ванным кем-л.** in jds Bann stehen

очарова́тельный <*kf:* -лен, -льна> *adj* ❶ (*чару́ющий*) bezaubernd; ❷ (*обая́тельный*) charmant, anmutig, zauberhaft

очарова́ть *vt E2 pf* (*impf:* очаро́вывать) faszinieren, bezaubern, in seinen Bann schlagen

очеви́дец <*gen sg:* -дца> *m K* Augenzeuge *m*; **яви́ться очеви́дцем чего́-л.** miterleben, Zeuge sein (von *+dat*)

очеви́дность *f I* ❶ (*соверше́нная я́сность*) Offensichtlichkeit *f*; ❷ (*достове́рность*) Evidenz *f*; **со всей очеви́дностью** mit aller Evidenz

очеви́дный <*kf:* -ден, -дна> *adj* ❶ offenkundig, offensichtlich; ❷ (*достове́рный*) evident

о́чень *part* sehr, überaus

очередно́й *adj* ❶ nächste(r, s); ❷ (*о заседа́нии и т.п.*) ordentlich, turnusmäßig; **в ~ раз** erneut, abermals

очерёдность *f I* Reihenfolge *f*, Abfolge *f*

о́чередь *f I* Warteschlange *f*; **тепе́рь твоя́ ~** jetzt bist du an der Reihe; **чья ~?** wer ist dran? **быть на о́череди** an der Reihe sein; **занима́ть ~** sich anstellen; **лезть без о́череди** sich vordrängen; **стоя́ть в о́череди** Schlange stehen

о́черк *m K* ❶ (*кра́ткий курс*) Aufriss *m*, Grundriss *m*; ❷ (*литерату́рный*) Skizze *f*, Essay *m*; ❸ (*репорта́ж*) Reportage *f*

очерни́ть *vt I pf* (*impf:* черни́ть) ❶ schwärzen, schwarz machen; ❷ (*fig*) anschwärzen, verleumden

очерта́ние *nt O2* Umriss *m*, Kontur *f*

очи́стить <*fut:* -и́щу, -и́стишь> *vi I pf* (*impf:* очища́ть) ❶ säubern, reinigen; ❷ (*fig: освободи́ть*)

freimachen, räumen
очи́стка *f A* ❶ Reinigung *f*; **от при́месей** Raffinierung *f*; ❷ (*помеще́ния*) Räumung *f*
очистно́й *adj* Reinigungs-; **очистно́е сооруже́ние** Kläranlage *f*
очища́ть *vt E impf* (*pf:* очи́стить) säubern, reinigen; **~ от хла́ма** entrümpeln
очи́щенный *adj* gereinigt, raffiniert
очки́ <*gen pl:* -ко́в> *m pl K e* Brille *f*; **надева́ть ~** die Brille aufsetzen;
очко́ *nt O* Gewinnpunkt *m*, Punkt *m*
очну́ться *vr E1 pf* ❶ (*auch fig: пробуди́ться*) hellwach werden; ❷ (*прийти́ в себя́*) zu sich kommen
о́чный *adj* direkt, unmittelbar
ошара́шенный *adj* (*umg*) verblüfft; **быть ошара́шенным** baff sein
оше́йник *m K* Halsband *nt*; **соба́чий ~** Hundehalsband *nt*
ошеломи́ть <*fut:* -млю́, -ми́шь> *vt I pf* (*impf:* ошеломля́ть) erschüttern, bestürzen
ошеломлённый *adj* konsterniert, bestürzt, verblüfft
ошиби́ться <*fut:* -бу́сь, -бёшься> *vr E4 pf* (*impf:* ошиба́ться) ❶ sich irren, sich täuschen; ❷ (*при вы́боре чего́-ли́бо*) sich vergreifen
оши́бка *f A* Irrtum *m*, Fehler *m*, Versehen *nt*; **логи́ческая ~** Denkfehler *m*
оши́бочный <*kf:* -чен, -чна> *adj* fehlerhaft, falsch, irrtümlich; **~ вы́вод** Fehlschluss *m*; **оши́бочная оце́нка** Fehleinschätzung *f*
ощипа́ть <*fut:* -иплю́, -и́плешь> *vt E4 pf* (*impf:* ощи́пывать, щипа́ть) rupfen
ощу́пать *vt E pf* (*impf:* ощу́пывать) befühlen, betasten, abtasten
ощути́мый <*kf:* -и́м> *adj* ❶ spürbar, fühlbar; ❷ (*заме́тный*) merklich
ощуща́ть <*fut:* -ущу́, -ути́шь> *vt E impf* (*pf:* ощути́ть) ❶ spüren; ❷ (*о чу́вствах*) empfinden, fühlen
ощуще́ние *nt O2* Empfindung *f*

П п

п, П *nt indekl kyrillischer Buchstabe*
павильо́н *m K* Pavillon *m*; **вы́ставочный ~** Messehalle *f*
павли́н *m K* (зоол) Pfau *m*
па́водок <*gen sg:* -дка> *m K* Hochwasser *nt*
па́губный <*kf:* -бен, -бна> *adj* verderblich, unheilvoll
па́даль *f I* Kadaver *m*, Aas *nt*
па́дать *vi E impf* (*pf:* пасть, упа́сть) ❶ fallen, hinfallen, herunterfallen; **~ в о́бморок** in Ohnmacht fallen; ❷ (*срыва́ться*) abstürzen, stürzen; ❸ (*fig: понижа́ться*) sinken
падёж *m K e* (линг) Kasus *m*, Fall *m*; **имени́тельный ~** Nominativ *m*; **роди́тельный ~** Genitiv *m*; **да́тельный ~** Dativ *m*; **вини́тельный ~** Akkusativ *m*; **твори́тельный ~** Instrumental *m*; **предло́жный ~** Präpositiv *m*
падёж *m K e* Krepieren *nt*, Verenden *nt*
паде́ние *nt O2* ❶ Fall *m*, Absturz *m*, Sturz *m*; **~ Берли́нской стены́** Berliner Mauerfall *m*; **~ нра́вов** (*fig*) moralischer Verfall *m*; ❷ (пол, экон: *сниже́ние, пониже́ние*) Rückgang *m*, Abfall *m*, Absinken *nt*, Abnahme *f*; **ре́зкое ~ ку́рса а́кций**

Aktieneinbruch *m*; **~ интере́са к поли́тике** Politikverdrossenheit *f*

па́дкий <*kf:* -док, -дка> *adj* (*на что́-ли́бо*) erpicht (auf *+akk*)

па́дчерица *f A* Stieftochter *f*

паёк <*gen sg:* пайка́> *m K e* Ration *f*

паз *m K ple* (ТЕХ) Fuge *f*; **де́лать ~** aussparen

па́зуха *f A* ① (*umg*) Busen *m*, Brust *f*; **за па́зухой** an der Brust; ② (АНАТ) Höhle *f*

паке́т *m K* ① (*auch fig:* **свёрток**) Packet *nt*; ② (*кулёк, паке́тик*) Tüte *f*; **~ програ́ммного обеспече́ния** (ОБДАН) Softwarepaket *nt*; **полиэтиле́новый ~** Plastiktüte *f*

Пакиста́н *m K* Pakistan *nt*

пакова́ть *vt E2 impf* (*pf:* -за, у-) packen

пакт *m K* (ПОЛ) Pakt *m*

пала́та *f A* (ПОЛ, ЭКОН) Kammer *f*; **больни́чная ~** (МЕД) Krankenzimmer *nt*

пала́тка *f A* ① Zelt *nt*; **жить в пала́тке** zelten; ② (*на ры́нке*) Bude *f*

пала́ч *m K e* (*arch*) Henker *m*, Scharfrichter *m*

Палести́на *f A* Palästina *nt*

палести́нец, палести́нка <*gen sg m:* -нца*gen pl f:* -нок> *m K / f A* Palästinenser, -in *m/f*

па́лец <*gen sg:* па́льца> *m K* ① (*руки́*) Finger *m*; ② (*ноги́*) Zehe *m*; **безымя́нный ~** Ringfinger *m*; **большо́й ~** (*на руке́*) Daumen *m*; **большо́й ~** (*на ноге́*) Zehe *f*; **сре́дний ~** Mittelfinger *m*; **указа́тельный ~** Zeigefinger *m*

пали́тра *f A* ① Palette *f*; ② (*fig*) Palette *f*, Bandbreite *f*

па́лка *f A* ① Stock *m*, Stab *m*; ② (*трость*) Spazierstock *m*, Wanderstab *m*

пало́мник, пало́мница *m K / f A* Pilger, -in *m/f*, Wallfahrer, -in *m/f*

пало́мничать *vi E impf* pilgern

пало́мничество *nt O* Wallfahrt *f*, Pilgerfahrt *f*; **соверша́ть ~** pilgern

па́лочка *f A* ① kleiner Stock *m*; ② (*в кита́йском рестора́не*) Essstäbchen; ③ (*ва́фельная, шокола́дная и т.п.*) Stange *f*, Riegel *m*; ④ (МУЗ) Schlegel *m*; ⑤ (МЕД) Bazillus *m*; **волше́бная ~** Wünschelrute *f*; **солёная ~** Salzstange *f*

па́луба *f A* (СУД) Deck *nt*

па́льма *f A* (БОТ) Palme *f*

пальто́ *nt indekl* Mantel *m*

па́мятка *f A* Merkblatt *nt*

па́мятник *m K* Denkmal *nt*; **надгро́бный ~** Grabmal *nt*

па́мятный <*kf:* -тен, -тна> *adj* ① (*досто́йный воспомина́ния*) denkwürdig; ② (*сде́ланный на па́мять*) Gedenk-, Erinnerungs-; **~ пода́рок** Erinnerungsstück *nt*; Andenken *nt*

па́мять *f I* ① Gedächtnis *nt*, Merkfähigkeit *f*; ② (*о ком-л./чём-л.*) Erinnerung *f*, Andenken *nt*, Gedenken *nt*; ③ (ОБДАН) Speicher *m*; **~ на ли́ца** Personengedächtnis *nt*

пане́ль *f I* ① (СТРОИТ) Wandplatte *f*; ② (*тротуа́р*) Bürgersteig *m*; ③ (ЭЛЕК) Tafel *f*, Brett *nt*; ④ (АВТО) Armaturenbrett *nt*

па́ника *f A* Panik *f*

паникова́ть *vi E2 impf* (*pf:* за-) Panik machen, in Panik geraten

пани́ческий *adj* panisch; **~ страх** panische Angst *f*

панора́ма *f A* Panorama *nt*, Rundblick *m*

пансио́н *m K* ① (*уче́бное заведе́ние*) Pensionat *nt*; ② (*небольша́я гости́ница*) Pension *f*

пансиона́т *m K* Ferienheim *nt*

панте́ра *f A* (ЗООЛ) Panter *m*

пантоми́ма *f A* Pantomime *f*

па́па *m A* Papa *m*; **Ри́мский ~** Papst *m*

папа́йя *f A1* (БОТ) Papaya *f*

па́пка *f A* ① Briefmappe *f*, Mappe *f*; ② (*для бума́г*) Aktendeckel *m*, Pappdeckel *m*

пáпоротник *m K* (БОТ) Farn *m*

папьé-машé *nt indekl* Pappmaché *nt*

пар *m K* Dampf *m*; **водянóй ~** Wasserdampf *m*

пáра *f A* Paar *nt*

парáграф *m K* Paragraph *m*

парáд *m K* Parade *f*; **~ шля́геров** (МУЗ) Hitparade *f*

парáдный *adj* ① Parade-, Fest-, Gala-; ② (*глáвный*) Haupt-; **~ костю́м** Gala *f*; **~ зал** Festsaal *m*

парадóкс *m K* ① Paradox *nt*; ② (ФИЛОС) Paradoxon *nt*

парадоксáльный <*kf:* -ден -дьна> *adj* paradox

парази́т *m K* ① (БИОЛ) Schmarotzer *m*; ② (*fig:* *бездéльник*) Parasit *m*, Nichtsnutz *m*

паразити́ровать *vi E2 impf* schmarotzen

парализовáть *vt E2 impf/pf* ① (МЕД) lähmen; ② (*fig*) lähmen, lahmlegen

парали́ч *m K* (МЕД) Lähmung *f*

параллелогрáмм *m K* (МАТ) Parallelogramm *nt*

параллéль *f I* Parallele *f*; **проводи́ть ~** (*fig*) eine Parallele ziehen, vergleichen

параллéльный <*kf:* -лен, -льна> *adj* parallel; **~ телефóн** (ТЕЛЕКОМ) Zweitanschluss *m*; **параллéльные брýсья** (СПОРТ) Barren *m*

парáметр *m K* Parameter *m*; **исхóдные парáметры** Ausgangswerte *pl*

пáрами *adv* paarweise

парапéт *m K* Brüstung *f*, Geländer *nt*

парашю́т *m K* Fallschirm *m*

парашюти́ст, парашюти́стка <*gen pl f:* -ток> *m K / f A* Fallschirmspringer, -in *m/f*

пáрень <*gen sg:* -рня> *m K* Bursche *m*, Kerl *m*

пари́ *nt indekl* Wette *f*; **держáть ~** wetten, eine Wette abschließen

Пари́ж *m K* Paris *nt*

пари́к *m K* Perücke *f*

парикмáхер *m K* Friseur *m*

пари́ровать *vt E2 impf* (*pf:* от-) parieren, kontern, entgegnen

пари́ть *vi I impf* schweben, gleiten

пáрить *vt I impf* dämpfen, dünsten; **пáрит** es ist schwül

парк *m K* ① Park *m*; **лýна-~** Vergnügungspark *m*; **тéхно-~** Industriepark *m*; ② (*депó*) Depot *nt*, Garage *f*; ③ (*совокýпность трáнспортных средств*) Bestand *m*; **~ трáнспортных средств** Fuhrpark *m*

паркéт *m K* Parkett *nt*

паркoвáться *vi E2 impf* parken

парлáмент *m K* (ПОЛ) Parlament *nt*

парлáментский *adj* parlamentarisch

парникóвый *adj* im Frühbeet gezogen, Treibhaus-; **~ эффéкт** (ЭКОЛ) Treibhauseffekt *m*

пáрный *adj* ① paarig; ② (СПОРТ) Paar-; **пáрная игрá** Doppel *nt*

паровóз *m K* Dampflokomotive *f*

паровóй *adj* Dampf-; **паровáя маши́на** Dampfmaschine *f*

пароди́ровать *vt E2 impf/pf* parodieren

парóдия *f A2* Parodie *f*

парóль *m K1* ① (ВОЕ) Parole *f*, Kennwort *nt*; ② (ОБДАН) Passwort *nt*

парóм *m K* Fähre *f*

парохóд *m K* Dampfer *m*

пáрта *f A* Schulbank *f*

партéр *m K* Parterre *nt*

партизáн *m K* Partisane *m*

партизáнский *adj* Partisanen-; **партизáнская войнá** Partisanenkrieg *m*, Guerillakrieg *m*

партитýра *f A* (МУЗ) Partitur *f*

пáртия *f A2* ① Partei *f*; ② (СПОРТ) Partie *f*; ③ (МУЗ) Rolle *f*, Partie *f*; ④ (ЭКОН) Bezugsgröße *f*, Menge *f*, Posten *m*; **~ грýза** Transport *m*

партнёр, партнёрша *m K / f A* ① Partner, -in *m/f*; ② (СПОРТ) Kontrahent, -in *m/f*, Mitspieler, -in *m/f*

партнёрство *nt O* Partnerschaft *f*

пáрус *m K* Segel *nt*

паруси́на *f A* Segeltuch *nt*

пáрусник *m K* Segelboot *nt*

парфюмéрия *f A2* Parfümerie *f*

парчá *f A* Brokat *m*

парши́вый <*kf:* -и́в> *adj* ① (*шелуди́вый*) schorfig, räudig; ② (*umg, pej:* **дрянно́й, проти́вный**) mies, scheußlich

пас *m K* (СПОРТ) Pass *m*, Zuspiel *nt*

па́смурный <*kf:* -рен, -рна> *adj* ① trüb, dunstig; ② (*fig:* **мра́чный**) finster, mürrisch

пасова́ть I. *vi E2 impf* (*pf:* с-) ① (**при игре́ в ка́рты**) passen; ② (*fig:* **сдава́ться**) kapitulieren, aufgeben, resignieren; **~ пе́ред тру́дностями** vor Schwierigkeiten zurückschrecken; **II.** *vi E2 impf* (*pf:* паса́нуть) (СПОРТ) passen, den Ball abgeben

па́спорт *m K ple* ① Pass *m*; **заграни́чный ~** Reisepass *m*; ② (**удостовере́ние**) Personalausweis *m*; ③ (**маши́ны и т.п.**) Registrierkarte *f*; **~ на автомоби́ль** Kraftfahrzeugschein *m*

па́спортный *adj* Pass-; **па́спортные да́нные** Personalien *pl*; **~ стол** Einwohnermeldeamt *nt*

пассажи́р, пасажи́рка <*gen pl f:* -рок> *m K / f A* Fahrgast *m*, Passagier *m*

пассажи́рский *adj* Passagier-; **пассажи́рские перево́зки** Reiseverkehr *m* , Personenbeförderung *f*

пасси́в *m K* ① (*meist pl:* ЭКОН) Passiva *pl*, Passivseite *f*; ② (ЛИНГ) Passiv *nt*

пасси́вность *f I* Passivität *f*

пасси́вный <*kf:* -вен, -вна> *adj* passiv

па́стбище *nt O1* Weide *f*

пасти́сь <*nur 3. pers:* -сётся> *vi E6 impf* (**о живо́тных**) weiden, grasen

па́стор *m K* (РЕЛ) Pastor, -in *m/f*

пасту́х *m K* Schäfer, -in *m/f*

па́стырь *m K1* (РЕЛ) Hirte *m*

пасть[1] *f I* (**хи́щника**) Rachen *m*, Schlund *m*

пасть[2] <*präs:* паду́, падёшь, *prät:* пал> *vi E6a pf* (*impf:* па́дать) ① fallen, hinfallen, herunterfallen; ② abstürzen, stürzen; ③ (*fig , part prät akt.:* **па́дший**) moralisch zerfallen; **па́дший а́нгел** gefallener Engel *m*; ④ (*geh , part prät akt:* **па́вший**) fallen; **па́вший во́ин** gefallener Soldat *m*; ⑤ (*nur pf: von Tieren*) verenden

па́сха *f A* Ostern *nt*

пасха́льный *adj* Oster-; **пасха́льное яйцо́** Osterei *nt*

па́сынок <*gen sg:* -нка> *m K* Stiefsohn *m*

пате́нт *m K* Patent *nt*; **защищённый ~ами** patentrechtlich geschützt

пате́нтный *adj* Patent-; **пате́нтное ве́домство** Patentamt *nt*

патентова́ть *vt E2 impf* (*pf:* за-) patentieren

патети́ческий *adj* pathetisch

патоло́гия *f A2* Pathologie *f*

патриа́рх *m K* (РЕЛ) Patriarch *m*

патрио́т, патрио́тка <*gen pl f:* -ток> *m K / f A* Patriot, -in *m/f*

патриоти́зм *m K* Patriotismus *m*

патриоти́ческий *adj* patriotisch

патро́н *m K* ① Patrone *f*; **холосто́й ~** Platzpatrone *f*; ② (ТЕХ) Fassung *f*

патрули́ровать *vi E2 impf* patrouillieren

патру́ль *m K1* Patrouille *f*, Streife *f*

па́уза *f A* Pause *f*

пау́к *m K* (ЗООЛ) Spinne *f*

паути́на *f A* Spinngewebe *f*, Spinnennetz *nt*

па́фос *m K* Pathos *nt*

пах *m K* (АНАТ) Leiste *f*

паха́ть <*präs:* пашу́, па́шешь> *vt E4 impf* (*pf:* вс-) pflügen

па́хнуть *v + inst E1 impf* ① riechen, duften (nach +*dat*); ② (*fig*) riechen, in der Luft liegen; **па́хнет дождём** es sieht nach Regen aus; **па́хнет бедо́й** ein Unglück droht

па́хта *f A* Buttermilch *f*

пацие́нт, пацие́нтка <*gen pl f:* -ток> *m K / f A* Patient, -in *m/f*, Kranke(r) *mf*

па́чка *f A* Packung *f*; **~ сигаре́т** Zigarettenschachtel *f*

па́чкать *vt E impf* (*pf:* вы́-, за-, исна-) ① beschmutzen; ② (**сажа́ть пя́тна**) klecksen

пáчкаться *vr E impf* (*pf:* вы́-, за-) ❶ sich schmutzig machen, sich beschmutzen; ❷ (*грязни́ться,быть мáрким*) schmutzen
пáшня *f A1* (СЕЛХОЗ) Acker *m*
паштéт *m K* Pastete *f*
пая́льник *m K* Lötkolben *m*
пая́ть *vi E impf* löten
певéц, **певи́ца** <*gen sg m:* -вцá> *m K / f A* Sänger, -in *m/f*
пéгий <*kf:* пег> *adj* scheckig
педагóг *m K* Pädagoge *m*
педагóгика *f A* Pädagogik *f*
педагоги́ческий *adj* pädagogisch
педáль *f I* Pedal *nt*
педáнт, **педáнтка** <*gen pl f:* -ток> *m K / f A* Pedant, -in *m/f*
педанти́зм *m K* Pedanterie *f*
педанти́чный <*kf:* -чен, -чна> *adj* pedantisch, akribisch
педиáтр *m K* (МЕД) Kinderarzt *m*
пéйджер *m K* Pager *m*, Funkrufempfänger *m*
пейзáж *m K* Landschaft *f*
пекáрня *f A1* Bäckerei *f*
пéкарь *m K1* Bäcker, -in *m/f*
пеленáть *vt E impf* (*pf:* за-) (*ребёнка*) wickeln
пелёнка <*gen pl:* -нок> *f A* Windel *f*
пеликáн *m K* (ЗООЛ) Pelikan *m*
пéна *f A* ❶ Schaum *m*; ❷ (*морскáя*) Gischt *f*; **защищáть что-л. с пéной у рта** (*fig*) sich für etw. ins Zeug legen
пéние *nt O2* Gesang *m*
пéнистый <*kf:* -ист> *adj* schaumig
пéниться <*nur 3. pers:* -ится> *vr I impf* (*pf:* вс-) schäumen
пеноплáст *m K* Schaumstoff *m*
пенсионéр, **пенсионéрка** <*gen pl f:* -рок> *m K / f A* Rentner, -in *m/f*
пенсиóнный *adj* Renten-; **~ фонд** Pensionsfonds *m*
пéнсия *f A2* Rente *f*, Pension *f*; **отправля́ть на пéнсию** pensionieren; **~ по инвали́дности** Invalidenrente *f*
пень <*gen sg:* пня> *m K1* Baumstumpf *m*
пéня *f A1* Pönale *f*, Verzugszinsen *pl*
пеня́ть *v + dat E impf* (*pf:* по-) (*umg: на когó-л. за что-л.*) Vorwürfe machen (wegen *+dat*), die Schuld geben (an *+dat*)
пéпел <*gen sg:* -пла> *m K* Asche *f*
пéпельница *f A* Aschenbecher *m*
пéрвенство *nt O* ❶ (СПОРТ) Meisterschaft *f*; **~ Еврóпы** Europameisterschaft *f*; **~ ми́ра** Weltmeisterschaft *f*; ❷ (*fig: превосхóдство*) Vorrang *m*, Führung *f*
перви́чный <*kf:* -чен, -чна> *adj* primär
перво- *präfix* Erst-, erst-
первобы́тный *adj* Ur-, ursprünglich; **первобы́тное óбщество** Urgesellschaft *f*
первоздáнный <*kf:* -áнен, -áнна> *adj* ursprünglich; **в первоздáнном ви́де** naturbelassen
первоклáссник, **первоклáссница** *m K / f A* Schulanfänger, -in *m/f*
первоклáссный <*kf:* -сен, -сна> *adj* erstklassig
первоначáльный <*kf:* лен, -льна> *adj* ❶ ursprünglich, anfänglich; ❷ (*предвари́тельный*) vorläufig
первооткрывáтель *m K1* Entdecker, -in *m/f*
первоочереднóй *adj* vorrangig, vordringlich
первопрохóдец <*gen:* -дца, -дцев> *m K* ❶ Entdecker; ❷ (*fig: пионéр*) Vorreiter *m*, Wegbereiter *m*, Pionier *m*, Bahnbrecher *m*
первосóртный *adj* erstklassig, erster Wahl
первостепéнный <*kf:* -éнен, -éнна> *adj* vorrangig, dringlich
первоцвéт *m K* (БОТ) Schlüsselblume *f*
пéрвый *adj* erste(r, s); **пéрвая бýква** Anfangsbuchstabe *m*
пергáмент *m K* ❶ Pergament *nt*; ❷ (*жиронепроницáемая бумáга*) Butterbrotpapier *nt*

П

перебази́ровать *vt E2 pf* ❶ verlagern; ❷ (ВОЕ) umstationieren

перебе́жчик, перебе́жчица *m K / f A* ❶ Überläufer, -in *m/f*; ❷ (*fig:* **преда́тель**) Verräter, -in *m/f*

перебеси́ться <*fut:* -ешу́сь, -е́сишься> *vr I pf* ❶ (**о не́скольких, мно́гих**) aufgeregt werden, in Wut geraten; ❷ (*umg:* **остепени́ться**) sich austoben, sich die Hörner abstoßen

перебива́ть *vt E impf* (*pf:* перебить) ❶ (**уничтожа́ть**) vernichten; ❷ (**о лю́дях**) erschlagen; ❸ (ВОЕ: **уничтожа́ть**) zerschlagen; ❹ (*fig:* **прерыва́ть**) unterbrechen, ins Wort fallen

перебира́ть *vr E impf* (*pf:* перебра́ть) sortieren, auslesen

перебо́й *m K2* ❶ (**заде́ржка**) Stockung *f*; ❷ (**поме́ха**) Störung *f*; ❸ (**переры́в**) Unterbrechung *f*; **перебо́и со снабже́нием** Versorgungsschwierigkeiten *f pl*

П

переборщи́ть *vi I pf* (*impf:* переба́рщивать) (*fig, umg*) übertreiben, des Guten zu viel tun

перебра́нка *f A* ❶ Gezänke *nt*; ❷ (**перепа́лка**) Geplänkel *nt*

перебра́ть <*fut:* -беру́, берёшь> *vt E4a pf* (*impf:* перебира́ть) sortieren, auslesen

перева́л *m K* (**го́рный**) Gebirgspass *m*

перевезти́ <*fut:* -везу́, -везёшь> *vt E6 pf* (*impf:* перевози́ть) befördern, transportieren

переверну́ть *vt E1 pf* (*impf:* перевора́чивать) ❶ umwenden; ❷ umkippen

переверну́ться *vr E1 pf* (*impf:* перевора́чиваться) ❶ sich überschlagen; ❷ umstürzen, umkippen

перевести́ <*fut:* -веду́, -ведёшь> *vt E6a pf* (*impf:* переводи́ть) ❶ (**на (в) друго́е ме́сто**) verlegen, verlagern, versetzen, umsetzen; ❷ (**переключи́ть, переста́вить**) umstellen; **~ стре́лки часо́в** die Uhr umstellen; ❸ (**на друго́й язы́к у́стно**) dolmetschen; ❹ (**пи́сьменно**) übersetzen; ❺ (**стихи́**) nachdichten; ❻ (**рома́н**) übertragen; ❼ (*umg:* **израсхо́довать**) verschwenden; ❽ (ЭКОН: **де́нег**) überweisen; **~ де́ньги на счёт** Geld auf das Konto überweisen

перево́д *m K* ❶ (**перемеще́ние**) Überführung *f*; ❷ (**на друго́й язы́к**) Übersetzung *f*, Übertragung *f*; ❸ (**де́нежный**) Überweisung *f*, Transfer *m*; **~ часо́в** das Stellen *nt* der Uhr

переводно́й *adj* ❶ (**о те́ксте, литерату́ре**) Übersetzungs-; ❷ (**для ко́пий**) Paus-, Kohle-; **~ фильм** Film *m* mit Untertitel; **переводна́я карти́нка** Abziehbild *nt*

перево́дчик *m K* ❶ (**у́стный**) Dolmetscher, -in *m/f*; ❷ (**пи́сьменный**) Übersetzer, -in *m/f*; ❸ (**стихо́в**) Nachdichter, -in *m/f*; **~-рефере́нт** Referent *m* und Dolmetscher *m*; **синхро́нный ~** Simultandolmetscher *m*

перевози́ть <*präs:* -вожу́, -во́дишь> *vt I impf* (*pf:* перевезти́) befördern, transportieren, verfrachten

перево́зка *f A* Beförderung *f*, Transport *m*

перево́зчик *m K* Fährmann *m*; **~ гру́за** Frachtführer *m*

перевора́чивать *vt E impf* (*pf:* переверну́ть) ❶ umwenden; ❷ (**опроки́дывать**) umkippen

перевора́чиваться *vr E impf* (*pf:* переверну́ться) ❶ (**перека́тываться**) sich überschlagen; ❷ (**опроки́дываться**) umschlagen, umkippen; ❸ (**суд**) kentern; ❹ (**на друго́й бок**) sich umdrehen

переворо́т *m K* Umsturz *m*, Putsch *m*; **госуда́рственный ~** Staatsstreich *m*; **производи́ть ~ в чём-л.** (*fig*) revolutionieren

перевоспита́ние *nt O2* Umerziehung *f*
перевы́боры *<gen pl:* -ров> *m pl K* (пол) Neuwahlen *f pl*
перевы́полнить *vt I pf* (*impf:* перевыполня́ть) überbieten, übererfüllen
перевя́зочный *adj* Verbands-; **~ материа́л** Verbandszeug *nt*
переги́б *m K* ❶ Knick *m*; ❷ (*fig*) Überspitzung *f*, Übertreibung *f*
перегно́й *m K2* Humus *m*
перегова́ривать *vi E impf* (*pf:* переговори́ть) ❶ (*с кем-ли́бо*) Rücksprache halten, sich besprechen (mit *+dat*); ❷ (*по телефо́ну*) telefonieren
перегово́ры *<gen pl:* -ров> *m pl K* Verhandlungen *f pl*, Gespräche *nt pl*, Beratungen *f pl*; **ми́рные ~** Friedensgespräche *pl*
перегоро́дка *f A* Trennwand *f*; **раздвижна́я ~** Schiebewand *f*
перегрева́ться *vr E impf* (*pf:* перегре́ться) sich zu stark erhitzen, sich überhitzen
перегружа́ть *vi E impf* (*pf:* перегрузи́ть) ❶ (*в друго́е ме́сто*) umladen; ❷ (*черезчур нагружа́ть*) überladen, überlasten; ❸ (*fig*) überfordern, überbeanspruchen
перегру́зка *f A* (*чрезме́рная нагру́зка*) Überlastung *f*
пе́ред *präp +inst* vor (*+dat*); **~ э́тим** davor, vorher
передава́ть *<präs:* -даю́, -даёшь> *vt E3 impf* (*pf:* переда́ть) ❶ übergeben, abgeben; ❷ (*воспроизвести́*) wiedergeben, vermitteln; ❸ (*сообщи́ть*) mitteilen, durchgeben, übermitteln; **~ приве́т кому́-л.** jdm Grüße bestellen, jdn grüßen; **~ по фа́ксу** ein Fax senden, faxen; ❹ (*из поколе́ния в поколе́ние*) überliefern
передава́ться *<präs:* -даю́сь, -даёшься> *vr E3 impf* (*pf:* переда́ться) übertragen werden
переда́ча *f A* ❶ (*де́йствие*) Übergabe *f*, Übereignung *f*, Übermittlung *f*; ❷ (*посы́лка в больни́цу и т.п.*) Paket *nt*; ❸ (тех) Transmission *f*; ❹ (радио) Sendung *f*
передвига́ть *vt E impf* (*pf:* передви́нуть) ❶ (*ме́бель*) verschieben, verrücken; ❷ (*fig: откла́дывать*) verschieben, verlegen
передвижно́й *adj* ❶ Wander-; **~ цирк** Wanderzirkus *m*; **передвижна́я вы́ставка** Wanderausstellung *f*; ❷ (*о дета́лях, приспособле́ниях*) verstellbar, beweglich
переде́лать *vt E pf* (*impf:* переде́лывать) (*докуме́нт, пла́тье*) abändern, umändern
передержа́ть *<fut:* -держу́, -де́ржишь> *vt I pf* (*impf:* переде́рживать) ❶ zu lange halten, zu lange stehen lassen; ❷ (фот) überbelichten
пере́дний *adj* vordere(r, s); **~ план** Vordergrund *m*; **пере́днее сиде́нье** Vordersitz *m*; **пере́дняя сторона́** Vorderseite *f*, Front *f*
пере́дник *m K* Schürze *f*
пере́дняя *f wie adj* Flur *m*, Diele *f*
передово́й *adj* ❶ (*находя́щийся впереди́*) Vorder-, vorderer; **передова́я статья́** Leitartikel *m*; ❷ (*прогресси́вный*) fortschrittlich; **передовы́е техноло́гии** Hochtechnologien *pl*
переду́мать *vi E pf* (*impf:* переду́мывать) ❶ (*измени́ть своё мне́ние*) seine Meinung ändern, es sich anders überlegen; ❷ (*мно́го ду́мать*) sich durch den Kopf gehen lassen, nachdenken (über *+akk*)
переды́шка *f A* ❶ (*коро́ткая*) Atempause *f*, Verschnaufpause *f*; ❷ (*о́тдых*) Ruhepause *f*, Besinnungspause *f*; **без переды́шки** pausenlos
переéзд *m K* ❶ Umzug *m*; ❷ (*железнодоро́жный*)

Bahnübergang *m*; **охраня́емый ~** beschrankter Bahnübergang *m*

переезжа́ть I. *vi E impf* (*pf:* перее́хать) (*в друго́е ме́сто, в другу́ю кварти́ру*) fortziehen, umziehen; **II.** *vt E* ❶ (*грани́цу*) passieren; ❷ (*nur pf:* *раздави́ть*) überfahren

пережёвывать *vt E impf* ❶ kauen; ❷ (*fig:* *сно́ва и сно́ва повторя́ть*) wiederkäuen

пережива́ние *nt O2* ❶ Erlebnis *nt*; ❷ (*душе́вное состоя́ние*) Gemütsbewegung *f*

пережива́ть I. *vt E impf* (*pf:* пережи́ть) ❶ (*испы́тывать*) erleben; ❷ (*переноси́ть*) durchmachen, erleiden; ❸ (*кого́-л./что-л.*) überleben; ❹ (*справля́ться с чем-л.*) hinwegkommen (über *+akk*); **II.** *vi E impf* (*nur impf:* *за кого́-л./что-л.*) sich beunruhigen, sich aufregen (wegen *+gen*)

П

перезвони́ть *vi I pf* (*impf:* перезва́нивать) ❶ noch einmal anrufen; ❷ (*позвони́ть по про́сьбе*) zurückrufen

переизбира́ть *vt E impf* (*pf:* переизбра́ть) neu wählen; **~ на но́вый срок** wiederwählen

переиздава́ть <*präs:* -даю́, -даёшь> *vt E3 impf* (*pf:* переизда́ть) neu auflegen

переиздава́ться <*nur 3. pers:* -даётся> *vr E3 impf* (*pf:* переизда́ться) als Neuauflage erscheinen

переизда́ние *nt O2* Neuauflage *f*

переименова́ть *vt E2 pf* (*impf:* переимено́вывать) umbenennen, rückbenennen

перeина́чивать *vt E impf* (*pf:* переина́чить) ummodeln, verdrehen

перейти́ I. <*fut:* -йду́, -йдёшь> *vt E7 pf* (*impf:* переходи́ть) ❶ (*на другу́ю сто́рону*) übergehen, durchqueren; **~ вброд** durchwaten; ❷ (*auch fig:* *перешагну́ть, переступи́ть*) überschreiten, überqueren; **II.** *vi E7* ❶ (*fig*) übergehen; **к сле́дующему вопро́су** zu der nächsten Frage übergehen; ❷ (*преврати́ться*) sich verwandeln

переквалифика́ция *f A2* Umschulung *f*

перекла́дина *f A* ❶ Querbalken *nt*; ❷ (*у футбо́льных воро́т*) Latte *f*; ❸ (СПОРТ) Reck *nt*

перекла́дывать *vt E impf* (*pf:* переложи́ть) ❶ verlegen, an einen anderen Ort legen; ❷ (*fig:* *сва́ливать*) abschieben, abwälzen; ❸ (*упако́вывать*) verpacken, einpacken; ❹ (*fig:* *излага́ть вдруго́й фо́рме*) übertragen

переключа́ть *vt E impf* (*pf:* переключи́ть) ❶ umschalten; ❷ (*fig:* *мы́сли и т.п.*) umstellen

переключе́ние *nt O2* ❶ Umschalten *nt*; **~ скоросте́й** (АВТО) Gangschaltung *f* ❷ (*fig*) Umstellung *f*

перекопа́ть *vt E pf* (*impf:* перека́пывать) ❶ umgraben; ❷ einen Graben ziehen

перeко́шенный *adj* verzerrt

перекрести́ть <*fut:* -крещу́, -кре́стишь> *vt I pf* (*impf:* перекре́щивать) ❶ (*скрести́ть*) kreuzen, über Kreuz legen; ❷ (РЕЛ) bekreuzen

перекрёстный *adj* Kreuz-; **~ допро́с** Kreuzverhör *nt*

перекрёсток <*gen sg:* -тка> *m K* (ТРАНС) Kreuzung *f*

перекрути́ть <*fut:* -учу́, -у́тишь> *vt I pf* (*impf:* перекру́чивать) verdrehen

перекры́тие *nt O2* (СТРОИТ) Überdeckung *f*, Decke *f*

перекýр *m K* ❶ Arbeitspause *f*; ❷ (*umg*) Zigarettenpause *f*

перела́мывать *vt E impf* (*pf:* переломи́ть) ❶ zerbrechen; ❷ (*fig:* *меня́ть, преодолева́ть*) überwinden

перелётный *adj:* **перелётная**

пти́ца (*auch fig*) Zugvogel *m*
переливáние *nt O2* Umfüllen *nt*, Umgießen *nt*; **~ крóви** (*fig*) Bluttransfusion *f*
переливáться *vr E impf* (*pf:* **перели́ться**) ❶ (*через край*) überlaufen; ❷ (*о цвéте*) schillern
перелистáть *vt E pf* (*impf:* **перели́стывать**) durchblättern
перелóм *m K* ❶ (МЕД) Fraktur *f*, Knochenbruch *m*; ❷ (*fig: поворóт в разви́тии*) Umbruch *m*, Umschwung *m*, Wende *f*, Umwälzung *f*
переломи́ть <*fut:* **-омлю́, -óмишь**> *vt I pf* (*impf:* **перелáмывать**) ❶ zerbrechen; ❷ überwinden
перемáлывать *vt E impf* (*pf:* **перемолóть**) mahlen
перемáнивать *vt E impf* (*pf:* **перемани́ть**) (*о специали́стах*) abwerben
перемéна *f A* ❶ (*в шкóле*) Pause *f*; ❷ (*изменéние*) Veränderung *f*, Wandel *m*; ❸ (*смéна*) Wechsel *m*
перемéнная *f wie adj* (МАТ) Variable *f*
перемéнный *adj* variabel, veränderbar, wechselnd; **с перемéнным успéхом** mit wechselndem Erfolg
перемéнчивый <*kf:* **-ив**> *adj* wechselhaft
перемести́ть <*fut:* **-ещу́, -ести́шь**> *vt I pf* (*impf:* **перемещáть**) ❶ verlagern, verlegen; ❷ (ТЕХ) verfahren
перемешáть *vt E pf* (*impf:* **перемéшивать**) mischen, vermengen
перемещáть *vt E impf* (*pf:* **перемести́ть**) ❶ verlagern, verlegen; ❷ (ТЕХ) verfahren
перемещéние *nt O2* Verschiebung *f*, Verlagerung *f*; **~ по слу́жбе** Versetzung *f*
переми́рие *nt O2* Waffenstillstand *m*
перемножáть *vt E impf* (*pf:* **перемнóжить**) multiplizieren
перемолóть <*fut:* **-мелю́, -мéлешь**> *vt E4 pf* (*impf:* **перемáлывать**) mahlen

перемóтка *f A* (ТЕХ) Umspulen *nt*
перенапрягáться *vt E impf* (*pf:* **перенапря́чься**) sich überanstrengen, sich übernehmen
перенести́ <*fut:* **-несу́, -несёшь**> *vt E6 pf* (*impf:* **переноси́ть**) ❶ übertragen; ❷ vertagen; ❸ ertragen
перенимáть *vt E impf* (*pf:* **переня́ть**) übernehmen, sich aneignen
перенóс *m K* ❶ Übertragung *f*; ❷ (*на другóй срок*) Aufschub *m*; ❸ (ЛИНГ) Silbentrennung *f*
переноси́ть <*präs:* **-ношу́, -нóсишь**> *vt I impf* (*pf:* **перенести́**) ❶ übertragen; ❷ (*на другóй срок*) verlegen, verschieben; ❸ (*заседáние и т.п.*) vertagen; **~ на бóлее рáнний срок** vorverlegen; ❹ (*выноси́ть*) vertragen; ❺ (*перетерпевáть*) ertragen, aushalten; **~ му́ки** Qualen ausstehen (müssen)
переноснóй *adj* tragbar; **~ компью́тер** Portable *nt*
перенóсный *adj* übertragen; **в перенóсном смы́сле** im übertragenen Sinne
переночевáть *vi E2 pf* (*impf:* **ночевáть**) übernachten
переня́ть <*fut:* **-еймý, -еймёшь**> *vt E9 pf* (*impf:* **перенимáть**) übernehmen, sich aneignen
переобору́довать *vt E2 pf* ❶ neu gestalten, umrüsten; ❷ (*подо что-л.*) umfunktionieren
переобучéние Umschulung *f*
переодевáть *vt E impf* (*pf:* **переодéть**) ❶ umkleiden; **~ костю́м** den Anzug wechseln; ❷ (*кем-л., под когó-л.*) verkleiden
переодевáться *vr E impf* (*pf:* **переодéться**) ❶ sich umziehen; ❷ (*кем-л., под когó-л.*) sich verkleiden, sich vermummen, sich maskieren
переосмы́сливать *vt E impf* (*pf:* **переосмы́слить**) ❶ (*меня́ть взгля́ды*) umdenken;

П

② (*продýмывать зáново*) neu durchdenken
переохлаждéние *nt O2* Unterkühlung *f*
переоцéнивать *vt E impf* (*pf:* переоцени́ть) ① (*давáть сли́шком высóкую оцéнку*) überbewerten; ② (*оцéнивать зáново*) neu bewerten
переоцéнка *f A* ① Überbewertung *f*; ② (*нóвая оцéнка*) Neubewertung *f*; **~ цéнностей** Wertewandel *m*
перепáд *m K* Gefälle *nt*; **~ давлéния** Druckgefälle *nt*
перепадáть *v + dat E impf* (*pf:* перепáсть) entfallen (auf *+akk*); **тебé тóже кóе-что перепадёт** du kriegst auch etw ab
перепáчкать *vt E pf* an vielen Stellen schmutzig machen
перепечáтать *vt E pf* (*impf:* перепечáтывать) ① (*зáново*) abdrucken; ② (*переиздавáть*) nachdrucken
перепечáтка *f A* ① Abdruck *m*; ② (*переиздáние*) Nachdruck *m*
перепи́ска *f A* ① (*какóго-л. тéкста*) Abschreiben *nt*; ② (*корреспондéнция*) Korrespondenz *f*, Briefwechsel *m*; **друг по перепи́ске** Brieffreund *m*
пéрепись *f I* (*учёт*) Erfassung *f*; **~ населéния** Volkszählung *f*
переплести́ <*fut:* -летý, -летёшь> *vt E6 pf* (*impf:* переплетáть) (*кни́гу*) einbinden
переплёт *m K* Einband *m*; **в ~е** gebunden; **попáсть в ~** (*fig*) in die Klemme geraten
переплетéние *nt O2* Verflechtung *f*
переплётчик *m K* Buchbinder *m*
переподготóвка *f A* Weiterbildung *f*, Qualifizierung der Kader *f*
переполня́ть *vt E impf* (*pf:* перепóлнить) überfüllen
перепóнка *f A* (АНАТ: *барабáнная*) Trommelfell *nt*
переправа *f A* (*чéрез рéку*) Überfahrt *f*
перепродáжа *f A* Wiederverkauf *m*
перепýтать *vt E pf* (*impf:* пýтать) ① durcheinanderbringen, verwirren; ② (*спýтать с чем-л.*) verwechseln
перерабáтывать *vt E impf* (*pf:* переработать) ① (*сырьё*) verarbeiten, veredeln; ② (*передéлывать*) überarbeiten; ③ (*рабóтать сверх нóрмы*) Überstunden machen
переработка *f A* ① (*сырья́*) Verarbeitung *f*, Veredelung *f*; ② (*передéлка*) Überarbeitung *f*; ③ (*рабóта сверх нóрмы*) Überstunden *f pl*
перераспределéние *nt O2* ① Neuverteilung *f*, Umverteilung *f*; ② (*срéдств*) Umschichtung *f*
перерéзать <*fut:* -рéжу, -рéжешь> *vt E4 pf* (*impf:* перерезáть) durchschneiden, kappen
переры́в *m K* Pause *f*; **обéденный ~** Mittagspause *f*; **без ~а** pausenlos
перерывáть *vt E impf* (*pf:* переры́ть) ① umgraben; ② (*fig: вверх днóм*) durchstöbern, absuchen
пересади́ть <*fut:* -ажý, -áдишь> *vt I pf* (*impf:* пересáживать) ① verpflanzen, umsetzen; ② (МЕД) verpflanzen, transplantieren
пересáдка *f A* ① Umsteigen *nt*; ② (МЕД) Transplantation *f*, Implantation *f*; **~ сéрдца** Herztransplantation *f*
пересáживаться *vr E impf* (*pf:* пересéсть) ① den Platz wechseln; ② (*в пути́*) umsteigen
пересáливать *vt E impf* (*pf:* пересоли́ть) ① versalzen; ② (*fig, umg: преувели́чивать*) übertreiben
пересекáть *vt E impf* (*pf:* пересéчь) ① durchqueren, durchkreuzen, schneiden, überschneiden; ② (*переходи́ть*) überqueren, kreuzen
переселéнец, переселéнка <*gen m:* -нца, -нцев, *gen pl f:* -нок> *m K / f A* ① (*вы́нужденный*)

Übersiedler, -in *m/f*, Aussiedler, -in *m/f*; ❷ (*эмигра́нт, иммигра́нт*) Auswanderer, -in *m/f*, Einwanderer, -in *m/f*

переселе́ние *nt O2* Übersiedelung *f*; **~ наро́дов** Völkerwanderung *f*

пересели́ть *vt I pf* (*impf:* переселя́ть) ❶ umsiedeln; ❷ (*наси́льственно*) verschleppen

пересели́ться *vr I pf* (*impf:* переселя́ться) ❶ übersiedeln; ❷ (*на другу́ю кварти́ру*) umziehen; **~ в другу́ю ме́стность** fortziehen

пересе́чь <*fut:* -секу́, -ечёшь> *vt UE4 pf* (*impf:* пересека́ть) ❶ durchqueren; ❷ überqueren

переси́лить *vt I pf* (*impf:* переси́ливать) überwinden; **~ себя́** sich überwinden

переска́з *m K* ❶ (*изложе́ние*) Wiedergabe *f*; ❷ (*переложе́ние*) Nacherzählung *f*

пересма́тривать *vt E impf* (*pf:* пересмотре́ть) überprüfen, revidieren; **~ в сто́рону уменьше́ния** nach unten korrigieren

пересме́нка *f A* Schichtwechsel *m*

пересмо́тр *m K* ❶ (*урегули́рование на но́вой осно́ве*) Neuregelung *f*; ❷ (*де́ла, пригово́ра*) Revision *f*; **~ де́ла** (ЮР) Überprüfung *f* eines Falles; **~ грани́ц** (ПОЛ) Grenzverschiebung *f*

пересоли́ть *vt I pf* (*impf:* переса́ливать) ❶ versalzen; ❷ (*fig, umg*) übertreiben

пересо́хнуть *vi E1 pf* (*impf:* пересыха́ть) austrocknen, ausdörren, vertrocknen

переспа́ть <*fut:* -сплю́, -спи́шь> *vi I pf* ❶ zu lange schlafen; ❷ (*переночева́ть*) übernachten; ❸ (*fig: име́ть полово́е сноше́ние*) Geschlechtsverkehr haben, schlafen

переспе́ть *vi I* überreif werden

переспра́шивать *vt E impf* (*pf:* переспроси́ть) wiederholt fragen, nachfragen

перестава́ть <*präs:* -стаю́, -стаёшь> *vi E3 impf* (*pf:* переста́ть) aufhören; **переста́ть выпи́сывать газе́ту** eine Zeitung abbestellen; **переста́ть пить** vom Alkohol loskommen

переста́вить <*fut:* -влю, -вишь> *vt I pf* (*impf:* переставля́ть) (*ме́бель*) verstellen

перестано́вка *f A* ❶ (*ме́бели*) Umstellung *f*; ❷ (*измене́ние структу́ры*) Umstrukturierung *f*

перестара́ться *vr E pf* (*umg*) zu viel des Guten tun

перестра́ивать *vt E impf* (*pf:* перестро́ить) ❶ umbauen; ❷ (*реорганизова́ть*) umgestalten

перестра́иваться *vr E impf* (*pf:* перестро́иться) ❶ (*изменя́ть взгля́ды*) umdenken, sich umstellen; ❷ (*реорганизо́вываться*) sich umgestalten

перестрахова́ться *vr E2* ❶ sich rückversichern; ❷ (*fig*) sich gegen jedes Risiko absichern

перестрахо́вка *f A* Rückversicherung *f*

перестре́лка *f A* Feuergefecht *nt*, Schusswechsel *m*, Schießerei *f*

перестро́йка *f A* ❶ (*в СССР*) Perestrojka *f*, Umgestaltung *f*; ❷ (*реорганиза́ция*) Umbau *m*, Reorganisation *f*

переступа́ть *vt E impf* (*pf:* переступи́ть) (*auch fig*) überschreiten

пересу́ды *pl K* (*umg*) Klatsch *m*, Gerede *nt*

пересчита́ть *vt E pf* (*impf:* пересчи́тывать) ❶ abzählen, durchzählen, nachzählen; ❷ (*сосчита́ть за́ново*) nochmals zählen; ❸ (*на другу́ю валю́ту и т.п.*) umrechnen

пересыха́ть *vi E impf* (*pf:* пересо́хнуть) austrocknen, ausdörren, vertrocknen

перетя́гивание *nt O2* Hin-und Herziehen *nt*; **~ кана́та** (СПОРТ: *auch fig*) Tauziehen *nt*

П

переубеди́ть <*fut, nur 2. und 3. pers:* -беди́шь> *vt I pf* (*impf:* переубежда́ть) umstimmen, von seiner Meinung abbringen

переу́лок <*gen sg:* -лка> *m K* ① Seitenstraße *f*; ② (*в ста́ром го́роде*) Gasse *f*

переустро́йство *nt O* Neugestaltung *f*, Neuordnung *f*

переутоми́ться <*fut:* -млю́сь, -ми́шься> *vr I pf* (*impf:* переутомля́ться) sich abarbeiten, sich überarbeiten, sich überanstrengen

переутомле́ние *nt O2* Übermüdung *f*, Überanstrengung *f*

переу́чивать *vt E impf* (*pf:* переучи́ть) umschulen

переу́чиваться *vr E impf* (*pf:* переучи́ться) ① umlernen; ② (*на кого́-л.*) umschulen; **~ на секрета́ршу** auf Sekretärin umschulen

перехва́тывать *vt E impf* (*pf:* перехвати́ть) ① (*схва́тывать*) auffangen; ② (*пи́сьма, све́дения и т.п.*) abfangen; **~ инициати́ву** die Initiative ergreifen; ③ (*на́скоро пое́сть*) schnell einen Bissen zu sich nehmen

перехитри́ть *vt I pf* austricksen, überlisten

перехо́д *m K* ① Übergang *m*; ② (ТРАНС) Übergang *m*; **~-зе́бра** Zebrastreifen *m*; **пешехо́дный ~** Fußgängerüberweg *m*; **подзе́мный ~** Unterführung *f*

переходи́ть <*präs:* -хожу́, -хо́дишь> *vi I impf* (*pf:* перейти́) ① (*на другу́ю сто́рону и т.п.*) überqueren, überschreiten; **~ че́рез доро́гу** die Straße überqueren ② (*fig*) übergehen, überwechseln (zu *+dat*)

перехо́дный *adj* ① Übergangs-; **~ во́зраст** Flegeljahre *pl* ② (ЛИНГ) transitiv

пе́рец <*gen sg:* -рца> *m K* Pfeffer *m*; **болга́рский** [*o* **сла́дкий**] **~** Paprika *f*

пе́речень <*gen sg:* -чня> *m K1* Liste *f*, Verzeichnis *nt*, Register *nt*

перечёркивать *vt E impf* (*pf:* перечеркну́ть) ausstreichen, durchstreichen

перечи́слить *vt I pf* (*impf:* перечисля́ть) ① aufzählen, auflisten; ② (ЭКОН) überweisen, transferieren

перешёптываться *vr E impf* ① (*шушу́каться*) tuscheln; ② (*говори́ть тайко́м*) munkeln

пери́ла *pl O* Geländer *nt*

пери́метр *m K* (МАТ) Umfang *m*

пери́на *f A* Federbett *nt*

пери́од *m K* Periode *f*, Zeitraum *m*; **леднико́вый ~** Eiszeit *f*; **перехо́дный ~** Übergangsphase *f*

периоди́ческий *adj* periodisch; **периоди́ческие изда́ния** Periodika *pl*

периоди́чность *f A* Regelmäßigkeit *f*

перифери́йный *adj* peripher; **~ райо́н** Außenbezirk *m*

перифери́я *f A2* Peripherie *f*, Randgebiet *nt*

перл *m K* (*auch fig*) Perle *f*; **э́то пе́рлы остроу́мия** das ist ein Geistesblitz

перламу́тр *m K* Perlmutt *nt*

перло́вый *adj:* **перло́вая крупа́** Graupen *pl*

перманéнт *m K* Dauerwelle *f*

перманéнтный <*kf:* -тен, -тна> *adj* permanent, dauernd; **перманéнтное состоя́ние** Dauerzustand *m*

перо́ <*pl:* пе́рья, пе́рьев> *nt U3 pls* Feder *f*

перпендикуля́р *m K* (МАТ) Senkrechte *f*

перро́н *m K* Bahnsteig *m*

перси́дский *adj* persisch, Perser-; **~ ковёр** Perserteppich *m*; **~ язы́к** Persisch *nt*

пе́рсик *m K* ① (*плод*) Pfirsich *m*; ② (*де́рево*) Pfirsichbaum *m*; **~-нектари́н** Nektarine *f*

персо́на *f A* (*geh*) Person *f*, Persönlichkeit *f*; **со́бственной**

персо́ной höchstpersönlich
персона́л *m K* Personal *nt*, Belegschaft *f*; **обслу́живающий ~** Bedienungspersonal *nt*
персона́льный *adj* ① (*ка́дровый*) personell; ② (*ли́чный*) persönlich, Personal-
перспекти́ва *f A* (*auch fig*) Aussicht *f*, Ausblick *m*, Perspektive *f*; **в перспекти́ве** langfristig, auf lange Sicht
перспекти́вный <*kf:* -вен, -вна> *adj* ① perspektivisch; ② (*многообеща́ющий*) erfolgversprechend, aussichtsreich; ③ (*ориенти́рованный на бу́дущее*) zukunftsorientiert
перфе́кт *m K* (лингв) Perfekt *nt*
пе́рхоть *f I* (*nur sg*) Kopfschuppen *pl*
перцо́вый *adj* Pfeffer-
перча́тка *m K* Handschuh *m*
перчи́ть *vt I impf* (*pf:* на-, по-) pfeffern
пёс <*gen sg:* пса> *m K* Hund *m*, Köter *m*
пе́сенка *f A* (kleines) Lied *nt*; **его́ ~ спе́та** (*fig*) er hat ausgespielt
пе́сенник *m K* Gesangbuch *nt*, Liederbuch *nt*
пе́сня *f A1* Lied *nt*; **лири́ческая ~** Liebeslied *nt*; **церко́вная ~** Kirchenlied *nt*
песо́к <*gen sg:* -ска́> *m K e* ① Sand *m*; ② (*са́харный*) Feinzucker *m*
песо́чница *f A* Sandkasten *m*
пессими́зм *m K* Pessimismus *m*, Schwarzmalerei *f*
пессими́ст, **пессими́стка** <*gen pl f:* -ток> *m K / f A* Pessimist, -in *m/f*
пессимисти́чный <*kf:* -чен, -чна> *adj* pessimistisch
пёстрый <*kf:* пёстр, пестра́, пёстро> *adj* ① bunt; ② (*пятни́стый*) scheckig, gefleckt; ③ (*fig*) heterogen, bunt gemischt
песча́ник *m K* Sandstein *m*
песча́ный *adj* sandig, Sand-
петля́ *f A1 pls* ① (*auch fig*) Schlinge *f*; ② (*вяза́нья, трикота́жа*) Masche *f*; **спусти́вшаяся ~** Laufmasche *f*; **~ для пу́говицы** Knopfloch *nt*
петру́шка *f A* Petersilie *f*
Петру́шка *m A* (*ку́кла-марионе́тка*) Kasperle *nt*
пету́х *m K e* Hahn *m*; **встава́ть с петуха́ми** mit den Hühnern aufstehen
петь **I.** <*präs:* пою́, поёшь> *vt E8 impf* (*pf:* про-, с-) singen; **II.** *vi E8* singen
печа́ль *f I* Traurigkeit *f*
печа́льный <*kf:* -лен, -льна> *adj* traurig
печа́тание *nt O2* Druck *m*
печа́тать *vt E impf* (*pf:* на-, от-) ① drucken; ② (*на маши́нке*) Maschine schreiben; **~ на маши́нке** tippen; ③ (*fig: издава́ть*) herausgeben
печа́тник *m K* (*Beruf*) Drucker *m*
печа́тный *adj* Druck-; **~ ста́нок** Notenpresse *f*; **~ шрифт** Blockschrift *f*, Druckschrift *f*
печа́ть *f I* ① (*печа́тание*) Buchdruck *m*, Druck *m*; ② (*пре́сса*) Presse *f*, Printmedien *nt pl*; ③ (*штамп*) Stempel *m*; ④ (*сургу́чная печа́тка*) Siegel *nt*; **скрепля́ть ~ю** besiegeln
печёнка *f A* (*Speise*) Leber *f*; **сиде́ть у кого́-л. в печёнках** (*umg*) jdm im Magen liegen
пе́чень *f I* (АНАТ) Leber *f*
пече́нье *nt O2* ① Gebäck *nt*; ② (*сухо́е*) Kekse *pl*
пе́чка *f A* Ofen *m*; **танцева́ть от пе́чки** (*fig*) routinemäßig erledigen
печь[1] *f I* Ofen *m*, Herd *m*; **ка́фельная ~** Kachelofen *m*; **микроволно́вая ~** Mikrowellenherd *m*
печь[2] <*präs:* пеку́, печёшь> *vt UE4 impf* (*pf:* ис-) backen
пе́чься <*präs:* пеку́сь, печёшься> *vi UE4 impf* (*pf:* -ис) ① backen, gebacken werden; ② (*umg: на со́лнце*) in der Sonne schmoren; ③ (*о ком-л./о чём-л.*) sich sorgen (um +*akk*); **~ о своём бла́ге** auf

П

sein eigenes Wohl bedacht sein

пешехо́д *m K* Fußgänger, -in *m/f*

пешехо́дный *adj* Fußgänger-; **пешехо́дная доро́жка** Fußweg *m*, Gehweg *m*; **пешехо́дная зо́на** Fußgängerzone *f*; **~ перехо́д** Fußgängerüberweg *m*

пе́ший *adj* Fuß-, zu Fuß gehend; **~ перехо́д** Fußmarsch *m*

пе́шка *f A* (*в ша́хматах*) Bauer *m*; **быть пе́шкой** (*fig*) eine Marionette sein

пешко́м *adv* zu Fuß

пеще́ра *f A* Höhle *f*

пиани́но *nt indekl* Klavier *nt*, Piano *nt*

пиани́ст, пиани́стка <*gen pl f:* -ток> *m K / f A* Pianist, -in *m/f*

пивна́я *f wie adj* Kneipe *f*; **~ на откры́том во́здухе** Biergarten *m*

пивно́й *adj* Bier-; **пивна́я буты́лка** Bierflasche *f*; **пивна́я кру́жка** Bierkrug *m*; **пивна́я пала́тка** Bierzelt *nt*

пи́во *nt O* Bier *nt*; **ба́ночное ~** Dosenbier *nt*; **безалкого́льное ~** alkoholfreies Bier *nt*; **бо́чковое ~** Fassbier *nt*; **буты́лочное ~** Flaschenbier *nt*

пивова́ренный *adj:* **~ заво́д** Brauerei *f*

пиджа́к *m K* Sakko *nt*

пижа́ма *f A* Pyjama *m*, Schlafanzug *m*

пик *m K* Höhepunkt *m*, Spitze *f*; **часы́ ~** Hauptverkehrszeit *f*

пи́ка *f A* Lanze *f*

пика́нтный <*kf:* -тен, -тна> *adj* (*auch fig*) pikant

пика́п *m K* ① Halblastwagen *m*; ② („*универса́л*") Kombiwagen *m*

пи́кать *vi E impf* (*pf:* пи́кнуть) ① piepsen; ② (*fig*) mucksen; **не ~** kuschen

пике́т *m K* Streikposten *m*; **~ забасто́вщиков** Streikposten *m*

пикни́к *m K* Picknick *nt*

пи́кнуть *vi E1 pf* (*impf:* пика́ть) ① piepsen; ② (*fig*) mucksen

пила́ *f A pls* Säge *f*

пили́ть I. *vt I impf* ① sägen; ② (*fig, umg* **досажда́ть**) piesacken, belästigen; **II.** *vi I* sägen

пи́лка *f A* Handsäge *f*; **~ для ногте́й** Nagelfeile *f*

пило́т *m K* Pilot, -in *m/f*

пилю́ля *f A1* Pille *f*

пина́ть *vt E impf* (*pf:* пнуть) mit dem Fuß stoßen, einen Tritt versetzen, kicken

пингви́н *m K* (зоол) Pinguin *m*

пино́к <*gen sg:* -нка́> *m K e* (*umg*) Tritt *m*, Fußtritt *m*

пинце́т *m K* Pinzette *f*

пионе́р, пионе́рка <*gen pl f:* -рок> *m K / f A* ① *Mitglied einer Pionierorganisation*; ② (*fig:* **первооткрыва́тель**) Pionier, -in *m/f*, Wegbereiter, -in *m/f*

пипе́тка *f A* Pipette *f*

пир *m K* Gastmahl *nt*, Gelage *f*

пирами́да *f A* Pyramide *f*

пира́т *m K* Pirat *m*, Seeräuber *m*

пира́тский *adj* Piraten-, Raub-; **пира́тское изда́ние** [*o* **пира́тская ко́пия**] Raubkopie *f*

пирова́ть *vi E2 impf* ① schlemmen; ② (*прожига́ть жизнь*) prassen

пиро́г *m K* Kuchen *m*; **я́блочный ~** Apfelstrudel *m*, Apfelkuchen *m*

пиро́жное *nt wie adj* Törtchen *nt*, Kuchen *m*

пирожо́к *m K* Pastete *f*, kleine Pirogge *f*

пироте́хника *f A* Pyrotechnik *f*

пи́саный *adj* ① (*напи́санный от руки́*) handgeschrieben; ② (*нарисо́ванный*) bemalt; **пи́саная краса́вица** (*fig*) bildschöne Frau *f*

пи́сарь *m K1* (*arch*) Schreiber, -in *m/f*

писа́тель, писа́тельница *m K / f A* Schriftsteller, -in *m/f*, Literat, -in *m/f*

писа́ть <*präs:* пишу́, пи́шешь> *vt E4 impf* (*pf:* на-) ① schreiben; **~ кому́-л.** jdn anschreiben ② (*карти́ны*) malen; **~ ма́слом** in Öl malen; **~ с нату́ры** nach der Natur malen

пи́скнуть *vi E1 pf* (*impf:* пища́ть) piepsen, quieken

пистоле́т *m K* Pistole *f*
пи́сьменность *f I* ① (*письмо́*) Schriftsystem *nt*; ② (*литерату́ра*) Schrifttum *nt*
пи́сьменный *adj* schriflich, brieflich; **в пи́сьменной фо́рме** schriftlich
письмо́ *nt O pls* ① Brief *m*; ② (*официа́льное*) Schreiben *nt*; **заказно́е ~** Einschreiben *nt*; **рекоменда́тельное ~** Empfehlungsschreiben *nt* ③ (*пи́сьменность*) Schrift *f*; **учи́ться чте́нию и письму́** Lesen und Schreiben lernen
пита́ние *nt O2* ① Kost *f*, Speise *f*, Ernährung *f*; **де́тское ~** Babynahrung *f* ② (ЭЛЕК) Stromversorgung *f*, Stromzuführung *f*
пита́тельность *f I* Nährwert *m*
пита́тельный <*kf:* -лен, -льна> *adj* nahrhaft; **пита́тельные вещества́** Nährstoffe *pl*
пита́ть *vt E impf* (*pf:* на-) ① ernähren, verpflegen; ② (*fig:* *испы́тывать*) nähren, hegen; **~ симпа́тию к кому́-л.** Sympathie hegen (für *+akk*)
пито́мец, пито́мица <*gen sg m:* -мца, *gen pl m:* -цев> *m K f A* Zögling *m*
пито́мник *m K* ① Zuchtstätte *f*; ② (БОТ) Pflanzenschule *f*; ③ (ЗООЛ) Tierzuchtfarm *f*
пито́н *m K* (ЗООЛ) Python *f*
пить I. <*präs:* пью, пьёшь> *vt E4c impf* (*pf:* вы́-, по-, за-) trinken; **мне хо́чется ~** ich habe Durst; **~ до дна** austrinken; **II.** *vi E4c impf* (*pf:* вы́пить, запи́ть) ① (*алкого́ль*) (Alkohol) trinken; **~ для хра́брости** sich Mut antrinken; **~ за чьё-л. здоро́вье** auf jds Wohl trinken; ② (*быть пья́ницей*) saufen, ein Trinker sein
питьево́й *adj* Trink-; **питьева́я вода́** Trinkwasser *nt*
пи́цца <*inst sg:* -цей> *f A* Pizza *f*
пи́чкать *vt E* (*umg*) vollstopfen, vollpfropfen
пи́шущий *adj* schreibend; **пи́шущая маши́нка** Schreibmaschine *f*
пи́ща *f A* Nahrung *f*, Kost *f*; **духо́вная ~** (*fig*) geistige Kost *f*
пища́ть <*präs:* пищу́, пищи́шь> *vi I impf* (*pf:* пи́скнуть) piepsen, quieken
пищеваре́ние *nt O2* (БИОЛ) Verdauung *f*
пищевари́тельный *adj* Verdauungs-; **пищевари́тельная систе́ма** Verdauungssystem *nt*
пищево́д *m K* (АНАТ) Speiseröhre *f*
пла́вание *nt O2* ① Schwimmen *nt*, Schwimmsport *m*; **~ кро́лем** Kraulstil *m*; **~ на спине́** Rückenschwimmen *nt*; ② (*о корабле́*) Fahrt *f*
плава́тельный *adj* Schwimm-; **~ бассе́йн** Schwimmbecken *nt*
пла́вать *vi E unbest* (*best:* **плыть**) schwimmen; **~ кро́лем** kraulen; **не уме́ющий ~** Nichtschwimmer *m*
пла́вить <*präs:* -влю, -вишь> *vt I impf* (*pf:* рас-) (ТЕХ) schmelzen
пла́вки <*gen pl:* -вок> *pl A* Badehose *f*
плавни́к *m K e* Flosse *f*
пла́вный <*kf:* -вен, -вна> *adj* fließend; **~ перехо́д** fließender Übergang *m*
плагиа́т *m K* Plagiat *nt*
пла́зма *f A* Plasma *nt*
плака́т *m K* Plakat *nt*, Poster *nt*; **рекла́мный ~** Werbeplakat *nt*
пла́кать <*präs:* пла́чу, пла́чешь> *vi E4 impf* weinen; **пла́кали мои́ де́нежки** (*fig*) mein Geld ging flöten
пла́каться <*präs:* пла́чусь, пла́чешься> *vr E4 impf* (*umg*) klagen, quengeln; **пла́каться в жиле́тку кому́-л.** (*umg*) jdm etw vorjammern
пла́кса *mf A* Heulpeter *m*, Heulsuse *f*
плакси́вый <*kf:* -и́в> *adj* (*umg: о ребёнке*) weinerlich, quengelig
пла́мя <*gen sg:* пла́мени> *nt U1* Flamme *f*
план *m K* ① Plan *m*, Grundriss *m*; ② (*конце́пция*) Konzept *nt*; **~ го́рода** Stadtplan *m*; **съёмка кру́пным ~ом** (ФИЛМ) Großaufnahme *f*; **составля́ть ~**

П

einen Plan aufstellen; **по пла́ну** planmäßig

плане́та *f A* (АСТРОН) Planet *m*

планета́рий <*präp sg:* -ии> *m K2* Planetarium *nt*

плани́рование *nt A* Planung *f*

плани́ровать *vt E2 impf* (*pf:* за-) planen, einplanen

пла́нка *f A* Latte *f*, Leiste *f*, Planke *f*

планкто́н *m K* (БИОЛ) Plankton *nt*

пла́новый *adj* Plan-, planmäßig; **пла́новая эконо́мика** (ЭКОН) Planwirtschaft *f*

планоме́рный <*kf:* -рен, -рна> *adj* planmäßig

планта́ция *f A2* (СЕЛХОЗ) Plantage *f*

планше́т *m K* (ОБДАН) Tablet *nt*, Tablet-Computer *m*

пла́стик *m K* Plastik *nt*

пластили́н *m K* Plastilin *nt*, Knetmasse *f*

пласти́на *f A* Platte *f*

пласти́нка *f A* ① Schallplatte *f*; **долгоигра́ющая ~** Langspielplatte *f*; ② (ТЕХ) Lamelle *f*

П

пласти́ческий *adj* plastisch; **пласти́ческая опера́ция** Schönheitsoperation *f*

пластма́сса *f A* Kunststoff *m*, Plastik *nt*

пластма́ссовый *adj* Kunststoff-, Plastik-; **пластма́ссовые де́ньги** (*креди́тные ка́рточки*) Plastikgeld *nt*

пла́стырь *m K1* (МЕД) Pflaster *nt*, Wundschutz *m*; **кле́йкий** [*o* **ли́пкий**]**~** Heftpflaster *nt*

пла́та *f A* ① (*упла́та*) Gebühr *f*, Abgabe *f*; **~ за аре́нду помеще́ния** Miete *f*; **~ за вход** Eintrittsgeld *nt*; **за по́льзование** Benutzungsgebühr *f*; **~ за коммуна́льные услу́ги** Kommunalabgaben *pl*; **~ за телефо́н** Fernsprechgebühr *f*; ② (*вознагражде́ние*) Entgelt *nt*, Entlohnung *f*

плата́н *m K* (БОТ) Platane *f*

платёж *m K* Zahlung *f*, Einzahlung *f*

пла́тина *f A* (ХИМ) Platin *nt*

плати́ть I. <*präs:* плачу́, пла́тишь> *vt I impf* (*pf:* за-) bezahlen; **II.** *vi I* zahlen; **~ в рассро́чку** abzahlen, in Raten zahlen

пла́тный *adj* entgeltlich, gebührenpflichtig

плато́к <*gen sg:* -тка́> *m K e* Kopftuch *nt*; **носово́й ~** Taschentuch *nt*

платони́ческий *adj* platonisch

платфо́рма *f A* ① Bahnsteig *m*; ② (ПОЛ) Plattform *f*; ③ (ТЕХ) Plattform *f*; **нефтяна́я ~** Bohrinsel *f*

пла́тье *nt O2* Kleid *nt*; **вече́рнее ~** Abendkleid *nt*; **подвене́чное ~** Brautkleid *nt*

пла́ха *f A* (*arch*) Klotz *m*

плацка́рта *f A* Platzkarte *f*

плач *m K1* Weinen *nt*

плаче́вный *adj* jämmerlich, erbärmlich, schlimm, katastrophal; **в плаче́вном состоя́нии** in jämmerlichem Zustand

плащ *m K e* Regenmantel *m*

плева́ть <*präs:* плюю́, плюёшь> *vi E2 impf* ① spucken; ② (*fig, umg*) pfeifen (*на +akk* auf *+akk*)

пле́йер *m K* (ТЕХ) CD-Spieler *m*

плексигла́с *m K* Plexiglas *nt*

пле́мя <*gen sg:* пле́мени> *nt U1* (*arch*) Stamm *nt*, Sippe *f*

племя́нник, племя́нница *m K / f A* Neffe, Nichte *m/f*

плен *m K* Gefangenschaft *f*; **брать в ~** gefangen nehmen; **попа́сть в ~** in Gefangenschaft geraten

плёнка *f A* ① Folie *f*; ② (ФОТ) Film *m*; **магнитофо́нная ~** Magnetband *nt*; **нефтяна́я ~** Ölfilm *m*

пле́нный *m wie adj* Gefangene(r) *m*

пле́нум *m K* (ПОЛ) Plenum *nt*

пле́сень *f I* (БОТ) Schimmel *m*

плеска́ться <*präs:* -ещу́сь, -е́щешься> *vr E4 impf* ① (*о воде́*) plätschern; ② (*шлёпать по воде́*) platschen, planschen

пле́сневеть <*nur 3. pers:* -еет> *vi E impf* (*pf:* запле́сневеть) schimmeln, verschimmeln, verderben

плести́ <*präs:* плету́, плетёшь> *vt*

E6 impf ❶ flechten; ❷ (*pej*) schwätzen

плечо́ *nt O e* Schulter *f*, Achsel *f*

плита́ *f A pls* ❶ Platte *f*; ❷ (*ку́хонная*) Herd *m*; **~ для подогре́ва** Stövchen *nt*; **га́зовая ~** Gasherd *m*

пли́тка *f A* ❶ kleine Platte *f*, Fliese *f*, Kachel *f*; **~ шокола́да** Tafel *f* Schokolade *f*; ❷ (*umg: электри́ческая*) Elektrokocher *m*

пловéц, пловчи́ха <*gen sg m:* -вца́> *m K / f A* Schwimmer, -in *m/f*

плод *m K e* ❶ Frucht *f*; **ко́сточковые ~ы́** Steinobst *nt*; ❷ (БИОЛ: *заро́дыш*) Leibesfrucht *f*; ❸ (*fig: результа́т*) Ergebnis *nt*

плоди́ть <*präs:* пложу́, плоди́шь> *vt I impf* (*pf:* рас-) ❶ (*о живо́тных*) züchten, ziehen; ❷ (*umg: зачина́ть, рожа́ть*) zeugen, zur Welt bringen; ❸ (*fig: порожда́ть*) erzeugen, hervorbringen

плодоноси́ть <*nur 3. pers:* -о́сит> *vt I impf* fruchten, Früchte tragen

плодоро́дность *f I* Fruchtbarkeit *f*

плодоро́дный <*kf:* -ден, -дна> *adj* fruchtbar

плодотво́рный <*kf:* -рен, -рна> *adj* fruchtbringend, ersprießlich

пло́мба *f A* ❶ Plombe *f*; ❷ (МЕД) Zahnfüllung *f*; **поста́вить пло́мбу** einen Zahn füllen lassen

пломбирова́ть *vt E2 impf* (*pf:* за-, о-) ❶ plombieren; ❷ (МЕД) mit einer Füllung versehen

пло́ский <*kf:* -сок, -ска́> *adj* ❶ eben, flach; **пло́ская кры́ша** Flachdach *nt*; ❷ (*fig: безвку́сный*) fad, platt, abgeschmackt; **пло́ская шу́тка** platter Witz *m*

плоского́рье *nt O1* Hochland *nt*

плоскогу́бцы <*gen pl:* -цев> *pl K* Flachzange *f*

плоскосто́пие *nt O2* (МЕД) Plattfuß *m*

пло́скость *f I* ❶ (МАТ) Fläche *f*, Ebene *f*; ❷ (*fig*) Ebene *f*, Gesichtspunkt *m*; **э́то лежи́т в друго́й пло́скости** das liegt auf einer anderen Ebene; **в той же пло́скости** von demselben Standpunkt aus; **в ра́зных плоскостя́х** in verschiedenen Aspekten

плот <*präpos sg:* о плоте́, на плоту́> *m K e* Floß *nt*

плоти́на *f A* Deich *m*; **водоподъёмная ~** Staudamm *m*

пло́тник *m K* Zimmermann *m*

пло́тничать *vi E impf* als Zimmermann arbeiten

пло́тность *f I* (ФИЗ) Dichte *f*; **~ населе́ния** (*компа́ктность*) Bevölkerungsdichte *f*

пло́тный <*kf:* -тен, -тна́, -тно, пло́тны́> *adj* ❶ (ФИЗ) dicht; ❷ (*кре́пкий, про́чный*) stämmig, fest; ❸ (*о сложе́нии*) stämmig, robust; ❹ (*о за́втраке, обе́де*) reichlich; **пло́тно закрыва́ть** dicht machen

плотоя́дный <*kf:* -ден, -дна> *adj* Fleisch fressend

плоть *f I* (*geh*) Leib *m*, Fleisch *nt*

плохо́й <*kf:* плох, -а́, -о, пло́хи́, *komp:* ху́же, *super:* ху́дший> *adj* schlecht, schlimm

площа́дка *f A* Platz *m*; **де́тская ~** Kinderspielplatz *m*; **строи́тельная ~** Baustelle *f*

пло́щадь *f I* ❶ Platz *m*; ❷ (МАТ) Fläche *f*

плуг *m K* (СЕЛХОЗ) Pflug *m*

плут *m K* Schelm *m*, Spitzbube *m*

плутовско́й *adj* schelmisch, spitzbübisch

плуто́ний *m K2* (ХИМ) Plutonium *nt*

плыть <*präs:* плыву́, плывёшь> *vi UE3 best* (*unbest*: *пла́вать*) schwimmen

плю́нуть *vi E1 pf* (*impf:* плева́ть) spucken

плюрали́зм *m K* Pluralismus *m*; **~ мне́ний** Meinungsvielfalt *f*

плюс I. *m K* ❶ Pluszeichen *nt*; ❷ (*fig, umg: положи́тельный моме́нт*) Plus *nt*, Vorteil *m*; **со все́ми ~ами и ми́нусами** mit allen

Vor- und Nachteilen; **II.** *part* (МАТ) plus; **два ~ пять бу́дет семь** zwei plus fünf ist sieben
плюсна́ *f A* (АНАТ) Vorfuß *m*
плю́хаться *vr E impf* (*pf:* плю́хнуться) plumpsen, sich fallen lassen; **~ на дива́н** sich auf das Sofa fallen lassen; **~ в во́ду** ins Wasser plumpsen
плюш *m K* Plüsch *m*
плю́шка *f A* ① süßes Milchbrötchen *nt*; ② (ОБДАН) Cookie *nt*
плющ *m K* (БОТ) Efeu *nt*
пляж *m K* Strand *m*, Strandbad *nt*; **га́лечный ~** Kiesstrand *m*; **песча́ный ~** Sandstrand *m*
пнуть <*fut:* пну, пнёшь> *vt E1 pf* (*impf:* пина́ть) mit dem Fuß stoßen, einen Tritt versetzen, kicken
по **I.** *präp +dat* ① (*lok*) über (*+akk*); **е́хать ~ мо́рю** übers Meer fahren; ② (*lok*) durch (*+akk*); **идти́ ~ лесу́** durch den Wald gehen; ③ (*lok*) entlang (*+gen*); **~ у́лице** entlang der Straße; ④ (*temp*) an (*+dat*); **~ вто́рникам** dienstags; ⑤ (*mod*) nach, gemäß, laut; **~-мо́ему** meines Erachtens; **~-друго́му** anders; **~-хоро́шему** gütlich; **~ поруче́нию** im Auftrag; **~ совмести́тельству** nebenberuflich; **II.** *präp +akk* ① (*temp*) bis (*+dat*); **~ май** bis zum Mai; ② (*lok*) bis (*+dat*); **III.** *präp +präpos* (*temp*) nach (*+dat*)
побе́г[1] *m K* Ausbruch *m*, Flucht *f*; **соверша́ть ~** ausbrechen
побе́г[2] *m K* (БОТ) Trieb *m*, Sprößling *m*
побе́да *f A* Sieg *m*
победи́тель, **победи́тельница** *m K / f A* Sieger, -in *m/f*, Gewinner, -in *m/f*
победи́ть **I.** <*nur 2. und 3. pers:* -ди́шь, -ди́т> *vi I pf* (*impf:* побежда́ть) siegen; **II.** *vt I* besiegen, bezwingen
побели́ть <*fut:* -белю́, -бе́лишь> *vt I pf* (*impf:* бели́ть) ① weiß anstreichen; ② (*бельё*) bleichen
побере́жье *nt O1* Küste *f*

побеспоко́ить *vt I pf* (*impf:* беспоко́ить) (*потрево́жить*) beunruhigen; **разреши́те побеспоко́ить?** darf ich einen Augenblick stören?
побира́ться *vr E impf* betteln
поблагодари́ть *vt I pf* (*impf:* благодари́ть) danken
побледне́ть *vi E pf* (*impf:* бледне́ть) bleich [*o* blass] werden
поблёкнуть *vi E1 pf* (*impf:* блёкнуть) ① (*о цвета́х*) verwelken; ② (*побледне́ть*) verblassen; ③ (*о кра́сках*) verbleichen
побле́скивать *vi E impf* blinzeln
побо́и <*gen pl:* -о́ев> *m pl K* Prügel *pl*, Schläge *pl*
поболта́ть *vt E pf* (*impf:* болта́ть) ① (*взболта́ть*) rühren, umrühren, schütteln; ② (*нога́ми*) baumeln, schlenkern; ③ (*fig:* *языко́м*) plaudern, schwatzen
побо́рник, **побо́рница** *m K / f A* (*geh*) Verfechter, -in *m/f*
поборо́ться <*fut:* -борю́сь, -бо́решься> *vr E4 pf* (*impf:* боро́ться) ① kämpfen; ② (СПОРТ) ringen
побо́чный *adj* Neben-; **побо́чный эффе́кт** Nebenwirkung *f*; **~ за́работок** Nebenverdienst *m*
побрани́ть *vt I pf* (*impf:* брани́ть) schelten, schimpfen
побуди́ть <*fut:* -ужу́, -у́дишь> *vt I pf* (*impf:* побужда́ть) (*к чему́-л.*) veranlassen, bewegen, anregen (zu *+dat*)
побужде́ние *nt O2* ① (*вну́тренний толчо́к, и́мпульс*) Regung *f*, Antrieb *m*; ② (*сти́мул, поощре́ние*) Anreiz *m*, Incentive *nt*
побыва́ть *vi E impf* ① sich aufhalten; ② (*у кого́-л.*) besuchen
по́вар *m K* Koch *m*
пова́ренный *adj* Koch-; **пова́ренная кни́га** Kochbuch *nt*; **пова́ренная со́ль** Kochsalz *nt*
поварёшка *f A* ① Kochlöffel *m*;

② (**больша́я**) Schöpfkelle *f*

повари́ха *f A* (*umg*) Köchin *f*

поведе́ние *nt O2* Benehmen *nt*, Betragen *nt*, Verhalten *nt*

повелева́ть *v + inst E impf* (*pf:* повеле́ть) ① (*geh:* **распоряжа́ться**) befehlen, gebieten, verfügen (über *+akk*); ② (*geh:* **вла́ствовать**) herrschen, Macht ausüben

повели́тельный <*kf:* -лен, -льна> *adj* herrisch, gebieterisch; **повели́тельное наклоне́ние** (лингв) Imperativ *m*

пове́ренный *wie adj* ① (**адвока́т**) Anwalt *m*; ② (**дове́ренное лицо́**) Vertrauter *m*; ③ (**уполномо́ченный**) Bevollmächtigter *m*

пове́рить *vi I pf* (*impf:* **ве́рить**) ① vertrauen; ② glauben; **тебе́ никто́ не пове́рит** niemand glaubt dir

пове́рка *f A* Überprüfung *f*, Kontrolle *f*; **на пове́рку** bei näherer Betrachtung

поверну́ть *vt E1 pf* (*impf:* **повора́чивать**) umdrehen, wenden; **~ исто́рию вспять** (*fig*) das Rad der Geschichte zurückdrehen

пове́рх I. *präp +gen* über (*+dat*), auf (*+dat*); **II.** *adv* darüber

пове́рхностный <*kf:* -тен, -тна> *adj* ① oberflächlich, Oberflächen-; ② (*fig*) oberflächlich, flüchtig

пове́рхность *f I* Oberfläche *f*; **~ земли́** Erdoberfläche *f*

повесели́ться *vr I pf* (*impf:* **весели́ться**) sich amüsieren, sich vergnügen

пове́сить <*fut:* -е́шу, -е́сишь> *vt I pf* (*impf:* **ве́шать**) ① (auf)hängen; ② (**казни́ть**) erhängen

пове́ситься <*fut:* -е́шусь, -е́сишься> *vr I pf* (*impf:* **ве́шаться**) sich erhängen

повести́ <*fut:* -веду́, -ведёшь> *vt E6 pf* (*impf:* **вести́**) ① führen; ② geleiten, lenken

пове́стка *f A* ① (*auch fig:* **дня**) Tagesordnung *f*; ② (**извеще́ние**) Ladung *f*, Benachrichtigung *f*

по́весть *f I* (лит) Erzählung *f*, Novelle *f*

повзросле́ть *vi E pf* (*impf:* **взросле́ть**) erwachsen werden

повинова́ться *vr + dat E2 impf* gehorchen

повиса́ть *vi E impf* (*pf:* **пови́снуть**) ① hängenbleiben; ② (**свиса́ть**) herunterhängen; **~ у кого́-л. на ше́е** (*fig*) sich jdm an den Hals werfen

повле́чь <*fut:* -влеку́, -влечёшь> *vt UE4 pf* (*impf:* **влечь**): **за собо́й** nach sich ziehen, zur Folge haben

по́вод[1] <*pl:* -ы, -ов> *m K* Anlass *m*, Veranlassung *f*; **по ~у** anlässlich

по́вод[2] <*präp sg:* **о по́воде, на поводу́**, *pl:* **пово́дья, пово́дев**, *selten auch:* **повода́, поводо́в**> *m O* Zügel *m*

поводо́к <*gen sg:* -дка́> *m K e* Hundeleine *f*

пово́зка *f A* (**экипаж**) Fuhrwerk *nt*, Kutsche *f*

Пово́лжье *nt O1* Wolgaregion *f*, Wolgagebiet *nt*

повора́чивать *vt E impf* (*pf:* **поверну́ть**) umdrehen, wenden; **~ го́лову** den Kopf wenden; **~ нале́во** nach links abbiegen; **~ обра́тно** kehrtmachen

поворо́т *m K* (*auch fig*) Wende *f*, Wendung *f*, Umschwung *m*; **~ доро́ги впра́во** Rechtskurve *f*; **круто́й ~ доро́ги** Haarnadelkurve *f*

поворо́тный *adj* Wende-; **~ моме́нт** Wendepunkt *m*

повреди́ть I. <*fut:* -ежу́, -еди́шь> *vt I pf* (*impf:* **поврежда́ть**) beschädigen, verletzen (*+akk*); **~ но́гу** das Bein verletzen; **II.** *vi I* schaden (*+dat*); **э́то мо́жет ему повреди́ть** das könnte ihm schaden

поврежде́ние *nt O2* ① (**по́рча**) Beschädigung *f*; ② (**ме́сто поврежде́ния**) Schaden *m*; ③ (мед) Verletzung *f*

повседне́вный <*kf:* -вен, -вна>

adj alltäglich

повсеме́стный <*kf:* -тен, -тна> *adj* allgegenwärtig

повста́нец <*gen sg:* -нца *pl:* -цев> *m K* Aufständische(r) *mf*

повстреча́ться *vr E pf* (*impf:* встреча́ться) (*с кем-ли́бо*) sich treffen (mit *+dat*)

повсю́ду *adv* überall

повторе́ние *nt O2* Wiederholung *f*

повтори́ть *vt I pf* (*impf:* повторя́ть) ❶ wiederholen; ❷ (*за кем-ли́бо*) nachsprechen, nachsagen

повто́рный <*kf:* -рен, -рна> *adj* ❶ wiederholt; ❷ (*втори́чный*) erneut, nochmalig; **повто́рное испо́льзование** (экол) Recycling *nt*

повы́сить <*fut:* -ы́шу, -ы́сишь> *vt I pf* (*impf:* повыша́ть) ❶ erhöhen, steigern; ❷ (*в до́лжности*) befördern; ❸ (*зарпла́ту*) aufbessern; ❹ (*це́ны*) anheben; **~ квалифика́цию** sich fortbilden, sich (weiter)qualifizieren

повыше́ние *nt O2* Erhöhung *f*, Anhebung *f*, Steigerung *f*

повы́шенный <*kf:* -шен> *adj* gesteigert, erhöht; **повы́шенное давле́ние** Bluthochdruck *m*

повяза́ть <*fut:* -яжу́, -я́жешь> *vt E4 pf* (*impf:* повя́зывать) umwickeln, umbinden

повя́зка *f A* Binde *f*; **ги́псовая ~** Gipsverband *m*; **тугáя ~** Bandage *f*

пога́ный <*kf:* -а́н> *adj* ❶ (*несъедо́бный*) ungenießbar; ❷ (*отврати́тельный*) schlecht, ekelhaft; **пога́ное ведро́** (*umg*) Mülleimer *m*

погаси́ть <*fut:* -гашу́, -га́сишь> *vt I pf* (*impf:* гаси́ть) ❶ löschen, auslöschen; ❷ (*аннули́ровать*) ungültig machen; ❸ (*impf: погаша́ть*) tilgen, begleichen; **~ ма́рку** eine Briefmarke entwerten

пога́снуть <*prät:* -гас, -га́сла/-га́снул, -га́снула> *vt E2 pf* (*impf:* га́снуть) ❶ erlöschen; ❷ (*fig: исся́кнуть*) versiegen

погаша́ть *vt E impf* (*pf:* погаси́ть) (*долг и т.п.*) tilgen

погаше́ние *nt O2* (*долго́в и т.п.*) Tilgung *f*, Begleichung *f*

погиба́ть *vi E2 impf* (*pf:* поги́бнуть) ❶ umkommen, ums Leben kommen; ❷ (*на войне́*) fallen; ❸ (*о расте́ниях, живо́тных*) eingehen

поги́бель *f I* (*geh*) Verderben *nt*, Untergang *m*

погла́дить <*fut:* -гла́жу, -гла́дишь> *vt I pf* (*impf:* гла́дить) ❶ (*утюго́м*) bügeln, plätten; ❷ (*по голове́, ше́рсти*) streicheln

поглоти́ть <*fut:* -ощу́, -оти́шь> *vt I pf* (*impf:* поглоща́ть) ❶ (тех) absorbieren; ❷ (пол) einverleiben; ❸ (*auch fig*) verschlingen; **~ кого́-л. целико́м** jdn voll und ganz beanspruchen

поглупе́ть *vi E pf* (*impf:* глупе́ть) dumm werden

погляде́ть <*fut:* -гляжу́, -гляди́шь> *vi I pf* (*impf:* гляде́ть) ❶ (*на кого́-л./что-л.*) schauen, blicken (auf *+akk*); ❷ (*за кем-л./чем-л.*) aufpassen (auf *+akk*)

по́гнутый *adj* gebogen

погова́ривать *vi E impf* (*о слу́хах*) munkeln (über *+akk*)

поговори́ть *vi I pf* (*impf:* говори́ть) ❶ (*с кем-ли́бо*) eine Weile sprechen (mit *+dat*); ❷ (*обсуди́ть что-л.*) besprechen, bereden

пого́да *f A* Wetter *nt*; **в любу́ю пого́ду** bei jedem Wetter; **де́лать пого́ду** (*fig*) das Geschehen bestimmen

пого́ня *f A1* Verfolgungsjagd *f*

пограни́чник *m K* Grenzsoldat *m*, Grenzschützer *m*

пограни́чный *adj* Grenz-; **(Федера́льная) пограни́чная охра́на** (Bundes-)Grenzschutz *m*; **~ райо́н** Grenzgebiet *nt*

пóгреб <*pl:* -бá, -бóв> *m K* Keller *m*
погребéние *nt O2* Beerdigung *f*, Beisetzung *f*, Bestattung *f*
погремýшка *f A* Rassel *f*
погрéшность *f I* ① Fehler *m*; ② (ТЕХ) Toleranz *f*
погрóм *m K* Pogrom *nt*
погружáть *vt E impf* (*pf:* **погрузúть**) (*в вóду*) eintauchen
погружáться *vr E impf* (*pf:* **погрузúться**) einsinken
погружéние *nt O2* Eintauchen *nt*
погрýзка ① Verladung *f*; ② (*на корáбль*) Verschiffung *f*
погрýзчик *m K* (ТЕХ) Ladegerät *nt*; **вúлочный ~** Gabelstapler *m*
под I. *präp +inst* unter (*+dat*), bei (*+dat*); **~ гитáру** mit Gitarrenbegleitung; **~ Москвóй** bei Moskau; **~ ним** darunter; **~ столóм** unter dem Tisch; **что слéдует ~ э́тим понимáть?** was ist darunter zu verstehen? **II.** *präp +akk* unter (*+akk*), gegen (*+akk*); **~ вéчер** gegen Abend; **~ стол** unter den Tisch
подавáть <*präs:* -даю́, -даёшь> *vt E3 impf* (*pf:* **подáть**) ① reichen, geben; ② (*блю́да*) auftragen; ③ (*заявля́ть*) einreichen; **~ заявку** anmelden; **~ заявлéние** einen Antrag stellen ④ (*внушáть*) suggerieren; **~ мысль** einen Wink geben ⑤ (ТЕХ) zuführen; ⑥ (СПОРТ) anstoßen
подавúть <*fut:* -давлю́, -дáвишь> *vt I pf* (*impf:* **подавля́ть**) ① unterdrücken; ② (*восстáние, мятéж*) niederwerfen
подавлéние *nt O2* ① Unterdrückung *f*; ② (*восстáния и т.п.*) Niederwerfung *f*
подáвленность *f I* ① Niedergeschlagenheit *f*, Bedrücktheit *f*; ② (МЕД) Depression *f*
подáвленный <*kf:* -ен, -енна> *adj* niedergeschlagen, deprimiert
подáгра *f A* (МЕД) Gicht *f*
подарúть *vt I pf* (*impf:* **дарúть**) schenken
подáрок <*gen sg:* -рка> *m K* Geschenk *nt*; **~ на пáмять** [*o* **пáмятный ~**] Andenken *nt*
подáтливый <*kf:* -ив> *adj* gefügig, nachgiebig
подáть <*fut:* -дам , -дашь> *vt U2 pf* (*impf:* **подавáть**) ① reichen, geben; ② auftragen; ③ einreichen; ④ (ТЕХ) zuführen
пóдать *f I* (*arch*) Steuer *f*, Abgabe *f*
подáча *f A* ① (*снабжéние*) Zufuhr *f*; ② (*заявлéния и т.п.*) Einreichung *f*; ③ (СПОРТ) Aufschlag *m*
подáчка *f A* (*pej*) Almosen *nt*
подбáдривать *vt E impf* (*pf:* **подбодрúть**) ermuntern, animieren
подбивáть *vt E impf* (*pf:* **подбúть**) ① (*на что-либо*) verleiten, anstiften (zu *+dat*); ② (*танк, самолёт*) abschießen
подбирáть *vt E impf* (*pf:* **подобрáть**) ① aufheben, aufsammeln; ② (*выбирáть*) aussuchen
подбúть <*fut:* -бью́, -бьёшь> *vt E4c pf* (*impf:* **подбивáть**) ① verleiten, anstiften; ② abschießen
подбодрúть *vt I pf* (*impf:* **подбáдривать**) ermuntern, animieren
подбóр *m K* Zusammenstellung *f*; **~ кáдров** [*o* **персонáла**] Personalauswahl *f*
подбoрóдок <*gen sg:* -дка> *m K* (АНАТ) Kinn *nt*
подвáл *m K* Keller *m*
подвезтú <*fut:* -везý, везёшь, *prät:* -вёз, -везлá> *vt E6 pf* (*impf:* **подвозúть**) mitnehmen
подвестú <*fut:* -ведý, -ведёшь, *prät:* -вёл, -велá> *vt E6a pf* (*impf:* **подводúть**) ① zuführen, zuleiten; ② im Stich lassen, hängen lassen
подвéшенный *adj* aufgehängt; **имéть хорошó ~ язы́к** (*fig*) ein loses Mundwerk haben
подвигáться *vr E impf* (*pf:* **подвúнуться**) ① rücken, sich schieben; ② (*fig*) Fortschritte machen, vorankommen
подвúжный <*kf:* -жен, -жна> *adj*

П

beweglich

подводи́ть <*präs:* -ожу́, -о́дишь> *vt I impf* (*pf:* подвести́) ❶ heranführen, heranbringen; ❷ (*ста́вить в неприя́тное положе́ние*) im Stich lassen, hängen lassen; ❸ (*под каку́ю-л. катего́рию*) einstufen, subsumieren; **~ фунда́мент подо что-л.** (*fig*) etw. untermauern; **~ ито́г** das Fazit ziehen

подво́дный *adj* Unterwasser-; **подво́дная ло́дка** U-Boot *nt*

подво́з *m K* ❶ Zufuhr *f*; ❷ (ВОЕ) Nachschub *nt*

подвози́ть <*präs:* -вожу́, -во́зишь> *vt I impf* (*pf:* подвезти́) (im Wagen) mitnehmen; **~ до чего́-л.** absetzen (vor *+dat*)

подголо́вник *m K* Kopfstütze *f*

подгоня́ть *vt E impf* (*pf:* подогна́ть) antreiben, Dampf machen

подгора́ть *vi E impf* (*pf:* подгоре́ть) anbrennen

подгото́вить <*fut:* -влю, -вишь> *vt I pf* (*impf:* гото́вить) ❶ (*пригото́вить*) vorbereiten; ❷ (*загото́вить*) bereitstellen; ❸ (*обучи́ть*) ausbilden

подгото́вка *f A* ❶ (*к чему́-ли́бо*) Vorbereitung *f* (auf *+akk*); ❷ (*обуче́ние*) Ausbildung *f*

по́дданный *m wie adj* ❶ Staatsangehörige(r) *mf*; ❷ (*верноподданный*) Untertan *m*

по́дданство *nt O* Staatsangehörigkeit *f*

поддева́ть *vt E impf* (*pf:* подде́ть) ❶ anstechen; ❷ (*fig*) hänseln, necken

подде́лать *vt E pf* (*impf:* подде́лывать) nachmachen, fälschen

подде́лка <*gen pl:* -лок> *f A* ❶ Fälschung *f*; ❷ (*имита́ция*) Imitation *f*

подде́льный *adj* gefälscht; **~ това́р** Piratenware *f*

поддержа́ние *nt O2* Aufrechterhaltung *f*; **~ и́миджа** Imagepflege *f*; **~ в испра́вном состоя́нии** Instandhaltung *f*

подде́рживать *vt E impf* (*pf:* поддержа́ть) ❶ (*помога́ть*) unterstützen; ❷ (*заступа́ться*) beistehen, den Rücken stärken; ❸ (*дру́жбу, знако́мство*) aufrechterhalten; ❹ (СТРОИТ: *подпира́ть*) stützen

подде́ржка *f A* Unterstützung *f*, Rückhalt *m*

подде́ть <*fut:* -де́ну, -де́нешь> *vt E9b pf* (*impf:* поддева́ть) ❶ anstechen; ❷ hänseln, necken

подели́ть *vt I pf* (*impf:* дели́ть) ❶ teilen, einteilen, verteilen; ❷ (МАТ) dividieren

подели́ться I. *vr I pf* (*impf:* дели́ться) ❶ teilbar sein; ❷ sich teilen; **II.** *vi I* ❶ (*чем-л. с кем-л.*) teilen (mit *+dat*); ❷ (*fig*) jdm etw anvertrauen

поде́лка *f A* Bastelarbeit *f*

поде́ржанный <*kf:* -ан> *adj* ❶ Gebraucht-; **~ автомоби́ль** Gebrauchtwagen *m*; ❷ (*об оде́жде*) getragen, second-hand

поджа́ривать *vt E impf* (*pf:* поджа́рить) anbraten, rösten

подже́чь <*fut:* подожгу́, подожжёшь, *prät:* поджёг, подожгла́> *vt UE4 pf* (*impf:* поджига́ть) anzünden, in Brand stecken

поджига́тель, поджига́тельница *m K / f A* Brandstifter, -in *m/f*

поджида́ть *vi E impf* (*кого́-л./что-ли́бо*) erwarten, warten (auf *+akk*)

поджо́г *m K* Brandstiftung *f*

подзаголо́вок <*gen sg:* -вка> *m K* Untertitel *m*

подзадо́ривать *vt E impf* (*pf:* подзадо́рить) animieren, aufmuntern

подзе́мный *adj* unterirdisch

подкарау́ливать *vt E impf* (*pf:* подкарау́лить) lauern (auf *+akk*)

подки́дыш <*inst sg:* -шем, *gen pl:* -шей> *m K* Findling *m*

подкла́дка <gen pl: -док> f A ❶ (Kleidung) Futter nt; ❷ (ТЕХ) Unterlage f
подключа́ть vt E impf (pf: подключи́ть) ❶ anschließen; ❷ (fig) einschalten, miteinbeziehen
подключе́ние nt O2 Anschluss m, Anschließen nt; **~ к сети́** Vernetzung f
подко́ва f A Hufeisen nt
подко́ванный adj (fig, umg) sattelfest, beschlagen
подкра́дываться vr E impf (pf: подкра́сться) sich heranschleichen, sich anpirschen (an +akk)
подкра́сить <fut: -кра́шу, -кра́сишь> vt I pf (impf: подкра́шивать) ❶ schminken; **~ гу́бы** die Lippen nachziehen; ❷ (*кра́ской*) leicht anstreichen
подкрепи́ть <fut: -плю́, -пи́шь> vt I pf (impf: подкрепля́ть) ❶ (*прида́ть си́лы*) stärken; ❷ (fig: *подтверди́ть*) untermauern, erhärten; **~ слова́ конкре́тными дела́ми** den Worten konkrete Taten folgen lassen
подкрепле́ние nt O2 ❶ (ВОЕ) Verstärkung f; ❷ (*едо́й*) Stärkung f; ❸ (*напи́тками*) Erfrischung f
по́дкуп m K Bestechung f
подкупа́ть vt E impf (pf: подкупи́ть) ❶ bestechen; ❷ (fig: *очаро́вывать*) bezaubern
подлежа́ть vi I unterliegen (+dat)
подлежа́щее nt wie adj (ЛИНГ) Subjekt nt
подлета́ть vt E impf (pf: подлете́ть) anfliegen
подле́ц m K (pej) Schuft m
по́длинник m K Original nt
по́длинность f I (*докуме́нта*) Echtheit f
по́длинный <kf: -инен, -инна> adj echt
подло́г m K Fälschung f, Urkundenfälschung f; **~ в а́вторстве** Plagiat nt
по́длость f I Gemeinheit f, Niederträchtigkeit f
по́длый <kf: подл, подла́> adj gemein, niederträchtig
подма́заться <fut: -а́жусь, -а́жешься> vi E4 pf (impf: подма́зываться) (*к кому́-ли́бо*) sich einschmeicheln (bei +dat)
подмени́ть <fut: -еню́, -е́нишь> vt I pf (impf: подменя́ть) ❶ (*кого́-л.*) einspringen (für +akk); ❷ (*замени́ть, подсу́нуть*) austauschen, unterschieben
подмести́ <fut: -мету́, -метёшь> vt E6a pf (impf: подмета́ть) ausfegen, kehren
подмётка f A Sohle f
подми́гивать vi E impf (pf: подмигну́ть) blinzeln
Подмоско́вье nt O1 Großraum Moskau m
подмо́стки <gen pl: -ков> m pl K ❶ Gerüst nt; ❷ (ТЕАТ) Bühne f
подмы́шка f A (АНАТ) Achselhöhle f
подна́чивать vt E impf (pf: подна́чить) (umg) sticheln
поднести́ <fut: -несу́, -несёшь, prät: -нёс, -несла́> vt E6 pf (impf: подноси́ть) herantragen, heranführen
поднима́ть vt E impf (pf: подня́ть) ❶ heben; ❷ (*вопро́с*) aufwerfen, aufrollen; ❸ (*го́лос*) erheben; ❹ (*пыль*) aufwirbeln; ❺ (*флаг*) hissen; ❻ (*це́ны*) anheben; ❼ (*с посте́ли*) wecken; **~ на́ смех** (fig) auslachen; **~ настрое́ние** (fig) die Stimmung heben; **~ ру́ку на кого́-л.** (fig) sich an jdm vergreifen; **~ шум** (fig) Lärm schlagen
поднима́ться vr E impf (pf: подня́ться) ❶ (*встать*) sich erheben, aufstehen; ❷ (*наве́рх*) hinaufsteigen, aufsteigen
поднови́ть <fut: -влю́, -ви́шь> vt I pf (impf: подновля́ть) aufarbeiten
подно́жка f A Trittbrett nt; **поста́вить подно́жку кому́-л.** jdm ein Bein stellen
подно́с m K Tablett nt
подноси́ть <präs: -ношу́, -но́сишь> vt I impf (pf: поднести́) ❶ herantragen, heranführen;

П

② (*пода́рок, угоще́ние*) überreichen, darbieten

подня́ть <*fut:* -ниму́, -ни́мешь> *vt E9a pf* (*impf:* поднима́ть) ① heben, erheben, hochheben; ② wecken

подня́ться <*fut:* -ниму́сь, -ни́мешься> *vr E9a pf* (*impf:* поднима́ться) hinaufsteigen

подо *siehe* **под**

подоба́ть <*nur 3. pers:* -а́ет> *vi E impf* sich gehören

подо́бие *nt O2* Ähnlichkeit *f*; **жа́лкое ~** Abklatsch *m*

подо́бный <*kf:* -бен, -бна> *adj* ① (*похо́жий*) ähnlich; ② (*тако́й*) derartig, dergleichen; **~ вам** euresgleichen; **~ мне** meinesgleichen

подобра́ть <*fut:* подберу́, подберёшь> *vt E4a pf* (*impf:* подбира́ть) ① aufsammeln, auflesen; ② aussuchen

подогрева́ть *vt E impf* (*pf:* подогре́ть) ① anwärmen, aufwärmen; ② (*fig*) anfeuern

пододея́льник *m K* Bettbezug *m*

подозрева́ть *vt E impf* ① verdächtigen; ② (*предполага́ть*) vermuten

подозре́ние *nt O2* Verdacht *m*, Verdächtigung *f*; **~ в убийстве** Mordverdacht *m*; **закра́лось ~** ein Verdacht kam auf

подозри́тельность *f I* ① (*основа́ние для подозре́ния*) Verdächtigkeit *f*; ② (*недове́рчивость*) Misstrauen *nt*, Argwohn *m*

подозри́тельный <*kf:* -лен, -льна> *adj* ① (*вызыва́ющий подозре́ние*) verdächtig; ② (*недове́рчивый*) argwöhnisch

подои́ть <*fut:* -дою́, -до́ишь> *vt I pf* (*impf:* дои́ть) melken

подойти́ <*fut:* -йду́, -йдёшь> *vi E7 pf* (*impf:* подходи́ть) ① herankommen, auf jdn zugehen; ② passen, geeignet sein

подоко́нник *m K* Fensterbank *f*

подо́нки <*gen pl:* -ков> *m pl K* Abschaum *m*

подопе́чный *m wie adj* Schützling *m*

подоплёка *f A* wahrer Beweggrund *m*, Hintergrund *m*

подо́рванный *adj:* **подо́рванное здоро́вье** zerrüttete Gesundheit *f*

подорожа́ние *nt O2* Teuerung *f*

подо́шва *f A* Schuhsohle *f*

подпере́ть <*fut:* подопру́, подопрёшь, *prät:* -пёр, -пёрла> *vt E4b pf* (*impf:* подпира́ть) abstützen

подписа́ние *nt O2* Zeichnung *f*, Unterzeichnung *f*; **~ догово́ра** Vertragsabschluss *m*

подписа́ть <*fut:* -пишу́, -пи́шешь> *vt E4 pf* (*impf:* подпи́сывать) ① unterschreiben, unterzeichnen; ② (*надписа́ть*) beschriften, signieren

подпи́ска *f A* ① Abonnement *nt*; ② (*на заём*) Zeichnung *f*; ③ (*пи́сьменное обяза́тельство*) schriftliche Verpflichtung *f*; **~ о невы́езде** (ЮР) schrifliche Erklärung *f*, seinen Aufenthaltsort nicht zu verlassen

по́дпись *f I* Unterschrift *f*, Unterzeichnung *f*

подпо́льный *adj* Untergrund-; **~ ры́нок** Schwarzmarkt *m*

подпо́рка *f A* Strebe *f*, Pfeiler *m*, Stütze *f*

подпры́гивать *vi E impf* (*pf:* подпры́гнуть) aufspringen, hopsen

подраба́тывать *vi E* dazuverdienen

подража́ние *nt O2* Nachahmung *f*

подража́ть *v + dat E impf* ① nachahmen, kopieren; ② (*равня́ться по кому́-л., на кого́-л.*) nacheifern, es jdm gleich tun

подразделе́ние *nt O2* ① (*отде́л*) Unterabteilung *f*; ② (*в учрежде́нии*) Struktureinheit *f*

подраздели́ть *vt I pf* (*impf:* подразделя́ть) unterteilen, einteilen

подразумева́ться <*nur 3. pers:* -а́ется> *vr E impf* gemeint sein; **что под э́тим -а́ется?** was versteht man darunter?

подраста́ть *vi E impf* (*pf:* подрасти́) heranwachsen

подра́ться <*fut:* -деру́сь, -дерёшься> *vr E4a pf* (*impf:* дра́ться) sich raufen

подре́зать <*fut:* -е́жу, -е́жешь> *vt E4 pf* (*impf:* подреза́ть) stutzen, beschneiden

подро́бность *f I* Einzelheit *f*, Detail *nt*

подро́бный <*kf:* -бен, -бна> *adj* ausführlich, detailliert

подро́сток <*gen sg:* -тка> *m K* Jugendliche(r) *m*, Halbwüchsige(r) *m*, Teenager *m*

подру́га *f A* Freundin *f*

подружи́ться <*fut:* -дружу́сь, -дру́жишься> *vr I pf* (*impf:* дружи́ться) sich anfreunden

подру́жка *f A* Freundin *f*

подру́чный *m wie adj* Gehilfe *m*

подрыва́ть *vt E impf* (*pf:* подры́ть) ① (*auch fig*) untergraben; ② (*fig*) unterminieren, torpedieren; **~ безопа́сность** die Sicherheit gefährden; **~ здоро́вье** die Gesundheit ruinieren

подрывно́й *adj* subversiv

подря́д *m K* Kontrakt *m*, Vertrag *m*

подря́дчик *m K* ① Auftragnehmer *m*; ② (*фи́рма-подря́дчик*) Vertragsfirma *f*

подсве́чник *m K* Kerzenständer *m*

подсказа́ть <*fut:* -скажу́, -ска́жешь> *vt E4 pf* (*impf:* подска́зывать) ① (*шепну́ть*) zuflüstern; ② (*дать сове́т, внуши́ть*) einen Tipp geben, nahelegen

подска́зка *f A* ① Tipp *m*; ② (*мнемони́ческий приём*) Eselsbrücke *f*, Gedächtnisstütze *f*

подсласти́ть <*fut:* -ащу́, -асти́шь> *vt I pf* (*impf:* подсла́щивать) süßen, versüßen

подслу́шивание *nt O2* Abhören *nt*, Lauschangriff *m*

подслу́шивающее устро́йство *nt O* Abhörgerät *nt*

подсне́жник *m K* Schneeglöckchen *nt*

подсо́бный *adj* ① (*дополни́тельный*) Neben-, Hilfs-; ② (*о рабо́чей си́ле*) Hilfs-; **~ рабо́тник** Hilfsarbeiter *m*

подсоедине́ние *nt O2* ① Anschließen *nt*; ② (ТЕХ, ЭЛЕК) Anschluss *m*

подсозна́ние *nt O2* (ПСИХ) Unterbewusstsein *nt*

подсо́лнечник *m K* (БОТ) Sonnenblume *f*

подсо́хнуть <*prät:* -со́х, -со́хла> *vi E1 pf* (*impf:* подсыха́ть) (langsam) trocknen, trocken werden

подспо́рье *nt O1* Hilfsmittel *nt*, Behelf *m*

подста́вить <*fut:* -влю, -вишь> *vt I pf* (*impf:* подставля́ть) ① herhalten; ② (МАТ) ansetzen; ③ (*umg: кого́-л.*) jdn opfern

подста́вка *f A* Unterlage *f*, Halter *m*; **~ для нот** Notenständer *m*; **~ для пивно́й кру́жки** Bierdeckel *m*; **~ для яиц** Eierbecher *m*

подставно́й *adj* untergeschoben; **подставно́е лицо́** Strohmann *m*; **подставна́я фи́рма** Briefkastenfirma *f*

подстёгивать *vt E impf* (*pf:* подстегну́ть) ① (*auch fig*) antreiben, aufpeitschen; ② (*форси́ровать*) forcieren

подстерега́ть *vt E impf* (*pf:* подстере́чь) auflauern

подсти́лка <*gen pl:* -лок> *f A* Unterlage *f*

подстра́ивать *vt E impf* (*pf:* подстро́ить) ① anbauen; ② (*umg: замышля́ть*) aushecken

подстрахо́вка *f A* Rückendeckung *f*, Schützenhilfe *f*

подстрека́тель *f I* Anstifter *m*

подстрека́тельство *nt O* Anstiftung *f*

подстрека́ть *vt E impf* (*pf:*

подстрекнýть) ① (*возбуждáть*) wecken, hervorrufen; **~ чьё-л. любопы́тство** jds Neugier wecken; ② (*когó-л. к чемý-л.*) jdn anstiften, aufwiegeln, anstacheln (zu *+dat*)

подстригáть *vt E impf* (*pf:* подстри́чь) ① (*вóлосы и т.п.*) beschneiden; ② (*кусты́, дерéвья; бóроду*) stutzen, abschneiden

подступáться *vr E impf* (*pf:* подступи́ться) (*к комý-л./чемý-л*) jdm beikommen, an jdn herankommen

подсуди́мый *m wie adj* Angeklagte(r) *m*

подсчёт *m K* Berechnung *f*, Kalkulation *f*

подсчитáть *vt E pf* (*impf:* подсчи́тывать) ① ausrechnen, errechnen, kalkulieren; ② (*голосá на вы́борах*) auszählen

подсыхáть *vi E impf* (*pf:* подсóхнуть) (langsam) trocknen

подтáлкивать *vt E impf* (*pf:* подтолкнýть) ① anschieben, anstoßen; ② (*fig: побуждáть*) bewegen, veranlassen

подтасóвка *f A* (*фáктов*) Verdrehung *f*

подтверди́ть <*fut:* -ржý, -рди́шь> *vt I pf* (*impf:* подтверждáть) ① bestätigen, bekräftigen; ② belegen

подтверди́ться <*fut:* -ржýсь, -рди́шься> *vr I pf* (*impf:* подтверждáться) sich bewahrheiten, sich bestätigen

подтверждéние *nt O2* ① Bestätigung *f*, Bekräftugung *f*; ② (*документáльное*) Nachweis *m*; **в ~ э́тому** zur Bestätigung dessen; **~ об оплáте** Zahlungsbeleg *m*

подтолкнýть *vt E1 pf* (*impf:* подтáлкивать) ① anschieben; ② (*fig*) bewegen, veranlassen

подтрýнивать *vi E impf* (*pf:* подтруни́ть) (*над кем-ли́бо*) flachsen, hänseln, necken

подтя́гивание *nt O2* ① Aufrücken *nt*; ② (СПОРТ) Klimmzug *m*

подтя́жки <*gen pl:* -жек> *pl A* Hosenträger *pl*

подтя́нутый <*kf:* -ут> *adj* ① stramm, straff; ② (*дисциплини́рованный*) diszipliniert

подýмать *vi E pf* (*impf:* дýмать) (*о ком-л./о чём-л.*) denken (an *+akk*), nachdenken (über *+akk*); **и не подýмаю!** ich denke nicht daran!

подýть <*fut:* -дýю, -дýешь> *vi E pf* (*impf:* дуть) (*о вéтре*) wehen, blasen

подýшка *f A* ① Kissen *nt*, Kopfkissen *nt*; ② (*мéбельная*) Polster *nt*; **воздýшная ~** Luftpolster *nt*; **~ безопáсности** (АВТО) Airbag *m*

подхали́м *m K* (*pej*) Kriecher *m*

подхвати́ть <*fut:* -ачý, -áтишь> *vt I pf* (*impf:* подхвáтывать) ① (*мяч*) auffangen; ② (*пéсню*) mitsingen, einstimmen; ③ (*fig*) aufgreifen; **~ чью-л. мысль** jds Überlegung aufgreifen

подхóд *m K* ① Herantreten *nt*; ② (*отношéние*) Herangehen *nt*; ③ (*тóчка зрéния*) Haltung *f*, Einstellung *f*; ④ (ВОЕ) Anmarsch *m*

подходи́ть I. <*präs:* -хожý, -хóдишь> *vi I impf* (*pf:* подойти́) ① herankommen, herantreten; ② (*по направлéнию к говоря́щему*) herkommen; ③ passen, sich eignen; **~ к перрóну** (*о пóезде*) einfahren, ankommen;
подцепи́ть II. <*fut:* -цеплю́, -цéпишь> *vt I pf* (*impf:* подцепля́ть) ① anhaken; ② (*umg: жéнщину, женихá и т.п.*) aufreißen, kapern, anbaggern; ③ (*umg: схвати́ть*) sich zuziehen, sich einfangen; **~ простýду** sich eine Erkältung zuziehen

подчáс *adv* mitunter

подчёркивать *vt E impf* (*pf:* подчеркнýть) ① unterstreichen; ② (*fig*) betonen, hervorheben

подчини́ть *vt I pf* (*impf:* подчиня́ть) unterwerfen, unterordnen

подчи́стка <*gen pl:* -ток> *f A* Ausputzen *nt*, Ausradieren *nt*
подчища́ть *vt E impf* (*pf:* подчи́стить) ❶ reinigen, ausputzen; ❷ (*fig*) ausradieren
подшива́ть *vt E impf* (*pf:* подши́ть) (*в де́ло*) abheften, ablegen
подши́пник *m K* (ТЕХ: *ша́риковый*) Kugellager *nt*
подшути́ть <*fut:* -учу́, -у́тишь> *vi I pf* (*impf:* подшу́чивать) (*над кем-ли́бо*) sich lustig machen (über +*akk*)
подъе́зд *m K* ❶ Hauseingang *m*; ❷ (АВТО) Zufahrt *f*, Auffahrt *f*
подъём *m K* ❶ (*вверх*) Aufstieg *m*; **~ в го́ру** Bergbesteigung *f*; ❷ (*разви́тие*) Aufstieg *f*, Aufschwung *m*; ❸ (*воодушевле́ние*) Aufschwung *m*, Begeisterung *f*, Elan *m*
подъёмник *m K* (ТЕХ) Aufzug *m*, Lift *m*; **лы́жный ~** Skilift *m*
подыма́ться *vi E impf* (*umg*) hinaufsteigen
поды́скивать *vt E impf* (*pf:* подыска́ть) suchen, sich umschauen
поеди́нок <*gen sg:* -нка> *m K* Zweikampf *m*
по́езд *m K* Zug *m*; **грузово́й** [*o* **това́рный**] **~** Güterzug *m*; **пассажи́рский ~** Personenzug *m*; **ско́рый ~** Eilzug *m*; **при́городный ~** Nahverkehrszug *m*
пое́здка *f A* Reise *f*, Fahrt *f*; **~ в оди́н коне́ц** Hinfahrt *f*; **служе́бная ~** Dienstreise *f*; **туристи́ческая ~** Urlaubsreise *f*
пое́хать <*fut:* -е́ду, -е́дешь> *vi UE2 pf* hinfahren
пожале́ть I. *vt E pf* (*impf:* жале́ть) Mitleid haben (mit +*dat*); **II.** *vi E* bedauern
пожа́ловаться *vr E2 pf* (*impf:* жа́ловаться) (*на кого́-л./что-л.*) klagen, sich beschweren (über +*akk*)
пожа́луй *part* wohl
пожа́луйста *part* ❶ bitte! ❷ bitte schön
пожа́р *m K* Brand *m*, Feuer *nt*
пожа́рить *vt I pf* (*impf:* жа́рить) braten
пожа́рник *m K* Feuerwehrmann *m*
пожа́рный I. *m wie adj* Feuerwehrmann *m*; **II.** *adj* Feuer-; **пожа́рная кома́нда** Feuerwehr *f*; **пожа́рная маши́на** Löschfahrzeug *nt*; **пожа́рная трево́га** Feueralarm *m*
пожа́тие *nt O2* Drücken *nt*; **~ руки́** Händedruck *m*; **~ плеча́ми** Achselzucken *nt*
пожа́ть[1] <*fut:* -жму́, -жмёшь> *vt E9 pf* (*impf:* жать): **~ ру́ку** die Hand drücken
пожа́ть[2] <*fut:* -жну́, -жнёшь> *vt E9 pf* (*impf:* пожина́ть) ernten
пожела́ние *nt O2* ❶ Wunsch *m*; ❷ (*сча́стья*) Glückwunsch *m*
пожела́ть *vi E pf* (*impf:* жела́ть) wünschen, verlangen
пожени́ть *vt I pf* (*impf:* жени́ть) verheiraten
пожени́ться *vr I pf* (*impf:* жени́ться) (*nur im pl*) heiraten
поже́ртвование *nt O2* Spende *f*
поже́ртвовать *vt E2 pf* (*impf:* же́ртвовать) ❶ opfern; ❷ (*доброво́льно отда́ть*) spenden; ❸ (*подари́ть, угости́ть*) spendieren
пожи́зненный <*kf:* - знен, -зненна> *adj* lebenslänglich
пожина́ть *vt E impf* (*pf:* пожа́ть) (*auch fig*) ernten; **~ плоды́ успе́ха** die Früchte seines Erfolgs ernten
пожи́тки <*gen pl:* -ков> *m K* Kram *m*, Habe *f*
по́за *f A* ❶ Körperhaltung *f*, Stellung *f*; ❷ (*позёрство*) Pose *f*, Positur *f*
позабо́титься <*fut:* -о́чусь, -о́тишься> *vr I pf* sich kümmern (um +*akk*); **зара́нее ~ о чём-л.** Vorsorge treffen (für +*akk*)
позави́довать *v* + *dat E2 pf* (*impf:* зави́довать) jdn beneiden
позавчера́ *adv* vorgestern
позади́ I. *adv* ❶ (*lokal*) dahinter; ❷ (*temporal*) vorbei; **II.** *präp* +*gen* hinter (+*dat*)

П

позаи́мствовать *vt E2 pf* (*impf:* заи́мствовать) übernehmen, entlehnen
поза́риться *vr I pf* (*impf:* за́риться) (*umg*) scharf sein, erpicht sein
позво́лить *vt I pf* (*impf:* позволя́ть) ① gestatten, erlauben; ② (*дать возмо́жность*) ermöglichen, befähigen
позвони́ть *vi I pf* (*impf:* звони́ть) ① anrufen; ② läuten, klingeln
позвоно́к *m K* Wirbel *m*
позвоно́чник *m K* Wirbelsäule *f*, Rückgrat *nt*
позвоно́чные *pl wie adj* (БИОЛ) Wirbeltiere *pl*
по́здний *adj* spät; **са́мое поздне́е** allerspätestens
по́здно *adv* spät
поздоро́ваться *vr E pf* (*impf:* здоро́ваться) ① einander begrüßen; ② (*с кем-л.*) jdn grüßen
поздра́вить <*fut:* -влю, -вишь> *vt I pf* (*impf:* поздравля́ть) beglückwünschen, gratulieren
поздравле́ние *nt O2* Glückwunsch *m*, Gratulation *f*
пози́ция *f A2* ① Haltung *f*, Einstellung *f*, Position *f*, Stellung *f*; ② (ВОЕ) Stellung *f*
познава́ть <*präs:* -знаю́, -знаёшь> *vt E3 impf* (*pf:* позна́ть) erfahren, erleben, erkennen
познако́миться <*fut:* -млюсь, -мишься> *vr I pf* (*impf:* знако́миться) (sich) kennenlernen
позна́ние *nt O2* Erkenntnis *f*
позна́ть <*fut:* -зна́ю, -зна́ешь> *vt E pf* (*impf:* познава́ть) erkennen, erleben, erfahren
позоло́та *f A* Blattgold *nt*
позолоти́ть <*fut:* -очу́, -оти́шь> *vt I pf* (*impf:* золоти́ть) vergolden
позоло́ченный *adj* vergoldet
позо́р *m K* Blamage *f*, Schande *f*
позо́рить *vt I impf* (*pf:* о-) blamieren
позо́риться *vr I impf* (*pf:* о-) sich blamieren, sich eine Blöße geben
позо́рный *adj* ① (*сканда́льный*) blamabel; ② (*посты́дный*) schändlich
позывны́е <*gen pl:* -ых> *m wie adj* Sendesignale *nt pl*, Rufzeichen *nt pl*
поимённый *adj* namentlich
по́иск *m K* ① (*meist pl*) Suche *f*; ② (ОБДАН) Recherche *f*; **~ и́стины** Wahrheitsfindung *f*; **в ~ах** auf der Suche
пойма́ть *vt E pf* (*impf:* лови́ть) ① fangen, auffangen; ② (*fig*) ertappen; **~ себя́ на чем-л.** sich ertappen (bei +*dat*)
пойти́ <*fut:* -йду́, -йдёшь> *vi E7 pf* (*impf:* идти) ① losgehen, losfahren; ② (*за кем-ли́бо*) folgen; ③ (*за кого́-ли́бо, nur für Frauen*) heiraten; ④ (*на что-ли́бо*) eingehen, sich einlassen (auf +*akk*)
пока́ I. *adv* vorläufig, einstweilen; **II.** *konj* während, solange, bis; **III.** *part* (*umg*) tschüss!, bis dann!
пока́з *m K* Darstellung *f*; **~ мод** Modenschau *f*
показа́ние *nt O2* ① (ЮР) Aussage *f*; ② (МЕД) Indikation *f*
показа́тель *m K1* ① Kennzahl *f*, Index *m*, Kennziffer *f*; ② (*fig*) Zeichen *nt*, Kennzeichen *nt*; **сре́дний ~** Durchschnittwert *m*; **реко́рдные показа́тели** Spitzenwerte *pl*
показа́тельный <*kf:* -лен, -льна> *adj* ① (*характе́рный*) bezeichnend, typisch; ② (*образцо́вый*) vorbildlich, mustergültig; ③ (*публи́чный*) öffentlich, Schau-
показа́ть <*fut:* -ажу́, -а́жешь> *vt E4 pf* (*impf:* пока́зывать) ① zeigen, demonstrieren, klar machen; ② (*указа́ть на кого́-л./что-л.*) hinweisen (auf +*akk*); ③ (ЮР) (vor Gericht) aussagen
показа́ться <*fut:* -ажу́сь, -а́жешься> *vr E pf* (*impf:* пока́зываться) ① (*появи́ться*) sich zeigen, sich sehen lassen; ② (*nur 3. pers sg:* *почу́диться*) scheinen,

vorkommen; ③ (*umg:* **понра́виться**) gefallen; ④ (*umg:* **врачу́**) sich untersuchen lassen (von +*dat*)

показно́й *adj* zur Schau getragen, ostentativ

покара́ть *vt E pf* (*impf:* **кара́ть**) (*geh*) strafen, bestrafen

покати́ться <*fut:* **-ачу́сь, -а́тишься**> *vr I pf* (*impf:* **кати́ться**) rollen, sich fortbewegen

пока́шливать *vi E impf* (*pf:* **пока́шлять**) sich räuspern

покая́ние *nt O2* ① (РЕЛ) Buße *f*; ② (***раска́яние***) Reue *f*

пока́яться <*fut:* **-ка́юсь, -ка́ешься**> *vr E4 pf* (*impf:* **ка́яться**) ① bereuen; ② gestehen

покида́ть *vt E impf* (*pf:* **поки́нуть**) verlassen; **~ ро́дину** die Heimat verlassen, auswandern

покло́н *m K* Verbeugung *f*

поклони́ться <*fut:* **-клоню́сь, -кло́нишься**> *vr I pf* (*impf:* **кла́няться**) ① sich verbeugen, sich verneigen; ② (***в знак приве́тствия***) begrüßen

поко́иться *vr I impf* ① (*auch fig*) ruhen; ② (***на чём-ли́бо***) beruhen (auf +*dat*)

поко́й *m K2* Ruhe *f*; **оставля́ть в поко́е** in Ruhe lassen

поко́йный *m wie adj* Verstorbene(r) *m*

поколе́ние *nt O2* Generation *f*

поколоти́ть <*fut:* **-очу́, -о́тишь**> *vt I pf* (*impf:* **колоти́ть**) hauen, prügeln

поко́нчить *vi I pf* (***с кем-л./чем-л.***) beenden, Schluss machen (mit +*dat*); **~ с собо́й** Selbstmord begehen, sich umbringen

покори́ть *vt I pf* (*impf:* **покоря́ть**) ① bezwingen, erobern; ② (*fig*) bezaubern, erobern

покори́ться *vr I pf* (*impf:* **покоря́ться**) sich unterwerfen

поко́рность *f I* Demut *f*, Unterwürfigkeit *f*

поко́рный <*kf:* **-рен, -рна**> *adj* demütig, unterwürfig

покра́сить <*fut:* **-кра́шу, -кра́сишь**> *vt I pf* (*impf:* **кра́сить**) ① anstreichen; ② färben

покрасне́ть *vi E pf* (*impf:* **красне́ть**) rot werden, erröten

покро́в *m K* Deckmantel *m*; **волосяно́й ~** Behaarung *f*; **сне́жный ~** Schneedecke *f*

покрови́тель *m K1* Gönner *m*, Patron *m*

покрови́тельство *nt O* ① (***защи́та, попече́ние***) Schutz *m*, Obhut *f*; ② (***ше́фство***) Schirmherrschaft *f*; ③ (***проте́кция***) Protektion *f*

покрови́тельствовать *v + dat E2 impf* ① (***кому́-л./чему́-л.***) begünstigen; ② (***защища́ть***) beschützen; ③ (***протежи́ровать***) protegieren

покро́й *m K2* (***оде́жды***) Schnitt *m*

покрыва́ло *nt O* Decke *f*, Tagesdecke *f*

покрыва́ть *vt E impf* (*pf:* **покры́ть**) (*auch fig*) abdecken, bedecken, decken; **~ за день 50 км** jeweils 50 km an einem Tag zurücklegen

покры́тие *nt O2* ① (ТЕХ, СТРОИТ) Belag *m*; ② (ЭКОН: ***обеспе́чение***) Deckung *f*

покры́тый *adj* bedeckt

покры́шка <*gen pl:* **-шек**> *f A* Bezug *m*; **автомоби́льная ~** Autoreifen *m*

покупа́тель, покупа́тельница *m K / f A* ① Käufer, -in *m/f*; ② (***клие́нт***) Kunde, Kundin *m/f*; ③ (ЭКОН) Abnehmer *m*

покупа́ть *vt E pf* (*impf:* **купи́ть**) kaufen, erwerben; **~ у кого́-л.** jdm etw abkaufen

поку́пка *f A* ① Kauf *m*; ② (***приобрете́ние***) Anschaffung *f*; **идти́ за поку́пками** einkaufen gehen

покуше́ние *nt O2* (*auch fig*) Anschlag *m*, Attentat *nt*

пол <*präpos sg:* **о по́ле, на полу́**> *m K* ① Fußboden *m*; ② (БИОЛ) Geschlecht *nt*

П

полага́ть *vt E impf* ① (*geh:* **счита́ть**) meinen, glauben; ② (**предполага́ть**) annehmen; **есть все основа́ния ~, что** es gibt allen Grund anzunehmen, dass

полага́ться I. *vr E impf* (*pf:* **положи́ться**) (**на кого́-ли́бо**) sich verlassen (auf *+akk*); **II.** <*nur 3. pers:* **-а́ется**> *vr E nur impf* ① (**подоба́ть**) (sich) gehören, (sich) gebühren; ② (**причита́ться**) zustehen

пола́дить *vi I pf* (*impf:* **ла́дить**) sich verständigen, sich vertragen

пола́комиться <*fut:* **-млюсь, -мишься**> *vr I pf* (*impf:* **ла́комиться**) naschen, schlecken

по́лдень *m K1* Mittag *m*; **сего́дня в ~** heute Mittag

по́лдник *m K* Brotzeit *f*, kleine Mahlzeit *f*

полдня́ *adv* halbtags

по́ле *nt O1* ① Feld *nt*; **~ бо́я** Schlachtfeld *nt*; **лётное ~** Rollfeld *nt*; ② (СПОРТ) Spielfeld *nt*; **футбо́льное ~** Fußballfeld *nt*; ③ (**зре́ния**) Blickfeld *nt*; **остава́ться вне по́ля зре́ния** unbeachtet bleiben; ④ (*meist im pl*) Rand *m*; ⑤ (*geh:* **ни́ва**) Gefilde *nt*

полево́й *adj* Feld-; **~ бино́кль** Fernglas *nt*

поле́зность *f I* Nutzen *m*

поле́зный <*kf:* **-зен, -зна**> *adj* nützlich, sinnvoll; **обще́ственно ~** gemeinnützig; **~ для здоро́вья** gesund; **поле́зная пло́щадь** Nutzfläche *f*; **чем могу́ быть поле́зен?** was kann ich für Sie tun?

поле́зть <*fut:* **-зу, -зешь**> *vi E6 pf* (*impf:* **лезть**) ① anfangen zu klettern; ② (*umg*) sich vordrängeln

поле́мика *f A* Polemik *f*

полеми́ческий *adj* polemisch

поле́но <*pl:* **-нья, -ньев**> *nt U3* Holzscheit *m*

полёт *m K* Flug *m*

ползти́ <*präs:* **-зу́, -зёшь**, *prät:* **полз, ползла́**> *vi E6 best* (*unbest:* **по́лзать**) kriechen, krabbeln, rutschen

ползуно́к <*gen sg:* **-нка́**> *m K e* ① (*meist im pl*) Strampelanzug *m*, Strampelhose *f*; ② (**младе́нец**) Kind *nt* im Krabbelalter

полиами́д *m K* Polyamid *nt*

полива́ть *vt E impf* (*pf:* **поли́ть**) begießen

полиго́н *m K* ① Schießplatz *m*; ② (**испыта́тельный**) Versuchsgelände *nt*, Testgebiet *nt*; ③ (**я́дерный**) Atomtestgelände *nt*

полиня́ть *vi E pf* (*impf:* **линя́ть**) abfärben, ausbleichen

полирова́ть *vt E2 impf* (*pf:* **на-, от-**) polieren

полиро́вка *f A* Politur *f*

по́лис *m K* ① Police *f*; **страхово́й ~** Versicherungspolice *f*; ② (ИСТ) Polis *f*, Stadtstaat *m*

поли́тик *m K* Politiker, -in *m/f*

поли́тика *f A* Politik *f*; **вне́шная/вну́тренняя ~** Außen-/Innenpolitik *f*; **~ рефо́рм** Reformpolitik *f*

полити́ческий *adj* politisch

политоло́гия *f A2* Politikwissenschaft *f*

поли́ть <*fut:* **-лью́, -льёшь**> *vt E4c pf* (*impf:* **полива́ть**) begießen

полице́йский I. *adj* polizeilich, Polizei-; **II.** *m wie adj* Polizist *m*

поли́ция *f A2* Polizei *f*

полиэ́стр *m K* (ХИМ) Polyester *nt*

полк <*präpos sg:* **о полке́, в полку́**> *m K e* (ВОЕ) Regiment *nt*

по́лка *f A* Regal *nt*; **кни́жная ~** Bücherregal *nt*

полко́вник *m K* (ВОЕ) Oberst *m*

полково́дец <*gen:* **-дца, -дцев**> *m K* (*arch*) Feldherr *m*, Heerführer *m*

полнолу́ние *nt O2* Vollmond *m*

полнометра́жный *adj* abendfüllend

полномо́чие *nt O2* ① Befugnis *f*, Vollmacht *f*; ② (ЭКОН) Prokura *f*; **дать кому́-л. полномо́чия** jdm die Vollmacht geben

полномо́чный <*kf:* **-чен, -чна**> *adj* befugt, bevollmächtigt

по́лностью *adv* völlig, vollständig;

~ автоматизи́рованный vollautomatisch
полнота́ *f A e* ① Fülle *f*; ② (*упи́танность*) Beleibtheit *f*, Korpulenz *f*
по́лночь *f I* Mitternacht *f*
по́лный <*kf:* по́лон, полна́, полно́> *adj* ① voll; ② (*соверше́нный*) vollständig, lückenlos, komplett; ③ (*упи́танный*) mollig, vollschlank, korpulent; **в по́лном соста́ве** vollzählig
полови́на *f A* Hälfte *f*; **в полови́не пя́того** um halb fünf; **пе́рвая ~ игры́** erste Halbzeit *f*
полови́нчатый <*kf:* -ат> *adj* inkonsequent, halbherzig
полови́ца *f A* Diele *f*, Planke *f*
полово́й[1] *adj* Fußboden-, Boden-; **полова́я тря́пка** Scheuertuch *nt*
полово́й[2] *adj* (биол) geschlechtlich, Geschlechts-
положе́ние *nt O2* ① Lage *f*; ② (*зако́н, предписа́ние*) Bestimmung *f*, Regelung *f*, Vorschrift *f*, Richtlinie *f*; **~ веще́й** Sachlage *f*; **быть в положе́нии** (*fig*) in anderen Umständen sein
положи́тельный <*kf:* -лен, -льна> *adj* positiv; **дать ~ отве́т** bejahen
положи́ть <*fut:* -ожу́, -о́жишь> *vt I pf* (*impf:* класть) ① legen, hinlegen; ② hineintun
по́лоз <*pl:* -ло́зья, -ьев> *m U3* Kufe *f*
полоса́ *f A e2* ① Streifen *m*; ② (*fig: пери́од жи́зни*) Strähne *f*; **~ неуда́ч** Pechsträhne *f*; **~ уда́ч** [*о* **везе́ния**] Glückssträhne *f*; ③ (ТРАНС) Spur *f*, Bahn *f*; ④ (*в газе́те*) Seite *f*
полоса́тый <*kf:* -а́т> *adj* gestreift
полоска́ние *nt O2* Spülen *nt*, Spülung *f*; **~ рта** Gurgeln *nt*
полоска́ть <*präs:* -ощу́, -о́щешь> *vt E4 impf* (*pf:* вы́-) ausspülen, gurgeln
полоте́нце <*gen sg:* -нца *gen pl:* -нец> *nt O1* Handtuch *nt*; **махро́вое ~** Badetuch *nt*; **посу́дное ~** Geschirrtuch *nt*
полотно́ *m K pls* ① Leinen *nt*, Leinwand *f*; ② (*железнодоро́жное*) Bahndamm *m*; ③ (*карти́на*) Gemälde *nt*; ④ (ТЕХ) Band *nt*
полтора́ *num* eineinhalb, anderthalb; **ни два ни ~** nichts Halbes *nt* und nichts Ganzes *nt*
полу- *präfix* Halb-, halb-
полуботи́нки <*gen pl:* -нок> *m K* Halbschuhe *m pl*
полуго́дие *nt O2* Halbjahr *nt*
полукру́г *m K* Halbkreis *m*
полуме́сяц *m K* Halbmond *m*
полуо́стров *m K ple* Halbinsel *f*
полусо́н <*gen sg:* полусна́> *m K e* Halbschlaf *m*
полуфина́л *m K* (СПОРТ) Halbfinale *nt*
получасово́й *adj* halbstündig
получа́тель *m K1* Empfänger *m*, Bezieher *m*
получа́ть *vt E impf* (*pf:* получи́ть) ① bekommen, erhalten; ② (*това́р, газе́ту*) beziehen; ③ (*взима́ть*) kassieren, einnehmen
получа́ться *vr E impf* (*pf:* получи́ться) gelingen, klappen; **не ~** schieflaufen, nicht klappen
получе́ние *nt O2* ① Erhalt *m*; ② (*пе́нсии, посо́бия*) Bezug *m*; ③ (*по́чты и т.п.*) Empfang *m*; **расписа́ться в получе́нии** den Empfang bescheinigen
полу́чка <*gen pl:* -чек> *f A* ① (*umg*) Lohn *m*; ② (*вы́плата зарпла́ты*) Lohnauszahlung *f*; ③ (*день вы́платы зарпла́ты*) Lohntag *m*, Zahltag *m*
полуша́рие *nt O2* Halbkugel *f*, Hemisphäre *f*
по́лый *adj* hohl
полыха́ть *vi E impf* (*pf:* за-) lichterloh brennen, in Flammen stehen
по́льза *f A* ① Nutzen *m*; ② (*вы́года*) Vorteil *m*; **идти́ на по́льзу** nützen; **в по́льзу кого́-л.**

П

zugunsten (*+gen*); **приноси́ть по́льзу** nützen, fruchten

по́льзование *nt O2* Gebrauch *m*, Nutzung *f*

по́льзователь *m K1* ❶ Anwender, -in *m/f*, Benutzer, -in *m/f*, Betreiber, -in *m/f*, Kunde, Kundin *m/f*; ❷ (ОБДАН) Anwender *m*, User *m*

по́льзоваться *vr + inst E2 impf* (*pf:* вос-) ❶ anwenden, benutzen, gebrauchen; ❷ (*услу́гами, по́мощью*) in Anspruch nehmen; **~ авторите́том** Ansehen genießen; **~ чьей-л. по́мощью** jds Hilfe beanspruchen

по́лька *f A* ❶ Polin *f*; ❷ (*та́нец*) Polka *f*

по́льский *adj* polnisch

По́льша *f A* Polen *nt*

полюби́ть <*fut:* -юблю́, -ю́бишь> *vt I pf* liebgewinnen

по́люс <*pl:* -ы, -ов/-а́, -о́в> *m K* Pol *m*; **отрица́тельный ~** Minuspol *m*; **положи́тельный ~** Pluspol *m*; **Се́верный ~** Nordpol *m*

поля́к *m K* Pole *m*

поля́на *f A* Lichtung *f*

поля́рник *m K* Polarforscher *m*

поля́рный <*kf:* -рен, -рна> *adj* polar, Polar-; **~ круг** Polarkreis *m*

пома́да *f A* Pomade *f*; **гу́бная ~** Lippenstift *m*

помазо́к <*gen sg:* -зка́> *m K e* Rasierpinsel *m*

поменя́ться *v + inst E pf* (*impf:* меня́ться) (*с кем-ли́бо*) tauschen; **~ роля́ми** die Rollen tauschen; **~ места́ми** die Plätze tauschen

помёт *m K* Mist *m*

поме́тить <*fut:* -ме́чу, -ме́тишь> *vt I pf* (*impf:* помеча́ть) markieren, kennzeichnen

поме́тка *f A* Vermerk *m*, Notiz *f*

поме́ха *f A* Hindernis *nt*, Störung *f*; **устраня́ть поме́хи** (РАДИО) Störungen beseitigen

помеча́ть *vt E impf* (*pf:* поме́тить) markieren, kennzeichnen

помеша́ть *v + dat E pf* (*impf:* меша́ть) ❶ stören; ❷ behindern

помеща́ть *vt E impf* (*pf:* помести́ть) ❶ unterbringen; ❷ (ЭКОН) anlegen, deponieren; **~ капита́л** investieren; **~ объявле́ние** inserieren

помеще́ние *nt O2* ❶ Raum *m*; ❷ (*де́йствие*) Unterbringung *f*; **жило́е ~** Wohnraum *m*; **~ капита́ла** Investition *f*, Kapitalanlage *f*

поме́щик, поме́щица *m K / f A* (ИСТ) Gutsherr, -in *m/f*

поми́ловать *vt E2 pf* begnadigen

поми́нки <*gen pl:* -нок> *pl A* ❶ Gedenkfeier *f*; ❷ (*umg*) Leichenschmaus *m*

по́мнить *vt I impf* sich erinnern, denken (an *+akk*)

помога́ть *v + dat E impf* (*pf:* помо́чь) helfen, behilflich sein, aushelfen; **~ наде́ть пальто́** jdmj in den Mantel helfen; **~ снять пальто́** jdm aus dem Mantel helfen

помо́лвка *f A* Verlobung *f*

помо́ст *m K* ❶ Podest *nt*, Podium *nt*; ❷ (*для демонстра́ции мод*) Laufsteg *m*; ❸ (СТРОИТ) Gerüst *nt*

помо́чь <*fut:* -могу́, -мо́жешь> *v + dat UE4 pf* (*impf:* помога́ть) helfen, behilflich sein

помо́щник *m K* ❶ Helfer *m*, Gehilfe, Gehilfin *m/f*, Hilfskraft *f*; ❷ (*у поли́тика*) persönlicher Referent *m*, Berater *m*; **вре́менный ~** Aushilfskraft *f*; **ста́рший ~** (СУД) erster Offizier

по́мощь *f I* ❶ Hilfe *f*, Hilfeleistung *f*, Hilfsmaßnahme *f*; ❷ (*подде́ржка, соде́йствие*) Unterstützung *f*, Beistand *m*; ❸ (*в беде́*) Abhilfe *f*; **оказа́ть ~** Hilfe leisten; **маши́на ско́рой по́мощи** Rettungswagen *m*; **без посторо́нней по́мощи** ohne fremde Hilfe; **с ~ю** [*о* **при по́мощи**] mit Hilfe; **на ~!** Hilfe!

по́мпа *f A* Pomp *m*, Prunk *m*

помпе́зный <*kf:* -зен, -зна> *adj* pompös, prunkvoll

помрачне́ть *vi E pf* (*impf:* мрачне́ть) (*auch fig*) sich verfinstern, sich verdunkeln

помы́ть <*fut:* -мо́ю, -мо́ешь> *vt E8 pf* (*impf:* мыть) waschen

понаде́яться *vr E5 pf* (*impf:* наде́яться) (*на что-либо*) hoffen (auf *+akk*)

понаслы́шке *adv* vom Hörensagen

понеде́льник *m K* Montag *m*; **после́дний ~ ма́сленицы** Rosenmontag *m*

по́ни *nt indekl* (зоол) Pony *nt*

понижа́ть *vt E impf* (*pf:* пони́зить) (*auch fig*) senken, herabsetzen; **~ в зва́нии** degradieren; **~ го́лос** die Stimme dämpfen

понижа́ться *vr E impf* (*pf:* пони́зиться) ❶ sinken; ❷ (*па́дать*) fallen; ❸ (*уменьша́ться*) sich verringern

пониже́ние *nt O2* ❶ (*у́ровня вод и т.п.*) Sinken *nt*; ❷ (*температу́ры*) Fallen *nt*; ❸ (экон) Herabsetzung *f*, Ermäßigung *f*, Minderung *f*; **~ цен** Preissenkung *f*; **~ ку́рса** Kursrückgang *m*

понима́ние *nt O2* ❶ Verstehen *nt*, Begreifen *nt*; ❷ (*сочу́вствие, осозна́ние*) Verständnis *f*, Einsicht *f*; **относи́ться к чему́-л. с понима́нием** Verständnis aufbringen (für *+akk*)

понима́ть *vt E impf* (*pf:* поня́ть) ❶ verstehen, begreifen; ❷ (*осозна́ть*) einsehen, erkennen; **неве́рно ~** missverstehen

понима́ющий *adj* einfühlsam, verständnisvoll

пономáрь *m K1* (рел) Küster *m*

поно́с *m K* (*umg*) Durchfall *m*

поноси́ть <*präs:* -ношу́, -но́сишь> *vt I impf* schlechtmachen

понра́виться <*fut:* -влюсь, -вишься> *vr + dat I pf* (*impf:* нра́виться) gefallen

по́нчик *m K* Pfannkuchen *m*

поню́хать *vt E pf* (*impf:* ню́хать) riechen, einatmen

поня́тие *nt O2* Begriff *m*; **поня́тия не име́ю** keine Ahnung

поня́тливость *f I* Auffassungsgabe *f*

поня́тный <*kf:* -тен, -тна> *adj* verständlich, begreiflich, plausibel

поня́ть <*fut:* пойму́, поймёшь> *vt E9 pf* (*impf:* понима́ть) ❶ verstehen, begreifen; ❷ einsehen, erkennen

пообе́дать *vi E pf* (*impf:* обе́дать) zu Mittag essen

пообеща́ть *vi E pf* (*impf:* обеща́ть) versprechen

поощре́ние *nt O2* ❶ Förderung *f*; ❷ (*благоприя́тствование*) Begünstigung *f*; **материа́льное поощре́ние** Prämie *f*

поощря́ть *vt E impf* (*pf:* поощри́ть) fördern

по́па *f A* (*umg*) Popo *m*

попада́ть *vi E impf* (*pf:* попа́сть) ❶ (*куда́-либо*) gelangen, hingeraten; ❷ (*в кого́-л./во что-л.*) treffen; **как попа́ло** aufs Geratewohl; **~ впроса́к** (*umg*) hereinfallen, sich blamieren; **не ~ в цель** danebengehen; **~ в са́мую то́чку** (*fig*) ins Schwarze treffen

П

попада́ться *vr E impf* (*pf:* попа́сться) ❶ hineingeraten; ❷ (*fig: быть уличённым в чём-л.*) sich erwischen lassen

попере́к *adv* quer; **станови́ться ~ доро́ги кому́-л.** jdm in die Quere kommen

попере́чный *adj* quer, Quer-; **попере́чное сече́ние** Querschnitt *m*

попе́рчить *vt I pf* (*impf:* пе́рчить) pfeffern

попече́ние *nt O2* Fürsorge *f*, Obhut *f*

поп-звезда́ *f A* (муз) Popstar *m*

поплати́ться <*fut:* -плачу́сь, -пла́тишься> *vr I pf* (*impf:* плати́ться) (*чем-л. за что-л., fig*) bezahlen, büßen (für *+akk*)

поп-му́зыка *f A* (муз) Popmusik *f*

попола́м *adv* ❶ (*на́двое*) entzwei, in zwei Hälften; ❷ (*наполови́ну*) zur Hälfte

пополне́ние *nt O2* ❶ (*увеличе́ние, расшире́ние*) Aufstockung *f*, Ergänzung *f*; ❷ (*усиле́ние*) Verstärkung *f*;

③ (**смéна**) Nachwuchs *m*

попóлниться <*nur 3. pers:* -ится> *vr + inst I pf* (*impf:* пополня́ться) sich ergänzen, sich vervollständigen

попрáвиться <*fut:* -влю́сь, -вишься> *vr I pf* (*impf:* поправля́ться) ① (*улу́чшиться, испрáвиться*) sich verbessern; ② (*вы́здороветь*) gesunden; ③ (*прибáвить в вéсе*) zunehmen; **~ на два килогрáмма** zwei Kilo zunehmen

попрáвка *f A* ① Korrektur *f*, Verbesserung *f*; ② (*уточнéние, опровержéние*) Richtigstellung *f*, Berichtigung *f*; ③ (ЮР) Klausel *f*; ④ (МЕД) Besserung *f*

попрóбовать *vt E2 pf* (*impf:* прóбовать) probieren, versuchen

попроси́ть <*fut:* -ошу́, -óсишь> *vi I pf* (*impf:* проси́ть) bitten, ersuchen

попрошáйка *mf A* Schnorrer, -in *m/f*, Bettler, -in *m/f*

попугáй *m K2* (ЗООЛ) Papagei *m*; **волни́стый ~** Wellensittich *m*

попули́зм *m K* (ПОЛ) Populismus *m*

популя́рность *f I* Popularität *f*, Beliebtheit *f*

популя́рный <*kf:* -рен, -рна> *adj* populär, beliebt

попу́тчик *m K* ① Reisegefährte *m*; ② (*im pl*) Reisegesellschaft *f*; ③ (ПОЛ) Mitläufer *m*

попытáться *vr E pf* (*impf:* пытáться) versuchen

попы́тка *f A* Versuch *m*; **~ сближéния** Annährungsversuch *m*

попя́тный *adj* Rückwärts-; **попя́тное движéние** Rückwärtsbewegung *f*; **идти́ на ~** (*fig*) einen Rückzieher machen

порá *f A e2* ① (*пери́од*) Zeit *f*, Saison *f*; **на пéрвых порáх** zunächst, anfangs ② (*als prädik.*) es wird Zeit; **давнó ~** es ist höchste Zeit

пóра *f A* (БИОЛ) Pore *f*

порáдовать *vt E2 pf* (*impf:* рáдовать) erfreuen

поражáть *vt E impf* (*pf:* порази́ть) ① (*попадáть в цель, уничтожáть*) treffen, vernichten; ② (*о болéзни и т.п.*) befallen, heimsuchen; ③ (*удиви́ть, ошеломи́ть*) überraschen, bestürzen; **неприя́тно ~** befremden

поражéние *nt O2* (ВОЕ, СПОРТ) Niederlage *f*; **потерпéть ~** unterliegen

порвáть <*fut:* -рву́, -рвёшь, *prät:* -рвáл, -рвалá, рвáло> *vt E4 pf* (*impf:* рвать) ① zerreißen; ② (*fig*) abbrechen, Schluss machen

порéз *m K* (МЕД) Schnittwunde *f*

порекомендовáть *vt E2 pf* (*impf:* рекомендовáть) empfehlen

пóристый <*kf:* -ист> *adj* (БИОЛ) porös

порицáние *nt O2* Rüge *f*

порицáть *vt E impf* (*geh*) rügen

порногрáфия *f A2* Pornographie *f*

порóг *m K* ① Schwelle *f*, Türschwelle *f*; ② (*fig*) Schwelle *f*; **~ бéдности** Armutsgrenze *f*; **на ~ не пускáть** (*fig*) nicht über die Schwelle lassen

порóда *f A* ① (*у живóтных*) Rasse *f*, Gattung *f*; ② (*fig: человéческая*) Art *f*, Schlag *m*; ③ (ГЕОЛ) Gestein *nt*

порóдистый <*kf:* -ист> *adj* reinrassig

породи́ть <*fut:* -ожу́, -оди́шь> *vt I pf* (*impf:* порождáть) ① erzeugen; ② (*fig*) hervorrufen, nach sich ziehen, bewirken

порóжний *adj* leer; **порóжняя тáра** Leergut *nt*

порóй *adv* mitunter, manchmal

порóк *m K* ① Laster *nt*; ② (*недостáток*) Fehler *m*; **~ сéрдца** (МЕД) Herzfehler *m*

поросёнок <*gen sg:* -нка, *pl:* -ся́та, -ся́т> *m U4* (ЗООЛ) Ferkel *nt*

пóрох *m K* Schießpulver *nt*

порóчить *vt I impf* (*pf:* о-) verunglimpfen, in Verruf bringen, verleumden

поро́чный <*kf:* -чен, -чна> *adj* ❶ (*нра́вственно*) lasterhaft; ❷ (*дурно́й, одио́зный*) anrüchig, schändlich; ❸ (*оши́бочный*) fehlerhaft; **поро́чная пра́ктика** Unwesen *nt*, Unart *f*

порошо́к <*gen sg:* -шка> *m K* Pulver *nt*

порт *m K* ❶ (СУД) Hafen *m*; ❷ (ОБДАН) Port *m*; **морско́й ~** Seehafen *m*; **речно́й ~** Binnenhafen *m*; **порт припи́ски** Heimathafen; **незамерза́ющий ~** eisfreier Hafen; **войти́ в ~** in den Hafen einlaufen

порта́л *m K* (СТРОИТ) Portal *nt*

портати́вный *adj* tragbar; **~ компью́тер** Laptop *m*

портве́йн *m K* Portwein *m*

по́ртить <*präs:* -рчу, -ртишь> *vt I impf* (*pf:* ис-) verderben, beschädigen

по́ртиться <*präs:* -рчусь, -ртишься> *vr I impf* (*pf:* ис-) verderben, verschimmeln

портно́й *m wie adj* Schneider *m*

порто́вый *adj* Hafen-; **~ го́род** Hafenstadt *f*

портре́т *m K* Portrait *nt*, Bildnis *nt*; **рисова́ть чей-л. ~** jdn portraitieren

португа́лец <*gen sg:* -льца, *gen pl:* -льцев> *m K* Portugiese *m*

Португа́лия *f A2* Portugal *nt*

португа́лка <*gen pl:* -лок> *f A* Portugiesin *f*

португа́льский *adj* portugiesisch

портфе́ль *m K1* ❶ Aktentasche *f*; ❷ (*шко́льный*) Schulmappe *f*; ❸ (ЭКОН) Portfolio *nt*, Bestand *m*

портье́ *m indekl* Portier *m*

поруга́ться *vr E pf* (*impf:* руга́ться) schimpfen, zanken

пору́ка *f A* Bürgschaft *f*; **взять кого́-л. на пору́ки** Verantwortung übernehmen (für jdn)

поруча́ть *vt E impf* (*pf:* поручи́ть) beauftragen

поруча́ться *vr E impf* (*pf:* поручи́ться) ❶ (*за кого́-л.*) für jdn bürgen; ❷ (*за что-л.*) gewährleisten

поруче́ние *nt O2* Auftrag *m*; **по поруче́нию кого́-л.** im Auftrag von; **дать ~ кому́-л.** jdn beauftragen

поручи́тель *m K1* Bürge *m*

поручи́тельство *nt O* ❶ Bürgschaft *f*; ❷ (*зало́г*) Kaution *f*; **предоста́вить ~** Bürgschaft leisten

поручи́ть *vt I pf* (*impf:* поруча́ть) beauftragen

поручи́ться *vr I pf* (*impf:* руча́ться) bürgen (für +*akk*)

по́ручни <*gen pl:* -чней> *m K1* Reling *f*

по́рция *f A2* Portion *f*

поры́в *m K* ❶ Stoß *m*; **~ ве́тра** Windstoß *m* ❷ (*fig*) Regung *f*, Drang *m*

поры́вистый <*kf:* -ист> *adj* ❶ (*о ве́тре*) böig; ❷ (*о челове́ке*) heftig, ungestüm; ❸ (*о движе́нии*) ruckartig

поря́док <*gen sg:* -дка> *m K* ❶ Ordnung *f*; ❷ (*после́довательность*) Reihenfolge *f*; ❸ (*техноло́гия*) Verfahren *nt*; **~ слов** (ЛИНГ) Satzbau *m*; **наводи́ть ~** Ordnung schaffen, aufräumen; **~ дня** Tagesordnung *f*

поря́дочность *f I* Anständigkeit *f*

поря́дочный <*kf:* -чен, -чна> *adj* ❶ anständig, rechtschaffen; ❷ (*umg*) gehörig, ordentlich

посади́ть <*fut:* -ажу́, -а́дишь> *vt I pf* (*impf:* сажа́ть) setzen

поса́дка *f A* ❶ (*преземле́ние*) Landung *f*; **вы́нужденная ~** Notlandung *f*; **соверша́ть поса́дку** landen; ❷ (СЕЛХОЗ) Pflanzung *f*; ❸ (ТРАНС) Einsteigen *nt*

посвяти́ть <*fut:* -ащу́, -ати́шь> *vt I pf* (*impf:* посвяща́ть) ❶ (*кому́-ли́бо*) widmen; ❷ (*кого́-л. во что-л.*) einweihen (in +*akk*)

посвяще́ние *nt O2* ❶ (*кому́-л.*) Widmung *f*; ❷ (*кого́-л. во что-л.*) Einweihung *f*

посе́в *m K* (СЕЛХОЗ) Saat *f*

поселе́нец <*gen sg:* -нца, *gen pl:* -нцев> *m K* Siedler *m*

посёлок <*gen sg:* -лка> *m K* Sied-

П

lung *f*
посереди́не *adv* ① mitten drin; ② in der Mitte
посети́тель, посети́тельница *m K1 / f A* Besucher, -in *m/f*
посети́ть <*fut:* -сещу́, -сети́шь> *vt I pf* (*impf:* посеща́ть) besuchen, aufsuchen
посеще́ние *nt O2* Besuch *m*; **~ на дому́** Hausbesuch *m*
посе́ять *vt E pf* (*impf:* се́ять) säen
поскользну́ться *vr E1 pf* ausrutschen
поско́льку *konj* ① insofern; ② (*так как*) da
посла́ние *nt O2* Botschaft *f*, Nachricht *f*
посла́нник *m K* Gesandter *m*, Bote *m*
посла́ть <*fut:* -шлю́, -шлёшь> *vt E4 pf* (*impf:* посыла́ть) ① schicken; ② delegieren
по́сле *präp +gen* nach (*+dat*); **~ э́того** danach; daraufhin; **сра́зу ~ э́того** anschließend, im Anschluss daran
послевое́нный *adj* Nachkriegs-; **~ пери́од** Nachkriegszeit *f*
после́дний *adj* letzte(r, s); **са́мый ~** der allerletzte; **в после́днее вре́мя** neuerdings, in jüngster Zeit
после́дователь, после́довательница *m K1 / f A* Nachfolger, -in *m/f*
после́довательность *f I* ① (*логи́чность*) Konsequenz *f*, Folgerichtigkeit *f*; ② (*поря́док*) Abfolge *f*, Reihenfolge *f*; ③ (*ход*) Ablauf *m*
после́довательный <*kf:* -лен, -льна> *adj* ① (*логи́чный*) folgerichtig, konsequent; ② (*доказа́тельный*) schlüssig; **~ перево́д** Konsekutivdolmetschen *nt*
после́довать *vi E2 pf* (*impf:* сле́довать) folgen
после́дствие *nt O2* ① Folge *f*, Konsequenz *f*; ② (*явле́ние*) Folgeerscheinung *f*
после́дующий *adj* anschließend, nachfolgend, folgend; **в после́дующее вре́мя** in der Folgezeit
послеза́втра *adv* übermorgen
послеобе́денный *adj* Nachmittags-
послесло́вие *nt O2* Nachwort *nt*
посло́вица *f A* Sprichwort *nt*; **воше́дший в посло́вицу** sprichwörtlich
послуша́ние *nt O2* Gehorsam *m*
послу́шаться *vr E pf* (*impf:* слу́шаться) gehorchen
послу́шный <*kf:* -шен, -шна> *adj* gehorsam, brav, artig, folgsam
посме́иваться *vr E impf* (**над** *кем-ли́бо*) belächeln, sich ein wenig lustig machen (über *+akk*)
посме́ть *vi E pf* (*impf:* сметь) wagen
посме́шиище *nt O1* Gespött *nt*
посмотре́ть <*fut:* -смотрю́, -смо́тришь> *vt I pf* (*impf:* смотре́ть) schauen, hinsehen
посо́бие *nt O2* ① finanzielle Unterstützung *f*, Beihilfe *f*; ② (*уче́бное*) Lehrbuch *nt*, Handbuch *nt*; **~ по безрабо́тице** Arbeitslosengeld *nt*; **единовре́менное ~** einmalige Unterstützung *f*
посо́бник *m K* ① Gehilfe *m*, Handlanger *m*; ② (ЮР) Mittäter *m*
посо́бничество *nt O* (ЮР) Beihilfe *f*, Mittäterschaft *f*
посове́товать *vt E2 pf* (*impf:* сове́товать) beraten, raten
посове́товаться *vr E2 pf* (*impf:* сове́товаться) konsultieren, Rat einholen
посо́л <*gen sg:* -сла́> *m K e* Botschafter, -in *m/f*
посоли́ть <*fut:* -солю́, -со́лишь> *vt I pf* (*impf:* соли́ть) ① salzen; ② pökeln
посо́льство *nt O* Botschaft *f*
поспе́шный <*kf:* -шен, -шна> *adj* hastig, eilig
посре́дник *m K* ① Vermittler, -in *m/f*; ② (ЭКОН) Zwischenhändler, -in

m/f, Agent *m*, Makler *m*
посре́дничать *vi E impf* vermitteln
посре́дничество *nt O* Vermittlung *f*
посре́дственный <*kf:* -вен, -венна> *adj* mittelmäßig, durchschnittlich
посре́дством *präp +gen* mittels (*+gen*), mit Hilfe (*+gen*)
поссо́рить *vt I pf* (*impf:* ссо́рить) entzweien, zu Feinden machen
поссо́риться *vr I pf* (*impf:* ссо́риться) streiten, zanken, aneinandergeraten
пост <*präpos sg:* о посте́, на посту́> *m K e* 1 (ВОЕ) Posten *m*; 2 (АДМИН) Posten *m*, Amt *nt*; 3 (РЕЛ) Fastenzeit *f*, Fasten *nt*; **стоя́ть на посту́** Postenwache stehen
поста́вить I. <*fut:* -влю, -вишь> *vt I pf* (*impf:* ста́вить) stellen, setzen; **II.** *vt I pf* (*impf:* поставля́ть) 1 liefern; 2 (РЕЛ) weihen
поста́вка *f A* Lieferung *f*
поставля́ть *vt E impf* (*pf:* поста́вить) ausliefern, beliefern, liefern
поставщи́к *m K e* 1 Lieferant *m*; 2 (*предприя́тие*) Lieferbetrieb *m*
постано́вка *f A* 1 Aufstellung *f*; 2 (ТЕАТ) Aufführung *f*; **~ вопро́са** Fragestellung *f*; **но́вая ~** Neuinszenierung *f*
постановле́ние *nt O2* 1 (*реше́ние*) Beschluss *m*; 2 (*распоряже́ние*) Verordnung *f*, Bestimmung *f*, Erlass *m*; **~ суда́** gerichtliche Vefügung *f*
постановля́ть *vt E impf* (*pf:* -ви́ть) 1 verordnen; 2 (*реша́ть*) beschließen
постара́ться *vr E pf* (*impf:* стара́ться) sich bemühen, sich anstrengen
посте́ль *f I* Bett *nt*
посте́льный *adj* Bett-; **посте́льное бельё** Bezug *m*, Bettwäsche *f*; **~ режи́м** Bettruhe *f*
постепе́нный <*kf:* -е́нен, -е́нна> *adj* allmählich, schrittweise; **~ перехо́д** nahtloser Übergang *m*
постига́ть *vt E impf* (*pf:* пости́гнуть) 1 (*постига́ть*) erfassen, begreifen; 2 (*о несча́стье и т.п.*) befallen, heimsuchen
постира́ть *vt E pf* (*impf:* стира́ть) 1 waschen; 2 abwischen
пости́ться <*präs:* пощу́сь, пости́шься> *vr I impf* (РЕЛ) fasten
пости́чь <*fut:* -и́гну, -и́гнешь> *vt UE4 pf* (*pf:* постига́ть) 1 begreifen; 2 heimsuchen
по́стный <*kf:* -тен, -тна́> *adj* (*мя́со*) mager
постово́й *m wie adj* (*Person*) Posten *m*, Wache *f*
посторони́ться <*fut:* -оню́сь, -о́нишься> *vr I pf* (*impf:* сторони́ться) aus dem Weg gehen
посторо́нний I. *adj* fremd; **II.** *m wie adj* Fremde(r) *mf*, Unbefugte(r) *mf*
постоя́нный <*kf:* -я́нен, -я́нна> *adj* 1 beständig, kontinuierlich; 2 (МАТ) konstant; **постоя́нное местожи́тельство** ständiger Wohnsitz *m*; **постоя́нная рабо́та** Dauerbeschäftigung *f*; **~ посети́тель** Stammgast *m*
постоя́нство *nt O2* Beständigkeit *f*
постоя́ть *vi I pf* (*impf:* стоя́ть) 1 (eine Zeit lang) stehen; 2 (*fig:* *за кого́-л.*) sich einsetzen (für *+akk*); **~ за себя́** sich behaupten
пострада́вший *m wie adj* Geschädigte(r) *m*, Betroffene(r) *m*, Opfer *nt*
пострада́ть *vi E pf* (*impf:* страда́ть) 1 leiden; 2 zu Schaden kommen, verletzt werden
построе́ние *nt O2* 1 (СТРОИТ) Aufbau *m*; 2 (*geh:* *тео́рия*) Theorie *f*, Lehrgebäude *nt*; 3 (ВОЕ) Aufstellung *f*, Aufmarsch *m*
постро́ить *vt I pf* (*impf:* стро́ить) 1 bauen, errichten; 2 (*fig*) schmieden
постро́йка *f A* Bau *m*
постскри́птум *m K* Postskriptum *nt*
поступа́тельный <*kf:* -лен, -льна> *adj* fortschreitend, vorwärtsgerichtet

П

поступа́ть *vi E impf* (*pf:* поступи́ть) ❶ handeln, verfahren, vorgehen; ❷ (*о письме, де́ньгах и т.п.*) eingehen, einlaufen, eintreffen; ❸ (*быть при́нятым*) Mitglied werden; **~ в университе́т** sich an der Universität einschreiben

поступа́ться *vr + inst E impf* (*pf:* поступи́ться) aufgeben, preisgeben; **~ при́нципами** seine Prinzipien aufgeben [*o* preisgeben]

поступле́ние *nt O2* ❶ (*бума́г, де́нег*) Eingang *m*; ❷ (*кого́-л., куда́-л.*) Eintritt *m*; ❸ (*в институ́т*) Immatrikulation *f*

посту́пок <*gen sg:* -пка> *m K* Handlung *f*, Tat *f*

посты́дный <*kf:* -ден, -дна> *adj* peinlich, beschämend

посу́да *f A* Geschirr *nt*

посудомо́ечный *adj* Geschirrspül-; **посудомо́ечная маши́на** Geschirrspülmaschine *f*

П

посыла́ть *vt E impf* (*pf:* посла́ть) ❶ schicken, senden; ❷ (*направля́ть*) entsenden, delegieren; ❸ (*за кем-л./за чем-л.*) jdn/etw abholen lassen

посы́лка *f A* Paket *nt*, Päckchen *nt*

посы́льный *m wie adj* Bote *m*

посы́пать <*fut:* -плю, -плешь> *vt E4 pf* (*impf:* посыпа́ть) bestreuen

посы́паться <*nur 3. pers:* -плется> *vr E4 pf* (*impf:* сы́паться) ❶ herabrieseln; ❷ (*fig*) niederprasseln, hageln

посяга́тельство *nt O* (*geh, auch fig*) Angriff *m*, Anschlag *m*

посяга́ть *vi E impf* (*pf:* посягну́ть) ❶ (*на кого́-л./на что-л.*) sich vergreifen (an *+akk*); ❷ einen Anschlag machen (auf *+akk*); **~ на права́** in jds Rechte eingreifen

пот <*gen sg:* -а, -у, *präpos sg:* о по́те, в поту́> *m K ple* Schweiß *m*

потасо́вка *f A* (*umg*) Prügelei *f*, Rauferei *f*

потенциа́л *m K* Potenzial *nt*

потенциа́льный <*kf:* -лен, -льна> *adj* (*geh*) potenziell, denkbar, möglich

поте́нция *f A2* Potenz *f*

потерпе́ть <*fut:* -ерплю́, -е́рпишь> *vt I pf* erleiden

потёртый <*kf:* -ёрт> *adj* ❶ abgetragen, schäbig; ❷ (*fig: о ви́де*) müde, abgespannt

поте́ря *f A1* Verlust *m*, Einbuße *f*; **~ ве́са** Gewichtsabnahme *f*; **без поте́рь** verlustfrei

потеря́ть *vt E pf* (*impf:* теря́ть) verlieren

потеря́ться *vr E pf* (*impf:* теря́ться) ❶ verloren gehen, abhanden kommen; ❷ (*о челове́ке*) vermisst werden

поте́ть *vi E impf* ❶ schwitzen; ❷ (*о стекле́*) anlaufen, sich beschlagen

потеша́ться *vr E impf* (*над кем-л./над чем-л.*) belächeln, sich lustig machen (über *+akk*)

поте́шный <*kf:* -шен, -шна> *adj* drollig, possierlich

потого́нный *adj* (*auch fig*) schweißtreibend

пото́к *m K* ❶ (*strömende Bewegung, auch fig*) Strom *m*; ❷ (элек) Strom *m*; ❸ (тех) Fließfertigung *f*

потоло́к <*gen sg:* -лка́> *m K e* ❶ Zimmerdecke *f*; ❷ (экон) Plafond *m*; **взя́то с потолка́** (*fig*) aus der Luft gegriffen

пото́м *adv* später, danach; **откла́дывать на ~** auf später verschieben

пото́мок <*gen sg:* -мка> *m K* Nachkomme *m*

пото́мство *nt O* Nachwuchs *m*, Nachkommenschaft *f*

потому́ I. *adv* deshalb, daher; **II.** *konj* (*что*) weil, da

пото́п *m K* Überschwemmung *f*; **всеми́рный ~** Sintflut *f*

потороп́ить <*fut:* -оплю́, -о́пишь> *vt I pf* (*impf:* торопи́ть) antreiben, beschleunigen

потороп́иться <*fut:* -оплю́сь, -о́пишься> *vr I pf* (*impf:* торопи́ться) sich beeilen, hasten

потра́ва *f A* Flurschaden *m*, Wildschaden *m*

потра́тить <*fut:* -а́чу, -а́тишь> *vt I pf* (*impf:* тра́тить) ❶ (*извести́*) ausgeben; ❷ (*растранжи́рить*) verschwenden, vergeuden

потреби́тель, потреби́тельница *m K / f A* Verbraucher, -in *m/f*, Konsument, -in *m/f*

потреби́ть <*fut:* -блю́, -би́шь> *vt I pf* (*impf:* потребля́ть) verbrauchen, konsumieren

потребле́ние *nt O2* ❶ (*чего́-л.*) Verbrauch *m* (an +*dat*), Konsum *m*; ❷ (*пи́щи*) Genuss *m*; ❸ (*расхо́д*) Aufwand *m*

потре́бность *f I* ❶ (*в това́рах*) Bedarf *m*; ❷ (*жела́ние*) Bedürfnis *nt*; **удовлетворя́ть потре́бности** die Bedürfnisse befriedigen

потре́бовать *vt E2 pf* (*impf:* тре́бовать) fordern, verlangen

потрево́жить *vt I pf* (*impf:* трево́жить) ❶ beunruhigen; ❷ stören

потре́скивать *vi E impf* knistern, prasseln

потро́гать *vt E pf* (*impf:* тро́гать) leicht [*o* sanft] anfassen, leicht [*o* sanft] berühren

потроха́ <*gen pl:* -хо́в> *pl K* (*umg*) Eingeweide *pl*

потроши́ть *vt I impf* (*pf:* вы́потрошить) ❶ die Eingeweide entfernen, ausweiden; ❷ (*auch fig*) ausnehmen

потряса́ть *vt E impf* (*pf:* потрясти́) (*auch fig*) erschüttern

потряса́ющий *adj* erschütternd; **~ успе́х** durchschlagender Erfolg *m*

потрясе́ние *nt O2* Erschütterung *f*

поту́хший *adj* erloschen

потуши́ть <*fut:* -тушу́, -ту́шишь> *vt I pf* (*impf:* туши́ть) löschen, auslöschen

потя́гивать *vi E impf* ❶ (*вино́*) schlürfen; ❷ (*unpers*) es zieht, es riecht

потя́гиваться *vr E impf* (*pf:* потяну́ться) sich rekeln, sich strecken, sich dehnen

поуча́ть *vt E impf* belehren

поуче́ние *nt O2* ❶ Belehrung *f*; ❷ (*мора́льная про́поведь*) Moralpredigt *f*

поучи́тельный <*kf:* -лен, -льна> *adj* lehrreich

похвала́ *f A e* Lob *nt*

похвали́ть <*fut:* -алю́, -а́лишь> *vt I pf* (*impf:* хвали́ть) loben

похва́льный <*kf:* -лен, -льна> *adj* ❶ (*досто́йный похвалы́*) lobenswert; ❷ (*разу́мный*) begrüßenswert

похва́статься *vr + inst E pf* (*impf:* хва́статься) (*чем-л.*) prahlen (mit +*dat*), sich rühmen (+*dat*)

похити́тель *m K1* Entführer *m*, Kidnapper *m*

похи́тить <*fut:* -и́щу,-и́тишь> *vt I pf* (*impf:* похища́ть) entführen, entwenden

похище́ние *nt O2* ❶ (*чего́-л.*) Raub *m*, Entwendung *f*; ❷ (*кого́-л.*) Entführung *f*, Kidnapping *nt*

похо́д *m K* ❶ Wanderung *f*; ❷ (ВОЕ) Feldzug *m*; **кресто́вый ~** Kreuzzug *m*

походи́ть <*präs:* -хожу́, -хо́дишь> *vi I pf* (*impf:* ходи́ть) (*на кого́-л./на что-л.*) ähneln, gleich sehen

похо́дка *f A* Gang *m*, Gangart *f*

похо́дный *adj* Wanderungs-, Feld-

похо́жий <*kf:* -о́ж> *adj* ähnlich; **быть похо́жим на кого́-л.** jdm ähneln

похолода́ние *nt O2* Temperaturrückgang *m*; **ре́зкое ~** Kälteeinbruch *m*

похорони́ть <*fut:* -оню́, -о́нишь> *vt I pf* (*impf:* хорони́ть) ❶ begraben, beerdigen; ❷ (*fig:* *забы́ть*) beerdigen, vergessen

по́хороны <*gen pl:* похоро́н> *f A* Begräbnis *nt*

похотли́вый <*kf:* -и́в> *adj* wollüstig, geil

по́хоть *f I* Lust *f*, Begierde *f*

поцара́пать *vt E pf* (*impf:* цара́пать) zerkratzen

П

поцеловáть *vt E2 pf* (*impf:* целовáть) küssen
поцелýй *m K2* Kuss *m*
почáток <*gen sg:* -тка> *m K* Koben *m*
пóчва *f A* ❶ Boden *m*, Erdboden *m*, Erdreich *nt*; ❷ (*fig:* **оснóва**) Basis *f*, Grundlage *f*
почемý *pron inter* warum, weshalb
пóчерк *m K* Handschrift *f*
почесáть <*fut:* -чешý, -чéшешь> *vt E4 pf* (*impf:* чесать) kratzen, kraulen
почи́н *m K* ❶ Initiative *f*, Anregung *f*; ❷ (*umg:* **начáло**) Anfang *m*
почи́нка *f A* Ausbesserung *f*, Reparatur *f*
почи́стить <*fut:* -чи́щу, -чи́стишь> *vt I pf* (*impf:* чи́стить) säubern
почитáтель, почитáтельница *m K / f A* Bewunderer *m*, Verehrer, -in *m/f*
почитáть *vt E pf* bewundern, verehren

П

пóчка *f A* ❶ (БОТ) Knospe *f*; ❷ (АНАТ) Niere *f*
пóчта *f A* Post *f*; **электрóнная ~** (ОБДАН) E-Mail *f*; **по пóчте** mit der Post; **достовля́ть пóчту** die Post zustellen
почтальóн *m K* Briefträger, -in *m/f*
почтáмт *m K* Postamt *nt*
почтéние *nt O2* ❶ (**почитáние**) Verehrung *f*; ❷ (**уважéние**) Respekt *m*
почтéнный <*kf:* -éнен, -éнна> *adj* respektabel, achtbar
почти́ *adv* fast, beinahe
почти́ть *vt I pf* Ehre erweisen, ehren; **~ чью-л. пáмять** jds Andenken ehren
почтóвый *adj* Post-; **~ сбор** Porto *nt*
почýять <*fut:* -чýю, -чýешь> *vt E4 pf* (*impf:* чýять) ❶ wittern, riechen; ❷ (*fig:* **ощути́ть**) spüren, empfinden
пошáтываться *vr E impf* taumeln
пошевели́ть *vt I pf* (*impf:* шевели́ть) bewegen, rühren
пошевели́ться *vi I pf* (*impf:* шевели́ться) ❶ sich bewegen, sich rühren; ❷ (*fig:* **пошевéливаться**) sich regen
пóшлина *f A* Zoll *m*, Abgabe *f*
пóшлость *f I* ❶ (**безвкýсица**) Abgeschmacktheit *f*; ❷ (**банáльность**) Banalität *f*
пóшлый <*kf:* пóшл, пошлá> *adj* fade, abgeschmackt, platt
поштýчно *adv* stückweise
пошути́ть <*fut:* -шучý, -шýтишь> *vi I pf* (*impf:* шути́ть) scherzen
пощáда *f A* Gnade *f*, Schonung *f*
пощади́ть <*fut:* -щажý, -щади́шь> *vt I pf* (*impf:* щади́ть) schonen, verschonen
пощёчина *f A* Ohrfeige *f*; **дать пощёчину комý-л.** jdn ohrfeigen
пощипывáть <*fut:* -щиплю́, -щи́плешь> *vt E4 pf* (*impf:* щипáть) ❶ rupfen; ❷ kneifen
поэ́зия *f A2* Poesie *f*, Lyrik *f*, Dichtung *f*
поэ́т, поэтéсса *m K / f A* Dichter, -in *m/f*, Lyriker, -in *m/f*
поэти́ческий *adj* poetisch, lyrisch, dichterisch
поэ́тому *adv* darum, deshalb, deswegen
появи́ться <*fut:* -явлю́сь, -я́вишься> *vr I pf* (*impf:* появля́ться) erscheinen, auftauchen, aufkommen
появлéние *nt O2* ❶ Erscheinen *nt*, Erscheinung *f*; ❷ (**внезáпное**) Eintreffen *nt*, Auftauchen *nt*; ❸ (**возникновéние**) Enstehen *nt*, Entstehung *f*
пóяс *m K ple* ❶ Gürtel *m*; ❷ (АНАТ) Taille *f*, Gürtellinie *f*; ❸ (ГЕОГ) Zone *f*; **часовóй ~** Zeitzone *f*;
пояснéние *nt O2* Erläuterung *f*
поясни́ть *vt I pf* (*impf:* поясня́ть) erläutern
поясни́ца *f A* Lende *f*
прабáбушка *f A* Urgroßmutter *f*
прáвда I. *f A* ❶ Wahrheit *f*; **э́то прáвда?** stimmt das? ❷ (**справедли́вость**) Gerechtigkeit *f*; **II.** *part* wirklich, tatsächlich

правди́вый <*kf:* -и́в> *adj* ❶ wahr, wahrheitsgetreu; ❷ (*и́скренний*) aufrichtig
пра́вило *nt O* ❶ Regel *f*; ❷ (*предписа́ние*) Vorschrift *f*; **о́бщее ~** Faustregel *f*; **брать за ~** zur Regel machen; **пра́вила доро́жного движе́ния** Straßenverkehrsordnung *f*; **пра́вила хоро́шего то́на** Umgangsformen *pl*
пра́вильный <*kf:* -лен, -льна> *adj* ❶ richtig; ❷ (*без оши́бок*) korrekt; ❸ (*регуля́рный*) regelmäßig
прави́тельство *nt O* Regierung *f*
пра́вить I. <*präs:* -влю, -вишь> *vt I impf* (*исправля́ть*) verbessern; **II.** *v + inst I impf* ❶ (*страно́й*) regieren; ❷ (*управля́ть*) lenken, steuern
пра́внук, пра́внучка <*gen pl f:* -чек> *m K / f A* Urenkel, -in *m/f*
пра́во *nt O ple* ❶ Recht *nt*; ❷ (*прете́нзия*) Anspruch *m*; ❸ (*правомо́чие*) Berechtigung *f*; **права́ челове́ка** Menschenrechte *pl*; **~ изда́ния** Copyright *nt*; **име́ть ~** das Recht haben; **по како́му пра́ву?** mit welchem Recht?
правово́й *adj* rechtlich, Rechts-; **правово́е госуда́рство** Rechtsstaat *m*
правоме́рный <*kf:* -рен, -рна> *adj* ❶ (*обосно́ванный*) berechtigt; ❷ (*зако́нный*) rechtmäßig
правомо́чность *f I* Beschlussfähigkeit *f*
правонаруше́ние *nt O2* ❶ Rechtsbruch *m*; ❷ (*преступле́ние*) Delikt *nt*
правосла́вный <*kf:* -вен, -вна> *adj* (РЕЛ) rechtsgläubig, orthodox
правосу́дие *nt O2* Rechtsprechung *f*
правша́ <*gen pl:* -ше́й> *mf A e* Rechtshänder, -in *m/f*
пра́вый <*kf:* прав, права́> *adj* ❶ rechte(r, s); ❷ (ПОЛ) reaktionär; ❸ (*meist kf*) Recht habend; **вы пра́вы!** Sie haben Recht! **оказа́ться пра́вым** Recht behalten
прагмати́ческий *adj* pragmatisch
пра́дед *m K* (*праде́душка*) Urgroßvater *m*
пра́зднество *nt O* ❶ (*пра́здник*) Feier *f*; ❷ (*торжество́*) Feierlichkeit *f*, Festlichkeit *f*
пра́здник *m K* ❶ Fest *nt*, Feier *f*; ❷ (*пра́здничный день*) Feiertag *m*
пра́здничный <*kf:* -чен, -чна> *adj* festlich, feierlich
пра́здновать *vt E2 impf* (*pf:* от-) feiern, feierlich begehen
пра́здный <*kf:* -ден, -дна> *adj* untätig, müßig; **пра́здная пу́блика** Schaulustige *pl*; **~ вопро́с** müßige Frage *f*
пра́ктика *f A* ❶ Praxis *f*; ❷ (*спо́соб де́йствия*) Praktik *f*; ❸ (*у студе́нтов*) Praktikum *nt*
практика́нт, практика́нтка <*gen pl f:* -ток> *m K f A* Praktikant, -in *m/f*
практикова́ть *vt E2 impf* praktizieren
практи́ческий *adj* praktisch
прах *m K* ❶ (*geh*) Vergängliches *nt*; ❷ (*fig*) Asche *f*, Staub *m*
пра́чечная *f wie adj* Wäscherei *f*
пребыва́ние *nt O2* Aufenthalt *m*
превенти́вный <*kf:* -вен, -вна> *adj* vorsorglich, präventiv
превзойти́ <*fut:* -йду́, -йдёшь> *vt E7 pf* (*impf:* превосходи́ть) überbieten, übertreffen
превозмога́ть *vt E impf* (*pf:* превозмо́чь) (*geh*) überwinden, bezwingen
превозноси́ть <*präs:* -ношу́, -носи́шь> *vt I impf* (*pf:* превознести́) (*geh*) hoch schätzen, lobpreisen
превосходи́ть <*präs:* -хожу́, -хо́дишь> *vt I impf* (*pf:* превзойти́) ❶ überbieten, übertreffen, überlegen sein; **~ самого́ себя́** sich selbst übertreffen; ❷ (СПОРТ) ausstechen
превосхо́дный <*kf:* -ден, -дна> *adj* großartig, famos, exzellent

превосхо́дство *nt O* Überlegenheit *f*; **чи́сленное ~** Übermacht *f*

преврати́ть <*fut:* -ащу́, -ати́шь> *vt I pf* (*impf:* превраща́ть) (*в кого́-л./во что-л.*) verwandeln, umwandeln

превраще́ние *nt O2* Verwandlung *f*

превы́сить <*fut:* -вы́шу, -вы́сишь> *vt I pf* (*impf:* превыша́ть) überbieten; **~ полномо́чия** seine Befugnisse überschreiten

превыше́ние *nt O2* Überschreitung *f*; **~ до́зы** Überdosis *f*; **~ вла́сти** (ЮР) Übergriff *m*

прегра́да *f A* Hindernis *nt*

предава́ть <*präs:* -даю́, -даёшь> *vt E3 impf* (*pf:* преда́ть) ① verraten; ② (*geh*) übergeben

предава́ться <*präs:* -даю́сь, -даёшься> *vr E3 impf* (*pf:* преда́ться) sich hingeben; **~ воспомина́ниям** in Erinnerungen schwelgen

преда́ние *nt O2* Überlieferung *f*

пре́данность *f I* ① Treue *f*, Ergebenheit *f*; ② (*самоотве́рженность*) Hingabe *f*

преда́тель *m K1* Verräter *m*

преда́тельский *adj* verräterisch

преда́тельтво *nt O* Verrat *m*

преда́ть <*fut:* -дам, -дашь> *vt U2 pf* (*impf:* предава́ть) ① verraten; ② übergeben, überantworten

преда́ться <*fut:* -дамся, -дашься> *vr U2 pf* (*impf:* предава́ться) sich hingben

предвари́тельный <*kf:* - лен, -льна> *adj* ① (*предше́ствующий*) vorhergehend, vorausgehend; ② (*неоконча́тельный*) vorläufig; **предвари́тельная прода́жа биле́тов** Kartenvorverkauf *m*

предвеща́ть *vt E impf* etw ankündigen, hindeuten (auf *+akk*)

предви́дение *nt O2* Voraussicht *f*

предви́деть <*präs:* -ви́жу, -ви́дишь> *vt I impf* voraussehen, vorhersagen

предвкуше́ние *nt O2* ① Vorfreude *f*; ② (*предчу́вствие*) Vorgeschmack *m*, Ahnung *f*

предводи́тель *m K1* Anführer *m*

преддве́рие *nt O2* (*fig*) Vorabend *m*

преде́л *m K* ① Grenze *f*; ② (*ограниче́ние*) Limit *nt*; **за ~ами** außerhalb; **в преде́лах Росси́и** innerhalb Russlands

преде́льный *adj* Grenz-, äußerst; **преде́льная ско́рость** Höchstgeschwindigkeit *f*

предзнаменова́ние *nt O2* Omen *nt*, Vorzeichen *nt*

предлага́ть *vt E impf* (*pf:* предложи́ть) ① vorschlagen; ② (*предоставля́ть*) anbieten; ③ (ЭКОН) offerieren; **~ свои́ услу́ги** seine Dienste anbieten

предло́г *m K* ① Vorwand *m*; ② (ЛИНГ) Präposition *f*

предложе́ние *nt O2* ① Vorschlag *m*; ② (ЭКОН) Angebot *nt*, Offerte *f*; ③ (*о бра́ке*) Heiratsantrag *m*; ④ (ЛИНГ) Satz *m*; **вопроси́тельное ~** Fragesatz *m*; **сде́лать предложе́ние** einen Antrag machen

предложи́ть <*fut:* -ложу́, -ло́жишь> *vt I pf* (*impf:* предлага́ть) ① vorschlagen; ② anbieten

предме́т *m K* ① Gegenstand *m*; ② (*уче́бный*) Fach *nt*

преднаме́ренный <*kf:* -рен, -ренна> *adj* ① absichtlich, mutwillig; ② (ЮР) vorsätzlich

пре́док <*gen sg:* -дка> *m K* Vorfahr, -in *m/f*

предопредели́ть *vt I pf* (*impf:* предопределя́ть) vorausbestimmen, vorbestimmen, prädestinieren

предоста́вить <*fut:* -влю, -вишь> *vt I pf* (*impf:* предоставля́ть) ① überlassen; ② (*дать*) gewähren, zur Verfügung stellen; **~ кого́-л. самому́ себе́** jdn sich selbst überlassen; **~ кому́-л. сло́во** jdm das Wort erteilen; **~ возмо́жность** die Möglichkeit geben

предоставле́ние *nt O2* Gewährung *f*; **~ гражда́нства** die Verleihung

der Staatsbürgerschaft
предостереже́ние
❶ (*предупрежде́ние*) Verwarnung *f*; ❷ (*от чего́-л./от кого́-л.*) Abmahnung *f*, Mahnung *f*
предотврати́ть <*fut:* -ащу́, -ати́шь> *vt I pf* (*impf:* предотвраща́ть) ❶ verhindern, verhüten; ❷ (*отрази́ть*) abwenden
предотвраще́ние *nt O2* Verhütung *f*
предохрани́ть *vt I pf* (*impf:* предохраня́ть) (*от чего́-либо*) behüten, bewahren (vor *+dat*)
предписа́ние *nt O2* Vorschrift *f*, Verordnung *f*; **предписа́ния врача́** die Vorschriften des Arztes
предпле́чье *nt O1* Unterarm *m*
предполага́ть *vt E impf* (*pf:* предположи́ть) ❶ annehmen, vermuten; ❷ (*име́ть предпосы́лкой*) voraussetzen
предположе́ние *nt O2* Annahme *f*, Vermutung *f*
предположи́тельный <*kf:* -лен, -льна> *adj* ❶ mutmaßlich, vermutlich; ❷ (*вероя́тный*) voraussichtlich
предпосле́дний *adj* vorletzte(r, s)
предпосы́лка *f A* Voraussetzung *f*
предпоче́сть <*fut:* -чту́, -чтёшь> *vt E4 pf* (*impf:* предпочита́ть) bevorzugen, vorziehen
предпочте́ние *nt O2* Bevorzugung *f*; **отдава́ть чему́-л. ~** bevorzugen
предприи́мчивый <*kf:* -ив> *adj* ❶ (*делово́й, нахо́дчивый*) geschäftstüchtig, findig; ❷ (*скло́нный к предпринима́тельству*) unternehmungslustig
предпринима́тель *m K1* Unternehmer *m*
предпринима́ть *vt E impf* (*pf:* предприня́ть) unternehmen
предприя́тие *nt O2* ❶ Betrieb *m*, Unternehmen *nt*; ❷ (*заво́д*) Werk *nt*; ❸ (*наме́рение*) Vorhaben *nt*, Unterfangen *nt*; **совме́стное предприя́тие** Gemeinschaftsunternehmen *nt*; **опа́сное предприя́тие** ein gefährliches Unterfangen
предрасполо́женность *f I* Veranlagung *f*
предрасполо́женный *adj* ❶ (*к чему́-ли́бо*) veranlagt (zu *+dat*); ❷ (МЕД) anfällig (für *+akk*)
председа́тель *m K1* Vorsitzender *m*; **~ па́ртии** Parteivorsitzender *m*
председа́тельство *nt O* Vorsitz *m*
предсказа́ние *nt O2* Voraussage *f*
предсказа́ть <*fut:* -скажу́, -ска́жешь> *vt E4 pf* (*impf:* предска́зывать) voraussagen, vorhersagen, prophezeihen
представи́тель, представи́тельница *m K1 / f A* ❶ Vertreter, -in *m/f*, Repräsentant, -in *m/f*; ❷ (*выступа́ющий от чьего́-л и́мени*) Sprecher, -in *m/f*; ❸ (*вырази́тель чьих-л. взгля́дов*) Wortführer *m*
представи́тельный <*kf:* -лен, -льна> *adj* ❶ (*ста́тный*) ansehnlich, stattlich; ❷ (*вы́борочный*) repräsentativ; **~ опро́с** Repäsentativumfrage *f*
представи́тельство *nt O* Vertretung *f*
предста́вить <*fut:* -влю, -вишь> *vt I pf* (*impf:* представля́ть) ❶ (*при знако́мстве*) bekannt machen (mit *+dat*); ❷ (*изобрази́ть*) darstellen; **что-л. представля́ть собо́й** [*o* **из себя́**] etwas darstellen; ❸ (*себе́*) sich vorstellen, sich vergegenwärtigen; ❹ (*предоста́вить*) einreichen, vorlegen
представле́ние *nt O2* ❶ Vorstellung *f*; ❷ (*предъявле́ние*) Vorweisung *f*; ❸ (ТЕАТ) Vorführung *f*; **дать ~ о чём-л.** Aufschluss geben; **не име́ть ни мале́йшего представле́ния о чём-л.** nicht die geringste Ahnung haben (von *+dat*); **соста́вить себе́ ~ о ком-л./чём-л.** sich ein Bild machen (von *+dat*)
предстоя́ть <*nur 3. pers:* -ои́т> *vi I pf* bevorstehen

предстоя́щий *adj* bevorstehend, kommend
предубежде́ние *nt O2* Vorurteil *nt*, Voreingenommenheit *f*
предупреди́тельность *f I* ❶ Zuvorkommenheit *f*; ❷ (*любе́зность*) Entgegenkommen *nt*
предупреди́тельный <*kf:* -лен, -льна> *adj* ❶ (*любе́зный*) rücksichtsvoll, zuvorkommend; ❷ (*превенти́вный*) vorbeugend, prophylaktisch; **предупреди́тельная забасто́вка** Warnstreik *m*
предупреди́ть <*fut:* -ежу́, -еди́шь> *vt I pf* (*impf:* предупрежда́ть) ❶ (*о ком-л./о чём-л.*) warnen, mahnen; ❷ (*предотврати́ть*) vorbeugen
предупрежде́ние *nt O2* ❶ Warnung *f*, Mahnung *f*; **яви́ться без предупрежде́ния** unangemeldet kommen ❷ (*предотвраще́ние*) Vorbeugung *f*; **~ ра́ковых заболева́ний** (МЕД) Krebsvorsorge *f*
предусма́тривать *vt E impf* (*pf:* предусмотре́ть) vor(her)sehen
предусмо́три́тельность *f I* Vorsorglichkeit *f*, Umsicht *f*
предчу́вствие *nt O2* Vorgefühl *nt*, Vorahnung *f*
предчу́вствовать *vt E2 impf* ahnen, ein Vorgefühl haben
предше́ственник, предше́ственница *m K / f A* Vorgänger, -in *m/f*; **~ на посту́** Amtsvorgänger *m*
предше́ствующий *adj* vorherig, vorhergehend; **~ пери́од** Vorperiode *f*
предъяви́ть <*fut:* -влю́, -ви́шь> *vt I pf* (*impf:* предъявля́ть) ❶ vorzeigen, vorlegen, vorweisen; ❷ (*заяви́ть*) erklären, erheben; **~ прете́нзии** Ansprüche geltend machen;
предъявле́ние *nt O2* Vorstellung *f*, Präsentation *f*
предыду́щий *adj* vorig, vorhergehend

П

предысто́рия *f A2* Vorgeschichte *f*
пре́емник *m K* Nachfolger, -in *m/f*
пре́емственность *f I* Kontinuität *f*
пре́жде I. *adv* ❶ früher; ❷ zuerst; **~ всего́** vor allem; **II.** *präp +gen* früher als, vor (*+dat*)
преждевре́менный <*kf:* -менен, -менна> *adj* frühzeitig, verfrüht
пре́жний *adj* frühere(r, s), bisherige(r, s), ehemalige(r, s), Ex-
презента́ция *f A2* ❶ Präsentation *f*; ❷ (ЭКОН) Promotion *f*
презервати́в *m K* Präservativ *nt*, Kondom *nt*
президе́нт *m K* Präsident, -in *m/f*
прези́диум *m K* Präsidium *nt*
презира́ть *vt E impf* verachten
презре́ние *nt O2* Verachtung *f*
презри́тельный <*kf:* -лен, -льна> *adj* verächtlich
преиму́щественный *adv* überwiegend, vorherrschend, hauptsächlich, vornehmlich
преиму́щество *nt O* ❶ Vorteil *m*; ❷ (*привиле́гия*) Privileg *nt*; **по преиму́ществу** hauptsächlich; **име́ть ~ пе́ред кем-л.** jdm etw voraushaben
прейскура́нт *m K* Preisliste *f*
преклоне́ние *nt O2* (*перед кем-либо*) Verehrung *f*, Huldigung *f*
преклоня́ться *vr E impf* (*pf:* преклони́ться) verehren, huldigen
прекра́сный <*kf:* -сен, -сна> *adj* ❶ wunderschön, schön; ❷ (*великоле́пный*) herrlich; ❸ (*замеча́тельный*) wunderbar, hervorragend, ausgezeichnet; **прекра́сная возмо́жность** großartige Gelegenheit *f*
прекрати́ть <*fut:* -ащу́, -ати́шь> *vt I pf* (*impf:* прекраща́ть) beenden, aufhören (mit *+dat*); **~ выпи́сывать газе́ту** die Zeitung abbestellen
прекрати́ться <*fut:* -ащу́сь, -ати́шься> *vr I pf* (*impf:* прекраща́ться) ❶ aufhören; ❷ (*зати́хнуть*) abklingen

прекраще́ние *nt O2* Einstellung *f*, Beendigung *f*, Abbruch *m*
преле́стный <*kf:* -тен, -тна> *adj* reizend, anmutig
пре́лесть *f I* Reiz *m*, Anmut *f*; **кака́я пре́лесть!** wie reizend!
прельсти́ть <*fut:* -льщу́, -льсти́шь> *vt I pf* (*impf:* прельща́ть) reizen, anziehen
пре́мия *f A2* ❶ (*награ́да*) Prämie *f*, Preis *m*; ❷ (*поощре́ние*) Gratifikation *f*; **Но́белевская ~** Nobelpreis *m*; **присуди́ть пре́мию** den Preis verleihen
премье́ра *f A* ❶ Premiere *f*; ❷ (ТЕАТ) Erstaufführung *f*, Uraufführung *f*
премье́р-мини́стр *m K* (пол) Premierminister, -in *m/f*, Ministerpräsident, -in *m/f*
пренебрега́ть *vt E impf* (*pf:* пренебре́чь) geringschätzen, verachten
пренебреже́ние *nt O2* Geringschätzung *f*, Verachtung *f*
пренебрежи́тельный <*kf:* -лен, -льна> *adj* geringschätzig, abfällig, verächtlich
преоблада́ние *nt O2* Dominieren *nt*, Übergewicht *nt*
преоблада́ть *vt E impf* (**над кем-л./чем-л.**) vorherrschen, dominieren
преоблада́ющий *adj* vorherrschend
преобразова́ние *nt O2* Umwandlung *f*, Umgestaltung *f*, Neugestaltung *f*
преобразова́ть *vt E2 pf* (*impf:* преобразо́вывать) umwandeln, umformen, umbilden
преодолева́ть *vt E impf* (*pf:* преодоле́ть) überwinden, fertig werden (mit *+dat*)
преодоле́ние *nt O2* Überwindung *f*
препара́т *m K* Präparat *nt*
преподава́тель, преподава́тельница *m K / f A* Hochschullehrer, -in *m/f*, Dozent, -in *m/f*, Lektor, -in *m/f*
преподава́ть <*präs:* -даю́, -даёшь> *vt E3 impf* lehren, unterrichten
преподнести́ <*fut:* -несу́, -несёшь> *vt E6 pf* (*impf:* преподноси́ть) überreichen; **~ сюрпри́з** jdn überraschen
препя́тствие *nt O2* Hindernis *nt*, Hinderungsgrund *m*
препя́тствовать *v + dat E2 impf* (*pf:* воспрепя́тствовать) behindern (bei *+akk*), verhindern
прерва́ть <*fut:* -рву́, -рвёшь> *vt E4 pf* (*impf:* прерыва́ть) ❶ abbrechen; ❷ unterbrechen
прерва́ться <*fut:* -рву́сь, -рвёшься> *vr E4 pf* (*impf:* прерыва́ться) abbrechen, aufhören
препека́ние *nt O2* Streitigkeit *f*, Wortwechsel *m*
прерыва́ние *nt O2* Unterbrechung *f*, Beendigung *f*; **~ бере́менности** Schwangerschaftsabbruch *m*
прерыва́ть *vt E impf* (*pf:* прерва́ть) ❶ unterbrechen; ❷ (*обрыва́ть*) abbrechen
прерыва́ться *vr E impf* (*pf:* прерва́ться) abbrechen, aufhören
пресека́ть *vt E impf* (*pf:* пресе́чь) unterbinden, abstellen; **~ зло в ко́рне** das Übel an der Wurzel fassen [*o* packen]
пресле́дование *nt O2* Verfolgung *f*
пресле́довать *vt E2 impf* verfolgen
преслову́тый *adj* berüchtigt
пресмыка́ющееся *nt wie adj* Reptil *nt*
пре́сный <*kf:* -сен, -сна́> *adj* fade, schal
пресс *m K* ❶ (ТЕХ) Presse *f*; ❷ (*fig*) Druck *m*; **нало́говый ~** Steuerschraube *f*
пре́сса *f A* Presse *f*; **бульва́рная ~** Boulevardpresse *f*, **жёлтая ~** Regenbogenpresse *f*
пресс-конфере́нция *m K* Pressekonferenz *f*
прессова́ть *vt E2 impf* (*pf:* от-, с-) (ТЕХ) pressen
престаре́лый <*kf:* -е́л> *adj* betagt, sehr alt

П

прести́ж *m K* ① Prestige *nt*, Renommee *nt*; ② (*авторите́т*) Autorität *f*

прести́жный <*kf:* -же́н, -жна> *adj* angesehen, renommiert

престо́л *m K* Thron *m*

преступле́ние *nt O2* ① Verbrechen *nt*; ② (ЮР) Delikt *nt*

престу́пник, **престу́пница** *m K* Verbrecher, -in *m/f*, Straftäter, -in *m/f*

престу́пность *f I* Kriminalität *f*

престу́пный <*kf:* -пен, -пна> *adj* kriminell, verbrecherisch; **престу́пное легкомы́слие** (*fig*) sträflicher Leichtsinn *m*

пресыще́ние *nt O2* Überdruss *m*

пресы́щенность *f I* Verdrossenheit *f*; **~ жи́знью** Lebensüberdruss *m*

пресы́щенный <*kf:* -ще́н> *adj* überdrüssig, übersättigt

претенде́нт *m K* ① (*кандида́т*) Anwärter *m*; ② (*на до́лжность*) Bewerber *m*; ③ (СПОРТ) Herausforderer *m*

претендова́ть *vi E2 impf* (*на что-ли́бо*) beanspruchen, Anspruch erheben (auf *+akk*)

прете́нзия *f A2* ① Anspruch *m*; ② (ЭКОН) Beanstandung *f*, Reklamation *f*; **предъявля́ть прете́нзии** Ansprüche geltend machen; **заяви́ть прете́нзии** Ansprüche erheben; **челове́к с прете́нзиями** ein Mensch mit hohen Ansprüchen; **без прете́нзий** anspruchslos

преть *vi E impf* (*pf:* со-) faulen

преувеличе́ние *nt O2* Übertreibung *f*

преувели́ченный *adj* ① übertrieben; ② (*чрезме́рный*) exzessiv

преувели́чивать *vt E impf* (*pf:* преувели́чить) ① übertreiben; ② (*раздува́ть*) aufbauschen

преуменьша́ть *vt E impf* (*pf:* преуме́ньшить) untertreiben, bagatellisieren; **~ серьёзность** [*o* **опа́сность**] verharmlosen

преуспева́ть *vi E impf* (*pf:* преуспе́ть) erfolgreich sein

преходя́щий *adj* vergänglich

при *präp +präpos* bei (*+dat*); **я тут не́ ~ чём** ich habe damit nichts zu tun; **~ э́том** dabei, hierbei

приба́вить <*fut:* -влю, -вишь> *vi I pf* (*impf:* прибавля́ть) hinzufügen

приба́виться <*fut:* -влюсь, -вишься> *vr I pf* (*impf:* прибавля́ться) hinzukommen, dazukommen

приба́вка *f A* ① (*прибавле́ние*) Zulage *f*; ② (*увеличе́ние*) Zunahme *f*; **~ к зарпла́те** Gehaltserhöhung *f*

прибавле́ние *nt O2* ① (*добавле́ние, дополне́ние*) Zusatz *m*, Ergänzung *f*; ② (*увеличе́ние*) Zunahme *f*; ③ (*приро́ст*) Zuwachs *m*

прибавля́ть *vt E impf* (*pf:* приба́вить) ① hinzufügen; ② (МАТ) addieren

приба́лт, **приба́лтка** <*gen pl f:* -ток> *m K / f A* Balte, Baltin *m/f*

прибалти́йский *adj* baltisch

Приба́лтика *f A* Baltikum *nt*

прибега́ть *vi E impf* (*pf:* прибежа́ть) ① herlaufen, angerannt kommen; ② (*к чему́-ли́бо*) greifen (zu *+dat*)

приберега́ть *vt E impf* (*pf:* прибере́чь) zurücklegen

прибива́ть *vt E impf* (*pf:* приби́ть) ① (*гвоздя́ми*) festnageln; ② (*выбра́сывать на бе́рег*) anspülen; **~ к бе́регу** ans Ufer treiben

приближа́ться *vr E impf* (*pf:* прибли́зиться) sich nähern, näher kommen; **приближа́ется кри́зис** es kriselt

приближе́ние *nt O2* Annäherung *f*

приближённый I. *adj* ungefähr; **II.** *m wie adj* (*дове́ренное лицо́*) Vertrauensmann *m*; **приближённые** (*pl*) die nächste Umgebung (einer regierenden Person)

приблизи́телный *adj* ungefähr

приблизи́тельно *adv* annähernd,

schätzungsweise
приблизиться <*fut:* -ижусь, -изишься> *vi E4 pf* (*impf:* **приближаться**) sich nähern, näherkommen
прибой *m K2* Brandung *f*
прибор *m K* ① Gerät *nt*; ② (*столовый*) Besteck *nt*, Gedeck *nt*
прибывать *vi E impf* (*pf:* **прибыть**) ankommen, eintreffen
прибыль (ЭКОН) Ertrag *m*, Gewinn *m*
прибыльный <*kf:* -лен, -льна> *adj* (ЭКОН) gewinnbringend, lukrativ, profitabel
прибытие *nt O2* Ankunft *f*, Anreise *f*
прибыть <*fut:* -буду, -будешь> *vi UE1 pf* (*impf:* **прибывать**) ankommen, anreisen
привал *m K* Halt *m*, Rast *f*; **делать ~** rasten
приварить <*fut:* -арю, -аришь> *vt I pf* (*impf:* **приваривать**) (ТЕХ) anschweißen, einschweißen
приватизация *f A2* Privatisierung *f*
приватизировать *vt E2 impf/pf* privatisieren
привередливый <*kf:* -ив> *adj* wählerisch, launisch
привередничать *vi E impf* (*umg*) herummäkeln, nörgeln
привести <*fut:* -веду, -ведёшь> *vt E6a pf* (*impf:* **приводить**) mitbringen, holen
привет *m K* Gruß *m*; **передавать ~** Grüße bestellen; **быть с ~ом** (*umg*) eine Meise [*o* einen Vogel]haben
приветливость *f I* Freundlichkeit *f*
приветливый <*kf:* -ив> *adj* freundlich
приветствие *nt O2* Gruß *m*, Begrüßung *f*
приветствовать *vt E2 impf* (*pf:* по-) ① begrüßen, willkommen heißen; ② (*одобрять*) begrüßen, gutheißen
прививать *vt E impf* (*pf:* **привить**) ① (МЕД) impfen; ② (БОТ) propfen, okulieren; ③ (*fig*) beibringen, anerziehen
прививка *f A* Impfung *f*; **профилактическая ~** Schutzimpfung *f*; **делать прививку от чего-л.** gegen etw impfen
привилегированный *adj* privilegiert
привилегия *f A2* Privileg *nt*, Vorrecht *nt*; **пользоваться привилегиями** Privilegien genießen
привкус *m K* (*auch fig*) Beigeschmack *m*
привлекательный <*kf:* -лен, -льна> *adj* reizvoll, attraktiv, apart
привлекать *vt E impf* (*pf:* **привлечь**) ① heranziehen, einbeziehen; ② (*вызывать симпатию*) anziehen
привлечение *nt O2* ① Heranziehen *nt*; ② (ЭКОН) Beschaffung *f*
привод *m K* (АВТО) Antrieb *m*
приводить <*präs:* -вожу, -водишь> *vt I impf* (*pf:* **привести**) ① (*куда-либо*) mitbringen, holen; ② (*к чему-либо*) bewirken, erbringen, führen (zu *+dat*); **~ в восторг** begeistern; ③ (*указывать, цитировать*) angeben, aufführen; **~ пример** ein Beispiel anführen
привратник, привратница *m K / f A* Pförtner, -in *m/f*
привыкание *nt O2* Gewöhnung *f*
привыкать *vi E impf* (*pf:* **привыкнуть**) (*к чему-либо*) sich gewöhnen (an *+akk*)
привычка *f A* Gewohnheit *f*, Angewohnheit *f*; **жизненные привычки** Lebensart *f*
привычный <*kf:* -чен, -чна> *adj* gewohnt; **дело привычное** Routineangelegenheit *f*
привязанность *f I* Anhänglichkeit *f*
привязать <*fut:* -яжу, -яжешь> *vt E4 pf* (*impf:* **привязывать**) anbinden, festbinden
привязка *f A* Anpassung *f*
привязчивость *f I* ① (*преданность*) Anhänglichkeit

П

П

f; ② (назо́йливость) Aufdringlichkeit f

привя́зчивый <kf: -ив> adj ① (пре́данный) anhänglich, anschmiegsam; ② (надое́дливый) aufdringlich, lästig

привя́зывать vt E impf (pf: привяза́ть) anbinden, festbinden

пригла́дить <fut: -а́жу, -а́дишь> vt I pf (impf: пригла́живать) (во́лосы) glätten, glatt streichen

пригласи́ть <fut: -ашу́, -аси́шь> vt I pf (impf: приглаша́ть) einladen

приглаше́ние nt O2 ① Einladung f; ② (ОБДАН) Eingabeaufforderung f, Prompt m; **~ на та́нец** Aufforderung f zum Tanz

приглуша́ть vt E impf (pf: приглуши́ть) (звук) dämpfen

пригляде́ть <fut: -яжу́, -яди́шь> vt I pf (impf: пригля́дывать) (umg: за кем-ли́бо) aufpassen (auf +akk)

пригну́ться vr E1 pf (impf: пригиба́ться) sich ducken, sich neigen

growth приgова́ривать I. vt E impf (pf: приговори́ть) verurteilen; **~ к сме́ртной ка́зни** zum Tode verurteilen; II. vi E nur impf (bei einer Handlung) vor sich hin sprechen

пригово́р m K (ЮР) Urteil nt, Urteilsspruch m; **оправда́тельный ~** Freispruch m

приго́дность f I Eignung f, Tauglichkeit f

приго́дный <kf: -ден, -дна> adj ① tauglich; ② (подходя́щий) geeignet; **быть приго́дным для чего́-л.** sich eignen; **~ для во́инской слу́жбы** (МЕД) tauglich

приго́жий <kf: -о́ж> adj hübsch, schön

пригора́ть vi E impf (pf: пригоре́ть) anbrennen

приго́рок <gen sg: -рка> m K Anhöhe f

пригота́вливать vt E impf (pf: пригото́вить) ① vorbereiten, zubereiten; **~ обе́д** Mittagessen kochen; ② (класть) bereit legen

пригота́вливаться vr E impf (pf: пригото́виться) ① (к чему́-ли́бо) sich vorbereiten (auf +akk); ② (вну́тренне, мора́льно) sich gefasst machen, sich einstellen (auf +akk)

приготовле́ние nt O2 Vorbereitung f, Vorkehrung f; **де́лать приготовле́ния** Vorbereitungen treffen

пригу́бить <fut: -блю, -бишь> vt I pf (impf: пригу́бливать) nippen

придава́ть <präs: -даю́, -даёшь> vt E3 impf (pf: прида́ть) ① (прибавля́ть) hinzufügen; ② (сво́йство и т.п.) beimessen, verleihen; **~ значе́ние** Bedeutung beimessen; **~ си́лу** Kraft verleihen

прида́ное nt wie adj Aussteuer f, Mitgift f

прида́ток <gen sg: -тка> m K Anhängsel nt

прида́точный adj angehängt; **прида́точное предложе́ние** (ЛИНГ) Nebensatz m

прида́ть <fut: -дам, -дашь> vt U2 pf (impf: придава́ть) ① hinzufügen; ② beimessen

прида́ча f A Zugabe f, Zulage f; **в прида́чу** überdies

приде́лать vt E pf (impf: приде́лывать) anbringen, anmachen, ansetzen, befestigen

приде́рживаться vr E impf ① (за что-ли́бо) sich festhalten (an +dat); ② (чего́-ли́бо) befolgen, einhalten, sich halten (an +akk)

придира́ться vr E impf (pf: придра́ться) ① herummäkeln, nörgeln; ② (umg: к кому́-ли́бо) anmeckern

приди́рка f A ① (издева́тельство) Schikane f; ② (oft pl: недово́льство) Nörgelei f

приди́рчивый <kf: -ив> adj mäkelsüchtig, nörglerisch

приду́мать vt E pf (impf: приду́мывать) ausdenken, sich einfallen lassen

прие́зд m K Ankunft f

приезжа́ть *vi E pf* (*impf:* прие́хать) ankommen
прие́зжий I. *adj* ortsfremd, zugereist; **II.** *m wie adj* Fremde(r) *mf*
приём *m K* ❶ Übernahme *f*; ❷ (*в па́ртию, в организа́цию*) Aufnahme *f*; **~ на рабо́ту** Einstellung *f*; ❸ (*госте́й*) Empfang *m*; **устра́ивать ~** einen Empfang geben; ❹ (*това́ра*) Abnahme *f*; ❺ (РАДИО) Empfang *m*; ❻ (*ухва́тка*) Handgriff *m*; ❼ (*спо́соб; худо́жественный приём*) Kunstgriff *m*
приёмка *f A* (*това́ра*) Abnahme *f*
прие́млемый <*kf:* -ем> *adj* ❶ akzeptabel, annehmbar; ❷ (*допусти́мый*) zulässig
приёмная *f wie adj* ❶ Empfangsraum *nt*, Sprechzimmer *nt*; ❷ (*для ожида́ния*) Wartezimmer *nt*
приёмный *adj* ❶ Empfangs-, Sprech-; **~ день** Sprechtag *m*; **~ пункт** Annahme *f*; **приёмные часы́** Sprechstunde *f*; ❷ (*при усыновле́нии, удочере́нии*) Adoptiv-; **~ ребёнок** Adoptivkind *nt*; **приёмные роди́тели** Adoptiveltern *pl*; ❸ (*при поступле́нии в вуз*) Aufnahme-; **приёмные экза́мены** Aufnahmeprüfungen *f pl*
прижа́ть <*fut:* -жму́, -жмёшь> *vt E9 pf* (*impf:* прижима́ть) (*к чему́-л.*) drücken (an *+akk*); **~ кого́-л. к сте́нке** (*fig*) jdn in die Enge treiben
прижа́ться <*fut:* -жму́сь, -жмёшься> *vr E9 pf* (*impf:* прижима́ться) sich andrücken, sich anschmiegen (an *+akk*)
прижига́ние *nt O2* Ätzen *nt*
приз *m K e* Preis *m*
призва́ние *nt O2* Berufung *f*
при́званный *adj* berufen
призва́ть <*fut:* -зову́, -зовёшь> *vt E4a pf* (*impf:* призыва́ть) aufrufen
призе́мистый <*kf:* -ист> *adj* stämmig, untersetzt
при́зма *f A* (МАТ, ФИЗ) Prisma *nt*
признава́ть <*präs:* -знаю́, -знаёшь> *vt E3 impf* (*pf:* призна́ть) ❶ (*пра́во и т.п.*) anerkennen; ❷ (*соглаша́ться, сознава́ться*) zugeben, gestehen; ❸ (*себя́*) sich bekennen (zu *+dat*); **~ за кем-л. пра́во** jdm das Recht einräumen
признава́ться <*präs:* -знаю́сь, -знаёшься> *vr E3 impf* (*pf:* призна́ться) (*в чём-ли́бо*) eingestehen, zugeben
при́знак *m K* ❶ Anzeichen *nt*, Zeichen *nt*; ❷ (*осо́бый*) Merkmal *nt*; **отличи́тельный ~** Kennzeichen *nt*
призна́ние *nt O2* ❶ Anerkennung *f*; ❷ (*в чём-л.*) Bekenntnis *nt*, Geständnis *nt*
при́знанный *adj* anerkannt, renommiert
призна́тельность *f I* Dankbarkeit *f*; **вы́разить свою́ ~** sich erkenntlich zeigen
призна́тельный *adj* erkenntlich, dankbar
призна́ть *vt E pf* (*impf:* признава́ть) ❶ anerkennen; ❷ zugeben, gestehen; ❸ sich bekennen (zu *+dat*)
призна́ться *vr E pf* (*impf:* признава́ться) eingestehen, zugeben
при́зрак *m K* Gespenst *nt*, Spuk *m*, Geist *m*; **броди́ть как ~** (*fig*) herumgeistern
при́зрачный <*kf:* -чен, -чна> *adj* ❶ geisterhaft, gespenstisch; ❷ (*fig*) illusorisch
призы́в *m K* ❶ Appell *m*, Aufruf *m*, Aufforderung *f*; ❷ (ВОЕ) Einberufung *f*; ❸ (ВОЕ) Jahrgang *m*
призыва́ть *vt E impf* (*pf:* призва́ть) ❶ (*к чему́-л.*) aufrufen, appellieren (an *+akk*); ❷ (*тре́бовать*) auffordern; ❸ (ВОЕ) einberufen; **~ в а́рмию** zum Wehrdienst einberufen
призывни́к *m K e* (ВОЕ) Rekrut *m*
прийти́ <*fut:* приду́, придёшь> *vi E7 pf* (*impf:* приходи́ть) kommen

П

прийти́сь <*fut:* приду́сь, придёшься> *vi E7 pf* (*impf:* приходи́ться) ① zusagen, gefallen; ② müssen; ③ verwandt sein

прика́з *m K* ① Befehl *m*, Order *f*; ② (*распоряже́ние*) Anordnung *f*

приказа́ть <*fut:* -кажу́, -ка́жешь> *v + dat E4 pf* (*impf:* прика́зывать) befehlen, anordnen, anweisen; **~ до́лго жить** (*fig*) das Zeitliche segnen

прикаса́ться *vr E impf* (*pf:* прикосну́ться) (*к кому́-ли́бо*) berühren

прики́дывать *vt E impf* (*pf:* прики́нуть) (*umg*) überschlagen; **~ в уме́** im Kopfe nachrechnen

прики́дываться *vr E impf* (*pf:* прики́нуться) vorgeben, vortäuschen

прикла́д *m K* Gewehrkolben *m*

прикладно́й *adj* angewandt; **прикладны́е нау́ки** angewandte Wissenschaften

прикла́дывать *vt E impf* (*pf:* приложи́ть) ① auflegen; ② (*применя́ть*) anwenden; **~ все уси́лия** (*fig*) alles daransetzen

прикле́ивать *vt E impf* (*pf:* прикле́ить) ankleben

приключе́ние *nt O2* Abenteuer *nt*

приключе́нческий *adj* abenteuerlich, Abenteuer-

прикоснове́ние *nt O2* Berührung *f*

прикосну́ться *vr E1 pf* (*impf:* прикаса́ться) berühren

прикрепи́ть <*fut:* -плю́, -пи́шь> *vt I pf* (*impf:* прикрепля́ть) ① befestigen, festmachen; ② (*fig*) zuteilen, übergeben

прикрыва́ть *vt E impf* (*pf:* прикры́ть) ① verdecken; ② (*защища́ть*) schützen; ③ (спорт) decken

прику́ривать *vt E impf* (*pf:* прикури́ть) (*сигаре́ту*) anzünden; **дать кому́-л. прикури́ть** jdm Feuer geben

прила́вок <*gen sg:* -вка> *m K* Ladentisch *m*

прилага́емый *adj* beiliegend

прилага́тельное *nt wie adj* (линг) Adjektiv *nt*

прилага́ть *vt E impf* (*pf:* приложи́ть) ① beifügen; ② (*применя́ть*) anwenden; **~ все си́лы** (*fig*) alle Kraft aufbieten

прилега́ть *vi E impf* anliegen, angrenzen, anrainen

прилежа́ние *nt O2* Fleiß *m*, Eifer *m*

приле́жный <*kf:* -жен, -жна> *adj* fleißig, eifrig; **~ в учёбе** lerneifrig

прилета́ть *vi E impf* (*pf:* прилете́ть) anfliegen

прили́в *m K* ① Flut *f*; **~ы и отли́вы** Gezeiten *pl*; ② (мед) Blutandrang *m*; ③ (*auch fig:* *прито́к*) Zufluss *m*

прили́чие *nt O2* Anstand *m*

прили́чный <*kf:* -че́н, -чна> *adj* ordentlich, anständig, manierlich; **веди́ себя́ прили́чно!** benimm dich!

приложе́ние *nt O2* ① Anlage *f*, Beilage *f*, Anhang *m*; ② (обдан) Anwendung *f*, App *f o nt*; ③ (линг) Apposition *f*

приложи́ть <*fut:* -ожу́, -о́жишь> *vt I pf* (*impf:* прикла́дывать, прилага́ть) ① beilegen; ② anwenden

прильну́ть *vi E1 pf* (*к кому́-л./чему́-л.*) sich anschmiegen (an *+akk*)

прима́заться <*fut:* -ма́жусь, -ма́жешься> *vr E4 pf* (*impf:* прима́зываться) (*umg*) sich anbiedern

прима́нивать *vt E impf* (*pf:* примани́ть) anlocken, ködern

прима́нка *f A* ① Köder *m*; ② (*fig*) Lockvogel *m*

примене́ние *nt O2* Anwendung *f*, Einsatz *m*; **~ си́лы** Gewaltanwendung *f*

примени́мый *adj* anwendbar

примени́ть <*fut:* -еню́, -е́нишь> *vt I pf* (*impf:* применя́ть) anwenden, einsetzen, gebrauchen; **~ са́нкции** Sanktionen verhängen

приме́р *m K* Beispiel *nt*, Exempel *nt*;

нагля́дный ~ anschauliches Beispiel *nt*; **брать с когó-л. ~** sich an jdm ein Beispiel nehmen; **приводи́ть ~** ein Beispiel anführen; **стáвить когó-л. в ~** jdn zum Vorbild machen

примéрить *vt I pf* (*impf:* примеря́ть) anprobieren

примéрка *f A* Anprobe *f*

примéрный <*kf:* -рен, -рна> *adj* ❶ musterhaft, vorbildlich; ❷ (*приблизи́тельный*) ungefähr

примéта *f A* ❶ Kennzeichen *nt*, Merkmal *nt*; ❷ (*предзнаменовáние*) Vorzeichen *nt*; **нарóдная ~** Bauernregel *f*

примéтить <*fut:* -éчу, -éтишь> *vt I pf* (*impf:* примечáть) (*umg*) bemerken, beachten

примечáние *nt O2* ❶ Bemerkung *f*, Anmerkung *f*; ❷ (*помéтка*) Vermerk *m*

примечáтельный <*kf:* -лен, -льна> *adj* bemerkenswert

примéшивать *vt E impf* (*pf:* примешáть) beimischen, beimengen

примирéние *nt O2* Versöhnung *f*, Aussöhnung *f*

примири́тельный <*kf:* -лен, -льна> *adj* versöhnlich; **~ процéсс** (ЮР) Vergleichsverfahren *nt*

примири́ть *vt I pf* (*impf:* примиря́ть) versöhnen

примири́ться *vr I pf* (*impf:* примиря́ться) ❶ (*с кем-л./чем-л.*) sich versöhnen (mit *+dat*); ❷ (*довóльствоваться*) sich zufrieden geben, sich abfinden (mit *+dat*)

примити́вный <*kf:* -вен, -вна> *adj* primitiv

примóрье *nt O1* Küstengebiet *nt*

при́мус *m K* Petroleumkocher *m*

примыкáть *vi E impf* sich reihen, sich anschließen (an *+akk*)

принадлежáть *v + dat I impf* gehören; **он не принадлежи́т себé** er ist nicht sein eigener Herr

принадлéжность *f I* ❶ Zugehörigkeit *f*; ❷ (*meist pl*) Zubehör *nt*; **пи́сьменные принадлéжности** Schreibzeug *nt*

принести́ <*fut:* -несу́, -несёшь> *vt E6 pf* (*impf:* приноси́ть) ❶ bringen, herbeibringen; ❷ (*fig*) bringen, einbringen, verursachen

принижáть *vt E impf* (*pf:* прини́зить) ❶ (*унижáть*) erniedrigen; ❷ (*умаля́ть значéние*) herunterspielen, abwerten

принимáть *vt E impf* (*pf:* приня́ть) ❶ (*брать*) entgegennehmen; ❷ (*fig: на себя́*) übernehmen, auf sich nehmen; ❸ (*признавáть*) annehmen, akzeptieren; **~ к свéдению** zur Kenntnis nehmen; **~ в расчёт** einkalkulieren ❹ (*товáр*) abnehmen; ❺ (*встречáть, зачисля́ть*) aufnehmen; **~ на рабóту** anstellen, einstellen; ❻ (*гостéй*) in Empfang nehmen, empfangen; ❼ (*закóн, резолю́цию*) beschließen, verabschieden; ❽ (*одобря́ть*) befürworten; ❾ (*лекáрство, пи́щу*) einnehmen

принимáться *vr E impf* (*pf:* приня́ться) ❶ sich vornehmen, sich machen (an *+akk*); ❷ (*за когó-л.*) sich annehmen (*+gen*); ❸ (*пускáть кóрни*) Wurzeln schlagen

приноси́ть <*präs:* -ношу́, -нóсишь> *vt I impf* (*pf:* принести́) ❶ bringen, herbeibringen, mitbringen; ❷ (*fig*) bringen, einbringen, eintragen, abwerfen, verursachen; **~ кому́-л. свои́ извинéния** sich entschuldigen (bei *+dat*)

при́нтер *m K* (ОБДАН) Drucker *m*

принуди́тельный *adj* Zwangs-; **принуди́тельные мéры** Zwangsmaßnahmen *pl*

принýдить <*fut:* -ýжу, -ýдишь> *vt I pf* (*impf:* принуждáть) nötigen, zwingen; **~ себя́** sich Zwang antun

принц, принцесса *m K / f A* Prinz, Prinzessin *m/f*

П

при́нцип *m K* Grundsatz *m*, Prinzip *nt*; **в ~е** im Grunde; **идти́ на ~** seinem Prinzip folgen; **из ~а** aus Prinzip
принципиа́льный <*kf:* -лен, -льна> *adj* ① grundsätzlich, prinzipiell; ② (*ве́рный своим при́нципам*) prinzipientreu
приня́тие *nt O2* ① Aufnahme *f*; ② (*реше́ния, постановле́ния и т.п.*) Beschließung *f*, Verabschiedung *f*
при́нятый *adj* ① aufgenommen; ② (*о реше́нии и т.п.*) beschlossen; ③ (*общепри́нятый*) üblich; **~ в да́нной стране́** landesüblich; **как при́нято** wie üblich
приня́ть <*fut:* приму́, при́мешь> *vt E9 pf* (*impf:* принима́ть) ① entgegennehmen; ② abnehmen; ③ aufnehmen; ④ beschließen, verabschieden; ⑤ befürworten
приня́ться <*fut:* приму́сь, -при́мешься> *vr E9 pf* (*impf:* принима́ться) ① sich vornehmen; ② Wurzeln schlagen
приобрести́ <*fut:* -ету́, -етёшь> *vt E6a pf* (*impf:* приобрета́ть) ① erlangen, erwerben; **~ о́пыт** Erfahrungen sammeln; ② (*купи́ть, доста́ть*) anschaffen, beschaffen
приобрете́ние *nt O2* ① Kauf *m*, Ankauf *m*, Erwerb *m*, Anschaffung *f*; ② (*auch fig*) Erwerbung *f*
приорите́т *m K* ① Vorrang *m*, Priorität *f*; ② (*предпочте́ние*) Präferenz *f*
приорите́тный *adj* vorrangig; **приорите́тная зада́ча** vorrangige Aufgabe *f*
приостана́вливать *vt E impf* (*pf:* приостанови́ть) aussetzen, vorläufig stoppen
приостана́вливаться *vr E impf* (*pf:* приостанови́ться) stocken, zum Stillstand kommen
приоткры́тый *adj* halboffen
припа́док <*gen sg:* -дка> *m K* Anfall *m*
припа́ивать *vt E impf* (*pf:* припая́ть) anlöten
припаркова́ться *vr E2 pf* (*impf:* паркова́ться) (авто) parken
припе́в *m K* (муз: *рефре́н*) Refrain *m*, Kehrreim *m*
приписа́ть <*fut:* -пишу́, -пи́шешь> *vt E4 pf* (*impf:* припи́сывать) zuschreiben, andichten
припи́ска <*gen pl:* -сок> *f A* Postskriptum *nt*
припла́та *f A* Zuzahlung *f*
приподнима́ть *vt E impf* (*pf:* приподня́ть) ① anheben; ② (*шля́пу*) lüften
припо́днятый *adj* gehoben; **быть в припо́днятом настрое́нии** (*fig*) guter Laune sein
припомина́ть *vi E impf* (*pf:* припо́мнить) ① sich besinnen (auf +*akk*); ② (*кому́-л.*) ankreiden, nachtragen
припра́ва *f A* Gewürz *nt*
при́работок <*gen sg:* -тка> *m K* Nebenverdienst *m*, Nebenerwerb *m*
прира́внивать *vt E impf* (*pf:* приравня́ть) gleichstellen, gleichsetzen
приро́да *f A* ① Natur *f*; ② (*fig*) Wesen *nt*, Beschaffenheit *f*
приро́дный *adj* ① naturgemäß; ② Natur-; **~ые воло́кна** Naturfaser *f*;
прирождённый <*kf:* -ён, -ённа> *adj* anbegoren
приро́ст *m K* Zuwachs *m*, Zunahme *f*
приручáть *vt E impf* (*pf:* приручи́ть) zähmen
присва́ивать *vt E impf* (*pf:* присво́ить) ① sich aneignen, sich anmaßen; ② (*umg*) einstecken, mitgehen lassen; ③ (*казённые де́ньги и т.п.*) veruntreuen; **~ кому́-л. зва́ние** jdm einen Titel verleihen
присвое́ние *nt O2* ① (*зва́ния, сте́пени и т.п.*) Verleihung *f*, Zuerkennung *f*; ② (*чего́-л. чужо́го*) Aneignung *f*, Besitzergreifung *f*
приседа́ние *nt O2* Kniebeuge *f*
приско́рбный <*kf:* -бен, -бна> *adj*

(*geh*) bedauerlich; **~ факт** bedauerliche Tatsache *f*

прислáть <*fut:* -шлю́, -шлёшь> *vt E4 pf* (*impf:* присылáть) einschicken

прислони́ть *vt I pf* (*impf:* прислоня́ть) anlehnen (an +*akk*)

прислу́шаться *vr E pf* (*impf:* прислу́шиваться) ❶ aufhorchen, lauschen; ❷ (*fig*) Gehör schenken, jds Rat folgen

присмáтривать I. *vt E impf* (*pf:* присмотрéть) Ausschau halten, sich umsehen; **~ себé рабо́ту** sich nach Arbeit umsehen; **II.** *vi E impf* (*pf:* присмотрéть) (*за кем-ли́бо*) aufpassen (auf +*akk*)

присмáтриваться *vr E impf* (*pf:* присмотрéться) genau betrachten, untersuchen

присоединéние *nt O2* ❶ (*вступлéние*) Beitritt *m*, Eintritt *m*; ❷ (пол) Anschluss *m*, Angliederung *f*, Einverleibung *f*; ❸ (тех) Anschluss *m*

присоедини́ть *vt I pf* (*impf:* присоединя́ть) ❶ (*ввести́ в состáв*) anschließen, eingliedern; ❷ (тех) anschließen

присоедини́ться *vr I pf* (*impf:* присоединя́ться) (*к кому́-ли́бо*) sich jdm anschließen, sich zu jdm gesellen

приспосáбливать *vt E impf* (*pf:* приспосо́бить) einrichten, einstellen, verwenden

приспосáбливаться *vr E impf* (*pf:* присосо́биться) (*к чему́-ли́бо*) sich einstellen, sich anpassen (an +*akk*)

приспособлéние *nt O2* ❶ Anpassung *f*; ❷ (*устро́йство*) Vorrichtung *f*, Hilfsmittel *nt*

приспосо́бленный <*kf:* -ен> *adj* ❶ angepasst; ❷ (*приго́дный*) geeignet (к +*dat* für +*akk*)

приставáть <*präs:* -стаю́, -стаёшь> *vi E3 impf* (*pf:* пристáть) ❶ (*к бéрегу*) anlegen, landen; ❷ (*прилипáть*) anhaften (an +*dat*); ❸ (*присоединя́ться*) sich (einer Gruppe) anschließen; ❹ (*umg: надоедáть; заи́грывать*) belästigen, anmachen; ❺ (*unpersönlich*) sich gebühren

пристáвить <*fut:* -влю, -вишь> *vt I pf* (*impf:* приставля́ть) anlehnen, andrücken

пристáвка *f A* ❶ (тех) Zusatzgerät *nt*; ❷ (линг) Präfix *nt*, Vorsilbe *f*

при́стальный <*kf:* -лен, -льна> *adj* (*о взгля́де*) unverwandt, durchdringend

пристáнище *nt O1* ❶ (*geh*) Domizil *nt*, Bleibe *f*; ❷ (*кры́ша*) Unterkunft *f*, Obdach *nt*

пристáть <*fut:* -стáну, -стáнешь> *vi E9b pf* (*impf:* приставáть) ❶ anlegen, landen; ❷ anhaften; ❸ belästigen, anmachen

пристёгивать *vt E impf* (*pf:* пристегну́ть) ❶ anknöpfen; ❷ (*ремéнь*) festschnallen; ❸ (*fig*) anknüpfen

присто́йный <*kf:* -о́ен, -о́йна, -о́йно> *adj* anständig, gefällig

пристрáивать *vt E impf* (*pf:* пристро́ить) ❶ (строит) anbauen; ❷ (*fig: размещáть*) unterbringen

пристрáстие *nt O2* Vorliebe *f*

пристрáстный <*kf:* -тен, -тна> *adj* parteiisch, befangen

пристро́йка *f A* Anbau *m*

при́ступ *m K* ❶ (вое) Sturm *m*, Attacke *f*; ❷ (мед) Anfall *m*; **сердéчный ~** Herzinfarkt *m*

приступáть *vi E impf* (*pf:* приступи́ть) ❶ (*подступáть*) herantreten; ❷ (*fig*) beginnen, in Angriff nehmen; **~ к рабо́те** die Arbeit aufnehmen

пристыди́ть <*fut:* -тыжу́, -тыди́шь> *vt I pf* (*impf:* стыди́ть) Vorwürfe machen, beschämen

присуди́ть <*fut:* -ужу́, -у́дишь> *vt I pf* (*impf:* присуждáть) ❶ (юр) verurteilen; ❷ (*Preis*) verleihen, zuerkennen

присуждéние *nt O2* Verleihung *f*; **~ учёной стéпени до́ктора** Ver-

П

leihung *f* der Doktorwürde

прису́тствие *nt O2* Anwesenheit *f*, Gegenwart *f*

прису́тствовать *vi E2 impf* ❶ da sein, anwesend sein; ❷ (*geh*) zugegen sein, beiwohnen

прису́тствующий I. *adj* anwesend; **II.** *m wie adj* Anwesende(r) *mf*; **спи́сок прису́тствующих** Anwesenheitsliste *f*

присыла́ть *vt E impf* (*pf:* присла́ть) schicken, einschicken

прися́га *f A* Eid *m*; **приводи́ть к прися́ге** vereidigen; **приведе́ние к прися́ге** Vereidigung *f*

прися́жный I. *m wie adj* (ЮР) Geschworene(r) *m*, Schöffe *m*; **II.** *adj* vereidigt

притащи́ть <*fut:* -тащу́, -та́щишь> *vt I pf* (*impf:* тащи́ть) anschleppen

притвори́ться <*fut:* -орю́сь, -ори́шься> *vr I pf* (*impf:* притворя́ться) vorgeben, vortäuschen, markieren

притесне́ние *nt O2* Bedrückung *f*, Unterdrückung *f*

прито́к *m K* ❶ Nebenfluss *m*; ❷ (*fig*) Zufluss *m*

прито́м *adv* überdies, darüber hinaus

прито́н *m K* Spelunke *f*, Räuberhöhle *f*; **воровско́й ~** Diebesnest *nt*

притормáживать *vt E impf* (*pf:* притормози́ть) abbremsen

при́торный *adj* ❶ übermäßig süß; ❷ (*fig*) zuckersüß

приту́пленный *adj* abgestumpft

при́тча *f A* Gleichnis *nt*, Parabel *f*

притяга́тельный <*kf:* -лен, -льна> *adj* anziehend; **притяга́тельная си́ла** Anziehungskraft *f*

притя́гивать *vt E impf* (*pf:* притяну́ть) anziehen

притяже́ние *nt O2* ❶ (ФИЗ) Anziehung *f*; ❷ (*fig: привлека́тельность*) Anziehungskraft *f*

притяза́ние *nt O2* Anspruch *m*

притяну́ть <*fut:* -яну́, -я́нешь> *vt E1 pf* (*impf:* притя́гивать) anziehen

приукра́сить <*fut:* -а́шу, а́сишь> *vt I pf* (*impf:* приукра́шивать) ❶ schmücken; ❷ (*fig*) beschönigen, ausschmücken

приумноже́ние *nt O2* (*geh*) Mehrung *f*

приуро́чивать *vt E impf* (*pf:* приуро́чить) (*к чему́-ли́бо*) anberaumen, terminlich abstimmen, festlegen (auf *+akk*)

приуча́ть *vt E impf* (*pf:* приучи́ть) angewöhnen, anerziehen, beibringen; **~ к рабо́те** einarbeiten

прихвати́ть <*fut:* -ачу́, -а́тишь> *vt I pf* (*impf:* прихва́тывать) ❶ (*umg: взять с собо́й*) mitgehen lassen; ❷ (*umg: unpersönlich: моро́зом*) abbekommen, geschädigt werden

прихо́д *m K* ❶ Kommen *nt*, Ankunft *f*; **~ к вла́сти** Machtantritt *m*, Machtübernahme *f*; ❷ (ЭКОН) Einnahme *f*, Eingang *m*; ❸ (РЕЛ) Gemeinde *f*, Pfarrei *f*

приходи́ть <*präs:* -хожу́, -хо́дишь> *vi I impf* (*pf:* прийти́) herkommen, kommen; **~ в себя́** zur Besinnung kommen

приходи́ться <*präs:* -хожу́сь,-хо́дишься> *vr I impf* (*pf:* прийти́сь) ❶ (*нра́виться*) zusagen, gefallen; ❷ (*unpers + inf*) müssen; ❸ (*ро́дственником*) verwandt sein

прихо́жая *f wie adj* ❶ Flur *m*, Hausflur *m*; ❷ (*пере́дняя*) Diele *f*

прихотли́вый *adj* launenhaft, wählerisch

при́хоть *f I* ❶ (*причу́да, каπри́з*) Schrulle *f*, Grille *f*; ❷ (*настрое́ние*) Laune *f*

прихра́мывать *vi E impf* hinken

прице́п *m K* (ТРАНС) Anhänger *m*; **грузови́к с ~ом** Lastzug *m*

прицепи́ть <*fut:* -цеплю́, -це́пишь> *vt I pf* (*impf:* прицепля́ть) (*ваго́н*) anhängen, kuppeln

прича́л *m K* Landungssteg *m*

причáливать *vt E impf* (*pf:* причáлить) anbinden, anlegen, vertäuen
причáстие *nt O2* ❶ (РЕЛ) Kommunion *f*; ❷ (ЛИНГ) Partizip *nt*
причасти́ть <*fut:* -ащý, -асти́шь> *vt I pf* (*impf:* причащáть) (РЕЛ) die Kommunion austeilen
причасти́ться <*fut:* -ащýсь, -асти́шься> *vr I pf* (*impf:* причащáться) (РЕЛ) das Heilige Abendmahl empfangen
причáстный <*kf:* -тен, -тна> *adj* ❶ (*к чемý-л.*) teilhaftig, zugehörig; ❷ (*винóвный*) mitschuldig
причём *konj* wobei
причесáть *vt E pf* (*impf:* причёсывать) kämmen, frisieren
причёска *f A* Frisur *f*
причи́на *f A* Grund *m*, Ursache *f*; **без причи́ны** grundlos; **без уважи́тельной причи́ны** unentschuldigt
причини́ть *vt I pf* (*impf:* причиня́ть) verursachen
причисля́ть *vt E impf* (*pf:* причи́слить) ❶ hinzurechnen, zurechnen; ❷ (*отнести́ к числý когó-л.*) einreihen (unter *+akk*)
причитáние *nt O2* ❶ Wehklagen *nt*; ❷ (*жáлобная пéсня*) Klagelied *nt*; **бесконéчные причитáния** Litanei *f*
причýда *f A* Sonderlichkeit *f*, Marotte *f*, Schrulle *f*; **у кáждого свой причýды** jeder hat seine Schrullen
причýдливый <*kf:* -ив> *adj* wunderlich, seltsam
пришивáть *vt E impf* (*pf:* приши́ть) annähen
прищёлкивать *vi E impf* (*pf:* прищёлкнуть) schnalzen
прищéпка *f A* Wäscheklammer *f*
прищýрить *vt I pf* (*impf:* прищýривать) (*глазá*) zusammenkneifen
приют *m K* ❶ (*пристáнище*) Obdach *nt*; ❷ (*убéжище*) Asyl *nt*; ❸ (*резидéнция*) Domizil *nt*; ❹ (*учреждéние*) Heim *nt*
приюти́ть <*fut:* -ючý, -юти́шь> *vt I pf* beherbergen, Asyl gewähren
приюти́ться <*fut:* -ючýсь, -юти́шься> *vr I pf* unterkommen, Unterkunft finden
приятель *m K1* Freund *m*, Kumpel *m*
прия́тный <*kf:* -тен, -тна> *adj* angenehm, nett; **прия́тное чýвство** Behagen *nt*
про *präp +akk* über (*+akk*); **~ негó** über ihn; **дýмать ~ себя́** bei sich etw denken
проанализи́ровать *vt E2 pf* (*impf:* анализи́ровать) anlysieren
прóба *f A* Probe *f*; **~ сил** Machtprobe *f*, Kraftprobe *f*; **для прóбы** probeweise
пробéг *m K* ❶ (АВТО) Kilometerstand *m*; ❷ (СПОРТ) Lauf *m*, Rennen *nt*
пробегáть *vt E impf* (*pf:* пробежáть) ❶ durchlaufen; ❷ (*ми́мо*) vorbeilaufen; ❸ (*fig: глазáми*) durchsehen, überfliegen
пробéл *m K* ❶ Lücke *f*, Bildungslücke *f*; **восполня́ть ~** eine Lücke schließen; ❷ (*при печáтании*) Leerzeichen *nt*, Leertaste *f*
пробивáть I. *vt E impf* (*pf:* проби́ть) ❶ durchschlagen, einschlagen; ❷ (*прокомпости́ровать*) entwerten; ❸ (*о часáх*) schlagen; ❹ (*fig: добивáться*) durchsetzen; **~ себé дорóгу** sich Bahn brechen;
пробивáться II. *vr E impf* (*pf:* проби́ться) ❶ (*в жи́зни и т.п.*) sich durchschlagen, durchkommen; ❷ (*о водé, цветáх*) quellen, hervorsprießen
пробивнóй *adj* (ТЕХ, ВОЕ) Durchschlagungs-, Durchsetzungs-; **пробивны́е спосóбности** (*fig*) Durchsetzungsvermögen *nt*
проби́рка *f A* (ХИМ) Reagenzglas *nt*
прóбка *f A* ❶ (*заты́чка*) Pfropfen *m*, Kork *m*; ❷ (*сбой в рабóте*) Stockung *f*; ❸ (*затóр*) Stau *m*; ❹ (АВТО) Verkehrsstau *m*

П

проблéма *f A* Problem *nt*; **без проблéм** problemlos

проблемáтика *f A* Problematik *f*, Problemkreis *m*

проблемати́чный <*kf:* -чéн, -чна> *adj* problematisch

прóблеск *m K* ❶ Schimmer *m*, Lichtstrahl *m*; ❷ (*fig*) Schimmer *m*; **~ надéжды** Hoffnungsschimmer *m*

прóбный *adj* Probe-, Prüf-; **~ кáмень** (*fig*) Prüfstein *m*; **~ экземпля́р** Muster *nt*

прóбовать *vt E2 impf* (*pf:* ис-, по-) ❶ ausprobieren; ❷ (*одéжду*) anprobieren; ❸ (*еду́ при вáрке*) abschmecken, kosten

пробóр *m K* Scheitel *m*

пробуди́ть <*fut:* - бужу́, -бу́дишь> *vt I pf* (*impf:* буди́ть) ❶ wecken; ❷ (*fig:* *растормоши́ть*) aufrütteln; ❸ (*fig:* *интерéс*) erwecken

пробуди́ться <*fut:* -бужу́сь, -бу́дишься> *vr I pf* (*impf:* пробуждáться) ❶ aufwachen; ❷ (*fig*) erwachen

пробурчáть <*fut:* -бурчу́, -бурчи́шь> *vi I pf* (*impf:* бурчáть) brummen, murmeln

провáл *m K* ❶ Bruchstelle *f*, Loch *nt*; **~ в пáмяти** Gedächtnislücke *f*; ❷ (*неудáча*) Fehlschlag *m*, Misserfolg *m*

провáливать *vt E impf* (*pf:* провали́ть) ❶ durchbrechen; ❷ (*fig*) zu Fall bringen, scheitern lassen

провáливаться *vi E impf* (*pf:* провали́ться) ❶ hineinfallen, stürzen; ❷ (*терпéть неудáчу*) scheitern, misslingen, fehlschlagen; ❸ (*на экзáмене*) durchfallen

провéдать *vt E pf* (*impf:* провéдывать) ❶ (*узнáть*) erfahren; ❷ (*посети́ть*) besuchen; **~ больнóго** einen Kranken besuchen

проведéние *nt O2* Durchführung *f*

провезти́ <*fut:* -везу́, -везёшь> *vt E6 pf* (*impf:* провози́ть) ❶ hinfahren, hinschaffen, befördern; ❷ (*с собóй*) mit sich führen

провéрить *vt I pf* (*impf:* проверя́ть) ❶ prüfen, überprüfen, kontrollieren, checken; ❷ (*подвéргнуть тéсту*) testen; ❸ (*пи́сьменную рабóту*) korrigieren

провéрка *f A* ❶ Überprüfung *f*, Prüfung *f*; **~ на СПИД** Aidstest *m* ❷ (*пи́сьменных рабóт*) Korrektur *f*, Verbesserung *f*

провернýть *vt E1 pf* (*impf:* провёртывать, проворáчивать) ❶ (*отвéрстие*) durchbohren; ❷ (*чéрез мясорýбку*) durchdrehen; **~ дéло** (*fig*, *umg*) eine Sache deichseln

провести́ <*fut:* -веду́, -ведёшь> *vt E6a pf* (*impf:* проводи́ть) ❶ durchführen, ausrichten, veranstalten; ❷ verbringen; ❸ durchsetzen, durchbringen

провéтривать *vt E impf* (*pf:* провéтрить) lüften, entlüften

провиáнт *m K* Proviant *m*

провинциáл, **провинциáлка** <*gen pl f:* -лок> *m K / f A* Provinzler, -in *m/f*

провинциáльный <*kf:* -лен, -льна> *adj* provinziell, Provinz-

прови́нция *f A2* Provinz *f*

провисáть *vi E impf* (*pf:* прови́снуть) durchhängen

прóвод *m K ple* ❶ (элек) Leitung *f*, Leitungsdraht *m*; ❷ (*кáбель, шнур*) Kabel *nt*

проводи́мость *f I* (элек) Leitfähigkeit *f*

проводи́ть I. <*präs:* -вожу́, -вóдишь> *vt I impf* (*pf:* провести́) ❶ (*осуществля́ть*) durchführen, ausrichten, veranstalten; ❷ (*семинáр, собрáние*) abhalten; **~ соревновáния** (спорт) Wettkämpfe austragen; ❸ (*врéмя*) verbringen; **óтпуск ~** den Urlaub verbringen; ❹ (*добивáться*) durchsetzen, umsetzen; **~ в жи́знь** in die Wirklichkeit umsetzen; **~ поли́тику** Politik betreiben; ❺ (*auch fig:* *ос сýдне, самолёте*)

П

lotsen; **II.** *vt I pf* (*impf:* провожа́ть) ❶ begleiten, bringen; ❷ (*попроща́ться*) verabschieden

прово́дка *f A* ❶ (ЭЛЕК) Installation *f*, Leitungen *pl*; ❷ (*судо́в*) Lotsen *nt*; ❸ (*в бухгалте́рии*) Buchung *f*

проводни́к *m K e* ❶ Zugführer *m*, Begleiter *m*; ❷ (*в гора́х*) Bergführer *m*; ❸ (ЭЛЕК) Leiter *m*; ❹ (*fig: интере́сов и т.п.*) Wortführer *m*, Vorreiter *m*

про́воды *m pl K* Verabschiedung *f*, Verabschiedungsfeier *f*

провожа́тый *m wie adj* Begleiter *m*

провожа́ть *vt E impf* (*pf:* проводи́ть) ❶ begleiten, geleiten, bringen; **~ го́стя** einen Gast verabschieden; ❷ (*глаза́ми*) folgen, nachblicken

прово́з *m K* Beförderung *f*, Transport *m*

провозгласи́ть <*fut:* -ашу́, -аси́шь> *vt I pf* (*impf:* провозглаша́ть) verkünden, ausrufen; **~ то́ст в честь кого́-л.** jdn hochleben lassen, ein Hoch auf jdn ausbringen

провози́ть <*präs:* -вожу́, -во́дишь> *vt I impf* (*pf:* провезти́) ❶ hinfahren, hinschaffen; **контраба́ндно ~** schmuggeln; ❷ (*с собо́й*) mit sich führen

провока́ция *f A2* Provokation *f*

про́волока *f A* Draht *m*; **колю́чая ~** Stacheldraht *m*

проволо́чка *f A* bürokratische Verzögerung *f*

прово́рный <*kf:* -рен, -рна> *adj* schnell, geschwind, flink

провоци́ровать *vt E2 impf/pf* (*pf:* с-) ❶ provozieren; ❷ (*подстрека́ть*) anstiften

прога́лина *f A* (*umg*) Lichtung *f*

прогиба́ние *nt O2* Durchbiegen *nt*

прогла́тывать *vt E impf* (*pf:* проглоти́ть) ❶ verschlucken, hinunterschlucken; ❷ (*fig*) schlucken, einstecken; ❸ (*кни́ги*) schmökern

прогляде́ть <*fut:* -яжу́, -яди́шь> *vt I pf* (*impf:* прогля́дывать) ❶ durchsehen, durchblättern; ❷ (*umg*) übersehen, nicht beachten

прогна́ть <*fut:* -гоню́, го́нишь> *vt I pf* (*impf:* прогоня́ть) fortjagen, vertreiben

прогни́вший *adj* ❶ (*гнило́й*) morsch; ❷ (*истле́вший*) vermodert

прогно́з *m K* Prognose *f*, Vorhersage *f*; **~ пого́ды** (МЕТЕО) Wetterbericht *m*

прогнози́ровать *vt E2 impf/pf* prognostizieren, vorhersagen

прогоня́ть *vt E impf* (*pf:* прогна́ть) ❶ fortjagen, verscheuchen, vertreiben; ❷ (ТЕХ) durchlaufen lassen

прогора́ть *vt E impf* (*pf:* прогоре́ть) ❶ abbrennen; ❷ (*umg, fig*) abbrennen, Pleite gehen

прого́рклый *adj* (*о ма́сле*) ranzig

програ́мма *f A* ❶ Programm *nt*; ❷ (ОБДАН) Programm *nt*; **антиви́русная ~** Antivirenprogramm *nt*; **обуча́ющая ~** Lernprogramm *nt*; **прикладна́я ~** Anwendung *f*, Applikation *f*

программи́ровать *vt E2 impf* (*pf:* за-) (ОБДАН) programmieren

программи́ст, программи́стка <*gen pl f:* -ток> *m K / f A* (ОБДАН) Programmierer, -in *m/f*

програ́ммный *adj* ❶ programmatisch; ❷ (ОБДАН) Programm-; **програ́ммное обеспе́чение** Software *f*

прогре́сс *m K* Fortschritt *m*; **ве́рящий в ~** fortschrittsgläubig

прогресси́вный <*kf:* -вен, -вна> *adj* fortschrittlich, progressiv

прогресси́ровать *vi E2 impf* fortschreiten, voranschreiten, Fortschritte machen

прогу́ливать **I.** *vt E impf* (*pf:* прогуля́ть) spazieren führen; **II.** *vi E nur impf* (*umg*) verbummeln; **~ рабо́ту** blaumachen; **~ уро́ки** die Schule schwänzen

прогу́ливаться **I.** *vr E impf* (*pf:* прогуля́ться) spazieren gehen;

П

II. *vr E nur impf* (*броди́ть; ходи́ть без де́ла*) bummeln, schlendern

прогу́лка *f A* Spaziergang *f*

продава́ть <*präs:* -даю́, -даёшь> *vt E3 impf* (*pf:* прода́ть) verkaufen, veräußern; **все биле́ты про́даны** es ist alles ausverkauft; **~ с аукцио́на** versteigern; **~ с торго́в** ausbieten

продаве́ц, продавщи́ца <*gen m:* -вца́> *m K / f A e* ① Verkäufer, -in *m/f*; ② (экон) Anbieter *m*

прода́жа *f A* ① Verkauf *m*; ② (*торго́вля*) Handel *m*

прода́жный <*kf:* -жен, -жна> *adj* ① (экон) verkäuflich, zum Verkauf stehend, erhältlich; **прода́жная цена́** Verkaufspreis *m*; ② (*pej: подку́пный*) bestechlich, käuflich, korrupt

прода́ть <*fut:* -да́м ,-да́шь> *vt U2 pf* (*impf:* продава́ть) verkaufen

продвига́ть *vt E impf* (*pf:* продвину́ть) ① nach vorne schieben; ② (*fig*) fördern, beschleunigen; **~ по слу́жбе** befördern

продвига́ться *vr E impf* (*pf:* продви́нуться) vorrücken, nachrücken; **~ вперёд** fortschreiten, vorankommen; **~ по слу́жбе** aufrücken

продвиже́ние *nt O2* ① Fortbewegung *f*; **~ вперёд** (*fig*) Vorankommen *nt*; **~ по слу́жбе** (*fig*) Aufstieg *m*; ② (*зако́на*) Durchsetzung *f*; ③ (экон) Einführung *f*

продви́нуться *vr E1 pf* (*impf:* продвига́ться) vorrücken, nachrücken

продева́ть *vt E impf* (*pf:* проде́ть) durchziehen, einfädeln

проде́лка *f A* Streich *m*

продёргивать *vt E impf* (*pf:* продёрнуть) ① durchziehen, einfädeln; ② (*umg*) schlechtmachen, kritisieren

проде́ть <*fut:* -де́ну, -де́нешь> *vt E9b pf* (*impf:* продева́ть) durchziehen, einfädeln

продлева́ть *vt E impf* (*pf:* продли́ть) (экон) prolongieren, verlängern

продле́ние *nt O2* ① Verlängerung *f*; ② (экон) Prolongation *f*; **~ сро́ка** Aufschub *m*

продлённый *adj:* **гру́ппа продлённого дня** Kinderhort *m*, Kindertagesstätte *f*

продли́ть *vt I pf* (*impf:* продлева́ть) verlängern, prolongieren

продолгова́тый <*kf:* -а́т> *adj* länglich

продолжа́тель *m K1* Fortsetzer *m*, Fortführer *m*; **~ ро́да** Stammhalter *m*

продолжа́ть *vt E impf* (*pf:* продо́лжить) fortsetzen, fortführen, weitermachen

продолжа́ться *vr E impf* (*pf:* продо́лжиться) dauern, andauern

продолже́ние *nt O2* Fortsetzung *f*, Fortführung *f*

продолжи́тельность *f I* Dauer *f*, Länge *f*; **сре́дняя ~ жи́зни** die durchschnittliche Lebensdauer *f*

продолжи́тельный <*kf:* -лен, -льна> *adj* langandauernd, langwierig, fortwährend; **продолжи́тельное вре́мя** seit geraumer Zeit

продо́лжить *vt I pf* (*impf:* продолжа́ть) fortsetzen, fortführen

продо́лжиться *vr I pf* (*impf:* продолжа́ться) dauern, andauern

проду́кт *m K* Produkt *nt*, Erzeugnis *nt*; **~ы пита́ния** Lebensmittel *nt pl*

продукти́вный <*kf:* -вен, -вна> *adj* produktiv, fruchtbar

продукто́вый *adj* Lebensmittel-; **~ магази́н** Lebensmittelgeschäft *nt*

проду́кция *f A2* Erzeugnisse *pl*, Produkte *pl*, Güter *pl*; **~ се́лького хозя́йства** Agragproduktion *f*

проду́мать *vt E pf* (*impf:* проду́мывать) überdenken, durchdenken

продыря́вить <*fut:* -влю, -вишь> *vt I pf* (*impf:* продыря́вливать) durchlöchern

проéзд *m K* Durchreise *f*, Durchfahrt *f*
проéздить <*fut:* -зжу, -здишь> *vt I pf* ① eine bestimmte Zeit fahren; **проéздил всю недéлю** er war eine ganze Woche unterwegs; ② (*umg:* ***дéньги***) verfahren
проезднóй *adj* Reise-, Fahr-; **мéсячный ~ билéт** Monatsfahrkarte *f*
проéздом *adv* auf der Durchreise
проезжáть *vt E impf* (*pf:* проéхать) durchfahren, vorbeifahren
проéзжий *adj* befahrbar; **проéзжая чáсть (ýлицы)** Fahrbahn *f*
проéкт *m K* Projekt *nt*, Entwurf *m*
проекти́ровать *vt E2 impf* (*pf:* с-) projektieren, entwerfen
проéктный *adj* ① Projektierungs-, Entwurfs-; ② (***рабóчий***) Projekt-; **проéктное бюрó** Projektierungsbüro *nt*; **проéктная грýппа** Projektgruppe *f*
проéктор *m K* ① Projektor *m*; ② (***с уси́ливающим экрáном***) Overheadprojektor *m*
проéкция *f A2* Projektion *f*; **горизонтáльная ~** Grundriss *m*
проéхать <*fut:* -éду, -éдешь> *vt UE2 pf* (*impf:* проезжáть) durchfahren, vorbeifahren
проеци́ровать *vt E2 impf* (*pf:* с-) projizieren
прожевáть <*fut:* -жую́, -жуёшь> *vt E2 pf* (*impf:* прожёвывать) zerkauen
прожéктор *m K* Scheinwerfer *m*
прожéчь <*fut:* -жгý, -жжёшь, *Prät:* -жёг , -жглá> *vt UE4 pf* (*impf:* прожигáть) durchbrennen
прожжённый <*kf:* -жён> *adj* (*umg*) gerissen, gewieft, ausgekocht, hartgesotten
проживáть I. *vi E impf* (*pf:* прожи́ть) wohnen, seinen Wohnsitz haben, leben; **~ в цéнтре гóрода** im Stadtzentrum [*o* in der Innenstadt] wohnen; **~ раздéльно** getrennt leben; **II.** *vt E* (***дéньги, состоя́ние***) verleben, für seinen Lebensunterhalt verbrauchen
прожива́ющий *adj* wohnhaft
прожигáть *vi E impf* (*pf:* прожéчь) durchbrennen; **~ жизнь** (*fig*) in Saus und Braus leben
прожи́ть I. <*fut:* -живý, -живёшь> *vt E4 pf* ① (eine bestimmte Zeit) leben, verbringen; **~ нéсколько лет за грани́цей** einige Jahre im Ausland verbringen; ② (*auch ohne Akkusativobjekt*) eine bestimmte Zeit von Anfang bis Ende erleben, leben; **~ сто лет** hundert Jahre leben; **II.** *vt E4 pf* (*impf:* проживáть) für seinen Lebensunterhalt verbrauchen
прожóрливый <*kf:* -ив> *adj* gefräßig
прóза *f A* Prosa *f*; **~ жи́зни** Ernst des Lebens *m*
прозаи́ческий *adj* ① Prosa-; ② (***прозаи́чный***) prosaisch, nüchtern
прозвучáть <*nur 3. pers:* -чи́т> *vi I pf* (*impf:* звучáть) tönen, erklingen
прозорли́вость *f I* Scharfblick *m*, Scharfsinn *m*
прозрáчный <*kf:* -чен, -чна> *adj* durchsichtig, durchscheinend, transparent; **прозрáчная водá** klares Wasser *nt*; **~ намёк** (*fig*) Wink *m* mit dem Zaunpfahl
прозябáть *vi E impf* dahinvegetieren
проигрáть *vt E pf* (*impf:* прои́грывать) ① (***в игрé***) verlieren; ② (***пласти́нку***) abspielen; ③ (*nur pf*) eine Weile spielen
прои́грыватель *m K1* Plattenspieler *m*; **лáзерный ~** CD-Spieler *m*
произведéние *nt O2* Werk *nt*; **~ искýсства** Kunstwerk *nt*
произвести́ <*fut:* -ведý, -ведёшь> *vt E6a pf* (*impf:* производи́ть) ① erzeugen, herstellen, produzieren; **произведённая рабóта** Leistung *f*; ② (***вы́звать***) auslösen, hervorrufen
производи́тель *m K1* ① Produzent *m*, Hersteller *m*; ② (сельхоз) Erzeuger *m*

П

производи́ть <*präs:* -вожу́, -во́дишь> *vt I impf* (*pf:* произвести́) ❶ (*выраба́тывать*) erzeugen, herstellen, produzieren; ❷ (*вызыва́ть*) auslösen, hervorrufen; ❸ (*повыша́ть в до́лжности*) befördern; ❹ (*осуществля́ть*) ausführen; **~ расчёт** abrechnen

произво́дственный *adj* Produktions-; **произво́дственная тра́вма** Arbeitsunfall *m*

произво́дство *nt O* ❶ (*изготовле́ние*) Produktion *f*, Fertigung *f*, Erzeugung *f*; ❷ (*предприя́тие*) Produktionsstätte *f*, Betrieb *m*; ❸ (ЮР) Verfahren *nt*

произво́льный <*kf:* -лен, -льна> *adj* willkürlich

произнести́ <*fut:* -несу́, -несёшь> *vt E6 pf* (*impf:* произноси́ть) aussprechen; **~ тост** einen Trinkspruch ausbringen

П

произноше́ние *nt O2* ❶ Aussprache *f*; ❷ (*артикуля́ция*) Artikulation *f*

произойти́ <*fut:* -ойду́, -ойдёшь> *vi E7a pf* (*impf:* происходи́ть) ❶ abstammen; ❷ entspringen; ❸ herrühren, herkommen; ❹ passieren, sich ereignen

происходи́ть <*präs:* -хожу́, -хо́дишь> *vi I impf* (*pf:* произойти́) ❶ (*из како́й-л. среды́*) abstammen (von *+dat*); ❷ (*отку́да-л.*) herkommen (aus *+dat*); ❸ (*возника́ть*) entspringen, entstehen (aus *+dat*); ❹ (*получа́ться*) herrühren (von *+dat*); ❺ (*случа́ться*) passieren, sich ereignen, erfolgen

происхожде́ние *nt O2* Herkunft *f*, Ursprung *m*; **по происхожде́нию** von Geburt

происше́ствие *nt O2* Vorfall *m*, Vorkommnis *nt*; **доро́жно-тра́нспортное ~** (АВТО) Verkehrsunfall *m*

пройдо́ха *mf A* (*umg*) Gauner *m*, Aas *nt*

пройти́ <*fut:* -пройду́, пройдёшь> *vt E7 pf* (*impf:* проходи́ть) ❶ passieren, vorbeigehen; ❷ ablaufen; ❸ vergehen, verfliegen; ❹ abschwellen; ❺ durchnehmen; ❻ durchlaufen

пройти́сь <*fut:* пройду́сь, пройдёшься> *vi E7 pf* (*impf:* проха́живаться) schlendern, umhergehen

прока́за *f A* ❶ Streich *m*, Schabernack *m*, Ulk *m*; ❷ (МЕД) Lepra *f*

прока́зник *m K* Schalk *m*, Spaßvogel *m*, Schelm *m*

прока́лывать *vt E impf* (*pf:* проколо́ть) durchstechen, durchlöchern

прока́т *m K* Verleih *m*, Ausleihe *f*; **брать на ~** ausleihen; **~ фильмов** Filmverleih *m*

прокипяти́ть <*fut:* -ячу́, -яти́шь> *vt I pf* abkochen

прокла́дывать *vt E impf* (*pf:* проложи́ть) ❶ (*доро́гу и т.п.*) anlegen, verlegen, bauen; ❷ (*auch fig:* *путь*) bahnen

проклина́ть *vt E impf* (*pf:* прокля́сть) verdammen, verfluchen

прокля́тие *nt O2* Fluch *m*

прокля́тый *adj* (*umg*) verdammt, verflucht

проко́л *m K* ❶ Loch *nt*, Durchstechen *nt*; ❷ (*fig*) Blamage *f*, Missgeschick *nt*

проколо́ть <*fut:* -колю́, -ко́лешь> *vt E4 pf* (*impf:* прока́лывать) durchstechen, durchbohren

прокрути́ть <*fut:* -учу́, -у́тишь> *vt I pf* (*impf:* прокру́чивать) drehen

проку́ренный *adj* rauchig, verraucht

прокуро́р *m K* Staatsanwalt *m*

прокуси́ть <*fut:* -ушу́, -у́сишь> *vt I pf* (*impf:* проку́сывать) durchbeißen

прола́мывать *vt E impf* (*pf:* пролома́ть) durchbrechen

про́лежень <*gen sg:* -жня> *m K1*

(МЕД) Wundliegen *nt*, wundgelegene Stelle *f*
пролепета́ть <*fut:* -печу́, -пе́чешь> *vi E4 pf* (*impf:* лепета́ть) lallen, stammeln
пролёт *m K* Flug *m*
пролетариа́т *m K* Proletariat *nt*
пролета́рий *m K2* Proletarier *m*
пролета́ть *vi E impf* (*pf:* пролете́ть) ❶ fliegen; ❷ (*fig:* ***о вре́мени***) fliegen, verfliegen
проли́в *m K* Meeresenge *f*, Straße *f*
пролива́ть *vt E impf* (*pf:* **проли́ть**) ❶ verschütten; ❷ (*geh*) vergießen; **~ кровь** Blut vergießen
проло́г *m K* Prolog *m*
проложи́ть <*fut:* -ожу́, -о́жишь> *vt I pf* (*impf:* прокла́дывать) ❶ anlegen, verlegen, bauen; ❷ bahnen
проломи́ть <*fut:* -омлю́, -о́мишь> *vt I pf* (*impf:* прола́мывать) durchbrechen
прома́зать <*fut:* -а́жу, -а́жешь> *vt E4 pf* (*impf:* прома́зывать) ❶ schmieren, ölen; ❷ (*fig, umg* ***промахну́ться***) das Ziel verfehlen, nicht treffen
про́мах *m K* ❶ Fehlschuss *m*, Fehlschlag *m*; ❷ (*fig*) Fehltritt *m*, Fehlgriff *m*; **дать ~** einen Bock schießen
прома́хиваться *vr E impf* (*pf:* промахну́ться) ❶ das Ziel verfehlen; ❷ (*fig*) einen Fehler machen
прома́чивать *vt E impf* (*pf:* промочи́ть) durchnässen, nass machen; **~ но́ги** nasse Füße bekommen
прома́шка *f A* (*umg*) Fehltritt *m*, Fehlschlag *m*
промедле́ние *nt O2* Verzögerung *f*
проме́длить *vi I pf* (*impf:* ме́длить) hinausschieben, verzögern
проме́жность *f I* (АНАТ) Damm *m*
промежу́точный <*kf:* -чен, -чна> *adj* Übergangs-, Zwischen-; **~ ито́г** Zwischenbilanz *f*; **промежу́точное звено́** Mittelglied *nt*
промена́д *m K* Promenade *f*
промёрзший *adj* durchgefroren
промо́зглый <*kf:* -о́згл> *adj* nasskalt
промока́шка *f A* Löschpapier *nt*
промокну́ть <*fut:* -ну́, -нёшь> *vi E1 pf* (*mit Löschpapier*) löschen
промо́кнуть *vi E1 pf* (*impf:* промока́ть) durchweichen, nass werden
промочи́ть <*fut:* -очу́, -о́чишь> *vt I pf* (*impf:* прома́чивать) durchnässen
промыва́ть *vt E impf* (*pf:* промы́ть) spülen, ausspülen
про́мысел <*gen sg:* -сла> *m K* ❶ Fang *m*, Jagd *f*; ❷ (ЭКОН) Gewerbe *nt*
промы́шленность *f I* Industrie *f*; **лёгкая** Leichtindustrie *f*; **тяжёлая ~** Schwerindustrie *f*
промы́шленный *adj* Industrie-, industriell; **промы́шленное предприя́тие** Produktionsbetrieb *m*, Industriebetrieb *m*
пронести́сь <*fut:* -несу́сь, -несёшься> *vi E6 pf* (*impf:* проноси́ться) ❶ vorbeieilen, vorbeirauschen; ❷ (***о слу́хах***) um sich greifen, sich ausbreiten; ❸ (***о вре́мени***) verfliegen
пронза́ть *vt E impf* (*pf:* **пронзи́ть**) (*auch fig*) durchstechen, durchbohren; **~ наскво́зь** durch Mark und Bein gehen
пронзи́тельный <*kf:* -лен, -льна> *adj* durchdringend, schrill; **пронзи́тельно крича́ть** kreischen
проника́ть *vt E impf* (*pf:* прони́кнуть) durchdringen, eindringen
проница́емый <*kf:* -а́ем> *adj* durchlässig
проница́тельность *f I* Scharfblick *m*, Scharfsichtigkeit *f*
проница́тельный <*kf:* -лен, -льна> *adj* scharfsinnig
проню́хать *vt E pf* (*impf:* проню́хивать) ❶ (***что-л. или о чём-л.***) Wind bekommen (von +*dat*); ❷ (***опа́сность, подво́х***)

П

Lunte riechen
пропага́нда *f A* Propaganda *f*
пропаганди́ровать *vt E2 impf* propagieren, Propaganda machen
пропада́ть *vi E impf* (*pf:* пропа́сть) abhanden kommen, verloren gehen, verschwinden
пропа́жа *f A* Verlust *m*
пропа́сть <*fut:* -аду́, -адёшь> *vi E6 pf* (*impf:* пропада́ть) abhanden kommen, verloren gehen, verschwinden; **куда́ ты пропа́л?** (*umg*) wo steckst du? **пропа́вший бе́з вести** verschollen
про́пасть *f I* ❶ Abgrund *m*, Kluft *f*; ❷ (*fig*) Kluft *f*, Unterschied *m*
пропе́ллер *m K* (ТЕХ) Propeller *m*
прописа́ть <*fut:* -пишу́, -пи́шешь> *vt E4 pf* (*impf:* пропи́сывать) ❶ polizeilich registrieren, Wohngenehmigung erteilen; ❷ (*лека́рство*) verschreiben
пропи́ска *f A* polizeiliche Anmeldung *f*, Wohngenehmigung *f*; **обяза́тельная ~** (АДМИН) Meldepflicht *f*
пропи́сываться *vr E impf* (*pf:* прописа́ться) sich polizeilich [*o* behördlich] anmelden
пропи́тка *f A* ❶ Imprägnierung *f*; ❷ (*сре́дство*) Imprägnierungsmittel *nt*
пропи́тывание *nt O2* Durchtränkung *f*, Imprägnierung *f*
пропове́дник *m K* (РЕЛ) Prediger *m*
пропове́довать *vt E2 impf* (*auch fig*) predigen
про́поведь *f I* ❶ (РЕЛ) Predigt *f*; **Наго́рная ~** Bergpredigt *f*; ❷ (*fig*) Propaganda *f*
пропорциона́льный <*kf:* -лен, -льна> *adj* ❶ proportional, verhältnismäßig; ❷ (*соразме́ренный*) proportioniert
пропо́рция *f A2* Proportion *f*, Relation *f*, Verhältnis *nt*
про́пуск *m K* ❶ (*прогу́л*) Versäumen *nt*, Versäumnis *nt*; ❷ (*пробе́л*) Auslassen *nt*, Ausfall *m*, Lücke *f*; ❸ (*впуск*) Durchlassen *nt*, Einlass *m*; ❹ (*докуме́нт*) Passierschein *m*
пропуска́ть *vt E impf* (*pf:* пропусти́ть) ❶ durchlassen, passieren lassen; ❷ (*опуска́ть*) auslassen, weglassen; ❸ (*упуска́ть*) versäumen, verpassen
пропускно́й *adj* Passier-, Durchlass-; **~ пункт** Übergangsstelle *f*
прораба́тывать *vi E impf* (*pf:* прорабо́тать) durcharbeiten
прораста́ть *vi E impf* (*pf:* прорасти́) durchwachsen, keimen
прорва́ть <*fut:* -рву́, -рвёшь> *vt E4 pf* (*impf:* прорыва́ть) durchreißen, durchbrechen
про́резь *f I* Einschnitt *m*
проро́к *m K* Prophet, -in *m/f*
проро́ческий *adj* prophetisch
проро́чество *nt O* Prophezeiung *f*; **мра́чные проро́чества** Unkenrufe *pl*
проро́чить *vt I impf* (*pf:* напроро́чить) prophezeien
проруби́ть <*fut:* -ублю́, -у́бишь> *vt I pf* (*impf:* прорубáть) durchschlagen, durchbrechen; **~ окно́ в Евро́пу** das Fenster zu Europa aufstoßen
проры́в *m K* Durchbruch *m*
прорыва́ть *vi E impf* (*pf:* прорва́ть) durchreißen, durchbrechen
проса́чиваться *vr E impf* (*pf:* просочи́ться) (*auch fig*) durchsickern
просверли́ть *vt I pf* (*impf:* просве́рливать, сверли́ть) durchbohren
просве́т *m K* ❶ Lichtschimmer *m*; ❷ (*fig*) Lichtblick *m*; ❸ (ТЕХ) Durchsicht *f*, Lichtloch *nt*, Lichtraum *m*, Lücke *f*
просвети́ть[1] <*fut:* -свещу́, -свети́шь> *vt I pf* (*impf:* просвеща́ть) aufklären, bilden
просвети́ть[2] <*fut:* -свечу́, -све́тишь> *vt I pf* (*impf:* просве́чивать) durchleuchten, röntgen

просвеща́ть *vt E impf* (*pf:* просвети́ть) aufklären, bilden
просвеще́ние *nt O2* Aufklärung *f*
просвещённый *adj* aufgeklärt
про́сека *f I* Schneise *f*
проси́ть <*präs:* прошу́, про́сишь> *vt I impf* (*pf:* попроси́ть) bitten, ersuchen; **~ у кого́-л. де́нег** jdn um Geld bitten; **~ у кого́-л. проще́ния** jdn um Verzeihung bitten
просия́ть *vi E pf* (*auch fig*) aufleuchten, erstrahlen
просла́вить <*fut:* -влю, -вишь> *vt I pf* (*impf:* прославля́ть) verherrlichen, berühmt machen
проследи́ть <*fut:* -слежу́, -следи́шь> *vi I pf* (*impf:* просле́живать, следи́ть) ① folgen; ② überwachen, kontrollieren
прослу́шать *vt E pf* (*impf:* прослу́шивать) ① anhören, abhorchen; ② (*не услы́шать*) überhören
просма́тривать *vt E impf* (*pf:* просмотре́ть) ① sichten, durchsehen, Einsicht nehmen; ② (*не уви́деть*) übersehen
просмо́тр *m K* Durchsicht *f*
про́со *nt O* (бот) Hirse *f*
просочи́ться <*nur 3. pers:* -и́тся> *vr I pf* (*impf:* проса́чиваться) durchsickern
проспа́ть <*fut:* -плю́, -пи́шь> *vi I pf* (*impf:* просыпа́ть) ① eine Weile schlafen; ② verschlafen
проспе́кт *m K* ① breite Straße *f*, Allee *f*, Avenue *f*; ② (*рекла́мный, информацио́нный*) Prospekt *m*, Werbeschrift *f*, Faltblatt *nt*
просро́ченный *adj* abgelaufen; **~ про́пуск** abgelaufener Ausweis *m*; **просро́ченные платежи** *m pl* rückständige Zahlungsleistungen
просро́чивать *vt E impf* (*pf:* просро́чить) überschreiten, (einen Termin) versäumen
просро́чка <*gen pl:* -чек> *f A* Fristversäumnis *nt*, Verfall *m*, Verzug *m*; **~ платежа́** Zahlungsverzug *f*
проста́ивать *vi E impf* (*pf:* простоя́ть) ① (*im pf*) eine Zeit lang stehen; ② (*о маши́не, станке́*) stillstehen, ungenützt bleiben
простере́ть <*fut:* -тру́, -трёшь *prät:* простёр, -тёрла> *vt E4b pf* (*impf:* простира́ть) ausstrecken, ausbreiten
прости́тельный <*kf:* -лен, -льна> *adj* entschuldbar, verzeihlich
проститу́тка <*gen pl:* -ток> *f A* Prostituierte *f*
проститу́ция *f A2* Prostitution *f*
прости́ть <*fut:* прощу́, прости́шь> *vt I pf* (*impf:* проща́ть) ① verzeihen; ② erlassen
прости́ться <*fut:* прощусь, прости́шься> *vr I pf* (*impf:* проща́ться) ① (*расста́ться с кем-ли́бо*) Abschied nehmen (von +*dat*); ② (*разойти́сь с кем-л.*) sich trennen (von +*dat*)
про́сто *adv* einfach, schlechthin; **про́ще просто́го** (*umg*) kinderleicht
простова́тый <*kf:* -а́т> *adj* (*umg*) einfältig
простоду́шный <*kf:* -шен, -шна> *adj* arglos, gutmütig
простой[1] <*kf:* прост, проста́, про́сто, про́сты́> *adj* ① einfach, unkompliziert; ② (*о лю́дях*) einfach, schlicht
просто́й[2] *m K2* (*в рабо́те*) Stillstand *m*
простоква́ша *f A* Dickmilch *f*
простона́ть <*fut:* -стону́, -сто́нешь> *vi E4 pf* (*impf:* стона́ть) stöhnen, ächzen
просто́р *m K* ① Weite *f*, Raum *m*; ② (*fig*) Spielraum *m*; **~ для де́йствий** Handlungsspielraum *m*
просто́рный <*kf:* -рен, -рна> *adj* geräumig
простота́ *f A e* Einfachheit *f*, Schlichtheit *f*
простофи́ля <*gen pl:* -и́ль/-и́лей> *mf A1* (*umg*) Einfaltspinsel *m*

простра́нный <*kf:* -а́нен, -а́нна> *adj* ① weitläufig; ② (*о ре́чи, о письме́*) weitschweifig, langatmig

простра́нственный *adj* räumlich

простра́нство *nt O2* Raum *m*; **возду́шное ~** Luftraum *m*; **жи́зненное ~** Lebensraum *m*

просту́да *f A* Erkältung *f*

простуди́ться <*fut:* -ужу́сь, -у́дишься> *vr I pf* (*impf:* простужа́ться) sich erkälten

просту́пок <*gen sg:* -пка> *m K* Vergehen *nt*

простыня́ *f A1 ple1* Bettlaken *nt*

просчёт *m K* Fehleinschätzung *f*, Fehlkalkulation *f*

просыпа́ть *vi E impf* (*pf:* проспа́ть) ① (*како́е-то вре́мя*) eine Weile schlafen; ② (*не просну́ться во́время*) verschlafen

просы́пать <*fut:* -плю, -плешь> *vt E4 pf* (*impf:* просыпа́ть) verschütten, verstreuen

про́сьба *f A* ① Bitte *f*; ② (*официа́льная*) Anliegen *nt*

прота́скивать *vt E impf* (*pf:* протащи́ть) durchschleppen, duchziehen

протеже́ *m indekl* Protegé *m*, Schützling *m*

проте́з *m K* (МЕД) Prothese *f*; **зубно́й ~** Zahnersatz *m*

протека́ть *vi E impf* (*pf:* проте́чь) ① (*проса́чиваться*) durchfließen; ② (*о реке́*) fließen; ③ (*о вре́мени*) vergehen; ④ (*о проце́ссе*) verlaufen

проте́кция *f A2* Protektion *f*, Schutz *m*; **ока́зывать проте́кцию кому́-л.** jdn protegieren

протере́ть <*fut:* -тру́, -трёшь> *vt E4b pf* (*impf:* протира́ть) abwischen, abreiben

проте́ст *m K* ① Protest *m*, Auflehnung *f*; ② (ЮР) Einspruch *m*, Einwand *m*; **заявля́ть ~** Einspruch erheben

протеста́нт *m K* (РЕЛ) Protestant, -in *m/f*

протеста́нтский *adj* (РЕЛ) protestantisch

протестова́ть *vi E2 impf* ① (*про́тив чего́-ли́бо*) protestieren (gegen +*akk*); ② (*поднима́ться*) sich auflehnen (gegen +*akk*)

проте́чь <*fut:* -теку́, -течёшь> *vi UE4 pf* (*impf:* протека́ть) durchfließen

про́тив *präp +gen* ① gegen (+*akk*); **он ничего́ не име́ет ~** er hat nichts dagegen; **~ э́того** dagegen; ② wider; **~ во́ли** wider Willen ③ (*напро́тив*) gegenüber, gegen

про́тивень *m K1* Kuchenblech *nt*, Backform *f*

проти́виться <*präs:* -влюсь, -вишься> *vr + dat I impf* (*pf:* вос-) sich widersetzen, entgegentreten, sich sträuben (gegen +*akk*)

проти́вник *m K* Gegner, -in *m/f*

проти́вный[1] *adj* ekelhaft, widerlich

проти́вный[2] *adj* ① gegnerisch; **проти́вная сторона́** (ЮР) Gegenpartei *f*; ② entgegengesetzt; **в проти́вном слу́чае** ansonsten

противо- *präfix* gegen-, Gegen-, anti-

противобо́рство *nt O2* ① (*конфронта́ция*) Konfrontation *f*, Auseinandersetzung *f*; ② (*столкнове́ние, спор*) Widerstreit *m*; ③ (*сопе́рничество*) Rivalität *f*

противове́с *m K* Gegengewicht *nt*

противога́з *m K* Gasmaske *f*

противоде́йствие *nt O2* ① Gegenwirkung *f*; ② (*сопротивле́ние*) Gegenwehr *f*, Widerstand *m*

противозача́точный *adj* empfängnisverhütend; **противозача́точная табле́тка** Antibabypille *f*

противополо́жность *f I* ① Gegensatz *m*; **в ~** im Gegensatz (zu +*dat*) ② (*противополо́жное, обра́тное*) Gegenteil *nt*

противополо́жный <*kf:* -жен, -жна> *adj* entgegengesetzt, gegen-

П

sätzlich; **противополо́жная сторона́** Gegenseite *f*; **противополо́жное утвержде́ние** gegenteilige Behauptung *f*

противопоста́вить <*fut:* -влю, -вишь> *vt I pf* (*impf:* противопоставля́ть) ① gegenüberstellen; ② (*сравни́ть*) entgegensetzen

противоречи́вый <*kf:* -и́в> *adj* ① widersprüchlich; ② (*амбивале́нтный*) zwiespältig; **противоречи́вое чу́вство** ein zwiespältiges Gefühl *nt*

противоре́чие *nt O2* ① Widerspruch *m*; ② (*расхожде́ние; разла́д*) Diskrepanz *f*

противостоя́ть *v + dat I impf* ① gegenüberstehen; ② (*враждова́ть*) sich widersetzen, widerstehen

противоя́дие *nt O2* Gegengift *nt*

проткну́ть *vt E1 pf* (*impf:* протыка́ть) durchlöchern, durchstechen

протоко́л *m K* Protokoll *nt*; **соста́вить ~** ein Protokoll aufsetzen

прототи́п *m K* Urbild *nt*, Vorbild *nt*

прото́чный *adj* fließend; **прото́чная вода́** fließendes Wasser *nt*

протуха́ть <*nur 3. pers:* -а́ет> *vt E impf* (*pf:* проту́хнуть) faulen, verderben

протыка́ть *vt E impf* (*pf:* проткну́ть) durchlöchern, durchstechen

протя́гивать *vt E impf* (*pf:* протяну́ть) ① ziehen, durchziehen; ② (*вперёд*) herhalten, hinhalten; **~ ру́ку** die Hand ausstrecken

проучи́ть <*fut:* -учу́, -у́чишь> *vt I pf* (*impf:* проу́чивать) ① eine Zeit lang lernen; ② (*fig*) zurechtweisen, eine Lektion erteilen, einen Denkzettel verpassen

профа́н *m K* Laie *m*

профессиона́л *m K* ① Fachmann *m*; ② (*umg*) Profi *m*

профессионали́зм *m K* ① Professionalität *f*; ② (*компете́нтность*) Kompetenz *f*

профессиона́льный <*kf:* -лен, -льна> *adj* ① professionell, fachlich; ② (*не люби́тельский*) beruflich, Berufs-; ③ (*промысло́вый*) gewerbsmäßig

профе́ссия *f A2* Beruf *m*; **име́ть профе́ссию** einen Beruf ausüben

профе́ссор *m K* Professor, -in *m/f*

профила́ктика *f A* Vorbeugung *f*, Prophylaxe *f*; **~ ра́ка** Krebsvorsorge *f*

профилакти́ческий *adj* prophylaktisch, vorbeugend; **профилакти́ческая ме́ра** Vorbeugungsmaßnahme *f*

про́филь *m K1* ① Profil *nt*, Silhouette *f*; ② (*fig*) Profil *nt*

профсою́з *abk von* профессиона́льный сою́з *m* Gewerkschaft *f*

профсою́зный *adj* gewerkschaftlich

проха́живаться *vr E impf* (*pf:* пройти́сь) schlendern, umhergehen

прохво́ст *m K* (*umg, pej*) Schurke *m*

прохла́да *f A* Kühle *f*

прохла́дный <*kf:* -ден, -дна> *adj* (*auch fig*) kühl

прохо́д *m K* Durchgang *m*; **за́дний ~** (АНАТ) After *m*

проходи́ть <*präs:* -хожу́, -хо́дишь> *vt I impf* (*pf:* пройти́) ① (*минова́ть*) passieren, vorbeigehen; ② (*че́рез что-л.*) durchgehen, durchkommen; ③ (*име́ть ме́сто*) stattfinden; ④ (*протека́ть*) ablaufen, verlaufen; ⑤ (*о вре́мени*) vergehen, verfliegen; **прошли́ времена́** die Zeiten sind dahin; ⑥ (*об о́пухоле; о шу́ме*) abschwellen; ⑦ (*о бо́ли, стра́хе, кри́зисе*) abklingen; ⑧ (*в шко́ле*) durchnehmen; ⑨ (*о законопрое́кте, кандидату́ре и т.п.*) durchkommen, bestätigt werden; ⑩ (*шко́лу*) durchlaufen; ⑪ (*слу́жбу*) (den Wehrdienst) ableisten

прохо́жий *m wie adj* Passant, -in *m/f*

процвета́ние *nt O2* Prosperität *f*;

П

пери́од процвета́ния Blütezeit *f*
процвета́ть *vi E impf* (*pf:* процвести́) (*fig*) florieren, gedeihen
процеди́ть <*fut:* -ежу́, -е́дишь> *vt I pf* (*impf:* проце́живать) durchseihen, filtern
процеду́ра *f A* Prozedur *f*, Verfahren *nt*
процеду́рный *adj* Prozedur-, Verfahrens-; **~ кабине́т** (*процеду́рная*) Behandlungszimmer *nt*
проце́живать *vt E impf* (*pf:* процеди́ть) durchseihen, filtern, filtrieren
проце́нт *m K* ❶ Prozent *nt*; ❷ (*im pl:* ЭКОН) Zinsen *pl*, Rendite *f*; **~ безрабо́тных** Arbeitslosenquote *f*; **начисля́ть ~ы** verzinsen
проце́нтный *adj* ❶ prozentual; ❷ (ЭКОН) Zins-; **проце́нтная ста́вка** Diskontsatz *m*; Zinssatz *m*; **проце́нтная облига́ция** Bond *nt*
проце́сс *m K* ❶ Ablauf *m*, Vorgang *m*, Prozess *m*; **поступа́тельный ~** Aufwärtstrend *m* ❷ (ЮР) Prozess *m*, Gerichtsverfahren *nt*
проце́ссия *f A2* Prozession *f*; **похоро́нная ~** Trauerzug *m*
проце́ссор *m K* (ОБДАН) Prozessor *m*
про́чий *adj* sonstig, übrig; **про́чие поступле́ния** sonstige Einkünfte *pl*
прочита́ть *vt E pf* (*impf:* прочи́тывать, чита́ть) lesen, durchlesen
про́чность *f I* ❶ Festigkeit *f*; ❷ (ТЕХ) Belastbarkeit *f*
про́чный <*kf:* -чен, -чна́> *adj* fest, haltbar, strapazierfähig
прочь *adv* beiseite, weg, fort; **он не ~ приня́ть моё предложе́ние** er ist nicht abgeneigt, meinen Vorschlag anzunehemen; **прочь с доро́ги** aus dem Wege! **быть не прочь** (*umg*) nicht abgeneigt sein , nichts dagegen haben
проше́ние *nt O2* Gesuch *nt*
прошепта́ть <*fut:* -шепчу́, -ше́пчешь> *vt E4 pf* (*impf:* шепта́ть) flüstern
про́шлое *nt wie adj* Vergangenheit *f*; **в про́шлом** früher
про́шлый *adj* vergangen; **~ год** Vorjahr *nt*; **про́шлые заслу́ги** bisherige Verdienste; **~ пери́од** Vorperiode *f*
прошмыгну́ть *vi E1 pf* (*impf:* прошмы́гивать) (*umg*) vorbeihuschen
проща́ние *nt O2* Abschied *m*, Verabschiedung *f*
проща́ть *vi E impf* (*pf:* прости́ть) ❶ verzeihen; ❷ (*освобожда́ть от чего́-л.*) erlassen; **~ кому́-л. долг** jdm seine Schulden erlassen
проща́ться *vr E impf* (*pf:* прости́ться) ❶ (*проща́ться с кем-л.*) Abschied nehmen (von +*dat*); ❷ (*расстава́ться, расходи́ться*) sich trennen (von +*dat*)
проще́ние *nt O2* Vergebung *f*, Verzeihung *f*
прояви́ть <*fut:* -явлю́, -я́вишь> *vt I pf* (*impf:* проявля́ть) ❶ (ФОТ) entwickeln; ❷ (*fig*) zeigen, bekunden
прояви́ться <*fut:* -явлю́сь, -я́вишься> *vr I pf* (*impf:* проявля́ться) zum Ausdruck kommen, sich offenbaren, erkennbar werden
проявле́ние *nt O2* ❶ Ausdruck *m*, Zeichen *nt*; ❷ (*фо́рма проявле́ния*) Erscheinungsform *f*; **~ забо́ты** Fürsorge *f*; **~ чу́вства** Regung *f*
проясни́ться <*nur 3. pers:* -и́тся> *vr I pf* (*impf:* проясня́ться) ❶ (*пого́да*) sich aufklären, sich aufheitern; ❷ (*fig*) sich aufklären
пруд *m K e* Teich *m*
пружи́нить *vi I impf* (*pf:* напружи́нить) federn, schnellen
прут <*gen sg:* -а́, *pl:* -тья, -тьев/-ы́, -о́в> *m U3 pls* Rute *f*
пры́гать *vi E impf* (*pf:* пры́гнуть) hüpfen, springen
прыгу́н *m K e* (СПОРТ) Springer *m*
прыжо́к <*gen sg:* -жка́> *m K e* Sprung *m*
прыщ *m K e* Pickel *m*

пря́жа *f A* Garn *nt*
пря́жка *<gen pl:* -жек*> f A* Schnalle *f*
пряма́я *f wie adj* (МАТ) Gerade *f*
пря́мо *adv* geradeheraus, geradewegs
прямо́й *<kf:* прям, пряма́, пря́мо, пря́мы́*> adj* ① (*вертика́льный*) gerade, aufrecht; ② (*непосре́дственный*) direkt; **~ набо́р** Durchwahl *f*; **пряма́я трансля́ция** Live-Übertragung *f*;
прямоуго́льник *m K* Rechteck *nt*
прямоуго́льный *adj* rechteckig, rechtwinklig
пря́ник *m K* Pfefferkuchen *m*
пря́ность *f I* Gewürz *nt*
прясть *<präs:* пряду́, прядёшь*> vi E6 impf* (*pf:* с-) spinnen
пря́тать *<präs:* пря́чу, пря́чешь*> vt E4 impf* (*pf:* с-) ① verstecken; ② (*во что-л.*) einstecken
пря́таться *<präs:* пря́чусь, пря́чешься*> vr E4 impf* (*pf:* с-) (*от кого́-ли́бо*) sich verstecken (vor *+dat*)
пря́тки *<gen pl:* -ток*> pl A* Versteckspiel *nt*
псало́м *<gen sg:* -лма́*> m K e* (РЕЛ) Psalm *m*
псе́вдо- *präfix* pseudo-
псевдони́м *m K* Pseudonym *nt*, Deckname *m*
психиа́тр *m K* Psychiater *m*
психиатри́я *f A2* Psychatrie *f*
пси́хика *f A* Psyche *f*; **расстро́енная ~** psychische Störungen
психи́ческий *adj* psychisch
психо́лог *m K* Psychologe, Psychologin *m/f*
психологи́ческий *adj* psychologisch
психоло́гия *f A2* ① Psychologie *f*; ② (*психи́ческий склад*) Psyche *f*
психопа́т *m K* Psychopath, -in *m/f*
психотерапе́вт *m K* Psychotherapeut, -in *m/f*
пти́ца *f A* ① Vogel *m*; **пе́вчая ~** Singvogel *m*; **перелётная ~** Zugvogel *m*; ② Geflügel *nt*; **ва́жная ~** (*umg*) hohes Tier
птицефа́брика *f A* (СЕЛХОЗ) Legebatterie *f*
ПТУ *abk von* профессиона́льно-техни́ческое учи́лище *nt Betriebsberufsschule; Fachschule*
пу́блика *f A* ① Publikum *nt*; ② (*обще́ственность*) Öffentlichkeit *f*
публика́ция *f A2* Publikation *f*, Veröffentlichung *f*; **публика́ции пре́ссы** Pressebeiträge
публикова́ть *vt E impf* (*pf:* о-) veröffentlichen
публици́стика *f A* Publizistik *f*
публи́чный *<kf:* -чен, -чна*> adj* öffentlich; **~ дом** Freudenhaus *nt*; Bordell *nt*; **публи́чные торги** Auktion *f*, Lizitation *f*
пу́гало *nt O* Vogelscheuche *f*
пуга́ть *vt E impf* (*pf:* ис-) erschrecken
пуга́ч *m K* Schreckschusspistole *f*
пугли́вый *<kf:* -и́в*> adj* scheu
пу́говица *f A* Knopf *m*
пу́дель *m K* (ЗООЛ) Pudel *m*
пу́динг *m K* Pudding *m*
пу́дра *f A* Puder *m*
пу́дрить *vt I impf* (*pf:* на-, по-) pudern
пузырёк *<gen sg:* -рька́*> m K e* ① Bläschen *nt*; ② (*скля́нка*) Fläschchen *nt*
пузы́рь *m K1 e* ① Luftblase *f*; ② (МЕД) Blase *f*; **~ от ожо́га** Brandblase *f*; **мочево́й ~** (АНАТ) Harnblase *f*
пульс *m K* Puls *m*, Pulsschlag *m*
пульси́ровать *vi E2 impf* pulsieren
пульт *m K* ① Pult *nt*; **~ управле́ния** Steuerpult *nt*; **режиссёрский ~** Technikpult (im Funkstudio) *nt*; ② (МУЗ) Notenständer *m*
пу́ма *f A* (ЗООЛ) Puma *m*
пункт *m K* ① Punkt *m*, Stelle *f*; **~ назначе́ния** Bestimmungsort *m*, Destination *f*; **~ прода́жи** Point of Sale *m*, POS; ② (ЮР) Klausel *f*
пу́нктик *m K* ① Pünktchen *nt*; ② (*umg: стра́нность*) Eigenheit *f*,

Marotte *f*, Spleen *m*

пункти́р *m K* punktierte Linie *f*; **обознача́ть ~ом** punktieren

пункти́рный *adj* punktiert, gestrichelt

пунктуа́льность *f I* Pünktlichkeit *f*

пунктуа́льный <*kf:* -лен, -льна> *adj* pünktlich

пунктуа́ция *f A2* Interpunktion *f*, Zeichensetzung *f*

пунш *m K* Punsch *m*, Bowle *f*

пупови́на *f A* Nabelschnur *f*

пупо́к <*gen sg:* -пка́> *m K e* Bauchnabel *m*

пу́рпур *m K* Purpur *nt*

пуска́ть *vt E impf* (*pf:* пусти́ть) ① (*впуска́ть*) ein-, hereinlassen; ② (*выпуска́ть*) frei-, loslassen; ③ (*броса́ть*) werfen; **~ стрелу́** einen Pfeil abschießen; ④ (*приводи́ть в де́йствие*) anlassen; **~ во́ду** den Wasserhahn aufdrehen ⑤ (*позволя́ть*) erlauben, lassen

пусто́й <*kf:* пуст, пуста́, пу́сто, пу́сты> *adj* ① leer; **на пусто́й желу́док** (*umg*) auf nüchternen Magen; ② (*неза́нятый*) unbesetzt; **пусто́е ме́сто** (*fig*) eine Niete *f*; ③ (*безда́рный, ску́чный*) geistlos, hohl; ④ (*напра́сный*) unnütz, vergeblich

пустота́ *f A pls* Leere *f*

пу́стошь *f I* Ödland *nt*

пусты́нный <*kf:* -нен, -нна> *adj* ① leer, öd(e); ② (*поки́нутый, безлю́дный*) verlassen, menschenleer

пусты́ня *f A1* Wüste *f*

пусты́шка *f A* ① Lutscher *m*; ② (*pej*) nichtiger Mensch

пустя́к *m K e* Bagatelle *f*, Kleinigkeit *f*, Lappalie *f*; **па́ра ~о́в** Kinderspiel *nt*

пу́таница *f A* Gewirr *nt*

путеводи́тель *m K1* Fremdenführer *m*, Reiseführer *m*

путево́й *adj* Reise-; **путевы́е расхо́ды** Reisekosten *pl*

путеше́ственник *m K* ① Reisende(r) *mf*; ② (*im pl*) Reisegesellschaft *f*

путеше́ствие *nt O2* Reise *f*; **кругосве́тное ~** Weltreise *f*; **сва́дебное ~** Hochzeitsreise *f*

путеше́ствовать *vi E2 impf* reisen

пути́на *f A* Fischfangsaison *f*

путч *m K* (пол) Putsch *m*; **устро́ить ~** putschen

путь <*inst sg:* путём> *m I e* ① Weg *m*, Bahn *f*, Pfad *m*; **неве́рный ~** (*fig*) Holzweg *m* ② (*ре́льсы*) Gleis *nt*; ③ (ОБДАН) Pfad *m*

пух <*präpos sg:* о пухе, в пуху́> *m K* ① Flaum *m*; ② (*у птиц*) Daunen *f pl*

пу́хленький *adj* pummelig

пухови́к *m K e* ① (*ку́ртка, пальто́*) Daunenjacke *f*, Daunenmantel *m*; ② (*одея́ло*) Daunendecke *f*

пухо́вый *adj* Daunen-; **пухо́вое одея́ло** Daunendecke *f*

пу́чить *vt I impf* (*pf:* вс-, вы́-) aufblähen; **~ глаза́** (*umg*) anstarren , anglotzen

пучо́к <*gen sg:* -чка́> *m K e* ① Büschel *nt*; ② (физ) Bündel *nt*; ③ (*причёска*) Haarknoten *m*

пуши́нка *f A* Flaumfeder *f*, Flöckchen *nt*

пуши́стый <*kf:* -и́ст> *adj* flauschig, flockig

пу́шка *f A* Kanone *f*

пушо́к <*gen sg:* -шка́> *m K e* Flaum *m*

пчела́ <*pl:* пчёлы, пчёл> *f A pls* (зоол) Biene *f*

пшени́ца *f A* (бот) Weizen *m*; **ози́мая ~** Winterweizen *m*; **ярова́я ~** Sommerweizen *m*

пшени́чный *adj* Weizen-; **пшени́чная мука́** Weizenmehl *nt*

пыл <*präpos sg:* о пы́ле, в пылу́> *m K* Feuereifer *m*, Leidenschaft *f*; **в пылу́ сраже́ния** im Eifer des Gefechts

пыла́ть *vi I impf* lodern

пылесо́с *m K* Staubsauger *m*

пылесо́сить <*präs:* -со́сю/-со́шу, -со́сишь> *vi I impf* (*pf:* пропылесо́сить) staubsaugen

пыли́нка <*gen pl:* -нок> *f A* Staubkorn *nt*

пыли́ть *vi I impf* (*pf:* за-, на-) stauben

пы́лкий <*kf:* -лок, -лка́> *adj* eifrig, hitzig

пыль *f I* Staub *m*

пы́льный <*kf:* -лен, -льна́> *adj* staubig

пыльца́ *f A e* Blütenstaub *m*, Pollen *m*

пыта́ть *vt E impf* ❶ foltern, quälen; ❷ (*umg*) versuchen; **~ сча́стья** sein Glück versuchen

пыта́ться *vr E impf* (*pf:* по-) versuchen

пыхте́ть <*präs:* -хчу́, -хти́шь> *vi I impf* schnauben, schnaufen, pusten, keuchen

пы́шность *f I* ❶ Üppigkeit *f*; ❷ (*fig*) Pracht *f*, Pomp *m*, Prunk *m*

пы́шный <*kf:* -шен, -шна́> *adj* ❶ üppig; ❷ (*fig*) prächtig, pompös, prunkvoll

пье́са *f A* (ЛИТ) Theaterstück *nt*, Bühnenstück *nt*

пья́ница *mf A* Trinker, -in *m/f*, Säufer, -in *m/f*

пья́нство *nt O* Trinksucht *f*, Alkoholismus *m*

пья́нствовать *vi E2 impf* trinken, saufen

пья́ный <*kf:* пьян, пьяна́, пья́но, пья́ны́> *adj* betrunken, besoffen

пюре́ *nt indekl* Püree *nt*

пята́ *f A e2* Ferse *f*; **пресле́довать кого́-л. по пята́м** jdm auf den Fersen sein

пятёрка *f A* ❶ eine Gruppe von fünf *f*; **входи́ть в пятёрку крупне́йших ба́нков** zu den fünf größten Banken gehören; ❷ (*Ziffer*) Fünf *f*; ❸ (*Schulnote*) Fünf *f*, *die beste Note im russischen Schulsystem*

пятидне́вный *adj* Fünftage-; **пятидне́вная рабо́чая неде́ля** Füntagewoche *f*

пятикра́тный *adj* fünffach

пятиле́тний *adj* fünfjährig; **~ план** Fünfjahresplan *m*

пя́тка *f A* (АНАТ) Ferse *f*

пятна́дцать *num* fünfzehn

пятни́стый <*kf:* -и́ст> *adj* fleckig, gescheckt

пя́тница *f A* Freitag *m*; **у него́ семь пя́тниц на неде́ле** er ändert alle Tage seine Meinung

пятно́ *nt O pls* ❶ Fleck *m*, Klecks *m*; **роди́мое ~**, Muttermal *nt*; **насажа́ть пя́тен** bekleckern; **без пя́тен** fleckenlos; ❷ (*fig*) Makel *m*

пя́тый *num ord* fünfte(r, s); **пя́тая часть** Fünftel *nt*

пять *num* fünf; **~ раз** fünfmal

пятьдеся́т <*gen:* пяти́десяти> *num* fünfzig; **~ на ~** fifty-fifty

пятьсо́т <*gen:* пятиста́м> *num* fünfhundert

Рр

р, Р *nt indekl kyrillischer Buchstabe*
раб *m K* Sklave *m*
рабо́та *f A* ❶ Arbeit *f*, Job *m*; ❷ (*произведе́ние, творе́ние*) Arbeit *f*, Werk *nt*, Schöpfung *f*; ❸ (*конфере́нция*) Beratung *f*; ❹ (*ме́сто*) Stelle *f*; ❺ (*заня́тие*) Beschäftigung *f*; **идти́ на рабо́ту** zur Arbeit gehen
рабо́тать *vi E impf* ❶ arbeiten, sich betätigen; **~ врачо́м** als Arzt arbeiten; **~ над чем-л.** arbeiten (an +*dat*) ❷ (*быть откры́тым*) geöffnet sein; ❸ (*о зако́не и т.п.*) greifen, wirksam sein; **не ~** (ТЕХ) außer Betrieb sein
рабо́тающий I. *adj* erwerbstätig; **II.** *m wie adj* Erwerbstätige(r) *m*
рабо́тник, рабо́тница *m K / f A* ❶ Arbeitnehmer *m*; ❷ (*рабо́чая си́ла*) Arbeitskraft *f*; ❸ (*наёмный рабо́чий у фе́рмера*) Knecht *m*; ❹ (*сотру́дник*) Mitarbeiter, -in *m/f*
работоспосо́бный *adj* ❶ leistungsfähig, belastbar; ❷ (*трудоспосо́бный*) erwerbsfähig
рабо́чий I. *adj* Arbeits-; **~ день** Arbeitstag *m*; **рабо́чее ме́сто** Arbeitsplatz *m*; **рабо́чая си́ла** Arbeitskraft *f*; **II.** *m wie adj* Arbeiter *m*
ра́бский *adj* sklavisch
ра́бство *nt O* Sklaverei *f*, Knechtschaft *f*
рабы́ня *f A1* Sklavin *f*
ра́венство *nt O* ❶ Gleichheit *f*, Gleichberechtigung *f*; ❷ (*равнопра́вие сторо́н, парите́т*) Parität *f*
равни́на *f A* Flachland *nt*, Ebene *f*
равно́ *adv* gleich; **всё ~** ganz egal, sowieso
равнове́сие *nt O2* (*auch fig*) Gleichgewicht *nt*, Balance *f*; **теря́ть ~** das Gleichgewicht verlieren
равноду́шие *nt O2* Gleichgültigkeit *f*
равноду́шний <*kf:* **-шен, -шна**> *adj* gleichgültig
равнозна́чный <*kf:* **-чен, -чна**> *adj* ❶ gleichbedeutend; ❷ (*равноце́нный*) gleichwertig
равноме́рный <*kf:* **-рен, -рна**> *adj* gleichmäßig
равнопра́вие *nt O2* Gleichberechtigung *f*
ра́вный <*kf:* **-вен, -вна́**> *adj* ❶ gleich; ❷ (*по спосо́бностям и т.п.*) ebenbürtig; **в ра́вной сте́пени** gleichermaßen
равня́ть *vt E impf* ❶ gleichmachen; ❷ (*с кем-л./чем-л.*) gleichstellen
равня́ться *vr E impf* ❶ (*с кем-л.*) sich messen (mit +*dat*); ❷ (*на кого́-л.*) nacheifern (in +*dat*); ❸ (ВОЕ) sich richten
рагу́ *nt indekl* Ragout *nt*
рад *adj kurzf* froh, erfreut
рада́р *m K* (ТЕХ) Radar *m*
ра́ди *präp +gen* wegen (+*gen*), um ... willen; **~ тебя́** dir zuliebe; **~ бо́га** um Gottes willen
радиа́тор *m K* ❶ (*батаре́я отопле́ния*) Heizkörper *m*; ❷ (АВТО) Kühler *m*
радиа́ция *f A2* Strahlung *f*, Strahlenbelastung *f*
радика́льный <*kf:* **-лен, -льна**> *adj* radikal, einschneidend
ра́дио *nt indekl* Radio *nt*, Rundfunk *m*
радиоакти́вный <*kf:* **-вен, -вна**> *adj* radioaktiv
радиоприёмник *m K* Rundfunkempfänger *m*
радиосвя́зь *f I* Funkverkehr *m*, Funkverbindung *f*
радиосту́дия *f A1* Funkstudio *nt*
радиоце́нтр *m K* (*радиоста́нция*) Rundfunkanstalt *f*
ради́ст, ради́стка <*gen pl f:* **-ток**>

Р

m K / f A Funker, -in *m/f*
ра́диус *m K* ❶ Radius *m*; ❷ (ВОЕ) Reichweite *f*; **в ~е 10 киломе́тров** im Umkreis von 10 Kilometern
ра́довать *vt E2 impf* (*pf:* об-, по-) erfreuen
ра́доваться *vr + dat E2* (*pf:* об-, по-) sich freuen
ра́достный *<kf:* -тен, -тна*> adj* ❶ (*обра́дованный*) erfreulich; ❷ (*весёлый*) fröhlich
ра́дость *f I* Freude *f*, Lust *f*
ра́дуга *f A* Regenbogen *m*
ра́дужный *adj* ❶ regenbogenfarbig; ❷ rosig, vielversprechend
раз I. *m K* Mal *nt*; **ни ~у** nicht ein einziges Mal; **оди́н ~ не счита́ется** einmal ist keinmal; **II.** *konj* (*umg*) wenn; **~ ..., то** wenn ..., dann
разба́вить *<fut:* -влю, -вишь*> vt E4 pf* (*impf:* разбавля́ть) verdünnen; **~ водо́й** panschen
разбе́г *m K* Anlauf *m*
разбега́ться *vr E impf* (*pf:* разбежа́ться) ❶ (СПОРТ) Anlauf nehmen, zum Sprung ansetzen; ❷ (*в ра́зные сто́роны*) auseinanderlaufen; ❸ (*umg: разводи́ться*) sich scheiden lassen
разбива́ть *vt E impf* (*pf:* разби́ть) ❶ zerschlagen, zerbrechen; ❷ (*размеща́ть*) anlegen; **~ пала́тку** ein Zelt aufschlagen; **~ сад** einen Garten anlegen; ❸ (*дели́ть*) teilen, aufteilen, verteilen; **~ на гру́ппы** in Gruppen einteilen
разбива́ться *vr E impf* (*pf:* разби́ться) ❶ zerbrechen, entzweigehen, zerschellen; ❷ (*па́дать*) stürzen; ❸ (*на гру́ппы*) sich einteilen
разбира́ть *vt E impf* (*pf:* разобра́ть) ❶ (*на ча́сти*) auseinandernehmen; ❷ (*анализи́ровать*) auswerten, analysieren; ❸ (*рассле́довать, проясня́ть*) untersuchen, klären, ergründen; ❹ (*раскупа́ть*) leer kaufen, nichts übrig lassen
разбира́ться *vr E impf* (*pf:* разобра́ться) ❶ (*приводи́ть в поря́док*) seine Sachen in Ordnung bringen; ❷ (*в чём-ли́бо*) sich auskennen (in *+dat*)
разбо́йник *m K* Räuber *m*
разболта́ть *vt E pf* (*impf:* разба́лтывать) ❶ vermischen, verrühren; ❷ (*fig, umg*) ausplaudern
разбо́р *m K* ❶ (*ана́лиз*) Analyse *f*; ❷ (*сортиро́вка*) Sortieren *nt*; **без ~а** (*umg*) wahllos; **с ~ом** (*umg*) wählerisch anspruchsvoll
разбо́рчивый *<kf:* -чив*> adj* ❶ (*челове́к*) wählerisch, anspruchsvoll; ❷ (*по́черк*) deutlich, leserlich
разбра́сывать *vt E impf* (*pf:* разброса́ть) ❶ streuen, umherstreuen, auseinanderwerfen; ❷ (*umg: транжи́рить*) verschwenden
разбуди́ть *<fut:* -бужу́, -бу́дишь*> vt I pf* (*impf:* буди́ть) wecken
разва́л *m K* Zerrüttung *f*, Verfall *m*; **~ Сове́тского Сою́за** Zerfall *m* der Sowjetunion; **~ эконо́мики** Wirtschaftsmisere *f*
разва́ливать *vt E impf* (*pf:* развали́ть) ❶ abreißen, zerstören; ❷ (*fig*) zerrütten, desorganisieren
разва́ливаться *vr E impf* (*pf:* развали́ться) ❶ zusammenbrechen, auseinanderfallen; ❷ (*fig: распада́ться*) sich auflösen, zerfallen; ❸ (*umg: на дива́не, в кре́сле*) sich rekeln, sich lümmeln
разва́лина *f A* ❶ Trümmer *pl*; ❷ (*руи́на*) Ruine *f*; **ста́рая ~** (*Person*) Wrack *nt*
ра́зве I. *part* denn, etwa; **~ он бо́лен?** ist er etwa krank? **II.** *konj* es sei denn
разве́дать *vt E pf* (*impf:* разве́дывать) auskundschaften, erkunden
разве́дка *<gen pl:* -док*> f A* ❶ Auskundschaftung *f*; ❷ (*секре́тная слу́жба*) Geheimdienst *m*
разве́ивать *vt E impf* (*pf:*

разве́ять) ❶ verwehen; ❷ (*fig*) zerstreuen, vertreiben

развёртывание *nt O2* ❶ Aufwickeln *nt*, Losdrehen *nt*; ❷ (ВОЕ) Aufmarsch *m*; ❸ (*fig:* *произво́дства и т.п.*) Entfaltung *f*, Entwicklung *f*

развести́ <*fut:* -веду́, -ведёшь> *vt E6 pf* (*impf:* разводи́ть) ❶ trennen; ❷ scheiden

разветвле́ние *nt O2* ❶ Abzweigung *f*; ❷ Verästelung *f*

развива́ть *vt E impf* (*pf:* разви́ть) entwickeln, entfalten; **~ мысль** einen Gedanken weiterführen

разви́лка *f A* Gabelung *f*, Abzweigung *f*

разви́тие *nt O2* Entwicklung *f*; **поступа́тельное ~** Aufwärtsentwicklung *f*

развлека́ть *vt E impf* (*pf:* развле́чь) unterhalten, amüsieren, ablenken

развлече́ние *nt O2* Unterhaltung *f*, Spaß *m*

развле́чь <*fut:* -влеку́, -влечёшь> *vt UE4 pf* (*impf:* развлека́ть) unterhalten

разво́д I. *m K* Ehescheidung *f*, Scheidung *f*; **оформля́ть ~** sich scheiden lassen; **разводи́ть II.** <*präs:* -вожу́, -во́дишь> *vt I impf* (*pf:* развести́) ❶ trennen, auseinanderbringen; ❷ (*расторга́ть брак*) scheiden; ❸ (*лес*) aufforsten; ❹ (*мост*) aufziehen; ❺ (*разбавля́ть*) verdünnen, auflösen

развра́т *m K* Unzucht *f*

разврати́ть <*fut:* -вращу́, -врати́шь> *vt I pf* (*impf:* развраща́ть) ❶ (*соблазни́ть*) verführen, verderben; ❷ (*деморализова́ть*) demoralisieren

развра́тник, развра́тница *m K / f A* Wüstling *m*, unzüchtiger Mensch *m*, liederliches Frauenzimmer *nt*

развра́тный <*kf:* -тен, -тна> *adj* ausschweifend, verderblich

развяза́ть <*fut:* -вяжу́, -вя́жешь> *vt E4 pf* (*impf:* развя́зывать) ❶ losbinden, entfesseln; ❷ (*у́зел*) lösen, auflösen; ❸ (*fig:* *войну́*) entfesseln, auslösen

разгада́ть *vt E pf* (*impf:* разга́дывать) ❶ erraten, enträtseln; ❷ (*ре́бус, зада́чу*) knobeln

разга́дка *f A* Auflösung *f*

разга́р *m K* Höhepunkt *m*; **в ~е** auf dem Höhepunkt, inmitten; **~ сезо́на** Hauptsaison *f*, Hochsaison *f*; **~ ле́та** Hochsommer *f*

разгиба́ние *nt O2* ❶ Aufbiegen *nt*; ❷ (*выпрямле́ние*) Streckung *f*

разгильдя́й *m K2* Schlendrian *m*, liederlicher Mensch *m*

разгильдя́йство *nt O* ❶ Liederlichkeit *f*; ❷ (*бесхозя́йственность*) Lotterwirtschaft *f*

разгла́дить <*fut:* -гла́жу, -гла́дишь> *vt I pf* (*impf:* разгла́живать) ❶ glätten; ❷ (*отутю́живать*) glatt bügeln

разгляде́ть <*fut:* -гляжу́, -гляди́шь> *vt I pf* (*impf:* разгля́дывать) ❶ erkennen; ❷ (*fig: nur pf*) durchschauen

разгова́ривать *vi E impf* sich unterhalten, sprechen; **~ по телефо́ну** telefonieren

разгово́р *m K* Gespräch *nt*, Unterhaltung *f*; **междугоро́дный ~** Ferngespräch *nt*; **междунаро́дный ~** Auslandgespräch *nt*

разгово́рник *m K* Sprachführer *m*

разгово́рный *adj* Konversations-, Gesprächs-; **разгово́рная речь** Umgangssprache *f*

разгово́рчивый *adj* gesprächig, geschwätzig

разгоня́ть *vt E impf* (*pf:* разогна́ть) ❶ auseinandertreiben; ❷ (*демонстра́цию*) gewaltsam auflösen; ❸ (*печа́ль, ску́ку, тоску́*) vertreiben; ❹ (АВТО) beschleunigen

разграни́чивать *vt E impf* (*pf:* разграни́чить) abgrenzen

разгроми́ть <*fut:* -громлю́, -громи́шь> *vt I pf* (*impf:* громи́ть) vernichten, zerschmettern

разгружа́ть *vt E impf* (*pf:* разгрузи́ть) ① entladen, abladen; ② (*fig*) entlasten

раздава́ть <*präs:* -даю́, -даёшь> *vt E3 impf* (*pf:* разда́ть) vergeben, austeilen

раздава́ться *vr E3 impf* (*pf:* разда́ться) ① ertönen, erklingen; ② (*вширь*) sich ausweiten, in die Breite gehen

раздави́ть <*fut:* -давлю́, -да́вишь> *vt I pf* (*impf:* разда́вливать) zerdrücken, zerquetschen, zermalmen

разда́ть <*fut:* -да́м, -да́шь> *vt U2 pf* (*impf:* раздава́ть) austeilen, verteilen

разда́ться <*nur 3. pers.:* -дастся> *vr U2 pf* (*impf:* раздава́ться) ertönen

разда́ча *f A* ① Vergabe *f*; ② (*распределе́ние*) Verteilung *f*, Aufteilung *f*; **~ пода́рков** Bescherung *f*

раздева́лка *f A* ① Garderobe *f*; ② (*для спортсме́нов, на произво́дстве и т.п.*) Umkleideraum *m*

раздева́ться *vr E impf* (*pf:* разде́ться) sich ausziehen, ablegen

разде́л *m K* ① Teilung *f*, Aufteilung *f*; ② (*в кни́ге, те́ксте*) Abschnitt *m*; ③ (*в газе́те*) Sparte *f*

разде́латься *vr E pf* (*impf:* разде́лываться) ① erledigen; ② (*изба́виться*) loswerden; **бы́стро ~ с кем-л.** jdn kurz abtun; **бы́стро ~ с чем-л.** schnell erledigen

разделе́ние *nt O2* Einteilung *f*, Aufteilung *f*; **~ власте́й** (пол) Gewaltenteilung *f*

раздели́ть <*fut:* -делю́. -де́лишь> *vt I pf* (*impf:* разделя́ть) ① trennen; ② (*ра́дость, мне́ние, увлече́ние*) teilen

разде́льный <*kf:* -лен, -льна> *adj* ① geteilt, getrennt; **разде́льное пита́ние** Trennkost *f* ② (*о произноше́нии*) klar, deutlich

раздобы́ть <*fut:* -бу́ду, -бу́дешь> *vt UE1 pf* (*impf:* раздобыва́ть) aufbringen, beschaffen; **~ хи́тростью** ergattern

раздо́р *m K* Zwietracht *f*; **се́ять ~ ме́жду кем-л.** entzweien

раздража́ть *vt E impf* (*pf:* раздражи́ть) ① reizen; ② (*fig*) reizen, ärgern

раздраже́ние *nt O2* ① Reizung *f*; ② (*fig: гнев, доса́да*) Ärger *m*

раздражённый <*kf:* -жён, -жена́> *adj* gereizt, verärgert

раздражи́тельный <*kf:* -лен, -льна> *adj* ① reizbar, jähzornig; ② (*ко́лкий*) kratzbürstig

раздроби́ть <*fut:* -блю́, -би́шь> *vt I pf* (*impf:* дроби́ть) zersplittern, zerstückeln

раздува́ть *vt E impf* (*pf:* разду́ть) ① (*auch fig: надува́ть*) aufbauschen, aufblasen; ② (*auch fig: разжига́ть*) entfachen

разду́мывать *vi E impf* (*pf:* разду́мать) überlegen, nachdenken

разду́ть <*fut:* -ду́ю, -дуешь> *vt E pf* (*impf:* раздува́ть) ① aufbauschen, aufblasen; ② entfachen

разже́чь <*fut:* разожгу́, разожжёшь> *vt UE4 pf* (*impf:* разжига́ть) ① entfachen, entzünden; ② (*fig: стра́сти и т.п.*) schüren

разлага́ть *vt E impf* (*pf:* разложи́ть) ① zerlegen, zersetzen; ② (*fig*) demoralisieren

разлага́ться *vr E impf* (*pf:* разложи́ться) ① zerfallen, sich zersetzen; ② (*гнить, тлеть*) verwesen; ③ (*fig*) moralisch degradieren

разла́д *m K* ① (*несогла́сие*) Diskrepanz *f*, Unstimmigkeit *f*; ② (*ссо́ра, раздо́р*) Zwist *m*, Zwietracht *f*

разла́мывать *vt E impf* (*pf:*

разлома́ть, разломи́ть) (*попола́м, на ча́сти*) brechen, zerbrechen

разла́мываться *vr E impf* (*pf:* разлома́ться, разломи́ться) entzweibrechen

разли́в *m K* ❶ (*наводне́ние*) Überschwemmung *f*, Hochwasser *nt*; ❷ (*алкого́льных напи́тков*) Ausschank *m*

разлива́ть *vt E impf* (*pf:* разли́ть) ❶ (*пролива́ть*) verschütten, vergießen; ❷ (*в буты́лки*) eingießen, abfüllen

различа́ть *vt E impf* (*pf:* различи́ть) unterscheiden, auseinanderhalten

разли́чие *nt O2* Unterschied *m*, Differenz *f*

разли́чный <*kf:* -чен, -чна> *adj* verschieden, unterschiedlich

разложе́ние *nt O2* ❶ Zerfall *m*; ❷ (*на ча́сти*) Zerlegung *f*; ❸ (БИОЛ) Abbau *m*; ❹ (*гние́ние*) Verwesung *f*; ❺ (*fig*) Niedergang *m*, moralische Verkommenheit *f*

Р

разложи́ть I. <*fut:* -ложу́, -ло́жишь> *vt I pf* (*impf:* раскла́дывать) legen, auslegen, verteilen; **II.** *vt I* (*impf:* разлага́ть) ❶ zersetzen, zerlegen; ❷ (*fig*) demoralisieren

разлома́ть *vt E pf* (*impf:* разла́мывать) (zer)brechen

разлу́ка *f A* Trennung *f*, Abschied *m*

размазня́ *mf A1* (*umg*) Waschlappen *m*

разма́тывать *vt E impf* (*pf:* размота́ть) auswickeln, abwickeln

разма́х *m K* ❶ (*кры́льев*) Spannweite *f*; ❷ (*си́ла взма́ха*) Wucht *f*; ❸ (*fig*) Schwung *m*

разма́хивать *vi E impf* hin und her schwingen, schwenken; **~ рука́ми** gestikulieren

разма́хиваться *vr E impf* (*pf:* размахну́ться) zum Schlag ausholen

разме́н *m K* Wechsel *m*, Austausch *m*

разме́нивать *vt E impf* (*pf:* разменя́ть) ❶ einen Tausch machen, austauschen; ❷ (*де́ньги*) wechseln

разме́нный *adj* Wechsel-; **разме́нная моне́та** Kleingeld *nt*

разменя́ть *vt E pf* (*impf:* разме́нивать) wechseln

разме́р *m K* ❶ (*объём*) Umfang *m*; ❷ (*оде́жды, о́буви*) Größe *f*; ❸ (*масшта́б*) Ausmaß *nt*; ❹ (*су́мма*) Höhe *f*, Betrag *m*; **~ о́буви** Schuhgröße *f*; **~ оде́жды** Konfektionsgröße *f*

размести́ть <*fut:* -мещу́, -мести́шь> *vt I pf* (*impf:* размеща́ть) ❶ unterbringen, platzieren; ❷ (ВОЕ) stationieren

разме́тить <*fut:* -ме́чу, -ме́тишь> *vt I pf* (*impf:* размеча́ть) markieren, kennzeichnen

разме́тка *f A* Markierung *f*

размеща́ть *vt E impf* (*pf:* размести́ть) platzieren, unterbringen

размеще́ние *nt O2* Unterbringung *f*

размина́ть *vt E impf* (*pf:* размя́ть) ❶ (*мять, дави́ть*) zerdrücken, zerquetschen; ❷ (*те́сто*) weich kneten; **~ но́ги** (*fig*) sich die Beine vertreten

размину́ться <*fut:* -мину́сь, -минёшься> *vr E1 pf* (**с** *кем-ли́бо*) sich verfehlen, sich verpassen

размножа́ть *vt E impf* (*pf:* размно́жить) ❶ vervielfältigen; ❷ (*живо́тных*) züchten

размножа́ться *vr E impf* (*pf:* размно́житься) ❶ sich vermehren; ❷ (БИОЛ) sich fortpflanzen

размноже́ние *nt O2* ❶ Vervielfältigung *f*; ❷ (БИОЛ) Fortpflanzung *f*, Vermehrung *f*

размора́живание *nt O2* Auftauen *nt*

размота́ть *vt E pf* (*impf:* разма́тывать) auswickeln, abwickeln

размы́тый <*kf:* -мы́т> *adj* unscharf, verschwommen

размышле́ние *nt O2* ❶ Überlegung *f*; ❷ (*рефле́ксия*) Reflexion *f*
размышля́ть *vi E impf* ❶ überlegen, nachdenken (**о** +*präpos* über +*akk*); ❷ (*предава́ться мы́слям*) grübeln
размягча́ть *vt E impf* (*pf:* **размягчи́ть**) ❶ aufweichen, weich machen; ❷ (*fig:* **смягча́ть**) erweichen
размя́кнуть <*fut:* **-мя́кну, -мя́кнешь,** *prät:* **-мя́к, -мя́кла**> *vi E1 pf* (*impf:* **размяка́ть**) durchweichen, weich werden
размя́ть <*fut:* **разомну́, разомнёшь**> *vt E9 pf* (*impf:* **размина́ть**) ❶ zerdrücken, zerquetschen; ❷ zerkneten
разнести́ <*fut:* **-несу́, -несёшь**> *vt E6 pf* (*impf:* **разноси́ть**) ❶ (*по́чту*) austragen, zustellen; ❷ (*umg*) zertrümmern
ра́зница *f A* ❶ Unterschied *m*, Differenz *f*; ❷ (*расхожде́ние*) Spanne *f*
разнови́дность *f I* Abart *f*
разногла́сие *nt O2* ❶ Meinungsverschiedenheit *f*; ❷ (*расхожде́ние*) Diskrepanz *f*
разнообра́зие *nt O2* ❶ Vielfalt *f*; ❷ (*переме́на*) Abwechslung *f*
разнообра́зный <*kf:* **-зен, -зна**> *adj* ❶ (*ра́зный*) verschieden, verschiedenartig; ❷ (*о впечатле́ниях*) abwechslungsreich
разнорабо́чий *m wie adj* Hilfsarbeiter *m*
разноро́дный <*kf:* **-ден, -дна**> *adj* ungleichartig, heterogen
разно́с *m K* ❶ Zustellung *f*; ❷ (*fig*) Verweis *m*, Rüffel *m*, strenge Zurechtweisung *f*; **торгова́ть в ~** hausieren
разноси́ть <*präs:* **-ношу́, -но́сишь**> *vt I impf* (*pf:* **разнести́**) (*по́чту*) austragen, zustellen
разну́зданный <*kf:* **-дан**> *adj* zügellos, ausschweifend
ра́зный *adj* verschieden, unterschiedlich
разоблача́ть *vt E impf* (*pf:* **разоблачи́ть**) ❶ (*geh*) entkleiden; ❷ (*fig*) entlarven, aufdecken
разобра́ть <*fut:* **-беру́, -берёшь**> *vt E4a pf* (*impf:* **разбира́ть**) ❶ auseinandernehmen, zerlegen; ❷ untersuchen, ergründen
разобще́ние *nt O2* Desintegration *f*
ра́зовый *adj* ❶ einmalig; ❷ (*одноразо́вый*) Einweg-
разогна́ть <*fut:* **-гоню́ , -го́нишь**> *vt I pf* (*impf:* **разгоня́ть**) ❶ auseinandertreiben; ❷ (*демонстра́цию*) gewaltsam auflösen; ❸ (*печа́ль, ску́ку, тоску́*) vertreiben; ❹ (**авто**) beschleunigen
разогре́ть <*fut:* **-гре́ю, -гре́ешь**> *vt E pf* (*impf:* **разогрева́ть**) ❶ (*нагре́ть*) erwärmen, erhitzen; ❷ (*подогре́ть*) aufwärmen
разоде́тый <*kf:* **-де́т**> *adj* geschniegelt, herausgeputzt
разоде́ться <*fut:* **-де́нусь, -де́нешься**> *vr E9 pf* sich herausputzen, sich in Schale werfen
разозли́ть *vt I pf* (*impf:* **зли́ть**) in Wut bringen, verärgern
разойти́сь <*fut:* **-йду́сь, -йдёшься**> *vr E7 pf* (*impf:* **расходи́ться**) ❶ auseinandergehen, sich zerstreuen; ❷ sich trennen, sich scheiden lassen; ❸ sich verpassen; ❹ ausverkauft werden
ра́зом *adv* schlagartig, auf Anhieb, über Nacht
разонра́виться <*fut:* **-влюсь, -вишься**> *vr I pf* nicht mehr gefallen
разорва́ть <*fut:* **-рву́, -рвёшь**> *vt E4 pf* (*impf:* **разрыва́ть**) ❶ zerreißen, platzen; ❷ (*свя́зи, знако́мство*) abbrechen
разорва́ться <*fut:* **-рву́сь, -рвёшься**> *vr E4 pf* (*impf:* **разрыва́ться**) ❶ platzen, zerreißen; ❷ explodieren
разоре́ние *nt O2* Ruin *m*
разори́ть *vt I pf* (*impf:* **разоря́ть**) ❶ ruinieren; ❷ verwüsten

Р

разоружéние *nt O2* ① Entwaffnung *f*; ② (ПОЛ) Abrüstung *f*
разорять *vt E impf* (*pf:* разорить) ① ruinieren; ② (*опустошáть*) verwüsten
разочаровáние *nt O2* Enttäuschung *f*
разочарóванный <*kf:* -ван> *adj* enttäuscht
разочаровáть *vt E2 pf* (*impf:* разочарóвывать) enttäuschen
разрабóтка *f A* ① Erarbeitung *f*, Entwicklung *f*; ② (*наýчная*) Studie *f*; ③ (ГОР) Abbau *f*
разрастáние *nt O2* Wucherung *f*
разрéз *m K* ① Einschnitt *m*; ② (*декольтé*) Ausschnitt *m*
разрéзать <*fut:* -рéжу, -рéжешь> *vt E4 pf* (*impf:* резáть, разрезáть) schneiden, zerschneiden
разрешáть *vt E impf* (*pf:* разрешить) ① erlauben, genehmigen, bewilligen; ② (*проблéму*) lösen
разрешéние *nt O2* ① Erlaubnis *f*, Genehmigung *f*, Bewilligung *f*; ② (ЭКОН) Lizenz *f*; ③ (*вы́ход*) Lösung *f*; ④ (ОБДАН) Auflösung *f*; **~ на ношéние орýжия** Waffenschein *m*

разрисовáть *vt E2 pf* (*impf:* разрисóвывать) bemalen
разрýха *f A* Ruin *m*, Zerstörung *f*, Verfall *m*
разрушáть *vt E impf* (*pf:* разрýшить) zerstören, ruinieren; **~ чьи-л. иллюзии** jdm seine Illusionen rauben
разрушáться *vr E impf* (*pf:* разрýшиться) ① verfallen; ② zerstört werden
разрушéние *nt O2* Zerstörung *f*
разры́в *m K* ① Riss *m*; **~ свя́зок** (МЕД) Bänderriss *m*; ② (*отношéний и т.п.*) Bruch *m*, Abbruch *m*; ③ (*fig*) Kluft *f*; ④ (ВОЕ) Explosion *f*
разрывáть *vt E impf* (*pf:* разорвáть) ① zerreißen; ② (*свя́зи, знакóмство*) abbrechen
разрывáться *vr E impf* (*pf:* разорвáться) ① platzen; ② (ВОЕ) explodieren
разря́д *m K* ① Rang *m*; ② (*категóрия*) Klasse *f*, Kategorie *f*; ③ (ЭЛЕК) Entladung *f*
разрядить <*fut:* -ряжý, -рядишь> *vt I pf* (*impf:* разряжáть) ① (ЭЛЕК) entladen; ② (ВОЕ) entschärfen; ③ (*fig*) entschärfen
разря́дка *f A* (ПОЛ: *напряжённости*) Entspannung *f*
разубедить <*fut:* -бежý, -бедишь> *vt I pf* (*impf:* разубеждáть) (*когó-л. в чём-л.*) jdm etw ausreden, jdn abbringen (von +*dat*)
разузнавáть <*präs:* -знаю́, -знаёшь> *vt E3 impf* (*pf:* разузнáть) (*о чем-либо*) nachforschen (+*dat*)
рáзум *m K* ① Vernunft *f*; ② (*рассýдок*) Verstand *m*
разумéться <*nur 3. pers:* -мéется> *vr E impf* ① gemeint werden (mit +*dat*); ② (*als Schaltwort*) selbstverständlich, natürlich
разýмный <*kf:* мен, -мна> *adj* vernünftig
разýчивать *vt E impf* (*pf:* разучить) ① (*роль*) einüben, einstudieren; ② (МУЗ) einspielen
разъединить *vt I pf* (*impf:* разъединя́ть) ① trennen; ② (*прервáть*) unterbrechen
разъярённый <*kf:* -рён, -ренá> *adj* (*umg*) fuchsteufelswild
разъяснéние *nt O2* Erklärung *f*, Erläuterung *f*
разъяснить *vt I pf* (*impf:* разъясня́ть) erläutern, erklären
разыгрáть *vt E pf* (*impf:* разы́грывать) ① spielen, aufführen; **~ по ролям** mit verteilten Rollen spielen; ② (*в лотерéе*) auslosen, verlosen; ③ (СПОРТ) austragen; **~ кýбок** den Pokal austragen; ④ (*fig*) jdn auf den Arm nehmen
разыскáть <*fut:* -ыщý, -ы́щешь>

vt E4 pf (*impf:* **разыскивать**) herausfinden, ausfindig machen
рай *m K2* Paradies *nt*
район *m K* ❶ (АДМИН) Kreis *m*, Stadtbezirk *m*; ❷ (**область**) Gebiet *nt*
районный *adj* Bezirks-, Kreis-; **~ центр** Kreisstadt *f*
райский *adj* (*geh*) paradiesisch, Paradies-; **райская птица** Paradiesvogel *m*
рак *m K* ❶ (ЗООЛ) Krebs *m*; **~-отшельник** Einsiedlerkrebs *m*; ❷ (МЕД) Krebs *m*
ракета *f A* Rakete *f*
ракетка *f A* (СПОРТ) Schläger *m*; **первая ~ мира** (*fig*) Weltranglistenerste(r) *mf*
раковина *f A* ❶ Muschel *f*, Muschelschale *f*; ❷ (**улитки**) Schneckenhaus *f*; **ушная ~** (АНАТ) Ohrmuschel *f*; ❸ (**для умывания**) Becken *nt*
ракушка *f A* (ЗООЛ) kleine Muschel *f*; **съедобная ~** essbare Muschel *f*, Miesmuschel *f*
ралли *nt indekl* Ralley *f*
рама *f A* Rahmen *m*; **~ для картины** Bilderrahmen *m*; **оконная ~** Fensterrahmen *m*
рамка <*gen pl:* **-мок**> *f A* ❶ kleiner Rahmen *m*; ❷ (*fig*) Rahmen *m*; **в рамках чего-л.** im Rahmen (*+gen*)
рампа *f A* (ТЕАТ) Rampe *f*
рана *f A* (МЕД) Wunde *f*; **огнестрельная ~** Schusswunde *f*; **резанная ~** Schnittwunde *f*
ранг *m K* (ВОЕ) Rang *m*; **табель о ~ах** (ИСТ) Rangliste *f*
ранение *nt O2* Verwundung *f*, Verletzung *f*; **пулевое ~** Schusswunde *f*; **лёгкое ~** Streifschuss *m*
раненый I. *adj* verletzt, verwundet; II. *m wie adj* Verwundete(r) *mf*, Verletzte(r) *mf*
ранец <*gen sg:* **-нца**> *m K* Ranzen *m*
ранимый <*kf:* **-ним**> *adj* verletzlich, verwundbar
ранний *adj* früh; **ранняя птаха** (*fig*) Frühaufsteher, -in *m/f*; **самое раннее** fühestens
рано *adv* früh; **~ или поздно** über kurz oder lang
рань *f I* Frühe *f*
раньше *adv* ❶ früher; ❷ bisher; ❸ eher; ❹ vorher
рапорт *m K* Meldung *f*, Bericht *m*; **отдать ~** Bericht erstatten
рапс *m K* (БОТ) Raps *m*
раса *f A* Rasse *f*
расизм *m K* Rassismus *m*
расист *m K* Rassist, -in *m/f*
расистский *adj* rassistisch
раскаиваться *vr E impf* (*pf:* **раскаяться**) (**в чем-либо**) bereuen
раскалывать *vt E impf* (*pf:* **расколоть**) entzweibrechen
раскапывать *vt E impf* (*pf:* **раскопать**) ausgraben
раскачаться *vr E pf* (*impf:* **раскачиваться**) ❶ in Schwung kommen; ❷ (*fig, umg*) sich aufraffen, loslegen
раскаяние *nt O2* Reue *f*
расквитаться *vr E pf* (**с кем-л. за что-л.**) quitt sein, abrechnen (mit *+dat*)
раскидать *vt E pf* (*impf:* **раскидывать**) ausstreuen
расклад *m K* Verteilung *f*; **при таком ~е** unter diesen Umständen
раскладывать *vt E impf* (*pf:* **разложить**) vorlegen, auslegen
раскованный <*kf:* **-ван**> *adj* enthemmt, ungezwungen
расколоть *vt E pf* (*impf:* **колоть, раскалывать**) (*auch fig*) spalten, entzweien
раскопать *vt E pf* (*impf:* **раскапывать**) ausgraben
раскопка *f A* Ausgrabung *f*; **раскопки** Ausgrabungen *pl*
раскошеливаться *vr E impf* (*pf:* **раскошелиться**) ❶ freigebig sein; ❷ (*umg*) blechen
раскрашивать *vt E impf* (*pf:* **раскрасить**) kolorieren, ausmalen
раскрошить <*fut:* **-крошу, -крошишь**> *vt I pf* (*impf:* **крошить**) zerbröckeln, zerkrümeln

раскрыва́ть *vt E impf* (*pf:* раскры́ть) ① öffnen; ② (*обнару́живать*) aufdecken; ③ (*разоблача́ть*) enthüllen; ④ (*проявля́ть*) entfalten

раскуси́ть <*fut:* -кушу́, -ку́сишь> *vt I pf* (*impf:* раску́сывать) ① zerbeißen, knacken; ② (*fig*) durchschauen, auf die Schliche kommen

ра́совый *adj* rassisch, Rassen-; **ра́совая дискримина́ция** Rassendiskriminierung *f*

распа́д *m K* ① (биол) Zerfall *m*, Abbau *m*; ② (пол) Zerfall *m*, Zusammenbruch *m*, Ruin *m*

распада́ться <*nur 3. pers:* -да́ется> *vr E impf* (*pf:* распа́сться) ① (биол) zerfallen; ② (*fig*) auseinanderbrechen, auseinanderfallen

распакова́ть *vt E2 pf* (*impf:* распако́вывать) ① auspacken; ② (ОБДАН) entkomprimieren

распа́хивать I. *vt E impf* (*pf:* распа́хнуть) (*дверь*) aufstoßen; **II.** *vt E impf* (*pf:* распаха́ть) aufpflügen

распеча́тать *vt E pf* (*impf:* распеча́тывать) ① (*вскрыть*) aufmachen; ② (ОБДАН) ausdrucken

распили́ть *vt I pf* (*impf:* распи́ливать) zersägen, durchsägen

расписа́ние *nt O2* Fahrplan *m*

расписа́ться <*fut:* -пишу́сь, -пи́шешься> *vi E4 pf* (*impf:* распи́сываться) ① unterschreiben; **~ в получе́нии** quittieren; ② (*umg*) sich trauen lassen

распи́ска *f A* Beleg *m*, Quittung *f*

распи́сываться *vr E impf* (*pf:* расписа́ться) ① unterschreiben; ② (*в получе́нии чего́-л.*) quittieren (über +*akk*)

распла́вить <*fut:* -влю, -вишь> *vt I pf* (*impf:* расплавля́ть) schmelzen

распла́та *f A* (*auch fig*) Vergeltung *f*

расплати́ться <*fut:* -плачу́сь, -пла́тишься> *vr I pf* (*impf:* распла́чиваться) (*с кем-ли́бо*) bezahlen, abrechnen (mit +*dat*)

расплыва́ться *vr E impf* (*pf:* расплы́ться) zerfließen

расплы́вчатый <*kf:* -чат> *adj* verschwommen, verwaschen

распого́диться <*nur 3. pers:* -го́дится> *vr I pf* sich aufheitern

распознава́ние *nt O2* ① Erkennen *nt*, Unterscheiden *nt*; ② (*определе́ние*) Bestimmung *f*

распознава́ть <*präs:* -знаю́, -знаёшь> *vt E3 impf* (*pf:* распозна́ть) erkennen

располага́ть[1] *vt E impf* (*pf:* расположи́ть) ① platzieren, anordnen; ② (*fig:* *вызыва́ть расположе́ние*) Sympathie erwecken, geneigt stimmen

располага́ть[2] *v + inst E impf* verfügen (über +*akk*)

располага́ться *vr E impf* (*pf:* расположи́ться) ① liegen, sich befinden; ② (*устра́иваться*) sich einrichten

расположе́ние *nt O2* ① (*местонахожде́ние*) Lage *f*; **территориа́льное ~** Standort *m*; ② (ВОЕ) Anordnung *f*, Aufstellung *f*; ③ (*симпа́тия*) Gunst *f*, Zuneigung *f*; ④ (*ду́ха*) Stimmung *f*, Laune *f*

располо́женный <*kf:* -ло́жен> *adj* ① gelegen; **~ к восто́ку от ...** östlich von ... gelegen; ② (*благоскло́нный*) zugeneigt, wohlwollend; ③ (*к чему́-ли́бо*) geneigt, aufgelegt (zu +*dat*)

расположи́ть <*fut:* -ложу́, -ло́жишь> *vt I pf* (*impf:* располага́ть) ① platzieren, anordnen; ② Sympathie erwecken, geneigt stimmen

расположи́ться <*fut:* -положу́сь, -ло́жишься> *vr I pf* (*impf:* располага́ться) ① liegen; ② sich einrichten, Platz nehmen; **~ поудо́бнее** es sich bequem machen

распоряди́тель *m K1* ① Disponent

m, Verfügungsberechtigter *m*; ❷ (*ответственное лицо*) Verantwortliche(r) *mf*
распорядиться <*fut:* -ряжусь, -рядишься> *vr I pf* (*impf:* распоряжаться) (*о чём-либо*) anordnen, veranlassen
распорядок <*gen sg:* -дка> *m K* Ordnung *f*; **~ дня** Tagesablauf *m*
распоряжаться *vr E impf* (*pf:* распорядиться) ❶ anordnen, veranlassen; ❷ (*заведовать чем-л.*) disponieren, verfügen (über +*akk*)
распоряжение *nt O2* ❶ (*постановление*) Anordnung *f*, Verordnung *f*; ❷ (*указание*) Anweisung *f*, Weisung *f*
расправа *f A* Abrechnung *f*, Racheakt *m*, Vergeltung *f*; **кровавая ~** Blutbad *nt* Gemetzel *nt*
расправить <*fut:* -правлю, -правишь> *vt I pf* (*impf:* расправлять) ❶ ausbreiten; ❷ glätten
расправиться <*fut:* -правлюсь, -правишься> *vr I pf* (*impf:* расправляться) (*с кем-либо*) abrechnen (mit +*dat*)
распределение *nt O2* Verteilung *f*, Einteilung *f*
распределитель *m K1* (ТЕХ) Verteiler *m*
распределить *vt I pf* (*impf:* распределять) ❶ (*между кем-либо*) verteilen (unter +*dat*); ❷ (*использовать*) einsetzen
распродавать <*präs:* -даю, -даёшь> *vt E3 impf* (*pf:* распродать) ausverkaufen
распродажа *f A* Ausverkauf *m*
распроданный <*kf:* -продан> *adj* ❶ vergriffen; ❷ (*о билетах*) ausverkauft
распродать <*fut:* -дам, -дашь> *vt U2 pf* (*impf:* распродавать) ausverkaufen
распространение *nt O2* Verbreitung *f*
распространённый <*KF:* -нён> *adj* verbreitet, gängig
распространиться *vr I pf* (*impf:* распространяться) ❶ um sich greifen, Verbreitung finden; ❷ (*об идеях*) sich durchsetzen; ❸ (БИОЛ) sich fortpflanzen; ❹ (*об эпидемии*) grassieren; ❺ (*fig, umg* **на чей-л. счёт**) sich auslassen (über +*akk*)
распространять *vt E impf* (*pf:* распространить) ❶ verbreiten, vermitteln, weitergeben; ❷ (*на что-либо*) ausdehnen (auf +*akk*); **~ прессу** Zeitungen und Zeitschriften verkaufen
распрячь <*fut:* -прягу, -пряжёшь> *vt UE4 pf* (*impf:* распрягать) (*лошадей*) ausspannen
распугать *vt E pf* (*impf:* распугивать) verscheuchen
распускать *vt E impf* (*pf:* распустить) ❶ auflösen; ❷ (*волосы*) lockern; ❸ (*fig: кого-л.*) verwöhnen, verderben; ❹ (*fig: что-л.*) ausbreiten; **~ слухи** Gerüchte verbreiten
распуститься <*nur 3. pers:* -пустится> *vr I pf* (*impf:* распускаться) ❶ sich lösen, aufgehen; ❷ (*о цветке*) aufblühen; ❸ (*разлениться*) sich gehen lassen; ❹ (*о вязке*) auftrennen, aufziehen
распутать *vt E pf* (*impf:* распутывать) (*клубок*) entwirren
распутник, распутница *m K / f A* Wüstling *m*, unzüchtiger Mensch *m*, liederliches Frauenzimmmer *nt*
распутный <*kf:* -тен, -тна> *adj* ausschweifend, unsittlich, liederlich
распутство *nt O* Ausschweifung *f*
распутывать *vt E impf* (*pf:* распутать) (*клубок*) entwirren
распухать *vi E impf* (*pf:* распухнуть) ❶ (*разбухать*) aufquellen; ❷ (МЕД) anschwellen
распухший *adj* ❶ (*разбухший*) aufgedunsen; ❷ (МЕД) angeschwollen
распыление *nt O2* Zerstäubung *f*, Pulverisierung *f*

распыли́тель *m K1* Zerstäuber *m*

распыли́ть *vt I pf* (*impf:* распыля́ть) zerstäuben, pulverisieren

распя́тие *nt O2* ① (РЕЛ) Kreuzigung *f*; ② (*изображе́ние*) Kruzifix *nt*

распя́ть <*fut:* распну́, распнёшь> *vt E9 pf* (*impf:* распина́ть) kreuzigen

расса́да *f A* (СЕЛХОЗ) Setzlinge *pl*, Pflanzgut *nt*

рассади́ть <*fut:* -сажу́, -са́дишь> *vt I pf* (*impf:* расса́живать) ① (*госте́й по места́м*) Platz anweisen; ② (*на ра́зные места́*) auseinandersetzen; ③ (БОТ) pflanzen, verpflanzen

рассе́лина *f A* Felsspalte *f*

рассерди́ть <*fut:* -сержу́, -се́рдишь> *vt I pf* (*impf:* серди́ть) ärgern, reizen

рассе́янность *f I* ① Zerstreutheit *f*; ② (*отсу́тствие концентра́ции*) Konzentrationsschwäche *f*

рассе́янный <*kf:* -се́ян, -се́янна> *adj* ① zerstreut, fahrig, geistesabwesend; ② (ФИЗ: *свет*) diffus

расска́з *m K* ① (*повествова́ние*) Erzählung *f*, Schilderung *f*; ② (*нове́лла*) Erzählung *f*

рассказа́ть <*fut:* -скажу́, -ска́жешь> *vt E4 pf* (*impf:* расска́зывать) erzählen

расска́зчик *m K* Erzähler, -in *m/f*

рассла́биться *vr I pf* (*impf:* расслабля́ться) sich entspannen

рассле́дование *nt O2* ① Erhebung *f*; ② (ЮР) Ermittlung *f*

рассле́довать *vt E2 impf/pf* (ЮР) ermitteln, nachgehen, erheben

расслы́шать <*fut:* -слы́шу, -слы́шишь> *vi I pf* deutlich hören, vernehmen; **не ~** überhören

рассма́тривать *vt E impf* (*pf:* рассмотре́ть) ① betrachten, ansehen; ② (*выноси́ть сужде́ние*) prüfen, begutachten; ③ (*в ка́честве чего́-л.*) erachten (für *+akk*)

рассмотре́ние *nt O2* ① Betrachtung *f*, Durchsicht *f*; ② (*эксперти́за*) Prüfung *f*, Begutachtung *f*

расспра́шивать *vt E impf* (*pf:* расспроси́ть) ① nachfragen; ② (*выспра́шивать о чём-л.*) ausfragen (nach *+dat*)

расспро́с *m K* (*meist pl*) Erkundigungen *f pl*

рассредото́чение *nt O2* ① (*децентрализа́ция*) Dezentralisation *f*; ② (ВОЕ) zerstreutes Aufstellen *nt*

рассредото́чивать *vt E impf* (*pf:* рассредото́чить) ① dezentralisieren; ② (ВОЕ) zerstreut aufstellen

рассро́чка *f A* Teilzahlung *f*, Ratenzahlung *f*; **в рассро́чку** auf Raten

расста́вить <*fut:* -ста́влю, -ста́вишь> *vt I pf* (*impf:* расставля́ть) ① stellen; **~ в определённом поря́дке** einordnen ② (*но́ги*) spreizen

расстано́вка *f A* ① Aufstellung *f*; ② (*распределе́ние*) Verteilung *f*; ③ (*fig:* *ситуа́ция*) Konstellation *f*; **~ сил** Kräfteverhältnis *nt*

расстоя́ние *nt O2* Entfernung *f*, Abstand *m*

расстра́ивать *vt E impf* (*pf:* расстро́ить) ① (*вноси́ть замеша́тельство*) verwirren; ② (*по́ртить настрое́ние*) missmutig machen, die Laune verderben; ③ (*дезорганизо́вывать*) desorganisieren; ④ (*эконо́мику, здоро́вье*) zerrütten; ⑤ (*пла́ны*) zunichte machen; ⑥ (МУЗ) verstimmen

расстро́енный *adj* betrübt, missmutig, verstimmt

расстро́йство *nt O* ① (*замеша́тельство*) Verwirrung *f*; **одно́ ~** nichts als Ärger; ② (*дезорганиза́ция*) Desorganisation *f*; ③ (МЕД) Störungen *pl*, -verstimmung *f*; **~ желу́дка** Magenverstimmung *f*; **~ сна** Schlafstörung *f*

рассуди́тельность *f I* ① Besonnenheit *f*; ❷ (*спосо́бность сужде́ния*) Urteilsvermögen *nt*

рассуди́тельный *<kf:* -лен, -льна*> adj* besonnen

рассу́док *<gen sg:* -дка*> m K* Verstand *m*; **лиша́ть рассу́дка** den Verstand rauben

рассужде́ние *nt O2* ❶ (*размышле́ние*) Überlegung *f*, Erwägung *f*; ❷ (*сужде́ние*) Schlussfolgerung *f*, Urteil *nt*; ❸ (*meist pl: разгово́ры*) Erörterungen *f pl*, Gerede *nt*; **без рассужде́ний** ohne Widerrede

рассчита́ть *vt E pf* (*impf:* рассчи́тывать) (*на кого́-либо*) berechnen, kalkulieren

рассчита́ться *vr E pf* (*impf:* рассчи́тываться) abrechnen; **я хоте́л бы ~** bitte zahlen!

рассчи́тывать I. *vt E impf* (*pf:* рассчита́ть) (*производи́ть рассчёт*) berechnen, kalkulieren; **II.** *vi E nur impf* ❶ (*на что-л.*) bauen (auf *+akk*); ❷ (*наде́яться*) hoffen (auf *+akk*); **~ на чью-л. по́мощь** mit jds Hilfe rechnen

рассы́лка *<gen pl:* -лок*> f A* Versendung *f*, Versand *m*

рассы́пать *<fut:* -сы́плю, -сы́плешь*> vt E4 pf* (*impf:* рассыпа́ть) ❶ streuen; ❷ (*просы́пать*) schütten, verschütten

рассы́пчатый *<kf:* -чат*> adj* mürbe, bröcklig

раста́пливать *vt E impf* (*pf:* растопи́ть) ❶ zum Schmelzen bringen; ❷ (*топи́ть*) heizen, anheizen

раста́птывать *vt E impf* (*pf:* растопта́ть) zertreten, zerstampfen

раста́ять *vi E pf* (*impf:* та́ять) tauen, schmelzen

раство́р *m K* ❶ (хим) Lösung *f*; ❷ (строит) Mörtel *m*

раствори́мый *<kf:* -ри́м*> adj* löslich

раствори́тель *m K1* Lösungsmittel *nt*

раствори́ться I. *<nur 3. pers:* -тво́рится*> vr I pf* (*impf:* растворя́ться) ❶ sich auflösen; ❷ (*раста́ять*) zergehen; **II.** *vi I* (*раскры́ться*) sich auftun, sich weit öffnen

растека́ться *<nur 3. pers:* -ка́ется*> vr E impf* (*pf:* расте́чься) zerrinnen

расте́ние *nt O2* Pflanze *f*, Gewächs *nt*

растере́ть *<fut:* разотру́, -трёшь*> vt E4b pf* (*impf:* растира́ть) ❶ zerreiben; ❷ (*те́ло, ко́жу*) einreiben, abreiben, massieren; ❸ (*махро́вым полоте́нцем*) frottieren

растерза́ть *vt E pf* (*impf:* растерзывать) (*auch fig*) zerfleischen, zerreißen

расте́рянный *<kf:* -рян*> adj* ❶ (*смущённый*) fassungslos, konfus, verwirrt; ❷ (*беспо́мощный*) ratlos, verunsichert

растеря́ться *vr E pf* (*impf:* теря́ться) in Verwirrung geraten

расте́чься *<nur 3. pers:* -течётся, -теку́тся*> vr UE4 pf* (*impf:* растека́ться) zerrinnen

расти́ *<präs:* расту́, растёшь*> vi E6 impf* (*pf:* вы́расти) ❶ wachsen; ❷ (*увели́чиваться*) zunehmen, ansteigen

расти́тельность *f I* (бот) Vegetation *f*

расти́тельный *adj* pflanzlich

растоло́чь *<fut:* -толку́, -толчёшь*> vt UE4 pf* (*impf:* толо́чь) zerstoßen, zerkleinern

растопи́ть *<fut:* -топлю́, -то́пишь*> vt I pf* (*impf:* раста́пливать) ❶ zum Schmelzen bringen; ❷ heizen

расторга́ть *vt E impf* (*pf:* расто́ргнуть) kündigen, auflösen; **~ брак** die Ehe scheiden

расторже́ние *nt O2* ❶ Aufhebung *f*, Auflösung *f*; ❷ (*догово́ра*) Kündigung *f*

расторо́пный *<kf:* -пен, -пна*> adj* ❶ flink; ❷ (*ло́вкий*) gewandt

Р

расточáть *vt E impf* (*pf:* расточи́ть) vergeuden; **~ похвалы́** Lob spenden
расточи́тельность *f I* Verschwendungssucht *f*
расточи́тельный <*kf:* -лен, -льна> *adj* verschwenderisch
расточи́тельство *nt O2* Verschwendung *f*
растр *m K* (ФИЗ, ТЕХ) Raster *m*
растрáта *f A* ① Vergeudung *f*; ② (ЮР) Unterschlagung *f*, Veruntreuung *f*, Defraudation *f*
растрáтить <*fut:* -трáчу, -трáтишь> *vt I pf* (*impf:* растрáчивать) ① vergeuden; ② (ЮР) unterschlagen
растрёпанный <*kf:* -пан> *adj* ① (*о волосáх*) zerzaust; ② (*о кни́ге*) zerlesen
растрепáться <*fut:* -треплю́сь, -трéп(л)ешься> *vr E4 pf* (*impf:* растёрпываться) ① (*о волосáх*) zerzaust sein; ② (*о кни́ге*) zerlesen sein
растрóганный <*kf:* -ган> *adj* bewegt, gerührt
растрóгать *vt E pf* bewegen, rühren; **~ до слёз** zu Tränen rühren
растя́гивать *vt E impf* (*pf:* растяну́ть) dehnen, ausdehnen, recken, strecken
растяжéние *nt O2* ① Dehnen *nt*; ② (МЕД) Zerrung *f*
растяжи́мый <*kf:* -жи́м> *adj* dehnbar
расхвáливать *vt E impf* (*pf:* расхвали́ть) sehr loben
расхищéние *nt O2* Veruntreuung *f*
расхлёбывать *vt E impf* (*pf:* расхлебáть) (*fig*, *umg*) auslöffeln, ausbaden; **~ кáшу** etwas ausbaden müssen
расхля́банный <*kf:* -бан> *adj* ① (ТЕХ) zerfahren, gelockert; ② (*fig*) schlampig, unordentlich
расхóд *m K* ① (*потреблéние*) Verbrauch *m*; ② (*трáта, затрáта*) Ausgabe *f*, Aufwand *m*; ③ (*im pl*) Kosten *pl*; **путевы́е ~ы** Reisekosten *pl*
расходи́ться <*nur 3. pers:* -хóдится> *vr I impf* (*pf:* разойти́сь) ① auseinandergehen; ② (*расставáться*) sich trennen; ③ (*о гостя́х*) aufbrechen; ④ (*о мнéниях*) differieren
расхóдовать *vt E2 impf* (*pf:* израсхóдовать) ① ausgeben, aufwenden; ② (*си́лы*) verausgaben
расхождéние *nt O2* ① Diskrepanz *f*; ② (*противорéчие*) Widerspruch *m*
расцвéт *m K* ① (БОТ) Blüte *f*; ② (*fig*) Blüte *f*, Blütezeit *f*; ③ (ЭКОН) Aufschwung *m*
расцветáть *vi E impf* (*pf:* расцвести́) aufblühen
расцéнка <*gen pl:* -нок> *f A* ① (*ценá*) Preis *m*; ② (*meist im pl:* *трудá*) Tarif *m*
расчесáть <*fut:* -чешу́, -чéшешь> *vt E4 pf* (*impf:* расчёсывать) ① kämmen, durchkämmen; ② (*расцарáпать*) zerkratzen
расчёт *m K* ① (*auch fig*) Kalkulation *f*, Berechnung *f*; ② (*auch fig:* *расплáта*) Abrechnung *f*, Verrechnung *f*; **мы в ~е** wir sind quitt; **принимáть в ~** in Betracht ziehen; einkalkulieren; **получи́ть ~** entlassen werden
расчётливый <*kf:* -лив> *adj* ① (*эконóмный*) wirtschaftlich, sparsam; ② (*fig*) berechnend
расширéние *nt O2* Erweiterung *f*, Ausbau *m*
расши́рить *vt I pf* (*impf:* расширя́ть) ① erweitern; ② (*auch fig:* *разви́ть*) ausweiten, ausbauen
расширя́ться *vi E impf* (*pf:* расши́риться) (ЭКОН) expandieren
расшифровáть *vt E2 pf* (*impf:* расшифрóвывать) aufschlüsseln, entziffern, dekodieren
расшифрóвка <*gen pl:* -вок> *f A* Entziffern *nt*, Entschlüsselung *f*, Dekodierung *f*
расщéлина *f A* Spalte *f*, Riss *m*, Ritze *f*

расщепле́ние *nt O2* (ХИМ, ФИЗ) Spaltung *f*; **~ а́томного ядра́** Atomkernspaltung *f*

ратифика́ция *f A2* Ratifizierung *f*

ратифици́ровать *vt E2 impf/pf* ratifizieren

ра́товать *vt E2 impf* (*за кого́-л./что-л.*) eintreten, plädieren (für *+akk*)

ра́туша *f A* Rathaus *nt*

рафини́рованный <*kf:* -ван> *adj* ① (ТЕХ) raffiniert, gereinigt; ② (*fig*) verfeinert, erlesen, raffiniert

рахи́т *m K* (МЕД) Rachitis *f*

рацио́н *m K* Ration *f*

рациона́льный <*kf:* -лен, -льна> *adj* ① (*разу́мный*) rational, vernünftig; ② (*целесообра́зный*) sinnvoll, zweckmäßig

ра́ция *f A2* Funkgerät *nt*

рвать I. <*präs:* рву, рвёшь> *vt E4 impf* ① zerreißen, herausreißen; **~ на себе́ во́лосы** sich die Haare raufen; ② (*цветы*) pflücken; ③ (*отноше́ния*) abbrechen; **II.** *vi E4* (МЕД) brechen

рве́ние *nt O2* Eifer *m*

рво́та *f A* (МЕД) Brechreiz *m*

реабилита́ция *f A2* Rehabilitation *f*

реаги́ровать *vi E2 impf* (*pf:* про-, от-, с-) reagieren

реакти́вный <*kf:* -вен, -вна> *adj* (ХИМ, ФИЗ) reaktiv; **~ самолёт** Düsenflugzeug *nt*

реа́ктор *m K* Reaktor *m*

реакцио́нный <*kf:* -цио́нен, -цио́нна> *adj* reaktionär, fortschrittsfeindlich

реа́кция *f A2* ① Reaktion *f*, Echo *nt*; ② (ХИМ) Reaktion *f*

реализа́ция *f A2* ① (*осуществле́ние*) Verwirklichung *f*, Umsetzung *f*, Durchführung *f*; ② (*испо́льзование*) Verwertung *f*; ③ (ЭКОН: *сбыт, прода́жа*) Absatz *m*, Veräußerung *f*; ④ (ОБДАН) Implementierung *f*

реали́зм *m K* Realismus *m*

реализова́ть *vt E2 pf* (*impf:* реализо́вывать) ① realisieren, verwirklichen; ② (ЭКОН) vermarkten, veräußern

реали́ст *m K* Realist *m*

реалисти́чный <*kf:* -чен, -чна> *adj* realistisch

реа́льность *f I* Realität *f*, Wirklichkeit *f*

реа́льный <*kf:* -лен, -льна> *adj* ① wirklich, real; ② (*возмо́жный*) machbar

реанима́ция *f A2* Reanimation *f*, Wiederbelebung *f*; **отделе́ние реанима́ции** Intensivstation *f*

ребёнок <*nom pl:* де́ти, ребя́та> *m U4* Kind *nt*

ребро́ *nt O pls* (АНАТ) Rippe *f*

ребя́чество *nt O* Kinderei *f*, kindisches Benehmen *nt*

рёв *m K* ① Gebrüll *nt*; ② (*бушева́ние*) Tosen *nt*

рева́нш *m K* Revanche *f*; **брать ~** sich revanchieren

реве́нь *m K1 e* (БОТ) Rhabarber *m*

revера́нс *m K* Knicks *m*

реве́ть <*präs:* реву́, ревёшь> *vi E4 impf* ① brüllen, plärren; ② (*бушева́ть*) tosen

реви́зия *f A2* Revision *f*, Prüfung *f*

ревизо́р *m K* Prüfer *m*, Revisor *m*

ревмати́зм *m K* ① (МЕД) Rheumatismus *m*; ② (*umg*) Rheuma *nt*

ревни́вый <*kf:* -ни́в> *adj* eifersüchtig

ре́вностный <*kf:* -тен, -тна> *adj* eifrig

ре́вность *f I* Eifersucht *f*

револьве́р *m K* Revolver *m*

революционе́р *m K* Revolutionär *m*

революцио́нный <*kf:* -цио́нен, -цио́нна> *adj* revolutionär

револю́ция *f A2* Revolution *f*

рега́та *f A* Regatta *f*

ре́гби *nt indekl* (СПОРТ) Rugby *nt*

регенера́ция *f A2* Regeneration *f*

регио́н *m K* Region *f*

регионали́зм *m K* Regionalismus *m*

региона́льный *adj* regional, Regional-

реги́стр *m K* ① Register *nt*; ② (*спи́сок*) Verzeichnis *nt*

регистрату́ра *f A* ① Registratur *f*; ② (*стол администра́тора*) Empfang *m*

регистра́ция *f A2* ① Registrierung *f*, Eintragung *f*; ② (*постано́вка на учёт*) Anmeldung *f*; **~ бра́ка** (АДМИН) Eheschließung *f*

регистри́ровать *vt E2 impf* (*pf:* за-) ① (*вноси́ть*) registrieren, eintragen; ② (*ста́вить на учёт*) anmelden

регла́мент *m K* ① Reglement *nt*; ② (*вре́мя на выступле́ние*) Redezeit *f*, Zeitbegrenzung *f*

регламента́ция *f A2* Regelung *f*

регламенти́ровать *vt E2 impf/pf* regeln, reglementieren

регре́сс *m K* ① Rückschritt *m*; ② (*обра́тное разви́тие*) rückläufige Entwicklung *f*; ③ (ЮР) Regress *m*

регули́рование *nt O2* ① Regelung *f*; ② (*упоря́дочение*) Regulierung *f*; **валю́тное ~** (ЭКОН) Regulierung *f* des Devisenverkehrs

регули́ровать *vt E2 impf* (*pf:* у-) ① regeln; ② (*упоря́дочивать*) regulieren; ③ (ТЕХ) einstellen, verstellen

регуля́рность *f I* Regelmäßigkeit *f*

регуля́рный <*kf:* -рен, -рна> *adj* regelmäßig

регуля́тор *m K* Regulator *m*, Regler *m*

редакти́ровать *vt E2 impf* (*pf:* от-) ① redigieren; ② (*де́лать пра́вку*) korrigieren

реда́ктор *m K* Redakteur, -in *m/f*, Lektor, -in *m/f*

реда́кция *f A2* ① Redaktion *f*; ② (*отде́л изда́тельства*) Lektorat *nt*; ③ (*редакти́рование*) Korrektur *f*, Redigieren *nt*; ④ (*вариа́нт те́кста*) Fassung *f*, Version *f*

реди́ска *f A* (БОТ) Radieschen *f*

ре́дкий <*kf:* -док, -дка́> *adj* ① selten; ② (*ре́дкостный*) rar; ③ (*негусто́й*) spärlich

ре́дкость *f I* ① Seltenheit *f*; ② (*рарите́т, ре́дкая вещь*) Rarität *f*

реду́кция *f A2* Reduktion *f*

рее́стр *m K* Register *nt*, Index *m*

режи́м *m K* ① (ПОЛ) Regime *nt*; **вое́нный ~** Militärdiktatur *f*; **демократи́ческий ~** Demokratie *f*; ② (*распоря́док дня*) Tagesablauf *m*, Tageseinteilung *f*; ③ (*усло́вия*) Bedingungen *f pl*, Verhältnisse *pl*

режиссёр *m K* Regisseur *m*

режиссу́ра *f A* Regie *f*, Spielleitung *f*

ре́зать <*präs:* ре́жу, ре́жешь> *vt E4 impf* (*pf:* за-, раз-, с-) ① schneiden; ② (*umg: де́лать опера́цию*) operieren; ③ (*скот*) schlachten; **~ слух** (*fig*) in den Ohren gellen

ре́заться *vr E4* (*зу́бы*) durchkommen

ре́звый <*kf:* резв, резва́> *adj* ① flink, schnell; ② (*шаловли́вый*) ausgelassen; ③ (*озорно́й*) mutwillig

резе́рв *m K* Reserve *f*; **име́ть** [*o* **держа́ть**] **в ~е** in Reserve haben [*o* halten]

резерви́ровать *vt E2 impf* (*pf:* за-) reservieren, buchen

резерви́ст *m K* (*военнообя́занный запа́са*) Reservist *m*

резе́рвный *adj* Reserve-; **~ запа́с** Sicherheitsbestand *m*

резервуа́р *m K* Reservoir *nt*, Sammelbecken *nt*

резе́ц <*gen sg:* -зца́> *m K e* (ТЕХ) Meißel *m*

резиде́нция *f A2* ① Residenz *f*; ② (*официа́льная*) Amtssitz *m*, Sitz *m*; ③ (*geh*) Domizil *nt*; **за́городная ~** Sommersitz *m*

рези́на *f A* Gummi *m*

рези́нка *f A* ① Radiergummi *m*; ② (*umg: презервати́в*) Gummischutz *m*; **жева́тельная ~** Kaugummi *m*

рези́новый *adj* Gummi-

ре́зкий <*kf:* ре́зок, резка́, ре́зко> *adj* ① (*си́льный*) heftig, stark; ② (*внеза́пный*) abrupt; ③ (*звук*)

Р

schrill, gellend; ❹ (**свет**) grell; ❺ (**за́пах**) penetrant; ❻ (**ко́нтур**) scharf; ❼ (*fig:* **чёткий, неприкра́шенный**) scharf, drastisch; ❽ (*fig:* **гру́бый**) barsch, schroff
ре́зко *adv* schlagartig
резня́ *f A1 e* Gemetzel *nt*
резолю́ция *f A2* Resolution *f*, Entschluss *m*, Beschluss *m*
резона́нс *m K* ❶ (ТЕХ) Resonanz *f*; ❷ (*fig*) Widerhall *m*
результа́т *m K* ❶ Ergebnis *nt*, Resultat *nt*; ❷ (**исхо́д, развя́зка**) Ausgang *m*; **в ~е** dadurch, infolgedessen
ре́зчик *m K:* **~ по де́реву** Holzschnitzer *m*; **~ по ка́мню** Steinmetz *m*; **~ по ме́ди** Kupferstecher *m*; **~ по мета́ллу** Graveur *m*
резьба́ *f A e* ❶ (ТЕХ) Gewinde *nt*; ❷ (**худо́жественный про́мысел**) Schnitzerei *f*; **~ по де́реву** Holzschnitt *m*
резюме́ *nt indekl* Resümee *nt*, Zusammenfassung *f*
резюми́ровать *vt E2 impf/pf* resümieren, zusammenfassen
рейд *m K* ❶ (ВОЕ) Streifzug *m*; ❷ (СУД) Reede *f*; ❸ (*fig:* **контро́льная а́кция**) Kontrollaktion *f*, Prüfung *f*
ре́йка *f A* Latte *f*, Leiste *f*
Рейн *m K* Rhein *m*
рейс *m K* ❶ Route *f*, Linie *f*; ❷ (ТРАНС) Linienfahrt *f*, Linienflug *m*
ре́йсовый *adj* (ТРАНС) Linien-; **~ авто́бус** Linienbus *m*
рейтинг ❶ (ПОЛ) Popularitätsquote *f*; ❷ (ЭКОН) Rating *nt*
рейх *m K:* **тре́тий ~** das Dritte Reich *nt*
река́ *f A pls* Fluss *m*, Strom *m*
ре́квием *m K* Requiem *nt*
реквизи́т *m K* ❶ (ТЕАТ) Requisit *nt*; ❷ (*im pl:* **в официа́льном докуме́нте**) erforderliche Angaben *pl*; **ба́нковские ~ы** Bankverbindung *f*
рекетёр, рэкети́р *m K* Erpresser *m* von Schutzgeldern
рекла́ма *f A* (ЭКОН) Reklame *f*, Werbung *f*
реклами́ровать *vt E2 impf/pf* werben, bewerben, Reklame machen
рекла́мный *adj* Werbe-
рекоменда́ция *f A2* ❶ Empfehlung *f*, Hinweis *m*; ❷ (**пи́сьменный о́тзыв**) Referenz *f*
рекомендова́ть *vt E2 impf* (*pf:* **по-**) empfehlen
реконструи́ровать *vt E2 impf/pf* ❶ (**восстанови́ть**) rekonstruieren; ❷ (*fig*) rekonstruieren, nachvollziehen
реконстру́кция *f A2* Rekonstruktion *f*, Wiederaufbau *m*
реко́рд *m K* Rekord *m*, Rekordleistung *f*
ре́ктор *m K* Rektor, -in *m/f*
реле́ *nt indekl* (ТЕХ) Relais *nt*
релевантный *adj* (**зна́чимый**) relevant
религио́зный <*kf:* **-зен, -зна**> *adj* religiös
рели́гия *f A2* Religion *f*
рели́квия *f A2* Reliquie *f*
рели́кт *m K* Relikt *m*
релье́ф *m K* Relief *m*
рельс *m K* Eisenbahnschiene *f*
реме́нь <*gen sg:* **-мня́**> *m K1 e* Gurt *m*, Gürtel *m*, Riemen *m*; **~ безопа́сности** (АВТО) Sicherheitsgurt *m*
реме́сленник *m K* ❶ Handwerker *m*; ❷ (ЮР) Gewerbetreibender *m*
реме́сленный *adj* Handwerks-, gewerblich
ремесло́ <*nom pl:* **ремёсла**> *m K pls* ❶ Handwerk *nt*; ❷ (**про́мысел**) Gewerbe *nt*; **худо́жественное ~** Kunsthandwerk *nt*
ремо́нт *m K* ❶ Reparatur *f*, Instandsetzung *f*; ❷ (**в кварти́ре и т.п.**) Renovierung *f*
ремонти́ровать *vt E2 impf* (*pf:* **от-**) reparieren
ремо́нтный *adj* Reparatur-; **ремо́нтная мастерска́я** Repara-

Р

turwerkstatt *f*
рентге́н *m K* (ФИЗ, МЕД) Röntgen *nt*; **де́лать ~** röntgen
рентге́новский *adj* (ФИЗ, МЕД) Röntgen-
реорганиза́ция *f A2* Reorganisation *f*, Umstrukturierung *f*
реорганизова́ть *vt E2 pf* (*impf:* реорганизо́вывать) umbilden, umstrukturieren, reorganisieren
репе́йник *m K* (БОТ) Klette *f*
репертуа́р *m K* (ТЕАТ) Repertoire *nt*, Spielplan *m*
репети́ровать *vt E2 impf* (*pf:* про-, от-) proben
репети́ция *f A2* (ТЕАТ) Probe *f*; **генера́льная ~** Generalprobe *f*
ре́плика *f A* ① Einwurf *m*, Zwischenruf *m*; **вста́вить ре́плику** einwerfen; ② (*возраже́ние*) Erwiderung *f*, Einwand *m*; ③ (*опроверже́ние*) Gegendarstellung *f*
репорта́ж *m K* Reportage *f*
репортёр *m K* Reporter, -in *m/f*

репре́ссия *f A2* ① Repression *f*; ② (*репресси́вная ме́ра*) Maßregelung *f*
репроду́кция *f A2* Reproduktion *f*
репти́лия *f A2* (ЗООЛ) Reptil *nt*
репута́ция *f A2* ① Ruf *m*, Leumund *m*; ② (*и́мидж*) Image *nt*
ресни́ца *f A* Wimper *f*
респекта́бельный <*kf:* -лен, -льна> *adj* respektabel, achtbar
респу́блика *f A* Republik *f*
республика́нец <*gen sg:* -нца, *gen pl:* -нцев> *m K* Republikaner *m*
республика́нский *adj* republikanisch
рессо́ра *f A* (ТЕХ) Feder *f*
реставра́тор *m K* Restaurator, -in *m/f*
реставри́ровать *vt E2 impf/pf* restaurieren, wiederherstellen
рестора́н *m K* Restaurant *nt*; **привокза́льный ~** Bahnhofsgaststätte *f*
ресу́рс *m K* ① Hilfsquelle *f*; ② (*meist im pl*) Vorräte *m pl*, Quellen *f pl*, Ressourcen *pl*; **приро́дные ~ы** Naturschätze *pl*; **трудовые ~ы** Arbeitskräfte *pl*
рето́рта *f A* (ХИМ) Retorte *f*
рефере́ндум *m K* (ПОЛ) Referendum *m*, Volksbefragung *f*, Volksentscheid *m*
ре́фери *m indekl* (СПОРТ) Kampfrichter *m*
рефле́кс *m K* Reflex *m*
рефле́ксия *f A2* (*размышле́ние, самоана́лиз*) Reflexion *f*
рефле́ктор *m K* Reflektor *m*
рефо́рма *f A* Reform *f*; **де́нежная ~** Währungsreform *f*
реформа́тор *m K* Reformator *m*
реформи́ровать *vt E2 impf/pf* reformieren
рецензе́нт *m K* Gutachter *m*
рецензи́ровать *vt E2 impf* (*pf:* про-, от-) rezensieren, begutachten
реце́нзия *f A2* Rezension *f*
реце́пт *m K* (МЕД) Rezept *nt*
рециди́в *m K* (ЮР, МЕД) Rückfall *m*
рецидиви́ст *m K* (ЮР) Rückfällige(r) *mf*, Gewohnheitsverbrecher *m*
речь *f I ple1* ① (*nur sg*) Sprache *f*, Reden *nt*; **выступа́ть с ~ю** eine Rede halten; **пи́сьменная ~** Schriftsprache *f*; **у́стная ~** gesprochene Sprache *f* ② (*выступле́ние*) Rede *f*, Ansprache *f*
реша́ть *vt E impf* (*pf:* реши́ть) ① (*принима́ть реше́ние*) entscheiden, beschließen; **~ за кого́-л.** jdm die Entscheidung abnehmen; ② (*зада́чи, ре́бусы*) lösen, knobeln
реша́ться *vr E impf* (*pf:* реши́ться) sich entschließen
реша́ющий *adj* ausschlaggebend, entscheidend
реше́ние *nt O2* ① (*постановле́ние*) Beschluss *m*; ② (*при нали́чии альтернати́вы*) Entscheidung *f*; ③ (*заключе́ние*) Entschluss *m*; ④ (*резолю́ция*) Entschließung *f*; ⑤ (ЮР) Verfügung *f*; ⑥ (*зага́дки, зада́чи*) Lösung *f*, Auflösung *f*; **приня́ть ~** eine Entscheidung treffen,

решётка *f A* Gitter *nt*
реши́мость *f I* Entschlussfreudigkeit *f*
реши́тельность *f I* Entschlossenheit *f*
реши́тельный <*kf:* -лен, -льна> *adj* entschlossen
реши́ть *vt I pf* (*impf:* решать) (1) entscheiden, beschließen; **~ за кого́-л.** jdm die Entscheidung abnehmen; **решено́!** abgemacht! (2) (*зада́чу, вопро́с*) lösen
ржа́веть <*nur 3. pers:* -вéет> *vi E impf* (*pf:* за-) rosten, verrosten
ржа́вчина *f A* Rost *m*; **очища́ть от ржа́вчины** entrosten
ржа́вый <*kf:* ржав> *adj* rostig, verrostet
Рим *m K* Rom *nt*
ри́млянин, римля́нка <*nom pl m:* ри́мляне, *gen pl f:* -нок> *m U2 / f A* Römer, -in *m/f*
ри́мский *adj* römisch
ри́мско-католи́ческий *adj* römisch-katholisch
ринг (СПОРТ) Ring *m*; **на ри́нге** im Ring
рис *m K* Reis *m*
рис. *abk von* рису́нок *m* Abbildung *f*
риск *m K* Risiko *nt*, Wagnis *nt*; **идти́ на ~** ein Risiko eingehen; **на свой страх и ~** (*fig*) auf eigene Gefahr
риско́ванный <*kf:* -ван, -ванна> *adj* riskant, gewagt; **риско́ванное предприя́тие** Wagnis *nt*
рискова́ть *vt E2 impf* (*pf:* рискну́ть) riskieren; **~ подойти́ к кому́-л./чему́-л.** sich heranwagen (an *+akk*); **мы риску́ем, что** wir laufen Gefahr, dass
рисова́ть *vt E2 impf* (*pf:* на-) malen, zeichnen; **~ в чёрном цве́те** (*fig*) schwarz malen; **~ себе́** (*fig*) sich ausmalen
рису́нок <*gen sg:* -нка> *m K* (1) Zeichnung *f*; (2) (*гра́фика*) Grafik *f*; (3) (*узо́р*) Muster *nt*
ритм *m K* Rhythmus *m*
ритми́ческий *adj* rhythmisch
рито́рика *f A* Rhetorik *f*
ритори́ческий *adj* rhetorisch
ритуа́л *m K* Ritual *m*
ритуа́льный *adj* rituell, Ritual-
риф *m K* Riff *nt*
ри́фма *f A* (ЛИТ) Reim *m*
рифмова́ть *vt E2 impf* (*pf:* с-) reimen
ро́бкий <*kf:* ро́бок, робка́> *adj* (1) (*нереши́тельный*) zaghaft, schüchtern; (2) (*смущённый*) verlegen, scheu
ро́бот *m K* Roboter *m*
ров <*gen sg:* рва> *m K* Graben *m*
рове́сник *m K* Altersgenosse *m*
ро́вно *adv* (1) genau, gerade; **~ год** genau ein Jahr; (2) ebenso wie
ро́вный <*kf:* ро́вен, ровна́> *adj* (1) eben, gerade; (2) (*уравнове́шенный*) gelassen, ausgeglichen
рог <*nom pl:* рога́> *m K ple* (1) Horn *nt*; (2) (*у оле́ня*) Geweih *nt*; (3) (МУЗ) Horn *nt*
рога́лик *m K* (*бу́лочка*) Hörnchen *nt*
рога́тка *f A* (1) Schleuder *f*; (2) (*fig: препя́тствие*) Hindernis *nt*
рогово́й *adj* Horn-, aus Horn; **рогова́я оболо́чка** (АНАТ) Hornhaut *f*
рого́жа *f A* Bastmatte *f*
род *m K* (1) (*сорт, вид*) Art *f*, Gattung *f*; **тако́го ~а** derart; **в не́котором ~е** gewissermaßen; **~ заня́тий** Metier *nt*; (2) (*поколе́ние; семья́*) Geschlecht *nt*; (3) (ЛИНГ) Genus *nt*
роди́льный *adj* Entbindungs-; **~ зал** [*o* **роди́льная пала́та**] Kreißsaal *m*
роди́мый *adj* (1) heimatlich; (2) (*Anrede*) Lieber; **роди́мое пятно́** Muttermal *nt*
ро́дина *f A* Heimat *f*, Vaterland *m*; **втора́я ~** Wahlheimat *f*; **на ро́дину** heimwärts
ро́динка *f A* Muttermal *nt*, Leberfleck *m*
роди́тели <*gen pl:* -лей> *pl K1* Eltern *pl*; **приёмные ~** Stiefeltern *pl*
роди́тельский *adj* elterlich, Eltern-
роди́ть <*präs/fut:* рожу́, роди́шь>

Р

vt I impf/pf (*impf:* рож(д)а́ть,) ① gebären; ② (*fig*) hervorbringen

роди́ться <*präs/fut:* рожу́сь, роди́шься> *vr I impf/pf* ① zur Welt kommen; ② (*fig*) entstehen, aufkommen

родно́й I. *adj* ① heimatlich, heimisch; ② (**сын, дочь**) leiblich; **родны́е де́ти** eigene Kinder; **родна́я страна́** Heimatland *nt*; **~ язы́к** Muttersprache *f*; - **II.** *m wie adj* Angehörige(r) *m*, Verwandte(r) *m*

родово́й *adj* ① Sippen-, Stamm-; ② (**насле́дственный**) Erb-; ③ (лингв) Genus-

ро́дом *adv* gebürtig

родонача́льник *m K* Begründer *m*, Stammvater *m*

родосло́вная *f wie adj* Stammbaum *m*

ро́дственник, ро́дсвенница *m K / f A* Verwandte(r) *mf*

ро́дственный <*kf:* -вен, -венна> *adj* verwandt

Р

родство́ *nt O e* Verwandtschaft *f*

ро́ды *m pl K* Entbindung *f*, Geburt *f*

ро́жа *f A* ① Fratze *f*; ② (мед) Rose *f*

рожа́ть *vt E impf* (*pf:* роди́ть) ① gebären; ② (*fig*) hervorbringen

рожда́емость *f I* Geburtenrate *f*

рожда́ть *vt E impf* (*pf:* роди́ть) ① gebären; ② (*fig:* **производи́ть**) hervorbringen

рожда́ться *vr E impf* (*pf:* роди́ться) ① zur Welt kommen; ② (*fig:* **возника́ть**) entstehen

рожде́ние *nt O2* Geburt *f*; **день рожде́ния** Geburtstag *m*

рожде́ственский *adj* Weihnachts-

Рождество́ *nt O e* Weihnachten *nt*

рожо́к <*gen sg:* -жка́> *m K e* ① Hörnchen *nt*; ② (муз) Horn *nt*; **де́тский ~** Saugflasche *f*, Babyflasche *f*

ро́за *f A* (бот) Rose *f*

ро́зга <*gen pl:* ро́зог> *f A* Rute *f*

розе́тка *f A* ① (элек) Steckdose *f*; ② (**орна́мент**) Rosette *f*

рознь *f I* Zwist *m*, Zwietracht *f*

ро́зовый <*kf:* ро́зов> *adj* rosa, rosig

ро́зыгрыш *m K* ① (**лотере́и, за́йма**) Ziehung *f*, Auslosung *f*; ② (спорт) Spiel *nt*

ро́зыск *m K* Fahndung *f*; **производи́ть ~и** recherchieren

рок *m K* ① Verhängnis *nt*; ② (**рок-му́зыка**) Rockmusik *f*; **тяжёлый ~** Hard Rock *m*

роково́й *adj* verhängnisvoll, schicksalshaft

рококо́ *nt indekl* Rokoko *nt*

ро́кот *m K* Getöse *nt*

рокота́ть <*nur 3. pers:* -ко́чет> *vi E4 impf* tosen, rauschen

ро́лик *m K* ① Rolle *f*; ② (*im pl*) Rollschuhe *m pl*

роль *f I* ① (театр) Rolle *f*, Part *m*; ② (*fig*) Rolle *f*, Funktion *f*, Bedeutung *f*

ром *m K* Rum *m*

рома́н *m K* ① Roman *m*; ② (**любо́вная исто́рия**) Romanze *f*, Liaison *f*

романи́ст *m K* ① Romanschriftsteller, -in *m/f*; ② (лингв) Romanist, -in *m/f*

романи́стика *f A* (лингв) Romanistik *f*

рома́нс *m K* (муз) Romanze *f*

рома́нский *adj* romanisch; **~ стиль** Romanik *f*; **рома́нские языки́** romanische Sprachen *f pl*

рома́нтик *m K* Romantiker, -in *m/f*

рома́нтика *f A* Romantik *f*

романти́ческий *adj* romantisch

рома́шка *f A* (бот) Kamille *f*

ромб *m K* (мат) Raute *f*

роня́ть *vt E impf* (*pf:* урони́ть) fallen lassen; **~ своё досто́инство** sich [*o* seinem Ansehen] etwas vergeben

ропта́ть <*präs:* ропщу́, ро́пщешь> *vi E4 impf* ungehalten sein; **~ на судьбу́** mit dem Schicksal hadern

роско́шный <*kf:* -шен, -шна> *adj* ① prunkvoll, luxuriös; ② (*umg:* **отли́чный**) prächtig

ро́скошь *f I* ① Luxus *m*; **предме́ты ро́скоши** Luxusartikel *m pl* ② (**великоле́пие**) Pracht *f*

ро́спуск *m K* ① Entlassung *f*;

❷ (*парла́мента*) Auflösung *f*, Liquidation *f*

росси́йский *adj* russisch

Росси́я *f A2* Russland *nt*

рост <*nom pl:* роста́> *m K ple* ❶ (*проце́сс*) Wachstum *nt*; ❷ (*вышина́*) Wuchs *m*, Körpergröße *f*; ❸ (*увеличе́ние*) Anstieg *m*; **профессиона́льный ~** berufliche Entwicklung *f*; **~ дохо́дов** Ertragssteigerung *f*; **~ цен** Preisanstieg *m* Preiserhöhung *f*, Teuerung *f*

ростовщи́к *m K e* Wucherer *m*

ростовщи́чество *nt O* Wucher *m*; **занима́ться ростовщи́честом** wuchern

ростóк <*gen sg:* -тка́> *m K e* ❶ Keim *m*; ❷ (*fig*) Keim *m*, Ansatz *m*

рот <*gen sg:* рта> *m K* ❶ Mund *m*; ❷ (*у живо́тных*) Maul *nt*

ро́та *f A* (воe) Kompanie *f*

ротозе́й *m K2* Schaulustige(r) *mf*, Gaffer *m*

ртуть *f I* Quecksilber *nt*

руба́нок <*gen sg:* -нка> *m K* Hobel *m*

руба́шка *f A* Hemd *nt*, Oberhemd *nt*; **смири́тельная ~** Zwangsjacke *f*

рубе́ж *m K e* ❶ (воe) Linie *f*; ❷ (*fig*) Grenze *f*, Meilenstein *m*, Einschnitt *m*; **за рубежо́м** im Ausland

рубе́ц <*gen sg:* -бца́> *m K e* Striemen *m*

руби́льник *m K* Kippschalter *m*

руби́н *m K* Rubin *m*

руби́ть <*präs:* рублю́, ру́бишь> *vt I impf* (*pf:* на-) ❶ hauen; ❷ (*коло́ть*) hacken; **~ с плеча́** (*fig*) unüberlegt handeln

ру́бка[1] *f A* ❶ (*мя́са*) Hacken *nt*; ❷ (*дере́вьев*) Holzschlag *m*, Fällen *nt*; ❸ (*избы́*) Bauen *nt*

ру́бка[2] *f A* (суд) Steuerhaus *nt*, Turm *m*

рублёвый *adj* Rubel-; **рублёвая зо́на** Rubelzone *f*; **рублёвые расхо́ды** Ausgabe *f* in Rubel

ру́бленый *adj* gehackt; **ру́бленное мя́со** Hackfleisch *nt*

ру́бль <*gen sg:* рубля́> *m K1 e* Rubel *m*

ру́брика *f A* Rubrik *f*

руга́тельство *nt O* Schimpfwort *m*

руга́ть *vt E impf* (*pf:* вы́-, об-, от-) beschimpfen

руга́ться *vr E impf* (*pf:* по-) ❶ (*на кого́-ли́бо*) schimpfen; **~ ма́том** fluchen ❷ (*ссо́риться*) sich zanken; **~ с кем-л. из-за чего́-л.** sich mit jdm zanken (um +*akk*)

руда́ *f A pls* Erz *nt*; **желе́зная ~** Eisenerz *nt*

рудни́к *m K e* Bergwerk *nt*, Mine *m*

рудоно́сный <*kf:* -сен, -сна> *adj* erzhaltig

ружьё <*gen sg:* ружья́> *nt O1 e* Gewehr *nt*

руи́на *f A* Ruine *f*

рука́ *f A e2* ❶ (*кисть*) Hand *f*; ❷ (*от плеча́ до ки́сти*) Arm *m*; **брать под ру́ку** sich einhaken (bei +*dat*); **брать на́ руки** auf den Arm nehmen; **махну́ть руко́й на кого́-л.** (*fig*) jdn aufgeben; **пожима́ть ру́ку кому́-л.** jdm die Hand schütteln; **под руко́й** griffbereit; **на ско́ру ру́ку** (*fig*) auf die Schnelle

рука́в *m K* Ärmel *m*

рукави́ца *f A* Fausthandschuh *m*

руководи́тель, руководи́тельница *m K1 / f A* Leiter, -in *m/f*; **нау́чный ~** Doktorvater *m*

руководи́ть <*präs:* -вожу́, -води́шь> *v + inst I impf* ❶ führen, leiten; ❷ (*управля́ть*) lenken

руково́дство *nt O* ❶ Leitung *f*, Führung *f*; ❷ (*администра́ция*) Verwaltung *f*; ❸ (*инструкта́ж; инстру́кция*) Anleitung *f*; ❹ (*кни́га*) Handbuch *nt*; **~ по эксплуата́ции** Gebrauchsanweisung *f*

руководя́щий *adj* leitend; **руководя́щая до́лжность** Führungsposition *f*

рукоде́лие *nt O2* Handarbeit *f*

ру́копись *f I* Manuskript *nt*, Handschrift *f*

Р

рукопожа́тие *nt O2* Händedruck *m*
рукоя́тка *f A* ① Griff *m*, Schaft *m*; ② (*черено́к*) Stiel *m*
руле́т *m K* Roulade *f*
руле́тка *f A* ① (тех) Metermaß *nt*; ② (*игра́*) Roulette *nt*
руло́н *m K* Rolle *f*
руль *m K1 e* ① Lenkrad *nt*, Steuer *nt*; ② (*fig*) Ruder *nt*; **без руля́ и без ветри́л** völlig orientierungslos
румы́н *m K* Rumäne *m*
Румы́ния *f A* Rumänien *nt*
румы́нка *f A* Rumänin *f*
румы́нский *adj* rumänisch
румя́на <*gen pl:* румя́н> *pl O* Rouge *nt*
румя́нец <*gen sg:* -нца> *m K* Röte *f*
румя́нить *vt I impf* (*pf:* за-, на-) ① röten; ② (*накла́дывать румя́на*) Rot [*o* Rouge] auflegen
ру́пор *m K* Sprachrohr *nt*
руса́лка *f A* (*Figur der slawischen Mythologie*) Nixe *f*
ру́сло *nt O* ① Flussbett *nt*, Flusslauf *m*; ② (*fig*) Weg *f*, Richtung *f*; **в ру́сле** (+ *gen*) im Sinne, im Geiste (+*gen*)
ру́сский I. *adj* russisch; **~ язы́к** Russisch *nt*; **II.** *m wie adj* Russe *m*
рути́на *f A* Routine *f*
ру́хлядь *f I* Plunder *m*, Schrott *m*
ру́хнуть *vi E1 pf* ① einstürzen, einfallen; ② (*fig:* *оказа́ться несостоя́тельным*) zusammenfallen
руча́тельство *nt O* ① (*поручи́тельство*) Bürgschaft *f*; ② (*гара́нтия*) Gewähr *f*
руча́ться *vr E impf* (*pf:* поручи́ться) (*за кого́-ли́бо*) einstehen, sich verbürgen, garantieren (für +*akk*)
ручеёк <*gen sg:* ручейка́> *m K e* Rinnsal *nt*
руче́й <*gen sg:* ручья́> *m K2 e* Bach *m*
ру́чка *f A* ① Händchen *nt*; ② (*для письма́*) Federhalter *m*; ③ (*ша́риковая*) Kugelschreiber *m*; ④ (*рукоя́тка*) Griff *m*, Henkel *m*; ⑤ (*две́ри*) Türgriff *m*, Klinke *f*; ⑥ (*кре́сла*) Armlehne *f*
ручно́й *adj* ① Hand-; ② (*производи́мый рука́ми*) manuell; ③ (*о живо́тном*) zahm; **ручно́й рабо́ты** handgemacht; **ручны́е часы́** Armbanduhr *f*
ру́шиться <*nur 3. pers:* ру́шится> *vr I impf* (*pf:* об-, по-) zusammenbrechen
ры́ба *f A* Fisch *m*
рыба́к *m K e* Fischer, -in *m/f*
рыболо́в *m K* Angler *m*
рыболо́вство *nt O* Fischerei *f*, Fischfang *m*
рывко́м *adv* ruckartig
рыво́к <*gen:* -вка́> *m K e* ① Ruck *m*; ② (спорт) Vorstoß *m*; **~ на фи́нише** Endspurt *m*
рыга́ть *vi E impf* (*pf:* рыгну́ть) rülpsen
рыда́ть *vi E impf* schluchzen
рыжева́тый *adj* rotblond
ры́жий <*kf:* рыж, рыжа́> *adj* rothaarig, fuchsrot
ры́льце <*gen sg:* ры́льца> *nt O1* ① (бот) Narbe *f*; ② (*dim*) Schnäuzchen *m*
ры́нок <*gen sg:* ры́нка> *m K* ① Markt *m*; ② (*umg:* *ры́ночная эконо́мика*) Marktwirtschaft *f*; **блоши́ный ~** Flohmarkt *m*; **кры́тый ~** Markthalle *f*; **~ сбы́та** Absatzmarkt *m*; **чёрный ~** Schwarzmarkt *m*
ры́ночник *m K* Befürworter *m* der Marktwirtschaft
ры́ночный *adj* marktwirtschaftlich, Markt-; **ры́ночные отноше́ния** Marktverhältnisse *pl*; **ры́ночная эконо́мика** Marktwirtschaft *f*
рыса́к *m K e* (зоол) Traber *m*
рысь *f I* ① Trab *m*; **бежа́ть ~ю** traben ② (зоол) Luchs *m*
рыть <*präs:* ро́ю, ро́ешь> *vt E8 impf* (*pf:* вы-, от-) schaufeln, ausheben
ры́ться <*präs:* ро́юсь, ро́ешься> *vr E8 impf* (*в чём-ли́бо*) kramen,

stöbern
рыхли́ть *vt I impf* (*pf:* раз-, вз-) auflockern, locker machen
ры́хлый <*kf:* рыхл, рыхла́, ры́хло> *adj* ❶ locker, porös, mürbe; ❷ (*fig*) schwammig
ры́царский *adj* (*auch fig*) ritterlich
ры́царь *m K1* Ritter *m*
рыча́г *m K e* (ТЕХ) Hebel *m*
рыча́ние *nt O2* Knurren *nt*
рыча́ть <*präs:* рычу́, рычи́шь> *vi I impf* (*auch fig*) knurren
рья́ный <*kf:* рьян> *adj* übereifrig
рэ́кет *m K* Schutzgelderpressung *f*
рюкза́к *m K* Rucksack *m*
рю́мка <*gen pl:* -мок> *f A* Schnapsglas *nt*
ряби́на *f A* (БОТ) Eberesche *f*
ряби́ть <*nur 3. pers:* ряби́т> *vi I impf* flimmern
ряд *m K* Reihe *f*; **(по-)ста́вить в ~** reihen; **вступа́ть в ~ы** sich einreihen; **ста́вить в оди́н ~** in einem Atemzug nennen; **станови́ться в ~** sich reihen, sich eingliedern
рядово́й I. *adj* normal, durchschnittlich; **~ член** einfaches Mitglied *nt*; **II.** *m wie adj* (ВОЕ) Soldat *m*
ря́дом *adv* (*с кем-л./чем-л.*) neben
ря́са *f A* Kutte *f*

Сс

с, С[1] *nt indekl kyrillischer Buchstabe*
с[2] **I.** *präp +inst* mit (*+dat*); **я пойду ~ тобо́й** ich gehe mit dir; **II.** *präp +gen* ❶ seit (*+dat*), ab (*+dat*); **~ за́втрашнего дня** ab morgen; **~ сего́дняшнего дня** seit heute; **~ каки́х пор?** seit wann? **~ тех пор** seitdem; **~ 18 лет** ab 18 Jahre; ❷ von (*+dat*), aus (*+dat*); **~ ро́дины** aus der Heimat; **III.** *präp +akk* ungefähr, etwa, gegen; **~ неде́лю наза́д** ungefähr vor einer Woche
сабота́ж *m K* Sabotage *f*
саботи́ровать *vt E2 impf/pf* sabotieren
сад <*präpos sg:* о са́де, в саду́> *m K ple* Garten *m*
сади́зм *m K* Sadismus *m*
сади́ст *m K* Sadist *m*
сади́стский *adj* sadistisch
сади́ться <*präs:* сажу́сь, сади́шься> *vr I impf* (*pf:* сесть) ❶ sich setzen, Platz nehmen; ❷ (*приземля́ться*) landen; ❸ (*о тка́ни*) einlaufen
садово́д *m K* Gärtner *m*
садово́дство *nt O* ❶ Gartenbau *m*; ❷ (*садо́вое хозя́йство*) Gärtnerei *f*
садо́вый *adj* Garten-; **~ до́мик** Gartenhäuschen *nt*; **~ уча́сток** Schrebergarten *m*
са́жа *f A* Ruß *m*
сажа́ть *vt E impf* (*pf:* посади́ть) ❶ setzen; **~ за стол** zu Tisch bitten; ❷ (*в тюрьму́*) einsperren; ❸ (*расте́ние*) pflanzen, einpflanzen, setzen; ❹ (*самолёт*) landen
са́женец <*gen sg:* -нца> *m K* ❶ (БОТ) Setzling *m*; ❷ (*черено́к*) Steckling *m*
саквоя́ж *m K* Reisetasche *f*
саксофо́н *m K* Saxophon *nt*
сала́зки <*gen pl:* -зок> *f pl A* Schlitten *m*
сала́т *m K* Salat *m*; **коча́нный ~** Kopfsalat *m*
са́ло *nt O* Speck *m*; **топлёное ~** Schmalz *nt*
сало́н *m K* Salon *m*; **~-парикма́херская** Friseursalon *m*
салфе́тка *f A* Serviette *f*

са́льный <*kf:* -лен, -льна> *adj* ① schmalzig, fettig; ② (*непристо́йный*) unanständig, obszön

са́льто *nt indekl* Salto *m*

салю́т *m K* Salut *m*

салютова́ть *vi E2 impf* salutieren

сам, сама́, само́ <*gen sg:* самого́, само́й, самого́> *pron det* selber, selbst; **сам по себе́** von sich aus; **само́ собо́й разуме́ется** selbstverständlich

сама́ *siehe* **сам**

са́мбо *akr von* самооборо́на без ору́жия *nt* Sambo *m* (*Kampfsport des russischen Militärs*)

саме́ц, са́мка <*gen sg m:* -мца́, *gen pl f:* -мок> *m K / f A* (*у живо́тных*) Männchen, Weibchen *nt*

само́ *siehe* **сам**

само- *präfix* ① selbst-, Selbst-; ② eigen-, Eigen-

самова́р *m K* Samowar *m*; **е́хать в Ту́лу со свои́м ~ом** (*fig*) Eulen nach Athen tragen

самово́льный <*kf:* -лен, -льна> *adj* eigenmächtig

самовыраже́ние *nt O2* Selbstverwirklichung *f*, Entfaltung *f*

самоде́ятельность *f I* ① (*худо́жественная*) Laienkunst *f*; ② (*обще́ственная и т.п.*) Eigenmächtigkeit *f*, Eigeninitiative *f*

самодово́льный <*kf:* -лен, -льна> *adj* selbstgefällig, selbstzufrieden

самока́т *m K* (*у дете́й*) Roller *m*

самоконтро́ль *m K1* Selbstkontrolle *f*

самокри́тика *f A* Selbstkritik *f*

самокрити́чный *adj* selbstkritisch

самолёт *m K* Flugzeug *nt*; **боево́й ~** Kampfflugzeug *nt*; **реакти́вный ~** Düsenflugzeug *nt*

самоли́чно *adv* persönlich

самолюби́вый *adj* ehrgeizig

самолю́бие *nt O2* Ehrgefühl *nt*

самомне́ние *nt O2* Einbildung *f*, Dünkel *m*

самонаде́янность *f I* Vermessenheit *f*

самооблада́ние *nt O2* Fassung *f*, Selbstbeherrschung *f*; **сохраня́ть ~** Fassung bewahren,; **теря́ть ~** die Beherrschung verlieren

самообма́н *m K* Selbstbetrug *m*

самооборо́на *f A* ① Notwehr *f*; ② (*самозащи́та*) Selbstverteidigung *f*

самообслу́живание *nt O2* Selbstbedienung *f*

самоотве́рженность *f I* Hingabe *f*

самооце́нка *f A* Selbsteinschätzung *f*; **ни́зкая ~** Minderwertigkeitskomplex *m*

самопоже́ртвование *nt O2* Selbstaufopferung *f*

самосозна́ние *nt O2* ① Selbstbewusstsein *nt*; ② (филос) Identität *f*; **национа́льное ~** Nationalbewusstsein *nt*

самосохране́ние *nt O2* Selbsterhaltung *f*; **инсти́нкт самосохране́ния** Selbsterhaltungstrieb *m*

самостоя́тельность *f I* Selbständigkeit *f*, Eigenständigkeit *f*

самостоя́тельный I. <*kf:* -лен, -льна> *adj* selbstständig, eigenständig; **II.** *m wie adj* Selbstständiger *m*

самотёк *m K* (*fig*) Lauf *m*, Gang *m*; **пуска́ть на ~** seinen Lauf nehmen lassen

самоуби́йство *nt O* Selbstmord *m*

самоуби́йца *mf A* Selbstmörder, -in *m/f*

самоуправле́ние *nt O2* Selbstverwaltung *f*

самоупра́вство *nt O* ① Eigenmächtigkeit *f*; ② (*произво́л*) Willkür *f*

самоутвержде́ние *nt O2* Selbstbestätigung *f*

самоу́чка *mf A* Autodidakt *m*

самоце́ль *f I* Selbstzweck *m*

самочу́вствие *nt O2* Befinden *nt*

са́мый *pron det* ① (*in Verbindung mit:* *тот (же), э́тот (же)*) derselbe; ② (*bei Orts- und Zeitangaben*) unmittelbar, direkt; ③ *zur Bildung*

С

des super (Elativs); ~ **большо́й** der größte
сан *m K* Würde *f*, Rang *m*
санато́рий <*präpos sg:* -ии> *m K2* Sanatorium *nt*
санато́рный *adj* Sanatoriums-, Kur-; **санато́рное лече́ние** Kur *f*
са́ни <*gen pl:* сане́й> *m pl K1 ple1* (Pferde-)Schlitten *m*
сани́ровать *vt E2 impf/pf* sanieren
санита́р, **санта́рка** <*gen pl f:* -рок> *m K / f A* Sanitäter, -in *m/f*, Krankenwärter, -in *m/f*
санита́рный *adj* sanitär
са́нки <*gen pl:* са́нок> *pl A* Schlitten *m*; **ката́ться на са́нках** rodeln
санкциони́ровать *vt E2 impf/pf* ① sanktionieren; ② (*разреша́ть*) erlauben, genehmigen
са́нкция *f A2* ① Sanktion *f*; ② (*наказа́ние*) Strafmaßnahme *f*
сантиме́тр *m K* Zentimeter *m*; **куби́ческий** ~ Kubikzentimeter *m*
сану́зел <*gen sg:* -зла> *m K* sanitäre Einrichtung *f*
сапёр *m K* (ВОЕ) Pionier *m*
сапо́г <*gen pl:* сапо́г> *m K e* Stiefel *m*; **два ~а́ - па́ра** gleich und gleich gesellt sich gern
сапо́жник *m K* ① Schuhmacher *m*, Schuster *m*; ② (*umg, pej: халту́рщик; неумёха*) Stümper *m*
сапфи́р *m K* Saphir *m*
сара́й *m K2* Scheune *f*, Schuppen *m*
саранча́ *f A1 e* (ЗООЛ) Heuschrecke *f*
сарде́лька *f A* Würstchen *nt*
сарди́на *f A* Sardine *f*; **сарди́ны в ма́сле** Ölsardinen *pl*
сарка́зм *m K* Sarkasmus *m*
саркасти́ческий *adj* sarkastisch
саркофа́г *m K* Sarkophag *m*
сатана́ *m A e* Satan *m*
сати́н *m K* Satin *m*
сати́ра *f A* Satire *f*
сатири́ческий *adj* satirisch
Сату́рн *m K* Saturn *m*
са́уна *f A* Sauna *f*; **посеща́ть са́уну** saunieren
са́хар <*gen sg:* -а,-у> *m K* Zucker *m*; **тростнико́вый** ~ Rohrzucker *m*
сахари́н *m K* Sacharin *nt*, Süßstoff *m*
са́харница *f A* Zuckerdose *f*
са́харный *adj* Zucker-; **са́харная пу́дра** Puderzucker *m*; **са́харная свёкла** Zuckerrübe *f*; ~ **тростни́к** Zuckerrohr *nt*
сачо́к [1] <*gen sg:* -чка́> *m K e* Fangnetz *nt*, Kescher *m*
сачо́к [2] <*gen sg:* -чка́> *m K e* (*pej: прогу́льщик*) Drückeberger *m*, Faulpelz *m*
сба́вить <*fut:* -влю́, -вишь> *vt I pf* (*impf:* сбавля́ть) ① abziehen, vermindern; ② (*сни́зить*) herabsetzen, ermäßigen; ~ **це́ну** den Preis senken
сбаланси́рованный *adj* ausgeglichen
сбаланси́ровать *vi E2* ins Gleichgewicht bringen
сбе́га́ть *vi E impf* (*pf:* сбежа́ть) fortlaufen, ausreißen, ausbrechen
сберба́нк *m K* Sparkasse *f*
сберега́тельный *adj* Spar-; **сберега́тельная ка́сса** Sparkasse *f*; **сберега́тельная кни́жка** Sparbuch *nt*
сбереже́ние *nt O2* Ersparnis *f*
сбере́чь <*fut:* -егу́, -ежёшь, *prät:* -рёг, -регла́> *vt UE4 pf* (*impf:* бере́чь) ① (*сохрани́ть*) aufbewahren, aufheben; ② (*сэконо́мить*) (ein)sparen; ③ (*си́лы и т.п.*) schonen
сберка́сса *f A* Sparkasse *f*
сберкни́жка *f A* Sparbuch *nt*
сбива́ть *vt E impf* (*pf:* сбить) ① (*скола́чивать*) zusammenschlagen; ② (*ма́сло, сли́вки*) schlagen; ③ (*запу́тывать*) durcheinanderbringen; ④ (СПОРТ) zu Fall bringen; ⑤ (ВОЕ) abschießen
сбива́ться *vr E impf* (*pf:* сби́ться) ① aus dem Konzept kommen, den Faden verlieren; ~ **с пути́** vom Wege abkommen; ~ **с ног в по́исках чего́-л.** (*umg*) sich die Hacken ablaufen (nach *+dat*) ② (*в ку́чу*) sich zusammendrängen

С

сближáться *vr E impf* (*pf:* сблизиться) ① sich einander annähern; ② (*fig*) einander näher kommen

сближéние *nt O2* Annäherung *f*

сбой *m K2* (ТЕХ) Fehler *m*, Störung *f*, Ausfall *m*; **фатáльный ~** (ОБДАН) Absturz *m*

сбор *m K* ① (*собирáние*) Sammeln *nt*; ② (*дáнных и т.п.*) Erfassung *f*; ③ (*налóг, плáта и т.п.*) Gebühr *f*, Abgabe *f*; ④ (*nur pl*) Vorbereitungen *pl*; ⑤ (*собрáние*) Versammlung *f*; **мы все в ~е** wir sind alle da; ⑥ (ВОЕ) *kurzfristige Einberufung von Reservisten, Rettungsmannschaften o.ä. zu Übungszwecken*

сбóрище *nt O1* ① (*pej*) Menschenauflauf *m*; ② (*собрáние*) Zusammenkunft *f*

сбóрка *f A* Montage *f*, Zusammenbau *m*

сбóрник *m K* ① (ТЕХ) Sammelbehälter *m*; ② (*кни́га*) Sammelband *m*

сбóрщик *m K* ① (ТЕХ) Monteur *m*; ② (*собирáтель*) Pflücker *m*, Sammler *m*

сбрáсывать *vt E impf* (*pf:* сбрóсить) ① abschütteln, abwerfen; **~ со счетóв** nicht berücksichtigen, außer Acht lassen ② (ТЕХ) (Werte) zurücksetzen

сбрить <*fut:* сбрéю, сбрéешь> *vt E4c pf* (*impf:* сбривáть) abrasieren

сброд *m K* (*pej*) Pack *nt*

сбыт *m K* (ЭКОН) Absatz *m*, Vertrieb *m*; **находи́ть ~** Absatz finden

сбытовóй *adj* Absatz-, Vertriebs-; **сбытовáя сеть** Vertriebsnetz *nt*

свáдебный *adj* Hochzeits-; **свáдебное плáтье** Hochzeitskleid *nt*; **свáдебное путешéствие** Hochzeitsreise *f*

свáдьба *f A* Hochzeit *f*; **дó свáдьбы заживёт** (*fig*) das wird wieder gut

свáливаться I. *vr E impf* (*pf:* сваля́ться) sich verwirren, sich verfilzen; **II.** *vi E impf* (*pf:* свали́ться) ① herunterfallen; ② (*соскáльзывать*) rutschen, abrutschen; ③ (*fig:* **как снег на гóлову**) unerwartet auftauchen

свали́ть <*fut:* -алю́, -áлишь> *vt I pf* (*pf:* вали́ть, свáливать) ① (*umg*) abladen, kippen; **~ отхóды** Abfälle abladen ② (ПОЛ) stürzen, zu Fall bringen; ③ (*fig*) abladen, abwälzen (auf *+akk*)

свали́ться <*fut:* -алю́сь, -áлишься> *vr I pf* (*impf:* свáливаться) ① fallen, herunterfallen; ② unerwartet auftauchen; ③ rutschen, abrutschen

свáлка *f A* ① Schuttplatz *m*, Mülldeponie *f*; ② (*umg:* *потасóвка*) Handgemenge *nt*, Rauferei *f*

свáривать *vt E impf* (*pf:* свари́ть) ① garkochen; ② (ТЕХ) zusammenschweißen

сварли́вый <*kf:* -и́в> *adj* zänkisch, kratzbürstig

свáрщик *m K* Schweißer *m*

свáя *f A1* Pfahl *m*

свéдение *nt O2* ① Kenntnisnahme *f*; ② (*сообщéние*) Mitteilung *f*; **свéдения** Daten *pl*

свéдущий <*kf:* -ущ> *adj* (*в чём-либо*) beschlagen, firm (in *+dat*)

свéжесть *f I* Frische *f*

свéжий <*kf:* свеж, свежá, свежó, свéжи́> *adj* frisch; **свéжая газéта** (*fig*) aktuelle Zeitung *f*

свёкла *f A* (БОТ) Rübe *f*; **столóвая ~** rote Rübe *f*, rote Bete *f*; **сáхарная ~** Zuckerrübe *f*

свёкор <*gen sg:* свёкра> *m K* (*отéц мýжа*) Schwiegervater *m*

свекрóвь *f A1* (*мать мýжа*) Schwiegermutter *f*

свéрка <*gen pl:* -рок> *f A* Abgleich *m*

сверкáть *vi E impf* (*pf:* сверкнýть) glitzern, funkeln, leuchten

сверли́ть *vt I impf* (*pf:* просверли́ть) bohren, durchbohren

сверлó *nt O e* (ТЕХ) Bohrer *m*

свернýть I. *vt E1 pf* (*impf:*

свёртывать) (1) zusammenwickeln, zusammenrollen; (2) (*fig*) einschränken, abbauen; (3) (*umg*) abdrehen, abreißen; **~ шéю** (*auch fig*) das Genick brechen; **II.** *vi E1* abbiegen
свернýться *vr E1 pf* (*impf:* свёртываться) (*о молоке́, кро́ви*) gerinnen
свёртываемость *f I* Gerinnung *f*; **~ кро́ви** (МЕД) Blutgerinnung *f*
свёртывание *nt O2* (1) Gerinnung *f*; (2) (*fig*) Abbau *m*; **~ произво́дства** Betriebsstilllegung *f*
свёртывать *vt E impf* (*pf:* свернýть) (1) zusammenwickeln, zusammenrollen; (2) (*fig: приостана́вливать*) einschränken, abbauen
свёртываться *vr E impf* (*pf:* свернýться) (1) gerinnen; (2) (*fig: о произво́дстве*) abgebaut werden
сверх *präp +gen* (1) über (*+akk*); (2) auf (*+akk*)
сверх- *präfix* über-
свéрху *adv* (1) oberhalb; (2) oben
сверхуро́чные *m wie adj* Überstunden *f pl*
сверхчеловéческий *adj* übermenschlich; **сверхчеловéческие усилия** übermenschliche Anstrengungen
сверхъестéственный *adj* übernatürlich, überirdisch
сверя́ть *vt E impf* (*pf:* свéрить) (1) vergleichen, abstimmen; (2) (*эталони́ровать*) eichen
светáть *vi E impf* tagen, Tag werden, dämmern
свет[1] *m K* (1) Licht *nt*; (2) Beleuchtung *f*; **проливáть ~ на что-л.** erhellen, Aufschluss geben (über *+akk*) (3) (*umg: электри́чество*) Strom *m*
свет[2] *m K* (1) Welt *f*, Erde *f*; (2) Menschheit *f*; **вы́сший ~** (*fig*) die große Welt *f*
светúло *nt O* (1) (АСТРОН) Himmelskörper *m*; (2) (*geh: со́лнце*) Sonne *f*; (3) (*fig: авторитéт*) Koryphäe *f*, Kapazität *f*
светúльник *m K* Leuchte *f*, Beleuchtungskörper *m*; **настéнный ~** Wandleuchte *f*
светúть <*präs:* свечý, свéтишь> *vi I impf* leuchten, strahlen
светúться <*nur 3. pers:* свéтится> *vr I impf* (1) glühen; (2) (ФИЗ) fluoreszieren
свéтлый <*kf:* -тел, -тлá> *adj* (1) hell; **свéтлые во́лосы** blondes Haar *nt*; (2) (*fig*) hell, licht
светлячо́к <*gen sg:* -чкá> *m K e* (ЗООЛ) Glühwürmchen *nt*
светово́й *adj* Licht-, Leucht-; **~ курсо́р** (ОБДАН) Leuchtmarke *f*
светофо́р *m K* Ampel *f*
свéтский *adj* (1) weltlich; (2) (*из вы́сшего о́бщества*) mondän; **свéтское обращéние** feine Art *f*
свечá *f A e* (1) Kerze *f*; **игрá сто́ит ~** es lohnt sich; **~ зажигáния** (АВТО) Zündkerze *f* (2) (ФИЗ) Candela *f*; (3) (МЕД) Zäpfchen *nt*
свидáние *nt O2* (1) (*договорённость*) Verabredung *f*; (2) (*влюблённых*) Rendezvous *nt*; (3) (*по́сле разлýки*) Wiedersehen *nt*; **до свидáния!** Auf Wiedersehen!
свидéтель, свидéтельница *m K1 / f A* (1) (ЮР) Zeuge, Zeugin *m/f*; (2) (*происшéствия и т.п.*) Augenzeuge *m*; (3) (*на бракосочетáнии*) Trauzeuge *m*
свидéтельство *nt O* (1) (*об окончáнии*) Zeugnis *nt*, Zertifikat *nt*; (2) (*спрáвка*) Bescheinigung *f*; (3) (*от врачá*) Attest *nt*; **~ с мéста рабо́ты** Arbeitsbescheinigung; **~ о брáке** Trauschein *m*; **~ о рождéнии** Geburtsurkunde *f*; **~ о смéрти** Sterbeurkunde *f*, Totenschein *m*
свидéтельствовать *vt E2 impf* (1) bescheinigen; (2) (*выступáть свидéтелем*) bezeugen, aussagen
свинáрник *m K* (1) Schweinestall *m*; (2) (*fig: гря́зное помещéние*) Saustall *m*
свинéц <*gen sg:* -нцá> *m K e* Blei *nt*

С

свини́на *f A* Schweinefleisch *nt*
сви́нка *f A* (МЕД) Mumps *m*
сви́нство *nt O* (*pej*) Sauerei *f*, Schweinerei *f*
свинцо́вый *adj* bleiern, aus Blei
свинья́ <*pl:* **сви́ньи, свине́й, сви́ньям**> *f A1 ple1* ① Schwein *nt*, Sau *f*; ② (*fig*) Schwein *nt*; **гря́зная ~** (*vulg*) Dreckschwein *nt*
свире́ль *f A1* Schalmei *f*, Rohrpfeife *f*
свире́пствовать *vi E2 impf* ① (*о челове́ке*) wüten, toben; ② (*об эпиде́мии и т.п.*) grassieren
свире́пый <*kf:* **-е́п**> *adj* ① aggressiv, wütend; ② (*я́ростный*) rabiat
свисте́ть <*präs:* **-ищу́, -и́щешь**> *vi E4 impf* (*pf:* **про-**) pfeifen
свисто́к <*gen:* **-тка́**> *m K e* ① Pfiff *m*; ② (*в нача́ле игры́*) Anpfiff *m*
сви́та *f A* Suite *f*, Gefolge *nt*
сви́тер <*pl nom:* **свитера́**, *pl gen:* **-ров**> *m K* Pullover *m*
свобо́да *f A* Freiheit *f*; **~ де́йствий** Handlungsspielraum *m*; **~ передвиже́ния** Freizügigkeit *f*; **~ вы́бора** Wahlmöglichkeit *f*
свобо́дный <*kf:* **-ден, -дна**> *adj* ① frei, freiheitlich; ② (*беспла́тный*) frei, kostenlos; **свобо́дное вре́мя** Freizeit *f*; **~ вход** Eintritt frei
свод *m K* ① (*собра́ние*) Sammlung *f*; ② (СТРОИТ) Gewölbe *nt*, Bogen *m*, Wölbung *f*
сво́дка *f A* Zusammenfassung *f*, Bericht *m*; **~ пого́ды** Wetterbericht *m*
сво́дница *f A* Kupplerin *f*
своё *siehe* **свой**
своевре́менный <*kf:* **-менен, -менна**> *adj* ① rechtzeitig; ② (*в соотве́тствии со сро́ком*) fristgerecht
своенра́вный <*kf:* **-вен ,-вна**> *adj* rechthaberisch, eigensinnig
своеобра́зие *nt O2* Eigentümlichkeit *f*, Eigenart *f*
своеобра́зный <*kf:* **-зен, -зна**> *adj* ① eigenartig, eigentümlich; ② (*еди́нственнай в своём ро́де*) einzigartig, originell

С

свой, своя́, своё *pron poss* (*zeigt die Zugehörigkeit einer Sache zum Subjekt des Satzes an, unabhängig von der pers*) mein, dein, sein, ihr, unser, euer, ihr (pl)
сво́йство *nt O* ① (*характе́рный при́знак*) Eigenschaft *f*, Attribut *nt*; ② (*ка́чество*) Beschaffenheit *f*, Qualität *f*
сво́ра *f A* ① (*bei der Jagd*) Meute *f*; ② (*fig*) Meute *f*, Bande *f*
свора́чивать I. *vi E impf* (*pf:* **свороти́ть**) abbiegen, einbiegen; **~ за у́гол** um die Ecke biegen; **~ напра́во** nach rechts abbiegen; **II.** *vt E impf* (*pf:* **сверну́ть**) ① zusammenrollen; ② (*fig:* **сокраща́ть**) abbauen, einschränken
своя́ *siehe* **свой**
своя́к *m K* (*муж сестры́ жены́*) Schwager *m*
своя́ченица *f A* (*сестра́ жены́*) Schwägerin *f*
свыка́ться *vi E impf* (*pf:* **свы́кнуться**) (*с чем-ли́бо*) sich einleben, sich eingewöhnen (in *+akk*)
свысока́ *adv* herunter, herab; **смотре́ть на кого́-л. ~** herabsehen (auf *+akk*)
свя́занность *f I* Gebundenheit *f*
свя́занный *adj* (*auch fig*) verbunden, zusammengebunden; **с чем э́то свя́зано?** woran liegt es?
связа́ть I. <*fut:* **свяжу́, свя́жешь**> *vt E4 pf* (*impf:* **вяза́ть**) ① zusammenbinden; ② (*спи́цами, крючко́м*) stricken, häkeln; ③ (*по рука́м и нога́м*) fesseln; **II.** <*fut:* **свяжу́, свя́жешь**> *vt E4 pf* (*impf:* **свя́зывать**) ① (*в пучок и т.п.*) binden; ② (*по рука́м и нога́м*) fesseln; ③ (*fig:* **сближа́ть**) verbinden, in Verbindung setzen
связа́ться <*fut:* **свяжу́сь, свя́жешься**> *vr E4 pf* (*impf:* **свя́зываться**) ① sich einlassen (mit *+dat*); ② (*по телефо́ну и т.п.*) Kontakt aufnehmen (mit *+dat*)
свя́зка *f A* ① Bündel *nt*, Pack(en) *m*;

~ ключе́й Schlüsselbund *m*; ② (АНАТ) Band *nt*; **голосовы́е свя́зки** Stimmbänder *pl*

связно́й *m wie adj* (ВОЕ) Kontaktperson *f*

свя́зный *adj* zusammenhängend, kohärent

свя́зывание *nt O2* Kopplung *f*, Verbindung *f*

свя́зывать *vt E impf* (*pf:* связа́ть) ① binden, zusammenbinden; **~ в пучки́** bündeln; ② (*чем-л.*) festbinden, fesseln; ③ (ТЕХ) koppeln; ④ (*fig: с кем-л./чем-л.*) verbinden, verknüpfen (mit *+dat*)

свя́зываться *vr E impf* (*pf:* связа́ться) ① (*с кем-л.*) sich einlassen (mit *+dat*); ② (*по телефо́ну и т.п.*) Kontakt aufnehmen (mit *+dat*)

связь *f I* ① Verbindung *f*, Zusammenhang *m*; **в свя́зи с чем-л.** im Hinblick (auf *+akk*); **в свя́зи с э́тим** im Hinblick darauf, in Zusammenhang damit; ② (*отноше́ния*) Verbindung *f*, Kontakt *m*, Beziehung *f*; ③ (ТЕЛЕКОМ) Verbindung *f*; **междугоро́дняя телефо́нная ~** Fernsprechverbindung *f*; **факсими́льная ~** Telefaxverbindung *f*

свя́тки <*gen pl:* -ток> *f pl A* Dreikönigsfest *nt*

свято́й I. <*kf:* свят, свята́, свя́то> *adj* heilig; **Свято́е Писа́ние** Heilige Schrift *f*, Bibel *f*; **II.** *m wie adj* Heilige(r) *m*

святота́тство *nt O* Frevel *m*, Gotteslästerung *f*

святы́ня *f A1* Heiligtum *nt*

свяще́нник *m K* Geistlicher *m*, Priester *m*, Pfarrer *m*

свяще́нный <*kf:* -е́н/-е́нен, -е́нна> *adj* heilig

сгиба́ть *vt E impf* krümmen, biegen, verbiegen

сгнить <*fut:* сгнию́. сгниёшь> *vi E pf* (*impf:* гнить) ① faulen, verfaulen; ② vermodern

сгова́риваться *vr I impf* (*pf:* сговори́ться) (*о чём-либо*) übereinkommen, eine Abmachung treffen

сго́вор *m K* Abmachung *f*

сгора́ние *nt O2* Verbrennung *f*, Verbrennen *nt*

сгоре́вший *adj* abgebrannt

сгоре́ть *vi I pf* (*impf:* горе́ть) brennen, verbrennen

сгрести́ <*fut:* сгребу́, сгребёшь> *vt E6a pf* (*impf:* сгреба́ть) (*гра́блями*) harken

сгрузи́ть <*fut:* -ужу́, -у́зишь> *vt I pf* (*impf:* сгружа́ть) abladen

сгущёнка *f A* (*umg*) Kondensmilch *m*

сдать <*fut:* сдам, сдашь> *vt U2 pf* (*impf:* сдава́ть) ① abgeben, abliefern; ② (*переда́ть*) übergeben; ③ (*кварти́ру*) vermieten; ④ (*оста́вить, бро́сить*) preisgeben; ⑤ (*о не́рвах*) versagen

сда́ться <*fut:* сда́мся, сда́шься> *vr U2 pf* (*impf:* сдава́ться) sich ergeben

сда́ча *f A* ① Abgabe *f*, Ablieferung *f*; ② (*капитуля́ция*) Aufgabe *f*, Preisgabe *f*; ③ (*де́ньги*) Kleingeld *nt*; **дава́ть сда́чи** (*fig*) zurückschlagen; **~ в аре́нду** Verpachtung *f*, Vermietung *f*

сдвиг *m K* ① Verschiebung *f*; **~ вле́во** (ПОЛ) Linkstrend *m*; ② (*meist pl*) Wandlung *f*, Veränderung *f*

сдвига́ться *vr E impf* (*pf:* сдви́нуться) sich in Bewegung setzen

сде́лать *vt E pf* (*impf:* де́лать) machen, tun; **сде́лано в** made in

сде́лка *f A* ① (ЭКОН) Geschäft *nt*; ② (*опера́ция*) Transaktion *f*

сде́льный *adj* Stücklohn-, Akkord-

сде́ржанность *f I* Zurückhaltung *f*, Steifheit *f*

сде́ржанный <*kf:* -ан> *adj* ① zurückhaltend, reserviert; ② (*владе́ющий собо́й*) beherrscht, maßvoll

сдержа́ть <*fut:* сдержу́, сде́ржишь> *vt I pf* (*impf:*

сде́рживать) (*auch fig*) zurückhalten, aufhalten; **~ да́нное сло́во** sein Wort halten

сде́рживание *nt O2* ❶ Zurückhaltung *f*; ❷ (*устраше́ние*) Abschreckung *f*; **я́дерное ~** nukleare Abschreckung *f*

сде́рживающий *adj* zurückhaltend, hemmend

сдира́ть *vt E impf* (*pf:* содра́ть) ❶ abziehen, abschürfen; ❷ (*fig:* *де́ньги*) schröpfen

сдуть <*fut:* сду́ю, сду́ешь> *vt E pf* (*impf:* сдува́ть) ❶ wegblasen, fortblasen; ❷ (*списать у кого́-л.*) abschreiben (von *+dat*)

сеа́нс *m K* ❶ (*кино́*) Vorstellung *f*; ❷ (МЕД) Behandlung *f*

себесто́имость *f I* Selbstkosten *pl*, Herstellungskosten *pl*

себя́ < себе́, себя́, собо́й/собо́ю, о себе́> *pron refl* (*für alle Personen, auf das Subjekt bezogen*) mich, mir, dir, dich, sich, uns, euch, sich (pl)

се́вер *m K* Norden *m*; **на се́вере** im Norden; **с се́вера** aus dem Norden

се́верный *adj* nördlich

се́веро-восто́к *m K* Nordosten *m*

се́веро-за́пад *m K* Nordwesten *m*

северонеме́цкий *adj* norddeutsch

сегме́нт *m K* Segment *nt*

сего́дня *adv* ❶ heute; ❷ (*в настоя́щее вре́мя*) heutzutage

сего́дняшний *adj* heutig

сегрега́ция *f A2* Segregation *f*; **ра́совая ~** Rassentrennung *f*

седла́ть *vt E impf* (*pf:* о-) satteln

седло́ <*gen pl:* сёдел> *nt O pls* Sattel *m*

седоволо́сый <*kf:* -о́с> *adj* grauhaarig

седьмо́й *num ord* siebte(r, s); **седьма́я часть** Siebtel *nt*

сезо́н *m K* ❶ Saison *f*; ❷ (*вре́мя го́да*) Jahreszeit *f*; **тури́стский** [*o* **туристи́ческий**] **~** Reisezeit *f*; **отопи́тельный ~** Heizperiode *f*; **разга́р сезо́на** Hochsaison *f*

сезо́нный *adj* Saison-; **сезо́нная распрода́жа** Schlussverkauf *m*

сейф *m K* ❶ Safe *m*, Tresor *m*, Panzerschrank *m*; ❷ (*абонеме́нтный*) Schließfach *nt*

сейча́с *adv* jetzt, sofort, augenblicklich

сек. *abk von* секу́нда *f*

секре́т *m K* ❶ Geheimnis *nt*; **раскры́ть ~** ein Geheimnis lüften; **~ы красоты́** Schönheitstipps; *pl* ❷ (БИОЛ) Sekret *nt*

секретариа́т *m K* Sekretariat *nt*

секрета́рша *f A* (*umg*) Sekretärin *f*

секрета́рь *m K1* ❶ Sekretär *m*; ❷ (*собра́ния*) Protokollführer *m*

секре́тничанье *nt O1* Geheimniskrämerei *f*

секре́тный *adj* ❶ geheim, vertraulich; ❷ (*та́йный*) heimlich

секре́ция *f A2* (МЕД) Absonderung *f*, Abscheidung *f*, Sekretbildung *f*

секс *m K* Sex *m*

сексуа́льность *f I* Sexualität *f*

сексуа́льный <*kf:* -лен, -льна> *adj* ❶ sexuell; **сексуа́льная жизнь** Sexualleben *nt*; ❷ (*чу́вственный*) sinnlich

се́кта *f A* Sekte *f*

се́ктор *m K* Sektor *m*, Bereich *m*, Abschnitt *m*

секу́нда *f A* Sekunde *f*; **ни секу́нды не колеба́ться** keine Sekunde zögern

секундоме́р *m K* Stoppuhr *f*

се́кция *f A2* ❶ Sektion *f*, Abteilung *f*, Arbeitskreis *m*; ❷ (СПОРТ) Sportgemeinschaft *f*

селёдка <*gen pl:* -док> *f A* (Salz-)Hering *m*

селезёнка *f A* Milz *f*

селекти́вный *adj* selektiv, auswählend

селе́кция *f A2* Selektion *f*, Auswahl *f*

сели́тра *f A* Salpeter *m*

село́ <*pl:* сёла, сёл> *nt O pls* Dorf *nt*, Ortschaft *f*

се́лфи *nt indekl* (ТЕЛКОМ) Selfie *nt*

сельдь *f I* Hering *m*; **как се́льди в бо́чке** (*fig*) wie die Heringe im Fasss

се́льский *adj* ländlich; **се́льское хозя́йство** Landwirtschaft *f*

семе́йный <*kf:* -е́ен, -е́йна> *adj* familiär, Familien-, häuslich; **в семе́йном кругу́** im Familienkreis; **семе́йное положе́ние** Familienstand *m*
семе́йство *nt O* ❶ (*семья́*) Familie *f*; ❷ (БИОЛ) Familie *f*
семёрка *f A* Sieben *f*
се́меро *num sammel* sieben
семе́стр *m K* Semester *nt*
семикра́тный *adj* siebenfach
семиле́тний *adj* siebenjährig
семина́р *m K* Seminar *nt*; **вво́дный** [*o* **подготови́тельный**]**~** Proseminar *nt*
семна́дцать *num* siebzehn
семь <*gen:* семи́, *inst:* семью́> *num* sieben; **~ раз** siebenmal
се́мьдесят <*gen:* семи́десяти, *inst:* семью́десятью> *num* siebzig
семьсо́т <*gen:* семисо́т, *inst:* семьюста́ми> *num* siebenhundert
семья́ <*pl:* се́мьи, семе́й, се́мьям> *f A1 pls* Familie *f*; **бezде́тная ~** kinderlose Ehe *f*; **обзаводи́ться семьёй** eine Familie gründen;
се́мя <*gen sg:* се́мени> *nt U1* Samen *m*
сена́т *m K* Senat *m*
сенберна́р *m K* (ЗООЛ) Bernhardiner *m*
се́ни <*gen pl:* сене́й> *pl I ple1* (*im Landhaus*) Flur *m*, Diele *f*
сенно́й *adj* Heu-; **сенна́я лихора́дка** Heuschnupfen *m*
се́но *nt O* ❶ Heu *nt*; ❷ (*umg*) Drogen *f pl*
сенова́л *m K* Heuboden *m*
сенсацио́нный <*kf:* -о́нен, -о́нна> *adj* sensationell, aufsehenerregend
сенса́ция *f A2* Sensation *f*, Aufsehen *nt*; **вы́звать сенса́цию** Aufsehen erregen, für Schlagzeilen sorgen
сентимента́льность *f I* Sentimentalität *f*
сентимента́льный <*kf:* -лен, -льна> *adj* sentimental, rührselig
сентя́брь *m K1* September *m*
сепарати́зм *m K* Separatismus *m*
се́ра *f A* Schwefel *m*
серб, **се́рбка** *m K / f A* Serbe, Serbin *m/f*
Се́рбия *f A2* Serbien *nt*
се́рбский *adj* serbisch
се́рвер *m K* (ОБДАН) Server *m*
серви́з *m K* Service *nt*
сервирова́ть *vt E2 impf/pf* servieren; **~ стол на двои́х** den Tisch für zwei decken
се́рвис *m K* ❶ Service *m*, Betreuung *f*; ❷ (*специа́льная слу́жба*) Kundendienst *m*
се́рвисный *adj* Service-, Kunden-; **се́рвисная слу́жба** Kundendienst *m*
серде́чность *f I* Herzlichkeit *f*
серде́чный <*kf:* -чен, -чна> *adj* ❶ Herz-; **~ при́ступ** (МЕД) Herzanfall *m* ❷ (*и́скренний*) herzlich, gefühlvoll
серди́ть <*präs:* сержу́, се́рдишь> *vt I impf* (*pf:* рассерди́ть) ärgern, verärgern, reizen
се́рдце <*gen pl:* серде́ц> *nt O* Herz *nt*
сердцебие́ние *nt O2* Herzklopfen *nt*
сердциви́на *f A* ❶ (БОТ) Kerngehäuse *nt*; ❷ (*fig*) Kern *m*, Herzstück *nt*
серебро́ *nt O e* Silber *nt*
сере́бряный *adj* silbern, Silber-
середи́на *f A* Mitte *f*
серёжка <*gen pl:* -жек> *f A* ❶ Ohrring *m*; ❷ (БОТ) Weidenkätzchen *nt*
серена́да *f A* Serenade *f*, Ständchen *nt*
сериа́л *m K* Fernsehserie *f*
сери́йный <*kf:* -и́ен, -и́йна> *adj* Serien-, serienmäßig; **сери́йное произво́дство** Serienproduktion *f*
се́рия *f A2* ❶ Serie *f*, Reihe *f*; ❷ (ФИЛМ) Teil *m* einer Fernsehserie
се́рна *f A* (ЗООЛ) Gämse *f*
серп *m K* Sichel *f*
серпанти́н *m K* ❶ Papierschlange *f*; ❷ (*го́рная доро́га*) Serpentine *f*
сертифика́т *m K* Zertifikat *nt*, Zeugnis *nt*
се́рый <*kf:* сер, сера́, се́ро> *adj* ❶ grau; ❷ (*fig*) grau, langweilig, trist; **се́рые бу́дни** grauer Alltag *m*

С

серьга́ *f A e2* Ohrring *m*
серьёзность *f I* Ernst *m*
серьёзный <*kf:* -зен, -зна> *adj* ① ernst, ernsthaft; ② (*соли́дный*) seriös
се́ссия *f A2* Sitzung *f*, Tagung *f*; **экзаменацио́нная ~** Prüfungszeit *f*
сестра́ <*pl:* сёстры, сестёр, сёстрам> *f A pls* Schwester *f*; **двоюродная ~** Cousine *f*, Base *f*; **медици́нская ~** Krankenschwester *f*; **сво́дная ~** Stiefschwester *f*, Halbschwester *f*
се́стринский *adj* schwesterlich-, Schwestern-
се́сть <*fut:* ся́ду, ся́дешь, *prät:* сел, се́ла> *vi UE5 pf* (*impf:* сади́ться) ① sich setzen; ② einsteigen; ③ landen; ④ (*о со́лнце*) untergehen
сетево́й *adj* ① Netz-; **~ гра́фик** Netzplan *m* ② (ОБДАН) Netz-, Internet-; **~ жарго́н** Internetslang *m*
се́тка *f A* Netz *nt*; **про́волочная ~** Maschendraht *m*
се́тование *nt O2* Wehklage *f*
се́товать *vi E2 impf* (*pf:* по-) (*на кого́-л./что-л.*) wehklagen, lamentieren (über *+akk*)
сеть <*präpos sg:* о се́ти, в сети́> *f I ple1* ① (*auch fig*) Netz *nt*; ② (*у рыбако́в*) Fangnetz *nt*; ③ (ОБДАН) Netz *nt*, Netzwerk *nt*; (*ЛВС*) LAN *nt*; **~ Wi-Fi®** WLAN *nt*
се́ять <*präs:* се́ю, се́ешь> *vt E4 impf* (*pf:* по-) (*auch fig*) säen; **~ сомне́ния** Zweifel erregen
сжа́литься *vi I pf* (*над кем-л./чем-л.*) sich erbarmen (*+gen*)
сжа́тый <*kf:* сжат> *adj* ① gedrängt, komprimiert; ② (*сда́вленный*) zusammengepresst
сжать <*fut:* сожму́, сожмёшь> *vt E9b pf* (*impf:* сжима́ть) ① ballen, drücken, zusammendrücken; ② (ТЕХ) komprimieren, verdichten
сжечь <*fut:* сожгу́, сожжёшь> *vt UE4 pf* (*impf:* жечь) verbrennen
сжига́ние *nt O2* Verbrennung *f*
сжима́ть *vt E impf* (*pf:* сжать) ballen, drücken, zusammendrücken
сза́ди *adv* hinten, dahinter
сига́ра *f A* Zigarre *f*
сигаре́та *f A* Zigarette *f*; **~ с фи́льтром** Filterzigarette *f*
сигна́л *m K* Signal *nt*; **звуково́й ~** Signalton *m*, Hupen *nt*; **подава́ть звуково́й ~** hupen
сигнализа́ция *f A2* ① Signalisieren *nt*; ② Signalanlage *f*
сигнализи́ровать *vi E2 impf/pf* (*pf:* про-) signalisieren
сигна́льный *adj* Signal-; **сигна́льная устано́вка** Alarmanlage *f*, Warnanlage *f*
сиде́лка *f A* Krankenpflegerin *f*
сиде́нье *nt O1* Sitz *m*; **за́днее ~** Rücksitz *m*
сиде́ть <*präs:* сижу́, сиди́шь> *vi I impf* sitzen; **~ на ко́рточках** hocken
си́ла *f A* ① Kraft *f*, Stärke *f*, Wucht *f*; **~ тя́жести** Schwerkraft *f*; **~ во́ли** Willensstärke *f*; **в си́лу чего́-л.** kraft (*+gen*) ② (ТЕХ) Kraft *f*, Stärke *f*; ③ (ПОЛ) Macht *f*, Stärke *f*; **зна́ние - ~** Wissen ist Macht; ④ (ЮР) Kraft *f*, Rechtsgültigkeit *f*; **остава́ться в си́ле** seine Gültigkeit behalten; ⑤ (*meist pl:* ВОЕ) Truppen *pl*; **вооружённые си́лы** Militär *nt*, Streitkräfte *pl*
си́лой *adv* mit Gewalt; **доби́ться ~** mit Gewalt erreichen [*o* durchsetzen]
силуэ́т *m K* Silhouette *f*, Profil *nt*
си́льный <*kf:* силён/си́лен, сильна́, си́льно, си́льны́> *adj* ① kräftig, stark; ② (*ре́зкий, реши́тельный*) vehement; **быть си́льным в чём-л.** firm [*o* beschlagen] sein (in *+dat*)
си́мвол *m K* ① Symbol *nt*; ② (*опознава́тельнай знак*) Wahrzeichen *nt*, Erkennungszeichen *nt*
символизи́ровать *vt E2 impf* (*geh*) symbolisieren
символи́ческий *adj* symbolisch; **символи́ческая фигу́ра** Symbolfigur *f*

симметри́чный <*kf:* -чен, -чна> *adj* symmetrisch
симметри́я *f A2* Symmetrie *f*
симпатизи́ровать *v + dat E2 impf* sympathisieren (mit *+dat*)
симпати́чный <*kf:* -чён, -чна> *adj* sympathisch
симпа́тия *f A2* Sympathie *f*; **пита́ть симпа́тию к ко́му-л.** Sympathie hegen (für *+akk*)
симпто́м *m K* Symptom *nt*
симптомати́ческий *adj* symptomatisch
симули́ровать *vt E2 impf/pf* simulieren
симуля́нт *m K* Simulant, -in *m/f*
симуляция Simulation *f*
симфо́ния *f A2* Symphonie *f*
синаго́га *f A* Synagoge *f*
синдро́м *m K* Syndrom *nt*
синева́ *f A e* Blau *nt*, Bläue *f*
синегла́зый <*kf:* -а́з> *adj* blauäugig
си́ний <*kf:* синь, синя́, си́не> *adj* blau; **~ цвет** Blau *nt*
сини́ца *f A* (зоол) Meise *f*
сино́ним *m K* (лингв) Synonym *nt*
синоними́чный *adj* synonym
си́нтаксис *m K* (лингв) Syntax *f*, Satzbau *m*
синтакси́ческий *adj* (лингв) syntaktisch, Syntax-; **~ ана́лиз** Syntaxanalyse *f*
си́нтез *m K* Synthese *f*
синте́тика *f A* Synthetik *f*
синтети́ческий *adj* synthetisch
синхро́нный <*kf:* -нен, -нна> *adj* ① synchron; **синхро́нное пла́вание** Synchronschwimmen *nt*, Kunstschwimmen *nt*; ② (*одновреме́нный*) simultan; **~ перево́д** Simultandolmetschen *nt*
си́нька *f A* Blaupause *nt*
си́плый <*kf:* сипл> *adj* heiser
сире́на *f A* ① Sirene *f*; ② (*кла́ксон*) Hupe *f*
сире́нь *f A1* (бот) Flieder *m*
сиро́п *m K* Sirup *m*; **~ от ка́шля** Hustensaft *m*
сирота́ <*pl:* сиро́ты, сиро́т, сиро́там> *mf A pls* Waise *f*
систе́ма *f A* ① System *nt*; ② (тех) Anlage *f*; ③ (*госуда́рство*) System *nt*, Staat *m*; **~ образова́ния** Bildungswesen *nt*; **операцио́нная ~** (ОБДАН) Betriebssystem *nt*
систематизи́ровать *vt E2 impf/pf* systematisieren
системати́ческий *adj* ① systematisch; ② (*регуля́рный*) fortwährend, regelmäßig; **системати́ческое обуче́ние** Training *nt*
систе́мность *f I* Systemcharakter *m*
систе́мный *adj* System-; **~ файл** (ОБДАН) Systemdatei *f*
си́то *nt O* Sieb *nt*
ситуа́ция *f A2* Situation *f*, Lage *f*
си́филис *m K* (мед) Syphilis *f*
сия́ть *vi E impf* strahlen, leuchten
скабрёзный <*kf:* -зен, -зна> *adj* obszön
сказа́ние *nt O2* Sage *f*
сказа́ть <*fut:* скажу́, ска́жешь> *vt E4 pf* (*impf:* говори́ть) ① sagen; ② mitteilen; **так ~** sozusagen
сказа́ться <*fut:* скажу́сь, ска́жешься> *vr E4 pf* (*impf:* ска́зываться) sich auswirken, sich bemerkbar machen
ска́зка *f A* Märchen *nt*; **расска́зывать ска́зки кому́-л.** (*fig*) jdm einen Bären aufbinden
ска́зочный <*kf:* -чен, -чна> *adj* märchenhaft, fabelhaft, sagenhaft
сказу́емое *nt wie adj* (лингв) Prädikat *nt*
ска́зываться *vr E impf* sich auswirken, sich bemerkbar machen
скака́ть <*fut:* скачу́, ска́чешь> *vi E4 impf* ① hüpfen, springen; ② (*Pferd*) galoppieren
скала́ *f A pls* Fels *m*; **отве́сная ~** Felswand *f*
скали́стый <*kf:* -и́ст> *adj* felsig
ска́лить *vt I impf* (*pf:* о-) fletschen
скалола́з *m K* Kletterer *m*, Bergsteiger *m*
ска́льпель *m K1* (мед) Skalpell *nt*
скаме́йка *f A* Bank *f*
скамья́ *f A1 e* Bank *f*
сканда́л *m K* ① Skandal *m*, Eklat *m*;

гро́мкий ~ gewaltiger Skandal *m*; ❷ (*ссо́ра*) Krach *m*, Auseinandersetzung *f*

скандали́ст *m K* Radaumacher *m*, Randalierer *m*

сканда́лить *vi I impf* (*pf:* на-, о-) streiten, Krach [*o* Radau] machen

сканда́льный <*kf:* -лен, -льна> *adj* ❶ skandalös; ❷ (*позо́рный*) anstößig

Скандина́вия *f A2* Skandinavien *nt*

ска́нер *m K* (ОБДАН) Scanner *m*

скани́ровать *vt E2 impf/pf* scannen

ска́пливаться *vr E impf* sich ansammeln, sich anhäufen, sich stauen

скарб *m K* (*umg*) Kram *m*; **дома́шний ~** Hausrat *m*

ска́редный <*kf:* -ден, -дна> *adj* knauserig

скарлати́на *f A* (МЕД) Scharlach *m*

скат[1] *m K* (*склон*) Abhang *m*

скат[2] *m K* (ЗООЛ) Rochen *m*

скат[3] *m K* (*колёсная па́ра*) Radsatz *m*

ска́терть *f I* Tischdecke *f*

скати́ться <*fut:* скачу́сь, ска́тишься> *vr I pf* (*impf:* ска́тываться) ❶ hinunterrollen, schlittern; ❷ (*fig*) abgleiten

скафа́ндр *m K* ❶ Taucheranzug *m*; ❷ (*у космона́втов*) Raumanzug *m*

ска́чка <*gen pl:* ска́чек> *f A* ❶ Galoppieren *nt*; ❷ (*nur pl*) Pferderennen *nt*

ска́шивать[1] *vt E impf* (*pf:* скоси́ть) mähen

ска́шивать[2] *vt E impf* (*pf:* скоси́ть) abschrägen

сквер *m K* Grünanlage *f*

скве́рный <*kf:* -рен, -рна́, -рно, -рны/-рны́> *adj* abscheulich, widerwärtig; **скве́рная пого́да** Sauwetter *nt*

сквозно́й *adj* Durchgangs-; **~ прое́зд** Durchgangsverkehr *m*; **~ набо́р** Durchwahl *f*

сквозня́к *m K e* Luftzug *m*

сквозь *präp +akk* durch (*+akk*)

скворе́ц <*gen sg:* -рца́> *m K e* (ЗООЛ) Star *m*

скворе́чник *m K* Nistkasten *m*

скеле́т *m K* Skelett *nt*

ске́псис *m K* Skepsis *f*

ске́птик *m K* Skeptiker *m*, Zweifler *m*

скепти́ческий *adj* skeptisch

ски́дка *f A* (ЭКОН) Abschlag *m*, Ermäßigung *f*, Rabatt *m*, Abzug *m*; **~ с цены́** Preisnachlass *m*

ски́петр *m K* (*arch*) Zepter *nt*

склад[1] *m K* Lager *nt*, Depot *nt*, Speicher *m*

склад[2] *m K* ❶ Geistesverfassung *f*; ❷ Mentalität *f*

складирова́ние *nt O2* Lagerung *f*, Lagerhaltung *f*

склади́ровать *vt E2 impf/pf* lagern, einlagern, deponieren

скла́дка *f A* ❶ Runzel *f*, Falte *f*; ❷ (*у брюк*) Bügelfalte *f*; ❸ (ГЕОЛ) Falte *f*

складно́й *adj* Klapp-; **~ нож** Klappmesser *nt*; **~ стул** Klappstuhl *m*

скла́дчатый <*kf:* -ат> *adj* faltig

скла́дывать *vt E impf* (*pf:* сложи́ть) ❶ zusammenlegen; ❷ (МАТ) addieren; ❸ (*сгружа́ть*) abladen

скла́дываться *vi E impf* (*pf:* сложи́ться) ❶ sich zusammenklappen; ❷ (*образо́вываться; возника́ть*) sich bilden, sich formieren, entstehen

скле́ивать *vt E impf* (*pf:* скле́ить) zusammenkleben, kitten

склеп *m K* Gruft *f*

склóка *f A* Zank *m*, Krach *m*

склон *m K* Abhang *m*

склоне́ние *nt O2* ❶ Beugung *f*; ❷ (ЛИНГ) Deklination *f*

склони́ть <*fut:* -оню́, -о́нишь> *vt I pf* (*impf:* склоня́ть) ❶ neigen, beugen; ❷ geneigt stimmen

склони́ться <*fut:* -оню́сь, -о́нишься> *vi I pf* (*impf:* склоня́ться) ❶ sich verneigen; ❷ (*fig*) neigen, tendieren (zu *+dat*)

склоня́ть I. *vt E impf* (*pf:* склони́ть) ❶ neigen, senken; ❷ (*fig: побужда́ть*) bewegen, überreden (zu *+akk*); **II.** *vt E impf* (*pf:* просклоня́ть) (ЛИНГ)

deklinieren
склóчник, склóчница *m K / f A* Querulant, -in *m/f*
скля́нка *f A* ① Gläschen *nt*, Fläschchen *nt*; ② (суд) Glas *nt*
скóбки <*gen pl:* -бок> *f pl A* Klammern *f pl*; **выноси́ть за ~** ausklammern; **заключáть в ~** einklammern
скобли́ть <*präs:* -блю́, -бли́шь> *vt I impf* kratzen, schaben, schrubben
сковáть <*fut:* скую́, скуёшь> *vt E2 pf* (*impf:* скóвывать) ① fesseln, in Ketten legen; ② (*fig:* *стесни́ть*) hemmen, zurückhalten
сковорóдка *f A* Bratpfanne *f*
скользи́ть <*präs:* -льжу́, -льзи́шь> *vi I impf* (*pf:* скользну́ть) gleiten, rutschen
скóльзкий <*kf:* -зок, скóльзкá, -зко> *adj* rutschig
скользя́щий *adj* ① rutschend; ② (*fig*) gleitend, flexibel
скóлько I. *pron inter* wie viel; **~ тебé лет?** wie alt bist du? **~ раз** wie oft; **II.** *adv* so viel
сконфу́женный *adj* konfus, wirr, verwirrt
скопи́ться <*nur 3. pers:* скóпится> *vr I pf* (*impf:* копи́ться, скáпливаться) sich anhäufen, sich ansammeln
скоплéние *nt O2* Anhäufung *f*, Ansammlung *f*; **~ нарóда** Menschenauflauf *m*
скóрая *f wie adj* Rettungswagen *m*
скорбéть <*präs:* -блю́, -би́шь> *vi I impf* (**о ком-л./чём-л.**) trauern (um *+akk*)
скорéе I. *adj komp* schneller; **как мóжно ~** so schnell wie möglich, schleunigst; **II.** *adv* ① eher; ② lieber; **~ всегó** aller Wahrscheinlichkeit nach
скóро *adv* bald, demnächst
скоровáрка *f A* Schnellkochtopf *m*
скороговóрка *f A* Zungenbrecher *m*
скоростнóй *adj* Schnell-; **скоростнáя магистрáль** Schnellstraße *f*
скóрость *f I* ① (*темп*) Geschwindigkeit *f*; ② (*бастротá*) Schnelligkeit *f*; ③ (авто) Gang *m*; **зáдняя ~** Rückwärtsgang *m*
скоросшивáтель *m K1* Schnellhefter *m*
скоротáть *vt E pf* (*impf:* коротáть) sich die Zeit vertreiben (mit *+dat*)
скорпиóн *m K* (зоол) Skorpion *m*
скóрый <*kf:* скор, скорá, скóро> *adj* ① schnell, rasch; **~ пóезд** Schnellzug *m*; **скóрая пóмощь** erste Hilfe *f*; ② (*по врéмени*) baldig; **в скóром врéмени** bald, demnächst; **до скóрой встрéчи!** bis bald!
скоси́ть[1] <*fut:* скошу́, скóсишь> *vt I pf* (*impf:* коси́ть, скáшивать) mähen
скоси́ть[2] <*fut:* скошу́, скóсишь> *vi I pf* (*impf:* коси́ть) ① (*глазá*) schielen; ② (*umg:* *под когó-л.*) sich ausgeben (für *+akk*)
скоси́ть[3] <*fut:* скошу́, скóсишь> *vt I pf* (*impf:* скáшивать) abschrägen
скот *m K e* ① Vieh *nt*; **кру́пный рогáтый ~** Rindvieh *nt* ② (*pej*) Biest *nt*, Miststück *nt*
скотобóйня *f A1* Schlachthof *m*
скотокрáдство *nt O* Viehraub *m*, Viehdiebstahl *m*
скрежетáть <*präs:* -ещу́ -éщешь> *vi E4 impf* knirschen
скрепи́ть <*fut:* -плю́, -пи́шь> *vt I pf* (*impf:* скрепля́ть) ① befestigen, verbinden; ② (*fig:* *закрепи́ть*) festigen; **~ печáтью** besiegeln; **~ пóдписью** gegenzeichnen
скрéпка *f A* Büroklammer *f*, Heftklammer *f*
скрести́ <*präs:* скребу́, скребёшь> *vi E6a impf* ① kratzen, schaben; ② (*чи́стить, скобли́ть*) scheuern, scharren
скрести́ть <*fut:* -ещу, -ести́шь> *vt I pf* (*impf:* скрéщивать) ① kreuzen, über Kreuz legen, verschränken; ② (биол) kreuzen
скрести́ться <*nur 3. pers:* -и́тся>

vr I pf (*impf:* скре́щиваться) sich kreuzen

скрипе́ть <*präs:* -плю́,-пи́шь> *vi I impf* (*pf:* скри́пнуть) ächzen, knarren, knirschen

скри́пка *f A* (муз) Geige *f*

скро́мность *f I* ① Bescheidenheit *f*; ② (*нетре́бовательность*) Genügsamkeit *f*, Anspruchslosigkeit *f*

скро́мный <*kf:* -мен, -мна́> *adj* ① bescheiden; ② (*нетре́бовательный*) genügsam

скрути́ть <*fut:* -учу́, -у́тишь> *vt I pf* (*impf:* скру́чивать) verdrehen

скрыва́ть *vt E impf* (*pf:* скрыть) verstecken, verbergen, geheimhalten; **не ~ чего́-л.** keinen Hehl machen (aus *+dat*)

скрыва́ться *vr E impf* (*pf:* скры́ться) ① sich verstecken, sich verbergen; ② (*исчеза́ть*) untertauchen, fliehen, sich aus dem Staub machen; **~ из ви́ду** von der Bildfläche verschwinden; ③ (*nur impf:* *стоя́ть за чем-л.*) dahinterstecken

С

скры́тный <*kf:* -тен, -тна> *adj* verschlossen, zurückhaltend

скры́тый <*kf:* -ыт> *adj* ① verborgen, versteckt; ② (*та́йный*) heimlich; ③ (*лате́нтный*) latent

скрыть <*fut:* скро́ю, скро́ешь> *vt E8 pf* (*impf:* скрыва́ть) verstecken, verbergen, geheimhalten

скры́ться <*fut:* скро́юсь, скро́ешься> *vr E8 pf* (*impf:* скрыва́ться) sich verstecken

скря́га *mf A* Geizhals *m*, Geizkragen *m*

ску́дный <*kf:* -ден, -дна́, -дно, дны/-дны́> *adj* karg, mager, armselig

ску́ка *f A* ① Langeweile *f*; ② (*пресыще́ние*) Überdruss *m*; **навева́ть ску́ку на кого́-л.** langweilen, anöden; **разгоня́ть ску́ку** die Langeweile vertreiben

ску́льптор *m K* Bildhauer *m*

скульпту́ра *f A* Skulptur *f*

скупа́ть *vt E impf* (*pf:* скупи́ть) aufkaufen, abkaufen

скупе́ц <*gen sg:* -пца́> *m K e* Geizhals *m*, Geizkragen *m*

скупи́ться *vr I impf* (*pf:* по-) geizen, knausern

ску́пка <*gen pl:* -пок> *f A* ① (экон) Ankauf *m*; ② (*ма́ссовая*) Aufkauf *m*

скупо́й I. <*kf:* скуп, скупа́, ску́по, ску́пы́> *adj* geizig; **II.** *m wie adj* Geizhals *m*

ску́пость *f I* Geiz *m*

ску́пщик *m K* Aufkäufer *m*

скуча́ющий *adj* gelangweilt

ску́чный <*kf:* -чен, -чна́, -чно, ску́чны́> *adj* langweilig, fade

ску́шать *vi E pf* (*impf:* ку́шать) essen, aufessen

слабе́ть *vi E impf* (*pf:* о-) ① schwach werden; ② (экон: *ослабева́ть*) abflauen

слаби́тельное *nt wie adj* (мед) Abführmittel *nt*

слаబово́льный <*kf:* -лен, -льна> *adj* willensschwach

слабора́звитый <*kf:* -ит> *adj* unterentwickelt

сла́бость *f I* ① Schwäche *f*; ② (экон: *засто́й*) Flaute *f*; ③ (*fig:* *засто́й*) Faible *nt*, Vorliebe *f*

слабоу́мие *nt O2* Blödheit *f*, Schwachsinn *m*

слабоу́мный <*kf:* -мен, -мна> *adj* blödsinnig, schwachsinnig

слабохара́ктерность *f I* Charakterschwäche *f*

сла́бый <*kf:* слаб, слаба́, сла́бо, сла́бы́> *adj* schwach; **сла́бое ме́сто** Schwachstelle *f*

сла́ва *f A* Ruhm *m*; **всеми́рная ~** Weltruhm *m*; **Сла́ва бо́гу!** Gott sei Dank!

слави́стика *f A* Slawistik *f*

сла́вить <*präs:* -влю, -вишь> *vt I impf* (*pf:* о-) rühmen

сла́вный <*kf:* -вен, -вна́, -вно> *adj* ruhmreich, glorreich

славяни́н, славя́нка <*nom pl m:* -я́не> *m U2* / *f A* Slawe, Slawin *m/f*

славя́нский *adj* slawisch

слага́емое *nt wie adj* (МАТ) Summand *m*

слага́ть *vt E impf* (*pf:* сложи́ть) ❶ niederlegen; **~ с себя́ отве́тственность** sich der Verantwortung entledigen [*o* entziehen] ❷ verfassen, dichten, komponieren

сла́дкий <*kf:* -док, -дка́, -дко, *komp:* сла́ще, *super:* слача́йший> *adj* süß; **сла́дкое блю́до** Süßspeise *f*; **ки́сло-~** süß-sauer

сладостра́стие *nt O2* Lust *f*, Wollust *f*

сладостра́стный <*kf:* -тен, -тна> *adj* wollüstig, geil, lüstern

сла́лом *m K* (СПОРТ) Slalom *m*

сла́мывать *vt E impf* (*pf:* сломи́ть) (*auch fig*) brechen

сла́нец <*gen sg:* -нца> *m K* Schiefer *m*

слаща́вый <*kf:* -а́в> *adj* süßlich, zuckersüß, salbungsvoll

сле́ва *adv* links

след *m K ple* ❶ Spur *f*; **~ ноги́** Fußspur *f*; **оставля́ть ~ы́** Spuren hinterlassen; ❷ (*путь*) Fährte *f*

следи́ть <*präs:* слежу́, следи́шь> *vi I impf* ❶ (*за кем-л./чем-л.*) folgen, verfolgen; ❷ (*наблюда́ть*) überwachen, kontrollieren; ❸ (*вести́ сле́жку*) beschatten, bespitzeln; **~ за мо́дой** der Mode folgen; **~ за собо́й** auf sein Äußeres achten

сле́довательно **I.** *adv* (*Schaltwort*) folglich; **II.** *konj* demzufolge

сле́довать *vi E2 impf* (*pf:* по-) ❶ folgen, befolgen; **непосре́дственно ~ за чем-л.** sich reihen (an +*akk*); **~ чьему́-ли́бо приме́ру** jds Beispiel folgen; ❷ (*подоба́ть*) (sich) gebühren, (sich) ziemen

сле́дствие *nt O2* ❶ Folge *f*, Folgerung *f*; ❷ (ЮР) Untersuchung *f*

сле́дующий **I.** *adj* nächste(r, s), kommende(r, s); **на сле́дующей неде́ле** nächste Woche; **сле́дующим о́бразом** folgendermaßen; **II.** *m wie adj* Nächste(r) *m*; **кто ~?** wer ist der Nächste?

слеза́ <*pl:* слёзы, слёз, слеза́м> *f A e2* Träne *f*; **крокоди́ловы слёзы** (*fig*) Krokodilstränen *pl*

слезоточи́вый <*kf:* -и́в> *adj*: **~ газ** Tränengas *nt*

слепи́ть[1] <*fut:* -еплю́, -е́пишь> *vt I pf* (*impf:* лепи́ть, слепля́ть) formen, modellieren

слепи́ть[2] <*präs:* -плю́, -пи́шь> *vt I impf* blenden

сле́по *adv* blindlings, blind

слепо́й **I.** <*kf:* слеп, слепа́, сле́по> *adj* blind; **слепа́я кишка́** (АНАТ) Blinddarm *m*; **II.** *m wie adj* Blinde(r) *mf*

сле́пок <*gen sg:* -пка> *m K* Abdruck *m*

слепота́ *f A e* Blindheit *f*

слеса́рный *adj* Schlosser-; **слеса́рное де́ло** Schlosserhandwerk *nt*; **слеса́рная мастерска́я** Schlosserei *f*

сле́сарь *m K1* Schlosser *m*; **~-ремо́нтник** Maschinenschlosser *m*

сли́ва *f A* ❶ Pflaume *f*; ❷ Pflaumenbaum *m*

слива́ть *vt E impf* (*pf:* слить) ❶ (*вылива́ть*) abgießen, ausgießen; ❷ (*вме́сте*) zusammengießen; ❸ (*fig: соединя́ть*) vereinigen

слива́ться *vr E impf* (*pf:* сли́ться) ❶ (*сме́шиваться*) zusammenfließen, sich vermischen; ❷ (*fig: воеди́но*) verschmelzen; ❸ (ЭКОН) fusionieren

сли́вки *f pl A* Sahne *f*, Rahm *m*; **взби́тые ~** Schlagsahne *f*

сли́вочный *adj* Sahne-, Rahm-; **~ крем** Sahnecreme *f*, **сли́вочное ма́сло** Butter *f*

сли́зистый <*kf:* -ист> *adj* schleimig; **сли́зистая оболо́чка** Schleimhaut *f*

слизь *f I* Schleim *m*

слипа́ться *vr E impf* (*pf:* сли́пнуться) ❶ zusammenkleben; ❷ (*о глаза́х*) zufallen

сли́пнуться <*prät:* сли́пся,

сли́плась> *vr E1 pf* (*impf:* слипа́ться) ① zusammenkleben; ② (*о глаза́х*) zufallen

сли́ток <*gen sg:* -тка> *m K* (*зо́лота*) Barren *m*

слить <*fut:* солью́, сольёшь> *vt E4c pf* (*impf:* слива́ть) ① abgießen, ausgießen; ② zusammengießen

сли́ться <*fut:* солью́сь, сольёшься> *vr E4c pf* (*impf:* слива́ться) ① zusammenfließen, sich vermischen; ② (*fig*) verschmelzen

сли́шком *adv* allzu; **~ до́рого** zu teuer

слия́ние *nt O2* ① Zusammenfluss *m*; ② (*fig: объедине́ние*) Verschmelzung *f*, Integration *f*; ③ (ЭКОН) Fusion *f*, Zusammenschluss *m*

Слова́кия *f A2* Slowakei *f*

слова́рный *adj* ① Wörterbuch-; **слова́рная статья́** Wörterbucheintrag *m* ② (ЛИНГ) Wort-; **~ запа́с** Wortschatz *m*

слова́рь *m K1 e* Wörterbuch *nt*

слова́цкий *adj* slowakisch

Слове́ния *f A2* Slowenien *nt*

слове́сный *adj* verbal; **слове́сная дуэ́ль** Wortgefecht *nt*

сло́вник *m K* Stichwortverzeichnis *nt*

сло́во *nt O* Wort *nt*; **загла́вное ~** (*в словаре́*) Stichwort *nt*; **держа́ть да́нное ~** sein Wort halten; **без слов** wortlos; **~ в ~** (*досло́вно*) wortwörtlich

словоохо́тливый <*kf:* -ив> *adj* redselig

словосочета́ние *nt O2* (ЛИНГ) Wortverbindung *f*, Wortgefüge *nt*

слог *m K ple1* ① (ЛИНГ) Silbe *f*; ② (*стиль*) Stil *m*; **высо́ким сло́гом** in hohem Stil

слоёный *adj* Blätterteig-; **~ пиро́г** Blätterteiggebäck *nt*; **слоёное те́сто** Blätterteig *m*

сложе́ние *nt O2* ① (МАТ) Addition *f*; ② (*полномо́чий*) Niederlegung *f*

сложи́вшийся *adj* (*истори́чески*) gewachsen, entstanden

сложи́ть <*fut:* сложу́, сло́жишь> *vt I pf* (*impf:* скла́дывать, слага́ть) ① zusammenlegen; ② (МАТ) addieren; ③ (*полномо́чия*) niederlegen

сло́жность *f I* ① Kompliziertheit *f*; ② (*пробле́ма*) Schwierigkeit *f*, Problem *nt*; **в о́бщей сло́жности** alles in allem, summa summarum

сло́жный <*kf:* -жен, -жна> *adj* kompliziert, komplex; **у него́ ~ хара́ктер** er hat einen schwierigen Charakter; **сло́жное сло́во** (ЛИНГ) Kompositum *nt*

слой *m K2* Schicht *f*, Lage *f*; **социа́льный ~** Gesellschaftsschicht *f*

сло́манный *adj* kaputt, zerbrochen, abgebrochen

слома́ть *vt E pf* (*impf:* лома́ть) ① brechen, zerbrechen; ② (*согну́ть*) knicken

слома́ться *vr E pf* (*impf:* лома́ться) zu Bruch gehen, abbrechen

сломи́ть <*fut:* сломлю́, сло́мишь> *vt I pf* (*impf:* сла́мывать) (*auch fig*) brechen; **сломя́ го́лову** Hals über Kopf; **~ сопротивле́ние** (*auch fig*) den Widerstand brechen

сло́мленный *adj* ① gebrochen; ② (*fig: па́вший ду́хом*) niedergeschlagen

слон, слони́ха *m K / f A* (ЗООЛ) Elephant, Elephantenkuh *m/f*

слоно́вый *adj* Elefanten-; **слоно́вая кость** Elfenbein *nt*

слоня́ться *vr E impf* (*umg: из угла́ в у́гол*) herumlungern

слуга́, служа́нка *m A / f A* (*auch fig*) Diener, -in *m/f*

слу́жащий *m wie adj* Angestellte(r) *m*; **конто́рский ~** Büroangestellte(r) *m*

служба ① Dienst *m*; ② (*ве́домство*) Amt *nt*; **~ за́нятости** Arbeitsamt *nt*

служе́бный <*kf:* -бен, -бна> *adj* ① dienstlich, Dienst-; **служе́бное положе́ние** Dienststellung *f*

② (лингв) Hilfs-; **служе́бное сло́во** Hilfswort *nt*

служи́ть <*präs:* служу́, слу́жишь> *vi I impf* (*pf:* по-) ① (*где-ли́бо*) dienen; **~ в а́рмии** seinen Wehrdienst ableisten ② (*geh:* **кому́-л./чему́-л.**) dienen, zu Diensten stehen; ③ (*чем-ли́бо*) dienen (als *+nom*)

слух *m K* ① Gehör *nt*; **облада́ющий то́нким ~ом** hellhörig; ② (*молва́*) Gerücht *nt*

слухово́й *adj* Gehör-, Hör-; **~ аппара́т** Hörgerät *nt*

слу́чай *m K2* ① Zufall *m*; ② (*происше́ствие*) Begebenheit *f*; **истори́ческий ~** Anekdote *f*; ③ (*по́вод*) Anlass *m*; ④ (*возмо́жный*) Gelegenheit *f*; ⑤ (*инцеде́нт*) Vorfall *m*, Fall *m*; **в любо́м слу́чае** auf jeden Fall, auf alle Fälle; **в слу́чае, е́сли** falls, wenn; **во́лей слу́чая** durch (reinen) Zufall; **на вся́кий ~** vorsichtshalber, für alle Fälle

случа́йность *f I* Zufall *m*

случа́йный *adj* ① zufällig; ② (*от слу́чая к слу́чаю*) gelegentlich; **случа́йное знако́мство** Zufallsbekanntschaft *f*; **случайная рабо́та** Gelegenheitsarbeit *f*

случа́ться *vr E impf* (*pf:* случи́ться) geschehen, passieren

слу́шатель, слу́шательница *m K1 / f A* ① Zuhörer, -in *m*; ② (*im pl*) Zuhörerschaft *f*

слу́шать *vt E impf* (*pf:* по-) ① hören, zuhören; ② (мед) abhorchen; ③ (*радиоста́нцию*) empfangen; ④ (*сле́довать*) folgen, befolgen; ⑤ (*слу́шаться*) gehorchen

слы́шимость *f I* ① Hörbarkeit *f*; ② (*ра́дио*) Empfang *m*, Tonqualität *f*

слы́шный <*kf:* -шен, -шна́ -шно, слы́шны́> *adj* hörbar

слюда́ *f A* Glimmer *m*

слюна́ <*pl:* слю́ни, слюне́й> *f A e2* Spucke *f*, Speichel *m*

сля́коть *f I* Matsch *m*

сма́зать <*fut:* сма́жу, сма́жешь> *vt E4 pf* (*impf:* сма́зывать) ① schmieren, fetten; ② (*разма́зать*) verwischen, verschmieren

сма́зка *f A* Schmiere *f*, Schmiermittel *nt*

смакова́ть *vt E2 impf* ① mit Genuss kosten; ② (*fig:* **наслажда́ться**) genießen

сма́чивать *vt E impf* (*pf:* смочи́ть) anfeuchten

сме́жный <*kf:* -жен, -жна> *adj* (*auch fig*) benachbart, Nachbar-

смека́лка *f A* (*umg*) Grips *m*, Auffassungsgabe *f*

сме́лость *f I* Kühnheit *f*, Mut *m*

сме́лый <*kf:* смел, смела́, сме́ло, сме́лы́> *adj* ① mutig, kühn; ② keck

сме́на *f A* ① Schicht *f*; **пе́рвая ~** Frühschicht *f*; ② (*в пионерла́гере*) Belegung *f*, Saison *f*; ③ (*заме́на*) Wechsel *m*, Ablösung *f*; **~ вы́вески** Etikettenschwindel *m*; **~ карау́ла** Wachablösung *f*; **~ прави́тельства** Regierungswechsel *m*

смени́ть <*fut:* сменю́, сме́нишь> *vt I pf* (*impf:* сменя́ть) wechseln

смени́ться <*fut:* сменю́сь, сме́нишься> *vr I pf* (*impf:* сменя́ться) (*чем-л.*) gefolgt werden

сме́нный *adj* austauschbar, Schicht-; **сме́нная рабо́та** Schichtarbeit *f*

смерка́ться <*unpers:* -а́ется> *vi E impf* (*pf:* сме́ркнуться) dämmern

смерте́льно *adv* tödlich, tot-; **смерте́льно больно́й** totkrank; **смерте́льно уста́лый** totmüde

смерте́льный <*kf:* -лен, -льна> *adj* tödlich, tot-

сме́ртность *f I* Sterblichkeit *f*, Sterblichkeitsrate *f*

сме́ртный I. <*kf:* -тен, -тна> *adj* sterblich; **сме́ртная казнь** Todesstrafe *f*; **~ пригово́р** Todesurteil *nt*; **II.** *m wie adj* Sterbliche(r) *m*

смерть *f I* Tod *m*

смерч *m K* Windhose *f*, Wirbelsturm *m*, Tornado *m*; **песча́ный ~** Sandhose *f*

смести́ <*fut:* смету́, сметёшь> *vt Eба pf* (*impf:* смета́ть) ① kehren, fegen; ② (*fig*) hinwegfegen

смесь *f I* Gemisch *nt*, Mischung *f*

сме́та *f A* ① Kostenplan *m*, Finanzplan *m*; ② (*предвари́тельная сме́та*) Voranschlag *m*, Kostenvoranschlag *m*; **соста́вить сме́ту** einen Kostenvoranschlag machen

смета́ть *vt E impf* (*pf:* смести́) ① kehren, fegen; ② (*fig: уничтожа́ть*) hinwegfegen, vernichten

сме́ть *vi E impf* ① wagen, sich trauen; ② (*име́ть позволе́ние*) dürfen; **не смей!** das darfst du nicht!

смех *m K* Lachen *nt*, Gelächter *nt*

смехотво́рный <*kf:* -рен, -рна> *adj* lächerlich, lachhaft

сме́шанный *adj* gemischt

смеша́ть *vt E pf* (*impf:* сме́шивать) ① vermischen; **~ раство́р** (ХИМ) eine Lösung ansetzen; ② (*спу́тать*) verwechseln, durcheinanderbringen; **не ~** auseinanderhalten

смешно́й <*kf:* -шо́н, -шна́> *adj* ① (*смехотво́рный*) lächerlich, lachhaft; ② (*заба́вный*) komisch, lustig

смеще́ние *nt O2* ① Verschiebung *f*; ② (*с до́лжности*) Absetzung *f*, Amtsenthebung *f*

смея́ться <*präs:* сме́юсь, смеёшься> *vr E impf* (*pf:* за-) (*над кем-л./чем-л.*) lachen; **~ до упа́да** sich kaputtlachen

смина́ть *vt E impf* (*pf:* смять) zerknüllen

смире́ние *nt O2* Demut *f*

смире́нный <*kf:* -е́н, -е́нна> *adj* demütig

смири́тельный *adj* Zwangs-; **смири́тельная руба́шка** Zwangsjacke *f*

смири́ться *vr I pf* (*impf:* смиря́ться) ① (*подчини́ться*) sich unterwerfen; ② (*примири́ться*) sich abfinden (mit +*dat*); ③ (*успоко́иться*) resignieren

смог *m K* Smog *m*

смола́ *f A pls* ① Teer *m*; ② (*вар*) Pech *nt*; ③ (*древе́сная*) Harz *nt*

смоли́ть *vt I impf* (*pf:* вы́-) teeren

сморка́ться *vi E impf* (*pf:* вы́-) sich die Nase putzen

смо́рщенный <*kf:* -щен> *adj* runzlig, hutzelig

смо́рщить *vt I pf* (*impf:* мо́рщить) ① (*лоб*) runzeln; ② (*лицо́*) verziehen

смотр *m K* ① Schau *f*; ② (ВОЕ) Truppenschau *f*, Parade *f*

смотре́ть <*präs:* -отрю́, -о́тришь> *vi I impf* (*pf:* по-) ① blicken, schauen; **~ вверх** aufblicken; **~ в зе́ркало** in den Spiegel blicken ② (*что-л., на что-л.*) ansehen, anschauen; **~ телеви́зор** fernsehen ③ (*справля́ться*) nachsehen, nachschlagen; ④ (*присма́тривать*) aufpassen, beaufsichtigen; ⑤ (*fig*) betrachten; **~ на что-л. крити́чески** etw kritisch betrachten

смотри́тель *m K1* Aufseher *m*, Wärter *m*

смочи́ть <*fut:* смочу́, смо́чишь> *vt I pf* (*impf:* сма́чивать) anfeuchten

сму́та *f A* Aufruhr *m*; **се́ять сму́ту** Zwist stiften, für Unruhe sorgen

смути́ть <*fut:* смущу́, смути́шь> *vt I pf* (*impf:* смуща́ть) ① beunruhigen; ② verwirren

смути́ться <*fut:* смущу́сь, смути́шься> *vr I pf* (*impf:* смуща́ться) ① in Verlegenheit geraten; ② (*чем-ли́бо*) verwirrt werden

сму́тный <*kf:* -тен, -тна́/-тна> *adj* ① vage, schattenhaft; ② (*беспоко́йный*) unruhig, wirr

смутья́н *m K* Störenfried *m*, Unruhestifter *m*

смуща́ть *vt E impf* (*pf:* смути́ть) ① beunruhigen; ② (*сбива́ть с то́лку*) verwirren, beirren

смуща́ться *vr E impf* (*pf:*

смути́ться) verwirrt werden
смуще́ние *nt O2* Verlegenheit *f*, Verwirrung *f*
смущённый *adj* ① befangen, verlegen; ② (*сби́тый с то́лку*) konfus, wirr
смыва́ться *vr E impf* (*pf:* **смы́ться**) ① abwaschbar sein; ② (*umg: исчеза́ть*) verduften, sich aus dem Staub machen
смыка́ть *vt E impf* (*pf:* **сомкну́ть**) zumachen, schließen
смысл *m K* Sinn *m*, Zweck *m*; **~ жи́зни** Sinn *m* des Lebens; **по смы́слу** sinngemäß
смы́ться <*fut:* **смо́юсь, смо́ешься**> *vr E8 pf* (*impf:* **смыва́ться**) ① abwaschbar sein; ② (*umg*) verduften, sich aus dem Staub machen
смышлёность *f I* Auffassungsgabe *f*
смышлёный <*kf:* **-ён**> *adj* (*umg*) aufgeweckt, gescheit
см. на. об. *abk von* **смотри́ на оборо́те!** b. w.
смягча́ть *vt E impf* (*pf:* **смягчи́ть**) ① weich machen; ② (*во́ду*) enthärten; ③ (*облегча́ть*) mildern, lindern; ④ (*fig:* *тро́гать*) erweichen; ⑤ (лингв) palatalisieren
смягче́ние *nt O2* ① (*воды́*) Enthärtung *f*; ② (*ослабле́ние*) Milderung *f*, Linderung *f*; ③ (лингв) Palatalisierung *f*
смяте́ние *nt O2* Verwirrung *f*, Bestürzung *f*
смять <*fut:* **сомну́, сомнёшь**> *vt E9a pf* (*impf:* **смина́ть**) ① zerknüllen; ② (*fig:* *подави́ть*) niederschlagen, überwältigen
снабди́ть <*fut:* **-бжу́, -бди́шь**> *vt I pf* (*impf:* **снабжа́ть**) ① versorgen; ② (*обору́довать*) ausstatten (mit +*dat*)
снабже́ние *nt O2* ① Versorgung *f*; ② (*обору́дование*) Ausstattung *f*
сна́йпер *m K* Scharfschütze *m*
снару́жи *adv* ① außen; ② von außen
снаряди́ть <*fut:* **-яжу́, -яди́шь**> *vt I pf* (*impf:* **снаряжа́ть**) ausstatten, vorbereiten
снача́ла *adv* ① zuerst, zunächst; ② von vorn, von Anfang an, noch einmal
СНГ *abk von* **Содру́жество Незави́симых Госуда́рств** *m* GUS *f*, Gemeinschaft Unabhängiger Staaten
снег <*gen sg:* **-а,-у**, *präpos sg:* **о сне́ге, на снегу́**> *m K ple* Schnee *m*; **идёт ~** es schneit; **ры́хлый ~** Pulverschnee *m*; **сва́ливаться как ~ на го́лову** (*fig*) hereinschneien
снеги́рь *m K1 e* (зоол) Dompfaff *m*
снегови́к *m K e* Schneemann *m*
снежи́нка *f A* Schneeflocke *f*
сне́жный *adj* Schnee-; **~ бура́н** Schneegestöber *nt*
снежо́к <*gen sg:* **-жка́**> *m K e* Schneeball *m*; **игра́ть в снежки́** eine Schneeballschlacht machen
снести́ <*fut:* **снесу́, снесёшь**> *vt E6 pf* (*impf:* **сноси́ть**) ① abreißen, abbrechen; ② einreißen, abtragen; ③ einstecken, sich abfinden (mit +*dat*)
снижа́ть *vt E impf* (*pf:* **сни́зить**) ① herabsetzen, senken; **~ це́ну** den Preis senken [*o* herabsetzen;] ② (*сокраща́ть*) kürzen, abbauen
сниже́ние *nt O2* ① Senkung *f*; ② (*уменьше́ние*) Verringerung *f*; ③ (*в стати́стике*) Rückgang *m*; ④ (*регре́сс*) rückläufige Entwicklung *f*; ⑤ (тех) Landeanflug *m*; **~ внима́ния** Konzentrationsschwäche *f*; **~ нало́гов** Steuerermäßigung *f*; **~ цены́** Preisminderung *f*
сни́зить <*fut:* **сни́жу, сни́зишь**> *vt I pf* (*impf:* **снижа́ть**) ① herabsetzen, senken; ② kürzen, abbauen
снизойти́ <*fut:* **-йду́, -йдёшь**, *prät:* **-ошёл, -ошла́**> *vi E7 pf* (*impf:* **снисходи́ть**) sich herablassen
снима́ть *vt E impf* (*pf:* **снять**) ① abnehmen, abmachen; ② (*удаля́ть*) entfernen, wegnehmen; ③ (*кры́шу*) abdecken; ④ (*оде́жду*) ausziehen;

❺ (*пала́тку*) abbrechen; ❻ (*сли́вки*) abschöpfen; ❼ (ФИЛМ) filmen, einen Film drehen; ❽ (ФОТ) fotografieren, aufnehmen; **~ грим** abschminken; **~ с рабо́ты** entlassen, feuern

снима́ться *vr E impf* (*pf:* сня́ться) ❶ abgehen, sich loslösen; ❷ (*с ме́ста*) aufbrechen; **~ с я́коря** den Anker lichten; ❸ (*фотографи́роваться*) sich photographieren lassen

сни́мок <*gen sg:* -мка> *m K* Aufnahme *f*, Bild *nt*; **~ на па́спорт** Passbild *nt*; **~ со спу́тника** Satellitenaufnahme *f*

снисходи́тельный <*kf:* -лен, -льна> *adj* ❶ nachsichtig; ❷ (*покрови́тельственный*) herablassend

снисходи́ть <*präs:* -хожу́, -хо́дишь> *vi I impf* (*pf:* снизойти́) (*до чего́-ли́бо*) sich herablassen (zu *+dat*)

снисхожде́ние *nt O2* Nachsicht *f*

сни́ться *vi I impf* (*pf:* при-) (*im Schlaf*) träumen; **мне сни́лось** ich hatte einen Traum

C

сноб *m K* ❶ Snob *m*; ❷ (*im pl*) Schickeria *f*

сно́ва *adv* erneut, wieder

сноп *m K e* Garbe *f*, Bündel *nt*

сноро́вка *f A* ❶ (*на́вык*) Fertigkeit *f*; ❷ (*о́пыт, ло́вкость*) Routine *f*, Gewandtheit *f*

снос *m K* Abbruch *m*, Abriss *m*; **дом идёт на ~** das Haus steht vor dem Abbruch

сноси́ть <*präs:* сношу́, сно́сишь> *vt I impf* (*pf:* снести́) ❶ abreißen, abbrechen; ❷ (*лома́ть, разбира́ть*) einreißen, abtragen; ❸ (*umg: терпе́ть*) einstecken, sich abfinden (mit *+dat*); **мо́лча ~** schweigend über sich ergehen lassen

сно́ска *f A* Fußnote *f*

сно́сный <*kf:* -сен, -сна> *adj* (*umg*) erträglich, leidlich, passabel

снотво́рное *nt wie adj* Schlafmittel *nt*

снотво́рный <*kf:* -рен, -рна> *adj* einschläfernd, Schlaf-; **снотво́рная табле́тка** Schlaftablette *f*

сноха́ *f A* Schwiegertochter *f*

сноше́ние *nt O2* ❶ Verbindung *f*, Beziehung *f*; ❷ (*секс*) Geschlechtsverkehr *m*

сня́тие *nt O2* ❶ Aufhebung *f*; ❷ (*увольне́ние*) Entlassung *f*; **~ с учёта** Abmeldung *f*; **~ с занима́емой до́лжности** Amtsentbindung *f*

снять <*fut:* сниму́, сни́мешь> *vt E9 pf* (*impf:* снима́ть) ❶ abnehmen, abmachen; ❷ entfernen, wegnehmen; ❸ mieten

сня́ться <*fut:* сниму́сь, сни́мешься> *vr E9 pf* (*impf:* снима́ться) ❶ abgehen, sich loslösen; ❷ aufbrechen

соба́ка *f A* Hund *m*; **зла́я ~** bissiger Hund *m*; **~-поводы́рь** Blindenhund *m*

соба́чий <*f:* -ья, *nt:* -ье> *adj* Hunde-; **соба́чья бу́дка** Hundehütte *f*; **соба́чья жизнь** (*umg*) Hundeleben *nt*; **соба́чьи консе́рвы** Hundefutter *nt*

соба́чник *m K* ❶ (*люби́тель*) Hundeliebhaber *m*; ❷ (*лове́ц*) Hundefänger *m*

собесе́дник, собесе́дница *m K / f A* Gesprächspartner, -in *m/f*

собесе́дование *nt O2* ❶ Gespräch *nt*; ❷ (*совеща́ние*) Besprechung *f*

собира́ть *vt E impf* (*pf:* собра́ть) ❶ sammeln, einsammeln; ❷ (*взима́ть*) einziehen, erfassen; **~ чле́нские взно́сы** Mitgliedsbeiträge kassieren; **~ де́ньги** kassieren; ❸ (*я́годы, плоды́*) pflücken, ernten; ❹ (*монти́ровать*) montieren, zusammenbauen

собира́ться *vr E impf* (*pf:* собра́ться) ❶ beabsichtigen, vorhaben; ❷ (*сходи́ться*) zusammenkommen, tagen; ❸ (*о грозе́, бу́ре*) aufziehen; ❹ (*в го́сти и т.п.*) sich bereit machen, sich fertig machen; **~ в доро́гу** sich zur Reise rüsten; **~ с ду́хом** sich aufraffen; **~ с мы́слями** sich konzentrieren; **~ с си́лами** Kräfte sammeln

соблаговоли́ть *vi I pf* (*arch und ironisch*) geruhen; **~ сде́лать что-л.** geruhen zu tun

собла́зн *m K* ❶ (*искуше́ние*) Lockung *f*, Verlockung *f*, Versuchung *f*; ❷ (*жела́ние, охо́та*) Lust *f*, Reiz *m*, Kitzel *m*

соблазни́тельный <*kf:* -лен, -льна> *adj* verlockend, verführerisch; **соблазни́тельное предложе́ние** verlockendes Angebot *nt*

соблазни́ть *vt I pf* (*impf:* соблазня́ть) verführen, verleiten (zu +*dat*)

соблюда́ть *vt E impf* (*pf:* соблюсти́) einhalten, befolgen, erfüllen; **~ дие́ту** Diät halten; **~ диста́нцию** Abstand halten; **~ пра́вила доро́жного движе́ния** die Verkehrsregeln einhalten; **~ тишину́** Ruhe halten, sich ruhig verhalten

соблюде́ние *nt O2* Einhaltung *f*, Erfüllung *f*

соблюсти́ <*fut:* -юду́, -юдёшь, *prät:* -ю́л, -юла́> *vt E6a pf* (*impf:* соблюда́ть) einhalten, befolgen

соболе́знование *nt O2* Beileid *nt*, Kondolenz *f*; **выража́ть ~** kondolieren

собо́р *m K* ❶ Dom *m*; **кафедра́льный ~** Kathedrale *f*; ❷ (рел) Konzil *nt*, Versammlung *f*; **Вселе́нский ~** Ökumenisches Konzil *nt*

собра́ние *nt O2* ❶ Versammlung *f*; ❷ (*колле́кция*) Sammlung *f*; **по́лное ~ сочине́ний** (лит) Gesamtausgabe *f*

собра́т <*pl:* -тья, -тьев> *m U3* ❶ Mitmensch *m*; ❷ (*geh*) Mitstreiter *m*

собра́ть <*fut:* -беру́, -берёшь> *vt E4a pf* (*impf:* собира́ть) ❶ sammeln, einsammeln; ❷ pflücken, ernten; ❸ montieren, zusammenbauen

собра́ться <*fut:* -беру́сь, -берёшься> *vr E4a pf* (*impf:* собира́ться) ❶ beabsichtigen, vorhaben; ❷ zusammenkommen, tagen; ❸ sich bereit machen, sich fertig machen

со́бственник *m K* Eigentümer *m*, Besitzer *m*

со́бственно *adv* eigentlich, im eigentlichen Sinne

собственнору́чный <*kf:* -чен, -чна> *adj* eigenhändig

со́бственность *f I* Eigentum *nt*; **земе́льная ~** Grundbesitz *m*

со́бственный *adj* eigene(r ,s), Eigen-; **~ дом** Eigenheim *nt*; **со́бственной персо́ной** höchstpersönlich; **и́мя со́бственное** (линг) Eigenname *m*

собы́тие *nt O2* Ereignis *nt*; **гла́вное ~** Höhepunkt *m*

сова́ *f A pls* (зоол) Eule *f*

сова́ть <*präs:* сую́, суёшь> *vt E2 impf* (*pf:* су́нуть) hineinstecken, hineinstopfen; **~ в карма́н** in die Tasche stecken; **~ нос не в свои́ дела́** (*fig*) seine Nase in fremde Angelegenheiten stecken

сова́ться <*präs:* сую́сь, суёшься> *vr E2 impf* (*pf:* су́нуться) sich einmischen; **не су́йся в мои́ дела́!** misch dich nicht in meine Angelegenheiten!

соверша́ть *vt E impf* (*pf:* соверши́ть) ❶ (*осуществля́ть, исполня́ть*) vollbringen, vollziehen, bewerkstelligen; ❷ (*что-л. предосуди́тельное*) begehen, verüben; **~ оши́бку** einen Fehler begehen; **~ преступле́ние** ein Verbrechen begehen; **~ путеше́ствие** eine Reise unternehmen

соверше́нно *adv* vollkommen, völlig, ganz, total, absolut, durchaus; **соверше́нно ве́рно** vollkommen richtig

совершеннoléтний *adj* volljährig

С

совершённый <*kf:* -ёнен, -ённа> *adj* perfekt, vollkommen

соверше́нство *nt O* Perfektion *f*, Vollkommenheit *f*; **владе́ть чем-л. в соверше́нстве** etw aus dem Effeff beherrschen

соверше́нствовать *vt E2 impf* (*pf:* у-) vervollkommnen, perfektionieren

соверши́ть *vt I pf* (*impf:* соверша́ть) ① vollbringen, vollziehen, bewerkstelligen; ② begehen, verüben

со́весть *f I* Gewissen *nt*; **име́ть что-л. на со́вести** etw auf dem Gewissen haben; **угрызе́ния со́вести** Gewissensbisse *pl*

сове́т *m K* ① Rat(-schlag) *m*; ② (*о́рган*) Rat *m*, Beirat *m*; **дава́ть ~** einen Rat geben

сове́тник *m K* ① Rat *m*; ② (*консульта́нт*) Berater *m*

сове́товать *v + dat E2 impf* (*pf:* по-) raten, nahelegen

сове́товаться *vr E2 impf* (*pf:* по-) (*с кем-ли́бо*) sich Rat holen, konsultieren, Rücksprache halten (mit *+dat*)

Сове́тский Сою́з *m K* (ист) Sowjetunion *f*

сове́тчик *m K* Ratgeber *m*

совеща́ние *nt O2* Beratung *f*, Besprechung *f*

совладе́лец <*gen sg:* -льца, *gen pl:* -льцев> *m K* Teilhaber *m*, Miteigentümer *m*

совладе́ние *nt O2* Mitbesitz *m*

совмести́мый <*kf:* -и́м> *adj* (*geh*) kompatibel, miteinander vereinbar

совмести́тельство *nt O*: **по совмести́тельству** nebenberuflich ; nebenamtlich; **рабо́та по совмести́тельству** Nebenberuf *m* , Nebenbeschäftigung *f*

совме́стный <*kf:* -тно> *adj* zusammen, gemeinsam; **совме́стное предприя́тие** Joint-Venture *nt*; Gemeinschaftsunternehmen *nt*; **совме́стная рабо́та** Teamarbeit *f*

совмеще́ние *nt O2* Zusammenlegung *f*, Vereinigung *f*

сово́к <*gen sg:* -вка́> *m K e* Kehrblech *nt*, Schippe *f*

совокупле́ние *nt O2* Beischlaf *m*, Koitus *m*

совоку́пность *f I* Gesamtheit *f*

совоку́пный *adj* gesamt, Gesamt-

совпа́сть <*nur 3. pers:* -падёт, *prät:* -а́л, -ала́> *vi E6a pf* (*impf:* совпада́ть) ① zusammenfallen; ② (*соотве́тствовать*) übereinstimmen (mit *+dat*)

соврати́ть <*fut:* -ащу́, -ати́шь> *vt I pf* (*impf:* совраща́ть) ① verleiten; **~ с пути́ и́стинного** vom rechten Weg abbringen ② (*соблазни́ть*) verführen

совраще́ние *nt O2* Verführung *f*

совреме́нник, совреме́нница *m K / f A* Zeitgenosse, -genossin *m/f*

совреме́нность *f I* ① Gegenwart *f*; ② (*актуа́льность*) Aktualität *f*

совреме́нный <*kf:* -ёнен, -ённа> *adj* ① gegenwärtig, heutig; ② (*кому́-л.*) zeitgenössisch; ③ (*но́вый*) modern, neuzeitlich

совсе́м *adv* ① ganz; **э́то ~ не то** das ist gar nicht so; ② überhaupt

согла́сие *nt O2* ① Zusage *f*; ② (*разреше́ние*) Zustimmung *f*, Einwilligung *f*; **дать своё ~ на что-л.** seine Zustimmung erteilen (zu *+dat*) ③ (*единоду́шие*) Einvernehmen *nt*, Eintracht *f*; ④ (*консе́нсус*) Konsens *m*

согласи́ться <*fut:* -ашу́сь, -аси́шься> *vr I pf* (*impf:* соглаша́ться) ① (*на что-ли́бо*) einwilligen (in *+akk*); ② (*с чем-л.*) befürworten, gutheißen

согла́сно I. *adv* einträchtig, harmonisch; **II.** *präp +dat* zufolge, laut, gemäß; **~ зако́ну** laut Gesetz

согла́сный I. <*kf:* -сен, -сна> *adj* einverstanden; **II.** *m wie adj* (лингв) Konsonant *m*

согласова́ние *nt O2* ① Abstimmung *f*; ② (лингв) Kongruenz *f*

согласо́ванность *f I* ① Einklang *m*,

Übereinstimmung *f*; ❷ (*сы́гранность*) Zusammenspiel *nt*

согласо́ванный <*kf:* -ан> *adj* ❶ abgestimmt, koordiniert; ❷ (линг) kongruent

согласова́ть *vt E2 pf* (*impf:* согласо́вывать) abstimmen, vereinbaren

соглаша́ться *vr E impf* (*pf:* согласи́ться) ❶ (*на что-ли́бо*) zustimmen, einverstanden sein, einwilligen (in +*akk*); ❷ (*с чем--ли́бо*) befürworten, gutheißen, eingehen (auf +*akk*)

соглаше́ние *nt O2* ❶ Vereinbarung *f*, Übereinkunft *f*, Abmachung *f*, Einigung *f*; ❷ (юр, пол) Vertrag *m*, Abkommen *nt*; ❸ (*конве́нция*) Konvention *f*; **трудово́е ~** Werkvertrag *m*; **Маастре́хтские соглаше́ния** Maastrichter Verträge *pl*; **заключа́ть ~** eine Abmachung treffen

согну́ть *vt E1 pf* (*impf:* гнуть, сгиба́ть) krümmen, biegen

согра́ждане *m pl U2* Mitbürger *m pl*

согрева́ть *vt E impf* (*pf:* согре́ть) aufwärmen, erwärmen

согреши́ть *vi I pf* (*impf:* греши́ть) ❶ sündigen; ❷ (*про́тив чего́-л.*) verstoßen (gegen +*akk*)

со́да *f A* Soda *nt*

соде́йствие *nt O2* ❶ Förderung *f*; ❷ (*подде́ржка*) Unterstützung *f*, Beistand *m*

соде́йствовать *v + dat E2 impf/pf* (*pf:* по-) fördern, unterstützen

содержа́ние *nt O2* ❶ (*де́йствие*) Erhaltung *f*, Unterhaltung *f*; **~ в испра́вности** Instandhaltung *f* ❷ Inhalt *m*; **основно́е ~** Hauptinhalt *m*; ❸ (*оглавле́ние*) Inhaltsverzeichnis *nt*; ❹ (*коли́чество, концентра́ция*) Gehalt *m*, Konzentration *f*; **~ вре́дных веще́ств** Schadstoffbelastung *f*; **~ жи́ра** Fettgehalt *m*; ❺ (экон) Bezug *m*; ❻ (*зарпла́та, иждиве́ние*) Gehalt *nt*, Unterhalt *m*

содержа́тельный <*kf:* -лен, -льна> *adj* gehaltvoll, inhaltsreich

содержа́ть <*präs:* -держу́, -де́ржишь> *vt I impf* ❶ (*кого́-л.*) unterhalten, finanzieren; ❷ (*быть владе́льцем*) besitzen; ❸ (*держа́зь*) halten; **~ в испра́вности** instand halten; **~ в чистоте́** sauber halten ❹ (*име́ть свои́м содержа́нием*) enthalten, beinhalten

содра́ть <*fut:* сдеру́, сдерёяь> *vt E4a pf* (*impf:* сдира́ть) ❶ abziehen; ❷ (*fig*) schröpfen

содрога́ться *vr E impf* (*pf:* содрогну́ться) ❶ beben, schwanken; ❷ (*от у́жаса и т.п.*) schaudern, erzittern

содру́жество *nt O* Gemeinschaft *f*; **~ Незави́симых Госуда́рств** Gemeinschaft *f* unabhängiger Staaten, GUS *f*

соедине́ние *nt O2* ❶ (*соединённое*) Vereinigung *f*, Verbindung *f*; ❷ (хим) Verbindung *f*; ❸ (тех) Kopplung *f*; **~ с Интерне́том** Internetverbindung *f*

Соединённые Шта́ты Аме́рики *m K* Vereinigte Staaten von Amerika *m pl*, USA *pl*

соедини́ть *vt I pf* (*impf:* соединя́ть) verbinden, anfügen (an +*akk*); **вас непра́вильно соедини́ли** Sie sind falsch verbunden

соединять *vt E* fusionieren, zusammenschließen

сожале́ние *nt O2* ❶ Bedauern *nt*; ❷ (*раска́яние*) Reue *f*

сожале́ть *vi E impf* (*о ком-л./чём-л.*) bedauern, jdm leidtun

созва́ть <*fut:* -зову́, -зовёшь> *vt E4a pf* (*impf:* созыва́ть) ❶ zusammenrufen, einladen; ❷ einberufen

созве́здие *nt O2* Gestirn *nt*, Sternbild *nt*

создава́ть <*präs:* -даю́, -даёшь> *vt E3 impf* (*pf:* созда́ть)

① schaffen, ins Leben rufen, aufbauen; ② (*твори́ть*) schaffen, schöpfen, kreieren

созда́ние *nt O2* ① (*де́йствие*) Schaffen *nt*, Erschaffung *f*; ② (*творе́ние*) Schöpfung *f*; ③ (*произведе́ние*) Werk *nt*, Schöpfung *f*; ④ (*тварь*) Geschöpf *nt*

созида́ть *vt E impf* (*geh*) schöpfen, kreieren

созна́ние *nt O2* ① Bewusstsein *nt*; **обще́ственное** [*o* **ма́ссовое**] **~** öffentliches Bewusstsein *nt*; ② (*чу́вство*) Besinnung *f*; **без созна́ния** bewusstlos, besinnungslos

созна́тельный <*kf:* -лен, -льна> *adj* ① bewusst; ② (*сознаю́щий свой долг*) pflichtbewusst; ③ (*наме́ренный*) absichtlich

созрева́ть *vi E impf* (*pf:* созре́ть) (*auch fig*) reifen

созре́вший *adj* reif

созре́ть *vi E pf* (*impf:* созрева́ть, зреть) (*auch fig*) reifen, reif werden

созы́в *m K* Einberufung *f*

созыва́ть *vt E impf* (*pf:* созва́ть) ① zusammenrufen, einladen; ② (*съезд, собра́ние и т.п.*) einberufen

соиска́тель *m K1* ① (*на сте́пень кандида́та нау́к*) Bewerber (um die Doktorwürde) *m*; ② (*кандида́т*) Anwärter *m*; ③ (*пода́тель заявле́ния*) Antragsteller *m*

со́йка *f A* (зоол) Eichelhäher *m*

сойти́ <*fut:* -йду́, -йдёшь> *vi E7 pf* (*impf:* сходи́ть) ① hinuntergehen; ② (*вы́йти*) aussteigen; ③ (*уйти́*) fortgehen, weggehen, verlassen; **~ с ре́льсов** entgleisen; **~ с ума́** den Verstand verlieren; ④ (*за кого́-ли́бо*) gelten (als +*nom*)

сок <*gen sg:* -а,-у, *präpos sg:* о со́ке, в соку́/в со́ке> *m K* Saft *m*; **фрукто́вый ~** Fruchtsaft *m*; **я́блочный ~** Apfelsaft *m*

со́кол *m K* (зоол) Falke *m*

сократи́ть <*fut:* -ащу́, -ати́шь> *vt I pf* (*impf:* сокраща́ть) ① kürzen, abkürzen; ② (*уме́ньшить, сни́зить*) verringern, senken, reduzieren; ③ (мат: *дробь*) kürzen

сокраще́ние *nt O2* ① (Ab-)Kürzung *f*; ② (*сниже́ние*) Senkung *f*, Kürzung *f*; **~ вооруже́ний** Abrüstung *f*; **~ персона́ла** [*o* **шта́тов**] Personalabbau *m*; ③ (линг) Abkürzung *f*

сокро́вище *nt O1* ① Schatz *m*; ② (*fig: о челове́ке*) Schatz *m*, Juwel *nt*

сокры́тие *nt O2* Verheimlichung *f*, Geheimhaltung *f*

солга́ть <*fut:* -лгу́, -лжёшь> *vi E4 pf* (*impf:* лга́ть) ① lügen; ② (*кому́-ли́бо*) belügen

солда́т <*gen pl:* солда́т> *m K* Soldat *m*

солёный *adj* gesalzen, salzig; **солёная вода́** Salzwasser *nt*

солида́рность *f I* Solidarität *f*; **проявля́ть ~ с кем-л.** sich solidarisieren (mit +*dat*)

солида́рный <*kf:* -рен, -рна> *adj* solidarisch

соли́дный <*kf:* -ден, -дна> *adj* ① solide; ② (*fig: значи́тельный*) beachtlich; **соли́дные зна́ния** beachtliches Wissen *nt*

соли́ст, **соли́стка** <*gen pl f:* -ток> *m K / f A* Solist, -in *m/f*

соли́ть <*präs:* солю́, со́лишь> *vt I impf* (*pf:* за-, по-) ① salzen; ② (*заса́ливать*) pökeln; ③ (*маринова́ть*) einlegen

со́лнечный <*kf:* -чен, -чна> *adj* sonnig, Sonnen-; **со́лнечная батаре́я** Solarzelle *f*; **со́лнечное затме́ние** Sonnenfinsternis *f*; **со́лнечные часы́** Sonnenuhr *f*

со́лнце *nt O* Sonne *f*

со́ло I. *nt indekl* (муз) Solo *nt*; **II.** *adv* solo, allein

солове́й <*gen sg:* -вья́> *m K2 e* (зоол) Nachtigall *f*

со́лод <*gen sg:* -а, -у> *m K* Malz *nt*

соло́ма *f A* Stroh *nt*

соло́менный *adj* Stroh-; **соло́менная вдова́** Strohwitwe *f*

соло́минка *f A* ① Strohhalm *m*; ② (*для питья́*) Trinkhalm *m*
соло́нка *f A* Salzstreuer *m*
соль *f I* ① Salz *nt*; ② (*fig:* *изю́минка*) Pointe *f*
соля́рий *m K2* Solarium *nt*
соля́рка *f A* (*umg*) Dieselöl *nt*
сомкну́ть *vt E1 pf* (*impf:* смыка́ть) zumachen, schließen
сомнева́ться *vr E impf* (*в ком-л./чём-л.*) zweifeln (an *+dat*)
сомне́ние *nt O2* Zweifel *m*, Bedenken *pl*; **ста́вить под ~** in Frage stellen, bezweifeln
сомни́тельный <*kf:* -лен, -льна> *adj* zweifelhaft, fraglich, obskur
сон <*gen sg:* сна> *m K* ① Schlaf *m*; ② (*сновиде́ние*) Traum *m*; **ужа́сный ~** Alptraum *m*; **перед ~ом** vor dem Schlafengehen
сона́та *f A* (муз) Sonate *f*
соне́т *m K* (лит) Sonett *nt*
со́нный <*kf:* -нен, -нна> *adj* schläfrig, schlaftrunken
со́ня *mf A1* (*umg*) Schlafmütze *f*, Langschläfer, -in *m/f*
сообража́ть *vi E impf* (*pf:* сообрази́ть) (*umg*) kapieren, begreifen; **ме́дленно/ту́го/пло́хо ~** langsam/schwer/schlecht begreifen
соображе́ние *nt O2* ① Überlegung *f*, Erwägung *f*; ② (*побуди́тельная причи́на*) Beweggrund *m*
сообрази́тельность *f I* Aufnahmefähigkeit *f*, Auffassungsgabe *f*
сообща́ *adv* gemeinsam, miteinander; **де́йствовать ~** an einem Strang ziehen
сообща́ть *vt E impf* (*pf:* сообщи́ть) mitteilen, melden; **как сообща́ют** wie verlautet
сообща́ться *vi E impf* ① mitgeteilt werden; ② (*име́ть связь*) verkehren, in Verbindung stehen
сообще́ние *nt O2* ① Mitteilung *f*, Nachricht *f*, Bericht *m*, Bescheid *m*; **~ об оши́бке** (ОБДАН) Fehlermeldung *f*; **~ о поступле́нии** Bestätigung *f*; ② (*связь*) Verkehr *m*, Verbindung *f*; **возду́шное ~** Flugverkehr *m*; **ме́стное ~** Nahverkehr *m*; **регуля́рное ~** Linienverkehr *m*
соо́бщество *nt O2* Gemeinschaft *f*; **Европе́йское ~** Europäische Gemeinschaft *f*, EU *f*; **мирово́е ~** Völkergemeinschaft *f*
сообщи́ть *vt I pf* (*impf:* сообща́ть) mitteilen, melden
соо́бщник, соо́бщница *m K / f A* Komplize, Komplizin *m/f*
соорудить <*fut:* -ужу́, -уди́шь> *vt I pf* (*impf:* сооружа́ть) bauen, erbauen, errichten
сооруже́ние *nt O2* ① (*де́йствие*) Errichtung *f*, Bau *m*; ② (*постро́йка*) Bauwerk *nt*, Anlage *f*; **спорти́вные сооруже́ния** Sportanlage *f*
соотве́тственно I. *adv* übereinstimmend; **II.** gemäß (*+dat*), entsprechend
соотве́тствие *nt O2* Übereinstimmung *f*
соотве́тствовать *v + dat E2 impf* jdm/etw entsprechen, übereinstimmen (mit *+dat*)
соотве́тствующий *adj* ① entsprechend, übereinstimmend; ② (*тако́й же*) einschlägig; ③ (*адеква́тный*) angemessen
сооте́чественник *m K* Landsmann *m*
соотноше́ние *nt O2* Relation *f*, Verhältnis *nt*
сопе́рник, сопе́рница *m K / f A* Rivale, Rivalin *m/f*, Kontrahent, -in *m/f*
сопе́рничать *vi E impf* (*с кем-ли́бо*) wetteifern, rivalisieren (mit *+dat*)
сопе́рничество *nt O* Rivalität *f*
сопе́ть <*präs:* -плю́, -пи́шь> *vi I impf* schnauben, schnaufen
со́пли <*gen pl:* сопле́й> *f pl A2 e2* (*umg*) Rotz *m*
со́пло *nt O pls* Düse *f*
сопоста́вить <*fut:* -влю, -вишь> *vt I pf* (*impf:* сопоставля́ть) gegenüberstellen, vergleichen, kon-

frontieren
сопоставле́ние *nt O2* ❶ Gegenüberstellung *f*; ❷ (*сравне́ние*) Vergleich *m*
сопра́но *nt indekl* (муз) Sopran *m*
сопроводи́ть <*fut:* -ожу́, -оди́шь> *vt I pf* (*impf:* сопровожа́ть) begleiten, geleiten
сопровожда́ющий I. *m wie adj* ❶ Begleiter, -in *m/f*, Begleitperson *f*; ❷ (*руководи́тель тургру́ппы*) Reiseleiter, -in *m/f*, Reisebegleiter, -in *m/f*; **II.** *adj* begleitend
сопровожде́ние *nt O2* ❶ Begleitung *f*; ❷ (ВОЕ) Geleit *nt*, Geleitschutz *m*; ❸ (муз) Begleitung *f*
сопротивле́ние *nt O2* Widerstand *m*; **оказа́ть ~** Widerstand leisten
сопротивля́ться *vr + dat E impf* Widerstand leisten, sich widersetzen, sich wehren (gegen *+akk*)
сопу́тствовать *v + dat E2 impf* begleiten, einhergehen (mit *+dat*); **ему́ сопу́тствует успе́х** er wird von Erfolg begleitet; **их пла́нам сопу́тствует уда́ча** ihre Pläne werden vom Glück begünstigt
соразме́рный *adj* entsprechend, angemessen, anteilmäßig
сорване́ц <*gen sg:* -нца́> *m K e* (*umg*) Schlingel *m*, Bengel *m*
сорва́ть <*fut:* -ву́, -вёшь> *vt E4 pf* (*impf:* рвать, срыва́ть) ❶ abbrechen, abreißen; ❷ (*Blume*) pflücken; ❸ (*fig: расстро́ить*) vereiteln, zum Scheitern bringen; ❹ (*fig: вы́местить на ком-л.*) auslassen (an *+dat*)
соревнова́ние *nt O2* ❶ Wettbewerb *m*; ❷ (СПОРТ) Wettkampf *m*
сорня́к *m K e* Unkraut *nt*
со́рок <*gen:* -а́> *num* vierzig
соро́ка *f A* Elster *f*; **~-воро́вка** (*auch fig*) diebische Elster *f*
соро́чка *f A* (Ober-)Hemd *nt*; **ночна́я ~** Nachthemd *nt*; **он в соро́чке роди́лся** (*fig*) er ist ein Sonntagskind
сорт <*nom pl:* -а́> *m K ple* ❶ Sorte *f*, Art *f*; ❷ (*сте́пень ка́чества*) Güteklasse *f*
сортиме́нт *m K* Sortiment *nt*
сортирова́ть *vt E2 impf* (*pf:* рас-) sortieren
соса́ть <*präs:* сосу́, сосёшь> *vt E4 impf* lutschen, saugen (an *+dat*)
сосе́д, сосе́дка <*gen pl f:* -док> *m K / f A* Nachbar, -in *m/f*
сосе́дний *adj* benachbart, Nachbar-
сосе́дский *adj* nachbarlich
сосе́дство *nt O* Nachbarschaft *f*; **по сосе́дству** in der Nachbarschaft, nebenan
соси́ска *f A* Bockwurst *f*, Würstchen *nt*
со́ска *f A* ❶ (*пусты́шка*) Schnuller *m*; ❷ (*на буты́лочке*) Sauger *m*
соска́бливать *vt E impf* (*pf:* соскобли́ть) abkratzen, abreiben, rubbeln
соска́кивать *vi E impf* (*pf:* соскочи́ть) abspringen
соска́льзывать *vi E impf* (*pf:* соскользну́ть) abrutschen
соскрести́ <*fut:* -ребу́, -ребёшь> *vt E6a pf* (*impf:* соскреба́ть) abkratzen, abschaben
сосла́ть <*fut:* сошлю́, сошлёшь> *vt E4 pf* (*impf:* ссыла́ть) verbannen
сосла́ться <*fut:* сошлю́сь, сошлёшься> *vr E4 pf* (*impf:* ссыла́ться) (*на что-ли́бо*) hinweisen, sich berufen (auf *+akk*)
сосна́ *f A pls* (БОТ) Kiefer *f*; **обыкнове́нная ~** Föhre *f*
сосо́к <*gen sg:* -ска́> *m K e* Brustwarze *f*
сосредоточе́ние *nt O2* ❶ Konzentration *f*; ❷ (*накопле́ние*) Ansammlung *f*; ❸ (ВОЕ) Aufmarsch *m*
сосредото́чивать *vt E impf* (*pf:* сосредото́чить) konzentrieren; **~ своё внима́ние на чём-л.** sich konzentrieren (auf *+akk*)
соста́в *m K* ❶ Zusammensetzung *f*, Bestand *m*; ❷ (ТЕАТ) Besetzung *f*
соста́вить <*fut:* -влю́, -вишь> *vt I pf* (*impf:* составля́ть) ❶ erstellen, zusammenstellen; ❷ (*вы́работать*) erarbeiten, ausfertigen; ❸ (*сто́ить*)

bilden, ausmachen; ④ (*о колúчестве*) betragen, sich belaufen (auf *+akk*)
составлéние *nt O2* Erstellen *nt*, Zusammenstellung *f*, Abfassen *nt*; **~ плáна** Planaufstellung *f*; **~ протокóла** Protokollaufnahme *f*
составнóй *adj* ① (*состáвленный*) zusammengesetzt; ② (*составля́ющий*) Bestand-; **составнáя часть** Bestandteil *m*
состоя́ние *nt O2* ① Zustand *m*, Verfassung *f*; **не в состоя́нии** außerstande; **в состоя́нии алкогóльного опьянéния** unter Alkoholeinfluss; ② (*имýщество*) Vermögen *nt*, Besitz *m*
состоя́тельный <*kf:* -лен, -льна> *adj* ① vermögend, wohlhabend, begütert; ② (*обоснóванный*) stichhaltig, begründet
состоя́ть <*präs:* -ою́, -ои́шь> *vi I impf* ① (*из чегó-лúбо*) bestehen (aus *+dat*); ② (*в чём-лúбо*) bestehen (in *+dat*); ③ (*находúться, пребывáть*) in einem bestimmten Zustand sein; **~ брáке** verheiratet sein; **~ на слýжбе** angestellt sein; **~ на учёте** angemeldet sein
состоя́ться <*fut:* -ою́сь, -ои́шься> *vr I pf* ① stattfinden; ② (*быть прúзнанным*) es zu etw bringen, anerkannt werden (als *+nom*)
сострадáние *nt O2* Erbarmen *nt*
состязáние *nt O2* Wettkampf *m*, Wettlauf *m*
сосýд *m K* Gefäß *nt*, Behälter *m*; **кровенóсный ~** (АНАТ) Blutgefäß *nt*
сосýлька *f A* (*ледянáя*) Eiszapfen *m*
сосуществовáние *nt O2* Koexistenz *f*; **мúрное ~** friedliche Koexistenz
сосчитáть *vt E pf* (*impf:* считáть) ① zählen; ② rechnen
сотворúть *vt I pf* (*impf:* творúть) ① schöpfen, schaffen; ② (*осуществúть*) vollbringen, verwirklichen
сóтня <*gen pl:* -тен> *f A1* Hundert *nt*
сотрýдник, **сотрýдница** *m K / f A* Mitarbeiter, -in *m/f*
сотрýдничать *vi E impf* ① zusammenarbeiten; ② (*содéйствовать*) mitarbeiten, mitwirken
сотрýдничество *nt O* ① Zusammenarbeit *f*; ② (*содéйствие*) Mitarbeit *f*
сотрясáть *vt E impf* (*pf:* сотрястú) erschüttern
сотрясéние *nt O2* Erschütterung *f*; **~ мóзга** (МЕД) Gehirnerschütterung *f*
сóты *m pl K* (*пчелúные*) Bienenwaben *f pl*
сóтый *num ord* hundertste(r, s); **однá сóтая** Hundertstel *nt*
сóус <*gen sg:* -а,-у> *m K* Sauce *f*
соучáстие *nt O2* ① Teilnahme *f*; ② (ЮР: *в преступлéнии*) Mittäterschaft *f*
соучáстник, **соучáстница** *m K / f A* Mittäter, -in *m/f*, Gehilfe, Gehilfin *m/f*
соученúк, **соученúца** *m K / f A* Mitschüler, -in *m/f*
сохранéние *nt O2* ① Erhalt *m*, Beibehaltung *f*, Bewahrung *f*; ② (*сбережéние*) Aufbewahrung *f*, Aufheben *nt*; ③ (*содержáние, поддержáние*) Erhaltung *f*
сохранúть *vt I pf* (*impf:* сохраня́ть) ① (*сохранúть, сберéчь*) aufbewahren; ② (*остáвить*) beibehalten; ③ (*fig*) wahren; **~ вéрность комý-л.** jdm die Treue halten; **~ в тáйне** geheim halten; **~ спокóйствие** Ruhe bewahren
сохрáнность Unversehrtheit *f*; **в цéлости и сохрáнности** unversehrt , heil und ganz
сохрáнный *adj* unversehrt
социáл-демокрáт *m K* Sozialdemokrat *m*
социализм *m K* Sozialismus *m*
социалúст *m K* Sozialist *m*
социалистúческий *adj* sozialistisch
социáльный *adj* sozial, Sozial-; **социáльная защúта** soziale Absicherung *f*; **социáльное**

обеспе́чение Fürsorge *f*
социо- *präfix* sozio-, Sozio-
социо́лог *m K* Soziologe *m*
социологи́ческий *adj* ① soziologisch; ② (*демоскопи́ческий*) demoskopisch; **~ опро́с** Meinungsumfrage *f*
социоло́гия *f A2* Soziologie *f*
сочéльник *m K* Heiligabend *m*, Heiliger Abend *m*
сочета́емость *f I* ① Kombinierbarkeit *f*; ② (лингв) Valenz *f*
сочета́ние *nt O2* Verbindung *f*, Kombination *f*; **~ бра́ком** Eheschließung *f*
сочета́ть *vt E impf/pf* verbinden, kombinieren, vereinigen
сочета́ться *vr E impf/pf* ① sich verbinden, sich vereinigen; ② (*гармони́ровать*) zusammenpassen, harmonieren
сочине́ние *nt O2* ① (*де́йствие*) Verfassen *nt*; ② (*стихо́в*) Dichten *nt*; ③ (муз) Komponieren *nt*; ④ (*произведе́ние*) Werk *nt*; **шко́льное ~** Aufsatz *nt*; **собра́ние сочине́ний** gesammelte Werke *nt pl*

С

со́чный <*kf:* -чен, -чна́, -чно, со́чны> *adj* saftig
сочу́вственный *adj* mitleidig
сочу́вствие *nt O2* Mitgefühl *nt*, Mitleid *nt*
сочу́вствовать *v + dat E2 impf* (*pf:* по-) bemitleiden, Mitleid haben (mit *+dat*)
со́шка *f A* Gewehrständer *m*; **ме́лкая ~** (*umg: fig*) kleine Fische
сою́з *m K* ① (*о́бщество*) Verband *m*, Verein *m*; ② (пол) Bund *m*, Union *f*, Bündnis *nt*, Bund *m*; **Сою́з Сове́тских Социалисти́ческих Респу́блик** Union der Sozialistischen Sowjetrepubliken, UdSSR *f*; ③ (*umg*) Sowjetunion *f*; ④ (лингв) Konjunktion *f*
сою́зник *m K* Verbündeter *m*, Alliierter *m*
спад *m K* ① (*сниже́ние*) Rückgang *m*; ② (*ослабле́ние*) Abflauen *nt*; ③ (*уменьше́ние*) Abnahme *f*; ④ (*по́сле подъёма*) Rückschlag *m*; **экономи́ческий ~** Rezession *f*, Flaute *f*; **~ произво́дства** rückläufige Produktion *f*; **~ конъюнкту́ры** (Konjunktur-)abschwung *m*
спа́льный *adj* Schlaf-; **~ ваго́н** Schlafwagen *m*; **~ мешо́к** Schlafsack *m*
спа́льня *f A1* Schlafzimmer *nt*
спам *m K* (ОБДАН) Spam *nt o m*
спа́ржа *f A* (бот) Spargel *m*
спа́ривание *nt O2* (биол) Begattung *f*, Paarung *f*
спарта́нский *adj* spartanisch; **вести́ ~ о́браз жи́зни** spartanisch leben
спаса́тель *m K1* ① Retter *m*, Mitglied *nt* einer Bergungsmannschaft; ② (*на воде́*) Rettungsschwimmer *m*
спаса́тельный *adj* Rettungs-; **~ круг** Rettungsring *m*; **спаса́тельные рабо́ты** Bergung *f*
спаса́ть *vt E impf* (*pf:* спасти́) ① retten, erlösen; ② (*при катастро́фе*) bergen; **~ свою́ шку́ру** (*fig*) die eigene Haut retten
спасе́ние *nt O2* ① Rettung *f*; ② (*при катастро́фе*) Bergung *f*; ③ (*избавле́ние*) Erlösung *f*
спаси́бо I. *part* danke! **~, не на́до!** nein, danke! **II.** *nt indekl* Dank *m*; **большо́е ~!** vielen Dank!
спаси́тель *m K1* ① Retter *m*; ② (рел) Messias *m*, Erlöser *m*
спасова́ть *vi E2 pf* (*impf:* пасова́ть) ① passen, aufgeben; ② (спорт) passen
спасти́ <*fut:* спасу́, спасёшь> *vt E6 pf* (*impf:* спаса́ть) ① retten, erlösen; ② bergen
спать <*präs:* сплю, спишь, *prät:* спал, спала́, спа́ло> *vi I impf* ① schlafen; **ложи́ться ~** zu [*o* ins] Bett gehen ② (*с кем-ли́бо*) schlafen (mit *+dat*)
спекта́кль *m K1* ① Aufführung *f*; ② (*fig*) Spektakel *nt*, Theater *nt*
спектр *m K* Spektrum *nt*

спекули́ровать *vi E2 impf* (*pf:* спекульну́ть) schieben, spekulieren
спекуля́нт *m K* Schwarzhändler *m*; **биржево́й ~** Börsenspekulant *m*
спекуля́ция *f A2* ❶ Schwarzhandel *m*, Schiebung *f*; ❷ (*fig: предположе́ния*) Spekulation *f*, Mutmaßung *f*; ❸ (ЭКОН) Spekulationsgeschäft *nt*
сперва́ *adv* (*umg*) anfangs, zuerst, zunächst
спе́рма *f A* (БИОЛ) Sperma *nt*
спёртый <*kf:* спёрт> *adj* (*umg: о во́здухе*) stickig, muffig
спеси́вый <*kf:* -ив> *adj* hochmütig
специализа́ция *f A2* Spezialisierung *f*
специализи́роваться *vr E2 impf/pf* (*по чему́-л., в чём-л.*) sich spezialisieren (auf +*akk*)
специали́ст *m K* ❶ Spezialist *m*, Fachmann *m*, Experte *m*; **молодо́й ~** Hochschulabgänger *m*; **~ по экономи́ческим вопро́сам** Wirtschaftsfachmann *m*; **у́зкий ~** Experte *m*; ❷ (*umg: знато́к*) Könner *m*, Meister *m*; ❸ (МЕД) Facharzt *m*
специа́льно *adv* ❶ eigens, speziell, extra; ❷ (*наме́ренно*) absichtlich, vorsätzlich
специа́льность *f I* ❶ Beruf *m*; ❷ (*о́трасль*) Fach *nt*, Fachgebiet *nt*
специа́льный <*kf:* -лен, -льна> *adj* Spezial-, Fach-; **специа́льная литерату́ра** Fachliteratur *f*; **специа́льное вы́сшее учёбное заведе́ние** Fachhochschule *f*; **~ си́мвол** (ОБДАН) Sonderzeichen *nt*
специфи́ческий *adj* spezifisch
спеши́ть *vi I impf* (*pf:* по-) eilen, sich beeilen; **мне не́куда ~** ich habe es nicht eilig
спе́шка *f A* Eile *f*, Hast *f*
спе́шный <*kf:* -шен, -шна> *adj* ❶ eilig, hastig; ❷ (*неотло́жный*) dringlich; **в спе́шном поря́дке** im Eilverfahren
СПИД *akr von* синдро́м приобретённого иммунодефици́та *m* Aids
спидо́метр *m K* Kilometerzähler *m*
спина́ <*akk sg:* спи́ну> *f A pls* Rücken *m*
спи́нка *f A* ❶ Rückenlehne *f*; ❷ (*у оде́жды*) Rückenteil *nt*
спира́ль *f I* Spirale *f*
спирт *m K* Spiritus *m*; **нашаты́рный ~** Franzbranntwein *m*
спирто́вка *f A* Spirituskocher *m*
списа́ть <*fut:* спишу́, спи́шешь> *vt E4 pf* (*impf:* спи́сывать) abschreiben
спи́сок <*gen sg:* -ска> *m K* Liste *f*, Verzeichnis *nt*, Register *nt*, Index *m*
спи́ца *f A* ❶ (*вяза́льная игла́*) Stricknadel *f*; ❷ (*у велосипе́да*) (Rad-)Speiche *f*
спи́чка <*gen pl:* -чек> *f A* Streichholz *nt*, Zündholz *nt*
сплав[1] *m K* (*ле́са*) Flößerei *f*
сплав[2] *m K* (*мета́ллов*) Legierung *f*
сплете́ние ❶ Verflechtung *f*; ❷ (АНАТ: *со́лнечное*) Sonnengeflecht *nt*
сплётник, **сплётница** *m K / f A* Klatschbase *f*
сплётничать *vi E impf* klatschen, tratschen
сплоче́ние *nt O2* ❶ Geschlossenheit *f*; ❷ (*соедине́ние*) Zusammenschluss *m*
сплошно́й *adj* ❶ (*по́лный*) durchgehend, restlos; ❷ (*непреры́вный*) ununterbrochen
сплошь *adv* ❶ ununterbrochen; ❷ (*без исключе́ний*) ausnahmslos; **э́то встреча́ется ~ и ря́дом** das ist gang und gäbe
споко́йный <*kf:* -о́ен, -о́йна> *adj* ❶ ruhig, geruhsam; ❷ (*ме́дленный*) gemächlich; ❸ (*вы́держанный*) gefasst
споко́йствие *nt O2* Ruhe *f*; **сохраня́ть ~** Ruhe bewahren
спола́скивать *vt E impf* (*pf:* сполосну́ть) abspülen
спо́нсор *m K* Sponsor *m*, Geld-

geber *m*

спонта́нный <*kf:* -а́нен, -а́нна> *adj* spontan

спор <*gen sg:* -а,-у> *m K* Streit *m*, Auseinandersetzung *f*

спо́рить *vi I impf* (*pf:* поспо́рить) streiten

спори́ться <*nur 3. pers:* -ится> *vr I impf* (*о рабо́те*) gut vorangehen

спо́рный <*kf:* -рен, -рна> *adj* strittig, kontrovers, umstritten; **~ ворпо́с** Streitfrage *f*

спорт *m K* Sport *m*; **ма́ссовый ~** Breitensport *m*; **~ высо́ких достиже́ний** Leistungssport *m*

спортза́л *m K* Turnhalle *f*

спорти́вный <*kf:* -вен, -вна> *adj* Sport-, sportlich

спортплоща́дка *f A* Sportplatz *m*

спортсме́н, спортсме́нка <*gen pl f:* -нок> *m K* / *f A* Sportler, -in *m/f*, Athlet, -in *m/f*

спо́соб *m K* Art und Weise *f*, Methode *f*, Verfahren *nt*; **любы́ми спо́собами** auf jede erdenkliche Weise

спосо́бность *f I* ① Fähigkeit *f*, Befähigung *f*; ② (*скло́нность, тала́нт*) Neigung *f*, Talent *nt*

спосо́бный <*kf:* -бен, -бна> *adj* ① fähig; **быть спосо́бным на что-л.** fähig sein (zu *+dat*) ② (*тала́нтливый*) begabt

спосо́бствовать *v + dat E2 impf* (*pf:* по-) fördern, begünstigen

споткну́ться *vi E1 pf* (*impf:* спотыка́ться) holpern, stolpern, straucheln

спра́ва *adv* rechts

справедли́вость *f I* Gerechtigkeit *f*; **справедли́вости ра́ди** der Gerechtigkeit wegen

справедли́вый <*kf:* -и́в> *adj* ① gerecht; ② (*благоро́дный*) fair; ③ (*опра́вданный*) berechtigt

спра́вить <*fut:* -влю, -вишь> *vt I pf* (*impf:* справля́ть) feiern, begehen

спра́виться <*fut:* влюсь, -вишься> *vr I pf* (*impf:* справля́ться) ① (*с чем-ли́бо*) zurechtkommen (mit *+dat*); ② (*одоле́ть что-л.*) bewältigen, meistern; ③ (*о чём-л.*) sich informieren (über *+akk*), sich erkundigen (nach *+dat*); ④ (*в словаре́ и т.п.*) nachschlagen, nachsehen

спра́вка *f A* ① (*информа́ция*) Auskunft *f*, Bescheid *m*; **дать спра́вку** Auskunft erteilen, Bescheid geben; **обраща́ться за спра́вкой к кому́-л.** Auskunft einholen (bei *+dat*) ② (*докуме́нт*) Bescheinigung *f*; **~ с ме́ста рабо́ты** Arbeitsbescheinigung *f*

спра́вочник *m K* Nachschlagewerk *nt*, Handbuch *nt*

спра́шивать *vt E impf* (*pf:* спроси́ть) ① fragen; **~ с кого́-л.** jdn zur Rede stellen ② (*проси́ть разреше́ния*) um Erlaubnis bitten

спрова́дить <*fut:* -а́жу, -а́дишь> *vt I pf* (*impf:* спрова́живать) (*umg*) kurz abfertigen, hinauskomplimentieren

спрос <*gen sg:* -а,-у> *m K* (экон) Nachfrage *f*; **спрос и предложе́ние** Angebot und Nachfrage

спроси́ть <*fut:* спрошу́, спро́сишь> *vt I pf* (*impf:* спра́шивать) fragen

спросо́нок, спросо́нья *adv* (*umg*) schlaftrunken, verschlafen

спры́гивать *vi E impf* (*pf:* спры́гнуть) abspringen, hinunterspringen

спряга́ть *vt E impf* (*pf:* про-) (линг) konjugieren

спряже́ние *nt O2* (линг) Konjugation *f*

спря́тать <*fut:* -я́чу, -я́чешь> *vt E4 pf* (*impf:* пря́тать) ① verstecken, verbergen; ② einstecken

спря́таться <*fut:* -я́чусь, -я́чешься> *vr E4 pf* (*impf:* пря́таться) sich verstecken

спу́гивать *vt E impf* (*pf:* спугну́ть) scheuchen, aufscheuchen

спуск *m K* ① (*де́йствие*) Abstieg *m*; ② (*склон*) Abhang *m*; ③ (фот)

Auslöser *m*; **скорстно́й ~** (СПОРТ) Abfahrtslauf *m*

спусково́й *adj*: **~ крючо́к** Abzug *m*

спусти́ть <*fut:* -ущу́, -у́стишь> *vt I pf* (*impf:* спуска́ть) herunterlassen; **~ во́ду из ва́нны** das Badewasser ablassen; **~ с ле́стницы** hinauswerfen, vor die Tür setzen

спусти́ться <*fut:* -ущу́сь, -у́стишься> *vr I pf* (*impf:* спуска́ться) hinuntergehen, heruntersteigen, herunterkommen; **~ по кана́ту** sich abseilen

спустя́ *präp +akk* nach (*+dat*); **~ год** nach einem Jahr, ein Jahr später

спу́тать *vt E pf* (*impf:* пу́тать) ① verwirren; ② (*перепу́тать*) verwechseln

спу́тник, спу́тница *m K / f A* ① Gefährte, Gefährtin *m/f*, Reisegefährte, -gefährtin *m/f*, Begleiter, -in *m/f*; **~ жи́зни** Lebensgefährte -gefährtin *m/f*; ② (*nur m:* *луна́*) Mond *m*; ③ (*nur m:* *иску́сственный*) Trabant *m*, Satellit *m*; **го́род-спу́тник** Trabantenstadt *f*

спя́тить <*fut:* -я́чу, -я́тишь> *vi I pf* (*umg*) den Verstand verlieren, verrückt werden; **ты совсе́м спя́тил** du bist total übergeschnappt

спя́чка *f A*: **зи́мняя ~** (ЗООЛ) Winterschlaf *m*

спя́щий *adj* schlafend; **Спя́щая Краса́вица** Dornröschen *nt*

ср. *abk von* сравни́ vgl.

сраба́тывать *vi E impf* (*pf:* сработать) funktionieren

сравне́ние *nt O2* Vergleich *m*; **всё познаётся в справне́нии** es kommt auf den Vergleich an; **по справне́нию с кем-л./чем-л.** im Vergleich (zu *+dat*)

сра́внивать *vt E impf* (*pf:* сравни́ть) (*с кем-л./чем-л.*) vergleichen (mit *+dat*)

сравни́мый <*kf:* -и́м> *adj* vergleichbar

сравни́тельно *adv* vergleichsweise, vergleichsmäßig, relativ

сравни́тельный <*kf:* -лен, -льна> *adj* vergleichend, Vergleichs-; **сравни́тельная сте́пень** (ЛИНГ) Komparativ *m*; **сравни́тельно ча́сто** relativ oft

сража́ться *vr E impf* (*pf:* срази́ться) (ВОЕ) kämpfen

сраже́ние *nt O2* Schlacht *f*

сра́зу *adv* ① (*неме́дленно*) sofort, gleich, prompt; ② (*вдруг*) auf einmal, mit einem Schlag, über Nacht

среда́[1] <*akk sg:* сре́ду> *f A pls* Milieu *nt*, Umgebung *f*; **~ обита́ния** Lebensraum *m*; **окружа́ющая ~** Umwelt *f*

среда́[2] *f A e2* Mittwoch *m*; **по среда́м** mittwochs; **~ на пе́рвой неде́ле вели́кого поста́** Aschermittwoch *m*

Средизе́мное мо́ре *nt O1* Mittelmeer *nt*

Средиземномо́рье *nt O1* Mittelmeerraum *m*

средневеко́вый *adj* mittelalterlich

сре́днее *nt wie adj* (МАТ) Durchschnitt *m*; **в сре́днем** durchschnittlich, im Durchschnitt; **вы́ше сре́днего** überdurchschnittlich

сре́дний *adj* ① mittlere(r, s); ② (*взя́тый в сре́днем*) durchschnittlich, Durchschnitts-; **сре́дние века́** Mittelalter *nt*; **сре́дние во́лны** Mittelwelle *f*; **~ класс** Mittelstand *m*; **~ у́ровень** Durchschnitt *m*; **~ род** (ЛИНГ) Neutrum *nt*; **сре́днего ро́да** (ЛИНГ) sächlich; **в сре́днем** im Durchschnitt

сре́дство *nt O* Mittel *nt*; **лече́бное ~** Heilmittel *nt*; **мо́ющее ~** Waschmittel *nt*; **сре́дства ма́ссовой информа́ции** Massenmedien *pl*; **аппара́тные сре́дства** Hardware *f*; **програ́ммные сре́дства** Software *f*

срисова́ть *vt E2 pf* (*impf:* срисо́вывать) abmalen, abzeichnen

срок <*gen sg:* -а,-у> *m K* ① Frist *f*,

С

Termin *m*; ② (*продолжи́тельность*) Dauer *f*, Länge *f*; **испыта́тельный ~** Probezeit *f*; **вы́держать ~** den Termin einhalten; **к сро́ку** rechtzeitig

сро́чно *adv* schleunigst, eilends; **э́то не ~** das hat keine Eile; **сро́чно!** Eilt!

сро́чность *f I* Dringlichkeit *f*

сро́чный <*kf:* -чен, -чна> *adj* ① (*спе́шный*) eilig; ② (*не те́рпящий отлага́тельства*) dringend; ③ (*неме́дленный*) umgehend; **сро́чная поста́вка** Sofortlieferung *f*; ④ (*к определённому сро́ку*) Termin-; **сро́чная сде́лка** Termingeschäft *nt*

сруби́ть <*fut:* -блю́, -би́шь> *vt I pf* (*impf:* сруба́ть) (*де́рево*) fällen

срыв *m K* ① Abreißen *nt*; ② (*предотвраще́ние, расстро́йство*) Verhinderung *f*, Vereitelung *f*; ③ (*невыполне́ние, несоблюде́ние*) Nichterfüllung *f*, Nichteinhaltung *f*; **не́рвный ~** Nervenzusammenbruch *m*

срыва́ть *vt E impf* (*pf:* сорва́ть) ① abbrechen, abreißen; ② (*препя́тствовать, расстра́ивать*) vereiteln, zum Scheitern bringen; ③ (*цвето́к*) abbrechen; ④ (*зло*) entladen, abladen

срыва́ться *vr E impf* (*pf:* сорва́ться) ① abstürzen; ② (*не удава́ться*) schiefgehen, scheitern; ③ (*не выде́рживать*) durchdrehen

ссáдина *f A* (МЕД) Abschürfung *f*

ссо́ра *f A* Gezänk *nt*, Streiterei *f*; **семе́йная ~** Ehekrach *m*

ссо́рить *vt I impf* (*pf:* по-) entzweien

ссо́риться *vr I impf* (*pf:* поссо́риться) zanken, streiten

СССР *abk von* Сою́з Сове́тских Социалисти́ческих Респу́блик *m* (ИСТ) UdSSR *f*, Union der Sozialistischen Sowjetrepubliken

ссу́да *f A* ① Darlehen *nt*; ② (*заём*) Anleihe *f*

ссыла́ть *vt E impf* (*pf:* сосла́ть) verbannen

ссыла́ться *vr E impf* (*pf:* сосла́ться) (*на что-ли́бо*) sich berufen, hinweisen (auf *+akk*)

ссы́лка *f A* ① (*изгна́ние*) Verbannung *f*, Exil *nt*; ② (*примеча́ние*) Fußnote *f*; ③ (*в официа́льном письме́*) Bezugnahme *f*, Bezug *m*, Verweis *m*

стабилиза́ция *f A2* Stabilisierung *f*

стабилизи́ровать *vt E2 impf/pf* stabilisieren

стаби́льность *f I* Stabilität *f*

стаби́льный <*kf:* -лен, -льна> *adj* stabil

ста́вень <*gen sg:* -вня> *m K1* Fensterladen *m*

ста́вить <*präs:* -влю, -вишь> *vt I impf* (*pf:* поста́вить) ① hinstellen, stellen, setzen; **~ в холоди́льник** in den Kühlschrank tun; ② (*проводи́ть, де́лать*) durchführen, anstellen; **~ о́пыты на живо́тных** Tierversuche machen; ③ (*fig:* *на что-ли́бо*) setzen (auf *+akk*); **~ всё на ка́рту** alles auf eine Karte setzen; ④ (ТЕАТ) die Regie führen, aufführen, inszenieren; ⑤ (*кни́гу на по́лку*) zurückstellen, einordnen; ⑥ (*кого́-л. на своё ме́сто*) zurechtweisen

ста́вка *f A* ① (ВОЕ) Stab *m*; ② (*beim Spiel*) Einsatz *m*; ③ (*окла́д*) Tarif *m*, Satz *m*; **сде́лать ста́вку на кого́-л./что-л.** (*fig*) seine Hoffnung setzen (auf *+akk*)

стадио́н *m K* Stadion *nt*

ста́дия *f A2* Stadium *nt*; **в ста́дии подгото́вки** in Vorbereitung

ста́до *nt O ple* Herde *f*, Rudel *nt*

стаж *m K* Dauer *f*, Dienstalter *nt*; **трудово́й ~** Dienstalter *nt*, Berufsjahre *pl*

стажёр *m K* Praktikant, -in *m/f*, Volontär, -in *m/f*, Referendar, -in *m/f*; **~ на фи́рме** Trainee *m*

стажиро́вка *f A* ❶ Praktikum *nt*; ❷ (*пребыва́ние где-л.*) Studienaufenthalt *m*, Studienreise *f*; **языкова́я ~** Sprachaufenthalt (im Ausland) *m*
стака́н *m K* Glas *nt*
ста́лкиваться *vr E impf* (*pf:* столкну́ться) ❶ (*с кем-ли́бо*) zusammenstoßen, zusammenprallen (mit *+dat*); ❷ (*fig: с чем-л.*) konfrontiert werden (mit *+dat*)
сталь *f I* Stahl *m*; **высококачественная ~** Edelstahl *m*
стаме́ска *f A* (ТЕХ) Stechbeitel *m*, Stemmeisen *nt*
станда́рт *m K* Standard *m*
станда́ртный <*kf:* -тен, -тна> *adj* ❶ Standard-, standardisiert; ❷ (*единообра́зный*) einheitlich, regulär; ❸ (*типи́чный*) typisch; ❹ (*о фо́ме това́ра*) handelsüblich; **станда́ртное письмо́** Serienbrief *m*
станови́ться <*präs:* -влю́сь, -вишься> *vr I impf* (*pf:* ста́ться) werden
становле́ние *nt O2* Werdegang *m*, Werden *nt*
стано́к <*gen sg:* -нка́> *m K e* Maschine *f*; **печа́тный ~** (*fig*) Notenpresse *f*
ста́нция *f A* Station *f*, Bahnhof *m*; **~ метро́** U-Bahnhof *m*; **орбита́льная ~** Raumstation *f*; **метеорологи́ческая ~** Wetterstation *f*
стара́ние *nt O2* Bemühung *f*, Mühe *f*
стара́тельный <*kf:* -лен, -льна> *adj* ❶ (*приле́жный*) strebsam, fleißig; ❷ (*ре́вностный*) tüchtig
стара́ться *vr E impf* (*pf:* по-) ❶ (*напряга́ться*) sich Mühe geben, sich anstrengen; ❷ (*стреми́ться*) versuchen, sich bemühen; **постара́йся не опа́здывать!** komm bitte pünktlich!
старе́ть *vi E impf* (*pf:* у-) altern, alt werden
ста́рец <*gen sg:* -рца> *m K* (*стари́к*) Greis *m*
стари́нный *adj* altertümlich; **~ автомоби́ль** Oldtimer *m*; **стари́нные ве́щи** Antiquitäten *pl*; **стари́нная ме́бель** antike Möbel *pl*
старомо́дный <*kf:* -ден, -дна> *adj* altmodisch
ста́рость *f I* Alter *nt*
старт *m K* Start *m*
стартова́ть *vt E2 impf/pf* starten
ста́ртовый *adj* Start-; **~ сигна́л** Startsignal *nt*
стару́ха *f A* Alte *f*, Greisin *f*
ста́рческий *adj* altersbedingt, Alters-; **~ мара́зм** Altersschwachsinn *f*
ста́рший I. *adj komp* ❶ ältere(r, s); ❷ Ober-; **~ врач** Oberarzt *m*; **ста́ршие кла́ссы** Oberstufe *f*; **II.** *m wie adj* ❶ Vorgesetze(r) *m*; ❷ (*im pl*) Erwachsene *pl*
ста́рый <*kf:* стар, стара́, ста́ро́> *adj* alt; **ста́рое зда́ние** Altbau *m*; **ста́рая часть го́рода** Altstadt *f*
старьё <*gen sg:* -ья́> *nt O1 e* (*pej*) Ramsch *m*, Kram *m*
ста́скивать *vt E impf* (*pf:* стащи́ть) herunterziehen, abziehen
стати́ст *m K* Statist, -in *m/f*
стати́стика *f A* Statistik *f*
статисти́ческий *adj* statistisch
стати́чный <*kf:* -чен, -чна> *adj* statisch
ста́тный <*kf:* -тен, -тна́/-тна> *adj* stattlich, ansehnlich
ста́тус *m K* Status *m*
ста́туя *f A2* Statue *f*
стать[1] <*fut:* ста́ну, ста́нешь> *vi E9b pf* (*impf:* станови́ться) ❶ werden; ❷ (*nur pf:* останови́ться) stehen bleiben
стать[2] *f I* (*предрасположе́ние*) Veranlagung *f*; **под ~** passend (zu *+akk*); **с како́й ста́ти** (*umg*) wieso denn?
статья́ <*gen pl:* -те́й> *f A1 e* ❶ Artikel *f*, Beitrag *m*; **написа́ть статью́** einen Artikel verfassen; ❷ (ЭКОН) Artikel *m*, Posten *m*; ❸ (ЮР) Paragraph *m*, Klausel *f*

С

ста́чка <*gen pl:* -чек> *f A* Streik *m*
стащи́ть <*fut:* стащу́, ста́щишь> *vt I pf* (*impf:* ста́скивать) ❶ herunterziehen; ❷ (*umg, nur pf:* *укра́сть*) klauen, stibitzen
ста́я *f A2* Schwarm *m*, Rudel *nt*
ствол *m K* ❶ Stamm *m*; **~ де́рева** Baumstamm *m*; ❷ (*винто́вки*) Gewehrlauf *m*
сте́бель <*gen sg:* -бля> *m K1* (БОТ) Stängel *m*, Halm *m*
стега́ть[1] *vt E impf* (*pf:* вы́-, про-) (*одея́ло*) steppen
стега́ть[2] *vt E impf* (*pf:* стегну́ть) auspeitschen
стека́ть *vi E impf* (*pf:* стечь) (*о воде́*) abfließen, ablaufen
стекло́ <*pl:* стёкла, стёкол> *nt O pls* ❶ (*материа́л*) Glas *nt*; ❷ (*изде́лие*) (Glas-)Scheibe *f*; **ветрово́е ~** (АВТО) Windschutzscheibe *f*; **око́нное ~** Fensterscheibe *f*
стеклоду́в *m K* Glasbläser, -in *m/f*
стекля́нный *adj* ❶ gläsern, Glas-; ❷ (*fig: неподви́жный*) glasig, starr
стели́ть <*präs:* стелю́, сте́лешь> *vt E4 impf* (*pf:* по-, на-) ausbreiten; **~ посте́ль** betten
стелла́ж *m K e* ❶ Gestell *nt*; ❷ (*по́лка*) Regal *nt*
сте́лька *f A* Einlegesohle *f*
стена́ <*akk sg:* сте́ну> *f A pls* ❶ Wand *f*; ❷ (*прегра́да*) Mauer *f*; **городска́я ~** Stadtmauer *f*; **Берли́нская ~** (ИСТ) die Berliner Mauer *f*
стенд *m K* ❶ Stand *m*; **вы́ставочный ~** Messestand *m*; ❷ (*для информи́рования*) (Informations-)Tafel *f*
сте́нка *f A* ❶ Wand *f*; ❷ (*ме́бельная*) Schrankwand *f*
стенографи́ровать *vi E2 impf* (*pf:* за-) stenographieren
стенографи́стка *f A* Stenotypistin *f*
стеногра́фия *f A2* Stenographie *f*
сте́пень *f I ple1* ❶ (*зва́ние*) Rang *m*, Titel *m*; ❷ (*ме́ра*) Grad *m*, Stufe *f*, Ausmaß *nt*; ❸ (ЛИНГ) Steigerungsstufe *f*; ❹ (МАТ) Potenz *f*; **в не́которой сте́пени** gewissermaßen
степь *f I e* Steppe *f*
стереоти́п *m K* Stereotyp *nt*, Klischee *nt*
стереоти́пный <*kf:* -пен, -пна> *adj* stereotyp
стереоустано́вка <*gen pl:* -вок> *f A* Stereoanlage *f*
стере́ть <*fut:* сотру́, сотрёшь> *vt E4b pf* (*impf:* стира́ть) ❶ (*с чего́-л.*) abwischen; ❷ (*стёркой*) ausradieren; ❸ (ОБДАН) löschen
сте́ржень <*gen sg:* -жня> *m K1* ❶ Stab *m*, Schaft *m*; ❷ (*ру́чки, карандаша́*) Mine *f*
стерилиза́ция *f A2* Sterilisierung *f*
стери́льный <*kf:* лен, -льна> *adj* steril, keimfrei
стерпе́ть <*fut:* -ерплю́, -е́рпишь> *vt I pf* **~ боль** den Schmerz verkneifen
стеснённый <*kf:* -ён> *adj* ❶ gehemmt; ❷ (*ограни́ченный*) beschränkt; **стеснённое положение** Zwangslage *f*
стесни́ть *vt I pf* (*impf:* стесня́ть) ❶ einengen; ❷ (*помеша́ть*) behindern
стесня́ться *vr E nur impf* sich genieren, gehemmt sein
стече́ние *nt O2* Ansammlung *f*; **~ наро́да** Menschenauflauf *m*
стечь <*nur 3. pers:* стечёт, стеку́т, *prät:* стёк, стекла́> *vi UE4 pf* (*impf:* стека́ть) (*вода́*) abfließen, ablaufen
стилисти́ческий *adj* stilistisch
стиль *m K1* ❶ Stil *m*; ❷ (*направле́ние*) Stilrichtung *f*; ❸ (ОБДАН) Formatvorlage *f*; **витиева́тый ~** blumige Redeweise *f*; **~ жи́зни** Lebensstil *m*
сти́мул *m K* ❶ Stimulus *m*; ❷ (*и́мпульс извне́*) Anreiz *m*, Ansporn *m*, Verlockung *f*, Impuls *m*; ❸ (*вну́тренний*) Motivation *f*, Incentive *nt*
стимули́ровать *vt E2 impf/pf* sti-

С

mulieren, anregen, motivieren, fördern, ankurbeln
стимуля́тор *m K* Stimulator *m*; **серде́чный ~** (МЕД) Herzschrittmacher *m*
стимуля́ция *f A2* Anregung *f*, Motivierung *f*
стипе́ндия *f A2* Stipendium *nt*
стира́ть I. *vt E impf* (*pf:* вы́-) waschen; **II.** *vt E impf* (*pf:* стере́ть) ❶ (*вытира́ть*) abwischen; ❷ (*стёркой*) ausradieren; ❸ (ОБДАН) löschen; ❹ (*в порошо́к*) zerreiben
сти́рка *f A* Wäsche *f*
стиха́ть *vi E impf* (*pf:* сти́хнуть) ❶ (*о слова́х, му́зыке*) verhallen, verklingen; ❷ (*о бу́ре, шу́ме*) abflauen, abschwellen; **боль стиха́ет** der Schmerz klingt ab
стихи́йный <*kf:* -и́ен, -и́йна> *adj* ❶ elementar; ❷ (*спонта́нный*) spontan; **стихи́йное бе́дствие** Naturkatastrophe *f*
стихотворе́ние *nt O2* Gedicht *nt*
сто <*gen sg:* ста> *num* (ein)hundert; **~ раз** hundertmal
сто́имость *f I* ❶ Wert *m*; ❷ (*цена́, изде́ржки*) Preis *m*, Kosten *pl*; **~ жи́зни** Lebenshaltungskosten *pl*
сто́ить *vi I impf* ❶ kosten; ❷ (*име́ть смысл*) sich lohnen, der Mühe wert sein, sich auszahlen
сто́йка *f A* ❶ Ständer *m*; **~ для зонто́в** Schirmständer *m*; ❷ (*буфе́тная*) Tresen *m*, Theke *f*; ❸ (*упражне́ние*) Stellung *f*
сто́йкий <*kf:* сто́ек, сто́йка́, сто́йко> *adj* ❶ standhaft, zäh; ❷ (*fig: отва́жный*) aufrecht
сто́йкость *f I* Standhaftigkeit *f*, Zähigkeit *f*
сток *m K* Abfluss *m*, Ausguss *m*
стол *m K e* ❶ Tisch *m*; **~ для завсегда́таев** Stammtisch *m*; **вое́нно-учётный ~** (ВОЕ) Meldestelle *f*; ❷ (ОБДАН) **рабо́чий ~** Desktop *m*
столб *m K e* ❶ Pfahl *m*, Pfeiler *m*; ❷ (*коло́нна*) Säule *f*
столбня́к *m K e* (МЕД) Tetanus *m*
столе́тний *adj* hundertjährig
столи́ца *f A* Hauptstadt *f*, Metropole *f*
столкнове́ние *nt O2* ❶ Zusammenprall *m*, Zusammenstoß *m*; ❷ (*fig: спор*) Auseinandersetzung *f*; **~ интере́сов** Interessenkonflikt *m*
столо́вая *f wie adj* ❶ Speisesaal *m*; ❷ (*в кварти́ре*) Esszimmer *nt*; **заводска́я ~** Kantine *f*; **студе́нческая ~** Mensa *f*
столо́вый *adj* Ess-
сто́лько *adv* so viel; **~ же** ebensoviel
столя́р *m K e* Schreiner, -in *m/f*, Tischler, -in *m/f*
столя́рный *adj* Schreiner-; **столя́рная мастерска́я** Schreinerwerkstatt *f*, Schreinerei *f*
стона́ть <*präs:* стону́, сто́нешь> *vi E4 impf* ächzen, stöhnen
стоп *interj* stop, halt
стопа́[1] *f A pls* (*гру́да*) Stapel *m*
стопа́[2] *f A e* (АНАТ) Fuß *m*, Fußsohle *f*
стопка <*gen pl:* -ок> *f A* ❶ Stapel *m*; **~ книг** Bücherstoß *m* ❷ (*рю́мка*) Gläschen *nt*
стопроце́нтный *adj* hundertprozentig
сто́рож <*pl:* -а́, -е́й> *m K ple* Wächter *m*
сторожево́й *adj* Wach-; **сторожева́я вы́шка** Wachturm *m*
сторо́жка *f A* Wächterhäuschen *nt*
сторона́ *f A e2* ❶ Seite *f*; ❷ (*аспе́кт*) Gesichtspunkt *m*, Aspekt *m*; ❸ (ЮР) Partner *m*, Vertragspartner *m*, Partei *f*; **с одно́й стороны́** einerseits; **с друго́й стороны́** andererseits; **принима́ть чью-л. сто́рону** Partei ergreifen (für *+akk*); **шу́тки в сто́рону** Spaß beiseite; **в стороне́** abseits, entfernt; **держа́ться в стороне́** (*fig*) weg vom Fenster sein
сторони́ться <*präs:* -оню́сь, -о́нишься> *vr I impf* (*pf:* по-) ❶ zur Seite gehen, die Bahn freimachen; ❷ (*fig: избега́ть*) meiden, aus dem Weg gehen
сторо́нник *m K* Anhänger *m*, Befürworter *m*

сто́чный *adj* Abfluss-; **сто́чные во́ды** Abwasser *nt*
стоя́нка *f A* ① (*парко́вка*) Halt *m*, Rast *f*; ② (*автостоя́нка*) Parkplatz *m*
стоя́ть *vi I impf* ① stehen; **~ навы́тяжку** strammstehen; **~ на часа́х** Wache stehen; **~ на стрёме** (*umg*) Schmiere stehen ② (*о войска́х*) liegen; **~ за чем-л.** dahinterstecken; ③ (*наста́ивать*) bestehen (auf +*dat*); ④ (*не дви́гаться*) liegen bleiben, stehen bleiben
страда́ть *vi E impf* (*pf:* по-) ① (*nur impf:* чем-л.) leiden (an +*dat*); **~ а́стмой** an Asthma leiden; ② (*fig:* от чего́-л.) leiden (unter +*dat*); ③ (*терпе́ть уще́рб*) Schaden erleiden
страна́ *f A pls* Land *nt*; **промы́шленно ра́звитые стра́ны** Industrienationen *f pl*; **развива́ющийся ~** Entwicklungsland *nt*
страни́ца *f A* Seite *f*; **инте́рнетовская ~** Internetseite *f*

стра́нник *m K* Wanderer *m*
стра́нный <*kf:* -анен, -анна́> *adj* ① merkwürdig, seltsam, sonderbar; ② (*непривы́чный*) fremdartig
странове́дение *nt O2* Landeskunde *f*
стра́нствовать *vi E2 impf* (*geh*) wandern, auf Wanderschaft sein
страстно́й *adj* (РЕЛ) Kar-; **~ неде́ля** Karwoche *f*; **~ пя́тница** Karfreitag *m*
стра́стный <*kf:* -тен, -тна> *adj* ① sehnsüchtig, leidenschaftlich; ② (*коллекционе́р, охо́тник и т.п.*) passioniert, eifrig
стра́сть <*gen pl:* -е́й> *f I* Leidenschaft *f*
стратеги́ческий *adj* strategisch
страте́гия *f A2* Strategie *f*
стра́ус *m K* (ЗООЛ) Strauß *m*
страх <*gen sg:* -а,-у> *m K* Angst *f*, Furcht *f*
страхова́ние *nt O2* ① Versicherung *f*; ② (*систе́ма страхова́ния*) Versicherungswesen *nt*; **~ жи́зни** Lebensversicherung *f*; **медици́нское ~** Krankenversicherung *f*; **пенсио́нное ~** Rentenversicherung *f*
страхова́ть *vt E2 impf* (*pf:* за-) ① versichern; ② (*защища́ть*) absichern
страхово́й *adj* Versicherungs-; **~ по́лис** (Versicherungs-)police *f*, Versicherungsausweis *m*
страши́ться *vr I impf* (*кого́-л./чего́-л.*) sich ängstigen, sich fürchten (vor +*dat*)
стра́шный <*kf:* -шен, -шна́, стра́шны́> *adj* ① schrecklich, furchtbar; ② (*ужа́сный, жу́ткий*) schauerlich, grausig, schreckenerregend
стрекоза́ *f A pls* (ЗООЛ) Libelle *f*
стрела́ *f A pls* Pfeil *m*; **лете́ть стрело́й** flitzen
стреле́ц <*gen pl:* -льца́> *m K* ① (ИСТ) Strelitze *m*; ② (*Sternzeichen*) Schütze *m*
стре́лка *f A* ① (*часо́в*) Zeiger *m*; ② (*als Zeichen*) Pfeil *m*; **секу́ндная ~** Sekundenzeiger *m*; **часова́я ~** Stundenzeiger *m*; **по часово́й стре́лке** im Uhrzeigersinn; ③ (*на брю́ках*) Bügelfalte *f*; ④ (*стре́лочный перево́д*) Weiche *f*; **переводи́ть стре́лки** die Weichen stellen
стрело́к <*gen sg:* -лка́> *m K e* Schütze *m*; **~ из лу́ка** Bogenschütze *m*
стрельба́ *f A pls* Schießen *nt*; **~ из лу́ка** Bogenschießen *nt*
стре́льбище *nt O1* Schießstand *m*
стреля́ть *vi E impf* (*pf:* стре́льнуть) schießen
стремгла́в *adv* Hals über Kopf
стреми́тельный <*kf:* -лен, -льна> *adj* rapide, rasant, flink
стреми́ться <*präs:* -млю́сь, -ми́шься> *vr I impf* (*к чему́-ли́бо*) streben (nach +*dat*); **стра́стно ~** sich sehnen (nach +*dat*)
стремле́ние *nt O2* Bestreben *nt*,

Drang *m*; **~ к сча́стью** Glücksstreben *nt*

стре́мя <*gen sg:* стре́мени, *pl:* -мена́, -мя́н, -мена́м> *nt U1 ple* Steigbügel *m*

стресс *m K* Stress *m*; **в состоя́нии ~а** unter Stress

стре́ссовый *adj* stressig; **стре́ссовая ситуа́ция** Stresssituation *f*

стри́жка <*gen pl:* -жек> *f A* Haarschnitt *m*

стричь <*präs:* -игу́, -ижёшь> *vt UE4 impf* (*pf:* со-, о(б)-) ① (*во́лосы*) abschneiden; ② (*ове́ц*) scheren

строга́ть *vt E impf* (*pf:* вы́-) hobeln

стро́гий <*kf:* строг, строга́, стро́го, стро́ги> *adj* ① streng, strikt; **стро́го говоря́** strengenommen; ② (*об оде́жде*) schlicht, einfach

строево́й[1] *adj* ① Truppen-; ② (*боево́й*) Kampf-; **строева́я подгото́вка** (ВОЕ) Exerzieren *nt*

строево́й[2] *adj*: **~ лес** Bauholz *nt*

строе́ние *nt O2* ① Bau *m*; ② (*структу́ра*) Gefüge *nt*

строжа́йше *adv* strengstens

строжа́йший *adj super* strengste(r, s)

строи́тель *m K1* ① Bauarbeiter *m*; ② (*fig: созда́тель*) Erbauer *m*, Schöpfer *m*

строи́тельный *adj* Bau-; **строи́тельные рабо́ты** Bauarbeiten *pl*

строи́тельство *nt O* ① (*де́йствие*) Bau *m*, Errichtung *f*; ② (*строи́тельная о́трасль*) Baugewerbe *nt*, Baubranche *f*

стро́ить *vt I impf* (*pf:* вы́-, по-) ① bauen, errichten; ② (*fig: создава́ть*) aufbauen, gestalten; **~ иллю́зии** sich Illusionen hingeben; **~ пла́ны** Pläne schmieden

строй *m K2* ① Aufbau *m*, Struktur *f*; **обще́ственный ~** Gesellschaftsordnung *f*; ② (ВОЕ) Formation *f*, Front *f*

стро́йка <*gen pl:* -о́ек> *f A* ① Erbauung *f*, Errichtung *f*; ② (*стройплоща́дка*) Baustelle *f*

стро́йный <*kf:* -о́ен, -ойна́, -о́йно, -о́йны́> *adj* ① schlank, grazil; ② (*гармони́чный*) harmonisch; ③ (*после́довательный*) folgerichtig

стройплоща́дка <*gen pl:* -док> *f A* Baustelle *f*, Bauplatz *m*

строка́ *f A e2* Zeile *f*

стропти́вый <*kf:* -ив> *adj* aufsässig, widerspenstig

строфа́ *f A e2* Strophe *f*

строчи́ть *vi I impf* (*pf:* на-, про-) ① (*на маши́нке*) nähen, steppen; ② (*umg: писа́ть*) kritzeln; ③ (*umg: из автома́та*) knattern

струи́ться <*nur 3. pers:* -и́тся> *vr I impf* (*geh*) rinnen, rieseln

структу́ра *f A* ① Struktur *f*, Gefüge *nt*, Aufbau *m*; ② (*организа́ция*) Organisation *f*

структу́рный *adj* strukturell, Struktur-

струна́ *f A pls* Saite *f*

струя́ <*gen pl:* стру́й> *f A2 pls* (*воды́, га́за*) Strahl *m*

студе́нт, **студе́нтка** <*gen sg f:* -ток> *m K / f A* Student, -in *m/f*

студе́нческий *adj* studentisch, Studenten-

сту́день <*gen sg:* -дня> *m K* Sülze *f*

стук *m K* Klopfen *nt*; **войти́ без ~а** ohne Anklopfen eintreten

сту́кнуть *vi E1 pf* (*impf:* стуча́ть) ① schlagen, stoßen; ② (*в дверь*) pochen, klopfen

стул <*pl:* -лья, -льев> *m U3* ① Stuhl *m*; ② (БИОЛ) Stuhlgang *m*

ступа́ть *vi E impf* (*pf:* ступи́ть) ① betreten; ② (*шага́ть*) schreiten; **ступа́й** gehe!

ступе́нь *f I* ① Stufe *f*; ② (*fig: у́ровень*) Stufe *f*, Ebene *f*; **~ управле́ния** Führungsebene *f*

сту́пка <*gen pl:* -пок> *f A* Mörser *m*

ступня́ *f A1* ① Fuß *m*; ② (*подо́шва*) Fußsohle *f*

стуча́ть *vi E impf* (*pf:* сту́кнуть) anklopfen, klopfen, pochen; **~ на**

С

кого́-л. (*fig*, *umg*) denunzieren

стыд *m K* Scham *f*

стыди́ть <*präs:* **стыжу́, стыди́шь**> *vt I impf* (*pf:* **при-**) beschämen

стыди́ться <*präs:* **стыжу́сь, стыди́шься**> *vr I impf* (*pf:* **по-**) sich schämen

стыдли́вый <*kf:* **-ив**> *adj* schamhaft

сты́дный <*kf:* **-ден, -дна**> *adj* ❶ schändlich; ❷ (*неприя́тный*) peinlich

стык *m K* Verbindungsstelle *f*; **на ~е веко́в** um die Jahrhundertwende

стюарде́сса *f A* Stewardess *f*, Flugbegleiterin *f*

суббо́та *f A* Sonnabend *m*, Samstag *m*; **по суббо́там** sonnabends; am Samstag

субси́дия *f A2* Subvention *f*

субъе́кт *m K* Subjekt *nt*

субъекти́вный <*kf:* **-вен, -вна**> *adj* subjektiv

суве́нир *m K* Souvenir *nt*, Andenken *nt*

суверените́т *m K* (ПОЛ) Souveränität *f*, Hoheit *f*

С

сувере́нный <*kf:* **-ре́нен, ре́нна**> *adj* souverän

сугро́б *m K* Schneewehe *f*

суд *m K e* ❶ (ЮР) Gericht *nt*, Gerichtshof *m*; ❷ (*fig:* *сужде́ние*) Urteil *nt*; **~ прися́жных** Schwurgericht *nt*, Schöffengericht *nt*; **конституцио́нный ~** Verfassungsgericht *nt*; **Стра́шный ~** (РЕЛ) das Jüngste Gericht *nt*; **отда́ть под ~** vor Gericht stellen

суда́чить *vi I impf* (*umg*) quasseln

суде́бный *adj* gerichtlich, richterlich; **в суде́бном поря́дке** auf dem Gerichtsweg; **суде́бная эксперти́за** gerichtliches Gutachten *nt*

суди́мый *m wie adj* Vorbestrafte(r) *m*

суди́ть <*präs:* **сужу́, су́дишь**> *vt I impf* ❶ (ЮР) vor Gericht stellen, über jdn Gericht halten, richten; ❷ (*fig:* *выноси́ть сужде́ние*) urteilen, sich ein Urteil bilden (über *+akk*)

суди́ться <*präs:* **сужу́сь, су́дишься**> *vr I impf* (**с кем-либо**) prozessieren (gegen *+akk*)

су́дно[1] <*pl:* **суда́, судо́в**> *nt O ple* Schiff *nt*; **грузово́е ~** Frachter *m*; **па́русное ~** Segelschiff *nt*

су́дно[2] <*pl:* **су́дна, су́ден**> *nt O* (МЕД) Bettpfanne *f*

су́дорога *f A* Krampf *m*

су́дорожный *adj* krampfhaft, fieberhaft

судохо́дство *nt O* Schifffahrt *f*

судьба́ <*pl:* **су́дьбы, су́деб**> *f A pls* Schicksal *nt*

судья́ *m K1 pls* Richter, -in *m/f*

суеве́рие *nt O2* Aberglaube *m*

суеве́рный <*kf:* **-рен, -рна**> *adj* ❶ abergläubisch; ❷ (*мни́тельный*) argwöhnisch, misstrauisch

суета́ *f A e* ❶ Eile *f*, Hektik *f*; ❷ (*су́етность*) Nichtigkeit *f*; **всё ~** alles ist eitel

суети́ться <*präs:* **суечу́сь, суети́шься**> *vr I impf* hasten, eilen

сужа́ть *vt E impf* (*pf:* **су́зить**) verengen, einengen

сужде́ние *nt O2* ❶ Urteil *nt*, Beurteilung *f*; ❷ (*мне́ние*) Ansicht *f*, Meinung *f*

сук <*präpos sg:* **о суке́, в суку́**, *pl:* **су́чья, су́чьев**> *m U3* Ast *m*; **руби́ть ~, на кото́ром сиди́шь** (*fig*) am eigenen Ast sägen

сукно́ *nt O pls* Tuch *nt*

сули́ть *vt I impf* (*pf:* **по-**) verheißen, verprechen

сумасбро́дный <*kf:* **-ден, -дна**> *adj* wahnwitzig, hirnverbrannt

сумасше́дший I. *adj* verückt, irr; **II.** *m wie adj* Verrückte(r) *m*

сумато́ха *f A* ❶ Durcheinander *nt*; ❷ (*су́толока*) Getümmel *nt*

су́мерки <*gen pl:* **-рек**> *pl A* Dämmerung *f*

су́мка *f A* Tasche *f*; **доро́жная ~** Reisetasche *f*; **хозя́йственная ~** Einkaufstasche *f*

су́мма *f A* Betrag *m*, Summe *f*; **о́бщая ~** Pauschale *f*

сумма́рный <*kf:* **-рен, -рна**> *adj*

① summarisch; ② (*óбщий*) pauschal

суммúровать *vt E2 impf/pf* summieren

сýмочка <*gen pl:* -чек> *f A* Handtasche *f*

сýмчатые *pl wie adj* (ЗООЛ) Beuteltiere *pl*

сýнуть *vt E1 pf* (*impf:* совáть) (*auch fig*) stecken, hineinstecken

суп <*gen sg:* -а, -у, *präpos sg:* о сýпе, в супý> *m K ple* Suppe *f*

супер- *präfix* ① super-, Super-; ② über-

супермáркет *m K* (*универсáм*) Supermarkt *m*

суперoблóжка <*gen pl:* -жек> *f A* Schutzumschlag *m*

супрýг, супрýга *m K / f A* Ehemann, Ehefrau *m/f*, Gatte, Gattin *m/f*

супрýжеский *adj* Ehe-; **супрýжеская невéрность** Ehebruch *m*; **супрýжеская пáра** Ehepaar *nt*

сурóвый <*kf:* -óв> *adj* streng, rigoros

сурóк <*gen sg:* -ркá> *m K e* (ЗООЛ) Murmeltier *nt*

сýслик *m K* (ЗООЛ) Zieselmaus *f*

сустáв *m K* (АНАТ) Gelenk *nt*

сутенёр *m K* (*pej*) Zuhälter *m*

сýтки <*gen pl:* -ток> *pl A* Tag *f* und Nacht *f*, vierundzwanzig Stunden *f pl*; **в любóе врéмя сýток** zu jeder Tages- und Nachtzeit; **крýглые ~** rund um die Uhr

сýтолока *f A* Getümmel *nt*

сутýлиться *vr I impf* (*pf:* с-) sich krümmen

суть *f I* Wesen *nt*, Kern *m*; **~ дéла** Kern *m* der Sache

суфлé *nt indekl* Auflauf *m*, Soufflé *nt*

суфлёр *m K* (ТЕАТ) Souffleur, Souffleuse *m/f*

суфлúровать *v + dat E2 impf* jdm soufflieren

сухáрь I. *m K1 e* Zwieback *m*; **обвáливать в сухарях** panieren;

сухóй II. <*kf:* сух, сухá, сýхо, сýхи> *adj* ① trocken, dürr; **~ закóн** Alkoholverbot *nt*; ② (*fig:* о *человéке, словáх*) trocken, humorlos

сухопáрый *adj* hager, sehnig

сухофрýкты *m pl K* Dörrobst *nt*

сучковáтый *adj* knorrig

сушúльный *adj* trocken, Trocken-; **~ аппарáт** (в *парикмáхерской*) Haube *f*, Haartrockner *m*

сушúть <*präs:* сушý, сýшишь> *vt I impf* (*pf:* вы-) dörren, trocknen

сущéственный <*kf:* -вен, -венна> *adj* wesentlich, relevant, nennenswert, beachtlich

существúтельное *nt wie adj* (ЛИНГ) Substantiv *nt*

существó *nt O e* ① Wesen *nt*; ② (*сýщность*) Kern *m*, Hauptsache *f*; **живóе ~** Lebewesen *nt*; **по существý** im Grunde, eigentlich

существовáние *nt O2* Existenz *f*

существовáть *vi E2 impf* bestehen, existieren

сýщность *f I* Wesen *nt*, Kern *m*

сфéра *f A* Bereich *m*, Sphäre *f*

сформировáть *vt E2 pf* (*impf:* формировáть) formieren, bilden

схватúть <*fut:* -ачý, -áтишь> *vt I pf* (*impf:* хватáть) ① ergreifen, packen, fassen; ② (*fig*) begreifen

схвáтка <*gen pl:* -ток> *f A* Gefecht *nt*

схвáтки <*gen pl:* -ток> *f A* Wehen *pl*

схвáтывать *vt E impf* (*pf:* схватúть) ① packen, fassen, ergreifen; ② (*fig: понимáть*) begreifen

схéма *f A* ① Schema *nt*, Plan *m*; ② (ТЕХ) Schaltung *f*, Schaltplan *m*

схематúчный <*kf:* -чен, -чна> *adj* schematisch

сходúть <*präs:* схожý, схóдишь> *vi I impf* (*pf:* сойтú) ① aussteigen; ② (*pf: идтú*) holen; **~ за врачóм** einen Arzt holen; **~ за хлéбом** Brot holen

схóдный <*kf:* -ден, сходнá> *adj* (*с кем-лúбо*) ähnlich

схóдство *nt O* Ähnlichkeit *f*; **семéйное ~** Familienähnlichkeit *f*

сцéна *f A* ① Bühne *f*; ② (*часть*

С

дéйствия) Szene *f*

сценáрий *m K2* Drehbuch *nt*

сцеплéние *nt O2* ① (ТЕХ) Kohäsion *f*, Haftung *f*; ② (АВТО) Kupplung *f*

счастли́вый <*kf:* счáстлив> *adj* glücklich; **счастли́вая случáйность** Glücksfall *m*

счáстье *nt O1* Glück *nt*; **к счáстью** glücklicherweise; **вне себя́ от счáстья** überglücklich

счёт <*präpos sg:* на счёте, на счетý, *pl:* счетá, счетов> *m K ple* ① (*дéйствие*) Rechnen *nt*, Zählen *nt*, Kalkulieren *nt*; ② (*для оплáты*) Rechnung *f*; ③ (*в бáнке*) Konto *nt*; ④ (СПОРТ) Spielstand *m*; **снять дéньги со счёта** Geld (vom Konto) abheben

счетовóдство *nt O* ① Buchführung *f*; ② (*бухгалтéрия*) Buchhaltung *f*, Rechnungswesen *nt*

счётчик *m K* (ЭЛЕК) Zähler *m*

считáть I. *vt E impf* ① zählen; ② (*вычисля́ть*) rechnen; ③ (*чем-л., каки́м-л.*) halten (für *+akk*); **~ в умé** kopfrechnen; **не считáя (когó-л./чегó-л.)** exklusive; **II.** *vi E impf* (*fig*) glauben, denken, meinen; **III.** *vt E impf* (*pf:* счи́тывать) ablesen

считáться *vr E impf* (*pf:* по-) ① (*кем-л./чем-л, каки́м-л..*) gelten (als *+nom*); ② (*с кем-л./чем-л.*) Rücksicht nehmen (auf *+akk*)

США *abk von* Соединённые Штáты Амéрики USA *pl*

сшить <*fut:* сошью́, сошьёшь> *vt E4c pf* (*impf:* шить) ① nähen; ② sticken

съедóбный <*kf:* -бен, -бна> *adj* essbar, genießbar

съезд[1] *m K* Kongress *m*; **~ пáртии** Parteitag *m*

съезд[2] *m K* Abfahrt *f*; **~ с автострáды** Autobahnausfahrt *f*

съезжáть *vi E impf* (*pf:* съéхать) ① hinunterfahren; ② (*соскáльзывать*) rutschen

съёмка <*gen pl:* -мок> *f A* ① (*топографи́ческая*) Vermessung *f*; ② (ФИЛМ, ФОТ) Aufnehmen *nt*, Fotografieren *nt*, Filmen *nt*; ③ (*съёмочные рабóты*) Dreharbeiten *pl*; **замéдленная ~** Zeitlupe *f*

съéсть <*fut:* съем, съешь, *prät:* съел, съела> *vt U2 pf* (*impf:* есть) essen, aufessen

съéхать <*fut:* съéду, съéдешь> *vi UE2 pf* (*impf:* съезжáть) ① hinunterfahren; ② rutschen

сы́воротка *f A* ① Molke *f*; ② (МЕД) Serum *nt*

сыгрáть *vt E pf* (*impf:* игрáть) spielen

сыгрáться *vi E pf* (*impf:* сы́грываться) (СПОРТ, МУЗ) sich einspielen

сын <*pl:* -новья́, -новéй> *m U3* Sohn *m*; **он ~ своегó врéмени** er ist ein Kind seiner Zeit

сы́пать <*präs:* сы́плю, сы́плешь> *vt E4 impf* (*pf:* на-, по-) (*auch fig*) verschütten; **~ вопрóсами** mit Fragen überschütten

сыпь *f I* (МЕД) Ausschlag *m*

сыр <*gen sg:* -а, -у, *präpos sg:* в сы́ре, в сырý> *m K ple* Käse *m*; **плáвленый ~** Schmelzkäse *m*

сырóй <*kf:* сыр, сырá, сы́ро> *adj* ① feucht; ② (*необрабóтанный*) roh

сы́рость *f I* Nässe *f*, Feuchtigkeit *f*

сырьё *nt O1* Rohstoff *m*; **втори́чное ~** Altstoff *m*

сы́тый <*kf:* сыт, сытá, сы́то> *adj* (*auch fig*) satt

сюдá *adv* herbei, herüber, hierher; **иди́ ~!** komm her!

сюи́та *f A* (МУЗ) Suite *f*

сюрпри́з *m K* Überraschung *f*, Bescherung *f*

Т т

т, Т *nt indekl kyrillischer Buchstabe*

та *siehe* **тот**

таба́к <*gen sg:* -а́, -у́> *m K e* Tabak *m*; **ню́хательный ~** Schnupftabak *m*

та́бель *m K1* ❶ (**контро́льный лист**) Kontrollliste *f*; ❷ (**в шко́ле**) Zeugnis *nt*, Zwischenzeugnis *nt*

табле́тка *f A* Tablette *f*; **~ от головно́й бо́ли** Kopfschmerztablette *f*; **противозача́точная ~** Antibabypille *f*, Pille *f*

табли́ца *f A* Tabelle *f*; **~ умноже́ния** Einmaleins *nt*

табли́чка *f A* Schild *nt*; **~ с назва́нием у́лицы** Straßenschild *nt*

табли́чный *adj* Tabellen-, tabellarisch

табло́ *nt indekl* (**электро́нное**) Anzeigetafel *f*

табу́ *nt indekl* Tabu *nt*; **де́лать ~ из чего́-л.** etw tabuisieren

табуре́т *m K* ❶ Schemel *m*, Hocker *m*; ❷ (**в ба́ре**) Barhocker *m*

таз <*präpos sg:* о та́зе, в тазу́> *m K ple* ❶ Waschbecken *nt*; ❷ (АНАТ) Becken *nt*

тазобе́дренный *adj* Hüft-; **~ суста́в** Hüftgelenk *nt*

таи́нственный <*kf:* -вен, -венна> *adj* geheimnisvoll, mysteriös

та́инство *nt O* (РЕЛ) Sakrament *nt*

таи́ть *vt I impf* ❶ geheimhalten; ❷ (*fig:* **в себе́**) bergen, beinhalten

тайм *m K* (СПОРТ) Halbzeit *f*

та́йна *f A* Geheimnis *nt*; **враче́бная ~** ärztliche Schweigepflicht *f*; **разглаша́ть та́йну** ein Geheimnis lüften; **сохраня́ть в та́йне** geheimhalten

тайни́к *m K e* Versteck *nt*

та́йный *adj* geheim, heimlich; **та́йная вече́ря** (РЕЛ) das Heilige Abendmahl *nt*

так I. *adv* so; **как бы не ~** nichts dergleichen; **~ ли э́то?** ist das wirklich so? **~ же** ebenso; **то́чно ~ же** ebensogut; **~ или ина́че** so oder so; **~ называ́емый** sogenannt; **~ себе́** (*umg*) nichts Besonderes; **~ сказа́ть** sozusagen; **II.** *konj*: **~ как** da , weil; **~ что** so dass; **~ что́бы** damit, um zu

така́я *siehe* **тако́й**

также *adv* auch, ebenso; **а ~** sowie

тако́е *siehe* **тако́й**

тако́й, така́я, тако́е <*gen sg:* тако́го, тако́й, тако́го>*pron dem* solch, dergleichen; **таки́м о́бразом** auf solche Weise , also; **~ же высо́кий** ebenso hoch

та́кса *f A* (ЗООЛ) Dackel *m*

такси́ *nt indekl* Taxi *nt*

такси́ст *m K* Taxifahrer *m*

такт[1] *m K* (ТЕХ, МУЗ) Takt *m*

такт[2] *m K* Takt *m*, Feingefühl *nt*

та́ктика *f A* Taktik *f*

такти́ческий *adj* taktisch

такти́чный <*kf:* -че́н, -чна> *adj* taktvoll

тала́нт *m K* Talent *nt*, Begabung *f*

тала́нтливый <*kf:* -ив> *adj* talentiert, begabt

талисма́н *m K* Talisman *m*, Maskottchen *nt*

та́лия *f A2* Taille *f*

тало́н *m K* Bezugsschein *m*, Gutschein *m*

та́лый *adj* geschmolzen; **та́лая вода́** Schmelzwasser *nt*

там *adv* dort

тамо́женник *m K* Zollbeamte(r) *m*

тамо́женный *adj* Zoll-

тамо́жня *f A1* Zollamt *nt*

та́мошний *adj* (*umg*) dortig

тампо́н *m K* ❶ Tampon *m*; ❷ (**космети́ческий**) Wattebausch *m*

та́нец <*gen sg:* -нца> *m K* ❶ Tanz *m*; ❷ (*im pl*) Tanzverantaltung *f*, Tanzabend *m*

танк *m K* (ВОЕ) Panzer *m*
тáнкер *m K* Tanker *m*
танцевáть *vt E2 impf* tanzen
танцóвщик, танцóвщица *m K / f A* Balletttänzer, -in *m/f*
танцóр, танцóрка *<gen pl f:* -рок*> m K / f A* Tänzer *m*, -in *f*
тáпочки *<gen pl:* -чек*> pl A leichte Schuhe ohne Absatz*; **домáшние ~** Hausschuhe *m pl*, Pantoffeln *m pl*
тáра ① Tara *nt*; ② (*упакóвка*) Verpackung *f*
таракáн *m K* (ЗООЛ) Schabe *f*
тарáн *m K* ① Mauerbrecher *m*, Ramme *f*; ② (ВОЕ) Rammen *nt*
таратóрить *vi I impf* (*umg*) plappern, quasseln
тарéлка *f A* Teller *m*
тарúф *m K* Tarif *m*, Gebühr *f*
тарúфный *adj* Tarif-; **тарúфная стáвка** Lohngruppe *f*
таскáть *vt E* unbest (*best*: ***тащúть***) schleppen, ziehen
Татарстáн *m K* Tatarstan *nt*
татуирóвка *<gen pl:* -вок*> f A* Tätowierung *f*
тахомéтр *m K* ① Tachometer *nt*; ② (АВТО) Dehzahlmesser *m*
тахтá *f A e* Liege *f*
тáчка *<gen pl:* -чек*> f A* Schubkarren *m*
тащúть *<präs:* тащý, тáщишь*> vt I* best (*unbest*: ***таскáть***) schleppen, ziehen
тáять *vi E impf* (*pf:* рас-) ① schmelzen, tauen; ② (*fig: растворя́ться*) zergehen
твёрдый *<kf:* твёрд, тверрдá,твёрдо, твёрды/тверды́*> adj* ① hart, fest; ② (ЭКОН) fest, fixiert, fix; ③ (*fig: стóйкий*) fest; **у негó ~ харáктер** er hat Rückgrat
твой, твоя́, твоё *<gen sg:* твоегó, твоéй, твоегó*>pron poss* dein
творéние *nt O2* Schöpfung *f*
творéц *<gen sg:* -рцá*> m K e* (*geh*) Schöpfer *m*
творúть *vt I impf* (*pf:* со-) schöpfen, kreieren
творóг *<gen sg:* -á,-ý*> m K e* Quark *m*; **нежúрный ~** Magerquark *m*
твóрческий *adj* kreativ, schöpferisch
твóрчество *nt O* Werk *nt*, Schaffen *nt*
твоя́ *siehe* **твой**
т.е. *abk von* то есть das heißt, d.h.
теáтр *m K* Theater *nt*; **кýкольный ~** Puppentheater *nt*; **драматúческий ~** Schauspielhaus *nt*; **óперный ~** Opernhaus *nt*
театрáльный *adj* ① Theater-; ② (*fig: наи́гранный*) theatralisch; **театрáльная пьéса** Theaterstück *nt*
тебé *<dat sg/präpos sg von:* ты*>pron pers* dir, dich
тебя́ *<gen sg/akk sg von:* ты*>pron poss* deiner, dich
тéзис *m K* These *f*
текст *m K* Text *m*
текстúльный *adj* Textil-
текýчий *<kf:* -ýч*> adj* dünnflüssig
текýщий *adj* (*настоя́щий*) laufend, gegenwärtig
телевúдение *nt O2* Fernsehen *nt*; **спýтниковое ~** Satellitenfernsehen *nt*
телевизиóнный *adj* Fernseh-; **телевизиóнная передáча** Fernsehsendung *f*
телевúзор *m K* Fernsehapparat *m*, Fernseher *m*; **смотрéть ~** fernsehen
телегрáмма *f A* Telegramm *nt*
телегрáф *m K* Fernmeldeamt *nt*
телéжка *f A* ① Handwagen *m*, Karren *m*; ② (*в магазúне*) Einkaufswagen *m*; **~ для багажá** Gepäckwagen *m*
телезрúтель *m K1* Fernsehzuschauer *m*
тéлекс *m K* Fernschreiben *nt*, Telex *nt*
телёнок *<gen sg:* -нка, *pl:* -ля́та*> m U4* Kalb *nt*
телескóп *m K* Teleskop *nt*, Fernrohr *m*
телетáйп *m K* Fernschreiber *m*
телефáкс *m K* Telefax *nt*

телефо́н *m K* Telefon *nt*; **~-автома́т** Münzfernsprecher *m*, Kartentelefon *nt*; **позва́ть к ~у** ans Telefon rufen; **сказа́ть по ~у** am Telefon sagen; **со́товый** [*o* **моби́льный**] **~** Handy *nt*

телефо́нный *adj* telefonisch, Telefon-; **~ разгово́р** Telefongespräch *nt*, Telefonat *nt*; **~ звоно́к** Telefonanruf *m*; **телефо́нная кни́га** Telefonbuch *nt*

те́ло *nt O ple* Körper *m*, Leib *m*

телосложе́ние *nt O2* Körperbau *m*, Statur *f*

телохрани́тель *m K1* Leibwächter *m*

теля́тина *f A* Kalbfleisch *nt*

те́ма *f A* Thema *nt*

тема́тика *f A* Thematik *f*

темати́ческий *adj* thematisch

тем[1] *konj* desto, umso; **~ бо́лее, что** umso mehr als, erst recht weil; **~ не ме́нее** dennoch, trotzdem

тем[2] *inst sg m/inst sg nt/dat pl von* **тот**

тембр *m K* Timbre *m*, Klangfarbe *f*

темни́ца *f A* Kerker *m*

темнота́ *f A e* ❶ Dunkelheit *f*, Finsternis *f*; ❷ (*fig:* ***неве́жество***) Ignoranz *f*

тёмный <*kf:* тёмен, темна́, темно́> *adj* (*auch fig*) dunkel; **э́то де́ло тёмное** das bleibt im Dunkeln

темп *m K* Tempo *nt*

темпера́мент *m K* Temperament *nt*

темпера́ментный <*kf:* -тен, -тна> *adj* temperamentvoll

температу́ра *f A* ❶ Temperatur *f*; ❷ (МЕД) Fieber *nt*

те́мя <*gen sg:* -мени> *nt U1* (АНАТ) Scheitelbein *nt*

тенде́нция *f A2* Tendenz *f*, Trend *m*

тенево́й *adj* Schatten-; **тенева́я эконо́мика** (*fig*) Schattenwirtschaft *f*

те́ни <*gen pl:* те́ней> *f pl I* Lidschatten *m*

тени́стый <*kf:* -и́ст> *adj* schattig

те́ннис *m K* Tennis *nt*; **насто́льный ~** Tischtennis *nt*

тенниси́ст, тенниси́стка <*gen pl f:* -ток> *m K / f A* Tennisspieler, -in *m/f*

те́нниска *f A* Polohemd *nt*

те́ннисный *adj* Tennis-; **~ корт** Tennisplatz *m*; **те́ннисная раке́тка** Tennisschläger *m*

тент *m K* Plane *f*

тень <*präpos sg:* в тени́> *f I* (*auch fig*) Schatten *m*; **броса́ть ~ на кого́-л.** ein schlechtes Licht werfen (auf +*akk*)

теорети́ческий *adj* theoretisch

тео́рия *f A2* Theorie *f*, Lehre *f*

тепе́решний *adj* derzeitig, augenblicklich

тепе́рь *adv* jetzt, nun

тепли́ца <*inst sg:* -цей> *f A* Treibhaus *nt*

тепло́[1] *adv* (*auch fig*) warm

тепло́[2] *nt O* Wärme *f*

теплово́й *adj* Wärme-, thermisch; **~ уда́р** (МЕД) Hitzschlag *m*

теплоснабже́ние *nt O2* Wärmeversorgung *f*

теплота́ *f A e* ❶ (ФИЗ) Wärme *f*; ❷ (*fig:* ***серде́чность***) Wärme *f*, Herzlichkeit *f*

теплохо́д *m K* Motorschiff *nt*

теплоцентра́ль *f I* Fernheizwerk *nt*, Heizkraftwerk *nt*

тёплый <*kf:* тёпел, тепла́> *adj* (*auch fig*) warm; **чуть ~** lauwarm; **оказа́ть кому́-л. ~ приём** jdm einen herzlichen Empfang bereiten; **тёплое ме́сто** ein sicherer Posten

терапе́вт *m K* ❶ Internist *m*; ❷ (***психотерапе́вт***) Therapeut, -in *m/f*

терапевти́ческий *adj* therapeutisch

терапи́я *f A2* ❶ Therapie *f*, Behandlung *f*; ❷ (***вну́тренняя медици́на***) Innere Medizin *f*

тере́ть <*präs:* тру, трёшь> *vt E4b impf* ❶ wischen, reiben; ❷ (***стёркой***) radieren

терза́ть *vt E impf* (*geh*) peinigen, quälen

тёрка *f A* Reibe *f*, Reibeisen *nt*

те́рмин *m K* Terminus *m*, Fachausdruck *m*

терминоло́гия *f A2* Terminologie *f*

термо́метр *m K* Thermometer *nt*; **медици́нский ~** Fieberthermometer *nt*

те́рмос *m K* Thermoskanne *f*, Thermosflasche *f*

терни́стый <*kf:* -и́ст> *adj* dornig; **~ путь** (*fig*) ein dornenvoller Pfad *m*

терпели́вый <*kf:* -и́в> *adj* ① geduldig, duldsam; ② (*выно́сливый, упо́рный*) ausdauernd

терпе́ние *nt O2* Geduld *f*

терпе́ть <*präs:* терплю́, те́рпишь> *vt I impf* (*pf:* по-) ① dulden, tolerieren; ② (*сноси́ть*) erdulden, über sich ergehen lassen; ③ (*терпели́во ждать*) sich gedulden

терпи́мость *f I* Toleranz *f*, Duldsamkeit *f*

терпи́мый <*kf:* -и́м> *adj* ① tolerant; ② erträglich

те́рпкий <*kf:* -пок, те́рпка́ -пко,, *komp:* те́рпче> *adj* herb

терра́са *f A* Terrasse *f*

террито́рия *f A2* ① Territorium *nt*, Gebiet *nt*; ② (*пло́щадь*) Gelände *nt*, Fläche *f*

терро́р *m K* Terror *m*

терроризи́ровать *vt E2 impf/pf* terrorisieren

террори́зм *m K* Terrorismus *m*

террори́ст, террори́стка <*gen pl f:* -ток> *m K / f A* Terrorist, -in *m/f*, Attentäter, -in *m/f*

террористи́ческий *adj* terroristisch; **~ акт** Terroraktion *f*, Bombenanschlag *m*

теря́ть *vt E impf* (*pf:* по-) verlieren, einbüßen

теря́ться I. *vr E impf* (*pf:* по-) verlorengehen, abhanden kommen; **II.** *vr E impf* (*pf:* рас-) verwirrt werden, ratlos sein

теса́ть <*präs:* тешу́, те́шешь> *vt E4 impf* behauen, zuhauen

теснота́ *f A e* Enge *f*, Beengtheit *f*

те́сный <*kf:* -сен, -сна́> *adj* eng, beengt

тест *m K* Test *m*, Probe *f*

тести́ровать *vt E2 impf/pf* ① testen; ② (*опра́шивать*) abfragen

те́сто *nt O* Teig *m*; **дрожжево́е ~** Hefeteig *m*; **сдо́бное песо́чное ~** Mürbeteig *m*

тесть *m K1* Schwiegervater *m*

тесьма́ *f A e* Borte *f*

тет-а-тет *adv* unter vier Augen

тетра́дь *f I* Heft *nt*; **разъёмная ~** Ringbuch *nt*

тётя <*gen pl:* -ей> *f A1* Tante *f*

те́хник *m K* Techniker, -in *m/f*

те́хника *f A* ① Technik *f*; ② (*ме́тод, техноло́гия, спо́соб*) Methode *f*, Verfahren *nt*, Techniken *pl*

те́хникум *m K* Fachschule *f*, Technikum *nt*, Ingenieurschule *f*

техни́ческий *adj* technisch; **~ дире́ктор** Betriebsleiter *m*; **техни́ческое обслу́живание** Wartung *f*

техноло́гия *f A2* Technologie *f*, Verfahren *nt*; **высо́кие техноло́гии** , High-Tech *nt*

тече́ние *nt O2* ① Strömung *f*, Strömen *nt*, Fließen *nt*; ② (*fig: проце́сс, протека́ние*) Verlauf *m*, Ablauf *m*; ③ (*fig: направле́ние*) Strömung *f*; **~ вре́мени** Lauf *m* der Zeit; **в ~** im Laufe; **в ~ всей своей жи́зни** sein ganzes Leben (hindurch)

течь <*nur 3. pers:* течёт, теку́т, *prät:* тёк, текла́> *vi UE4 impf* ① fließen, strömen; ② (*вытека́ть*) quellen; ③ (*струи́ться*) rinnen; ④ (*fig: проходи́ть*) vergehen, verrinnen

течь² *f I* Leck *nt*; **дать ~** leck werden [*o* schlagen]

тёща *f A1* Schwiegermutter *f*

тигр *m K* (зоол) Tiger *m*

тик *m K* Zuckung *f*

ти́кать *vi E impf* ticken

ти́на *f A* Schlamm *m*

тип *m K* ① Typ *m*, Sorte *f*; ② (*umg: Mann*) Typ *m*

типи́чный <*kf:* -чен, -чна> *adj* typisch, charakteristisch

типогра́фия *f A2* Druckerei *f*
тир *m K* Schießstand *m*
тиражи́ровать *vt E2 impf/pf* vervielfältigen
тира́н *m K* Tyrann *m*, Despot *m*
тирани́я *f A2* Tyrannei *f*, Gewaltherrschaft *f*
тире́ *nt indekl* Gedankenstrich *m*
тиски́ <*gen pl:* -ов> *pl K e* ① Schraubstock *m*; ② (*fig*) Bedrängnis *f*; **зажа́ть в ~ (кого́-л.)** jdn in die Zange nehmen
тита́н[1] *m K* Titan *m*, Riese *m*
тита́н[2] *m K* (хим) Titan *nt*
ти́тул *m K* ① (*загла́вие*) Titel *m*, Überschrift *m*; ② (*зва́ние*) Titel *m*, Anrede *f*
тиф *m K* (мед) Typhus *m*; **сыпно́й ~** Flecktyphus *m*
ти́хий <*kf:* тих, тиха́> *adj* ① leise; ② (*ми́рный*) still, friedlich; **Ти́хий океа́н** Stiller Ozean *m*, Pazifik *m* ③ (*ме́дленный*) langsam
тихо́ня <*gen pl:* тихо́нь/-ней> *mf A1* Duckmäuser *m*
тишина́ *f A e* Stille *f*; **гробова́я ~** Grabesstille *f*
ткань *f I* Stoff *m*, Gewebe *nt*
тмин <*gen sg:* -а,-у> *m K* Kümmel *m*
то[1] *siehe* **тот**
то[2] *konj* dann; **если ... то...** wenn, ... dann; **то ..., то ...** mal ..., mal ...
това́р <*gen sg:* -а,-у> *m K* Ware *f*, Artikel *m*, Wirtschaftsgut *nt*, Produkt *nt*; **потреби́телские ~ы** Konsumgüter *pl*; **дефици́тный ~** Mangelware *f*
това́рищ *m K1* ① Kamerad *m*, Freund *m*; **~ по несча́стью** Leidensgenosse *m* ② (*als Anrede*) Herr, Frau, Kollege, Kollegin *m/f*, Genosse, Genossin *m/f*
това́рищеский *adj* kameradschaftlich; **това́рищеские отноше́ния** Kameradschaft *f*
това́рный *adj* Waren-; **~ по́езд** Güterzug *m*; **~ знак** Warenzeichen *nt*, Marke *f*; **~ но́мер** Artikelnummer *f*
тогда́ *adv* ① damals; ② dann
тогда́шний *adj* (*umg*) damalig
то́же *adv* auch, ebenfalls
тока́рный *adj* ① (*по мета́ллу*) Dreh-; ② (*по де́реву*) Drechsel-; **~ стано́к** Drehbank *f*
то́карь *m K1* Dreher *m*
ток[1] *m K* (физ) Strom *m*
ток[2] <*präpos sg:* о то́ке, на току́, *nom pl:* тока́, то́ки> *m K* (селхоз) Tenne *f*, Dreschboden *m*
токсико́з *m K* (мед) Toxikose *f*
токси́чный <*kf:* -чен ,-чна> *adj* toxisch, giftig
толк <*gen sg:* -а, -у> *m K* ① Sinn *m*; **знать ~ в чём-л.** sich verstehen (auf *+akk*) ② (*umg*) Nutzen *m*, Vorteil *m*; **бе́з ~у** (*umg*) nutzlos
толка́ть *vt E impf* (*pf:* толкну́ть) ① stoßen; ② (*fig: на что-ли́бо*) veranlassen (zu *+dat*)
толкова́ние *nt O2* Auslegung *f*, Interpretation *f*
толкова́ть *vt E2 impf* auslegen, deuten, interpretieren
толко́вый <*kf:* -ов> *adj* ① gescheit, vernünftig; ② (*я́сный, поня́тный*) klar, verständlich
то́лком *adv* vernünftig, sachlich
толкотня́ *f A1 e* (*umg*) Gedränge *nt*
толо́чь <*präs:* -лку́, -лчёшь> *vt UE4 impf* zerstampfen, zerstoßen
толпа́ *f A pls* Menschenmenge *f*, Schar *f*
толпи́ться <*nur 3. pers:* -и́тся> *vr I impf* sich scharen
толсте́ть *vi E impf* dick werden
толстоко́жий <*kf:* -о́ж> *adj* dickhäutig
то́лстый <*kf:* толст, толста́, то́лсто, то́лсты> *adj* dick
толстя́к *m K e* Fettwanst *m*
толчо́к <*gen sg:* -чка́> *m K e* ① Stoß *m*; ② (*подзе́мный*) Erdstoß *m*; ③ (спорт) Anstoß *m*; ④ (*fig*) Anstoß *m*; **дать ~ чему́-л.** den Anstoß geben (zu *+dat*)
толщина́ *f A e* Dicke *f*
то́лько I. *adv* ① nur, allein, bloß; ② (*temporal*) erst; **~ что** soeben; **II.** *konj* ① kaum, sobald; ② aber, jedoch

том <*pl:* томá, -óв> *m K ple* Band *m*
томи́ться <*präs:* -млю́сь, -ми́шься> *vr I impf* (*pf:* ис-) ❶ (***му́читься***) leiden, sich quälen; ❷ (***тоскова́ть***) sich sehnen, schmachten; ❸ (***туши́ться***) dünsten, dämpfen
томогра́фия *f A2* Tomographie *f*
тон <*pl:* -á, -óв/-ы, -ов> *m K* ❶ (***звук***) Ton *m*, Klang *m*; ❷ (***отте́нок***) Schattierung *f*, Tönung *f*; ❸ (***в обраще́нии***) Umgangston *m*
тона́льность *f I* Tonart *f*
то́нкий <*kf:* -нок, -нкá, -нко, то́ннки́, *komp:* то́ньше, *super:* тонча́йший> *adj* ❶ dünn; ❷ (***то́нко чу́вствующий***) fein, feinfühlig; **~ наблюда́тель** scharfsinniger Beobachter *m*; ❸ (***делика́тный***) delikat, subtil
то́нкость *f I* Feinheit *f*, Rafinesse *f*
то́нна *f A* Tonne *f*
тону́ть *vi E1 impf* (*pf:* у-, за-, по-) ❶ ertrinken; ❷ (***о корабле́ и т.п.***) untergehen, sinken, versinken
то́пать *vi E impf* (*pf:* то́пнуть) stampfen
Т
то́пливо *nt O* ❶ Kraftstoff *m*, Benzin *nt*; ❷ (***для отопле́ния***) Brennmaterial *nt*, Heizstoff *m*
топографи́ческий *adj* topographisch
то́поль <*pl:* -я́, -е́й> *m K1 ple* (БОТ) Pappel *f*
тополо́гия *f A* Topologie *f*
топо́р *m K e* Axt *f*, Beil *nt*
топта́ться <*präs:* топчу́сь, то́пчешься> *vr E4 impf* (***на ме́сте***) auf der Stelle treten
торг <*präpos sg:* о то́рге, на торгу́> *m K* ❶ Handel *m*; ❷ (*meist pl*) Auktion *f*
торгова́ть *v + inst E2 impf* handeln, Handel betreiben; **~ вразно́с** hausieren
торгова́ться *vr E2 pf* (*impf:* с-) feilschen, handeln
торго́вец, **торго́вка** <*gen sg m:* -вца, *gen pl m:* -вцев, *gen pl f:* -вок> *m K* / *f A* Händler, -in *m/f*, Kaufmann *m*; **ры́ночная торго́вка** Marktfrau *f*
торго́вля *f A1* Handel *m*, Handelsgewerbe *nt*; **~ недви́жимостью** Immobilienhandel *m*
торго́вый *adj* Handels-, kommerziell, geschäftlich; **~ центр** Einkaufszentrum *nt*; **торго́вая сеть** Handelskette *f*
торе́ц <*gen sg:* -рцá> *m K e* Stirnseite *f*, Kopfende *nt*
торже́ственный <*kf:* -вен, -венна> *adj* feierlich; **торже́ственное откры́тие** Eröffnungsfeier *f*; **~ приём** festlicher Empfang *m*
торжество́ *nt O e* ❶ Triumph *m*; ❷ (***пра́здник***) Fest *nt*; **семе́йное ~** Familienfest *nt*
торже́ствовать *vi E2 impf* triumphieren
то́рмоз <*pl:* -á, -óв> *m K e* ❶ Bremse *f*; ❷ (*fig:* ***препя́тствие***) Hindernis *nt*
тормози́ть <*präs:* -ожу́, -ози́шь> *vt I impf* (*pf:* за-) ❶ bremsen, abbremsen; ❷ (*fig:* ***препя́тствовать***) bremsen, aufhalten, hindern
торопи́ть <*präs:* -оплю́, -о́пишь> *vt I impf* (*pf:* по-) ❶ (***кого́-л.***) drängen (zu *+dat*); ❷ (***подстёгивать***) antreiben, anspornen
торопи́ться <*präs:* -оплю́сь, -о́пишься> *vr I impf* (*pf:* по-) eilen, hasten
торопли́вый <*kf:* -и́в> *adj* hastig, eilig
торт *m K* Torte *f*
торф <*gen sg:* -а, -у> *m K* Torf *m*
торча́ть *vi I impf* ❶ hervorstehen, abstehen; ❷ (*umg:* ***находи́ться***) stecken
тоска́ *f A e* Sehnsucht *f*, Wehmut *f*; **~ по ро́дине** Heimweh *nt*
тост *m K* Toast *m*, Trinkspruch *m*
тот, **та**, **то** <*gen sg:* того́, той, того́, *pl:* те> *pron dem* jene(r, s); **тот же**

са́мый derselbe; **и тот и друго́й** beide

тоталита́рный <*kf:* -рен, -рна> *adj* totalitär

то́тчас *adv* sogleich, sofort

точи́лка *f A* ❶ Schleifstein *m*; ❷ (*для карандаше́й*) Bleistiftspitzer *m*

точи́ть <*präs:* точу́, то́чишь> *vt I impf* (*pf:* вы́-) ❶ schärfen, wetzen, spitzen; ❷ (*на тока́рном станке́*) drehen, drechseln

то́чка <*gen pl:* -чек> *f A* ❶ (*auch fig*) Punkt *m*; ❷ (ЛИНГ) Punkt *m*; **~ отсчёта** Bezugspunkt *m*; **~ пересече́ния** Schnittstelle *f*; **~ зре́ния** Gesichtpunkt *m*, Standpunkt *m*; **исхо́дная ~** Ausgangspunkt *m*; **попа́сть в са́мую то́чку** ins Schwarze treffen; **поста́вить то́чку** einen Schlussstrich ziehen; **~ с запято́й** Semikolon *nt*

то́чно *adv* genau; **~ так же** genauso

то́чность *f I* ❶ Genauigkeit *f*, Präzision *f*; ❷ (*пунктуа́льность*) Pünktlichkeit *f*

то́чный <*kf:* -чен, -чна́, то́чны́> *adj* genau, präzise, exakt

тошни́ть <*nur 3. pers:* -и́т> *vt I impf* (*pf:* за-) (*unpers*) Übelkeit empfinden; **меня́ тошни́т** mir ist übel

тошнота́ *f A e* Übelkeit *f*

то́щий <*kf:* тощ, тоща́> *adj* mager, dürr

трава́ *f A pls* ❶ Gras *nt*, Kraut *nt*; ❷ (*газо́н*) Rasen *m*

трави́нка <*gen pl:* -нок> *f A* Grashalm *m*

тра́вля *f A1* Hetze *f*, Hetzjagd *f*, Hetzkampagne *f*

тра́вма *f A* ❶ Unfallverletzung *f*, Verletzung *f*; ❷ (ПСИХ) Trauma *nt*; **получи́ть тра́вму** verletzt werden

траге́дия *f A2* ❶ Tragödie *f*, Unglück *nt*; ❷ (ТЕАТ) Tragödie *f*, Trauerspiel *nt*

трагикоми́ческий *adj* tragikomisch

траги́чный <*kf:* -че́н, -чна> *adj* tragisch

традицио́нный <*kf:* -о́нен, -о́нна> *adj* ❶ traditionell, herkömmlich; ❷ (*общепри́нятый*) konventionell

тради́ция *f A2* Tradition *f*

траекто́рия *f A2* Flugbahn *f*

тракт *m K* ❶ Straße *f*, Trakt *m*; **кише́чный ~** (АНАТ) Darmtrakt *m* ❷ (ОБДАН) Pfad *m*

тракти́р *m K* Gastwirtschaft *f*

тракти́рщик, **тракти́рщица** *m K / f A* Gastwirt, -in *m/f*

тра́ктор <*pl:* -а́, -о́в> *m K ple* Traktor *m*

трамва́й *m K2* Straßenbahn *f*

трампли́н *m K* ❶ Trampolin *nt*; ❷ (*во́дный*) Sprungbrett *m*, Schnaze *f*

транзи́стор *m K* ❶ (ЭЛЕК) Transistor *m*; ❷ (*приёмник*) Kofferradio *nt*, Transistorradio *nt*

транзи́т *m K* Transit *m*, Durchfuhr *f*

транзи́тный *adj* Transit-, Durchfuhr-; **транзи́тные перево́зки** Transitverkehr *m*; **~ прово́з** Transit *m* , Durchfuhr *f*

транскри́пция *f A2* (*фонети́ческая*) Transkription *f*

трансли́ровать *vt E2 impf/pf* (*переда́чу*) senden, übertragen

трансля́ция *f A2* Ausstrahlung *f*, Übertragung *f*; **пряма́я ~** Livesendung *f*

транспара́нт *m K* Transparent *nt*

тра́нспорт *m K* ❶ Transport *m*; ❷ (*движе́ние*) Verkehr *m*; **обще́ственный ~** öffentliche Verkehrsmittel

транспорти́ровать *vt E2 impf/pf* transportieren, befördern

транспортиро́вка <*gen pl:* -вок> *f A* Transport *m*; **~ грузов** Güterbeförderung *f*

тра́нспортный *adj* Transport-, Verkehrs-; **тра́нспортное сре́дство** Transportmittel *nt*

трансформа́тор *m K* Transformator *m*

трап *m K* ❶ (СУД) Fallreep *nt*; ❷ (*самолёта*) Gangway *f*

тра́сса *f A* ❶ Trasse *f*, Strecke *f*,

Т

Route *f*; ❷ (СПОРТ) Piste *f*
тра́та *f A* Verschwendung *f*, Vergeudung *f*; **пуста́я ~ вре́мени** Zeitverschwendung *f*
тра́тить <*präs:* -а́чу, -а́тишь> *vt I impf* (*pf:* ис-, по-) ❶ ausgeben, verbrauchen; ❷ (*транжи́рить*) verschwenden, vergeuden
тра́титься <*präs:* -а́чусь, -а́тишься> *vr I impf* (*pf:* ис-, по-) (*на кого́-л./что-л.*) (viel) ausgeben, verschwenden
тра́ур *m K* Trauer *f*; **объяви́ть национа́льный ~** Nationaltrauer anordnen
трахе́я *f A2* (АНАТ) Luftröhre *f*
тре́бование *nt O2* ❶ Forderung *f*; ❷ (*необходи́мое*) Erfordernis *f*, Anforderung *f*; **предъяви́ть чрезме́рные тре́бования** jdn überfordern
тре́бовательный <*kf:* -лен, -льна> *adj* ❶ streng; ❷ (*притяза́тельный*) anspruchsvoll
тре́бовать *vt E2 impf* (*pf:* по-) fordern, verlangen
тре́буемый *adj* erforderlich, nötig
трево́га *f A* ❶ Alarm *m*; ❷ (*беспоко́йство*) Beunruhigung *f*; **возду́шная ~** Fliegeralarm *m*; **ло́жная ~** blinder Alarm *m*; **поднима́ть по трево́ге** alarmieren
трево́жить *vt I impf* (*pf:* вс-) ❶ (*беспоко́ить*) beunruhigen; ❷ (*меша́ть*) stören
трево́житься *vr I impf* (*pf:* вс-) ❶ sich beunruhigen; ❷ (*о ком-ли́бо*) sich bemühen
трево́жный <*kf:* -жен, -жна> *adj* ❶ besorgt, beunruhigt; ❷ (*вызыва́ющий опасе́ния*) besorgniserregend, alarmierend
тре́звенник, тре́звенница *m K / f A* Antialkoholiker, -in *m/f*, Abstinenzler, -in *m/f*
трезво́нить *vi I impf* läuten
тре́звость *f I* (*auch fig*) Nüchternheit *f*
тре́звый <*kf:* трезв, трезва́, тре́зво, тре́звы́> *adj* ❶ nüchtern; ❷ (*fig: разу́мный*) besonnen, nüchtern, verständig
трек *m K* Rennbahn *f*
тренажёр *m K* Trainingsgerät *nt*
тре́нер *m K* Trainer *m*, Coach *m*
тре́ние *nt O2* ❶ (ТЕХ) Reibung *f*; ❷ (*pl: столкнове́ние*) Reiberei *f*, Auseinandersetzung *f*; **без тре́ния** reibungslos
тренирова́ть *vt E2 impf* (*pf:* на-) (СПОРТ) trainieren
трениро́вка *f A* Training *nt*
трениро́вочный *adj* Trainings-; **~ костю́м** Trainingsanzug *m*
трепета́ть <*präs:* -ещу́, -е́щешь> *vi E4 impf* (*geh: дрожа́ть*) zittern, erzittern, beben
трепыха́ться *vr E impf* (*pf:* за-) flattern
треск <*gen sg:* -а,-у> *m K* ❶ Knall *m*; ❷ (*потре́скивание*) Knistern *nt*
треска́ *f A* (ЗООЛ) Dorsch *m*, Kabeljau *m*
тре́снуть *vi E1 impf* ❶ knacksen; ❷ (*ло́пнуть*) platzen, bersten
тре́тий, тре́тья, тре́тье *num ord* dritte(r, s); **~ ли́шний** der störende Dritte *m*; **~ мир** Dritte Welt *f*
трети́ровать *vt E2 impf* malträtieren, schikanieren, quälen
треть <*gen pl:* -е́й> *f I* Drittel *nt*
тре́тье *siehe* **тре́тий, тре́тья, тре́тье**
тре́тья *siehe* **тре́тий, тре́тья, тре́тье**
треуго́льник *m K* Dreieck *nt*; **Берму́дский ~** Bermuda-Dreieck *nt*
треуго́льный *adj* dreieckig
трёхле́тний *adj* dreijährig
трёхме́рный *adj* dreidimensional
треща́ть <*präs:* -щу́, -щи́шь> *vi I impf* krachen, knacken
тре́щина *f A* Riss *m*
трещо́тка *f A* ❶ Rassel *f*; ❷ (*umg: болту́н*) Plappermaul *nt*
три <*gen:* трёх> *num* drei; **~ че́тверти** dreiviertel
трибу́на *f A* Tribühne *f*
тривиа́льный <*kf:* -лен, -льна> *adj* trivial

Т

тригономе́трия *f A2* Trigonometrie *f*
три́дцать *num* dreißig
три́жды *adv* dreimal
трико́ *nt indekl* Trikot *nt*
триллио́н *m K* Billion *f*
трина́дцать *num* dreizehn
три́о *nt indekl* Trio *nt*
три́ста <*gen:* трёхсот> *num* dreihundert
триу́мф *m K* Triumph *m*
триумфа́льный *adj* triumphal; **триумфа́льное ше́ствие** (*auch fig*) Siegeszug *m*
тро́гательный <*kf:* -лен, -льна> *adj* rührend
тро́гать *vt E impf* (*pf:* тро́нуть) ① berühren, anfassen; ② (*fig:* *волнова́ть*) rühren, bewegen
тро́гаться *vr E impf* (*pf:* тро́нуться) ① (*отправля́ться*) abfahren, sich in Bewegung setzen; ② (*umg:* *сходи́ть с ума́*) verrückt werden
троекра́тный *adj* dreimalig, dreifach
тро́ица *f A* drei Personen; **Свята́я ~** (РЕЛ) Trinität *f*, Heilige Dreieinigkeit *f*; **Тро́ица** (*пра́здник*) Pfingsten *nt*
тро́йка *f A* ① Dreigespann *nt*; ② (*шко́льная оце́нка*) Drei *f*
тройно́й *adj* dreifach; **~ прыжо́к** Dreisprung *m*
тро́йня *f A1* Drillinge
тролле́йбус *m K* Obus *m*, Oberleitungsomnibus *m*
тромбо́з *m K* (МЕД) Thrombose *f*
тромбо́н *m K* Posaune *f*
трон *m K* Thron *m*
тро́нутый *adj* ① (*meist kf*) bewegt; ② (*umg:* *спя́тивший*) verrückt
тропа́ *f A pls* Pfad *m*, Steg *m*
тропи́ческий *adj* tropisch
трос *m K* Seil *nt*, Tau *nt*; **про́волочный ~** Drahtseil *nt*
тростни́к *m K e* Schilf *nt*
тротуа́р *m K* Gehweg *m*, Bürgersteig *m*
трофе́й *m K2* Trophäe *f*
трофе́йный *adj* erbeutet, Beute-; **трофе́йное иску́сство** Beutekunst *f*
труба́ *f A pls* ① (ТЕХ) Rohr *nt*; ② (*дымохо́д*) Schornstein *m*; ③ (МУЗ) Trompete *f*
труба́ч *m K e* Trompeter, -in *m/f*
тру́бка *f A* Röhre *f*; **телефо́нная ~** Telefonhörer *m*; **кури́тельная ~** Pfeife *f*
трубопрово́д *m K* ① Rohrleitung *f*; ② (*магистра́льный*) Pipeline *f*
трубочи́ст *f A* Schornsteinfeger *m*, Kaminfeger *m*
труд *m K e* ① Arbeit *f*; ② (*уси́лие*) Mühe *f*; **без ~а́** mühelos; ③ (*нау́чный*) Abhandlung *f*; ④ (*произведе́ние*) Werk *nt*
труди́ться <*präs:* тружу́сь, тру́дишься> *vr I impf* ① arbeiten; ② (*стара́ться, му́читься*) sich bemühen, sich abmühen
тру́дность *f I* Schwierigkeit *f*
тру́дный <*kf:* -ден, -дна́, -дно, тру́дны> *adj* schwierig, kompliziert
трудово́й *adj* Arbeits-; **трудова́я де́ятельность** Berufsleben *nt*; **~ стаж** die Dauer *f* der Berufstätigkeit; **трудова́я атмосфе́ра** Arbeitsklima *nt*; **~ дохо́д** Arbeitseinkommen *nt*
трудоёмкий <*kf:* -мок, -мка> *adj* aufwändig, arbeitsintensiv
трудоспосо́бный <*kf:* -бен, -бна> *adj* arbeitsfähig, erwerbsfähig
трудоустро́йство *nt O* Arbeitsplatzvermittlung *f*, Arbeitsbeschaffung *f*
трудя́щийся I. *adj* erwerbstätig; **II.** *m wie adj* Werktätiger *m*
труп *m K* Leiche *f*, Leichnam *m*; **~ живо́тного** Kadaver *m*
трус *m K* Feigling *m*
тру́сить <*präs:* тру́шу, тру́сишь> *vi I impf* (*pf:* с-) (*перед кем-л./чем-л.*) Angst haben, sich ängstigen (vor +*dat*)
трусли́вый <*kf:* -ив> *adj* feige
тру́сость *f I* Feigheit *f*
трусы́ *pl K* Unterhose *f*
трухля́вый <*kf:* -я́в> *adj* ① mürbe; ② (*прогни́вший*) verfault, morsch
трущо́ба *f A* Slums *pl*, Elendsviertel *nt*

Т

трюк *m K* Trick *m*, Kunststück *nt*
тря́пка *f A* ① Lappen *m*, Lumpen *m*; **полова́я ~** Scheuerlappen *m*; ② (*umg:* *о челове́ке*) Schlappschwanz *m*, Versager *m*
тряси́на *f A* Morast *m*
трясти́ <*präs:* -су́, -сёшь, *prät:* тряс, трясла́> *vt E6 impf* (*pf:* вы́-) ① schütteln, rütteln; ② (*ковёр и т.п.*) Staub ausklopfen; ③ (*unpersönlich*) zittern; **его́ трясёт от хо́лода** er zittert vor Kälte
трясти́сь <*präs:* -су́сь, -сёшься, *prät:* тря́сся, трясла́сь> *vr E6 impf* (*pf:* вы́-) sich schütteln, schlottern; **~ за свою́ жи́знь** (*fig*) um sein Leben zittern
туале́т *m K* ① Toilette *f*; ② (*оде́жда*) (festliche) Damenkleidung *f*; **же́нский ~** Damentoilette *f*; **вече́рний ~** Abendgarderobe *f*
туале́тный *adj* Toiletten-; **туале́тная бума́га** Toilettenpapier *nt*
туберкулёз *m K* Tuberkulose *f*
туго́й <*kf:* туг, туга́, ту́го, *komp:* ту́же> *adj* ① stramm, straff; **~ у́зел** fester Knoten *m* ② (*упру́гий*) prall, gefüllt; **~ на́ ухо** schwerhörig
тугоу́хий <*kf:* -у́х> *adj* schwerhörig
туда́ *adv* dorthin; **расха́живать ~-сюда́** auf- und abgehen
туз <*akk sg:* туза́> *m K e* ① (*beim Kartenspiel*) As *nt*; ② (*fig:* *влия́тельный челове́к*) einflussreiche Person *f*
тузе́мец, тузе́мка <*gen sg m:* -мца, *gen pl f:* -мцев, *gen pl f:* -мок> *m K / f A* Eingeborene(r) *m/f*
ту́ловище *nt O1* Rumpf *m*
тума́н <*gen sg:* -а,-у> *m K* Nebel *m*
тума́нный <*kf:* -а́нен, -а́нна> *adj* neblig, diesig
ту́мба *f A* ① Prellstein *m*; ② (*подста́вка*) Sockel *m*, Fuß *m*; **афи́шная ~** Litfasssäule *f*
ту́мбочка *f A* (*прикрова́тная*) Nachttisch *m*
туне́ц <*gen sg:* -нца́> *m K e* Thunfisch *m*
тунея́дец <*gen sg:* -дца> *m K* Schmarotzer *m*, Faulenzer *m*, Nichtstuer *m*
Туни́с *m K* Tunesien *nt*
тупе́ть *vi E impf* (*pf:* от-) (*auch fig*) abstumpfen, stumpf werden
тупи́к *m K e* (*auch fig*) Sackgasse *f*; **завести́ в ~** in eine Sackgasse führen; **зайти́ в ~** (*перегово́ры*) sich festfahren
тупико́вый *adj* verfahren, festgefahren; **тупико́вая ситуа́ция** eine verfahrene Situation *f*
тупо́й <*kf:* туп, тупа́, ту́по, ту́пы́> *adj* ① stumpf, nicht scharf; ② (*fig:* *о челове́ке*) stumpfsinnig, stur; **тупа́я боль** stumpfer Schmerz *m*
тупоу́мный <*kf:* -мен, -мна> *adj* stumpfsinnig
тур *m K* ① Tour *f*; ② (*вы́боров*) Wahldurchgang *m*; ③ (СПОРТ) Tour *f*, Runde *f*
турби́на *f A* Turbine *f*
турбюро́ *nt indekl* Reisebüro *nt*
туре́цкий *adj* türkisch
тури́зм *m K* ① Tourismus *m*, Fremdenverkehr *m*; ② (*о́трасль*) Fremdenverkehrswesen *nt*
тури́ст *m K* Tourist, -in *m/f*
туристи́ческий *adj* touristisch, Reise-; **~ класс** Touristenklasse *f*
Туркмениста́н *m K* Turkmenistan *nt*
Туркме́ния *f A2* Turkmenien *nt*
турне́ *nt indekl* ① Rundreise *f*, Rundfahrt *f*; ② (*гастро́ли*) Konzertreise *f*, Tournee *f*
турни́к *m K e* (СПОРТ) Reck *nt*
турни́р *m K* Turnier *nt*; **Уимбдо́нский ~** Tennisturnier *nt* in Wimbledon
ту́рок <*gen sg:* ту́рка, *gen pl:* ту́рок> *m K* Türke *m*
Ту́рция *f A2* Türkei *f*
турча́нка *f A* Türkin *f*
ту́склый <*kf:* тускл, тускла́, ту́скло, ту́склы> *adj* trübe, matt
тусова́ться <*3. pers:* -су́ется> *vr E2 impf* (*Jugendsprache*) sich treffen, in Gruppen hin- und herschlendern

тусо́вка *f A* (*umg*) *nach bestimmten Interessen organisierte Jugendgruppe*
ту́фля *f A1* Schuh *m*; **дома́шние ту́фли** Pantoffeln *m pl*; **~ на шпи́льках** Stöckelschuhe *m pl*
туши́ть <*präs:* тушу́, ту́шишь> *vt I impf* (*pf:* по-) ❶ löschen; ❷ (*мя́со, о́вощи*) schmoren, dämpfen
тща́тельность *f I* Sorgfalt *f*
тща́тельный <*kf:* -лен, -льна> *adj* sorgfältig, sorgsam
тщеду́шный <*kf:* -шен, -шна> *adj* schmächtig, schwächlich
тщесла́вный <*kf:* -вен, -вна> *adj* ehrgeizig, ruhmsüchtig
ты <*2. pers sg:* тебя́, тебе́, тебя́, тобо́й, о тебе́>*pron pers* du; **быть на ~ с кем-л.** duzen, per Du sein (mit +*dat*)
ты́кать <*präs:* ты́чу, ты́чешь> *vt E4 impf* (*pf:* ткнуть, ткну́ть) ❶ einstecken, stoßen; ❷ (*в чью-л. сто́рону*) weisen, zeigen; **~ па́льцем в кого́-л.** mit dem Finger zeigen (auf +*akk*)
ты́каться <*präs:* ты́чусь, ты́чешься> *vr E4 impf* (*pf:* ткну́ться) ❶ sich stoßen, sich anstoßen; ❷ (*в ра́зные сто́роны*) hin- und herlaufen
тыл <*präpos sg:* о ты́ле, в тылу́> *m K ple* (ВОЕ) Hinterland *nt*
ты́сяча *f A* Tausend *nt*
т. е. *abk von* то есть d. h., das heißt
Тюри́нгия *f A* Thüringen *nt*
тюрьма́ *f A pls* Gefängnis *nt*, Haftanstalt *f*
тя́гостный <*kf:* -тен, -тна> *adj* bedrückend; **тя́гостное молча́ние** drückendes Schweigen *nt*
тяжёлый <*kf:* -жёл, -жела́> *adj* ❶ schwer; ❷ (*тру́дный, сло́жный*) schwierig, schwer; **тяжёлая атле́тика** Gewichtheben *nt*; **тяжёлые времена́** harte Zeiten; **~ хара́ктер** schwieriger Charakter *m*
тяну́ть <*präs:* тяну́, тя́нешь> *vt E1 impf* (*pf:* по-) ❶ (*auch fig*) ziehen; **его́ тя́нет на ро́дину** ihn zieht es in seine Heimat zurück; ❷ (*затя́гивать*) verzögern, in die Länge ziehen; **~ вре́мя** Zeit gewinnen
тяну́ться <*präs:* тяну́сь, тя́нешься> *vr E1 impf* (*pf:* рас-) ❶ (*auch fig*) sich hinziehen, sich schleppen; ❷ (*о продолжи́тельности*) dauern; ❸ (*за чем-л.*) die Hand ausstrecken, langen (nach +*dat*)

Уу

у, **У**[1] *nt indekl kyrillischer Buchstabe*
у[2] *präp +gen* ① an, bei, neben (*+dat*); ② *zur Bezeichnung der Zugehörigkeit/des Besitzverhältnisses*; **~ меня́ есть брат** ich habe einen Bruder
убега́ть *vt E impf* (*pf:* **убежа́ть**) davonlaufen, fortlaufen, ausreißen
убеди́тельность *f I* Überzeugungskraft *f*
убеди́тельный <*kf:* -лен, -льна> *adj* ① überzeugend, schlüssig; ② nachdrücklich, inständig
убеди́ть <*nur 2. und 3. pers:* -и́шь> *vt I pf* (*impf:* **убежда́ть**) ① überzeugen; ② überreden, bewegen
убежа́ть <*fut:* -егу́, -ежи́шь> *vi U1 pf* (*impf:* **убега́ть**) davonlaufen, fortlaufen, ausreißen
убежде́ние *nt O2* Überzeugung *f*
убе́жище *nt O1* ① Obdach *nt*, Bleibe *f*; ② (пол) Asyl *nt*; **лицо́, попроси́вшее ~** Asylant, -in *m/f*
убива́ть *vt E impf* (*pf:* **уби́ть**) ① umbringen, ermorden; ② (*на охо́те*) erlegen; ③ (*fig*) totschlagen; **~ вре́мя** die Zeit totschlagen
уби́йственный <*kf:* -вен> *adj* ① mörderisch; ② (*fig*) vernichtend
уби́йство *nt O* Mord *m*, Ermordung *f*; **~ с це́лью ограбле́ния** Raubmord *m*
уби́йца *mf A* Mörder *m*; **наёмный ~** bezahlter Killer *m*
убира́ть *vt E impf* (*pf:* **убра́ть**) ① wegbringen, beseitigen; ② (*со стола́*) abdecken, abräumen; ③ (*ко́мнату*) aufräumen, in Ordnung bringen; ④ (*устраня́ть*) beseitigen; ⑤ (*урожа́й*) ernten
убира́ться *vr E impf* (*pf:* **убра́ться**) ① saubermachen, aufräumen; ② (*umg*) verschwinden, davonkommen; **убира́йся!** hau ab!
уби́ть <*fut:* убью́, убьёшь> *vt E4c pf* (*impf:* **убива́ть**) umbringen, ermorden
убо́гий I. <*kf:* -о́г> *adj* kläglich; **II.** *m wie adj* Krüppel *m*
убо́гость *f I* Schäbigkeit *f*, Dürftigkeit *f*
убо́рка *f A* ① Aufräumen *nt*; ② (*вла́жная*) Reinigung *f*; ③ (*урожа́я*) Einbringen *nt* der Ernte, Erntezeit *f*; **~ урожа́я** Ernte *f*
убо́рная *f wie adj* ① Klosett *nt*, Toilette *f*; ② (*гардеро́б*) Garderobe *f*, Ankleideraum *m*
убо́рочный *adj* Ernte-; **убо́рочная страда́** Ernte *f*
убо́рщица *f A* Putzfrau *f*, Raumpflegerin *f*
убра́ть <*fut:* уберу́, уберёшь> *vt E4a pf* (*impf:* **убира́ть**) ① wegbringen; ② abdecken, abräumen; ③ aufräumen, in Ordnung bringen; ④ beseitigen
убра́ться <*fut:* уберу́сь, уберёшься> *vr E4c pf* (*impf:* **убира́ться**) ① saubermachen, aufräumen; ② (*уйти́*) davonkommen
убыва́ть *vi E impf* (*pf:* **убы́ть**) ① abnehmen, dahinschwinden; ② (*уходи́ть, выпада́ть*) ausfallen
у́быль *f I* ① Abnahme *f*, Verringerung *f*; ② (*выпаде́ние, сокраще́ние*) Ausfall *m*, Schwund *m*
убы́ток <*gen sg:* -тка, -тку> *m K* Verlust *m*, Einbußen *pl*, Schaden *m*, Nachteil *m*; **нести́ ~** einen Verlust erleiden; **уйти́ от убы́тков** aus den roten Zahlen herauskommen
убы́точный *adj* defizitär, unrentabel, verlustbringend
уважа́емый *adj* ① achtbar, respektabel; ② (*в письме́*) verehrt; **~ челове́к** Respektsperson *f*
уважа́ть *vt E impf* ① achten, respektieren; ② (*почита́ть*) verehren

уваже́ние *nt O2* ❶ Hochachtung *f*, Respekt *m*; ❷ (*почита́ние*) Verehrung *f*; **с уваже́нием** hochachtungsvoll
уважи́тельный <*kf:* -лен, -льна> *adj* achtungsvoll, respektvoll; **уважи́тельная причи́на** triftiger Grund *m*
свари́ться <*nur 3. pers:* ува́рится> *vr I impf* (*pf:* ува́риваться) ❶ gar kochen; ❷ einkochen
уве́домить <*fut:* -млю, -мишь> *vt I pf* (*impf:* уведомля́ть) benachrichtigen
уведомле́ние *nt O2* Benachrichtigung *f*, Mitteilung *f*, Bescheid *m*
увекове́чивать *vt E impf* (*pf:* увекове́чить) verewigen, ein Denkmal setzen
увеличе́ние *nt O2* ❶ (*расшире́ние*) Vergrößerung *f*, Erweiterung *f*; ❷ (*повыше́ние*) Zunahme *f*; ❸ (*нара́щивание*) Aufstockung *f*
увели́чивать *vt E impf* (*pf:* увели́чить) erhöhen, steigern, vergrößern
увели́чиваться *vr E impf* (*pf:* увели́читься) zunehmen, wachsen, sich erhöhen
увеличи́тельный *adj* Vergrößerungs-; **увеличи́тельное стекло́** Vergrößerungsglas *nt*
увенча́ть *vt E pf* (*impf:* венча́ть) (*auch fig*) krönen
увере́ние *nt O2* Zusicherung *f*
уве́ренность *f I* ❶ Gewissheit *f*; ❷ (*оптими́зм*) Zuversicht *f*; **вселя́ть ~** ermutigen; **сказа́ть с уве́ренностью** mit Sicherheit sagen
уве́ренный <*kf:* -рен> *adj* zuversichtlich, sicher; **~ в побе́де** siegessicher; **~ в себе́** selbstsicher
увёртка *f A* (*umg*) Finte *f*, Trick *m*, Kniff *m*
увеселе́ние *nt O2* Vergnügung *f*, Erheiterung *f*
увесели́тельный *adj* vergnüglich, heiter
уве́систый <*kf:* -ист> *adj* gewichtig, schwer, wuchtig
увести́ <*fut:* -еду́, -едёшь> *vt E6a pf* (*impf:* уводи́ть) ❶ abführen, wegführen; ❷ (*umg: забра́ть*) mitnehmen
увещева́ние *nt O2* Ermahnung *f*
увещева́ть *vt E impf* ermahnen, ins Gewissen reden
уви́деть <*fut:* уви́жу, уви́дишь> *vt I pf* (*impf:* ви́деть) erblicken, sehen
увлажни́ть *vt I pf* (*impf:* увлажня́ть) befeuchten, benetzen
увлека́тельный <*kf:* -лен, -льна> *adj* spannend
увлечённый *adj* begeistert
увле́чь <*fut:* -еку́, -ечёшь> *vt UE4 pf* (*impf:* увлека́ть) ❶ mitreißen, mitnehmen; ❷ (*fig*) mitreißen, begeistern, packen
увле́чься <*fut:* -еку́сь, -ечёшься> *vr + inst UE4 pf* (*impf:* увлека́ться) sich hinreißen lassen, sich hingeben (*+dat*)
уводи́ть <*präs:* -ожу́, -о́дишь> *vt I impf* (*pf:* увести́) abführen, wegführen
уво́лить *vt I pf* (*impf:* увольня́ть) entlassen, kündigen
увольне́ние *nt O2* Entlassung *f*, Kündigung *f*; **~ без предупрежде́ния** fristlose Kündigung *f*
увяда́ть *vt E impf* verwelken
увя́занность *f I* Interdependenz *f*
увя́зка <*gen pl:* -зок> *f A* ❶ Verpacken *nt*, Verschnüren *nt*; ❷ (*fig*) Abstimmung *f*
угада́ть *vt E pf* (*impf:* уга́дывать) raten, erraten
углево́ды *m pl K* Kohlehydrate *nt pl*
углеро́д *m K* Kohlenstoff *m*
углова́тый <*kf:* -а́т> *adj* ❶ eckig; ❷ (*fig*) linkisch, ungeschickt
углуби́ть <*fut:* -блю́, -би́шь> *vt I pf* (*impf:* углубля́ть) (*auch fig*) vertiefen
углубле́ние *nt O2* Vertiefung *f*
углубля́ть *vt E* intensivieren

У

угнета́ть *vt E impf* ① unterdrücken; ② (*тяготи́ть*) bedrücken, deprimieren
угова́ривать *vt E impf* (*pf:* уговори́ть) überreden, zureden; **дать себя́ ~** sich überzeugen lassen
угово́р <*gen sg:* -а,-у> *m K* Verabredung *f*, Absprache *f*
уго́дно I. *adv* gefällig; **е́сли ~** wenn es recht ist; **II.** *part* beliebig; **ско́лько ~** nach Belieben
уго́дный <*kf:* -ден, -дна> *adj* angenehm, gefällig
у́гол <*gen sg:* угла́, *präpos sg:* об угле́, на/в углу́> *m K e1* ① Ecke *f*, Winkel *m*; **за угло́м** um die Ecke; **на углу́** an der Ecke ② (МАТ) Winkel *m*
уголо́вный *adj* ① kriminell; ② (*уголо́вно-правово́й*) Kriminal-, Straf-
у́голь <*gen sg:* у́гля> *m K1* Kohle *f*; **бу́рый ~** Braunkohle *f*; **древе́сный ~** Holzkohle *f*; **ка́менный ~** Steinkohle *f*
уго́н *m K* ① (*скота́*) Wegtreiben *nt*; ② (*люде́й*) Verschleppung *f*; ③ (*кра́жа*) Diebstahl *m*
уго́нщик *m K* (Fahrzeug-)Entführer *m*, Luftpirat *m*
у́горь <*gen sg:* у́гря> *m K1* ① (ЗООЛ) Aal *m*; ② (МЕД) Pickel *m*, Mitesser *m*; ③ (*im pl*) Akne *f*
угости́ть <*fut:* -ощу́ , -ости́шь> *vt I pf* (*impf:* угоща́ть) ① bewirten; ② spendieren
угоще́ние *nt O2* Bewirtung *f*
угрожа́ть *vi E impf* androhen, bedrohen
угрожа́ющий *adj* bedrohlich
угро́за *f A* ① Bedrohung *f*; ② (*опа́сность*) Gefahr *f*, Gefährdung *f*; ③ (*чья-ли́бо*) Androhung *f*
угрызе́ние *nt O2* Scham *f*, Reue *f*
угрю́мый <*kf:* -ю́м> *adj* verdrossen, verdrießlich
удава́ться <*nur 3. pers:* удаётся> *vr E3 impf* (*pf:* уда́ться) gelingen, glücken; **не ~** scheitern, misslingen
удале́ние *nt O2* Beseitigung *f*, Entfernung *f*

У

удалённый <*kf:* -ён> *adj* entlegen, abgelegen, entfernt
удали́ть *vt I pf* (*impf:* удаля́ть) ① beseitigen, entfernen; ② (МЕД) entfernen; **~ зуб** einen Zahn ziehen; **~ игро́ка с по́ля** (СПОРТ) einen Spieler des Feldes verweisen
уда́р *m K* ① Schlag *m*, Stoß *m*, Hieb *m*; ② (СПОРТ) Stoß *m*, Schuss *m*; ③ (МЕД) Schlaganfall *m*; ④ (*мо́лнии*) Einschlag *m*; **~ судьбы́** Schicksalsschlag *m*; **теплово́й ~** Hitzschlag *m*; **быть в уда́ре** in Stimmung sein
ударе́ние *nt O2* (ЛИНГ) Betonung *f*
уда́рить *vt I pf* (*impf:* ударя́ть) ① schlagen, hauen; ② (*fig*) treffen; **жи́знь его́ си́льно уда́рила** das Leben hat ihm böse mitgespielt; **бо́льно ~ по кому́-л.** (*auch fig*) jdn hart treffen, jdm sehr wehtun
уда́риться *vr I pf* (*impf:* ударя́ться) ① aufprallen; ② (*обо что-ли́бо*) prallen (gegen *+akk*); ③ (*umg*) sich begeistern (für *+akk*); **~ в поли́тику** sich der Politik widmen
уда́рник *m K* ① Schlagzeug *nt*; ② (МУЗ) Schlagzeuger *m*; ③ (*труда́*) Bestarbeiter *m*
уда́рный *adv* ① Schlag-; ② (ЛИНГ) betont; ③ (*fig*) intensiv, Schwerpunkt-; **уда́рная си́ла** Schlagkraft *f*
уда́ча *f A* ① Erfolg *m*; ② (*везе́ние, счастли́вый слу́чай*) Glück *nt*, Glücksfall *m*; **жела́ю уда́чи** viel Glück!
уда́чныйй <*kf:* -чен, -чна> *adj* erfolgreich, gelungen; **~ приме́р** gutes Beispiel *nt*
удва́ивать *vt E impf* (*pf:* удво́ить) verdoppeln
удвое́ние *nt O2* Verdopplung *f*
уде́л *m K* ① (ИСТ) Lehen *nt*; ② (*судьба́*) Los *nt*, Schicksal *nt*
удержа́ние *nt O2* ① Einbehaltung *f*; ② Abzug *m*
удержа́ть <*fut:* -ержу́, -е́ржишь> *vt I pf* (*impf:* уде́рживать) ① halten, festhalten; ② (*от*

чегó-ли́бо) abhalten (von *+dat*); ③ abziehen, einbehalten

удержáться *vr I pf* (*impf:* удéрживаться) ① sich halten, sich behaupten; ② (*от чегó-ли́бо*) verzichten (auf *+akk*); ③ (*воздержáться*) sich enthalten (*+gen*)

удиви́тельный <*kf:* -лен, -льна> *adj* ① erstaunlich, überraschend; ② (*чудéсный*) wundervoll, zauberhaft

удиви́ть <*fut:* -влю́, -ви́шь> *vt I pf* (*impf:* удивля́ть) erstaunen, überraschen; **неприя́тно ~** befremden

удиви́ться <*fut:* -влю́сь, -ви́шься> *vr I pf* (*impf:* удивля́ться) sich wundern, staunen

удивлéние *nt O2* Erstaunen *nt*, Verwunderung *f*

удирáть *vi E impf* (*pf:* удрáть) (*umg*) abhauen, sich aus dem Staub machen, weglaufen

уди́ть <*präs:* ужý, ýдишь> *vt I impf* fischen, angeln

удóбный <*kf:* -бен, -бна> *adj* ① bequem, angenehm; ② (*подходя́щий, благоприя́тный*) handlich, günstig; **~ для пóльзователей** benutzerfreundlich; **~ пóвод** willkommener Anlass *m*

удобрéние *pl O2* Dünger *m*

удóбрить *vt I pf* (*impf:* удобря́ть) düngen

удóбство *nt O* ① Bequemlichkeit *f*, Komfort *m*; ② (*im pl: в кварти́ре*) sanitäre Einrichtungen *pl*

удовлетворéние *nt O2* ① Befriedigung *f*, Genugtuung *f*, Zufriedenheit *f*; ② (ЮР) Abfindung *f*; ③ (*наслаждéние*) Genuss *m*

удовлетвори́тельный <*kf:* -лен, -льна> *adj* befriedigend, zufriedenstellend

удовлетвори́ть *vt I pf* (*impf:* удовлетворя́ть) ① befriedigen, zufriedenstellen; ② (ЮР) abfinden; **~ прóсьбу** einer Bitte nachkommen; **~ растýщие потрéбности** dem steigenden Bedarf nachkommen

удовóльствие *nt O2* Vergnügen *nt*, Lust *f*; **с удовóльствием** mit Vergnügen, gerne; **жить в своё ~** in Saus und Braus leben; **находи́ть ~ в чём-л.** Geschmack finden (an *+dat*)

удостáивать *vt E impf* (*pf:* удостóить) ① verleihen, auszeichnen (mit *+dat*); ② (*дари́ть*) schenken, beehren (mit *+dat*)

удостоверéние *nt O2* ① Ausweis *m*, Legitimation *f*; ② (ЮР) Beglaubigung *f*, Beurkundung *f*; ③ Verifikation *f*; **~ ли́чности** Personalausweis *m*

удостовéрить *vt I pf* (*impf:* удостоверя́ть) ① ausweisen, nachweisen; ② (ЮР) beglaubigen, beurkunden; **~ свою́ ли́чность** sich ausweisen;

удочерéние *nt O2* (*eines Mädchens*) Adoption *f*

удочери́ть *vt I pf* (*impf:* удочеря́ть) (*ein Mädchen*) adoptieren

ýдочка *f A* Angelrute *f*

удрáть <*fut:* удерý, удерёшь> *vi E4a pf* (*impf:* удирáть) (*umg*) abhauen, sich aus dem Staub machen, weglaufen

удручáть *vt E impf* (*pf:* удручи́ть) beklemmen, deprimieren

удручённый *adj* niedergedrückt, niedergeschlagen

уединённый *adj* abgeschieden, zurückgezogen

уéхать I. <*fut:* -éду, -éдешь> *vi UE2 impf* (*pf:* уезжáть) ① abreisen, abfahren; ② (*далекó, на определённый срок*) verreisen, auf Reisen gehen; ③ (*переéхать*) wegziehen; ④ (*эмигри́ровать*) auswandern, emigrieren; **~ на Зáпад** in den Westen gehen; **~ в гóрод** in die Stadt ziehen; **ужáлить II.** *vt I pf* (*impf:* жáлить) ① stechen; ② (*о змеé*) beißen

ýжас *m K* Entsetzen *nt*, Grauen *nt*, Schrecken *m*; **быть в ~е** sich entsetzen

У

ужаса́ть *vt E impf* (*pf:* ужасну́ть) erschrecken, in Schrecken versetzen
ужаса́ющий *adj* schauerlich, schauderhaft, grausig
ужа́сно *adv* ❶ schrecklich, entsetzlich; ❷ (*umg: als Verstärkung*) unheimlich; **~ интере́сно** unheimlich interessant
ужа́сный <*kf:* -сен, -сна> *adj* furchtbar, entsetzlich, grauenhaft
уж [1] *m K e* Natter *f*
уж [2] *adv* (*уже́*) schon
уже́ *adv* schon, bereits
ужесточа́ть *vt E impf* (*pf:* ужесточи́ть) verschärfen, erhärten
ужива́ться *vr E impf* (*pf:* ужи́ться) ❶ sich einleben, sich eingewöhnen; ❷ (*с кем-ли́бо*) gut auskommen (mit *+dat*)
у́жин *m K* Abendessen *nt*, Abendbrot *nt*
у́жинать *vi E impf* (*pf:* по-) zu Abend essen
узаконе́ние *nt O2* Legitimation *f*
узако́нивать *vt E impf* (*pf:* узако́нить) legitimieren
у́занс *m K* (экон) Usance *f*
узда́ *f A pls* (*auch fig*) Zaum *m*; **держа́ть в узде́ кого́-ли́бо** jdn im Zaum halten

У

у́зел <*gen sg:* узла́> *m K e1* ❶ (*auch fig*) Knoten *m*; ❷ (суд) Knoten *m*
у́зел загру́зки *m K* Download-Site *f*
у́зкий <*kf:* у́зок, узка́, у́зко́, у́зки́> *adj* schmal, eng
узколо́бый <*kf:* -о́б> *adj* (*fig*) engstirnig
узнава́ть <*präs:* узнаю́, узнаёшь> *vt E3 impf* (*pf:* узна́ть) ❶ erfahren, in Erfahrung bringen; ❷ (*идентифици́ровать*) erkennen, identifizieren
у́зы *f pl A* (*geh*) Fesseln *f pl*, Bande *pl*
уик-э́нд *m K* Wochenende *nt*
уйти́ <*fut:* уйду́, уйдёшь> *vi E7 pf* (*impf:* уходи́ть) ❶ weggehen, verlassen; ❷ (*от кого́-ли́бо*) idm entkommen; ❸ (*о вре́мени*) vergehen

ука́з *m K* Erlass *m*, Dekret *nt*, Ukas *m*; **он мне не ~** er hat mir nichts zu befehlen
указа́ние *nt O2* ❶ Weisung *f*, Anweisung *f*, Bescheid *m*; ❷ (*ссы́лка*) Hinweis *m*, Angabe *f*; **выполня́ть чьи-л. указа́ния** jds Anweisungen folgen; **дава́ть указа́ния** Anweisungen geben
ука́занный *adj* ❶ genannt; ❷ angegeben
указа́тель *m K1* ❶ Anzeiger *m*, Hinweisschild *nt*; ❷ (*в кни́ге*) Index *m*, Stichwortverzeichnis *nt*, Register *nt*
указа́ть <*fut:* укажу́, ука́жешь> *vi E4 pf* (*impf:* ука́зывать) ❶ angeben; ❷ (*на что-ли́бо*) hinweisen (auf *+akk*)
УКВ *abk von* ультракоро́ткие во́лны Ultrakurzwellen *pl*, UKW
укла́дывать *vt E impf* (*pf:* уложи́ть) ❶ hinlegen; ❷ (*umg: убива́ть*) umlegen, töten; ❸ (*упако́вывать*) packen, einpacken; **~ спать** ins Bett bringen
укла́дываться *vr E impf* (*pf:* уле́чься) ❶ sich hinlegen; ❷ (*стиха́ть, ослабева́ть*) sich legen, abflauen; **волне́ние улегло́сь** die Aufregung klang ab
укло́н *m K* ❶ Gefälle *nt*, Neigung *f*; ❷ (пол) Trend *m*
уклоне́ние *nt O2* ❶ Ausweichen *nt*; ❷ (*отклоне́ние*) Abweichung *f*; **~ от упла́ты нало́гов** Steuerhinterziehung *f*
уклони́ться <*fut:* -оню́сь, -о́нишься> *vr I pf* (*impf:* уклоня́ться) sich entziehen, ausweichen; **~ от те́мы** vom Thema abkommen
уко́л *m K* ❶ Nadelstich *m*; ❷ (мед) Spritze *f*
укомплектова́ние *nt O2* Ergänzung *f*, Komplettierung *f*
уко́р *m K* Vorwurf *m*
укора́чивать *vt E impf* (*pf:* укороти́ть) verkürzen, abkürzen
укра́дкой *adv* verstohlen

Украи́на *f A* Ukraine *f*
укра́сить <*fut:* -а́шу, -а́сишь> *vt I pf* (*impf:* украша́ть) schmücken, dekorieren, verzieren
укра́сть <*fut:* украду́, украдёшь> *vt E6a pf* (*impf:* красть) stehlen
украше́ние *nt O2* ① Schmuckstück *nt*, Verzierung *f*; ② (*im pl*) Schmuck *m*
укрепи́тель *m K1* Festiger *m*; **~ воло́с** Haarfestiger *m*
укрепи́ть <*fut:* -плю́, -пи́шь> *vt I pf* (*impf:* уреплять) ① befestigen; ② (*fig*) festigen, bestärken
укрепле́ние *nt O2* ① Befestigung *f*; ② (*fig*) Stärkung *f*
укро́мный <*kf:* -мен, -мна> *adj* einsam, versteckt
укро́п <*gen sg:* -а,-у> *m K* Dill *m*
укроти́тель, укроти́тельница *m K1 / f A* Dompteur, Dompteuse *m/f*
укроти́ть <*fut:* -ощу́, -оти́шь> *vt I pf* (*impf:* укроща́ть) ① zähmen, bändigen; ② (*fig:* *гнев*) bändigen, beherrschen
укрупне́ние *nt O2* ① Zusammenlegung *f*; ② (*увеличе́ние, расшире́ние*) Vergrößerung *f*, Erweiterung *f*
укрыва́тель *m K1* (юр) Hehler, -in *m/f*
укрыва́тельство *nt O* Hehlerei *f*
укры́тие *nt O2* Deckung *f*
укры́ть <*fut:* укро́ю, укро́ешь> *vt E8 pf* (*impf:* укрыва́ть) ① decken, schützen; ② (*спря́тать*) verstecken, verbergen
у́ксус <*gen sg:* -а,-у> *m K* Essig *m*
уку́с *m K* Biss *m*; **~ насеко́мого** Insektenstich *m*; **змеи́ный ~** Schlangenbiss *m*; **комари́ный ~** Mückenstich *m*
уку́тать *vt E pf* (*impf:* уку́тывать) hüllen, einhüllen
ула́вливать *vt E impf* (*pf:* улови́ть) ① erhaschen, auffangen; ② (*fig*) wahrnehmen, kapieren
ула́дить <*fut:* -а́жу, -а́дишь> *vt I pf* (*impf:* ула́живать) ① ins Lot bringen; ② (*конфли́кт*) beilegen; ③ (*спор*) schlichten; ④ (*де́ло*) erledigen
ула́живание *nt O2* ① Schlichtung *f*; ② Erledigung *f*
улету́чиваться *vr E impf* (*pf:* улету́читься) ① (*о га́зе*) entweichen, sich verflüchtigen; ② (*fig*) verschwinden
уле́чься <*fut:* уля́гусь, уля́жешься> *vr UE5 pf* (*impf:* укла́дываться) ① sich hinlegen; ② sich legen, abflauen
улизну́ть *vi E1 pf* (*umg*) abhauen
ули́ка *f A* (*meist pl*) Beweisstück *nt*, Beweismaterial *nt*, Indiz *f*
ули́тка *f A* (зоол) Schnecke *f*
у́лица *f A* Straße *f*; **бокова́я ~** Seitenstraße *f*
улича́ть *vt E impf* (*pf:* уличи́ть) (*в чём-ли́бо*) überführen (*+gen*); **~ во лжи** der Lüge überführen
у́личный *adj* Straßen-; **у́личная торго́вля** Straßenhandel *m*; **у́личное движе́ние** Straßenverkehr *m*
улови́ть <*fut:* уловлю́, уло́вишь> *vt I pf* (*impf:* ула́вливать) ① erhaschen, auffangen; ② (*fig*) wahrnehmen, mitbekommen, kapieren
уло́вка *f A* Trick *m*, Kniff *f*
уложи́ть <*fut:* -ожу́, -о́жишь> *vt I pf* (*impf:* укла́дывать) ① hinlegen; ② (*umg*) umlegen, töten; ③ packen, einpacken
улучша́ть *vt E impf* (*pf:* улу́чшить) verbessern
улучша́ться *vr E impf* (*pf:* улу́чшиться) sich verbessern, sich bessern
улучше́ние *nt O2* Verbesserung *f*, Besserung *f*; **~ конъюнкту́ры** (экон) Konjunkturaufschwung *m*
улыба́ться *vr E impf* (*pf:* улыбну́ться) lächeln; **~ кому́-ли́бо** jdn anlächeln; **~ чему́-ли́бо** etw belächeln
ультима́тум *m K* Ultimatum *nt*
ультразву́к *m K* Ultraschall *m*
ультразвуково́й *adj* Ultraschall-;

~ излуча́тель Ultraschallstrahler *m*
ультрафиоле́товый *adj* ultraviolett; **ультрафиоле́товое излуче́ние** [*o* **УФ-излуче́ние**] Ultraviolettstrahlung *f*, UV-Strahlung *f*
ум *m K e* ❶ Verstand *m*; ❷ Klugheit *f*; **лу́чшие ~ы́** die besten Köpfe; **то́нкий ~** Esprit *m*; **счита́ть в ~е́** kopfrechnen; **за́дним ~о́м** im nachhinein; **сойти с ~а́** den Verstand verlieren
умале́ние *nt O2* Schmälerung *f*, Bagatellisieren *nt*, Herabminderung *f*, Abwertung *f*
умаля́ть *vt E impf* (*pf:* умали́ть) ❶ schmälern, herabwürdigen; ❷ (*преуменьша́ть значе́ние*) bagatellisieren; **~ чьи-л. заслу́ги** jds Verdienste schmälern
уме́лец <*gen sg:* -льца> *m K* ❶ Könner *m*; ❷ (*ма́стер*) Bastler *m*, Handwerker *m*
уме́лый <*kf:* -е́л> *adj* geschickt, gekonnt, kunstvoll
уме́ние *nt O2* ❶ Können *nt*; ❷ (*на́вык*) Fertigkeit *f*
уменьша́ть *vt E impf* (*pf:* уме́ньшить) mindern, vermindern, verringern; **~ свет** das Licht dämpfen

У

уменьше́ние *nt O2* ❶ Verkleinerung *f*, Abnahme *f*, Verminderung *f*, Verringerung *f*, Reduktion *f*, Herabsetzung *f*; ❷ (*сниже́ние*) Rückgang *m*; **~ коли́чества** Verknappung *f*; **~ спро́са** Nachfragerückgang *m*; **~ сто́имости** Entwertung *f*
уменьши́тельный *adj* Verkleinerungs-; **уменьши́тельная фо́рма** (линг) Diminutiv *m*
уме́ренность *f I* ❶ Mäßigung *f*; ❷ (*непритяза́тельность*) Genügsamkeit *f*, Anspruchslosigkeit *f*
уме́ренный <*kf:* -рен> *adj* ❶ maßvoll; ❷ (пол) gemäßigt
умере́ть <*fut:* умру́, умрёшь, *prät:* у́мер, умерла́, у́мерло> *vi E4b pf* (*impf:* умира́ть) sterben
уме́рить *vt I pf* (*impf:* умеря́ть) beschränken, mäßigen; **~ чей-л. пыл** jds Leidenschaften abkühlen
уме́рший *adj* gestorben
умерщвле́ние *nt O2* Abtötung *f*, Tötung *f*; **~ плода́** Abtreibung *f*
уме́стный <*kf:* -тен, -тна> *adj* angebracht, passend
уме́ть *vi E impf* können, beherrschen
умиле́ние *nt O2* Rührung *f*
умира́ть *vi E impf* (*pf:* умере́ть) sterben; **~ от жа́жды** verdursten; **~ с го́лода** verhungern
умиротворе́ние *nt O2* Beruhigung *f*, Besänftigung *f*
умиротвори́ть *vt I pf* (*impf:* умиротворя́ть) besänftigen, versöhnen
у́мница *mf A* gescheiter Mensch *m*, kluger Kopf *m*
умножа́ть *vt E impf* (*pf:* умно́жить) ❶ vermehren, vergrößern; ❷ (мат) multiplizieren
умноже́ние *nt O2* ❶ Vermehrung *f*, Vergrößerung *f*; ❷ (мат) Multiplikation *f*
у́мный <*kf:* умён, умна́, умно́> *adj* klug, gescheit; **~ не по года́м** altklug
умозаключе́ние *nt O2* Schlussfolgerung *f*, logischer Schluss *m*
умоли́ть *vt I pf* (*impf:* умоля́ть) anflehen
умолка́ть *vi E impf* (*pf:* умо́лкнуть) verstummen
умоля́ть *vt E impf* (*pf:* умоли́ть) anflehen
умонастрое́ние *nt O2* Geisteshaltung *f*, Geistesrichtung *f*
умопомеша́тельство *nt O* Geistesstörung *f*, Umnachtung *f*, Geistesverwirrung *f*
умопомраче́ние *nt O2* geistige Umnachtung *f*, Geistestrübung *f*
у́мысел *m K* ❶ Absicht *f*, Vorhaben *nt*; ❷ (юр) Vorsatz *m*; **зло́стный ~** böswilliger Vorsatz *m* Arglist *f*
умы́ться <*fut:* умо́юсь, умо́ешься> *vr E8 pf* (*impf:* умыва́ться) sich waschen; **~на ско́рую ру́ку** (*umg*) Katzenwäsche machen

умы́шленный <*kf:* -лен, -ленна> *adj* absichtlich, vorsätzlich, wissentlich
унасле́довать *vt E2 pf* (*impf:* **насле́довать**) erben
унести́ <*fut:* **унесу́, унесёшь,** *prät:* **унёс. унесла́**> *vt E6 pf* (*impf:* **уноси́ть**) ❶ wegtragen, davontragen; ❷ (*umg*) stehlen
универма́г *akr von* **универса́льный магази́н** *m* Kaufhaus *nt*
универса́льный <*kf:* -лен, -льна> *adj* universell
универса́м *m K* Supermarkt *m*
университе́т *m K* Universität *f*
униже́ние *nt O2* Demütigung *f*, Erniedrigung *f*
уни́зить <*fut:* -и́жу, -и́зишь> *vt I pf* (*impf:* **унижа́ть**) erniedrigen, demütigen
уника́льный <*kf:* -лен, -льна> *adj* einzigartig, einmalig, selten
у́никум *m K* Unikum *nt*, origineller Mensch *m*
унима́ть *vt E impf* (*pf:* **уня́ть**) beschwichtigen, beruhigen
унита́з *m K* Kloschüssel *f*
унифици́ровать *vt E2 impf/pf* vereinheitlichen
уничтожа́ть *vt E impf* (*pf:* **уничто́жить**) ❶ vernichten; ❷ (*fig*) ausrotten
уничтожа́ющий *adj* vernichtend
уничтоже́ние *nt O2* Vernichtung *f*
уноси́ть <*präs:* -ошу́, -о́сишь> *vt I pf* (*impf:* **унести́**) ❶ wegtragen, davontragen; ❷ (*umg*) stehlen
уны́лый <*kf:* **уны́л**> *adj* niedergeschlagen, mutlos, traurig
уня́ть <*fut:* **уйму́, уймёшь**> *vt E9 pf* (*impf:* **унима́ть**) beschwichtigen, besänftigen
упа́днический *adj* dekadent
упа́дничество *nt O* Verfall *m*, Dekadenz *f*
упа́док <*gen sg:* -дка> *m K* Niedergang *m*, Verfall *m*, Ruin *m*; **~ сил** Kräfteverfall *m*; **приходи́ть в ~** verfallen
упакова́ть *vt E2 pf* (*impf:* **упако́вывать**) abpacken, einpacken, verpacken
упако́вка *f A* Verpackung *f*
упа́сть <*fut:* **упаду́, упадёшь,** *prät:* **упа́л**> *vi E6a pf* (*impf:* **па́дать**) fallen, hinfallen, herunterfallen
упира́ться *vr E impf* (*pf:* **упере́ться**) ❶ sich stützen; ❷ (*umg*) sich weigern
упла́та *f A* Zahlung *f*; **~ в рассро́чку** Ratenzahlung *f*, Teilzahlung *f*; **~ нали́чными** Barzahlung *f*; **~ отступно́го** Abfindungszahlung *f*; **~ проце́нтов** Zinszahlung *f*
уплати́ть <*fut:* -ачу́, -а́тишь> *vt I pf* (*impf:* **упла́чивать**) zahlen, bezahlen
уплотни́ть *vt I pf* (*impf:* **уплотня́ть**) ❶ verdichten, dichter machen; ❷ (*fig*) auslasten, voll nutzen
упое́ние *nt O2* (*восто́рг*) Taumel *m*, Rausch *m*
уполномо́ченный *m wie adj* Bevollmächtigte(r) *m*
уполномо́чивать *vt E impf* (*pf:* **уполномо́чить**) ermächtigen, bevollmächtigen
упомина́ние *nt O2* Erwähnung *f*
упомина́ть *vt E impf* (*pf:* **упомяну́ть**) erwähnen
упомя́нутый *adj* erwähnt, genannt, besagt
упо́р *m K* ❶ Stütze *f*; **де́лать ~ на чём-л.** etw nachdrücklich betonen, besonders hervorheben ❷ (ТЕХ) Prellbock *m*
упо́рный <*kf:* -рен, -рна> *adj* hartnäckig, beharrlich
упоря́дочение *nt O2* Regulierung *f*
упоря́дочивать *vt E impf* (*pf:* **упоря́дочить**) ordnen
употреби́тельный <*kf:* -лен, -льна> *adj* gebräuchlich, geläufig
употребле́ние *nt O2* Gebrauch *m*
управдо́м *akr von* **управля́ющий до́мом** *m* Hausverwalter *m*
управле́ние *nt O2* ❶ Verwaltung *f*, Management *nt*; ❷ (*дире́кция, администра́ция*) Direktion *f*,

У

Verwaltung *f*, Amt *nt*; **~ дела́ми** Geschäftsführung *f*; **гла́вное ~** Hauptverwaltung *f*; **дистанцио́нное ~** Fernsteuerung *f*; **с дистанцио́нным ~м** ferngesteuert
управля́ть *v + inst E impf* ❶ verwalten; ❷ (*пра́вить*) regieren; **~ свои́м те́лом** seinen Körper beherrschen
управля́ющий *m wie adj* ❶ Verwalter *m*; ❷ (*коммерческий дире́ктор*) Geschäftsführer *m*
упражне́ние *nt O2* Übung *f*
упражня́ться *vr E impf* üben
упраздне́ние *nt O2* Abschaffung *f*, Aufhebung *f*, Beseitigung *f*, Abbau *m*
упраздни́ть *vt I pf* (*impf:* упраздня́ть) abschaffen, auflösen, beseitigen
упра́шивать *vt E impf* (*pf:* упроси́ть) durch Bitten bewegen
упрека́ть *vt E impf* (*pf:* упрекну́ть) Vorwürfe machen
упрости́ть <*fut:* упрощу́, упрости́шь> *vi I pf* (*impf:* упроща́ть) vereinfachen
упроще́ние *nt O2* Vereinfachung *f*
упря́жка *f A* Gespann *nt*
упря́мец <*gen sg:* -мца, *gen pl:* -мцев> *m K* Dickkopf *m*
У
упря́миться <*präs:* -я́млюсь, -я́мишься> *vr I impf* dickköpfig sein, sich stur stellen
упря́мый <*kf:* -я́м> *adj* dickköpfig, stur, störrisch, hartnäckig
упусти́ть <*fut:* -ущу́, -у́стишь> *vt I pf* (*impf:* упуска́ть) ❶ entwischen lassen; ❷ (*пропусти́ть*) versäumen, verpassen
упуще́ние *nt O2* Versäumnis *nt*, Unterlassung *f*
ура́ *interj* hurra
уравне́ние *nt O2* ❶ Gleichstellung *f*; ❷ (МАТ) Gleichung *f*
ура́внивание *nt O2* ❶ Ausgleich *m*; ❷ Gleichstellung *f*
уравнове́шенность *f I* Ausgeglichenheit *f*
уравнове́шенный <*kf:* -шен> *adj* ausgeglichen
урага́н *m K* Sturm *m*, Orkan *m*
ура́н [1] *m K* Uran *nt*
Ура́н [2] *m K* (*плане́та*) Uranus *m*
урегули́рование *nt O2* Regelung *f*; **~ конфли́кта** Schlichtung *f*, Beilegung *f* (des Konflikts)
уреза́ние *nt O2* ❶ Beschneidung *f*; ❷ Kürzung *f*, Verringerung *f*
уре́зать <*fut:* -е́жу, -е́жешь> *vt E4 pf* (*impf:* уреза́ть) ❶ abschneiden; ❷ (*fig*) beschneiden, einschränken; ❸ kürzen, verringern
у́рна *f A* ❶ (*му́сорное ведро́*) Mülleimer *m*; ❷ (*для захороне́ния*) Urne *f*
у́ровень <*gen sg:* -вня> *m K1* ❶ Stand *m*, Höhe *f*; ❷ (*auch fig: станда́рт*) Niveau *nt*, Standard *m*; ❸ (*fig*) Ebene *f*; **~ воды́** Wasserstand *m*; **~ мо́ря** Meeresspiegel *m*; **~ за́работной пла́ты** Lohniveau *nt*
уро́дство *nt O* ❶ Missbildung *f*; ❷ Häßlichkeit *f*; ❸ (*fig*) Anormalität *f*
урожа́й *m K2* ❶ Ernte *f*; ❷ (*со́бранный*) Ertrag *m*
урожа́йность *f I* Ergiebigkeit *f*, Ertragsfähigkeit *f*; **~ с гекта́ра** (СЕЛХОЗ) Hektarertrag *m*
урождённый *adj* gebürtig
уро́к *m K* ❶ Schulstunde *f*; ❷ (*auch fig*) Lektion *f*
уро́лог *m K* Urologe *m*
уро́н *m K* Verlust *m*, Schaden *m*; **нанести́ ~** Abbruch tun, Schaden zufügen
урча́ть <*präs:* -чу́, -чи́шь> *vi I impf* (*pf:* за-, про-) ❶ glucksen; ❷ knurren; **в животе́ урчи́т** der Magen knurrt
USB-флёшка *f A* (ОБДАН) USB-Stick *m*
усвое́ние *nt O2* Aneignung *f*, Erlernen *nt*
усе́рдие *nt O2* Feuereifer *m*, Fleiß *m*
усе́рдный <*kf:* -ден, -дна> *adj* fleißig, strebsam
усечённый *adj* abgeschnitten, abgestumpft; **~ ко́нус** Stumpfkegel *m*, Stutzkegel *m*

уси́дчивый <*kf:* -ив> *adj* fleißig, ausdauernd; **быть уси́дчивым** Sitzfleisch haben

у́сик *m K* ① (БИОЛ: *meist im pl*) Fühler *m*; ② (БОТ) Ranke *f*

усиле́ние *nt O2* ① Verstärkung *f*; ② (*повыше́ние*) Steigerung *f*; **~ де́ятельности** Aktivierung *f*

уси́лие *nt O2* Anstrengung *f*, Einsatz *m*, Bemühung *f*; **де́лать над собо́й ~** sich überwinden; **прилага́ть уси́лия** sich anstrengen, sich Mühe geben

усили́тель *m K1* (ТЕХ) Verstärker *m*

уси́лить *vt I pf* (*impf:* уси́ливать) verstärken

ускольза́ть *vi E impf* (*pf:* ускользну́ть) ① entgleiten; ② (*скрыва́ться*) entfliehen, entkommen

ускоре́ние *nt O2* Beschleunigung *f*

ускори́тель *m K1* Beschleuniger *m*

ускo̓рить *vt I pf* (*impf:* ускоря́ть) beschleunigen

усла́вливаться *vr E impf* (*pf:* усло́виться) ① (*с кем-л. о чём-л.*) mit jdm übereinkommen (über *+akk*); ② etw verabreden (mit *+dat*)

усло́вие *nt O2* ① Bedingung *f*; ② (*договорённость*) Konvention *f*; ③ (*im pl*) Konditionen *f pl*, Modalitäten *f pl*; **при усло́вии, что** vorausgesetzt [*o* unter der Bedingung], dass

усло́вный <*kf:* -вен, -вна> *adj* bedingt; **усло́вные обозначе́ния** (*на ка́рте*) Legende *f*

услу́га *f A* ① Gefallen *m*; ② (*слу́жба*) Dienst *m*, Dienstleistung *f*

услу́жливость *f I* Gefälligkeit *f*

услы́шать <*fut:* -шу, -шишь> *vt I pf* (*impf:* слы́шать) ① vernehmen, hören, wahrnehmen; ② (*узна́ть*) erfahren

усмеха́ться *vr E impf* (*pf:* усмехну́ться) lächeln, schmunzeln

усмире́ние *nt O2* ① Zähmung *f*; ② (*мяте́ж*) Niederschlagung *f*

усмири́ть *vt I pf* (*impf:* усмиря́ть) ① bändigen, zähmen; ② (*мяте́ж*) niederschlagen

усмотре́ние *nt O2* Ermessen *nt*, Gutdünken *nt*, Belieben *nt*

усоверше́нствование *nt O2* Verbesserung *f*, Vervollkommnung *f*

усоверше́нствовать *vt E2 pf* (*impf:* соверше́нствовать) vollenden, vollbringen

усомни́ться *vr I pf* (*в ком-л./чём-л.*) zweifeln (an *+dat*)

усо́хнуть <*prät:* усо́х, усо́хла> *vi E1 pf* (*impf:* усыха́ть) ein-, vertrocknen

успева́ть *vi E impf* (*pf:* успе́ть) ① rechtzeitig kommen; ② (*в шко́ле*) Fortschritte machen, mitkommen

Успе́ние *nt O2* (РЕЛ) Mariä Himmelfahrt *nt*

успе́х *m K* Erfolg *m*

успе́шный <*kf:* -шен, -шна> *adj* erfolgreich

успока́ивать *vt E impf* (*pf:* успоко́ить) ① beruhigen; ② (*боль*) lindern

успокое́ние *nt O2* Beruhigung *f*, Ruhe *f*

успокои́тельный *adj* beruhigend

уста́в *m K* Satzung *f*, Statut *nt*

устава́ть <*präs:* -стаю́, -стаёшь> *vi E3 impf* (*pf:* уста́ть) ① ermüden, müde werden; ② (*от чего́-либо*) überdrüssig werden (*+gen*)

уста́лость *f I* Müdigkeit *f*

уста́лый <*kf:* -а́л> *adj* müde, abgespannt; **~ как соба́ка** (*umg*) hundemüde

устана́вливать *vt E impf* (*pf:* установи́ть) ① aufstellen, installieren; ② (ТЕХ) einstellen; ③ (*fig*) festlegen, festsetzen, anberaumen; ④ (СПОРТ) aufstellen; **~ срок** einen Termin ansetzen; **~ це́ну** den Preis festsetzen; **~ мирово́й реко́рд** einen Weltrekord aufstellen

устано́вка *f A* ① Anlage *f*; ② (*монта́ж*) Installation *f*; ③ (*fig*) Richtline *f*, Zielsetzung *f*

установле́ние *nt O2* ① (*введе́ние*) Einführung *f*, Herstellung *f*; ② (*назначе́ние*) Festlegung *f*, Bestimmung *f*; **~ делових свя́зей** Aufnahme *f* von Geschäftsbeziehungen; **~ очерёдности** Ranking *nt*

устарева́ние *nt O2* Alterung *f*

устарева́ть *vi E impf* (*pf:* устаре́ть) veralten

устаре́вший *adj* veraltet, überholt

уста́ть <*fut:* уста́ну, уста́нешь> *vt E9b pf* (*impf:* устава́ть) ermüden

у́стный *adj* mündlich

усто́й *m K2* ① Pfeiler *m*, Stütze *f*; ② (*im pl:fig*) Grundsätze *m pl*, Prinzipien *nt pl*

усто́йчивость *f I* Stabilität *f*; **~ цен** Preisstabilität *f*

усто́йчивый <*kf:* -ив> *adj* ① stabil; ② (*fig*) standfest

устра́ивать *vt E impf* (*pf:* устро́ить) ① einrichten, aufbauen; ② (*организо́вывать*) veranstalten, bewerkstelligen; **~ пресс-конфе́ренцию** eine Pressekonferenz geben; **~ сканда́л** einen Skandal hervorrufen

устра́иваться *vr E impf* (*pf:* устро́иться) ① sich einrichten; ② (*ула́живаться*) sich regeln; **~ на рабо́ту** Arbeit finden; **~ поудо́бнее** es sich bequem machen

устране́ние *nt O2* Beseitigung *f*; **~ дефе́ктов** Mängelbehebung *f*; **~ отхо́дов** Entsorgung *f*; **~ оши́бок** Fehlerberichtigung *f*, Fehlerbehebung *f*

устрани́ть *vt I pf* (*impf:* устраня́ть) beseitigen, aufheben, abschaffen, abbauen, entfernen; **устраня́ть отхо́ды** entsorgen

устраше́ние *nt O2* Einschüchterung *f*; **для устраше́ния** zur Abschreckung

устреми́ть <*fut:* -млю́, -ми́шь> *vt I pf* (*impf:* устремля́ть) richten, lenken; **~ взгля́д на кого́-ли́бо/что-ли́бо** den Blick richten (auf +*akk*)

у́стрица *f A* Auster *f*

устро́итель *m K1* (*организа́тор*) Veranstalter *m*, Ausrichter *m*, Gastgeber *m*

устро́ить *vt I pf* (*impf:* устра́ивать) ① einrichten, aufbauen; ② veranstalten

устро́иться *vr I pf* (*impf:* устра́иваться) ① sich einrichten; ② sich regeln

устро́йство *nt O* ① Vorrichtung *f*, Einrichtung *f*, Anlage *f*; ② (*строе́ние*) Aufbau *m*, Struktur *f*; **запомина́ющее ~** (ОБДАН) Speicher *m*; **~ обрабо́тки да́нных** Datenverarbeitungsanlage *f*; **~ пода́чи** (ОБДАН) Laufwerk *nt*; **обще́ственное ~** Gesellschaftsordnung *f*

усту́п *m K* Abstufung *f*, Stufe *f*

уступа́ть *vt E impf* (*pf:* уступи́ть) ① nachgeben, einlenken; **~ в цене́** im Preis nachlassen; **~ ме́сто** einen Platz freimachen; ② (ЮР) abtreten

уступи́тельный *adj* konzessiv

усту́пка *f A* ① Zugeständnis *nt*, Konzession *f*; ② (*любе́зность*) Entgegenkommen *nt*; ③ (ЭКОН) Nachlass *m*; **~ в цене** Preisnachlass *m*

усту́пчивый <*kf:* -ив> *adj* nachgiebig

у́стье <*gen pl:* -ьев> *nt O1* Mündung *f*

усугу́бить <*fut:* -блю́, -би́шь> *vt I pf* (*impf:* усугубля́ть) ① verschlimmern, verschlechtern; ② (*уси́ливать*) verstärken, verschärfen

усы́ <*gen pl:* усо́в> *m pl K e* Schnauzbart *m*, Schnurrbart *m*

усынови́ть <*fut:* -влю́, -ви́шь> *vt I pf* (*impf:* усыновля́ть) adoptieren

усыновле́ние *nt O2* Adoption *f*

усыпи́ть <*fut:* -плю́, -пи́шь> *vt I pf* (*impf:* усыпля́ть) (*auch fig*) einschläfern

усыха́ть *vi E impf* (*pf:* усо́хнуть) eintrocknen

утáивать *vt E impf* (*pf:* утаи́ть) verheimlichen, geheimhalten
утверди́ть <*fut:* -ржý, -рди́шь> *vt I pf* (*impf:* утверждáть) bestätigen; **~ закóн** ein Gesetz verabschieden
утверждéние *nt O2* ❶ Bestätigung *f*; ❷ (юр) Verabschiedung *f*; ❸ (*заявлéние*) Behauptung *f*, Statement *nt*; **~ отчёта** Entlastung *f*
утепли́ть *vt I pf* (*impf:* утепля́ть) ❶ winterfest machen; ❷ (*изоли́ровать*) isolieren
утёс *m K* Felsen *m*, Klippe *f*
утéчка *f A* Auslaufen *nt*, Ausfluss *m*; **~ дéнег** Geldabfluss *m*; **~ информáции** Informationsverlust *m*; **~ капитáла** Kapitalabfluss *m*; **~ мозгóв** Flucht *f* der Intelligenz in andere Länder; brain drain *m*
утешáть *vt E impf* (*pf:* утéшить) trösten
утешéние *nt O2* Trost *m*
утеши́тель, утеши́тельница *m K1 / f A* Tröster, -in *m/f*
утеши́тельный <*kf:* -лен, -льна> *adj* tröstlich; **~ приз** Trostpreis *m*
утилизáция *f A2* ❶ (экол) Nutzbarmachung *f*, Verwertung *f*; ❷ Recycling *nt*
утили́та *f A* (ОБДАН) Utility *nt*
ути́ль *m K1* Altstoff *m*, Alteisen *nt*; **сбор ути́ля** Altstoffsammlung *f*
утильсырьё *nt O1* Altstoff *m*, Altmaterial *nt*
утихáть *vi E impf* (*pf:* ути́хнуть) ❶ (*успокáиваться*) sich beruhigen; ❷ (*прекращáться*) aufhören, sich legen
ýтка *f A* Ente *f*; **подсáдная ~** Lockvogel *m*; **газéтная ~** Zeitungsente *f*, Falschmeldung *f*
утконóс *m K* Schnabeltier *nt*
утоли́ть *vt I pf* (*impf:* утоля́ть) ❶ (*жáжду, гóлод*) stillen; ❷ (*любопы́тство*) befriedigen
утоми́тельный <*kf:* -лен, -льна> *adj* anstrengend, ermüdend
утоми́ть <*fut:* -млю́, -ми́шь> *vt I pf* (*impf:* утомля́ть) ermüden, strapazieren
утомлéние *nt O2* Ermüdung *f*; **при́знаки утомлéния** Ermüdungserscheinungen *f pl*
утомлённый *adj* ermüdet; **у тебя́ сегóдня ~ вид** du sieht heute müde aus
утонýть <*fut:* -онý, -óнешь> *vi E1 pf* (*impf:* тонýть) ertrinken
утончённый <*kf:* -ён, -ённа> *adj* fein, feinsinnig, subtil
утопи́ть <*fut:* -оплю́, -óпишь> *vt I pf* (*impf:* топи́ть) ertränken
утопи́ческий *adj* utopisch
утóпия *f A2* Utopie *f*
уточнéние *nt O2* ❶ Präzisierung *f*; ❷ (*поправка*) Richtigstellung *f*
утрáивать *vt E impf* (*pf:* утрóить) verdreifachen
утрáта *f A* Verlust *m*, Einbuße *f*
утрáтить <*fut:* -áчу, -áтишь> *vt I pf* (*impf:* утрáчивать) verlieren
утрáчивать *vt E* ❶ (*лишáться*) einbüßen; ❷ (*терять*) verlieren
ýтренний *adj* Morgen-; **ýтреннее дежýрство** Frühdienst *m*; **~ туалéт** Morgentoilette *f*
утри́ровать *vt E2 impf/pf* (*geh*) übertreiben, überspitzen
ýтро *nt O* Morgen *m*; **дóброе ~!** guten Morgen! **~ вéчера мудренée** der Morgen ist klüger als der Abend; **по утрáм** morgens
утруждáть *vt E impf* (*pf:* утруди́ть) zur Last fallen, bemühen; **~ себя́** sich Mühe geben
утрясти́ <*fut:* -сý, -сёшь, *prät:* утря́с, утрясла́> *vt E6 pf* (*impf:* утрясáть) ❶ zusammenschütten; ❷ (*umg*) erledigen, in Ordnung bringen
утю́г *m K e* Bügeleisen *nt*; **~ с пароувлажни́телем** Dampfbügeleisen *nt*
утю́жить *vt I impf* (*pf:* от-, вы-) bügeln
ухá *f A* Fischsuppe *f*
ухáб *m K* Schlagloch *nt*
ухáбистый <*kf:* -ист> *adj* (*umg*) holperig

уха́живать *vi E impf* ❶ (*за кем-ли́бо*) pflegen, sorgen (für *+akk*); ❷ (*за де́вушкой*) den Hof machen
у́харский *adj* (*umg*) verwegen, forsch
ухва́т *m K* Topfgabel *f*, Ofengabel *f*
ухмыльну́ться *vr E1 pf* (*impf:* ухмыля́ться) (*umg*) feixen, grinsen
у́хо <*pl:* у́ши, уше́й> *nt O e2* Ohr *nt*
ухо́д[1] *m K* ❶ Weggang *m*, Weggehen *nt*; ❷ (*со сце́ны*) Abgang *m*; ❸ (*поли́тика*) Rücktritt *m*
ухо́д[2] *m K* (*забо́та*) Pflege *f*, Wartung *f*, Sorge *f*; **~ за ко́жей** Hautpflege *f*; **~ за те́лом** Körperpflege *f*; **~ за зуба́ми** Zahnpflege *f*; **не тре́бующий осо́бого ~а** pflegeleicht
уходи́ть <*präs:* ухожу́, ухо́дишь> *vi I impf* (*pf:* уйти́) ❶ weggehen, davongehen; ❷ (*об актёре*) abgehen; ❸ (*о по́езде*) abfahren
ухо́женный <*kf:* -ен> *adj* (*umg*) gepflegt, umsorgt
ухудша́ть *vt E impf* (*pf:* уху́дшить) verschlimmern, verschlechtern
ухудше́ние *nt O2* Verschlechterung *f*; **~ конъюнкту́ры** (ЭКОН) Konjunkturabschwung *m*
уценённый *adj* verbilligt
уце́нка <*gen pl:* .нок> *f A* Preisherabsetzung *f*
уча́ствовать *vi E2 impf* ❶ (*в чём-ли́бо*) teilnehmen (an *+dat*); ❷ mitmachen, partizipieren, sich beteiligen
уча́стие *nt O2* ❶ Teilnahme *f*; ❷ Beteiligung *f*, Mitwirkung *f*, Partizipation *f*; ❸ (ЭКОН) Anteil *m*; ❹ (*сочу́вствие*) Anteilnahme *f*; **~ в вы́борах** Wahlbeteiligung *f*
участи́ться <*nur 3. pers:* -и́тся> *vr I pf* (*impf:* учаща́ться) ❶ sich häufen; ❷ sich beschleunigen
уча́стник, **уча́стница** *m K / f A* ❶ Teilnehmer, -in *m/f*; ❷ Beteiligte(r) *mf*; ❸ Gesellschafter *m*; **~ автодоро́жного движе́ния** Verkehrsteilnehmer, -in *m/f*
у́часть *f I* Schicksal *nt*, Geschick *nt*, Los *nt*
учаща́ться *vr E impf* (*pf:* участи́ться) ❶ (*слу́чаи*) sich häufen; ❷ (*пульс*) sich beschleunigen
учёба *f A* ❶ Lernen *nt*; ❷ (*в ву́зе*) Studium *nt*; **~ в институ́те** [*o* **ву́зе**] Hochschulstudium *nt*
уче́бник *m K* Lehrbuch *nt*, Leitfaden *m*; **шко́льный ~** Schulbuch *nt*
уче́бный *adj* Schul-, Lehr-, Studien-; **~ год** Schuljahr *nt*; **уче́бная тропа́** Lehrpfad *m*
уче́ние *nt O2* Lehre *f*; **~ об эконо́мике предприя́тия** Betriebswirtschaftslehre *f*, BWL *f*
учени́к, **учени́ца** *m K / f A* ❶ Schüler, -in *m/f*; ❷ (*ма́стера*) Auszubildende(r) *mf*; ❸ (*на произво́дстве*) Lehrling *m*
учени́ческий *adj* Schüler-, Studierenden-; **учени́ческое удостовере́ние** Schülerausweis *m*
учени́чество *nt O* ❶ Lehre *f*; ❷ (*вре́мя учени́чества*) Lehrzeit *f*
учёность *f I* Gelehrtheit *f*
учёный I. <*kf:* -ён> *adj* gelehrt; **учёная сте́пень до́ктора нау́к** Doktortitel *m*; **II.** *m wie adj* Gelehrte(r) *mf*
учéсть <*fut:* учту́, учтёшь> *vt E6a pf* (*impf:* учи́тывать) berücksichtigen, einkalkulieren
учёт *m K* ❶ Beachtung *f*, Berücksichtigung *f*; ❷ (ЭКОН) Erfassung *f*, Berechnung *f*; ❸ (*регистра́ция*) Registrierung *f*; **бухга́лтерский ~** Buchführung *f*; **без ~а чего́-л.** ohne Rücksicht auf etw.; **встать на ~** sich anmelden; **сня́ться с ~а** sich abmelden
учётный *adj* (ЭКОН) Berechnungs-, Kontroll-; **учётная ста́вка** Diskontsatz *m*; **~ проце́нт** Diskont *m*, Bankrate *f*; **учётная за́пись** Account *m o nt*; **созда́ть учётную за́пись** sich *dat* ein [*o* einen] Account einrichten
учи́лище *nt O1* Lehranstalt *f*;

музыка́льное ~ Musikfachschule *f*; **профессиона́льно-техни́ческое ~** Berufsschule *f*; **реа́льное ~** Realschule *f*

учи́тель, учи́тельница *m K1 / f A* Lehrer, -in *m/f*; **~ физкульту́ры** Sportlehrer, -in *m/f*

учи́тывать *vt E impf* (*pf:* уче́сть) beachten, berücksichtigen, einkalkulieren, bedenken; **учи́тывая** angesichts

учи́ть <*präs:* учу́, у́чишь> *vt I impf* (*pf:* вы́-) ❶ lehren; ❷ lernen; **~ наизу́сть** auswendig lernen

учи́ться <*präs:* учу́сь, у́чишься> *vr I impf* ❶ lernen; ❷ studieren

учреди́тель *m K1* Gründer *m*, Stifter *m*

учреди́ть <*fut:* -ежу́, -еди́шь> *vt I pf* (*impf:* учрежда́ть) ❶ stiften, gründen; ❷ (*ввести́*) einführen

учрежде́ние *nt O2* ❶ Stiften *nt*, Gründung *f*; ❷ Institution *f*, Einrichtung *f*, Organisation *f*, Dienststelle *f*, Behörde *f*; **~ социа́льного назначе́ния** soziale Einrichtung *f*

учти́вость *f I* Höflichkeit *f*

учти́вый <*kf:* -и́в> *adj* höflich, respektvoll

у́ши <*pl von:* у́хо, *gen pl:* уше́й> *nt O e1* Ohren

уши́б *m K* Quetschung *f*

ушиби́ть <*fut:* -бу , -бёшь, *prät:* уши́б, уши́бла> *vt E4c pf* (*impf:* ушиба́ть) stoßen, verletzen; **~ себе́ но́гу** sich den Fuß anstoßen

у́шко́ [1] *nt O e* kleines Ohr *nt*, Öhrlein *nt*

у́шко́ [2] *nt O e* (*иго́лки*) Öse *f*, Nadelöhr *nt*

уще́лье *nt O1* Schlucht *f*

ущеми́ть <*fut:* -млю́, -ми́шь> *vt I pf* (*impf:* ущемля́ть) ❶ klemmen, quetschen; ❷ (*fig*) benachteiligen, schmälern

ущемле́ние *nt O2* ❶ Einklemmen *nt*; ❷ (*fig*) Benachteiligung *f*, Verletzung *f*; **~ интере́сов** Zurücksetzung *f*

ущерб *m K* Schaden *m*, Einbuße *f*, Nachteil *m*, Verlust *m*; **~, нанесённый окружа́ющей среде́** Umweltschaden *m*

уще́рбный <*kf:* -бен, -бна> *adj* ❶ schwindend; ❷ (*fig*) unvollkommen, abnormal

ущипну́ть *vt E1 pf* (*impf:* щипа́ть) zwicken

Уэ́лс *m K* Wales *nt*

ую́т *m K* Gemütlichkeit *f*

ую́тный <*kf:* -тен, -тна> *adj* gemütlich, wohnlich, behaglich

уязви́мость *f I* ❶ Verwundbarkeit *f*; ❷ (*предраполо́женность*) Anfälligkeit *f*

уязви́мый <*kf:* -и́м> *adj* ❶ verwundbar; ❷ (*предрасполо́женный*) anfällig

У

Фф

ф, Ф *nt indekl kyrillischer Buchstabe*
фáбрика *f A* Fabrik *f*
фабрикáнт *m K* Fabrikant *m*
фабрикáт *m K* Fabrikat *nt*, Erzeugnis *nt*
фавори́т, фавори́тка *m K / f A* ① Günstling *m*; ② (*люби́мец*) Liebling *m*; ③ (СПОРТ) Favorit, -in *m/f*
фáза *f A* ① Phase *f*; ② (*стáдия*) Stadium *nt*
фазáн *m K* (ЗООЛ) Fasan *m*
файл *m K* (ОБДАН) Datei *f*, File *m*
фáкел *m K* Fackel *f*
факс *m K* ① Telefax *nt*; ② (*прибóр*) Telefaxgerät *nt*; **передáть по ~у** faxen
факт *m K* Tatsache *f*, Faktum *nt*
факти́ческий *adj* ① tatsächlich, faktisch; ② (*действи́тельный*) real, effektiv
фáктор *m K* Faktor *m*; **~ ри́ска** Risikofaktor *m*
факультати́вный <*kf:* -вен, -вна> *adj* fakultativ; **~ предмéт** Wahlfach *nt*
факультéт *m K* Fakultät *f*
фальсификáция *f A2* Fälschung *f*, Verfälschung *f*
фальши́вить <*präs:* -влю, -вишь> *vi I impf* (*pf:* с-) ① (МУЗ) falsch spielen, patzen; ② (*fig:* *лицемéрить*) unaufrichtig sein
фальши́вка <*gen pl:* -вок> *f A* (*umg*) Fälschung *f*, Imitation *f*
фальшивомонéтчик *m K* Fälscher *m*, Falschgeldhersteller *m*
фальши́вый <*kf:* -и́в> *adj* ① falsch, gefälscht; **фальши́вые дéньги** Falschgeld *nt*; ② (*неи́скренний*) falsch, unaufrichtig
фальшь *f I* Unaufrichtigkeit *f*, Betrug *m*
фами́лия *f A2* ① Familienname *m*, Nachname *m*; **дéвичья ~** Mädchenname *m*; ② (*род*) Geschlecht *nt*, Familie *f*
фамилья́рный <*kf:* -рен, -рна> *adj* familiär
фанати́зм *m K* Fanatismus *m*
фанáтик *m K* Fanatiker, -in *m/f*, Freak *m*
фанати́чный <*kf:* -чен, -чна> *adj* fanatisch
фанéра *f A* ① Furnier *nt*, Furnierholz *nt*; ② (*клеёная*) Sperrholz *nt*
фант *m K* Pfand *nt*; **игрá в ~ы** Pfänderspiel *nt*
фантази́ровать *vi E2 impf* (*pf:* с-) ① phantasieren; ② (МУЗ) improvisieren
фантáзия *f A2* Phantasie *f*, Erfindungsgabe *f*; **с бéдной фантáзией** einfallslos
фантáстика *f A* Phantastik *f*; **наýчная ~** (ЛИТ) Science-fiction *f*
фантасти́ческий *adj* phantastisch
фантóм *m K* (*geh*) Phantom *nt*
фанфáра *f A* Fanfare *f*
фáра *f A* (АВТО) Scheinwerfer *m*
фараóн *m K* Pharao *m*
фарвáтер *m K* (*auch fig*) Fahrwasser *nt*
фармакóлог *m K* Pharmakologe *m*
фармацéвтика *f A* Pharmazie *f*
фармацевти́ческий *adj* pharmazeutisch; **фармацевти́ческая промы́шленность** Pharmaindustrie *f*
фарс *m K* Farce *f*
фáртук *m K* Schürze *f*
фарфóр *m K* Porzellan *nt*
фарш *m K* Hackfleisch *nt*
фасáд *m K* Fassade *f*
фасóн *m K* (*об одéжде*) Schnitt *m*, Machart *f*
фатá *f A e* Hochzeitsschleier *m*
фатáльный <*kf:* -лен, -льна> *adj* fatal
фáуна *f A* Fauna *f*, Tierwelt *f*

фаши́зм *m K* Faschismus *m*
фаши́ст *m K* Faschist, -in *m/f*
фаши́стский *adj* faschistisch
фая́нс *m K* Steingut *nt*
февра́ль *m K1* Februar *m*
федера́льный *adj* Bundes-, Föderal-
федерати́вный *adj* föderativ, Bundes-
федера́ция *f A2* Föderation *f*, Bund *m*
фейерве́рк *m K* Feuerwerk *nt*
фельето́н *m K* Feuilleton *nt*
феми́нистка *f A* Feministin *f*, Frauenrechtlerin *f*
феми́нистский *adj* feministisch
фен *m K* Fön *m*; **суши́ть во́лосы ~ом** Haare föhnen
феноме́н *m K* Phänomen *nt*
фе́нхель *m K1* (бот) Fenchel *m*
феодали́зм *m K* Feudalismus *m*
феода́льный *adj* feudal
ферзь *m K1* (*в ша́хматах*) Königin *f*
фе́рма[1] *f A* Farm *f*
фе́рма[2] *f A* (строит) Träger *m*
ферме́нт *m K* (биол) Enzym *nt*, Ferment *nt*
фестива́ль *m K1* ❶ Festival *nt*; ❷ Festspiel *nt*; **~ под откры́тым не́бом** Openairfestival *nt*
фети́ш *m K* Fetisch *m*
фетиши́ст *m K* Fetischist *m*
фетр *m K* Filz *m*
фе́тровый *adj* Filz-
фехтова́ть *vi E2 impf* fechten
фе́я *f A2* Fee *f*
фиа́лка *f A* (бот) Veilchen *nt*; **альпи́йская ~** Alpenveilchen *nt*
фиа́ско *nt indekl* (*geh*) Fiasko *nt*; **по́лное ~** totaler Fehlschlag *m*; **потерпе́ть ~** ein Fiasko erleiden
фигу́ра *f A* ❶ (мат) geometrische Figur *f*; ❷ (лит) Gestalt *f*; ❸ (*fig: изве́стная ли́чность*) Person *f*, prominente Persönlichkeit *f*; ❹ (*сложе́ние*) Figur *f*; **у неё хоро́шая ~** sie hat eine gute Figur; ❺ (*в ша́хматах*) (Schach-)Figur *f*
фигури́ровать *vi E2 impf* ❶ fungieren, auftreten; ❷ (*име́ть ме́сто*) vorkommen
фигу́рный *adj* Figuren-; **фигу́рное ката́ние** (спорт) Eiskunstlauf *m*; **фигу́рная ско́бка** geschweifte Klammer *f*
фи́зик *m K* Physiker, -in *m/f*
фи́зика *f A* Physik *f*
физиоло́гия *f A2* Physiologie *f*
физиотерапе́вт *m K* Physiotherapeut *m*
физи́ческий *adj* ❶ physisch, körperlich; **физи́ческие недоста́тки** körperliche Mängel *pl* ❷ (физ) physikalisch
фикси́ровать *vt E2 impf* (*pf:* за-) fixieren, festlegen
фикти́вный <*kf:* -вен, -вна> *adj* fiktiv; **фикти́вный брак** Scheinehe *f*
филармо́ния *f A2* Philharmonie *f*; **музыка́нт филармо́нии** Philharmoniker *m*
филе́ *nt indekl* Filet *nt*; **ры́бное ~** Fischfilet *nt*
филиа́л *m K* Filiale *f*, Zweigstelle *f*, Niederlassung *f*, Vertretung *f*
филигра́нный <*kf:* -а́нен, -а́нна> *adj* filigran
Филиппи́ны *f pl A* Philippinen *pl*
фило́лог *m K* Philologe *m*
филоло́гия *f A2* Philologie *f*
фило́соф *m K* Philosoph *m*
филосо́фия *f A2* ❶ Philosophie *f*; ❷ (*о́браз мы́слей*) Denkweise *f*
филосо́фский *adj* philosophisch
фильм *m K* Film *m*; **худо́жественный ~** Spielfilm *m*; **мультипликацио́нный ~** Zeichentrickfilm *m*; **~ у́жаса** Horrorfilm *m*
фильтр *m K* Filter *m*; **~ для ко́фе** Kaffeefilter *m*
фильтрова́льный *adj* Filter-; **фильтрова́льная бума́га** Filterpapier *nt*
фильтрова́ть *vt E2 impf* (*pf:* от-, про-) filtern
фина́л *m K* (спорт) Finale *nt*, Endspiel *nt*
фина́льный *adj* Final-, End-; **~ свисто́к** Abpfiff *m*

финанси́ровать *vt E2 impf/pf* finanzieren
финанси́ст *m K* ① Finanzmann *m*; ② (*чино́вник*) Finanzbeamte(r), -beamtin *m/f*
фина́нсовый *adj* finanziell, Finanz-
фина́нсы <*gen:* -сов> *pl K* ① (*де́нежная систе́ма*) Geldwesen *nt*; ② (*де́нежные сре́дства*) Finanzen *pl*, Geldmittel *pl*
фи́ник *m K* (бот) Dattel *f*
фи́ниш *m K* (спорт) Finish *nt*
финиши́ровать *vi E2 impf/pf* einlaufen, am Ziel ankommen, durch die Ziellinie laufen
фи́нка *f A* ① Finnin *f*; ② (*Waffe*) Messer *nt*
Финля́ндия *f A2* Finnland *nt*
финн *m K* Finne *m*
финский *adj* finnisch
фиоле́товый *adj* violett
фио́рд, фьорд *m K* Fjord *m*
фи́рма *f A* Firma *f*, Unternehmen *nt*
фи́рменный *adj* ① firmeneigen, betriebseigen, Firmen-; ② (*с фи́менным зна́ком*) Marken-; **~ това́р** Markenartikel *m*; **фи́рменные джи́нсы** Markenjeans *f*; **~ кни́жный магази́н** Verlagsbuchhandlung *f*
фиск *m K* Fiskus *m*

Ф

фити́ль *m K1* ① Docht *m*; ② (*запа́льный*) Lunte *f*
фи́фти-фи́фти *adv* (*umg*) halbe-halbe
флаг *m K* ① Flagge *f*; ② (*зна́мя*) Fahne *f*; **трёхцве́тный ~** Trikolore *f*
фла́гман *m K* (суд) Flaggschiff *nt*
флако́н *m K* Flakon *m*
флами́нго *m indekl* (зоол) Flamingo *m*
фланг *m K* Flanke *f*
флане́ль *f I* Flanell *m*
флегмати́чный <*kf:* -чен, -чна> *adj* phlegmatisch
флейта *f A* Flöte *f*; **попере́чная ~** Querflöte *f*; **игра́ть на ~** flöten
фли́гель *m K1* (строит) Flügel *m*, Gebäudeteil *m*
флирт *m K* Flirt *m*
флиртова́ть *vi E2 impf* (*с кем-ли́бо*) flirten (mit *+dat*)
флома́стер *m K* Filzstift *m*, Faserschreiber *m*
фло́ра *f A* Flora *f*, Pflanzenwelt *f*
флот *m K* Flotte *f*, Marine *f*
флю́гер *m K* Wetterfahne *f*, Windfahne *f*
флюи́д *m K* Fluidum *nt*, Flair *nt*
фля́га *f A* Feldflasche *f*
фойе́ *nt indekl* Foyer *nt*
фокстро́т *m K* (муз) Foxtrott *m*
фо́кус[1] *m K* ① (физ) Fokus *m*, Brennpunkt *m*; ② (*fig:* *центр*) Mittelpunkt *m*
фо́кус[2] *m K* Zauberkunststück *nt*, Trick *m*; **пока́зывать ~ы** zaubern, Zauberkunststücke vorführen
фокуси́ровать *vt E2 impf* (*pf:* с-) (физ) bündeln, fokussieren
фо́кусник *m K* Zauberkünstler, -in *m/f*
фолиа́нт *m K* (*geh*) Folio *nt*
фольга́ *f I* Alufolie *f*
фолькло́р *m K* Folklore *f*
фон *m K* Hintergrund *m*; **на ~е чего́-л.** vor dem Hintergrund (*+gen*)
фона́рь *m K1* ① (*у́личный*) Laterne *f*, Straßenlaterne *f*; ② (*карма́нный фона́рик*) Taschenlampe *f*
фонд *m K* ① Fond *m*, Stiftung *f*; ② (*запа́с, соста́в*) Bestand *m*; **благотвори́тельный ~** (karitative) Stiftung *f*
фоне́тика *f A* Phonetik *f*, Lautlehre *f*
фонети́ческий *adj* phonetisch
фонта́н *m K* Springbrunnen *m*
форе́ль *f I* (зоол) Forelle *f*
фо́рма *f A* ① Form *f*, Gestalt *f*; ② (спорт) Form *f*; ③ (*фо́рменная оде́жда*) Uniform *f*; **шко́льная ~** Schuluniform *f*; **спорти́вная ~** Sporttrikot *nt*; **быть в фо́рме** in Form sein; **кра́ткая ~** (линг) Kurzform *f*
формали́зм *m K* ① Formalismus *m*; ② (*форма́льный подхо́д*) Förmlichkeit *f*
форма́льность *f I* Formalität *f*

формáльный <*kf:* -лен, -льна> *adj* formal
формáт *m K* Format *nt*
формáция *f A2* Formation *f*
формировáние *nt O2* ① Formierung *f*, Bildung *f*; ② (ВОЕ) Formation *f*, Verband *m*; **~ общéственного мнéния** Meinungsbildung *f*
формировáть *vt E2 impf* (*pf:* с-) ① formieren, formen; ② (*создавáть*) bilden; ③ (*fig: наклáдывать отпечáток*) prägen
фóрмула *f A* Formel *f*
формули́ровать *vt E2 impf* (*pf:* с-) formulieren
формулирóвка *f A* Formulierung *f*
формуля́р *m K* Formular *nt*
форси́ровать *vt E2 impf/pf* beschleunigen, forcieren
фóрум *m K* Forum *nt*
фосфáт *m K* Phosphat *nt*
фóсфор *m K* Phosphor *m*
фóто *nt indekl* Foto *nt*
фотоальбóм *m K* Fotoalbum *nt*
фотоаппарáт *m K* Fotoapparat *m*
фотовспы́шка <*gen pl:* -шек> *f A* Blitzlicht *nt*
фотогени́чный *adj* fotogen
фотóграф *m K* Fotograf *m*
фотографи́ровать *vt E2 impf* (*pf:* с-) fotografieren
фотогрáфия *f A2* Fotografie *f*
фотокáрточка <*gen pl:* -чек> *f A* Lichtbild *nt*
фотокóпия *f A2* Fotokopie *f*
фотоплёнка *f A* (ФОТ) Film *m*
фрагмéнт *m K* Fragment *nt*, Bruchstück *nt*
фрáза *f A* Satz *m*, Phrase *f*; **пустáя ~** Floskel *f*
фразеологи́ческий *adj* phraseologisch; **~ оборóт** idiomatische Wendung *f*
фрак *m K* Frack *m*
фрáкция *f A2* Fraktion *f*
францу́женка *f A* Französin *f*
францу́з *m K* Franzose *m*
францу́зский *adj* französisch; **~ язы́к** Französisch *nt*
ФРГ *abk von* Федерати́вная Респу́блика Гермáния *f* Bundesrepublik Deutschland *f*
фрегáт *m K* Fregatte *f*
фрéска *f A* Fresko *nt*, Freske *f*
фрикадéлька *f A* Frikadelle *f*, Fleischklops *m*
фрикассé *nt indekl* Frikassee *nt*
фритю́рница *f A* Friteuse *f*; **жáрить во фритю́рнице** fritieren
фронт *m K* Front *f*
фронтóн *m K* (СТРОИТ) Giebel *m*
фруктóвый *adj* Frucht-, Obst-; **~ сок** Obstsaft *m*
фру́кты *m pl K* Früchte *f pl*, Obst *nt*; **сушёные ~** Backobst *nt*
фтор *m K* Fluor *nt*
фу! *interj* pfui!
фундáмент *m K* ① (СТРОИТ) Fundament *nt*; ② (*fig: оснóва*) Grundlage *f*, Basis *f*
фундамнетáльный <*kf:* -лен, -льна> *adj* fundamental
функционéр *m K* Funktionär *m*
функциони́ровать *vt E2 impf* funktionieren
фу́нкция *f A2* Funktion *f*
фунт *m K* Pfund *nt*
фурáжка *f A* Schirmmütze *f*
фу́рия *f A2* (*злóбная жéнщина*) Furie *f*
фурóр *m K* Furore *f*; **производи́ть ~** Furore machen
фут *m K* (*Maßeinheit*) Fuß *m*
футбóл *m K* Fußball *m*
футболи́ст *m K* Fußballspieler *m*, Fußballer *m*
футбóльный *adj* Fußball-; **~ болéльщик** Fußballfan *m*; **футбóльная комáнда** Fußballmannschaft *f*; **~ матч** Fußballspiel *nt*
футля́р *m K* Etui *nt*, Futteral *nt*
фы́ркать *vi E impf* (*pf:* фы́ркнуть) prusten, schnauben
фюзеля́ж *m K* Flugzeugrumpf *m*

Хх

х, **Х** *nt indekl kyrillischer Buchstabe*
хала́т *m K* ❶ Morgenmantel *m*; **купа́льный ~** Bademantel *m*; ❷ (*спецоде́жда*) Kittel *m*
хала́тность *f I* Nachlässigkeit *f*, Schlamperei *f*
халту́рить *vi I impf* (*pf:* с-) (*umg*) pfuschen
халту́рный <*kf:* -рен, -рна> *adj* (*umg*) stümperhaft
халту́рщик *m K* Stümper *m*, Pfuscher *m*
хам, **ха́мка** *m K / f A* Flegel *m*, Rüpel *m*
хамелео́н *m K* (*auch fig*) Chamäleon *nt*
ха́мский *adj* rüpelhaft, grob
хан *m K* Khan *m*
хандра́ *f A* Schwermut *f*
ханжа́ <*gen pl:* -е́й> *mf A e* ❶ Heuchler, -in *m/f*; ❷ (*свято́ша*) Scheinheilige(r) *mf*
ха́ос *m K* Chaos *nt*, Wirrwarr *nt*, Durcheinander *nt*; **вве́ргнуть в ~** ins Chaos stürzen
хаоти́чный <*kf:* -че́н, -чна> *adj* chaotisch, wirr
хара́ктер *m K* ❶ Charakter *m*; ❷ (*сво́йство*) Eigenschaft *f*
характеризова́ть *vt E2 impf/pf* charakterisieren, kennzeichnen
характери́стика *f A* Charakterisierung *f*; **техни́ческие характери́стики** technische Daten *pl*
характе́рный <*kf:* -рен, -рна> *adj* charakteristisch, bezeichnend, kennzeichnend
хвалёный *adj* (*ironisch*) gepriesen, vielgerühmt
хвали́ть <*präs:* хвалю́, хва́лишь> *vt I impf* (*pf:* по-) loben, preisen
хва́стать *v + inst E impf* (*pf:* по-) prahlen, sich rühmen
хвастли́вый <*kf:* -и́в> *adj* prahlerisch
хвастовство́ *nt O e* Prahlerei *f*, Angeberei *f*
хвасту́н *m K e* (*umg*) Prahlhans *m*, Großmaul *nt*
хвата́ть [1] *vt E impf* (*pf:* схвати́ть) greifen, ergreifen, fassen, fangen
хвата́ть [2] *vi E nur impf* (*unpers*) ausreichen, genügen; **мне тебя́ о́чень не хвата́ет** ich vermisse dich sehr; **не ~** mangeln, knapp sein
хва́тка *f A* ❶ Griff *m*; ❷ (*ло́вкость*) Geschick *nt*; **у него́ хоро́шая ~** er hat großes Durchsetzungsvermögen
хво́йный *adj* (БОТ) Nadel-; **хво́йное де́рево** Nadelbaum *m*; **~ лес** Nadelwald *m*
хвора́ть *vi E impf* krank werden, kränkeln
хво́рост *m K* ❶ Reisig *nt*; ❷ *eine Art von frittiertem Gebäck*
хворости́на *f A* Gerte *f*
хвост *m K e* Schwanz *m*, Rute *f*; **лошади́ный ~** Schweif *m*; **плести́сь в ~е́** (*fig*) das Schlusslicht bilden
хи́жина *f A* Hütte *f*
хи́лый <*kf:* хил, хила́, хи́ло> *adj* schmächtig, schwächlich, kränklich
химе́ра *f A* Chimäre *f*, Fantasiegebilde *nt*, Hirngespinst *nt*
хи́мик *m K* Chemiker, -in *m/f*
химика́т *m K* Chemikalie *f*
хими́ческий *adj* chemisch; **хими́ческое ору́жие** C(hemie)-Waffen *f pl*
хи́мия *f A2* Chemie *f*
химчи́стка *f A* chemische Reinigung *f*
хи́ппи *m indekl* Hippie *m*, Gammler, -in *m/f*
хире́ть *vi E impf* (*pf:* захире́ть) dahinsiechen, verkümmern
хиру́рг *m K* Chirurg, -in *m/f*
хирурги́ческий *adj* chirurgisch;

хирурги́ческое вмеша́тельство chirurgischer Eingriff *m*
хирурги́я *f A2* Chirurgie *f*
хитре́ц *m K e* Schlaukopf *m*
хи́трость *f I* List *f*, Schlauheit *f*; **пойти́ на ~** zu einer List greifen
хи́трый <*kf:* хитёр, хитра́, хи́тро́> *adj* listig, schlau, pfiffig, raffiniert
хихи́кать *vi E impf* (*pf:* хихи́кнуть) kichern
хище́ние *nt O2* (ЮР) Entwendung *f*
хи́щник *m K* Raubtier *nt*
хи́щный <*kf:* -щен, -щна> *adj* Raub-; **хи́щная пти́ца** Raubvogel *m*
хладнокро́вный <*kf:* -вен, -вна> *adj* kaltblütig, gelassen
хлам *m K* Ramsch *m*, Plunder *m*, Trödel *m*
хлеб *m K* Brot *nt*; **ржано́й ~** Roggenbrot *nt*; **чёрный ~** Schwarzbrot *nt*
хлеба́ть *vt E impf* (*pf:* хлебну́ть) ① löffeln; ② (*отхлёбывать*) trinken, schlürfen
хле́бный *adj* ① Brot-; ② (*о зерне́*) Korn-, Getreide-; **хле́бные зла́ки** Getreidepflanzen *f pl*
хлев <*präpos sg:* о хле́ве, в хлеву́, *pl:* -а́, -о́в> *m K ple* Stall *m*
хлеста́ть <*präs:* хлещу́, хле́щешь> *vt E4 impf* (*pf:* хлестну́ть) ① peitschen, schlagen; ② (*о воде́*) strömen, sprudeln
хло́пать *vt E impf* (*pf:* хло́пнуть) schlagen, klopfen; **~ в ладо́ши** in die Hände klatschen;
хлопо́к <*gen sg:* -пка́> *m K e* Klatschen *nt*
хло́пок <*gen sg:* -пка> *m K* Baumwolle *f*
хлопота́ть <*präs:* -очу́, -о́чешь> *vi E4 impf* (*pf:* по-) ① hantieren, beschäftigt sein; ② (*за кого́-либо*) sich bemühen (um *+akk*)
хлопу́шка <*gen pl:* -шек> *f A* ① Klappe *f*; ② (*мухобо́йка*) Fliegenklatsche *f*
хлор *m K* (ХИМ) Chlor *m*
хлорофи́лл *m K* Chlorophyll *nt*
хлорофо́рм *m K* Chloroform *nt*
хлыст *m K e* Reitpeitsche *f*
хмель <*gen sg:* -ля,-лю> *m K1* Hopfen *m*
хму́риться *vr I impf* (*pf:* на-) ① die Stirn runzeln; ② (*fig:* **о пого́де**) sich verfinstern
хны́кать <*präs:* хны́чу. хны́чешь> *vi E4 impf* (*pf:* за-) (*umg*) flennen, jammern
хо́бби *nt indekl* Hobby *nt*, Steckenpferd *nt*
хо́бот *m K* Rüssel *m*
ход <*gen sg:* -а, -у, *präpos sg:* о хо́де, на/в хо́де/ходу́, *pl:* хо́ды́/хода́, хо́до́в> *m K* ① Lauf *m*, Ablauf *m*, Verlauf *m*; **идёт свои́м ~ом** es geht seinen Gang; **~ мы́слей** [*о* **рассужде́ний**] Gedankengang *m*; **идти́ по́лным ~ом** voll im Gange sein; **пуска́ть в ~** anwenden; ② (*auch fig*) Schachzug *m*
хода́тайство *nt O* Antrag *m*, Gesuch *nt*; **обраща́ться с хода́тайством** beantragen
ходи́ть I. <*präs:* хожу́, хо́дишь> *vi I* unbest (*best:* **идти́**) ① gehen, laufen; ② (*за кем-л./чем-л.*) holen; ③ pflegen; ④ (*beim (Karten-)Spiel*) ausspielen; **вам ~!** Sie sind dran! **~ с ко́зыря** einen Trumpf ausspielen;
ходово́й II. *adj* Lauf-; **~ механи́зм** Laufwerk; **~ това́р** (*fig*) gefragte Ware *f*
ходу́ли <*gen pl:* -лей, -у́ль> *f pl A1* Stelzen *f pl*
хозя́ин, хозя́йка <*pl m:* -я́ева, -я́ев, *gen pl f:* -я́ек> *m U3 / f A* ① Gastgeber, -in *m/f*; ② (*со́бственник*) Eigentümer, -in *m/f*, Inhaber, -in *m/f*; **~ до́ма** Hausherr, -in *m/f*
хозя́йничать *vi E impf* wirtschaften
хозя́йский *adj* dem Wirt (Eigentümer) gehörend
хозя́йство *nt O* ① (*дома́шнее*) Haushalt *m*; ② (*эконо́мика*) Wirtschaft *f*, Volkswirtschaft *f*; **се́льское ~** Landwirtschaft *f*; **вести́ ~** den Haushalt führen;

Х

работа по хозяйству Hausarbeit *f*
хоккéй *m K2* (СПОРТ) Hockey *nt*; **~ на льду** Eishockey *nt*
холéра *f A* (МЕД) Cholera *f*
холéрик *m K* (ПСИХ) Choleriker, -in *m/f*
холм *m K e* Hügel *m*
холмúстый <*kf:* -úст> *adj* hügelig
хóлод <*gen sg:* -а,-у, *pl:* -á, -óв> *m K ple* Kälte *f*
холодúльник *m K* ❶ Kühlschrank *m*; ❷ (*промы́шленный*) Kühlhaus *nt*
хóлодность *f I* Gefühlskälte *f*
холóдный <*kf:* хóлоден, холоднá, хóлодно, хóлодны́> *adj* (*auch fig*) kalt; **холóдная войнá** kalter Krieg *m*; **холóдное врéмя гóда** kalte Jahreszeit *f*
холóп *m K* (ИСТ) Leibeigene(r) *mf*
холостóй *adj* ❶ (*человéк*) ledig, unverheiratet; ❷ (ТЕХ) Leer-; **~ ход** Leerlauf *m*; **~ патрóн** Platzpatrone *f*
холостя́к *m K* Junggeselle *m*
холст *m K e* ❶ Leinen *nt*; ❷ (*экрáн*) Leinwand *f*; ❸ (*живопúсное полотнó*) Ölgemälde *nt*
хомя́к *m K e* (ЗООЛ) Hamster *m*
хор *m K* Chor *m*
хорáл *m K* Choral *m*
хорвáт *m K* Kroate *m*
Хорвáтия *f A2* Kroatien *nt*
хорвáтка *f A* Kroatin *f*
хореóграф *m K* Choreograf, -in *m/f*
хореогрáфия *f A2* Choreografie *f*
хоронúть <*präs:* -оню́, -óнишь> *vt I impf* (*pf:* по-, с-) begraben, bestatten
хорóшенький *adj* hübsch, lieblich
хорошéнько *adv* (*umg*) ordentlich, gehörig
хорóший <*kf:* -óш, -ошá, *komp:* лу́чше, *super:* лу́чший> *adj* gut; **хорóшая погóда** schönes Wetter *nt*
хорошó *adv* gut; **тебé ~ говорúть** du hast gut reden; **так же ~** ebensogut
хору́гвь *f I* Kirchenfahne *f*
хóры *m pl K* Empore *f*
хост *m K* (ОБДАН) Host *m*, Großrechner *m*
хотéть <*präs:* хочу́, хóчешь> *vt U1 impf* ❶ wollen, begehren; ❷ (*желáть*) wünschen; ❸ (*хотéться*) Lust haben (auf *+akk*)
хотя́ *konj* obwohl, obgleich
хохолóк <*gen sg:* -лкá> *m K e* (*у птиц*) Haube *f*
хóхот *m K* Gelächter *nt*
хрáбрость *f I* Kühnheit *f*, Tapferkeit *f*; **набрáться ~** Mut aufbringen
хрáбрый <*kf:* храбр, храбрá, хрáбро, хрáбры́> *adj* kühn, tapfer
храм *m K* ❶ Gotteshaus *nt*; ❷ (*auch fig*) Tempel *m*
хранéние *nt O2* Aufbewahrung *f*, Lagerung *f*
хранúлище *nt O1* Lager *nt*, Depot *nt*
хранúть *vt I impf* ❶ aufbewahren, lagern; ❷ (*от когó-л./чегó-л.*) behüten, beschützen (vor *+dat*); **~ в пáмяти** im Gedächtnis bewahren
храпéть <*präs:* -плю́, пúшь> *vi I impf* (*pf:* за-, храпну́ть) ❶ schnarchen; ❷ (*о живóтных*) schnauben
хребéт <*gen sg:* -бтá> *m K e* (АНАТ) Rückgrat *nt*; **гóрный ~** Bergrücken *m*
хрен <*gen sg:* -а,-у> *m K* Meerrettich *m*
хрестомáтия *f A2* Lesebuch *nt*
хризантéма *f A* Chrysantheme *f*
хрипéть <*präs:* -плю́, -пúшь> *vi I impf* (*pf:* про-) ❶ röcheln; ❷ (*umg:* *быть хрúплым*) heiser sein
хрúплый <*kf:* хрúпл, хрипла́, хрúпло> *adj* heiser
хрипотá *f A e* Heiserkeit *f*
христианúн, **христиáнка** <*pl m:* -áне, -áн, *gen pl f:* -нок> *m U2 / f A* Christ, -in *m/f*
христиáнский *adj* christlich; **~ мир** Christenheit *f*
христиáнство *nt O* Christentum *nt*
Христóс <*gen sg:* Христá> *m K e* Christus *m*
хром *m K* (ХИМ) Chrom *nt*

хрома́ть *vi E impf* hinken
хромо́й <*kf:* хром, хрома́, хро́мо> *adj* lahm
хромосо́ма *f A* Chromosom *nt*
хро́ника *f A* Chronik *f*
хрони́ческий *adj* chronisch
хронологи́ческий *adj* chronologisch; **в хрони́ческом поря́дке** in chronologischer Reihenfolge
хроноло́гия *f A2* Chronologie *f*, zeitliche Reihenfolge *f*
хру́пкий <*kf:* -пок. -пка́- пко> *adj* ❶ (*ло́мкий*) brüchig, zerbrechlich; ❷ (*о стекле́*) spröde; ❸ (*fig: боле́зненный*) gebrechlich
хруст *m K* ❶ Knirschen *nt*; ❷ (*суста́вов*) Knacks *m*, Knacken *nt*
хруста́ль *m K1* Kristall *nt*, Kristallglas *nt*
хрустя́щий *adj* knusprig
хряк *m K e* (ЗООЛ) Eber *m*
хрящ *m K e* (АНАТ) Knorpel *m*
хрящева́тый *adj* knorpelig
ху́до[1] *nt O* Übel *nt*, Böse *nt*
ху́до[2] (*umg*) schlimm, schlecht, übel
худоба́ *f A e* Magerkeit *f*
худо́жественный <*kf:* -вен, -вна> *adj* künstlerisch; **худо́жественное изде́лие** Kunstwerk *nt*
худо́жник *m K* ❶ (*живопи́сец*) Kunstmaler, -in *m/f*; ❷ (*ма́стер своего́ де́ла*) Künstler, -in *m/f*
худо́й[1] <*kf:* худ, худа́, ху́до, ху́ды́, *komp:* худе́е> *adj* mager, dürr, hager
худо́й[2] <*kf:* худ, худа́, ху́до, ху́ды́, *komp:* ху́же, *super:* ху́дший> *adj* schlecht, schlimm
худоща́вый <*kf:* -а́в> *adj* mager, schmal
ху́дший *adj super* schlimmste(r, s), schlechteste(r, s); **в ху́дшем слу́чае** schlimmstenfalls
ху́же *adj komp* schlechtere(r, s), schlimmere(r, s)
хулига́н *m K* Hooligan *m*, Rowdy *m*, Randalierer *m*

Цц

ц, Ц *nt indekl kyrillischer Buchstabe*
ца́пля *f A1* (ЗООЛ) Reiher *m*
цара́пать *vt E impf* (*pf:* на-, о-, по-) ❶ kratzen, ritzen; ❷ (*fig: писа́ть*) kritzeln
цара́пина *f A* Kratzer *m*
царе́вич *m K1* Zarensohn *m*
царе́вна <*gen pl:* -вен> *f A* Zarentochter *f*
цари́ца *f A* Zarin *f*
ца́рский *adj* Zaren-
ца́рство *nt O* ❶ Zarenreich *nt*; ❷ (*fig: мир*) Reich *nt*
царь *m K1 e* Zar *m*
цвести́ <*präs:* цвету́, цветёшь> *vi E6a impf* (*auch fig*) blühen, aufblühen, erblühen
цвет <*pl:* -а́, -о́в> *m K ple* Farbe *f*; **~ ко́жи** Hautfarbe *f*; **~ лица́** Teint *m*
цветно́й I. *adj* bunt, farbig; **~ каранда́ш** Farbstift *m*; **~ телеви́зор** Farbfernseher *m*; **цветна́я фотогра́фия** Farbfoto *nt*; **II.** *m wie adj* Farbige(r) *m*
цветово́д *m K* Blumenzüchter, -in *m/f*
цветово́й *adj* Farb-
цвето́к <*gen sg:* -тка́, *pl:* цветы́> *m K e* ❶ Blume *f*; ❷ (*на де́реве, кусте́*) Blüte *f*
цеди́ть <*präs:* цежу́, це́дишь> *vt I impf* seihen
це́дра *f A* Zitronenschale *f*

целе́бный <*kf:* -бен, бна> *adj* heilsam, Heil-
целево́й *adj* Ziel-; **целева́я устано́вка** Zielsetzung *f*
целенапра́вленный *adj* gezielt
целесообра́зный <*kf:* -зен, -зна> *adj* ratsam, sinnvoll, zweckmäßig
целеустремлённый <*kf:* -ён, -ённа> *adj* zielstrebig, zielbewusst
целиаки́я *f A2* (МЕД) Zöliakie *f*
целиба́т *m K* (РЕЛ) Zölibat *m*
целико́м *adv* ganz, völlig
целина́ *f A e* Neuland *nt*
цели́нник *m K* Neulandsiedler *m*
цели́тельный <*kf:* -лен, -льна> *adj* heilsam
це́лить *vi I impf* (*pf:* на-) (*в кого́-л./что-л.*) zielen (auf *+akk*)
целлофа́н *m K* Zellophan *nt*
целлюло́за *f A* Zellstoff *m*
целова́ть *vt E2 impf* (*pf:* по-) küssen
це́лое *nt wie adj* das Ganze *nt*
целому́дренный <*kf:* -рен, -ренна> *adj* keusch
це́лостный <*kf:* -тен, -тна> *adj* 1 (*недели́мый*) ungeteilt; 2 (*единообра́зный*) einheitlich
це́лый <*kf:* цел, цела́, це́ло> *adj* 1 ganz, voll; **~ год** das ganze Jahr; 2 (*не разби́тый*) heil, ganz
цель *f I* 1 Ziel *nt*, Zweck *m*; 2 (ВОЕ) Ziel *nt*; **~ путеше́ствия** Reiseziel *nt*; **пресле́довать ~** ein Ziel verfolgen, etw bezwecken; **с це́лью** zwecks
Ц
це́льный <*kf:* -лен, -льна́, -льно> *adj* 1 einheitlich; 2 (*о челове́ке*) integer
Це́льсий *m K2* Celsius; **20 гра́дусов по Це́льсию** 20 Grad Celsius
цеме́нт <*gen sg:* -а,-у> *m K* Zement *m*
цементи́ровать *vt E2 impf/pf* zementieren
цена́ <*akk sg:* це́ну> *f A pls* 1 Preis *m*; 2 (*сто́имость*) Wert *m*; **отпуска́ть це́ны** die Preise freigeben; **бе́шеные** [*o* **ди́кие**] **це́ны** horrende Preise; **любо́й ценой** (*fig*) um jeden Preis

цензу́ра *f A* Zensur *f*; **подверга́ть цензу́ре** zensieren
цени́ть <*präs:* ценю́, це́нишь> *vt I impf* schätzen; **высоко́ ~** wertschätzen
це́нник *m K* Preisschild *nt*
це́нность *f I* 1 Wert *m*; 2 (*це́нный предме́т*) Wertgegenstand *m*; 3 (*im pl*) Wertvorstellungen *pl*
це́нный <*kf:* це́нен, це́нна> *adj* 1 wertvoll, teuer; 2 (*значи́тельный, ва́жный*) bedeutungsvoll; **це́нные бума́ги** (ЭКОН) Wertpapiere *pl*
це́нтнер *m K* Doppelzentner *m*
центр *m K* 1 Zentrum *nt*, Mitte *f*; 2 (*средото́чие*) Zentrum *nt*, Zentrale *f*; 3 (ПОЛ, АДМИН) Zentralregierung *f*, Zentralbehörde *f*; **~ го́рода** Stadtmitte *f*; **~ тя́жести** Schwerpunkt *m*; **кру́пный ~** Großstadt *f*; **быть в ~е внима́ния** (*fig*) im Mittelpunkt der Aufmerksamkeit stehen
централизова́ть *vt E2 impf/pf* zentralisieren
центра́льный <*kf:* -лен, -льна> *adj* zentral, Zentral-; **Центра́льная Евро́па** Mitteleuropa *nt*; **центра́льная не́рвная систе́ма** Zentralnervensystem *nt*; **центра́льное отопле́ние** Zentralheizung *f*
центрифу́га *f A* 1 Zentrifuge *f*; 2 (*в стира́льной маши́не*) Wäscheschleuder *f*
центробе́жный *adj* (ФИЗ) zentrifugal; **центробе́жная си́ла** Zentrifugalkraft *f*
центростреми́тельный *adj* (ФИЗ) zentripetal; **центростреми́тельная си́ла** Zentripetalkraft *f*
цепля́ться *vi E impf* (*auch fig:* *за кого́-л./что-л.*) sich klammern (an *+akk*)
цепно́й *adj* Ketten-; **~ пес** Kettenhund *m*; **цепна́я реа́кция** Kettenreaktion *f*
цепо́чка *f A* Halskette *f*
цепь <*präpos sg:* о це́пи, в/на цепи́> *f I ple1* 1 (*auch fig*) Kette *f*;

~ магази́нов Ladenkette *f*; **жива́я ~** Menschenkette *f* ② (*го́рная*) Gebirgskette *f*
церемо́ния *f A2* Zeremonie *f*
церко́вный *adj* kirchlich, Kirchen-
це́рковь <*gen sg:* **-кви**> *f I ple1* Kirche *f*
цивилиза́ция *f A2* Zivilisation *f*
цивилизованный *adj* zivilisiert
цикл *m K* Zyklus *m*, Kreislauf *m*
цикли́ческий *adj* zyklisch
цико́рий <*präpos sg:* **-ии**> *m K2* Zichorie *f*
цили́ндр *m K* ① Zylinder *m*; ② (*шля́па*) Zylinderhut *m*
цилиндри́ческий *adj* zylindrisch
цини́зм *m K* Zynismus *m*
ци́ник *m K* Zyniker, -in *m/f*
цини́чный <*kf:* **-чен, -чна**> *adj* zynisch
цинк *m K* Zink *nt*
цино́вка *f A* Matte *f*
цирк *m K* Zirkus *m*
ци́ркуль *m K1* Zirkel *m*
циркуля́р *m K* Rundschreiben *nt*
цита́та *f A* Zitat *nt*; **~ из би́блии** Bibelstelle *f*
цити́ровать *vt E2 impf* (*pf:* **про-**) zitieren, anführen
ци́трусовый *adj* Zitrus-
ци́фра *f A* ① Ziffer *f*; ② (*число́*) Zahl *f*
цифрово́й *adj* ① Ziffern-, Zahlen-; **цифровы́е да́нные** Zahlenmaterial *nt* ② (*дигита́льный*) digital; **цифрова́я индика́ция** Digitalanzeige *f* ③ (*числово́й*) numerisch
цо́коль *m K1* Sockel *m*
цыга́н, цыга́нка <*pl m:* **-а́не, -а́н,** *gen pl f:* **-нок**> *m U2 / f A* Zigeuner, -in *m/f pej*
цыга́не *m pl U2* Sinti und Roma *pl*
цыплёнок <*gen sg:* **-нка,** *nom pl:* **-я́та**> *m U4* Küken *nt*

Чч

ч, Ч *nt indekl kyrillischer Buchstabe*
чаба́н *m K e* Schäfer *m*
чавка́ть *vi E impf* (*pf:* **ча́вкнуть**) schmatzen
чад <*gen sg:* **-а, -у,** *präpos sg:* **о ча́де, в чаду́**> *m K* ① Dunst *m*; ② (*дым*) Qualm *m*
чади́ть <*präs:* **чажу́, чади́шь**> *vi I impf* (*pf:* **на-**) qualmen
чадра́ *f A e* (*bei moslemischen Frauen*) Schleier *m*
чаевы́е *m pl wie adj* (*umg*) Trinkgeld *nt*
чай <*gen sg:* **-я,-ю**> *m K2* Tee *m*; **~ из трав** Kräutertee *m*; **рома́шковый ~** Kamillentee *m*
ча́йка <*gen pl:* **-ча́ек**> *f A* (*зоол*) Möwe *f*
ча́йник *m K* Teekanne *f*
ча́йный *adj* Tee-; **ча́йная ло́жка** Teelöffel *m*
ча́лда *f A* Pad *nt*; **ко́фе в ~х** Kaffeepad *nt*
чан <*präpos sg:* **в ча́не, чану́**> *m K ple* Bottich *m*, Kübel *m*
чароде́й, чароде́йка *m K2 / f A* Zauberer, Zauberin *m/f*
чару́ющий *adj* bezaubernd
ча́ры *f pl A* ① Bann *m*, magische Kraft *f*, Reize *pl*; ② (*fig:* *очарова́ние*) Bann *m*, Faszination *f*
час *m K ple* ① Stunde *f*; ② (*вре́мя*) Uhr *f*; **два ~а́** zwei Uhr; **~ икс** Stunde *f* null; **~а́ми** stundenlang; **~ы́ пик** Hauptverkehrszeit *f*; **в дневны́е ~ы́** tagsüber; ③ (*уро́к*) Unterrichtsstunde *f*
часово́й I. *adj* Stunden-, Uhr-; Ч

~ **механи́зм** Uhrwerk *nt*; ~ **по́яс** Zeitzone *f*; **часова́я стре́лка** Uhrzeiger *m*; **по часово́й стре́лке** im Uhrzeigersinn; **II.** *m wie adj* (ВОЕ) Wachmann *m*, Wache *f*

часовщи́к *m K e* Uhrmacher *m*

части́ца *f A* ① Teilchen *nt*, Partikel *m*; ② (ЛИНГ) Partikel *m*

части́чно *adv* teilweise, teils

части́чный *adj* teil-, partiell

ча́стник *m K* Privatmann *m*

ча́стность *f I* Einzelheit *f*, Detail *nt*

ча́стный *adj* ① privat; ② (*осо́бый*) besondere(r, s), speziell; ~ **слу́чай** Einzelfall *m*, spezieller Fall *m*; **ча́стная со́бственность** (ЭКОН) Privateigentum *nt*

ча́сто *adv* oft; **так же** ~ ebensooft

частота́ *f A pls* ① Häufigkeit *f*; ② (ТЕХ) Frequenz *f*

ча́стый <*kf:* част, часта́, ча́сто> *adj* häufig

часть *f I ple1* ① Teil *m*; ② (МУЗ) Satz *m*; ③ (*umg*) Bereich *m*, Fach *nt*; ~ **све́та** Erdteil *m*; ~ **ре́чи** (ЛИНГ) Wortart *f*

часы́ *m pl K* Uhr *f*; ~ **с брасле́том** Armbanduhr *f*; **ква́рцевые** ~ Quarzuhr *f*; **контро́льные** ~ Stechuhr *f*; **песо́чные** ~ Sanduhr *f*; **со́лнечные** ~ Sonnenuhr *f*; **электро́нные** ~ Digitaluhr *f*; **сверя́ть** ~ die Uhren vergleichen

ча́хнуть *vi E1 impf* (*pf:* за-) ① verwelken, verkümmern; ② (*fig: теря́ть здоро́вье*) dahinsiechen, vergehen

ча́ша *f A* ① Schale *f*; ② (*бока́л*) Becher *m*

ча́шечка *f A* ① kleine Tasse *f*, Tässchen *nt*; ② (АНАТ) Kniescheibe *f*; ③ (БОТ) Blütenkelch *m*

ча́шка *f A* Tasse *f*

ча́ща <*gen sg:* -щи, *inst sg:* -щей> *f A* Dickicht *nt*

ча́ще *adv* öfter, häufiger

чва́ниться *v + inst I impf* (*umg*) protzen

чванли́вый <*kf:* -и́в> *adj* ① protzig; ② (*самодово́льный*) selbstgefällig; ③ (*гордели́вый*) hochnäsig, eingebildet

чва́нный <*kf:* -а́нен, -а́нна> *adj* (*umg*) eitel, eingebildet

чей, чья́, чьё I. <*gen sg:* чьего́, чьей, чьего́, *pl:* чьи> *pron inter* wessen; **II.** *pron rel* dessen, deren

чек *m K* Scheck *m*; **ка́ссовый** ~ Kassenzettel *m*

чека́нить *vt I impf* (*pf:* вы́-, от-) prägen

чека́нка *f A* Prägung *f*

че́ковый *adj* Scheck-; **че́ковая кни́жка** Scheckbuch *nt*

челно́к *m K e* ① Kahn *m*, Nachen *m*; ② (*тка́цкий*) Webschiffchen *nt*

челове́к <*nom pl:* лю́ди> *m U3* ① Mensch *m*; ② (*лицо́*) Person *f*

челове́ческий *adj* menschlich, Menschen-

челове́чество *nt O* Menschheit *f*

челове́чность *f I* Menschlichkeit *f*, Humanität *f*

челове́чный <*kf:* -чен, -чна> *adj* menschlich, human

че́люсть *f I* (АНАТ) Kiefer *m*; **вставна́я** ~ Gebiss *nt*, Zahnprothese *f*

чемода́н *m K* Koffer *m*

чемпио́н *m K* Champion *m*, Sieger *m*; ~ **Евро́пы** Europameister *m*; ~ **ми́ра** Weltmeister *m*

чемпиона́т *m K* Meisterschaft *f*

чепе́ц <*gen sg:* -пца́> *m K e* Haube *f*, Häubchen *nt*

чепуха́ <*gen sg:* -и́> *f A e* Unsinn *m*, Blödsinn *m*

черви́вый <*kf:* -и́в> *adj* madig, wurmig

червь *m K1 e1* (*auch fig*) Wurm *m*; **дождево́й** ~ Regenwurm *m*; **кни́жный** ~ (*fig*) Bücherwurm *m*

черда́к *m K e* Dachboden *m*

черёд <*gen sg:* череда́> *m K e* Reihe *f*, Reihenfolge *f*; **всё идёт свои́м ~о́м** alles nimmt seinen Lauf

чередова́ться *vi E2 impf* sich abwechseln (mit +*dat*)

че́рез I. *präp lok +akk* ① durch (+*akk*); **идти́ ~ лес** durch den Wald

gehen ② über (+*akk*); **идтú ~ ýлицу** über die Straße gehen;
II. *präp temp +akk* ① nach (+*dat*); ② in (+*dat*); **~ год** nach einem Jahr; **~ час** in einer Stunde

черенóк <*gen sg:* -нкá> *m K e* ① Griff *m*, Stiel *m*; ② (бот) Halm *m*, Stiel *m*

чéреп <*pl:* -á, -óв> *m K ple* Schädel *m*

черепáха *f A* (зоол) Schildkröte *f*

черепáховый *adj* ① Schildpatt-; **~ грéбень** Schildpattkamm *m* ② (*из черепáхи*) Schildkröten-; **~ суп** Schildkrötensuppe *f*

черепáший *adj* Schildkröten-; **~ шаг** (*fig*) Schneckentempo *nt*

черепúца *f A* Dachziegel *m*

черепóк <*gen sg:* -пкá> *m K e* Scherbe *f*

чересчýр *adv* ① allzu; ② zuviel; **э́то ужé ~** das geht zu weit

черéшня <*gen pl:* -шен> *f A1* ① (*плод*) Süßkirsche *f*; ② (*дéрево*) Kirschbaum *m*

черн́ика *f A* ① (*я́года*) Heidelbeere *f*; ② (*куст*) Heidelbeerstrauch *m*

чернúла <*gen pl:* -úл> *pl A* Tinte *f*

чернúть *vt I impf* (*pf:* о-) ① schwärzen, schwarz machen; ② (*fig: клеветáть*) anschwärzen

чёрно-бéлый *adj* schwarzweiß

черновúк *m K e* ① Entwurf *m*, Konzept *nt*; ② (*не чистовúк*) Schmierzettel *m*

черноволóсый <*kf:* -óс> *adj* dunkelhaarig

черносл́ив *m K* Backpflaume *f*

чёрный <*kf:* чёрен, чернá, чёрнó> *adj* (*auch fig*) schwarz; **~ ры́нок** Schwarzmarkt *m*; **~ ход** Hinterausgang *m*; **~ ю́мор** schwarzer Humor *m*; **чёрным по бéлому** schwarz auf weiß

чернь *f I* (*pej*) Masse *f*, Pöbel *m*

черпáк *m K e* Schöpflöffel *m*, Schöpfkelle *f*

чéрпать *vt E impf* (*pf:* чéрпнуть) (*auch fig*) schöpfen; **~ информáцию** sich informieren

чёрствый <*kf:* чёрств, черствá, чёрство, чёрствы́> *adj* ① (*хлеб*) trocken, hart, altbacken; ② (*fig: бессердéчный*) lieblos, gefühllos

чёрт <*pl:* чéрти, чертéй, -тя́м, -тéй, -тя́ми, -тя́х> *m K ple1* Teufel *m*; **~ знáет что!** das ja unerhört! **~ возьмú!** hol's der Teufel!

чертá *f A e* ① Strich *m*; ② (*кáчество*) Zug *m*; **черты́ лицá** Gesichtszüge *pl*

чертёж <*gen sg:* чертежá> *m K e* ① Skizze *f*; ② (тех) Zeichnung *f*

чертёжник, чертёжница *m K / f A* technischer Zeichner, -in *m/f*

чертúть <*präs:* черчý, чéртишь> *vt I impf* (*pf:* на-) ① zeichnen; ② (*набрáсывать*) skizzieren, entwerfen

чёрточка *f A* Bindestrich *m*

чертыхáться *vi E impf* (*pf:* чертыхнýться) (*umg*) fluchen

чесáть <*präs:* чешý, чéшешь> *vt E4 impf* (*pf:* рас-, по-) ① (*вóлосы*) kämmen; ② (*тéло*) kratzen

чеснóк <*gen sg:* -á, -ý> *m K e* Knoblauch *m*

чéствование *nt O2* Huldigung *f*, Ehrung *f*

чéствовать *vt E2 impf* ehren

чéстность *f I* Ehrlichkeit *f*, Aufrichtigkeit *f*

чéстный <*kf:* -тен -тнá -тно, чéстны́> *adj* rechtschaffen, ehrlich, redlich, fair; **чéстное слóво** Ehrenwort *nt*

честолюбúвый <*kf:* -úв> *adj* ehrgeizig

честолю́бие *nt O2* Ehrgeiz *m*, Geltungsbedürfnis *nt*

честь *f I* Ehre *f*; **оказáть ~** Ehre erweisen; **отдавáть ~** salutieren

четá *f A* Paar *nt*, Ehepaar *nt*

четвéрг *m K* Donnerstag *m*

чéтверо *num sammel* eine Gruppe von vier

четвертовáть *vt E2 impf/pf* vierteilen

четвёртый *num ord* vierte(r, s); **в четвёртых** viertens

чéтверть *f I* Viertel *nt*; **~ часá** Viertelstunde *f*
чётки *<gen pl:* **-ток***> f pl A* Rosenkranz *m*; **перебирáть ~** den Rosenkranz beten
чёткий *<kf:* **чёток, чёткá/четкá, чётко***> adj* klar, deutlich, eindeutig; **чётко рабóтать** reibungslos funktionieren
чёткость *f I* Klarheit *f*
чётный *adj* gerade, paarig; **чётное числó** gerade Zahl *f*
четы́ре *<gen:* **четрырёх***>num* vier; **в ~ рáза** viermal
четы́реста *<gen:* **четрырёхсот***>num* vierhundert
четырёхугóльник *m K* Viereck *nt*
четы́рнадцать *<gen:* **-ти***>num* vierzehn
чех *m K* Tscheche *m*
Чéхия *f A2* Tschechien *nt*, Tschechische Republik *f*
чехóл *<gen sg:* **-хлá***> m K e* ① Bezug *m*, Überzug *m*; ② (*для очкóв и т.п.*) Etui *nt*
чечéнец, чечéнка *<gen pl m:* **-чев,** *gen pl f:* **-нок***> m K / f A* Tschetschene, Tschetschenin *m/f*
чечéнский *adj* tschetschenisch; **Чечéнская Респýблика** Tschetschenische Republik
Чечня́ *f A1* Tschetschenien *nt*
чéшка *f A* Tschechin *f*
чéшский *adj* tschechisch
Чи́ли *m indekl* Chile *nt*
чин *m K ple* Rang *m*
чини́ть *<präs:* **чиню́, чи́нишь***> vt I impf* (*pf:* **по-**) ① (*карандáш*) schärfen, spitzen; ② (ТЕХ) reparieren, instand setzen; ③ (*одéжду*) ausbessern, flicken
чинóвник *m K* Beamte(r), Beamtin *m/f*
чирéй *m K2* Furunkel *m*
чи́сленник *m K* Abreißkalender *m*
чи́сленный *adj* zahlenmäßig; **чи́сленное превосхóдство** zahlenmäßige Überlegenheit *f*
числи́тельное *nt wie adj* Zahlwort *nt*; **коли́чественное ~** Kardinalzahlwort *nt*; **поря́дковое ~** Ordinalzahlwort *nt*
числó *<gen pl:* **-сел***> nt O pls* ① (МАТ) Zahl *f*; ② (*коли́чество*) Anzahl *f*; ③ (ЛИНГ) Numerus *m*; ④ (*дáта*) Datum *nt*; **какóе сегóдня ~?** welches Datum haben wir heute? **еди́нственное ~** Singular *m*; **мнóжественное ~** Plural *m*; **в том числé** darunter
числовóй *adj* numerisch, Zahlen-
чисти́лище *nt O1* (РЕЛ) Fegefeuer *nt*
чи́стить *<präs:* **чи́щу, чи́стишь***> vt I impf* (*pf:* **вы́-, о-**) säubern, reinigen
чи́стка *f A* ① Reinigung *f*; **отнести́ костю́м в ~** einen Anzug in die Reinigung bringen; ② (*auch fig*) Säuberung *f*, Säuberungsaktion *f*; **этни́ческая ~** ethnische Säuberung *f*
чистови́к *m K* Reinschrift *f*
чистокрóвный *<kf:* **-вен, -вна***> adj* reinrassig
чистотá *f A e* Reinheit *f*, Sauberkeit *f*
чи́стый *<kf:* **чист, чистá, чи́сто, чи́сты***> adj* ① sauber, blank, rein; ② (*без при́меси*) pur, rein, echt; **чи́стое зóлото** reines Gold *nt*; **~ дохóд** Nettoeinkommen *nt*; **чи́стая сóвесть** (*fig*) reines Gewissen *nt*; **принимáть что-л. за чи́стую монéту** (*fig*) etw für bare Münze halten
читáтель, читáтельница *m K1 / f A* Leser, -in *m/f*
читáть *vt E impf* (*pf:* **прочéсть, про-**) lesen; **~ вслух** vorlesen; **~ нотáции** eine Gardinenpredigt halten
чихáть *vi E impf* (*pf:* **чихнýть**) ① niesen; ② (*umg:* **на когó-л./что-л.**) pfeifen (auf *+akk*)
член *m K* ① Mitglied *nt*; ② (АНАТ) Körperglied *nt*, Glied *nt*; ③ (*im pl*) Gliedmaßen *pl*; **~ семьи́** Familienangehörige(r) *mf*; **половóй ~** Penis *m*; **~ предложéния** (ЛИНГ) Satzglied *nt*
членéние *nt O2* Gliederung *f*
члени́ть *vt I impf* (*pf:* **рас-**) gliedern,

unterteilen
членораздéльный <kf: -лен, -льна> *adj* deutlich, artikuliert
члéнский *adj* Mitglieds-; **~ взнос** Mitgliedsbeitrag *m*
члéнство *nt O* Mitgliedschaft *f*
чмóкать *vi E impf* (*pf:* чмóкнуть) schmatzen
чóкаться *vi E impf* (*pf:* чóкнуться) (*с кем-л. за что-л.*) mit jdm anstoßen (auf *+akk*)
чóпорный <kf: -рен, -рна> *adj* prüde
ЧП *abk von* чрезвычáйное происшéствие *nt* Störfall *m*, Zwischenfall *m*
чрезвычáйный <kf: -áен, -áйна> *adj* außerordentlich; **чрезвычáйное положéние** Ausnahmezustand *m*
чрезмéрный <kf: -рен, -рна> *adj* enorm, maßlos, übermäßig
чтéние *nt O2* Lesen *nt*, Lektüre *f*
чтец, чтúца *m K / f A* ❶ Vorleser, -in *mf*, Vortragskünstler, -in *mf*; ❷ (РЕЛ) Lektor, -in *mf*
что I. <gen sg: чегó> *pron inter* was; **II.** *pron rel* der, die, das; **III.** *konj* dass
чтóбы *konj* ❶ dass; ❷ damit; ❸ um ... zu ...
Чувáшия *f A2* Tschuwaschien *nt*
чýвственный <kf: -вен, -венна> *adj* sinnlich; **чувственное восприя́тие** sinnliche Wahrnehmung *f*
чувствúтельность *f I* Empfindlichkeit *f*
чувствúтельный <kf: -лен, -льна> *adj* ❶ empfindlich; ❷ (*восприúмчивый*) empfindsam, sensibel
чýвство *nt O* Gefühl *nt*; **~ мéры** Augenmaß *nt*; **~ сóбственного достóинства** Selbstwertgefühl *nt*; **~ юмора** Sinn *m* für Humor; **стáдное ~** Herdentrieb *m*; **шестóе ~** sechster Sinn *m*
чýвствовать *vi E2 impf* fühlen, spüren; **~ угрызéния сóвести** Gewissensbisse haben
чугýн *m K e* Gusseisen *nt*
чудáк *m K e* Eigenbrötler *m*, Sonderling *m*
чудéсный <kf: -сен, -сна> *adj* himmlisch, herrlich, wundervoll
чýдо <pl: чудесá, -éс, -есáм> *nt U3* Wunder *nt*; **~ свéта** Weltwunder *nt*; **~м** wie durch ein Wunder
чудóвище *nt O1* Ungeheuer *nt*, Scheusal *nt*
чудóвищный <kf: -щен, -щна> *adj* ungeheuer, ungeheuerlich
чужáк *m K e* Fremde(r) *mf*
чужóй *adj* fremd
чулáн *m K* Rumpelkammer *f*
чулóк <gen sg: -лкá, gen pl: -лóк> *m K e* Strumpf *m*
чумá *f A e* (МЕД) Pest *f*
чурбáн *m K* ❶ Klotz *m*, Holzblock *m*; ❷ (*fig:* дурáк) Tollpatsch *m*, Trottel *m*
чýрка *f A* Holzblock *m*
чýткий <kf: -ток, -ткá, -тко> *adj* ❶ hellhörig, feinsinnig; ❷ (*fig: отзы́вчивый*) feinfühlig
чýткость *f I* Zartgefühl *nt*, Einfühlungsvermögen *nt*
чуть I. *adv* (*едвá*) kaum; **~-~** nur ganz wenig; **II.** *konj* sobald
чутьё *nt O1 e* Gespür *nt*, Spürsinn *m*
чýчело *nt O* ❶ Vogelscheuche *f*; ❷ (*живóтного*) Balg *m*, ausgestopftes Tier
чушь *f I* (*umg*) Unsinn *m*, Blödsinn *m*; **нестú вся́кую ~** herumblödeln, herumalbern
чýять <präs: чýю, чýешь> *vt E4 impf* ❶ wittern, riechen; ❷ (*fig: чýвствовать*) spüren, ahnen
чьё *siehe* **чей**
чья *siehe* **чей**

Шш

ш, **Ш** *nt indekl kyrillischer Buchstabe*
шаба́ш **I.** *m K* Ruhepause *f*; **II.** *part* basta
шабло́н *m K* Schablone *f*, Muster *nt*, Vorlage *f*
шабло́нный *adj* 1 schablonenhaft; 2 (*fig:* ***изби́тый***) abgedroschen
шаг <*gen sg:* -а, -у, *präpos sg:* о ша́ге, в/на шагу́> *m K ple* Schritt *m*; **~ наза́д** (*auch fig*) Rückschritt *m*
ша́йба *f A* 1 (СПОРТ) Scheibe *f*, Puck *m*; 2 (ТЕХ) Scheibe *f*
ша́йка[1] *f A* Bande *f*
ша́йка[2] *f A* (**для воды**) Kübel *m*, Trog *m*
шака́л *m K* Schakal *m*
шаловли́вый <*kf:* -и́в> *adj* ausgelassen, übermütig
шалопа́й *m K* Taugenichts *m*, Tagedieb *m*
ша́лость *f I* 1 Übermut *m*; 2 (***шу́тка***) Streich *m*
шалфе́й *m K2* (БОТ) Salbei *m*
шампа́нское *nt wie adj* Champagner *m*, Sekt *m*
шампиньо́н *m K* Champignon *m*
шампу́нь *m K1* Shampoo *nt*, Haarwaschmittel *nt*
шанс *m K* Chance *f*, Gelegenheit *f*
шанта́ж *m K e* Erpressung *f*
шантажи́ровать *vt E2 impf* erpressen
ша́пка *f A* 1 Mütze *f*; **~-уша́нка** Pudelmütze *f*; 2 (***у докуме́нта***) Kopf *m*; **~ письма́** Briefkopf *m*
шар *m K* 1 Kugel *f*; 2 (***возду́шный***) Ballon *m*; **билья́рдный ~** Billardkugel *f*; **возду́шный ~** Luftballon *m*
шарж *m K* Karikatur *f*
ша́ркать *vi E impf* (*pf:* ша́ркнуть) 1 scharren; 2 (***нога́ми***) schlurfen, latschen
шарлата́н *m K* Scharlatan *m*
шарм *m K* Charme *m*
шарма́нка *f A* Drehorgel *f*; **всё та же ~** (*fig*) immer die alte Leier
шарни́р *m K* Scharnier *nt*
шарообра́зный <*kf:* -зен, -зна> *adj* kugelförmig
шарф *m K* Schal *m*
шасси́ *nt indekl* (ТЕХ) Fahrgestell *nt*
шата́ться *vi E impf* (*pf:* шатну́ться) taumeln, torkeln; **~ без де́ла** (*fig*) herumlungern
шатёр <*gen sg:* -тра́> *m K e* Zelt *nt*
ша́ткий <*kf:* -ток, ша́тка́, -тко> *adj* 1 (***стол***) wackelig; 2 (*fig:* ***ненадёжный***) schwankend, unsicher
шах *m K* 1 Schah *m*; 2 (***в ша́хматах***) Schach; **объявля́ть ~** Schach erklären
ша́хматный *adj* Schach-; **ша́хматная фигу́ра** Schachfigur *f*; **в ша́хматном поря́дке** schachbrettartig
ша́хматы <*gen pl:* ша́хмат> *f pl A* Schachspiel *nt*
ша́хта *f A* (ГОР) Grube *f*
шахтёр *m K* Bergarbeiter *m*, Kumpel *m*
ша́шка[1] <*gen pl:* -шек> *f A* Säbel *m*
ша́шка[2] <*gen pl:* -шек> *f A* 1 Damestein *m*; 2 (ВОЕ) Sprengkörper *m*
ша́шки <*gen pl:* ша́шек> *f pl A* Damespiel *nt*
шашлы́к *m K e* Schaschlik *nt*
швартова́ть *vt E2 impf* (*pf:* при-, о-) (СУД) vertäuen, festmachen
швед, **шве́дка** *m K / f A* Schwede, Schwedin *m/f*
шве́дский *adj* schwedisch
шве́йный *adj* Näh-; **шве́йная маши́на** Nähmaschine *f*
швейца́р *m K* Pförtner *m*
швейца́рец, **швейца́рка** <*gen sg m:* -рца> *m K / f A* Schweizer, -in *m/f*
Швейца́рия *f A2* Schweiz *f*
швейца́рский *adj* 1 Schweizer,

schweizerisch; ❷ (*относя́щийся к швейца́ру*) Pförtner-, Portiers-

Шве́ция *f A2* Schweden *nt*

швея́ <*gen pl:* швей> *f A* Näherin *f*

швырну́ть *vt E1 pf* (*impf:* швыря́ть) schmettern, schleudern

шевели́ть *vi I impf* (*pf:* по-) bewegen

шеде́вр *m K* (*geh*) Meisterstück *nt*, Meisterwerk *nt*

шезло́нг *m K* Chaiselongue *f*, Liege *f*

шейх *m K* Scheich *m*

шелесте́ть <*nur 2. und 3. pers:* -ти́шь> *vi I impf* rauschen, säuseln

шёлк <*gen sg:* -а, -у, *präpos sg:* о шёлке, на/вшелку́> *m K* Seide *f*

шелкови́стый *adj* seidig

шёлковый *adj* seiden

шелуха́ *f A e* Pelle *f*, Schale *f*; **снима́ть шелуху́** pellen

шелуши́ться *vi I impf* sich schälen

ше́льма *mf A* ❶ (*pej*) Schurke *m*; ❷ (*umg:* ***прока́зник***) Schelm *m*

шепеля́вить <*präs:* -влю, -вишь> *vi I impf* lispeln

шёпот *m K* Flüstern *nt*, Geflüster *nt*

шепта́ть <*präs:* шепчу́, ше́пчешь> *vi E4 impf* (*pf:* шепну́ть) flüstern, lispeln, raunen

шерохова́тый <*kf:* -а́т> *adj* (*auch fig*) rau, holprig

шерсть *f I ple1* ❶ Fell *nt*, Wolle *f*; ❷ (*для вяза́ния*) Wolle *f*, Wollgarn *nt*

ше́ршень <*gen sg:* -шня> *m K1* (ЗООЛ) Hornisse *f*

шестерёнка <*gen pl:* -нок> *f A* Zahnrad *nt*

шестикра́тный *adj* sechsfach

шестиле́тний *adj* sechsjährig

шестна́дцать *num* sechzehn

шесто́й *num ord* sechste(r, s); **шеста́я часть** Sechstel *nt*

шесть *num* sechs; **~ раз** sechsmal

шестьдеся́т <*gen:* шести́десяти, *inst:* шестью́десятью> *num* sechzig

шестьсо́т <*gen:* шестисо́т> *num* sechshundert

шеф *m K* Chef, -in *m/f*; **~-по́вар** Küchenchef *m*

ше́я *f A2* Hals *m*, Nacken *m*; **слома́ть себе́ ше́ю** (*fig*) sich den Hals brechen

шизофрени́я *f A2* (ПСИХ) Schizophrenie *f*

шика́рный <*kf:* -рен, -рна> *adj* ❶ (*umg*) schick; ❷ (*umg:* ***отли́чный***) prima, ausgezeichnet

шимпанзе́ *nt indekl* Schimpanse *m*

ши́на *f A* Reifen *m*

шиньо́н *m K* Haarteil *nt*

шип *m K e* (БОТ, ТЕХ) Dorn *m*

шипе́ть <*präs:* -плю́, -пи́шь> *vi I impf* zischen

шипо́вки <*gen pl:* -вок> *pl K* (СПОРТ) Spikes *pl*

шипо́вник *m K* ❶ (*плод*) Hagebutte *f*; ❷ (*куст*) Hagebuttenstrauch *m*

шипу́чий *adj* ❶ schäumend, brausend; ❷ (*шипя́щий*) zischend; **шипу́чее вино́** Schaumwein *m*; **шипу́чие табле́тки** Brausetabletten *pl*

ширина́ *f A e* Breite *f*; **~ диапазо́на** (ОБДАН) Bandbreite *f*

широ́кий <*kf:* -о́к, -ока́, -о́ко́> *adj* breit, weit

широкопле́чий <*kf:* -е́ч> *adj* breitschultrig

широта́ *f A pls* ❶ (ГЕОГ) Breitengrad *m*; ❷ (*объём*) Breite *f*; **~ ассортиме́нта** Sortimentsbreite *f*

шить <*präs:* шью, шьёшь> *vt E4c impf* (*pf:* с-) nähen

ши́фер *m K* Schiefer *m*

шифр *m K* Chiffre *f*

ши́шка *f A* ❶ Beule *f*; ❷ (БОТ) Zapfen *m*; **ело́вая ~** Tannenzapfen *m*; ❸ (*fig:* ***влия́тельное лицо́***) hohes Tier *nt*, wichtige Persönlichkeit *f*

шкала́ *f A pls* Skala *f*

шкату́лка *f A* Schatulle *f*, Kästchen *nt*

шкаф *m K* Schrank *m*; **несгора́емый ~** Tresor *m*

шквал *m K* Böe *f*

шква́рки <*gen pl:* -рок> *pl A* Schwarten *pl*

шко́ла *f A* Schule *f*; **нача́льная ~** Grundschule *f*; **учи́ться в шко́ле**

zur Schule gehen

шко́льник, шко́льница *m K / f A* Schüler, -in *m/f*

шко́льный *adj* Schul-; **шко́льного во́зраста** schulpflichtig

шку́ра *f A* (*auch fig*) Fell *nt*, Haut *f*; **узна́ть на со́бственной шкуре** am eigenen Leibe erfahren

шку́рка <*gen pl:* -рок> *f A* ① Häutchen *nt*; ② (*umg: bei Obst*) Schale *f*; ③ (ТЕХ) Schmirgelpapier *nt*

шлагба́ум *m K* Schlagbaum *m*

шлак *m K* Schlacke *f*; **выводи́ть ~и (из органи́зма)** (МЕД) entschlacken

шланг *m K* Schlauch *m*

шлейф *m K* Schleppe *f*

шлем *m K* Helm *m*; **стально́й ~** Stahlhelm *m*

шлепо́к <*gen sg:* -пка́> *m K e* Klaps *m*

шлифова́льный *adj* Schleif-

шлифова́ние *nt O2* Schliff *m*

шлифова́ть *vt E2 impf* (*pf:* от-) ① schleifen; ② (*fig:* ***отшлифо́вывать***) feilen (an +*dat*)

шлюз *m K* Schleuse *f*

шлюзова́ть *vt E2 impf* schleusen

шлю́пка <*gen pl:* -ок> *m K* Boot *nt*

шлю́ха *f A* (*pej*) Hure *f*, Nutte *f*

шля́гер *m K* Schlager *m*, Hit *m*

шля́па *f A* ① Hut *m*; ② (*fig:* ***неуда́чник***) Versager *m*, Schlappschwanz *m*; **мя́гкая ~** Schlapphut *m*

шля́пка *f A* ① Damenhut *m*; ② (***гвоздя́***) Nagelkopf *m*

шмель *m K1* (ЗООЛ) Hummel *f*

шмыга́ть *vi E impf* (*pf:* шмыгну́ть) ① huschen; ② (*umg:* ***шныря́ть***) hin- und hergehen

шни́цель *m K1* Schnitzel *nt*

шныря́ть *vi E impf* (*pf:* шнырну́ть) (*umg*) hin- und hereilen

шов <*gen sg:* шва> *m K* Naht *f*, Fuge *f*

шовини́зм *m K* Chauvinismus *m*

шовини́ст *m K* Chauvinist *m*

шовинисти́ческий, шовини́стский *adj* chauvinistisch

шок *m K* (*auch fig*) Schock *m*

шоки́ровать *vt E2 impf/pf* schockieren

шо́ковый *adj* schockartig, Schock-; **шо́ковая терапи́я** (*auch fig*) Schocktherapie *f*, Rosskur *f*

шокола́д <*gen pl:* -док> *m K* Schokolade *f*

шокола́дка *f A* Schokoladentafel *f*

шо́рник *m K* Sattler *m*

шо́рты <*gen pl:* шорт/шо́ртов> *f pl A* Shorts *pl*, kurze Hosen *pl*

шо́ры <*gen pl:* шор> *f pl A* (*auch fig*) Scheuklappen *pl*

шоссе́ *nt indekl* ① Chaussee *f*; ② Landstraße *f*

шотла́ндец, шотла́ндка <*gen sg m:* -дца, *gen pl f:* -док> *m K / f A* Schotte, Schottin *m/f*

Шотла́ндия *f A2* Schottland *nt*

шотла́ндский *adj* schottisch

шо́у *nt indekl* Show *f*

шофёр *m K* Chauffeur *m*, Fahrer *m*, Kraftfahrer *m*

шпа́га *f A* Degen *m*

шпага́т *m K* ① Bindfaden *m*; ② (СПОРТ) Spagat *nt*

шпина́т *m K* Spinat *m*

шпио́н *m K* Spion *m*

шпиона́ж *m K* Spionage *f*

шпио́нить *vi I impf* ① spionieren; ② (***за кем-ли́бо***) nachspionieren

шприц *m K* Spritze *f*

шрам *m K* Narbe *f*

шрифт *m K* ① Schrift *f*; ② (ОБДАН) Schriftart *f*; ③ (***тип***) Schrifttype *f*; **ме́лким шри́фтом** klein gedruckt

штаб *m K* (ВОЕ) Stab *m*

шта́бель *m K1* Stapel *m*; **укла́дывать шта́беля́ми** aufstapeln

штаб-кварти́ра *f A* ① (ВОЕ) Stabsquartier *nt*, Hauptquartier *nt*; ② (***па́ртии***) Zentrale *f*, Hauptsitz *m*

штамп *m K* ① Stempel *m*; ② (ТЕХ) Stanze *f*; **языково́й ~** (*fig*) sprachliches Klischee *nt*

штампова́ть *vt E2 impf* (*pf:* от-, про-) ① stempeln; ② (ТЕХ) stanzen

шта́нга *f A* ① Metallstange *f*; ② (СПОРТ) Hantel *f*

штани́на *f A* (*umg*) Hosenbein *nt*
штаны *pl K* Hose *f*
штат[1] *m K* Personal *nt*, Personalbestand *m*; **быть в ~е** fest angestellt sein; **сокраща́ть ~ы** Personal abbauen
штат[2] *m K* (*администрати́вная едини́ца*) Bundesstaat *m*, Unionsstaat *m*
штати́в *m K* Halter *m*, Stativ *nt*
шта́тный *adj* ① fest angestellt; ② (*относя́щийся к шта́там*) Stellenplan-; **шта́тная едини́ца** Planstelle *f*; **шта́тная рабо́та** Dauerstellung *f*; **шта́тное расписа́ние** Stellenplan *m*
ште́псель *m K1* (ЭЛЕК) Stecker *m*
штиль *m K1* (СУД) Flaute *f*
што́льня *f A1* (ГОР) Stollen *m*
што́панье *nt O1* Flicken *nt*, Flickerei *f*
што́ра *m K* Übergardine *f*
шторм *m K* Seesturm *f*
штраф *m K* Geldstrafe *f*, Bußgeld *nt*
штрафно́й *adj* Straf-; **~ уда́р** (СПОРТ) Strafstoß *m*
штрих *m K* ① dünner Strich *m*; ② (*fig: черта́*) Charakterzug *m*
штрихова́ть *vt E2 impf* (*pf:* за-) schraffieren
штукату́рка *f A* ① Putz *m*; ② (*покры́тие*) Verputzung *f*
штурва́л *m K* (СУД) Steuerruder *nt*
штурм *m K* ① Sturm *m*; ② (*ата́ка*) Attacke *f*; **брать ~ом** im Sturm nehmen
шту́рман *m K* ① Navigationsoffizier *m*; ② (*в авиа́ции*) (Co-)Pilot *m*; ③ (СУД) Steuermann *m*
штурмова́ть *vt E2 impf* (ВОЕ) erstürmen
штык *m K* Bajonett *nt*
шу́ба *f A* Pelzmantel *m*
шум <*gen sg:* -а, -у> *m K* ① Lärm *m*, Krach *m*; ② (*шо́рох*) Geräusch *nt*; ③ (*сканда́л*) Eklat *m*
шуме́ть <*präs:* -млю́, -ми́шь> *vi I impf* ① lärmen; ② (*сканда́лить*) randalieren
шуми́ха *f A* (*umg*) Aufsehen *nt*, Rummel *m*
шу́мный <*kf:* -мен, -мна́, -мно, шу́мны́> *adj* ① lärmend; ② (*бу́рный*) rauschend; **шу́мная компа́ния** (*umg*) Rasselbande *f*
шу́рин *m K* (*брат жены*) Schwager *m*
шуру́п *m K* Schraube *f*; **крестови́дный ~** Kreuzschlitzschraube *f*
шурша́ть <*präs:* -шу́, -ши́шь> *vi I impf* rascheln
шут *m K e* Narr *m*, Kasper *m*
шути́ть <*präs:* шучу́, шу́тишь> *vi I impf* (*pf:* по-) scherzen, spaßen
шу́тка *f A* ① Scherz *m*; ② (*проде́лка*) Streich *m*; **с ни́м шу́тки пло́хи** mit ihm ist nicht zu spaßen; **первоапре́льская ~** Aprilscherz *m*; **обраща́ть в шу́тку** als Scherz abtun; **сыгра́ть с кем-л. злу́ю шу́тку** jdm einen bösen Streich spielen; **шу́тки ра́ди** spaßeshalber; **шу́тки в сто́рону** Spaß beiseite
шутли́вый <*kf:* -и́в> *adj* scherzhaft; **~ вопро́с** Scherzfrage *f*
шутни́к *m K e* Spaßvogel *m*, Witzbold *m*
шутовско́й *adj* Narren-
шу́точный <*kf:* -чен, -чна> *adj* scherzhaft, Scherz-

Щщ

щ, Щ *nt indekl kyrillischer Buchstabe*

щади́ть <*präs:* щажу́, щади́шь> *vt I impf* (*pf:* по-) schonen; **~ себя́** kürzer treten

щёбень <*gen sg:* -бня> *m K1* Schotter *m*

щебет *m K* Gezwitscher *nt*

щебета́ть <*präs:* -ечу́, -е́чешь> *vi E4 impf* zwitschern

ще́дрость *f I* Freigebigkeit *f*, Großzügigkeit *f*

ще́дрый <*kf:* щедр, щедра́, ще́дро, ще́дры> *adj* freigebig, großzügig

щека́ <*akk sg:* щёку, *pl:* щёки, щёк, щека́м> *f A e2* Wange *f*, Backe *f*

щекота́ть <*präs:* -очу́, -о́чешь> *vt E4 impf* (*pf:* по-) kitzeln, kribbeln; **у меня́ щеко́чет в носу́** mir kribbelt es in der Nase; **~ чьё-л. самолюбие** (*fig*) jds Eigenliebe kitzeln

щеко́тка *f A* Kitzel *m*; **боя́ться щеко́тки** kitzlig sein

щекотли́вый <*kf:* -и́в> *adj* kitzlig; **щекотли́вое положе́ние** (*fig*) eine heikle Angelegenheit *f*

щеко́тный *adj* kitzlig

щёлкать I. *vt E impf* (*pf:* щёлкнуть) (*оре́хи*) knacken; **II.** *vi E* ❶ (*кнут*) knallen; ❷ (*ра́дио*) knacken; **~ языко́м** mit der Zunge schnalzen; **~ зуба́ми** mit den Zähnen klappern

щелку́нчик *m K* Nussknacker *m*

щёлочь *f I ple1* Alkali *nt*

щелчо́к <*gen sg:* -чка́> *m K e* Puff *m*, leichter Stoß *m*; **~ мы́ши** (ОБДАН) Mausklick *m*

щель *f I ple1* Schlitz *m*, Spalt *m*, Ritze *f*

щепети́льный <*kf:* -лен, -льна> *adj* heikel, delikat

ще́пки <*gen pl:* -пок> *f pl A* Kleinholz *nt*

щепо́тка *f A* (*таба́ку, со́ли*) Prise *f*

щети́на *f A* ❶ Borste *f*; ❷ (*im pl*) Bartstoppeln *pl*

щётка *f A* Bürste *f*; **~ для воло́с** Haarbürste *f*

щипа́ть <*präs:* щиплю́, щи́плешь> *vt E4 impf* (*pf:* о-, об-) ❶ rupfen; ❷ (*ко́жу*) kneifen; ❸ (*пе́рец*) brennen

щипцы́ <*gen pl:* -цо́в> *m pl K e* ❶ Kneifzange *f*; ❷ (МЕД) Geburtszange *f*

щит *m K e* ❶ Schild *m*; ❷ (*на гербе́*) Wappenschild *m*; ❸ (*доска́*) Brett *nt*, Tafel *f*; **распредели́тельный ~** (ЭЛЕК) Schaltbrett *nt*

щитови́дный *adj*: **щитови́дная железа́** Schilddrüse *f*

щито́к <*gen sg:* -тка́> *m K e* ❶ kleine Tafel *f*, kleines Brett *nt*; ❷ (СПОРТ) Beinschiene *f*

щу́ка *f A* Hecht *m*

щуп *m K* ❶ Sonde *f*; ❷ (ТЕХ) Sensor *m*, Fühler *m*, Taster *m*

щу́пальце *nt O* (*у беспозвоно́чных*) Fühler *m*

щу́пать *vt E impf* (*pf:* по-) befühlen, betasten

щу́рить *vt I impf* (*pf:* по-) (*глаза́*) blinzeln

Ъъ

ъ, **Ъ** *nt indekl hartes Zeichen*

Ыы

ы, **Ы** *nt indekl kyrillischer Buchstabe*

Ьь

ь, **Ь** *nt indekl weiches Zeichen*

Ээ

э, Э *nt indekl kyrillischer Buchstabe*

эвакуи́ровать *vt E2 impf/pf* evakuieren

ЭВМ *abk von* **электро́нно-вычисли́тельная маши́на** *f* Rechner *m*, Computer *m*

эволю́ция *f A2* Evolution *f*

эвтана́зия *f A2* Euthanasie *f*, Sterbehilfe *f*

эги́да *f A* (*geh*) Schirmherrschaft *f*, Leitung *f*; **под эги́дой** unter der Ägide

эгои́зм *m K* Egoismus *m*

эгои́ст, эгои́стка <*gen pl f:* -ток> *m K / f A* Egoist, -in *m/f*

эгоисти́чный <*kf:* -чен, -чна> *adj* egoistisch

эгоцентри́чный <*kf:* -чен, -чна> *adj* (*geh*) egozentrisch

эзоте́рика *f A* Esoterik *f*

эйфори́я *f A2* Euphorie *f*, Begeisterung *f*

эква́тор *m K* Äquator *m*

эквивале́нт *m K* Äquivalent *nt*, Entsprechung *f*, Gegenwert *m*

экзальти́рованный <*kf:* -ан, -анна> *adj* exaltiert, verzückt

экза́мен *m K* ❶ Prüfung *f*, Examen *nt*; ❷ (*fig:* **испыта́ние**) Prüfung *f*, Probe *f*; **вступи́тельный** [*o* **приёмный**]**~** Aufnahmeprüfung *f*; **выпускно́й ~** Abschlussprüfung *f*; **госуда́рственный ~** Staatsexamen *nt*

экзаменацио́нный *adj* Examens-, Prüfungs-; **экзаменацио́нная коми́ссия** Prüfungskommission *f*

экзамену́емый *m wie adj* Prüfling *m*

экзеку́ция *f A2* Exekution *f*, Hinrichtung *f*

экзе́ма *f A* Ekzem *nt*

экологи́ческий *adj* ökologisch, Umwelt-; **~ уще́рб** Umweltschaden *m*

экологи́чный *adj* umweltfreundlich, umweltschonend

эконо́мика *f A* ❶ Wirtschaft *f*, Ökonomie *f*; ❷ (**нау́ка**) Wirtschaftswissenschaft *f*; **~ предприя́тия** Betriebswirtschaft *f*

экономи́ст Volkswirt *m*

эконо́мить <*präs:* -млю, -мишь> *vt I* einsparen, sparen

экономи́ческий *adj* Wirtschafts-, wirtschaftlich; **~ кри́зис** Wirtschaftskrise *f*; **~ рост** Wirtschaftswachstum *nt*

экономи́чный *adj* rationell, kostenbewusst, wirtschaftlich

эконо́мия *f A2* ❶ Sparsamkeit *f*; ❷ (**средств**) Einsparung *f*; **~ вре́мени** Zeitersparnis *f*; **~ затра́т** Kosteneinsparung *f*; **~ эне́ргии** Energiesparen *nt*

эконо́мный <*kf:* -мен, -мна> *adj* sparsam, wirtschaftlich, rationell

экра́н *m K* Bildschirm *m*

экранизи́ровать *vt E2 impf/pf* verfilmen

экскава́тор *m K* Bagger *m*

эксклюзи́вный *adj* exklusiv

экскреме́нты <*gen pl:* -тов> *m pl K* Kot *m*, Exkremente *pl*

э́кскурс *m K* (*geh*) Exkurs *m*

экскурса́нт *m K* Ausflügler, -in *m/f*

экску́рсия *f A2* Exkursion *f*, Ausflug *m*; **~ по го́роду** Stadtbesichtigung *f*

экспа́нсия *f A2* Expansion *f*

экспеди́ция *f A2* ❶ Expedition *f*; ❷ (экон) Spedition *f*; **нау́чная ~** Forschungsreise *f*

экспериме́нт *m K* Experiment *nt*, Versuch *m*

эксперименти́ровать *vi E2 impf* experimentieren

экспе́рт *m K* Experte, Expertin *m/f*, Sachverständige(r) *mf*

эксперти́за *f A* Expertise *f*, Gutachten *nt*, Begutachtung *f*; **подверга́ть эксперти́зе** begutachten

экспе́ртный *adj* Experten-; **экспе́ртное заключе́ние** Gutachten *nt*

эксплуата́ция *f A2* ① Ausbeutung *f*; ② (ТЕХ) Nutzung *f*, Betreibung *f*, Betrieb *m*; ③ (ГОР) Abbau *m*

эксплуати́ровать *vt E2 impf* ① ausbeuten; ② (ТЕХ) nutzen, betreiben, bewirtschaften; ③ (ГОР) abbauen

экспози́ция *f A2* ① Ausstellung *f*; ② (ЛИТ, МУЗ) Exposition *f*; ③ (ФОТ) Belichtung *f*

экспона́т *m K* Exponat *nt*, Ausstellungsgegenstand *m*

экспоне́нт *m K* Aussteller *m*

экспони́ровать *vt E2 impf/pf* ausstellen

э́кспорт *m K* Export *m*, Ausfuhr *f*; **идти́ на ~** exportiert werden

экспортёр *m K* Exporteur *m*

экспорти́ровать *vt E2 impf/pf* ① (ЭКОН) exportieren, ausführen; ② (ОБДАН) exportieren

э́кспортный *adj* Export-, Ausfuhr-; **~ това́р** Exportartikel *m*

экспре́сс *m K* Schnellzug *m*, Express *m*

экспрессиони́зм *m K* Expressionismus *m*

экспре́сс-опро́с *m K* Blitzumfrage *f*

экспро́мтом *adv* aus dem Stegreif

экспроприа́ция *f A2* Enteignung *f*

экспроприи́ровать *vt E2 impf/pf* enteignen

экста́з *m K* Ekstase *f*

экстравага́нтный <*kf:* -тен, -тна> *adj* extravagant

экстра́кт *m K* Extrakt *m*

экстраордина́рный <*kf:* -рен, -рна> *adj* außerordentlich; **экстраордина́рное собы́тие** außergewöhnliches Ereignis *nt*

экстреми́зм *m K* Extremismus *m*; **пра́вый ~** Rechtsextremismus *m*

экстреми́стский *adj* extremistisch, radikal

э́кстренный <*kf:* -рен, -ренна> *adj* ① (*спе́шный*) eilig; ② (*осо́бый*) Extra-, Sonder-; **~ вы́зов** Notruf *m*; **~ вы́пуск газе́ты** Extrablatt *nt*

эксцентри́чный <*kf:* -чен, -чна> *adj* exzentrisch, verschroben

эксце́сс *m K* Exzess *m*, Ausschweifung *f*

экумени́ческий *adj* ökumenisch

эласти́чность Elastizität *f*

эласти́чный <*kf:* -чен, -чна> *adj* elastisch, dehnbar

элега́нтность *f I* Eleganz *f*

элега́нтный <*kf:* -тен, -тна> *adj* elegant

электризова́ть *vt E2 impf* elektrisieren

эле́ктрик *m K* Elektriker, -in *m/f*

электри́ческий *adj* elektrisch

электри́чество *nt O* Elektrizität *f*

электро́д *m K* Elektrode *f*

электродви́гатель *m K1* Elektromotor *m*

электродре́ль *f I* Handbohrmaschine *f*; **~ уда́рного де́йствия** Schlagbohrmaschine *f*

электро́н *m K* Elektron *nt*

электронагрева́тель *m K1* Tauchsieder *m*

электро́ника *f A* Elektronik *f*

электро́нный *adj* elektronisch; **электро́нная обрабо́тка да́нных** elektronische Datenverarbeitung *f*, EDV *f*, DV *f*; **электро́нная кни́га** E-Book *nt*

электроплита́ *f A pls* Elektroherd *m*

электроснабже́ние *nt O2* Stromversorgung *f*

электроте́хника *f A* Elektrotechnik *f*

элеме́нт *m K* ① Element *nt*, Bestandteil *m*; ② (*pej:* *субъе́кт*) Element *nt*, Subjekt *nt*; **уголо́вный ~** Kriminelle(r) *m*

элемента́рный <*kf:* -рен, -рна> *adj* ① elementar; **элемента́рная части́ца** Elementarteilchen *nt*; ② (*просто́й*) simpel

эликси́р *m K* Elixir *nt*; **зубно́й ~** Mundwasser *nt*

эли́та *f A* Elite *f*

элита́рный *adj* elitär

эли́тный *adj* Luxus-, erstklassig

э́ллипс *m K* Ellipse *f*
эльф *m K* Elf, -e *m/f*
эма́ль *f I* Email *nt*; **покрыва́ть эма́лью** emaillieren
эмансипа́ция *f A2* Emanzipation *f*
эмансипи́рованный *adj* emanzipiert
эмансипи́ровать *vt E2 impf/pf* emanzipieren
эмба́рго *nt indekl* Embargo *nt*, Liefersperre *f*; **вводи́ть ~** ein Embargo verhängen; **экономи́ческое ~** Handelsembargo *nt*
эмбле́ма *f A* Emblem *nt*
эмбрио́н *m K* Embryo *m*
эмигра́нт, эмигра́нтка *m K / f A* Emigrant, -in *m/f*
эмигра́ция *f A2* Emigration *f*
эмигри́ровать *vi E2 impf/pf* emigrieren, auswandern
эми́ссия *f A2* (экон) Emission *f*; **~ а́кций** Aktienausgabe *f*; **~ де́нег** Geldschöpfung *f*
эмоциона́льный <*kf:* -лен, -льна> *adj* emotional, gefühlsmäßig, gefühlsbetont
эмо́ция *f A2* Emotion *f*, Gemütsbewegung *f*
эмпири́ческий *adj* empirisch; **эмпири́ческие да́нные** Erfahrungswerte *m pl*
энерге́тика *f A* Energiewirtschaft *f*
энергети́ческий *adj* Energie-; **~ кри́зис** Energiekrise *f*
энерги́чный <*kf:* -чен, -чна> *adj* energievoll, schneidig
эне́ргия *f A2* Energie *f*
энергоснабже́ние *nt O2* Energieversorgung *f*
энтузиа́зм *m K* Enthusiasmus *m*, Begeisterung *f*
энциклопе́дия *f A2* Enzyklopädie *f*
эпиде́мия *f A2* Epidemie *f*, Seuche *f*
эпизо́д *m K* Episode *f*, Begebenheit *f*
эпизоди́ческий *adj* ① episodenhaft; ② (*вре́менный*) zeitweilig, vorübergehend
эпиле́псия *f A2* Epilepsie *f*
эпиле́птик *m K* Epileptiker, -in *m/f*
эпило́г *m K* Epilog *m*
эпи́ческий *adj* episch
э́пос *m K* Epos *nt*
эпо́ха *f A* Epoche *f*
э́ра *f A* ① Ära *f*; ② (*систе́ма летоисчисле́ния*) Zeitrechnung *f*
эре́кция *f A2* Erektion *f*
эроге́нный *adj* erogen
эро́зия *f A2* Erosion *f*
эро́тика *f A* Erotik *f*
эроти́ческий *adj* erotisch
эруди́ция *f A2* Belesenheit *f*, Gelehrsamkeit *f*; **широ́кая ~** umfassende Allgemeinbildung *f*
эска́дра *f A* (воe) Geschwader *nt*
эскала́тор *m K* Rolltreppe *f*
эскала́ция *f A2* Eskalation *f*, Ausweitung *f*
эскали́ровать *vi E2 impf/pf* eskalieren
эски́з *m K* ① Skizze *f*, Studie *f*; ② (*газе́ты, кни́ги и т.п.*) Layout *nt*
эскимо́с *m K* Eskimo *m*
эско́рт *m K* Eskorte *f*, Geleit *nt*
эспа́ндер *m K* Expander *m*
эссе́ *nt indekl* (лит) Essay *m*
эссе́нция *f A2* Essenz *f*
эста́мп *m K* (*гравю́ра по ме́ди*) Kupferstich *m*
эстафе́та *f A* ① Stafette *f*; ② (спорт) Staffellauf *m*, Stafettenlauf *m*
эстети́ческий *adj* ästhetisch; **~ вкус** Kunstsinn *m*
эстроге́н *m K* Östrogen *nt*
э́та *siehe* **э́тот**
эта́ж *m K e* Etage *f*, Stockwerk *nt*; **ве́рхний ~** Obergeschoss *nt*; **пе́рвый ~** Erdgeschoss *nt*; **черда́чный ~** Dachgeschoss *nt*
этало́н *m K* ① Norm *f*; ② (тех) Eichmaß *nt*; ③ (*fig: образе́ц*) Inbegriff *m* der Vollkommenheit
эта́п *m K* Etappe *f*
э́тика *f A* Ethik *f*
этике́т *m K* Etikette *f*
этике́тка *f A* Etikett *nt*
этимоло́гия *f A2* (лингв) Ethymologie *f*
эти́ческий *adj* ethisch
этни́ческий *adj* ethnisch; **этни́ческая гру́ппа** Volksgruppe *f*

этногра́фия *f A2* Ethnologie *f*, Völkerkunde *f*
э́то *siehe* **э́тот**
этоло́гия *f A2* Verhaltensforschung *f*
э́тот, э́та, э́то <*gen sg:* э́того, э́той, э́того>*pron dem* dieser
этю́д *m K* ❶ Studie *f*; ❷ (муз) Etüde *f*
Эфио́пия *f A2* Äthiopien *nt*
эфи́р *m K* Äther *m*; **прямо́й ~** Live-Sendung *f*; **выходи́ть в ~** gesendet werden
эффе́кт *m K* Effekt *m*, Wirkung *f*; **э́то рассчи́тано на дешёвые ~ы** das ist billige Effekthascherei
эффекти́вность *f I* ❶ Effizienz *f*, Effektivität *f*; ❷ (*де́йственность*) Wirksamkeit *f*
эффекти́вный <*kf:* -вен, -вна> *adj* effektiv, wirksam
эффе́ктный <*kf:* -тен, тна> *adj* effektvoll
эх *interj* ach
э́хо *nt O* (*auch fig*) Echo *nt*
эшафо́т *m K* Schafott *nt*
эшело́н *m K* ❶ Transport *m*; **во́инский** Militärzug *m* ❷ (вое) Staffel *f*

Юю

ю, Ю *nt indekl kyrillischer Buchstabe*
ю́бка *f A* Rock *m*; **~-брю́ки** Hosenrock *m*
ювели́рный *adj* Juwelier-; **~ магази́н** Juweliergeschäft *nt*
юг *m K* Süden *m*; **на ~** in den Süden; **на ~е** im Süden
юго-восто́к *m K* Südosten *m*
юго-за́пад *m K* Südwesten *m*
южа́нин, южа́нка <*pl m:* -а́не> *m U2 / f A* Südländer, -in *m/f*
ю́жный *adj* südlich; **Ю́жная Аме́рика** Südamerika *nt*; **Ю́жный по́люс** Südpol *m*
ю́мор *m K* Humor *m*; **лишённый чу́вства ~а** humorlos; **чёрный ~** schwarzer Humor *m*
юмори́ст *m K* Humorist *m*
ю́ный <*kf:* юн, юна́, ю́но> *adj* jung
юриди́ческий *adj* Rechts-; **юриди́ческое лицо́** juristische Person *f*
юриско́нсульт *m K* Rechtsberater *m*, Justitiar *m*
юти́ться <*präs:* ючу́сь, юти́шься> *vr I impf* hausen

Я я

я[1], **Я** *nt indekl kyrillischer Buchstabe*
я[2] <*1.pers sg:* **меня́, мне, меня́, мной/мно́ю, обо мне**> *pron pers* ich
я́блоко <*gen pl:* **я́блок**> *nt O* Apfel *m*; **~ раздо́ра** (*fig*) Zankapfel *m*
я́блочко *f A* ❶ kleiner Apfel *m*; ❷ (*стрелко́вая цель*) Mittelpunkt *m* einer Zielscheibe; **попа́сть в ~** ins Schwarze treffen
я́вка <*gen pl:* **-вок**> *f A* ❶ (ЮР) Erscheinen *nt*; ❷ (*конспирати́вное ме́сто*) geheimer Treffpunkt *m*; **~ с пови́нной** freiwilliges Stellen *nt*
явле́ние *nt O2* ❶ Erscheinen *nt*, Eintreffen *nt*; ❷ (*феноме́н*) Erscheinung *f*, Phänomen *nt*; ❸ (ТЕАТ) Auftritt *m*; **~ приро́ды** Naturphänomen *nt*
я́вный <*kf:* **я́вен, я́вна**> *adj* offensichtlich, erkennbar; **~ обма́н** klarer Betrug *m*
явь *f I* Realität *f*, Wirklichkeit *f*; **стать я́вью** Wirklichkeit werden
ягнёнок <*gen sg:* **-нка**, *pl:* **ягня́та, ягня́т**> *m U4* Lamm *nt*
я́года *f A* Beere *f*
ягоди́ца *f A* (АНАТ) Gesäßbacke *f*, Gesäß *nt*
яд <*gen sg:* **-а,-у**> *m K* Gift *nt*; **змеи́ный ~** Schlangengift *nt*
я́дерный *adj* nuklear
ядови́тый <*kf:* **-и́т**> *adj* giftig; **ядови́тая змея́** Giftschlange *f*
ядро́ *nt O e* ❶ (БОТ) Kern *m*; ❷ (ФИЗ) Atomkern *m*; ❸ (СПОРТ) Kugel *f*
я́зва *f A* ❶ (МЕД) Geschwür *nt*; ❷ (*fig*) Geißel *f*, Gebrechen *nt*; ❸ (*umg: о челове́ке*) Spötter *m*, Lästermaul *nt*; **~ желу́дка** Magengeschwür *nt*
язви́тельный <*kf:* **-лен, -льна**> *adj* höhnisch, spöttisch, beißend
язви́ть <*präs:* **-влю́, -ви́шь**> *vt I impf* (*pf:* **съ-**) spotten, sticheln
язы́к *m K e* ❶ Zunge *f*; ❷ (ЛИНГ) Sprache *f*; **родно́й ~** Muttersprache *f*; **держа́ть ~ за зуба́ми** (*umg*) den Mund halten
языкозна́ние *nt O2* Sprachwissenschaft *f*
язы́ческий *adj* heidnisch
язы́чник, язы́чница *m K / f A* Heide, Heidin *m/f*
язычо́к <*gen sg:* **-чка́**> *m K e* ❶ kleine Zunge *f*; ❷ (АНАТ) Zäpfchen *nt*, Uvula *f*; ❸ (*боти́нка, су́мочки*) Lasche *f*
яи́чник *m K* (АНАТ) Eierstock *m*
яи́чница *f A* Eierspeise *f*; **~-болту́нья** Rührei *nt*; **~-глазу́нья** Spiegelei *nt*
яйцеви́дный <*kf:* **-ден, -дна**> *adj* eiförmig
яйцекле́тка *f A* Eizelle *f*
яйцо́ *nt O pls* Ei *nt*; **~, сва́ренное вкруту́ю** hartgekochtes Ei *nt*; **~, сва́ренное всмя́тку** weichgekochtes Ei *nt*
я́кобы I. *konj* dass; **II.** *adv* angeblich
я́корь *m K1 ple* Anker *m*; **станови́ться на ~** [*o* **броса́ть ~**] vor Anker gehen; **стоя́ть на я́коре** vor Anker liegen
Яку́тия *f A2* Jakutien *nt*
я́ма *f A* ❶ Loch *nt*, Grube *f*; ❷ (*ров*) Graben *m*; **оркестро́вая ~** Orchestergraben *m*
янта́рь *m K1 e* Bernstein *m*
япо́нец, япо́нка <*gen sg m:* **-нца**, *gen pl m:* **-нцев**, *gen pl f:* **-нок**> *m K / f A* Japaner, -in *m/f*
Япо́ния *f A2* Japan *nt*
япо́нский *adj* japanisch
я́ркий <*kf:* **я́рок, ярка́, я́рко, я́рки́**> *adj* ❶ hell; ❷ (*fig*) **я́ркая ли́чность** strahlende Persönlichkeit *f*

я́рко-кра́сный *adj* knallrot, scharlachrot

я́ркость *f I* Helligkeit *f*; **настро́йка я́ркости** Helligkeitseinstellung *f*

ярлы́к *m K e* Etikett *nt*; **снабжа́ть ~о́м** etikettieren; **наве́шивать ~ на кого́-л.** (*fig*) jdn abstempeln

я́рмарка *f A* ① Jahrmarkt *m*; ② (ЭКОН) Messe *f*

я́рмарочный *adj* ① Jahrmarkt-; ② (ЭКОН) Messe-; **~ павильо́н** Messehalle *f*

я́ростный <*kf:* -тен, -тна> *adj* ① grimmig, wütend; ② (*свире́пый*) rabiat; ③ (*ожесточённый*) verbissen

я́рость *f I* Wut *f*, Rage *f*

я́рус *m K* ① Etage *f*; ② (ТЕАТ) Rang *m*

я́рый <*kf:* яр> *adj* eifrig, leidenschaftlich; **я́рые приве́рженцы** eifrigste Fürsprecher *m pl*

я́сень *m K1* Esche *f*

я́сли <*gen pl:* -ей> *f pl A1* ① Futterkrippe *f*; ② (*де́тские*) Kinderkrippe *f*

ясновид́ец, **ясновид́ица** <*gen sg m:* -дца> *m K / f A* Hellseher, -in *m/f*

я́сность *f I* Klarheit *f*; **вноси́ть ~ во что-л.** Klarheit schaffen

я́сный <*kf:* я́сен, ясна́, я́сно, я́сны́> *adj* klar, deutlich; **я́сно одно́** eins steht fest; **сохраня́ть я́сную го́лову** einen klaren Kopf behalten

я́стреб *m K* (ЗООЛ) Habicht *m*

яче́йка <*gen pl:* -е́ек> *f A* ① Zelle *f*; ② (*углубле́ние*) Vertiefung *f*, Delle *f*, Näpfchen *nt*; ③ (ТЕХ) Steckplatz *m*; ④ (*в се́тке*) Masche *f*; **~ се́ти** Masche (eines Netzes) *f*

ячме́нь *m K1 e* ① (БОТ) Gerste *f*; ② (МЕД) Gerstenkorn *nt*

я́щерица *f A* Eidechse *f*

я́щик *m K* ① Kasten *m*; ② (*выдвижно́й*) Schublade *f*, Schubfach *nt*; ③ (*umg:* *телеви́зор*) Fernseher *m*; **почто́вый ~** Briefkasten *m*; **откла́дывать что-л. в до́лгий ~** etw auf die lange Bank schieben

я́щур *m K* (ЗООЛ) Maul- und Klauenseuche *f*

Grundlegende Informationen auf einen Blick

Обзор основной информации

Auf diesen drei Seiten finden Sie die allerwichtigsten Daten und Fakten, die Sie bei Ihren Kontakten nach Russland und auf Reisen dorthin sicher gut gebrauchen können. Sie werden Ihnen bei vielen Gelegenheiten helfen, sich gut und sicher zurechtzufinden, und so zum Gelingen Ihrer Urlaubs- und Geschäftreisen beitragen.

Die folgenden Informationen beziehen sich auf Russland:

Landesvorwahl код страны	+7
Notruf необходимые номера	Feuerwehr: 01 Polizei: 02 Notarzt: 03
Touristeninformationen туристическая информация	www.russland.de
Währung валюта	Rubel (1 рубль = 100 копеек)
Feiertage выходные	Новогодние каникулы (вкл. Рождество и Новый год)/Neujahrsferien (inkl. Weihnachten und Neujahrstag): 1.–7. Januar Die ganze Woche ist arbeitsfrei. День защитника Отечества/„Tag des Vaterland-Beschützers“: 23. Februar Международный женский день/Weltfrauentag: 8. März Праздник Весны и Труда/Frühlings- und Arbeitsfest: 1. Mai День Победы/„Siegestag“: 9. Mai День России/Russlandtag: 12. Juni День народного единства/Einigkeitstag: 14. November

Öffnungszeiten часы работы	Die Öffnungszeiten sind sehr unterschiedlich, die folgenden Angaben sind ein Durchschnitt: Banken: 09:00–21:00 Montag–Samstag Geschäfte und Supermärkte: bis zu 24 Std., mindestens jedoch 9:00–19:30 Postämter: 10:00–18:00 Montag–Freitag; 10:00–12:30 Samstag
Strom электричество	Standardnetzspannung: 220 V. Ein Adapter ist nicht erforderlich.
Diplomatische Vertretungen консульства	Deutsche Botschaft Moskau, zuständig für deutsche Reisende: 119285 Москва, ул. Мосфильмовская, д. 56 тел.: +7 (495) 937 95 00 факс: +7 (495) 938 23 54 www.moskau.diplo.de Moskau, zuständig für Reisen nach Deutschland: 119313 Москва, Ленинский проспект, д. 95 “A” Andere russische Städte: www.sankt-petersburg.diplo.de www.ekaterinburg.diplo.de
	Österreichische Botschaft Москва, Староконюшенный пер., 1 (Метро Кропоткинская) тел. (495)502-9512, 780-6066 факс (495)937-4269 http://www.aussenministerium.at/moskau18
	Schweizer Botschaft 119034 Москва. Пречистенская наб., 31. тел.: +7 495 641 38 89 (kostenpflichtig) факс: +7 495 225 88 36.

Reisen

Flugzeug

Russische Flughäfen аэропорты в России	In Moskau: Быково Внуково Домодедово Остафьево Солнцево Шереметьево 1 + 2 Aus Deutschland kommt man meist in Scheremetjevo 2 an: www.svo.aero	In St. Petersburg: Пулково Пушкин Aus Deutschland kommt man meist in Pulkovo an: www.pulkovoairport.ru

Auto

Geschwindigkeitsbegrenzungen ограничение скорости	Autobahn/автострада: 130 km/h Landstraßen: 80 km/h Innerorts: 60 km/h
Promillebestimmung содержание алкоголя в крови	0,0 Promille
Citymaut оплата пользования автодорогами	keine

Landeskundliche Tipps für Russland

Культурные особенности России

Allgemeine Tipps

Общение и быт

Für die Verständigung mit Menschen aus anderen Ländern sind Fremdsprachenkenntnisse unentbehrlich – aber sie allein reichen noch nicht aus. Damit die Kommunikation wirklich gelingen kann, ist es notwendig, auch etwas über die „Alltagskultur" des Landes und die Mentalität seiner Bewohner zu wissen. Nur wer über Sprach- und Landeskenntnisse verfügt, kann verstehen, sich verständlich machen, sich angemessen verhalten und sicher auftreten.

Die folgenden hilfreichen Hinweise wollen Sie mit einigen Besonderheiten in den russischsprachigen Ländern vertraut machen. Sie sind nach Themen geordnet, damit Sie sich rasch orientieren können.

Die meisten Unternehmer der ehemaligen sowjetischen Staaten beherrschen Russisch; auf internationalem Niveau ist dies die Verhandlungssprache. Sie brauchen also nicht Ukrainisch, Kasachisch, Usbekisch etc. zu lernen. „Russland" und „Russisch" steht im Folgenden stellvertretend für die postsowjetischen Länder.

Anrede, Begrüßung, und Abschied

Anrede mit Vor- und Vatersnamen

Lassen Sie sich nicht dadurch verwirren, dass Ihre Gesprächspartner so viele unterschiedliche Namen haben. Beim Siezen werden normalerweise der Vor- und der Vatersname benutzt. Letzerer entsteht aus dem Vornamen des Vaters, an den eine Frau ein „**-овна**" anhängt und ein Mann ein „**-ович**". Dabei wird keine weitere Anrede benutzt. Eine Frau namens Alla, deren Vater Vladimir heißt, redet man also höflich mit **Алла Владимировна** an und ihren Bruder Pjotr mit **Петр Владимирович**. Aber keine Sorge, Sie werden diese Formen nicht selbst bilden müssen; normalerweise stellen sich Russen in mehr oder minder formellen Umständen selbst mit Vor- und Vatersnamen vor. Wenn sie es im Gespräch mit Ihnen nicht tun, nehmen sie wahrscheinlich Rücksicht auf Sie als Ausländer: In diesem Fall wird die Anrede **госпожа/господин** – *Frau/Herr* – und der Nachname benutzt. Diese Variante ist selten und fast ausschließlich für schriftliche bzw. internationale Kontakte reserviert.

Anrede mit Vornamen

Beim Duzen werden Vornamen gebraucht, aber nur sehr selten so, wie sie im Pass stehen: eine **Александра** kann z. B. als **Саша**, **Шура** oder **Аля** angeredet werden, und zwar von Bekannten; die engsten Freunde benutzen noch mehr Kurz- und Koseformen: **Сашенька, Сашуля, Шурочка, Аленька ...** Insgesamt hat ein durchschnittlicher Vorname ein Dutzend Variationen. In jüngster Zeit haben westlich orientierte Menschen angefangen, sie in Kombination mit dem Vornamen als eine mittel-formelle Anredeform zu benutzen, aber dies ist noch recht selten.

Dr. und Prof.

Es werden keine Titel vor dem Namen angesammelt. Man spricht eine Person immer nur mit einem Titel an, z. B. **профессор Иванов**. Falls Sie einen Titel haben, lassen Sie diesen beim Kennenlernen lieber aus: Sie könnten sonst nicht nur unbescheiden wirken, sondern auch einen Übersetzungsfehler machen, denn gerade in diesem Bereich gibt es viele „falsche Freunde“: Ein russischer **доктор наук** ist habilitiert; ein schlichter Dr. heißt **кандидат**. **Академик** ist ein Mitglied der Akademie der Wissenschaften, nicht zu verwechseln mit einem bloßen Akademiker. **Интеллигент** ist ein wichtiger Begriff, der viel mehr bedeutet als „intelligenter Mensch“. Mit diesem Wort ist „das Gewissen der Nation“ gemeint: Intellektuelle, die moralisch und sozial denken und handeln.

Begrüßung

Freunde oder gute Bekannte begrüßen sich oft mit einem dreimaligen Wangenkuss (v. a. Frauen) oder einer Umarmung (v. a. Männer). Ob Frauen und Männer sich gegenseitig einen Wangenkuss geben, kommt auf die Gegend an: in Moskau eher schon, in Usbekistan eher nicht. Die Entscheidung sollte der Frau überlassen werden. Ein russischer Mann kann halb scherzhaft versuchen, einer Frau die Hand zu küssen, aber selbst manche russische Frauen finden das mittlerweile belästigend.

Mit **Доброе утро!**, **Добрый день!** und **Добрый вечер!** begrüßt man sich morgens, (nach)mittags und abends. Praktischerweise kann man manche Grußformeln auch zu jeder Zeit benutzen: **Привет!** (*Hallo!*) ist für informelle Kontakte reserviert; **Здравствуйте!** wird beim Siezen benutzt. Unter fremden Menschen beantwortet man **Как дела?** (*Wie geht es?*) üblicherweise mit **Спасибо, отлично/хорошо/нормально, а у Вас?** (*Danke, großartig/gut/okay, und Ihnen?*). Sobald man sich etwas besser kennt, sagt man mehr zum eigenen Wohlbefinden.

Händeschütteln

Das Händeschütteln wird etwas häufiger benutzt als in Deutschland; es ist die tägliche Grußform unter Kollegen. Männer drücken die Hand fest und schütteln sie mehrmals; mit Frauenhänden geht man sanfter um. Frauen, jüngere Menschen und Untergebene ergreifen die Initiative; Männer, ältere Menschen und Höhergestellte akzeptieren die ausgestreckte Hand. Bei einem großen Altersunterschied ist das Alter das entscheidende Kriterium, die hierarchische Stellung ist eher wichtiger als das Geschlecht – aber all das sind keine bewussten und unflexiblen Regeln. Es reicht, grob darüber Bescheid zu wissen; im Zweifelsfall strecken Sie die Hand zuerst aus. Während des Händeschüttelns ist der Augenkontakt sehr wichtig.

Abschied

Man wünscht sich nicht eine gute, sondern eine ruhige Nacht: **Спокойной ночи!** Die meisten Abschiedsformeln sind, wie im Deutschen, von der Tageszeit unabhängig: **До свиданья! / До встречи!** (*Auf Wiedersehen*), **Пока!** (*Tschüss!*). Unter guten Bekannten verabschiedet man sich mit einem Wangenkuss oder einer Umarmung.

Höfliche Umgangsformen

Sich entschuldigen

Zur Entschuldigung sagt man **Извините** oder **Простите**, für mehr Nachdruck kann man **пожалуйста** hinzufügen. Unter jüngeren Menschen wird mittlerweile auch das internationale **сорри** benutzt. Man entschuldigt sich in etwa den gleichen Situationen wie in Deutschland; in manchen Bereichen – v. a. im öffentlichen Verkehr – ist aber die Schwelle höher. So verdient der Tritt auf den Fuß eine Entschuldigung, aber nicht der manchmal unvermeidlich enge Körperkontakt. Man antwortet mit **Ничего страшного / Все в порядке** (*Alles in Ordnung*).

Um etwas bitten

Пожалуйста (*bitte*) ist relativ schwer auszusprechen; **можно** ist oft praktischer, wenn man etwas möchte. Alles, was ins Deutsche mit *Darf ich ...?/Kann ich ...?/ Dürfen wir ...?/Können wir ...?* etc. übersetzt wird, heißt auf Russisch **можно**...? Dieser Ausdruck ist unabhängig von Anzahl und Geschlecht und bleibt daher unverändert; dazu kommt entweder 1) ein Verb im Infinitiv oder 2) ein Adjektiv oder 3) ein Substantiv im Akkusativ. Hier jeweils ein Beispiel:

1) **Можно здесь курить?** – *Darf hier geraucht werden?* (Mittlerweile gibt es auch in den postsowjetischen Ländern Nichtraucher-Lokale, allerdings deutlich weniger als in Deutschland.)
2) **Можно быстрее?** – *Geht es nicht schneller?* (Im Taxi z. B. kann diese Frage durchaus sinnvoll sein, weil manch ein Fahrer gerade bei westlichen Ausländern die Geschwindigkeit zurücksetzt, damit die Fahrt etwas teurer wird.)
3) **Можно счёт?** – *Können wir die Rechnung haben?*

Einfach nur **Можно?** wird wie das deutsche *Darf ich?* im Kontext gut verstanden, egal ob Sie im Gedränge an jemandem vorbeigehen wollen oder sich für den letzten Keks auf der Platte interessieren.

Sich bedanken

Спасибо (*danke*) kann mit einem Adjektiv verstärkt werden: **большое** (*groß*) oder sogar **огромное** (*riesengroß*) **спасибо**. Wie so oft im Russischen, spielt die Wortfolge keine Rolle: **большое спасибо** ist genauso höflich wie **спасибо большое**.

Пожалуйста (*bitte*) wird auch im Sinne von *gern geschehen* benutzt; eine Alternative dafür ist **не за что** (*nichts zu danken*). Dabei muss **не** betont werden; sonst klingt es wie **ни за что** (*niemals*).

Höflichkeit

Beim Einkaufen und bei den Behörden ist man in Russland weniger höflich als in Deutschland: Erwarten Sie nicht, dass ein Verkäufer im Supermarkt Ihnen einen schönen Tag wünscht. Selbst **спасибо** und **пожалуйста** sind eher selten. Dafür ist man viel prüder, was Körperfunktionen angeht. Wenn man Schluckauf hat (oder, viel schlimmer, rülpsen muss), sollte man nicht um Entschuldigung bitten, sondern so tun, also ob nichts passiert wäre. Man sollte es auch vermeiden, sich in der Öffentlichkeit die Nase zu putzen – wenn man sich nicht auf die Toilette entfernen kann, sollte man zumindest zur Seite treten. Niesen ist erlaubt, solange man die Hand vor den Mund hält. Es scheiden sich die Geister darüber, ob es höflicher ist, *Gesundheit!* – **будь(те) здоров(ы)!** – zu wünschen oder das Niesen zu ignorieren. Schweigen ist tendenziell die bessere Option für Sie, weil der Ausdruck auch grammatikalisch schwierig ist. Wenn ein unbekanntes Kind Sie anlächelt oder anspricht, ist mimischer und verbaler Kontakt willkommen, aber jegliches Anfassen (das Tätscheln der Wange o. Ä.) ist streng verboten. Dabei befürchtet man vor allem eine Ansteckung des Kindes.

Essen und Trinken

Mahlzeiten

Eine „typisch russische" Mahlzeit kann so aussehen: **салат оливье** (ursprünglich von einem Franzosen kreiert; die moderne Mischung von Kartoffeln, Salzgurken, Erbsen, Hähnchen bzw. Wurst und Mayo hat mit dem Originalrezept wenig gemeinsam); **борщ** (die Gemüsesuppe mit Roten Beten kommt wohl aus der Ukraine); und als Hauptspeise und Dessert zwei Arten von gekochten Teigtaschen: **пельмени** mit Fleischfüllung (Nachfahren chinesischer Jiǎozi) und **вареники**, die mit Quark oder Beeren gefüllt sind. Wenn sie aus Hefe- oder Blätterteig gebacken sind, ob süß oder herzhaft, heißen die großen Teigtaschen **пироги** und die kleinen **пирожки** – die Wörter sind mit **пир** (*Festmahl*) verwandt. Wundern Sie sich übrigens nicht, wenn bei einem Hochzeitsfest Gäste „**горько**!" (*„bitter!"*) rufen – sie schimpfen nicht auf das Essen, sondern wollen das Brautpaar zum Küssen animieren.

Im Restaurant

Obwohl die Herleitung des Wortes „Bistro" vom russischen **быстро** *(schnell)* nicht stimmt, ist Fast Food sicherlich in. Einige Ketten (**Елки-Палки, Русское Бистро**) versprechen typisch russisches Essen; man sollte mit etwa 10 Euro für ein reichhaltiges Büffet rechnen. Wer draußen im Stehen essen will, wird im **киоск** sehr billig satt: ein **пирожок** oder ein prallgefüllter **блин** kostet höchstens einen Euro. Restaurants können in Großstädten aber deutlich teurer als in Deutschland sein.

Ob Sie **вино, джин и тоник, ром, портвейн, мартини** oder **коктейль** bestellen – die meisten Alkoholbezeichnungen kann man sich erschließen. **Водка,** wörtlich übersetzt „das Wässerchen", ist im Russischen weiblich, und diese feminine Natur ist ein wichtiges Konzept: Russen finden es sehr seltsam, dass man auf Deutsch „der Wodka" sagt. „Die" richtige Wodka sollte genau 40 % haben und möglichst geschmacksneutral sein.

Private Einladung

Die sprichwörtliche russische Gastfreundschaft ist kein Mythos. Tatsächlich werden für Gäste komplizierte und teure Mahlzeiten zubereitet, die sich eine Familie sonst nicht leistet. Da ist es nur fair, dass ein Mitbringsel erwartet wird. Süßigkeiten (inkl. einer Extra-Kleinigkeit für die Kinder) und Alkohol sind die klassischen Gastgeschenke. Übrigens tun Sie auch sich selbst Gutes, wenn Sie eine Flasche Wein mitbringen, denn diese kommt nach russischer Sitte sofort auf den Tisch. So können Sie sicher sein, nicht den ganzen Abend lang Wodka trinken zu müssen. Georgische Weine sind zu empfehlen; ihre Namen enden meist mit der Silbe **-ли**.

Falls unter den Gastgebern mindestens eine Frau ist, sollten Sie einen Strauß Blumen mitbringen. Vermeiden Sie rote Rosen, falls Sie nicht gerade ein klares Liebessignal senden wollen. Ansonsten sind alle Blumen willkommen, solange ihre Anzahl ungerade ist. Diesen Gegensatz zu Deutschland sollte man sich merken, denn sonst lässt der Strauß an eine Beerdigung denken. Selbst wenn dieser Fehler bei einem Ausländer eigentlich verzeihlich ist, kann er Ihren Gastgebern ernsthaft die Laune verderben, denn die meisten Russen sind recht abergläubisch.

Vermeiden Sie es deswegen auch, in der Wohnung zu pfeifen (das bringt die Gastgeber angeblich in finanzielle Schwierigkeiten). Schenken Sie werdenden Eltern keine Babysachen: Um das Schicksal nicht herauszufordern, kaufen die meisten erst nach der Geburt in großer Eile und chaotisch Kleidung, Spielzeug und sogar Möbel. In vielen Gegenden ist es ein schlechtes Zeichen, scharfe Gegenstände geschenkt zu bekommen, aber das lässt sich wiedergutmachen, indem der Beschenkte symbolisch dafür „bezahlt“. Wenn Sie also ein Schweizer Taschenmesser als Souvenir mitgebracht haben, wundern Sie sich nicht, falls man Ihnen dafür einen Rubel in die Hand drückt.

Telefonieren

Sich melden

Eine Privatperson stellt sich normalerweise nicht vor, sondern sagt beim Abnehmen nur **алло**. Wenn Sie bei einer Firma anrufen, können Sie damit rechnen, dass sich Ihr Gesprächspartner beim Abnehmen vorstellt. Falls nicht, können Sie durchaus fragen, wer am Apparat ist: **Простите, с кем я говорю?** (*Verzeihung, mit wem spreche ich?*) Ansonsten hilft auch hier wieder das Wort **можно** (+ Akkusativ). Wenn Sie Herrn Ivanov sprechen möchten, fragen Sie am besten: **господина Иванова можно?** Oder auch in umgekehrter Reihenfolge, z. B. **можно менеджера** (*kann ich den Manager sprechen*)?

Verständnisschwierigkeiten lösen und sich verabschieden

Der Anrufer stellt sich immer vor, auch als Privatperson. Falls Buchstabieren erwünscht wird, fragt man: „**Можно по буквам?**" Wenn eine Nummer diktiert wird, funktioniert eine ähnliche Formel: „**Можно по цифрам?**" – dann wird z. B. 378 nicht als **триста семьдесят восемь**, sondern als **три семь восемь** ausgesprochen. Gerade am Telefon ist Russisch, eine schnelle Sprache, schwer zu verstehen. Die Bitte, langsamer zu sprechen, ist oft nützlich: „**Можно медленнее?**" Aber vielleicht spricht Ihr Gegenüber ja auch Deutsch oder Englisch: „**Можно по-немецки/по-английски?**" Zum Abschied sagt man „**До свидания**".

Weitere Hinweise zu den Besonderheiten und kulturspezifischen Umgangsformen in den russischsprachigen Ländern

Verkehr

Man sollte im öffentlichen Verkehr zwar nicht aggressiv sein, aber andererseits ist es manchmal unmöglich, zu den Stoßzeiten in die Metro einzusteigen, ohne zu drängeln. Manche Regeln wiederum werden in russischsprachigen Ländern klarer befolgt als in Deutschland: Beim Rolltreppenfahren ist es üblich, sich rechts hinzustellen oder links zu laufen. Die meisten fühlen sich verpflichtet, älteren Passagieren und Schwangeren einen Sitzplatz anzubieten. Viele Männer bieten auch jungen Frauen den Platz an. Bevor man ein Fenster öffnet oder schließt, sollte man fragen, ob es jemanden stören würde: **Можно открыть/закрыть?**

Vom Autofahren ist abzuraten: Die Verkehrssitten in den ehemaligen sowjetischen Ländern können sehr gefährlich werden, wenn man sie nicht gewohnt ist. Rot heißt nicht immer Rot; auch als Fußgänger sollte man besonders vorsichtig sein. Ein Taxi oder ein Mietwagen mit Chauffeur sind in den meisten Orten eine gute Lösung. Allerdings sollte man in Moskau beachten, wie lang die Staus in der Stadtmitte sind. Ein paar Kilometer im Zentrum kann man oft schneller zu Fuß zurücklegen als im Auto. Fahrradwege sind leider sehr selten.

Sich zurechtfinden

„Erdgeschoss" heißt auf Russisch wörtlich *erster Stock*: **первый** (1.) **этаж**. Ziehen Sie also immer ein Stockwerk ab, wenn Sie aus dem Russischen ins Deutsche umdenken, und zählen Sie stets ein Stockwerk hinzu, wenn Sie vom Deutschen ins Russische übersetzen: **десятый** (10.) **этаж** ist der 9. Stock etc. In russischen Großstädten wohnen die meisten Menschen – bis auf die (Neu-)Reichen – in **многоэтажки** (wörtlich *„Vielstöcker"*). Viele dieser Hochhäuser haben mehrere **корпусы** (*Wohnblocks*) und **подъезды** (*Eingänge*); zudem sind Wohnungen mit Nummern und nicht mit Nachnamen markiert. Nach der Hausnummer folgen also oft weitere Angaben wie **корпус 3, подъезд 2, квартира 247**. Wenn Sie sich verirren, fragen Sie einfach: **Простите, где здесь ...?** (*Verzeihung, wo ist hier ...?*).

Spezielle Tipps für das Geschäftsleben

Деловая жизнь

In Ergänzung zu den allgemeinen landesspezifischen Hinweisen finden Sie hier noch einige Tipps für das Geschäftsleben. Gerade auf diesem Gebiet ist es wichtig, die Vorgehensweise der Gesprächspartner richtig zu deuten und sich selbst angemessen zu verhalten. Wenn Sie um die kulturellen Unterschiede wissen, können Sie die Entwicklung und den Verlauf Ihrer Geschäftskontakte besser verstehen und Ihre geschäftlichen Beziehungen erfolgreicher gestalten. Nicht zuletzt wird es Ihnen möglich sein, die Fettnäpfchen, die es in der Geschäftswelt gibt, spielend zu umgehen und sich sicher zu bewegen.

Ein genereller Unterschied

Die allermeisten Einwohner der Nachfolgestaaten der UdSSR zeigen ein sehr unterschiedliches Verhalten am Arbeitsplatz und als Privatperson. Ein Mensch, der niemals eine kostenlose Überstunde machen würde, kann durchaus tagelang seinem Nachbarn beim

Umzug helfen – und wäre beleidigt, wenn dieser ihm Geld dafür anbieten würde. Privat ist man tendenziell viel freundlicher, offener, vertrauensvoller und hilfsbereiter. Das klingt erst einmal entmutigend, wenn man das Land beruflich besucht – aber es gibt eine Lösung. „Privat" bezieht sich nicht nur auf die engsten Freunde und Verwandten, sondern auf alle sympathischen Menschen. Sobald Sie also die Sympathie einer Person gewonnen haben, wird auch das Geschäftliche viel besser klappen.

Namen

Die Anrede mit dem Vornamen wird immer vom Vorgesetzten oder von der älteren Person vorgeschlagen. Solange das nicht geschieht, reden Sie alle mit **госпожа / господин** und dem Nachnamen an – oder aber mit Vor- und Vatersnamen, wenn Sie sich diese merken können. Von Ihnen erwartet keiner, dass Sie Ihren eigenen Vatersnamen nennen: Man weiß, dass es ein Kulturspezifikum ist. Falls Sie es aber doch schaffen, wird das Ihre Geschäftspartner bestimmt beeindrucken und erheitern. Wenn Ihr Vater also z. B. Herbert heißt, können Sie sich scherzhaft als Frau mit Vorname + **Хербертовна** und als Mann mit Vorname + **Хербертович** vorstellen und so für lockere Atmosphäre sorgen. Ansonsten reichen Vor- und Nachname.

Titel

Titel werden nur im Schriftverkehr und bei förmlichen Anlässen verwendet.

Vorstellung und Anrede

Normalerweise wird man von anderen vorgestellt; wenn Sie nicht direkt von einer Person betreut werden, warten Sie eine Minute ab, bevor Sie sich vorstellen. Wenn viele unbekannte Menschen zusammenkommen (z. B. bei einem Geschäftstreffen), wird oft nur der Nachname beim Händeschütteln genannt; es ist nicht unhöflich, auf weitere Grußformeln zu verzichten. Wenn die Anzahl der neuen Kontakte übersichtlicher ist, sagt man beim Kennenlernen **Очень приятно** (*Sehr angenehm*).

Vorsicht, der einfache Satz **Меня зовут ...** (*Ich heiße ...*) ist eine große Fehlerquelle! Erstens nehmen viele Russisch-Lernende wegen dieser Formel an, dass

меня „ich" heißt. Wörtlich bedeutet sie aber *Mich nennt man* ..., genauer: *„Mich ruft man ...“*, denn **меня** ist ein Akkusativ und entspricht im Deutschen der Form „mich"; „ich" heißt **я**. Zweitens kann sie nur mit einem Vornamen benutzt werden. Wenn Sie nur Ihren Nachnamen nennen, ist die passende Wendung **Моя фамилия ...** (*Mein Nachname ist* ...). Am einfachsten und durchaus idiomatisch ist es, ohne jegliche Einführungsformeln den Vor- und Nachnamen zu nennen. Falls Sie einen russischen Namen beim ersten Hören nicht verstehen konnten, fragen Sie ruhig nach: **Простите, как?**

Körpersprache

Geringer körperlicher Abstand und kein Lächeln? Das macht einen bedrohlichen Eindruck, ist aber kein Versuch, Sie einzuschüchtern, sondern ein kultureller Unterschied. Die Einstellung zu Körperkontakt ist von Region zu Region sehr unterschiedlich, tendenziell wird öfter umarmt, auf die Schulter geklopft etc. Ahmen Sie Ihre Gastgeber ruhig nach.

Höflichkeit

Um höflicher zu sein, kann man Fragen mit **Можно спросить ...?** oder **Не знаете ли ...?** einleiten und verneinende Antworten mit **К сожалению / Боюсь, что...**. Im Alltag kann das nie schaden; im Geschäftsleben könnten zu viele Höflichkeitsfloskeln als Schwäche interpretiert werden. Beobachten Sie Ihr Gegenüber und richten Sie sich nach seinem Niveau. Falls Sie ein Meeting organisieren und Ihre russischen Mitarbeiter nicht erscheinen, sollten Sie das nicht als Beleidigung auffassen. Dass Meetings von Mitarbeitern ignoriert werden, ist ein klassisches russisches Problem. Die meisten gehen davon aus, dass die anderen nur aus Pflichtgefühl da sind und sich freuen, wenn die Versammlung wegen mangelnder Beteiligung schnell vorbei ist. Es ist oft sinnvoll, Meetings teilweise durch informelle private Gespräche und Internet-Konferenzen zu ersetzen. Auch ein zusätzlicher Anreiz wie z. B. ein Catering-Service zu Meetings kann helfen.

Humor

Der Humor ist den Russen sehr wichtig, und wenn Sie gegen das auch in der Ex-UdSSR weitverbreitete Vorurteil vom humorlosen Deutschen ankämpfen, wird es Ihnen viel Sympathie bescheren und letztlich auch zu Ihrem geschäftlichen Erfolg beitragen. In Russland werden viel öfter Witze erzählt als in Deutschland; stundenlanges Wetteifern im Witzeerzählen steigert das Gemeinschaftsgefühl – wer alle Anspielungen versteht, „gehört dazu". Das ist für einen Ausländer kaum zu erreichen, aber auch das Erzählen eines einzigen Witzes (selbst mit Hilfe eines Dolmetschers) ist ein Bonus; dabei brauchen Sie auf Political Correctness kaum zu achten. Als Einleitung für einen passenden Trinkspruch werden Witze sehr geschätzt. Auch spontaner Humor ist natürlich willkommen. Vorsicht, „falsche Freunde": **анекдот** ist ein (erzählter) Witz; für die Bedeutung „Anekdote" muss man **исторический** (historisch) hinzufügen; ein spontaner Witz heißt **шутка**.

Geschäftliches Verhandeln

Geschäftliche Verhandlungen werden auch mal beim Abendessen geführt oder an exotischeren Orten: in einem Club, mit besonderer Vorliebe aber im Sommer auf der **дача** oder im Winter in der **баня**. In dieser russischen Sauna kann man den ganzen Tag verbringen, dabei wird im **предбанник** (*Vorraum*) gegessen und getrunken. Wie die finnische Sauna ist die **баня** aus Holz gebaut und wird auf etwa 80 bis 100 °C geheizt, aber die Luft ist hier nicht trocken, sondern sehr feucht, da oft und großzügig aufgegossen wird. Mit einem Birkenbesen (**веник**) abgeschlagen zu werden, erfrischt, duftet und ist gut für den Kreislauf.

Gestik

Folgende Gesten sind möglichst zu vermeiden:

- erhobener, belehrender Zeigefinger
- auf jemanden mit dem Finger zeigen; stattdessen die offene Hand benutzen
- auf den Tisch klopfen (z. B. nach einer gelungenen Präsentation); diese Geste wird nur benutzt, um aufgekommene Unruhe bei einer Besprechung zu beenden
- jemanden mit einem Finger herbeirufen: stattdessen beide Hände in einer breiten einladenden Geste benutzen

Männer und Frauen

Russischsprachige Länder sind nicht gerade feministisch. Es ist zum Beispiel problematisch, abends in reiner Frauengesellschaft auszugehen. Eine weibliche Gruppe in einem Club oder sogar in einem Restaurant wird automatisch als „auf Männersuche" interpretiert. Wer das vermeiden möchte, kann sich in einer männlichen Schwulenbar niederlassen, die es in den meisten Großstädten gibt, auch wenn das Land ziemlich homophob ist. Zur Begrüßung stehen Männer auf; Frauen dürfen sitzenbleiben. Von Männern wird erwartet, dass sie den Frauen den Mantel reichen, die Tür aufhalten und den Koffer tragen. Ein Mann, der in die gleiche Richtung wie eine Frau mit schweren Tüten geht, ohne ihr zu helfen, wird schief angesehen, auch wenn sie offensichtlich nicht miteinander bekannt sind. Die universelle Formel, um Hilfe anzubieten, ist **Можно помочь?** Keine russische Frau würde eine Hilfsgeste als beleidigend empfinden; sollte eine westliche Ausländerin erklären, dass ihr ein solches Verhalten bevormundend erscheint, wird sie kaum verstanden. Männer bezahlen beim Ausgehen immer für Frauen.

Ziehen Sie keine falschen Schlüsse aus der Kleidung Ihrer neuen Bekannten und Geschäftspartner. Wenn eine Frau sehr viel Schminke und Schmuck, einen sehr kurzen Rock und hohe Stiefel mit Stiletto-Absätzen trägt, folgt daraus lediglich, dass sie bereit ist, um der russischen Mode willen auf Bequemlichkeit zu verzichten. Wenn ein Mann die Sonnenbrille selbst im Winter nicht abnimmt und immer nur Schwarz trägt, ist er deswegen noch kein Mafioso. Ob es sich um einen Bodyguard oder einen Geschäftsmann handelt, ist am Besitz eines passenden schwarzen Mercedes und am Preis der Uhr zu erkennen.

Pünktlichkeit

Nehmen Sie Zeitangaben nicht wörtlich, vor allem, wenn sie mit einem Diminutiv ausgedrückt werden: **через минуту** oder **через час** meint nicht wörtlich „in einer Minute" bzw. „in einer Stunde"; **через минутку** ist wie **через часок** erst recht frei interpretierbar. Pünktlichkeit dürfen Sie nicht erwarten – auch wegen der riesigen Staus –, aber dafür werden neue Freunde sich Zeit nehmen, um Ihnen zu helfen. Es ist eine gute Idee, zu einem Treffen Ihren Laptop oder ein Buch mitzunehmen, falls Sie mal länger warten müssen. Geschäftstreffen scheinen Open-End-Angelegenheiten zu sein; daher sollten, wenn Sie mehrere Treffen an einem Tag einplanen müssen, die Pausen dazwischen so groß wie möglich sein.

Stellen Sie sich darauf ein, dass man auch nach Besprechungsbeginn manchmal erst etwas später zum eigentlichen Thema, also zum Geschäftlichen kommt. Smalltalk muss sein.

Und noch etwas sollten Sie beachten: Bei privaten Einladungen ist es sehr unhöflich, vorzeitig zu erscheinen.

Small Talk

Oft beginnt man, wie auch im Westen, mit neutralen Themen wie dem Wetter, der Verkehrslage, den aktuellen Ereignissen und Sportergebnissen. Später kommt man jedoch oft zu den „ewigen Fragen": vom speziellen Schicksal Russlands bis hin zum Sinn des Lebens. Sie werden oft die Meinung hören, wirkliche Demokratie mit Pressefreiheit sei zwar eigentlich etwas Schönes, aber dafür sei das Land noch nicht reif, es brauche eine starke Hand. In Russland ist man sich durchaus bewusst, dass es nicht westlichen Demokratie-Vorstellungen entspricht, keine freien Medien zu haben. Wie kritisch Sie sein können, werden Sie den Äußerungen Ihrer russischen Partner entnehmen.

Auf gar keinen Fall sollten Sie jedoch die Ex-UdSSR mit der Dritten Welt oder mit dem Osten gleichsetzen. So eine Äußerung wird man Ihnen selbst in den östlichsten Ex-Sowjetländern oft übel nehmen. In Russland z. B. gibt es seit Jahrhunderten zwei Positionen: **славянофилы** glauben, dass es ein Land für sich ist, das weder zum Osten noch zum Westen Europas gehört; **западники** halten ihre Heimat für einen Teil Westeuropas. Der Osten soll auf jeden Fall woanders sein ...

Geschäftsessen

Beim Geschäftsessen können politische Auseinandersetzungen heikel werden. Sie sind auf der sicheren Seite, wenn Sie die Diskussion auf das Thema Kultur lenken. Im Gegensatz zu den Neunzigern schließen sich Bildung und Vermögen in den Ex-UdSSR-Staaten nicht aus, sodass Ihre Gesprächspartner wahrscheinlich viel über russische Musik und Literatur erzählen können. Auf jeden Fall wird es ihnen schmeicheln, wenn Sie sich dafür interessieren. Auch philosophische Themen sind willkommen – selbst wenn Sie nicht allem zustimmen: Über die großen Fragen hitzig zu diskutieren, ist der Beginn einer russischen Freundschaft.

Trinksprüche sind wichtiger als das Trinken selbst. *Auf etwas trinken* heißt **пить за что-то**, und so wird *auf die Gesundheit!* also korrekt mit **за здоровье!** (und nicht etwa "**на здоровье**"!) übersetzt. Ein kurzer Standard-Toast ist aber keine russische Lösung, denn ein guter Trinkspruch muss einzigartig und elaboriert sein. Beim Anstoßen müssen sich die Gläser berühren; Augenkontakt ist in den meisten ex-sowjetischen Ländern aber keine Voraussetzung. Es wird keinen beleidigen, wenn Sie Ihrem Gegenüber in die Augen schauen, aber wundern Sie sich nicht über eventuelle fehlende Gegenseitigkeit.

Restaurants

Für gehobene Restaurants sind meistens Reservierungen notwendig. Ein Restaurantbesuch ist in Russland (genauso wie eine private Party, ein klassisches Konzert, Theater, Oper oder Ballett) eine Gelegenheit, die schönsten Kleider und Hemden spazieren zu führen. Wenn Sie also im Zweifel sind, ziehen Sie sich lieber etwas zu festlich an. Es werden 10 bis 20 % Trinkgeld erwartet; um auf sich aufmerksam zu machen, sollte man den Arm leicht heben und den Zeigefinger nach oben strecken.

Private Einladungen

Geschäftsverbindungen werden oft durch private Einladungen vertieft. Pralinen und Blumen sind als Gastgeschenke immer willkommen, ebenso Mitbringsel aus dem Land des Gastes. Die Straßenschuhe sollte man unbedingt in der Diele ausziehen. Falls Sie es nicht tun, wird man dies aus Höflichkeit wahrscheinlich ignorieren. In der Regel werden Ihnen die Gastgeber Pantoffeln anbieten; für eine Party nehmen Frauen meist schicke Schuhe mit. Babys sollte man ohne eine ausdrückliche Erlaubnis nicht anfassen, vor allem nicht, wenn man gerade von der Straße kommt und sich noch nicht die Hände gewaschen hat. Die Gastgeber freuen sich, wenn Sie ihre Wohnung bewundern. Falls an den Wänden keine Blümchen- oder Fototapete ist, sind Sie bei sehr westlich orientierten Menschen gelandet. Wenn Sie irgendeinen kleinen Gegenstand loben, kann es durchaus passieren, dass man Ihnen diesen als Geschenk anbietet. Sagen Sie nicht sofort ja, selbst wenn Sie ihn tatsächlich haben möchten: Wenn es den Gastgebern nicht allzu schwerfallen sollte, sich von der Sache zu trennen, werden sie das Angebot mehrmals wiederholen.

Trinkpflichten

Leider wird man mitunter tatsächlich fast dazu gezwungen, mitzutrinken. Russen können ernstlich beleidigt sein, wenn man auf ihr Wohl das Glas nicht ex trinkt. Bestehen Sie also vorher darauf, dass nur sehr wenig eingegossen wird. Das Trinktempo wird durch die Häufigkeit der Trinksprüche bestimmt, und ein „untrainierter" Kopf und Magen kann da oft nur schwer mithalten. Sagen Sie „nein", wenn es sein muss, und berufen Sie sich auf medizinische Gründe - vor allem, wenn in der **баня** Hitze, Alkohol und geschäftliche Besprechungen kombiniert werden.

Lassen Sie sich nicht gleich am Anfang eines Abends Wodka eingießen, auch nicht zum Probieren, denn "**Градус понижать нельзя**": Wenn man mit stärkeren Getränken begonnen hat, darf man nicht zu schwächeren übergehen. Wenn Sie diesen russischen Satz selbst zitieren, haben Sie ein Argument auf Ihrer Seite, um mit Bier oder Wein anzufangen, selbst wenn alle anderen Wodka trinken. Bringen Sie Wein mit, wenn Sie eingeladen werden, oder fragen Sie, ob kein einheimisches Bier im Haus ist. Russen fühlen sich geschmeichelt, wenn Deutsche ihr Bier mögen, und es gibt durchaus trinkbare Sorten.

Visitenkarten und andere Papiere

Es ist von Vorteil, sich Visitenkarten professionell ins Russische übersetzen zu lassen. Die meisten russischen Geschäftsleute benutzen zweiseitig bedruckte Visitenkarten mit kyrillischer und lateinischer Schrift. Wenn Sie ihrem Beispiel folgen, präsentieren Sie Ihre Karte als Zeichen von Respekt mit dem russischen Text nach oben.

Es mag Sie überraschen, dass Russland viel bürokratischer ist als Deutschland. Ein Sprichwort besagt: "**Без бумажки ты букашка, а с бумажкой – человек**" (*Ohne Zettel bist du ein Insekt, mit Zettel ein Mensch*). Auch geschäftliche Vereinbarungen gelten erst, wenn alles schwarz auf weiß steht und unterschrieben ist.

Geschäftsreise planen und vorbereiten

Von Ende Juli bis Ende August sowie in den ersten beiden Januarwochen sind üblicherweise Ferienzeiten, so dass Sie wenige Menschen am Arbeitsplatz vorfinden werden. Der Winter kann sehr kalt und der Sommer sehr heiß werden. Der Herbst und vor allem der Frühling sind die besten Zeiten für eine Dienst- und Verhandlungsreise. Es sei denn, Sie fahren nach St. Petersburg: Dann ist Juni wohl der beste Zeitpunkt – nicht nur Sie selbst werden den Zauber der „Weißen Nächte“ genießen können, sondern auch Ihre Gastgeber werden in dieser Zeit wahrscheinlich besonders gut gelaunt sein.

Ein Visum kann man über viele Reisebüros bestellen; im Vergleich zu einem Besuch des russischen Konsulats schont das Zeit und Nerven. Die gesetzliche Lage ist in den postsowjetischen Ländern sehr unübersichtlich und ändert sich schnell. Es ist sehr empfehlenswert, einen Juristen zur Seite zu haben, der sich auskennt. Die meisten Russen sprechen kein Deutsch und wenig Englisch; ein Dolmetscher ist meist notwendig. Trotzdem lohnt es sich, Russisch zu lernen – dies ist für Ihre Partner auch ein wichtiges Zeichen von aufrichtigem Interesse. Vergessen Sie nicht, Souvenirs aus Deutschland mitzubringen. Für die wichtigsten Geschäftspartner sollte man sich etwas Beeindruckendes einfallen lassen, vor allem, wenn diese Ihre Aufenthaltskosten übernehmen.

Allgemeine landeskundliche Tipps für die deutschsprachigen Länder (Deutschland, Österreich und Schweiz)

Культурные особенности Германии, Австрии и Швейцарии

Для того, чтобы найти общий язык с людьми из других стран, необходимо знание языков – но его недостаточно. Для по-настоящему успешного общение нужно и знакомства с бытовой культурой страны и ментальностью ее жителей. Только сочетания немецкого языка и общей информированности обеспечит Вам уверенность в себе и предотвратит недоразумения. На следующих страницах Вы найдете основные данные о немецкоязычных странах:

Немецкий: язык трех стран

По-немецки говорят в Германии, Австрии и Швейцарии. В последних двух странах темп речи медленнее. Тем не менее, вряд ли Вам окажется проще понять австрийцев и швейцарцев: они произносят согласные мягче и более скомкано. Между **„b“** и **„p“** иногда невозможно различить, даже если за ними следует гласная. Например, разница между **„Gepäck“** (багаж) и **„Gebäck“** (печенье) может стать понятна только из контекста.

В отличие от разнообразных диалектов немецкого, звучащих в Германии и Австрии, швейцарский немецкий считается отдельным языком. На нем говорят по телевидению, в школах и университетах. Швейцарский немецкий отличается не только произношением, но и лексиконом: в нем больше заимствований из французского и английского. Последнее особенно заметно в области спорта – „гол“ будет **„goal“** вместо общенемецкого **„Tor“**, угловой называется **„corner“**, а не **„Eckball“**. У некоторых слов меняются артикли: швейцарцы говорят **„der Dessert“** вместо **„das Dessert“**, масло у них не женского, а мужского рода: **„der Butter“**. В швейцарском немецком нет буквы **ß**; вместо нее пишется

ss: **„Grüsse“** вместо **„Grüße“**, **„Füsse“** вместо **„Füße“**.

Впрочем, после реформы правописания хвостатая буква стала редкостью и в обычном немецком, она пишется только после долгих гласных. Умение различать между долгими и короткими гласными пригодится Вам не только для облегчения правописания: слова, различающиеся только длинной звука, могут означать совершенно разные вещи, например „**Bett**“ (кровать) и „**Beet**“ (грядка).

Встреча и прощание

„Du“ или „Sie“?

К незнакомым взрослым людям обычно обращаются на Вы, **„Sie“**. Представляясь, при рукопожатии часто называют только фамилию. Слово „**Name**“ может означать как имя (**Vorname**), так и фамилию (**Nachname**); если уточнения не следует, чаще имеется в виду фамилия. Если Вас называют **„Herr ...“** или **„Frau ...“**, а не по имени, то и Вам следует пользоваться формальным обращением **„Sie“** (оно означает вежливое „Вы“ как в единственном, так и во множественном числе). В некоторых ситуациях на ты, **„du“**, переходят скорее: например, при проведении мастер-классов и конференций.

При переписке деликатно предложить переход к менее формальному общению можно таким образом: подписаться только именем, без фамилии, предоставив собеседнику возможность обратиться по имени.

Обращение по имени может сочетаться с **„Sie“**: это промежуточная форма особенно распространена между молодыми коллегами и в академической среде. Легкий поцелуй в щеку может начать служить приветствием уже со второй встречи, особенно среди молодых женщин; это не означает автоматического перехода на ты.

В Австрии, коллеги и шапочно знакомые сверстники говорят друг другу „**du**“; в австрийской провинции на ты даже незнакомцы. Словом **„Fräulein“** давно не пользуются в Германии (к женщинам любого возраста, замужним и нет, обращаются **„Frau“**), но в Австрии его еще можно услышать. В Вене до сих пор бытует старомодное обращение **„Gnädige Frau“**, что-то вроде „милостивая госпожа“, обычно сокращаемая до **„Gnä“ Frau“**.

Титулы

Академические титулы – важная тема. Во-первых, начиная с кандидата наук, следует упоминать их в обращении: это не повредит в Швейцарии, весьма желательно в Германии, и просто необходимо в Австрии. Во-вторых, здесь легко ошибиться: **„Akademiker“** – это никак не академик, а просто человек с высшим образованием. **„Doktor“** – не доктор наук, а кандидат. Лучшая оценка в университете и школе – единица, худшая – шестерка.

Низший академический титул – **„Bachelor“** (бакалавр), затем следует **„Master“** (мастер); ему эквивалентны две отживающая степени – **„Diplom-„** (например, **„Diplom-ingeneur“** – дипломированный инженер) и **„Magister“** (в женском роде, **„Magistra“**). К кандидату следует обращаться **„Frau/Herr Doktor ...“**, к профессору – **„Frau/Herr Professor ...“**. Множество других титулов не требуют упоминания при каждом обращении, но их носителю будет приятно, если о них время от времени вспоминают: почётное звание заслуженного учителя – **Studienrat**, бизнесмена – **Kommerzialrat.** Даже титулом **Hofrat** (нечто вроде „надворный советник“) все еще пользуются для обозначения особенно достойных госслужащих.

Приветствие

Обычно в немецкоязычных странах здороваются словами **„Guten Tag“** (добрый день) или **„Hallo“** (привет); утром можно сказать **„Guten Morgen“**, а вечером **„Guten Abend“**. Надо заметить, что утро и день кончаются несколько раньше, чем в России, а в три часа ночи вполне можно услышать **„Guten Morgen“.** В южной Германии и Австрии в любое время суток часто здороваются словами **„Grüß Gott“**, а в северной Германии восклицанием **„Moin, Moin!“**. Хорошему знакомому можно сказать **„Grüß dich!“**, желательно спросить, как дела: **„Wie geht's?“**. Более формально этот вопрос звучит как **„Wie geht es Ihnen?“.** Стандартный вежливый ответ: **„Danke, gut. Und Ihnen/dir?“** (Спасибо, хорошо. А у Вас/тебя?).

Рукопожатие

Как и в большинстве стран, ценится твердое рукопожатие, сопровождаемое доброжелательной улыбкой.

При знакомстве пожимают руку люди любого пола и практически в любых обстоятельствах; при следующих встречах рукопожатие часто остается приветственным ритуалом, особенно в деловой среде. Руку не принято встряхивать, одного пожатия достаточно.

Прощание

Прощаются обычно словами **„Auf Wiedersehen!“** (До свидания!) или, менее формально, **„Tschüs(s)“** (Пока!), **„Mach's gut!“** (Счастливо!), **„Bis morgen“** (До завтра!). Приятели могут использовать также итальянское **„Ciao“**; прощаясь поздно вечером, люди желают друг другу спокойной ночи: **„Gute Nacht!“** В Австрии и нескольких областях Баварии можно услышать старомодное прощальное благословение **„Pfiat' di“**. В Швейцарии говорят **„Auf Wiederluege“** (что вовсе не является призывом к новой лжи) или „**Adieu**“.

Вежливость

Женщины и мужчины

Немецкоязычные страны настроены куда более феминистски, чем СНГ. Женщина может отклонить предложенное пальто, предпочесть сама открывать двери, оплачивать счет в ресторане и нести свою сумку. Попытка уступить в транспорте место здоровой молодой женщине вряд ли увенчается успехом.

Если Вы – женщина, не стоит обижаться на „недостаточно галантных“ немцев и австрийцев: скорее всего, они просто не хотят показаться шовинистами.

Волшебные слова

Не стесняйтесь просить прощения, это никогда не будет расцениваться как проявление слабости. Не только наступив на ногу, но и желая вставить замечание во время доклада или опоздав на несколько минут, не лишне сказать „**Entschuldigung!**“ или „**Verzeihung!**“. Интернациональное **„Sorry!“** – наиболее легкомысленное из извинений; оно годится только для таких мелочей, как просьба посторониться в транспорте. Обычный ответ на извинения – „**(Das) macht nichts**“, „Ничего страшного“.

„Пожалуйста“ и „спасибо“, **„bitte“** и **„danke“**, часто звучат в магазинах и конторах. Сотрудники желают клиентам приятного дня или приятных выходных – **„Einen schönen Tag (noch)!“**, **„Schönes Wochenende!“**, и им принято отвечать тем же. В ответ на любое пожелание можно сказать **„Danke, gleichfalls!“** (Спасибо, и Вам того же!). В ответ на **„Vielen Dank“** или **„Danke schön“** обычно звучит **„Bitte schön“** или **„Bitte sehr“**, или, если Вас благодарят за оказанную услугу, **„Gern geschehen“** (в Австрии - просто **„Gerne“**). Швейцарцы благодарят по-французски или на смеси французского и немецкого: **„Merci“** или **„Merci vielmals“**.

Неписанные правила

Большинство жителей Германии, Австрии и Швейцарии, особенно пожилые люди, придают большое значение вежливости. Например, не следует начинать есть до того, как это предложат сделать хозяева (в гостях) или всем будет подана еда (в ресторане). В общественном транспорте надо не забывать дать выйти пассажирам, перед тем как входить; закрывая окно, следует спросить **„Darf ich das Fenster schließen?“**. Однако уступают место в Германии реже - частично из боязни обидеть пожилого человека напоминанием о возрасте.

Недавно специалисты по этикету страстно обсуждали вопрос чихания - следует ли не замечать его, или все же желать здоровья? Второй вариант победил, и теперь все снова с чистой совестью желают чихнувшему **„Gesundheit!“**, на что тот отвечает **„Danke!“**.

Большинство немцев не стесняются сморкаться в общественных местах и даже за едой; все пользуются одноразовыми платками - матерчатые представляются не только забавно старомодными, но и негигиеничными. Тем не менее, матерчатые платки иногда носятся в нагрудном кармане. А вот ручки носить в кармане не стоит - такая манера простительна только студентам.

Еда и питье

В гостях

Перед едой собравшимся желают приятного аппетита - **„Guten Appetit!“** или **„Mahlzeit!“** (в Швейцарии также **„En Guete“**), на что отвечают „и Вам того же“: **„Danke, gleichfalls!“**. Произнесение длинных тостов не принято, обычно произносится **„Cheers!“** или **„Prost!“**, более формально - **„Zum Wohl!“**.

Во время тоста бокалы могут не соприкасаться, но очень важно смотреть в глаза тому, с кем чокаешься. Пить до дна не принято.

Три основных трапезы в Германии – это „**Frühstück**" (завтрак), „**Mittagessen**" (обед) и „**Abendessen**" (ужин). В Швейцарии, завтрак называется **„Morgenessen"** или **„Zmorge"**, обед – это **„Zmittag"**, а ужин **– „Nachtessen"** или **„Znacht"**. Все большую популярность завоевывает „**Brunch**" – поздний завтрак, особенно в ресторанах в выходные. На завтрак обычно пьют кофе и едят мюсли или бутерброды. Внимание, бутерброд – это **„belegtes Brötchen"**! Слово **„Butterbrot"** можно услышать в некоторых областях, но означает оно кусок черного хлеба с маслом, не более того. Очень многие едят горячую пищу только один раз в день – на обед или, реже, на ужин.

При этом часто вместо супа и второго подается нечто среднее – **„Eintopf"**, горшочек с печеными овощами, картошкой и мясом.

Однако вегетарианцев становится все больше; зовя гостей не обед или планируя банкет, стоит узнать, все ли согласны есть мясо. Веганцев, отказывающихся и от молочных продуктов, больше среди студенчества; умеренных вегетарианцев, иногда употребляющих рыбу, много и среди предпринимателей. Не ожидайте русского застолья в гостях: если Вас звали „на кофе", то и подан будет только кофе с печеньем. Если в гости приходят хорошие знакомые, то часто они вместе с хозяевами заказывают еду на дом из итальянского или китайского ресторанчика.

В немецком ресторане

Пиццерии, китайские рестораны и турецкие забегаловки (**„Döner-Bude"**; **„Döner"** – это аналог шаурмы) более распространенны, чем местная кухня, но в любом городе найдется и **„Kneipe"** (пивная) или **„Restaurant"**, где подают блюда немецкой кухни. При этом на вывеске пишут не **„deutsche Küche"**, а **„gutbürgerliche Küche"**. Помимо традиционно тяжеловесных свиных ног и кислой капустой – **„Eisbein mit Sauerkraut"** – и разнообразных сосисок (**„Würstchen"**), есть и более легкие и изящные немецкие блюда. Например, в Пфальце и Бадене подают **„Flammkuchen"**: на очень тонком и легком пласте теста раскладываются овощи, грибы, копченый лосось и т.д. Германия и особенно Австрия славятся булочными и сладостями. Попробуйте **„Laugengebäck"** – тесто, запеченное в солевом растворе, например в виде калача – **„Brezel"**; среди сладостей славится **„Schwarzwälder Kirschtorte"** – шоколадный торт с вишнями.

Осенью продается не до конца перебродивший виноградный

сок – „Federweißer“, его можно пить и сразу после покупки как сладкое слабое вино, и через неделю как полусухое и более крепкое. В некоторых регионах Германии предпочтение темного („Alt“) или светлого („Pils“) пива – это практически политический акт. В Кельне, например, пьют светлое (местное называется „Kölsch“), а в конкурирующем Дюссельдорфе – наоборот. Туристам прощается незнание, но немцам лучше не пытаться заказать пиво из „вражеского“ города: в него могут и плюнуть. В Австрии ресторанчики, подающие местное вино, называются „Heuriger“. К вину подаются холодные закуски („Jause“) или простые горячие блюда („Hausmannskost“). В Швейцарии пивная называется „Beiz“, официантка „Serviertochter“, а маленькая кружка пива „Stange“. Формулировка „à discrétion“ в меню означает бесплатную добавку в любом количестве. „Шведский стол“ называется „Büffet“ во всех трех странах.

Напитки приносят к столу, их стоимость отмечается на картонке под стаканом, „Bierdeckel“. Если Вы попросите счет – „Die Rechnung, bitte“ –, официант спросит, хотите Вы платить „zusammen“ (вместе) или „getrennt“ (по отдельности). На чай принято давать не больше 10 %. Вы можете или сказать „сдачи не надо“, „stimmt so“, или назвать сумму (включая чаевые), которую хотите заплатить. Т.е. если Вам приносят счет на 46 евро, у Вас в кошельке только сто, а заплатить Вы хотите пятьдесят, достаточно сказать „fünfzig, bitte“.

Формальности

По телефону

В немецкоязычных странах принято называть свои имя и фамилию, подходя к телефону; даже дети часто называют имя. В последнее время мобильная связь начинает менять традиции: подходя к мобильному, многие говорят просто „Hallo“ или „Ja, bitte?“. Прощаются по телефону словами „(Auf) Wiederhören“ (дословно „до нового услышания“) вместо „(Auf) Wiedersehen“.

Письма

В письмах принято указывать место написания и дату, например: „Stuttgart, den 31. Dezember 2012“. После числа ставится точка: так „тридцать один“ превращается в „тридцать первый“. На конверте вначале указываются имя и фамилия получателя (в формальной переписке этому предшествует **„Herrn“** или **„Frau“** на отдельной строке), затем улица, а затем код и город. На обратной стороне пишется **„Absender“** (отправитель, в сокращенной форме **„Abs.“**) и указывается адрес отправителя.

Письма принято начинать с **„Sehr geehrter Herr ...“** (уважаемый господин), **„Sehr geehrte Frau ...“** или, если нет точного адресата, **„Sehr geehrte Damen und Herren“**. Приятели пишут **„liebe(r)“** (дорогой). Не стоит дословно переводить прощальное „с уважением“ на немецкий: это прозвучит слишком официозно даже для деловой переписки. Принято писать **„mit freundlichen Grüßen“** (с дружественным приветом), на более дружеском уровне привет становится сердечным: **„herzliche/liebe Grüße“**. Между прощальной фразой и подписью пропускается строка, но не ставится запятая.

Стиль жизни

И снова вопросы пола

Образованные и обеспеченные женщины часто предпочитают (почти) не краситься и не носить украшений – это воспринимается не как признак неухоженности, а как сигнал равноправия. Наоборот, избыток макияжа, слишком короткая юбка и шпильки могут произвести несерьезное впечатление. Многие предпочитают начать с карьеры и заводят ребенка за тридцать пять; выходить замуж при этом совершенно не обязательно. Будущие родители не суеверны – детские вещи дарят уже на первых месяцах беременности. Мало кто страдает гомофобией; в Швейцарии, Австрии и Германии однополые пары могут зарегистрировать „партнерский союз“, практически идентичный браку.

Велосипедисты

В Германии, Австрии и Швейцарии много велосипедных дорожек; в некоторых студенческих городах – например, в Мюнстере – велосипед стал основным видом транспорта. Один из самых приятных способов осмотреть город – это взять напрокат велосипед. Не следует ходить по красным дорожкам и уж тем более заезжать на них на автомобиле.

Сортировка мусора

Сортировка мусора, **„Mülltrennung“**, практикуется как способ охраны природы. Домашний мусор обычно разделяется на семь категорий: 1) бумага, 2) зеленое стекло, 3) белое и прозрачное стекло, 4) коричневое стекло, 5) органика, которую можно использовать как компост, 6) упаковки из пластмассы, фольги, полиэтилена, 7) отслужившая мелкая техника, батарейки, лампочки и т.д. В отеле от Вас не будут ожидать такой скрупулезности. В супермаркетах, однако, Вам придется заплатить залог („**Pfand**“, обычно 25 центов) за одноразовую пластиковую бутылку с газированным напитком или пивом. Деньги вернут, если сдать чистую бутылку; сделать это можно в любом супермаркете.

В определенное время (обычно раз в месяц в каждом районе) или по вызову выкидывается крупногабаритный мусор – мебель, техника и т.д. **„Sperrmüll“** просто ставится у дороги, и многие не стесняются взять себе приглянувшийся стул или радио. Рыться в **„Sperrmüll“** – это отнюдь не удел самых бедных. Многие предпочитают такой способ обзаведения эклектической мебелью из художественных или экологических соображений.

Время и числа

„**Fünf vor halb eins**“, „без пяти пол-первого“ – совершенно нормальное обозначение 12.25. Также можно сказать „**fünf nach halb eins**“: 12.35. „Без четверти (три)“ будет „**Viertel vor (drei)**“, „четверть (третьего)“ – „**Viertel nach (zwei)**“, дословно „четверть после двух“; „половина (второго)“ – **„halb (zwei)“**. Пунктуальность не столь гипертрофирована, как это принято считать (в Германии скорые поезда часто опаздывают на пять-десять минут), однако на деловые встречи действительно важно приходить вовремя.

Чтобы различать 1 и 7, в Германии часто проводят короткую горизонтальную линию поперек семерки, когда пишут от руки. Десятичные дроби пишутся после запятой, и произносятся, как пишутся: „число запятая число“, например, „три целых четырнадцать сотых“ прозвучит как **„drei Komma eins vier“** или **„drei Komma vierzehn“**. Знак евро пишется перед числом, обычно после него ставится пробел: **€ 98,90** (**achtundneunzig Euro neunzig**).

Zahlwörter

Числительные

Grundzahlen

Цифры и числа

Die Zahlwörter sind eine spezielle Wortgattung; sie weisen in vielen Sprachen Besonderheiten auf. Im Deutschen beispielsweise beginnen die meisten Wörter für zweistellige Zahlen mit den Einern: *fünfundzwanzig* (und nicht „zwanzig-und-fünf"). Außerdem ergeben große Zahlen sehr lange Zahlwörter: *neunhundertdreiundachtzig.* Im Russischen dagegen bestehen die meisten Bezeichnungen für zweistellige Zahlen über zwanzig (und generell für drei- und mehrstellige Zahlen) aus unverbunden nebeneinanderstehenden Elementen, z. B. **двадцать два** („zwanzig zwei") oder **двести двадцать три** („zweihundert zwanzig drei").

null	0	ноль
eins	1	один
zwei	2	два
drei	3	три
vier	4	четыре
fünf	5	пять
sechs	6	шесть
sieben	7	семь
acht	8	восемь
neun	9	девять
zehn	10	десять
elf	11	одиннадцать
zwölf	12	двенадцать
dreizehn	13	тринадцать
vierzehn	14	четырнадцать
fünfzehn	15	пятнадцать
sechzehn	16	шестнадцать
siebzehn	17	семнадцать
achtzehn	18	восемнадцать

neunzehn	19	девятнадцать
zwanzig	20	двадцать
einundzwanzig	21	двадцать один
zweiundzwanzig	22	двадцать два
dreiundzwanzig	23	двадцать три
vierundzwanzig	24	двадцать четыре
fünfundzwanzig	25	двадцать пять
dreißig	30	тридцать
einunddreißig	31	тридцать один
zweiunddreißig	32	тридцать два
dreiunddreißig	33	тридцать три
vierzig	40	сорок
einundvierzig	41	сорок один
zweiundvierzig	42	сорок два
fünfzig	50	пятьдесят
einundfünfzig	51	пятьдесят один
zweiundfünfzig	52	пятьдесят два
sechzig	60	шестьдесят
einundsechzig	61	шестьдесят один
zweiundsechzig	62	шестьдесят два
siebzig	70	семьдесят
einundsiebzig	71	семьдесят один
zweiundsiebzig	72	семьдесят два
fünfundsiebzig	75	семьдесят пять
neunundsiebzig	79	семьдесят девять
achtzig	80	восемьдесят
einundachtzig	81	восемьдесят один
zweiundachtzig	82	восемьдесят два
fünfundachtzig	85	восемьдесят пять
neunzig	90	девяносто
einundneunzig	91	девяносто один
zweiundneunzig	92	девяносто два
neunundneunzig	99	девяносто девять
hundert	100	сто

hundert(und)eins	101	сто один
hundert(und)zwei	102	сто два
hundert(und)zehn	110	сто десять
hundert(und)zwanzig	120	сто двадцать
hundert(und)neun-undneunzig	199	сто девяносто девять
zweihundert	200	двести
zweihundert(und)eins	201	двести один
zweihundert(und)-zweiundzwanzig	222	двести двадцать два
dreihundert	300	триста
vierhundert	400	четыреста
fünfhundert	500	пятьсот
sechshundert	600	шестьсот
siebenhundert	700	семьсот
achthundert	800	восемьсот
neunhundert	900	девятьсот
tausend	1000	тысяча
tausend(und)eins	1001	тысяча один
tausend(und)zehn	1010	тысяча десять
tausend(und)einhun-dert	1100	тысяча сто
zweitausend	2000	две тысячи
zehntausend	10 000	десять тысяч
hunderttausend	100 000	сто тысяч
eine Million	1 000 000	миллион
zwei Millionen	2 000 000	два миллиона
eine Milliarde	1 000 000 000	миллиард
eine Billion	1 000 000 000 000	биллион

Ordnungszahlen

Порядковые числительные

Die russischen Ordnungszahlen sind hier in der maskulinen Form angegeben, aber sie werden wie Adjektive dekliniert und haben folglich drei Formen: „Die erste“ heißt перв**ая**, „das erste“ перв**ое**. Der Stamm wird dabei immer betont.

erste	1.	первый
zweite	2.	второй
dritte	3.	третий
vierte	4.	четвертый
fünfte	5.	пятый
sechste	6.	шестой
siebte	7.	седьмой
achte	8.	восьмой
neunte	9.	девятый
zehnte	10.	десятый
elfte	11.	одиннадцатый
zwölfte	12.	двенадцатый
dreizehnte	13.	тринадцатый
vierzehnte	14.	четырнадцатый
fünfzehnte	15.	пятнадцатый
sechzehnte	16.	шестнадцатый
siebzehnte	17.	семнадцатый
achtzehnte	18.	восемнадцатый
neunzehnte	19.	девятнадцатый
zwanzigste	20.	двадцатый
einundzwanzigste	21.	двадцать первый
zweiundzwanzigste	22.	двадцать второй
dreiundzwanzigste	23.	двадцать третий
dreißigste	30.	тридцатый
einunddreißigste	31.	тридцать первый
zweiunddreißigste	32.	тридцать второй
vierzigste	40.	сороковой
fünfzigste	50.	пятидесятый

sechzigste	60.	шестидесятый
siebzigste	70.	семидесятый
einundsiebzigste	71.	семьдесят первый
zweiundsiebzigste	72.	семьдесят второй
neunundsiebzigste	79.	семьдесят девятый
achtzigste	80.	восьмидесятый
einundachtzigste	81.	восемьдесят первый
zweiundachtzigste	82.	восемьдесят второй
neunzigste	90.	девяностый
einundneunzigste	91.	девяносто первый
neunundneunzigste	99.	девяносто девятый
hundertste	100.	сотый
hundertunderste	101.	сто первый
hundertundzehnte	110.	сто десятый
hundertundneunundneunzigste	199.	сто девяносто девятый
zweihundertste	200.	двухсотый
dreihundertste	300.	трехсотый
fünfhundertste	500.	пятисотый
tausendste	1000.	тысячный
zweitausendste	2000.	двухтысячный
millionste	1000000.	миллионный
zehnmillionste	10000000.	десятимиллионный

Die Bruchzahlen

Дроби

ein halb	$^1/_2$	половина
ein Drittel	$^1/_3$	треть
ein Viertel	$^1/_4$	четвертая
ein Fünftel	$^1/_5$	пятая
ein Zehntel	$^1/_{10}$	десятая
ein Hundertstel	$^1/_{100}$	сотая
ein Tausendstel	$^1/_{1000}$	тысячная
ein Millionstel	$^1/_{1000000}$	миллионная
zwei Drittel	$^2/_3$	две трети
drei Viertel	$^3/_4$	три четверти
zwei Fünftel	$^2/_5$	две пятых
drei Zehntel	$^3/_{10}$	три десятых
anderthalb, ein(und)ein-halb	$1\,^1/_2$	полтора
zwei(und)einhalb	$2\,^1/_2$	два с половиной
fünf drei Achtel	$5\,^3/_8$	пять и три восьмых
eins Komma eins	1,1	одна целая одна десятая

Maße und Gewichte

Единицы измерения

Dezimalsystem

Десятеричная система

Mega-	1000000	M	мега-
Hektokilo-	100000	hk	гектокило-
Myria-	10000	Ma	мириа-
Kilo-	1000	K	кило-
Hekto-	100	H	гекто-
Deka-	10	da	дека-
Dezi-	0,1	d	деци-
Zenti-	0,01	c	санти-
Milli-	0,001	m	милли-
Dezimilli-	0,0001	dm	децимилли-
Zentimilli-	0,00001	cm	сантимилли-
Mikro-	0,000001	μ	микро-

Längenmaße

Единицы длины

Seemeile	1852 m	–	морская миля
Kilometer	1000 m	km	километр
Hektometer	100 m	hm	гектометр
Dekameter	10 m	dam	декаметр
Meter	1 m	m	метр
Dezimeter	0,1 m	dm	дециметр
Zentimeter	0,01 m	cm	сантиметр
Millimeter	0,001 m	mm	миллиметр
Mikron, My	0,000001 m	μ	микрон
Millimikron, -my	0,000000001 m	mμ	миллимикрон
Ångströmeinheit	0,0000000001 m	Å	ангстрем

Flächenmaße

Единицы площади

Quadrat-kilometer	1000 000 m^2	km^2	квадратный километр
Quadrat-hektometer Hektar	10 000 m^2	hm^2 ha	квадратный гектометр гектар
Quadrat-dekameter Ar	100 m^2	dam^2 a	ар, сотка ар
Quadratmeter	1 m^2	m^2	квадратный метр
Quadrat-dezimeter	0,01 m^2	dm^2	квадратный дециметр
Quadrat-zentimeter	0,0001 m^2	cm^2	квадратный сантиметр
Quadrat-millimeter	0,000 001 m^2	mm^2	квадратный миллиметр

Kubik- und Hohlmaße

Единицы объёма

Kubikkilometer	1000 000 000 m^3	km^3	кубический километр
Kubikmeter Ster	1 m^3	m^3 st	кубический метр стер (складочный кубический метр)
Hektoliter	0,1 m^3	hl	гектолитр
Dekaliter	0,01 m^3	dal	декалитр
Kubikdezimeter Liter	0,001 m^3	dm^3 l	кубический дециметр литр
Deziliter	0,0001 m^3	dl	децилитр
Zentiliter	0,000 01 m^3	cl	сантилитр

Kubikzentimeter	0,000 001 m^3	cm^3	кубический сантиметр
Milliliter	0,000 001 m^3	ml	миллилитр
Kubikmillimeter	0,000 000 001 m^3	mm^3	кубический миллиметр

Gewichte
Единицы веса

Tonne	1000 kg	t	тонна
Doppelzentner	100 kg	q	центнер
Kilogramm	1000 g	kg	килограмм
Hektogramm	100 g	hg	гектограмм
Dekagramm	10 g	dag	декаграмм
Gramm	1 g	g	грамм
Karat	0,2 g	–	карат
Dezigramm	0,1 g	dg	дециграмм
Zentigramm	0,01 g	cg	сантиграмм
Milligramm	0,001 g	mg	миллиграмм
Mikrogramm	0,000 001 g	µg, g	микрограмм

Nützliche Redewendungen für unterwegs

Полезные обороты на каждый день

Unterwegs im Ausland kann man viel erleben, Alltägliches ebenso wie echte Überraschungen. Für die – leichter vorhersehbaren – typischen Gesprächsanlässe finden Sie hier eine Auswahl an fertig formulierten Sätzen. Sie sind nach Themen geordnet und münden in ein Extrakapitel, das Ihnen auf Geschäftsreisen von Nutzen sein wird, wenn es z. B. um Terminvereinbarungen und Präsentationen geht.

Uhrzeit

Время

Wie viel Uhr ist es?	Сколько времени?
Können Sie mir bitte sagen, wie spät es ist?	Вы не подскажете, сколько времени?
Es ist genau ein Uhr.	Ровно час.
Es ist (fast) ...	Сейчас (почти) ...
drei Uhr.	три часа.
fünf nach drei.	пять минут четвертого.
Viertel nach drei [o DIAL viertel vier].	четверть четвертого.
fünf vor halb vier.	три двадцать пять.
halb vier.	пол-четвертого.
fünf nach halb vier.	три тридцать пять.
Viertel vor vier [o DIAL drei viertel vier].	без четверти четыре.
zwölf Uhr Mittag/nachts.	полдень/полночь.
Es ist schon nach vier.	Уже четыре с лишним.
Komm so zwischen vier und halb fünf.	Приходи между четырьмя и пол-пятого.

Begrüßung, Vorstellung, Verabschiedung
Приветствие, знакомство, прощание

Guten Morgen!	Доброе утро!
Guten Tag!	Добрый день!
Grüß Gott! (DIAL)	Здравствуйте!
Guten Abend!	Добрый вечер!
Hallo!	Привет!
Grüß dich!	Привет!
Mein Name ist ...	Я...
Wie geht es Ihnen/dir?	Как у Вас/у тебя дела?
Wie geht's?	Как дела?
Danke, mir geht's gut. Und Ihnen/dir?	Спасибо, хорошо. А у Вас/тебя?
Auf Wiedersehen!	До свидания!
Tschüs(s)!	Пока!
Bis morgen!	До завтра!
Bis später!	Увидимся!
Viel Vergnügen!	Всего хорошего!
Gute Nacht!	Спокойной ночи!
Grüßen Sie/Grüß(e) mir ...!	Передай(те) привет ...!

Verabredung
Договоренность

Darf ich Sie/dich zu mir zum Essen einladen?	Можно пригласить Вас/тебя в гости на обед?
Haben Sie/Hast du für morgen schon etwas vor?	У Вас/тебя есть планы на завтра?
Wann treffen wir uns?	Когда увидимся?
Darf ich Sie/dich abholen?	Можно Вас/тебя встретить?
Treffen wir uns um neun Uhr vor dem Kino.	Встретимся в девять перед кино.

Bitte und Danke

Спасибо и пожалуйста

Ja, bitte.	Да, пожалуйста.
Nein, danke.	Нет, спасибо.
Danke, sehr gern!	Спасибо, с удовольствием!
Danke, gleichfalls!	Спасибо, взаимно!
Könnten Sie mir bitte helfen?	Вы не поможете?
Bitte sehr! Gern geschehen!	Не за что!
Vielen Dank!	Спасибо большое!
Das ist doch nicht der Rede wert.	Говорить не о чем.

Entschuldigung, Bedauern

Сожаление

Entschuldigung!	Извините!
Ich muss mich entschuldigen.	Прошу прощения.
Das tut mir (sehr) leid.	Мне (очень) жаль.
Es war nicht so gemeint.	Я не нарочно.
Schade!	Жаль!
Das ist traurig.	Как грустно.

Glückwünsche zu verschiedenen Anlässen

Поздравления

Herzlichen Glückwunsch!	Сердечные поздравления!
Viel Erfolg!	Успеха!
Viel Glück!	Удачи!
Gute Besserung!	Выздоровления!
Schöne Ferien!	Приятных каникул!
Frohe Ostern!	Счастливой Пасхи!

Frohe Weihnachten und ein gutes neues Jahr!	С Новом Годом и Рождеством!
Alles Gute zum Geburtstag!	С Днем Рождения!
Meine besten Wünsche zum Geburtstag!	Желаю счастья в День Рождения!
Ich drücke dir die Daumen.	Удачи тебе.

Nach dem Weg fragen

Найти дорогу

Entschuldigung, wie komme ich bitte nach ...?	Простите, как попасть ...?
Können Sie mir sagen, wie ich zur Post komme?	Вы не подскажете, как пройти на почту?
Immer geradeaus bis zu ...	Все время прямо до ...
Dann bei der Ampel rechts abbiegen.	Потом свернуть на светофоре направо.
Folgen Sie den Schildern.	Следуйте за указателями.
Sie können es nicht verfehlen.	Там не заблудиться.
Welcher Bus fährt nach ...?	Какой автобус едет к ...?
Ist dies der richtige Bus nach ...?	Этот автобус едет к ...?
Wie weit ist das?	Это далеко?
Sie sind hier falsch.	Это совсем не здесь.

Im Restaurant

В ресторане

Ich möchte einen Tisch für vier Personen reservieren.	Я хочу заказать столик на четверых.
Einen Tisch für zwei Personen, bitte.	Столик на двоих, пожалуйста.
Ist dieser Tisch noch frei?	Этот столик еще свободен?
Ich nehme ...	Я возьму ...
Könnten wir noch etwas Brot bekommen?	Можно еще немного хлеба?
Bezahlen, bitte.	Счет, пожалуйста.
Bitte alles zusammen.	Посчитайте все вместе, пожалуйста.
Getrennte Rechnungen, bitte.	Посчитайте по отдельности, пожалуйста.

Einkaufen

Покупки

Wo finde ich ...?	Где найти ...?
Können Sie mir ein Feinkost-/Lebensmittelgeschäft empfehlen?	Вы не посоветуете деликатесный/продуктовый магазин?
Werden Sie schon bedient?	Можно Вам помочь?
Danke, ich sehe mich nur um.	Спасибо, я пока осматриваюсь.
Was darf es sein?	Что Вам угодно?
Geben Sie mir bitte ...	Дайте, пожалуйста ...
Ich möchte ...	Можно ...?
Darf es sonst noch etwas sein?	Еще что-нибудь?
Nehmen Sie Kreditkarten?	Вы принимаете кредитки?
Können Sie es mir einpacken?	Заверните, пожалуйста.

Auf der Bank

В банке

Ich möchte 100 € in Rubel wechseln.	Можно поменять 100 евро на рубли?
Ich möchte diesen Reisescheck einlösen.	Я хочу обналичить этот туристский чек.
Auf welchen Betrag kann ich den Scheck maximal ausstellen?	На какую максимальную сумму я могу выписать чек?
Ich möchte 1.000 € von meinem Konto abheben.	Я хочу снять 1000 евро со счета.
Darf ich bitte Ihren Ausweis sehen?	Можно Ваш паспорт?
Ihre Unterschrift, bitte.	Подпись, пожалуйста.

Auf der Post

На почте

Wo ist der nächste Briefkasten/das nächste Postamt?	Где здесь ближайший почтовый ящик/почтамт?
Was kostet ein Brief nach Deutschland?	Сколько стоит письмо в Германию?
Drei Briefmarken zu 1,– € bitte.	Три марки по 1 евро, пожалуйста.
Ich möchte eine Telefonkarte.	Я хочу купить телефонную карточку.

Telefonieren
По телефону

Wo ist die nächste Telefonzelle (Taxofon)?	Где ближайший телефонный автомат (Таксофон)?
Wie ist die Vorwahl von der Schweiz?	Какой код у Швейцарии?
Ich möchte ein R-Gespräch anmelden.	Я хочу принять телефонный звонок за свой счет.
Hallo, mit wem spreche ich?	Алло, с кем я говорю?
Kann ich bitte Herrn/Frau ... sprechen?	Можно позвать господина/госпожу ...?
Ich verbinde.	Соединяю.
Bleiben Sie bitte am Apparat.	Не отходите от аппарата.
Tut mir leid, er/sie ist nicht da.	К сожалению, его/ее нет.
Möchten Sie eine Nachricht hinterlassen?	Вы хотите оставить сообщение?
Ich rufe später noch mal an.	Я перезвоню.
Kein Anschluss unter dieser Nummer.	Данный номер не зарегистрирован.

Internet und E-Mail

Интернет и переписка по мейлу

Sich im Internet bewegen

В интернете

Internetadresse	интернет-адрес
einen Internetzugang beantragen	заказать доступ в интернет
[im Internet] surfen	лазить по интернету
Internetbenutzer/in	пользователь интернета
eine Verbindung ins Internet herstellen	установить связь с интернетом
die Verbindung zum Internet trennen	прервать связь с интернетом
sich anmelden, sich einloggen	войти
sich abmelden	выйти
Besuchen Sie unsere Webseite www. ...!	Заходите на нашу страницу: www. ...!
spammen	рассылать спам

Kommunizieren per E-Mail

Мейл

E-Mail-Adresse	электронный адрес, мейл
eine Nachricht/Mail empfangen/senden/weiterleiten	получить/послать/переслать мейл/сообщение
eine Nachricht/Mail beantworten	ответить на мейл/сообщение
Falls Sie weitere Informationen wünschen, zögern Sie nicht, uns eine E-Mail zu schreiben.	Не стесняйтесь обращаться к нам по мейлу за дополнительной информацией.
danke im Voraus	заранее спасибо
übrigens	кстати
häufig gestellte Fragen	часто задаваемые вопросы

E-Mail- und Internetadressen angeben
Диктовать мейл и интернет-адрес

Meine E-Mail-Adresse ist: tobias.mustermann@t-online.de *(sprich: tobias punkt mustermann at t (binde)strich/ minus online punkt d e)*	Мой мейл: tobias.mustermann@t-online.de (тобиас точка мустерманн собака т тире онлайн точка де)
Meine Homepage-Adresse ist: http://www.t-online.de/ ~mustermann *(sprich: h t t p doppelpunkt doppelslash w w w punkt t (binde)strich/minus online punkt d e slash tilde mustermann)*	Моя страница: http://www.t-online.de/ ~mustermann (ввв т тире онлайн точка де косая черта тильда мустерманн)

Im Internetcafé
В интернет-кафе

Wo gibt es in der Nähe ein Internetcafé?	Где здесь найти интернет-кафе?
Wieviel kostet eine Stunde/eine Viertelstunde?	Сколько стоит час/четверть часа?
Ich möchte eine E-Mail senden.	Я хочу послать мейл.
Kann ich einen Speicherstick/ einen Laptop anschließen?	Где можно подключить флэшку/лэптоп?
Bei mir klappt die Verbindung nicht.	Связь не работает.
Ich habe Probleme mit dem Computer.	У меня проблема с компьютером.
Es gibt Probleme mit der Maus/ dem Browser/dem Monitor.	У меня проблема с мышкой/ браузером/монитором.

Stil und Gestaltung einer geschäftlichen E-Mail

Стиль и оформление делового мейла

Добрый день, господин Тейлор,

в ответ на наш телефонный разговор я хотела бы письменно подтвердить свое участие в семинаре «коммуникативный тренинг».

К сожалению, из-за деловых обязательств я не смогу принять участия в первом дне семинара. По этой причине я была бы Вам благодарна, если бы Вы могли прислать протокол вводного мероприятия и бумаги, розданные участникам, на мой частный адрес. Большое спасибо!

Всего доброго,

Анна Майер

Anna Maier
Forststr. 20
89089 München
Тел: 089 203044-44
Факс: 089 203044-43

Stil und Gestaltung einer privaten E-Mail

Стиль и оформление частного мейла

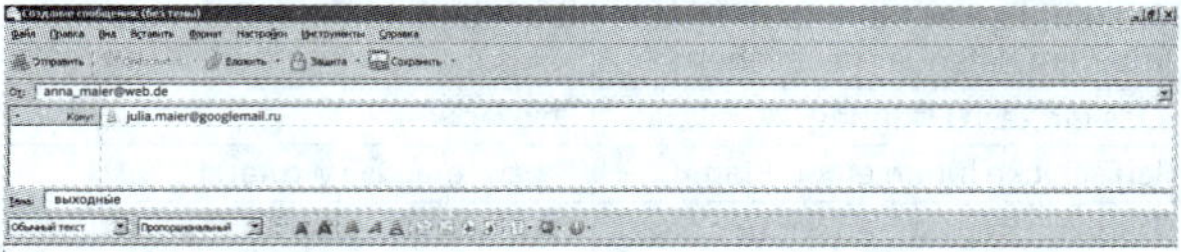

Юля, привет,

что ты делаешь в субботу? Я говорила с Михаэлем: он в выходные приезжает в Берлин; можем пойти куда-нибудь вместе, если у тебя есть время. Может, пообедаем у таиландцев и потом посидим еще в пивной на террасе, если с погодой повезет?

Скажи, сможешь ли ты? До меня можно весь день дозвониться по мобильному.

До субботы!

Целую

Сюзанна

Allgemeine Geschäftssituationen

Бизнес: примеры типичных формулировок

Firmenbesuche

Посещение фирмы

Einen Termin vereinbaren

Договоренность о встрече

Ich möchte einen Termin mit Herrn/Frau ... vereinbaren.	Хотелось бы договориться о встрече с господином/госпожой ...
Wann würde es Ihnen passen?	Когда Вам удобно?
Wie wäre es mit Kalenderwoche 28?	Как насчет 28-ой календарной недели?
Ich könnte am kommenden Dienstag.	Я свободен/свободна в следующий вторник.
Sagen wir um 10 Uhr?	Скажем, в десять?
Könnten wir uns nach dem Mittagessen treffen?	Мы могли бы встретиться после обеда?
Ich muss gerade einmal in meinem Kalender nachsehen.	Сейчас, загляну в календарь.
Das ginge in Ordnung.	Это можно.
Ich schicke Ihnen einen Plan.	Я пришлю Вам план.
Dann treffen/sehen wir uns also am 14.	Значит, встречаемся в два.

Einen Termin verschieben

Перенести встречу

Leider kann ich nun doch den Donnerstag nicht einhalten.	К сожалению, я все же не смогу в четверг.
Könnten wir das auf Montag vorziehen/verschieben?	Мы не могли бы передвинуть встречу на понедельник?
Leider bin ich dann außer Haus/im Urlaub.	К сожалению, я в это время в отпуске.
Ich habe zu der Zeit schon einen anderen Termin.	У меня на это время уже есть планы.

Einen Besuch bestätigen

Подтвердить встречу

Ich rufe an, um meinen Besuch am ... zu bestätigen.	Я звоню, чтобы подтвердить свой приезд ... числа.
Wie komme ich am besten vom Flughafen zu Ihnen?	Как лучше всего добраться к Вам из аэропорта.
Sie nehmen am besten ein Taxi.	Лучше всего взять такси.
Wir holen Sie ab.	Мы Вас встретим.
Sollen wir für Sie ein Zimmer reservieren?	Забронировать Вам номер?
Wie lange werden Sie bleiben?	На сколько дней Вы останетесь?
Wir haben für Sie ein Zimmer im Hotel ... reserviert.	Мы зарезервировали для Вас номер в отеле ...
Herr/Frau ... wird Sie um 8.30 Uhr vom Hotel abholen.	Господин/Госпожа ... встретит Вас в 8.30 перед отелем.

Willkommen heißen und betreuen

Встречать и сопровождать

Herzlich willkommen bei … in …	Добро пожаловать в (Stadt, Land)/на (Firma)
Sagen Sie bitte Sandra zu mir.	Называйте меня Сандра, пожалуйста.
Haben Sie gut hergefunden?	Вы легко нашли дорогу?
Hatten Sie eine angenehme Reise?	Путешествие было приятным?
Wo übernachten Sie?	Где Вы ночуете?
Ist das Hotel in Ordnung?	Вам нравится гостиница?
Wir tagen in einem anderen Gebäude.	Встреча пройдет в другом здании.
Wenn Sie mir bitte folgen würden …	Пожалуйста, следуйте за мной …

Im Büro

В бюро

Da wären wir.	Вот мы и пришли.
Nehmen Sie doch Platz.	Садитесь, пожалуйста.
Darf ich Ihnen etwas zu trinken anbieten?	Можно предложить Вам что-нибудь попить?
Danke, im Augenblick nicht.	Спасибо, сейчас нет.
Ein Kaffee/Glas Wasser wäre schön.	Кофе/стакан воды, пожалуйста.

Um etwas bitten

Выразить просьбу

Könnte ich bitte schnell (ein)mal telefonieren?	Можно на минутку позвонить?
Könnte ich meine (Akten-)Tasche bitte irgendwo unterstellen?	Куда бы мне поставить портфель?
Wo ist die Toilette, bitte?	Простите, где туалет?

Das Programm vorstellen

Представить программа

Wir haben Folgendes arrangiert:	Мы подготовили следующее:
Für heute Morgen habe ich ... vorbereitet/organisiert.	На сегодня утром запланировано/подготовлено ...
Wir werden in der Kantine zu Mittag essen.	Пообедаем в столовой.
Dann werden wir ..., sodass Sie ... sehen können.	Потом мы ..., чтобы Вы увидели ....
Ich weiß, dass Sie nicht deswegen hier sind, aber ...	Я знаю, что Вы здесь не за этим, но ...
Und wir könnten dann mit ... abschließen.	А в заключение мы могли бы ...
Ist das so weit in Ihrem Sinne?	Вас такой план устраивает?

Eine Führung leiten

Проводить экскурсию

Hier sehen Sie ...	Здесь Вы видите ...
Hier fertigen/produzieren wir ...	Здесь мы изготавливаем ...
Das Gebäude da drüben ist ...	То здание – это ...
Vor uns sehen Sie ...	Перед нами ...
Dahinter kann man (gerade noch) ... sehen.	Там дальше (едва) видно ...

Vorschriften

Правила

Leider ...	К сожалению ...
... dürfen wir da nicht rein.	... сюда вход закрыт.
... darf man hier keine Fotos machen.	... здесь нельзя фотографировать.
... sind Handys in diesem Gebäude nicht erlaubt.	... здесь нельзя пользоваться мобильным.
... darf man hier nicht rauchen.	... здесь не курят.
... müssen wir hier die (Schutz-)Helme tragen.	... здесь надо носить каску.

Den Besuch beenden

Прощаться

Ich denke, ich sollte mich langsam auf den Weg machen.	Я думаю, мне пора.
Ich bringe Sie zum Parkplatz.	Я провожу Вас до парковки.
Wie kommen Sie zum Flughafen?	Как Вы доедете до аэропорта?
Grüßen Sie bitte Herrn/Frau ...	Привет господину/госпоже ...
Ich halte Sie auf dem Laufenden.	Я буду держать Вас в курсе.
Ich werde mich melden. Kommen Sie gut nach Hause.	Я позвоню. Счастливого пути.
Nochmals vielen Dank.	Еще раз спасибо большое.

Zusammenarbeiten

Сотрудничество

Pläne erklären

Планы

Was können wir für Sie tun?	Что мы можем для Вас сделать?
So wie ich das sehe, suchen Sie nach ...	Насколько я понимаю, Вы ищете ...
Im Augenblick überprüfen wir ...	Мы сейчас проверяем...
Wie Sie wissen, ziehen wir in Betracht ...	Как Вы знаете, мы рассматриваем ...
Wir planen/haben beschlossen/ sind dabei ...	Мы планируем/решили/ начали ...

Verständigungsschwierigkeiten

Коммуникационные проблемы

Mein Englisch ist leider nicht so gut/etwas eingerostet.	К сожалению, мой английский не очень хорош/нуждается в практике.
Würden Sie das bitte wiederholen?	Можно повторить?
Ich habe das leider nicht verstanden.	Я не понял/поняла.
Das habe ich akustisch nicht verstanden.	Я не расслышал/расслышала.
Könnten Sie bitte etwas lauter sprechen?	Можно немного громче?
Könnten Sie bitte etwas langsamer sprechen?	Можно немного медленнее?
Könnten Sie das noch einmal erklären?	Можно еще раз объяснить?

Abklären

Уточнять

Könnten Sie das bitte genauer beschreiben?	Вы не могли бы точнее описать?
Was genau haben Sie sich vorgestellt?	Как именно Вы себе это представляете?
Um was für ein(e) ... handelt es sich?	О каком/какой ... идет речь?
Könnten Sie uns bitte mehr Informationen über ... geben?	Вы не могли бы предоставить больше информации о ...?

Reagieren

Реагировать

Das ist ein sehr interessanter Vorschlag.	Это очень интересное предложение.
Das könnte für uns von Interesse sein.	Это может быть нам интересно.
Wir haben dort leider schon eine Vertretung.	Там у нас, к сожалению, уже есть представительство.
Leider fällt das nicht in unseren Bereich.	Это, к сожалению, не наша область.
Zurzeit ist bei uns nichts dergleichen geplant.	Сейчас мы такого не планируем.

Probleme besprechen

Обсуждать проблемы

Um ehrlich zu sein, ...	Честно говоря, ...
Wir haben ein Problem mit ...	У нас проблема с ...
Wir sind eigentlich nicht zufrieden mit ...	Мы не вполне довольны ...
Mit ... scheint es Missverständnisse zu geben.	С ... случаются недоразумения.
Wir hatten uns das etwas anders vorgestellt.	Мы себе это иначе представляли.
Laut Vertrag/Vertragsbedingungen ...	Согласно договору/условиям
Sie sind verpflichtet ... zu .../Sie haben sich verpflichtet ... zu ...	Вы обязаны ...
Wir sind nicht dazu verpflichtet ... zu ...	Мы не обязаны ...
Unsere Haftung beschränkt sich auf ...	Мы несем ответственность только, если ...
Vielleicht sollten wir ... neu überdenken.	Может быть, следует заново обдумать ...
Wir müssen ... neu verhandeln.	Нам нужно заново обсудить ...

Besprechungen
Конференции

Begrüßen, Smalltalk
Знакомство, вежливые вопросы

Peter! Lange nicht gesehen! Wie läuft das Geschäft?	Петер! Давно не виделись! Как дела?
Sehr gut./Nicht schlecht./ Ich kann nicht klagen!	Отлично./Неплохо./ Не жалуюсь!
Und wie geht's der/Ihrer Familie?	А как дела у семьи?
Danke, bestens. Und wie steht's bei Ihnen?	Спасибо, хорошо. А у Вас?

Sich und andere vorstellen
Знакомство

Ich bin Peter Ross von der Firma ...	Я – Петер Росс, фирма ...
Peter, das ist meine Kollegin Gill Hill. Gill, das ist Peter Ross.	Петер, это моя коллега Джилл Хилл. Джилл, это Петер Росс.
Herr Ross, ich möchte Ihnen Frau Hill, unsere Verkaufsleiterin, vorstellen. Frau Hill, das ist Herr Ross.	Господин Росс, хочу познакомить Вас с госпожой Хилл, нашим менеджером по продажам. Госпожа Хилл, это господин Росс.

Die Besprechung eröffnen
Начало переговоров

Also, sind wir so weit? Dann können wir ja anfangen.	Все готовы? Давайте приступим.
Wer führt das Protokoll?	Кто ведет протокол?
Bevor wir richtig beginnen, möchte ich gerne Herrn/Frau ... vorstellen.	Для начала я хочу представить господина/госпожу ...
Ich glaube, Sie kennen alle Herrn/ Frau ...	Все Вы знаете господина/ госпожу ...

Die Tagesordnung

На повестке дня

Wir haben heute drei Punkte auf der Tagesordnung.	У нас сегодня три пункта на повестке дня.
Es ist allen bekannt, worum es geht.	Все знают, о чем идет речь.
Heute müssen wir über ... entscheiden.	Мы должны принять сегодня решение о ...
Würden Sie bitte anfangen?	Начните, пожалуйста.

Meinungen einholen und äußern

Узнавать и выражать мнение

Möchten Sie dazu Stellung nehmen?	Вы хотели бы высказаться по этому поводу?
Noch irgendwelche Anmerkungen?	Еще замечания?
Meiner Ansicht/Erfahrung nach ...	Мне кажется/По-моему опыту ...
Ich bin davon überzeugt, dass ...	Я не сомневаюсь, что ...
Ich bin der gleichen Ansicht.	Я согласен/согласна.
Dabei bin ich mir nicht so sicher.	Я не уверен/не уверена.
Ja, aber haben Sie bedacht, dass ...?	Да, но учли ли Вы ...?
Dem kann ich leider nicht zustimmen.	Я не могу с этим согласиться.
Es hängt davon ab, wie man es betrachtet.	Зависит от точки зрения.

Bündeln und abklären

Структурировать и уточнять

Ich möchte gerne zwei Anmerkungen machen. Erstens ...; zweitens ...	Я хочу сделать два замечания. Во-первых, ...; во-вторых...
Es gibt hier verschiedene Gesichtspunkte: ...	Здесь два разных аспекта: ...
Tatsache ist .../Das Hauptproblem ist ...	Дело/основная проблема в том ...
Wir müssen akzeptieren, dass ...	Мы должны принять то, что ...
Können Sie das bitte erläutern?	Можно подробнее?
Was verstehen Sie genau unter ...?	Что именно Вы называете ...?
Damit wollte ich sagen, dass ...	Я имел/имела в виду ...
Lassen Sie es mich folgendermaßen ausdrücken ...	Можно сказать так: ...

Unterbrechen

Прерывать

Entschuldigen Sie bitte, aber ...	Простите, но ...
Kann ich hierzu kurz etwas anmerken?	Можно добавить по этому поводу?
Wenn Sie sich noch einen Moment gedulden würden, ...	Можно еще минутку внимания, ...
Könnte ich bitte zu Ende ausführen?	Можно договорить?
Einen Augenblick noch, Herr/Frau ...	Еще минутку, господин/госпожа ...
Herr/Frau ..., ich glaube, Sie wollten dazu noch etwas anmerken.	Вы хотели что-то добавить, господин/госпожа ...?
Könnten wir jetzt auf das Thema zurückkommen?	Можно вернуться к основной теме?
Können wir uns bitte an die Tagesordnung halten?	Можно придерживаться повестку дня?

Überleiten, zusammenfassen und schließen
Смена, суммирование и закрытие темы

Kommen wir nun zu Punkt zwei.	Перейдем ко второму пункту.
Ich gebe jetzt an Herrn/Frau ... weiter.	Передаю слово господину/ госпоже ...
Ich fasse noch einmal zusammen: ...	Еще раз в двух словах: ...
Wer ist dafür? Dagegen? Irgendwelche Enthaltungen?	Кто за? Против? Воздержался?
Nun, weiter kommen wir im Augenblick wohl nicht.	Что ж, в данный момент дальше разговор нас не ведет.
Wir brauchen dann nur noch das Datum für unsere nächste Besprechung festzusetzen.	Давайте назначим дату следующих переговоров.
Also, das wär's dann.	Что ж, кажется, все.
Gut, Ihnen allen vielen Dank.	Всем большое спасибо.

Verhandeln
Переговоры

Vorschläge und Angebote besprechen
Обсуждать предложения

Wir wären in der Lage, Ihnen ... anzubieten.	Мы могли бы предложить Вам ...
... so etwa um die ...	примерно
Wir dachten eher an ...	Мы думали скорее...
Ist das Ihr äußerstes Angebot?	Это Ваше лучшее предложение?
Weiter können wir nicht gehen.	Дальше пойти мы не можем.
Das steht nicht zur Verhandlung.	Это не обсуждается.
Ich fürchte, dass unser Vorstand damit nicht einverstanden sein wird.	Боюсь, что руководство не согласится.
Wir werden sicherlich eine gemeinsame Lösung finden.	Мы наверняка еще найдем общее решение.

Betrachten wir die Sache doch einmal aus einem anderen Blickwinkel ...	Посмотрим с другой стороны...
Konzentrieren wir uns doch zunächst auf das Wesentliche ...	Сконцентрируемся на главном ...
Das Wichtigste für uns ist ...	Главное для нас - это ...
Wenn Sie ..., könnten wir eventuell ...	Если Вы ..., мы могли бы ...
Wäre ... eher akzeptabel?	... Вас скорее бы устроило?

Um Zeit bitten

Вопросы времени

Könnten wir eine halbe Stunde Pause machen?	Можно сделать перерыв на полчаса?
Ich brauche etwas Zeit, um das auszuarbeiten.	Мне нужно время, чтобы это разработать.
Könnten wir eine Pause machen? Wir bräuchten etwas Bedenkzeit.	Можно сделать перерыв? Нам нужно подумать.
Ich muss das mit meiner Firma abklären.	Мне нужно обсудить это с фирмой.
Ich überprüfe das und komme dann wieder auf Sie zu.	Я проверю данные и вернусь к Вам.

Das Geschäft abschließen

Заключать соглашение

Das entspricht eher unseren Vorstellungen.	Это соответствует нашим представлениям.
Damit könnten wir leben.	Это не худший вариант.
Also, dann hätten wir's, oder?	Что ж, договорились?
Fassen wir noch einmal zusammen. Sie werden ...	Повторим основное. Вы ...
Auf eine erfolgreiche Zusammenarbeit!	За успешное сотрудничество!

Messen
Ярмарки

Einen Stand reservieren
Резервировать стенд

Wir möchten einen Stand für die ... Messe reservieren.	Мы хотим зарезервировать стенд на ярмарке ...
Wann ist Anmeldeschluss?	До когда можно записаться?
Würden Sie uns bitte ein Anmeldeformular per E-Mail schicken?	Пришлите, пожалуйста, регистрационный формуляр по мейла / электронной почте.
Wir brauchen einen Stand mit einer Fläche von ungefähr ... Quadratmetern.	Нам нужен стенд примерно в ... кв.м.
Ab wann steht er uns zur Verfügung?	Когда стенд поступит в наше распоряжение?
Ich nehme an, dass Telefon- und Internetanschluss dabei sind.	Телефон и интернет включены, не правда ли?
Wir werden unser eigenes Mobiliar mitbringen.	Мы привезем собственную меблировку.
Könnten Sie uns bei der Zollabfertigung helfen?	Вы можете помочь нам с таможней?
Organisieren Sie auch Dolmetscher/Dolmetscherinnen?	Вы предоставите переводчиков/переводчиц?
Können Sie uns mit Erfrischungen versorgen?	Вы можете обеспечить напитки и закуски?

Kunden ansprechen
Первый контакт

Kann ich Ihnen behilflich sein?	Можно Вам помочь?
Wie haben Sie von uns(erer Firma) erfahren?	Как Вы узнали о нашей фирме?
Ich hätte gern einige Informationen über ...	Мне пригодится информация о ...
Das finden Sie in unserer Broschüre auf Seite ...	Вы найдете это в нашей брошюре, страница ...
Ich führe es Ihnen vor.	Я Вам покажу.

Und wie schneidet es im Vergleich mit ... ab?	А в сравнении с ...?
Ab wann ist es lieferbar?	Когда поступает в продажу?
Könnten Sie uns ausführliches Material über ... zusenden?	Можно прислать подробные материалы о ...?
Wir können Ihnen gerne Informationsmaterial zusenden.	Мы рады будем прислать информационные материалы.
Haben Sie eine Visitenkarte?	Можно Вашу визитную карточку?
Könnten Sie uns ein Angebot zukommen lassen?	Пришлите нам, пожалуйста, предложение.
Haben Sie eine Vertretung/eine Geschäftsstelle/ein Werk/einen Vertrieb in ...?	У Вас есть представительство/производство/отдел сбыта в ...?

Produkte beschreiben

Описание продукта

Darf ich Ihnen ... zeigen?	Можно показать Вам ...?
Haben Sie unser neustes Modell gesehen?	Вы видели нашу самую новую модель?
Dies ist unser Flaggschiff-/Spitzenmodell.	Это наша лучшая модель.
... ist bestimmt etwas für Sie.	... Вам понравится.
Wir haben eine Reihe von verschiedenen Modellen für unterschiedliche User entwickelt.	У нас есть ряд различных моделей для различных пользователей.
Dieses Modell ist für den Geschäftsreisenden gedacht.	Эта модель рассчитана на командировки.
Wir verkaufen es bereits seit zwei Jahren erfolgreich im asiatischen Markt.	Она уже два года успешно продается на азиатском рынке.
Es gab schon viele Anfragen aus/von .../In ... besteht großes Interesse daran.	... проявляли к ней большой интерес.
Es entspricht den höchsten technischen Standards.	... соответствует высочайшим техническим стандартам.

Kunden weitervermitteln
Переадресовка

Ansprechpartner für ... ist eigentlich Herr/Frau ...	По этому поводу Вам лучше обратиться к господину/госпоже ...
Er/Sie ist gerade in einer Besprechung.	Он/Она сейчас на совещании.
Er/Sie ist bald wieder da.	Он/Она скоро вернется.

In Verbindung bleiben
Не теряться из виду

Könnten Sie heute um 14 Uhr noch einmal kommen?	Вы не могли бы прийти сегодня в два?
Wir würden Sie gerne zu einem Besuch in unser Werk einladen.	Мы хотели бы пригласить Вас к нам на производство.
Ich bin im nächsten Monat in .... Ich könnte Sie dann besuchen.	Я буду в следующем месяце в ... Я могу Вас тогда посетить.
Hier ist meine Karte.	Вот моя визитка.
Wann sind Sie wieder im Büro?	Когда Вы снова будете в бюро?
Ich rufe Sie gleich nach der Messe an.	Я позвоню сразу после ярмарки.

Smalltalk
Обмен любезностями

Ein Gespräch einleiten
Начало беседы

Schönes Wetter heute, nicht wahr?	Хорошая погода сегодня, не правда ли?
Ja, sehr schön.	Да, очень.
Tut mir leid, dass ich mich verspätet habe, aber ich bin im Stau stecken geblieben.	Простите за опоздание – на улицах пробки.

Ist das wieder ein Verkehr heute Morgen!	Как сегодня дороги забиты!
Stimmt. Ist das immer so schlimm?	Да, здесь всегда такие пробки?
Haben Sie die Zeitung heute schon gelesen?	Вы читали газеты сегодня?
Nein, noch nicht. Gibt's irgendwas Neues?	Еще нет. Какие новости?
Haben Sie gestern das Spiel gesehen?	Видели вчера матч?
Aber sicher. Wie fanden Sie es denn?	Конечно. И как Вам?
Stimmt es, dass ...?	Правда, что ...?
Bei uns ist der Eindruck entstanden, dass .... Sind Sie auch der Meinung?	Нам кажется, что ... Вы согласны?
Laut unseren Medien .... Was meinen Sie dazu?	Наши СМИ утверждают... А Вы что скажете?

Geschäft

Деловое

Sind Sie geschäftlich hier?	Вы здесь по делам?
In welcher Branche sind Sie tätig?	Вы в какой области работаете?
Wie viele Mitarbeiter hat Ihre Firma?	Сколько человек занято на Вашей фирме?
Wo ist Ihr Firmensitz?	Где Ваша фирма находится?
Sind Sie schon lange bei der Firma?	Вы давно там работаете?
Darf ich Ihnen meine Visitenkarte geben?	Можно оставить Вам визитку?

Tätigkeiten

Специализация сотрудника

Was sind Sie von Beruf?	Кто Вы по профессии?
Ich bin Sachbearbeiter(in).	Я делопроизводитель.
Ich bin im Personalbereich tätig.	Я занимаюсь персоналом.
Ich bin Leiter/in der Werbeabteilung.	Я менеджер по рекламе.
Ich bin für das Lager zuständig.	Я отвечаю за склад.

Geschäftsbereiche

Специализация фирмы

Wir sind im Einzelhandel/ Großhandel tätig.	Мы торгуем в розницу/оптом.
Unser Schwerpunkt liegt im Dienstleistungsbereich.	Мы в основном занимаемся сервисом.
Wir stellen Einzelteile für die Autobranche her.	Мы изготовляем автомобильные запчасти.
Wir konzipieren/entwickeln Software.	Мы создаем/развиваем компьютерные программы.
Wir handeln mit Baustoffen.	Мы торгуем строительными материалами.
Wir importieren/exportieren Lederwaren.	Мы импортируем/ экспортируем изделия из кожи.
Wir geben unter anderem technische Handbücher heraus.	Мы издаем, например, технические руководства.
Wir sind Unternehmensberater.	Мы - деловые консультанты.

Familie

Семья

Ich habe vor zwei Monaten geheiratet.	Два месяца назад я женился/ вышла замуж.
Haben Sie Kinder?	У Вас есть дети?
Sie gehen noch in den Kindergarten./Sie studieren schon.	Они еще в детском саду./Они уже в университете.

Wir erwarten unser erstes Kind.	Мы ждем первого ребенка.
Wie geht es Ihrer Frau/Ihrem Mann/Ihren Kindern?	Как дела у Вашей жены/Вашего мужа/Ваших детей?

Länder und Städte

Города и страны

Sind Sie zum ersten Mal in ...?	Вы впервые в ...?
Und woher kommen Sie?	А Вы откуда?
Ich komme aus einer Kleinstadt/Großstadt.	Я из маленького/большого города.
Es liegt an der Küste/im Landesinneren.	Это на побережье/внутри страны.
Es hat ungefähr ... Einwohner.	Там примерно ... жителей.
Der Hauptwirtschaftszweig ist ...	Основная деятельность города – ...
Viele Leute pendeln nach ...	Многие ездят работать в ...

Sehenswürdigkeiten und Andenken

Достопримечательности и сувениры

Was ist besonders sehenswert hier?	Что здесь особенно интересно?
Sie müssen unbedingt ... besichtigen/besuchen.	Непременно посетите ...
Wie komme ich am besten dorthin?	Как туда добраться?
Die Buslinie 7 fährt direkt dorthin.	Туда ездит автобус номер семь.
Ich würde meiner Familie gern etwas mitbringen. Was ist typisch für diese Gegend?	Я хотел бы привезти сувенир семье. Что типично для этой местности?
Diese Gegend ist sehr bekannt für Wein/Töpferei und Glas.	Эта местность славится вином/изделиями из глины и стекла

Hobbys

Хобби

Ich spiele Saxophon/singe in einem Chor.	Я играю на саксофоне/пою в хоре.
Meine Frau und ich sind Mitglieder eines Tanzvereins.	Моя жена и я – члены танцевального клуба.
Ich lese viel/male ein wenig.	Я много читаю/немного рисую.
Ich bastele ein wenig/arbeite gerne im Garten.	Я немного мастерю/люблю работать в саду.
Ich sammele Antiquitäten/Briefmarken/alte Bücher.	Я собираю антиквариат/марки/старые книги.
Ich interessiere mich für ...	Я интересуюсь ...
Ich bin bei ... aktiv.	Я занимаюсь...

Präsentationen

Презентации

Sich und andere vorstellen

Знакомство

Guten Morgen. Ich möchte mich zunächst kurz vorstellen. Mein Name ist ...	Доброе утро. Хочу представиться:
Ich glaube, Sie kennen alle Herrn Weber, unseren Marketingleiter.	Думаю, Вы все знаете господина Вебера, нашего директора по маркетингу.
Ich möchte Ihnen gerne Frau Yoshi vorstellen, Geschäftsführerin der Sumo-Bank in Tokyo.	Хочу представить Вам госпожу Йошу, менеджера банка Сумо в Токио.
Entschuldigen Sie bitte, mein Russisch ist nicht so flüssig.	Простите, мой русский не очень свободный.
Es freut mich sehr, Sie heute Morgen hier begrüßen zu dürfen.	Приятно приветствовать Вас здесь сегодня утром.
Ich möchte Sie heute über ... informieren/den neuesten Stand der/des ... in Kenntnis setzen.	Сегодня я хочу проинформировать Вас о последних развитиях в ...
Vielen Dank, dass Sie mich zum Thema ... eingeladen haben.	Спасибо, что пригласили меня поговорить о ...
Ziel dieser Präsentation ist, ... darzustellen/zu erläutern.	Цель этой презентации: представить/объяснить ...
Ich werde drei Hauptbereiche behandeln.	Я представлю три основные темы.

Einleitung zur Präsentation
Введение

Ich habe den Vortrag in vier Abschnitte gegliedert.	Доклад разделен на четыре части.
Ich werde ... erklären/behandeln.	Я объясню ...
Wir sollten ... betrachten.	Мы хотели бы рассмотреть ...
Alles in allem wird das ungefähr ... Minuten in Anspruch nehmen.	Все это займет примерно ... минут.
Ich versuche, mich so kurz wie möglich zu fassen!	Я постараюсь не затягивать презентацию!
Bitte unterbrechen Sie mich, falls irgendetwas nicht klar sein sollte.	Пожалуйста, перебивайте, если будут вопросы.
Ich stehe Ihnen dann nach dem Vortrag gern für Fragen zur Verfügung.	Я с удовольствием отвечу на вопросы после доклада.

Die Botschaft
Основное

Also, ich werde zunächst mit ... beginnen.	Итак, начну с ...
Wie Sie wissen, ...	Как Вы знаете ...
Hinzu kommt, dass ...	К тому же ...
Im Gegensatz dazu ...	Наоборот, ...
Vier Hauptaspekte sollten dabei in Betracht gezogen werden: ...	Следует рассмотреть четыре основных аспекта: ...
Erstens ... Zweitens ... Drittens ... Und letztlich ...	Во-первых.. во-вторых ... в-третьих ... и наконец
Einerseits .../Andererseits ...	С одной стороны ... С другой стороны ...
Daraus resultiert, .../Das hat zur Folge, ...	В результате .../В итоге ...
Bevor ich fortfahre, wollen wir noch einmal ... betrachten.	Перед тем, как продолжить, давайте еще раз рассмотрим ...
Was bedeutet das also für uns?	Что это значит для нас?

Es gibt verschiedene Möglichkeiten: Erstens, ...	Есть разные возможности: во-первых ...
Wir haben zwei Möglichkeiten zur Auswahl: ...	У нас есть два варианта: ...
Eine Möglichkeit wäre ...	Один из вариантов – это ...
Aus unserer Sicht wäre es am besten ...	Нам кажется, что лучше всего ...
Ich schlage vor .../Wir würden empfehlen ...	Я предлагаю .../Мы рекомендуем ...

Überleiten
Смена темы

Gut. Kommen wir nun zu (den Verkaufszahlen).	Хорошо. Перейдем к (статистике продаж)
So weit also zu (den Kosten) ... Was (den Gewinn) angeht ...	Итак, вот (стоимость) ... Что касается (выгоды) ...
Dies bringt mich zu meinem nächsten Punkt.	Перехожу к следующему пункту.
Ich möchte mich nun gerne ... widmen	Хочу перейти к теме ...

Auf einen vorhergehenden Punkt verweisen
Возвращение к предыдущему пункту

Wie ich vorhin bereits sagte/erwähnte, ...	Как уже было сказано ...
Wie ich zu Beginn meiner Präsentation sagte, ...	Как говорилось в начале презентации ...
Um nochmals auf ... zurückzukommen, ...	Возвращаясь снова к ..., ...

Diagramme erklären und kommentieren

Комментарии к диаграммам

Das Diagramm zeigt ...	Диаграмма показывает ...
Schauen Sie sich einmal ... an.	Посмотрите на ...
Hier sehen Sie ...	Здесь Вы видите ...
Das Interessante/Ermutigende/ Besorgniserregende ist hier zu sehen: ...	Этот аспект вызывает интерес/надежду/ беспокойство ...
Was können wir daraus erkennen?	Какие мы можем сделать из этого выводы?
Wenn wir diese beiden Punkte vergleichen, dann ...	Если сравнить эти два пункта, то ...
Was können wir daraus folgern?	Что из этого следует?
Nun, Tatsache ist, dass ...	Факт, что ...
Es gibt hierfür nur eine mögliche Erklärung: ...	Возможно только одно объяснение: ...

Zusammenfassen und beenden

Подведение итогов и завершение

Ich fasse dann noch einmal zusammen: ...	Подведу итоги: ...
Mit anderen Worten ...	Иными словами ...
Abschließend möchte ich ...	В заключение я хочу ...
Schließlich ...	И наконец ...
Vielen Dank für Ihre Aufmerksamkeit.	Большое спасибо за внимание.
Falls jetzt noch Fragen offen sind ...	Если у Вас есть вопросы ...

Fragen zur Präsentation
Вопросы к презентации

Dann fange ich einfach (ein)mal an. Ich hätte eine Frage zu …	Я начну, пожалуй. У меня вопрос к …
Wenn ich Sie richtig verstanden habe, …	Если я не ошибаюсь …
Als Sie … erwähnten, meinten Sie damit …?	Упоминая …, Вы имели в виду …?
Das ist eine interessante Frage.	Это интересный вопрос.
Gut, dass Sie das ansprechen.	Хорошо, что Вы это упомянули.
Was ich damit sagen will, ist …	Я хочу сказать, что …
Ich meine damit …	Я имею в виду …
Ich kann dem eigentlich nichts mehr hinzufügen.	Мне нечего добавить.
Leider gibt es darauf bis jetzt noch keine Antwort.	К сожалению, ответ пока не прозвучал.
Ich glaube, Herr/Frau … könnte das am besten beantworten.	Думаю, господин/госпожа … на это сможет ответить лучше всего.
Kommen wir nun zur nächsten Frage.	Перейдем к следующему вопросу.
Leider haben wir nur noch für eine Frage Zeit.	К сожалению, осталось время только на один вопрос.
Gut, das wär's. Vielen Dank.	Хорошо, это все. Спасибо.
Vielen Dank für Ihre Aufmerksamkeit.	Большое спасибо за внимание.
Ich möchte mich nur noch bei Ihnen bedanken, dass Sie heute gekommen sind.	Благодарю за то, что пришли.

Aa

a, A *nt* <-, -> a, A *nt*; **das ~ und O** а́льфа и оме́га

à *präp*: **~ la Napoleon** а-ля́ Наполео́н; **~ 10 Euro** по 10 е́вро

Aal *m* <-(e)s, -e> у́горь *m*

aalen *vr* не́житься *impf*; **sich in der Sonne ~** не́житься на со́лнышке

Aas *nt* <-es, -e> ① (*Tierkadaver*) труп *m* живо́тного; ② (*vulg: Person*) па́даль *f*

ab **I.** *präp +dat* ① (*zeitlich*) с, начина́я с; ② (*räumlich*) от; **~ heute** с сего́дняшнего дня; **II.** *adv* (*fort, weg*) прочь

abändern *vt* слегка́ изменя́ть, -ни́ть *pf*

Abänderung *f* <-, -en> измене́ние *nt*

abarbeiten **I.** *vt* (*Pensum, Zeit*) отраба́тывать, -бо́тать *pf*; **II.** *vr* (*sich abmühen*) изнуря́ть, -ри́ть *pf* себя́

Abart *f* <-, -en> разнови́дность *f*, подви́д *m*

Abb. *abk von* ***Abbildung*** рису́нок *m*, изображе́ние *nt*

Abbau *m* <-(e)s, -ten> ① (*Auseinandernehmen*) разбо́рка *f*, демонта́ж *m*; ② (*Reduzierung*) сокраще́ние *nt*; ③ (BERGB) го́рная разрабо́тка *f*; ④ (CHEM) разложе́ние *nt*, расщепле́ние *nt*

abbauen **I.** *vt* ① (*auseinandernehmen*) разбира́ть, -зобра́ть *pf*, демонти́ровать *impf/pf*; ② (*beseitigen*) устраня́ть, -ни́ть *pf*; ③ (*reduzieren*) сокраща́ть, -крати́ть *pf*; ④ (BERGB) добыва́ть, -бы́ть *pf*, разраба́тывать, -бо́тать *pf*; ⑤ (CHEM) разлага́ть, -ложи́ть *pf*, расщепля́ть, -пи́ть *pf*; **II.** *vi* (*nachlassen*) слабе́ть, ослабе́ть *pf*, сдава́ть, сдать *pf*

abbeißen *irr vt* отку́сывать, -си́ть *pf*

abbekommen *irr vt* ① (*einen Anteil bekommen*) получа́ть, -чи́ть *pf* до́лю; ② (*umg: beschädigt werden*) доста́ться *pf*, -става́ться *impf*; **der Wagen hat bei dem Unfall etwas ~** при ава́рии маши́на получи́ла поврежде́ния

abbestellen *vt* отменя́ть, -ни́ть *pf* зака́з

abbezahlen *vt* выпла́чивать, вы́платить *pf* по частя́м

abbiegen **I.** *irr vi* (*Straße, Fahrzeug*) повора́чивать, -верну́ть *pf*, свора́чивать, сверну́ть *pf*; **II.** *vt* (*biegen*) отгиба́ть, отогну́ть *pf*

Abbild *nt* <-(e)s, -er> изображе́ние *nt*, отображе́ние *nt*

abbilden *vt* изобража́ть, -брази́ть *pf*

Abbildung *f* <-, -en> изображе́ние *nt*, рису́нок *m*

abblasen *irr vt* ① (*wegblasen*) сдува́ть, сду́ть *pf*; ② (*umg: absagen*) отменя́ть, -ни́ть *pf*

abblenden *vt* ① (KFZ) *переключа́ть фа́ры с да́льнего на бли́жний свет*; ② (FOT) устана́вливать, -нови́ть *pf* диафра́гму

abbrechen **I.** *irr vt* ① (*Gebäude, Lager*) сноси́ть, снести́ *pf*; ② (*Verhandlungen*) прерыва́ть, -рва́ть *pf*; **II.** *vi* (*Gespräch*) обрыва́ть, оборва́ть *pf*

abbrennen **I.** *irr vt* ① (*Haus*) сжига́ть, сже́чь *pf*; ② (*Feuerwerk*) запуска́ть, -пусти́ть *pf*; **II.** *vi* сгора́ть, -ре́ть *pf*; **abgebrannt sein** (*umg*) быть на мели́

abbringen *irr vt*: **jdn von etw ~** отгова́ривать кого́-л. от чего́-л.

Abbruch *m* <-(e)s, Abbrüche> ① (*Gebäude*) снос *m*; ② (*Lager*) разбо́рка *f*; ③ (*Beziehungen*) разры́в *m*; ④ (*Verhandlungen*) прекраще́ние *nt*

Abc *nt* <*gen:* -> ① а́лфавит *f*; ② (*fig*) осно́вы *fpl*, азы́ *pl*

abdanken *vi* ① (*zurücktreten*) уходи́ть, уйти́ *pf* в отста́вку; ② (*König*) отрека́ться, -ре́чься *pf* от престо́ла

abdecken *vt* ① (*Dach*) срыва́ть, сорва́ть *pf*; ② (*zudecken*) покрыва́ть, -кры́ть *pf*; **den Tisch ~** убира́ть со стола́

abdichten *vt* уплотня́ть, -ни́ть *pf*

abdrehen I. *vt* ① (*Gas*) перекрыва́ть, -кры́ть *pf*; ② (*Film*) отсня́ть *pf*; **II.** *vi* (*Schiff*) меня́ть, по- *pf* курс

Abdruck[1] *m* <-(e)s, Abdrücke> (*Finger, Fuß*) отпеча́ток *m*

Abdruck[2] *m* <-(e)s, -e> ① печа́тание *f*; ② перепеча́тка *f*

abdrucken *vt* печа́тать, на- *pf*

abdrücken I. *vt* (*zusammendrücken*) сдави́ть *pf*, сда́вливать *impf*, сжать *pf*, сжима́ть *impf*; **II.** *vi* (*Schusswaffe*) спуска́ть, -сти́ть *pf* куро́к

Abend *m* <-s, -e> ве́чер *m*; **guten ~!** до́брый ве́чер! **zu ~ essen** у́жинать; **heute ~** сего́дня ве́чером

Abendbrot *nt* <-(e)s, -e> у́жин *m*

Abendkleid *nt* <-(e)s, -er> вече́рнее пла́тье *nt*

Abendland *nt* <*gen:* -(e)s> (*geh*) За́пад *m*

abendlich *adj* вече́рний

Abendrot *nt* <*gen:* -s> вече́рняя заря́ *f*

abends *adv* по вечера́м

Abendstudium *nt* <*gen:* -s> вече́рнее обуче́ние *nt*

Abenteuer *nt* <-s, -> приключе́ние *nt*

abenteuerlich *adj* по́лный приключе́ний

Abenteurer, -in *m/f* <-s, -> иска́тель, -ница *m/f* приключе́ний

aber I. *konj* ① (*dagegen: Gegensatz, Einwand*) но, а; ② (*jedoch: Einschränkung, Anknüpfung*) одна́ко; **II.** *adv* ① сно́ва, вновь; ② (*Verstärkung*) и; **~ ja!** (да) коне́чно же! **nun ist ~ Schluss** ну, тепе́рь уже всё.

Aberglaube *m* <*gen:* -ns> суеве́рие *nt*

abergläubisch *adj* суеве́рный

aberkennen *irr vt* (*Rechte*) лиша́ть, -ши́ть *pf*

Aberkennung *f* <-, -en> лише́ние *nt*

abermals *adv* (*geh*) опя́ть, вновь

abfahren I. *irr vi* отправля́ться, -пра́виться *pf*, уезжа́ть, уе́хать *pf*; **II.** *irr vt* ① (*fortschaffen*) вывози́ть, вы́везти *pf*; ② (*Strecke*) объезжа́ть, объе́хать *pf*; ③ (*Fahrkarte*) испо́льзовать *impf/pf*; **auf etw ~** (*umg*) балде́ть от чего́-л.

Abfahrt *f* <-, -en> ① отправле́ние *nt*; ② (*eines Schiffes*) отплы́тие *nt*

Abfahrtszeit *f* <-, -en> вре́мя *nt* отправле́ния

Abfall *m* <-(e)s, Abfälle> ① (*Müll*) отбро́сы *mpl*, отхо́ды *mpl*, му́сор *m*; ② (*vom Glauben*) отхо́д *m* (*von +dat* от *+gen*)

Abfalleimer *m* <-s, -> му́сорное ведро́ *nt*

abfallen *irr vi* ① отва́ливаться, -ли́ться *pf*, опада́ть, опа́сть *pf*, осыпа́ться, -сы́паться *pf*; ② (*vom Glauben*) отступа́ть, -пи́ть *pf* (*von +dat* от *+gen*); ③ (*Gelände*) уходи́ть, уйти́ *pf* вниз; ④ (*für jdn als Anteil*) перепада́ть, -па́сть *pf* кому́-л.

abfällig *adj* (*Bemerkung*) пренебрежи́тельный

abfärben *vi* ① (*Wäsche*) линя́ть, по- *pf*; ② (*fig*) ока́зывать, -за́ть *pf* влия́ние (*auf +akk* на *+akk*)

abfertigen *vt* ① (*Papiere*) оформля́ть, офо́рмить *pf*; ② (*Zug*) отправля́ть, -пра́вить *pf*

Abfertigung *f* <-, -en> ① (*am Zoll*) тамо́женная очи́стка *f*; ② (*Betreuung*) обслу́живание *nt*

abfeuern *vt* (*Schuss*) вы́стрелить

pf, -стре́ливать *impf*

abfinden I. *irr vt* (*Abfindung geben*) возмеща́ть, -мести́ть *pf*; **II.** *irr vr* мири́ться, при- *pf*; **sich mit einer Sache ~** примири́ться с че́м-л.

Abfindung *f* <-, -en> (*Entschädigung*) возмеще́ние *nt*

abfließen *irr vi* (*auch fig*) утека́ть, уте́чь *pf*

Abflug *m* <-(e)s, Abflüge> отлёт *m*, вы́лет *m*

Abflugzeit *f* <-, -en> вре́мя *nt* вы́лета

Abfluss *m* <-es, -flüsse> ① сток, (водо)сто́чная труба́; ② отток *m*, утечка *f*

Abfolge *f* <-, -n> после́довательность *f*

abführen I. *vt* ① (*Person*) забира́ть, -бра́ть *pf*, аресто́вывать, -стова́ть *pf*; ② (*Gelder, Steuern*) отчисля́ть, -чи́слить *pf*; **II.** *vi* (MED) очища́ть, очи́стить *pf* кише́чник

abfüllen *vt* разлива́ть, -ли́ть *pf*

Abgabe *f* <-, -n> ① (*Übergabe*) сда́ча *f*; ② (*Gebühr*) сбор *m*, нало́г *m*, по́шлина *f*; ③ (*Steuern*) нало́г *m*; ④ (SPORT) пас *m*

Abgang *m* <-(e)s, Abgänge> ① (*Ausscheiden*) ухо́д *m* (с до́лжности); ② (THEAT) ухо́д *m*; ③ (*Fehlgeburt*) вы́кидыш *m*

Abgas *nt* <-es, -e> выхлопно́й газ *m*, отрабо́тавший газ *m*, ОГ *m*

abgeben I. *irr vt* ① отдава́ть, -да́ть *pf*; ② (*Erklärung*) де́лать, сде́лать *pf*; ③ (*Wärme, Energie*) отдава́ть, -да́ть *pf*; ④ (SPORT) пасова́ть *impf*; **II.** *vr* занима́ться, -ня́ться *pf*; **sich mit jdm ~** вози́ться с ке́м-л.; **seine Stimme ~** голосова́ть

abgehärtet *adj* закалённый (*gegen +akk* про́тив *+gen*)

abgehen I. *irr vi* ① (*weggehen*) уходи́ть, уйти́ *pf*; ② (*abfahren*) отходи́ть, отойти́ *pf*; ③ (*abzweigen*) ответвля́ться, -ви́ться *pf*; ④ (*sich lösen*) отходи́ть, отойти́ *pf*; ⑤ (*fehlen*) недостава́ть, -ста́ть *pf*, не хвата́ть, -ти́ть *pf*; **II.** *vt* (*Strecke*) обходи́ть, обойти́ *pf*

abgelegen *adj* отдалённый, далёкий

abgeneigt *adj* не располо́женный

abgenutzt *adj* изно́шенный

Abgeordnete(r) *mf* <-n, -n> депута́т *m*

abgeschlossen *adj* ① за́мкнутый; ② (*getrennt*) изоли́рованный; ③ (*beendet*) завершённый

abgespannt *adj* утомлённый

abgestanden *adj* ① вы́дохшийся; ② (*Luft*) спёртый

abgestumpft *adj* затупи́вшийся

abgetragen *adj* поно́шенный, изно́шенный

abgewöhnen *vt* отуча́ть, -чи́ть *pf*; **jdm etw ~** отучи́ть кого́-л. от чего́-л.

abgrenzen I. *vt* отгора́живать, -роди́ть *pf*; **II.** *vr* отмежёвываться, -жева́ться *pf*

Abgrund *m* <-(e)s, Abgründe> (*auch fig*) про́пасть *f*

abhalten *irr vt* ① (*Wahlen*) проводи́ть, -вести́ *pf*; ② (*fernhalten*) уде́рживать, -жа́ть *pf* (*von +dat* от *+gen*)

abhanden *adv*: **~ kommen** пропа́сть

Abhandlung *f* <-, -en> нау́чная статья́ *f*, тракта́т *m*

Abhang *m* <-(e)s, Abhänge> склон *m*, отко́с *m*

abhängen[1] *irr vt* ① (*Bild*) снима́ть, сня́ть *pf*; ② (*Verfolger*) оторва́ться *pf*, -рыва́ться *impf*

abhängen[2] *irr vi* зави́сеть *impf* (*von +dat* от *+gen*)

abhängig *adj* зави́симый

Abhängigkeit *f* <-, -en> зави́симость *f*

abhärten *vr* закаля́ться, -ли́ться *pf* (*gegen +akk* от *+gen*)

abhauen I. *vt* (*abschlagen*) отруба́ть, -би́ть *pf*; **II.** *vi* (*umg: sich entfernen*) смыва́ться,

A

смы́ться *pf*

abheben I. *irr vt* ① (*hochheben*) поднима́ть, -ня́ть *pf*; ② (*Geld*) снима́ть, сня́ть *pf*; ③ (*Karten*) снима́ть, сня́ть *pf*; II. *vi* (*Flugzeug*) взлета́ть, -те́ть *pf*; III. *vr* выделя́ться, вы́делиться *pf*

abheften *vt* подшива́ть, -ши́ть *pf*

abhetzen I. *vt* (*Tier*) загна́ть *pf*, заму́чить *pf*; II. *vr* ма́яться *impf*, нама́яться *pf*

Abhilfe *f* <*gen:* -> реше́ние *nt* пробле́мы, устране́ние *nt* бе́дственного положе́ния; ~ **schaffen** ока́зывать по́мощь

abholen *vt* забира́ть, -бра́ть *pf*; **jdn vom Bahnhof** ~ встре́тить кого́-л. на вокза́ле

Abitur *nt* <-s, -e> экза́мены *mpl* на аттеста́т зре́лости ы е́

Abiturient, -in *m/f* <-en, -en> выпускни́к, -ни́ца *m/f* сре́дней шко́лы

abkanzeln *vt* ре́зко отчи́тывать, -та́ть *pf*

abkapseln *vr* ① изоли́роваться *impf/pf*, замкну́ться *pf*, -мыка́ться *impf*; ② (MED) инкапсули́ровать *impf/pf*

abkaufen *vt* ① покупа́ть, купи́ть *pf*; ② скупа́ть, скупи́ть *pf*; ③ (*Anteil*) выкупа́ть, вы́купить *pf*; **jdm etw** ~ (*umg*) пове́рить кому́-л.

Abklatsch *m* <-es, -e> (*pej*) плоха́я ко́пия *f*, жа́лкое подо́бие *nt*

abknöpfen *vt* (*Knöpfe lösen*) отстёгивать, -стегну́ть *pf*; **jdm etw** ~ забра́ть у кого́-л. что́-л.

abkommandieren *vt* откомандиро́вывать, -рова́ть *pf*

abkommen *irr vi* отклоня́ться, -ни́ться *pf* (*von* +*dat* от +*gen*); **vom Weg** ~ сби́ться с пути́; **von einer Idee** ~ отойти́ от иде́и

Abkommen *nt* <-s, -> соглаше́ние *nt*, догово́р *m*

abkratzen I. *vt* (*herunterkratzen*) соска́бливать, -ли́ть *pf*; II. *vi* (*vulg: sterben*) до́хнуть, сдо́хнуть *pf*, подыха́ть, -до́хнуть *pf*

abkriegen *vt* ① (*lösen*) ста́скивать, стащи́ть *pf*, снима́ть, снять *pf*; ② (*bekommen*) получа́ть, -чи́ть *pf*, достава́ться, -ста́ться *pf*; **etw** ~ (*Schaden erleiden*) получи́ть поврежде́ния

abkühlen I. *vt* охлажда́ть, -лади́ть *pf*; II. *vi* ① (*Wetter*) холода́ть, по- *pf*; ② (*Gefühle*) остыва́ть, -ты́ть *pf*

abkürzen *vt* ① (*verkürzen*) укора́чивать, -роти́ть *pf*; ② (*zeitlich*) сокраща́ть, -крати́ть *pf*; ③ (*Wort*) сокраща́ть, -крати́ть *pf*

Abkürzung *f* <-, -en> ① (*Weg*) коро́ткая доро́га *f*; ② (*Wort*) сокраще́ние *nt*

abladen *irr vt* сгружа́ть, сгрузи́ть *pf*

Ablage *f* <-, -n> ① скла́д *m*, архи́в *m*; ② (*von Akten*) подши́вка *f* докуме́нтов

ablagern I. *vt* скла́дывать, сложи́ть *pf*; II. *vr* отлага́ться, -ложи́ться *pf*, осажда́ться, осади́ться *pf*

ablassen I. *irr vt* ① (*herunterlassen*) спуска́ть, -сти́ть *pf*; ② (*fig: Dampf*) выпуска́ть, вы́пустить *pf*; II. *vi* оставля́ть, -та́вить *pf* в поко́е (*von* +*dat* в +*präpos*)

Ablauf *m* <-(e)s, Abläufe> ① (*Verlauf*) ход *m*, тече́ние *nt*; ② (*Abfolge*) после́довательность *f*

ablaufen I. *irr vi* ① (*abfließen*) стека́ть, стечь *pf*; ② (*verlaufen*) проходи́ть, пройти́ *pf*; ③ (*Frist*) истека́ть, -те́чь *pf*; II. *vt* ① (*Strecke*) обега́ть, обе́гать *pf*; ② (*Sohlen*) ста́птывать, стопта́ть *pf*

ablegen I. *vt* ① (*Gewohnheit*) оста́вить *pf*, -вля́ть *impf*, броса́ть, бро́сить *pf*; ② (*Prüfung*) сдава́ть, сдать *pf*; ③ (*Akten*) подшива́ть, -ши́ть *pf*; ④ (*Kleidung*) снима́ть, снять *pf*; II. *vi* (*Schiff*) отча́ливать, -ча́лить *pf*

ablehnen *vt* ① (*zurückweisen*)

отклоня́ть, -ни́ть *pf*; ② (*missbilligen*) не признава́ть, -на́ть *pf*
Ablehnung *f* <-, -en> отклоне́ние *nt*, отка́з *m*
ableisten *vt* (*Wehrdienst*) отбыва́ть, -бы́ть *pf*
ableiten *vt* ① (*wegleiten*) отводи́ть, -вести́ *pf*; ② (*folgern*) выводи́ть, вы́вести *pf*; ③ (*Wort*) происходи́ть, -изойти́ *pf*
Ableitung *f* <-, -en> ① отво́д *m*; ② (LING) произво́дное сло́во *nt*
ablenken I. *vt* ① (*Person*) развлека́ть, -вле́чь *pf*, отвлека́ть, -вле́чь *pf*; ② (*Strahlen, Geschoss*) отводи́ть, -вести́ *pf*; **II.** *vi:* **vom Thema ~** отвле́чь от те́мы
Ablenkung *f* <-, -en> отклоне́ние *nt*
ablesen *irr vt* ① (*Rede*) чита́ть, проче́сть *pf* по напи́санному; ② (*Zählerstand*) снима́ть, снять *pf* показа́ния
abliefern *vt* сдава́ть, сдать *pf*, поставля́ть, -ста́вить *pf*
Ablieferung *f* <-, -en> сда́ча *f*, поста́вка *f*
ablösen *vt* ① (*abtrennen*) откле́ивать, -кле́ить *pf*, отделя́ть, -ли́ть *pf*; ② (*Vorgänger*) сменя́ть, -ни́ть *pf*; ③ (ÖKON) погаша́ть, -гаси́ть *pf*, выкупа́ть, вы́купить *pf*
Ablösung *f* <-, -en> отделе́ние *nt*, отсла́ивание *nt*
abmachen *vt* ① (*entfernen*) снима́ть, снять *pf*; ② (*vereinbaren*) догова́риваться, -вори́ться *pf*
Abmachung *f* <-, -en> сде́лка *f*, догово́р *m*, соглашение *nt*, договорённость *f*
abmagern *vi* худе́ть, по- *pf*
abmähen *vt* ска́шивать, скоси́ть *pf*
Abmarsch *m* <-(e)s, Abmärsche> выступле́ние *nt*
abmarschieren *vi* выступа́ть, вы́ступить *pf* в похо́д
abmelden I. *vt* ① сообща́ть, -щи́ть *pf* об отъе́зде; ② (*Auto*) снима́ть, снять *pf* с учёта; **II.** *vr* выпи́сываться, вы́писаться *pf*
Abmeldung *f* <-, -en> сня́тие *nt* с учёта, вы́писка *f*
abmessen *irr vt* измеря́ть, -ме́рить *pf*
abmühen *vr* неутоми́мо труди́ться *impf*, стара́ться, по- *pf*
abnagen *vt* обгла́дывать, -глода́ть *pf*
Abnahme *f* <-, -n> ① (*das Entfernen*) сня́тие *nt*; ② (*Verringerung*) уменьше́ние *nt*; ③ (*Kauf*) поку́пка *f*; ④ (*Entgegennahme*) приёмка *f*; ⑤ (*Nachlassen*) паде́ние *nt*, ослабле́ние *nt*
abnehmen I. *irr vt* ① (*herunternehmen*) снима́ть, снять *pf*; ② (*Ware*) покупа́ть, купи́ть *pf*; ③ (*Prüfung*) принима́ть, -ня́ть *pf*; **jdm etw ~** (*umg: jdm etw glauben*) пове́рить кому́-л.; **II.** *vi* ① (*kleiner werden*) уменьша́ться, уме́ньшиться *pf*; ② (*an Gewicht*) худе́ть, по- *pf*
Abnehmer, -in *m/f* <-s, -> ① покупа́тель, -ница *m/f*; ② зака́зчик, -чица *m/f*
Abneigung *f* <-, -en> ① неприя́знь *f*; ② антипа́тия *f* (*gegen +akk* к *+dat*)
abnorm *adj* ненорма́льный, анома́льный
abnutzen *vt* изна́шивать, -носи́ть *pf*
Abnutzung *f* <-, -en> ① (*Verschleiß*) изно́с *m*; ② (*Amortisation*) амортиза́ция *f*
Abonnement *nt* <-s, -s> подпи́ска *f*
Abonnent, -in *m/f* <-en, -en> ① абоне́нт *m*; ② подпи́счик, -чица *m/f*
abonnieren *vt* (*Zeitung*) выпи́сывать, вы́писать *pf*
abplagen *vr* му́читься, из- *pf* (*mit +akk* с *+inst*)
abquälen *vr* му́читься, из- *pf* (*mit +akk* с *+inst*)
abraten *irr vi* отсове́товать *pf*

A

abräumen *vt* (*Tisch*) убира́ть, убра́ть *pf* (со стола́)
abreagieren I. *vr* разряди́ться *pf*, -ряжа́ться *impf*; II. *vt* (*Ärger*) срыва́ть, сорва́ть *pf* зло
abrechnen I. *vt* (*in Abzug bringen*) вычита́ть, вы́честь *pf*; II. *vi* рассчи́тываться, -та́ться *pf*; **mit jdm ~** своди́ть счёты
Abrechnung *f* <-, -en> ❶ (*das Abziehen*) очисление *nt*; ❷ расчёт *m*; ❸ (*Schlussrechnung*) подведе́ние *nt* итóга
Abreise *f* <-, -> отъе́зд *m*
abreisen *vi* уезжа́ть, уе́хать *pf*
abreißen *irr vt* ❶ отрыва́ть, оторва́ть *pf*; ❷ (*Haus*) сноси́ть, снести́ *pf*
Abreißkalender *m* <-s, -> отрывнóй календа́рь *m*
abriegeln *vt* ❶ запира́ть, -пере́ть *pf* на засóв; ❷ (*Gebiet*) блоки́ровать *impf/pf*, оцепля́ть, -пи́ть *pf*
Abriss *m* <Abrisses, Abrisse> ❶ (*Abbruch*) снос *m*; ❷ (*Kurzdarstellung*) óчерк *m*; ❸ (*Zeichnung*) чертёж *m*
abrufen *irr vt* ❶ (*Person*) вызыва́ть, вы́звать *pf*; ❷ (*Daten*) производи́ть, -вести́ *pf* вы́борку
abrunden *vt* ❶ закругля́ть, -ли́ть *pf*; ❷ (*Geschmack*) придава́ть, -да́ть *pf* завершённость
abrupt *adj* внеза́пный
abrüsten *vi* разоружа́ться, -жи́ться *pf*
Abrüstung *f* <*gen:* -> разоруже́ние *nt*
abrutschen *vi* сполза́ть, -зти́ *pf*
Absage *f* <-, -n> отка́з *m*
absagen I. *vt* ❶ отка́зывать, -за́ть *pf*; ❷ (*Veranstaltung*) отменя́ть, -ни́ть *pf*; II. *vi* отка́зываться, -за́ться *pf*
Absatz *m* <-es, Absätze> ❶ (ÖKON) сбыт *m*, реализа́ция *f*; ❷ (*von Schuh*) каблу́к *m*; ❸ (*Treppenabsatz*) ступе́нь *f*; ❹ (*Textabschnitt*) абза́ц *m*; **einen ~ machen** начина́ть с кра́сной строки́
abschaffen *vt* отменя́ть, -ни́ть *pf*
Abschaffung *f* <*gen:* -> отме́на *f*
abschalten I. *vt* (*ausschalten*) выключа́ть, вы́ключить *pf*; II. *vi* (*umg*) отключа́ться, -чи́ться *pf*
abschätzen *vt* оце́нивать, -ни́ть *pf*
abschätzig *adj* пренебрежи́тельный
Abscheu *m* <*gen:* -(e)s> отвраще́ние *nt*
abscheulich *adj* отврати́тельный
abschicken *vt* отсыла́ть, отосла́ть *pf*
abschieben *irr vt* (*Person*) высыла́ть, вы́слать *pf*, выдворя́ть, вы́дворить *pf*
Abschied *m* <-(e)s, -e> расстава́ние *nt*; **~ nehmen** проща́ться
abschießen *irr vt* ❶ вы́стрелить *pf*, -стре́ливать *impf*; ❷ (*Flugzeug*) сбить *pf*, сбива́ть *impf*
abschirmen *vt* заслоня́ть, -ни́ть *pf*
Abschlag *m* <-(e)s, Abschläge> ❶ (*Preisnachlass*) ски́дка *f*; ❷ (*Anzahlung*) зада́ток *m*; ❸ (*Vorschuss*) ава́нс *m*; ❹ (SPORT) *уда́р вратаря́ с руки́*
abschlagen *irr vt* ❶ отбива́ть, -би́ть *pf*; ❷ отсека́ть, -се́чь *pf*; ❸ (*Bitte*) отка́зывать, -за́ть *pf*
abschleppen *vt* отбукси́ровать *pf*
abschließen I. *irr vt* ❶ (*Tür*) запира́ть, -пере́ть *pf*; ❷ (*beenden*) зака́нчивать, -кóнчить *pf*; ❸ (*Vertrag*) заключа́ть, -чи́ть *pf*; II. *vi* конча́ться, кóнчиться *pf*; **mit einer Sache ~** покóнчить с каки́м-л. де́лом
Abschluss *m* <-es, Abschlüsse> ❶ (*Beendigung*) оконча́ние *nt*; ❷ (*eines Vertrags*) заключе́ние *nt*; ❸ (*eines Geschäfts*) сде́лка *f*; ❹ (*Schlussrechnung*) итóговый бала́нс *m*
Abschlussprüfung *f* <-, -en> выпускнóй экза́мен *m*

abschmecken *vt* ❶ (*Speise*) добавля́ть, -ба́вить *pf* по вку́су припра́ву; ❷ (*Wein*) дегусти́ровать *impf*
abschminken *vr* (*Schminke abnehmen*) снима́ть, снять *pf* грим; **sich etw ~ können** (*umg*) вы́бросить что́-л. из головы́
abschnallen *vt* ❶ расстёгивать, -стегну́ть *pf*; ❷ (*umg*) отключа́ться, -чи́ться *pf*
abschneiden I. *irr vt* (*wegschneiden*) отреза́ть, -ре́зать *pf*; **II.** *vi* получи́ть *pf*, -ча́ть *impf* результа́т; **bei etw gut/schlecht ~** име́ть в чём-л. успе́х/потерпе́ть неуда́чу
Abschnitt *m* <-(e)s, -e> ❶ уча́сток *m*; ❷ (*Textteil*) разде́л *m*, глава́ *f*; ❸ (*Zeit~*) отре́зок *m*; ❹ (*Bereich*) се́ктор *m*, уча́сток *m*
abschrauben *vt* отви́нчивать, -винти́ть *pf*
abschrecken *vt* ❶ (*Person*) отпу́гивать, -пугну́ть *pf*; ❷ (*Eier*) бы́стро охлажда́ть, -лади́ть *pf*; ❸ (*Nudeln*) обдава́ть, -да́ть *pf* холо́дной водо́й
Abschreckung *f* <-, -en> устраше́ние *nt*
abschreiben *irr vt* ❶ перепи́сывать, -са́ть *pf*; ❷ (*umg: aufgeben*) спи́сывать, -са́ть *pf*, закрыва́ть, -кры́ть *pf*; ❸ (ÖKON) спи́сывать,-са́ть *pf*, амортизи́ровать *impf/pf*
Abschrift *f* <-, -en> ко́пия *f*
abschürfen *vt* обдира́ть, ободра́ть *pf*
Abschürfung *f* <-, -en> сса́дина *f*
abschütteln *vt* ❶ стря́хивать, -хну́ть *pf*; ❷ (*Person*) отде́латься *pf*, -лываться *impf*
Abschweifung *f* <-, -en> отклоне́ние *nt*
abschwellen *irr vi* ❶ спада́ть, спасть *pf*; ❷ (*Lärm*) стиха́ть, сти́хнуть *pf*
absehen I. *irr vt* (*Folgen*) предви́деть *impf*; **II.** *vi* (*nicht berücksichtigen*) не принима́ть, -ня́ть *pf* во внима́ние; **es auf etw abgesehen haben** ме́тить на что́-л.
abseits *adv* в стороне́
absenden *vt* отсыла́ть, отосла́ть *pf*
Absender, -in *m/f* <-s, -> отправи́тель, -ница *m/f*
absetzen I. *vt* ❶ снима́ть, снять *pf*; ❷ (*Fahrgast*) выса́живать, вы́садить *pf*; ❸ (*Regierung*) све́ргнуть *pf*, -га́ть *impf*; ❹ (*Ware*) сбыва́ть, сбыть *pf*; ❺ (*Fahrtkosten*) вычита́ть *impf*, вы́честь *pf*; ❻ (*Medikament*) прекраща́ть приём, -крати́ть *pf*; **II.** *vr* отрыва́ться, оторва́ться *pf* от пресле́дователя, скрыва́ться, скры́ться *pf*
absichern *vt* защища́ть, -щити́ть *pf*, предохраня́ть, -ни́ть *pf*
Absicherung *f* <-, -en> покры́тие *nt*, обеспе́чение *nt*
Absicht *f* <-, -en> наме́рение *nt*
absichtlich *adj* наме́ренный, умы́шленный
absitzen I. *irr vt* (*Strafe*) отси́живать, -сиде́ть *pf*; **II.** *vi* (*Reiter*) спе́шиваться, -шиться *pf*
absolut *adj* абсолю́тный
Absolvent, -in *m/f* <-en, -en> выпускни́к, -ни́ца *m/f*
absolvieren *vt* ока́нчивать, око́нчить *pf*
absondern I. *vt* ❶ (*ausscheiden*) выделя́ть, вы́делить *pf*; ❷ (*trennen*) отделя́ть, -ли́ть *pf*, разделя́ть, -ли́ть *pf*; **II.** *vr* уединя́ться, -ни́ться *pf*
Absonderung *f* <-, -en> ❶ (*Trennung*) отделе́ние *nt*, разделе́ние *nt*; ❷ (*Ausscheidung*) выделе́ние *nt*
absorbieren *vt* ❶ абсорби́ровать *impf/pf*; ❷ поглоща́ть, -глоти́ть *pf*
abspecken *vi* (*umg*) сбра́сывать, сбро́сить *pf* жиро́к
abspeichern *vt* (DV) записа́ть *pf*, -пи́сывать *impf* в па́мять

A

A

absperren *vt* ① (*Tür*) запира́ть, -перéть *pf*; ② (*Gelände*) отгора́живать, -роди́ть *pf*

Absperrung *f* <-, -en> ① (*das Absperren*) оцеплéние *nt*; ② (*Barriere*) огра́да *f*

abspielen **I.** *vt* ① (*Schallplatte*) прои́грывать, -игра́ть *pf*; ② (SPORT: *Ball*) пасова́ть *impf*; **II.** *vr* происходи́ть, -изойти́ *pf*

Absprache *f* <-, -n> договорённость *f*

absprechen *irr vt* договори́ться *pf*, -ва́риваться *impf*; **jdm etw ~** (*aberkennen*) не признава́ть за кéм-л. что́-л.

abspringen *irr vi* ① (*herunterspringen*) спры́гивать, -гнуть *pf*; ② (*Lack*) облу́пливаться, -пи́ться *pf*; ③ (*umg: zurücktreten*) оставля́ть, -та́вить *pf*, бро́сить *pf*, -са́ть *impf*

Absprung *m* <-(e)s, Absprünge> прыжо́к *m*

abspülen *vt* ① смыва́ть, смы́ть *pf*; ② (*Geschirr*) ополáскивать, -лоска́ть *pf*

abstammen *vi* происходи́ть, -изойти́ *pf*

Abstand *m* <-(e)s, Abstände> ① расстоя́ние *nt*; ② (*zeitlich*) промежу́ток *m*; **mit ~** намно́го

abstecken *vt* ① (*Gebiet*) размеча́ть, -мéтить *pf*; ② (*Kleid*) нака́лывать, -коло́ть *pf*

abstehen *irr vi* находи́ться *impf* на расстоя́нии

absteigen *irr vi* ① слеза́ть, слéзть *pf*; ② (*einkehren, übernachten*) остана́вливаться, -нови́ться *pf*

abstellen *vt* ① (*hinstellen*) ста́вить, по- *pf*; ② (*ausschalten*) выключа́ть, вы́ключить *pf*; ③ (*Auto*) ста́вить, по- *pf*; ④ (*Missstand*) устраня́ть, -ни́ть *pf*

abstempeln *vt* ① (*Brief*) проштемпелева́ть *pf*, штемпелева́ть *impf*; ② (*Ausweis*) поста́вить печа́ть *pf*; ③ (*Person*) навéшивать, -вéсить *pf* ярлы́к

abstimmen **I.** *vt* ① (*Farben*) подбира́ть, -добра́ть *pf*; ② (*Rede*) ориенти́ровать, сориенти́ровать *pf*; ③ (*in Einklang bringen*) согласо́вывать, -сова́ть *pf*; **II.** *vi* голосова́ть, про- *pf*

Abstimmung *f* <-, -en> голосова́ние *nt*

abstinent *adj* умéренный, воздéржанный

Abstinenz *f* <*gen*: -> воздéржанность *f*

abstoßen *irr vt* ① отта́лкивать, -толкну́ть *pf*; ② (*verkaufen*) сбыва́ть, сбы́ть *pf*

abstoßend *adj* отта́лкивающий

abstrakt *adj* абстра́ктный

Abstraktion *f* <-, -en> абстра́кция *f*

abstreiten *irr vt* оспа́ривать, -по́рить *pf*

abstumpfen **I.** *vi* тупи́ться, за- *pf*; **II.** *vt* (*auch fig*) притупля́ть, -пи́ть *pf*

Absturz *m* <-es, Abstürze> падéние *nt*

abstürzen *vi* сорва́ться *pf*, срыва́ться *impf*

absuchen *vt* обы́скивать, -ка́ть *pf*

absurd *adj* абсу́рдный, нелéпый

Absurdität *f* <*gen*: -> абсу́рдность *f*

Abszess *m* <-es, -e> (MED) нары́в *m*

Abt *f* <-(e)s, Äbte> абба́т *m*

abtasten *vt* ощу́пывать, -пать *pf*

Abtei *f* <-, -en> абба́тство *nt*

Abteil *nt* <-(e)s, -e> купé *nt*

Abteilung *f* <-, -en> ① отделéние *nt*; ② (*in Unternehmen*) отдéл *m*, слу́жба *f*; ③ (*im Kaufhaus*) отдéл *m*; ④ (MIL) подразделéние *nt*

Äbtissin *f* <-, -en> аббати́са *f*, настоя́тельница *f*

abtöten *vt* ① умерщвля́ть, -ртви́ть *pf*; ② (*Gefühle*) заглуша́ть, -ши́ть *pf*

abtragen *irr vt* ① (*einebnen*) снима́ть, снять *pf* сло́й земли́; ② (*Kleidung*) изна́шивать, -носи́ть *pf*

abträglich *adj* неблагоприя́тный;

einer Sache ~ sein бы́ть вре́дным для чего́-л.
Abtransport *m* <-(e)s, -e> отпра́вка *f*, отгру́зка *f*
abtreiben I. *irr vi* (*Boot*) дрейфова́ть *impf*; **II.** *vt* ❶ (*Strömung*) сноси́ть, снести́ *pf*; ❷ (MED) де́лать, сде́лать *pf* або́рт
Abtreibung *f* <-, -en> або́рт *m*
abtrennen *vt* ❶ (*lösen*) отпа́рывать, -поро́ть *pf*, отрыва́ть, оторва́ть *pf*; ❷ (*abteilen*) разделя́ть, -ли́ть *pf*, отделя́ть, -ли́ть *pf*
abtreten *irr vt* ❶ (*Schuhe*) изна́шивать, -носи́ть *pf*; ❷ (*überlassen*) уступа́ть, -пи́ть *pf*
abtrocknen I. *vt* вытира́ть, вы́тереть *pf*; **II.** *vi* высыха́ть, вы́сохнуть *pf*
abtun *irr vt* отклоня́ть, -ни́ть *pf*; **er tat die Kritik als unbegründet ab** он отклони́л кри́тику как необосно́ванную
abverlangen *vt* вы́требовать *pf*; **jdm etw ~** потре́бовать у кого́-л. что́-л.
abwägen *vt* ❶ взве́шивать, -ве́сить *pf*; ❷ проду́мывать, -ду́мать *pf*
abwählen *vt* (*Person*) не переизбра́ть *pf*, -бира́ть *impf* при голосова́нии
abwälzen *vt* (*Schuld, Verantwortung*) сва́ливать, -ли́ть *pf* (*auf +akk* на *+akk*)
abwandeln *vt* варьи́ровать *impf*, изменя́ть, -ни́ть *pf*
abwandern *vi* эмигри́ровать *impf/pf*, переселя́ться, -ли́ться *pf*
abwarten I. *vt* ждать *impf*; **wir müssen das Gewitter ~** мы должны́ пережда́ть грозу́; **II.** *vi* подожда́ть *pf*, повремени́ть *pf*
abwärts *adv* вниз
Abwasch *m* <*gen:* -(e)s> ❶ мытьё *nt* посу́ды; ❷ (*österr: Abwaschbecken*) мо́йка *f*
abwaschbar *adj* (*Tapeten*) мо́ющийся
abwaschen *irr vt* мыть, вы́- *pf*
Abwasser *nt* <-s, Abwässer> сто́чные во́ды *pl*
abwechseln *vr* чередова́ться *impf* (*mit +dat* с *+inst*)
Abwechslung *f* <-, -en> переме́на *f*, сме́на *f*; **zur ~** для разнообра́зия
abwechslungsreich *adj* разнообра́зный
abwegig *adj* (*Idee, Vorschlag*) неле́пый, ло́жный
abwehren *vt* ❶ отража́ть, -рази́ть *pf*; ❷ (*zurückweisen*) отклоня́ть, -ни́ть *pf*; ❸ (SPORT) отбива́ть, -би́ть *pf*
abweichen *irr vi* ❶ (*vom Kurs*) отклоня́ться, -ни́ться *pf*; ❷ (*sich unterscheiden*) отлича́ться, -чи́ться *pf*
abweichend *adj* отлича́ющийся, отли́чный
Abweichung *f* <-, -en> отклоне́ние *nt*
abweisen *irr vt* ❶ (*Person*) отсыла́ть, отосла́ть *pf*, выпрова́живать, вы́проводить *pf*; ❷ (*Antrag*) отклоня́ть, -ни́ть *pf*
abweisend *adj* недружелю́бный, отта́лкивающий
abwenden I. *vt* отвора́чивать, -верну́ть *pf*; **II.** *vr* отвора́чиваться, -верну́ться *pf*
abwerben *irr vt* перема́нивать, -ни́ть *pf*
abwerfen *irr vt* ❶ сбра́сывать, сбро́сить *pf*; ❷ (*Gewinn*) приноси́ть, -нести́ *pf*
abwerten *vt* ❶ снижа́ть, сни́зить *pf* це́нность, обесце́нивать, -це́нить *pf*; ❷ (*Währung*) девальви́ровать *impf*
abwesend *adj* отсу́тствующий
Abwesenheit *f* <-, -en> отсу́тствие *nt*
abwickeln *vt* ❶ (*Faden*) разма́тывать, -мота́ть *pf*; ❷ (*erledigen*) выполня́ть, вы́полнить *pf*, исполня́ть, -по́лнить *pf*
abwiegen *irr vt* взве́шивать, взве́сить *pf*

A

abwinken *vi* отмахну́ться *pf*, -ма́хиваться *impf*
abwischen *vt* ❶ (*entfernen*) стира́ть, стере́ть *pf*, вытира́ть, вы́тереть *pf*; ❷ (*säubern*) вытира́ть, вы́тереть *pf*
abwürgen *vt* ❶ (*umg: Kritik*) подавля́ть, -ви́ть *pf*; ❷ (*umg: Auto*) заглуши́ть *pf*, -ша́ть *impf* дви́гатель
abzahlen *vt* ❶ (*Kredit*) погаша́ть, -гаси́ть *pf*; ❷ (*Raten*) выпла́чивать, вы́платить *pf* в рассро́чку
abzählen *vt* отсчи́тывать, -счита́ть *pf*
Abzahlung *f* <-, -en> ❶ (*das Abzahlen*) опла́та *f* в рассро́чку; ❷ (*Rückzahlung*) погаше́ние *nt*
Abzeichen *nt* <-s, -> знак *m*
abzeichnen I. *vt* ❶ (*Bild*) срисо́вывать, -сова́ть *pf*; ❷ (*unterschreiben*) подпи́сывать, -са́ть *pf*; II. *vr* намеча́ться, -ме́титься *pf*
Abziehbild *nt* <-(e)s, -er> переводна́я карти́нка *f*
abziehen I. *irr vt* ❶ (*herabziehen, wegziehen*) стя́гивать, стяну́ть *pf*; ❷ (*Bett*) снима́ть, снять *pf*; ❸ (*Fell, Haut*) сдира́ть, содра́ть *pf*; ❹ (*Foto, Negativ*) печа́тать, на- *pf*; ❺ (*subtrahieren*) вычита́ть, вы́честь *pf*; II. *vi* ❶ (*Mensch*) уходи́ть, уйти́ *pf*; ❷ (*Rauch*) выходи́ть, вы́йти *pf*
Abzug *m* <-(e)s, Abzüge> ❶ ухо́д *m*; ❷ (*Foto*) отпеча́ток *m*; ❸ (*von Rauch*) вы́тяжка *f*; ❹ (*von Truppen*) вы́вод *m*, отво́д *m*; ❺ (*Verminderung*) вычет *m*, удержа́ние *nt*
abzüglich *präp* +*gen* за вы́четом
abzweigen I. *vi* (*Weg, Straße*) ответвля́ться, -ви́ться *pf*; II. *vt* (*Geld*) откла́дывать, отложи́ть *pf*
Abzweigung *f* <-, -en> разви́лка *f*
Account <-s, -s> *m o nt* (DV) учётная за́пись *f*, акка́унт *m*; **sich** *dat* **ein** [*o* **einen**] ~ **einrichten** созда́ть учётную за́пись
ach *interj* ах; ~ **was** нева́жно; ~ **so** вот как
Achse *f* <-, -n> ❶ ось *f*; ❷ (TECH) вал *m*
Achsel *f* <-, -n> плечо́ *nt*
Achselhöhle *f* <-, -n> подмы́шка *f*
acht *num* во́семь
achtbar *adj* почте́нный
achte(r, s) *adj* восьмо́й; **heute ist der ~e August** сего́дня восьмо́е а́вгуста
Achtel *nt* <-s, -> ❶ восьма́я часть *f*; ❷ (MUS) одна́ *f* восьма́я
achten I. *vt* (*Person*) уважа́ть *impf*; II. *vi* обраща́ть, -рати́ть *pf* внима́ние (*auf* +*akk* на +*akk*)
Achterbahn *f* <-, -en> ру́сские го́ры *fpl*
achtfach *adj* во́семь раз
achtgeben *irr vi* быть *impf* осторо́жным; **gut auf etw ~** смотре́ть за чем-л.!
achthundert *num* восемьсо́т
achtjährig *adj* восьмиле́тний
achtlos *adj* невнима́тельный
achtmal *adv* во́семь раз
Achtung *f* <*gen:* -> ❶ внима́ние *nt*; ❷ (*Respekt*) уваже́ние *nt*; **alle ~ !** вот э́то да! **~!** осторо́жно!
achtzehn *num* восемна́дцать
achtzig *num* во́семьдесят
ächzen *vi* кряхте́ть *impf*
Acker *m* <-s, Äcker> по́ле *nt*
Ackerbau *m* <*gen:* -s> земледе́лие *nt*
ackern *vi* паха́ть, вспаха́ть *pf*
Adapter *m* <-s, -> ада́птер *m*
adäquat *adj* (*geh*) адеква́тный
addieren *vt* скла́дывать, сложи́ть *pf*
Adel *m* <*gen:* -s> дворя́нство *nt*
adelig *adj* зна́тный
Ader *f* <-, -n> ❶ (*Blutgefäß*) арте́рия *f*, ве́на *f*; ❷ (*Erzvorkommen*) жи́ла *f*; ❸ (*fig: Neigung*) жи́лка *f*
Adjektiv *nt* <-s, -e> и́мя *nt* прилага́тельное
Adler *m* <-s, -> орёл *m*
Admiral *m* <-s, -e> адмира́л *m*

adoptieren *vt* ① адопти́ровать *impf/pf*; ② (*Sohn*) усыновля́ть, -ви́ть *pf*; ③ (*Tochter*) удочеря́ть, -ри́ть *pf*
Adoption *f* <-, -en> ① (*Sohn*) усыновле́ние *nt*; ② (*Tochter*) удочере́ние *nt*
Adoptiveltern *pl* <*gen:* -> приёмные роди́тели *pl*
Adoptivkind *nt* <-(e)s, -er> приёмный ребёнок *m*
Adressat, -in *m/f* <-en, -en> ① (*Empfänger*) адреса́т *m*, получа́тель *m*; ② (*Bezogener eines Wechsels*) трасса́нт *m*
Adresse *f* <-, -n> а́дрес *m*
adressieren *vt* адресова́ть *impf/pf*
Advent *m* <-(e)s, -e> предрожде́ственское вре́мя *nt*
Adventskranz *m* <-es, -kränze> предрожде́ственский вено́к *m*
Adverb *nt* <-s, -ien> наре́чие *nt*
adverbial *adj* адвербиа́льный
Affäre *f* <-, -n> ① (*Vorfall*) неприя́тная исто́рия *f*; ② (*Liebschaft*) любо́вная свя́зь *f*
Affe *m* <-n, -n> ① обезья́на *f*; ② (*Schimpfwort*) дура́к *m*
Affekt *m* <*gen:* -(e)s> аффе́кт *m*
Afrika *nt* <*gen:* -s> А́фрика *f*
Afrikaner, -in *m/f* <-s, -> африка́нец, -ка́нка *m/f*
afrikanisch *adj* африка́нский
After *m* <-s, -> ана́льное отве́рстие *nt*
Agent, -in *m/f* <-en, -en> аге́нт *m*
Agentur *f* <-, -en> аге́нтство *nt*
Aggression *f* <-, -en> агре́ссия *f*
aggressiv *adj* агресси́вный
Aggressivität *f* <*gen:* -> агресси́вность *f*
Agitation *f* <-, -en> агита́ция *f*
Agitator, -in *m/f* <-s, -en> агита́тор *m*
Ägypten *nt* <*gen:* -s> Еги́пет *m*
aha *interj*: **~!** ага́!
Ahn *m* <-en, -en> пре́док *m*
ähneln *vi*: **jdm ~** походи́ть на кого́-л.
ahnen *vt* ① дога́дываться, -да́ться *pf*; ② (*Gefahr*) предчу́вствовать *impf*
ähnlich *adj* похо́жий
Ähnlichkeit *f* <-, -en> схо́дство *nt*
Ahnung *f* <-, -en> ① (*Vorgefühl*) предчу́вствие *nt*; ② (*Vermutung*) представле́ние *nt*
ahnungslos *adj* ничего́ не подозрева́ющий
Ähre *f* <-, -n> ко́лос *m*
Aids *nt* <*gen:* -> СПИД *m*
aidskrank *adj* больно́й СПИ́Дом
Akademie *f* <-, -n> акаде́мия *f*
Akademiker, -in *m/f* <-s, -> *лицо́ с вы́сшим образова́нием*; **sie ist ~in** у неё есть вы́сшее образова́ние
akademisch *adj* академи́ческий
Akkord *m* <-(e)s, -e> ① (*Akkordarbeit*) сде́льная рабо́та *f*; ② (MUS) акко́рд *m*; **im ~ arbeiten** рабо́тать сде́льно
Akkordeon *nt* <-s, -s> аккордео́н *m*
Akkumulator *m* <-s, -s> аккумуля́тор *m*
Akkusativ *m* <-s, -e> вини́тельный паде́ж *m*
Akne *f* <*gen:* -> угри́ *pl*
akribisch *adj* скрупулёзный, тща́тельный
Akrobat, -in *m/f* <-en, -en> акроба́т, -ка *m/f*
Akt *m* <-(e)s, -e> ① (*Handlung*) де́йствие *m*; ② (*Theater*) акт *m*, де́йствие *nt*; ③ (KUNST) обнажённая нату́ра *f*
Akte *f* <-, -n> акт *m*, докуме́нт *m*; **etw zu den ~n legen** сдать в архи́в; **eine ~ anlegen** завести́ де́ло
Aktenkoffer *m* <-s, -> диплома́т *m*
Aktenordner *m* <-s, -> скоросшива́тель *m*
Aktie *f* <-, -n> а́кция *f*; **die ~n steigen/fallen** курс а́кций повыша́ется/па́дает
Aktiengesellschaft *f* <-, -en> акционе́рное о́бщество *nt*
Aktion *f* <-, -en> ① (*Handlung*) а́кция *f*, де́йствие *nt*,

A

кампáния *f*; ② *(Tätigsein)* дéйствие *nt*; **in ~** в дéйствии
Aktionär, -in *m/f* <-s, -e> акционéр *m*
aktiv *adj* акти́вный
Aktiv *nt* <*gen:* -s> (LING) действи́тельный залóг *m*
aktivieren *vt* активизи́ровать *impf/pf*
Aktivität *f* <-, -en> акти́вность *f*
aktualisieren *vt* актуализи́ровать *impf/pf*, обновля́ть, -нови́ть *pf*
Aktualisierung *f* <-, -en> актуализи́рование *nt*, обновлéние *nt*
Aktualität *f* <*gen:* -> актуáльность *f*
aktuell *adj* актуáльный
Akustik *f* <*gen:* -> акýстика *f*
akustisch *adj* акусти́ческий
akut *adj* ① *(Gefahr)* непосрéдственный, прямóй; ② *(Krankheit)* óстрый
Akzent *m* <-(e)s, -e> ① (LING: *Wort~*) ударéние *nt*; ② *(Aussprache)* произношéние *nt*
akzentuieren *vt* акценти́ровать
akzeptabel *adj* приéмлемый
akzeptieren *vt* признавáть, -знáть *pf*, соглашáться, -гласи́ться *pf*
Alarm *m* <-(e)s, -e> тревóга *f*, сигнáл *m* тревóги
Alarmanlage *f* <-, -en> авари́йная сигнализáция *f*
alarmieren *vt* поднимáть, -ня́ть *pf* по тревóге
albanisch *adj* албáнский
albern *adj* глýпый, дурáческий; **sei nicht ~!** не дури́!
Albino *m* <-s, -s> альбинóс *m*
Album *nt* <-s, Alben> ① *(Foto~)* альбóм *m*; ② *(Schallplatte)* альбóм *m*
Alge *f* <-, -n> вóдоросль *f*
Algebra *f* <*gen:* -> áлгебра *f*
Algerien *nt* <*gen:* -s> Алжи́р *m*
Algerier, -in *m/f* <-s, -> алжи́рец, -ца *m/f*
algerisch *adj* алжи́рский
Alibi *nt* <-s, -s> áлиби *nt*
Alimente *pl* <*gen:* -> алимéнты *pl*
Alkohol *m* <-s, -e> алкогóль *m*
alkoholfrei *adj* безалкогóльный
Alkoholiker, -in *m/f* <-s, -> алкогóлик, -ли́чка *m/f*
alkoholisch *adj* спиртнóй
Alkoholismus *m* <*gen:* -> алкоголи́зм *m*
all *pron indef* весь; **mit ~er Kraft** и́зо всех сил; **~e zwei Tage** кáждые два дня
All *nt* <*gen:* -s> *(Weltraum)* Вселéнная *f*
alle *adv* *(umg: aus, verbraucht)* (за) кóнчиться
Allee *f* <-, -n> аллéя *f*
Allegorie *f* <-, -n> аллегóрия *f*
allegorisch *adj* аллегори́ческий
allein I. *adj* *(nicht in Gesellschaft anderer)* одинóкий; II. *adv* ① самостоя́тельно; ② *(ohne Hilfe)* сам; ③ *(ausschließlich)* тóлько; **das ist ~ meine Sache** э́то тóлько моё дéло.
Alleinsein *nt* <*gen:* -s> одинóчество *nt*
allenfalls *adv* ① *(zur Not)* в крáйнем слýчае; ② *(höchstens)* рáзве тóлько, сáмое бóльшее
allerdings *adv* ① *(einschränkend)* однáко, прáвда; ② *(sicher, gewiss)* конéчно
Allergie *f* <-, -n> аллерги́я *f*
Allergiker, -in *m/f* <-s, -> аллéргик *m*
allergisch *adj* аллерги́ческий; **auf etw ~ reagieren** *(umg)* не переноси́ть чегó-л.
allerhand *adj*: **das ist ja ~** *(umg)* ничегó себé
allerlei *adj* вся́кий, всевозмóжный
alles *pron indef* всё; **~ aussteigen!** прóсьба освободи́ть (автóбус, трамвáй…)! **~ in allem** в итóге
allesamt *adv* все вмéсте
allgemein *adj* óбщий
Allgemeinbildung *f* <*gen:* -> óбщее образовáние *nt*
Allgemeingut *nt* <*gen:* -(e)s> óбщее достоя́ние *nt*
Allgemeinheit *f* <*gen:* -> ① *(Öffentlichkeit)* общéственность *f*;

❷ (*Unbestimmtheit*) неопределённость *f*, обобщённость *f*
Alligator *m* <-s, -en> аллига́тор *m*
Alliierte(r) *mf* <-n, -n> сою́зник, -ница *m/f*
alljährlich *adj* ежего́дный
allmählich *adj* постепе́нный
Alltag *m* <*gen:* -(e)s> бу́дний день *m*, бу́дни *mpl*
alltäglich *adj* ❶ ежедне́вный; ❷ (*gewöhnlich*) обы́денный
allwissend *adj* всезна́ющий
allzu *adv* сли́шком
Alm *f* <-, -en> го́рное па́стбище *nt*
Almosen *nt* <-s, -> подая́ние *nt*
Alpen *pl* <*gen:* -> А́льпы *pl*
Alphabet *nt* <-(e)s, -e> алфави́т *m*
alphabetisch *adj* алфави́тный
alphabetisieren *vt* ❶ (*Person*) обуча́ть, -чи́ть *pf* гра́моте; ❷ (*alphabetisch ordnen*) располага́ть, -ложи́ть *pf* в алфави́тном поря́дке
alpin *adj* альпи́йский
Alpinist, -in *m/f* <-en, -en> альпини́ст, -ка *m/f*
Alptraum *m* <-(e)s, -träume> (*auch fig*) кошма́р *m*
als *konj* ❶ (*zeitlich*) когда́; ❷ (*nach komp*) чем; ❸ (*zur Einleitung der näheren Erläuterung*) как, в ка́честве; **schon ~ Kind** ещё бу́дучи ребёнком; **~ ob** как бу́дто
also **I.** *konj* (*folglich*) сле́довательно; **II.** *adv* таки́м о́бразом; **na ~** вот ви́дишь; **~ gut** ну, хорошо́.
alt *adj* ❶ (*von einem Menschen*) ста́рый, пожило́й; **sein Sohn ist zwei Jahre ~** его сы́ну два го́да; ❷ (*nicht mehr neu*) ста́рый
Altar *m* <-(e)s, Altäre> алта́рь *m*
Alter *nt* <*gen:* -> во́зраст *m*
altern *vi* старе́ть, по- *pf*
alternativ *adj* альтернати́вный
Alternative *f* <-, -n> альтернати́ва *f*
Altersheim *nt* <-(e)s, -e> дом *m* престаре́лых
Altertum *nt* <*gen:* -s> дре́вность *f*
altmodisch *adj* старомо́дный
Altpapier *nt* <*gen:* -s> макулату́ра *f*
Altstadt *f* <*gen:* -> истори́ческая часть *f* го́рода
Aluminium *nt* <*gen:* -s> алюми́ний *m*
Amateur, -in *m/f* <-s, -e> люби́тель, -ница *m/f*
Amazone *f* <-, -n> ❶ (SPORT) нае́здница *f*; ❷ (*Kriegerin*) амазо́нка *f*
Ambition *f* <-, -en> (*geh*) честолю́бие *nt*
Amboss *m* <-es, -e> накова́льня *f*
Ameise *f* <-, -n> мураве́й *m*
Amerika *nt* <*gen:* -s> Аме́рика *f*
Amerikaner, -in *m/f* <-s, -> америка́нец, -ка́нка *m/f*
amerikanisch *adj* америка́нский
Amnestie *f* <-, -n> амни́стия *f*
Amok *m* <*gen:* -(s)> а́мок *m*, бу́йное помеша́тельство *nt*; **~ laufen** безу́мствовать, бу́йствовать
Ampel *f* <-, -n> светофо́р *m*
Amphibie *f* <-, -n> амфи́бия *f*
amputieren *vt* ампути́ровать *impf/pf*
Amsel *f* <-, -n> чёрный дро́зд *m*
Amt *nt* <-(e)s, Ämter> ❶ (*Posten, Stellung*) до́лжность *f*, ме́сто *nt*; ❷ (*Behörde*) учрежде́ние *nt*
amtlich *adj* официа́льный, служе́бный
Amtssprache *f* <-, -n> официа́льный язы́к *m*
amüsant *adj* заба́вный
amüsieren **I.** *vr* смея́ться *impf* (*über +akk* над *+inst*); **II.** *vt* развлека́ть, -вле́чь *pf*
an **I.** *präp +dat* ❶ (*räumlich*) у, о́коло, в, на; **das Bild hängt ~ der Wand** карти́на виси́т на стене́; ❷ (*zeitlich*) в, по; **~ Feiertagen bleibt unser Geschäft geschlossen** в выходны́е дни наш магази́н закры́т; **es ist ~ der Zeit** пора́; **II.** *präp +akk* (*räumlich*) к, на, о́коло; **sich ~ den Tisch setzen** сади́ться к

столу́; III. *adv*: **von nun ~** с э́того моме́нта; **das Licht ist ~** свет включён.

anal *adj* ана́льный

analog *adj* аналоги́чный

Analogie *f* <-, -n> анало́гия *f*

Analphabet, -in *m/f* <-en, -en> негра́мотный, -ная *m/f*

Analyse *f* <-, -n> ана́лиз *m*

analysieren *vt* анализи́ровать *impf/pf*, про- *pf*

analytisch *adj* аналити́ческий

Ananas *f* <-, -> анана́с *m*

Anarchie *f* <-, -n> ана́рхия *f*

Anarchist, -in *m/f* <-en, -en> анархи́ст, -ка *m/f*

Anatomie *f* <-, -n> анато́мия *f*

anatomisch *adj* анатоми́ческий

Anbau *m* <-(e)s, -ten> ❶ (*Gebäude*) пристро́йка *f*; ❷ (*das Anpflanzen*) разведе́ние *nt*

anbauen *vt* ❶ (*an Haus*) пристра́ивать, -ро́ить *pf*; ❷ (*anpflanzen*) выра́щивать, вы́растить *pf*

anbei *adv* при сём; **~ senden wir Ihnen...** в приложе́нии посыла́ем вам...

anbeißen I. *irr vi* (*Fisch, auch fig*) клева́ть, клю́нуть *pf*; II. *vt* (*von etw abbeißen*) надку́сывать, -си́ть *pf*

anbeten *vt* ❶ (*Gott*) моли́ться, по- *pf*; ❷ (*fig*) поклоня́ться *impf*

anbiedern *vr* подли́зываться, -за́ться *pf*, подма́зываться, -ма́заться *pf*

anbieten I. *irr vt* предлага́ть, -ложи́ть *pf*; II. *vr* вызыва́ться, вы́зваться *pf*, предлага́ть, -ложи́ть *pf* себя́

anbinden *irr vt* привя́зывать, -за́ть *pf*

Anblick *m* <-(e)s, -e> взгля́д *m*

anbraten *irr vt* слегка́ обжа́ривать, -рить *pf*

anbrechen I. *irr vt* ❶ надла́мывать, -ломи́ть *pf*; ❷ (*Vorräte*) начина́ть, -ча́ть *pf*; II. *vi* (*Tag, Nacht*) наступа́ть, -пи́ть *pf*

anbringen *irr vt* ❶ (*festmachen*) приде́лывать, -де́лать *pf*, прикрепля́ть, -пи́ть *pf*; ❷ (*umg: Person*) пристра́ивать, -стро́ить *pf*

Anbruch *m* <*gen:* -(e)s> надло́м *m*; **bei ~ der Dunkelheit** с наступле́нием темноты́

Andacht *f* <-, -en> ❶ благогове́ние *nt*; ❷ (*Gottesdienst*) моле́бен *m*

andächtig *adj* благогове́йный

andauern *vi* продолжа́ться, -до́лжиться *pf*

Andenken *nt* <-s, -> ❶ (*Gedenken*) па́мять *f*; ❷ (*Souvenir*) сувени́р *m*

andere(r, s) *pron indef* друго́й; **einer nach dem ~n** оди́н за други́м

andererseits *adv* с друго́й стороны́

ändern I. *vt* изменя́ть, -ни́ть *pf*; II. *vr* изменя́ться, -ни́ться *pf*

andernfalls *adv* в проти́вном слу́чае

anders *adv* (*fremd, ungewohnt*) ина́че; **jemand ~** кто́-нибудь друго́й

anderthalb *num* полтора́

Änderung *f* <-, -en> измене́ние *nt*

andeuten *vt* ❶ (*eine Andeutung machen*) намека́ть, -кну́ть *pf*; ❷ (*skizzieren*) намеча́ть, -ме́тить *pf*

Andeutung *f* <-, -en> ❶ (*Anzeichen*) при́знак *m*, сла́бый след *m*; ❷ (*Anspielung*) намёк *m*

Andrang *m* <*gen:* -(e)s> напо́р *m*

androhen *vt* угрожа́ть *impf*; **jdm etw ~** угрожа́ть кому́-л. че́м-л.

aneignen *vt*: **sich etw ~** (*widerrechtlich*) присва́ивать себе́ что́-л.; **sich Kenntnisse über etw ~** усва́ивать что-л.

aneinander *adv* друг дру́гу, друг с дру́гом

aneinander geraten *irr vi* вздо́рить, по- *pf*

Anekdote *f* <-, -n> анекдо́т *m*

anerkannt *adj* при́знанный

anerkennen *irr vt* ❶ (*Person*) призна́ть *pf*, -знава́ть *impf*; ❷ (*Bemühungen*) одобря́ть,

одо́брить *pf*; ③ (*Staat*) призна́ть *pf*, -знава́ть *impf*
Anerkennung *f* <-, -en> ① (*Bestätigung*) призна́ние *nt*; ② (*Lob*) похвала́ *f*; ③ (*von Staat*) призна́ние *nt*
anfahren I. *irr vt* ① (*antransportieren*) привози́ть, -везти́ *pf*; ② (*ansteuern*) направля́ться, -пра́виться *pf*; ③ (*verletzen*) сбить *pf*, сбива́ть *impf*, наезжа́ть, -е́хать *pf*; ④ (*zurechtweisen*) набро́ситься *pf*, -бра́сываться *impf*, накрича́ть *pf*; **II.** *irr vi* (*starten*) отъезжа́ть, -е́хать *pf*
Anfall *m* <-(e)s, Anfälle> припа́док *m*
anfallen I. *irr vt* (*angreifen*) напада́ть, -па́сть *pf*; **II.** *vi* (*Kosten, Arbeit*) возника́ть, -ни́кнуть *pf*
anfällig *adj* восприи́мчивый (*für +akk* к *+dat*)
Anfang *m* <-(e)s, Anfänge> нача́ло *nt*; **am ~** в нача́ле
anfangen I. *irr vi* начина́ться, -ча́ться *pf*; **II.** *vt* начина́ть, -ча́ть *pf*
Anfänger, -in *m/f* <-s, -> начина́ющий, -щая *m/f*, новичо́к *m*
anfangs *adv* снача́ла
Anfangsbuchstabe *m* <-n, -n> нача́льная бу́ква *f*
anfassen I. *vt* (*berühren*) дотра́гиваться, -тро́нуться *pf*; **jdn hart ~** гру́бо обраща́ться с ке́м-л.; **II.** *vi* (*mithelfen*) бра́ться, взя́ться *pf*
anfechten *irr vt* оспа́ривать, -по́рить *pf*; **einen Vetrag ~** оспа́ривать догово́р
anfertigen *vt* изготовля́ть, -то́вить *pf*
anflehen *vt* умоля́ть, -ли́ть *pf*
Anflug *m* <-(e)s, Anflüge> прилёт *m*
anfordern *vt* тре́бовать, по- *pf*
Anfrage *f* <-, -n> запро́с *m*
anfragen *vi* запра́шивать, -проси́ть *pf*
anfreunden *vr:* **sich mit jdm ~** подружи́ться с ке́м-л.; **sich mit etw ~** (*Gegebenheit, Gedanke*) смири́ться с че́м-л.
anführen *vt* (*vorbringen*) приводи́ть, -вести́ *pf*
Anführer, -in *m/f* <-s, -> предводи́тель, -ница *m/f*
Anführungszeichen *nt* <-s, -> кавы́чки *fpl*
Angabe *f* <-, -n> ① (*Aussage, Information*) сообще́ние *nt*, информа́ция *f*; ② (SPORT) пода́ча *f*; ③ (*umg: Angeberei*) хвастовство́ *nt*
angeben I. *irr vt* ① (*eine Angabe machen*) сообща́ть, -щи́ть *pf*; ② (*Ton*) задава́ть, -да́ть *pf*; **II.** *vi* ① (*aufschneiden*) хва́статься, по- *pf*; ② (SPORT) подава́ть, -да́ть *pf*
Angeber, -in *m/f* <-s, -> (*umg*) хвасту́н, -нья *m/f*
Angeberei *f* <-, -en> (*umg*) хвастовство́ *nt*
angeblich *adj* мни́мый
angeboren *adj* (*Krankheit*) врождённый
Angebot *nt* <-(e)s, -e> предложе́ние *nt*
angebracht *adj* уме́стный
angehen I. *irr vt* ① (*betreffen*) каса́ться, косну́ться *pf*; ② (*bitten*) проси́ть, по- *pf* (*um +akk* о *+präpos*); **II.** *vi* (*Licht*) зажига́ться, -же́чься *pf*
angehend *adj* начина́ющий; **ein ~er Rechtsanwalt** начина́ющий адвока́т
angehören *vi* принадлежа́ть *impf*
Angehörige(r) *mf* <-n, -n> бли́зкий ро́дственник, -ица *m/f*
Angeklagte(r) *mf* <-n, -n> обвиня́емый, -мая *m/f*
Angel *f* <-, -n> ① (*zum Fischfang*) у́дочка *f*; ② (*Türangel*) пе́тля *f*
Angelegenheit *f* <-, -en> де́ло *nt*
angeln I. *vt* уди́ть *impf*; **II.** *vi* выла́вливать, вы́ловить *pf*
angelsächsisch *adj* англосаксо́нский
angemessen *adj*

A

соотве́тствующий, подоба́ющий
angenehm *adj* прия́тный
angesichts *präp +gen* пе́ред лицо́м
angespannt *adj* напряжённый
Angestellte(r) *mf* <-n, -n> слу́жащий, -щая *m/f*; **leitender ~** руководя́щий слу́жащий
angetrunken *adj* подвы́пивший
angewiesen *adj*: **auf jdn ~ sein** зави́сеть от кого́-л.
angewöhnen *vt* приуча́ть, -чи́ть *pf*; **sich/jdm etw ~** приучи́ть себя́/кого́-л. к чему́-л.
Angewohnheit *f* <-, -en> плоха́я привы́чка *f*
angleichen *irr vt* прира́внивать, -ня́ть *pf* (*an +akk* к *+dat*)
Angler, -in *m/f* <-s, -> рыболо́в *m*
angreifen *irr vt* ❶ (*Person*) напада́ть, -па́сть *pf*; ❷ (*Vorräte*) нача́ть *pf*, -чина́ть *impf*; ❸ (*beschädigen*) пло́хо де́йствовать, по- *pf*
Angreifer, -in *m/f* <-s, -> напада́ющий, -щая *m/f*
Angriff *m* <-(e)s, -e> нападе́ние *nt*; **etw in ~ nehmen** взя́ться за что́-л.
angriffslustig *adj* задири́стый
Angst *f* <-, Ängste> страх *m*; **keine ~!** споко́йно! **(keine) ~ haben** (не) боя́ться
ängstigen I. *vt* пуга́ть, ис- *pf*; **II.** *vr* боя́ться, по- *pf*
ängstlich *adj* ❶ боязли́вый; ❷ (*besorgt*) обеспоко́енный
Ängstlichkeit *f* <*gen:* -> боязли́вость *f*
anhaben *irr vt* (*Kleidung*) носи́ть *impf*; **er kann mir nichts~** он не мо́жет мне ничего́ сде́лать
anhaften *vi* прилипа́ть, -ли́пнуть *pf*
anhalten I. *irr vt* ❶ (*aufhalten*) остана́вливать, -нови́ть *pf*; ❷ (*Atem*) зата́ивать, -и́ть *pf*; **II.** *vi* ❶ (*stehen bleiben*) остана́вливаться, -нови́ться *pf*; ❷ (*andauern*) продолжа́ться, -до́лжиться *pf*
anhaltend *adj* дли́тельный
Anhalter, -in *m/f* <-s, -> е́дущий, -щая *m/f* „автосто́пом“; **per ~ fahren** е́хать „автосто́пом“
Anhaltspunkt *m* <-(e)s, -e> основа́ние *nt*, отправна́я то́чка *f*
Anhang *m* <-(e)s, Anhänge> ❶ (*Ergänzung*) дополне́ние *nt*; ❷ (*Angehörige*) бли́зкие *pl*; ❸ (*Gefolge*) приве́рженцы *m pl*
anhängen I. *vt* ❶ (*an etw hängen*) ве́шать, пове́сить *pf*; ❷ (*Wagen*) брать, взять *pf* на букси́р, прицепля́ть, -пи́ть *pf*; ❸ (*hinzufügen*) прибавля́ть, -ба́вить *pf*; **II.** *vr* прицепи́ться *pf*, -пля́ться *impf* (*an +akk* к *+dat*); **jdm etw ~** наговори́ть на кого́-л. что́-л.
Anhänger *m* <-s, -> ❶ (*Mensch*) приве́рженец *m*; ❷ (*Wagen*) прице́п *m*; ❸ (*Schmuck*) кусо́н *m*
anhänglich *adj* пре́данный, привя́зчивый
Anhänglichkeit *f* <*gen:* -> пре́данность *f*, привя́занность *f*
Anhäufung *f* <-, -en> ❶ накопле́ние *nt*; ❷ (*fig*) нагроможде́ние *nt*
anheben *irr vt* ❶ (*heben*) приподнима́ть, -ня́ть *pf*; ❷ (*erhöhen*) повыша́ть, -вы́сить *pf*
anhimmeln *vt:* **jdn anhimmeln** быть без ума́ от кого́-л.
Anhöhe *f* <-, -n> возвы́шенность *f*, приго́рок *m*
anhören I. *vt* вы́слушать *pf*, -слу́шивать *impf*; **II.** *vr:* **das hörte sich hässlich an** э́то звуча́ло ужа́сно
Animateur, -in *m/f* <-s, -e> организа́тор *m* досу́га
Animation *f* <-, -en> анима́ция *f*
animieren *vt* подзадо́ривать, -рить *pf*; **jdn zu etw ~** побужда́ть кого́-л. к чему́-л.
Anis *m* <-(es), -e> ани́с *m*
ankämpfen *vi* боро́ться *impf* (*gegen +akk* с *+inst*)

ankaufen *vt* закупа́ть, -пи́ть *pf*
Anker *m* <-s, -> я́корь *m*; **vor ~ liegen** стоя́ть на я́коре
ankern *vi* ста́ть *pf*, станови́ться *impf* на я́корь
Anklage *f* <-, -n> ❶ упрёк *m*, обвине́ние *nt*; ❷ (JUR) обвине́ние *nt*
anklagen *vt* ❶ упрека́ть, -кну́ть *pf*; ❷ (JUR) обвиня́ть, -ни́ть *pf*
Anklang *m* <-(e)s, Anklänge> о́тклик *m*; **~ finden** находи́ть о́тклик
ankleben *vt* накле́ивать, -ить *pf*
anklopfen *vi* стуча́ться, по- *pf*
anknüpfen I. *vi* продолжа́ть, -до́лжить *pf*; **an die alte Tradition ~** продо́лжить ста́рую тради́цию; **II.** *vt* ❶ (*Strick*) привя́зывать, -за́ть *pf*; ❷ (*Beziehung*) завя́зывать, -за́ть *pf*
ankommen *irr vi* ❶ (*an einem Ort*) прибыва́ть, -бы́ть *pf*; ❷ (*von Bedeutung sein*) зави́сеть *impf* (*auf +akk* от *+gen*); **es kommt darauf an, dass ...** всё зави́сит от того́, что...
ankündigen I. *vt* объявля́ть, -ви́ть *pf*; **II.** *vr* заявля́ть, -ви́ть *pf* о себе́
Ankündigung *f* <-, -en> объявле́ние *nt*
Ankunft *f* <-, Ankünfte> прибы́тие *nt*
Ankunftszeit *f* <-, -en> вре́мя *nt* прибы́тия
anlächeln *vt* улыба́ться, -бну́ться *pf*
Anlage *f* <-, -n> ❶ (*Bau, Gebäude*) сооруже́ние *nt*; ❷ (*Park*) парк *m*; ❸ (*zu einem Schreiben*) приложе́ние *nt*; ❹ (*Geldanlage*) вложе́ние *nt*, помеще́ние *nt*; ❺ (TECH) устро́йство *nt*; ❻ (*Begabung*) спосо́бность *f*
Anlass *m* <-es, Anlässe> ❶ по́вод *m*; ❷ (*Ereignis*) собы́тие *nt*; **keinen ~ zu etw sehen** не ви́деть причи́ны для чего́-л.
anlassen *irr vt* ❶ (*Motor*) запуска́ть, -сти́ть *pf*; ❷ (*Kleidung*) остава́ться, -та́ться *pf* в оде́жде; ❸ (*Licht*) не выключа́ть, не вы́ключить *pf*
anlässlich *präp +gen* по по́воду
Anlauf *m* <-(e)s, Anläufe> ❶ (SPORT) разбе́г *m*; ❷ (*Versuch*) попы́тка *f*; **~ nehmen** взя́ть разбе́г
anlaufen *irr vi* ❶ (*beginnen*) начина́ться, -ча́ться *pf*; ❷ (*Metall*) тускне́ть, по- *pf*; ❸ (*kommen*) прибежа́ть *pf*, -бега́ть *impf*; ❹ (SPORT) разбега́ться, -бежа́ться *pf*; **rot ~** покрасне́ть
anlegen I. *vt* ❶ (*an etw legen*) прикла́дывать, приложи́ть *pf* к груди́; ❷ (*erstellen*) составля́ть, -ста́вить *pf*; ❸ (*Schmuck*) надева́ть, -де́ть *pf*; ❹ (*Vorrat*) де́лать, сде́лать *pf*; ❺ (*Geld*) вкла́дывать, вложи́ть *pf*; ❻ (*Garten*) разбива́ть, -би́ть *pf*; ❼ (*Gewehr*) вски́нуть *pf*, вски́дывать *impf*; **II.** *vi* (*Schiff*) прича́ливать, -лить *pf*
Anlegestelle *f* <-, -n> (*für Boot*) при́стань *f*, прича́л *m*
anlehnen I. *vt* ❶ (*an etw lehnen*) прислоня́ть, -ни́ть *pf*; ❷ (*Tür*) притворя́ть, -ри́ть *pf*; **II.** *vr* прислоня́ться, -ни́ться *pf*
anleiten *vt* руководи́ть *impf*
Anleitung *f* <-, -n> указа́ние *nt*, руково́дство *nt*; **unter ~** под руково́дством
Anliegen *nt* <-s, -> жела́ние *nt*, про́сьба *f*; **ein ~ haben** име́ть де́ло к кому́-л.
anlügen *vt* лгать, солга́ть *pf*
anmachen *vt* ❶ (*befestigen*) прикрепля́ть, -пи́ть *pf*; ❷ (*Salat*) заправля́ть, -пра́вить *pf*; ❸ (*umg: Frau, Mann*) пристава́ть, -та́ть *pf*, заи́грывать *impf*
anmaßen *vr:* **sich etw~** позволя́ть себе́ что́-л.
anmaßend *adj* высокоме́рный, надме́нный
Anmaßung *f* <-, -en> высокоме́рие *nt*, де́рзость *f*

A

anmelden I. *vt* ① объявля́ть, -ви́ть *pf*; ② (*Ansprüche*) заявля́ть, -ви́ть *pf*; ③ (*Konkurs*) объявля́ть, -ви́ть *pf*; II. *vr* ① прописываться, -са́ться *pf*; ② (*sich ankündigen*) сообщи́ть *pf*, -ща́ть *impf* о своём прибы́тии
Anmeldung *f* <-, -en> ① (*das Anmelden*) пропи́ска *f*; ② (*Schalter*) регистрату́ра *f*
anmerken *vt* ① (*notieren*) замеча́ть, -ме́тить *pf*; ② (*spüren*) замеча́ть, -ме́тить *pf*; **sich nichts ~ lassen** не пока́зывать ви́ду
Anmerkung *f* <-, -en> ① (*Bemerkung*) замеча́ние *nt*; ② (*Fußnote*) сно́ска *f*
Anmut *f* <*gen:* -> пре́лесть *f*, изя́щество *nt*
anmutig *adj* преле́стный
annähen *vt* пришива́ть, -ши́ть *pf*
annähernd I. *adv* (*fast*) почти́, приблизи́тельно; II. *adj* приблизи́тельный, приме́рный; **nicht ~** ничего́ похо́жего.
Annäherung *f* <-, -en> ① приближе́ние *nt*; ② сближе́ние *nt*
Annahme *f* <-, -n> ① (*Entgegennahme*) приём *m*; ② (*Vermutung*) предположе́ние *nt*; **in der ~, dass** предполага́я, что
Annalen *pl* <*gen:* -> анна́лы *pl*
annehmbar *adj* прие́млемый
annehmen I. *irr vt* ① (*entgegennehmen*) принима́ть, -ня́ть *pf*; ② (*Gewohnheit*) брать, взять *pf* в привы́чку; ③ (*vermuten*) предполага́ть, -ложи́ть *pf*; II. *vr:* **sich einer Sache/Person ~** взя́ться за како́е-л. де́ло/кого́-л.
Annonce *f* <-, -n> анонс *m*, объявле́ние *nt*
annoncieren *vi* помеща́ть, -мести́ть *pf* объявле́ние
Anode *f* <-, -n> ано́д *m*
anöden *vt* (*umg*) надоеда́ть, -е́сть *pf*, наску́чивать, -чить *pf*
anomal *adj* анома́льный
anonym *adj* анони́мный
anonymisieren *vt* устраня́ть, -ни́ть *pf* ли́чные да́нные
Anonymität *f* <*gen:* -> анони́мность *f*
Anorak *m* <-s, -s> спорти́вная ку́ртка *f*
anordnen *vt* ① (*ordnen*) располага́ть, -ложи́ть *pf*; ② (*befehlen*) прика́зывать, -за́ть *pf*
Anordnung *f* <-, -en> ① расположе́ние *nt*; ② (*Befehl*) распоряже́ние *nt*, приказа́ние *nt*
anorganisch *adj* неоргани́ческий
anormal *adj* ненорма́льный
anpacken *vt* ① схвати́ть *pf*, схва́тывать *impf*; ② (*fig*) бра́ться, взя́ться *pf*
anpassen I. *vt* ① приспоса́бливать, -со́бить *pf*; ② (*Kleider*) подгоня́ть, -догна́ть *pf*; II. *vr* приспоса́бливаться, -со́биться *pf*
Anpassung *f* <-, -en> приспособле́ние *nt*, адапта́ция *f*
Anpflanzung *f* <*gen:* -> насажде́ние *nt*
anprangern *vt* клейми́ть, за- *pf* позо́ром
anpreisen *irr vt* расхва́ливать, -ли́ть *pf*
anprobieren *vt* примеря́ть, -ме́рить *pf*
anrechnen *vt* ① (*in Anrechnung bringen*) засчи́тывать, -та́ть *pf*; ② (*zuschlagen*) начисля́ть, -чи́слить *pf*; **jdm etw hoch ~** ста́вить что́-л. кому́-л. в заслу́гу
Anrecht *nt* <-(e)s, -e> пра́во *nt*
Anrede *f* <-, -n> обраще́ние *nt*
anreden *vt* загова́ривать, -вори́ть *pf*; **jdn mit Vornamen ~** обрати́ться к кому́-л. по и́мени
anregen *vt* ① (*zu etw bewegen*) побужда́ть, -буди́ть *pf*;

❷ (*Thema*) затра́гивать, -тро́нуть *pf*
anregend *adj* ❶ возбужда́ющий; ❷ (*Gespräch*) увлека́тельный
Anregung *f* <-, -en> ❶ побужде́ние *nt*, толчо́к *m*; ❷ (*Vorschlag*) предложе́ние *nt*, инициати́ва *f*
Anreise *f* <-, -n> прие́зд *m*, зае́зд *m*
anreisen *vi* приезжа́ть, -е́хать *pf*
Anreiz *m* <-es, -e> побужде́ние *nt*, сти́мул *m*; **jdm einen ~ zu etw geben** побуди́ть кого́-л. к чему́-л.
Anrichte *f* <-, -n> серва́нт *m*
anrichten *vt* ❶ (*Schaden*) причини́ть *pf*, -ня́ть *impf*; ❷ (*Speisen*) гото́вить *impf* к пода́че на стол
anrüchig *adj* по́льзующийся дурно́й сла́вой
Anruf *m* <-(e)s, -e> ❶ (*Telefon~*) звоно́к; ❷ (*Zuruf*) о́клик *m*
Anrufbeantworter *m* <-s, -> автоотве́тчик *m*
anrufen *irr vt* (*telefonisch*) звони́ть, по- *pf*
Ansage *f* <-, -n> объявле́ние *nt*
ansagen I. *vt* объявля́ть, -ви́ть *pf*; II. *vr* извеща́ть, -вести́ть *pf*
Ansager, -in *m/f* <-s, -> веду́щий, -щая *m/f*
Ansammlung *f* <-, -en> ❶ (*Anhäufung*) накопле́ние *nt*; ❷ (*von Menschen*) скопле́ние *nt*
Ansatz *m* <-es, Ansätze> (*Schicht*) налёт *m*
anschaffen *vt* приобрета́ть, -рести́ *pf*
Anschaffung *f* <-, -en> приобрете́ние *nt*, поку́пка *f*
anschalten *vt* включа́ть, -чи́ть *pf*
anschauen *vt* смотре́ть, по- *pf*
anschaulich *adj* нагля́дный
Anschauung *f* <-, -en> ❶ (*Betrachtungsweise*) взгля́д *m*; ❷ (*Meditation*) созерца́ние *nt*
Anschein *m* <*gen:* -(e)s> ви́димость *f*
anscheinend *adv* ви́димо
anschieben *irr vt* придвига́ть, -ви́нуть *pf*
Anschlag *m* <-(e)s, Anschläge> ❶ (*Attentat*) покуше́ние *nt*; ❷ (*Aushang*) афи́ша *f*; ❸ (*auf Schreibmaschine, an Klavier*) уда́р *m*; ❹ (*Endpunkt*) упо́р *m*
anschlagen I. *irr vt* ❶ (*aushängen*) выве́шивать, вы́весить *pf*; ❷ (*Tasten*) ударя́ть, уда́рить *pf*; II. *vi* (*wirken*) де́йствовать, по- *pf*
anschließen I. *irr vt* ❶ (*Fahrrad*) запира́ть, -пере́ть *pf*; ❷ (*Elektrogerät*) подключа́ть, -чи́ть *pf*; II. *vr* (*zustimmen*) присоединя́ться, -ни́ться *pf*
anschließend I. *adj* ❶ примыка́ющий; ❷ (*zeitlich*) после́дующий; II. *adv* вслéд (*an +akk* за *+inst*)
Anschluss *m* <-es, Anschlüsse> ❶ присоедине́ние *nt*, подключе́ние *nt*; ❷ (*Zugverbindung*) возмо́жность *f* переса́дки; ❸ (*Kontakt*) подключе́ние *nt*, конта́кт *m*; **im ~ an** сра́зу же по́сле
anschmiegsam *adj* (*Kleid*) облега́ющий, прилега́ющий
anschnallen I. *vr* пристёгиваться, -стегну́ться *pf*; II. *vt* пристёгивать, -стегну́ть *pf* ремнём
anschneiden *irr vt* ❶ (*in etw schneiden*) надреза́ть, -ре́зать *pf*; ❷ (*Thema*) затро́нуть *pf*, -тра́гивать *impf*
anschreien *irr vt* накрича́ть *pf*
Anschrift *f* <-, -en> а́дрес *m*
anschwärzen *vt* (*umg*) черни́ть, очерни́ть *pf*, клевета́ть, оклевета́ть *pf*
anschwellen *irr vi* ❶ набуха́ть, -бу́хнуть *pf*; ❷ (*Lärm*) уси́ливаться, -литься *pf*
Anschwellung *f* <-, -en> (MED) о́пухоль *f*, отёк *m*
ansehen *irr vt* смотре́ть, по- *pf*, осма́тривать, -мотре́ть *pf*; **jdm etw ~** замеча́ть что́-л. по кому́-л.
Ansehen *nt* <*gen:* -s> авторите́т *m*, уваже́ние *nt*

A

ansehnlich *adj* ① (*stattlich*) ви́дный; ② (*beträchtlich*) значи́тельный
ansetzen **I.** *vt* ① (*anfügen*) наса́живать, -сади́ть *pf*, присоединя́ть, -ни́ть *pf*; ② (*Trinkgefäß*) подноси́ть, -нести́ *pf*; ③ (*Termin*) устана́вливать, -нови́ть *pf*; **II.** *vi* (*beginnen*) начина́ть, -ча́ть *pf*
Ansicht *f* <-, -en> ① взгля́д *m*; ② (*Meinung*) мне́ние *nt*; **meiner ~ nach** по моему́ мне́нию
Ansichtskarte *f* <-, -n> видова́я откры́тка *f*
Anspannung *f* <-, -en> натяже́ние *nt*
Anspiel *nt* <-(e)s, -e> (SPORT) пода́ча *f*, пас *m*
anspielen **I.** *vi* намека́ть, -кну́ть *pf* (*auf +akk* на); **II.** *vt* (SPORT) пасова́ть *impf*
Anspielung *f* <-, -en> намёк *m*
Ansporn *m* <*gen:* -(e)s> сти́мул *m*, побужде́ние *nt*
anspornen *vt* ① (*Pferd*) пришпо́ривать, -рить *pf*; ② (*Person*) подстёгивать, -стегну́ть *pf*
Ansprache *f* <-, -n> (*Rede*) обраще́ние *nt*
ansprechen **I.** *irr vt* ① (*Person*) загова́ривать, -вори́ть *pf*; ② (*Thema*) обраща́ться, -рати́ться *pf*; ③ (*gefallen*) нра́виться, по- *pf*; **II.** *irr vi* реаги́ровать, про- *pf* (*auf +akk* на); **auf diese Medizin spricht er nicht an** э́то лека́рство на него́ не де́йствует
ansprechend *adj* привлека́тельный, прия́тный
Ansprechpartner *m* <-s, -> конта́ктное лицо́ *nt*
anspringen **I.** *irr vt* (*anfallen*) броса́ться, бро́ситься *pf*, набра́сываться, -бро́ситься *pf*; **II.** *irr vi* (*Motor*) зарабо́тать *pf*
Anspruch *m* <-(e)s, Ansprüche> ① (*Forderung*) притяза́ние *nt*, требование *nt*; ② (*Anrecht*) пра́во *nt*; **etw in ~ nehmen** воспо́льзоваться че́м-л.; **auf etw ~ erheben** претендова́ть на что́-л.
anspruchslos *adj* непритяза́тельный
anspruchsvoll *adj* взыска́тельный
anstacheln *vt* побужда́ть, -буди́ть *pf*, подстрека́ть, -стрекну́ть *pf*
Anstalt *f* <-, -en> учрежде́ние *nt*
Anstand *m* <*gen:* -(e)s> прили́чие *nt*
anständig *adj* прили́чный
anstarren *vt* уста́виться *pf*, глазе́ть *impf*
anstatt **I.** *präp +gen* вме́сто, взаме́н; **II.** *konj* : **~ etw zu tun** вме́сто того́, что́бы что́-то сде́лать.
anstechen *irr vt* прока́лывать, -коло́ть *pf*, нака́лывать, -коло́ть *pf*; **ein Fass ~** начина́ть бо́чку вина́
anstecken **I.** *vt* (*mit einer Krankheit*) зарази́ть *pf*, -ража́ть *impf*; **II.** *vr* зарази́ться *pf*, -ража́ться *impf*
ansteckend *adj* зара́зный
Ansteckung *f* <-, -en> зараже́ние *nt*
anstehen *irr vi* стоя́ть *impf* в о́череди
ansteigen *irr vi* ① (*Gelände*) поднима́ться, -ня́ться *pf*; ② (*wachsen*) возраста́ть, -расти́ *pf*
anstelle *präp +gen* вме́сто
anstellen **I.** *vt* ① (*anschalten*) включа́ть, -чи́ть *pf*; ② (*beschäftigen*) принима́ть, -ня́ть *pf* на рабо́ту; ③ (*Nachforschungen*) производи́ть, -вести́ *pf*; **II.** *vr* стать *pf*, станови́ться *impf* в о́чередь; **etw ~** (*umg*) натвори́ть что́-л; **stell dich nicht so an** (*umg*) не валя́й дурака́
Anstellung *f* <-, -en> приём *m* на рабо́ту
Anstieg *m* <-(e)s, -e> ① (*Erhöhung*) рост *m*, повыше́ние *nt*; ② (*Steigen*) подъём *m*; ③ (*Weg*) подъём *m*
anstiften *vt:* **jdn ~, etw zu tun**

подстрекáть когó-л. к какúм-л. дéйствиям
Anstiftung *f* <-, -en> подстрекáтельство *nt*
Anstoß *m* <-es, Anstöße> ① (*das Anstoßen*) удар *m*, толчóк *m*; ② (*Antrieb*) пóвод *m*, толчóк *m*; **an etw ~ nehmen** раздражáться из-за чегó-л.
anstoßen I. *irr vi* ударя́ться, удáриться *pf*; **II.** *vt* толкáть, -кнýть *pf*; **auf etw/jdn ~** пить за чтó-л./когó-л.
anstößig *adj* предосудúтельный
anstreben *vt* стремúться *impf*
anstreichen *irr vt* ① (*mit Farbe*) крáсить, по- *pf*; ② (*markieren*) отмечáть, -мéтить *pf*
Anstreicher, -in *m/f* <-s, -> маля́р *m*
anstrengen I. *vr* напрягáться, -ря́чься *pf*; **II.** *vt* ① напрягáть, -ря́чь *pf*; ② (*Prozess*) возбуждáть, -будúть *pf*
anstrengend *adj* напряжённый, утомúтельный
Anstrengung *f* <-, -en> ① усúлие *nt*; ② (*Bemühung*) старáние *nt*
Anstrich *m* <-(e)s, -e> ① (*mit Farbe*) окрáска *f*; ② (*fig*) вид *m*, вúдимость *f*
Antarktis *f* <*gen:* -> Антáрктика *f*
antasten *vt* ① притрáгиваться, -рóнуться *pf*; ② (*fig*) посягáть, -гнýть *pf*
Anteil *m* <-(e)s, -e> ① (*Quote*) часть *f*, дóля *f*; ② (*Beteiligung*) учáстие *nt*; **an etw ~ nehmen** принимáть учáстие в чём-л.
Anteilnahme *f* <*gen:* -> учáстие *nt*
Antenne *f* <-, -n> антéнна *f*
Antibiotikum *nt* <-s, Antibiotika> антибиóтик *m*
antik *adj* ① (*die Antike betreffend*) антúчный; ② (*alt*) старúнный
Antike *f* <*gen:* -> антúчность *f*
Antilope *f* <-, -n> антилóпа *f*
Antipathie *f* <-, -n> антипáтия *f*
Antiquariat *nt* <-s, -e> букинистúческий магазúн *m*
antiquiert *adj* устарéлый
Antiquität *f* <-, -en> антиквáрная вéщь *f*
Antiquitätenhandel *m* <*gen:* -s> торгóвля *f* антиквариáтом
Antisemitismus *m* <*gen:* -> антисемитúзм *m*
Antlitz *nt* <*gen:* -es> (*geh*) лицó *nt*
Antrag *m* <-(e)s, Anträge> ① (*allgemein*) предложéние *nt*; ② (*Gesuch*) заявлéние *nt*, ходáтайство *nt*; **einen ~ auf etw stellen** подавáть заявлéние на чтó-л.
antreffen *irr vt* заставáть, -стáть *pf*
antreiben I. *irr vt* ① (*Motor*) приводúть, -вестú *pf* в дéйствие; ② (*Mensch*) подгоня́ть *impf*, -догнáть *pf*; ③ (*Tier*) погоня́ть *impf*; **II.** *vi* (*herantreiben*) приносúть, -нестú *pf* течéнием
antreten I. *irr vt* ① (*Amt*) приступáть, -тупúть *pf* к рабóте; ② (*Reise*) отправля́ться, -прáвиться *pf*; ③ (*Erbe*) вступáть, -пúть *pf* во владéние; **II.** *irr vi* ① (SPORT) выступáть, вы́ступить *pf* (*gegen +akk* прóтив *+gen*); ② (MIL) стрóиться, по- *pf*
Antrieb *m* <-(e)s, -e> ① прúвод *m*; ② (*fig*) побуждéние *nt*, толчóк *m*
Antritt *m* <-s, -e> ① (*einer Reise*) начáло *nt*; ② (*eines Amtes*) вступлéние *nt* в дóлжность
antun *irr vt:* **jdm/sich etw ~** причиня́ть комý-л./себé чтó-л.
Antwort *f* <-, -en> отвéт *m*
antworten *vi* отвечáть, -вéтить *pf*
anvertrauen I. *vt* доверя́ть, -вéрить *pf*; **jdm etw ~** довéрить комý-л. чтó-л.; **II.** *vr* доверя́ться, -вéриться *pf*
anwachsen *irr vi* ① (*sich vermehren*) прирастáть, -стú *pf*; ② (*größer werden*) возрастáть, -стú *pf*, увелúчиваться, -читься *pf*
Anwalt, Anwältin *m/f* <-s, Anwälte> адвокáт *m*
Anwandlung *f* <-, -en> прúступ *m*, припáдок *m*

A

Anwärter, -in *m/f* <-s, -> претенде́нт, -ка *m/f*
anweisen *irr vt* (*zuteilen*) предоставля́ть, -та́вить *pf*; **jdn ~, etw zu tun** поруча́ть кому́-л. сде́лать что́-л.
Anweisung *f* <-, -en> ① (*Befehl*) распоряже́ние *nt*, приказа́ние *nt*; ② (*Zahlungs~*) перево́д *m*; ③ (*Anleitung*) руково́дство *nt*
anwendbar *adj* примени́мый
anwenden *vt* применя́ть, -ни́ть *pf*
Anwender, -in *m/f* <-s, -> по́льзователь, -ница *m/f*
Anwendung *f* <-, -en> ① примене́ние *nt*; ② (DV) прикла́дная програ́мма
anwerben *irr vt* вербова́ть, за- *pf*
anwesend *adj* прису́тствующий
Anwesenheit *f* <*gen:* -> прису́тствие *nt*
anwidern *vt* вызыва́ть, вы́звать *pf* отвраще́ние
Anwohner, -in *m/f* <-s, -> *живу́щий в непосре́дственной бли́зости от чего́-л.*
Anzahl *f* <*gen:* -> число́ *nt*, коли́чество *nt*
anzahlen *vt* упла́чивать, -лати́ть *pf* пе́рвый взно́с
Anzahlung *f* <-, -en> зада́ток *m*
anzapfen *vt* ① (*Fass*) начина́ть, -ча́ть *pf* бо́чку; ② (*umg: Telefon*) подключа́ться, -чи́ться *pf*
Anzeichen *nt* <-s, -> при́знак *m*
Anzeige *f* <-, -n> ① (TECH) индика́ция *f*; ② (JUR) иск *m*; ③ (*Werbung*) объявле́ние *nt*, ано́нс *m*; **gegen jdn ~ erstatten** заяви́ть на кого́-л.
anzeigen *vt* ① официа́льно сообща́ть, -щи́ть *pf*; ② (JUR) заявля́ть, -ви́ть *pf*
Anzeiger *m* <-s, -> индика́тор *m*
anzetteln *vt* замышля́ть, -мы́слить *pf*
anziehen **I.** *irr vt* ① (*Person*) привлека́ть, -ле́чь *pf*; ② (*Kleidung*) надева́ть, -де́ть *pf*; ③ (*Schraube*) подтя́гивать, -тяну́ть *pf*; **II.** *irr vi* (*Preise*) поднима́ться, -ня́ться *pf*, расти́, вы́- *pf*; **III.** *irr vr* одева́ться, оде́ться *pf*
anziehend *adj* зама́нчивый, привлека́тельный
Anziehung *f* <-, -en> (*Reiz*) привлека́тельность *f*
Anziehungskraft *f* <-, -kräfte> си́ла *f* притяже́ния
Anzug *m* <-(e)s, Anzüge> костю́м *m*
anzüglich *adj* ① ко́лкий; ② (*anstößig*) неприли́чный, двусмы́сленный
Anzüglichkeit *f* <-, -en> двусмы́сленность *f*
anzünden *vt* зажига́ть, -же́чь *pf*
Anzünder *m* <-s, -> зажига́лка *f*
anzweifeln *vt* сомнева́ться *impf*
apart *adj* изы́сканный, оригина́льный
Apartment *nt* <-s, -s> апартаме́нт *m*
apathisch *adj* апати́чный, безразли́чный
Apfel *m* <-s, Äpfel> я́блоко *nt*
Apfelbaum *m* <-(e)s, -bäume> я́блоня *f*
Apfelsaft *m* <-(e)s, -säfte> я́блочный сок *m*
Apfelsine *f* <-, -n> апельси́н *m*
Apostel *m* <-s, -> апо́стол *m*
Apotheke *f* <-, -n> апте́ка *f*
App *f* <-, -s> *o nt* <-s, -s> (DV) приложе́ние *nt*
Apparat *m* <-(e)s, -e> ① аппара́т *m*, прибо́р *m*; ② (*Telefon*) аппара́т *m*; **am ~!** у аппара́та!
Appell *m* <-s, -e> ① (*Aufruf*) призы́в *m*, обраще́ние *nt*; ② (MIL) перекли́чка *f*
appellieren *vi* апелли́ровать *impf/pf* (*an* +*akk* к +*dat*)
Appendix *m* <*gen:* -> ① приложе́ние *nt*; ② (ANAT) аппе́ндикс *m*
Appetit *m* <-(e)s, -e> аппети́т *m*; **guten ~!** прия́тного аппети́та!
appetitlich *adj* ① аппети́тный; ② (*fig*) привлека́тельный
Appetitlosigkeit *f* <*gen:* ->

отсу́тствие *nt* аппети́та
applaudieren *vi* аплоди́ровать *impf*
Applaus *m* <-es, -e> аплодисме́нты *pl*
Apposition *f* <-, -en> (LING) приложе́ние *nt*
Aprikose *f* <-, -n> абрико́с *m*
April *m* <-(s), -e> апре́ль *m*
apropos *adv* кста́ти
Aquädukt *m* <-(e)s, -e> акведу́к *m*
Aquarell *nt* <-s, -e> акваре́ль *f*
Äquator *m* <*gen:* -(s)> эква́тор *m*
Ära *f* <*gen:* -> э́ра *f*
Araber, -in *m/f* <-s, -> ара́б, -ка *m/f*
arabisch *adj* ара́бский
Arbeit *f* <-, -en> 1 труд *m*, рабо́та *f*; **geistige ~** у́мственный труд; **körperliche ~** физи́ческий труд; **die ~ niederlegen** прекраща́ть рабо́ту 2 (*Arbeitsstelle*) рабо́та *f*; 3 (*Werk, Erzeugnis*) рабо́та *f*, изде́лие *nt*; 4 (*wissenschaftliche ~*) труд *m*, рабо́та *f*; 5 (PHYS) рабо́та *f*
arbeiten *vi* рабо́тать *impf*
Arbeiter, -in *m/f* <-s, -> рабо́чий, -бо́тница *m/f*, рабо́тник *m*; **angelernter ~** малоквалифици́рованный рабо́чий
Arbeitgeber, -in *m/f* <-s, -> работода́тель, -ница *m/f*
Arbeitnehmer, -in *m/f* <-s, -> рабо́тающий, -щая *m/f* по на́йму, рабо́чий *m*, слу́жащий *m*
Arbeitsamt *nt* <-(e)s, -ämter> би́ржа *f* труда́
Arbeitsbereich *m* <-(e)s, -e> сфе́ра *f* де́ятельнсти
arbeitsfähig *adj* трудоспосо́бный
Arbeitskraft *f* <-, -kräfte> 1 (*Arbeiter*) рабо́чий *m*; 2 (*Leistung*) рабо́чая си́ла *f*
arbeitslos *adj* безрабо́тный
Arbeitslose(r) *mf* <-n, -n> безрабо́тный, -ная *m/f*
Arbeitslosenhilfe *f* <*gen:* -> по́мощь *f* по безрабо́тице
Arbeitslosigkeit *f* <*gen:* -> безрабо́тица *f*
Arbeitsplatz *m* <-es, -plätze> рабо́чее ме́сто *nt*
Arbeitstag *m* <-(e)s, -e> рабо́чий день *m*
arbeitsunfähig *adj* нетрудоспосо́бный
Arbeitsvertrag *m* <-(e)s, -verträge> трудово́й догово́р *m*
Arbeitszeit *f* <-, -en> рабо́чее вре́мя *nt*
Arbeitszeugnis *nt* <-es, -se> трудова́я кни́жка *f*
archaisch *adj* архаи́чный
Archäologe, Archäologin *m/f* <-n, -n> архео́лог *m*
Archäologie *f* <*gen:* -> археоло́гия *f*
Architekt, -in *m/f* <-en, -en> архите́ктор *m*
Architektur *f* <-, -en> архитекту́ра *f*
Archiv *nt* <-s, -e> архи́в *m*
arg *adj* (*schlimm*) плохо́й
Argentinien *nt* <*gen:* -s> Аргенти́на *f*
Ärger *m* <*gen:* -s> 1 (*Zorn*) гнев *m*; 2 (*Scherereien*) неприя́тности *pl*; **mit jdm/etw ~ haben** име́ть с ке́м-л./че́м-л. неприя́тности
ärgerlich *adj* 1 (*zornig*) серди́тый; 2 (*lästig*) неприя́тный
ärgern I. *vt* (*Person*) зли́ть, разо- *pf*; **II.** *vr* серди́ться, рас- *pf*
Ärgernis *nt* <-ses, -se>: **öffentliches ~ erregen** вызыва́ть обще́ственное недово́льство
arglos *adj* 1 (*nichtsahnend*) простоду́шный; 2 (*harmlos*) безоби́дный
Argument *nt* <-(e)s, -e> аргуме́нт *m*
Argumentation *f* <-, -en> аргумента́ция *f*
argumentieren *vi* аргументи́ровать *impf/pf*
Argwohn *m* <*gen:* -(e)s> подозре́ние *nt*, недове́рие *nt*
argwöhnisch *adj* подозри́тельный, недове́рчивый
Arie *f* <-, -n> а́рия *f*
Aristokrat, -in *m/f* <-en, -en> аристокра́т, -ка *m/f*
Aristokratie *f* <-, -n> аристокра́тия *f*
aristokratisch *adj* аристократи́ческий

Arktis *f* <*gen:* -> Áрктика *f*
arktisch *adj* арктúческий
arm *adj* ① (*mittellos*) бéдный; ② (*bedauernswert*) бéдный, несчáстный
Arm *m* <-(e)s, -e> ① рукá *f*; ② (*eines Flusses*) рукáв *m*; **jdn auf den ~ nehmen** подшутúть над кéм-л.
Armatur *f* <-, -en> арматýра *f*
Armband *nt* <-(e)s, -bänder> браслéт *m*
Armbanduhr *f* <-, -en> нарýчные часы́ *pl*
Arme(r) *mf* <-n, -n> бедня́к, -ня́чка *m/f*
Armee *f* <-, -n> áрмия *f*
Ärmel *m* <-s, -> рукáв *m*
ärmlich *adj* жáлкий
armselig *adj* убóгий
Armut *f* <*gen:* -> бéдность *f*
Aroma *nt* <-s, Aromen> аромáт *m*
aromatisch *adj* аромáтный
arrangieren I. *vt* ① (*gestalten*) оформля́ть, офóрмить *pf*; ② (*bewerkstelligen*) устрáивать, -рóить *pf*; **II.** *vr* договорúться *pf*, -вáриваться *impf* (*mit +dat* с *+inst*)
Arrest *m* <-(e)s, -e> арéст *m*
arrogant *adj* надмéнный, высокомéрный
Arroganz *f* <*gen:* -> надмéнность *f*, высокомéрие *nt*
Arsch *m* <-es, Ärsche> (*vulg*) жóпа *m*
Arsenal *nt* <-s, -e> арсенáл *m*
Art *f* <-, -en> ① (*Weise*) спóсоб *m*, манéра *f*; ② (*Sorte*) сорт *m*; ③ (BIO) вид *m*; **von der ~** подóбный; **die ~ und Weise** спóсоб
Arterie *f* <-, -n> артéрия *f*
artig *adj* послýшный
Artikel *m* <-s, -> ① (*Text*) статья́ *f*; ② (*Ware*) товáр *m*, артúкул *m*; ③ (LING) артúкль *m*
artikulieren I. *vt* произносúть, -нестú *pf* членораздéльно; **II.** *vr* выражáться, вы́разиться *pf*
Artischocke *f* <-, -n> артишóк *m*
Artist, -in *m/f* <-en, -en> артúст, -ка *m/f*
Arznei *f* <-, -en> лекáрство *nt*
Arzneimittel *nt* <-s, -> лекáрство *nt*, медикамéнт *m*
Arzt *m* <-es, Ärzte> врач *m*
Ärztin *f* <-, -nen> врач *m*, жéнщина-врач *f*
ärztlich *adj* врачéбный
As *nt* <-ses, -se> ① (*Kartenspiel*) туз *m*; ② (*umg: Könner*) ас *m*, мáстер *m*
Asbest *m* <-(e)s, -e> асбéст *m*
Asche *f* <-, -n> пéпел *m*
Aschenbahn *f* <-, -en> гáревая дорóжка *f*
Aschenbecher *m* <-s, -> пéпельница *f*
Asiate, Asiatin *m/f* <-n, -n> азиáт, -ка *m/f*
asiatisch *adj* азиáтский
Asien *nt* <*gen:* -s> Áзия *f*
Askese *f* <*gen:* -> аскетúзм *m*
Asket, -in *m/f* <-en, -en> аскéт *m*
asketisch *adj* аскетúческий
asozial *adj* асоциáльный
Aspekt *m* <-(e)s, -e> ① аспéкт *m*; ② (LING) вид *m*
Asphalt *m* <-s, -e> асфáльт *m*
asphaltieren *vt* асфальтúровать *impf/pf*, за- *pf*
Aspirant, -in *m/f* <-en, -en> кандидáт *m*, претендéнт *m* (на какýю-лúбо дóлжность)
aß *prät von* **essen**
Assistent, -in *m/f* <-en, -en> ассистéнт, -ка *m/f*
Assoziation *f* <-, -en> ассоциáция *f*
assoziativ *f* ассоциатúвный
Ast *m* <-es, Äste> сук *m*, вéтка *f*
Aster *f* <-, -n> áстра *f*
ästhetisch *adj* ① эстетúческий; ② (*schön*) красúвый, эстетúчный
Asthma *nt* <*gen:* -(s)> áстма *f*
Asthmatiker, -in *m/f* <-s, -> астмáтик *m*
Astrologe, Astrologin *m/f* <-n, -n> астрóлог *m*
Astrologie *f* <*gen:* -> астролóгия *f*

Astronaut, -in *m/f* <-en, -en> астрона́вт *m*
Astronom, -in *m/f* <-en, -en> астроно́м *m*
Astronomie *f* <*gen:* -> астроно́мия *f*
Asyl *nt* <-s, -e> ① убе́жище *nt*; ② (*Heim*) прию́т *m*, ночле́жка *f*; **~ beantragen** подава́ть проше́ние о предоставле́нии убе́жища; **~ gewähren** предоста́вить убе́жище
Asylant, -in *m/f* <-en, -en> бе́женец, -нка *m/f*
Asylrecht *nt* <*gen:* -(e)s> пра́во *nt* убе́жища
Atelier *nt* <-s, -s> ателье́ *nt*
Atem *m* <*gen:* -s> дыха́ние *nt*; **~ holen** перевести́ дух; **außer ~ sein** запыха́ться
atemlos *adj* ① (*vor Anstrengung*) запыха́вшийся; ② (*gespannt*) напряжённый
Atempause *f* <-, -n> переды́шка *f*
Atemzug *m* <-(e)s, -züge> вдох *m*
Atheismus *m* <*gen:* -> атеи́зм *m*
Atheist, -in *m/f* <-en, -en> атеи́ст, -ка *m/f*
atheistisch *adj* атеисти́ческий
Äther *m* <*gen:* -(s)> эфи́р *m*
Äthiopien *nt* <*gen:* -s> Эфио́пия *f*
Athlet, -in *m/f* <-en, -en> атле́т *m*
athletisch *adj* атлети́ческий
Atlantik *m* <*gen:* -s> Атланти́ческий океа́н *m*
atlantisch *adj* атланти́ческий
Atlas *m* <-ses, Atlanten> географи́ческий а́тлас *m*
atmen *vi* дыша́ть *impf*
Atmosphäre *f* <*gen:* -> ① (*Erd~*) атмосфе́ра *f*; ② (*Stimmung*) атмосфе́ра *f*, обстано́вка *f*
Atmung *f* <*gen:* -> дыха́ние *nt*
Atom *nt* <-s, -e> а́том *m*
atomar *adj* а́томный
Atombombe *f* <-, -n> а́томная бо́мба *f*
Atomkraft *f* <*gen:* -> а́томная эне́ргия *f*
Atomkraftwerk *nt* <-(e)s, -e> а́томная электроста́нция *f*
Atomkrieg *m* <-(e)s, -e> а́томная война́ *f*
Atommüll *m* <*gen:* -s> радиоакти́вные отхо́ды *pl*
Atomphysik *f* <*gen:* -> я́дерная фи́зика *f*
Atomrakete *f* <-, -n> раке́та *f* с я́дерной боеголо́вкой
Atomwaffe *f* <-, -n> а́томное ору́жие *nt*
Attachékoffer *m* <-s, -> диплома́т *m*
Attacke *f* <-, -n> ата́ка *f*
attackieren *vt* атакова́ть *impf/pf*
Attentat *nt* <-(e)s, -e> покуше́ние *nt*; **ein ~ auf jdn verüben** соверши́ть покуше́ние на кого́-л.
Attentäter, -in *m/f* <-s, -> соверши́вший, -шая *m/f* покуше́ние
Attest *nt* <-(e)s, -e> свиде́тельство *nt*
attestieren *vt* свиде́тельствовать, за- *pf*
Attraktion *f* <-, -en> ① (*Reiz*) привлека́тельность *f*; ② (*Sehenswürdigkeit*) достопримеча́тельность *f*
attraktiv *adj* ① эффе́ктный; ② (*reizvoll*) привлека́тельный
Attrappe *f* <-, -n> бутафо́рия *f*
Attribut *nt* <-(e)s, -e> ① сво́йство *nt*; ② (LING) определе́ние *nt*
ätzen *vi* трави́ть, вы́- *pf*
ätzend *adj* ① (*Substanz*) е́дкий; ② (*umg: übel*) отврати́тельный, проти́вный
Aubergine *f* <-, -n> баклажа́н *m*
auch *adv* ① (*ebenso*) та́кже, то́же; ② (*sogar, selbst*) да́же; ③ (*bestätigend:wirklich*) действи́тельно; **~ das noch** то́лько э́того не хвата́ло
Audienz *f* <-, -en> аудие́нция *f*, приём *m*
audiovisuell *adj* аудиовизуа́льный
auf I. *präp lok +dat* на, в, по; **~ Grund** из-за; **~ dem Lande** в дере́вне; **~ dem Tisch** на столе́; II. *präp +akk* ① (*Richtung*) на, в; ② (*zeitlich*) на; **er hat ein**

A

Taxi ~ 14 Uhr bestellt он заказа́л такси́ на 14 часо́в; **~ einmal** вдруг; III. *adv* откры́то; **~ und ab** вверх и вниз; **sich ~ und davon machen** убежа́ть.

aufatmen *vi* вздохну́ть *pf*

Aufbau *m* <-(e)s, -ten> ❶ (*Errichtung*) сооруже́ние *nt*; ❷ (*Struktur*) построе́ние *nt*, структу́ра *f*

aufbauen *vt* ❶ (*errichten*) сооружа́ть, -руди́ть *pf*, устана́вливать, -нови́ть *pf*; ❷ (*organisieren*) создава́ть, -да́ть *pf*, организо́вывать, -зова́ть *pf*; ❸ (*gründen*) бази́роваться *impf*

aufbäumen *vr* ❶ (*Pferd*) встава́ть, вста́ть на дыбы́ *pf*; ❷ (*fig*) проти́виться, вос- *pf*

aufbauschen *vt* ❶ надува́ть, -ду́ть *pf*, раздува́ть, -ду́ть *pf*; ❷ (*fig*) раздува́ть, -ду́ть *pf*

aufbereiten *vt* ❶ (*Trinkwasser*) очища́ть, очи́стить *pf*; ❷ (*Daten*) анализи́ровать *impf/pf*, про- *pf*, оце́нивать, -ни́ть *pf*

aufbewahren *vt* ❶ (*Gepäck*) храни́ть *impf*; ❷ (*aufheben*) сохраня́ть, -ни́ть *pf*

Aufbewahrung *f* <*gen:* -> хране́ние *nt*

aufbieten *irr vt* ❶ (*Kraft*) напряга́ть, -ря́чь *pf*; ❷ (*Einfluss*) употребля́ть, -би́ть *pf*; ❸ (*Leute*) мобилизо́вывать, -ва́ть *pf*, призыва́ть, -зва́ть *pf*

aufblähen *vr* вздува́ться, взду́ться *pf*

aufblasbar *adj* надувно́й

aufblasen I. *irr vt* надува́ть, -ду́ть *pf*; II. *vr* (*umg*) пы́житься, на- *pf*, стро́ить *impf* из себя́

aufbleiben *irr vi* ❶ (*wach bleiben*) бо́дрствовать *impf*; ❷ (*offenbleiben*) остава́ться, -та́ться *pf* откры́тым

aufblühen *vi* ❶ расцвета́ть, -цвести́ *pf*; ❷ (*Mensch*) воспря́нуть *pf* ду́хом

aufbrechen I. *irr vt* взла́мывать, взлома́ть *pf*; II. *vi* ❶ вскрыва́ться, вскры́ться *pf*; ❷ (*gehen*) отправля́ться, -пра́виться *pf*

aufbringen *irr vt* ❶ (*Geld*) достава́ть, -та́ть *pf*; ❷ (*öffnen*) открыва́ть, -кры́ть *pf*; ❸ (*Mut*) проявля́ть, -ви́ть *pf*; ❹ (*neue Mode*) ввести́ *pf*, вводи́ть *impf*

Aufbruch *m* <-(e)s, Aufbrüche> отправле́ние *nt*, выступле́ние *nt*

aufbrühen *vt* зава́ривать, -ри́ть *pf*

aufdecken *vt* раскрыва́ть, -ры́ть *pf*

aufdrängen I. *vt* навя́зывать, -за́ть *pf*; **jdm etw ~** навяза́ть кому́-л. что́-л.; II. *vr* ❶ навя́зываться; ❷ -за́ться *pf*

aufdrehen I. *vt* отверну́ть *pf*, -вёртывать *impf*, открыва́ть, -кры́ть *pf*; II. *vi* (*umg: beschleunigen*) ускоря́ться, -ко́риться *pf*

aufdringlich *adj* назо́йливый

aufeinander *adv* ❶ (*räumlich*) друг на дру́ге; ❷ (*zeitlich*) друг за дру́гом; ❸ (*gegenseitig*) друг дру́га

aufeinander treffen *irr vi* встре́титься *pf*, встреча́ться *impf*

Aufenthalt *m* <-(e)s, -e> ❶ пребыва́ние *nt*; ❷ (*eines Zuges*) остано́вка *f*; ❸ (*Verzögerung*) заде́ржка *f*

Aufenthaltsgenehmigung *f* <-, -en> вид *m* на жи́тельство

Aufenthaltsort *m* <-(e)s, -e> местопребыва́ние *nt*

auferlegen *vt* налага́ть, -ложи́ть *pf*

auferstehen *irr vi* (REL) воскреса́ть, -кре́снуть *pf*

Auferstehung *f* <-, -en> (REL) воскресе́ние *nt*

auffahren *irr vi* ❶ (*anfahren*) наезжа́ть, -е́хать *pf*; ❷ (*dicht heranfahren*) подъезжа́ть, -е́хать *pf*; ❸ (*hochschrecken*) вска́кивать, вскочи́ть *pf*; ❹ (*aufbrausen*) вспыли́ть *pf*

Auffahrt *f* <-, -en> въе́зд *m*

auffallen *irr vi* броса́ться, бро́ситься *pf* в глаза́
auffallend *adj* (*auffällig*) броса́ющийся в глаза́, выделя́ющийся
auffällig *adj* выделя́ющийся, необы́чный
auffangen *irr vt* подхва́тывать, -хвати́ть *pf*
auffassen *vt* ① понима́ть, -ня́ть *pf*; ② (*deuten*) толкова́ть *impf*
Auffassung *f* <-, -en> ① (*Meinung*) мне́ние *nt*, то́чка *f* зре́ния; ② (*Auslegung*) толкова́ние *nt*
auffinden *irr vt* находи́ть, найти́ *pf*, обнару́живать, -жить *pf*
auffordern *vt* (*zum Tanzen*) приглаша́ть, -гласи́ть *pf*; **jdn ~ etw zu tun** потре́бовать от кого́-л. сде́лать что́-л.
Aufforderung *f* <-, -en> тре́бование *nt*
aufforsten *vt* разводи́ть, -вести́ *pf* лес
Aufforstung *f* <*gen:* -> лесоразведе́ние *nt*
auffrischen **I.** *vt* (*Kenntnisse*) освежа́ть, -жи́ть *pf*; **II.** *vi* (*Wind*) крепча́ть, по- *pf*
aufführen **I.** *vt* ① (*Theaterstück*) пока́зывать, -за́ть *pf*; ② (*Musik*) исполня́ть, -по́лнить *pf*; ③ (*nennen*) приводи́ть, -вести́ *pf*; **II.** *vr* (*umg: sich aufspielen*) вести́ *impf* себя́
Aufführung *f* <-, -en> постано́вка *f*
Aufgabe *f* <-, -n> ① (*Auftrag*) зада́ча *f*; ② (*Beendigung*) прекраще́ние *nt*; ③ (*Verzicht*) отка́з *m*; ④ (*Übung*) зада́ние *nt*
Aufgang *m* <-(e)s, Aufgänge> ① (*von Sonne, Mond*) восхо́д *m*; ② (*Treppen~*) ле́стница *f*
aufgeben **I.** *irr vt* ① (*verzichten auf*) отка́зываться, -за́ться *pf*; ② (*Bestellung*) дава́ть, да́ть *pf*; ③ (*Paket*) сдава́ть, сда́ть *pf*; ④ (*Schulaufgaben*) задава́ть, -да́ть *pf*; **II.** *vi* сдава́ться, сда́ться *pf*
Aufgebot *nt* <-(e)s, -e> ① (*Polizeikräfte*) наря́д *m*; ② (*Transportmittel*) примене́ние *nt*; ③ (SPORT) соста́в *m* кома́нды
aufgehen *irr vi* ① (*Sonne*) восходи́ть, взойти́ *pf*; ② (*Teig*) поднима́ться, -ня́ться *pf*; ③ (*Tür*) открыва́ться, -кры́ться *pf*; **in einer Sache ~** по́лностью отдава́ться де́лу
aufgeklärt *adj* просвещённый
aufgeregt *adj* взволно́ванный, возбуждённый
aufgeschlossen *adj* общи́тельный, откры́тый
aufgeschmissen *adv*: **~ sein** (*umg*) быть в безвы́ходном положе́нии
aufgeweckt *adj* смышлёный
aufgreifen *irr vt* ① (*Thema*) подхва́тывать, -хвати́ть *pf*; ② (*Person*) заде́рживать, -жа́ть *pf*
aufgrund *präp +gen* и́з-за; **~ der Tatsache, dass** на осно́ве того́ фа́кта, что
aufhaben **I.** *irr vt* ① (*Hut*) име́ть *impf* на себе́; ② (*Hausaufgaben*) име́ть *impf* зада́ние; **II.** *vi* (*Läden*) быть *impf* откры́тым
aufhalten **I.** *irr vt* ① (*Tür*) держа́ть *impf* откры́тым, приде́рживать, -держа́ть *pf*; ② (*verzögern*) заде́рживать, -жа́ть *pf*; ③ (*Person*) заде́рживать, -жа́ть *pf*; **II.** *irr vr* (*sich befinden*) пребыва́ть *impf*, находи́ться *impf*
aufhängen **I.** *vt* ① ве́шать, пове́сить *pf*, разве́шивать, -ве́сить *pf*; ② (*Mensch*) ве́шать, пове́сить *pf*; ③ (*umg*) всу́чивать, -чи́ть *pf*; **II.** *vr* пове́ситься *pf*, ве́шаться *impf*
Aufhänger *m* <-s, -> ① ве́шалка *f*; ② (*fig*) удо́бный слу́чай *m*, по́вод *m*
aufheben *irr vt* ① поднима́ть, -ня́ть *pf*; ② (*Urteil*) отменя́ть, -ни́ть *pf*; ③ (*Sitzung*) закрыва́ть, -ры́ть *pf*;

A

④ (*Verbot*) снима́ть, сня́ть *pf*; ⑤ (*aufbewahren*) сохраня́ть, -ни́ть *pf*

aufheitern I. *vt* (*Person*) весели́ть, раз- *pf*; II. *vr* (*Himmel*) проясня́ться, -ни́ться *pf*

aufhellen I. *vt* осветля́ть, -ветли́ть *pf*; II. *vr* проясня́ться, -ни́ться *pf*

aufhetzen *vt* подстрека́ть, -кну́ть *pf*

aufhören *vi* перестава́ть, -ста́ть *pf*; **~ , etw zu tun** прекрати́ть де́лать что́-л.

aufkaufen *vt* скупа́ть, -пи́ть *pf*

aufklären *vt* ① (*aufdecken*) раскрыва́ть, -кры́ть *pf*; ② (*Person*) просвеща́ть, -свети́ть *pf*

Aufklärung *f* <-, -en> ① (*Klärung*) выясне́ние *nt*; ② (*Unterrichtung*) просвеще́ние *nt*; ③ (*Zeitalter*) эпо́ха *f* Просвеще́ния

aufkleben *vt* накле́ивать, -ить *pf*

Aufkleber *m* <-s, -> накле́йка *f*

aufkommen *irr vi* ① (*Wind*) поднима́ться, -ня́ться *pf*; ② (*Zweifel*) закра́дываться, -ра́сться *pf*; ③ (*Mode*) возника́ть, -ни́кнуть *pf*; **für etw ~** нести́ расхо́ды за что́-л.

aufladen *irr vt* ① (*verladen*) нагружа́ть, -грузи́ть *pf*; ② (*Batterie*) заряжа́ть, -ряди́ть *pf*

Auflage *f* <-, -n> ① (*eines Buches*) изда́ние *nt*; ② (*Verpflichtung*) обя́занность *f*

auflassen *irr vt* ① (*Hut*) оста́вить *pf*, -ля́ть *impf* на голове́; ② (*Fenster*) оста́вить *pf*, -ля́ть *pf* откры́тым

auflauern *vi* подстерега́ть, -ре́чь *pf*; **jdm ~** подкарау́ливать кого́-л.

Auflauf *m* <-(e)s, Aufläufe> ① (*Massen~*) стече́ние *nt*; ② (*Speise*) запека́нка *f*

auflaufen *irr vi* (*Schiff*) наскочи́ть *pf*, -ка́кивать *impf* на мель; **sich die Füße ~** (*umg*) натере́ть себе́ но́ги

aufleben *vi* ожива́ть, ожи́ть *pf*

auflegen *vt* ① стели́ть, по- *pf*; ② (*Telefonhörer*) кла́сть, положи́ть *pf*; ③ (*Buch*) издава́ть, -да́ть *pf*; ④ (*Make-up*) накла́дывать, наложи́ть *pf*

auflehnen *vr* восстава́ть, -ста́ть *pf* (*gegen +akk* про́тив *+gen*)

auflesen *irr vt* подбира́ть, -добра́ть *pf*

auflisten *vt* перечисля́ть, -чи́слить *pf*, де́лать, сде́лать *pf* спи́сок

auflockern I. *vt* ① разрыхля́ть, -рыхли́ть *pf*; ② (*Gestaltung*) оживля́ть, -ви́ть *pf*, разнообра́зить *impf*; II. *vr* расслабля́ться, -сла́биться *pf*

auflösen I. *vt* ① (*in Flüssigkeit*) растворя́ть, -ри́ть *pf*; ② (*Versammlung*) распуска́ть, -сти́ть *pf*; ③ (*Haushalt*) распрода́ть *pf*, -дава́ть *impf*; II. *vr* растворя́ться, -ри́ться *pf*; III. *vr* разреша́ться, -ши́ться *pf*

Auflösung *f* <-, -en> ① развя́зывание *nt*; ② (*Lösung*) разреше́ние *nt*

aufmachen I. *vt* ① (*Fenster*) открыва́ть, -кры́ть *pf*, раскрыва́ть, -кры́ть *pf*; ② (*Brief*) вскрыва́ть, вскры́ть *pf*; II. *vr* отправля́ться, -пра́виться *pf*

Aufmachung *f* <-, -en> ① (*Gestaltung*) оформле́ние *nt*; ② (*Kleidung*) вне́шний вид *m*, наря́д *m*

Aufmarsch *m* <-(e)s, Aufmärsche> пара́д *m*, демонстра́ция *f*

aufmerksam *adj* внима́тельный

Aufmerksamkeit *f* <-, -en> ① внима́ние *nt*; ② (*Geschenk*) знак *m* внима́ния

aufmuntern *vt* ① весели́ть, раз- *pf*; ② (*ermutigen*) ободря́ть, ободри́ть *pf*

Aufnahme *f* <-, -n> ① (*Inanspruchnahme*) получе́ние *nt*; ② (*Einbeziehung*) приня́тие *nt*; ③ (*Beginn*) нача́ло *nt*, установле́ние *nt*; ④ (*Empfang*) приём *m*, приня́тие *nt*; ⑤ (*eines

Krankenhauses) приёмная *f*; ❻ (*des Studiums*) поступле́ние *nt* в вы́сшее учёбное заведе́ние; ❼ (*Foto*) съёмка *f*; ❽ (*Aufzeichnung*) за́пись *f*

Aufnahmeprüfung *f* <-, -en> вступи́тельный экза́мен *m*

aufnehmen *irr vt* ❶ (*in Anspruch nehmen*) получа́ть, -и́ть *pf*; ❷ поднима́ть, -ня́ть *pf*; ❸ (*Tätigkeit*) начина́ть, -ча́ть *pf*, возобновля́ть, -ви́ть *pf*; ❹ (*empfangen*) принима́ть, -ня́ть *pf*; ❺ (*Kontakt*) устана́вливать, -нови́ть *pf*; ❻ (*Kredit*) брать, взять *pf*; ❼ (*Foto*) снима́ть, сня́ть *pf*; ❽ (*Diktat*) запи́сывать, -са́ть *pf*; ❾ (*in Gang bringen*) нала́живать, -ла́дить *pf*

aufopfern *vr* же́ртвовать, по- *pf* собо́й

aufpassen *vi* присма́тривать, -смотре́ть *pf* (*auf* +*akk* за +*inst*)

aufpolieren *vt* полирова́ть, от- *pf*

Aufprall *m* <*gen:* -(e)s> уда́р *m*

aufprallen *vi* ста́лкиваться, столкну́ться *pf*

aufpumpen *vt* нака́чивать, -кача́ть *pf*

aufputschen *vt* ❶ возбужда́ть, -буди́ть *pf*; ❷ (*aufwiegeln*) подстрека́ть, -кну́ть *pf*

Aufputschmittel *m* <-s, -> возбужда́ющее сре́дство *nt*

aufraffen *vr* (*umg*) собира́ться, -бра́ться *pf* с си́лами

aufräumen I. *vt* убира́ть, убра́ть *pf*; **II.** *vi* распра́виться *pf*, -вля́ться *impf* (*mit* +*dat* с +*inst*)

aufrecht *adj* ❶ прямо́й; ❷ (*fig*) че́стный, поря́дочный

aufrechterhalten *irr vt* подде́рживать, -жа́ть *pf*, сохраня́ть, -ни́ть *pf*

aufregen I. *vr* волнова́ться, взволнова́ться *pf*; **II.** *vt* волнова́ть, взволнова́ть *pf*

aufregend *adj* захва́тывающий

Aufregung *f* <-, -en> волне́ние *nt*, возбужде́ние *nt*

aufreiben I. *irr vt* (*Gegner*) уничтожа́ть, -что́жить *pf*; **II.** *irr vr* изнуря́ть, -ри́ть *pf* себя́

aufreibend *adj* изнури́тельный

aufreißen *irr vt* ❶ разрыва́ть, -зорва́ть *pf*; ❷ (*Tür*) распа́хивать, -хну́ть *pf*; ❸ (*Augen*) тара́щить, вы- *pf*

aufreizen *vt* возбужда́ть, -буди́ть *pf*, раздража́ть *impf*

aufrichten I. *vt* ❶ поднима́ть, -ня́ть *pf*; ❷ (*ermutigen*) ободря́ть, -дри́ть *pf*; **II.** *vr* поднима́ться, -ня́ться *pf*

aufrichtig *adj* и́скренний, открове́нный

aufrücken *vi* подвига́ться, -ви́нуться *pf*

Aufruf *m* <-(e)s, -e> ❶ вы́зов *m*; ❷ (*Appell*) призы́в *m*

aufrufen *irr vt* ❶ (*Name*) вызыва́ть, вы́звать *pf*; ❷ (DV) вызыва́ть, вы́звать *pf*; **jdn ~, etw zu tun** призва́ть кого́-л. к де́йствию

Aufruhr *m* <-s, -e> возмуще́ние *nt* масс, бунт *m*

aufrunden *vt* округля́ть, -ли́ть *pf*

aufrüsten I. *vi* вооружа́ться, -жи́ться *pf*; **II.** *vt* вооружа́ть, -жи́ть *pf*

Aufrüstung *f* <*gen:* -> вооруже́ние *nt*

aufrütteln *vt* тормоши́ть *impf*, буди́ть, раз- *pf*

aufs *präp* +*akk*: ~ **neue** снова; ~ **Geratewohl** экспро́мтом

aufsässig *adj* упря́мый, непослу́шный

Aufsatz *m* <-es, Aufsätze> ❶ наса́дка *f*; ❷ (*Text*) сочине́ние *nt*

aufscheuchen *vt* вспу́гивать, -гну́ть *pf*

aufschieben *irr vt* ❶ (*verschieben*) откла́дывать, отложи́ть *pf*, отсро́чивать, -чить *pf*; ❷ (*öffnen*) отодвига́ть, -дви́нуть *pf*, открыва́ть, -кры́ть *pf*

Aufschlag *m* <-(e)s, Aufschläge> ❶ (*von Preisen*) наце́нка *f*;

A

❷ (*Aufprall*) уда́р *m*; ❸ (SPORT) пода́ча *f*

aufschließen I. *irr vt* ❶ (*Tür*) отпира́ть, -пере́ть *pf*; ❷ (*offenbaren*) открыва́ть, -кры́ть *pf*; ❸ (BERGB) вскрыва́ть, -рыть *pf*; **II.** *vi* (*aufrücken*) смыка́ться, сомкну́ться *pf*

aufschlussreich *adj* содержа́тельный, информати́вный

aufschneiden I. *irr vt* ❶ разреза́ть, -ре́зать *pf*; ❷ (*Fleisch*) нареза́ть, -ре́зать *pf*; **II.** *vi* (*umg*) хва́статься, по- *pf*, преувели́чивать, -чить *pf*

Aufschrei *m* <-(e)s, -e> крик *m*, вопль *m*

aufschreien *irr vi* вскри́кивать, вскри́кнуть *pf*

Aufschrift *f* <-, -en> на́дпись *f*

Aufschub *m* <-s, Aufschübe> отсро́чка *f*

Aufschwung *m* <-(e)s, Aufschwünge> ❶ (*Auftrieb*) толчо́к *m*, и́мпульс *m*; ❷ (ÖKON) подъём *m*, расцве́т *m*

aufsehen *irr vi* смотре́ть, по- *pf* вверх; **zu jdm** ~ уважа́ть кого́-л.

Aufsehen *nt* <*gen:* -s> ❶ внима́ние *nt*; ❷ всео́бщий интере́с *m*

Aufseher, -in *m/f* <-s, -> ❶ смотри́тель, -ница *m/f*; ❷ (*Wächter*) надзира́тель, -ница *m/f*

aufsetzen I. *vt* ❶ (*Hut*) надева́ть, -де́ть *pf*; ❷ (*Brief*) писа́ть, на- *pf*; ❸ (*Vertrag*) составля́ть, -ста́вить *pf*; **einen Vertrag** ~ составля́ть догово́р ❹ (*Wasser*) ста́вить, по- *pf* на ого́нь; **II.** *vi* (*Flugzeug*) приземля́ться, -ли́ться *pf*; **III.** *vr* приподнима́ться, -ня́ться *pf*

Aufsicht *f* <-, -en> надзо́р *m*, наблюде́ние *nt*

aufspringen *irr vi* ❶ вска́кивать, вскочи́ть (*auf +akk* в); ❷ (*sich öffnen*) распахну́ться *pf*, -па́хиваться *impf*; ❸ (*Haut*) тре́скаться, по- *pf*

aufstacheln *vt* подстрека́ть, -кну́ть *pf*

Aufstand *m* <-(e)s, Aufstände> восста́ние *nt*

aufstapeln *vt* скла́дывать, сложи́ть *pf* штабеля́ми

aufstauen I. *vt* пруди́ть, за- *pf*; **II.** *vr* ❶ ска́пливаться, скопи́ться *pf*; ❷ (*Gefühle*) накипе́ть *pf*, -па́ть *impf*

aufstechen *irr vt* прока́лывать, -коло́ть *pf*

aufstehen *irr vi* ❶ (*sich erheben*) поднима́ться, -ня́ться *pf*; ❷ (*offen sein*) быть *impf* откры́тым

aufsteigen *irr vi* ❶ (*beruflich, sozial*) продви́нуться *pf*, -двига́ться *impf*; ❷ (*Reiter*) сади́ться, сесть *pf* верхо́м; ❸ (*Sonne*) всходи́ть, взойти́ *pf*

aufstellen *vt* ❶ расставля́ть, -та́вить *pf*; ❷ (*aufreihen*) ста́вить, по- *pf* в ряд; ❸ (*nominieren*) выдвига́ть, вы́двинуть *pf*; ❹ (*Rechnung*) составля́ть, -та́вить *pf*; ❺ (*Rekord*) устана́вливать, -нови́ть *pf*

Aufstellung *f* <-, -en> постано́вка *f*, расстано́вка *f*

Aufstieg *m* <-(e)s, -e> ❶ подъём *m*; ❷ (*gesellschaftlich*) расцве́т *m*; ❸ (*beruflich*) повыше́ние *nt*

Aufstockung *f* <-, -en> увеличе́ние *nt*, пополне́ние *nt*

aufstoßen I. *irr vt* (*Tür*) открыва́ть, -кры́ть *pf* уда́ром; **II.** *vi* отрыгну́ть *pf*, -ры́гивать *impf*

aufsuchen *vt* ❶ навеща́ть, -вести́ть *pf*; ❷ (*Arzt*) обрати́ться *pf*, -раща́ться *impf* к врачу́

Auftakt *m* <-(e)s, -e> ❶ (*Beginn*) нача́ло *nt*, откры́тие *nt*; ❷ (MUS) вступле́ние *nt*

auftauchen *vi* ❶ (*Taucher*) всплыва́ть, всплы́ть *pf*; ❷ (*erscheinen*) появля́ться, -ви́ться *pf*

auftauen I. *vt* отта́ивать, -та́ить

pf; **II.** *vi* ① та́ять, рас- *pf*; ② (*fig*) оживи́ться *pf*, -вля́ться *impf*, станови́ться, стать *pf* раско́ванным
aufteilen *vt* ① дели́ть, по- *pf*; ② (*Raum*) разделя́ть, -ли́ть *pf*
Aufteilung *f* <-, -en> ① (*Teilung*) разде́л *m*; ② (*Verteilung*) разделе́ние *nt*; ③ (*Aufgliederung*) расчлене́ние *nt*
auftischen *vt* ① (*Speisen*) подава́ть, -да́ть *pf*; ② (*umg: Lügen*) обма́нывать, -ну́ть *pf*
Auftrag *m* <-(e)s, Aufträge> ① (*Anweisung*) поруче́ние *nt*; **im ~ von** по поруче́нию ② (*Aufgabe*) зада́ние *nt*; ③ (ÖKON) зака́з *m*; **etw in ~ geben** заказа́ть что́-л.
auftragen *irr vt* ① (*Farbe*) наноси́ть, -нести́ *pf*; ② (*Speisen*) подава́ть, -да́ть *pf* на стол; **jdm etw ~** поруча́ть кому́-л. что́-л.
Auftraggeber, -in *m/f* <-s, -> зака́зчик, -чица *m/f*
auftreiben *irr vt* ① (*beschaffen*) достава́ть, -ста́ть *pf*; ② (*aufwirbeln*) поднима́ть, -ня́ть *pf*
auftreten *irr vi* ① ступа́ть, -пи́ть *pf*; ② (*vorkommen*) возника́ть, -ни́кнуть *pf*, появля́ться, -ви́ться *pf*; ③ (*sich verhalten*) держа́ться *impf*; ④ (*Schauspieler*) выступа́ть, вы́ступить *pf*
Auftritt *m* <-(e)s, -e> ① (*Schauspieler*) выступле́ние *nt*; ② (*THEAT:Szene*) сце́на *f*, явле́ние *nt*; ③ (*fig*) сце́на *f*
auftun I. *irr vr* ① (*Möglichkeit*) открыва́ться, -кры́ться *pf*; ② (*sich öffnen*) раскрыва́ться, -кры́ться *pf*; **II.** *vt* (*umg*) открыва́ть, -кры́ть *pf*, находи́ть, найти́ *pf*
aufwachen *vi* просыпа́ться, -сну́ться *pf*
aufwachsen *irr vi* выраста́ть, вы́расти *pf*
Aufwand *m* <*gen:* -(e)s> расхо́ды *mpl*, затра́ты *fpl*
aufwändig *adj* ① дорогосто́ящий; ② (*kostspielig*) расточи́тельный
aufwärmen I. *vt* (*Essen*) подогрева́ть, -гре́ть *pf*; **II.** *vr* ① согрева́ться, -гре́ться *pf*; ② (SPORT) де́лать, сде́лать *pf* разми́нку
aufwärts *adv* вверх, наве́рх
aufwärts gehen *irr vi* улучша́ться, улу́чшиться *pf*; **es geht aufwärts** дела́ иду́т на лад
aufwecken *vt* буди́ть, раз- *pf*
aufweisen *irr vt* пока́зывать, -за́ть *pf*
aufwenden *vt* ① (*Mühe*) прилага́ть, -ложи́ть *pf*; ② (*Geld*) тра́тить, ис- *pf*
Aufwendung *f* <-, -en> затра́ты *pl*
aufwerfen *irr vt* ① (*Frage*) поднима́ть, -ня́ть *pf*, затра́гивать, -тро́нуть *pf*; ② (*Damm*) насыпа́ть, -сы́пать *pf*
aufwerten *vt* поднима́ть, -ня́ть *pf* прести́ж
aufwickeln *vt* ① (*Faden*) нама́тывать, -мота́ть *pf*; ② (*enthüllen*) развора́чивать, -верну́ть *pf*
Aufwind *m* <-(e)s, -e> ① восходя́щий пото́к *m* во́здуха; ② (*fig*) сти́мул *m*
aufwirbeln *vt* вздыма́ть *impf*; **Staub ~** (*fig*) подня́ть шуми́ху
aufwischen *vt* вытира́ть, вы́тереть *pf*
aufwühlen *vt* ① разрыва́ть, -ры́ть *pf*; ② (*fig*) будора́жить, взбудора́жить *pf*
aufzählen *vt* перечисля́ть, -чи́слить *pf*
aufzeichnen *vt* ① (*zeichnen*) черти́ть, на- *pf*, рисова́ть, на- *pf*; ② (*aufnehmen*) запи́сывать, -са́ть *pf*; ③ (*schriftlich*) запи́сывать, -са́ть *pf*
Aufzeichnung *f* <-, -en> ① чертёж *m*, набро́сок *m*; ② (*schriftlich*) за́пись *f*; ③ (*Tonaufnahme*) за́пись *f*; ④ (*Notiz*) заме́тка *f*; ⑤ (TV) за́пись *f*
aufziehen *irr vt* ① (*Vorhang*)

A

поднимáть, -нять *pf*; ❷ (*Uhr*) заводи́ть, -вести́ *pf*; ❸ (*Kind*) расти́ть *impf*, воспи́тывать, -тáть *pf*; ❹ (*jdn necken*) дразни́ть *impf*

Aufzug *m* <-(e)s, Aufzüge> ❶ (*Fahrstuhl*) лифт *m*; ❷ (*Kleidung*) нарЯд *m*; ❸ (THEAT) акт *m*, дéйствие *nt*

aufzwingen **I.** *irr vt* навязывать, -зáть *pf*; **II.** *vr* (*Gedanke*) неотсту́пно преслéдовать *impf*

Auge *nt* <-s, -n> ❶ глаз *m*; ❷ (TECH) ушкó *nt*; ❸ (*bei Kartenspiel, Würfeln*) очкó *nt*; **unter vier ~n** с глáзу на глаз

Augenarzt, -ärztin *m/f* <-es, -ärzte> окули́ст *m*, глазнóй врач *m*

Augenblick *m* <-(e)s, -e> миг *m*, мгновéние *nt*

augenblicklich *adj* ❶ (*momentan*) настоящий, тепéрешний; ❷ (*sofortig*) мгновéнный

Augenbraue *f* <-, -n> бровь *f*

Augenlicht *nt* <*gen:* -(e)s> зрéние *nt*

Augenweide *f* <*gen:* -> отрáда *f* для глаз

Augenzeuge, -zeugin *m/f* <-en, -en> очеви́дец, -ви́дица *m/f*

August *m* <-(e)s, -e> áвгуст *m*; **im ~** в áвгусте

Auktion *f* <-, -en> аукциóн *m*

Aula *f* <-, Aulen> áктовый зал *m*

aus **I.** *präp +dat* ❶ (*räumlich*) из, с; ❷ (*Grund, Herkunft*) по, из; ❸ (*Material*) из; **~ London** из Лóндона; **~ eigener Erfahrung** по сóбственному óпыту; **~ Freude** от рáдости; **~ Holz** из дéрева; **II.** *adv* (*vorbei, beendet*) кóнчено, конéц; **von mir ~** как хоти́те.

ausarbeiten *vt* разрабáтывать, -бóтать *pf*, составлять, -стáвить *pf*

ausatmen *vi* выдыхáть, вы́дохнуть *pf*

Ausbau *m* <*gen:* -(e)s> ❶ (*das Ausbauen*) разбóрка *f*, демонтáж *m*; ❷ (*Erweiterung*) расширéние *nt*, разви́тие *nt*; ❸ (*Haus~*) отстрóйка *f*

ausbauen *vt* ❶ разбирáть, -зобрáть *pf*; ❷ (*erweitern*) расширять, -ши́рить *pf*; ❸ (*Haus*) отстрáивать, -стрóить *pf*, дострáивать, -стрóить *pf*

ausbessern *vt* исправлять, -прáвить *pf*

Ausbesserung *f* <-, -en> почи́нка *f*

ausbeuten *vt* ❶ (*Person*) эксплуати́ровать *impf*, бессóвестно испóльзовать *impf/pf*; ❷ (BERGB) разрабáтывать, -бóтать *pf*

Ausbeutung *f* <-, -en> ❶ (*von Menschen*) эксплуатáция *f*; ❷ (*von Rohstoffen*) разрабóтка *f*

ausbilden *vt* ❶ (*Lehrling*) обучáть, -чи́ть *pf*, подготáвливать, -готóвить *pf*; ❷ (*Fähigkeiten*) развивáть, -ви́ть *pf*

Ausbildung *f* <-, -en> обучéние *nt*, подготóвка *f*; **berufliche Ausbildung** профессионáльная подготóвка; **fachliche ~** подготóвка по специáльности

ausbleiben *irr vi* не случи́ться *pf*, -чáться *impf*, не наступáть, -пи́ть *pf*

Ausblick *m* <-(e)s, -e> ❶ (*Aussicht*) вид *m*; ❷ (*Perspektive*) перспекти́ва *f*

ausbrechen **I.** *irr vt* (*herausbrechen*) выламывать, вы́ломать *pf*; **II.** *irr vi* ❶ (*Gefangener*) сбежáть *pf*, сбегáть *impf*; ❷ (*Schweiß*) выступáть, вы́ступить *pf*; ❸ (*Krieg*) разражáться, -рази́ться *pf*

ausbreiten **I.** *vt* ❶ (*Decke*) расстилáть, -стели́ть *pf*; ❷ (*Flügel*) расправлять, -прáвить *pf*; ❸ (*Arme*) простирáть, -терéть *pf*; **II.** *vr* ❶ (*Feuer, Seuche, Rauch*) распространяться, -ни́ться *pf*; ❷ (*sich über etw verbreiten*) распространяться *impf*, разглагóльствовать, по- *pf*

Ausbruch *m* <-(e)s, Ausbrüche>

① начáло *nt*; ② (*von Gefangenen*) побéг *m*; ③ (*von Gefühlen*) взрыв *m*; ④ (*Vulkan~*) извержéние *nt*

ausbügeln *vt* (*fig*) заглáживать, -глáдить *pf*, улáживать, улáдить *pf*

ausbürgern *vt* лишáть, -шúть *pf* граждáнства

Ausdauer *fsg* <*gen:* -> вы́держка *f*, выно́сливость *f*

ausdauernd *adj* выно́сливый, терпели́вый

ausdehnen *vt* ① (*erweitern*) расширя́ть, -ши́рить *pf*, растя́гивать, -тяну́ть *pf*; ② (*verlängern*) продлевáть, -дли́ть *pf*; ③ (*Einfluss*) распространя́ть, -ни́ть *pf*

ausdenken *irr vt* выду́мывать, вы́думать *pf*; **sich etw ~** сочиня́ть

ausdörren *vt* высу́шивать, вы́сушить *pf*

Ausdruck [1] *m* <-(e)s, Ausdrücke> ① выражéние *nt*, проявлéние *nt*; ② (*Wort*) выражéние, оборо́т *m*

Ausdruck [2] *m* <-(e)s, -e> (DV) распечáтка *f*

ausdrucken *vt* (DV) распечáтывать, -чáтать *pf*

ausdrücken **I.** *vt* ① (*formulieren*) выражáть, вы́разить *pf*; ② (*zeigen*) изображáть, -брази́ть *pf*; ③ (*Zitrone*) выжимáть, вы́жать *pf*; ④ (*Zigarette*) гаси́ть, по- *pf*; **II.** *vr* выражáться, вы́разиться *pf*

ausdrücklich *adj* я́сный, определённый

ausdruckslos *adj* невырази́тельный

Ausdrucksweise *f* <*gen:* -> спо́соб *m* выражéния

auseinander *adv* врозь, отдéльно друг от дру́га; **die beiden Häuser liegen nicht weit ~** о́ба до́ма стоя́т недалеко́ друг от дру́га

auseinanderbringen *vi* ① разнимáть, -ня́ть *pf*; ② разлучáть, -лучи́ть *pf*

auseinanderfallen *irr vi* распадáться, -пáсться *pf*, развáливаться, -ли́ться *pf*

auseinandergehen *irr vi* ① расходи́ться, разойти́сь *pf*; ② (*Ansichten*) расходи́ться, разойти́сь *pf*; ③ (*Gegenstand*) развáливаться, -ли́ться *pf*; ④ (*zunehmen*) раздавáться, -дáться *pf*

auseinanderhalten *irr vt* различáть, -чи́ть *pf*

auseinandernehmen *irr vt* разбирáть, -зобрáть *pf*

auseinanderreißen *irr vt* разрывáть, -зорвáть *pf*

auseinandersetzen **I.** *vt* рассáживать, -сади́ть *pf*; **jdm etw ~** растолковáть кому́-л. что́-л.; **II.** *vr:* **sich mit etw ~** занимáться чéм-л.; **sich mit jdm ~** объясня́ться с кéм.-л.

Auseinandersetzung *f* <-, -en> ① (*Streit*) спор *m*, диску́ссия *f*; ② (*Beschäftigung*) разбо́р *m*, рассмотрéние *nt*

Ausfahrt *f* <-, -en> ① (*Tor*) ворóта *pl*; ② (*an Autobahn*) вы́езд *m*; ③ (*Spazierfahrt*) вы́езд *m*, прогу́лка *f*

Ausfall *m* <-(e)s, Ausfälle> ① (*das Ausfallen*) выпадéние *nt*; ② (*Nichtstattfinden*) отмéна *f*, выпадéние *nt*; ③ (*Verlust*) потéря *m*, у́быль *f*; ④ (*Versagen*) откáз *m*, выхо́д из стро́я *m*; ⑤ (*Ausbleiben*) непоступлéние *nt*, неполучéние *nt*

ausfallen *irr vi* ① (*Haare*) выпадáть, вы́пасть *pf*; ② (*nicht stattfinden*) не состоя́ться *pf*; ③ (*nicht funktionieren*) выходи́ть, вы́йти *pf* из стро́я; ④ (*fehlen*) недоставáть, -стáть *pf*; ⑤ (*Ergebnis*) получáться, -чи́ться *pf*, удавáться, удáться *pf*

ausfallend *adj* нáглый, гру́бый

ausfertigen *vt* изготáвливать, -то́вить *pf*

Ausfertigung *f* <-, -en>

A

① изготовлéние *nt*; ② (*Abschrift*) экземпля́р *m*; **in doppelter ~** в двух экземпля́рах
ausfließen *irr vi* вытека́ть, вы́течь *pf*
ausflippen *vt* (*umg*) выходи́ть, вы́йти *pf* из себя́, сорва́ться *pf*, срыва́ться *impf*
Ausflucht *f* <-, Ausflüchte> отгово́рка *f*
Ausflug *m* <-(e)s, Ausflüge> экску́рсия *f*, прогу́лка *f*
Ausfluss *m* <-es, Ausflüsse> ① (*Ausfließen*) вытека́ние *nt*; ② (*Stelle*) сток *m*; ③ (MED: *kein pl*) выделе́ние *nt*
ausfragen *vt* расспра́шивать, -спроси́ть *pf*
Ausfuhr *f* <*gen:* -> вы́воз *m*, э́кспорт *m*
ausführen *vt* ① (*Hund*) выводи́ть, вы́вести *pf*; ② (*exportieren*) вывози́ть, вы́везти *pf*, экспорти́ровать *impf/pf*; ③ (*darlegen*) излага́ть, -ложи́ть *pf*
ausführlich *adj* (*detailliert*) подро́бный, обстоя́тельный
Ausführung *f* <-, -en> ① (*Durchführung*) проведе́ние *nt*, осуществле́ние *nt*; ② (*Typ*) моде́ль *f*, констру́кция *f*; ③ (*Darlegung*) изложе́ние *nt*
ausfüllen *vt* ① (*vollmachen*) заполня́ть, -по́лнить *pf*, засыпа́ть, -сы́пать *pf*; ② (*Formular*) заполня́ть, -по́лнить *pf*
Ausgabe *f* <-, -> ① (*Aushändigung*) вы́дача *f*; ② (*von Geld*) расхо́д *m*, затра́та *f*; ③ (*eines Buches*) изда́ние *nt*; ④ (*Börse: von Aktien*) эми́ссия *f*, вы́пуск *m*; ⑤ (*Nummer*) но́мер *m*, вы́пуск *m*
Ausgang *m* <-(e)s, Ausgänge> ① (*Ausgangstür*) вы́ход *m*; ② (*Ende*) коне́ц *m*; ③ (*Ergebnis*) результа́т *m*, исхо́д *m*
Ausgangspunkt *m* <-(e)s, -e> исхо́дный пункт *m*, отправна́я то́чка *f*
ausgeben *irr vt* ① (*Geld*) расхо́довать, из- *pf*; ② (*aushändigen*) выдава́ть, вы́дать *pf*
ausgedehnt *adj* обши́рный
ausgedient *adj* (*Gegenstand*) отслужи́вший, него́дный; **~ haben** отслужи́ть
ausgefallen *adj* необы́чный, исключи́тельный
ausgeglichen *adj* уравнове́шенный
ausgehen *irr vi* ① (*herausgehen*) выходи́ть, вы́йти *pf*; ② (*enden*) конча́ться, ко́нчиться *pf*; ③ (*Licht*) га́снуть, по- *pf*; ④ (*Vorrat*) конча́ться, ко́нчиться *pf*, иссяка́ть, -ся́кнуть *pf*; ⑤ (*Haare*) выпада́ть, вы́пасть *pf*
ausgelassen *adj* весёлый, непринуждённый
ausgenommen *konj* кро́ме, за исключе́нием
ausgeprägt *adj* ① характе́рный; ② (*deutlich*) ярковы́раженный, я́вный
ausgerechnet *adv* как раз, и́менно; **~ jetzt!** и́менно сейча́с!
ausgeschlossen *adj* исключённый; **~!** э́то исключено́!
ausgesprochen **I.** *adj* ① (*unverkennbar*) я́вный, очеви́дный; ② (*Gauner*) отъя́вленный; **II.** *adv* (*sehr*) о́чень, исключи́тельно.
ausgewogen *adj* уравнове́шенный, гармони́чный
ausgezeichnet *adj* отли́чный; **~!** превосхо́дно!
ausgiebig *adj* (*reichlich*) оби́льный
Ausgleich *m* <-(e)s, -e> ① (*das Ausgleichen*) ура́внивание *nt*; ② (*Entschädigung*) компенса́ция *f*; **zum ~** в ви́де компенса́ции
ausgleichen **I.** *irr vt* компенси́ровать *impf/pf*; **II.** *irr vi* (SPORT) выра́внивать, вы́ровнять *pf*
ausgraben *irr vt* выка́пывать, вы́копать *pf*

A

Ausgrabung *f* <-, -en> раско́пки *fpl*
Ausguss *m* <-es, Ausgüsse> ❶ (*Abfluss*) слив *m*, сток *m*; ❷ (*Tülle*) но́сик *m* ча́йника
aushaben *irr vi* (*Schule*) зака́нчиваться, -ко́нчиться *pf*; **wir haben um 12 Uhr aus** мы зака́нчиваем в 12 часо́в
aushalten I. *irr vt* ❶ (*ertragen*) выде́рживать, вы́держать *pf*, выноси́ть, вы́нести *pf*; ❷ (*pej*) содержа́ть *impf*; **II.** *vi* (*durchhalten*) держа́ться *impf*
aushandeln *vt* выторго́вывать, вы́торговать *pf*
aushändigen *vt* вруча́ть, -чи́ть *pf*, выдава́ть, вы́дать *pf*
Aushang *m* <-(e)s, Aushänge> объявле́ние *nt* на доске́
aushängen I. *vt* ❶ (*Anschlag*) выве́шивать, вы́весить *pf*; ❷ (*Tür*) снима́ть, снять *pf* с пе́тель; **II.** *irr vi* быть *impf* вы́вешенным, висе́ть *impf*
ausharren *vi* терпели́во выжида́ть, вы́ждать *pf*
ausheben *irr vt* ❶ (*Grube*) вырыва́ть, вы́рыть *pf*; ❷ (*Verbrecher*) брать, взять *pf*
aushelfen *irr vi* помога́ть, помо́чь (*mit* +*dat* с +*inst*)
Aushilfe *f* <-, -n> ❶ (*das Aushelfen*) по́мощь *f* на вре́мя; ❷ (*Mensch*) вре́менный помо́щник *m*
aushöhlen *vt* ❶ выда́лбливать, вы́долбить *pf*; ❷ (*Regeln*) выхола́щивать, вы́холостить *pf*
ausholen *vi* зама́хиваться, -хну́ться *pf*
aushorchen *vt* выве́дывать, вы́ведать *pf*
aushungern *vt* мори́ть, за- *pf* го́лодом
auskehren *vt* вымета́ть, вы́мести *pf*
auskennen *irr vr* ❶ (*in einer Gegend*) ориенти́роваться *impf/pf*, сориенти́роваться *pf*; ❷ (*auf einem Gebiet*) разбира́ться, -зобра́ться *pf*
ausklammern *vt* (*Thema*) исключа́ть, -чи́ть *pf*, не затра́гивать, -тро́нуть *pf*
Ausklang *m* <*gen:* -(e)s> заключи́тельный акко́рд *m*, оконча́ние *nt* музыка́льного произведе́ния
auskommen *irr vi:* **mit etw ~** обходи́ться че́м-л.; **mit jdm (gut/schlecht) ~** ла́дить/не ла́дить с ке́м-л.
auskühlen *vi* ❶ (*Raum*) охлажда́ться, -ди́ться *pf*; ❷ (*Körper*) остыва́ть, -ты́ть *pf*
auskundschaften *vt* разузнава́ть, -зна́ть *pf*
Auskunft *f* <-, Auskünfte> ❶ спра́вка *f*; ❷ (*Schalter*) спра́вочное бюро́ *nt*; **jdm ~ erteilen** дава́ть кому́-л. спра́вку (информа́цию) ❸ (TELKOM) спра́вочная слу́жба *f*
auslachen *vt* высме́ивать, вы́смеять *pf*
ausladen *irr vt* ❶ выгружа́ть, вы́грузить *pf*; ❷ (*Gäste*) отменя́ть, -ни́ть *pf* приглаше́ние
Auslage *f* <-, -n> витри́на *f*; **~n** (*Unkosten*) изде́ржки
Ausland *nt* <*gen:* -(e)s> зарубе́жные стра́ны *fpl*, грани́ца *f*; **im ~** за грани́цей; **ins ~** за грани́цу
Ausländer, -in *m/f* <-s, -> иностра́нец, -нка *m/f*
Ausländeramt *nt* <*gen:* -(e)s> ве́домство *nt* по дела́м иностра́нцев
ausländisch *adj* иностра́нный, заграни́чный
Auslandsgespräch *nt* <-(e)s, -e> (TELKOM) междунаро́дный разгово́р *m*
auslassen I. *irr vt* ❶ (*weglassen*) выпуска́ть, вы́пустить *pf*; ❷ (*Butter*) растáпливать, -топи́ть *pf*; ❸ (*Wut*) вымеща́ть, вы́местить *pf* (*an* +*dat* на +*präpos*); **II.** *irr vr:* **sich über etw/jdn ~** выска́зываться о чё́м-л./ко́м-л.

A

auslasten *vt* загружа́ть, -рузи́ть *pf*
Auslauf *f* <-(e)s, Ausläufe> ❶ (*Bewegung*) вытека́ние *nt*; ❷ (*Abfluss*) сток *m*
auslaufen *irr vi* ❶ (*Flüssigkeit*) вытека́ть, вы́течь *pf*; ❷ (*aufhören, enden*) конча́ться, ко́нчиться *pf*; ❸ (*Schiff*) отплыва́ть, -плы́ть *pf*
Ausläufer *m* <-s, -> (*Gebirgs~*) отро́г *m*
ausleeren *vt* опора́жнивать, -рожни́ть *pf*
auslegen *vt* ❶ (*zur Ansicht*) выкла́дывать, вы́ложить *pf*; ❷ (*Geld*) вноси́ть, внести́ *pf*, плати́ть, за- *pf*; ❸ (*deuten*) истолко́вывать, -кова́ть *pf*, интерпрети́ровать *impf/pf*
Auslegung *f* <-, -en> (*Deutung*) толкова́ние *nt*, интерпрета́ция *f*
ausleiern *vi* ❶ (*umg: Mechanismus*) разболта́ться *pf*, -ба́лтываться *impf*; ❷ (*Gewinde*) стере́ться *pf*, стира́ться *impf*
Ausleihe *f* <-, -n> ❶ (*das Ausleihen*) прока́т *m*; ❷ (*Stelle*) пункт *m* прока́та
ausleihen *irr vt* дава́ть, дать *pf* напрока́т
Auslese *f* <-, -n> ❶ отбо́р *m*; ❷ (*Elite*) эли́та *f*
auslesen *irr vt* ❶ отбира́ть, отобра́ть *pf*, сортирова́ть, от- *pf*; ❷ (*umg: Buch*) прочи́тывать, -та́ть *pf* до конца́
ausliefern *vt* ❶ поставля́ть, -ста́вить *pf*; ❷ (*Person*) выдава́ть, вы́дать *pf*; **jdm ausgeliefert sein** быть о́тданным на чей-то произво́л
ausliegen *irr vi* быть *impf* вы́ставленным
auslöschen *vt* гаси́ть, за- *pf*
auslosen *vt* разы́грывать, -гра́ть *pf*
auslösen *vt* ❶ (*in Gang setzen*) запуска́ть, -сти́ть *pf*; ❷ (*verursachen*) вызыва́ть, вы́звать *pf*; ❸ (*Pfand*) выкупа́ть, вы́купить *pf*
Auslöser *m* <-s, -> (FOT) спуск *m*
ausmachen *vt* ❶ (*ausschalten*) выключа́ть, вы́ключить *pf*; ❷ (*löschen*) гаси́ть, по- *pf*; ❸ (*vereinbaren*) догова́риваться, -вори́ться *pf* (*mit +dat* с *+inst*); ❹ (*sichten*) высма́тривать, вы́смотреть *pf*, обнару́живать, -ру́жить *pf*; ❺ (*bedeuten*) име́ть *impf* значе́ние
ausmalen *vt* раскра́шивать, -кра́сить *pf*; **sich etw ~** представля́ть себе́ что́-л.
Ausmaß *nt* <-es, -e> разме́р *m*
ausmerzen *vt* ❶ искореня́ть, -ни́ть *pf*, уничтожа́ть, -то́жить *pf*; ❷ (*Fehler*) устраня́ть, -ни́ть *pf*
ausmisten *vt* ❶ (*umg: aufräumen*) наводи́ть, -вести́ *pf* поря́док; ❷ (*Stall*) очища́ть, очи́стить *pf* от наво́за
ausmustern *vt* ❶ бракова́ть, за- *pf*; ❷ (MIL) признава́ть, -на́ть *pf* него́дным к вое́нной слу́жбе; ❸ (*Waffen*) снять *pf*, снима́ть *impf* с вооруже́ния
Ausnahme *f* <-, -n> исключе́ние *nt*; **mit ~ von** за исключе́нием
Ausnahmezustand *m* <-(e)s, -zustände> чрезвыча́йное положе́ние *nt*
ausnahmslos *adv* без исключе́ния
ausnahmsweise *adv* в ви́де исключе́ния
ausnehmen I. *irr vt* ❶ (*Nest*) разоря́ть, -ри́ть *pf*; ❷ (*Tier*) потроши́ть, вы́- *pf*; ❸ (*umg: Person*) обобра́ть *pf*, обира́ть *impf*; ❹ (*ausschließen*) исключа́ть, -чи́ть *pf*; **II.** *vr* (*wirken*) вы́глядеть *impf*, смотре́ться *impf*
ausnehmend *adv* о́чень, чрезвыча́йно; **~ schön** исключи́тельно краси́вый
ausnutzen *vt* ❶ (*nutzbringend verwenden*) по́льзоваться, вос- *pf*; ❷ (*Gelegenheit*) испо́льзовать *impf/pf*; ❸ (*ausbeuten*) эксплуати́ровать *impf*

auspacken *vt* ❶ (*Koffer, Geschenk*) распако́вывать, -кова́ть *pf*; ❷ (*fig*) выкла́дывать, вы́ложить *pf*
auspfeifen *irr vt* осви́стывать, -ста́ть *pf*
ausplaudern *vt* выба́лтывать, вы́болтать *pf*
ausplündern *vt* ❶ (*Mensch*) гра́бить, огра́бить *pf*; ❷ (*Land*) разгра́бить *pf*, -грабля́ть *impf*
ausprobieren *vt* про́бовать, по- *pf*, ис- *pf*
Auspuff *m* <-(e)s, -e> (KFZ) вы́хлоп *m*
Auspuffrohr *nt* <-(e)s, -e> выхлопна́я труба́ *f*
Auspufftopf *m* <-(es), -töpfe> глуши́тель *m*
ausradieren *vt* стира́ть, стере́ть *pf*
ausrauben *vt* гра́бить, огра́бить *pf*
ausräumen *vt* ❶ (*Zimmer*) освобожда́ть, -боди́ть *pf*; ❷ (*Bedenken*) устраня́ть, -ни́ть *pf*
ausrechnen *vt* вычисля́ть, вы́числить *pf*
Ausrede *f* <-, -n> отгово́рка *f*
ausreden I. *vi* конча́ть, ко́нчить *pf* речь; **II.** *vt* отгова́ривать, -говори́ть
ausreichen *vi* хвата́ть, -ти́ть *pf*
ausreichend *adj* доста́точный
Ausreise *f* <-, -n> вы́езд *m*
ausreisen *vi* выезжа́ть, вы́ехать *pf*
ausreißen I. *irr vi* оторва́ться *pf*, -рыва́ться *impf*; **II.** *vi* ❶ (*Unkraut*) выдёргивать, вы́дернуть *pf*, вы́рвать *pf*, -рыва́ть *impf*; ❷ (*weglaufen*) удира́ть, удра́ть *pf*
Ausreißer, -in *m/f* <-s, -> беглéц, -гля́нка *m/f*
ausrichten *vt* ❶ (*erreichen*) достига́ть, -сти́гнуть *pf*, добива́ться, -би́ться *pf*; ❷ (*Botschaft*) передава́ть, -да́ть *pf*; ❸ (*Hochzeit*) устра́ивать, -ро́ить *pf*, справля́ть, спра́вить *pf*; ❹ (*einstellen*) ориенти́ровать, сориенти́ровать *pf* (*auf* + *akk* на)
ausrotten *vt* истребля́ть, -би́ть *pf*, уничтожа́ть, -что́жить *pf*
ausrücken *vi* ❶ (*Feuerwehr*) выезжа́ть, вы́ехать *pf*; ❷ (*weglaufen*) удира́ть, удра́ть *pf*
Ausruf *m* <-(e)s, -e> восклица́ние *nt*
ausrufen I. *irr vt* ❶ (*bekanntgeben*) объявля́ть, -ви́ть *pf*; ❷ (*Streik, Notstand*) объявля́ть, -ви́ть *pf*, провозглаша́ть, -гласи́ть *pf*; **II.** *vi* восклица́ть, -кли́кнуть *pf*
Ausrufezeichen *nt* <-s, -> восклица́тельный знак *m*
ausruhen *vr* отдыха́ть, -дохну́ть *pf*
ausrüsten *vt* снабжа́ть, снабди́ть *pf*, оснаща́ть, -насти́ть *pf*
Ausrüstung *f* <-, -en> обору́дование *nt*
ausrutschen *vi* поскользну́ться *pf*, -ска́льзываться *impf*
Ausrutscher *m* <-s, -> (*Fauxpas*) про́мах *m*, беста́ктность *f*
Aussage *f* <-, -n> выска́зывание *nt*
aussagen I. *vt* ❶ выска́зывать, вы́сказать *pf*; ❷ (*ausdrücken*) выража́ть, вы́разить *pf*; **II.** *vi* (JUR) дава́ть, дать *pf* показа́ния
Aussagesatz *m* <-es, -sätze> повествова́тельное предложе́ние *nt*
ausschalten *vt* выключа́ть, вы́ключить *pf*
Ausschank *m* <*gen:* -(e)s> ❶ (*das Ausschenken*) прода́жа *f* в розли́в; ❷ (*Theke*) сто́йка *f*
Ausschau *f* <*gen:* ->: ~ **halten** высма́тривать
ausschauen *vi* ❶ высма́тривать, вы́смотреть; ❷ (*aussehen*) вы́глядеть *impf*
ausscheiden I. *irr vt* (MED) выделя́ть, вы́делить *pf*; **II.** *irr vi* (SPORT) выбыва́ть, вы́быть *pf*
ausschenken *vt* разлива́ть, -ли́ть *pf*
ausschlafen I. *irr vi* высыпа́ться, вы́спаться *pf*; **II.** *irr vt:* **seinen Rausch** ~ проспа́ться
Ausschlag *m* <-(e)s, Ausschläge> ❶ (*von Zeiger*) отклоне́ние *nt*; ❷ (MED) сыпь *f*
ausschlagen I. *irr vt* ❶ (*Angebot*) отверга́ть, -ве́ргнуть *pf*;

A

❷ (*Einladung*) отка́зываться, -за́ться *pf*; **II.** *irr vi* ❶ (*Pferd*) брыка́ться, -кну́ться *pf*; ❷ (*Zeiger*) отклоня́ться, -ни́ться *pf*; ❸ (*Baum*) распуска́ться, -сти́ться *pf*

ausschlaggebend *adj* реша́ющий

ausschließen I. *irr vt* ❶ (*Tatsache, Umstand*) исключа́ть, -чи́ть *pf*; ❷ (*von der Kirche*) отлуча́ть, -чи́ть *pf*; **II.** *vr* исключа́ть, исключи́ть *pf* себя́; **das eine schließt das andere nicht aus** одно́ друго́го не исключа́ет

ausschließlich I. *adj* (*alleinig*) исключи́тельный, еди́нственный; **II.** *adv* (*nur/allein*) то́лько, исключи́тельно; **III.** *präp +gen* исключа́я, за исключе́нием.

Ausschluss *m* <-es, Ausschlüsse> (*aus der Partei*) исключе́ние *nt*; **unter ~ der Öffentlichkeit** при закры́тых дверях

ausschmücken *vt* ❶ украша́ть, укра́сить *pf*; ❷ (*Bericht*) приукра́шивать, -кра́сить *pf*

ausschneiden *irr vt* выреза́ть, вы́резать *pf*

Ausschnitt *m* <-(e)s, -e> ❶ отры́вок *m*, вы́держка *f*; ❷ (*am Kleid*) вы́рез *m*, декольте́ *nt*; ❸ (*Zeitungs~*) вы́резка *f*

ausschreiben *irr vt* ❶ (*Wort*) выпи́сывать, вы́писать *pf*; ❷ (*bekanntgeben*) объявля́ть, -ви́ть *pf*

Ausschreitung *f* <-, -en> беспоря́дки *pl*, бесчи́нства *pl*

Ausschuss *m* <-es, Ausschüsse> ❶ комите́т *m*, коми́ссия *f*; ❷ (*bei Produktion*) брак *m*

ausschweifend *adj* необу́зданный, безу́держный

Ausschweifung *f* <-, -en> необу́зданность *f*, безу́держность *f*

ausschwitzen *vt* запоте́ть *pf*, -тева́ть *impf*

aussehen *irr vi* вы́глядеть *impf*; **gut/schlecht ~** хорошо́/пло́хо вы́глядеть

Aussehen *nt* <*gen:* -s> вне́шний вид *m*

außen *adv* снару́жи; **von ~** снару́жи; **nach ~** нару́жу

aussenden *vt* высыла́ть, вы́слать *pf*

Außenhandel *m* <*gen:* -s> вне́шняя торго́вля *f*

Außenminister, -in *m/f* <-s, -> мини́стр *m* иностра́нных дел

Außenministerium *nt* <-s, -ien> министе́рство *nt* иностра́нных дел

Außenpolitik *f* <-, -en> вне́шняя поли́тика *f*

Außenseite *f* <-, -n> нару́жная сторона́ *f*

Außenseiter, -in *m/f* <-s, -> аутса́йдер *m*

außer I. *präp +dat* ❶ вне, за; ❷ (*abgesehen von, neben*) кро́ме, поми́мо; **~ Gefahr** вне опа́сности; **~ Betrieb sein** не рабо́тать; **~ Dienst** в отста́вке; **alle ~ einem** все кро́ме одного́; **~ sich sein** быть вне себя́; **II.** *konj* (*ausgenommen*) кро́ме, ра́зве что; **~ wenn** ра́зве то́лько.

außerdem *adv* кро́ме того́

Äußere *nt* <*gen:* -n> вне́шность *f*, нару́жность *f*

äußere(r, s) *adj* вне́шний

außergewöhnlich *adj* необыкнове́нный, чрезвыча́йный

außerhalb I. *präp +gen* за, вне; **II.** *adv* вне, снару́жи.

äußerlich *adj* вне́шний, нару́жный

äußern I. *vt* выража́ть, вы́разить *pf*; **II.** *vr* ❶ выска́зываться, вы́сказаться *pf*; ❷ (*sich zeigen*) проявля́ться, -ви́ться *pf* (*in +dat* в *+präpos*)

außerordentlich *adj* ❶ чрезвыча́йный, внеочередно́й; ❷ (*besondere(r)*) чрезвыча́йный,

исключи́тельный
äußerst *adv* кра́йне, весьма́
äußerste(r, s) *adj* ❶ (*räumlich*) кра́йний; ❷ (*letztmöglich*) преде́льный; ❸ (*größtmöglich*) максима́льный
Äußerung *f* <-, -en> ❶ проявле́ние *nt*; ❷ (*Bemerkung*) выска́зывание *nt*
aussetzen I. *vt* ❶ (*Passagiere*) выса́живать, вы́садить *pf*; ❷ (*Kind*) броса́ть, бро́сить *pf*; ❸ (*Belohnung*) назнача́ть, -на́чить *pf*; ❹ (*Urteil*) откла́дывать, отложи́ть *pf*; **II.** *vi* ❶ (*Mensch*) прерыва́ться, -рва́ться *pf*, де́лать, сде́лать *pf* па́узу; ❷ (*Herz*) остана́вливаться, -нови́ться *pf*, дава́ть, дать *pf* сбо́й; **sich der Gefahr ~** подверга́ть себя́ опа́сности
Aussicht *f* <-, -en> ❶ вид *m*; ❷ (*fig*) перспекти́ва *f*, вид *m*; **jdm etw in ~ stellen** обеща́ть кому́-л. что́-л.; **etw in ~ haben** име́ть что́-л. в перспекти́ве
aussichtslos *adj* безнадёжный, бесперспекти́вный
aussiedeln *vi* выселя́ть, вы́селить *pf*
Aussiedler, -in *m/f* <-s, -> переселе́нец, -нка *m/f*
Aussiedlung *f* <*gen:* -> выселе́ние *nt*
aussondern *vt* отделя́ть, -ли́ть *pf*
aussortieren *vt* отсортиро́вывать, -рова́ть *pf*
ausspannen I. *vt* (*Pferd*) распряга́ть, -пря́чь *pf*; **er hat ihm die Freundin ausgespannt** он увёл у него́ де́вушку; **II.** *vi* отдыха́ть, -дохну́ть *pf*
ausspielen *vt* ❶ (*Person*) настра́ивать, -стро́ить *pf* (*gegen +akk* про́тив *+gen*); ❷ (*Karte*) ходи́ть *impf*
Aussprache *f* <-, -n> ❶ произноше́ние *nt*; ❷ (*klärendes Gespräch*) обме́н *m* мне́ниями, бесе́да *f*
aussprechen I. *irr vt* ❶ произноси́ть, -нести́ *pf*; ❷ (*äußern*) выска́зывать, вы́сказать *pf*; **II.** *irr vi* (*ausreden*) догова́ривать, -вори́ть *pf*; **III.** *irr vr* выска́зываться, вы́сказаться
Ausspruch *m* <-(e)s, Aussprüche> изрече́ние *nt*, выска́зывание *nt*
ausspucken I. *vt* выплёвывать, вы́плюнуть *pf*; **II.** *vi* плева́ть, плю́нуть *pf*
ausspülen *vt* ❶ выпола́скивать, вы́полоскать *pf*; ❷ (*Mund*) полоска́ть, про- *pf*
ausstatten *vt* снабжа́ть, снабди́ть *pf*, обору́довать *impf/pf*, оснаща́ть, -нати́ть *pf*
Ausstattung *f* <-, -en> ❶ снабже́ние *nt*, обору́дование *nt*; ❷ (*Gestaltung*) оформле́ние *nt*; ❸ (THEAT) декора́ция *f*
ausstechen *irr vt* ❶ (*Auge*) выка́лывать, вы́колоть *pf*; ❷ (*Kekse*) выреза́ть, вы́резать *pf*; ❸ (*Person*) превосходи́ть, превзойти́ *pf*
ausstehen I. *irr vi* ❶ (*Antwort*) отсу́тствовать *impf*; ❷ (*Zahlung*) не быть *impf* упла́ченным; **dieser Betrag steht noch aus** э́та су́мма ещё не упла́чена; **II.** *irr vt* (*ertragen*) выноси́ть, вы́нести *pf*
ausstehend *adj* ❶ (*nicht bezahlt*) неопла́ченный; ❷ (*nicht geliefert*) непоста́вленный
aussteigen *irr vi* ❶ выходи́ть, вы́йти *pf*, выса́живаться, вы́садиться *pf*; ❷ (*fig*) выходи́ть, вы́йти *pf*
ausstellen *vt* ❶ (*Kunst*) выставля́ть, вы́ставить *pf*; ❷ (*Pass, Bescheinigung*) выпи́сывать, вы́писать *pf*, выдава́ть, вы́дать *pf*; ❸ (*ausschalten*) выключа́ть, вы́ключить *pf*
Ausstellung *f* <-, -en> ❶ (*Präsentation*) вы́ставка *f*; ❷ (*Ausfertigung*) выставле́ние *nt*, вы́дача *f*
aussterben *irr vi* вымира́ть, вы́мереть *pf*

A

Aussteuer *f* <-, -n> прида́ное *nt*
ausstoßen *irr vt* ① (*Schrei*) испуска́ть, -пусти́ть *pf*; ② (*Rauch*) выпуска́ть, вы́пустить *pf*; ③ (*ausschließen*) исключа́ть, -чи́ть *pf*
ausstrahlen *vt* ① излуча́ть *impf*; ② (*Sendung*) передава́ть, -да́ть *pf*; ③ (*Ruhe*) распространя́ть, -ни́ть *pf*
Ausstrahlung *f* <-, -en> (*Wirkung*) (воз)де́йствие *nt*
ausstrecken I. *vt* (*Hand*) протя́гивать, -тяну́ть *pf*; II. *vr* растя́гиваться, -тяну́ться *pf*, ложи́ться, лечь *pf*
ausstreuen *vt* ① рассыпа́ть, -сы́пать *pf*, разбра́сывать, -броса́ть *pf*; ② (*Gerüchte*) распространя́ть, -ни́ть *pf*, распуска́ть, -пусти́ть *pf*
ausströmen I. *vt* (*fig*) излуча́ть *impf*; II. *vi* утека́ть, уте́чь *pf*
aussuchen *vt* выбира́ть, вы́брать *pf*
Austausch *m* <*gen:* –(e)s> обме́н *m*, заме́на *f*
austauschbar *adj* замени́мый
austauschen I. *vt* ① обме́нивать, -меня́ть *pf*; ② (*Gedanken*) обме́ниваться, -ня́ться *pf*; II. *vr:* **sich über etw ~** обме́ниваться мне́ниями о чём-л.
austeilen *vt* раздава́ть, -да́ть *pf*
austoben *vr* (*Kinder*) разойти́сь *pf*, расходи́ться *impf*, бу́йно игра́ть *impf*
austragen *irr vt* ① (*Zeitungen*) разноси́ть, -нести́ *pf*, доставля́ть, -ста́вить *pf*; ② (*Kind*) вы́носить *pf*, -на́шивать *impf*; ③ (*Konflikt*) разреша́ть, -реши́ть *pf*; ④ (*Wettkampf*) проводи́ть, -вести́ *pf*
Australien *nt* <*gen:* -s> Австра́лия *f*
Australier, -in *m/f* <-s, -> австрали́ец, -ли́йка *m/f*
australisch *adj* австрали́йский
austreiben *irr vt* ① выгоня́ть, вы́гнать *pf*; ② (*Teufel*) изгоня́ть, -гна́ть *pf*
austreten I. *irr vt* ① (*Zigarette*) гаси́ть, по- *pf*; ② (*Pfad*) прота́птывать, -топта́ть *pf*; II. *irr vi* выходи́ть, вы́йти *pf*
austrinken *irr vt* (*Getränk*) вы́пить *pf*
Austritt *m* <-(e)s, -e> ① (*Entweichen*) уте́чка *f*; ② (*aus Partei*) вы́ход *m*
austrocknen I. *vt* высу́шивать, вы́сушить *pf*; II. *vi* высыха́ть, вы́сохнуть *pf*
ausüben *vt* ① (*Beruf*) рабо́тать *impf*; ② (*Druck*) ока́зывать, -за́ть *pf* (*auf +akk* на); ③ (*Recht*) осуществля́ть, -стви́ть *pf*
Ausverkauf *m* <-(e)s, -käufe> распрода́жа *f*
ausverkaufen *vt* распродава́ть, -прода́ть *pf*; **ausverkauft sein** быть (рас)про́данным
Auswahl *f* <*gen:* -> ① (*Wahl*) вы́бор *m*; ② (SPORT) сбо́рная *f*; ③ (*Angebot*) вы́бор *m*, ассортиме́нт *m*; ④ (*Auslese*) эли́та *f*, цвет *m*
auswählen *vt* выбира́ть, вы́брать *pf*, подбира́ть, -добра́ть *pf*
Auswanderer *m* <-s, -> ① переселе́нец, -нка *m/f*; ② эмигра́нт, -ка *m/f*
auswandern *vi* переселя́ться, -ли́ться *pf*, эмигри́ровать *impf/pf*
Auswanderung *f* <-, -en> переселе́ние *nt*, эмигра́ция *f*
auswärtig *adj* иногоро́дний
auswärts *adv* (*nach außen*) нару́жу; **~ essen** пита́ться не до́ма
auswechseln *vt* ① меня́ть, по- *pf*; ② (SPORT) заменя́ть, -ни́ть *pf*
Ausweg *m* <-(e)s, -e> вы́ход *m*
ausweglos *adj* безвы́ходный
ausweichen *irr vi* ① увёртываться, увернýться *pf*; ② (*fig*) уклоня́ться, -ни́ться *pf*, избега́ть, -бежа́ть *pf*
ausweinen *vr* вы́плакаться *pf*, -пла́киваться *impf*
Ausweis *m* <-es, -e> (*Personalausweis*) удостовере́ние *nt* ли́чности

ausweisen I. *irr vt* высыла́ть, вы́слать; II. *vr* удостоверя́ть, -ве́рить *pf* свою́ ли́чность
Ausweisung *f* <-, -en> вы́сылка *f*
ausweiten I. *vt* растя́гивать, -тяну́ть *pf*; II. *vr* (*Unruhen etc.*) распространя́ться, -ни́ться *pf*
auswendig *adv* наизу́сть, на па́мять; **~ lernen** учи́ть наизу́сть
auswerten *vt* оце́нивать, -ни́ть *pf*
Auswertung *f* <-, -en> ❶ (*Verwertung*) обрабо́тка *f*; ❷ (*Analyse*) ана́лиз *m*
auswirken *vr* ска́зываться, -за́ться *pf*, отража́ться, -рази́ться *pf*
Auswirkung *f* <-, -en> возде́йствие *nt*, сле́дствие *nt*
auszahlen I. *vt* ❶ выпла́чивать, вы́платить *pf*; ❷ (*Person*) рассчи́тывать, -счита́ть *pf*; II. *vr* (*sich lohnen*) сто́ить *impf*, быть *impf* вы́годным
Auszahlung *f* <-, -en> вы́плата *f*, платёж *m*
auszeichnen I. *vt* ❶ (*ehren*) отмеча́ть, -ме́тить *pf*, награжда́ть, -гради́ть *pf*; ❷ (*Waren*) снабжа́ть, -снабди́ть *pf* це́нником; II. *vr* отлича́ться, -чи́ться *pf*, выделя́ться, вы́делиться *pf*
Auszeichnung *f* <-, -en> ❶ (*Auszeichnung*) награжде́ние *nt*; ❷ (*Orden*) о́рден *m*, награ́да *f*; ❸ (*von Waren*) маркиро́вка *f*; **mit ~** с отли́чием
ausziehen I. *irr vt* ❶ (*Tisch*) раздвига́ть, -дви́нуть *pf*; ❷ (*Kleidungsstück*) снима́ть, сня́ть *pf*; ❸ (*Person*) раздева́ть, -де́ть *pf*; II. *irr vi* съезжа́ть, съе́хать *pf*; III. *irr vr* раздева́ться, -де́ться *pf*
Auszubildende(r) *mf* <-n, -n> учени́к, -ни́ца *m/f* на произво́дстве
Auszug *m* <-(e)s, Auszüge> ❶ (*aus Wohnung*) перее́зд *m*; ❷ (*Kontoauszug*) вы́писка *f* из счёта; ❸ (*Ausschnitt*) вы́держка *f*, фрагме́нт *m*
authentisch *adj* по́длинный, аутенти́чный
Auto *nt* <-s, -s> автомоби́ль *m*, маши́на *f*; **~ fahren** води́ть маши́ну
Autobahn *f* <-, -en> автостра́да *f*
Autobus *m* <-ses, -se> авто́бус *m*
autogen *adj* автоге́нный; **~es Training** аутоге́нная трениро́вка
Autogramm *m* <-s, -e> авто́граф *m*; **ein ~ geben** дать авто́граф
Automat *m* <-en, -en> автома́т *m*
automatisch *adj* автомати́ческий
autonom *adj* автоно́мный, незави́симый
Autonomie *f* <*gen:* -> автоно́мия *f*
Autonummer *f* <-, -n> но́мер *m* автомоби́ля
Autor, -in *m/f* <-en, -en> а́втор *m*
Autorennen *nt* <-s, -> автомоби́льные го́нки *fpl*, автого́нки *fpl*
autoritär *adj* авторита́рный
Autorität *f* <-, -en> ❶ (*Eigenschaft*) авторите́т *m*; ❷ (*Person*) авторите́т *m*, авторите́тная ли́чность *f*
Autounfall *m* <-(e)s, -fälle> автомоби́льная катастро́фа *f*
Autowerkstatt *f* <-, -stätten> авторемо́нтная мастерска́я *f*
Aversion *f* <-, -en> отвраще́ние *nt*; **eine ~ gegen etw/jdn haben** испы́тывать отвраще́ние к чему́-л./кому́-л.
Axt *f* <-, Äxte> топо́р *m*

A

Bb

B

b, B *nt* <-, -> б, Б
Baby *nt* <-s, -s> ма́ленький ребёнок *m*, младе́нец *m*
Babynahrung *f* <*gen:* -> де́тское пита́ние *nt*
Babysitter, -in *m/f* <-s, -> *ня́ня для дете́й на вре́мя отсу́тствия роди́телей*
Bach *m* <-(e)s, Bäche> руче́й *m*
Backblech *nt* <-(e)s, -e> про́тивень *m*, лист *m*
Backe *f* <-, -n> ① (*Wange*) щека́ *f*; ② (*Brems~*) тормозна́я коло́дка *f*
backen <backte, gebacken> *vt* печь, ис *pf*, выпека́ть, вы́печь *pf*
Backenzahn *m* <-(e)s, -zähne> коренно́й зуб *m*
Bäcker, -in *m/f* <-s, -> пе́карь *m*
Bäckerei *f* <-, -en> пека́рня *f*, бу́лочная *f*
Backform *f* <-, -en> фо́рма *f* для вы́печки
Backofen *m* <-s, -öfen> печь *f*, духо́вка *f*
Backstein *m* <-(e)s, -e> обожжённый кирпи́ч *m*
backte *prät von* **backen**
Bad *nt* <-(e)s, Bäder> ① (*in Wanne*) ва́нна *f*; ② (*Badezimmer*) ва́нная *f*; ③ (*Schwimmbad*) бассе́йн *m*
Badeanzug *m* <-(e)s, -anzüge> купа́льник *m*, купа́льный костю́м *m*
Badehose *f* <-, -n> пла́вки *mpl*
Bademütze *f* <-, -n> купа́льная ша́почка *f*
baden I. *vi* ① купа́ться, вы́- *pf*; ② (*in Wanne*) принима́ть, -ня́ть *pf* ва́нну; **II.** *vt* купа́ть, вы́- *pf*; **~ gehen** (*umg*) оста́ться ни с чем
Baden-Württemberg *nt* <*gen:* -s> Ба́ден-Вю́ртемберг *m*
Badeofen *m* <-s, -öfen> водогре́йная коло́нка *f*
Badewanne *f* <-, -n> ва́нна *f*
Badezimmer *nt* <-s, -> ва́нная *f*
Bagatelle *f* <-, -n> ме́лочь *f*, пустя́к *m*
Bagger *m* <-s, -> экскава́тор *m*
baggern *vi* вы́копать *pf*, -ка́пывать *impf* экскава́тором, копа́ть, вы́- *pf*
Baggersee *m* <-s, -n> иску́сственное о́зеро *nt*
Bahn *f* <-, -en> ① (*Weg*) доро́га *f*, путь *m*; ② (*Zug*) по́езд *m*; ③ (*Straßenbahn*) трамва́й *m*; ④ (*Bundesbahn*) железнодоро́жное ве́домство *nt*; ⑤ (*Kegelbahn*) кегельба́н *m*; ⑥ (*Stoffbahn*) поло́тнище *nt*, полотно́ *nt*; **freie ~ haben** име́ть „зелёную у́лицу“; **auf die schiefe ~ geraten** пойти́ по накло́нной пло́скости
bahnbrechend *adj* нова́торский, открыва́ющий но́вые пути́
Bahndamm *m* <-(e)s, -dämme> железнодоро́жная на́сыпь *f*
bahnen *vt:* **sich einen Weg ~** проде́лывать себе́ доро́гу
Bahnhof *m* <-(e)s, -höfe> железнодоро́жный вокза́л *m*
Bahnlinie *f* <-, -n> железнодоро́жная ли́ния *f*
Bahnsteig *m* <-(e)s, -e> перро́н *m*
Bahnübergang *m* <-(e)s, -gänge> железнодоро́жный перее́зд *m*
Bahre *f* <-, -n> носи́лки *fpl*
Bakterie *f* <-, -n> бакте́рия *f*
Balance *f* <-, n> равнове́сие *nt*; **die ~ halten** держа́ть равнове́сие
balancieren I. *vi* баланси́ровать, сбаланси́ровать *pf*; **II.** *vt* уде́рживать, -жа́ть *pf* в равнове́сии
bald *adv* ① ско́ро, вско́ре; **~ wird es dunkel** ско́ро стемне́ет; ② (*beinahe*) чу́ть не; **bis ~!** до ско́рого!

baldig *adj* ско́рый
Baldrian *m* <*gen:* -s> валериа́на *f*
balgen *vr* боро́ться, по- *pf*
Balkan *m* <*gen:* -s> Балка́ны *fpl*
Balkon *m* <-s, -e> балко́н *m*
Ball *m* <-(e)s, Bälle> ① (*für Ballspiel*) мяч *m*; ② (*Tanzveranstaltung*) бал *m*
Ballade *f* <-, -n> балла́да *f*
Ballast *m* <-(e)s, -e> ① балла́ст *m*; ② (*fig*) бре́мя *nt*; **~ abwerfen** сбро́сить бре́мя
ballen I. *vt:* **die Faust ~** сжима́ть кула́к; II. *vr* сжима́ться, сжа́ться *pf* в ком
Ballen *m* <-s, -> ① (*der Hand*) мя́коть *f* ладо́ни; ② (*von Heu*) тюк *m*; ③ (*von Stoff*) руло́н *m*
Ballett *nt* <-(e)s, -e> бале́т *m*
Ballettänzer, -in *m/f* <-s, -> арти́ст, -ка *m/f* бале́та, танцо́вщик, -щица *m/f*, балери́на *f*
Ballon *m* <-s, -e> ① (*Heissluftballon*) возду́шный шар *m*; ② (*Glasflasche*) балло́н *m*, буты́ль *f*
Ballspiel *nt* <-(e)s, -e> игра́ *f* с мячо́м
Balsam *m* <-s, -e> бальза́м *m*
Balte, Baltin *m/f* <-n, -n> жи́тель, -ница *m/f* Приба́лтики
Baltikum *nt* <*gen:* -s> Приба́лтика *f*
Bambus *m* <-ses, -se> бамбу́к *m*
banal *adj* бана́льный
Banalität *f* <-, -en> ① бана́льность *f*; ② (*Abgeschmacktheit*) по́шлость *f*
Banane *f* <-, -n> бана́н *m*
band *prät von* **binden**
Band[1] *nt* <-(e)s, Bänder> ① (*aus Stoff*) ле́нта *f*; ② (*Tonband*) магнитофо́нная плёнка *f*; ③ (*Fließband*) конве́йер *m*; ④ (*Gelenkband*) свя́зка *f*; **am laufenden ~** непреры́вно; **etw auf ~ sprechen** записа́ть что́-л. на плёнку
Band[2] *m* <-(e)s, Bände> (*Buch*) том *m*
Bandage *f* <-, -n> банда́ж *m*
bandagieren *vt* ту́го забинто́вывать, -това́ть *pf*
Bande[1] *f* <-, -n> ① (*von Jugendlichen*) ватага *f*; ② (*Verbrecherbande*) ба́нда *f*
Bande[2] *f* <-, -n> (*Einfassung*) борт *m*
bändigen *vt* ① (*Tier*) усмиря́ть, -ри́ть *pf*, укроща́ть, -роти́ть *pf*; ② (*fig*) обу́здывать, -да́ть *pf*
Bandit *m* <-en, -en> банди́т *m*
Bandscheibe *f* <-, -n> межпозвоно́чный диск *m*
bange *adj* ① (*ängstlich*) боязли́вый; **ihm wurde (angst und) ~** ему́ ста́ло стра́шно; ② (*besorgt*) трево́жный, беспоко́йный; **~ Ruhe erfüllte das Zimmer** трево́жная тишина́ запо́лнила ко́мнату
bangen *vi:* **um jdn/etw ~** трево́житься о ко́м-л./чём-л.
Banjo *nt* <-s, -s> ба́нджо *nt*
Bank[1] *f* <-, Bänke> ① (*Sitzbank*) скамья́ *f*, ла́вка *f*; ② (*Sandbank*) песча́ная коса́ *f*, о́тмель *f*
Bank[2] *f* <-, -en> (*Geldinstitut*) банк *m*
Bankangestellte(r) *mf* <-n, -n> ба́нковский слу́жащий, -кая -щая *m/f*
Bankett *nt* <-(e)s, -e> (*geh: Festessen*) банке́т *m*
Bankier *m* <-s, -s> банки́р *m*
Bankkonto *nt* <-s, -konten> ба́нковский счёт *m*
Bankleitzahl *f* <-, -en> код *m* ба́нка
Bankomat *m* <-en, -en> банкома́т *m*
bankrott *adj* обанкро́тившийся, неплатёжеспосо́бный
Bankrott *m* <-(e)s, -e> банкро́тство *nt*; **~ machen/gehen** обанкро́титься
Banner *nt* <-s, -> (*Flagge*) зна́мя *nt*, флаг *m*
bar *adj* ① (*Geld*) нали́чный; **~es Geld** нали́чные (де́ньги) ② (*nackt*) го́лый, непокры́тый; **in ~** нали́чными; **~er Unsinn** соверше́нная бессмы́слица
Bar *f* <-, -s> ① (*Theke*) сто́йка *f* ба́ра; ② (*Lokal*) бар *m*
Bär *m* <-en, -en> медве́дь *m*

B

Baracke *f* <-, -n> бара́к *m*
Barbarei *f* <*gen:* -> ва́рварство *nt*, неве́жество *nt*
barbarisch *adj* ва́рварский, неве́жественный
barfuß *adj* босо́й; ~ **gehen** идти́ босико́м
barg *prät von* **bergen**
Bargeld *nt* <*gen:* -(e)s> нали́чные *fpl*
bargeldlos *adj* безнали́чный; ~ **zahlen** плати́ть по безнали́чному расчёту
Bariton *m* <-s, -e> барито́н *m*
Barkeeper *m* <-s, -> барме́н *m*
barmherzig *adj* милосе́рдный
Barmherzigkeit *f* <*gen:* -> милосе́рдие *nt*, сострада́ние *nt*
barock *adj* ① в сти́ле баро́кко; ② (*umg: üppig*) пы́шный, бу́йный
Barock *nt* <*gen:* -s> баро́кко *nt*
Barren *m* <-s, -> ① (*Goldbarren*) сли́ток *m*; ② (SPORT: *Stufenbarren*) паралле́льные бру́сья *pl*
Barriere *f* <-, -n> ① (*Absperrung*) загражде́ние *nt*; ② (*Hindernis*) барье́р *m*
Barrikade *f* <-, -n> баррика́да *f*
barsch *adj* гру́бый, ре́зкий
Barsch *m* <-(e)s, -e> о́кунь *m*
barst *prät von* **bersten**
Bart *m* <-(e)s, Bärte> ① борода́ *f*; ② (*des Schlüssels*) боро́дка *f*
bärtig *adj* борода́тый
Basar *m* <-s, -e> ры́нок *m*, база́р *m*
basieren *vi* основа́ться *pf*, осно́вываться *impf* (*auf +dat* на *+präpos*), бази́роваться *impf*
Basis *f* <-, Basen> ① ба́зис *m*, осно́ва *f*; ② (POL) ма́ссы *fpl*
Basketball *m* <-(e)s, -bälle> ① (*Spiel*) баскетбо́л *m*; ② (*Ball*) баскетбо́льный мяч *m*
Bass *m* <-es, Bässe> бас *m*
Bassin *nt* <-s, -s> бассе́йн *m*, резервуа́р *m*
Bassist, -in *m/f* <-en, -en> контрабаси́ст *m*
Bassschlüssel *m* <-s, -> басо́вый ключ *m*
Bast *m* <-(e)s, -e> лы́ко *nt*
basta *interj* ба́ста; **und damit ~!** и ко́нчено на э́том!
basteln *vt* мастери́ть, смастери́ть *pf*
Bastler, -in *m/f* <-s, -> люби́тель, -ница *m/f* мастери́ть
Bastmatte *f* <-, -n> цино́вка *f*
bat *prät von* **bitten**
Bataillon *nt* <-s, -e> батальо́н *m*
Batterie *f* <-, -n> батаре́я *f*
Bau *m* <-(e)s, -ten> ① (*das Bauen*) строи́тельство *nt*; **im ~ sein** стро́иться; ② (*Gebäude*) постро́йка *f*, сооруже́ние *nt*; ③ (*Aufbau*) построе́ние *nt*, структу́ра *f*; ④ (*Baustelle*) стройплоща́дка *f*; ⑤ (*Tierbehausung*) нора́ *f*
Bauarbeiter *m* <-s, -> строи́тель *m*, строи́тельный рабо́чий *m*
Bauch *m* <-(e)s, Bäuche> живо́т *m*; **einen ~ haben** (*dick sein*) име́ть брюшко́
Bauchfell *nt* <-(e)s, -e> (ANAT) брюши́на *f*
bauchig *adj* пуза́тый, вы́пуклый
bäuchlings *adv* на животе́, живото́м
Bauchnabel *m* <-s, -> пуп *m*, пупо́к *m*
Bauchredner, -in *m/f* <-s, -> чревовеща́тель, -ница *m/f*
Bauchschmerz *m* <-es, -en> боль *f* в животе́
bauen *vt* ① стро́ить, по- *pf*; ② (*konstruieren*) конструи́ровать, сконструи́ровать *pf*
Bauer *m* <-n, -n> ① (*Landwirt*) крестья́нин *m*; ② (*Schachfigur*) пе́шка *f*
Bäuerin *f* <-, -nen> крестья́нка *f*
bäuerlich *adj* крестья́нский, се́льский
Bauernhaus *nt* <-es, -häuser> крестья́нский дом *m*
Bauernhof *m* <-(e)s, -höfe> крестья́нская уса́дьба *f*, фе́рма *f*
baufällig *adj* ве́тхий
Baugewerbe *nt* <*gen:* -s> строи́тельное де́ло *nt*

Bauingenieur, -in *m/f* <-s, -e> инженéр-строи́тель *m*
Baukasten *m* <-s, -kästen> корóбка *f* с кýбиками
Bauland *nt* <*gen:* -(e)s> строи́тельный учáсток *m*
baulich *adj* строи́тельный
Baum *m* <-(e)s, Bäume> дéрево *nt*
Baumeister, -in *m/f* <-s, -> мáстер *m* строи́тельного дéла
baumeln *vi* болтáться *impf*
bäumen *vr* (*Pferd*) станови́ться, стáть *pf* на дыбы́
Baumstamm *m* <-(e)s, -stämme> ствол *m* дéрева
Baumstumpf *m* <-(e)s, -stümpfe> пень *m*
Baumwolle *f* <*gen:* -> хлóпок *m*
Bauplan *m* <-(e)s, -pläne> план *m* строи́тельства
Bauplatz *m* <-es, -plätze> строи́тельная площáдка *f*, стройплощáдка *f*
Baustein *m* <-(e)s, -e> ❶ (*für Hausbau*) строи́тельный кáмень *m*; ❷ (*fig*) компонéнт *m*
Baustelle *f* <-, -n> стрóйка *f*
Bauwerk *nt* <-(e)s, -e> архитектýрное сооружéние *nt*
bay(e)risch *adj* бавáрский
Bayer, -in *m/f* <-n, -n> бавáрец, -вáрка *m/f*
Bayern *nt* <*gen:* -s> Бавáрия *f*
Bazillus *m* <-, -en> баци́лла *f*
beabsichtigen *vt:* **~, etw zu tun** намеревáться чтó-л. сдéлать
beachten *vt* ❶ (*Person*) обращáть, -ти́ть *pf* внимáние; ❷ (*Vorschrift*) соблюдáть, -блюсти́ *pf*
beachtenswert *adj* заслýживающий внимáния
beachtlich *adj* ❶ (*groß*) большóй; ❷ (*wichtig*) значи́тельный
Beachtung *f* <*gen:* -> внимáние *nt*; **jdm/einer Sache (keine) ~ schenken** (не) уделя́ть комý-л./чемý-л. внимáние
Beamer *m* <-s, -> (DV) видеопроéктор *m*
Beamte(r), Beamtin *m/f* <-n, -n> госудáрственный слýжащий, -ная -щая *m/f*, должностнóе лицó *nt*
beängstigend *adj* тревóжный, пугáющий
beanspruchen *vt* ❶ (*fordern*) трéбовать, по- *pf*; ❷ (*Aufmerksamkeit*) претендовáть *impf*; ❸ (*Reifen*) нагружáть, -грузи́ть *pf*
beanstanden *vt* критиковáть *impf*, считáть, по- *pf* неприéмлемым
beantragen *vt* подавáть, -дáть *pf* заявлéние, ходáтайствовать *impf*
beantworten *vt* (*Frage, Brief*) отвечáть, -вéтить *pf*
bearbeiten *vt* ❶ (*Material, Antrag*) обрабáтывать, -бóтать *pf*; ❷ (*Thema*) разрабáтывать, -бóтать *pf*; ❸ (*umg: Person*) обрабáтывать, -бóтать *pf*
Bearbeitung *f* <-, -en> ❶ (*von Material*) обрабóтка *f*; ❷ (*eines Antrags*) обрабóтка *f*; ❸ (*eines Themas*) разрабóтка *f*; ❹ (*Fassung*) редáкция *f*
beatmen *vt* дéлать, сдéлать *pf* искýсственное дыхáние
beaufsichtigen *vt* ❶ (*Arbeiten*) контроли́ровать, про- *pf*; ❷ (*Kinder*) присмáтривать, -смотрéть *pf*
beauftragen *vt* поручáть, -чи́ть
bebauen *vt* ❶ застрáивать, -стрóить *pf*; ❷ (*Acker*) обрабáтывать, -бóтать *pf*
beben *vi* ❶ дрожáть *impf*; ❷ (*Erde*) сотрясáться, -сти́сь *pf*
Beben *nt* <-s, -> ❶ (*Vibrieren*) дрожáние *nt*; ❷ (*Erdbeben*) землетрясéние *nt*
Becher *m* <-s, -> стакáн *m*, стакáнчик *m*
Becken *nt* <-s, -> ❶ рáковина *f*; ❷ (ANAT) таз *m*; ❸ (MUS) тарéлки *fpl*
bedacht *adj* обдýманный, осмотри́тельный; **auf etw ~ sein** óчень забóтиться о чём-л.

B

bedächtig *adj* осмотри́тельный, осторо́жный
bedanken *vr* благодари́ть, по- *pf*; **sich für etw ~** выража́ть благода́рность за что́-л.
Bedarf *m* <*gen:* -(e)s> ❶ спрос; ❷ потре́бность; **bei ~** в слу́чае необходи́мости; **den ~ an etw decken** удовлетвори́ть потре́бность в чём-л.
bedauerlich *adj* досто́йный сожале́ния, приско́рбный
bedauern *vt* ❶ сожале́ть *impf*; ❷ (*Person*) жале́ть, по- *pf*
Bedauern *nt* <*gen:* -s> сожале́ние *nt*
bedauernswert *adj* ❶ (*Mensch*) досто́йный сожале́ния; ❷ (*Zustand*) доса́дный
bedecken *vt* покрыва́ть, -кры́ть *pf*
bedeckt *adj* (*Himmel*) па́смурный
bedenken *irr vt* обду́мывать, -ду́мать *pf*
Bedenken *nt* <-s, -> ❶ (*Zweifel*) сомне́ние *nt*; ❷ (*Nachdenken*) обду́мывание *nt*, размышле́ние *nt*; **ohne ~** не разду́мывая
bedenkenlos *adj* ❶ бесцеремо́нный, безу́держный; ❷ (*ohne Bedenken*) без сомне́ния
bedenklich *adj* сомни́тельный
Bedenkzeit *f* <*gen:* -> вре́мя *nt* на обду́мывание
bedeuten *vt* ❶ (*besagen*) означа́ть *impf*; **was hat das zu ~?** что э́то зна́чит?; ❷ (*wichtig sein*) быть *impf* ва́жным; **das bedeutet mir viel** э́то для меня́ о́чень ва́жно
bedeutend *adj* ❶ (*wichtig*) ва́жный, значи́тельный; ❷ (*zur Steigerung*) гора́здо, значи́тельно; **ihr geht es schon ~ besser** она чу́вствует себя́ гора́здо лу́чше
Bedeutung *f* <-, -en> ❶ (*Sinn*) значе́ние *nt*, смысл *m*; ❷ (*Wichtigkeit*) значе́ние *nt*, ва́жность *f*
bedeutungslos *adj* (*unwichtig*) незначи́тельный, нева́жный
bedeutungsvoll *adj* ❶ (*vielsagend*) многозначи́тельный; ❷ (*folgenschwer*) знамена́тельный
bedienen I. *vt* ❶ (*Maschine*) управля́ть *impf*; ❷ (*Kunden*) обслу́живать, -жи́ть *pf*; ❸ (*bei Tisch*) обслу́живать, -жи́ть *pf*, прислу́живать, -жи́ть *pf*; **II.** *vr* (*bei Tisch*) угоща́ться, угости́ться *pf*
Bedienung *f* <-, -en> ❶ (*das Bedienen*) обслу́живание *nt*; ❷ (*Kellner(in)*) официа́нт, -ка *m/f*
Bedienungsanleitung *f* <-, -en> руково́дство *nt* по эксплуата́ции
bedingen *vt* ❶ (*bewirken*) вызыва́ть, вы́звать *pf*, обусло́вливать, -сло́вить *pf*; ❷ (*erfordern*) тре́бовать, по- *pf*
bedingt *adj* усло́вный
Bedingung *f* <-, -en> ❶ (*Forderung*) усло́вие *nt*; ❷ (*Gegebenheit*) обстоя́тельство *nt*; **~en stellen** ста́вить усло́вия; **unter einer ~** при одно́м усло́вии
bedingungslos *adj* безусло́вный
bedrängen *vt* притесня́ть, -ни́ть *pf*
bedrohen *vt* угрожа́ть *impf*
bedrohlich *adj* угрожа́ющий, опа́сный
Bedrohung *f* <-, -en> угро́за *f*
bedrücken *vt* тяготи́ть *impf*
bedürfen *irr vi:* **einer Sache ~** нужда́ться в чём-л.
Bedürfnis *nt* <-ses, -se> ❶ (*Anspruch*) потре́бность *f*; ❷ (*Verlangen*) нужда́ *f*; **dringendes ~** о́страя нужда́
bedürftig *adj* (*arm*) бе́дный, ни́щий
beeilen *vr* торопи́ться, по- *pf*, спеши́ть, по- *pf*; **beeile dich!** потор опи́сь!
beeindrucken *vt* производи́ть, -вести́ *pf* впечатле́ние
beeinflussen *vt* ока́зывать, -за́ть *pf* влия́ние
beeinträchtigen *vt* вреди́ть, по- *pf*, ока́зывать, -за́ть *pf*

отрицательное влияние
Beeinträchtigung *f* <-, -en> нанесение *nt* вреда
beenden *vt* оканчивать, окончить *pf*, завершать, -шить *pf*
beerdigen *vt* хоронить, по- *pf*
Beerdigung *f* <-, -en> похороны *fpl*
Beere *f* <-, -n> ягода *f*
Beerensaft *m* <*gen:* -(e)s> ягодный сок *m*
Beet *nt* <-(e)s, -e> грядка *f*, клумба *f*
befähigen *vt* делать, сделать *pf* способным (*zu +dat* к)
Befähigung *f* <*gen:* -> способность *f*, квалификация *f*
befahl *prät von* **befehlen**
befahren *irr vt* ① ездить *impf*; ② (*Gewässer*) плавать *impf*
befallen *irr vt* охватывать, -тить *pf*, поражать, -разить *pf*
befangen *adj* ① (*unsicher*) смущённый, скованный; ② (*voreingenommen*) предвзятый
befassen *vr:* **sich mit jdm/etw ~** заниматься кем-л./чем-л.
Befehl *m* <-(e)s, -e> ① приказ *m*; ② (DV) команда *f*, директива *f*
befehlen I. *vt* <befahl, befohlen> приказывать, -зать *pf*; **II.** *vi* распоряжаться, -рядиться *pf*, командовать *impf*; **jdm etw ~** приказать кому-л./что-л.
befestigen *vt* ① прикреплять, -пить *pf*, закреплять, -пить *pf*; ② (*Straße*) укреплять, -пить *pf*; ③ (MIL) укреплять, -пить *pf*
Befestigung *f* <-, -en> ① прикрепление *nt*, закрепление *nt*; ② (*~sanlage*) укрепление *nt*
befeuchten *vt* увлажнять, -нить *pf*
befinden I. *irr vr* ① (*sein*) находиться *impf*; ② (*sich fühlen*) чувствовать *impf* себя; **II.** *vi* (*geh: beurteilen als*) считать, по- *pf*; **etw für schlecht ~** найти что-л. плохим
Befinden *nt* <*gen:* -s> ① самочувствие *nt*; ② (*geh: Meinung*) мнение *nt*
beflissen *adj* ревностный, чересчур старательный
beflügeln *vt* ① (*Schritte*) ускорять, -корить *pf*; ② (*geistig*) окрылять, -лить *pf*
befohlen *part perf von* **befehlen**
befolgen *vt* следовать, по- *pf*
befördern *vt* ① (*transportieren*) перевозить, -везти *pf*, отправлять, -править *pf*; ② (*im Rang erhöhen*) повышать, -высить *pf*
Beförderung *f* <-, -en> ① (*das Transportieren*) перевозка *f*, транспортировка *f*; ② (*Erhöhung im Rang*) повышение *nt* по службе
befragen *vt* спрашивать, спросить *pf*, опрашивать, -росить *pf*
Befragung *f* <-, -en> ① (*Vernehmung*) допрос *m*; ② (*Interview*) опрос *m*
befreien *vt* ① освобождать, -бодить *pf*, вызволять, вызволить *pf*; ② (*von Pflichten*) освобождать, -бодить *pf*
Befreiung *f* <-, -en> ① освобождение *nt*, избавление *nt*; ② (*von Pflichten*) освобождение *nt*
befremden *vt* вызывать, вызвать *pf* недоумение
Befremden *nt* <*gen:* -s> недоумение *nt*
befreunden *vr* подружиться *pf*
befreundet *adj* в дружеских отношениях; **die beiden sind gut miteinander ~** они большие друзья
befrieden *vt* умиротворять, -творить *pf*
befriedigen I. *vt* удовлетворять, -творить *pf*; **II.** *vr* (*sexuell*) мастурбировать *impf*
befriedigend *adj* удовлетворительно
Befriedigung *f* <*gen:* -> удовлетворение *nt*
befristen *vt* назначать, -начить *pf* срок
befruchten *vt* ① оплодотворять,

B

-ри́ть *pf*; ❷ (*fig*) вдохновля́ть, -ви́ть *pf*

Befugnis *f* <-, -se> полномо́чие *nt*, компете́нция *f*

befugt *adj*: ~ **sein, etw zu tun** быть уполномо́ченным что-л. сде́лать

befühlen *vt* ощу́пывать, -пать *pf*

Befund *m* <-(e)s, -e> ❶ результа́т *m* осмо́тра, заключе́ние *nt*; ❷ (MED) (медици́нское) заключе́ние *nt*

befürchten *vt* опаса́ться *impf*, боя́ться *impf*

Befürchtung *f* <-, -en> опасе́ние *nt*

befürworten *vt* подде́рживать, -жа́ть *pf*

Befürworter, -in *m/f* <-s, -> сторо́нник, -ница *m/f*

Befürwortung *f* <-, -en> подде́ржка *f*

begabt *adj* спосо́бный, одарённый

Begabung *f* <-, -en> спосо́бность *f*, тала́нт *m*

begann *prät von* **beginnen**

begeben *irr vr* ❶ (*räumlich*) отправля́ться, -пра́виться *pf*; ❷ (*geschehen*) случа́ться, -чи́ться *pf*

begegnen *vi* ❶ (*einer Person*) встреча́ть, встре́тить *pf*; ❷ (*widerfahren*) случа́ться, -чи́ться *pf*

Begegnung *f* <-, -en> (*auch:* SPORT) встре́ча *f*

begehen *irr vt* ❶ (*Fest*) пра́здновать, от- *pf*; ❷ (*Verbrechen*) соверши́ть *pf*, -ша́ть *impf*; ❸ (*Ort*) обходи́ть, обойти́ *pf*; **eine Straftat ~** соверши́ть преступле́ние

begehren *vt* жела́ть, по- *pf*, жа́ждать *impf*

begehrenswert *adj* жела́нный

begeistern I. *vt* восторга́ть *impf*; **II.** *vr* восторга́ться *impf*

begeistert *adj* восто́рженный; **von etw/jdm ~ sein** быть в восто́рге от чего́-л./кого́-л.

Begeisterung *f* <*gen:* -> восто́рг *m*

Begierde *f* <-, -n> стра́стное жела́ние *nt*

begierig *adj* жа́ждущий, стра́стно жела́ющий

Beginn *m* <*gen:* -(e)s> нача́ло *nt*; **zu ~** в нача́ле

beginnen <begann, begonnen> **I.** *vt* начина́ть, -ча́ть *pf*; **II.** *vi* начина́ться, -ча́ться *pf*

beglaubigen *vt* заверя́ть, -ве́рить *pf*

Beglaubigung *f* <-, -en> удостовере́ние *nt*, завере́ние *nt*

begleichen *vt* опла́чивать, -плати́ть *pf*

begleiten *vt* ❶ провожа́ть, -води́ть *pf*, сопровожда́ть, -води́ть *pf*; ❷ (*musikalisch*) аккомпани́ровать *impf*

Begleiter, -in *m/f* <-s, -> ❶ сопровожда́ющий, -щая *m/f*; ❷ (*Freund(in)*) спу́тник, -ница *m/f*, друг, подру́га *m/f*

Begleitung *f* <-, -en> ❶ сопровожде́ние *nt*; ❷ (MUS) аккомпанеме́нт *m*

beglückwünschen *vt* поздравля́ть, -ра́вить *pf* (*zu +dat* с *+inst*)

begnadigen *vt* ми́ловать, по- *pf*

Begnadigung *f* <-, -en> поми́лование *nt*, амни́стия *f*

begnügen *vr* дово́льствоваться, удово́льствоваться *pf*; **sich mit wenigem ~** дово́льствоваться ма́лым

begonnen *part perf von* **beginnen**

begraben *irr vt* ❶ (*beerdigen*) хорони́ть, по- *pf*; ❷ (*Hoffnungen*) хорони́ть, по- *pf*

Begräbnis *nt* <-ses, -se> по́хороны *fpl*, погребе́ние *nt*

begradigen *vt* (*Fluss, Straße*) вы́прямить *pf*, -мля́ть *impf*

begreifen *irr vt* понима́ть, -ня́ть *pf*, сообража́ть, -брази́ть *pf*

begreiflich *adj* поня́тный, постижи́мый

begrenzen *vt* ограни́чивать, -ни́чить

Begrenztheit *f* <*gen:* -> (*auch fig*) ограни́ченность *f*

Begriff *m* <-(e)s, -e> поня́тие *nt*; **im ~ sein, etw zu tun** собира́ться что́-л. де́лать; **sich einen ~ von etw machen** соста́вить себе́ представле́ние о чём-л.

begriffsstutzig *adj* несообрази́тельный

begründen *vt* ① (*Grund angeben*) обосно́вывать, -снова́ть *pf*; ② (*gründen*) осно́вывать, основа́ть *pf*

Begründer, -in *m/f* <-s, -> основа́тель, -ница *m/f*

Begründung *f* <-, -en> ① основа́ние *nt*; ② (*Rechtfertigung*) обоснова́ние *nt*

begrüßen *vt* ① (*Person*) здоро́ваться, по- *pf*, приве́тствовать, по- *pf*; ② (*Tat, Entwicklung*) приве́тствовать *impf*

Begrüßung *f* <-, -en> приве́тствие *nt*

begünstigen *vt* ① (*Person*) покрови́тельствовать *impf*; ② (*Sachverhalt*) соде́йствовать, по- *pf*, спосо́бствовать, по- *pf*

Begünstigung *f* <-, -en> соде́йствие *nt*, благоприя́тствование *nt*

begütert *adj* зажи́точный

Behaarung *f* <-, -en> обраста́ние *nt* волоса́ми

behäbig *adj* (*schwerfällig*) неторопли́вый, медли́тельный

Behagen *nt* <*gen:* -s> прия́тность *f*, удово́льствие *nt*

behaglich *adj* прия́тный, ую́тный

Behaglichkeit *f* <*gen:* -> ую́т *m*, удо́бство *nt*

behalten *irr vt* ① оставля́ть, -та́вить *pf*; **sie behielt die Tasche in der Hand** она́ не выпуска́ла су́мку из рук; ② (*sich merken*) запомина́ть, -по́мнить *pf*

Behälter *m* <-s, -> конте́йнер *m*, ёмкость *f*

behandeln *vt* ① (*Person*) обраща́ться *impf*, обходи́ться, обойти́сь *pf*; ② (*Thema*) обсужда́ть, обсуди́ть *pf*, рассма́тривать, -мотре́ть *pf*; ③ (*ärztlich*) лечи́ть *impf*

Behandlung *f* <-, -en> ① (*das Umgehen mit etw*) обхожде́ние *nt*, обраще́ние *nt*; ② (*eines Themas*) рассмотре́ние *nt*; ③ (MED) лече́ние *nt*

beharren *vi:* **auf etw ~** наста́ивать на чём-л.

beharrlich *adj* упо́рный, насто́йчивый

Beharrlichkeit *f* <*gen:* -> упо́рство *nt*, насто́йчивость *f*

behauen *vt* обтёсывать, обтеса́ть *pf*

behaupten I. *vt* ① (*Behauptung aufstellen*) утвержда́ть *impf*; ② (*Stellung*) отста́ивать, -стоя́ть *pf*; **II.** *vr* утвержда́ться, -верди́ться *pf*

Behauptung *f* <-, -en> утвержде́ние *nt*

Behausung *f* <-, -en> жили́ще *nt*

beheben *irr vt* ① (*Schaden*) устраня́ть, -ни́ть *pf*; ② (*österr. auch: abheben, abholen*) снима́ть, снять *pf* (де́ньги), получа́ть, -чи́ть *pf* (письмо́)

beheimatet *adj* ① (*Pflanze*) произраста́ющий; ② (*Tier*) обита́ющий

beheizbar *adj* ота́пливаемый

beheizen *vt* ота́пливать, отопи́ть *pf*

behelligen *vt* обременя́ть, -ни́ть *pf*, беспоко́ить *impf*; **ich möchte sie nicht damit ~** я не хочу́ вас э́тим обременя́ть

beherbergen *vt* дава́ть, дать *pf* прию́т

beherrschen I. *vt* ① (*Volk*) пра́вить *impf*; ② (*Sprache*) владе́ть *impf*; ③ (*Gefühle*) сде́рживать, -жа́ть *pf*, владе́ть *impf*; ④ (*Gedanken*) завладева́ть, -де́ть *pf*; **II.** *vr* владе́ть *impf* собо́й

beherrscht *adj* споко́йный, сде́ржанный

Beherrschung *f* <*gen:* -> ① (*das Beherrschen*) владе́ние *nt*, госпо́дство *nt*; ② (*Selbstbeherrschung*) самооблада́ние *nt*
beherzigen *vt* принима́ть, -ня́ть *pf* во внима́ние
behilflich *adj* быть поле́зным; **kann ich Ihnen ~ sein?** чем я могу́ вам помо́чь?
behindern *vt* ① препя́тствовать, вос- *pf*; ② (*Verkehr*) меша́ть, по- *pf*
Behinderte(r) *mf* <-n, -n> инвали́д *m*
Behinderung *f* <-, -en> ① препя́тствие *nt*, поме́ха *f*; ② (*körperlich, geistig*) неполноце́нность *f*
Behörde *f* <-, -n> ① (*Machtorgan*) о́рганы *pl* вла́сти, инста́нция *f*, власть *f*; ② (*Amt*) учрежде́ние *nt*, ве́домство *nt*
behüten *vt* храни́ть *impf*, оберега́ть *impf*
behutsam *adj* осторо́жный, бе́режный
Behutsamkeit *f* <*gen:* -> осторо́жность *f*, бе́режность *f*
bei *präp +dat* ① (*räumlich*) у, во́зле, при, под; ~ **München** под Мю́нхеном; ~ **den Eltern** у роди́телей ② (*zeitlich*) при, во вре́мя, на, в; ~ **Beginn** в нача́ле; ~ **Nacht** но́чью ③ (*modal*) при, в; ~ **guter Gesundheit sein** быть в до́бром здра́вии
beibehalten *irr vt* оставля́ть, -та́вить *pf*
beibringen *irr vt* ① (*lehren*) обуча́ть, -чи́ть *pf*, прививá́ть, -ви́ть *pf*; ② (*Verletzung*) наноси́ть, -нести́ *pf*; ③ (*mitteilen*) сообща́ть, -щи́ть *pf* (в делика́тной фо́рме)
Beichte *f* <-, -n> и́споведь *f*
beichten I. *vi* испове́доваться *impf/pf*; II. *vt*: **jdm etw schonend ~** осторо́жно сообщи́ть кому́-л. что́-л.
beide(s) *pron indef* о́ба, и тот и друго́й; **wir ~** мы о́ба; **alle ~** о́ба; **in ~n Fällen** в обо́их слу́чаях
beiderlei *adj* двоя́кий
beiderseitig *adj* взаи́мный, обою́дный
beieinander *adv* друг во́зле дру́га, вме́сте
Beifahrer, -in *m/f* <-s, -> (*im Auto*) пассажи́р *m*
Beifall *m* <*gen:* -(e)s> ① (*Applaus*) аплодисме́нты *mpl*; ② (*Zustimmung*) одобре́ние *nt*; ~ **klatschen** аплоди́ровать
beifügen *vt* прилага́ть, -ложи́ть *pf*
beige *adj* бе́ж, бе́жевый
Beigeschmack *m* <*gen:* -(e)s> при́вкус *m*
Beihilfe *f* <-, -n> ① субси́дия *f*; ② (*zu Straftat*) посо́бничество *nt*
beikommen *irr vi* ① (*einer Person*) подступи́ться *pf*, -па́ться *impf*; **ihr ist nicht beizukommen** к ней не подсту́пишься; ② (*einem Problem*) преодолева́ть, -ле́ть *pf*, справля́ться, спра́виться *pf*
Beil *nt* <-(e)s, -e> топо́р *m*
Beilage *f* <-, -n> ① (*einer Zeitung*) приложе́ние *nt*; ② (*Essen*) гарни́р *m*
beiläufig *adj* ① несуще́ственный; ② (*Bemerkung*) вскользь, мимохо́дом; **etwas ~ erwähnen** заме́тить что́-л. мимохо́дом
beilegen *vt* ① (*beifügen*) прилага́ть, -ложи́ть *pf*; ② (*Streit*) ула́живать, ула́дить *pf*; ③ (*beimessen*) припи́сывать, -писа́ть *pf*
Beileid *nt* <*gen:* -(e)s> соболе́знование *nt*
beiliegend *adj* прилага́емый, прило́женный
beim *präp +dat* при; ~ **besten Willen** при всём жела́нии
beimessen *irr vt* припи́сывать, -са́ть *pf*; **etw viel/wenig Bedeutung ~** придава́ть чему́-л. большо́е значе́ние / не придава́ть чему́-л. большо́го значе́ния
Bein *nt* <-(e)s, -e> нога́ *f*; **jdm ~e**

machen (*umg*) подгоня́ть кого́-л.
beinah(e) *adv* чуть не, почти́; **~ wäre sie zu spät gekommen** она́ едва́ не опозда́ла
Beinbruch *m* <-(e)s, -brüche> перело́м *m* ноги́; **das ist doch kein ~** (*umg*) э́то не катастро́фа
beinhalten *vt* содержа́ть *impf*, означа́ть *impf*
Beipackzettel *m* <-s, -> инстру́кция *f* по примене́нию
beisammen *adv* вме́сте
Beisammensein *nt* <*gen:* -s> вечери́нка *f*, встре́ча *f*
Beischlaf *m* <*gen:* -(e)s> полово́й акт *m*
beiseite *adv* в сто́рону, прочь
beiseitelegen *vt:* **etw ~** отложи́ть что́-л. в сто́рону
beisetzen *vt* хорони́ть, по- *pf*
Beisetzung *f* <-, -en> по́хороны *fpl*
Beispiel *nt* <-s, -e> приме́р *m*; **zum ~** наприме́р; **sich an jdm/etw ein ~ nehmen** брать с кого́-л./чего́-л. приме́р
beispielhaft *adj* приме́рный, образцо́вый
beispiellos *adj* ❶ беспримéрный; ❷ (*unerhört*) неслы́ханный
beispielsweise *adv* наприме́р, к приме́ру
beißen <biss, gebissen> **I.** *vt* куса́ть, по- *pf*; **II.** *vi* (*Rauch*) же́чь, сжечь *pf*, щипа́ть *impf*; **III.** *vr* (*umg: Farben*) не гармони́ровать *impf*
beißend *adj* ❶ (*Rauch*) е́дкий; ❷ (*Spott*) ко́лкий
Beistand *m* <*gen:* -(e)s> по́мощь *f*, соде́йствие *nt*; **jdm ~ leisten** ока́зывать кому́-л. подде́ржку
beistehen *irr vi:* **jdm ~** помога́ть кому́-л.
beisteuern *vt* вноси́ть, внести́ *pf* свою́ до́лю, же́ртвовать, по- *pf*
Beitrag *m* <-(e)s, Beiträge> ❶ до́ля *f*, часть *f*; ❷ (*Mitgliedsbeitrag*) взно́с *m*; ❸ (*Veröffentlichung*) статья́ *f*; **einen ~ zu etw leisten** внести́ вклад во что́-л.
beitragen *irr vt* ❶ (*beisteuern*) вноси́ть, внести́ *pf*; ❷ (*mithelfen*) соде́йствовать *impf/pf*, по- *pf*
beitreten *irr vi* вступа́ть, -пи́ть *pf*; **einem Verein ~** вступи́ть в объедине́ние
Beitritt *m* <-(e)s, -e> вступле́ние *nt*
beizeiten *adv* ❶ (*rechtzeitig*) своевре́менно, во́время; ❷ (*frühzeitig*) заблаговре́менно, зара́нее
bejahen *vt* ❶ (*Frage*) отвеча́ть, -ве́тить *pf* утверди́тельно; ❷ (*einverstanden sein*) соглаша́ться, -гласи́ться *pf*, одобря́ть, -о́брить *pf*
bejubeln *vt* встреча́ть, встре́тить *pf* с ликова́нием
bekämpfen *vt* ❶ (*Gegner*) боро́ться *impf*; ❷ (*Krankheit*) побoро́ть *pf*, боро́ться *impf*
Bekämpfung *f* <*gen:* -> борьба́ *f*, преодоле́ние *nt*
bekannt *adj* ❶ (*nicht fremd*) знако́мый; ❷ (*berühmt, angesehen*) изве́стный; **mit jdm ~ sein** быть знако́мым с ке́м-л.
Bekannte(r) *mf* <-n, -n> знако́мый, -мая *m/f*
Bekanntenkreis *m* <*gen:* -> круг *m* знако́мых
bekannt geben *irr vt* объявля́ть, -ви́ть *pf*, оглаша́ть, -ласи́ть *pf*
bekanntlich *adv* изве́стно
bekannt machen *vt* объявля́ть, -ви́ть *pf*, оповещать, -вести́ть *pf*
Bekanntschaft *f* <-, -en> ❶ (*das Bekanntsein*) знако́мство *nt*; ❷ (*Bekanntenkreis*) знако́мые *pl*
bekehren I. *vt* обраща́ть, -рати́ть *pf*; **II.** *vr* приня́ть *pf*, -нима́ть *impf* (но́вую ве́ру), обрати́ться *pf*, -раща́ться *impf* (*zu +dat* в *+akk*)
Bekehrung *f* <-, -en> ❶ (*religiös*) обраще́ние *nt* в другу́ю ве́ру; ❷ (*umg: zu einer Meinung*) измене́ние *nt* мне́ния
bekennen I. *irr vt* ❶ признава́ть, -зна́ть *pf*; ❷ (*Glauben*) испове́довать *impf*; **II.** *vr*

B

B

признавáть, -знáть *pf* себя́ отвéтственным (*zu* +*dat* за +*akk*), признавáть, -знáть *pf* себя́ сторóнником; **sich schuldig ~** признавáть себя́ винóвным

Bekenntnis *nt* <-ses, -se> ❶ (*Geständnis*) признáние *nt*; **ein ~ ablegen** признáться в чём-л. ❷ (*Glaubensbekenntnis*) вероисповедáние *nt*

beklagen I. *vt* жалéть, по- *pf*; **II.** *vr* жáловаться, по- *pf* (*über* +*akk* на); **ich kann mich nicht ~** не могу́ пожáловаться

beklagenswert *adj* достóйный сожалéния, прискóрбный

bekleben *vt* оклéивать, -ить *pf*

bekleckern I. *vt* запятнáть *pf*, запáчкать *pf*, пáчкать *impf*; **II.** *vr*: **sich mit etw ~** запáчкаться чéм-л.

bekleiden *vt* ❶ одевáть, одéть *pf*; ❷ (*Amt*) занимáть, -ня́ть *pf* дóлжность

Bekleidung *f* <-, -en> одéжда *f*

beklemmen *irr vt* стесня́ть, -ни́ть *pf*

beklommen *adj* стеснённый, подáвленный

Bekloppte(r) *mf* <-n, -n> (*pej*) идиóт *m*

bekochen *vt* (*umg*) готóвить, вари́ть пи́щу (для +*gen*)

bekommen I. *irr vt* ❶ (*erhalten*) получáть, -чи́ть *pf*; **am Dienstsg bekamen wir Besuch** во втóрник к нам пришли́ гóсти; ❷ (*Angst*) испугáться *pf*, пугáться *impf*; **etw geschenkt ~** получи́ть что́-л. в подáрок; **II.** *vi*: **jdm bekommt etw gut/schlecht** что́-л. идёт комý-л. на пóльзу/во вред

bekömmlich *adj* (*Essen*) полéзный, хорошó усвáиваемый

bekräftigen *vt* подтверждáть, -тверди́ть *pf*

bekreuzigen *vr* перекрести́ться *pf*, крести́ться *impf*

bekümmern *vt* огорчáть, -чи́ть *pf*

bekunden *vt* проявля́ть, -ви́ть *pf*, выражáть, вы́разить *pf*; **Interesse an jdm/etw ~** прояви́ть к комý-л./чемý-л. интерéс

beladen *irr vt* нагружáть, -грузи́ть *pf*

Belag *m* <-(e)s, Beläge> ❶ насти́л *m*, покры́тие *nt*; ❷ (*auf Brot*) *то, с чем делается бутербрóд*; ❸ (*von Straße*) покры́тие *nt*; ❹ (*auf Zähnen*) налёт *m*; ❺ (*von Bremse*) наклáдка *f*

belagern *vt* (*auch umg*) осаждáть, осади́ть *pf*

Belagerung *f* <-, -en> осáда *f*

Belang *m* <-(e)s, -e> ❶ (*Angelegenheit*) интерéсы *mpl*; ❷ (*Wichtigkeit*) значéние *nt*; **etw ist ohne ~** что́-л. невáжно; **etw ist von ~** что́-л. вáжно

belanglos *adj* незначи́тельный, невáжный

belassen *irr vt* оставля́ть, -тáвить *pf*; **können wir es dabei ~?** мóжем мы э́то так остáвить?

Belastbarkeit *f* <*gen:* -> ❶ (*von Material*) допусти́мая нагру́зка *f*; ❷ (*einer Person*) вынóсливость *f*

belasten *vt* ❶ (*mit Gewicht: auch fig*) нагружáть, -грузи́ть *pf*; ❷ (*Konto*) снимáть, снять *pf* со счёта; ❸ (JUR) обвиня́ть, -ни́ть *pf*, уличáть, -чи́ть *pf*

belästigen *vt* надоедáть, -éсть *pf*, приставáть, -стáть *pf*; **~ Sie mich nicht!** не приставáйте ко мне!

Belästigung *f* <-, -en> надоедáние *nt*, приставáние *nt*

Belastung *f* <-, -en> ❶ (*Beanspruchung*) нагру́зка *f*, загру́зка *f*; ❷ (*Sorge*) тя́готы *pl*; ❸ (JUR) обвинéние *nt*; ❹ (*Ausgaben*) расхóды *pl*

belaufen *irr vr* (*Kosten*) составля́ть, -тáвить *pf*

belauschen *vt* подслу́шивать, -слу́шать *pf*

beleben I. *vt* приводи́ть, -вести́ *pf* в чу́вство, оживля́ть, -ви́ть *pf*, стимули́ровать; **II.** *vr* оживля́ться, -ви́ться *pf*

Beleg *m* <-(e)s, -e> ① (*Quittung*) квита́нция *f*, распи́ска *f*; ② (*Nachweis*) доказа́тельство *nt*, оправда́тельный докуме́нт *m*; ③ (*in Buchhaltung*) бухга́лтерский документ

belegen *vt* ① покрыва́ть, -кры́ть *pf*; ② (*Brot*) де́лать, сде́лать *pf* бутербро́д; ③ (*Kurs*) записа́ться *pf*, -пи́сываться *impf* на ку́рсы; ④ (*beweisen*) подтвержда́ть, -тверди́ть *pf*, дока́зывать, -за́ть *pf*; ⑤ (*Platz*) заня́ть *pf*, -нима́ть *impf*

Belegschaft *f* <-, -en> персона́л *m*

belehren *vt* поуча́ть *impf*; **jdn eines Besseren ~** вразумля́ть кого́-л.

Belehrung *f* <-, -en> поуче́ние *nt*, наставле́ние *nt*

beleidigen *vt* оскорбля́ть, -би́ть *pf*

Beleidigung *f* <-, -en> оскорбле́ние *nt*

Beleuchtung *f* <*gen:* -> освеще́ние *nt*, свет *m*

Belgien *nt* <*gen:* -s> Бе́льгия *f*

Belgier, -in *m/f* <-s, -> бельги́ец, -ги́йка *m/f*

belgisch *adj* бельги́йский

Belichtung *f* <-, -en> (FOT) экспони́рование *nt*

beliebig *adj* любо́й

beliebt *adj* люби́мый, популя́рный; **sich bei jdm ~ machen** заслужи́ть чьё-л. расположе́ние

Beliebtheit *f* <*gen:* -> любо́вь *f*, расположе́ние *nt*

beliefern *vt* снабжа́ть, снабди́ть *pf*, поставля́ть, -ста́вить *pf*; **jdn mit Obst ~** снабжа́ть кого́-л. фру́ктами

bellen *vi* ла́ять *impf*

belohnen *vt* награжда́ть, -гради́ть *pf*

Belohnung *f* <-, -en> вознагражде́ние *nt*

belustigen *vt* весели́ть, раз- *pf*

Belustigung *f* <-, -en> весе́лье *nt*; **zur allgemeinen ~** всем на потéху

bemächtigen *vr:* **sich einer Person ~** захвати́ть челове́ка

bemalen *vt* раскра́шивать, -кра́сить *pf*

bemängeln *vt* находи́ть, найти́ *pf* недоста́тки

bemerkbar *adj* заме́тный

bemerken *vt* ① замеча́ть, -ме́тить *pf*; ② (*äußern*) отмеча́ть, -ме́тить *pf*, замеча́ть, -ме́тить *pf*

bemerkenswert *adj* досто́йный внима́ния

Bemerkung *f* <-, -en> ① замеча́ние *nt*; ② (*Anmerkung*) примеча́ние *nt*

bemessen *irr vt* отмеря́ть, -ме́рить *pf*; **meine Zeit ist knapp ~** у меня́ ма́ло вре́мени

bemitleiden *vt* жале́ть, по- *pf*, сочу́вствовать, по- *pf*

bemitleidenswert *adj* досто́йный сожале́ния

bemühen *vr* стара́ться, по- *pf*, прилага́ть, -ложи́ть *pf* уси́лия; **sich um jdn ~** забо́титься о ко́м-л.

Bemühung *f* <-, -en> стара́ние *nt*, уси́лие *nt*

bemuttern *vt* проявля́ть, -ви́ть *pf* матери́нскую забо́ту

benachbart *adj* сосе́дний, сме́жный

benachrichtigen *vt* уведомля́ть, -ми́ть *pf*, извеща́ть, -вести́ть *pf*

Benachrichtigung *f* <-, -en> ① (*Vorgang*) уведомле́ние *nt*, извеще́ние *nt*; ② (*Schreiben*) уведоми́тельное письмо́ *nt*

Benachteiligung *f* <-, -en> ① (*das Benachteiligen*) обделе́ние *nt*; ② (*politisch*) ущемле́ние *nt* прав

benehmen *irr vr* вести́ *impf* себя; **benimm dich!** веди́ себя́ прили́чно!

Benehmen *nt* <*gen:* -s> поведе́ние *nt*; **jd hat kein ~** кто́-л. не уме́ет себя́ вести́

beneiden *vt* зави́довать, по- *pf* (*um +akk* в *+präpos*); **jd ist nicht zu ~** кому́-л. не позави́дуешь

beneidenswert *adj* зави́дный

B

B

benennen *irr vt* называ́ть, -зва́ть *pf*
Bengel *m* <-s, -> (*umg*) мальчи́шка *m*, сорване́ц *m*
benommen *adj* оглушённый, не в себе́
benoten *vt* ста́вить, по- *pf* оце́нку
benötigen *vt* нужда́ться *impf*
benutzen *vt* по́льзоваться, вос- *pf*, испо́льзовать *impf/pf*
Benutzer, -in *m/f* <-s, -> (auch DV) по́льзователь *m*
benutzerfreundlich *adj* удо́бный в обраще́нии
Benutzung *f* <*gen:* -> употребле́ние *nt*, испо́льзование *nt*; **in ~ sein** быть в употребле́нии
Benzin *nt* <-s, -e> бензи́н *m*
beobachten *vt* наблюда́ть *impf*
Beobachter, -in *m/f* <-, -> наблюда́тель *m*
Beobachtung *f* <-, -en> наблюде́ние *nt*; **eine ~ machen** сде́лать наблюде́ние; **unter ~ stehen** быть под наблюде́нием
bepflanzen *vt* обса́живать, -сади́ть *pf*, заса́живать, -сади́ть *pf*
bequem *adj* ❶ удо́бный, ую́тный; ❷ (*von Person*) тяжёлый на подъём, лени́вый
Bequemlichkeit *f* <-, -en> ❶ удо́бство *nt*, уют *m*; ❷ (*Faulheit*) скло́нность *f* к ле́ни
beraten I. *irr vt* ❶ (*Person*) помога́ть, -мо́чь *pf* сове́тами; ❷ (*Angelegenheit*) обсужда́ть, -суди́ть *pf*; **II.** *vr* сове́товаться, по- *pf*, совеща́ться, по- *pf* (*über +akk* о *+präpos*); **mit dieser Reise waren wir gut ~** хорошо́, что нам посове́товали э́ту пое́здку
Berater, -in *m/f* <-s, -> консульта́нт *m*, сове́тник *m*
Beratung *f* <-, -en> ❶ консульта́ция *f*; ❷ (*Besprechung*) совеща́ние *nt*
berauben *vt* гра́бить, огра́бить *pf*
berauschen I. *vt* ❶ опьяня́ть, -ни́ть *pf*; ❷ (*fig*) опьяня́ть, -ни́ть *pf*, увлека́ть, -ле́чь *pf*; **II.** *vr* ❶ напива́ться, -пи́ться *pf*; ❷ (*fig*) увлека́ться, -ле́чься *pf*
berechnen *vt* ❶ вычисля́ть, вы́числить *pf*; ❷ (*Kosten*) подсчи́тывать, -та́ть *pf*
berechnend *adj* расчётливый
Berechnung *f* <-, -en> ❶ (*das Berechnen*) подсчёт *m*, расчёт *m*; ❷ (*berechnende Haltung*) расчётливость *f*; **~en anstellen** производи́ть подсчёт
berechtigt *adj* правоме́рный, обосно́ванный
bereden *vt* обсужда́ть, -суди́ть *pf*; **etw mit jdm ~** обсужда́ть что́-л. с ке́м-л.
Beredsamkeit *f* <*gen:* -> красноре́чие *nt*
beredt *adj* разгово́рчивый, красноречи́вый
Bereich *m* <-(e)s, -e> ❶ (*Abteilung*) отде́л *m*; ❷ (*räumlich*) райо́н *m*, о́бласть *f*; ❸ (*Wirkungsfeld*) о́бласть *f*, сфе́ра *f*
bereichern I. *vt* обогаща́ть, -гати́ть *pf*, расширя́ть, -ши́рить *pf*; **II.** *vr* обогаща́ться, -гати́ться *pf*, нажива́ться, -жи́ться *pf*
Bereicherung *f* <*gen:* -> обогаще́ние *nt*
bereinigen *vt* ❶ (*klären*) регули́ровать, урегули́ровать *pf*, разреша́ть, ши́ть *pf*; ❷ (*berichtigen*) очища́ть, очи́стить *pf*; ❸ (*in Ordnung bringen*) ула́живать, ула́дить *pf*, регули́ровать, у- *pf*
bereisen *vt* объезжа́ть, объе́хать *pf*
bereit *adj* гото́вый
bereiten *vt* ❶ (*Mahl*) гото́вить, при- *pf*; ❷ (*Freude*) доставля́ть, -ста́вить *pf*
bereits *adv* уже́
Bereitschaft *f* <-, -en> ❶ (*das Bereitsein*) гото́вность *f*; ❷ (*Einsatztruppe*) дежу́рная ча́сть *f*; **in ~ stehen** быть нагото́ве
bereitwillig *adj* услу́жливый,

готóвый услужи́ть
bereuen *vt* сожалéть *impf*, раскáяться *pf*, -кáиваться *impf*
Berg *m* <-(e)s, -e> ❶ горá *f*; ❷ (*umg: Menge, Haufen*) кýча *f*, горá *f*; **über den ~ sein** (*umg*) вы́йти из затруднéния
bergab *adv* пóд гору
Bergarbeiter *m* <-s, -> горня́к *m*
bergauf *adv* в гóру
Bergbahn *f* <-, -en> фуникулёр *m*
Bergbau *m* <*gen:* -(e)s> гóрное дéло *nt*
bergen *vt* <barg, geborgen> ❶ (*retten*) спасáть, -сти́ *pf*; ❷ (*geh: enthalten*) таи́ть *impf* в себé, скрывáть, скры́ть *pf*
bergig *adj* гори́стый
Bergkette *f* <-, -n> гóрная цепь *f*
Bergsteigen *nt* <*gen:* -s> альпини́зм *m*
Bergsteiger, -in *m/f* <-s, -> альпини́ст, -ка *m/f*
Bergung *f* <-, -en> (*Rettung*) спасéние *nt*
Bergwerk *nt* <-(e)s, -e> рудни́к *m*
Bericht *m* <-(e)s, -e> ❶ (*auf einer Konferenz*) доклáд *m*; ❷ (*Nachrichtenbeitrag*) сообщéние *nt*; ❸ (*Wetterbericht*) свóдка *f*
berichten *vt* доклáдывать, доложи́ть *pf*
Berichterstatter, -in *m/f* <-s, -> доклáдчик, -чица *m/f*
berichtigen *vt* исправля́ть, -прáвить *pf*
Bermudashorts *pl* <*gen:* -> бермýды *pl*
Bernstein *m* <-(e)s, -e> янтáрь *m*
bersten *vi* <barst, geborsten> трéснуть *pf*, -скаться *impf*; **vor Ungeduld ~** (*fig*) чуть не лóпнуть от нетерпéния
berüchtigt *adj* пресловýтый
berücksichtigen *vt* учи́тывать, учéсть *pf*
Beruf *m* <-(e)s, -e> профéссия *f*, специáльность *f*
berufen I. *irr vt* (*in Amt*) назначáть, -нáчить *pf*; **II.** *irr vr:* **sich auf jdn/etw ~** ссылáться на когó-л./чтó-л.
berufen *adj* при́званный; **zu etw ~ sein** имéть призвáние к чемý-л.
beruflich *adj* служéбный, профессионáльный
Berufsleben *nt* <*gen:* -s> трудовáя жи́знь *f*
Berufsschule *f* <-, -n> профессионáльно-техни́ческое учи́лище *nt*
berufstätig *adj* рабóтающий, зáнятый
Berufung *f* <-, -en> ❶ (*innerer Ruf*) призвáние *nt*; ❷ (*in Amt*) назначéние *nt* на дóлжность; ❸ (JUR: *Einspruch*) апелля́ция *f*
beruhen *vi* покóиться *impf* (*auf +dat* на *+präpos*)
beruhigen I. *vt* успокáивать, -кóить *pf*, усмиря́ть, -ри́ть *pf*; **II.** *vr* (*Person*) успокáиваться, -кóиться *pf*
Beruhigung *f* <*gen:* -> успокоéние *nt*
Beruhigungsmittel *nt* <-s, -> успокáивающее срéдство *nt*
berühmt *adj* знамени́тый
Berühmtheit *f* <-, -en> ❶ извéстность *f*; ❷ (*Person*) знамени́тость *f*
berühren *vt* ❶ касáться, коснýться *pf*, трóгать, трóнуть *pf*; ❷ (*fig: emotional*) трóгать, трóнуть *pf*, задевáть, -дéть *pf*; ❸ (*Thema*) затрáгивать, -трóнуть *pf*, касáться, коснýться *pf*
Berührung *f* <-, -en> прикосновéние *nt*
besagen *vt* знáчить *impf*, означáть *impf*
besänftigen *vt* успокáивать, -кóить *pf*, смягчáть, -чи́ть *pf*
Besatzer *m* <-s, -> оккупáнт *m*
Besatzung *f* <-, -en> ❶ (*in einer Festung*) гарнизóн *m*; ❷ (*eines Schiffes*) экипáж *m*, комáнда *f*
Besatzungsmacht *f* <-, -mächte>

B

оккупацио́нная власть *f*
beschädigen *vt* поврежда́ть, -вреди́ть *pf*
beschädigt *adj* повреждённый
beschaffen **I.** *vt* достава́ть, -ста́ть *pf*; **II.** *adj* име́ющий те и́ли ины́е сво́йства; **etw ist so ~, dass ...** что́-л. устро́ено так, что...
Beschaffenheit *f <gen: ->* ① сво́йство *nt*, ка́чество *nt*; ② (*des Körpers*) телосложе́ние *nt*
beschäftigen **I.** *vt* ① занима́ть, -ня́ть *pf*; ② (*beruflich*) дава́ть, дать *pf* рабо́ту; **II.** *vr* занима́ться, -ня́ться *pf*
Beschäftigung *f <-, -en>* ① заня́тие *nt*; ② (*Arbeit*) рабо́та *f*; ③ (*mit Thema*) заня́тие *nt*, рабо́та *f*
beschämen *vt* срами́ть, по- *pf*, ста́вить, по- *pf* в нело́вкое положе́ние; **~d sein** быть посты́дным
beschatten *vt* ① затеня́ть, -ни́ть *pf*; ② (*überwachen*) следи́ть *impf*
Bescheid *m <-(e)s, -e>* ① (*Auskunft*) спра́вка *f*; ② (*Entscheidung*) реше́ние *nt*; ③ (*Benachrichtigung*) извеще́ние *nt*; **über jdn/etw ~ wissen** быть осведомлённым о ко́м-л./чём-л.; **jdm ~ geben** сообща́ть кому́-л.
bescheiden *adj* скро́мный
Bescheidenheit *f <gen: ->* скро́мность *f*
bescheinen *irr vt* освеща́ть, -вети́ть *pf*
bescheinigen *vt* удостоверя́ть, -ве́рить *pf*; **den Empfang von etw ~** расписа́ться в получе́нии чего́-л.
Bescheinigung *f <-, -en>* ① удостовере́ние *nt*; ② (*Quittung*) квита́нция *f*
bescheren *vt:* **jdn ~** ода́ривать кого́-л.
Bescherung *f <-, -en>* разда́ча *f* рожде́ственских пода́рков
bescheuert *adj* (*umg*) глу́пый
Beschichtung *f <-, -en>* ① (*Vorgang*) нанесе́ние (тонкосло́йного) покры́тия *nt*; ② (*Schicht*) (тонкосло́йное) покры́тие *nt*
beschimpfen *vt* руга́ть, вы́ругать *pf*
Beschimpfung *f <-, -en>* оскорбле́ние *nt*, руга́тельство *nt*
Beschlag *m <-(e)s, Beschläge>* ① (*Schließe*) застёжка *f*; ② (*trübe Schicht*) налёт *m*
beschlagen *adj* (*Spiegel*) запоте́лый; **in einer Sache/auf einem Gebiet (gut) ~ sein** (хорошо́) разбира́ться в како́м-л. де́ле/в како́й-л. о́бласти
beschlagen[1] **I.** *irr vt* ① (*mit Beschlag versehen*) обива́ть, оби́ть *pf*; ② (*Pferd*) подко́вывать, -кова́ть *pf*; **II.** *vi* (*Fenster*) запотева́ть, -те́ть *pf*
beschlagen[2] *adj* (*versiert*) све́дущий, подко́ванный
beschlagnahmen *vt* конфиско́вывать, -кова́ть *pf*
beschleunigen **I.** *vi* развива́ть, -ви́ть *pf* ско́рость; **II.** *vt* ① торопи́ть, по- *pf*; ② (*Schritte*) ускоря́ть, -ко́рить *pf*
Beschleunigung *f <-, -en>* ускоре́ние *nt*
beschließen *irr vt* ① реша́ть, -ши́ть *pf*, постановля́ть, -ви́ть *pf*; ② (*beenden*) зака́нчивать, -ко́нчить *pf*; ③ (*billigen*) принима́ть, -ня́ть *pf*
Beschluss *m <-es, Beschlüsse>* реше́ние *nt*, постановле́ние *nt*; **einen ~ fassen** приня́ть реше́ние
beschmieren *vt* ① обма́зывать, -ма́зать *pf*; ② па́чкать, за- *pf*
beschmutzen *vt* ① па́чкать, ис- *pf*; ② (*fig*) оскверня́ть, -ни́ть *pf*
beschnuppern *vt* ① (*Tier*) обню́хивать, -ню́хать *pf*; ② (*fig*) присма́триваться, -смотре́ться *pf*
beschönigen *vt* приукра́шивать, -кра́сить *pf*
beschränken **I.** *vt* ограни́чивать, -ни́чить *pf*; **II.** *vr*

огранíчиваться, -нúчиться *pf*
beschränkt *adj* ① огранúченный; ② (*geistig*) недалёкий
Beschränkung *f* <-, -en> ограничéние *nt*
beschreibbar *adj* поддающийся описáнию
beschreiben *irr vt* ① опúсывать, -сáть *pf*; ② (*Papier*) испúсывать, -сáть *pf*
Beschreibung *f* <-, -en> описáние *nt*
beschriften *vt* надпúсывать, -сáть *pf*
beschuldigen *vt* обвинять, -винúть *pf*; **jdn einer Sache ~** обвинять когó-л. в чём-лúбо
Beschuldigung *f* <-, -en> обвинéние *nt*
Beschuss *m* <*gen:* -es> (MIL) обстрéл *m*
beschützen *vt* охранять *impf*, защищáть, -щитúть *pf* (*vor* +*dat* от +*gen*)
Beschützer, -in *m/f* <-s, -> защúтник, -ница *m/f*
Beschwerde *f* <-, -n> (*Klage*) жáлоба *f*; **~n** (*Leiden*) жáлобы
beschweren I. *vr* жáловаться, по- *pf* (*über* +*akk* на); **II.** *vt* утяжелять, -лúть *pf*
beschwerlich *adj* затруднúтельный, трýдный
beschwichtigen *vt* успокáивать, -кóить *pf*, унимáть, унять *pf*
beschwingt *adj* ① (*Stimmung*) окрылённый; ② (*Bewegung*) лёгкий, летящий
beschwipst *adj* (*umg*) навеселé, под хмелькóм
beschwören *vt* ① (*Person*) заклинáть *impf*; ② (*Aussage*) давáть, дать *pf* показáния под присягой; ③ (*Geist*) вызывáть, вызвать *pf*
beseitigen *vt* ① устранять, -нúть *pf*; ② (*umg: töten*) ликвидúровать *impf/pf*, убивáть, убúть *pf*
Beseitigung *f* <*gen:* -> устранéние *nt*, ликвидáция *f*
Besen *m* <-s, -> метлá *f*, вéник *m*
besessen *adj* одержúмый, неистовый; **er ist von dieser Idee völlig ~** он пóлностью одержúм этой идéей
besetzen *vt* ① (*Rolle*) распределять, -лúть *pf*; ② (*Stelle*) занимáть, -нять *pf*, замещáть, -местúть *pf*; ③ (*Haus, Tisch, Fensterplatz*) занимáть, -нять *pf*; ④ (MIL) занимáть, -нять *pf*, оккупúровать *impf/pf*
Besetzung *f* <-, -en> ① (*eines Hauses*) захвáт *m*; ② (*einer Rolle*) распределéние *nt*; ③ (*einer Stelle*) определéние *nt*, замещéние *nt*
besichtigen *vt* осмáтривать, -мотрéть *pf*
Besichtigung *f* <-, -en> осмóтр *m*, экскýрсия *f*
besiedeln *vt* заселять, -лúть *pf*
besiegeln *vt* (*fig*) скреплять, -пúть *pf*
besiegen *vt* ① (*Gegner*) побеждáть, -бедúть *pf*, одолéть *pf*, -левáть *impf*; ② (*fig*) преодолéть *pf*, -левáть *impf*
besinnen *vr* ① вспоминáть, вспóмнить *pf* (*auf* +*akk* о +*gen*); ② (*nachdenken*) размышлять *impf*, раздýмывать *impf*
besinnlich *adj* вдýмчивый, задýмчивый
Besinnung *f* <*gen:* -> ① (*das Besinnen*) размышлéние *nt*; ② (*Bewusstsein*) сознáние *nt*
Besitz *m* <*gen:* -es> ① (*das Besitzen*) владéние *nt*, обладáние *nt*; ② (*Eigentum*) имýщество *nt*, сóбственность *f*; **von etw ~ ergreifen** завладéть чéм-л.
besitzen *irr vt* ① владéть *impf*; ② (*Eigenschaft*) имéть *impf*
Besitzer, -in *m/f* <-s, -> владéлец, -лица *m/f*, обладáтель, -ница *m/f*
besitzlos *adj* неимýщий
besoffen *adj* (*umg*) пьяный
besohlen *vt* подбивáть, -бúть *pf*

B

подмётки
Besoldung *f* <-, -en> жа́лование *nt*, окла́д *m*
besondere(r, s) *adj* ❶ осо́бый, ча́стный; ❷ (*außergewöhnlich*) осо́бый, необыча́йный
Besonderheit *f* <-, -en> осо́бенность *f*
besonders *adv* ❶ осо́бо; ❷ (*verstärkend*) осо́бенно; **das Essen ist heute ~ gut** еда́ сего́дня осо́бенно хороша́
besonnen *adj* рассуди́тельный
Besonnenheit *f* <*gen:* -> рассуди́тельность *f*, благоразу́мие *nt*
besorgen *vt* ❶ (*beschaffen*) достава́ть, -та́ть *pf*, покупа́ть, купи́ть *pf*; ❷ (*erledigen*) исполня́ть, -по́лнить *pf*
Besorgnis *f* <-, -se> опасе́ние *nt*, трево́га *f*
besorgt *adj* озабо́ченный, обеспоко́енный; **um jdn/etw ~ sein** беспоко́иться о ко́м-л./чём-л.
Besorgung *f* <-, -en> исполне́ние *nt*; **~en machen** де́лать поку́пки
bespitzeln *vt* вести́ *impf* сле́жку
besprechen *irr vt* ❶ (*Buch, Konzert*) обсужда́ть, -суди́ть *pf*; ❷ (*Tonband*) growth наговáривать, -вори́ть *pf*
Besprechung *f* <-, -en> ❶ совеща́ние *nt*; ❷ (*von Buch*) реце́нзия *f*
bespritzen *vt* обры́згивать, -ры́згать *pf*
besser I. *adj* лу́чший, бо́лее хоро́ший; **um so ~!** тем лу́чше! **II.** *adv*: **~gesagt** точне́е говоря́.
bessern I. *vt* улучша́ть, -шить *pf*, поправля́ть, -ра́вить *pf*; **II.** *vr* ❶ улучша́ться, улу́чшиться *pf*; ❷ (*Mensch*) исправля́ться, -пра́виться *pf*
Besserung *f* <*gen:* -> улучше́ние *nt*; **gute ~!** скоре́йшего выздоровле́ния!
Besserwisser, -in *m/f* <-s, -> (*pej*) у́мник *m*
Bestand *m* <-(e)s, Bestände> ❶ (*vorhandene Werte*) нали́чность *f*, соста́в *m*; ❷ (*Vorrat*) запа́с *m*
beständig *adj* ❶ (*gleichbleibend*) постоя́нный, неизме́нный; ❷ (*dauerhaft*) про́чный; ❸ (*Wetter*) усто́йчивый
Bestandteil *m* <-(e)s, -e> составна́я ча́сть *f*, элеме́нт *m*
bestärken *vt* утвержда́ть, -верди́ть *pf*, подде́рживать, -жа́ть (*in* +*dat* в +*präpos*)
bestätigen I. *vt* ❶ (*bekräftigen*) подтвержда́ть, -верди́ть *pf*, удостоверя́ть, -ве́рить *pf*; ❷ (*Empfang*) подтвержда́ть, -верди́ть *pf*; **II.** *vr* подтвержда́ться, -верди́ться *pf*
Bestätigung *f* <-, -en> ❶ утвержде́ние *nt*; ❷ (*eines Briefes*) подтвержде́ние *nt*
bestatten *vt* хорони́ть, по- *pf*
Bestattung *f* <-, en> по́хороны *fpl*
beste(r, s) *adj* лу́чший; **am ~n machst du es gleich** лу́чше ты сде́лаешь э́то сра́зу; **mein ~r Freund** мой лу́чший друг
bestechen *vt* ❶ подкупа́ть, -пи́ть *pf*; ❷ (*fig: überzeugen, beeindrucken*) подкупа́ть, -пи́ть *pf*, располага́ть, -ложи́ть *pf* к себе́
bestechlich *adj* прода́жный, подку́пный
Bestechung *f* <-, -en> по́дкуп *m*, взя́тка *f*
Besteck *nt* <-(e)s, -e> ❶ (*Essensbesteck*) столо́вый прибо́р *m*; ❷ (*Arztbesteck*) набо́р *m* инструме́нтов
bestehen I. *irr vi* ❶ (*sein*) существова́ть *impf*; ❷ (*andauern*) продолжа́ться, -до́лжиться *pf*; **II.** *vt* (*Prüfung*) вы́держать *pf*, выде́рживать *impf*; **auf etw ~** наста́ивать на чём-л.; **aus etw ~** состоя́ть из чего́-л.
bestehen bleiben *irr vi* сохраня́ться, -ни́ться *pf*
bestehlen *irr vt* обкра́дывать,

обокра́сть *pf*
besteigen *irr vt* ❶ (*Berg*) поднима́ться, -ня́ться *pf*, всходи́ть, взойти́ *pf*; ❷ (*Pferd*) сади́ться, се́сть *pf*; ❸ (*Thron*) вступи́ть *pf*, -па́ть *impf* на престо́л
bestellen *vt* ❶ (*Ware*) зака́зывать, -за́ть *pf*; ❷ (*Post*) доставля́ть, -та́вить *pf*; ❸ (*ernennen*) назнача́ть, -зна́чить *pf*; ❹ (*mit Möbel*) уставля́ть, -та́вить *pf*; **jdm etw ~** (*umg: ausrichten*) передава́ть кому́-л. что́-л.; **jdn zu sich ~** вызыва́ть кого́-л. к себе́
Besteller, -in *m/f* <-s, -> зака́зчик *m*
Bestellung *f* <-, -en> (*Auftrag*) зака́з *m*; **eine ~ aufgeben** сде́лать зака́з; **eine ~ aufnehmen** (*entgegennehmen*) приня́ть зака́з
bestenfalls *adv* в лу́чшем слу́чае
bestens *adv* наилу́чшим о́бразом
besteuern *vt* облага́ть, -ложи́ть *pf* нало́гом
Bestie *f* <-, -n> зве́рь *m*, хи́щное живо́тное *nt*
bestimmen I. *vt* ❶ (*festlegen*) устана́вливать, -нови́ть *pf*, назнача́ть, -на́чить *pf*; ❷ (*anordnen*) постановля́ть, -ви́ть *pf*; ❸ (*vorsehen*) предназнача́ть, -на́чить *pf* (*für +akk* для *+gen*); **II.** *vi* располага́ть *impf*, распоряжа́ться, -ряди́ться *pf*
bestimmt I. *adj* ❶ (*festgelegt*) устано́вленный, назна́ченный; ❷ (*gewiss*) определённый; ❸ (LING: *Artikel*) определённый арти́кль *m*; **II.** *adv* определённо, то́чно; **das ist ~ richtig** э́то определённо ве́рно; **das weiß ich ~** я э́то твёрдо зна́ю
Bestimmung *m* ❶ (*Vorschrift*) предписа́ние *nt*, положе́ние *nt*; ❷ (*Festlegung*) определе́ние *nt*, назначе́ние *nt*; ❸ (*Zweckbestimmung*) назначе́ние *nt*; ❹ (*Verfügung*) постановле́ние *nt*
bestrafen *vt* нака́зывать, -каза́ть *pf*, штрафова́ть, оштрафова́ть *pf* (*für +akk* за)
Bestrafung *f* <-, -en> наказа́ние *nt*, штраф *m*
Bestrahlung *f* <-, -en> (MED) облуче́ние *nt*
Bestreben *nt* <*gen:* -s> стремле́ние *nt*, стара́ние *nt*
bestreichen *irr vt* ❶ обма́зывать, -ма́зать *pf*; ❷ (*Brot*) нама́зывать, -ма́зать *pf*
bestreiken *vt* проводи́ть, -вести́ *pf* забасто́вку
bestreiten *irr vt* ❶ (*abstreiten*) оспа́ривать, -по́рить *pf*; ❷ (*Kosten*) опла́чивать, -лати́ть *pf*, финанси́ровать *impf/pf*
bestreuen *vt* посыпа́ть, -сы́пать *pf*
Bestseller *m* <-s, -> бестсе́ллер *m*
bestürmen *vt* штурмова́ть *impf*
bestürzen *vt* поража́ть, -рази́ть *pf*
bestürzt *adj* поражённый, ошеломлённый
Bestürzung *f* <*gen:* -> смуще́ние *nt*; **in ~ versetzen** поверга́ть в смуще́ние
Besuch *m* <-(e)s, -e> ❶ (*das Besuchen*) посеще́ние *nt*; ❷ (*Besucher(in)*) посети́тель, -ница *m/f*; **~ haben** принима́ть посети́телей; **bei jdm zu ~ sein** быть у кого́-л. в гостя́х
besuchen *vt* ❶ посеща́ть, -сети́ть *pf*; ❷ (*Schule*) посеща́ть, -сети́ть *pf*, ходи́ть *impf*
Besucher, -in *m/f* <-s, -> посети́тель, -ница *m/f*
betagt *adj* пожило́й, ста́рый
betasten *vt* ощу́пывать, -пать *pf*
betätigen I. *vt* ❶ (*bedienen*) управля́ть *impf*; ❷ (*Gerät*) пуска́ть, -сти́ть *pf* в ход; **II.** *vr* занима́ться, -ня́ться *pf*; **sich politisch ~** занима́ться полити́ческой де́ятельностью
Betätigung *f* <-, -en> ❶ заня́тие *nt*, де́ятельность *f*; ❷ (*Bedienung*)

B

управлéние *nt*; ❸ (*eines Gerätes*) включéние *nt*, пуск *m*

betäuben *vt* ❶ оглушáть, -шить *pf*; ❷ (MED) обезбóливать, -бóлить *pf*

Betäubungsmittel *nt* <-s, -> обезбóливающее срéдство *nt*

beteiligen I. *vt* брать, взять *pf* в дóлю; **II.** *vr* ❶ (*teilnehmen*) учáствовать *impf* (*an +dat* в *+präpos*); ❷ (*finanziell*) принимáть, -нять *pf* учáстие (*an +dat* в *+präpos*)

Beteiligte(r) *mf* <-n, -n> учáстник, -ница *m/f*

Beteiligung *f* <-, -en> ❶ учáстие *nt*; ❷ (*Anteil*) дóля *f*

beten *vi* молиться, по- *pf*

beteuern *vt* ❶ заявлять, -вить *pf*, уверять, увéрить *pf*; ❷ (*Unschuld*) клясться, по- *pf*

Beteuerung *f* <-, -en> заверéние *nt*, уверéние *nt*

betiteln *vt* (*nennen*) озаглáвливать, -глáвить *pf*

Beton *m* <*gen:* -s> бетóн *m*

betonen *vt* дéлать, сдéлать *pf* ударéние

betonieren *vt* бетонировать *impf/pf*, за- *pf*

betont *adj* удáрный; **sie gab sich ~ gleichgültig** она велá себя подчёркнуто равнодушно

Betonung *f* <-, -en> ❶ ударéние *nt*; ❷ (*Nachdruck*) подчёркивание *nt*, акцентирование *nt*

betören *vt* обворáживать, -рожить *pf*, очарóвывать, -ровáть *pf*

Betracht *m* <*gen:* -(e)s>: **etw in ~ ziehen** принимáть во внимáние

betrachten *vt* ❶ (*anschauen*) рассмáтривать, -мотрéть *pf*; ❷ (*fig*) рассмáтривать, -мотрéть *pf*, анализировать *impf/pf*, про- *pf*

Betrachter, -in *m/f* <-s, -> наблюдáтель, -ница *m/f*

beträchtlich *adj* значительный

Betrachtung *f* <-, -en> ❶ рассмáтривание *nt*, разглядывание *nt*; ❷ (*Überlegung*) соображéния *ntpl*

Betrag *m* <-(e)s, Beträge> сумма *f*

betragen I. *vi* составлять, -тáвить *pf*; **II.** *vr* вести себя *impf*

Betragen *nt* <*gen:* -s> поведéние *nt*

betrauen *vt:* **jdn mit etw ~** поручáть кому-л. что-л.

betreffen *irr vt* ❶ (*angehen*) касáться, коснуться *pf*; **was Sie betrifft...** что касáется вас...; ❷ (*bestürzen*) поражáть, -разить *pf*; **sie war von dieser Nachricht sehr betroffen** она былá óчень поражена этой нóвостью

betreffend *adj* соответствующий, дáнный

betreffs *präp +gen* относительно, по пóводу

betreiben *irr vt* ❶ (*Gewerbe*) занимáться, -няться *pf*; ❷ (*Unternehmen*) вести *impf*; ❸ (*Studien*) занимáться, -няться *pf*; ❹ (*Maschine*) эксплуатировать *impf*; ❺ (*vorantreiben*) приводить, -вести *pf* в движéние

Betreiben *nt* <*gen:* -s>: **auf sein ~** по егó настоянию

betreten *adj* растéрянный; **~ sah er zu Boden** он смущённо смотрéл в пол

betreten *irr vt* ❶ (*Haus*) входить, войти *pf*; ❷ (*Boden*) ступáть, -пить *pf*

betreuen *vt* ❶ (*Kinder*) забóтиться, по- *pf*; ❷ (*versorgen*) обслуживать, -жить *pf*; ❸ (*Touristen*) сопровождáть, -водить *pf*

Betrieb *m* <-(e)s, -e> ❶ (*Firma*) предприятие *nt*; ❷ (*Betriebsamkeit*) движéние *nt*, оживлéние *nt*; ❸ (*Werk*) завóд *m*; ❹ (*Funktion*) рабóта *f*, дéйствие *nt*, эксплуатáция *f*; **außer ~ sein** не рабóтать; **in ~ sein** рабóтать

betrieblich *adj* производственный

betriebsbereit *adj* готóвый к эксплуатáции
Betriebssystem *nt* <-s, -e> (DV) операциóнная систéма *f*
betrinken *irr vr* напивáться, -пи́ться *pf*
betroffen *adj* (*erschüttert*) потрясённый, поражённый
betrüben *vt* печáлить, опечáлить *pf*
betrübt *adj* опечáленный, огорчённый
Betrug *m* <*gen:* -(e)s> обмáн *m*
betrügen *vt* ❶ обмáнывать, -нýть *pf*; ❷ (*Ehepartner(in)*) изменя́ть, -ни́ть *pf*
Betrüger, -in *m/f* <-s, -> обмáнщик, -щица *m/f*
betrügerisch *adj* обмáнный, мошéннический; **in ~er Absicht** с намéрением обманýть
betrunken *adj* пья́ный
Bett *nt* <-(e)s, -en> ❶ (*zum Schlafen*) кровáть *f*, постéль *f*; **ins ~ gehen** ложи́ться спать; **das ~ machen** стели́ть постéль ❷ (*Flussbett*) рýсло *nt*
Bettbezug *m* <-(e)s, -bezüge> пододея́льник *m*
Bettdecke *f* <-, -n> одея́ло *nt*, покрывáло *nt*
bettelarm *adj* ни́щий
Bettelei *f* <*gen:* -> попрошáйничество *nt*
betteln *vi* проси́ть, по- *pf* ми́лостыню, попрошáйничать *impf*
betten *vt* уклáдывать, уложи́ть *pf* (в постéль)
Bettfedern *pl* <*gen:* -> перина
Bettler, -in *m/f* <-, -> ни́щий, -щая *m/f*
Bettwäsche *f* <*gen:* -> постéльное бельё *nt*
beugen I. *vt* ❶ сгибáть, согнýть *pf*; ❷ (LING: *Substantiv*) склоня́ть, про- *pf*; ❸ (LING: *Verb*) спрягáть, про- *pf*; **II.** *vr* ❶ сгибáться, согнýться *pf*; ❷ (*fig: nachgeben*) уступáть, -пи́ть *pf*
Beule *f* <-, -n> ❶ (*Schwellung*) ши́шка *f*; ❷ (*an Auto*) вмя́тина *f*
beunruhigen *vt* беспокóить *impf*
Beunruhigung *f* <*gen:* -> беспокóйство *nt*
beurkunden *vt* удостоверя́ть, -вéрить *pf* документáми
beurlauben *vt* ❶ давáть, дать *pf* óтпуск; ❷ (*von Amt entbinden*) освобождáть, -боди́ть *pf* от дóлжности (на врéмя)
beurteilen *vt* расцéнивать, -ни́ть *pf*, суди́ть *impf*; **etw ist schwer zu ~** о чём-л. трýдно суди́ть
Beurteilung *f* <-, -en> ❶ (*das Beurteilen*) обсуждéние *nt*; ❷ (*Bewertung*) оцéнка *f*
Beute *f* <*gen:* -> добы́ча *f*
Beutel *m* <-s, -> мешóк *m*, кулёк *m*
Beuteltier *nt* <-(e)s, -e> сýмчатое живóтное *nt*
bevölkern *vt* населя́ть *impf*
Bevölkerung *f* <-, -en> населéние *nt*
bevollmächtigen *vt* уполномóчивать, -мóчить *pf*
Bevollmächtigte(r) *mf* <-n, -n> уполномóченный, -ная *m/f*
bevor *konj* прéжде чéм
bevormunden *vt* опекáть *impf*
Bevormundung *f* <*gen:* -> опéка *f*, опекýнство *nt*
bevorstehen *irr vi* предстоя́ть *impf*
bevorzugen *vt* ❶ предпочитáть, -чéсть *pf*; ❷ (*Person*) оказывáть, -зáть *pf* предпочтéние
Bevorzugung *f* <-, -en> предпочтéние *nt*
bewachen *vt* охраня́ть *impf*, стерéчь *impf*
Bewachung *f* <*gen:* -> ❶ охрáна *f*; ❷ (*Bewacher*) охрáнник *m*
bewaffnen *vt* вооружáть, -жи́ть *pf*
Bewaffnung *f* <*gen:* -> (*das Bewaffnen*) вооружéние *nt*
bewahren *vt* охраня́ть *impf*, оберегáть *impf*
bewähren *vr* ❶ (*Mensch*) показáть *pf*, -кáзывать *impf* себя́, прояви́ть *pf*, -явля́ть *impf* себя́; ❷ (*Gegenstand, Methode*)

оказа́ться *pf*, ока́зываться *impf* приго́дным, оправда́ть *pf*, -ра́вдывать *impf* себя́
bewahrheiten *vr* опра́вдываться, -да́ться *pf* на де́ле
bewährt *adj* надёжный; **ein ~es Mittel** испы́танное сре́дство
Bewährung *f* <-, -en> прове́рка *f*, испыта́ние *nt*; **mit ~** усло́вно
bewaldet *adj* леси́стый
bewältigen *vt* ❶ (*Schwierigkeiten*) преодолева́ть, -ле́ть *pf*; ❷ (*Arbeit*) справля́ться, спра́виться *pf*
bewandert *adj* о́пытный; **in einer Sache (gut) ~ sein** быть в како́м-л. де́ле (хорошо́) све́дущим
bewässern *vt* ороша́ть, ороси́ть *pf*
Bewässerung *f* <-, -en> ороше́ние *nt*, ирригáция *f*
bewegen I. *vt* ❶ дви́гать, дви́нуть *pf*; ❷ (*rühren*) тро́гать, тро́нуть *pf*, волнова́ть, взволнова́ть *pf*; **jdn zu etw ~** побуди́ть кого́-л. к чему́-л.; **II.** *vr* дви́гаться, дви́нуться *pf*
beweglich *adj* ❶ (*Gegenstand*) передвижно́й, дви́жущийся; ❷ (*körperlich*) подви́жный, ги́бкий; ❸ (*geistig*) живо́й
bewegt *adj* ❶ (*Leben*) бу́рный; ❷ (*gerührt*) взволно́ванный, тро́нутый
Bewegung *f* <-, -en> ❶ движе́ние *nt*; ❷ (*körperlich*) движе́ние *nt*; ❸ (*Rührung*) растро́ганность *f*, волне́ние *nt*; ❹ (*Massenbewegung*) обще́ственное движе́ние *nt*; **sich in ~ setzen** приходи́ть в движе́ние
bewegungslos *adj* неподви́жный
Beweis *m* <-es, -e> ❶ (*Nachweis*) доказа́тельство *nt*, до́вод *m*; ❷ (*Zeichen, Ausdruck*) проявле́ние *nt*; **den ~ erbringen** привести́ доказа́тельство
beweisbar *adj* доказу́емый
beweisen *irr vt* ❶ дока́зывать, -за́ть *pf*; ❷ (*zeigen*) проявля́ть, -ви́ть *pf*; **was zu ~ war** что и тре́бовалось доказа́ть
bewenden *vi*: **es bei etw ~ lassen** ограни́чиваться че́м-л.
bewerben *irr vr*: **sich um eine Stelle ~** подава́ть заявле́ние о приёме на рабо́ту
Bewerber, -in *m/f* <-s, -> ❶ (*Anwärter*) претенде́нт, -ка *m/f*, кандида́т *m*; ❷ (*Antragsteller*) заяви́тель *m*
Bewerbung *f* <-, -en> ❶ (*Bewerbungsschreiben*) заявле́ние *nt* о приёме на рабо́ту; ❷ (*Wettbewerb*) ко́нкурс
bewerkstelligen *vt* осуществля́ть, -ви́ть *pf*, устра́ивать, -ро́ить *pf*
bewerten *vt* оце́нивать, -ни́ть *pf*
Bewertung *f* <-, -en> ❶ о́тзыв *m*; ❷ (*Note*) оце́нка *f*
bewilligen *vt* разреша́ть, -ши́ть *pf*, предоставля́ть, -ста́вить *pf*
bewirken *vt* вызыва́ть, вы́звать *pf*, быть *impf* причи́ной
bewirten *vt* угоща́ть, угости́ть *pf*
bewirtschaften *vt* ❶ (*Land*) обраба́тывать, -бо́тать *pf*; ❷ (*Gaststätte*) управля́ть *impf*
Bewirtung *f* <-, -en> угоще́ние *nt*
bewog *prät von* **bewegen**
bewogen *part perf von* **bewegen**
bewohnbar *adj* жило́й
bewohnen *vt* ❶ (*Menschen*) населя́ть *impf*; ❷ (*Tiere*) обита́ть *impf*
Bewohner, -in *m/f* <-s, -> ❶ (*Haus~*) жиле́ц, -ли́ца *m/f*; ❷ (*Einwohner*) жи́тель, -ница *m/f*
bewölken *vr* покрыва́ться, -кры́ться *pf* облака́ми
bewölkt *adj* о́блачный, покры́тый облака́ми
Bewölkung *f* <*gen:* -> о́блачность *f*
Bewunderer, Bewunderin *m/f* <-s, -> покло́нник, -ница *m/f*
bewundern *vt* восхища́ться, -хити́ться *pf*
bewundernswert *adj* досто́йный восхище́ния

Bewunderung *f <gen: ->* восхище́ние *nt*, восто́рг *m*
bewusst *adj* ❶ созна́тельный; ❷ (*besagt*) изве́стный; **sich einer Sache ~ werden** отдава́ть себе́ отчёт в чём-л.
bewusstlos *adj* бессозна́тельный
Bewusstlosigkeit *f <-, -en>* беспа́мятство *nt*, бессозна́тельное состоя́ние *nt*
bewusst machen *vt:* **jdm etw ~** доводи́ть что́-л. до чьего́-л. созна́ния
Bewusstsein *nt <gen: -s>* созна́ние *nt*; **das ~ verlieren** теря́ть созна́ние; **zu ~ kommen** приходи́ть в созна́ние
bezahlen *vt* плати́ть, за- *pf*; **sich bezahlt machen** окупа́ться
Bezahlung *f <-, -en>* ❶ (*das Zahlen*) опла́та *f*; ❷ (*Entlohnung*) пла́та *f*, вознагражде́ние *nt*
bezaubern *vt* очаро́вывать, -ва́ть *pf*
bezeichnen *vt* ❶ (*kennzeichnen*) помеча́ть, -ме́тить *pf*, отмеча́ть, -ме́тить *pf*; ❷ (*nennen*) называ́ть, -зва́ть *pf*
bezeichnend *adj* характе́рный, показа́тельный; **etw ist ~ für jdn/etw** что́-л. явля́ется для кого́-л./чего́-л. характе́рным
Bezeichnung *f <-, -en>* ❶ (*Ausdruck*) выраже́ние *nt*; ❷ (*Name, Benennung*) назва́ние *nt*, обозначе́ние *nt*
bezeugen *vt* свиде́тельствовать *impf*, подтвержда́ть, -рди́ть *pf*
bezichtigen *vt* обвиня́ть, -ни́ть *pf*
Bezichtigung *f <-, -en>* обвине́ние *nt*
beziehen I. *irr vt* ❶ (*Bett*) меня́ть, по- *pf* посте́ль; ❷ (*Wohnung*) въезжа́ть, въе́хать *pf*; ❸ (*erhalten*) получа́ть, -чи́ть *pf*; ❹ (*Stellung*) занима́ть, -ня́ть *pf*; **II.** *irr vr* ❶ ссыла́ться, сосла́ться *pf* (*auf +akk* на); ❷ (*Himmel*) покрыва́ться, -кры́ться *pf*, завола́киваться, -ло́чься *pf*
Beziehung *f <-, -en>* ❶ (*Zusammenhang*) свя́зь *f*; ❷ (*zwischen Menschen*) отноше́ние *nt*; **zu jdm ~en anknüpfen** завяза́ть знако́мство с кем-л. ❸ (*Liebesverhältnis*) свя́зь *f*; ❹ (*Hinsicht*) отноше́ние *nt*, свя́зь *f*; **in dieser ~ muss ich dir Recht geben** в э́том отноше́нии я до́лжен с тобо́й согласи́ться
beziehungsweise *konj* ❶ (*genauer gesagt*) точне́е говоря́; **Mädchen ~ junge Frauen** де́вушки, верне́е говоря, моло́дые же́нщины; ❷ (*oder*) и́ли; **Männer ~ Frauen** мужчи́ны и́ли же́нщины
Bezirk *m <-(e)s, -e>* райо́н *m*
Bezug *adv*: **in ~ auf** относи́тельно
Bezug *m <-(e)s, Bezüge>* ❶ (*Überzug*) оби́вка *f*, чехо́л *m*; ❷ (*von Kissen*) на́волочка *f*; ❸ (*von Waren*) поку́пка *f*, получе́ние *nt*; **Bezüge** (*Einkommen*) дохо́ды; **auf etw ~ nehmen** ссыла́ться на что́-л.
bezüglich *präp +gen* относи́тельно, каса́тельно
bezuschussen *vt* субсиди́ровать *impf/pf*
bezwecken *vt* ста́вить, по- *pf* це́лью, добива́ться, -би́ться *pf*; **was bezweckst du damit?** чего́ ты хо́чешь э́тим доби́ться?
bezweifeln *vt* сомнева́ться *impf*; **das wage ich zu ~** в э́том я позво́лю себе́ усомни́ться
bezwingen *irr vt* ❶ (*Gegner*) побежда́ть, -беди́ть *pf*; ❷ (*Berg*) покори́ть *pf*, -ря́ть *impf*; ❸ (*sich selbst*) овладе́ть *pf*, -дева́ть *impf* собо́й
BH *abk von* ***Büstenhalter*** *m*
Bibel *f <-, -n>* Би́блия *f*
Bibelstelle *f <-, -n>* цита́та *f* из Би́блии
Biber *m <-s, ->* бобр *m*
Bibliographie *f <-, -n>* библиогра́фия *f*
bibliographisch *adj*

библиографи́ческий; **~e Angaben** библиографи́ческие да́нные

Bibliothek *f* <-, -en> библиоте́ка *f*

Bibliothekar, -in *m* <-s, -e> библиоте́карь *m*

biblisch *adj* библе́йский

bieder *adj* ① че́стный, поря́дочный; ② (*spießig*) обыва́тельский, меща́нский

biegen <bog, gebogen> **I.** *vt* гнуть, со- *pf*; **II.** *vr* сгиба́ться, согну́ться *pf*; **sich vor Lachen ~** (*umg*) ко́рчиться от сме́ха; **III.** *vi* повора́чивать, -верну́ть *pf*; **er bog um die Ecke** он сверну́л за́ угол

biegsam *adj* ги́бкий, упру́гий

Biegung *f* <-, -en> поворо́т *m*, изги́б *m*

Biene *f* <-, -n> пчела́ *f*

Bienenzucht *f* <*gen:* -> пчелово́дство *nt*

Bier *nt* <-(e)s, -e> пи́во *nt*; **das ist nicht mein ~** (*umg*) э́то меня́ не интересу́ет

Bierdose *f* <-, -n> пивна́я ба́нка *f*

Bierfass *nt* <-fasses, -fässer> пивна́я бо́чка *f*

Bierflasche *f* <-, -n> пивна́я буты́лка *f*

Bierglas *nt* <-es, -gläser> пивно́й бока́л *m*

Bierkrug *m* <-(e)s, -krüge> пивна́я кру́жка *f*

Bierlokal *nt* <-(e)s, -e> пивна́я *f*

Biest *nt* <-(e)s, -er> ① (*Tier*) тварь *f*; ② (*pej: Mensch*) бе́стия *f*, тварь *f*

bieten <bot, geboten> **I.** *vt* ① предлага́ть, -ложи́ть *pf*, дава́ть, дать *pf*; ② (*bei Auktion*) предлага́ть, -ложи́ть *pf*; ③ (*Anblick*) предоставля́ть, -ста́вить *pf*; ④ (*Hand*) протя́гивать, -тяну́ть *pf*; **II.** *vr* (*Gelegenheit*) представля́ться, -ста́виться *pf*

Bikini *m* <-s, -s> бики́ни *nt*

Bilanz *f* <-, -en> ① (ÖKON) бала́нс *m*; ② (*fig*) ито́г *m*; **~ ziehen** подвести́ ито́ги

bilateral *adj* (POL: *zweiseitig*) двусторо́нний; **~e Zusammenarbeit** двусторо́ннее сотру́дничество

Bild *nt* <-(e)s, -er> ① карти́на *f*, рису́нок *m*; ② (*Foto*) фотогра́фия *f*; ③ (*Vorstellung*) представле́ние *nt*, о́браз *m*; **sich von jdm/etw ein ~ machen** соста́вить себе́ о ко́м-л./чём-л. представле́ние; **über etw im ~e sein** быть в ку́рсе чего́-л.

bilden I. *vt* ① (*Sätze*) стро́ить, по- *pf*, образо́вывать, -зова́ть *pf*; ② (*formen*) создава́ть, -да́ть *pf*; ③ (*Gruppe*) организо́вывать, -зова́ть *pf*; ④ (*Meinung*) формирова́ть, сформирова́ть *pf*; ⑤ (*geistig*) образо́вывать, -зова́ть *pf*; **II.** *vr* (*geistig*) просвеща́ться, -свети́ться *pf*, развива́ться, -ви́ться *pf*

Bilderbuch *nt* <-(e)s, -bücher> кни́га *f* с карти́нками

Bildfläche *f*: **von der ~ verschwinden** (*umg*) исче́знуть из по́ля зре́ния; **auf der ~ erscheinen** (*umg*) появи́ться в по́ле зре́ния

bildhaft *adj* карти́нный, о́бразный

Bildhauer, -in *m/f* <-s, -> ску́льптор *m*

bildhübsch *adj* краси́вый, как на карти́нке; **sie ist ein ~es Mädchen** она пи́саная краса́вица

bildlich *adj* ① (*mit Hilfe von Bildern*) нагля́дный; ② (*Ausdruck*) о́бразный; **sich etw ~ vorstellen** что́-л. нагля́дно себе́ предста́вить

Bildnis *nt* <-ses, -se> портре́т *m*

Bildschirm *m* <-(e)s, -e> экра́н *m*

bildschön *adj* о́чень краси́вый

Bildung *f* <*gen:* -> ① (*kulturell*) образова́ние *nt*, просвеще́ние *nt*; ② (*Formung*) формирова́ние *nt*

bilingual *adj* двуязы́чный

Billard *nt* <*gen:* -s> билья́рд *m*

Billardkugel *f* <-, -n> билья́рдный шар *m*

Billet *nt* <-(e)s, -s/ -e> ① (*CH: Eintrittskarte, Fahrkarte*) биле́т *m*; ② (*österr: Glückwunschkarte*) поздрави́тельная откры́тка *f*

Billeteur, Billeteuse *m/f* <-s, -e> ① (*CH: Schaffner*) конду́ктор *m*, проводни́к *m* (по́езда); ② (*österr: Platzanweiser*) билетёр *m*

billig *adj* ① дешёвый, недорого́й; ② (*umg: zu einfach*) примити́вный; **eine ~e Ausrede** (*umg*) пуста́я отгово́рка; **etw ist recht und ~** что́-л. справедли́во

billigen *vt* одобря́ть, одо́брить *pf*

Billigung *f* <*gen:* -> одобре́ние *nt*; **jds ~ finden** получи́ть чьё-л. одобре́ние

Billion *f* <-, -en> биллио́н *m*

bimmeln *vi* звони́ть *impf*, трезво́нить *impf*

Bimsstein *m* <*gen:* -(e)s> пе́мза *f*

binär *adj* бина́рный, двои́чный

Binde *f* <-, -n> ① (*Verband*) повя́зка *f*, бинт *m*; ② (*Damen~*) гигиени́ческая прокла́дка *f*; ③ (*Augen~*) повя́зка *f*

Bindegewebe *nt* <*gen:* -s> соедини́тельная ткань *f*

Bindeglied *nt* <-(e)s, -er> свя́зующее звено́ *nt*

binden <band, gebunden> **I.** *vt* ① (*festbinden*) свя́зывать, -за́ть *pf*; ② (*Krawatte*) завя́зывать, -за́ть *pf*; ③ (*Buch*) переплета́ть, -плести́ *pf*; ④ (*Soße*) загусти́ть *pf*; ⑤ (*fig*) свя́зывать, -за́ть *pf*; **II.** *vr* обя́зываться, -за́ться *pf*, свя́зывать, -за́ть *pf* себя обяза́тельствами

Bindestrich *m* <-(e)s, -e> чёрточка *f*, дефи́с *m*

Bindfaden *m* <-s, -fäden> шпага́т *m*, верёвка *f*

binnen *präp* в тече́ние, в; **~ drei Tagen** в тече́ние трёх дне́й; **~ eines Jahres** в тече́ние го́да

Binnenhafen *m* <-s, -häfen> речно́й порт *m*, при́стань *f*

Binnenmeer *nt* <-(e)s, -e> вну́треннее мо́ре *nt*

Binse *f* <-, -n> тростни́к *m*; **etw geht in die ~n** (*umg*) что́-л. пошло́ пра́хом

Binsenweisheit *f* <-, -en> прописна́я и́стина *f*

Biochemie *f* <*gen:* -> биохи́мия *f*

Biochemiker, -in *m/f* <-s, -> биохи́мик *m*

Biograph, -in *m/f* <-en, -en> био́граф *m*

Biographie *f* <-, -n> биогра́фия *f*

Biologe, Biologin *m/f* <-n, -n> био́лог *m*

Biologie *f* <*gen:* -> биоло́гия *f*

biologisch *adj* биологи́ческий; **~ abbaubar** биологи́чески разлага́емый

Biorhythmus *m* <-, -rhythmen> биори́тм *m*

Biosphäre *f* <-, -n> биосфе́ра *f*

Biotop *nt* <-(e)s, -e> биото́п *m*

Birke *f* <-, -n> берёза *f*

Birkenwald *m* <-(e)s, -wälder> березня́к *m*

Birne *f* <-, -n> ① гру́ша *f*; ② (*Glühbirne*) электри́ческая ла́мпочка *f*; ③ (*umg: Kopf*) башка́ *f*

birnenförmig *adj* грушеви́дный

bis I. *präp +akk* ① (*zeitlich*) до; **~ Freitag** до пя́тницы; **~ bald/gleich!** до ско́рого! **von...~...** с... по... ② (*räumlich*) до; **~ München fahren** е́хать до Мю́нхена; **~ hierher und nicht weiter** до сих пор и не да́льше; **die Altersgruppe ~ 40** возрастна́я гру́ппа до 40; **II.** *adv* вплоть до, кро́ме; **alle ~ auf drei** все́, за исключе́нием трёх; **~ auf den letzten Platz** до после́днего ме́ста; **III.** *konj* пока́ не; **warte, ~ sie kommt** подожди́, пока́ она́ не придёт.

Bischof *m* <-s, Bischöfe> епи́скоп *m*

bisher *adv* до сих по́р; **~ hat das noch niemand bemerkt** до сих по́р э́того никто́ не заме́тил

bisherig *adj* пре́жний, бы́вший

B

Biskuit *m* <-s, -s> (*Keks*) бисквит *m*
Biskuitteig *m* <-s, -> бисквитное тесто *nt*
bislang *adv* до сих пор
biss *prät von* **beißen**
Biss *m* <-es, -e> укус *m*
bisschen *pron* немного
Bissen *m* <-s, -> кусок *m*
bissig *adj* ① (*Tier*) кусающийся, злой; ② (*Bemerkung*) колкий, язвительный
Bistro *nt* <-s, -s> бистро *nt*
Bistum *nt* <-s, -tümer> епископство *nt*
bitte *interj* ① пожалуйста, прошу; ② (*nach 'danke'*) пожалуйста; **~ schön/sehr** пожалуйста; **na ~** ну вот
Bitte *f* <-, -n> просьба *f*; **ich habe (nur) eine ~ an Sie** у меня есть к вам (только) одна просьба
bitten *vt* <bat, gebeten> просить, по- *pf*; **jdn um etw ~** просить кого-л. о чём-л.; **wenn ich ~ darf** если позволите
bitter *adj* ① (*Geschmack*) горький; ② (*fig*) горький; **das ist ~er Ernst!** это крайне серьёзно! **etw ~ nötig haben** очень нуждаться в чём-л.
bitterböse *adj* очень сердитый
bizarr *adj* необычный, своеобразный
Bizeps *m* <-(es), -e> бицепс *m*
blähen I. *vt* (*Segel*) надувать, -дуть *pf*; **II.** *vr* (*Segel*) надуваться, -дуться *pf*; **III.** *vi* пучить, вспучить *pf*
Blähung *f* <-, -n> вздутие *nt*, метеоризм *m*
Blamage *f* <-, -n> позор *m*, срам *m*
blamieren I. *vt* позорить, опозорить *pf*; **II.** *vr* позориться, опозориться *pf*
blank *adj* ① (*glänzend*) блестящий, сверкающий; ② (*unbedeckt*) голый; **~ sein** (*umg*) не иметь ни гроша за душой
blanko *adv* чистый, незаполненный
Blase *f* <-, -n> ① (*allgemein*) пузырь *m*; ② (*am Fuß*) волдырь *m*; ③ (ANAT) мочевой пузырь *m*
blasen <blies, geblasen> **I.** *vi* дуть *impf*; **II.** *vt* (*Trompete*) трубить, про- *pf*
Blasinstrument *nt* <-e, -e> духовой инструмент *m*
Blasmusik *f* <*gen:* -> духовая музыка *f*
blass *adj* ① (*bleich*) бледный; ② (*unscheinbar*) смутный
Blässe *f* <*gen:* -> бледность *f*
Blatt *nt* <-(e)s, Blätter> ① (*von Pflanze*) лист *m*; ② (*Papier~*) лист *m*, листок *m*; ③ (*Zeitung*) газета *f*; ④ (*beim Kartenspiel*) карта *f*
blättern *vi* листать *impf*; **in etw ~** просматривать что-л.
Blätterteig *m* <-(e)s, -e> слоёное тесто *nt*
blau *adj* ① синий; ② (*umg: betrunken*) пьяный; **ein ~er Fleck** синяк
Blau *nt* <-s, -s> синий цвет *m*
blauäugig *adj* ① синеглазый, голубоглазый; ② (*naiv*) наивный
Blaulicht *nt* <-(e)s, -er> голубой [*o* проблесковый] „маячок“ *m*
Blauwal *m* <-(e)s, -e> голубой кит *m*
Blazer *m* <-s, -> блейзер *m*
Blech *nt* <-(e)s, -e> ① жесть *f*; ② (*Backblech*) противень *m*; ③ (*umg: Unsinn*) чушь *f*, вздор *m*
Blechdose *f* <-, -n> жестяная банка *f*
blechen *vi* (*umg: bezahlen*) раскошеливаться, -литься *pf*
Bleibe *f* <-, -n> пристанище *nt*, убежище *nt*
bleiben <blieb, geblieben> *vi* оставаться, -таться *pf*; **wo bleibt sie nur?** где она только пропадает?; **es bleibt zu hoffen, dass...** остаётся надеяться, что...; **jdm bleibt nichts anderes übrig (als)** кому-л. не остаётся ничего другого, (как)
bleich *adj* бледный, блёклый
bleichen *vt* отбеливать, -лить *pf*

Bleistift *m* <-(e)s, -e> каранда́ш *m*
Bleistiftspitzer *m* <-s, -> точи́лка *f* для карандаше́й
Blende *f* <-, -n> (FOT) диафра́гма *f*
blenden *vt* ❶ слепи́ть *impf*; ❷ (*fig: beeindrucken*) ослепля́ть, -пи́ть *pf*, очаро́вывать, -рова́ть *pf*
blendend *adj* (*fig*) ослепи́тельный
Blick *m* <-(e)s, -e> ❶ взгля́д *m*, взор *m*; ❷ (*Aussicht*) вид *m*; **mit einem ~** мгнове́нно; **auf den ersten ~** на пе́рвый взгля́д
blicken I. *vi* смотре́ть, по- *pf*, гляде́ть, по- *pf*; **II.** *vr:* **sich ~ lassen** пока́зываться
Blickfang *m* <-(e)s, Blickfänge> ❶ (*Schlagzeile*) бро́ский заголо́вок *m*; ❷ (*Reklameelement*) бро́ский элеме́нт *m* рекла́мы
blieb *prät von* **bleiben**
blies *prät von* **blasen**
blind *adj* слепо́й; **ein ~er Passagier** безбиле́тный пассажи́р
Blinddarm *m* <-(e)s, -därme> слепа́я кишка́ *f*
Blinddarmentzündung *f* <-, -en> аппендици́т *m*
Blinde(r) *mf* <-n, -n> слепо́й, -па́я *m/f*
Blindekuhspiel *nt* <-(e)s, -e> игра́ *f* в жму́рки
Blindheit *f* <*gen:* -> (*auch fig*) слепота́ *f*
blindlings *adv* сле́по
blinken *vi* ❶ мерца́ть *impf*; ❷ (*bei Auto*) подава́ть, -да́ть *pf* светові́е сигна́лы
Blinker *m* <-s, -> ❶ (*an Auto*) сигна́л *m* поворо́та; ❷ (*an Angel*) блесна́ *f*
Blinklicht *nt* <-(e)s, -er> мига́ющий свет *m*
blinzeln *vi* мига́ть, -гну́ть *pf*, морга́ть, -гну́ть *pf*
Blitz *m* <-es, -e> ❶ мо́лния *f*; ❷ (FOT) вспы́шка *f*; **wie vom ~ getroffen** как гро́мом поражённый
Blitzableiter *m* <-s, -> молниеотво́д *m*, громоотво́д *m*
blitzen *vi* ❶ сверка́ть, -кну́ть *pf*; ❷ (*Gedanke*) мелька́ть, -кну́ть *pf*
Blitzlicht *nt* <-(e)s, -er> (FOT) фотовспы́шка *f*
blitzschnell *adj* молниено́сный
Block *m* <-(e)s, Blöcke> ❶ (*Häuserblock*) блок *m*; ❷ (*Schreibblock*) блокно́т *m*; ❸ (*aus Stein/Holz*) глы́ба *f*, коло́да *f*
Blockade *f* <-, -n> блока́да *f*
blockieren *vt* ❶ блоки́ровать *impf/pf*; ❷ (*Wasserzufuhr*) перекрыва́ть, -кры́ть *pf*
blöd *adj* глу́пый, тупо́й
Blödsinn *m* <*gen:* -(e)s> чушь *f*
blödsinnig *adj* глу́пый, идио́тский
Blog *nt o m* <-s, -s> (DV) блог *m*
bloggen (DV) **I.** *vt* писа́ть, на- *pf* в блог **II.** *vi* вести́ блог
Blogger(in) *m(f)* <-s, -> (DV) блогер *m*
blond *adj* светловоло́сый, белоку́рый
blondieren *vt* обесцве́чивать, -ве́тить *pf*, осветля́ть, -ли́ть *pf*
Blondine *f* <-, -n> (*umg*) блонди́нка *f*
bloß I. *adj* ❶ (*unbedeckt*) го́лый, обнажённый; ❷ (*allein*) оди́н то́лько; **II.** *adv* (*nur*) то́лько, лишь; **du hast ~ noch eine Stunde Zeit** у тебя́ то́лько час вре́мени; **hör ~ auf!** да прекрати́ же!
Blöße *f* <-, -n> ❶ (*Nacktheit*) нагота́ *f*, обнажённость *f*; ❷ (*fig*) сла́бое ме́сто *nt*
bloßstellen *vt* разоблача́ть, -блачи́ть *pf*
Blouson *m* <-s, -s> блузо́н *m*
Bluff *m* <-s, -s> (*umg: Täuschung*) блеф *m*, надува́тельство *nt*
bluffen *vi* блефова́ть *impf*
blühen *vi* ❶ (*Blume*) цвести́ *impf*; ❷ (*gedeihen*) процвета́ть *impf*
Blume *f* <-, -n> ❶ цвето́к *m*; ❷ (*von Bier*) пе́на *f*
Blumenkohl *m* <*gen:* -(e)s> цветна́я капу́ста *f*
Blumentopf *m* <-(e)s, -töpfe> цвето́чный горшо́к *m*
blumig *adj* ❶ (*Sprache*) цвети́стый; ❷ (*Duft*) цвето́чный

Blut *nt* <*gen:* -(e)s> кровь *f*; **ruhig ~!** споко́йно! **böses ~ schaffen** вызыва́ть си́льное раздраже́ние

blutarm *adj* малокро́вный

Blutbad *nt* <-(e)s, -bäder> крова́вая распра́ва *f*, резня́ *f*

Blutdruck *nt* <*gen:* -(e)s> кровяно́е давле́ние *nt*

Blüte *f* <-, -n> ① (*von Pflanze*) цвето́к *m*; ② (*fig*) расцве́т *m*, процвета́ние *nt*; ③ (*umg: Falschgeld*) фальши́вая купю́ра *f*

bluten *vi* кровото́чить *impf*

Blütenstaub *m* <*gen:* -(e)s> цвето́чная пыльца́ *f*

Bluter *m* <-s, -> страда́ющий *m* гемофили́ей

Bluterguss *m* <-es, -ergüsse> кровоизлия́ние *nt*

Blütezeit *f* <-, -en> ① (*von Pflanze*) вре́мя *nt* цвете́ния; ② (*fig*) эпо́ха *f* расцве́та

Blutgefäß *nt* <-es, -e> кровено́сный сосу́д *m*

Blutgruppe *f* <-, -n> гру́ппа *f* кро́ви

Bluthochdruck *m* <*gen:* -(e)s> повы́шенное кровяно́е давле́ние *nt*

blutig *adj* крова́вый, окрова́вленный

Blutkreislauf *m* <*gen:* -(e)s> кровообраще́ние *nt*

Blutprobe *f* <-, -n> ана́лиз *m* кро́ви; **eine ~ nehmen** брать ана́лиз кро́ви

Blutrache *f* <*gen:* -> крова́вая месть *f*

Blutspender *m* <-s, -> до́нор *m*

Bluttest *m* <-(e)s, -s> ана́лиз *m* кро́ви

Bluttransfusion *f* <-, -en> перелива́ние *nt* кро́ви

Blutung *f* <-, -en> ① кровотече́ние *nt*; ② (*Monats~*) менструа́ция *f*

Blutvergiftung *f* <-, -n> зараже́ние *nt* кро́ви

Blutwurst *f* <-, -würste> кровяна́я колба́са *f*, кровя́нка *f*

Bö *f* <-, -en> шквал *m*, си́льный поры́в *m* ве́тра

Bob *m* <-s, -s> са́ни *fpl* для бобсле́я

Bock *m* <-(e)s, Böcke> ① (*Schafbock*) бара́н *m*; ② (*Ziegenbock*) козёл *m*; ③ (*Ständer, Gestell*) подста́вка *f*, сто́йка *f*; ④ (SPORT) козёл *m*; **auf etw keinen ~ haben** (*umg*) не хоте́ть занима́ться че́м-л.

bockig *adj* упря́мый, капри́зный

Bockwurst *f* <-, -würste> сарде́лька *f*

Boden *m* <-s, Böden> ① (*Erdboden*) земля́ *f*, по́чва *f*; ② (*Fußboden*) пол *m*; ③ (*Acker*) земля́ *f*, земе́льный уча́сток *m*; ④ (*Dachboden*) черда́к *m*; ⑤ (*von Gefäß*) дно *nt*

bodenlos *adj* ① бездо́нный; ② (*umg: unglaublich*) неимове́рный

Bodensatz *m* <-(e)s, -sätze> оса́док *m*

Bodenschätze *mpl* <*gen:* -> поле́зные ископа́емые *ntpl*

Bodybuilding *nt* <*gen:* -s> культури́зм *m*

bog *prät von* **biegen**

Bogen *m* <-s, Bögen> ① дуга́ *f*; ② (*von Papier*) лист *m* бума́ги; ③ (*Waffe*) лук *m*; ④ (*von Geige*) смычо́к *m*; **den ~ überspannen** (*umg*) перегиба́ть па́лку

Bogenschießen *nt* <*gen:* -s> стрельба́ *f* из лу́ка

Bohle *f* <-, -n> доска́ *f*

Bohne *f* <-, -n> ① боб *m*; ② (*weiße ~*) фасо́ль *f*; ③ (*Kaffee~*) кофе́йное зерно́ *nt*; **nicht die ~** (*umg*) ни ка́пли

Bohnenkaffee *m* <-s, -s> ко́фе *m* в зёрнах

bohnern *vt* натира́ть, -тере́ть *pf* масти́кой

Bohnerwachs *nt* <-es, -e> масти́ка *f* для по́ла

bohren I. *vt* ① (*Loch*) сверли́ть, про- *pf*; ② (*in Holz*) бура́вить, про- *pf*; **II.** *vi* ① (*mit dem Bohrer*) сверли́ть, про- *pf*; ② (*Blick*) впива́ться, впи́ться *pf*; ③ (*in der Nase*) ковыря́ться *impf*;

❹ (*Schmerz*) пронза́ть, -зи́ть *pf*; **~de Fragen stellen** задава́ть мучи́тельные вопро́сы
Bohrer *m* <-s, -> дрель *f*
Bohrmaschine *f* <-, -n> сверли́льный стано́к *m*
Bohrturm *m* <-(e)s, -türme> бурова́я вы́шка *f*
böig *adj* (*Wind*) поры́вистый, шква́листый
Boiler *m* <-s, -> бо́йлер *m*
Boje *f* <-, -n> буй *m*
Bolzen *m* <-s, -> болт *m*
bombardieren *vt* бомбардирова́ть *impf/pf*, бомби́ть *impf*; **jdn mit Fragen ~** засыпа́ть кого́-л. вопро́сами
Bombe *f* <-, -n> бо́мба *f*; **etw schlägt ein wie eine ~** что́-л. производит эффе́кт разорва́вшейся бо́мбы
Bon *m* <-s, -s> ❶ (*Kassenzettel*) чек *m*; ❷ (*Gutschein*) тало́н *m*
Bonbon *nt* <-s, -s> караме́льная конфе́та *f*
Bonus *m* <-, -se> бо́нус *m*, ски́дка *f*
Boom *m* <-s, -s> (*Wirtschafts~*) подъём *m*
Boot *nt* <-(e)s, -e> ло́дка *f*; **im gleichen ~ sitzen** (*fig*) сиде́ть в одно́й ло́дке
Bord[1] *nt* <-(e)s, -e> (*Wand~*) по́лка *f*
Bord[2] *m* <-(e)s, -e>: **an ~** на борту́; **etw über ~ werfen** вы́бросить за́ борт
Bordell *nt* <-s, -e> борде́ль *m*, публи́чный дом *m*
borgen *vt:* **sich etw (von jdm) ~** занима́ть что́-л. (у кого́-л.); **jdm etw ~** ода́лживать кому́-л. что́-л.
Börse *f* <-, -n> ❶ (ÖKON) би́ржа *f*; ❷ (*Geldbeutel*) кошелёк *m*
Borste *f* <-, -n> щети́на *f*
Borte *f* <-, -n> кайма́ *f*, край *m*
bös *adj* (*schlimm, schlecht*) плохо́й, скве́рный; **mit uns sieht's aber ~ aus!** пло́хи на́ши дела́! **etw nicht ~ meinen** говори́ть без зло́го у́мысла
bösartig *adj* ❶ зло́й, зло́бный; ❷ (MED) злока́чественный
Böschung *f* <-, -en> отко́с *m*, склон *m*
böse *adj* ❶ (*schlimm, schlecht*) плохо́й, скве́рный; **ein ~s Ende nehmen** пло́хо ко́нчиться; **ein ~r Mensch** скве́рный челове́к ❷ (*wütend*) зло́й, серди́тый; **auf jdn ~ sein** серди́ться на кого́-л.
boshaft *adj* зло́й, зло́бный
Bosheit *f* <-, -en> зло́сть *f*, зло́ба *f*
Boss *m* <-es, -e> (*umg*) босс *m*
böswillig *adj* злонаме́ренный, зло́стный
bot *prät von* **bieten**
Botanik *f* <*gen:* -> бота́ника *f*
Bote, Botin *m/f* <-n, -n> курье́р *m*, посы́льный, -ная *m/f*
Botschaft *f* <-, -en> ❶ ве́сть *f*, изве́стие *nt*; ❷ (*eines Landes*) посо́льство *nt*
Botschafter, -in *m/f* <-s, -> посо́л *m*
Bottich *m* <-(e)s, -e> чан *m*
Boulevardpresse *f* <*gen:* -> бульва́рная пре́сса *f*
Boutique *f* <-, -n> сало́н *m* мод
Bowle *f* <-, -n> крюшо́н *m*
Box *f* <-, -en> ❶ бокс *m*; ❷ (*Kasten*) я́щик *m*; ❸ (*Lautsprecher*) коло́нка *f*, дина́мик *m*; ❹ (*Pferde~*) сто́йло *nt*
boxen *vi* бокси́ровать *impf*
Boxer *m* <-s, -> боксёр *m*
Boxkampf *m* <-(e)s, -kämpfe> боксёрский поеди́нок *m*
Boykott *m* <-(e)s, -e> бойко́т *m*
boykottieren *vt* бойкоти́ровать *impf/pf*
brach *prät von* **brechen**
brachliegen *vi* ❶ (*Acker*) лежа́ть *impf* под па́ром; ❷ (*fig: Fähigkeiten*) быть *impf* невостре́бованным
brachte *prät von* **bringen**
Branche *f* <-, -n> о́трасль *f*
Brand *m* <-(e)s, Brände> ❶ пожа́р *m*; ❷ (*umg: Durst*) жа́жда *f*; **etw in ~ setzen** подже́чь что́-л.
branden *vi* разбива́ться, -би́ться

B

B

pf, бушевáть *impf*; **die Wellen brandeten heftig gegen die Mole** вóлны с сúлой разбивáлись о мóл

Brandmal *nt* ❶ след *m* от ожóга; ❷ клеймó *nt*

brandmarken *vt:* **jdn ~ als ...** заклеймúть когó-л. как...

Brandstifter, -in *m/f* <-s, -> поджигáтель, -ница *m/f*

Brandstiftung *f* <-, -en> поджóг *m*

Brandung *f* <*gen:* -> морскóй прибóй *m*

brannte *prät von* **brennen**

Branntwein *m* <-(e)s, -e> вóдка *f*, алкогóльный напúток *m*

braten <briet, gebraten> **I.** *vt* жáрить, за- *pf*; **II.** *vi* жáриться, за- *pf*

Braten *m* <-s, -> жаркóе *nt*

Bratkartoffeln *fpl* <*gen:* -> жáреный картóфель *m*

Bratsche *f* <-, -n> (MUS) альт *m*

Bratwurst *f* <-, -würste> жáреная колбáска *f*

Brauch *m* <-(e)s, Bräuche> обы́чай *m*; **nach altem ~** по стáрому обы́чаю

brauchbar *adj* ❶ (*nutzbar*) пригóдный; ❷ (*gut*) полéзный, дéльный

brauchen *vt* ❶ (*benötigen*) нуждáться *impf*; ❷ (*verwenden*) употребля́ть, -бúть *pf*; **jd braucht etw nicht zu tun** комý-л. нéзачем чтó-л. дéлать; **etw braucht Zeit** для чегó-л. нýжно врéмя

brauen *vt* (*Bier*) варúть, сварúть *pf* пúво

Brauerei *f* <-, -en> пивовáренный завóд *m*

braun *adj* ❶ корúчневый; ❷ (*sonnengebräunt*) смýглый, загорéлый

Bräune *f* <*gen:* -> ❶ корúчневый цвет *m*; ❷ (*Sonnenbräune*) загáр *m*

bräunen I. *vt* (*an Sonne*) покрывáть, -ры́ть *pf* загáром; **II.** *vr* (*an Sonne*) загорáть, -рéть *pf*

braungebrannt *adj* загорéлый

Braunkohle *f* <*gen:* -> бýрый ýголь *m*

Brause *f* <-, -n> ❶ (*Dusche*) душ *m*; ❷ (*Limonade*) лимонáд *m*

brausen *vi* бушевáть, шумéть

Braut *f* <-, Bräute> невéста *f*

Bräutigam *m* <-s, -e> женúх *m*

Brautpaar *nt* <-(e)s, -e> молоды́е *pl*

brav *adj* ❶ (*Kind*) послýшный; ❷ (*ehrlich*) чéстный, порядочный

BRD *abk von* ***Bundesrepublik Deutschland*** *f* ФРГ *f*

Brecheisen *nt* <-s, -> лом *m*

brechen <brach, gebrochen> **I.** *vt* ❶ ломáть, раз- *pf*; ❷ (*Versprechen*) нарушáть, -рýшить *pf*; ❸ (*Herz*) разбивáть, -бúть *pf*; **II.** *vi* ❶ ломáться, по- *pf*, разбивáться, -бúться *pf*; ❷ (*erbrechen*) рвать, вы́- *pf*; **III.** *vr* ❶ (*Licht*) прорывáться, -рвáться *pf*, бить *impf*; ❷ (*Wellen*) разбивáться, -бúться *pf*

Brechreiz *m* <*gen:* -es> позы́в *m* к рвóте

Brei *m* <-(e)s, -e> ❶ (*Speise*) кáша *f*, пюрé *nt*; ❷ (*Masse*) мéсиво *nt*

breit *adj* ширóкий; **ein Meter ~** ширинóй в одúн метр

Breite *f* <-, -n> ширинá *f*

Breitengrad *m* <-(e)s, -e> грáдус *m* широты́

Bremse *f* <-, -n> ❶ тóрмоз *m*; ❷ (*Insekt*) слéпень *m*; **auf die ~ treten** нажáть на тóрмоз

bremsen I. *vi* тормозúть, за- *pf*, останáвливаться, -новúться *pf*; **II.** *vt* тормозúть, за- *pf*, останáвливать, -новúть *pf*

Bremsweg *m* <-(e)s, -e> тормознóй путь *m*

brennen <brannte, gebrannt> **I.** *vi* ❶ горéть, сгорéть *pf*, пылáть *impf*; ❷ (*Licht*) горéть *impf*; **bei den Nachbarn brennt noch Licht** у сосéдей ещё горúт свет; ❸ (*Wunde*) печь *impf*, жечь *impf*;

II. *vt* ❶ (*Ton*) обжига́ть, -жéчь *pf*; ❷ (*Schnaps*) гнать *impf*; **sich ~d für etw interessieren** о́чень интересова́ться чéм-л.
Brennnessel *f* <-, -n> крапи́ва *f*
Brennstoff *m* <-(e)s, -e> то́пливо *nt*, горю́чее *nt*
brenzlig *adj* ❶ горе́лый; ❷ (*umg: gefährlich*) сомни́тельный, опа́сный
Brett *nt* <-(e)s, -er> ❶ доска́ *f*; ❷ (*für Spiele*) игра́льная доска́ *f*; ❸ (*Regal*) по́лка *f*
Bretterzaun *m* <-(e)s, -zäune> доща́тый забо́р *m*
Brettspiel *nt* <-(e)s, -e> насто́льная игра́ *f*
Brief *m* <-(e)s, -e> письмо́ *nt*; **einen ~ frankieren** накле́ить на письмо́ почто́вую ма́рку
Brieffreund *m* <-(e)s, -e> партнёр *m* по перепи́ске
Briefing *nt* <-s, -s> бри́финг *m*
Briefkasten *m* <-s, -kästen> почто́вый я́щик *m*
brieflich *adj* пи́сьменный
Briefmarke *f* <-, -n> почто́вая ма́рка *f*
Briefpapier *nt* <*gen:* -(e)s> бума́га *f* для пи́сем, пи́счая бума́га *f*
Brieftasche *f* <-, -n> бума́жник *m*
Briefträger, -in *m/f* <-s, -> почтальо́н *m*
Briefumschlag *m* <-(e)s, -umschläge> конве́рт *m*
Briefwechsel *m* <-s, -> перепи́ска *f*; **mit jdm in ~ stehen** состоя́ть с ке́м-л. в перепи́ске
briet *prät von* **braten**
brillant *adj* блестя́щий, блиста́тельный; **sie ist eine ~e Rednerin** она́ великоле́пный ора́тор
Brillant *m* <-en, -en> бриллиа́нт *m*
Brille *f* <-, -n> ❶ очки́ *ntpl*; ❷ (*Schutzbrille*) защи́тные очки *ntpl*; ❸ (*Klosettbrille*) сиде́нье *nt* унита́за; **eine ~ tragen** носи́ть очки; **etw durch die rosa ~ sehen** (*umg*) смотре́ть на что́-л. сквозь ро́зовые очки́
Brillengestell *nt* <-(e)s, -e> опра́ва *f*
bringen <brachte, gebracht> *vt* ❶ (*herbringen*) приноси́ть, -нести́ *pf*; ❷ (*fortbringen*) относи́ть, -нести́ *pf*; **ich bringe dich zum Bahnhof** я провожу́ тебя́ на вокза́л; ❸ (*erbringen: Opfer*) приноси́ть, -нести́ *pf*; ❹ (*veröffentlichen*) публикова́ть, опубликова́ть *pf*; **jdn dazu ~, etw zu tun** заста́вить кого́-л. сде́лать что́-л.
Brite, Britin *m/f* <-n, -n> англича́нин, -ча́нка *m/f*, брита́нец, -нка *m/f*
britisch *adj* брита́нский; **die Britischen Inseln** Брита́нские острова́
bröckeln I. *vi* кроши́ться, рас- *pf*; **II.** *vt* кроши́ть, рас- *pf*
Brocken *m* <-s, -> кусо́к *m*, обло́мок *m*; **er ist ein harter ~** (*umg*) он кре́пкий оре́шек
brodeln *vi* кипе́ть, вскипе́ть *pf*, бурли́ть *impf*; **vor Wut ~** (*fig*) кипе́ть от я́рости
Brokat *m* <-(e)s, -e> парча́ *f*
Brombeere *f* <-, -n> ежеви́ка *f*
Bronchien *pl* <*gen:* -> бро́нхи *mpl*
Bronchitis *f* <*gen:* -> бронхи́т *m*
Bronze *f* <-, -n> бро́нза *f*
bronzefarben цве́та бро́нзы
Brosche *f* <-, -n> бро́шка *f*, брошь *f*
Broschüre *f* <-, -n> брошю́ра *f*
Brösel *m* <-s, -> кро́шка *f*
bröseln I. *vi* кроши́ться, рас- *pf*; **II.** *vt* кроши́ть, рас- *pf*
Brot *nt* <-(e)s, -e> ❶ хлеб *m*; ❷ (*~laib*) буха́нка *f*; ❸ (*belegtes ~*) бутербро́д *m*
Brötchen *nt* <-s, -> бу́лочка *f*
Browser *m* <-s, -> (DV) бра́узер *m*
Bruch *m* <-(e)s, Brüche> ❶ ло́мка *f*, поло́мка *f*; ❷ (*eines Versprechens*) наруше́ние *nt*; ❸ (*eines Gesetzes*) наруше́ние *nt*; ❹ (*von Knochen*) перело́м *m*, тре́щина *f*; ❺ (*Eingeweidebruch*) гры́жа *f*; ❻ (MATH) дробь *f*; **zu ~ gehen**

разбиться вдребезги; **in die Brüche gehen** рушиться

B

bruchfest *adj* небьющийся
brüchig *adj* ❶ ломкий; ❷ (*Stimme*) надтреснутый
Bruchstück *nt* <-(e)s, -e> обломок *m*
Bruchteil *m* <-(e)s, -e> частица *f*; **im ~ einer Sekunde** в доли секунды
Brücke *f* <-, -n> ❶ мост *m*; ❷ (*Teppich*) ковровая дорожка *f*; ❸ (*Zahnbrücke*) мост *m*
Bruder *m* <-s, Brüder> брат *m*
brüderlich *adj* братский
Brühe *f* <-, -n> ❶ (*Speise*) бульон *m*; ❷ (*trübe Flüssigkeit*) бурда *f*
brüllen *vi* ❶ (*Löwe*) рычать *impf*, реветь *impf*; ❷ (*wütender Mensch*) орать *impf*; ❸ (*Baby*) кричать, по- *pf*, орать *impf*
brummen *vi* ❶ (*Bär*) рычать *impf*; ❷ (*Mensch*) ворчать *impf*; ❸ (*Insekt*) жужжать *impf*; ❹ (*Motor*) гудеть
brummig *adj* (*schlechtgelaunt*) ворчливый
brünett *adj* темноволосый
Brunnen *m* <-s, -> ❶ колодец *m*; ❷ (*Mineralbrunnen*) минеральный источник *m*; ❸ (*Springbrunnen*) фонтан *m*
brüsk *adj* (*schroff*) крутой, резкий
brüskieren *vt* грубо обращаться *impf*
Brust *f* <-, Brüste> ❶ грудь *f*; ❷ (*der Frau*) грудь *f*, бюст *m*
brüsten *vr:* **sich mit etw ~** хвастаться чем-л.
Brüstung *f* <-, -en> парапет *m*
Brustwarze *f* <-, -n> сосок *m* груди
Brut *f* <-, -en> ❶ выводок *m*; ❷ (*das Brüten*) высиживание *nt*; ❸ (*pej: Kinder*) отродье *nt*
brutal *adj* жестокий, безжалостный; **ein ~es Verbrechen** зверское преступление
Brutalität *f* <-, -en> жестокость *f*, безжалостность *f*
brüten *vi* высиживать, высидеть *pf*; **über etw ~** ломать над чем-л. голову; **~de Hitze** гнетущая жара
brutto *adv* брутто
Bruttogewicht *nt* <-(e)s, -e> общий вес *m*
Buch *nt* <-(e)s, Bücher> ❶ книга *f*; ❷ (*Drehbuch*) сценарий *m*
Buchdruck *m* <*gen:* -(e)s> книгопечатание *nt*
Buche *f* <-, -n> бук *m*
buchen *vt* ❶ (*Reise*) бронировать *impf/pf*, за- *pf*; ❷ (ÖKON) записывать, -сать *pf* в бухгалтерскую книгу
Bücherfreund *m* <-(e)s, -e> библиофил *m*
Bücherregal *nt* <-(e)s, -e> книжная полка *f*
Bücherstütze *f* <-, -n> подпорка *f* для книг
Bücherwurm *m* <-(e)s, -würmer> (*umg*) книжный червь *m*
Buchführung *f* <-, -en> бухгалтерия *f*, бухгалтерский учёт *m*
Buchhalter, -in *m* <-s, -> бухгалтер *m*
Buchhandel *m* <*gen:* -s> книжная торговля *f*
Buchhändler, -in *f* <-s, -> книготорговец *m*
Buchhandlung *f* <-, -en> книжный магазин *m*
Büchse *f* <-, -n> ❶ банка *f*; ❷ (*Blechdose*) жестянка *f*; ❸ (*Gewehr*) охотничье ружьё *nt*
Büchsenöffner *m* <-s, -> консервный нож *m*
Buchstabe *m* <-n, -n> буква *f*
buchstabieren *vt* диктовать, про- *pf* по буквам
buchstäblich I. *adj* (*wörtlich*) буквальный, дословный; **II.** *adv* (*sozusagen, geradezu*) буквально, прямо-таки.
Bucht *f* <-, -en> бухта *f*, залив *m*
Buchung *f* <-, -en> ❶ (ÖKON) бухгалтерская запись *f*; ❷ (*einer Reise*) бронирование *nt*
Buchweizen *m* <*gen:* -s> гречиха *f*
Buckel *m* <-s, -> ❶ горб *m*; ❷ (*umg: Rücken*) горб *m*, спина *f*; ❸ (*umg:*

Hügel, Wölbung) возвы́шенность *f*, холм *m*
bücken *vr* нагиба́ться, -гну́ться *pf*; **sich nach etw ~** нагиба́ться за чём-л.
Bückling *m* <-s, -e> (*Hering*) копчёная сельдь *f*
Buddhismus *m* <*gen:* -> будди́зм *m*
Bude *f* <-, -n> ла́вка *f*, бу́дка *f*, пала́тка *f*
Budget *nt* <-s, -s> бюдже́т *m*
Büffel *m* <-s, -> бу́йвол *m*
büffeln *vi* (*umg: lernen*) интенси́вно занима́ться *impf*, учи́ть *impf*
Büffet *nt* <-s, -s> ① (*in Küche*) буфе́т *m*; ② (*Anrichte*) буфе́т *m*; **ein kaltes ~** холо́дные заку́ски
Bug *m* <-(e)s, -e> (*Schiffs~*) нос *m*, носова́я ча́сть *f*
Bügel *m* <-s, -> ① (*Kleiderbügel*) пле́чики *pl*, ве́шалка *f*; ② (*Brillenbügel*) ду́жка *f*; ③ (*Steigbügel*) стре́мя *nt*
Bügelbrett *nt* <-(e)s, -er> глади́льная доска́ *f*
Bügeleisen *nt* <-s, -> утю́г *m*
Bügelfalte *f* <-, -n> скла́дка *f*
bügelfrei *adj* немну́щийся
bügeln *vt* гла́дить, по- *pf*, утю́жить, от- *pf*
Bühne *f* <-, -n> ① сце́на *f*; ② (*Dachboden*) черда́к *m*
Bühnenbild *nt* <-(e)s, -er> декора́ция *f*
Bühnenstück *nt* <-(e)s, -e> пье́са *f*
Bulette *f* <-, -n> ру́бленая котле́та *f*
Bulgare, Bulgarin *m/f* <-n, -n> болга́рин, болга́рка *m/f*
Bulgarien *nt* <*gen:* -s> Болга́рия *f*
bulgarisch *adj* болга́рский
Bulle *m* <-n, -n> ① бык *m*; ② (*umg: pej: Polizist*) милиционе́р *m*, мент *m*; **jd ist ein ~ von Mann** (*umg*) кто́-л. здоро́в как бык
Bumerang *m* <-s, -s> бумера́нг *m*
Bummel *m* <-s, -> прогу́лка *f*
bummeln *vi* ① броди́ть *impf*, гуля́ть, по- *pf*; ② (*trödeln*) копа́ться, за- *pf*, вози́ться, за- *pf*
bumsen *vi* ① (*krachen*) гро́хнуть *pf*, -хать *impf*; ② (*umg: miteinander schlafen*) тра́хаться, -хнуться *pf*
Bund[1] *m* <-(e)s, Bünde> ① (*Vereinigung*) сою́з *m*; ② (*von Staaten*) сою́з *m*; ③ (*umg: BRD*) ФРГ *f*; ④ (*umg: Bundeswehr*) бундесве́р *m*; ⑤ (*Hosen~*) по́яс *m* брюк
Bund[2] *m* <-(e)s, -e> ① свя́зка *f*, пучо́к *m*; **bitte einen ~ Möhren** пучо́к морко́вки, пожа́луйста; ② (*Schlüssel~*) свя́зка ключе́й
Bündel *nt* <-s, -> свя́зка *f*, у́зел *m*
bündeln *vt* ① свя́зывать, -за́ть *pf* в узлы́; ② (*Strahlen*) фокуси́ровать, сфокуси́ровать *pf*
Bundes- (*in Zusammensetzungen*) федерати́вный, федера́льный
Bundeskanzler, -in *m/f* <-s, -> федера́льный ка́нцлер *m*
Bundesland *nt* <-(e)s, -länder> федера́льная земля́ *f*
Bundestag *m* <*gen:* -(e)s> бундеста́г *m*
Bundeswehr *f* <*gen:* -> бундесве́р *m*
bündig *adj* (*kurz*) сжа́тый, лакони́чный; **kurz und ~** ко́ротко и я́сно
Bündnis *nt* <-ses, -se> сою́з *m*
Bunker *m* <-s, -> (MIL) бу́нкер *m*
bunt *adj* ① (*farbig*) цветно́й; ② (*mehrfarbig*) разноцве́тный; ③ (*gemischt*) пёстрый; **es wird mir zu ~** э́то уж сли́шком
Burg *f* <-, -en> кре́пость *f*
Bürge *m* <-n, -n> поручи́тель *m*, гара́нт *m*
bürgen *vi* руча́ться, поручи́ться *pf* (*für +akk* за)
Bürger, -in *m/f* <-s, -> граждани́н, -да́нка *m/f*
Bürgerkrieg *m* <-(e)s, -e> гражда́нская война́ *f*
bürgerlich *adj* ① гражда́нский; ② (*spießig*) обыва́тельский
Bürgermeister, -in *m/f* <-s, -> бургоми́стр *m*
Bürgersteig *m* <-(e)s, -e> тротуа́р *m*
Bürgschaft *f* <-, -en> поручи́тельство *nt*; **eine ~ für**

B

jdn leisten поручи́ться за кого́-л.
Büro *nt* <-s, -s> бюро́ *nt*
Büroklammer *f* <-, -n> канцеля́рская скре́пка *f*
Bürokrat, -in *m/f* <-en, -en> бюрокра́т, -ка *m/f*
Bürokratie *f* <-, -n> бюрокра́тия *f*
bürokratisch *adj* бюрократи́ческий
Bürste *f* <-, -n> щётка *f*
bürsten *vt* чи́стить, по- *pf*; **sie bürstet sich das Haar** она́ расчёсывает себе́ во́лосы щёткой
Bürstenschnitt *m* <-(e)s, -e> стри́жка *f* ёжиком
Bus *m* <-ses, -se> авто́бус *m*
Busch *m* <-(e)s, Büsche> ❶ ку́ст *m*, куста́рник *m*; ❷ (*Urwald*) буш *m*, тропи́ческий лес *m*
Büschel *nt* <-s, -> пук *m*, пучо́к *m*
buschig *adj* кусти́стый; **~e Brauen** густы́е бро́ви
Busen *m* <-s, -> ❶ же́нская грудь *f*; ❷ (*Meeres~*) зали́в *m*
Busenfreund, -in *m/f* <-(e)s, -e> (*umg*) закады́чный друг, -ная подру́га *m/f*
Busfahrer, -in *m/f* <-s, -> води́тель, -ница *m/f* авто́буса
Bushaltestelle *f* <-, -n> авто́бусная остано́вка *f*
Buße *f* <-, -n> ❶ покая́ние *nt*; ❷ (*Geldstrafe*) штраф *m*
büßen I. *vi:* **für etw ~** поплати́ться за что́-л.; **II.** *vt* (*Sünden*) ка́яться, по- *pf*
Büste *f* <-, -n> ❶ (*Statue*) бюст *m*; ❷ (*Brust*) бюст *m*, же́нская грудь *f*
Büstenhalter *m* <-s, -> бюстга́льтер *m*, ли́фчик *m*
Butter *f* <gen: -> ма́сло *nt*; **alles in ~!** (*umg*) всё идёт как по ма́слу
Butterbrot *nt* <-(e)s, -e> хлеб *m* с ма́слом
Buttermilch *f* <gen: -> па́хта *f*
bzw. *abk von* ***beziehungsweise***

Cc

c, C *nt* <-, -> к, К, ц, Ц, ш, Ш, х, Х
ca. *abk von* ***circa***
Café *nt* <-s, -s> кафе́ *nt*
Cafeteria *f* <-, -s> кафете́рий *m*
Camp *nt* <-s, -s> пала́точный ла́герь *m*
campen *vi* жить *impf* в ке́мпинге
Campingplatz *m* <-es, -plätze> ке́мпинг *m*
Campus *m* <gen: -> террито́рия *f* университе́та
Caravan *m* <-s, -s> ❶ (*Kombiwagen*) автомоби́ль *m* ко́мби; ❷ (*Wohnwagen*) жило́й миниавто́бус *m*
Cartoon *m* <-s, -s> карикату́ра *f*, сатири́ческий рису́нок *m*
CD *abk von* ***Compact Disc*** *f*
CD-Spieler *m* <-s, -> прои́грыватель *m* для компа́ктных ди́сков
Cellist, -in *m/f* <-en, -en> виолончели́ст, -ка *m/f*
Cello *nt* <-s, Celli> виолонче́ль *f*
Cellophan ® *nt* <gen: -s> целлофа́н *m*
Celsius *nt* <-, -> Це́льсий *m*; **die Wassertemperatur beträgt 17 Grad ~** температу́ра воды́ составля́ет 17 гра́дусов по Це́льсию
Chamäleon *nt* <-s, -s> хамелео́н *m*
Champagner *m* <gen: -s> шампа́нское *nt*

Champignon *m* <-s, -s> шампиньо́н *m*

Chance *f* <-, -n> шанс *m*, возмо́жность *f*; **keine ~ haben** не име́ть ша́нсов

Chancengleichheit *f* <*gen:* -> ра́вные ша́нсы *pl*

Chaos *nt* <*gen:* -> ха́ос *m*

chaotisch *adj* хаоти́ческий, хаоти́чный

Charakter *m* <-s, -e> хара́ктер *m*

charakterisieren *vt* характеризова́ть *impf/pf*, охарактеризова́ть *pf*

charakteristisch *adj* характе́рный, типи́чный

charakterlos *adj* бесхара́ктерный

Charakterstärke *f* <-, -n> си́ла *f* хара́ктера

Charakterzug *m* <-(e)s, -züge> черта́ *f* хара́ктера

charmant *adj* очарова́тельный, восхити́тельный

Charme *m* <*gen:* -s> шарм *m*, обая́ние *nt*

Charterflug *m* <-(e)s, -flüge> ча́ртерный ре́йс *m*

chartern *vt* фрахтова́ть, за- *pf*

Chat *m* <-s, -s> (DV) бесе́да *f*, чат *m*

Chauffeur, Chauffeuse *m/f* <-s, -e> (*CH: Autofahrer*) шофёр *m*

checken *vt* проверя́ть, -ве́рить *pf*, контроли́ровать, про- *pf*

Chef, -in *m/f* <-s, -s> шеф *m*, нача́льник *m*

Chefarzt, -ärztin *m/f* <-es, -ärzte> гла́вный врач *m*

Chemie *f* <*gen:* -> хи́мия *f*

Chemikalien *pl* <-, -n> химика́лии *pl*

Chemiker, -in *m/f* <-s, -> хи́мик *m*

chemisch *adj* хими́ческий; **~e Reinigung** химчи́стка

Chiffre *f* <-, -n> ① (*in einem Code*) число́ *nt*, ци́фра *f*; ② (*in Zeitungsannoncen*) шифр *m*

Chile *nt* <*gen:* -s> Чи́ли *nt*

China *nt* <*gen:* -s> Кита́й *m*

Chinese, Chinesin *m/f* <-n, -n> кита́ец, -тая́нка *m/f*

chinesisch *adj* кита́йский

Chirurg, -in *m/f* <-en, -en> хиру́рг *m*

Chirurgie *f* <-, -n> ① хирурги́я *f*; ② (*umg: chirurgische Abteilung*) хирурги́ческое отделе́ние *nt*

chirurgisch *adj* хирурги́ческий; **~er Eingriff** хирурги́ческое вмеша́тельство

Chlor *nt* <*gen:* -s> хлор *m*

Cholera *f* <*gen:* -> холе́ра *f*

cholerisch *adj* холери́ческий, вспы́льчивый

Chor *m* <-s, Chöre> хор *m*; **im ~ singen** петь в хо́ре

Choreograph, -in *m/f* <-en, -en> хорео́граф *m*

Choreographie *f* <-, -n> хореогра́фия *f*

Christ, -in *m/f* <-en, -en> христиа́нин, -а́нка *m/f*

Christentum *nt* <*gen:* -s> христиа́нство *nt*

christlich *adj* христиа́нский

Christus *m* <*gen:* -> Христо́с *m*

Chrom *nt* <*gen:* -s> хром *m*

Chronik *f* <-, -en> хро́ника *f*

chronisch *adj* ① (MED) хрони́ческий; ② (*fig*) хрони́ческий, постоя́нный

Chronologie *f* <-, -n> хроноло́гия *f*

chronologisch *adj* хронологи́ческий; **in ~er Reihenfolge** в хронологи́ческом поря́дке

circa *adv* приблизи́тельно, о́коло

Clown *m* <-s, -s> кло́ун *m*; **sich zum ~ machen** де́лать из себя́ кло́уна

Club *m* <-s, -s> клуб *m*

Cocktail *m* <-s, -s> кокте́йль *m*

Code *m* <-s, -s> код *m*

Comic *m* <-s, -s> ко́микс *m*

Compact Disc *f* <-, -s> компа́ктный диск *m*

Computer *m* <-s, -> компью́тер *m*

Container *m* <-s, -> конте́йнер *m*

cool *adj* ① (*umg*) споко́йный, холо́дный; **~ bleiben** сохраня́ть споко́йствие ② (*Klasse*) кла́ссный, шика́рный

Corn-flakes *pl* <*gen:* -> кукуру́зные хло́пья *pl*

C

Couch *f* <-, -s> кушéтка *f*
Coupon *m* <-s, -s> купóн *m*
Courage *f* <*gen:* -> смéлость *f*
Cousin, Cousine *m/f* <-s, -s> кузéн, -зúна *m/f*
Cover *nt* <-s, -s> ❶ (*von Schallplatte/Buch*) конвéрт *m*; ❷ (*von Zeitschrift*) облóжка *f*
Creme, Krem(e) *f* <-, -s> ❶ (*kosmetisches Präparat*) крем *m*; ❷ (*Süßspeise*) крем *m*
Cursor *m* <-s, -> (DV) курсóр *m*

D

Dd

d, D *nt* <-, -> д, Д
da I. *adv* ❶ (*dort*) там; ❷ (*hier*) здесь, тут; ❸ (*temporal*) тогдá; **hier und~** тут и там; **von ~ an** с тех пор; **II.** *konj* (*kausal*) так как.
dabei *adv* при э́том, при том; **was ist schon ~?** что́ же тут такóго?
dabeihaben *irr vt* имéть *impf* при себé
dabei sein *irr vi* присýтствовать *impf*
dableiben *irr vi* оставáться, -тáться *pf*
Dach *nt* <-(e)s, Dächer> крыша *f*
Dachboden *m* <-s, -böden> чердáк *m*
Dachdecker *m* <-s, -> крóвельщик *m*
Dachgeschoss *nt* <-es, -e> мансáрдный этáж *m*
Dachrinne *f* <-, -n> водостóчный жёлоб *m*
Dachs *m* <-es, -e> барсýк *m*
dachte *prät von* **denken**
Dachziegel *m* <-s, -> крóвельная черепúца *f*
Dackel *m* <-s, -> тáкса *f*
dadurch *adv* ❶ (*da hindurch*) чéрез; ❷ (*durch diese Maßnahme*) благодаря́ томý, что; ❸ (*infolge*) вслéдствие тогó, что
dafür *adv* за э́то; **ich bin ~, nach Hause zu gehen** я за тó, чтóбы идтú домóй
dagegen *adv* прóтив э́того; **nichts ~ haben** не имéть ничегó прóтив
daheim *adv* дóма; **~ sein** быть дóма
daher *adv* оттýда; **das kommt ~** э́то происхóдит оттогó
dahin *adv* (*eine Richtung bezeichnend*) тудá
dahinsiechen *vi* чáхнуть
dahinter *adv* сзáди, позадú
dahinter kommen *irr vi* (*umg*) разузнáть *pf*, -знавáть *impf*
dahinter stecken *vi* (*umg*) крыться *impf*; **es steckt etw dahinter** за э́тим что́-то крóется
dalassen *irr vt* (*umg*) остáвить *pf*, -вля́ть *impf*; **soll ich dir das Buch ~?** остáвить тебé кнúгу ?
damalig *adj* тогдáшний; **der ~e Innenminister** тогдáшний минúстр внýтренних дел
damals *adv* тогдá, в тó врéмя
Dame *f* <-, -n> ❶ (*Frau*) дáма *f*, госпожá *f*; **meine ~n und Herren!** Дáмы и господá! ❷ (*kein pl: Brettspiel*) шáшки *pl*; **~ spielen** игрáть в шáшки
Damenmode *f* <*gen:* -> жéнская мóда *f*
Damespiel *nt* <-(e)s, -e> шáшки *pl*
damit I. *adv* э́тим, тем; **was willst du ~ sagen?** что ты э́тим хóчешь сказáть?; **II.** *konj* чтóбы, с тем, чтóбы; **~ nicht** чтóбы не.
dämlich *adj* (*umg: pej*) глуповáтый, придурковáтый

Damm *m* <-(e)s, Dämme> ❶ (*Wall*) да́мба *f*, вал *m*; ❷ (ANAT) промéжность *f*

dämmerig *adj* су́меречный

dämmern *vi* ❶ (*Morgen werden*) рассвета́ть, -вести́ *pf*; ❷ (*Abend werden*) смерка́ться, -кну́ться *pf*; ❸ (*umg: jmd klar werden*) начина́ть, -ча́ть понима́ть *pf*

Dämmerung *f* <*gen:* -> су́мерки

Dämon *m* <-s, -en> де́мон *m*

dämonisch *adj* демони́ческий

Dampf *m* <-(e)s, Dämpfe> пар *m*

dampfen *vi* испаря́ться, -ри́ться *pf*

dämpfen *vt* ❶ (*Stimme*) понижа́ть, -ни́зить *pf*; ❷ (*Freude*) сде́рживать, -жа́ть *pf*; ❸ (*Gemüse*) туши́ть, стуши́ть *pf*

Dampfer *m* <-s, -> парохо́д *m*

Dampflokomotive *f* <-, -n> парово́з *m*

danach *adv* ❶ (*zeitlich*) зате́м, по́сле э́того; **erst kaufte er ein, ~ kochte er** снача́ла он сде́лал поку́пки, пото́м стал гото́вить; ❷ (*eine Richtung bezeichnend*) за э́тим, за тем; **sie streckte die Hand ~ aus** она́ протяну́ла за э́тим ру́ку; ❸ (*einer Sache entsprechend*) в соотве́тствии

Däne *m* <-n, -n> датча́нин *m*

daneben *adv* ря́дом

Dänemark *nt* <*gen:* -s> Да́ния *f*

Dänin *f* <-, -en> датча́нка *f*

dänisch *adj* да́тский

dank *präp* +*dat* благодаря́

Dank *m* <*gen:* -(e)s> благода́рность *f*, призна́тельность *f*; **vielen ~!** большо́е спаси́бо!

dankbar *adj* благода́рный

Dankbarkeit *f* <*gen:* -> благода́рность *f*, призна́тельность *f*

danke *interj* спаси́бо

danken *vi* благодари́ть, по- *pf*; **dankend annehmen** принима́ть с благода́рностью; **nichts zu ~!** не сто́ит благода́рности!

Dankeschön *nt* <*gen:* -s> большо́е спаси́бо *nt*

dann *adv* ❶ (*eine Reihenfolge bezeichnend*) тогда́, пото́м, зате́м; ❷ (*eine Folge bezeichnend*) в тако́м слу́чае, то; ❸ (*außerdem*) кро́ме того́

daran *adv* к э́тому, к тому́, на э́том, на том; **ihr liegt viel ~** ей э́то о́чень ва́жно

daransetzen *vt* (*einsetzen, aufbieten*) употребля́ть, -би́ть *pf*, применя́ть, -ни́ть *pf*

darauf *adv* ❶ (*räumlich*) на э́том, на том; ❷ (*im Anschluss daran*) зате́м, по́сле того́; **die Woche ~** на сле́дующей неде́ле

darauf folgend *adj* сле́дующий

daraufhin *adv* по́сле э́того

daraus *adv* из э́того, отсю́да; **~ geht hervor, dass ...** отсю́да сле́дует, что

Darbietung *f* <-, -en> исполне́ние *nt*, выступле́ние *nt*

darf *1. und 3. pers sg von* **dürfen**

darin *adv* ❶ (*in dieser Sache*) в э́том, в том; **die Schwierigkeit besteht gerade ~, dass...** сло́жность заключа́ется как ра́з в том, что...; ❷ (*räumlich*) внутри́

darlegen *vt* (*Plan, Theorie, Gründe*) излага́ть, -ложи́ть *pf*

Darlehen *nt* <-s, -> ссу́да *f*, заём *m*

Darm *m* <-(e)s, Därme> кишка́ *f*

Darminfektion *f* <-, -en> кише́чная инфе́кция *f*

darstellen *vt* ❶ (*wiedergeben*) изобража́ть, -брази́ть *pf*; ❷ (*eine Rolle*) исполня́ть, -по́лнить *pf* роль; ❸ (*schildern*) представля́ть, -ста́вить *pf*, изобража́ть, -брази́ть *pf*; ❹ (*einer Sache gleichkommen*) представля́ть *impf* собо́й, явля́ться, яви́ться *pf*

Darsteller, -in *m/f* <-s, -> исполни́тель, -ница *m/f*

Darstellung *f* <-, -en> изображе́ние *nt*, изложе́ние *nt*

darüber *adv* ❶ (*räumlich*) над э́тим, над тем; ❷ (*über eine Angelegen-*

D

heit) об э́том, о том; ❸ (*mehr*) бо́льше, свы́ше

darüber hinaus *adv* сверх того́, поми́мо того́

darüber stehen *irr vi* быть *impf* вы́ше

darum *adv* ❶ (*um diese Stelle*) вокру́г, о́коло; ❷ (*um diese Sache*) об э́том, о том; **er hat sich ~ gekümmert** он об э́том позабо́тился; **ich würde viel ~ geben, wenn...** я мно́гое о́тдал бы за то́, что́бы...

darunter *adv* ❶ (*unter einer Sache*) под э́тим, под тем; ❷ (*unter einem Begriff*) под э́тим; ❸ (*unter verschiedenen Dingen*) среди́ них, в том числе́

das **I.** *best* *определённый арти́кль сре́днего ро́да*; **II.** *pron rel* кото́рое, кто, что; **das einzige Fenster, ~ geöffnet war...** еди́нственное окно́, кото́рое бы́ло откры́то...; **III.** *part dem* э́то, то, оно́.

da sein *irr vi* быть *impf* на лицо́, прису́тствовать *impf*; **ich bin gleich wieder da** я сейча́с верну́сь; **ist noch etw Kaffee da?** есть ещё немно́го ко́фе?

Dasein *nt* <*gen:* -s> ❶ (*die Existenz*) бытие́ *nt*; ❷ (*das menschliche Leben*) существова́ние *nt*

dass *konj* ❶ что, то, что; **~ die Arbeit schon fertig ist, erstaunt mich** то, что рабо́та уже́ завершена́, меня удивля́ет; ❷ (*im Konsekutivsatz*) что; **er fuhr so schnell, ~ ich Angst bekam** он е́хал так бы́стро, что мне ста́ло стра́шно; ❸ (*im Finalsatz*) что́бы; **sage das lauter, ~ es alle hören** скажи́ гро́мче, что́бы все услы́шали

dasselbe *pron* то же са́мое; **das ist genau ~** э́то то́чно одно́ и то́ же

dastehen *irr vi* ❶ (*stehen*) стоя́ть *impf*; ❷ (*in einer bestimmten Situation sein*) быть *impf* в ситуа́ции, ока́зываться, -за́ться *pf*

Datei *f* <-, -en> файл *m*

Dateiname *m* <-ns, -n> (DV) и́мя *nt* фа́йла

Daten *pl* <*gen:* -> да́нные *pl*; **technische ~** техни́ческие да́нные

Datenbank *f* <-, -en> банк *m* да́нных

Datenverarbeitung *f* <*gen:* -> обрабо́тка *f* да́нных

datieren **I.** *vt* дати́ровать *impf/pf*; **er datierte den Brief auf den 24. Mai** он дати́ровал письмо́ 24 ма́я; **II.** *vi* относи́ться *impf*; **das Manuskript datiert aus dem 19. Jahrhundert** ру́копись отно́сится к 19 ве́ку

Dativ *m* <-s, -e> да́тельный паде́ж *m*

Dattel *f* <-, -n> фи́ник *m*

Datum *nt* <-s, Daten> да́та *f*; **welches ~ haben wir heute?** како́е у нас сего́дня число́ ?

Dauer *f* <*gen:* -> ❶ (*Fortdauer*) продолжи́тельность *f*; **auf die ~** надо́лго ❷ (*begrenzte Zeitspanne*) срок *m*, пери́од *m*; **für die ~ eines Jahres** сро́ком на год

dauerhaft *adj* про́чный, долгове́чный

Dauerlauf *m* <-(e)s, -läufe> бег *m* на дли́нную диста́нцию

dauern *vi* продолжа́ться, -до́лжиться *pf*, дли́ться, про- *pf*; **es wird nicht lange ~** э́то не продли́тся до́лго

dauernd *adj* продолжи́тельный, постоя́нный

Dauerwelle *f* <-, -n> хими́ческая зави́вка *f*

Daumen *m* <-s, -> большо́й па́лец *m* руки́; **jdm die ~ drücken** жела́ть кому́-л. успе́ха

Daune *f* <-, -n> пуши́нка *f*

Daunendecke *f* <-, -n> пухо́вое одея́ло *nt*

davon *adv* ❶ (*von einer Stelle entfernt*) отсю́да; **nur wenige Straßen ~ entfernt** всего́ че́рез не́сколько у́лиц отсю́да; ❷ (*bezüglich einer Angelegenheit*)

об э́том, о том; ~ **habe ich noch nie gehört** об э́том я ещё никогда́ не слыха́л; ❸ (*dadurch*) из-за, от э́того; ~ **kann einem ja übel werden** от э́того мо́жет и поплохе́ть; **etwas ~ haben** име́ть по́льзу от чего́-л.
davonkommen *irr vi* спасти́сь *pf*, спаса́ться *impf*
davonlaufen *irr vt* убежа́ть *pf*, убега́ть *impf*
davontragen *irr vt* ❶ уноси́ть, унести́ *pf*; ❷ (*Schaden, Verletzung*) получи́ть *pf*, -ча́ть *impf*; ❸ (*Sieg*) одержа́ть *pf*, оде́рживать *impf*
davor *adv* ❶ (*räumlich*) пе́ред э́тим, пе́ред тем; ❷ (*zeitlich*) до э́того, до того́; ❸ (*bezüglich einer Angelegenheit*) пе́ред э́тим, э́того
dazu *adv* ❶ (*zu einer Sache*) к э́тому, к тому́; ❷ (*bezüglich einer Angelegenheit*) на э́то, на то; ~ **hat er kein Wort gesagt** на э́то он не сказа́л ни сло́ва; ❸ (*zu diesem Zweck*) для э́того, для того́; ❹ (*außerdem*) сверх того́, к тому́
dazugehören *vi* принадлежа́ть *impf*, относи́ться *impf*
dazukommen *irr vi* подходи́ть, -дойти́ *pf*
dazwischen *adv* ме́жду э́тим, ме́жду тем
dazwischenkommen *irr vi* вме́шиваться, -ша́ться *pf*
DDR *f <gen: ->* (HIST) ГДР *f*, *Герма́нская Демократи́ческая Респу́блика*
Dealer *m <-s, ->* (*umg: Rauschgifthändler*) торго́вец *m* нарко́тиками
Debakel *nt <-s, ->* (*geh*) круше́ние *nt*, крах *m*
Debatte *f <-, -en>* пре́ния *ntpl*
debil *adj* деби́льный, у́мственно отста́лый
Debüt *nt <-s, -s>* дебю́т *m*
Deck *nt <-s, -s>* (MAR) па́луба *f*; **alle Mann an ~!** все наве́рх!
Decke *f <-, -n>* ❶ (*Bett~*) одея́ло *nt*, покрыва́ло *nt*; ❷ (*des Zimmers*) потоло́к *m*; ❸ (*Tischtuch*) ска́терть *f*
Deckel *m <-s, ->* ❶ (*von Gefäß*) кры́шка *f*; ❷ (*von Buch*) твёрдая обло́жка *f*
decken *vt* ❶ (*bedecken*) покрыва́ть, -кры́ть *pf*; ❷ (*Tisch*) накрыва́ть, -кры́ть *pf*
Deckmantel *m <gen: -s>* предло́г *m*, вид *m*
Deckung *f <-, -en>* ❶ (MIL) укры́тие *nt*; **in ~ gehen** уйти́ в укры́тие ❷ (*Ausgleich eines Solls*) покры́тие *nt*, обеспе́чение *nt*, погаше́ние *nt*; ❸ (*Befriedigung*) удовлетворе́ние *nt*
defekt *adj* дефе́ктный, с изъя́ном
Defekt *m <-(e)s, -e>* дефе́кт *m*, изъя́н *m*
defensiv *adj* оборони́тельный
Defensive *f <-, -n>* оборо́на *f*; **in der ~ sein** быть в оборо́не
definieren *vt* определя́ть, -ли́ть *pf*, дава́ть, да́ть *pf* определе́ние
Definition *f <-, -en>* определе́ние *nt*, дефини́ция *f*
definitiv *adj* ❶ (*eindeutig*) дефинити́вный; ❷ (*endgültig*) определённый, оконча́тельный
Defizit *nt <-s, -e>* (*Mangel*) дефици́т *m*, нехва́тка *f*
deftig *adj* ❶ (*Mahlzeit*) пло́тный, пита́тельный; ❷ (*derb*) о́стрый, кре́пкий
Degen *m <-s, ->* шпа́га *f*
degradieren *vt* ❶ (MIL) разжа́ловать *pf*; ❷ (*fig*) деградúровать *impf/pf*
dehnbar *adj* растяжи́мый, эласти́чный
dehnen I. *vt* ❶ растя́гивать, -тяну́ть *pf*, расширя́ть, -ши́рить *pf*; ❷ (*Worte*) растя́гивать, -тяну́ть *pf*, тяну́ть *impf*; **II.** *vr* растя́гиваться, -тяну́ться *pf*, удлиня́ться, -ни́ться *pf*
Dehnung *f <-, -en>* растяже́ние *nt*, удлине́ние *nt*
Deich *m <-(e)s, -e>* плоти́на *f*
Deichsel *f <-, -n>* ды́шло *nt*

D

dein *pron poss* твой, свой
deine(r, s) *pron* твой
deinerseits *adv* с твое́й стороны́, со свое́й стороны́
deinesgleichen *pron* тако́й, как ты, подо́бный тебе́
deinetwegen *adv* ❶ (*wegen dir*) из-за тебя́; ❷ (*dir zuliebe*) ра́ди тебя́
dekadent *adj* (*geh*) декаде́нтский, упа́дочный
Dekadenz *f* <*gen*: -> (*geh*) декаде́нство *nt*, декада́нс *m*
Dekan *m* <-s, -e> ❶ (*einer Kirche*) дека́н *m*, настоя́тель *m*; ❷ (*einer Universität*) дека́н *m*
Deklaration *f* <-, -en> ❶ (*feierliche Erklärung*) деклара́ция *f*, заявле́ние *nt*; ❷ (*Zollerklärung*) деклара́ция *f*
deklarieren *vt* ❶ (*feierlich erklären*) деклари́ровать *impf/pf*, провозглаша́ть, -гласи́ть *pf*; ❷ (*am Zoll*) деклари́ровать *impf/pf*
Deklination *f* <-, -en> склоне́ние *nt*
deklinieren *vt* склоня́ть, про- *pf*
dekodieren *vt* дешифрова́ть *impf/pf*, декоди́ровать *impf/pf*
Dekolletee, Dekolleté *nt* <-s, -s> декольте́ *nt*
Dekorateur, -in *m/f* <-s, -e> декора́тор *m*
Dekoration *f* <-, -en> украше́ние *nt*, убра́нство *nt*
dekorativ *adj* декорати́вный
dekorieren *vt* (*Schaufenster*) декори́ровать *impf/pf*, украша́ть, -ра́сить *pf*
Dekret *nt* <-s, -e> декре́т *m*, ука́з *m*
Delegation *f* <-, -en> ❶ (*Übertragung von Zuständigkeiten*) переда́ча *f*, делеги́рование *nt*; ❷ (*Abordnung*) делега́ция *f*
delegieren *vt* делеги́ровать *impf/pf*, посыла́ть, -сла́ть *pf*
Delegierte(r) *mf* <-n, -n> делега́т, -ка *m/f*
delikat *adj* ❶ (*schmackhaft*) вку́сный, изы́сканный; ❷ (*heikel*) щекотли́вый, делика́тный
Delikatesse *f* <-, -n> деликате́с *m*, ла́комство *nt*
Delle *f* <-, -n> углубле́ние *nt*, вмя́тина *f*
Delphin, Delfin *m* <-s, -e> дельфи́н *m*
Delta *nt* <-s, -s> де́льта *f*
dem *dat von* **der**
dementieren *vt* официа́льно опроверга́ть, -ве́ргнуть *pf*
demnach *adv* соотве́тственно, согла́сно
demnächst *adv* в ско́ром вре́мени, ско́ро
Demokrat, -in *m/f* <-en, -en> демокра́т, -ка *m/f*
Demokratie *f* <-, -n> демокра́тия *f*
demokratisch *adj* демократи́ческий, демократи́чный
demolieren *vt* (*beschädigen*) разруша́ть, -ру́шить *pf*, по́ртить, ис- *pf*
Demonstrant, -in *m/f* <-en, -en> демонстра́нт, -ка *m/f*
Demonstration *f* <-, -en> ❶ (*gegen oder für etw*) демонстра́ция *f*; ❷ (*Vorführung*) демонстра́ция *f*, пока́з *m*
demonstrativ *adj* демонстрати́вный
demonstrieren I. *vt* (*zeigen*) демонстри́ровать *impf/pf*, про- *pf*; **II.** *vi* (*gegen Krieg*) демонстри́ровать *impf/pf*, уча́ствовать *impf* в демонстра́ции
demoralisieren *vt* деморализова́ть *impf/pf*
Demut *f* <*gen*: -> смире́ние *nt*, поко́рность *f*
demütig *adj* смире́нный, поко́рный
demütigen *vt* унижа́ть, уни́зить *pf*
Demütigung *f* <-, -en> оскорбле́ние *nt*, униже́ние *nt*
demzufolge *adv* всле́дствие э́того
den *akk von* **der**
denen *dat pl von* **der**
denkbar *adj* мы́слимый, допусти́мый; **das wäre durch-**

aus ~ э́то вполне́ допусти́мо; **das ist ~ einfach** э́то про́ще просто́го

denken *vi* <dachte, gedacht> ❶ (*allgemein*) ду́мать, по- *pf*; **an etw ~** ду́мать о чём-л. ❷ (*annehmen, vermuten*) вообража́ть, -брази́ть *pf*, предполага́ть, -ложи́ть *pf*; **das Schlimmste ~** предполага́ть са́мое ху́дшее ❸ (*von jdm/etw eine bestimmte Meinung haben*) име́ть *impf* мне́ние; **gut/schlecht von jdm ~** быть о ко́м-л. хоро́шего/плохо́го мне́ния

Denken *nt* <*gen:* -s> мышле́ние *nt*

Denker, -in *m/f* <-s, -> мысли́тель, -ница *m/f*

Denkmal *nt* <-s, Denkmäler> па́мятник *m*; **jdm ein ~ setzen** поста́вить кому́-л. па́мятник

Denkzettel *m* <-s, -> па́мятка *f*; **jdm einen ~ verpassen** проучи́ть кого́-л.

denn I. *konj* так как, потому́ что; **es sei ~, ...** ра́зве то́лько, ...; II. *adv* же, ра́зве; **warum ~?** почему́ же ?; **ist er ~ da ?** ра́зве он здесь ?.

dennoch *adv* всё-таки, всё же

Denunziant, -in *m/f* <-en, -en> доно́счик, -чица *m/f*

denunzieren *vt* доноси́ть, -нести́ *pf*; **jdn bei der Polizei ~** донести́ на кого́-л. в поли́цию

Deo *nt* <-s, -s> дезодора́нт *m*

Deostift *m* <-(e)s, -e> ша́риковый дезодора́нт *m*

Deponie *f* <-, -n> сва́лка *f*

Deportation *f* <-, -en> вы́сылка *f*, депорта́ция *f*

Depot *nt* <-s, -s> (*Lager*) склад *m*

Depression *f* <-, -en> ❶ (PSYCH) депре́ссия *f*, пода́вленность *f*; ❷ (ÖKON) депре́ссия *f*

depressiv *adj* депресси́вный, пода́вленный

deprimieren *vt* удруча́ть, -чи́ть *pf*, угнета́ть *impf*

der I. *best* *определённый артикль мужско́го ро́да*; II. *pron rel* кото́рый; **~ Mann, den ich gesehen habe** мужчи́на, кото́рого я ви́дел; III. *pron dem* э́тот, тот, он; **~ war's!** э́то был он!

derart *adv* тако́го ро́да, до того́; **~, dass ...** таки́м о́бразом, что...

derartig *adj* тако́й, тако́го ро́да

derb *adj* ❶ (*kräftig*) твёрдый, кре́пкий; ❷ (*grob, rau*) гру́бый, ре́зкий

deren I. *pron dem* ❶ (*fem, sg*) э́той, той; ❷ (*pl*) э́тих, тех; II. *pron rel* ❶ (*fem, sg*) кото́рой; ❷ (*pl*) кото́рых

derjenige *pron dem* тот

dermaßen *adv* так, насто́лько; **~, dass ...** насто́лько, что...

derselbe *pron dem* тот же са́мый; **es sind immer dieselben!** э́то всё вре́мя одни́ и те́ же!

derzeitig *adj* ны́нешний, тепе́решний

des *gen von* **der**

Deserteur *m* <-s, -e> дезерти́р *m*

desertieren *vi* дезерти́ровать *impf/pf*

desgleichen *adv* подо́бным о́бразом, таки́м же о́бразом

deshalb *adv* по́этому, потому́; **~ also!** ах вот почему́!

Design *nt* <-s, -s> диза́йн *m*; **ein neues ~ entwerfen** проекти́ровать но́вый диза́йн

Designer, -in *m/f* <-s, -> диза́йнер *m*

Desinfektion *f* <-, -en> дезинфе́кция *f*

desinfizieren *vt* дезинфици́ровать *impf/pf*

Desinteresse *nt* <*gen:* -s> отсу́тствие *nt* интере́са

Desktop *m* <-s, -s> (DV) ❶ (*Mikrocomputer*) насто́льный компью́тер *m*; ❷ (*Bildschirmdarstellung*) рабо́чий стол *m*

Despot, -in *m/f* <-en, -en> де́спот *m*

dessen *gen von* **der**

Dessert *nt* <-s, -s> десе́рт *m*; **zum ~** на десе́рт

destillieren *vt* дистилли́ровать *impf/pf*

D

D

desto *konj* тем; **je größer, ~ besser** чем бо́льше, тем лу́чше

deswegen *adv* поэ́тому, по э́той причи́не

Detail *nt* <-s, -s> дета́ль *f*, подро́бность *f*; **ins ~ gehen** вдава́ться в подро́бности

detailliert *adj* дета́льный, подро́бный

Detektiv, -in *m/f* <-s, -e> детекти́в *m*, сы́щик *m*

Detonation *f* <-, -en> детона́ция *f*, взры́в *m*

deuten I. *vt* (*interpretieren*) истолко́вывать, -кова́ть *pf*, объясня́ть, -сни́ть *pf*; **etw falsch ~** непра́вильно истолко́вывать что́-л.; II. *vi* (*hindeuten*) ука́зывать, -за́ть *pf*, намека́ть, -кну́ть *pf* (*auf + akk* на)

deutlich *adj* я́сный, чёткий

Deutlichkeit *f* <*gen:* -> я́сность *f*; **etw in aller ~ sagen** заяви́ть что́-л. со всей я́сностью

deutsch *adj* неме́цкий; **auf gut ~ gesagt** по́просту говоря́

Deutsch *nt* <*gen:* -en> неме́цкий язы́к *m*

Deutsche Demokratische Republik *f* <*gen:* -> (HIST) Демократи́ческая Респу́блика *f* Герма́ния

Deutsche(r) *mf* <-n, -n> не́мец, -мка *m/f*

Deutschland *nt* <*gen:* -s> Герма́ния *f*

deutschsprachig *adj* говоря́щий на неме́цком языке́

Deutung *f* <-, -en> толкова́ние *nt*, объясне́ние *nt*

Devise *f* <-, -n> (*Losung*) деви́з *m*

Devisen *pl* деви́зы *pl*, (иностра́нная) валю́та *f*

Dezember *m* <*gen:* -s> дека́брь *m*

dezent *adj* ❶ (*anständig*) прили́чный; ❷ (*rücksichtsvoll*) делика́тный

Dezernat *nt* <-(e)s, -e> отделе́ние *nt*, отде́л *m*

dezimal *adj* десяти́чный

Dia *nt* <-s, -s> диапозити́в *m*, слайд *m*

Diabetes *m* <*gen:* -> диабе́т *m*

Diabetiker, -in *m/f* <-s, -> больно́й, -на́я *m/f* диабе́том

Diagnose *f* <-, -n> диа́гноз *m*; **eine ~ stellen** поста́вить диа́гноз

diagonal *adj* диагона́льный

Diagonale *f* <-, -n> диагона́ль *f*

Diagramm *nt* <-s, -e> диагра́мма *f*

Dialekt *m* <-(e)s, -e> диале́кт *m*

Dialog *m* <-(e)s, -e> диало́г *m*; **politischer ~** полити́ческий диало́г

Diamant *m* <-en, -en> алма́з *m*

Diaprojektor *m* <-s, -en> диапрое́ктор *m*

Diät *f* <-, -en> дие́та *f*; **~ halten** соблюда́ть дие́ту

dich *pron pers* тебя́

dicht *adj* ❶ (*Nebel*) густо́й; ❷ (*Gewebe*) пло́тный; ❸ (*undurchlässig*) непроница́емый, гермети́чный

Dichte *f* <*gen:* -> пло́тность *f*, густота́ *f*

dichten I. *vt* (*verfassen*) создава́ть, -да́ть *pf*; II. *vi* (*Gedichte schreiben*) сочиня́ть, -ни́ть *pf*

Dichter, -in *m/f* <-s, -> поэ́т, -е́сса *m/f*

dichterisch *adj* поэти́ческий

Dichtung *f* <-, -en> (*Verskunst*) поэти́ческое произведе́ние *nt*

dick *adj* то́лстый, по́лный; **jdn oder etw ~ haben** (*umg*) быть сы́тым ке́м-л. и́ли че́м-л. по го́рло

Dickdarm *m* <*gen:* -(e)s> то́лстая кишка́ *f*

Dickicht *nt* <-(e)s, -e> ча́ща *f*, гу́ща *f*

Dickkopf *m* <-(e)s, -köpfe> (*umg*) упря́мец *m*; **einen ~ haben** быть упря́мым

Dickmilch *f* <*gen:* -> простоква́ша *f*

Didaktik *f* <-, -en> дида́ктика *f*

didaktisch *adj* дидакти́ческий

die I. *best* *определённый арти́кль же́нского ро́да*; **~ Schwester meiner Frau** сестра́ моéй жены́; II. *pron rel* кото́рая; **die einzige Frau, ~ er liebt** еди́нственная же́нщина, которую он лю́бит; **III.** *pron dem* э́та, та, она́; ~ **war's!** э́то была́ она́! **IV.** (*pl von der, die, das*) они́.

Dieb, -in *m/f* <-(e)s, -e> вор, -о́вка *m/f*; **haltet den ~!** держи́те во́ра!

diebisch *adj* воровско́й; **sich ~ freuen** (*umg*) злора́дствовать

Diebstahl *m* <-s, -stähle> воровство́ *nt*, кра́жа *f*

diejenige *pron dem* та

Diele *f* <-, -n> ① (*Brett*) полови́ца *f*, доска́ *f* насти́ла; ② (*Hausflur*) пере́дняя *f*, прихо́жая *f*

dienen *vi* ① (*als Diener*) служи́ть, по- *impf*; ② (*als Soldat*) служи́ть, отслужи́ть *pf*; ③ (*Verwendung finden als*) служи́ть, по- *pf*, быть *impf* приго́дным

Diener, -in *m/f* <-s, -> слуга́, служа́нка *m/f*, лаке́й *m*

Dienst *m* <-es, -e> ① (*Ausübung der Amtspflicht*) слу́жба *f*, рабо́та *f*; **außer~** на пе́нсии; **im ~** на слу́жбе; **jdm mit etw einen ~ erweisen** оказа́ть кому́-л. че́м-л. услу́гу ② (*Dienstleistung*) обслу́живание *nt*, услу́га *f*

Dienstag *m* <-(e)s, -e> вто́рник *m*

dienstags *adv* по вто́рникам

Dienstleistung *f* <-, -en> услу́га *f*

dienstlich *adj* служе́бный; **ich bin ~ hier** я здесь по служе́бным дела́м

Dienstreise *f* <-, -n> командиро́вка *f*, служе́бная пое́здка *f*

Dienstwagen *m* <-s, -> служе́бная маши́на *f*

diesbezüglich *adj* относя́щийся к э́тому

diese(r, s) *pron dem* э́та, э́тот, э́то

Diesel *m* <-s, -> ① (*Kraftstoff*) ди́зельное то́пливо *nt*; ② (*Motor*) ди́зельный дви́гатель *m*

dieselbe *pron dem* та же са́мая

Diesellok *f* <-, -s> теплово́з *m*

diesig *adj* тума́нный, мгли́стый

diesjährig *adj* э́того го́да

diesmal *adv* на э́тот раз

diesseits I. *präp* по э́ту сто́рону; **II.** *adv* по э́ту сто́рону.

diffamieren *vt* поро́чить, опоро́чить *pf*

Differenz *f* <-, -en> ① (*Unterschied*) ра́зница *f*; ② (*meist pl: Auseinandersetzung*) разногла́сие *nt*

differenzieren *vt* дифференци́ровать *impf/pf*, различа́ть, -чи́ть *pf*

diffus *adj* диффу́зный, рассе́янный; **~es Licht** рассе́янный свет

digital *adj* цифрово́й

Digitalanzeige *f* <-, -n> цифрова́я инди́кация *f*

Digitaluhr *f* <-, -en> цифровы́е часы́ *pl*

Diktat *nt* <-(e)s, -e> дикта́нт *m*; **ein ~ schreiben** писа́ть дикта́нт

Diktator *m* <-s, -en> дикта́тор *f*

diktatorisch *adj* дикта́торский

Diktatur *f* <-, -en> диктату́ра *f*

diktieren *vt* ① (*Text*) диктова́ть, про- *pf*; ② (*vorschreiben*) предпи́сывать, -са́ть *pf*, диктова́ть, про- *pf*

Dilemma *nt* <-s, -s> диле́мма *f*

Dilettant, -in *m/f* <-en, -en> (*pej*) дилета́нт *m*, профа́н *m*

dilettantisch *adj* (*pej*) дилета́нтский

Dill *m* <-(e)s, -e> укро́п *m*

Dimension *f* <-, -en> ① (PHYS) измере́ние *nt*; ② (*geh: Ausmaß*) масшта́б *m*

Ding *nt* <-(e)s, -e> вещь *f*, предме́т *m*; **vor allen ~en** пре́жде всего́

dingfest: **Verbrecher ~ machen** арестова́ть престу́пников

Dinosaurier *m* <-s, -> диноза́вр *m*

Diode *f* <-, -n> (EL) дио́д *m*

Diözese *f* <-, -n> епа́рхия *f*

Diphtherie *f* <-, -n> дифтери́я *f*

Diplom *nt* <-(e)s, -e> ① дипло́м *m*; ② свиде́тельство *nt*

Diplomarbeit *f* <-, -en> дипло́мная рабо́та *f*; **seine ~ schreiben** писа́ть дипло́мную рабо́ту

Diplomat, -in *m/f* <-en, -en> диплома́т *m*

Diplomatie *f* <*gen:* -> диплома́тия *f*
diplomatisch *adj* дипломати́ческий
diplomiert *adj* дипломи́рованный
direkt *adj* прямо́й, непосре́дственный; **eine ~e Verbindung** прямо́е сообще́ние
Direktflug *m* <-(e)s, -flüge> беспоса́дочный полёт *m*
Direktion *f* <-, -en> дире́кция *f*
Direktor, -in *m/f* <-s, -en> дире́ктор *m*
Direktwahl *f* <-, -en> пряма́я телефо́нная связь *f*
Dirigent, -in *m/f* <-en, -en> дирижёр *m*
dirigieren *vt* дирижи́ровать *impf*
Dirne *f* <-, -n> публи́чная де́вка *f*, проститу́тка *f*
Diskette *f* <-, -n> диске́та *f*
Diskettenlaufwerk *nt* <-(e)s, -e> дисково́д *m*
Disko *f* <-, -s> (*umg: Diskothek*) дискоте́ка *f*
Diskothek *f* <-, -en> дискоте́ка *f*
diskret *adj* ❶ (*vertraulich*) конфиденциа́льный; ❷ (*taktvoll*) такти́чный, делика́тный
Diskretion *f* <*gen:* -> сде́ржанность *f*, такти́чность *f*
diskriminieren *vt* дискримини́ровать *impf/pf*
Diskriminierung *f* <-, -en> дискримина́ция *f*
Diskus *m* <-, -se> диск *m*
Diskussion *f* <-, -en> ❶ диску́ссия *f*; **(nicht) zur ~ stehen** (не) стоя́ть на обсужде́нии ❷ (*öffentliche Debatte*) деба́ты *pl*
diskutieren *vt* дискути́ровать *impf*
Display *nt* <-s, -s> ❶ (*Anzeige*) диспле́й *m*; ❷ (*Aufsteller*) подста́вка *m*
disponieren *vi* располага́ть, -ложи́ть *pf*, размеща́ть, -мести́ть *pf*
Disput *m* <-(e)s, -e> (*geh*) ди́спут *m*
disqualifizieren *vt* дисквалифици́ровать *impf/pf*
Dissertation *f* <-, -en> диссерта́ция *f*
Distanz *f* <-, -en> диста́нция *f*, расстоя́ние *nt*
distanzieren *vr* отмежева́ться *pf*, -жёвываться *impf*, отходи́ть, отойти́ *pf*; **sich von etw ~** отмежева́ться от чего́-л.
Distel *f* <-, -n> чертополо́х *m*
Disziplin *f* <-, -en> ❶ (*Ordnung*) дисципли́на *f*; ❷ (*Wissenschaftszweig, Fach*) дисципли́на *f*; **~ halten** соблюда́ть дисципли́ну; **es herrscht strenge ~** цари́т стро́гая дисципли́на
diszipliniert *adj* дисциплини́рованный
divers *adj* разли́чный, ра́зный
dividieren *vt* дели́ть, раз- *pf*
Division *f* <-, -en> ❶ (MATH) деле́ние *nt*; ❷ (MIL) диви́зия *f*
doch I. *konj* одна́ко; **II.** *adv* всё-таки, всё же; **das stimmt nicht! - ~!** э́то не так! - нет, так!
Docht *m* <-(e)s, -e> фити́ль *m*
Dock *nt* <-s, -s> (MAR) док *m*
Dogge *f* <-, -n> дог *m*
Dogma *nt* <-s, Dogmen> до́гма *f*
dogmatisch *adj* догмати́ческий
Doktor, -in *m/f* <-s, -en> ❶ кандида́т *m* нау́к; **~ der Philosophie** кандида́т филосо́фских нау́к; **seinen ~ machen** писа́ть кандида́тскую диссерта́цию; ❷ (*umg: Arzt*) до́ктор *f*
Doktorand, -in *m/f* <-en, -en> *лицо́, занима́ющееся написа́нием кандида́тской диссерта́ции*, аспира́нт, -ка *m/f*
Doktorarbeit *f* <-, -en> кандида́тская диссерта́ция *f*
Doktorvater *m* <-s, -väter> нау́чный руководи́тель *m*
Dokument *nt* <-(e)s, -e> докуме́нт *m*
Dokumentarfilm *m* <-(e)s, -e> документа́льный фильм *m*
dokumentarisch *adj* документа́льный
dokumentieren *vt* подтвержда́ть, -тверди́ть *pf* докуме́нтами
Dolch *m* <-(e)s, -e> кинжа́л *m*
Dollar *m* <-s, -s> до́ллар *m*

Dollarkurs *m* <*gen:* -es> курс *m* до́ллара
dolmetschen **I.** *vt* (*Gespräch*) у́стно переводи́ть, -вести́ *pf*; **II.** *vi* переводи́ть, -вести́ *pf*
Dolmetscher, -in *m/f* <-s, -> перево́дчик, -чица *m/f*
Dom *m* <-(e)s, -e> кафедра́льный собо́р *m*
Domäne *f* <-, -n> (*Spezialgebiet*) о́бласть *f*, сфе́ра *f*
dominant *adj* домини́рующий, преоблада́ющий
dominieren *vi* ❶ (*Eigenschaft*) домини́ровать *impf*, преоблада́ть *impf*; ❷ (*Mensch*) домини́ровать *impf*
Domizil *nt* <-s, -e> (*geh*) резиде́нция *f*, местожи́тельстство *nt*
Donner *m* <*gen:* -s> гром *m*
donnern *vi* громыха́ть, -хну́ть *pf*; **es donnert** гром греми́т
Donnerstag *m* <-(e)s, -e> четве́рг *m*
donnerstags *adv* по четверга́м
Donnerwetter *nt* <-s, -> (*umg: Schelte*) нагоня́й *m*, взбу́чка *f*; **~!** (*umg*) чёрт побери́!
doof *adj* (*umg*) глу́пый
Doping *nt* <-s, -s> до́пинг *m*
Doppel *nt* <-s, -> ❶ (*Duplikat*) дублика́т *m*; ❷ (*beim Tennis*) па́рная игра́ *f*
Doppelbett *nt* <-(e)s, -en> двуспа́льная крова́ть *f*
Doppelgänger, -in *m/f* <-s, -> двойни́к *m*
Doppelklick *m* <-s, -s> (DV) двойно́й щелчо́к *m*
Doppelpunkt *m* <-(e)s, -e> двоето́чие *nt*
doppelt *adj* двойно́й, двоя́кий
Dorf *nt* <-(e)s, Dörfer> дере́вня *f*, село́ *nt*
Dorfbewohner *m* <-s, -> се́льский жи́тель *m*
Dorn *m* <-(e)s, -en> ❶ (*an Pflanze*) колю́чка *f*, шип *m*; ❷ (TECH) шип *m*
dornig *adj* терни́стый, колю́чий
Dörrobst *nt* <*gen:* -(e)s> сушёные фру́кты *mpl*
Dorsch *m* <-(e)s, -e> атланти́ческая треска́ *f*
dort *adv* там; **von ~ aus** отту́да
dorther *adv* отту́да
dorthin *adv* туда́
dortig *adj* та́мошний, ме́стный
Dose *f* <-, -n> ❶ (*aus Plastik*) коро́бка *f*; ❷ (*Konservenbüchse*) ба́нка *f*; ❸ (*Steckdose*) розе́тка *f*
dösen *vi* дрема́ть *impf*
Dosenbier *nt* <-(e)s, -e> ба́ночное пи́во *nt*
Dosenöffner *m* <-s, -> консе́рвный нож *m*
dosieren *vt* дози́ровать *impf/pf*
Dosierspender *m* <-s, -> доза́тор *m*
Dosis *f* <-, Dosen> до́за *f*
Dotter *m* <-s, -> желто́к *m*
doubeln *vt* дубли́ровать, про- *pf*
Double *nt* <-s, -s> дублёр *m*
Dozent, -in *m/f* <-en, -en> доце́нт *m*
Dr. *abk von* ***Doktor***
Drache *m* <-n, -n> драко́н *m*
Drachen *m* <-s, -> ❶ (*Papier~*) бума́жный змей *m*; **einen ~ steigen lassen** запусти́ть бума́жного змея́ ❷ (*umg: pej: zänkische Frau*) ве́дьма *f*, карга́ *f*; ❸ (SPORT) дельтапла́н *m*
Drachenfliegen *nt* <*gen:* -s> дельтапланери́зм *m*
Dragee *nt* <-s, -s> драже́ *nt*
Draht *m* <-(e)s, Drähte> про́волока *f*; **auf ~ sein** быть начеку́
drahtig *adj* жи́листый, мускули́стый
Drahtseil *nt* <-(e)s, -e> трос *m*
Drahtzieher *m* <-s, -> (*fig*) закули́сный руководи́тель *m*
drakonisch *adj* драко́новский; **~e Zustände** драко́новские поря́дки
drall *adj* кре́пкий, пло́тно сби́тый
Drama *nt* <-s, Dramen> ❶ (*literarische Gattung*) дра́ма *f*; ❷ (*Bühnenstück*) пье́са *f*, сцени́ческое произведе́ние *nt*; ❸ (*dramatisches Geschehen*) дра́ма *f*

D

D

Dramatiker, -in *m/f* <-s, -> драмату́рг *m*
dramatisch *adj* драмати́ческий
dramatisieren *vt* (*etw hochspielen*) драматизи́ровать *impf/pf*
dran *adv* на э́том, на том; **wer ist ~?** чья́ о́чередь?; **drauf und ~ sein, etw zu tun** быть на гра́ни како́го-л. посту́пка
drang *prät von* **dringen**
Drang *m* <*gen:* -(e)s> на́тиск *m*, напо́р *m*
Drängelei *f* <-, -en> толкотня́ *f*
drängeln *vi* напира́ть *impf*, тесни́ть, от- *pf*
drängen *vi* ① (*vordrängen*) напира́ть, -пере́ть *pf*, тесни́ть, по- *pf*; ② (*dringend sein*) быть *impf* сро́чным
drangsalieren *vt* ① (*peinigen*) подверга́ть, -ве́ргнуть *pf* притесне́ниям; ② (*belästigen*) досажда́ть, -сади́ть *pf*
drastisch *adj* ре́зкий, радика́льный
drauf *adv*: **~ und dran sein, etw zu tun** собира́ться сде́лать что́-л.; **jd hat nicht viel ~** (*umg*) кто́-л. ма́ло на что́ спосо́бен
Draufgänger, -in *m* <-s, -> сорвиголова́ *m*, смельча́к *m*
draußen *adv* снару́жи, на дворе́
drechseln *vt* точи́ть, вы́- *pf*
Dreck *m* <*gen:* -(e)s> ① грязь *f*; ② (*umg*) дря́нь *f*; **jdn/etw durch den ~ ziehen** (*fig*) смеша́ть кого́-л./что́-л. с гря́зью
dreckig *adj* гря́зный; **es geht ihm ~** (*umg*) у него́ дела́ пло́хи
Dreckspatz *m* <-en, -en> (*umg*) грязну́ля *m*
Dreharbeiten *pl* <*gen:* -> съёмочные рабо́ты *pl*, съёмка *f*
Drehbank *f* <-, -bänke> тока́рный стано́к *m*
drehbar *adj* враща́ющийся
Drehbuch *nt* <-(e)s, -bücher> сцена́рий *m*
drehen I. *vt* ① повора́чивать, -верну́ть *pf*; ② (*Zigarette*) скру́чивать, скрути́ть *pf*; ③ (FILM) снима́ть, снять *pf*; **II.** *vr* верте́ться *impf*, крути́ться *impf*; **um was dreht es sich?** (*umg*) о чём идёт речь?
Dreher *m* <-s, -> то́карь *m*
Drehorgel *f* <-, -n> шарма́нка *f*
drei *num* три
dreidimensional *adj* трёхме́рный
Dreieck *nt* <-(e)s, -e> треуго́льник *m*
dreieckig *adj* треуго́льный
dreifach *num* тройно́й, троекра́тный
dreihundert *num* три́ста
dreijährig *adj* трёхгоди́чный, трёхле́тний
dreimal *adv* три́жды, три ра́за
dreimalig *adj* троекра́тный
Dreirad *nt* <-(e)s, -räder> трёхколёсный велосипе́д *m*
dreißig *num* три́дцать
dreist *adj* де́рзкий, бесцеремо́нный
dreistellig *adj* (*Zahl*) трёхзна́чный
dreitägig *adj* трёхдне́вный
dreiteilig *adj* из трёх часте́й
drei viertel *num* три че́тверти
Dreiviertelstunde *f* <-, -n> три че́тверти ча́са
dreizehn *num* трина́дцать
dreizehnjährig *adj* тринадцатиле́тний
dreschen *vt* <drosch, gedroschen> (*Getreide*) молоти́ть *impf*; **Phrasen ~** (*umg pej*) разглаго́льствовать
dressieren *vt* дрессирова́ть, вы́- *pf*
drillen *vt* муштрова́ть, вы́- *pf*
drin *siehe* **darin**
dringen *vi* <drang, gedrungen> наста́ивать, -стоя́ть *pf*; **auf etw ~** тре́бовать чего́-л.
dringend *adj* сро́чный, неотло́жный
dringlich *adj* спе́шный, неотло́жный
Dringlichkeit *f* <*gen:* -> неотло́жность *f*, сро́чность *f*
Drink *m* <-(s), -s> алкого́льный напи́ток *m*

drinnen *adv* внутри́
dritte(r, s) *num* тре́тий; **die Dritte Welt** стра́ны тре́тьего ми́ра
Drittel *nt* <-s, -> треть *f*, тре́тья часть *f*
drittens *adv* в-тре́тьих
droben *adv* (*geh*) там наверху́
Droge *f* <-, -n> нарко́тик *m*
drogenabhängig *adj*: **~ sein** быть наркома́ном
Drogenabhängige(r) *mf* <-n, -n> наркома́н, -ка *m/f*
Drogensucht *f* <*gen:* -> наркома́ния *f*
Drogerie *f* <-, -n> магази́н *m* парфюме́рно-галантере́йных и апте́карских това́ров
drohen *vi* 1 (*Drohung aussprechen*) грози́ть *impf*; 2 (*bevorstehen*) грози́ть *impf*; **es droht Gefahr** угрожа́ет опа́сность; **ihr droht die Entlassung** ей грози́т увольне́ние
dröhnen *vi* 1 (*Lautsprecher, Motor*) грохота́ть, про- *pf*, греме́ть, про- *pf*; 2 (*widerhallen*) гуде́ть, про- *pf*
Drohung *f* <-, -en> угро́за *f*
drollig *adj* заба́вный, смешно́й
Dromedar *nt* <-s, -e> одного́рбый верблю́д *m*
Drops *m* <-, -> фрукто́вый ледене́ц *m*
drosch *prät von* **dreschen**
Drossel *f* <-, -n> дрозд *m*
drosseln *vt* 1 (*Motor*) глуши́ть, за- *pf*; 2 (*beschränken*) ограни́чивать, -ни́чить *pf*
drüben *adv* там, по ту сто́рону
drüber *siehe* **darüber**
Druck[1] *m* <-(e)s, Drücke> 1 (PHYS) давле́ние *nt*; 2 (*Knopf~*) нажа́тие *nt*; 3 (*Zwang*) давле́ние *nt*, нажи́м *m*; **unter ~ stehen** быть под давле́нием; **jdn unter ~ setzen** ока́зывать давле́ние на кого́-л.; 4 (*umg: Heroininjektion*) до́за *f*
Druck[2] *m* <-(e)s, -e> 1 (*das Drucken*) печа́ть *f*, печа́тание *nt*; 2 (*Kunstdruck*) репроду́кция *f*; 3 (*Zwang*) нажи́м *m*, давле́ние *nt*
drucken *vt* печа́тать, на- *pf*
drücken I. *vi* 1 (*Druck ausüben*) дави́ть *impf*, нажима́ть, -жа́ть *pf*; **sie drückte auf den Knopf** она́ нажа́ла на кно́пку; 2 (*Schuhe*) быть *impf* те́сным, жать *impf*; **II.** *vr* (*umg*) увíливать, -льну́ть *pf*; **er drückte sich vor dem unangenehmen Gespräch** он увíливал от неприя́тного разгово́ра
Drucker *m* <-s, -> 1 (*Beruf*) печа́тник *m*; 2 (DV) печа́тающее устро́йство *nt*, при́нтер *m*
Drücker *m* <-s, -> 1 (*Türdrücker*) дверна́я ру́чка *f*; 2 (TECH) кно́пка *f*
Druckerei *f* <-, -en> типогра́фия *f*
Druckfehler *m* <-s, -> опеча́тка *f*
Druckknopf *m* <-(e)s, -knöpfe> кно́пка *f*
Druckmittel *nt* <-s, -> сре́дство *nt* нажи́ма
Drucksache *f* <-, -n> печа́тное изда́ние *nt*
Druckschrift *f* <-, -en> типогра́фский шрифт *m*
drum *siehe* **darum**
drunten *adv* там внизу́
drunter *siehe* **darunter**
Drüse *f* <-, -n> железа́ *f*
Dschungel *m* <-s, -> джу́нгли *pl*
du *pron pers* ты
Dübel *m* <-s, -> дю́бель *m*
dubios *adj* (*zweifelhaft*) сомни́тельный
ducken I. *vr* (*vor etw*) нагиба́ться, -гну́ться *pf*; **II.** *vt* (*pej: erniedrigen*) унижа́ть, унизи́ть *pf*
Dudelsack *m* <-(e)s, -säcke> волы́нка *f*
Duell *nt* <-s, -e> дуэ́ль *f*
Duett *nt* <-(e)s, -e> дуэ́т *m*
Duft *m* <-(e)s, Düfte> за́пах *m*, арома́т *m*
duften *vi* па́хнуть *impf*, благоуха́ть *impf*
duftig *adj* души́стый

D

dulden **I.** *vt* (*zulassen*) терпе́ть *impf*, допуска́ть, -пусти́ть *pf*; **das kann ich nicht ~!** э́того я не потерплю́! **II.** *vi* (*leiden*) терпе́ть *impf*, переноси́ть, -нести́ *pf*

duldsam *adj* терпели́вый

dumm *adj* глу́пый; **sich nicht für ~ verkaufen lassen** (*umg*) не дать себя́ одура́чить

dummerweise *adv* к сожале́нию, глу́пым о́бразом

Dummheit *f* <-, -en> глу́пость *f*

Dummkopf *m* <-(e)s, -köpfe> (*pej*) дура́к *m*

dumpf *adj* ① (*Ton*) глухо́й, приглушённый; ② (*muffig*) спёртый, за́тхлый

Düne *f* <-, -n> дю́на *f*

düngen *vt* удобря́ть, удо́брить *pf*

Dünger *m* <-s, -> удобре́ние *nt*

dunkel *adj* темно́; **es wird ~** темне́ет

Dunkelheit *f* <*gen:* -> темнота́ *f*, су́мрак *m*; **bei Einbruch der ~** с наступле́нием темноты́

dünn *adj* ① (*von geringem Umfang*) то́нкий; ② (*Kind*) худо́й; ③ (*Haar*) ре́дкий; ④ (*Kaffee*) жи́дкий

dünnflüssig *adj* жи́дкий

Dunst *m* <-(e)s, Dünste> ① (*Nebel*) ды́мка *f*; ② (*in der Küche*) чад *m*

dünsten *vt* (*Gemüse*) туши́ть, стуши́ть *pf*

dunstig *adj* (*neblig*) тума́нный, па́смурный

Duo *nt* <-s, -s> дуэ́т *m*

Duplikat *nt* <-(e)s, -e> дублика́т *m*

durch **I.** *präp* че́рез, сквозь; **II.** *adv*: **~ und ~** наскво́зь; **hier darf man nicht ~** здесь прохо́да нет; **die ganze Nacht ~** всю ночь напролёт.

durcharbeiten **I.** *vt* (*Aufgabe, Text*) праба́тывать, -бо́тать *pf*; **II.** *vi* прорабо́тать *pf*; **sie arbeiteten die ganze Nacht durch** они прорабо́тали всю ночь

durchaus *adv* совсе́м, вполне́; **es ist ~ möglich** э́то вполне́ возмо́жно

durchblättern *vt* перели́стывать, -ста́ть *pf*

Durchblick *m* <-(e)s, -e> ① (*Ausblick*) вид *m*, просве́т *m*; ② (*umg: Verstehen*) понима́ние *nt*; **keinen ~ haben** не быть в ку́рсе де́ла

durchblicken *vi* ① смотре́ть, по- *impf*; ② (*umg: verstehen*) понима́ть, -ня́ть *pf*; **etwas ~ lassen** (*zu erkennen geben*) дать поня́ть что́-л.

Durchblutung *f* <-, -en> кровоснабже́ние *nt*

durchbohren *vt* ① просве́рливать, -ли́ть *pf*; ② (*mit Blicken*) пронза́ть, -зи́ть *pf*

durchbrechen[1] **I.** *irr vt* (*in zwei Teile brechen*) разла́мывать, -лома́ть *pf*; **II.** *vi* ① (*Bretterboden*) пролома́ться *pf*, -ла́мываться *impf*; ② (*Zähne*) проре́зываться, -за́ться *pf*

durchbrechen[2] *irr vt* ① (*Hindernis*) преодолева́ть, -ле́ть *pf*; ② (*Wand*) прола́мывать, -лома́ть *pf*

durchbrennen *irr vi* ① (*Sicherung*) перегора́ть, -ре́ть *pf*; ② (*umg: sich davonmachen*) удира́ть, удра́ть *pf*

durchbringen **I.** *irr vt* ① (*umg: verschwenden*) промота́ть *pf*, -ма́тывать *impf*; ② (*umg: einen Kranken*) вы́ходить *pf*, -ха́живать *impf*; **II.** *vr* (*umg*) перебива́ться, -би́ться *pf*

Durchbruch *m* <-(e)s, -brüche> ① (*das Durchbrechen*) проло́м *m*, проры́в *m*; ② (*fig: der Zähne*) проре́зывание *nt*

durchdrehen **I.** *vt* (*durch eine Maschine laufen lassen*) прокру́чивать, -крути́ть *pf*, пропуска́ть, -сти́ть *pf*; **II.** *vi* (*umg: die Nerven verlieren*) теря́ть, по- *pf* самооблада́ние; **sie dreht durch** у неё сдаю́т не́рвы

durchdringen[1] *irr vi* ① проника́ть, -ни́кнуть *pf*; **die Sonnenstrahlen dringen durch die Wolken durch**

со́лнечные лучи́ проника́ют сквозь ту́чи; ❷ (*Gerücht*) доходи́ть, дойти́ *pf*

durchdringen[2] *irr vt* (*einen Stoff*) пробива́ть, -би́ть *pf*; **diese Geschosse ~ sogar Stahl** э́ти пу́ли пробива́ют да́же сталь

durcheinander *adv* впереме́шку, как попа́ло; **~ sein** быть в замеша́тельстве

Durcheinander *nt* <*gen:* -s> неразбери́ха *f*; **in seinem Zimmer herrschte ein fürchterliches ~** в его́ ко́мнате цари́л ужа́сный беспоря́док

durcheinander bringen *irr vt* спу́тать *pf*, пу́тать *impf*

durchfahren[1] *irr vi* проезжа́ть, -е́хать *pf*; **wir fuhren durch München durch** мы прое́хали Мю́нхен

durchfahren[2] *irr vt* объезжа́ть, объе́хать *pf*; **im Urlaub haben wir ganz Deutschland ~** во вре́мя о́тпуска мы объе́хали всю Герма́нию

Durchfahrt *f* <-, -en> прое́зд *m*; **~ verboten!** прое́зд воспрещён!

Durchfall *m* <-(e)s, -fälle> поно́с *m*

durchfallen *irr vi* (*durch Öffnung, im Examen*) провали́ться *pf*, -ва́ливаться *impf*

durchfragen *vr* добира́ться, -бра́ться *pf* до ме́ста, расспра́шивая доро́гу

durchführen *vt* ❶ (*ausführen*) выполня́ть, вы́полнить *pf*; ❷ (*veranstalten*) проводи́ть, -вести́ *pf*, выполня́ть, вы́полнить *pf*; ❸ (*verwirklichen*) осуществля́ть, -ви́ть *pf*; ❹ (*als Transitgut befördern*) первози́ть транзи́том

Durchführung *f* <-, -en> ❶ (*Erledigung*) проведе́ние *nt*, выполне́ние *nt*; ❷ (*Verwirklichung*) осуществле́ние *nt*; ❸ (*Vollzug*) исполне́ние *nt*

Durchgang *m* <-(e)s, -gänge> ❶ (*Verbindungsgang*) прохо́д *m*, коридо́р *m*; ❷ (*Weg*) прохо́д *m*; **~ gesperrt!** прохо́д закры́т! **kein ~!** прохо́да нет!

durchgebraten *adj* (*Fleisch*) прожа́ренный

durchgehen *irr vi* (*hindurchgehen*) проходи́ть, пройти́ *pf*; **jdm nicht ~ lassen** не дава́ть спу́ску кому́-л.

durchgehend *adj* сплошно́й, сквозно́й

durchgreifen *irr vi* (*einschreiten*) принима́ть, -ня́ть *pf* ме́ры

durchhalten *irr vi* продержа́ться *pf*, вы́держать *pf*, -де́рживать *impf*

durchkommen *irr vi* ❶ (*durchgehen*) проходи́ть, пройти́ *pf*; ❷ (*fig: Erfolg haben*) проби́ться *pf*, -бива́ться *impf*

durchkreuzen *vt* (*fig*) расстра́ивать, -ро́ить *pf*, срыва́ть, сорва́ть *pf*; **Pläne ~** расстро́ить пла́ны

durchlassen *irr vt* пропуска́ть, -пусти́ть *pf*

durchlässig *adj* проница́емый

durchlaufen[1] **I.** *irr vt* (*Schuhe*) изна́шивать, -носи́ть *pf*; **II.** *vi* ❶ (*durchsickern*) проса́чиваться, -сочи́ться *pf*, протека́ть, -те́чь *pf*; ❷ (*ohne Unterbrechung laufen*) пробега́ть, -бе́гать *pf*; **wir sind ohne Pause 2 Stunden durchgelaufen** мы пробе́гали без остано́вки 2 часа́

durchlaufen[2] *irr vt* (*Ausbildung*) пройти́ *pf*, проходи́ть *impf*

durchlesen *irr vt* прочи́тывать, -чита́ть *pf*

durchleuchten *vt* (*röntgen*) просве́чивать *impf*

durchlöchern *vt* продыря́вить *pf*, -вливать *impf*

durchmachen *vt* ❶ (*erleben*) испы́тывать, -та́ть *pf*, пережива́ть, -жи́ть *pf*; ❷ (*umg: durchfeiern*) пра́здновать *impf* без переры́ва

Durchmesser *m* <-s, -> диа́метр *m*

D

D

durchnehmen *irr vt* (*in der Schule*) проходи́ть, пройти́ *pf*
durchnummerieren *vt* пронумеро́вывать, -рова́ть *pf*
durchqueren *vt* пересека́ть, -се́чь *pf*
Durchreiche *f* <-, -n> разда́точное око́шко *nt*, разда́ча *f*
Durchreise *f* <*gen:* -> прое́зд *m*; **auf der ~ sein** быть прое́здом
Durchsage *f* <-, -n> сообще́ние *nt* (по ра́дио, телефо́ну)
durchschauen *vt* ви́деть *impf* наскво́зь, разга́дывать, -да́ть *pf*; **ich habe dich durchschaut!** я тебя́ раскуси́л!
durchscheinen *irr vi* просве́чивать *impf*, видне́ться *impf*
durchscheinend *adj* просве́чивающийся, прозра́чный
durchschlafen *irr vi* проспа́ть *pf* до́лгое вре́мя
Durchschlag *m* <-(e)s, -schläge> (*Schreibmaschinen~*) ко́пия *f*
durchschlagen I. *irr vt* (*Geschoß*) пробива́ть, -би́ть *pf*; II. *vr* пробива́ться, -би́ться *pf*
durchschneiden *irr vt* разреза́ть, -ре́зать *pf*, прореза́ть, -ре́зать *pf*
Durchschnitt *m* <-(e)s, -e> ❶ (*das Durchschneiden*) разре́з *m*, проре́з *m*; ❷ (*Mittelwert*) сре́днее; **über dem ~ liegen** быть вы́ше сре́днего
durchschnittlich *adj* ❶ (*im Mittelwert gerechnet*) сре́дний; ❷ (*mittelmäßig*) сре́дний
Durchschrift *f* <-, -en> ко́пия *f*
durchsehen I. *irr vi* ви́деть, уви́деть *pf*; **ich konnte durch den Spalt in der Mauer nichts ~** че́рез щель в стене́ я ничего́ не мог уви́деть; II. *vt* просма́тривать, -тре́ть *pf*; **sie sah noch schnell die Unterlagen durch** она́ бы́стро просмотре́ла докуме́нты
durchsetzen I. *vt* (*erzwingen*) добива́ться, -би́ться *pf*, наста́ивать, -стоя́ть *pf*; II. *vr* пробі́ться *pf*, -бива́ться *impf*
Durchsetzung *f* <*gen:* -> осуществле́ние *nt*
Durchsicht *f* <-, -en> просмо́тр *m*, прове́рка *f*; **~ der Akten** просмо́тр а́ктов; **bei genauer ~** при тща́тельном осмо́тре
durchsichtig *adj* прозра́чный
durchsickern *vi* ❶ (*Flüssigkeit*) проса́чиваться, -сочи́ться *pf*; ❷ (*Nachrichten*) доходи́ть, дойти́ *pf*, распространя́ться, -ни́ться *pf*
durchsprechen *irr vt* обговори́ть *pf*, -ва́ривать *impf*, обсуди́ть *pf*, -сужда́ть *impf*
durchstehen *irr vt* вы́держать *pf*, -де́рживать *impf*
durchstreichen *irr vt* зачёркивать, -черкну́ть *pf*
durchsuchen *vt* обы́скивать, -ска́ть *pf*
durchtrainiert *adj* натрениро́ванный
Durchwahl *f* <-, -en> (TELKOM) прямо́й набо́р *m*
durchweichen *vt* размягча́ть, -чи́ть *pf*
durchzählen I. *vt* (*zählen*) пересчи́тывать, -та́ть *pf*; II. *vi* (MIL, SPORT) рассчита́ться *pf*, рассчи́тываться *impf* по поря́дку номеро́в
durchziehen[1] I. *irr vt* ❶ (*ziehen*) протя́гивать, -тяну́ть *pf*; ❷ (*umg: erledigen*) прота́скивать, -тащи́ть *pf*; II. *vi* ❶ сквози́ть *impf*, дуть *impf*; ❷ (*durchmarschieren*) проходи́ть, пройти́ *pf*
durchziehen[2] *irr vt* ❶ (*durch ein Gebiet ziehen*) проезжа́ть, -е́хать *pf*; ❷ (*irgendwo verlaufen*) проре́зать *pf*, -за́ть *impf*, проходи́ть, пройти́ *pf*
Durchzug *m* <-(e)s, -züge> ❶ (*Zugluft*) сквозня́к *m*; ❷ (*Durchmarsch*) прохо́д *m*
dürfen *vi* <durfte, gedurft> ❶ (*Modalverb:die Erlaubnis/Berech-*

tigung haben) мочь, смочь *pf*; **das Aufsichtspersonal darf Einsicht in Ihre Papiere verlangen** охрáна мóжет потрéбовать предъявлéния вáших докумéнтов; ❷ (*in der höflichen Bitte*) разрешáть, -шúть *pf*, позволя́ть, -вóлить *pf*; **darf ich einmal Ihren Ausweis sehen** позвóльте взгляну́ть на вáши докумéнты; ❸ (*das Recht haben*) мочь, смочь *pf*, имéть *impf* прáво; ❹ (*wahrscheinlich sein*) вероя́тно, должнó быть; ❺ (*Vollverb: die Erlaubnis zu etw haben*) имéть *impf* разрешéние; **ich darf/darf nicht** мне мóжно/нельзя́

durfte *prät von* **dürfen**

dürftig *adj* ❶ (*armselig*) ску́дный, убóгий; ❷ (*unzulänglich*) недостáточный

dürr *adj* ❶ (*trocken*) сухóй, вы́сохший; ❷ (*dünn*) тóщий, худóй

Dürre *f* <-, -n> (*Trockenzeit*) зáсуха *f*

Durst *m* <*gen:* -(e)s> жáжда *f*; **~ haben** хотéть пить; **einen über den ~ trinken** (*umg: sich betrinken*) вы́пить ли́шнего

durstig *adj* жáждущий; **er ist ~** он хóчет пить

durstlöschend *adj* утоля́ющий жáжду

Dusche *f* <-, -n> душ *m*

duschen *vi* принимáть, -ня́ть *pf* душ

Duschkabine *f* <-, -n> душевáя каби́на *f*

Düse *f* <-, -n> соплó *nt*, насáдка *f*

Düsenflugzeug *nt* <-(e)s, -e> реакти́вный самолёт *m*

düster *adj* ❶ тёмный; ❷ (*fig: drohend, finster*) мрáчный, угрю́мый

Dutzend *nt* <-s, -e> ❶ (*zwölf Stück*) дю́жина *f*; **Preis pro ~** ценá за дю́жину ❷ (*große Anzahl*) деся́тки; **zu ~en** деся́тками

duzen *vt* обращáться, -рати́ться *pf* на ты

DV *f* <*gen:* -> *abk von* ***Datenverarbeitung*** обрабóтка *f* дáнных

DVD *f* <-, -s> *abk von* ***Digital versatile Disc*** DVD *m*, ДВД *m*

DVD-Player *m* <-s, -> DVD-прои́грыватель *m*

Dynamik *f* <*gen:* -> ❶ (*Kraft, Schwung*) си́ла *f*, подъём *m*; ❷ (PHYS, MUS) динáмика *f*

dynamisch *adj* ❶ (*bewegt*) динами́ческий; ❷ (*tatkräftig*) динами́чный

Dynastie *f* <-, -n> (*geh*) динáстия *f*

Ee

E

e, E *nt* <-, -> e, E
Ebbe *f* <-, -n> отли́в *m*; **~ und Flut** отлив и прили́в
eben I. *adj* (*flach*) пло́ский; **II.** *adv* ❶ (*gerade erst*) то́лько что; ❷ (*genau*) и́менно.
Ebenbild *nt* <-(e)s, -er> (*geh*) подо́бие *nt*, о́браз *m*
ebenbürtig *adj* ра́вный; **ein ~er Gegner** досто́йный проти́вник
Ebene *f* <-, n> ❶ (*Landschaft*) равни́на *f*; ❷ (MATH) пло́скость *f*; ❸ (*Niveau*) у́ровень *f*
ebenfalls *adv* та́кже, то́же
ebenso *adv* так же, таки́м же о́бразом
Eber *m* <-s, -> каба́н *m*, хряк *m*
ebnen *vt* выра́внивать, вы́ровнять *pf*; **jdm den Weg ~** (*fig*) расчи́стить кому́-л. путь
Echo *nt* <-s, -s> ❶ э́хо *nt*; ❷ (*fig*) о́тклик *m*
Echse *f* <-, -n> я́щер *m*, я́щерица *f*
echt I. *adj* ❶ (*unverfälscht*) настоя́щий, по́длинный; ❷ (*typisch*) типи́чный; ❸ (*wirklich, aufrichtig*) и́скренний; **II.** *adv* (*umg: wirklich*) по-настоя́щему, действи́тельно; **dein Haarschnitt ist ~ super!** твоя́ стри́жка действи́тельно класс!
Ecke *f* <-, -n> ❶ (*eines Raumes*) у́гол *m*; ❷ (*umg: Gegend*) ме́стность *f*
eckig *adj* ❶ (*Ecken habend*) с угла́ми; ❷ (*Bewegung*) углова́тый
Eckzahn *m* <-(e)s, -zähne> клык *m*
edel *adj* ❶ (*vornehm: Gesinnung*) благоро́дный; ❷ (*Stein*) драгоце́нный
Edelmetall *nt* <-(e)s, -e> благоро́дный мета́лл *m*
Edelmut *m* <*gen:* -(e)s> благоро́дство *nt*
Edelstahl *m* <*gen:* -(e)s> высокока́чественная сталь *f*
Edelstein *m* <-(e)s, -e> драгоце́нный ка́мень *m*
editieren *vt* (DV) редакти́ровать, от- *pf*
EDV *f* <*gen:* -> *abk von* ***elektronische Datenverarbeitung*** электро́нная обрабо́тка *f* да́нных
Efeu *m* <*gen:* -s> плющ *m*
Effekt *m* <-(e)s, -e> эффе́кт *m*
effektiv *adj* ❶ (*wirkungsvoll*) эффекти́вный, де́йственный; ❷ (*umg: wirklich*) на са́мом де́ле
effizient *adj* эффекти́вный
egal *adj* безразли́чный; **ihm ist alles ~** ему́ всё безразли́чно
Egge *f* <-, -n> борона́ *f*
Egoismus *m* <*gen:* -> эгои́зм *m*
Egoist, -in *m/f* <-en, -en> эгои́ст, -ка *m/f*
egoistisch *adj* эгоисти́чный
egozentrisch *adj* эгоцентри́ческий
ehe *konj* пре́жде чем, ра́ньше чем
Ehe *f* <-, -n> брак *m*, супру́жество *nt*
Ehebruch *m* <*gen:* -(e)s> наруше́ние *nt* супру́жеской ве́рности; **~ begehen** нару́шить супру́жескую ве́рность
Ehefrau *f* <-, -en> супру́га *f*, жена́ *f*
Ehegatte *m* <-n, -n> ❶ (*geh: Ehemann*) супру́г *m*; ❷ (*nur pl: Eheleute*) супру́ги *pl*
Eheleute *pl* <*gen:* -> супру́ги *pl*
ehelich *adj* бра́чный, супру́жеский
ehemalig *adj* бы́вший
Ehemann *m* <-(e)s, -männer> супру́г *m*, муж *m*
Ehepaar *nt* <-(e)s, -e> супру́ги *pl*
eher *adv* ❶ (*früher*) ра́ньше; **je ~ wir anfangen, desto besser** чем ра́ньше мы начнём, тем лу́чше; ❷ (*lieber*) лу́чше
Ehering *nt* <-(e)s, -e> обруча́льное кольцо́ *nt*

Ehescheidung *f* <-, -en> расторже́ние *nt* бра́ка
eheste(r, s) *adj* са́мый ра́нний; **zum ~n Zeitpunkt** в ближа́йший срок
ehrbar *adj* досто́йный, почте́нный
Ehre *f* <*gen:* -> честь *f*; **jdm die letzte ~ erweisen** отда́ть кому́-л. после́дниий долг
ehren *vt* уважа́ть *impf*
ehrenamtlich *adj* почётный, доброво́льный
Ehrenbürger, -in *m/f* <-s, -> (*einer Stadt*) почётный гражда́нин *m*
Ehrenplatz *m* <-es, -plätze> почётное ме́сто *nt*
Ehrensache *f* <*gen:* -> де́ло *nt* че́сти
Ehrenwort *nt* <*gen:* -(e)s> сло́во *nt* че́сти; **sein ~ geben** дать сло́во че́сти
Ehrfurcht *f* <*gen:* -> глубо́кое почте́ние *nt*, благогове́ние *nt*; **vor jdm/etw ~ haben** благогове́ть пе́ред ке́м-л./че́м-л.
Ehrgeiz *m* <*gen:* -es> честолю́бие *nt*, тщесла́вие *nt*
ehrgeizig *adj* (*Mensch, Plan*) честолюби́вый
ehrlich *adj* че́стный
Ehrlichkeit *f* <*gen:* -> че́стность *f*
ehrlos *adj* бесче́стный
Ehrung *f* <-, -en> че́ствование *nt*
ehrwürdig *adj* досто́йный, почте́нный
Ei *nt* <-s, -er> ❶ (*Eizelle*) яйцекле́тка *f*; ❷ (*Hühnerei*) яйцо́ *nt*
Eiche *f* <-, -n> дуб *m*
Eichel *f* <-, -n> ❶ (*Frucht der Eiche*) жёлудь *m*; ❷ (ANAT) голо́вка *f*
eichen *vt* (*Messgeräte*) градуи́ровать *impf/pf*
Eichhörnchen *nt* <-s, -> бе́лка *f*
Eid *m* <-(e)s, -e> кля́тва *f*; **einen ~ leisten** дава́ть прися́гу
Eidechse *f* <-, -n> я́щерица *f*
eidlich *adj* кля́твенный
Eidotter *nt* <-s, -> желто́к *m*
Eierbecher *m* <-s, -> подста́вка *f* для яиц
Eierstock *m* <-(e)s, -stöcke> я́ичник *m*
Eifer *m* <*gen:* -s> рве́ние *nt*, усе́рдие *nt*
Eifersucht *f* <*gen:* -> ре́вность *f*
eifersüchtig *adj* ревни́вый
eiförmig *adj* яйцеви́дный, ова́льный
eifrig *adj* ре́вностный, усе́рдный
Eigelb *nt* <*gen:* -s> желто́к *m*
eigen *adj* ❶ (*jdm gehörend*) со́бственный; ❷ (*für jdn typisch*) сво́йственный
Eigenart *f* <-, -en> своеобра́зие *nt*
eigenartig *adj* своеобра́зный, осо́бенный
Eigenliebe *f* <*gen:* -> себялю́бие *nt*
eigenmächtig *adj* самово́льный
Eigenname *m* <-s, -> и́мя *nt* со́бственное
eigens *adv* специа́льно, наро́чно
Eigenschaft *f* <-, -en> сво́йство *nt*, ка́чество *nt*
Eigensinn *m* <*gen:* -(e)s> своенра́вие *nt*, упря́мство *nt*
eigensinnig *adj* своенра́вный, упря́мый
eigentlich **I.** *adj* со́бственный, настоя́щий; **II.** *adv* со́бственно.
Eigentum *nt* <*gen:* -(e)s> со́бственность *f*
Eigentümer, -in *m/f* <-s, -> со́бственник, -ница *m/f*
eigentümlich *adj* сво́йственный, прису́щий
Eigentumswohnung *f* <-, -en> ча́стная кварти́ра *f*
eigenwillig *adj* своево́льный, своенра́вный
eignen **I.** *vi* (*geh*) быть *impf* прису́щим; **den Werken dieses Malers eignet eine gewisse Melancholie** произведе́ниям э́того худо́жника прису́ща не́которая меланхоли́чность; **II.** *vr* (*geeignet sein*) годи́ться *impf*, подходи́ть, -дойти́ *pf*
Eignung *f* <*gen:* -> приго́дность *f*
Eile *f* <*gen:* -> поспе́шность *f*, спе́шка *f*
eilen *vi* спеши́ть, по- *pf*

eilig *adj* спе́шный

Eimer *m* <-s, -> ведро́ *nt*; **etw ist im ~** (*umg*) что́-то сорвало́сь

ein(e) I. *unb*: **die Tochter ~es Lehrers** дочь учи́теля; **II.** *num* оди́н; **~ Glas Bier** оди́н стака́н пи́ва; **III.** *pron indef* кто́-то, что́-то, кто́-либо, что́-либо.

einander *pron refl* друг дру́га; **sie lieben ~ sehr** они́ о́чень лю́бят друг дру́га

einarbeiten I. *vt* знако́мить, о- *pf* с рабо́той, вводи́ть, ввести́ *pf* в курс де́ла; **II.** *vr* втя́гиваться, втяну́ться *pf* в рабо́ту

einatmen I. *vt* вдыха́ть, вдохну́ть *pf*; **II.** *vi* дыша́ть *impf*

Einbahnstraße *f* <-, -n> доро́га *f* с односторо́нним движе́нием

Einband *m* <-(e)s, Einbände> переплёт *m*

Einbau *m* <*gen:* -s> устано́вка *f*, встро́йка *f*

einbauen *vt* ❶ встра́ивать, -ро́ить *pf*; ❷ (*fig: einfügen*) вставля́ть, вста́вить *pf*

einbehalten *vt* удержива́ть, -жа́ть *pf*

einberufen *irr vt* ❶ (MIL) призыва́ть, -зва́ть *pf*; ❷ (*Versammlung*) созыва́ть, -зва́ть *pf*

Einberufung *f* <-, -en> (MIL) призы́в *m*

Einbettzimmer *nt* <-s, -> одноме́стный но́мер *m*

einbeziehen *irr vt* (*berücksichtigen*) включа́ть, -чи́ть *pf*

einbiegen *irr vi* свора́чивать, сверну́ть *pf*

einbilden *vr* вообража́ть, -брази́ть *pf*; **sich viel ~** возомни́ть о себе́

Einbildung *f* <-, -en> ❶ (*in der Vorstellung*) воображе́ние *nt*, фанта́зия *f*; ❷ (*Arroganz*) высокоме́рие *nt*

einbinden *irr vt* ❶ (*verletztes Körperteil*) забинто́вывать, -това́ть *pf*; ❷ (*in ein Konzept*) включа́ть, -чи́ть *pf*

Einblick *m* <-(e)s, -e> взгляд *m*, ознакомле́ние *nt*

einbrechen *irr vi* ❶ (*in eine Wohnung*) вла́мываться, вломи́ться *pf*; ❷ (*beginnen: Dunkelheit*) (внеза́пно) наступа́ть, -пи́ть *pf*

Einbrecher *m* <-s, -> взло́мщик *m*

einbringen *irr vt* ❶ (*Gewinn*) приноси́ть, -нести́ *pf*; ❷ (*Ernte*) убира́ть, убра́ть *pf*; ❸ (*Gesetz*) вноси́ть, внести́ *pf*; ❹ (*beitragen*) вкла́дывать

Einbruch *m* <-(e)s, Einbrüche> ❶ (*in ein Gebäude*) взлом *m*; ❷ (*Schwächeeinbruch*) при́ступ *m*; ❸ (*das Hereinbrechen*) обруше́ние *nt*; **bei ~ der Dunkelheit** с наступле́нием темноты́

einbürgern I. *vt* (*zu Bürgern machen*) дава́ть, дать *pf* гражда́нство; **II.** *vr* (*sich verbreiten*) укореня́ться, -ни́ться *pf*

Einbuße *f* <-, -n> поте́ря *f*, убы́ток *m*

einbüßen *vt* теря́ть, по- *pf*, лиша́ться, -ши́ться *pf*

eincremen I. *vt* нама́зывать, -зать *pf* кре́мом; **II.** *vr* нама́зываться, -заться *pf* кре́мом

eindecken *vr* запаса́ться, -сти́сь *pf*; **sich mit Waren ~** запаса́ться това́рами

eindeutig *adj* я́сный, недвусмы́сленный

eindringen *irr vi* проника́ть, -ни́кнуть *pf*, вторга́ться, вто́ргнуться *pf*

eindringlich *adj* насто́йчивый, настоя́тельный

Eindringling *m* <-s, -e> незва́ный гость *m*

Eindruck *m* <-(e)s, Eindrücke> ❶ (*Spur*) след *m*; ❷ (*Vorstellung*) впечатле́ние *nt*; **auf jdn ~ machen** произвести́ впечатле́ние

eindrucksvoll *adj* впечатля́ющий

eine(r, s) *siehe* **ein(e)**

einengen *vt* стесня́ть, -сни́ть *pf*

einerlei *adj* одина́ковый

Einerlei *nt* <*gen:* -s> однообра́зие *nt*

einerseits *adv* с одно́й стороны́

einfach *adj* ① (*leicht verständlich*) простóй, неслóжный; ② (*nicht doppelt: Fahrkarte*) в оди́н конéц

Einfachheit *f* <*gen:* -> простотá *f*

einfädeln *vt* (*Faden*) вдевáть, вдеть *pf*

einfahren I. *irr vt* (*Fahrzeug*) обкáтывать, -тáть *pf*; **II.** *irr vi* (*Zug*) прибывáть, -быть *pf*

Einfahrt *f* <-, -en> ① (*Weg*) въезд *m*, подъéзд *m*; ② (*das Einfahren*) въéзд *m*

Einfall *m* <-(e)s, Einfälle> мысль *f*, идéя *f*; **einen ~ haben** приду́мать чтó-л.

einfallen *irr vi* ① (*in den Sinn kommen*) приходи́ть, прийти́ *pf* на ум; **was fällt Ihnen ein !** как вы смéете ! ② (*einstürzen*) обру́шиваться, -шиться *pf*; ③ (*gewaltsam eindringen*) вторгáться, втóргнуться *pf*

einfallslos *adj* лишённый фантáзии

einfallsreich *adj* изобретáтельный

einfältig *adj* простоду́шный, простовáтый

Einfamilienhaus *nt* <-es, -häuser> особня́к *m*

einfangen *irr vt* лови́ть, поймáть *pf*

einfassen *vt* вставля́ть, встáвить *pf* в опрáву

einfetten *vt* смáзывать, -зать *pf* (жи́ром)

einfinden *irr vr* яви́ться *pf*, явля́ться *impf*, объяви́ться *pf*, -вля́ться *impf*

einfließen *irr vi* втекáть, втечь *pf*, вливáться, вли́ться *pf*

einflößen *vt* ① (*Flüssigkeit*) вливáть, влить *pf*; ② (*fig: Angst*) внушáть, -ши́ть *pf*

Einfluss *m* <-es, Einflüsse> ① (*Wirkung*) влия́ние *nt*; ② (*Ansehen*) авторитéт *m*; **auf jdn ~ ausüben** окáзывать влия́ние на когó-л.

einflussreich *adj* влия́тельный

einförmig *adj* однообрáзный, монотóнный

einfrieren I. *irr vt* ① (*Lebensmittel*) заморáживать, -рóзить *pf*; ② (*fig: Beziehungen*) заморáживать, -рóзить *pf*, приостанáвливать, -нови́ть *pf*; **II.** *irr vi* (*Leitungsrohr*) замерзáть, -мёрзнуть *pf*

einfügen I. *vt* вставля́ть, встáвить *pf*, вклáдывать, вложи́ть *pf*; **II.** *vr* включáться, -чи́ться *pf*

einfühlsam *adj* чу́ткий, сострадáтельный

Einfuhr *f* <*gen:* -> ввоз *m*, и́мпорт *m*

einführen *vt* ① (*etw in eine Öffnung*) вводи́ть, ввести́ *pf*; ② (*Güter*) ввози́ть, ввезти́ *pf*, импорти́ровать *impf/pf*; ③ (*Sitten, Regeln*) вводи́ть, ввести́ *pf*; ④ (*einweisen*) вводи́ть, ввести́ *pf*

Eingabe *f* <-, -n> ① (DV) ввод *m*; ② (*an eine Behörde*) подáча *f*; ③ (*Gesuch*) заявлéние *nt*

Eingang *m* <-(e)s, Eingänge> ① вход *m*; ② (*Erhalt*) получéние *nt*; **in etw ~ finden** найти́ в чём-л. выражéние

eingangs *adv* сначáла; **~ erwähnt** упомя́нутый вначáле

Eingangstür *f* <-, -en> входнáя дверь *f*

eingeben *irr vt* ① (DV) вводи́ть, ввести́ *pf*; ② (*Idee*) внушáть, -ши́ть *pf*

eingebildet *adj* ① (*von sich eingenommen*) воображáющий о себé; ② (*nur in der Einbildung existierend*) воображáемый, мни́мый

Eingebung *f* <-, -en> (внезáпная) мысль *f*, идéя *f*; **einer ~ folgend** по найти́ю

eingefallen *adj* ① (*Haus*) провали́вшийся; ② (*Gesicht, Wangen*) впáлый, ввали́вшийся

eingefleischt *adj* (*Junggeselle*) закоренéлый, отъя́вленный

eingehen *irr vi* ① (*Eingang finden*) входи́ть, войти́ *pf*, вступáть, -пи́ть *pf*; **in die Geschichte ~**

войти́ в исто́рию ② (*Pflanzen, Tiere*) ги́бнуть, по- *pf*; ③ (*Kleidungsstücke*) сади́ться, сесть *pf*

eingehend *adj* обстоя́тельный, подро́бный

eingenommen *adj* располо́женный (к кому́-л./чему́-л.); **für jdn ~ sein** пита́ть симпа́тию к кому́-л.; **gegen jdn ~ sein** пита́ть неприя́знь к кому́-л.; **sehr von sich ~ sein** быть о себе́ высо́кого мне́ния

E

eingerostet *adj* заржа́вевший, ржа́вый

eingeschnappt *adj* (*umg: beleidigt*) оби́женный

eingestehen *irr vt* (*Schuld, Fehler*) признава́ть, -зна́ть *pf*

Eingeweide *pl* <*gen:* -> вну́тренности *pl*

eingewöhnen *vr* свыка́ться, свы́кнуться *pf*, осва́иваться, -во́иться *pf* (*in +akk* с *+inst*)

eingießen *irr vt* налива́ть, -ли́ть *pf*, влива́ть, влить *pf*

eingraben *irr vt* зака́пывать, -копа́ть *pf*

eingreifen *irr vi* вме́шиваться, -ша́ться *pf*; **in einen Konflikt ~** вмеша́ться в конфли́кт

Eingriff *m* <-(e)s, -e> ① (*das Eingreifen*) вмеша́тельство *nt*; ② (*Operation*) вмеша́тельство *nt*, опера́ция *f*

einhaken I. *vt* закрыва́ть, -кры́ть *pf* (на крючо́к); **II.** *vr* брать, взять *pf* по́д руку; **sich bei jdm ~** брать кого́-л. по́д руку

einhalten *irr vt* ① (*Versprechen*) сдержа́ть *pf*, сде́рживать *impf*; ② (*Plan*) вы́полнить *pf*, выполня́ть *impf*; ③ (*Bestimmungen*) соблюда́ть, -блюсти́ *pf*

einhandeln I. *vt* (*Waren*) скупа́ть, -пи́ть *pf*, закупа́ть, -пи́ть *pf*; **II.** *vr* (*umg: Nachteile*) схлопота́ть *pf*, зарабо́тать *pf*, -ба́тывать *impf*

einhängen I. *vt* ① наве́шивать, -ве́сить *pf*; ② (*Hörer*) ве́шать, пове́сить *pf*; **II.** *vr* брать, взять *pf* по́д руку

einheimisch *adj* оте́чественный, ме́стный

Einheimische *mf* <-n, -n> ме́стный жи́тель *m*

Einheit *f* <-, -en> ① (MIL) подразделе́ние *nt*; ② (*physikalische Einheit*) едини́ца *f*; ③ (*Ganzheit*) еди́нство *nt*; **nationale ~** национа́льное еди́нство

einheitlich *adj* еди́ный

Einheitspreis *m* <-es, -e> еди́ная цена́ *f*

einheizen *vt* ① (*Ofen*) затопи́ть *pf*, -та́пливать *impf*; ② (*umg*) руга́ть, отруга́ть *pf*; **jdm ~** зада́ть кому́-л. жа́ру

einhellig *adj* единогла́сный

einholen *vt* ① (*Person*) догоня́ть, -гна́ть *pf*; ② (*Fahne*) спуска́ть, -сти́ть *pf*; ③ (*Genehmigung*) испроси́ть *pf*, испра́шивать *impf*

einhüllen I. *vt* уку́тывать, -тать *pf*, заверну́ть *pf*, -вёртывать *impf*; **II.** *vr* уку́тываться, -таться *pf*, заку́тываться, -ку́таться *pf*

einhundert *num* сто, одна́ со́тня

einig *adj* сплочённый, единоду́шный; **wir sind uns in diesem Punkt ~** в э́том пу́нкте мы еди́ны

einige(r, s) *pron indef* не́сколько, не́которые; **das wird noch ~ Probleme bereiten** и́з-за э́того ещё возни́кнут не́которые пробле́мы

einige Mal *adv* не́сколько раз

einigen *vr* договори́ться *pf*, -ва́риваться *impf*; **sich auf etw ~** сойти́сь на чём-л.

einigermaßen *adv* бо́лее и́ли ме́нее, терпи́мо

Einigkeit *f* <*gen:* -> единоду́шие *nt*, согла́сие *nt*

Einigung *f* <-, -en> ① (*Übereinkunft*)

согла́сие *nt*, соглаше́ние *nt*; ❷ (*Zusammenschluss*) едине́ние *nt*

einjährig *adj* годово́й

Einkauf *m* <-(e)s, Einkäufe> ❶ (*das Einkaufen*) заку́пка *f*, поку́пка *f*; ❷ (*die eingekauften Waren*) поку́пка *f*

einkaufen *vt* закупа́ть, -пи́ть *pf*, покупа́ть, купи́ть *pf*; **~ gehen** идти́ за поку́пками

Einkaufsbummel *m* <*gen:* -s> прогу́лка *f* по магази́нам; **einen ~ machen** пройти́сь по магази́нам

Einkaufszentrum *nt* <-s, -zentren> торго́вый центр *m*

einklammern *vt* заключа́ть, -чи́ть *pf* в ско́бки

Einklang *m* <*gen:* -(e)s> согла́сие *nt*; **mit etw im ~ stehen** находи́ться в соотве́тствии с че́м-л.

einkleiden I. *vt* одева́ть, оде́ть *pf*; **II.** *vr* одева́ться, оде́ться *pf*

einklemmen *vt* прищемля́ть, -ми́ть *pf*, защемля́ть, -ми́ть *pf*

einkochen *vt* (*Obst*) консерви́ровать, за- *pf*

Einkommen *nt* <-s, -> дохо́д *m*, за́работок *m*; **ein hohes/niedriges ~ haben** име́ть высо́кий/ни́зкий дохо́д

einkreisen *vt* окружа́ть, -жи́ть *pf*

Einkünfte *pl* <*gen:* -> дохо́ды *pl*

einladen[1] *irr vt* (*Gegenstände*) грузи́ть, по- *pf*

einladen[2] *irr vt* (*Personen*) приглаша́ть, -гласи́ть *pf*; **jdn zum Essen ~** пригласи́ть кого́-л. на обе́д (или у́жин)

Einladung *f* <-, -en> приглаше́ние *nt*; **einer ~ folgen** приня́ть приглаше́ние

Einlage *f* <-, n> ❶ (*für Schuh*) супина́тор *m*; ❷ (*in Suppe*) запра́вка *f*; ❸ (*Spareinlage*) вклад *m*

einlagern *vt* скла́дывать, сложи́ть *pf* (на хране́ние, в подва́л)

Einlass *m* <*gen:* -es> вход *m*

einlassen *irr vt* ❶ (*Personen*) впуска́ть, -сти́ть *pf*; ❷ (*Bad*) набра́ть *pf*, -бира́ть *impf*

Einlauf *m* <-(e)s, Einläufe> ❶ (MED) кли́зма *f*; ❷ (TECH) впуск *m*

einlaufen *irr vi* (*Wäsche*) се́сть *pf*, сади́ться *impf*

einleben *vr* свыка́ться, свы́кнуться *pf*, прижива́ться, -жи́ться *pf*

einlegen *vt* ❶ (*hineinlegen*) вкла́дывать, вложи́ть *pf*; ❷ (*Rückwärtsgang*) включа́ть, -чи́ть *pf*; ❸ (*Pause*) де́лать, сде́лать *pf*; ❹ (JUR: *Berufung*) подава́ть, -да́ть *pf*; ❺ (*Einlage bei einer Bank*) вкла́дывать, вложи́ть *pf*

Einlegesohle *f* <-, -n> сте́лька *f*

einleiten *vt* ❶ (*in die Wege leiten*) начина́ть, -ча́ть *pf*, подгота́вливать, -то́вить *pf*; ❷ (*Prozess*) возбужда́ть, -буди́ть *pf*

Einleitung *f* <-, -en> (*einleitender Abschnitt*) введе́ние *nt*

einlenken *vi* ❶ свора́чивать, сверну́ть *pf*; ❷ идти́, пойти́ *pf* на усту́пки

einleuchten *vi* станови́ться, стать *pf* я́сным; **das leuchtet mir ein** (*umg*) э́то меня́ убежда́ет

einliefern *vt* помеща́ть, -мести́ть *pf*; **er wurde in eine Klinik eingeliefert** его́ помести́ли в больни́цу

einlösen *vt* ❶ (*Scheck*) обнали́чивать, -чить *pf*; ❷ (*Pfand*) выкупа́ть, вы́купить *pf*; ❸ (*Versprechen*) сдержа́ть *pf*, сде́рживать *impf*

einmachen *vt* (*Obst*) консерви́ровать, за- *pf*

einmal *adv* ❶ (*nicht mehrmals*) один раз; ❷ (*in der Zukunft*) когда́-нибудь, одна́жды; ❸ (*irgendwann*) когда́-то; **komme doch einfach ~ vorbei!** зайди́ про́сто как-нибу́дь!

Einmaleins *nt* <*gen:* -> табли́ца *f*

умножéния
einmalig *adj* ❶ (*nur einmal notwendig*) единоврéменный, рáзовый; ❷ (*sehr gut*) исключи́тельный, неповтори́мый
Einmarsch *m* <*gen:* -es> вступлéние *nt* (войск)

E

einmarschieren *vi* вступáть, -пи́ть *pf*, выходи́ть, вы́йти *pf*
einmischen *vr* вмéшиваться, -шáться *pf*
Einmischung *f* <-, -en> вмешáтельство *nt*
einmünden *vi* ❶ (*Fluss*) впадáть *impf* (*in +akk* в); ❷ (*Straße*) выходи́ть *impf*
Einnahme *f* <-, -n> ❶ (*Einkünfte*) прихóд *m*, поступлéние *nt*, дохóд *m*; ❷ (*von Medikament*) приём *m*
einnehmen *irr vt* ❶ (*Geld*) получáть, -чи́ть *pf*; ❷ (*Medikament*) принимáть, -ня́ть *pf*; ❸ (*Festung*) занимáть, -ня́ть *pf*, брать, взять *pf*; ❹ (*Platz*) занимáть, -ня́ть *pf*
einnicken *vi* задремáть *pf*
einnisten *vr* ❶ (*pej*) посели́ться *pf*, -ля́ться *impf* без приглашéния; ❷ (*Vögel*) гнезди́ться *impf*
Einöde *f* <-, -n> глушь *f*, пусты́ня *f*
einordnen I. *vt* располагáть, -ложи́ть *pf*; II. *vr* ❶ (*in eine Gruppe*) войти́ *pf*, входи́ть *impf*; ❷ (*im Straßenverkehr*) перестрóиться *pf*, -стрáиваться *impf*
einpacken *vt* уклáдывать, уложи́ть *pf*, упакóвывать, -ковáть *pf*; **pack ein !** (*umg*) провáливай!
einparken *vi* паркováть, при- *pf*
einpendeln *vr* стабилизи́роваться *impf/pf*
einpferchen *vt* загоня́ть, -гнáть *pf*
einpflanzen *vt* ❶ (*Pflanze*) сажáть, посади́ть *pf*; ❷ (MED) пересáживать, -сади́ть *pf*, импланти́ровать *impf/pf*
einplanen *vt* плани́ровать, за- *pf*
einprägen I. *vt* вы́давить *pf*, выдáвливать *impf*, вы́бить *pf*, выбивáть *impf*; II. *vr* запечатлéться *pf*, -тлевáться *impf*, запóмниться *pf*, -минáться *impf*
einrahmen *vt* вставля́ть, встáвить *pf* в рáмку, обрамля́ть, обрáмить *pf*
einrasten *vi* заскáкивать, -скочи́ть *pf*, западáть, -пáсть *pf*
einräumen *vt* ❶ (*in einen Schrank*) убирáть, убрáть *pf*; ❷ (*zugestehen*) допускáть, -сти́ть *pf*
einreden I. *vt* внушáть, -ши́ть *pf*; II. *vr* убеждáть, убеди́ть *pf* себя́
einreiben *irr vt* втирáть, втерéть *pf*
einreichen *vt* подавáть, -дáть *pf*; **einen Antrag bei einer Behörde ~** подáть заявлéние в учреждéние
einreihen *vr* станови́ться, стать *pf* (в ряд, в óчередь)
Einreise *f* <*gen:* -> въéзд *m*
Einreisegenehmigung *f* <-, -en> разрешéние *nt* на въезд; **jdm die ~ erteilen/verweigern** разреши́ть/запрети́ть комý-л. въезд
einreisen *vi* въезжáть, въéхать; **in ein Land ~** въезжáть в странý
einrenken *vt* ❶ вправля́ть, впрáвить *pf*; ❷ (*fig*) улáживать, улáдить *pf*
einrichten I. *vt* (*Wohnung*) обставля́ть, -стáвить *pf*; II. *vr* (*sich einstellen*) настрáиваться, -рóиться *pf* (*auf +akk* на)
Einrichtung *f* <-, -en> ❶ (*Möbel*) обстанóвка *f*; ❷ (*Anlage*) устрóйство *nt*; ❸ (*staatliche*) учреждéние *nt*
einrosten *vi* (*auch fig*) ржавéть, за- *pf*
einrücken *vt* ❶ (MIL) вступáть, -пи́ть *pf*; ❷ (*Inserat*) помещáть, -мести́ть *pf*; ❸ (*Zeile*) отступáть, -пи́ть *pf*

eins *num* ❶ оди́н; ❷ (*beim Zählen*) раз; ~ **zum anderen** одно́ к одному́

einsam *adj* одино́кий

Einsamkeit *f* <*gen:* -> одино́чество *nt*, уединённость *f*

einsammeln *vt* собира́ть, -бра́ть *pf*

Einsatz *m* <-es, Einsätze> ❶ (*beim Glücksspiel*) ста́вка *f*; ❷ (*das Einsetzen*) примене́ние *nt*, испо́льзование *nt*; **unter ~ aller Kräfte** напряга́я все си́лы ❸ (*persönlicher ~*) уча́стие *nt*

einsatzbereit *adj* в по́лной гото́вности

einschalten I. *vt* (*Gerät, Licht*) включа́ть, -чи́ть *pf*; **II.** *vr* (*sich einmischen*) подключа́ться, -чи́ться *pf*, вме́шиваться, -ша́ться *pf*

einschätzen *vt* оце́нивать, -ни́ть *pf*; **etw richtig/falsch ~** ве́рно/неве́рно оце́нивать что́-л.

Einschätzung *f* <-, -en> оце́нка *f*

einschenken *vt* (*Getränk*) налива́ть, -ли́ть *pf*

einschiffen I. *vt* (*Güter*) грузи́ть, по- *pf*; **II.** *vr* сади́ться, сесть *pf* на су́дно

einschlafen *irr vi* ❶ засыпа́ть, -сну́ть *pf*; ❷ (*fig: Bemühungen*) постепе́нно прекраща́ться, -крати́ться *pf*

einschläfern *vt* (*Tier*) усыпля́ть, -пи́ть *pf*

Einschlag *m* <-(e)s, Einschläge> ❶ (*von Blitz*) попада́ние *nt*; ❷ (*Nuance*) отте́нок *m*, налёт *m*

einschlagen I. *irr vt* ❶ (*Nagel*) забива́ть, -би́ть *pf*; ❷ (*einwickeln*) завёртывать, -верну́ть *pf*; **II.** *vi* ❶ (*Geschoss*) попада́ть, -па́сть *pf*; ❷ (*umg: Erfolg haben*) име́ть *impf* успе́х

einschleichen *irr vr* ❶ прокра́дываться, -кра́сться *pf*; ❷ (*fig*) вкра́дываться, вкра́сться *pf*

einschließen *irr vt* ❶ (*verschließen*) запира́ть, -пере́ть *pf*; ❷ (*umgeben*) окружа́ть, -жи́ть *pf*; ❸ (*miteinbeziehen*) включа́ть, -чи́ть *pf*

einschließlich *präp* ❶ (*das Letztgenannte eingeschlossen*) включи́тельно; ❷ (*inklusive*) включа́я

einschmeicheln *vr* подольсти́ться *pf*, -дольща́ться *impf*; **sich bei jdm ~** подольсти́ться к кому́-л.

einschnappen *vi* ❶ (*Schloss*) защёлкнуться *pf*, -киваться *impf*; ❷ (*umg: beleidigt sein*) обижа́ться, оби́деться *pf*

Einschnitt *m* <-(e)s, -e> ❶ (*Stelle, an der etw eingeschnitten ist*) надре́з *m*, разре́з *m*; ❷ (*Umbruch*) перело́м *m*

einschränken I. *vt* ❶ (*einengen*) ограни́чивать, -ни́чить *pf*; ❷ (*reduzieren*) сокраща́ть, -крати́ть *pf*; **II.** *vr* (*sparsam sein*) ограни́чиваться, -читься *pf*

Einschränkung *f* <-, -en> ❶ (*Begrenzung*) ограниче́ние *nt*; ❷ (*Vorbehalt*) огово́рка *f*; **ohne ~en** без огово́рок

einschreiben I. *irr vt* (*eintragen*) запи́сывать, -са́ть *pf*, впи́сывать, -са́ть *pf*; **II.** *vr* (*an Hochschule*) записа́ться *pf*, -пи́сываться *impf*

Einschreiben *nt* <-s, -> заказно́е *nt*

einschreiten *irr vi* принима́ть, -ня́ть *pf* ме́ры; **gegen etw ~** принима́ть про́тив чего́-л. ме́ры

Einschub *m* <-(e)s, Einschübe> вста́вка *f*

einschüchtern *vt* запу́гивать, -пуга́ть *pf*

einsehen *irr vt* ❶ (*hineinsehen*) загля́дывать, -гляну́ть *pf*; ❷ (*Einblick nehmen*) просма́тривать, -смотре́ть *pf*; ❸ (*verstehen*) признава́ть, -зна́ть *pf*

einseifen *vt* намы́ливать, -лить *pf*

einseitig *adj* ❶ (*nur eine Seite betreffend*) односторо́нний; **~ gelähmt**

E

односторо́нний парали́ч; ❷ (*nur von einer Seite ausgehend*) односторо́нний; ❸ (*nicht vielseitig*) ограни́ченный, односторо́нний

einsenden *vt* присыла́ть, -сла́ть *pf*

Einsender, -in *m/f* <-s, -> отправи́тель, -ница *m/f*

Einsendung *f* <-, -en> присы́лка *f*

einsetzen I. *vt* ❶ (*einfügen*) вставля́ть, вста́вить *pf*; ❷ (*verwenden*) применя́ть, -ни́ть *pf*; ❸ (*beim Glücksspiel*) ста́вить, по- *pf*; ❹ (*ernennen*) назнача́ть, -чи́ть *pf*; ❺ (*aufbieten*) мобилизова́ть; **alle Mittel ~** мобилизова́ть все сре́дства; II. *vr* (*sich anstrengen*) прилага́ть, -ложи́ть *pf* уси́лия

Einsicht *f* <-, -en> ❶ (*das Hineinsehen*) просмо́тр *m*, ознакомле́ние *nt*; ❷ (*das Verstehen*) понима́ние *nt*

einsichtig *adj* рассуди́тельный, благоразу́мный

Einsiedler, -in *m/f* <-s, -> отше́льник, -ница *m/f*

einsinken *irr vi* вя́знуть, у- *pf*

einspannen *vt* ❶ (*Pferde*) впряга́ть, впря́чь *pf*; ❷ (*in eine Halterung*) зажима́ть, -жа́ть *pf*; ❸ (*umg: heranziehen*) впряга́ть, впря́чь *pf*

einsparen *vt* (*Kosten*) эконо́мить, сэконо́мить *pf*

einsperren *vt* запира́ть, -пере́ть *pf*

einspielen I. *vt* ❶ (*Schallplatte*) записа́ть *pf*, -пи́сывать *impf*; ❷ (*Unkosten*) окупи́ть *pf*, -па́ть *impf*; II. *vr* ❶ (*sich harmonisieren*) нала́живаться, -ла́диться *pf*; ❷ (SPORT) сыгра́ться *pf*, сы́грываться *impf*

einsprachig *adj* одноязы́чный

einspringen *irr vi* (бы́стро) замени́ть *pf*, -ня́ть *impf*; **für jdn ~** замени́ть кого́-л.

einspritzen *vt* (MED) впры́скивать, -снуть *pf*

Einspruch *m* <*gen:* -(e)s> ❶ возраже́ние *nt*, проте́ст *m*; ❷ (JUR) проте́ст *m*; **gegen etw ~ erheben** заяви́ть проте́ст про́тив чего́-л.

einsprühen *vt* хорошо́ опры́скать

einst *adv* ❶ (*geh: in der Vergangenheit*) когда́-то; ❷ (*geh: in der Zukunft*) когда́-нибудь

einstecken *vt* ❶ (*hineinstecken*) втыка́ть, воткну́ть *pf*; ❷ (*in die Tasche stecken*) вкла́дывать, вложи́ть *pf*; ❸ (*hinnehmen*) снести́ *pf*, сноси́ть *impf*

einsteigen *irr vi* ❶ (*in ein Fahrzeug*) сади́ться, сесть *pf*; ❷ (*umg: mit etw beginnen*) начина́ть, -ча́ть *pf*

einstellen I. *vt* ❶ (*an seinen Platz stellen*) ста́вить, по- *pf*, помеща́ть, -мести́ть *pf*; ❷ (*anstellen*) принима́ть, -ня́ть *pf*, брать, взять *pf* на рабо́ту; ❸ (*regulieren*) регули́ровать, от- *pf*; ❹ (*beenden*) прекраща́ть, -ти́ть *pf*, приостана́вливать, -останови́ть *pf*; II. *vr* ❶ (*auftreten*) явля́ться, яви́ться *pf*; ❷ (*sich vorbereiten*) настра́иваться, -стро́иться *pf*; **sich auf eine Situation ~** настро́иться на ситуа́цию

Einstellung *f* <-, -en> ❶ (*das Einstellen*) регулиро́вка *f*, настро́йка *f*; ❷ (*Haltung, Ansicht*) пози́ция *f*, отноше́ние *nt*; ❸ (*Beendigung*) прекраще́ние *nt*; ❹ (*Anstellung*) приём *m* на рабо́ту

einstig *adj* бы́вший, пре́жний

einstimmen I. *vt* (*Instrument, Personen*) настра́ивать, -стро́ить *pf*; II. *vi* (*in Gesang*) подпева́ть, -пе́ть *pf*, подхва́тывать, -хвати́ть *pf*; III. *vr* настра́иваться, -стро́иться *pf*

einstimmig *adj* (*Beschluss*) единогла́сный

Einstimmigkeit *f* <*gen:* -> единогла́сие *nt*

einstöckig *adj* двухэта́жный

einstufen *vt* ❶ (*einteilen*) распределя́ть, -ли́ть *pf* (по катего́риям, кла́ссам);

❷ (*einordnen*) относи́ть, -нести́ *pf*
einstündig *adj* одночасово́й
einstürmen *vi* набро́ситься *pf*, -бра́сываться *impf*; **auf jdn ~** наки́нуться на кого́-л.
Einsturz *m* <*gen:* -es> обва́л *m*
einstürzen *vi* обру́шиваться, -шиться *pf*
einstweilen *adv* пока́, тем вре́менем
einstweilig *adj* вре́менный; **~e Anordnung** вре́менное распоряже́ние
eintägig *adj* однодне́вный
eintauchen I. *vt* обма́кивать, -кну́ть *pf*; **II.** *vi* ныря́ть, -рну́ть *pf*
eintauschen *vt* обме́нивать, -ня́ть *pf*; **etw gegen etw ~** обменя́ть что́-л. на что́-л.
eintausend *num* одна́ ты́сяча
einteilen *vt* ❶ (*in Teile gliedern*) разделя́ть, -ли́ть *pf*; ❷ (*Geld, Zeit*) распределя́ть, -ли́ть *pf*
einteilig *adj* неразде́льный, це́льный
Einteilung *f* <-, -en> разделе́ние *nt*, распределе́ние *nt*
eintönig *adj* моното́нный, однообра́зный
Eintopf *m* <*gen:* -(e)s> *густо́й суп, заменя́ющий пе́рвое и второ́е*
Eintracht *f* <*gen:* -> единоду́шие *nt*, согла́сие *nt*
einträchtig *adj* единоду́шный, дру́жный
Eintrag *m* <-(e)s, Einträge> (*in einer Liste*) за́пись *f*
eintragen *irr vt* ❶ (*hineinschreiben, -zeichnen*) запи́сывать, -писа́ть *pf*, вноси́ть, внести́ *pf* в спи́сок; ❷ (*einbringen*) приноси́ть, -нести́ *pf*
einträglich *adj* дохо́дный, при́быльный
Eintragung *f* <-, -en> за́пись *f*, регистра́ция *f*
eintreffen *irr vi* ❶ (*ankommen*) прибыва́ть, -бы́ть *pf*; ❷ (*Wirklichkeit werden*) сбыва́ться, сбы́ться *pf*
Eintritt *m* <-(e)s, -e> ❶ (*das Eintreten*) вход *m*; **~ frei!** вход свобо́дный! ❷ (*Beitritt*) поступле́ние *nt*; ❸ (*Beginn*) наступле́ние *nt*
Eintrittskarte *f* <-, -n> входно́й биле́т *m*
eintrocknen *vi* засыха́ть, -со́хнуть *pf*
einüben *vt* разу́чивать, -чи́ть *pf*, зау́чивать, -чи́ть *pf*
einverstanden *adj* согла́сный; **mit ew ~ sein** быть согла́сным с че́м-л.; **~!** согла́сен!
Einverständnis *nt* <*gen:* -ses> ❶ согла́сие *nt*; ❷ соглаше́ние *nt*
Einwand *m* <-(e)s, Einwände> возраже́ние *nt*
Einwanderer *m* <-s, -> переселе́нец *m*, иммигра́нт *m*
einwandern *vi* переселя́ться, -ли́ться *pf*, иммигри́ровать *impf/pf*
Einwanderung *f* <-, -en> иммигра́ция *f*
einwandfrei *adj* ❶ (*makellos*) безупре́чный, безукори́зненный; ❷ (*störungsfrei*) безотка́зно
einwärts *adv* внутрь
einwecken *vt* консерви́ровать, за- *pf*
einweichen *vt* разма́чивать, -мочи́ть *pf*
einweihen *vt* ❶ (*feierlich eröffnen*) (торже́ственно) открыва́ть, -кры́ть *pf*; ❷ (*jdn über Pläne/Geheimnisse informieren*) посвяща́ть, -святи́ть *pf*
Einweihung *f* <-, -en> (торже́ственное) откры́тие *nt*
einweisen *irr vt* ❶ (*in Klinik, Heim*) направля́ть, -пра́вить *pf*; ❷ (*instruieren*) инструкти́ровать *impf/pf*, про- *pf*
Einweisung *f* <-, -en> инструкта́ж *m*
einwenden *vt* возража́ть, -рази́ть *pf*; **nichts einzuwenden haben** не име́ть никаки́х возраже́ний
einwerfen *irr vt* ❶ (*hineinwerfen*) броса́ть, бро́сить *pf*;

❷ (*Fensterscheibe*) выбива́ть, вы́бить *pf*; ❸ (*Brief*) опуска́ть, -сти́ть *pf*; ❹ (SPORT) вбра́сывать, вбро́сить *pf*
einwickeln *vt* завёртывать, -верну́ть *pf*
einwilligen *vi* соглаша́ться, -гласи́ться *pf*; **in etw ~** согласи́ться на что́-л.

E

Einwilligung *f* <-, -en> согла́сие *nt*
einwirken *vi* ❶ (*beeinflussen*) влия́ть, по- *pf*, возде́йствовать *impf/pf*; ❷ (*Wirkung entfalten*) де́йствовать, по- *pf*
einwöchig *adj* однонеде́льный
Einwohner, -in *m/f* <-s, -> жи́тель, -ница *m/f*
Einwohnermeldeamt *nt* <-(e)s, -ämter> стол *m* пропи́ски
Einwurf *m* <-(e)s, Einwürfe> ❶ (*am Briefkasten*) разре́з *m*, щель *f*; ❷ (*Einwand*) возраже́ние *nt*; ❸ (SPORT) вбра́сывание *nt*
Einzahl *f* <*gen:* -> еди́нственное число́ *nt*
einzahlen *vt* плати́ть, уплати́ть *pf*
Einzahlung *f* <-, -en> платёж *m*, взнос *m*
einzäunen *vt* обноси́ть, -нести́ *pf* забо́ром
Einzelfall *m* <-(e)s, -fälle> едини́чный слу́чай *m*
Einzelgänger, -in *m/f* <-s, -> одино́чка *m*
Einzelhaft *f* <*gen:* -> одино́чное заключе́ние *nt*
Einzelhandel *m* <*gen:* -s> ро́зничная торго́вля *f*
Einzelheit *f* <-, -en> подро́бность *f*, дета́ль *f*; **in allen ~en** во всех подро́бностях
Einzelkind *nt* <-(e)s, -er> еди́нственный ребёнок *m*
einzeln *adj* отде́льный
Einzelzimmer *nt* <-s, -> но́мер *m* на одного́ челове́ка
einziehen *irr vt* ❶ (*Faden*) продева́ть, -де́ть *pf*; ❷ (*Kabel*) протя́гивать, -тяну́ть *pf*; ❸ (*Fahne*) спуска́ть, -сти́ть *pf*; ❹ (*zum Militär*) призыва́ть, -зва́ть *pf*
einzig *adj* еди́нственный
einzigartig *adj* еди́нственный в своём ро́де, осо́бенный
Einzug *m* <-(e)s, Einzüge> ❶ (*Eintreibung*) взима́ние *nt*; ❷ (*in eine Wohnung*) въезд *m*
Eis *nt* <*gen:* -es> ❶ лёд *m*; ❷ (*Speise~*) моро́женое *nt*; **etw auf ~ legen** заморо́зить что́-л.; **das ~ ist gebrochen** (*fig*) лёд тро́нулся
Eisbahn *f* <-, -en> като́к *m*
Eisbär *m* <-en, -en> бе́лый медве́дь *m*
Eisbecher *m* <-s, -> стака́нчик *m* моро́женого
Eisberg *m* <-(e)s, -e> а́йсберг *m*
Eiscafé *nt* <-s, -s> кафе́ *nt* -моро́женое *nt*
Eiscreme *f* <*gen:* -> моро́женое *nt*
Eisen *nt* <-s, -> желе́зо *nt*; **ein heißes ~** (*fig*) щекотли́вое де́ло
Eisenbahn *f* <-, -en> желе́зная доро́га *f*
Eisenbahner, -in *m/f* <-s, -> железнодоро́жник, -жница *m/f*
Eisenbahnnetz *nt* <-es, -e> железнодоро́жная сеть *f*
Eisenbahnschiene *f* <-, -n> рельс *m*
Eisenbahnschranke *f* <-, -n> шлагба́ум *m*
Eisenbahnverbindung *f* <-, -en> железнодоро́жное сообще́ние *nt*
Eisenerz *nt* <-es, -e> желе́зная руда́ *f*
eisenhaltig *adj* желе́зистый
eisern *adj* (*auch fig*) желе́зный
Eisfach *nt* <-(e)s, -fächer> морози́льная ка́мера *f*
eisfrei *adj* свобо́дный о́то льда
eisgekühlt *adj* охлаждённый на льду́
Eisglätte *f* <*gen:* -> гололёд *m*
Eishockey *nt* <*gen:* -s> хокке́й *m* на льду́
eisig *adj* (*auch fig*) ледяно́й
eiskalt *adj* (*sehr kalt: auch fig*)

холо́дный как лёд
Eiskunstlauf *m* <*gen:* -(e)s> фигу́рное ката́ние *nt*
Eis laufen *vi* ката́ться *impf* на конька́х
Eisläufer, -in *m/f* <-s, -> конькобе́жец *m*
Eismeer *nt* <*gen:* -(e)s> поля́рное мо́ре *nt*
Eiswürfel *m* <-s, -> ку́бик *m* льда
Eiszapfen *m* <-s, -> сосу́лька *f*
Eiszeit *f* <-, -en> ледниково́й пери́од *m*
eitel *adj* тщесла́вный, самовлюблённый
Eitelkeit *f* <*gen:* -> тщесла́вие *nt*, самовлюблённость *f*
Eiter *m* <*gen:* -s> гной *m*
eitern *vi* нагнои́ться *pf*, -гна́иваться *impf*, гнои́ться *impf*
eitrig *adj* гно́йный
Eiweiß *nt* <-es, -e> бело́к *m*
eiweißreich *adj* бога́тый белка́ми
Eizelle *f* <-, -n> яйцева́я кле́тка *f*, яйцекле́тка *f*
Ekel *m* <*gen:* -s> ❶ (*Abscheu*) отвраще́ние *nt*; ❷ (*umg: Person*) ме́рзкий челове́к *m*
ekelerregend *adj* отврати́тельный, омерзи́тельный
ekelhaft *adj* отврати́тельный, ме́рзкий
ekelig *adj* ме́рзкий, га́дкий
ekeln *vr* испы́тывать, -та́ть *pf* отвраще́ние; **sich vor etw ~** испы́тывать к чему́-л. отвраще́ние
Eklat *m* <-s, -s> сканда́л *m*
Ekstase *f* <-, -n> экста́з *m*, восто́рг *m*
Ekzem *nt* <-s, -e> экзе́ма *f*
Elan *m* <*gen:* -s> (*geh*) подъём *m*, воодушевле́ние *nt*
elastisch *adj* эласти́чный
Elch *m* <-s, -e> лось *m*
Elefant *m* <-en, -en> слон *m*
elegant *adj* элега́нтный, изя́щный
Eleganz *f* <*gen:* -> элега́нтность *f*, изя́щество *nt*
Elektriker, -in *m/f* <-s, -> эле́ктрик *m*
elektrisch *adj* электри́ческий
elektrisieren *vt* (*begeistern, erregen*) возбужда́ть, -буди́ть *pf*
Elektrizität *f* <*gen:* -> электри́чество *nt*
Elektrizitätswerk *nt* <-(e)s, -e> электроста́нция *f*
Elektroherd *m* <-(e)s, -e> электри́ческая плита́ *f*
Elektromotor *m* <-s, -en> электродви́гатель *m*
Elektron *nt* <-s, -en> электро́н *m*
Elektronik *f* <*gen:* -> электро́ника *f*
elektronisch *adj* электро́нный
Elektrotechnik *f* <*gen:* -> электроте́хника *f*
Element *nt* <-s, -e> ❶ (*Bestandteil*) элеме́нт *m*, составна́я часть *f*; ❷ (CHEM) элеме́нт *m*
elementar *adj* элемента́рный
elend *adj* жа́лкий, несча́стный
Elend *nt* <*gen:* -s> беда́ *f*, бе́дствие *nt*
Elendsviertel *nt* <-s, -> ни́щенский кварта́л *m*
elf *num* оди́ннадцать
Elf *f* <*gen:* -> (*Fußballmannschaft*) футбо́льная кома́нда *f*
Elfe *f* <-, -n> эльф *m*
Elfenbein *nt* <*gen:* -s> слоно́вая кость *f*
Elfmeter *m* <-s, -> одиннадцатиметро́вый удар *m*
eliminieren *vt* (*geh*) исключа́ть, -чи́ть *pf*, устраня́ть, -ни́ть *pf*
elitär *adj* элита́рный
Elite *f* <-, -n> эли́та *f*
Elixier *nt* <-s, -e> элекси́р *m*, насто́й *m*
Ellbogen *m* <-s, -> ло́коть *m*
Elle *f* <-, -n> локтева́я кость *f*
Ellenbogen *m* <-s, -> ло́коть *m*
Ellipse *f* <-, -n> э́ллипс *m*
Elster *f* <-, -n> соро́ка *f*
elterlich *adj* роди́тельский
Eltern *pl* <*gen:* -> роди́тели *pl*
Elternhaus *nt* <-es, -häuser> роди́тельский дом *m*
elternlos *adj* не име́ющий роди́телей

E

Email *nt* <-s, -s> эма́ль *f*
E-Mail *f* <-, -s> электро́нная по́чта *f*
E-Mail-Adresse *f* <-, -n> адре́с *m* электро́нной по́чты
Emanzipation *f* <-, -en> эмансипа́ция *f*
emanzipieren *vr* эмансипи́роваться *impf/pf*
emanzipiert *adj* эмансипи́рованный
Embryo *m* <-s, Embryonen, Embryos> ① эмбрио́н *m*; ② заро́дыш *m*
Emigrant, -in *m/f* <-en, -en> эмигра́нт, -ка *m/f*
Emigration *f* <-, -en> эмигра́ция *f*
emigrieren *vi* эмигри́ровать *impf/pf*
eminent *adj* (*geh*) выдаю́щийся, ви́дный
Emission *f* <-, -en> ① (*Luftverunreinigung*) вы́брос *m* вре́дных веще́ств; ② (ÖKON) вы́пуск *m* в обраще́ние, эми́ссия *f*
emotional *adj* эмоциона́льный
empfahl *prät von* **empfehlen**
empfand *prät von* **empfinden**
Empfang *m* <-(e)s, Empfänge> ① (*das Empfangen*) приём *m*, приёмка *f*; ② (*offizieller ~*) приём *m*, встре́ча *f*; ③ (*Rundfunkempfang*) приём *m*; ④ (*Rezeption*) приёмная *f*
empfangen *vt* ① (*Sender*) принима́ть *impf*; ② (*Person*) принима́ть, -ня́ть *pf*, встреча́ть, встре́тить *pf*
Empfänger, -in *m/f* <-s, -> ① (*Adressat*) получа́тель, -ница *m/f*, адреса́т *m*; ② (*Abnehmer*) приёмщик *m*
empfänglich *adj* восприи́мчивый; **für etw ~ sein** быть восприи́мчивым к чему́-л.
Empfängnis *f* <*gen:* -> зача́тие *nt*
Empfangschef, -in *m/f* <-s, -s> администра́тор *m*
empfehlen *vt* <empfahl, empfohlen> рекомендова́ть *impf/pf*, по- *pf*
empfehlenswert *adj* досто́йный рекоменда́ции
Empfehlung *f* <-, -en> рекоменда́ция *f*; **auf jds ~ hin** по чьей-л. рекоменда́ции
Empfehlungsschreiben *nt* <-s, -> рекоменда́тельное письмо́ *nt*
empfinden *vt* чу́вствовать *impf*; **etw als kränkend ~** воспринима́ть что́-л. как оскорбле́ние
empfindlich *adj* чувстви́тельный, восприи́мчивый
Empfindlichkeit *f* <*gen:* -> чувстви́тельность *f*, восприи́мчивость *f*
empfindsam *adj* чувстви́тельный, сентимента́льный
empfing *prät von* **empfangen**
empfohlen *part perf von* **empfehlen**
empfunden *part perf von* **empfinden**
empirisch *adj* (*geh*) эмпири́ческий, о́пытный
empor *adv* вверх, вве́рху
Empore *f* <-, -n> хо́ры *pl*
empören I. *vt* возмуща́ть, -мути́ть *pf*; **II.** *vr* возмуща́ться, -мути́ться *pf*; **sich über etw ~** возмуща́ться по по́воду чего́-л.
empörend *adj* возмути́тельно
emporkommmen *vi* всходи́ть, взойти́ *pf*
Empörung *f* <-, -en> возмуще́ние *nt*
emsig *adj* усе́рдный, стара́тельный
End- (*in Zusammensetzungen*) коне́чный
Endbahnhof *m* <-(e)s, -bahnhöfe> коне́чная ста́нция *f*
Ende *nt* <-s, -n> ① (*räumlich*) коне́ц *m*, край *m*; ② (*zeitlich*) коне́ц *m*, исхо́д *m*; **~ des Monats** коне́ц ме́сяца; **zu ~ gehen** подходи́ть к концу́; **zu ~ sein** ко́нчиться
Endeffekt *m* <*gen:* -s>: **im ~** в коне́чном ито́ге
enden *vi* конча́ться, ко́нчиться *pf*
Endergebnis *nt* <-ses, -se> коне́чный результа́т *m*
endgültig *adj* оконча́тельный
Endkampf *m* <-(e)s, -kämpfe> (SPORT) фина́л *m*

endlich **I.** *adj* коне́чный; **II.** *adv* наконе́ц; **da kommt er ja ~!** вот он наконе́ц-то идёт!
endlos *adj* бесконе́чный
Endlosigkeit *f* <*gen:* -> бесконе́чность *f*
Endprodukt *nt* <-(e)s, -e> коне́чный проду́кт *m*
Endspiel *nt* <-(e)s, -e> (SPORT) фина́льная игра́ *f*
Endspurt *m* <*gen:* -(e)s> (SPORT) фи́нишный рыво́к *m*
Energie *f* <-, -n> ① (*körperlich, geistig*) эне́ргия *f*; ② (PHYS) эне́ргия *f*
Energiequelle *f* <-, -n> исто́чник *m* эне́ргии
Energieversorgung *f* <*gen:* -> энергоснабже́ние *nt*
energisch *adj* энерги́чный
eng *adj* ① у́зкий; ② (*räumlich*) те́сный; ③ (*Freundschaft*) те́сный, бли́зкий; **~e Beziehungen** бли́зкие отноше́ния ④ (*eingeschränkt*) ограничи́тельный
Engagement *nt* <-s, -s> ① (*Einsatz*) уча́стие *nt*, акти́вность *f*; ② (*am Theater*) ангаже́мент *m*, приглаше́ние *nt* на рабо́ту; ③ (*Verpflichtung*) обяза́тельство *nt*
engagieren **I.** *vt* (*Schauspieler*) ангажи́ровать *impf/pf*, принима́ть, -ня́ть *pf* на рабо́ту; **II.** *vr* уча́ствовать *impf*; **sich für etw ~** акти́вно уча́ствовать в чём-л.
Enge *f* <*gen:* -> теснота́ *f*; **jdn in die ~ treiben** (*fig*) загна́ть кого́-л. в у́гол
Engel *m* <-s, -> (REL: *auch fig*) а́нгел *m*
England *nt* <*gen:* -s> А́нглия *f*
Engländer, -in *m/f* <-s, -> англича́нин, -ча́нка *m/f*
englisch *adj* англи́йский
Englisch *nt* <*gen:* -(s)> англи́йский язы́к *m*
englischsprachig *adj* говоря́щий на англи́йском языке́, англоязы́чный
Englischunterricht *m* <*gen:* -s> уро́к *m* англи́йского языка́
Engpass *m* <-passes, -pässe> ① недоста́ча *f*, недоста́ток *m*, дефици́т *m*; ② (*beschränkte Kapazität*) у́зкое ме́сто *nt*
engstirnig *adj* узколо́бый, недалёкий
Enkel, -in *m/f* <-s, -> внук, вну́чка *m/f*
Enkelkind *nt* <-(e)s, -er> внук *m*, вну́чка *f*
enorm *adj* огро́мный, чрезме́рный
Ensemble *nt* <-s, -s> анса́мбль *m*
entbehren *vt* быть *impf* лишённым, обходи́ться, обойти́сь *pf*
entbehrlich *adj* ① нену́жный; ② (из) ли́шний
Entbehrung *f* <-, -en> нужда́ *f*
entbinden **I.** *irr vt* ① (*befreien*) освобожда́ть, -боди́ть *pf*; **jdn von seinen Pflichten ~** освободи́ть кого́-л. от его́ обя́занностей ② (*Geburtshilfe leisten*) принима́ть, -ня́ть *pf* ро́ды; **II.** *irr vi* (*ein Kind zur Welt bringen*) разреши́ться *pf*, -ша́ться *impf* от бре́мени, рожа́ть, роди́ть *pf*
Entbindung *f* <-, -en> освобожде́ние *nt*
entblößen *vt* обнажа́ть, -жи́ть *pf*
entdecken *vt* открыва́ть, -кры́ть *pf*, обнару́живать, -жить *pf*
Entdecker, -in *m/f* <-s, -> (*einer Insel*) первооткрыва́тель, -ница *m/f*
Entdeckung *f* <-, -en> откры́тие *nt*
Ente *f* <-, -n> у́тка *f*
entehren *vt* позо́рить, о- *pf*
Enteignung *f* <-, -en> экспроприа́ция *f*, отчужде́ние *nt*
enterben *vt* лиша́ть, -ши́ть *pf* насле́дства
entfachen *vt* (*auch fig*) раздува́ть, -ду́ть *pf*, разжига́ть, -же́чь *pf*
entfallen *irr vi* ① (*aus der Erinnerung*) вы́пасть *pf*, -пада́ть *impf*; ② (*jdm als Anteil zukommen*)

доставáться, -стáться *pf*, выпадáть, вы́пасть *pf*; ❸ (*ausfallen*) не состоя́ться *pf*

entfalten I. *vt* (*auseinanderfalten*) расправля́ть, -прáвить *pf*; II. *vr* ❶ распускáться, -пусти́ться *pf*; ❷ (*Fallschirm*) раскрывáться, -ры́ться *pf*; ❸ (*fig*) развивáться, -ви́ться *pf*

entfernen I. *vt* удаля́ть, -ли́ть *pf*; II. *vr* удаля́ться, -ли́ться *pf*

entfernt *adj* ❶ (*fern*) отдалённый, дáльний; ❷ (*nicht nah verwandt*) дáльний; ❸ (*gering*) слáбый, незначи́тельный; **eine ~e Ähnlichkeit** отдалённое схóдство

Entfernung *f* <-, -en> расстоя́ние *nt*

entfesseln *vt* (*Krieg*) развя́зывать, -зáть *pf*

entfliehen *irr vi* бежáть, убежáть *pf*, спасáться, -сти́сь *pf* бéгством

Entfremdung *f* <*gen*: -> отчуждéние *nt*

entführen *vt* похищáть, -хи́тить *pf*

Entführer, -in *m/f* <-s, -> похити́тель, -ница *m/f*

Entführung *f* <-, -en> ❶ похищéние *nt*; ❷ (*eines Flugzeugs*) угóн *m*

entgegen I. *präp* прóтив, вопреки́; II. *adv* ❶ (*in Richtung auf*) навстрéчу; **dem Ziel ~** навстрéчу цéли ❷ (*zuwider*) вопреки́, прóтив.

entgegenbringen *irr vt* ❶ (*Gefühle*) проявля́ть, -ви́ть *pf*; ❷ относи́ться, -нести́сь *pf*; **jdm Vertrauen ~** отнести́сь к кому́-л. с довéрием

entgegengesetzt *adj* противополóжный

entgegenhalten *irr vi* ❶ (*darbieten*) подавáть, -дáть *pf*; ❷ (*einwenden*) противопоставля́ть, -стáвить *pf*

Entgegenkommen *nt* <*gen*: -s> предупреди́тельность *f*

entgegenkommend *adj* предупреди́тельный

entgegennehmen *irr vt* принимáть, -ня́ть *pf*

entgegensehen *irr vi* ожидáть *impf*

entgegentreten *irr vi* выступáть, вы́ступить *pf* прóтив, заступáть, -пи́ть *pf* дорóгу

entgegnen *vi* возражáть, -рази́ть *pf*

Entgegnung *f* <-, -en> возражéние *nt*, отвéт *m*

entgehen *irr vi* (*jds Aufmerksamkeit*) уходи́ть, уйти́ *pf*, ускользáть, -зну́ть *pf*; **seinem Blick entgeht nichts** от егó взгля́да ничтó не ускользáет

entgeistert *adj* ошеломлённый; **jdn ~ ansehen** ошеломлённо смотрéть на когó-л.

Entgelt *nt* <-(e)s, -e> оплáта *f*

entgelten *irr vt* плати́ться, по- *pf*

entgleisen *vi* сходи́ть, сойти́ *pf* с рéльсов

Entgleisung *f* <-, -en> ❶ (*von Zug*) крушéние *nt*; ❷ (*Geschmacklosigkeit*) бестáктность *f*

entgleiten *irr vi* выскáльзывать, вы́скользнуть *pf*

entgräten *vt* удаля́ть, -ли́ть *pf* кóсти (из ры́бы)

enthalten I. *irr vt* содержáть *impf*; II. *vr* воздéрживаться, -держáться *pf*; **sich der Stimme ~** воздержáться от голосовáния

enthaltsam *adj* умéренный, воздéржанный

Enthaltsamkeit *f* <*gen*: -> умéренность *f*, воздержáние *nt*

Enthaltung *f* <-, -en> откáз *m*, воздержáние *nt*; **mit einer ~** (*Wahlergebnis*) при однóм воздержáвшемся

enthüllen *vt* ❶ (*geh: die Hülle entfernen*) снимáть, снять *pf* покрóв; **ein Denkmal ~** открывáть пáмятник ❷ (*entlarven*) разоблачáть, -чи́ть *pf*

Enthusiasmus *m* <*gen*: -> энтузиáзм *m*

enthusiastisch *adj* по́лный энтузиа́зма, восто́рженный
entkleiden I. *vt* раздева́ть, -де́ть *pf*; **II.** *vr* раздева́ться, -де́ться *pf*
entkommen *irr vi* убежа́ть *pf*, убега́ть *impf*; **einer Gefahr ~** уйти́ от опа́сности
entkräften *vt* обесси́ливать, -лить *pf*
entladen I. *irr vt* разгружа́ть, -грузи́ть *pf*; **einen Lastwagen ~** разгружа́ть грузови́к; **ein Schiff** разгружа́ть су́дно; **II.** *vr* разряди́ться *pf*, -ряжа́ться *impf*; **die Hitze des Tages entlud sich in einem Gewitter** дневна́я жара́ разряди́лась в бу́рю
entlang *adv* вдоль
entlangfahren *irr vi* е́хать *impf* вдоль
entlarven *vt* разоблача́ть, -чи́ть *pf*; **jdn als Lügner ~** разоблачи́ть кого́-л. как обма́нщика
entlassen *irr vt* ❶ (*Gefangenen*) освобожда́ть, -боди́ть *pf*; **jdn gegen Kaution ~** освобожда́ть кого-л. под зало́г ❷ (*Angestellten*) увольня́ть, уво́лить *pf*
entlasten *vt* разгружа́ть, -грузи́ть *pf*, освобожда́ть, -боди́ть *pf* (от рабо́ты)
entlaufen *irr vi* убежа́ть *pf*, убега́ть *impf*; **Katze ~!** ко́шка сбежа́ла!
entledigen *vr* избавля́ться, -ба́виться *pf*; **sich einer Sache ~** изба́виться от чего́-л.
entleeren *vt* опора́жнивать, -рожни́ть *pf*
entlegen *adj* отдалённый, удалённый
entmachten *vt* лиша́ть, -ши́ть *pf* вла́сти
entmutigen *vt* лиша́ть, -ши́ть *pf* му́жества
Entnahme *f* <-, -n> взя́тие *nt*, изъя́тие *nt*; **~ einer Stichprobe** взя́тие образца́
entnehmen *irr vt* ❶ (*herausnehmen*) брать, взять *pf*; ❷ (*aus etw schließen*) заключа́ть, -чи́ть *pf* (из чего́-л.)
entpuppen *vr* оказа́ться *pf*, ока́зываться *impf*; **sich als Schwindler ~** оказа́ться обма́нщиком
entreißen *irr vt* вырыва́ть, вы́рвать *pf*, выхва́тывать, вы́хватить *pf*
entrichten *vt* вноси́ть, внести́ *pf*, упла́чивать, -лати́ть *pf*
entrüsten *vr* возмуща́ться, -мути́ться *pf*; **sich über etw ~** возмуща́ться че́м-л.
Entrüstung *f* <*gen:* -> возмуще́ние *nt*, негодова́ние *nt*
entsagen *vi* отка́зываться, -за́ться *pf*; **einer Sache ~** отказа́ться от чего́-л.
entschädigen *vt* возмеща́ть, -мести́ть *pf*; **jdn für etw ~** возмести́ть кому́-л. что́-л.
Entschädigung *f* <-, -en> компенса́ция *f*, возмеще́ние *nt* убы́тков
entschärfen *vt* (*Bombe: auch fig*) разряжа́ть, -ряди́ть *pf*
Entscheid *m* <-(e)s, -e> реше́ние *nt*
entscheiden I. *irr vt* (*Angelegenheit*) реша́ть, -ши́ть *pf*; **II.** *irr vr* реша́ться, -ши́ться *pf*; **sich für etw ~** реши́ться на что́-л.; **sich nicht ~ können** не мочь реши́ться
entscheidend *adj* реша́ющий; **im ~en Moment** в реша́ющий моме́нт
Entscheidung *f* <-, -en> ❶ реше́ние *nt*; ❷ (JUR) постановле́ние
entschieden *adj* реши́тельный; **ein ~er Gegner von etw** реши́тельный проти́вник чего́-л.
Entschiedenheit *f* <*gen:* -> реши́тельность *f*; **mit aller ~** со всей реши́тельностью
entschließen *irr vr* реша́ться, -ши́ться *pf*; **sich zu einer Sache ~** реши́ться на како́е-л. де́ло
entschlossen *adj* реши́тельный

Entschlossenheit *f* <*gen:* -> решительность *f*
Entschluss *m* <-es, Entschlüsse> решение *nt*
Entschlüsselung *f* <-, -en> декодирование *nt*
entschuldigen I. *vt* извинять, -нить *pf*; II. *vr* извиняться, -ниться *pf*; **sich für etw/jdn ~** извиниться за что-л./кого-л.; **sich bei jdm ~** извиниться перед кем-л.
Entschuldigung *f* <-, -en> извинение *nt*; **~!** прошу прощения!
entsetzen I. *vt* ужасать, -снуть *pf*; II. *vr* ужасаться, -снуться *pf*; **sich über etw ~** быть в ужасе от чего-л.
Entsetzen *nt* <*gen:* -s> ужас *m*
entsetzlich *adj* ужасный
entsetzt *adj* в ужасе, объятый ужасом
entsinnen *irr vr* (*geh*) припоминать, -помнить *pf*
entsorgen *vt* устранять, -нить *pf* отходы
Entsorgung *f* <*gen:* -> устранение *nt* отходов
entspannen *vr* отдыхать, -дохнуть *pf*, расслабляться, -слабиться *pf*
Entspannung *f* <*gen:* -> отдых *m*, разрядка *f*
entsprechen *irr vi* соответствовать *impf*
entsprechend I. *präp* в соответствии, согласно; II. *adj* соответственно, соответствующим образом.
entspringen *irr vi* (*Fluss*) брать, взять *pf* начало, течь *impf*
entstehen *irr vi* (*aus etwas hervorgehen*) возникать, -никнуть *pf*
Entstehung *f* <-, -en> возникновение *nt*
entstellen *vt* обезображивать, -зобразить *pf*
enttäuschen *vt* разочаровывать, -ровать *pf*
Enttäuschung *f* <-, -en> разочарование *nt*
entwaffnen *vt* ❶ (*die Waffen abnehmen*) разоружать, -жить *pf*; ❷ (*durch Charme*) обезоруживать, -жить *pf*
Entwarnung *f* <-, -en> отбой *m*; **~ geben** дать отбой
entwässern *vt* осушать, -шить *pf*, отводить, -вести *pf* воду
Entwässerung *f* <*gen:* -> осушение *nt*, обезвоживание *nt*
entweder *konj* или, либо; **~ A oder B** либо А, либо Б
entweichen *irr vi* скрываться, скрыться *pf*
entwenden *vt* (*geh*) похищать, -хитить *pf*
entwerfen *irr vt* (*Plan*) набрасывать, -бросать *pf*
entwerten *vt* ❶ (*den Wert mindern*) обесценивать, -нить *pf*; ❷ (*ungültig machen*) погашать, -гасить *pf*, компостировать, про- *pf*
Entwerter *m* <-s, -> (*für Fahrkarten*) компостер *m*
entwickeln I. *vt* ❶ развивать, -вить *pf*; ❷ (FOT) проявлять, -вить *pf*; II. *vr* развиваться, -виться *pf*
Entwicklung *f* <-, -en> развитие *nt*, разработка *f*
Entwicklungsland *nt* <-es, -länder> развивающаяся страна *f*
entwischen *vi* убежать *pf*, убегать *impf*, улизнуть *pf*
entwöhnen *vr* отвыкать, -выкнуть *pf*
Entwöhnung *f* <*gen:* -> отказ *m* (от вредной привычки)
entwürdigen *vt* унижать, унизить *pf*
Entwurf *m* <-(e)s, Entwürfe> набросок *m*, эскиз *m*, проект *m*
entziehen I. *irr vt* (*wegnehmen*) отнимать, -нять *pf*, лишать, -шить *pf*; II. *vr* (*etwas umgehen*) уклоняться, -йться *pf*
Entziehungskur *f* <-, -en> ❶ (*bei Alkoholismus*) лечение *nt* от алкоголизма; ❷ (*bei Drogenabhängigkeit*) лечение *nt* от наркомании

entziffern *vt* расшифро́вывать, -фрова́ть *pf*
entzücken *vt* восхища́ть, -хити́ть *pf*
Entzücken *nt* <*gen:* -s> восто́рг *m*, восхище́ние *nt*
entzückend *adj* восхити́тельный
Entzug *m* <*gen:* -(e)s> лише́ние *nt*
entzünden **I.** *vt* зажига́ть, -же́чь *pf*; **II.** *vr* (*Wunde*) воспаля́ться, -ли́ться *pf*
Entzündung *f* <-, -en> воспале́ние *nt*
entzwei *adj* на́двое, попола́м
entzweibrechen *irr vi* разла́мываться, -лома́ться *pf*
entzweien *vt* ссо́рить, по- *pf*
entzweigehen *irr vi* разбива́ться, -би́ться *pf*
Enzyklopädie *f* <-, -n> энциклопе́дия *f*
Epidemie *f* <-, -n> эпиде́мия *f*
Epilepsie *f* <-, -n> () эпиле́псия *f*
Epileptiker, -in *m/f* <-s, -> эпиле́птик *m*
episch *adj* эпи́ческий
Episode *f* <-, -n> эпизо́д *m*
Epoche *f* <-, -n> эпо́ха *f*, пери́од *m*
Epos *nt* <-, Epen> э́пос *m*
er *pron pers* он
erachten *vt* счита́ть *impf*; **etw als wichtig ~** счита́ть что́-л. ва́жным
Erachten *nt* <*gen:* -s> усмотре́ние *nt*, мне́ние *nt*; **meines ~s** по моему́ мне́нию
Erarbeitung *f* <*gen:* -> вы́работка *f*, разрабо́тка *f*
erbarmen **I.** *vt* вызыва́ть, вы́звать *pf* жа́лость; **II.** *vr* (*geh*) сжа́литься *pf*
Erbarmen *nt* <*gen:* -s> жа́лость *f*, сострада́ние *nt*
erbärmlich *adj* жа́лкий, плаче́вный
erbarmungslos *adj* безжа́лостный, беспоща́дный
erbauen *vt* стро́ить, по- *pf*
Erbauer, -in *m/f* <-s, -> строи́тель *m*, архите́ктор *m*
Erbe, Erbin *m/f* <-n, -n> насле́дник, -ница *m/f*
erben *vt* (*Vermögen: auch fig*) насле́довать *impf/pf*, унасле́довать *pf*
erbeuten *vt* захвати́ть *pf*, -хва́тывать *impf*
erbittert *adj* ожесточённый
erblassen *vi* бледне́ть, по- *pf*; **vor Wut ~** (*umg*) побеле́ть от зло́сти
erblich *adj* ① (*Adel, Titel*) родово́й; ② (*Krankheit*) насле́дственный
erblicken *vt* уви́деть *pf*, ви́деть *impf*
erbost *adj* серди́тый, рассе́рженный
erbrechen **I.** *irr vt* (*Briefe*) вскрыва́ть, вскрыть *pf*; **II.** *irr vr* рвать, вы- *pf*; **sich ~ müssen** тошни́ть; **jnd erbricht sich** кого́-л. рвёт
Erbschaft *f* <-, -en> насле́дство *nt*
Erbse *f* <-, -n> горо́х *m*
Erdbeben *nt* <-s, -> землетрясе́ние *nt*
Erdbeere *f* <-, -n> ① клубни́ка *f*; ② (*Wald~*) земляни́ка *f*
Erdboden *m* <*gen:* -s> земля́ *f*; **eine Stadt dem ~ gleich machen** сравня́ть го́род с землёй
Erde *f* <*gen:* -> ① (*der Planet*) Земля́ *f*; ② (*Erdreich*) земля́ *f*, по́чва *f*
erden *vt* (EL) заземля́ть, -мли́ть *pf*
erdenklich *adj* мы́слимый
Erdgas *nt* <*gen:* -es> приро́дный газ *m*
Erdgeschoss *nt* <-es, -e> пе́рвый эта́ж *m*
erdig *adj* земляно́й
Erdkunde *f* <*gen:* -> геогра́фия *f*
Erdnuss *f* <-, -nüsse> ара́хис *m*
Erdöl *nt* <*gen:* -(e)s> нефть *f*
erdrosseln *vt* удави́ть *pf*, уда́вливать *impf*, души́ть, за- *pf*
erdrücken *vt* дави́ть, раз- *pf*, за- *pf*
Erdrutsch *m* <-(e)s, -e> о́ползень *m*
Erdteil *m* <-(e)s, -e> часть *f* све́та
erdulden *vt* выноси́ть, вы́нести *pf*
ereifern *vr* горячи́ться, по- *pf*; **sich wegen etw ~** горячи́ться по по́воду чего́-л.
ereignen *vr* происходи́ть, -изойти́

E

pf; **in den letzten Wochen hat sich viel ereignet** за после́дние неде́ли мно́гое произошло́

Ereignis *nt* <-ses, -se> собы́тие *nt*, происше́ствие *nt*

Erektion *f* <-, -en> эре́кция *f*

Eremit *m* <-en, -en> отше́льник *m*

erfahren I. *irr vt* ① (*gesagt bekommen*) узнава́ть, -на́ть *pf*; ② (*geh: die Erfahrung von etw machen*) испы́тывать, испыта́ть *pf*; II. *vi* узнава́ть, -на́ть *pf* (*von +dat* о *+gen*); **er hat rechtzeitig von diesem Angebot ~** он во́время узна́л об э́том предложе́нии; III. *adj* о́пытный, све́дущий.

Erfahrung *f* <-, -en> ① (*einzelnes Erlebnis*) о́пыт *m*; ② (*Summe der persönlichen Erfahrungen*) о́пыт *m*; **viel ~ besitzen** име́ть большо́й о́пыт

erfahrungsgemäß *adv* на осно́ве о́пыта, по о́пыту

erfassen *vt* ① (*verstehen, begreifen*) понима́ть, -ня́ть *pf*, схва́тывать, -ти́ть *pf*; ② (*registrieren*) регистри́ровать, за- *pf*; ③ (*überkommen*) охва́тывать, -ти́ть *pf*; **Verzweiflung erfasste sie** её охвати́ло отча́яние; ④ (*berücksichtigen*) включа́ть, -чи́ть *pf*, охва́тывать, -ти́ть *pf*

erfinden *irr vt* ① (*eine Erfindung machen*) изобрета́ть, -брести́ *pf*; ② (*sich ausdenken*) приду́мывать, -ду́мать *pf*

Erfinder, -in *m/f* <-s, -> изобрета́тель, -ница *m/f*

erfinderisch *adj* изобрета́тельный

Erfindung *f* <-, -en> изобрете́ние *nt*; **eine ~machen** сде́лать изобрете́ние

Erfolg *m* <-(e)s, -e> ① (*positives Ergebnis*) успе́х *m*, уда́ча *f*; **~ haben** име́ть успе́х ② (*als Ergebnis der wirtschaftlichen Tätigkeit*) при́быль *m*

erfolgen *vi* сле́довать, по- *pf*

erfolglos *adj* безуспе́шный, безрезульта́тный

erfolgreich *adj* успе́шный, уда́чный

erforderlich *adj* необходи́мый

erfordern *vt* (*notwendig machen*) тре́бовать, по- *pf*

Erfordernis *nt* <-ses, -se> тре́бование *nt*, потре́бность *f*

erforschen *vt* иссле́довать *impf/pf*

Erforschung *f* <*gen:* -> иссле́дование *nt*

erfragen *vt* расспра́шивать, -спроси́ть *pf*; **den Weg ~** расспроси́ть доро́гу

erfreuen I. *vt* ра́довать, об- *pf*; II. *vr* ра́доваться, об- *pf*; **sich an etw ~** обра́доваться чему́-л.

erfreulich *adj* ра́достный, отра́дный

erfreulicherweise *adv* к сча́стью

erfrieren *irr vi* ① (*ein Körperteil*) обмора́живать, -ро́зить *pf*; ② (*an Erfrierung sterben*) замерза́ть, -мёрзнуть *pf*

Erfrierung *f* <-, -en> обмороже́ние *nt*

erfrischen I. *vt* освежа́ть, -жи́ть *pf*; II. *vr* освежа́ться, -жи́ться *pf*

Erfrischung *f* <-, -en> ① (*das Erfrischen*) освеже́ние *nt*; ② (*Getränk, Speise*) прохлади́тельный напи́ток *m*, освежа́ющий напи́ток *m*

erfüllen I. *vt* ① (*einen Raum ausfüllen*) наполня́ть, -по́лнить *pf*; ② (*jdn innerlich beanspruchen*) быть *impf* по́лным; ③ (*Vertrag, Pflicht*) выполня́ть, вы́полнить *pf*; II. *vr* (*in Erfüllung gehen*) сбыва́ться, сбы́ться *pf*, исполня́ться, -по́лниться *pf*

Erfüllung *f* <*gen:* -> исполне́ние *nt*, выполне́ние *nt*; **in ~ gehen** испо́лниться

ergänzen I. *vt* дополня́ть, -по́лнить *pf*, добавля́ть, -ба́вить *pf*; II. *vr* дополня́ть, -по́лнить *pf* друг дру́га

Ergänzung *f* <-, -en> ① (*Nachtrag*) дополне́ние *nt*, добавле́ние *nt*; ② (*Komplettierung*) дополне́ние *nt*

ergattern *vt* (*umg*) раздобы́ть *pf*, -быва́ть *impf*

ergeben I. *irr vt* (*als Ergebnis haben*) составля́ть, -ста́вить *pf*, дава́ть, дать *pf*; **II.** *irr vr* ока́зываться, -за́ться *pf*; **es hatte sich ~ , dass ...** оказа́лось, что...; **III.** *adj* пре́данный, ве́рный.

Ergebenheit *f* <*gen:* -> пре́данность *f*

Ergebnis *nt* <-ses, -se> ① (*Auswirkung*) после́дствие *nt*; ② (*einer Rechnung*) результа́т *m*

ergebnislos *adj* безрезульта́тный

ergehen *irr vi* жи́ться *impf*; **jdm ergeht es gut/schlecht** кому́-л. живётся хорошо́/пло́хо

ergiebig *adj* ① (*viel ergebend*) оби́льный; ② (*fruchtbar*) плодотво́рный; ③ (*Waschmittel*) эконо́мный

ergötzen *vr* (*geh*) доставля́ть, -ста́вить *pf* наслажде́ние; **sich an etw ~** наслажда́ться чем-л.

ergreifen *irr vt* ① (*eine Sache*) хвата́ть, схвати́ть *pf*; ② (*das Wort*) брать, взя́ть *pf*; ③ (*die Macht*) захвати́ть *pf*, -хва́тывать *impf*

ergriffen *adj* взволно́ванный, тро́нутый

erhaben *adj* ① (*erhebend*) возвыша́ющий; **ein ~es Kunstwerk** вели́кое произведе́ние иску́сства ② (*über den Dingen stehend*) быть вы́ше; ③ (*aus einer Fläche herausragend*) вы́пуклый, релье́фный

erhalten *irr vt* ① (*bekommen*) получа́ть, -чи́ть *pf*; ② (*bewahren*) сохраня́ть, -ни́ть *pf*; **gut ~e Kleidungsstücke** хорошо́ сохрани́вшаяся оде́жда ③ (*den Lebensunterhalt sichern*) содержа́ть *impf*

erhältlich *adj* кото́рый мо́жно получи́ть

erhängen I. *vt* ве́шать, пове́сить *pf*; **II.** *vr* пове́ситься *pf*, ве́шаться *impf*

erheben I. *irr vt* ① (*heben*) поднима́ть, -ня́ть *pf*; ② (*einziehen*) взы́скивать, взыска́ть *pf*, собира́ть, -бра́ть *pf*; ③ (*vorbringen*) заявля́ть, -и́ть *pf*; **II.** *irr vr* (*aufstehen*) поднима́ться, -ня́ться *pf*

erheblich *adj* значи́тельный

erheitern *vt* весели́ть, развесели́ть *pf*

erheiternd *adj* смешно́й, заба́вный

Erheiterung *f* <*gen:* -> развлече́ние *nt*, увеселе́ние *nt*

erhellen *vt* (*auch fig*) освеща́ть, -вети́ть *pf*

erhitzen I. *vt* нагрева́ть, -гре́ть *pf*; **II.** *vr* нагрева́ться, -гре́ться *pf*

erhoffen *vr* ожида́ть *impf*

erhöhen *vt* (*um einen Betrag/Prozentsatz*) повыша́ть, -вы́сить *pf*

Erhöhung *f* <-, -en> (*das Steigern*) повыше́ние *nt*

erholen *vr* отдыха́ть, -дохну́ть *pf*; **sich von etw ~** отдохну́ть от чего́-л.

erholsam *adj* спосо́бствующий о́тдыху

Erholung *f* <*gen:* f> о́тдых *m*

erhören *vt* слы́шать, услы́шать *pf*

erinnern I. *vt* напомина́ть, -по́мнить *pf*; **jdn an etw ~** напо́мнить кому́-л. о чём-л.; **II.** *vr* ① по́мнить *impf*; ② вспомина́ть, вспо́мнить *pf*; **sich an etw ~** вспомина́ть что́-л.

Erinnerung *f* <-, -en> ① (*erinnerter Eindruck*) воспомина́ние *nt*; ② (*Gedächtnis*) па́мять *f*; **zur ~ an ...** на па́мять о...

erkälten *vr* простужа́ться, -студи́ться *pf*

Erkältung *f* <-, -en> просту́да *f*

erkennbar *adj* заме́тный, узнава́емый

erkennen *irr vt* ① (*sehen*) ви́деть, уви́деть *pf*; ② (*identifizieren*) узнава́ть, -на́ть *pf*, распознава́ть, -зна́ть *pf* (*an +akk* по *+dat*)

erkenntlich: **sich ~ zeigen**

отблагодари́ть кого́-л.
Erkenntnis *f* <-, -se> осозна́ние *nt*; **zu einer ~ gelangen** осозна́ть
Erkennung *f* <*gen:* -> узнава́ние *nt*, опозна́ние *nt*
Erkennungszeichen *nt* <-s, -> опознава́тельный знак *m*
Erker *m* <-s, -> э́ркер *m*

erklärbar *adj* объясни́мый, поня́тный
erklären I. *vt* ① (*eine Erklärung von etw geben*) объясня́ть, -ни́ть *pf*; ② (*auf einer Versammlung*) заявля́ть, -ви́ть *pf*; **er wurde vermisst erklärt** он был объя́влен пропа́вшим; **II.** *vr* объясня́ться, -сни́ться *pf*; **das erklärt sich wohl von selbst** само́ по себе́ поня́тно
erklärlich *adj* поня́тный, объясни́мый
Erklärung *f* <-, -en> ① (*Erläuterung*) объясне́ние *nt*; ② (*bindende Äußerung*) заявле́ние *nt*; **eine ~ abgeben** де́лать заявле́ние
erklingen *irr vi* зазвене́ть *pf*, зазвуча́ть *pf*
erkranken *vi* заболе́ть *pf*, -лева́ть *impf*; **an etw ~** заболе́ть че́м-л.
Erkrankung *f* <-, -en> заболева́ние *nt*
erkunden *vt* разве́дывать, -дать *pf*
erkundigen *vr* справля́ться, спра́виться *pf*, узнава́ть, -на́ть *pf*; **sich nach dem Weg ~** узнава́ть доро́гу
Erkundigung *f* <-, -en> спра́вка *f*; **~en einziehen** наводи́ть спра́вки
erlahmen *vi* ① (*lahm werden*) отнима́ться, -ня́ться *pf*; ② (*geh: nachlassen*) ослабева́ть, -бе́ть *pf*
erlangen *vt* достига́ть, -сти́чь *pf*, получа́ть, -чи́ть *pf*
Erlass *m* <-es, -e> ① (*Verordnung*) ука́з *m*, предписа́ние *nt*; ② (*Herausgabe*) изда́ние *nt*; ③ (*Aufhebung*) освобожде́ние *nt*, отме́на *f*; ④ (*Herabsetzung*) уменьше́ние *nt*
erlassen *irr vt* ① (*Verordnung*) издава́ть, -да́ть *pf*; ② (*Schulden*) проща́ть, прости́ть *pf*; **jdm eine Strafe ~** освободи́ть кого́-л. от наказа́ния
erlauben I. *vt* разреша́ть, -ши́ть *pf*; **jdm etw ~** разреши́ть кому́-л. что́-л.; **II.** *vr* позволя́ть, -во́лить *pf*; **es ist ungeheuerlich, was die sich in letzter Zeit ~** невероя́тно, что они́ себе́ позволя́ют в после́днее вре́мя
Erlaubnis *f* <-, -se> разреше́ние *nt*, позволе́ние *nt*; **jdm eine ~ geben** разреши́ть кому́-л.
erläutern *vt* поясня́ть, -сни́ть *pf*, объясня́ть, -ни́ть *pf*
Erläuterung *f* <-, -en> поясне́ние *nt*, объясне́ние *nt*
Erle *f* <-, -n> ольха́ *f*
erleben *vt* ① (*die Erfahrung von etw machen*) пережива́ть, -жи́ть *pf*; ② (*jdn in einer bestimmten Weise erfahren*) ви́деть, уви́деть *pf*; ③ (*noch am Leben sein*) дожива́ть, -жи́ть *pf*; **die Hochzeit seiner Tochter hat er leider nicht mehr erlebt** до сва́дьбы свое́й до́чери он к сожале́нию не до́жил
Erlebnis *nt* <-ses, -se> собы́тие *nt*
erledigen *vt* ① (*ausführen*) выполня́ть, вы́полнить *pf*, исполня́ть, -по́лнить *pf*; ② (*bearbeiten*) обраба́тывать, -рабо́тать *pf*
Erledigung *f* <-, -en> ① (*Durchführung*) исполне́ние *nt*, оконча́ние *nt*; ② (*Tilgung*) ликвида́ция *f*, погаше́ние *nt*
erlegen *vt* (*Tier*) убива́ть, уби́ть *pf*
erleichtern *vt* ① (*etw einfacher machen*) облегча́ть, -чи́ть *pf*; ② (*von Sorge befreien*) успока́ивать, -ко́ить *pf*
Erleichterung *f* <-, -en> облегче́ние *nt*
erleiden *irr vt* терпе́ть, по- *pf*
erlernen *vt* изуча́ть, -чи́ть *pf*
erlesen *adj* отбо́рный, и́збранный

erleuchten *vt* ❶ (*mit Licht*) освещáть, -ветúть *pf*; ❷ (*geh: geistig, spirituell*) озарять, -рить *pf*

Erleuchtung *f* <*gen:* -> просветлéние *nt*, озарéние *nt*

erlitt *prät von* **erleiden**

erlogen *adj* лóжный, лжúвый

erlosch *prät von* **erlöschen**

erloschen *adj* (*Vulkan*) потýхший

erlöschen *vi* <erlosch, erloschen> гáснуть, по- *pf*, тýхнуть, по- *pf*

erlösen *vt* избавлять, -бáвить *pf*; **jdn von etw ~** спастú когó-л. от чегó-л.

Erlösung *f* <*gen:* -> избавлéние *nt*, спасéние *nt*

ermächtigen *vt* уполномóчивать, -чить *pf* (*zu+akk* на)

Ermächtigung *f* <-, -en> полномóчие *nt*; **jdm die ~erteilen** давáть комý-л. полномóчия

ermahnen *vt* предостерегáть, -рéчь *pf*

Ermahnung *f* <-, -en> предостережéние *nt*, предупреждéние *nt*

ermäßigen *vt* уменьшáть, умéньшить *pf*, снижáть, снúзить *pf*

Ermäßigung *f* <-, -en> (*Rabatt*) скúдка *f*, льгóта *f*

ermattet *adj* изнурённый

ermessen *irr vt* измерять, -мéрить *pf*

Ermessen *nt* <*gen:* -s> мнéние *nt*, усмотрéние *nt*; **nach menschlichem ~** наскóлько мóжно судúть; **nach freiem ~** по сóбственному усмотрéнию

ermitteln *vt* выяснять, выяснить *pf*, расслéдовать *impf/pf*

Ermittlung *f* <-, -en> расслéдование *nt*

ermöglichen *vt* дéлать, сдéлать *pf* возмóжным

ermorden *vt* убивáть, убúть *pf*

Ermordung *f* <-, -en> убúйство *nt*

ermüden **I.** *vt* утомлять, -мúть *pf*; **II.** *vi* уставáть, устáть *pf*

Ermüdung *f* <*gen:* -> утомлéние *nt*, устáлость *f*

ermuntern *vt* ободрять, -дрúть *pf*

ermutigen *vt* ободрять, -дрúть *pf*; **jdn zu etw ~** воодушевúть когó-л. на чтó-л.

ernähren **I.** *vt* ❶ (*Nahrung geben*) кормúть, на- *pf*; **zuletzt musste er künstlich ernährt werden** в концé он дóлжен был получáть искýсственное питáние; ❷ (*den Lebensunterhalt sichern*) содержáть *impf*; **II.** *vr* питáться *impf*; **sich von etw ~** питáться чéм-л.

Ernährer, -in *m/f* <-s, -> кормúлец, -лица *m/f*

Ernährung *f* <*gen:* -> питáние *nt*

ernennen *irr vt* назначáть, -нáчить *pf*, производúть, -вестú *pf*

Ernennung *f* <-, -en> назначéние *nt* (на дóлжность), произвóдство *nt* (в офицéры)

erneuern **I.** *vt* ❶ (*auswechseln*) обновлять, -вúть *pf*, заменять, -менúть *pf*; ❷ (*wieder aufleben lassen*) возобновлять, -вúть *pf*; **eine Freundschaft ~** возобновúть дрýжбу; **II.** *vr* (*nachwachsen*) обновляться, -вúться *pf*

Erneuerung *f* <-, -en> обновлéние *nt*

erneut *adj* обновлённый, нóвый

erniedrigen *vt* унижáть, унúзить *pf*

ernst *adj* ❶ (*Mensch, Lage*) серьёзный; ❷ (*wichtig*) вáжный

Ernst *m* <*gen:* -es> серьёзность *f*; **im ~!** серьёзно! **~ gemeint** серьёзный; **der ~ des Lebens** прóза жизни

Ernstfall *m* <-(e)s, -fälle>: **im ~** в слýчае реáльной опáсности

ernst gemeint *adj* серьёзный

ernsthaft *adj* серьёзный, настоятельный

Ernte *f* <-, -n> урожáй *m*

ernten *vt* ❶ убирáть, убрáть *pf* урожáй; ❷ (*fig*) пожинáть, -жáть *pf* (слáву)

Ernüchterung *f* <-, -en>

отрезвлéние *nt*
Eroberer *m* <-s, -> завоевáтель *m*
erobern *vt* завоёвывать, -воевáть *pf*, захвáтывать, -тúть *pf*
Eroberung *f* <-, -en> завоевáние *nt*, захвáт *m*
eröffnen I. *vt* ❶ (*Geschäft*) открывáть, -крыть *pf*; ❷ (*offenbaren*) открывáть, -крыть *pf*, сообщáть, -щúть *pf*; **er sagte, er habe mir etw zu ~** он сказáл, что дóлжен сообщúть мне чтó-то; ❸ (*beginnen*) открывáть, -крыть *pf*, начинáть, -чáть *pf*; **ein Konto ~** открывáть счёт ❹ (*amtlich öffnen*) вскывáть, вскрыть *pf*; **ein Testament ~** вскрывать завещáние; **II.** *vr* (*entstehen*) открывáться, -крыться *pf*
Eröffnung *f* <-, -en> (*eines Geschäfts*) открытие *nt*
Eröffnungsfeier *f* <-, -n> церемóния *f* открытия
erörtern *vt* обсуждáть, -судúть *pf*, разбирáть, -зобрáть *pf*
Erörterung *f* <-, -en> обсуждéние *nt*, разбóр *m*
Erotik *f* <*gen:* -> эрóтика *f*
erotisch *adj* эротúческий
erpressen *vt* шантажúровать *impf*; **jd versuchte, sie mit Fotos zu ~** ктó-то пытáлся её шантажúровать фотогрáфиями
Erpresser, -in *m/f* <-s, -> шантажúст, -ка *m/f*
Erpressung *f* <-, -en> шантáж *m*, вымогáтельство *nt*
erproben *vt* испытывать, -тáть *pf*
Erprobung *f* <-, -en> испытáние *nt*
erraten *irr vt* разгáдывать, -дáть *pf*
erregbar *adj* возбудúмый
erregen *vt* ❶ (*aufregen*) возбуждáть, -будúть *pf*, вызывáть, вызвать *pf* возбуждéние; ❷ (*sexuell*) возбуждáть, -будúть *pf*; ❸ (*Aufmerksamkeit*) привлекáть, -влéчь *pf* внимáние
Erreger *m* <-s, -> (MED) возбудúтель *m*
Erregung *f* <*gen:* -> возбуждéние *nt*, волнéние *nt*
erreichbar *adj* досягáемый, достижúмый
erreichen *vt* ❶ (*an einen Zielort gelangen*) достигáть, -стúгнуть *pf*; **die Volljährigkeit ~** достúгнуть совершеннолéтия; **im Leben etwas ~** добúться чегó-л. в жúзни ❷ (*telefonisch*) заставáть, -стáть *pf*; ❸ (*etwas durchsetzen*) достигáть, -стúчь *pf*, добивáться, -бúться *pf*
errichten *vt* ❶ (*bauen*) сооружáть, -рудúть *pf*; ❷ (*gründen*) оснóвывать, основáть *pf*
erringen *vt* добивáться, -бúться *pf*
erröten *vi* краснéть, по- *pf*
Errungenschaft *f* <-, en> ❶ (*technisch, kulturell*) достижéние *nt*; ❷ (*umg: Anschaffung*) приобретéние *nt*
Ersatz *m* <*gen:* -es> ❶ (*das, was als Ersatz dient*) замéна *f*; ❷ (*Entschädigung*) возмещéние *nt*; ❸ (*Ersetzung*) замещéние *nt*, замéна *f*
Ersatzteil *nt* <-(e)s, -e> запаснáя часть *f*
ersaufen *irr vi* (*umg*) утонýть *pf*, тонýть *impf*
ersäufen *vt* утопúть *pf*, топúть *impf*
erschaffen *irr vt* (*geh*) создавáть, -дáть *pf*; **Gott hat die Welt ~** бог сóздал мир
erscheinen *irr vi* ❶ (*sichtbar werden*) появлáться, -вúться *pf*, возникáть, -нúкнуть *pf*; ❷ (*im Traum*) являться, явúться *pf*; **im Traum erschien ihm sein Bruder** во снé емý явúлся брат; ❸ (*Buch, Zeitung*) выходúть, выйти *pf*
Erscheinung *f* <-, -en> ❶ (*das Erscheinen*) появлéние *nt*; **in ~ treten** появúться ❷ (*Persönlichkeit*) внéшность *f*, óблик *m*; **eine stattliche ~**

представи́тельная вне́шность
erschießen *irr vt* застрели́ть *pf*, -стре́ливать *impf*
Erschießung *f* <*gen:* -> расстре́л *m*
erschlaffen *vi* ослабева́ть, -бе́ть *pf*
erschlagen *irr vt* убива́ть, уби́ть *pf*
erschleichen *irr vr* (*pej*) выма́нивать, вы́манить *pf*, приобрета́ть, -брести́ *pf* нече́стным путём; **sich jds Vertrauen ~** втере́ться в чьё-л. дове́рие
erschließen *irr vt* ① (*aus etw schließen*) заключи́ть *pf*, -ча́ть *impf*, де́лать, сде́лать *pf* вы́вод; ② (*Erdölvorkommen ~*) вскрыва́ть, вскрыть *pf*, осва́ивать, -во́ить *pf*
erschöpfen *vt* исчерпа́ть *pf*, -че́рпывать *impf*
erschöpft *adj* изнурённый, без сил, уста́лый
Erschöpfung *f* <*gen:* -> изнеможе́ние *nt*, истоще́ние *nt*
erschrecken I. *vt* пуга́ть, ис- *pf*; **II.** *vi* <erschrak, erschrocken> пуга́ться, ис- *pf*
erschrocken *adj* испу́ганный
erschüttern *vt* ① сотряса́ть, -сти́ *pf*; ② (*auch fig*) потряса́ть, -сти́ *pf*
Erschütterung *f* <-, -en> ① сотрясе́ние *nt*; ② (*seelisch*) потрясе́ние *nt*
erschweren *vt* затрудня́ть, -ни́ть *pf*, осложня́ть, -ни́ть *pf*
erschwinglich *adj* досту́пный (по цене́)
ersetzbar *adj* замени́мый
ersetzen *vt* ① заменя́ть, -ни́ть *pf*; ② (*erstatten*) возмеща́ть, -мести́ть *pf*
ersichtlich *adj* ви́димый, ви́дный; **daraus ist ~** отсю́да я́вствует
ersparen *vt* ① (*Geld*) копи́ть, на- *pf*, эконо́мить, сэконо́мить *pf*; ② (*jdn mit etw verschonen*) избавля́ть, -ба́вить *pf*
Ersparnis *f* <-, -se> ① (*Minderverbrauch*) эконо́мия *f*; ② (*Spargeld*) сбереже́ние *nt*
erstarren *vi* затвердева́ть, -де́ть *pf*, застыва́ть, -сты́ть *pf*
erstatten *vt* возврати́ть *pf*, -враща́ть *impf*, верну́ть *pf*
Erstattung *f* <-, -en> ① (*Ersetzung*) возмеще́ние *nt*; **~ der Unkosten** возмеще́ние накладны́х расхо́дов ② (*Rückzahlung*) возвра́т *m*
erstaunen *vt* удивля́ть, -ви́ть *pf*, изумля́ть, -ми́ть *pf*
Erstaunen *nt* <*gen:* -s> удивле́ние *nt*, изумле́ние *nt*; **zu meinem ~** к моему́ удивле́нию; **jdn in ~ versetzen** поверга́ть кого́-л. в изумле́ние
erstaunlich *adj* удиви́тельный, порази́тельный
erstbeste(r, s) *adj* любо́й, пе́рвый попа́вшийся
erste(r, s) *num* (*Ordinalzahl zu eins*) пе́рвый; **du bist der Erste, der das bemerkt** ты пе́рвый, кто э́то заме́тил; **es war Liebe auf den ~n Blick** э́то была́ любо́вь с пе́рвого взгля́да
erstechen *irr vt* заколо́ть *pf*, -ка́лывать *impf*
erstehen I. *irr vi* (*geh: das alte Schloss ersteht in neuem Glanz*) возрожда́ться, -роди́ться *pf*; **II.** *vt* (*kaufen*) приобрета́ть, -брести́ *pf*
Erste-Hilfe-Kasten *m* <-s, -kästen> апте́чка *f* самопо́мощи
ersteigern *vt* покупа́ть, купи́ть *pf* на аукцио́не
erstellen *vt* сооружа́ть, -руди́ть *pf*, возводи́ть, -вести́ *pf*
erstes Mal **das erste Mal** (в) пе́рвый раз
erstens *num* во-пе́рвых
erstere(r, s) *adj* пе́рвый (из двух); **~ ..., letzterer ...** пе́рвый..., после́дний...
ersticken I. *vt* ① (*Menschen*) души́ть, за- *pf*; ② (*Feuer*) туши́ть, по- *pf*, за- *pf*; **II.** *vi* дави́ться, по- *pf*, задохну́ться *pf*, -дыха́ться *impf*
erst *adv* ① (*als erstes*) сперва́,

E

пре́жде; ② (*nicht früher*) то́лько, лишь; ③ (*am Anfang*) снача́ла; ④ (*nur*) то́лько, лишь; **ich habe ~ die Hälfte der Arbeit erledigt** я сде́лал лишь полови́ну рабо́ты

erstklassig *adj* первокла́ссный

erstmalig *adj* пе́рвый

erstmals *adv* впервы́е

erstrebenswert *adj* жела́емый, жела́нный

erstrecken *vr* простира́ться, -стере́ться *pf*; **sich von Norden nach Süden ~** простира́ться с се́вера на юг

ersuchen *vt* проси́ть, по- *pf*; **jdn um etw ~** обрати́ться к кому́-л. с про́сьбой о чём-л.

ertappen *vt* пойма́ть *pf*, лови́ть *impf*; **jdn bei etw ~** засти́чь кого́-л. за че́м-л.

erteilen *vt* ① дава́ть, дать *pf*; ② (*Verweis*) де́лать, сде́лать *pf*; ③ (*Unterricht*) дава́ть, дать *pf*

ertönen *vi* звуча́ть, за- *pf*, раздава́ться, -да́ться *pf*

Ertrag *m* <-(e)s, Erträge> ① (*Gewinn*) дохо́д *m*, вы́ручка *f*; ② (*Ernteertrag*) урожа́й

ertragen *irr vt* терпе́ть, вы́- *pf*, переноси́ть, -нести́ *pf*

erträglich *adj* терпи́мый, сно́сный

ertränken *vt* топи́ть, утопи́ть *pf*

ertrinken *irr vi* тону́ть, утону́ть *pf*

erübrigen I. *vt* (*übrigbehalten*) сберега́ть, -ре́чь *pf*; **Zeit für jdn/etw ~** удели́ть кому́-л./чему́-л. вре́мя; **II.** *vr* быть *impf* изли́шним

erwachen *vi* просыпа́ться, -сну́ться *pf*

erwachsen *adj* взро́слый

Erwachsene(r) *mf* <-n, -n> взро́слый *m*

erwägen *vt* взве́шивать, взве́сить *pf*, обду́мывать, -мать *pf*

Erwägung *f* <-, -en> соображе́ние *nt*

erwähnen *vt* упомина́ть, -мяну́ть *pf*

erwähnenswert *adj* досто́йный упомина́ния

Erwähnung *f* <-, -en> упомина́ние *nt*

erwärmen I. *vt* гре́ть *impf*, согрева́ть, -гре́ть *pf*; **II.** *vr* согрева́ться, -гре́ться *pf*

erwarten *vt* ① (*auf jdn warten*) ожида́ть *impf*, ждать *impf*; **ich erwarte Sie morgen früh in meinem Büro** я жду вас за́втра у́тром в моём бюро́; **es kaum noch ~ können** не мочь дожда́ться чего́-л. ② (*eine Erwartung an jdn/etw haben*) ожида́ть *impf*, ждать *impf*; **ein Kind ~** ждать ребёнка

Erwartung *f* <-, -en> ожида́ние *nt*

erwartungsgemäß *adv* как и сле́довало ожида́ть

erwartungsvoll *adj* по́лный наде́жды

erwecken *vt* (*Gefühle*) буди́ть, про- *pf*

erwehren *vr* сопротивля́ться *impf*; **er konnte sich des Gedankens nicht ~, dass ...** он не мог отде́латься от мы́сли, что...

erweichen *vt* ① размягча́ть, -чи́ть *pf*; ② (*auch fig*) смягча́ть, -чи́ть *pf*

erweisen *irr vt* ока́зывать, -за́ть *pf*; **jdm einen Gefallen ~** сде́лать кому́-л. одолже́ние

erweitern *vt* расширя́ть, -ши́рить *pf*

Erwerb *m* <*gen:* -(e)s> ① (*Tätigkeit*) рабо́та *f*, про́мысел *m*; ② (*eines Grundstücks*) приобрете́ние *nt*, поку́пка *f*; ③ (*Verdienst*) за́работок *m*, дохо́д *m*

erwerben *irr vt* ① (*Kenntnisse*) приобрета́ть, -брести́ *pf*; ② (*kaufen*) покупа́ть, купи́ть *pf*; ③ (*durch Arbeit*) зараба́тывать, -бо́тать *pf*

erwerbsfähig *adj* трудоспосо́бный

erwerbsunfähig *adj* нетрудоспосо́бный

erwidern *vt* ① (*antworten*) отвеча́ть, -ве́тить *pf*; ② (*Gruß*) отвеча́ть, -ве́тить *pf*; ③ (*Gefühle*) отвеча́ть, -ве́тить *pf* (взаи́мностью)

erwischen *vt* ① (*umg: ertappen*)

пойма́ть *pf*, лови́ть *impf*; ② (*umg: erreichen*) застава́ть, -ста́ть *pf*

erwog *imperf von* **erwägen**

erwünscht *adj* жела́тельный

erwürgen *vt* души́ть, за- *pf*

Erz *nt* <-es, -e> руда́ *f*

erzählen *vt* расска́зывать, -за́ть *pf*

Erzähler, -in *m/f* <-s, -> расска́зчик, -чица *m/f*

erzählerisch *adj*: **ein ~es Talent** тала́нт расска́зчика

Erzählung *f* <-, -en> ① (*das Erzählen*) расска́з *m*; ② (*literarisches Werk*) расска́з *m*

Erzbischof *m* <-(e)s, -bischöfe> архиепи́скоп *m*

Erzengel *m* <-s, -> арха́нгел *m*

erzeugen *vt* производи́ть, -вести́ *pf*, изготовля́ть, -то́вить *pf*

Erzeugnis *nt* <-ses, -se> ① (*Produkt*) изде́лие *nt*, проду́кт *m*; ② (*Erzeugnisse*) проду́кция *f*

Erzeugung *f* <*gen:* -> (*Herstellung*) изготовле́ние *nt*, произво́дство *nt*

Erzfeind, -in *mf* <-(e)s, -e> закля́тый враг *m*

erziehen *irr vt* воспи́тывать, -та́ть *pf*; **Kinder zur Ordnung ~** приуча́ть дете́й к поря́дку

Erzieher, -in *m/f* <-s, -> воспита́тель, -ница *m/f*

Erziehung *f* <*gen:* -> воспита́ние *nt*

erzielen *vt* ① (*erreichen*) добива́ться, -би́ться *pf*, достига́ть, -сти́чь *pf*; ② (*herausholen*) извлека́ть, -вле́чь *pf*

erzwingen *vt* вынужда́ть, вы́нудить *pf*

es *pron pers* оно́; **das Fahrrad ist fast neu - ~ ist keine drei Wochen alt** велосипе́д почти́ но́вый - ему́ нет и трёх неде́ль; **du kannst doch sorgfältig arbeiten - dann tue ~ auch** ты же мо́жешь аккура́тно рабо́тать - так де́лай э́то; **~ regnet** идёт дождь

Esche *f* <-, -n> я́сень *m*

Esel *m* <-s, -> осёл *m*

Eskalation *f* <-, -en> эскала́ция *f*

eskalieren *vi* эскали́ровать *impf*, обостря́ть, -стри́ть *pf*

Eskimo *m* <-s, -s> эскимо́с *m*

Eskorte *f* <-, -n> эско́рт *m*

Espresso *m* <-(s), -s> кре́пкий ко́фе *m*

Esprit *m* <*gen:* -s> (*geh*) остроу́мие *nt*

Essay *m* <-s, -s> эссе́ *nt*, о́черк *m*

essbar *adj* съедо́бный

essen *vt* <aß, gegessen> есть, по- *pf*, съесть *pf*; **mit großem Appetit ~** есть с больши́м аппети́том

Essen *nt* <-s, -> ① (*die Nahrungsaufnahme*) еда́ *f*; ② (*die Mahlzeit*) еда́ *f*, пи́ща *f*; **beim ~** во вре́мя еды́ ③ (*die Speise*) блю́до *nt*

Essensmarke *f* <-, -n> тало́нчик *m* на ра́зовое пита́ние

essentiell *adj* суще́ственный

Essenz *f* <-, -en> ① (*der Kern*) су́щность *m*; ② (*Duftessenz*) эссе́нция *f*

essenziell *adj* суще́ственный

Essig *m* <*gen:* -s> у́ксус *m*

Essiggurke *f* <-, -n> марино́ванный огу́рчик *m*

Esslöffel *m* <-s, -> столо́вая ло́жка *f*

Esslokal *nt* <-(e)s, -e> (*einfaches*) столо́вая *f*

Esstisch *m* <-(e)s, -e> обе́денный стол *m*

Esszimmer *nt* <-s, -> столо́вая *f* (ко́мната)

Este, Estin *m/f* <-n, -n> эсто́нец *m*

Estland *nt* <*gen:* -s> Эсто́ния *f*

estnisch *adj* эсто́нский

etablieren I. *vt* (*gründen*) осно́вывать, -ва́ть *pf*; **eine Firma ~** открыва́ть фи́рму; **II.** *vr* (*sich einen festen Platz verschaffen*) обосно́вываться, -снова́ться *pf*

Etage *f* <-, -n> эта́ж *m*

Etagenwohnung *f* <-, -en> кварти́ра *f* (в многокварти́рном до́ме)

Etappe *f* <-, –n> ① (SPORT: *auch fig*) эта́п *m*; ② (*Abschnitt*) отре́зок *m*

E

Etat *m* <-s, -s> ① (*Haushaltsplan*) бюджéт *m*; ② (*Stellenplan*) штат *m*

etc. *abk von* ***et cetera*** и т.д.

Ethik *f* <-, -en> э́тика *f*

ethisch *adj* эти́ческий

ethnisch *adj* этни́ческий

Etikett *nt* <-(e)s, -en *o* -s> этикéтка *f*, ярлы́к *m*; **~ mit Strichkode** этикéтка со штриховы́м кóдом

Etikette *f* <*gen:* -> этикéт *m*

etikettieren *vt* этикети́ровать *impf*

etlich .. *pron indef* нéкоторый

Etui *nt* <-s, -s> футля́р *m*

etwa *adv* (*ungefähr*) примéрно, óколо; **~ hundert Mitarbeiter** óколо ста сотрýдников; **in ~** приблизи́тельно

etwaig *adj* возмóжный

etwas *pron indef* ① (*eine unbestimmte Größe bezeichnend*) чтó-нибудь, чтó-то; **da bewegt sich doch ~** там всё-таки чтó-то дви́жется; ② (*einen unbestimmten Teil von etw bezeichnend*) немнóго; **ich möchte auch ~ von dem Kuchen** я тóже хочý пирóжного; ③ (*ein wenig*) чýточку, чуть; **sie fühlt sich jetzt ~ besser** онá чýвствует себя́ тепéрь чýточку лýчше

Etwas *nt* <-, -> нéчто; **das gewisse ~** нéчто осóбеное

EU *f* ЕС (Европéйский Сою́з) *m*

euch *pron pers* вам; **das muss ~ klar sein** э́то вам должнó быть поня́тно; **ich habe ~ gewarnt** я вас предупреждáл; **ihr macht ~ was vor** вы себя́ обмáнываете

euer *pron poss* ваш, свой; **alles Liebe, ~ Peter** всегó хорóшего, ваш Петер

euere(r, s) *siehe* **euer**

Eule *f* <-, -n> совá *f*

Euphorie *f* <-, -n> эйфори́я *f*

euphorisch *adj* эйфори́ческий

eure(r, s) *pron poss* ваш, свой

eurerseits *adv* с вáшей стороны́

euresgleichen *pron* такóй как вы, подóбный вам

euretwegen *adv* и́з-за вас, рáди вас

Euro *m* <-(s), -(s)> éвро *m*

Europa *nt* <*gen:* -s> Еврóпа *f*

Europäer, -in *m/f* <-s, -> европéец, -пéйка *m/f*

europäisch *adj* европéйский

Europameister, -in *m/f* <-s, -> чемпиóн, -ка *m/f* Еврóпы

Europameisterschaft *f* <-, -en> чемпионáт *m* Еврóпы

Eurovision *f* <*gen:* -> Еврови́дение *nt*

Euter *nt* <-s, -> вы́мя *nt*

evakuieren *vt* эвакуи́ровать *impf/pf*

evangelisch *adj* евангели́ческий

Evangelium *nt* <-s, Evangelien> евáнгелие *nt*

eventuell I. *adj* возмóжный; **II.** *adv* мóжет быть, возмóжно.

Evolution *f* <*gen:* -> эволю́ция *f*

ewig *adj* ① (*unendlich*) вéчный; **an das ~e Leben glauben** вéрить в загрóбную жи́знь ② (*umg: sehr lange*) вéчный, бесконéчный; **das dauert ja ~** э́то продолжáется цéлую вéчность

Ewigkeit *f* <*gen:* -> (*auch fig*) вéчность *f*

exakt *adj* тóчный

Examen *nt* <-s, - *o* Examina> экзáмен *m*; **~ machen** сдавáть экзáмен

exekutieren *vt* (*hinrichten*) казни́ть *impf/pf*

Exekution *f* <-, -en> казнь *f*

Exekutive *f* <-, -n> исполни́тельная власть *f*

Exempel *nt* <-s, -> примéр *m*

Exemplar *nt* <-s, -e> экземпля́р *m*

exemplarisch *adj* примéрный, образцóвый

exerzieren *vi* занимáться, -ня́ться *pf* строевóй подготóвкой

Exil *nt* <*gen:* -(e)s> изгнáние *nt*, эмигрáция *f*; **ins ~ gehen** эмигри́ровать; **im ~ leben** жить в изгнáнии

Existenz *f* <-, -en> ① (*das Existieren*) существовáние *nt*; **eine küm-**

merliche ~ fristen влачи́ть ни́щенское существова́ние ② (*das menschliche Leben*) существова́ние *nt*; ③ (*Auskommen*) средства *pl* к существова́нию; **eine sichere ~ haben** иметь доста́точно средств к существова́нию; ④ (PHIL) бытие́ *nt*

Existenzkampf *m* <*gen:* -(e)s> борьба́ *f* за существова́ние

existieren *vi* существова́ть *impf*

exklusiv *adj* исключи́тельный, изы́сканный

Exkurs *m* <-es, -e> (*geh*) э́кскурс *m*

Exkursion *f* <-, -en> экску́рсия *f*

exmatrikulieren *vt* исключа́ть, -чи́ть *pf* из соста́ва студе́нтов

exotisch *adj* экзоти́ческий

Expander *m* <-s, -> экспа́ндер *m*

expandieren *vi* расширя́ться, -ши́риться *pf*, разрасти́сь *pf*, -та́ться *impf*

Expansion *f* <*gen:* -> экспа́нсия *f*, распростране́ние *nt*

Expedition *f* <-, -en> экспеди́ция *f*

Experiment *nt* <-(e)s, -e> экспериме́нт *m*

experimentell *adj* эксперимента́льный, о́пытный

experimentieren *vi* эксперименти́ровать *impf*

Experte,, Expertin *m/f* <-en, -en> экспе́рт *m*; **ein ~ auf diesem Gebiet** экспе́рт в э́той о́бласти

explodieren *vi* взрыва́ться, взорва́ться *pf*

Explosion *f* <-, -en> взрыв *m*

explosiv *adj* ① взры́вчатый; ② (*auch fig*) взрывно́й

Exponat *nt* <-(e)s, -e> экспона́т *m*

Export *m* <-(e)s, -e> э́кспорт *m*, вы́воз *m*

Exporteur, -in *m/f* <-s, -e> экспортёр *m*

exportieren *vt* экспорти́ровать *impf/pf*, вывози́ть, вы́везти *pf*

Expressionismus *m* <*gen:* -> экспрессиони́зм *m*

extern *adj* вне́шний, нару́жный

extra *adv* отде́льно, дополни́тельно

Extra *nt* <-s, -s> дополне́ние *nt*, дополни́тельная часть *f*

Extrakt *nt* <-(e)s, -e> экстра́кт *m*, вы́тяжка *f*

extravagant *adj* экстрава́гантный

extrem *adj* кра́йний

Extrem *nt* <-(e)s, -e> кра́йность *f*; **von einem ~ ins andere fallen** броса́ться из одно́й кра́йности в другу́ю

Extremismus *m* <*gen:* -> экстреми́зм *m*

extremistisch *adj* экстреми́стский

Extremität *f* <-, -en> кра́йность *f*

exzellent *adj* превосхо́дный, великоле́пный

Exzellenz *f* <-, -en> превосходи́тельство *nt*

exzentrisch *adj* ① (*Mensch*) эксцентри́чный; ② (MATH) эксцентри́ческий

Exzess *m* <Exzesses, Exzesse> эксце́сс *m*

exzessiv *adj* чрезме́рный

Ff

f, F *nt* <-, -> ф, Ф

Fabel *f* <-, -n> ① (*Tierfabel*) ба́сня *f*; ② (*erdichtete Geschichte*) вы́мысел *m*

fabelhaft *adj* ① баснosло́вный; **sie ist ~ reich** она́ басносло́вно бога́та; ② (*umg: sehr gut*) чуде́сный, потряса́ющий

Fabrik *f* <-, -en> фа́брика *f*, заво́д *m*

Fabrikarbeiter, -in *m/f* <-s, -> рабо́чий, -бо́тница *m/f*

Fabrikhalle *f* <-, -n> цех *m*

Fach *nt* <-(e)s, Fächer> ① по́лка *f*; ② (*Schublade*) я́щик *m*; ③ (*Fachgebiet*) о́бласть *f*; ④ (*Unterrichtsfach*) предме́т *m*; **er ist vom ~** он специали́ст

Facharbeiter, -in *m/f* <-s, -> квалифици́рованный рабо́чий, -ная -бо́тница *m/f*

Facharzt, -ärztin *m/f* <-es, -ärzte> врач-специали́ст *m*

Fachausdruck *m* <-(e)s, -ausdrücke> специа́льный те́рмин *m*

Fachbereich *m* <-(e)s, -e> ① (*Fachgebiet*) специа́льность *f*; ② (*Branche*) о́трасль *f*; ③ (*an Universität*) факульте́т *m*

Fächer *m* <-s, -> ве́ер *m*

Fachgebiet *nt* <-(e)s, -e> специа́льность *f*, о́трасль *f*

fachgerecht *adj* со зна́нием де́ла, квалифици́рованно

Fachhochschule *f* <-, -n> институ́т *m*

Fachliteratur *f* <*gen:* -> специа́льная литерату́ра *f*

Fachmann, -frau *m/f* <-(e)s, -leute> специали́ст, -ка *m/f*, знато́к *m*, экспе́рт *m*

Fachsprache *f* <-, -n> профессиона́льный язы́к *m*

Fackel *f* <-, -n> фа́кел *m*

fade *adj* ① (*Geschmack*) безвку́сный; ② (*langweilig*) ску́чный, пусто́й

Faden *m* <-s, Fäden> нить *f*, ни́тка *f*; **den ~ verlieren** (*fig*) потеря́ть нить

fadenscheinig *adj* ① (*pej: durchschaubar*) ша́ткий, сла́бый (о до́водах и т.п.); ② (*Stoff*) потёртый, изно́шенный

fähig *adj* (*begabt*) спосо́бный, тала́нтливый; **zu etw ~ sein** быть спосо́бным к чему́-л.; **zu allem ~ sein** быть спосо́бным на всё

Fähigkeit *f* <-, -en> ① спосо́бность *f*; ② (*Begabung*) одарённость *f*

fahnden *vi:* **nach jdm ~** разы́скивать кого́-л.

Fahndung *f* <-, -en> пресле́дование *nt*, ро́зыск *m*

Fahne *f* <-, -n> зна́мя *f*, флаг *m*

Fahnenflucht *f* <*gen:* -> дезерти́рство *nt*

Fahrausweis *m* <-es, -e> проездно́й биле́т *m*; **die ~e, bitte!** предъяви́те, пожа́луйста, проездны́е биле́ты!

Fahrbahn *f* <-, -en> прое́зжая часть *f*

Fähre *f* <-, -n> паро́м *m*

fahren <fuhr, gefahren> **I.** *vt* ① (*Auto*) води́ть *impf*; ② (*befördern*) везти́ *impf*, вози́ть *impf*; **jdn nach Hause ~** отвезти́ кого́-л. домо́й; **II.** *vi* ① (*mit Auto, mit Zug*) е́хать *impf*; ② (*abfahren*) отправля́ться, -пра́виться *pf*; **mit dem Bus/Zug ~** е́хать авто́бусом/по́ездом; **mit der Hand über etw ~** провести́ руко́й по чему́-л.

Fahrer, -in *m/f* <-s, -> води́тель, -ница *m/f*, шофёр *m*

Fahrerhaus *nt* <*gen:* -es> (KFZ) каби́на *f*

Fahrgast *m* <-(e)s, -gäste> пассажи́р *m*

fahrig *adj* ① (*Bewegung*) не́рвный, торопли́вый; ② (*unkonzentriert*) рассе́янный, несо́бранный

Fahrkarte *f* <-, -n> проездно́й биле́т *m*

Fahrkartenschalter *m* <-s, -> биле́тная ка́сса *f*

fahrlässig *adj* хала́тный; **~e Tötung** (JUR) уби́йство по неосторо́жности

Fahrlässigkeit *f* <-, -en> хала́тность *f*, небре́жность *f*

Fahrlehrer, -in *m/f* <-s, -> инстру́ктор *m* по вожде́нию

Fahrplan *m* <-(e)s, -pläne> расписа́ние *nt* движе́ния (тра́нспорта)

fahrplanmäßig *adj* по расписа́нию

Fahrpreis *m* <-(e)s, -e> сто́имость *f* прое́зда

Fahrrad *nt* <-(e)s, -räder> велосипе́д *m*

Fahrradfahrer, -in *m/f* <-s, -> велосипеди́ст, -ка *m/f*

Fahrradweg *m* <-(e)s, -e> велосипе́дная доро́жка *f*

Fahrschule *f* <-, -n> автошко́ла *f*

Fahrstuhl *m* <-(e)s, -stühle> лифт *m*

Fahrt *f* <-, -en> ① (*mit dem Auto*) езда́ *f*; ② (*Reise*) пое́здка *f*; ③ (*Fahrtgeschwindigkeit*) ско́рость *f*, ход *m*; **in ~ kommen** (*umg*) войти́ в раж; **in voller ~** по́лным хо́дом

Fährte *f* <-, -n> след *m*

Fahrzeug *nt* <-(e)s, -e> тра́нспортное сре́дство *nt*

fair *adj* ① (*ehrlich*) поря́дочный, че́стный; **nicht ~ handeln** поступа́ть нече́ство ② (*gerecht*) справедли́вый; **sich jdm gegenüber ~ verhalten** справедли́во относи́ться к кому́-л.

Faktor *m* <-s, -en> (*Einflussgröße*) фа́ктор *m*; **stabilisierender ~** стабилизи́рующий фа́ктор

Faktum *nt* <-s, Fakten> факт *m*

Fakultät *f* <-, -en> факульте́т *m*

fakultativ *adj* факультати́вный; **~es Fach** факультати́вная дисципли́на

Falke *m* <-n, -n> со́кол *m*

Fall *m* <-(e)s, Fälle> ① (*das Fallen*) паде́ние *nt*; ② (*Sachverhalt*) слу́чай *m*; **das ist nicht der ~** э́то не так; ③ (JUR) уголо́вное де́ло *nt*; ④ (LING) паде́ж *m*; **auf jeden ~** в любо́м слу́чае; **auf alle Fälle** на вся́кий слу́чай

Falle *f* <-, -n> лову́шка *f*; **jdm eine ~ stellen** (*fig*) расста́вить кому́-л. лову́шку

F

fallen <fiel, gefallen> *vi* ① па́дать, упа́сть *pf*; ② (*sinken*) опуска́ться, -сти́ться *pf*, понижа́ться, -ни́зиться *pf*; ③ (*Bemerkung*) выска́зывать, вы́сказать *pf*; ④ (*Soldat*) пасть *pf*, погиба́ть, -ги́бнуть *pf*; ⑤ (*Schuss*) разда́ться *pf*, -дава́ться *impf*; ⑥ (*Verdacht, Blick*) па́дать, упа́сть *pf* (*auf +akk* на); ⑦ (*Termin*) прийти́сь *pf*, -ходи́ться *impf* (*auf +akk* на); **jdm in die Rede ~** переби́ть кого́-л.

fällen *vt* ① (*Baum*) вали́ть, по- *pf*; ② (*Urteil*) выноси́ть, вы́нести *pf*; ③ (*Entscheidung*) принима́ть, -ня́ть *pf*

fallen lassen *irr vt* ① (*Bemerkung*) оброни́ть *pf*; ② (*aufgeben*) отка́зываться, -каза́ться *pf*

fällig *adj* подлежа́щий упла́те, подлежа́щий исполне́нию

Fallobst *nt* <*gen:* -(e)s> па́далица *f*

falls *konj* (в слу́чае,) е́сли

Fallschirm *m* <-(e)s, -e> парашю́т *m*

Fallschirmspringer, -in *m/f* <-s, -> парашюти́ст, -ка *m/f*

falsch *adj* ① непра́вильный; ② (*fehlerhaft*) оши́бочный, неве́рный; **dieses Wort ist ~ geschrieben** э́то сло́во напи́сано неве́рно; ③ (*nachgemacht: Zähne*) иску́сственный; **~ liegen** заблужда́ться ④ (*Geld, Pass*) фальши́вый; ⑤ (*hinterhältig*) двули́чный, кова́рный; ⑥ (*unangemessen: Bescheidenheit*) ло́жный

fälschen *vt* (*Kunstwerk*) подде́лывать, -де́лать *pf*

Falschgeld *nt* <*gen:* -es> фальши́вые де́ньги *fpl*

Falschheit *f* <*gen:* -> ① (*von Mensch*) лжи́вость *f*, нейскренность *f*; ② (*Unrichtigkeit*) ло́жность *f*, неве́рность *f*

fälschlich *adj* оши́бочный

fälschlicherweise *adv* по оши́бке

falschliegen *vi* (*umg*) заблужда́ться

Fälschung *f* <-, -en> ① (*das Fälschen*) подло́г *m*, фальсифика́ция *f*; ② (*etw Gefälschtes*) подде́лка *f*, фальши́вка *f*

Faltblatt *nt* <-(e)s, -blätter> букле́т *m*

Falte *f* <-, -n> ① (*der Haut*) морщи́на *f*, скла́дка *f*; ② (*eines Rocks*) скла́дка *f*; (*klein und eingenäht*) сбо́рка *f*; ③ (GEOL) скла́дка *f*

falten *vt* ① скла́дывать, сложи́ть *pf*, сгиба́ть, согну́ть *pf*; ② (*zusammenlegen*) скла́дывать, сложи́ть *pf*; **die Hände ~** сложи́ть ру́ки

Faltenwurf *m* <*gen:* -(e)s> драпиро́вка *f*

Falter *m* <-s, -> мотылёк *m*

faltig *adj* ① (*Stoff*) в скла́дках; ② (*Haut*) морщи́нистый

familiär *adj* ① семе́йный; ② (*vertraulich*) непринуждённый

Familie *f* <-, -n> ① семья́ *f*; **er kommt aus guter ~** он из хоро́шей семьи́; ② (BIO) семе́йство *nt*

Familienangehörige(r) *mf* <-n, -n> член *m* семьи́

Familienfeier *f* <-, -n> семе́йный пра́здник *m*

Familienkreis *m* <*gen:* -es> круг *m* семьи́; **im engsten ~** в у́зком семе́йном кругу́

Familienname *m* <-n, -n> фами́лия *f*

Familienvater *m* <-s, -väter> оте́ц *m* семе́йства

famos *adj* (*umg*) отли́чный, чу́дный

Fan *m* <-s, -s> боле́льщик *m*, стра́стный покло́нник *m*

Fanatiker, -in *m/f* <-s, -> фана́тик, -ти́чка *m/f*

fanatisch *adj* фанати́ческий, фанати́чный

Fanatismus *m* <*gen:* -> фанати́зм *m*

Fanclub *m* <-s, -s> клуб *m* боле́льщиков, клуб *m* покло́нников

fand *prät von* **finden**

Fanfare *f* <-, -n> фанфа́ра *f*

Fang *m* <-(e)s, Fänge> ① (*das Fangen*) ло́вля *f*; ② (*Beute: auch fig*) добы́ча *f*; ③ (*Tierzähne*) клыки́ *mpl*

fangen <fing, gefangen> **I.** *vt* лови́ть, пойма́ть *pf*; **II.** *vr* ① -па́сться *pf*, попада́ться *impf*, пойма́ться *pf*, лови́ться *impf*; ② (*seelisch*) овладева́ть, -де́ть *pf* собо́й

Farbe *f* <-, -n> ① цве́т *m*; ② (*Wandanstrich*) кра́ска *f*; ③ (*Gesichtsfarbe*) цвет *m* лица́; **~ bekennen** раскры́ть свои́ ка́рты

färben **I.** *vt* (*Haar, Stoff*) кра́сить, вы́красить *pf*; **II.** *vr* окра́шиваться, -ра́ситься *pf*

Farbenblindheit *f* <*gen:* -> ① цветова́я слепота́ *f*; ② дальтони́зм *m*

farbenfroh *adj* пёстрый, я́ркий

Farbfernseher *m* <-s, -> цветно́й телеви́зор *m*

Farbfilm *m* <-(e)s, -e> цветно́й фильм *m*

Farbfoto *nt* <-s, -s> цветна́я фотогра́фия *f*

farbig *adj* ① цветно́й, пёстрый; ② (*fig*) я́ркий, о́бразный

Farbige(r) *mf* <-n, -n> цветно́й, -на́я *m/f*

Farbkasten *m* <-s, -kästen> коро́бка *f* с кра́сками

Farbkopierer *m* <-s, -> цветно́й ксе́рокс *m*

farblos *adj* ① бесцве́тный, прозра́чный; ② (*fig*) бесцве́тный, невырази́тельный

Farbstift *m* <-(e)s, -e> цветно́й каранда́ш *m*

Farbstoff *m* <-(e)s, -e> краси́тель *m*
Farbton *m* <-(e)s, -töne> отте́нок *m*
Färbung *f* <-, -en> ① (*das Färben*) краше́ние *nt*, окра́ска *f*; ② (*Farbe*) отте́нок *m*, окра́ска *f*; ③ (*auch fig: Einschlag, Tendenz*) тон *m*, окра́ска *f*
Farce *f* <-, -n> (*auch fig*) фарс *m*
Farm *f* <-, -en> фе́рма *f*
Farn *m* <-(e)s, -e> па́поротник *m*
Fasan *m* <-(e)s, -e> фаза́н *m*
Faschierte(s) *nt* (*österr: Hackfleisch*) мясно́й фарш *m*, ру́бленое мя́со *nt*
Fasching *m* <-s, -e/-s> ма́сленица *f*, карнава́л *m*
Faschismus *m* <*gen:* -> фаши́зм *m*
Faschist, -in *m/f* <-en, -en> фаши́ст, -ка *m/f*
faschistisch *adj* фаши́стский
Faser *f* <-, -n> ① жи́лка *f*, волокно́ *nt*; ② (*Muskelfaser*) мы́шечное волокно́ *nt*
faserig *adj* (*Gemüse, Fleisch*) волокни́стый
Fass *nt* <-es, Fässer> бо́чка *f*, бочо́нок *m*
Fassade *f* <-, -n> ① (*von Gebäude*) фаса́д *m*; ② (*fig*) фаса́д *m*, вне́шняя сторона́ *f*
Fassbier *nt* <-(e)s, -e> бо́чковое пи́во *nt*, пи́во *nt* пря́мо из бо́чки
fassen I. *vt* ① (*ergreifen*) хвата́ть, схвати́ть *pf*, бра́ться, взя́ться *pf*; ② (*Dieb*) схвати́ть *pf*, хвата́ть *impf*, арестова́ть *pf*, -сто́вывать *impf*; ③ (*verstehen*) понима́ть, -ня́ть *pf*, постига́ть, -сти́чь *pf*; ④ (*Entschluss*) приня́ть *pf*, -нима́ть *impf*; ⑤ (*Edelstein*) вставля́ть, вста́вить *pf* в опра́ву; **II.** *vi* (*greifen: Schraube*) держа́ться *impf*, схва́тывать, -ти́ть *pf*; **III.** *vr* успоко́иться *pf*, -ка́иваться *impf*; **etw in Worte ~** сформули́ровать что́-л.; **sich kurz ~** быть кра́тким; **(zu jdm) Vertrauen ~** почу́вствовать дове́рие к кому́-л.
Fassung *f* <-, -en> ① (*von Brille/Edelstein*) опра́ва *f*; ② (*einer Lampe*) патро́н *m*; ③ (*Bearbeitung*) обрабо́тка *f*, отде́лка *f*; ④ (*sprachliche Form*) формулиро́вка *f*, реда́кция *f*; ⑤ (*Beherrschung*) самооблада́ние *nt*; **jdn aus der ~ bringen** вы́вести кого́-л. из себя́; **etw mit ~ tragen** переноси́ть что́-л. с досто́инством
fassungslos *adj* вне себя́, потеря́вший самооблада́ние
Fassungsvermögen *nt* <*gen:* -s> ① сообрази́тельность *f*; ② (*eines Tanks*) вмести́мость *f*
fast *adv* почти́; **das Essen ist ~ fertig** еда́ почти́ гото́ва
fasten *vi* пости́ться *impf*
Fastenzeit *f* <*gen:* -> пост *m*, вре́мя *nt* поста́
Fastnacht *f* <*gen:* -> кану́н *m* вели́кого поста́
faszinieren *vt* очаро́вывать, -рова́ть *pf*; **von etw/jdm fasziniert sein** быть очаро́ванным че́м-л./ке́м-л.
fatal *adj* фата́льный, роково́й
faul *adj* ① (*verdorben*) гнило́й, ту́хлый; ② (*Mensch*) подозри́тельный, не вызыва́ющий дове́рия; ③ (*Ausrede*) пустой
Fäule *f* <*gen:* -> гние́ние *nt*
faulen *vi* гнить, сгнить *pf*
faulenzen *vi* лентя́йничать *impf*
Faulenzer, -in *m/f* <-s, -> (*pej*) лентя́й, -ка *m/f*
Faulheit *f* <*gen:* -> лень *f*, ле́ность *f*
faulig *adj* подгни́вший
Fäulnis *f* <*gen:* -> гние́ние *nt*
Faulpelz *m* <-es, -e> (*umg*) лентя́й *m*
Fauna *f* <-, Faunen> фа́уна *f*
Faust *f* <-, Fäuste> кула́к *m*; **die ~ ballen** сжима́ть кулаки́; **auf eigene ~** самостоя́тельно
Fausthandschuh *m* <-(e)s, -e> рукави́ца *f*
Faustregel *f* <-, -n> просто́е пра́вило *nt*

F

favorisieren *vt* (*vorziehen*) отдава́ть, -да́ть *pf* предпочте́ние

Favorit, -in *m/f* <-en, -en> ❶ (*Liebling*) люби́мец, -мица *m/f*, фавори́т, -ка *m/f*; ❷ (SPORT) фавори́т *m*

Fax *m* телефа́кс *m*

faxen *vt* передава́ть, -да́ть *pf* по фа́ксу

Faxgerät *nt* <-(e)s, -e> аппара́т *m* факсими́льной свя́зи

Fazit *nt* <-s, -s> ито́г *m*, вы́вод *m*

Februar *m* <-(s), -e> февра́ль *m*

fechten <focht, gefochten> *vi* ❶ фехтова́ть *impf*; ❷ (*kämpfen*) боро́ться *impf* (*mit* +*dat* с +*inst*)

Feder *f* <-, -n> ❶ (*Vogelfeder, Schreibfeder*) перо́ *nt*; ❷ (TECH) пружи́на *f*, рессо́ра *f*

Federball *m* <-(e)s, -bälle> ❶ вола́н *m*, вола́нчик *m*; ❷ (*~spiel*) бадминто́н *m*

Federbett *nt* <-(e)s, -en> пери́на *f*

Federhalter *m* <-s, -> черни́льная ру́чка *f*

federleicht *adj* лёгкий как пёрышко

federn *vi* ❶ (*elastisch sein*) быть *impf* эласти́чным; ❷ (*nachgeben*) пружи́нить *impf*

Federung *f* <-, -en> рессо́ры *fpl*, пружи́ны *fpl*

Fee *f* <-, -n> фе́я *f*

Fegefeuer *nt* <*gen:* -s> (REL) чисти́лище *nt*

fegen I. *vt* мести́, под- *pf*; **II.** *vi* (*umg: rasen*) нести́сь *impf*, мча́ться *impf*

fehl *adv*: **~ am Platz(e) sein** быть неуме́стным

Fehlbestand *m* <-(e)s, -bestände> нехва́тка *f*

fehlen *vi* ❶ (*abwesend sein*) отсу́тствовать *impf*; ❷ (*mangeln*) недостава́ть, -ста́ть *pf*, не хвата́ть, -ти́ть *pf*

Fehler *m* <-s, -> ❶ оши́бка *f*, погре́шность *f*, недоста́ток *m*; ❷ (*Mangel*) недоста́ток *m*, дефе́кт *m*; **~ machen** [*o* **begehen**] де́лать оши́бки

fehlerfrei *adj* безоши́бочный, безукори́зненный

fehlerhaft *adj* ❶ (*unrichtig*) оши́бочный, непра́вильный; ❷ (*mangelhaft*) недоброка́чественный

Fehlgeburt *f* <-, -en> вы́кидыш *m*

fehlgehen *irr vi* ❶ (*Schuss*) промахну́ться *pf*, -ма́хиваться *impf*; ❷ (*sich irren*) ошиба́ться, -би́ться *pf*

Fehlgriff *m* <-(e)s, -e> про́мах *m*

Fehlschlag *m* <-(e)s, -schläge> про́мах *m*, неуда́ча *f*; **einen ~ erleiden** потерпе́ть неуда́чу

Fehlstart *m* <-(e)s, -s> ❶ фальста́рт *m*; ❷ (*von Rakete*) неуда́чный за́пуск *m*

Fehltritt *m* <-(e)s, -e> неве́рный шаг *m*

Feier *f* <-, -n> пра́зднество *nt*, торжество́ *nt*; **zur ~ des Tages** в честь сего́дняшнего пра́здника

Feierabend *m* <-s, -e> коне́ц *m* рабо́чего дня

feierlich *adj* торже́ственный, пра́здничный

feiern I. *vt* ❶ (*Fest*) пра́здновать, от- *pf*, отмеча́ть, -ме́тить *pf*; ❷ (*Person*) че́ствовать *impf*; **II.** *vi* не рабо́тать *impf*, безде́йствовать *impf*

Feiertag *m* <-(e)s, -e> пра́здник *m*

feig(e) *adj* трусли́вый, малоду́шный

Feige *f* <-, -n> инжи́р *m*

Feigheit *f* <*gen:* -> тру́сость *f*, малоду́шие *nt*

Feigling *m* <-s, -e> трус *m*

Feile *f* <-, -n> ❶ напи́льник *m*; ❷ (*Nagelfeile*) пи́лочка *f* для ногте́й

feilen I. *vt* опи́ливать, -ли́ть *pf*, подпи́ливать, -ли́ть *pf*; **II.** *vi* шлифова́ть, от- *pf*

feilschen *vi* торгова́ться *impf* (*um* +*akk* из-за +*gen*)

fein *adj* ① (*nicht grob*) мéлкий; ② (*zart*) тóнкий, нéжный; ③ (*auserlesen*) изы́сканный, и́збранный; ④ (*feinsinnig*) утончённый; ⑤ (*Gehör*) тóнкий; ⑥ (*vornehm*) знáтный, благорóдный; ⑦ (*umg: erfreulich*) прекрáсный, отли́чный; **sich ~ machen** наряжáться; **~ heraus-sein** (*umg*) удáчно устрóиться

Feind *m* <-(e)s, -e> враг *m*; **sich (mit etw) ~e machen** наживáть себé (чéм-л.) врагóв

feindlich *adj* врáжеский; **jdm ~ gesonnen sein** быть враждéбно настрóенным к комý-л.

Feindschaft *f* <-, -en> враждá *f*, неприя́знь *f*

feindselig *adj* враждéбный, неприя́зненный

feinfühlig *adj* деликáтный, чýткий

Feingefühl *nt* <*gen:* -(e)s> деликáтность *f*, такт *m*

Feinheit *f* <-, -en> ① (*Einzelheit*) детáль *f*, нюáнс *m*; ② (*Dünne*) тóнкость *f*; ③ (*Zartheit*) нéжность *f*; ④ (*Feinsinnigkeit*) утончённость *f*, изы́сканность *f*; **~en** тóнкости

Feinschmecker, -in *m/f* <-s, -> гурмáн *m*

feist *adj* жи́рный

Feld *nt* <-(e)s, -er> ① (*Acker*) пóле *nt*, пáшня *f*; ② (*Spielfeld*) игровóе пóле *nt*; ③ (*Bereich*) óбласть *f*; ④ (*beim Schach*) шáхматное пóле *nt*; ⑤ (*Schlachtfeld*) пóле *nt* би́твы; ⑥ (SPORT) глáвная грýппа *f*; **das ~ räumen** отступи́ть

Feldherr *m* <-en, -en> полковóдец *m*

Feldstecher *m* <-s, -> полевóй биóкль *m*

Feldwebel *m* <-s, -> фельдфéбель *m*

Feldweg *m* <-(e)s, -e> просёлочная дорóга *f*

Feldzug *m* <-(e)s, -züge> ① похóд *m*; ② (*fig*) кампáния *f*

Felge *f* <-, -n> óбод *m* (колесá)

Fels *m* <-en, -en> скалá *f*, утёс *m*

felsig *adj* скали́стый

Felswand *f* <-, -wände> отвéсная скалá *f*

feminin *adj* ① (*weiblich*) жéнственный; ② (LING) жéнского рóда

Feminismus *m* <*gen:* -> фемини́зм *m*

Feminist, -in *m/f* <-en, -en> фемини́ст, -ка *m/f*

Fenster *nt* <-s, -> ① окнó *nt*; ② (DV) окнó *nt*; **aktives ~** акти́вное окнó

Fensterladen *m* <-s, -läden> стáвень *m*

Fensterrahmen *m* <-s, -> рáма *f* окнá

Fensterscheibe *f* <-, -n> окóнное стеклó *nt*

Ferien *pl* <*gen:* -> ① (*Schulferien*) кани́кулы *pl*; ② (*Urlaub*) óтпуск *m*; **~ haben** быть в óтпуске

Ferienanlage *f* <-, -n> тури́стская бáза *f*

Ferienheim *nt* <-(e)s, -e> дом *m* óтдыха

Ferkel *nt* <-s, -> ① поросёнок *m*; ② (*umg: unsauberer Mensch*) грязнýля *m*, поросёнок *m*

fern *adj* ① (*zeitlich*) далёкий; ② (*weit fort*) дáльний; **von ~** и́здали

Fernbedienung *f* <-, -en> дистанциóнное управлéние *nt*

fernbleiben *vi* отсýтствовать *impf*; **jdm/einer Sache ~** держáться от когó-л./чегó-л. в сторонé

Ferne *f* <*gen:* -> (*räumlich*) даль *f*; **etw liegt in weiter ~** до чегó-л. ещё далекó

ferner I. *adv* (*weiter*) в дальнéйшем; **II.** *konj* (*außerdem*) крóме тогó, ещё.

Fernfahrer, -in *m/f* <-s, -> води́тель, -ница *m/f* на дáльних рéйсах

Ferngespräch *nt* <-(e)s, -e> междугорóдный разговóр *m*

ferngesteuert *adj* с дистанциóнным управлéнием

Fernglas *nt* <-es, -gläser> биóкль *m*

fern halten I. *irr vt* уберега́ть, -ре́чь *pf*, оберега́ть, -ре́чь *pf* (*von +dat* от *+gen*); II. *irr vr* сторони́ться *impf*

Fernlaster, Fernlastkraftwagen *m* <-s, -> грузово́й автомоби́ль *m* для междугоро́дных перево́зок

Fernlicht *nt* <-(e)s, -er> (*beim Fahrzeug*) да́льний свет *m*

F

fern liegen *irr vi* быть чу́ждым; **jdm liegt etw fern** что́-л. чу́ждо кому́-л.

Fernrohr *nt* <-(e)s, -e> телеско́п *m*

Fernschreiben *nt* <-s, -> те́лекс *m*

Fernschreiber *m* <-s, -> телета́йп *m*

Fernsehansager, -in *m/f* <-s, -> ди́ктор *m* телеви́дения

Fernsehapparat *m* <-(e)s, -e> телеви́зор *m*

fernsehen *irr vi* смотре́ть, по- *pf* телеви́зор

Fernsehen *nt* <*gen:* -s> телеви́дение *nt*

Fernseher *m* <-s, -> телеви́зор *m*

Fernsteuerung *f* <-, -en> дистанцио́нное управле́ние *nt*

Fernweh *nt* <*gen:* -s> тя́га *f* к путеше́ствиям

Ferse *f* <-, -n> пя́тка *f*

fertig *adj* ❶ (*bereit*) гото́вый; ❷ (*beendet, vollendet*) гото́вый, зако́нченный; ❸ (*umg: erschöpft*) без сил; **mit etw ~ werden** спра́виться с че́м-л.; **mit jdm ~ sein** поко́нчить с ке́м-л.

fertig bringen *irr vt* ❶ (*zustande bringen*) справля́ться, спра́виться *pf*, суме́ть *pf*; ❷ (*beenden*) зака́нчивать, -ко́нчить *pf*, доводи́ть, -вести́ *pf* до конца́

fertigen *vt* изготовля́ть, -то́вить *pf*; **fabrikmäßig ~** изготовля́ть фабри́чным спосо́бом

Fertigkeit *f* <-, -en> ❶ (*Geschick*) ло́вкость *f*, мастерство́ *nt*; ❷ (*Können*) на́вык *m*, уме́ние *nt*

fertig machen *vt* ❶ (*beenden*) зака́нчивать, -ко́нчить *pf*, доде́лывать, -де́лать *pf*; ❷ (*bereitmachen*) подгота́вливать, -то́вить *pf*; ❸ (*umg: zermürben*) измота́ть *pf*, -ма́тывать *impf*

fertig stellen *vt* зака́нчивать, -ко́нчить *pf*, заверша́ть, -ши́ть *pf*

Fertigung *f* <*gen:* -> изготовле́ние *nt*, произво́дство *nt*

Fessel[1] *f* <-, -n> ❶ (ANAT: *beim Menschen*) лоды́жка *f*; ❷ (ANAT: *beim Pferd*) ба́бка *f*

Fessel[2] *f* <-, -n> кандалы́ *mpl*

fesseln *vt* ❶ зако́вывать, -кова́ть *pf* в кандалы́, свя́зывать, -за́ть *pf*; ❷ (*fig*) привя́зывать, -за́ть *pf*, прико́вывать, -кова́ть *pf*

fest *adj* ❶ (*hart*) твёрдый; ❷ (*straff, kräftig*) кре́пкий, про́чный; ❸ (*dicht*) пло́тный; ❹ (*sicher*) обяза́тельный; **~ angestellt** быть зачи́сленным шта́тно ❺ (*Schlaf*) глубо́кий; ❻ (*Wohnsitz*) постоя́нный; **etw ~ versprechen** твёрдо обеща́ть что́-л.

Fest *nt* <-(e)s, -e> (*Feier*) пра́здник *m*, пра́зднество *nt*

festbinden *irr vt* привя́зывать, -за́ть *pf* (*an +dat* к *+dat*)

Festessen *nt* <-s, -> зва́ный обе́д *m*, банке́т *m*; **ein ~ geben** дава́ть банке́т

festfahren *irr vr* ❶ (*mit Fahrzeug*) застря́ть *pf*, -стрева́ть *impf*; ❷ (*fig*) запу́таться *pf*, -тываться *impf*, заходи́ть, зайти́ *pf* в тупи́к

festhalten I. *irr vt* ❶ держа́ть *impf*, уде́рживать, -жа́ть *pf*; ❷ (*aufzeichnen*) запечатле́ть *pf*, -лева́ть *impf*; II. *vr* кре́пко держа́ться *impf* (*an +dat* за *+akk*); **halt dich gut ~!** держи́сь кре́пко! III. *vi* приде́рживаться *impf*; **an etw ~** приде́рживаться чего́-л.

festigen I. *vt* укрепля́ть, -пи́ть *pf*; II. *vr* укрепля́ться, -пи́ться *pf*

Festigkeit *f* <*gen:* -> ❶ кре́пкость *f*, твёрдость *f*; ❷ (*Entschlossenheit*) непоколеби́мость *f*

festklammern *vr* крéпко ухвати́ться *pf*, - вáтываться *impf* (*an* +*dat* за +*akk*)

Festland *nt* <*gen:* -(e)s> матери́к *m*, сýша *f*

festlegen I. *vt* ① (*festsetzen*) устанáвливать, -нови́ть *pf*; ② (*vorschreiben*) определя́ть, -ли́ть *pf*; **II.** *vr* свя́зывать, -зáть *pf* себя́

festlich *adj* ① торжéственный, прáздничный; ② (*Kleidung*) прáздничный

festmachen *vt* ① (*befestigen*) прикрепля́ть, -пи́ть *pf*, закрепля́ть, -пи́ть *pf*; ② (*vereinbaren*) договáриваться, -вори́ться *pf*

festnageln *vt* прибивáть, -би́ть *pf* гвоздя́ми; **jdn auf etw ~** (*umg*) поймáть когó-л. на слóве

Festnahme *f* <-, -n> задержáние *nt*, арéст *m*

festnehmen *irr vt* задéрживать, -жáть *pf*, арестóвывать, -стовáть *pf*

Festplatte *f* <-, -n> (DV) жёсткий диск *m*

festsetzen I. *vt* ① (*festlegen*) устанáвливать, -нови́ть *pf*; ② (*Person*) сажáть, посади́ть *pf* в тюрьмý; **II.** *vr* ① (*Schmutz, Staub*) скáпливаться, скопи́ться *pf*, оседáть, осéсть *pf*; ② (*Überzeugung*) утверждáться, -верди́ться *pf*

festsitzen *irr vi* ① (*befestigt sein*) прóчно держáться *impf*; ② (*nicht weiterkommen*) завя́знуть *pf*, вя́знуть *impf*, застря́ть *pf*, -стревáть *impf*

feststehen *irr vi* ① (*sicher sein*) быть *impf* решённым; **also eines steht fest:** .. итак, однó решенó тóчно:...; ② (*Termin*) быть *impf* установленным

feststellen *vt* ① (*herausfinden*) устанáвливать, -нови́ть *pf*, констати́ровать *impf/pf*; **wir mussten leider ~, dass ...** к сожалéнию, мы вы́нуждены бы́ли констати́ровать, что...; ② (*Personalien*) устанáвливать, -нови́ть *pf*

Feststellung *f* <-, -en> ① (*das Feststellen*) установлéние *nt*; ② (*Aussage*) заключéние *nt*, констатáция *f*

Festtag *m* <-(e)s, -e> прáздник *m*, прáздничный день *m*

Festung *f* <-, -en> крéпость *f*

fett *adj* ① (*Essen*) жи́рный; ② (*Erde*) тýчный

Fett *nt* <-(e)s, -e> ① жир *m*; **pflanzliches ~** расти́тельный жир ② (*Talg*) сáло *nt*; ③ (*Speisefett*) столóвый жир *m*; ④ (*Schmierfett*) консистéнтная смáзка *f*

fettarm *adj* нежи́рный

fetten I. *vt* (*ein~*) смáзывать, -зать *pf* жи́ром; **II.** *vi* мáслиться *impf*

fettig *adj* ① жи́рный, сáльный; ② (*Haut, Haar*) жи́рный

Fetzen *m* <-s, -> ① (*von Stoff, Papier*) лоскýт *m*, клочóк *m*; ② (*Lumpen*) тря́пьё *nt*; ③ (*Gesprächsfetzen*) обры́вок *m* (разговóра)

fetzig *adj* (*umg*) клáссный

feucht *adj* ① (*Luft*) влáжный; ② (*Augen*) влáжный

Feuchtigkeit *f* <*gen:* -> ① сы́рость *f*; ② (*der Luft*) влáжность *f*

feudal *adj* ① феодáльный; ② (*umg: prachtvoll*) великолéпный, шикáрный

Feuer *nt* <-s, -> ① (*in Herd/Kamin*) огóнь *m*, плáмя *nt*; ② (*offen*) пожáр *m*; ③ (MIL) оруди́йный огóнь *m*, стрельбá *f*; ④ (*fig: Leidenschaft*) страсть *f*, пыл *m*; **~ (an etw) legen** поджигáть чтó-л.

Feueralarm *m* <-(e)s, -e> пожáрная тревóга *f*

feuerfest *adj* ① огнестóйкий; ② (*Gefäß*) жаростóйкий

Feuerleiter *f* <-, -n> пожáрная лéстница *f*

Feuerlöscher *m* <-s, -> огнетуши́тель *m*

F

Feuermelder *m* <-s, -> пожа́рный извеща́тель *m*
feuern I. *vt* ① (*umg: entlassen*) увольня́ть, уво́лить *pf*; ② (*umg: schleudern*) швыря́ть, швырну́ть *pf*; **II.** *vi* (*schießen*) стреля́ть *impf*, пали́ть, вы́- *pf* (*auf +akk* по *+dat*)
feuersicher *adj* огнесто́йкий
Feuerstein *m* <-(e)s, -e> кре́мень *m*
Feuerwaffe *f* <-, -n> огнестре́льное ору́жие *nt*
Feuerwehr *f* <-, -en> пожа́рная кома́нда *f*
Feuerwehrmann, -frau *m/f* <-(e)s, -leute> пожа́рный *m*
Feuerwerk *nt* <-(e)s, -e> фейерве́рк *m*
Feuerzeug *nt* <-(e)s, -e> зажига́лка *f*
Feuilleton *nt* <-s, -s> фельето́н *m*
feurig *adj* ① о́гненный; ② (*Liebhaber(in)*) стра́стный, пы́лкий
ff. *abk von* ***(und) folgende (Seiten)*** *и на сле́дующих страни́цах*
FH *f* <-, -s> (*Fachhochschule*) специа́льное вы́сшее учёбное заведе́ние *nt*
Fichte *f* <-, -n> е́ль *f*
fieb(e)rig *adj* ① лихора́дочный; ② (*aufgeregt*) не́рвный, возбуждённый
Fieber *nt* <*gen:* -s> горя́чка *f*, жар *m*, температу́ра *f*; **er hat hohes ~** у него́ высо́кая температу́ра; **(jdm) ~ messen** измеря́ть кому́-л. температу́ру
fieberfrei *adj* без (повы́шенной) температу́ры
fieberhaft *adj* (*eilig, hektisch*) лихора́дочный
fiebern *vi* ① лихора́дить *impf*; ② (*gespannt sein*) быть *impf* в возбужде́нии
Fieberthermometer *nt* <-s, -> гра́дусник *m*
fiel *prät von* **fallen**
fies *adj* ① (*umg: gemein*) га́дкий; **das war aber ~ von dir!** э́то га́дко с твое́й стороны́! ② (*ekelhaft*) ме́рзкий
Figur *f* <-, -en> ① фигу́ра *f*; ② (*Roman~*) персона́ж *m*; ③ (*Spiel~*) фигу́ра *f*; **eine gute/schlechte ~ machen** производи́ть хоро́шее/плохо́е впечатле́ние
fiktiv *adj* фикти́вный
Filet *nt* <-s, -s> филе́ *nt*
Filiale *f* <-, -n> филиа́л *m*
Film *m* <-(e)s, -e> ① (*Beschichtung, Belag*) плёнка *f*; ② (*in Fernsehen und Kino*) фильм *m*, кинофи́льм *m*; ③ (*Filmbranche*) кинемато́гра́фия *f*, кино́ *nt*; ④ (FOT) плёнка *f*; **einen ~ drehen** снима́ть (кино)фи́льм
Filmemacher, -in *m/f* <-s, -> а́втор *m* фи́льмов
filmen I. *vt* производи́ть, -вести́ *pf* киносъёмку, снима́ть, снять *pf* на плёнку; **II.** *vi* (*Schauspieler*) снима́ться, сня́ться *pf* в кино́
Filmkamera *f* <-, -s> кинока́мера *f*
Filmschauspieler, -in *m/f* <-s, -> киноактёр, -три́са *m/f*, актёр, -три́са *m/f* кино́
Filmstar *m* <-s, -s> кинозвезда́ *f*
Filter *m* <-s, -> фильтр *m*
filtern *vt* фильтрова́ть, про- *pf*
Filterpapier *nt* <*gen:* -s> фильтрова́льная бума́га *f*
Filterzigarette *f* <-, -n> сигаре́та *f* с фи́льтром
Filz *m* <-es, -e> (*Stoff*) во́йлок *m*, фетр *m*
filzen I. *vt* (*umg: durchsuchen*) обы́скивать, -ска́ть *pf*; **II.** *vi* (*Wolle*) сва́ливаться, -ля́ться *pf*
Filzstift *m* <-(e)s, -e> флома́стер *m*
Fimmel *m* <-s, -> (*umg*) пу́нктик *m*
Finale *nt* <-s, -(s)> (SPORT) фина́л *m*
Finanzamt *nt* <-(e)s, -ämter> нало́говое ве́домство *nt*
Finanzen *pl* <*gen:* -> фина́нсы *pl*, бюдже́т *m*
finanziell *adj* фина́нсовый, де́нежный
finanzieren *vt* финанси́ровать *impf/pf*

Finanzierung *f* <-, -en> ❶ (*das Finanzieren*) финанси́рование *nt*; ❷ (*Kreditgewährung*) кредитова́ние *nt*
Finanzminister, -in *m/f* <-s, -> мини́стр *m* фина́нсов
finden <fand, gefunden> **I.** *vt* ❶ оты́скивать, -ка́ть *pf*; ❷ (*Verwendung*) находи́ть, найти́ *pf*; ❸ (*meinen, halten für*) счита́ть *impf*, находи́ть, найти́ *pf*; **er hat recht - ~ Sie nicht?** он прав, не так ли?; **II.** *vr* (*sich wieder finden*) находи́ть, найти́ *pf* себя́, обрета́ть, -рести́ *pf* себя́; **Gefallen an etw/jdm ~** получа́ть удово́льствие от чего́-л./кого́-л.; **das wird sich ~** всё образу́ется
findig *adj* нахо́дчивый
fing *prät von* **fangen**
Finger *m* <-s, -> па́лец *m*; **~ weg!** ру́ки прочь! **die ~ von etw lassen** (*umg*) не вме́шиваться во что́-л.
Fingerabdruck *m* <-(e)s, -abdrücke> отпеча́ток *m* па́льцев
Fingerhut *m* <-(e)s, -hüte> ❶ (*beim Nähen*) напёрсток *m*; ❷ (*Pflanze*) наперстя́нка *f*
Fink *m* <-en, -en> зя́блик *m*
Finne *m* <-n, -n> финн *m*
Finnin *f* <-, -en> фи́нка *f*
finnisch *adj* фи́нский
Finnland *nt* <*gen:* -s> Финля́ндия *f*
finster *adj* ❶ (*dunkel*) тёмный, су́мрачный; ❷ (*unheimlich*) злове́щий, жу́ткий; ❸ (*Miene*) угрю́мый, мра́чный; **er sah mich ~ an** он угрю́мо посмотре́л на меня́
Finsternis *f* <*gen:* -> темнота́ *f*, мрак *m*
firm *adj*: **in etw ~ sein** в соверше́нстве владе́ть че́м-л.
Firma *f* <-, Firmen> ❶ (*kaufmännisches Unternehmen*) фи́рма *f*; ❷ (*Geschäftsname*) назва́ние фи́рмы
First *m* <-(e)s, -e> (*Dachfirst*) конёк *m* (кры́ши)
Fisch *m* <-(e)s, -e> ры́ба *f*; **~e** (ASTR) Ры́бы
fischen *vt* ❶ (*Fische fangen*) рыба́чить *impf*, лови́ть, пойма́ть *pf* ры́бу; ❷ (*umg*) выла́вливать, вы́ловить *pf*
Fischer, -in *m/f* <-s, -> рыба́к, -ба́чка *m/f*
Fischerei *f* <*gen:* -> рыболо́вство *nt*
Fischfang *m* <*gen:* -(e)s> рыболо́вство *nt*, ры́бная ло́вля *f*
fit *adj* в хоро́шей фо́рме, хорошо́ трениро́ванный; **in etw ~ sein** (*umg: etw gut beherrschen*) хорошо́ разбира́ться в чём-л.
Fitness *f* <*gen:* -> хоро́шая спорти́вная фо́рма *f*
Fitnessstudio *nt* <-s, -s> спорти́вная сту́дия *f*
fix *adj* твёрдый, постоя́нный
fixen *vi* ❶ (*Jargon: Drogen spritzen*) впры́скивать, -снуть *pf*; ❷ (BÖRSE) соверша́ть сро́чные сде́лки, игра́ть на срок
Fixer, -in *m* <-s, -> ❶ (*Jargon: Rauschgiftsüchtige(r)*) наркома́н, -ка *m/f*; ❷ (BÖRSE) бланки́ст *m*
fixieren *vt* ❶ (*festhalten*) фикси́ровать, за- *pf*; ❷ (*jdn mustern*) при́стально смотре́ть, по- *pf*
Fjord *m* <-(e)s, -e> фьо́рд *m*
flach *adj* ❶ (*Gelände*) равни́нный, ни́зменный; ❷ (*Wasser*) ме́лкий, неглубо́кий; ❸ (*Schuhe*) на ни́зком каблуке́; ❹ (*fig: seicht*) пло́ский; **sich ~ auf den Boden legen** распласта́ться на полу́; **die ~e Hand** ладо́нь
Fläche *f* <-, -n> ❶ пло́щадь *f*, террито́рия *f*; ❷ (*Ober~*) пове́рхность *f*; ❸ (*Ebene*) пло́скость *f*, равни́на *f*
Flächeninhalt *m* <-(e)s, -e> пло́щадь *f*
flachsen *vi* (*umg*) дура́читься *impf*
flackern *vi* ❶ (*Licht*) мерца́ть *impf*, мига́ть *impf*; ❷ (*Augen*) горе́ть *impf*
Flagge *f* <-, -n> флаг *m*; **die ~**

streichen (*fig*) призна́ть себя́ побеждённым
Flair *nt* <*gen:* -s> отте́нок *m*, налёт *m*
Flak *akr von* ***Flug(zeug)abwehrkanone*** *f* зени́тное ору́дие
Flakon *nt* <-s, -s> (*Fläschchen*) флако́н *m*
Flamme *f* <-, -n> ❶ пла́мя *nt*, ого́нь *m*; ❷ (*umg: Geliebte*) любо́вь *f*

F

Flanell *m* <-s, -e> флане́ль *f*
flanieren *vi* флани́ровать *impf*, прогу́ливаться, -ля́ться *pf*
Flanke *f* <-, -n> ❶ (*Seite*) бок *m*; ❷ (MIL) фланг *m*
flapsig *adj* (*umg*) гру́бый, неотёсанный
Flasche *f* <-, -n> ❶ (*Behältnis*) буты́лка *f*, фля́жка *f*; ❷ (*umg: Versager*) неуда́чник *m*; **einem Kind die ~ geben** дать ребёнку буты́лочку
Flaschenöffner *m* <-s, -> ключ *m* для открыва́ния буты́лок
Flatrate *f* <-, -s> (TELKOM) безлими́тный тари́ф *m*
flatterhaft *adj* ве́треный, легкомы́сленный
flattern *vi* ❶ (*Vogel*) порха́ть *impf*; ❷ (*Blatt*) кружи́ться *impf*; ❸ (*Herz*) трепета́ть *impf*, дрожа́ть *impf*
flau *adj* (*schwach*) сла́бый, вя́лый; **jdm ist (ganz) ~** кому́-л. не по себе́
Flaum *m* <*gen:* -(e)s> пух *m*, пушо́к *m*
Flaute *f* <-, -n> ❶ (*Windstille*) безве́трие *nt*, зати́шье *nt*; ❷ (*Wirtschaftstief*) засто́й *m*, сла́бость *f*
Flechte *f* <-, -n> ❶ (*Pflanze*) лиша́йник *m*; ❷ (*Geflochtenes*) коса́ *f*; ❸ (*Hauterkrankung*) лиша́й *m*
flechten <flocht, geflochten> *vt* ❶ (*Haare*) заплета́ть, -плести́ *pf*; ❷ (*Kranz*) вить, свить *pf*; ❸ (*Korb*) плести́, сплести́ *pf*
Fleck *m* <-(e)s, -en> ❶ (*Schmutzfleck*) пятно́ *nt*; ❷ (*Stelle*) ме́сто *nt*
Fleckenentferner *m* <-s, -> пятновыводи́тель *m*
fleckenlos *adj* ❶ (*völlig rein*) без пя́тен; ❷ (*Ruf*) безупре́чный, безукори́зненный
fleckig *adj* ❶ (*gefleckt*) пятни́стый; ❷ (*von Schmutz*) в пя́тнах
Fledermaus *f* <-, -mäuse> лету́чая мышь *f*
Flegel *m* <-s, -> грубия́н *m*
flegelhaft *adj* неве́жливый, гру́бый; **~es Benehmen** ха́мское поведе́ние
flehen *vi* умоля́ть, -ли́ть *pf*, моли́ть *impf* (*um* +*akk* о +*präpos*)
flehentlich *adj* умоля́ющий; **jdn ~ um etw bitten** умоля́ть кого́-л. о чём-л.
Fleisch *nt* <*gen:* -(e)s> ❶ (*Speise*) мя́со *nt*; ❷ (*von Lebewesen*) те́ло *nt*
Fleischer, -in *m/f* <-s, -> мясни́к *m*
Fleischerei *f* <-, -en> мясна́я ла́вка *f*
Fleischwolf *m* <-(e)s, -wölfe> мясору́бка *f*
Fleiß *m* <*gen:* -es> стара́ние *nt*, усе́рдие *nt*
fleißig *adj* стара́тельный, приле́жный
flennen *vi* (*umg: pej*) реве́ть *impf*
flexibel *adj* ❶ (*anpassungsfähig*) ги́бкий, эласти́чный; ❷ (BÖRSE) свобо́дный; ❸ (*gleitend*) скользя́щий
flicken *vt* што́пать, за- *pf*, лата́ть, за- *pf*
Flicken *m* <-s, -> запла́та *f*
Flickzeug *nt* <-(e)s, -e> ❶ (*zum Nähen*) шве́йные принадле́жности *pl*; ❷ (*für Reifen*) принадле́жности *pl* для ремо́нта шин
Flieder *m* <-s, -> сире́нь *f*
Fliege *f* <-, -n> ❶ му́ха *f*; ❷ (*Schleife*) ба́бочка *f*
fliegen <flog, geflogen> **I.** *vi* ❶ лета́ть *impf*, лете́ть, по- *pf*; ❷ (*umg: entlassen werden*) вы́лететь *pf*; **II.** *vt* (*Flugzeug*) води́ть *impf*, вести́ *impf*; **durch eine Prüfung ~** (*umg*) провали́ться на экза́мене

Flieger, -in *m/f* <-s, -> лётчик, -чица *m/f*, пило́т *m*

Fliegeralarm *m* <-(e)s, -e> возду́шная трево́га *f*

Fliegerei *f* <*gen:* -> лётное де́ло *nt*

fliehen <floh, geflohen> **I.** *vi* бежа́ть *impf*, убега́ть, убежа́ть *pf* (*vor +dat* от *+gen*); **II.** *vt* (*geh: meiden*) избега́ть, -бежа́ть *pf*

Fliese *f* <-, -n> (керами́ческая) пли́тка *f*; **~n legen** класть пли́тку

Fließband *nt* <-(e)s, -bänder> конве́йер *m*; **am ~ stehen** рабо́тать на конве́йере

fließen <floss, geflossen> *vi* ❶ (*Flüssigkeit*) ли́ться *impf*, струи́ться *impf*; ❷ (*ins Meer*) впада́ть *impf*

fließend *adj* ❶ теку́щий; ❷ (*Sprache*) бе́глый; **sie spricht ~ Deutsch** она́ бе́гло говори́т по-неме́цки; ❸ (*Übergänge*) расплы́вчатый, нечёткий

flimmern *vi* ❶ (*einmal*) сверка́ть, сверкну́ть *pf*, мерца́ть *impf*; ❷ (*Bildschirm*) мига́ть *impf*, мигну́ть *pf*; **jdm flimmert es vor den Augen** у кого́-л. рябит в глаза́х

flink *adj* прово́рный, ло́вкий

Flinte *f* <-, -n> ружьё *nt*

flippig *adj* (*umg*) бро́ский, необы́чный

Flirt *m* <-s, -s> флирт *m*

flirten *vi* флиртова́ть *impf*; **mit jdm ~** флиртова́ть с ке́м-л.

Flitterwochen *fpl* <*gen:* -> медо́вый ме́сяц *m*; **in die ~ fahren** отпра́виться в сва́дебное путеше́ствие

flocht *prät von* **flechten**

Flocke *f* <-, -n> ❶ (*Schnee~*) снежи́нка *f*; ❷ (*Woll~*) клочо́к *m*

flockig *adj* хло́пьями, пуши́стый

flog *prät von* **fliegen**

floh *prät von* **fliehen**

Floh *m* <-(e)s, Flöhe> блоха́ *f*

Flohmarkt *m* <-(e)s, -märkte> толку́чка *f*, барахо́лка *f*

Flora *f* <-, Floren> (*Pflanzenwelt*) фло́ра *f*

florieren *vi* процвета́ть, -цвести́ *pf*

Florist, -in *m/f* <-en, -en> цветово́д *m*

Floskel *f* <-, -n> пуста́я фра́за *f*

floss *prät von* **fließen**

Floß *nt* <-es, -e> плот *m*

Flosse *f* <-, -n> ❶ плавни́к *m*; ❷ (*Taucher~*) ла́сты *mpl*; ❸ (*umg: Hand*) ла́па *f*; **~n weg!** убери́ ла́пы!

F

Flöte *f* <-, -n> фле́йта *f*

flöten *vi* ❶ (*auf Flöte*) игра́ть, сыгра́ть *pf*; ❷ (*umg: schmeichelnd reden*) говори́ть, сказа́ть *pf* еле́йным го́лосом

flott *adj* ❶ (*schnell*) бы́стрый, расторо́пный; **bisschen ~, wenn's geht!** немно́го быстре́е, е́сли мо́жно; ❷ (*Kleidung*) мо́дный, эффе́ктный; ❸ (*Schiff*) на плаву́

Flotte *f* <-, -n> флот *m*

Fluch *m* <-(e)s, Flüche> ❶ руга́тельство *nt*; ❷ (*Verwünschung*) прокля́тие *nt*; **auf etw liegt ein ~** на чём-то лежи́т прокля́тие

fluchen *vi* руга́ться, вы́- *impf*, брани́ться, вы́- *pf*

Flucht *f* <-, -en> ❶ (*das Fliehen*) бе́гство *nt*, побе́г *m*; ❷ (*Häuser~*) верени́ца *f* домо́в; **die ~ ergreifen** обрати́ться в бе́гство; **jdn in die ~ schlagen** обрати́ть кого́-л. в бе́гство

fluchtartig *adj* о́чень бы́стро

flüchten *vi* бежа́ть *impf*, убежа́ть *pf*, убега́ть *impf*

flüchtig *adj* ❶ (*auf Flucht*) бе́глый; ❷ (*oberflächlich*) мимолётный, пове́рхностный; ❸ (*kurz, eilig*) коро́ткий, бе́глый; ❹ (CHEM) лету́чий

Flüchtling *m* <-s, -e> ❶ бегле́ц *m*; ❷ (*Vertriebener*) бе́женец *m*

Flüchtlingslager *nt* <-s, -> ла́герь *m* бе́женцев

Flug *m* <-(e)s, Flüge> полёт *m*; **ei-**

nen ~ buchen забронúровать билéт на самолёт

Flugblatt *nt* <-(e)s, -blätter> листóвка *f*

Flugdrachen *m* <-s, -> (SPORT) дельтаплáн *m*

Flügel *m* <-s, -> ① (*von Vogel*) крылó *nt*; ② (*Gebäudeteil*) крылó *nt* здáния; ③ (*von Fenster/Tür*) створка *f*; **die ~ hängen lassen** (*umg*) опустúть крылья

flügge *adj* ① (*Vogel*) оперúвшийся; ② (*fig: Kinder*) самостоятельный

Fluggesellschaft *f* <-, -en> авиакомпáния *f*

Flughafen *m* <-s, -häfen> аэропóрт *m*

Fluglotse, -lotsin *m/f* <-n, -n> авиадиспéтчер *m*

Flugplatz *m* <-es, -plätze> аэродрóм *m*

Flugroute *f* <-, -n> áвиарейс *m*

flugs *adv* мúгом, мгновéнно

Flugverkehr *m* <*gen:* -s> воздýшное сообщéние *nt*

Flugzeug *nt* <-(e)s, -e> самолёт *m*

Flugzeugabsturz *m* <-es, -abstürze> авиакатастрóфа *f*

flunkern *vi* (*umg*) врать, со- *pf*, приврáть *pf*, -вирáть *impf*

Fluor *m* <*gen:* -s> фтóр *m*

fluoreszieren *vi* флуоресцúровать *impf*, светúться *impf*

Flur[1] *m* <-(e)s, -e> ① (*Hausflur*) лéстничная площáдка *f*, коридóр *m*; ② (*in Wohnung*) прихóжая *f*, перéдняя *f*

Flur[2] *f* <-, -en> ① (*Feld*) пóле *nt*; ② (*Acker*) нúва *f*

Fluss *m* <-es, Flüsse> ① рекá *f*; ② (*das Fließen*) течéние *nt*, ход *m*; **etw in ~ bringen** возобновúть чтó-л.

flussabwärts *adv* вниз по течéнию

flussaufwärts *adv* вверх по течéнию

Flussbett *nt* <-(e)s, -en> рýсло *nt* рекú

flüssig *adj* ① (*nicht fest*) жúдкий, текýчий; ② (*nicht stockend*) плáвный; **das Kind liest schon recht ~** ребёнок ужé вполнé свобóдно читáет; ③ (*liquide*) свобóдный, ликвúдный; **~ sein** (*umg: Geld haben*) быть при деньгáх

Flüssigkeit *f* <-, -en> жúдкость *f*

Flusspferd *nt* <-(e)s, -e> бегемóт *m*

flüstern I. *vt* шептáть *impf*; **jdm etw ins Ohr ~** шепнýть комý-л. чтó-л. на ýхо; **II.** *vi* шептáться *impf*

Flut *f* <-, -en> ① (*nicht Ebbe*) прилúв *m*; ② (*Wassermasse*) потóп *m*, наводнéние *nt*; **eine ~ von** (*fig*) потóк чегó-л.

Flutkatastrophe *f* <-, -n> наводнéние *nt*

Flutlicht *nt* <-(e)s, -er> свет *m* прожекторóв

flutschen *vi* ① (*umg: gleiten*) скользúть *impf*, вы́скользнуть *pf*, -скáльзывать *impf*; ② (*umg: leicht gehen*) лáдиться *impf*

focht *prät von* **fechten**

Fohlen *nt* <-s, -> жеребёнок *m*

Föhn *m* <-(e)s, -e> ① (*warmer Fallwind*) фён *m*; ② (*Haartrockner*) фен

föhnen *vt* сушúть, вы́- *pf* фéном

Föhre *f* <-, -n> соснá *f*

Folge *f* <-, -n> ① (*Auswirkung*) послéдствие *nt*, слéдствие *nt*; ② (*Aufeinanderfolge*) послéдовательность *f*; ③ (*Reihenfolge*) очерёдность *f*; ④ (*Fortsetzung*) продолжéние *nt*; ⑤ (*Reihe*) ряд *m*, сéрия *f*; **die ~n (von etw) tragen** отвечáть за послéдствия; **einer Einladung ~ leisten** принять приглашéние; **zur ~ haben** повлéчь за собóй

folgen *vi* ① слéдовать, по- *pf*; ② (*einem Gespräch*) следúть *impf*; **können Sie mir ~?** вы меня понимáете?; ③ (*gehorchen*) слýшаться, по- *pf*; ④ (*aufeinanderfolgen*) слéдовать, по- *pf*; **daraus folgt, dass ...** из э́того слéдует, что...; **einem Rat ~** послéдовать совéту; **Fortsetzung folgt** продолжéние слéдует

folgendermaßen *adv* сле́дующим о́бразом
folgenreich *adj* име́ющий больши́е после́дствия
folgern **I.** *vt* заключа́ть, -чи́ть *pf* (*aus* +*dat* из +*gen*); **daraus lässt sich ~** отсю́да мо́жно заключи́ть; **II.** *vi* сле́довать *impf*
Folgerung *f* <-, -en> заключе́ние *nt*, вы́вод *m*
folglich *adv* сле́довательно, поэ́тому
folgsam *adj* послу́шный
Folie *f* <-, -n> ❶ фольга́ *f*; ❷ полиэтиле́новая плёнка *f*
Folter *f* <-, -n> ❶ пы́тка *f*, истяза́ние *nt*; ❷ (*etw Unangenehmes*) муче́ние *nt*; **jdn auf die ~ spannen** (*fig*) му́чить кого́-л.
foltern *vt* пыта́ть *impf*, подверга́ть, -ве́ргнуть *pf* пы́ткам
Fön ® *m* <-(e)s, -e> фен *m*
Fonds *m* <-, -s> ❶ (*zweckgebundener Geldmittelbestand*) фонд *m*; ❷ (*Geld- bzw. Wertpaiervorrat*) фо́нды *mpl*
Fontäne *f* <-, -n> фонта́н *m*
förderlich *adj* поле́зный; **das ist der Arbeit nicht gerade ~** э́то не о́чень спосо́бствует рабо́те
fordern *vt* ❶ (*verlangen*) тре́бова́ть, по- *pf*; ❷ (*heraus~*) вызыва́ть, вы́звать *pf*
fördern *vt* ❶ (*begünstigen*) спосо́бствовать, по- *pf*, соде́йствовать *impf/pf*, по- *pf*; ❷ (*anregen*) стимули́ровать; ❸ (*unterstützen*) подде́рживать, -держа́ть *pf*; ❹ (*Person*) подде́рживать, -жа́ть *pf*, покрови́тельствовать *impf*; ❺ (BERGB) добыва́ть, добы́ть *pf*
Forderung *f* <-, -en> ❶ (*Anspruch, Verlangen*) прете́нзия *f*, притяза́ние *nt*; ❷ (ÖKON) тре́бование *nt*; **an jdn ~en stellen** предъявля́ть тре́бования к кому́-л.
Förderung *f* <-, -en> ❶ поощре́ние *nt*, соде́йствие *nt*; ❷ (*Unterstützung*) подде́ржка *f*, по́мощь *f*; ❸ (BERGB) добы́ча *f*
Forelle *f* <-, -n> форе́ль *f*
Form *f* <-, -en> ❶ фо́рма *f*, вид *m*; ❷ (*Gestalt*) о́браз *m*; ❸ (*Back~*) фо́рма *f* для вы́печки; ❹ (*Guss~*) фо́рма *f*, шабло́н *m*; **gut/schlecht in ~ sein** быть в хоро́шей/плохо́й фо́рме; **die ~ wahren** соблюда́ть пра́вила прили́чия; **in ~ von** в ви́де; **feste ~en annehmen** конкретизи́роваться
formal *adj* фарма́льный; **~ gesehen, bist du im Recht** форма́льно ты прав
Formalität *f* <-, -en> форма́льность *f*
Format *nt* <-(e)s, -e> ❶ форма́т *m*, разме́р *m*; ❷ (*Bedeutung, Größe*) значи́тельность *f*; **von ~** значи́тельный
Formel *f* <-, -n> ❶ (MATH) фо́рмула *f*; ❷ (*Spruch, Formulierung*) выраже́ние *nt*, формулиро́вка *f*; **etw auf die ~ bringen** сформули́ровать
formell *adj* форма́льный
formen *vt* ❶ (*Charakter*) формирова́ть, сформирова́ть *pf*; ❷ (*in Ton*) лепи́ть, вы- *pf*
formieren **I.** *vr* образо́вываться, -зова́ться *pf*, формирова́ться, с- *pf*; **II.** *vt* образо́вывать, -зова́ть *pf*, формирова́ть, с- *pf*
förmlich **I.** *adj* форма́льный; **II.** *adv* (*wirklich, geradezu*) буква́льно, пря́мо-таки; **er strahlte ~ vor Freude** он пря́мо-таки сия́л от сча́стья.
Förmlichkeit *f* <-, -en> форма́льность *f*
formlos *adj* ❶ бесфо́рменный; ❷ (*Benehmen*) раско́ванный, непринуждённый; ❸ (*Antrag*) в свобо́дной фо́рме; **ein ~er Antrag genügt** доста́точно заявле́ния в свобо́дной фо́рме
Formular *nt* <-s, -e> формуля́р *m*, бланк *m*

F

F

formulieren *vt* формули́ровать, сформули́ровать *pf*
Formulierung *f* <-, -en> формулиро́вка *f*
forsch *adj* ❶ реши́тельный; ❷ (*allzu energisch*) залихва́тский, у́харский
forschen *vi* ❶ (*wissenschaftlich*) иссле́довать *impf/pf*, изуча́ть, -чи́ть *pf*; ❷ (*suchen*) иска́ть *impf*
Forscher, -in *m/f* <-s, -> иссле́дователь, -ница *m/f*
Forschung *f* <-, -en> иссле́дование *nt*, изыска́ние *nt*
Forst *m* <-(e)s, -e> лес *m*
Förster, -in *m* <-s, -> лесни́чий *m*
Forstwirtschaft *f* <*gen:* -> лесно́е хозя́йство *nt*
fort *adv* ❶ прочь; **er ist schon ~** он уже́ ушёл; **mein Schlüssel ist ~** мой ключ пропа́л; ❷ (*weiter*) да́льше; **in einem ~** беспреры́вно; **und so ~** и так да́лее
Fortbestand *m* <*gen:* -(e)s> дальне́йшее существова́ние *nt*
fortbestehen *irr vi* продолжа́ть, -до́лжить *pf* существова́ть
fortbilden *vr* повыша́ть, -вы́сить *pf* свою́ квалифика́цию, соверше́нствоваться, усоверше́нствоваться *pf*
Fortbildung *f* <-, -en> повыше́ние *nt* квалифика́ции
fortbleiben *irr vi* отсу́тствовать *impf*
forte *adv* (MUS) фо́рте
fortfahren *irr vi* ❶ (*wegfahren*) уезжа́ть, уе́хать *pf*; ❷ (*weitermachen*) продолжа́ть, -до́лжить *pf*; **bitte fahren Sie fort!** продолжа́йте, пожа́луйста!
fortführen *vt* (*fortsetzen*) продолжа́ть, -до́лжить *pf*
fortgehen *irr vi* уходи́ть, уйти́ *pf*
fortgeschritten *adj* продви́нутый; **im ~en Alter** в преклóнном во́зрасте
fortkommen *irr vi* ❶ (*wegkommen*) уходи́ть, уйти́ *pf*; **mach, dass du fortkommst!** убира́йся отсю́да! ❷ (*vorankommen*) продвига́ться, -дви́нуться *pf* вперёд
fortlaufen *irr vi* убега́ть, убежа́ть *pf*
fortpflanzen *vr* ❶ размножа́ться, -мно́житься *pf*; ❷ (*Schall, Bewegung*) распространя́ться, -ни́ться *pf*
Fortpflanzung *f* <*gen:* -> ❶ размноже́ние *nt*; ❷ (*von Schall, Bewegung*) распростране́ние *nt*
fortschreiten *irr vi* идти́ *impf* вперёд; **mit der Zeit ~** идти́ в но́гу со вре́менем
Fortschritt *m* <-(e)s, -e> прогре́сс *m*; **~e machen** де́лать успе́хи
fortschrittlich *adj* прогресси́вный, передово́й
fortsetzen **I.** *vt* продолжа́ть, -до́лжить *pf*; **II.** *vr* продолжа́ться, -до́лжиться *pf*
Fortsetzung *f* <-, -en> продолже́ние *nt*; **~ folgt** продолже́ние сле́дует
fortwährend *adj* беспреры́вный, постоя́нный
fortziehen **I.** *irr vi* (*umziehen*) уезжа́ть, уе́хать *pf*, переселя́ться, -ли́ться *pf*; **II.** *irr vt* отта́скивать, -тащи́ть *pf*
Fossil *nt* <-s, -ien> ископа́емое *nt*
Foto *nt* <-s, -s> фотогра́фия *f*
Fotoalbum *nt* <-s, -alben> фотоальбо́м *m*
Fotoapparat *m* <-(e)s, -e> фотоаппара́т *m*
fotogen *adj* фотогени́чный
Fotograf, -in *m/f* <-en, -en> фото́граф *m*
Fotografie *f* <-, -n> ❶ фотогра́фия *f*; ❷ (*Foto*) фотогра́фия *f*, фотосни́мок *m*
fotografieren *vt* фотографи́ровать, сфотографи́ровать *pf*, снима́ть, снять *pf*
Fotokopie *f* <-, -n> фотоко́пия *f*
fotokopieren *vt* снима́ть, снять *pf* фотоко́пию
Fotomodell *nt* <-s, -e> фотомоде́ль *f*

Foul *nt* <-s, -s> фол *m*, наруше́ние *nt* пра́вил
foulen *vt* наруша́ть, -ру́шить *pf* пра́вила
Foxtrott *m* <-s, -s> фокстро́т *m*
Fracht *f* <-, -en> ❶ (*Bahn~*) груз *m*; ❷ (*Schiffs~*) фрахт *m*; ❸ (*Kosten*) фрахт *m*, пла́та *f* за прово́з
Frachter *m* <-s, -> грузово́е су́дно *nt*
Frack *m* <-(e)s, Fräcke> фрак *m*
Frage *f* <-, -n> ❶ вопро́с *m*; ❷ (*Problem*) пробле́ма *f*, вопро́с *m*; **jdm eine ~ stellen** зада́ть кому́-л. вопро́с; **das kommt nicht in ~** об э́том не мо́жет быть и ре́чи
Fragebogen *m* <-s, -bögen> анке́та *f*, вопро́сник *m*
fragen *vt* спра́шивать, спроси́ть *pf*, справля́ться, спра́виться *pf* (*nach +dat* о *+präpos*)
Fragerei *f* <*gen:* -> (*pej*) расспро́сы *pl*
Fragezeichen *nt* <-s, -> вопроси́тельный знак *m*
fraglich *adj* ❶ (*unklar, zweifelhaft*) сомни́тельный, спо́рный; ❷ (*in Frage stehend*) име́ющийся ввиду́, соотве́тствующий
fraglos *adj* бесспо́рный, несомне́нный
Fragment *nt* <-(e)s, -e> фрагме́нт *m*, отры́вок *m*
fragwürdig *adj* сомни́тельный, спо́рный
Fraktion *f* <-, -en> (*in Parlament*) фра́кция *f*
Fraktionschef, -in *m/f* <-s, -s> председа́тель *m* фра́кции
Fraktur *f* <-, -en> (MED: *Bruch*) перело́м *m* ко́сти
frankieren *vt* опла́чивать, -лати́ть *pf* почто́вый сбор, накле́ивать, -ить *pf* ма́рку, франки́ровать *impf/pf*
Frankreich *nt* <*gen:* -s> Фра́нция *f*
Franse *f* <-, -n> бахрома́ *f*
Franzose[1] *m* <-n, -n> францу́з *m*
Franzose[2] *m* <-n, -n> (TECH) разводно́й ключ *m*
Französin *f* <-, -nen> францу́женка *f*
französisch *adj* францу́зский
fräsen *vt* фрезерова́ть, от- *pf*
fraß *prät von* **fressen**
Fratze *f* <-, -n> грима́са *f*; **~n schneiden** грима́сничать
Frau *f* <-, -en> ❶ же́нщина *f*; ❷ (*Ehefrau*) жена́ *f*; ❸ (*Anrede*) госпожа́ *f*, фра́у *f*; **jdn zur ~ nehmen** взять кого́-л. в жёны
Frauenarzt, -ärztin *m/f* <-es, -ärzte> гинеко́лог *m*
Frauenklinik *f* <-, -en> гинекологи́ческая кли́ника *f*
Fräulein *nt* <-s, -s> ❶ (*arch*) де́вушка *f*, ба́рышня *f*; ❷ (*Anrede*) госпожа́ *f*
Freak *m* <-s, -s> ❶ (*umg*) чуда́к; ❷ (*Fan*) люби́тель *m*, фана́т *m*
frech *adj* ❶ (*Kind*) де́рзкий; ❷ (*unverschämt*) наха́льный, на́глый; **werde nicht ~!** не нагле́й!
Frechdachs *m* <-es, -e> (*umg*) наха́л *m*
Frechheit *f* <-, -en> ❶ (*Eigenschaft*) на́глость *f*, наха́льство *f*; ❷ (*Äußerung*) де́рзость *f*; **die ~ besitzen, etw zu tun** име́ть на́глость, что́-л. де́лать
frei *adj* ❶ свобо́дный; ❷ (*unabhängig*) незави́симый; ❸ (*unbesetzt: Stelle*) свобо́дный, вака́нтный; **ist dieser Platz noch ~?** э́то ме́сто ещё свобо́дно?; ❹ (*kostenlos*) беспла́тно, да́ром; ❺ (*Rede*) открове́нный; ❻ (*Beruf*) свобо́дный; **jdn auf ~en Fuß setzen** освободи́ть кого́-л.
Freibad *nt* <-(e)s, -bäder> откры́тый бассе́йн *m*
freiberuflich *adj* на гонора́рной осно́ве, на договорно́й осно́ве; **er ist ~ tätig** он рабо́тает не по на́йму
freigeben *irr vt* ❶ (*Gefangene*) освобожда́ть, -боди́ть *pf*; ❷ (*Akten*) предоставля́ть, -ста́вить *pf* в распоряже́ние; **etw zum Verkauf ~** пусти́ть

что́-л. в прода́жу; **jdm einen Tag ~** отпусти́ть кого́-л. на день

freigebig *adj* ще́дрый

Freigebigkeit *f* <*gen:* -> ще́дрость *f*

freihaben *irr vi* (*umg*) быть *impf* свобо́дным

freihalten *irr vt* ❶ оставля́ть, -та́вить *pf* свбо́дным; ❷ (*Person*) угоща́ть, угости́ть *pf*; **Einfahrt ~!** въезд не перекрыва́ть!

F

freihändig *adj* ❶ от руки́, вручну́ю; ❷ (*Rad fahren*) без рук

Freiheit *f* <-, -en> ❶ свобо́да *f*; ❷ (*Unabhängigkeit*) незави́симость *f*; **sich die ~ nehmen, etw zu tun** позво́лить себе́ сде́лать что́-л.

freiheitlich *adj* свободолюби́вый

Freiheitsstrafe *f* <-, -n> наказа́ние *nt* лише́нием свобо́ды

Freikarte *f* <-, -n> беспла́тный биле́т *m*, контрама́рка *f*

freilassen *irr vt* ❶ выпуска́ть, вы́пустить *pf*; ❷ (*aus Gefängnis*) освобожда́ть, -боди́ть *pf*

freilich *adv* ❶ (*gewiss*) коне́чно, разуме́ется; **ja ~!** ну коне́чно! ❷ (*zwar*) пра́вда

Freilichtbühne *f* <-, -n> откры́тая сце́на *f*, ле́тний теа́тр *m*

freimachen I. *vt* ❶ (*Weg*) освобожда́ть, -боди́ть *pf*; ❷ (*Brief*) опла́чивать, -лати́ть *pf* почто́вый сбор; **II.** *vr* (*sich entkleiden*) раздева́ться, -де́ться *pf*

freimütig *adj* открове́нный, прямоду́шный

freinehmen *irr vi:* **sich einen Tag ~** взять свобо́дный день

Freispruch *m* <-(e)s, -sprüche> оправда́тельный пригово́р *m*, оправда́ние *nt*

freistehen *irr vi* (*leerstehen*) быть *impf* неза́нятым, пустова́ть *impf*

Freistoß *m* <-es, -stöße> (*Fußball*) штрафно́й уда́р *m*

Freitag *m* <-(e)s, -e> пя́тница *f*

freitags *adv* по пя́тницам

freiwillig *adj* доброво́льный

Freiwillige(r) *mf* <-n, -n> доброво́лец *m*

Freizeit *f* <-, -en> ❶ (*freie Zeit*) свобо́дное вре́мя *nt*, досу́г *m*; ❷ (*Jugendlager*) (де́тский) ла́герь *m*

freizügig *adj* ❶ (*offen, liberal*) свобо́дный, откры́тый; ❷ (*großzügig*) ще́дрый

fremd *adj* ❶ (*nicht vertraut*) чужо́й, посторо́нний; ❷ (*unbekannt*) незнако́мый, неизве́стный; **das ist mir ~** э́то мне чу́ждо; ❸ (*ausländisch*) иностра́нный, инозе́мный

fremdartig *adj* стра́нный, необы́чный

Fremde(r) *mf* <-n, -n> ❶ (*Unbekannter*) незнако́мец, -мка *m/f*; ❷ (*Ausländer*) иностра́нец, -нка *m/f*

Fremdenführer, -in *m/f* <-s, -> гид *m*

fremdgehen *irr vi* изменя́ть, -ни́ть *pf* му́жу/жене́ (*mit +dat* с *+inst*)

Fremdsprache *f* <-, -n> иностра́нный язы́к *m*

Fremdwort *nt* <-(e)s, -wörter> иностра́нное сло́во *nt*

Frequenz *f* <-, -en> ❶ (*Häufigkeit*) частота́ *f*; ❷ (*bei Radio*) частота́ *f*

fressen <fraß, gefressen> **I.** *vt* ❶ (*Tier*) есть, съесть *pf*; ❷ (*umg: Mensch*) ло́пать, сло́пать *pf*; **II.** *vr* (*Rost, Säure*) разъеда́ть, -е́сть *pf*

Fressnapf *m* <-(e)s, -näpfe> ми́ска *f* для ко́рма

Freude *f* <-, -n> ❶ ра́дость *f*, весе́лье *nt*; ❷ (*Vergnügen*) удово́льствие *nt*; **jdm eine ~ machen** доста́вить кому́-л. удово́льствие; **vor ~ strahlen** сия́ть от ра́дости; **an jdm/etw seine ~ haben** получа́ть удово́льствие от кого́-л./чего́-л.; **mit ~n** с ра́достью

freudig *adj* ❶ (*Stimmung*) весёлый; ❷ (*Nachricht*) ра́достный

freudlos *adj* безра́достный, безотра́дный

freuen I. *vr:* **sich auf etw/jdn ~**

ра́доваться чему́-л./кому́-л.; **sich seines Lebens ~** ра́доваться жи́зни; II. *vt* ра́довать, об- *pf*; **das wird sie ~!** э́то её обра́дует!

Freund, -in *m/f* <-(e)s, -e> ❶ друг, подру́га *m/f*, прия́тель, -ница *m/f*; ❷ (*Partner(in)*) партнёр, -ша *m/f*, друг, подру́га *m/f*; ❸ (*von Kunst, Musik*) люби́тель, -ница *m/f*; **(k)ein ~ von etw sein** (не) быть люби́телем чего́-л.

Freundeskreis *m* <-es, -e> круг *m* друзе́й

freundlich *adj* ❶ (*nett*) ми́ло; **sehr ~ von Ihnen!** о́чень ми́ло с ва́шей стороны́! ❷ (*freundschaftlich*) дру́жеский; ❸ (*Einrichtung*) приве́тливый; **mit ~en Grüßen** с дру́жеским приве́том

Freundlichkeit *f* <*gen:* -> ❶ приве́тливость *f*, раду́шие *nt*; ❷ (*Gefälligkeit*) любе́зность *f*

Freundschaft *f* <-, -en> дру́жба *f*; **mit jdm ~ schließen** подружи́ться с ке́м-л.

freundschaftlich *adj* дру́жественный, дру́жеский

Frevel *m* <-s, -> преступле́ние *nt*, злодея́ние *nt*

Frieden *m* <-s, -> мир *m*, согла́сие *nt*; **(mit jdm) ~ schließen** заключи́ть (с ке́м-л.) мир; **jdn mit etw in ~ lassen** (*umg*) оста́вить кого́-л. с че́м-л. в поко́е

Friedensbewegung *f* <*gen:* -> движе́ние *nt* в защи́ту ми́ра

Friedensvertrag *m* <-(e)s, -verträge> ми́рный догово́р *m*

friedfertig *adj* миролюби́вый

Friedhof *m* <-(e)s, -höfe> кла́дбище *nt*

friedlich *adj* ❶ ми́рный; ❷ (*ruhig*) споко́йный; **sei ~!** (*umg*) споко́йно!

frieren <fror, gefroren> I. *vi* ❶ (*Mensch, Tier*) мёрзнуть, за- *pf*, зя́бнуть, озя́бнуть *pf*; ❷ (*Wasser*) замерза́ть *impf*; II. *vt*: **jdn friert (es)** кому́-л. хо́лодно

Fries *m* <-es, -e> фриз *m*

Frikadelle *f* <-, -n> фрикаде́лька *f*, тефте́лька *f*

frisch *adj* ❶ све́жий; ❷ (*kühl*) све́жий, прохла́дный; **es ist noch ~ draußen** снару́жи ещё свежо́; ❸ (*Gesichtsfarbe*) здоро́вый, све́жий; **~es Gemüse/Obst** све́жие о́вощи/фру́кты

Frische *f* <*gen:* -> ❶ све́жесть *f*, бо́дрость *f*; ❷ (*Kühle*) све́жесть *f*, прохла́да *f*

Friseur, -in *m/f* <-s, -e> парикма́хер *m*

Friseursalon *m* <-s, -s> парикма́херская *f*

Friseuse *f* <-, -n> парикма́хер *m*

frisieren I. *vt* ❶ (*Haar*) причёсывать, -чеса́ть *pf*, укла́дывать, уложи́ть *pf*; ❷ (*umg: Motor*) переде́лывать, -лать *pf*, соверше́нствовать, усоверше́нствовать *pf*; ❸ (*umg: Abrechnung*) приукра́шивать, -ра́сить *pf*; II. *vr* причёсываться, -чеса́ться *pf*

Frist *f* <-, -en> ❶ (*Zeitraum*) срок *m*, вре́мя *nt*; ❷ (*Zeitpunkt*) срок *m*; **jdm eine ~ setzen** установи́ть кому́-л. срок; **eine ~ einhalten** уложи́ться в срок

fristgemäß *adj* в срок

fristlos *adj* бессро́чный; **jdn ~ entlassen** уво́лить кого́-л. без предупрежде́ния

Frisur *f* <-, -en> причёска *f*

Fritteuse *f* <-, -n> фритю́рница *f*

froh *adj* ❶ весёлый, дово́льный; ❷ (*Nachricht*) ра́достный; **über etw ~ sein** ра́доваться чему́-л.

fröhlich *adj* весёлый, ра́достный

Fröhlichkeit *f* <*gen:* -> весёлость *f*, весе́лье *nt*

frohlocken *vi* (*geh*) ликова́ть *impf*

Frohnatur *f* <-, -en> весёлый нрав *m*

Frohsinn *m* <*gen:* -(e)s> весёлое настрое́ние *nt*

fromm *adj* (*gläubig*) на́божный, благочести́вый; **ein ~er Wunsch**

F

(*umg*) благóе намéрение
Frömmigkeit *f* <*gen:* -> нáбожность *f*, благочéстие *nt*
Front *f* <-, -n> ❶ (*Vorder~*) фасáд *m*; ❷ (*gegnerische ~*) фронт *m*
frontal *adj* фронтáльный
Frontscheibe *f* <-, -n> (KFZ) ветровóе стеклó *nt*
fror *prät von* **frieren**
Frosch *m* <-(e)s, Frösche> лягýшка *f*; **einen ~ im Hals haben** (*umg*) хрипéть
Frost *m* <-(e)s, Fröste> морóз *m*, стýжа *f*
Frostbeule *f* <-, -n> обморóженное мéсто *nt*
frösteln I. *vi* зя́бнуть, озя́бнуть *pf*; II. *vt:* **jdn fröstelt (es)** у когó-л. ознóб
frostig *adj* ❶ (*kalt*) морóзный; ❷ (*Empfang*) ледянóй, холóдный
Frostschutzmittel *nt* <-s, -> (KFZ) антифри́з *m*
Frottee *nt* <-(s), -s> (*Stoff*) махрóвая ткань *f*
frottieren *vt* растирáть, -терéть *pf* полотéнцем
Frucht *f* <-, Früchte> ❶ плод *m*; ❷ (*Obst*) фрукт *m*; ❸ (*fig: Ergebnis*) плод *m*, результáт *m*; **Früchte tragen** плодонóсить
fruchtbar *adj* ❶ плодорóдный, урожáйный; ❷ (*nützlich*) плодотвóрный
Fruchtbarkeit *f* <*gen:* -> плодорóдие *nt*, плодорóдность *f*
fruchten *vi* плодонóсить *impf*; **das fruchtet nichts!** э́то бесполéзно!
Fruchtfleisch *nt* <*gen:* -(e)s> мя́коть *f* плóда
fruchtig *adj* фруктóвый
fruchtlos *adj* беспло́дный
Fruchtsaft *m* <-(e)s, -säfte> фруктóвый сок *m*
früh *adj* рáнний; **am ~en Morgen** рáнним ýтром
Frühe *f* <*gen:* -> рань *f*; **in aller ~** чуть свет
früher I. *adj* ❶ бóлее рáнний; ❷ (*ehemalig*) бы́вший, прéжний; **sie ist meine ~e Frau** онá моя́ бы́вшая женá; II. *adv* рáньше, прéжде; **~ oder später** рáно и́ли пóздно.
frühestens *adv* не рáньше чем, сáмое рáннее
Frühgeburt *f* <-, -en> ❶ (*Vorgang*) преждеврéменные рóды *pl*; ❷ (*Kind*) недонóшенный ребёнок *m*, недонóсок *m*
Frühjahr *nt* <-(e)s, -e> веснá *f*
Frühling *m* <-s, -e> веснá *f*
frühreif *adj* не по вóзрасту развитóй
Frühstück *nt* <-s, -e> зáвтрак *m*
frühstücken *vi* зáвтракать, по- *pf*
frühzeitig *adj* ❶ рáнний; ❷ (*vorzeitig*) преждеврéменный, рáнний
Frust *m* <*gen:* -(e)s> (*umg*) неудовлетворённость *f*
frusten *vt* (*umg*) не удовлетворя́ть, -ри́ть *pf*; **mein Job frustet mich total** моя́ рабóта меня́ совсéм не удовлетворя́ет
Frustration *f* <-, -en> фрустрáция *f*, раздражéние *nt*, чýвство *nt* неудовлетворённости
frustrieren *vt* не удовлетворя́ть, -ри́ть *pf*, раздражáть *impf*
frustriert *adj* фрустри́рованный, разочарóванный
Fuchs *m* <-es, Füchse> ❶ лиси́ца *f*, лисá *f*; ❷ (*umg: schlauer Mensch*) лисá *f*, хитрéц *m*
Füchsin *f* <-, -nen> лиси́ца *f* (сáмка)
Fuchtel *f* <*gen:* ->: **jdn unter der ~ haben** (*umg*) держáть когó-л. в ежóвых рукави́цах
fuchteln *vi* махáть *impf*; **mit den Händen ~** размáхивать рукáми
Fuge *f* <-, -n> ❶ стык *m*; ❷ (MUS) фýга *f*; **aus den ~n geraten** расшатáться
fügen *vr* ❶ приклáдываться, приложи́ться *pf*; **sich ineinander ~** вклáдываться однó в другóе ❷ (*nachgeben*) покоря́ться, -ри́ться *pf*, смиря́ться, -ри́ться *pf*;

❸ (*passen*) подходи́ть, -дойти́ *pf*; ❹ (*schicksalhaft geschehen*) скла́дываться, сложи́ться *pf*, устра́иваться, -тро́иться *pf*

fügsam *adj* покла́дистый, послу́шный

fühlbar *adj* ❶ (*merklich*) заме́тный; ❷ (*spürbar*) осяза́емый, ощути́мый

fühlen I. *vt* чу́вствовать, по- *pf*, ощуща́ть *impf*, ощути́ть *pf*; **II.** *vi* иска́ть *impf* о́щупью; **III.** *vr* чу́вствовать, по- *pf* себя́; **wie ~ Sie sich?** как вы себя́ чу́вствуете?; **sich verpflichtet ~** счита́ть себя́ обя́занным; **jdm den Puls ~** щу́пать у кого́-л. пульс

Fühler *m* <-s, -> щу́пальце *nt*, у́сик *m*

fuhr *prät von* **fahren**

führen I. *vt* ❶ (*Führer sein*) руководи́ть *impf*; ❷ (*Touristen*) води́ть *impf*; ❸ (*Name*) носи́ть *impf*; **einen Titel ~** име́ть ти́тул ❹ (*Ware*) держа́ть *impf*, име́ть *impf* в прода́же; **~ Sie Kinderkleidung?** есть ли у вас в прода́же де́тская оде́жда?; ❺ (*Gespräch*) вести́ *impf*; ❻ (*Geschäft*) руководи́ть *impf*, управля́ть *impf*; ❼ (*Fahrzeug*) води́ть *impf*, управля́ть *impf*; ❽ (*in bestimmten Wendungen*) ; **einen Prozess (gegen jdn) ~** вести́ суде́бное де́ло (про́тив кого́-л.); **zu nichts ~** ни к чему́ не привести́; **jdn hinters Licht ~** (*umg*) провести́ кого́-л.; **II.** *vi* (SPORT: *in Führung liegen*) вести́ *impf*, лиди́ровать *impf*; **III.** *vr* вести́ *impf* себя́

Führer, -in *m/f* <-s, -> ❶ (*An~*) во́ждь *m*, ли́дер *m*; ❷ (*Reise~*) проводни́к, -ни́ца *m/f*; ❸ (*Buch*) путеводи́тель *m*; ❹ (*eines Fahrzeugs*) води́тель, -ница *m/f*

Führerschein *m* <-(e)s, -e> води́тельские права́ *pl*; **den ~ machen** (*die Fahrprüfung bestehen*) получи́ть води́тельские права́

Fuhrmann *m* <-(e)s, -leute> изво́зчик *m*

Fuhrpark *m* <-s, -s> парк *m* грузовы́х автомоби́лей

Führung *f* <-, -en> ❶ (*das Anführen*) предводи́тельство *nt*; ❷ (*von Unternehmen*) руково́дство *nt*, управле́ние *nt*; ❸ (*Vorsprung*) ли́дерство *nt*; ❹ (*Besichtigung*) экску́рсия *f* с экскурсово́дом; ❺ (*Verhalten*) поведе́ние *nt*, о́браз *m* де́йствий; **die Mannschaft geht mit 3:2 in ~** кома́нда ведёт со счётом 3:2; ❻ (*laufende Durchführung*) веде́ние *nt*

Führungskraft *f* <-, -kräfte> руководя́щий рабо́тник *m*

Fülle *f* <*gen:* -> ❶ (*Menge*) изоби́лие *nt*, избы́ток *m*; ❷ (*Körper~*) полнота́ *f*, ту́чность *f*; **in Hülle und ~** в изоби́лии

füllen I. *vt* наполня́ть, -по́лнить *pf*, заполня́ть, -по́лнить *pf*; **II.** *vr* наполня́ться, -по́лниться *pf*; **eine Lücke ~** запо́лнить пробе́л

Füller *m* <-s, -> (*umg*) автору́чка *f*

Füllfederhalter *m* <-s, -> автору́чка *f*

Füllung *f* <-, -en> ❶ наполне́ние *nt*; ❷ (*Zahn~*) пло́мба *f*

Fund *m* <-(e)s, -e> ❶ (*das Finden*) откры́тие *nt*; ❷ (*Gefundenes*) нахо́дка *f*

Fundament *nt* <-(e)s, -e> ❶ (*Grundlage*) осно́ва *f*; ❷ (*von Gebäude*) фунда́мент *m*, основа́ние *nt*

Fundamentalismus *m* <*gen:* -> фундаментали́зм *m*

Fundamentalist, -in *m/f* <-en, -en> фундаментали́ст *m*

Fundbüro *nt* <-s, -s> бюро́ *nt* нахо́док

fundiert *adj* ❶ (*Kenntnisse*) глубо́кий; ❷ (*begründet*) обосно́ванный

fünf *num* пять, пя́теро; **~ gerade sein lassen** (*umg*) смотре́ть сквозь па́льцы на ме́лкие погре́шности

F

fünffach *num* пятикра́тный
fünfhundert *num* пятьсо́т
fünfmal *adv* пять раз
Fünftagewoche *f* <*gen:* -> пятидне́вная рабо́чая неде́ля *f*
fünfte(r, s) *num* пя́тый; **sie steht an ~r Stelle** она стои́т на пя́том ме́сте
Fünftel *nt* <-s, -> пя́тая часть *f*
fünftens *num* в-пя́тых
fünfzehn *num* пятна́дцать
fünfzig *num* пятьдеся́т
fungieren *vi:* **als etw ~** исполня́ть обя́занности кого́-л.
Funk *m* <*gen:* -s> ❶ ра́дио *nt*; ❷ (*Rund~*) радиовеща́ние *nt*
Funke *m* <-ns, -n> и́скра *f*
funkeln *vi* ❶ (*Augen*) сверка́ть, -кну́ть *pf*; ❷ (*Edelstein*) искри́ться *impf*
funken *vt* передава́ть, -да́ть *pf* по ра́дио, ради́ровать *impf/pf*; **bei ihm hat es gefunkt** (*umg*) до него́ дошло́
Funker, -in *m/f* <-s, -> ради́ст, -ка *m/f*
Funkgerät *nt* <-(e)s, -e> ра́ция *f*
Funkspruch *m* <-(e)s, -sprüche> радиогра́мма *f*
Funktion *f* <-, -en> ❶ (*Aufgabe*) фу́нкция *f*, зада́ча *f*; ❷ (*Stellung*) до́лжность *f*, рабо́та *f*; **eine ~ bekleiden** занима́ть до́лжность ❸ (*Funktionieren*) функциони́рование *nt*
Funktionär, -in *m/f* <-s, -e> (парти́йный) рабо́тник *m*, аппара́тчик *m*
funktionieren *vi* функциони́ровать *impf*
für *präp +akk* для; **~ heute** на сего́дня; **was ~ (ein)** что за ?; **Tag ~ Tag** день за днём
Furche *f* <-, -n> борозда́ *f*; **eine ~ ziehen** проводи́ть борозду́
Furcht *f* <*gen:* -> страх *m*, боя́знь *f*; **~ vor etw/jdm haben** боя́ться чего́-л./кого́-л.; **jdm ~ einflößen** внуша́ть кому́-л. страх
furchtbar I. *adj* ужа́сный, стра́шный; II. *adv* (*umg: sehr*) о́чень, ужа́сно; **das ist ~ nett von Ihnen** э́то ужа́сно ми́ло с ва́шей стороны́.
fürchten I. *vt* боя́ться *impf*; **ich fürchte, wir kommen zu spät** бою́сь, что мы опозда́ем; II. *vi* боя́ться *impf*, опаса́ться *impf* (*um +akk* за); III. *vr* боя́ться, опаса́ться
fürchterlich *adj* ❶ стра́шный, ужа́сный; ❷ (*umg: sehr*) ужа́сно, о́чень
furchtlos *adj* бесстра́шный, неустраши́мый
furchtsam *adj* боязли́вый, трусли́вый
füreinander *adv* друг для дру́га
Furie *f* <-, -n> фу́рия *f*
Furnier *nt* <-s, -e> фане́ра *f*
Fürsorge *f* <*gen:* -> ❶ забо́та *f*; ❷ (*umg: Sozialhilfe*) социа́льная по́мощь *f*; **er lebt von der ~** он живёт на социа́льную по́мощь
Fürsprache *f* <-, -n> хода́тайство *nt*; **bei jdm ~ einlegen** хода́тайствовать за кого́-л.
Fürsprecher, -in *m/f* <-s, -> засту́пник, -ница *m/f*, защи́тник, -ница *m/f*
Fürst, -in *m/f* <-en, -en> князь, княжна́ *m/f*
Fürstentum *nt* <-s, -tümer> кня́жество *nt*
fürstlich *adj* ❶ кня́жеский; ❷ (*großzügig*) роско́шный, ца́рский
Furt *f* <-, -en> брод *m*
Furz *m* <-es, Fürze> (*umg*) га́зы *pl*
furzen *vi* (*umg*) пу́кать, пу́кнуть *pf*
Fusel *m* <*gen:* -s> (*umg: pej*) сиву́ха *f*
Fusion *f* <-, -en> ❶ (*Vereinigung*) слия́ние *nt*; ❷ (PHYS, BIO) си́нтез *m*
Fusionsreaktor *m* <-s, -en> (PHYS) термоя́дерный реа́ктор *m*
Fuß *m* <-es, Füße> ❶ нога́ *f*, ступня́ *f*; ❷ (*von Möbeln*) но́жка *f*; ❸ (*Sockel*) цо́коль *m*; **~ fassen** обоснова́ться; **zu ~** пешко́м; **auf großem ~ leben** жить на

широ́кую но́гу
Fußball *m* <-(e)s, -bälle> ① (*Fußballspiel: kein pl*) футбол *m*; ② (*Ball*) футбо́льный мяч *m*
Fußballfan *m* <-s, -s> футбо́льный боле́льщик *m*
Fußballmannschaft *f* <-, -en> футбо́льная кома́нда *f*
Fußballspiel *nt* <-(e)s, -e> футбо́льный матч *m*
Fußballspieler, -in *m/f* <-s, -> футболи́ст, -ка *m/f*
Fußballstadion *nt* <-s, -stadien> футбо́льное по́ле *nt*
Fußboden *m* <-s, -böden> пол *m*
Fußbodenbelag *m* <-(e)s, -beläge> насти́л *m* (для) пола́
Fussel *f* <-, -n> ворси́нка *f*
Fußgänger, -in *m/f* <-s, -> пешехо́д *m*
Fußgängerüberweg *m* <-(e)s, -e> пешехо́дный перехо́д *m*
Fußgängerzone *f* <-, -n> пешехо́дная зо́на *f*
Fußmarsch *m* <-(e)s, -märsche> пе́ший похо́д *m*
Fußnote *f* <-, -n> сно́ска *f*
Fußsohle *f* <-, -n> подо́шва *f*
Fußspur *f* <-, -en> след *m* ноги́
Fußtritt *m* <-(e)s, -e> пино́к *m*
Fußweg *m* <-(e)s, -e> пешехо́дная доро́жка *f*
Futter *nt* <*gen:* -s> ① (*für Tier*) корм *m*; ② (*von Kleidung*) подкла́дка *f*
füttern *vt* ① (*Tier*) дава́ть, дать *pf* корм, корми́ть, по- *pf*; ② (*mit Stoff*) подшива́ть, -ши́ть *pf* подла́дку
Futur *nt* <-s, -e> (LING) бу́дущее вре́мя *nt*, футу́рум *m*

G

Gg

g, G *nt* <-, -> Г, г
gab *prät von* **geben**
Gabe *f* <-, -n> ① (*Geschenk*) дар *m*, пода́рок *m*; ② (*Begabung*) дар *m*; **eine milde ~** подая́ние
Gabel *f* <-, -n> ① (*zum Essen:*) ви́лка *f*; ② (*Heu~*) ви́лы *fpl*; ③ (TECH) ви́лка *f*
gabeln *vr* раздва́иваться, -дво́иться *pf*
Gabelung *f* <-, -en> разветвле́ние *nt*, развилка *f*
gackern *vi* куда́хтать *impf*
gaffen *vi* (*pej*) глазе́ть *impf*, гляде́ть, по- *pf* рази́нув рот
gähnen *vi* зева́ть *impf*, зевну́ть *pf*
galant *adj* гала́нтный, учти́вый
Galaxie *f* <-, -en> гала́ктика *f*
Galerie *f* <-, -n> галере́я *f*
Galerist, -in *m/f* <-en, -en> галери́ст *m*
Galgen *m* <-s, -> ви́селица *f*; **am ~ enden** пло́хо ко́нчить
Galle *f* <-, -n> жёлчный пузы́рь *m*
Galopp *m* <-s, -s> гало́п *m*; **im ~** гало́пом
galoppieren *vi* галопи́ровать *impf*, скака́ть *impf* гало́пом
galt *prät von* **gelten**
gammeln *vi* (*umg*) по́ртиться, ис- *pf*
Gämse *f* <-, -n> се́рна *f*
Gang[1] *m* <-s, Gänge> ① (*von Personen*) похо́дка *f*; ② (*von Pferden*) ход *m*; ③ (*Spazier~*) прогу́лка *f*; ④ (*Visite*) похо́д *m*, визи́т *m*; ⑤ (*Flur*) коридо́р *m*; ⑥ (*im Zug*) прохо́д *m*; ⑦ (*beim Essen*) блю́до *nt*; **etw in ~ bringen** привести́ что́-л. в де́йствие
Gang[2] *f* <-, -s> (*Bande*) ба́нда *f*, ша́йка *f*

gängeln *vt* (изли́шне) опека́ть *impf*
gängig *adj* ❶ (*gebräuchlich*) общеупотреби́тельный, общепри́нятый; ❷ (*leicht verkäuflich*) ходово́й
Gangway *f* <-, -s> передвижно́й трап *m*
Gans *f* <-, Gänse> гусь *m*; **dumme ~!** ду́ра
Gänseblümchen *nt* <-s, -> маргари́тка *f*
Gänsehaut *f* <*gen:* -> гуси́ная ко́жа *f*
Gänsemarsch *m* <*gen:* -es>: **im ~** гусько́м
ganz *adj* ❶ (*vollständig*) весь, це́лый; ❷ (*umg: heil*) це́лый, невреди́мый; **~ und gar** совсе́м; **im Großen und Ganzen** в о́бщем и це́лом
gar[1] *adj* (*Speisen*) гото́вый, сва́ренный
gar[2] *adv* (*sogar*) да́же; **~ nicht** во́все не
Garage *f* <-, -n> гара́ж *m*
Garant *m* <-en, -en> гара́нт *m*
Garantie *f* <-, -n> ❶ (*Bürgschaft*) гара́нтия *f*; **etw hat noch ~** что́-л. ещё на гара́нтии; **~ gewähren** предоставля́ть гара́нтию ❷ (*Gewährleistung*) гаранти́йная отве́тственность
garantieren *vt* (*gewährleisten*) гаранти́ровать *impf/pf*
Garbe *f* <-, -n> (BOT) тысячели́стник *m*
Garderobe *f* <-, -n> ❶ (*Kleiderablage*) гардеро́б *m*; ❷ (*Raum*) гардеро́б *m*, раздева́лка *f*; ❸ (*Kleidung*) гардеро́б *m*
Gardine *f* <-, -n> гарди́на *f*, занаве́ска *f*
Gardinenstange *f* <-, -n> па́лка *f* для гарди́н
gären *vi* <gor, gegoren> броди́ть *impf*
Garn *nt* <-(e)s, -e> ❶ ни́тки *fpl*; ❷ (*Woll~*) пря́жа *f*
Garnele *f* <-, -n> креве́тка *f*
garnieren *vt* украша́ть, -ра́сить *pf*
Garnison *f* <-, -en> гарнизо́н *m*
Garnitur *f* <-, -en> ❶ (*Satz*) набо́р *m*, компле́кт *m*; ❷ (*Wäsche*) гарниту́р *m*
Garten *m* <-s, Gärten> сад *m*
Gartenhaus *nt* <-es, -häuser> ❶ (*Gartenlaube*) ле́тний до́мик *m*; ❷ (*Geräteschuppen*) сара́й *m*
Gärtner, -in *m/f* <-s, -> садо́вник, -ница *m/f*
Gärung *f* <-, -en> броже́ние *nt*
Garzeit *f* <-, -en> вре́мя *nt* гото́вки
Gas *nt* <-es, -e> газ *m*; **~ geben** дать газ; **das ~ wegnehmen** сбра́сывать газ
Gaskocher *m* <-s, -> га́зовая пли́тка *f*
Gasleitung *f* <-, -en> газопрово́д *m*
Gasmaske *f* <-, -n> противога́з *m*
Gaspedal *nt* <-s, -e> педа́ль *m* га́за
Gasse *f* <-, -n> переу́лок *m*, у́лочка *f*
Gast *m* <-es, Gäste> гость *m*; **bei jdm zu ~ sein** быть у кого́-л. в гостя́х
Gastarbeiter, -in *m/f* <-s, -> рабо́чий *m* -иностра́нец *m*
Gästebuch *nt* <-(e)s, -bücher> кни́га *f* о́тзывов посети́телей
gastfreundlich *adj* гостеприи́мный, раду́шный
Gastfreundschaft *f* <*gen:* -> гостеприи́мство *nt*, раду́шие *nt*
Gastgeber, -in *m/f* <-s, -> хозя́ин, -зя́йка *m/f* до́ма
Gasthaus *nt* <-es, -häuser> (небольша́я) гости́ница *f*
Gasthof *m* <-(e)s, -höfe> гости́ница *f* в дере́вне
gastieren *vi* гастроли́ровать *impf*
gastlich *adj* гостеприи́мный, хлебосо́льный
Gastronomie *f* <*gen:* -> рестора́нное де́ло *nt*
gastronomisch *adj* гастрономи́ческий
Gastspiel *nt* <-s, -e> гастро́ль *f*
Gaststätte *f* <-, -n> рестора́н *m*
Gastwirt, -in *m/f* <-(e)s, -e>

владе́лец, -лица *m/f* рестора́на

Gastwirtschaft *f* <-, -en> (небольша́я) гости́ница *f*

Gaswerk *nt* <-s, -e> га́зовый заво́д *m*

Gaszähler *m* <-s, -> га́зовый счётчик *m*

Gatte *m* <-n, -n> (*geh*) супру́г *m*

Gatter *nt* <-s, -> решётчатое загражде́ние *nt*

Gattin *f* <-, -nen> (*geh*) супру́га *f*

Gattung *f* <-, -en> ① (*Art*) вид *m*; ② (ZOOL) род *m*; ③ (*Rasse*) поро́да *f*; ④ (*Sorte*) сорт *m*

Gaukler *m* <-s, -> фо́кусник *m*

Gaul *m* <-(e)s, Gäule> (*umg*) кля́ча *f*

Gaumen *m* <-s, -> нёбо *nt*

Gauner, -in *m/f* <-s, -> ① (*Betrüger*) моше́нник *m*; ② (*umg: Schlaukopf*) ловка́ч *m*

Gazelle *f* <-, -n> газе́ль *f*

geb. *abk von* ***geborene*** урождённая

Gebäck *nt* <-(e)s, -e> пече́нье *nt*

Gebälk *nt* <*gen:* -(e)s> ба́лки *fpl*, перекры́тие *nt*

gebar *prät von* **gebären**

Gebärde *f* <-, -n> же́ст *m*

gebärden *vr* вести́ *impf* себя́

gebären *vt* <gebar, geboren> роди́ть *impf/pf*, рожа́ть *impf*

Gebärmutter *f* <-, -n> (ANAT) ма́тка *f*

Gebäude *nt* <-s, -> зда́ние *nt*, сооруже́ние *nt*

Gebeine *pl* <*gen:* -> оста́нки *pl*

Gebell *nt* <*gen:* -(e)s> лай *m*

geben *vt* <gab, gegeben> ① дава́ть, да́ть *pf*; ② (*ein Konzert*) дава́ть, дать *pf*; ③ (*Karten*) сдава́ть, сдать *pf*; ④ (*Beispiel*) подава́ть, -да́ть *pf*; **so was gibt's nicht** тако́го не быва́ет; **was gibt's?** что тако́е?; **sich etw ~ lassen** попроси́ть дать себе́ что́-л.

Gebet *nt* <-(e)s, -e> моли́тва *f*

gebeten *part perf von* **bitten**

Gebiet *nt* <-(e)s, -e> ① о́бласть *f*, райо́н *m*; ② (*fig*) о́бласть *f*, сфе́ра *f*

gebieten *vt* <gebot, geboten> прика́зывать, -за́ть *pf*, повелева́ть, -ле́ть *pf*

Gebilde *nt* <-s, -> ① (*Ding*) образова́ние *nt*; ② (*Konstruktion*) структу́ра *f*, строе́ние *nt*

gebildet *adj* (*kultiviert*) образо́ванный, культу́рный

Gebirge *nt* <-s, -> го́ры *fpl*

gebirgig *adj* гори́стый

Gebiss *nt* <-es, -e> ① (*Zähne*) че́люсть *f*, зу́бы *mpl*; ② (*künstliches*) зубно́й проте́з *m*, иску́сственные зу́бы *mpl*

gebissen *part perf von* **beißen**

Gebläse *nt* <-s, -> вентиля́тор *m*

geblasen *part perf von* **blasen**

geblieben *part perf von* **bleiben**

geblümt *adj* в цвета́х

gebogen *adj* криво́й

geboren *part perf von* **gebären**

geborgen I. *part perf von* **bergen**; II. *adj* укры́тый, находя́щийся в безопа́сности.

geborsten *part perf von* **bersten**

Gebot *nt* <-(e)s, -e> ① (*religiöses Gesetz*) за́поведь *f*; **die Zehn ~e** де́сять за́поведей ② (*Vorschrift*) предписа́ние *nt*, приказа́ние *nt*; ③ (*Grundsatz*) при́нцип *m*

geboten[1] *part perf von* **bieten**

geboten[2] *part perf von* **gebieten**

gebracht *part perf von* **bringen**

gebrannt *part perf von* **brennen**

gebraten *part perf von* **braten**

Gebrauch *m* <-(e)s, Gebräuche> ① (*Anwendung*) испо́льзование *nt*, примене́ние *nt*; ② (*Gepflogenheit*) обы́чай *m*; **von etw ~ machen** воспо́льзоваться че́м-л.

gebrauchen *vt* ① (*benutzen*) употребля́ть, -би́ть *pf*, по́льзоваться, вос- *pf*; ② (*anwenden*) применя́ть, -ни́ть *pf*

gebräuchlich *adj* употреби́тельный

gebrauchsfertig *adj* гото́вый к употребле́нию

Gebrauchtwagen *m* <-s, -wägen> подéржанный автомоби́ль *m*

G

Gebrechen *nt* <-s, -> физи́ческий недоста́ток *m*, поро́к *m*
gebrechlich *adj* сла́бый, хи́лый; **alt und ~ sein** быть ста́рым и не́мощным
gebrochen I. *part perf von* **brechen**; II. *adj* сло́манный; **in ~em Russisch** на ло́маном ру́сском.
Gebrüll *nt* <*gen:* -(e)s> ❶ (*von Menschen*) рёв *m*; ❷ (*von Tieren*) рыча́ние *nt*, рык *m*
Gebühr *f* <-, -en> ❶ сбор *m*, по́шлина *f*, пла́та *f*; ❷ (*Beitrag*) взнос *m*; **nach ~** по заслу́гам
gebühren *vi* подоба́ть *impf*, надлежа́ть *impf*; **wie es sich gebührt** как сле́дует
gebührend *adj* до́лжный, надлежа́щий
gebunden *part perf von* **binden**
Geburt *f* <-, -en> рожде́ние *nt*; **von ~ an** с рожде́ния
Geburtenrate *f* <-, -n> рожда́емость *f*
gebürtig *adj* (*aus*) урождённый, ро́дом
Geburtsdatum *nt* <-s, -daten> да́та *f* рожде́ния
Geburtshilfe *fsg* <*gen:* -> акуше́рство *nt*
Geburtsort *m* <-(e)s, -e> ме́сто *nt* рожде́ния
Geburtstag *m* <-(e)s, -e> день *m* рожде́ния; **herzlichen Glückwunsch zum ~** серде́чно поздравля́ю с днём рожде́ния
Geburtsurkunde *f* <-, -n> свиде́тельство *nt* о рожде́нии
Gebüsch *nt* <-es, -e> куста́рник *m*
gedacht *part perf von* **denken**
Gedächtnis *nt* <-ses, -se> па́мять *f*
Gedanke *m* <-n, -n> ❶ мысль *f*; ❷ (*Idee*) иде́я *f*; **sich über etw ~n machen** беспоко́иться и́з-за чего́-л.
gedankenlos *adj* ❶ (*unüberlegt*) необду́манный; ❷ (*zerstreut*) рассе́янный
Gedankenstrich *m* <-(e)s, -e> тире́ *nt*
gedanklich *adj* мы́сленный
Gedeck *nt* <-(e)s, -e> (столо́вый) прибо́р *m*
gedeihen *vi* <gedieh, gediehen> расти́, вы́- *pf*, развива́ться, -ви́ться *pf*
gedenken *vi* <gedachte, gedacht> ❶ (*denken an*) по́мнить *impf*; ❷ (*geh: beabsichtigen*) намерева́ться *impf*, собира́ться, -бра́ться *pf*
Gedenkminute *f* <-, -n> мину́та *f* молча́ния
Gedicht *nt* <-(e)s, -e> стихотворе́ние *nt*
gediegen *adj* добро́тный, соли́дный
gedieh *prät von* **gedeihen**
gediehen *part perf von* **gedeihen**
Gedränge *nt* <*gen:* -s> ❶ (*Menschenmenge*) толпа́ *f*; ❷ (*Drängelei*) толкотня́ *f*, да́вка *f*; **ins ~ geraten** попа́сть в да́вку
gedroschen *part perf von* **dreschen**
Geduld *f* <*gen:* -> терпе́ние *nt*
gedulden *vr* име́ть *impf* терпе́ние
geduldig *adj* терпели́вый
gedurft *part perf von* **dürfen**
geeignet *adj* (при)го́дный, подходя́щий; **im ~en Moment** в удо́бный моме́нт
Gefahr *f* <-, -en> ❶ опа́сность *f*; ❷ (*Risiko*) риск *m*; **auf eigene ~** на свой страх и риск; **in ~ schweben** находи́ться в опа́сности; **es besteht die ~, dass ...** существу́ет опа́сность, что...
gefährden *vt* угрожа́ть *impf*, подверга́ть, -ве́ргнуть *pf* опа́сности
gefahren *part perf von* **fahren**
gefährlich *adj* опа́сный
Gefährte, Gefährtin *m/f* <-n, -n> спу́тник, -ница *m/f*
Gefälle *nt* <-s, -> (*Abhang*) склон *m*
gefallen *irr vi* нра́виться *impf*, быть *impf* по вку́су
Gefallen *m* <-s, -> ❶ любе́зность *f*, одолже́ние *nt*; ❷ (*Vergnügen*) удово́льствие *nt*; **jdn um einen**

~ **bitten** попроси́ть кого́-л. об одолже́нии

Gefälligkeit *f* <-, -en> ① *(Gefallen)* любе́зность *f*, одолже́ние *nt*; ② *(Hilfsbereitschaft)* услу́жливость *f*

gefälscht *adj* подде́льный, подло́жный, фальши́вый

gefangen *part perf von* **fangen**

Gefangene(r) *m* <-n, -n> пле́нный *m*

gefangen nehmen *irr vt* брать, взять *pf* в плен

Gefangenschaft *f* <*gen:* -> плен *m*, нево́ля *f*; **in ~ geraten** попа́сть в плен

Gefängnis *nt* <-ses, -se> тюрьма́ *f*

Gefängnisstrafe *f* <-, -n> тюре́мное заключе́ние *nt*

Gefäß *nt* <-es, -e> ① *(Behälter)* сосу́д *m*, посу́дина *f*; ② (ANAT) сосу́д *m*

gefasst *adj* споко́йный, сохраня́ющий самооблада́ние; **sich auf etw ~ machen** пригото́виться к чему́-л.

Gefecht *nt* <-(e)s, -e> бой *m*

gefeit *adj* неуязви́мый; **gegen etw ~ sein** быть неуязви́мым в како́м-л. отноше́нии

Gefieder *nt* <-s, -> опере́ние *nt*

gefinkelt *adj (österr: schlau, durchtrieben)* хи́трый, проны́рливый

gefirnisst *adj* лакиро́ванный

gefleckt *adj* пятни́стый, в пя́тнах

geflochten *part perf von* **flechten**

geflogen *part perf von* **fliegen**

geflohen *part perf von* **fliehen**

geflossen *part perf von* **fließen**

Geflügel *nt* <*gen:* -s> дома́шняя пти́ца *f*

geflügelt *adj* крыла́тый; **~e Worte** крыла́тые слова́

Geflügelzucht *f* <*gen:* -> птицево́дство *nt*

gefochten *part perf von* **fechten**

gefragt *adj* по́льзующийся спро́сом

gefräßig *adj* прожо́рливый

Gefreite *m* <-n, -n> ефре́йтор *m*

gefressen *part perf von* **fressen**

gefrieren *vi* <gefror, gefroren> замерза́ть, -мёрзнуть *pf*

Gefrierfach *nt* <-(e)s, -fächer> морози́льная ка́мера *f*, морози́лка *f*

Gefrierpunkt *m* <-es, -e> то́чка *f* замерза́ния; **unter dem ~** ни́же нуля́

Gefriertruhe *f* <-, -n> морози́льная ка́мера *f*

gefroren [1] *part perf von* **frieren**

gefroren [2] *part perf von* **gefrieren**

Gefüge *nt* <-s, -> строе́ние *nt*, структу́ра *f*

gefügig *adj* сгово́рчивый, усту́пчивый; **jdn ~ machen** сде́лать кого́-л. усту́пчивым

Gefühl *nt* <-s, -e> чу́вство *nt*

gefühllos *adj* ① *(herzlos)* бессерде́чный, бесчу́вственный; ② *(Körperteil)* онеме́вший, нечувстви́тельный

gefühlsbetont *adj* эмоциона́льный

gefühlvoll *adj* глубоко́ чу́вствующий

gefunden *part perf von* **finden**

gefüttert *adj (Kleidungsstück)* на подкла́дке

gegangen *part perf von* **gehen**

gegeben *part perf von* **geben**

gegebenenfalls *adv* в слу́чае, е́сли

gegen *präp* ① *(Gegenteil von: für)* про́тив; ② *(etwa)* о́коло; ③ *(etwa: zeitlich)* о́коло, к; **~ etw sein** быть про́тив чего́-л.; **gut ~ Kopfschmerzen** помога́ет от головно́й бо́ли; **~ fünf Uhr** о́коло пяти́ часо́в

Gegenargument *nt* <-(e)s, -e> контраргуме́нт *m*

Gegend *f* <-, -en> ме́стность *f*; **eine schöne ~** краси́вая ме́стность

gegeneinander *adv* друг про́тив дру́га; **etw ~ haben** не ла́дить ме́жду собо́й

Gegenfrage *f* <-, -n> встре́чный вопро́с *m*

Gegengewicht *nt* <*gen:* -(e)s> противове́с *m*

Gegengift *nt* <-(e)s, -e>

G

противоя́дие *nt*
Gegenleistung *f* <-, -en> отве́тная услу́га *f*; **als ~ für** в ка́честве отве́тной услу́ги
Gegenmaßnahme *f* <-, -n> контрме́ра *f*, отве́тная ме́ра *f*
Gegensatz *m* <-es, -sätze> противополо́жность *f*; **im ~ zu** в отли́чие
gegensätzlich *adj* противополо́жный; **~e Meinungen vertreten** приде́рживаться противополо́жных мне́ний
Gegenschlag *m* <-(e)s, -schläge> (MIL) контруда́р *m*; **einen ~ planen** плани́ровать отве́тный уда́р
Gegenseite *f* <-, -n> противополо́жная сторона́ *f*
gegenseitig *adj* взаи́мный, обою́дный
Gegenseitigkeit *f* <*gen:* -> взаи́мность *f*; **das beruht auf ~** э́то осно́вывается на взаи́мности
Gegenspieler, -in *m/f* <-s, -> проти́вник, -ница *m/f*
Gegenstand *m* <-(e)s, -stände> ❶ (*Ding*) предме́т *m*, вещь *f*; ❷ (*fig: Thema*) предмет *m*, те́ма *f*
gegenstandslos *adj* беспредме́тный; **etw als ~ betrachten** счита́ть что́-л. необосно́ванным
Gegenteil *nt* <*gen:* -s> противополо́жность *f*; **im ~** напро́тив
gegenteilig *adj* противополо́жный
gegenüber I. *adv* напро́тив; **II.** *präp* (*in Bezug auf*) в отноше́нии; **anderen ~ ist er höflich** по отноше́нию к други́м он ве́жлив.
gegenüberliegen *irr vi* лежа́ть *impf* напро́тив, быть *impf* располо́женным напро́тив
gegenüberstehen *irr vi* стоя́ть напро́тив
gegenüberstellen *vt* ❶ противопоста́вить *pf*, -вля́ть *impf*; ❷ (*vergleichen*) сопоста́вить *pf*, -вля́ть *impf*
Gegenverkehr *m* <*gen:* -s> встре́чное движе́ние *nt*
Gegenvorschlag *m* <-(e)s, -vorschläge> встре́чное предложе́ние *nt*
Gegenwart *f* <*gen:* -> ❶ (*Anwesenheit*) прису́тствие *nt*; ❷ (*Jetztzeit*) настоя́щее *nt*, совреме́нность *f*; **in jds ~** в чьём-л. прису́тствии
gegenwärtig *adj* настоя́щий, совреме́нный
Gegenwehr *f* <*gen:* -> оборо́на *f*, сопротивле́ние *nt*; **~ leisten** ока́зывать сопротивле́ние
Gegenwert *m* <*gen:* -(e)s> эквивале́нт *m*
Gegenwind *m* <*gen:* -(e)s> встре́чный ве́тер *m*
gegenzeichnen *vt* ста́вить, по- *pf* втору́ю по́дпись
gegessen *part perf von* **essen**
geglichen *part perf von* **gleichen**
geglitten *part perf von* **gleiten**
geglommen *part perf von* **glimmen**
Gegner, -in *m/f* <-s, -> ❶ проти́вник, -ница́ *f*; ❷ (*Feind*) враг *m*, неприя́тель *m*
gegnerisch *adj* (*feindlich*) вражде́бный
gegolten *part perf von* **gelten**
gegoren *part perf von* **gären**
gegossen *part perf von* **gießen**
gegraben *part perf von* **graben**
gegriffen *part perf von* **greifen**
gehabt *part perf von* **haben**
Gehalt[1] *nt* <-(e)s, Gehälter> (*Entlohnung*) за́работная пла́та *f*, окла́д *m*
Gehalt[2] *m* <-(e)s, -e> (*Anteil*) содержа́ние *nt*
gehalten *adj* степе́нный, сде́ржанный
gehaltvoll *adj* содержа́тельный; **ein ~es Buch** содержа́тельная кни́га
gehangen *part perf von* **hängen**
gehässig *adj* зло́бный, язви́тельный
Gehässigkeit *f* <-, -en>

враждéбность *f*, неприя́зненность *f*
gehauen *part perf von* **hauen**
Gehäuse *nt* <-s, -> ❶ (TECH) кóрпус *m*; ❷ (*Obst~*) сердцеви́на *f*
Gehege *nt* <-s, -> ❶ огорóженное мéсто *nt*, заповéдник *m*; ❷ (*im Zoo*) вольéр *m*; **jdm ins ~ kommen** вмéшиваться в чужи́е делá
geheim *adj* тáйный; **das bleibt ~** э́то остáнется в тáйне
Geheimdienst *m* <-es, -e> секрéтная слу́жба *f*
geheim halten *irr vt* держáть *impf* в тáйне, скрывáть, скрыть *pf*
Geheimnis *nt* <-ses, -se> тáйна *f*, секрéт *m*; **aus etw ein ~ machen** дéлать из чегó-л. секрéт
geheimnisvoll *adj* таи́нственный, загáдочный
geheißen *part perf von* **heißen**
gehemmt *adj* стесни́тельный, с кóмплексами
gehen *vi* <ging, gegangen> идти́ *impf*, ходи́ть *impf*; **wie geht es dir?** как ты поживáешь?
gehen lassen *irr vr* давáть, дать *pf* себé вóлю; **er hat sich ziemlich ~** он довóльно-таки распусти́лся
Geheul *nt* <*gen:* -(e)s> вой *m*, плач *m*
Gehilfe *m* <-n, -n> ❶ (*Helfer*) помóщник *m*, ассистéнт *m*; ❷ (JUR) посóбник *m*
Gehilfin *f* <-, -nen> помóщница *f*, ассистéнтка *f*
Gehirn *nt* <-(e)s, -e> мозг *m*
Gehirnerschütterung *f* <-, -en> сотрясéние *nt* мóзга
Gehirnschlag *m* <-(e)s, -schläge> апоплекси́ческий удáр *m*
Gehirnwäsche *f* <-, -n> „промы́вка" *f* мозгóв, идеологи́ческая обрабóтка *f*
gehoben I. *part perf von* **heben**; **II.** *adj* ❶ (*Stimmung*) припóднятый; ❷ (*Stil*) высóкий.
geholfen *part perf von* **helfen**
Gehör *nt* <*gen:* -(e)s> слух *m*; **sich ~ verschaffen** доби́ться внимáния; **~ finden** быть вы́слушанным; **jdm ~ schenken** вы́слушать когó-л.
gehorchen *vi* слу́шаться, по- *pf*, повиновáться *impf*
gehören *vi* ❶ (*Eigentum sein*) принадлежáть *impf*; ❷ (*erfordern*) трéбоваться, по- *pf*, быть *impf* ну́жным; ❸ (*ein Teil von etw sein*) относи́ться *impf*, принадлежáть *impf*; **wem gehört das?** кому́ э́то принадлежи́т?; **wie es sich gehört** как полагáется
gehörig *adj* ❶ (*gebührend*) надлежáщий, дóлжный; ❷ (*umg: beträchtlich*) поря́дочный, изря́дный
gehorsam *adj* послу́шный
Gehorsam *m* <*gen:* -s> послушáние *nt*, повиновéние *nt*
Gehweg *m* <-s, -e> ❶ (*Bürgersteig*) тротуáр *m*; ❷ (*Fußweg*) пешехóдная дорóжка *f*
Geier *m* <-s, -> кóршун *m*
Geige *f* <-, -n> скри́пка *f*; **die erste ~ spielen** (*umg*) игрáть пéрвую скри́пку
geil *adj* ❶ похотли́вый; ❷ (*umg: toll*) клáссный, балдёжный
Geisel *f* <-, -n> залóжник, -ница *m/f*; **jdn als ~ nehmen** взять когó-л. в кáчестве залóжника
Geiselnahme *f* <-, -n> захвáт *m* залóжников
Geiselnehmer, -in *m/f* <-s, -> террори́ст, -ка *m/f*
geißeln *vt* (*auch fig:*) бичевáть *impf*
Geist[1] *m* <*gen:* -(e)s> ❶ (*Intellekt*) ум *m*; ❷ (*Gesinnung*) дух *m*, душá *f*; **etw gibt den ~ auf** (*umg*) чтó-л. ломáется; **du gehst mir auf den ~** (*umg*) ты мне дéйствуешь на нéрвы; **im ~e** мы́сленно
Geist[2] *m* <-(e)s, -er> (*Gespenst*) дух *m*, привидéние *nt*
Geisterfahrer *siehe* **Falschfahrer**
geisterhaft *adj* при́зрачный
geistern *vi* блуждáть *impf*,

G

бродить *impf*
geistesabwesend *adj* отсутствующий, рассеянный
Geistesblitz *m* <-es, -e> блестящая идея *f*
Geistesgegenwart *f* <*gen:* -> присутствие *nt* духа
geisteskrank *adj* душевнобольной; **du bist wohl ~!** ты не в своём уме!
Geisteskranke(r) *mf* <-n, -n> душевнобольной *m*

G

Geisteswissenschaft *f* <-, -en> гуманитарная наука *f*
Geisteszustand *m* <*gen:* -(e)s> душевное состояние *nt*
geistig *adj* ❶ (*seelisch*) духовный; ❷ (*intellektuell*) умственный; **~ behindert** умственно отсталый; **~e Arbeit** умственный труд
geistlich *adj* религиозный, духовный
Geistliche(r) *m* <-n, -n> духовное лицо *nt*
geistlos *adj* ❶ (*langweilig*) скучный; ❷ (*dumm*) глупый, пустой
geistreich *adj* остроумный
Geiz *m* <*gen:* -es> жадность *f*, скупость *f*
geizen *vi* скупиться, по- *pf*; **mit etw ~** скупиться на что-л.
Geizhals *m* <-es, -hälse> скряга *mf*
geizig *adj* скупой, жадный
Geizkragen *m* <-s, -krägen> скряга *mf*
Gejammer *nt* <*gen:* -s> вопли *mpl*, плач *m*
gekannt *part perf von* **kennen**
Geklirr *nt* <*gen:* -(e)s> (*Gläser*) дребезжание *nt*
geklont *adj* клонированный
geklungen *part perf von* **klingen**
gekniffen *part perf von* **kneifen**
gekommmen *part perf von* **kommen**
gekonnt *adj* умелый; **das war ~!** это было мастерски сделано!
Gekritzel *nt* <*gen:* -s> каракули *pl*, неразборчивый почерк *m*
gekrochen *part perf von* **kriechen**
gekünstelt *adj* ❶ неестественный, напускной; ❷ (*geziert*) манерный, жеманный
Gel *nt* <-s, -e> гель *m*
Gelächter *nt* <-s, -> смех *m*, хохот *m*
geladen I. *part perf von* **laden**; **II.** *adj* (*Gast*) званый, приглашённый.
Gelage *nt* <-s, -> пир *m*, пиршество *nt*
gelähmt *adj* парализованный
Gelände *nt* <-s, -> ❶ (*Grundstück*) участок *m* земли; ❷ (*freies Land*) территория *f*, местность *f*
Geländer *nt* <-s, -> ❶ (*Treppen~*) перила *ntpl*; ❷ (*als Begrenzung*) парапет *m*
Geländewagen *m* <-s, -wägen> автомобиль *m* повышенной проходимости
gelang *prät von* **gelingen**
gelangen *vi* попадать, -пасть *pf*; **ans Ziel ~** достигнуть цели; **zu der Überzeugung ~, dass ...** прийти к убеждению, что...
gelassen *adj* спокойный; **~ bleiben** оставаться невозмутимым
Gelassenheit *f* <*gen:* -> спокойствие *nt*, невозмутимость *f*
gelaufen *part perf von* **laufen**
geläufig *adj* употребительный, привычный; **das ist mir ~** это мне знакомо
gelaunt *adj* настроенный; **gut/schlecht ~ sein** быть в хорошем/плохом настроении
Geläut *nt* звон *m*, трезвон *m*
gelb *adj* жёлтый; **Gelbe Seiten** адресный справочник
gelblich *adj* желтоватый
Gelbsucht *f* <*gen:* -> желтуха *f*
Geld *nt* <-es, -er> деньги *fpl*; **bares ~** наличные деньги
Geldanlage *f* <-, -n> помещение *nt* денег, вложение *nt* денег
Geldautomat *m* <-en, -en> банкомат *m*
Geldbetrag *m* <-(e)s, -beträge> денежная сумма *f*
Geldbeutel *m* <-s, -> кошелёк *m*
Geldbuße *f* <-, -n> денежный

штраф *m*

geldgierig *adj* а́лчный, жа́дный до де́нег

Geldschein *m* <-(e)s, -e> (*Banknote*) банкно́та *f*, де́нежный знак *m*

Geldstrafe *f* <-, -n> де́нежный штраф *m*

Gelee *nt* <-s, -s> желе́ *nt*

gelegen I. *part perf von* **liegen**; **II.** *adj* ❶ (*örtlich*) располо́женный; ❷ (*günstig*) удо́бный; **das kommt mir ~** э́то мне кста́ти.

Gelegenheit *f* <-, -en> ❶ (*Anlass*) по́вод *m*; ❷ (*günstiger Zeitpunkt*) удо́бный слу́чай *m*; **die ~ nutzen, etw zu tun** воспо́льзоваться возмо́жностью, что́-л. сде́лать; **wenn sich die ~ ergibt** е́сли предоста́виться возмо́жность

gelegentlich *adj* (*zeitweise*) иногда́, от слу́чая к слу́чаю

gelehrig *adj* спосо́бный, поня́тливый

gelehrt *adj* учёный

Gelehrte(r) *mf* <-n, -n> учёный

Geleit *nt* <-(e)s, -e> ❶ (*Begleitung*) сопровожде́ние *nt*; ❷ (MIL) охра́на *f*, конво́й *m*; **jdm das ~ geben** сопровожда́ть кого́-л.

geleiten *vt* сопровожда́ть, -води́ть *pf*

Gelenk *nt* <-(e)s, -e> ❶ (ANAT) суста́в *m*; ❷ (TECH) шарни́р *m*

Gelenkbus *m* <-ses, -se> сочленённый авто́бус *m*

gelenkig *adj* ❶ (*geschmeidig*) ги́бкий; ❷ (*agil*) подви́жный, прово́рный

gelesen *part perf von* **lesen**

Geliebte(r) *m* <-n, -n> любо́вник *m*

geliehen part perf von **leihen**

gelingen *vi* <gelang, gelungen> удава́ться, уда́ться *pf*; **es gelingt mir nicht** мне э́то не удаётся

gelitten *part perf von* **leiden**

gellen *vi* ре́зко звуча́ть *impf*; **in den Ohren ~** звене́ть в уша́х

geloben *vt* торже́ственно обеща́ть *impf/pf*; **ewige Treue ~** кля́сться в ве́чной ве́рности

gelogen *part perf von* **lügen**

gelten *vi* <galt, gegolten> быть *impf* действи́тельным; **etw nicht ~ lassen** не признава́ть чего́-л.; **das gilt auch für dich** э́то и тебя́ каса́ется

Geltung *f* <*gen:* -> ❶ (*Gültigkeit*) де́йствие *nt*, си́ла *f*; ❷ (*Ansehen*) зна́чимость *f*, авторите́т *m*; **sich ~ verschaffen** приобрести́ влия́ние

Gelübde *nt* <-s, -> обе́т *m*; **ein ~ ablegen** дать обе́т

gelungen I. *part perf von* **gelingen**; **II.** *adj* уда́чный.

Gemahl *m* <-(e)s, -e> супру́г *m*

Gemahlin *f* <-, -nen> супру́га *f*

Gemälde *nt* <-s, -> карти́на *f*

gemäß I. *präp* согла́сно, в соотве́тствии; **II.** *adj* (*angemessen*) соотве́тствующий.

gemäßigt *adj* уме́ренный; **~es Klima** уме́ренный кли́мат

gemein *adj* ❶ (*bösartig*) по́длый, ни́зкий; ❷ (*gemeinsam*) о́бщий; **etw ~ haben mit** име́ть что́-то о́бщее

Gemeinde *f* <-, -n> ❶ (*städtische*) общи́на *f*; **ländliche ~** се́льская общи́на ❷ (REL) прихо́д *m*

Gemeingut *nt* <*gen:* -(e)s> о́бщее достоя́ние *nt*

Gemeinheit *f* <-, -en> ни́зость *f*, по́длость *f*

gemeinnützig *adj* обще́ственно поле́зный

gemeinsam I. *adj* о́бщий; **II.** *adv* (*zusammen*) вме́сте.

Gemeinsamkeit *f* <-, -en> схо́дство *nt*

Gemeinschaft *f* <-, -en> ❶ (*soziale*) о́бщность *f*; ❷ (*Gemeinde*) общи́на *f*; ❸ (*Bündnis*) сообщество *nt*

Gemeinschaft unabhängiger Staaten *f* <*gen:* -> Содру́жество *nt* незави́симых госуда́рств, СНГ *nt*

gemeinschaftlich *adj* óбщий, коллекти́вный
Gemeinwohl *nt* <*gen:* -(e)s> óбщее блáго *nt*
gemessen I. *part perf von* **messen**; II. *adj* размéренный, мéрный.
Gemetzel *nt* <-s, -> резня́ *f*, бóйня *f*
gemieden *part perf von* **meiden**
Gemisch *nt* <-(e)s, -e> смесь *f*
gemischt *adj* смéшанный
gemocht *part perf von* **mögen**
gemolken *part perf von* **melken**
G
Gemunkel *nt* <*gen:* -s> слýхи *pl*
Gemurmel *nt* <*gen:* -s> бормотáнье *nt*, шёпот *m*
Gemüse *nt* <-s, -> óвощи *mpl*
Gemüseanbau *m* <*gen:* -s> овощевóдство *nt*
Gemüsegarten *m* <-s, -gärten> огорóд *m*
gemusst *part perf von* **müssen**
Gemüt *nt* <-(e)s, -er> нрав *m*, харáктер *m*
gemütlich *adj* ❶ (*bequem*) удóбный, ую́тный; ❷ (*gelassen*) спокóйный, невозмути́мый; **es sich ~ machen** устрóиться поудóбней
Gemütlichkeit *f* <*gen:* -> спокóйствие *nt*, неторопли́вость *f*; **in aller ~** не спешá
Gemütsbewegung *f* <-, -en> переживáние *nt*, душéвное волнéние *nt*
Gen *nt* <-s, -e> ген *m*
genannt *part perf von* **nennen**
genas *prät von* **genesen**
genau I. *adj* ❶ (*exakt*) тóчный; ❷ (*detailliert*) подрóбный; II. *adv* тóчно; **es mit etw (nicht so) ~ nehmen** относи́ться к чемý-л. (не) óчень серьёзно; **die Uhr geht ~** часы́ идýт тóчно.
Genauigkeit *f* <-, -en> тóчность *f*
genauso *adv* тóчно так же
genehmigen *vt* (ADMIN) разрешáть, -ши́ть *pf*, санкциони́ровать *impf/pf*
Genehmigung *f* <-, -en> (ADMIN) разрешéние *nt*; **eine ~ erteilen** дать разрешéние
geneigt *adj* ❶ (*aufgelegt zu*) склóнный, располóженный; ❷ (*wohlwollend*) благосклóнный; **zu etw ~ sein** (*geh*) быть склóнным к чемý-л.
General *m* <-s, -e> генерáл *m*
generalisieren *vi* (*verallgemeinern*) обобщáть, -щи́ть *pf*
Generalprobe *f* <-, -n> генерáльная репети́ция *f*
Generalsekretär, -in *m/f* <-s, -e> генерáльный секретáрь *m*
Generalstreik *m* <-s, -s> всеóбщая забастóвка *f*
Generation *f* <-, -en> поколéние *nt*
Generator *m* <-s, -en> генерáтор *m*
generell *adj* (все)óбщий
genervt *adj* (*umg*) раздражённый
genesen *vi* <genas, genesen> выздорáвливать, вы́здороветь *pf*
Genetik *f* <*gen:* -> генéтика *f*
Genetiker, -in *m/f* <-s, -> генéтик *m*
genetisch *adj* генети́ческий
Genf *nt* <*gen:* -s> Женéва *f*
genial *adj* ❶ гениáльный; ❷ (*umg: hervorragend*) прекрáсный
Genick *nt* <-(e)s, -e> заты́лок *m*; **das hat ihm das ~ gebrochen** (*umg*) э́то егó погуби́ло
Genie *nt* <-s, -s> гéний *m*
genieren *vr* стесня́ться, по- *pf*
genießbar *adj* (*Speisen*) съедóбный; **nicht sein** (*umg: schlecht gelaunt sein*) быть в плóхом настроéнии
genießen *vt* <genoß, genossen> ❶ (*das Essen*) есть, поéсть *pf*; ❷ (*das Leben*) наслаждáться, -слади́ться *pf*
Genießer, -in *m/f* <-s, -> ❶ жуи́р *m*; ❷ (*Feinschmecker*) гурмáн *m*
Genitalien *pl* <*gen:* -> половы́е óрганы *pl*
Genitiv *m* <-s, -e> роди́тельный падéж *m*
genommen *part perf von* **nehmen**
genoss *prät von* **genießen**

Genosse *m* <-n, -n> ❶ (*Kamerad*) това́рищ *m*, прия́тель *m*; ❷ (POL) това́рищ *m*
genossen *part perf von* **genießen**
Genossenschaft *f* <-, -en> това́рищество *nt*, кооперати́в *m*
Genossin *f* <-, -nen> това́рищ *m*
Genre *nt* <-s, -s> ❶ жанр *m*; ❷ (*Gattung, Art*) род *m*
Gentechnik *f* <*gen:* -> ге́нная инжене́рия *f*
genug *adv* доста́точно, дово́льно; **mehr als ~** бо́лее чем доста́точно
genügen *vi* хвата́ть, -ти́ть *pf*, быть *impf* доста́точным
genügsam *adj* непритяза́тельный
Genugtuung *f* <-, -en> удовлетворе́ние *nt*
Genus *nt* <-, Genera> (LING) род *m*
Genuss *m* <-es, Genüsse> ❶ (*Vergnügen*) удово́льствие *nt*, наслажде́ние *nt*; ❷ (*Konsum*) потребле́ние *nt*; **in den ~ von etw kommen** по́льзоваться че́м-л.
genüsslich *adj* наслажда́ющийся, с наслажде́нием
Geograph, Geograf, -in *m/f* <-en, -en> гео́граф *m*
Geographie, Geografie *f* <*gen:* -> геогра́фия *f*
geographisch, geografisch *adj* географи́ческий
Geologe, Geologin *m* <-n, -n> гео́лог *m*
Geologie *f* <*gen:* -> геоло́гия *f*
Geometrie *f* <*gen:* -> геоме́трия *f*
geometrisch *adj* геометри́ческий
Gepäck I. *nt* <*gen:* -(e)s> бага́ж *m*; **sein ~ aufgeben** сдать бага́ж
Gepäckaufbewahrung II. *f* <-, -en> ка́мера *f* хране́ния
Gepäckraum *m* <*gen:* -(e)s> бага́жное отделе́ние *nt*
Gepäckträger *m* <-s, -> ❶ (*Person*) носи́льщик *m*; ❷ (*am Fahrrad*) бага́жник *m*
gepanzert *adj* брони́рованный
Gepard *m* <-s, -e> гепа́рд *m*
gepfiffen *part perf von* **pfeifen**
gepflegt *adj* ❶ (*Rasen, Haus*) ухо́женный; ❷ (*Person*) ухо́женный, холёный
gepriesen *part perf von* **preisen**
gequollen *part perf von* **quellen**
gerade I. *adj* прямо́й; **II.** *adv* (*eben*) пря́мо, и́менно; **warum ~ er?** почему́ и́менно он?; **~ das meine ich ja** и́менно э́то я и име́ю в виду́.
Gerade *f* <-n, -n> пряма́я *f*
geradeaus *adv* пря́мо, напрями́к
gerade biegen *vt* разогну́ть *pf*, разгиба́ть *impf*, распрями́ть *pf*, -мля́ть *impf*
geradeheraus *adv* без обинякóв, напрями́к
gerädert *adj* разби́тый, изму́ченный; **wie ~ sein** быть соверше́нно изму́ченным
gerade stehen *vi* стоя́ть *impf* пря́мо; **für etw ~** нести́ за что́-л. отве́тственность
geradewegs *adv* пря́мо
geradezu *adv* ❶ (*beinahe*) почти́; ❷ (*geradeheraus*) без обинякóв, напрями́к; **das ist ~ unglaublich** э́то про́сто невероя́тно
Geradlinigkeit *f* <*gen:* -> прямолине́йность *f*
Geranie *f* <-, -n> гера́нь *f*
gerannt *part perf von* **rennen**
Gerät *nt* <-(e)s, -e> прибо́р *m*, аппара́т *m*
geraten *vi* <geriet, geraten> ❶ (*gelangen*) попа́сть *pf*, -пада́ть *impf*, очути́ться *pf*; ❷ (*fig: ausfallen*) выходи́ть, вы́йти *pf*, получа́ться, -чи́ться *pf*; **außer sich ~** вы́йти из себя́
Geräteturnen *nt* <*gen:* -s> гимна́стика *f* на снаря́дах
Geratewohl *nt*: **aufs ~** на аво́сь
geraum *adj* до́лгий, продолжи́тельный; **vor ~er Zeit** за до́лго
geräumig *adj* просто́рный
Geräusch *nt* <-(e)s, -e> шо́рох *m*, шум *m*

geräuscharm *adj* бесшу́мный
geräuschlos *adj* бесшу́мный, ти́хий
geräuschvoll *adj* шу́мный
gerben *vt* (*Leder*) дуби́ть, вы́- *pf*
Gerberei *f* <-, -en> ❶ (*Betrieb*) дуби́льня *f*; ❷ (*das Gerben*) дубле́ние *nt*
gerecht *adj* справедли́вый; **jdm/einer Sache ~ werden** оцени́ть по досто́инству кого́-л./что́-л.
Gerechtigkeit *f* <*gen:* -> справедли́вость *f*
Gerede *nt* <*gen:* -s> болтовня́ *f*; **ins ~ kommen** стать предме́том то́лков
geregelt *adj* урегули́рованный; **ein ~es Leben führen** вести́ упоря́доченный о́браз жи́зни
gereift *adj* зре́лый
gereizt *adj* раздражённый
Gericht[1] *nt* <-(e)s, -e> (*Speise*) блю́до *nt*
Gericht[2] *nt* <-(e)s, -e> (JUR) суд *m*; **jdn vor ~ bringen** привле́чь кого́-л. к суду́; **über jdn ~ halten** суди́ть кого́-л.
gerichtlich *adj* суде́бный; **gegen jdn ~ vorgehen** пода́ть в суд на кого́-л.
Gerichtsmedizin *f* <*gen:* -> суде́бная медици́на *f*
Gerichtsurteil *nt* <-(e)s, -e> пригово́р *m*
gerieben *part perf von* **reiben**
geriet *prät von* **geraten**
gering *adj* ❶ (*niedrig*) ни́зкий; ❷ (*klein*) ма́лый, незначи́тельный; **eine ~e Menge** незначи́тельное коли́чество
geringfügig *adj* ❶ (*klein*) небольшо́й; ❷ (*unwichtig*) незначи́тельный, малова́жный
gering schätzen *vt* ❶ (*gering einschätzen*) пренебрега́ть, -бре́чь *pf*; ❷ (*verachten*) презира́ть *impf*
geringschätzig *adj* пренебрежи́тельный, презри́тельный
gerinnen *vi* <geronn, geronnen> (*Milch*) сверну́ться *pf*, свёртываться *impf*
Gerippe *nt* <-s, -> (*Skelett*) скеле́т *m*
gerissen I. *part perf von* **reißen**; **II.** *adj* (*schlau*) продувно́й, у́шлый.
geritten *part perf von* **reiten**
Germanist, -in *m/f* <-en, -en> германи́ст *m*
Germanistik *f* <*gen:* -> германи́стика *f*
gern *adv* охо́тно; **jdn ~ haben** хорошо́ относи́ться к кому́-л.; **~ geschehen!** не сто́ит благода́рности!
gerochen *part perf von* **riechen**
geronnen[1] *part perf von* **gerinnen**
geronnen[2] *part perf von* **rinnen**
Gerste *f* <*gen:* -> ячме́нь *m*
Gerte *f* <-, -n> прут *m*
Geruch *m* <-(e)s, Gerüche> за́пах *m*
geruchlos *adj* без за́паха
Geruchssinn *m* <*gen:* -(e)s> обоня́ние *nt*
Gerücht *nt* <-(e)s, -e> слух *m*; **es kursiert das ~, dass ...** хо́дят слу́хи, что...
gerufen *part perf von* **rufen**
geruhen *vi* (*geh*) соизво́лить *pf*, -ля́ть *impf*; **~, etw zu tun** соблаговоли́ть сде́лать что́-л.
geruhsam *adj* неторопли́вый, споко́йный
Gerümpel *nt* <*gen:* -s> ру́хлядь *f*
gerungen *part perf von* **ringen**
Gerüst *nt* <-(e)s, -e> леса́ *pl*
gesamt *adj* весь, це́лый; **die ~e Rechnung** о́бщий счёт
Gesamtbetrag *m* <-(e)s, -beträge> о́бщая су́мма *f*
Gesamtheit *f* <*gen:* -> совоку́пность *f*; **das Volk in seiner ~** наро́д в це́лом
gesandt *part perf von* **senden**
Gesandte(r) *m* <-n, -n> посла́нник *m*
Gesandtschaft *f* <-, -en> ми́ссия *f*
Gesang *m* <-(e)s, Gesänge> ❶ (*das Singen*) пе́ние *nt*; ❷ (*Lied*) пе́сня *f*; ❸ (*Choral*) церко́вное песнопе́ние *nt*
Gesanglehrer, -in *m/f* <-s, ->

учи́тель *m* пе́ния
Gesäß *nt* <-es, -e> я́годицы *pl*
geschaffen *part perf von* **schaffen**[1]
geschafft *part perf von* **schaffen**[2]
Geschäft *nt* <-(e)s, -e> ❶ *(Laden)* магази́н *m*; ❷ *(Gewerbe)* фи́рма *f*, де́ло *nt*; ❸ *(Handel)* сде́лка *f*; **ein gutes ~ machen** заключа́ть вы́годную сде́лку ❹ *(Geschäftsleben)* би́знес *m*
geschäftig *adj* де́ятельный, делово́й
geschäftlich I. *adj* делово́й, служе́бный; **II.** *adv* по де́лу, по слу́жбе.
Geschäftsfrau *f* <-, -en> делова́я же́нщина *f*
Geschäftsmann *m* <-(e)s, -leute> делово́й челове́к *m*, бизнесме́н *m*
geschäftsmäßig *adj* делово́й
geschah *prät von* **geschehen**
geschehen *vi* <geschah, geschehen> произойти́ *pf*, -исходи́ть *impf*, случи́ться *pf*, -ча́ться *impf*; **geschieht dir recht** так тебе́ и на́до
Geschehen *nt* <*gen:* -s> собы́тие *nt*, происше́ствие *nt*
gescheit *adj* у́мный, разу́мный
Geschenk *nt* <-(e)s, -e> пода́рок *m*, дар *m*
Geschichte *f* <-, -n> ❶ *(Erzählung)* расска́з *m*, исто́рия *f*; ❷ *(der Menschheit)* исто́рия *f*; ❸ *(Angelegenheit)* исто́рия *f*; **eine schöne ~!** хоро́шенькое де́ло!
geschichtlich *adj* истори́ческий
Geschick *nt* <-(e)s, -e> ❶ *(Schicksal)* судьба́ *f*, рок *m*; ❷ *(Fertigkeit)* мастерство́ *nt*, сноро́вка *f*
Geschicklichkeit *f* <*gen:* -> мастерство́ *nt*, уме́ние *nt*
geschickt *adj* ло́вкий, иску́сный
geschieden *adj* разведённый
geschienen *part perf von* **scheinen**
geschirmt *adj* (TECH) экрани́рованный
Geschirr *nt* <-(e)s, -e> ❶ *(Küchen~)* посу́да *f*; ❷ *(Geschirrstück)* посу́дина *f*
Geschirrspülmittel *nt* <-s, -> посудомо́ечное сре́дство *nt*
Geschirrtuch *nt* <-(e)s, -tücher> ку́хонное полоте́нце *f*
geschissen *part perf von* **scheißen**
geschlafen *part perf von* **schlafen**
geschlagen *part perf von* **schlagen**
Geschlecht *nt* <-(e)s, -er> ❶ *(menschliches Geschlecht)* род *m*; **das schöne ~** [*o* **schwache ~**] прекра́сный пол [*o* сла́бый пол] ❷ (LING) род *m*; ❸ *(Familie)* род *m*, семья́ *f*
geschlechtlich *adj* полово́й
Geschlechtsteil *m* <-(e)s, -e> полово́й о́рган *m*
Geschlechtswort *nt* <-(e)s, -wörter> арти́кль *m*
geschlichen *part perf von* **schleichen**
geschliffen I. *part perf von* **schleifen**; **II.** *adj* ❶ *(Glas)* шлифо́ванный; ❷ *(fig)* отто́ченный.
geschlossen I. *part perf von* **schließen**; **II.** *adj (verschlossen)* закры́тый; **vorübergehend ~** вре́менно закры́то.
geschlungen *part perf von* **schlingen**[1]
Geschmack *m* <-(e)s, Geschmäcke> вкус *m*; **an etw ~ finden** находи́ть удово́льствие в чём-л.
geschmacklos *adj* безвку́сный
Geschmacklosigkeit *f* <-, -en> безвку́сица *f*
Geschmackssache *f* <*gen:* ->: **das ist ~** э́то де́ло вку́са
geschmackvoll *adj* со вку́сом; **~ gekleidet sein** быть оде́тым со вку́сом
geschmeidig *adj* ❶ *(weich)* мя́гкий; ❷ *(fig: Bewegungen)* ги́бкий, пла́вный; ❸ *(fig: Körper)* ги́бкий, упру́гий
Geschmier *nt* <*gen:* -(e)s> *(pej)* пачкотня́ *f*, мазня́ *f*
geschmissen *part perf von* **schmeißen**
geschmolzen *part perf von* **schmelzen**
geschnitten *part perf von* **schneiden**
geschoben *part perf von* **schieben**
gescholten *part perf von* **schelten**

Geschöpf *nt* <-(e)s, -e> существо́ *nt*
geschoren *part perf von* **scheren**
Geschoss[1] *nt* <-es, -e> ① (*Rakete*) раке́та *f*; ② (*Kugel*) пу́ля *f*
Geschoss[2] *nt* <-es, -e> (*eines Hauses*) эта́ж *m*
geschossen *part perf von* **schießen**
Geschrei *nt* <*gen:* -s> крик *m*, вопль *m*
geschrieben *part perf von* **schreiben**
geschrien *part perf von* **schreien**
geschritten *part perf von* **schreiten**
geschunden *part perf von* **schinden**
Geschütz *nt* <-es, -e> ору́дие *f*; **schweres ~ auffahren** пусти́ть в ход тяжёлую артилле́рию
Geschwader *nt* <-s, -> (MIL) эска́дра *f*
Geschwätz *nt* <*gen:* -es> ① (*umg: Unsinn*) болтовня́ *f*; ② (*Klatsch*) сплётни *pl*
geschwätzig *adj* болтли́вый
geschweige *konj* не говоря́
geschwiegen *part perf von* **schweigen**
geschwind *adj* бы́стрый, ско́рый
Geschwindigkeit *f* <*gen:* -> ско́рость *f*; **mit einer ~ von ...** со ско́ростью
Geschwister *pl* <*gen:* -> брат и сестра́; **haben sie noch ~?** есть ли у вас ещё бра́тья и сёстры?
geschwollen I. *part perf von* **schwellen**; **II.** *adj* опу́хший.
geschwommen *part perf von* **schwimmen**
geschworen I. *part perf von* **schwören**; **II.** *adj* (*Feind*) закля́тый.
Geschworene(r) *m* <-n, -n> прися́жный заседа́тель *m*
Geschwulst *f* <-, Geschwülste> о́пухоль *f*
geschwunden *part perf von* **schwinden**
geschwungen I. *part perf von* **schwingen**; **II.** *adj* изо́гнутый.
Geschwür *nt* <-(e)s, -e> нары́в *m*, гнойни́к *m*
gesehen *part perf von* **sehen**
Geselle *m* <-n, -n> ① (*Handwerks~*) подмастéрье *m*; ② (*Kamerad*) това́рищ *m*; ③ (*Bursche, Kerl*) па́рень *m*, ма́лый *m*
gesellen *vt* присоединя́ться, -ни́ться *pf*; **sich zu jdm ~** присоедини́ться к кому́-л.
gesellig *adj* общи́тельный, конта́ктный
Geselligkeit *f* <*gen:* -> общи́тельность *f*
Gesellschaft *f* <-, -en> ① о́бщество *nt*; ② (ÖKON) компа́ния *f*, това́рищество *nt*; ③ (*Begleitung*) компа́ния *f*; **jdm ~ leisten** соста́вить кому́-л. компа́нию
gesellschaftlich *adj* обще́ственный
gesessen *part perf von* **sitzen**
Gesetz *nt* <-es, -e> ① (*Recht*) зако́н *m*; **nach dem ~** по зако́ну ② (*~esvorlage*) законопрое́кт *m*
Gesetzbuch *nt* <-(e)s, -bücher> ко́декс *m*, свод *m* зако́нов
gesetzgebend *adj* законода́тельный
Gesetzgebung *f* <-, -en> законода́тельство *nt*
gesetzlich *adj* зако́нный; **~er Feiertag** госуда́рственный пра́здник
Gesetzlosigkeit *f* <*gen:* -> беззако́ние *nt*
gesetzmäßig *adj* ① закономе́рный; ② (*rechtmäßig*) зако́нный
gesetzt *adj* степе́нный
Gesetztheit *f* <*gen:* -> степе́нность *f*, соли́дность *f*
gesetzwidrig *adj* противозако́нный; **~es Verhalten** противозако́нное поведе́ние
Gesicht *nt* <-(e)s, -er> ① лицо́ *nt*; **etw zu ~ bekommen** уви́деть что́-л. ② (*Erscheinung*) вид *m*, о́блик *m*
Gesichtsausdruck *m* <-(e)s, -ausdrücke> выраже́ние *nt* лица́
Gesichtswasser *nt* <-s, -wässer> туалéтная вода́ *f*
Gesindel *nt* <*gen:* -s> (*pej*) сброд *m*, отре́бье *nt*
gesinnt *adj* настро́енный; **jdm freundlich/übel ~ sein** быть

дружелю́бно/вражде́бно настро́енным по отноше́нию к кому́-л.
Gesinnung *f* <-, -en> убежде́ния *ntpl*; **politische ~** полити́ческие убежде́ния
gesoffen *part perf von* **saufen**
gesogen *part perf von* **saugen**
gesotten *part perf von* **sieden**
Gespann *nt* <-(e)s, -e> (*von Zugtieren*) упря́жка *f*
gespannt *adj* ① (*erwartungsvoll*) по́лный нетерпе́ния, нетерпели́вый; **auf etw ~ sein** с нетерпе́нием ожида́ть чего́-л. ② (*neugierig*) по́лный любопы́тства; ③ (*straff*) натя́нутый; ④ (*fig: belastet*) напряжённый, натя́нутый; **es herrschte eine ~e Stimmung** цари́ла напряжённая атмосфе́ра
Gespenst *nt* <-(e)s, -er> привиде́ние *nt*
gespenstisch *adj* ① (*Aussehen*) жу́ткий; ② (*fig: schauerlich*) злове́щий, жу́ткий
gesponnen *part perf von* **spinnen**
Gespött *nt* <*gen:* -(e)s> насме́шка *f*; **sich zum ~ machen** сде́латься посме́шищем
Gespräch *nt* <-(e)s, -e> ① разгово́р *m*, бесе́да *f*; **mit jdm ins ~ kommen** завяза́ть с ке́м-л. бесе́ду ② (*Telefon~*) телефо́нный разгово́р *m*
gesprächig *adj* разгово́рчивый, словоохо́тливый
gesprochen *part perf von* **sprechen**
gesprungen *part perf von* **springen**
Gespür *nt* <*gen:* -s> чутьё *nt*, нюх *m*
Gestalt *f* <-, -en> ① (*Form*) фо́рма *f*, вид *m*; **~ annehmen** приобрета́ть я́сные очерта́ния ② (*Körperbau*) фигу́ра *f*; ③ (*literarische Figur*) о́браз *m*, персона́ж *m*
gestalten *vt* оформля́ть, офо́рмить *pf*
Gestaltung *f* <-, -en> оформле́ние *nt*
gestanden *part perf von* **gestehen**
Geständnis *nt* <-ses, -se> призна́ние *nt*; **ein ~ ablegen** созна́ться (в чём-л.)
Gestank *m* <*gen:* -(e)s> вонь *f*, смрад *m*
gestatten I. *vt* разреша́ть, -ши́ть *pf*, позволя́ть, -во́лить *pf*; **jdm etw ~** позво́лить кому́-л. что́-л; **~ sie?** вы позво́лите?; II. *vr* разреша́ть, -ши́ть *pf* себе́; **sich ~, etw zu tun** позво́лить себе́, сде́лать что́-л.
Geste *f* <-, -n> жест *m*
gestehen *vt* <gestand, gestanden> сознава́ть, -зна́ть *pf*, признава́ть, -зна́ть *pf*; **ich muss ~, dass ...** до́лжен призна́ться, что...; **offen gestanden** открове́нно говоря́
Gestein *nt* <-(e)s, -e> го́рная поро́да *f*
Gestell *nt* <-(e)s, -e> ① (*Unterbau*) основа́ние *nt*, ра́ма *f*; ② (*für Bücher*) по́лка *f*, стелла́ж *m*
gestern *adv* вчера́; **nicht von ~ sein** не быть старомо́дным; **~ Abend** вчера́ ве́чером
gestiegen *part perf von* **steigen**
Gestirn *nt* <-(e)s, -e> ① (*Himmelskörper*) небе́сное те́ло *nt*; ② (*Sternbild*) созве́здие *nt*
gestochen I. *part perf von* **stechen**; II. *adj* чёткий, ре́зкий; **eine ~ scharfe Schrift** чёткий по́черк.
gestohlen *part perf von* **stehlen**
gestorben *part perf von* **sterben**
gestoßen *part perf von* **stoßen**
Gesträuch *nt* <-(e)s, -e> куста́рник *m*
gestreift *adj* полоса́тый
gestresst *adj* находя́щийся в состоя́нии стре́сса
gestrichelt *adj* заштрихо́ванный
gestrichen *part perf von* **streichen**
gestrig *adj* вчера́шний
gestritten *part perf von* **streiten**
Gestrüpp *nt* <-(e)s, -e> густы́е за́росли *pl*
gestunken *part perf von* **stinken**
Gestüt *nt* <-(e)s, -e> ко́нный заво́д *m*

G

Gesuch *nt* <-(e)s, -e> ❶ проше́ние *nt*; ❷ (*Antrag*) заявле́ние *nt*, хода́тайство *nt*; **ein ~ einreichen** обраща́ться с хода́тайством

gesund *adj* ❶ (*körperlich*) здоро́вый; ❷ (*fig*) поле́зный; **Gemüse ist ~** о́вощи поле́зны

gesunden *vi* выздора́вливать, вы́здороветь *pf*, поправля́ться, -пра́виться *pf*

Gesundheit *f* <*gen:* -> (*körperliches Wohlbefinden*) здоро́вье *nt*; **auf deine ~!** твоё здоро́вье! **Gesundheit!** бу́дьте здоро́вы!

gesundheitlich *adj* относя́щийся к здоро́вью; **aus #en Gründen** по состоя́нию здоро́вья

Gesundheitswesen *nt* <*gen:* -s> здравоохране́ние *nt*

gesungen *part perf von* **singen**

gesunken *part perf von* **sinken**

getan *part perf von* **tun**

getarnt *adj* замаскиро́ванный

Getöse *nt* <*gen:* -s> бушева́ние *nt*

getragen I. *part perf von* **tragen**; II. *adj* поно́шенный.

Getränk *nt* <-(e)s, -e> напи́ток *m*

getrauen *vr* осме́ливаться, -литься *pf*

Getreide *nt* <-s, -> ❶ зла́ки *pl*, зерновы́е культу́ры *pl*; ❷ (*geh*) хлеба́ *pl*

getrennt *adj* разде́льный, отде́льный; **~ leben** жить отде́льно; **~ bezahlen** плати́ть отде́льно

getreten *part perf von* **treten**

getreu *adj* ❶ ве́рный, пре́данный; ❷ (*genau entsprechend*) ве́рный, то́чный

Getriebe *nt* <-s, -> ❶ (TECH) переда́точный механи́зм *m*; ❷ (KFZ) коро́бка *f* переда́ч

getrieben *part perf von* **treiben**

getroffen *part perf von* **treffen**

getrogen *part perf von* **trügen**

getrost I. *adj* споко́йный, уве́ренный; II. *adv* споко́йно.

getrunken *part perf von* **trinken**

Getue *nt* <*gen:* -s> (*pej*) суета́ *f*, возня́ *f*

Getümmel *nt* <*gen:* -s> ❶ (*Volksmenge*) толчея́ *f*, су́толока *f*; ❷ (*Durcheinander*) сумато́ха *f*

geübt *adj* ❶ (*erfahren*) о́пытный; **ein ~es Auge** намётанный глаз ❷ (*fähig*) спосо́бный

Gewächs *nt* <-es, -e> расте́ние *nt*

Gewächshaus *nt* <-es, -häuser> (*Treibhaus*) тепли́ца *f*

gewagt *adj* риско́ванный, опа́сный

Gewähr *f* <*gen:* -> гара́нтия *f*, руча́тельство *nt*; **ohne ~** без гара́нтии

gewähren *vt* ❶ (*Bitte*) удовлетворя́ть, -ри́ть *pf*; ❷ (*bewilligen*) дава́ть, дать *pf* согла́сие; ❸ (*gestatten*) позволя́ть, -во́лить *pf*; **jdn ~ lassen** предоста́вить кому́-л. свобо́ду де́йствий

gewährleisten *vt* (*sicherstellen*) обеспе́чивать, -чить *pf*

Gewahrsam *m* <*gen:* -s> хране́ние *nt*; **jdn in ~ nehmen** взять кого́-л. под стра́жу

Gewalt *f* <-, -en> ❶ (*Gewaltanwendung*) наси́лие *nt*; **~ anwenden** примени́ть си́лу ❷ (*Macht*) власть *f*; **höhere ~** непреодоли́мые обстоя́тельства ❸ (*Wucht*) си́ла *f*; **mit aller ~** и́зо всех сил

Gewaltherrschaft *f* <-, -en> деспоти́зм *m*

gewaltig *adj* ❶ (*eindrucksvoll*) впечатля́ющий; ❷ (*stark*) си́льный; **da täuschst du dich aber ~!** (*umg*) тут ты си́льно ошиба́ешься! ❸ (*riesig*) огро́мный, мо́щный

gewaltlos I. *adj* ненаси́льственный; II. *adv* ненаси́льственно.

gewaltsam I. *adj* наси́льственный; **ein ~er Tod** наси́льственная смерть; II. *adv* наси́льно; **~ die**

Tür öffnen вы́ломать дверь.

gewalttätig *adj* гру́бый, жесто́кий

Gewand *nt* <-(e)s, Gewänder> одея́ние *nt*

gewandt *adj* ❶ (*flink*) прово́рный; ❷ (*geschickt*) ло́вкий

gewann *prät von* **gewinnen**

gewaschen *part perf von* **waschen**

Gewässer *nt* <-s, -> во́ды *pl*

Gewebe *nt* <-s, -> ❶ (BIO) ткань *f*; ❷ (*Stoff*) ткань *f*

Gewehr *nt* <-(e)s, -e> ружьё *nt*, винто́вка *f*

Geweih *nt* <-(e)s, -e> оле́ньи рога́ *mpl*

Gewerbe *nt* <-s, -> про́мысел *m*, ремесло́ *nt*; **ein ~ anmelden** подава́ть зая́вку на заня́тие про́мыслом; **ein ~ ausüben** занима́ться про́мыслом

Gewerbegebiet *nt* <-(e)s, -e> индустриа́льный райо́н *m*

gewerblich *adj* ❶ промысло́вый, реме́сленный; ❷ (*industriell*) промы́шленный, индустриа́льный

Gewerkschaft *f* <-, -en> профессиона́льный сою́з *m*, профсою́з *m*; **der ~ beitreten** вступа́ть в профсою́з

Gewerkschafter, -in *m/f* <-s, -> член *m* профсою́за

gewerkschaftlich *adj* профсою́зный

gewesen *part perf von* **sein**[1]

gewichen *part perf von* **weichen**

Gewicht *nt* <-(e)s, -e> ❶ вес *m*, тя́жесть *f*; ❷ (*Wichtigkeit*) ва́жность *f*; **ins ~ fallen** име́ть значе́ние; **~ legen auf** придава́ть значе́ние

gewichtig *adj* уве́систый

gewiesen *part perf von* **weisen**

gewillt *adj*: **~ sein, etw zu tun** (*geh*) намерева́ться сде́лать что́-л.

Gewinde *nt* <-s, -> резьба́ *f*

Gewinn *m* <-(e)s, -e> ❶ (ÖKON) при́быль *f*; **~ abwerfen** дава́ть при́быль; **einen ~ erzielen** получи́ть при́быль ❷ (*Spiel~*) вы́игрыш *m*

gewinnen *vt* <gewann, gewonnen> ❶ выи́грывать, вы́играть *pf*; **Zeit ~** вы́играть вре́мя ❷ (*Bodenschätze*) добыва́ть, -бы́ть *pf*

gewinnend *adj* прия́тный, располага́ющий

Gewinner, -in *m/f* <-s, -> победи́тель, -ница *m/f*

Gewinnung *f* <*gen:* -> добы́ча *f*

Gewirr *nt* <*gen:* -(e)s> пу́таница *f*

gewiss I. *adj* (*bestimmt*) не́кий, определённый; **ein ~er Herr Meier** не́кий господи́н Ма́йер; **II.** *adv* (*sicher*) несомне́нно, коне́чно; **aber ~ doch!** ну коне́чно!

Gewissen *nt* <-s, -> со́весть *f*; **etw auf dem ~ haben** име́ть что́-л. на со́вести; **jdm ins ~ reden** взыва́ть к чье́й-л. со́вести

gewissenhaft *adj* добросо́вестный

gewissenlos *adj* бессо́вестный

gewissermaßen *adv* в изве́стной сте́пени, в не́которой сте́пени

Gewissheit *f* <-, -en> уве́ренность *f*; **sich ~ über etw verschaffen** удостове́риться в чём-л.

Gewitter *nt* <-s, -> гроза́ *f*

gewittrig *adj* грозово́й

gewoben *part perf von* **weben**

gewogen I. *part perf von* **wiegen**; **II.** *adj* доброжела́тельный; **jdm ~ sein** быть располо́женным к кому́-л.

gewöhnen I. *vt* приуча́ть, -чи́ть *pf*; **jdn an etw ~** приучи́ть кого́-л. к чему́-л.; **etw gewöhnt sein** быть привы́чным к чему́-л.; **II.** *vr* привыка́ть, -вы́кнуть *pf*; **sich an etw ~** привы́кнуть к чему́-л.

Gewohnheit *f* <-, -en> привы́чка *f*; **zur ~ werden** войти́ в привы́чку; **die Macht der ~** си́ла привы́чки

gewöhnlich *adj* ❶ (*üblich*) обы́чный; ❷ (*pej: unfein*) обыкнове́нный, зауря́дный; **ein ziemlich ~er Mensch** дово́льно зауря́дный челове́к

gewohnt *adj* привы́чный; **etw ~ sein**

быть приу́ченным к чему́-л.
Gewöhnung *f* <*gen:* -> (*Anpassung*) привыка́ние *nt*
Gewölbe *nt* <-s, -> свод *m*
gewölbt *adj* сво́дчатый
gewonnen *part perf von* **gewinnen**
geworben *part perf von* **werben**
geworden *part perf von* **werden**
geworfen *part perf von* **werfen**
gewrungen *part perf von* **wringen**
Gewühl *nt* <*gen:* -(e)s> ❶ (*Menschen~*) да́вка *f*, толчея́ *f*; ❷ (*Wühlen*) копа́ние *nt*
gewunden *part perf von* **winden**
Gewürz *nt* <-es, -e> пря́ность *f*, припра́ва *f*
Gewürzgurke *f* <-, -n> марино́ванный огуре́ц *m*
gewusst *part perf von* **wissen**
Gezeiten *pl* <*gen:* -> прили́вы и отли́вы
gezielt *adj* целенапра́вленный; **~e Fragen** целенапра́вленные вопро́сы; **~e Kritik** целенапра́вленная кри́тика
gezogen *part perf von* **ziehen**
Gezwitscher *nt* <*gen:* -s> щебета́ние *nt*, щёбет *m*
gezwungen I. *part perf von* **zwingen**; II. *adj* (*unnatürlich, gekünstelt*) натя́нутый, принуждённый.
gezwungenermaßen *adv* понево́ле
Gicht *f* <*gen:* -> пода́гра *f*
Giebel *m* <-s, -> фронто́н *m*
Gier *f* <*gen:* -> жа́дность *f*, а́лчность *f*
gierig *adj* (*nach*) жа́дный, а́лчный (до чего́-л)
gießen I. *vt* <goss, gegossen> ❶ (*in ein Gefäß*) лить *impf*; ❷ (*in ein Glas*) налива́ть, -ли́ть *pf*; ❸ (*verschütten*) пролива́ть, -ли́ть *pf*; ❹ (*Blumen*) полива́ть, -ли́ть *pf*; II. *vi* (*umg: regnen*) лить *impf*; **es gießt in Strömen** льёт как из ведра́
Gießkanne *f* <-, -en> ле́йка *f*
Gift *nt* <-(e)s, -e> ❶ (*zubereitetes Gift*) отра́ва *f*, яд *m*; ❷ (*von Tier oder Pflanze*) яд *m*
giftig *adj* ❶ (*vergiftet*) отра́вленный; ❷ (ZOOL) ядови́тый; ❸ (BOT, MED) токси́чный; ❹ (*boshaft*) язви́тельный, ядови́тый
Giftmüll *m* <*gen:* -(e)s> токси́чные отхо́ды *pl*
Giftschlange *f* <-, -n> ядови́тая змея́ *f*
Gigant *m* <-en, -en> гига́нт *m*, велика́н *m*
gigantisch *adj* гига́нтский
Gilde *f* <-, -n> ги́льдия *f*
ging *prät von* **gehen**
Ginseng *m* <-s, -s> женьше́нь *m*
Gipfel *m* <-s, -> ❶ верши́на *f*; **einen ~ erzwingen** покори́ть верши́ну ❷ (*fig*) апоге́й *m*
gipfeln *vi* достига́ть, -сти́гнуть *pf* вы́сшей то́чки
Gipfeltreffen *nt* <-s, -> (POL) встре́ча *f* в верха́х
Gips *m* <-es, -e> гипс *m*
Gipsbein *nt* <-(e)s, -e> нога́ *f* в ги́псе
gipsen *vt* ❶ гипсова́ть, за- *pf*; ❷ (MED) наложи́ть *pf* ги́псовую повя́зку
Gipsverband *m* <-(e)s, -verbände> ги́псовая повя́зка *f*
Giraffe *f* <-, -n> жира́ф *m*
Gischt *f* <*gen:* -> пе́на *f*
Gitarre *f* <-, -n> гита́ра *f*
Gitarrist, -in *m/f* <-en, -en> гитари́ст, -ка *m/f*
Gitter *nt* <-s, -> решётка *f*; **jdn hinter ~ bringen** (*umg*) посади́ть кого́-л. за решётку
Gladiole *f* <-, -n> гладио́лус *m*
Glanz *m* <*gen:* -es> ❶ (*von Gegenständen*) блеск *m*; ❷ (*Schein*) сия́ние *nt*
glänzen *vi* ❶ блесте́ть *impf*; ❷ (*glitzern*) сверка́ть *impf*; ❸ (*vor Fett*) лосни́ться *impf*; ❹ (*fig*) блиста́ть *impf*; **durch Abwesenheit ~** блиста́ть отсу́тствием
glänzend *adj* ❶ блестя́щий; ❷ (*glitzernd*) сверка́ющий; ❸ (*fig*) блестя́щий

glanzlos *adj* ❶ матовый, тусклый; ❷ (*fig*) бесцветный

Glas *nt* <-es, Gläser> ❶ (*Trink~*) стекло́ *nt*; ❷ (*Fern~*) бино́кль *m*; ❸ (*Brillen~*) стекло́ *nt* для очко́в; **ein ~ Bier** стака́н пи́ва

Glaser, -in *m/f* <-s, -> стеко́льщик, -щица *m/f*

Glaserei *f* <-, -en> стеко́льная мастерска́я *f*

gläsern *adj* ❶ (*aus Glas*) стекля́нный; ❷ (*fig: starr*) стекля́нный, засты́вший

Glashütte *f* <-, -n> стеко́льный заво́д *m*

glasieren *vt* (*Gebäck, Keramik*) глазурова́ть *impf/pf*, покрыва́ть, -кры́ть *pf* глазу́рью

glasig *adj* ❶ (*Zwiebeln*) прозра́чный; ❷ (*fig: Blick*) стекля́нный, засты́вший

Glasperle *f* <-, -n> би́серина *f*

Glastür *f* <-, -en> застеклённая дверь *f*

Glasur *f* <-, -en> глазу́рь *f*

glatt I. *adj* ❶ (*eben*) ро́вный; ❷ (*rutschig*) ско́льзкий; ❸ (*Stoff*) гла́дкий; **II.** *adv* ❶ (*eben*) гла́дко, ро́вно; ❷ (*direkt*) пря́мо.

Glätte *f* <*gen:* -> ❶ (*Ebenheit*) ро́вность *f*, гла́дкость *f*; ❷ (*Schlüpfrigkeit*) ско́льзкость *f*

Glatteis *nt* <*gen:* -es> гололе́дица *f*, гололёд *m*; **jdn aufs ~ führen** (*fig*) сбить кого́-л. с то́лку

glätten I. *vt* (*glatt machen*) разгла́живать, -гла́дить *pf*; **II.** *vr* (*fig*) сгла́живать, сгла́дить *pf*

Glatze *f* <-, -n> лы́сина *f*; **eine ~ bekommen** облысе́ть

Glaube *m* <-ns, -n> ❶ (REL) ве́ра *f*; ❷ (*Gewissheit, Überzeugung*) убеждённость *f*; **den ~n an etw verlieren** потеря́ть ве́ру во что́-л.

glauben *vt* ❶ (*meinen*) полага́ть *impf*, ду́мать, по- *pf*; **glaubst du?** ты полага́ешь? ❷ (*für wahr halten*) ве́рить, по- *pf*; **ob du es glaubst oder nicht** ве́ришь ты э́тому и́ли нет; **das ist kaum zu ~** э́тому невозмо́жно пове́рить

Glaubensbekenntnis *nt* <-ses, -se> вероисповеда́ние *nt*

glaubhaft *adj* ❶ (*zu glauben*) правдоподо́бный; **jdm etw ~ machen** предста́вить кому́-л. что́-л. в правдоподо́бном ви́де ❷ (*überzeugend*) убеди́тельный

gläubig *adj* ве́рующий

Gläubige(r) *m* <-n, -n> ве́рующий *m*; **die ~n** ве́рующие

Gläubiger, -in *m/f* <-s, -> кредито́р *m*, заимода́вец *m*

glaubwürdig *adj* ❶ (*Person*) заслу́живающий дове́рия; ❷ (*Information*) достове́рный, правди́вый

gleich I. *adj* ❶ (*identisch, übereinstimmend*) одина́ковый, тако́й же; ❷ (*vergleichbar*) сравни́мый, подо́бный; ❸ (*gleichgültig*) безразли́чный; **das ist ihm ~** ему́ э́то всё равно́; **II.** *adv* ❶ (*sofort*) сейча́с; **ich komme ~** сейча́с приду́; ❷ (*in identischer Weise*) таки́м же о́бразом; **~ gesinnt** одни́х взгля́дов.

gleichaltrig *adj* одного́ во́зраста

gleichartig *adj* одноро́дный

Gleichberechtigung *f* <*gen:* -> равнопра́вие *nt*

gleich bleiben I. *irr vi* (*unverändert bleiben*) не изменя́ться, -ни́ться *pf*, остава́ться, -та́ться *pf* неизме́нным; **II.** *vr* остава́ться, -та́ться *pf* неизме́нным

gleichen *vi* <glich, geglichen> походи́ть *impf*; **sie gleicht ganz ihrer Mutter** она́ вся в мать

gleichermaßen *adv* (*in gleicher Weise*) ра́вным о́бразом

gleichfalls *adv* та́кже, то́же; **danke, ~!** спаси́бо, и вам того́ же!

Gleichgewicht *nt* <*gen:* -(e)s> равнове́сие *nt*, сбаланси́рованность *f*; **das ~ verlieren** теря́ть равнове́сие

gleichgültig *adj* ❶ (*uninteressiert*)

равноду́шный, безразли́чный ② (*belanglos, unwichtig*) несуще́ственный; **das ist mir ~** мне э́то безразли́чно

Gleichgültigkeit *f* <*gen:* -> безразли́чие *nt*, равноду́шие *nt*

Gleichheitszeichen *nt* <-s, -> знак *m* ра́венства

gleichkommen *irr vi* равня́ться *impf*; **jdm ~ an** быть ра́вным кому́-л. в чём-л.

gleichmäßig *adj* ① (*ebenmäßig*) равноме́рный; ② (*fig: ausgeglichen*) уравнове́шенный

Gleichnis *nt* <-ses, -se> (REL) при́тча *f*

gleichsehen *irr vi* походи́ть *impf*, быть *impf* похо́жим; **das sieht ihm gleich** э́то на него́ похо́же

gleichseitig *adj* равносторо́нний

gleichsetzen *vt* ① (*vergleichen*) прира́внивать, -равня́ть *pf*; ② (*als gleichwertig betrachten*) отождествля́ть, -стви́ть *pf*

Gleichstellung *f* <-, -en> ура́внивание *nt*

gleichtun *vt:* **es jdm ~** подража́ть кому́-л.

Gleichung *f* <-, -en> уравне́ние *nt*

gleichwertig *adj* равноце́нный

gleichzeitig I. *adv* одновреме́нно, ра́зом; **II.** *adj* одновреме́нный.

Gleis *nt* <-es, -e> колея́ *f*, ре́льсы *pl*; **jdn aus dem ~ bringen** (*fig*) вы́бить кого́-л. из коле́и

gleißend *adj* блестя́щий, сея́ющий

gleiten *vi* <glitt, geglitten> ① (*über das Eis*) скользи́ть *impf*; ② (*Blicke*) скользи́ть *impf*; **die Blicke ~ lassen** оки́дывать взгля́дом

Gleitflugzeug *nt* <-(e)s, -e> планёр *m*

Gletscher *m* <-s, -> ледни́к *m*, гле́тчер *m*

glich *prät von* **gleichen**

Glied *nt* <-(e)s, -er> ① (*Körperteil*) член *m*, коне́чность *f*; **an allen ~ern zittern** дрожа́ть всем те́лом ② (*Penis*) мужско́й полово́й член *m*; ③ (*Ketten~*) звено́ *nt*

gliedern I. *vt* (*unterteilen*) подразделя́ть, -ли́ть *pf*, разделя́ть, -ли́ть *pf*; **II.** *vr* подразделя́ться *impf*

Gliederung *f* <-, -en> (*Aufbau, Einteilung*) разделе́ние *nt*, деле́ние *nt*, разби́вка *f*

Gliedmaßen *pl* <*gen:* -> коне́чности *pl*

glimmen *vi* <glomm, geglommen> ① тлеть *impf*; ② (*fig*) тлеть *impf*, те́плиться *impf*

glimpflich *adj* благополу́чный, без больши́х поте́рь

glitschig *adj* ско́льзкий

glitt *prät von* **gleiten**

glitzern *vi* ① блесте́ть *impf*; ② (*Sterne*) сверка́ть *impf*

global *adj* глоба́льный, мирово́й

Globalisierung *f* <*gen:* -> глобализа́ция *f*

Globus *m* <-, Globen> гло́бус *m*

Glocke *f* <-, -n> ① (*Turmglocke*) ко́локол *m*; ② (*Klingel*) звоно́к *m*

Glockenspiel *nt* <-(e)s, -e> кура́нты *pl*

glomm *prät von* **glimmen**

Glossar *nt* <-s, -e> глосса́рий *m*

Glosse *f* <-, -n> ① ирони́ческое замеча́ние *nt*; ② кра́ткий коммента́рий *m*

glotzen *vi* глазе́ть *impf*, уста́виться *pf*

Glück *nt* <*gen:* -(e)s> ① сча́стье *nt*; **auf gut ~** науда́чу ② (*Glücksfall*) уда́ча *f*; **was für ein ~!** что за уда́ча! **du kannst von ~ sagen** счита́й, что тебе́ повезло́; **ein ~, dass ...** сча́стье, что...

glückbringend *adj* принося́щий сча́стье

glücken *vi* уда́ться *pf*, удава́ться *impf*; **ein geglückter Versuch** уда́чная попы́тка

gluckern *vi* (*Wasser*) бу́лькать *impf*

glücklich *adj* ① (*froh*) счастли́вый; ② (*erfolgreich*) успе́шный, уда́чный

glücklicherweise *adv* к сча́стью

Glückseligkeit *f* <*gen:* -> блаже́нство *nt*

Glücksfall *m* <-(e)s, -fälle>

счастли́вый слу́чай *m*
Glückspilz *m* <-es, -e> (*umg*) счастли́вчик *m*
Glücksspiel *nt* <-(e)s, -e> аза́ртная игра́ *f*
glücksverheißend *adj* суля́щий сча́стье
Glückwunsch *m* <-es, -wünsche> поздравле́ние *nt*; **herzlichen ~ zum Geburtstag!** серде́чно поздравля́ю с днём рожде́ния!
Glühbirne *f* <-, -n> электри́ческая ла́мпочка *f*
glühen *vi* ❶ горе́ть *impf*; ❷ (*Herdplatte*) накаля́ться, -ли́ться *pf*
Glühfaden *m* <-s, -fäden> (EL) нить *f* нака́ла
Glühwein *m* <-(e)s, -e> глинтве́йн *m*
Glühwürmchen *nt* <-s, -> светлячо́к *m*
Glut *f* <-, -en> ❶ (*Sonnenglut*) зной *m*, жар *m*; ❷ (*glühende Masse*) жар *m*
Gluten *nt* <*gen:* -> глюте́н *m*, клейкови́на *f*
glutenfrei *adj* без глюте́на, безглюте́новый
glutrot *adj* багро́вый
Gnade *f* <-, -n> ❶ (*Erbarmen*) ми́лость *f*; ❷ (*Schonung*) поща́да *f*; **um ~ bitten** проси́ть поща́ды
gnadenlos *adj* беспоща́дный, безжа́лостный
gnädig *adj* ❶ (*barmherzig*) ми́лостивый; ❷ (*herablassend*) снисходи́тельный
Gold *nt* <*gen:* -(e)s> зо́лото *nt*
golden *adj* золото́й; **~er Schnitt** золото́е сече́ние; **die ~e Mitte wählen** вы́брать золоту́ю середи́ну
Goldfisch *m* <*gen:* -(e)s> золота́я ры́бка *f*
Goldgrube *f* <-, -n> золото́е дно *nt*
goldig *adj* (*fig*) преле́стный
Goldmedaille *f* <-, -n> золота́я меда́ль *f*
Goldmünze *f* <-, -n> золота́я моне́та *f*
Goldschmied, -in *m/f* <-(e)s, -e> ювели́р *m*
Goldsucher *m* <-s, -> золотоиска́тель *m*, стара́тель *m*
Golf[1] *m* <-(e)s, -e> (GEOG) морско́й зали́в *m*
Golf[2] *nt* <*gen:* -s> (SPORT) гольф *m*
Golfplatz *m* <-es, -plätze> площа́дка *f* для игры́ в гольф
Golfschläger *m* <-s, -> клю́шка *f*
Golfspieler, -in *m/f* <-s, -> игро́к *m* в гольф
Gong *m* <-s, -s> гонг *m*
gönnen I. *vt* удоста́ивать, -сто́ить *pf*; **II.** *vr* позволя́ть, -во́лить *pf*, разреша́ть, -ши́ть *pf*
Gönner, -in *m/f* <-s, -> покрови́тель, -ница *m/f*
gönnerhaft *adj* покрови́тельственный
gor *prät von* **gären**
Gorilla *m* <-s, -s> гори́лла *f*
goss *prät von* **gießen**
Gosse *f* <-, -n> водосто́чный жёлоб *m*, сто́чная кана́ва *f*
Gotik *f* <*gen:* -> го́тика *f*
gotisch *adj* готи́ческий
Gott *m* <-es, Götter> бог *m*; **~ sei Dank!** сла́ва бо́гу! **an ~ glauben** ве́рить в бо́га
Gottesdienst *m* <-(e)s, -e> богослуже́ние *nt*, слу́жба *f*
Gotteshaus *nt* <-es, -häuser> це́рковь *f*, храм *m*
Gottheit *f* <-, -en> ❶ (*Göttlichkeit*) боже́ственность *f*; ❷ (*ein Gott*) божество́ *nt*
Göttin *f* <-, -nen> боги́ня *f*
göttlich *adj* бо́жий, бо́жеский
gottlob *adv* сла́ва бо́гу; **~ ist es nicht mehr weit** сла́ва бо́гу, тепе́рь недалеко́
Gottlosigkeit *f* <*gen:* -> безбо́жие *nt*
Götze *m* <-n, -n> ❶ и́дол *m*; ❷ (*pej*) истука́н *m*
Gourmet *m* <-s, -s> гурма́н *m*
GPS *nt* <*gen:* -> *abk von* ***Global Positioning System*** систе́ма *f* GPS
Grab *nt* <-(e)s, Gräber> моги́ла *f*; **zu ~e tragen** хорони́ть

G

graben *vt* <grub, gegraben> копа́ть, вы́- *pf*, рыть, вы́- *pf*

Graben *m* <-s, Gräben> ① ров *m*, кана́ва *f*; ② (MIL) око́п *m*, транше́я *f*

Grabmal *nt* <-s, -mäler> надгро́бный па́мятник *m*

Grabstein *m* <-(e)s, -e> надгро́бный ка́мень *m*

Grad *m* <-(e)s, -e> ① (*bei Temperaturangaben*) гра́дус *m*; **es ist 10 ~ über/unter null** 10 гра́дусов вы́ше/ни́же нуля́ ② (*Stufe, Ausmaß*) сте́пень *f*; **bis zu einem gewissen ~** до определённой сте́пени

Graf *m* <-en, -en> граф *m*

Grafik *f* <-, -en> (*Kunstwerk, Gewerbe*) гра́фика *f*

Grafiker, -in *m/f* <-s, -> гра́фик *m*

Gräfin *f* <-, -nen> графи́ня *f*

grafisch *adj* графи́ческий; **~e Darstellung** графи́ческое изображе́ние

Grafschaft *f* <-, -en> гра́фство *nt*

grämen *vr* горева́ть, по- *pf*; **sich über jdn ~** тоскова́ть по кому́-л.

Gramm *nt* <-s, (-e)> грамм *m*

Grammatik *f* <-, -en> грамма́тика *m*

grammatisch *adj* граммати́ческий

Granate *f* <-, -n> грана́та *f*

Granatfeuer *nt* <*gen:* -s> разры́вы *mpl* грана́т

grandios *adj* грандио́зный

Granit *m* <-s, -e> грани́т *m*

Grapefruit *f* <-, -s> грейпфру́кт *m*

Graphik *f* <-, -en> (*Kunstwerk, Gewerbe*) гра́фика *f*

Graphiker, -in *m/f* <-s, -> гра́фик *m*

graphisch *adj* графи́ческий

Graphit, Grafit *m* <-(e)s, -e> графи́т *m*

Graphologe, Grafologe, -in *m/f* <-n, -n> графо́лог *m*

grapschen *vt* ца́пать, сца́пать *pf*, хвата́ть, схвати́ть *pf*

Gras *nt* <-es, Gräser> трава́ *f*; **ins ~ beißen** (*umg*) протяну́ть но́ги

grasen *vi* пасти́сь *impf*

Grashalm *m* <-(e)s, -e> сте́бель *m* травы́, трави́нка *f*

grassieren *vi* (*Seuche*) свире́пствовать *impf*

grässlich *adj* ① (*grauenvoll*) ужа́сный; ② (*widerlich*) отврати́тельный, омерзи́тельный; ③ (*furchtbar*) стра́шный; **ein ~er Kerl** отврати́тельный тип; **ein ~es Verbrechen** ужа́сное преступле́ние

Grat *m* <-(e)s, -e> ① (*Berg~*) го́рный хребе́т *m*; ② (TECH) ребро́ *nt*, грань *f*

Gräte *f* <-, -n> ры́бья кость *f*

Gratifikation *f* <-, -en> де́нежная награ́да *f*

gratis *adv* беспла́тно, да́ром; **~ anbieten** предлага́ть да́ром

Gratulant, -in *m/f* <-en, -en> поздрави́тель *m*

Gratulation *f* <-, -en> поздравле́ние *nt*

gratulieren *vi* поздравля́ть, -ра́вить *pf*; **jdm zum Geburtstag ~** поздра́вить кого́-л. с днём рожде́ния

grau *adj* се́рый; **~e Haare bekommen** седе́ть

Gräuel *m* <-s, -> ① (*Grauen*) у́жас *m*; **etw ist jdm ein ~** кто́-л. терпе́ть не мо́жет чего́-л. ② (*~tat*) злодея́ние *nt*, зве́рство *nt*

grauen *vi* света́ть *impf*; **der Morgen fängt an zu ~** начина́ет света́ть

Grauen *nt* <*gen:* -s> (*Entsetzen*) у́жас *m*

grauenhaft *adj* ужа́сный, страшный

Grauer Star *m* <*gen:* -> бельмо́ *nt*

grauhaarig *adj* седо́й, седоволо́сый

Graupel *f* <-, -n> ме́лкий град *m*

grausam *adj* ① (*brutal*) жесто́кий; ② (*fig:*) ужа́сный, стра́шный

Grausamkeit *f* <-, -en> жесто́кость *f*, зве́рство *nt*

grausen *vr* (*vor*) о́чень боя́ться *impf*

grausig *adj* ужа́сный, стра́шный

gravieren *vt* гравирова́ть, вы́- *pf*

gravierend *adj* (*schwerwiegend*) вéский
Gravitation *f* <*gen:* -> гравитáция *f*, тяготéние *nt*
grazil *adj* грациóзный, изя́щный
greifbar *adj* (*zur Verfügung stehend*) имéющийся в распоряжéнии; **in ~er Nähe** в непосрéдственной бли́зости
greifen *vt* <griff, gegriffen> ① (*ergreifen*) брать, взять *pf*; **nach etw ~** брáться за чтó-л. ② (*fangen*) хватáть, схвати́ть *pf*
Greis *m* <-es, -e> стари́к *m*, стáрец *m*
grell *adj* ① (*Stimme*) рéзкий; ② (*Sonne*) я́ркий; ③ (*Farben*) кричáщий
Gremium *nt* <-s, Gremien> коми́ссия *f*, совéт *m*
Grenze *f* <-, -n> ① (*von Staatsgebiet*) грани́ца *f*; ② (*Trennungslinie*) грани́ца *f*, рубéж *m*; ③ (*fig*) предéл *m*; **alles hat seine ~n** всемý есть предéл
grenzen *vi* грани́чить *impf*
grenzenlos *adj* безграни́чный, бескрáйний
Grenzkontrolle *f* <-, -n> пограни́чный контрóль *m*
Grenzübergang *m* <-(e)s, -übergänge> перехóд *m* чéрез грани́цу
Greuel *alte Schreibung für* **Gräuel**
Grieche *m* <-n, -n> грек *m*
Griechenland *nt* <*gen:* -s> Грéция *f*
Griechin *f* <-, -nen> гречáнка *f*
griechisch *adj* грéческий
griesgrämig *adj* (*unfreundlich, mürrisch*) угрю́мый
Grieß *m* <*gen:* -es> мáнная крупá *f*
griff *prät von* **greifen**
Griff *m* <-(e)s, -e> ① (*Greifen, Zugriff*) хватáние *nt*, схвáтывание *nt*; ② (*Stiel*) рýчка *f*; ③ (*von Pistole*) рукоя́тка *f*; ④ (*Türgriff*) рýчка *f*; ⑤ (*Handgriff*) приём *m*; **die Situation im ~ haben** контроли́ровать ситуáцию; **etw in den ~ bekommen** спрáвиться с чéм-л.
griffbereit *adj* под рукóй
Grill *m* <-s, -s> ① (*für Speisen*) гриль *m*; ② (KFZ: *Kühler~*) решётка *f* радиáтора
Grille *f* <-, -n> сверчóк *m*
grillen *vt* поджáривать, -жáрить *pf* на гри́ле
Grimasse *f* <-, -n> гримáса *m*; **~n schneiden** дéлать гримáсы
grimmig *adj* ① (*zornig*) гнéвный; **ein ~es Gesicht machen** сдéлать свирéпое лицó ② (*übermäßig*) чрезвычáйно си́льный; **~e Kälte** лю́тый морóз
grinsen *vi* ухмыля́ться, -льнýться *pf*
Grippe *f* <-, -n> грипп *m*
Grippevirus *nt* <-, -viren> возбуди́тель *m* гри́ппа
grob *adj* ① (*derb, rau*) грýбый; ② (*ungefähr*) приблизи́тельный; ③ (*barsch, unhöflich*) грýбый, невéжливый; **ein ~er Mensch** грýбый человéк
Grobheit *f* <*gen:* -> грýбость *f*; **jdm ~en ins Gesicht sagen** груби́ть комý-л. в лицó
Grobian *m* <-(e)s, -e> грубия́н *m*
Grog *m* <-s, -s> грог *m*
grölen *vi* орáть *impf*
Groll *m* <*gen:* -(e)s> (*geh*) затаённая злóба *f*, злость *f*
grollen *vi* ① (*jdm ~*) серди́ться, рас- *pf*; ② (*Donner*) гремéть, про- *pf*, громыхáть, про- *pf*
Grönland *nt* <*gen:* -s> Гренлáндия *f*
groß *adj* ① (*bedeutend*) значи́тельный; ② (*umfangreich*) большóй, обши́рный; **eine ~e Zuhörerschaft** обши́рный круг слýшателéй ③ (*riesig*) огрóмный; ④ (*hochgewachsen*) высóкий; ⑤ (*großartig*) бесподóбный, великолéпный; ⑥ (*Fläche*) большóй; ⑦ (*sehr*) óчень; **~e Lust auf etw haben** óчень хотéть чегó-л.; **im Großen und Ganzen** в óбщем и цéлом
groß angelegt *adj* широкомасштáбный
großartig *adj* ① (*wunderbar*)

G

чудéсный, великолéпный; ② (*ausgezeichnet*) отли́чный, превосхóдный

Großaufnahme *f* <-, -n> съёмка *f* крýпным плáном

Großbritannien *nt* <*gen:* -s> Великобритáния *f*

Großbuchstabe *m* <-ns/-n, -n> большáя бýква *f*, заглáвная бýква *f*

Größe *f* <-, -n> ① (*Umfang, Format, Nummer*) размéр *m*; ② (*Höhe*) высотá *f*; ③ (MATH) величинá *f*; ④ (*Bedeutsamkeit*) значи́тельность *f*, вели́чие *nt*

Großeltern *pl* <*gen:* -> дéдушка *m* и бáбушка *f*

Größenwahn *m* <*gen:* -(e)s> мáния *f* вели́чия

Großhandel *m* <*gen:* -s> оптóвая торгóвля *f*

Großmacht *f* <-, -mächte> вели́кая держáва *f*

Großmutter *f* <-, -mütter> бáбушка *f*

Großschreibung *f* <*gen:* -> написáние *nt* с большóй бýквы

großspurig *adj* кичли́вый, высокомéрный

Großstadt *f* <-, -städte> большóй гóрод *m*

größtmöglich *adj* сáмый большóй, максимáльно возмóжный

Großtuerei *f* <*gen:* -> (*pej*) хвастовствó *nt*

Großvater *m* <-s, -väter> дéдушка *m*

großziehen *irr vt* выращивать, вы́растить *pf*

großzügig *adj* ① (*tolerant*) великодýшный; ② (*spendabel*) щéдрый; ③ (*weiträumig*) простóрный

Großzügigkeit *f* <*gen:* -> ① (*Freigebigkeit*) щéдрость *f*; ② (*räumlich*) масштáбность *f*

grotesk *adj* гротéскный

Grotte *f* <-, -n> грот *m*

grub *prät von* **graben**

Grübchen *nt* <-s, -> я́мочка *f*

Grube *f* <-, -n> ① (*Vertiefung im Boden*) я́ма *f*; ② (BERGB) шáхта *f*; **wer anderen eine ~ gräbt, fällt selbst hinein** не рóй другóму я́му - сам в неё попадёшь

grübeln *vi* (*über*) размышля́ть *impf*; **erfolgslos über eine Frage ~** безуспéшно ломáть себé гóлову над вопрóсом

Gruft *f* <-, Grüfte> ① (*Grabgewölbe*) склеп *m*; ② (*Grabmal*) надгрóбный пáмятник *m*

grün *adj* зелёный

Grünanlage *f* <-, -n> зелёные насаждéния *pl*, сквер *m*

grünblau *adj* зеленовáто-голубóй

Grund *m* <-(e)s, Gründe> ① (*Ursache*) причи́на *f*, основáние *nt*; **einer Sache auf den ~ gehen** глубокó вни́кнуть в сýть какóго-л. дéла; **von ~ auf** коренны́м óбразом; **im ~e** в сýщности ② (*Grundlage*) оснóва *f*, основáние *nt*; **den ~ zu etw legen** (*die Voraussetzung für etw schaffen*) создáть предпосы́лки для чегó-л.

Grundbesitz *m* <-es, -e> земéльная сóбственность *f*

gründen *vt* оснóвывать, -новáть *pf*, учреждáть, -реди́ть *pf*; **sich auf etw ~** оснóвываться на чём-л.

Gründer, -in *m/f* <-s, -> основáтель, -ница *m/f*

Grundgesetz *nt* <*gen:* -es> конститýция *f*

Grundkapital *nt* <*gen:* -s> (ÖKON) уставнóй капитáл *m*

Grundkenntnisse *pl* <*gen:* -> оснóвы *pl* наýк

Grundlage *f* <-, -n> оснóва *f*, основáние *nt*; **die ~n für etw schaffen** создáть оснóву для чегó-л.

grundlegend *adj* (*für*) основополагáющий, основнóй

gründlich *adj* основáтельный, тщáтельный

grundlos *adj* ① (*unbegründet*) беспричи́нный; ② (*sehr tief*) бездóнный

Grundrecht *nt* <-(e)s, -e> основно́е пра́во *nt*

Grundsatz *m* <-es, -sätze> при́нцип *m*; **an seinen Grundsätzen festhalten** твёрдо отста́ивать свой при́нципы

grundsätzlich *adj* ① принципиа́льный; ② (*im Allgemeinen*) в о́бщем; **~ zu etw bereit sein** быть в при́нципе к чему́-л. гото́вым

Grundschule *f* <-, -n> нача́льная шко́ла *f*

Grundstück *nt* <-(e)s, -e> земе́льный уча́сток *m*

Gründung *f* <-, -en> основа́ние *nt*, учрежде́ние *nt*

Grundwasser *nt* <*gen:* -s> грунто́вые во́ды *pl*

Grundwortschatz *m* <*gen:* -es> основно́й запа́с *m* слов

Gruppe *f* <-, -n> ① гру́ппа *f*; ② (*Arbeits~*) рабо́чая гру́ппа *f*; **in ~n einteilen** группирова́ть

Gruppenarbeit *f* <-, -en> коллекти́вная рабо́та *f*

Gruppenaufnahme *f* <-, -n> группово́й сни́мок *m*

gruselig *adj* жу́ткий, стра́шный

Gruß *m* <-es, Grüße> приве́т *m*; **jdm einen ~ ausrichten** переда́ть кому́-л. приве́т; **viele Grüße, euer ...** (*am Briefende*) всем привет, ваш...

grüßen *vt* приве́тствовать, по- *pf*; **grüß dich!** приве́тствую! **jdn ~ lassen** переда́ть приве́т кому́-л.

Grütze *f* <*gen:* -> ка́ша *f*

gucken *vi* гляде́ть, по- *pf*; **durchs Schlüsselloch ~** смотре́ть сквозь замо́чную скважину

Gulasch *nt* <-(e)s, -e> гуля́ш *m*

gültig *adj* действи́тельный

Gültigkeit *f* <*gen:* -> (*das Gültigsein*) де́йственность *f*, зако́нность *f*

Gummi *nt* <-s, -s> ① рези́на *f*; ② (*Radiergummi*) рези́нка *f*; ③ (*umg: Präservativ*) презервати́в *m*

Gummiband *nt* <-(e)s, -bänder> (*für Kleider*) рези́нка *f*

Gummihandschuh *m* <-es, -e> рези́новая перча́тка *f*

Gummiknüppel *m* <-s, -> рези́новая дуби́нка *f*

Gummistiefel *m* <-s, -> рези́новый сапо́г *m*

Gunst *f* <*gen:* -> благоскло́нность *f*, расположе́ние *nt*; **sich jds ~ erwerben** завоева́ть чьё-л. расположе́ние; **zu jds ~en** в чью-л. по́льзу

günstig *adj* удо́бный, вы́годный; **~es Angebot** вы́годное предложе́ние

Gurgel *f* <-, -n> го́рло *nt*, гло́тка *f*; **jdn an der ~ packen** взять кого́-л. за го́рло

gurgeln *vi* (*mit Mundwasser*) полоска́ть, про- *pf*

Gurke *f* <-, -n> ① огуре́ц *m*; ② (*Essig~*) марино́ванный огуре́ц *m*

Gurt *m* <-(e)s, -e> ① (*Riemen*) реме́нь *m*; ② (*Gürtel*) по́яс *m*, реме́нь *m*

Gürtel *m* <-s, -> ① (*Hosen~*) по́яс *m*; ② (*Streifen, Zone*) полоса́ *f*, зо́на *f*

GUS *f* <*gen:* -> СНГ *nt*

Guss *m* <-es, Güsse> ① (*das Gießen*) литьё *nt*; ② (*Erzeugnis*) лито́е изде́лие *nt*; ③ (*Wasser~*) облива́ние *nt*, душ *m*; ④ (*Regen~*) ли́вень *m*; ⑤ (*Zucker~*) глазу́рь *f*; **wie aus einem ~** (*fig: einheitlich*) це́льный

Gusseisen *nt* <-s, -> чугу́н *m*

gut **I.** *adj* хоро́ший, до́брый; **wie ~, dass ...** как хорошо́, что...; **das ist ja alles schön und ~, aber ...** всё э́то чуде́сно, но...; **~e Besserung!** поправля́йтесь! **~en Morgen!** до́брое у́тро! **II.** *adv* хорошо́; **~ aussehend** привлека́тельный; **~ gemacht!** отли́чно срабо́тано!

Gutachten *nt* <-s, -> о́тзыв *m*, заключе́ние *nt*, эксперти́за *f*; **ein ~ abgeben** дать заключе́ние

Gutachter, -in *m/f* <-s, -> экспе́рт *m*

gutartig *adj* (MED: *Geschwulst*) доброка́чественный

gut aussehend *adj* привлека́тельный, с прия́тной вне́шностью

Güte *f* <*gen:* -> ❶ (*Freundlichkeit*) доброта́ *f*; ❷ (ÖKON: *Qualität*) доброка́чественность *f*, ка́чество *nt*; **ach du meine ~!** бо́же мой!

Güterzug *m* <-(e)s, -züge> това́рный по́езд *m*

Gütezeichen *nt* <-s, -> знак *m* ка́чества

H

gut gelaunt *adj* весёлый, в хоро́шем настрое́нии

gut gemeint *adj* доброжела́тельный

gutgläubig *adj* (*leichtgläubig*) легкове́рный; **du bist viel zu ~** ты сли́шком дове́рчив

gutheißen *irr vt* (*etw*) одобря́ть, одо́брить *pf*

gütig *adj* ❶ (*freundlich*) любе́зный; ❷ (*voller Güte*) до́брый, добросерде́чный

gut leserlich *adj* разбо́рчивый (по́черк)

gütlich *adj* полюбо́вный; **sich an etw ~ tun** (*mit Genuss etw verzehren*) ла́комиться чем-л.

gutmütig *adj* доброду́шный

Gutmütigkeit *f* <*gen:* -> доброду́шие *nt*

gut situiert *adj* обеспе́ченный, состоя́тельный

guttun *irr vi* хорошо́ де́йствова́ть, по- *pf*, приноси́ть, -нести́ *pf* по́льзу; **der Urlaub wird dir ~** о́тпуск бу́дет тебе́ поле́зен

Gymnasiast, -in *m/f* <-en, -en> гимнази́ст, -ка *m/f*

Gymnasium *nt* <-s, Gymnasien> гимна́зия *f*

Gymnastik *f* <*gen:* -> гимна́стика *f*; **~ machen** де́лать гимна́стику

Gynäkologie *f* <*gen:* -> гинеколо́гия *f*

Hh

h, H *nt* <-, -> ❶ х, Х; ❷ (*vor allem bei Eigennamen*) г, Г

Haar *nt* <-(e)s, -e> во́лос *m*; **sie wusch sich die ~e** она́ мы́ла го́лову; **ihm standen die ~e zu Berge** у него́ во́лосы вста́ли ды́бом; **um ein ~** (*umg*) на волосо́к

Haarbürste *f* <-, -n> щётка *f* для воло́с

haaren *vi* (*bei Tieren*) линя́ть *impf*

Haaresbreite: **um ~** на волосо́к

Haarfestiger *m* <-s, -> фикса́тор *m* для воло́с

haargenau *adj* (*umg*) точь-в-то́чь

haarig *adj* ❶ (*behaart*) волоса́тый; ❷ (*umg: schwierig, heikel*) сло́жный, щекотли́вый

Haarnadel *f* <-, -n> шпи́лька *f* для воло́с

haarscharf *adj* ❶ (*beobachten*) о́чень то́чный; ❷ (*sehr nah, dicht*) о́чень бли́зкий

Haarschnitt *m* <-(e)s, -e> стри́жка *f*

Haarspalterei *f* <-, -en> (*pej*) ме́лочность *f*

Haarspange *f* <-, -n> зако́лка *f* для воло́с

Haarspray *nt* <-s, -s> лак *m* для воло́с

haarsträubend *adj* (*grauenhaft*) ужа́сный, ужаса́ющий

Haarteil *nt* <-(e)s, -e> шиньо́н *m*

Haartrockner *m* <-s, -> автома́т *m*

для су́шки воло́с

Haarwaschmittel *nt* <-s, -> сре́дство *nt* для мытья воло́с, шампу́нь *m*

Habe *f* <*gen:* -> (*geh*) иму́щество *nt*

haben I. *vt* <hatte, gehabt> ❶ (*besitzen*) име́ть *impf*, владе́ть *impf*; ❷ (*über etw verfügen*) име́ть *impf*, располага́ть *impf*; **keine Zeit ~** не име́ть вре́мени; **Angst ~** боя́ться; **Hunger ~** проголода́ться; **kann ich mal ihre Zeitung ~?** мо́жно взгляну́ть на ва́шу газе́ту?; II. *vr:* **hab dich nicht so!** не будь таки́м!

Habgier *f* <*gen:* -> (*pej*) жа́дность *f*, а́лчность *f*

habgierig *adj* (*pej*) жа́дный, а́лчный

Habicht *m* <-s, -e> я́стреб *m*

Habilitation *f* <-, -en> защи́та *f* до́кторской диссерта́ции

habilitieren *vr* защити́ть *pf*, -щища́ть *impf* до́кторскую диссерта́цию

Hackbraten *m* <*gen:* -s> бифште́кс *m*

Hacke *f* <-, -n> пя́тка *f*

hacken I. *vt* ❶ (*Boden, Feld*) вска́пывать, вскопа́ть *pf*; ❷ (*in kleine Stücke*) ме́лко наре́зать *pf*, -за́ть *impf*; II. *vi* (*Vogel*) клева́ть, по- *pf*

Hackfleisch *m* <*gen:* -(e)s> ру́бленое мя́со *nt*, фарш *m*

hadern *vi* ссо́риться, по- *pf* (*mit +dat* с *+inst*)

Hafen *m* <-s, Häfen> ❶ порт *m*, га́вань *f*; ❷ (*fig: sicherer Ort*) га́вань *f*, приста́нище *nt*; **einen ~ anlaufen** заходи́ть в порт

Hafenarbeiter, -in *m/f* <-s, -> порто́вый рабо́чий *m*, до́кер *m*

Hafenstadt *f* <-, -städte> порто́вый го́род *m*

Hafer *m* <*gen:* -s> овёс *m*

Haferflocken *pl* <*gen:* -> овся́ные хло́пья *pl*

Haft *f* <*gen:* -> аре́ст *m*; **jdn in ~ nehmen** арестова́ть кого́-л.

Haftanstalt *f* <-, -en> ме́сто *nt* заключе́ния, тюрьма́ *f*

Haftbefehl *m* <-(e)s, -e> прика́з *m* об аре́сте, о́рдер *m* на аре́ст

haften[1] *vi:* **für etw/jdn ~** (*haftbar sein*) нести́ отве́тственность за что́-л./кого́-л.

haften[2] *vi* (*kleben, bleiben*) прилипа́ть, -ли́пнуть *pf*, пристава́ть, -ста́ть *pf* (*an +dat* к)

haften bleiben *vi* ❶ пристава́ть, -ста́ть *pf*, прилипа́ть, -ли́пнуть *pf*; ❷ (*im Gedächtnis*) остава́ться, -та́ться *pf* в па́мяти, запо́мниться *pf*, -мина́ться *impf*; **von dem Buch ist mir nichts haften geblieben** из кни́ги мне ничего́ не запо́мнилось

Häftling *m* <-s, -e> заключённый *m*,ареста́нт *m*

Haftung[1] *f* <*gen:* -> (JUR) отве́тственность *f*

Haftung[2] *f* <-, -en> (*das Festhaften*) конта́кт *m*

Hagel *m* <*gen:* -s> ❶ град *m*; ❷ (*von Vorwürfen*) пото́к *m*, град *m*; ❸ (*von Geschossen*) град *m*

hageln I. *vi:* **es hagelt** идёт град; II. *vt:* **es hagelt etw** (*Vorwürfe*) что́-л. сы́плется гра́дом

hager *adj* худо́й, то́щий

Häher *m* <-s, -> со́йка *f*

Hahn[1] *m* <-(e)s, Hähne> (*Vogel*) пету́х *m*; **nach etw kräht kein ~** (*umg*) о чём-л. и ду́мать забы́ли

Hahn[2] *m* <-(e)s, Hähne> (*Wasserhahn*) кран *m*; **einen ~ auf-/abdrehen** открути́ть/закрути́ть кран

Hähnchen *nt* <-s, -> (*Brathähnchen*) жа́реная ку́рочка *f*

Hai *m* <-(e)s, -e> аку́ла *f*

häkeln I. *vt* вяза́ть, связа́ть *pf* крючко́м; II. *vr* подтру́нивать, -ни́ть *pf* друг над дру́гом

haken *vt* ❶ (*ein~*) зацепи́ть *pf*, -пля́ть *impf* крючко́м; ❷ (*klemmen: auch fig*) застря́ть

H

pf, -стрева́ть *impf*; **wo hakt's?** в чём заде́ржка?

Haken *m* <-s, -> ① (*zum Aufhängen*) крючо́к *m*; ② (*Zeichen*) га́лочка *f*, пти́чка *f*; ③ (*Boxhieb*) бокова́я уда́р *m*, хук *m*; ④ (*umg: Schwierigkeit, Problem*) загво́здка *f*

Hakenkreuz *nt* <-es, -e> сва́стика *f*

halb I. *adj* полови́нный; **es ist ~ fünf** сейча́с полпя́того; **eine ~e Stunde** полчаса́; **die ~e Wahrheit** полупра́вда; II. *adv* ① (*zur Hälfte*) наполови́ну; **~ offen** полуоткры́тый; **~ so alt** вдво́е моло́же ② (*beinahe*) почти́; **es ist ~ so schlimm** (*umg*) всё не так стра́шно.

halber *präp* (*wegen*) ра́ди, из-за; **der Ehrlichkeit ~ muss ich zugeben, dass ...** пра́вды ра́ди до́лжен призна́ться, что...

halbherzig *adj* неохо́тный

halbieren *vt* дели́ть, по- *pf* попола́м

Halbinsel *f* <-, -n> полуо́стров *m*

Halbjahr *nt* <-(e)s, -e> полуго́дие *nt*; **im ersten ~ 2002** в пе́рвом полуго́дии 2002

Halbkreis *m* <-es, -e> полукру́г *m*

Halbkugel *f* <-, -n> полуша́рие *nt*

Halbmond *m* <-(e)s, -e> полуме́сяц *m*

halb offen *adj* полуоткры́тый; **die Tür steht ~** дверь полуоткры́та

Halbschuh *m* <-(e)s, -e> полуботи́нок *m*

halbstündig *adj* получасово́й

halbtags *adv* в тече́ние полови́ны дня; **~ arbeiten** рабо́тать по полдня́

Halbwüchsige(r) *mf* <-n, -n> подро́сток *m*

Halbzeit *f* <-, -en> (SPORT) тайм *m*

Halde *f* <-, -n> отло́гость *f*, отко́с *m*

half *prät von* **helfen**

Hälfte *f* <-, -n> полови́на *f*; **bis zur ~** наполови́ну

Halfter *nt* <-s, -> ① (*von Pferd*) недоу́здок *m*; ② (*für Pistole*) кобура́ *f*

Halle *f* <-, -n> ① зал *m*; ② (*Fabrikhalle*) цех *m*; ③ (*Sporthalle*) зал *m*; **im Winter spielen wir in der ~** зимо́й мы игра́ем в за́ле

hallen *vi* ① звуча́ть *impf*; ② (*widerhallen*) раздава́ться, разда́ться *pf*; **das Echo hallte von den Bergen** в гора́х раздало́сь э́хо

Hallenbad *nt* <-(e)s, -bäder> закры́тый пла́вательный бассе́йн *m*

hallo *interj* приве́т; **~, wie geht's?** приве́т, как дела́?

Halm *m* <-(e)s, -e> ① (*von Gras*) сте́бель *m*; ② (*Trinkhalm*) соло́минка *f*

Hals *m* <-es, Hälse> ① ше́я *f*; ② (*Kehle*) гло́тка *f*; ③ (*einer Flasche*) го́рлышко *f*

Halsband *nt* <-(e)s, -bänder> (*für Hund*) оше́йник *m*

Halsschmerzen *pl* <*gen:* -> боль *f* в го́рле

halt I. *interj*: **~!** стой! II. *part abtönend* (*nun einmal, eben*) та́к уж; **es ist ~ so** та́к уж оно́ есть; **du musst ~ sagen, wenn du genug hast** ты до́лжен сказа́ть „стоп", когда́ бу́дет доста́точно.

Halt *m* <-(e)s, -e/-s> ① (*Stütze*) подде́ржка *f*, опо́ра *f*; ② (*innerer ~*) опо́ра *f*; **den ~ verlieren** (*auch fig*) потеря́ть то́чку опо́ры ③ (*das Anhalten, Verweilen*) остано́вка *f*, стоя́нка *f*

haltbar *adj* ① (*belastbar, dauerhaft*) про́чный; ② (*Lebensmittel*) го́дный для хране́ния; ③ (*Behauptung*) прие́млемый

Haltbarkeit *f* <*gen:* -> про́чность *f*

halten <hielt, gehalten> I. *vt* ① держа́ть *impf*; ② (*festhalten*) уде́рживать, -жа́ть *pf*, заде́рживать, -жа́ть *pf*; ③ (*einhalten, erfüllen: Versprechen*) сде́рживать, -жа́ть *pf*, выполня́ть, вы́полнить *pf*; ④ (*beibehalten: Kurs*) сохраня́ть,

-ни́ть *pf*, держа́ть *impf*; **eine Rede ~** произноси́ть речь; **den Mund ~** молча́ть; **ein Tier ~** держа́ть живо́тное; **etw für falsch/richtig ~** счита́ть что́-л. непра́вильным/пра́вильным; **sein Wort ~** сдержа́ть сло́во; **II.** *vi* ① (*haltbar sein*) храни́ться *impf*, сохраня́ться, -ни́ться *pf*; ② (*an~*) остана́вливаться, -нови́ться *pf*; **III.** *vr* ① (*frisch bleiben*) сохраня́ться, -ни́ться *pf*; ② (*sich behaupten*) держа́ться *impf*; **sich an etw ~** приде́рживаться чего́-л.

Halter, -in *m/f* <-s, -> (*eines Fahrzeugs*) владе́лец, -лица *m/f*

Haltestelle *f* <-, -n> остано́вка *f*, ме́сто *nt* остано́вки

haltlos *adj* ① (*Mensch*) мора́льно неусто́йчивый; ② (*Behauptung*) необосно́ванный, безосновა́тельный

Halt machen *vi* остана́вливаться, -нови́ться *pf*; **vor etw nicht ~** не остана́вливаться перед че́м-л.

Haltung *f* <-, -en> ① (*des Körpers*) оса́нка *f*; ② (*Einstellung*) пози́ция *f*; ③ (*Fassung*) самооблада́ние *nt*; **~ bewahren** сохраня́ть самооблада́ние

Halunke *m* <-n, -n> (*pej*) мерза́вец *m*

Hamburg *nt* <*gen:* -s> Га́мбург *m*

Hamburger *m* <-s, -> (*Bulette*) га́мбургер *m*

hämisch *adj* зло́бный, злора́дный

Hammel *m* <-s, -> ① (*Tier*) (кастри́рованный) бара́н *m*; ② (*Fleisch*) бара́нина *f*; ③ (*umg: Dummkopf*) бара́н *m*

Hammer *m* <-s, Hämmer> молото́к *m*, мо́лот *m*

hämmern *vi* стуча́ть, по- *pf*

Hampelmann *m* <-(e)s, -männer> (*umg: lenkbarer Mensch*) марионе́тка *f*, безво́льный челове́к *m*

Hamster *m* <-s, -> хомя́к *m*

hamstern I. *vt* (*horten*) де́лать, сде́лать *pf* запа́сы продý́ктов; **II.** *vi* выме́нивать, вы́менять *pf* проду́кты

Hand *f* <-, Hände> рука́ *f*

Handarbeit *f* <-, -en> ① (*von Hand hergestellt*) ручна́я рабо́та *f*; ② (*Stricken, Nähen*) рукоде́лие *nt*

Handball *m* <-(e)s, -bälle> ① (*Spiel: kein pl*) гандбо́л *m*; ② (*Ball*) гандбо́льный мя́ч *m*

Handbuch *nt* <-(e)s, -bücher> спра́вочник *m*, руково́дство *nt*

Handcreme, Handkrem(e) *f* <-, -s> крем *m* для рук

Handel *m* <*gen:* -s> ① торго́вля *f*; ② (*Geschäft*) магази́н *m*; **~ treiben** вести́ торго́влю

handeln *vi* ① (*aktiv sein*) де́йствовать *impf*; ② (*Handel treiben*) торгова́ть *impf*; **mit Aktien ~** торгова́ть а́кциями ③ (*feilschen*) торгова́ться (*um* +*akk* о +*präpos*); **von etw ~** (*Erzählung*) говори́ться

Handelszentrum *nt* <-s, -zentren> торго́вый центр *m*

handfest *adj* ① (*Mensch*) кре́пкий, дю́жий; ② (*deutlich: Beweis*) ве́ский, я́вный; ③ (*stark, kräftig: Prügelei*) си́льный

handgearbeitet *adj* ручно́й рабо́ты

Handgelenk *nt* <-(e)s, -e> запя́стье *nt*

handgemacht *adj* сде́ланный вручну́ю

handgemalt *adj* ручно́й ро́списи, расписа́нный вручну́ю

Handgemenge *nt* <*gen:* -s> потасо́вка *f*, дра́ка *f*

handgreiflich *adj*: **~ werden** дава́ть во́лю рука́м

Handgreiflichkeiten *pl* рукопа́шная *fsg*

Handgriff *m* <-(e)s, -e> ① приём *m*; ② (*Griff zum Festhalten*) ру́чка *f*, рукоя́тка *f*

handhaben *vt* ① (*Gerät, Werkzeug*) обраща́ться *impf*, управля́ть *impf*; ② (*Vorschriften*) применя́ть, -ни́ть *pf*

H

Handkuss *m* <-es, -küsse> поцелу́й *m* руки́; **etw mit ~ nehmen** (*umg: sehr gern nehmen*) приня́ть что́-л. с больши́м удово́льствием

Händler, -in *m/f* <-s, -> ❶ (*allgemein*) торго́вец, -го́вка *m/f*; ❷ (*Einzelhändler*) ме́лкий торго́вец, -кая -го́вка *m/f*

handlich *adj* удо́бный в обраще́нии

Handlung *f* <-, -en> ❶ (*das Tun*) де́йствие *nt*, посту́пок *m*; ❷ (*Ablauf, Geschehen*) де́йствие *nt*

Handpuppe *f* <-, -n> бибабо́ *m*, *ку́кла, надева́емая на ру́ку*

Handschelle *f* <-, -n> нару́чник *m*; **jdn in ~n legen** наде́ть кому́-л. нару́чники

Handschlag *m* <*gen:* -(e)s> рукопожа́тие *nt*; **jdn mit ~ begrüßen** приве́тствовать кого́-л. рукопожа́тием

Handschrift *f* <-, -en> ❶ по́черк *m*; ❷ (*Text, Manuskript*) ру́копись *f*, манускри́пт *m*

Handschuh *m* <-(e)s, -e> перча́тка *f*

Handtasche *f* <-, -n> да́мская су́мочка *f*

Handtuch *nt* <-(e)s, -tücher> полоте́нце *f*

Handwagen *m* <*gen:* -s> ручна́я теле́жка *f*

Handwerk *nt* <*gen:* -(e)s> ремесло́ *nt*

Handwerker, -in *m/f* <-s, -> реме́сленник *m*

Handwerksbetrieb *m* <-(e)s, -e> реме́сленное предприя́тие *nt*

Handwerkszeug *nt* <*gen:* -(e)s> (*Werkzeug*) набо́р *m* инструме́нтов

Handy *nt* <-s, -s> моби́льный телефо́н *m*

Hanf *m* <*gen:* -(e)s> ❶ (*Pflanze*) конопля́ *f*; ❷ (*Faser*) пенька́ *f*

Hang *m* <-(e)s, Hänge> ❶ (*Berghang, Abhang*) отко́с *m*, склон *m*; ❷ (*fig: Neigung*) скло́нность *f*

Hangar *m* <-s, -s> анга́р *m*

Hängebrücke *f* <-, -n> цепно́й мост *f*

Hängematte *f* <-, -n> гама́к *m*

hängen <hing, gehangen> **I.** *vi* висе́ть *impf*; **an der Wand hing ein Bild** на стене́ висе́ла карти́на; **II.** *vt* (*Menschen*) быть *impf* привя́занным; **an etw/jdm ~** люби́ть что́-л./быть привя́занным к кому́-л.

hängen bleiben *irr vi* ❶ застря́ть *pf*, -стрева́ть *impf*; ❷ (*festsitzen, bestehen bleiben*) остава́ться, -та́ться *pf*

hängen lassen I. *irr vt* ❶ оста́вить *pf*, -вля́ть *impf* висе́ть; ❷ (*im Stich lassen*) бро́сить *pf*, -са́ть *impf*; **deine Freunde haben dich ganz schön ~** твои друзья́ бро́сили тебя́ на произво́л судьбы́; **II.** *vr* уныва́ть *impf*

Hängeschrank *m* <-(e)s, -schränke> насте́нный шка́фчик *m*

hänseln *vt* дразни́ть *impf*, насмеха́ться *impf*

Hantel *f* <-, -n> ганте́ль *f*

hantieren *vi:* **mit etw ~** (*umg*) вози́ться с чем-л.

Hardware *f* <-, -s> (DV) техни́ческое обеспе́чение *nt*

Harfe *f* <-, -n> а́рфа *f*

Harke *f* <-, -n> гра́бли *pl*

harken *vi* разра́внивать, -ня́ть *pf* гра́блями

harmlos *adj* ❶ безоби́дный; ❷ неви́нный

Harmonie *f* <-, -n> ❶ гармо́ния *f*, согла́сие *nt*; ❷ (MUS) гармо́ния *f*

harmonieren *vi* гармони́ровать *impf* (*mit +dat* с *+inst*)

harmonisch *adj* гармони́чный

Harn *m* <-(e)s, -e> моча́ *f*

Harnblase *f* <-, -n> мочево́й пузы́рь *m*

Harnisch *m* <-s, -e> (HIST) ла́ты *fpl*, доспе́хи *mpl*; **jdn in ~ bringen** привести́ кого́-л. в я́рость

Harpune *f* <-, -n> гарпу́н *m*

harsch *adj* ❶ покры́тый ледяно́й ко́ркой; ❷ ре́зкий (о ве́тре); ❸ (*fig*) гру́бый

hart *adj* ❶ твёрдый; ❷ (*schwer, anstrengend*) тяжёлый, трудный; ❸ (*streng*) суровый

Härte *f* <-, -n> ❶ твёрдость *f*, жёсткость *f*; ❷ (*Strenge*) строгость *f*, суровость *f*; ❸ (*Unbill*) несправедливость *f*

härten **I.** *vt* (*Metall*) закаливать, -лить *pf*; **II.** *vi* (*Beton*) схватиться *pf*, схватываться *impf*

hartherzig *adj* жестокосердный, бессердечный

hartnäckig *adj* ❶ настойчивый, упорный; ❷ (*Krankheit*) упорный, затяжной

Harz *nt* <-es, -e> смола *f*

Haschisch *nt* <*gen:* -(s)> гашиш *m*

Hase *m* <-n, -n> заяц *m*; **ein alter ~** (*umg*) бывалый человек

Haselnuss *f* <-, -nüsse> лесной орех *m*

Hass *m* <*gen:* -es> ❶ ненависть *f*; ❷ (*umg: Wut, Ärger*) злость *f*; **blinder ~** слепая ненависть

hassen *vt* ❶ ненавидеть *impf*; ❷ (*nicht mögen*) не любить *impf*

hässlich *adj* ❶ (*nicht schön*) некрасивый, уродливый; ❷ (*scheußlich*) отвратительный; ❸ (*gemein*) подлый

Hast *f* <*gen:* -> спешка *f*, гонка *f*

hasten *vi* ❶ торопиться, по- *pf*; ❷ спешить, по- *pf*

hastig *adj* торопливый, быстрый

hatte *prät von* **haben**

Haube *f* <-, -n> ❶ чепчик *m*; ❷ (KFZ) корпус *m*; **unter die ~ kommen** (*umg*) выйти замуж

Hauch *m* <*gen:* -(e)s> ❶ (*Atem~*) дыхание *nt*; ❷ (*Luft~*) дуновение *nt*; ❸ (*fig: Spur*) след *m*

hauchen **I.** *vi* ❶ тихо дышать *impf*; ❷ (*einmal*) дыхнуть; **II.** *vt* (*flüstern*) шептать *impf*

hauen <haute/hieb, gehauen> **I.** *vt* ❶ (*Holz*) колоть *impf*, рубить *impf*; ❷ (*umg: schlagen*) ударять, ударить *pf*, бить, по- *pf*; **II.** *vr* (*umg: sich prügeln*) драться, по- *pf*; **sich aufs Ohr ~** (*umg*) отправиться на боковую

häufen *vr* нагромождаться, -моздиться *pf*

Haufen *m* <-s, -> ❶ груда *f*; ❷ (*umg: große Menge*) куча *f*; **etw über den ~ werfen** (*umg*) сорвать что-л.; **jdn über den ~ rennen** (*umg*) наскочить на кого-л.

häufig *adj* частый

Haupt *nt* <-(e)s, Häupter> ❶ (*geh: Kopf*) голова *f*; ❷ (*Oberhaupt*) глава *f*, шеф *m*; **mit bloßem ~** с непокрытой головой; **das ~ neigen** склонять голову

Hauptbahnhof *m* <-(e)s, -höfe> центральный вокзал *m*

hauptberuflich *adj* по основной профессии

Hauptdarsteller, -in *m/f* <-s, -> исполнитель, -ница *m/f* главной роли

Hauptfach *nt* <-(e)s, -fächer> основной учебный предмет *m*

Hauptgericht *m* <-(e)s, -e> (*beim Essen*) главное *nt* блюдо, второе *nt*

Häuptling *m* <-s, -e> вождь *m*

Hauptmahlzeit *f* <-, -en> обед *m*

Hauptmann *m* <-(e)s, -leute> капитан *m*

Hauptperson *f* <-, -en> ❶ первое лицо *nt*; ❷ (*in Roman, Drama*) главный герой *m*

Hauptquartier *nt* <-s, -e> штаб-квартира *f*

Hauptsache *f* <*gen:* -> главное *nt*

hauptsächlich **I.** *adj* главный, важнейший; **II.** *adv* (*vor allem*) прежде всего, главным образом.

Hauptschule *f* <-, -n> общеобразовательная школа *f*

Hauptstadt *f* <-, -städte> столица *f*

Hauptstraße *f* <-, -n> главная улица *f*

Hauptverkehrszeit *f* <-, -n> час *m* пик; **zur ~** в час пик

Hauptwort *nt* <-(e)s, -wörter> имя *nt* существительное

Haus *nt* <-es, Häuser> ❶ (*Wohnhaus*)

дом *m*; ② (*Gebäude*) зда́ние *nt*; ③ (*Fürstengeschlecht*) род *m*; **nach ~e** домо́й; **zu ~e** до́ма

Hausapotheke *f* <-, -n> дома́шняя апте́чка *f*

Hausarbeit *f* <-, -en> ① (*im Haushalt*) рабо́та *f* по до́му; ② (*schriftliche ~*) дома́шняя рабо́та *f*

Hausarrest *m* <-(e)s, -e> дома́шний аре́ст *m*; **sie steht unter ~** она́ нахо́дится под дома́шним аре́стом

Hausarzt, -ärztin *m/f* <-(e)s, -ärzte> дома́шний врач *m*

Hausaufgabe *f* <-, -n> дома́шнее зада́ние *nt*

Hausbesuch *m* <-(e)s, -e> посеще́ние *nt* на дому́

Hauseinfahrt *f* <-, -en> подъездна́я доро́га *f* к до́му

hausen *vi* ① (*umg: pej: wohnen*) прозяба́ть *impf*, юти́ться *impf*; ② (*umg: verwüsten*) свире́пствовать *impf*

Häuserblock *m* <-(e)s, -s> кварта́л *m*

Hausfrau *f* <-, -en> дома́шняя хозя́йка *f*

hausgemacht *adj* дома́шнего приготовле́ния

Haushalt *m* <-(e)s, -e> ① (*Privathaushalt*) дома́шнее хозя́йство *nt*; ② (*Staatshaushalt*) бюдже́т *m*; **den ~ führen** вести́ дома́шнее хозя́йство

Haushälterin *f* <-, -nen> эконо́мка *f*

Haushaltsartikel *m* <-s, -> предме́т *m* дома́шнего обихо́да

Hausherr, -in *m/f* <-(e)n, -en> хозя́ин, -зя́йка *m/f* до́ма

hausieren *vi* торгова́ть *impf* вразно́с; **mit etw ~ gehen** разноси́ть что́-л. по дома́м

Hausierer, -in *m/f* <-s, -> торго́вец *m* вразно́с

häuslich *adj* ① дома́шний; ② (*gemütlich*) ую́тный

Hausmeister, -in *m/f* <-s, -> дво́рник *m*

Hausmittel *nt* <-s, -> дома́шнее сре́дство *nt*; **dagegen gibt es ein altes ~** про́тив э́того есть одно́ ста́рое дома́шнее сре́дство

Hausnummer *f* <-, -n> но́мер *m* до́ма

Hausordnung *f* <-, -en> пра́вила *f* вну́треннего распоря́дка

Hausputz *m* <*gen:* -es> генера́льная убо́рка *f*

Hausschuh *m* <-(e)s, -e> дома́шний та́почек *m*

Haustier *nt* <-(e)s, -e> дома́шнее живо́тное *nt*; **ein ~ halten** держа́ть дома́шнее живо́тное

Haustür *f* <-, -en> входна́я дверь *f*

Hausverwalter, -in *m/f* <-s, -> домоуправля́ющий *m*

Haut *f* <-, Häute> ① (*von Mensch*) ко́жа *f*; ② (*von Tier*) шку́ра *f*, ко́жа *f*; ③ (*auf Flüssigkeit*) плёнка *f*, пе́нка *f*; **aus der ~ fahren** (*umg*) вы́йти из себя́

Hautabschürfung *f* <-, -en> сса́дина *f*

Hautarzt, -ärztin *m/f* <-(e)s, -ärzte> дермато́лог *m*

Hautcreme, Hautkrem(e) *f* <-, -s> крем *m* для ко́жи

häuten I. *vt* снима́ть, снять *pf* шку́ру; **II.** *vr* (*Schlange*) сбра́сывать, сбро́сить *pf* ко́жу, линя́ть *impf*

Hautfarbe *f* <-, -n> цвет *m* ко́жи

Hautkrankheit *f* <-, -en> ко́жная боле́знь *f*

Hautpflege *f* <*gen:* -> ухо́д *m* за ко́жей

Havarie *f* <-, -n> авари́я *f*

Hbf. *abk von* ***Hauptbahnhof*** *m* *гла́вный железнодоро́жный вокза́л*

Hebamme *f* <-, -n> акуше́рка *f*

Hebel *m* <-s, -> ① (*Bedienungselement*) рыча́г *m*, рукоя́тка *f*; ② (PHYS) рыча́г *m*; **alle ~ in Bewegung setzen** (*fig*) заде́йствовать все рычаги́

heben <hob, gehoben> **I.** *vt* ① (*hochheben*) поднима́ть, -ня́ть *pf*; ② (*Rang, Niveau*) повыша́ть, -вы́сить *pf*; ③ (*Schatz*) найти́ *pf*, находи́ть *impf*; **II.** *vr* (*sich verbes-*

sern: Stimmung) повыша́ться, -вы́ситься *pf*, поднима́ться, -ня́ться *pf*
hecheln *vi* (*Hund*) тяжело́ дыша́ть *impf*
Hecht *m* <-(e)s, -e> щу́ка *f*
Heck *nt* <-(e)s, -e> ❶ (*eines Flugzeugs*) хвост *m*; ❷ (*eines Schiffs*) корма́ *f*
Hecke *f* <-, -n> жива́я и́згородь *f*
Heckenschere *f* <-, -n> садо́вые но́жницы *pl*
Heer *nt* <-(e)s, -e> ❶ а́рмия *f*; ❷ (*große Menge*) ма́сса *f*
Hefe *f* <-, -n> дро́жжи *fpl*
Hefeteig *m* <-(e)s, -e> дрожжево́е те́сто *nt*
Heft[1] *nt* <-(e)s, -e> (*von Messer*) рукоя́ть *f*
Heft[2] *nt* <-(e)s, -e> ❶ (*Schreibheft*) тетра́дь *f*; ❷ (*von Zeitschrift*) вы́пуск *m*, но́мер *m*
heften *vt* ❶ прикрепля́ть, -пи́ть *pf*; **er heftete einen Zettel an ihre Tür** он прикрепи́л запи́ску к её двери́; ❷ (*nähen*) мета́ть, смета́ть *pf*; ❸ (*Buch*) сшива́ть, сши́ть *pf*
Hefter *m* <-s, -> (*für Dokumente*) скоросшива́тель *m*
heftig *adj* ❶ (*stark, ungestüm*) си́льный; **es regnete ~** шёл си́льный до́ждь; **sie leistete ~en Widerstand** она́ ока́зывала ожесточённое сопротивле́ние; ❷ (*unbeherrscht*) вспы́льчивый, горя́чий
Heftklammer *f* <-, -n> ❶ тетра́дная ско́бка *f*; ❷ ско́бка *f* для сшива́ния бума́г
hegen *vt* ❶ (*pflegen*) леле́ять *impf*; ❷ (*Abneigung*) таи́ть *impf*
Hehl *m*: **kein(en) ~ aus etw machen** не де́лать та́йны из чего́-л.
Heide[1] *m* <-n, -n> (REL) язы́чник *m*
Heide[2] *f* <-, -n> (*Landschaft*) пу́стошь *f*
Heidelbeere *f* <-, -n> черни́ка *f*
Heidin *f* <-, -nen> язы́чница *f*
heidnisch *adj* язы́ческий; **~e Bräuche** язы́ческие обы́чаи
heikel *adj* ❶ (*Sache, Thema*) щекотли́вый; ❷ (*Person*) взыска́тельный
heil *adj* ❶ (*gesund, unverletzt*) це́лый, невреди́мый; ❷ (*geheilt*) вы́здоровевший
Heil *nt* <*gen:* -s> ❶ (*Wohl*) бла́го *nt*, сча́стье *nt*; ❷ (*Seelenheil*) спасе́ние *nt* душ́и
Heiland *m* <*gen:* -(e)s> спаси́тель *m*
Heilbad *nt* <-(e)s, -bäder> ❶ лече́бные во́ды *pl*; ❷ (*Badeort*) куро́рт *m*
heilbar *adj* (*Krankheit*) излечи́мый
heilen **I.** *vt* лечи́ть *impf*, исцеля́ть, -ли́ть *pf*; **II.** *vi* выле́чиваться, вы́лечиться *pf*
heilig *adj* свято́й
Heiligabend *m* <-s, -e> рожде́ственский соче́льник *m*
Heilige(r) *mf* <-n, -n> свято́й
Heiligenschein *m* <-(e)s, -e> нимб *m*
Heiligtum *nt* <-s, -tümer> ❶ (*Ort*) святи́лище *nt*; ❷ (*Gegenstand*) святы́ня *f*
Heilkräuter *pl* <*gen:* -> лека́рственные тра́вы *pl*
heillos *adj* ❶ (*ungeheuer*) ужа́сный, жу́ткий; ❷ (*hoffnungslos*) безнадёжный
Heilmittel *nt* <-s, -> лече́бное сре́дство *nt*
Heilquelle *f* <-, -n> лече́бный исто́чник *m*
heilsam *adj* поле́зный
Heilung *f* <-, -en> ❶ (*einer Wunde*) заживле́ние *nt*; ❷ (*von Krankheit*) исцеле́ние *nt*, излече́ние *nt*; ❸ (*fig: von Schmerz*) исцеле́ние *nt*
heim *adv* домо́й
Heim *nt* <-(e)s, -e> ❶ родно́й дом *m*, дома́шний оча́г *m*; ❷ (*Kinderheim*) де́тский дом *m*
Heimarbeit *f* <*gen:* -> рабо́та *f* на дому́
Heimat *f* <*gen:* -> ро́дина *f*; **die zweite ~** втора́я ро́дина
Heimatland *nt* <-(e)s, -länder> ро́дина *f*, отчи́зна *f*

heimatlich *adj* родно́й
heimatlos *adj* без ро́дины
Heimatstadt *f* <-, -städte> родно́й го́род *m*
heimisch *adj* ❶ (*einheimisch*) ме́стный; ❷ (*vertraut*) бли́зкий, родно́й
Heimkehr *f* <*gen:* -> возвраще́ние *nt* домо́й
heimkehren *vi* возвраща́ться, -врати́ться *pf* домо́й
heimlich *adj* ❶ (*geheim*) та́йный, секре́тный; **sie trafen sich ~** они́ встреча́лись тайко́м; ❷ (*verborgen*) укра́дкой, исподтешка́; **sie lächelte ~** она́ улыбну́лась укра́дкой
heimsuchen *vt* постига́ть, пости́чь *pf*, обру́шиваться, -ши́ться *pf*
heimtückisch *adj* ❶ (*Mensch*) вероло́мный, кова́рный; ❷ (*Krankheit*) кова́рный
Heimweg *m* <-(e)s, -e> доро́га *f* домо́й; **ich bin schon auf dem ~** я уже́ на пути́ домо́й; **sich auf den ~ machen** отправля́ться домо́й
Heimweh *nt* <*gen:* -s> тоска́ *f* по ро́дине; **sie hat großes ~** она́ о́чень тоску́ет по ро́дине
heimzahlen *vt* отплати́ть *pf*, -пла́чивать *impf*, расквита́ться *pf*; **das zahle ich dir heim!** я с тобо́й за э́то расквита́юсь!
Heirat *f* <-, -en> ❶ брак *m*; ❷ (*einer Frau*) заму́жество *nt*; ❸ (*eines Mannes*) жени́тьба *f*
heiraten I. *vt* ❶ (*eine Frau*) жени́ться *impf/pf*; ❷ (*einen Mann*) выходи́ть, вы́йти *pf* за́муж; II. *vi* жени́ться *impf/pf*, по- *pf*; **in zwei Monaten ~ sie** че́рез два ме́сяца они́ же́нятся
Heiratsvermittlung *f* <-, -en> слу́жба *f* знако́мств
heiser *adj* хри́плый, охри́пший; **mit ~er Stimme** охри́пшим го́лосом
Heiserkeit *f* <*gen:* -> хрипота́ *f*
heiß *adj* ❶ жа́ркий; **mir ist ~** мне́ жа́рко; ❷ (*Liebe*) горя́чий; ❸ (*Kampf*) жа́ркий; **ein ~er Wunsch** стра́стное жела́ние; **~ geliebt** горячо́ люби́мый
heißen I. *vi* <hieß, geheißen> ❶ (*sich nennen*) называ́ться, -зва́ться *pf*; **wie heißt du/ ~ Sie?** как тебя́/вас зову́т?; ❷ (*bedeuten*) означа́ть *impf*; **was heißt das auf Russisch?** как э́то бу́дет по-ру́сски?; II. *vt* (*geh: nennen*) называ́ть, -зва́ть *pf*; **jdn willkommen ~** приве́тствовать кого́-л.; **das heißt, ...** э́то зна́чит, ...; **was soll das ~?** что э́то зна́чит?
heiß laufen, heißlaufen *irr vi* (*auch fig*) перегрева́ться, -гре́ться *pf*
heiter *adj* ❶ (*fröhlich*) весёлый, ра́достный; ❷ (*Wetter, Farben*) я́сный, све́тлый; **wie der Blitz aus ~em Himmel** как гром среди́ я́сного не́ба
Heiterkeit *f* <*gen:* -> ❶ (*Fröhlichkeit*) весёлость *f*; ❷ (*Erheiterung, Gelächter*) весе́лье *nt*
heizen I. *vt* ❶ (*Raum*) ота́пливать, отопи́ть *pf*; ❷ (*Ofen*) топи́ть *impf*, натопи́ть *pf*, -та́пливать *impf*; II. *vi* топи́ть *impf*
Heizgerät *nt* <-(e)s, -e> отопи́тель *m*
Heizkörper *m* <-s, -> батаре́я *f* центра́льного отопле́ния, радиа́тор *m*
Heizkraftwerk *nt* <-(e)s, -e> теплоэлектроцентра́ль *f*
Heizmaterial *nt* <*gen:* -s> то́пливо *nt*
Heizöl *nt* <-(e)s, -e> жи́дкое то́пливо *nt*
Heizung *f* <-, -en> отопле́ние *nt*; **die ~ anstellen/abstellen** включи́ть/вы́ключить отопле́ние
Hektik *f* <*gen:* -> спе́шка *f*; **nur keine ~!** то́лько без спе́шки!
hektisch *adj* тороплі́вый, лихора́дочный
Held *m* <-en, -en> ❶ геро́й *m*; ❷ (*im Roman*) геро́й *m*; **~ des Tages** геро́й дня
Heldin *f* <-, -nen> ❶ геро́иня *f*; ❷ (*im Roman*) геро́иня *f*

helfen <half, geholfen> *vi* помогáть, -мóчь *pf*; **jdm bei etw ~** помогáть комý-л. в чём-л.; **jdm ist nicht (mehr) zu ~** комý-л. ничéм ужé нельзя́ помóчь

Helfer, -in *m/f* <-s, -> помóщник, -ница *m/f*

Helikopter *m* <-s, -s> вертолёт *m*, геликóптер *m*

Helium *nt* <*gen:* -s> гéлий *m*

hell *adj* ① свéтлый; **draußen wird es schon ~** на дворé ужé светáет; ② (*Farbe*) свéтлый; **ein ~er Kopf** (*umg*) свéтлая головá

hellblond *adj* белокýрый

Helligkeit *f* <*gen:* -> ① я́ркость *f*, я́сность *f*; ② (*von Beleuchtung*) я́ркость *f*

Hellseher, -in *m/f* <-s, -> ясновúдец, -дица *m/f*, ясновúдящий, -щая *m/f*

Hellseherei *f* <*gen:* -> ясновúдение *nt*

Helm *m* <-(e)s, -e> шлем *m*

Hemd *nt* <-(e)s, -en> ① сорóчка *f*, рубáшка *f*; ② (*Unter~*) мáйка *f*

hemmen *vt* ① задéрживать, -жáть *pf*, сдéрживать, -жáть *pf*; ② (*seelisch, geistig*) тормозúть, за- *pf*, препя́тствовать, вос- *pf*

Hemmung *f* <-, -en> ① задéржка *f*; ② (*seelisch, geistig*) кóмплекс *m*; **nur keine ~en!** тóлько без кóмплексов!

hemmungslos *adj* безýдержный, необýзданный; **er betrank sich ~** он безýдержно напивáлся

Hengst *m* <-(e)s, -e> жеребéц *m*

Henkel *m* <-s, -> рýчка *f*

Henker *m* <-s, -> палáч *m*; **scher dich zum ~!** (*pej*) убирáйся к чёрту!

Henne *f* <-, -n> кýрица *f*

her *adv* (*räumlich*) сюдá; **komm ~** идú сюдá; **von außen ~** снарýжи; **er kommt von weit ~** он пришёл издалекá; **das ist schon lange ~** э́то бы́ло давны́м давнó; **das ist drei Wochen ~** э́то бы́ло три недéли томý назáд; **hinter jdm ~ sein** преслéдовать когó-л.

herab *adv* вниз; **von oben ~** (*fig*) свысокá

herabblicken *vi* смотрéть, по- *pf* вниз (*auf +akk* на); **auf jdn ~** смотрéть на когó-л. свысокá

herablassen I. *irr vr:* **sich ~, etw zu tun** соблаговолúть сдéлать чтó-л.; **II.** *irr vt* спускáть, -стúть *pf*

Herablassung *f* <*gen:* -> надмéнность *f*

herabsetzen *vt* ① (*Verdienste einer Person*) принижáть, -нúзить *pf*; ② (*Preis*) понижáть, -нúзить *pf*

herabwürdigen *vt* унижáть, унúзить *pf*

heran *adv* сюдá

herankommen *irr vi* (*sich nähern*) подходúть, -дойтú *pf* поближе

heranmachen *vr:* **sich an jdn ~** (*umg*) приставáть к комý-л.; **sich an etw ~** (*umg*) принимáться за чтó-л.

heranwachsen *irr vi* подрастáть, -растú *pf*

Heranwachsende(r) *mf* <-n, -n> подрóсток *m*

heranwagen *vr* ① рискнýть прибли́зиться *pf*; ② (*an Aufgabe*) рискнýть взя́ться *pf*, брáться *impf* (*an +akk* за)

heranziehen *irr vt* ① приближáться, -бли́зиться *pf*; ② (*aufziehen*) вырáщивать, вы́растить *pf*; ③ (*berücksichtigen*) принимáть, -ня́ть *pf* во внимáние; **jdn zu etw ~** привлéчь когó-л. к чемý-л.

herauf *adv* вверх; **von unten ~** снúзу вверх

heraus *adv* нарýжу; **~ mit der Sprache!** (*umg*) выклáдывай! **der Artikel ist noch nicht ~** (*umg*) статья́ ещё не опубликóвана

herausarbeiten *vt* (*sichtbar machen, hervorheben*) вырабáтывать, вы́работать *pf*

herausbekommen *irr vt* ① вы́ведать *pf*, -вéдывать *impf*; **wie hast du**

H

das ~? как ты до э́того докопа́лся?; ② (*Geld*) получа́ть, -чи́ть *pf* сда́чу; **Sie bekommen noch 5 Euro heraus** вы получа́ете ещё 5 е́вро сда́чи; ③ (*Fleck*) вы́вести *pf*, выводи́ть *impf*

herausfinden I. *irr vt* выясня́ть, вы́яснить *pf*; **hast du herausgefunden, wann der Bus abfährt?** ты вы́яснил вре́мя отправле́ния авто́буса?; II. *vi* выпу́тываться, вы́путаться *pf*

herausfordern *vt* ① (*Person*) вызыва́ть, вы́звать *pf*; ② (*Schicksal*) испы́тывать, -та́ть *pf*

Herausforderung *f* <-, -en> (*Aufforderung*) вы́зов *m*; **eine ~ annehmen** приня́ть вы́зов

herausgeben *irr vt* ① выдава́ть, вы́дать *pf*; ② (*zurückgeben*) возвраща́ть, -врати́ть *pf*; ③ (*Wechselgeld*) дава́ть, дать *pf* сда́чу; ④ (*Buch*) издава́ть, -да́ть *pf*

Herausgeber, -in *m/f* <-s, -> изда́тель, -ница *m/f*

herausgehen *irr vi* ① выходи́ть, вы́йти *pf*; ② (*Fleck*) выводи́ться, вы́вестись *pf*; **aus sich ~** вы́йти из себя́

heraushalten *irr vr* держа́ться *impf* в стороне́, не вме́шиваться, -ша́ться *pf* (*aus +dat* в *+akk*); **aus der Sache halte ich mich heraus** в э́то де́ло я не вме́шиваюсь

herausholen *vt* ① выта́скивать, вы́тащить *pf*; ② (*abgewinnen*) выжима́ть, вы́жать *pf* (*aus +dat* из *+gen*); **sie hatte alles aus sich herausgeholt** она́ вы́ложилась по́лностью

herausnehmen *irr vt* вынима́ть, вы́нуть *pf*; **sich (jdm gegenüber) zuviel ~** мно́го себе́ позво́лить (по отноше́нию к кому́-л.)

herausputzen *vr* наряди́ться *pf*, -ряжа́ться *impf*

herausreißen *irr vt* вырыва́ть, вы́рвать *pf*

herausrücken I. *vi* говори́ть, сказа́ть *pf*, выкла́дывать, вы́ложить *pf*; II. *vt* (*umg: hergeben*) отдава́ть, -да́ть *pf*

herausrutschen *vi* вы́скользнуть *pf*, -ска́льзывать *impf*

herausschlagen *irr vt* ① выбива́ть, вы́бить *pf*; ② (*Vorteil*) извлека́ть, -вле́чь *pf*; **etw für sich ~** извле́чь что́-л. для себя́

herausspringen *irr vi* выска́кивать, вы́скочить *pf*

herausstellen I. *vr* оказа́ться *pf*, ока́зываться *impf*; **wie sich herausgestellt hat** как оказа́лось; II. *vt* (*Person*) выставля́ть, вы́ставить *pf*

heraussuchen *vt* выи́скивать, вы́искать *pf*, подбира́ть, -добра́ть *pf*

herausziehen *irr vt* выдёргивать, вы́дернуть *pf*

herb *adj* ① (*Geschmack*) те́рпкий; ② (*Empfindung*) го́рький, суро́вый

herbei *adv* сюда́

herbeiführen *vt* ① (*bewirken*) вызыва́ть, вы́звать *pf*; ② (*verursachen*) явля́ться, яви́ться *pf* причи́ной

Herberge *f* <-, -n> ① постоя́лый двор *m*; ② (*Jugendherberge*) турба́за *f*

Herbst *m* <-(e)s, -e> о́сень *f*; **im ~** о́сенью

herbstlich *adj* осе́нний

Herd *m* <-(e)s, -e> ① плита́ *f*; **am ~ stehen** гото́вить еду́; ② (MED, GEOL) оча́г *m*

Herde *f* <-, -n> ста́до *nt*

herein *adv* сюда́; **~!** входи́те! **von draußen ~** снару́жи внутрь

hereinbitten *irr vt* проси́ть, по- *pf* войти́; **darf ich Sie ~?** позво́льте пригласи́ть вас войти́?

hereinbrechen *irr vi* (*Nacht, Dämmerung*) наступа́ть, -ступи́ть *pf*; **etw bricht über jdn herein** что́-л. обру́шивается на кого́-л.

H

hereinbringen *irr vt* вноси́ть, внести́ *pf*
hereinfallen *irr vi* ① свали́ться *pf*, сва́ливаться *impf*; ② попасться *pf*, -пада́ться *impf*; **auf etw ~** пове́рить чему́-л.
hereinkommen *irr vi* входи́ть, войти́ *pf*
hereinlassen *irr vt* (*umg*) впуска́ть, -сти́ть *pf*
hereinlegen *vt* (*umg: Person*) обма́нывать, -ну́ть *pf*, наду́ть *pf*, -дува́ть *impf*
hereinplatzen *vi* (*umg*) ввали́ться *pf*, вва́ливаться *impf*
hereinschauen *vi* (*umg*) загляну́ть *pf*, -гля́дывать *impf*; **ich wollte nur kurz bei dir ~** я хоте́л то́лько на мину́тку загляну́ть к тебе́
herfallen *irr vi:* **über jdn ~** (*jdn angreifen*) напа́сть на кого́-л.; **mit etw über jdn ~** (*mit Fragen, Wünschen*) обру́шиться на кого́-л. с че́м-л.; **über etw ~** набро́ситься на что́-л.
hergeben *irr vt* отдава́ть, -да́ть *pf*, подава́ть, -да́ть *pf*
hergehen *irr vi:* **vor/neben/hinter jdm ~** идти́ пе́ред/ря́дом с/за ке́м-л.
herhalten *vi:* **für etw ~ (müssen)** (быть вы́нужденным) отдува́ться; **als Vorwand ~** служи́ть предло́гом
herhören *vi* слу́шать, по- *pf*; **bitte ~!** пожа́луйста, внима́ние!
Hering *m* <-s, -e> ① (*Fisch*) се́льдь *f*, селёдка *f*; ② (*Zeltpflock*) ко́лышек *m*
herkommen *irr vi* ① подойти́ *pf*, подходи́ть *impf*; **kannst du bitte mal ~?** мо́жешь, пожа́луйста, подойти́?; ② (*stammen aus*) происходи́ть, -изойти́ *pf*; **wo kommen Sie her?** отку́да вы ро́дом?
herkömmlich *adj* обы́чный; **auf ~e Art** по обыкнове́нию
Herkunft *f* <*gen:* -> ① (*soziale Herkunft*) происхожде́ние; **er ist (von) einfacher ~** он из просты́х; ② (*Ursprung*) исто́к *m*
herlaufen *irr vi:* **vor/neben/hinter jdm ~** бежа́ть пе́ред/ря́дом с/за ке́м-л.
hermetisch *adj* (*(luft)dicht*) гермети́чный, воздухонепроница́емый
Heroin *nt* <*gen:* -s> геро́ин *m*
heroisch *adj* (*heldenhaft*) геро́йческий
Herpes *m* <*gen:* -> ге́рпес *m*
Herr *m* <-en, -en> ① (*Mann*) мужчи́на *m*; ② (*Gebieter*) господи́н *m*, повели́тель *m*; ③ (*Anrede*) господи́н *m*; **sehr geehrter ~ Müller** глубокоуважа́емый господи́н Мю́ллер; **meine Damen und ~en** да́мы и господа́; ④ (*arch*) су́дарь *m*; **sein eigener ~ sein** быть самому́ себе́ хозя́ином; **~ der Lage sein** быть хозя́ином положе́ния; **meine ~en!** господа́!

H

Herrchen *nt* <-s, -> (*von Hund*) хозя́ин *m*
herrenlos *adj* ① (*Gegenstand*)ниче́й, бесхо́зный; ② (*Tier*) бро́шенный
herrichten I. *vt* пригота́вливать, -то́вить *pf*; **ich habe dir etw zum Essen hergerichtet** я пригото́вил тебе́ ко́е-что пое́сть; II. *vr* (*sich fein machen*) наряжа́ться, -ряди́ться *pf*
Herrin *f* <-, -nen> хозя́йка *f*
herrisch *adj* ① (*gebieterisch*) повели́тельный; ② (*hochmütig*) высокоме́рный
herrlich *adj* великоле́пный, прекра́сный; **heute ist ~es Wetter** сего́дня великоле́пная пого́да
Herrschaft *f* <-, -en> ① (POL) госпо́дство *nt*; ② (*Steuerung, Gewalt*) управле́ние *nt*, власть *f*; **die ~ über etw verlieren** потеря́ть власть над че́м-л. ③ (*nur pl: Damen und Herren*)

господа́ *pl*
herrschen *vi* ❶ госпо́дствовать *impf*; ❷ (*vor~*) преоблада́ть *impf*; **laut ~der Meinung ...** согла́сно распространённому мне́нию...; ❸ (*sein, bestehen*) цари́ть *impf*; **es herrschte Stille** цари́ла тишина́
Herrscher, -in *m/f* <-s, -> ❶ власти́тель, -ница *m/f*; ❷ (*Fürst(in)*) госуда́рь, -рыня *m/f*
herrühren *vi* происходи́ть, -изойти́ (*von +dat* от *+akk*)
herrücken *vt* ❶ приближа́ться, -бли́зиться *pf*; ❷ сади́ться, сесть *pf* побли́же
hersehen *irr vi* смотре́ть, по- *pf* сюда́; **sieh mal her!** посмотри́-ка сюда́!
herstellen *vt* ❶ (*erzeugen*) производи́ть, -вести́ *pf*, изготовля́ть, -то́вить *pf*; **manuell ~** изготовля́ть вру́чную; **Produkte ~** выпуска́т проду́кцию ❷ (*Verbindung*) устана́вливать, -нови́ть *pf*
Hersteller, -in *m/f* <-s, -> производи́тель, -ница *m/f*, изготови́тель, -ница *m/f*, продуце́нт *m*
Herstellung *f* <*gen:* -> произво́дство *nt*, изготовле́ние *nt*
herüber *adv* сюда́, на э́ту сто́рону
herum *adv* вокру́г; **um etw ~** вокру́г чего́-л.; **um ... ~** (*umg: ungefähr*) о́коло
herumführen *vt* води́ть *impf*
herumgehen *irr vi* (*umg*) обходи́ть, обойти́ *pf*; **um etw ~** обойти́ что́-л.
herumkommen *irr vi* мно́го е́здить *impf*; **er ist weit herumgekommen** он мно́го путеше́ствовал; **um etw (nicht) ~** (не)избежа́ть чего́-л.
herumkriegen *vt* ❶ (*umg: Person*) уговори́ть *pf*, -ва́ривать *impf*; ❷ (*umg: Zeit*) корота́ть, скорота́ть *pf*; **ich muss noch eine Stunde bis zur Abfahrt ~** я до́лжен скорота́ть ещё час до отправле́ния
herumlungern *vi* (*umg*) шля́ться *impf*, шата́ться *impf*
herumschlagen *irr vr:* **sich mit jdm/etw ~** (*umg: abmühen*) би́ться с ке́м-л./над че́м-л.
herumsitzen *irr vi* (*umg*) безде́льничать *impf*; **willst du den ganzen Tag ~?** ты собира́ешься весь день сиде́ть сложа́ ру́ки?
herumsprechen *irr vr* распространя́ться, -ни́ться *pf*
herunten *adv* (*österr: hier unten*) здесь внизу́
herunter *adv* вниз; **von oben ~** све́рху вниз; **~ damit!** доло́й!
heruntergekommen *adj* ❶ (*Person*) опусти́вшийся; ❷ (*Gebäude*) запу́щенный
herunterkommen *irr vi* ❶ (*nach unten kommen*) спуска́ться, -сти́ться *pf*; ❷ (*nachlassen, verkommen*) опуска́ться, -сти́ться *pf*
heruntermachen *vt* ❶ (*entfernen*) снима́ть, снять *pf*; **sie macht den Vorhang herunter** она́ снима́ет занаве́ски; ❷ (*umg: zurechtweisen*) отчи́тывать, -чита́ть *pf*
hervor *adv* нару́жу, вперёд
hervorbringen *irr vt* ❶ породи́ть *pf*, -рожда́ть *impf*; ❷ (*äußern*) произноси́ть, -нести́ *pf*
hervorgehen *irr vi* ❶ выходи́ть, вы́йти *pf*; **er ist als Sieger aus dem Kampf hervorgegangen** он вы́шел из бо́я победи́телем; ❷ (*sich ergeben, sich zeigen*) сле́довать, по- *pf*; ❸ (*stammen*) происходи́ть, -изойти́ *pf* (*aus +dat* из *+akk*)
hervorheben *irr vt* подчёркивать, -черкну́ть *pf*, осо́бо отмеча́ть, -ме́тить *pf*
hervorragend *adj* ❶ выдаю́щийся; **das ist eine ~e Leistung** э́то выдаю́щееся достиже́ние; ❷ (*vorstehend*) выступа́ющий
hervorrufen *irr vt* вызыва́ть,

H

вы́звать *pf*; **ihr Auftritt rief Begeisterung hervor** её выступле́ние вы́звало восто́рг
hervortreten *irr vi* ❶ выступа́ть, вы́ступить *pf* вперёд; ❷ (*vorstehen*) выдава́ться, вы́даться *pf* вперёд
hervortun *irr vr* выделя́ться, вы́делиться *pf*
Herz *nt* <-ens, -en> ❶ се́рдце *nt*; ❷ (*bei Spielkarten*) че́рви *fpl*; **schweren ~ens** с тяжёлым се́рдцем; **ein ~ und eine Seele sein** жить душа́ в ду́шу; **jdm sein ~ ausschütten** изли́ть кому́-л. ду́шу; **jdn in sein ~ schließen** привяза́ться к кому́-л.
Herzanfall *m* <-(e)s, -fälle> серде́чный при́ступ *m*
Herzenswunsch *m* <-(e)s, -wünsche> и́скреннее жела́ние *nt*
Herzfehler *m* <-s, -> поро́к *m* се́рдца
herzhaft *adj* ❶ (*kräftig*) кре́пкий, си́льный; ❷ (*Essen*) сы́тный, пло́тный
Herzinfarkt *m* <-(e)s, -e> инфа́ркт *m* миока́рда
Herzklopfen *nt* <*gen:* -s> сердцебие́ние *nt*; **~ haben** (*sich fürchten*) боя́ться
Herz-Kreislauf-System *nt* <-(e)s, -e> серде́чно-сосу́дистая систе́ма *f*
herzleidend *adj* страда́ющий боле́знью се́рдца
herzlich **I.** *adj* (*Begrüßung*) серде́чный; **~en Dank!** серде́чное спаси́бо! **~en Glückwunsch!** от души́ поздравля́ю! **II.** *adv* (*sehr, äußerst*) о́чень; **~ gern** с больши́м удово́льствием; **~ wenig** о́чень ма́ло.
Herzlichkeit *f* <*gen:* -> серде́чность *f*, задуше́вность *f*
herzlos *adj* бессерде́чный, безду́шный
Herzmittel *nt* <-s, -> (*umg*) серде́чное сре́дство *nt* (лека́рство)
Herzog, -in *m/f* <-s, Herzöge> ге́рцог, -и́ня *m/f*
Herzoperation *f* <-, -en> опера́ция *f* на се́рдце
Herzschlag *m* <*gen:* -(e)s> ❶ бие́ние *nt* се́рдца, сердцебие́ние *nt*; ❷ (*Herzanfall*) парали́ч *m* се́рдца
Herzversagen *nt* <*gen:* -s> прекраще́ние *nt* серде́чной де́ятельности
herzzerreißend *adj* душераздира́ющий
Hessen *nt* <*gen:* -s> Ге́ссен *m*
Hetze *f* <*gen:* -> ❶ (*Eile*) спе́шка *f*; ❷ (*gegen jdn*) тра́вля *f*
hetzen **I.** *vt* ❶ (*antreiben*) подгоня́ть, -догна́ть *pf*, торопи́ть, по- *pf*; ❷ (*jagen*) трави́ть, за- *pf*; **II.** *vi* вести́ *impf* камп́анию тра́вли (*gegen +akk* про́тив *+gen*)
Heu *nt* <*gen:* -(e)s> се́но *nt*; **~ machen** коси́ть се́но; **jd hat Geld wie ~** (*umg*) у кого́-л. де́нег ку́ры не клюю́т
Heuchelei *f* <-, -en> лицеме́рие *nt*
heucheln **I.** *vt* (*vorgeben*) притворя́ться, -ри́ться *pf*; **er heuchelte Mitleid** он изобража́л сочу́вствие; **II.** *vi* лицеме́рить *impf*
Heuchler, -in *m/f* <-s, -> лицеме́р, -ка *m/f*, притво́рщик, -щица *m/f*
heuchlerisch *adj* лицеме́рный, притво́рный
heulen *vi* ❶ (*umg pej: weinen*) реве́ть *impf*, рыда́ть *impf*; ❷ (*Wolf*) выть *impf*; ❸ (*Sirene*) выть *impf*; **das ist doch zum Heulen** (*umg*) э́то про́сто ужа́сно
Heuschnupfen *m* <*gen:* -s> сенно́й на́сморк *m*
Heuschrecke *f* <-, -n> саранча́ *f*
heute *adv* сего́дня; **~ Morgen** сего́дня у́тром; **~ Abend** сего́дня ве́чером; **~ in acht Tagen** че́рез во́семь дней; **der Wievielte ist ~?** како́е сего́дня число́?; **lieber ~ als morgen**

H

лу́чше сего́дня, чем за́втра
heutig *adj* ① сего́дняшний; ② (*derzeitig*) совреме́нный
heutzutage *adv* в на́ше вре́мя, ны́нче
Hexe *f* <-, -n> ве́дьма *f*, колду́нья *f*
hexen *vi* ① колдова́ть *impf*; ② (*Wunder vollbringen*) твори́ть чудеса́, со- *pf* чу́до
Hexenschuss *m* <*gen:* -schusses> простре́л *m*, люмба́го *nt*
Hexerei *f* <*gen:* -> колдовство́ *nt*, волшебство́ *nt*; **das ist keine ~** э́то не мудрено́ сде́лать
hieb *prät von* **hauen**
Hieb *m* <-(e)s, -e> уда́р *m*; **~e bekommen** (*umg*) получи́ть взбу́чку
hielt *prät von* **halten**
hier *adv* здесь; **was machst du denn ~?** что ты здесь де́лаешь?; **sind Sie von ~?** вы ме́стный?; **~ und da** там и сям; **von ~ aus** отсю́да
hieran *adv* на э́том ме́сте, здесь; **~ zeigt sich ..** из э́того ви́дно
Hierarchie *f* <-, -n> иера́рхия *f*
hierarchisch *adj* иерархи́ческий; **~er Aufbau** иерархи́ческое построе́ние
hierauf *adv* ① (*auf diese Äußerung/diesen Sachverhalt*) на э́то; **~ kenne ich keine Antwort** на э́то у меня́ нет отве́та; ② (*daraufhin*) зате́м, по́сле э́того; **~ gingen wir nach Hause** зате́м мы пошли́ домо́й
hieraus *adv* из э́того, отсю́да; **~ folgt, dass ..** отсю́да сле́дует, что...
hierbei *adv* при э́том, здесь; **~ geht es um ...** при э́том речь идёт о...
hierdurch *adv* ① (*infolgedessen*) в результа́те э́того, таки́м о́бразом; ② (*örtlich*) сюда́
hierfür *adv* за э́то, на э́то
hierher *adv* сюда́; **bis ~ und nicht weiter** до сих пор и не да́льше
hierhin *adv* сюда́
hiermit *adv* э́тим, настоя́щим
hiernach *adv* по э́тому, соотве́тственно э́тому
Hieroglyphe *f* <-, -n> иеро́глиф *m*
hiervon *adv* ① об э́том; **~ höre ich heute zum ersten Mal** об э́том я слы́шу сего́дня впервы́е; ② (*von diesem*) э́того, из э́того; **bitte geben Sie mir ~ 100 g** э́того да́йте мне, пожа́луйста, 100г; ③ (*örtlich*) от э́того, отсю́да
hierzu *adv* к э́тому; **~ gehört ein herber Rotwein** к э́тому полага́ется сухо́е кра́сное вино́; **~ kann ich Ihnen nur raten** по э́тому по́воду я могу́ вам то́лько посове́товать
hiesig *adj* ме́стный, зде́шний
hieß *prät von* **heißen**
Hightech, High Tech *f* <*gen:* -> высокото́чная те́хника *f*
Hilfe *f* <-, -n> ① по́мощь *f*; ② (*Unterstützung*) подде́ржка *f*; ③ (*Hilfskraft*) помо́щник *m*; **~!** на по́мощь! **mit ~ von** с по́мощью; **jdm ~ leisten** ока́зывать кому́-л. по́мощь; **etw zur ~ nehmen** прибе́гнуть к по́мощи чего́-л.; **um ~ rufen** звать на по́мощь; **erste ~** пе́рвая по́мощь
hilflos *adj* беспо́мощный
Hilflosigkeit *f* <*gen:* -> беспо́мощность *f*
hilfreich *adj* ① гото́вый помо́чь; ② (*nützlich*) поле́зный; **deine Kenntnisse wären sehr ~** твои́ зна́ния бы́ли бы о́чень поле́зны
Hilfsaktion *f* <-, -en> а́кция *f* по оказа́нию по́мощи
Hilfsarbeiter, -in *m/f* <-s, -> подсо́бный рабо́чий *m*
hilfsbedürftig *adj* нужда́ющийся в по́мощи
hilfsbereit *adv* гото́вый помо́чь
Hilfskraft *f* <-, -kräfte> вспомога́тельная рабо́чая си́ла *f*, подсо́бная рабо́чая си́ла *f*
Hilfsmittel *nt* <-s, -> вспомога́тельное сре́дство *nt*
Hilfsverb *nt* <-s, -en> (LING) вспомога́тельный глаго́л *m*

Himbeere *f* <-, -n> мали́на *f*
Himmel *m* <*gen:* -s> ❶ не́бо *nt*; **am ~ steht keine Wolke** на не́бе ни о́блачка; ❷ (REL) небеса́ *pl*; **aus heiterem ~** с я́сного не́ба; **um ~s willen!** ра́ди бо́га! ❸ (KFZ) оби́вка *f* кры́ши
himmelblau *adj* небе́сно-голубо́й, лазу́рный
Himmelskörper *m* <-s, -> небе́сное те́ло *nt*
Himmelsrichtung *f* <-, -en> сторона́ *f* све́та
himmlisch *adj* ❶ небе́сный; ❷ (*großartig, wunderbar*) восхити́тельный, ди́вный; **ein ~es Vergnügen** боже́ственное удово́льствие
hin *adv* (*dorthin*) туда́, по направле́нию к; **~ und her** туда́-сюда́; **~ und wieder** вре́мя от вре́мени
hinab *adv* вниз; **den Berg ~** вниз по горе́
hinarbeiten *vi:* **auf etw ~** добива́ться чего́-л.
hinauf *adv* вверх, наве́рх
hinaufgehen *irr vi* поднима́ться, -ня́ться *pf*
hinaufsteigen *irr vi* ❶ всходи́ть, взойти́ *pf*; ❷ (*Treppe*) поднима́ться, -ня́ться *pf*
hinaus *adv* нару́жу, из; **~ mit dir!** убира́йся вон! **darüber ~** сверх того́; **über Jahre ~** че́рез го́ды
hinausbefördern *vt* вы́вести *pf*, -води́ть *impf*
hinausblicken *vi* выгля́дывать, вы́глянуть *pf*
hinausgehen *irr vi* ❶ выходи́ть, вы́йти *pf*; ❷ (*ausgerichtet sein*) выходи́ть *impf*; **über etw ~** выходи́ть за преде́лы чего́-л.
hinauslaufen *irr vi* выбега́ть, вы́бежать *pf*; **auf etw ~** своди́ться к чему́-л.
hinausschieben *irr vt* (*verzögern*) отсро́чивать, -чить *pf*, откла́дывать, отложи́ть *pf*
hinauswerfen *irr vt* ❶ (*wegwerfen*) выбра́сывать, вы́бросить *pf*; ❷ (*Person*) прогоня́ть, -гна́ть *pf*; **Geld zum Fenster ~** (*umg*) выбра́сывать де́ньги из окна́
hinauswollen *vi:* **auf etw ~** клони́ть к чему́-л.; **hoch ~** высоко́ ме́тить
hinausziehen *irr vr* (*sich hinziehen*) затя́гиваться, -тяну́ться *pf*
hinauszögern **I.** *vt* оття́гивать, -тяну́ть *pf*; **er zögerte den Abschied noch hinaus** он всё ещё оття́гивал проща́нье; **II.** *vr* отсро́чиваться, -сро́читься *pf*, откла́дываться, отложи́ться *pf*
Hinblick *m*: **im ~ auf** ввиду́ чего́-л.
hinderlich *adj* ❶ затрудни́тельный; ❷ (*im Wege*) меша́ющий; **jdm ~ sein** быть кому́-л. поме́хой
hindern *vt* (*aufhalten, hemmen*) препя́тствовать, вос- *pf*; **jdn daran ~, etw zu tun** (*von etw abhalten*) не дать кому́-л. сде́лать что́-л.
Hindernis *nt* <-ses, -se> препя́тствие *nt*, поме́ха *f*; **das soll kein ~ sein** э́то не должно́ быть поме́хой; **ein ~ nehmen** взять препя́тствие; **jdm ~se in den Weg legen** (*fig*) чини́ть кому́-л. препя́тствия
hindeuten *vi* ука́зывать, -за́ть *pf* (*auf* +*akk* на); **alle Anzeichen deuten darauf hin, dass ...** все при́знаки свиде́тельствуют о том, что...
hindurch *adv* ❶ (*räumlich*) че́рез, сквозь; ❷ (*zeitlich*) в тече́ние; **das ganze Jahr ~** в тече́ние всего́ го́да
hinein *adv* ❶ (*räumlich*) в, внутрь; **in das Zimmer ~** в ко́мнату; ❷ (*zeitlich*) вплоть до; **er arbeitete bis tief in die Nacht ~** он рабо́тал до по́здней но́чи
hineindenken *irr vr* вду́мываться, -маться *pf* (*in* +*akk* в)
hineinfallen *irr vi* па́дать, упа́сть *pf*
hineingehen *irr vi* ❶ входи́ть, войти́ *pf*; ❷ (*hineinpassen*)

входи́ть, войти́ *pf*, вмеща́ться, вмести́ться *pf*

hineingeraten *irr vi* попа́сть *pf*, -пада́ть *impf*

hineinreden *vi* (*in Angelegenheiten*) вме́шиваться, -ша́ться *pf*; **da lass ich mir nicht ~!** здесь я не позво́лю вме́шиваться!

hineinsehen *irr vi* загля́дывать, -гляну́ть *pf*

hineinwachsen *irr vi* враста́ть, -сти́ *pf* (*in +akk* в)

hinfahren I. *irr vt* отвози́ть, -везти́ *pf*; **soll ich dich ~?** отвезти́ тебя́?; II. *vi* съе́здить *pf*

Hinfahrt *f* <-, -en> пое́здка *f* туда́; **auf der ~** по доро́ге туда́

hinfallen *irr vi* па́дать, упа́сть *pf*

hinfällig *adj* ❶ недействи́тельный; ❷ (*schwach*) сла́бый, дря́хлый

hing *prät von* **hängen**

Hingabe *f* <*gen:* -> увлечённость *f*, отда́ча *f*; **mit ~ hörte sie Musik** она увлечённо слу́шала му́зыку

hingeben *irr vr:* **sich einer Sache ~** отдава́ться како́му-л. де́лу; **sich jdm ~** отдава́ться кому́-л.

hingehen *irr vi* идти́ *impf*; **wo gehst du hin?** куда́ ты идёшь?

hingehören *vi* принадлежа́ть *impf*; **das gehört hier nicht hin** э́то сюда́ не отно́сится

hinhalten *irr vt* ❶ подава́ть, -да́ть *pf*, протя́гивать, -тяну́ть *pf*; ❷ (*Person*) заде́рживать, -жа́ть *pf*

hinken *vi* хрома́ть *impf*; **der Vergleich hinkt** сравне́ние хрома́ет

hinkriegen *vt* (*umg: fertigbringen*) удава́ться, уда́ться *pf*; **das werde ich nie ~!** мне э́то никогда́ не уда́стся!

hinlegen I. *vt* ❶ класть, положи́ть *pf*; ❷ (*umg: gekonnt ausführen*) исполня́ть, -по́лнить *pf*; ❸ (*umg: bezahlen*) раскоше́ливаться, -ше́литься *pf*; II. *vr* ложи́ться, лечь *pf*

hinnehmen *irr vt* принима́ть, -ня́ть *pf*; **etw als selbstverständlich ~** воспринима́ть что́-л. как само́ собо́й разуме́ющееся

hinreichend *adj* (*ausreichend*) доста́точный

Hinreise *f* <-, -n> пое́здка *f* туда́; **auf der ~** по доро́ге туда́

hinreißen *irr vt* увлека́ть, -ле́чь *pf*; **er lauschte hingerissen ihrem Gesang** он увлечённо слу́шал её пе́ние; **sich (von jdm/etw) zu etw ~ lassen** дать (кому́-л./чему́-л). увле́чь себя́ че́м-л.

hinrichten *vt* казни́ть *impf/pf*

Hinrichtung *f* <-, -en> казнь *f*

hinsagen *vt* (*umg*) говори́ть, сказа́ть *pf* про́сто так, ля́пнуть *pf*; **das hat er nur so hingesagt** э́то он про́сто так ля́пнул

hinsehen *irr vi* взгляну́ть *pf*, взгля́дывать *impf*; **vor sich ~** смотре́ть пе́ред собо́й

hinsetzen *vr* сади́ться, сесть *pf*, уса́живаться, усе́сться *pf*

Hinsicht *f*: **in dieser ~** в э́том отноше́нии; **in jeder ~** с любо́й то́чки зре́ния; **in ~ auf** относи́тельно чего́-л.

hinsichtlich *präp +gen* относи́тельно, в отноше́нии

hinstellen I. *vt* ❶ ста́вить, по- *pf*; ❷ (*parken*) припарко́вывать, -кова́ть *pf*; II. *vr* стать *pf*, станови́ться *impf*; **jdn als Vorbild ~** ста́вить кого́-л. в приме́р

hinten *adv* сза́ди; **nach ~** наза́д; **von ~** сза́ди; **weit ~** далеко́ позади́

hinter *präp* за; **unser Garten liegt ~ dem Haus** наш сад нахо́дится за до́мом; **~ ... her** за; **etw ~ sich haben** пережи́ть что́-л.

Hinterausgang *m* <-(e)s, -gänge> чёрный ход *m*, вход *m* со двора́

hintere(r, s) *adj* ❶ за́дний; ❷ после́дний

hintereinander *adv* ❶ (*räumlich*) оди́н за други́м; **bitte stellt euch**

~ **auf!** пожáлуйста, пострóйтесь друг за дрýгом! ❷ (*zeitlich*) подря́д; **er fehlte drei Tage ~** он отсýтствовал три дня подря́д

hinterfragen *vt* расспрáшивать, -просúть *pf*

hintergehen *irr vt* обмáнывать, -манýть *pf*

Hintergrund *m* <-(e)s, -gründe> ❶ зáдний план *m*, фон *m*; ❷ (*fig*) зáдний план *m*; **in den ~ treten** отойтú на зáдний план

Hinterhalt *m* <-(e)s, -e> засáда *f*

hinterhältig *adj* ковáрный, веролóмный

hinterher *adv* ❶ (*räumlich*) позадú, сзáди; ❷ (*zeitlich*) потóм, затéм

hinterherlaufen *irr vi* бежáть *impf* вслед; **jdm ~** (*umg*) бéгать за кéм-л.

hinterher sein *irr vi* преслéдовать *impf*; **hinter jdm her sein** (*umg*) гнáться за кéм-л.

Hinterhof *m* <-(e)s, -höfe> зáдний двор *m*

Hinterkopf *m* <-(e)s, -köpfe> заты́лок *m*

hinterlassen *irr vt* ❶ оставля́ть, -тáвить *pf*; **ich hinterlasse dir eine Nachricht** я оставлю тебé запúску; ❷ (*vererben*) завещáть *impf*

Hinterlist *f* <-, -en> ❶ ковáрство *nt*, веролóмство *nt*; ❷ (*List, Trick*) хúтрость *f*, улóвка *f*

hinterlistig *adj* ковáрный, хúтрый

Hintern *m* <-, -> (*umg*) зад *m*, зáдница *f*; **sich auf den ~ setzen** (*hinfallen*) упáсть

Hintertür *f* <-, -en> чёрный ход *m*; **sich eine ~ offenhalten** (*fig*) обеспéчить себé путь к отступлéнию

hinterziehen *vt* уклоня́ться, -нúться *pf*, утáивать, -таúть *pf*; **Steuern ~** уклоня́ться от уплáты налóгов

hinüber *adv* на ту стóрону, тудá; **bringen sie es ~** отнесúте э́то тудá

hinunter *adv* вниз; **die Straße ~** вниз по ýлице

hinuntergehen *irr vi* сходúть, сойтú *pf*, спускáться, -стúться *pf*

hinunterschlucken *vt* ❶ глотáть; ❷ (*einmal*) глотнýть; ❸ (*Vorwurf, Gefühl*) проглáтывать, -глотúть *pf*

Hinweg *m* <-(e)s, -e> ❶ дорóга *f* тудá; ❷ путь *m* тудá; **auf dem ~** по путú тудá

hinwegkommen *irr vi:* **über etw ~** пережúть чтó-л.

hinwegsehen *irr vi:* **über etw ~** закрывáть глазá на чтó-л.; **über jdn ~** не замечáть когó-л.

hinwegsetzen *vr:* **sich über etw ~** не принимáть чтó-л. блúзко к сéрдцу; **sich über jdn ~** не обращáть внимáния на когó-л.

Hinweis *m* <-es, -e> ❶ указáние *nt*, замечáние *nt*; ❷ (*Andeutung, Rat*) намёк *m*, замечáние *nt*; **wenn ich mir den ~ erlauben darf ...-** éсли позвóлите замéтить...; ❸ (*Verweis, Anweisung*) указáние *nt*, ссы́лка *f*; **jdm einen ~ geben** дать комý-л. указáние

hinweisen I. *irr vt:* **jdn auf etw ~** указáть комý-л. на чтó-л.; **II.** *vi* ❶ (*zeigen*) укáзывать, -зáть *pf*, покáзывать, -зáть *pf* (*auf +akk* на); ❷ (*verweisen*) ссылáться, сослáться *pf*, укáзывать, -зáть *pf* (*auf +akk* на)

hinzufügen *vt* добавля́ть, -бáвить *pf*; **dem möchte ich etw ~** к э́тому я хочý кóе-что добáвить

hinzuziehen *vt* привлекáть, -влéчь *pf*; **einen Sachverständigen ~** привлекáть экспéрта

Hirn *nt* <-(e)s, -e> ❶ головнóй мозг *m*; ❷ (*umg: Verstand*) соображéние *nt*; **streng mal dein ~ an!** напрягú свой мозгú

Hirnhautentzündung *f* <-, -en> менингúт *m*

hirnverbrannt *adj* (*umg*) сумасбрóдный; **du bist ja völlig ~!** ты совсéм с умá сошёл!

H

Hirsch *m* <-(e)s, -e> оле́нь *m*
Hirse *f* <*gen:* -> пшено́ *nt*
Hirt *m* <-en, -en> пасту́х *m*
hissen *vt* (*Flagge*) поднима́ть, -ня́ть *pf*
Historiker, -in *m/f* <-s, -> исто́рик *m*
historisch *adj* ❶ истори́ческий; ❷ (*bedeutsam*) значи́тельный; **ein ~er Augenblick** истори́ческий моме́нт
Hit *m* <-s, -s> (*umg: Schlager*) хит *m*, шля́гер *m*
Hitparade *f* <-, -n> хит-пара́д *m*
Hitze *f* <*gen:* -> жара́ *f*; **eine ~ ist das heute!** ну сего́дня и жара́! **in ~ geraten** разгорячи́ться; **in der ~ des Gefechts** в пылу́ сраже́ния
Hitzewallungen *pl* <*gen:* -> (MED) прили́вы *mpl*
hitzig *adj* ❶ (*aufbrausend*) вспы́льчивый; ❷ (*Wortstreit, Gefecht*) горя́чий
Hitzschlag *m* <-(e)s, -schläge> теплово́й уда́р *m*
HIV *abk von* ***human immune (deficiency) virus*** *m* ВИЧ *m*, *возбуди́тель СПИ́ДА*
hob *prät von* **heben**
Hobby *nt* <-s, -s> хо́бби *nt*; **ein ~ haben** име́ть хо́бби
Hobel *m* <-s, -> руба́нок *m*
hobeln *vi* строга́ть, вы- *pf*
hoch *adj* ❶ высо́кий; ❷ (*Preis*) высо́кий; **sie musste eine hohe Strafe zahlen** она́ должна́ была́ заплати́ть большо́й штраф; ❸ (*Ehre*) высо́кий; ❹ (*Fieber*) си́льный; **das ist mir zu ~** (*umg*) э́то вы́ше моего́ понима́ния
Hoch *nt* <-s, -s> ❶ (*Hochdruckgebiet*) о́бласть *f* высо́кого давле́ния; ❷ (*Hochruf*) ура́
Hochachtung *f* <*gen:* -> глубо́кое уваже́ние *nt*; **meine ~!** моё почте́ние!
hochachtungsvoll *adv* (*im Brief*) с глубо́ким уваже́нием
Hochbau *m* <-(e)s, -ten> ❶ (*Gebäude*) надзе́мное сооруже́ние *nt*; ❷ (*die Bautätigkeit*) надзе́мное строи́тельство *nt*
Hochdeutsch *nt* <*gen:* -n> литерату́рный неме́цкий язы́к *m*
Hochgebirge *nt* <-s, -> высокого́рный масси́в *m*, высокого́рье *nt*
hoch gesteckt *adj* (*Ziele*) честолюби́вый
Hochhaus *nt* <-es, -häuser> высо́тный дом *m*
hochheben *vt* высоко́ поднима́ть, -ня́ть *pf*
Hochland *nt* <-(e)s, -länder> плоского́рье *nt*, наго́рье *nt*; **das schottische ~** го́рная Шотла́ндия
hochleben *vi:* **jd/etw lebe hoch!** да здра́вствует кто́-л./что́-л.! **jdn/etw ~ lassen** провозглаша́ть тост в честь кого́-л./чего́-л.
Hochmut *m* <*gen:* -(e)s> высокоме́рие *nt*, надме́нность *f*
hochmütig *adj* высокоме́рный, надме́нный
hochnäsig *adj* (*umg*) зано́счивый
Hochofen *m* <-s, -öfen> до́менная печь *f*
Hochsaison *f* <*gen:* -> (*Hauptsaison*) разга́р *m* сезо́на
Hochschule *f* <-, -n> вы́сшее уче́бное заведе́ние *nt*
Hochschulreife *f* <*gen:* -> *пра́во на обуче́ние в вы́сшем уче́бном заведе́нии*
Hochsommer *m* <*gen:* -s> разга́р *m* ле́та
Hochspannung *f* <*gen:* -> (PHYS) высо́кое напряже́ние *nt*
höchst *adv* (*äußerst*) чрезвыча́йно, исключи́тельно; **das ist ~ unangenehm** э́то чрезвыча́йно неприя́тно
Hochstapler, -in *m/f* <-s, -> (*Betrüger*) афери́ст, -ка *m/f*, моше́нник, -ница *m/f*
höchste(r, s) *adj* ❶ са́мый высо́кий; ❷ (*größte*) са́мый большо́й; ❸ (*äußerste*) исключи́тельный, чрезвыча́йный; **höchste Zeit**

са́мое вре́мя; **im höchsten Fall** в кра́йнем слу́чае
höchstens *adv* ❶ са́мое бо́льшее, ма́ксимум; ❷ (*bestenfalls*) в лу́чшем слу́чае; **ich kann ~ nachkommen** я могу́ в лу́чшем слу́чае прийти́ по́зже; ❸ (*nicht mehr als*) не бо́лее чем; **das kostet ~ 50 Euro** э́то сто́ит не доро́же 50 е́вро
höchstpersönlich *adj* самоли́чно, со́бственной персо́ной
Hochtouren : **auf ~ laufen** (*umg*) идти́ по́лным хо́дом
Hochverrat *m* <*gen:* -(e)s> госуда́рственная изме́на *f*; **er ist des ~s schuldig** он вино́вен в госуда́рственной изме́не
Hochwasser *nt* <-s, -> ❶ (*Flut*) прили́в *m*; ❷ (*Überschwemmung*) наводне́ние *nt*
hochwertig *adj* высокока́чественный
Hochzeit *f* <-, -en> сва́дьба *f*; **~ halten** справля́ть сва́дьбу; **goldene/silberne ~** золота́я/серебряная сва́дьба
Hochzeitsreise *f* <-, -n> сва́дебное путеше́ствие *nt*
hocken *vi* ❶ сиде́ть *impf* на ко́рточках; ❷ (*umg:*) торча́ть *impf*; **zu Hause ~** торча́ть до́ма
Hocker *m* <-s, -> (*Schemel*) табуре́тка *f*
Höcker *m* <-s, -> (*von Kamel*) горб *m*
Hoden *m* <-s, -> (семенно́е) яи́чко *nt*
Hof *m* <-(e)s, Höfe> ❶ двор *m*; ❷ (*Bauernhof*) крестья́нский двор *m*; ❸ (*Hinterhof*) за́дний двор *m*; ❹ (*Königshof*) двор *m*; **einem Mädchen den ~ machen** уха́живать за де́вушкой
hoffen I. *vi* наде́яться, по- *pf* (*auf +akk* на); **II.** *vt* наде́яться, по- *pf*; **das hoffe ich auch** я то́же на э́то наде́юсь; **das Beste ~** наде́яться на лу́чшее
hoffentlich *adv* на́до наде́яться; **~ geht es ihm bald besser** на́до наде́яться, что ему́ ско́ро ста́нет лу́чше
Hoffnung *f* <-, -en> наде́жда *f* (*auf +akk* на); **er ist meine letzte ~** он - моя́ после́дняя наде́жда; **sich (keine) ~en auf etw machen** (не) наде́яться на что́-л.; **die ~ verlieren/aufgeben** теря́ть/оставля́ть наде́жду
hoffnungslos *adj* безнадёжный; **es ist ein ~er Fall** э́то безнадёжный слу́чай
hoffnungsvoll *adj* ❶ по́лный наде́жд; ❷ (*vielversprechend*) многообеща́ющий
höflich *adj* ❶ ве́жливый; ❷ (*aufmerksam*) внима́тельный, учти́вый
Höflichkeit *f* <-, -en> ве́жливость *f*, учти́вость *f*; **~en austauschen** обменя́ться любе́зностями
Höhe *f* <-, -n> ❶ высота́ *f*; ❷ (*Ausmaß, Niveau*) у́ровень *m*; ❸ (*Anhöhe*) возвы́шенность *f*, холм *m*; ❹ (*Tonhöhe*) высота́ *f* то́на; ❺ (*geografische Höhe*) широта́ *f*; **auf der ~ sein** быть на высоте́ положе́ния; **in die ~ steigen** поднима́ться вверх
Hoheit *f* <-, -en> ❶ (*eines Staats*) суверените́т *m*; ❷ (*Titel*) высо́чество *nt*; **Eure (königliche) ~!** ва́ше (короле́вское) высо́чество!
Höhepunkt *m* <-(e)s, -e> вы́сшая то́чка *f*, кульминацио́нный моме́нт *m*
höher *komp von* **hoch**
hohl *adj* ❶ пусто́й, по́лый; ❷ (*Stimme*) глухо́й; ❸ (*inhaltsleer*) пусто́й; **das ist ~es Geschwätz** э́то пусты́е разгово́ры
Höhle *f* <-, -n> ❶ пеще́ра *f*; ❷ (*Tierbau*) нора́ *f*
Hohlraum *m* <*gen:* -(e)s> по́лость *f*
Hohn *m* <*gen:* -(e)s> (*Spott*) насме́шка *f*, издёвка *f*
höhnen *vt* издева́ться *impf*
höhnisch *adj* издева́тельский, язви́тельный; **er lächelte ~** он

язви́тельно усмехну́лся
holen *vt* ① приноси́ть, -нести́ *pf*; **ich gehe es ~** пойду́, принесу́ э́то; ② (*Person*) приводи́ть, -вести́ *pf*; **Atem ~** перевести́ дух; **sich bei jdm Rat ~** обрати́ться к кому́-л. за сове́том
Holland *nt* <*gen:* -s> Голла́ндия *f*
Holländer, -in *m/f* <-s, -> голла́ндец, -ндка *m/f*
holländisch *adj* голла́ндский
Hölle *f* <*gen:* -> а́д *m*, преиспо́дняя *f*; **dort ist die ~ los** (*umg*) там су́щий ад

höllisch *adj* ① а́дский; ② (*umg: sehr, äußerst*) дья́вольский, черто́вский; **es tut ~ weh** э́то а́дская боль; **vor etw/jdm ~e Angst haben** (*umg*) боя́ться чего́-л./кого́-л. как огня́
holperig *adj* ① (*Weg*) уха́бистый; ② (*Rede, Stil*) неро́вный
holpern *vi* трясти́сь *impf*
Holz *nt* <-es, Hölzer> ① де́рево *nt*; **der Tisch ist aus massivem ~** стол из масси́вного де́рева; ② (*Bauholz, Nutzholz*) древеси́на *f*
hölzern *adj* ① (*aus Holz*) деревя́нный; ② (*nicht gewandt, steif*) деревя́нный, нело́вкий
Holzfäller *m* <-s, -> дровосе́к *m*, лесору́б *m*
holzfrei *adj* (*Papier*) без содержа́ния древеси́ны
holzig *adj* деревяни́стый
Holzkohle *f* <-, -n> древе́сный у́голь *m*
Holzschnitt *m* <-(e)s, -e> гравю́ра *f* на де́реве
Holzschnitzerei *f* <-, -en> резьба́ *f* по де́реву
Holzsplitter *m* <-s, -> зано́за *f*
homogen *adj* (*einheitlich*) гомоге́нный, одноро́дный
homöopathisch *adj* гомеопати́ческий
Homosexualität *f* <*gen:* -> гомосексуали́зм *m*
homosexuell *adj* гомосексуа́льный
Homosexuelle(r) *mf* <-n, -n> гомосексуали́ст *m*
Honig *m* <-s, -e> мёд *m*
Honigmelone *f* <-, -n> ды́ня *f*
Honorar *nt* <-s, -e> гонора́р *m*; **gegen angemessenes ~** за соотве́тствующее вознагражде́ние
honorieren *vt* ① (*würdigen*) вознагражда́ть, -гради́ть *pf*; ② (*mit Geld*) опла́чивать, -плати́ть *pf*
Hopfen *m* <*gen:* -s> хмель *m*
hopsen *vi* (*umg*) подпры́гивать, -гнуть *pf*
hörbar *adj* ① слы́шный, слы́шимый; ② (*geräuschvoll*) гро́мкий; **er schluckte ~** он гро́мко сглотну́л
horchen *vi* ① (*hören*) прислу́шиваться, -слу́шаться *pf*; ② (*lauschen*) подслу́шивать, -слу́шать *pf*; **er horchte an der Tür** он подслу́шивал под две́рью; **horch!** ш-ш!
Horde *f* <-, -n> орда́ *f*
hören I. *vt* ① слу́шать *impf*; ② (*hinhören, anhören*) слу́шать, по- *pf*; **sie hört gerne Musik** он с удово́льствием слу́шает му́зыку; ③ (*erfahren*) слы́шать, услы́шать *pf*; **hast du etw Neues von ihm gehört?** ты слы́шал что́-нибудь но́венькое о нём?; II. *vi* ① слу́шать, по- *pf*; ② слу́шаться, по- *pf*; **auf jdn ~** слу́шаться кого́-л.; **etw von sich ~ lassen** дава́ть о себе́ знать
Hörer[1] *m* <-s, -> ① (*von Telefon*) тру́бка *f*; **sie nahm den ~ ab und wählte** она́ сняла́ тру́бку и набрала́ но́мер; ② (*Kopfhörer*) нау́шник *m*
Hörer[2]**, -in** *m/f* <-s, -> слу́шатель, -ница *m/f*
Hörerschaft *f* <*gen:* -> аудито́рия *f*, слу́шатели *mpl*
Hörfunk *m* <*gen:* -s> ра́дио *nt*
Hörgerät *nt* <-(e)s, -e> слухово́й аппара́т *m*; **er trägt ein ~** он

но́сит слухово́й аппара́т
Horizont *m* <-(e)s, -e> ① горизо́нт *m*; ② (*geistiger*) кругозо́р *m*; **etw geht über jds ~** что́-л. вы́ше чьего́-л. понима́ния
horizontal *adj* (*waagrecht*) горизонта́льный
Hormon *nt* <-s, -e> гормо́н *m*
Horn *nt* <-(e)s, Hörner> ① рог *m*; ② (MUS) горн *m*; ③ (*als Signal*) звуково́й сигна́л *m*
Hörnchen *nt* <-s, -> рога́лик *m*
Hornhaut *f* <-, -häute> ① ороговéвшая ко́жа *f*; ② (*des Auges*) рогова́я оболо́чка *f*
Hornisse *f* <-, -n> шéршень *m*
Horoskop *nt* <-s, -e> гороско́п *m*; **jdm ein ~ (er)stellen** соста́вить кому́-л. гороско́п
horrend *adj* (*unglaublich hoch, groß*) грома́дный, невероя́тный
Horror *m* <*gen:* -s> у́жас *m*
Horrorfilm *m* <-(e)s, -e> фильм *m* у́жасов
Hörsaal *m* <-(e)s, -säle> лекцио́нный зал *m*
Hörspiel *nt* <-(e)s, -e> радиоспекта́кль *m*
Hort *m* <-(e)s, -e> ① (*Kinderhort*) гру́ппа *f* продлённого дня́; ② (*Schutzraum*) прибéжище *nt*
horten *vt* копи́ть, на- *pf*
Höschen *nt* <-s, -> тру́сики *pl*
Hose *f* <-, -n> ① брю́ки *fpl*; ② (*kurze Hose*) шо́рты *pl*; ③ (*Unterhose*) трусы́ *pl*; **die ~(n) voll haben** (*umg: sich fürchten*) наложи́ть в штаны́
Hosenbein *nt* <-(e)s, -e> брю́чина *f*, штани́на *f*
Hosentasche *f* <-, -n> карма́н *m* брюк
Hospital *nt* <-s, -e/-täler> больни́ца *f*
Hotel *nt* <-s, -s> гости́ница *f*; **sie übernachten im ~** они́ ночу́ют в гости́нице
Hotelzimmer *nt* <-s, -> гости́ничный но́мер *m*
Hotline *f* <-, -s> горя́чая ли́ния *f*
Hrsg. *abk von* ***Herausgeber(in)***
hübsch *adj* ① (*gut aussehend*) краси́вый; ② (*gefällig, nett*) ми́лый, симпати́чный; **sie hat ihre Wohnung ~ eingerichtet** она́ краси́во обста́вила свою́ кварти́ру; ③ (*umg: beträchtlich, groß*) большо́й, прили́чный; **das ist eine ~e Summe** э́то прили́чная су́мма; **sich ~ machen** прихора́шиваться
Hubschrauber *m* <-s, -> вертолёт *m*
Huf *m* <-(e)s, -e> копы́то *nt*
Hufeisen *nt* <-s, -> подко́ва *f*
Hüfte *f* <-, -n> бедро́ *nt*; **die Arme in die ~ stemmen** упере́ть ру́ки в бо́ки
Hüftgelenk *nt* <-(e)s, -e> тазобе́дренный суста́в *m*
Hügel *m* <-s, -> холм *m*, буго́р *m*
hügelig *adj* (*Gelände*) холми́стый
Huhn *nt* <-(e)s, Hühner> ① (*Henne*) ку́рица *f*; ② (*Fleisch*) куря́тина *f*; **da lachen ja die Hühner** (*umg*) э́то ку́рам на́ смех
Hühnerauge *nt* <-s, -n> мозо́ль *f*
huldigen *vi:* **jdm ~** почита́ть кого́-л.; **einer Anschauung ~** быть приве́рженцем како́го-л. воззре́ния
Huldigung *f* <-, -en> почита́ние *nt*
Hülle *f* <-, -n> ① оболо́чка *f*; ② (*von Schallplatte*) конве́рт *m*; ③ (*von Ausweis*) обло́жка *f*; **in ~ und Fülle** в изоби́лии; **die sterbliche ~** (*geh*) бре́нные оста́нки
hüllen *vt* заку́тывать, -тать *pf* (*in +akk* в); **sie hüllte sich in eine Decke** она́ заку́талась в покрыва́ло; **sich in Schweigen ~** храни́ть молча́ние
Hülse *f* <-, -n> ① футля́р *m*; ② (*Frucht~*) стручо́к *m*
human *adj* гума́нный, челове́чный
humanistisch *adj* гуманисти́ческий; **ein ~es Gymnasium** класси́ческая гимна́зия
humanitär *adj* гумани́тарный

Hummel *f* <-, -n> шмель *m*
Hummer *m* <-s, -> ома́р *m*
Humor *m* <*gen:* -s> ю́мор *m*; **Sinn für ~ haben** име́ть чу́вство ю́мора; **den ~nicht verlieren** не теря́ть чу́вства ю́мора
Humorist, -in *m/f* <-en, -en> юмори́ст, -ка *m/f*
humorlos *adj* без чу́вства ю́мора
humorvoll *adj* остроу́мный
humpeln *vi* прихра́мывать *impf*, слегка́ хрома́ть *impf*
Humus *m* <*gen:* -> гу́мус *m*, перегно́й *m*
Hund *m* <-(e)s, -e> ❶ соба́ка *f*, пёс *m*; **er nahm den ~ an die Leine** он взял соба́ку на поводо́к; ❷ (*Jagdhund*) охо́тничья соба́ка *f*; ❸ (*Schimpfwort*) соба́ка *f*, пёс *m*; **Warnung vor dem ~e!** осторо́жно, зла́я соба́ка!
Hundehalter *m* <-s, -> владе́лец *m* соба́ки
Hundehütte *f* <-, -n> ❶ соба́чья бу́дка *f*, соба́чья конура́ *f*; ❷ (*umg: kleines Haus*) конура́
Hundeleine *f* <-, -n> поводо́к *m*
hundemüde *adj* (*umg*) уста́вший как соба́ка
hundert *num* сто
hundertjährig *adj* ❶ (*Alter*) столе́тний; ❷ (*Dauer, Bestehen*) веково́й, столе́тний
hundertmal *num* ❶ сто раз; ❷ (*umg: sehr oft*) сто раз
hundertprozentig *adj* ❶ стопроце́нтный; ❷ (*umg: völlig*) по́лный, стопроце́нтный; **ich bin mir ~ sicher** я уве́рен на сто проце́нтов
Hunger *m* <*gen:* -> ❶ го́лод *m*; ❷ (*Verlangen, Sehnsucht*) жа́жда *f*; **~ haben** быть голо́дным; **~ leiden** голода́ть; **~ stillen** утоли́ть го́лод
hungern *vi* ❶ голода́ть *impf*; ❷ (*fasten*) пости́ться *impf*
Hungersnot *f* <-, -nöte> го́лод *m*
Hungerstreik *m* <-s, -s> голодо́вка *f*
hungrig *adj* голо́дный; **ich bin ~ wie ein Wolf** я го́лоден как волк
Hupe *f* <-, -n> звуково́й сигна́л *m*, клаксо́н *m*; **auf die ~ drücken** нажа́ть на клаксо́н
hupen *vi* сигна́лить, по- *pf*
hüpfen *vi* ❶ скака́ть, по- *pf*; **der Vogel hüpfte vom Ast** пти́чка спры́гнула с ве́тки; ❷ (*Ball*) пры́гать, -гнуть *pf*
Hürde *f* <-, -n> ❶ (SPORT) барье́р *m*; ❷ (*Hindernis*) препя́тствие *nt*; ❸ (*für Schafe*) заго́н *m*; **eine ~ nehmen** преодоле́ть препя́тствие
Hürdenlauf *m* <-(e)s, -läufe> бег *m* с препя́тствиями
Hure *f* <-, -n> (*pej*) шлю́ха *f*
hurra! *interj* ура́!
huschen *vi* промелькну́ть *pf*, проскользну́ть *pf*; **ein Lächeln huschte über seine Lippen** улы́бка проскользну́ла по его́ губа́м
husten I. *vi* ка́шлять *impf*; **II.** *vt:* **dir werde ich was ~** (*umg*) чиха́л я на тебя́
Husten *m* <*gen:* -s> ка́шель *m*; **schwerer ~** тяжёлый ка́шель
Hustenanfall *m* <-(e)s, -anfälle> при́ступ *m* ка́шля
Hustenbonbon *nt* <-s, -s> ледене́ц *f* от ка́шля
Hustensaft *m* <-(e)s, -säfte> миксту́ра *f* от ка́шля
Hut[1]: **auf der ~ sein** быть настороже́
Hut[2] *m* <-(e)s, Hüte> шля́па *f*; **~ ab!** (*umg*) ша́пки доло́й! **etw ist ein alter ~** (*umg*) что́-л. старо́; **unter einen ~ bringen** (*umg*) объедини́ть
hüten I. *vt* ❶ охраня́ть, -ни́ть *pf*; ❷ (*Vieh*) пасти́ *impf*; **II.** *vr* остерега́ться, -ре́чься *pf*; **ich werde mich ~!** и не поду́маю! **das Bett ~** боле́ть; **sich vor jdm/etw ~** остерега́ться кого́-л./чего́-л.
Hütte *f* <-, -n> хи́жина *f*
Hyäne *f* <-, -n> гие́на *f*

hydraulisch *adj* гидравли́ческий
Hygiene *f* <*gen:* -> гигие́на *f*
hygienisch *adj* гигиени́чный, гигиени́ческий
Hymne *f* <-, -n> гимн *m*; **eine ~ auf etw/jdn** гимн чему́-л./кому́-л.
Hypnose *f* <*gen:* -> гипно́з *m*; **unter ~ stehen** находи́ться под гипно́зом
hypnotisieren *vt* гипнотизи́ровать, за- *pf*
Hypothese *f* <-, -n> гипо́теза *f*; **eine ~ aufstellen** вы́двинуть гипо́тезу
hypothetisch *adj* гипотети́ческий
Hysterie *f* <*gen:* -> истери́я *f*
hysterisch *adj* истери́чный, истери́ческий

I i

i, I *nt* <-, -> и, И, ы, Ы
ich *pron pers* я; **~ bin es** э́то я; **~ nicht** не я; **~ Dummkopf!** я ду́рень!
ideal *adj* идеа́льный
Ideal *nt* <-s, -e> идеа́л *m*
idealisieren *vt* идеализи́ровать *impf/pf*
Idealismus *m* <*gen:* -> идеали́зм *m*
Idealist, -in *m/f* <-en, -en> идеали́ст, -ка *m/f*
idealistisch *adj* ❶ идеалисти́ческий; ❷ (*weltfremd*) ото́рванный от ми́ра
Idee *f* <-, -n> ❶ иде́я *f*; ❷ (*Einfall*) иде́я *f*, мысль *f*
identifizieren *vt* идентифици́ровать *impf/pf*, отождествля́ть, -ви́ть *pf*
identisch *adj* иденти́чный
Identität *f* <*gen:* -> то́ждество *nt*, иденти́чность *f*
Ideologie *f* <-, -n> идеоло́гия *f*
ideologisch *adj* идеологи́ческий
Idiom *nt* <-s, -e> идио́ма *f*
idiomatisch *adj* идиомати́ческий
Idiot, -in *m/f* <-en, -en> (*umg: pej*) идио́т, -ка *m/f*
idiotisch *adj* (*umg: pej*) идио́тский; **eine ~e Idee** идио́тская иде́я
Idol *nt* <-s, -e> и́дол *m*, куми́р *m*
idyllisch *adj* идилли́ческий
Igel *m* <-s, -> ёж *m*
Ignoranz *f* <*gen:* -> (*Unkenntnis*) неве́жство *nt*
ignorieren *vt* игнори́ровать *impf/pf*, про- *pf*
ihm [1] *dat von* **er**
ihm [2] *dat von* **es**
ihn *akk von* **er**
ihnen *dat von* **sie**
Ihnen *dat sg und pl von* **Sie**
ihr I. *dat* **sie**; **II.** *pron pers* (*2. pers nom pl*) вы; **~ könnt das auch anders machen** вы могли́ бы сде́лать э́то по-друго́му; **III.** *pron poss* ❶ (*3. pers f sg*) её; **das ist ~ Geld** э́то её де́ньги; ❷ (*3. pers pl*) их.
Ihr *pron poss zu* **Sie**
ihre(r, s) *pron poss* ❶ (*3. pers f sg*) её; **wessen Buch ist das? - ihres** чья э́то кни́га? - её; ❷ (*3. pers pl*) их; **wessen Bücher sind das? - ihre** чьи э́то кни́ги? - их
Ihre(r, s) *pron poss* (*2. pers*) ва́ши
ihrerseits *adv* ❶ (*bezüglich sie: f sg*) с её стороны́, со свое́й стороны́; **sie ~ hält nichts davon** она́, со свое́й стороны́, невысо́кого мне́ния об э́том; ❷ (*bezüglich sie: pl*) с их стороны́, со свое́й стороны́; **sie ~ halten nichts davon** они́, со свое́й стороны́,

невысо́кого мне́ния об э́том
ihresgleichen *pron* ① (*f sg*) тако́й как она́; **für ~ habe ich kein Verständnis** таки́х как она́ я не понима́ю; ② (*pl*) тако́й как они́
ihretwegen *adv* ① (*wegen ihr*) и́з-за неё; ② (*ihr zuliebe*) ра́ди неё; **~ sind wir zu Hause geblieben** ра́ди неё мы оста́лись до́ма; ③ (*wegen ihnen*) и́з-за вас; **~ kommen wir zu spät** и́з-за вас мы опа́здываем; ④ (*ihnen zuliebe*) ра́ди вас
Ikone *f* <-, -n> ико́на *f*, о́браз *m*
illegal *adj* нелега́льный, незако́нный; **~e Beschäftigung** нелега́льное заня́тие
illegitim *adj* незако́нный, неправоме́рный
Illusion *f* <-, -en> иллю́зия *f*; **sich (über etw) ~en machen** стро́ить себе́ (по по́воду чего́-л.) иллю́зии
illusorisch *adj* иллюзо́рный, обма́нчивый
Illustration *f* <-, -en> иллюстра́ция *f*
Illustrierte *f* <-, -n> иллюстри́рованный журна́л *m*
Iltis *nt* <-ses, -se> хорёк *m*
im *präp +dat* (*in dem*) в; **sie ist ~ Garten** она́ в саду́; **~ Gegenteil** напро́тив; **im ersten Stock** на второ́м этаже́; **~ Alter von ...** в во́зрасте...
Image *nt* <-(s), -s> и́мидж *m*, прести́жность *f*, репута́ция *f*
imaginär *adj* мни́мый, вообража́емый
Imbiss *m* <-es, -e> ① (*Speise*) заку́ска *f*; ② (*Imbissbude*) буфе́тная сто́йка *f*
Imbissstube, Imbiss-Stube *f* <-, -n> заку́сочная *f*
Imitat *nt* <-(e)s, -e> имита́ция *f*
Imitation *f* <-, -en> имита́ция *f*, подража́ние *nt*
imitieren *vt* имити́ровать *impf/pf*, сымити́ровать *pf*, подража́ть *impf*
Imker, -in *m/f* <-s, -> пчелово́д *m*
Imkerei *f* пче́льник *m*
immatrikulieren *vt* ① принима́ть, -ня́ть *pf*; ② зачисля́ть, -чи́слить *pf*
immens *adj* огро́мный, необъя́тный
immer I. *adv* ① всегда́, постоя́нно; ② (*jedes Mal*) постоя́нно, ка́ждый раз; II. *part* (*in zunehmendem Maße*) всё; **~ noch** всё ещё; **~ mehr** всё бо́льше; **wer/was auch ~** кто́/что́ бы ни.
immerhin *adv* ① (*wenigstens*) по кра́йней ме́ре; ② (*schließlich*) всё-же, всё-таки
Immigrant, -in *m* <-en, -en> иммигра́нт, -ка *m/f*
Immission *f* <-, -en> (*von Schadstoffen*) вы́брос *m*, эми́ссия *f*
Immobilie *f* <-, -n> недви́жимое иму́щество *nt*
Immunität *f* <*gen:* -> ① (MED) иммуните́т *m*, невосприи́мчивость *f*; ② (JUR, POL: *von Abgeordneten*) неприкоснове́нность *f*, иммуните́т *m*; **~ genießen** по́льзоваться иммуните́том
Immunsystem *nt* <-s, -e> иммýнная систе́ма *f*
Imperativ *m* <-s, -e> (LING) повели́тельное наклоне́ние *nt*, императи́в *m*
Imperfekt *nt* <-s, -e> (LING) имперфе́кт *m*
Imperialismus *m* <*gen:* -> империали́зм *m*
imperialistisch *adj* империалисти́ческий
Imperium *nt* <-s, Imperien> импе́рия *f*
impfen *vt* привива́ть, -ви́ть *pf* (*gegen +akk* про́тив *+gen*)
Impfung *f* <-, -en> приви́вка *f*
Implantation *f* <-, -en> импланта́ция *f*
implizieren *vt* (*geh: mit beinhalten, zur Folge haben*) предполага́ть *impf*, подразумева́ть *impf*
implizit *adj* импликци́тный

imponieren *vi* импони́ровать *impf*; **das hat mir besonders imponiert** э́то мне осо́бенно импони́ровало
Import *m* <-(e)s, -e> ① (*Gütereinfuhr*) и́мпорт *m*, ввоз *m*; ② (*importierte Ware*) и́мпортный това́р *m*
Importeur *m* <-s, -e> импортёр *m*
importieren *vt* импорти́ровать *impf/pf*, ввози́ть, ввезти́ *pf*
imposant *adj* импоза́нтный
impotent *adj* импоте́нтный
Impotenz *f* <*gen:* -> импоте́нция *f*, полово́е бесси́лие *nt*
imprägnieren *vt* (*wasserdicht machen*) пропи́тывать, -та́ть *pf*
Improvisation *f* <-, -en> ① импровиза́ция *f*, экспро́мт *m*; ② (MUS) импровиза́ция *f*
improvisieren *vt* ① импровизи́ровать *impf/pf*, сымпровизи́ровать *pf*, говори́ть, сказа́ть *pf* экспро́мтом; ② (MUS) импровизи́ровать *impf/pf*, с- *pf*
Impuls *m* <-es, -e> и́мпульс *m*; **einen ~ geben** да́ть толчо́к
impulsiv *adj* импульси́вный
imstande, im Stande *adv*: ~ [*o* **im Stande**] **sein, etw zu tun** (*fähig sein*) быть в состоя́нии сде́лать что́-л.; **zu etw ~ sein** (*in der Lage sein*) быть спосо́бным на что́-л.
in[1] *präp* ① (*räumlich*) в; **~ der Kanne ist noch etw Tee** в ча́йнике есть ещё немно́го ча́я; ② (*in ... hinein*) в; **sie stellte das Buch ~ den Schrank** она́ поста́вила кни́гу в шкаф; ③ (*zeitlich*) че́рез; **~ einer Stunde fährt mein Zug** мой по́езд отхо́дит че́рез час; ④ (*innerhalb*) за, в; **~ einer Woche muss das fertig werden** за неде́лю э́то должно́ быть гото́во
in[2] *adj*: **~ sein** (*umg*) быть в мо́де
inakzeptabel *adj* неприе́млемый
Inbegriff *m* <-(e)s, -e> воплоще́ние *nt*
inbegriffen *adj* включа́я, включи́тельно
Inbetriebnahme *f* <-, -n> пуск *m* в эксплуата́цию
indem *konj* ① (*dadurch, dass*) тем что; ② (*während*) тем вре́менем, ме́жду тем
Inder, -in *m/f* <-s, -> инди́ец, -диа́нка *m/f*
Index *m* <-(es), -e/Indices> ① (*Messwert*) и́ндекс *m*; ② (*Verzeichnis*) оглавле́ние *nt*, и́ндекс *m*, рее́стр *m*
Indianer, -in *m/f* <-s, -> инде́ец, -диа́нка *m/f*
Indices *pl von* **Index**
Indien *nt* <*gen:* -s> И́ндия *f*
indigniert *adj* (*geh*) возмущённый
Indikation *f* <-, -en> индика́ция *f*, показа́ние *nt*
Indikativ *m* <-s, -e> (LING) изъяви́тельное наклоне́ние *nt*, индикати́в *m*
indirekt *adj* ко́свенный, непрямо́й; **~e Rede** (LING) ко́свенная речь
indisch *adj* инди́йский
indiskret *adj* нескро́мный, беста́ктный
Individualismus *m* <*gen:* -> индивидуали́зм *m*
Individualist, -in *m/f* <-en, -en> индивидуали́ст, -ка *m/f*
individuell *adj* индивидуа́льный; **einen ~en Stil haben** иметь свой стиль
Individuum *nt* <-s, Individuen> индиви́д *m*
Indiz *nt* <-es, -ien> ① (*Hinweis*) при́знак *m*; ② (JUR) ули́ка *f*
Indonesien *nt* <*gen:* -s> Индоне́зия *f*
Industrialisierung *f* <*gen:* -> индустриализа́ция *f*
Industrie *f* <-, -en> индустри́я *f*, промы́шленность *f*
Industrieanlage *f* <-, -n> промы́шленная устано́вка *f*
industriell *adj* индустриа́льный, промы́шленный; **~ gefertigt** промы́шленного изготовле́ния
Industrielle(r) *mf* <-n, -n> промы́шленник *m*
ineffizient *adj* ① (*Arbeitsweise, Me-*

thode) неэффективный; ❷ (*unwirtschaftlich*) нерентабельный

infam *adj* (*übel, bösartig*) подлый, гнусный

Infanterie *f* <-, -n> пехота *f*

infantil *adj* (*kindisch*) инфантильный

Infarkt *m* <-(e)s, -e> (MED) инфаркт *m*

Infektion *f* <-, -en> инфекция *f*, заражение *nt*

Infektionskrankheit *f* <-, -en> инфекционное заболевание *nt*

Inferno *nt* <gen: -> (*auch fig*) ад *m*, преисподняя *f*

Infinitiv *m* <-s, -e> инфинитив *m*, неопределённая форма *f* глагола

infizieren I. *vt* инфицировать *impf/pf*, заразить *pf*, -ражать *impf*; II. *vr* заразиться *pf*, -ражаться *impf*; **er hat sich mit einer Grippe infiziert** он заразился гриппом

Inflation *f* <gen: -> инфляция *f*

inflationär *adj* инфляционный

Info *abk von* ***Information***

infolge I. *präp +gen* вследствие; II. *adv*: **~ von** в связи с.

infolgedessen *adv* вследствие этого, поэтому

Informatik *f* <gen: -> информатика *f*

Informatiker, -in *m/f* <-s, -> информатик *m*

Information *f* <-, -en> информация *f*; **zu jds ~** к чьему-л. сведению; **~en austauschen** обмениваться информацией

informieren I. *vt* информировать *impf/pf*, про- *pf* (*über +akk* о *+präpos*); II. *vr* осведомляться, -миться *pf* (*über +akk* о *+präpos*)

infrage, in Frage: **etwas ~ stellen** ставить что-л. под сомнение

Infrastruktur *f* <gen: -> инфраструктура *f*

Ingenieur, -in *m/f* <-s, -e> инженер *m*

Ingenieurbüro *nt* <-s, -s> конструкторское бюро *nt*

Ingwer *m* <gen: -s> имбирь *m*

Inhaber, -in *m/f* <-s, -> ❶ (*von Geschäft oder Firma*) владелец, -лица *m/f*; ❷ (*Besitzer*) обладатель, -ница *m/f*; ❸ (*von Konto, Titel*) владелец, -лица *m/f*

inhaftieren *vt* арестовать *pf*, -стовывать *impf*

inhalieren *vt* ингалировать *impf*

Inhalt *m* <-(e)s, -e> ❶ (*eines Buchs, Films*) содержание *nt*; ❷ (*Flächeninhalt*) площадь *f*; ❸ (*einer Flasche*) содержимое *nt*

inhaltslos *adj* ❶ (*leer*) пустой; ❷ (*gehaltlos*) бессодержательный

inhaltsreich *adj* содержательный

Inhaltsverzeichnis *nt* <-ses, -se> оглавление *nt*, содержание *nt*

inhuman *adj* негуманный, бесчеловечный

Initiative *f* <-, -n> инициатива *f*; **die ~ ergreifen** взять инициативу; **aus eigener ~** по собственной инициативе

Initiator, -in *m/f* <-s, -en> инициатор *m*

Injektion *f* <-, -en> инъекция *f*

inklusive I. *präp +gen* включая; II. *adv* включительно; **alles ~** включая всё; **im Preis ~ sein** входить в цену.

inkompetent *adj* некомпетентный

inkonsequent *adj* непоследовательный

Inland *nt* <gen: -(e)s> страна *f*; **die Autoproduktion des ~es** отечественная автопродукция

Inländer *m* <-s, -> гражданин *m*

inländisch *adj* отечественный, внутренний

inmitten I. *präp +gen* среди, в кругу; II. *adv*: **~ von** посреди.

innehaben *vt* иметь *impf*, занимать, -нять *pf*

innen *adv* ❶ внутрь; ❷ (*im Haus*) внутри; **~ ist es wärmer** внутри теплее; **von ~** изнутри; **nach ~** внутрь; **~ und außen** внутри и снаружи

Innenhof *m* <-(e)s, -höfe>

вну́тренний двор *m*

Innenministerium *nt* <-, -ien> министе́рство *nt* вну́тренних дел

Innenpolitik *f* <*gen:* -> вну́тренняя поли́тика *f*

Innenseite *f* <-, -n> вну́тренняя сторона́ *f*

Innenstadt *f* <-, -städte> центр *m* го́рода

Innere *nt* <*gen:* -n> ❶ вну́тренность *f*, вну́тренняя часть *f*; ❷ (*fig: eines Menschen*) вну́тренний мир *m*

innere(r, s) *adj* вну́тренний; **innere Angelegenheiten** вну́тренние дела́; **innere Stimme** вну́тренний го́лос

Innereien *pl* <*gen:* -> ❶ вну́тренности *pl*; ❷ (*von Schlachttieren*) потроха́ *pl*

innerhalb I. *präp* +*gen* ❶ внутри́; ❷ (*zeitlich*) за, в тече́ние; II. *adv*: ~ **von** в тече́ние.

innerlich *adj* ❶ вну́тренний; ❷ (*geistig, seelisch*) душе́вный; ~**e Ruhe** душе́вный поко́й

innig *adj* ❶ и́скренний, серде́чный; **er umarmte sie ~** он серде́чно о́бнял её; ❷ (*sehr nah, eng*) бли́зкий, те́сный; **eine ~e Beziehung** те́сная дру́жба

inoffiziell *adj* неофициа́льный

ins *präp* +*akk* в; **ich gehe ~ Bett** я ложу́сь в посте́ль; **etw ~ Leben rufen** вы́звать что́-л. к жи́зни

Insasse *m* <-n, -n> ❶ (*von Fahrzeug*) пассажи́р *m*; ❷ (*in Gefängnis*) заключённый *m*

insbesondere *adv* осо́бенно, в осо́бенности

Inschrift *f* <-, -en> на́дпись *f*

Insekt *nt* <-s, -en> насеко́мое *nt*

Insektizid *nt* <-s, -e> сре́дство *nt* от насеко́мых

Insel *f* <-, -n> о́стров *m*

Inselgruppe *f* <-, -n> архипела́г *m*

Inserat *nt* <-(e)s, -e> объявле́ние *nt* в газе́те; **ein ~ aufgeben** дать объявле́ние

inserieren *vi* помеща́ть, -мести́ть *pf* объявле́ние, дава́ть, дать *pf* объявле́ние

insgeheim *adv* вта́йне, тайко́м

insgesamt *adv* в це́лом, в о́бщей сло́жности

insofern I. *konj* (*falls, wenn*) е́сли, пока́; II. *adv* (*was dies betrifft*) в э́том отноше́нии; ~ **gebe ich dir recht** в э́том отноше́нии ты прав; ~ **..., als ...** посто́льку, поско́льку...

Inspektion *f* <-, -en> ❶ инспе́кция *f*; ❷ (*beim Auto*) техосмо́тр *m*, пров ве́рка *f*

Inspektor, -in *m/f* <-s, -en> (*Beamte(r)*) инспе́ктор *m*

Inspiration *f* <-, -en> вдохнове́ние *nt*

inspirieren *vt* вдохновля́ть, -ви́ть *pf*

inspizieren *vt* инспекти́ровать, про- *pf*

Instabilität *f* <-, -en> нестаби́льность *f*

Installation *f* <-, -en> ❶ (*das Installieren*) устано́вка *f*, монта́ж *m*; ❷ (*technische Einrichtung*) устро́йство *nt*, обору́дование *nt*

installieren *vt* устана́вливать, -нови́ть *pf*, монти́ровать, смонти́ровать *pf*

Instandhaltung *f* <*gen:* -> ухо́д *m*, техобслу́живание *nt*

inständig *adj* настоя́тельный, насто́йчивый

Instantkaffee *m* <*gen:* -s> порошко́вый экстра́кт *m* ко́фе

Instanz *f* <-, -en> инста́нция *f*; **alle ~en durchlaufen** проходи́ть все инста́нции; **in letzter ~** в после́дней инста́нции

Instinkt *m* <-(e)s, -e> ❶ инсти́нкт *m*; ❷ (*Gespür*) чутьё *nt*; **er hat einen feinen ~ dafür** у него́ на э́то то́нкое чутьё

instinktiv *adj* инстинкти́вно; ~ **handeln** поступа́ть инстинкти́вно

Institut *nt* <-(e)s, -e> институ́т *m*

Institution *f* <-, -en> учрежде́ние *nt*

Instruktion *f* <-, -en> (*Anweisung*) инстру́кция *f*, указа́ние *nt*

Instrument *nt* <-(e)s, -e> ❶ (*Gerät, Werkzeug*) прибо́р *m*, инструме́нт *m*; ❷ (*Mittel*) ору́дие *nt*; ❸ (MUS) инструме́нт *m*; **ein ~ spielen** игра́ть на музыка́льном инструме́нте
instrumental *adj* инструмента́льный
Insulin *nt* <*gen:* -s> инсули́н *m*
inszenieren *vt* ❶ (*Theaterstück*) инсцени́ровать *impf/pf*, ста́вить *impf*, по- *pf*; ❷ (*fig: veranstalten*) инсцени́ровать *impf/pf*
Inszenierung *f* <-, -en> инсцениро́вка *f*
intakt *adj* це́лый, невреди́мый
Integration *f* <-, -en> интегра́ция *f*, слия́ние *nt*
integrieren *vt* интегри́ровать *impf/pf*; **ein integrierter Bestandteil (von)** составна́я часть (чего́-л.)
Intellekt *m* <*gen:* -(e)s> интелле́кт *m*, ра́зум *m*
intellektuell *adj* интеллектуа́льный
Intellektuelle(r) *mf* <-n, -n> рабо́тник *m* у́мственного труда́
intelligent *adj* у́мный, разу́мный
Intelligenz *f* <*gen:* -> ❶ ум *m*, интелле́кт *m*; ❷ (*soziale Schicht*) интеллиге́нция *f*
Intendant, -in *m/f* <-en, -en> управля́ющий *m*, интенда́нт *m*
Intensität *f* <*gen:* -> интенси́вность *f*
intensiv *adj* ❶ (*Arbeit, Gespräch*) интенси́вный; ❷ (*Schmerz*) си́льный
intensivieren *vt* интенсифици́ровать *impf/pf*
Intensivstation *f* <-, -en> отделе́ние *nt* реанима́ции
Intention *f* <-, -en> (*Absicht*) наме́рение *nt*
interessant *adj* интере́сный, заня́тный
Interesse *nt* <-s, -n> интере́с *m*, заинтересо́ванность *f*
Interessent, -in *m/f* <-en, -en> заинтересо́ванное лицо́ *nt*, заинтересо́ванная сторона́ *f*
interessieren **I.** *vt* интересова́ть *impf*; **der Film interessiert mich nicht** фильм меня́ не интересу́ет; **II.** *vr* интересова́ться *impf*; **sie interessiert sich für Literatur** она́ интересу́ется литерату́рой
interessiert *adj* заинтересо́ванный
Interjektion *f* <-, -en> (LING) междоме́тие *nt*
intern *adj* вну́тренний
Internat *nt* <-(e)s, -e> интерна́т *m*
international *adj* интернациона́льный, междунаро́дный
Internet *nt* <*gen:* -s> Интерне́т *m*
Internetjargon *m* Интерне́т-сленг *m*, сетево́й жарго́н *m*
Internetportal *nt* веб-порта́л *m*
Internetprovider *m* Интерне́т-прова́йдер *m*
Internetzugang *m* до́ступ *m* в Интерне́т
internieren *vt* интерни́ровать *impf/pf*
Internist, -in *m/f* <-en, -en> терапе́вт *m*, врач *m* по вну́тренним боле́зням
Interpret, -in *m/f* <-en, -en> (*in Musik, Tanz*) исполни́тель, -ница *m/f*
Interpretation *f* <-, -en> интерпрета́ция *f*, истолкова́ние *nt*
interpretieren *vt* интерпрети́ровать *impf/pf*, толкова́ть *impf*
Interpunktion *f* <*gen:* -> (LING) пунктуа́ция *f*
Intervention *f* <-, -en> интерве́нция *f*
Interview *nt* <-s, -s> интервью́ *nt*; **ein ~ (mit jdm) führen** брать у кого́-л. интервью́; **ein ~ geben** дава́ть интервью́
interviewen *vt* интервьюи́ровать *impf/pf*, про- *pf*
intim *adj* инти́мный, ли́чный; **mit jdm ~ sein** быть с ке́м-л. в инти́мных отноше́ниях
Intimität *f* <*gen:* -> инти́мность *f*, бли́зость *f*; **~en** инти́мности
intolerant *adj* нетерпи́мый
Intoleranz *f* <*gen:* -> нетерпи́мость *f*

Intonation *f* <-, -en> интона́ция *f*

intransitiv *adj* (LING) неперехо́дный; **ein ~es Verb** неперехо́дный глаго́л

Intrige *f* <-, -n> интри́га *f*; **eine ~ spinnen** плести́ интри́гу

Intuition *f* <-, -en> интуи́ция *f*

intuitiv *adj* интуити́вный; **etw ~ spüren** интуити́вно чу́вствовать что́-л.

Invalide *m/f* <-n, -n> инвали́д *m*

Invasion *f* <-, -en> вторже́ние *nt*

Inventar *nt* <-s, -e> ❶ (*Einrichtung*) инвента́рь *m*; ❷ (*Inventarliste*) инвента́рный спи́сок *m*

Inventur *f* <-, -en> инвентариза́ция *f*

investieren *vt* ❶ (ÖKON) инвести́ровать *impf/pf*, вкла́дывать, вложи́ть *pf* (*in +akk* в); ❷ (*Mühe, Zeit*) вкла́дывать, вложи́ть *pf* (*in +akk* в)

Investition *f* <-, -en> инвести́ция *f*, инвести́рование *nt*, капиталовложе́ние *nt*

inwiefern I. *konj* в како́й ме́ре, наско́лько; **es ist unklar, ~ uns das betrifft** нея́сно, в како́й ме́ре э́то каса́ется нас; **II.** *adv* в како́й ме́ре, наско́лько.

inzwischen *adv* ме́жду тем, тем вре́менем; **~ war es dunkel geworden** тем вре́менем ста́ло темно́

Ion *nt* <-s, -en> ио́н *m*

Irak *m* <*gen:* -s> Ира́к *m*

Iran *m* <*gen:* -s> Ира́н *m*

irdisch *adj* земно́й; **~e Freuden** земны́е ра́дости

Ire *m* <-n, -n> ирла́ндец *m*

irgend *adv* то́лько; **wenn es ~ möglich wird, komme ich** е́сли то́лько бу́дет возмо́жно, я приду́

irgendein(e, s) *pron* како́й-нибудь, како́й-либо; **aus ~em Grund ist sie nicht gekommen** по како́й-то причи́не она́ не пришла́

irgendetwas *pron* что́-нибудь, что́-либо

irgendjemand *pron* кто́-нибудь

irgendwann *adv* когда́-нибудь, когда́-либо; **hast du ~ Zeit für mich?** бу́дет у тебя́ для меня́ когда́-нибудь вре́мя?

irgendwas *pron* (*umg*) что́-нибудь, что́-либо; **~ stimmt da nicht** что́-то там не та́к

irgendwer *pron* (*umg*) кто́-нибудь, кто́-либо; **geht ~ mit mir ins Kino?** кто́-нибудь пойдёт со мной в кино́?

irgendwie *adv* ка́к-нибудь, ка́к-либо; **~ gefällt es mir nicht** мне э́то ка́к-то не нра́вится

irgendwo *adv* где́-нибудь, где́-либо; **hast du ~ meine Schlüssel gesehen?** ты ви́дел где́-нибудь мои́ ключи́?; **~ hat sie recht** где́-то она́ права́

Irin *f* <-, -nen> ирла́ндка *f*

Iris *f* <-, -> ❶ (*Pflanze*) и́рис *m*; ❷ (*des Auges*) ра́дужная оболо́чка *f* гла́за

irisch *adj* ирла́ндский

Irland *nt* <*gen:* -s> Ирла́ндия *f*

Ironie *f* <*gen:* -> иро́ния *f*; **mit feiner ~** с то́нкой иро́нией

ironisch *adj* ирони́ческий, насме́шливый

irr(e) *adj* ❶ (*verrückt*) сумасше́дший; ❷ (*umg: unglaublich, toll*) невероя́тный; **das ist doch ~** э́то же невероя́тно; **~ gut** (*umg*) о́чень хорошо́!

irrational *adj* иррациона́льный

Irre(r) *mf* <-n, -n> (*umg*) сумасше́дший *m*, поме́шанный *m*

irreführen *vt* сбива́ть, сбить *pf* с то́лку, вводи́ть, ввести́ *pf* в заблужде́ние

irregulär *adj* нерегуля́рный, непра́вильный

irrelevant *adj* нева́жный, не име́ющий значе́ния

irren I. *vr* ошиба́ться, -би́ться *pf* (*in +dat* в *+präpos*); **II.** *vi* блужда́ть *impf*; **durch den Wald ~** блужда́ть по ле́су

irreparabel *adj* непоправи́мый; **irreparable Schäden**

непоправи́мые поврежде́ния
irrig *adj* оши́бочный; **in der ~en Annahme** в оши́бочном предположе́нии
Irritation *f* <-, -en> раздраже́ние *nt*
irritieren *vt* ❶ (*beirren, stören*) отвлека́ть, -вле́чь *pf*, меша́ть, по- *pf*; ❷ (*ärgern*) раздража́ть, -жи́ть *pf*
irrsinnig *adj* ❶ (*wahnsinnig*) безу́мный; ❷ (*umg: sehr, äußerst groß*) ужа́сный
Irrtum *m* <-s, Irrtümer> ❶ заблужде́ние *nt*; ❷ (*Fehler*) оши́бка *f*
irrtümlich *adj* оши́бочный
Islam *m* <*gen:* -> исла́м *m*
islamisch *adj* исла́мский
Island *nt* <*gen:* -s> Исла́ндия *f*
Isländer, -in *m/f* <-s, -> исла́ндец, -дка *m/f*
isländisch *adj* исла́ндский
Isolation *f* <-, -en> изоля́ция *f*
Isolierband *nt* <-(e)s, -bänder> изоляцио́нная ле́нта *f*
Isolierstoff *m* <-(e)s, -e> ❶ изоляцио́нный материа́л *m*; ❷ (EL) диэле́ктрик *m*
isolieren I. *vt* ❶ (*Person*) изоли́ровать *impf/pf*, обосо́бить *pf*, -са́бливать *impf*; **man soll ihn von anderen ~** его́ ну́жно изоли́ровать от други́х; ❷ (TECH) изоли́ровать *impf/pf*; **II.** *vr* обосо́биться *pf*, -са́бливаться *impf*, изоли́роваться *impf/pf*; **er hat sich selbst isoliert** он сам себя́ изоли́ровал
Israel *nt* <*gen:* -s> Изра́иль *m*
Israeli *mf* <-(s), -(s)> израильтя́нин, -тя́нка *m/f*
Italien *nt* <*gen:* -s> Ита́лия *f*
Italiener, -in *m/f* <-s, -> италья́нец, -нка *m/f*
italienisch *adj* италья́нский

J j

j, J *nt* <-, -> й, Й, ь, Б
ja *adv* ❶ (*zustimmend*) да; ❷ (*feststellend*) безусло́вно; **aber ~** ну коне́чно ❸ (*fragend: wirklich?*) пра́вда; **~?** да? ❹ (*unbedingt*) обяза́тельно; **komm ~ nicht zu spät** то́лько не приходи́ сли́шком по́здно; **wir sehen uns dann morgen, ~?** мы уви́димся за́втра, да?
Jacht *f* <-, -en> я́хта *f*
Jacke *f* <-, -n> ❶ жаке́т *m*, ку́ртка *f*; ❷ (*Strickjacke*) ко́фта *f*
Jackett *nt* <-(e)s, -e/-s> пиджак *m*
Jade *f* <*gen:* -> (*Schmuckstein*) нефри́т *m*
Jagd *f* <-, -en> ❶ (*fig: Verfolgung*) пого́ня *f*, пресле́дование *nt*; ❷ (*das Jagen*) охо́та *f*; **auf die ~ gehen** идти́ на охо́ту
Jagdbeute *f* <-, -n> охо́тничья добы́ча *f*
Jagdrevier *nt* <-(e)s, -e> охо́тничье уго́дье *nt*
jagen I. *vt* ❶ (*Tiere, auch Menschen*) охо́титься *impf*; ❷ (*verfolgen*) пресле́довать *impf*; **II.** *vi* ❶ (*auf die Jagd gehen*) охо́титься *impf*; ❷ (*fig: rasen, eilen*) мча́ться, про- *pf*
Jäger *m* <-s, -> охо́тник *m*
Jaguar *m* <-s, -e> ягуа́р *m*
jäh *adj* ❶ (*steil*) обры́вистый, отве́сный; ❷ (*plötzlich*) внеза́пный; ❸ (*unvermittelt*) неожи́данный; ❹ (*überstürzt*)

быстрый, стремительный

Jahr *nt* <-(e)s, -e> год *m*; **nach ~ und Tag** когда-то; **übers ~** через год; **von ~ zu ~** из года в год

jahrelang *adj* многолетний

jähren *vr* (*geh*) наступать, -пить *pf*; **heute jährt sich sein Todestag zum dritten Mal** сегодня исполняется третья годовщина его смерти

Jahresbeginn *m* <*gen:* -(e)s> начало *f* года; **zu ~** к началу года

Jahresende *nt* <gen, -s> конец *m* года

Jahreskarte *f* <-, -n> ① (*für Verkehrsmittel*) годовой билет *m*; ② (*für Eintritt*) годовой абонемент *m*

Jahresring *m* <-(e)s, -e> (BOT) годичное кольцо *nt*

Jahresurlaub *m* <*gen:* -s> ежегодный отпуск *m*

Jahreswende *f* <-, -n> канун *m* нового года

Jahreszeit *f* <-, -en> время *nt* года

Jahrgang *m* <-(e)s, -gänge> ① (*dieselbe Altersstufe*) год *m* рождения; ② (*einer Zeitschrift*) год *m* выпуска, год *m* издания; ③ (*von Wein*) урожай *m*; **~1998** урожая 1998 года

Jahrhundert *nt* <-s, -e> век *m*, столетие *nt*

jährlich *adj* ежегодный, годичный

Jahrmarkt *m* <-(e)s, -märkte> ярмарка *f*

Jahrzehnt *nt* <-(e)s, -e> десятилетие *nt*

Jähzorn *m* <*gen:* -(e)s> внезапная вспышка *f* гнева

jähzornig *adj* вспыльчивый

Jalousie *f* <-, -n> жалюзи *nt*

Jammer *m* <*gen:* -s> ① (*Klage*) плач *m*, вопли *pl*; ② (*Elend*) горе *nt*, несчастье *nt*

jämmerlich *adj* ① (*elend*) жалкий, плачевный; ② (*verachtenswert*) ничтожный; **ein ~er Feigling** жалкий трус

jammern *vi* (*über*) громко плакать *impf*, вопить *impf*

Januar *m* <-, -e> январь *m*

Japan *nt* <*gen:* -s> Япония *f*

Japaner, -in *m/f* <-s, -> японец, -нка *m/f*

japanisch *adj* японский

japsen *vi* (*stoßweise atmen*) прерывисто дышать *impf*

Jargon *m* <-s, -s> жаргон *m*

jäten *vt* (*Unkraut*) полоть, вы- *pf*

jauchzen *vi* ликовать *impf*

jaulen *vi* выть *impf*, завывать *impf*

jawohl *adv* совершенно верно, да; **haben Sie alles verstanden? - ~, Herr Leutnant** Вы всё поняли? - так точно, господин лейтенант

Jazz *m* <*gen:* -> джазовая музыка *f*, джаз *m*

Jazzband *f* <-, -s> джаз-банд *m*, джазовый ансамбль *m*

Jazzmusiker, -in *m/f* <-s, -> джазовый исполнитель, -вая -ница *m/f*

je I. *präp +akk* (*pro*) по; **der Eintritt kostet 5 Euro ~ Person** вход стоит по 5 евро с человека; II. *adv temp* (*jemals*) когда-нибудь, когда-либо; **wer hätte das ~ gedacht** кто бы мог когда-л. подумать; III. *konj*: **~ ... desto ...** чем... тем...; **~ nachdem** смотря по.

Jeans *pl* <-, -> джинсы *pl*

jede(r, s) *pron indef* ① (*jeder Einzelne*) каждый; **~r Einzelne** каждый в отдельности ② (*jegliche(r, s), jedwede(r, s)*) любой; **um jeden Preis** любой ценой; **jeder beliebige** первый встречный

jedenfalls *adv* ① (*auf jeden Fall*) в любом случае, непременно; ② (*zumindest*) по меньшей мере

jedermann *pron indef* ① (*ein jeder*) каждый; ② (*jeder beliebige*) любой

jederzeit *adv* ① (*zu jeder Zeit*) в любое время; ② (*ständig, in jedem Augenblick*) всегда, постоянно

jedes Mal *adv* ка́ждый раз; **~, wenn** вся́кий раз, когда́
jedoch *konj* одна́ко, тем не ме́нее
Jeep, Wz. *m* <-s, -s> джип *m*
jeher *adv*: **von ~** с да́вних пор
jemals *adv* когда́-нибудь, когда́-либо
jemand *pron indef* кто́-нибудь, кто́-либо
jene(r, s) *pron* тот; **dieses und jenes** вся́кая вся́чина
jenseits *präp +gen* по ту сто́рону; **~ des Meeres** за мо́рем
Jenseits *nt* <gen: -> потусторо́нний мир *m*
Jet *m* <-s, -s> (*Düsenflugzeug*) реакти́вный самолёт *m*
jetzig *adj* ны́нешний, тепе́решний
jetzt *adv* тепе́рь, сейча́с; **bis ~** до сих пор; **von ~ an** с э́того моме́нта; **~ oder nie** тепе́рь и́ли никогда́
jeweilig *adj* соотве́тствующий, да́нный
jeweils *adv* ① (*jedesmal*) ка́ждый раз; ② (*jeder einzelne*) в ка́ждом слу́чае, ка́ждый
Jh. *abk von* ***Jahrhundert*** *nt* в.
Job *m* <-s, -s> (*umg: Beschäftigung*) рабо́та *f*, заня́тие *f*, де́ло *nt*
jobben *vi* (*umg*) рабо́тать *impf*
Joch *nt* <-(e)s, -e> ① хому́т *m*; ② (*fig*) ярмо́ *nt*, бре́мя *nt*
Jockey *m* <-s, -s> жоке́й *m*
Jod *nt* <gen: -(e)s> йод *m*
joggen *vi* бе́гать *impf* трусцо́й
Jogging *nt* <gen: -s> бег *m* трусцо́й
Jogginganzug *m* <-(e)s, -anzüge> трениро́вочный костю́м *m*
Joghurt, Jogurt *m* <-s, -s> йо́гурт *m*
Johannisbeere *f* <-, -n> сморо́дина *f*
johlen *vi* (*grölen*) горла́нить *impf*
Jongleur, -in *m/f* <-s, -e> жонглёр *m*
jonglieren *vi* жонгли́ровать *impf*
Journalismus *m* <gen: -> журнали́стика *f*
Journalist, -in *m/f* <-en, -en> журнали́ст, -ка *m/f*
jovial *adj* (*wohlwollend*) доброжела́тельный
Jubel *m* <gen: -s> ликова́ние *nt*, весе́лье *nt*
jubeln *vi* ликова́ть *impf*, весели́ться *impf*
Jubilar, -in *m/f* <-s, -e> юбиля́р *m*
Jubiläum *nt* <-s, -läen> юбиле́й *m*
jucken *vi* чеса́ться *impf*
Juckreiz *m* <-es, -e> зуд *m*
Jude *m* <-n, -n> евре́й *m*
Judentum *nt* <gen: -s> евре́йство *nt*
Jüdin *f* <-, -nen> евре́йка *f*
jüdisch *adj* евре́йский
Judo *nt* <gen: -(s)> дзюдо́ *nt*
Jugend *f* <gen: -> ① (*Jugendzeit*) мо́лодость *f*, ю́ность *f*; **in meiner frühen ~** во времена́ мое́й ра́нней мо́лодости; **von ~ an** смо́лоду ② (*Jugendlichkeit*) мо́лодость *f*; ③ (*junge Menschen*) молодёжь *f*; **die heutige ~** совре́менная молодёжь
Jugendfreund, -in *m/f* <-(e)s, -e> друг, подру́га *m/f* ю́ности
Jugendherberge *f* <-, -n> молодёжная турба́за *f*
jugendlich *adj* ① (*jung*) молодо́й; ② (*jung wirkend*) моложа́вый; ③ (JUR) несовершенноле́тний
Jugendliche(r) *m* <-n, -n> ① подро́сток *m*; ② (*Minderjährige(r)*) несовершенноле́тний
Jugendzentrum *nt* <-s, -zentren> де́тско-ю́ношеский центр *m*
Jugoslawe *m* <-n, -n> югосла́в *m*
Jugoslawien *nt* <gen: -s> Югосла́вия *f*
Jugoslawin *f* <-, -nen> югосла́вка *f*
jugoslawisch *adj* югосла́вский
Juli *m* <-(s), -s> ию́ль *m*
jung *adj* ① (*an Lebensjahren*) молодо́й, ю́ный; **ein ~er Mann** молодо́й челове́к ② (*frisch*) све́жий; **~es Gemüse** све́жие о́вощи ③ (*noch nicht lange bestehend*) неда́вний; **ein ~es Paar** молодожёны
Junge *m* <-n, -n(s)> ма́льчик *m*;

~,~! ну и нý! **Tag, alter ~** привéт, старинá

Junge(s) *nt* <-n, -n> ❶ (ZOOL) детёныш *m*; ❷ (*vom Hund*) щенóк *m*; ❸ (*von der Katze*) котёнок *m*; ❹ (*vom Vogel*) птенéц *m*

Jünger, -in *m/f* <-s, -> привéрженец, -нка *m/f*, послéдователь, -ница *m/f*

Jungfer *f* <-, -n> дéва *f*, девица *f*; **alte ~** стáрая дéва

Jungfernfahrt *f* <-, -en> (MAR) пéрвый рейс *m*, пéрвое плáванье *nt*

Jungfrau *f* <-, -en> ❶ (*unberührtes Mädchen*) дéвственница *f*; ❷ (ASTR) Дéва *f*

Jüngling *m* <-s, -e> (*geh*) юноша *m*

jüngste(r, s) *adj* ❶ сáмый млáдший; **nicht mehr der Jüngste sein** быть не пéрвой мóлодости ❷ (*letzte(r, s)*) послéдний

Juni *m* <-(s), -s> июнь *m*

junior *adj* (*nur nachgestellt*) млáдший

Junior, -in *m/f* <-s, -en> юниóр *m*

Jura *nt* юриспрудéнция *f*, прáво *nt*; **~ studieren** изучáть прáво

Jurist, -in *m/f* <-en, -en> юрист *m*

juristisch *adj* юридический; **die ~e Fakultät** юридический факультéт

Jury *f* <-, -s> жюри *nt*

Justiz *f* <*gen:* -> юстиция *f*, правосýдие *nt*

Juwel *nt* <-s, -en> драгоцéнный кáмень *m*, драгоцéнность *f*

Juwelier *m* <-s, -e> ювелир *m*

Jux *m* <-es, -e> (*umg: Scherz, Spaß*) шýтка *f*

K

Kk

k, K *nt* <-, -> к, К

Kabarett *nt* <-s, -s> ❶ (*Kleinkunst(bühne)*) теáтр *m* миниатюр; ❷ (*Programm*) сатирическая прогрáмма *f*

Kabarettist, -in *m/f* <-en, -en> эстрáдный артист(-сатирик) *m*

Kabel *nt* <-s, -> ❶ (EL) кáбель *m*; ❷ (TV) кáбельное телевидение *nt*; ❸ (*Drahtseil*) трос *m*

Kabelfernsehen *nt* <*gen:* -s> кáбельное телевидение *nt*

Kabeljau *m* <-s, -e> трескá *f*

Kabine *f* <-, -n> ❶ (*Umkleidekabine*) примéрочная *f*; ❷ (*MAR*) каюта *f*; ❸ (*Duschkabine*) кабина *f*

Kabinett *nt* <-s, -e> ❶ кабинéт *m*; ❷ (POL) кабинéт *m* (министров)

Kachel *f* <-, -n> кáфельная плитка *f*, изразéц *m*

Kachelofen *m* <-s, -öfen> изразцóвая печь *f*

Kadaver *m* <-s, -> труп *m*

Käfer *m* <-s, -> жук *m*

Kaffee *m* <*gen:* -s> ❶ (*Pflanze, Strauch*) кóфе *m*; ❷ (*Getränk*) кóфе *m*; ❸ (*Milchkaffee*) кóфе *m* с молокóм; **einen ~, bitte** кóфе, пожáлуйста

Kaffeehaus *nt* <-es, -häuser> кофéйня *f*

Kaffeekanne *f* <-, -n> кофéйник *m*

Kaffeemaschine *f* <-, -n> кофевáрка *f*

Kaffeepad *nt* <-s, -s> кóфе *m* в чáлдах

Kaffeesatz *m* <*gen:* -es> кофéйная гýща *f*

Käfig *m* <-s, -e> клéтка *f*

kahl *adj* ❶ (*Bäume*) гóлый;

② (*Landschaft*) лишённый расти́тельности; ③ (*Mensch*) лы́сый

kahl scheren *vt* стри́чь, остри́чь *pf* на́голо

Kahn *m* <-(e)s, Kähne> ① ло́дка *f*; ② (*Lastkahn*) ба́ржа *f*

Kai *m* <-s, -e/ -s> на́бережная *f*

Kaiser, -in *m/f* <-s, -> императо́р, -три́ца *m/f*

kaiserlich *adj* императо́рский

Kaiserreich *nt* <-(e)s, -e> импе́рия *f*

Kajak *m* <-s, -s> байда́рка *f*

Kajüte *f* <-, -n> каю́та *f*

Kakao *m* <*gen:* -s> кака́о *nt*

Kaktus *m* <-, Kakteen> ка́ктус *m*

Kalb *nt* <-(e)s, Kälber> телёнок *m*

Kalbfleisch *nt* <*gen:* -(e)s> теля́тина *f*

Kalender *m* <-s, -> ① (*Wandkalender*) насте́нный календа́рь *m*; ② (*Taschenkalender*) карма́нный календа́рь *m*

K

Kalenderjahr *nt* <-(e)s, -e> календа́рный год *m*

Kaliber *nt* <-s, -> кали́бр *m*

Kalium *nt* <*gen:* -s> ка́лий *m*

Kalk *m* <-(e)s, -e> и́звесть *f*

Kalkstein *m* <-(e)s, -e> известня́к *m*

Kalkulation *f* <-, -en> ① (*Berechnung*) калькуля́ция *f*, расчёт *m*; ② (*Kostenvoranschlag*) предвари́тельный расчёт *m* затрат

kalkulierbar *adj* предсказу́емый

kalkulieren *vt* калькули́ровать, скалькули́ровать *pf*

Kalorie *f* <-, -n> (*meist pl*) кало́рия *f*

kalorienarm *adj* малокалори́йный

kalt *adj* ① холо́дный; ② (*gefühllos*) бесчу́вственный, холо́дный; **~e Füße haben** (*umg*) дрожа́ть от стра́ха; **~e Platte** холо́дные заку́ски ③ (*nüchtern*) тре́звый, холо́дный; ④ (*abweisend*) пренебрежи́тельный

kaltblütig *adj* ① (*fig*) хладнокро́вный; ② (*lässig, gelassen*) споко́йный

Kälte *f* <*gen:* -> ① хо́лод *m*, моро́з *m*; **fünf Grad ~** пять гра́дусов моро́за ② (*fig*) хо́лодность *f*

Kaltfront *f* <-, -en> холо́дный фронт *m*

Kalzium *nt* <*gen:* -s> ка́льций *m*

kam *prät von* **kommen**

Kamel *nt* <-(e)s, -e> верблю́д *m*

Kamera *f* <-, -s> ка́мера *f*

Kamerad, -in *m/f* <-en, -en> ① (MIL) това́рищ *m*; ② (*umg: Freund*) прия́тель *m*

kameradschaftlich *adj* това́рищеский

Kameramann *m* <-(e)s, -männer/ -leute> операто́р *m*

Kamille *f* <-, -n> рома́шка *f*

Kamin *m* <-s, -e> ① (*Schornstein*) дымова́я труба́ *f*; ② (*im Zimmer*) ками́н *m*

Kaminkehrer *m* <-s, -> трубочи́ст *m*

Kamm *m* <-(e)s, Kämme> ① (*für Haar*) расчёска *f*, гре́бень *m*; ② (*Wellenkamm*) гре́бень *m*; ③ (*Bergkamm*) гре́бень *m*, хребе́т *m*

kämmen I. *vt* ① (*Haare*) расчёсывать, -чеса́ть *pf*; ② (*Wolle*) чеса́ть *impf*; **II.** *vr* расчёсываться, -чеса́ться *pf*

Kammer *f* <-, -n> ① (*kleiner Raum*) ко́мнатка *f*, камо́рка *f*; ② (*fig: Behörde*) пала́та *f*; ③ (*Ärztekammer*) пала́та *f*

Kampagne *f* <-, -n> кампа́ния *f*

Kampf *m* <-(e)s, Kämpfe> ① борьба́ *f*, бой *m*; ② (MIL: *Schlacht*) бой *m*, би́тва *f*

kämpfen *vt* боро́ться *impf*, сража́ться, срази́ться *pf*; **mit den Tränen ~** сде́рживать слёзы

Kämpfer, -in *m/f* <-s, -> ① боре́ц *m*; ② (*Krieger*) бое́ц *m*

kämpferisch *adj* боево́й, вои́нственный

kampflos *adj* без бо́я, без борьбы́; **sich ~ ergeben** сда́ться без бо́я

Kampfsport *m* <*gen:* -(e)s> спорти́вное единобо́рство *nt*

kampieren *vi* разби́ть *pf*, -бива́ть *impf* пала́тку, расположи́ться *pf*, -лага́ться *impf* в пала́тке

Kanada *nt* <*gen:* -s> Кана́да *f*
Kanadier, -in *m/f* <-s, -> кана́дец, -дка *m/f*
kanadisch *adj* кана́дский
Kanal *m* <-s, Kanäle> ① (*für Schiffe*) кана́л *m*; ② (*für Abwasser*) кана́л *m*; ③ (TV) кана́л *m*
Kanaldeckel *m* <-s, -> кры́шка *f* кана́ла
Kanalisation *f* <-, -en> канализа́ция *f*
Kanarienvogel *m* <-s, -vögel> канаре́йка *f*
Kandidat, -in *m/f* <-en, -en> ① (*Bewerber*) кандида́т *m*; ② (*Anwärter*) претенде́нт *m*
Kandidatur *f* <-, -en> кандидату́ра *f*
kandieren *vt* заса́харивать
Känguru *nt* <-s, -s> кенгуру́ *m*
Kaninchen *nt* <-s, -> кро́лик *m*
Kanister *m* <-s, -> кани́стра *f*
Kanne *f* <-, -n> ① (*für Milch*) бидо́н *m*; ② (*für Kaffee*) кофе́йник *m*; ③ (*für Tee*) ча́йник *m*
Kannibale *m* <-n, -n> каннба́л *m*, людое́д *m*
Kannibalismus *m* <*gen:* -> каннибали́зм *m*
kannte *prät von* **kennen**
Kanon *m* <-s, -s> ① (*Lied mit mehreren Stimmen*) кано́н *m*; ② (*von Regeln*) кано́н *m*, пра́вило *nt*
Kanone *f* <-, -n> ① пу́шка *f*; ② (*umg: Könner*) специали́ст *m*
Kante *f* <-, -n> ① (*Rand*) край *m*; ② (*eines Gegenstandes, einer Fläche*) кант *m*, край *m*
Kantine *f* <-, -n> произво́дственная столо́вая *f*
Kanu *nt* <-s, -s> кано́э *nt*
Kanzlei *f* <-, -en> ① (*Dienststelle*) канцеля́рия *f*; ② (*von Rechtsanwalt*) бюро́ *nt*, канцеля́рия *f*
Kanzler *m* <-s, -> ка́нцлер *m*
Kap *nt* <-s, -s> мыс *m*
Kapazität *f* <-, -en> ① (*Volumen*) ёмкость *f*, вмести́мость *f*; ② (*umg: Experte*) экспе́рт *m*, кру́пный специали́ст *m*; ③ (*Produktionsmöglichkeiten*) произво́дственная мо́щность *f*
Kapelle *f* <-, -en> ① (*Musikgruppe*) капе́лла *f*; ② (*kleine Kirche*) часо́вня *f*
kapern *vt* (*Schiff*) захвати́ть *pf*, -хва́тывать *impf*
Kapital *nt* <-s, -e/ -ien> ① (ÖKON) капита́л *m*; ② (*fig*) капита́л *m*, бага́ж *m*; **das geistige ~** духо́вный капита́л
Kapitalanlage *f* <-, -n> капиталовложе́ние *nt*, помеще́ние *nt* капита́ла
Kapitalismus *m* <*gen:* -> капитали́зм *m*
Kapitalist, -in *m/f* <-en, -en> капитали́ст *m*
kapitalistisch *adj* капиталисти́ческий
Kapitän, -in *m/f* <-s, -e> капита́н *m*
Kapitel *nt* <-s, -> глава́ *f*
Kapitulation *f* <*gen:* -> капитуля́ция *f*
kapitulieren *vi* капитули́ровать *impf/pf*
Kappe *f* <-, -n> ① (*Mütze*) ша́пка *f*; ② (*von Flaschen*) кры́шка *f*
kappen *vt* отруба́ть, -би́ть *pf*
Kapsel *f* <-, -n> ка́псула *f*
kaputt *adj* ① (*zerbrochen*) разби́тый, сло́манный; ② (*umg: erschöpft*) разби́тый, уста́лый; ③ (*Gesundheit*) испо́рченный, загу́бленный
kaputtgehen *irr vi* ① (*entzweigehen*) разби́ться *pf*, -бива́ться *impf*, разла́мываться, -лома́ться *pf*; ② (*Geräte etc*) по́ртиться, ис- *pf*, лома́ться, слома́ться *pf*
kaputtlachen *vr* (*umg*) смея́ться *impf* до упа́ду
kaputtmachen *vt* лома́ть, по- *pf*, по́ртить, ис- *pf*
Kapuze *f* <-, -n> капюшо́н *m*
Karaffe *f* <-, -n> графи́н *m*
Karambolage *f* <-, -n> (*Auto*) столкнове́ние *nt*
Karamell *m* <*gen:* -s> караме́ль *f*
Karate *nt* <*gen:* -(s)> карата́э *nt*
Karawane *f* <-, -n> карава́н *m*

Kardinal *m* <-s, Kardinäle> кардина́л *m*
Kardinalzahl *f* <-, -en> коли́чественное числи́тельное *nt*
karg *adj* ① (*spärlich*) ску́дный, убо́гий; ② (*unfruchtbar*) неплодоро́дный
Karibik *f* <*gen:* -> Кари́бское мо́ре *nt*
kariert *adj* ① (*Stoff*) кле́тчатый; ② (*Papier*) в кле́точку
Karies *f* <*gen:* -> ка́риес *m*
Karikatur *f* <-, -en> карикату́ра *f*
Karikaturist, -in *m/f* <-en, -en> карикатури́ст *m*
karikieren *vt* представля́ть, -ста́вить *pf* в карикату́рном ви́де

Karneval *m* <-s, -s> карнава́л *m*
Karo *nt* <-s, -s> ① (*Quadrat*) квадра́т *m*; ② (*Raute*) ромб *m*; ③ (*quadratisches Stoffmuster*) кле́тка *f*, кле́точка *f*; ④ (*Kartenfarbe*) бу́бны *fpl*
Karosserie *f* <-, -n> ку́зов *m*
Karotin *nt* <*gen:* -s> кароти́н *m*
Karotte *f* <-, -n> морко́вь *f*
Karpfen *m* <-s, -> карп *m*
Karren *m* <-s, -> ① (*Schubkarren*) теле́жка *f*; ② (*umg: Auto*) та́чка *f*
Karriere *f* <-, -n> карье́ра *f*; **~ machen** де́лать карье́ру
Karte *f* <-, -n> ① (*Postkarte*) откры́тка *f*; ② (*Landkarte*) ка́рта *f*; ③ (*Fahrkarte*) проездно́й биле́т *m*; ④ (*Theater-/Kinokarte*) биле́т *m*; ⑤ (*Spielkarte*) игра́льная ка́рта *f*; **~n spielen** игра́ть в ка́рты ⑥ (*Speisekarte*) меню́ *nt*; **alles auf eine ~ setzen** (*fig*) поста́вить всё на одну́ ка́рту
Kartei *f* <-, -en> картоте́ка *f*
Karteikarte *f* <-, -n> ка́рточка *f*
Kartenspiel *nt* <-(e)s, -e> ① (*das Spielen mit Karten*) игра́ *f* в ка́рты; ② (*einzelnes Spiel*) ка́рточная игра́ *f*; ③ (*die Karten*) ка́рты *pl*
Kartentelefon *nt* <-s, -e> ка́рточный телефо́н *m*
Kartoffel *f* <-, -n> карто́фель *m*, карто́шка *f*; **~n schälen** чи́стить карто́шку
Kartoffelbrei *m* <*gen:* -(e)s> карто́фельное пюре́ *nt*
Kartoffelkäfer *m* <-s, -> колора́дский жук *m*
Kartoffelpuffer *m* <-s, -> карто́фельная ола́дья *f*
Kartoffelschäler *m* <-s, -> картофелечи́стка *f*
Karton *m* <-s, -s> ① (*Pappe*) карто́н *m*; ② (*Schachtel*) карто́нная коро́бка *f*
Karussell *nt* <-s, -s> карусе́ль *f*
kaschieren *vt* ① пря́тать, спря́тать *pf*, маскирова́ть, за- *pf*; ② (*Bucheinband*) кашири́вать *impf*
Kaschmir *m* <-s, -e> кашеми́р *m*
Käse *m* <-s, -> ① (*Milchprodukt*) сыр *m*; ② (*umg: Unsinn*) ерунда́ *f*, чепуха́ *f*
Käsebrot *nt* <-(e)s, -e> бутербро́д *m* с сы́ром
Käseglocke *f* <-, -n> колпа́к *m* для сы́ра
Käsekuchen *m* <-s, -> творо́жник *m*, пиро́г *m* с творого́м
Kaserne *f* <-, -n> каза́рма *f*
käsig *adj* ① (*käseartig*) сы́рный, как сыр; ② (*blass*) желтова́то-бле́дный
Kasino *nt* <-s, -s> ① (*Spielkasino*) казино́ *nt*; ② (*Offizierskasino*) офице́рский клуб *m*
Kasper *m* <-s, -> шут *m*
Kasperletheater *nt* ку́кольный теа́тр *m*
Kasse *f* <-, -n> ① (*Geldkasten*) ка́сса *f*, конте́йнер *m* с деньга́ми; ② (*im Laden*) ка́сса *f*; ③ (*im Theater*) ка́сса *f*; **jdn zur ~ bitten** (*fig*) тре́бовать де́ньги с кого́-л.
Kassenzettel *m* <-s, -> ка́ссовый чек *m*
Kassette *f* <-, -n> ① (*Kästchen*) коро́бка *f*, я́щичек *m*; ② (*Buchkasten*) футля́р *m*; ③ (*für Musik/Video*) кассе́та *f*

Kassettenrecorder *m* <-s, -> кассе́тный магнитофо́н *m*

kassieren *vt* ❶ (*Betrag einziehen, einnehmen*) получа́ть, -чить *pf*; **die Miete ~** получа́ть квартпла́ту ❷ (*wegnehmen, beschlagnahmen*) отбира́ть, отобра́ть *pf*; ❸ (*gefangennehmen*) схвати́ть *pf*, хвата́ть *impf*

Kassierer, -in *m/f* <-s, -> касси́р, -ша *m/f*

Kastanie *f* <-, -n> кашта́н *m*

Kastanienbaum *m* <-(e)s, -bäume> кашта́н *m*

Kästchen *nt* <-s, -> ❶ (*kleiner Kasten*) я́щичек *m*; ❷ (*auf Papier*) кле́тка *f*, кле́точка *f*

Kasten *m* <-s, Kästen> ❶ (*Kiste*) я́щик *m*; ❷ (*Truhe*) сунду́к *m*; ❸ (*umg: pej: Gerät*) я́щик *m*; ❹ (*Turngerät*) гимнасти́ческий плинт *m*; ❺ (*fig: hässliches Gebäude*) коро́бка *f*

Kastration *f* <-, -en> кастра́ция *f*

kastrieren *vt* кастри́ровать *impf/pf*

Kasus *m* <-, -> ❶ (*geh: Fall*) (ре́дкий) слу́чай *m*, ка́зус *m*; ❷ (LING) паде́ж *m*

Katalog *m* <-(e)s, -e> катало́г *m*

Katalysator *m* <-s, -en> (CHEM, KFZ) катализа́тор *m*

Katarr *m* <-s, -e> ката́р *m*

katastrophal *adj* катастрофи́чный, катастрофи́ческий

Katastrophe *f* <-, -n> катастро́фа *f*

Kategorie *f* <-, -n> катего́рия *f*

kategorisch *adj* категори́ческий, категори́чный

kategorisieren *vt* категоризи́ровать *impf/pf*

Kater *m* <-s, -> ❶ (*männliche Katze*) кот *m*; ❷ (*umg: Unwohlsein nach übertriebenem Alkoholgenuss*) похме́лье *nt*

Kathedrale *f* <-, -n> кафедра́льный собо́р *m*

Katholik, -in *m/f* <-en, -en> като́лик, -ли́чка *m/f*

katholisch *adj* католи́ческий

Katze *f* <-, -n> ко́шка *f*; **für die Katz sein** (*umg: umsonst sein*) пойти́ коту́ под хвост

Katzensprung: **es ist nur ein ~** э́то в двух шага́х

kauen **I.** *vt* жева́ть *impf*; **II.** *vi* грызть *impf*

kauern **I.** *vi* сиде́ть *impf* на ко́рточках; **II.** *vr* притаи́ться *pf*, -та́иваться *impf*, сади́ться, сесть *pf* ско́рчившись

Kauf *m* <-(e)s, Käufe> ❶ (*das Einkaufen*) ку́пля *f*, поку́пка *f*; ❷ (*das Eingekaufte*) поку́пка *f*; **einen guten ~ machen** сде́лать хоро́шую поку́пку; **etw in ~ nehmen** (*fig*) пойти́ на что́-л.

kaufen **I.** *vt* ❶ (*erwerben*) купи́ть *pf*, покупа́ть *impf*; ❷ (*umg: bestechen*) подкупа́ть, -пи́ть *pf*; **jdn ~** подкупи́ть кого́-л.; **II.** *vi* (*ein~*) де́лать, сде́лать *pf* заку́пки

Käufer, -in *m/f* <-s, -> ❶ покупа́тель, -ница *m/f*; ❷ (*Kunde*) клие́нт, -ка *m/f*

Kauffrau *f* <-, -en> коммерса́нтка *f*, специали́стка *m* по торго́вле

Kaufhaus *nt* <-es, -häuser> универма́г *m*

käuflich *adj* ❶ (*erhältlich*) име́ющийся в прода́же; ❷ (*fig: bestechlich*) прода́жный

Kaufmann *m* <-(e)s, -leute> ❶ (*Einzelhandels~*) продаве́ц *m*; ❷ (*Händler*) торго́вец *m*; ❸ (*Geschäftsmann*) коммерса́нт *m*, деле́ц *m*

kaufmännisch *adj* ❶ торго́вый; ❷ (*geschäftsmäßig*) комме́рческий; **~er Angestellter** комме́рческий слу́жащий

Kaugummi *nt* <-s, -s> жева́тельная рези́нка *f*

kaum **I.** *adv* ❶ (*mit Mühe*) с трудо́м, наси́лу; ❷ (*wahrscheinlich nicht*) едва́ ли, вряд ли; **er wird wohl ~ wiederkommen** он едва́ ли придёт ещё раз; **II.** *konj* то́лько; **~ war er gegangen, als ...** то́лько он ушёл, как...

kausal *adj* причи́нный
Kaution *f* <-, -en> (де́нежный) зало́г *m*
Kautschuk *m* <-s, -e> каучу́к *m*
Kavalier *m* <-s, -e> кавале́р *m*
Kavaliersdelikt *nt* незначи́тельное наруше́ние *nt*
Kavallerie *f* <-, -n> кавале́рия *f*
Kaviar *m* <-s, -e> икра́ *f*; **roter ~** ке́товая икра́
Kcal *abk von* ***Kilokalorie*** *f* ккал *f*
keck *adj* ① (*frech*) де́рзкий; ② (*kühn*) отва́жный; ③ (*flott*) мо́дный
Kegel *m* <-s, -> (*Figur beim Kegeln*) ке́гля *f*
Kegelbahn *f* <-, -en> кегельба́н *m*
kegeln *vi* игра́ть, сыгра́ть *pf* в ке́гли
Kehle *f* <-, -n> го́рло *nt*, гло́тка *f*
Kehlkopf *m* <-(e)s, -köpfe> горта́нь *f*
Kehre *f* <-, -n> (*Kurve*) поворо́т *m*
kehren[1] **I.** *vt* ① повора́чивать, -верну́ть *pf*; ② (*drehen, wenden*) развора́чивать, -верну́ть *pf*; **jdm den Rücken ~** отверну́ться от кого́-л.; **II.** *vi* повора́чиваться, -верну́ться *pf*; **III.** *vr* (*sich wenden*) развора́чиваться, -верну́ться *pf*
kehren[2] *vt* (*fegen*) подмета́ть, -мести́ *pf*
Kehrreim *m* <-(e)s, -e> припе́в *m*
Kehrschaufel *f* <-, -n> сово́к *m* (для му́сора)
Kehrseite *f* <-, -n> ① (*Rückseite*) обра́тная сторона́ *f*, изна́нка *f*; ② (*Rücken*) спина́ *f*
keifen *vi* (*böse zanken*) брани́ться, по- *pf*, руга́ться, по- *pf*
Keil *m* <-(e)s, -e> клин *m*
Keim *m* <-(e)s, -e> ① (*Krankheitserreger*) микро́б *m*; ② (*Sprössling*) росто́к *m*; ③ (MED) заро́дыш *m*; ④ (*fig*) заро́дыш *m*, зача́ток *m*; **etw im ~ ersticken** (*fig*) уничто́жить что́-л. в заро́дыше
keimen *vi* ① (BOT) прораста́ть, -расти́ *pf*; ② (*fig: von Verdacht etc*) зарожда́ться, -роди́ться *pf*
keimfrei *adj* стери́льный, стерилизо́ванный
kein *pron indef* (*nicht ein*) ни оди́н, никто́; **~e Arbeit finden** не находи́ть рабо́ты
keine(r, s) *pron indef* ① (*niemand*) никто́; **keiner rührte sich** никто́ не пошевели́лся ② (*(überhaupt) nicht*) никако́й
keinesfalls *adv* ни в ко́ем слу́чае, нико́им о́бразом
keineswegs *adv* (*nicht im Geringsten*) ничу́ть, нима́ло
Keks *m* <-(e)s, -e> пече́нье *nt*, кекс *m*
Kelch *m* <-(e)s, -e> ① (*Becher*) бока́л *m*; ② (*von Blüte*) ча́шечка *f*; ③ (REL) ча́ша *f*
Kelle *f* <-, -n> ① (*Schöpfkelle*) разлива́тельная ло́жка *f*; ② (*Maurerkelle*) мастеро́к *m*
Keller *m* <-s, -> по́греб *m*
Kelter *f* <-, -n> виногра́дный пресс *m*
Kenia *nt* <*gen:* -s> Ке́ния *f*
kennen *vt* <kannte, gekannt> ① (*Person*) знать *impf*; **ich kenne ihn schon lange** я зна́ю его́ уже́ давно́; ② (*Sachverhalt*) быть *impf* знако́мым
kennen lernen *vt* ① знако́миться, по- *pf*; ② (*zum ersten Mal sehen*) узнава́ть, -на́ть *pf*
Kenner, -in *m/f* <-s, -> ① (*Kundiger*) знато́к *m*; ② (*Experte*) экспе́рт *m*
kenntlich *adj* ① (*erkennbar*) заме́тный; **etw ~ machen** сде́лать что́-л. заме́тным ② (*unterscheidbar*) различи́мый
Kenntnis *f* <-, -se> зна́ние *nt*
Kennwort *nt* <-(e)s, -wörter> ① (*Chiffre*) шифр *m*; ② (DV) код *m*; ③ (MIL) паро́ль *m*
Kennzahl *f* <-, -en> показа́тель *m*
Kennzeichen *nt* <-s, -> ① (*Charakteristikum*) характе́рная черта́ *f*; ② (MED: *Anzeichen*) симпто́м *m*; ③ (*Markierung*) маркиро́вка *f*; ④ (KFZ) номерно́й знак *m*

kennzeichnen *vt* ① (*markieren: als*) маркировáть *impf/pf*; ② (*charakterisieren*) характеризовáть *impf/pf*, охарактеризовáть *pf*
kentern *vi* опроки́дываться, -ки́нуться *pf*
Keramik *f* <-, -en> ① (*Tonwaren*) керáмика *f*, керами́ческое издéлие *nt*; ② (*Kunst*) керáмика *f*
Kerbe *f* <-, -n> зарýбка *f*
Kerker *m* <-s, -> тюрьмá *f*
Kerl *m* <-(e)s, -e> пáрень *m*, мáлый *m*
Kern *m* <-(e)s, -e> ① (*von Obst*) кóсточка *f*; ② (*Atomkern*) ядрó *nt*; ③ (*Stadtkern*) центр *m*; ④ (*fig: Hauptsache*) суть *f*
Kerngehäuse *nt* <-s, -> сердцеви́на *f* плодá
kerngesund *adj* совершéнно здорóвый
Kernkraftwerk *nt* <-(e)s, -e> áтомная электростáнция *f*
Kernphysik *f* <gen: -> я́дерная фи́зика *f*
Kernwaffe *f* <-, -n> áтомное орýжие *nt*
Kerze *f* <-, -n> ① (*Wachskerze*) свечá *f*; ② (KFZ: *Zündkerze*) свечá *f*
Kerzenständer *m* <-s, -> подсвéчник *m*
kess *adj* ① (*frech, vorlaut*) дéрзкий, нáглый; ② (*fesch*) ши́карный, мóдный
Kessel *m* <-s, -> ① (*Teekessel*) чáйник *m*; ② (*Wasserkessel*) котёл *m*; ③ (*Talkessel*) котлови́на *f*
Ketchup *nt* <gen: -s> кéтчуп *m*
Kette *f* <-, -n> ① цепь *f*; ② (*Halskette*) цепóчка *f*; ③ (*Bergkette*) цепь *f*; ④ (*Serie*) ряд *m*, цепь *f*; ⑤ (*von Kettenfahrzeug*) гýсеница *f*
Kettenfahrzeug *nt* <-(e)s, -e> гусени́чная маши́на *f*
Kettenreaktion *f* <-, -en> (*auch fig*) цепнáя реáкция *f*
Ketzer, -in *m/f* <-s, -> ерети́к, -ти́чка *m/f*
Ketzerei *f* <-, -en> éресь *f*
ketzerisch *adj* ерети́ческий
keuchen *vi* задыхáться, -дохнýться *pf*, тяжелó дышáть *impf*
Keuchhusten *m* <gen: -s> кóклюш *m*
Keule *f* <-, -n> ① (*Schlagwaffe*) дуби́на *f*; ② (*Fleischstück*) ля́жка *f*, нóжка *f*
keusch *adj* целомýдренный, дéвственный
Kfz *abk von* ***Kraftfahrzeug*** авт. *m*
kg *abk von* ***Kilogrammm*** кг *m*
kichern *vi* хихи́кать *impf*
kidnappen *vt* похищáть, -хи́тить *pf*
Kidnapping *nt* <gen: -s> похищéние *nt*
Kiefer [1] *m* <-s, -> (ANAT) чéлюсть *f*
Kiefer [2] *f* <-, -n> (BOT) соснá *f*
Kiel *m* <-(e)s, -e> ① (*von Feder*) ствол *m*; ② (MAR) киль *m*
Kielwasser *nt* <gen: -s> кильвáтер *m*
Kieme *f* <-, -n> жáбра *f*
Kies *m* <-es, (-e)> грáвий *m*
Kilo *nt* <-s, -s> килó *nt*
Kilobyte *nt* <-(s), -(s)> (DV) килобáйт *m*
Kilogramm *nt* <-s, -(s)> килогрáмм *m*
Kilokalorie *f* <-, -n> килокалóрия *f*
Kilometer *m* <-s, -> киломéтр *m*
Kilometerstein *m* <-(e)s, -e> киломéтровый указáтель *m*
Kind *nt* <-(e)s, -er> ребёнок *m*, дитя́ *nt*; **von ~ an** с дéтства; **ein ~ erwarten** ждать ребёнка
Kinderarzt *m* <-es, -ärzte> педиáтр *m*, дéтский врач *m*
Kinderbuch *nt* <-(e)s, -bücher> дéтская кни́га *f*
Kindergarten *m* <-s, -gärten> дéтский сад *m*
Kindergärtnerin *f* <-, -nen> воспитáтельница *f* дéтского сáда
Kinderheim *nt* <-(e)s, -e> дéтский дом *m*
kinderleicht *adj* óчень лёгкий
Kinderspiel *nt* <-(e)s, -e> ① (*Spiel für*

Kinder) детская игра́ *f*; ❷ (*fig*) сущий пустя́к *m*; **das ist doch ein ~** да э́то же плёвое де́ло

Kinderwagen *m* <-s, -wägen> де́тская коля́ска *f*

Kinderzimmer *nt* <-s, -> де́тская *f*

Kindheit *f* <*gen:* -> де́тство *nt*

kindisch *adj* (*pej*) ребя́чливый, несерьёзный

kindlich *adj* де́тский, наи́вный

Kinn *nt* <-(e)s, -e> подборо́док *m*

Kino *nt* <-s, -s> кино́ *nt*; **ins ~ gehen** идти́ в кино́

Kinokarte *f* <-, -n> биле́т *m* в кино́

Kinovorstellung *f* <-, -en> киносеа́нс *m*

Kiosk *m* <-(e)s, -e> кио́ск *m*

Kippe [1] *f* <-, -n> (*Müll~*) сва́лка *f*; **etw steht auf der ~** (*fig*) что́-л. нахо́дится в крити́ческом положе́нии

Kippe [2] *f* (*umg: Zigarettenkippe*) оку́рок *m*

kippen I. *vt* ❶ (*umkippen*) опроки́дывать, -ки́нуть *pf*, перевора́чивать, -верну́ть *pf*; ❷ (*Getränk*) опроки́дывать, -ки́нуть; **II.** *vi* теря́ть, по- *pf* равнове́сие, кача́ться *impf*

Kirche *f* <-, -n> це́рковь *f*

kirchlich *adj* ❶ (*die Kirche betreffend*) церко́вный; **~er Feiertag** церко́вный пра́здник ❷ (*religiös*) религио́зный

Kirchturm *m* <-(e)s, -türme> колоко́льня *f*

Kirsche *f* <-, -n> ви́шня *f*

Kissen *nt* <-s, -> поду́шка *f*

Kissenbezug *m* <-(e)s, -bezüge> на́волочка *f*

Kiste *f* <-, -n> ❶ (*Behälter*) я́щик *m*; ❷ (*Truhe*) сунду́к *m*; ❸ (*Weinkiste*) я́щик *m*; ❹ (*umg: Auto*) драндуле́т *m*; ❺ (*umg: Fernseher*) я́щик *m*

Kitsch *m* <*gen:* -(e)s> кич *m*

kitschig *adj* безвку́сный

Kitt *m* <-(e)s, -e> зама́зка *f*

Kittel *m* <-s, -> ❶ (*Arbeitskittel*) рабо́чий хала́т *m*; ❷ (*Arztkittel*) враче́бный хала́т *m*

kitten *vt* ❶ скле́ивать, скле́ить *pf*; ❷ (*Fenster*) вставля́ть, вста́вить *pf* стекло́

Kitz *nt* <-es, -e> ❶ (*Zicklein*) ко́злёнок *m*; ❷ (*Rehkitz*) оленёнок *m*

Kitzel *m* <-s, -> щеко́тка *f*

kitzeln *vt* щекота́ть, по- *pf*

kitzlig *adj* щекотли́вый

Kiwi *f* <-, -s> ки́ви *m*

KKW *abk von* ***Kernkraftwerk*** АЭС *f*

klaffen *vi* зия́ть *impf*

kläffen *vi* (*pej*) тя́вкать *impf*, ла́ять *impf*

Klage *f* <-, -n> ❶ (*Beschwerde*) жа́лоба *f*; ❷ (*Wehklage*) плач *m*; ❸ (JUR) жа́лоба *f*, иск *m*; **eine ~ einreichen** пода́ть жа́лобу в суд

klagen I. *vi* ❶ (*sich beklagen*) жа́ловаться, по- *pf* (*über* +*akk* на); ❷ (*wehklagen*) опла́кивать, -ка́ть *pf*; ❸ (*trauern*) скорбе́ть *impf*; ❹ (JUR) подава́ть, -да́ть *pf* в суд; **auf Schadenersatz ~** пода́ть иск о возмеще́нии убы́тка; **II.** *vt* жа́ловаться, по- *pf*

Kläger, -in *m/f* <-s, -> исте́ц, -ти́ца *m/f*

kläglich I. *adj* ❶ (*mitleiderregend*) жа́лобный; ❷ (*minderwertig*) ничто́жный, незначи́тельный; **ein ~es Ergebnis** ничто́жный результа́т ❸ (*jämmerlich*) жа́лкий, плаче́вный; **II.** *adv* (*in jämmerlicher Weise*) плаче́вно.

Klammer *f* <-, -n> ❶ (*für Haar*) зако́лка *f*; ❷ (*Büroklammer*) скре́пка *f*; ❸ (*Wäscheklammer*) прище́пка *f*; ❹ (*Satzzeichen*) ско́бка *f*

Klammeraffe *m* <*gen:* -n> (DV: *at-sign*) комме́рческое ат, „соба́чка" *f*

klammern I. *vt* ❶ (*Wäsche*) прикрепля́ть, -пи́ть *pf* прище́пкой; ❷ (*Papier*) скрепля́ть, -пи́ть *pf* скре́пкой; **II.** *vi* (SPORT) захва́тывать, -ти́ть *pf*; **III.** *vr* (*auch fig*) цепля́ться *impf* (*an +akk* за)

klammheimlich *adj* (*umg*) тáйно

Klamotten *pl* <*gen:* -> (*umg*) шмóтки *pl*, тря́пки *pl*

klang *prät von* **klingen**

Klang *m* <-(e)s, Klänge> ① звук *m*; ② (MUS: *Tonqualität*) звук *m*, звучáние *nt*

klangvoll *adj* ① звýчный, полнозвýчный; ② (*fig: Namen*) звýчный

Klappe *f* <-, -n> ① (*Deckel*) кры́шка *f*; ② (MUS: *von Blasinstrumenten*) клáпан *m*; ③ (*Herzklappe*) клáпан *m*; ④ (*umg: Mund*) рот *m*; **halt die ~!** заткни́сь! **zwei Fliegen mit einer ~ schlagen** (*fig*) одни́м вы́стрелом двух зáйцев уби́ть

klappen I. *vi* ① хлóпать, -пнуть *pf*; ② (*umg: gut gehen*) лáдиться *impf*; **es klappt wie am Schnürchen** всё идёт как по мáслу; **II.** *vt* ① (*herauf~*) отки́нуть *pf*, -ки́дывать *impf*; ② (*herunter~*) опускáть, -сти́ть *pf*

klappern *vi* ① гремéть, про- *pf*, шумéть *impf*; ② (*mit den Zähnen*) стучáть, по- *pf*

Klapperschlange *f* <-, -n> гремýчая змея́ *f*

Klaps *m* <-es, -e> шлепóк *m*; **jdm einen ~ geben** дать комý-л. шлепóк

klar *adj* ① (*durchsichtig*) прозрáчный; ② (*wolkenlos*) я́сный; ③ (*offensichtlich*) я́сный; ④ (*eindeutig*) поня́тный, вня́тный

Kläranlage *f* <-, -n> очистнáя установка *f*

klären I. *vt* ① (*Problem*) выясня́ть, вы́яснить *pf*; ② (*Abwässer*) очищáть, очи́стить *pf*; **II.** *vr* (*Himmel*) проясня́ться, -ни́ться *pf*

Klarheit *f* <-, -en> ① (*Reinheit, Schärfe*) я́сность *f*; ② (*fig: Deutlichkeit*) я́сность *f*, вня́тность *f*

Klarinette *f* <-, -n> кларнéт *m*

klarkommen *irr vi* справля́ться, спрáвиться *pf*; **mit jdm ~** справля́ться с кéм-л.

klarmachen *vt* (*erklären*) объясня́ть, -ни́ть *pf*; **jdm etw ~** объясня́ть комý-л. чтó-л.

klarsehen *irr vi* (*verstehen*) я́сно ви́деть, уви́деть *pf*, понимáть, -ня́ть *pf*

klarstellen *vt* (*klären*) проясня́ть, -ни́ть *pf*, уточня́ть, -ни́ть *pf*

Klärung *f* <-, -en> ① (*Beseitigung von Missverständnissen*) выяснéние *nt*; ② (*Reinigung*) очи́стка *f*

Klasse *f* <-, -n> ① (*Kategorie*) класс *m*; ② (*Schul~*) класс *m*; ③ (*Gesellschaftsschicht*) класс *m*; ④ (*Güteklasse*) сорт *m*

klasse *interj* класс! **das ist ja ~!** э́то прóсто класс!

Klassenarbeit *f* <-, -en> клáссная рабóта *f*

Klassenkamerad, -in *m/f* <-en, -en> одноклáссник, -ница *m/f*

Klassenkampf *m* <*gen:* -(e)s> клáссовая борьбá *f*

Klassenlehrer, -in *m/f* <-s, -> клáссный руководи́тель, -ная ница *m/f*

Klassentreffen *nt* <-s, -> встрéча *f* одноклáссников

Klassenzimmer *nt* <-s, -> класс *m*, клáссная кóмната *f*

Klassifikation *f* <-, -en> классификáция *f*

klassifizieren *vt* классифици́ровать *impf/pf*, рас- *pf*

Klassik *f* <*gen:* -> ① клáссика *f*; ② (*klassische Musik*) класси́ческая мýзыка *f*, клáссика *f*

Klassiker *m* <-s, -> клáссик *m*

klassisch *adj* ① (*die Klassik betreffend*) класси́ческий; ② (*zeitlos*) класси́ческий; ③ (*typisch*) типи́чный, класси́ческий; **ein ~er Fall** типи́чный слýчай

Klatsch *m* <-(e)s, (-e)> ① (*klatschendes Geräusch*) хлопóк

K

m, шлепо́к *m*; ❷ (*umg: pej: Gerede*) спле́тни *pl*, разгово́ры *pl*

Klatschbase *f* <-, -n> (*pej*) спле́тница *f*, болту́нья *f*

klatschen I. *vt* ❶ (*Takt, Beifall*) хло́пать *impf*; ❷ (*knallen, schlagen*) стуча́ть, по- *pf*, бить, по- *pf*; **II.** *vi* ❶ (*mit den Händen*) хло́пать *impf*; ❷ (*platschen, spritzen*) стуча́ть, по- *pf*; ❸ (*umg: tratschen*) болта́ть *impf*, спле́тничать *impf*; **jdm Beifall ~** аплоди́ровать кому́-л.

Klaue *f* <-, -n> ❶ (*von Raubtier*) ла́па *f* с когтя́ми; ❷ (*umg: unleserliche Schrift*) плохо́й по́черк *m*

klauen *vt* (*umg: stehlen*) тащи́ть, стащи́ть *pf*, стяну́ть *pf*

Klausel *f* <-, -n> (*Bedingung*) усло́вие *nt*, огово́рка *f*

Klausur *f* <-, -en> ❶ (*schriftliche Arbeit*) контро́льная рабо́та *f*; ❷ (*Abgeschlossenheit*) затво́рничество *nt*

Klavier *nt* <-s, -e> пиани́но *nt*, фортепья́но *nt*; **~ spielen** игра́ть на пиани́но

Klebeband *nt* <-(e)s, -bänder> кле́йкая ле́нта *f*

kleben I. *vt* кле́ить, скле́ить *pf*; **II.** *vi* ❶ (*anhaften*) прикле́иваться, -кле́иться *pf*, кле́иться *impf*; ❷ (*fig: festhalten: an*) быть *impf* привя́занным

klebrig *adj* кле́йкий, ли́пкий

Klebstoff *m* <-(e)s, -e> клей *m*

kleckern *vi* (*beim Essen*) па́чкать, за- *pf*

Klecks *m* <-es, -e> ❶ (*Tintenfleck*) кля́кса *f*; ❷ (*Farbfleck*) пятно́ *nt*

klecksen *vi* ❶ сажа́ть, посади́ть *pf* пя́тна; ❷ (*fig: schlecht malen*) па́чкать *impf*, малева́ть, на- *pf*

Klee *m* <*gen:* -s> кле́вер *m*

Kleid *nt* <-(e)s, -er> ❶ пла́тье *nt*; ❷ (*Kleidung*) оде́жда *f*; **~er machen Leute** по одёжке встреча́ют

kleiden I. *vt* (*mit Kleidern ausstatten*) одева́ть, оде́ть *pf*; **II.** *vr* (*sich anziehen*) одева́ться, оде́ться *pf*

Kleiderbügel *m* <-s, -> пле́чики *pl*, ве́шалка *f*

Kleiderhaken *m* <-s, -> крючо́к *m*

Kleiderschrank *m* <-(e)s, -schränke> платяно́й шкаф *m*

Kleiderständer *m* <-s, -> (стоя́чая) ве́шалка *f*

Kleidung *f* <*gen:* -> оде́жда *f*

Kleidungsstück *nt* <-(e)s, -e> предме́т *m* оде́жды

Kleie *f* <-, -n> о́труби *fpl*

klein *adj* ❶ (*nicht groß*) ма́ленький, небольшо́й; ❷ (*geringfügig*) незначи́тельный, малова́жный; ❸ (*unbedeutend*) несуще́ственный, незначи́тельный; ❹ (*Kind*) ма́ленький; **ihr ~er Bruder** её мла́дший брат; **von ~ auf** с де́тства

Kleinbuchstabe *m* <-n, -n> стро́чная бу́ква *f*

Kleinbus *m* <-ses, -se> микроавто́бус *m*

Kleine(r, s) *m/f* <-n, -n> (*kleiner Junge, kleines Mädchen*) малы́ш, -ка *m/f*

Kleingeld *nt* <*gen:* -(e)s> ме́лочь *f*

Kleinholz *nt* <*gen:* -es> ще́пки *pl*

Kleinigkeit *f* <-, -en> ❶ (*kleine Sache*) ме́лочь *f*; ❷ (*leichte Aufgabe, Angelegenheit*) пустя́к *m*; ❸ (*ein bisschen*) ма́лость *f*; ❹ (*Bagatelle*) пустя́к *m*, ме́лочь *f*

kleinkariert *adj* ❶ (*mit kleinen Karos gemustert*) в ме́лкую кле́тку; ❷ (*umg: engstirnig*) узколо́бый, твердоло́бый

Kleinkind *nt* <-(e)s, -er> ма́ленький ребёнок *m*

kleinlich *adj* ❶ (*pedantisch*) приди́рчивый; ❷ (*engstirnig*) ограни́ченный; ❸ (*knauserig*) ме́лочный

kleinschneiden *vt* ме́лко нареза́ть, -ре́зать *pf*

Kleinstadt *f* <-, -städte> ма́ленький городо́к *m*

Kleister *m* <-s, -> кле́йстер *m*

Klemme *f* <-, -n> ❶ (*Klammer*)

зажи́м *m*; ② (*schwierige Situation*) затрудни́тельная ситуа́ция *f*; **in der ~ sitzen** быть в затрудни́тельном положе́нии ③ (TECH) кле́мма *f*
klemmen I. *vt* ① (*Draht etc*) прищемля́ть, -ми́ть *pf*; ② (*festklemmen*) сжима́ть, сжать *pf*, зажима́ть, -жа́ть *pf*; **II.** *vi* (*Tür etc*) зае́сть *pf*, -еда́ть *impf*; **III.** *vr* прищемля́ться, -ми́ться *pf*, защемля́ться, -ми́ться *pf*
Klempner *m* <-s, -> жестя́нщик *m*
Klerus *m* <*gen:* -> духове́нство *nt*
Klette *f* <-, -n> репе́й *m*; **wie eine ~ an jdm hängen** приста́ть к кому́-л. как репе́й
Kletterer *m* <-s, -> скалола́з *m*
klettern *vi* ла́зить, сла́зить *pf*, взбира́ться, взобра́ться *pf*
Klick *m* <-s, -s> (*mit Computermaus*) щелчо́к *m*
klicken *vi* щёлкнуть *pf*, щёлкать *impf*; **klicken Sie mit der Maus auf ...** (DV) щёлкните мы́шью...
Klient, -in *m/f* <-en, -en> клие́нт, -ка *m/f*
Klientel *f* <*gen:* -> клиенту́ра *f*
Klima *nt* <-s, -s/ -ta> кли́мат *m*
Klimaanlage *f* кондиционе́р *m*
klimatisch *adj* климати́ческий
klimatisieren *vt* кондициони́ровать *impf/pf* во́здух
Klimawechsel *m* переме́на *f* кли́мата
Klimmzug *m* <-(e)s, -züge> подтя́гивание *nt* на рука́х
klimpern *vi* ① (*Kleingeld*) звене́ть, про- *pf*; ② (*auf der Gitarre*) бренча́ть, по- *pf*
Klinge *f* <-, -n> ле́звие *nt*
Klingel *f* <-, -n> звоно́к *m*
klingeln *vi* (*läuten*) звони́ть, по- *pf*
klingen *vi* <klang, geklungen> ① (*tönen, sich anhören*) звуча́ть *impf*; **sie klang lustig** её го́лос звуча́л ве́село ② (*Glocke*) звони́ть, про- *pf*
Klinik *f* <-, -en> кли́ника *f*
klinisch *adj* клини́ческий; **~er Tod** клини́ческая сме́рть
Klinke *f* <-, -n> ру́чка *f*
Klippe *f* <-, -n> ① (*am Steilufer*) скала́ *f*, утёс *m*; ② (*im Meer*) подво́дный ка́мень *m*, риф *m*; ③ (*fig: Hindernis*) подво́дный ка́мень *m*, скры́тое препя́тствие *nt*
klirren *vi* ① (*Waffen*) бряца́ть, про- *pf*; ② (*Ketten*) звене́ть, про- *pf*; ③ (*Glas*) дребезжа́ть *impf*, звене́ть, про- *pf*
Klischee *nt* <-s, -s> клише́ *nt*
Klo *nt* <-s, -s> (*umg*) клозе́т *m*
Kloake *f* <-, -n> (*Abwasserkanal*) клоа́ка *f*
klopfen I. *vi* ① (*an der Tür etc*) стуча́ть, по- *pf*; **es hat geklopft** в дверь постуча́ли ② (*Herz*) би́ться *impf*; ③ (*Motor*) стуча́ть, по- *pf*; **II.** *vt* ① (*Teppich*) выбива́ть, вы́бить *pf*; ② (*Takt*) отбива́ть, -би́ть *pf*
Klops *m* <-es, -e> бито́к *m*
Kloß *m* <-es, Klöße> ① (*Knödel*) клёцка *f*; ② (*Fleischkloß*) фрикаде́лька *f*; ③ (*Erdklumpen*) ком *m*
Kloster *nt* <-s, Klöster> монасты́рь *m*
klösterlich *adj* монасты́рский
Klotz *m* <-es, Klötze> ① (*Holzklotz*) коло́да *f*, чурба́н *m*; ② (*grober Mensch*) чурба́н *m*; ③ (*fig: hässliches Gebäude*) коро́бка *f*
Klub *m* <-s, -s> клуб *m*
Kluft[1] *f* <-, Klüfte> ① (*Schlucht*) уще́лье *nt*; ② (*Felsspalte*) рассе́лина *f*; ③ (*Abgrund*) про́пасть *f*; ④ (*fig: großer Gegensatz*) про́пасть *f*; **zwischen ihnen besteht eine tiefe ~** ме́жду ни́ми существу́ет огро́мная про́пасть
Kluft[2] *f* <-, -en> (*Kleidung für einen bestimmten Zweck*) фо́рменная оде́жда *f*, специа́льная оде́жда *f*
klug *adj* ① (*intelligent*) у́мный; ② (*gebildet, gelehrt*) образо́ванный; ③ (*geschickt, schlau*) смышлёный, толко́вый;

aus jdm nicht ~ werden не мочь разгада́ть кого́-л.
Klugheit *f* <*gen:* -> ① (*Intelligenz*) ум *m*; ② (*Vernunft*) благоразу́мие *nt*
Klumpen *m* <-s, -> ① (*aus Erde*) ком *m*; ② (*von Gold*) саморо́док *m*
Klüngel *m* <-s, -> (*pej*) кли́ка *f*
km *abk von* ***Kilometer*** км *m*
km/h *abk von* ***Stundenkilometer*** км/ч *m*
knabbern *vt* грызть, по- *pf*
Knabe *m* <-n, -n> (*geh*) ма́льчик *m*, о́трок *m*
knabenhaft *adj* мальчи́шеский
Knäckebrot *nt* <-(e)s, -e> хрустя́щий хлебе́ц *m*
knacken **I.** *vi* (*Gebälk*) треща́ть *impf*, хрусте́ть *impf*; **II.** *vt* ① (*umg: Auto, Tresor*) взлома́ть *pf*, взла́мывать *impf*; ② (*Nüsse*) щёлкать, -кнуть *pf*; ③ (*fig: Rätsel*) реша́ть, -ши́ть *pf*
knackig *adj* ① (*fest, knusprig*) кре́пкий, хрустя́щий; ② (*jugendlich frisch*) све́жий, аппети́тный
Knacks *m* <-es, -e> ① (*umg: Riss/Sprung*) тре́щина *f*; ② (*umg: Defekt*) тре́щина *f*
Knall *m* <-(e)s, (-e)> ① (*einer Peitsche*) щелчо́к *m*; ② (*einer Tür*) гро́хот *m*, треск *m*; ③ (*Krach*) шум *m*
knallen **I.** *vt* влепи́ть *pf*, -пля́ть *impf*; **jdm eine ~** (*jdn ohrfeigen*) влепи́ть кому́-л. пощёчину; **II.** *vi* ① (*Peitsche*) щёлкать, -кнуть *pf*; ② (*Tür*) хло́пать, -пнуть *pf*; ③ (*Sektkorken*) хло́пать, -пнуть *pf*; ④ (*umg: Sonne*) жа́рить *impf*
knallrot *adj* (*umg*) я́рко-кра́сный
knapp *adj* ① (*spärlich*) ску́дный; ② (*kurz, eng*) у́зкий, те́сный; ③ (*Geld*) ограни́ченный; ④ (*nicht ganz, kaum*) непо́лный; ⑤ (*kurz, gerafft*) сжа́тый, кра́ткий; **vor ~ einer Stunde** о́коло часу тому́ наза́д; **~ bei Kasse sein** быть ограни́ченным в де́ньгах
Knappheit *f* <*gen:* -> ① (*an Mittel*) недоста́ток *m*, ограни́ченность *f*; ② (*an Zeit*) недоста́ток *m*; **~ an Waren** това́рный дефици́т
knarren *vi* треща́ть *impf*
Knast *m* <-(e)s, -e> (*umg: Gefängnis*) тюрьма́ *f*; **im ~ sitzen** (*umg*) сиде́ть в тюрьме́
knattern *vi* ① (*rattern*) треща́ть *impf*; ② (KFZ) тарахте́ть *impf*
Knäuel *nt* <-s, -> (*Garn~*) клубо́к *m*, мото́к *m*
Knauf *m* <-(e)s, Knäufe> ① (*von Tür*) кру́глая дверна́я ру́чка *f*; ② (*von Degen*) голо́вка *f*
knauserig *adj* скупо́й, ска́редный
knausern *vi* скупи́ться, по- *pf* (*mit +akk* на)
Knebel *m* <-s, -> кляп *m*
knebeln *vt* затыка́ть, -ткну́ть *pf* кля́пом
Knecht *m* <-(e)s, -e> ① (*auf Bauernhof*) рабо́тник *m*, батра́к *m*; ② (*Diener*) слуга́ *m*
knechten *vt* порабоща́ть, -боти́ть *pf*
Knechtschaft *f* <*gen:* -> ра́бство *nt*
kneifen **I.** *vt* <kniff, gekniffen> щипа́ть, ущипну́ть *pf*; **II.** *vi* ① (*Hose, Gummiband*) жа́ть *impf*; ② (*umg: sich vor etw drücken*) уви́ливать, -льну́ть *pf*
Kneifzange *f* <-, -n> (*Beißzange*) куса́чки *fpl*
Kneipe *f* <-, -n> каба́к *m*, пивна́я *f*
kneten *vt* меси́ть, смеси́ть *pf*
Knick *m* <-(e)s, -e> ① (*Biegung*) изги́б *m*; ② (*Falte*) скла́дка *f*
knicken **I.** *vt* разла́мывать, -ломи́ть *pf*; **II.** *vi* сгиба́ться, согну́ться *pf*
Knie *nt* <-s, -> ① (ANAT) коле́но *nt*; ② (*Flussbiegung*) изги́б *m*; ③ (TECH: *von Rohr etc*) коле́но *nt*; **weiche ~ bekommen** (*umg*) о́чень испуга́ться
knien **I.** *vi* (*vor*) стоя́ть *impf* на коле́нях; **II.** *vr* станови́ться, стать *pf* на коле́ни
Kniescheibe *f* <-, -n> коле́нная

K

чáшечка *f*
Kniestrumpf *m* <-(e)s, -strümpfe> гольф *m*
kniff *prät von* **kneifen**
Kniff *m* <-(e)s, -e> ❶ (*Kneifen*) щипóк *m*; ❷ (*Knick, Falte*) сгиб *m*, склáдка *f*; ❸ (*Trick*) улóвка *f*, трюк *m*
kniffelig *adj* ❶ мудрёный; ❷ (*heikel*) щекотли́вый
knipsen I. *vt* ❶ (*umg:* FOT) щёлкать, -кнуть *pf*; ❷ (*lochen: Fahrkarte*) компости́ровать, за- *pf*; II. *vi* (*umg:* FOT) щёлкать, -кнуть *pf*
Knirps *m* <-es, -e> (*kleiner Junge*) карапýз *m*
knirschen *vi* (*Schnee*) скрипéть *impf*; **mit den Zähnen ~** скрежетáть зубáми
knistern *vi* ❶ (*Feuer*) потрéскивать *impf*; ❷ (*Papier, Seide*) шуршáть *impf*, шелестéть *impf*
knittern I. *vi* (*Stoff*) мя́ться, по- *pf*; II. *vt* мять, из- *pf*; **ein Papier ~** мять бумáгу
Knoblauch *m* <*gen:* -(e)s> чеснóк *m*
Knöchel *m* <-s, -> ❶ (*des Fußes*) лоды́жка *f*; ❷ (*der Hand*) сгиб *m* пáльцев, костя́шка *f*
Knochen *m* <-s, -> кость *f*; **nass bis auf die ~ sein** промóкнуть до ни́тки; **bis in die ~** до мозгá костéй
Knochenbruch *m* <-(e)s, -brüche> перелóм *m* кóсти
Knochenmark *nt* <*gen:* -(e)s> кóстный мозг *m*
knochig *adj* костля́вый
Knödel *m* <-s, -> кнедль *f*
Knolle *f* <-, -n> клýбень *m*
Knopf *m* <-(e)s, Knöpfe> ❶ (*an Kleidern*) пýговица *f*; ❷ (*an Geräten*) кнóпка *f*; **auf den ~ drücken** нажáть на кнóпку
knöpfen *vt* застёгивать, -стегнýть *pf*
Knopfloch *nt* <-(e)s, -löcher> пéтля *f*
Knorpel *m* <-s, -> хрящ *m*
knorpelig *adj* хрящеви́дный
knorrig *adj* ❶ (*Holz*) сукoвáтый; ❷ (*Baum*) коря́вый
Knospe *f* <-, -n> пóчка *f*
knoten *vt* (*Schnürsenkel etc*) завя́зывать, -зáть *pf* узлóм
Knoten *m* <-s, -> ❶ ýзел *m*; **der Gordische ~** гóрдиев ýзел; **einen ~ lösen** развязáть ýзел ❷ (*Haarknoten*) узелóк *m*; ❸ (BOT) ýзел *m*; ❹ (MED) нарóст *m*; ❺ (MAR) ýзел *m*; ❻ (*Knotenpunkt*) узловóй пункт *m*
knüpfen I. *vt* ❶ (*Knoten, Band*) завя́зывать, -вязáть *pf*, свя́зывать, -зáть *pf*; ❷ (*Netz*) плести́, сплести́ *pf*; ❸ (*Freundschaft*) завя́зывать, -вязáть *pf*; II. *vr* (*mit etw verbunden sein*) быть *impf* свя́занным
Knüppel *m* <-s, -> ❶ (*dicker Stock*) дуби́на *f*; ❷ (*Schlagstock*) дуби́нка *f*; ❸ (*Steuerknüppel*) рýчка *f* управлéния
knurren *vi* ❶ (*Hund*) ворчáть *impf*, рычáть *impf*; ❷ (*fig: murren*) ворчáть *impf*, урчáть *impf*
knusprig *adj* (*Brot, Braten etc*) хрустя́щий
knutschen I. *vi* (*umg*) ти́скать *impf*, обнимáть, -ня́ть *pf*; II. *vr* (*umg*) ти́скаться *impf*, обнимáться, -ня́ться *pf*
Koalition *f* <-, -en> коали́ция *f*; **eine ~ mit jdm eingehen** вступи́ть в коали́цию с кем-л.
Kobold *m* <-(e)s, -e> домовóй *m*
Koch *m* <-(e)s, Köche> пóвар *m*
Kochbuch *nt* <-(e)s, -bücher> повáренная кни́га *f*
kochen I. *vi* ❶ (*Wasser*) кипéть, вскипéть *pf*; **vor Wut ~** (*fig*) кипéть от злóсти ❷ (*Essen*) вари́ться, свари́ться *pf*; II. *vt* ❶ (*Kaffee*) вари́ть, свари́ть *pf*; ❷ (*Essen*) готóвить, сготóвить *pf*
kochend *adj* кипýчий
Kocher *m* <-s, -> (*Campingkocher*) при́мус *m*, пли́тка *f*
Köchin *f* <-, -nen> повари́ха *f*
Kochplatte *f* <-, -n> электри́ческая конфóрка *f*

K

Kochsalz *nt* <*gen:* -es> пова́ренная соль *f*
Kochtopf *m* <-(e)s, -töpfe> кастрю́ля *f*
Köder *m* <-s, -> прима́нка *f*
ködern *vt* ❶ прима́нивать, -ни́ть *pf*; ❷ (*fig*) завлека́ть, -вле́чь *pf*
Koeffizient *m* <-en, -en> коэффицие́нт *m*
Koffein *nt* <*gen:* -s> кофеи́н *m*
Koffer *m* <-s, -> чемода́н *m*; **die ~ packen** паковать чемода́ны
Kofferradio *nt* <-s, -s> портати́вный радиоприёмник *m*
Kofferraum *m* <-(e)s, -räume> бага́жник *m*
Kognak *m* <-s, -s> конья́к *m*
Kohl *m* <*gen:* -(e)s> ❶ (*Gemüse*) капу́ста *f*; ❷ (*umg: Unsinn*) вздор *m*
Kohle *f* <-, -n> ❶ (*Steinkohle*) ка́менный у́голь *m*; ❷ (*Brennmaterial für Öfen, Herde etc*) у́голь *m*; ❸ (*umg: Geld*) капу́ста *f*, ба́бки *pl*
Kohlenstoff *m* <*gen:* -(e)s> углеро́д *m*
Kohlepapier *nt* <*gen:* -s> копирова́льная бума́га *f*
Kohlrabi *m* <-(s), -(s)> кольра́би *f*
Kohlroulade *f* <-, -n> голубе́ц *m*
Koje *f* <-, -n> ❶ (MAR) ко́йка *f*; ❷ (*umg: Bett*) ко́йка *f*; **sich in die ~ hauen** (*umg*) упа́сть в ко́йку
Kokain *nt* <*gen:* -s> кокаи́н *m*
kokett *adj* коке́тливый
kokettieren *vi* коке́тничать *impf*
Kokosnuss *f* <-, -nüsse> коко́совый оре́х *m*
Koks[1] *m* <*gen:* -es> (*Brennstoff*) кокс *m*
Koks[2] *m* <*gen:* -es> (*umg: Kokain*) кокаи́н *m*
Kolibri *m* <-s, -s> коли́бри *m*
Kolik *f* <-, -en> ко́лики *pl*
Kollaps *m* <-es, -e> колла́пс *m*
Kollege *m* <-n, -n> ❶ колле́га *m*; ❷ (*am Arbeitsplatz*) сослужи́вец *m*, колле́га *m*
kollegial *adj* ❶ коллегиа́льный; ❷ (*hilfsbereit*) това́рищеский
Kollegin *f* <-, -nen> колле́га *f*
Kollegium *nt* <-s, Kollegien> (*Lehrer, Ärzte*) колле́гия *m*
kollektiv *adj* коллекти́вный
kollidieren *vi* ❶ ста́лкиваться, столкну́ться *pf* (*mit +dat* с *+inst*); ❷ (*zeitlich*) совпада́ть, -па́сть *pf*
Kollision *f* <-, -en> ❶ колли́зия *f*; ❷ (*zwischen Autos*) столкнове́ние *nt*; ❸ (*zeitlich*) совпаде́ние *nt*
Kolonialismus *m* <*gen:* -> колониали́зм *m*
Kolonie *f* <-, -n> коло́ния *f*
Kolonisation *f* <-, -en> колониза́ция *f*
Kolonne *f* <-, -n> ❶ (MIL) коло́нна *f*; ❷ (*von Autos*) коло́нна *f*; ❸ (*von Arbeitern*) коло́нна *f*, гру́ппа *f*
kolorieren *vt* раскра́шивать, -кра́сить *pf*
Koloss *m* <Kolosses, Kolosse> коло́сс *m*
kolossal **I.** *adj* ❶ колосса́льный; ❷ (*umg: sehr groß*) гига́нтский; **II.** *adv* грандио́зно.
Kolumbianer, -in *m/f* <-s, -> колумби́ец, -би́йка *m/f*
kolumbianisch *adj* колумби́йский
Kolumbien *nt* <*gen:* -s> Колу́мбия *f*
Kolumne *f* <-, -n> полоса́ *f*, коло́нка *f*
Koma *nt* <-s, -s/ -ta> ко́ма *f*; **im ~ liegen** лежа́ть в ко́ме
Kombination *f* <-, -en> ❶ (*Verbindung*) соедине́ние *nt*, комбина́ция *f*; ❷ (*Schach*) комбина́ция *f*; ❸ (*von Kleidung*) сочета́ние *nt*, комбина́ция *f*
kombinieren *vt* комбини́ровать, скомбини́ровать *pf*
Kombiwagen *m* <-s, -wägen> автомоби́ль *m* „ко́мби“
Komet *m* <-en, -en> коме́та *f*
Komfort *m* <*gen:* -s> ❶ (*Luxus*) комфо́рт *m*; ❷ (*Bequemlichkeiten*) удо́бства *f*
komfortabel *adj* ❶ (*mit Komfort*)

комфорта́бельный; ❷ (*bequem*) удо́бный

Komik *f* <*gen:* -> коми́зм *m*, коми́чность *f*; **unfreiwillige ~** нево́льная коми́чность

Komiker, -in *m/f* <-s, -> ко́мик *m*

komisch *adj* ❶ (*spaßig, lächerlich*) коми́чный, заба́вный; **eine ~e Figur machen** име́ть коми́чный вид ❷ (*merkwürdig*) стра́нный

Komitee *nt* <-s, -s> комите́т *m*

Komma *nt* <-s, -s/ -ta> запята́я *f*; **ein~ setzen** поста́вить запяту́ю

Kommandant, -in *m/f* <-en, -en> коменда́нт *m*

Kommandeur, -in *m/f* <-s, -e> команди́р *m*

kommandieren I. *vt* ❶ (*Truppen*) кома́ндовать *impf*; ❷ (*entsenden*) командирова́ть *impf/pf*; **II.** *vi* ❶ (*Kommandeur sein*) быть команди́ром *impf*; ❷ (*Befehle erteilen*) дава́ть, дать *pf* прика́з; ❸ (*befehlen*) прика́зывать, -за́ть *pf*, кома́ндовать, скома́ндовать *pf*

Kommando *nt* <-s, -s> ❶ (*Befehl*) кома́нда *f*, прика́з *m*; ❷ (*Befehlsgewalt: über*) кома́ндование *nt*; ❸ (MIL: *Abteilung*) кома́нда *f*

kommen *vi* <kam, gekommen> ❶ приходи́ть, прийти́ *pf*, идти́ *impf* (сюда́); ❷ (*ankommen*) прибыва́ть, -бы́ть *pf*, приходи́ть, прийти́ *pf*; ❸ (*herkommen*) быть *impf* ро́дом; ❹ (*von der Arbeit*) приходи́ть, прийти́, возвраща́ться, верну́ться *pf*; ❺ (*gelangen, hinkommen*) попада́ть, -па́сть *pf*, проходи́ть, пройти́ *pf*; **wie komme ich hier zum Bahnhof?** как мне попа́сть на вокза́л?; **ums Leben ~** поги́бнуть

Kommentar *m* <-s, -e> комметáрий *m*

Kommentator, -in *m/f* <-s, -en> коммента́тор *m*

kommentieren *vt* комменти́ровать *impf/pf*, про- *pf*

kommerziell *adj* комме́рческий

Kommilitone *m* <-n, -n> соку́рсник *m*, това́рищ *m* по учёбе

Kommilitonin *f* <-, -nen> соку́рсница *f*

Kommissar, -in *m/f* <-s, -e> комисса́р *m*

Kommission *f* <-, -en> ❶ (*Komitee*) коми́ссия *f*; ❷ (*Untersuchungsausschuss*) коми́ссия *f*; ❸ (ÖKON) коми́ссия *f*; **etw in ~ geben** сдава́ть что́-л. на коми́ссию

Kommode *f* <-, -n> комо́д *m*

Kommune *f* <-, -n> ❶ (*Gemeinde, Ortschaft*) общи́на *f*; ❷ (*Wohngemeinschaft*) комму́на *f*

Kommunikation *f* <-, -en> коммуника́ция *f*

Kommunismus *m* <*gen:* -> коммуни́зм *m*

Kommunist, -in *m/f* <-en, -en> коммуни́ст, -ка *m/f*

kommunistisch *adj* коммунисти́ческий

kommunizieren *vi* ❶ (*in Verbindung stehen*) сообща́ться *impf*; ❷ (*geh: sich verständigen*) обща́ться *impf*; **mit jdm ~** обща́ться с ке́м-л.

Komödiant, -in *m/f* <-en, -en> комедиа́нт, -ка *m/f*

Komödie *f* <-, -n> ❶ (THEAT) коме́дия *f*; ❷ (*fig*) коме́дия *f*; **~ spielen** (*fig*) разы́грывать коме́дию

kompakt *adj* кампа́ктный

Kompanie *f* <-, -n> ро́та *f*

Komparativ *m* <-s, -e> (LING) сравни́тельная сте́пень *f*

Kompass *m* <-es, -e> ко́мпас *m*; **nach dem ~ marschieren** идти́ по ко́мпасу

kompensieren *vt* компенси́ровать *impf/pf*, возмеща́ть, -мести́ть *pf*

kompetent *adj* ❶ (*sachverständig, befähigt*) компете́нтный, све́дущий; ❷ (*zuständig, befugt*) компете́нтный

Kompetenz[1] *f* <*gen:* -> (*Sachverstand,*

K

Fähigkeit) компете́нтность *f*
Kompetenz [2] *f* <-, -en> (JUR: *Zuständigkeit*) компете́нция *f*, полномо́чия *pl*
komplett *adj* компле́ктный, по́лный
komplex *adj* ко́мплексный
Komplex *m* <-es, -e> ❶ (*von Fragen, Gebäuden*) ко́мплекс *m*; ❷ (*Minderwertigkeitsgefühl*) ко́мплекс *m*; **~e haben** **име́ть ко́мплексы**
Komplikation *f* <-, -en> (MED) осложне́ние *nt*
Kompliment *nt* <-(e)s, -e> комплиме́нт *m*
Komplize *m* <-n, -n> соо́бщник *m*
kompliziert *adj* сло́жный
Komplizin *f* <-, -nen> соо́бщница *f*

K

Komponente *f* <-, -n> ❶ (*Bestandteil*) компоне́нт *m*, составна́я часть *f*; ❷ (*Teilkraft*) составля́ющая *f*
komponieren *vt* ❶ (*Musik*) сочиня́ть, -ни́ть *pf*; ❷ (*Farben*) компонова́ть, скомпонова́ть *pf*
Komponist, -in *m/f* <-en, -en> компози́тор *m*
Komposition *f* <-, -en> ❶ (MUS) музыка́льное произведе́ние *nt*; ❷ (*geh: eines Romans*) построе́ние *nt*; ❸ (*eines Parfums*) компози́ция *f*
Kompositum *nt* <-s, Komposita> (LING) сло́жное сло́во *nt*
Kompost *m* <-(e)s, -e> компо́ст *m*
Kompott *nt* <-(e)s, -e> компо́т *m*
Kompresse *f* <-, -n> компре́сс *m*
Kompromiss *m* <-es, -e> компроми́сс *m*; **einen ~ schließen** приня́ть компроми́ссное реше́ние
Kompromisslösung *f* <-, -en> компроми́ссное реше́ние *nt*
kompromittieren I. *vt* компромети́ровать, скомпромети́ровать *pf*; **II.** *vr* компромети́ровать, скомпромети́ровать *pf* себя́
kondensieren *vt* коденси́ровать *impf/pf*
Kondensmilch *f* <*gen:* -> сгущённое молоко́ *nt*
Kondenswasser *nt* <*gen:* -s> конденса́т *m*
Kondition *f* <-, -en> ❶ (SPORT: *kein pl*) физи́ческая фо́рма *f*; ❷ (*Bedingung*) усло́вие *nt*
Konditional *m* <-s, -e> усло́вное наклоне́ние *nt*
Konditor, -in *m/f* <-s, -en> конди́тер *m*
Konditorei *f* <-, -en> конди́терская *f*
kondolieren *vi* (*jdm sein Beileid aussprechen*) выража́ть, вы́разить *pf* соболе́знования
Kondom *nt* <-s, -e> презервати́в *m*
Kondukteur *m* <-s, -e> (*CH: Schaffner*) конду́ктор *m*, проводни́к *m* (по́езда)
Konfekt *nt* <-(e)s, -e> конфе́ты *pl*
Konfektionsgröße *f* <-, -n> разме́р *m* оде́жды
Konferenz *f* <-, -en> ❶ конфере́нция *f*; ❷ (*Zusammenkunft*) заседа́ние *nt*, собра́ние *nt*
Konferenzraum *m* <-(e)s, -räume> конфере́нц-за́л *m*
Konfession *f* <-, -en> вероисповеда́ние *nt*; **einer ~ angehören** испове́довать каку́ю-л. рели́гию
konfessionell *adj* конфессиона́льный
Konfetti *nt* <*gen:* -(s)> конфетти́ *nt*
Konfirmation *f* <*gen:* -> конфирма́ция *f*
Konfitüre *f* <-, -n> варе́нье *nt*
Konflikt *m* <-(e)s, -e> конфли́кт *m*; **einen # lösen** разреши́ть
Konfliktpartei *f* <-, -en> конфликту́ющая сторона́ *f*
Konformismus *m* <*gen:* -> (*geh*) конформи́зм *m*
Konfrontation *f* <-, -en> конфронта́ция *f*
konfrontieren *vt* ста́лкиваться, столкну́ться *pf* (*mit* +*akk* с +*inst*)
konfus *adj* смущённый, расте́рянный
Konfusion *f* <-, -en>

замеша́тельство *nt*
Kongress *m* <-es, -e> ❶ (POL) парла́мент *m*; ❷ (*Fachtagung*) конгре́сс *m*
König, -in *m/f* <-s, -e> коро́ль, -ле́ва *m/f*
königlich *adj* короле́вский
Königreich *nt* <-(e)s, -e> короле́вство *nt*
konisch *adj* кони́ческий
Konjugation *f* <-, -en> (LING) спряже́ние *nt*
konjugieren *vt* (LING) спряга́ть, про- *pf*
Konjunktion *f* <-, -en> (LING) сою́з *m*
Konjunktiv *m* <-s, -e> (LING) ко́нъюнктив *m*, сослага́тельное наклоне́ние *nt*
Konjunktur *f* <-, -en> (*Wirtschaftslage*) конъюнкту́ра *f*; **stabile ~** усто́йчивая конъюнкту́ра
konkret *adj* конкре́тный
Konkurrent, -in *m/f* <-en, -en> ❶ (ÖKON) конкуре́нт, -ка *m/f*; ❷ (*Rivale*) сопе́рник, -ница *m/f*
Konkurrenz *f* <*gen:* -> ❶ (ÖKON: *Wettbewerb*) конкуре́нция *f*; ❷ (*Rivalität*) сопе́рничество *nt*; ❸ (*die Konkurrenten*) конкуре́нция *f*; **jdm ~ machen** конкури́ровать с ке́м-л.; **außer ~** вне конкуре́нции
konkurrenzfähig *adj* конкурентоспосо́бный
konkurrenzlos *adj* вне конкуре́нции, вне ко́нкурса
konkurrieren *vi* ❶ конкури́ровать *impf* (*mit +dat* с *+inst*); ❷ сопе́рничать *impf* (*mit +dat* с *+inst*)
Konkurs *m* <-es, -e> банкро́тство *nt*; **~ anmelden** объяви́ть о банкро́тстве
können I. *vt* <konnte, gekonnt> ❶ (*vermögen*) мочь, смочь *pf*, быть *impf* в состоя́нии; ❷ (*beherrschen, verstehen*) уме́ть, суме́ть *pf*, знать *impf*; ❸ (*dürfen*) мочь, смочь *pf*; **er kann gut Russisch** он хорошо́ зна́ет ру́сский; **II.** *vi* мочь, смочь *pf*; **nicht mehr ~** не мочь бо́льше
Können *nt* <*gen:* -s> ❶ (*Fähigkeit*) уме́ние *nt*; ❷ (*Kenntnisse*) зна́ние *nt*
Könner, -in *m/f* <-s, -> специали́ст, -ка *m/f*, уме́лец, -лица *m/f*
konnte *prät von* **können**
konsequent *adj* после́довательный; **etw ~ einhalten** после́довательно соблюда́ть что́-л.
Konsequenz *f* <-, -en> ❶ (*Folgerichtigkeit*) после́довательность *f*; ❷ (*Härte, Strenge*) упо́рство *f*, твёрдость *f*; ❸ (*Folge*) сле́дствие *nt*, после́дствие *nt*
konservativ *adj* ❶ (*Behandlung*) консервати́вный; ❷ (*politisch*) консервати́вный
Konserve *f* <-, -n> (*Konservenbüchse*) ба́нка *f* консе́рвов; **von ~n leben** пита́ться консе́рвами
Konservenbüchse *f* <-, -n> консе́рвная ба́нка *f*
konservieren *vt* консерви́ровать, за- *pf*
Konsonant *m* <-en, -en> (LING) согла́сный звук *m*
konstant *adj* посто́янный
Konstitution *f* <-, -en> ❶ (MED) телосложе́ние *nt*, конститу́ция *f*; ❷ (POL: *Verfassung, Satzung*) конститу́ция *f*
konstruieren *vt* (*entwerfen*) конструи́ровать, сконструи́ровать *pf*
Konstrukteur, -in *m/f* <-s, -e> констру́ктор *m*
Konstruktion *f* <-, -en> ❶ (*Entwurf, Bauweise*) констру́кция *f*, прое́кт *m*; ❷ (*fig*) построе́ние *nt*
konstruktiv *adj* конструкти́вный
Konsul, -in *m/f* <-s, -n> ко́нсул *m*
Konsulat *nt* <-(e)s, -e> ко́нсульство *nt*
Konsum *m* <*gen:* -s> (*Verbrauch*) потребле́ние *nt*
Konsument, -in *m/f* <-en, -en>

K

потреби́тель, -ница *m/f*
konsumieren *vt* потребля́ть, -би́ть *pf*
Kontakt *m* <-(e)s, -e> ❶ конта́кт *m*; **mit jdm in ~ kommen** войти́ в конта́кт с ке́м-л.; **den ~ herstellen** установи́ть конта́кт; ❷ (EL) конта́кт *m*
Kontaktlinse *f* <-, -n> конта́ктная ли́нза *f*
kontern *vt* пари́ровать *impf/pf*
Kontext *m* <-(e)s, -e> ❶ (LING) конте́кст *m*; ❷ (*Zusammenhang*) конте́кст *m*, связь *f*
Kontinent *m* <-(e)s, -e> контине́нт *m*, матери́к *m*
Kontingent *nt* <-(e)s, -e> (MIL: *von Truppen*) континге́нт *m*
kontinuierlich *adj* непреры́вный
Kontinuität *f* <*gen: -*> непреры́вность *f*
Konto *nt* <-s, Konten> счёт *m*; **das geht auf mein ~** (*umg: das ist meine Schuld*) э́то моя́ вина́; **etw auf dem ~ haben** (*etw auf dem Gewissen haben*) име́ть что́-то на со́вести
kontra I. *präp* +*akk* (*gegen, wider*) про́тив; II. *adv* (*dagegen, entgegengesetzt*) про́тив; **er ist immer ~** он всегда́ про́тив.
Kontrabass *m* <-basses, -bässe> контраба́с *m*
konträr *adj* противополо́жный
Kontrast *m* <-(e)s, -e> ❶ (*Gegensatz*) противополо́жность *f*; ❷ (FOT, TV) контра́стность *f*
Kontrolle *f* <-, -n> ❶ (*Überprüfung*) прове́рка *f*, контро́ль *m*; **~ ausüben** контроли́ровать ❷ (*Kontrollstelle*) контро́льный пункт *m*; ❸ (*Kontrolleur(in)*) контролёр *m*; ❹ (*Herrschaft, Gewalt*) контро́ль *m*
Kontrolleur, -in *m/f* <-s, -e> контролёр *m*
kontrollieren *vt* ❶ (*nachprüfen*) проверя́ть, -ве́рить *pf*; ❷ (*überwachen*) контроли́ровать, про- *pf*, следи́ть, про- *pf*; ❸ (*beherrschen, lenken*) контроли́ровать, про- *pf*, управля́ть *impf*
kontrovers *adj* (*strittig, umstritten*) спо́рный
Kontroverse *f* <-, -n> разногла́сие *nt*
Kontur *f* <-, -en> ко́нтур *m*
Konvention *f* <-, -en> ❶ (*Zusammenkunft*) конве́нция *f*; ❷ (*Übereinkunft*) соглаше́ние *nt*
konventionell *adj* общепри́нятый
Konversation *f* <-, -en> разгово́р *m*, бесе́да *f*
konvertieren I. *vt* (ÖKON: DV) конверти́ровать *impf/pf*; II. *vi* (REL) переходи́ть, -рейти́ *pf* в другу́ю ве́ру
konvex *adj* (*nach außen gewölbt*) вы́пуклый
Konvoi *m* <-s, -s> конво́й *m*; **im ~ fahren** е́хать коло́нной
Konzentrat *nt* <-(e)s, -e> концентра́т *m*
Konzentration *f* <*gen: -*> концентра́ция *f*, сосредоточе́ние *nt*
Konzentrationslager *nt* <-s, -> концентрацио́нный ла́герь *m*
konzentrieren I. *vt* концентри́ровать *impf*; II. *vr* концентри́роваться, сконцентри́роваться *pf*, сосредото́чиваться, -то́читься *pf* (*auf* +*akk* на +*präpos*)
konzentrisch *adj* концентри́ческий
Konzept *nt* <-(e)s, -e> ❶ (*stichwortartiger Textentwurf*) план *m*; ❷ (*Begriff, Vorstellung*) представле́ние *nt*; **etw passt jdm nicht ins ~** что́-л. не подхо́дит кому́-л. ❸ (*Konzeption*) конце́пт *m*, конце́пция *f*
Konzeption *f* <-, -en> конце́пция *f*
Konzern *m* <-s, -e> конце́рн *m*
Konzert *nt* <-(e)s, -e> ❶ (*einzelne Aufführung*) представле́ние *nt*, конце́рт *m*; ❷ (*musikalische Gattung*) конце́рт *m*
Konzession *f* <-, -en> ❶ (*Zugeständnis*) усту́пка *f*;

K

❷ (*Lizenz*) конце́ссия *f*, лице́нзия *f*

konzessiv *adj* уступи́тельный

Konzil *nt* <-(e)s, -e> собо́р *m*

konzipieren *vt* составля́ть, -та́вить *pf* конце́пцию, набра́сывать, -броса́ть *pf* план

Kooperation *f* <-, -en> коопера́ция *f*, сотру́дничество *nt*

kooperativ *adj* осно́ванный на сотру́дничестве

Koordinate *f* <-, -n> координа́та *f*

Koordinatensystem *nt* <*gen:* -s> систе́ма *f* координа́т

Koordination *f* <*gen:* -> координа́ция *f*

koordinieren *vt* координи́ровать, скоордини́ровать *pf*

Kopf *m* <-(e)s, Köpfe> ❶ голова́ *f*; ❷ (*leitende Persönlichkeit*) руководи́тель *m*; ❸ (*einzelner Mensch*) голова́ *f*; ❹ (*Briefkopf*) ша́пка *f*; ❺ (*fig: Verstand*) ум *m*, голова́ *f*

köpfen *vt* ❶ (*hinrichten*) обезгла́вливать, -вить *pf*; ❷ (*umg: Flasche*) открыва́ть, -ры́ть *pf*; ❸ (*Fußball*) игра́ть, сыгра́ть *pf* голово́й

Kopfhörer *m* <-s, -> нау́шник *m*

Kopfkissen *nt* <-s, -> поду́шка *f*

kopfrechnen *vi* счита́ть, по- *pf* в уме́

Kopfsalat *m* коча́нный сала́т *m*

Kopfschmerz *m* <-es, -en> головна́я боль *f*

Kopfstand *m* <-(e)s, -stände> сто́йка *f* на голове́

Kopfsteinpflaster *nt* <-s, -> булы́жная мостова́я *f*

Kopfstütze *f* <-, -n> подголо́вник *m*

Kopftuch *nt* <-(e)s, -tücher> плато́к *m*

Kopie *f* <-, -n> ❶ (*Fotokopie*) ко́пия *f*; ❷ (*Durchschlag*) ко́пия *f*; ❸ (*Imitation*) имита́ция *f*, дублика́т *m*

kopieren *vt* ❶ копи́ровать, скопи́ровать *pf*, де́лать, сде́лать *pf* ко́пию; ❷ (*imitieren*) имити́ровать, сымити́ровать *pf*

Kopierer *m* <-s, -> копирова́льный аппара́т *m*

koppeln *vt* ❶ (*Pferde*) трено́жить, стрено́жить *pf*; ❷ (*Hunde*) *бра́ть соба́к на сво́ру*; ❸ (*verbinden*) свя́зывать, -за́ть *pf*; ❹ (*Raumschiffe*) производи́ть, -вести́ *pf* стыко́вку

Koralle *f* <-, -n> кора́лл *m*

Korallenriff *nt* <-(e)s, -e> кора́лловый риф *m*

Koran *m* <*gen:* -s> кора́н *m*

Korb *m* <-(e)s, Körbe> ❶ корзи́на *f*; ❷ корзи́нка *f*; ❸ (BERGB: *Förderkorb*) подъёмная клеть *f*; **jdm einen ~ geben** (*fig*) дать кому́-л.от воро́т поворо́т

Kordel *f* <-, -n> шнур *m*

Korea *nt* <*gen:* -s> Коре́я *f*

Kork *m* <-(e)s, -e> про́бка *f*

Korken *m* <-s, -> ❶ буты́лочная про́бка *f*; ❷ (*aus Plastik*) пла́стиковая про́бка *f*

Korkenzieher *m* <-s, -> што́пор *m*

Korn *nt* <-(e)s, Körner> ❶ (*Samenkorn*) семенно́е зерно́ *nt*; ❷ (*von Salz/ Sand*) крупи́нка *f*; ❸ (*Getreide*) зерно́ *nt*, жи́то *nt*; ❹ (*Kornbranntwein*) хле́бная во́дка *f*; ❺ (*am Gewehr*) му́шка *f*; **die Flinte ins ~ werfen** (*fig*) спасова́ть пе́ред тру́дностями

Kornblume *f* <-, -n> василёк *m*

Kornkammer *f* <-, -n> жи́тница *f*

Körper *m* <-s, -> ❶ те́ло *nt*, ту́ловище *nt*; ❷ (*geometrisches Gebilde*) геометри́ческая фигу́ра *f*

Körpergröße *f* <-, -n> рост *m* челове́ка

körperlich *adj* физи́ческий, теле́сный

Körperpflege *f* <*gen:* -> гигие́на *f* те́ла

Korps *nt* <-, -> ко́рпус *m*

korpulent *adj* по́лный, доро́дный

korrekt *adj* корре́ктный, пра́вильный

Korrektur *f* <-, -en> ❶ (*Berichtigung*) попра́вка *f*, исправле́ние *nt*; ❷ (*Korrekturlesen*) чте́ние *nt*

K

корректу́ры; ❸ (*Korrekturfahne*) гра́нка *f*; **~ lesen** чита́ть корректу́ру

Korrespondent, -in *m/f* <-en, -en> корреспонде́нт, -ка *m/f*

Korrespondenz *f* <-, -en> корреспонде́нция *f*, перепи́ска *f*; **mit jdm in ~ stehen** состоя́ть с ке́м-л. в перепи́ске

Korridor *m* <-s, -e> коридо́р *m*

korrigieren *vt* ❶ (*berichtigen*) исправля́ть, -пра́вить *pf*; ❷ (*Aufsätze*) проверя́ть, -ве́рить *pf*

Korrosion *f* <-, -en> корро́зия *f*

korrupt *adj* (*pej*) коррумпи́рованный

Korruption *f* <-, -en> (*pej*) корру́пция *f*

Korsett *nt* <-s, -s> корсе́т *m*

Kosename *m* <-n, -n> ласка́тельное и́мя *nt*

Kosewort *nt* <-(e)s, -wörter> ласка́тельное сло́во *nt*

Kosmetik *f* <*gen:* -> (*Körperpflege*) косме́тика *f*

Kosmetiker, -in *m/f* <-s, -> космето́лог *m*, космети́чка *f*

Kosmetikum *nt* <-s, Kosmetika> космети́ческое сре́дство *nt*

kosmetisch *adj* космети́ческий

kosmisch *adj* косми́ческий

Kosmonaut, -in *m/f* <-en, -en> космона́вт *m*

Kosmopolit, -in *m/f* <-en, -en> космополи́т *m*

Kosmos *m* <*gen:* -> ко́смос *m*

Kost *f* <*gen:* -> ❶ (*Essen, Nahrung*) пи́ща *f*, пита́ние *nt*; **magere ~** по́стная пи́ща; **leichte ~** лёгкая пи́ща ❷ (*Verköstigung, Pension*) стол *m*, пита́ние *nt*

kostbar *adj* ❶ (*wertvoll*) драгоце́нный; ❷ (*kostspielig, luxuriös*) дорогосто́ящий

Kostbarkeit *f* <-, -en> ❶ (*die Eigenschaft*) высо́кая це́нность *f*; ❷ (*kostbarer Gegenstand*) драгоце́нность *f*

Kosten *pl* <*gen:* -> ❶ (*Ausgaben*) расхо́ды *pl*; ❷ (*Auslagen*) изде́ржки *pl*; **auf jds ~** за че́й-л. счёт; **die ~ für etw tragen** нести́ расхо́ды на что́-л.; **auf seine ~ kommen** (*fig*) не оста́ться внакла́де

kosten[1] *vt* ❶ сто́ить *impf*; ❷ (*erfordern*) сто́ить *impf*, тре́бовать, по- *pf*; **was kostet das?** ско́лько э́то сто́ит?

kosten[2] *vt* (*probieren*) про́бовать, по- *pf*

kostenlos *adj* беспла́тный

köstlich *adj* ❶ (*schmackhaft*) о́чень вку́сный, ла́комый; ❷ (*erlesen*) изы́сканный; ❸ (*amüsant*) великоле́пный

Kostprobe *f* <-, -n> (*auch fig*) про́ба *f*

kostspielig *adj* дорогосто́ящий, разори́тельный

Kostüm *nt* <-s, -> (*Jackenkleid*) костю́м *m*

kostümieren I. *vt* (*als*) переодева́ть, -де́ть *pf*, наряжа́ть, -ряди́ть *pf*; **II.** *vr* переодева́ться, -де́ться *pf*, наряжа́ться, -ряди́ться *pf*

Kot *m* <*gen:* -(e)s> кал *m*

Kotelett *nt* <-(e)s, -s> отбивна́я котле́та *f*

Koteletten *pl* <*gen:* -> бакенба́рды *pl*

kotzen *vi* (*vulg*) рвать, вы́- *pf*; **das ist zum Kotzen!** э́то проти́вно!

Krabbe *f* <-, -n> краб *m*

krabbeln *vi* по́лзать *impf*

Krach *m* <-(e)s, Kräche> ❶ (*Lärm*) шум *m*; **~ machen** поднима́ть шум ❷ (*umg: Streit*) ссо́ра *f*, сканда́л *m*; **mit jdm ~ bekommen** поссо́риться с ке́м-л. ❸ (*Krawall, Aufruhr*) волне́ние *nt*, беспоря́дки *pl*

krachen *vi* ❶ (*Krach machen*) шуме́ть *impf*, треща́ть *impf*; ❷ (*Schuss*) греме́ть, про- *pf*, тре́снуть *pf*, -ска́ть *impf*

krächzen *vi* ка́ркать *impf*

kraft *präp* в си́лу; **~ des Vertrages** в си́лу догово́ра

Kraft *f* <-, Kräfte> ❶ (*Körperkraft*)

сúла *f*; ② (PHYS) сúла *f*

Kraftfahrzeug *nt* <-(e)s, -e> автомашúна *f*, автомобúль *m*

kräftig I. *adj* ① (*kraftvoll*) сúльный, крéпкий; ② (*Essen:*) питáтельный; ③ (*Händedruck*) крéпкий; II. *adv* сúльно, крéпко.

kraftlos *adj* (*schwach*) бессúльный, нéмощный

Kraftprobe *f* <-, -n> прóба *f* сил

Kraftstoff *m* <*gen:* -(e)s> тóпливо *nt*

kraftvoll *adj* пóлный сил

Kraftwerk *nt* <-(e)s, -e> электростáнция *f*

Kragen *m* <-s, Krägen> воротнúк *m*

Krähe *f* <-, -n> ворóна *f*

krähen *vi* кричáть *impf* кукарекý

Kralle *f* <-, -n> кóготь *m*; **jdm die ~n zeigen** (*fig*) показáть комý-л. кóгти

krallen I. *vt* впúться *pf*, вивáться *impf*; **jdn ~** схватúть когó-л.; II. *vr* цеплáться *impf*

Kram *m* <*gen:* -s> ① (*umg: pej: Gegenstände*) барахлó *nt*; ② (*umg: pej: Angelegenheiten*) делá *pl*; **das passt mir gar nicht in den ~** это меня совершéнно не устрáивает

kramen I. *vi* рыться *impf* (*in +akk* в *+präpos*); II. *vt* доставáть, -стáть *pf*; **alte Sachen aus dem Keller ~** достáть стáрые вéщи из пóгреба

Krampen *m* <-s, -> (*österr: Spitzhacke*) мотыга *f*

Krampf *m* <-(e)s, Krämpfe> ① (MED) спáзм *m*, сýдорога *f*; ② (*umg: pej: Blödsinn*) бессмыслица *f*

krampfhaft *adj* ① (*krampfartig*) сýдорожный; ② (*angestrengt*) напряжённый

Kran *m* <-(e)s, Kräne> кран *m*

Kranich *m* <-s, -e> журáвль *m*

krank *adj* ① (*körperlich*) больнóй; ② (*geistig*) душевнобольнóй; **~ werden** заболéть; **jdn ~ schreiben** выписать комý-л. больнúчный лист; **sich ~ lachen** (*umg*) хохотáть до упáду

Kranke(r) *m/f* <-n, -n> больнóй, -нáя *m/f*

kranken *vi* болéть *impf*; **an Asthma ~** болéть áстмой

kränken *vt* обижáть, обúдеть *pf*, оскорблять, -бúть *pf*; **tief gekränkt sein** быть глубокó оскорблённым; **jdn in seiner Ehre ~** задéть чью-л. честь

Krankenhaus *nt* <-es, -häuser> больнúца *f*; **im ~ liegen** лежáть в больнúце

Krankenkasse *f* <-, -n> больнúчная кáсса *f*

Krankenpfleger, -in *m/f* <-s, -> санитáр, -ка *m/f*

Krankenschwester *f* <-, -n> медсестрá *f*

Krankenwagen *m* <-s, -wägen> машúна *f* „скóрой пóмощи"

krankhaft *adj* ① (*pathologisch*) болéзненный, патологúческий; ② (*nicht normal*) болéзненный

Krankheit *f* <-, -en> болéзнь *f*, заболевáние *nt*; **ansteckende ~** зарáзная болéзнь

kränklich *adj* болéзненный, хúлый

krankschreiben *vt* выдать *pf*, -давáть *impf* больнúчный лист

Kranz *m* <-es, Kränze> венóк *m*

Krapfen *m* <-s, -> олáдья *f*

krass *adj* (*auffallend*) яркий, бросáющийся в глазá

Krater *m* <-s, -> крáтер *m*

kratzbürstig *adj* (*widerspenstig*) строптúвый, кóлкий

kratzen I. *vt* ① царáпать, по- *pf*; ② (*ab~*) соскáбливать, -блúть *pf*; II. *vi* царáпаться, по- *pf*; III. *vr* чесáться, по- *pf*

Kratzer *m* <-s, -> (*Schramme*) царáпина *f*

Kraul *nt* <*gen:* -s> (*Kraulschwimmen*) кроль *m*

kraulen[1] *vi* (SPORT) плыть *impf* крóлем

kraulen[2] *vt* (*liebkosen*) глáдить, по- *pf*, почёсывать *impf*

kraus *adj* ① запýтанный; ② (*Haar*) кудрявый; ③ (*Stirn*) смо́рщенный; **die Stirn ~ ziehen** помо́рщить лоб

Krause *f* <-, -n> ① (*Kragen*) жабо́ *nt*; ② (*von Haar*) завито́к *m*

kräuseln I. *vt* (*Haar*) завива́ть, -ви́ть; **II.** *vr* ① (*Haar*) завива́ться, -ви́ться *pf*; ② (*Wasser*) ряби́ть *impf*; ③ (*Rauch*) ви́ться *impf*

Kraut *nt* <-(e)s, Kräuter> ① трава́ *f*; ② (*Kohlgemüse*) капу́ста *f*; ③ (*umg: pej: Tabak*) зе́лье *nt*

Krawall *m* <-s, -e> ① (*Aufruhr*) волне́ния *pl*, беспоря́дки *pl*; ② (*Krach, Lärm*) шум *m*; **~ machen** буя́нить

Krawatte *f* <-, -n> га́лстук *m*

kreativ *adj* тво́рческий

Kreativität *f* <gen: -> тво́рчество *nt*

Kreatur *f* <-, -en> ① (*geh: Geschöpf*) созда́ние *nt*, творе́ние *nt*; ② (*pej*) тварь *f*

Krebs[1] *m* <-es, -e> (*Flusskrebs*) рак *m*

Krebs[2] *m* ① (ASTR) рак *m*; ② (MED) рак *m*

Kredit *m* <-(e)s, -e> ① (*Anleihe, Darlehen*) креди́т *m*; **einen ~ aufnehmen** взять креди́т; **einen ~ gewähren** предоставля́ть креди́т ② (*Zahlungsaufschub*) креди́т *m*; **auf ~ kaufen** покупа́ть в креди́т

Kreditkarte *f* <-, -n> креди́тная ка́рточка *f*

Kreide *f* <-, -n> ① (*zum Schreiben*) мел *m*, мело́к *m*; ② (GEOL) мел *m*

kreieren *vt* создава́ть, -да́ть *pf*

Kreis *m* <-es, -e> ① (*geometrische Figur*) круг *m*; ② (*Landkreis*) райо́н *m*; ③ (*nur pl: gesellschaftliche ~e*) обще́ственные круги́ *pl*; ④ (EL: *Stromkreis*) цепь *f*; ⑤ (*geh: Personenkreis*) круг *m* лиц; **weite ~e der Bevölkerung** широ́кие круги́ населе́ния

kreischen *vi* визжа́ть *impf*

Kreisel *m* <-s, -> ① (*Spielzeug*) юла́ *f*; ② (PHYS) гиро́ско́п *m*

kreisen *vi* ① кружи́ть *impf*, кружи́ться *impf*; **seine Gedanken kreisten dauernd um dieses Thema** его́ мы́сли постоя́нно кружи́лись вокру́г э́той те́мы; ② (*Satellit*) враща́ться *impf*

Kreislauf *m* <gen: -(e)s> ① циркуля́ция *f*; ② (*Blutkreislauf*) кровообраще́ние *nt*

Kreissäge *f* <-, -n> ди́сковая пила́ *f*

Kreißsaal *m* <-(e)s, -säle> роди́льная пала́та *f*

Kreisstadt *f* <-, -städte> райо́нный центр *m*

Krematorium *nt* <-s, Krematorien> кремато́рий *m*

Kreme *f* <gen: -> крем *m*

Krempe *f* <-, -n> поля́ *ntpl* шля́пы

Krempel *m* <gen: -s> (*pej*) хлам *m*

krepieren *vi* (*verenden*) околева́ть, -ле́ть *pf*

Krepp *m* <-s, -s/ -e> креп *m*

Krepppapier, Krepp-Papier *nt* <gen: -(e)s> кре́повая бума́га *f*

Kresse *f* <gen: -> клопо́вник *m*

Kreta Крит; **auf ~** на Кри́те

Kreuz *nt* <-es, -e> ① крест *m*; ② (*Kartenfarbe*) тре́фы *fpl*; ③ (ANAT) кресте́ц *m*, поясни́ца *f*; **jdn aufs ~ legen** (*fig*) положи́ть кого́-л. на лопа́тки; **sein ~ tragen** (*fig*) нести́ свой крест

kreuzen I. *vt* ① скре́щивать, скрести́ть *pf*; **die Klingen mit jdm ~** скрести́ть с ке́м-л. шпа́ги ② (BIO) скре́щивать, скрести́ть *pf*; **II.** *vr* (*Wege*) пересека́ться, -се́чься *pf*; **III.** *vi* (MAR) крейси́ровать *impf*

Kreuzfahrt *f* <-, -en> ① (*Kreuzzug*) кресто́вый похо́д *m*; ② (MAR) круи́з *m*

kreuzigen *vt* распя́ть *pf*, -пина́ть *impf*

Kreuzigung *f* <-, -en> распя́тие *nt*

Kreuzotter *f* <-, -n> гадю́ка *f* обыкнове́нная

Kreuzreim *m* <-(e)s, -e> (LIT) перекрёстная ри́фма *f*

Kreuzung *f* <-, -en> ① (*von Straßen*) перекрёсток *m*; ② (BIO: *Vorgang*) скре́щивание *nt*; ③ (BIO: *Ergebnis*) гибри́д *m*

Kreuzworträtsel *nt* <-s, -> кроссво́рд *m*
Kreuzzug *m* <-(e)s, -züge> кресто́вый похо́д *m*
kribbeln *vi* (*jucken*) зуде́ть *impf*, чеса́ться *impf*
kriechen *vi* <kroch, gekrochen> ❶ по́лзать *impf*; ❷ (*umg: unterwürfig sein*) пресмыка́ться *impf* (*vor* +*dat* пе́ред +*inst*)
Kriecher *m* <-s, -> (*umg: pej*) подхали́м *m*, лизоблю́д *m*
Krieg *m* <-(e)s, -e> война́ *f*; **mit jdm ~ führen** вести́ войну́ с кем-л.
kriegen *vt* (*umg*) получа́ть, -чи́ть *pf*
kriegerisch *adj* вои́нственный; **~e Auseinandersetzung** вое́нный конфли́кт
Kriegsgefangene(r) *m* <-n, -n> военнопле́нный *m*
Kriegsgefangenschaft *f* <*gen:* -> плен *m*; **in ~ geraten** попа́сть в плен
Kriegsgericht *nt* <-(e)s, -e> вое́нный трибуна́л *m*
Kriegsschiff *nt* <-(e)s, -e> вое́нный кора́бль *m*
Krimi *m* <-s, -s> (*umg*) детекти́в *m*
Kriminalbeamte(r) *m* <-n, -n> сотру́дник *m* уголо́вного ро́зыска
Kriminalität *f* <*gen:* -> ❶ (*Verbrechertum*) престу́пность *f*; ❷ (*Verbrechensrate*) у́ровень *m* престу́пности
Kriminalpolizei *f* <*gen:* -> уголо́вный ро́зыск *m*
Kriminalroman *m* <-s, -e> детекти́в *m*, детекти́вный рома́н *m*
kriminell *adj* кримина́льный, уголо́вный
Kriminelle(r) *m* <-n, -n> уголо́вный престу́пник *m*
Kripo *akr von* ***Kriminalpolizei*** *f* УГРО *m*
Krippe *f* <-, -n> (*Kinderkrippe, Futterkrippe*) я́сли *mpl*
Krise *f* <-, -n> кри́зис *m*
kriseln: **es kriselte heftig** (*umg*) был си́льный кри́зис
Krisengebiet *nt* <-(e)s, -e> райо́н *m* кри́зиса
Kristall *m* <-(e)s, -e> криста́лл *m*
Kriterium *nt* <-s, Kriterien> ❶ крите́рий *m*; ❷ (SPORT) крите́риум *m*
Kritik *f* <-, -en> ❶ кри́тика *f*; ❷ (*Rezension*) реце́нзия *f*; ❸ (*die Kritiker*) кри́тики *pl*
Kritiker, -in *m/f* <-s, -> кри́тик *m*
kritiklos *adj* некрити́ческий, некрити́чный
kritisch *adj* ❶ крити́ческий; **unsere Lage ist ~** на́ше положе́ние крити́ческое; ❷ крити́ческий, крити́чный; **~e Bemerkungen** крити́ческие замеча́ния
kritisieren **I.** *vt* (*Bücher*) рецензи́ровать, про- *pf*; **II.** *vi* критикова́ть *impf*
kritzeln **I.** *vt* цара́пать, на- *pf*, писа́ть, на- *pf* неразбо́рчиво; **II.** *vi* цара́пать, на- *pf*
Kroate *m* <-n, -n> хорва́т *m*
Kroatien *nt* <*gen:* -s> Хорва́тия *f*
Kroatin *f* <-, -nen> хорва́тка *f*
kroch *prät von* **kriechen**
Krokodil *nt* <-s, -e> крокоди́л *m*
Krone *f* <-, -n> ❶ (*des Königs*) коро́на *f*; ❷ (*Zahnkrone*) коро́нка *f*; ❸ (*eines Baumes*) кро́на *f*
krönen *vt* коронова́ть *impf/pf*; **vom Erfolg gekrönt sein** (*fig*) увенча́ться успе́хом
Kronleuchter *m* <-s, -> лю́стра *f*
Kronprinz *m* <-en, -en> насле́дный при́нц *m*
Kronprinzessin *f* <-, -nen> супру́га *f* кронпри́нца
Krönung *f* <-, -en> ❶ (*eines Königs*) корона́ние *nt*, корона́ция *f*; ❷ (*fig: Höhepunkt*) вене́ц *m*
Kronzeuge *m* <-n, -n> гла́вный свиде́тель *m*
Kropf *m* <-(e)s, Kröpfe> ❶ (*einer Taube*) зоб *m*; ❷ (MED) базе́дова боле́знь *f*, зоб *m*
Kröte *f* <-, -n> жа́ба *f*; **~n** де́ньги
Krücke *f* <-, -n> (*Gehhilfe*) клюка́ *f*, па́лка *f*

K

Krug *m* <-(e)s, Krüge> ① кувши́н *m*; ② (*Bier~*) кру́жка *f*
Krümel *m* <-s, -> кро́шка *f*
krümeln *vi* ① кроши́ться, рас- *pf*; ② (*beim Essen*) кроши́ть, на- *pf*, сори́ть, на- *pf*
krumm *adj* ① криво́й; **keinen Finger für jdn ~ machen** (*umg*) не пошевели́ть па́льцем ра́ди кого́-л. ② (*verbogen*) изо́гнутый; ③ (*unrechtmäßig*) нече́стный
krümmen **I.** *vt* сгиба́ть, согну́ть *pf*; **II.** *vr* ① (*Straße, Fluss*) извива́ться *impf*, петля́ть *impf*; ② (*Wurm*) извива́ться *impf*; **sich vor Schmerzen ~** ко́рчиться от бо́ли
Krümmung *f* <-, -en> (*Biegung*) изги́б *m*, поворо́т *m*
Krüppel *m* <-s, -> кале́ка *mf*; **jdn zum ~ schlagen** искале́чить кого́-л.

K

Kruste *f* <-, -n> ① ко́рка *f*; ② (*des Bratens*) ко́рочка *f*; ③ (MED) струп *m*
Kruzifix *nt* <-es, -e> распя́тие *nt*
Kubaner, -in *m/f* <-s, -> куби́нец, куби́нка *m/f*
kubanisch *adj* куби́нский
Kübel *m* <-s, -> (*Eimer*) ведро́ *nt*, бадья́ *f*
Kubikzentimeter *m* <-s, -> куби́ческий сантиме́тр *m*
Küche *f* <-, -n> ① (*Raum*) ку́хня *f*; ② (*Kochkunst*) ку́хня *f*; ③ (*fig: Essen, Speisen*) пи́ща *f*, еда́ *f*
Kuchen *m* <-s, -> пиро́жное *nt*, пиро́г *m*
Küchenchef *m* <-s, -s> шеф *m* -по́вар *m*
Kuchenform *f* <-, -en> фо́рма *f* для вы́печки пирого́в
Küchenmesser *nt* <-s, -> ку́хонный нож *m*
Küchenschrank *m* <-(e)s, -schränke> ку́хонный шкаф *m*
Kuckuck *m* <-s, -e> куку́шка *f*; **zum ~ noch mal!** (*umg*) чёрт побери́! **(das) weiß der ~** (*umg*) чёрт его́ зна́ет
Kufe *f* <-, -n> (*des Schlittens*) по́лоз *m*, поло́зья *pl*
Kugel *f* <-, -n> ① шар *m*; ② (*Geschoss*) пу́ля *f*
Kugelschreiber *m* <-s, -> ша́риковая ру́чка *f*
kugelsicher *adj* пуленепробива́емый
Kugelstoßen *nt* <*gen:* -s> (SPORT) толка́ние *nt* ядра́
Kuh *f* <-, Kühe> коро́ва *f*; **heilige ~** свята́я коро́ва
kühl *adj* ① прохла́дный, холо́дный; ② (*fig*) хладнокро́вный; ③ (*abweisend*) сде́ржанный
kühlen **I.** *vt* охлажда́ть, -ла́дить *pf*; **II.** *vi* (*Kühle verbreiten*) холоди́ть *impf*; **das Wasser kühlt** вода́ холоди́т
kühlend *adj* охлажда́ющий, холодя́щий
Kühlschrank *m* <-(e)s, -schränke> холоди́льник *m*
Kühltasche *f* <-, -n> су́мка-холоди́льник *f*
kühn *adj* сме́лый, риско́ванный
Kühnheit *f* <*gen:* -> сме́лость *f*
Kuhstall *m* <-(e)s, -ställe> коро́вник *m*
Küken *nt* <-s, -> цыплёнок *m*
kulant *adj* любе́зный, обходи́тельный
Kuli[1] *m* <-s, -s> (*Lastträger*) ку́ли *m*
Kuli[2] *m* <-s, -s> (*umg: Kugelschreiber*) ша́риковая ру́чка *f*
kulinarisch *adj* кулина́рный
Kulisse *f* <-, -n> кули́сы *pl*
Kult *m* <-(e)s, -e> культ *m*
kultisch *adj* ку́льтовый
kultivieren *vt* культиви́ровать *impf*
kultiviert *adj* ① культиви́рованный; ② (*verfeinert, anspruchsvoll*) изы́сканный, утончённый
Kultur *f* <-, -en> ① культу́ра *f*; ② (*von Bakterien, Pilzen etc*) культу́ра *f*
kulturell *adj* культу́рный
Kultusministerium *nt* <-s, -ministerien> министе́рство *nt* культу́ры

Kümmel *m* <-s, -> ❶ (*Gewürz*) тмин *m*; ❷ (*Kümmelbranntwein*) тми́нная во́дка *f*
Kummer *m* <*gen:* -s> ❶ (*Betrübnis*) печа́ль *f*; ❷ (*Ärger*) огорче́ние *nt*; **jdm ~ bereiten** доста́вить кому́-л. огорче́ние
kümmerlich *adj* ❶ (*karg, armselig*) жа́лкий, убо́гий; ❷ (*schwächlich*) хи́лый; ❸ (*ungenügend*) недоста́точный; **ein ~es Ergebnis** жа́лкий результа́т
kümmern **I.** *vt* (*betreffen*) каса́ться, косну́ться *pf*; **das kümmert mich nicht** э́то меня́ не каса́ется; **II.** *vr* ❶ (*sorgen*) беспоко́иться, по- *pf*, забо́титься, по- *pf*; **sich um jdn ~** забо́титься о ко́м-л. ❷ (*sich befassen*) занима́ться, -ня́ться *pf*; **sich darum ~, dass ...** позабо́титься о том, что́...
Kümmernis *nt* <-ses, -se> ❶ (*geh*) забо́та *f*; ❷ огорче́ние *nt*
Kumpel *m* <-s, -(s)> ❶ (*umg: Freund*) прия́тель *m*; ❷ (BERGB) горня́к *m*
Kunde *m* <-n, -n> клие́нт *m*
Kundendienst *m* <*gen:* -es> ❶ (*Service*) се́рвис *m*; ❷ (*Abteilung*) слу́жба *f* се́рвиса
Kundgebung *f* <-, -en> манифеста́ция *f*, демонстра́ция *f*
kündigen **I.** *vt* ❶ (*Vertrag*) расторга́ть, -то́ргнуть *pf*; ❷ (*bei einer Mitgliedschaft*) прекраща́ть, -крати́ть *pf*; **II.** *vi* ❶ (*vom Arbeitnehmer*) увольня́ться, уво́литься *pf*; ❷ (*vom Mieter*) отказа́ться, -ка́зываться *pf* от кварти́ры; ❸ (*vom Arbeitgeber aus*) увольня́ть, уво́лить *pf*; ❹ (*vom Vermieter aus*) отказа́ть *pf*, -ка́зывать *impf* квартира́нту; ❺ (*bei einer Mitgliedschaft*) прекращаться, -крати́ться *pf*
Kündigung *f* <-, -en> ❶ (*von Stellung*) увольне́ние *nt*; ❷ (*von Vertrag*) расторже́ние *nt*
Kundin *f* <-, -nen> клие́нтка *f*
Kundschaft *f* <-, -en> ❶ (*von Dienstleistungsbetrieb*) клиенту́ра *f*, зака́зчики *mpl*; ❷ (*Nachricht*) информа́ция *f*, сообще́ние *nt*
künftig **I.** *adj* бу́дущий; **II.** *adv* в бу́дущем.
Kunst *f* <-, Künste> ❶ иску́сство *nt*; ❷ (*Geschick*) иску́сство *nt*, мастерство́ *nt*; **die bildende ~** изобрази́тельное иску́сство
Kunstakademie *f* <-, -n> Акаде́мия *f* иску́сств
Kunstdünger *m* <-s, -> минера́льное удобре́ние *nt*
Kunstfaser *f* <-, -n> иску́сственное волокно́ *nt*
Kunstgeschichte *f* <*gen:* -> исто́рия *f* иску́сства
Kunstgewerbe *nt* <*gen:* -s> прикладно́е иску́сство *nt*
Kunsthistoriker, -in *m/f* <-s, -> искусствове́д *m*
Kunsthochschule *f* <-, -n> худо́жественный вуз *m*
Kunstleder *nt* <*gen:* -s> иску́сственная ко́жа *f*
Künstler, -in *m/f* <-s, -> ❶ (*Kunstschaffende(r)*) арти́ст, -ка *m/f*, худо́жник, -ница *m/f*; ❷ (*fig: Könner*) уме́лец, -лица *m/f*
künstlerisch *adj* худо́жественный
künstlich *adj* ❶ иску́сственный; ❷ (*synthetisch*) синтети́ческий; ❸ (*gekünstelt*) неесте́ственный; **~e Befruchtung** иску́сственное оплодотворе́ние
Kunststoff *m* <-(e)s, -e> пластма́сса *f*
Kunststück *nt* <-(e)s, -e> трюк *m*, фо́кус *m*
Kunstturnen *nt* <*gen:* -s> спорти́вная гимна́стика *f*
kunstvoll *adj* иску́сный
Kunstwerk *nt* <-(e)s, -e> произведе́ние *nt* иску́сства
Kupfer *nt* <*gen:* -s> медь *f*
kupfern *adj* ме́дный
Kupferstich *m* <-(e)s, -e> ❶ (*das Kupferstechen*) гравирова́ние *nt* на ме́ди; ❷ (*~karte etc*) гравю́ра *f* на ме́ди, эста́мп *m*

Kuppe *f* <-, -n> ❶ (*Berg~*) закруглённая верши́на *f*; ❷ (*Finger~*) ко́нчик *m* па́льца

Kuppel *f* <-, -n> ку́пол *m*

kuppeln I. *vi* ❶ (*sich als Kuppler(in) betätigen*) своди́ть, свести́ *pf*, сво́дничать *impf*; ❷ (KFZ) нажима́ть, -жа́ть *pf* на сцепле́ние; **II.** *vt* (TECH: *verbinden*) сцепля́ть, -пи́ть *pf*, стыко́вывать, -кова́ть *impf/pf*

Kupplung *f* <-, -en> ❶ (*das Koppeln*) стыко́вка *f*; ❷ (KFZ) сцепле́ние *nt*; ❸ (TECH) соедине́ние *nt*, му́фта *f*

Kur *f* <-, -en> ❶ (MED) лече́ние *nt*; ❷ (*für Haar*) сре́дство *nt* для лече́ния

Kurbel *f* <-, -n> рукоя́тка *f*, ру́чка *f*

Kürbis *m* <-ses, -se> ты́ква *f*

Kurier *m* <-s, -e> курье́р *m*

kurieren *vt* лечи́ть *impf*

kurios *adj* (*seltsam*) стра́нный

Kuriosität *f* <-, -en> ❶ (*einzelner Gegenstand*) ре́дкость *f*; ❷ (*Merkwürdigkeit*) стра́нность *f*

Kurort *m* <-(e)s, -e> куро́рт *m*

Kurs *m* <-es, -e> ❶ (MAR) курс *m*; ❷ (POL) курс *m*; ❸ (*Wechselkurs*) курс *m*; ❹ (*Aktienkurs*) курс *m*; ❺ (*Lehrgang*) курс *m*; **einen ~ besuchen** посеща́ть ку́рсы; **~ nehmen auf** взять курс на

kursieren *vi* курси́ровать *impf*

kursiv *adj* курси́вный; **etw ~ schreiben** написа́ть что́-л. курси́вом

Kurve *f* <-, -n> ❶ (*von Straße*) поворо́т *m*; ❷ (MATH) крива́я *f*

kurz I. *adj* ❶ (*räumlich und zeitlich*) коро́ткий; ❷ (*rasch*) бы́стрый; **II.** *adv* ❶ (*nicht lang, nicht weit*) ко́ротко; ❷ (*für kurze Zeit*) ненадо́лго; ❸ (*bündig*) кра́ткий.

kurzärmelig *adj* с коро́ткими рукава́ми

Kürze *f* <-, -n> ❶ непродолжи́тельность *f*; **in ~** (*bald, demnächst*) вско́ре ❷ (*von Aufsatz, Bericht etc*) кра́ткость *f*, сжа́тость *f*; ❸ (*Bündigkeit*) кра́ткость *f*

kürzen *vt* ❶ (*kürzer machen*) укора́чивать, -роти́ть *pf*; ❷ (*Text*) сокраща́ть, -крати́ть *pf*

kurzerhand *adv* ❶ (*ohne Umschweife*) без ли́шних церемо́ний; ❷ (*auf der Stelle*) сра́зу, неме́дленно

Kurzform *f* <-, -en> кра́ткая фо́рма *f*

kurzfristig I. *adj* краткосро́чный; **II.** *adv* ❶ (*ohne Ankündigung*) внеза́пный; ❷ (*für kurze Zeit*) непродолжи́тельный.

kurzhalten *vt* не дава́ть, не дать *pf* свобо́ды де́йствий, держа́ть *impf* в стро́гости

kurzlebig *adj* недолгове́чный

kürzlich *adv* неда́вно

Kurzschluss *m* <-schlusses, -schlüsse> коро́ткое замыка́ние *nt*

kurzsichtig *adj* (*auch fig*) близору́кий

Kurzsichtigkeit *f* <-, -en> ❶ (*schlechte Sehfähigkeit*) близору́кость *f*; ❷ (*kurzsichtiges Denken, Handeln*) недальнови́дность *f*

Kurzwelle *f* <-, -n> коро́ткие во́лны *fpl*

kuscheln *vi* прижима́ться, -жа́ться *pf*, ласка́ться, при- *pf*; **sich an jdn ~** прильну́ть к кому́-л.

Kuscheltier *nt* <-(e)s, -e> мя́гкая игру́шка *f*

Kusine *f* <-, -n> кузи́на *f*

Kuss *m* <-es, Küsse> поцелу́й *m*; **jdm einen ~ geben** поцелова́ть кого́-л.

küssen I. *vt* целова́ть, по- *pf*; **II.** *vr* целова́ться, по- *pf*

Küste *f* <-, -n> побере́жье *nt*

Küster *m* <-s, -> церко́вный слу́жка *m*

Kutsche *f* <-, -n> ❶ каре́та *f*; ❷ (*umg: Auto*) колыма́га *f*

Kutscher *m* <-s, -> ку́чер *m*

Kutte *f* <-, -n> ря́са *f*

Kutteln *pl* требуха́ *f*

Kutter *m* <-s, -> (MAR) ка́тер *m*

Kuwait *nt* <*gen:* -s> Кувéйт *m*
kV *abk von* ***Kilovolt*** кВ *m*
kW *abk von* ***Kilowatt*** кВт *m*
Kybernetik *f* <*gen:* -> кибернéтика *f*
kyrillisch : **~e Schrift** кири́ллица
KZ *abk von* ***Konzentrationslager***

L

l, L *nt* <-, -> л, Л
labil *adj* неустóйчивый
Labor *nt* <-s, -s> лабoратóрия *f*
Laborant, -in *m/f* <-en, -en> лабoрáнт, -ка *m/f*
Laboratorium *nt* <-s, Laboratorien> лабoратóрия *f*
Labyrinth *nt* <-(e)s, -e> лабири́нт *m*
Lache *f* <-, -n> (*Pfütze*) лу́жа *f*
lächeln *vi* улыбáться, улыбну́ться *pf*
lachen *vt* смея́ться, по- *pf* (*über +akk* над *+inst*)
lächerlich *adj* ① (*komisch*) смешнóй; ② (*minimal, gering*) смехотвóрный; **sich ~ machen** выставля́ть себя́ на посмéшище
lachhaft *adj* смешнóй
Lachs *m* <-es, -e> лосóсь *m*
Lack *m* <-(e)s, -e> лак *m*
lackieren *vt* лакировáть, от- *pf*
laden *vt* <lud, geladen> ① (*Gäste*) приглашáть, -гласи́ть *pf*; ② (JUR) вызывáть, вы́звать *pf*; ③ (*mit etw beladen*) грузи́ть, по- *pf*; ④ (EL, PHYS, auch Feuerwaffe) заряжáть, -ряди́ть *pf*
Laden *m* <-s, -Läden> ① (*Fensterladen*) стáвень *m*; ② (*Geschäft*) магази́н *m*
Ladentisch *m* <-(e)s, -e> прилáвок *m*
Ladung *f* <-, -en> ① груз *m*; ② (JUR: *Vorladung*) повéстка *f* в суд; ③ (*von Sprengstoff*) заря́д *m*
lag *prät von* **liegen**
Lage *f* <-, -n> ① (*Situation*) положéние *nt*, ситуáция *f*; ② (*Schicht*) слой *m*; ③ (*örtliche Verhältnisse*) расположéние *nt*; **Herr der ~ sein** быть хозя́ином положéния
Lager *nt* <-s, -> ① (*Unterkunft*, POL: *Partei*) лáгерь *m*; ② (*Lagerhaus*) склад *m*; ③ (*Vorrat*) запáс *m*; ④ (KFZ, TECH) подши́пник *m*; **etw auf ~ haben** (*fig*) имéть что-л. в запáсе; **ein ~ aufschlagen** разби́ть лáгерь
Lagerfeuer *nt* <-s, -> костёр *m*
Lagerhaus *nt* <-es, -häuser> склад *m*, пакгáуз *m*
lagern I. *vt* ① (*hinlegen*) склáдывать, сложи́ть *pf*; ② (ÖKON: *auf Lager haben*) храни́ть *impf* (на склáде); **II.** *vi* (ÖKON: *im Lager sein*) храни́ться *impf* (на склáде)
Lagerung *f* <-, -en> хранéние *nt* на склáде
Lagune *f* <-, -n> лагу́на *f*
lahm *adj* ① (*gelähmt*) парализóванный; ② (*am Bein*) хромóй; ③ (*fig*) вя́лый
lähmen *vt* парализовáть *pf*
lahm legen *vt* парализовáть *impf*
Lähmung *f* <-, -en> парали́ч *m*
Laib *m* <-(e)s, -e> бухáнка *f* (хлéба)
Laich *m* <-(e)s, -e> икрá *f*
laichen *vi* нерести́ться *impf*, метáть *impf* икру́
Laichplatz *m* <-es, -plätze> нерести́лище *nt*
Laie *m* <-n, -n> ① люби́тель *m*; ② (*pej*) дилетáнт *m*
Laken *nt* <-s, -> (*Betttuch*) простыня́ *f*

Laktose *f* <*gen:* -> лактóза *f*
laktosefrei I. *adj* без лактóзы II. *adv:* **sich** *akk* **~ ernähren** питáться без лактóзы
lallen I. *vt* лепетáть, про- *pf*; II. *vi* лепетáть, про- *pf*
Lama *nt* <-s, -s> лáма *f*
lamentieren *vi* (*jammern*) жáловаться, по- *pf*
Lamm *nt* <-(e)s, Lämmer> ягнёнок *m*
Lampe *f* <-, -n> ❶ лáмпа *f*; ❷ (*Glühbirne*) (электри́ческая) лáмпочка *f*
Lampenschirm *m* <-(e)s, -e> абажу́р *m*
LAN *nt* <-[s], -[s]> *akr von* ***Local Area Network*** (DV) сеть *f*
Land *nt* <-(e)s, Länder> ❶ (*Staat*) странá *f*; ❷ (*im Gegensatz zur Stadt*) дерéвня *f*, сéльская мéстность *f*; ❸ (*Bundesland*) земля́ *f*; ❹ (*Festland*) су́ша *f*
landen *vi* ❶ приземля́ться, -ли́ться *pf*, совершáть, -ши́ть *pf* посáдку; ❷ (*fig: enden*) окáзываться, -зáться *pf*; **im Gefängnis ~** оказáться в тюрьмé
Landeskunde *f* <*gen:* -> странове́дение *nt*
Landessprache *f* <-, -n> национáльный язы́к *m*
Landesverrat *m* <*gen:* -s> измéна *f* рóдине
Landhaus *nt* <-es, -häuser> зáгородный дом *m*, дáча *f*
Landkarte *f* <-, -n> географи́ческая кáрта *f*
ländlich *adj* сéльский, деревéнский
Landschaft *f* <-, -en> ❶ (*ländliche Gegend*) ландшáфт *m*; ❷ (*auf Fotos oder Gemälden*) пейзáж *m*
Landsmann *m* <-(e)s, -leute/(-männer)> соотéчественник *m*
Landstraße *f* <-, -n> шоссé *nt*
Landstreicher *m* <-s, -> бродя́га *mf*
Landtag *m* <-(e)s, -e> ландтáг *m*
Landung *f* <-, -en> посáдка *f*; **zur ~ ansetzen** приступи́ть к посáдке; **weiche ~** мя́гкая посáдка
Landwirtschaft *f* <*gen:* -> сéльское хозя́йство *nt*
landwirtschaftlich *adj* сельскохозя́йственный
lang I. *adj* дли́нный; **auf ~e Sicht** в долговрéменной перспекти́ве; II. *adv* дóлго; **über kurz oder ~** рáно и́ли пóздно; **zehn Jahre ~** в течéние десяти́ лет
langanhaltend *adj* дли́тельный, продолжи́тельный
langärmelig *adj* с дли́нными рукавáми
lange *adv* дóлго; **das ist schon ~ her** прошлó ужé мнóго врéмени
Länge *f* <-, -n> ❶ (*räumlich*) длинá *f*; ❷ (ASTR, GEOG) долготá *f*; **westlicher ~** зáпадной долготы́; ❸ (*zeitlich*) продолжи́тельность *f*; **sich in die ~ ziehen** затя́гиваться
langen I. *vt* (*reichen*) брать, взять *pf*; **jdm eine ~** (*umg: jdn ohrfeigen*) дать комý-л. пощёчину; II. *vi* (*umg: genügen*) хватáть, -ти́ть *pf*
Längengrad *m* <-(e)s, -e> грáдус *m* долготы́
Langeweile *f* <*gen:* -> скýка *f*; **~ haben** скучáть
langfristig I. *adj* долгосрóчный; II. *adv* долгосрóчно.
Langlauf *m* <*gen:* -(e)s> лы́жная гóнка *f*
länglich *adj* продолговáтый, удлинённый
längs I. *präp* вдоль (+ *gen*); II. *adv* вдоль, в длинý.
langsam I. *adj* мéдленный; II. *adv* ❶ мéдленно; ❷ (*umg: allmählich, endlich*) постепéнно; **es wird ~ Zeit, dass ...** порá ужé...
Langsamkeit *f* <*gen:* -> мéдленность *f*
Langschläfer, -in *m/f* <-s, -> сóня *m/f*
längst *adv* (*schon lange*) давнó; **der Zug war schon ~ weg** пóезд ужé давны́м-давнó ушёл
längste(r, s) *adj* сáмый дли́нный, сáмый дóлгий
Languste *f* <-, -n> лангýст *m*

langweilen **I.** *vt* быть, стать *pf* ску́чным; **II.** *vi* скуча́ть, соску́читься *pf*

langweilig *adj* ску́чный

langwierig *adj* дли́тельный, затяжно́й

Lanze *f* <-, -n> копьё *nt*, пи́ка *f*; **für jdn eine ~ brechen** (*für jdn eintreten, jdn verteidigen*) вступи́ться за кого́-л.

lapidar *adj* лапида́рный

Lappalie *f* <-, -n> пустя́к *m*

Lappe, Lappin *m/f* <-n, -n> лапла́ндец, лапла́ндка *m/f*

Lappen *m* <-s, -> тря́пка *f*

lappisch *adj* лапла́ндский

läppisch *adj* ① (*albern*) глу́пый, неле́пый; ② (*lächerlich gering*) смешно́й, незначи́тельный; **eine ~e Summe** смешна́я су́мма

Lapsus *m* <-, -> ля́псус *m*

Laptop *m* <-s, -s> лэ́птоп *m*

Lärche *f* <-, -n> ли́ственница *f*

Lärm *m* <*gen:* -(e)s> шум *m*

lärmen *vi* шуме́ть, по- *pf*

lärmend *adj* шу́мный

Larve *f* <-, -n> ① (ZOOL) личи́нка *f*; ② (*Maske*) ма́ска *f*

las *prät von* **lesen**

lasch *adj* вя́лый, лени́вый

Lasche *f* <-, -n> ① (*an Schuh*) язычо́к *m* (о́буви); ② (*Schlaufe*) пе́тля *f*

Laser *m* <-s, -> ла́зер *m*

Laserdrucker *m* <-s, -> ла́зерный при́нтер *m*

Laserstrahl *m* <-(e)s, -en> ла́зерный луч *m*

lassen **I.** *vt* <ließ, gelassen> ① (*zulassen, erlauben*) позволя́ть, -во́лить *pf*; ② (*veranlassen*) веле́ть, по- *pf*; **lasst uns gehen** пойдём; **sich die Haare schneiden ~** подстри́чься; **dann ~ wir's eben!** оста́вим э́то! **lass mich in Ruhe!** оста́вь меня́ в поко́е! **II.** *vi* (*ab~, aufgeben*) броса́ть, бро́сить *pf*

lässig *adj* ① (*nachlässig*) небре́жный, неря́шливый; ② (*ungezwungen*) непринуждённый, свобо́дный

Lässigkeit *f* <*gen:* -> непринуждённость *f*

Last *f* <-, -en> ① груз *m*; ② (*geh*) бре́мя *nt*; **jdm zur ~ fallen** быть кому́-л. в тя́гость

Laster *nt* <-s, -> () поро́к *m*

lasterhaft *adj* поро́чный, испо́рченный

lästern **I.** *vt* (*Gott*) богоху́льствовать *impf*; **II.** *vi* злосло́вить *impf* (*über* +*akk* о +*präpos*)

Lästerung *f* <-, -en> ① кощу́нство *nt*; ② (*Klatscherei*) клевета́ *f*, злосло́вие *nt*

lästig *adj* (*Mensch*) надое́дливый, назо́йливый; **jdm ~ fallen** надоеда́ть кому́-л.

Lasttier *nt* <-(e)s, -e> вью́чное живо́тное *nt*

Lastträger *m* <-s, -> гру́зчик *m*,носи́льщик *m*

Lastwagen *m* <-s, -wägen> грузови́к *m*

Lastzug *m* <-(e)s, -züge> (грузово́й) автопо́езд *m*

Latein *nt* <*gen:* -s> латы́нь *f*, лати́нский язы́к *m*

Lateinamerika *nt* <*gen:* -s> Лати́нская Аме́рика *f*

lateinamerikanisch *adj* латиноамерика́нский

lateinisch **I.** *adj* лати́нский; **II.** *adv* по-лати́нски.

latent *adj* скры́тый

Laterne *f* <-, -n> фона́рь *m*

Latte *f* <-, -n> ① (*Brett*) пла́нка *f*, ре́йка *f*; ② (SPORT: *beim Hochsprung*) пла́нка *f*; ③ (SPORT: *beim Fußball*) ве́рхняя шта́нга (воро́т) *f*, перекла́дина *f*

Latz *m* <-es, Lätze> ① (*an Kleidern*) нагру́дник *m*; ② (*für Baby*) де́тский нагру́дничек *m*

lau *adj* теплова́тый, тёплый

Laub *nt* <*gen:* -(e)s> листва́ *f*

Laubbaum *m* <-(e)s, -bäume> ли́ственное де́рево *nt*

Laube *f* <-, -n> ① бесе́дка *f*;

L

❷ (*Gartenhäuschen*) садо́вый до́мик *m*
Laubfrosch *m* <-(e)s, -frösche> обыкнове́нная ква́кша *f*
Laubsäge *f* <-, -n> ло́бзик *m*
Laubwald *m* <-es, -wälder> ли́ственный лес *m*
Lauch *m* <-(e)s, -e> зелёный лук *m*
Lauer : **auf der ~ liegen** подстерега́ть кого́-л.
lauern *vi* подстерега́ть, -ре́чь *pf*
Lauf *m* <-(e)s, Läufe> ❶ (*schneller Schritt*) бег *m*; ❷ (SPORT: *Wettlauf*) бег *m*, забе́г *m*; ❸ (*des Gewehrs*) ствол *m*; ❹ (*Flusslauf*) ру́сло *nt*; ❺ (*Bein von Tieren*) нога́ *f*, ла́па *f*; ❻ (ASTR: *der Gestirne*) движе́ние *nt*; ❼ (*fig: Verlauf von Ereignissen*) ход *m*; **etw nimmt seinen ~** что-л. идёт свои́м хо́дом; **im ~ der Zeit** с тече́нием вре́мени
Laufbahn *f* <-, -en> карье́ра *f*
laufen I. *vi* <lief, gelaufen> ❶ (*zu Fuß gehen*) бежа́ть, по- *pf*, про- *pf*, бе́гать, по- *pf*, про- *pf*; ❷ (*funktionieren*) рабо́тать *impf*; ❸ (*undicht sein, lecken*) протека́ть, -те́чь *pf*; ❹ (*fig: im Gange sein*) идти́, пойти́ *pf*; ❺ (*Weg*) проходи́ть, пройти́ *pf*; ❻ (FILM) идти́ *impf*; II. *vt* ката́ться, по- *pf*; **Ski/Rollschuh ~** ката́ться на лы́жах/ ро́ликах; **Gefahr ~, etw zu tun** рискова́ть чем-л. [*o* сде́лать что-л.]
laufend I. *adj* ❶ (*ständig*) постоя́нный; ❷ (*Monat, Jahr*) теку́щий; **auf dem Laufenden sein** быть в ку́рсе собы́тий; II. *adv* постоя́нно.
laufen lassen *irr vt* отпуска́ть, -пусти́ть *pf*
Läufer, -in *m/f* <-s, -> ❶ (SPORT) бегу́н *m*; ❷ (*beim Schach*) слон *m*; ❸ (*Teppich*) доро́жка *f*, ко́врик *m*
Laufsteg *m* <-(e)s, -e> помо́ст *m* (для демонстра́ций моде́лей оде́жды)
Laufwerk *nt* <-(e)s, -e> (DV) дисково́д *m*

L

Lauge *f* <-, -n> щёлочь *f*, щелочно́й раство́р *m*
Laune *f* <-, -n> ❶ (*Stimmung*) настрое́ние *nt*; ❷ (*Einfall*) капри́з *m*, причу́да *f*
launig *adj* заба́вный
launisch *adj* капри́зный
Laus *f* <-, Läuse> вошь *f*
lauschen *vi* ❶ (*heimlich mithören*) подслу́шивать, -шать *pf*; ❷ (*zuhören*) внима́тельно слу́шать *impf*
lauschig *adj* (*gemütlich*) ти́хий, ую́тный
lausig *adj* ❶ (*schlecht, unangenehm*) дрянно́й; ❷ (*schäbig, geringfügig, unbedeutend*) жа́лкий; ❸ (*umg: sehr (groß)*) зве́рский; **eine ~e Kälte** зве́рский хо́лод
Laut *m* <-(e)s, -e> звук *m*; **keinen ~ von sich geben** не издава́ть ни зву́ка
laut[1] *adj* ❶ гро́мкий; ❷ (*lärmend*) шу́мный; **mit ~er Stimme** гро́мким го́лосом
laut[2] *präp +gen* согла́сно (+ *dat*)
lauten *vi* гласи́ть *impf*; **der Reisepass lautet auf seinen Namen** заграни́чный па́спорт вы́писан на его́ и́мя
läuten *vi* звони́ть, по- *pf*, за- *pf*; **an der Tür ~** звони́ть в дверь
lauter I. *adj* (*geh: rein*) чи́стый; **~e Wahrheit** чи́стая пра́вда; II. *adv* то́лько, сплошь, исключи́тельно; **~ Lügen** сплошна́я ложь
lauthals *adv* гро́мко
lautlos *adj* беззву́чный, бесшу́мный
Lautschrift *f* <*gen:* -> фонети́ческая транскри́пция *f*
Lautsprecher *m* <-s, -> громкоговори́тель *m*
lautstark *adj* о́чень гро́мкий, шумли́вый
Lautstärke *f* <-, -n> гро́мкость *f*
lauwarm *adj* теплова́тый
Lava *f* <*gen:* -> ла́ва *f*
Lavendel *m* <-s, -> лава́нда *f*
Lawine *f* <-, -n> лави́на *f*

Lazarett *nt* <-(e)s, -e> (вое́нный) го́спиталь *m*
leben I. *vt* жить, прожи́ть *pf*; **II.** *vi* жить, прожи́ть *pf*
Leben *nt* <-s, -> жизнь *f*; **sein ~ aufs Spiel setzen** рискова́ть свое́й жи́знью; **nie im ~** (*umg: niemals*) никогда́ в жи́зни; **am ~ bleiben** оста́ться в живы́х; **ums ~ kommen** поги́бнуть
lebendig *adj* ① (*nicht tot*) живо́й; ② (*fig: lebhaft*) живо́й, оживлённый; ③ (*Erinnerungen etc*) живо́й
Lebendigkeit *f* <*gen:* -> (*fig*) жи́вость *f*, оживлённость *f*
Lebensdauer *f* <*gen:* -> ① продолжи́тельность *f* жи́зни; ② (TECH) срок *m* слу́жбы
Lebenserfahrung *f* <*gen:* -> жи́зненный о́пыт *m*
lebensfroh *adj* жизнера́достный
Lebensgefahr *f* <*gen:* -> опа́сность *f* для жи́зни; **unter ~** риску́я (свое́й) жи́знью
Lebensgefährte *m* <-n, -n> спу́тник *m* жи́зни
Lebensgefährtin *f* <-, -nen> спу́тница *f* жи́зни
Lebensjahr *nt* <-(e)s, -e> год *m* жи́зни
Lebenslage *f* <-, -n> жи́зненная ситуа́ция *f*
lebenslänglich *adj* (*auch Haftstrafe*) пожи́зненный
Lebenslauf *m* <-(e)s, -läufe> биогра́фия *f* (на бла́нке)
Lebensmittel *nt* <-s, -> ① проду́кт *m*; ② (*im pl auch*) продово́льствие *nt*
lebensmüde *adj* уста́вший от жи́зни
Lebensstandard *m* <-s, -s> жи́зненный у́ровень *m*
Lebensunterhalt *m* <*gen:* -(e)s> пропита́ние *nt*
lebenswichtig *adj* жи́зненно ва́жный
Lebenszeichen *nt* <-s, ->: **kein ~ von sich geben** не подава́ть при́знаков жи́зни
Lebensziel *nt* <-(e)s, -e> цель *f* жи́зни
Leber *f* <*gen:* -> пе́чень *f*
Leberwurst *f* <-, -würste> ли́верная колбаса́ *f*
Lebewesen *nt* <-s, -> ① живо́е существо́ *nt*; ② живо́й органи́зм *m*
lebhaft *adj* оживлённый, живо́й; **~e Fantasie** жива́я фанта́зия
Lebhaftigkeit *f* <*gen:* -> ① (*Lebendigkeit*) оживлённость *f*; ② (*der Phantasie*) жи́вость *f*
Lebkuchen *m* <-s, -> пря́ник *m*
leblos *adj* ① (*ohne Leben*) безжи́зненный; ② (*fig*) неподви́жный
lechzen *vi* жа́ждать *impf*; **nach etw ~** жа́ждать чего́-л.
Leck *nt* <-(e)s, -s> пробо́ина *f*, течь *f*
lecken I. *vt* (*schlecken*) лиза́ть, -зну́ть *pf*; **II.** *vi* (*undicht sein*) течь *impf*
lecker *adj* () вку́сный
Leckerbissen *m* <-s, -> () ла́комый кусо́чек *m*
Leder *nt* <-s, -> ко́жа *f*
ledern *adj* ко́жаный
Lederwaren *pl* изде́лия *ntpl* из ко́жи
ledig *adj* ① (*unverheiratet: Mann*) холосто́й; **er ist immer noch ~** он всё ещё не жена́т; ② (*unverheiratet: Frau*) незаму́жняя; **sie ist immer noch ~** она всё ещё не за́мужем; ③ (*frei von*) свобо́дный
lediglich *adv* то́лько, лишь
leer *adj* ① пусто́й; **~ ausgehen** уйти́ с пусты́ми рука́ми; **~e Worte** пусты́е слова́; **~ stehen** пустова́ть ② (*unbeschrieben*) чи́стый; **~e Versprechungen machen** де́лать пусты́е обеща́ния
Leere *f* <*gen:* -> пустота́ *f*; **gähnende ~** зия́ющая пустота́
leeren *vt* опорожня́ть, -ни́ть *pf*
Leerlauf *m* <*gen:* -(e)s> холосто́й ход *m*

legal *adj* легáльный, закóнный

legalisieren *vt* легализовáть *impf/pf*, узакóнивать, -нить *pf*

Legalität *f* <*gen:* -> легáльность *f*, закóнность *f*

legen I. *vt* класть *impf*, положи́ть *pf*; **Wert auf etw ~** дорожи́ть чéм-л.; II. *vr* ① ложи́ться, лечь *pf*; ② (*aufhören, abklingen*) улéчься *pf*; **sich ins Bett ~** лечь в постéль

legendär *adj* ① (*nach Art der Legende*) легендáрный; ② (*unwahrscheinlich, unglaublich*) невероя́тный

Legende *f* <-, -n> легéнда *f*, предáние *nt*

leger *adj* лёгкий, непринуждённый

Legierung *f* <-, -en> сплав *m*

legitim *adj* закóнный

legitimieren I. *vt* (*legitim machen*) узакóнивать, -нить *pf*; II. *vr* (*sich ausweisen*) удостоверя́ть, -вéрить *pf* свою́ ли́чность

Lehm *m* <-(e)s, -e> гли́на *f*

lehmig *adj* гли́нистый

Lehne *f* <-, -n> ① (*Rückenlehne*) спи́нка *f*; ② (*Armlehne*) подлокóтник *m*

lehnen I. *vt* прислоня́ть, -ни́ть *pf* (*an +akk* к *+dat*); II. *vi* прислоня́ться, -ни́ться *pf*, быть *impf* прислонённым (*an +dat* к *+dat*); III. *vr* прислоня́ться, -ни́ться *pf*; **sich aus dem Fenster ~** вы́сунуться из окнá

Lehramt *nt* <*gen:* -(e)s> дóлжность *f* учи́теля

Lehrbuch *nt* <-(e)s, -bücher> учéбник *m*

Lehre *f* <-, -n> ① (*Lektion*) урóк *m*; ② (*Lehrmeinung*) учéние *nt*, теóрия *f*, доктри́на *f*; ③ (*Theorie*) теóрия *f*; ④ (*Berufsausbildung*) обучéние *nt*, учёба *f*; **eine ~ machen** быть в ученикáх у мáстера

lehren *vt* ① учи́ть *impf*; ② (*an einer Universität, Schule*) преподавáть *impf*; **sie lehrt in Oxford** онá преподаёт в Óксфорде; **(jdn) Geschichte ~** преподавáть (комý-л.) истóрию

Lehrer, -in *m/f* <-s, -> ① учи́тель, -ница *m/f*; ② (*Fahr~*) инстрýктор *m* по вождéнию

Lehrerschaft *f* <*gen:* -> учи́тельство *nt*

Lehrgang *m* <-(e)s, -gänge> кýрсы *mpl*; **einen ~ besuchen** учáствовать в кýрсах

Lehrjahr *nt* <-(e)s, -e> учéбный год *m*

Lehrkraft *f* <-, -kräfte> преподавáтель *m*

Lehrling *m* <-s, -e> учени́к, учени́ца *m/f*

Lehrplan *m* <-(e)s, -pläne> учéбная прогрáмма *f*

lehrreich *adj* () поучи́тельный, назидáтельный

Lehrstelle *f* <-, -n> мéсто *nt* ученикá

Lehrstuhl *m* <-(e)s, -stühle> кáфедра *f*; **ein ~ für etw** кáфедра чегó-л.

Lehrzeit *f* <*gen:* -> врéмя *nt* обучéния

Leib *m* <-(e)s, -er> () тéло *nt*; **mit ~ und Seele** всей душóй; **sich jdn vom ~e halten** держáться подáльше от когó-л.

leiblich *adj* ① (*körperlich*) физи́ческий; ② (*Mutter, Vater*) роднóй

Leibwächter *m* <-s, -> телохрани́тель *m*

Leiche *f* <-, -n> труп *m*; **über ~n gehen** шагáть через трýпы; **nur über meine ~!** (*umg*) тóлько через мой труп!

Leichenhalle *f* <-, -n> морг *m*

Leichenverbrennung *f* <-, -en> кремáция *f*

Leichenwagen *m* <-s, -> катафáлк *m*

Leichnam *m* <-(e)s, -e> труп *m*

leicht *adj* ① (*von geringem Gewicht*) лёгкий; ② (*einfach*) лёгкий, простóй; **~ verständlich** легкó воспринима́емый; ~ **verdaulich** легко́ перева́риваемый ❸ (*geringfügig*) лёгкий, небольшо́й

Leichtathletik *f* <*gen:* -> лёгкая атле́тика *f*

leicht fallen *vi* легко́ дава́ться, да́ться *pf*

leichtfertig *adj* ❶ легкомы́сленный; ❷ необду́манный

leichtgläubig *adj* легкове́рный

Leichtigkeit *f* <*gen:* -> (*fig: Mühelosigkeit*) лёгкость *f*; **mit ~** с лёгкостью

leichtlebig *adj* беззабо́тный

leicht machen *vt* облегча́ть, -чи́ть *pf*

leichtnehmen *vt* легко́ относи́ться, -нести́сь *pf* (к +*dat*); **die Dinge ~** не принима́ть ничего́ близко́ к се́рдцу

Leichtsinn *m* <*gen:* -(e)s> ❶ легкомы́слие *nt*; ❷ беспе́чность *f*

leichtsinnig *adj* легкомы́сленный

Leid *nt* <*gen:* -(e)s> го́ре *nt*

leiden I. *vt* <litt, gelitten> страда́ть *impf*; **Not ~** страда́ть от нужды́; **II.** *vi* страда́ть, по- *pf* (*an* +*dat* от +*gen*)

Leidenschaft *f* <-, -en> страсть *f*

leidenschaftlich *adj* стра́стный, пы́лкий

leider *adv* к сожале́нию

leidig *adj* неприя́тный

leidlich *adj* сно́сный, терпи́мый

Leier *f* <-, -n> ли́ра *f*

leihen *vt* <lieh, geliehen> ❶ (*jdm etw ausborgen*) дава́ть, дать *pf* в долг; ❷ ода́лживать, одолжи́ть *pf*; ❸ (*von jdm etw entleihen*) брать, взять *pf* в долг

Leihgebühr *f* <-, -en> пла́та *f* за прока́т

Leim *m* <-(e)s, -e> клей *m*; **jdm auf den ~ gehen** попа́сться кому́-л. на у́дочку

leimen *vt* (*zusammenkleben*) кле́ить *impf*, скле́ить *pf*

Leine *f* <-, -n> ❶ (*für Wäsche*) верёвка *f*; ❷ (*für Hund*) поводо́к *m*

Leinen *nt* <-s, -> холст *m*, полотно́ *nt*

Leinwand *f* <-, -wände> ❶ (*für Zelte etc*) полотно́ *nt*; ❷ (FILM) экра́н *m*

leise *adj* ❶ (*still*) ти́хий; **mach bitte das Radio ~r!** сдела́й, пожа́луйста, поти́ше ра́дио! ❷ (*schwach, gering*) лёгкий, сла́бый

Leiste *f* <-, -n> ❶ (*Holz~*) пла́нка *f*, ре́йка *f*; ❷ (ANAT) пах *m*

leisten *vt* ❶ (*tun*) ока́зывать, -за́ть *pf*; **jdm Gesellschaft ~** соста́вить компа́нию кому́-л. ❷ (*vollbringen*) соверша́ть, -ши́ть *pf*; ❸ (*gönnen*) позволя́ть, позво́лить *pf*; **sich etw ~ können** позво́лить себе́ что́-л.

Leistung *f* <-, -en> ❶ (*Geleistetes*) достиже́ние *nt*, результа́т *m*; ❷ (*geleistete Arbeit*) рабо́та *f*; ❸ (*Leistungsfähigkeit*) работоспосо́бность *f*, производи́тельность *f*, мо́щность *f*; ❹ (*Zahlung durch Versicherung, Krankenkasse*) платёж *m*; **soziale ~en** социа́льные посо́бия ❺ (*betriebliche Leistung, Ausstoß*) производи́тельность *f*; ❻ (KFZ) мо́щность *f*

Leistungssport *m* <*gen:* -(e)s> большо́й спорт *m*

leistungsstark *adj* мо́щный

leiten *vt* ❶ (*eine Versammlung*) вести́, по- *pf*; ❷ (ÖKON: *als Manager*) руководи́ть *impf*; ❸ (PHYS, EL) проводи́ть *impf*

leitend *adj* ❶ (*führend*) руководя́щий; ❷ (PHYS, EL) проводя́щий; ❸ (*Stellung*) веду́щий; **der ~e Ingenieur** веду́щий инжене́р

Leiter[1] *m* <-s, -> ❶ (*Chef*) руководи́тель *m*, дире́ктор *m*, заве́дующий *m*; ❷ (*einer Schule*) дире́ктор *m* (шко́лы); ❸ (PHYS, EL) проводни́к *m*

Leiter[2] *f* <-, -n> ле́стница *f*

L

Leitfaden *m* <-s, -fäden> руково́дство *nt*

Leitmotiv *nt* <-s, -e> лейтмоти́в *m*

Leitung *f* <-, -en> ① (*das Führen*) веде́ние *nt*; ② (*fig: das Lenken, Steuern*) управле́ние *nt*; ③ (*Vorsitz*) руково́дство *nt*; **die ~ übernehmen** принима́ть руково́дство ④ (*leitende Personen, Leiter*) руково́дство *nt*; ⑤ (*für Telefon/Strom*) про́вод *m*; ⑥ (*für Gas*) газопрово́д *m*; ⑦ (*für Wasser*) водопрово́д *m*; ⑧ (*telefonische Verbindung*) ли́ния *f*

Leitungswasser *nt* <*gen:* -s> водопрово́дная вода́ *f*

Lektion *f* <-, -en> уро́к *m*; **jdm eine ~ erteilen** (*fig*) проучи́ть кого́-л.

Lektor, -in *m/f* <-s, -en> реда́ктор *m*

Lektorat *nt* <-(e)s, -e> реда́кция *f*

Lektüre *f* <-, -n> ① (*das Lesen*) чте́ние *nt*; ② (*Lesestoff*) литерату́ра *f*

L

Lende *f* <-, -n> (*geh*) бедро́ *nt*, поясни́ца *f*

lenken *vt* ① (*führen, leiten, Fahrzeuge etc steuern*) управля́ть *impf*; **ein Auto ~** управля́ть автомоби́лем; ② (*fig: Schritte, Gedanken, Gespräch*) направля́ть, -пра́вить *pf*

Lenkrad *nt* <-(e)s, -räder> (KFZ) руль *m*

Lenkung *f* <-, -en> ① (*das Leiten, Führen*) управле́ние *nt*; ② (KFZ: *Lenkvorrichtung*) рулево́е управле́ние *f*

Leopard *m* <-en, -en> леопа́рд *m*

Lepra *f* <*gen:* -> прока́за *f*

Lerche *f* <-, -n> жа́воронок *m*

lernen **I.** *vt* ① учи́ть, вы́- *pf*; ② учи́ться, на- *pf*; **kennen ~** знако́миться; **lesen ~** учи́ться чита́ть; **etw ~** учи́ть что-л. [*o* учи́ться чему́-л.]; **II.** *vi* (*sich Wissen aneignen*) учи́ться

Lesart *f* <-, -en> вариа́нт *m* те́кста

lesbar *adj* (*leserlich*) разбо́рчивый

Lesbe *f* <-, -nen> (*umg*) лесбия́нка *f*

lesbisch *adj* лесби́йский

Lesebuch *nt* <-(e)s, -bücher> кни́га *f* для чте́ния

lesen **I.** *vt* <las, gelesen> (*Buch etc*) чита́ть, про- *pf*; **II.** *vr* чита́ться, про- *pf*; **dieser Roman liest sich gut** э́тот рома́н хорошо́ чита́ется

Leser, -in *m/f* <-s, -> чита́тель, -ница *m/f*

leserlich *adj* разбо́рчивый

Lesezeichen *nt* <-s, -> (*in einem Buch*) закла́дка *f* (для кни́ги)

Lesung *f* <-, -en> ① (*eines Schriftstellers*) а́вторский ве́чер *m*; ② (POL) чте́ние *nt*

Lethargie *f* <*gen:* -> летарги́я *f*

Lette *m* <-n, -n> латы́ш *m*

Lettin *f* <-, -nen> латы́шка *f*

lettisch *adj* латви́йский

Lettland *nt* <*gen:* -s> Ла́твия *f*

letzte(r, s) *adj* после́дний; **er ging als Letzter** он ушёл после́дним; **in letzter Zeit** в после́днее вре́мя

letztlich *adv* в коне́чном счёте

leuchten *vi* ① (*glänzen, scheinen*) свети́ть, по- *pf*; ② свети́ться, по- *pf*, сия́ть, по- *pf*; **mit einer Lampe ~** свети́ть ла́мпой

Leuchtturm *m* <-(e)s, -türme> мая́к *m*

leugnen **I.** *vt* отрица́ть *impf*, оспа́ривать, -по́рить *pf*; **II.** *vi* отрица́ть *impf*; **ich kann nicht ~, dass ...** я не отрица́ю, что...

Leukämie *f* <*gen:* -e> лейкеми́я *f*

Leumund *m* <*gen:* -(e)s> репута́ция *f*

Leute *pl* <*gen:* -> лю́ди *pl*

Leutnant *m* <-s, -s> лейтена́нт *m*

Lexik *f* <*gen:* -> ле́ксика *f*

lexikalisch *adj* лекси́ческий

Lexikograph, Lexikograf, -in *m/f* <-en, -en> лексико́граф *m*, состави́тель *m* словаре́й

Lexikographie, Lexikografie *f* <*gen:* -> лексикогра́фия *f*

Lexikon *nt* <-s, Lexika> энциклопе́дия *f*

Liane *f* <-, -n> лиа́на *f*

Libanon *m* <*gen:* -s> Лива́н *m*

Libelle *f* <-, -n> стрекоза́ *f*

liberal *adj* либера́льный

liberalisieren *vt* либерализова́ть *impf/pf*

Liberalisierung *f* <-, -en> либерализа́ция *f*
Liberalismus *m* <*gen:* -> либерали́зм *m*
Libido *f* <*gen:* -> либи́до *nt*
Libyen *nt* <*gen:* -s> Ли́вия *f*
Licht *nt* <-(e)s, -er> свет *m*
lichten I. *vt* (*Anker*) поднима́ть, -ня́ть *pf*; **II.** *vr* ① (*spärlicher werden*) реде́ть, по- *pf*; ② (*Wolken, Nebel*) рассе́иваться, рассе́яться *pf*
Lichtgeschwindigkeit *f* <*gen:* -> ско́рость *f* све́та
Lichtjahr *nt* <-(e)s, -e> светово́й год *m*
Lichtmaschine *f* <-, -n> генера́тор *m*
Lichtung *f* <-, -en> поля́на *f*
Lid *nt* <-(e)s, -er> ве́ко *nt*
Lidschatten *m* <-s, -> те́ни *fpl* для век
lieb *adj* ① (*teuer, geschätzt*) дорого́й; ② (*angenehm*) ми́лый; ③ (*nett*) симпати́чный; ④ (*liebenswürdig*) ми́лый; ⑤ (*artig, brav*) послу́шный
liebäugeln *vi* коке́тничать, по- *pf*; **mit dem Gedanken ~, etw zu tun** (*fig*) носи́ться с мы́слью сде́лать что́-л.
Liebe *f* <*gen:* -> любо́вь *f*; **~ auf den ersten Blick** любо́вь с пе́рвого взгля́да
lieben *vt* люби́ть *impf*
liebenswürdig *adj* любе́зный; **das ist sehr ~ von Ihnen** э́то о́чень любе́зно с Ва́шей стороны́
Liebenswürdigkeit *f* <-, -en> любе́зность *f*
lieber I. *adj* (*Komparativ*) доро́же, миле́е; **II.** *adv* (*eher, besser*) лу́чше; **ich möchte ~ nach Hause gehen** я лу́чше пойду́ домо́й
Liebesbrief *m* <-(e)s, -e> любо́вное письмо́ *nt*
Liebeserklärung *f* <-, -en> объясне́ние *nt* в любви́
Liebeskummer *m* <*gen:* -s> любо́вная тоска́ *f*
Liebespaar *nt* <-(e)s, -e> влюблённая па́ра *f*
liebevoll *adj* ла́сковый, не́жный
lieb haben *vt* люби́ть, по- *pf*
Liebhaber, -in *m/f* <-s, -> ① (*Geliebte(r)*) любо́вник, -ница *m/f*; ② (*Kenner(in)*) люби́тель, -ница *m/f*
liebkosen *vt* <liebkoste, liebkost> ласка́ть, по- *pf*
lieblich *adj* милови́дный, хоро́шенький, преле́стный
Liebling *m* <-s, -e> ① (*Geliebte(r)*) люби́мый, -мая; ② (*Günstling*) люби́мец, -мица *m/f*
Lieblings - (*in Zusammensetzungen*) люби́мый
Lieblingsbeschäftigung *f* <-, -en> люби́мое заня́тие *nt*
lieblos *adj* бессерде́чный, чёрствый
Liechtenstein *nt* <*gen:* -s> Лихтенште́йн *m*
Lied *nt* <-(e)s, -er> пе́сня *f*
Liederbuch *nt* <-(e)s, -bücher> пе́сенник *m*
liederlich *adj* ① (*schlampig*) неря́шливый, безала́берный; ② (*unmoralisch*) распу́тный
lief *prät von* **laufen**
Lieferant *m* <-en, -en> поставщи́к *m*
lieferbar *adj* (*vorrätig*) гото́вый к поста́вке, име́ющийся на скла́де
liefern *vt* ① (*versorgen mit*) поставля́ть, -ста́вить *pf*; ② (*erzeugen*) выпуска́ть, вы́пустить *pf*; **einen Beweis ~** (*fig*) предста́вить доказа́тельство чего́-л.
Lieferschein *m* <-(e)s, -e> накладна́я *f*
Lieferung *f* <-, -en> поста́вка
Lieferwagen *m* <-s, -> автофурго́н *m*, пика́п *m*
Liege *f* <-, -n> тахта́ *f*
liegen *vi* <lag, gelegen> ① лежа́ть, про- *pf*, по- *pf*; ② (*sich befinden*) находи́ться *impf*, быть *impf* располо́женным; ③ (*von jdm ab-*

hängen) зави́сеть *impf*; ❹ (*jdm zusagen, entsprechen*) подходи́ть *impf*; **mir liegt viel daran** мне э́то о́чень ва́жно; **woran liegt es?** в чём причи́на?

liegen bleiben *irr vi* ❶ (*nicht aufstehen*) остава́ться, оста́ться *pf* лежа́ть; ❷ (*unerledigt bleiben: Arbeit*) стоя́ть *impf*; ❸ (*stecken bleiben: Auto, Zug*) застрева́ть, застря́ть *pf*; ❹ (*vergessen werden*) остава́ться, оста́ться *pf*

liegen lassen *irr vt* ❶ (*vergessen*) забыва́ть, -бы́ть *pf*, оставля́ть, оста́вить *pf*; ❷ (*unerledigt lassen: Arbeit*) оставля́ть, оста́вить *pf*

Liegesitz *m* <-es, -e> сиде́нье *nt* с отки́дной спи́нкой

Liegestuhl *m* <-(e)s, -stühle> шезло́нг *m*

Liegestütz *m* упо́р *m* лёжа

Liegewagen *m* <-s, -> ваго́н *m* со спа́льными места́ми

lieh *prät von* **leihen**

ließ *prät von* **lassen**

Lift *m* <-(e)s, -e> лифт *m*

Likör *m* <-s, -e> ликёр *m*

lila *adj* лило́вый

Lilie *f* <-, -n> ли́лия *f*

Liliputaner, -in *m/f* <-s, -> лилипу́т *m*

Limit *nt* <-s, -s> ограниче́ние *nt*, преде́л *m*, лими́т *m*; **ein bestimmtes ~ überschreiten** превыша́ть лими́т

Limonade *f* <-, -n> лимона́д *m*

Limousine *f* <-, -n> лимузи́н *m*

Linde *f* <-, -n> ли́па *f*

lindern *vt* облегча́ть, -чи́ть *pf*; **die Schmerzen ~** облегчи́ть боль

Linderung *f* <*gen:* -> ❶ (*Erleichterung*) облегче́ние *nt*; ❷ (*Milderung*) смягче́ние *nt*

Lineal *nt* <-s, -e> лине́йка *f*

linear *adj* лине́йный

Linguist, -in *m/f* <-en, -en> лингви́ст *m*

Linguistik *f* <*gen:* -> лингви́стика *f*

linguistisch *adj* лингвисти́ческий

Linie *f* <-, -n> ❶ ли́ния *f*, черта́ *f*; **in erster ~** в пе́рвую о́чередь ❷ (*von Straßenbahn/Bus*) но́мер *m*, маршру́т *m* тра́мвая, авто́буса; **welche ~ führt zum Bahnhof?** како́й трамва́й идёт до вокза́ла?

Linienbus *m* <-ses, -se> маршру́тный авто́бус *m*

Linke *f* <-n, -n> ❶ (*Hand*) ле́вая рука́ *f*; ❷ (*Seite*) ле́вая сторона́; ❸ (POL) ле́вые *pl*; **zur ~n** с ле́вой стороны́

linke(r, s) *adj* ❶ ле́вый; **~ Seite** ле́вая сторона́; **~r Hand** сле́ва; **~ Masche** (*beim Stricken*) изна́ночная пе́тля ❷ (POL) ле́вый

linkisch *adj* (*ungeschickt*) неуклю́жий

links *adv* ❶ сле́ва, с ле́вой стороны́; **das mach' ich mit ~** (*umg*) э́то я сде́лаю одно́й ле́вой; **~ von etw** сле́ва от чего́-л. ❷ (POL) ле́вый

Linkshänder, -in *m/f* <-s, -> левша́ *m*

linksradikal *adj* леворадика́льный

Linksverkehr *m* <*gen:* -s> левосторо́ннее движе́ние *nt*

Linoleum *nt* <*gen:* -s> лино́леум *m*

Linse *f* <-, -n> ❶ (BOT) чечеви́ца *f*; ❷ (PHYS) ли́нза *f*; ❸ (ANAT) хруста́лик *m*

Linsensuppe *f* <-, -n> чечеви́чная похлёбка *f*

Lippe *f* <-, -n> губа́ *f*

Lippenstift *m* <-(e)s, -e> губна́я пома́да *f*

Liquidation *f* <*gen:* -> ликвида́ция *f*

liquidieren *vt* (*töten*) уничтожа́ть, -то́жить *pf*, ликвиди́ровать *impf/pf*

lispeln *vi* (*Zischlaute fehlerhaft aussprechen*) шепеля́вить *impf*

List *f* <-, -en> ❶ (*Schlauheit, Verschlagenheit*) хи́трость *f*, лука́вство *nt*; ❷ (*Trick, Kunstgriff*) хи́трость *f*, уло́вка *f*

Liste *f* <-, -n> спи́сок *m*

listig *adj* хи́трый, лука́вый

Litauen *nt* <*gen:* -s> Литва́ *f*

Litauer, -in *m/f* <-s, -> лито́вец, -вка *m/f*

litauisch I. *adj* литóвский; **II.** *adv* по-литóвски.
Liter *m* <-s, -> литр *m*
literarisch *adj* литерату́рный
Literatur *f* <-, -en> литерату́ра *f*
Literaturverzeichnis *nt* <-ses, -se> спи́сок *m* литерату́ры
Literaturwissenschaft *f* <*gen:* -> литературовéдение *nt*
Lithographie, Lithografie *f* <-, -n> литогрáфия
litt *prät von* **leiden**
Liturgie *f* <-, -n> литурги́я *f*
Liveübertragung, Live-Übertragung *f* <-, -en> прямáя трансля́ция *f*
Livree *f* <-, -n> ливрéя *f*
Lizenz *f* <-, -en> (*Genehmigung*) лицéнзия *f*; **jdm eine ~ erteilen** вы́дать комý-л. лицéнзию; **in ~** по лицéнзии
Lob *nt* <*gen:* -(e)s> похвалá *f*
Lobby *f* <-, Lobbies> лóбби *nt*
loben *vt* хвали́ть, по- *pf*
lobenswert *adj* достóйный похвалы́
löblich *adj* похвáльный
Loch *nt* <-(e)s, Löcher> ① дырá *f*, ды́рка *f*; **saufen wie ein ~** (*vulg*) пить как сапóжник ② (*fig: schlechte Wohnung*) конурá *f*
lochen *vt* ① (*Fahrkarte*) пробивáть, -би́ть *pf*, компости́ровать, про- *pf*; ② (*perforieren*) перфори́ровать *impf/pf*
Locher *m* <-s, -> дыроко́л *m*
löcherig *adj* дыря́вый
Lochkarte *f* <-, -n> перфокáрта *f*
Locke *f* <-, -n> кýдри *pl*
locken I. *vt* ① замáнивать, -мани́ть *pf*; **jdn in einen Hinterhalt ~** замани́ть когó-л. в западню́ ② (*drehen, in Locken legen*) завивáть, зави́ть *pf*; **II.** *vr* (*kräuseln, sich in Locken legen*) ви́ться *impf*
locker *adj* ① (*lose*) расшáтанный; ② (*Schnee*) ры́хлый; ③ (*fig: gelöst, entspannt*) расслáбленный; ④ (*unmoralisch*) легкомы́сленный, беспу́тный
lockerlassen *vi:* **nicht ~** не уступáть
lockern I. *vt* (*locker machen*) расслабля́ть, -слáбить *pf*; **II.** *vr* ① (SPORT) расслабля́ться, -слáбиться *pf*; ② (*locker werden*) ослабевáть, -бéть *pf*
lockig *adj* кудря́вый
lodern *vi* пылáть *impf*
Löffel *m* <-s, -> ① (*Teil des Bestecks*) лóжка *f*; ② (*Hasenohr*) ýхо *nt* зáйца; ③ (TECH: *von Bagger*) ковш *m*
löffeln *vt* хлебáть, по- *pf*
log *prät von* **lügen**
Logarithmus *m* <-, Logarithmen> логари́фм *m*
Loge *f* <-, -n> ① (THEAT) лóжа *f*; ② (*des Pförtners*) швейцáрская *f*; ③ (*Freimaurerloge*) лóжа *f*
Loggia *f* <*gen:* -> лóджия *f*
Logik *f* <*gen:* -> лóгика *f*
logisch *adj* ① логи́чный; ② (MATH) логи́ческий
Logistik *f* <*gen:* -> логи́стика *f*
Logo *nt* <-s, -s> логоти́п *m*, эмблéма *f*
Logopäde *m* <-n, -n> логопéд *m*
Lohn *m* <-(e)s, Löhne> ① (*Arbeitsentgelt*) зарплáта *f*; ② (*fig: Belohnung*) вознаграждéние *nt*, нагрáда *f*
Lohnarbeit *f* <-, -en> наёмный труд *m*
lohnen I. *vt* ① (*belohnen*) вознаграждáть, -гради́ть *pf*; **jdm seine Hilfe ~** вознагради́ть когó-л. за пóмощь ② (*wert sein*) окупáть, -пи́ть *pf*; **II.** *vr* ① (*vor allem finanziell*) окупáться, -пи́ться *pf*; ② (*allgemein*) оправдывáться, оправдáться *pf*
Loipe *f* <-, -n> лыжня́ *f*
lokal *adj* мéстный
Lokal *nt* <-(e)s, -e> ресторáн *m*, кафé *nt*
Lokalblatt *nt* <-(e)s, -blätter> мéстная газéта *f*
lokalisieren *vt* локализовáть *impf/pf*

Lokativ *m* <*gen:* -s> (LING) ме́стный паде́ж *m*

Lokomotive *f* <-, -n> локомоти́в *m*

Lokomotivführer *m* <-s, -> машини́ст *m* (локомоти́ва)

Lokomotivschuppen *m* <-s, -> парово́зное депо́ *nt*

Lorbeer *m* <-s, -en> (*Gewürz*) лавр *m*; **sich auf seinen ~en ausruhen** (*fig*) почи́ть на ла́врах

los I. *adj* (*locker, gelöst*) свобо́дный; **was ist ~?** что случи́лось?; **was ist denn mit dir ~?** что с тобо́й случи́лось?; **II.** *adv*: **~!** дава́й! **warum wollt ihr erst morgen ~?** (*losfahren*) почему́ вы хоти́те вы́ехать [*o* пое́хать]то́лько за́втра?.

Los *nt* <-es, -e> ❶ (*Schicksal*) у́часть *f*, судьба́ *f*; ❷ (*der Lotterie*) лотере́йный биле́т *m*; **etw durch das ~ entscheiden** разыгра́ть что-л.

lösbar *adj* ❶ раствори́мый; ❷ разбо́рный; ❸ (*fig*) разреши́мый

losbinden *irr vt* (*von*) отвя́зывать, -вяза́ть *pf*

löschen *vt* ❶ (*Feuer, Licht*) туши́ть, по- *pf*, гаси́ть, по- *pf*; ❷ (*Durst*) утоля́ть, -ли́ть *pf*; ❸ (*Daten, Tonband*) стира́ть, стере́ть *pf*; ❹ (*Konto*) закрыва́ть, -кры́ть *pf*

Löschfahrzeug *nt* <-(e)s, -e> пожа́рная маши́на *f*, пожа́рный автомоби́ль *m*

Löschgerät *nt* <-(e)s, -e> огнетуши́тель *m*

Löschkalk *m* <*gen:* -(e)s> гашёная и́звесть *f*

Löschpapier *nt* <-(e)s, -e> промока́тельная бума́га *f*

Löschtrupp *m* <-s, -s> пожа́рная кома́нда *f*

lose *adj* ❶ (*Lebenswandel*) распу́щенный; ❷ (*locker*) свобо́дный, незакреплённый; ❸ (*unverpackt*) неупако́ванный

Lösegeld *nt* <-(e)s, -er> вы́куп *m*

losen *vi* броса́ть, бро́сить *pf* жре́бий

lösen I. *vt* ❶ (*losmachen, entfernen*) снима́ть, снять *pf* (*von +dat* с *+gen*), отделя́ть, -ли́ть *pf* (*von +dat* от *+gen*); ❷ (*Rätsel*) разга́дывать, -гада́ть *pf*; ❸ (*Problem*) реша́ть, -ши́ть *pf*; ❹ (*Fahrkarte*) покупа́ть, купи́ть *pf*; ❺ (CHEM) растворя́ть, -ри́ть *pf* (*in +dat* в *+präpos*); **II.** *vr* ❶ (*sich losmachen*) освобожда́ться, -боди́ться *pf* (*von +dat* от *+gen*), отделя́ться, -ли́ться *pf* (*von +dat* от *+gen*); ❷ (*fig: sich trennen*) расстава́ться, расста́ться *pf* (*von +dat* с *+inst*); ❸ (*sich aufklären, auflösen: Problem*) реша́ться, -ши́ться *pf*; ❹ (CHEM) растворя́ться, -ри́ться *pf*

losfahren *irr vi* выезжа́ть, вы́ехать *pf*

losgehen *irr vi* ❶ (*sich lösen, abgehen*) отрыва́ться, оторва́ться *pf*; ❷ (*umg: anfangen*) начина́ться, -ча́ться *pf*

loskaufen *vt* (*einen Entführten*) выкупа́ть, вы́купить *pf*

loskommen *irr vi* избавля́ться, изба́виться *pf* (*von +dat* от *+gen*)

loslassen *irr vt* отпуска́ть, -пусти́ть *pf*

löslich *adj* раствори́мый

losmachen *vt* (*eine Leine*) отвя́зывать, -вяза́ть *pf*

lossagen *vr:* **sich von jdm/etw ~** отре́чься от кого́-л./чего́-л.

Losung *f* <-, -en> ❶ (MIL) паро́ль *m*; ❷ (*Devise*) ло́зунг *m*

Lösung *f* <-, -en> ❶ реше́ние *nt*; ❷ (*Annulierung*) расторже́ние *nt*; ❸ (PHYS, CHEM) раство́р *m*

Lösungsmittel *nt* <-s, -> раствори́тель *m*

loswerden *vt* избавля́ться, изба́виться *pf*; **ein altes Auto ~** изба́виться от ста́рой маши́ны

Lot *nt* <-(e)s, -e> ❶ (*Senkblei*) грузи́ло *nt*, лот *m*; ❷ (MATH) перпендикуля́р *m*

löten *vt* пая́ть *impf*, запа́ивать, -пая́ть *pf*
Lotion *f* <-, -en> лосьо́н *m*
Lötkolben *m* <-s, -> пая́льник *m*
Lotosblume *f* <-, -n> ло́тос *m*
Lotse *m* <-n, -n> ло́цман *m*
lotsen *vt* проводи́ть, -вести́ *pf* (кора́бль)
Lotterie *f* <-, -n> лотере́я *f*
Lotterielos *nt* <-s, -e> лотере́йный биле́т *m*
Lotto *nt* <-s, -s> лото́ *nt*
Lottogewinn *m* <-(e)s, -e> вы́игрыш *m* в лото́
Lottozahlen *pl* <*gen:* -> вы́игравшие чи́сла *ntpl* цифрово́го лото́
Löwe *m* <-n, -n> ❶ лев *m*; ❷ (ASTR) Лев *m*
Löwenanteil *m* <*gen:* -(e)s> (*fig*) льви́ная до́ля *f*
Löwenzahn *m* <*gen:* -(e)s> одува́нчик *m*
Löwin *f* <-, -nen> льви́ца *f*
loyal *adj* лоя́льный
Loyalität *f* <-, (-en)> лоя́льность *f*
Luchs *m* <-es, -e> рысь *f*
Lücke *f* <-, -n> ❶ пусто́е ме́сто *nt*; ❷ (*Gesetzeslücke, Schlupfloch*) лазе́йка *f*
Lückenbüßer *m* <-s, -> заты́чка *f*
lückenhaft *adj* ❶ (*voller Lücken*) с пробе́лами; ❷ (*fig: unvollständig*) непо́лный
lückenlos *adj* (*vollständig*) по́лный; **ein ~er Lebenslauf** подро́бная биогра́фия
lud *prät von* **laden**
Luder *nt* <-s, -> (*pej: Biest*) сте́рва *f*
Luft *f* <-, Lüfte> во́здух *m*; **~ für jdn sein** (*fig: von jdm nicht beachtet werden*) не существова́ть для кого́-л.; **jdn wie ~ behandeln** (*fig: jdn nicht beachten*) игнори́ровать кого́-л.; **~ holen** перевести́ дыха́ние
Luftangriff *m* <-(e)s, -e> бомбардиро́вка *f*
Luftballon *m* <-s, -s> возду́шный [*o* надувно́й] шар(ик) *m*
Luftbild *nt* <-(e)s, -er> аэрофотосни́мок *m*
Luftbrücke *f* <-, -n> возду́шный мост *m*
Luftdruck *m* <*gen:* -(e)s> атмосфе́рное давле́ние *nt*
lüften *vt* ❶ (*mit Luft versorgen*) прове́тривать, -ве́трить *pf*; ❷ (*hochheben*) приподнима́ть, -ня́ть *pf*; **ein Geheimnis ~** откры́ть секре́т
Lüfter *m* <-s, -> вентиля́тор *m*
luftig *adj* ❶ лёгкий; ❷ (*luftdurchlässig, dünn*) возду́шный
luftleer *adj* безвозду́шный; **~er Raum** безвозду́шное простра́нство
Luftmatratze *f* <-, -n> надувно́й матра́ц *m*
Luftpost *f* <*gen:* -> авиапо́чта *f*; **per ~ versenden** отправля́ть авиапо́чтой
Luftpumpe *f* <-, -n> возду́шный насо́с *m*
Luftröhre *f* <-, -n> трахе́я *f*
Luftschiff *nt* <-(e)s, -e> дирижа́бль *m*
Luftschutzkeller *m* <-s, -> бомбоубе́жище *nt*
Luftstrom *m* <*gen:* -(e)s> во́здушный пото́к *m*
Lüftung *f* <-, -en> ❶ прове́тривание *nt*; ❷ (*Be~, Ventilation*) вентиля́ция *f*
Luftventil *nt* <-s, -e> во́здушный кла́пан *m*
Luftwaffe *f* <-, -n> вое́нно-возду́шные си́лы *fpl*
Luftzug *m* <-(e)s, -züge> сквозня́к *m*
Lüge *f* <-, -n> ложь *f*; **~n haben kurze Beine** (*Sprichwort*) у лжи коро́ткие но́ги
lügen *vi* <log, gelogen> лгать, со- *pf*, врать, со- *pf*; **wie gedruckt ~** (*umg*) врать как по-пи́саному
Lügner, -in *m/f* <-s, -> врун *m*, лгун *m*
Luke *f* <-, -n> люк *m*

lukrativ *adj* при́быльный
Lümmel *m* <-s, -> (*Flegel*) о́лух *m*
Lump *m* <-en, -en> подле́ц *m*
Lumpen *m* <-s, -> тря́пка *f*
lumpig *adj* ① (*zerlumpt*) дрянно́й; ② (*pej: gering, unbedeutend*) по́длый
Lunge *f* <-, -n> лёгкое *nt*
Lungenentzündung *f* <-, -en> воспале́ние *nt* лёгких
Lungenflügel *m* <-s, -> лёгкое *nt*
Lungenkrebs *m* <*gen:* -es> рак *m* лёгких
Lunte *f* <-, -n> ① (*Zündschnur*) фити́ль *m*; ② (*Schwanz des Fuchses*) хвост *m*; **~ riechen** (*umg*) пронюхать что-л.
Lupe *f* <-, -n> лу́па *f*
Lust *f* <-, Lüste> ① (*Freude*) ра́дость *f*, удово́льствие *nt*; ② (*Neigung, Verlangen*) жела́ние *nt*, охо́та *f*; **~ haben, etw zu tun** хоте́ть сде́лать что-л.; **auf etw ~ haben** хоте́ть чего́-л. ③ (*sinnliche Begierde*) страсть *f*
Luster *m* <-s, -> (*österr: Kronleuchter*) лю́стра *f*
lüstern *adj* похотли́вый
lustig *adj* ① (*vergnügt, fröhlich*) весёлый; ② (*komisch*) смешно́й; **sich über etw/jdn ~ machen** смея́ться над чем-л./кем-л.
lustlos *adj* (*ohne Antrieb*) неохо́тный
lutschen *vt* соса́ть, по- *pf*; **an etw ~** соса́ть что-л.
Lutscher *m* <-s, -> ледене́ц *m* (на па́лочке)
Luxemburg *nt* <*gen:* -s> Люксембу́рг *m*
luxuriös *adj* роско́шный
Luxus *m* <*gen:* -> ро́скошь *f*, люкс *m*
Luxusartikel *m* <-s, -> предме́т *m* ро́скоши
Lymphe *f* <-, -n> ли́мфа *f*
Lymphknoten *m* <-s, -> лимфати́ческий у́зел *m*
Lyrik *f* <*gen:* -> ли́рика *f*
Lyriker, -in *m/f* <-s, -> ли́рик *m*
lyrisch *adj* лири́ческий

Mm

m, M *nt* <-, -> м, М
machbar *adj* (*realisierbar*) осуществи́мый
machen *vt* (*tun*) де́лать, сде́лать *pf*; **was machst du da?** что ты здесь де́лаешь?
Macht *f* <*gen:* -> (*Herrschaft*) власть *f*; **~ über jdn haben** облада́ть вла́стью над кем-л.; **an der ~ sein** быть у вла́сти
Machthaber *m* <-s, -> власти́тель *m*
mächtig *adj* ① (*gewaltig*) могу́щественный; ② (*umg: sehr groß*) огро́мный
Machtkampf *m* <-(e)s, -kämpfe> борьба́ *f* за власть
machtlos *adj* бесси́льный
machtvoll *adj* могу́щественный, мо́щный
Machwerk *nt* <-(e)s, -e> ① (*pej*) халту́ра *f*; ② фальши́вка *f*
Mädchen *nt* <-s, -> ① де́вочка *f*; ② (*Teenager*) де́вушка *f*; **~ für alles** (*umg*) прислу́га за всё
mädchenhaft *adj* де́вичий
Mädchenname *m* <-ns, -n> ① (*Vorname*) же́нское и́мя *nt*; ② (*einer verheirateten Frau*) де́вичья фами́лия *f*
Made *f* <-, -n> личи́нка *f*
madig *adj* черви́вый
Mafia *f* <-, -s> ма́фия *f*

Magazin *nt* <-s, -e> ① (*Zeitschrift*) журна́л *m*; ② (*Lager*) склад *m*; ③ (MIL: *von Feuerwaffe*) магази́н *m*
Magd *f* <-, Mägde> служа́нка *f*
Magen *m* <-s, Mägen> желу́док *m*
Magengeschwür *nt* <-(e)s, -e> я́зва *f* желу́дка
Magenverstimmung *f* <-, -en> расстро́йство *nt* желу́дка
mager *adj* ① (*dünn*) худо́й; ② (*fig: dürftig*) ску́дный; ③ (*Fleisch*) по́стный
Magerkeit *f* <*gen:* -> худоба́ *f*
Magermilch *f* <*gen:* -> снято́е молоко́ *nt*
Magie *f* <*gen:* -> ма́гия *f*
Magier *m* <-s, -> волше́бник *m*
magisch *adj* маги́ческий
Magister *m* <-s, -> (*akademischer Titel*) маги́стр *m*
Magnesium *nt* <*gen:* -s> ма́гний *m*
Magnet *m* <-en, -en> магни́т *m*
Magnetband *nt* <-(e)s, -bänder> магни́тная ле́нта *f*
Magnetfeld *nt* <-(e)s, -er> магни́тное по́ле *nt*
magnetisch *adj* магни́тный
Magnetismus *m* <*gen:* -> магнети́зм *m*
Mähdrescher *m* <-s, -> зернова́й комба́йн *m*
mähen *vt* коси́ть, с- *pf*
Mahl *nt* <-(e)s, -e/ (Mähler)> (*geh*) обе́д *m*, тра́пеза *f*
mahlen *vt* (*Korn*) моло́ть, по- *pf*
Mahlzeit *f* <-, -en> еда́ *f*; **~!** (*am Esstisch*) Прия́тного аппети́та!
Mähne *f* <-, -n> гри́ва *f*
mahnen *vt* ① (*erinnern, auch wegen Schulden*) напомина́ть, -по́мнить *pf*; **jdn an etw/wegen etw ~** напомина́ть кому́-л. о чём-л.; ② (*aufrufen*) призыва́ть, -зва́ть *pf* (*zu +dat* к *+dat*); ③ (*warnen*) предостерега́ть, предостере́чь *pf*
Mahnmal *nt* <-(e)s, -e/ (-mäler)> мемориа́л *m*
Mahnung *f* <-, -en> ① (*Ermahnung*) предостереже́ние *nt*, призы́в *m*; ② (*Mahnbrief*) напомина́ние *nt*
Mai *m* <*gen:* -(e)s> май *m*; **der Erste ~** Пе́рвое ма́я
Maibaum *m* <-(e)s, -bäume> ма́йское де́ревце *nt*
Mailbox *f* <-, -en> (DV) электро́нный почто́вый я́щик *m*
Mais *m* <-es, (-e)> кукуру́за *f*
Maiskolben *m* <-s, -> поча́ток *m* кукуру́зы
Maismehl *nt* <*gen:* -s> кукуру́зная мука́ *f*
Majestät *f* <*gen:* -> вели́чие *nt*, вели́чественность *f*; **Seine ~** Его́ Вели́чество
majestätisch *adj* вели́чественный
Major *m* <-s, -e> майо́р *m*
makaber *adj* мра́чный
Makel *m* <-s, -> ① (*fig: Fehler, Mangel*) недоста́ток *m*; ② (*fehlerhafte Beschaffenheit*) позо́р *m*
makellos *adj* безупре́чный
Make-up *nt* <-s, -s> макия́ж *m*
Makler, -in *m/f* <-s, -> ① (*Wohnungsmakler*) ма́клер *m*; ② (*Börsenmakler*) бро́кер *m*
Makrele *f* <-, -n> ску́мбрия *f*
mal *adv* (*umg: einmal*) раз; **komm ~ her!** подойди́-ка сюда́! **sag ~, …** скажи́-ка,…
Mal[1] *nt* <-(e)s, -e> раз *m*; **das letzte ~** после́дний раз; **ein für alle ~** раз и навсегда́; **ein einziges ~** еди́нственный раз
Mal[2] *nt* <-(e)s, -e/ Mäler> ① (*Zeichen*) пятно́ *nt*; ② (*Mahnmal*) монуме́нт *m*
Malaria *f* <*gen:* -> маляри́я *f*
malen *vt* ① (*mit Farbe*) кра́сить, по- *pf*; ② (*zeichnen*) рисова́ть, на- *pf*
Maler, -in *m/f* <-s, -> ① худо́жник, -ница *m/f*; ② (*Anstreicher*) маля́р *m*
Malerei *f* <-, -en> ① (*Kunst*) жи́вопись *f*; ② (*Gemälde*) карти́на *f*
malerisch *adj* живопи́сный
Malz *nt* <*gen:* -es> со́лод *m*
Mama *f* <-, -s> (*umg*) ма́ма *f*
Mami *f* <-, -s> (*umg*) ма́мочка *f*

Mammut *nt* <-s, -s> ма́монт *m*

man *pron indef*: **~ kann ...** мо́жно...; **~ sagt, dass ...** говоря́т, что...; **~ nehme ...** (*in Kochrezepten*) возьми́те...

Management *nt* <-s, -s> ме́неджмент *m*

managen *vt* управля́ть, руководи́ть; **ein Unternehmen ~** руководи́ть предприя́тием

Manager, -in *m/f* <-s, -> ❶ (*in Unternehmen*) ме́неджер *m*, руководи́тель *m*; ❷ (*Betreuer von Künstlern*) антрепренёр *m*

manche(r, s) *pron indef* не́который

mancherlei *adj* ра́зный, различный

manchmal *adv* иногда́

Mandarine *f* <-, -n> мандари́н *m*

Mandat *nt* <-(e)s, -e> ❶ манда́т *m*; ❷ (*Parlamentssitz*) депута́тский [*o* парла́ментский] манда́т *m*; **sein ~ niederlegen** сложи́ть с себя́ свой депута́тские полномо́чия

Mandel *f* <-, -n> ❶ (*Frucht*) минда́ль *f*; ❷ (ANAT: *Drüse*) минда́лина *f*

Mandeloperation *f* <-, -en> удале́ние *nt* минда́лин

Mandoline *f* <-, -n> мандоли́на *f*

Manege *f* <-, -n> мане́ж *m*

Mangan *nt* <*gen:* -s> ма́рганец *m*

Mangel *m* <-s, Mängel> ❶ (*Fehlen, Knappheit*) недоста́ток *m*, дефици́т *m*, нехва́тка *f*; **aus ~ an etw** из-за́ нехва́тки чего́-л. ❷ (*Fehler*) дефе́кт *m*, неиспра́вность *f*

mangelhaft *adj* ❶ (*unzureichend*) недоста́точный; ❷ (*Schulnote*) неудовлетвори́тельный

mangeln *vi* (*fehlen*) недостава́ть *impf*

mangels *präp +gen* за недоста́тком (+ *gen*)

Mangelware *f* <*gen:* -> дефици́т *m*

Mango *f* <-, -s> ма́нго *nt*

Manie *f* <-, -n> ма́ния *f*

Manier *f* <-, -en> мане́ра *f*

manierlich *adj* ❶ (*Kind*) благовоспи́танный; ❷ (*Aussehen etc*) прили́чный

Manifest *nt* <-(e)s, -e> манифе́ст *m*

Maniküre *f* <-, -n> ❶ (*Hand- und Nagelpflege*) маникю́р *m*; ❷ (*Person*) маникю́рша *f*

maniküren *vt* <manikürte, manikürt> де́лать, с- *pf* маникю́р

Manipulation *f* <-, -en> (*das Manipulieren*) манипуля́ция *f*

manipulieren *vt* манипули́ровать *impf* (+ *inst*)

Mann *m* <-(e)s, Männer> ❶ мужчи́на *m*; ❷ (*Gatte*) муж *m*; **seinen ~ stehen** не уда́рить лицо́м в гря́зь; **etw an den ~ bringen** (*umg*) прода́ть что-л.

Männchen *nt* <-s, -> ❶ (*kleiner Mann*) челове́чек *m*; ❷ (ZOOL: *Tier~*) саме́ц *m*

männlich *adj* ❶ мужско́й; ❷ (*fig: mannhaft*) му́жественный

Männlichkeit *f* <*gen:* -> (*fig: Mannhaftigkeit*) му́жественность *f*

Mannschaft *f* <-, -en> ❶ (SPORT) кома́нда *f*; ❷ (MAR) экипа́ж *m*

Manöver *nt* <-s, -> ❶ (MIL) манёвры *mpl*; ❷ (*pej: List*) уло́вка *f*

manövrieren *vt* маневри́ровать, с- *pf*

Mansarde *f* <-, -n> манса́рда *f*

Manschette *f* <-, -n> (*am Hemd*) манже́та *f*; **~n haben** (*umg: Angst haben*) трепета́ть пе́ред кем-л.

Manschettenknopf *m* <-(e)s, -knöpfe> за́понка *f*

Mantel *m* <-s, Mäntel> ❶ (*Kleidungsstück*) пальто́ *nt*; ❷ (TECH: *Rohr~*) оболо́чка *f*; ❸ (*des Reifens*) покры́шка *f*

manuell I. *adj* ручно́й; II. *adv* вручну́ю

Manuskript *nt* <-(e)s, -e> ру́копись *f*, манускри́пт *m*

Mappe *f* <-, -n> ❶ (*Aktenmappe*) портфе́ль *m*; ❷ (*Hefter*) па́пка *f*

Marathonlauf *m* <-(e)s, -läufe> марафо́нский бег *m*

Märchen *nt* <-s, -> ❶ ска́зка *f*; ❷ (*fig*) небыли́ца *f*

Märchenfigur *f* <-, -en> ска́зочный

персона́ж *m*
märchenhaft *adj* ска́зочный
Marder *m* <-s, -> куни́ца *f*
Margarine *f* <*gen:* -> маргари́н *m*
Marihuana *nt* <*gen:* -s> марихуа́на *f*
Marinade *f* <-, -n> марина́д *m*
Marine *f* <-, -n> (вое́нно-) морско́й флот *m*
Marionette *f* <-, -n> марионе́тка *f*
maritim *adj* морско́й
Mark *nt* <*gen:* -(e)s> ① (*Knochenmark*) ко́стный мозг *m*; ② (HIST: *Währungseinheit*) ма́рка *f*
markant *adj* (*ausgeprägt*) характе́рный; **~e Gesichtszüge** характе́рные черты́ лица́
Marke *f* <-, -n> ① (*Warensorte*) ма́рка *f*; ② (*Briefmarke*) (почто́вая) ма́рка *f*; ③ (*Essensmarke*) тало́н *m*
Markenartikel *m* <-s, -> фи́рменное изде́лие *nt*
Marker *m* <-s, -> маркиро́вочный флома́стер *m*
markig *adj* (*Worte*) реши́тельный
markieren *vt* (*mit einer Markierung versehen*) маркирова́ть *impf*
Markierung *f* <-, -en> маркиро́вка *f*; **eine ~ anbringen** марки́ровать
Markise *f* <-, -n> марки́за *f*
Markt *m* <-(e)s, Märkte> ры́нок *m*; **auf den ~ gehen** пойти́ на ры́нок
Marktplatz *m* <-(e)s, -plätze> ры́ночная пло́щадь *f*
Marktpreis *m* <-es, e> ры́ночная цена́ *f*
Marktwirtschaft *f* <*gen:* -> ры́ночная экомо́мика *f*
marktwirtschaftlich *adj* ры́ночный
Marmelade *f* <-, -n> джем *m*, пови́дло *nt*
Marmor *m* <-s, -e> мра́мор *m*
marmorn *adj* мра́морный
Marone *f* <-, -n> (*Esskastanie*) (съедо́бный) кашта́н *m*
Mars *m* <*gen:* -> Марс *m*
marsch *interj* марш!
Marsch *m* <-(e)s, Märsche> ① (MIL) марш *m*, похо́д *m*; ② (MUS) марш *m*
marschieren *vi* марширова́ть *impf*
Marschroute *f* <-, -n> маршру́т *m*
Martinshorn *nt* <*gen:* -s> сире́на *f*
Märtyrer, -in *m/f* <-s, -> му́ченик, -ница *m/f*
Marxismus *m* <*gen:* -> маркси́зм *m*
Marxist, -in *m/f* <-en, -en> маркси́ст, -ка *m/f*
marxistisch *adj* маркси́стский
März *m* <-(es), -e> март *m*
Marzipan *nt* <-s, -e> марципа́н *m*
Masche *f* <-, -n> ① (*beim Stricken*) пе́тля *f*; ② (*Netzschlinge*) яче́я *f*; ③ (*umg*) трю́к *m*; **immer die gleiche ~!** всё тот же са́мый трюк!
Maschine *f* <-, -n> ① (TECH) маши́на *f*, стано́к *m*; ② (*Flugzeug*) самолёт *m*; ③ (*Schreibmaschine*) печа́тная маши́нка *f*
maschinell *adj* маши́нный
Maschinenbau *m* <*gen:* -(e)s> машинострое́ние *nt*
Maschinengewehr *nt* <-(e)s, -e> пулемёт *m*
Maschinenpistole *f* <-, -n> автома́т *m*
Maschine schreiben *vi* печа́тать, на- *pf* на маши́нке
Maschinist, -in *m/f* <-en, -en> машини́ст, -ка *m/f*
Masern *pl* корь *f*
Maske *f* <-, -n> ма́ска *f*
Maskenball *m* <-(e)s, -bälle> бал-маскара́д *m*
Maskerade *f* <-, -n> (*Verkleidung*) маскара́д *m*
maskieren I. *vt* маскирова́ть, за- *pf*; **II.** *vr* маскирова́ться, за- *pf*
Maskottchen *nt* <-s, -> талисма́н *m*
maskulin *adj* ① (*männlich*) мужско́й; ② (LING) мужско́го ро́да
Masochismus *m* <*gen:* -> мазохи́зм *m*
masochistisch *adj* мазохи́стский
maß *prät von* **messen**
Maß *nt* <-es, -e> ① (*Maßeinheit*) ме́ра *f*, едини́ца *f* измере́ния; ② (*Maßband*) метр *m*; ③ (*gemes-

M

sene Größe) разме́р *m*; ❹ *(Ausmaß)* разме́р *m*; **mit zweierlei ~ messen** подходи́ть к чему́-л. с разли́чными ме́рками; **in höchstem ~e** в вы́сшей сте́пени

Massage *f* <-, -n> масса́ж *m*

Massaker *nt* <-s, -> *(Blutbad)* бо́йня *f*, резня́ *f*

Maßanzug *m* <-(e)s, -anzüge> костю́м *m* на зака́з

Maßband *nt* <-(e)s, -bänder> сантиметро́вая ле́нта *f*

Masse *f* <-, -n> ❶ *(ungeformter Stoff)* ма́сса *f*; ❷ *(Menge)* ма́сса *f*, большо́е коли́чество *nt*; ❸ *(Menschenmenge)* ма́сса *f*, толпа́ *f*; **die breiten ~n** широ́кие ма́ссы

Massenfertigung *f* <*gen:* -> ма́ссовое произво́дство *nt*

Massenflucht *f* <*gen:* -> ма́ссовое бе́гство *nt*

Massengrab *nt* <-(e)s, -gräber> бра́тская моги́ла *f*

massenhaft **I.** *adj* ма́ссовый; **II.** *adv* *(umg: sehr viel)* в большо́м коли́честве.

Massenmedium *nt* <-s, -medien> сре́дство *nt* ма́ссовой информа́ции

Masseur, -in *m/f* <-s, -e> массажи́ст, -ка *m/f*

maßgebend *adj* ❶ *(Person)* авторите́тный; ❷ *(Entscheidung)* реша́ющий

maßgeschneidert *adj* сде́ланный на зака́з

massieren *vt* масси́ровать, по- *pf*

massig **I.** *adj* масси́вный; **II.** *adv* *(umg: massenhaft)* о́чень мно́го.

mäßig *adj* ❶ *(gemäßigt)* уме́ренный; ❷ *(mittel~)* посре́дственный; ❸ *(gering)* небольшо́й

mäßigen *vt* *(mindern)* сде́рживать, сдержа́ть *pf*

massiv *adj* *(fest, stabil)* масси́вный, про́чный

Massiv *nt* <-s, -e> масси́в *m*

maßlos **I.** *adj* чрезме́рный, кра́йний; **II.** *adv* *(äußerst, außerordentlich)* кра́йне.

Maßnahme *f* <-, -n> ме́ра *f*, мероприя́тие *nt*; **provisorische ~** вре́менная ме́ра; **~n treffen** [*o* **ergreifen**] принима́ть ме́ры

Maßstab *m* <-(e)s, -stäbe> ❶ *(fig: Richtlinie)* крите́рий *m*; ❷ *(Zollstock)* метр *m*; ❸ *(maßstäbliches Verhältnis)* масшта́б *m*

maßvoll *adj* уме́ренный

Mast[1] *m* <-(e)s, -en/ (-e)> ❶ (EL: *für Stromleitung*) столб *m*; ❷ (MAR) ма́чта *f*

Mast[2] *f* <-, -en> *(das Mästen)* отко́рм *m* (скота́)

Mastdarm *m* <*gen:* -(e)s> (ANAT) пряма́я кишка́ *f*

mästen *vt* отка́рмливать, -корми́ть *pf*

masturbieren *vi* мастурби́ровать *impf*

Material *nt* <-s, -ien> материа́л *m*, сырё *nt*

Materialismus *m* <*gen:* -> материали́зм *m*

Materialist, -in *m/f* <-en, -en> материали́ст, -ка *m/f*

materialistisch *adj* материалисти́ческий

Materie *f* <-, -n> ❶ мате́рия *f*; ❷ *(Gegenstand, Thema)* те́ма *f*

materiell *adj* ❶ *(die Materie betreffend)* материа́льный; ❷ *(geldlich)* материа́льный, экономи́ческий

Mathematik *f* <*gen:* -> матема́тика *f*

Mathematiker, -in *m/f* <-s, -> матема́тик *m*

mathematisch *adj* математи́ческий

Matratze *f* <-, -n> матра́с *m*

Matrose *m* <-n, -n> матро́с *m*

Matsch *m* <*gen:* -(e)s> сля́коть *f*

matschig *adj* ❶ *(breiig)* вя́зкий; ❷ *(Schnee)* сля́котный

matt *adj* ❶ *(glanzlos)* ма́товый; ❷ *(schwach)* вя́лый; ❸ *(müde)* уста́лый; **jdn ~ setzen** *(Schach)* объяви́ть мат кому́-л.

Matte *f* <-, -n> ❶ *(Fußmatte)* ко́врик

m, цинóвка *f*; ❷ (SPORT) ковёр *m*
Mattscheibe *f* <-, -n> (*umg: Fernsehbildschirm*) экрáн *m* телевúзора
mau *adj*: **mir ist ~** (*umg*) мне нездорóвится; **die Geschäfte gehen ~** (*umg*) делá идýт плóхо
Mauer *f* <-, -n> стенá *f*
mauern *vt* стрóить, по- *pf* из кирпичá
Maul *nt* <-(e)s, Mäuler> пасть *f*, мóрда *f*; **halt's ~!** (*vulg*) заткнúсь! **ein großes ~ haben** (*vulg: prahlerisch reden*) любúть хвáстаться
Maulkorb *m* <-(e)s, -körbe> намóрдник *m*
Maulwurf *m* <-(e)s, Maulwürfe> крот *m*
Maurer, -in *m/f* <-s, -> кáменьщик, -щица *m/f*
Maus *f* <-, Mäuse> (ZOOL, DV) мышь *f*
Mausefalle *f* <-, -n> мышелóвка *f*
Mausklick *m* <-s, -s> щелчóк мыши
maximal *adj* максимáльный
Maximum *nt* <-s, Maxima> мáксимум *m*
Mayonnaise *f* <-, -n> майонéз *m*
Mazedonien *nt* <*gen:* -s> Македóния *f*
Mazedonier, -in *m/f* <-s, -> македóнец, -дóнца *m/f*
Mäzen, -in *m/f* <-s, -e> меценáт *m*
MB *nt* <-s, -> (DV: *Megabyte*) мегабáйт *m*
Mechanik *f* <-, -en> ❶ механика *f*; ❷ (*fig*) механизм *m*
Mechaniker, -in *m/f* <-s, -> механик *m*
mechanisch *adj* механúческий
mechanisieren *vt* механизúровать
Mechanismus *m* <-, Mechanismen> механúзм *m*
meckern *vi* ❶ (*Ziege*) блéять *impf*; ❷ (*umg: nörgeln*) ныть *impf*
Mecklenburg *nt* <*gen:* -s> Мекленбýрг *m*
Mecklenburg-Vorpommern *nt* <*gen:* -s> Мекленбýрг *m*-Перéдняя Померáния *f*
Medaille *f* <-, -n> медáль *f*
Medaillon *nt* <-s, -s> медальóн *m*
Medien *pl* <*gen:* -> срéдства *pl* мáссовой информáции
Medikament *nt* <-(e)s, -e> лекáрство *nt*
Meditation *f* <-, -en> медитáция *f*
meditativ *adj* медитатúвный
mediterran *adj* средиземномóрский
meditieren *vi* медитúровать *impf*
Medium *nt* <-s, Medien> ❶ средство *nt*, посрéдник *m*; ❷ (*Einrichtung für die Vermittlung von Meinungen*) срéдство *nt* коммуникáции
Medizin *f* <-, -en> ❶ (*Arznei*) лекáрство *nt*; ❷ (*Wissenschaft*) медицúна *f*
Mediziner, -in *m/f* <-s, -> ❶ (*Arzt*) врач *m*; ❷ (*Medizinstudent*) студéнт *m*-мéдик *m*
medizinisch *adj* медицúнский
Meer *nt* <-(e)s, -e> ❶ мóре *nt*; **im ~ baden** купáться в мóре ❷ (*große Anzahl, Fülle*) мóре *nt*
Meerenge *f* <-, -n> прольúв *m*
Meeresalge *f* <-, -n> морскáя вóдоросль *f*
Meeresspiegel *m* <*gen:* -s> ýровень *m* мóря; **über/unter dem ~** над ýровнем/нúже ýровня мóря
Meerrettich *m* <*gen:* -s> хрен *m*
Meerschweinchen *nt* <-s, -> морскáя свúнка *f*
Megabyte *nt* <-(s), -(s)> мегабáйт *m*
Megahertz *nt* (PHYS) мегагéрц
Megaphon, Megafon *nt* <-(e)s, -e> мегафóн *m*
Mehl *nt* <-(e)s, -e> ❶ (*Getreide~*) мукá *f*; ❷ (*Pulver*) порошóк *m*
mehlig *adj* ❶ (*mehlbestäubt*) обсыпанный мукóй; ❷ (*Früchte*) несóчный
mehr I. *pron indef* бóльше, бóлее; **immer ~** всё бóльше; **noch ~** ещё бóльше; II. *adv* бóльше; **ich kann nicht ~!** (*umg*) я бóльше не могý.
mehrdeutig *adj* многознáчный
mehrere *pron indef* ❶ (*einige, etliche*) нéсколько (+ *gen*),

M

не́которые; ❷ (*verschiedene*) разли́чные
mehreres *adv* не́которое
Mehrheit *f* <-, -en> большинство́ *nt*; **in der ~ sein** быть в большинстве́; **knappe ~** незначи́телное большинство́
Mehrkampf *m* <*gen:* -(e)s> (SPORT) многобо́рье *nt*
mehrmalig *adj* многокра́тный
mehrmals *adv* неоднокра́тно, не раз
mehrstellig *adj* (*Zahl*) многозна́чный
Mehrzahl *f* <*gen:* -> ❶ (LING) мно́жественное число́ *nt*; ❷ (*Mehrheit*) большинство́ *nt*
meiden *vt* <mied, gemieden> избега́ть, -бежа́ть *pf* (+ *inst*)
Meile *f* <-, -n> ми́ля *f*
Meilenstein *m* <-(e)s, -e> (*fig*) ве́ха *f*
meilenweit *adj* (*fig*) о́чень далеко́
mein *pron poss* мой, свой
Meineid *m* <-(e)s, -e> лжесвиде́тельство *nt*, ло́жное показа́ние *nt* под прися́гой; **einen ~ leisten** дава́ть ло́жные показа́ния под прися́гой
meinen *vt* ❶ (*denken, glauben*) ду́мать *impf*, счита́ть *impf*; **das meine ich auch** я то́же так счита́ю ❷ (*sagen wollen*) име́ть *impf* в виду́; **was ~ Sie?** что Вы име́ете в виду́?
meinerseits *adv* с мое́й стороны́
meinetwegen *adv* ❶ (*umg: von mir aus*) по мне; ❷ (*um meinetwillen*) ра́ди меня́
Meinung *f* <-, -en> мне́ние *nt*; **meiner ~ nach** по моему́ мне́нию
Meinungsfreiheit *f* <*gen:* -> свобо́да *f* сло́ва
Meinungsumfrage *f* <-, -n> опро́с *m* обще́ственного мне́ния
Meinungsverschiedenheit *f* <-, -en> разногла́сие *nt*
Meise *f* <-, -n> сини́ца *f*; **eine ~ haben** (*umg: nicht recht bei Verstand sein*) у него́ не все до́ма
Meißel *m* <-s, -> резе́ц *m*
meißeln *vt* высека́ть, вы́сечь *pf*
meist *adv* (*meistens*) ча́ще всего́, в основно́м
meiste(r, s) *pron indef* бо́льший, са́мый большо́й; **die meisten Briefe** большинство́ пи́сем; **am meisten** бо́льше всего́
meistens *adv* ча́ще всего́, в основно́м
Meister, -in *m/f* <-s, -> ма́стер *m*
meisterhaft I. *adj* ма́стерский, превосхо́дный; **II.** *adv* ма́стерски.
meistern *vt* справля́ться, спра́виться *pf*; **Schwierigkeiten ~** спра́виться с тру́дностями
Meisterschaft *f* <-, -en> ❶ (*meisterliches Können*) мастерство́ *nt*; ❷ (SPORT) чемпиона́т *m*, пе́рвенство *nt*
Meisterwerk *nt* <-(e)s, -e> шеде́вр *m*
Melancholie *f* <*gen:* -> меланхо́лия *f*
melancholisch *adj* меланхоли́чный
melden I. *vt* сообща́ть, -щи́ть *pf*; **mir wurde gemeldet, dass ...** мне бы́ло сообщено́, что...; **jdm etw ~** сообщи́ть кому́-л. о чём-л.; **II.** *vr* ❶ (*in der Schule*) поднима́ть, -ня́ть *pf* ру́ку; ❷ (*von sich hören lassen*) дава́ть, дать *pf* знать о себе́; ❸ (*kommen*) прийти́ *pf*; ❹ (*am Telefon*) отвеча́ть, -ве́тить *pf* (по телефо́ну)
Meldepflicht *f* <*gen:* -> обяза́тельная регистра́ция *f*
meldepflichtig *adj* подлежа́щий регистра́ции
Meldestelle *f* <-, -n> стол *m* пропи́ски
Meldung *f* <-, -en> ❶ (RUNDF, TV) сообще́ние *nt*; ❷ (SPORT) зая́вка *f*; ❸ (*dienstliche Mitteilung*) докла́д *m*
melken *vt* дои́ть, по- *pf*
Melodie *f* <-, -n> мело́дия *f*
melodisch *adj* мелоди́чный
Melone *f* <-, -n> ❶ (*Wasser-*) арбу́з *m*; ❷ (*Honig~*) ды́ня *f*; ❸ (*Hut*) котело́к *m*
Membran *f* <-, -en> ❶ (TECH)

мембра́на *f*; ❷ (ANAT) перепо́нка *f*
Memoiren *pl* <*gen:* -> мемуа́ры *pl*
Menge *f* <-, -n> ❶ (*bestimmte Anzahl*) большо́е коли́чество *nt*; **jede ~** (*umg: sehr viel*) ско́лько хо́чешь ❷ (*Menschen~*) толпа́ *f*; ❸ (MATH) мно́жество *nt*
mengen *vt* сме́шивать, смеша́ть *pf*
Meniskus *m* <-, Menisken> (MED) мени́ск *m*
Mensa *f* <-, -s/ Mensen> студе́нческая столо́вая *f*
Mensch *m* <-en, -en> ❶ (*menschliches Wesen*) челове́к *m*; **kein ~** (*niemand*) никто́ ❷ (*pl: Leute*) лю́ди *pl*; **der Saal war voller ~en** зал был по́лон люде́й
menschenfeindlich *adj* человеконенави́стнический
Menschenkenntnis *f* <*gen:* -> зна́ние *nt* люде́й
menschenleer *adj* безлю́дный
Menschenliebe *f* <*gen:* -> филантро́пия *f*
Menschenrechte *pl* <*gen:* -> права́ *pl* челове́ка
menschenscheu *adj* необщи́тельный
Menschheit *f* <*gen:* -> челове́чество *nt*
menschlich *adj* ❶ (*den Menschen betreffend*) челове́ческий; ❷ (*human*) челове́чный
Menschlichkeit *f* <-, -en> челове́чность *f*, гума́нность *f*
Menstruation *f* <-, -en> менструа́ция *f*
Mentalität *f* <-, -en> (*Geistesart, Gemütsart*) склад *m* ума́
Menthol *nt* <*gen:* -s> менто́л *m*
Menü *nt* <-s, -s> ❶ (*Speisenfolge*) станда́ртный обе́д *m*; ❷ (DV) меню́ *nt*
merci *interj* (*CH: Danke*) спаси́бо
Merkblatt *nt* <-(e)s, -blätter> па́мятка *f*
merken I. *vt* ❶ (*wahrnehmen*) замеча́ть, -ме́тить *pf*; ❷ (*spüren*) чу́вствовать, по- *pf*; **II.** *vr* (*im Gedächtnis behalten*) запомина́ть, -по́мнить *pf*; **merk dir das!** запо́мни э́то!
merklich *adj* заме́тный
Merkmal *nt* <-s, -e> при́знак *m*
merkwürdig *adj* (*seltsam*) стра́нный
messbar *adj* измери́мый
Messbecher *m* <-s, -> ме́рный стака́н *m*
Messe[1] *f* <-, -n> (REL) богослуже́ние *nt*, ме́сса *f*
Messe[2] *f* <-, -n> (ÖKON: *Ausstellung*) вы́ставка-я́рмарка *f*
Messehalle *f* <-, -n> вы́ставочный павильо́н *m*
messen I. *vt* <maß, gemessen> ме́рить, по- *pf*, измеря́ть, -ме́рить *pf*; **Fieber ~** изме́рить температу́ру; **II.** *vr* ме́риться, по- (си́лами) *pf* (*mit +dat* с *+inst*)
Messer *nt* <-s, -> нож *m*
Messerklinge *f* <-, -n> ле́звие *nt* ножа́
Messgerät *nt* <-(e)s, -e> измери́тельный прибо́р *m*
Messing *nt* <*gen:* -s> лату́нь *f*
Messlatte *f* <-, -n> ме́рная ре́йка *f*
Messung *f* <-, -en> измере́ние *nt*
Metall *nt* <-s, -e> мета́лл *m*
Metallindustrie *f* <-, -n> металлообраба́тывающая промы́шленность *f*
metallisch *adj* (*aus Metall*) металли́ческий
Metamorphose *f* <-, -n> метаморфо́за *f*
Metapher *f* <-, -n> мета́фора *f*
Metastase *f* <-, -n> (MED) метаста́з *m*
Meteor *m* <-s, -e> метео́р *m*
Meteorologe *m* <-n, -n> метеоро́лог *m*
Meteorologie *f* <*gen:* -> метеороло́гия *f*
meteorologisch *adj* метеорологи́ческий
Meter *m* <-s, -> метр *m*
Metermaß *nt* <-es, -e> (*Zollstock*) метр *m*
Methode *f* <-, -n> ме́тод *m*
Methodik *f* <*gen:* -> мето́дика *f*

M

methodisch *adj* методи́ческий
Metropole *f* <-, -n> столи́ца *f*
Mettwurst *f* <-, -würste> италья́нская (копчёная) колбаса́ *f*
Metzelei *f* <-, -en> резня́ *f*
Metzgerei *f* <-, -en> мясно́й магази́н *m*
meucheln *vt* (*geh*) убива́ть, уби́ть *pf* из-за угла́
meuchlerisch *adj* (*geh*) злоде́йский, преда́тельский
Meuterei *f* <-, -en> бунт *m*
meutern *vi* поднима́ть, -ня́ть бунт *pf*
Mexiko *nt* <*gen:* -s> Ме́ксика *f*
miauen *vi* мяу́кать, -у́кнуть *pf*
mich *pron pers* меня́
mied *prät von* **meiden**
Miene *f* <-, -n> (*Gesichtsausdruck*) ми́на *f*
mies *adj* (*umg: schlecht*) скве́рный
miesmachen *vt* (*umg*) по́ртить, ис- *pf*; **er muss immer alles ~** он всёгда всё до́лжен испо́ртить

M

Miesmuschel *f* <-, -n> ми́дия *f*
Miete *f* <-, -n> квартпла́та *f*; **die ~ erhöhen** повыша́ть аре́ндную пла́ту; **zur ~ wohnen** снима́ть кварти́ру; **~zahlen** вноси́ть пла́ту за аре́нду
mieten *vt* брать, взять *pf* напрока́т, снима́ть, сня́ть *pf*
Mieter, -in *m/f* <-s, -> квартиросъёмщик, -щица *m/f*
Mietwagen *m* <-s, -> прока́тный автомоби́ль *m*
Mietwohnung *f* <-, -en> сдава́емая внаём кварти́ра *f*
Migräne *f* <-, -n> мигре́нь *f*
Mikrobe *f* <-, -n> микро́б *m*
Mikrophon *nt* <-s, -e> микрофо́н *m*
Mikroskop *nt* <-s, -e> микроско́п *m*
Mikrowelle *f* <-, -n> микрово́лны *fpl*
Mikrowellenherd *m* <-(e)s, -e> микроволно́вая печь *f*
Milch *f* <*gen:* -> молоко́ *nt*
Milchglas *nt* моло́чное стекло́ *nt*
milchig *adj* моло́чный
Milchkaffee *m* <-s, -s> ко́фе *nt* с молоко́м
Milchkanne *f* <-, -n> ❶ кувши́н *m* для молока́; ❷ (*aus Metall*) бидо́н *m* для молока́
Milchpulver *nt* <*gen:* -s> сухо́е молоко́ *nt*
Milchstraße *f* <*gen:* -> Мле́чный Путь *m*
Milchzahn *m* <-(e)s, -zähne> моло́чный зуб *m*
mild *adj* ❶ (*sanft*) мя́гкий; ❷ (*nachsichtig*) до́брый
Milde *f* <*gen:* -> ❶ (*Sanftheit*) мя́гкость *f*; ❷ (*Nachsicht*) доброта́ *f*
mildern *vt* ❶ смягча́ть, -чи́ть *pf*; ❷ (*Schmerzen*) облегча́ть, -чи́ть *pf*
Milieu *nt* <-s, -s> (*soziales Umfeld*) среда́ *f*
militant *adj* вои́нствующий
Militär *nt* <*gen:* -s> а́рмия *f*, вооружённые си́лы *pl*; **beim ~ sein** служи́ть в а́рмии
Militärdienst *m* <*gen:* -es> вое́нная слу́жба *f*
militärisch *adj* вое́нный
Militarismus *m* <*gen:* -> милитари́зм *m*
militaristisch *adj* милитари́стский
Milliardär, -in *m/f* <-s, -e> миллиарде́р, -ша *m/f*
Milliarde *f* <-, -n> миллиа́рд *m*
Milligramm *nt* <*gen:* -(e)s> миллигра́мм *m*
Million *f* <-, -en> миллио́н *m*; **fünf ~en Menschen** пять миллио́нов челове́к
Millionär, -in *m/f* <-s, -e> миллионе́р, -ша *m/f*
Milz *f* <*gen:* -> селезёнка *f*
Mimik *f* <*gen:* -> ми́мика *f*
mimisch *adj* мими́ческий
Mimose *f* <-, -n> ❶ мимо́за *f*; ❷ (*umg*) недотро́га *mf*
mindere(r, s) *adj* (*geringere(r, s): Qualität*) ни́зкий; **diese Frage ist von minderer Bedeutung** э́то ме́нее ва́жный вопро́с
Minderheit *f* <-, -en> меньшинство́

nt; **in der ~ sein** быть в меньшинстве́; **eine verschwindend kleine ~** ничто́жное меньшинство́

minderjährig *adj* несовершенноле́тний

Minderjährige(r) *mf* <-n, -n> несовершенноле́тний, -няя *m/f*

mindern I. *vt* уменьша́ть, уме́ньшить *pf*, умаля́ть, -ли́ть *pf*; **II.** *vr* (*sich verringern*) уменьша́ться, уме́ньшиться *pf*

mindeste(r, s) I. *adj* мале́йший, минима́льный, са́мый ме́ньший; **II.** *adv* минима́льно; **nicht im Mindesten** (*überhaupt nicht*) ничу́ть.

mindestens *adv* по кра́йней ме́ре, ми́нимум

Mindestmaß *nt* <*gen:* -es> ми́нимум *m*

Mine *f* <-, -n> ① (BERGB) рудни́к *m*; ② (*Sprengkörper*) ми́на *f*; ③ (*des Bleistiftes*) графи́т *m*; ④ (*des Kugelschreibers*) сте́ржень *m*

Mineral *nt* <-s, -e/ -ien> минера́л *m*

Mineralstoffe *pl* <*gen:* -> минера́льные вещества́ *ntpl*

Mineralwasser *nt* <-s, -> минера́льная вода́ *f*

minimal *adj* минима́льный

Minimum *nt* <-s, -ma> ми́нимум *m*; **auf ein ~ reduzieren** своди́ть до ми́нимума

Minirock *m* <-(e)s, -röcke> мини-ю́бка *f*

Minister, -in *m/f* <-s, -> мини́стр *m*

Ministerium *nt* <-s, Ministerien> министе́рство *nt*

Ministerpräsident, -in *m/f* <-en, -en> премье́р-мини́стр *m*

minus *konj* (MATH) ми́нус

Minus *nt* <*gen:* -> ① (*Fehlbetrag*) дефици́т *m*; ② (*fig: Nachteil*) ми́нус *m*

Minuszeichen *nt* <-s, -> знак *m* ми́нуса

Minute *f* <-, -n> мину́та *f*; **es ist zehn ~n nach zwölf** сейча́с де́сять мину́т пе́рвого

Minutenzeiger *m* <-s, -> мину́тная стре́лка *f*

Minze *f* <*gen:* -> мя́та *f*

mir *pron* мне; **von ~ aus!** (*umg*) я не про́тив! **das ist ein Freund von ~** э́то мой друг

Mischehe *f* <-, -n> сме́шанный брак *m*

mischen I. *vt* ① (*vermengen*) сме́шивать, смеша́ть *pf*, меша́ть, по- *pf*; ② (*Karten*) тасова́ть, пере- *pf*; **II.** *vr* ① (*sich mit etw ver~*) сме́шиваться, смеша́ться *pf*; ② (*sich ein~*) вме́шиваться, вмеша́ться *pf*

Mischling *m* <-s, -e> ① (*Tier*) по́месь *f*; ② (*Mensch*) мети́с *m*

Mischung *f* <-, -en> смесь *f*

Mischwald *m* <-(e)s, -wälder> сме́шанный лес *m*

miserabel *adj* ① (*schlecht*) скве́рный; ② (*gemein*) по́длый

Misere *f* <-, -n> беда́ *f*

missachten *vt* ① (*nicht beachten*) не соблюда́ть, не соблюсти́ *pf*; ② (*jdn/ etw nicht achten*) не уважа́ть *impf*

Missachtung *f* <-, -en> ① (*Verachtung*) презре́ние *nt*; ② (*Geringschätzung*) пренебреже́ние *nt*

missbilligen *vt* отверга́ть, -ве́ргнуть *pf*

Missbilligung *f* <*gen:* -> неодобре́ние *nt*

Missbrauch *m* <-(e)s, -bräuche> злоупотребле́ние *nt*

missbrauchen *vt* злоупотребля́ть, -би́ть *pf*; **sein Amt ~** злоупотребля́ть свои́м служе́бным положе́нием

Misserfolg *m* <-(e)s, -e> неуда́ча *f*

Missgeburt *f* <-, -en> ① (MED) уро́д *m*; ② (*pej: unsympathischer Mensch*) ублю́док *m*

Missgeschick *nt* <-(e)s, -e> несча́стье *nt*

misshandeln *vt* (auch JUR) жесто́ко обраща́ться *impf* (с +*inst*), истяза́ть *impf*

Misshandlung *f* <-, -en> жесто́кое обраще́ние *nt*, истяза́ние *nt*

Mission *f* <-, -en> ❶ (*geh: Auftrag, Sendung*) ми́ссия *f*; **in geheimer ~** с та́йной ми́ссией ❷ (*Verbreitung einer religiösen Lehre*) ми́ссия *f*

Missionar, -in *m/f* <-s, -e> миссионе́р *f*

Missklang *m* <-(e)s, -klänge> ❶ (MUS: *Dissonanz*) неблагозву́чие *nt*; ❷ (*fig: Unstimmigkeit*) разла́д *m*

Misskredit *m* недове́рие *nt*; **etw in ~ bringen** дискредити́ровать что-л.

misslang *prät von* **misslingen**

misslingen *vi* <mißlang, mißlungen> не удава́ться, не уда́ться *pf*

Missmut *m* <*gen:* -(e)s> доса́да *f*

missmutig *adj* угрю́мый

Missstand *m* <-(e)s, -stände> плохо́е состоя́ние *nt*, безобра́зие *nt*

misstrauen *vi* не доверя́ть *impf*

Misstrauen *nt* <*gen:* -s> недове́рие *nt*; **~ gegen jdn hegen** пита́ть недове́рие к кому́-л.

misstrauisch *adj* недове́рчивый

Missverhältnis *nt* <-ses, -se> несоразме́рность *f*

Missverständnis *nt* <-ses, -se> ❶ (*falsche Deutung einer Aussage*) недоразуме́ние *nt*; ❷ (*Meinungsverschiedenheit*) недоразуме́ние *nt*

missverstehen *vt* непра́вильно понима́ть, поня́ть *pf*

Misswirtschaft *f* <*gen:* -> безхозя́йственность *f*

Mist *m* <*gen:* -(e)s> ❶ (*Dünger*) наво́з *m*; ❷ (*umg: Unsinn*) чушь; **er redet wirklich nur ~** (*umg*) он говори́т то́лько одну́ чушь; **~ bauen** (*umg: einen Fehler machen*) наде́лать глу́постей

Mistbeet *nt* <-(e)s, -e> парни́к *m*

Mistgabel *f* <-, -n> наво́зные ви́лы *pl*

Mistkäfer *m* <-s, -> наво́зник *m*

mit I. *präp +dat* с (+ *inst*), вме́сте с (+ *inst*); **willst du ~ uns essen?** бу́дешь с на́ми есть?; **~ dem Zug fahren** е́хать на по́езде; **komm ~!** пойдём со мно́й! **II.** *adv* (*ebenfalls, auch*) та́кже, то́же.

Mitarbeit *f* <*gen:* -> ❶ сотру́дничество *nt*; ❷ (*Beteiligung*) уча́стие *nt*

mitarbeiten *vi* принима́ть, -ня́ть *pf* уча́стие (в рабо́те), сотру́дничать *impf*; **wir haben an diesem Projekt auch mitgearbeitet** мы та́кже принима́ли уча́стие в рабо́те над э́тим прое́ктом

Mitarbeiter, -in *m/f* <-s, -> (*Angestellter*) сотру́дник, -ница *m/f*

mitbekommen *irr vt* (*hören, wahrnehmen*) поня́ть *pf*

Mitbestimmung *f* <*gen:* -> уча́стие *nt* в приня́тии решений

mitbringen *irr vt* ❶ (*Geschenk*) приноси́ть, принести́ *pf* с собо́й; ❷ (*als Voraussetzung haben, besitzen*) облада́ть *impf* (+ *inst*)

Mitbringsel *nt* <-s, -> (*Geschenk*) пода́рочек *m*

Mitbürger, -in *m/f* <-s, -> сограждани́н, -данка *m/f*

miteinander *adv* ❶ друг с дру́гом; ❷ (*gemeinsam*) вме́сте; **alle ~** все вме́сте

miterleben *vt* пережи́ть *pf*, быть, стать *pf* свиде́телем чего́-л.

Mitesser *m* <-s, -> (*Hautunreinheit*) ко́жный у́горь *m*

mitgeben *irr vt* дава́ть, дать *pf* с собо́й

Mitgefühl *nt* <*gen:* -(e)s> сочу́вствие *nt*

mitgehen *irr vi* (*mit jdm fortgehen*) идти́, пойти́ *pf* вме́сте с кем-л.

mitgenommen *adj* ❶ измо́танный, изнурённый, уста́лый; ❷ пострада́вший

Mitgift *f* <-, -en> прида́ное *nt*

Mitglied *nt* <-(e)s, -er> член *m*

Mitgliedschaft *f* <-, -en> чле́нство *nt*

mithalten *irr vi* не отстава́ть, не отста́ть *pf* от други́х

mitkommen *irr vi* ① (*begleiten*) провожа́ть, -води́ть *pf*, идти́, пойти́ *pf* вме́сте (*mit +dat* с *+inst*); ② (*fig: geistig folgen*) понима́ть, -ня́ть *pf*

Mitleid *nt* <*gen:* -(e)s> сострада́ние *nt*; **mit jdm ~ haben** сочу́вствовать кому́-л.

mitleidig *adj* сострада́тельный

mitmachen *vt* принима́ть, -ня́ть *pf* уча́стие (в *+präpos*)

Mitmensch *m* <-en, -en> бли́жний *m*

mitnehmen *irr vt* (*mit sich nehmen*) брать, взять *pf* с собо́й

mitreißen *irr vt* ① (*fortreißen*) уноси́ть, унести́ *pf* с собо́й; ② (*fig: begeistern*) увлека́ть, увле́чь *pf*

Mitschuld *f* <*gen:* -> соуча́стие *nt* (*an +dat* в *+präpos*)

mitschuldig *adj* прича́стный (*an +dat* к *+dat*)

mitspielen *vi* уча́ствовать *impf* в игре́; **jdm übel ~** (*schlimm mit jdm umgehen*) сыгра́ть с кем-л. злу́ю шу́тку

Mittag *m* <-s, -e> по́лдень *m*; **zu ~ essen** обе́дать

Mittagessen *nt* <*gen:* -s> обе́д *m*; **beim ~ sitzen** обе́дать

mittags *adv* в по́лдень, днём

Mittagspause *f* <-, -n> обе́денный переры́в *m*

Mitte *f* <*gen:* -> середи́на *f*; **die goldene ~** золота́я середи́на; **er ist ~ Zwanzig** ему́ о́коло двадцати́ пяти́ лет; **~ des Jahres** в середи́не го́да; **~ Mai** в середи́не ма́я

mitteilen *vt* сообща́ть, -щи́ть *pf*; **jdm etw ~** сообщи́ть кому́-л. о чём-л.; **ich muss Ihnen leider ~, dass ...** я до́лжен, к сожале́нию, сообщи́ть Вам,что...

Mitteilung *f* <-, -en> сообще́ние *nt*

Mittel *nt* <-s, -> ① (*Methode, Hilfsmittel, Präparat*) сре́дство *nt*; ② (*Medikament*) лека́рство *nt*; ③ (*Durchschnittswert*) сре́дняя величина́ *f*; **das arithmetische ~** сре́днее арифмети́ческое; ④ (*pl: Geldmittel*) де́нежные сре́дства *ntpl*

Mittelalter *nt* <*gen:* -s> средневеко́вье *nt*, сре́дние века́ *mpl*

mittelalterlich *adj* средневеко́вый

Mitteleuropa *nt* <*gen:* -s> Центра́льная Евро́па *f*

mitteleuropäisch *adj* среднеевропе́йский

Mittelfinger *m* <-s, -> сре́дний па́лец *m*

mittelfristig *adj* среднесро́чный

mittelgroß *adj* сре́днего ро́ста

mittellos *adj* неиму́щий

Mittellosigkeit *f* <*gen:* -> отсу́тствие *nt* средств

mittelmäßig *adj* зауря́дный

Mittelmeer *nt* <*gen:* -(e)s> Средизе́мное мо́ре *nt*

Mittelpunkt *m* <-(e)s, -e> центр *m*; **im ~ stehen** (*fig*) находи́ться в це́нтре внима́ния

mittels *präp +gen* при по́мощи (+ *gen*), с по́мощью (+ *gen*)

Mittelstand *m* <*gen:* -(e)s> сре́дний слой *m* (о́бщества)

Mittelwelle *f* <*gen:* -e> сре́дние во́лны *pl*

mitten *adv* среди́, посреди́; **~ in der Nacht** среди́ но́чи; **~ auf der Straße** посреди́ у́лицы

Mitternacht *f* <*gen:* -> по́лночь *f*

Mittler, -in *m/f* <-s, -> посре́дник *m*

mittlere(r, s) *adj* (*in der Mitte befindlich*) сре́дний

mittlerweile *adv* ме́жду тем

mittragen *vt* нести́ вме́сте с кем-л.

Mittwoch *m* <-(e)s, -e> среда́ *f*; **am ~** в сре́ду

mittwochs *adv* по сре́дам

mitwirken *vi* ① (*mitarbeiten*) принима́ть, -ня́ть *pf* уча́стие (*an, bei +dat* в *+präpos*); ② (*mitspielen*) игра́ть, сыгра́ть *pf*

Mitwirkung *f* <*gen:* -> соуча́стие *nt*

Mixer *m* <-s, -> ① (*Barmixer*) барме́н *m*; ② (*Mixgerät*) ми́ксер *m*

Mixtur *f* <-, -en> микстýра *f*
mm *abk von* ***Millimeter***
Möbel *nt* <-s, -> мéбель *f*
Möbelgeschäft *nt* <-(e)s, -e> мéбельный магазúн *m*
mobil *adj* подвúжный, мобúльный; **~ machen** мобилизовáть
Mobilfunk *m* <*gen:* -s> мобúльная рáция *f*
Mobiliar *nt* <-s, -e> мéбель *f*
mobilisieren *vt* ❶ (MIL: *mobil machen*) объявúть *pf* мобилизáцию; ❷ (*fig: aktivieren*) мобилизовáть *impf/pf*
Mobilität *f* <*gen:* -> мобúльность *f*; **berufliche ~** профессионáльная мобúльность
mobilmachen *vi* (MIL) объявлять, объявúть *pf* мобилизáцию
Mobiltelefon *nt* <-s, -e> мобúльный телефóн *m*
möblieren *vt* меблировáть *impf/pf*
mochte *prät von* **mögen**
Möchtegern *m* <-s, -s> (*pej*) хвастýн *m*
modal *adj* (LING) модáльный
Mode *f* <-, -n> мóда *f*
Modeheft *nt* <-(e)s, -e> журнáл *m* мод
Modell *nt* <-s, -e> (*Entwurf, Muster*) модéль *f*, образéц *m*; **jdm ~ stehen** позúровать для когó-л.
Modelleisenbahn *f* <-, -en> миниатюрная желéзная дорóга *f*
Modenschau *f* <-, -en> демонстрáция *f* мод
moderat *adj* умéренный
Moderator, -in *m/f* <-s, -en> ведýщий, -щая *m/f* передáчи
moderieren *vt* вестú *impf* передáчу
modern *adj* ❶ (*zeitgemäß*) совремéнный; ❷ (*modisch*) мóдный
Moderne *f* <*gen:* -> совремéнность *f*
modernisieren *vt* модернизúровать *impf/pf*
Modeschmuck *m* <*gen:* -s> бижутéрия *f*
modifizieren *vt* (*umgestalten, abwandeln*) модифицúровать *impf/pf*
modisch *adj* мóдный
Modus *m* <-, Modi> ❶ (*Verfahrensweise*) спóсоб *m*; ❷ (LING) наклонéние *nt*
mogeln *vi* мошéнничать, с- *pf*
mögen I. *vt* <mochte, gemocht> (*gern haben*) любúть, по- *pf*; **sie mag klassische Musik** онá лю́бит классúческую мýзыку; **II.** *vi* ❶ (*können*) мочь *impf*; **was mag das bedeuten?** что э́то моглó бы означáть? ❷ (*den Wunsch haben, wollen*) хотéть *impf*; **ich möchte gerne ins Kino gehen** я хотéл бы пойтú в кинó
möglich *adj* (*erreichbar, zu verwirklichen*) возмóжный; **~ ist alles** всё возмóжно
möglicherweise *adv* быть мóжет, возмóжно
Möglichkeit *f* <-, -en> ❶ (*das Mögliche*) возмóжность *f*; **nach ~** (*wenn möglich*) по возмóжности ❷ (*Gelegenheit, Chance*) возмóжность *f*; **die ~ haben, etw zu tun** имéть возмóжность сдéлать что-л.
möglichst *adv* по возмóжности
Mohn *m* <-(e)s, (-e)> ❶ (*Pflanze*) мак *m*; ❷ (*Samen*) мак *m*
Möhre *f* <-, -n> моркóвь *f*
Mokka *m* <-s, -s> ❶ мóкко *nt*; ❷ óчень крéпкий кóфе *m*
Molch *m* <-(e)s, -e> тритóн *m*
Mole *f* <-, -n> волнорéз *m*
Molekül *nt* <-s, -e> молéкула *f*
Molkerei *f* <-, -en> молóчный завóд *m*
mollig *adj* ❶ (*behaglich warm*) уютный; ❷ (*rundlich*) пóлный
Moment *m* <-(e)s, -e> (*Augenblick*) момéнт *m*; **~ mal!** (*umg*) однý минýтку! **im ersten ~** в пéрвый момéнт
momentan I. *adj* настоя́щий; **II.** *adv* в дáнный момéнт; **was tust du ~?** что ты дéлаешь в

настоя́щий моме́нт?.
Momentaufnahme *f* <-, -n> момента́льный сни́мок *m*
Monarch, -in *m/f* <-en, -en> мона́рх *m*
Monarchie *f* <-, -n> мона́рхия *f*
Monat *m* <-(e)s, -e> ме́сяц *m*; **vor zwei ~en** два ме́сяца тому́ наза́д; **sie ist im vierten ~** (*umg*) она́ на четвёртом ме́сяце
monatlich *adj* ме́сячный
Monatsgehalt *nt* <-(e)s, -gehälter> ме́сячный за́работок *m*
Monatskarte *f* <-, -n> ❶ (*Fahrkarte*) ме́сячный проездно́й биле́т *m*; ❷ (*für mehrere Verkehrsmittel gültig*) еди́ный проездно́й биле́т *m*; ❸ (*umg*) еди́ный *m*
Mönch *m* <-(e)s, -e> мона́х *m*
Mond *m* <-(e)s, -e> ❶ (*der Erde*) луна́ *f*; ❷ (ASTR) луна́ *f*
mondän *adj* (*extravagant*) све́тский
Mondfinsternis *f* <-, -se> лу́нное затме́ние *nt*
Monitor *m* <-s, -en> монито́р *m*
Monolog *m* <-(e)s, -e> моноло́г *m*; **einen ~ sprechen** чита́ть моноло́г
Monopol *nt* <-s, -e> монопо́лия *f*; **ein ~ ausüben** облада́ть монопо́лией
monoton *adj* моното́нный
Monster *nt* <-s, -> монстр *m*
Monsun *m* <-s, -e> муссо́н *m*
Montag *m* <-(e)s, -e> понеде́льник *m*
Montage *f* <-, -n> монта́ж *m*, сбо́рка *f*
montags *adv* по понеде́льникам
Monteur, -in *m/f* <-s, -e> ❶ (KFZ) меха́ник-монтёр *m*; ❷ (EL) монтёр *m*; ❸ (*für beides auch*) сбо́рщик *m*
montieren *vt* ❶ (*aufbauen*) монти́ровать, с- *pf*; ❷ (*befestigen*) укрепля́ть, -пи́ть *pf*
Monument *nt* <-(e)s, -e> па́мятник *m*
monumental *adj* монумента́льный
Moor *nt* <-(e)s, -e> боло́то *nt*
Moos *nt* <-es, -e> мох *m*
Moped *nt* <-s, -s> мопе́д *m*
Mops *m* <-es, Möpse> мопс *m*
Moral *f* <*gen:* -> мора́ль *f*, нра́вственность *f*; **eine doppelte ~** двойна́я мора́ль
moralisch *adj* мора́льный, нра́вственный
Morast *m* <-(e)s, -e/ Moräste> боло́то *nt*
Mord *m* <-(e)s, -e> уби́йство *nt*; **einen ~ begehen** соверши́ть уби́йство
Mörder, -in *m/f* <-s, -> уби́йца *mf*
mörderisch *adj* ❶ (*grausam*) уби́йственный; ❷ (*umg: furchtbar*) стра́шный; ❸ (*umg: heftig, gewaltig*) ужа́сный
Mordwaffe *f* <-, -n> ору́жие *nt* уби́йства
morgen *adv* ❶ (*am folgenden Tag*) за́втра; ❷ (*am Morgen*) у́тром; **heute Morgen** сего́дня у́тром
Morgen *m* <-s, -> (*Tageszeit*) у́тро *nt*; **guten ~!** до́брое у́тро! **früh am ~** ра́но у́тром; **am nächsten ~** на сле́дующее у́тро
morgens *adv* у́тром, по утра́м
morgig *adj* за́втрашний
Morphem *nt* <-s, -e> морфе́ма *f*
Morphium *nt* <*gen:* -s> мо́рфий *m*
Morphologie *f* <*gen:* -> морфоло́гия *f*
morsch *adj* гнило́й
Morsealphabet *nt* <*gen:* -(e)s> а́збука *f* Мо́рзе
Mörtel *m* <*gen:* -s> строи́тельный раство́р *m*
Mörtelkelle *f* <-, -n> мастеро́к *m*
Mosaik *nt* <-s, -en> моза́ика *f*
Moschee *f* <-, -n> мече́ть *f*
Moskau *nt* <*gen:* -s> Москва́ *f*
Moskauer, -in *m/f* <-s, -> москви́ч, -ка *m/f*
Moskauer I. *adj* моско́вский; **II.** *adv* по-моско́вски.
Moskito *m* <-s, -s> моски́т *m*
Moslem *m* <-s, -s> мусульма́нин *m*
moslemisch I. *adj* мусульма́нский; **II.** *adv* по-мусульма́нски.
Moslime *f* <-, -n> мусульма́нка *f*

M

Motel *nt* <-s, -s> моте́ль *m*
Motiv *nt* <-s, -e> ❶ (*Beweggrund*) моти́в *m*, по́вод *m*; ❷ (LIT: *allgemeines Thema*) сюже́т *m*; ❸ (MUS) моти́в *m*
Motivation *f* <-, -en> мотива́ция *f*
motivieren *vt* ❶ (*anregen*) поощря́ть, -ри́ть *pf*, стимули́ровать; **jdn zur Arbeit ~** поощря́ть к рабо́те кого́-л. ❷ (*begründen*) мотиви́ровать *impf/pf*
Motocross, Moto-Cross *nt* <*gen:* -> мотокро́сс *m*
Motor *m* <-s, -en> дви́гатель *m*, мото́р *m*; **den ~ abstellen** остана́вливать дви́гатель
Motorboot *nt* <-(e)s, -e> мото́рная ло́дка *f*
motorisch *adj* мото́рный
Motorrad *nt* <-(e)s, -räder> мотоци́кл *m*
Motorroller *m* <-s, -> моторо́ллер *m*
Motorsport *m* <*gen:* -(e)s> мотоспо́рт *m*

M

Motte *f* <-, -n> моль *f*
Motto *nt* <-s, -s> ❶ деви́з *m*; ❷ ло́зунг *m*
Mousepad *nt* <-s, -s> (DV) ко́врик *m* для мы́ши
Möwe *f* <-, -n> ча́йка *f*
Mücke *f* <-, -n> кома́р *m*
Mückenstich *m* <-(e)s, -e> комари́ный уку́с *m*
müde *adj* уста́лый, утомлённый
Müdigkeit *f* <*gen:* -> уста́лость *f*
Muffe *f* <-, -n> му́фта *f*
Muffel *m* <-s, -> (*umg*) ворчу́н *m*
muffig *adj* ❶ (*Geruch*) за́тхлый; ❷ (*mürrisch*) ворчли́вый
Mühe *f* <-, -n> труд *m*, уси́лия *ntpl*; **sich ~ geben** постара́ться; **mit Müh und Not** с грехо́м попола́м
mühelos *adj* лёгкий
mühevoll *adj* тру́дный
Mühle *f* <-, -n> ме́льница *f*
mühsam I. *adj* тру́дный, утоми́тельный; **II.** *adv* тру́дно.
Mulatte *m* <-n, -n> мула́т *m*
Mulattin *f* <-, -nen> мула́тка *f*
Mulde *f* <-, -n> лощи́на *f*
Mull *m* <*gen:* -(e)s> (*leichtes Baumwollgewebe*) ма́рля *f*
Müll *m* <*gen:* -s> му́сор *m*; **radioaktiver ~** радиоакти́вные отхо́ды
Müllabfuhr *f* <*gen:* -> вы́воз *m* му́сора
Mullbinde *f* <-, -n> ма́рлевый бинт *m*
Müllcontainer *m* <-s, -> му́сорный конте́йнер *m*
Mülldeponie *f* <-, -n> му́сорная сва́лка *f*
Mülleimer *m* <-s, -> му́сорное ведро́ *nt*
Mülltonne *f* <-, -n> му́сорный бак *m*
Müllwagen *m* <-s, -> мусорово́з *m*
multikulturell *adj* мультикульту́рный
multiplizieren *vt* умножа́ть, -но́жить *pf* (*mit +dat* на *+akk*)
Mumps *m* <*gen:* -> сви́нка *f*
Mund *m* <-(e)s, Münder> рот *m*; **halt den ~!** (*umg*) закро́й рот! **jdm nach dem ~ reden** льсти́ть кому́-л.
Mundart *f* <-, -en> диале́кт *nt*, наре́чие *nt*
münden *vi* (*Wasserlauf*) впада́ть *impf* (*in +akk* в *+akk*)
Mundgeruch *m* <*gen:* -(e)s> за́пах *m* изо рта
Mundharmonika *f* <*gen:* -> губна́я гармо́ника *f*
mündig *adj* совершенноле́тний
mündlich *adj* у́стный
Mundstück *nt* <-(e)s, -e> ❶ (*einer Zigarette, Pfeife*) мундшту́к *m*; ❷ (*an Blasinstrumenten*) мундшту́к *m*
Mündung *f* <-, -en> ❶ (*von Fluss*) у́стье *nt*; ❷ (*von Schusswaffe*) ду́ло *nt*
Mundwasser *nt* <*gen:* -s> зубно́й эликси́р *m*
Munition *f* <*gen:* -> боеприпа́сы *mpl*
munkeln *vi* (*umg*) погова́ривать *impf*; **es wird gemunkelt, dass ...** погова́ривают, что...
munter *adj* ❶ (*lebhaft*) живо́й;

❶ (*lustig*) весёлый; ❸ (*wach*) бóдрый

Münze *f* <-, -n> монéта *f*; **etw für bare ~ nehmen** (*umg*) принимáть что-л. за чи́стую монéту

Münzfernsprecher *m* <-s, -> телефóн *m* -автомáт *m*

mürb(e) *adj* ❶ (*krümelig*) хрýпкий; ❷ (*brüchig*) лóмкий

murmeln *vi* бормотáть, про- *pf*

Murmeltier *nt* <-(e)s, -e> сурóк *m*; **wie ein ~ schlafen** (*umg*) спать как сурóк

murren *vi* ворчáть *impf*

mürrisch *adj* ❶ (*übelgelaunt*) ворчли́вый; ❷ (*abweisend*) угрю́мый

Mus *nt* <-es, -e> пюрé *nt*

Muschel *f* <-, -n> рáковина *f*

Muse *f* <-, -n> мýза *f*

Museum *nt* <-s, Museen> музéй *m*

Musical *nt* <-s, -s> мю́зикл *m*

Musik *f* <-, -en> мýзыка *f*

musikalisch *adj* музыкáльный

Musikalität *f* <*gen:* -> музыкáльность *f*

Musikant, -in *m/f* <-en, -en> музыкáнт *m*

Musiker, -in *m/f* <-s, -> музыкáнт *m*

Musikinstrument *nt* <-(e)s, -e> музыкáльный инструмéнт *m*

musizieren *vi* занимáться *impf* мýзыкой

Muskat *m* <-(e)s, -e> мускáт *m*

Muskel *m* <-s, -n> мýскул *m*, мы́шца *f*

Muskelkater *m* <*gen:* -s> мы́шечная боль *f*

Muskulatur *f* <-, -en> мускулатýра *f*

muskulös *adj* мускули́стый

Muße *f* <*gen:* -> досýг *m*

müssen *vi* <musste, gemusst> (*gezwungen sein*) быть дóлжным; **ich muss jetzt gehen** я дóлжен сейчáс уйти́; **ich muss dringend in die Stadt** мне нýжно срóчно в гóрод; **ich hätte es tun ~** мне слéдовало бы э́то сдéлать

müßig *adj* ❶ (*untätig*) прáздный; ❷ (*überflüssig*) бесполéзный

musste *prät von* **müssen**

Muster *nt* <-s, -> ❶ (*Probestück*) образéц *m*; **unverkäufliches ~** непродаю́щийся образéц ❷ (*fig: Vorbild*) примéр *m*

mustergültig *adj* образцóвый

Musterkollektion *f* <-, -en> коллéкция *f* образцóв

mustern *vt* ❶ (*kritisch betrachten*) осмáтривать, -мотрéть *pf*; ❷ (MIL) проводи́ть, -вести́ *pf* меди́цинское освидéтельствование

Mut *m* <*gen:* -(e)s> смéлость *f*, мýжество *nt*; **den ~ verlieren** пасть дýхом

Mutation *f* <-, -en> мутáция *f*

mutig *adj* смéлый

mutlos *adj* подáвленный

mutmaßlich *adj* предполагáемый; **der ~e Täter** предполагáемый престýпник

Mutter [1] *f* <-, Mütter> (*Elternteil*) мать *f*

Mutter [2] *f* <-, -n> (TECH) рáйка *f*

Muttergottes *f* <*gen:* -> богомáтерь *f*

mütterlich *adj* матери́нский

Muttermal *nt* <-(e)s, -e> роди́мое пятнó *nt*

Mutterschaftsurlaub *m* <-(e)s, -e> декрéтный óтпуск *m*

Muttersöhnchen *nt* <-s, -> (*pej*) мáменькин сынóк *m*

Muttersprache *f* <-, -n> роднóй язы́к *m*

Muttersprachler, -in *m/f* <-s, -> носи́тель *m* языкá

Mutti *f* <-, -s> (*umg*) мáмочка *f*, мáма *f*

mutwillig *adj* ❶ (*aus böser Absicht*) преднамéренный; ❷ (*übermütig, leichtsinnig*) озорнóй

Mütze *f* <-, -n> шáпка *f*

mysteriös *adj* таи́нственный

Mystik *f* <*gen:* -> ми́стика *f*

mystisch *adj* мисти́ческий

mythisch *adj* мифи́ческий

Mythologie *f* <-, -n> мифолóгия *f*

Mythos *m* <-, Mythen> (*Sage*) миф *m*

Nn

n, N *nt* <-, -> н, Н
n. Chr. *abk von* **nach Christus** н. э. (но́вой э́ры), от рождества́ Христо́ва
na *interj* (*umg*) ну; ~ **und?** ну и что?; ~ **also!** ну вот, ви́дите!
Nabe *f* <-, -n> (*von Rad*) ступи́ца *f*, вту́лка *f*
Nabel *m* <-s, -> (*Bauch~*) пупо́к *m*
Nabelschnur *f* <-, -schnüre> пупови́на *f*
nach I. *präp +dat* ❶ (*Richtung*) в (+ *akk*), на (+ *akk*); **wir fahren ~ Berlin** мы е́дем в Берли́н; **~ Westen** на за́пад ❷ (*entsprechend, gemäß*) по (+ *dat*); **meiner Meinung ~** по моему́ мне́нию; ❸ (*nach Beendigung einer Handlung*) по́сле (+ *gen*); **~ der Arbeit** по́сле рабо́ты; ❹ (*nach einem anderen Menschen*) по́сле (+ *gen*), за (+ *inst*); **ich bin ~ dir dran** я (иду́) по́сле тебя́; **einer ~ dem anderen** оди́н за други́м; ❺ (*nach einem bestimmten Zeitraum*) че́рез (+ *akk*); **er ist ~ drei Tagen zurückgekommen** он верну́лся че́рез три дня; ❻ (*als Zielsetzung*) за (+ *inst*); **~ jdm/etw schicken** посла́ть за кем-л./чем-л.; **II.** *adv* (*hinterher*) (вслед) за; **wir müssen ihm ~** мы до́лжны идти́ вслед за ним; **~ wie vor** по-пре́жнему.
nachahmen *vt* подража́ть *impf*
Nachbar, -in *m/f* <-n, -n> сосе́д, -ка *m/f*
Nachbarhaus *nt* <-es, -häuser> сосе́дний дом *m*
Nachbarschaft *f* <*gen:* -> сосе́ди *mpl*; **sie wohnt in der ~** она́ живёт по сосе́дству
nachdem *konj* (*zeitlich*) по́сле того́ как; **je ~** смотря́ по обстоя́тельствам
nachdenken *irr vi* ду́мать, по- *pf*; **über etw ~** ду́мать о чём-л./над чем-л.
nachdenklich *adj* заду́мчивый
Nachdruck *m* <*gen:* -(e)s> (*Tatkraft, Energie*) упо́рство *nt*; **mit ~** насто́йчиво
nachdrücklich *adj* настоя́тельный, убеди́тельный
nacheinander *adv* оди́н за други́м, друг за дру́гом
Nachfolge *f* <-, -n> прее́мственность *f*
Nachfolger, -in *m/f* <-s, -> прее́мник, -ница *m/f*
nachforschen *vi* рассле́довать *impf/pf*
Nachforschung *f* <-, -en> рассле́дование *nt*
Nachfrage *f* <-, -n> ❶ запро́с *m*; ❷ спрос *m*; **gesteigerte ~** повы́шенный спрос
nachfragen *vi* обраща́ться, -рати́ться *pf* с запро́сом
nachfüllen *vt* долива́ть, -ли́ть *pf*
nachgeben *irr vi* (*einlenken*) уступа́ть, -пи́ть *pf*
nachgehen *irr vi* ❶ (*folgen*) сле́довать, по- *pf* (за +*inst*); ❷ (*Uhr*) отстава́ть, -ста́ть *pf*; **die Uhr geht 5 Minuten nach** часы́ отстаю́т на пять мину́т
Nachgeschmack *m* <*gen:* -(e)s> при́вкус *m*
nachgiebig *adj* пода́тливый, сгово́рчивый
nachhaltig *adj* продолжи́тельный
nachher *adv* пото́м, по́сле э́того, поздне́е; **bis ~!** до ско́рого!
Nachhilfestunde *f* <-, -n> дополни́тельный уро́к *m*
nachholen *vt* ❶ (*von Versäumtem*) навёрстывать, наверста́ть *pf*; ❷ (*später holen*) забира́ть, -бра́ть *pf*

N

Nachkomme *m* <-n, -n> потóмок *m*

nachkommen *irr vi* ① (*später kommen*) приходи́ть, прийти́ *pf* позднée; ② (*mitkommen, Schritt halten*) успевáть, -пéть *pf*

Nachlass *m* <-es, -e *o* Nachlässe> ① (*von Preis*) ски́дка *f*; ② (*Erbe*) наслéдство *nt*

nachlassen I. *irr vi* ① ослабевáть, -бéть *pf*; ② (*sich verschlechtern*) ухудшáться, ухýдшиться *pf*; II. *vt* (*Nachlass gewähren*) предоставля́ть ски́дку

nachlässig *adj* небрéжный, халáтный

Nachlässigkeit *f* <-, -en> небрéжность *f*

nachmachen *vt* ① (*nachahmen*) подражáть *impf*; ② (*fälschen*) поддéлывать, поддéлать *pf*

Nachmittag *m* <-s, -e> вторáя полови́на *f* дня; **am ~** во вторóй полови́не дня; **heute ~** сегóдня во вторóй полови́не дня

nachmittags *adv* во вторóй полови́не дня

Nachnahme *f*: **per ~** налóженным платежóм

Nachname *m* <-n, -n> фами́лия *f*

nachprüfen *vt* ① (*überprüfen*) проверя́ть, -вéрить *pf*; ② (*nochmals prüfen*) перепроверя́ть, -вéрить *pf*

nachrechnen *vt* пересчи́тывать, -считáть *pf*

Nachricht *f* <-, -en> ① извéстие *nt*; ② (*Mitteilung*) сообщéние *nt*; **~en** (*TV, Radio*) нóвости

Nachrichtenagentur *f* <-, -en> информациóнное агéнтство *nt*

Nachruf *m* <-(e)s, -e> некролóг *m*

nachsagen *vt* (*nachsprechen*) повторя́ть, -ри́ть *pf*; **jdm etw ~** (*von jdm etw behaupten*) говори́ть о ком-л. что-л.

Nachschlag *m* <*gen:* -(e)s> (*von Essen*) добáвка *f*

nachschlagen *irr vt:* **das Wort muss ich ~** я дóлжен посмотрéть [*o* найти́] э́то слóво в словарé

Nachschlagewerk *nt* <-(e)s, -e> спрáвочник *m*

Nachschub *m* <*gen:* -(e)s> ① снабжéние *nt*; ② (MIL) подвóз *m*

nachsenden *vt* посылáть, -слáть *pf* вслед

Nachsicht *f* <*gen:* -> снисхождéние *nt*; **~ üben/haben** идти́ навстрéчу комý-л.

nachsichtig *adj* снисходи́тельный

Nachspeise *f* <-, -n> десéрт *m*

Nachspiel *nt* <-(e)s, -e> ① (THEAT) эпилóг *m*; ② (MUS) постлю́дия *f*; ③ (*fig*) послéдствия *ntpl*

nächste(r, s) *adj* ① (*folgend*) слéдующяя, -щий, -щее; ② (*nächstgelegen*) ближáйший

Nächste(r) *mf* <-n, -n> ① (*in einer Reihe*) слéдующий, -щая *m/f*; ② (*Mitmensch*) бли́жний, -няя *m/f*

Nächstenliebe *m* <*gen:* -> любóвь *f* к бли́жнему

nächstens *adv* (*bald*) в ближáйшее врéмя

Nacht *f* <-, Nächte> ночь *f*; **gute ~!** спокóйной нóчи! **bei ~** нóчью; **über ~** (*auf einmal*) зá ночь

Nachtdienst *m* <-(e)s, -e> ночнóе дежýрство *nt*

Nachteil *m* <-(e)s, -e> ① недостáток *m*; ② (*Schaden*) ущéрб *m*

Nachthemd *nt* <-(e)s, -en> ночнáя рубáшка *f*

Nachtigall *f* <-, -en> соловéй *m*

Nachtrag *m* <-(e)s, -träge> добавлéние *nt*, дополнéние *nt*

nachtragen *irr vt* (*hinzufügen*) добавля́ть, -бáвить *pf*

nachts *adv* нóчью, по ночáм

Nachttisch *m* <-(e)s, -e> ночнóй стóлик *m*

Nachtwächter *m* <-s, -> ночнóй стóрож *m*

Nachweis *m* <-(e)s, -e> ① (*Beweis*) доказáтельство *nt*; ② (*Bescheinigung*) спрáвка *f*

nachweisen *irr vt* (*beweisen*) докáзывать, -казáть *pf*; **jdm etw ~** доказáть комý-л. что-л.

N

nachweislich *adj* доказу́емый
Nachwort *nt* <-(e)s, -e> послесло́вие *nt*
Nachwuchs *m* <*gen:* -(e)s> ❶ пото́мство *nt*; ❷ (*beruflicher Nachwuchs*) сме́на *f*
nachzahlen *vi* ❶ (*mehr zahlen*) допла́чивать, -плати́ть *pf*; ❷ (*später zahlen*) опла́чивать, оплати́ть *pf* за́дним число́м [*o* поздне́е]
nachzählen *vt* пересчи́тывать, -счита́ть *pf*
Nachzahlung *f* <-, -en> допла́та *f*
Nachzügler, -in *m/f* <-s, -> ❶ опозда́вший, -шая *m/f*; ❷ (*Kind*) после́дыш *m*
Nacken *m* <-s, -> заты́лок *m*
nackt *adj* ❶ (*unbekleidet*) го́лый, обнажённый; ❷ (*bloß, bar*) го́лый
Nadel *f* <-, -n> ❶ (*allgemein*) игла́ *f*; ❷ (*umg: Nähnadel*) иго́лка *f*; ❸ (*Stecknadel*) була́вка *f*; ❹ (*Zeiger*) стре́лка *f*; ❺ (BOT) игла́ *f*
Nadelbaum *m* <-(e)s, -bäume> хво́йное де́рево *nt*

Nadelkissen *nt* <-s, -> иго́льник *m*
Nadelöhr *nt* <-(e)s, -e> иго́льное ушко́ *nt*
Nadelwald *m* <-(e)s, -wälder> хво́йный лес *m*
Nagel *m* <-s, Nägel> ❶ гвоздь *m*; ❷ (*Zehennagel, Fingernagel*) но́готь *m*; **etw an den ~ hängen** (*umg*) бро́сить что-л.
Nagelfeile *f* <-, -n> пи́лка *f* для ногте́й
Nagellack *m* <-(e)s, -e> лак *m* для ногте́й
nageln *vt* прибива́ть, -би́ть *pf* гвоздя́ми
nagelneu *adj* (*umg*) с иго́лочки
Nagelpflege *f* <*gen:* -> ухо́д *m* за ногтя́ми
nagen *vi* ❶ грызть *impf*, обгрыза́ть, -гры́зть *pf*; ❷ (*fig: Zweifel*) грызть *impf*
Nagetier *nt* <-(e)s, -e> грызу́н *m*
nahe I. *adj* бли́зкий, недалёкий; **in ~r Zukunft** в недалёком бу́дущем; **II.** *präp +dat* во́зле (+ *gen*), близ (+ *gen*); **er war den Tränen ~** он был гото́в распла́каться.
Nähe *f* <*gen:* -> бли́зость *f*; **in der ~ von etw** побли́зости от чего́-л.
nahelegen *vt:* **jdm etw ~** навести́ кого́-л. на мысль о чём-л.
naheliegen *irr vi* напра́шиваться *impf*
nahe liegend *adj* поня́тный
nahen *vi* приближа́ться, -бли́зиться *pf*
nähen *vt* ❶ шить, с- *pf*; ❷ (MED) зашива́ть, -ши́ть *pf*
nähere(r, s) *adj* бо́лее бли́зкая, -кий, -кое
nähern *vr* приближа́ться, -бли́зиться *pf*; **sich jdm/etw ~** прибли́зиться к кому́-л./чему́-л.
nahestehen *vi:* **sie steht mir sehr nahe** она́ о́чень близка́ мне
nahezu *adv* почти́ (что)
Nähgarn *nt* <-(e)s, -e> (шве́йные) ни́тки *fpl*
nahm *prät von* **nehmen**
Nähmaschine *f* <-, -n> шве́йная маши́на *f*
Nähnadel *f* <-, -n> иго́лка *f*
nähren *vt* ❶ (*ernähren*) корми́ть, по- *pf*; ❷ (*geh: Zweifel, Bedenken, Hoffnung*) пита́ть *impf*
nahrhaft *adj* пита́тельный
Nährstoff *m* <-(e)s, -e> пита́тельное вещество́ *nt*
Nahrung *f* <-, -en> пита́ние *nt*
Nahrungsmittel *nt* <-s, -> проду́кт *m* пита́ния
Naht *f* <-, Nähte> шов *m*
nahtlos *adj* бесшо́вный; **ein ~er Übergang** пла́вный перехо́д
Nahverkehr *m* <*gen:* -s> при́городное [*o* ме́стное] сообще́ние *nt*
Nahverkehrszug *m* <-(e)s, -züge> ❶ по́езд *m* при́городного сообще́ния; ❷ (*umg*) электри́чка *f*
naiv *adj* наи́вный
Naivität *f* <*gen:* -> наи́вность *f*
Name *m* <-n, -n> и́мя *nt*

namens *adv* по фами́лии, по и́мени
Namenstag *m* <-(e)s, -e> имени́ны *fpl*
namentlich *adj* поимённый
namhaft *adj* ① (*berühmt*) изве́стный; ② (*groß, beträchtlich*) значи́тельный
nämlich *adv* ① (*und zwar*) а и́менно; ② (*begründend*) так как
nannte *prät von* **nennen**
Napf *m* <-(e)s, Näpfe> ми́ска *f*
Narbe *f* <-, -n> шрам *m*, рубе́ц *m*
Narkose *f* <-, -n> нарко́з *m*; **unter ~** под нарко́зом
Narr *m* <-en, -en> ① дура́к *m*; ② (*Hofnarr*) шут *m*; **jdn zum ~en halten** счита́ть кого-л. дурако́м
Närrin *f* <-, -nen> ду́ра *f*
närrisch *adj* дура́цкий
Narzisse *f* <-, -n> нарци́сс *m*
naschen I. *vi* люби́ть *impf* сла́дкое; **II.** *vt* ла́комиться, по- *pf* (+ *inst*)
Naschkatze *f* <-, -n> (*umg*) ла́комка *f*
Nase *f* <-, -n> нос *m*; **pro ~** (*umg*) на́ нос
Nasenbluten *nt* <*gen:* -s> кровотече́ние *nt* из но́са
Nasenloch *nt* <-(e)s, -löcher> ноздря́ *f*
Nasenspitze *f* <-, -n> ко́нчик *m* но́са
Nasenwurzel *f* <*gen:* -> перено́сица *m*, ко́рень *m* но́са
Nashorn *nt* <-(e)s, -hörner> носоро́г *m*
nass *adj* мо́крый
Nässe *f* <*gen:* -> сы́рость *f*
nasskalt *adj* промо́зглый
Nation *f* <-, -en> на́ция *f*
national *adj* национа́льный
Nationalismus *m* <*gen:* -> национали́зм
Nationalität *f* <-, -en> национа́льность *f*
Nationalsozialismus *m* <*gen:* -> национа́л-социали́зм *m*
NATO *akr von* ***North Atlantic Treaty Organization*** *f* НАТО (Организа́ция *f* Се́веро-атланти́ческого догово́ра)
Natrium *nt* <*gen:* -s> на́трий *m*
Natur *f* <*gen:* -> приро́да *f*; **von ~ aus** от приро́ды
Naturalismus *m* <*gen:* -> натурали́зм *m*
Naturell *nt* <-s, -e> хара́ктер *m*
Naturfaser *f* <-, -n> натура́льное волокно́ *nt*
naturgegeben *adj* да́нный от приро́ды, приро́дный
naturgemäß I. *adj* есте́ственный; **II.** *adv* есте́ственным о́бразом.
Naturgesetz *nt* <-(e)s, -e> зако́н *m* приро́ды
Naturkatastrophe *f* <-, -n> стихи́йное бе́дствие *nt*
natürlich I. *adj* есте́ственный; **II.** *adv* (*selbstverständlich*) коне́чно, есте́ственно.
Natürlichkeit *f* <*gen:* -> есте́ственность *f*
Naturprodukt *nt* <-(e)s, -e> натура́льный проду́кт *m*
Naturschutzgebiet *nt* <-(e)s, -e> приро́дный запове́дник *m*
Naturwissenschaft *f* <-, -en> естествозна́ние *nt*; **die ~en** есте́ственные нау́ки
Navi *nt* <-s, -s> (*fam*) *abk von* ***Navigationsgerät*** навига́тор *m*
Navigation *f* <*gen:* -> навига́ция *f*
Nazi *akr von* ***Nationalsozialist/-in***
Nebel *m* <-s, -> тума́н *m*; **dichter ~** густо́й тума́н
Nebelscheinwerfer *m* <-s, -> противотума́нная фа́ра *f*
neben *präp* ① (*örtlich*) ря́дом с (+ *inst*), о́коло (+ *gen*); **sie setzte sich ~ mich** она́ се́ла ря́дом со мной; ② (*außer*) кро́ме (+ *gen*), наряду́ с (+ *inst*); ③ (*verglichen mit*) по сравне́нию с (+ *inst*)
nebenan *adv* ря́дом
nebenbei *adv* попу́тно, ме́жду про́чим, паралле́льно
Nebenberuf *m* <-(e)s, -e> побо́чная рабо́та *f*, рабо́та *f* по совмести́тельству
Nebenbuhler *m* <-s, -> сопе́рник *m*
nebeneinander *adv* ря́дом друг с дру́гом

Nebenkosten *pl* <*gen:* -> дополни́тельные расхо́ды *pl*
Nebensatz *m* <-es, -sätze> (LING) прида́точное предложе́ние *nt*
Nebenverdienst *m* <-es, -e> побо́чный дохо́д *m*
Nebenwirkung *f* <-, -en> побо́чное де́йствие *nt*
Nebenzimmer *nt* <-s, -> сосе́дняя ко́мната
necken *vt* дразни́ть *impf*
neckisch *adj* задо́рный, лука́вый
Neffe *m* <-n, -n> племя́нник *m*
negativ *adj* отрица́тельный, негати́вный
Negativ *nt* <-s, -e> негати́в *m*
Neger, -in *m/f* <-s, -> (*pej*) негр, -итя́нка *f*
nehmen <nahm, genommen> *vt* брать, взять *pf*; **etw auf sich ~** взять что-л. на себя́
Neid *m* <*gen:* -(e)s> за́висть; **aus ~** из за́висти
Neider *m* <-s, -> зави́стник *m*
N
neidisch *adj* зави́стливый; **auf jdn ~ sein** зави́довать кому́-л.
neidlos *adj* без за́висти
Neige : **zur ~ gehen** конча́ться
neigen I. *vt* наклоня́ть, -ни́ть *pf*; II. *vi:* **zu etw ~** быть скло́нным к чему́-л.; III. *vr* наклоня́ться, -ни́ться *pf*
Neigung *f* <-, -en> ① (*Vorliebe*) скло́нность *f*; ② (*Gefälle*) накло́н *m*
nein *adv* нет
Nelke *f* <-, -n> (*auch Gewürz*) гвозди́ка *f*
nennen <nannte, genannt> I. *vt* называ́ть, -зва́ть *pf*; **wie willst du deine Tochter ~?** как ты хо́чешь назва́ть свою́ дочь?; II. *vr* называ́ться, -зва́ться *pf*
nennenswert *adj* суще́ственный, заме́тный
Nenner *m* <-s, -> (MATH) знамена́тель *m*
Neofaschismus *m* <*gen:* -> неофаши́зм *m*
Neon *nt* <*gen:* -s> нео́н *m*
Neonazi *m* <-s, -s> неонаци́ст *m*
Neonlicht *nt* <-(e)s, -er> нео́новый свет *m*
Nepp *m* <*gen:* -s> обдира́тельство *nt*
Nerv *m* <-s, -en> нерв *m*; **jdm auf die ~en gehen** (*umg*) нерви́ровать кого́-л.
Nervenheilanstalt *f* <-, -en> невропатологи́ческая лече́бница *f*
Nervenkitzel *m* <*gen:* -s> (*umg*) о́стрые ощуще́ния *ntpl*
nervenschwach *adj* неврастени́ческий
Nervenzelle *f* <-, -n> не́рвная кле́тка *f*
nervlich *adj* не́рвный
nervös *adj* не́рвный
Nervosität *f* <*gen:* -> не́рвность *f*, нерво́зность *f*
Nerz *m* <-es, -e> (*Tier, Pelz*) но́рка *f*
Nessel *f* <-, -n> крапи́ва *f*
Nest *nt* <-(e)s, -er> ① гнездо́ *nt*; ② (*umg: Kleinstadt, Dorf*) глушь *f*
nett *adj* ① ми́лый; ② (*hübsch*) милови́дный; ③ (*freundlich*) симпати́чный
netto *adv* не́тто
Nettogewicht *nt* <-(e)s, -e> вес *m* не́тто
Netz *nt* <-es, -e> ① сеть *f*; ② (*Computernetz, Verkehrsnetz, Telefonnetz*) сеть *f*; ③ (*von Spinne*) паути́на *f*; ④ (*Sport*) се́тка *f*; **jdm ins ~ gehen** (*umg*) попа́сться в чьи-л. се́ти
netzartig *adj* сетча́тый
Netzhaut *f* <*gen:* -> (ANAT) сетча́тка *f*
Netzplan *m* <-(e)s, -plänr> сетево́й гра́фик *m*
Netzstecker *m* <-s, -> ште́псельная ви́лка *f*
Netzwerk *nt* <-(e)s, -e> (DV) сеть *m*; **lokales ~** лока́льная сеть
neu *adj* ① (*noch ungebraucht*) но́вый; ② (*erst kürzlich entstanden*) но́вый; ③ (*in einer Gemeinschaft*) но́вый
neuartig *adj* но́вый
Neubau *m* <-(e)s, -ten>

новостро́йка *f*

Neubaugebiet *nt* <-(e)s, -e> но́вый райо́н *m*

Neubearbeitung *f* <-, -en> перерабо́тка *f*

Neudruck *m* <-(e)s, -e> стереоти́пное изда́ние *nt*

neuerdings *adv* с неда́вних пор

Neuerscheinung *f* <-, -en> (кни́жная) нови́нка *f*

Neuerung *f* <-, -en> но́вшество *nt*

Neufassung *f* <-, -en> но́вая реда́кция *f*

Neugestaltung *f* <-, en> ❶ преобразова́ние *nt*; ❷ но́вое оформле́ние *nt*

Neugier(de) *f* <*gen:* -> любопы́тство *nt*; **aus ~** из любопы́тства

neugierig *adj* любопы́тный

Neuguinea *nt* <*gen:* -s> Но́вая Гвине́я *f*

Neuheit *f* <-, -en> ❶ (*das Neusein*) новизна́ *f*; ❷ (*neues Produkt*) нови́нка *f*

Neuigkeit *f* <-, -en> но́вость *f*

Neujahr *nt* <-s, -e> Но́вый год *m*

Neuland *nt* <*gen:* -(e)s> целина́ *f*

neulich *adv* неда́вно

Neuling *m* <-s, -e> новичо́к *m*

Neumond *m* <-(e)s, -e> новолу́ние *nt*

neun *num* де́вять

neunfach *num* девятикра́тный

neunhundert *num* девятьсо́т

neunjährig *adj* девятиле́тний

neunmal *num* де́вять раз

neuntägig *adj* девятидне́вный

neunte(r, s) *num* девя́тая, -тый, -тое

Neuntel *nt* <-s, -> девя́тая часть

neuntens *adv* в-девя́тых

neunzehn *num* девятна́дцать

neunzig *num* девяно́сто

neureich *adj* бы́стро разбогате́вший, нажи́вшийся

Neurologe, Neurologin *m* <-n, -n> невро́лог *m*

Neurologie *f* <*gen:* -> невроло́гия *f*

Neurose *f* <-, -n> невро́з *m*

Neurotiker, -in *m/f* <-s, -> невро́тик, -врoти́чка *m/f*

neurotisch *adj* невроти́ческий

Neuseeland *nt* <*gen:* -s> Но́вая Зела́ндия *f*

neutral *adj* нейтра́льный; **ein ~er Staat** нейтра́льное госуда́рство

Neutralisation *f* <*gen:* -> нейтрализа́ция *f*

neutralisieren *vt* нейтрализова́ть *impf/pf*

Neutron *nt* <-s, -en> нейтро́н *m*

Neutrum *nt* <-s, -tra/-tren> (LING) сре́дний род *m*

neuwertig *adj* как но́вый

Neuzeit *f* <*gen:* -> но́вое вре́мя *nt*

neuzeitlich *adj* совреме́нный

nicht *adv* не; **noch ~** ещё нет; **~ wahr?** не так ли?; **besser ~** лу́чше не на́до

Nichte *f* <-, -n> племя́нница *f*

nichtehelich *adj* внебра́чный

Nichteinhaltung *f* <*gen:* -> несоблюде́ние *nt*, наруше́ние *nt*

nichtig *adj* ❶ (JUR: *ungültig*) недействи́тельный; **für null und ~ erklären** аннули́ровать ❷ (*unbedeutend*) незначи́тельный

Nichtraucher, -in *m/f* <-s, -> некуря́щий, -щая *m/f*

nichtrostend *adj* нержаве́ющий, некорроди́рующий

nichts *pron* ничто́, ничего́; **~ zu machen!** ничего́ не поде́лаешь! **~ zu danken!** не́ за что! **~ sagend** ничего́ не говоря́щий

Nichts *nt* <*gen:* -> ❶ ничто́; ❷ (*unbedeutender Mensch*) ничто́жество *nt*; **er ist ein ~** он - ничто́жество

nichts sagend *adj* ❶ ничего́ не говоря́щий; ❷ (*ausdruckslos*) бессодержа́тельный

nicken *vi* кива́ть, кивну́ть *pf*

nie *adv* никогда́; **fast ~** практи́чески никогда́; **~ wieder** бо́льше никогда́; **jetzt oder ~** тепе́рь или никогда́

nieder I. *adj* ни́зкий; **II.** *adv* вниз; **auf und ~** вверх и вниз.

Niederdruck *m* ни́зкое давле́ние *nt*

N

Niedergang *m* <gen: -(e)s> (*Verfall*) упа́док *m*, спад *m*

niedergeschlagen *adj* удручённый

Niederlage *f* <-, -n> пораже́ние *nt*

Niederlande *pl* <gen: -> Нидерла́нды *mpl*

Niederländer, -in *m/f* <-s, -> нидерла́ндец *m/f*

niederländisch *adj* нидерла́ндский

niederlassen *irr vr* ① (*hinsetzen*) опуска́ться, опусти́ться *pf*; ② (*an einem Ort*) сели́ться, по- *pf*; ③ (*eine Praxis eröffnen*) открыва́ть, -кры́ть *pf* пра́ктику

Niederlassung *f* <-, -en> ① поселе́ние *nt*; ② (*Geschäfts~*) отделе́ние *nt*, филиа́л *m*

niederlegen *vt* ① класть, положи́ть *pf*; ② (*Amt*) слага́ть, сложи́ть *pf* с себя́; **die Arbeit ~** прекрати́ть рабо́ту

Niederschlag *m* <-(e)s, -schläge> ① (*Regen, Schnee*) оса́док *m*; ② (*Ausdruck, Ergebnis*) выраже́ние *nt*

niederschlagen I. *irr vt* ① (*Person*) сбива́ть, сбить *pf* с ног; ② (*Aufstand*) подавля́ть, -ви́ть *pf*; **II.** *vi* осажда́ться, осе́сть *pf*

niederschmetternd *adj* ошеломля́ющий

niederstrecken *vt* сража́ть, срази́ть *pf*, укла́дывать, уложи́ть *pf* на ме́сте

niederträchtig *adj* ни́зкий, по́длый; **das ist eine ~e Lüge** э́то ни́зкая ложь

niedertreten *vt* топта́ть, затопта́ть *pf*

Niederung *f* <-, -en> (*Senkung*) ни́зменность *f*

Niederwerfung *f* <-, -en> подавле́ние *nt* (восста́ния)

niedlich *adj* милови́дный

niedrig *adj* ① ни́зкий; ② (*Einstellung*) ни́зкий, по́длый

niemals *adv* никогда́

niemand *pron* никто́; **das weiß ~** э́того никто́ не зна́ет

Niere *f* <-, -n> по́чка *f*

nieseln *vi* мороси́ть *impf*; **es nieselt** мороси́т (дождь)

Nieselregen *m* <gen: -s> ме́лкий дождь *m*

niesen *vi* чиха́ть, -хну́ть *pf*

Niete *f* <-, -n> ① (*Los*) пусто́й (лотере́йный) биле́т *m*; ② (*umg: Versager/-in*) ничто́жество *nt*; **eine ~ ziehen** вы́тянуть пусто́й биле́т

Nikotin *nt* <gen: -s> никоти́н *m*

nikotinarm *adj* содержа́щий ма́ло никоти́на

nikotinfrei *adj* без никоти́на

Nilpferd *nt* <-(e)s, -e> бегемо́т *m*

Nippes *pl* <gen: -> безделу́шки *fpl*

nirgends *adv* нигде́

nirgendswo *adv* нигде́

Nische *f* <-, -n> ни́ша *f*

nisten *vi* (*von Vögeln*) гнезди́ться *impf*

Nistkasten *m* <-s, -kästen> скворе́чник *m*

Niveau *nt* <-s, -s> у́ровень *m*

niveaulos *adj* зауря́дный, ни́зкого у́ровня

nivellieren *vt* нивели́ровать

Nixe *f* <-, -n> руса́лка *f*

nobel *adj* ① (*von Person*) благоро́дный; ② (*teuer, vornehm*) шика́рный

Nobelpreis *m* <-es, -e> Но́белевская пре́мия *f*

Nobelpreisträger, -in *m/f* <-s, -> лауреа́т *m* Но́белевской пре́мии

noch I. *konj* ни; **weder ... ~ ...** ни... , ни...; **II.** *adv* ① ещё; **~ hast du Zeit** у тебя́ ещё есть вре́мя; ② (*außerdem, sonst ~*) ещё; ③ (*irgendwann ~*) ещё; **sie wird schon ~ sehen** она́ ещё уви́дит; **~ nicht** ещё нет; **~ einmal** ещё раз; **~ vor zwei Tagen** ещё позавчера́.

nochmalig *adj* повто́рный

nochmals *adv* ещё раз

Nomade, Nomadin *m/f* <-n, -n> коче́вник, -ница *m/f*

Nominativ *m* <-s, -e> имени́тельный паде́ж *m*

Nominierung *f* <-, -en> выдвиже́ние *nt*
Nonne *f* <-, -n> мона́хиня *f*
Nordamerika *nt* <*gen:* -s> Се́верная Аме́рика *f*
norddeutsch *adj* северонеме́цкий, северогерма́нский
Norden *m* <*gen:* -s> се́вер *m*; **nach/von ~** на се́вер/с се́вера; **der hohe ~** Кра́йний Се́вер
Nordeuropa *nt* <*gen:* -s> Се́верная Евро́па *f*
Nordirland *nt* <*gen:* -s> Се́верная Ирла́ндия *f*
nördlich I. *adj* се́верный; **~ von** на се́вере от; **II.** *präp +gen* к северу́ от (+ *gen*).
Nordlicht *nt* <*gen:* -> се́верное сия́ние *nt*
Nordosten *m* <*gen:* -s> се́веро-восто́к *m*
Nordpol *m* <*gen:* -s> Се́верный по́люс *m*
Nordrhein-Westfalen *nt* <*gen:* -s> Се́верный Рейн *m*-Вестфа́лия *f*
Nordsee *f* <*gen:* -> Се́верное мо́ре *nt*
Nordwesten *m* <*gen:* -s> се́веро-за́пад *m*
nörgeln *vi* придира́ться, -дра́ться *pf*; **sie nörgelte über das Essen** она́ придира́лась к еде́
Nörgler, -in *m/f* <-s, -> приди́ра *m/f*
Norm *f* <-, -en> но́рма *f*, пра́вило *nt*
normal *adj* ① норма́льный; ② (*umg: ~erweise*) обы́чно
normalisieren I. *vr* нормализова́ться *impf/pf*; **die Lage hat sich normalisiert** положе́ние нормализова́лось; **II.** *vt* нормализова́ть *impf/pf*
Norwegen *nt* <*gen:* -s> Норве́гия *f*
Norweger *m* <-s, -> норве́жец, норве́жка *m/f*
norwegisch *adj* норве́жский
Nostalgie *f* <*gen:* -> ностальги́я *f*
nostalgisch *adj* ностальги́ческий
Not *f* <-, Nöte> ① (*Mangel, Elend*) нужда́ *f*, бе́дственное положе́ние *nt*, беда́ *f*; ② (*Zwang, Notwendigkeit*) необходи́мость *f*, нужда́ *f*; **aus ~** по необходи́мости; **zur ~** в кра́йнем слу́чае; **~ leiden** испы́тывать нужду́
Notar, -in *m/f* <-s, -e> нота́риус *m*
Notariat *nt* <-(e)s, -e> нотариа́т *m*
notariell *adj* нотариа́льный
Notarzt, -ärztin *m/f* <-(e)s, -ärzte> дежу́рный врач *m*
Notaufnahme *f* <-, -n> приём *m* бе́женцев
Notausgang *m* <-(e)s, -gänge> запа́сный вы́ход *m*
Notbremse *f* <-, -n> э́кстренный то́рмоз *m*
notdürftig *adj* бе́дный
Note *f* <-, -n> ① (*Schul~*) оце́нка *f*; **er hat gute ~n** у него́ хоро́шие оце́нки; ② (MUS) но́та *f*; ③ (*Eigenart*) отте́нок *m*
Notenpapier *nt* <*gen:* -(e)s> но́тная бума́га *f*
Notenschlüssel *m* <-s, -> (MUS) ключ *m*
Notenschrift *f* <*gen:* -> (MUS) но́тное письмо́ *m*
Notenständer *m* <-s, -> пюпи́тр *m* для нот
Notfall *m* <-(e)s, -fälle> кра́йний слу́чай *m*; **im ~** в кра́йнем слу́чае
notfalls *adv* в кра́йнем слу́чае
notgedrungen *adv* понево́ле
notieren *vt* (*eine Notiz machen*) запи́сывать, -са́ть *pf*; **er notierte sich ihre Adresse** он записа́л себе́ её а́дрес
nötig *adj* ну́жный
nötigen *vt* (*zwingen*) принужда́ть, -ну́дить *pf*
Notiz *f* <-, -en> за́пись *f*; **sich ~en machen** де́лать себе́ заме́тки; **von jdm/etw ~ nehmen** обраща́ть внима́ние на кого́-л./что-л.
Notizbuch *nt* <-(e)s, -bücher> записна́я кни́жка *f*
Notlage *f* <-, -n> бе́дственное положе́ние *nt*; **in einer ~ sein**

N

находи́ться в бе́дственном положе́нии
notlanden *vi* соверша́ть, -ши́ть *pf* вы́нужденную поса́дку
Notlandung *f* <-, -en> вы́нужденная поса́дка *f*
notorisch *adj* закорене́лый
Notruf *m* <-(e)s, -e> э́кстренный вы́зов *m*
Notstand *m* <*gen:* -(e)s> ① бе́дствие *nt*; ② (POL) чрезвыча́йное положе́ние *nt*; **den ~ ausrufen** объяви́ть чрезвыча́йное положе́ние
Notwehr *f* <*gen:* -> самооборо́на *f*
notwendig *adj* необходи́мый
Notwendigkeit *f* <-, -en> необходи́мость *f*
Novelle *f* <-, -n> ① (*Erzählung*) нове́лла *f*; ② (JUR: *Gesetzes~*) измене́ние *nt* зако́на, нове́лла *f*
November *m* <-(s), -> ноя́брь *m*
Novität *f* <-, -en> нови́нка *f*
Nuance *f* <-, -n> нюа́нс *m*
N
nüchtern *adj* ① тре́звый; ② (*zweckmäßig, vernünftig*) рассуди́тельный; ③ (*Magen*) пусто́й; **auf ~en Magen** на пусто́й желу́док
Nuckelflasche *f* <-, -n> буты́лочка *m* с со́ской
Nudel *f* <-, -n> вермише́ль *f*
Nudelholz *nt* <-es, -hölzer> ска́лка *f*
nuklear *adj* я́дерный
Nuklearwaffe *f* <-, -n> я́дерное ору́жие *nt*
null *num* ноль; **~ und nichtig** ничто́жный
Null *f* <-, -en> ① (*Ziffer*) ноль *m*; ② (*umg: Versager/-in*) ничто́жество *nt*
Nullpunkt *m* <*gen:* -(e)s> ① нулева́я то́чка *f*; ② (*Gefrierpunkt*) нуль *m*
Nulltarif *m* <*gen:* -s> беспла́тная услу́га; **zum ~** беспла́тно
Nummer *f* <-, -n> ① но́мер *m*; ② (*Kabarett~, Zirkus~*) выступле́ние *nt*
nummerieren *vt* нумерова́ть, про- *pf*
Nummernschild *nt* <-(e)s, -er> номерно́й знак *m*
nun I. *adv* (*jetzt*) тепе́рь; **von ~ an** отны́не; **was ~?** что тепе́рь?; II. *part* ну, так.
nur I. *adv* то́лько, лишь; **nicht ~ ..., sondern auch** не то́лько, но и; II. *part* то́лько; **was hat sie ~?** что же с ней?; **warte ~!** подожди́-ка!
Nuss *f* <-, Nüsse> оре́х *m*
Nussbaum *m* <-(e)s, -bäume> оре́х *m* гре́цкий
Nussöl *nt* <-(e)s, -e> оре́ховое ма́сло *nt*
Nüster *f* <-, -n> ноздря́ *f*
Nut *f* <*gen:* -> жёлоб *m*
nutzen *vt* испо́льзовать *impf/pf*; **die Gelegenheit ~** воспо́льзоваться возмо́жностью
nützen *vi* приноси́ть, -нести́ *pf* по́льзу; **wem soll das ~?** кому́ э́то ну́жно?
Nutzen *m* <*gen:* -s> ① по́льза *f*; ② (*Vorteil*) вы́года *f*; **~ aus etw ziehen** извле́чь вы́году [*o* по́льзу] из чего́-л.
Nutzer, -in *m/f* <-s, -> по́льзователь *m*
nützlich *adj* (*nutzbringend*) поле́зный
Nützlichkeit *f* <*gen:* -> поле́зность *f*
nutzlos *adj* бесполе́зный
Nutzung *f* <-, -en> (*Be- oder Ausnutzung*) испо́льзование *nt*
Nylon *nt* <*gen:* -s> нейло́н *m*

Oo

o, O *nt* <-, -> о, О
Oase *f* <-, -n> оáзис *m*
ob *konj* ли; **als ~** как бýдто; **und ~!** ещё как!
Obdach *nt* <*gen:* -(e)s> приЮт *m*
obdachlos *adj* бездóмный
Obdachlose(r) *mf* <-n, -n> бездóмный, -ная *m/f*
Obduktion *f* <-, -en> вскрЫтие *nt*
obduzieren *vt* вскрывáть труп
oben *adv* наверхý, вверхý, свéрху; **nach ~** навéрх; **von ~** свéрху; **von ~ bis unten** свéрху дóнизу; **von ~ herab** (*fig*) свысокá; **~ genannt** вышеупомЯнутый
obendrein *adv* (*noch dazu*) крóме тогó
Ober *m* <-s, -> официáнт *m*
Oberarm *m* <-(e)s, -e> плечó *nt*
Oberbefehl *m* <*gen:* -(e)s> глáвное комáндование *nt*
Oberbefehlshaber, -in *m/f* <-s, -> главнокомáндующий *m*
Oberbegriff *m* <-(e)s, -e> óбщее понЯтие *nt*
Oberbekleidung *f* <*gen:* -> вéрхняя одéжда *f*
obere(r, s) *adj* вéрхняя, -ний, -нее; **die oberen Zehntausend** (*umg*) верхýшка óбщества
oberdeutsch *adj* южнонемéцкий
Oberfläche *f* <-, -n> повéрхность *f*
oberflächlich *adj* (*auch von Person*) повéрхностный
oberhalb I. *adv* повéрх, вЫше; **II.** *präp +gen* вЫше (+ *gen*).
Oberhaupt *nt* <-(e)s, -häupter> главá *f*
Oberhaut *f* <*gen:* -> (ANAT) вéрхний слой *m* кóжи, эпидéрмис *m*
Oberhemd *nt* <-(e)s, -en> вéрхняя рубáшка *f*
Oberin *f* <-, -nen> ❶ (*im Kloster*) настоЯтельница *f* монастырЯ; ❷ (*im Krankenhaus*) стáршая сестрá *f* (в больнúце)
Oberkiefer *m* <-s, -> вéрхняя чéлюсть *f*
Oberleitungsomnibus *m* <-ses, -se> троллéйбус *m*
Oberlippe *f* <-, -n> вéрхняя губá *f*
Obermaterial *nt* <*gen:* -s> верх *m*, вéрхняя часть *f* обýви
Oberschenkel *m* <-s, -> бедрó *nt*
Oberschicht *f* <-, -en> (*gesellschaftlich*) вéрхний слой *m* (óбщества)
Oberschwester *f* <-, -n> (MED) стáршая сестрá *f*
Oberst *m* <-en, -en> полкóвник *m*
oberste(r, s) *adj* вЫсшая, -ший, -шее
Oberteil *nt* <-(e)s, -e> вéрхняя часть *f*
Oberweite *f* <-, -n> объём *m* грудú
Obhut *f* <*gen:* -> надзóр *m*
Objekt *nt* <-s, -e> (*auch:* LING) объéкт *m*
objektiv *adj* объектúвный; **eine ~e Darstellung** объектúвное изложéние
Objektiv *nt* <-s, -e> объектúв *m*
Objektivität *f* <*gen:* -> объектúвность *f*
Objektsatz *m* <-es, -sätze> (LING) придáточное дополнúтельное предложéние *nt*
obligatorisch *adj* обязáтельный
Oboe *f* <-, -n> гобóй *m*
obsessiv *adj* (PSYCH) навЯзчивый
obskur *adj* (*seltsam, fragwürdig*) подозрúтельный
Obst *nt* <*gen:* -(e)s> фрýкты *m pl*; **ein Stück ~** фрукт
Obstbaum *m* <-(e)s, -bäume> плодóвое дéрево *nt*
Obstsaft *m* <-es, -säfte> фруктóвый сок *m*
obszön *adj* скабрёзный
Obszönität *f* <-, -en> скабрёзность *f*
obwohl *konj* хотЯ, несмотрЯ на то что

O

Ochse *m* <-n, -n> ❶ вол *m*; ❷ (*umg: Dummkopf*) болва́н *m*
Ode *f* <-, -n> о́да *f*
öd(e) *adj* ❶ пусты́нный; ❷ (*umg: langweilig*) ску́чный
Öde *f* <*gen:* -> ❶ (*Gegend*) пусты́нная ме́стность *f*; ❷ (*Langweiligkeit, Leere*) безысхо́дность *f*
oder *konj* или; **entweder ... ~** или... или...
Ofen *m* <-s, Öfen> ❶ пе́чь *f*; ❷ (*umg*) пе́чка *f*
offen *adj* ❶ (*unverschlossen, aufrichtig*) откры́тый; **~ stehen** (*Tür, Fenster*) быть *impf* откры́тым; **~ gesagt** открове́нно говоря́; **auf ~er See** в откры́том мо́ре ❷ (*unbeglichen: Rechnung*) отќытый, неопла́ченный; ❸ (*offensichtlich: Fehler, Mangel*) очеви́дный, я́вный; ❹ (*vakant: Stelle*) вака́нтный; ❺ (*frei zugänglich*) откры́тый
offenbar I. *adj* очеви́дный; **II.** *adv* очеви́дно.
offenbaren I. *vt* признава́ться, -зна́ться *pf*; **II.** *vr* обнару́живаться, -житься *pf*; **sich jdm ~** дове́риться кому́-л.
Offenbarung *f* <-, -en> (*auch:* REL) открове́ние *nt*
offen bleiben *irr vi* остава́ться, оста́ться *pf* откры́тым
offenhalten *irr vt* держа́ть *impf* откры́тым
Offenheit *f* <*gen:* -> откры́тость *f*
offenherzig *adj* чистосерде́чный
offen lassen *irr vt* оставля́ть, оста́вить *pf* откры́тым
offensichtlich *adj* очеви́дный
offensiv *adj* наступа́тельный
Offensive *f* <-, -n> наступле́ние *nt*; **in die ~ gehen** нача́ть наступле́ние
offenstehen *vi* **ihm/ihr steht offen, etw zu tun** он/она́ име́ет возмо́жность вы́бора
öffentlich *adj* обще́ственный; **die ~e Meinung** обще́ственное мне́ние; **die ~en Verkehrsmittel** обще́ственный тра́нспорт
Öffentlichkeit *f* <*gen:* -> (*Allgemeinheit*) обще́ственность *f*; **in aller ~** гла́сно
offiziell *adj* официа́льный
Offizier *m* <-s, -e> офице́р *m*
öffnen I. *vt* открыва́ть, -кры́ть *pf*; **II.** *vr* открыва́ться, -кры́ться *pf*
Öffnung *f* <-, -en> ❶ (*das Öffnen*) откры́тие *nt*; ❷ (*offene Stelle*) отве́рстие *nt*
Öffnungszeit *f* <-, -en> часы́ *mpl* рабо́ты
oft *adv* ча́сто
öfter *adv* ча́стый
öfters *adv* ча́сто
ohne I. *präp +akk* без (+ *gen*); **~ weiteres** сра́зу; **II.** *konj* без того́, чтобы; **~ zu klopfen trat sie ein** она́ вошла́ не постуча́в; **er ging, ~ dass sie es bemerkte** он ушёл незаме́тно для неё.
ohnehin *adv* и без того
Ohnmacht *f* <-, -en> о́бморок *m*; **in ~ fallen** упа́сть в о́бморок
ohnmächtig *adj* без созна́ния
Ohr *nt* <-(e)s, -en> у́хо *nt*
Ohrfeige *f* <-, -n> пощёчина *f*; **jdm eine ~ geben** дать кому́-л. пощёчину
Ohrläppchen *nt* <-s, -> ушна́я мо́чка *f*
Ohrring *m* <-(e)s, -e> серьга́ *f*
o. k. *siehe* **okay**
okay I. *adj*: **~ sein** быть в (по́лном) поря́дке; **sie ist ~** с ней всё в поря́дке; **II.** *adv* оке́й, хорошо́, ла́дно; **~, ich komme gleich** оке́й, я сейча́с приду́.
Ökologe, -login *m/f* <-n, -n> эко́лог *m*
Ökologie *f* <*gen:* -> эколо́гия *f*
ökologisch *adj* экологи́ческий
Ökonomie *f* <-, -n> ❶ (*Wirtschaft*) эконо́мика *f*; ❷ (*Sparsamkeit*) эконо́мия *f*
ökonomisch *adj* ❶ (*wirtschaftlich*) экономи́ческий; ❷ (*sparsam: Motor, Verfahren*) экономи́чный;

O

③ (*sparsam: Mensch, Haushalt*) экономный

Ökosystem *nt* <-s, -e> экосистема *f*

Oktave *f* <-, -n> октава *f*

Oktober *m* <-(s), -> октябрь *m*

ökumenisch *adj* экуменический

Öl *nt* <-(e)s, -e> ① (*Speiseöl*) растительное масло *nt*; ② (*Heizöl*) мазут *m*; ③ (*Erdöl*) нефть *f*; **nach ~ bohren** бурить в поисках нефти

ölen *vt* смазывать, -зать *pf* маслом

Ölfarbe *f* <-, -n> масляная краска *f*

Ölfeld *nt* <-(e)s, -er> нефтяное месторождение *nt*

Ölförderung *f* <*gen:* -> добыча *f* нефти

Ölheizung *f* <-, -en> мазутное отопление *nt*

ölig *adj* ① масляный; ② (*salbungsvoll, glatt*) елейный

Olive *f* <-, -n> маслина *f*

olivgrün *adj* оливковый

Ölleitung *f* <-, -en> нефтепровод *m*

Ölmalerei *f* <*gen:* -> живопись *f* маслом

Ölpest *f* <*gen:* -> загрязнение *nt* нефтью

Ölquelle *f* <-, -n> нефтяной источник *m*

Ölsardinen *pl* <*gen:* -> сардины *pl* в масле

Öltanker *m* <-s, -> нефтяной танкер *m*

Ölvorkommen *nt* <s, -> нефтяное месторождение *nt*

Olympiade *f* <-, -n> олимпиада *f*

Olympiamannschaft *f* <-, -en> олимпийская сборная *f*

Olympiasieger, -in *m/f* <-s, -> олимпийский чемпион, олимпийская чемпионка *m/f*

olympisch *adj* олимпийский; **die Olympischen Spiele** Олимпийские игры

Oma *f* <-, -s> ① (*umg: Großmutter*) бабушка *f*; ② (*umg: ältere Frau*) бабуля *f*

Omelett *nt* <-(e)s, -e/-s> омлет *m*

Omen *nt* <-s, -> (*geh*) предзнаменование *nt*

Omnibus *m* <-ses, -se> автобус *m*; **mit dem ~ fahren** ехать на автобусе

Omnibusbahnhof *m* <-(e)s, -bahnhöfe> автобусный вокзал *m*, автовокзал *m*

Omnibuslinie *f* <-, -n> автобусный маршрут *m*

Onkel *m* <-s, -> дядя *m*

Onlinehandel *m* онлайн-торговля *f*

Onlineportal *nt* веб-портал *m*; **im ~** на веб-портале

Onyx *m* оникс *m*

Opa *m* <-s, -s> ① (*umg: Großvater*) дедушка *m*; ② (*umg: älterer Mann*) дедушка *m*

opak *adj* полупрозрачный

Oper *f* <-, -n> ① (MUS) опера *f*; ② (*Gebäude*) оперный театр *m*; **in die ~ gehen** пойти в оперу

Operation *f* <-, -en> операция *f*

Operationssaal *m* <-(e)s, -säle> операционный зал *m*

Operette *f* <-, -n> оперетта *f*

operieren I. *vt* (MED) оперировать, про- *pf*; **sich ~ lassen** оперироваться; **II.** *vi* оперировать *impf*; **mit etw ~** оперировать чем-л.

Operngl as *nt* <-es, -gläser> театральный бинокль *m*

Opernhaus *nt* <-es, -häuser> оперный театр *m*

Opernsänger, -in *m/f* <-s, -> оперный певец *m*, оперная певица *f*

Opfer *nt* <-s, -> жертва *f*; **(für etw/jdn) ein ~ bringen** пожертвовать чем-л. (для чего-л./кого-л.); **jdm/etw zum ~ fallen** стать жертвой кого-л./чего-л.

opfern I. *vt* жертвовать, по- *pf* (+ *inst*); **II.** *vr* (*sich auf~*) жертвовать, по- *pf* собой

Opium *nt* <*gen:* -s> опиум *m*

Opportunismus *m* <*gen:* -> оппортунизм *m*

O

Opportunist, -in *m/f* <-en, -en> оппортуни́ст, -ка *m/f*
Opposition *f* <-, -en> оппози́ция *f*; **in ~ zu etw stehen** находи́ться в оппози́ции к чему́-л.
oppositionell *adj* оппозицио́нный
OP-Schwester *f* <-, -n> медици́нская сестра́ *f* операцио́нной
Optik *f* <*gen:* -> о́птика *f*
Optiker, -in *m/f* <-s, -> о́птик *m*
optimal *adj* оптима́льный
Optimismus *m* <*gen:* -> оптими́зм *m*
Optimist, -in *m/f* <-en, -en> оптими́ст, -ка *m/f*
optimistisch *adj* оптимисти́ческий
Option *f* <-, -en> вариа́нт *m*
optisch *adj* опти́ческий; **eine ~e Täuschung** опти́ческий обма́н
orange *adj* ора́нжевый
Orange *f* <-, -en> апельси́н *m*
orangefarben *adj* ора́нжевый
Orangensaft *m* <*gen:* -(e)s> апельси́новый сок *m*
Orang-Utan *m* <-s, -s> орангута́нг *m*
Orchester *nt* <-s, -> орке́стр *m*
Orchestergraben *m* <*gen:* -s> оркестро́вая я́ма *f*
Orchidee *f* <-, -n> орхиде́я *f*
Orden *m* <-s, -> (*Auszeichnung, Ordensgemeinschaft*) о́рден *m*; **jdm für etw einen ~ verleihen** награди́ть кого́-л. за что-л. о́рденом
Ordensträger *m* <-s, -> орденоно́сец *m*, кавале́р *m* о́рдена
ordentlich *adj* ❶ аккура́тный; ❷ (*anständig*) прили́чный; ❸ (*umg: gehörig, tüchtig*) здоро́вый, прили́чный
ordern *vt* ❶ (*veranlassen*) поруча́ть, -и́ть *pf*, распоряжа́ться, -поря-ди́ться *pf*; **eine Bestellung ~** распоряжа́ться о зака́зе ❷ (*bestellen*) зака́зывать, -каза́ть *pf*
Ordinalzahl *f* <-, -en> поря́дковое числи́тельное *nt*
ordinär *adj* (*gewöhnlich*) обы́чный
ordnen *vt* ❶ располага́ть, -ложи́ть *pf*; ❷ (*regeln*) приводи́ть, -вести́ *pf* в поря́док
Ordner *m* <-s, -> ❶ (*Aufpasser*) распоряди́тель *m*; ❷ (*Aktenordner*) скоросшива́тель *m*; ❸ (DV) директо́рия *f*
Ordnung *f* <-, -en> ❶ поря́док *m*; ❷ (*das Ordnen*) упоря́дочение *nt*; ❸ (*Regelung*) урегули́рование *nt*; ❹ (*Rang, auch BIO*) строй *m*; **~ halten** соблюда́ть поря́док; **jdn zur ~ rufen** призва́ть кого́-л. к поря́дку; **der ~ halber** ра́ди поря́дка; **in ~ sein** (*umg*) быть в поря́дке; **etw in ~ bringen** (*umg*) привести́ что-л. в поря́док
Ordnungsstrafe *f* <-, -n> дисциплина́рное взыска́ние *nt*
Oregano *nt* <*gen:* -s> припра́ва *f* из сухи́х ли́стьев души́цы [*o* майора́на]
Organ *nt* <-s, -e> ❶ (ANAT), (*Behörde, Stelle, Zeitung*) о́рган *m*; ❷ (*umg: Stimme*) го́лос *m*
Organisation *f* <-, -en> ❶ (*das Organisieren*) организа́ция *f*, организацио́нная рабо́та *f*; ❷ (*Aufbau*) организа́ция *f*, структу́ра *f*; ❸ (*Vereinigung*) организа́ция *f*, учрежде́ние *nt*; **karitative ~** благотвори́тельная организа́ция
Organisator, -in *m/f* <-s, -en> организа́тор *m*
organisatorisch *adj* ❶ (*die Organisation betreffend*) организацио́нный; ❷ (*das Organisieren betreffend*) организа́торский
organisch *adj* органи́ческий
organisieren I. *vt* организова́ть *impf/pf*; **II.** *vr* организова́ться *impf/pf*
Organismus *m* <-, -men> органи́зм *m*
Organist, -in *m/f* <-en, -en> органи́ст, -ка *m/f*
Orgasmus *m* <-, -men> орга́зм *m*
Orgel *f* <-, -n> орга́н *m*
Orgelmusik *f* <*gen:* -> орга́нная му́зыка *f*
Orgie *f* <-, -n> о́ргия *f*, попо́йка *f*; **~n feiern** устра́ивать о́ргии

O

Orient *m* <*gen:* -s> Восто́к *m*
orientalisch I. *adj* восто́чный; **II.** *adv* по-восто́чному.
Orientalistik *f* <*gen:* -> востокове́дение *nt*
orientieren I. *vr* ориенти́роваться, с- *pf* (*an* +*akk* на +*gen*); **II.** *vt:* **jdn über etw ~** проинформи́ровать кого́-л. о чём-л.
Orientierung *f* <*gen:* -> ориенти́рование *nt*, ориентиро́вка *f*; **die ~ verlieren** потеря́ть ориентиро́вку
Orientierungshilfe *f* <-, -n> ориенти́р *m*
original *adj* оригина́льный
Original *nt* <-s, -e> ❶ оригина́л *m*; ❷ (*umg: origineller Mensch*) чуда́к *m*, оригина́л *m*; **Homer im ~ lesen** чита́ть Гоме́ра в оригина́ле
Originalfassung *f* <-, -en> (*von literarischem Werk*) первонача́льный текст *m*
Originalität *f* <*gen:* -> ❶ оригина́льность *f*; ❷ (*Echtheit*) по́длинность
originell *adj* оригина́льный
Orkan *m* <-(e)s, -e> урага́н *m*
orkanartig *adj* урага́нный
Ornament *nt* <-(e)s, -e> орна́мент *m*
Ornithologe, -login *m/f* <-n, -n> орнито́лог *m*
Ort *m* <-(e)s, e> ❶ ме́сто *nt*; ❷ (*~schaft*) населённый пункт *m*; **an ~ und Stelle** на ме́сте
orten *vt* обнару́живать, -жить *pf*
orthodox I. *adj* ❶ (*strenggläubig*) ортодокса́льный; ❷ (*griechisch-orthodox*) правосла́вный; **II.** *adv* ❶ (*strenggläubig*) ортодокса́льно; ❷ (*griechisch-orthodox*) по-правосла́вному.
Orthographie, Orthografie *f* <*gen:* -> орфогра́фия *f*
orthographisch, orthografisch *adj* орфографи́ческий
Orthopäde *m* <-n, -n> ортопе́д *m*
Orthopädie *f* <*gen:* -> ортопеди́я *f*
Orthopädin *f* <-, -nen> ортопе́д *m*
orthopädisch *adj* ортопеди́ческий
örtlich *adj* ме́стный; **~e Betäubung** (MED) ме́стная анестези́я
Ortschaft *f* <-, -en> посёлок *m*, населённый пункт *m*
ortsfremd *adj* прие́зжий
Ortsgespräch *nt* <-(e)s, -e> (TELKOM) (телефо́нный) разгово́р *m* в преде́лах населённого пу́нкта
Ortsnetz *nt* <-es, -e> (TELKOM) ме́стная телефо́нная сеть *f*
Ortszeit *f* <-, -en> ме́стное вре́мя *nt*; **um 6 Uhr ~** в шесть часо́в по ме́стному вре́мени
O-Saft *siehe* **Orangensaft**
Öse *f* <-, -n> ушко́ *nt*
ostdeutsch *adj* восточногерма́нский
Ostdeutschland *nt* <*gen:* -s> Восто́чная Герма́ния *f*
Osten *m* <*gen:* -s> восто́к *m*; **nach/von ~** на восто́к/с восто́ка; **der Ferne ~** Да́льний Восто́к; **der Nahe ~** Бли́жний Восто́к
Osterei *nt* <-(e)s, -er> пасха́льное яйцо́ *nt*
Ostern *nt* <-, -> Па́сха *f*; **zu ~** на Па́сху
Österreich *nt* <*gen:* -s> А́встрия *f*
Österreicher, -in *m/f* <-s, -> австри́ец, -ри́йка *m/f*
österreichisch I. *adj* австри́йский; **II.** *adv* по-австри́йски.
Osteuropa *nt* <*gen:* -s> Восто́чная Евро́па *f*
osteuropäisch *adj* восточноевропе́йский
östlich I. *adj* восто́чный; **~ von** к восто́ку от; **II.** *präp* +*gen* восто́чнее (+ *gen*), на восто́ке от (+ *gen*).
Ostsee *f* <*gen:* -> Балти́йское мо́ре *nt*
ostslawisch *adj* восточнославя́нский
ostwärts *adv* на восто́к
Ostwind *m* <*gen:* -(e)s> восто́чный ве́тер *m*
Otter[1] *m* <-s, -> (*Fisch~*) вы́дра *f*

Otter[2] *f* <-, -n> (*Schlange*) гадю́ка *f*
oval *adj* ова́льный
Overall *m* <-s, -s> комбинезо́н *m*
oxidieren *vi* окисля́ться, оки́слиться *pf*
Oxyd *nt* <-s, -e> окси́д *m*, о́кись *f*
Ozean *m* <-s, -e> океа́н *m*
Ozeanien *nt* <*gen:* -s> Океа́ния *f*
ozeanisch *adj* океа́нский
Ozon *nt* <*gen:* -s> озо́н *m*
Ozonloch *nt* <*gen:* -(e)s> озо́новая ды́ра *f*
Ozonschicht *f* <*gen:* -> озо́новый слой *m*

Pp

p, P *nt* <-, -> п, П
paar *adj* не́сколько; **ein ~** не́сколько
Paar *nt* <-(e)s, -e> па́ра *f*; **ein ~ Schuhe** па́ра боти́нок
paaren I. *vt* (*Tiere*) спа́ривать, -рить *pf*; **II.** *vr* (*Tiere*) спа́риваться, -риться *pf* (*mit +dat* с *+inst*)
Paarlaufen *nt* <*gen:* -s> (SPORT) па́рное фигу́рное ката́ние *nt*
Paarung *f* <-, -en> (*von Tieren*) спа́ривание *nt*
paarweise *adv* па́рами
Pacht *f* <*gen:* -> ① (*Pachtverhältnis*) аре́нда *f*; ② (*Pachtsumme*) аре́ндная пла́та *f*; **etw in ~ nehmen** брать что-л. в аре́нду
pachten *vt* арендова́ть *impf/pf*
Pächter, -in *m/f* <-s, -> аренда́тор *m*
Pack *nt* <*gen:* -(e)s> (*umg: pej: Gesindel*) шпана́ *f*, сброд *m*
Päckchen *nt* <-s, -> ① (*Postsendung*) бандеро́ль *f*; ② (*von Zigaretten*) па́чка *f*
Packeis *nt* <*gen:* -es> па́ковый лёд *m*
packen I. *vt* ① (*greifen, fassen*) хвата́ть, схвати́ть *pf*; **jdn am Kragen ~** схвати́ть кого́-л. за ши́ворот ② (*Koffer, Gepäck*) пакова́ть, у- *pf*, упако́вывать *impf*; **II.** *vr:* **pack dich!** (*umg: geh fort!*) прова́ливай!
packend *adj* захва́тывающий, увлека́тельный
Packpapier *nt* <-s, -e> упако́вочная бума́га *f*
Packung *f* <-, -en> ① упако́вка *f*; ② (MED) обёртывание *nt*
Pädagoge *m* <-n, -n> педаго́г *m*
Pädagogik *f* <*gen:* -> педаго́гика *f*
Pädagogin *f* <-, -nen> педаго́г *m*
pädagogisch *adj* педагоги́ческий
Paddel *nt* <-s, -> байда́рочное весло́ *nt*
Paddelboot *nt* <-(e)s, -e> байда́рка *f*
paffen *vt* (*umg*) дыми́ть *impf*
Page *m* <-n, -n> (*in Hotel*) посы́льный *m*
Pager *m* <-s, -> (TELEKOM) пе́йджер *m*
Paket *nt* <-(e)s, -e> ① (*Postsendung*) посы́лка *m*; ② (*fig*) паке́т *m*
Pakt *m* <-(e)s, -e> пакт *m*; **(mit jdm) einen ~ schließen** заключи́ть пакт (с кем-л.)
Palast *m* <-(e)s, Paläste> дворе́ц *m*
Palästina *nt* <*gen:* -s> Палести́на *f*
Palästinenser, -in *m/f* <-s, -> палести́нец, -нка *m/f*
palästinensisch *adj* палести́нский
Palette *f* <-, -n> ① (*für Farben*) пали́тра *f*; ② (*Ladepalette*) поддо́н *m*; ③ (*Angebotsspektrum*) ассортиме́нт *m*, пали́тра *f*
Palme *f* <-, -n> па́льма *f*
Palmsonntag *nt* <*gen:* -s> (REL)

вéрбное воскресéнье *nt*
Pampelmuse *f* <-, -n> грейпфрýт *m*
panieren *vt* панировáть *impf/pf*
Panik *f* <*gen:* -> пáника *f*; **in ~ geraten** впасть в пáнику; **nur keine ~!** тóлько без пáники!
panisch *adj* панúческий
Panne *f* <-, -n> ① (*technischer Schaden*) неисправность *f*; ② (*für eine größere Panne auch*) авáрия *f*
Pannendienst *m* <*gen:* -(e)s> аварúйная слýжба *f*
Panorama *nt* <-s, Panoramen> панорáма *f*
Panther, Panter *m* <-s, -> пантéра *f*
Pantoffel *m* <-s, -n> тáпок *m*; **unter dem ~ stehen** (*umg*) быть под башмакóм у когó-л.
Pantomime *f* <-, -n> пантомúма *f*
Panzer *m* <-s, -> ① (*von Tieren*) пáнцирь *m*; ② (MIL) танк *m*
Panzerwagen *m* <-s, -> бронемашúна *f*, броневúк *m*
Papa *m* <-s, -s> (*umg*) пáпа *m*
Papagei *m* <-en/-s, -en> попугáй *m*
Paperback *nt* <-s, -s> кнúга *f* в мя́гком (бумáжном) переплёте
Papier *nt* <-s, -e> ① бумáга *f*; ② (*Schriftstück*) докумéнт *m*; ③ (*Wertpapier*) цéнная бумáга *f*; **~e** (*Ausweisdokumente*) докумéнты; **ein Blatt ~** лист бумáги
papieren *adj* ① бумáжный; ② (*fig*) казённый, канцеля́рский
Papierformat *nt* <-(e)s, -e> формáт *m* бумáжных листóв
Papiergeld *nt* <*gen:* -es> бумáжные дéньги *pl*
Papierkorb *m* <-(e)s, -körbe> ① корзúна *f* для бумáг; ② (DV) корзúна *f*
Papiertaschentuch *nt* <-(e)s, -tücher> бумáжный носовóй платóк *m*
Papiertüte *f* <-, -n> бумáжный пакéт *m*
Pappbecher *m* <-s, -> бумáжный стакáн *m*
Pappe *f* <-, -n> картóн *m*
Pappel *f* <-, -n> тóполь *m*
Paprika *f* <-, -s> ① (*Frucht*) пéрец *m*; ② (*Gewürz*) крáсный молóтый пéрец *m*
Papst *m* <-(e)s, Päpste> пáпа рúмский *m*
Parabel *f* <-, -n> ① (*Gleichnis*) парáбола *f*; ② (MATH) парáбола *f*
Parade *f* <-, -n> ① (MIL) парáд *m*; ② (SPORT: *Abwehr*) защúта *f*
Paradies *nt* <-es, -e> ① (REL) рай *m*; ② (*fig: schöner Ort*) рáйское мéсто *nt*
paradiesisch *adj* рáйский
paradox *adj* (*widersprüchlich*) парадоксáльный
Paragraph, Paragraf *m* <-en, -en> ① (*Textabschnitt*) парáграф *m*; ② (*Gesetzesabschnitt*) статья́ *f*
parallel *adj* параллéльный
Parallele *f* <-, -n> (MATH), (*ähnlicher Fall*) параллéль *f*
Parallelogramm *nt* <-s, -e> параллелогрáмм *m*
Parameter *m* <-s, -> парáметр *m*
Paranuss *f* <-, -nüsse> ю́жно-американский орéх *m*
Parasit *m* <-en, -en> паразúт *m*
parat *adj* готóвый; **etw ~ haben** держáть что-л. наготóве
Parfüm *nt* <-s, -e> духú *pl*
Parfümerie *f* <-, -n> парфюмéрия *f*
Parfümfläschchen *nt* <-s, -> флакóн *m* духóв
Park *m* <-s, -s> парк *m*
parken I. *vt* парковáть, при- *pf*; **II.** *vi* парковáться, при- *pf*
Parkett *nt* <-(e)s, -e/-s> паркéт *m*
Parkplatz *m* <-es, -plätze> автостоя́нка *f*
Parkstreifen *m* <-s, -s> полосá *f* паркóвки
Parlament *nt* <-(e)s, -e> парлáмент *m*
Parlamentarier, -in *m/f* <-s, -> член *m* парлáмента
parlamentarisch *adj* парлáментский
Parlamentswahl *f* <-, -en> парлáментские вы́боры *pl*
Parmesan *m* <*gen:* -s> пармезáн

m, итальянский твёрдый сыр
Parodie *f* <-, -n> паро́дия *f*
parodieren *vt* пароди́ровать *impf*
Parole *f* <-, -n> ❶ (*Leitsatz*) ло́зунг *m*; ❷ (*Passwort*) паро́ль *m*
Partei *f* <-, -en> па́ртия *f*; **(für jdn/etw) ~ ergreifen** встать на сто́рону (кого́-л./чего́-л.)
parteiisch *adj* пристра́стный
Parteitag *m* <-(e)s, -e> парти́йный съезд *m*
Parterre *nt* <-s, -s> (*Erdgeschoss*) пе́рвый эта́ж *m*; **im ~ wohnen** жить на пе́рвом этаже́
Partie *f* <-, -n> (*Spiel, Sport, von Waren*) па́ртия *f*
partiell *adj* части́чный
Partikel *f* <-, -n> (auch LING) части́ца *f*
Partisan, -in *m/f* <-s/-en, -en> партиза́н, -ка *m/f*
Partizip *nt* <-s, -ien> (LING) прича́стие *nt*
partizipieren *vi* (*geh*) уча́ствовать *impf*, принима́ть *impf* уча́стие
Partner, -in *m/f* <-s, -> ❶ (*allgemein*) партнёр, -ша *m/f*; ❷ (*Teilhaber*) компаньо́н *m*; ❸ (*Vetragsseite*) сторона́ *f*, контраге́нт *m*
Partnerschaft *f* <-, -en> партнёрство *nt*
partnerschaftlich *adj* партнёрский
Partnerstadt *f* <-, -städte> го́род *m* -побрати́м *m*
Party *f* <-, -s> ❶ вечери́нка *f*; ❷ компа́ния *f*
Pass *m* <-es, Pässe> ❶ (*Ausweis*) па́спорт *m*; ❷ (*Gebirgspass*) го́рный перева́л *m*; ❸ (SPORT) переда́ча *f*
passabel *adj* сно́сный
Passage *f* <-, -n> ❶ (*Durchfahrt*) пасса́ж *m*; ❷ (*Textausschnitt*) отры́вок *m*
Passagier *m* <-s, -e> пассажи́р *m*; **ein blinder ~** „за́яц"
Passant, -in *m/f* <-en, -en> прохо́жий, -жая *m/f*, пешехо́д *m*
Passbild *nt* <-(e)s, -er> фотогра́фия *f* для па́спорта
passen *vi* подходи́ть, подойти́ *pf* (*zu* +*dat* к +*dat*); **die Farben ~ gut zueinander** э́ти цвета́ хорошо́ подхо́дят друг к дру́гу; **jdm passt etw/jd (nicht)** кому́-л. (не) подхо́дит что-л./кто-л.; **passend sein** (*angemessen sein*) быть подходя́щим; **wann würde es dir ~?** когда́ тебе́ бы́ло бы удо́бно?
passieren I. *vi* ❶ случа́ться, -чи́ться *pf* (*mit* +*dat* с +*inst*); ❷ происходи́ть, произойти́ *pf* (*mit* +*dat* с +*inst*); **was ist denn passiert?** что случилось?; **II.** *vt* пересека́ть, -сечь *pf*
Passion *f* <-, -en> страсть *f*
passiv *adj* пасси́вный
Passiv *nt* <-s, -e> (LING) страда́тельный зало́г *m*
Passiva *pl* <gen: -> (ÖKON) пасси́вы *mpl*
Passivität *f* <gen: -> пасси́вность *f*
Passkontrolle *f* <-, -n> па́спортный контро́ль *m*
Pastell *nt* <-(e)s, -e> пасте́ль *f*
Pastete *f* <-, -n> паште́т *m*
Pastor, -in *m/f* <-s, -en> па́стор *m*
Pate *m* <-n, -n> крёстный оте́ц *m*
Patenkind *nt* <-(e)s, -er> крёстный ребёнок *m*
Patent *nt* <-(e)s, -e> пате́нт *m*
patentieren *vt* патентова́ть, за- *pf*
pathetisch *adj* патети́ческий
Pathologie *f* <gen: -> патоло́гия *f*
pathologisch *adj* патологи́ческий
Pathos *nt* <gen: -> па́фос *m*
Patient, -in *m/f* <-en, -en> пацие́нт, -ка *m/f*, больно́й, -на́я *m/f*
Patin *f* <-, -nen> крёстная мать *f*
Patriot, -in *m/f* <-en, -en> патрио́т, -ка *m/f*
patriotisch *adj* патриоти́ческий
Patriotismus *m* <gen: -> патриоти́зм *m*
Patrone *f* <-, -n> ❶ (*Tintenbehältnis*) балло́нчик *m* с черни́лами; ❷ (*für Schusswaffe*) патро́н *m*
Patrouille *f* <-, -n> патру́ль *m*
patrouillieren *vi* патрули́ровать *impf*
patschnass *adj* (*umg*) промо́кший до ни́тки [*o* наскво́зь]

Pauke *f* <-, -n> лита́вры *pl*

pauken **I.** *vi* (*umg: lernen*) зубри́ть *impf*; **II.** *vt* (*umg: lernen*) зубри́ть, вы́зубрить *pf*

pauschal **I.** *adj* о́бщий, пауша́льный; **II.** *adv* всё вме́сте, в о́бщем и це́лом.

Pauschale *f* <-, -n> о́бщая [*o* пауша́льная] су́мма *f*

Pause *f* <-, -n> ① (*Erholungspause, Innehalten*) па́уза *f*; ② (MUS) па́уза *f*; ③ (THEAT) антра́кт *m*; **eine ~ machen** сде́лать па́узу; **die große ~** (*in der Schule*) больша́я переме́на

pausenlos *adj* беспреры́вный

Pavian *m* <-s, -e> павиа́н *m*

Pavillon *m* <-s, -s> павильо́н *m*

Pazifik *m* <*gen:* -s> Ти́хий океа́н *m*

Pazifist, -in *m/f* <-en, -en> пацифи́ст, -ка *m/f*

pazifistisch *adj* пацифи́стский

PC *m* <-, -s> персона́льный компью́тер *m*

Pech *nt* <*gen:* -s> ① смола́ *f*; ② (*Missgeschick*) неуда́ча *f*

Pechvogel *m* <-s, -vögel> (*umg*) неуда́чник *m*

Pedal *nt* <-s, -e> педа́ль *f*

Pedant, -in *m/f* <-en, -en> педа́нт, -ка *m/f*

Pedanterie *f* <*gen:* -> педанти́зм *m*

pedantisch *adj* педанти́чный

Pegel *m* <-s, -> ① (*Maß*) водоме́рная ре́йка *f*; ② (*Wasserstand*) у́ровень *m* воды́

peinigen *vt* му́чить, за- *pf*

peinlich *adj* неприя́тный, нело́вкий

Peinlichkeit *f* <-, -en> тя́гостное положе́ние *nt*

Peitsche *f* <-, -n> бич *m*

peitschen **I.** *vt* хлеста́ть, хлестну́ть *pf*; **II.** *vi* (*Wind, Regen*) хлеста́ть, хлестну́ть *pf*

Pelikan *m* <-s, -e> пелика́н *m*

Pelle *f* <-, -n> шелуха́ *f*

Pellkartoffel *f* <-, -n> карто́фель *m* в мунди́ре

Pelz *m* <-es, -e> ① (*Pelzmantel*) шу́ба *f*; ② (*an lebendem Tier, als Bekleidungsmaterial*) мех *m*, шку́ра *f*

Pelzmantel *m* <-s, -mäntel> шу́ба *f*

Pendel *nt* <-s, -> ма́ятник *m*

pendeln *vi* ① кача́ться, качну́ться *pf*; ② (*zwischen zwei Orten*) курси́ровать *impf*

Pendelzug *m* <-(e)s, -züge> по́езд *m* при́городного сообще́ния

penetrant *adj* ① (*pej: Verhalten*) навя́зчивый; ② (*Geruch*) ре́зкий, тяжёлый

penibel *adj* (*genau*) педанти́чный

Penis *m* <-, -se> пе́нис *m*

Pension *f* <-, -en> ① (*Gästehaus*) пансио́н *m*; ② (*Ruhestand, Ruhegehalt*) пе́нсия *f*; **eine ~ beziehen** получа́ть пе́нсию; **in ~ gehen** уйти́ на пе́нсию

Pensionär, -in *m/f* <-s, -e> пенсионе́р, -ка *m/f*

pensionieren *vt* увольня́ть, уво́лить *pf* на пе́нсию

per *präp +akk* по (+ *dat*); **~ annum** ежего́дно, в год; **~ prokura** по дове́ренности; **~ Post** по по́чте

perfekt *adj* ① соверше́нный; ② (*besiegelt, abgemacht*) оконча́тельный; **der Vertrag ist ~** догово́р заключён оконча́тельно

Perfekt *nt* <-s, -e> (LING) перфе́кт *m*

Perfektion *f* <*gen:* -> соверше́нство *nt*

Perfektionist, -in *m/f* <-en, -en> перфекциони́ст, -ка *m/f*

perfide *adj* кова́рный, по́длый

Pergament *nt* <-(e)s, -e> перга́мент *m*

Periode *f* <-, -n> ① (*Zeitraum*) пери́од *m*; ② (*Menstruation*) менструа́ция *f*; ③ (MATH) пери́од *m*

periodisch *adj* периоди́ческий

Peripherie *f* <-, -n> ① перифери́я *f*; ② (*einer Stadt*) окра́ина *f*; ③ (DV) перифери́я *f*

Peristaltik *f* <*gen:* -> периста́льтика *f*

Perle *f* <-, -n> ① (*von Auster*)

жемчу́жина *f*; ② (*aus Glas/Holz*) би́серинка *f*; ③ (*Schweißtropfen*) ка́пля *f* по́та

perlen *vi* ① (*von Tropfen*) ка́пать *impf*; ② (*von Blasen*) пузыри́ться *impf*

Perlenkette *f* <-, -n> жемчу́жное ожере́лье *nt*, ни́тка *f* же́мчуга

Perlmutt *nt* <*gen:* -s> перламу́тр *m*

permanent *adj* постоя́нный; **er ist ~ unzufrieden** он постоя́нно недово́лен

Person *f* <-, -en> ① челове́к *m*; ② (FILM, THEAT) де́йствующее лицо́ *nt*; ③ (LING, offiziell) лицо́ *nt*; **natürliche ~** (JUR) физи́ческое лицо́

Personal *nt* <*gen:* -s> персона́л *m*, штат *m*, ка́дры *pl*, ли́чный соста́в *m*; **leitendes ~** руководя́щий соста́в

Personalausweis *m* <-es, -e> удостовере́ние *nt* ли́чности

Personalien *fpl* <*gen:* -> да́нные *ntpl* (о ли́чности)

Personalpronomen *nt* <-s, -nomina> (LING) ли́чное местоиме́ние *nt*

personell *adj* ли́чный, персона́льный

Personenwagen *m* <-s, -> ① легкова́я маши́на *f*; ② (*Eisenbahn*) пассажи́рский ваго́н *m*

persönlich *adj* ли́чный

Persönlichkeit *f* <-, -en> ① (*eines Menschen*) ли́чность *f*; ② (*bekannter Mensch*) (высокопоста́вленное) лицо́ *nt*

Perspektive *f* <-, -n> ① (*einer Zeichnung*) перспекти́ва *f*; ② (*Sichtweise*) то́чка *f* зрния; **aus jds ~** с то́чки зре́ния кого́-л. ③ (*Aussichten*) перспекти́ва *f*

Perücke *f* <-, -n> пари́к *m*

pervers *adj* (*abartig*) извращённый

Pessimismus *m* <*gen:* -> пессими́зм *m*

Pessimist, -in *m/f* <-en, -en> пессими́ст, -ка *m/f*

pessimistisch *adj* пессимисти́ческий

Pest *f* <*gen:* -> чума́ *f*

Pestizid *nt* <-s, -e> пестици́д *m*

Petersilie *f* <*gen:* -> петру́шка *f*

Petroleum *nt* <*gen:* -s> кероси́н *m*

Petroleumlampe *f* <-, -n> кероси́новая ла́мпа *f*

Pfad *m* <-(e)s, -e> ① тропа́ *f*; ② (DV) путь *m* до́ступа

Pfahl *m* <-(e)s, Pfähle> столб *m*

Pfand *nt* <-(e)s, Pfänder> (*auch im Spiel*) зало́г *m*, закла́д *m*

pfänden *vt* опи́сывать, описа́ть *pf* иму́щество

Pfandhaus *nt* <-es, -häuser> ломба́рд *m*

Pfanne *f* <-, -n> ① сковорода́ *f*; ② (*CH: Kochtopf*) кастрю́ля *f*; ③ (ANAT: *von Gelenk*) я́мка *f*; **jdn in die ~ hauen** (*umg*) стере́ть кого́-л. в порошо́к

Pfannkuchen *m* <-s, -> ① ола́дья *f*; ② (*flacher*) блин *m*; ③ (*gefüllter*) по́нчик *m*

Pfarrbezirk *m* <-(e)s, -e> прихо́д *m*

Pfarrei *f* <-, -en> ① (*Pfarrhaus*) дом *m* свяще́нника; ② (*Gemeinde*) церко́вная общи́на *f*

Pfarrer, -in *m/f* <-s, -> па́стор *m*, свяще́нник *m*

Pfarrkirche *f* <-, -n> прихо́дская це́рковь *f*

Pfau *m* <-(e)s, -en> павли́н *m*

Pfeffer *m* <*gen:* -s> пе́рец *m*; **bleiben, wo der ~ wächst** (*umg*) убира́ться к чёрту

Pfefferminze *f* <*gen:* -> мя́та *f*

Pfefferminztee *m* <*gen:* -s> чай *m* из мя́ты

pfeffern *vt* (*mit Pfeffer würzen*) перчи́ть, по- *pf*

Pfeife *f* <-, -n> ① (*Instrument*) свисто́к *m*; ② (*Tabaks~*) тру́бка *f*

pfeifen <pfiff, gepfiffen> **I.** *vi* свисте́ть, по- *pf*, сви́стнуть *pf*; **II.** *vt* (*Melodie*) насви́стывать *impf*; **auf etw ~** (*umg*) чиха́ть на что-л.

Pfeil *m* <-(e)s, -e> ① стрела́ *f*; ② (*als Zeichen*) стре́лка *f*

Pfeiler *m* <-s, -> ① столб *m*; ② (*fig:*

Stütze) опо́ра *f*

Pfennig *m* <-s, -e> пфе́нниг *m*

Pferch *m* <-(e)s, -e> заго́н *m*

Pferd *nt* <-(e)s,-e> ① (*weiblichen Geschlechts*) ло́шадь *f*; ② (*männlichen Geschlechts*) конь *m*; ③ (SPORT) конь *m*; ④ (*beim Schach*) конь *m*

Pferderennen *nt* <-s, -> ска́чки *fpl*

Pferderennsport *m* <*gen:* -s> ко́нный спорт *m*

Pferdestall *m* <-(e)s, -ställe> коню́шня *f*

Pferdestärke *f* <-, -n> лошади́ная си́ла *f*

pfiff *prät von* **pfeifen**

Pfiff *m* <-(e)s, -e> свисто́к *m*

Pfifferling *m* <-s, -e> (*Pilz*) лиси́чка *f*

pfiffig *adj* ло́вкий

Pfingsten *nt* <-, -> (REL) Тро́ица *f*

Pfirsich *m* <-s, -e> пе́рсик *m*

Pflanze *f* <-, -n> расте́ние *nt*

pflanzen *vt* сажа́ть, посади́ть *pf*

Pflanzenöl *nt* <-(e)s, -e> расти́тельное ма́сло *nt*

pflanzlich *adj* расти́тельный

Pflanzung *f* <-, -en> (*Plantage*) планта́ция *f*

Pflaster *nt* <-s, -> ① (*der Straße*) мостова́я *f*; ② (*Wundpflaster*) пла́стырь *m*

Pflasterstein *m* <-(e)s, -e> булы́жник *m*

Pflaume *f* <-, -n> ① сли́ва *f*; ② (*umg: pej*) растя́па *mf*

Pflege *f* <*gen:* -> (*das Pflegen*) ухо́д *m* (за ке́м-л.)

Pflegeeltern *pl* <*gen:* -> приёмные роди́тели *pl*

Pflegeheim *nt* <-(e)s, -e> дом *m* инвали́дов

Pflegekind *nt* <-(e)s, -er> приёмный ребёнок *m*

pflegen **I.** *vt* ① уха́живать *impf* (за +*inst*), забо́титься *impf* (о +*präpos*); ② (*Idee, Beziehung*) подде́рживать *impf*; **II.** *vi:* **etw zu tun ~** име́ть привы́чку де́лать что-л.

Pflicht *f* <-, -en> долг *m*, обя́занность *f*; **Rechte und ~en** права́ и обя́занности

pflichtbewusst *adj* созна́тельный

Pflock *m* <-(e)s, Pflöcke> ко́лышек *m*

pflog *prät von* **pflegen**

pflücken *vt* рвать, сорва́ть *pf*, срыва́ть *impf*, собира́ть, собра́ть *pf*

Pflug *m* <-(e)s, Pflüge> плуг *m*

pflügen *vt* паха́ть, вспаха́ть *pf*

Pforte *f* <-, -n> воро́та *pl*

Pförtner, -in *m/f* <-s, -> сто́рож *m*

Pfote *f* <-, -n> ① ла́па *f*; ② (*umg: Hand*) ла́па *f*

Pfropfen *m* <-s, -> про́бка *f*

pfui *interj* (*angeekelt*) тьфу́!, фу!

Pfund *nt* <-(e)s, -e> полкило́ *nt*; **ich möchte ein ~ Tomaten** я хоте́л бы полкило́ помидо́ров; **~ Sterling** фунт сте́рлингов

pfuschen *vi* (*umg*) халту́рить, с- *pf*

Pfütze *f* <-, -n> лу́жа *f*

Phänomen *nt* <-s-, e> ① (*Erscheinung*) фено́мен *m*; ② (*umg: Person*) явле́ние *nt*

Phantasie *f* <-, -n> фанта́зия *f*

phantasieren *vi* фантази́ровать, по- *pf*

phantastisch *adj* ① фантасти́ческий; ② (*umg: hervorragend, toll*) порази́тельный

Pharmaindustrie *f* <*gen:* -> фармацевти́ческая промы́шленность *f*

pharmazeutisch *adj* фармацевти́ческий

Pharmazie *f* <*gen:* -> фармаце́втика *f*

Phase *f* <-, -n> (PHYS), (*Abschnitt*) фа́за *f*

Philologe, Philologin *m* <-n, -n> фило́лог *m*

Philologie *f* <-, -n> филоло́гия *f*

Philosoph, -in *m/f* <-en, -en> фило́соф *m*

Philosophie *f* <-, -n> филосо́фия *f*

philosophieren *vi* филосо́фствовать

philosophisch **I.** *adj* филосо́фский; **II.** *adv* по-филосо́фски, с то́чки

P

зре́ния филосо́фии.
phlegmatisch *adj* флегмати́чный
Phobie *f* <*gen:* -> (MED) фо́бия *f*, страх *m*
phosphoreszieren *vi* фосфоресци́ровать
Photo *siehe* **Foto**
Photoapparat *siehe* **Fotoapparat**
Photographie *siehe* **Fotografie**
Phrase *f* <-, -n> фра́за *f*; **~n dreschen** (*umg*) моло́ть язы́ком
Physik *f* <*gen:* -> фи́зика *f*
physikalisch *adj* физи́ческий
Physiker, -in *m/f* <-s, -> фи́зик *m*
Physiologie *f* <*gen:* -> физиоло́гия *f*
physisch *adj* физи́ческий
Pianist, -in *m/f* <-en, -en> пиани́ст, -ка *m/f*
piano *adv* пиа́но
Pickel[1] *m* <-s, -> (*Werkzeug*) ледору́б *m*
Pickel[2] *m* <-s, -> (*Pustel*) прыщ *m*
picken *vt* клева́ть, клю́нуть *pf*
Picknick *nt* <-s, -s/-e> пикни́к *m*
piepsig *adj* (*Stimme*) пискля́вый
Piercing *nt* <-s, -s> *прока́лывание или просве́рливание ко́жи для вдева́ния украше́ний*
Pigment *nt* <-(e)s, -e> пигме́нт *m*
Pik *nt* <-s, -> пи́ки *pl*
pikant *adj* пика́нтный
Pilger, -in *m/f* <-s, -> пало́мник, -ница *m/f*
pilgern *vi* соверша́ть, -ши́ть *pf* пало́мничество
Pille *f* <-, -n> ❶ пилю́ля *f*; ❷ (*Antibabypille*) противозача́точная табле́тка *f*; **eine bittere ~** (*umg*) го́рькая пилю́ля
Pilot, -in *m/f* <-en, -en> лётчик, -чица *m/f*, пило́т *m*
Pils *nt* <-, -> пи́льзенское пи́во *nt*
Pilz *m* <-es, -e> ❶ гриб *m*; **sie gehen ~e sammeln** они́ иду́т собира́ть грибы́; ❷ (*Hauterkrankung*) грибо́к *m*
Pilzvergiftung *f* <-, -en> отравле́ние *nt* груба́ми
Pinguin *m* <-s, -e> пингви́н *m*
Pinie *f* <-, -n> пи́ния *f*
pink *adj* я́рко-ро́зовый
pinkeln *vi* (*umg*) писа́ть, по- *pf*, на- *pf*
Pinsel *m* <-s, -> кисть *f*
Pinzette *f* <-, -n> пинце́т *m*
Pionier, -in *m/f* <-s, -e> ❶ (MIL) сапёр *m*; ❷ (*Vorkämpfer, auch Mitglied einer kommunistischen Kinderorganisation*) пионе́р, -ка *m/f*
Pipeline *f* <-, -s> нефтепрово́д *m*
Piste *f* <-, -n> ❶ (*Rennbahn*) трек *m*; ❷ (*Rollbahn*) лётная полоса́ *f*; ❸ (*Skipiste*) тра́сса *f* скоростно́го спу́ска
Pistole *f* <-, -n> пистоле́т *m*
Pizza *f* <-, -s/Pizzen> пи́цца *f*
Pkw *akr von* ***Personenkraftwagen***
plädieren *vi* (*geh*) выступа́ть, вы́ступить *pf* (*für +akk* за *+akk*)
Plage *f* <-, -n> муче́ние *nt*
plagen I. *vt* му́чить, из- *pf*; **II.** *vr* му́читься, из- *pf* (*mit +dat* с *+inst*)
Plakat *nt* <-(e)s, -e> плака́т *m*
Plan *m* <-(e)s, Pläne> ❶ план *m*; ❷ (*Zeitplan, Stundenplan*) гра́фик *m*; ❸ (*Bauplan*) прое́кт *m*; ❹ (*Stadtplan*) план *m*; ❺ (*Schema*) гра́фик *m*
Plane *f* <-, -n> брезе́нт *m*
planen *vt* плани́ровать, за- *pf*; **was hast du für heute geplant?** что ты заплани́ровал на сего́дня?
Planet *m* <-en, -en> плане́та *f*
planetarisch *adj* плане́тный
Planetarium *nt* <-s, -ien> планета́рий *m*
planieren *vt* выра́внивать, вы́ровнять *pf*
Planierraupe *f* <-, -n> бульдо́зер *m*
Planke *f* <-, -n> доска́ *f*
planlos *adj* беспла́новый
planmäßig I. *adj* пла́новый; **II.** *adv* по пла́ну.
Planung *f* <-, -en> плани́рование *nt*; **in ~ sein** плани́роваться
planvoll *adj* ❶ пла́новый, планоме́рный; ❷ обду́манный
plappern *vi* (*umg*) болта́ть *impf*
Plasma *nt* <-s, Plasmen> пла́зма *f*
Plastik[1] *f* <-, -en> (*Skulptur*)

скульпту́ра *f*
Plastik[2] *nt* <*gen:* -s> (*Kunststoff*) пластма́сса *f*, пла́стик *m*
Plastiktüte *f* <-, -n> пла́стиковый паке́т *m*
plastisch *adj* ① (*anschaulich*) вырази́тельный; ② (*bildhauerisch*) скульпту́рный; ③ (MED) пласти́ческий
Platane *f* <-, -n> плата́н *m*, чина́ра *f*
Platin *nt* <*gen:* -s> пла́тина *f*
platonisch : **~e Liebe** платони́ческая любо́вь
platt *adj* (*flach, auch geistlos, nichtssagend*) пло́ский; **ein ~er Witz** пло́ская шу́тка
plattdeutsch *adj* ни́жненеме́цкий
Platte *f* <-, -n> ① (*von Tisch*) доска́ *f*; ② (*von Herd*) пли́тка *f*; ③ (*Schallplatte*) пласти́нка *f*; **eine ~ auflegen** поста́вить пласти́нку ④ (*Fliese*) пли́тка *f*; **kalte ~** холо́дная заку́ска
Plattenspieler *m* <-s, -> прои́грыватель *m*
Plattform *f* <-, -en> площа́дка *f*, платфо́рма *f*
Plattfuß *m* <-es, -füße> плоскосто́пие *nt*
Platz *m* <-es, Plätze> ① (*Raum*) ме́сто *nt*; **der Schrank braucht viel ~** шкаф занима́ет мно́го ме́ста; ② (*öffentlicher Platz*) пло́щадь *f*; ③ (*Sitzplatz*) ме́сто *nt*; **ist bei Ihnen noch ein ~ frei?** у Вас ещё есть свобо́дное ме́сто?; **~ nehmen** сади́ться; **(jdm) ~ machen** освободи́ть ме́сто (кому́-л.)
Platzangst *f* <*gen:* -> (PSYCH) клаустрофо́бия *f*
Plätzchen *nt* <-s, -> (*Keks*) пече́нье *nt*
platzen *vi* ло́паться, ло́пнуть *pf*; **vor Lachen ~** умере́ть со́ смеху
platzieren I. *vt* (*an eine Stelle*) помеща́ть, -мести́ть *pf*; II. *vr* (*sich auf-/hinstellen*) размеща́ться, -мести́ться *pf*
Platzpatrone *f* <-, -n> холосто́й патро́н *m*
Platzwunde *f* <-, -n> рва́ная ра́на *f*
plaudern *vi* болта́ть, по- (*mit* +*dat* с +*inst*)
plausibel *adj* поня́тный
plazieren *alte Schreibung für* **platzieren**
pleite *adv*: **~ gehen** обанкро́титься
Pleite *f* <-, -n> ① (*umg: Bankrott*) банкро́тство *nt*, крах *m*; **~ machen** потерпе́ть крах, обанкро́титься ② (*umg: Reinfall*) неуда́ча *f*
Plenum *nt* <-s, Plenen> пле́нум *m*
Plexiglas® *nt* <*gen:* -es> плексигла́с *m*
Plombe *f* <-, -n> пло́мба *f*
plombieren *vt* ① пломбирова́ть, о- *pf*; ② (*Zahn*) пломбирова́ть, за- *pf*
plötzlich *adj* внеза́пный, неожи́данный
plump *adj* (*Bewegung*) неуклю́жий, нело́вкий
Plunder *m* <*gen:* -s> (*umg: pej*) барахло́ *nt*, хлам *m*
plündern *vt* (*auch fig*) гра́бить, раз- *pf*
Plünderung *f* <-, -en> грабёж *m*, мародёрство *nt*
Plural *m* <*gen:* -s> мно́жественное число́ *nt*
Pluralismus *m* <*gen:* -> плюрали́зм *m*
plus I. *präp* +*gen* (*zuzüglich*) плюс (+ *nom*); II. *adv* плюс; **wir haben ~ 3 Grad** у нас три гра́дуса тепла́; III. *konj* (MATH) плюс.
Plus *nt* <*gen:* -> ① (*Pluspunkt*) преиму́щество *nt*, плюс *m*; ② (*Gewinn*) при́быль *f*
Plüsch *m* <*gen:* -(e)s> плюш *m*
Plusquamperfekt *nt* <*gen:* -s> (LING) плюсквамперфе́кт *m*
Pluszeichen *nt* <-s, -> знак *m* сложе́ния
PLZ *abk von* ***Postleitzahl***
Po *m* <-s, -s> (*umg*) по́па *f*, по́пка *f*
Pöbel *m* <*gen:* -s> (*pej*) сброд *m*
pochen *vi* ① стуча́ть, по- *pf* (*an* +*akk* в +*akk*); ② (*Herz*) стуча́ться *impf*

Pocken *fpl* <*gen:* -> о́спа *f*
Podium *nt* <-s, -ien> трибу́на *f*
Poesie *f* <*gen:* -> поэ́зия *f*
Poet, -in *m/f* <-en, -en> поэ́т, поэте́сса *m/f*
poetisch *adj* поэти́ческий
Pointe *f* <-, -n> остро́та *f*
Pokal *m* <-s, -e> ку́бок *m*
Pokalspiel *nt* <-(e)s, -e> игра́ *f* на ку́бок
Pökelfleisch *nt* <*gen:* -es> солони́на *f*
Pol *m* <-s, -e> по́люс *m*
polar *adj* поля́рный
Polarforscher, -in *m/f* <-s, -> поля́рник *m*
Polarität *f* <-, -en> поля́рность *f*
Polarkreis *m* <-es, -e> поля́рный круг *m*
Pole *m* <-n, -n> поля́к *m*
Polemik *f* <-, -en> поле́мика *f*
polemisch *adj* полеми́ческий
Polen *nt* <*gen:* -s> По́льша *f*
Police *f* <*gen:* -> (*Versicherungsschein*) (страхово́й) по́лис *m*
polieren *vt* полирова́ть, от- *pf*
Polin *f* <-, -en> по́лька *f*
Politik *f* <-, -en> поли́тика *f*; **eine ~ betreiben** проводи́ть поли́тику
Politiker, in *m/f* <-s, -> поли́тик *m*
Politikwissenschaft *f* <*gen:* -> политоло́гия *f*
politisch *adj* полити́ческий; **eine ~e Entscheidung** полити́ческое реше́ние
Polizei *f* <-, -en> поли́ция *f*; **die ~ rufen** вы́звать поли́цию
polizeilich *adj* полице́йский
Polizeirevier *nt* <-(e)s, -e> полице́йский уча́сток *m*
Polizist, -in *m/f* <-en, -en> полице́йский *m*
Pollen *m* <-s, -> пыльца́ *f*
polnisch I. *adj* по́льский; **II.** *adv* по-по́льски.
Polster *nt* <-s, -> ❶ мя́гкая оби́вка *f*; ❷ (*fig*) запа́сы *mpl*
Polstergarnitur *f* <-, -en> гарниту́р *m* мя́гкой ме́бели
polstern *vt* (*Möbel*) обива́ть, оби́ть *pf*
poltern *vi* (*Geräusch erzeugen*) громыха́ть, -хну́ть *pf*
Pomade *f* <-, -n> пома́да *f*
Pommern *nt* <*gen:* -s> Помера́ния *f*
Pommes frites *fpl* <*gen:* -> карто́фель *m* фри
Pomp *m* <*gen:* -(e)s> пы́шность *f*
pompös *adj* пы́шный, помпе́зный
Pony[1] *nt* <-s, -s> (*Pferd*) по́ни *m*
Pony[2] *m* <-s, -s> (*Frisur*) чёлка *f*
Pool *m* <-s, -s> ❶ (*Schwimmbecken*) пла́вательный бассе́йн; ❷ (*Zusammenfassung von gemeinsamen Interessen*) пул *m*
Pope *m* <-n, -n> поп *m*
Popmusik *f* <*gen:* -> поп-му́зыка *f*
Popo *m* <-s, -s> по́па *f*
Popstar *m* <-s, -s> звезда́ *f* эстра́ды
populär *adj* популя́рный
Popularität *f* <*gen:* -> популя́рность *f*
populärwissenschaftlich *adj* нау́чно-популя́рный
Pore *f* <-, -n> по́ра *f*
Pornografie, Pornographie *f* <*gen:* -> порногра́фия *f*
porös *adj* по́ристый
Portal *nt* <-s, -e> (*Tor*) порта́л *m*
Portier *m* <-s, -s> швейца́р *m*
Portion *f* <-, -en> ❶ по́рция *f*; ❷ (*umg: Anteil*) до́ля *f*
Portmonee, Portemonnaie *nt* <-s, -s> кошелёк *m*
Porto *nt* <-s, -s> почто́вый сбор *m*
Porträt *nt* <-s, -s> портре́т *m*
Portugal *nt* <*gen:* -s> Португа́лия *f*
Portugiese *m* <-n, -n> португа́лец *m*
Portugiesin *f* <-, -nen> португа́лка *f*
portugiesisch I. *adj* португа́льский; **II.** *adv* по-португа́льски.
Portwein *m* <-(e)s, -e> портве́йн *m*
Porzellan *nt* <-s, -e> ❶ фарфо́р *m*; ❷ (*Geschirr*) фарфо́ровая посу́да *f*
Posaune *f* <-, -n> тромбо́н *m*
Pose *f* <-, -n> по́за *f*
Position *f* <-, -en> ❶ (*Standpunkt*) пози́ция *f*, то́чка *f* зре́ния; ❷ (*berufliche Stellung*) пост *m*,

P

до́лжность *f*; ③ (*Standort*) пози́ция *f*, расположе́ние *nt*
positiv *adj* положи́тельный
possierlich *adj* (*Tier*) заба́вный
Post *f* <*gen:* -> по́чта *f*; **etw mit der ~ schicken** посла́ть что-л. по по́чте
Postamt *nt* <-(e)s, -ämter> по́чта *f*
Postanweisung *f* <-, -en> (*Geldüberweisung per Post*) почто́вый (де́нежный) перево́д *m*
Postbote *m* <-n, -n> почтальо́н *m*
posten *vt* (DV) (*Nachricht, Kommentar*) опублико́вывать *impf*
Posten *m* <-s, -> ① (*Arbeitsstelle*) пост *m*, до́лжность *f*; ② (*auf Liste*) статья́ *f*; ③ (ÖKON: *Menge*) па́ртия *f* това́ра; ④ (MIL) пост *m*; ⑤ (*Rechnungswesen*) статья́ *f*, пози́ция *f*
Postfach *nt* <-(e)s, -fächer> абонеме́нтный почто́вый я́щик *m*
Postkarte *f* <-, -n> (почто́вая) откры́тка *f*
postlagernd *adj* до востре́бования
Postleitzahl *f* <-, -en> почто́вый и́ндекс *m*
Poststelle *f* <-n, -n> почто́вое отделе́ние *nt*
Poststempel *m* <-s, -> почто́вый штамп *m*
potent *adj* поте́нтный
Potenz *f* <-, -en> ① (*sexuelle ~*) поте́нция *f*; ② (MATH) сте́пень *f*; **in höchster ~** (*umg*) в вы́сшей сте́пени
potenziell, potentiell *adj* потенциа́льный
Pottwal *m* <-(e)s, -e> кашало́т *m*
Pracht *f* <*gen:* -> великоле́пие *nt*
prächtig *adj* великоле́пный, прекра́сный
Prädikat *nt* <-(e)s, -e> ① (LING) сказу́емое *nt*, предика́т *m*; ② (*Bewertung*) оце́нка *f*
Präfix *nt* <-es, -e> (LING) приста́вка *f*
prägen *vt* ① (*Münze*) чека́нить, от- *pf*; ② (*Menschen*) формирова́ть, с- *pf*; **die Kriegszeit hat ihn geprägt** война́ наложи́ла на него́ свой отпеча́ток
Pragmatik *f* <-, -en> прагма́тика *f*
Pragmatiker, -in *m/f* <-s, -> прагма́тик *m*
pragmatisch *adj* прагмати́ческий
prägnant *adj* ме́ткий, то́чный
Prägung *f* <-, -en> ① (*von Münzen*) чека́нка *f*; ② (*bestimmte Art*) тип *m*, склад *m*; ③ (*von Begriffen*) образова́ние *nt*
prahlen *vi* хвали́ться, по- *pf*, хва́статься, по- *pf*
Prahlerei *f* <-, -en> хвастовство́ *nt*
Praktikant, -in *m/f* <-en, -en> практика́нт, -ка *m/f*, стажёр *m*
Praktikum *nt* <-s, -ka> пра́ктика *f*, практи́ческое заня́тие *nt*
praktisch *adj* ① (*zweckmäßig*) практи́чный; ② (*auf die Praxis bezogen*) практи́ческий
praktizieren I. *vt* практикова́ть, по- *pf*; **II.** *vi* (*Arzt, Anwalt*) практикова́ть *impf*
Praline *f* <-, -n> шокола́дная конфе́та *f*
prall *adj* (*straff*) упру́гий, туго́й
prallen *vi* ① наска́кивать, -скочи́ть *pf* (*gegen* +*akk* на +*akk*); ② (*mit dem Auto*) наезжа́ть, -е́хать *pf* (*gegen* +*akk* на +*akk*)
Prämie *f* <-, -n> ① пре́мия *f*; ② (*Versicherungs~*) (страхова́я) пре́мия *f*; **eine ~ für etw aussetzen** назна́чить пре́мию за что-л.
prämieren *vt* премирова́ть
Prämisse *f* <-, -n> предпосы́лка *f*
Pranger *m*: **jdn/etw an den ~ stellen** (*fig*) заклейми́ть кого́-л. (позо́ром)
Präparat *nt* <-(e)s, -e> препара́т *m*
Präposition *f* <-, -en> (LING) предло́г *m*
Präsens *nt* <*gen:* -s> (LING) настоя́щее вре́мя *nt*
Präsentation *f* <-, -en> презента́ция *f*
präsentieren I. *vt* (*schenken, anbieten*) преподноси́ть, -нести́ *pf*; **II.** *vr* представля́ть, -ста́вить *pf*

себя́; **er präsentierte sich im günstigsten Licht** он предста́вил себя́ в лу́чшем све́те

Präservativ *nt* <-s, -e> презервати́в *m*

Präsident, -in *m/f* <-en, -en> президе́нт *m*

Präsidium *nt* <-s, -ien> (*Vorsitz*) прези́диум *m*

Präteritum *nt* <*gen:* -s> (LING) прете́рит *m*

Prävention *f* <-, -en> профила́ктика *f*

Praxis *f* <-, Praxen> ① (*praktische Durchführung*) пра́ктика *f*; ② (*von Arzt*) пра́ктика *f*

praxisfern *adj* далёкий от пра́ктики

Präzedenzfall *m* <-(e)s, -fälle> прецеде́нт *m*

präzis(e) *adj* то́чный

Präzision *f* <*gen:* -> то́чность *f*

predigen I. *vt* пропове́довать *impf*; **II.** *vi* чита́ть, про- *pf* про́поведь

Prediger, -in *m/f* <-s, -> пропове́дник *m*

Predigt *f* <-, -en> про́поведь *f*

Preis *m* <-es, -e> ① (*Kaufpreis*) цена́ *f*; **die ~e sind gestiegen** це́ны повы́сились; **um keinen ~** ни за что́ ② (*in einem Wettbewerb*) приз *m*, пре́мия *f*, награ́да *f*; **sie hat den ersten ~ bekommen** она́ получи́ла пе́рвое ме́сто

Preisausschreiben *nt* <-s, -> ко́нкурс *m*

Preiselbeere *f* <-, -n> брусни́ка *f*

preisen <pries, gepriesen> *vt* (*geh*) восхваля́ть, -ли́ть *pf*

preisgeben *vt* ① (*aussetzen, ausliefern*) броса́ть, бро́сить *pf* на произво́л (судьбы́); ② (*Geheimnis*) выдава́ть, вы́дать *pf*

preisgekrönt *adj* отме́ченный награ́дами, награждённый

Preisgeld *nt* <-es, -er> де́нежный приз *m*

preisgünstig *adj* недорого́й

Preisliste *f* <-, -n> катало́г *m* цен, прейскура́нт *m*

Preisschild *nt* <-(e)s, -er> це́нник *m*

Preisträger, -in *m/f* <-s, -> лауреа́т *m*, -ка *m/f*

preiswert *adj* недорого́й

prellen *vt* ① ушиби́ть *pf*; ② (*betrügen*) обма́нывать, -ману́ть *pf* (*um +akk* на *+akk*)

Prellung *f* <-, -en> ушиб *m*

Premiere *f* <-, -n> премье́ра *f*

Premierminister, in *m/f* <-s, -> премье́р-мини́стр *m*

Presse *f* <-, -n> ① (*Obstpresse*) пресс *m*; ② (*Druckerpresse*) печа́тный стано́к *m*; **die ~** (*die Zeitungen*) печа́ть

Pressefreiheit *f* <*gen:* -> свобо́да *f* печа́ти

Pressekonferenz *f* <-, -en> пресс-конфере́нция *f*

pressen *vt* ① (TECH) прессова́ть, с- *pf*; ② (*drücken*) жать, с- *pf*, сжима́ть *impf*; ③ (*Saft*) выжима́ть, вы́жать *pf*

Presslufthammer *m* <-s, -hämmer> пневмати́ческий молото́к *m*

Prestige *nt* <*gen:* -s> прести́ж *m*, прести́жность *f*

prickeln *vi* ① пока́лывать *impf*; ② (*Sekt*) пузыри́ться *impf*

pries *prät von* **preisen**

Priester, -in *m/f* <-s, -> свяще́нник *m*

prima *adj* (*umg: sehr gut*) прекра́сный, замеча́тельный

primär *adj* перви́чный

Primel *f* <-, -n> первоцве́т *m*

primitiv *adj* ① (*Kultur, Stamm*) примити́вный, первобы́тный; ② (*pej: Mensch*) примити́вный, незамыслова́тый

Printmedien *pl* <*gen:* -> печа́тные сре́дства *pl* информа́ции

Prinz *m* <-en, -en> принц *m*

Prinzessin *f* <-, -nen> принце́сса *f*

Prinzip *nt* <-s, -ien> при́нцип; **im ~** в при́нципе; **aus ~** из при́нципа

prinzipiell *adj* принципиа́льный

Priorität *f* <-, -en> приорите́т *m*

Prise *f* <-, -n> щепо́тка *f*; **eine ~**

Salz щепóтка сóли
Prisma *nt* <-s, Prismen> при́зма *f*
privat *adj* ① (*persönlich*) ли́чный; ② (*nicht öffentlich*) ча́стный; **sie geht auf eine ~e Schule** она́ хóдит в ча́стную шкóлу
Privateigentum *nt* <*gen:* -s> ча́стная сóбственность *f*; **~ an Grund und Boden** ча́стная сóбственность на зéмлю
Privatgrundstück *nt* <-(e)s, -e> ча́стный земéльный учáсток *m*
privatisieren *vt* (POL, ÖKON: *von Eigentum*) приватизи́ровать *impf/pf*
Privatisierung *f* <*gen:* -> (POL, ÖKON) приватизáция *f*
Privatleben *nt* <*gen:* -s> ли́чная жизнь *f*
Privileg *nt* <-s, -ien> привилéгия *f*; **~ien genießen** имéть привилéгии
pro I. *präp* +*akk* на (+ *akk*), в (+ *akk*), за (+ *akk*); **50 km ~ Stunde** 50 км в час; **~ Kopf** (*umg*) на человéка; **~ Stück** за штýку; **II.** *adv* (*für*) за.
Probe *f* <-, -n> ① провéрка *f*, прóба *f*, тест *m*, испытáние *nt*; ② (THEAT, MUS) репети́ция *f*; ③ (CHEM) прóба *f*
proben *vt* репети́ровать, от- *pf*
Probezeit *f* <-, -en> испытáтельный срок *m*
probieren *vt* прóбовать, по- *pf*
Problem *nt* <-s, -e> (*schwierige Angelegenheit*) проблéма *f*; **ein ~ lösen** реши́ть проблéму
Problematik *f* <-, -en> проблемáтика *f*
problematisch *adj* проблемати́чный
problemlos *adj* благополýчный
Produkt *nt* <-(e)s, -e> продýкт *m*, издéлие *m*, товáр *m*
Produktion *f* <*gen:* -> ① продýкция *f*; ② произвóдство *nt*
produktiv *adj* продукти́вный
Produktivität *f* <*gen:* -> продукти́вность *f*
Produzent, -in *m/f* <-en, -en> ① (*Hersteller*) производи́тель *m*; ② (FILM) продю́сер *m*
produzieren *vt* производи́ть, -вести́ *pf*, выпускáть, вы́пустить *pf*
Prof. *Abkürzung von* **Professor**
professionell *adj* профессионáльный
Professor, -in *m/f* <-s, -en> профéссор *m*
Profi *m* <-s, -s> (*umg*) профессионáл *m*
Profil *nt* <-s, -e> прóфиль *m*
Profit *m* <-(e)s, -e> при́быль *f*, вы́года *f*
profitieren *vi* получáть, -чи́ть *pf* пóльзу [*o* вы́году] (*von* +*dat* от +*gen*)
Prognose *f* <-, -n> прогнóз *m*, прогнози́рование *nt*
Programm *nt* <-s, -e> прогрáмма *f*; **auf dem ~ stehen** стоя́ть в прогрáмме
programmieren *vt* (DV) программи́ровать *impf*
Programmierer, -in *m/f* <-s, -> программи́ст *m*
progressiv *adj* прогресси́вный
Projekt *nt* <-(e)s, -e> прóект *m*
projektieren *vt* проекти́ровать *impf/pf*
Projektor *m* <-s, -en> проéктор *m*
projizieren *vt* проеци́ровать, с- *pf* (*auf* +*akk* на +*akk*)
Prolog *m* <-(e)s, -e> прóлог *m*
prominent *adj* ви́дный, знамени́тый
Prominenz *f* <*gen:* -> знамени́тости *fpl*
Promotion *f* <-, -en> (*zum Doktortitel*) защи́та *f* кандидáтской диссертáции
promovieren *vi* защищáть, защити́ть *pf* кандидáтскую диссертáцию (*über* +*akk* о +*dat*)
promoviert *adj* имéющий учёную стéпень кандидáта наýк
Pronomen *nt* <-s, -nomina> местоимéние *nt*
Propaganda *f* <*gen:* -> пропагáнда *f*

propagieren *vt* пропаганди́ровать *impf*
Propeller *m* <-s, -> пропе́ллер *m*
Prophet, -in *m/f* <-en, -en> проро́к *m*
prophetisch *adj* проро́чный
prophezeien *vt* проро́чить *impf*, предска́зывать, -сказа́ть *pf*
Prophezeiung *f* <-, -en> проро́чество *nt*
Proportion *f* <-, -en> пропо́рция *f*
proportional *adj* пропорциона́льный; **~ zu etw sein** быть пропорциона́льным чему́-л.
Prosa *f* <*gen:* -> про́за *f*
prosaisch *adj* прозаи́чный
prosit *interj* за твоё [*o* Ва́ше] здоро́вье !
Prospekt *m* <-(e)s, -e> проспе́кт *m*
Prostata *f* <-, Prostatae> (ANAT) проста́та *f*
Prostituierte *f* <-, -n> проститу́тка *f*
Prostitution *f* <*gen:* -> проститу́ция *f*
Protein *nt* <-s, -e> протеи́н *m*
Protest *m* <-(e)s, -e> проте́ст *m*, возраже́ние *nt*; **aus ~** из проте́ста; **~ einlegen** [*o* **erheben**] заявля́ть проте́ст
Protestant, -in *m/f* <-en, -en> протеста́нт, -ка *m/f*
protestantisch *adj* протеста́нтский
protestieren *vi* протестова́ть *impf* (*gegen +akk* про́тив *+gen*)
Prothese *f* <-, -n> проте́з *m*
Protokoll *nt* <-s, -e> протоко́л *m*, акт *m*
Prototyp *m* <-s, -en> прототи́п *m*
protzen *vi* (*umg*) хвали́ться, по- *pf* (*+ inst*)
protzig *adj* (*umg*) чванли́вый
Proviant *m* <*gen:* -s> провиа́нт *m*
Provider *m* <-s, -> (DV) прова́йдер *m*
Provinz *f* <-, -en> прови́нция *f*
provinziell *adj* провинциа́льный
Provinzler, -in *m/f* <-s, -> (*pej*) провинциа́л *m*
Provision *f* <-, -en> комиссио́нные *pl*
provisorisch *adj* вре́менный
Provokation *f* <-, -en> провока́ция *f*
provozieren *vt* провоци́ровать, с- *pf*
Prozedur *f* <-, -en> процеду́ра *f*
Prozent *nt* <-(e)s, -e> ❶ проце́нт *m*; ❷ (*nur pl:Preisnachlass*) ски́дка *f*
Prozentsatz *m* <-(e)s, -sätze> проце́нт *m*, проце́нтная ста́вка *f*
prozentual *adj* проце́нтный
Prozess *m* <-es, -e> ❶ (*Vorgang*) проце́сс *m*; ❷ (JUR) проце́сс *m*, суде́бное де́ло *nt*; **gegen jdn einen ~ führen** вести́ проце́сс про́тив кого́-л.
Prozession *f* <-, -en> проце́ссия *f*
Prozessor *m* <-s, -en> (DV) проце́ссор *m*
prüde *adj* чо́порный
prüfen *vt* ❶ (*erproben*) испы́тывать, -пыта́ть *pf*; ❷ (*überprüfen*) контроли́ровать *impf*, проверя́ть, -ри́ть *pf*
Prüfer, -in *m/f* <-s, -> ❶ (*allgemein*) контролёр *m*; ❷ (*Wirtschaftsprüfer*) ауди́тор *m*, бухга́лтер *m* -ревизо́р *m*
Prüfung *f* <-, -en> ❶ экза́мен *m*; **eine ~ bestehen** сдать экза́мен; **durch eine ~ fallen** провали́ться на экза́мене ❷ (*Versuch, Erprobung*) испыта́ние *nt*; ❸ (*Überprüfung*) прове́рка *f*
Prügel *m* <-s, -> (*Schläge*) побо́и *mpl*
Prügelei *f* <-, -en> дра́ка *f*
prügeln **I.** *vt* бить, по- *pf*, избива́ть, -би́ть *pf*; **II.** *vr* дра́ться, по- *pf* (*mit +dat* с *+inst*)
Prunk *m* <*gen:* -(e)s> ро́скошь *f*
prunkvoll *adj* роско́шный
Psalm *m* <-s, -en> псало́м *m*
Pseudonym *nt* <-s, -e> псевдони́м *m*; **sie schrieb unter einem ~** она́ писа́ла под псевдони́мом
pst! *interj* тс!
Psyche *f* <-, -n> пси́хика *f*
Psychiater, -in *m/f* <-s, -> психиа́тр *m*
Psychiatrie *f* <-, -n> ❶ психиатри́я *f*; ❷ (*umg: psychiatrische Abteilung*) психиатри́ческое отделе́ние *nt*
psychisch *adj* психи́ческий
Psychoanalyse *f* <-, -n> психоана́лиз *m*

Psychologe *m* <-n, -n> психо́лог *m*
Psychopath *m* <-en, -en> психопа́т *m*
Psychose *f* <-, -n> психо́з *m*
Psychotherapeut, -in *m/f* <-en, -en> психотерапе́вт *m*
Psychotherapie *f* <*gen:* -> психотерапи́я *f*
Pubertät *f* <*gen:* -> полово́е созрева́ние *nt*
Publikation *f* <-, -en> публика́ция *f*
Publikum *nt* <*gen:* -s> ❶ пу́блика *f*, зри́тели *pl*; ❷ (*Zuhörer*) слу́шатели *pl*; ❸ (*Zuschauer*) зри́тели *pl*; **ein breites ~** широ́кая пу́блика
Publizistik *f* <*gen:* -> публици́стика *f*
Pudding *m* <-s, -e> пу́динг *m*
Pudel *m* <-s, -> пу́дель *m*
Puder *m* <-s, -> пу́дра *f*
pudern *vt* пу́дрить, на- *pf*
Puderzucker *m* <*gen:* -s> са́харная пу́дра *f*
Puff *m* <-s, -s> (*umg: Bordell*) публи́чный дом *m*, борде́ль *m*
Puffer *m* <-s, -> бу́фер *m*
Pufferzone *f* <-, -n> (POL) бу́ферная зо́на *f*
Pullover *m* <-s, -> сви́тер *m*, пуло́вер *m*
Puls *m* <-es, -e> пульс *m*
Pulsader *f* <-, -n> арте́рия *f*
pulsieren *vi* пульси́ровать
Pulsschlag *m* <-(e)s, -schläge> бие́ние *nt* пу́льса
Pult *nt* <-(e)s, -e> пульт *m*, ка́федра *f*
Pulver *nt* <-s, -> ❶ порошо́к *m*; ❷ (*Schießpulver*) по́рох *m*
Pulverfass *nt* бо́чка *f* с по́рохом; **auf einem ~ sitzen** (*fig*) сиде́ть на бо́чке с по́рохом
pulverig *adj* порошкообра́зный
Pulverkaffee *m* раствори́мый ко́фе *m*
Puma *m* <-s, -s> пу́ма *f*
pummelig *adj* пу́хленький
Pumpe *f* <-, -n> насо́с *m*
pumpen *vt* кача́ть *impf*, выка́чивать *impf* (насо́сом)
Pumps *pl* <*gen:* -> ту́фли-ло́дочки *pl*
Punkt *m* <-(e)s, -e> ❶ то́чка *f*; ❷ (*Einzelheit*) пункт *m*; ❸ (*Wertungspunkt*) очко́ *nt*; ❹ (*Satzzeichen*) то́чка *f*
pünktlich *adj* пунктуа́льный
Pünktlichkeit *f* <*gen:* -> пунктуа́льность *f*, то́чность *f*
Pupille *f* <-, -n> зрачо́к *m*
Puppe *f* <-, -n> ❶ ку́кла *f*; ❷ (ZOOL: *von Insekt*) ку́колка *f*
pur *adj* (*Getränk*) без при́меси, чи́стый
Püree *nt* <-s, -s> пюре́ *nt*
pürieren *vt* де́лать пюре́
Purzelbaum *m* <-(e)s, -bäume> (*umg*) кувыро́к *m*; **einen ~ schlagen** кувырка́ться
Puste *f* <*gen:* -> (*umg*) дыха́ние *nt*
pusten *vt* (*umg*) ду́ть, ду́нуть *pf*
Pute *f* <-, -n> инде́йка *f*
Puter *m* <-s, -> инд́юк *m*
Putsch *m* <-(e)s, -e> путч *m*
Putschist, -in *m/f* <-en, -en> путчи́ст, -ка *m/f*
Putz *m* <*gen:* -es> штукату́рка *f*; **auf den ~ hauen** (*umg*) гульну́ть на широ́кую но́гу
putzen *vt* чи́стить, по- *pf*
Putzfrau *f* <-, -en> убо́рщица *f*
putzig *adj* заба́вный
Puzzle *nt* <-s, -s> игра́ *f* -головоло́мка *f*
Pyjama *m* <-s, -s> пижа́ма *f*
Pyramide *f* <-, -n> пирами́да *f*
Python *m o f* <-, -s> пито́н *m*

Qq

q, Q *nt* <-, -> ① кв; ② КВ
Quadrat *nt* <-(e)s, -e> квадра́т *m*
quadratisch *adj* квадра́тный
Quadratmeter *m* <-s, -> квадра́тный метр *m*
quaken *vi* ① (*Frosch*) ква́кать, ква́кнуть *pf*; ② (*Ente*) кря́кать, кря́кнуть *pf*
Qual *f* <-, -en> муче́ние *nt*, му́ка *f*
quälen **I.** *vt* му́чить, из- *pf*; **II.** *vr* му́читься, из- *pf* (*mit +dat* с *+inst*)
Quälerei *f* <-, -en> (*umg: Mühe*) муче́ние *nt*, му́ка *f*
Qualifikation *f* <-, -en> квалифика́ция *f*
qualifizieren *vt* квалифици́ровать *impf/pf*
Qualität *f* <-, -en> ка́чество *nt*; **von guter/schlechter ~ sein** быть хоро́шего/плохо́го ка́чества
qualitativ *adj* ка́чественный
Qualle *f* <-, -n> меду́за *f*
Qualm *m* <gen, -(e)s> дым *m*, чад *m*
qualmen *vi* (*umg: rauchen*) дыми́ть, на- *pf*, чади́ть, на- *pf*
qualvoll *adj* мучи́тельный
Quantität *f* <*gen:* -> коли́чество *nt*
quantitativ *adj* ① коли́чественный; ② в коли́чественном отноше́нии
Quark *m* <*gen:* -s> ① тво́рог *m*; ② (*umg: Unsinn*) чепуха́ *f*
Quartal *nt* <-s, -e> кварта́л *m*
Quartett *nt* <-(e)s, -e> кварте́т *m*
Quarz *m* <-es, -e> кварц *m*
Quarzuhr *f* <-, -en> ква́рцевые часы́ *pl*
Quatsch *m* <*gen:* -(e)s> ерунда́ *f*, глу́пость *f*
quatschen *vi* (*umg: reden*) болта́ть, по- *pf* (*mit +dat* с *+inst*)
Quecksilber *nt* <*gen:* -s> ртуть *f*
Quelle *f* <-, -n> (*auch fig*) исто́чник *m*
quellen <quoll, gequollen> *vi* ① (*hervorquellen*) вылива́ться, вы́литься *pf*, ли́ться *impf* ручьём; ② (*aufquellen*) разбуха́ть, -бу́хнуть *pf*, набуха́ть, -бу́хнуть *pf*
quer *adv* поперёк; **kreuz und ~** вдоль и поперёк
Quere: **der ~ nach** поперёк; **jdm in die ~ kommen** (*umg*) стать кому́-л. поперёк доро́ги
quetschen **I.** *vt* ① (*etw/jdn gegen etw*) приплю́снуть *pf* (*gegen +akk* к *+dat*); ② (*etw in etw*) засо́вывать, -су́нуть *pf* (*in +akk* в *+akk*); ③ (*Körperteil*) прищемля́ть, -ми́ть *pf*; **II.** *vr* (*umg: sich zwängen*) вти́скиваться, вти́снуться *pf*
Quetschung *f* <-, -en> ущемле́ние *nt*
Quintessenz *f* квинтэссе́нция *f*
Quintett *nt* <-(e)s, -e> квинте́т *m*
Quirl *m* <-(e)s, -e> меша́лка *f*
quitt *adj*: **mit jdm ~ sein** (*umg*) расквита́ться с кем-л.
Quitte *f* <-, -n> айва́ *f*
quittieren *vt* ① (*Empfang*) распи́сываться, -писа́ться *pf* в получе́нии чего́-л.; ② (*wahrnehmen, beantworten*) отвеча́ть, -ве́тить
Quittung *f* <-, -en> квита́нция *f*; **gegen ~** под распи́ску
Quiz *nt* <*gen:* -s> виктори́на *f*
quoll *prät von* **quellen**
Quote *f* <-, -n> кво́та *f*

Rr

r, R *nt* <-, -> р, Р

Rabe *m* <-n, -n> во́рон *m*

rabiat *adj* бесцеремо́нный

Rache *f* <*gen:* -> месть *f*; **an jdm (für etw) ~ nehmen** отомсти́ть кому́-л. (за что-л.)

rächen I. *vr* мстить, отомсти́ть *pf*; **II.** *vt* мстить, отомсти́ть *pf*

Rachen *m* <-s, -> ① (Tier) пасть *f*; ② (ANAT) гло́тка *f*

Rad *nt* <-(e)s, Räder> ① колесо́ *nt*; **ein ~ wechseln** поменя́ть колесо́ ② (SPORT: *Turnen*) колесо́ *nt*

Radar *m* <-s, -e> рада́р *m*

Radau *m* <*gen:* -s> (*umg*) шум *m*, сканда́л *m*

Rad fahren *vi* е́здить *impf*, е́хать, по- *pf* на велосипе́де

Radfahrer, -in *m/f* <-s, -> велосипеди́ст, -ка *m/f*

Radfahrweg *m* <-(e)s, -e> велосипе́дная доро́жка *f*

radieren *vi* ① (*weg~*) стира́ть, стере́ть *pf*; ② (*in Kunst*) гравирова́ть *impf*

Radiergummi *m* <-s, -s> рези́нка *f*, ла́стик *m*

Radierung *f* <-, -en> (*Graphik*) гравю́ра *f*

Radieschen *nt* <-s, -> реди́ска *f*

radikal *adj* радика́льный

Radio *nt* <-s, -s> ра́дио *nt*; **~ hören** слу́шать ра́дио

radioaktiv *adj* радиоакти́вный

Radioaktivität *f* <*gen:* -> радиоакти́вность *f*

Radiogerät *nt* <-(e)s, -e> радиоприёмник *m*

Radiosender *m* <-s, -> радиоста́нция *f*

Radius *m* <-, Radien> ра́диус *m*

Radler *m* <-s, -> велосипиди́ст *m*

Radrennen *nt* <-s, -> велого́нки *fpl*

Radrennfahrer, -in *m/f* <-s, -> велого́нщик *m*

Radsport *m* <*gen:* -(e)s> велоспо́рт *m*

Radweg *m* <-(e)s, -e> велосипе́дная доро́жка *f*

raffen *vt* хвата́ть, схвати́ть *pf*

raffiniert *adj* ① изы́сканный, утончённый; ② (*schlau*) хи́трый, кова́рный

Rage *f* <*gen:* -> (*umg*) я́рость *f*

ragen *vi* возвыша́ться, -вы́ситься *pf*

Ragout *nt* <-s, -s> рагу́ *nt*

Rahm *m* <*gen:* -(e)s> сли́вки *pl*

Rahmen *m* <-s, -> ① (*von Bild, Fenster, Tür, Fahrrad*) ра́ма *f*; ② (*kleiner Rahmen*) ра́мка *f*; ③ (*fig*) преде́л *m*

Rakete *f* <-, -n> раке́та *f*

rammen *vt* ① вбива́ть, вбить *pf* (*in +akk* в *+akk*); ② (*Fahrzeug*) вреза́ться, вре́заться *pf* (в *+akk*)

Rampe *f* <-, -n> ① (*Laderampe*) накло́нный въезд *m*; ② (THEAT) ра́мпа *f*; ③ (MIL: *Abschussrampe*) (раке́тная) пускова́я устано́вка *f*

Rand *m* <-(e)s, Ränder> ① край *m*; ② (*von Gefäß*) край *m*; ③ (*auf Papier*) по́ле *nt*

randalieren *vi* устра́ивать, -ро́ить *pf* беспоря́дки, хулига́нить *impf*

Randalierer, -in *m/f* <-s, -> хулига́н *m*, наруши́тель *m* поря́дка

Randstein *m* <-(e)s, -e> бордю́рный ка́мень *m*

Randstreifen *m* <-s, -> обо́чина *f*

rang *prät von* **ringen**

Rang *m* <-(e)s, Ränge> ① сте́пень *f*, значе́ние *nt*; ② (THEAT) я́рус *m*; ③ (MIL) зва́ние *nt*, ранг *m*

Rangfolge *f* <-, -n> очерёдность *f*

rangieren I. *vt* (*Eisenbahnzug*) формирова́ть, с- *pf*; **II.** *vi* (*in Rangordnung*) занима́ть, -ня́ть *pf* мéсто; **an erster Stelle ~** занимáть пéрвое мéсто

Ranke *f* <-, -n> (BOT) ýсик *m*

rann *prät von* **rinnen**

rannte *prät von* **rennen**

Ranzen *m* <-s, -> ❶ (*Schultasche*) рáнец *m*; ❷ (*umg: Bauch*) брю́хо *nt*

ranzig *adj* прогóрклый

rapid(e) *adj* бы́стрый

Rappe *m* <-n, -n> (*geh*) воронóй *m*

Raps *m* <-es, -e> рапс *m*

rar *adj* рéдкий, дефици́тный

Rarität *f* <-, -en> рéдкость *f*, рéдкая вещь *f*

rasch *adj* бы́стрый, скóрый

rascheln *vi* шуршáть, по- *pf*

rasen *vi* ❶ (*vor Wut*) бýйствовать *impf*; ❷ (*umg: schnell fahren, laufen*) нести́сь, про- *pf*

Rasen *m* <-s, -> газóн *m*

Rasenmäher *m* <-s, -> газонокоси́лка *f*

Raserei *f* <*gen:* -> ❶ (*Toben*) бéшенство *nt*; ❷ (*mit Auto*) лихáчество *nt*

Rasierapparat *m* <-(e)s, -e> (электро)бри́тва *f*

rasieren I. *vt* брить, по- *pf*; **II.** *vi* бри́ться, по- *pf*

Rasierklinge *f* <-, -n> лéзвие *nt* (безопáсной) бри́твы

Rasiermesser *nt* <-s, -> бри́тва *f*

Rasierpinsel *m* <-s, -> помазóк *m*

Rasierschaum *m* <*gen:* -(e)s> пéна *f* для бритья́

Rasierwasser *nt* <-s, -> туалéтная водá *f*

Rasierzeug *nt* <*gen:* -s> бри́твенный прибóр *m*

Rasse *f* <-, -n> ❶ (*bei Menschen*) рáса *f*; ❷ (*bei Tieren*) порóда *f*

Rassel *f* <-, -n> трещóтка *f*

rasseln *vi* ❶ гремéть, про- *pf*; ❷ (*von höheren Tönen*) звенéть, про- *pf*

Rassismus *m* <*gen:* -> раси́зм *m*

Rassist, -in *m/f* <-en, -en> раси́ст, -ка *m/f*

rassistisch *adj* раси́стский

Rast *f* <-, -en> óтдых *m*, передь́шка *f*

rasten *vi* останáвливаться, -нови́ться *pf* на óтдых, дéлать, с- *pf* привáл

Raster *nt* <-s, -> ❶ (TV) растр *m*; ❷ (*Rahmen, Muster*) систéма *f*, схéма *f*

rastlos *adj* неутоми́мый

Rastplatz *m* <-es, -plätze> ❶ мéсто *nt* для óтдыха; ❷ (*an einer Autobahn*) площáдка *f* для óтдыха (вóзле автомагистрáли)

Rasur *f* <-, -en> бритьё *nt*

Rat *m* <-(e)s, Räte> (*Ratschlag*) совéт *m*; **jdn um ~ fragen** попроси́ть совéта у когó-л.; **jdm einen ~ geben** дать совéт комý-л.

Rate *f* <-, -n> ❶ (*Geldbetrag*) платёжный взнос *m*, части́чный платёж *m*; ❷ (*Prozentzahl*) ýровень *m*, показáтель *m*

raten <riet, geraten> *vt* ❶ (*einen Rat geben*) совéтовать, по- *pf*; ❷ (*erraten*) гадáть, от- *pf*

Ratenkauf *m* <-(e)s, -käufe> покýпка *f* в рассрóчку

Rathaus *nt* <-es, -häuser> рáтуша *f*

ratifizieren *vt* (*Vertrag*) ратифици́ровать *impf/pf*

Ration *f* <-, -en> ❶ рациóн *m*; ❷ (*umg*) паёк *m*

rational *adj* рационáльный

rationalisieren I. *vt* рационализи́ровать *impf/pf*; **II.** *vi* проводи́ть, -вести́ *pf* рационализáцию

rationell *adj* ❶ (*zweckmäßig*) рационáльный; ❷ (*wirtschaftlich*) экономный, экономи́чный

ratlos *adj* растéрянный, беспóмощный

Ratlosigkeit *f* <*gen:* -> растéрянность *f*

ratsam *adj* благоразýмный

Rätsel *nt* <-s, -> загáдка *f*

rätselhaft *adj* загáдочный; **es ist mir ~, ...** я не понимáю, ...

Ratte *f* <-, -n> кры́са *f*
rattern *vi* ❶ треща́ть, про- *pf*; ❷ грохота́ть, про- *pf*
rau *adj* ❶ (*Oberfläche*) шерохова́тый; ❷ (*Hals*) воспалённый; ❸ (*Stimme*) хри́плый; ❹ (*Klima*) суро́вый; ❺ (*Umgangston*) гру́бый
Raub *m* <*gen:* -(e)s> ❶ (*das Rauben*) разбо́й *m*, грабёж *m*, ограбле́ние *nt*; ❷ (*das Geraubte*) награ́бленное *nt*
Raubdruck *m* <-(e)s, -e> незако́нная перепеча́тка *f*
rauben I. *vt* отнима́ть, -ня́ть *pf*, похища́ть, -хи́тить *pf*; **jdm etw ~** похи́тить [*o* отня́ть] у кого́-л. что-л.; **II.** *vi* гра́бить *impf*, разбо́йничать *impf*
Räuber, -in *m/f* <-s, -> разбо́йник, -ница *m/f*
räuberisch *adj* граби́тельский
Raubkopie *f* <-, -n> (*von Software*) пира́тская ко́пия *f*
Raubtier *nt* <-(e)s, -e> хи́щный зверь *m*
Raubüberfall *m* <-(e)s, -fälle> разбо́йное нападе́ние *nt*
Raubvogel *m* <-s, -vögel> хи́щная пти́ца *f*
Rauch *m* <*gen:* -(e)s> дым *m*
rauchen I. *vi* кури́ть, по- *pf*; **II.** *vt* кури́ть, вы- *pf*, по- *pf*; **ich gehe eine ~** пойду́ покурю́
Raucher, -in *m/f* <-s, -> кури́льщик, -щица *m/f*
räuchern *vt* копти́ть *impf*
Rauchfleisch *nt* <*gen:* -(e)s> копчёное мя́со *nt*
Rauchglas *nt* <*gen:* -es> ды́мчатое стекло́ *nt*
rauchig *adj* ❶ ды́мный; ❷ (*Stimme*) хри́плый
raufen I. *vi* дра́ться, по- *pf* (*mit* +*dat* с +*inst*); **II.** *vt:* **sich die Haare ~** рвать на себе́ во́лосы
Rauferei *f* <-, -en> дра́ка *f*
Raum *m* <-(e)s, Räume> ❶ простра́нство *nt*; ❷ (*Zimmer*) помеще́ние *nt*; ❸ (*Gebiet*) райо́н *m*, регио́н *m*
Raumanzug *m* <-(e)s, -anzüge> косми́ческий скафа́ндр *m*
räumen *vt* ❶ (*wegstellen*) убира́ть, убра́ть *pf*; ❷ (*Saal, Ort*) освобожда́ть, -боди́ть *pf*
Raumfahrt *f* <*gen:* -> космона́втика *f*
Raumflug *m* <-(e)s, -flüge> косми́ческий полёт *m*
Rauminhalt *m* <-(e)s, -e> ёмкость *f*
räumlich *adj* простра́нственный
Räumlichkeiten *pl* <*gen:* -> помеще́ния *pl*
Raumpfleger, -in *m/f* <-s, -> убо́рщик, убо́рщица *m/f*
Raumschiff *nt* <-(e)s, -e> косми́ческий кора́бль *m*
Raumstation *f* <-, -en> орбита́льная ста́нция *f*
Räumung *f* <-, -en> ❶ (*von Wohnung, Haus*) освобожде́ние *nt*; ❷ (*von Straßen*) убо́рка *f*
Raupe *f* <-, -n> (*des Schmetterlings, auch Kettenraupe*) гу́сеница *f*
Raureif *m* <*gen:* -(e)s> и́зморозь *f*, и́ней *m*
Rausch *m* <-(e)s, Räusche> ❶ опьяне́ние *nt*; ❷ (*fig*) упое́ние *nt*
rauschen *vi* ❶ (*Meer, Wind*) шуме́ть *impf*; ❷ (*Bach*) журча́ть *impf*
Rauschgift *nt* <-(e)s, -e> нарко́тик *m*; **~ nehmen** употребля́ть нарко́тики
Rauschgiftsucht *f* <*gen:* -> наркома́ния *f*
Rauschgiftsüchtige(r) *m/f* <-n, -n> нарkома́н, -ка *m/f*
räuspern *vr* отка́шливаться, -ляться *pf*
Raute *f* <-, -n> ромб *m*
Razzia *f* <-, Razzien> обла́ва *f*
Reagenzglas *nt* <-es, -gläser> проби́рка *f*
reagieren *vi* ❶ реаги́ровать, про-/от- *pf* (*auf* +*akk* на +*akk*); ❷ (CHEM) вступа́ть, -пи́ть *pf* в (хими́ческую) реа́кцию (*mit* +*dat* с +*inst*)

R

Reaktion *f* <-, -en> реа́кция *f*
reaktionär *adj* (POL) реакцио́нный
Reaktor *m* <-s, -en> реа́ктор *m*
real *adj* реа́льный, факти́ческий; **das ~e Einkommen** реа́льный дохо́д
realisieren *vt* ❶ (*verwirklichen*) реализова́ть *impf/pf*; ❷ (*begreifen*) осозна́ть *pf*
Realismus *m* <*gen:* -> реали́зм *m*
Realist, -in *m/f* <-en, -en> реали́ст, -ка *m/f*
realistisch I. *adj* реалисти́ческий; II. *adv* реа́льно.
Realität *f* <*gen:* -> реа́льность *f*, действи́тельность *f*; **virtuelle ~** виртуа́льная реа́льность
realitätsfern *adj* далёкий от действи́тельности
Rebe *f* <-, -n> ❶ (*Weinranke*) (виногра́дная) лоза́ *f*; ❷ (*Weinstock*) виногра́д *m*
Rebell, -in *m/f* <-en, -en> мяте́жник *m*
rebellieren *vi* бунтова́ть, взбунтова́ться *pf* (*gegen +akk* про́тив *+gen*)
Rebellion *f* <-, -en> мяте́ж *m*
rebellisch *adj* ❶ мяте́жный; ❷ (*widerspenstig*) стропти́вый
Rebhuhn *nt* <-(e)s, -hühner> куропа́тка *f*
Rechen *m* <-s, -> гра́бли *fpl*

R

Rechenaufgabe *f* <-, -n> арифмети́ческая зада́ча *f*
Rechenschaft *f* <*gen:* -> отчёт *m*; **jdn zur ~ ziehen** привле́чь к отве́ту кого́-л.; **über etw ~ ablegen** отчита́ться о чём-л.
Recherche *f* <-, -n> рассле́дование *nt*, по́иск *m*
recherchieren I. *vi* собира́ть *impf* информа́цию; II. *vt* рассле́довать *impf/pf*
rechnen I. *vt* счита́ть, по- *pf*; II. *vi:* **mit etw/jdm ~** счита́ться с чем-л./кем-л. [*o* принима́ть в расчёт что-л.]; **auf jdn ~** полага́ться [*o* рассчи́тывать] на кого́-л.
Rechner *m* <-s, -> (*Computer*) электро́нно-вычисли́тельная маши́на *f*, ЭВМ *f*, компью́тер *m*
Rechnung *f* <-, -en> (*Rechnungsdokument*) счёт *m*; **einer Sache ~ tragen** (*fig*) учи́тывать что-л.
recht I. *adj* (*passend*) подходя́щий; II. *adv* ❶ (*richtig*) пра́вильно; ❷ (*ganz, ziemlich*) дово́льно; **etw ist jdm ~** что-л. подхо́дит кому́-л.
Recht *nt* <-(e)s, -e> пра́во *nt*; **~ haben** быть пра́вым; **ein ~ auf etwas haben** име́ть пра́во на что-л.; **zu ~** по пра́ву
Rechte *f* <-n, -n> ❶ (*Hand*) пра́вая рука́ *f*; ❷ (*Seite*) пра́вая сторона́ *f*; **er saß zu ihrer ~n** он сиде́л спра́ва от неё; ❸ (POL) пра́вые *pl*
rechte(r, s) *adj* пра́вая, -вый, -вое; **ein rechter Winkel** (MATH) прямо́й у́гол; **jds rechte Hand sein** (*fig*) быть пра́вой руко́й кого́-л.
Rechteck *nt* <-s, -e> прямоуго́льник *m*
rechteckig *adj* прямоуго́льный
rechtfertigen I. *vt* опра́вдывать, оправда́ть *pf*; II. *vr* опра́вдываться, оправда́ться *pf* (*vor +dat* пе́ред *+inst*)
Rechtfertigung *f* <*gen:* -> (*Verteidigung*) оправда́ние *nt*
rechthaberisch *adj* несгово́рчивый
rechtlich *adj* зако́нный
rechtmäßig I. *adj* зако́нный; II. *adv* по зако́ну, в соотве́тствии с зако́ном.
rechts I. *adv* спра́ва; **nach ~** напра́во; **~ von jdm/etw** спра́ва от кого́-л./чего́-л.; II. *präp +gen* спра́ва от (+ *gen*).
Rechtsanwalt, -anwältin *m/f* <-(e)s, -anwälte> адвока́т *m*; **sich einen ~ nehmen** наня́ть адвока́та
Rechtschreibung *f* <*gen:* -> правописа́ние *nt*, орфогра́фия *f*
Rechtshänder, -in *m/f* <-s, -> правша́ *m/f*
rechtswidrig *adj* противозако́нный
rechtwinklig *adj* прямоуго́льный;

ein ~es Dreieck прямоуго́льный треуго́льник
rechtzeitig *adj* своевре́менный
Reck *nt* <-(e)s, -e> перекла́дина *f*
recken I. *vr* вытя́гиваться, вы́тянуться *pf*; II. *vt* вытя́гивать, вы́тянуть *pf*
Recorder *m* <-s, -> ① (*Kassettenrecorder*) магнитофо́н *m*; ② (*Videorecorder*) видеомагнитофо́н *m*
Redakteur, -in *m/f* <-s, -e> реда́ктор *m*
Redaktion *f* <-, -en> ① (*die Redakteure*) реда́кция *f*; ② (*das Redigieren*) редакти́рование *nt*
redaktionell *adj* редакцио́нный
Rede *f* <-, -n> речь *f*; **eine ~ halten** выступа́ть с ре́чью
redegewandt *adj* красноречи́вый
Redekunst *f* <*gen:* -> красноре́чие *nt*, ора́торское иску́сство *nt*
reden I. *vi* говори́ть, по- *pf*, разгова́ривать *impf* (*über +akk* о *+präpos*); **mit ihr kann man nicht ~** с ней невозмо́жно разгова́ривать; II. *vt* говори́ть *impf*; **du redest Unsinn** ты говори́шь чушь; **er hat gut ~** (*umg*) ему́ легко́ говори́ть
Redewendung *f* <-, -en> оборо́т *m* ре́чи
redlich *adj* добросо́вестный
Redner, -in *m/f* <-s, -> ора́тор *m*
Rednerpult *nt* <-(e)s, -e> ка́федра *f*
redselig *adj* словоохо́тливый
reduzieren *vt* сокраща́ть, -крати́ть *pf* (*auf +akk* до *+gen*)
Reede *f* <-, -n> рейд *m*; **auf ~ liegen** стоя́ть на ре́йде
Reeder, -in *m/f* <-s, -> судовладе́лец *m*
Reederei *f* <-, -en> судохо́дная компа́ния *f*
reell *adj* ① (*wirklich*) реа́льный; ② (*solide, ehrlich*) надёжный, че́стный
Referat *nt* <-(e)s, -e> (*Vortrag, Abhandlung*) рефера́т *m*, докла́д *m*
Referent, -in *m/f* <-en, -en> докла́дчик, -чица *m/f*
Referenz *f* <-, -en> ① (*Empfehlung*) рекоменда́ция *f*; ② (*Auskunftsperson*) лицо́ *nt*, даю́щее рекоменда́цию
reflektieren *vt* ① (*Licht*) отража́ть *impf*; ② (*überdenken*) размышля́ть *impf*
Reflex *m* <-es, -e> рефле́кс *m*
Reflexion *f* <-, -en> ① (*Widerspiegelung*) отраже́ние *nt*; ② (*das Überdenken*) рефле́ксия *f*
reflexiv *adj* (LING) возвра́тный
Reflexivpronomen *nt* <-s, -nomina> (LING) возвра́тное местоиме́ние *nt*
Reform *f* <-, -en> рефо́рма *f*; **radikale ~** радика́льная рефо́рма
Reformation *f* <*gen:* -> Реформа́ция *f*
reformatorisch *adj* реформа́торский
reformieren *vt* реформи́ровать *impf/pf*
reformistisch *adj* реформи́стский
Refrain *m* <-s, -s> (*Kehrreim*) припе́в *m*
Regal *nt* <-s, -e> по́лка *f*; **etw ins ~ stellen** поста́вить что-л. на по́лку; **im ~ stehen** стоя́ть на по́лке
Regatta *f* <-, Regatten> рега́та *f*
rege *adj* ① (*betriebsam, aktiv*) оживлённый; ② (*wach, munter*) живо́й
Regel *f* <-, -n> ① (*Konvention*) пра́вило; ② (*Monatsblutung*) менструа́ция *f*; **in der ~** как пра́вило
regelmäßig *adj* регуля́рный
regeln *vt* регули́ровать, от- *pf*
Regelung *f* <-, -en> ① (*das Regeln*) урегули́рование *nt*; ② (*Vorschrift*) положе́ние *nt*, пра́вило *nt*
regelwidrig *adj* непра́вильный
regen *vr* шевели́ться, по- *pf*
Regen *m* <*gen:* -s> дождь *m*
Regeneration *f* <*gen:* -> (*Wiederher-*

stellung) регенера́ция *f*
regenerieren *vr* (*sich erholen, wiederherstellen*) восстана́вливаться, -станови́ться *pf*
Regenmantel *m* <-s, -mäntel> плащ *m*
Regenschauer *m* <-s, -> кратковре́меннный дождь *m*
Regenschirm *m* <-(e)s, -e> ① зонт *m*; ② (*umg*) зо́нтик *m*
Regenwetter *nt* <*gen:* -s> дождли́вая пого́да *f*
Regenwurm *m* <-(e)s, -würmer> дождево́й червь *m*
Regie *f* <-, -n> режиссу́ра *f*, постано́вка *f*
regieren I. *vt* пра́вить *impf* (+ *inst*), управля́ть *impf* (+ *inst*); **II.** *vi* пра́вить *impf*
Regierung *f* <-, -en> ① прави́тельство *nt*; ② (*Herrschaft*) правле́ние *nt*
Regierungschef, -in *m/f* <-s, -s> глава́ *f* прави́тельства
Regime *nt* <-s, -(s)> режи́м *m*
Regiment *nt* <-(e)s, -er> полк *m*
Region *f* <-, -en> регио́н *m*, о́бласть *f*, райо́н *m*
regional *adj* региона́льный
Regisseur, -in *m/f* <-s, -e> режиссёр *m*
Register *nt* <-s, -> ① (*Verzeichnis*) спи́сок *m*, рее́стр *m*; ② (*in einem Buch*) алфави́тный указа́тель *m*
Registratur *f* <-, -en> регистрату́ра *f*
registrieren *vt* регистри́ровать, за- *pf*
Regler *m* <-s, -> регуля́тор *m*
regnen *vi:* **es regnet** идёт дождь
regnerisch *adj* дождли́вый
regulär *adj* станда́ртный, обы́чный
regulieren *vt* регули́ровать, от- *pf*
Regung *f* <-, -en> ① (*gefühlsmäßig*) поры́в *m*, побужде́ние *nt*; ② (*Bewegung*) движе́ние *nt*
regungslos *adj* неподви́жный
Reh *nt* <-(e)s, -e> косу́ля *f*
Rehabilitation *f* <*gen:* -> реабилита́ция *f*
rehabilitieren *vt* (*bezüglich Ruf, Ansehen*) реабилити́ровать *impf/pf*
Reibe *f* <-, -n> (*Küchen~*) тёрка *f*
reiben <rieb, gerieben> *vt* тере́ть, на- *pf*, натира́ть *impf*; **sich die Augen ~** протира́ть глаза́; **sich die Hände ~** потира́ть ру́ки
Reiberei *f* <-, -en> тре́ния *ntpl*
Reibung *f* <-, -en> тре́ние *nt*
reibungslos *adj* беспрепя́тственный
reich *adj* бога́тый; **~ an etw sein** быть бога́тым чем-л.
Reich *nt* <-(e)s, -e> ① (*König~*) госуда́рство *nt*, импе́рия *f*; ② (*Bereich*) ца́рство *nt*, мир *m*
reichen I. *vt* (*geben*) протя́гивать, -тяну́ть *pf*; **II.** *vi* (*genügen*) хвата́ть, хвати́ть *pf*; **das Brot muss bis morgen ~** хле́ба должно́ хвати́ть до за́втра; **danke, das reicht** (э́того) хва́тит, спаси́бо
reichhaltig *adj* бога́тый, оби́льный
Reichtum *m* <-s, -tümer> бога́тство *nt*
Reichweite *f* <-, -n> да́льность *f* де́йствия; **in/außer ~ sein** быть в преде́лах/вне досяга́емости
reif *adj* ① (*Früchte*) спе́лый; ② (*innerlich*) зре́лый
Reif *m* <*gen:* -(e)s> (*Niederschlag*) и́ней *m*
Reife *f* <*gen:* -> ① (*von Früchten*) спе́лость *f*; ② (*Gereiftsein*) зре́лость *f*
reifen *vi* (*auch von Menschen*) созрева́ть, -зре́ть *pf*, зреть *impf*
Reifen *m* <-s, -> ши́на *f*
Reihe *f* <-, -n> ① (*Anordnung, Anzahl*) ряд *m*; ② (*von Menschen*) ряд *m*, шере́нга *f*; ③ (*Anzahl*) ря́д *m*; **der ~ nach** по о́череди; **du bist an der ~** твоя́ о́чередь
Reihenfolge *f* <-, -n> после́довательность *f*; **in alphabetischer ~** по алфави́ту
Reiher *m* <-s, -> ца́пля *f*
Reim *m* <-(e)s, -e> (*im Vers*) ри́фма *f*
reimen I. *vr* рифмова́ться *impf*

(*auf* +*akk* с +*inst*); **II.** *vt* рифмова́ть (*auf* +*akk* с +*inst*)
rein I. *adj* (*sauber, klar. pur*) чи́стый; **II.** *adv* (*alleinig, lediglich*) чи́сто; **~ zufällig** чи́сто случа́йно.
Reinheit *f* <*gen:* -> чистота́ *f*
reinigen *vt* чи́стить, о- *pf*, очища́ть *impf* (*von* +*dat* от +*gen*)
Reiniger *m* <-s, -> сре́дство *nt* для чи́стки, чи́стящее сре́дство *nt*
Reinigung *f* <-, -en> ❶ (*das Reinigen*) очище́ние *nt*; ❷ (*Reinigungsbetrieb*) химчи́стка *f*
reinlich *adj* чи́стый, чистопло́тный
reinrassig *adj* поро́дистый
Reis *m* <*gen:* -es> рис *m*
Reise *f* <-, -n> пое́здка *f*, путеше́ствие *nt*; **eine ~ antreten** отпра́виться в пое́здку; **gute ~!** счастли́вого пути́!
Reisebüro *nt* <-s, -s> туристи́ческое бюро́ *nt*, бюро́ *nt* путеше́ствий
Reisebus *m* <-ses, -se> туристи́ческий авто́бус *m*
Reiseführer *m* <-s, -> путеводи́тель *m*
Reisegefährte, -gefährtin *m/f* <-n, -n> спу́тник *m*
reisen *vi* путеше́ствовать *impf*, е́хать, по- *pf*, е́здить *impf* (*nach* +*dat* в +*akk*); **sie reiste mit dem Zug nach Italien** она пое́хала на по́езде в Ита́лию
Reisende(r) *m/f* <-n, -n> путеше́ственник, -нница *m/f*
Reisepass *m* <-es, -pässe> загрании́чный па́спорт *m*
Reiseroute *f* <-, -n> маршру́т *m*
Reisetasche *f* <-, -n> доро́жная су́мка *f*
Reisezeit *f* <*gen:* -> сезо́н *m* путеше́ствий
Reiseziel *nt* <-(e)s, -e> пункт *m* назначе́ния
Reisig *nt* <*gen:* -s> хво́рост *m*
Reißbrett *nt* <-(e)s, -er> чертёжная доска́ *f*
reißen <riss, gerissen> **I.** *vt* ❶ (*entreißen*) вырыва́ть, вы́рвать *pf*; ❷ (*zerreißen*) разрыва́ть, разорва́ть *pf*; **II.** *vr:* **sich um etw ~** (*umg*) дра́ться из-за чего́-л.
reißend *adj* бы́стрый, бу́рный
Reißverschluss *m* <-es, -verschlüsse> ❶ застёжка *f*-мо́лния *f*; ❷ (*umg*) мо́лния *f*
Reißzahn *m* <-(e)s, -zähne> клык *m*
Reißzwecke *f* <-, -n> (канцеля́рская) кно́пка *f*
Reitbahn *f* <-, -en> мане́ж *m*
reiten <ritt, geritten> *vi* е́здить *impf* верхо́м [*o* на ло́шади], е́хать *impf*, по- *pf* верхо́м [*o* на ло́шади], скака́ть, по- *pf*
Reiter, -in *m/f* <-s, -> нае́здник, -ница *m/f*, вса́дник, -ница *m/f*
Reithose *f* <-, -n> бри́джи *pl*
Reitpferd *nt* <-(e)s, -e> верхова́я ло́шадь *f*
Reitsport *m* <*gen:* -s> ко́нный спорт *m*
Reiz *m* <-es, -e> (*Anziehung*) привлека́тельность *f*
reizbar *adj* раздражи́тельный, оби́дчивый
Reizbarkeit *f* <*gen:* -> раздражи́тельность *f*
reizen *vt* ❶ (*ärgern, angreifen*) раздража́ть *impf*; ❷ (*herausfordern*) побужда́ть, -буди́ть *pf*; ❸ (*sexuell*) возбужда́ть, -буди́ть *pf*
reizend *adj* очарова́тельный
Reizung *f* <-, -en> (MED) раздраже́ние *nt*
reizvoll *adj* привлека́тельный
Reklame *f* <-, -n> рекла́ма *f*; **für etw ~ machen** реклами́ровать что-л.
rekonstruieren *vt* реконструи́ровать *impf/pf*
Rekonstruktion *f* <-, -en> реконстру́кция *f*
Rekord *m* <-(e)s, -e> реко́рд *m*; **einen ~ aufstellen** установи́ть реко́рд
Rekrut, -in *m/f* <-en, -en> ре́крут *m*
rekrutieren *vr* рекрути́ровать *impf/pf* (*aus* +*dat* из +*gen*)

Rektor, -in *m/f* <-en, -en> ① (*einer Schule*) дирéктор *m*; ② (*einer Universität*) рéктор *m*
Relation *f* <-, -en> (*Verhältnis*) отношéние *nt*
relativ *adj* ① (*im Verhältnis zu etwas*) относи́тельный; ② (*vergleichsweise*) сравни́тельно
Relativsatz *m* <-es, -sätze> (LING) относи́тельное придáточное предложéние *nt*
relevant *adj* (*geh*) знáчимый, существéнный
Relief *nt* <-s, -s> рельéф *m*
Religion *f* <-, -en> рели́гия *f*
Religionsunterricht *m* <*gen:* -s> закóн *m* бóжий
religiös *adj* религиóзный
Rendezvous *nt* <-, -> свидáние *nt*
Rennbahn *f* <-, -en> ① (*Pferderennen*) ипподрóм *m*; ② (*Radrennen*) велодрóм *m*; ③ (*Autorennen*) автодрóм *m*
rennen <rannte, gerannt> *vi* бежáть, по- *pf*, мчáться, по- *pf*
Rennen *nt* <-s, -> ① (*Pferde*) скáчки *fpl*, бегá *mpl*; ② (*Auto*) гóнки *fpl*
Rennfahrer, -in *m/f* <-s, -> гóнщик *m*
Rennwagen *m* <-s, -> гóночный автомоби́ль *m*
renovieren *vt* ремонти́ровать, от- *pf*
Renovierung *f* <-, -en> ремóнт *m*
rentabel *adj* рентáбельный
Rente *f* <-, -n> пéнсия *f*
Rentenalter *nt* <*gen:* -s> пенсиóнный вóзраст *m*
Rentner, -in *m/f* <-s, -> пенсионéр, -ка *m/f*
Reparatur *f* <-, -en> ремóнт *m*, почи́нка *f*; **etw in ~ geben** отдáть что-л. в ремóнт
Reparaturwerkstatt *f* <-, -stätten> ремóнтная мастерскáя *f*
reparieren *vt* чини́ть, по- *pf*, ремонти́ровать, от- *pf*
Reportage *f* <-, -n> репортáж *m*
Reporter, -in *m/f* <-s, -> корреспондéнт, -ка *m/f*, репортёр *m*
Repräsentant, -in *m/f* <-en, -en> ① (*Vertreter*) представи́тель, -ница *m/f*; ② (*Abgeordneter*) депутáт *m*
repräsentativ *adj* представи́тельный
repräsentieren *vt* ① (*vertreten*) представля́ть, -стáвить *pf*; ② (*einen Wert darstellen*) составля́ть, -стви́ть *pf*
Repressalien *pl* <*gen:* -> репрéссия *f*
repressiv *adj* репресси́вный
Reprint *m* <-s, -s> ① перепечáтка *f*; ② репри́нтное издáние *nt*
Reptil *nt* <-s, -ien> пресмыкáющееся *nt*
Republik *f* <-, -en> респýблика *f*
Republikaner, -in *m/f* <-s, -> республикáнец, -нка *m/f*
republikanisch *adj* республикáнский
Requiem *nt* <-s, -s> рéквием *m*
Requisiten *pl* <*gen:* -> (THEAT) реквизи́т *m*
resch *adj* хрустя́щий
Reserve *f* <-, -n> запáс *m*, резéрв *m*; **eiserne ~** неприкосновéнный запáс; **etw in ~ haben** имéть что-л. в запáсе
Reserverad *nt* <-(e)s, -räder> запаснóе колесó *nt*
reservieren *vt* резерви́ровать, за- *pf*; **ich lasse uns einen Tisch ~** я закажý для нас стол; **ein Zimmer im Hotel ~ lassen** заброни́ровать нóмер в отéле
reserviert *adj* сдéржанный
Reservist, -in *m/f* <-en, -en> резерви́ст, -ка *m/f*
Residenz *f* <-, -en> резидéнция *f*
Resignation *f* <*gen:* -> разочарóванность *f*, покóрность *f*
resignieren *vi* смиря́ться, -ри́ться *pf* со свои́м положéнием
resistent *adj* стóйкий
resolut *adj* реши́тельный
Resonanz *f* <-, -en> резонáнс *m*; **~ finden** получи́ть резонáнс
Respekt *m* <*gen:* -(e)s> уважéние

nt, почте́ние *nt*
respektabel *adj* почте́нный
respektieren *vt* уважа́ть *impf*
respektlos *adj* неуважи́тельный
respektvoll *adj* почти́тельный
Ressort *nt* <-s, -s> ❶ (*Aufgabenbereich*) сфе́ра *f* де́ятельности; ❷ (*Amt*) ве́домство *nt*; ❸ (*Abteilung*) отде́л *m*
Ressource *f* <-, -n> ресу́рсы *mpl*
Rest *m* <-(e)s, -e> оста́ток *m*; **der ~ von** оста́ток чего́-л.
Restaurant *nt* <-s, -s> рестора́н *m*
restaurieren *vt* реставри́ровать
restlich *adj* остаю́щийся, остально́й
Resultat *nt* <-(e)s, -e> результа́т *m*
Resümee *nt* <-s, -s> резюме́ *nt*
Retorte *f* <-, -n> рето́рта *f*; **aus der ~** (*umg: pej*) из проби́рки
retten I. *vt* спаса́ть, спасти́ *pf* (*vor +dat* от *+gen*); **II.** *vr* спаса́ться, спасти́сь *pf* (*vor +dat* от *+gen*)
Retter, -in *m/f* <-s, -> спаси́тель, -ница *m/f*
Rettich *m* <-s, -e> ре́дька *f*
Rettung *f* <-, -en> спасе́ние *nt*
Rettungsdienst *m* <-es, -e> спаса́тельная слу́жба *f*
Rettungsring *m* <-(e)s, -e> спаса́тельный круг *m*
Reue *f* <*gen:* -> раская́ние *nt*
reuen *vt* раска́иваться, -ка́яться *pf*; **seine Tat reute ihn** он раска́ивался в своём посту́пке
reuevoll *adj* по́лный раская́ния
reuig *adj* раска́ивающийся
Revanche *f* <-, -n> рева́нш *m*
revidieren *vt* ❶ (*Einstellung, Meinung*) пересма́тривать, -смотре́ть *pf*; ❷ (JUR) обжа́ловать *impf/pf*
Revier *nt* <-s, -e> ❶ (*von Tieren*) уча́сток *m*; ❷ (*Polizeirevier*) полице́йский уча́сток *m*; ❸ (*Jagdrevier*) террито́рия *f*
Revision *f* <-, -en> ❶ (*Neubearbeitung*) реви́зия *f*, прове́рка *f*; ❷ (JUR) пересмо́тр *m*
Revolte *f* <-, -n> бунт *m*, мяте́ж *m*
Revolution *f* <-, -en> револю́ция *f*
revolutionär *adj* революцио́нный
Revolutionär, -in *m/f* <-s, -e> революционе́р, -ка *m/f*
Revolver *m* <-s, -> револьве́р *m*
rezensieren *vt* (*Buch, Film, Aufführung*) рецензи́ровать, от- *pf*
Rezension *f* <-, -en> реце́нзия *f*
Rezept *nt* <-(e)s, -e> (MED), (*Kochrezept*) реце́пт *m*; **auf ~** по реце́пту
rezeptfrei I. *adj* (*Medikament*) отпуска́емый без реце́пта; **II.** *adv* без реце́пта.
Rezeption *f* <-, -en> (*im Hotel*) бюро́ *nt* регистра́ции
rezeptpflichtig *adj* (*Medikament*) отпуска́емый то́лько по реце́пту
Rezession *f* <-, -en> экономи́ческий спад *m*, реце́ссия *f*
Rhabarber *m* <*gen:* -s> реве́нь *m*
Rhein *m* <*gen:* -(e)s> Рейн *m*
rheinisch *adj* ре́йнский
Rheinland-Pfalz *nt* <*gen:* -> Ре́йнланд-Пфальц *m*
Rhetorik *f* <*gen:* -> рито́рика *f*
rhetorisch *adj* ритори́ческий; **eine ~e Frage** ритори́ческий вопро́с
Rheuma *nt* <*gen:* -s> ревмати́зм *m*
Rhinozeros *nt* <-(ses), -se> ❶ носоро́г *m*; ❷ (*fig*) дура́к *m*
rhythmisch *adj* ритми́ческий
Rhythmus *m* <-, Rhythmen> ритм *m*
richten I. *vt* ❶ (*lenken*) направля́ть, -пра́вить *pf* (*auf +akk* на *+akk*); ❷ (*zielen*) наце́ливать, -це́лить *pf* (*auf +akk* на *+akk*); **II.** *vr* быть *impf* напра́вленным (*auf +akk* на *+akk*); **sich nach jdm/etw ~** сле́довать кому́-л./чему́-л.
Richter, -in *m/f* <-s, -> судья́ *m*
richterlich *adj* суде́йский
richtig I. *adj* пра́вильный; **II.** *adv* ❶ пра́вильно; ❷ (*wirklich, tatsächlich*) по-настоя́щему.
Richtlinie *f* <-, -en> директи́ва *f*
Richtung *f* <-, -en> направле́ние *nt*; **du gehst in die falsche ~** ты идёшь в непра́вильном направле́нии

rieb *prät von* **reiben**
riechen <roch, gerochen> **I.** *vi* (*einen bestimmten Geruch verbreiten*) пáхнуть *impf*; **nach etw ~** пáхнуть чем-л.; **II.** *vt* (*einen bestimmten Geruch wahrnehmen*) нюхать, по- *pf*; **an etw ~** обнюхивать что-л.
rief *prät von* **rufen**
Riegel *m* <-s, -> ❶ (*von Schloss*) задвижка *f*; ❷ (*Stück*) (шоколáдный) батóнчик *m*, брусóк *m*
Riemen *m* <-s, -> ремéнь *m*
Riese *m* <-n, -n> великáн *m*
rieseln *vi* ❶ (*Sand*) струиться *impf*; ❷ (*Flüssigkeit*) журчáть *impf*
riesengroß *adj* (*umg*) гигáнтский
Riesenrad *nt* <-(e)s, -räder> колесó *nt* обозрéния
Riesenschlange *f* <-, -n> удáв *m*
riesig **I.** *adj* (*sehr groß*) колоссáльный; **II.** *adv* (*umg: sehr*) ужáсно.
riet *prät von* **raten**
Riff *nt* <-(e)s, -e> риф *m*
rigoros *adj* стрóгий, категори́чный
Rille *f* <-, -n> желобóк *m*
Rind *nt* <-(e)s, -er> ❶ (*weibliches Tier*) корóва *f*; ❷ (*männliches Tier*) бык *m*; ❸ (*pl: Rinder*) крýпный рогáтый скот *m*; ❹ (*Fleisch*) говя́дина *f*
Rinde *f* <-, -n> ❶ (*von Baum*) корá *f*; ❷ (*von Brot*) кóрка *f*
Rindfleisch *nt* <*gen:* -(e)s> говя́дина *f*
Rindvieh *nt* <*gen:* -(e)s> (*umg: Schimpfwort*) скоти́на *f*
Ring *m* <-(e)s, -e> ❶ (*am Finger*) кольцó *nt*; ❷ (SPORT: *Boxen*) ринг *m*
Ringbuch *nt* <-(e)s, -bücher> записнáя кни́жка *f* на кóльцах
Ringelnatter *f* <-, -n> уж *m* обыкновéнный
ringen <rang, gerungen> *vi* борóться *impf* (*mit +dat* с *+inst*)
Ringer, -in *m/f* <-s, -> борéц *m*
Ringfinger *m* <-s, -> безымя́нный пáлец *m*
Ringkampf *m* <-(e)s, -kämpfe> борьбá *f*
Ringrichter, -in *m/f* <-s, -> судья́ *m* на ри́нге
ringsherum *adv* вокрýг, кругóм
Rinne *f* <-, -n> жёлоб *m*, канáвка *f*
rinnen <rann, geronnen> *vi* течь *impf*
Rinnstein *m* <-(e)s, -e> стóчная канáва *f*
Rippe *f* <-, -n> ребрó *nt*
Risiko *nt* <-s, Risiken> риск *m*; **ein ~ eingehen** идти́ на риск; **etw auf eigenes ~ tun** дéлать что-л. на сóбственный риск
riskant *adj* рискóванный
riskieren *vt* рисковáть, рискнýть *pf*; **etw~** рисковáть чем-л.
riss *prät von* **reißen**
Riss *m* <-es, -e> трéщина *f*, щель *f*
rissig *adj* потрéскавшийся
ritt *prät von* **reiten**
Ritt *m* <-(e)s, -e> поéздка *f* верхóм
Ritter *m* <-s, -> ры́царь *m*
ritterlich **I.** *adj* ры́царский; **II.** *adv* по-ры́царски.
Ritterrüstung *f* <-, -en> доспéхи *pl*
rittlings *adv* верхóм
Ritual *nt* <-s, -e/-ien> обря́д *m*, ритуáл *m*
rituell *adj* ритуáльный
Ritze *f* <-, -n> щель *f*
ritzen *vt* (*einritzen*) царáпать, на- *pf* (*in +akk* на *+akk*)
Rivale *m* <-n, -n> сопéрник *m*
Rivalin *f* <-, -nen> сопéрница *f*
rivalisieren *vi* сопéрничать *impf* (*mit +dat* с *+inst*)
Rivalität *f* <-, -en> сопéрничество *nt*
Robbe *f* <-, -n> тюлéнь *m*
Roboter *m* <-s, -> рóбот *m*
robust *adj* (*kräftig*) крéпкий
roch *prät von* **riechen**
Rochade *f* <-, -n> (*Schach*) рокирóвка *f*
röcheln *vi* хрипéть, про- *pf*
Rochen *m* <-s, -> скат *m*
Rock [1] *m* <-(e)s, Röcke> (*Damenkleidung*) ю́бка *f*
Rock [2] *m* <*gen:* -s> (*Rockmusik*) рок *m*
Rockband *f* <-, -s> рок-грýппа *f*

R

Rocker *m* <-s, -> ро́кер *m*

Rockmusik *f* <*gen:* -> рок-му́зыка *f*

rodeln *vi* ката́ться, по- *pf* на саня́х [*o* на са́нках]

roden *vt* (*Wald, Land*) корчева́ть, вы́корчевать *pf*

Rodung *f* <-, -en> ❶ (*das Roden*) корчева́ние *nt*; ❷ (*gerodete Fläche*) раскорчёванный уча́сток *m*

Roggen *m* <-s, -> рожь *f*

Roggenbrot *nt* <-(e)s, -e> ржано́й хлеб *m*

roh *adj* ❶ (*grob, brutal*) гру́бый; ❷ (*unbearbeitet*) сыро́й, необрабо́танный

Rohbau *m* <-(e)s, -ten> неотде́ланная постро́йка *f*

Roheisen *nt* <*gen:* -s> чугу́н *m*

Rohkost *f* <*gen:* -> сыра́я расти́тельная пи́ща *f*

Rohöl *nt* <*gen:* -(e)s> сыра́я нефть *f*

Rohr *nt* <-(e)s, -e> труба́ *f*

Röhre *f* <-, -n> ❶ (*Rohr*) тру́бка *f*; ❷ (EL) ва́куумная ла́мпа *f*; **in die ~ schauen** (*umg*) оста́ться с но́сом

Rohrleitung *f* <-, -en> трубопрово́д *m*

Rohstoff *m* <-(e)s, -e> сырьё *nt*

Rokoko *nt* <*gen:* -s> рококо́ *nt*

Rolladen *m* <-s, -läden> жалюзи́ *fpl*

Rolle *f* <-, -n> ❶ (*von Garn, Kabel*) кату́шка *f*; ❷ (*Rad*) ро́лик *m*; ❸ (THEAT) роль *f*; ❹ (SPORT) кувыро́к *m*; **etw spielt keine ~** что-л. не игра́ет ро́ли

rollen **I.** *vt* ката́ть *impf*, кати́ть, по- *pf*; **II.** *vi* кати́ться, по- *pf*, ката́ться *impf*; **etw ins Rollen bringen** (*umg*) сдви́нуть что-л. с мёртвой то́чки

Roller *m* <-s, -> ❶ (*Motor~*) мото́роллер *m*; ❷ (*Kinder~*) самока́т *m*

Rollfeld *nt* <-(e)s, -er> лётное по́ле *nt*

Rollkragenpullover *m* <-s, -s> ❶ сви́тер *m* с высо́ким воротнико́м; ❷ (*umg*) водола́зка *f*

Rollschuh *m* <-(e)s, -e> ро́ликовый конёк *m*

Rollstuhl *m* <-(e)s, -stühle> инвали́дная коля́ска *f*

Rolltreppe *f* <-, -n> эскала́тор *m*

Roman *m* <-s, -e> рома́н *m*

romanisch *adj* рома́нский; **~e Sprachen** рома́нские языки́

Romanistik *f* <*gen:* -> романи́стика

Romantik *f* <*gen:* -> (*Epoche*) романти́ческая эпо́ха *f*

Romantiker, -in *m/f* <-s, -> рома́нтик *m*

romantisch *adj* романти́ческий

Romanze *f* <-, -n> рома́нс *m*

Römer, -in *m/f* <-s, -> ри́млянин, -лянка *m/f*

römisch *adj* ри́мский

römisch-katholisch *adj* ри́мско-католи́ческий

röntgen *vt* делать, с- *pf* рентге́новский сни́мок

Röntgenaufnahme *f* <-, -n> рентге́новский сни́мок *m*

rosa *adj* ро́зовый

Rose *f* <-, -n> ро́за *f*

Rosenkohl *m* <*gen:* -(e)s> брюссе́льская капу́ста *f*

Rosenkranz *m* <-es, -kränze> чётки *fpl*

Rosenstock *m* <-(e)s, -stöcke> куст *m* ро́зы, ро́зовый куст *m*

Rosette *f* <-, -n> розе́тка *f*

rosig *adj* ро́зовый

Rosine *f* <-, -n> изю́минка *f*

Rost[1] *m* <-(e)s, -e> (*Gitter*) решётка *f*

Rost[2] *m* <*gen:* -(e)s> (*an Metall*) ржа́вчина *f*

Röstbrot *nt* <-(e)s, -e> ❶ тост *m*, грено́к *m*; ❷ гре́нки *pl*

rosten *vi* ржаве́ть, за- *pf*

rösten *vt* жа́рить, под- *pf*

rostfrei *adj* нержаве́ющий

rostig *adj* ржа́вый

rot *adj* кра́сный; **~ werden** покрасне́ть

rotblond *adj* рыжева́тый

Röte *f* <*gen:* -> краснота́ *f*

Röteln *fpl* <*gen:* -> (MED) красну́ха *f*

röten *vr* красне́ть, по- *pf*

R

rothaarig *adj* ры́жий
rotieren *vi* враща́ться *impf*
Rotkehlchen *nt* <-s, -> мали́новка *f*
Rotkohl *m* <*gen:* -s> краснокоча́нная капу́ста *f*
rötlich *adj* краснова́тый
Rotunde *f* <-, -n> рото́нда *f*
Rotwein *m* <-(e)s, -e> кра́сное вино́ *nt*
Rotz *m* <*gen:* -es> (*umg*) сопля́ *f*
Rouge *nt* <*gen:* -s> румя́на *fpl*; **~ auflegen** наложи́ть румя́на
Roulade *f* <-, -n> руле́т *m*
Roulette *nt* <-s, -s> руле́тка *f*
Route *f* <-, -n> маршру́т *m*
Routine *f* <*gen:* -> ① (*Fertigkeit*) на́вык *m*, сноро́вка *f*; **~ bekommen** приобрета́ть сноро́вку ② (*Erfahrung*) о́пыт *m*; ③ (*Gewohnheit*) рути́на *f*; ④ (DV) станда́ртная програ́мма *f*
routiniert *adj* о́пытный, ло́вкий
Rübe *f* <-, -n> ① (*rote*) свёкла *f*; ② (*gelbe*) морко́вь *f*; ③ (*weiße*) ре́па *f*; ④ (*umg: Kopf*) башка́ *f*
Rubel *m* <-s, -> ру́бль *m*
Rubin *m* <-s, -e> руби́н *m*
rubinrot *adj* руби́новый
Rubrik *f* <-, -en> ру́брика *f*
Ruck *m* <-(e)s, -e> толчо́к *m*
ruckartig *adv* толчко́м, рывко́м
rückblickend *adj* ретроспекти́вный
Rücken *m* <-s, -> ① спина́ *f*; ② (*von Buch*) корешо́к *m*; ③ (*Bergrücken*) хребе́т *m*
Rückenlehne *f* <-, -n> спи́нка *f*
Rückenmark *nt* <*gen:* -(e)s> спинно́й мозг *m*
Rückenwind *m* <*gen:* -(e)s> попу́тный ве́тер *m*
Rückfahrkarte *f* <-, -n> обра́тный биле́т *m*
Rückfahrt *f* <-, -en> обра́тный путь *m*
Rückfall *m* <-(e)s, -fälle> рециди́в *m*
rückfällig *adj* повто́рный
Rückflug *m* <-(e)s, -flüge> обра́тный полёт *m*
Rückfrage *f* <-, -n> запро́с *m*
Rückgabe *f* <-, -n> возвра́т *m*
Rückgang *m* <-(e)s, -gänge> ① (*Verringerung*) сниже́ние *nt*, сокраще́ние *nt*; ② (*Abschwächung*) спад *m*, упа́док *m*; **~der Produktion** спад произво́дства
rückgängig *adj* обра́тный; **etw ~ machen** отменя́ть что-л.
Rückgrat *nt* <-(e)s, -e> позвоно́чник *m*
Rückhalt *m* <*gen:* -(e)s> подде́ржка *f*, опо́ра *f*; **(bei jdm) ~ finden** найти́ в ком-л. опо́ру
Rückkehr *f* <*gen:* -> возвраще́ние *nt*
Rücklicht *nt* <-(e)s, -er> за́дний свет *m*
rücklings *adv* ① на́взничь; ② сза́ди
Rückreise *f* <-, -n> обра́тный путь *m*
Rucksack *m* <-(e)s, -säcke> рюкза́к *m*
Rückschau ретроспекти́ва *f*
Rückschlag *m* <-(e)s, -schläge> прова́л *m*, неуда́ча *f*
Rückseite *f* <-, -n> обра́тная сторона́ *f*
Rücksicht *f* <*gen:* -> внима́ние *nt*, уваже́ние *nt*; **auf jdn/etw ~ nehmen** учи́тывать интере́сы кого́-л./чего́-л.
rücksichtslos *adj* бесцеремо́нный
rücksichtsvoll *adj* внима́тельный
Rücksitz *m* <-es, -e> за́днее сиде́нье *nt*
Rückspiegel *m* <-s, -> зе́ркало *nt* за́днего ви́да
Rückstand *m* <-(e)s, -stände> (*das Zurückliegen*) отстава́ние *nt*; **die Mannschaft ist mit drei Toren im ~** кома́нда отстаёт на три очка́
rückständig *adj* отста́лый
Rücktritt *m* <-(e)s, -e> ① (*von Amt*) отста́вка *f*; ② (*von Vertrag*) отка́з *m*
Rücktrittbremse *f* <-, -n> педа́льный то́рмоз *m*
rückwärts *adv* обра́тно, наза́д
Rückwärtsgang *m* <-(e)s, -gänge> за́дний ход *m*
Rückweg *m* <-(e)s, -e> обра́тный путь *m*
Rückzug *m* <*gen:* -(e)s>

отступле́ние *nt*; **auf dem ~ sein** отступа́ть

Ruderin *f* <-, -nen> гребе́ц, гребчи́ха *m/f*

Rüde *m* <-n, -n> кобе́ль *m*

Rudel *nt* <-s, -> стая́ *f*, ста́до *nt*

Ruder *nt* <-s, -> весло́ *nt*

Ruderboot *nt* <-(e)s, -e> гребна́я ло́дка *f*

rudern *vi* грести́ *impf*

Ruf *m* <-(e)s, -e> ① (*das Rufen*) крик *m*; ② (*Ansehen*) репута́ция *f*; **einen guten ~ haben** по́льзоваться хоро́шей репута́цией ③ (*Berufung eines Professors*) приглаше́ние *nt*

rufen <rief, gerufen> *vt* крича́ть, кри́кнуть *pf*, звать, позва́ть *pf*; **um Hilfe ~** звать на по́мощь; **nach jdm ~** звать кого́-л.

Rufnummer *f* <-, -n> но́мер *m* телефо́на

Rugby *nt* <*gen:* -(s)> ре́гби *nt*

Rüge *f* <-, -n> вы́говор *m*

rügen *vt* де́лать, с- *pf* вы́говор (*wegen +gen* из-за *+gen*)

Ruhe *f* <*gen:* -> ① (*Stille*) тишина́ *f*, поко́й *f*; ② (*Gelassenheit*) споко́йствие *nt*; ③ (*Erholung*) о́тдых *m*; **~, bitte!** прошу́ тишины́, пожа́луйста! **jdn in ~ lassen** оста́вить кого́-л. в поко́е

ruhelos *adj* беспоко́йный

ruhen *vi* ① (*liegen*) отдыха́ть, отдохну́ть *pf*; ② (*nicht in Betrieb sein*) безде́йствовать *impf*

Ruhepause *f* <-, -n> переды́шка *f*

Ruhestand *m* <*gen:* -(e)s> пе́нсия *f*; **in den ~ gehen** уйти́ на пе́нсию

Ruhetag *m* <-(e)s, -e> выходно́й день *m*

ruhig I. *adj* споко́йный; **II.** *part* (*umg*) споко́йно.

Ruhm *m* <*gen:* -(e)s> сла́ва *f*

rühmen I. *vt* прославля́ть, -сла́вить *pf*; **II.** *vr:* **sich einer Sache ~** хвали́ться чем-л.

ruhmvoll *adj* сла́вный, просла́вленный

Ruhr *f* <*gen:* -> (MED) дизентери́я *f*

Rührei *nt* <-(e)s, -er> яи́чница *f*

rühren I. *vt* ① (*umrühren*) меша́ть, по- *pf*; ② (*innerlich*) тро́гать, тро́нуть *pf*; **II.** *vr* (*sich bewegen*) шевели́ться, по- *pf*

rührend *adj* тро́гательный

rührig *adj* предприи́мчивый

Rührteig *m* <-(e)s, -e> сдо́бное те́сто *nt*

Ruin *m* <*gen:* -s> ① (*Zusammenbruch*) разоре́ние *nt*, крах *m*; ② (*Verfall*) разру́ха *f*

Ruine *f* <-, -n> разва́лины *fpl*

ruinieren *vt* ① разоря́ть, разори́ть *pf*; ② (*Gesundheit*) губи́ть, по- *pf*

Rum *m* <-s, -s> ром *m*

Rumäne *m* <-n, -n> румы́н *m*

Rumänien *nt* <*gen:* -s> Румы́ния *f*

Rumänin *f* <-, -nen> румы́нка *f*

rumänisch I. *adj* ру́мынский; **II.** *adv* по-румы́нски.

Rummel *m* <*gen:* -s> (*Jahrmarkt*) я́рмарка *f*

Rumpf *m* <-(e)s, Rümpfe> ① (*von Mensch, Tier*) ту́ловище *nt*; ② (*von Schiff, Flugzeug*) ко́рпус *m*; ③ (*von Flugzeug auch*) фюзеля́ж *m*

rümpfen : **über etw die Nase ~** вороти́ть нос от чего́-л.

rund *adj* кру́глый

Rundblick *m* <-(e)s, -e> кругово́й обзо́р *m*, панора́ма *f*

Runde *f* <-, -n> ① (*von Personen*) компа́ния *f*, круг *m*; ② (*in Wettkampf, Verhandlungen*) ра́унд *m*

runden I. *vt* (*Zahl, Summe*) округля́ть, -ли́ть *pf*; **II.** *vr* (*rund werden*) округля́ться, -ли́ться *pf*

Rundfahrt *f* <-, -en> экску́рсия *f*, турне́ *nt*

Rundfunk *m* <*gen:* -s> радиовеща́ние *nt*

Rundgang *m* <-(e)s, -gänge> обхо́д *m*

rundlich *adj* по́лный

Runzel *f* <-, -n> морщи́на *f*

runzelig *adj* морщи́нистый

runzeln *vt*: **die Stirn ~** мо́рщить лоб

rupfen *vt* (*Federn*) щипа́ть, о- *pf*, щи́пывать *impf*

ruppig *adj* (*Benehmen*) наха́льный

R

Rüsche *f* <-, -n> рюш *m*
Ruß *m* <*gen:* -es> са́жа *f*
Russe *m* <-n, -n> ру́сский *m*
Rüssel *m* <-s, -> хо́бот *m*
rußen *vi* копти́ть *impf*
rußig *adj* закопте́лый
Russin *f* <-, -nen> ру́сская *f*
russisch **I.** *adj* ру́сский; **~e Gastfreundschaft** ру́сское гостеприи́мство; **II.** *adv* по-ру́сски.
Russisch *nt* <*gen:* -(s)> ру́сский язы́к *m*
Russland *nt* <*gen:* -s> Росси́я *f*
rüsten *vi* (MIL) вооружа́ться, -жи́ться *pf*
Rüstung *f* <-, -en> ❶ (MIL) вооруже́ние *nt*; ❷ (*von Ritter*) доспе́хи *pl*
Rute *f* <-, -n> ❶ (*Stock*) прут *m*; ❷ (*Angelrute*) у́дочка *f*; ❸ (*Tierschwanz*) хвост *m*
Rutsch *m*: **guten ~!** (*umg: Neujahrsgruß*) с Но́вым го́дом!
Rutschbahn *f* <-, -en> го́рка *f* для ката́ния
rutschen *vi* ❶ сполза́ть, сползти́ *pf*; **seine Hose rutscht** у него́ брю́ки сполза́ют; ❷ (*gleiten*) скользи́ть *impf*
rutschig *adj* ско́льзкий
rütteln *vi* трясти́, по- *pf*; **an etw ist nicht zu ~** здесь ничего́ не поде́лаешь

Ss

s, S *nt* <-, -> ❶ с, С; ❷ з, З
Saal *m* <-(e)s, Säle> зал *m*
Saarland *nt* <*gen:* -(e)s> Саа́р *m*
Saat *f* <-, -(en)> ❶ (*die Aussaat*) сев *m*; ❷ (*das Ausgesäte*) семена́ *ntpl*
Saatgut *nt* <*gen:* -(e)s> посевно́е зерно́ *nt*
Säbel *m* <-s, -> са́бля *f*
Sabotage *f* <-, -n> сабота́ж *m*
sabotieren *vt* саботи́ровать *impf*
Sache *f* <-, -n> ❶ (*Gegenstand*) вещь *f*; ❷ (*Umstand, Angelegenheit*) де́ло *nt*; **zur ~ kommen** перейти́ к де́лу; **das ist meine ~** (*umg*) э́то моё де́ло ❸ (*umg, nur pl: Kleidungsstücke*) ве́щи *fpl*
Sachgebiet *nt* <-(e)s, -e> о́трасль *f*, о́бласть *f*
sachkundig *adj* компете́нтный
Sachlage *f* <*gen:* -> положе́ние *nt*, обстоя́тельства *pl*
sachlich *adj* (*nüchtern, objektiv*) делово́й
sächlich *adj* сре́днего ро́да
Sachsen *nt* <*gen:* -s> Саксо́ния *f*
Sachsen-Anhalt *nt* <*gen:* -s> Саксо́ния *f*-Анга́льт *m*
sacht *adj* ❶ ти́хий; ❷ осторо́жный
Sack *m* <-(e)s, Säcke> мешо́к *m*
Sackgasse *f* <-, -n> тупи́к *m*
Sadismus *m* <*gen:* -> сади́зм *m*
sadistisch *adj* сади́стский
säen *vt* се́ять, по- *pf*
Safran *m* <*gen:* -s> шафра́н *m*
Saft *m* <-(e)s, Säfte> сок *m*
saftig *adj* со́чный
Sage *f* <-, -n> сказа́ние *nt*, леге́нда *f*
Säge *f* <-, -n> пила́ *f*
Sägebock *m* <-(e)s, -böcke> ко́злы *pl*
Sägefisch *m* <-es, -e> пила́ *f* -ры́ба *f*
Sägemehl *nt* <*gen:* -(e)s> опи́лки *fpl*
sagen *vt* ❶ (*äußern, aussprechen*) говори́ть *impf*, сказа́ть *pf*; ❷ (*bedeuten, besagen*) зна́чить *impf*; **nichts zu ~ haben** не име́ть значе́ния
sägen *vi* (*Holz*) пили́ть, рас- *pf*

S

sagenhaft *adj* (*legendär*) легенда́рный
Sägewerk *nt* <-(e)s, -e> лесопи́льный заво́д *m*
sah *prät von* **sehen**
Sahara *f* <*gen:* -> Саха́ра *f*
Sahne *f* <*gen:* -> (*süße*) сли́вки *fpl*; **saure ~** смета́на
Saison *f* <-, -s> сезо́н *m*
Saite *f* <-, -n> струна́ *f*
Saiteninstrument *nt* <-(e)s, -e> стру́нный инструме́нт *m*
Sakko *nt* <-, -s> пиджа́к *m*
säkular *adj* све́тский
Salami *f* <-, -(s)> саля́ми *f*
Salat *m* <-(e)s, -e> ❶ (*Speise*) сала́т *m*; ❷ (*Pflanze*) сала́т *m*
Salatschüssel *f* <-, -n> сала́тница *f*
Salbe *f* <-, -n> мазь *f*
salbungsvoll *adj* еле́йный
Salmiak *m* <*gen:* -s> нашаты́рь *m*
Salon *m* <-s, -s> сало́н *m*
salopp *adj* ❶ (*Kleidung*) свобо́дного покро́я; ❷ (*unbekümmert, zwanglos*) непринуждённый, фамилья́рный
Salto *m* <-s, -s> са́льто *nt*; **einen ~ machen** сде́лать са́льто
salutieren *vi* отдава́ть, -да́ть *pf* честь
Salve *f* <-, -n> залп *m*
Salz *nt* <-es, -e> соль *f*
salzen *vt* соли́ть, по- *pf*
Salzgurke *f* <-, -n> солёный огуре́ц *m*
salzig *adj* солёный
Salzkartoffeln *fpl* <-, -n> отварно́й карто́фель *m*
Salzsäure *f* <*gen:* -> соля́ная кислота́ *f*
Salzstreuer *m* <-s, -> соло́нка *f*
Samen *m* <-s, -> ❶ (*von Pflanzen*) се́мя *nt*; ❷ (*Sperma*) сперматozо́ид *m*
Sammelband *m* <-(e)s, -bände> сбо́рник *m*
sammeln I. *vt* собира́ть, -бра́ть *pf*, коллекциони́ровать *impf*; **II.** *vr* собира́ться, -бра́ться *pf*
Sammler, -in *m/f* <-s, -> коллекционе́р *m*
Sammlung *f* <-, -en> ❶ (*das Sammeln*) сбор *m*; ❷ (*Gesamtheit gesammelter Gegenstände*) колле́кция *f*, собра́ние *nt*; ❸ (*Anthologie*) сбо́рник *m*
Samstag *m* <-(e)s, -e> суббо́та *f*
samstags *adv* по суббо́там
Samt *m* <-(e)s, -e> ба́рхат *m*
sämtliche *pron indef* (*alle*) все; **~ Anwesenden** все прису́тствующие
Sanatorium *nt* <-s, Sanatorien> санато́рий *m*
Sand *m* <*gen:* -(e)s> песо́к *m*
Sandale *f* <-, -n> санда́лия *f*
Sandbank *f* <-, -bänke> мель *f*
sandig *adj* песча́ный
Sandkasten *m* <-s, -kästen> песо́чница *f*
Sandpapier *nt* <*gen:* -s> (*Schleifpapier*) нажда́чная бума́га *f*
Sandstrand *m* <-(e)s, -strände> песча́ный пляж *m*
sandte *prät von* **senden**
Sanduhr *f* <-, -en> песо́чные часы́ *mpl*
sanft *adj* ❶ мя́гкий, не́жный; ❷ (*Mensch*) кро́ткий
sang *prät von* **singen**
Sänger, -in *m/f* <-s, -> певе́ц, певи́ца *m/f*
sanieren *vt* сани́ровать *impf/pf*
Sanierung *f* <-, -en> (*eines Stadtgebietes*) сана́ция *f*, сани́рование *nt*
sanitär *adj* санита́рный; **~e Anlagen** сантехни́ческое обору́дование
Sanitäter, -in *m/f* <-s, -> санита́р, -ка *m/f*
sank *prät von* **sinken**
Sanktion *f* <-, -en> (*meist pl*) са́нкция *f*; **~en verhängen** ввести́ са́нкции
sanktionieren *vt* санкциони́ровать *impf/pf*
Saphir *m* <-s, -e> сапфи́р *m*
Sardelle *f* <-, -n> анчо́ус *m*
Sardine *f* <-, -n> сарди́на *f*

Sardinien *nt* <*gen:* -s> Сарди́ния *f*
Sarg *m* <-(e)s, Särge> гроб *m*
Sarkasmus *m* <*gen:* -> сарка́зм *m*
sarkastisch *adj* саркасти́ческий
saß *prät von* **sitzen**
Satan *m* <*gen:* -s> сатана́ *m*
Satellit *m* <-en, -en> спу́тник *m*, сателли́т *m*
Satellitenfernsehen *nt* <*gen:* -s> спу́тниковое телеви́дение *nt*
Satin *m* <-s, -s> сати́н *m*
Satire *f* <-, -n> сати́ра *f* (*auf +akk* на *+akk*)
satirisch *adj* сатири́ческий
satt *adj* ❶ (*gesättigt*) сы́тый; **ich habe ihn ~** он мне надое́л; ❷ (*kräftig, intensiv*) со́чный
Sattel *m* <-s, Sättel> седло́ *nt*
satteln *vt* седла́ть, о- *pf*
sättigen *vt* (*Nahrungsmittel*) накорми́ть *pf* до́сыта, насы́тить *pf*
Sättigung *f* <-, -en> насыще́ние *nt*
Saturn *m* <*gen:* -s> Сату́рн *m*
Satz *m* <-es, Sätze> ❶ (LING) предложе́ние *nt*; ❷ (SPORT: *Tennis*) сет *m*; ❸ (*Sprung*) прыжо́к *m*; ❹ (*festgelegter Betrag, Tarif*) тари́ф *m*; ❺ (MUS) часть *f*
Satzlehre *f* <*gen:* -> (LING) си́нтаксис *m*
Satzung *f* <-, -en> (JUR) уста́в *m*
Satzzeichen *nt* <-s, -> (LING) знак *m* препина́ния
Sau *f* <-, Säue> (*Tier, auch Schimpfwort*) свинья́ *f*
sauber *adj* чи́стый
Sauberkeit *f* <*gen:* -> чистота́ *f*
säuberlich *adj* опря́тный, аккура́тный
säubern *vt* чи́стить, по- *pf*
Säuberung *f* <-, -en> (*Reinigung, auch fig*) чи́стка *f*
Sauce *f* <-, -n> со́ус *m*
Saudi-Arabien *nt* <*gen:* -s> Сау́довская Ара́вия *f*
sauer *adj* (*nicht süß*) ки́слый
Sauerei *f* <-, -en> (*pej*) сви́нство *nt*
Sauerkraut *nt* <*gen:* -(e)s> ки́слая [*o*ква́шеная] капу́ста *f*
säuerlich *adj* кислова́тый
Sauerrahm *m* <*gen:* -(e)s> смета́на *f*
Sauerstoff *m* <*gen:* -(e)s> кислоро́д *m*
saufen I. *vt* <soff, gesoffen> (*von Tieren*) пить, по- *pf*; **II.** *vi* (*pej: gewohnheitsmäßig viel Alkohol trinken*) пья́нствовать *impf*
Säufer, -in *m/f* <-s, -> (*pej*) пья́ница *mf*
Sauferei *f* <-, -en> (*pej*) пья́нство *nt*
saugen I. *vi* <sog, gesogen> (*einsaugen*) соса́ть, по- *pf*; **II.** *vt* соса́ть, по- *pf*, вса́сывать, всоса́ть *pf*
säugen *vt* корми́ть, по- *pf*
Sauger *m* <-s, -> (*an einer Flasche*) со́ска *f*
Säugetier *nt* <-(e)s, -e> млекопита́ющее *nt*
Saugflasche *f* <-, -n> буты́лочка *f* с со́ской
Säugling *m* <-s, -e> грудно́й ребёнок *m*
Säule *f* <-, -n> коло́нна *f*
Säulengang *m* <-(e)s, -gänge> колонна́да *f*
Saum *m* <-(e)s, Säume> (*beim Nähen*) кайма́ *f*, кро́мка *f*
säumen *vt* ❶ наши́ть *pf*, нашива́ть *impf* кайму́; ❷ подши́ть *pf*, подшива́ть *impf*; ❸ (*geh*) окаймля́ть *impf*, обрамля́ть *impf*
säumig *adj* ❶ опа́здывающий; ❷ медли́тельный
Sauna *f* <-, -s> са́уна *f*
Säure *f* <-, -n> кислота́ *f*
säurehaltig *adj* кислотосодержа́щий, кисло́тный
Saurier *m* <-s, -> я́щер *m*
sausen *vi* ❶ (*eilen*) нести́сь, про- *pf*; ❷ (*Wind, Sturm*) шуме́ть *impf*
Saxophon *nt* <-s, -e> саксофо́н *m*
S-Bahn® *f* <-, -en> (городска́я) электри́чка *f*
Scanner *m* <-s, -> (DV) ска́ннер *m*
Schabe *f* <-, -n> threшtarakáн *m*
schaben *vt* скрести́, по- *pf*, скобли́ть, по- *pf*
schäbig *adj* убо́гий

Schablone *f* <-, -n> (*auch fig*) шабло́н

Schach *nt* <-s, -s> ① (*Brettspiel*) ша́хматы *fpl*; ② (*Spielstellung*) шах *m*; **~ spielen** игра́ть в ша́хматы

Schachbrett *nt* <-(e)s, -er> ша́хматная доска́ *f*

Schachfigur *f* <-, -en> ша́хматная фигу́ра *f*

Schachspiel *nt* <*gen:* -(e)s> ① ша́хматы *pl*; ② игра́ *f* в ша́хматы

Schachspieler, -in *m/f* <-s, -> шахмати́ст *m*

Schacht *m* <-(e)s, Schächte> ша́хта *f*

Schachtel *f* <-, -n> коро́бка *f*; **eine ~ Zigaretten** па́чка сигаре́т

Schachzug *m* ① ша́хматный хо́д *m*; ② (*fig*) ход *m*

schade *adj* ① жаль; ② (*umg*) жа́лко; **das ist aber ~** о́чень жаль [*o* жа́лко]

Schädel *m* <-s, -> че́реп *m*

schaden *vi* вреди́ть, на- *pf*

Schaden *m* <-s, Schäden> ① (*materiell und finanziell*) уще́рб *m*, вред *m*, убы́ток *m*; ② (*Beschädigung, auch MED*) поврежде́ние *nt*; ③ (TECH) неиспра́вность *f*

Schadenersatz *m* <*gen:* -(e)s> возмеще́ние *nt* уще́рба

Schadenfreude *f* <*gen:* -> злора́дство *nt*

schadenfroh *adj* злора́дный

schadhaft *adj* (*beschädigt*) повреждённый

schädigen *vt* поврежда́ть, -вреди́ть *pf*

schädlich *adj* вре́дный (*für +akk* для *+gen*)

Schädling *m* <-s, -e> вреди́тель *m*

Schadstoff *m* <-(e)s, -e> вре́дное вещество́ *nt*

Schaf *nt* <-(e)s, -e> овца́ *f*

Schäfer, -in *m/f* <-s, -> пасту́х *m*, чаба́н *m*

Schäferhund *m* <-(e)s, -e> овча́рка *f*

Schaffen *nt* <*gen:* -s> тво́рчество *nt*, де́ятельность *f*

schaffen[1] *vt* <schuf, geschaffen> (*erzeugen, kreieren*) создава́ть, -да́ть *pf*

schaffen[2] *vt* <schaffte, geschafft> ① (*erreichen, bewältigen*) справля́ться, спра́виться *pf*, успева́ть, -пе́ть *pf*; ② (*bringen*) убира́ть, убра́ть *pf*; ③ (*süddeutsch: arbeiten*) рабо́тать *impf*

Schaffner, -in *m/f* <-s, -> конду́ктор *m*

Schafskäse *m* бры́нза *f*

Schaft *m* <-(e)s, Schäfte> ① (*eines Stiefels*) голени́ще *nt*; ② (*eines Gewehrs*) ло́же *nt*; ③ (BOT) сте́бель *m*

Schah *m* <-s, -s> шах *m*

Schakal *m* <-s, -e> шака́л *m*

Schal *m* <-s, -s> шарф *m*

Schale *f* <-, -n> ① (*Gefäß*) ча́ша *f*; ② (*kleinere*) ча́шка *f*; ③ (*Teetasse ohne Henkel*) пиа́ла *f*; ④ (*von Ei/Nuss*) скорлупа́ *f*; ⑤ (*von Banane/Kartoffel etc*) кожура́ *f*

schälen **I.** *vt* (*Obst*) чи́стить, о- *pf*, снима́ть, снять *pf* кожуру́; **II.** *vr* (*Haut*) шелуши́ться *impf*

Schall *m* <-(e)s, -e/ Schälle> звук *m*

Schalldämpfer *m* <-s, -> глуши́тель *m*

schalldicht *adj* звуконепроница́емый

schallen *vi* (*tönen*) звуча́ть, про- *pf*, раздава́ться, -да́ться *pf*

Schallgeschwindigkeit *f* <*gen:* -> ско́рость *f* зву́ка

Schallplatte *f* <-, -n> (грам) пласти́нка *f*

schalt *prät von* **schelten**

schalten *vi* ① (*einschalten*) включа́ть, -чи́ть *pf*; ② (*umschalten*) переключа́ть, -чи́ть *pf*; **in den dritten Gang ~** включи́ть тре́тью переда́чу

Schalter *m* <-s, -> ① (EL) переключа́тель *m*, включа́тель *m*; ② (*in Bahnhof, Bank*) око́шечко *nt*, ка́сса *f*

Schalterraum *m* <-(e)s, -räume>

ка́ссовый зал *m*

Schalthebel *m* <-s, -> ① руби́льник *m*; ② (KFZ) рыча́г *m* переключе́ния скоросте́й

Schaltjahr *nt* <-(e)s, -e> високо́сный год *m*

Schalttafel *f* <-, -n> (EL) распредели́тельный щит *m*

Schaltung *f* <-, -en> ① (*Gangschaltung*) переключе́ние *nt* переда́ч; ② (EL) схе́ма *f*

Scham *f* <*gen:* -> ① (*Schamgefühl*) стыд *m*; ② (*Schamgegend*) сра́мная о́бласть *f*

schämen *vr* стыди́ться *impf*

schamhaft *adj* (*voller Scham*) стыдли́вый

schamlos *adj* (*skrupellos, gewissenlos*) бессты́дный

Schande *f* <*gen:* -> позо́р *m*

schänden *vt* ① опозо́рить, позо́рить *impf*; ② оскверни́ть, -ня́ть *impf*; ③ изнаси́ловать, наси́ловать *impf*

schändlich *adj* позо́рный

Schanze *f* <-, -n> ① (MIL) око́п *m*; ② (SPORT: *Sprung~*) трампли́н *m*

Schar *f* <-, -en> (*Menge*) толпа́ *f*; **in ~en** (*in großer Menge*) то́лпами

scharen *vr* толпи́ться, с- *pf*; **sich um jdn ~** столпи́ться вокру́г кого́-л.

scharf *adj* ① (*schneidend, stark gewürzt*) о́стрый; ② (*fig: bissig*) злой; **ein ~er Hund** зла́я соба́ка ③ (*fig: deutlich, klar*) чёткий, я́сный; ④ (*streng, unnachsichtig*) стро́гий; ⑤ (*umg: vom Sexualtrieb beherrscht*) похотли́вый; **~ auf jdn sein** (*von Verlangen nach jdm erfüllt sein*) хоте́ть кого́-л.

Schärfe *f* <-, -n> ① (*einer Klinge*) острота́ *f*; ② (*fig: unnachsichtige Strenge*) стро́гость *f*; ③ (*Deutlichkeit, Klarheit*) ре́зкость *f*

schärfen *vt* точи́ть, на- *pf*

Scharfschütze *m* <-n, -n> сна́йпер *m*

Scharfsinn *m* <*gen:* -(e)s> проница́тельность *f*

scharfsinnig *adj* проница́тельный

Scharlatan *m* <-s, -e> (*pej*) шарлата́н *m*

Scharnier *nt* <-s, -e> шарни́р *m*

Scharte *f* <-, -n> зазу́брина *f*, вы́боина *f*; **eine ~ auswetzen** искупи́ть вину́

Schaschlik *m* <-s, -s> шашлы́к *m*

Schatten *m* <-s, -> тень *f*

schattenhaft *adj* тени́стый

Schattenseite *f* <*gen:* -> (*auch fig*) тенева́я сторона́ *f*

schattieren *vt* оттеня́ть, -ни́ть *pf*

Schattierung *f* <-, -en> отте́нок *m*

schattig *adj* тени́стый

Schatulle *f* <-, -n> шкату́лка *f*

Schatz *m* <-es, Schätze> сокро́вище *nt*

schätzen *vt* ① (*hochachten*) цени́ть, о- *pf*; ② (*abschätzen*) оце́нивать, оцени́ть *pf*; ③ (*umg: annehmen, vermuten*) ду́мать *impf*

Schatzgräber *m* <-s, -> кладоиска́тель *m*

Schätzung *f* <-, -en> оце́нка *f*

schätzungsweise *adv* приблизи́тельно

Schau *f* <-, -en> (*Vorführung*) пока́з *m*, демонстра́ция *f*; **etw zur ~ stellen** демонстри́ровать что-л.

Schauder *m* <-s, -> дрожь *f*, озно́б *m*

schauderhaft *adj* (*widerlich, scheußlich*) жу́ткий, ужа́сный

schaudern *vi* ужаса́ться, ужасну́ться *pf*

schauen *vi* смотре́ть, по- *pf*, гляде́ть, по- *pf*; **schau mal** (*umg*) посмотри́-ка

Schauer *m* <-s, -> ① (*Schauder*) дро́жь *f*; ② (*Regenguss*) ли́вень *m*

schauerlich *adj* ужа́сный

Schaufel *f* <-, -n> (совко́вая) лопа́та *f*

schaufeln *vt* ① (*Schnee*) грести́, раз- *pf*; ② (*Kohle*) кида́ть *impf*; ③ (*einen Graben*) копа́ть, вы́- *pf*

Schaufenster *nt* <-s, -> витри́на *f*

Schaukel *f* <-, -n> каче́ли *fpl*

schaukeln **I.** *vt* кача́ть, по- *pf*; **II.** *vi*

① (*auf einer Schaukel*) кача́ться, по- *pf* на каче́лях; ② (*Boote auf dem Wasser*) кача́ться, по- *pf*

Schaukelstuhl *m* <-(e)s, -stühle> кре́сло *nt* -кача́лка *f*

Schaulustige(r) *mf* <-n, -n> зева́ка *m/f*

Schaum *m* <*gen:* -(e)s> пе́на *f*

schäumen *vi* пе́ниться *impf*

schaumig *adj* пе́нистый

Schaumstoff *m* <-(e)s, -e> пенопла́ст *m*

Schauplatz *m* <-es, -plätze> ме́сто *nt* де́йствия

schaurig *adj* (*unheimlich*) жу́ткий, злове́щий

Schauspiel *nt* <-(e)s, -e> ① (*Bühnenstück*) пье́са *f*; ② (*fig: Anblick*) зре́лище *nt*

Schauspieler, -in *m/f* <-s, -> актёр, актри́са *m/f*

Schauspielhaus *nt* <-es, -häuser> драмати́ческий теа́тр *m*

Scheck *m* <-s, -s/ -e> чек *m*; **einen ~ ausstellen** вы́писать чек; **einen ~ einlösen** получи́ть де́ньги по че́ку

Scheckbuch *nt* <-(e)s, -bücher> че́ковая кни́жка *f*

scheckig *adj* (*Pferd*) пе́гий

Scheibe *f* <-, -n> ① (*Glasscheibe*) стекло́ *nt*; ② (*Schnitte*) кусо́к *m*, ло́мтик *m*; ③ (TECH) ша́йба *f*, диск *m*

Scheibenwischer *m* <-s, -> ① стеклоочисти́тель *m*; ② (*umg*) дво́рник *m*

Scheide *f* <-, -n> ① (*eines Schwerts*) но́жны *fpl*; ② (*Vagina*) влага́лище *nt*

scheiden *vt* <schied, geschieden> (*Ehe*) расторга́ть, расто́ргнуть *pf*

Scheidung *f* <-, -en> разво́д *m*; **die ~ einreichen** пода́ть на разво́д

Schein *m* <-(e)s, -e> ① (*Geldschein*) купю́ра *f*, банкно́та *f*; ② (*Anschein*) ви́димость *f*; ③ (*Lichtschein*) свет *m*; ④ (*Dokument*) свиде́тельство *nt*

scheinbar *adj* ① (*umg: anscheinend*) ви́димый; ② (*vorgeblich*) мни́мый

scheinen *vi* <schien, geschienen> ① (*leuchten*) свети́ть, по- *pf*; ② (*den Anschein haben*) каза́ться, по- *pf*

Scheinwerfer *m* <-s, -> ① (*am Auto*) фа́ра *f*; ② (*zur Beleuchtung*) проже́ктор *m*

Scheiße *f* <*gen:* -> (*vulg*) говно́ *nt*, дерьмо́ *nt*

scheißen *vi* <schiss, geschissen> (*vulg*) срать, на- *pf*

Scheitel *m* <-s, -> пробо́р *m* (в волоса́х)

scheitern *vi* терпе́ть, по- *pf* неуда́чу

schelten *vt* <schalt, gescholten> руга́ть, от- *pf*

Schema *nt* <-s, -s/ Schemata> схе́ма *f*

schematisch *adj* схемати́ческий, схемати́чный

Schemel *m* <-s, -> ма́ленькая табуре́тка *f*

Schenkel *m* <-s, -> ① (ANAT) бедро́ *nt*; ② (MATH) сторона́ *f* угла́

schenken *vt* дари́ть, по- *pf*

Schenkung *f* <-, -en> (JUR) даре́ние *nt*, дар *m*

Scherbe *f* <-, -n> оско́лок *m*

Schere *f* <-, -n> ① (*Werkzeug*) но́жницы *fpl*; ② (*eines Krebses*) клешня́ *f*

scheren **I.** *vt* <schor, geschoren> (*schneiden*) стричь, по- *pf*; **II.** *vr:* **scher dich zum Teufel!** (*vulg*) пошёл к чёрту!

Scherereien *pl* <*gen:* -> (*umg*) хло́поты *pl*

Scherz *m* <-es, -e> шу́тка *f*

scherzhaft *adj* шутли́вый

scheu *adj* ро́бкий, засте́нчивый

Scheu *f* <*gen:* -> боя́знь *f*, ро́бость *f*

scheuchen *vt* спу́гивать, спугну́ть *pf*

scheuen **I.** *vt* боя́ться *impf*; **sich vor niemandem ~** никого́ не боя́ться; **keine Arbeit ~** не боя́ться рабо́ты; **II.** *vi* (*Pferde*) испуга́ться *pf* (+ *gen*)

Scheuerlappen *m* <-s, -> полова́я тря́пка *f*
scheuern *vt* ❶ (*putzen*) тере́ть, по- *pf*; ❷ (*reiben*) тере́ть, на- *pf*, натира́ть *impf*
Scheuklappe *f* <-, -n> ❶ нагла́зник *m*; ❷ (*pl*) шо́ры *fpl*; **~n haben** (*fig: keinen Weitblick haben*) быть зашо́ренным
Scheune *f* <-, -n> сара́й *m*
Scheusal *nt* <-s, -e> (*pej*) чудо́вище *nt*, и́зверг *m*
scheußlich *adj* ужа́сный
Schi *siehe* **Ski**
Schicht *f* <-, -en> ❶ (*Gestein, Farbe, einer Gesellschaft*) слой *m*; ❷ (*eines Arbeitstages*) сме́на *f*; **~ arbeiten** рабо́тать посме́нно
Schichtarbeit *f* <*gen:* -> посме́нная рабо́та *f*
schichten *vt* (*Blätter Papier, Wäsche*) укла́дывать, уложи́ть *pf* друг на дру́га, класть, положи́ть *pf* в сто́пку
schick *adj* шика́рный
schicken *vt* посыла́ть, -сла́ть *pf*
Schicksal *nt* <-s, -e> судьба́ *f*
Schiebedach *nt* <-(e)s, -dächer> люк *m*, сдвижна́я кры́ша *f*
schieben *vt* <schob, geschoben> ❶ дви́гать, дви́нуть *pf*; ❷ (*wegschieben*) отодвига́ть, -дви́нуть *pf*; ❸ (*näher an etw schieben*) пододвига́ть, -дви́нуть *pf*
S
Schieber *m* <-s, -> (*umg*) спекуля́нт *m*
Schiebetür *f* <-, -en> раздвижна́я дверь *f*
schied *prät von* **scheiden**
Schiedsgericht *nt* <-(e)s, -e> арбитра́ж *m*, трете́йский суд *m*
Schiedsrichter, -in *m/f* <-s, -> ❶ (*Angehöriger des Schiedsgerichts*) трете́йский судья́ *m*; ❷ (SPORT) арби́тр *m*, судья́ *m*
schief *adj* (*geneigt, nicht gerade*) криво́й, косо́й
Schiefer *m* <*gen:* -s> ши́фер *m*
Schieferdach *nt* <-(e)s, -dächer> ши́ферная кры́ша *f*
schief gehen *irr vi* (*umg*) не удава́ться, не уда́ться *pf*
schielen *vi* коси́ть *impf*
schien *prät von* **scheinen**
Schienbein *nt* <*gen:* -(e)s> го́лень *f*
Schiene *f* <-, -n> ❶ (*Eisenbahnschiene*) рельс *m*; ❷ (MED: *Stütze*) ши́на *f*
schienen *vt* (MED) накла́дывать, наложи́ть *pf* ши́ну
schier *adv* (*nahezu, fast*) почти́ (что)
Schießbude *f* <-, -n> тир *m* (на я́рмарке)
schießen I. *vt* <schoss, geschossen> ❶ (*Kugel*) вы́стрелить *pf*; ❷ (SPORT: *Tor*) забива́ть, -би́ть *pf*; **II.** *vi* ❶ стреля́ть, вы́стрелить *pf* (*auf, nach* в +*akk*); ❷ (*sich rasch bewegen*) нести́сь, про- *pf*
Schießerei *f* <-, -en> стрельба́ *f*, перестре́лка *f*
Schießplatz *m* <-(e)s, -plätze> стре́льбище *nt*
Schießpulver *nt* <*gen:* -s> по́рох *m*
Schießscharte *f* <-, -n> амбразу́ра *f*, бойни́ца *f*
Schießscheibe *f* <-, -n> мише́нь *f*
Schießstand *m* <-(e)s, -stände> тир *m*
Schiff *nt* <-(e)s, -e> кора́бль *m*, су́дно *nt*
Schiffbau *m* <*gen:* -s> судострое́ние *nt*
Schiffbruch *m* <*gen:* -(e)s> кораблекруше́ние *nt*
Schiffsjunge *m* <-n, -n> ю́нга *m*
Schikane *f* <-, -n> приди́рка *f*, издева́тельство *nt*
schikanieren *vt* (*tyrannisieren*) издева́ться *impf* (над +*inst*), придира́ться, -дра́ться *pf* (к +*dat*)
Schild[1] *m* <-(e)s, -e> (HIST) щит *m*
Schild[2] *nt* <-(e)s, -er> ❶ (*Türschild*) табли́чка *f*; ❷ (*Reklameschild*) вы́веска *f*, щит *m*; ❸ (*Etikett*) этике́тка *f*; ❹ (*Preisschild*) це́нник *m*
Schilddrüse *f* <-, -n> щитови́дная железа́ *f*

schildern *vt* изобража́ть, -брази́ть *pf*
Schilderung *f* <-, -en> (*Beschreibung*) изображе́ние *nt*, описа́ние *nt*
Schildkröte *f* <-, -n> черепа́ха *m*
Schilf *nt* <*gen:* -(e)s> камы́ш *m*
schillern *vi* ❶ перелива́ться *impf* (ра́зными цвета́ми); ❷ (*fig*) быть тру́дно определи́мым
Schimmel *m* <-s, -> ❶ (*weißes Pferd*) бе́лая ло́шадь *f*; ❷ (*Schimmelpilz*) пле́сень *f*
schimmelig *adj* заплесневе́лый
schimmeln *vi* плесневе́ть, за- *pf*
Schimmer *m* <*gen:* -s> блеск *m*, мерца́ние *nt*
schimmern *vi* блесте́ть, -сну́ть *pf*, мерца́ть *impf*
Schimpanse *m* <-n, -n> шимпанзе́ *m*
schimpfen *vi:* **über jdn ~** руга́ть кого́-л.; **laut ~** гро́мко руга́ться
Schimpfwort *nt* <-(e)s, -wörter> руга́тельство *nt*
schinden I. *vt* <schund, geschunden> (*peinigen, quälen*) му́чить, из- *pf*; II. *vr* (*sich abquälen*) му́читься, из- *pf*
Schinderei *f* <-, -en> (*pej: Plackerei, Strapaze*) издева́тельство *nt*, муче́ние *nt*
Schinken *m* <-s, -> ветчина́ *f*, о́корок *m*
Schirm *m* <-(e)s, -e> ❶ (*Regenschirm, Sonnenschirm*) зонт *m*; ❷ (*umg*) зо́нтик *m*; ❸ (*Bildschirm*) экра́н *m*
Schirmherrschaft *f* <*gen:* -> покрови́тельство *nt*; **unter der ~ von ...** под покрови́тельством кого́-л.
Schirmmütze *f* <-, -n> фура́жка *f*
schiss *prät von* **scheißen**
schizophren *adj* шизофрени́ческий
Schlacht *f* <-, -en> би́тва *f*; **die ~ bei ...** би́тва под...
schlachten *vt* забива́ть, -би́ть *pf*
Schlachtfeld *nt* <*gen:* -(e)s> по́ле *nt* би́твы
Schlachthof *m* <-(e)s, -höfe> скотобо́йня *f*
Schlacke *f* <-, -n> шлак *m*
Schlaf *m* <*gen:* -(e)s> сон *m*
Schlafanzug *m* <-(e)s, -anzüge> пижа́ма *f*
Schläfe *f* <-, -n> висо́к *m*
schlafen *vi* <schlief, geschlafen> спа́ть, по- *pf*; **~ gehen** идти́ спать; **mit jdm ~** спать с кем-л.; **bei jdm ~** ночева́ть у кого́-л.
schlaff *adj* ❶ (*locker hängend*) прови́сший, обви́сший; ❷ (*schlapp, kraftlos*) сла́бый
Schlaffheit *f* <*gen:* -> вя́лость *f*
schlaflos *adj* бессо́нный
Schlaflosigkeit *f* <*gen:* -> бессо́нница *f*
Schlafmittel *nt* <-s, -> снотво́рное *nt*
schläfrig *adj* со́нный
Schlafsack *m* <-(e)s, -säcke> спа́льный мешо́к *m*
schlaftrunken *adj* со́нный
Schlafwagen *m* <-s, -wägen> спа́льный ваго́н *m*
Schlafwandeln *nt* <*gen:* -s> лунати́зм *m*
Schlafzimmer *nt* <-s, -> спа́льня *f*
Schlag *m* <-(e)s, Schläge> ❶ уда́р *m*; ❷ (*des Herzens*) бие́ние *nt*; ❸ (*Stromschlag*) уда́р *m*
Schlagader *f* <-, -n> арте́рия *f*
Schlaganfall *m* <-(e)s, -anfälle> (апоплекси́ческий) уда́р *m*
Schlagbaum *m* <-(e)s, -bäume> шла́гбаум *m*
schlagen I. *vt* <schlug, geschlagen> ❶ (*jdm Schläge versetzen*) бить, по- *pf*, уда́рить *pf*; ❷ (*mit Werkzeug*) забива́ть, -би́ть *pf*; ❸ (*besiegen*) выи́грывать, вы́играть *pf*; II. *vi* ❶ (*Herz*) би́ться *impf*; ❷ (*Turmuhr*) бить, проби́ть *pf*; III. *vr* (*sich prügeln*) дра́ться, по- *pf* (*mit* с +*inst*)
schlagend *adj* ме́ткий
Schlager *m* <-s, -> ❶ (*Lied*) шля́гер *m*; ❷ (*Buch*) бестсе́ллер *m*; ❸ (*Theaterstück, Modegegenstand*) гвоздь *m* сезо́на
Schläger *m* <-s, -> ❶ (SPORT) раке́тка *f*; ❷ (*brutaler Mann*)

S

драчу́н *m*
Schlägerei *f* <-, -en> дра́ка *f*
schlagfertig *adj* (*Mensch*) нахо́дчивый; **eine ~e Antwort** ме́ткий отве́т
Schlagloch *nt* <-(e)s, -löcher> вы́боина *f*
Schlagsahne *f* <*gen:* -> сби́тые сли́вки *fpl*
Schlagwort *nt* <-(e)s, -wörter> ключево́е сло́во *nt*
Schlagzeile *f* <-, -n> кру́пный заголо́вок *m*
Schlamm *m* <*gen:* -(e)s> ти́на *f*, ил *m*
schlammig *adj* и́листый
Schlampe *f* <-, -> (*pej*) неря́ха (о же́нщине) *f*, гря́зная ба́ба *f*
Schlamperei *f* <-, -en> ① (*umg: Nachlässigkeit*) небре́жность *f*; ② (*umg: Unordnung*) неря́шливость *f*
schlampig *adj* ① (*unordentlich*) неря́шливый; ② (*nachlässig*) небре́жный
schlang *prät von* **schlingen**[1]
Schlange *f* <-, -n> ① (*Reptil*) змея́ *f*; ② (*von Wartenden*) о́чередь *f*; **~ stehen** стоя́ть в о́череди
schlängeln *vr* (*auch fig*) извива́ться *impf*
schlank *adj* стро́йный
schlapp *adj* ① (*erschöpft*) сла́бый; ② (*umg: ohne Energie*) вя́лый
Schlappe *f* <-, -n> (*umg: Niederlage*) неуда́ча *f*
schlau *adj* ① (*verschlagen*) хи́трый; ② (*klug*) у́мный
Schlauch *m* <-(e)s, Schläuche> ① (*für Wasser*) шланг *m*; ② (*eines Reifens*) ка́мера *f*
Schlauchboot *nt* <-(e)s, -e> надувна́я ло́дка *f*
Schläue *f* <*gen:* -> хи́трость *f*
schlecht *adj* (*nicht gut*) плохо́й; **mir ist ~** мне пло́хо
schlechterdings *adv* ① безусло́вно; ② реши́тельно
schlechthin *adv* ① (*an sich, als solche(r)*) как тако́вой; ② (*geradezu*) про́сто; **das ist ~ unmöglich** э́то про́сто невозмо́жно
schlecht machen *vt* (*umg: jdn verächtlich machen*) черни́ть, о- *pf*
schleichen I. *vi* <schlich, geschlichen> (*langsam gehen*) ползти́ *impf*; **II.** *vr* кра́сться, про- *pf*
Schleier *m* <-s, -> вуа́ль *f*, фата́ *f*
schleierhaft I. *adj* (*umg: rätselhaft*) тума́нный, таи́нственный; **II.** *adv* непоня́тно.
Schleife *f* <-, -n> (*zur Zierde*) бант *m*
schleifen I. *vt* <schliff, geschliffen> ① (*schärfen*) точи́ть, на- *pf*; ② (*ziehen*) тащи́ть *impf*; **II.** *vi* (*Kupplung*) проворáчиваться *impf*
Schleifpapier *nt* <*gen:* -(e)s> нажда́чная бума́га *f*
Schleifstein *m* <-(e)s, -e> точи́льный ка́мень *m*
Schleim *m* <*gen:* -(e)s> ① слизь *f*; ② (*Husten*) мокро́та *f*
Schleimer, -in *m/f* <-s, -> (*pej*) льстец *m*, лизоблю́д *m*
Schleimhaut *f* <-, -häute> сли́зистая оболо́чка *f*
schleimig *adj* сли́зистый
schlendern *vi* броди́ть *impf*
Schleppe *f* <-, -n> шлейф *m*
schleppen I. *vt* ① (*schwer tragen,*) тащи́ть, по- *pf*, таска́ть *impf*; ② (*hinter sich herziehen*) тащи́ть, по- *pf*, волочи́ть, по- *pf*; **II.** *vr* ① (*sich hinziehen*) тяну́ться *impf*; ② (*sich mühsam fortbewegen*) тащи́ться, до- *pf*
schleppend *adj* (*schwerfällig, mühsam*) ме́дленный
Schlepper *m* <-s, -> ① (*Schleppschiff*) букси́р *m*; ② (*Traktor*) тра́ктор *m*
Schleswig-Holstein *nt* <*gen:* -s> Шле́звиг-Гольште́йн *m*
schleudern I. *vt* ① (*schwungvoll werfen*) мета́ть, метну́ть *pf*; ② (*Wäsche*) отжима́ть, -жа́ть *pf* (в центрифу́ге); **II.** *vi*: **in der Kurve begann der Wagen plötzlich zu ~** на поворо́те маши́ну неожи́данно на́чало заноси́ть
Schleuderpreis *m* <-es, -e> (*umg*)

бро́совая цена́ *f*; **zu ~en** по бро́совым це́нам

schleunigst *adv* как мо́жно скоре́е

Schleuse *f* <-, -n> шлюз *m*

schlich *prät von* **schleichen**

Schlich *m* <-(e)s, -e> (*meist pl*) уло́вка *f*

schlicht *adj* просто́й, скро́мный

schlichten *vt* (*Streit*) ула́живать, ула́дить *pf*

Schlichtung *f* <-, -en> ула́живание *nt*, урегули́рование *nt*

Schlick *m* <*gen:* -(e)s> ил *m*

schlief *prät von* **schlafen**

schließen I. *vt* <schloss, geschlossen> ❶ (*zumachen*) закрыва́ть, -кры́ть *pf*; ❷ (*Vertrag, Frieden*) заключа́ть, -чи́ть *pf*; **II.** *vi* ❶ (*Geschäft*) закрыва́ться, закры́ться *pf*; ❷ (*schlussfolgern*) де́лать, с- *pf* вы́вод; ❸ (*sich schließen lassen*) закрыва́ться, -кры́ться *pf*

Schließfach *nt* <-(e)s, -fächer> ❶ (*für Gepäck*) ка́мера *f* хране́ния; ❷ (*Postfach*) абонеме́нтный я́щик *m*

schließlich *adv* ❶ (*endlich*) наконе́ц; ❷ (*immerhin*) всё-таки

schliff *prät von* **schleifen**

Schliff *m* <*gen:* -(e)s> ❶ шлифо́вка *f*; ❷ (*Messer*) зато́чка *f*; ❸ (*Maniere*) отто́ченность *f*, изы́сканность *f*

schlimm *adj* ❶ плохо́й, дурно́й, скве́рный; ❷ (*böse*) зло́й

Schlinge *f* <-, -n> пе́тля *f*

schlingen[1] **I.** *vt* <schlang, geschlungen> ❶ (*binden*) обма́тывать, -мота́ть *pf*; ❷ (*umschlingen*) обхва́тывать, -хвати́ть *pf*; **II.** *vr* ви́ться, об- *pf*; **sich um etw ~** обвива́ться вокру́г чего́-л.

schlingen[2] *vt* <schlang, geschlungen> (*Essen*) прогла́тывать, -глоти́ть *pf*

Schlips *m* <-es, -e> (*umg: Krawatte*) га́лстук *m*

Schlitten *m* <-s, -> ❶ са́ни *fpl*; ❷ (*Kinder~*) са́нки *fpl*; ❸ (*umg: Wagen*) та́чка *f*; **~ fahren** ката́ться на са́нках [*o* саня́х]

schlittern *vi* (*auf einer Eisfläche rutschen*) скользи́ть, про- *pf*

Schlittschuh *m* <-(e)s, -e> конёк *m*

Schlittschuhläufer, -in *m/f* <-s, -> конькобе́жец, -жка *m/f*

Schlitz *m* <-es, -e> разре́з *m*

schloss *prät von* **schließen**

Schloss *nt* <-es, Schlösser> ❶ (*Burg*) за́мок *m*; ❷ (*einer Tür*) замо́к *m*

Schlosser, -in *m/f* <-s, -> сле́сарь *m*

Schlot *m* <-es, -e> (*Fabrikschornstein*) труба́ *f*; **rauchen wie ein ~** (*umg*) дыми́ть как парово́з

schlottrig *adj* небре́жный

Schlucht *f* <-, -en> уще́лье *nt*

schluchzen *vi* рыда́ть *impf*

Schluck *m* <-(e)s, -e> глото́к *m*

Schluckauf *m* <*gen:* -s> ико́та *f*; **einen ~ haben** ика́ть

schlucken *vt* глота́ть, проглоти́ть *pf*

schludern *vi* (*umg*) халту́рить *impf*

schlug *prät von* **schlagen**

Schlund *m* <-(e)s, Schlünde> ❶ пасть *f*, гло́тка *f*; ❷ (*fig*) жерло́ *nt*

schlüpfen *vi* ❶ проска́льзывать, -скользну́ть *pf*; ❷ (*Jungvögel*) вылупля́ться, вы́лупиться *pf*; ❸ (*umg*) ускольза́ть, -зну́ть *pf*

Schlüpfer *m* <-s, -> тру́сики *mpl*

Schlupfloch *nt* <-(e)s, -löcher> (*Durchschlupf*) лазе́йка *f*

schlüpfrig *adj* ❶ (*glatt*) ско́льзкий; ❷ (*fig: anstößig*) скабрёзный

schlurfen *vi* ша́ркать *impf*

schlürfen I. *vt* ❶ (*einen Wein*) потя́гивать *impf*, попива́ть *impf*; ❷ (*eine Suppe*) хлеба́ть, по- *pf*; **II.** *vi* ча́вкать, -кнуть *pf*

Schluss *m* <-es, Schlüsse> ❶ (*Ende*) коне́ц *m*; ❷ (*Folgerung, Ableitung, Abschluss*) вы́вод *m*; **~ für heute!** хва́тит на сего́дня! **~ machen** (*umg: Feierabend machen*) зака́нчивать (рабо́ту); **mit etw ~ machen** (*mit etw aufhören*) зако́нчить что-л.

Schlüssel *m* <-s, -> ❶ (*zu einem Schloss, Schrauben*) ключ *m*;

❷ (MUS) ключ *m*

Schlüsselanhänger *m* <-s, -> брело́к *m*

Schlüsselbein *nt* <-(e)s, -e> (ANAT) ключи́ца *f*

Schlüsselloch *nt* <-(e)s, -löcher> замо́чная сква́жина *f*

Schlüsselposition *f* <-, -en> ключева́я пози́ция *f*

Schlussfolgerung *f* <-, -en> вы́вод *m*, заключе́ние *nt*

schlüssig *adj* убеди́тельный

Schlusswort *nt* <-(e)s, -e> заключи́тельное сло́во *nt*

schmächtig *adj* щу́плый, худоща́вый

schmackhaft *adj* вку́сный

schmählich *adj* (*geh: schändlich*) позо́рный

schmal *adj* ❶ (*eng*) у́зкий; ❷ (*schlank*) то́нкий

schmälern *vt* (*herabsetzen*) умаля́ть, -ли́ть *pf*

Schmalz *nt* <*gen:* -es> топлёное са́ло *nt*, сма́лец *m*

schmarotzen *vi* <schmarotzte, schmarotzt> паразити́ровать *impf* (*bei* за счёт +*gen*)

Schmarotzer, -in *m/f* <-s, -> ❶ (*fig: Mensch*) парази́т, -ка *m/f*; ❷ (BOT, ZOOL) парази́т *m*

schmatzen *vi* ча́вкать *impf*

schmecken I. *vi* нра́виться, по- *pf*, быть *impf* вку́сным; **II.** *vt* про́бовать, по- *pf*

Schmeichelei *f* <-, -en> лесть *f*

schmeicheln *vi* льсти́ть, по- *pf*; **jdm ~** льсти́ть кому́-л.

schmeißen *vt* <schmiss, geschmissen> ❶ (*umg: werfen, aufgeben*) броса́ть, бро́сить *pf*; **etw auf den Boden ~** сбро́сить что-л. на́ пол; ❷ (*etw sicher bewältigen*) справля́ться, спра́виться *pf* (с +*inst*)

Schmelz *m* <-es, -e> ❶ (*glänzender Überzug, Email*) эма́ль *f*; ❷ (*Zahnschmelz*) зубна́я эма́ль *f*

schmelzen I. *vt* <schmolz, geschmolzen> ❶ пла́вить, рас- *pf*; ❷ (*Schnee, Butter*) топи́ть, рас- *pf*; **II.** *vi* ❶ пла́виться, рас- *pf*; ❷ (*Schnee, Eis, Butter*) та́ять, рас- *pf*

Schmelzkäse *m* <*gen:* -s> пла́вленый сыр *m*

Schmerz *m* <-es, -en> боль *f*; **hast du noch ~en?** у тебя́ ещё что́-то боли́т?

schmerzen *vi* (*weh tun*) боле́ть *impf*

schmerzhaft *adj* боле́зненный

schmerzlich *adj* (*Kummer verursachend*) мучи́тельный, боле́зненный

schmerzlos *adj* безболе́зненный

schmerzstillend *adj*: **ein ~es Mittel** болеутоля́ющее сре́дство

Schmetterling *m* <-s, -e> ❶ (*Falter*) ба́бочка *f*; ❷ (SPORT: *Schwimmstil*) баттерфля́й *m*

schmettern *vt* (*heftig werfen*) швыря́ть, швырну́ть *pf*

Schmied, -in *m/f* <-(e)s, -e> кузне́ц *m*

Schmiedeeisen *nt* <-s, -> ко́ваное желе́зо *nt*

schmieden *vt* кова́ть, вы́- *pf*

schmiegen *vr* ❶ прижима́ться, -жа́ться *pf* (*an* к +*dat*); **sich an jdn ~** прильну́ть к кому́-л. ❷ (*Kleidung*) облега́ть *impf*; ❸ (*Haar*) пло́тно прилега́ть *impf*

schmiegsam *adj* ги́бкий, пода́тливый

Schmiere *f* <-, -n> мазь *f*, сма́зка *f*; **~ stehen** (*umg*) стоя́ть на стрёме

schmieren I. *vt* ❶ (*auftragen*) нама́зывать, -зать *pf*; ❷ (*Maschinen*) сма́зывать, -зать *pf*; **jdn ~** (*umg: jdn bestechen*) да́ть взя́тку кому́-л.; **II.** *vi* (*pej: unsauber schreiben*) па́чкать, на- *pf*

Schmiergeld *nt* <-(e)s, -er> (*umg: Bestechungsgeld*) взя́тка *f*; **~er nehmen** бра́ть взя́тки

schmierig *adj* ❶ (*klebrig, unangenehm freundlich*) ско́льзкий, ли́пкий; ❷ (*unappetitlich, schmutzig*) гря́зный

Schmiermittel *nt* <-s, -> сма́зочный

матерйал *m*
Schmierseife *f* <*gen:* -> жйдкое мыло *nt*
Schmierzettel *m* <-s, -> (*umg*) черновйк *m*
Schminke *f* <-, -n> грим *m*, космéтика *f*
schminken I. *vt* ❶ крáсить, на- *pf*; ❷ (THEAT) гримировáть, за- *pf*; **II.** *vr* крáситься, на- *pf*
Schmirgelpapier *nt* <-(e)s, -e> наждáчная бумáга *f*
schmiss *prät von* **schmeißen**
schmollen *vi* дýться, на- *pf*; **mit jdm ~** дýться на когó-л.
schmolz *prät von* **schmelzen**
schmoren I. *vt* тушйть, по- *pf*; **II.** *vi* тушйться, по- *pf*
Schmuck *m* <*gen:* -(e)s> ❶ (*Schmuckstück(e)*) украшéния *ntpl*, драгоцéнности *fpl*; ❷ (*Dekoration, Zierde*) украшéние *nt*
schmücken *vt* украшáть, -рáсить *pf*
schmucklos *adj* (*einfach, schlicht*) скрóмный, простóй
Schmuckstück *nt* <-(e)s, -e> ❶ украшéние *nt*; ❷ (*fig*) жемчýжина *f*
schmuddlig *adj* ❶ несвéжий (о бельé); ❷ неопрятный, грязный
Schmuggel *m* <*gen:* -s> (*das Schmuggeln*) контрабáнда *f*
schmuggeln I. *vt* провозйть, -везтй *pf* контрабáндой; **II.** *vi* занимáться, -нятьcя *pf* контрабáндой
Schmuggler, -in *m/f* <-s, -> контрабандйст, -ка *m/f*
schmunzeln *vi* улыбáться, -бнýться *pf*, усмехáться, -хнýться *pf*
schmusen *vi* (*umg*) ласкáться *impf* (*mit +dat* с *+inst*)
Schmutz *m* <*gen:* -es> грязь *f*
schmutzen *vi* (*schmutzig werden*) пáчкаться, ис- *pf*
schmutzig *adj* грязный; **etw ~ machen** испáчкать что-л.
Schnabel *m* <-s, Schnäbel> ❶ (*eines Vogels*) клюв *m*; ❷ (*umg: Mund*) рот *m*; ❸ (*einer Kanne*) нóсик *m*
Schnake *f* <-, -n> комáр *m*
Schnalle *f* <-, -n> пряжка *f*, застёжка *f*
schnallen *vt* пристёгивать, -стегнýть *pf*
schnalzen *vi* (*mit der Zunge, den Fingern*) щёлкать, -кнуть *pf* (языкóм, пáльцами) *pf*
Schnäppchen *nt* <-s, -> (*umg*) удешевлённое издéлие *nt*
schnappen I. *vt* (*umg: etw ergreifen, erwischen, jdn festnehmen*) хватáть, схватйть *pf*; **II.** *vi*: **nach Luft ~** тяжелó дышáть
Schnappschuss *m* <-es, -schüsse> (*umg*) моментáльный снймок *m*
Schnaps *m* <-es, Schnäpse> шнапс *m*
schnarchen *vi* храпéть *impf*
schnarren *vi* (*knarren*) трещáть *impf*
schnattern *vi* ❶ (*Gänse*) гоготáть *impf*; ❷ (*Enten*) крякать, крякнуть *pf*; ❸ (*umg: hastig durcheinanderreden*) трещáть *impf*
schnauben *vi* ❶ (*Pferd*) фыркать, -кнуть *pf*; ❷ (*Mensch*) сопéть *impf*
schnaufen *vi* пыхтéть *impf*
Schnauzbart *m* <-(e)s, -bärte> усы *mpl*
Schnauze *f* <-, -n> ❶ (*eines Tieres*) мóрда *f*; ❷ (*vulg: Mund*) рот *m*; **halt die ~!** (*vulg*) заткнйсь!
schnäuzen *vr* сморкáться, вы- *pf*
Schnecke *f* <-, -n> улйтка *f*
Schneckenhaus *nt* <-es, -häuser> рáковина *f* улйтки
Schnee *m* <*gen:* -s> снег *m*
Schneeball *m* <-(e)s, -bälle> снежóк *m*
Schneeflocke *f* <-, -n> снежйнка *f*
Schneegestöber *nt* <*gen:* -s> метéль *f*, выога *f*
Schneemann *m* <-(e)s, -männer> снéжная бáба *f*
Schneeschmelze *f* <*gen:* -> óттепель *f*
Schneewehe *f* <-, -n> сугрóб *m*
schneeweiß *adj* белоснéжный
Schneide *f* <-, -n> (*Klinge*) лéзвие *nt*
schneiden I. *vt* <schnitt, geschnitten>

S

ре́зать, от- *pf*; **Brot ~** наре́зать хлеб; **sich die Nägel ~** подстри́чь себе́ но́гти; **sich die Haare ~ lassen** подстри́чься; **II.** *vr* ① поре́заться *pf*; **sich in den Finger ~** поре́зать себе́ па́лец ② (MATH: *Linien*) пересека́ться, -се́чься *pf*

Schneider, -in *m/f* <-s, -> портно́й, портни́ха *m/f*

schneidern *vt* шить, с- *pf*

schneien *vi:* **es schneit** идёт снег

Schneise *f* <-, -n> про́сека *f*

schnell *adj* бы́стрый; **so ~ wie möglich** как мо́жно быстре́е

Schnellboot *nt* <-(e)s, -e> ка́тер *m*

Schnellhefter *m* <-s, -> скоросшива́тель *m*

Schnelligkeit *f* <*gen:* -> ско́рость *f*, быстрота́ *f*

schnellstens *adv* (*unverzüglich*) как мо́жно скоре́е

schnellstmöglich *adv* скоре́йший

Schnellstraße *f* <-, -n> скоростна́я (авто)магистра́ль *f*

Schnellzug *m* <-(e)s, -züge> скоростно́й по́езд *m*

schneuzen *alte Schreibung für* **schnäuzen**

Schnipsel *m* <-s, -> обре́зок *m*

schnitt *prät von* **schneiden**

Schnitt *m* <-(e)s, -e> ① (*Kleidung*) покро́й *m*; ② (*Einschnitt*) разре́з *m*; ③ (*Längsschnitt, Querschnitt*) разре́з *m*, сече́ние *nt*; ④ (*Schnittmuster*) вы́кройка *f*; ⑤ (*umg: Durchschnittswert*) сре́дняя величина́ *f*

Schnittlauch *m* <*gen:* -s> зелёный лук *m*

Schnittmuster *nt* <-s, -> вы́кройка *f*

Schnittpunkt *m* <-(e)s, -e> то́чка *f* пересече́ния

Schnittwunde *f* <-, -n> ре́заная ра́на *f*

Schnitzel *nt* <-s, -> ① (*Papierfetzen*) обры́вок *m*; ② (*Fleischgericht*) шни́цель *m*

schnitzen *vt* ре́зать, вы́- *pf*, выреза́ть *impf* (по де́реву, ко́сти)

Schnitzer *m* <-s, -> ① (*Künstler*) ре́зчик *m*; ② (*Fehler*) оши́бка *f*

Schnitzerei *f* <-, -en> резьба́ *f* (по де́реву, ко́сти)

Schnörkel *m* <-s, -> ① завито́к *m*; ② (*fig*) вы́чурность *f*

schnüffeln *vi* ① (*schnuppern*) обню́хивать, -хать *pf*; **an jdm/etw ~** обню́хивать кого́-л./что-л. ② (*in fremden Angelegenheiten*) выню́хивать, вы́нюхать *pf*; ③ (*Lösungsmittel inhalieren*) ню́хать *impf*

Schnuller *m* <-s, -> со́ска *f*

Schnupfen *m* <*gen:* -s> на́сморк *m*; **ich habe ~** у меня́ на́сморк

Schnur *f* <-, Schnüre> ① верёвка *f*; ② (*umg: elektrisches Kabel*) шнур *m*

Schnürband *nt* <-(e)s, -bänder> шнуро́к *m*

schnüren *vt* шнурова́ть, за- *pf*

Schnurrbart *m* <-(e)s, -bärte> усы́ *mpl*

schnurren *vt* (*Katze*) мурлы́кать *impf*

Schnürsenkel *m* <-s, -> шнуро́к *m*

schob *prät von* **schieben**

Schober *m* <-s, -> ① стог *m*, скирда́ *f*; ② сенова́л *m*, сара́й *m*

Schock *m* <-s, -s> шок *m*

schockieren *vt* шоки́ровать *impf/pf*

schoflig *adj* ме́рзкий

Schokolade *f* <*gen:* -> ① шокола́д *m*; ② (*umg: eine ~*) шокола́дка *f*

Schokoladentafel *f* <-, -n> пли́тка *f* шокола́да

scholl *prät von* **schallen**

Scholle *f* <-, -n> ① (*Stück Erde*) ком *m*, глы́ба *f*; ② (*Fisch*) (морска́я) ка́мбала *f*

schon *adv* (*bereits*) уже́; **er kommt ~ heute** он придёт уже́ [*o* ещё] сего́дня; **wem nützt das ~?** кому́ (же) э́то ну́жно?

schön *adj* ① (*hübsch*) краси́вый; **~e Augen** краси́вые глаза́ ② (*angenehm*) прекра́сный, хоро́ший; **~es Wetter** хоро́шая пого́да

Schonbezug *m* <-(e)s, -bezüge> чехо́л *m*

schonen **I.** *vt* бере́чь, по- *pf*, щади́ть, по- *pf*; **II.** *vi* бере́чься, по- *pf*

Schönheit *f* <*gen:* -> ① красота́ *f*; ② (*schöne Frau*) краса́вица *f*

Schönheitspflege *f* <*gen:* -> космéтика *f*

Schönheitsreparatur *f* <-, -en> космети́ческий ремо́нт *m*

Schonung *f* <*gen:* -> ① (*das Schonen*) поща́да *f*; ② (*Jungwald*) молодня́к *m*

schonungslos *adj* беспоща́дный

schöpfen *vt* черпа́ть *impf* (*aus* из *+gen*); **neuen Mut ~** (*fig*) воспря́нуть ду́хом

Schöpfer, -in *m/f* <-s, -> созда́тель, -ница *m/f*, творе́ц *m*

schöpferisch *adj* тво́рческий

Schöpflöffel *m* <-s, -> разлива́тельная ло́жка *f*, поварёшка *f*

Schöpfung *f* <-, -en> ① (*von Gott erschaffene Welt*) сотворе́ние *nt*; ② (*geh: Kunstwerk*) творе́ние *nt*

schor *prät von* **scheren**

Schorf *m* <-(e)s, -e> (*von Wunde*) струп *m*

Schornstein *m* <-s, -e> труба́

Schornsteinfeger, -in *m/f* <-s, -> трубочи́ст *m*

schoss *prät von* **schießen**

Schoß *m* <-es, Schöße> коле́ни *ntpl*

Schote *f* <-, -n> стручо́к *m*

Schotte *m* <-n, -n> шотла́ндец *m*

Schotter *m* <*gen:* -s> ще́бень *m*

Schottin *f* <-, -nen> шотла́ндка *f*

schottisch **I.** *adj* шотла́ндский; **II.** *adv* по-шотла́ндски.

Schottland *nt* <*gen:* -s> Шотла́ндия *f*

schraffieren *vt* ① штрихова́ть; ② изобража́ть штриха́ми

schräg *adj* ① косо́й, накло́нный; ② (*diagonal*) по диагона́ли

Schräge *f* <-, -n> накло́н *m*

Schramme *f* <-, -n> цара́пина *f*

Schrank *m* <-(e)s, Schränke> шкаф *m*; **etw in den ~ hängen** пове́сить что-л. в шкаф

Schranke *f* <-, -n> ① загражде́ние *nt*; ② (*Schlagbaum*) шлагба́ум *m*

Schrankwand *f* <-, -wände> (ме́бельная) сте́нка *f*

Schraube *f* <-, -n> винт *m*, шуру́п *m*, болт *m*

schrauben *vt* вкру́чивать, вкрути́ть *pf*, вви́нчивать, ввинти́ть *pf*

Schraubenmutter *f* <-, -n> га́йка *f*

Schraubenschlüssel *m* <-s, -> га́ечный ключ *m*

Schraubenzieher *m* <-s, -> отвёртка *f*

Schreck *m* <-(e)s, -e> испу́г *m*; **einen ~ bekommen** испуга́ться

schreckhaft *adj* пугли́вый, боя́зливый

schrecklich *adj* ужа́сный, стра́шный

Schrei *m* <-(e)s, -e> крик *m*; **einen ~ ausstoßen** изда́ть крик; **der letzte ~** (*umg: die neueste Mode*) после́дний крик мо́ды

Schreibblock *m* <-(e)s, -blöcke> блокно́т *m*

schreiben *vt* <schrieb, geschrieben> писа́ть, на- *pf*; **einen Brief ~** написа́ть письмо́; **wie schreibt man das?** как э́то пи́шется?; **jdm ~** написа́ть кому́-л.

Schreiben *nt* <-s, -> (официа́льное) письмо́ *nt*

Schreibfehler *m* <-s, -> опи́ска *f*

Schreibkraft *m* <-, -kräfte> машини́стка *f*

Schreibmaschine *f* <-, -n> печа́тная маши́нка *f*; **~ schreiben** печа́тать на маши́нке

Schreibtisch *m* <-(e)s, -e> пи́сьменный стол *m*

Schreibtischlampe *f* <-, -n> насто́льная ла́мпа *f*

Schreibwaren *pl* <*gen:* -> канцеля́рские това́ры *pl*

schreien *vi* <schrie, geschrie(e)n> ① крича́ть; ② кри́кнуть *pf*; **um Hilfe ~** звать на по́мощь

Schreiner, -in *m/f* <-s, -> столя́р *m*

Schreinerei *f* <-, -en> столя́рная мастерска́я *f*

schreiten *vi* <schritt, geschritten> (*geh*) шага́ть, шагну́ть *pf*, ступа́ть, -пи́ть *pf*

schrie *prät von* **schreien**

schrieb *prät von* **schreiben**

Schrift *f* <-, -en> ❶ шрифт *m*; ❷ (*Handschrift*) по́черк *m*; ❸ (*schriftliche Darstellung*) сочине́ние *nt*

schriftlich I. *adj* пи́сьменный; **eine ~e Prüfung** пи́сьменный экза́мен; II. *adv* пи́сьменно.

Schriftsprache *f* <*gen:* -> литерату́рный язы́к *m*

Schriftsteller, -in *m/f* <-s, -> писа́тель, -ница *m/f*

Schriftstück *nt* <-(e)s, -e> пи́сьменный докуме́нт *m*

Schriftverkehr *m* <*gen:* -s> корреспонде́нция *f*, перепи́ска *f*

schrill *adj* ре́зкий, пронзи́тельный

schritt *prät von* **schreiten**

Schritt *m* <-(e)s, -e> ❶ (*beim Gehen*) шаг *m*; ❷ (*Art zu gehen*) похо́дка *f*; ❸ (*fig: Maßnahme*) шаг *m*; **den ersten ~ tun** (*den Anfang machen*) сде́лать пе́рвый шаг; **~ für ~** (*allmählich*) шаг за ша́гом

schrittweise *adv* постепе́нно, шаг за ша́гом

schroff *adj* ❶ (*steil abfallend*) круто́й; ❷ (*fig: ablehnend*) ре́зкий, жёсткий

Schrot *nt* <*gen:* -(e)s> ❶ (*Getreide*) крупа́ *f* гру́бого помо́ла; ❷ (*Munition*) дробь *f*; **mit ~ schießen** стреля́ть дро́бью

Schrott *m* <*gen:* -(e)s> металлоло́м *m*

Schrubber *m* <-s, -> шва́бра *f*, щётка *f*

schrumpfen *vi* ❶ (*sich zusammenziehen*) смо́рщиваться, -щиться *pf*; ❷ (*fig: abnehmen*) сокраща́ться, -крати́ться *pf*

Schub *m* <-(e)s, Schübe> ❶ (*Stoß*) толчо́к *m*; ❷ (PHYS) тя́га *f*

Schubkarre *f* <-, -n> та́чка *f*

Schublade *f* <-, -n> (выдвижно́й) я́щик *m*

Schubs *m* <-es, -e> (*umg*) толчо́к *m*

schubsen *vt* толка́ть *impf*, толкну́ть *pf*

schüchtern *adj* ро́бкий

Schüchternheit *f* <*gen:* -> ро́бость *f*

schuf *prät von* **schaffen**[1]

Schuft *m* <-(e)s, -e> подле́ц *m*

schuften *vi* (*umg*) вка́лывать *impf*

schuftig *adj* по́длый

Schuh *m* <-(e)s, -e> ❶ боти́нок *m*; ❷ (*für Damen*) ту́фля *f*; ❸ (*als Sammelbegriff im pl*) о́бувь *f*; **jdm etw in die ~e schieben** (*umg*) свали́ть вину́ на кого́-л.

Schuhcreme *f* <-, -s> крем *m* для о́буви

Schuhgröße *f* <-, -n> разме́р *m* о́буви

Schuhlöffel *m* <-s, -> рожо́к *m*

Schuhmacher, -in *m/f* <-s, -> сапо́жник *m*

Schulbuch *nt* <-(e)s, -bücher> шко́льный уче́бник *m*

Schuld *f* <-, -en> ❶ (*moralische*) вина́ *f*; ❷ (*Geldschuld*) долг *m*

schulden *vt* быть *impf* до́лжным, задолжа́ть *pf*; **er schuldet mir 10 000 Rubel** он до́лжен мне де́сять ты́сяч рубле́й

schuldig *adj* ❶ (*Schuld habend*) винова́тый; ❷ (JUR) вино́вный; ❸ (*verpflichtet, etw zu geben*) до́лжный; **was bin ich Ihnen ~?** ско́лько я Вам до́лжен?

Schule *f* <-, -n> шко́ла *f*; **in die ~ gehen** ходи́ть в шко́лу

schulen *vt* обуча́ть, -чи́ть *pf*

Schüler, -in *m/f* <-s, -> учени́к, -ни́ца *m/f*

Schuljahr *nt* <-(e)s, -e> уче́бный год *m*

schulmeisterlich *adj* поуча́ющий

Schulstunde *f* <-, -n> шко́льный уро́к *m*

Schultasche *f* <-, -n> шко́льный портфе́ль *m*

Schulter *f* <-, -n> плечо́ *nt*; **mit den ~n zucken** пожима́ть плеча́ми

Schulterblatt *nt* <-(e)s, -blätter> лопа́тка *f*

Schulterklappe *f* <-, -n> погóн *m*
Schulung *f* <-, -en> (специáльное) обучéние *nt*
Schuppe *f* <-, -n> ❶ (*von Fisch*) чешýйка *f*; ❷ (*im pl auch*) чешуя́ *f*; ❸ (*pl: am Kopf*) пéрхоть *f*
Schuppen *m* <-s, -> сарáй *m*
schuppig *adj* чешýйчатый
schüren *vt* (*Feuer, Streit*) раздувáть, -дýть *pf*, разжигáть, -жéчь *pf*
Schürfwunde *f* <-, -n> ссáдина *f*
Schurke *m* <-n, -n> подлéц *m*
Schurwolle *f* <*gen:* -> натурáльная шерсть *f*
Schürze *f* <-, -n> фáртук *m*, перéдник *m*
Schuss *m* <-es, Schüsse> ❶ (*einer Feuerwaffe*) вы́стрел *m*; ❷ (*beim Fuß-/Handball*) удáр *m*; ❸ (*umg: Heroininjektion*) дóза *f*
Schüssel *f* <-, -n> ми́ска *f*
Schusswaffe *f* <-, -n> огнестрéльное орýжие *nt*
Schuster *m* <-s, -> сапóжник *m*
Schutt *m* <*gen:* -(e)s> ❶ (*Bau~*) мýсор *m*; ❷ (GEOL) щéбень *m*
Schüttelfrost *m* <*gen:* -(e)s> ознóб *m*
schütteln I. *vt* трясти́, по- *pf*; **jdm die Hand ~** пожáть комý-л. рýку; **II.** *vi* трясти́сь *impf*; **sich vor Lachen ~** трясти́сь от смéха
schütten *vt* (*gießen*) лить, на- *pf*
Schutz *m* <*gen:* -es> защи́та *f*, охрáна *f* (*gegen +akk* от *+gen*); **jdn in ~ nehmen** взять когó-л. под свою́ защи́ту
Schütze *m* <-n, -n> ❶ стрелóк *m*; ❷ (ASTR) Стрелéц *m*
schützen I. *vt* защищáть, защити́ть *pf* (*gegen* от *+gen*); **II.** *vi* защищáться, защити́ться *pf* (*vor, gegen* от *+gen*)
Schutzengel *m* <-s, -> áнгел -храни́тель *m*
Schutzgebiet *nt* <-(e)s, -e> заповéдник *m*, закáзник *m*
Schutzhelm *m* <-(e)s, -e> защи́тный шлем *m*
Schutzimpfung *f* <-, -en> предохрани́тельная приви́вка *f*
schutzlos *adj* беззащи́тный
Schutzumschlag *m* <-(e)s, -umschläge> (*eines Buches*) суперoблóжка *f*
schwach *adj* слáбый, хи́лый; **der Kaffee ist zu ~** кóфе сли́шком слáбый
Schwäche *f* <-, -n> ❶ слáбость *f*, бесси́лие *nt*; **er hat eine ~ für Frauen** жéнщины - егó слáбость; ❷ (*im pl auch*) слáбые стóроны *fpl*
schwächen *vt* ослабля́ть, ослáбить *pf*
Schwächling *m* <-s, -e> (*pej*) слáбый человéк *m*, слабáк *m*
Schwachsinn *m* <*gen:* -s> ❶ (MED) слабоýмие *nt*; ❷ (*umg: Blödsinn*) бред *m*
Schwadron *f* <-, -en> (MIL) эскадрóн *m*
Schwager *m* <-s, Schwäger> ❶ (*Bruder des Ehemannes*) дéверь *m*; ❷ (*Bruder der Ehefrau*) шýрин *m*; ❸ (*Ehemann der Schwester*) зять *m*; ❹ (*Ehemann der Schwester der Ehefrau*) своя́к *m*
Schwägerin *f* <-, -nen> ❶ (*Schwester des Ehemanns*) золóвка *f*; ❷ (*Ehefrau des Bruders*) невéстка *f*; ❸ (*Schwester der Ehefrau*) своя́чница *f*
Schwalbe *f* <-, -n> лáсточка *f*
Schwall *m* <*gen:* -(e)s> потóк *m*; **ein ~ von Worten** (*fig*) потóк слов
schwamm *prät von* **schwimmen**
Schwamm *m* <-(e)s, Schwämme> гýбка *f*; **~ d(a)rüber!** (*umg: reden wir nicht mehr davon!*) забýдем это!
schwammig *adj* ❶ (*weich und porös*) гýбчатый, пóристый; ❷ (*aufgedunsen*) раздýтый; ❸ (*vage, nicht klar und eindeutig*) расплы́вчатый
Schwan *m* <-(e)s, Schwäne> лéбедь *m*
schwand *prät von* **schwinden**
schwang *prät von* **schwingen**
schwanger *adj* берéменная; **~ werden** заберéменеть

Schwangerschaft *f* <-, -en> бере́менность *f*

Schwangerschaftsabbruch *m* <-(e)s, -abbrüche> або́рт *m*

schwanken *vi* колеба́ться, по- *pf*

Schwankung *f* <-, -en> колеба́ние *nt*

Schwanz *m* <-es, Schwänze> ① (*eines Tieres*) хвост *m*; ② (*vulg: Penis*) мужско́й член *m*; **kein ~** (*umg: niemand*) ни оди́н чёрт!

schwänzen *vt* (*umg*) прогу́ливать, -гуля́ть *pf*, дина́мить, про- *pf*

Schwarm *m* <-(e)s, Schwärme> ① (*Vögel*) ста́я *f*; ② (*Fische*) котя́к *m*; ③ (*Bienen*) рой *m*

schwärmen *vi* ① (*Bienen*) ройться *impf*; ② (*verehren*) восхища́ться *impf*; **für jdn ~** восхища́ться кем-л.

Schwärmer *m* <-s, -> ① (*schwärmerischer Mensch*) мечта́тель *m*; ② (*Schmetterling*) ночна́я ба́бочка *f*

schwärmerisch *adj* мечта́тельный

schwarz *adj* чёрный

Schwarzarbeit *f* <*gen:* -> чёрная [*o* нелега́льная] рабо́та *f*

Schwarzbrot *nt* <*gen:* -(e)s> чёрный хлеб *m*

Schwarzerde *f* <*gen:* -> чернозём *m*

schwarzfahren *irr vi* е́здить, пое́хать *pf* за́йцем

Schwarzmarkt *m* <-(e)s, -märkte> чёрный ры́нок *m*

Schwarzwald *m* <*gen:* -(e)s> Шва́рцвальд *m*

schwarz-weiß, schwarzweiß *adj* чёрно-бе́лый

schwatzen *vi* болта́ть, по- *pf*

Schwätzer, -in *m/f* <-s, -> болту́н, -ту́шка *m/f*

schwatzhaft *adj* болтли́вый

Schwebebahn *f* <-, -en> подвесна́я доро́га *f*

schweben *vi* пари́ть *impf*

Schwede *m* <-n, -n> швед *m*

Schweden *nt* <*gen:* -s> Шве́ция *f*

Schwedin *f* <-, -nen> шве́дка *f*

schwedisch **I.** *adj* шве́дский; **II.** *adv* по-шве́дски.

Schwefel *m* <*gen:* -s> се́ра *f*

schweigen *vi* <schwieg, geschwiegen> молча́ть, по- *pf* (*über, zu* о +*präpos*); **ganz zu ~ von ...** не говоря́ уже́ о...

Schweigen *nt* <*gen:* -s> молча́ние *nt*, тишина́ *f*

Schweigepflicht *f*: **ärztliche ~** враче́бная та́йна

schweigsam *adj* молчали́вый

Schweigsamkeit *f* <*gen:* -> молчали́вость *f*

Schwein *nt* <-(e)s, -e> свинья́ *f*

Schweinefleisch *nt* <*gen:* -(e)s> свини́на *f*

Schweinerei *f* <-, -en> ① (*pej: Unordnung*) барда́к *m*; ② (*Gemeinheit*) сви́нство *nt*

Schweinestall *m* <-(e)s, -ställe> свина́рник *m*

schweinisch *adj* ① (*schmutzig*) сви́нский; ② (*unanständig*) са́льный

Schweiß *m* <*gen:* -es> пот *m*

Schweißbrenner *m* <-s, -> сва́рочная горе́лка *f*

Schweißdrüse *f* <-, -n> потова́я железа́ *f*

schweißen *vt* (TECH) сва́ривать, -ри́ть *pf*

Schweißer *m* <-s, -> сва́рщик *m*

Schweissnaht *f* сварно́й шов *m*

schweißtreibend *adj* потого́нный

Schweiz *f* <*gen:* -> Швейца́рия *f*

Schweizer, -in *m/f* <-s, -> швейца́рец, -рка *m/f*

Schweizerdeutsch *nt* <*gen:* -> швейца́рский вариа́нт *m* неме́цкого языка́

schweizerisch *adj* швейца́рский

schwelen *vi* (*auch fig*) тлеть *impf*

schwelgen *vi*: **in Erinnerungen ~** предава́ться воспомина́ниям

Schwelle *f* <-, -n> ① (*einer Tür*) поро́г *m*; **an der ~ stehen** (*fig: am Beginn stehen*) стоя́ть на поро́ге ② (*der Eisenbahn*) шпа́ла *f*

schwellen *vi* <schwoll, geschwollen> ① (*Knospen*) набуха́ть, -бу́хнуть *pf*; ② (*Fuß*) опуха́ть, опу́хнуть *pf*;

❸ (*Wasser*) прибывáть *impf*
Schwellung *f* <-, -en> ❶ (*Prozess*) распухáние *nt*, опухáние *nt*; ❷ (*angeschwollene Stelle*) óпухоль *f*
schwenken I. *vt* (*schwingen*) махáть, махнýть *pf*; **II.** *vi* (*einbiegen*) поворáчивать, повернýть *pf*
schwer I. *adj* ❶ (*von großem Gewicht*) тяжёлый; **~ beladen** тяжелó нагрýженный ❷ (*schwierig*) слóжный, трýдный; **es ist ~ zu sagen, ob ...** трýдно сказáть, ...; **~ erziehbar** трудновоспитýемый; **~ verdaulich** трудноперевáриваемый ❸ (*schwerwiegend*) тяжёлый, серьёзный; **~ krank** тяжелобольнóй; **~ verletzt** тяжелó рáненый; **II.** *adv* (*umg: sehr*) óчень.
Schwerathlet *m* <-en, -en> (SPORT) тяажелоатлéт *m*
Schwerathletik *f* <*gen:* -> (SPORT) тяжёлая атлéтика *f*
Schwere *f* <*gen:* -> ❶ (*Gewicht*) тя́жесть *f*; ❷ (*Schwierigkeitsgrad*) трýдность *f*
schwerelos *adj* невесóмый
Schwerelosigkeit *f* <*gen:* -> невесóмость *f*
schwerfallen *irr vi* быть *impf* тяжёлым [*o* трýдным]; **es fällt mir schwer, dir zu glauben** мне нелегкó повéрить тебé
schwerfällig *adj* неуклю́жий, неповорóтливый
Schwerindustrie *f* <*gen:* -> тяжёлая промы́шленность *f*
Schwerkraft *f* <*gen:* -> тяготéние *nt*
Schwermut *f* <*gen:* -> тоскá *f*
schwermütig *adj* уны́лый, тосклúвый
Schwerpunkt *m* <-(e)s, -e> ❶ (PHYS) центр *m* тя́жести; ❷ (*Hauptgewicht*) основнóй момéнт *m*, глáвная задáча *f*
Schwert *nt* <-(e)s, -er> ❶ (*Waffe*) меч *m*; ❷ (MAR) шверт *m*
schwerwiegend *adj* ❶ (*Fehler, Folgen*) серьёзный; ❷ (*Argument*) вéский
Schwester *f* <-, -n> ❶ сестрá *f*; ❷ (*im Krankenhaus*) медсестрá *f*
schwesterlich *adj* сéстринский
schwieg *prät von* **schweigen**
Schwiegereltern *fpl* ❶ (*Eltern des Ehemannes*) свёкор *m* и свекрóвь *f*; ❷ (*Eltern der Ehefrau*) тесть *m* и тёща *f*
Schwiegermutter *f* <-, -mütter> ❶ (*Mutter des Ehemannes*) свекрóвь *f*; ❷ (*Mutter der Ehefrau*) тёща *f*
Schwiegersohn *m* <-(e)s, -söhne> зять *m*
Schwiegertochter *f* <-, -töchter> невéстка *f*
Schwiegervater *m* <-s, -väter> ❶ (*Vater des Ehemannes*) свёкор *m*; ❷ (*Vater der Ehefrau*) тесть *m*
Schwiele *f* <-, -n> мозóль *f*
schwierig *adj* трýдный, слóжный
Schwierigkeit *f* <-, -en> трýдность *f*, слóжность *f*; **die ~ liegt darin, dass ...** слóжность заключáется в том, что...
Schwimmbad *nt* <-(e)s, -bäder> плáвательный бассéйн *m*
Schwimmbecken *nt* <-s, -> плáвательный бассéйн *m*
schwimmen *vi* <schwomm, geschwommen> (*auch fig*) плáвать, по- *pf*, плыть, про- *pf*; **~ gehen** пойтú купáться
Schwimmer, -in *m/f* <-s, -> ❶ пловéц, пловчúха *m/f*; ❷ (TECH) поплавóк *m*
Schwimmflosse *f* <-, -n> лáста *f*
Schwimmhalle *mf* <-, -n> закры́тый бассéйн *m*
Schwindel *m* <*gen:* -s> ❶ (*Schwindelgefühl*) головокружéние *nt*; ❷ (*umg: Täuschung, Betrug*) обмáн *m*, надувáтельство *nt*
schwinden *vi* <schwand, geschwunden> (*geh: weniger werden*) исчезáть, -чéзнуть *pf*

S

Schwindler, -in *m/f* <-s, -> (*pej*) обма́нщик, -щица *m/f*, моше́нник, -нница *m/f*
schwindlig *adj*: **mir ist ~** у меня́ кру́жится голова́
schwingen I. *vt* <schwang, geschwungen> разма́хивать *impf*; **eine Fahne ~** разма́хивать зна́менем; **II.** *vi* (*Pendel*) раска́чиваться *impf*, колеба́ться *impf*
Schwingung *f* <-, -en> ❶ (*Vibration*) вибра́ция *f*; ❷ (PHYS) колеба́ние *nt*
schwirren *vi*: **eine Mücke schwirrt durch die Luft** комар жужжи́т в во́здухе
schwitzen *vi* поте́ть, вс- *pf*
schwoll *prät von* **schwellen**
schwor *prät von* **schwören**
schwören *vt* <schwor, geschworen> ❶ кля́сться, по- *pf*; ❷ (*geh*) присяга́ть, -гну́ть *pf*; **einen Eid ~** дать кля́тву; **ich schwöre dir, dass ...** я кляну́сь тебе́, что...; **auf etw ~** присягну́ть на чём-л.
schwul *adj* (*umg*) „голубо́й“
schwül *adj* ду́шный; **heute ist es sehr ~** сего́дня о́чень ду́шно
Schwüle *f* <*gen:* -> духота́ *f*
schwülstig *adj* вы́чурный
Schwund *m* <*gen:* -(e)s> (*das Schwinden*) уменьше́ние *nt*, сокраще́ние *nt*
Schwung *m* <*gen:* -(e)s> ❶ (*kraftvolle Bewegung*) взмах *m*; ❷ (*Elan*) воодушевле́ние *nt*; **etw in ~ bringen** (*umg: etw in Gang bringen*) вдохну́ть (но́вую) жизнь во что-л.; **in ~ sein** (*umg: gut funktionieren*) быть на подъёме
schwungvoll *adj* темпера́ментный, воодушевлённый
Schwur *m* <-(e)s, Schwüre> кля́тва *f*; **einen ~ leisten** дать кля́тву
Schwurgericht *nt* <-(e)s, -e> суд *m* присяжных
Science-Fiction, Sciencefiction *f* <*gen:* -> нау́чная фанта́стика *f*
sechs *num* шесть
sechsfach *num* шестикра́тный
sechshundert *num* шестьсо́т
sechsjährig *adj* шестиле́тний
sechsmal *adv* шесть раз
sechste(r, s) *num* шеста́я, -то́й, -то́е
Sechstel *nt* <-s, -> шеста́я часть *f*
sechzehn *num* шестна́дцать
sechzig *num* шестьдеся́т
Secondhandladen *m* <-s, -läden> комиссио́нный магази́н *m*
See[1] *m* <-s, -n> (*Binnengewässer*) о́зеро *nt*
See[2] *f* <*gen:* -> (*Meer*) мо́ре *nt*; **auf hoher ~** в откры́том мо́ре
Seebad *nt* <-(e)s, -bäder> морско́й куро́рт *m*
Seefahrt *f* <-, (-en)> морско́е судохо́дство *nt*
Seehund *m* <-(e)s, -e> тюле́нь *m*
seekrank *adj* страда́ющий морско́й боле́знью
Seekrankheit *f* <*gen:* -> морска́я боле́знь *f*
Seele *f* <-, -n> душа́ *f*; **mit Leib und ~** со все́й душо́й
Seeleute *pl* <*gen:* -> моряки́ *mpl*
seelisch *adj* душе́вный, психи́ческий
Seemann *m* <-(e)s, -leute> моря́к *m*
Seerose *f* <-, -n> кувши́нка *f*
Seestern *m* <-(e)s, -e> морска́я звезда́ *f*
Seestreitkräfte *pl* <*gen:* -> вое́нно-морски́е си́лы *pl*
Seeweg *m* <*gen:* -(e)s> морско́й путь *m*
Segel *nt* <-s, -> па́рус *m*
Segelboot *nt* <-(e)s, -e> па́русная ло́дка *f*
Segelflieger, -in *m/f* <-s, -> планери́ст, -ка *m/f*
Segelflugzeug *nt* <-(e)s, -e> пла́нер *m*
Segelklub *m* <-s, -s> яхт-клу́б *m*
segeln *vi* ходи́ть *impf* под па́русом [*o* паруса́ми]
Segelschiff *nt* <-(e)s, -e> па́русник *m*
Segelsport *m* <*gen:* -(e)s> па́русный спорт *m*
Segeltuch *nt* <-(e)s, -e> паруси́на *f*

S

Segen *m* <*gen:* -s> ❶ (*des Priesters*) благословéние *nt*; ❷ (*Glück, Glücksfall*) счáстье *nt*
Segler, -in *m/f* <-s, -> яхтсмéн, -ка *m/f*
segnen *vt* благословля́ть, -слови́ть *pf*
sehen *vt* <sah, gesehen> ви́деть, у- *pf*, смотрéть, по- *pf*; **aus dem Fenster ~** посмотрéть из окнá; **auf die Uhr ~** посмотрéть на часы́; **sieh mal!** смотри́-ка! **ihr werdet schon noch ~** вы ещё уви́дите; **ich sehe schlecht** я плóхо ви́жу
sehenswert *adj* достопримечáтельный
Sehenswürdigkeit *f* <-, -en> достопримечáтельность *f*; **~en besichtigen** осмáтривать достопримечáтельности
Sehkraft *f* <*gen:* -> зрéние *nt*
Sehne *f* <-, -n> ❶ (ANAT) сухожи́лие *nt*; ❷ (*des Bogens*) тетивá *f*; ❸ (MATH) хóрда *f*
sehnen *vr* токовáть *impf*; **sich nach jdm/etw ~** токовáть по комý-л./чемý-л.
sehnig *adj* жи́листый
sehnlichst *adv* завéтный
Sehnsucht *f* <-, Sehnsüchte> тоскá *f*, томлéние *nt* (*nach* по *+dat*)
sehnsüchtig *adj* стрáстный
sehr *adv* óчень; **danke ~!** большóе спаси́бо! **ich bin ~ müde** я óчень устáл
seicht *adj* ❶ (*nicht tief*) мéлкий; ❷ (*fig: banal*) повéрхностный
Seide *f* <-, -n> шёлк *m*
seiden *adj* шёлковый
seidig *adj* шелкови́стый
Seife *f* <-, -n> мы́ло *nt*; **ein Stück ~** кусóк мы́ла
Seifenoper *f* <-, -n> (*umg*) мы́льная óпера *f*
seifig *adj* (*voller Seife*) мы́льный
Seil *nt* <-(e)s, -e> канáт *m*
Seilbahn *f* <-, -en> канáтная дорóга *f*
sein[1] *vi* <war, gewesen> быть; **was ist los?** что случи́лось?; **was ist das?** чтó это?; **ich bin's** (*umg*) э́то я; **das wär's** (*umg*) вот, пожáлуй, и всё; **wie dem auch sei** (*wie immer es sich auch verhält*) как бы то ни́ бы́ло; **das kann schon ~** э́то вполнé возмóжно; **sei doch so nett** будь так любéзен; **das ist schwer zu verstehen** э́то слóжно поня́ть; **die Sitzung ist am Freitag** заседáние бýдет в пя́тницу
sein[2] *pron poss* егó, свой; **das ist ~ Buch** э́то егó кни́га; **er hat ~ Buch vor kurzem veröffentlicht** он недáвно опубликовáл свою́ кни́гу
seinerseits *adv* со своéй стороны́, с егó стороны́
seinerzeit *adv* в своё врéмя
seinesgleichen *pron* подóбный себé; **jdn wie ~ behandeln** общáться с кем-л. как с рáвным
seinetwegen *adv* и́з-зá негó
Seismograph, Seismograf *m* <-en, -en> сейсмóграф *m*
seit I. *präp +dat* ❶ (*seit einem bestimmten Zeitpunkt*) с (*+ gen*); ❷ (*im Laufe einer bestimmten Zeit*) ужé; **~ drei Wochen/fünf Tagen** ужé три недéли/пять дней; **~ langem** (ужé) давнó; **~ kurzem** недáвно; **~ gestern** со вчерáшнего дня; **~ Montag** с понедéльника; **~ wann seid Ihr wieder da?** когдá вы вернýлись?; **II.** *konj* с тех пор как
seitdem I. *adv* (*von da an*) с тех пор, с тогó врéмени; **II.** *konj* (*seit*) с тех пор как, с тогó врéмени как
Seite *f* <-, -n> ❶ сторонá *f*; ❷ (*Körperpartie*) бок *m*; ❸ (*von Buch, Zeitung*) страни́ца *f*; ❹ (*Richtung, Partei*) сторонá *f*; **von allen ~n** со всех сторóн
Seitenansicht *f* <-, -en> вид *m* с бóку
Seitenblick: **jdm einen ~ zuwerfen** посмотрéть на когó-л. и́скоса

S

seitens *präp +gen* (*auf, von seiten*) со стороны́ (+ *gen*)
Seitensprung *m* <-(e)s, -sprünge> (*fig*) изме́на *f*; **einen ~ machen** измени́ть кому́-л.
seitenverkehrt *adj* зерка́льный
seither *adv* с тех пор
seitlich I. *adj* боково́й; II. *präp +gen* сбо́ку от (+ *gen*).
seitwärts I. *adv* в стороне́, в сто́рону, сбо́ку; II. *präp +gen* в стороне́ от (+ *gen*).
Sek. *abk von* ***Sekunde***
Sekretär *m* <-s, -e> 1 (*Möbelstück*) секрете́р *m*; 2 (*einer Partei*) секрета́рь *m*
Sekretariat *nt* <-(e)s, -e> секретариа́т *m*
Sekretärin *f* <-, -en> секрета́рша *f*
Sekt *m* <-(e)s, -e> шампа́нское *nt*
Sekte *f* <-, -n> се́кта *f*
Sektor *m* <-s, -en> 1 (*Gebiet*) се́ктор *m*; 2 (ÖKON) се́ктор *m*, о́трасль *f*
sekundär *adj* второстепе́нный
Sekunde *f* <-, -n> секу́нда *f*
Sekundenzeiger *m* <-s, -> секу́ндная стре́лка *f*
selbst I. *pron dem* 1 (*m*) сам; 2 (*f*) сама́; 3 (*nt*) само́; 4 (*pl*) са́ми; **das versteht sich von ~** э́то само́ собо́й разуме́ется; II. *adv* (*sogar, auch*) да́же.
Selbstachtung *f* <*gen:* -> чу́вство *nt* со́бственного досто́инства
S **selbständig, selbstständig** *adj* самостоя́тельный; **sich ~ machen** откры́ть со́бственное де́ло
Selbständigkeit *f* <*gen:* -> самостоя́тельность *f*
Selbstauslöser *m* <-s, -> (FOT) автоспу́ск *m*
Selbstbedienung *f* <*gen:* -> самообслу́живание *nt*
selbstbewusst *adj* уве́ренный в себе́, самоуве́ренный
Selbstbewusstsein *nt* <*gen:* -s> уве́ренность *f* в себе́
Selbstbildnis *nt* автопортре́т *m*
selbstgefällig *adj* самодово́льный
selbst gemacht *adj* самоде́льный
Selbstkontrolle *f* <*gen:* -> самоконтро́ль *m*
selbstlos *adj* бескоры́стный
Selbstlosigkeit *f* <*gen:* -> самоотве́рженность *f*
Selbstmitleid *nt* <*gen:* -s> (*pej*) жа́лость *f* к самому́ себе́
Selbstmord *m* <-(e)s, -e> самоуби́йство *nt*; **~ begehen** поко́нчить с собо́й
Selbstmörder, -in *m/f* <-s, -> самоуби́йца *mf*
selbstsicher *adj* уве́ренный в себе́
selbstständig *adj* самостоя́тельный; **sich ~ machen** (*ein Unternehmen gründen*) откры́ть со́бственное де́ло
Selbstsucht *f* <*gen:* -> эгои́зм *m*
selbstsüchtig *adj* себялюби́вый
selbstverständlich I. *adj* само́ собо́й разуме́ющийся; II. *adv* само́ собо́й разуме́ется.
Selbstverteidigung *f* <*gen:* -> самооборо́на *f*
Selbstverwaltung *f* <*gen:* -> самоуправле́ние *nt*
Selbstzweck *m* <*gen:* -(e)s> самоце́ль *f*
Selbstzweifel *m* <-s, -> неуве́ренность в себе́ *nt*
Selfie *nt* <-s, -s> (TELKOM) се́лфи *nt*
selig *adj* 1 блаже́нный; 2 (*glücklich*) сча́стливый
Seligkeit *f* <-, -en> блаже́нство *nt*
Sellerie *m* <-s, -(s)> сельдере́й *m*
selten *adj* ре́дкий
Seltenheit *f* <-, -en> ре́дкость *f*
seltsam *adj* стра́нный; **ein ~er Mensch** стра́нный челове́к
seltsamerweise *adv* как ни стра́нно, стра́нным о́бразом
Seltsamkeit *f* <-, -en> стра́нность *f*
Semester *nt* <-s, -> семе́стр *m*; **er ist im dritten ~** он на тре́тьем семе́стре
Semikolon *nt* <-s, -s> то́чка *f* с запято́й
Seminar *nt* <-s, -e> 1 (*Fakultäts-*

abteilung) отделе́ние *nt*; ② (*Lehrveranstaltung*) семина́р *m*

Semmel *f* <-, -n> бу́лочка *f*

Senat *m* <-(e)s, -e> сена́т *m*

Sendeanlage *f* <-, -> переда́тчик *m*

senden I. *vt* <sandte/sendete, gesandt/gesendet> (*geh: schicken*) посыла́ть, -сла́ть, направля́ть, -пра́вить *pf*; **II.** *vi* (RUNDF, TV: *ausstrahlen*) трансли́ровать *impf*

Sender *m* <-s, -> ① (*Anlage*) переда́тчик *m*, радиоста́нция *f*; ② (*Kanal*) радиоста́нция *f*

Sendereihe *f* <-, -n> се́рия *f* переда́ч

Sendung *f* <-, -en> ① (*von Waren*) посы́лка *f*; ② (*in Rundfunk und Fernsehen*) переда́ча *f*

Senf *m* <-(e)s, -e> горчи́ца *f*

sengen *vi* (*Sonne, Hitze*) пали́ть *impf*

senil *adj* (*pej*) ста́рческий

senior *adj* (*nur nachgestellt*) ста́рший; **Walter Müller ~** Ва́льтер Мю́ллер ста́рший

Senke *f* <-, -n> низи́на *f*

senken I. *vt* снижа́ть, сни́зить *pf*; **den Kopf ~** опусти́ть го́лову; **II.** *vi* опуска́ться, опусти́ться *pf*; **der Boden hat sich gesenkt** пол осе́л

senkrecht *adj* вертика́льный, отве́сный

Senkrechte *f* <-, -n> перпендикуля́р *m*

Sensation *f* <-, -en> сенса́ция *f*

sensationell *adj* сенсацио́нный

Sense *f* <-, -n> коса́ *f*

sensibel *adj* чувстви́тельный, впечатли́тельный

Sensibilität *f* <*gen:* -> впечатли́тельность *f*

Sensor *m* <-s, -en> (*Messfühler*) да́тчик *m*

sentimental *adj* сентимента́льный

Sentimentalität *f* <*gen:* -> сентимента́льность *f*

separat *adj* отде́льный; **ein ~es Zimmer** отде́льная ко́мната

Separatismus *m* <*gen:* -> сепарати́зм *m*

September *m* <-(s), -> сентя́брь *m*

Serbe *m* <-n, -n> серб *m*

Serbien *nt* <*gen:* -s> Се́рбия *f*

Serbin *f* <-, -nen> се́рбка

serbisch I. *adj* се́рбский; **II.** *adv* по-се́рбски.

Serie *f* <-, -n> се́рия *f*

Serienproduktion *f* <*gen:* -> сери́йное произво́дство *nt*

seriös *adj* соли́дный

Seriosität *f* <*gen:* -> соли́дность *f*

Serum *nt* <-s, Seren> сы́воротка *f*

Server *m* <-s, -> (DV) се́рвер *m*

Service[1] *nt* <-(s), -> (*Geschirr*) серви́з *m*

Service[2] *m* <-, -s> (*Betreuung, Bedienung*) обслу́живание *nt*, се́рвис *m*

servieren *vt* сервирова́ть *impf/pf*

Serviette *f* <-, -n> салфе́тка *f*

servus *interj* приве́т

Sessel *m* <-s, -> кре́сло *nt*

sesshaft *adj* осе́длый; **sich ~ machen** осе́сть

Set *nt* <-(s), -s> (*zusammengehörende Gegenstände*) набо́р *m*, компле́кт *m*

setzen I. *vt* сажа́ть, посади́ть *pf*; **II.** *vi* ① (*springen*) перепры́гивать, -пры́гнуть (*über* + *akk* через + *akk*); ② (*beim Wetten*) ста́вить, по- *pf* (*auf* + *akk* на + *akk*); **III.** *vr* ① сади́ться, сесть *pf*; **setz dich!** сади́сь! ② (CHEM: *Giftstoffe*) оседа́ть, -се́сть *pf*

Setzer, -in *m/f* <-s, -> (*Schriftsetzer(in)*) набо́рщик, -щица *m/f*

Setzerei *f* <-, -en> набо́рный цех *m*

Seuche *f* <-, -n> эпиде́мия *f*

seufzen *vi* вздыха́ть, вздохну́ть *pf*

Seufzer *m* <-s, -> вздох *m*

Sex *m* <*gen:* -(es)> секс *m*

Sexappeal, Sex-Appeal *m* сексуа́льная привлека́тельность *f*

Sexualität *f* <*gen:* -> сексуа́льность *f*

Sexualtrieb *m* <-(e)s, -e> полово́й инсти́нкт *m*

sexuell *adj* сексуа́льный; **jdn ~**

missbrauchen изнаси́ловать кого́-л.

sexy *adj* (*umg*) сексуа́льный, сексапи́льный

sezieren *vt* вскрыва́ть, вскрыть

Shampoo *nt* <-(s), -s> шампу́нь *m*

Shop *m* <-s, -s> магази́н *m*

Shorts *pl* <gen: -> шо́рты *fpl*

Show *f* <-, -s> (*Schau*) шо́у *nt*; **eine ~ abziehen** (*umg*) устро́ить шо́у

sich *pron refl* ❶ (*dat*) себе́; ❷ (*akk*) себя́; **an ~** сам по себе́; **wieder zu ~ kommen** прийти́ в себя́; **außer ~ sein** быть вне себя́

Sichel *f* <-, -n> ❶ серп *m*; ❷ (*Mond~*) серп *m* луны́

sicher I. *adj* ❶ (*ungefährdet*) безопа́сный; **sich ~ fühlen** чу́вствовать себя́ в безопа́сности ❷ (*zuverlässig*) надёжный; ❸ (*gewiss, selbstbewusst*) уве́ренный; **ich bin ~, dass ...** я уве́рен в том, что ...; **ich bin mir da nicht so ~** я в э́том не о́чень уве́рен; **II.** *adv* (*höchstwahrscheinlich*) наверняка́, коне́чно.

Sicherheit *f* <gen: -> ❶ (*Schutz vor Gefahr*) безопа́сность *f*; ❷ (*Gewissheit*) уве́ренность *f*; ❸ (*Zuverlässigkeit*) надёжность *f*; ❹ (*Garantie*) поручи́тельство *nt*, гара́нтия *f*

Sicherheitsdienst *m* <-(e)s, -e> слу́жба *f* безопа́сности

Sicherheitsglas *nt* <-es, -gläser> безопа́сное стекло́ *nt*

Sicherheitsgurt *m* <-(e)s, -e> реме́нь *m* безопа́сности

Sicherheitsnadel *f* <-, -n> була́вка *f*

sicherlich *adv* (*ganz gewiß*) обяза́тельно

sichern I. *vt* ❶ (*vor Gefahr schützen*) защища́ть, защити́ть *pf*; ❷ (*garantieren*) обеспе́чивать, -пе́чить *pf*; ❸ (*Gewehr*) ста́вить, по- *pf* на предохрани́тель; **II.** *vr* (*sich schützen, auch beim Bergsteigen*) страхова́ться, за- *pf* (*gegen +akk* от *+gen*)

Sicherung *f* <-, -en> ❶ (*das Sicherstellen*) обеспе́чение *nt*; ❷ (EL) предохрани́тель *m*

Sicht *f* <gen: -> ❶ (*Sichtverhältnisse*) ви́димость *f*; ❷ (*Sichtweite*) ви́димость *f*, вид *m*; ❸ (*Betrachtungsweise, Anschauung*) то́чка *f* зре́ния; **aus meiner ~** с моéй то́чки зре́ния; **auf lange ~** (*für lange Zeit*) на до́лгий срок

sichtbar *adj* (*erkennbar, auch fig*) ви́димый

sichten *vt* ❶ (*erspähen*) обнару́живать, -жить *pf*; ❷ (*durchsehen und ordnen*) просма́тривать, -смотре́ть *pf*

Sichtfenster *nt* <-s, -> смотрово́е стекло́ *nt*

sichtlich *adj* (*offenkundig, merklich*) я́вный, очеви́дный

Sichtverhältnisse *fpl* ви́димость *f*

Sichtweise *f* <-, -n> то́чка *f* зре́ния

Sichtweite *f* <-, -n> ❶ по́ле *nt* ви́димости; ❷ (*fig*) кругозо́р *m*

sickern *vi* сочи́ться, про- *pf*

sie *pron* ❶ (*f sg*) она́; ❷ (*pl*) они́; **~ kommt heute nicht** она́ не придёт сего́дня; **~ wollen heiraten** они́ хотя́т пожени́ться

Sie *pron* Вы; **was wollen ~?** что Вы хоти́те?

Sieb *nt* <-(e)s, -e> ❶ си́то *nt*, решето́ *nt*; ❷ (*für Tee*) си́течко *nt*

sieben[1] *vt* ❶ просе́ивать, -се́ять *pf*; ❷ (*fig: aussortieren*) отсе́ивать, -се́ять *pf*

sieben[2] *num* семь

siebenfach *adj* семикра́тный

siebenhundert *num* семьсо́т

siebenjährig *adj* семиле́тний

siebenmal *adv* семь раз

siebte(r, s) *adj* седьма́я, -мо́й, -мо́е

Siebtel *nt* <-s, -> седьма́я часть *f*

siebzehn *num* семна́дцать

siebzig *num* се́мьдесят

sieden *vi* кипе́ть, вс- *pf*

Siedepunkt *m* <-(e)s, -e> то́чка *f* кипе́ния

Siedler, -in *m/f* <-s, -> поселе́нец, -нка *m/f*

Siedlung *f* <-, -en> поселе́ние *nt*
Sieg *m* <-(e)s, -e> побе́да *f* (*über +akk* над *+inst*); **einen ~ erringen** [*o* **davontragen**] одержа́ть побе́ду
Siegel *nt* <-s, -> печа́ть *f*
siegen *vi* побежда́ть, -бе́ди́ть *pf*; **über jdn ~** победи́ть кого́-л.
Sieger, -in *m/f* <-s, -> победи́тель, -ница *m/f*
siegreich *adj* победоно́сный
Signal *nt* <-s, -e> сигна́л *m*
signalisieren *vt* сигнализи́ровать *impf*
Signatur *f* <-, -en> ❶ (*Unterschrift*) по́дпись *f*; ❷ (*Bibliotheksmarkierung*) шифр *m*
Signifikanz *f* <*gen:* -> зна́чимость *f*
Silbe *f* <-, -n> слог *m*
Silber *nt* <*gen:* -s> (*Metall*) серебро́ *nt*
silbern *adj* сере́бряный
Silhouette *f* <-, -n> силуэ́т *m*
Silizium *nt* <*gen:* -s> кре́мний *m*
Silo *m* <-s, -s> ❶ си́лос *m*; ❷ си́лосное сооруже́ние *nt*
Silvester *nt* <-s, -> новогóдний ве́чер *m*
simpel *adj* ❶ (*einfach*) простой; ❷ (*pej: einfältig*) простоду́шный
Sims *m* <-es, -e> карни́з *m*
Simulation *f* <-, -en> симуля́ция *f*
simulieren *vt* ❶ (*vortäuschen*) симули́ровать *impf/pf*; ❷ (*modellhaft nachbilden*) имити́ровать *impf/pf*
simultan *adj* (*gleichzeitig*) синхро́нный
Sinfonie *f* <-, -n> симфо́ния *f*
Sinfonieorchester *nt* <-s, -> симфони́ческий орке́стр *m*
singen *vt* <sang, gesungen> петь, с- *pf*; **im Chor ~** петь в хо́ре
Single *m* <-(s), -s> сингл *m*; **als ~ leben** жить си́нглом
Singular *m* <-s, -e> еди́нственное число́ *nt*
Singvogel *m* <-s, -vögel> пе́вчая пти́ца *f*
sinken *vi* <sank, gesunken> ❶ (*nieder~*) опуска́ться, опусти́ться *pf*; ❷ (*abnehmen*) снижа́ться, сни́зиться *pf*, па́дать, упа́сть *pf*
Sinn *m* <-(e)s, -e> ❶ (*Empfindung der Sinnesorgane*) чу́вство *nt*; ❷ (*Bedeutung*) смысл *m*; **es hat keinen ~, noch lange zu warten** не име́ет смы́сла ждать да́льше
Sinnbild *nt* <*gen:* -(e)s> си́мвол *m*
sinnbildlich *adj* символи́ческий
Sinnesorgan *nt* <-s, -e> о́рган *m* чувств
Sinnestäuschung *f* <-, -en> обма́н *m* чувств
sinnlich *adj* чу́вственный; **ein ~er Mensch** чу́вственный челове́к
Sinnlichkeit *f* <*gen:* -> чу́вственность *f*
sinnlos *adj* бессмы́сленный
sinnvoll *adj* разу́мный, целесообра́зный
Sintflut *f* <*gen:* -> пото́п *m*; **nach mir die ~** по́сле меня́ хоть пото́п
Sippe *f* <-, -n> клан *m*
Sirene *f* <-, -n> сире́на *f*
Sirup *m* <*gen:* -s> сиро́п *m*
Sitte *f* <-, -n> обы́чай *m*, нра́вы *pl*; **gegen die guten ~n verstoßen** нару́шить до́брые нра́вы
sittlich *adj* (*sittenstreng*) нра́вственный, мора́льный
Sittlichkeit *f* <*gen:* -> нра́вственность *f*
Situation *f* <-, -en> положе́ние *nt*, ситуа́ция *f*
Sitz *m* <-es, -e> ❶ (*Sitzgelegenheit*) сиде́нье *nt*; **ein gepolsterter ~** мя́гкое сиде́нье ❷ (*Platz*) ме́сто *nt*; ❸ (*Wohnsitz*) местонахожде́ние *nt*, резиде́нция *f*
Sitzecke *f* <-, -n> дива́нный уго́л *m*
sitzen *vi* <saß, gesessen> ❶ сиде́ть, по- *pf*; ❷ (*umg: im Gefängnis sein*) сиде́ть, от- *pf*; **beim Kaffee ~** сиде́ть за ча́шкой ко́фе; **der Anzug sitzt schlecht** костю́м пло́хо сиди́т

S

sitzen bleiben *vi* (*umg: in der Schule*) остава́ться, оста́ться *pf* на второ́й год
Sitzgelegenheit *f* <-, -en> сиде́нье *nt*
Sitzplatz *m* <-es, -plätze> сидя́чее ме́сто *nt*
Sitzung *f* <-, -en> заседа́ние *nt*
Skala *f* <-, Skalen> шкала́ *f*
Skalpell *nt* <-s, -e> ска́льпель *m*
Skandal *m* <-s, -e> сканда́л *m*; **einen ~ verursachen** устро́ить сканда́л
skandalös *adj* сканда́льный
Skandinavien *nt* <*gen:* -s> Скандина́вия *f*
Skat *m* <-(e)s, -e/ -s> скат *m*
Skateboard *nt* <-s, -s> ро́ликовая доска́ *f*
Skelett *nt* <-(e)s, -e> скеле́т *m*
Skepsis *f* <*gen:* -> ске́псис *m*
skeptisch *adj* скепти́ческий
Ski *m* <-s, -er> лы́жа *f*; **~ fahren** [*o* **laufen**] ката́ться на лы́жах
Skifahrer, -in *m/f* <-s, -> лы́жник, -ница *m/f*
Skipiste *f* <-, -n> горнолы́жная тра́сса *f*
Skisport *m* <*gen:* -(e)s> лы́жный спорт *m*
Skispringen *nt* <-s, -> прыжки́ *mpl* на лы́жах (с трампли́на)
Skizze *f* <-, -n> эски́з *m*
skizzieren *vt* (*als Skizze zeichnen*) де́лать, с- *pf* эски́з
Sklave *m* <-n, -n> раб *m*
Sklavenhalter *m* <-s, -> рабовладе́лец *m*
Sklaverei *f* <*gen:* -> ра́бство *nt*
Sklavin *f* <-, -nen> рабы́ня *f*
sklavisch *adj* ра́бский
Skorbut *m* <*gen:* -(e)s> цинга́ *f*
Skorpion *m* <-s, -e> ❶ скорпио́н *m*; ❷ (ASTR) Скорпио́н *m*
Skript *nt* <-(e)s, -en/ -s> за́пись *f*
Skrupel *m* <-s, -> ❶ сомне́ния *ntpl*; ❷ угрызе́ния со́вести *ntpl*
skrupellos *adj* бессо́вестный
Skulptur *f* <-, -en> скульпту́ра *f*
Slawe, Slawin *m/f* <-n, -n> славяни́н, славя́нка *m/f*
slawisch I. *adj* славя́нский; II. *adv* по-славя́нски.
Slawist, -in *m/f* <-en, -en> слави́ст *m*
Slawistik *f* <*gen:* -> слави́стика *f*
Slip *m* <-s, -s> тру́сики *mpl*
Slowakei *f* <*gen:* -> Слова́кия *f*
Slowenien *nt* <*gen:* -s> Слове́ния *f*
Slum *m* <-s, -s> (*meist pl*) трущо́ба *f*
Smaragd *m* <-(e)s, -e> изумру́д *m*
Smog *m* <*gen:* -s> смог *m*
Smoking *m* <-s, -s> смо́кинг *m*
Snob *m* <-s, -s> (*pej*) сноб *m*
so I. *adv* (*auf diese Art*) так, таки́м о́бразом; **gut ~** хорошо́; **~ oder ~** (*in jedem Fall*) так и́ли ина́че; **ach ~** вот как; **~ viel** ско́лько; **~ wie möglich** как мо́жно бо́льше; **~ ein Zufall** вот так слу́чай; **~ wenig** так же ма́ло, как и; II. *konj* : **~ dass** та́к что; III. *part* так.
sobald *konj* как то́лько
Socke *f* <-, -n> носо́к *m*
Sockel *m* <-s, -> цо́коль *m*
Sodbrennen *nt* <*gen:* -s> изжо́га *f*
soeben *adv* то́лько что
Sofa *nt* <-s, -s> дива́н *f*
sofern *konj* поско́льку
soff *prät von* **saufen**
sofort *adv* сейча́с, неме́дленно
sofortig *adj* неме́дленный
Software *f* <-, -s> програ́ммное обеспе́чение *nt*
Softwarepaket *nt* <-(e)s, -e> паке́т *m* компью́терных програ́мм
sog *prät von* **saugen**
sog. *abk von* ***so genannt***
sogar *adv* да́же; **er ist ~ selbst gekommen** он да́же пришёл сам
so genannt *adj* так называ́емый
sogleich *adv* то́тчас
Sohle *f* <-, -n> ❶ (*Schuh~*) подо́шва *f*; ❷ (*Fuß~*) ступня́ *f*
Sohn *m* <-(e)s, -Söhne> сын *m*; **der verlorene ~** (*geh*) блу́дный сын
Soja *f* <*gen:* -> со́я *f*
solang(e) *konj* пока́
solar *adj* со́лнечный
Solarium *nt* <-s, Solarien> соля́рий *m*
solch *pron dem* тако́й

Soldat, -in *m/f* <-en, -en> солда́т, -ка *m/f*
Söldner, -in *m/f* <-s, -> наёмник, -ница *m/f*
solidarisch *adj* солида́рный
solidarisieren *vr* быть *impf* солида́рным (*mit* +*dat* с +*inst*)
Solidarität *f* <*gen:* -> солида́рность *f*
solide *adj* соли́дный, надёжный
Solist, -in *m/f* <-en, -en> соли́ст, -ка *m/f*
sollen *vi* (*als Modalverb*) быть *impf* до́лжным
solo *adj* ❶ (MUS) со́ло; ❷ (*umg: allein*) оди́н
Solo *nt* <-s, -s/ Soli> со́ло *nt*
somit *adv* (*folglich, also*) таки́м о́бразом
Sommer *m* <-s, -> ле́то *nt*; **den ~ über** всё ле́то
Sommerferien *fpl* ле́тние кани́кулы *fpl*
sommerlich *adj* ле́тний; **es ist ~ warm** по-ле́тнему тепло́
Sommersprosse *f* <-, -n> (*meist pl*) весну́шка *f*
Sommerzeit *f* <*gen:* -> ле́тнее вре́мя *nt*
Sonate *f* <-, -n> сона́та *f*
Sonde *f* <-, -n> ❶ (MED) зонд *m*; ❷ (*Raumfahrt*) косми́ческий зонд *m*
sonderbar *adj* стра́нный
Sonderfall *m* <-(e)s, -fälle> осо́бый слу́чай *m*
sonderlich *adj* (*besonders*) осо́бенный
Sonderling *m* <-s, -e> чуда́к *m*
Sondermüll *m* <*gen:* -(e)s> ядови́тые отхо́ды *pl*
sondern *konj* но, а; **nicht ich bin schuld daran, ~ du** не я винова́т в э́том, а ты; **nicht nur ..., ~ auch ...** не то́лько ..., но́ и ...
Sonderpreis *m* <-es, -e> льго́тная цена́ *f*
Sonderschule *f* <-, -n> специа́льная шко́ла *f* (для дете́й-инвали́дов)
sondieren *vt* зонди́ровать, про- *pf*
Sonett *nt* <-(e)s, -e> соне́т *m*
Sonnabend *m* <-s, -e> суббо́та *f*
sonnabends *adv* по суббо́там
Sonne *f* <-, -n> со́лнце *nt*; **in der ~ liegen** загора́ть
sonnen *vr* (*auch fig*) загора́ть, -ре́ть *pf*
Sonnenaufgang *m* <-s, -aufgänge> восхо́д *m* со́лнца
Sonnenblume *f* <-, -n> подсо́лнечник *m*
Sonnenbrand *m* <-(e)s, -brände> со́лнечный ожо́г *m*
Sonnenbrille *f* <-, -n> тёмные очки́ *mpl*
Sonnencreme, Sonnenkreme *f* <-, -s> защи́тный крем *m* от со́лнца
Sonnendach *nt* <-(e)s,-dächer> марки́за *f*, наве́с *m*
Sonnenfinsternis *f* <-, -se> со́лнечное затме́ние *nt*
Sonnenstich *m* <-(e)s, -e> со́лнечный уда́р *m*
Sonnenstrahl *m* <-(e)s, -en> со́лнечный луч *m*
Sonnenuhr *f* <-, -en> со́лнечные часы́ *mpl*
Sonnenuntergang *m* <-(e)s, -untergänge> зака́т *m* со́лнца
Sonnenwende *f* <*gen:* -> солнцестоя́ние *nt*
sonnig *adj* со́лнечный
Sonntag *m* <-s, -e> воскресе́нье *nt*
sonntags *adv* по воскресе́ньям
sonst *adv* ❶ (*andernfalls*) ина́че, а то́; ❷ (*außerdem*) ещё; **~ noch was?** ещё что́-нибу́дь?; **wie ~** как всегда́; **besser als ~** лу́чше чем обы́чно
sonstig *adj* остально́й, про́чий
sooft *konj* (*jedesmal wenn, immer wenn*) ка́ждый раз, когда́
Sopran *m* <-s, -e> сопра́но *nt*
Sorbe, Sorbin *m/f* <-n, -n> лужича́нин, лужича́нка *m/f*
sorbisch *adj* лу́жицкий
Sorge *f* <-, -n> (*Unruhe, Angst*) забо́та *f*, беспоко́йство *nt*; **keine ~!** не волну́йся! **sich um jdn ~n machen** беспоко́иться о ком-л.

sorgen I. *vt* (*sich um jdn kümmern*) забо́титься, по- *pf*; **für jdn/etw ~** забо́титься о ком-л./чём-л.; II. *vr* беспоко́иться *impf*; **sich um jdn ~** беспоко́иться о ком-л.
sorgenfrei *adj* беззабо́тный
sorgenvoll *adj* озабо́ченный
Sorgerecht *nt* <*gen:* -(e)s> роди́тельские права́ *ntpl*
Sorgfalt *f* <*gen:* -> тща́тельность *f*
sorgfältig *adj* тща́тельный
sorglos *adj* беззабо́тный
Sorglosigkeit *f* <*gen:* -> (*Achtlosigkeit*) беззабо́тность *f*
sorgsam *adj* забо́тливый
Sorte *f* <-, -n> сорт *m*
sortieren *vt* сортирова́ть, рас- *pf*
Sortiment *nt* <-(e)s, -e> (ÖKON) ассортиме́нт *m*
sosehr *konj* как бы ни...
Soße *f* <-, -n> со́ус *m*
Souffleur *m* <-s, -e> суфлёр *m*
Souvenir *nt* <-s, -s> сувени́р *m*
Souvenirladen *m* <-s, -läden> сувени́рный магази́н *m*
souverän *adj* сувере́нный; **ein ~er Staat** сувере́нное госуда́рство
Souveränität *f* <*gen:* -> суверените́т *m*
soviel *konj* наско́лько
soweit *konj* наско́лько
sowenig *konj* как ни ма́ло
sowie *konj* ❶ (*und auch*) а та́кже; ❷ (*sobald*) как то́лько
sowieso *adv* (*ohnehin*) так и́ли ина́че, всё равно́
Sowjetunion *f* <*gen:* -> (HIST) Сове́тский Сою́з *m*
sowohl *konj* : **~ ... als auch** как ..., так и ...
sozial *adj* социа́льный
Sozialdemokrat, -in *m/f* <-en, -en> социа́л-демокра́т, -ка *m/f*
Sozialhilfe *f* <*gen:* -> посо́бие *nt* по ли́нии соцобеспе́чения
Sozialismus *m* <*gen:* -> социали́зм *m*
Sozialist, -in *m/f* <-en, -en> социали́ст, -ка *m/f*
sozialistisch I. *adj* социалисти́ческий; II. *adv* по-социалисти́чески.
Sozialpolitik *f* <*gen:* -> социа́льная поли́тика *f*
sozialschwach *adj* нужда́ющийся в социа́льной защи́те
Sozialwesen *nt* <*gen:* -s> систе́ма *f* социа́льного обеспе́чения
Sozialwissenschaften *fpl* обще́ственные нау́ки *fpl*
Soziologe, -in *m* <-n, -n> социо́лог *m*
Soziologie *f* <*gen:* -> социоло́гия *f*
soziologisch *adj* социологи́ческий
sozusagen *adv* так сказа́ть
Spachtel *m* <-s, -> ❶ (*Werkzeug*) шпа́тель *m*; ❷ (*~kitt*) шпаклёвка *f*
Spaghetti, Spagetti *pl* спаге́тти *pl*
Spalt *m* <-(e)s, -e> (*schmale Öffnung*) щель *f*
Spalte *f* <-, -n> ❶ (*in einer Mauer*) тре́щина *f*; ❷ (*im Druckwesen*) столбе́ц *m*
spalten I. *vt* ❶ (*Holz*) коло́ть, на- *pf*; ❷ (CHEM, PHYS) расщепля́ть, -пи́ть *pf*; II. *vr* ❶ (*sich teilen, trennen*) раска́лываться, -коло́ться *pf*; ❷ (CHEM, PHYS) расщепля́ться, -пи́ться *pf*
Spaltung *f* <-, -en> ❶ (PHYS) расщепле́ние *nt*; ❷ (*das Gespaltensein*) раско́л *m*
Spam *nt o m* <-s, -s> (DV) спам *m*
Span *m* <-(e)s, Späne> ❶ (*Holz*) ще́пка *f*; ❷ (*Metall*) стру́жка *f*
Spange *f* <-, -n> ❶ (*für Haar*) зако́лка *f*; ❷ (*an Arm*) брасле́т *m*; ❸ (*an Schuh*) пря́жка *f*; ❹ (*für Zähne*) пласти́на *f*
Spanien *nt* <*gen:* -s> Испа́ния *f*
Spanier, -in *m/f* <-s, -> испа́нец, -нка *m/f*
spanisch I. *adj* испа́нский; II. *adv* по-испа́нски.
spann *prät von* **spinnen**
Spanne *f* <-, -n> ❶ (*Zeitspanne*) промежу́ток *m* вре́мени; ❷ (*Preisspanne*) ра́зница *f*
spannen I. *vt* (*strecken, dehnen*) натя́гивать, -тяну́ть *pf*; **ein**

S

Netz ~ натяну́ть сеть; II. *vi* (*zu eng sein*) жать *impf*, тяну́ть *impf*
spannend *adj* (*fesselnd*) увлека́тельный; **ein ~er Roman** увлека́тельный рома́н
Spannung *f* <-, -en> ① (*erregte Erwartung*) напряже́ние; **politische ~en** полити́ческая напряжённость ② (EL) напряже́ние *nt*
Sparbuch *nt* <-(e)s, -bücher> сберега́тельная кни́жка *f*
sparen *vt* копи́ть, на- *pf*, эконо́мить, с- *pf*; **Geld für ein Auto ~** копи́ть де́ньги на маши́ну; **Zeit ~** эконо́мить вре́мя; **am Essen ~** эконо́мить на еде́
Spargel *m* <-s, -> спа́ржа *f*
Sparkasse *f* <-, -n> сберка́сса *f*
Sparkonto *nt* <-s, -s/ -konten> лицево́й счёт *m* в сберка́ссе
spärlich *adj* ску́дный, бе́дный
sparsam *adj* бережли́вый, эконо́мный; **ein ~es Auto** экономи́чная маши́на
Sparsamkeit *f* <*gen:* -> бережли́вость *f*, эконо́мность *f*
Sparte *f* <-, -n> ① (*einer Zeitung*) ру́брика *f*; ② (*Zweig*) о́трасль *f*; ③ (*Fachgebiet*) разде́л *m*
Spaß *m* <-es, Späße> ① (*Scherz*) шу́тка *f*; **das war doch nur ein ~** я же то́лько пошути́л ② (*Freude, Vergnügen*) удово́льствие *nt*; **viel ~!** жела́ю прия́тно провести́ вре́мя!
spaßen *vi* шути́ть, по- *pf*
spaßig *adj* ① (*zum Lachen reizend*) смешно́й, заба́вный; ② (*humorvoll*) шутли́вый
Spaßvogel *m* <-s, -vögel> шутни́к, -ни́ца *m/f*
spät *adj* по́здний; **es ist schon ziemlich ~** уже́ дово́льно по́здно; **wie ~ ist es?** ско́лько сейча́с вре́мени?
Spaten *m* <-s, -> штыкова́я лопа́та *f*, за́ступ *m*
später I. *adj* бо́лее по́здний; II. *adv* по́зднее, по́зже; **früher oder ~** ра́но и́ли по́здно.
spätestens *adv* са́мое по́зднее
Spätherbst *m* по́здняя о́сень *f*
Spatz *m* <-es/ -en, -en> воробе́й *m*
spazieren *vi* (*schlendern*) гуля́ть, по- *pf*
spazieren gehen *irr vi* гуля́ть, по- *pf*
Spaziergang *m* <-(e)s, -gänge> прогу́лка *f*; **einen ~ machen** прогуля́ться
Specht *m* <-(e)s, -e> дя́тел *m*
Speck *m* <*gen:* -(e)s> ① (*Schweinespeck*) са́ло *nt*; ② (*umg: Fettpolster*) жир *m*; **~ ansetzen** (*umg*) обрасти́ жи́ром
Speer *m* <-(e)s, -e> копьё *nt*
Speiche *f* <-, -n> ① (*am Rad*) спи́ца *f*; ② (ANAT) лучева́я кость *f*
Speichel *m* <*gen:* -s> слюна́ *f*
Speicher *m* <-s, -> ① (*Lager*) склад *m*; ② (*Dachboden*) черда́к *m*; ③ (*für Wasser*) водохрани́лище *nt*
speichern *vt* (*Waren etc*) храни́ть, со- *pf*, скла́дывать *impf*
Speise *f* <-, -n> ① (*Nahrung*) пи́ща *f*; ② (*Gericht*) блю́до *nt*
Speisekarte *f* <-, -n> меню́ *nt*
Speiseröhre *f* <-, -n> пищево́д *m*
Speisewagen *m* <-s, -> ваго́н *m* -рестора́н *m*
Spektakel *nt* <-s, -> (*Lärm, Krach*) шум *m*; **ein großes ~ machen** (на) де́лать мно́го шу́ма
spektakulär *adj* сенсацио́нный
Spektrum *nt* <-s, Spektren> ① (PHYS) спектр *m*; ② (*fig*) разнообра́зие *nt*
Spekulant, -in *m/f* <-en, -en> спекуля́нт, -ка *m/f*
Spekulation *f* <-, -en> ① спекуля́ция *f*; ② (PHIL) умозре́ние
spekulieren *vi* ① (*umg: auf etw rechnen*) рассчи́тывать *pf* (*auf +akk* на *+akk*); ② (*durch Spekulation Gewinne machen wollen*) спекули́ровать *impf*
Spende *f* <-, -n> поже́ртвование *nt*
spenden *vt* поже́ртвовать *pf* (*für +akk* на *+akk*); **Blut ~** сдава́ть кровь

Spender, -in *m/f* <-s, -> до́нор *m*
Sperma *nt* <-s, Spermen/Spermata> спе́рма *f*
Sperre *f* <-, -n> ❶ загражде́ние *nt*, прегра́да *f*; ❷ (*Verbot*) запре́т *m*
sperren *vt* ❶ (*versperren*) перегора́живать, -городи́ть *pf*; ❷ (*einsperren*) закрыва́ть, -кры́ть *pf*
Sperrholz *nt* <*gen:* -es> фане́ра *f*
sperrig *adj* громо́здкий
Sperrmüll *m* <*gen:* -(e)s> крупногабари́тный му́сор *m*
Sperrzone *f* <-, -n> запре́тная зо́на *f*
Spesen *pl* <*gen:* -> изде́ржки *pl*, накладны́е расхо́ды *pl*
spezialisieren *vr* специализи́роваться *pf* (*auf +dat* на *+präpos*)
Spezialisierung *f* <-, -en> специализа́ция *f*
Spezialist, -in *m/f* <-en, -en> специали́ст, -ка *m/f*
Spezialität *f* <-, -en> специа́льность *f*
speziell I. *adj* (*besonders*) специа́льный, осо́бенный; II. *adv* специа́льно.
spezifisch *adj* специфи́ческий, специфи́чный
Sphäre *f* <-, -n> сфе́ра *f*
spicken *vt* (*Braten, auch fig*) шпигова́ть, на- *pf*
Spickzettel *m* <-s, -> (*umg*) шпарга́лка *f*
Spiegel *m* <-s, -> ❶ зе́ркало *nt*; ❷ (*Wasserstand*) у́ровень *m*
Spiegelbild *nt* <-(e)s, -er> отраже́ние *nt*
Spiegelei *nt* <-(e)s, -er> я́ичница *f*
spiegeln I. *vt* (*widerspiegeln*) отража́ть, -рази́ть *pf*; II. *vi* (*sich widerspiegeln*) отража́ться, -рази́ться *pf*
Spiegelung *f* <-, -en> (*das Spiegeln*) отраже́ние *nt*
spiegelverkehrt *adj* в зерка́льном отраже́нии
Spiel *nt* <-(e)s, -e> ❶ игра́ *f*; **etw aufs ~ setzen** (*etw in Gefahr bringen*) поста́вить что-л. на ка́рту; **etw steht auf dem ~** (*gefährdet sein*) что-л. поста́влено на ка́рту ❷ (TECH) зазо́р *m*
Spielautomat *m* <-en, -en> игрово́й автома́т *m*
spielen *vt* ❶ игра́ть, сыгра́ть *pf*, поигра́ть *pf*; ❷ (*vortäuschen*) разы́грывать, разыгра́ть *pf*; **mit jds Gefühlen ~** игра́ть чьи́ми-л. чу́вствами; **jdn ~** (THEAT) игра́ть кого́-л.; **heute wird im Theater ... gespielt** сего́дня в теа́тре идёт ...; **die Handlung spielt in ...** де́йствие происхо́дит в ...; **Fußball ~** игра́ть в футбо́л; **Gitarre ~** игра́ть на гита́ре
spielend *adj* (*mühelos*) игра́ючи
Spieler, -in *m/f* <-s, -> (*Spielteilnehmer(in), Glücksspieler*) игро́к *m*
Spielerei *f* <-, -en> баловство́ *nt*, заба́ва *f*
Spielfeld *nt* <-(e)s, -er> (игрово́е) по́ле *nt*
Spielfilm *m* <-(e)s, -e> худо́жественный фильм *m*
Spielmarke *f* <-, -n> фи́шка *f*
Spielplan *m* <-(e)s, -pläne> (THEAT) репертуа́р *m*
Spielplatz *m* <-es, -plätze> де́тская площа́дка *f*
Spielregel *f* <-, -n> пра́вило игры́
Spielsachen *pl* <*gen:* -> игру́шки *fpl*
Spielzeug *nt* <*gen:* -(e)s> игру́шка *f*
Spieß *m* <-es, -e> ❶ (*Waffe*) копьё *nt*; ❷ (*Bratspieß*) ве́ртел *m*
Spießbürger, -in *m/f* <-s, -> (*pej*) обыва́тель, -ница *m/f*, мещани́н, -ща́нка *m/f*
spießig *adj* (*pej*) обыва́тельский, меща́нский
Spinat *m* <*gen:* -(e)s> шпина́т *m*
Spind *m* шкаф *m*
Spindel *f* <-, -n> ❶ (*am Spinnrad*) веретено́ *nt*; ❷ (TECH) шпи́ндель *m*
Spinne *f* <-, -n> пау́к *m*
spinnen I. *vt* <sponn, gesponnen> ❶ (*Garn, Wolle*) прясть *impf*; ❷ (*Spinne, auch fig*) плести́, с- *pf*;

II. *vi* (*umg: nicht ganz bei Verstand sein*) быть *impf* не в своём умé; **spinnst du?** ты что, рехнýлся?

Spinnerei *f* <-, -en> ① (*Betrieb*) прядúльная фáбрика *f*; ② (*umg: wunderlicher Gedanke*) бред *m*

Spinnwebe *f* <-, -n> паутúна *f*

Spion, -in *m/f* <-s, -e> ① шпиóн, -ка *m/f*; ② (*Guckloch an der Tür*) глазóк *m*

Spionage *f* <*gen:* -> шпионáж *m*

Spionageabwehr *f* <*gen:* -> контрразвéдка *f*

spionieren *vi* ① (*als Spion tätig sein*) занимáться, -ня́ться *pf* шпионáжем; ② (*fig: herumsuchen*) шпиóнить *impf*

Spiralblock *m* <-(e)s, -blöcke> блокнóт *m* на спирáли

Spirale *f* <-, -n> спирáль *f*

spirituell *adj* духóвный

Spirituose *f* <-, -n> спиртнóй напúток *m*

Spiritus *m* <*gen:* -> спирт *m*

spitz *adj* ① óстрый; ② (*stichelnd*) кóлкий

Spitz *m* <-es, -e> (*Hunderasse*) шпиц *m*

Spitze *f* <-, -n> ① (*von Gegenständen*) кóнчик *m*, остриё *nt*; ② (*Fingerspitze*) кóнчик *m*; ③ (*von Baum*) верхýшка *f*; ④ (*von Berg*) вершúна *f*; ⑤ (*Anfang*) головá *f*

Spitzel *m* <-s, -> ① (*Schnüffler*) шпик *m*; ② (*der Polizei*) сы́щик *m*

spitzen *vt* (*anspitzen*) точúть, на- *pf*; **einen Bleistift ~** наточúть карандáш; **die Ohren ~** (*fig*) навострúть ýши

Spitzenmanager, -in *m/f* <-s, -> топ-мéнеджер *m*

Spitzensportler, -in *m/f* <-s, -> спортмéн, -ка *m/f* экстраклáсса

spitzfindig *adj* хитроýмный

Spitzname *f* <-ns, -n> прóзвище *nt*

Splitter *m* <-s, -> ① (*Holz~*) занóза *f*; ② (*Glas~, Granaten~*) оскóлок *m*

splittern *vi* раскáлываться, -колóться *pf*

splitternackt *adj* (*umg*) совершéнно гóлый

spontan *adj* стихúйный, спонтáнный

Spontaneität *f* <*gen:* -> стихúйность *f*, спонтáнность *f*

Spore *f* <-, -> (BOT) спóра *f*

Sport *m* <*gen:* -(e)s> спорт *m*; **~ treiben** занимáться спóртом

Sportanzug *m* <-(e)s, -anzüge> спортúвный костю́м *m*

Sporthalle *f* <-, -n> спортзáл *m*

Sportlehrer, -in *m/f* <-s, -> преподавáтель, -ница *m/f* физкультýры

Sportler, -in *m/f* <-s, -> спортсмéн, -ка *m/f*

sportlich *adj* спортúвный

Sportplatz *m* <-es, -plätze> спортúвная площáдка *f*

Sportschuh *m* <-(e)s, -e> кроссóвки *pl*

Sportverein *m* <-s, -e> спортúвное óбщество *nt*

Spot *m* <-s, -s> (*Werbekurzfilm*) реклáмный рóлик *m*

Spott *m* <*gen:* -(e)s> насмéшка *f*

spotten *vi* насмехáться *impf* (*über +akk* над *+inst*)

spöttisch *adj* насмéшливый

sprach *prät von* **sprechen**

sprachbegabt *adj* спосóбный к изучéнию языкóв

Sprache *f* <-, -n> ① язы́к *m*; ② (*Sprechweise*) речь *f*; **zur ~ kommen** стать предмéтом разговóра; **mehrere ~n beherrschen** владéть мнóгими языкáми

Sprachfamilie *f* <-, -n> (LING) семья́ *f* языкóв

Sprachfehler *m* <-s, -> дефéкт *m* рéчи

Sprachführer *m* <-s, -> разговóрник *m*

Sprachkurs *m* <-es, -e> кýрсы *mpl* инострáнного языкá

Sprachlabor *nt* <-s, -s/ -e> лингафóнный кабинéт *m*

sprachlich **I.** *adj* языковóй; **II.** *adv*

в языково́м пла́не.
sprachlos *adj*: **vor Staunen ~ sein** онеме́ть от удивле́ния
Sprachrohr *nt* <-(e)s, -e> (*fig*) ру́пор *m*
Sprachwissenschaft *f* <*gen*: -> языкозна́ние *nt*
sprang *prät von* **springen**
Spray *m* <-s, -s> распыли́тель *m*
sprechen *vt* <sprach, gesprochen> ① говори́ть, по- *pf*, разгова́ривать *impf*; ② (*eine Rede halten*) выступа́ть, вы́ступить; **wann kann ich ihn ~?** когда́ я смогу́ поговори́ть с ним?; **Deutsch/Russisch ~** говори́ть по-неме́цки/по-ру́сски
Sprecher, -in *m/f* <-s, -> ① (*Redner*) ора́тор *m*; ② (*der Regierung*) представи́тель, -ница *m/f*; ③ (*im Radio*) ди́ктор *m*
Sprechstunde *f* <-, -n> ① приём *m*; ② (*pl*) часы́ *mpl* приёма
Sprechzimmer *nt* <-s, -> приёмная *f*
spreizen *vt* растопы́ривать, -пы́рить *pf*
sprengen *vt* (*mit Sprengstoff zerstören*) взрыва́ть, взорва́ть *pf*
Sprengstoff *m* <*gen*: -(e)s> ① взры́вчатое вещество́ *nt*; ② (*umg*) взрывча́тка *f*
Sprengwagen *m* <-s, -> поли́вочная маши́на *f*
Sprichwort *nt* <-(e)s, -wörter> посло́вица *f*
Springbrunnen *m* <-s, -> фонта́н *m*
springen *vi* <sprang, gesprungen> пры́гать, пры́гнуть *pf*; **ins Wasser ~** пры́гнуть в во́ду
Springer, -in *m/f* <-s, -> ① (SPORT) прыгу́н *m*; ② (*Schachfigur*) конь *m*
Sprint *m* <-s, -s> спринт *m*
Sprit *m* <*gen*: -(e)s> ① (*umg: Benzin*) бензи́н *m*; ② (*umg: Schnaps*) спирт *m*
Spritze *f* <-, -n> ① (*Injektionsspritze*) шприц *m*; ② (*Injektion*) уко́л *m*; **jdm eine ~ geben** сде́лать кому́-л. уко́л ③ (*Feuer~*) пожа́рный насо́с *m*
spritzen *vt* ① (*injizieren*) впры́скивать, -снуть *pf*, де́лать, с- *pf* инъе́кцию; ② (*verspritzen*) бры́згать, -знуть *pf*; **etw ~** бры́згать чем-л. ③ (*Baum etc*) опры́скивать, -снуть
Spritzer *m* <-s, -> бры́зги *mpl*
spritzig *adj* игри́стый; **ein ~er Wein** игри́стое вино́
Spritzkuchen *m* <-s, -> ола́дья *f*
spröde *adj* ① (*brüchig*) хру́пкий, ло́мкий; **~ Haut** суха́я ко́жа ② (*fig: verschlossen*) чо́порный
Spross *m* <-es, -e *o* -en> побе́г *m*
Sprosse *f* <-, -n> (*an Leiter*) перекла́дина *f*
Sprossenwand *f* <-, -wände> (SPORT) гимнасти́ческая сте́нка *f*
Sprössling *m* <-s, -e> о́тпрыск *m*
Spruch *m* <-(e)s, Sprüche> ① (*einprägsamer Satz*) изрече́ние *nt*; ② (JUR: *Urteilsspruch*) пригово́р *m*
Sprudel *m* <-s, -> (*Mineralwasser*) минера́льная вода́ *f*
sprudeln *vi* ① (*herausfließen*) бить *impf* ключо́м; ② (*vor Kohlensäure etc*) пузыри́ться *impf*, бурли́ть *impf*
Sprühdose *f* <-, -n> аэрозо́льный балло́нчик *m*
sprühen I. *vi* ① (*Flüssigkeit*) бры́згать, -знуть *pf*; ② (*Funken*) разлета́ться, -лете́ться *pf*; **II.** *vt* (*zerstäuben*) бры́згать, по- *pf*
Sprühflasche *f* <-, -n> аэрозо́льная ёмкость *f*
Sprühregen *m* <*gen*: -s> и́зморось *f*
Sprung *m* <-(e)s, -Sprünge> прыжо́к *m*
Sprungbrett *nt* <-(e)s, -er> ① гимнасти́ческий мо́стик *m*; ② подкидна́я доска́ *f*
sprunghaft *adj* ① (*unstetig*) неуравнове́шенный; ② (*rasch*) ре́зкий
Spucke *f* <*gen*: -> (*umg: Speichel*) слюна́ *f*
spucken *vi* (*speien*) плева́ть, плю́нуть *pf*
Spuk *m* <*gen*: -(e)s> привиде́ние *nt*

spuken *vi:* **in dem Schloss soll es noch ~** говоря́т, что в э́том за́мке всё ещё во́дятся привиде́ния
Spule *f* <-, -n> (auch EL) кату́шка *f*
Spüle *f* <-, -n> мо́йка *f*
spülen I. *vt* ❶ (*Geschirr*) мыть, по- *pf*; ❷ (*auswaschen*) полоска́ть, про- *pf*; **II.** *vi* (*Wasserspülung betätigen*) спуска́ть, спусти́ть *pf* во́ду
Spülmaschine *f* <-, -n> посудомо́йная маши́на *f*
Spülmittel *nt* <-s, -> сре́дство *nt* для мытья́ посу́ды
Spülung *f* <-, -en> ❶ (*der Toilette*) смыв *m*; ❷ (MED: *das Durchspülen*) промыва́ние *nt*
Spur *f* <-, -en> ❶ (*Bodenabdruck*) след *m*; ❷ (*Fahr~*) полоса́ *f*, ряд *m*; **die ~ wechseln** встать в друго́й ряд
spürbar *adj* ощути́мый
spüren *vt* (*fühlen*) чу́вствовать, по- *pf*
Spurenelement *nt* <-(e)s, -e> микроэлеме́нт *m*
Spurensuche *f* <*gen:* ->: **auf der Spurensuche** по следа́м чего́-л.
spurlos *adj* бессле́дный; **~ verschwinden** бессле́дно исче́знуть
Spürsinn *m* <*gen:* -(e)s> чутьё *nt*
Spurt *m* <-(e)s, -s> рыво́к *m*
Staat *m* <-(e)s, -en> госуда́рство *nt*
staatenlos *adj* не име́ющий гражда́нства
staatlich *adj* госуда́рственный
Staatsangehörigkeit *f* <-, -en> гражда́нство *nt*, по́дданство *nt*; **die deutsche ~ annehmen** приня́ть неме́цкое гражда́нство
Staatsanwalt *m* <-(e)s, -anwälte> прокуро́р *m*
Staatsanwaltschaft *f* <*gen:* -> прокурату́ра *f*
Staatsbürgerschaft *f* <-, -en> гражда́нство *nt*
Staatsexamen *nt* <-s, -/-examina> ❶ госуда́рственный экза́мен *m*; ❷ (*umg*) госэкза́мен *m*
Staatsoberhaupt *nt* <-(e)s, -oberhäupter> глава́ *f* госуда́рства
Staatsstreich *m* <-(e)s, -e> госуда́рственный переворо́т *m*, путч *m*
Stab *m* <-(e)s, Stäbe> ❶ (*Stock*) па́лка *f*; ❷ (*leitende Gruppe*) штаб *m*
Stäbchen *nt* <-s, -> па́лочка *f*
Stabhochsprung *m* <*gen:* -(e)s> (SPORT) прыжки́ *m pl* с шесто́м
stabil *adj* стаби́льный, усто́йчивый
stabilisieren *vt* стабилизи́ровать *impf/pf*
Stabilität *f* <*gen:* -> стаби́льность *f*, усто́йчивость *f*
Stablampe *f* <-, -n> карма́нный фона́рь *m* цилиндри́ческой фо́рмы
stach *prät von* **stechen**
Stachel *m* <-s, -> ❶ (*Dorn*) шип *m*; ❷ (*von Insekten*) жа́ло *nt*; ❸ (*von Igel*) колю́чка *f*
Stachelbeere *f* <-, -n> крыжо́вник *m*
Stacheldraht *m* <*gen:* -(e)s> колю́чая про́волока *f*
Stacheldrahtverhau *m* <*gen:* -s> про́волочное загражде́ние *nt*
stachelig *adj* колю́чий
Stadion *nt* <-s, Stadien> стадио́н *m*
Stadium *nt* <-s, Stadien> ста́дия *f*
Stadt *f* <-, Städte> го́род *m*
Stadtbahn *f* <-, -en> городска́я электри́чка *f*
städtisch *adj* городско́й
Stadtmauer *f* <-, -n> городска́я стена́ *f*
Stadtmitte *f* центр *f* го́рода
Stadtplan *m* <-(e)s, -pläne> план *m* го́рода
Stadtrat *m* <-(e)s, -räte> муниципалите́т *m*
Stadtrundfahrt *f* <-, -en> экску́рсия *f* по го́роду
Stadtverwaltung *f* <-, -en> городско́е управле́ние *nt*, мэ́рия *f*

Staffel *f* <-, -n> ❶ (SPORT) эстафе́та *f*; ❷ (MIL: *Flug~*) эскадри́лья *f*
Stagnation *f* <-, -en> засто́й *m*, стагна́ция *f*
stahl *prät von* **stehlen**
Stahl *m* <-(e)s, Stähle/ -e> сталь *f*
Stahlbeton *m* <*gen:* -s> железобето́н *m*
stak *prät von* **stecken**
Stall *m* <-(e)s, Ställe> ❶ (*Kuh~*) коро́вник *m*; ❷ (*Schweine~*) свина́рник *m*; ❸ (*Pferde~*) коню́шня *f*
Stamm *m* <-(e)s, Stämme> ❶ (*Baum~*) ствол *m*; ❷ (*Volks~*) пле́мя *nt*
Stammbaum *m* <-(e)s, -bäume> (*Ahnentafel*) родосло́вное де́рево *nt*
stammeln *vt* лепета́ть, про- *pf*
stammen *vi* (*abstammen*) просходи́ть, произойти́ *pf* (*aus* из +*gen*); **er stammt aus Smolensk** он ро́дом из Смоле́нска; **die Information stammt von ihm** э́та информа́ция полу́чена от него́
Stammgast *m* <-(e)s, -gäste> постоя́нный клие́нт
stämmig *adj* (*kräftig*) корена́стый
stampfen I. *vi* (*fest auftreten*) то́пать, по- *pf*; **mit den Füßen auf den Boden ~** то́пать нога́ми по́ полу; **II.** *vt* (*pressen*) трамбова́ть, у- *pf*
Stand *m* <-(e)s, Stände> ❶ (*das Stehen*) расположе́ние *nt*; ❷ (*Marktstand*) стенд *m*; ❸ (*erreichte Stufe*) положе́ние *nt*; **der ~ der Dinge** положе́ние веще́й ❹ (*soziale Stellung*) сосло́вие *nt*
Standard *m* <-s, -s> станда́рт *m*
Standardwerk *nt* <-(e)s, -e> основно́е посо́бие *nt*
Ständer *m* <-s, -> ❶ (*für Kleidung*) ве́шалка *f*; ❷ (*für Noten*) пюпи́тр *m*
Standesamt *nt* <-(e)s, -ämter> загс *m*
standhaft *adj* упо́рный, сто́йкий
standhalten *vi* (*fig: widerstehen*) устоя́ть *pf*; **der Versuchung ~** устоя́ть пе́ред искуше́нием
ständig *adj* (*andauernd*) постоя́нный
Standort *m* <-(e)s, -e> (*Ort des Aufenthalts*) местоположе́ние *nt*, ме́сто *nt* размеще́ниа
Standpunkt *m* <-(e)s, -e> ❶ (*Beobachtungspunkt*) ме́сто *nt*; ❷ (*fig: Ansicht*) то́чка *f* зре́ния
Stange *f* <-, -n> (*Stab*) шест *m*, сте́ржень *m*; **eine ~ Zigaretten** блок сигаре́т
Stängel *m* <-s, -> сте́бель *m*
stank *prät von* **stinken**
stanzen *vt* (*ausstanzen*) штампова́ть *impf*
Stapel *m* <-s, -> (*Haufen*) сто́пка *f*, шта́бель *m*; **vom ~ laufen** (*Schiff*) сойти́ со ста́пеля
stapeln I. *vt* ❶ (*Bücher, Wäschr*) скла́дывать, сложи́ть *pf* в сто́пку; ❷ (*Holz etc*) укла́дывать, уложи́ть *pf* штабеля́ми; **II.** *vr* нака́пливаться, -копи́ться *pf*
Star *m* <-s, -s> ❶ (*Vogel*) скворе́ц *m*; ❷ (*fig*) звезда́ *f*; ❸ (MED) катара́кта *f*; **grüner ~** глауко́ма
starb *prät von* **sterben**
stark I. *adj* си́льный; **~er Kaffee** кре́пкий ко́фе; **II.** *adv* (*sehr*) си́льно.
Stärke *f* <-, -n> ❶ (*Kraft, Macht*) си́ла *f*, мощь *f*; ❷ (*vorteilhafte Eigenschaft*) си́льная сторона́ *f*; ❸ (*Breite*) толщина́ *f*; ❹ (*Anzahl*) чи́сленность *f*; ❺ (*von einem Getränk*) кре́пость *f*; ❻ (*Speisestärke*) крахма́л *m*
stärken I. *vt* ❶ (*kräftigen*) укрепля́ть, -пи́ть *pf*; ❷ (*Wäsche*) крахма́лить, на- *pf*; **II.** *vr* (*essen*) подкрепля́ться, -крепи́ться *pf*
Stärkung *f* <-, -en> (*Kräftigung*) укрепле́ние *nt*
starr *adj* ❶ засты́вший; ❷ (*starrköpfig*) упря́мый
starren *vi* (*starr blicken*) уста́виться *pf* (*auf* +*akk* на +*akk*)
Starrsinn *m* <*gen:* -(e)s> упря́мство *nt*

S

Start *m* <-(e)s, -s> старт *m*
Startbahn *f* <-, -en> взлётная полоса́ *f*
starten I. *vi* стартова́ть *impf/pf*; II. *vt* (*Rakete*) запуска́ть, -пусти́ть *pf*
Station *f* <-, -en> ① (*Haltestelle*) остано́вка *f*; ② (*von U-Bahn*) ста́нция *f*; ③ (*Krankenhausabteilung*) отделе́ние *nt*
stationär *adj* (MED) стациона́рный
stationieren *vt* ① (*Raketen*) устана́вливать, -нови́ть *pf*; ② (*Truppen*) размеща́ть, -мести́ть *pf*
statisch *adj* стати́чный
Statist, -in *m/f* <-en, -en> стати́ст, -ка *m/f*
Statistik *f* <-, -en> стати́стика *f*
statistisch *adj* статисти́ческий
Stativ *nt* <-s, -e> штати́в *m*
statt I. *konj* (*an Stelle von*) вме́сто того́ что́бы; II. *präp* +*gen* (*an Stelle*) вме́сто (+ *gen*).
Stätte *f* <-, -n> (*geh*) ме́сто *nt*
stattfinden *vi* состоя́ться *pf*, быть *impf*
Statthalter *m* <-s, -> (HIST) наме́стник *m*
stattlich *adj* ① (*von kräftiger Statur*) ста́тный; ② (*ansehnlich*) соли́дный
Statue *f* <-, -n> ста́туя *f*
Statur *f* <-, -en> телосложе́ние *nt*
Status *m* <*gen*: -> ста́тус *m*
Statut *nt* <-(e)s, -en> уста́в *m*
Stau *m* <-(e)s, -s/ -e> ① (*des Verkehrs*) про́бка *f*; ② (*allgemein*) засто́й *m*
Staub *m* <*gen*: -(e)s> пыль *f*; **~ wischen** вы́тереть пыль
staubig *adj* пы́льный
staubsaugen *vi* пылесо́сить, про- *pf*
Staubsauger *m* <-s, -> пылесо́с *m*
stauchen *vt* уда́рить *pf*, ушиби́ть *pf*
Staudamm *m* <-(e)s, -dämme> плоти́на *f*
stauen I. *vt* (*Wasser*) запру́живать, -пруди́ть *pf*; II. *vr* (*sich ansammeln*) нака́пливаться, -копи́ться *pf*
staunen *vi* удивля́ться, -ви́ться *pf*; **ich muss wirklich über dich ~** я про́сто удивля́юсь тебе́
Staupe *f* <*gen*: -> (ZOOL) чу́мка *f*
Stausee *m* <-s, -n> водохрани́лище *nt*
Stauung *f* <-, -en> ① (*Verkehrsstau*) про́бка *f*; ② (MED) засто́й *m*
Std. *abk von* ***Stunde***
Steak *nt* <-s, -s> антреко́т *m*
stechen I. *vt* <stach, gestochen> ① (*mit einem spitzen Gegenstand*) коло́ть, у- *pf*; ② (*von Insekten*) куса́ть, укуси́ть *pf*; ③ (*mit einem Messer*) ударя́ть, уда́рить *pf*; II. *vi* коло́ться *impf*; III. *vr* уколо́ться *pf*; **ich habe mich in den Finger gestochen** я уколо́л себе́ па́лец
stechend *adj* ① (*Schmerz, Blick*) пронзи́тельный; ② (*Geruch*) ре́зкий
Stechuhr *f* <-, -en> контро́льные часы́ *mpl*
Steckdose *f* <-, -n> розе́тка *f*
stecken I. *vt* (*hineinstecken*) втыка́ть, воткну́ть *pf*, засо́вывать, -су́нуть *pf*; **einen Ring an den Finger ~** наде́ть кольцо́ на па́лец; II. *vi* торча́ть *impf*; **wo hast du denn gesteckt?** (*umg*) где ты пропада́л?
stecken bleiben *irr vi* застрева́ть, застря́ть *pf*
Steckenpferd *nt* хо́бби *nt*
Stecker *m* <-s, -> ште́псель *m*, ви́лка *f*
Steckling *m* <-s, -e> черено́к *m*
Stecknadel *f* <-, -n> була́вка *f*
Steg *m* <-(e)s, -e> ① (*schmale Brücke*) мо́стик *m*; ② (*Bootsanlegestelle*) прича́л *m*
Stegreif : **aus dem ~** без подгото́вки
Stehcafé *nt* <-s, -s> кафе́ *nt* со сто́йками
stehen *vi* <stand, gestanden> стоя́ть *impf*; **wie stehst du dazu?** как ты

к э́тому отно́сишься?; **der Hut steht dir gut** э́та шля́па тебе́ идёт

stehen bleiben *irr vi* остана́вливаться, -нови́ться *pf*

stehlen *vt* <stahl, gestohlen> красть, укра́сть *pf*

steif *adj* ① (*starr*) жёсткий; ② (*fig: förmlich*) натя́нутый; **ein ~er Empfang** подчёркнуто официа́льный приём

Steigbügel *m* <-s, -> стре́мя *nt*

steigen *vi* <stieg, gestiegen> (*sich nach oben bewegen, anwachsen*) поднима́ться, -ня́ться *pf*; **aufs Fahrrad ~** сесть на велосипе́д; **in den Bus/Zug/ins Auto ~** сесть в авто́бус/на по́езд/в маши́ну

steigern I. *vt* (*vergrößern*) увели́чивать, -чить *pf*; **II.** *vr* (*sich intensivieren*) увели́чиваться, -читься *pf*

Steigerung *f* <-, -en> ① повыше́ние *nt*, увеличе́ние *nt*; ② (LING: *des Adjektivs*) сте́пень *f* сравне́ния

steil *adj* круто́й

Steilheit *f* <*gen:* -> крутизна́ *f*

Steilküste *f* <-, -n> круто́й бе́рег *m*

Stein *m* <-(e)s, -e> ① ка́мень *m*; ② (*Spielstein*) ша́шка *f*; ③ (MED) ка́мень *m*

Steinadler *m* <-s, -> бе́ркут *m*

Steinbock *m* <-(e)s, -böcke> ① (*Tier*) го́рный козёл *m*; ② (ASTR) Козеро́г *m*

Steinbruch *m* <-(e)s, -brüche> каменоло́мня *f*

steinern *adj* (*aus Stein, auch fig*) ка́менный

Steingut *nt* <*gen:* -(e)s> фая́нс *m*

steinhart *adj* твёрдый как ка́мень

steinig *adj* камени́стый

Steinkohle *f* <*gen:* -> ка́менный у́голь *m*

Steinmetz *m* <-en, -en> каменотёс *m*

Steinobst *nt* <*gen:* -(e)s> ко́сточковый плод *m*

Steinzeit *f* <*gen:* -> ка́менный век *m*

Steißbein *nt* <-(e)s, -e> ко́пчик *m*

Stele *f* <-, -n> сте́ла *f*

Stelle *f* <-, -n> ① (*Ort*) ме́сто *nt*; **an deiner ~ ...** на твоём ме́сте ...; **an erster ~** в пе́рвую о́чередь; **an Ort und ~ sein** быть на ме́сте; **an ~ von etw/jdm** вме́сто чего́-л./кого́-л.; **auf der ~** (*sofort*) неме́дленно ② (*Arbeitsstelle*) рабо́та *f*, до́лжность *f*; ③ (*Dienststelle*) инста́нция *f*, учрежде́ние *nt*; ④ (*Textstelle*) отры́вок *m*

stellen I. *vt* ① (*hinstellen*) ста́вить, по- *pf*; ② (*erstellen*) составля́ть, -ста́вить *pf*; ③ (*Personen*) аресто́вывать, -това́ть *pf*; **II.** *vr* ① (*einen Zustand vortäuschen*) притворя́ться, притвори́ться *pf*; ② (*sich hinstellen*) станови́ться, встать *pf*; ③ (*sich freiwillig melden*) явля́ться, яви́ться *pf* с пови́нной; **sich ans Fenster ~** встать к окну́; **sich krank ~** притворя́ться больны́м

Stellenanzeige *f* <-, -n> объявле́ние *nt* о вака́нтной до́лжности

Stellung *f* <-, -en> ① (*Lage*) положе́ние *nt*; ② (*Amt, Posten*) до́лжность *f*; **zu etw ~ nehmen** вы́сказать своё мне́ние по како́му-л. вопро́су

stellvertretend *adj* замеща́ющий; **der ~e Vorsitzende** замести́тель председа́теля

Stellvertreter, -in *m/f* <-s, -> замести́тель, -ница *m/f*

Stelze *f* <-, -n> ходу́ля *f*; **~n laufen** ходи́ть на ходу́лях

stemmen I. *vt* (*in die Höhe*) поднима́ть, -ня́ть *pf*; **II.** *vr* упира́ться, упере́ться *pf* (*gegen +akk* в *+akk*)

Stempel *m* <-s, -> ① (*Gerät, Abdruck*) печа́ть *f*, штамп *m*; ② (BOT) пе́стик *m*; ③ (*Poststempel*) ште́мпель *m*

Stempelkissen *nt* <-s, -> ште́мпельная поду́шка *f*

stempeln *vt* ста́вить, по- *pf* печа́ть

Stengel *alte Schreibung für* **Stängel**

Stenografie, Stenographie *f* <*gen:* -> стеногра́фия *f*
stenografieren, stenographieren *vt* стенографи́ровать, за- *pf*
Steppdecke *f* <-, -n> стёганое одея́ло *nt*
Steppe *f* <-, -n> степь *f*
sterben *vi* <starb, gestorben> умира́ть, умере́ть *pf* (*an +dat* от *+gen*)
sterblich *adj* сме́ртный; **~e Überreste** (*geh*) бре́нные оста́нки
Sterblichkeit *f* <*gen:* -> сме́ртность *f*
stereo *adj* стереофони́ческий
Stereoanlage *f* <-, -n> стереофони́ческая устано́вка *f*, стереоустано́вка *f*
stereotyp *adj* стереоти́пный
steril *adj* ❶ (*keimfrei*) стери́льный; ❷ (MED: *unfruchtbar*) беспло́дный
Sterilisation *f* <-, -en> стерилиза́ция *f*
Sterilität *f* <*gen:* -> стери́льность *f*
Stern *m* <-(e)s, -e> звезда́ *f*
Sternwarte *f* <-, -n> обсервато́рия *f*
Sternzeichen *nt* <-s, -> знак *m* Зодиа́ка
stetig *adj* постоя́нный
stets *adv* всегда́
Steuer[1] *nt* <-s, -> ❶ (*Lenkrad*) руль *m*; ❷ (*Ruder*) штурва́л *m*
Steuer[2] *f* <-, -n> (*Abgabe*) нало́г *m*; **~n abführen** плати́ть нало́ги; **~n erheben** взима́ть нало́ги
steuern *vt* управля́ть *impf*; **etw ~** управля́ть чем-л.
Steuerung *f* <-, -en> ❶ (TECH: *das Steuern*) управле́ние *f*; ❷ (*Steuergerät*) управля́ющее устро́йство *nt*
Steuerzahler, -in *m/f* <-s, -> налогоплате́льщик, -щица *m/f*
Steward *m* <-s, -s> стюа́рд *m*
Stewardess *f* <-, Stewardessen> стюарде́сса *f*
Stich *m* <-(e)s, -e> ❶ (*einer Nadel, eines Dornes*) уко́л *m*; ❷ (*eines Messers*) уда́р *m*; ❸ (*eines Insekts*) уку́с *m*; ❹ (*stechender Schmerz*) ко́лющая боль *m*; ❺ (*Kupferstich*) гравю́ра *f*; **jdn im ~ lassen** бро́сить кого́-л. на произво́л судьбы́
Stichelei *f* <-, en> ко́лкости *pl*
stichhaltig *adj* убеди́тельный, основа́тельный
Stichling *m* <-s, -e> ко́люшка *f*
Stichprobe *f* <-, -n> вы́борочный контро́ль *m*; **~n machen** проверя́ть на вы́борку
Stichpunkt *m* <-(e)s, -e> ключево́й те́зис *m*
Stichwort *nt* <-(e)s, - wörter> ❶ (*im Wörterbuch*) загла́вное сло́во *nt*, слова́рная статья́ *f*; ❷ (*Wort als Gedächtnisstütze*) ключево́е сло́во *nt*
sticken *vt* вышива́ть, вы́шить *pf*
Stickerei *f* <-, -en> вы́шивка *f*
stickig *adj* (*muffig*) ду́шный
Stickstoff *m* <*gen:* -(e)s> азо́т *m*
Stiefbruder *m* <-s, -brüder> сво́дный брат *m*
Stiefel *m* <-s, -> сапо́г *m*
Stiefkind *nt* <-(e)s, -er> неродно́й ребёнок *m*
Stiefmutter *f* <-, -mütter> ма́чеха *f*
Stiefschwester *f* <-, -n> сво́дная сестра́ *f*
Stiefvater *m* <-s, -väter> о́тчим *m*
stieg *prät von* **steigen**
Stiel *m* <-(e)s, -e> ❶ (BOT: *Stängel*) сте́бель *m*; ❷ (*eines Besens*) ру́чка *f*
Stier *m* <-(e)s, -e> ❶ (*Bulle*) бык *m*; ❷ (ASTR) Теле́ц *m*
stieß *prät von* **stoßen**
Stift *m* <-(e)s, -e> ❶ (*zur Befestigung*) штифт *m*, штырь *m*; ❷ (*Schreib-/Zeichenstift*) каранда́ш *m*
stiften *vt* ❶ (*Preis*) учрежда́ть, -реди́ть *pf*; ❷ (*gründen*) осно́вывать, -нова́ть *pf*; **Verwirrung ~** вы́звать замеша́тельство; **Frieden ~** установи́ть мир
Stiftung *f* <-, -en> ❶ (JUR: *Schenkung*) поже́ртвование *nt*; ❷ (*Institution*) фонд *m*; ❸ (*Prozess*) основа́ние *f*,

S

учреждéние *nt*
Stil *m* <-(e)s, -e> стиль *m*
stilistisch *adj* стилисти́ческий
still *adj* ① (*ruhig, leise*) ти́хий; ② (*reglos*) споко́йный; **im Stillen** (*unbemerkt*) тайко́м; **sei doch endlich ~** замолчи́ же наконéц
Stille *f* <*gen:* -> (*Ruhe*) тишинá *f*, споко́йствие *nt*
Stilleben *nt* <-s, -> натюрмо́рт *m*
stillegen *vt* (*Betrieb*) закрывáть, -крыть *pf*
stillen *vt* ① (*Säugling*) корми́ть, по- *pf* гру́дью; ② (*Hunger, Durst*) утоля́ть, -ли́ть *pf*
Stillschweigen *nt* <*gen:* -s> молчáние *nt*
stillschweigend *adj* молчали́вый
Stillstand *m* <*gen:* -(e)s> ① засто́й *m*; ② (TECH) просто́й *m*
Stimmband *nt* <-(e)s, -bänder> голосовáя свя́зка *f*
Stimme *f* <-, -n> го́лос *m*; **jdm seine ~ geben** (*jdn wählen*) отдáть за кого́-л. свой го́лос
stimmen I. *vi* ① (*richtig sein*) быть *impf* прáвильным; **stimmt das?** прáвильно?; **stimmt so!** (*beim Geben von Trinkgeld*) без сдáчи! ② (*bei einer Wahl*) голосовáть, про- *pf* (*für* за +*akk*); **II.** *vt* (*Instrument*) настрáивать, -стро́ить *pf*
stimmhaft *adj* зво́нкий
Stimmigkeit *f* <*gen:* -> соотвéтствие *nt*, согласо́ванность *nt*
stimmlos *adj* (*Laut*) глухо́й
Stimmrecht *nt* <*gen:* -(e)s> избирáтельное прáво *nt*, прáво *nt* го́лоса
Stimmung *f* <-, -en> (*Gemütsverfassung*) настроéние *nt*; **in ~ sein** (*in guter Laune sein*) быть в хоро́шем настроéнии
stimulieren *vt* стимули́ровать *impf*
stinken *vi* <stank, gestunken> воня́ть *impf*; **hier stinkt es** здесь воня́ет
Stipendium *nt* <-s, Stipendien> стипéндия *f*
Stirn *f* <-, -en> лоб *m*; **die ~ runzeln** мо́рщить лоб
stöbern *vi* ры́ться *impf* (*nach* в по́исках +*gen*)
stochern *vi* ковыря́ть *impf* (*in* +*dat* в +*präpos*)
Stock *m* <-(e)s, Stöcke> ① пáлка *m*; ② (*Blumenstock*) куст *m*; ③ (*Spazierstock*) пáлка *f*, трость *f*; ④ (*Stockwerk*) этáж *m*; **er wohnt im vierten ~** он живёт на пя́том этажé
Stöckelschuh *m* <-(e)s, -e> ту́фля *f* на высо́ком каблукé
stocken *vi* ① (*aussetzen*) замирáть, -мерéть *pf*; ② (*beim Sprechen innehalten*) запинáться, запну́ться *pf*
Stockwerk *nt* <-(e)s, -e> этáж *m*
Stoff *m* <-(e)s, -e> ① (*Gewebe*) ткань *f*; ② (*Materie, Substanz*) веществó *nt*, материáл *m*; ③ (*Inhalt, Grundlage*) материáл *m*, тéма *f*; ④ (*umg: Rauschgift*) наркóтики *pl*
Stoffwechsel *m* <*gen:* -s> обмéн *m* вещéств
stöhnen *vi* стонáть, за- *pf*
Stollen *m* <-s, -> ① (BERGB) штóльня *f*; ② (*Gebäck*) рождéственский кекс *m*
stolpern *vi* (*auch fig*) спотыкáться, споткну́ться *pf* (*über* +*akk* ó +*akk*)
stolz *adj* гóрдый; **ich bin ~ auf dich** я горжу́сь тобóй
Stolz *m* <*gen:* -es> гóрдость *f*
stopfen *vt* ① (*Strümpfe*) штóпать, за- *pf*; **etw in die Tasche ~** запихну́ть что-л. в су́мку; **etw mit etw ~** набивáть что-л. чем-л. ② (*zustopfen*) затыкáть, заткну́ть *pf*
stopp *interj* (*umg: halt!*) стоп!
Stoppel *f* <-, -n> ① (*meist pl: von Getreide*) жнивьё *nt*; ② (*meist pl: des Bartes*) щети́на *f*
stoppen I. *vt* (*anhalten*) останáвливать, -нови́ть *pf*; **II.** *vi* (*innehalten*) останáвливаться, -нови́ться *pf*

S

Stoppschild *nt* <-(e)s, -er> знак *m* обяза́тельной остано́вки
Stoppuhr *f* <-, -en> секундоме́р *m*
Stöpsel *m* <-s, -> ① про́бка *f*; ② ште́псель *m*
Storch *m* <-(e)s, Störche> а́ист *m*
Stör *m* <-(e)s, -e> осётр *m*
stören *vt* меша́ть, по- *pf*; **jdn bei der Arbeit ~** меша́ть кому́-л. рабо́тать; **störe ich?** я меша́ю?
Störenfried *m* <-(e)s, -e> наруши́тель *m* споко́йствия
störrisch *adj* упря́мый
Störung *f* <-, -en> ① (*Ordnung, Frieden*) наруше́ние *nt*; ② (*Arbeit*) поме́ха *f*; ③ (RUNDF) поме́ха *f*; ④ (TECH) сбой *m*, неиспра́вность *f*; **eine ~ beheben** устрани́ть неиспра́вность
störungsfrei *adj* безотка́зный
Stoß *m* <-es, Stöße> ① (*Schlag*) толчо́к *m*, уда́р *m*; ② (*Stapel*) сто́пка *f*
Stoßdämpfer *m* <-s, -> амортиза́тор *m*
stoßen **I.** *vt* <stieß, gestoßen> (*einen Stoß geben*) толка́ть, -кну́ть *pf*; **jdn in die Seite ~** толкну́ть кого́-л. в бок; **II.** *vi* (*auf etw treffen*) натыка́ться, наткну́ться *pf* (*auf +akk* на *+akk*); **III.** *vr* (*sich wehtun*) ударя́ться, уда́риться *pf*
Stoßstange *f* <-, -n> ба́мпер *m*
Stoßzahn *m* <-(e)s, -zähne> клык *m*
stottern *vi* (*Mensch*) заика́ться *impf*
Str. *abk von* ***Straße***
Strafanstalt *f* <-, -en> ме́сто *nt* заключе́ния
strafbar *adj* наказу́емый
Strafe *f* <-, -n> ① (*Bestrafung*) наказа́ние *nt*; ② (*Geldbuße*) штраф *m*; **~ zahlen** плати́ть штраф
strafen *vt* нака́зывать, -каза́ть *pf*
straff *adj* (*gespannt*) туго́й, натя́нутый
straffällig *adj*: **~ werden** нару́шить зако́н
Strafgefangene(r) *m/f* <-n, -n> заключённый, -нная *m/f*
Strafgesetzbuch *nt* <*gen:* -(e)s> уголо́вный ко́декс *m*
sträflich *adj* непрости́тельный; **das war ~er Leichtsinn** престу́пное легкомы́слие
Sträfling *m* <-s, -e> заключённый
straflos *adj* безнака́занный
Strafrecht *nt* <*gen:* -(e)s> уголо́вное пра́во *nt*
Straftat *f* <-, -en> преступле́ние *nt*
Strahl *m* <-(e)s, -en> ① (*von Licht*) луч *m*; ② (*von Wasser*) струя́ *f*
strahlen *vi* (*leuchten, auch fig*) сия́ть *impf*; **Plutonium strahlt** плуто́ний излуча́ет радиоакти́вность
Strahlenkrankheit *f* <-, -en> лучева́я боле́знь *f*
Strahlenschutz *m* <*gen:* -es> радиацио́нная защи́та *f*
Strahlung *f* <-, -en> ① излуче́ние *nt*; ② (PHYS) радиа́ция *f*
Strähne *f* <-, -n> прядь *f*
stramm *adj* ① (*straff*) пло́тно натя́нутый; ② (*kraftvoll aussehend*) кре́пкий
Strampelanzug *m* <-(e)s, -anzüge> ползунки́ *pl*
strampeln *vi* бара́хтаться, по- *pf*
Strand *m* <-(e)s, Strände> пляж *m*; **am ~ liegen** лежа́ть на пля́же
stranden *vi* (*auf Grund laufen*) сади́ться, сесть *pf* на мель
Strandkorb *m* <-(e)s, -körbe> шезло́нг *m*
Strang *m* <-(e)s, Stränge> (*Strick*) верёвка *f*
Strapaze *f* <-, -n> тру́дность *f*
strapazieren *vt* ① (*abnützen*) изна́шивать, -носи́ть *pf*; ② (*in Anspruch nehmen*) изма́тывать, измота́ть *pf*, утомля́ть, -ми́ть *pf*
strapazierfähig *adj* про́чный; **~es Material** про́чный материа́л
Straße *f* <-, -n> ① у́лица *f*, доро́га *f*; ② (*Meerenge*) проли́в *m*; **auf die ~ gehen** (*umg: demonstrieren*) вы́йти на у́лицу; **jdn auf der ~ treffen** встре́тить кого́-л. на у́лице; **in einer ruhigen ~ wohnen** жить на ти́хой у́лице

S

Straßenbahn *f* <-, -en> трамва́й *m*; **mit der ~ fahren** е́здить на трамва́е
Straßenbeleuchtung *f* <*gen:* -> у́личное освеще́ние *nt*
Straßenverkehr *m* <*gen:* -(e)s> у́личное движе́ние *nt*
Straßenverkehrsordnung *f* <*gen:* -> пра́вила *ntpl* доро́жного движе́ния
Strategie *f* <-, -n> страте́гия *f*
strategisch *adj* стратеги́ческий
Stratosphäre *f* <*gen:* -> стратосфе́ра *f*
sträuben *vi* ❶ (*Haare*) топо́рщиться *impf*; ❷ (*sich widersetzen*) проти́виться *impf*; **sich gegen etw ~** проти́виться чему́-л.
Strauch *m* <-(e)s, Sträucher> куст *m*
Strauß[1] *m* <-es, Sträuße> (*von Blumen*) буке́т *m*
Strauß[2] *m* <-es, -e> (*Vogel*) стра́ус *m*
streben *vi* (*sich um etw bemühen*) стреми́ться *impf* (*nach +dat* к *+dat*)
Streber, -in *m/f* <-s, -> (*pej*) карьери́ст, -ка *m/f*
strebsam *adj* усе́рдный
Strecke *f* <-, -n> ❶ (*Wegabschnitt*) расстоя́ние *nt*; ❷ (*Eisenbahnstrecke*) ли́ния *f*; ❸ (SPORT: *Rennstrecke*) диста́нция *f*; ❹ (MATH) отре́зок *m*
strecken I. *vt* (*ausstrecken*) вытя́гивать, вы́тянуть *pf*; **II.** *vr* (*sich ausgestreckt hinlegen*) вытя́гиваться, вы́тянуться *pf*
Streich *m* <-(e)s, -e> шу́тка *f*; **jdm einen ~ spielen** сыгра́ть с кем-л. шу́тку
streicheln *vt* (*liebkosen*) гла́дить, по- *pf*
streichen I. *vt* <strich, gestrichen> ❶ (*über etw hinfahren*) гла́дить, по- *pf*; ❷ (*Butter*) нама́зывать, -ма́зать *pf*; ❸ (*anstreichen*) кра́сить, по- *pf*; ❹ (*ausstreichen*) зачёркивать, -черкну́ть *pf*; ❺ (*Segel*) спуска́ть, спусти́ть *pf*; **II.** *vi* (*umhergehen*) броди́ть *impf*
Streichholz *nt* <-es, -hölzer> спи́чка *f*
Streichinstrument *nt* <-(e)s, -e> стру́нный инструме́нт *m*
Streifband *nt* бандеро́ль *f*
Streife *f* <-, -n> патру́ль *m*; **auf ~ gehen** обходи́ть дозо́ром
streifen I. *vt* каса́ться, косну́ться; **jdn am Arm ~** косну́ться че́й-л. руки́; **ein Thema nur am Rande ~** (*fig*) косну́ться вкра́тце како́й-л. те́мы; **II.** *vi* (*umherstreifen*) броди́ть *impf*
Streifen *m* <-s, -> полоса́ *f*; **ein ~ Papier** поло́ска бума́ги
Streifenwagen *m* <-s, -> патру́льная маши́на *f*
Streik *m* <-(e)s, -s> забасто́вка *f*; **in den ~ treten** нача́ть забасто́вку
streiken *vi* (*Arbeitnehmer*) бастова́ть, за- *pf*
Streit *m* <-(e)s, -e> ссо́ра *f*; **~ miteinander bekommen** поссо́риться друг с дру́гом
streiten *vi* <stritt, gestritten> ❶ (*zanken*) ссо́риться, по- *pf*; ❷ (*heftig diskutieren*) спо́рить, по- *pf* (*über +akk* о *+präpos*); **sie ~ sich wegen jeder Kleinigkeit** они́ ссо́рятся из-за ка́ждой ме́лочи
Streitkräfte *fpl* войска́ *ntpl*, вооружённые си́лы *fpl*
streng *adj* ❶ (*unnachsichtig, strikt*) стро́гий; **im ~en Sinne** стро́го говоря́ ❷ (*herb*) суро́вый; ❸ (*rau*) суро́вый; **ein ~er Winter** суро́вая зима́
streng genommen *adv* со́бственно говоря́
strengstens *adv* строжа́йше
Stress *m* <*gen:* -es> стресс *m*
stressig *adj* (*umg*) напряжённый; **die Arbeit ist sehr ~** рабо́та о́чень не́рвная
streuen *vt* сы́пать, на- *pf*
Streusand *m* <*gen:* -s> песо́к *m* для посы́пки доро́г
strich *prät von* **streichen**
Strich *m* <-(e)s, -e> ❶ (*Linie*) черта́ *f*; ❷ (*umg: Prostitution auf der Straße*) пане́ль *f*; **auf den ~ gehen**

пойти́ на пане́ль
Strichpunkt *m* <-(e)s, -e> то́чка *f* с запято́й
Strick *m* <-(e)s, -e> верёвка *f*; **wenn alle Stricke reißen** (*fig*) на худо́й коне́ц
stricken *vt* вяза́ть, с- *pf*
Strickgarn *nt* <-(e)s, -e> пря́жа *f* для вяза́ния
Strickjacke *f* <-, -n> вя́заная ко́фта *f*
Stricknadel *f* <-, -n> (вяза́льная) спи́ца *f*
Strickwaren *pl* <*gen:* -> трикота́ж *m*
strikt *adj* то́чный
stritt *prät von* **streiten**
strittig *adj* спо́рный
Stroh *nt* <*gen:* -(e)s> соло́ма *f*
Strohhalm *m* <-(e)s, -e> соло́минка *f*
Strom *m* <-(e)s, Ströme> ❶ пото́к *m*; ❷ (*Fluss*) (больша́я) река́ *f*; ❸ (EL) (электри́ческий) ток *m*, электри́чество *nt*, электроэне́ргия *f*; **ein ~ von etw** (*auch fig*) пото́к чего́-л.; **mit dem ~ schwimmen** (*fig*) плыть по тече́нию
stromabwärts *adv* вниз по тече́нию
stromaufwärts *adv* вверх по тече́нию
Stromausfall *m* <-(e)s, -ausfälle> отключе́ние *nt* электросе́ти
strömen *vi* течь, по- *pf*
Stromnetz *nt* <*gen:* -es> электросе́ть *f*
Strömung *f* <-, -en> (*auch fig*) тече́ние *nt*
Stromversorgung *f* <*gen:* -> электроснабже́ние *nt*
Strophe *f* <-, -n> строфа́ *f*
Strudel *m* <-s, -> (*auch fig*) водоворо́т *m*
Struktur *f* <-, -en> структу́ра *f*
strukturell *adj* структу́рный
Strumpf *m* <-(e)s, Strümpfe> чуло́к *m*
Strumpfhose *f* <-, -n> колго́тки *pl*
Strunk *m* <-(e)s, Strünke> ❶ (*von Salat*) сте́бель *m*; ❷ (*von Baum*) кочеры́жка *f*
struppig *adj* растрёпанный
Stube *f* <-, -n> ко́мната *f*
Stuck *m* <*gen:* -(e)s> лепни́на *f*, штукату́рка *f*
Stück *nt* <-(e)s, -e> ❶ кусо́к *m*; **ein ~ Kuchen** кусо́к пирога́; **ein ~** (*ein bisschen*) немно́го ❷ (*Theaterstück*) пье́са *f*; ❸ (*Musikstück*) (музыка́льное) произведе́ние *nt*; ❹ (*Exemplar*) шту́ка *f*
Stückchen *nt* <-s, -> кусо́чек *m*
stückweise *adv* пошту́чно
Student, -in *m/f* <-en, -en> студе́нт, -ка *m/f*
Studentenausweis *m* <-es, -e> студе́нческий биле́т *m*
Studie *f* <-, -n> ❶ (*skizzenhafter Entwurf*) эски́з *m*; ❷ (*wissenschaftliche Untersuchung*) иссле́дование *nt*
Studienbewerber *m* <-s, -> абитурие́нт *m*
Studienfach *nt* <-(e)s, -fächer> уче́бная дисципли́на *f*, (уче́бный) предме́т *m*
Studiengang *m* <-(e)s, -gänge> по́лный уче́бный курс *m* в ву́зе
studieren I. *vi* учи́ться *impf*(в университе́те, институ́те); **II.** *vt* ❶ изуча́ть *impf*; **Jura ~** изуча́ть пра́во ❷ (*genau untersuchen*) изуча́ть, -чи́ть *pf*
Studio *nt* <-s, -s> ателье́ *nt*
Studium *nt* <-s, Studien> учёба *f* в ву́зе
Stufe *f* <-, -n> ❶ (*einer Treppe*) ступе́нь *f*, ступе́нька *f*; ❷ (*fig: Entwicklungsstadium*) ступе́нь *f*, у́ровень *m*; ❸ (*fig: Rang*) у́ровень *m*; ❹ (*einer Rakete*) ступе́нь *f*
Stufenbarren *m* <-s, -> паралле́льные бру́сья *pl*
stufenweise *adv* постепе́нно
Stuhl *m* <-(e)s, Stühle> стул *m*; **fast vom ~ fallen** (*umg: sehr überrascht sein*) чуть не упа́сть со сту́ла
Stuhlgang *m* <*gen:* -(e)s> (MED) стул *m*
stumm *adj* немо́й
Stummel *m* <-s, -> оку́рок *m*

Stummfilm *m* <-(e)s, -e> немóй фильм *m*
stumpf *adj* ❶ тупóй; ❷ (*matt, glanzlos*) мáтовый; ❸ (MATH: *Winkel*) тупóй; **ein ~er Blick** тупóй взгляд
Stumpf *m* <-(e)s, Stümpfe> ❶ (*allgemein*) кóнчик *m*, остáток *m*; ❷ (*von Kerze*) огáрок *m*; ❸ (*von Baum*) пень *m*
Stumpfsinn *m* <*gen:* -(e)s> тýпость *f*
stumpfsinnig *adj* тупóй
Stunde *f* <-, -n> ❶ час *m*; ❷ (*Unterrichtseinheit*) урóк *m*; **eine halbe ~** полчасá; **eine geschlagene ~ warten** ждать би́тый час
stunden *vt* отсрóчивать, отсрóчить *pf*
stundenlang *adj* часáми
Stundenplan *m* <-(e)s, -pläne> расписáние *nt* урóков
stündlich *adv* кáждый час, ежечáсно
Stupsnase *f* <-, -n> курнóсый нос *m*
stur *adj* упря́мый
Sturm *m* <-(e)s, Stürme> ❶ (*Wind*) бýря *f*; ❷ (*Angriff*) штурм *m*; ❸ (SPORT: *Gesamtheit der Stürmer*) нападáющие *mpl*
stürmen *vt* (*etw im Sturm nehmen*) штурмовáть *impf*
stürmisch *adj* (*auch fig*) бýрный
Sturmwarnung *f* <-, -en> штормовóе предупреждéние *nt*
S
Sturz *m* <-es, Stürze> (*Fall, auch fig*) падéние *nt*
stürzen I. *vt* (*fig: Regierung*) свергáть, свéргнуть *pf*; **II.** *vi* ❶ (*fallen*) пáдать, упáсть *pf*; ❷ (*eilen*) ри́нуться *pf*; **aus dem Fenster ~** упáсть из окнá; **sich aus dem Fenster ~** вы́броситься из окнá; **III.** *vr* (*über jdn herfallen*) бросáться, брóситься *pf*; **sich auf jdn ~** набрóситься на когó-л.
Stute *f* <-, -n> кобы́ла *f*
Stütze *f* <-, -n> ❶ подпóрка *f*; ❷ (*Pfosten, Pfeiler*) столб *m*; ❸ (*fig: Hilfe, Halt*) опóра *f*
stutzen *vt* (*beschneiden*) подрезáть, -рéзать *pf*
stützen I. *vt* (*durch eine Stütze*) подпирáть, -перéть *pf*; **die Hände in die Seiten ~** подбочéниться; **II.** *vr* (*sich aufstützen*) опирáться, оперéться *pf*; **sich auf einen Stock ~** опирáться на пáлку
stutzig *adj* озадáченный; **jdn ~ machen** озадáчить когó-л.; **~ werden** озадáчиться
Stützpunkt *m* <-(e)s, -e> (MIL) воéнная бáза *f*
s. u. *abk von* ***siehe unten*** см. ни́же
Subjekt *nt* <-(e)s, -e> ❶ (LING) подлежáщее; ❷ (*pej: verachtenswerter Mensch*) субъéкт *m*
subjektiv *adj* субъекти́вный
Substantiv *nt* <-s, -e> существи́тельное *nt*
Substanz *f* <-, -en> ❶ (*Stoff*) веществó *nt*; ❷ (*innerer Gehalt*) сýщность *f*
subtil *adj* ❶ (*differenziert*) тóнкий; ❷ (*schwierig*) слóжный
Suche *f* <-, (-n)> пóиск *m*; **sich auf die ~ nach etw machen** отпрáвиться на пóиск чегó-л.
suchen *vt* искáть *impf*; **eine Wohnung ~** искáть кварти́ру
Suchhund *m* <-(e)s, -e> ищéйка *f*
Sucht *f* <-, Süchte> ❶ страсть *f*, (болéзненное) влечéние *nt*, мáния *f* (*nach +dat* к *+dat*); ❷ (*Drogen~*) наркомáния *f*
süchtig *adj*: **er ist ~** (*drogen~*) он наркомáн; **sie ist ~** (*arbeits~*) онá работоóлик
Sud *m* <*gen:* -(e)s> отвáр *m*
Südamerika *nt* <*gen:* -s> Ю́жная Амéрика *f*
süddeutsch *adj* южнонемéцкий
Süden *m* <*gen:* -s> юг *m*; **von ~** с ю́га; **im ~** на ю́ге
Südeuropa *nt* <*gen:* -s> Ю́жная Еврóпа *f*
Südfrucht *f* <-, -früchte> субтропи́ческий плод *m*

südlich **I.** *adj* ю́жный; **II.** *präp +gen* к ю́гу от (+ *gen*), южне́е (+ *gen*)
Südosten *m* <*gen:* -s> ю́го-восто́к *m*
Südpol *m* <*gen:* -s> Ю́жный по́люс *m*
Südtirol *nt* <*gen:* -s> Ю́жный Тиро́ль *m*
Südwesten *m* <*gen:* -s> ю́го-за́пад *m*
Suffix *nt* <-es, -e> (LING) су́ффикс *m*
suggerieren *vt* (PSYCH) внуша́ть, внуши́ть *pf*
Sühne *f* <*gen:* -> (*geh*) искупле́ние *nt*, распла́та *f*
sühnen *vt* искупа́ть, искупи́ть *pf*
Suite *f* <-, -n> ① (*Hotelsuite*) но́мер люкс (в гости́нице); ② (MUS) сюи́та *f*
sukzessiv *adv* постепе́нно, после́довательно
Sultanine *f* <-, -n> кишми́ш *m*
Sülze *f* <-, -n> сту́день *f*
Summe *f* <-, -n> су́мма *f*
summen *vi* (*Insekten*) жужжа́ть, по- *pf*
summieren *vt* сумми́ровать *impf/pf*
Sumpf *m* <-(e)s, Sümpfe> боло́то *nt*
sumpfig *adj* боло́тистый
Sünde *f* <-, -n> грех *m*; **eine ~ begehen** соверши́ть грех
Sündenbock *m* <-(e)s, -böcke> козёл *m* отпуще́ния
Sünder, -in *m/f* <-s, -> гре́шник, -ница *m/f*
sündigen *vi* греши́ть, со- *pf*
super *adj* (*umg*) кла́ссный, су́пер
Superlativ *m* <-s, -e> превосхо́дная сте́пень *f*
Supermarkt *m* <-(e)s, -märkte> суперма́ркет *m*, универса́м *m*
Suppe *f* <-, -n> суп *m*
Surfbrett *nt* <-(e)s, -er> доска́ *f* для сёрфинга
surfen *vi* (SPORT) занима́ться, -ня́ться *pf* сёрфингом
Surfing *nt* <*gen:* -s> сёрфинг *m*
Surrealismus *m* <*gen:* -> сюрреали́зм *m*
surren *vi* гуде́ть, по- *pf*
suspekt *adj* подозри́тельный
süß *adj* ① (*nicht sauer*) сла́дкий; ② (*umg: lieb*) ми́лый, сла́дкий
Süßigkeit *f* <-, -en> сла́дость *f*
süßlich *adj* сладкова́тый
süßsauer, süß-sauer *adj* (*Speise*) ки́сло-сла́дкий
Süßspeise *f* <-, -n> сла́дкое *nt*
Süßstoff *m* <-(e)s, -e> сахари́н *m*
Süßwaren *pl* <*gen:* -> конди́терские изде́лия *ntpl*
Süßwarengeschäft *nt* <-(e)s, -e> конди́терская *f*
Süßwasser *nt* <*gen:* -s> пре́сная вода́ *f*
Sweatshirt *nt* <-s, -s> футбо́лка *f* с дли́нными рукава́ми
Symbiose *f* <-, -n> симбио́з *m*
Symbol *nt* <-s, -e> си́мвол *m*
Symbolik *f* <*gen:* -> симво́лика *f*
symbolisch *adj* ① символи́ческий; ② (*für etw/jdn*) символи́чный (*für +akk* для *+gen*)
symbolisieren *vt* символизи́ровать *impf*
Symmetrie *f* <-, -n> симме́трия *f*
symmetrisch *adj* симмметри́ческий, симметри́чный
Sympathie *f* <-, -n> симпа́тия *f*
sympathisch *adj* симпати́чный; **er ist mir sehr ~** он мне о́чень симпати́чен
sympathisieren *vi* симпатизи́ровать *impf*; **mit jdm ~** симпатизи́ровать кому́-л.
Symptom *nt* <-s, -e> симпто́м *m*
Synagoge *f* <-, -n> синаго́га *f*
synchron *adj* (*gleichzeitig*) синхро́нный
synchronisieren *vt* (FILM) синхронизи́ровать *impf/pf*
Syndrom *nt* <-s, -e> синдро́м *m*
synonym *adj* синоними́ческий
Synonym *nt* <-s, -e> сино́ним *m*
Syntax *f* <*gen:* -> си́нтаксис *m*
Synthese *f* <-, -n> си́нтез *m*
Synthesizer *m* <-s, -> синteза́тор *m*
Synthetik *nt* <*gen:* -s> (*Kunstfaser*) синте́тика *f*
synthetisch *adj* синтети́ческий
Syphilis *f* <*gen:* -> си́филис *m*

S

Syrien *nt* <*gen:* -s> Си́рия *f*
System *nt* <-s, -e> систе́ма *f*
systematisch *adj* системати́ческий
systematisieren *vt* систематизи́ровать *impf/pf*
Szenario *nt* <-s, Szenarien> сцена́рий *m*
Szene *f* <-, -n> сце́на *f*
Szepter *nt* <-s, -> ски́петр *m*

Tt

t, T *nt* <-, -> т, Т
Tabakwaren *pl* <*gen:* -> таба́чные изде́лия *pl*
Tabelle *f* <-, -n> табли́ца *f*
Tablet *nt* <-s, -s>, **Tablet-Computer** *m* (DV) планше́т *m*
Tablett *nt* <-(e)s, -e/-s> подно́с *m*
Tablette *f* <-, -n> табле́тка *f*
Tachometer *m* <-s, -> спидо́метр *m*
Tadel *m* <-s, -> вы́говор *m*
tadellos *adj* безупре́чный
tadeln *vt* брани́ть *impf* (*für +akk* за *+akk*)
Tafel *f* <-, -n> ① (*Schultafel*) доска́ *f*; ② (*Schokoladentafel*) пли́тка *f*; ③ (*Schaubild*) табли́ца *f*; ④ (*Gedenktafel*) плита́ *f*; ⑤ (*geh: festlich gedeckter Tisch*) (обе́денный) стол *m*
Tag *m* <-(e)s, -e> день *m*; **welcher ~ ist heute?** како́й сего́дня день?; **guten ~!** здра́вствуйте! **eines ~es** одна́жды; **in drei ~en** че́рез три дня; **~ für ~** день за днём; **sie hat ihre ~e** у неё ме́сячные
tagaus *adv*: **~, tagein** изо дня́ в день
Tagebuch *nt* <-(e)s, -bücher> дневни́к *m*
tagelang *adj* дня́ми
Tagesanbruch *m* <-(e)s, -anbrüche> рассве́т *m*; **bei ~** на рассве́те
Tageslicht *nt* <*gen:* -(e)s> дневно́й свет *m*
Tagesordnung *f* <*gen:* -> пове́стка *f* дня; **etw ist an der ~** что-л. стои́т на пове́стке дня
Tageszeit *f* <-, -en> вре́мя *nt* дня
Tageszeitung *f* <-, -en> ежедне́вная газе́та *f*
täglich *adj* ежедне́вный
tagsüber *adv* днём
Tagung *f* <-, -en> заседа́ние *nt*
Taille *f* <-, -n> та́лия *f*
Takt *m* <-(e)s, -e> (MUS), (*Taktgefühl*) такт *m*
Taktik *f* <-, -en> та́ктика *f*
taktisch *adj* такти́ческий
taktlos *adj* беста́ктный
Taktlosigkeit *f* <-, -en> беста́ктность *f*
taktvoll *adj* такти́чный, делика́тный
Tal *nt* <-(e)s, Täler> доли́на *f*
Talar *m* <-s, -e> ① ма́нтия *f*; ② (REL) ря́са *f*
Talent *nt* <-(e)s, -e> тала́нт *m*; **er hat ~ dazu** у него́ к э́тому тала́нт
talentiert *adj* тала́нтливый
Talg *m* <-(e)s, -e> са́ло *nt*, жир *m*
Talisman *m* <-s, -e> талисма́н *m*
Talkshow, Talk-Show *f* <-, -s> то́к-шо́у *nt*
Tampon *m* <-s, -s> тампо́н *m*
Tang *m* <-(e)s, -e> во́доросль *f*
Tank *m* <-s, -s> бак *m*
tanken *vi* заправля́ться, -пра́виться *pf*; **40 Liter Benzin ~** запра́вить со́рок ли́тров бензи́на
Tanker *m* <-s, -> та́нкер *m*
Tankstelle *f* <-, -n> ① запра́вочная ста́нция *f*; ② (*umg*) запра́вка *f*

T

Tankwagen *m* <-s, -> автоцистéрна *f*
Tankzug *m* <-(e)s, -züge> пóезд *m* с вагóнами-цистéрнами
Tanne *f* <-, -n> пúхта *f*, ель *f*
Tannenbaum *m* <-(e)s, -bäume> ёлка *m*
Tante *f* <-, -n> тётя *f*
Tanz *m* <-es, Tänze> тáнец *m*; **jdn zum ~ auffordern** пригласúть когó-л. на тáнец
tanzen *vt* танцевáть, по- *pf*
Tänzer, -in *m/f* <-s, -> танцóвщик, -щица *m/f*, танцóр *m*
Tanzschule *f* <-, -en> шкóла *f* тáнцев
Tanzturnier *nt* <-(e)s, -e> кóнкурс *m* бáльных тáнцев
Tapete *f* <-, -n> обóи *m*
tapezieren *vt* оклéивать, -лéить *pf* обóями
tapfer *adj* мýжественный, смéлый
Tapferkeit *f* <*gen:* -> мýжество *f*, смéлость *f*
Tarif *m* <-s, -e> тарúф *m*
tarnen *vt* маскировáть, за- *pf*
Tarnung *f* <-, -en> маскирóвка *f*
Tasche *f* <-, -n> ❶ (*an Kleidungsstück*) кармáн *m*; ❷ (*Gepäckstück*) сýмка *f*
Taschendieb *m* <-(e)s, -e> кармáнный вор *m*, вор-кармáнник *m*
Taschengeld *nt* <*gen:* -es> кармáнные дéньги *fpl*
Taschenlampe *f* <-, -n> кармáнный фонáрик *m*
Taschenmesser *nt* <-s, -> перочúнный нож *m*
Taschenrechner *m* <-s, -> микрокалькулятор *m*
Taschentuch *nt* <-(e)s, -tücher> носовóй платóк *m*
Tasse *f* <-, -n> чáшка *f*
Tastatur *f* <-, -en> клавиатýра *f*
Taste *f* <-, -n> клáвиша *f*
tasten *vi* искáть *impf* óщупью [*o* на óщупь]
tat *prät von* **tun**
Tat *f* <-, -en> постýпок *m*; **in der ~** в действúтельности
tatenlos *adj* бездéятельный
Täter, -in *m/f* <-s, -> престýпник, -ница *m/f*
tätig *adj*: **sie ist als Lehrerin ~** онá рабóтает учúтельницей
tätigen *vt* осуществúть *pf*, совершúть *pf*
Tätigkeit *f* <-, -en> дéятельность *f*
tatkräftig *adj* энергúчный
Tatort *m* <-(e)s, -e> мéсто *nt* происшéствия
Tätowierung *f* <-, -en> татуирóвка *f*
Tatsache *f* <-, -n> факт *m*
tatsächlich I. *adj* фактúческий; II. *adv* фактúчески, на сáмом дéле.
Tatze *f* <-, -n> лáпа *f*
Tau[1] *nt* <-(e)s, -e> (*Seil*) канáт *m*
Tau[2] *m* <*gen:* -(e)s> росá *f*
taub *adj* ❶ глухóй; ❷ (*betäubt*) онемéлый
Taube *f* <-, -n> (*Vogel*) гóлубь *m*
taubstumm *adj* глухонемóй
tauchen I. *vi* нырять, нырнýть *pf* (*nach +dat* за *+inst*); II. *vt* погружáть, -грузúть *pf*
Taucher, -in *m/f* <-s, -> ❶ ныряльщик, -щица *m/f*; ❷ (*mit Taucherausrüstung*) водолáз *m*, аквалангúст, -ка *m/f*
Taucheranzug *m* <-(e)s, -anzüge> водолáзный костюм *m*, скафáндр *m*
Tauchsieder *m* <-s, -> кипятúльник *m*
tauen *vi* (*Eis, Schnee*) тáять, рас- *pf*; **es taut** тáет (снег)
Taufe *f* <-, -n> крещéние *nt*
taufen *vt* крестúть, о- *pf*
Täufling *m* <-s, -e> крёстник *m*
taugen *vi* годúться *impf* (*zu +dat* к *+dat*); **etw taugt nichts** это никудá не годúтся
Taugenichts *m* <-(es), -e> (*pej*) бездéльник *m*
tauglich *adj* ❶ пригóдный; ❷ (MIL) гóдный к воéнной слýжбе
taumeln *vi* шатáться, пошатнýться *pf*
Tausch *m* <-(e)s, -e> обмéн *m*

T

tauschen *vt* меня́ть, об- *pf*; **etw mit jdm ~** поменя́ться с кем-л. чем-л.; **etw gegen etw ~** обменя́ть что-л. на что-л.
täuschen I. *vt* обма́нывать, -ну́ть *pf*; **II.** *vi* обма́нываться, -ману́ться *pf*; **sich in jdm ~** ошиби́ться в ком-л.
täuschend *adj* обма́нчивый
Täuschung *f* <-, -en> (*das Täuschen*) обма́н *m*
tausend *num* ты́сяча
tausendfach I. *adj* тысячекра́тный; **II.** *adv* в ты́сячу раз.
Tausendfüßler *m* <-s, -> многоно́жка *f*
tausendste(r) *adj* ты́сячный
Tauwetter *nt* <*gen:* -s> о́ттепель *f*
Taxi *nt* <-s, -s> такси́ *nt*; **ein ~ nehmen** взять такси́; **ein ~ rufen** вы́звать такси́
Taxifahrer, -in *m/f* <-s, -> такси́ст *m*
Taxistand *m* <-(e)s, -stände> стоя́нка *f* такси́
Team *nt* <-s, -s> ① (SPORT) кома́нда *f*; ② (*allgemein*) коллекти́в *m*
Teamarbeit *f* <*gen:* -> коллекти́вная рабо́та *f*
Technik *f* <-, -en> те́хника *f*
Techniker, -in *m/f* <-s, -> те́хник *m*
technisch *adj* техни́ческий
Technologie *f* <-, -n> техноло́гия *f*
technologisch *adj* технологи́ческий
Teddybär *m* <-en, -en> (плю́шевый) медве́дь *m*, Ми́шка *m*
Tee *m* <-s, -s> чай *m*; **schwarzer ~** чёрный чай; **~ mit Zitrone** чай с лимо́ном
Teebeutel *m* <-s, -s> паке́тник *m* с ча́ем
Teekanne *f* <-, -n> ча́йник *m*
Teelöffel *m* <-s, -> ча́йная ло́жка *f*
Teenager *m* <-s, -> подро́сток *m*
Teer *m* <-(e)s, -e> смола́ *f*, гудро́н *m*
Teflon *nt* тефло́н
Teich *m* <-(e)s, -e> пруд *m*
Teig *m* <-(e)s, -e> те́сто *nt*
Teigwaren *pl* <*gen:* -> макаро́нные изде́лия *ntpl*
Teil [1] *m* <-(e)s, -e> ① часть *f*; ② (*Anteil*) до́ля *f*; **zum ~** части́чно
Teil [2] *nt* <-(e)s, -e> (*Einzelteil, Bauteil*) дета́ль *f*
teilbar *adj* дели́мый
Teilbarkeit *f* <*gen:* -> дели́мость *f*
Teilchen *nt* <-s, -> (PHYS) части́ца *f*
teilen I. *vt* дели́ть, раз- *pf* (*in +akk* на *+akk*); **etw mit jdm ~** подели́ться чем-л. с кем-л.; **jds Meinung ~** разделя́ть чьё-л. мне́ние; **II.** *vi* ① (*Weg, Fluss*) разветвля́ться, -ветви́ться *pf*; ② (*Auffassung*) разделя́ться, -ли́ться *pf*
Teilnahme *f* <*gen:* -> уча́стие *nt* (*an +dat* в *+präpos*)
teilnahmslos *adj* равноду́шный
teilnahmsvoll *adj* уча́стливый
teilnehmen *vi* принима́ть, -ня́ть *pf* уча́стие (*an +dat* в *+präpos*)
Teilnehmer, -in *m/f* <-s, -> уча́стник, -ница *m/f*
teils *adv* отча́сти
Teilung *f* <-, -en> разделе́ние *nt*
teilweise *adv* отча́сти, части́чно
Teint *m* <-s, -s> цвет *m* лица́
Tel. *abk von* ***Telefonnummer***
Telefax *nt* <-, -(e)> телефа́кс *m*
Telefon *nt* <-s, -e> телефо́н *m*; **ans ~ gehen** подойти́ к телефо́ну
Telefonat *nt* <-(e)s, -e> телефо́нный разгово́р *m*
Telefonbuch *nt* <-(e)s, -bücher> телефо́нный спра́вочник *m*
telefonieren *vi* разгова́ривать *impf* по телефо́ну, говори́ть, по- *pf* по телефо́ну (*mit +dat* с *+inst*), звони́ть, по- *pf* (+ *dat*)
telefonisch *adj* телефо́нный
Telefonist, -in *m/f* <-en, -en> телефони́ст, -ка *m/f*
Telefonnummer *f* <-, -n> но́мер *m* телефо́на
Telefonzelle *f* <-, -n> телефо́нная бу́дка *f*
Telefonzentrale *f* <-, -n> телефо́нный коммута́тор *m*
Telegramm *nt* <-s, -e> телегра́мма *f*; **ein ~ aufgeben** отпра́вить

телегра́мму
Teleskop *nt* <-s, -e> телеско́п *m*
Teller *m* <-s, -> таре́лка *f*; **flacher ~** ме́лкая таре́лка; **tiefer ~** глубо́кая таре́лка
Tempel *m* <-s, -> храм *m*
Temperament *nt* <-(e)s, -e> темпера́мент *m*
temperamentvoll *adj* темпера́ментный
Temperatur *f* <-, -en> ① (*Wärme*) температу́ра *f*; ② (*leichtes Fieber*) (повы́шенная) температу́ра *f*
Tempo *nt* <-s, -s/Tempi> ① ско́рость *f*, темп *m*; ② (MUS) темп *m*
Tendenz *f* <-, -en> тенде́нция *f*
tendieren *vi* име́ть тенде́нцию *impf*, склоня́ться *impf* (*zu* +*akk* к +*dat*)
Tennis *nt* <*gen:* -> те́ннис *m*
Tennisplatz *m* <-es, -plätze> те́ннисная площа́дка *f*
Tennisschläger *m* <-s, -> те́ннисная раке́тка *f*
Tennisspieler, -in *m/f* <-s, -> тенниси́ст, -ка *m/f*
Tenor *m* <-s, Tenöre> (MUS) те́нор *m* (певе́ц)
Teppich *m* <-s, -e> ковёр *m*
Teppichboden *m* <-s, -böden> ковро́вое покры́тие *nt*
Termin *m* <-s, -e> ① (*Zeitpunkt*) срок *m*, да́та *f*; **letztmöglicher ~** кра́йний (преде́льный) срок ② (*Frist*) срок *m*; ③ (*Treffen*) встре́ча *f*; ④ (*Arzttermin etc*) приём *m*, вре́мя *nt* приёма; **bei jdm einen ~ bekommen** записа́ться к кому́-л. на приём
Terminal *nt* <-s, -s> (*am Flughafen*) аэровокза́л *m*
termingemäß *adj* своевре́менный, испо́лненный в ука́занный срок
Terminkalender *m* <-s, -> календа́рь *m* -па́мятка *f*
Terminologie *f* <-, -n> терминоло́гия *f*
Terminplan *m* <-(e)s, -pläne> календа́рный план *m*, план *m* -гра́фик *m*
Terrasse *f* <-, -n> терра́са *f*
Territorium *nt* <-s, -rien> террито́рия *f*
Terror *m* <*gen:* -s> терро́р *m*
Terrorakt *m* <-(e)s, -e> террористи́ческий акт *m*
terrorisieren *vt* терроризи́ровать *impf*
Terrorismus *m* <*gen:* -> террори́зм *m*
Terrorist, -in *m/f* <-en, -en> террори́ст, -ка *m/f*
Tesafilm ® *m* <-(e)s, -e> клéющая ле́нта *f*, „скотч" *m*
Test *m* <-(e)s, -s/-e> испыта́ние *nt*, тест *m*
Testament *nt* <-(e)s, -e> завеща́ние *nt*; **altes ~** (REL) Ве́тхий заве́т; **neues ~** (REL) Но́вый заве́т
testen *vt* испы́тывать, -пыта́ть *pf*
Tetanus *m* <*gen:* -> (MED) столбня́к *m*
teuer *adj* дорого́й
Teuerung *f* <-, -en> подорожа́ние *nt*
Teufel *m* <-s, -> чёрт *m*
Teufelskreis *m* <-es, -e> заколдо́ванный круг *m*
teuflisch *adj* черто́вский
Text *m* <-(e)s, -e> текст *m*
textil *adj* тексти́льный
Textilien *pl* <*gen:* -> тексти́льные изде́лия *ntpl*
Textverarbeitung *f* <-, -en> (*die Verarbeitung von Text mit dem Computer*) обрабо́тка *f* те́кста
Theater *nt* <-s, -> теа́тр *m*; **ins ~ gehen** пойти́ в теа́тр
Theaterkarte *f* <-, -n> биле́т *m* в теа́тр
Theaterstück *nt* <-(e)s, -e> пье́са *f*
theatralisch *adj* театра́льный
Theke *f* <-, -n> ① (*eines Lokals*) сто́йка *f*; ② (*eines Ladens*) прила́вок *m*
Thema *nt* <-s, Themen> те́ма *f*
Thematik *f* <-, -en> тема́тика *f*
Theologe *m* <-n, -n> богосло́в *m*
Theologie *f* <*gen:* -> богосло́вие
theologisch *adj* богосло́вский
theoretisch *adj* теорети́ческий

Theorie *f* <-, -n> тео́рия *f*
Therapeut, -in *m* <-en, -en> терапе́вт *m*
therapeutisch *adj* терапевти́ческий
Therapie *f* <-, -n> терапи́я *f*
therapieren *vt* подверга́ть, -ве́ргнуть *pf* терапи́и
Thermometer *nt* <-s, -> термо́метр *m*
Thermosflasche® *f* <-, -n> те́рмос *m*
Thermostat *m* <-(e)s, -e(n)> термоста́т *m*
These *f* <-, -n> те́зис *m*
Thron *m* <-(e)s, -e> престо́л *m*, трон *m*
Thüringen *nt* <*gen:* -s> Тюри́нгия *f*
ticken *vi* (*Uhr*) ти́кать *impf*
tief *adj* ❶ глубо́кий; **~ betrübt** глубоко́ опеча́ленный; **~ bewegt** глубоко́ взволно́ванный ❷ (*niedrig*) ни́зкий; ❸ (*Schlaf*) глубо́кий; **10 Meter ~** глубино́й в де́сять ме́тров; **bis ~ in die Nacht** до глубо́кой но́чи
Tief *nt* <-s, -s> ❶ (*Wetter*) о́бласть *f* ни́зкого давле́ния; ❷ (ÖKON) спад *m*
Tiefe *f* <-, -n> глубина́ *f*
Tiefebene *f* <-, -n> ни́зменность *f*
tiefgekühlt *adj* заморо́женный
Tiefkühlfach *nt* <-(e)s, -fächer> морози́льная ка́мера *f*
Tiefsinn *m* <*gen:* -(e)s> глубокомы́слие *nt*
tiefsinnig *adj* содержа́щий глубо́кий смысл
Tier *nt* <-(e)s, -e> живо́тное *nt*, зверь *m*; **ein hohes ~** (*umg*) ва́жная пти́ца
Tierarzt, -ärztin *m/f* <-es, -ärzte> ветерина́р *m*
Tiergarten *m* <-s, -gärten> зоопа́рк *m*
Tierheim *nt* <-(e)s, -e> прию́т *m* для живо́тных
tierisch *adj* ❶ (*von Tieren stammend*) живо́тный, звери́ный; ❷ (*umg: äußerst, groß*) зве́рский
Tierklinik *f* <-, -en> ветерена́рная кли́ника *f*
Tiernahrung *f* <*gen:* -> корм *m*
Tierpark *m* <-s, -s> зоопа́рк *m*
Tierquälerei *f* <-, -en> живодёрство *nt*
Tierreich *nt* <*gen:* -(e)s> живо́тный мир *m*, фа́уна *f*
Tierzucht *f* <*gen:* -> животново́дство *nt*
Tiger, -in *m/f* <-s, -> тигр, -ри́ца *m/f*
tilgen *vt* (*Schulden*) погаша́ть, -гаси́ть *pf*
Tilgung *f* <-, -en> (*von Schulden*) погаше́ние
Tinktur *f* <-, -en> насто́йка *f*
Tinte *f* <-, -n> черни́ла *ntpl*
Tintenfisch *m* <-(e)s, -e> карака́тица *f*
Tipp *m* <-s, -s> (*umg*) сове́т *m*; **jdm einen ~ geben** дать кому́-л. сове́т
tippen I. *vi* ста́вить, по- *pf* (*auf +akk* на *+akk*); **II.** *vt* ❶ (*auf der Schreibmaschine*) печа́тать, на- *pf*; ❷ (*leicht berühren*) постуча́ть *pf* (*auf +akk* по *+dat*)
Tippfehler *m* <-s, -> опеча́тка *f*
Tisch *m* <-(e)s, -e> стол *m*; **den ~ decken** накрыва́ть на стол
Tischbein *nt* <-(e)s, -e> но́жка *f* стола́
Tischdecke *f* <-, -n> ска́терть *f*
Tischgespräch *nt* <-(e)s, -e> засто́льная бесе́да *f*
Tischler, -in *m/f* <-s, -> столя́р *m*
Tischlerei *f* <-, -en> столя́рная мастерска́я *f*
Tischtennis *nt* <*gen:* -> насто́льный те́ннис *m*
Titel *m* <-s, -> ❶ (*Buch*) назва́ние *nt*; ❷ (*Ehrentitel*) зва́ние *nt*, ти́тул *m*
Titelseite *f* <-, -n> ти́тульный лист *m*
Toast *m* <-s, -s> ❶ (*Brot*) поджа́реный кусо́к *m* хле́ба; ❷ (*Trinkspruch*) тост *m*
Toaster *m* <-s, -> то́стер *m*
toben *vi* (*herumtoben*) беси́ться *impf*
tobsüchtig *adj* бе́шеный
Tochter *f* <-, Töchter> дочь *f*

T

Tod *m* <-(e)s, -e> смерть *f*; **jdn zum ~e verurteilen** приговори́ть кого́-л. к сме́рти
Todesangst *f* <-, -ängste> смерте́льный страх *m*
Todesfall *m* <-(e)s, -fälle> смерте́льный слу́чай *m*
Todesgefahr *f* <-, -en> смерте́льная опа́сность *f*
Todesstrafe *f* <*gen:* -> сме́ртная казнь *f*
Todesurteil *nt* <-s, -e> сме́ртный пригово́р *m*
todkrank *adj* смерте́льно больно́й
tödlich *adj* смерте́льный; **sie hatte einen ~en Unfall** она́ поги́бла в ава́рии
todmüde *adj* (*umg*) смерте́льно уста́лый
Toilette *f* <-, -n> туале́т *m*
Toilettenpapier *nt* <*gen:* -s> туале́тная бума́га *f*
tolerant *adj* терпи́мый
Toleranz *f* <-, -en> терпи́мость *f*
toll *adj* (*umg*) кла́ссный, потряса́ющий
tollkühn *adj* отча́янный
Tollpatsch *m* <-(e)s, -e> (*umg*) растя́па *mf*
Tollwut *f* <*gen:* -> (MED) бе́шенство *nt*
Tomate *f* <-, -n> помидо́р *m*
Tomatenmark *nt* <*gen:* -(e)s> тома́тная па́ста *f*
Ton[1] *m* <-(e)s, -e> (*Tonerde*) гли́на *f*
Ton[2] *m* <-(e)s, Töne> ❶ (*Klang*) звук *m*; ❷ (*Redeweise, Farbton, in der Musik*) тон *m*; **der gute ~** хоро́ший тон; **den ~ angeben** задава́ть тон
Tonarchiv *nt* <-(e)s, -e> фоноте́ка *f*
Tonaufnahme *f* <-, -n> звукоза́пись *f*
Tonband *nt* <-(e)s, -bänder> магнитофо́нная плёнка *f*
Tonbandgerät *nt* <-(e)s, -e> магнитофо́н *m*
tönen I. *vi* (*erklingen*) звуча́ть, про- *pf*; **II.** *vt* (*färben*) подкра́шивать, -кра́сить *pf*
Tonfall *m* <*gen:* -(e)s> интона́ция *f*
Tonhöhe *f* <-, -n> высота́ *f* зву́ка
Tonleiter *f* <-, -n> га́мма *f*
Tonne *f* <-, -n> ❶ (*Behälter*) бо́чка *f*; ❷ (*Gewichtsmaß*) то́нна *f*
Tonstudio *nt* <-s, -s> сту́дия *f* звукоза́писи
Tönung *f* <-, -en> ❶ отте́нок *m*, тона́льность *f*; ❷ подкра́шивание *nt* воло́с
topaktuell *adj* са́мый актуа́льный
Topf *m* <-(e)s, Töpfe> ❶ (*Kochtopf*) кастрю́ля *f*; ❷ (*Blumentopf*) горшо́к *m*
Töpfer, -in *m/f* <-s, -> гонча́р *m*
Töpferei *f* <-, -en> гонча́рная мастерска́я *f*, гонча́рная *f*
Töpferwaren *pl* <*gen:* -> гонча́рные изде́лия *pl*
Topflappen *m* <-s, -> ку́хонная тря́пка *f*
Topform *f* <*gen:* -> **der Athlet befindet sich in ~** атле́т нахо́дится в лу́чшей спорти́вной фо́рме
Topmodell *nt* <-(e)s, -e> топ-моде́ль *f*
topographisch, topografisch *adj* топографи́ческий
Tor *nt* <-(e)s, -e> ❶ (*Portal*) воро́та *nt pl*; ❷ (SPORT: *Torgestell*) воро́та *nt pl*; ❸ (SPORT: *Treffer*) гол *m*; **ein ~ schießen** заби́ть гол
Torf *m* <*gen:* -(e)s> торф *m*
Torheit *f* <-, -en> глу́пость *f*
töricht *adj* безу́мный
Torjäger *m* <-s, -> (*Fußball*) бомбарди́р *m*
Tornister *m* <-s, -> ра́нец *m*
torpedieren *vt* торпеди́ровать *pf*
Torpedo *m* <-s, -s> торпе́да *f*
Torte *f* <-, -n> торт *m*
Tortenguss *m* <*gen:* -es> глазиро́вка *f* то́рта
Tortur *f* <-, -en> пы́тка *f*
Torwart *m* <*gen:* -s> (SPORT) врата́рь *m*
tot *adj* мёртвый
total *adj* по́лный, тота́льный
totalitär *adj* (*Staat*) тоталита́рный
Tote(r) *mf* <-n, -n> ❶ поко́йник, -ница *m/f*; ❷ (*bei einem Unfall, Krieg*) поги́бший, -шая *m/f*;

❸ (*im Krieg auch*) убитый, -тая *m/f*
töten *vt* убивать, убить *pf*
Totenhemd *nt* <-s, -en> саван *m*
Totschlag *m* <*gen:* -(e)s> убийство *nt*
Toupet *nt* <-s, -s> парик *m*
Tour *f* <-, -en> ❶ (*Rundfahrt*) поездка *f*; ❷ (*Umdrehung*) оборот *m*
Tourismus *m* <*gen:* -> туризм *m*
Tourist, -in *m/f* <-en, -en> турист, -ка *m/f*
touristisch *adj* туристический
Tournee *f* <-, -n> турне *nt*; **auf ~ gehen** совершать турне
toxisch *adj* токсичный
Trab *m* <*gen:* -(e)s> рысь *f*
Trabant *m* <-en, -en> (ASTR) спутник *m*
Tracht *f* <-, -en> национальный костюм *m*
trächtig *adj* беременная (о самке)
Tradition *f* <-, -en> традиция *f*
traditionell *adj* традиционный
traf *prät von* **treffen**
Tragbahre *f* <-, -n> носилки *fpl*
tragbar *adj* ❶ (*Gerät*) портативный; ❷ (*annehmbar*) приемлимый
träge *adj* вялый, инертный
tragen <trug, getragen> **I.** *vt* ❶ нести, по- *pf*, носить *impf*; ❷ (*Kleidung*) носить *impf*; **er trägt eine graue Hose** он носит серые брюки; ❸ (*Kosten, Verantwortung*) нести, по- *pf*; **II.** *vi* (*Eis*) держать *impf*; **III.** *vi* (*Kleidung*) носиться *impf*
Träger[1] *m* <-s, -> ❶ (*an Kleidung*) лямка *f*; ❷ (*tragendes Bauelement*) (несущая) балка *f*
Träger[2]**, -in** *m/f* <-s, -> (*Lastenträger*) носильщик, -щица *m/f*
Trägheit *f* <*gen:* -> ❶ (*Faulheit*) инертность *f*; ❷ (PHYS) инерция *f*
tragisch *adj* трагический
Tragödie *f* <-, -n> (*auch fig*) трагедия *f*
Trainer, -in *m/f* <-s, -> (SPORT) тренер *m*
trainieren I. *vi* тренироваться, по- *pf*; **II.** *vt* тренировать, по- *pf*
Training *nt* <-s, -s> тренировка *f*
Trainingsanzug *m* <-(e)s, -anzüge> спортивный костюм *m*
Traktor *m* <-s, -en> трактор *m*
trampeln *vi* топать, по- *pf* (ногами)
trampen *vi* путешествовать *impf* автостопом
Tramper, -in *m/f* <-s, -> путешествующий, -щая *m/f* автостопом
Trampolin *nt* <-s, -e> (SPORT) батут *m*
Tran *m* <-(e)s, -e> рыбий жир *m*
Trance *f* <*gen:* -> транс *m*
Träne *f* <-, -n> слеза *f*
tränen *vi* слезиться *impf*
Tränengas *nt* <-es, -e> слезоточивый газ *m*
trank *prät von* **trinken**
Tränke *f* <-, -n> водопой *m*
tränken *vt* пропитывать, -питать *pf*; **etw mit etw ~** пропитать что-л. чем-л.
Transformator *m* <-s, -en> трансформатор *m*
Transfusion *f* <-, -en> переливание *nt* крови
Transistorradio *nt* <-s, -s> транзисторный приёмник *f*
Transit *m* <-s, -e> транзит *m*
transitiv *adj* (LING) переходный
Transitverkehr *m* <*gen:* -s> транзитное сообщение *nt*
transparent *adj* прозрачный
Transparent *nt* <-(e)s, -e> транспарант *m*
Transparenz *f* <*gen:* -> ❶ (*Überschaubarkeit*) прозрачность *f*; ❷ (*Offenheit*) гласность *f*, открытость *f*
Transplantation *f* <-, -en> пересадка *f*
Transport *m* <-(e)s, -e> перевозка *f*, транспорт *m*
transportieren *vt* перевозить, -везти *pf*
Trapez *nt* <-es, -e> (SPORT, MATH) трапеция *f*
trat *prät von* **treten**
Traube *f* <-, -n> ❶ (*einzelne Frucht*) виноградина *f*; ❷ (*pl*) виноград *m*; ❸ (*Fruchtstand*) гроздь *f* (винограда)

Traubenzucker *m* <*gen:* -s> глюко́за *f*
trauen I. *vi* (*vertrauen*) доверя́ть, -ве́рить *pf*; **II.** *vr* боя́ться *impf* сде́лать *pf*; **er traute sich nicht aus dem Haus** он боя́лся вы́йти из до́ма; **III.** *vt* ❶ (*kirchlich*) венча́ть, по- *pf*; **sich ~ lassen** повенча́ться ❷ (*auf dem Standesamt*) регистри́ровать, за- *pf* брак; **sie wurden auf dem Standesamt getraut** они расписа́лись в за́гсе
Trauer *f* <*gen:* -> ❶ печа́ль *f*; ❷ (*um Toten*) тра́ур *m*
trauern *vi* скорбе́ть *impf* (*um* +*akk* о +*präpos*)
Trauerspiel *nt* <-(e)s, -e> траге́дия *f*
träufeln *vt* ка́пать, на- *pf*
Traum *m* <-(e)s, Träume> ❶ (*während des Schlafs*) сон *m*; ❷ (*Wunsch*) мечта́ *f*
Trauma *nt* <-s, -ta> (MED, PSYCH) тра́вма *f*
Traumberuf *m* <-(e)s, -e> популя́рная профе́ссия *f*
träumen *vi* мечта́ть *impf* (*von* +*dat* о +*präpos*); **sie hat etw Schönes geträumt** ей присни́лось что́-то хоро́шее
Träumer, -in *m/f* <-s, -> мечта́тель, -ница *m/f*
träumerisch *adj* мечта́тельный
traumhaft *adj* (*umg*) ска́зочный
Traumpaar *nt* <-(e)s, -e> идеа́льная па́ра *f*
traurig *adj* гру́стный; **er ist sehr ~ darüber** ему́ э́того о́чень жаль
Traurigkeit *f* <*gen:* -> печа́ль *f*
Trauschein *m* <-(e)s, -e> свиде́тельство *nt* о заключе́нии бра́ка
Trauung *f* <-, -en> бракосочета́ние *nt*
treffen <traf, getroffen> **I.** *vt* ❶ (*begegnen*) встреча́ть, встре́тить *pf*; ❷ (*verletzen*) задева́ть, -де́ть *pf*; **II.** *vi* попада́ть, попа́сть *pf*; **sie hat ins Schwarze getroffen** она́ попа́ла в са́мую то́чку; **III.** *vr* встреча́ться, встре́титься *pf* (*mit* +*dat* с +*inst*); **Maßnahmen ~** принима́ть ме́ры; **es trifft sich gut, dass ...** о́чень кста́ти, что ...
Treffen *nt* <-s, -> встре́ча *f*
treffend *adj* ме́ткий
Treffer *m* <-s, -> ❶ попада́ние *nt*; ❷ (*Los*) вы́игрыш *m*; ❸ (SPORT: *Tor*) гол *m*
trefflich *adj* превосхо́дный, отли́чный
Treffpunkt *m* <-(e)s, -e> ме́сто *nt* встре́чи
treiben <trieb, getrieben> **I.** *vt* (*Kuh etc*) гнать, по- *pf*; **Sport ~** занима́ться спо́ртом; **Handel ~** вести́ торго́влю; **II.** *vi* (*auf dem Wasser*) дрейфова́ть *impf*; **jdn zum Wahnsinn ~** (*umg*) довести́ кого́-л. до сумасше́ствия; **es zu weit ~** (*umg*) зайти́ сли́шком далеко́
Treiber *m* <-s, -> (DV) дра́йвер *m*
Treibhaus *nt* <-es, -häuser> тепли́ца *f*
Treibmittel *nt* <-s, -s> хими́ческий разрыхли́тель *m* (те́ста)
Treibstoff *m* <-(e)s, -e> то́пливо *nt*
Trend *m* <-s, -s> тенде́нция *f*
trennen I. *vt* ❶ отделя́ть, -ли́ть *pf* (*von* +*dat* от +*gen*); ❷ (*Familie*) разъединя́ть, -ни́ть *pf*; ❸ (*Naht, Knopf*) отпа́рывать, -поро́ть *pf*; **II.** *vr* (*auseinandergehen, auch fig*) расходи́ться, разойти́сь *pf*; **sich von etw/jdm ~** расста́ться с кем-л./чем-л.
Trennung *f* <-, -en> ❶ (*das Trennen*) отделе́ние *nt*, разделе́ние *nt*; ❷ (*Abschied*) разлу́ка *f*; ❸ (*Scheidung*) разво́д *m*
Treppe *f* <-, -n> ле́стница *f*; **die ~ hinauf-/hinuntergehen** подня́ться/спусти́ться по ле́стнице
Treppenhaus *nt* <-es, -häuser> ле́стничная кле́тка *f*
Tresor *m* <-s, -e> сейф *m*
Tretboot *nt* <-(e)s, -e> во́дный велосипе́д *m*

treten <trat, getreten> *vi* наступа́ть, -пи́ть *pf* (*auf +akk* на *+akk*); **sie trat zur Seite** она́ отошла́ с сто́рону; **ins Zimmer ~** войти́ в ко́мнату; **in den Streik ~** нача́ть забасто́вку; **mit jdm in Verbindung ~** вступи́ть в конта́кт с кем-л.

Tretmine *f* <-, -n> фуга́с *m*

treu *adj* ве́рный; **jdm ~ sein** быть ве́рным кому́-л.

Treubruch *m* изме́на *f*

Treue *f* <*gen:* -> ве́рность *f*

treuherzig *adj* дове́рчивый

treulos *adj* неве́рный

Tribüne *f* <-, -n> трибу́на *f*

Trichter *m* <-s, -> воро́нка *f*

Trick *m* <-s, -s> трюк *m*

Trickfilm *m* <-(e)s, -e> мультфи́льм *m*

trieb *prät von* **treiben**

Trieb *m* <-(e)s, -e> ❶ инсти́нкт *m*; ❷ (BOT) побе́г *m*

Triebkraft *f* <-, -kräfte> (*fig*) дви́жущая си́ла *f*

Triebwagen *m* <-s, -> мото́рный ваго́н *m*

Triebwerk *nt* <-(e)s, -e> ❶ дви́гатель *m*; ❷ приводно́й механи́зм *m*

triftig *adj*: **ein ~er Grund** уважи́тельная причи́на

Trikot *nt* <-s, -s> ма́йка *f*

Triller *m* <-s, -> трель *f*

Trillerpfeife *f* <-, -n> сигна́льный свисто́к *m*

trinken <trank, getrunken> *vt* (*auch alkoholsüchtig sein*) пи́ть, вы- *pf*; **er trinkt viel** он мно́го пьёт

Trinker, -in *m/f* <-s, -> (*Alkoholsüchtige(r)*) пья́ница *mf*

Trinkgeld *nt* <-es, -er> чаевы́е *pl*; **ein ~ geben** дать чаевы́е

Trinkspruch *m* <-(e)s, -sprüche> тост *m*

Trinkwasser *nt* <*gen:* -s> питьева́я вода́ *f*

Trio *nt* <-s, -s> (MUS) три́о *nt*

Tritt *m* <-(e)s, -e> ❶ (*Fußtritt*) пино́к *m*; ❷ (*Stufe*) ступе́нька *f*

Trittbrett *nt* <-(e)s, -er> подно́жка *f*

Triumph *m* <-es, -e> триу́мф *m*

triumphal *adj* триумфа́льный

Triumphzug *m* <*gen:* -(e)s> триумфа́льное ше́ствие *nt*

trivial *adj* тривиа́льный

trocken *adj* сухо́й; **~ sein** (*umg: von Alkoholiker*) быть тре́звым

Trockenheit *f* <-, -en> ❶ су́хость *f*; ❷ (*Dürre*) за́суха *f*

trockenlegen *vt* (*Sumpf*) осуша́ть, -ши́ть *pf*

Trockenmilch *f* <*gen:* -> сухо́е молоко́ *nt*

trocknen I. *vt* суши́ть, вы́сушить *pf*; II. *vi* ❶ (*Wäsche auf der Leine*) суши́ться *impf*; ❷ (*trocken werden*) со́хнуть, вы́сохнуть *pf*

Trockner *m* <-s, -> суши́лка *f*

Trödelmarkt *m* <-(e)s, -märkte> толку́чка *f*

trog *prät von* **trügen**

Trog *m* <-(e)s, Tröge> коры́то *nt*

Trommel *f* <-, -n> бараба́н *m*

Trommelfell *nt* <-(e)s, -e> бараба́нная перепо́нка *f*

trommeln *vi* бараба́нить, по- *pf*

Trommler, -in *m/f* <-s, -> бараба́нщик, -щица *m/f*

Trompete *f* <-, -n> труба́ *f*

Trompeter, -in *m/f* <-s, -> труба́ч *m*

Tropen *pl* <*gen:* -> тро́пики *pl*

Tropf *m* <-(e)s, -e> (MED) ка́пельница *f*

tropfen *vi* ка́пать, на- *pf*

Tropfen *m* <-s, -> ка́пля *f*

Trophäe *f* <-, -n> трофе́й *m*

tropisch *adj* тропи́ческий

Trost *m* <*gen:* -(e)s> утеше́ние *nt*

trösten I. *vt* утеша́ть, уте́шить *pf*; II. *vr* (*sich*) утеша́ться, уте́шиться *pf*

tröstlich *adj* утеши́тельный

trostlos *adj* (*Gegend, Umgebung*) уны́лый

Trottel *m* <-s, -> (*umg pej*) простофи́ля *m*

trotz *präp +gen* несмотря́ на (+ *akk*)

Trotz *m* <*gen:* -es> упря́мство *nt*; **jdm zum ~** назло́ кому́-л.

trotzdem I. *adv* несмотря́ на э́то; II. *konj* (*obgleich*) несмотря́ на то что, хотя́.

trotzig *adj* упря́мый

trüb(e) *adj* ❶ му́тный; ❷ (*Wetter*) па́смурный; ❸ (*Stimmung*) мра́чный

Trubel *m* <*gen:* -s> сумато́ха *f*

trüben *vt* ❶ (*Flüssigkeit*) мути́ть, за- *pf*; ❷ (*Stimmung*) омрача́ть, -чи́ть *pf*

Trübsal *f* <*gen:* -> (*geh*) уны́ние *nt*; **~ blasen** (*umg*) поддава́ться уны́нию

trübselig *adj* печа́льный

trübsinnig *adj* уны́лый

Trüffel *m* <-, -n> трю́фель *m*

trug *prät von* **tragen**

trügen <trog, getrogen> *vt* обма́нывать, обману́ть *pf*; **der Schein trügt** вне́шность обма́нчива

trügerisch *adj* обма́нчивый

Truhe *f* <-, -n> сунду́к *m*

Trümmer *fpl* <*gen:* -> разва́лины *fpl*

Trumpf *m* <-(e)s, Trümpfe> ко́зырь *m*

Truppe *f* <-, -n> ❶ (MIL) во́инская часть *f*; ❷ (*Schauspieltruppe*) тру́ппа *f*

Trust *m* <-s, -s> (ÖKON) трест *m*

Truthahn *m* <-(e)s, -hähne> индю́к *m*

Tscheche *m* <-n, -n> чех *m*

Tschechien *nt* <*gen:* -> Че́хия *f*

Tschechin *f* <-, -nen> че́шка *f*

tschechisch I. *adj* че́шский; II. *adv* по-че́шски.

tschüs *interj* (*umg*) пока́

T-Shirt *nt* <-s, -s> футбо́лка *f*

T-Stück *nt* <-(e)s, -e> (TECH) тройни́к *m*

Tube *f* <-, -n> тю́бик *m*

Tuberkulose *f* <-, -n> туберкулёз *m*

Tuch *nt* <-(e)s, Tücher> ❶ (*Hals-/Kopftuch*) плато́к *m*; ❷ (*Stoff, Textil*) сукно́ *nt*

tüchtig *adj* приле́жный

Tücke *f* <-, -n> кова́рство *nt*

tückisch *adj* кова́рный

Tugend *f* <-, -en> доброде́тель *f*

tugendhaft *adj* доброде́тельный

Tüll *m* <-s, -e> тюль *m*

Tulpe *f* <-, -n> тюльпа́н *m*

tummeln *vr* вози́ться *impf*

Tumor *m* <-s, -e(n)> о́пухоль *f*

Tumult *m* <-(e)s, -e> шум *m*

tun <tat, getan> *vt* ❶ де́лать, с- *pf*; ❷ (*legen, stellen*) класть, положи́ть *pf*, ста́вить, по- *pf*; **ich habe viel zu ~** у меня́ мно́го дел; **mit etw/jdm nichts zu ~ haben** не име́ть с чем-л./кем-л. ничего́ о́бщего; **so ~, als ob ...** де́лать вид, как бу́дто ...

Tuner *m* <-s, -> блок *m* настро́йки

Tunesien *nt* <*gen:* -s> Туни́с *m*

Tunfisch *m* <-(e)s, -e> туне́ц *m*

Tunnel *m* <-s, -(s)> тунне́ль *m*

Tupfen *m* <-s, -> пя́тнышко *nt*

Tupfer *m* <-s, -> тампо́н *m*

Tür *f* <-, -en> дверь *f*

Turban *m* <*gen:* -s> чалма́ *f*

Turbine *f* <-, -n> турби́на *f*

turbulent *adj* бу́рный

Türke *m* <-n, -n> ту́рок *m*

Türkei *f* <*gen:* -> Ту́рция *f*

Türkin *f* <-, -nen> турча́нка *f*

türkis *adj* бирюзо́вый

Türkis *m* <-es, -e> бирюза́ *f*

türkisch I. *adj* туре́цкий; II. *adv* по-туре́цки.

Türklinke *f* <-, -n> дверна́я ру́чка *f*

Turm *m* <-(e)s, Türme> ❶ (*Bauwerk*) ба́шня *f*; ❷ (*Schachfigur*) ладья́ *f*

turnen *vi* занима́ться, заня́ться *pf* гимна́стикой

Turnen *nt* <*gen:* -s> спорти́вная гимна́стика *f*

Turner, -in *m/f* <-s, -> гимна́ст, -ка *m/f*

Turnhalle *f* <-, -n> спортза́л *m*

Turnier *nt* <-s, -e> турни́р *m*

Turnschuh *m* <-(e)s, -e> кроссо́вок *m*

Turnstunde *f* <-, -n> уро́к *m* физкульту́ры

Tusche *f* <-, -n> тушь *f*

tuscheln *vi* шушу́каться, по- *pf*

Tüte *f* <-, -n> паке́т(ик) *m*, кулёк *m*

tuten *vi* гуде́ть, про- *pf*

Typ *m* <-s, -en> ❶ тип *m*; ❷ (*umg: Kerl*) тип *m*
Type *f* <-, -n> (*von Schreibmaschine*) ли́тера *f*
Typhus *m* <*gen:* -> тиф *m*
typisch *adj* типи́чный
Tyrann, -in *m/f* <-en, -en> тира́н *m*
tyrannisch *adj* тирани́ческий

Uu

u, U *nt* <-, -> у, У
u. a. *abk von* ***unter anderem*** в том числе́, в ча́стности
U-Bahn *f* <-, -bahnen> метро́ *nt*; **mit der ~ fahren** е́здить на метро́
übel *adj* дурно́й, плохо́й
Übel *nt* <-s, -> зло *nt*
Übelkeit *f* <*gen:* -> тошнота́ *f*
übel nehmen *irr vt:* **jdm etw ~** оби́деться на кого́-л. за что-л.
üben I. *vi* тренирова́ться, по- *pf*, упражня́ться, по- *pf*; **sich in etw ~** упражня́ться в чём-л.; **II.** *vt* ❶ тренирова́ть, по- *pf*; ❷ (*Musikstück, Theaterstück*) разу́чивать, -зучи́ть *pf*; **Kritik an jdm/etw ~** критикова́ть кого́-л./что-л.; **Nachsicht ~** быть снисходи́тельным
über I. *präp* ❶ (*räumlich oder eine Richtung angebend*) над (+ *inst*); ❷ (*das Überqueren bezeichnend*) че́рез (+ *akk*); **~ Smolensk nach Moskau fahren** е́хать че́рез Смоле́нск в Москву́ ❸ (*bei Temperaturangaben*) вы́ше (+ *gen*); **zwei Grad ~ null** два гра́дуса вы́ше нуля́; **II.** *adv* бо́льше, свы́ше.
überall *adv* везде́
überanstrengen I. *vr* перенапряга́ть, -напря́чь *pf*; **II.** *vr* переутомля́ться, -утоми́ться *pf*
überarbeiten I. *vt* перераба́тывать, -рабо́тать *pf*; **II.** *vr* перерабо́таться *pf*
überaus *adv* весьма́
überbacken *adj* (*Speise*) запечённый
überbieten *irr vt* (*Leistung, Rekord*) превосходи́ть, превзойти́ *pf*
Überbleibsel *nt* <-s, -> оста́ток *m*
Überblick *m* обзо́р *m*
überblicken *vt* обозрева́ть, -зре́ть *pf*
überbringen *irr vt* (*Botschaft*) передава́ть, -да́ть *pf*
überbrücken *vt* преодолева́ть, -ле́ть *pf*
überdenken *irr vt* проду́мывать, -ду́мать *pf*
überdies *adv* (*noch dazu*) прито́м
Überdruss *m* <*gen:* Überdrusses> пресыще́ние *nt*
übereinander *adv* ❶ (*räumlich*) друг над дру́гом; ❷ (*Richtung angebend*) друг на дру́га; ❸ (*in Bezug auf*) друг о дру́ге
übereinkommen *irr vi* догова́риваться, -вори́ться *pf*
Übereinkunft *f* <-, -künfte> соглаше́ние *nt*, договорённость *f*
übereinstimmen *vi* ❶ (*die gleiche Meinung haben*) быть *impf* согла́сным; ❷ (*gleichartig sein*) совпада́ть, -па́сть *pf*
Übereinstimmung *f* <*gen:* -> согла́сие *nt*; **in ~ mit etw** в соотве́тствии с чем-л.
überfahren *irr vt* (*Mensch, Tier*) переезжа́ть, перее́хать *pf*
Überfall *m* <-(e)s, Überfälle> нападе́ние *nt*

überfallen *irr vt* нападáть, -пáсть *pf* (на +*akk*)
überfliegen *irr vt* (*flüchtig lesen*) просмáтривать, -смотрéть *pf*
Überfluss *m* <*gen:* Überflusses> изоби́лие *nt*; **im ~** в изоби́лии
überflüssig *adj* ли́шний
überfordert *adj*: **ich bin damit überfordert** мне э́то не по плечу́
überführen[1] *vt* (*einen Verbrecher*) изобличáть, -чи́ть *pf*; **jdn eines Verbrechens ~** уличи́ть когó-л. в преступлéнии
überführen[2] *vt* ❶ (*transportieren*) перевози́ть, -везти́ *pf*; ❷ (*einen Gefangenen, Kranken auch*) переводи́ть, -вести́ *pf* (*in* +*akk* в +*akk*)
Übergabe *f* <-, -> ❶ (*Aushändigung*) передáча *f*, вы́дача *f*; ❷ (*Übertragung*) передáча *f*, делеги́рование *nt*
Übergang *m* <*gen:* -(e)s> перехóд *m*
Übergangsmantel *m* <-s, -mäntel> демисезóнное пальтó *nt*
übergeben I. *irr vt* (*jdm geben*) передавáть, -дáть *pf*; **II.** *irr vr:* **sie musste sich ~** (*sich erbrechen*) её вы́рвало
übergehen I. *irr vt* (*absichtlich übersehen*) обходи́ть, обойти́ *pf*; **II.** *irr vi* переходи́ть, перейти́ *pf* (*zu* +*dat* к +*dat*)
Übergewicht *nt* <*gen:* -(e)s> избы́точный вес *m*
überhäufen *vt* засыпáть, -сы́пать *pf*; **jdn mit Geschenken ~** засы́пать когó-л. подáрками
überhaupt *adv* вообщé
überheblich *adj* надмéнный
Überheblichkeit *f* <*gen:* -> надмéнность *f*
überholen *vt* ❶ (*Gerät*) ремонти́ровать, от- *pf*; ❷ (*schneller laufen/fahren*) обгоня́ть, обогнáть *pf*
Überholmanöver *nt* <-s, -> (KFZ) обгóн *m*
Überholspur *f* <*gen:* -> полосá *f* обгóна
überholt *adj* (*veraltet*) устарéвший
überirdisch *adj* сверхъестéственный
überlassen *irr vt* (*Entscheidung*) предоставля́ть, -стáвить *pf*; **jdn sich selbst ~** предостáвить когó-л. самомý себé
überlasten *vi* перегружáть, -грузи́ть *pf*
überlaufen *vi* ❶ (*Flüssigkeit*) переливáться, -ли́ться *pf* чéрез край; ❷ (*Milch*) убегáть, убежáть *pf*; ❸ (*zur gegnerischen Seite*) перебегáть, -бежáть *pf* (к +*dat*)
überleben I. *vt* пережи́ть *pf*; **II.** *vi* выживáть, вы́жить *pf*
überlegen I. *vr* дýмать, по- *pf* (о +*präpos*), обдýмывать, -мать *pf*; **er hat es sich anders überlegt** он передýмал; **II.** *adj*: **jdm ~ sein** превосходи́ть когó-л.
Überlegenheit *f* <*gen:* -> превосхóдство *nt*
Überlegung *f* <-, -en> соображéние *nt pl*
Überlieferung *f* <-, -en> предáние *nt*
Übermacht *f* <*gen:* -> превосхóдство *nt*
übermächtig *adj* превосходя́щий
übermalen *vt* закрáшивать
Übermaß *nt* <*gen:* -es> избы́ток *m*
übermäßig *adj* чрезмéрный
übermenschlich *adj* сверхчеловéческий
übermitteln *vt* (*Informationen*) передавáть, -дáть *pf*
übermorgen *adv* послезáвтра
Übermüdung *f* <*gen:* -> переутомлéние *nt*
Übermut *m* <*gen:* -(e)s> озорствó *nt*
übermütig *adj* озорнóй
übernachten *vi* переночевáть *pf*
Übernachtung *f* <-, -en> ночёвка *f*
Übernahme *f* <*gen:* -> ❶ (*Entgegennahme*) приём *m*, приёмка *f*; ❷ (*Annahme*) приня́тие *nt*
übernatürlich *adj* сверхъестéственный

U

übernehmen I. *irr vt* ❶ (*als Nachfolger*) перенимáть, -нять *pf*; ❷ (*annehmen*) брáть, взять *pf* на себя; II. *vr* брáть, взять *pf* на себя слишком мнóго
überprüfen *vt* проверять, -вéрить *pf*
Überprüfung *f* <-, -en> провéрка *f*, контрóль *m*
überqueren *vt* пересекáть, -сéчь *pf*
überraschen *vt* удивлять, -вить *pf*; **jdn mit etw ~** удивить когó-л. чем-л.
Überraschung *f* <-, -en> ❶ (*Verwunderung*) удивлéние *nt*; ❷ (*etw Schönes oder Unangenehmes*) сюрприз *m*
überreden *vt* уговáривать, уговорить *pf*
überreichen *vt* вручáть, -чить *pf*
Überreste *pl* <gen: -> остáтки *pl*
überschätzen I. *vt* переоцéнивать, -ценить *pf*; II. *vr* переоцéнивать, -ценить *pf* себя
überschaubar *adj* обозримый
überschlagen *vr* перевёртываться, перевернýться *pf*
überschnappen *vi* (*umg*) спятить *pf*
überschneiden *irr vr* пересекáться, -сéчься *pf*
überschreiben *vt* (*von Datei*) перезаписывать, -зáписать *pf*
überschreiten *irr vt* ❶ (*Grenze*) переходить, перейти *pf*; ❷ (*Gesetz*) нарушáть, -рýшить *pf*; ❸ (*Befugnisse, Frist, Tempolimit*) превышáть, -вы́сить *pf*
Überschrift *f* <-, -en> заголóвок *m*
Überschuss *m* <-es, Überschüsse> чистая прибыль *f*
überschüssig *adj* избы́точный
überschütten *vt* (*auch fig*) засыпáть, -сы́пать *pf*
überschwemmen *vt* наводнять, -воднить *pf*
Überschwemmung *f* <-, -en> наводнéние *nt*, потóп *m*
Übersee : **in ~** за океáном
übersehen *vt* ❶ (*Gegend*) обозревáть, -зрéть *pf*; ❷ (*Fehler*) не замечáть, не замéтить *pf*
übersenden *vt* посылáть, послáть *pf*
übersetzen[1] I. *vi* (*ans andere Ufer*) переправляться, -прáвиться *pf* (на другóй бéрег); II. *vt* переправлять, -прáвить *pf* (на другóй бéрег)
übersetzen[2] *vt* (*in eine andere Sprache*) переводить, -вести *pf*
Übersetzer, -in *m/f* <-s, -> перевóдчик, -чица *m/f*
Übersetzung *f* <-, -en> ❶ (*von Text*) перевóд *m*; ❷ (TECH: *Vorrichtung*) передáча *f*
Übersicht *f* <gen: -> обзóр *m*
übersichtlich *adj* легкó обозримый
überspielen *vt* ❶ (*über etw hinwegtäuschen*) скрывáть, скры́ть *pf*; ❷ (*aufnehmen*) переписывать, -писáть *pf* (*auf* +*akk* на +*akk*)
überspitzt *adj* утрированный
überspringen *irr vt* (*Hindernis, Hürde, auch fig*) перепры́гивать, -пры́гнуть *pf*
überstehen *irr vt* (*Strapazen*) выносить, вы́нести *pf*
übersteigen *irr vt* превосходить, превзойти *pf*
Überstunde *f* <-, -n> сверхурóчная рабóта *f*; **~n machen** рабóтать сверхурóчно; **~n vergüten** возмещáть сверхурóчные чáсы
überstürzen *vt* поторопиться *pf* (с +*inst*)
übertragen *irr vt* ❶ (*Sichtweise, Methode*) переносить, -нести *pf* (*auf* +*akk* на +*akk*); ❷ (*im Fernsehen/Rundfunk*) передавáть, -дáть *pf*
Übertragung *f* <f, -en> ❶ (*das Übertragen*) перевóд *m*; ❷ (*in Fernsehen und Rundfunk*) передáча *f*
übertreffen *irr vt* превосходить, превзойти *pf* (*in* +*dat* в +*präpos*)
übertreiben *irr vt* преувеличивать, -чить *pf*
Übertreibung *f* преувеличéние *nt*
übertrieben *adj* чрезмéрный, преувелúченный

Übervölkerung *f* <*gen:* -> перенаселе́ние *nt*
überwachen *vt* следи́ть *impf* (за +*inst*)
Überwachung *f* <-, -en> надзо́р *m* (над +*inst*)
überwältigen *vt* ❶ (*Verbrecher*) обезвре́живать, -вре́дить *pf*; ❷ (*Gefühl, Schlaf*) овладева́ть, -де́ть *pf*; ❸ (*Ansicht*) потряса́ть, -трясти́ *pf*
überwältigend *adj* (*Ansicht*) потряса́ющий; **die ~e Mehrheit** подавля́ющее большинство́
überweisen *irr vt* ❶ (*Geld auf ein Konto*) переводи́ть, -вести́ *pf* (*auf* +*akk* на +*akk*); ❷ (*einen Patienten zum Facharzt*) направля́ть, -пра́вить *pf* (*zu* +*dat* к +*dat*)
Überweisung *f* <f, -en> ❶ (*von Geld*) перево́д *m*; **die ~ eines Betrages auf ein Konto** перечисле́ние су́ммы на счёт ❷ (*eines Patienten*) направле́ние *nt*
überwiegend *adj* преоблада́ющий; **die ~e Mehrheit** преоблада́ющее большинство́
überwinden *irr vt* (*Schwierigkeiten, Widerstand*) преодолева́ть, -ле́ть *pf*
Überwindung *f* <*gen:* -> ❶ (*das Überwinden*) преодоле́ние *nt*; ❷ (*Anstrengung*) уси́лие *nt*
überwintern *vi* зимова́ть *impf*
Überzahl *f* <*gen:* -> большинство́ *nt*; **in der ~ sein** составля́ть большинство́
überzählig *adj* ли́шний
überzeugen I. *vt* убежда́ть, убеди́ть *pf* (*von* +*dat* в +*präpos*); **II.** *vr* убежда́ться, убеди́ться *pf* (*von* +*dat* в +*präpos*)
überzeugend *adj* убеди́тельный
Überzeugung *f* <f, -en> убежде́ние *nt*
überziehen *irr vt* ❶ (*mit einem Bezug versehen*) покрыва́ть, -кры́ть *pf*; **etw mit etw ~** покры́ть что-л. чем-л.; ❷ (*Konto*) перерасхо́довать *pf*
Überziehung *f* <-, -en> перерасхо́д *m*; **~ eines Kredits** превыше́ние лими́та креди́та
Überzug *m* <-(e)s, -züge> чехо́л *m*
üblich *adj* общепри́нятый
U-Boot *nt* <-(e)s, -e> подво́дная ло́дка *f*
übrig *adj* остально́й
übrig bleiben *irr vi* остава́ться, оста́ться *pf*
übrigens *adv* ме́жду про́чим
Übung *f* <-, -en> упражне́ние *nt*
UdSSR *abk von* ***Union der Sozialistischen Sowjetrepubliken*** *f* (HIST) СССР *m* (Сою́з *m* Сове́тских Социалисти́ческих Респу́блик)
Ufer *nt* <-s, -> бе́рег *m*
Uferpromenade *f* <-, -n> на́бережная *f*
Ufo *akr von* ***unbekanntes Flugobjekt*** *nt* НЛО *m* (неопо́знанный лета́ющий объе́кт *m*)
Uhr *f* <-, -en> часы́ *mpl*
Uhrmacher, -in *m/f* <-s, -> часовщи́к, -щи́ца *m/f*
Uhrwerk *nt* <-(e)s, -e> часово́й механи́зм *m*
Uhrzeiger *m* <-s, -> часова́я стре́лка *f*
Uhrzeigersinn : **im ~** по часово́й стре́лке; **entgegen dem ~** про́тив часово́й стре́лки
Uhu *m* <-s, -s> фи́лин *m*
Ukraine *f* <*gen:* -> Украи́на *f*; **in der ~** на [*o* в] Украи́не
Ukrainer, -in *m/f* <-s, -> украи́нец, -нка *m/f*
ukrainisch *adj* украи́нский
UKW *abk von* ***Ultrakurzwelle*** *f* УКВ (ультракоро́ткие во́лны *fpl*)
ulkig *adj* (*umg*) потё́шный
Ulme *f* <-, -n> вяз *m*
Ultimatum *nt* <*gen:* -s> ультима́тум *m*
Ultrakurzwelle *f* <*gen:* -> ультракоро́ткие во́лны *fpl*
Ultraschall *m* <*gen:* -(e)s> ультразву́к *m*

um *präp +akk* вокру́г (+ *gen*)
umarmen *vt* обнима́ть, -ня́ть *pf*
Umbau *m* <-(e)s, -bauten> перестро́йка *f*
umbauen *vt* (*auch fig*) перестра́ивать, -стро́ить *pf*
umbenennen *irr vt* переимено́вывать, -нова́ть *pf*; **eine Datei ~** переименова́ть файл
umblättern *vt* перевёртывать, -верну́ть *pf* страни́цу
umbringen I. *irr vt* убива́ть, уби́ть *pf*; **II.** *vr* поко́нчить *pf* с собо́й
Umbruch[1] *m* <*gen:* -(e)s> (*Umwälzung*) перело́м *m*
Umbruch[2] *m* <*gen:* -(e)s> (*Seiten~*) вёрстка *f*
umdrehen I. *vt* ① (*von oben nach unten*) перевёртывать, -верну́ть *pf*; ② (*horizontal, auch technische Vorrichtung, Schlüssel*) повора́чивать, поверну́ть *pf*; **II.** *vr* ① повора́чиваться, поверну́ться *pf*; ② (TECH) враща́ться *impf*
umerziehen *vt* перевоспи́тывать, перевоспита́ть *pf*
umfallen *irr vi* па́дать, упа́сть *pf*; **tot ~** упа́сть за́мертво
Umfang *m* <-(e)s, Umfänge> объём *m*
umfangreich *adj* объёмный
umfassen *vt* (*enthalten*) охва́тывать, охвати́ть *pf*
umfassend *adj* обши́рный
Umfeld *nt* <*gen:* -(e)s> окруже́ние *nt*
umformen *vt* преобразо́вывать, -зова́ть *pf*
Umfrage *f* <-, -n> опро́с *m*; **eine ~ durchführen** проводи́ть опро́с
umfüllen *vt* перелива́ть, -ли́ть *pf*
Umgang *m* <*gen:* -(e)s> обще́ние *nt*
umgänglich *adj* общи́тельный
Umgangsformen *pl* <*gen:* -> мане́ры *fpl*
Umgangssprache *f* <*gen:* -> разгово́рный язы́к *m*
umgeben *irr vt* окружа́ть, -жи́ть *pf*
Umgebung *f* <-, -en> ① (*Natur*) окре́стность *f*; ② (*fig*) окруже́ние *nt*
umgehen *irr vt* обходи́ть, обойти́ *pf*
umgehend *adv* сро́чно
Umgehungsstraße *f* <-, -n> объе́зд *m*
umgekehrt I. *adj* обра́тный; **II.** *adv* наоборо́т.
Umgestaltung *f* <-, -en> перестро́йка *f*, преобразова́ние *nt*
umgraben *irr vt* перека́пывать, -копа́ть *pf*
Umhang *m* <-(e)s, Umhänge> наки́дка *f*
Umhängetasche *f* <-, -n> напле́чная су́мка *f*
umher *adv* вокру́г
umhören *vr* расспра́шивать, расспроси́ть *pf* люде́й
umkehren *vi* повора́чивать, поверну́ть *pf* наза́д
umklappen I. *vt* отки́дывать, -ки́нуть *pf*; **II.** *vi* упа́сть *pf* в о́бморок
Umkleideraum *m* <-(e)s, -räume> раздева́лка *f*
umkommen *irr vi* погиба́ть, поги́бнуть *pf*
Umkreis *m* <*gen:* -es> окру́га *f*; **im ~ von 50 Kilometern** на пятьдеся́т киломе́тров вокру́г [*o* в ра́диусе пяти́десяти киломе́тров]
umkreisen *vt* (ASTR) враща́ться *impf* вокру́г (+ *gen*)
umkrempeln *vt* (*Ärmel*) подвора́чивать, подверну́ть *pf*
umladen *irr vt* перегружа́ть, -грузи́ть *pf*
Umlauf *m* <*gen:* -(e)s> обраще́ние *nt*, оборо́т *m*; **in ~ bringen** пуска́ть в обраще́ние; **aus dem ~ ziehen** изыма́ть из обраще́ния
Umlaufbahn *f* <-, -en> орби́та *f*
Umlaut *m* <-(e)s, -e> умля́ут *m*
Umleitung *f* <-, -en> объе́зд *m*
umliegend *adj* окре́стный
umrechnen *vt* пересчи́тывать,

-счита́ть *pf*; **umgerechnet in ...** в пересчёте на ...
umreißen *irr vt* (*skizzieren*) обрисо́вывать, -сова́ть *pf*
umringen *vt* окружа́ть, -жи́ть *pf*
Umriss *m* <-es, -e> очерта́ние *nt*
umrühren *vt* переме́шивать, -меша́ть *pf*
Umrüstung *f* <*gen:* -> переобору́дование *nt*
Umsatz *m* <-es, Umsätze> ❶ (*Warenumsatz*) (товаро)оборо́т *m*; ❷ (*Umsatzerlös*) оборо́т *m*, вы́ручка *f* с оборо́та
Umsatzsteuer *f* <*gen:* -> (ÖKON) нало́г *m* с оборо́та
umschalten *vt* переключа́ть, -чи́ть *pf*
umschauen *vr* осма́триваться, осмотре́ться *pf*
Umschlag *m* <-(e)s, Umschläge> ❶ (*von Brief*) конве́рт *m*; ❷ (*von Buch*) обло́жка *f*
umschreiben[1] *irr vi* (*einen Text*) перепи́сывать, -писа́ть *pf*
umschreiben[2] *irr vt* (*beschreiben*) опи́сывать, описа́ть *pf*
umschulen I. *vt* переквалифици́ровать *impf/pf*; II. *vi* переквалифици́роваться *impf/pf*
Umschweife : **ohne ~** напрями́к
umschwirren *vt* рои́ться вокру́г чего́-л.
Umschwung *m* <*gen:* -(e)s> ❶ (*Entwicklung*) поворо́т *m*; ❷ (*Stimmung*) сме́на *f*
umsetzen *vt* ❶ (*Person*) переводи́ть *impf*, перевести́ (на другу́ю рабо́ту) *pf*; ❷ (*etw in etw*) преобразо́вывать *impf*, преобразова́ть *pf* (в +*akk*); **etw in die Tat umsetzen** осуществи́ть что-л.
Umsicht *f* <*gen:* -> осмотри́тельность *f*
umsichtig *adj* осмотри́тельный
umsiedeln I. *vt* переселя́ть, -ли́ть *pf*; II. *vi* переселя́ться, -ли́ться *pf*
Umsiedlung *f* <*gen:* -> переселе́ние *nt*
umsonst *adv* напра́сно
Umstand *m* <-(e)s, Umstände> обстоя́тельство *nt*; **unter diesen Umständen** при таки́х обстоя́тельствах
umständlich *adj* ❶ простра́нный, сли́шком подро́бный; ❷ хло́потный
Umstandskleidung *f* <*gen:* -> оде́жда *f* для бере́менных
umsteigen *irr vi* (*in einen Zug*) переса́живаться, пересе́сть *pf* (*in* +*akk* на +*akk*)
umstellen I. *vt* ❶ (*an eine andere Stelle*) переставля́ть, -ста́вить *pf*; ❷ (*Produktion, Uhr*) переводи́ть, -вести́ *pf*, переключа́ть, -и́ть *pf* (*auf* +*akk* на +*akk*); II. *vr* перестра́иваться, -стро́иться *pf* (*auf* +*akk* на +*akk*)
Umstellung *f* <-, -en> ❶ (*Produktion*) перехо́д *m*, перево́д *m*, переключе́ние *nt*; ❷ (*Anpassung*) адапта́ция *f*
umstimmen *vt* (*jdn*) переубежда́ть, -убеди́ть *pf*
umstritten *adj* спо́рный
Umsturz *m* <-es, Umstürze> сверже́ние *nt*, переворо́т *m*
Umtausch *m* <*gen:* -es> обме́н *m*, заме́на *f*; **Kauf auf ~** поку́пка с пра́вом обме́на
umtauschen *vt* обме́нивать, -меня́ть *pf*
umwälzend *adj* революцио́нный
umwandeln *vt* превраща́ть, -врати́ть *pf* (*in* +*akk* в +*akk*)
Umwandlung *f* <-, -en> преобразова́ние *nt*, превраще́ние *nt*
Umweg *m* <-(e)s, -e> объе́зд *m*, обхо́д *m*
Umwelt *f* <*gen:* -> окружа́ющая среда́ *f*; **die ~ schädigen** наноси́ть уще́рб окружа́ющей среде́
umweltfreundlich *adj* не нанося́щий уще́рба окружа́ющей среде́

Umweltschutz *m* <*gen:* -es> охра́на *f* окружа́ющей среды́
Umweltverschmutzung *f* <*gen:* -> загрязне́ние *nt* окружа́ющей среды́
umziehen I. *irr vi* (*in eine andere Wohnung*) переезжа́ть, перее́хать *pf* (*in +akk* в *+akk*); II. *vr* (*die Kleidung wechseln*) переодева́ться, -де́ться *pf*; III. *vt* (*Kind*) переодева́ть, -де́ть *pf*
Umzug *m* <-(e)s, Umzüge> перее́зд *m*
unabhängig *adj* незави́симый
Unabhängigkeit *f* <*gen:* -> незави́симость *f*
unablässig *adj* беспреры́вный
unangenehm *adj* неприя́тный; **etw ist jdm ~** что-л. кому́-л. неприя́тно
unangepasst *adj* не жела́ющий приспоса́бливаться
Unannehmlichkeit *f* <-, -en> (*meist pl*) неприя́тность *f*
Unart *f* <-, -en> дурна́я привы́чка *f*
unartig *adj* непослу́шный
unaufhaltsam *adj* неудержи́мый
unaufhörlich *adj* нескончáемый
unaussprechlich *adj* невырази́мый
unausstehlich *adj* невыноси́мый
unbändig *adj* неукроти́мый
unbedingt *adj* обяза́тельно
unbefangen *adj* непринуждённый
Unbefangenheit *f* <*gen:* -> непринуждённость *f*
unbefristet *adj* бессро́чный
unbefugt *adj* не име́ющий пра́ва на что-л.; **Unbefugten Zutritt verboten!** посторо́нним вход воспрещён!
Unbehagen *nt* <*gen:* -s> неприя́тное чу́вство *nt*
unbeholfen *adj* нело́вкий
unbekümmert *adj* беззабо́тный
unberechenbar *adj* непредсказу́емый
unbeschreiblich *adj* невырази́мый
unbeschwert *adj* беззабо́тный
unbeständig *adj* ① (*Wetter*) неусто́йчивый; ② (*Mensch*) непостоя́нный
unbeteiligt *adj* неприча́стный
unbeugsam *adj* непрекло́нный
und *konj* и; **~ so weiter** и так да́лее
Undank *m* <*gen:* -(e)s> неблагода́рность *f*
undankbar *adj* неблагода́рный
undenkbar *adj* невообрази́мый
undurchlässig *adj* непромока́емый
unecht *adj* ① (*gefälscht*) подде́льный; ② (*künstlich*) иску́сственный
unehelich *adj* внебра́чный
uneinig *adj*: **sich ~ sein** расходи́ться во мне́ниях
unendlich *adj* бесконе́чный
Unendlichkeit *f* <*gen:* -> бесконе́чность *f*
unentbehrlich *adj* необходи́мый
unentgeltlich *adj* беспла́тный
unentschieden *adj* (SPORT) вничью́
unerbittlich *adj* неумоли́мый
unergründlich *adj* непостижи́мый
unerhört *adj* неслы́ханный
unerlässlich *adj* необходи́мый
unermüdlich *adj* неутоми́мый
unersättlich *adj* ненасы́тный
unerschöpflich *adj* неисчерпа́емый
unerschütterlich *adj* непоколеби́мый
unerträglich *adj* невыноси́мый
unerwartet *adj* неожи́данный
unerwidert *adj* (*Gefühl, Liebe*) безотве́тный
unerwünscht *adj* нежела́тельный
unfair *adj* нече́стный
Unfall *m* <-(e)s, Unfälle> несча́стный слу́чай *m*, ава́рия *f*
unfassbar *adj* немы́слимый
unfehlbar *adj* непогреши́мый
Unfehlbarkeit *f* <*gen:* -> непогреши́мость *f*
Unfriede(n) *m* <*gen:* -s> раздо́р *m*; **Unfrieden stiften** се́ять раздо́р
Unfug *m* <*gen:* -(e)s> безобра́зие *nt*
Ungar, -in *m/f* венгр, венге́рка *m/f*
ungarisch I. *adj* венге́рский; II. *adv* по-венге́рски.

U

Ungarn *nt* Ве́нгрия *f*
ungeachtet *präp +gen (geh)* несмотря́ на (+ *akk*)
ungebeten *adj* незва́ный
ungebildet *adj* необразо́ванный
Ungeduld *f <gen: -\>* нетерпе́ние *nt*
ungeduldig *adj* нетерпели́вый
ungefähr **I.** *adj* приблизи́тельный; **II.** *adv* о́коло (+ *gen*), приблизи́тельно.
ungeheuer *adj* чудо́вищный
Ungeheuer *nt <-s, ->* чудо́вище *nt*
ungeheuerlich *adj* возмути́тельный
ungehobelt *adj* ① *(Holz)* необстру́ганный, неотёсанный; ② *(pej: Mensch, Manieren)* неотёсанный
ungehörig *adj* неподоба́ющий
ungekünstelt безыску́ственный, есте́ственный
ungelegen *adj:* **etw kommt jdm ~** что-л. кому́-л. некста́ти
ungeniert *adj* бесцеремо́нный
ungerade *adj* нечётный
ungerecht *adj* несправедли́вый
Ungerechtigkeit *f <-, -en>* несправедли́вость *f*
ungeschminkt *adj* ① *(Gesicht)* ненакра́шенный; ② *(fig)* неприкра́шенный
ungestört *adj* споко́йный
ungestraft *adj* безнака́занный
ungestüm *adj* пы́лкий
ungesund *adj* вре́дный для здоро́вья
ungetrübt *adj* безмяте́жный
ungewiss *adj* неопределённый
Ungewissheit *f <gen: ->* неопределённость *f*
Ungeziefer *nt <gen: -s>* парази́ты *mpl*
ungezogen *adj (Kind, Verhalten)* невоспи́танный
ungezwungen *adj* непринуждённый
ungläubig *adj* недове́рчивый
unglaublich *adj* невероя́тный
unglaubwürdig *adj* недостове́рный
Unglück *nt <gen: -(e)s>* ① несча́стье *nt*; ② *(Unfall)* несча́стный слу́чай *m*
unglücklich *adj* несча́стный
unglücklicherweise *adv* к несча́стью
unglückselig злосча́стный
Unheil *nt <gen: -(e)s>* беда́ *f*
unheilvoll *adj* па́губный
unheimlich *adj* стра́шный, жу́ткий
Uni *abk von* ***Universität***
Uniform *f <-, -en>* фо́рменная оде́жда *f*, фо́рма *f*
uniformiert *adj* в фо́рме
Union *f <-, -en>* сою́з *m*; **die Europäische ~** Европе́йский Сою́з
Universität *f <-, -en>* университе́т *m*
Universum *nt <gen: -s>* вселе́нная *f*
unkenntlich *adj* неузнава́емый
Unkenntnis *f <gen: ->* незна́ние *nt*
unklar *adj* нея́сный
Unklarheit *f <gen: ->* нея́сность *f*
unklug *adj* неразу́мный
Unkosten *pl <gen: ->* изде́ржки *fpl*, расхо́ды *pl*; **die ~ decken** покрыва́ть расхо́ды
Unkraut *nt <gen: -(e)s>* сорня́к *m*
unlängst *adv* неда́вно
unleserlich *adj* неразбо́рчивый
unmanierlich *adj* неотёсанный, с дурны́ми мане́рами
Unmenge *f <-, -n>* ма́сса *f*
Unmensch *m <gen: -en> (pej)* и́зверг *m*
unmenschlich *adj* бесчелове́чный
unmittelbar **I.** *adj* непосре́дственный, прямо́й; **die ~en Folgen** пря́мые после́дствия; **II.** *adv* пря́мо.
unmöglich *adj* невозмо́жный
unmoralisch *adj* безнра́вственный
Unmündigkeit *f <gen: ->* несовершенноле́тие *nt*
Unmut *m <gen: -(e)s>* раздраже́ние *nt*
unnachahmlich *adj* неподража́емый
unnahbar *adj* непристу́пный
unnötig *adj* нену́жный
unnütz *adj* бесполе́зный
UNO *akr von* ***Organisation der Vereinten Nationen*** *f* ООН *f*

(Организáция *f* Объединённых Нáций)

unordentlich *adj* неря́шливый

Unordnung *f* <*gen:* -> беспоря́док *m*

unparteiisch *adj* беспристрáстный

Unrast *f* <*gen:* -> беспокóйство *nt*, нервóзность *f*

Unrecht *nt* <*gen:* -(e)s> несправедли́вость *f*; **im ~ sein** быть непрáвым

unrechtmäßig *adj* незакóнный

Unruhe *f* <-, -n> беспокóйство *nt*

Unruhestifter, -in *m/f* <-s, -> (*pej*) возмути́тель *m* спокóйствия

unruhig *adj* беспокóйный

uns *pron* ① (*dat*) нам; ② (*akk*) нас

unschädlich *adj* безврéдный; **jdn ~ machen** (*umg*) обезврéдить когó-л.

unscheinbar *adj* невзрáчный

Unschuld *f* <*gen:* -> ① неви́нность *f*; ② (JUR) невинóвность *f*

unschuldig *adj* ① неви́нный; ② (JUR) невинóвный

unser *pron* наш; **~e Wohnung** нáша кварти́ра

unsere(r, s) *adj* нáша, наш, нáше

unsererseits *adv* с нáшей стороны́

unseretwegen *adv* рáди нас, из-за нас

unsicher *adj* ① (*nicht gesichert*) небезопáсный, ненадёжный; ② (*Auftreten*) неувéренный

Unsicherheit *f* <*gen:* -> неувéренность *f*

Unsinn *m* <*gen:* -(e)s> вздор *m*

unsinnig *adj* бессмы́сленный

Unsitte *f* <-, -n> дурнáя привы́чка *f*

unsittlich *adj* безнрáвственный

unsterblich *adj* бессмéртный

Unstimmigkeit *f* <-, -en> разноглáсие *nt*

untätig *adj* бездéятельный

untauglich *adj* (MIL) непригóдный

unten *adv* (*räumlich*) внизу́; **nach ~** вниз; **von ~** сни́зу

unter *präp* ① (*räumlich*) под (+ *inst*); ② (*bei Richtungsangaben*) под (+ *akk*); ③ (*bei Temperaturangaben*) ни́же; ④ (*bei Altersangaben*) молóже (+ *gen*); ⑤ (*einen Begriff bezeichnend*) под (+ *inst*); ⑥ (*zwischen*) мéжду (+ *inst*), среди́ (+ *gen*); **~ Freunden** среди́ друзéй; **drei Grad ~ Null** три грáдуса ни́же нуля́; **~ sich** мéжду собóй; **~ der Voraussetzung, dass ...** при услóвии, что ...

Unterarm *m* <-(e)s, -e> предплéчье *nt*

unterbewerten *vt* недооцéнивать, -цени́ть *pf*

Unterbewertung *f* <*gen:* -> зани́женная оцéнка *f*

Unterbewusstsein *nt* <*gen:* -s> подсознáние *nt*

unterbinden *vt* пресекáть, -сéчь *pf*

unterbrechen *vt* (*Arbeit, Menschen*) прерывáть, прервáть *pf*

Unterbrechung *f* <-, -en> переры́в *m*; **ohne ~** без переры́ва

unterbringen *irr vt* (*Gegenstände, Gäste*) размещáть, -мести́ть *pf*

Unterbringung *f* <*gen:* -> размещéние *nt*

unterdessen *adv* мéжду тем

unterdrücken *vt* ① (*Bedürfnisse*) подавля́ть, -ви́ть *pf*; ② (*Menschen*) угнетáть *impf*

Unterdrückung *f* <*gen:* -> угнетéние *nt*

untere(r, s) *adj* ни́жняя, ни́жний, ни́жнее

untereinander *adv* мéжду собóй

unterentwickelt *adj* недорáзвитый

unterernährt *adj* истощённый

Unterernährung *f* <*gen:* -> недоедáние *nt*

Unterführung *f* <-, -en> подзéмный перехóд *m*

Untergang *m* <-(e)s, Untergänge> закáт *m*

Untergebene(r) *mf* <-n, -n> подчинённый, -ная *m/f*

untergehen *irr vi* ① (*Sonne*) заходи́ть, зайти́ *pf*; ② (*Schiff*) тону́ть, за- *pf*

Untergewicht *nt* <*gen:* -(e)s> вес *m* ни́же нóрмы

untergliedern *vt* подразделя́ть, -ли́ть *pf*
Untergrund *m* <*gen:* -(e)s> ① (*Erdreich*) подпо́чва *f*; ② (*fig: politischer ~*) подпо́лье; **in den ~ gehen** уйти́ в подпо́лье
Untergrundbahn *f* <-, -en> метро́ *nt*
unterhalb *präp +gen* ① (*räumlich*) под (+ *inst*), ни́же (+ *gen*); ② (*eines Vergleichswerts*) ни́же (+ *gen*)
Unterhalt *m* <*gen:* -(e)s> содержа́ние *nt*; **für den ~ sorgen** обеспе́чивать содержа́ние
unterhalten I. *vt* ① (*betreiben und finanzieren*) содержа́ть *impf*; ② (*Beziehungen*) подде́рживать, поддержа́ть *pf*; ③ (*amüsieren*) развлека́ть, -вле́чь *pf*; **II.** *vr* ① (*im Gespräch*) бесе́довать, по- *pf* (*über +akk* о *+präpos*); ② (*sich amüsieren*) развлека́ться, -вле́чься *pf*
unterhaltsam *adj* развлека́тельный
Unterhaltsgeld *nt* <*gen:* -(e)s> алиме́нты *pl*
Unterhaltung *f* <-, -en> ① (*Gespräch*) разгово́р *m*, бесе́да *f*; ② (*Zeitvertreib*) развлече́ние *nt*; ③ (*Unterhalt*) содержа́ние *nt*
Unterhaltungsmusik *f* <*gen:* -> лёгкая му́зыка *f*
Unterhemd *nt* <-(e)s, -en> ма́йка *f*
Unterhose *f* <-, -n> трусы́ *mpl*
unterirdisch *adj* подзе́мный
Unterkiefer *m* <-s, -> ни́жняя че́люсть *f*
unterkommen *vi* ① устра́иваться, устро́иться *pf*, находи́ть, найти́ *pf* приста́нище; ② (*von jdm erfahren/erlebt werden: meist mit Negation*) встреча́ться, встре́титься *pf*
Unterkunft *f* <-, Unterkünfte> жильё *nt*, приста́нище *nt*
Unterlage *f* <-, -n> ① (*etw zum Unterlegen*) подсти́лка *f*, подкла́дка *f*; ② (*schriftliche ~*) докуме́нт *m*
unterlassen *vt* упуска́ть, упусти́ть *pf*
unterlaufen *vi* (*Fehler*) вкра́дываться, вкра́сться *pf*
unterlegen I. *vt* подкла́дывать, подложи́ть *pf*; **II.** *adj*: **jdm ~ sein** уступа́ть кому́-л. в чём-л.
Unterleib *m* <*gen:* -(e)s> ни́жняя часть *f* живота́
unterliegen *vi* ① (*eine Niederlage erleiden*) прои́грывать, -игра́ть *pf*; ② (*Gesetzmäßigkeiten*) подчиня́ться, -ни́ться *pf*
Unterlippe *f* <-, -n> ни́жняя губа́ *f*
Untermiete *f* <*gen:* -> поднаём *m* жило́й пло́щади
unternehmen *irr vt* предпринима́ть, -ня́ть *pf*
Unternehmen *nt* <-s, -> (*Firma, Vorhaben*) предприя́тие *nt*
Unternehmer, -in *m/f* <-s, -> предпринима́тель, -ница *m/f*
unternehmungslustig *adj* предприи́мчивый
unterordnen I. *vt* подчиня́ть, -ни́ть *pf*; **II.** *vr* подчиня́ться, -ни́ться *pf*
Unterredung *f* <-, -en> бесе́да *f*
Unterricht *m* <*gen:* -(e)s> ① (*das Unterrichten*) обуче́ние *nt*; ② (*Unterrichtsstunde*) заня́тие *nt*
unterrichten *vt* преподава́ть *impf*; **jdn in etw ~** преподава́ть кому́-л. что-л.
Unterrock *m* <-(e)s, -röcke> ни́жняя ю́бка *f*
untersagen *vt* запреща́ть, -прети́ть *pf*
unterschätzen *vt* недооце́нивать, -цени́ть *pf*
unterscheiden I. *irr vt* отлича́ть, -чи́ть *pf* (*von +dat* от *+gen*); **II.** *irr vr* (*Unterschiede aufweisen*) отлича́ться, -чи́ться *pf*
Unterschied *m* <-(e)s, -e> ра́зница *f*; **einen ~ zwischen etw/jdm machen** де́лать ра́зницу ме́жду чем-л./кем-л.; **im ~ zu jdm/etw** в отли́чие от кого́-л./чего́-л.
unterschiedlich *adj* различный, ра́зный

unterschlagen *irr vt* (*Geld*) растра́чивать, -тра́тить *pf*
Unterschlagung *f* <-, -en> растра́та *f*
Unterschlupf *m* <*gen:* -(e)s> убе́жище *nt*
unterschreiben *irr vt* подпи́сывать, -писа́ть *pf*
Unterschrift *f* <-, -en> по́дпись *f*
Unterseeboot *nt* <-(e)s, -e> подво́дная ло́дка *f*
Unterseite *f* <-, -n> ни́жняя сторона́ *f*
Untersetzer *m* <-s, -> подста́вка *f*
untersetzt *adj* корена́стый
unterste(r, s) *adj* са́мая ни́жняя, -ний, -нее
unterstehen *irr vi* (*unterstellt sein*) подчиня́ться *impf*
unterstellen[1] **I.** *vr* (*bei Regen*) спря́таться *pf* (под +*inst*); **II.** *vt* (*unter etw*) подставля́ть, подста́вить *pf* (под +*akk*)
unterstellen[2] *vt* (*unterordnen*) подчиня́ть, -ни́ть *pf*; **jdm etw ~** (*Böses*) припи́сывать кому́-л. что-л.
unterstreichen *irr vt* (*auch fig*) подчёркивать, -черкну́ть *pf*
Unterstufe *f* <*gen:* -> мла́дшие кла́ссы *pl*
unterstützen *vt* подде́рживать, поддержа́ть *pf*
Unterstützung *f* <-, -en> подде́ржка *f*, по́мощь *f*
untersuchen *vt* ❶ (*ärztlich*) обсле́довать *impf/pf*; ❷ (*wissenschaftlich*) иссле́довать *impf/pf*
Untersuchung *f* <-, -en> ❶ (*ärztliche*) обсле́дование *nt*; ❷ (*wissenschaftliche*) иссле́дование *nt*
Untersuchungshaft *f* <*gen:* -> предвари́тельное заключе́ние *nt*
Untertasse *f* <-, -n> блю́дце *nt*
Unterteil *nt* <-(e)s, -e> ни́жняя часть *f*
Untertitel *m* <-s, -> подзаголо́вок *m*
Unterwäsche *f* <*gen:* -> ни́жнее бельё *nt*
unterwegs *adv* по доро́ге
unterweisen *vt* дава́ть *impf* инстру́кции
Unterwelt *f* <*gen:* -> (*Mythologie*) преиспо́дняя *f*
unterwerfen I. *irr vt* покоря́ть, -ри́ть *pf*; **II.** *vr* покоря́ться, -ри́ться *pf*
unterwürfig *adj* поко́рный
unterzeichnen *vt* подпи́сывать, -писа́ть *pf*; **ein Abkommen ~** подписа́ть соглаше́ние
Unterzeichnung *f* <-, -en> подписа́ние *nt*
unterziehen *irr vt* подверга́ть, -ве́ргнуть *pf*; **sich einer Behandlung ~** пройти́ лече́ние
untröstlich *adj* безуте́шный
unumgänglich *adj* неизбе́жный
ununterbrochen *adj* непреры́вный
unveränderlich *adj* неизме́нный
unverantwortlich *adj* безотве́тственный
unverbesserlich *adj* неисправи́мый
unverblümt *adj* открове́нный
unverfroren *adj* на́глый
unvergesslich *adj* незабыва́емый
unverhofft *adj* неожи́данный
unverhüllt *adj* я́вный, нескрыва́емый
unverkennbar *adj* несомне́нный
unverletzt *adj* невреди́мый
unvermeidlich *adj* неизбе́жный
Unvernunft *f* <*gen:* -> безрассу́дство *nt*
unvernünftig *adj* неразу́мный
unverschämt *adj* на́глый
Unverschämtheit *f* <-, -en> на́глость *f*
unverschuldet *adj* ❶ не по свое́й вине́; ❷ не бу́дучи винова́тым
unversehrt *adj* невереди́мый, це́лый
unversöhnlich *adj* непримири́мый
unverwechselbar *adj* неповтори́мый
unverzeihlich *adj* непрости́тельный
unverzüglich *adj* неме́дленный
unvollständig *adj* непо́лный
unvoreingenommen *adj* непредвзя́тый

unvorhergesehen *adj* непредви́денный
unvorstellbar *adj* невообрази́мый
unwahr *adj* неве́рный
Unwahrheit *f* <-, -en> непра́вда *f*
unwahrscheinlich *adj* невероя́тный
unweit *adv* недалеко́
Unwetter *nt* <-s, -> непого́да *f*
unwiderlegbar *adj* неопровержи́мый
unwiderruflich *adj* не подлежа́щий отме́не
unwiderstehlich *adj* ❶ (*Anziehungskraft*) непреодоли́мый; ❷ (*Mensch, oft scherzhaft*) неотрази́мый
unwiederbringlich *adj* безвозвра́тный
Unwillen *m* <*gen:* -s> негодова́ние *nt*, доса́да *f*
unwillig *adj* недово́льный
unwillkürlich *adj* нево́льный, непроизво́льный
unwirklich *adj* нереа́льный
unwirsch *adj* гру́бый, неприве́тливый
unwirtlich *adj* ❶ негостеприи́мный; ❷ необжито́й
unwirtschaftlich *adj* бесхозя́йственный
unwissend *adj* неве́жественный
Unwissenheit *f* <*gen:* -> неве́жество *nt*
unwohl *adj*: **ich fühle mich ~** я пло́хо себя́ чу́вствую
Unwohlsein *nt* <*gen:* -s> недомога́ние *nt*
unwürdig *adj* недосто́йный
unzählig *adj* бесчи́сленный
Unze *f* <-, -n> у́нция *f*
unzeitgemäß *adj* несовреме́нный
unzerstörbar *adj* неруши́мый, несокруши́мый
unzertrennlich *adj* неразлу́чный
Unzucht *f* <*gen:* -> развра́т *m*
unzüchtig *adj* развра́тный
unzufrieden *adj* недово́льный; **er ist damit sehr ~** он э́тим о́чень недово́лен
Unzufriedenheit *f* <*gen:* -> недово́льство *nt*
unzugänglich *adj* недосту́пный
unzulässig *adj* недопусти́мый
unzurechnungsfähig *adj* невменя́емый
unzureichend *adj* недостато́чный
üppig *adj* пы́шный
Ural *m* Ура́л
uralt *adj* дре́вний
Uran *m* <-en, -en> ура́н *m*
Uraufführung *f* <-, -en> премье́ра *f*
Urbild *nt* <-(e)s, -er> про́образ *m*, прототи́п *m*
Ureinwohner, -in *m/f* <-s, -> коренно́й жи́тель, коренна́я жи́тельница *m/f*
Urenkel, -in *m/f* <-s, -> пра́внук, -вну́чка *m/f*
Urgroßmutter *f* <-, -mütter> праба́бушка *f*
Urgroßvater *m* <-s, -väter> праде́душка *m*
Urheber, -in *m/f* <-s, -> а́втор *m*
Urheberrecht *nt* <-(e)s, -e> а́вторское пра́во *nt*; **eine Verletzung des ~e** наруше́ние а́вторского пра́ва
Urin *m* <*gen:* -s> моча́ *f*
Urkunde *f* <-, -n> докуме́нт *m*, свиде́тельство *nt*
Urkundenfälschung *f* <-, -en> подде́лка *f* докуме́нтов
Urlaub *m* <-(e)s, -e> о́тпуск *m*; **in den ~ fahren** пое́хать в о́тпуск; **im ~ sein** быть в о́тпуске
Urlauber, -in *m/f* <-s, -> отпускни́к, -ни́ца *m/f*
Urlaubsgeld *nt* <*gen:* -es> ❶ отпускны́е де́ньги *fpl*; ❷ (*umg*) отпускны́е *fpl*
Urne *f* <-, -n> у́рна *f*
Urologe *m* <-n, -n> уро́лог *m*
Ursache *f* <-, –n> причи́на *f*
Ursprung *m* <-(e)s, -> происхожде́ние *nt*
ursprünglich *adj* первонача́льный
Urteil *nt* <-(e)s, -e> ❶ (*Gerichtsurteil*) пригово́р *m*; **ein ~ über jdn fällen** вы́нести кому́-л. пригово́р ❷ (*Einschätzung*) мне́ние *nt*

urteilen *vi* суди́ть *impf* (*über +akk* о *+präpos*)
Urwald *m* <-(e)s, -wälder> джу́нгли *pl*
urwüchsig *adj* есте́ственный, приро́дный
USA *abk von* ***United States of America*** *mpl* США *mpl*
USB-Stick *m* <-s, -s> (DV) USB-флёшка *f*
usw. *abk von* ***und so weiter*** и т. д. (и так да́лее)
Utensilien *pl* <*gen:* -> принадле́жности *pl*
Utopie *f* <-, -n> уто́пия *f*
utopisch *adj* утопи́ческий
UV *abk von* ***ultraviolett***
UV-Strahlung *f* <*gen:* -> ультрафиоле́товое излуче́ние *nt*

Vv

v, V *nt* <-, -> ① в, В; ② ф, Ф
Vagabund *m* <-en, -en> бродя́га *m*
vage *adj* сму́тный
Vakuum *nt* <-s, -en> ва́куум *m*
Vampir *m* <-s, -e> вампи́р *m*
Vanille *f* <*gen:* -> вани́ль *f*
Variante *f* <-, -n> (*geh*) вариа́нт *m*
Vase *f* <-, -n> ва́за *f*
Vater *m* <-s, Väter> оте́ц *m*
Vaterland *nt* <-(e)s, -länder> оте́чество *nt*
väterlich *adj* оте́ческий
v. Chr. *abk von* ***vor Christus*** до рождества́ Христо́ва
Vegetarier, -in *m/f* <-s, -> вегетариа́нец, -нка *m/f*
Veilchen *nt* <-s, -> фиа́лка *f*
Vene *f* <-, -n> ве́на *f*
Ventil *nt* <-s, -e> ① (TECH) кла́пан *m*; ② (*fig*) отду́шина *f*
Ventilator *m* <-s, -en> вентиля́тор *m*
verabreden I. *vr* догова́риваться, договори́ться *pf*; **II.** *vt* догова́риваться, договори́ться *pf*
Verabredung *f* <-, -en> ① (*Treffen*) встре́ча *f*; **ich habe um fünf eine ~ mit ihr** договори́лся в пять часо́в встре́титься с ней; ② (*Vereinbarung*) договорённость *f*
verabschieden I. *vr* (*Abschied nehmen*) проща́ться, прости́ться *pf* (*von +dat* с *+inst*); **II.** *vt* (*Gesetz, Richtlinien*) принима́ть, приня́ть *pf*
verachten *vt* презира́ть, презре́ть *pf*
Verachtung *f* <*gen:* -> презре́ние *nt*
verallgemeinern *vt* обобща́ть, -щи́ть *pf*
Verallgemeinerung *f* <-, -en> обобще́ние *nt*
veralten *vi* устарева́ть, -ре́ть *pf*; **diese Technik ist völlig veraltet** э́та те́хника по́лностью устаре́ла
veränderlich *adj* изме́нчивый
verändern I. *vt* изменя́ть, -ни́ть *pf*; **II.** *vr* изменя́ться, -ни́ться *pf*
Veränderung *f* <-, -en> измене́ние *nt*
verängstigt *adj* запу́ганный
verankern *vt* ① ста́вить, поста́вить *pf* на я́корь; ② закрепля́ть, закрепи́ть *pf* (*in +dat* в *+präpos*); **in der Verfassung ~** закрепи́ть в конститу́ции
veranlagt *adj* предрасполо́женный
Veranlagung *f* <-, -en> ① (*Neigung*) скло́нность *f*, спосо́бность *f*; ② (*zu einer Steuer*) начисле́ние *nt* нало́га
veranlassen *vt* распоряжа́ться,

V

-ряди́ться *pf* (о +*präpos*); **jdn ~, etw zu tun** побуди́ть кого́-л. сде́лать что-л.
Veranlassung *f* <-, -en> ① (*das Veranlassen*) побужде́ние *nt*; ② (*Grund*) по́вод *m*
veranschaulichen *vt* нагля́дно объясня́ть, -ни́ть *pf*
veranschlagen *vt* (*Kosten*) составля́ть, соста́вить *pf* сме́ту, калькули́ровать
veranstalten *vt* (*organisieren, ausrichten*) организова́ть *impf/pf*; **einen Kongress ~** проводи́ть конгре́сс
Veranstalter, -in *m/f* <-s, -> организа́тор *m*, устро́итель *m*
Veranstaltung *f* <-, -en> ① (*Durchführung*) проведе́ние *nt*; ② (*Feier*) мероприя́тие *nt*
verantworten I. *vt* нести́, по- *impf* отве́тственность (за +*akk*), брать, взять *pf* на себя́ отве́тственность (за +*akk*); **II.** *vr* отвеча́ть, отве́тить *pf* (*für +akk* за +*akk*)
verantwortlich *adj* отве́тственный (*für +akk* за +*akk*)
Verantwortung *f* <*gen:* -> отве́тственность *f*; **sich der ~ entziehen** уклоня́ться от отве́тственности; **jdn zur ~ ziehen** привле́чь кого́-л. к отве́тственности
verantwortungsbewusst *adj* отве́тственный
verantwortungslos *adj* безотве́тственный
verarbeiten *vt* перераба́тывать, -бо́тать *pf*
Verarbeitung *f* <-, -en> ① (*das Verarbeiten*) перерабо́тка *f*; ② (*Art der Verarbeitung*) ка́чество *nt*
verärgern *vt* разозли́ть *pf*
verarmen *vi* ① бедне́ть, о- *pf*; ② нища́ть, об- *pf*
veräußern *vt* продава́ть, -да́ть *pf*
Verb *nt* <-s, -en> глаго́л *m*
verbal *adj* ① у́стный, слове́сный, верба́льный; ② глаго́льный
Verband *m* <-(e)s, Verbände> ① (*Wundverband*) повя́зка *f*; ② (*Vereinigung*) о́бщество *nt*, объедине́ние *nt*, сою́з *m*; ③ (MIL: *Truppenverband*) формирова́ние *nt*
Verband(s)zeug *nt* <*gen:* -(e)s> перевя́зочный материа́л *m*
verbessern *vt* исправля́ть, -пра́вить *pf*
verbieten *vt* запреща́ть, -прети́ть *pf*
verbindlich *adj* обяза́тельный, обя́зывающий
Verbindung *f* <-, -en> ① (*allgemein*) свя́зь *f*; ② (TELKOM) свя́зь *f*
verblüffend *adj* порази́тельный
verborgen *adj* ① скры́тый; ② та́йный, сокрове́нный
Verbot *nt* <-(e)s, -e> запреще́ние *nt*, запре́т *m*
Verbrauch *m* <*gen:* -(e)s> потребле́ние *nt*
verbrauchen *vt* потребля́ть *pf*, расхо́довать, из- *pf*; **die Vorräte gänzlich ~** по́лностью израсхо́довать запа́сы
Verbraucher, -in *m/f* <-s, -> потреби́тель, -ница *f*
verbraucht *adj* ① (*Mensch*) разби́тый; ② (*Luft*) спёртый
Verbrechen *nt* <-s, -> преступле́ние *nt*; **ein ~ begehen** соверши́ть преступле́ние
Verbrecher, -in *m/f* <-s, -> престу́пник, -ница *m/f*
verbrecherisch *adj* престу́пный
verbreiten I. *vt* распространя́ть, -ни́ть *pf*; **II.** *vr* распространя́ться, -ни́ться *pf*
Verbreitung *f* <-, -en> распростране́ние *nt*
verbrennen I. *irr vt* сжига́ть, сжечь *pf*; **II.** *irr vi* сгора́ть, -ре́ть *pf*; **III.** *irr vr* обжига́ться, -же́чься *pf* (*an +dat* о +*akk*)
Verbrennung *f* <-, -en> ① (*das Verbrennen*) сгора́ние *nt*; ② (*~ von etw*) сжига́ние *nt*; ③ (MED) ожо́г *m*; **~en zweiten Grades** (MED)

ожóг вторóй стéпени
verbringen *irr vt* проводи́ть, -вести́ *pf*
verbunden: **jdm ~ sein** быть обя́занным комý-л.; **Sie sind falsch ~** Вы не тудá попáли
verbünden *vr* объединя́ться, -ни́ться *pf* (*mit +dat* с *+inst*)
Verbündete(r) *mf* <-n, -n> сою́зник, -ница *m/f*
Verdampfung *f* <*gen:* -> испарéние *nt*
Verdauungstrakt *m* <-(e)s, -e> пищевари́тельный тракт *m*
Verdeck *nt* <-(e)s, -e> тент *m*
Verdichtung *f* <-, -en> сжáтие *nt*, уплотнéние *nt*
verdienen *vt* ❶ (*Geld*) зарабáтывать, -бóтать *pf*; ❷ (*das Recht auf etw erwerben*) заслýживать, -жи́ть *pf*
Verdienst *m* <-(e)s, -e> зарабóток *m*
verdrängen *vt* вытесня́ть, вы́теснить
Verdrängung *f* <-, -en> ❶ (MAR: *eines Schiffes*) водоизмещéние *nt*; ❷ (PSYCH) вытеснéние *nt*
verdrehen *vt* (*Tatsachen*) искажáть, -зи́ть *pf*; **jdm den Kopf ~** (*umg*) вскружи́ть комý-л. гóлову
verdrossen *adj* угрю́мый, недовóльный
Verdruss *m* <*gen:* Verdrusses> огорчéние *nt*; **zu jds ~** к огорчéнию когó-л.
Verdunk(e)lung *f* <gen, -> (*auch fig*) затемнéние *nt*
verdunkeln **I.** *vt* (*Zimmer, Haus, Tatsachen*) затемня́ть, -ни́ть *pf*; **II.** *vr* (*Himmel*) темнéть, по- *pf*
verdünnen *vt* разбавля́ть, -бáвить *pf*
verdunsten *vi* испаря́ться, -ри́ться *pf*
verdursten *vi* умирáть, умерéть *pf* от жáжды
verdutzt *adj* озадáченный
verehren *vt* почитáть *impf*
Verehrer, -in *m/f* <-s, -> (*einer Person, Sache*) поклóнник, -нница *m/f*
verehrt *adj* (*in Anrede*) уважáемый
Verehrung *f* <*gen:* -> почитáние *nt*, почтéние *nt*
vereidigen *vt* приводи́ть, -вести́ *pf* к прися́ге
Vereidigung *f* <gen, -> принесéние *nt* прися́ги
Verein *m* <-(e)s, -e> óбщество *nt*, сою́з *m*, организáция *f*, объединéние *nt*; **eingetragener ~** зарегистри́рованное объединéние
vereinbar *adj* совмести́мый (*mit +dat* с *+inst*)
vereinbaren *vt* ❶ (*ausmachen*) договáриваться, -вори́ться *pf* (о *+präpos*); ❷ (*in Einklang bringen*) согласóвывать, -совáть *pf* (*mit +dat* с *+inst*)
Vereinbarung *f* <-, -en> соглашéние *nt*, договорённость *f*; **eine ~ treffen** заключи́ть соглашéние
vereinfachen *vt* упрощáть, упрости́ть *pf*
vereinigen **I.** *vt* (*eine Einheit herstellen*) объединя́ть, -ни́ть *pf*; **II.** *vr* объединя́ться, -ни́ться *pf*
Vereinigung *f* <-, -en> ❶ (*das Vereinigen*) объединéние *nt*; ❷ (*Organisation*) сою́з *m*, объединéние *nt*
vereinsamen *vi* станови́ться *impf* всё бóлее одинóким
vereint *adj* объединённый
vererben **I.** *vt* ❶ оставля́ть, остáвить *pf* в наслéдство; ❷ (BIO, MED) передавáть, -дáть *pf* по наслéдству; **II.** *vr* (BIO, MED) передавáться, -дáться *pf* по наслéдству
Vererbung *f* <*gen:* -> (BIO, MED) наслéдственность *f*
verfahren *irr vi* (*vorgehen*) дéйствовать *impf*
Verfahren *nt* <-s, -> ❶ (*Vorgehen*) спóсоб *m*, мéтод *m*; ❷ (*Gerichtsverfahren*) дéло *nt*; ❸ (JUR) процéсс *m*, произвóдство *nt*
Verfall *m* <*gen:* -(e)s> ❶ упáдок *m*;

V

❷ (*Zerfall*) разруше́ние *nt*
verfallen *irr vi* (*zerfallen*) приходи́ть, прийти́ *pf* в упа́док
verfälschen *vt* подде́лывать, подде́лать *pf*
verfärben I. *vr* (*Wäsche*) окра́шиваться, окра́ситься *pf* в друго́й цвет; **II.** *vt* (*Wäsche*) окра́шивать, окра́сить *pf*
Verfasser, -in *m/f* <-s, -> составитель, -ница *m/f*, а́втор *m*
Verfassung *f* <-, -en> ❶ (*Zustand*) состоя́ние *nt*; ❷ (*Staatsverfassung*) конститу́ция *f*
Verfassungsgericht *nt* <-(e)s, -e> коституцио́нный суд *m*
verfaulen *vi* прогнива́ть, -гни́ть *pf*
verfehlen *vt:* **das Thema ~** непра́вильно раскры́ть те́му; **das Ziel ~** промахну́ться; **seinen Beruf ~** ошиби́ться в вы́боре профе́ссии; **sich ~** (*sich nicht treffen*) размину́ться
verfilmen *vt* (*Roman*) экранизи́ровать *impf/pf*
Verflechtung *f* <-, -en> сплете́ние *nt*, переплете́ние *nt*
verfliegen *irr vi* (*Duft, Zeit*) улету́чиваться, -читься *pf*
verfluchen *vt* проклина́ть, -кля́сть *pf*
verflüchtigen *vr* (*Duft, Aroma, auch fig*) улету́чиваться, -читься *pf*
verfolgen *vt* ❶ (*Person, Ziel, politisch, gerichtlich*) пресле́довать *impf*; ❷ (*gedanklich*) сле́довать *impf*
Verfolger, -in *m/f* <-s, -> пресле́дователь *m*
Verfolgung *f* <-, -en> пресле́дование *nt*
Verformung *f* <*gen:* -> деформа́ция *f*
verfrüht *adj* преждевре́менный
verfügen I. *vt* (*behördlich anordnen*) распоряжа́ться, -ряди́ться *pf* (о +*präpos*); **II.** *vi:* **über etw ~** (*zur Verfügung haben*) име́ть что-л. в своём распоряже́нии
Verfügung *f* <-, -en> распоряже́ние *nt*; **zur ~ stehen** находи́ться в чьём-л. распоряже́нии; **jdm etw zur ~ stellen** предоста́вить что-л. кому́-л.
verführen *vt* ❶ склоня́ть, -ни́ть *pf* (*zu* +*dat* к +*dat*); ❷ (*sexuell*) соблазня́ть, -ни́ть *pf*
verführerisch *adj* соблазни́тельный
Verführung *f* <-, -en> ❶ (*etw Verführerisches*) собла́зн *m*; ❷ (*das Verführen*) соблазне́ние *nt*
vergammelt *adj* ❶ испо́рченный; ❷ потра́ченный впусту́ю (о вре́мени)
vergangen *adj* про́шлый
Vergangenheit *f* <-, -en> ❶ про́шлое *nt*; ❷ (LING) проше́дшее вре́мя *nt*
vergänglich *adj* бре́нный
vergaß *prät von* **vergessen**
vergeben *irr vt* ❶ (*verzeihen*) проща́ть, прости́ть *pf*; ❷ (*Auftrag*) дава́ть, дать *pf*, выдава́ть, вы́дать *pf*
vergebens *adv* напра́сно
vergeblich *adj* напра́сный
Vergebung *f* <*gen:* -> проще́ние *nt*; **um ~ bitten** проси́ть проще́ния
vergehen I. *irr vi* (*verstreichen, verschwinden*) проходи́ть, пройти́ *pf*; **II.** *vr* (*sexuell*) наси́ловать, из- *pf*; **er hatte sich an dem Mädchen vergangen** он изнаси́ловал де́вушку
Vergehen *nt* <-s, -> преступле́ние *nt*
Vergeltung *f* <*gen:* -> возме́здие *nt*
vergessen <vergaß, vergessen> *vt* забыва́ть, -бы́ть *pf*
Vergessenheit *f* **in ~ geraten** быть пре́данным забве́нию
vergesslich *adj* забы́вчивый
Vergesslichkeit *f* <*gen:* -> забы́вчивость *f*
vergeuden *vt* расточа́ть *impf*
vergewaltigen *vt* (*sexuell*) наси́ловать, из- *pf*
Vergewaltigung *f* <-, -en> изнаси́лование *nt*
vergewissern *vr* удостоверя́ться, -ве́риться; **sich einer Sache ~**

удостове́риться в чём-л.

vergießen *irr vt* пролива́ть, -ли́ть *pf*

vergiften *vt* (*auch fig*) отравля́ть, -ви́ть *pf*

Vergiftung *f* <-, -en> отравле́ние *nt*

vergilbt *adj* пожелте́вший

Vergleich *m* <-(e)s, -e> ① (*das Vergleichen*) сравне́ние *nt*; **im ~ zu** в сравне́нии с ② (JUR) соглаше́ние *nt*

vergleichen I. *irr vt* сра́внивать, сравни́ть *pf* (*mit +dat* с *+inst*); **II.** *irr vr* сра́вниваться, сравни́ться *pf* (*mit +dat* с *+inst*)

vergleichsweise *adv* относи́тельно

vergnügen *vr* развлека́ться, развле́чься *pf* (*mit +dat* с *+inst*)

Vergnügen *nt* <*gen:* -s> удово́льствие *nt*; **mit ~!** с удово́льствием!

vergnügt *adj* весёлый

Vergnügung *f* <-, -en> развлече́ние *nt*

vergolden *vt* покрыва́ть, -кры́ть *pf* позоло́той

vergöttern *vt* обожествля́ть, -ви́ть *pf*

vergraben *irr vt* (*eingraben*) зака́пывать, -копа́ть *pf*

vergriffen *adj* (*Ware*) распро́данный; **dieses Buch ist leider ~** э́та кни́га, к сожале́нию, распро́дана

vergrößern I. *vt* увели́чивать, -чить *pf*; **II.** *vr* (*größer werden*) увели́чиваться, -читься *pf*

Vergrößerung *f* <-, -en> увеличе́ние *nt*

Vergrößerungsglas *nt* <-es, -gläser> увеличи́тельное стекло́ *nt*, лу́па *f*

Vergünstigung *f* <-, -en> льго́та *f*, усту́пка *f*; **steuerliche ~** налого́вая льго́та

vergüten *vt* ① (*erstatten*) возмеща́ть, -мести́ть *pf*; ② (*Arbeitsleistung*) опла́чивать, оплати́ть *pf*

Vergütung *f* <-, -en> ① (*Erstattung*) возмеще́ние *nt*; ② (*für Arbeit*) опла́та *f*

verhaften *vt* аресто́вывать, -това́ть *pf*

Verhaftung *f* <-, -en> аре́ст *m*

verhalten *irr vr* ① (*ein bestimmtes Verhalten zeigen*) вести́ *impf* себя́ (*gegenüber +dat* по отноше́нию к *+dat*); ② (*auch* MATH) относи́ться *impf* (*zu +dat* к *+dat*)

Verhalten *nt* <*gen:* -s> поведе́ние *nt*

Verhältnis *nt* <-ses, -se> ① (*zu einer Person*) отноше́ния *ntpl*; ② (*Bedingungen*) усло́вия *ntpl*; ③ (*Liebesbeziehung*) рома́н *m*; ④ (*Relation*) соотноше́ние *nt*

verhältnismäßig *adj* (*vergleichsweise*) сравни́тельно

verhandeln *vi* ① вести́, про- *pf* перегово́ры (*über +akk* о *+präpos*); ② (JUR) слу́шать, вы́- *pf* де́ло

Verhandlung *f* <-, -en> ① перегово́ры *mpl*; ② (JUR) суде́бное заседа́ние *nt*

verhängen *vt* ① (*abdecken*) заве́шивать, -ве́сить *pf*; ② (*Strafe*) пригова́ривать, -говори́ть *pf*

Verhängnis *nt* <*gen:* -ses> рок *m*

verhängnisvoll *adj* роково́й

verharmlosen *vt* преуменьша́ть, -ме́ньшить *pf* серьёзность чего́-л.

verharren *vi* наста́ивать *impf* (*auf +dat* на *+präpos*)

verhasst *adj* ненави́стный

verheerend *adj* (*umg: schlimm*) опустоши́тельный

verheilen *vi* зажива́ть, -жи́ть *pf*

verheimlichen *vt* скрыва́ть, скры́ть *pf* (*vor +dat* от *+gen*)

verheiraten *vr* ① (*mit einer Frau*) жени́ться *impf/pf* (на *+präpos*); ② (*mit einem Mann*) выходи́ть, вы́йти *pf* за́муж (за *+akk*); **verheiratet sein** быть жена́тым/за́мужем

verheißen *irr vt* (*geh*) предвеща́ть *impf*

verherrlichen *vt* прославля́ть, -сла́вить *pf*

verhindern *vt* ① (*Entscheidung etc.*)

препя́тствовать, вос- *pf*; ❷ (*abwenden: Krieg, Unfall*) предотвраща́ть, -врати́ть *pf*; **Herr Müller ist im Augenblick leider verhindert** господи́н Мю́ллер в настоя́щий моме́нт, к сожале́нию, за́нят; **jds Heirat ~** воспрепя́тствовать чьему́-л. бра́ку

verhöhnen *vt* издева́ться *impf* (над +*inst*)

Verhör *nt* <-(e)s, -e> допро́с *m*; **jdn einem ~ unterziehen** подве́ргнуть кого́-л. допро́су

verhören I. *vt* (*ein Verhör durchführen*) допра́шивать, -проси́ть *pf*; **II.** *vr* (*falsch hören*) ослы́шаться *pf*

verhüllend *adj* (LING) эвфемисти́ческий

verhungern *vi* умира́ть, умере́ть *pf* с го́лоду

verhüten *vt* ❶ (*verhindern*) предотвраща́ть, -отврати́ть *pf*; ❷ (*Empfängis*) предупрежда́ть, предупреди́ть *pf*

Verhütung *f* <*gen:* -> ❶ (*das Verhüten*) предотвраще́ние *nt*; ❷ (*Empfängnisverhütung*) предупрежде́ние *nt* бере́менности

Verhütungsmittel *nt* <-s, -> противозача́точное сре́дство *nt*

verirren *vr* заблуди́ться *pf*

verjagen *vt* прогоня́ть, -гна́ть *pf*

Verjüngung *f* омоложе́ние *nt*

Verkauf *m* <-(e)s, Verkäufe> ❶ (*das Verkaufen*) прода́жа *f*; ❷ (*Verkausabteilung*) отде́л *m* сбы́та

verkaufen I. *vt* продава́ть, -да́ть *pf*; **II.** *vr* (*Ware*) покупа́ться *impf*

Verkäufer, -in *m/f* <-s, -> продаве́ц, -вщи́ца *m/f*

verkäuflich *adj* прода́жный; **das Haus ist nicht ~** дом не продаётся

Verkehr *m* <*gen:* -(e)s> ❶ (*Straßenverkehr*) движе́ние *nt*; ❷ (*Geschlechtsverkehr*) полово́е сноше́ние *nt*; **etw aus dem ~ ziehen** изъя́ть что-л. из обраще́ния

verkehren I. *vi* ❶ (*Bus, Straßenbahn, Zug*) ходи́ть *impf*; ❷ (*Fähre*) курси́ровать *impf*; ❸ (*an einem Ort*) враща́ться *impf*, быва́ть *impf*; **II.** *vt* (*Sinn*) извраща́ть, -врати́ть *pf*

Verkehrsampel *f* <-, -n> светофо́р *m*

Verkehrsmittel *nt* <-s, -> тра́нспортное сре́дство *nt*; **die öffentlichen ~** обще́ственный тра́нспорт

Verkehrsunfall *m* <-(e)s, -unfälle> доро́жно-тра́нспортное происше́ствие *nt*, ДТП

Verkehrszeichen *nt* <-s, -> доро́жный знак *m*

verkehrt *adj* непра́вильный

verkennen *vt* (*geh*) не пра́вильно понима́ть, -ня́ть *pf*; **ein verkanntes Genie** (*umg*) непри́знанный ге́ний

verklärt *adj* просветлённый

verkleiden I. *vr* (*sich kostümieren*) переодева́ться, -де́ться *pf* (*als* +*nom* в +*akk*); **II.** *vt* ❶ (*kostümieren*) переодева́ть, -де́ть *pf*; ❷ (*Flächen mit einer Verkleidung überziehen*) облицо́вывать, -цева́ть; **Wände mit Holz ~** обива́ть сте́ны де́ревом

Verkleidung *f* <-, -en> ❶ (*Kostüm*) маскиро́вка *f*; ❷ (*von Flächen*) облицо́вка *f*

verkleinern I. *vt* ❶ (*kleiner machen*) уменьша́ть, уме́ньшить *pf*; ❷ (*verringern*) сокраща́ть, -крати́ть *pf*; **II.** *vi* (*Linse*) уменьша́ть *impf*; **III.** *vr* ❶ (*kleiner werden*) уменьша́ться, уме́ньшиться *pf*; ❷ (*sich verringern*) сокраща́ться, -крати́ться *pf*

Verkleinerungsform *f* <-, -en> уменьши́тельная фо́рма *f*

verklemmt *adj* (*Person*) ско́ванный

verklingen *irr vi* затиха́ть, -ти́хнуть *pf*

V

verknüpfen *vt* свя́зывать, связа́ть *pf* (*mit +dat* с *+inst*)

verkommen *vi* ① (*verwahrlosen*) приходи́ть, прийти́ *pf* в упа́док; ② (*Lebensmittel*) пропада́ть, пропа́сть *pf*; ③ (*Mensch*) опуска́ться, опусти́ться *pf*

verkomplizieren *vt* усложня́ть

verkorkst *adj* (*umg*) испо́рченный

verkörpern *vt* (*Rolle*) воплоща́ть, -плоти́ть *pf*

Verkörperung *f* <-, -en> воплоще́ние *nt*

verkraften *vt* справля́ться, спра́виться *pf* (с *+inst*)

verkrampfen *vr* (*Muskel*) су́дорожно сжима́ться, сжа́ться *pf*

verkrümmt *adj* искривлённый

verkrüppelt *adj* искале́ченный

verkrusten *vi* покрыва́ться, -кры́ться *pf* ко́ркой

verkümmern *vi* ча́хнуть, за- *pf*

verkünden *vt* ① (*bekannt geben*) заявля́ть, -ви́ть *pf* (о *+präpos*); ② (*Urteil*) объявля́ть, -ви́ть *pf*

verkürzen **I.** *vt* ① (*kürzer machen*) укора́чивать, -роти́ть *pf* (*um +akk* на *+akk*); ② (*zeitlich*) сокраща́ть, -крати́ть *pf* (*um +akk* на *+akk*); **II.** *vr* ① (*kürzer werden*) уменьша́ться, уме́ньшиться *pf* (*um +akk* на *+akk*); ② (*zeitlich*) сокраща́ться, -крати́ться *pf* (*um +akk* на *+akk*)

verladen *irr vt* (*Gütern*) грузи́ть, по- *pf* (*auf +akk* на *+akk*)

Verlag *m* <-(e)s, -e> изда́тельство *nt*

verlagern **I.** *vt* (*den Schwerpunkt verschieben*) переноси́ть, -нести́ *pf* (*auf +akk* на *+akk*); **II.** *vr* (*sich von irgendwo wegbewegen*) перемеща́ться, -мести́ться *pf*

Verlagerung *f* <-, -en> перемеще́ние *nt*

verlangen *vt* (*fordern, erfordern*) тре́бовать, по- *pf*

Verlangen *nt* <*gen:* -s> ① (*Bedürfnis*) жела́ние *nt*, потре́бность *f*; ② (*Forderung*) тре́бование *nt*; **auf ~** по тре́бованию

verlängern **I.** *vt* ① (*länger machen*) удлиня́ть, -ни́ть *pf* (*um +akk* на *+akk*); ② (*zeitlich*) продлева́ть, -ли́ть *pf* (*um +akk* на *+akk*); **einen Vertrag ~** продли́ть догово́р; **II.** *vr* ① (*länger werden*) удлиня́ться, -ни́ться *pf* (*um +akk* на *+akk*); ② (*zeitlich*) продлева́ться, -дли́ться *pf* (*um +akk* на *+akk*)

Verlängerung *f* <-, -en> ① (*das Längerwerden, auch zeitlich*) продле́ние *nt*; ② (SPORT) дополни́тельное вре́мя *nt*

verlangsamen **I.** *vt* (*langsamer machen*) замедля́ть, -ме́длить *pf*; **II.** *vr* (*langsamer werden*) замедля́ться, -ме́длиться *pf*

Verlass *m*: **auf jdn ist (kein) ~** на кого́-л. мо́жно/нельзя́ положи́ться

verlassen **I.** *irr vr* (*auf jds Handeln oder auf etw vertrauen*) полага́ться, положи́ться *pf* (*auf +akk* на *+akk*); **II.** *irr vt* ① (*Ort*) покида́ть, -ки́нуть *pf*; ② (*jdn*) броса́ть, бро́сить *pf*; **eine ~e Gegend** забро́шенная ме́стность

verlässlich *adj* надёжный

Verlauf *m* <-(e)s, Verläufe> ① (*der Zeit*) тече́ние *nt*; **im ~ der Woche** в тече́ние неде́ли ② (*das Ablaufen*) ход *m*; **im ~ des Seminars** в хо́де семина́ра

verlaufen **I.** *irr vr* (*sich verirren*) заблуди́ться *pf*; **II.** *irr vi* (*Zeit, Verhandlungen, Straße*) проходи́ть, пройти́ *pf*

verlegen[1] *vt* ① (*verschieben*) переноси́ть, -нести́ *pf* (*auf +akk* на *+akk*); ② (*Buch*) издава́ть, -да́ть *pf*

verlegen[2] *adj* смущённый; **~ blickte er zur Seite** он смущённо отвёл глаза́ в сто́рону

Verlegenheit *f* **jdn in ~ bringen** смути́ть кого́-л.

Verleger, -in *m/f* <-s, -> издáтель, -ница *m/f*
Verleih *m* <-(e)s, -e> прокáт *m*
verleihen *irr vt* ❶ давáть, дать *pf* напрокáт; ❷ (*Titel*) присвáивать, -своить *pf*; ❸ (*Preis*) присуждáть, -судить *pf*; ❹ (*verschaffen*) придавáть, -дáть *pf*; **jdm einen Orden ~** наградить когó-л. óрденом
Verleihung *f* <-, -en> ❶ (*von Preis*) присуждéние *nt*; ❷ (*von Titel*) присвоéние *nt*; ❸ (*eines Ordens*) награждéние *nt*
verleiten *vt*: **jdn zu etw ~** склонять когó-л. к чемý-л.
verlernen *vt*: **eine Fremdsprache ~** забыть инострáнный язык
verlesen *irr vt* зачитывать, зачитáть *pf*
verletzen I. *vt* ❶ (*körperlich*) повреждáть, -вредить *pf*; ❷ (*gefühlsmäßig*) задевáть, -дéть *pf*; ❸ (*Gesetz*) нарушáть, -рýшить *pf*; **II.** *vr* порáниться *pf*
verletzend *adj* оскорбительный
Verletzte(r) *mf* <-n, -n> рáненый *m*, рáненая *f*
Verletzung *f* <-, -en> ❶ (*körperlich*) ранéние *nt*; ❷ (*von Gefühlen*) оскорблéние *nt*
verleumden *vt* оклеветáть *pf*
verleumderisch *adj* клеветнический
Verleumdung *f* <-, -en> (*Äußerung*) клеветá *f*
verlieben *vr* влюблятъся, -бится *pf* (*in +akk* в *+akk*)
Verliebtheit *f* <-, -en> влюблённость *f*
verlieren <verlor, verloren> **I.** *vt* терять, по- *pf*; **II.** *vi* (*in Sport, Spiel*) проигрывать, -игрáть *pf*; **III.** *vr* (*verschwinden, abschweifen*) теряться, по- *pf*
Verlierer, -in *m/f* <-s, -> проигрáвший, -шая *m/f*
verloben *vr* помóлвиться *pf* (*mit +dat* с *+inst*)
Verlobte(r) *mf* <-n, -n> женйх, невéста *m/f*
Verlobung *f* <-, -en> помóлвка *f*
verlockend *adj* соблазнительный
Verlockung *f* <-, -en> соблáзн *m*
verlogen *adj* лживый
Verlogenheit *f* <*gen*: -> лживость *f*
verlor *prät von* **verlieren**
verloren *adj* (*ausgeliefert, hilflos*) потéрянный
verloren gehen *vi* теряться, по- *pf*
Verlosung *f* <-, -en> рóзыгрыш *m* (в лотерéе)
verlottert *adj* опустившийся (о человéке)
Verlust *m* <-(e)s, -e> ❶ (*das Verlieren*) потéря *f*; ❷ (*finanziell*) убыток *m*; ❸ (MIL: *meist pl*) потéря *f*
vermachen *vt* завещáть *impf/pf*
Vermächtnis *nt* <-ses, -se> ❶ (*Erbe*) завещáние *nt*; ❷ (*Testament*) завéт *m*
vermählen *vt* ❶ (*geh: Frau*) выдавáть *impf*, выдать *pf* зáмуж; ❷ (*geh: Mann*) женить *impf/pf*
vermarkten *vt* продавáть, -дáть *pf*
vermehren I. *vr* (*fortpflanzen*) размножáться, -мнóжиться *pf*; **II.** *vt* умножáть, умнóжить *pf*
Vermehrung *f* <*gen*: -> ❶ (*das Vermehren*) увеличéние *nt*, умножéние *nt*; ❷ (*Fortpflanzung*) размножéние *nt*
vermeiden *irr vt* избегáть, -бежáть *pf*; **etw ~** избегáть чегó-л.
vermeintlich *adj* мнимый
Vermerk *m* <-(e)s, -e> замéтка *f*
vermerken *vt* (*schriftlich*) отмечáть, -мéтить *pf*
Vermessung *f* <-, -en> измерéние *nt*
vermieten *vt* сдавáть, сдать *pf* (внаём); **Zimmer zu ~** сдаётся кóмната
Vermieter, -in *m/f* <-s, -> хозяин, хозяйка *m/f* квартиры
vermindern I. *vt* (*geringer machen*) снижáть, снизить *pf*; **II.** *vr* (*geringer werden*) уменьшáться, умéньшиться *pf*
Verminderung *f* <-, -en>

уменьше́ние *nt*
vermischen I. *vt* сме́шивать, смеша́ть *pf* (*mit +dat* с *+inst*); II. *vr* сме́шиваться, смеша́ться *pf*
vermissen *vt:* **ich werde dich sehr ~** мне тебя́ бу́дет о́чень недостава́ть [*o* не хвата́ть]
vermisst *adj:* **~ werden** пропа́сть бе́з вести
Vermisste(r) *mf* <-n, -n> пропа́вший, -шая *m/f* бе́з вести
vermitteln I. *vt* (*Wissen*) передава́ть, -да́ть *pf*; II. *vi* (*als Mittler agieren*) посре́дничать *impf*
Vermittler, -in *m/f* <-s, -> посре́дник, -ница *m/f*
Vermittlung *f* <-, -en> посре́дничество *nt*
Vermögen *nt* <-s, -> ❶ (*Besitz*) состоя́ние *nt*, иму́щество *nt*; ❷ (*Fähigkeit*) уме́ние *nt*
vermögend *adj* состоя́тельный
vermummt *adj* ❶ заку́танный; ❷ замаскиро́ванный
vermuten *vt* предполага́ть, -ложи́ть *pf*
vermutlich I. *adj* предполага́емый; II. *adv* наве́рно, предположи́тельно.
Vermutung *f* <-, -en> предположе́ние *nt*
vernachlässigen *vt* ❶ (*Pflichten, Arbeit*) небре́жно относи́ться, отнести́сь *pf* (к *+dat*); ❷ (*Äußeres, Haus*) запуска́ть, -пусти́ть *pf*
vernarben *vi* зарубцо́вываться, -цева́ться *pf*
vernehmen *irr vt* (JUR: *Zeugen*) допра́шивать, -проси́ть *pf*
Vernehmung *f* <-, -en> допро́с *m*
verneinen *vt* отрица́ть *impf/pf*
vernichten *vt* уничтожа́ть, -то́жить *pf*
Vernichtung *f* <*gen:* -> уничтоже́ние *nt*
Vernunft *f* <*gen:* -> ра́зум *m*; **zur ~ kommen** образу́миться
vernünftig *adj* разу́мный
veröffentlichen *vt* публикова́ть, о- *pf*
Verordnung *f* <-, -en> распоряже́ние *nt*
verpachten *vt* сдава́ть в аре́нду
verpacken *vt* упако́вывать, упакова́ть *pf*
Verpackung *f* <-, -en> упако́вка *f*
verpfänden *vt* закла́дывать, -ложи́ть *pf*
Verpflegung *f* <*gen:* -> пита́ние *nt*
verpflichten *vt* обя́зывать, обяза́ть *pf*; **sich zu etwas ~** взя́ть на себя́ обяза́тельство
Verpflichtung *f* <-, -en> обя́занность *f*, обяза́тельство *nt*
verprügeln *vt* избива́ть, -би́ть *pf*
Verputz *m* <*gen:* -es> штукату́рка *f*
verputzen *vt* (*Wand*) штукату́рить, от- *pf*
Verrat *m* <*gen:* -(e)s> изме́на *f*, преда́тельство *nt*
verraten I. *irr vt* ❶ (*Geheimnis, Person*) выдава́ть, вы́дать *pf*; ❷ (*Person, Vaterland*) предава́ть, -да́ть *pf*; II. *irr vr* выдава́ть, вы́дать *pf* себя́
Verräter, -in *m/f* <-s, -> преда́тель *m*, -ница *m/f*
verräterisch *adj* преда́тельский
verräuchert *adj* проку́ренный
verrechnen I. *vt* ❶ (*Kosten*) ста́вить, поста́вить *pf* в счёт; ❷ (*Scheck*) перечисля́ть, -чи́слить *pf*; II. *vr* (*falsch rechnen*) обсчи́тываться, -счита́ться *pf*
verreisen *vi* уезжа́ть, уе́хать *pf*; **sie ist verreist** она́ уе́хала
verrenken *vt* вы́вихнуть *pf*
Verrenkung *f* <-, -en> вы́вих *m*
verriegeln *vt* запира́ть, -пере́ть *pf*
verringern I. *vt* уменьша́ть, уме́ньшить *pf*; II. *vr* уменьша́ться, уме́ньшиться *pf*
Verringerung *f* <*gen:* -> сниже́ние *nt*, уменьше́ние *nt*
verrosten *vi* ржаве́ть, за- *pf*
verrottet *adj* истле́вший
verrückt *adj* сумасше́дший
Verrückte(r) *mf* <-n, -n>

сумасше́дший, -дшая *m/f*
Verruf *m*: **jdn in ~ bringen** дискредити́ровать кого́-л.
verrußt *adj* покры́тый ко́потью
Vers *m* <-es, -e> ① стихотво́рная строка́ *f*; ② (*pl*) стихи́ *m pl*
versagen *vi* ① (*Mensch*) терпе́ть, по- *pf* прова́л; ② (*Maschine*) отка́зывать, -каза́ть *pf* (в рабо́те)
Versager *m* <-s, -> (*pej*) неуда́чник *m*
versalzen *vt* (*Essen*) переса́ливать, -соли́ть *pf*; **jdm seine Pläne ~** (*fig*) сорва́ть чьи-л. пла́ны
versammeln **I.** *vt* собира́ть, собра́ть *pf*; **II.** *vr* собира́ться, собра́ться *pf*
Versammlung *f* <-, -en> собра́ние *nt*
Versand *m* <*gen:* -(e)s> (*das Versenden*) отпра́вка *f*, посы́лка *f*
versäumen *vt* ① (*Unterricht*) пропуска́ть, -пусти́ть *pf*; ② (*Zeit, Bus*) упуска́ть, упусти́ть *pf*
Versäumnis *nt* <-ses, -se> упуще́ние *nt*
verschärfen **I.** *vt* ① (*strenger machen*) ужесточа́ть, -чи́ть *pf*; ② (*verschlimmern, erschweren*) обостря́ть, -ри́ть *pf*; **II.** *vr* (*sich steigern*) обостря́ться, -ри́ться *pf*
verscheuchen *vt* спу́гивать, спугну́ть *pf*
verschicken *vt* рассыла́ть, разосла́ть *pf*
verschieben **I.** *irr vt* ① (*an eine andere Stelle schieben*) передвига́ть, -дви́нуть *pf*; ② (*zeitlich*) переноси́ть, -нести́ *pf*; **II.** *irr vr* (*zeitlich*) переноси́ться, -нести́сь *pf*
verschieden *adj* (*unterschiedlich*) разли́чный, ра́зный
verschiedenartig *adj* разнообра́зный
Verschiedenheit *f* <-, -en> разли́чие *nt*
verschimmeln *vi* плесневе́ть, за- *pf*
verschlafen *irr vt* (*umg: versäumen*) просыпа́ть, -спа́ть *pf*
verschlechtern **I.** *vt* ухудша́ть, уху́дшить *pf*; **II.** *vr* ухудша́ться, уху́дшиться *pf*
Verschlechterung *f* <*gen:* -> ухудше́ние *nt*
verschleiern *vt* ① (*mit einem Schleier verhüllen*) закрыва́ть, -кры́ть *pf* вуа́лью; ② (*vertuschen*) скрыва́ть, скрыть *pf*
Verschleiß *m* <*gen:* -es> изно́с *m*
verschleppen *vt* (*Menschen*) угоня́ть, угна́ть *pf*; **eine verschleppte Krankheit** запу́щенная боле́знь
verschließen *irr vt* (*abschließen*) закрыва́ть, -кры́ть *pf*
verschlossen *adj* (*Mensch*) за́мкнутый
verschlucken **I.** *vt* (*hinunterschlucken*) глота́ть, проглоти́ть *pf*; **II.** *vr* дави́ться, по- *pf*
Verschluss *m* <-es, Verschlüsse> ① (*von Flasche*) про́бка *f*; ② (*von Glas*) кры́шка *f*; ③ (*von Halskette*) застёжка *f*
verschlüsseln *vt* коди́ровать, за- *pf*
Verschlusskappe *f* <-, -n> колпачо́к *m*
Verschmelzung *f* <*gen:* -> слия́ние *nt*
verschmitzt *adj* хи́трый
verschmutzen **I.** *vt* загрязня́ть, -ни́ть *pf*; **II.** *vi* па́чкаться, ис- *pf*; **die Umwelt (mit etw) ~** загрязня́ть (чем-л.) окружа́ющую сре́ду
verschneit *adj* засне́женный
verschnörkelt *adj* вы́чурный
verschollen *adj* пропа́вший бе́з вести
verschönern *vt* ① украша́ть, -кра́сить *pf*; ② (*fig*) приукра́шивать, -кра́сить *pf*
verschränken *vt* (*Arme, Beine*) перекре́щивать, -крести́ть *pf*
verschrecken *vt* пуга́ть, ис- *pf*
verschreiben **I.** *irr vt* (MED: *Medikament*) прописывать, -писа́ть *pf*; **II.** *irr vr* (*falsch schreiben*) допусти́ть *pf* опи́ску

V

verschrotten *vt* пуска́ть, пусти́ть *pf* на лом
verschulden I. *vt* (*die Schuld an etw haben*) быть винова́тым (в +*präpos*); **II.** *vr* (*Schulden machen*) задолжа́ть *pf*, влеза́ть, влезть *pf* в долги́
Verschuldung *f* <*gen:* -> задо́лженность *f*, долг *m*
verschütten *vt* (*unter sich begraben*) засыпа́ть, -сы́пать *pf*
verschweigen *irr vt* скрыва́ть, скры́ть *pf*
verschweißen *vt* сва́ривать, свари́ть *pf*
verschwenden *vt* растра́чивать, -тра́тить *pf*
verschwenderisch *adj* расточи́тельный
Verschwendung *f* <*gen:* -> расточи́тельство *nt*
verschwiegen *adj* скры́тный
Verschwiegenheit *f* <*gen:* -> молчали́вость *f*
verschwinden *irr vi* исчеза́ть, -че́знуть *pf*
verschwitzt *adj* вспоте́вший, пропоте́вший
verschwören *vr* составля́ть, -ста́вить *pf* за́говор (*gegen* +*akk* про́тив +*gen*)
verschwörerisch *adj* загово́рщицкий
Verschwörung *f* <-, -en> за́говор *m*
versehen *irr vt* (*mit etw ausstatten*) снабжа́ть, -бди́ть *pf*
Versehen *nt* <-s, -> оши́бка; **aus ~** по оши́бке
versehentlich I. *adv* по оши́бке, оши́бочно; **II.** *adj* оши́бочный.
verselbstständigen, verselbständigen *vr* стать *pf* самостоя́тельным, отдели́ться *pf*
versenden *vt* рассыла́ть, разосла́ть *pf*
versenken I. *vt* (*Schiff*) потопля́ть, потопи́ть *pf*; **II.** *vr* (*sich konzentrieren auf*) погружа́ться, -грузи́ться *pf* (*in* +*akk* в +*akk*)
versessen *adj*: **auf etw/jdn ~ sein** помеша́ться на чём-л./ком-л.
versetzen *vt* ❶ (*an einen anderen Punkt setzen*) перемеща́ть, -мести́ть *pf*; ❷ (*in der Schule, dienstlich*) переводи́ть, -вести́ *pf*
Versetzung *f* <-, -en> перево́д *m*, перемеще́ние *nt*
verseuchen *vt* заража́ть, -рази́ть *pf*
versichern I. *vt* ❶ (*eine Versicherung abschließen*) страхова́ть, за- *pf*; ❷ (*beteuern, bestätigen*) уверя́ть, уве́рить *pf*; **II.** *vr* (*durch eine Versicherung*) страхова́ться, за- *pf*
Versicherung *f* <-, -en> ❶ (*Versichern*) страхова́ние *nt*; **eine ~ abschließen** заключи́ть догово́р страхова́ния ❷ (*Bestätigung, Erklärung*) увере́ние *nt*; ❸ (*Versicherungsunternehmen*) страхова́я компа́ния *f*; ❹ (*Versicherungsvertrag*) страхово́й догово́р *m*; ❺ (*umg*) страхо́вка *f*
versiegeln *vt* ❶ (*Brief*) запеча́тывать, -ча́тать *pf*; ❷ (*Tür*) опеча́тывать, -ча́тать *pf*
versiegen *vi* (*Quelle, Gespräch*) иссяка́ть, иссякнуть *pf*
versinken *irr vi* (*untergehen*) тону́ть, у- *pf*
Version *f* <-, -en> ве́рсия *f*; **aktuelle ~** актуа́льный вариа́нт; **letzte ~** после́дняя ве́рсия
versöhnen I. *vt* примиря́ть, -мири́ть *pf* (*mit* +*dat* с +*inst*); **II.** *vr* примиря́ться, -мири́ться *pf* (*mit* +*dat* с +*inst*)
versöhnlich *adj* примири́тельный
Versöhnung *f* <-, -en> примире́ние *nt*
versorgen *vt* ❶ (*beliefern*) снабжа́ть, -бди́ть *pf*; ❷ (*Familie*) содержа́ть *impf*; ❸ (*verschaffen*) обеспе́чивать, -чить *pf*
Versorgung *f* <*gen:* -> (*das Beliefern*) снабже́ние *nt*, обеспе́чение *nt*, обслу́живание *nt*; **ärztliche ~** медици́нское обслу́живание
verspäten *vr* опа́здывать, опозда́ть *pf*
Verspätung *f* <-, -en> опозда́ние *nt*;

ihr Flug hatte 30 Minuten ~ её рейс был задéржан на трúдцать минýт

versperren *vt* загорáживать, -городúть *pf*

verspielen *vt* (*Geld*) проúгрывать, -игрáть *pf*

verspotten *vt* издевáться *impf* (над +*inst*)

versprechen I. *irr vt* (*ein Versprechen geben*) обещáть *impf/pf*; II. *irr vr* (*beim Sprechen*) оговáриваться, -ворúться *pf*

Versprechen *nt* <-s, -> обещáние *nt*

Verstaatlichung *f* <*gen:* -> национализáция *f*, огосударствлéние *nt*

Verstand *m* <*gen:* -(e)s> рáзум *m*; **den ~ verlieren** потерять рассýдок

verständigen *vr* ❶ (*jdm etw mitteilen*) объясняться, -нúться *pf* (*mit* +*dat* с +*inst*); ❷ (*sich einig werden*) договáриваться, -ворúться *pf* (*über* +*akk* о +*präpos*)

Verständigung *f* <*gen:* -> ❶ (*Kommunikation*) коммуникáция *f*, общéние *nt*; ❷ (*Einigung*) соглашéние *nt*

verständlich *adj* понятный

Verständnis *nt* <*gen:* -ses> понимáние *nt*

verständnislos *adj* непонятливый

verständnisvoll *adj* понимáющий

verstärken I. *vt* усúливать, усúлить *pf*; II. *vr* (*stärker werden*) усúливаться, усúлиться *pf*

Verstärker *m* <-s, -> усилúтель *m*

Verstärkung *f* <-, -en> ❶ (*das Verstärken*) усилéние *nt*; ❷ (*zahlenmäßig*) поддéржка *f*

Verstauchung *f* <-, -en> (MED) растяжéние *nt*

Versteck *nt* <-(e)s, -e> укрытие *nt*; **~ spielen** игрáть в прятки

verstecken I. *vt* прятать, с- *pf* (*vor* +*dat* от +*gen*); II. *vr* прятаться, с- *pf*

versteckt *adj* скрытый

verstehen I. *irr vt* (*hören können, begreifen*) понимáть, -нять *pf*; **er versteht sein Handwerk** он хорошó знáет своё дéло; II. *irr vi* ❶ (*Sachkenntnis haben*) разбирáться (*von* +*akk* в +*präpos*); ❷ (*unter einem Begriff*) понимáть *impf* (*unter* +*akk* под +*inst*); III. *vr:* **ich verstehe mich gut mit ihr** мы хорошó понимáем друг дрýга

versteigern *vt* продавáть, -дáть с аукциóна [*o* с торгóв]

Versteigerung *f* <-, -en> аукциóн *m*, торгú *mpl*; **eine öffentliche ~** публúчные торгú

verstellbar *adj* регулúруемый

verstellen *vt* ❶ (*anders einstellen*) переставлять, -стáвить *pf*, регулúровать, от- *pf* (*in* +*dat* по +*dat*); ❷ (*versperren*) заставлять, -стáвить *pf*; ❸ (*Stimme, Handschrift*) изменять, -нúть *pf*

verstopfen *vt* ❶ (*etw zustopfen*) затыкáть, заткнýть *pf*; ❷ (*unpassierbar machen*) засорять, -рúть *pf*

Verstopfung *f* <-, -en> ❶ засóр *m*; ❷ запóр *m*

verstorben *adj* покóйный

verstört *adj* растéрянный

Verstoß *m* <-es, Verstöße> нарушéние *nt*

verstoßen I. *irr vi* нарушáть, -рýшить *pf*; **gegen das Gesetz ~** нарушáть закóн; II. *vt* (*verbannen*) изгонять, изгнáть *pf*

verstümmeln *vt* изурóдовать *pf*

verstummen *vi* (*Mensch, Geräusch*) умолкáть, умóлкнуть *pf*

Versuch *m* <-(e)s, -e> ❶ (*wissenschaftliches Experiment*) óпыт *m*; ❷ (*das Versuchen*) попытка *f*

versuchen *vt* (*einen Versuch machen, etw zu tun*) прóбовать, по- *pf*; **wir haben alles versucht** мы ужé всё перепрóбовали; **versuch es nochmal** попрóбуй ещё раз

Versuchskaninchen *nt* <-s, -> (*umg*) подóпытный крóлик *m*

Versuchung *f* <-, -en> искушéние *nt*

vertauschen *vt* (*verwechseln*) перепу́тывать, -пу́тать *pf*

verteidigen **I.** *vt* ① (*vor Angreifern, vor Gericht*) защища́ть, защити́ть *pf* (*gegen +akk* от *+gen*); ② (MIL) обороня́ть *impf*, оборони́ть *pf*; **II.** *vr* защища́ться, защити́ться *pf* (*gegen +akk* от *+gen*)

Verteidiger, -in *m/f* <-s, -> (*auch vor Gericht*) защи́тник, -ница *m/f*

Verteidigung *f* <-, -en> ① (*auch vor Gericht*) защи́та *f*; ② (MIL) оборо́на *f*

Verteidigungsminister *m* <-s, -> мини́стр *m* оборо́ны

verteilen **I.** *vt* (*an verschiedene Personen, räumlich aufteilen*) распределя́ть, -ли́ть *pf* (*an +akk* среди́ *+gen*); **die Karten #** сдава́ть ка́рты; **II.** *vr* (*Menschen*) распределя́ться, -ли́ться *pf*

Verteilung *f* <-, -en> распределе́ние *nt*, разда́ча *f*

Verteuerung *f* <-, -en> подорожа́ние *nt*

vertiefen **I.** *vt* (*tiefer machen, auch Kentnisse*) углубля́ть, -би́ть *pf*; **II.** *vr* (*sich auf etw konzentrieren*) углубля́ться, -би́ться *pf*

Vertiefung *f* <-, -en> углубле́ние *nt*

vertikal *adj* вертика́льный

vertilgen *vt* (*Unkraut*) уничтожа́ть, уничто́жить *pf*

Vertrag *m* <-(e)s, Verträge> догово́р *m*, контра́кт *m*; **einen ~ mit jdm über etw schließen** заключи́ть с кем-л. догово́р о чём-л.; **einen ~ kündigen** расто́ргнуть догово́р

vertragen **I.** *irr vt* (*aushalten*) выноси́ть, вы́нести *pf*; **er verträgt keine Kritik** он не выно́сит кри́тики; **II.** *vr* (*umg: vereinbar sein*) сочета́ться *pf* (*mit +dat* с *+inst*)

vertrauen *vi:* **jdm/etw ~** доверя́ть кому́-л./чему́-л.; **auf jdn/etw ~** полага́ться на кого́-л./что-л.

Vertrauen *nt* <*gen:* -s> дове́рие *nt*; **zu jdm ~ haben** доверя́ть кому́-л.

vertrauensvoll *adj* дове́рчивый

vertrauenswürdig *adj* досто́йный дове́рия

vertraulich *adj* конфиденциа́льный

Vertraulichkeit *f* <-, -en> ① дове́рчивость *f*; ② (*von Mitteilung*) конфиденциа́льность *f*

verträumt *adj* мечта́тельный

vertraut *adj* (*wohlbekannt*) хорошо́ знако́мый

vertreiben *irr vt* (*Menschen*) прогоня́ть, -гна́ть *pf*; **sich die Zeit ~** проводи́ть вре́мя

Vertreibung *f* <-, -en> изгна́ние *nt*

vertreten *irr vt* ① (*Person*) замеща́ть, -мести́ть *pf*; ② (*Firma, Gruppe, Interessen*) представля́ть *impf*

Vertreter, -in *m/f* <-s, -> ① (*Stellvertreter*) замести́тель, -ница *m/f*; ② (*einer bestimmten Sache, eines Unternehmens*) представи́тель, -ница *m/f*; ③ (*Handelsvertreter*) торго́вый аге́нт *m*

Vertretung *f* <-, -en> ① (*das Vertreten*) замеще́ние *nt*; ② (*einer Firma*) представи́тельство *nt*, филиа́л *m*

Vertrieb *m* <*gen:* -(e)s> (*das Vertreiben, Verkaufen*) сбыт *m*

Vertriebene(r) *mf* <-n, -n> и́згнанный, -нная *m/f*

vertrocknen *vi* ① засыха́ть, -со́хнуть *pf*; ② (*Fluss*) высыха́ть, вы́сохнуть *pf*

vertuschen *vt* замина́ть, -мя́ть *pf*

verüben *vt* (*Anschlag, Verbrechen, Selbstmord*) соверша́ть, -ши́ть *pf*

verunglücken *vi* (*mit dem Auto*) попада́ть, попа́сть *pf* в ава́рию; **tödlich ~** поги́бнуть во вре́мя ава́рии [*o* несча́стного слу́чая]

verunreinigen *vt* загрязня́ть, -ни́ть *pf*

verunsichern *vt* вселя́ть, -ли́ть *pf* неуве́ренность (в *+akk*)

verunstalten *vt* изуро́довать *pf*
veruntreuen *vt* (*Geld*) растра́чивать, -тра́тить *pf*; **Gelder ~** растра́чивать де́ньги
verursachen *vt* служи́ть, послужи́ть *pf* причи́ной
verurteilen *vt* ❶ (*jdn/ etw negativ beurteilen*) осужда́ть, осуди́ть *pf*; ❷ (JUR) пригова́ривать, -говори́ть *pf* (*zu +dat* к *+dat*); **er wurde zu drei Jahren Haft verurteilt** он был приговорён к трём года́м лише́ния свобо́ды
Verurteilung *f* <-, -en> (*auch* JUR) осужде́ние *nt*
vervielfältigen *vt* размножа́ть, -мно́жить *pf*
Vervielfältigung *f* <*gen:* -> размноже́ние *nt*
vervollkommnen I. *vt* соверше́нствовать, у- *pf*; **II.** *vr* соверше́нствоваться, у- *pf*
vervollständigen *vt* дополня́ть, -по́лнить *pf*
verwählen *vr* (*am Telefon*) непра́вильно набира́ть, непра́вильно набра́ть *pf* но́мер (телефо́на)
verwahrlosen *vi* приходи́ть, прийти́ *pf* в упа́док
Verwahrung *f* <*gen:* -> хране́ние *nt*
verwaist *adj* осироте́лый
verwalten *vt* (*Besitz, Vermögen, Nachlass*) управля́ть *impf*
Verwalter, -in *m/f* <-s, -> администра́тор *m*
Verwaltung *f* <-, -en> управле́ние *nt*, администра́ция *f*
verwandeln I. *vt* ❶ (*verändern*) преобража́ть, -образи́ть *pf*; ❷ (*umwandeln*) превраща́ть, -врати́ть *pf* (*in +akk* в *+akk*); **II.** *vr* (*zu einem anderen Wesen werden*) превраща́ться, -врати́ться *pf* (*in +akk* в *+akk*)
Verwandlung *f* <-, -en> превраще́ние *nt*
verwandt[1] part perf von **verwenden**
verwandt[2] *adj* ❶ (*von gleicher Abstammung*) ро́дственный; ❷ (*ähnlich, nahe*) схо́жий
Verwandte(r) *mf* <-n, -n> ро́дственник, -нница *m/f*
Verwandtschaft *f* <*gen:* -> ❶ (*das Verwandtsein*) родство́ *nt*; ❷ (*die Verwandten*) ро́дственники *mpl*; ❸ (*Nähe, Ähnlichkeit*) родство́ *nt*
Verwandtschaftsgrad *m* <-(e)s, -e> сте́пень *f* родства́
verwarnen *vt* де́лать, с- *pf* предупрежде́ние (*+ dat*)
Verwarnung *f* <-, -en> предупрежде́ние *nt*
verwechseln *vt* (*etw für etw anderes halten, vertauschen*) пу́тать, пере- *pf* (*mit +dat* с *+inst*)
Verwechselung, Verwechslung *f* <-, -en> пу́таница *f*
verwegen *adj* де́рзкий
verweigern *vt* отка́зывать, -каза́ть *pf*; **ihm wurde das Visum verweigert** ему́ бы́ло отка́зано в ви́зе
Verweigerung *f* <-, -en> отка́з *m*
Verweis *m* <-es, -e> ❶ (*strenger Tadel*) вы́говор *m*; ❷ (*Hinweis*) ссы́лка *f* (*auf +akk* на *+akk*)
verweisen *irr vt:* **jdn auf etw ~** указа́ть кому́-л. на что-л.; **jdn des Landes ~** вы́слать кого́-л. из страны́
verwelken *vi* вя́нуть, за- *pf*
verwenden <verwendete/verwandte, verwendet/verwandt> *vt* применя́ть, -ни́ть *pf*
Verwendung *f* <*gen:* -> примене́ние *nt*; **~ finden** находи́ть примене́ние
verwerfen *irr vt* (*fallen lassen, aufgeben*) отбро́сить *pf*, отказа́ться *pf*
verwerflich *adj* недосто́йный
verwerten *vt* (*Erfindung*) применя́ть, -ни́ть *pf*; **Abfall ~** перераба́тывать отхо́ды
verwesen *vi* разлага́ться, -ложи́ться *pf*
verwickeln I. *vr* запу́тываться, -пу́таться *pf* (*in +akk* в *+präpos*); **II.** *vt* вовлека́ть, -ле́чь *pf*

(*in* +*akk* в +*akk*)
verwildert *adj* ❶ одичáлый; ❷ зарóсший (о сáде)
verwinden *irr vt* преодолевáть, -лéть *pf*
verwirklichen I. *vt* осуществля́ть, -ви́ть *pf*; II. *vr* ❶ (*Wirklichkeit werden*) осуществля́ться, -ви́ться *pf*; ❷ (*seinen Neigungen gemäß leben*) реализовáть *impf/pf* себя́
Verwirklichung *f* <*gen:* -> осуществлéние *nt*, реализáция *f*
verwirren *vt* пу́тать, за- *pf*
Verwirrung *f* <*gen:* -> смущéние *nt*; **jdn in ~ bringen** смути́ть когó-л.
verwischen I. *vt* (*unscharf machen*) стирáть, стерéть *pf*; II. *vr* (*unscharf werden*) стирáться, стерéться *pf*
verwitwet *adj* овдовéвший
verwöhnen *vt* бáловать, из- *pf*
verworren *adj* запу́танный
verwunden *vt* рáнить *pf*
verwunderlich *adj* удиви́тельный
Verwunderung *f* <*gen:* -> удивлéние *nt*; **zu jds ~** к чьему́-л. удивлéнию
Verwundete(r) *mf* <-n, -n> рáненый, рáненая *m/f*
Verwundung *f* <-, -en> ранéние *nt*
verwüsten *vt* опустошáть, -ши́ть *pf*
Verwüstung *f* <-, -en> опустошéние *nt*
verzaubern *vt* заколдóвывать, -довáть *pf* (*in* +*akk* в +*akk*)
verzeichnen *vt* (*schriftlich aufzeichnen*) запи́сывать, -писáть *pf*
Verzeichnis *nt* <-ses, -se> ❶ (*Liste*) спи́сок *m*; ❷ (*Register*) указáтель *m*
verzeihen <verzieh, verziehen> I. *vt* прощáть, прости́ть *pf*; II. *vi:* **~ Sie!** извини́те!
Verzeihung *f* <*gen:* -> прощéние *nt*; **~!** извини́те! **jdn um ~ bitten** проси́ть у когó-л. прощéния
verzerren *vt* (*verziehen, auch fig*) искажáть, -кази́ть *pf*
Verzicht *m* <-(e)s, -e> откáз *m*
verzichten *vi* откáзываться, -казáться (*auf* +*akk* от +*gen*)
verzieh *prät von* **verzeihen**
verziehen I. *irr vt* (*Kind*) избáловать *pf*; **ein verzogenes Mädchen** избалóванная дéвочка; II. *irr vi:* **Empfänger verzogen** адресáт переéхал; III. *irr vr* (*Wolken*) рассéиваться, рассéяться *pf*
verzieren *vt* украшáть, -рáсить *pf*
Verzierung *f* <-, -en> украшéние *nt*
verzögern I. *vt* затя́гивать, -тяну́ть *pf*; II. *vr* задéрживаться, -держáться *pf* (*um* +*akk* на +*akk*)
Verzögerung *f* <-, -en> замедлéние *nt*, задéржка *f*, просрóчка *f*
verzollen *vt* плати́ть, за- *pf* пóшлину (за +*akk*)
verzückt *adj* востóрженный
Verzückung *f* <*gen:* -> восхищéние *nt*; **über etw in ~ geraten** восхищáться чем-л.
Verzug *m* <*gen:* -(e)s> **ohne ~** немéдленно
verzweifeln *vi* отчáиваться, -чáяться *pf*
verzweifelt *adj* ❶ отчáявшийся; ❷ (*aussichtslos*) безвы́ходный
Verzweiflung *f* <*gen:* -> отчáяние *nt*; **aus ~** от отчáяния
Veteran, -in *m* <-en, -en> ветерáн *m*
Veto *nt* <-s, -s> вéто *nt*; **(gegen etw) sein ~ einlegen** наложи́ть вéто (на что-л.)
Vetter *m* <-s, -n> двоюрóдный брат *m*
vgl. *abk von* ***vergleiche***
Vibration *f* <-, -en> вибрáция *f*
vibrieren *vi* вибри́ровать *impf*
Video *nt* <-s, -s> ви́део *nt*
Videofilm *m* <-(e)s, -e> видеофи́льм *m*
Videokamera *f* <-, -s> видеокáмера *f*
Videokassette *f* <-, -n> видеокассéта *f*
Videorecorder *m* <-s, ->

V

видеомагнитофо́н *m*
Videothek *f* <-, -en> видеоте́ка *f*
Vieh *nt* <*gen:* -(e)s> скот *m*
viel I. *pron indef* мно́го; **er hat ~ Zeit** у него́ мно́го вре́мени; **zu ~** сли́шком мно́го; II. *adv* мно́го; **mir geht es schon ~ besser** мне уже́ гора́здо лу́чше.
viele *pron indef* мно́гие
vielerlei *pron indef* различный
vieles *pron indef* мно́гое
vielfach *adj* многокра́тный, многочи́сленный
Vielfalt *f* <*gen:* -> разнообра́зие *nt*
vielfältig *adj* разносторо́нний
vielleicht *adv* мо́жет быть, возмо́жно
vielmals *adv* многокра́тно
vielmehr *adv* скоре́е
vielsagend, viel sagend *adj* многозначи́тельный
vielseitig *adj* разносторо́нний
vielversprechend, viel versprechend *adj* многообеща́ющий; **das hört sich ~ an** э́то звучи́т зама́нчиво
Vielzahl *f* <*gen:* -> большо́е коли́чество *nt*
vielzellig *adj* (BIO) многокле́точный
vier *num* четы́ре; **auf allen ~en** (*umg*) на четверёньках
Viereck *nt* <-(e)s, -e> четырёхуго́льник *m*
viereckig *adj* четырёхуго́льный
vierfach *num* четырёхкра́тный
Vierfüßler *m* <-s, -> (ZOOL) четвероно́гие *pl*
vierhundert *num* четы́реста
vierte(r, s) *num* четвёртая, -тый, -тое
Viertel *nt* <-s, -s> ① (*vierter Teil von etw*) четвёртая часть *f*, че́тверть *f*; ② (*Stadtteil*) кварта́л *m*; **~ nach zehn** че́тверть оди́ннадцатого; **~ vor zehn** без че́тверти де́сять
Vierteljahr *nt* <-(e)s, -e> кварта́л *m*
Viertelstunde *f* <-, -n> че́тверть *f* часа́
viertens *num* в-четвёртых
vierzehn *num* четы́рнадцать
vierzig *num* со́рок
Vikar, -in *m/f* <-s, -e> (REL) вика́рий *m*
Villa *f* <-, Villen> ви́лла *f*, особня́к *m*
violett *adj* фиоле́товый
Violine *f* <-, -n> скри́пка *f*
Violinschlüssel *m* <-s, -> скрипи́чный ключ *m*
Violoncello *nt* <-s, -celli/-s> виолонче́ль *f*
Viper *f* <-, -n> гадю́ка *f*
virtuell *adj* виртуа́льный
Virus *nt* <-, Viren> ви́рус *m*
Virusinfektion *f* <-, -en> ви́русная инфе́кция *f*
Visier *nt* <-s, -e> ① (*von Helm*) забра́ло *nt*; ② (*von Waffe*) прице́л *m*; **jdn/etw ins ~ nehmen** (*fig*) взять на прице́л
Vision *f* <-, -en> виде́ние *nt*
Visite *f* <-, -n> посеще́ние *nt*
Visitenkarte *f* <-, -n> визи́тная ка́рточка *f*
Viskose *f* <*gen:* -> виско́за *f*
visuell *adj* зри́тельный
Visum *nt* <-s, Visa/Visen> ви́за *f*; **ein ~ beantragen** пода́ть заявле́ние на получе́ние ви́зы; **ein ~ ausstellen** вы́дать ви́зу
vitalisieren *vt* придава́ть, прида́ть *pf* жи́зненные си́лы
Vitamin *nt* <-s, -e> витами́н *m*
Vitaminmangel *m* <*gen:* -s> недоста́ток *m* витами́нов
Vitrine *f* <-, -n> витри́на *f*
Vizepräsident, -in *m/f* <-en, -en> вице-президе́нт *m*
Vogel *m* <-s, Vögel> пти́ца *f*
Vogelbauer *nt* <-s, -> кле́тка *f* для птиц
Vogelhäuschen *nt* <-s, -> пти́чник *m*, скворе́чник *m*
Vogelscheuche *f* <-, -n> пу́гало *nt*
Vokabel *f* <-, -n> сло́во *nt*
Vokabular *nt* <-s, -e> запа́с *m* слов
Vokal *m* <-s, -e> гла́сный
Volk *nt* <-(e)s, Völker> наро́д *m*
Völkerrecht *nt* <*gen:* -(e)s> междунаро́дное пра́во *nt*
Volksglaube *m* <*gen:* -ns>

пове́рье *nt*
Volksgruppe *f* <-, -n> наро́дность *f*
Volkslied *nt* <-(e)s, -er> наро́дная пе́сня *f*
Volksmund *m* <*gen:* -(e)s> наро́дная му́дрость *f*
Volksrepublik *f* <-, -en> наро́дная респу́блика *f*
Volkstanz *m* <-es, -tänze> наро́дный та́нец *m*
volkstümlich *adj* наро́дный
Volkswirtschaft *f* <-, -en> наро́дное хозя́йство *nt*
Volkszählung *f* <-, -en> пе́репись *f* населе́ния
voll *adj* ❶ (*gefüllt*) по́лный, напо́лненный; **er brachte einen Krug ~ Milch** он принёс по́лный кувши́н молока́; ❷ (*ganz*) весь, це́лый; **~ und ganz** целико́м и по́лностью; **er ist ~** (*umg: betrunken*) он здо́рово набра́лся; **sich vollfressen** нажра́ться; **vollpfropfen** наби́ть до отка́за; **vollgestopft** битко́м наби́тый
vollauf *adv* вполне́, доста́точно
vollbringen *vt* соверша́ть, -ши́ть *pf*
Völlegefühl *nt* <*gen:* -s> ощуще́ние *nt* тя́жести в желу́дке
vollenden I. *vt* (*fertig machen*) заверша́ть, -ши́ть *pf*; II. *vr* (*vervollkommnen*) соверше́нствовать, у- *pf*
vollends *adv* по́лностью
Vollendung *f* <*gen:* -> заверше́ние *nt*
Volleyball *m* <-(e)s, -bälle> ❶ (*Spiel*) волейбо́л *m*; ❷ (*Ball*) волейбо́льный мяч *m*
Vollgas *nt*: **mit ~** на по́лном газу́
völlig *adj* по́лный; **~ nass** соверше́нно мо́крый
volljährig *adj* совершенноле́тний
vollkommen *adj* ❶ (*völlig*) по́лный; **er war ~ durcheinander** он соверше́нно сби́лся с мы́сли; ❷ (*vollendet*) соверше́нный
Vollkommenheit *f* <*gen:* -> соверше́нство *nt*
Vollkornbrot *nt* <-(e)s, -e> хлеб *m* из муки́ гру́бого помо́ла
Vollmacht *f* <-, -en> ❶ (*Befugnis*) полномо́чие; ❷ (*Dokument*) дове́ренность *f*
Vollmond *m* <-(e)s, -e> полнолу́ние *nt*
Vollpension *f* <*gen:* -> по́лный пансио́н *m*
vollständig I. *adj* по́лный; II. *adv* соверше́нно, по́лностью
vollstrecken *vt* приводи́ть, -вести́ *pf* в исполне́ние
Volltreffer *m* <-s, -> ❶ (*MIL*) прямо́е попада́ние *nt*; ❷ (*fig*) уда́ча *f*
vollzählig *adj* в по́лном соста́ве
vollziehen I. *irr vt* выполня́ть, вы́полнить *pf*; II. *irr vr* происходи́ть, произойти́ *pf*
Volontär, -in *m/f* <-s, -e> стажёр *m*
Volt *nt* <-/-(e)s, -> вольт *m*
Volumen *nt* <-s, -/-mina> объём *m*
voluminös *adj* объёмистый
von *präp* +*dat*: **~ oben/unten** све́рху/сни́зу; **ein Bild ~ Kandinsky** карти́на Канди́нского; **~ selbst** само́ по себе́; **im Abstand ~ 5 Metern** на расстоя́нии пяти́ ме́тров; **~ etw ausgehen** исходи́ть из чего́-л.; **~ jdm/etw sprechen** говори́ть о ком-л./чём-л.
voneinander *adv* друг от дру́га
vor *präp* ❶ (*räumlich, Richtung anweisend, vor einer Handlung*) пе́ред (+ *inst*); ❷ (*ursächlich*) от (+ *gen*); **~ allem** пре́жде всего́; **~ drei Tagen** три дня тому́ наза́д
Vorabend *m* <-s, -e> кану́н *m*; **am ~ von etw** на кану́не чего́-л.
voran *adv* (*vorwärts*) вперёд
vorangehen *irr vi* ❶ (*an der Spitze gehen*) идти́, пойти́ *pf* впереди́; ❷ (*vorankommen*) продвига́ться, -дви́нуться *pf*; **einer Sache ~** (*zeitlich*) предше́ствовать чему́-л.
vorantreiben *vt* ускоря́ть *impf*, форси́ровать *impf*
voraus *adv* впереди́; **im Voraus** зара́нее

V

vorausgehen *irr vi* идти́, пойти́ *pf* вперёд; **einer Sache ~** предше́ствовать чему́-л.
voraushaben *irr vt:* **jdm etw ~** превосходи́ть кого́-л. в чём-л.
Voraussage *f* <-, -en> прогно́з *m*
voraussagen *vt* предска́зывать, -сказа́ть *pf*
voraussehen *vt* предви́деть
voraussetzen *vt* ① (*Fähigkeiten*) предусма́тривать *impf*; ② (*von etw ausgehen*) исходи́ть *impf* (из +*gen*); **vorausgesetzt, dass ...** при усло́вии, если...
Voraussetzung *f* <-, -en> усло́вие *nt*, предпосы́лка *f*
voraussichtlich *adj* предполага́емый
Vorbehalt *m* <-(e)s, -e> огово́рка *f*; **unter dem ~, dass ...** с той огово́ркой,что ...
vorbehalten *irr vt:* **sich/jdm etw ~** оста́вить за собо́й/кем-л. пра́во на что-л.; **jdm ~ sein** принадлежа́ть кому́-л. [*o* явля́ется пра́вом кого́-л.]
vorbehaltlos *adj* безоговóрочный
vorbei *adv*: **~ an etw/jdm** ми́мо чего́-л./кого́-л.; **das ist alles längst ~** всё э́то уже́ давно́ прошло́
vorbeigehen *irr vi* проходи́ть, пройти́ *pf* (*an* +*dat* ми́мо +*gen*)
vorbereiten I. *vt* подгота́вливать, -гото́вить *pf* (*auf* +*akk* к +*dat*); **II.** *vr* подгота́вливаться, -гото́виться *pf* (*auf* +*akk* к +*dat*)
Vorbereitung *f* <-, -en> подгото́вка *f*
Vorbestimmung *f* <*gen:* -> предопределе́ние *nt*
vorbestraft *adj* име́ющий суди́мость
vorbeugen I. *vr* наклоня́ться, -клони́ться *pf* вперёд; **II.** *vi* предупрежда́ть, -преди́ть *pf*; **einer Sache ~** предупрежда́ть что-л.
vorbeugend *adj* предупреди́тельный
Vorbeugung *f* <*gen:* -> предупрежде́ние *nt*
Vorbild *nt* <-(e)s, -er> приме́р *m*; **sich jdn zum ~ nehmen** бра́ть с кого́-л. приме́р
vorbildlich *adj* образцо́вый
vorbringen *irr vt* выдвига́ть, вы́двинуть *pf*
vordere(r, s) *adj* пере́дняя, -ний, -нее
Vordergrund *m* <-(e)s, -gründe> пере́дний план *m*; **im ~** на пере́днем пла́не
Vorderseite *f* <-, -n> пере́дняя сторона́ *f*
Vordruck *m* <-(e)s, -e> бланк *m*, формуля́р *m*
voreilig *adj* поспе́шный
voreingenommen *adj* предвзя́тый
Voreingenommenheit *f* <*gen:* -> предвзя́тость *f*
vorenthalten *irr vt:* **jdm etw ~** лиша́ть кого́-л. чего́-л.
vorerst *adv* пока́
Vorfahr, -in *m/f* <-en, -en> пре́док *m*
vorfahren *irr vi* подъезжа́ть, -е́хать *pf*
Vorfahrt *f* <*gen:* -> пра́во *nt* преиму́щественного прое́зда; **jdm die ~ lassen** уступи́ть кому́-л. доро́гу
Vorfall *m* <-(e)s, -fälle> слу́чай *m*
vorfinden *irr vt* застава́ть, -ста́ть *pf*, ви́деть, у- *pf*
vorführen *vt* (*Film, Person, Auto*) пока́зывать, -каза́ть *pf*
Vorführung *f* <-, -en> ① (*Filmvorführung*) пока́з *m*; ② (*Vorstellung*) представле́ние *nt*
Vorgang *m* <-(e)s, -gänge> ① (*Hergang*) проце́сс *m*; ② (*Vorfall*) собы́тие *nt*; ③ (*Aktenvorgang*) де́ло *nt*
Vorgänger, -in *m/f* <-s, -> предше́ственник, -нница *m/f*
vorgeben *irr vt* ① (*angeben*) приводи́ть, -вести́ *pf* в ка́честве предло́га; ② (SPORT) дава́ть, да́ть *pf* фо́ру; ③ (*festlegen*) задава́ть, -да́ть *pf*
Vorgefühl *nt* <*gen:* -(e)s> предчу́вствие *nt*

vorgehen *irr vi* ❶ (*nach vorn gehen*) выходи́ть, вы́йти *pf* (вперёд) (*an +akk* к *+dat*); ❷ (*Uhr*) спеши́ть *impf*; ❸ (*geschehen*) происходи́ть, произойти́ *pf*; ❹ (*handeln*) де́йствовать, поступа́ть, -ступи́ть *pf*
Vorgehensweise *f* <-, -n> о́браз *m* де́йствий
Vorgeschichte *f* <-, -n> предысто́рия *f*
vorgeschichtlich *adj* доистори́ческий
Vorgeschmack *m* <*gen:* -(e)s> предвкуше́ние *nt*
Vorgesetzte(r) *mf* <-n, -n> нача́льник, -ница *m/f*, руководи́тель *m*
vorgestern *adv* позавчера́
vorhaben *irr vt* собира́ться, собра́ться *pf* сде́лать что-л.
Vorhaben *nt* <-s, -> наме́рение *nt*; **ein ~ umsetzen** осуществи́ть наме́рение
vorhanden *adj* име́ющийся (в нали́чии)
Vorhandensein *nt* <*gen:* -s> нали́чие *nt*
Vorhang *m* <-(e)s, Vorhänge> ❶ занаве́ска *f*; ❷ (*Theater*) за́навес *m*
Vorhängeschloss *nt* <-es, -schlösser> вися́чий замо́к *m*
vorher *adv* зара́нее; **drei Tage ~** за три дня до э́того
vorherig *adj* пре́жний
vorherrschen *vi* преоблада́ть *impf*
Vorhersage *f* <-, -n> прогно́з *m*
vorhersagen *vt* предска́зывать, -сказа́ть *pf*
vorhersehen *irr vt* предви́деть *impf*
vorhin *adv* то́лько что
Vorhinein *adv*: **im ~** зара́нее
vorig *adj* про́шлый
Vorjahr *nt* <-(e)s, -e> про́шлый год *m*
Vorkehrung *f* <-, -en> (*meist pl*) ме́ра *f* предосторо́жности
Vorkenntnisse *pl* <*gen:* -> предвари́тельные зна́ния *pl*
vorkommen *vi* ❶ (*auftreten*) встреча́ться, встре́титься *pf*; ❷ (*geschehen*) случа́ться, случи́ться *pf*; **sie kommt mir bekannt vor** мне ка́жется, что я её зна́ю
Vorkommen *nt* <-s, -> (*von Bodenschätzen*) месторожде́ние *nt*
Vorkommnis *nt* <-ses, -se> происше́ствие *nt*
Vorladung *f* <-, -en> вы́зов *m* в суд
Vorlage *f* <-, -n> ❶ (*das Vorlegen*) предъявле́ние *nt*; ❷ (*Muster, Vorbild*) образе́ц *m*; ❸ (*Gesetzesvorlage*) прое́кт *m*
vorläufig *adj* вре́менный
vorlaut *adj* де́рзкий
vorlegen *vt* ❶ (*vorzeigen*) предъявля́ть, -ви́ть *pf*; ❷ (*Entwurf*) представля́ть, -ста́вить *pf*
vorlesen *irr vt* чита́ть, про- *pf* вслух
Vorlesung *f* <-, -en> ле́кция *f*; **eine ~ halten** чита́ть ле́кцию
vorletzte(r, s) *adj* предпосле́дняя, -ний, -нее
Vorliebe *f* <-, -n> пристра́стие *nt*; **eine ~ für etw/jdn haben** име́ть пристра́стие к чему́-л./кому́-л.
vorliegen *irr vi* (*existieren, dasein*) име́ться *impf*; **hier muss ein Irrtum ~** здесь произошла́ оши́бка
vorliegend *adj* да́нный; **im ~en Fall** в да́нном слу́чае
Vormachtstellung *f* <*gen:* -> госпо́дствующее положе́ние *nt*
vormerken *vt* запи́сывать, -писа́ть *pf*; **sich für etw ~ lassen** записа́ться на что-л.
Vormittag *m* <-s, -e> пе́рвая полови́на *f* дня
vormittags *adv* в пе́рвой полови́не дня, до обе́да
Vormund *m* <-(e)s, -e> опеку́н *m*
vorn(e) *adv* впереди́; **nach ~** вперёд; **von ~** спе́реди; **von ~ anfangen** начина́ть снача́ла
Vorname *m* <-n, -n> и́мя *nt*
vornehm *adj* изы́сканный
vornehmen *irr vr* (*etw anpacken, auch: sich jdn ~*) бра́ться,

взя́ться *pf* (за +*akk*)
vornehmlich *adv* пре́жде всего́
vornherein *adv*: **von ~** с са́мого нача́ла
Vorort *m* <-(e)s, -e> при́город *m*
Vorortzug *m* <-(e)s, -züge> электри́чка *f*
vorprogrammiert *adj* (*auch fig*) запрограмми́рованный
Vorprüfung *f* <-, -en> *экза́мены в ву́зе по заверше́нии нача́льного ку́рса обуче́ния*
Vorrang *m* <*gen*: -(e)s> преиму́щество *nt*
vorrangig *adj* первоочередно́й, преиму́щественный
Vorrat *m* <-(e)s, Vorräte> запа́с *m*
vorrätig *adj* име́ющийся (в запа́се)
Vorrecht *nt* <-(e)s, -e> привиле́гия *f*
Vorrichtung *f* <-, -en> устро́йство *nt*
vorsagen *vt*: **jdm etw ~** подска́зывать кому́-л. что-л.
Vorsatz *m* <-es, -sätze> наме́рение *nt*
vorsätzlich *adj* преднаме́ренный
Vorschein *m*: **zum ~ kommen** прояви́ться
vorschieben *irr vt* (*nach vorn schieben*) подвига́ть, -ви́нуть *pf* вперёд; **den Riegel ~** задви́нуть засо́в
Vorschlag *m* <-(e)s, Vorschläge> предложе́ние *nt*; **auf jds ~ hin** по предложе́нию кого́-л.; **einen ~ machen** сде́лать предложе́ние
vorschlagen *irr vt* предлага́ть, -ложи́ть *pf*
vorschnell *adj* опроме́тчивый
vorschreiben *irr vt* предпи́сывать, -писа́ть *pf*
Vorschrift *f* <-, -en> инстру́кция *f*
Vorschuss *m* <-es, Vorschüsse> зада́ток *m*, ава́нс *m*
vorschweben *vi* представля́ться, предста́виться *pf*
vorsehen I. *irr vt* ❶ (*nach vorn sehen*) выгля́дывать, вы́глянуть *pf* (*hinter* +*dat* из-за́ +*gen*); ❷ (*angeben, einplanen*) предусма́тривать, -мотре́ть *pf*; **II.** *irr vr* быть *impf* осторо́жным (*mit* с +*inst*)
Vorsehung *f* <*gen*: -> прови́дение *nt*
Vorsicht *f* <*gen*: -> осторо́жность *f*; **~!** осторо́жно!
vorsichtig *adj* осторо́жный; **mit etw ~ sein** быть осторо́жным с чем-л.
Vorsichtsmaßnahme *f* <-, -n> ме́ра *f* предосторо́жности
Vorsilbe *f* <-, -n> (LING) приста́вка *f*
Vorsitz *m* <*gen*: -es> председа́тельство *nt*; **den ~ führen** председа́тельствовать
Vorsitzende(r) *mf* <-n, -n> председа́тель, -ница *m/f*
Vorsorgeuntersuchung *f* <-, -en> профилакти́ческий осмо́тр *m*
Vorspeise *f* <-, -n> заку́ска *f*
Vorspiel *nt* <-(e)s, -e> (MUS) прелю́дия *f*
vorspielen *vt* (*auf Instrument*) исполня́ть, испо́лнить *pf*
vorsprechen I. *irr vt* (*einen Text*) произноси́ть, произнести́ *pf*; **II.** *irr vi* зайти́ *pf*; **bei einer Behörde/bei jdm ~** зайти́ в како́е-л. учрежде́ние/к кому́-л.
Vorsprung *m* <-(e)s, Vorsprünge> ❶ (*vorstehender Teil*) вы́ступ *m*; ❷ (*Voraussein*) преиму́щество *nt*; **einen ~ vor jdm haben** име́ть преиму́щество пе́ред кем-л.
Vorstadt *f* <-, -städte> при́город *m*
Vorstand *m* <-(e)s, -stände> ❶ (*von Unternehmen*) правле́ние *nt*; **der ~ tagt** правле́ние заседа́ет; ❷ (*Vorstandsmitglied*) член *m* правле́ния
vorstehen *irr vi* (*nach vorn ragen*) выступа́ть *impf* (*aus* +*dat* из +*gen*)
vorstellbar *adj* постижи́мый
vorstellen I. *vt* ❶ (*Person, Gegenstand*) представля́ть, -ста́вить *pf*; ❷ (*Uhr*) ста́вить, по- *pf* вперёд (*um* +*akk* на +*akk*); ❸ (*darstellen*) представля́ть *impf* из себя́; **II.** *vr* (*eine Vorstellung von etw haben*) представля́ть,

-ста́вить *pf* себе́

Vorstellung *f* <-, -en> ① (*das Vorstellen*) представле́ние *nt*; ② (*Theater*) спекта́кль *m*; ③ (*Kino*) сеа́нс *m*; ④ (*Gedanke*) представле́ние *nt*

Vorstoß *m* <-es, Vorstöße> ① (MIL) проры́в *m*, уда́р *m*, ата́ка *f*; ② (SPORT) рыво́к *m*

vorstoßen *vi* ① проника́ть, -ни́кнуть *pf* (*in +akk* в *+akk*); ② (MIL) прорыва́ться, прорва́ться *pf*

vorstrecken *vt* (*Hand, Kopf*) вытя́гивать, вы́тянуть *pf* вперёд

Vorstufe *f* <-, -n> предвари́тельный эта́п *m*

vortäuschen *vt* симули́ровать *impf*

Vorteil *m* <-(e)s, -e> преиму́щество *nt*; **(für jdn) von ~ sein** быть вы́годным кому́-л.

vorteilhaft *adj* вы́годный

Vortrag *m* <-(e)s, -träge> докла́д *m*; **einen ~ halten** выступа́ть с докла́дом

vortragen *irr vt* ① (*Gedicht*) чита́ть, про- *pf*; ② (*Meinung*) излага́ть, -ложи́ть *pf*

vortrefflich *adj* превосхо́дный

vorüber *adv* ми́мо

vorübergehen *irr vi* (*vorbeigehen*) проходи́ть, пройти́ *pf* ми́мо (*an +dat* ми́мо *+gen*)

vorübergehend *adj* вре́менный

Vorurteil *nt* <-s, -e> предрассу́док *m*

vorverlegen *vt* переноси́ть, перенести́ *pf* на бо́лее ра́нний срок

Vorwahl *f* <-, -en> (TELKOM) (телефо́нный) код *m* (населённого пу́нкта)

Vorwand *m* <-(e)s, -wände> предло́г *m*; **unter einem ~** под каки́м-л. предло́гом

vorwärts *adv* вперёд

vorwärts gehen *vi:* **mit etw geht es vorwärts** (*umg*) что-л. продвига́ется

vorweg *adv* (*im voraus*) зара́нее

vorweisen *irr vt* (*vorzeigen*) предъявля́ть, -ви́ть *pf*; **sie kann sehr gute Qualifikationen ~** у неё о́чень хоро́шая квалифика́ция

vorwerfen *vt:* **jdm etw ~** упрека́ть кого́-л. в чём-л.

vorwiegend *adv* в основно́м, преиму́щественно

Vorwort *nt* <-(e)s, -e> предисло́вие *nt*

Vorwurf *m* <-(e)s, -würfe> упрёк *m*

vorwurfsvoll *adj* укори́зненный

Vorzeichen *nt* <-s, -> ① (*Omen*) предзнаменова́ние *nt*; ② (MATH) знак *m*

vorzeigen *vt* предъявля́ть, -ви́ть *pf*

vorzeitig *adj* преждевре́менный

vorziehen *irr vt* ① (*Vorhänge*) задёргивать, -дёрнуть *pf*; ② (*lieber mögen*) предпочита́ть, -че́сть *pf*; **jdn (einem anderen) ~** предпочита́ть кого́-л. (кому́-л. друго́му)

Vorzimmer *nt* <-s, -> приёмная *f*

Vorzug *m* <-(e)s, -züge> ① (*Vorrang*) предпочте́ние *nt*; ② (*positive Eigenschaft*) преиму́щество *nt*; **einer Sache den ~ geben** отда́ть чему́-л. предпочте́ние

vorzüglich *adj* великоле́пный

vulgär *adj* вульга́рный

Vulkan *m* <-s, -e> вулка́н *m*

Ww

w, W *nt* <-, -> в, В *nt*
waag(e)recht *adj* горизонта́льный
Waage *f* <-, -n> ① весы́ *mpl*; ② (ASTR) Весы́ *mpl*
Wabe *f* <-, -n> сот *m*
wach *adj* (*rege*) бо́дрый; **~ werden** просну́ться; **~ sein** не спать
Wache *f* <-, -n> ① (*Wachperson*) карау́льный *m*; ② (*Wachdienst*) карау́л *m*
wachen *vi* ① (*geh: wach sein*) бо́дрствовать *impf*; ② (*auf etw aufpassen*) следи́ть *impf* (*über +akk* за *+inst*)
Wachs *nt* <*gen:* -es> воск *m*
wachsam *adj* бди́тельный
Wachsamkeit *f* <*gen:* -> бди́тельность *f*
wachsen *vi* <wuchs, gewachsen> (*an Größe zunehmen, sich verstärken*) расти́, вы́расти *pf*; **die Umsätze sind um 5% gewachsen** оборо́т вы́рос на 5Ж; **jmd ist einer Sache gewachsen** что-л. кому́-л. по плечу́
Wachstum *nt* <*gen:* -s> рост *m*, разви́тие *nt*
Wächter, -in *m/f* <-s, -> сто́рож *m*
Wachturm *m* <-(e)s, -türme> сторожева́я вы́шка *f*
wackelig *adj* ша́ткий
wackeln *vi* (*schwanken*) шата́ться *impf*
Wade *f* <-, -n> икра́ *f*
Waffe *f* <-, -n> ору́жие *nt*
Waffel *f* <-, -n> ва́фля *f*
Waffenstillstand *m* <-(e)s, -stände> переми́рие *nt*
wagehalsig *adj* ① отча́янный; ② риско́ванный
Wagemut *m* <*gen:* -(e)s> отва́га *f*
wagemutig *adj* отва́жный
wagen *vt* осме́ливаться, -литься *pf*; **er wagte nicht, sie anzusprechen** он не осме́лился с ней заговори́ть
Wagen *m* <-s, -> ① (*Auto*) маши́на *f*, автомоби́ль *m*; ② (*Eisenbahnwagen*) ваго́н *m*; ③ (*Handwagen*) теле́жка *f*
Wagenheber *m* <-s, -> домкра́т *m*
Waggon *m* <-s, -s> ваго́н *m*
Wagnis *nt* <-ses, -se> риск *m*
Wahl *f* <-, -en> ① (*zwischen Alternativen*) вы́бор *m*; **keine andere ~ haben** не име́ть друго́го вы́бора ② (*politische Wahl*) вы́боры *mpl*; **die ~ gewinnen** победи́ть на вы́борах; **die ~ verlieren** проигра́ть на вы́борах
wählen *vt* ① (*zwischen Alternativen, seine Stimme abgeben*) выбира́ть, вы́брать *pf*; ② (*am Telefon*) набира́ть, набра́ть *pf*
Wähler, -in *m/f* <-s, -> избира́тель, -ница *m/f*
wählerisch *adj* разбо́рчивый, прихотли́вый
Wahlkampf *m* <-(e)s, -kämpfe> предвы́борная кампа́ния *f*
Wahlrecht *nt* <*gen:* -(e)s> избира́тельное пра́во *nt*
Wahn *m* <*gen:* -(e)s> бред *m*
Wahnsinn *m* <*gen:* -s> ① (*Geistesgestörtheit*) помеша́тельство *nt*; ② (*unvernünftiges Handeln*) безу́мие *nt*
wahnsinnig *adj* ① (*geistesgestört*) сумасше́дший; ② (*umg: sehr, stark*) ужа́сный; **~ interessant** безу́мно интере́сно
wahr *adj* ① (*richtig, nicht falsch*) ве́рный, пра́вильный; ② (*eigentlich*) и́стинный; ③ (*wirklich*) настоя́щий; **nicht ~?** не та́к ли?
wahren *vt* ① (*Geheimnis*) сохраня́ть, -ни́ть *pf*; ② (*verteidigen*) защища́ть, защити́ть *pf*
während I. *konj* (*zeitlich*) пока́, в

то вре́мя как; II. *präp +gen* во вре́мя (+ *gen*).
wahrhaftig I. *adj* (*geh*) и́стинный; II. *adv* действи́тельно.
Wahrheit *f* <*gen:* -> пра́вда *f*, и́стина *f*; **er sagt die ~** он говори́т пра́вду
wahrnehmen *irr vt* ❶ (*mit den Sinnen*) восприним́ать, -ня́ть *pf*; ❷ (*Pflichten*) исполня́ть, испо́лнить *pf*
Wahrnehmung *f* <*gen:* -> восприя́тие *nt*
wahrsagen *vi:* **jdm die Zukunft ~** предска́зывать кому́-л. бу́дущее
Wahrsagerei *f* <*gen:* -> гада́ние *nt*
wahrscheinlich I. *adj* вероя́тный, возмо́жный; II. *adv* вероя́тно, возмо́жно.
Wahrscheinlichkeit *f* <*gen:* -> вероя́тность *f*, возмо́жность *f*; **mit großer ~** с большо́й вероя́тностью
Währung *f* <-, -en> валю́та *f*
Waise *m/f* <-, -n> сирота́ *mf*
Wal *m* <-(e)s, -e> кит *m*
Wald *m* <-(e)s, -e> лес *m*
waldig *adj* леси́стый
Wall *m* <-(e)s, Wälle> вал *m*
Wallfahrt *f* <-, -en> пало́мничество *nt*
Walnuss *f* <-, Walnüsse> гре́цкий оре́х *m*
Walross *nt* <-es, -e> морж *m*
Walze *f* <-, -n> ❶ (*Straßenwalze*) като́к *m*; ❷ (TECH) вал *m*
walzen *vt* (*Stahl*) прока́тывать *impf*
wälzen I. *vt* кати́ть, по- *pf*; II. *vr* перевора́чиваться, переверну́ться *pf*; **sich schlaflos im Bett ~** воро́читься в посте́ли от бессо́ницы

Walzer *m* <-s, -> вальс *m*
wand *prät von* **winden**
Wand *f* <-, Wände> стена́ *f*
Wandel *m* <*gen:* -s> переме́на *f*
wandelbar *adj* переме́нчивый
wandeln *vr* (*sich verändern*) изменя́ться, -ни́ться *pf*
Wanderer *m* <-s, -> тури́ст *m*
wandern *vi* ❶ (*eine Wanderung machen*) ходи́ть, пойти́ *pf* в похо́д; ❷ (*Nomaden, auch fig*) кочева́ть, пере- *pf*
Wanderung *f* <-, en> похо́д *m*; **eine ~ machen** пойти́ в похо́д
wandte *prät von* **wenden**
Wange *f* <-, -n> щека́ *f*
wanken *vi* кача́ться, покачну́ться *pf*
wann *adv* ❶ (*nach einem Zeitpunkt fragend*) когда́; ❷ (*in Verbindung mit "immer": jederzeit*) всегда́, когда́ ...
Wanne *f* <-, -n> ва́нна *f*
Wanst *m* <*gen:* -(e)s> (*pej*) брю́хо *nt*
Wanze *f* <-, -n> ❶ (*Tier*) клоп *m*; ❷ (*umg: Abhörgerät*) жучо́к *m*
Wappen *nt* <-s, -> герб *m*
war *prät von* **sein**[1]
warb *prät von* **werben**
Ware *f* <-, -n> това́р *m*; **hochwertige ~** высокока́чественный това́р; **~ des täglichen Bedarfs** това́р повседне́вного спро́са
Warenhaus *nt* <-es, -häuser> универма́г *m*
Warenlager *nt* <-s, -> това́рный склад *m*
Warenzeichen *nt* <-s, -> това́рный знак *m*
warf *prät von* **werfen**
warm *adj* тёплый; **jdm ist es~** кому́-л. тепло́
Wärme *f* <*gen:* -> ❶ (*Temperatur*) тепло́ *nt*; ❷ (*Warmherzigkeit*) теплота́ *f*
wärmen *vt* греть, на- *pf*; **der Pullover wärmt gut** сви́тер хорошо́ гре́ет
Wärmflasche *f* <-, -n-> гре́лка *f*
warmherzig *adj* серде́чный
Warnblinker *m* <-s, -> авари́йная сигнализа́ция *f*
warnen *vt* предупрежда́ть, предупреди́ть *pf* (*vor +dat* о *+präpos*)
Warnung *f* <-, -en> предупрежде́ние *nt*

warten I. *vi* ждáть, подо- *pf*; **wir ~ schon seit einer Stunde auf dich** мы ждём тебя́ уже́ це́лый час; **II.** *vt* (*Maschinen, Geräte*) проводи́ть, -вести́ *pf* техни́ческое обслу́живание (+ *gen*)
Wärter, -in *m/f* <-s, -> сто́рож *m*
Wartesaal *m* <-(e)s, -säle> зал *m* ожида́ния
Warteschlange *f* <-, -n> о́чередь *f*
Wartezimmer *nt* <-s, -> приёмная *f*
Wartung *f* <*gen:* -> техни́ческое обслу́живание *nt*
warum *adv* почему́
Warze *f* <-, -n> борода́вка *f*
was I. *pron inter* что; **II.** *pron rel* что; **III.** *adv* (*umg: warum*) что; **IV.** *pron indef* что́-то, ко́е-что́; **da muss man doch ~ tun** на́до же что́-то де́лать.
Waschbecken *nt* <-s, -> умыва́льник *m*
Wäsche *f* <*gen:* -> ❶ (*Kleidungsstücke*) бельё *nt*; ❷ (*das Waschen*) сти́рка *f*
waschecht *adj* ❶ не линя́ющий при сти́рке; ❷ (*umg: echt, typisch*) настоя́щий
Wäscheklammer *f* <-, -n> прище́пка *f*
Wäscheleine *f* <-, -n> бельева́я верёвка *f*
waschen I. *vt* <wusch, gewaschen> ❶ (*Hände, Auto etc*) мыть, по- *pf*; ❷ (*Wäsche*) стира́ть, по- *pf*; **II.** *vr* ❶ мы́ться, по- *pf*; ❷ (*sich Gesicht/Hände waschen*) умыва́ться, умы́ться *pf*
Wäscherei *f* <-, -en> пра́чечная *f*
Waschküche *f* <-, -n> (*für Wäsche*) пра́чечная *f*
Waschlappen *m* <-s, -> ❶ (*zum Waschen*) моча́лка *f*; ❷ (*umg pej*) мя́мля *mf*
Waschmaschine *f* <-, -n> стира́льная маши́на *f*
Waschmittel *nt* <-s, -> ❶ мо́ющее сре́дство *nt*; ❷ (*Pulver*) стира́льный порошо́к *m*
Wasser *nt* <*gen:* -s> вода́ *f*
Wasserball (SPORT) во́дное по́ло *nt*
wasserdicht *adj* водонепроница́емый
Wasserfall *m* <-(e)s, -fälle> водопа́д *m*
Wasserfarbe *f* <-, -n> акваре́льная кра́ска *f*
Wasserhahn *m* <-(e)s, -hähne> кран *m*
Wasserkessel *m* <-s, -> ча́йник *m* (для кипятка́)
Wasserkraftwerk *nt* <-(e)s, -e> гидроэлектроста́нция *f*
Wasserleitung *f* <-, -en> водопрово́д *m*
Wassermann *m* <*gen:* -(e)s> (ASTR) Водоле́й *m*
Wassermelone *f* <-, -en> арбу́з *m*
Wasserpflanze *f* <-, -n> водяно́е расте́ние *nt*
Wasserstoff *m* <*gen:* -(e)s> водоро́д *m*
Wasserstoffbombe *f* <-, -n> водоро́дная бо́мба *f*
Wasserturm *m* <-(e)s, -Türme> водонапо́рная ба́шня *f*
Wasserversorgung *f* <*gen:* -> водоснабже́ние *nt*
Wasservogel *m* <-s, -vögel> водопла́вающая пти́ца *f*
Wasserwerk *nt* <-(e)s, -e> водопрово́дная ста́нция *f*
Wasserzeichen *nt* <-s, -> водяно́й знак *m*
Watt *nt* <*gen:* -(e)s> ❶ ва́тты *mpl*; ❷ (PHYS) ватт *m*
Watte *f* <*gen:* -> ва́та *f*
weben *vt* <wob, gewoben> тка́ть, со- *pf*
Web-Seite *f* <-, -n> (DV) сайт *m*, страни́ца *f* в Интерне́те
Webstuhl *m* <-(e)s, -stühle> тка́цкий стано́к *m*
Wechsel *m* <-s, -> ❶ (*das Wechseln*) сме́на *f*; ❷ (*Bank*) ве́ксель *m*; ❸ (*Geldwechsel*) обме́н *m*, разме́н *m*; ❹ (*Veränderung*) заме́на *f*, переме́на *f*
Wechselbeziehung *f* <-, -en>

W

взаимоотношéние *nt*
Wechselgeld *nt* <-es, -er> размéнные дéньги *fpl*
wechselhaft *adj* перемéнчивый
Wechseljahre *fpl* <*gen:* -> клúмакс *m*
Wechselkurs *m* <-es, -e> курс *m* обмéна валю́ты
wechseln I. *vt* менять, по- *pf*, сменúть *pf*; **100 Euro in Rubel ~** поменять сто éвро на рублú; **1000 Rubel ~** (*in kleinere Rubelbanknoten*) разменять ты́сячу рублéй; **II.** *vi* меняться, по- *pf*, сменúться *pf*
wechselseitig *adj* взаúмный
Wechselstrom *m* <*gen:* -(e)s> (PHYS) перемéнный ток *m*
Wechselstube *f* <-, -n> обмéнный пункт *m*
wecken *vt* (*Schlafenden, Gefühle*) будúть, раз- *pf*
Wecker *m* <-s, -> будúльник *m*; **den ~ auf sechs Uhr stellen** постáвить будúльник на шесть часóв
weder *konj* ни; **~ ... noch** ни..., ни...
weg *adv*: **am anderen Tag waren die Schmerzen wieder ~** на другóй день боль прошлá
Weg *m* <-(e)s, -e> ❶ (*zum Gehen oder Fahren*) дорóга *f*; ❷ (*fig*) путь *m*
wegbleiben *irr vi* (*fernbleiben*) не возвращáться, не возвратúться *pf*
wegen *präp +gen* úз-зá (+ *gen*)
wegfahren *irr vi* уезжáть, уéхать *pf*
wegfallen *irr vi* (*entfallen*) отпадáть, -пáсть *pf*
weggehen *irr vi* уходúть, уйтú *pf*
wegholen *vt* уносúть, унестú *pf*
weglassen *irr vt* ❶ (*jdn irgendwohin gehen lassen*) отпускáть, -пустúть *pf*; ❷ (*fortlassen*) выпускáть, вы́пустить *pf*
weglaufen *irr vi* убегáть, убежáть *pf*
wegnehmen *irr vt* (*wegräumen*) убирáть, убрáть *pf*; **jdm etw ~** отнять у когó-л. что-л.
wegräumen *vt* убирáть, убрáть *pf*
Wegweiser *m* <-s, -> дорóжный указáтель *m*
wegwerfen *irr vt* выкúдывать, вы́кинуть *pf*
wegziehen I. *irr vt* (*Menschen, Gegenstände*) оттáскивать, оттащúть *pf* (*von +dat* от *+gen*); **II.** *vi* (*an einen Ort*) уезжáть, уéхать *pf*
weh *adj*: **mein Bauch tut mir ~** у меня болúт живóт
Wehe *f* <-, -n> (*Geburtswehe*) родовы́е схвáтки *fpl*
wehen *vi* дуть, подýть *pf*; **es weht ein kräftiger Wind** дýет сúльный вéтер
wehleidig *adj* (*pej*) жáлобный
Wehmut *f* <*gen:* -> тоскá *f*
wehmütig *adj* тосклúвый
Wehrdienst *m* <*gen:* -(e)s> воéнная слýжба *f*
wehren *vr* ❶ защищáться, защитúться *pf* (*gegen +akk* от *+gen*); ❷ (*gegen Vorwürfe*) отвергáть, отвéргнуть *pf*
wehrlos *adj* беззащúтный
Wehrpflicht *f* <*gen:* -> вóинская повúнность *f*
Weib *nt* <-(e)s, -er> (*pej*) бáба *f*
Weibchen *nt* <-s, -> сáмка *f*
weiblich *adj* ❶ жéнский; ❷ (*fraulich*) жéнственный
weich *adj* мягкий
Weiche *f* <-, -n> стрéлка *f*
weichen *vi* <wich, gewichen> ❶ (*sich von irgendwo entfernen*) отходúть, отойтú *pf* (*von +dat* от *+gen*); ❷ (*Platz machen*) уступáть, -пúть *pf*
Weichheit *f* (*auch fig*) мягкость *f*
Weide *f* <-, -n> ❶ (*Viehweide*) пáстбище *nt*; ❷ (*Baum*) úва *f*
weiden *vi* пастúсь *impf*
weigern *vr* откáзываться, -казáться *pf*
Weigerung *f* <-, -en> откáз *m*
Weihe *f* <-, -n> освящéние *nt*
weihen *vt* освящáть, -вятúть *pf*; **jdn zum Priester ~** посвятúть когó-л. в сан свящéнника

W

Weiher *m* <-s, -> пруд *m*
Weihnachten *nt* <-s, -> рождество́ *nt*
weihnachtlich *adj* рожде́ственский
Weihnachtsabend *m* <-s, -e> сочéльник *m*
Weihnachtsbaum *m* <-(e)s, -bäume> рожде́ственская ёлка *f*
Weihnachtsmann *m* <-(e)s, -männer> Дед *m* Моро́з *m*
Weihrauch *m* <*gen:* -(e)s> ла́дан *m*
Weihwasser *nt* <*gen:* -s> свята́я вода́ *f*
weil *konj* потому́ что, так как
Weile *f* <*gen:* -> не́которое вре́мя *nt*
Wein *m* <-(e)s, -e> вино́ *nt*; **ein Glas ~** бока́л вина́; **eine Flasche ~** буты́лка вина́
Weinberg *m* <-(e)s, -e> виногра́дник *m*
Weinbrand *m* <*gen:* -s> конья́к *m*
weinen *vi* пла́кать, за- *pf*
weinerlich *adj* плакси́вый
Weinlese *f* <-, -n> сбор *m* урожа́я виногра́да
weinrot *adj* цве́та бордо́
Weintraube *f* <-, -n> ❶ виногра́дная кисть *f*; ❷ (*pl*) виногра́д *m*
weise *adj* му́дрый
Weise *f* <-, -n> спо́соб *m*, о́браз *m*; **auf diese ~** таки́м спо́собом [*o* о́бразом]; **etw in einer bestimmten ~ tun** де́лать что-л. определённым спо́собом [*o* о́бразом]
weisen *vt* <wies, gewiesen> пока́зывать, -каза́ть *pf* (*auf +akk* на *+akk*); **jdm den Weg ~** показа́ть кому́-л. доро́гу
Weisheit *f* <*gen:* -> му́дрость *f*
weiß *adj* бе́лый
Weißbrot *nt* <-(e)s, -e> бе́лый хлеб *m*
Weißkohl *m* <*gen:* -s> белоко́ча́нная капу́ста *f*
Weißwein *m* <-s, -e> бе́лое вино́ *nt*
Weisung *f* <-, -en> указа́ние *nt*; **eine ~ geben** дать указа́ние
weit *adj* далёкий, да́льний; **von ~em** издалека́
Weite *f* <*gen:* -> ❶ да́ль *f*; ❷ (*eines Kleidungstücks*) ширина́ *f*, разме́р *m*
weiter *adv* да́лее, да́льше; **und so ~** и так да́лее
Weiterbildung *f* <*gen:* -> повыше́ние *nt* квалифика́ции
weitergehen *irr vi* ❶ (*seinen Weg fortsetzen*) идти́, пойти́ *pf* да́льше; ❷ (*sich fortsetzen*) продолжа́ться, -до́лжиться *pf*
weitermachen *vi* продолжа́ть, -до́лжить *pf*
weitsichtig *adj* ❶ (MED) дальнозо́ркий; ❷ (*fig*) дальнови́дный
Weitsprung *m* <*gen:* -s> (SPORT) прыжки́ *mpl* в длину́
Weizen *m* <*gen:* -s> пшени́ца *f*
welch, *siehe auch* **welche(r, s)** како́й
welche(r, s) **I.** *pron inter* ❶ кака́я, како́й, како́е; ❷ (*pl*) каки́е; **II.** *pron indef* ❶ ко́е-кака́я, ко́е-како́й, ко́е-како́е; ❷ (*pl*) ко́е-каки́е, не́которые; **hast du Streichhölzer? - im Schrank müssen welche sein** у тебя́ есть спи́чки? - в шкафу́ должны́ быть ко́е-каки́е; ❸ (*in Fragen*) кака́я-нибудь, како́й-нибудь, како́е-нибудь; ❹ (*pl*) каки́е-нибу́дь.
welk *adj* вя́лый
welken *vi* ❶ вя́нуть, за- *pf*; ❷ (*auch fig*) увяда́ть, увя́сть *pf*
Welle *f* <-, -n> ❶ (*auch fig*) волна́ *f*; ❷ (TECH) вал *m*
Wellenbrecher *m* <-s, -> волноре́з *m*
Wellenreiten *nt* <*gen:* -s> сёрфинг *m*
Wellensittich *m* <-s, -e> волни́стый попуга́йчик *m*
Welt *f* <-, -en> (*die Erde, die Menschen*) мир *m*; **die dritte ~** „тре́тий мир“
Weltall *nt* <*gen:* -s> вселе́нная *f*
Weltanschauung *f* <-, -en> мировоззре́ние *nt*
weltberühmt *adj* изве́стный во всём ми́ре

Weltcup *m* <*gen:* -s> (SPORT) кубок *m* мира

Weltkrieg *m* <-(e)s, -e> мировая война *f*; **der Erste ~** первая мировая война; **der Zweite ~** вторая мировая война

weltlich *adj* светский

Weltmacht *f* <-, -mächte> мировая держава *f*

Weltmeister, -in *m/f* <-s, -> чемпион *m* мира

Weltmeisterschaft *f* <-, -en> чемпионат *m* мира

Weltraum *m* <*gen:* -(e)s> космическое пространство *nt*, космос *m*

Weltreise *f* <-, -n> кругосветное путешествие *nt*

Weltrekord *m* <-(e)s, -e> мировой рекорд *m*; **ein ~ in etw** мировой рекорд по чему-л.

weltweit I. *adj* всемирный, мировой; II. *adv* во всём мире.

Weltwunder *nt* <-s, -> чудо *nt* света

wem *dat. sg. von* **wer**

wen *akk sg von* **wer**

Wende *f* <*gen:* -> (*von Ereignissen*) поворот *m* (в судьбе, истории)

Wendeltreppe *f* <-, -n> винтовая лестница *f*

wenden I. *vt* <wandte/wendete, gewandt/gewendet> (*umdrehen*) переворачивать, перевернуть *pf*; **den Kopf ~** повернуть голову; II. *vi* (*Fahrzeug*) разворачиваться, развернуться *pf*; III. *vr* ❶ (*sich ändern*) изменяться, -ниться *pf*; ❷ (*sich an jdn richten*) обращаться, -ратиться *pf* (*an +akk* к *+dat*)

Wendepunkt *m* <-(e)s, -e> переломный момент *m*

wendig *adj* подвижный

Wendung *f* <-, -en> ❶ (*das Wenden, Sichwenden*) поворот *m*; ❷ (*Redewendung*) оборот *m*; **eine ~ um 180°** поворот на 180 градусов

wenig I. *adj* мало, немного; **~ Geld** мало денег; **~ Zeit** мало времени; II. *adv* мало, немного.

wenige *siehe* **wenig**

wenigste(r, s) *adj*: **das wenigste** наименьшее

wenigstens *adv* (*zumindest*) по крайней мере

wenn *konj* ❶ (*zeitlich*) когда; ❷ (*falls*) если

wer I. *pron inter* кто; II. *pron rel* кто; **~ so etw tut, macht sich strafbar** тот, кто занимается подобными делами, нарушает закон.

werben *vi* <warb, geworben> ❶ (*Werbung machen*) рекламировать *impf*; ❷ (*jdn für sich zu gewinnen versuchen*) бороться *impf* (*um +akk* за *+akk*)

Werbung *f* <-, -en> (*einzelnes Werbemittel, das Werben*) реклама *f*

werden *vi* <wurde, geworden> становиться, стать *pf*; **jds Frau ~** стать чей-л. женой; **Jurist ~** стать юристом; **es ist kalt geworden** стало холодно

werfen I. *vt* <warf, geworfen> (*durch die Luft, etw an einen Ort befördern*) бросать, бросить *pf*, кидать, кинуть *pf*; II. *vr* (*sich irgendwohin fallen lassen*) бросаться, броситься *pf*; III. *vt* (*entstehen lassen, erzeugen*) давать, дать *pf*

Werft *f* <-, -en> верфь *f*

Werk *nt* <-(e)s, -e> ❶ (*geistiges Produkt*) произведение *nt*, труд *m*; ❷ (*eines Künstlers*) творчество *nt*; ❸ (*Industriebetrieb*) завод *m*; ❹ (*gesamtes Schaffen*) творчество *nt*

Werkshalle *f* <-, -n> цех *m*

Werkstatt *f* <-, -stätten> мастерская *f*

Werktag *m* <-(e)s, -e> рабочий день *m*

werktags *adv* по рабочим дням

Werkzeug *nt* <-(e)s, -e> (*auch fig*) инструмент *m*

wert *adj* уважаемый; **das Gemälde ist ein Vermögen ~** эта картина сто́ит це́лое состоя́ние

Wert *m* <-(e)s, -e> ① (*materieller Wert*) сто́имость *nt*; **im ~ steigen** повыша́ться в це́не ② (*ideeller Wert*) це́нность *f*; ③ (*Bedeutung*) значе́ние *nt*; **großen ~ auf etw legen** придава́ть чему́-л. большо́е значе́ние; ④ (*auf einer Skala*) величина́ *f*; ⑤ (DV) величина́ *f*

werten *vt* ① (*betrachten*) расце́нивать, -цени́ть *pf*; ② (*in einer Wertung*) оце́нивать, оцени́ть *pf*

wertfrei *adj* нейтра́льный, не содержа́щий оце́нки

wertlos *adj* ① нену́жный; ② (*Geld*) обесце́ненный

Wertsachen *pl* <*gen:* -> це́нные ве́щи *fpl*

wertvoll *adj* це́нный

Wesen *nt* <-s, -> ① (*Lebewesen*) существо́ *nt*; ② (*Wesensart*) нату́ра *f*, нрав *m*; ③ (*Grundbeschaffenheit*) суть *f*

wesentlich I. *adj* (*entscheidend, das Wesen betreffend*) суще́ственный; **II.** *adv* гора́здо; **~ heißer** гора́здо тепле́е; **sich ~ verändern** суще́ственно измени́ться.

weshalb *adv* почему́

Wespe *f* <-, -n> оса́ *f*

wessen *gen. von* **wer**

westdeutsch *adj* западногерма́нский

Weste *f* <-, -n> жиле́т *m*, жиле́тка *f*

Westen *m* <*gen:* -s> за́пад *m*; **der ~** (*die westliche Welt*) За́пад

Westeuropa *nt* <*gen:* -s> За́падная Евро́па *f*

Westeuropäer, -in *m/f* <-s, -> западноевропе́ец *m*, жи́тель *m* западноевропе́йской страны́

westlich I. *adj* за́падный; **II.** *präp* +*gen* к за́паду от (+ *gen*)

weswegen *adv* почему́

Wettbewerb *m* <-(e)s, -e> ① (*allgemein*) ко́нкурс *m*; ② (SPORT) соревнова́ние *nt*; ③ (*Konkurrenz*) конкуре́нция *f*; **freier ~** свобо́дная конкуре́нция

Wette *f* <-, -n> спор *m*; **mit jdm eine ~ abschließen** заключи́ть спор с кем-л.

wetteifern *vi* соревнова́ться *impf* (*um* +*akk* за +*akk*)

wetten *vi* спо́рить, по- *pf* (*um* +*akk* на +*akk*)

Wetter *nt* <*gen:* -s> пого́да *f*; **schönes ~** хоро́шая пого́да; **schlechtes ~** плоха́я пого́да

Wetterbericht *m* <-(e)s, -e> сво́дка *f* пого́ды

Wetterkarte *f* <-, -n> синопти́ческая ка́рта *f*

Wetterlage *f* <-, -n> метеорологи́ческая обстано́вка *f*

Wettersatellit *m* <-en, -en> метеоспу́тник *m*

Wettervorhersage *f* <-, -n> прогно́з *m* пого́ды

Wettkampf *m* соревнова́ние *nt*, состяза́ние *nt*

Wettlauf *m* <-(e)s, -läufe> (SPORT) соревнова́ние *nt* по бе́гу, забе́г *m*

wettmachen *vt* ① (*Schaden*) восполня́ть, -по́лнить *pf*; ② (*Fehler*) исправля́ть, -ра́вить *pf*

Wettstreit *m* <*gen:* -s> ① состяза́ние *nt*; ② спор *m*

wetzen *vt* (*Messer*) точи́ть, на- *pf*

WG *abk von* ***Wohngemeinschaft***

wich *prät von* **weichen**

wichtig *adj* ва́жный; **etw ist jdm ~** что-л. ва́жно для кого́-л.; **sich ~ machen** (*pej*) ва́жничать

Wichtigkeit *f* <*gen:* -> ва́жность *f*

wickeln I. *vt* ① (*allgemein*) нама́тывать, -мота́ть *pf* (*um, auf* +*akk* на +*akk*); ② (*etw in Papier*) завора́чивать, заверну́ть *pf* (*in* +*akk* в +*akk*); ③ (*Baby*) пелена́ть, за- *pf*; **jdn um den Finger ~** (*umg*) обвести́ кого́-л. вокру́г па́льца; **II.** *vr* заку́тываться, -ку́таться *pf* (*in* +*akk* в +*akk*)

Widder *m* <-s, -> ❶ (*Schafbock*) бара́н *m*; ❷ (ASTR) Ове́н *m*

wider *präp +akk* (*geh*) вопреки́ (+ *dat*)

widerlegen *vt* опроверга́ть, -ве́ргнуть *pf*

widerlich *adj* проти́вный

Widerruf *m* <*gen:* -(e)s> отме́на *f*; **bis auf ~** впредь до отме́ны

widerrufen *irr vt* ❶ (*Erlaubnis*) отменя́ть, -ни́ть *pf*; ❷ (*Behauptung*) отка́зываться, -каза́ться *pf* (от *+gen*)

widersetzen *vr* сопротивля́ться *impf*

widerspiegeln I. *vt* отража́ть, -рази́ть *pf*; **II.** *vr* отража́ться, -рази́ться *pf* (*in +dat* в *+präpos*)

widersprechen *irr vi* противоре́чить *impf*

Widerspruch *m* <-(e)s, -sprüche> ❶ (*Gegensätzlichkeit*) противоре́чие *nt*; ❷ (*Protest*) возраже́ние *nt*, проте́ст *m*; **keinen ~ dulden** не терпе́ть возраже́ний

widersprüchlich *adj* противоречи́вый

Widerstand *m* <-(e)s, -stände> (*gegen etw, auch EL*) сопротивле́ние *nt*; **jdm ~ leisten** ока́зывать кому́-л. сопротивле́ние

widerstandsfähig *adj* сто́йкий

widerstehen *irr vi* ❶ (*einer Versuchung, einem Gegner*) устоя́ть *pf* (пе́ред *+inst*); ❷ (*einer Beanspruchung, einer Attacke*) выде́рживать, вы́держать *pf*

widerwärtig *adj* отврати́тельный

Widerwille *m* <*gen:* -n> отвраще́ние *nt*

widmen I. *vt* (*in den Dienst stellen*) посвяща́ть, -святи́ть *pf*; **II.** *vr* (*sich beschäftigen*) посвяща́ть, -святи́ть *pf* себя́; **sich ganz der Malerei ~** посвяти́ть всего́ себя́ жи́вописи

Widmung *f* <-, -en> посвяще́ние *nt*

wie I. *konj* ❶ (*als Vergleichspartikel*) как; ❷ (*zur Anführung von Beispielen*) как наприме́р; **II.** *adv* ❶ (*die Art und Weise erfragend*) как; ❷ (*Qualität, Grad oder Zustand erfragend*) как; **~ ist das Wetter?** кака́я пого́да на у́лице?; **~ geht es dir ?** как дела́?; **~ alt sind Sie?** ско́лько Вам лет?.

wieder *adv* ❶ (*Wiederaufnahme eines Zustands, noch einmal*) сно́ва, опя́ть; ❷ (*noch einmal*) ещё раз

Wiederaufbau *m* <*gen:* -s> восстановле́ние *nt*

Wiederaufnahme *f* <*gen:* -> возобновле́ние *nt*

wieder aufnehmen *irr vt* (*Verhandlungen, Gespräche*) возобновля́ть, -нови́ть *pf*

wiedererkennen *irr vt* узнава́ть, -на́ть *pf*

wiederfinden I. *irr vt* (*Gegenstand*) находи́ть, найти́ *pf*; **II.** *vr* (*irgendwohin geraten sein*) ока́зываться, оказа́ться *pf*

Wiedergabe *f* <*gen:* -> ❶ (*eines Inhalts*) переда́ча *f*; ❷ (MUS) исполне́ние *nt*; ❸ (*Ton~*) воспроизведе́ние *nt*, звуча́ние *nt*

wiedergeben *irr vt* ❶ (*zurückgeben*) передава́ть, -да́ть *pf*; ❷ (*darstellen*) изобража́ть, -брази́ть *pf*; ❸ (*jds Worte etc*) передава́ть, -да́ть *pf*

wieder gutmachen *vt* ❶ (*Schaden*) возмеща́ть, -мести́ть *pf*; ❷ (*Fehler*) исправля́ть, испра́вить *pf*

Wiedergutmachung *f* <*gen:* -> ❶ возмеще́ние *nt*; ❷ (*Geldsumme*) компенса́ция *f*

wiederherstellen *vt* (*neu erstellen*) восстана́вливать, -нови́ть *pf*

wiederholen I. *vt* повторя́ть, -ри́ть *pf*; **II.** *vr* (*etwas mehrmals sagen*) повторя́ться, -ри́ться *pf*

Wiederholung *f* <-, -en> повторе́ние *nt*

Wiederkehr *f* <*gen:* -> возвраще́ние *nt*

wiedersehen *irr vt* уви́деть *pf* сно́ва

Wiedersehen *nt* <-s, -> встре́ча *f*; **auf ~!** до свида́ния!
wiederum *adv* ❶ (*wieder, erneut*) опя́ть, сно́ва; ❷ (*andererseits*) с друго́й стороны́
wiedervereinigen *vt* объединя́ть, -ни́ть *pf*; **das wiedervereinigte Deutschland** объединённая Герма́ния
Wiedervereinigung *f* <*gen:* -> объедине́ние *nt*; **die ~ Deutschlands** объедине́ние Герма́нии
Wiege *f* <-, -n> колыбе́ль *f*
wiegen I. *vt* <wog, gewogen> (*das Gewicht feststellen*) взве́шивать, взве́сить *pf*; **II.** *vi* (*ein bestimmtes Gewicht haben*) ве́сить *impf*
wiehern *vi* ржать *impf*
wies *prät von* **weisen**
Wiese *f* <-, -n> лу́г *m*
Wiesel *nt* <-s, -> (ZOOL) ла́ска *f*
wieso *adv* почему́; **~ denn?** э́то почему́ же?
wie viel *adv* ❶ ско́лько, как мно́го; **~ Uhr ist es?** кото́рый час?; ❷ (*in Ausrufesätzen*) наско́лько
wievielmal *adv* ско́лько раз
wievielte(r, s) *adj* кото́рая, -рый, -рое
wieweit *adv* (*inwieweit*) наско́лько, в како́й сте́пени
wild *adj* (*wild lebend, wild wachsend, auch fig*) ди́кий
Wild *nt* <*gen:* -s> (*Tiere, Fleisch*) дичь *f*
wildern *vi* браконье́рствовать *impf*
Wildleder *nt* <*gen:* -s> за́мша *f*
Wildnis *f* <*gen:* -> глуха́я ме́стность *f*
Wildschwein *nt* <-s, -e> каба́н *m*
wildwüchsig *adj* дикорасту́щий
Wille *m* <*gen:* -s> во́ля *f*; **einen starken ~n haben** име́ть си́льную во́лю
willen *präp +gen*: **um jds ~** ра́ди кого́-л.; **um einer Sache ~** ра́ди чего́-л.
willenlos *adj* безво́льный
Willensstärke *f* <*gen:* -> си́ла *f* во́ли
willig *adj* послу́шный
willkommen *adj* жела́нный; **herzlich ~!** добро́ пожа́ловать!
Willkür *f* <*gen:* -> произво́л *m*
willkürlich *adj* (*Anordnung*) самово́льный
wimmern *vi* жа́лобно стона́ть, про- *pf*
Wimper *f* <-, -n> ресни́ца *f*
Wind *m* <-(e)s, -e> ве́тер *m*; **von etw ~ bekommen** (*umg*) проню́хать что-л.
Winde *f* <-, -n> (TECH) лебёдка *f*
Windel *f* <-, -n> пелёнка *f*
winden I. *vt* <wand, gewunden> (*Kranz, Girlande*) плести́, с- *pf*; **II.** *vr* (*Schlange, Straße*) ви́ться *impf*
windig *adj* ве́треный
Windpocken *fpl* <*gen:* -> ❶ ветряна́я о́спа *f*; ❷ (*umg*) ветря́нка *f*
Windstärke *f* <-, -n> си́ла *f* ве́тра
Windstille *f* <*gen:* -> безве́трие *nt*
Windsurfing *m* <*gen:* -> ви́ндсёрфинг *m*
Wink *m* <-(e)s, -e> намёк *m*; **jdm einen ~ geben** намекну́ть кому́-л.
Winkel *m* <-s, -> ❶ (*Ecke*) у́гол *m*; ❷ (*Gegend*) уголо́к *m*; ❸ (MATH) у́гол *m*; **im ~ von 45 Grad** под угло́м в со́рок пять гра́дусов
winken *vi* маха́ть, по- *pf* руко́й
winseln *vi* (*Hund*) скули́ть, за- *pf*
Winter *m* <-s, -> зима́ *f*; **im ~** зимо́й
Wintergarten *m* <-s, -gärten> зи́мний сад *m*
Wintergetreide *nt* <*gen:* -s> ози́мые *pl* (зерновы́е)
winterlich *adj* зи́мний; **~ kalt** по-зи́мнему хо́лодно
Winterreifen *m* <-s, -> (KFZ) зи́мняя ши́на *f*
Winterschlaf *m* <*gen:* -(e)s> зи́мняя спя́чка *f*
Winterschlussverkauf *m* <*gen:* -(e)s> весе́нняя распрода́жа *f*
Wintersport *m* <*gen:* -(e)s> зи́мние ви́ды *mpl* спо́рта

Winzer, -in *m/f* <-s, -> виногра́дарь *m*
winzig *adj* кро́шечный
Wipfel *m* <-s, -> верху́шка *f* (де́рева)
wir *pron pers* мы
Wirbel *m* <-s, -> ❶ (*von Wasser, auch fig*) водоворо́т *m*; ❷ (*von Luft*) вихрь *m*; ❸ (*umg: Aufregung, Aufsehen*) шуми́ха *f*; ❹ (ANAT) позвоно́к *m*
wirbeln I. *vi* (*durch die Luft*) носи́ться, пронести́сь *pf* (в во́здухе); **II.** *vt* носи́ть, пронести́ *pf* (в во́здухе)
Wirbelsäule *f* <-, -n> позвоно́чник *m*
Wirbelsturm *m* <-(e)s, -stürme> смерч *m*
Wirbelwind *m* <-(e)s, -e> (*Sturmwind*) вихрь *m*
wirken *vi* (*wirksam sein*) де́йствовать, по- *pf* (*auf +akk* на *+akk*)
wirklich I. *adj* (*echt, eigentlich*) настоя́щий; **II.** *adv* на са́мом де́ле, действи́тельно.
Wirklichkeit *f* <*gen:* -> действи́тельность *f*
wirksam *adj* де́йственный
Wirksamkeit *f* <*gen:* -> де́йственность *f*
Wirkung *f* <-, -en> ❶ (*das Wirken*) де́йствие *nt*; ❷ (*Eindruck*) возде́йствие *nt*
wirkungslos *adj* безрезульта́тный
wirkungsvoll *adj* эффекти́вный
wirr *adj* запу́танный
Wirren *pl* <*gen:* -> неразбери́ха *f*
Wirt, -in *m/f* хозя́ин, хозя́йка *m/f*
Wirtschaft *f* <-, -en> ❶ (*Volkswirtschaft*) эконо́мика *f*, хозя́йство *nt*; **die ~ ankurbeln** стимули́ровать эконо́мику ❷ (*Gasthaus*) рестора́н *m*
wirtschaftlich *adj* ❶ (*auf die Wirtschaft bezogen, finanziell*) экономи́ческий; ❷ (*sparsam vorgehend*) эконо́мный
Wirtschaftlichkeit *f* <*gen:* -> ❶ экономи́чность *f*; ❷ рента́бельность *f*
Wirtschaftskrise *f* <-, -n> экономи́ческий кри́зис *m*
Wirtschaftsreform *f* <-, -en> экономи́ческая рефо́рма *f*
Wirtschaftswissenschaften *pl* <*gen:* -> (нау́ка) эконо́мика *f*
wischen *vt* ❶ (*Tischplatte, Fußboden, Mund*) протира́ть, -тере́ть *pf*; ❷ (*Staub, Schweiß*) вытира́ть, вы́тереть *pf*
wispern I. *vi* шепта́ться, по- *pf*; **II.** *vt* шепта́ть, про- *pf*
Wissbegier(de) *f* <*gen:* -> любозна́тельность *f*
wissbegierig *adj* любозна́тельный
wissen *vt* <wusste, gewusst> зна́ть *impf*
Wissen *nt* <*gen:* -s> зна́ние *nt*, зна́ния *ntpl*
Wissenschaft *f* <-, -en> нау́ка *f*
Wissenschaftler, -in *m/f* <-s, -> учёный, -ная *m/f*
wissenschaftlich *adj* нау́чный
wittern *vt* (*Tier, auch fig*) чу́ять, по- *pf*
Witterung *f* <*gen:* -> ❶ (*Wetter*) пого́да *f*; ❷ (*eines Tieres*) чутьё *nt*, нюх *m*
Witwe *f* <-, -> вдова́ *f*
Witwer *m* <-s, -> вдове́ц *m*
Witz *f* <-es, -e> шу́тка *f*; **einen ~ machen** шути́ть; **das ist doch ein ~** (*umg*) э́то то́лько шу́тка
Witzbold *m* <-(e)s, -e> (*umg*) шутни́к *m*
witzig *adj* заба́вный
WLAN *nt* <-[s], -[s]> *abk von* ***Wireless Local Area Network*** (DV) сеть *f* Wi-Fi®
wo *adv* где
woanders *adv* в друго́м ме́сте
wob *prät von* **weben**
wobei *adv* причём
Woche *f* <-, -n> неде́ля *f*; **in einer ~** че́рез неде́лю; **vor einer ~** неде́лю тому́ наза́д
Wochenende *nt* <-s, -n> ❶ выходны́е *mpl* (дни); ❷ коне́ц *m* неде́ли; **am~** на выходны́е
Wochentag *m* <-(e)s, -e> де́нь *m* неде́ли

wöchentlich *adj* ка́ждую неде́лю
wodurch *adv* в результа́те чего́
wofür *adv* для чего́
wog *prät von* **wiegen**
wogegen I. *adv* про́тив чего́; II. *konj* в то вре́мя как.
woher *adv* отку́да
wohin *adv* куда́
wohl *adv* ① (*angenehm*) хорошо́; ② (*ungefähr*) вероя́тно
Wohl *nt* <*gen:* -(e)s> бла́го *nt*; **zum ~!** за ва́ше [*o* твоё] здоро́вье!
wohlhabend *adj* состоя́тельный
wohlig *adj* прия́тный
Wohlklang *m* <*gen:* -(e)s> благозву́чие *nt*
Wohlstand *m* <*gen:* -(e)s> благосостоя́ние *nt*
Wohltat *f* <-, -en> благодея́ние *nt*
wohltätig *adj* благотвори́тельный
wohlwollend *adj* благоскло́нный
wohnen *vi* жить *impf*; **ich habe dort drei Jahre gewohnt** я прожи́л там три го́да
Wohngebiet *nt* <-(e)s, -e> жило́й райо́н *m*
wohnhaft *adj* прожива́ющий
Wohnheim *nt* <-(e)s, -e> общежи́тие *nt*
Wohnsitz *m* <-es, -e> местожи́тельство *nt*; **ständiger ~** постоя́нное ме́сто жи́тельства
Wohnung *f* <-, -en> кварти́ра *f*
Wohnwagen *m* <-s, -> прице́п *m* -да́ча *f*
Wohnzimmer *nt* <-s, -> жила́я ко́мната *f*, гости́ная *f*
Wolf *m* <-(e)s, Wölfe> волк *m*
Wölfin *f* <-, -en> волчи́ца *f*
Wolke *f* <-, -n> о́блако *nt*
Wolkenkratzer *m* <-s, -> (*umg*) небоскрёб *m*
wolkig *adj* о́блачный
Wolle *f* <*gen:* -> шерсть *f*
wollen[1] *adj* (*aus Wolle*) шерстяно́й
wollen[2] *vt* хоте́ть, за- *pf*
Wolljacke *f* <-, -n> шерстяна́я ко́фта *f*
womit *adv* чем
womöglich *adv* возмо́жно
wonach *adv* ① (*nach einer Sache fragend*) что; **~ suchst du?** что ты и́щешь?; ② (*einer Sache zufolge*) в соотве́тствии с кото́рым, -рой, -рыми
Wonne *f* <-, -n> блаже́нство *nt*, удово́льствие *nt*
woran *adv*: **man weiß nie , ~ man bei ihm ist** никогда́ не зна́ешь, чего́ он хо́чет
worauf *adv*: **~ warten wir noch?** чего́ мы ещё ждём?
woraus *adv* из чего́
worin *adv* в чём
Wort *nt* <-(e)s, -e *o* Wörter> сло́во *nt*
Wörterbuch *nt* <-(e)s, -bücher> слова́рь *m*
wortkarg *adj* неразгово́рчивый
Wortlaut *m* <*gen:* -(e)s> досло́вный текст *m*
wörtlich I. *adj* досло́вный; II. *adv* досло́вно, сло́во в сло́во.
wortlos I. *adj* безмо́лвный; II. *adv* безмо́лвно, мо́лча.
Wortschatz *m* <*gen:* -es> ① (*einer Sprache*) слова́рный соста́в *m*; ② (*eines Menschen*) слова́рный запа́с *m*, лексико́н *m*
Wortspiel *nt* <-(e)s, -e> игра́ *f* слов
wortwörtlich *adj* досло́вный
worüber *adv*: **~ ärgerst du dich ?** чем ты недово́лен?; **~ haben sie gesprochen?** о чём они́ говори́ли?
worum *adv* о чём
wovon *adv*: **~ handelt dieser Film?** о чём э́тот фильм?
wovor *adv* ① (*in Fragesätzen*) пе́ред чем; ② (*vor dem vorher genannten Gegenstand*) пе́ред кото́рым, -рой, -рыми; **~ hat das Kind Angst?** чего́ бо́ится ребёнок?
wozu *adv* для чего́, заче́м
Wrack *nt* <-(e)s, -s> ① (*eines Schiffs*) оста́тки *mpl*, обло́мки *mpl*; ② (*Mensch*) разва́лина *f*
wrang *prät von* **wringen**
wringen *vt* <wrang, gewrungen> выжима́ть, вы́жать *pf*

W

Wucher *m* <*gen:* -s> (*pej*) ростовщи́чество *nt*
Wucherung *f* <-, -en> ❶ (*Geschwulst*) о́пухоль *f*, наро́ст *m*; ❷ (*Prozess*) разраста́ние *nt*
wuchs *prät von* **wachsen**
Wucht *f* <*gen:* -> си́ла *f*
wuchtig *adj* си́льный, мо́щный
wühlen I. *vi* ры́ться, по- *pf*, копа́ться, по- *pf* (*in +dat* в *+präpos*); II. *vr* (*fig*) ры́ться, по- *pf*, копа́ться, по- *pf*
Wulst *f* <-, Wülste> о́пухоль *f*
wulstig *adj* взду́тый
wund *adj* пора́ненный, стёртый до кро́ви
Wunde *f* <-, -n> ра́на *f*
Wunder *nt* <-s, -> чу́до *nt*
wunderbar *adj* чуде́сный
Wunderkind *nt* <-s, -er> вундерки́нд *m*
wundern *vi* удивля́ться, -ви́ться *pf*; **ich muss mich sehr über sein Verhalten ~** я о́чень удивлён/удивля́юсь его́ поведе́нию
wunderschön *adj* чуде́сный, замеча́тельный
Wundstarrkrampf *m* (MED) столбня́к *m*
Wunsch *m* <-es, Wünsche> жела́ние *nt*; **auf jds ~** по жела́нию [*o* про́сьбе] кого́-л.
wünschen *vt* жела́ть, по- *pf*
wurde *prät von* **werden**
Würde *f* <*gen:* -> досто́инство *nt*
würdevoll *adj* досто́йный, торже́ственный
würdig *adj* досто́йный
würdigen *vt* удоста́ивать, -сто́ить *pf*; **sie hat mich nicht eines Blickes gewürdigt** она́ не удосто́ила меня́ и взгля́дом
Wurf *m* <-(e)s, Würfe> ❶ (*das Werfen*) бросо́к *m*; ❷ (*von Tieren*) припло́д *m*
Würfel *m* <-s, -> ку́бик *m*
Würfelspiel *nt* <-s, -e> игра́ *f* в ко́сти
Würfelzucker *m* <*gen:* -> кускова́й са́хар *m*
Wurfspieß *m* <-es, -e> дро́тик *m*
würgen *vt* души́ть, за- *pf*
Wurm *m* <-(e)s, Würmer> ❶ червь *m*; ❷ (*umg*) червя́к *m*
wurmig *adj* (*Obst*) черви́вый
Wurst *f* <-, Würste> колбаса́ *f*; **mir ist es ~** мне на э́то наплева́ть
Würstchen *nt* <-s, -> соси́ска *f*
Würze *f* <*gen:* -> припра́ва *f*, пря́ность *f*
Wurzel *f* <-, -n> (BOT, MATH, *auch fig*) ко́рень *m*
würzen *vt:* **etw mit etw ~** (*Speisen, auch fig*) припра́вить что-л. чем-л.
würzig *adj* пря́ный
wusch *prät von* **waschen**
wusste *prät von* **wissen**
wüst *adj* ❶ (*unbewohnt*) забро́шенный; ❷ (*Haar*) спу́танный; ❸ (*ausschweifend*) ди́кий, распу́тный; **ein ~es Durcheinander** стра́шный беспоря́док
Wüste *f* <-, -n> пусты́ня *f*
Wut *f* <*gen:* -> гнев *m*, бе́шенство *nt*
wüten *vi* ❶ (*Unwetter*) бушева́ть *impf*; ❷ (*Truppen*) свире́пствовать *impf*
wütend *adj* ❶ (*Mensch, Tier, Schmerzen*) бе́шеный; ❷ (*Menge*) рассвирепе́вший; **~ werden** разъяри́ться
WWW *abk von* ***World Wide Web***

Xx

x, X *nt* <-, -> ❶ кс, Кс; ❷ (MATH) икс
x-beliebig *adj* (*umg*) любой
Xenophobie *f* <*gen:* -> ксенофобия *f*
x-förmig *adj* в фо́рме и́кса
x-mal *adv* (*umg*) мно́го раз, многокра́тно

Yy

y, Y *nt* <-, -> й, Й
Yachtclub *m* <-s, -s> яхт-клуб *m*
Yak *nt* <-s, -s> (ZOOL) як *m*
Yeti *m* <-s, -s> сне́жный челове́к *m*
Yoga *nt* <*gen:* -s> йо́га *f*
Yuppie *m* <-s, -s> я́ппи *m*

Zz

z, Z *nt* <-, -> ц, Ц

Zacke *f* <-, -n> ❶ (*Auszackung*) зазу́брина *f*; ❷ (*am Kamm, an der Gabel*) зубе́ц *m*

zackig *adj* ❶ (*gezackt*) зу́бчатый; ❷ (*umg: Mensch, Bewegungen*) молодцева́тый, энерги́чный

zaghaft *adj* ро́бкий

zäh *adj* ❶ (*zähflüssig*) вя́зкий; ❷ (*Fleisch*) жёсткий; ❸ (*ausdauernd, beharrlich*) упо́рный

Zähigkeit *f* <*gen:* -> ❶ (*Widerstandsfähigkeit*) выно́сливость *f*; ❷ (*Beharrlichkeit*) упо́рство *nt*

Zahl *f* <-, -en> ❶ (MATH) число́ *nt*; ❷ (*Ziffer*) ци́фра *f*; ❸ (LING: *Numerus*) число́ *nt*; ❹ (*Anzahl*) число́ *nt*, коли́чество *nt*

zahlen I. *vt* ❶ (*eine bestimmte Geldsumme für etw*) плати́ть, за- *pf* (*für +akk* за *+akk*); ❷ (*Rechnung*) опла́чивать, оплати́ть *pf*; **II.** *vi* плати́ть, за- *pf*; **Herr Ober, bitte ~!** официа́нт, принеси́те, пожа́луйста, счёт! **in Raten ~** плати́ть в рассро́чку

zählen I. *vt* счита́ть, по- *pf*, пе́ре- *pf*; **II.** *vi* ❶ (*eine Zahlenfolge*) счита́ть, по- *pf*; ❷ (*angehören*) счита́ться *impf*; ❸ (*gültig sein*) счита́ться *impf*; ❹ (*sich verlassen*) полага́ться, положи́ться *pf* (*auf +akk* на *+akk*); ❺ (*von Bedeutung sein*) быть *impf* ва́жным (*für +akk* для *+gen*)

Zahler *m* <-s, -> плате́льщик *m*

Zähler *m* <-s, -> ❶ (*Ablesegerät*) счётчик *m*; ❷ (MATH) числи́тель *m*

zahlreich *adj* многочи́сленный

Zahlung *f* <-, -en> вы́плата *f*, платёж *m*, упла́та *f*, опла́та *f*

Zahlwort *nt* <-(e)s, -wörter> числи́тельное *nt*

zahm *adj* (*Tier, auch fig*) ручно́й, послу́шный

zähmen *vt* ❶ (*Tiere*) прируча́ть, -чи́ть *pf*; ❷ (*fig: Leidenschaft*) обу́здывать, обузда́ть *pf*

Zahn *m* <-(e)s, -Zähne> ❶ зуб *m*; **sich die Zähne putzen** чи́стить зу́бы ❷ (*Zacke eines Kamms*) зубе́ц *m*

Zahnarzt, -ärztin *m/f* <-es, -ärzte> зубно́й врач *m*

Zahnbürste *f* <-, -n> зубна́я щётка *f*

Zahnfleisch *nt* <*gen:* -(e)s> десна́ *f*

Zahnlücke *f* <-, -n> щерби́на *f*

Zahnpasta *f* <-, -pasten> зубна́я па́ста *f*

Zahnrad *nt* <-(e)s, -räder> ❶ шестерня́ *f*; ❷ (*von geringer Größe*) шестерёнка *f*

Zahnschmelz *m* <*gen:* -es> зубна́я эма́ль *f*

Zahnschmerzen *pl* зубна́я боль *f*; **ich habe ~** у меня́ боли́т зуб [*o* боля́т зу́бы]

Zahnstein *m* <*gen:* -(e)s> зубно́й ка́мень *m*

Zange *f* <-, -n> ❶ (*Werkzeug*) кле́щи *fpl*, щипцы́ *mpl*; ❷ (*eines Krebses*) кле́щи *fpl*

zanken I. *vi* (*schimpfen*) руга́ться *impf*; **II.** *vr* (*sich streiten*) ссо́риться, по- *pf*

Zäpfchen *nt* <-s, -> ❶ (MED) свеча́ *f*; ❷ (ANAT) язычо́к *m*

Zapfen *m* <-s, -> ❶ (*Tannenzapfen*) ши́шка *f*; ❷ (*am Fass*) про́бка *f*; ❸ (*Eiszapfen*) сосу́лька *f*

zapfen *vt* налива́ть, -ли́ть *pf* (из бо́чки)

Zapfsäule *f* <-, -n> бензоколо́нка *f*

zappelig *adj* (*umg: unruhig*) не́рвный

zappeln *vi* (*sich unruhig bewegen*) дёргаться *impf*; **jdn ~ lassen** (*umg*) томи́ть кого́-л. ожида́нием

Zar, -in *m/f* <-en, -en> царь, цари́ца *m/f*
zart *adj* не́жный; ~ **fühlend** чу́ткий
Zartgefühl *nt* <*gen:* -(e)s> делика́тность *f*
zärtlich *adj* (*liebevoll*) не́жный; **zu jdm ~ sein** быть не́жным с кем-л.
Zärtlichkeit *f* <-, -en> ① (*Zärtlichsein*) не́жность *f*; ② (*Liebkosung*) ла́ска *f*
Zauber *m* <-s, -> ① (*magische Handlung*) колдовство́ *nt*; ② (*Zauberbann*) ча́ры *fpl*; ③ (*Ausstrahlung, Reiz*) пре́лесть *f*, очарова́ние *nt*
Zauberei *f* <-, -en> ① (*Magie*) колдовство́ *nt*; ② (*Zauberkunststück*) фо́кус *m*
Zauberer *m* <-s, -> ① (*Magier*) волше́бник *m*; ② (*pej*) колду́н *m*; ③ (*Zauberkünstler*) фо́кусник *m*
zauberhaft *adj* (*bezaubernd*) очарова́тельный
zaubern *vi* ① (*übernatürliche Kräfte einsetzen*) колдова́ть *impf*; ② (*Zaubertricks vorführen*) пока́зывать, -каза́ть *pf* фо́кусы
Zauberspruch *m* <-(e)s, -sprüche> заклина́ние *nt*
Zauberwort *nt* <-(e)s, -e> волше́бное сло́во *nt*
Zaun *m* <-(e)s, Zäune> забо́р *m*
Zaunpfahl *m* <-(e)s, -pfähle> кол *m*
z.B. *abk von* ***zum Beispiel***
Zebra *nt* <-s, -s> зе́бра *f*
Zeche *f* <-, -n> ① (*Wirtshausrechnung*) счёт *m*; ② (BERGB: *Grube*) ша́хта *f*, рудни́к *m*
Zecke *f* <-, -n> клещ *m*
Zeder *f* <-, -n> кедр *m*
Zehe *f* <-, -n> ① (*ANAT*) па́лец *m* (ноги́); ② (*Knoblauch~*) зу́бчик *m*
zehn *num* де́сять
zehnfach *num* десятикра́тный
zehnjährig *adj* десятиле́тний
Zehnkampf *m* <-(e)s, -kämpfe> (SPORT) десятибо́рье *nt*
zehnmal *adv* де́сять раз
zehnte(r, s) *num* деся́тая, -тый, -тое
Zehntel *nt* <-s, -> деся́тая часть *f*
zehntens *adv* в-деся́тых, деся́тое
Zeichen *nt* <-s, -> ① (*Hinweis, Signal*) знак *m*, сигна́л *m*; ② (*Anzeichen*) при́знак *m*; ③ (*Schriftzeichen, Tierkreiszeichen*) знак *m*; ④ (*Satzzeichen*) знак *m* препина́ния
Zeichenblock *m* <-(e)s, -blöcke> блокно́т *m* для рисова́ния
zeichnen I. *vi* (*Zeichnungen machen*) рисова́ть, на- *pf*; **II.** *vt* ① (*graphisch darstellen*) рисова́ть, на- *pf*; ② (*unterzeichnen*) подпи́сываться, -писа́ться *pf*
Zeichner, -in *m/f* <-s, -> ① худо́жник, рисова́льщик, -ница *m/f*, -щица *m/f*; ② (*technischer ~*) чертёжник, -ница *m/f*
Zeichnung *f* <-, -en> ① (*Darstellung*) рису́нок *m*, изображе́ние *nt*; ② (*Unterzeichnung*) по́дпись *f*
Zeigefinger *m* <-s, -> указа́тельный па́лец *m*
zeigen I. *vt* (*vorzeigen, anzeigen*) пока́зывать, -каза́ть *pf*; **II.** *vi* (*deuten*) пока́зывать, -каза́ть *pf* (*auf +akk* на *+akk*); **III.** *vr* (*sichtbar werden*) пока́зываться, -каза́ться *pf*; **das wird sich noch ~** э́то мы ещё уви́дим
Zeiger *m* <-s, -> стре́лка *f*
Zeigestock *m* <-(e)s, -stöcke> ука́зка *f*
Zeile *f* <-, -n> (*eines Texts*) строка́ *f*
Zeilenabstand *m* <-(e)s, -abstände> расстоя́ние *nt* ме́жду строка́ми
Zeit *f* <*gen:* -> вре́мя *nt*; **mit der ~** со вре́менем; **zu jeder ~** в любо́е вре́мя; **von ~ zu ~** вре́мя от вре́мени
Zeitalter *nt* <-s, -> эпо́ха *f*
Zeitarbeit *f* <*gen:* -> вре́менная рабо́та *f*
zeitgemäß *adj* отвеча́ющий ду́ху вре́мени, актуа́льный
Zeitgenosse *m* <-n, -n> совреме́нник *m*
Zeitgenossin *f* <-, -nen> совреме́нница *f*

Zeitgeschehen *nt* <*gen:* -s> теку́щие собы́тия *pl*
zeitlich **I.** *adj* (*die Zeit betreffend*) вре́менный; **II.** *adv* по вре́мени.
Zeitpunkt *m* <-(e)s, -e> моме́нт *m*, вре́мя *nt*
Zeitraum *m* <-(e)s, -räume> пери́од *m* (вре́мени)
Zeitrechnung *f* <*gen:* -> летоисчисле́ние *nt*
Zeitschrift *f* <-, -en> журна́л *m*
Zeitung *f* <-, -en> газе́та *f*
Zeitunterschied *m* <-(e)s, -e> ра́зница *f* во вре́мени
Zeitverschwendung *f* <*gen:* -> тра́та *f* вре́мени
zeitweilig **I.** *adj* вре́менный; **II.** *adj* вре́мя от вре́мени.
Zelle *f* <-, -n> ❶ (*kleiner Raum*) ка́мера *f*; ❷ (BIO) кле́тка *f*; ❸ (EL) элеме́нт *m*
Zellstoff *m* <-(e)s, -e> целлюло́за *f*
Zelt *nt* <-(e)s, -e> пала́тка *f*
zelten *vi* жить *impf* в пала́тке
Zeltlager *nt* <-s, -> пала́точный ла́герь *m*
Zement *m* <*gen:* -(e)s> цеме́нт *m*
zementieren *vt* цементи́ровать, за- *pf*
zensieren *vt* ❶ (*einer Zensur unterziehen*) подверга́ть, -ве́ргнуть *pf* цензу́ре; ❷ (*benoten*) оце́нивать, оцени́ть *pf*
Zensur *f* <-, -en> ❶ (*Kontrolle, Institution*) цензу́ра *f*; ❷ (*Benotung*) оце́нка *f*
Zentimeter *m* <-s, -> сантиме́тр *m*
Zentner *m* <-s, -> полце́нтнера *m*, пятьдеся́т килогра́мм
zentral *adj* центра́льный
Zentrale *f* <-, -n> ❶ (*Zentralbüro*) руково́дство *nt*, управле́ние *nt*; ❷ (*Taxizentrale*) диспе́тчерская *f* (такси́); ❸ (*Telefonzentrale*) (центра́льный) телефо́нный у́зел *m*
Zentralheizung *f* <-, -en> центра́льное отопле́ние *nt*
zentralisieren *vt* централизова́ть *impf/pf*
zentralistisch *adj* централи́стский
Zentralnervensystem *nt* <-s, -e> центра́льныя не́рвная систе́ма *f*
Zentrifugalkraft *f* <*gen:* -> (PHYS) центробе́жная си́ла *f*
Zentrifuge *f* <-, -n> центрифу́га *f*
Zentrum *nt* <-s, Zentren> центр *m*; **im ~ wohnen** жить в це́нтре
Zepter *nt* <-s, -> ски́петр *m*
zerbrechen **I.** *irr vt* (*etw entzweibrechen*) разбива́ть, -би́ть *pf*; **II.** *vi* (*entzweigehen*) разбива́ться, -би́ться *pf*
zerbrechlich *adj* хру́пкий
zerdrücken *vt* раздави́ть *pf*
Zeremonie *f* <-, -n> церемо́ния *f*
Zerfall *m* <*gen:* -(e)s> ❶ (*Auflösung, Zerstörung*) разруше́ние *nt*; ❷ (*eines Reiches*) распа́д *m*, упа́док *m*; ❸ (*von Kultur*) упа́док *m*
zerfallen *irr vi* ❶ (*Haus*) разруша́ться, -ру́шиться *pf*; ❷ (*umg: Haus, Reich*) разва́ливаться, -вали́ться *pf*; ❸ (*Moral, Kultur*) приходи́ть, прийти́ *pf* в упа́док; ❹ (*verwesen*) разлага́ться, разложи́ться *pf*; ❺ (PHYS, *auch: von Imperium*) распада́ться, -па́сться *pf*
zerfetzen *vt* рвать, разорва́ть *pf* на ча́сти
zerfließen *irr vi* (*Farbe, Tinte etc*) расплыва́ться, -плы́ться *pf*
zerfurcht *adj* изборождённый
zergehen *irr vi* ❶ (*sich auflösen: vor Wärme, im Mund*) та́ять, рас- *pf*; ❷ (*im Wasser*) растворя́ться, -твори́ться *pf*
zerkleinern *vt* размельча́ть, -чи́ть *pf*
zerlegen *vt* (*auseinandernehmen*) разбира́ть, разобра́ть *pf*
zerreißen **I.** *irr vt* (*auseinander reißen*) разрыва́ть, разорва́ть *pf*, рвать *impf*; **II.** *vi* (*auseinandergehen, Risse bekommen*) разрыва́ться, разорва́ться *pf*, рва́ться *impf*

zerren I. *vt* ❶ (*fortziehen*) тащи́ть, вы- *pf*; ❷ (*überdehnen*) растя́гивать, -тяну́ть *pf*; **II.** *vi* (*ruckartig ziehen*) дёргать, дёрнуть *pf*; **der Hund zerrt an der Leine** соба́ка дёргала за поводо́к
Zerrung *f* <-, -en> растяже́ние *nt*
zerrüttet *adj* (*Gesundheit, Finanzen*) подо́рванный; **eine ~e Ehe** разби́тая семья́
zerschlagen[1] **I.** *irr vt* (*zerbrechen, auch fig*) разбива́ть, -би́ть *pf*; **II.** *vr* (*nicht zustande kommen*) разбива́ться, -би́ться *pf*
zerschlagen[2] *adj* разби́тый
zerschneiden *vt* разреза́ть, -ре́зать *pf*
zersetzen I. *vt* ❶ (*verfaulen lassen*) разлага́ть, -ложи́ть *pf*; ❷ (*fig: unterminieren*) подрыва́ть, -дорва́ть *pf*; **II.** *irr vr* (*verfaulen*) разлага́ться, -ложи́ться *pf*
zerstören *vt* разруша́ть, -ру́шить *pf*
Zerstörung *f* <-, -en> разруше́ние *nt*
zerstreiten *irr vr* ссо́риться, по- *pf* (*über* +*akk* и́з-за́ +*gen*)
zerstreuen I. *vt* ❶ (*verstreuen*) разбра́сывать, -броса́ть *pf*; ❷ (*fig: auseinander treiben*) разгоня́ть, разогна́ть *pf*; **einen Verdacht ~** рассе́ять подозре́ния; **II.** *vr* ❶ (*auseinandergehen*) рассе́иваться, рассе́яться *pf*; ❷ (*sich ablenken*) отвлека́ться, -ле́чься *pf*
zerstreut *adj* (*fig*) рассе́янный
Zerstreutheit *f* <*gen: -*> рассе́янность *f*
Zertifikat *nt* <-(e)s, -e> сертифика́т *m*, свиде́тельство *nt*
zertrümmern *vt* разбива́ть, -би́ть *pf*
Zettel *m* <-s, -> ❶ (*Notizzettel*) запи́ска *f*; ❷ (*Kassenbon*) чек *m*
Zeug *nt* <*gen:* -(e)s> ❶ (*pej*) барахло́ *nt*; ❷ (*umg: Unsinn*) чушь *f*; **dummes ~!** глу́пости! **albernes ~ reden** нести́ чушь
Zeuge *m* <-n, -n> свиде́тель *m*; **~ von etw werden** стать свиде́телем чего́-л.
zeugen I. *vi* свиде́тельствовать *impf* (*von* +*dat* о +*präpos*); **II.** *vt* (*Kind*) зачина́ть, зача́ть *impf*
Zeugin *f* <-, -nen> свиде́тельница *f*
Zeugnis *nt* <-ses, -se> ❶ (*Schulzeugnis*) аттеста́т *m* (зре́лости); ❷ (*Arbeitszeugnis*) характери́стика *f*, спра́вка *f* с ме́ста рабо́ты; ❸ (*Gutachten*) удостове́рение *nt*, заключе́ние *nt*
Zeugung *f* <-, -en> зача́тие *nt*
z. H. *abk von* ***zu Händen von***
Ziege *f* <-, -n> коза́ *f*
Ziegel *m* <-s, -> ❶ (*Ziegelstein*) кирпи́ч *m*; ❷ (*Dachziegel*) черепи́ца *f*
Ziegelei *f* <-, -en> кирпи́чный заво́д *m*
ziehen I. *vt* <zog, gezogen> ❶ тяну́ть, по- *pf*, тащи́ть, по- *pf*; ❷ (*an einen Ort*) переезжа́ть, перее́хать *pf*; ❸ (*Pflanzen*) выра́щивать, вы́растить *pf*; **jdn an sich ~** притяну́ть кого́-л к себе́; **etw aus der Tasche ~** вы́тащить что-л. из карма́на; **jdn am Ärmel ~** тяну́ть кого́-л. за рука́в; **II.** *vi* ❶ (*Tee, Kaffee*) наста́иваться, -стоя́ться *pf*; ❷ (*Luftzug*) дуть *impf*; **es zieht!** здесь ду́ет! **die Vögel ~ nach Süden** пти́цы перелета́ют на юг
Ziehharmonika *f* <-, -s> гармо́ника *f*
Ziehung *f* <-, -en> (*Lotterie*) тира́ж *m*, ро́зыгрыш *m*
Ziel *nt* <-(e)s, -e> ❶ (*generell, auch einer Reise*) цель *f*; ❷ (SPORT: *Ende einer Strecke*) фи́ниш *m*; ❸ (*beim Schießen*) мише́нь *f*; ❹ (*Zweck, Absicht*) цель *f*; **sich ein ~ setzen** поста́вить пе́ред собо́й цель; **ein ~ erreichen** доби́ться це́ли; **am ~ sein** быть у це́ли
zielen *vi* ❶ це́литься, при- *pf* (*auf* +*akk* в +*akk*); ❷ (*fig*) быть *impf* наце́ленным (*auf* +*akk* на +*akk*)
zielgerichtet *adj* целенапра́вленный

ziellos *adj* бесце́льный
Zielscheibe *f* <-, -n> (*beim Schießen, auch fig*) мише́нь *f*
ziemlich **I.** *adv* ① (*in hohem Maße*) дово́льно; ② (*umg: annähernd, fast*) почти́, приблизи́тельно; **II.** *adj* (*beträchtlich*) дово́льно большо́й.
zieren **I.** *vt* (*schmücken*) украша́ть, -ра́сить *pf*; **II.** *vr* (*Umstände machen*) кривля́ться *impf*, жема́ниться *pf*
zierlich *adj* (*klein und fein*) изя́щный
Zierlichkeit *f* <*gen:* -> (*Feinheit, Zerbrechlichkeit*) изя́щность *f*
Zierpflanze *f* <-, -n> декорати́вное расте́ние *nt*
Ziffer *f* <-, -n> ци́фра *f*; **römische/arabische ~n** ри́мские/ара́бские ци́фры
Zifferblatt *nt* <-(e)s, -blätter> цифербла́т *m*
zig *num* (*umg*) деся́тки; **~ mal** деся́тки раз
Zigarette *f* <-, -n> сигаре́та *f*
Zigarettenpause *f* <-, -n> переку́р *m*
Zigarettenschachtel *f* <-, -n> па́чка *f* сигаре́т
Zigarettenspitze *f* <-, -n> мундшту́к *m*
Zigarre *f* <-, -n> сига́ра *f*
Zigeuner, -in *m/f* <-s, -> (*pej*) цыга́н, -ка *m/f*
Zimmer *nt* <-s, -> ко́мната *f*
Zimmermann *m* <-(e)s, -leute> пло́тник *m*
zimmern **I.** *vt* скола́чивать, -лоти́ть *pf*; **II.** *vi* пло́тничать *impf*
Zimmerpflanze *f* <-, -n> ко́мнатное расте́ние *nt*
zimperlich *adj* ① (*überempfindlich*) изне́женный; ② (*rücksichtsvoll*) ра́збо́рчивый; ③ (*prüde*) чо́порный
Zimt *m* <*gen:* -(e)s> кори́ца *f*
Zink *nt* <*gen:* -(e)s> цинк *m*
Zinke *f* <-, -n> (*am Kamm, an der Gabel*) зубе́ц *m*
Zinn *m* <*gen:* -(e)s> о́лово *nt*
Zins *m* <-es, -en> проце́нт *m*; **jährliche ~en** годовы́е проце́нты
zinslos *adj* беспроце́нтный
Zinssatz *m* <-es, -sätze> проце́нтная ста́вка *f*
Zipfel *m* <-s, -> уголо́к *m*, край *m*
Zipperlein *nt* <*gen:* -s> (*umg*) пода́гра *f*
zirka *adv* приблизи́тельно, о́коло
Zirkel *m* <-s, -> ① (*Gerät*) ци́ркуль *m*; ② (*Gruppe von Personen*) кружо́к *m*
Zirkus *m* <-, -se> цирк *m*
zischen *vi* (*Schlange, Dampf, Menschen*) шипе́ть, за- *pf*
Zitat *nt* <-(e)s, -e> цита́та *f*
zitieren *vt* цити́ровать, про- *pf*
Zitrone *f* <-, -n> лимо́н *m*
Zitronensaft *m* <*gen:* -(e)s> лимо́нный сок *m*
zitt(e)rig *adj* дрожа́щий
zittern *vi* дрожа́ть, за- *pf*; **vor Kälte ~** дрожа́ть от хо́лода
Zitze *f* <-, -n> сосо́к *m*
Zivil *nt*: **in ~** в гражда́нском
zivil *adj* ① (*nicht militärisch*) гражда́нский; ② (*umg: anständig*) прили́чный
Zivilbevölkerung *f* <*gen:* -> гражда́нское населе́ние *nt*
Zivildienst *m* <*gen:* -(e)s> (MIL) альтернати́вная слу́жба *f*
Zivilisation *f* <-, -en> цивилиза́ция *f*
zivilisiert *adj* цивилизо́ванный
Zivilist, -in *m/f* <-en, -en> гражда́нское лицо́ *nt*
zog *prät von* **ziehen**
zögern *vi* ме́длить, по- *pf*
Zöliakie *f* <-, -n> (MED) целиаки́я *f*
Zoll *m* <-(e)s, Zölle> ① (*auf Waren*) (тамо́женная) по́шлина *f*; ② (*Behörde*) тамо́жня *f*
Zollamt *nt* <-(e)s, -ämter> тамо́женное управле́ние *nt*, тамо́жня *f*
Zollbeamte(r) *mf* <-n, -n> тамо́женник *m*
Zollerklärung *f* <-, -en> тамо́женная деклара́ция *f*
zollfrei *adj* беспо́шлинный

zollpflichtig *adj* облага́емый по́шлиной
Zollstock *m* <-(e)s, -Stöcke> (складно́й) метр *m*
Zone *f* <-, -n> зо́на *f*
Zoo *m* <-s, -s> зоопа́рк *m*; **in den ~ gehen** пойти́ в зоопа́рк
Zoologe *m* <-n, -n> зоо́лог *m*
Zoologie *f* <*gen:* -> зооло́гия *f*
Zoologin *f* <-, -nen> зоо́лог *m*
zoologisch *adj* зоологи́ческий
Zopf *m* <-(e)s, Zöpfe> коса́ *f*
Zorn *m* <*gen:* -(e)s> я́рость *f*, гнев *m*; **in ~ geraten** прийти́ в я́рость
zornig *adj* гне́вный
Zote *f* <-, -n> по́шлость *f*
zottig *adj* (*struppig*) лохма́тый; **ein ~es Fell** пуши́стый мех
z.T. *abk von* ***zum Teil***
zu I. *präp +dat* ① (*räumlich*) к (+ *dat*), на (+ *akk*), в (+ *akk*); ② (*zeitlich*) в (+ *präpos*); ③ (*zum Ausdruck von Zweck, Ziel einer Handlung*) на (+ *akk*), к (+ *dat*); **jdm etw ~m Geburtstag schenken** подари́ть кому́-л. что-л. на день рожде́ния; **II.** *adv* ① (*allzu*) сли́шком; **~ wenig** сли́шком ма́ло; **der Pullover ist ~ groß** сви́тер сли́шком вели́к ② (*geschlossen*) закры́тый.
zuallererst *adv* в пе́рвую о́чередь
zuallerletzt *adv* в после́днюю о́чередь
Zubehör *nt* <-(e)s, -e> принадле́жности *fpl*
zubereiten *vt* гото́вить, при- *pf*
zubinden *vt* завя́зывать, -вяза́ть *pf*
Zucht *f* <-, -en> ① (*von Pflanzen und Tieren*) выра́щивание *nt*, разведе́ние *nt*; ② (*Disziplin*) дисципли́на *f*
züchten *vt* (*aufziehen*) выра́щивать, вы́растить *pf*
Züchter, -in *m/f* <-s, -> ① (*von Tieren*) животново́д *m*; ② (*von Pflanzen*) растениево́д *m*, садово́д *m*
Zuchthaus *nt* <-es, -häuser> ка́торжная тюрьма́ *f*
Züchtung *f* <-, -en> (*das Züchten*) разведе́ние *nt*
zucken I. *vi* ① (*ruckartige Bewegungen machen*) вздра́гивать, вздро́гнуть *pf*; ② (*aufleuchten*) сверка́ть, -кну́ть *pf*; **II.** *vt:* **die Achseln ~** пожима́ть плеча́ми
zücken *vt* (*Messer*) выхва́тывать, вы́хватить *pf*
Zucker *m* <*gen:* -s> са́хар *m*
Zuckerdose *f* <-, -n> са́харница *f*
zuckerkrank *adj* страда́ющий са́харным диабе́том; **sie ist ~** у неё са́харный диабе́т
zuckern *vt* ① сласти́ть; ② под- *pf*
Zuckerrohr *nt* <*gen:* -(e)s> са́харный тростни́к *m*
Zuckerrübe *f* <-, -n> са́харная свёкла *f*
Zuckerwatte *f* <*gen:* -> са́харная ва́та *f*
Zuckung *f* <-, -en> вздра́гивание *nt*, подёргивание *nt*
zudecken *vt* закрыва́ть, -кры́ть *pf*
zudrehen *vt* (*Wasserhahn*) закру́чивать, -крути́ть *pf*
zudringlich *adj* навя́зчивый
zudrücken *vt* закрыва́ть, -кры́ть *pf*
zueinander *adv* друг к дру́гу
zuerst *adv* (*zunächst, anfangs*) снача́ла, внача́ле, сперва́; **ich bin ~ gekommen** я пришёл пе́рвым
Zufahrt *f* <-, -en> подъе́зд *m*
Zufahrtsstraße *f* <-, -n> подъездна́я доро́га *f*
Zufall *m* <-(e)s, Zufälle> слу́чай *m*, случа́йность *f*; **welch ein ~!** во́т так слу́чай!
zufallen *irr vi* ① (*Tür*) захло́пываться, -хло́пнуться *pf*; ② (*zuteil werden*) достава́ться, доста́ться *pf*
zufällig I. *adj* случа́йный; **II.** *adv* случа́йно.
Zuflucht *f* <-, -en> спасе́ние *nt*, убе́жище *nt* (*vor +dat* от *+gen*)
Zufluss *m* <~es, Zuflüsse> (*das Zufließen, in ein Gewässer fließender Fluss*) прито́к *m*

zufolge *präp +dat* (*gemäß*) в соотве́тствии с (+ *inst*), согла́сно (+ *dat*), по (+ *dat*)
zufrieden *adj* дово́льный; **mit etw ~ sein** быть дово́льным чем-л.
Zufriedenheit *f* <*gen: -*> удовлетворе́ние *nt*
zufrieren *irr vi* замерза́ть, -мёрзнуть *pf*
zufügen *vt* (*hinzufügen*) причиня́ть, -ни́ть *pf*
Zufuhr *f* <*gen: -*> (*Versorgung*) снабже́ние *nt*
zuführen *vt* ① (*Strom/Gas zuleiten*) подава́ть, -да́ть *pf*; ② (*transportieren, übergeben*) доставля́ть, -ста́вить *pf*; ③ (*mit einem Kraftfahrzeug auch*) подвози́ть, -везти́ *pf*
Zug *m* <-(e)s, Züge> ① (*Eisenbahnzug*) по́езд *m*; **fahren Sie mit dem Auto oder mit dem ~?** Вы е́дете на маши́не и́ли на по́езде?; ② (*Kolonne*) коло́нна *f*, ше́ствие *nt*; ③ (*militärische Abteilung*) взвод *m*; ④ (*Schluck*) глото́к *m*; ⑤ (*an einer Zigarette*) затя́жка *f*; ⑥ (*im Gesicht*) черта́ *f* (лица́); ⑦ (*Wesenszug*) черта́ *f* (хара́ктера); ⑧ (*bei Brettspielen*) ход *m*; **in groben Zügen** (*nur in Umrissen*) в о́бщих черта́х
Zugabe *f* <-, -n> ① (*im Konzert*) выступле́ние *nt* на бис; **noch drei ~n geben** сыгра́ть три ра́за на бис ② (*das Zugeben*) добавле́ние *nt*
Zugang *m* <-(e)s, Zugänge> ① (*Eingang, Einfahrt*) вход *m*, до́ступ *m*; ② (*Zutritt*) до́ступ *m*; ③ (*Neueingang von Waren*) поступле́ние *nt*
zugänglich *adj* (*betretbar, verfügbar*) досту́пный
zugeben *irr vt* ① (*eingestehen*) признава́ть, -на́ть *pf*; ② (*hinzufügen*) добавля́ть, -ба́вить *pf*
zugehen *irr vi* ① (*sich nähern, auch fig*) приближа́ться, -бли́зиться *pf* (*auf +akk* к *+dat*); ② (*in einer bestimmten Weise sein*) быть *impf*; **auf dem Geburtstag ging es lustig zu** на дне рожде́ния бы́ло ве́село; ③ (*umg: sich schließen*) закрыва́ться, -кры́ться *pf*
Zugehörigkeit *f* <*gen: -*> (*Mitgliedschaft*) принадле́жность *f* (*zu +dat* к *+dat*)
Zügel *m* <-s, -> по́вод *m*, узда́ *f*
zügellos *adj* (*hemmungslos*) безу́держный, необу́зданный
Zügellosigkeit *f* <-, -en> безу́держность *f*, необу́зданность *f*
zügeln I. *vt* (*Pferd, auch fig*) обу́здывать, обузда́ть *pf*; **II.** *vr* (*sich zurückhalten*) обузда́ть *pf* себя́
Zugeständnis *nt* <-ses, -se> усту́пка *f*
zugestehen *irr vt* (*geben, einräumen*) признава́ть, -зна́ть *pf*; **jdm ein Recht auf etw ~** призна́ть за кем-л. пра́во на что-л.
Zugführer *m/f* <-s, -> ① (*Bahnbeamter*) нача́льник *m* по́езда; ② (MIL) команди́р *m* взво́да
zügig *adj* бы́стрый
zugleich *adv* (*gleichzeitig, ebenso*) одновреме́нно
Zugluft *f* <*gen: -*> сквозня́к *m*
Zugmaschine *f* <-, -n> тяга́ч *m*
zugreifen *irr vi* ① (*beim Essen*) угоща́ться, угости́ться *pf*; ② (*nach etw greifen, auch kaufen*) хвата́ть, схвати́ть *pf*; **greifen Sie zu!** Угоща́йтесь!
Zugrestaurant *nt* <-s, -s> ваго́н *m* -рестора́н *m* (в по́езде)
Zugriff *m* <-(e)s, -e> ① (*das Zugreifen*) хва́тка *f*; ② (DV) до́ступ *m*
zugrunde, zu Grunde *adv*: **~ gehen** погиба́ть; **etw einer Sache ~ legen** положи́ть что-л. в осно́ву чего́-л.
zugunsten, zu Gunsten *präp +gen* в по́льзу (+ *gen*)
zugute *adv* на по́льзу; **jdm/einer**

Sache ~ kommen пойти́ на по́льзу кому́-л./чему́-л.

Zugverbindung *f* <-, -en> железнодоро́жное сообще́ние *nt*

Zugvogel *m* <-s, -vögel> перелётная пти́ца *f*

zuhalten *irr vt* держа́ть закры́тым; **sich die Ohren ~** закры́ть себе́ у́ши

Zuhälter *m* <-s, -> сутенёр *m*

Zuhause *nt* <*gen:* -s> дом *m*, дома́шний оча́г *m*

zuhören *vi* слу́шать, по- *pf*; **jetzt hör mal gut zu** (*umg*) тепе́рь хороше́нько послу́шай

Zuhörer, -in *m/f* <-s, -> слу́шатель, -ница *m/f*

zukleben *vt* закле́ивать, -кле́ить *pf*

zuknöpfen *vt* застёгивать, -стегну́ть *pf*

zukommen *irr vi* ❶ (*sich nähern*) подходи́ть, подойти́ *pf* (*auf* +*akk* к +*dat*); ❷ (*bevorstehen*) предстоя́ть *impf*; ❸ (*geh: zuteilwerden*) полага́ться *impf*; ❹ (*gebühren*) подоба́ть *impf*; **es kommt dir nicht zu, darüber zu urteilen** тебе́ не подоба́ет суди́ть об э́том

Zukunft *f* <*gen:* -> ❶ бу́дущее *nt*; ❷ (LING: *Futur*) бу́дущее вре́мя *nt*; **in ~** в бу́дущем

zukünftig **I.** *adj* бу́дущий; **II.** *adv* в бу́дущем.

Zulage *f* <-, -n> () надба́вка *f*

zulassen *irr vt* ❶ (*dulden, tolerieren, Zugang gewähren*) допуска́ть, -пусти́ть *pf* (*zu* +*dat* к +*dat*); ❷ (*geschlossen lassen*) оставля́ть, оста́вить *pf* закры́тым

zulässig *adj* (*zugelassen, erlaubt*) допусти́мый

Zulassung *f* <-, -en> ❶ разреше́ние *nt*, до́пуск *m*; ❷ (*umg: Kraftfahrzeugschein*) регистра́ция *f* (тра́нспортного сре́дства)

zulegen *vr* ❶ (*umg: kaufen*) приобрета́ть, -брести́ *pf*; ❷ (*einen Hund, eine Freundin*) заводи́ть, -вести́ *pf* себе́

zuletzt *adv* ❶ (*als Letzter*) в после́днюю о́чередь; ❷ (*umg: das letzte Mal*) в после́дний раз; ❸ (*schließlich*) под коне́ц, в конце́

zuliebe *präp* +*dat* ра́ди (+ *gen*)

zum *präp* к (+ *dat*)

zumachen **I.** *vt* (*umg: schließen*) закрыва́ть, -кры́ть *pf*; **II.** *vi* (*Laden*) закрыва́ться, -кры́ться *pf*

zumal **I.** *adv* (*namentlich*) осо́бенно; **II.** *konj* (*besonders da, weil*) тем бо́лее что.

zumindest *adv* по ме́ньшей [*о* кра́йней] ме́ре

zumute, zu Mute *adv* на душе́

zumuten *vt:* **das kann man niemandem ~** э́того ни от кого́ нельзя тре́бовать; **er hat sich einfach zuviel zugemutet** он, про́сто, сли́шком мно́го на себя́ взял

Zumutung *f* <-, -en> (*etw Unzumutbares*) чрезме́рное тре́бование *nt*, обстоя́тельство *nt*

zunächst *adv* ❶ (*anfangs, zuerst*) сна́чала, внача́ле; ❷ (*vorerst*) пока́

zunähen *vt* зашива́ть, -ши́ть *pf*

Zunahme *f* <-, -n> увеличе́ние *nt*, повыше́ние *nt*, приро́ст *m*

zünden **I.** *vi* ❶ (TECH: *Motor*) заводи́ться, -вести́сь *pf*; ❷ (*Rakete*) запуска́ться, -пусти́ться *pf*; ❸ (*zu brennen beginnen*) зажига́ться, -же́чься *pf*; **II.** *vt* (*entzünden: eine Bombe*) взрыва́ть, взорва́ть *pf*

zündend *adj* (*fig*) зажига́тельный

Zünder *m* <-s, -> взрыва́тель *m*

Zündholz *nt* <-es, -hölzer> спи́чка *f*

Zündkerze *f* <-, -n> свеча́ *f* зажига́ния

Zündschlüssel *m* <-s, -> ключ *m* зажига́ния

Zündung *f* <-, -en> ❶ (*das Zünden*) поджига́ние *nt*; ❷ (KFZ) зажига́ние *nt*

zunehmen *irr vt* ❶ (*sich vergrößern*) увели́чиваться, -читься *pf*, уси́ливаться, -ли́ться *pf*; ❷ (*an Gewicht*) прибавля́ть, -ба́вить *pf* в ве́се; ❸ (*umg*) полне́ть, по- *pf*

Zuneigung *f* <*gen:* -> симпа́тия *f*, расположе́ние *nt*

Zunft *f* <-, Zünfte> (HIST) ги́льдия *f*, цех *m*

Zunge *f* <-, -n> язы́к *m*

zunutze, zu Nutze *adv*: **sich etw ~ machen** воспо́льзоваться чем-л.

zuordnen *vt* относи́ть, -нести́ *pf*; **jdn einer Gruppe ~** отнести́ кого́-л. к како́й-л. гру́ппе

zupfen *vt* дёргать, дёрнуть *pf* (*an +dat* за *+akk*)

zurechtfinden *irr vr* ориенти́роваться, с- *pf*

zurechtkommen *irr vi* (*bewältigen*) справля́ться, спра́виться *pf* (*mit +dat* с *+inst*)

zurechtlegen *vt* ❶ (*bereitlegen, sich im voraus überlegen*) приготовля́ть, -гото́вить *pf*; ❷ (*Antwort*) приду́мывать, -мать *pf*

zurechtmachen I. *vt* ❶ (*umg: herrichten*) приготовля́ть, -то́вить *pf*; ❷ (*umg: schminken*) кра́сить, на- *pf*; ❸ (*umg: anziehen*) наряжа́ть, -ряди́ть *pf*; II. *vr* ❶ (*umg: sich schminken*) кра́ситься, на- *pf*; ❷ (*umg: sich anziehen*) наряжа́ться, -ряди́ться *pf*

zurechtweisen *irr vt* (*tadeln*) руга́ть, от- *pf*

Zurechtweisung *f* <-, -en> вы́говор *m*, ре́зкая кри́тика *f*

zureden *vi:* **jdm ~** угова́ривать кого́-л.

zurück *adv* наза́д; **vor und ~** вперёд и наза́д; **hinter jdm weit ~ sein** существенно отста́ть от кого́-л.

zurückbehalten *irr vt* оставля́ть, оста́вить *pf* себе́

zurückbleiben *irr vi* ❶ (*an seinem Platz bleiben*) остава́ться, оста́ться *pf*; ❷ (*in der Entwicklung*) отстава́ть, отста́ть *pf*

zurückbringen *irr vt* ❶ (*an seinen Platz bringen, in Richtung vom Sprecher weg*) относи́ть, -нести́ *pf* (наза́д); ❷ (*in Richtung zum Sprecher*) приноси́ть, -нести́ *pf* (наза́д); ❸ (*allgemein*) возвраща́ть, -врати́ть *pf*

zurückdrängen *vt* оттесня́ть, -ни́ть *pf*

zurückerobern *vt* отвоёвывать, -воева́ть *pf*

zurückfahren I. *irr vi* (*zum Ausgangspunkt*) е́хать, по- *pf* наза́д [*o* обра́тно], возвраща́ться, -врати́ться *pf* (наза́д); II. *vt* (*zurückbefördern*) отвози́ть, -везти́ *pf* наза́д [*o* обра́тно]

zurückfallen *irr vi* ❶ (*wieder herunterfallen*) па́дать, упа́сть *pf* сно́ва [*o* опя́ть]; ❷ (*in einen Fehler*) повторя́ть, -ри́ть *pf*

zurückfinden *irr vi* находи́ть, найти́ *pf* обра́тную доро́гу

zurückfordern *vt* тре́бовать, по- *pf* наза́д [*o* обра́тно]

zurückführen I. *vi* (*zum Ausgangspunkt führen: Weg, Straße*) вести́, при- *pf* наза́д [*o* обра́тно]; II. *vt:* **viele Krankheiten lassen sich auf falsche Ernährung ~** мно́гие боле́зни объясня́ются непра́вильным пита́нием

zurückgeben *irr vt* отдава́ть, -да́ть *pf* (обра́тно)

zurückgehen *irr vi* ❶ (*zum Ausgangspunkt gehen*) идти́, пойти́ *pf* наза́д [*o* обра́тно]; ❷ (*abnehmen, schwächer werden*) уменьша́ться, уме́ньшиться *pf*; ❸ (*seine Herkunft in etw haben*) восходи́ть *impf* (*auf +akk* к *+dat*)

zurückgezogen *adj* уединённый

zurückgreifen *irr vi* воспо́льзоваться *pf*

zurückhalten I. *irr vt* ❶ (*nicht fortlassen, aufhalten, auch Informationen*) заде́рживать, -держа́ть *pf*; ❷ (*Zorn, Demonstranten*) сде́рживать, сдержа́ть *pf*; II. *irr vi* (*warten*) (пока́) воздéрживаться, -держáться *pf* (*mit +akk* от *+gen*); **III.** *irr vr* (*sich beherrschen*) сдéрживаться, сдержáться *pf*

zurückhaltend *adj* (*unaufdringlich, reserviert*) сдéржанный

Zurückhaltung *f* <*gen:* -> (*Unaufdringlichkeit, Reserve*) сдéржанность *f*

zurückkehren *vi* (*zurückkommen*) возвращáться, -вратúться (назáд/обрáтно) *pf*, вернýться *pf* (обрáтно/назáд)

zurückkommen *irr vi* ① приходúть, прийтú *pf* (назáд); ② (*auch wieder aufgreifen*) возвращáться, -вратúться *pf*, вернýться *pf* (*auf +akk* к *+dat*); **aus dem Urlaub ~** возвратúться из óтпуска

zurücklassen *irr vt* (*nicht mitnehmen, hinterlassen*) оставлять, остáвить *pf*

zurücklegen **I.** *vt* ① (*an seinen Platz*) класть, положúть *pf* обрáтно (на своё мéсто); ② (*reservieren*) отклáдывать, отложúть *pf*; ③ (*Wegstrecke, zu Fuß*) проходúть, пройтú *pf*; ④ (*mit einem Fahrzeug*) проезжáть, проéхать *pf*; **II.** *vr* откúдываться, откúнуться *pf*

zurücknehmen *irr vt* ① (*wieder annehmen, auch Worte*) брать, взять *pf* обрáтно [*o* назáд]; ② (*Anordnung*) отменять, -нúть *pf*

zurückrufen *irr vt* (*telefonisch*) перезвáнивать, -звонúть *pf*

zurückstellen *vt* ① (*an seinen Platz*) стáвить, по- *pf* обрáтно; ② (*Uhr*) переводúть, -вестú *pf* назáд; ③ (*aufschieben, auch Interessen*) отклáдывать, отложúть *pf* (в стóрону)

zurücktreten *irr vi* ① (*nach hinten treten*) отходúть, отойтú *pf* назáд; ② (*sein Amt niederlegen*) уходúть, уйтú *pf* в отстáвку (*von +dat* с *+gen*); ③ (*von einer Vereinbarung*) откáзываться, -казáться *pf* (*von +dat* от *+gen*)

zurückversetzen **I.** *vt* (*in eine vergangene Zeit*) переносúть, -нестú *pf* (назáд) (*in +akk* в *+akk*); **II.** *vr* (*sich zurückdenken*) переносúться, -нестúсь *pf* (назáд) (*in +akk* в *+akk*)

zurückweisen *irr vt* ① (*abweisen: Antrag*) отклонять, -нúть *pf*; ② (*Vorwurf*) отвергáть, отвéргнуть *pf*

zurückziehen *irr vr* ① уединяться, -нúться *pf*; ② (MIL) отступáть, -пúть *pf*; **sich aus der Politik ~** уйтú из полúтики

Zuruf *m* <-(e)s, -e> крик *m*, óкрик *m*

zurzeit *adv* сейчáс

Zusage *f* <-, -n> ① (*zustimmender Bescheid*) соглáсие *nt*; ② (*Zusicherung*) обещáние *nt*

zusagen **I.** *vt* (*zusichern*) обещáть, по- *pf*; **II.** *vi* ① (*auf eine Einladung*) давáть, дать своё соглáсие *pf*; ② (*behagen, gefallen*) нрáвиться, по- *pf*

zusammen *adv* ① (*gemeinsam*) вмéсте, совмéстно; ② (*insgesamt*) в итóге; **das macht ~ 50 Euro** итогó пятьдесят éвро

Zusammenarbeit *f* <*gen:* -> сотрýдничество *nt*

zusammenarbeiten *vi* сотрýдничать *pf*

zusammenbeißen *irr vt:* **die Zähne ~** стúснуть зýбы

zusammenbrechen *irr vi* ① (*einstürzen*) обрýшиваться, -шиться *pf*; ② (*zum Erliegen kommen: Verkehr, Wirtschaft*) останáвливаться, -новúться *pf*; ③ (*Pläne etc*) терпéть, по- *pf* крах; ④ (*vor Erschöpfung*) надрывáться, надорвáться *pf*

Zusammenbruch *m* <-(e)s, -brüche> ① (*Nerven~*) нéрвный срыв *m*; ② (*wirtschaftlicher, politischer*) крах *m*, крушéние *nt*; **~ eines Computersystems** откáз компьютерной систéмы

zusammenfallen *irr vi* ① (*einstürzen*) обрýшиваться, -шиться *pf*;

Z

❷ (*sich decken*) совпада́ть, -па́сть *pf*

zusammenfassen I. *vt* ❶ (*vereinigen*) объединя́ть, -ни́ть *pf*; ❷ (*resümieren*) обобща́ть, -щи́ть *pf*; II. *vi* (*als Fazit*) подводи́ть, -вести́ *pf* ито́г [*o* ито́ги]

Zusammenfassung *f* <-, -en> ❶ (*Vereinigung*) объедине́ние *nt*; ❷ (*zusammengefasste Darstellung*) обобще́ние *nt*, резюме́ *nt*

zusammenhalten *irr vi* (*zueinanderstehen*) держа́ться *pf* вме́сте

Zusammenhang *m* <-(e)s, -hänge> связь *f*, взаимосвя́зь *f*

zusammenhängen *irr vi* (*fig: in Beziehung stehen*) быть *impf* свя́занным; **das hängt damit zusammen, dass ...** э́то свя́зано с тем, что...

zusammenkommen *irr vi* ❶ (*sich versammeln*) встреча́ться, встре́титься *pf*; ❷ (*sich gleichzeitig ereignen*) совпада́ть, -па́сть *pf*

Zusammenkunft *f* <-, -künfte> встре́ча *f*, собра́ние *nt*

zusammenlegen I. *vt* (*zusammenfalten*) скла́дывать, сложи́ть *pf*; II. *vi* (*Geld*) скла́дываться, сложи́ться *pf*

zusammennehmen I. *irr vr:* **nimm dich zusammen** возьми́ себя́ в ру́ки; II. *irr vt:* **seinen ganzen Mut ~** собра́ться с ду́хом; **alles zusammengenommen ...** всё вме́сте взя́тое ...

zusammenpassen *vi* (*harmonieren*) подходи́ть, подойти́ *pf* друг к дру́гу, сочета́ться *impf* (друг с дру́гом)

zusammenschlagen *irr vt* (*verprügeln*) избива́ть, -би́ть *pf*

zusammenschließen *irr vr* (*sich vereinigen*) объединя́ться, -ни́ться *pf* (*zu* +*dat* в +*akk*)

zusammenschnüren *vt* зашнуро́вывать, зашнурова́ть *pf*

zusammensetzen I. *vt* ❶ (*zusammenfügen*) собира́ть, собра́ть *pf*; ❷ (*Personen nebeneinandersetzen*) сажа́ть, посади́ть *pf* ря́дом друг с дру́гом; II. *vr* ❶ (*bestehen aus*) состоя́ть *impf* (*aus* из +*gen*); ❷ (*sich zueinander setzen*) сади́ться, сесть *pf* друг к дру́гу; **sich zu Verhandlungen ~** сесть за стол перегово́ров

Zusammensetzung *f* <-, -en> (*Aufbau*) соста́в *m*

Zusammenspiel *nt* <*gen:* -(e)s> ❶ (*Zusammenwirken*) взаимоде́йствие *nt*; ❷ (SPORT *auch*) сы́гранность *f*

zusammenstellen *vt* (*Liste, auch: zueinanderstellen*) составля́ть, соста́вить *pf*

Zusammenstellung *f* <-, -en> ❶ (*Zusammensetzung*) соста́в *m*; ❷ (*Übersichtsdarstellung*) спи́сок *m*, сбо́рник *m*

Zusammenstoß *m* <-es, -stöße> (*Kollision, Auseinandersetzung*) столкнове́ние *nt*

zusammenstoßen *vi* (*kollidieren*) ста́лкиваться, столкну́ться *pf*

zusammentragen *irr vt* собира́ть, собра́ть *pf*

Zusammentreffen *nt* <-s, -> ❶ (*Treffen*) встре́ча *f*; ❷ (*zeitliches Zusammenfallen*) совпаде́ние *nt*

zusammentreffen *irr vi* ❶ (*sich treffen*) встреча́ться, встре́титься *pf* (*mit* +*dat* с +*inst*); ❷ (*gleichzeitig stattfinden*) совпада́ть, совпа́сть *pf*

zusammenzählen *vt* подсчи́тывать, -счита́ть *pf*

zusammenziehen I. *irr vt* (*enger machen*) затя́гивать, -тяну́ть *pf*; II. *irr vi* (*in eine Wohnung*) съезжа́ться, съе́хаться *pf*

Zusatz *m* <-es, Zusätze> ❶ (*Zugabe*) добавле́ние *nt*; ❷ (*zusätzliche Bemerkung*) дополне́ние *nt*

Zusatzgerät *nt* <-(e)s, -e> приста́вка *f*

zusätzlich *adj* (*ergänzend*) дополни́тельный

Zuschauer *m/f* <-s, -> зри́тель *m*
zuschicken *vt* посыла́ть, -сла́ть *pf*
Zuschlag *m* <-(e)s, Zuschläge> ❶ (*bei Fahrkarten*) допла́та *f*; ❷ (*bei Auktionen*) присужде́ние *nt* ло́та
zuschlagen I. *irr vt* (*Fenster, Tür*) захло́пывать, -пну́ть *pf*; **II.** *vi* ❶ (*zufallen*) захло́пываться, -пнуться *pf*; ❷ (*schlagen*) бить *impf*, уда́рить *pf*
zuschließen *irr vt* закрыва́ть, -кры́ть *pf* (на ключ)
zuschneiden *irr vt* (*Stoff*) крои́ть, рас- *pf*; **auf jdn/etw genau zugeschnitten sein** (*fig*) быть то́чно рассчи́танным на кого́-л./что-л.
zuschnüren *vt* ❶ (*Schuhe, Paket*) завя́зывать, -вяза́ть *pf*; ❷ (*Schuhe auch*) зашнуро́вывать, -рова́ть *pf*
zuschrauben *vt* зави́нчивать, -винти́ть *pf*
zuschreiben *irr vt* (*als Urheber betrachten, auch Schuld zuweisen*) припи́сывать, -писа́ть *pf*
Zuschrift *f* <-, -en> (*Schreiben*) письмо́ *nt*
Zuschuss *m* <-es, Zuschüsse> ❶ (*finanzielle Hilfe*) посо́бие *nt*; ❷ (*Extrageld*) надба́вка *f*
zuschütten *vt* ❶ (*zufüllen*) засыпа́ть, -сы́пать *pf*; ❷ (*umg: dazugießen*) долива́ть, -ли́ть *pf*
zusehen *vi* (*beobachten, mitansehen*) наблюда́ть, по- *pf*, смотре́ть, по- *pf*
zusenden *vt* посыла́ть, -сла́ть *pf*
zusichern *vt* гаранти́ровать *impf*
Zusicherung *f* <-, -en> обеща́ние *nt*, завере́ние *nt*
Zustand *m* <-(e)s, Zustände> (*Beschaffenheit*) состоя́ние *nt*
zustande, zu Stande *adv*: **etw ~** [*o* **zu Stande**] **bringen** осуществля́ть что-л.; **~** [*o* **zu Stande**] **kommen** состоя́ться
zuständig *adj* (*verantwortlich*) отве́тственный
Zuständigkeit *f* <-, -en> (*Befugnis, Kompetenz*) компете́нция *f*
zustehen *irr vi* полага́ться *impf*
zustellen *vt* ❶ (*zuschicken*) доставля́ть, -ста́вить *pf*; ❷ (*versperren*) заставля́ть, -ста́вить *pf*
Zustellung *f* <*gen:* -> доста́вка *f*; **~ direkt ins Haus** доста́вка на дом
zustimmen *vi* ❶ (*gleicher Meinung sein*) соглаша́ться, -гласи́ться *pf*; **jdm ~** согласи́ться с кем-л. ❷ (*billigen, akzeptieren*) одобря́ть, одо́брить *pf*; **einem Vorschlag ~** одо́брить како́е-л. предложе́ние
Zustimmung *f* <*gen:* -> ❶ (*Einverständnis*) согла́сие *nt*; ❷ (*Billigung*) одобре́ние *nt*, подде́ржка *f*
zustoßen I. *irr vt* (*heftig schließen*) захло́пывать, -пнуть *pf*; **II.** *vi* (*geschehen*) случа́ться, -чи́ться *pf*; **hoffentlich ist ihm nichts zugestoßen** я наде́юсь, что с ним ничего́ не случи́лось
Zustrom *m* <*gen:* -(e)s> (*von Menschen, das Strömen*) наплы́в *m*, прито́к *m*
zutage *adv*: **~ treten** (*Schuld*) выявля́ться; **~ treten** (*Eigenschaften*) проявля́ться; **etw ~ bringen** выявля́ть [*o* обнару́живать]
Zutaten *pl* <*gen:* -> ингредие́нты *mpl*, соста́в *m*
zuteilen *vt* ❶ (*Aufgabe*) поруча́ть, -чи́ть *pf*; ❷ (*an viele Menschen austeilen: Lebensmittel, Wohnungen*) распределя́ть, -ли́ть *pf*; ❸ (*Wohnung, Grundstück*) выделя́ть, вы́делить *pf*
zutiefst *adv* в вы́сшей сте́пени
Zutrauen *nt* <*gen:* -s> дове́рие *nt* (*zu +dat* к *+dat*), ве́ра *f* (*zu +dat* в *+akk*)
zutrauen *vt:* **so etw hätte ich ihm niemals zugetraut** э́того я от него́ никогда́ не ожида́л
zutreffen *irr vi* ❶ (*richtig sein*) соотве́тствовать *impf*

действи́тельности; ② (*gelten*) подходи́ть, подойти́ *pf* (*auf +akk* к *+dat*)

zutreffend *adj* (*richtig*) пра́вильный

Zutritt *m* <*gen:* -(e)s> ① (*Betreten*) вход *m*; ② (*Zugang*) до́ступ *m*

zuverlässig *adj* надёжный

Zuverlässigkeit *f* <*gen:* -> ① (*Verlässlichkeit*) надёжность *f*; ② (*Glaubwürdigkeit*) достове́рность *f*

Zuversicht *f* <*gen:* -> уве́ренность *f*

zuversichtlich *adj* уве́ренный

zu viel *pron indef* сли́шком мно́го

zuvor *adv*: **wie ~** как ра́ньше; **nie ~** никогда́ пре́жде [*o* до э́того]; **tags ~** за день до э́того

zuvorkommen *irr vi* опережа́ть, -реди́ть *pf*; **ich bin ihm zuvorgekommen** я опереди́л его́

zuvorkommend *adj* (*hilfsbereit, höflich*) предупреди́тельный, ве́жливый

Zuwachs *m* <*gen:* -es> увеличе́ние *nt*, приро́ст *m*

zuwachsen *irr vi* (*überwuchert werden, auch Wunde*) зараста́ть, -расти́ *pf*

zuweisen *irr vt* ① (*Aufgabe*) поруча́ть, -чи́ть *pf*; ② (*Wohnung, Arbeit*) предоставля́ть, -ста́вить *pf*

zuwenden I. *vt* ① (*etw zu etw/jdm hinwenden*) повора́чивать, поверну́ть (к *+dat*); ② (*Aufmerksamkeit*) посвяща́ть, -святи́ть *pf*; **II.** *vr* ① (*sich zu etw/jdm hinwenden*) повора́чиваться, поверну́ться *pf* (к *+dat*); ② (*fig: sich widmen*) посвяща́ть, -святи́ть *pf* себя́

Zuwendung *f* <-, -en> ① (*Geldbetrag*) дота́ция *f*, де́нежная по́мощь *f*; ② (*liebevolle Aufmerksamkeit*) внима́ние *nt*

zuwerfen *vt* (*hinwerfen*) броса́ть, бро́сить *pf*

zuwider I. *adv* (*entgegengesetzt, unangenehm*) проти́вный; **etw ist jdm ~** что-л. кому́-л. проти́вно; **II.** *präp +dat* (*entgegen*) вопреки́ (+ *dat*).

zuwiderlaufen *irr vi* противоре́чить *impf*

Zuzahlung *f* <-, -en> допла́та *f*

zuziehen I. *irr vt* ① (*Vorhänge*) закрыва́ть, -кры́ть *pf*; ② (*Schlinge*) затя́гивать, -тяну́ть *pf*; **sich eine Grippe ~** зарази́ться гри́ппом; **sich eine Erkältung ~** простуди́ться; **II.** *irr vi* (*als Einwohner*) приезжа́ть, -е́хать *pf*; **III.** *irr vr* ① (*Schlinge*) затя́гиваться, -тяну́ться *pf*; ② (*jds Zorn*) навлека́ть, -вле́чь *pf* на себя́

Zwang *m* <-(e)s, Zwänge> ① (*innerer Drang*) вну́тренняя необходи́мость *f*; ② (*Gewalt*) наси́лие *nt*, принужде́ние *nt*; ③ (*gesellschaftlicher ~*) давле́ние *nt*; ④ (*Notwendigkeit*) необходи́мость *f*

zwang *prät von* **zwingen**

zwängen I. *vt* вти́скивать, вти́снуть *pf*; **II.** *vr* проти́скиваться, -ти́снуться *pf* (*durch +akk* сквозь *+akk*)

zwanglos *adj* (*locker, ungezwungen*) непринуждённый

Zwangsarbeit *f* <*gen:* -> принуди́тельная рабо́та *f*

Zwangslage *f* <-, -n> затрудни́тельное положе́ние *f*

zwangsläufig *adj* неизбе́жный, вы́нужденный

zwanzig *num* два́дцать

zwar *adv* хотя́; **und ~** а и́менно

Zweck *m* <-(e)s, -e> (*Beweggrund, Ziel, Sinn*) цель *f*, зада́ча *f*, смысл *m*; **was hat das für einen ~?** како́й в э́том смысл?

Zwecke *f* <-, -n> (*Reiß~*) канцеля́рская кно́пка *f*

zweckgebunden *adj* целево́й

zwecklos *adj* ① (*nutzlos*) бесце́льный; ② (*sinnlos*) бессмы́сленный

zweckmäßig *adj* ① (*passend*) практи́чный, удо́бный;

❷ (*sinnvoll*) разу́мный, целесообра́зный
Zweckmäßigkeit *f* <*gen:* -> целесообра́зность *f*
zwecks *präp +gen* с це́лью (+ *gen*)
zwei *num* ❶ (*Ziffer*) два; ❷ (*mit Maskulina und Neutra*) два, дво́е; ❸ (*mit Feminina*) две
zweideutig *adj* (*doppeldeutig*) двусмы́сленный
zweierlei *adj* двух ви́дов; **es ist ~, ob ...** э́то две ра́зные ве́щи ...; **~ Sorten** два со́рта
zweifach *num* ❶ (*doppelt*) двойно́й; ❷ (*zweimal*) два ра́за
Zweifel *m* <-s, -> сомне́ние *nt*
zweifelhaft *adj* (*fraglich, fragwürdig*) сомни́тельный
zweifellos *adv* (*ohne Zweifel*) несомне́нно, без сомне́ния
zweifeln *vi* сомнева́ться, за- *pf* (*an +dat* в *+präpos*)
Zweifelsfall *m* <-(e)s, -fälle> сомни́тельный слу́чай; **im ~** е́сли возни́кнут сомне́ния [*o* вопро́сы]
Zweig *m* <-(e)s, -e> ❶ (*ein kleinerer ~*) ве́тка *f*; ❷ (*ein größerer ~*) ветвь *f*; ❸ (*Abteilung, Sparte*) о́трасль *f*
Zweigstelle *f* <-, -n> филиа́л *m*, отделе́ние *nt*
zweihundert *num* две́сти
zweijährig *adj* двухле́тний
zweimal *num* два ра́за
zweiseitig *adj* двусторо́нний
zweisprachig *adj* двуязы́чный
zweistellig *adj* (*Zahl*) двузна́чный
zweit *adv*: **zu ~** вдвоём; **wir sind zu ~** нас дво́е
Zweitausfertigung *f* <-, -en> (*von Dokument*) дублика́т *m*
zweite(r, s) *num* втора́я, -ро́й, -ро́е
zweitens *adv* во-вторы́х
zweitgrößte(r, s) *adj* втора́я, -ро́й, -ро́е по величине́
zweitletzte(r, s) *adj* предпосле́дняя, -ний, -нее
Zwerchfell *nt* <-(e)s, -e> диафра́гма *f*
Zwerg, -in *m/f* <-(e)s, -e> ❶ (*Märchenwesen*) гном *m*; ❷ (*umg: Knirps*) ка́рлик *m*
Zwetschge *f* <-, -n> сли́ва *f*
zwicken *vt* (*kneifen*) щипа́ть, -пну́ть *pf* (*in +akk* за *+akk*)
Zwieback *m* <-(e)s, Zwiebäcke> суха́рь *m*
Zwiebel *f* <-, -n> ❶ лук *m*; ❷ (*Blumenzwiebel*) лу́ковица *f*
Zwiegespräch *nt* <-(e)s, -e> диало́г *m*
Zwielicht *nt* <*gen:* -(e)s> су́мерки *fpl*
Zwiespalt *m* <*gen:* -(e)s> разла́д *m*
Zwilling *m* <-s, -e> близне́ц *m*; **~e** (ASTR) Близнецы́
zwingen *vt* <zwang, gezwungen> принужда́ть, -ну́дить *pf* (*zu +dat* к *+dat*); **ich sehe mich gezwungen ...** я вы́нужден ...; **jdn ~, etw zu tun** заставля́ть кого́-л. сде́лать что-л.
zwingend *adj* (*Argument*) убеди́тельный
Zwinger *m* <-s, -> кле́тка *f*
zwinkern *vi*: **mit den Augen ~** морга́ть глаза́ми
Zwirn *m* <-(e)s, -e> ни́тки *fpl*
zwischen *präp* ме́жду (+ *inst*)
Zwischenbemerkung *f* <-, -en> ре́плика *f*
zwischendrin *adv* ❶ ме́жду ни́ми; ❷ ме́жду де́лом
zwischendurch *adv* ❶ (*hin und wieder mal*) вре́мя от вре́мени; ❷ (*in der Zwischenzeit*) тем вре́менем
Zwischenfall *m* <-(e)s, -fälle> происше́ствие *nt*, инциде́нт *m*
Zwischenlandung *f* <-, -en> промежу́точная поса́дка *f*
zwischenmenschlich *adj* межли́чностный; **~e Beziehungen** отноше́ния ме́жду людьми́
Zwischenraum *m* <-(e)s, -räume> ❶ (*Lücke, zeitlicher Abstand*) промежу́ток *m*; ❷ (*zeitlicher Abstand auch*) интерва́л *m*
zwischenstaatlich *adj* межгосуда́рственный

Zwischenzeit *f* <-, -en>: **in der ~** (*inzwischen*) в э́то вре́мя
zwitschern *vi* щебета́ть *impf*
zwölf *num* двена́дцать
Zylinder *m* <-s, -> цили́ндр *m*
zylindrisch *adj* цилиндри́ческий
Zyniker, -in *m/f* <-s, -> ци́ник *m*
zynisch *adj* цини́чный
Zynismus *m* <-, Zynismen> цини́зм *m*
Zypern *nt* <*gen:* -s> Кипр *m*
Zypresse *f* <-, -n> кипари́с *m*

Anhang

Дополнение

Seite
Страница

Russische Kurzgrammatik
Краткая русская грамматика

Das russische Alphabet

Druckschrift		Schreibschrift		Lautschrift	Buchstabenname
А	а	А	а	[a]	а
Б	б	Б	б	[b, b’]	бэ
В	в	В	в	[v, v’]	вэ
Г	г	Г	г	[g, g’]	гэ
Д	д	Д	д	[d, d’]	дэ
Е	е	Е	е	[je]	е
Ё	ё	Ё	ё	[jɔ]	ё
Ж	ж	Ж	ж	[ʒ]	жэ
З	з	З	з	[z, z’]	зэ
И	и	И	и	[i]	и
Й	й	Й	й	[j]	и кра́ткое
К	к	К	к	[k, k’]	ка
Л	л	Л	л	[l, l’]	эль
М	м	М	м	[m, m’]	эм
Н	н	Н	н	[n, n’]	эн
О	о	О	о	[o, ɔ]	о
П	п	П	п	[p, p’]	пэ
Р	р	Р	р	[r, r’]	эр
С	с	С	с	[s, s’]	эс
Т	т	Т	т	[t, t’]	тэ
У	у	У	у	[u]	у
Ф	ф	Ф	ф	[f, f’]	эф
Х	х	Х	х	[x, ç’]	ха
Ц	ц	Ц	ц	[ts]	цэ
Ч	ч	Ч	ч	[tʃ’]	че
Ш	ш	Ш	ш	[ʃ]	ша
Щ	щ	Щ	щ	[ʃ’tʃ’t]	ща

Druckschrift		Schreibschrift		Lautschrift	Buchstabenname
Ъ	ъ	Ъ	ъ	*hartes Zeichen*	твёрдый знак
Ы	ы	Ы	ы	[ɨ] (wie in Wirt)	ы
Ь	ь	Ь	ь	*weiches Zeichen*	мя́гкий знак
Э	э	Э	э	[ɛ]	э
Ю	ю	Ю	ю	[ju]	ю
Я	я	Я	я	[ja]	я

Konsonanten

Man unterscheidet im Russischen harte und weiche Konsonanten. Die weichen Konsonanten werden mit einem j-Beiklang gesprochen, wobei Konsonant + „j" zu einem Laut schmelzen. Man erkennt harte und weiche Konsonanten entweder am nachfolgenden Vokal oder am weichen Zeichen **ь** bzw. am harten Zeichen **ъ**. Vergleiche:

hart:		weich:	
да	= [да]	акаде́мия	= ака[д'е́]мия
фо́то	= [фо́]то	Фёдор	= [Ф'ё]дор
Во́лга	= [Во́л]га	О́льга	= [О́л']га

Einige Konsonanten treten nur hart, andere nur weich auf:

Schreibung		Aussprache
hart:		
ш	маши́на	маш[ы́]на
ж	жест	ж[э]ст
ц	це́нный	ц[э́]нный
weich:		
ч	Камча́тка	Кам[ч'а́]тка
щ	щу́ка	[щ'у́]ка

ш und **ж** nennt man harte, **ч** und **щ** weiche Zischlaute.

Stimmhafte Konsonanten am Wortende verlieren ihre Stimmhaftigkeit:

напро́ти**в** [**ф**], но**ж** [**ш**], четве́р**г** [**к**], францу́**з** [**с**], бутербро́**д** [**т**]

Nebeneinanderstehende Konsonanten werden stimmhaft oder stimmlos gesprochen – in Abhängigkeit von der Stimmhaftigkeit oder -losigkeit des zuletzt Stehenden:

кни́**жка** [**шк**], по́**дп**ись [**тп**], **сб**о́рник [**зб**], о**тб**о́р [**дб**], ле́**гч**е [**хч**], **сд**а́ча [**зд**]

Konsonantenwechsel

Bei der Beugung eines Wortes, besonders beim Verb, oder bei einem Wechsel der Wortart kann bei bestimmten Konsonanten ein Konsonantenwechsel eintreten. Beim Verb dies ist besonders wichtig für die Bildung der 1. Person Singular, des Partizips sowie des Aspektpartners; beim Adjektiv kommt ein Konsonantenwechsel häufig in der Steigerungsform Komparativ vor.

Arten des Konsonantenwechsels

г	ж	з	друг	дру́жный	друзья́
д	ж	жд	води́ть	я вожу́	вожде́ние
к	ч	ц	дура́к	дурачо́к	дура́цкий
т	ч	щ	све́тит	свеча́	освеща́ть
ск	ст	щ	блеск	блесте́ть	бле́щет
з	ж		бли́зкий	бли́же	
с	ш		носи́ть	я ношу́	
х	ш		у́хо	у́ши	
б	бл		люби́ть	я люблю́	
в	вл		дешёвый	деше́вле	
м	мл		знако́миться	я знако́млюсь	
п	пл		купи́ть	я куплю́	
ф	фл		графи́ть	я графлю́	

Vokale

Die russische Sprache hat zehn Vokalbuchstaben, die zu fünf Paaren geordnet werden können. Die Buchstaben **а**, **э**, **ы**, **о**, **у** geben an, dass der vorhergehende Konsonant hart ist, während die Buchstaben **я**, **е**, **и**, **ё**, **ю** zeigen, dass der vorhergehende Konsonant weich ist.

Die Aussprache von **ы** ist für Deutsche oft problematisch. Sie liegt zwischen „i" und „u", entspricht jedoch nicht dem deutschen „ü". Versuchen Sie, ein „u" zu sprechen, ohne die Lippen vorzustülpen oder zu runden! Im Wort- und Silbenanlaut werden **е**, **ё**, **ю**, **я** mit einem „j" gesprochen, z. B.: я́ма, ель, юла́, ёлка, стáя, заём.
Э und **е** werden vor harten Konsonanten und im Auslaut offen gesprochen, vgl. die Aussprache von „e" in „Herr", z. B.: э́то, все.

Vor weichen Konsonanten werden sie jedoch geschlossen gesprochen wie das „e" im deutschen Wort „Mehl", z. B.: ре́льс, ве́чером, эмира́т.

Vokalwechsel

Ein Vokalwechsel in Wortstämmen kann sowohl bei der Formen- als auch bei der Wortbildung auftreten. Oft tritt ein **о** (oder nach weichen Konsonanten ein **е**) zwischen zwei Konsonanten am Ende eines Wortes, um die Aussprache zu erleichtern. Sie fallen jedoch weg, sobald ein Vokal hinter diesen Konsonanten tritt.

Bewegliches **о** und **е** sind besonders bei der Deklination der Substantive und der Kurzform der Adjektive von Bedeutung.

Arten des Vokalwechsels

о	а	обрабо́тать *pf*	обраба́тывать *impf*
е	ё	весло́ *sg*	вёсла *pl*
о	-	ни́зок *männl. Kurzform*	низка́ *weibl. Kurzform*
-	о	окно́ *nom sg*	о́кон *gen pl*
е	-	бо́лен *männl. Kurzform*	больна́ *weibl. Kurzform*
-	е	ко́шка *nom sg*	ко́шек *gen pl*

Betonung und Vokalreduktion

Alle betonten Vokale werden halblang gesprochen, alle unbetonten Vokale sehr kurz und reduziert. Der Vokalbuchstabe **ё** ist immer betont.

In der Silbe vor der betonten Silbe und im unbetonten Wortanlaut werden sowohl **a** als auch **o** als kurzes „a" – in der phonetischen Umschrift [ʌ] – ausgesprochen:	ава́рия, артиле́рия, ого́нь, озо́н, карма́н, сапо́г, вода́, кома́р
In allen anderen unbetonten Silben werden **a** und **o** wie ein sehr kurzer Vokal gesprochen, der in etwa „ы" [ɨ] entspricht:	самолёт, мавзоле́й, помеще́ние, колеба́ть
Ebenfalls in der Silbe vor dem Ton und im Anlaut fallen **e** und **я** zu einem zwischen „e" und „i" liegenden Laut zusammen:	Петербу́рг, перестро́йка, язы́к, обяза́тельно
Im Unterschied zum Deutschen kann sich die Betonung jedoch, in Abhängigkeit vom Kasus, auf andere Silben verlagern. Dementsprechend variiert die Aussprache:	стол – столы́, на столе́ – на стола́х

Wird innerhalb einer Deklination oder Konjugation die Betonung von **ё** auf einen anderen Vokal verlagert, so wird **ё** (von einigen wenigen Ausnahmen abgesehen) sowohl in der Schrift als auch in der Aussprache zu **e**.

Das Substantiv

Artikellosigkeit des Russischen

Russische Substantive haben keinen Artikel. Soll ein Substantiv näher bestimmt werden, können für diesen Zweck in Abhängigkeit vom Kontext Indefinit- und Demonstrativpronomen verwendet werden:

Она́ купи́ла себе́ маши́ну.	*Sie hat sich das/ein Auto gekauft.*
Она́ купи́ла себе́ каку́ю-то маши́ну.	*Sie hat sich irgendein Auto gekauft.*
Дай мне, пожа́луйста, кни́гу!	*Gib mir bitte das/ein Buch!*
Дай мне, пожа́луйста, э́ту кни́гу!	*Gib mir bitte dieses Buch!*

Geschlecht

Nach ihrem grammatischen Geschlecht lassen sich alle russischen Substantive entsprechend ihren Endungen in drei Gruppen aufteilen:

Maskulina	Feminina	Neutra
1. Alle Substantive auf harte Konsonanten und **-й**: стол, я́щик, музе́й, масса́ж 2. Viele Substantive auf **-ь**: руль, день, шампу́нь, роя́ль	1. Die meisten Substantive auf **-а**, **-я**, **-ь**: страна́, неде́ля, крова́ть 2. Alle Substantive auf **-жь**, **-чь**, **-шь**, **-щь**: рожь, ночь, мышь, вещь	Alle Substantive auf **-о**, **-е**, **-ё**, **-мя**: пови́дло, заседа́ние, бельё, вре́мя, бре́мя, и́мя

Beachte:

Undeklinierbare Substantive sind in der Regel sächlich:

шасси́ *Fahrgestell*, **пальто́** *Mantel*, **ре́гби** *Rugby*, **фойе́** *Foyer*, **такси́** *Taxi*, **меню́** *Speisekarte*, **плисе́** *Plissee*

Ausnahmen:

ко́фе *Kaffee*, **пена́льти** *Elfmeter* sind männlich

кольра́би *Kohlrabi*, **авеню́** *Avenue* sind weiblich.

Einige Substantive auf **-а** (**-я**) sind männlichen oder weiblichen Geschlechts, je nachdem, ob sie eine männliche oder eine weibliche Person bezeichnen:

работя́га *arbeitsamer Mensch*, **молодчи́на** *Mordskerl*, **воя́ка** *Haudegen*, **пла́кса** *Heulsuse*, **непосе́да** *Zappelphilipp*, **вы́скочка** *Emporkömmling*, **злю́ка** *boshafter Mensch*, **неря́ха** *Dreckspatz*, **колле́га** *Kollege/Kollegin*, **попроша́йка** *Schnorrer*

Bei Personenbezeichnungen (nach Beruf, Dienststellung) gibt es mitunter nur männliche Substantive, die aber auch für weibliche Personen gebraucht werden:

ма́стер *Meister*, **дире́ктор** *Direktor*, **врач** *Arzt*, **профе́ссор** *Professor*, **бригади́р** *Brigadier*

Deklinationsklassen

Anstelle der sonst eher üblichen Einteilung in I., II. und III. Deklinationsklasse werden in diesem Wörterbuch genauere, eindeutige Angaben mithilfe von Buchstaben und gegebenenfalls Ziffern gemacht. Nach der traditionelleren Sichtweise würden K und O zur I., A zur II. und I zur III. Deklinationsklasse gehören.

Bitte vergessen Sie nicht die Rechtschreibregeln nach Zischlauten und nach **г**, **к**, **х**, **ц**, die im Folgenden nicht gesondert angegeben werden.

Im Russischen macht es einen Unterschied, ob ein Substantiv etwas Belebtes bezeichnet, d. h. einen Menschen oder ein Tier, oder etwas Unbelebtes, also eine Sache. Bei der Deklination der Substantive sollte Folgendes beachtet werden:

- „Belebte" Maskulina haben im Genitiv und Akkusativ Singular die gleichen Formen. Alle „belebten" Substantive haben im Genitiv und Akkusativ Plural die gleichen Formen.
- Alle „unbelebten" Maskulina, Feminina auf **-ь** und Neutra haben im Nominativ und Akkusativ Singular die gleichen Formen. Alle „unbelebten" Substantive haben im Nominativ und Akkusativ Plural die gleichen Formen.

K-Deklinationsklasse (konsonantische)

(meist) maskulin

K

	K	K	K1	K2
	auf harten Konsonanten	auf harten Konsonanten	auf weichen Konsonanten	auf Vokal + й
	Werk	*Buchhalter*	*Nagel*	*Museum*
Singular		(belebt)		
Nominativ	заво́д	бухга́лтер	гвоздь	музе́**й**
Genitiv	заво́д**а**	бухга́лтер**а**	гвозд**я́**	музе́**я**
Dativ	заво́д**у**	бухга́лтер**у**	гвозд**ю́**	музе́**ю**
Akkusativ	заво́д	бухга́лтер**а**	гвоздь	музе́**й**
Instrumental	заво́д**ом**	бухга́лтер**ом**	гвозд**ём***	музе́**ем**
Präpositiv	(о) заво́д**е**	(о) бухга́лтер**е**	(о) гвозд**е́**	(о) музе́**е**
Plural				
Nominativ	заво́д**ы**	бухга́лтер**ы**	гво́зд**и**	музе́**и**
Genitiv	заво́д**ов**	бухга́лтер**ов**	гвозд**е́й**	музе́**ев**
Dativ	заво́д**ам**	бухга́лтер**ам**	гвозд**я́м**	музе́**ям**
Akkusativ	заво́д**ы**	бухга́лтер**ов**	гво́зд**и**	музе́**и**
Instrumental	заво́д**ами**	бухга́лтер**ами**	гвозд**я́ми**	музе́**ями**
Präpositiv	(о) заво́д**ах**	(о) бухга́лтер**ах**	(о) гвозд**я́х**	(о) музе́**ях**

* Wird die Endung betont, so steht für **е** ein **ё**: секретар**ём**, рубл**ём** etc.

O-Deklination

(meist) neutrum

	O	O1	O2
	Sache	*Feld*	*Beschluss*
Singular			
Nominativ	де́л**о**	по́ле*	реше́н**ие**
Genitiv	де́ла	по́ля	реше́н**ия**
Dativ	де́лу	по́лю	реше́н**ию**
Akkusativ	де́л**о**	по́ле*	реше́н**ие**
Instrumental	де́л**ом**	по́лем*	реше́ни**ем**
Präpositiv	(о) де́ле	(о) по́ле	(о) реше́н**ии**
Plural			
Nominativ	дел**а́**	пол**я́**	реше́н**ия**
Genitiv	дел	пол**е́й**	реше́н**ий**
Dativ	дел**а́м**	пол**я́м**	реше́ни**ям**
Akkusativ	дел**а́**	пол**я́**	реше́н**ия**
Instrumental	дел**а́ми**	пол**я́ми**	реше́ни**ями**
Präpositiv	(о) дел**а́х**	(о) пол**я́х**	(о) реше́ни**ях**

* Wird die Endung betont, so steht für **е** ein **ё**.

Die Substantive **не́бо** *Himmel* und **чу́до** *Wunder* bekommen im Plural den **-ес**-Einschub:

небе**са́**, небе**са́ми**; чуде**са́**, чуде**са́ми**

Männliche Substantive auf **-ий** sowie sächliche Substantive auf **-ие** haben im Präpositiv Singular die Endung **-и**:

собра́н**ие** – о собра́н**ии** *Versammlung*

санато́р**ий** – о санато́р**ии** *Sanatorium*

A-Deklination

(meist) weiblich

	A	A	A1	A2
	mit hartem Stammauslaut	mit hartem Stammauslaut	mit weichem Stammauslaut	auf Vokal
	Land	*Dame*	*Erde*	*Vorlesung*
Singular		(belebt)		
Nominativ	странá	дáма	землЯ́	лéкция
Genitiv	страны́	дáмы	земли́	лéкции
Dativ	странé	дáме	землé	лéкции
Akkusativ	странý	дáму	зéмлю	лéкцию
Instrumental	странóй	дáмой	землёй	лéкцией
Präpositiv	(о) странé	(о) дáме	(о) землé	(о) лéкции
Plural				
Nominativ	стрáны	дáмы	зéмли	лéкции
Genitiv	стран	дам	земéль	лéкций
Dativ	стрáнам	дáмам	зéмлям	лéкциям
Akkusativ	стрáны	дам	зéмли	лéкции
Instrumental	стрáнами	дáмами	зéмлями	лéкциями
Präpositiv	(о) стрáнах	(о) дáмах	зéмлях	лéкциях

Die Formen **-ою/-ею** des Instrumentals Singular gehören dem formalen Sprachgebrauch an.

Einige Substantive mit den femininen Endungen **-а/-я** bezeichnen Personen, deren natürliches Geschlecht männlich ist. Diese Substantive fallen ebenfalls unter die A-Deklination; sie sind jedoch, grammatisch gesehen, maskulin. Die Adjektiv- und Präteritumformen, die zu diesen Substantiven hinzutreten, sind also männlich (бóдрый дéдушка).

ю́ноша *junger Mann*, **мужчи́на** *Mann*, **дéдушка** *Großvater*, **дя́дя** *Onkel*, **Стёпа** *Stjopa*

I-Deklination

weiblich (außer путь)

I

	I	I1	I
		mit -ep-Einschub	
	Nacht	*Mutter*	*Weg*
Singular			
Nominativ	ночь	мать	путь
Genitiv	но́ч**и**	ма́т**ери**	пут**и́**
Dativ	но́ч**и**	ма́т**ери**	пут**и́**
Akkusativ	ночь	мать	путь
Instrumental	но́ч**ью**	ма́т**ерью**	пут**ём**
Präpositiv	(о) но́ч**и**	(о) ма́т**ери**	(о) пут**и́**
Plural			
Nominativ	но́ч**и**	ма́т**ери**	пут**и́**
Genitiv	ноч**е́й**	мат**ере́й**	пут**е́й**
Dativ	ноч**а́м**	мат**еря́м**	пут**я́м**
Akkusativ	но́ч**и**	мат**ере́й**	пут**и́**
Instrumental	ноч**а́ми**	мат**еря́ми**	пут**я́ми**
Präpositiv	(о) ноч**а́х**	(о) мат**еря́х**	(о) пут**я́х**

дочь wird wie **мать** dekliniert.
Der Instrumental Plural kann **дочеря́ми** und **дочерьми́** heißen, wobei die letztere Form gebräuchlicher ist.

Unregelmäßige-Deklination

U

	U1	U2	U3	U4
	auf **-мя mit ен-Einschub (neutrum)**	auf **-анин/ -янин, Ausfall von -ин im Plural (maskulin)**	abweichender Plural	*sg* **-онок/ -ёнок** *pl* **-ят (maskulin)**
	Name	*Bürger*	*Freund*	*Küken*
Singular		(belebt)	(belebt)	(belebt)
Nominativ	и́м**я**	граждани́**н**	това́рищ	цыплёнок
Genitiv	и́м**ени**	граждани́**на**	това́рищ**а**	цыплёнк**а**
Dativ	и́м**ени**	граждани́**ну**	това́рищ**у**	цыплёнк**у**
Akkusativ	и́м**я**	граждани́**на**	това́рищ**а**	цыплёнк**а**
Instrumental	и́м**енем**	граждани́**ном**	това́рищ**ем**	цыплёнк**ом**
Präpositiv	(об) и́м**ени**	(о) граждани́**не**	това́рищ**е**	(о) цыплёнк**е**
Plural				
Nominativ	им**ена́**	гра́ждан**е**	това́рищ**и**	цыпля́т**а**
Genitiv	им**ён***	гра́ждан	това́рищ**ей**	цыпля́т
Dativ	им**ена́м**	гра́ждан**ам**	това́рищ**ам**	цыпля́т**ам**
Akkusativ	им**ена́**	гра́ждан	това́рищ**ей**	цыпля́т
Instrumental	им**ена́ми**	гра́ждан**ами**	това́рищ**ами**	цыпля́т**ами**
Präpositiv	(об) им**ена́х**	(о) гра́ждан**ах**	това́рищ**ах**	(о) цыпля́т**ах**

* Ist das **е** des Einschubs betont, so wird daraus **ё**.

Zu U1 gehören folgende Substantive: **бре́мя** *Last*, **вре́мя** *Zeit*, **вы́мя** *Euter*, **зна́мя** *Fahne*, **и́мя** *Name*, **пла́мя** *Flamme*, **пле́мя** *Stamm*, **се́мя** *Samen*, **стре́мя** *Steigbügel* und **те́мя** *Scheitelbein*.

Sie werden mit **-ен**-Einschub dekliniert. Ausnahmen: **се́мя** und **стре́мя** bekommen im Genitiv Plural das Suffix **-ян**: **семя́н**, **стремя́н**. Die Substantive **пла́мя**, **бре́мя**, **вы́мя** und **те́мя** haben keine Pluralform.

Die Substantive der Form U2, U3, U4 verhalten sich bei Belebt- oder Unbelebtheit wie die die Substantive der K-Deklination.

Zu U4: Der Plural von **ребёнок** *Kind* lautet **де́ти**. Der grammatische Plural **ребя́та** bedeutet *junge Leute, Jungs* und wird besonders in der informellen Anrede verwendet.

Undeklinierbare Substantive

Fremdwörter auf Vokal sind in der Regel undeklinierbar:

ателье́ *Atelier*, **бюро́** *Büro*, **кафе́** *Cafe*, **кино́** *Kino*, **интервью́** *Interview*, **купе́** *Abteil*, **меню́** *Speisekarte*, **метро́** *U-Bahn*, **пальто́** *Mantel*, **пенсне́** *Kneifer*, **Пика́ссо** *Picasso*, **Оливе́тти** *Olivetti*, **Мона́ко** *Monaco* u. a.

Ebenfalls nicht dekliniert werden nicht-russische Vor-und Familiennamen auf Konsonanten, die eine weibliche Person bezeichnen, sowie ukrainische und russische Familiennamen auf **-о**, **-их/-ых**:

Би́рги**т** Пе́тер**с**, Петре́н**ко**, Дурно́в**о**, До́лг**их**, Бейнаро́ви**ч**, Ка́ри**н** Но́йма**нн**

Undeklinierbar sind darüber hinaus Kurzwörter und Abkürzungen:

Минздра́в *Gesundheitsministerium*, **облза́гс** *Gebietsstandesamt*, **СНГ** *GUS*, **СМ** *Ministerrat*

Zu den einzelnen Fällen

Der Instrumental

ist dem lateinischen Ablativ vergleichbar. Er bezeichnet eine Person, einen Gegenstand oder einen Prozess, die eine bestimmte Handlung verursachen. Einige Präpositionen und einige Verben fordern den Instrumental:

висе́ть над столо́м *über dem Tisch hängen*, **интересова́ться жи́вописью** *sich für Malerei interessieren*

Der Präpositiv

wird nur mit bestimmten Präpositionen gebraucht:

де́ньги при мне *ich habe das Geld dabei*, **рабо́тать в ба́нке** *bei einer Bank arbeiten*

Abweichende Bildungen

Einige Substantive der konsonantischen Deklination haben im Singular neben der üblichen Genitivendung **-а**, **-я** noch eine umgangssprachliche Form der Genitivendung auf **-у**, **-ю**. Sie weist den sogenannten Teilungsgenitiv aus.

ча́шка ча́ю *eine Tasse Tee*, **кусо́чек сы́ру** *ein Stückchen Käse*, **толпа́ наро́ду** *eine Menschenmenge*

Nach den Präpositionen **в** und **на** (meist nach der Frage *wo?*) haben einige einsilbige Substantive der konsonantischen Deklination im Singular die betonte Präpositivendung **-у**, **-ю**.

в лесу́ *im Wald*, **на льду́** *auf dem Eis*, **в Крыму́** *auf der Krim*

Einige männliche Substantive enden im Nominativ Plural auf **-а**, **-я**, wobei die Betonung auf die Endung verlagert wird: го́род – города́, па́спорт – паспорта́, дире́ктор – директора́. Die Endung **-ы**, **-и** findet in der gehobenen Schrift-, die Endung **-а**/**-я** in der Umgangssprache ihre Verwendung:

го́ды – года́, тра́кторы – трактора́, сле́сари – слесаря́

Einige männliche Substantive haben im Genitiv Plural keine Endung:

солда́т *Soldat*, **челове́к** *Mensch*, **глаз** *Auge*, **грамм** *Gramm*

Einige männliche Substantive weisen im Nominativ Plural zweierlei Formen auf. Dabei ergeben sich oft Bedeutungsunterschiede.

листы́ желе́за *Eisenbleche*	**ли́стья цветка́** *Blumenblätter*
зу́бы челове́ка *Zähne eines Menschen*	**зу́бья пилы́** *Sägezähne*

Betonungsmuster

Wird das Substantiv in allen Fällen an der gleichen Stelle betont, so wird dieses im Wörterbuchteil nicht extra angegeben. Gekennzeichnet werden nur die Betonungsmuster, die von der Betonung des Nominativs Singular abweichen:

e	endungsbetont
e1	endungsbetont, außer Nominativ Singular + Plural (bei Formgleichheit auch Akkusativ Singular + Plural)
e2	endungsbetont, außer Akkusativ Singular + Nominativ Plural
ple	endungsbetont im Plural
ple1	endungsbetont im Plural, außer Nominativ (bei Formgleichheit auch Akkusativ)
pls	stammbetont im Plural (bei mehr als zweisilbigen Wörtern wird die Form angegeben)
pls1	stammbetont im Plural, im Gegensatz zum Singular verschiebt sich die Betonung um eine Silbe zum Wortende

Verkleinerungsformen der Substantive

Die Verkleinerungsform wird, wie auch im Deutschen, durch Suffixe gebildet. Sie drückt nicht nur die Kleinheit eines Gegenstandes aus, sondern in vielen Fällen eine positive emotionale Beziehung des Sprechers.

Bei den Substantiven der K-Deklination:

-ик, -чик, -ок (-ек), -ец		
го́дик	(год)	Jährchen
дива́нчик	(дива́н)	kleines Sofa
острово́к	(о́стров)	kleine Insel
конёк	(конь)	Pferdchen
бра́тец	(брат)	Brüderchen

Bei den Substantiven der O-Deklination:

-це (-цо), -ице (-ецо), -ышко		
зе́ркальце	(зе́ркало)	Spieglein
словцо́	(сло́во)	Wörtchen
пла́тьице	(пла́тье)	Kleidchen
пёрышко	(перо́)	Federchen

Bei den Substantiven der A- und I-Deklination:

-ка, -онька (-енька), -очка, -ушка		
до́чка	(дочь)	Töchterchen
вну́ченька	(вну́чка)	Enkeltöchterchen
звёздочка	(звезда́)	Sternchen
голо́вушка	(голова́)	Köpfchen

Das Adjektiv

Das Adjektiv stimmt in Fall (Kasus), Zahl (Numerus), Geschlecht (Genus) und Belebtheit mit dem Wort, auf das es sich bezieht, überein.

в здоро́вом те́ле здоро́вый дух	*in einem gesunden Körper ein gesunder Geist*

Die Pluralformen des Adjektivs sind für alle drei Geschlechter gleich.

Analog zur Substantivdeklination sind der maskuline Akkusativ Singular sowie der Akkusativ Plural dem Genitiv gleich, wenn das Wort, auf das sie sich beziehen, ein Lebewesen bezeichnet. Dagegen stimmen sie mit dem Nominativ überein, wenn das Bezugswort ein Nichtlebewesen bezeichnet.

Bei endungsbetonten Adjektiven lautet die maskuline Endung im Nominativ Singular (bei Formgleichheit auch Akkusativ Singular) **-ой**:

родн**ой** *heimatlich*, дорог**ой** *teuer*, крив**ой** *krumm*.

Sie werden wie Adjektive auf **-ый** dekliniert. Im Instrumental Singular des weiblichen Adjektivs kann in der gehobenen Schriftsprache auch **-ой** bzw. **-ею** stehen.

Bitte beachten Sie die Rechtschreibregeln nach **г, к, х, ц** und Zischlaut.

Die Genitivendung auf -**го** wird [vo] ausgesprochen.

Harte Deklination

	m. (nt.)	f.	m. (nt.)	f.	m. (endbetont, Zischlaut)
	neu	*neu*	*laut*	*laut*	*groß*
Singular					
Nom	но́в**ый** (-**ое**)	но́в**ая**	гро́мк**ий** (-**ое**)	гро́мк**ая**	больш**о́й**
Gen	но́в**ого**	но́в**ой**	гро́мк**ого**	гро́мк**ой**	больш**о́го**
Dat	но́в**ому**	но́в**ой**	гро́мк**ому**	гро́мк**ой**	больш**о́му**
Akk	но́в**ый** (-**ое**)/ но́в**ого**	но́в**ую**	гро́мк**ий** (-**ое**)/ гро́мк**ого**	гро́мк**ую**	больш**о́й**/ больш**о́го**
Inst	но́в**ым**	но́в**ой**	гро́мк**им**	гро́мк**ой**	больш**и́м**
Präpos	(о) но́в**ом**	(о) но́в**ой**	(о) гро́мк**ом**	(о) гро́мк**ой**	(о) больш**о́м**

	m. (nt.)	f.	m. (nt.)	f.	m. (endbetont, Zischlaut)
	neu	*neu*	*laut*	*laut*	*groß*
Plural					
Nom	но́в**ые**	wie m.(nt.)	гро́мк**ие**	wie m.(nt.)	больш**и́е**
Gen	но́в**ых**		гро́мк**их**		больш**и́х**
Dat	но́в**ым**		гро́мк**им**		больш**и́м**
Akk	но́в**ые**/ но́в**ых**		гро́мк**ие**/ гро́мк**их**		больш**и́е**/ больш**и́х**
Inst	но́в**ыми**		гро́мк**ими**		больш**и́ми**
Präpos	(о) но́в**ых**		(о) гро́мк**их**		(о) больш**и́х**

Deklination von nicht endungsbetonten Adjektiven auf Zischlaut

	m.(nt.)	f.	m.(nt.)	f.
	heiß	*heiß*	*gut*	*gut*
Singular				
Nom	горя́ч**ий** (**-ее**)	горя́ч**ая**	хоро́ш**ий**	хоро́ш**ая**
Gen	горя́ч**его**	горя́ч**ей**	хоро́ш**его**	хоро́ш**ей**
Dat	горя́ч**ему**	горя́ч**ей**	хоро́ш**ему**	хоро́ш**ей**
Akk	горя́ч**ий** (**-ее**)/ горя́ч**его**	горя́ч**ую**	хоро́ш**ий**/ хоро́ш**его**	хоро́ш**ую**
Inst	горя́ч**им**	горя́ч**ей**	хоро́ш**им**	хоро́ш**ей**
Präpos	(о) горя́ч**ем**	(о) горя́ч**ей**	(о) хоро́ш**ем**	(о) хоро́ш**ей**
Plural				
Nom	горя́ч**ие**	wie m.(nt.)	хоро́ш**ие**	wie m.(nt.)
Gen	горя́ч**их**		хоро́ш**их**	
Dat	горя́ч**им**		хоро́ш**им**	
Akk	горя́ч**ие**/ горя́ч**их**		хоро́ш**ие**/ хоро́ш**их**	
Instr	горя́ч**ими**		хоро́ш**ими**	
Präpos	(о) горя́ч**их**		(о) хоро́ш**их**	

Weiche Deklination

	m.(nt.) *blau*	f. *blau*
Singular		
Nominativ	си́н**ий** (**-ее**)	си́н**яя**
Genitiv	си́н**его**	си́н**ей**
Dativ	си́н**ему**	си́н**ей**
Akkusativ	си́н**ий** (**ее**)/си́н**его**	си́н**юю**
Instrumental	си́н**им**	си́н**ей**
Präpositiv	(о) си́н**ем**	(о) си́н**ей**
Plural		
Nominativ	си́н**ие**	wie m.(nt.)
Genitiv	си́н**их**	
Dativ	си́н**им**	
Akkusativ	си́н**ие**/си́н**их**	
Instrumental	си́н**ими**	
Präpositiv	(о) си́н**их**	

Gattungsadjektive auf -ий, -ье, -ья, -ьи

	m.(nt.) *Wolfs-*	f. *Wolfs-*
Singular		
Nominativ	во́лч**ий** (**-ье**)	во́лч**ья**
Genitiv	во́лч**ьего**	во́лч**ьей**
Dativ	во́лч**ьему**	во́лч**ьей**
Akkusativ	во́лч**ий** (**-ье**)/ во́лч**ьего**	во́лч**ью**
Instrumental	во́лч**ьим**	во́лч**ьей** (**-ьею**)
Präpositiv	(о) во́лч**ьем**	(о) во́лч**ьей**

	m.(nt.) *Wolfs-*	f. *Wolfs-*
Plural		
Nominativ	вóлч**ьи**	wie m.(nt.)
Genitiv	вóлч**ьих**	
Dativ	вóлч**ьим**	
Akkusativ	вóлч**ьи**/вóлч**ьих**	
Instrumental	вóлч**ьими**	
Präpositiv	(о) вóлч**ьих**	

Besitzadjektive

	m.(nt.) *des Vaters*	f. *des Vaters*
Singular		
Nominativ	отцóв (-**о**)	отцóв**а**
Genitiv	отцóв**а**	отцóв**ой**
Dativ	отцóв**у**	отцóв**ой**
Akkusativ	отцóв (-**о**)/отцóв**а**	отцóв**у**
Instrumental	отцóв**ым**	отцóв**ой**
Präpositiv	(об) отцóв**ом**	(об) отцóв**ой**
Plural		
Nominativ	отцóв**ы**	wie m.(nt.)
Genitiv	отцóв**ых**	
Dativ	отцóв**ым**	
Akkusativ	отцóв**ы**/отцóв**ых**	
Instrumental	отцóв**ыми**	
Präpositiv	(об) отцóв**ых**	

Kurzform der Adjektive

Die meisten Adjektive, die gesteigert werden können, bilden auch Kurzformen. Sie werden vom Stamm des Adjektivs abgeleitet und existieren nur in der Nominativform.

Langform		Kurzformen			
		m.	f.	nt.	pl.
ста́рый	*alt*	стар	стара́	старо́	ста́ры
больно́й	*krank*	бо́лен	больна́	больно́	больны́
лёгкий	*leicht*	лёгок	легка́	легко́	лёгки/ легки́
си́ний	*blau*	синь	си́ня	си́не	си́ни
све́жий	*frisch*	свеж	свежа́	свежо́	све́жи

Endet der Stamm eines Adjektivs auf zwei Konsonanten, so wird in der männlichen Kurzform oft ein bewegliches **о** oder **е** eingeschoben.

до́лгий – до́лог, коро́ткий – ко́роток, свобо́дный – свобо́ден

Die männliche Kurzform des Adjektivs **досто́йный** *würdig* heißt **досто́ин**.

Adjektive auf **-нный** bilden männliche Kurzformen auf **-ен**, seltener auf **-енен**:

суще́ствен *wesentlich*, боле́знен *krank*, ро́дствен *verwandt*, и́скренен *aufrichtig*, открове́нен *freimütig*.

Einige Adjektive weisen keine männlichen, seltener keine weiblichen Kurzformen auf. Sehr wenige Adjektive haben nur im Plural eine Kurzform.

Langform		Kurzformen			
		m.sg.	f.sg.	nt.sg.	pl.
дре́вний	*alt*	дре́вен	–	дре́вно	дре́вни
озорно́й	*mutwillig*	–	озорна́	озорно́	озорны́
ра́зный	*verschieden*	–	–	–	ра́зны
родно́й	*heimisch*	–	–	–	родны́

Einige Adjektive haben nur Kurzformen: **рад**, **гора́зд**, **на́добен**, **до́лжен**.

Он на вы́думки гора́зд.	*Er ist sehr einfallsreich*

Folgende Adjektive weisen keine entsprechende Kurzform auf:

това́рищеский *kameradschaftlich*, **сире́невый** *fliederfarben*, **малю́сенький** *winzig*, **ско́рый** *schnell* etc.

Verwendung von Kurzformen der Adjektive

Die Kurzformen werden vor allem prädikativ gebraucht, dabei stimmen sie mit dem Satzsubjekt in Geschlecht und Zahl überein:

Куре́ние опа́сно для здоро́вья.	*Rauchen gefährdet die Gesundheit.*

Oft besteht kein Bedeutungsunterschied zur Langform.

Manchmal werden die Kurzformen verwendet, um im Unterschied zur Langform einen zeitlich begrenzten Zustand auszudrücken, z. B.:

Он бо́лен. У него́ грипп.	*Er ist krank. Er hat die Grippe.*
Де́душка больно́й.	*Der Großvater ist (chronisch) krank.*

Die Kurzformen werden außerdem verwendet, wenn man das Übermaß einer Eigenschaft ausdrücken möchte, z. B.:

Э́ти ту́фли мне малы́.	*Diese Schuhe sind mir zu klein.*

Die Kurzformen stehen immer, wenn von ihnen ein Objekt oder eine Adverbialbestimmung abhängt, z. B.:

Го́род осо́бенно краси́в но́чью.	*Die Stadt ist nachts besonders schön.*
Я с тобо́й не согла́сен.	*Ich kann dir nicht zustimmen.*

Sie stehen außerdem immer, wenn **э́то** oder die Höflichkeitsform **Вы** als Subjekt steht, z. B.:

Э́ти двое́ мо́лоды и нетерпели́вы.	*Diese zwei sind jung und ungeduldig.*
Вы мне ничего́ не должны́.	*Sie sind mir nichts schuldig.*

Einige Kurzformen unterscheiden sich in ihrer Bedeutung von der dazugehörigen Langform, z. B.:

хоро́ший *gut*	**хоро́ш** *hübsch*
бе́дный *unglücklich*	**бе́ден** *arm*
кра́сный *rot*	**красна́** *schön*

Die sächliche Kurzform dient häufig als Adverb.

Steigerung der Adjektive und Adverbien

Steigerungsformen lassen sich nur von Qualitätsadjektiven bilden.

Einfacher Komparativ und Superlativ

Der einfache Komparativ ist in Geschlecht, Zahl und Fall unveränderlich. Man bildet ihn, indem man an den Adjektivstamm **-ее** (oder in der Umgangssprache **-ей**) anfügt. Nach Stämmen auf **г, к, х, д, т, ст** steht das Suffix **-е**. Diese Stämme verändern sich nach den Regeln des Konsonantenwechsels.

Den einfachen Superlativ bildet man, indem man an den Stamm des Adjektivs **-ейший**, **-ая**, **-ее**, **-ие** anfügt. Geht der Stamm auf **г, к, х** aus, so wird **-айший** angefügt. Diese Stämme verändern sich nach den Regeln des Konsonantenwechsels. Der Superlativ wird wie ein Adjektiv dekliniert.

Positiv	Komparativ	Superlativ
сло́жный	сложн-**е́е** (-**е́й**)	сложн-**е́йший**
ти́хий	ти́ш-**е**	тиш-**а́йший**

Zur Betonung:

Die Betonung der Komparativformen auf **-ее** entspricht der Betonung der weiblichen Kurzform: сильн**е́**е *stärker*, добр**е́**е *gutmütiger*. Mehrsilbige Adjektive sind in der Komparativform nicht endungsbetont:

вним**а́**тельнее	*aufmerksamer*
счастл**и́**вее	*glücklicher*
крас**и́**вее	*schöner*

Die Betonung der Komparativformen auf **-е** liegt stets auf dem Stamm:

мол**о́**же	*jünger*
пр**о́**ще	*einfacher*
ж**и́**же	*flüssiger*

Während die Silbe -**айш**- beim Superlativ stets betont wird (строж**а́йш**ий *der strengste*), wird die Silbe **-ейш-** nur betont, wenn der Komparativ auf betontes **-е́е** oder **-е** ausgeht:

сильн**е́йш**ий	*der stärkste*

Die Betonung aller übrigen Formen auf **-ейш-** richtet sich nach der Betonung der Grundform:

крас**и́**вейший	*der schönste*
интер**е́**снейший	*der interessanteste*

Wichtige unregelmäßige Komparativformen:

Grundform	Komparativ	Übersetzung
большо́й	бо́льше	*groß, größer*
бли́зкий	бли́же	*nah, näher*
высо́кий	вы́ше	*hoch, höher*
глубо́кий	глу́бже	*tief, tiefer*
далёкий	да́льше	*entfernt, entfernter*
до́лгий	до́льше	*lang, länger*
коро́ткий	коро́че	*kurz, kürzer*
ма́ленький	ме́ньше	*klein, kleiner*
ни́зкий	ни́же	*niedrig, niedriger*
плохо́й	ху́же	*schlecht, schlechter*
по́здний	по́зже/поздне́е	*spät, später*
ре́дкий	ре́же	*selten, seltener*
сла́дкий	сла́ще	*süß, süßer*
то́нкий	то́ньше	*dünn, dünner*
у́зкий	уже́	*eng, enger*
хоро́ший	лу́чше	*gut, besser*

Bei den Komparativformen von **ста́рый** *alt* ist zu beachten, dass **ста́рше** *älter* das Gegenteil von **моло́же** *jünger* bezeichnet, sich also auf das Lebensalter bezieht, während **старе́е** *älter* das Gegenteil von **нове́е** *neuer* ist.

Einige wenige deklinierbare Komparativformen auf **-ш** haben sowohl Komparativ- als auch Superlativbedeutung:

бо́льший *größerer, größter,* **ме́ньший** *kleinerer, kleinster,* **вы́сший** *höherer, höchster,* **ни́жний** *niedrigerer, niedrigster,* **лу́чший** *besserer, bester,* **ху́дший** *schlechterer, schlechtester,* **ста́рший** *älterer, ältester,* **мла́дший** *jüngerer, jüngster*

Einige Adjektive bilden keine einfachen Komparativformen:

громóздкий *sperrig*, **исхудáлый** *abgemagert*, **лńшний** *überflüssig*, **лóмкий** *zerbrechlich*, **мáссовый** *massenhaft*, **рáнний** *früh*, **рóбкий** *schüchtern*, **солёный** *salzig* etc.

Die mit dem Präfix **по-** gebildeten Komparativformen werden meist in der Umgangssprache verwendet:

побóльше *etwas mehr*, **полýчше** *etwas besser*, **понńже** *etwas niedriger*

Das deutsche *als* beim Komparativ wird entweder durch den Genitiv des Wortes, mit dem verglichen wird, oder durch чем wiedergegeben, z. B.:

Лéвый бéрег рекń **крýче** прáвого. Лéвый бéрег рекń **крýче, чем** прáвый. *Das linke Ufer des Flusses ist steiler als das rechte*

Wichtige unregelmäßige Superlativformen:

Grundform	Superlativ	Übersetzung
хорóший	лýчший	*gut, bester*
плохóй	хýдший	*schlecht, schlechtester*
мáленький	мéньший	*klein, kleinster*

Adjektive, die in der Grundform **-ск-, -н-, -ов-, -ев-, -аст-, -ист-, -ат-, -лив-, -к-** haben, bilden keine einfachen Superlativformen:

больнóй *krank*, **грóмкий** *laut*, **молодóй** *jung*, **крутóй** *steil*, **бурлńвый** *brodelnd*, **головáстый** *großköpfig* etc.

Die einfachen Superlativformen einiger Adjektive können zum Ausdruck der Verstärkung mit **наи-** präfigiert werden:

наикратчáйший *der allerkürzeste*, **наиумнéйший** *der allerklügste*

Der zusammengesetzte Komparativ und Superlativ

Der zusammengesetzte Komparativ wird gebildet, indem man vor die Grundform des Adjektivs das unveränderliche **бо́лее** (zur Verkleinerung **ме́нее**) setzt:

бо́лее сла́дкий *süßer*, **бо́лее твёрдый** *härter*, **ме́нее сла́бый** *weniger schwach*

Der einfache Komparativ steht meist als Prädikat:

Оле́г сильне́е своего́ бра́та. *Oleg ist stärker als sein Bruder.*

Der zusammengesetzte Komparativ kann auch als Attribut stehen:

На́ша футбо́льная кома́нда ещё не игра́ла с бо́лее си́льным проти́вником. *Unsere Fußballmannschaft hat noch nie gegen einen stärkeren Gegner gespielt.*

Nach dem zusammengesetzten Komparativ ist nur ein Vergleich durch **чем** + Nominativ möglich:

Сего́дня я бо́лее реши́тельный, чем мой друг. *Heute bin ich entschlossener als mein Freund.*

Der zusammengesetzte Superlativ wird durch Voranstellung von **са́мый**, **-ая, -ое, -ые** vor das Adjektiv gebildet.

Er wird wie Adjektiv dekliniert.

са́мый просто́й *der einfachste*, **са́мая обая́тельная** *die bezauberndste*, **са́мое но́вое** *das neueste*, **са́мые у́мные** *die klügsten.*

Der zusammengesetzte Superlativ kann auch durch Verbindung des einfachen Komparativs mit dem Genitiv des Pronomens **все** gebildet werden.

Ты лу́чше всех. *Du bist der beste.*

Э́тот ма́льчик скучне́е всех. *Dieser Junge ist der langweiligste.*

Der zusammengesetzte Superlativ ist in der Umgangssprache gebräuchlicher als der einfache.

Elativ

Der einfache Superlativ kann auch die Bedeutung des Elativs haben. Er gibt ein hohes Maß einer Eigenschaft an und wird im Deutschen durch *sehr ..., äußerst ..., höchst ..., überaus ..., außerordentlich ...* etc. wiedergegeben.

тала́нтливейший спортсме́н *ein überaus begabter Sportler*, **глупе́йшее положе́ние** *eine äußerst dumme Situation*, **опа́снейший враг** *ein besonders gefährlicher Feind*.

Die Adverbien

Ihrer Bedeutung nach unterscheidet man folgende Gruppen von Adverbien:

Adverbien der Art und Weise (wie? auf welche Weise?): **вдруг** *plötzlich*, **внима́тельно** *aufmerksam*, **вдре́безги** *ganz entzwei* etc. Die meisten zu dieser Gruppe gehörenden Adverbien sind von Adjektivstämmen abgeleitet, indem
a) die Endung -**о** bzw. -**е** an den Stamm angefügt wird: **поле́зно** *nützlich*, **и́скренне** *aufrichtig*;
b) bei Stammauslaut auf -**ск** die Endung -**и** sowie teils das Präfix **по**- an den Stamm angefügt wird: **преда́тельски** *verräterisch*, **логи́чески** *logisch*, **по-геро́йски** *heldenhaft*, **по-отцо́вски** *väterlich*, **по-дру́жески** *freundlich*;
c) die Endung -**ому** und das Präfix **по**- an den Stamm angefügt wird: **У меня́ всё по-ста́рому.** *Bei mir ist alles beim Alten.*

Adverbien der Zeit (wann? seit wann? wie lange?):

сего́дня *heute*, **ве́чером** *abends*, **сейча́с** *jetzt*, **всегда́** *immer*, **иногда́** *manchmal*, **никогда́** *nie*, **накану́не** *am Vortag, im Vorfeld*

Adverbien des Ortes (wo? wohin? woher?):

везде́ *überall*, **нигде́** *nirgends*, **вдали́** *in der Ferne*, **вблизи́** *in der Nähe*, **сле́ва** *links*, **спра́ва** *rechts*, **сюда́** *hierhin*, **туда́** *dorthin*, **отсю́да** *hieraus*, **отту́да** *dorther*, **где-нибу́дь** *irgendwo*, **ко́е-где́** *hier und da*

Adverbien des Grundes (warum?):	**сгоряча́** *im Eifer*, **со́слепу** *aus Kurzsichtigkeit*, **по́этому** *deswegen*, **потому́** *deshalb*
Adverbien des Grades (wie viel? in welchem Grade?):	**о́чень** *sehr*, **вполне́** *völlig*, **совсе́м** *ganz*, **почти́** *fast*, **весьма́** *überaus*, **сли́шком** *allzu*, **чрезвыча́йно** *außerordentlich*
Im Satz werden die Adverbien meist als Adverbialbestimmung verwendet.	
Die prädikativen Adverbien treten in unpersönlichen Sätzen als Prädikat oder Teil des Prädikats auf:	**возмо́жно** *es ist möglich*, **на́до/ну́жно** *man muss/soll*, **тепло́** *es ist warm*
Die von Qualitätsadjektiven abgeleiteten Adverbien mit der Endung **-о**/**-е** werden wie die entsprechenden Adjektive gesteigert:	**бе́гать быстре́е всех** *am schnellsten laufen*, **пры́гать да́льше** *weiter springen*
Negative Adverbien mit der Vorsilbe **ни-** verlangen die doppelte Verneinung durch die Negationspartikel **не** vor dem Verb:	**Здоро́вье нигде́ не ку́пишь.** *Gesundheit kann man nirgends kaufen*

Die Pronomina

Die Genitivform auf **-го** (bei Formgleichheit auch der Akkusativ) wird wie [vo] ausgesprochen.

Personalpronomina

	ich	*du*	*er/es*	*sie*
Singular				
Nominativ	я	ты	он/онó	онá
Genitiv	меня́	тебя́	(н)егó	(н)её
Dativ	мне	тебé	(н)емý	(н)ей
Akkusativ	меня́	тебя́	(н)егó	(н)её
Instrumental	мной/-óю	тобóй/-óю	(н)им	(н)ей/ (н)éю
Präpositiv	(óбо) мне	(о) тебé	(о) нём	(о) ней

	wir	*ihr/Sie*	*sie*
Plural			
Nominativ	мы	вы/Вы	они́
Genitiv	нас	вас/Вас	(н)их
Dativ	нам	вам/Вам	(н)им
Akkusativ	нас	вас/Вас	(н)их
Instrumental	нáми	вáми/Вáми	(н)и́ми
Präpositiv	(о) нас	(о) вас/Вас	(о) них

Den deklinierten Formen von **он, онó, онá, они́** wird, wenn sie nach Präpositionen stehen, ein **н-** vorangestellt.

у негó, с ней, к немý, о них, из негó, óколо них, мéжду ни́ми, пéред ней

Ausnahme: nach den Präpositionen **благодаря́** *dank*, **вне** *außer*, **вопреки́** *ungeachtet*, **вслéдствие** *infolge*, **наперекóр** *zuwider*, **навстрéчу** *entgegen*, **соглáсно** *laut* wird **kein н-** vorgesetzt.

Den auf einen Konsonanten auslautenden Präpositionen **перед, с, к, под, в, над** u. a. wird vor **мне, мной** ein **-о** angefügt: пéредо мной, со мной, ко мне, нáдо мной. Im Instrumental wird vor **мне** die Präposition **обо** verwendet: обо мне.

Die Instrumentalformen **мнóю, тобóю** und **ею́** (für **мной, тобóй, ей**) werden seltener gebraucht.

Das Reflexivpronomen **себя́** hat keine Nominativform. In allen anderen Kasus wird es wie **ты** dekliniert: **прости́ть себé** *sich selbst verzeihen*, **горди́ться собóй** *stolz auf sich sein*. **Себя́** bezieht sich stets auf das Subjekt und kann mit allen Personen im Singular und Plural verwendet werden.

Possessivpronomina

	m. (nt.)	f.	Pl.
	mein	*meine*	*meine*
Singular			
Nominativ	мой (моё)	моя́	мои́
Genitiv	моегó	моéй	мои́х
Dativ	моемý	моéй	мои́м
Akkusativ	мой (моё)/ -егó	мою́	мои́/-и́х
Instrumental	мои́м	моéй	мои́ми
Präpositiv	(о) моём	(о) моéй	(о) мои́х

	m. (nt.)	f.	Pl.
	unser(-es)	*unsere*	*unsere*
Plural			
Nominativ	наш (нáше)	нáша	нáши
Genitiv	нáшего	нáшей	нáших
Dativ	нáшему	нáшей	нáшим
Akkusativ	наш (нáше)/-его	нáшу	нáши/-их
Instrumental	нáшим	нáшей	нáшими
Präpositiv	(о) нáшем	(о) нáшей	(о) нáших

Ebenso wie **мой** *mein* werden auch **твой** *dein* und das reflexive Possessivpronomen **свой** dekliniert.

Ebenso wie **наш** *unser* wird **ваш** *euer*, *Ihr* dekliniert.

Die besitzanzeigenden Fürwörter der 3. Person Sg und Pl (*sein, ihr*) sind formgleich mit den Genitiven der Personalpronomen der 3. Person Sg und Pl. Sie lauten: **его́, её, их** und werden nicht dekliniert.

Свой wird für alle drei Personen, Singular und Plural verwendet. Es bezieht sich immer auf das Subjekt des Satzes.

Он дал ему́ свой телефо́н. *Er hat ihm seine (eigene) Telefonnummer gegeben.*

Да́йте ему́, пожа́луйста, свой телефо́н. *Geben Sie ihm bitte Ihre Telefonnummer.*

Frage- und Relativpronomina

Die Fragepronomen werden auch als Relativpronomen verwendet.

	wer	*was*	*wie viel*
Nominativ	кто	что	ско́лько
Genitiv	кого́	чего́	сколько́х
Dativ	кому́	чему́	сколько́м
Akkusativ	кого́	что	ско́лько/-их
Instrumental	кем	чем	ско́лькими
Präpositiv	(о) ком	(о) чём	(о) ско́льких

wessen	m. (nt.)	f.	Pl.
Nominativ	чей (чьё)	чья	чьи
Genitiv	чьего́	чьей	чьих
Dativ	чьему́	чьей	чьим
Akkusativ	чей (чьё)/ чьего́	чью	чьи/чьих
Instrumental	чьим	чьей	чьи́ми
Präpositiv	(о) чьём	(о) чьей	(о) чьих

Чей *wessen* wird im Gegensatz zum Deutschen wie ein Adjektiv gebraucht.

в чью по́льзу *zu wessen Gunsten*

до чьего́ до́ма *bis zu wessen Haus*

Какóй *welcher, was für ein* und **котóрый** *welcher* werden wie Adjektive dekliniert. Das nur prädikativ gebrauchte **какóв** *welcher, was für ein* hat wie die Kurzform des Adjektivs nur folgende Formen: **какóв, -á, -ó, -ы́**.

Negativpronomina

Von **кто, что, чей** und **какóй** leiten sich auch die negierenden Pronomen **никтó** *niemand* und **ничтó** *nichts* (häufiger in der Genitivform **ничегó**), **ничéй** *niemandem gehörend* sowie **никакóй** *kein* ab, die genauso dekliniert werden. Präpositionen treten zwischen **ни** und das abgetrennte Fragepronomen.

э́то **ни** к **чемý** *das hat keinen Zweck*

Im Russischen muss doppelt verneint werden, d. h. ein Negativpronomen mit **ни-** verlangt auch die Verneinung des Prädikats durch die Partikel **не**.

В э́том **нé** было **никакóй** необходи́мости. *Dazu bestand kein Anlass.*

Нéкого *niemanden, keinen* und **нéчего** *nichts* werden nur in unpersönlichen Sätzen verwendet und haben deshalb keine Nominativform. Sie werden wie **кто, что** dekliniert und sind stets auf **не-** betont.

Demonstrativpronomina

	m. (nt.)		f.		Pl.	
	diese-r(-s)	*jene-r(-s)*	*diese*	*jene*	*diese*	*jene*
Nominativ	э́тот (э́то)	тот (то)	э́та	та	э́ти	те
Genitiv	э́того	того́	э́той	той	э́тих	тех
Dativ	э́тому	тому́	э́той	той	э́тим	тем
Akkusativ	э́тот (э́то)/ э́того	тот (то)/ того́	э́ту	ту	э́ти/э́тих	те/тех
Instrumen-tal	э́тим	тем	э́той	той	э́тими	те́ми
Präpositiv	(об) э́том	(о) том	(об) э́той	(о) той	(об) э́тих	(о) тех

Тако́й *ein solcher* wird wie ein Adjektiv dekliniert. **Тако́в** *ein solcher* hat wie die Kurzform des Adjektivs nur folgende Formen: **тако́в, -а́, -о́, -ы́**.

Determinativpronomina

	m. (nt.)	f.	Pl.
	ganz	*ganz*	*alle*
Nominativ	весь (всё)	вся	все
Genitiv	всего́	всей	всех
Dativ	всему́	всей	всем
Akkusativ	весь (всё)/всего́	всю	все/всех
Instrumental	всем	всей	все́ми
Präpositiv	(о́бо) всём	(о́бо) всей	(о́бо) всем

	m. (nt.)	f.	Pl.
	selber	*selber*	*selber*
Nominativ	сам (само́)	сама́	са́ми
Genitiv	самого́	само́й	сами́х
Dativ	самому́	само́й	сами́м
Akkusativ	сам (само́)/ -ого́	самоё, саму́	са́ми/сами́х
Instrumental	сами́м	само́й	сами́ми
Präpositiv	(о) само́м	(о) само́й	(о) сами́х

Ка́ждый, **любо́й**, **вся́кий** geben die Bedeutung von „jeder" in vielfältigen Schattierungen wieder und werden wie Adjektive dekliniert:

ка́ждую мину́ту *jeden Augenblick*
в любо́й час *zu jeder (beliebigen) Stunde*
во вся́ком слу́чае *in jedem Falle*

Indefinitpronomina

Die Indefinitpronomen werden von Fragepronomen mit Hilfe folgender unbestimmter Partikel gebildet: **-то, -либо, -нибудь, -не, кое-**.

кто́-то *jemand*, **что́-то** *etwas*, **че́й-то** *jemandes*, **кто́-либо** *irgendjemand*, **что́-либо** *irgendetwas*, **како́й-либо** *irgendein*, **кто́-нибудь** *irgendjemand*, **че́й-нибудь** *irgendjemandem gehörend*, **не́кто** *ein gewisser*, **не́который** *mancher*, **ко́е-како́й** *ein gewisser*, **ко́е-че́й** *jemandem gewissen gehörend* u. a.

Die Indefinitpronomen werden wie die entsprechenden Fragepronomen dekliniert; **не́кто** und **не́что** sind jedoch undeklinierbar. Präpositionen trennen die Pronomen **ко́е-кто́** und **ко́е-что́** in zwei Wörter und stehen dazwischen:

ко́е у кого́, ко́е о чём

Die Numeralia (Zahlwörter)

Im Russischen existieren Grund- und Ordnungszahlwörter und, im Unterschied zum Deutschen, auch Sammelwörter (двóе, трóе etc.).

Grundzahlen

0	ноль	10	дéсять	20	двáдцать
1	одúн	11	одúннадцать	21	двáдцать одúн
2	два	12	двенáдцать	22	двáдцать два
3	три	13	тринáдцать	30	трúдцать
4	четы́ре	14	четы́рнадцать	40	сóрок
5	пять	15	пятнáдцать	50	пятьдеся́т
6	шесть	16	шестнáдцать	60	шестьдеся́т
7	семь	17	семнáдцать	70	сéмьдесят
8	вóсемь	18	восемнáдцать	80	вóсемьдесят
9	дéвять	19	девятнáдцать	90	девянóсто

100	сто	1000	ты́сяча
101	сто одúн	2000	две ты́сячи
200	двéсти	3000	три ты́сячи
300	трúста	5000	пять ты́сяч
400	четы́реста	1000 000	миллиóн
500	пятьсóт	2 000 000	два миллиóна
600	шестьсóт	3 000 000	три миллиóна
700	семьсóт	5 000 000	пять миллиóнов
800	восемьсóт	1000 000 000	миллиáрд
900	девятьсóт	1000 000 000 000	триллиóн

Mehrgliedrige Grundzahlwörter werden durch Aneinanderreihung gebildet:

78	сéмьдесят вóсемь
893	восемьсóт девянóсто три
1986	ты́сяча девятьсóт вóсемьдесят шесть

Zur Deklination der Grundzahlwörter

Оди́н (Genitiv **одного́**), **одно́**, **одна́**, **одни́** werden wie **э́тот**, **э́то**, **э́та**, **э́ти** dekliniert. Das **и** des Nominativs Singular fällt jedoch, außer beim unbelebten Akkusativ, aus. In der mündlichen Rede wird **оди́н** oft ausgelassen, wenn es mit einem Substantiv gebraucht wird:

Откры́тка сто́ит е́вро. *Die Postkarte kostet einen Euro.*

	zwei	*zwei*	*drei*	*vier*
	m./nt.	f.		
Nominativ	два	две	три	четы́ре
Genitiv	двух	двух	трёх	четырёх
Dativ	двум	двум	трём	четырём
Akkusativ	два/двух*	две*	три/трёх*	четы́ре/-ёх
Instrumental	двумя́	двумя́	тремя́	четырьмя́
Präpositiv	(о) двух	(о) двух	(о) трёх	(о) четырёх

* Analog zur Substantivdeklination sind der maskuline Akkusativ Singular sowie der Akkusativ Plural aller drei Geschlechter dem Genitiv gleich, wenn das Bezugswort ein Lebewesen bezeichnet: **ви́жу трёх шко́льниц** *ich sehe drei Schülerinnen*, aber **ви́жу три до́ма** *ich sehe drei Häuser.*

Die Kategorie der Belebtheit spielt nur bei **оди́н, два, три, четы́ре** eine Rolle. Bei allen anderen Zahlwörtern ist, wenn sie in Verbindung mit belebten Substantiven gebraucht werden, der Akkusativ gleich dem Nominativ.

Die Grundzahlwörter von **пять** bis **два́дцать** sowie das Zahlwort **три́дцать** gehen nach der I-Deklination der Substantive.

Die Zahlwörter **со́рок**, **девяно́сто**, **сто** haben im Genitiv, Dativ, Instrumental und Präpositiv die Endung **-а** (сорока́, девяно́ста, ста). Der Akkusativ gleicht dem Nominativ.

	fünfzig	*fünfhundert*
Nominativ	пятьдеся́т	пятьсо́т
Genitiv	пяти́десяти	пятисо́т
Dativ	пяти́десяти	пятиста́м
Akkusativ	пятьдеся́т	пятьсо́т
Instrumental	пятью́десятью	пятьюста́ми
Präpositiv	(о) пяти́десяти	(о) пятиста́х

Шестьдеся́т, **се́мьдесят**, **во́семьдесят** werden wie **пятьдеся́т** dekliniert.

Шестьсо́т, **семьсо́т**, **восемьсо́т**, **девятьсо́т** werden wie **пятьсо́т** dekliniert.

	zweihundert	*dreihundert*	*vierhundert*
Nominativ	две́сти	три́ста	четы́реста
Genitiv	двухсо́т	трёхсот	четырёхсот
Dativ	двумста́м	трёмстам	четырёмстам
Akkusativ	две́сти	три́ста	четы́реста
Instrumental	двумяста́ми	тремяста́ми	четырьмяста́ми
Präpositiv	(о) двухста́х	(о) трёхстах	(о) четырёхстах

Zu den Grundzahlen gehört ebenfalls das Zahlwort **полтора́ста** *hundertfünfzig*. Es hat im Nominativ und Akkusativ die Form **полтора́ста**, im Genitiv, Dativ, Instrumental und Präpositiv die Form **полу́тораста**.

Bei mehrgliedrigen Grundzahlwörtern wird jedes einzelne Glied dekliniert:

	tausendneunhundertsechsundsiebzig
Nominativ	ты́сяча девятьсо́т се́мьдесят шесть
Genitiv	ты́сячи девятисо́т семи́десяти шести́
Dativ	ты́сяче девятиста́м семи́десяти шести́
Akkusativ	ты́сячу девятьсо́т се́мьдесят шесть
Instrumental	ты́сячей девятьюста́ми семью́десятью шестью́
Präpositiv	(о) ты́сяче девятиста́х семи́десяти шести́

Zur Deklination nach den Grundzahlwörtern

Die Grundzahlen werden in der Verbindung mit Substantiven nach Geschlecht nicht unterschieden. Eine Ausnahme bildet das Zahlwort **оди́н**, das drei Geschlechter aufweist:

оди́н чемода́н *ein Koffer*
одна́ ка́рта *eine Karte*
одно́ по́ле *ein Feld*

Das Zahlwort **два** weist zwei verschiedene Formen auf:

два чемода́на *zwei Koffer*
два по́ля *zwei Felder*
две ка́рты *zwei Karten*

Beim Nominativ der Grundzahlwörter werden die dazugehörigen Substantive folgendermaßen dekliniert:

- Lediglich nach **оди́н**, **одна́**, **одно́** steht, wie im Deutschen, der Nominativ.
- Nach den Grundzahlwörtern **два**, **две**, **три**, **четы́ре** stehen die gezählten Substantive im Genitiv Singular.
- Nach allen anderen Grundzahlwörtern, auch bei **ноль**, stehen die gezählten Substantive im Genitiv Plural.

Nominativ	Genitiv Singular	Genitiv Plural
оди́н компью́тер	два компью́тера	во́семь компью́теров
одно́ письмо́	два письма́	во́семь пи́сем
одна́ програ́мма	две програ́ммы	во́семь програ́мм

Bei mehrgliedrigen Grundzahlwörtern richtet sich der Fall des Substantivs nach dem letzten Glied:

три́дцать одна́ було́чка
einunddreißig Brötchen

со́рок два сло́ва
zweiundvierzig Wörter

три́дцать во́семь попуга́ев
achtunddreißig Papageien

In allen anderen Fällen stimmen Zahlwort und Substantiv im Kasus überein.

Nach Grundzahlwörtern lautet der Genitiv Plural von **год** – **лет**, von **лю́ди** – **челове́к**.

In der Umgangssprache werden Substantive **год**, **час**, **гра́дус** u. a. in Verbindung mit Zahlwörtern oft ausgelassen:

Мне два́дцать. *Ich bin zwanzig Jahre alt.*

Уже́ де́вять. *Es ist bereits neun Uhr.*

Сего́дня плюс пятна́дцать. *Heute sind es fünfzehn Grad.*

Steht das Zahlwort hinter dem Substantiv, handelt es sich um eine ungefähre Angabe:

Часо́в де́сять мы провели́ в доро́ге. *Wir waren etwa zehn Stunden unterwegs.*

Го́род нахо́дится киломе́тров со́рок от нас. *Die Stadt ist etwa vierzig Kilometer von uns entfernt.*

Das Verb

Bitte vergessen Sie nicht die Rechtschreibregeln nach Zischlauten und nach **г, к, х, ц,** da in den Konjugationsklassen nicht gesondert darauf eingegangen wird.

E-Konjugation

Zu den Endungen:

Nach hartem Konsonanten und Zischlaut stehen in der 1. Person Singular und in der 3. Person Plural **-у** bzw. **-ут**. Ist das Verb endungsbetont, so steht **-ё** statt **-е**.

E

	Endungen	*lesen*	*bedauern*	*spazieren gehen*
Infinitiv	**-ать, -ять, -еть, -уть**	чита́ть	жале́ть	гуля́ть
я	**-ю, -у**	чита́ю	жале́ю	гуля́ю
ты	**-ешь, -ёшь**	чита́ешь	жале́ешь	гуля́ешь
он/она́/оно́	**-ет, -ёт**	чита́ет	жале́ет	гуля́ет
мы	**-ем, -ём**	чита́ем	жале́ем	гуля́ем
вы	**-ете, -ёте**	чита́ете	жале́ете	гуля́ете
они	**-ют, -ут**	чита́ют	жале́ют	гуля́ют
Imperativ		чита́й!	(жале́й!)	гуля́й!
Präteritum		чита́л	жале́л	гуля́л

Partizipien

	Aktiv	Passiv
Präsens	чита́ющий	чита́емый
Präteritum	чита́вший	чи́танный

Adverbialpartizipien

Präsens	Präteritum
чита́я	чита́в

E1

Verben auf **-нуть**

	sinken	*einschlafen*	a) *verschwinden*
Infinitiv	тону́ть	засну́ть	исче́знуть
я	тону́	засну́	исче́зну
ты	то́нешь	заснёшь	исче́знешь
они́	то́нут	засну́т	исче́знут
Imperativ	тони́!	засни́!	исче́зни!
Präteritum	тону́л	засну́л	исче́з/исче́зла

Partizipien

	Aktiv	Passiv
Präsens	то́нущий	/
Präteritum	тону́вший	/

Adverbialpartizipien

Präsens	Präteritum
/	тону́в

E2

Verben auf **-овать**, **-евать**

	fühlen	*Krieg führen*
Infinitiv	чу́вствовать	воева́ть
я	чу́вствую	вою́ю
ты	чу́вствуешь	вою́ешь
они́	чу́вствуют	вою́ют
Imperativ	чу́вствую!	вою́й!
Präteritum	чу́вствовал	воева́л

Partizipien

	Aktiv	Passiv
Präsens	чу́вствующий чу́вствуемый	вою́ющий /
Präteritum	чу́вствовавший почу́вствованный	воева́вший /

Adverbialpartizipien

Präsens	Präteritum
чу́вствуя	чу́вствовав
вою́я	воева́в

E3

Verben auf **-авать**, im Präsens fällt **-ва-** aus, endbetont

	geben	*aufstehen*
Infinitiv	дава́ть	встава́ть
я	даю́	встаю́
ты	даёшь	встаёшь
они́	даю́т	встаю́т
Imperativ	дава́й!	встава́й!
Präteritum	дава́л	встава́л

Partizipien

	Aktiv	Passiv
Präsens	даю́щий	дава́емый
Präteritum	дава́вший	/

Adverbialpartizipien

Präsens	Präteritum
дава́я	дава́в

E4

Ausfall des Vokals vor der Endung, oft Konsonantenwechsel in den Präsensformen. Tritt ein Konsonantenwechsel ein, so wird dies im Wörterbuchteil angegeben.

a) mit Vokaleinschub in den Präsensformen

b) Verben auf **-ереть**

c) Verben auf **-ить**

	schreiben	*warten*	a) *rufen*	b) *reiben*	c) *schlagen*
Infinitiv	писа́ть	ждать	звать	тере́ть	бить
я	пишу́	жду	зову́	тру	бью
ты	пи́шешь	ждёшь	зовёшь	трёшь	бьёшь
они́	пи́шут	ждут	зову́т	трут	бьют
Imperativ	пиши́!	жди!	зови́!	три!	бей!
Präteritum	писа́л	ждал	звал	тёр/-ла	бил

Partizipien

	Aktiv	Passiv
Präsens	пи́шущий	/
	a) зову́щий	
	b) тру́щий	
	c) бью́щий	(побива́емый)

	Aktiv	Passiv
Präteritum	писа́вший	пи́санный
	a) зва́вший	a) зва́нный
	b) тёрший	b) тёртый
	c) би́вший	c) би́тый

Adverbialpartizipien

Präsens	Präteritum
/	писа́в
a) зовя́	a) звав
b) /	b) тёрши
c) (бия́)	c) би́вши

E5

Verben auf **-еять(ся)**

	hoffen	*verspotten*
Infinitiv	наде́яться	осмея́ть
я	наде́юсь	осмею́
ты	наде́ешься	осмеёшь
они́	наде́ются	осмею́т
Imperativ	наде́йся!	осме́й!
Präteritum	наде́ялся	осмея́л

Partizipien

	Aktiv	Passiv
Präsens	наде́ющийся	/
	/	/
Präteritum	наде́явшийся	/
	осме́явший	осме́янный

Adverbialpartizipien

Präsens	Präteritum
надéясь	надéявшись
/	осмея́в

E6

Verben auf Konsonant + **-ти, -ть**

	fahren/bringen	*tragen*	*a) führen*
Infinitiv	везти́	нести́	вести́
я	везу́	несу́	веду́
ты	везёшь	несёшь	ведёшь
они́	везу́т	несу́т	веду́т
Imperativ	вези́!	неси́!	веди́!
Präteritum	вёз/везла́	нёс/несла́	вёл/вела́

Partizipien

	Aktiv	Passiv
Präsens	везу́щий	везóмый
	a) веду́щий	a) вéдомый
Präteritum	вёзший	везённый
	a) вéдший	a) ведённый

Adverbialpartizipien

Präsens	Präteritum
везя́	вёзши
a) ведя́	a) вéдши

E7

идти́ und Komposita

	gehen	*a) finden*
Infinitiv	идти́	найти́
я	иду́	найду́
ты	идёшь	найдёшь
они́	иду́т	найду́т
Imperativ	иди́!	найди́!
Präteritum	шёл/шла	нашёл/нашла́

Partizipien

	Aktiv	Passiv
Präsens	иду́щий	/
	/	
Präteritum	ше́дший	/
	a) наше́дший	a) на́йденный

Adverbialpartizipien

Präsens	Präteritum
идя́ (иду́чи)	ше́дши (selten)
a) найдя́	a) наше́дши/найдя́

E8

Verben auf **-ыть**, **-еть** mit **-о**-Einschub

	waschen	*singen*
Infinitiv	мыть	петь
я	мо́ю	пою́
ты	мо́ешь	поёшь
они́	мо́ют	пою́т
Imperativ	мой!	пой!
Präteritum	мыл	пел

Partizipien

	Aktiv	Passiv
Präsens	мóющий	(вымывáемый)
	пою́щий	(воспевáемый)
Präteritum	мы́вший	мы́тый
	пéвший	пéтый

Adverbialpartizipien

Präsens	Präteritum
моя	мы́в(ши)
(напевáя)	пéвши

E9

Nasalstämme mit Einschub von **-м-/-н-**

a) mit Stammerweiterung

b) mit nur einem Stammvokal

	annehmen	*anfangen*	*a) hochheben*	*b) werden*
Infinitiv	приня́ть	начáть	подня́ть	стать
я	приму́	начну́	подниму́	стáну
ты	при́мешь	начнёшь	подни́мешь	стáнешь
они́	при́мут	начну́т	подни́мут	стáнут
Imperativ	прими́!	начни́!	подними́!	стань!
Präteritum	при́нял	нáчал	пóднял	стал

Partizipien

	Aktiv	Passiv
Präsens	/	/
Präteritum	приня́вший	при́нятый

Adverbialpartizipien

Präsens	Präteritum
/	приня́в

I-Konjugation

Zu den Endungen:

Nach Zischlaut und **ц** stehen statt **-ю**, **-ят** die Endungen **-у**, **-ат**.

I

	Endungen	*bauen*	*gehen*	*sitzen*	*stehen*
Infinitiv	**-ить, -еть, -ать, -ять**	стро́ить	ходи́ть	сиде́ть	стоя́ть
я	**-ю/-у**	стро́ю	хожу́	сижу́	стою́
ты	**-ишь**	стро́ишь	хо́дишь	сиди́шь	стои́шь
он/она́/оно́	**-ит**	стро́ит	хо́дит	сиди́т	стои́т
мы	**-им**	стро́им	хо́дим	сиди́м	стои́м
вы	**-ите**	стро́ите	хо́дите	сиди́те	стои́те
они́	**-ят/-ат**	стро́ят	хо́дят	сидя́т	стоя́т
Imperativ		строй!	ходи́!	сиди́!	стой!
Präteritum		стро́ил	ходи́л	сиде́л	стоя́л

Partizipien

	Aktiv	Passiv
Präsens	стро́ящий	стро́имый
	стоя́щий	/
Präteritum	стро́ивший	стро́енный
	стоя́вший	/

Adverbialpartizipien

Präsens	Präteritum
стро́я	стро́ив
сто́я	стоя́в

Wie **сидéть** werden folgende Verben auf **-еть** nach der I-Konjugation gebeugt:

смотрéть *schauen*
ви́деть *sehen*
ненави́деть *hassen*
терпéть *dulden*
оби́деть *kränken*
вертéть *drehen*
летéть *fliegen*
зави́сеть *abhängen* u. a.

Die Verben mit Präfixen werden wie die entsprechenden unpräfigierten Verben gebeugt.

Das Verb **победи́ть** *siegen* hat keine Form in der 1. Person Singular.

Unregelmäßige E-Konjugation

UE1

	sein (Präsensformen mit futurischer Bedeutung)	Präsensformen (verneintes Präsens)
Infinitiv	быть	
я	бýду	
ты	бýдешь	
он/онá/онó	бýдет	есть (нет)
мы	бýдем	
вы	бýдете	
они́	бýдут	суть (нет)
Imperativ	будь!	
Präteritum	был	

Partizipien

	Aktiv	Passiv
Präsens	/	/
Präteritum	бы́вший	/

Adverbialpartizipien

Präsens	Präteritum
бу́дучи	(про)бы́в

UE2

	fahren
Infinitiv	е́хать
я	е́ду
ты	е́дешь
они́	е́дут
Imperativ	поезжа́й!
Präteritum	е́хал

Partizipien

	Aktiv	Passiv
Präsens	е́дущий	/
Präteritum	е́хавший	/

Adverbialpartizipien

Präsens	Präteritum
(е́дучи)	е́хав(ши)

UE3 mit -в-Einschub

	leben
Infinitiv	жить
я	живу́
ты	живёшь
они́	живу́т
Imperativ	живи́!
Präteritum	жил

Partizipien

	Aktiv	Passiv
Präsens	живу́щий	/
Präteritum	жи́вший	/

Adverbialpartizipien

Präsens	Präteritum
живя́ (живу́чи)	жи́вши

UE4

	können
Infinitiv	мочь
я	могу́
ты	мо́жешь
они́	мо́гут
Imperativ	/
Präteritum	мог, могла́

Partizipien

	Aktiv	Passiv
Präsens	мо́гущий	/
Präteritum	мо́гший	/

UE5 Wechsel des Stammvokals

	sich hinlegen	*sich setzen*
Infinitiv	лечь	сесть
я	ля́гу	ся́ду
ты	ля́жешь	ся́дешь
они́	ля́гут	ся́дут
Imperativ	ляг!	сядь!
Präteritum	лёг/легла́	сел

Partizipien

	Aktiv	**Passiv**
Präsens	/	/
Präteritum	лёгший	
	се́вший	/

Adverbialpartizipien

Präsens	**Präteritum**
/	лёгши
/	се́в(ши)

Unregelmäßige I-Konjugation

UI

	laufen
Infinitiv	бежа́ть
я	бегу́
ты	бежи́шь
они́	бегу́т
Imperativ	беги́!
Präteritum	бежа́л

Partizipien

	Aktiv	Passiv
Präsens	бегу́щий	/
Präteritum	бежа́вший	/

Adverbialpartizipien

Präsens	Präteritum
/	бежа́в

Unregelmäßige Konjugation

U1

	wollen
Infinitiv	хоте́ть
я	хочу́
ты	хо́чешь
он/она́/оно́	хо́чет
мы	хоти́м
вы	хоти́те
они́	хотя́т
Imperativ	(хоти́!)
Präteritum	хоте́л

Partizipien

	Aktiv	Passiv
Präsens	хотя́щий	/
Präteritum	хоте́вший	/

Adverbialpartizipien

Präsens	Präteritum
/	хоте́в

U2

	geben	*essen*
Infinitiv	дать	есть
я	дам	ем
ты	дашь	ешь
он/она́/оно́	даст	ест
мы	дади́м	еди́м
вы	дади́те	еди́те
они́	даду́т	едя́т
Imperativ	дай!	ешь!
Präteritum	дал	ел

Partizipien

	Aktiv	Passiv
Präsens	/	/
	едя́щий	/
Präteritum	да́вший	да́нный
	е́вший	/

Adverbialpartizipien

Präsens	Präteritum
/	да́вши
/	е́вши

Reflexivverben

Reflexive Verben werden gebildet, indem man an die Konjugationsformen **-ся** oder **-сь** anfügt. Nach Konsonanten steht **-ся**, nach Vokalen **-сь**:

извини́**ться** *sich entschuldigen*
удивля́**ться** *sich wundern*
извиня́**юсь** *ich entschuldige mich*
удивля́**юсь** *ich wundere mich*

Reflexivverben sind stets intransitiv. Im Gegensatz zum Deutschen, wo das Reflexivpronomen mit der Person wechselt, verwendet man im Russischen die Endungen **-сь**, **-ся** in allen Personen.

Einige Reflexivverben haben keine entsprechende Form ohne das Suffix **-ся**:

смея́ться *lachen*
наде́яться *hoffen*
боро́ться *kämpfen*
горди́ться *stolz sein* etc.

	sich waschen	*lernen*
Infinitiv	умыва́ться	учи́ться
я	умыва́юсь	учу́сь
ты	умыва́ешься	у́чишься
они́	умыва́ются	у́чатся
Imperativ	умыва́йся!	учи́сь!
Präteritum	умыва́лся/-лась	учи́лся/-лась

Partizipien

	Aktiv
Präsens	умыва́ющийся
	уча́щийся
Präteritum	умыва́вшийся
	учи́вшийся

Adverbialpartizipien

Präsens	Präteritum
умывáясь	умывáвшись
учáсь	учи́вшись

Präsens

Das Präsens kann nur von imperfektiven Verben gebildet werden. Die Präsensformen der perfektiven Verben haben futurische Bedeutung.

Präteritum

Das russische Verb hat nur eine Vergangenheitsform: das Präteritum. Dieser Vergangenheitsform stehen im Deutschen die Formen des Präteritums, des Perfekts und des Plusquamperfekts gegenüber, z. B.: **он учи́лся** – er lernte/ er hat gelernt/ er hatte gelernt. Die jeweils richtige Übersetzung ergibt sich aus dem Zusammenhang. Da die russischen Formen aus Partizipien entstanden sind, zeigen sie keine Personalendungen, sondern unterscheiden sich nur im Genus (Geschlecht). Man leitet das Präteritum vom Infinitiv ab, indem man die Infinitivendung abtrennt und an ihre Stelle die Endung des Präteritums setzt.

Infinitiv	m.	f.	nt.	Pl. (m., f., nt.)
читá-ть	читá-л	читá-ла	читá-ло	читá-ли
говори́-ть	говори́-л	говори́-ла	говори́-ло	говори́-ли
бы-ть	бы-л	бы-лá	бы́-ло	бы́-ли

Unregelmäßigkeiten

1. Ausfall der Endung **-л** bei der maskulinen Form

- bei Verben auf **-сти**, **-зти**, **-зть** mit **-с-**, **-з-** in den Präsensformen

Infinitiv	m.	f.	nt.	Pl.
нес-ти́	нёс	нес-ла́	нес-ло́	нес-ли́
вез-ти́	вёз	вез-ла́	вез-ло́	вез-ли́
рас-ти́	рос	рос-ла́	рос-ло́	рос-ли́

- bei Verben auf **-чь** mit **-г-** oder -к- in den Präsensformen

Infinitiv	m.	f.	nt.	Pl.
мо-чь	мог	мог-ла́	мог-ло́	мог-ли́
бере́-чь	берёг	берег-ла́	берег-ло́	берег-ли́
пе-чь	пёк	пек-ла́	пек-ло́	пек-ли́

- bei Verben auf **-нуть**, die das Präteritum ohne **-ну-** bilden

Infinitiv	m.	f.	nt.	Pl.
поги́бнуть	поги́б	поги́б-ла	поги́б-ло	поги́б-ли
со́хнуть	сох	со́х-ла	со́х-ло	со́х-ли

2. Präteritumformen von **идти́** und Komposita

Infinitiv	m.	f.	nt.	pl.
идти́	шё-л	ш-ла	ш-ло	ш-ли
найти́	нашёл	наш-ла́	наш-ло́	наш-ли́

Zur Betonung:

Normalerweise liegt die Betonung im Präteritum auf dem Stamm. Bei einer Reihe von Verben liegt die Betonung jedoch ganz oder teilweise auf der Endung:

при́был – прибыла́ – при́были *ankommen*
по́дал – подала́ – по́дали *reichen*

Nur in der weiblichen Form endbetont sind viele einsilbige Verben, bei denen vor der Endung ein Vokal steht.

был – былá, брать – бралá

взять – взялá, дать – далá

ждать – ждалá, жить – жилá u. a.

In allen Formen endbetont sind viele Verben auf **-сти**, **-зти**, **-чь**.

вести́ – велá

мочь – моглá

везти́ – везлá u. a.

Futur

Wie im Präteritum gibt es auch im Futur einen vollendeten und einen unvollendeten Aspekt. Die Präsensformen der vollendeten Verben haben futurische Bedeutung. Die unvollendeten Verben bilden das zusammengesetzte Futur mit den konjugierten Formen **буду**, **будешь** etc. plus Infinitiv.

Я ей э́то скажу́. – Ich werde es ihr sagen.

Я бу́ду говори́ть с ней. – Ich werde mit ihr sprechen.

Konjunktiv

Man bildet den Konjunktiv mit den Formen des Präteritums und der Partikel **бы**, die üblicherweise, jedoch nicht immer, hinter der zugehörigen Verbform steht. Steht **бы** hinter dem Fragepronomen **что**, so verschmelzen die beiden zu **что́бы**. Der Konjunktiv steht zum Ausdruck der Nichtwirklichkeit. Er wird meist in Wunsch- und Bedingungssätzen gebraucht. Je nach Sinnzusammenhang können die Konjunktivformen die Gegenwart, die Vergangenheit und die Zukunft bezeichnen:

Я пое́хала бы – ich führe/ ich würde fahren/ ich wäre gefahren

Бы kann nach Vokalen zu **б** verkürzt werden, **чтóбы** wird zu **чтоб**:

Éсли **б** он **мог**, то **рабóтал бы**.

Чтóбы kann mit dem Infinitiv verbunden werden und bedeutet dann „um ... zu".

Imperativ

Man bildet den Imperativ, indem man die Endung der 3. Person Plural des Präsens bei unvollendeten und der 3. Person Plural des einfachen Futurs bei vollendeten Verben durch die Imperativendung **-й**, **-ь**, oder **-и** ersetzt. Durch Anfügen von **-те** an den Imperativ Singular werden Pluralformen gebildet. Die Betonung richtet sich nach der 1. Person Singular.

По**й**! Пó**йте**! Спо**й**! Спó**йте**!
Брé**йся**! Брé**йтесь**!
Побрé**йся**! Побрé**йтесь**!
Пиш**и́**! Пиш**и́те**! Напиш**и́**!
Напиш**и́те**! Сяд**ь**! Ся́д**ьте**!
Встан**ь**! Встáн**ьте**!

Partizipien

Nicht alle Partizipien weisen alle vier Formen des Partizips auf. In der Regel gillt:

Verben	Partizipien			
	Aktiv		Passiv	
	Präsens	Präteritum	Präsens	Präteritum
vt impf	+	+	+	+
vt pf	–	+	–	+
vi impf	+	+	–	–
vi pf	–	+	–	–

Partizip Präsens Aktiv (part präs akt)

(lesende, lesender, lesendes)

Die Partizipien des Aktivs finden in der Umgangssprache nur selten Verwendung. Sie werden überwiegend in der Schriftsprache gebraucht. Das Partizip Präsens Aktiv wird nur von imperfektiven Verben gebildet. Man leitet es von der 3. Person Plural ab, indem man das **-т** der Endung wegstreicht und durch die Partizipendungen **-ущ-** (**-ющ-**) bei Verben der E-Konjugation sowie **-ащ-** (**-ящ-**) bei Verben der I-Konjugation ersetzt.

Infinitiv	3. pers pl	m.	f.	nt.	Pl.
чита́ть	чита́ю**т**	чита́**ющ**ий	чита́**ющ**ая	чита́**ющ**ее	чита́**ющ**ие
стро́ить	стро́я**т**	стро́**ящ**ий	стро́**ящ**ая	стро́**ящ**ее	стро́**ящ**ие

Partizip Präteritum Aktiv (part prät akt)

(der/die/das gelesen habende, der/die/das gelesen hat)

Die Partizipien des Aktivs werden überwiegend in der Schriftsprache gebraucht. Das Partizip Präteritum Aktiv wird von perfektiven und imperfektiven Verben gebildet. Man leitet es von der männlichen Form des Präteritums ab. Endet diese Form nicht auf **-л**, so fällt das **-в-** der Partizipendung aus.

Infinitiv	3. pers pl	m.	f.	nt.	Pl.
чита́ть	чита́**л**	чита́**вш**ий	чита́**вш**ая	чита́**вш**ее	чита́**вш**ие
нести́	нёс	нёс**ш**ий	нёс**ш**ая	нёс**ш**ее	нёс**ш**ие

Ausnahmen:

вести́	ве́дший	обвести́	обве́дший
идти́	ше́дший	обрести́	обре́тший
набрести́	набре́дший	приобрести́	приобре́тший
навести́	наве́дший	прийти́	прише́дший
войти́	воше́дший	найти́	наше́дший
увя́нуть	увя́дший	разойти́сь	разоше́дшийся

Partizip Präsens Passiv (part präs pass)

(das gelesen werdende; das, was gerade gelesen wird)

Das Partizip Präsens Passiv wird in der Umgangssprache äußerst selten gebraucht. Auch in der Schriftsprache findet man es nur gelegentlich. Ein Satz wie: **он был любим** *er wurde geliebt* wird im modernen Russisch beispielsweise durch: **его́ люби́ли** wiedergegeben. Das part präs pass wird nur von unvollendeten transitiven Verben gebildet. Wie das Adjektiv hat es eine Lang- und eine Kurzform. (Die Langform wird in den runden Klammern angegeben.) Es wird gebildet, indem man die Endung der 3. Person Plural durch die Partizipendung ersetzt. Hierbei sind die Partizipendungen in E- und I-Konjugation verschieden.

	3. pers pl	m.	f.	nt.	Pl.
E-Konjugation	чита́**ют**	чита́**ем(ый)**	чита́**ема(я)**	чита́**емо(е)**	чита́**емы(е)**
I-Konjugation	стро́**ят**	стро́**им(ый)**	стро́**има(я)**	стро́**имо(е)**	стро́**имы(е)**

Unregelmäßige Bildungen

Infinitiv	3. pers pl	m.	f.	nt.	Pl.
вести́	вед-у́т	ведо́**м(ый)**	ведо́**ма(я)**	ведо́**мо(е)**	ведо́**мы(е)**
нести́	нес-у́т	несо́**м(ый)**	несо́**ма(я)**	несо́**мо(е)**	несо́**мы(е)**
дава́ть	да-ю́т	дава́**ем(ый)**	дава́**ема(я)**	дава́**емо(е)**	дава́**емы(е)**

Zur Betonung:

Bei Verben der I-Konjugation stimmt die Betonung nicht mit der Betonung der 3. Person Plural, sondern mit der des Infinitivs überein.

Partizip Präteritum Passiv (part prät pass)

(das gelesen worden seiende; das, was gelesen wurde)

Das Partizip Präteritum Passiv wird sowohl in der Umgangssprache als auch in der Schriftsprache häufiger gebraucht. Während die Langformen zumeist in der Schriftsprache Verwendung finden, kommen die Kurzformen nicht selten auch in der Umgangssprache vor. Es wird fast nur von vollendeten transitiven Verben gebildet. Wie das Adjektiv hat es Lang- und Kurzformen. Die Langformen sind in der Tabelle als erste eingetragen.

Verben auf		m.	f.	nt.	Pl.
1. -**ать**, -**ять** einige mehrsilbige auf -**еть**	-ть	-нный -н	-нная -на	-нное -но	-нные -ны
2. -**ить, -чь, -зть, -сть, -ти**	-ю (-у)	е-(ё-)нный е-(ё-)н	е-(ё-)нная е-(ё-)но	е-(ё-)нное е-(ё-)но	е-(ё-)нные е-(ё-)ны
3. -**уть, -ыть, -оть**, einsilbige auf -**еть, -ить, -ереть**, Nasalstämme	-ть	-тый -т	-тая -та	-тое -то	-тые -ты

1. Die Infinitivendung **-ть** wird durch die oben angegebenen Endungen ersetzt:

засéя**ть** – засéя**нный** – засéя**н**

разбросá**ть** – разбрóса**нный** – разбрóса**н**

2. Die Endung der 1. Person Singular wird ersetzt. Der bei diesen Verben häufige Konsonantenwechsel in der 1. Person Singular bleibt dabei erhalten. Ist das Partizip nicht endungsbetont, so steht **е** statt **ё**.

привед**ý** – приведё**нный** – приведё**н**

замéч**у** – замéч**енный** – замéч**ен**

заклé**ю** – заклé**енный** – заклé**ен**

3. Die Infintivendung **-ть** wird ersetzt:

обý**ть** – обý**тый** – обý**т**

колó**ть** – кóло**тый** – кóло**т**

заперé**ть** – зáпер**тый** – зáпер**т**

Zur Betonung:

zu 1. Bei Verben, die im Infinitiv stammbetont sind, wird die Betonung meist um eine Silbe zurückgezogen.

zu 2. Bei Verben auf **-ить** der I-Konjugation stimmt die Betonung meist mit der 2. Person Singular überein. Bei Verben, deren Infinitiv auf **-чь**, **-зть**, **-сть**, **-ти** ausgeht, ist das Partizip meist endbetont, d. h. für **е** steht **ё**. Oft kommt unregelmäßige Betonung vor, z. B.: **найти́/на́йденный, пройти́/про́йденный**.

zu 3. Die Betonung der Langform stimmt meist mit der maskulinen Form des Präteritums überein. Bei den Ableitungen von Verben auf **-еть** und **-ить** sowie bei den Nasalstämmen ist die weibliche Kurzform häufig endungsbetont.

Adverbialpartizipien (das russische Gerundium)

Die unveränderlichen Adverbialpartizipien werden überwiegend in der Schriftsprache gebraucht. Sie drücken eine Nebenhandlung aus, welche die durch das Prädikat des Satzes ausgedrückte Haupthandlung erläutert. Haupt- und Nebenhandlung haben das gleiche Subjekt.

Adverbialpartizipien drücken keine Zeit aus, sondern lediglich Vor- oder Gleichzeitigkeit. Die Zeit wird durch die Haupthandlung vorgegeben, z. B.:

мы идём разгова́ривая *wir gehen und unterhalten uns dabei*

мы шли разгова́ривая *wir gingen und unterhielten uns dabei*

Adverbialpartizip des Präsens (g präs akt)

(lesend)

Das Adverbialpartizip auf **-а**, **-я** wird zumeist von unvollendeten Verben gebildet. Man bildet es, indem man die Endungen der 3. Person Plural durch **-а**, **-я** ersetzt.

Infinitiv	3. P. Pl.	Adverbialpartizip
чита́ть	чита́-ют	чита́-**я**
стро́ить	стро́-ят	стро́-**я**
держа́ть	де́рж-ат	держ-а́
стара́ться	стара́-ют-ся	стара́**я**сь

Von manchen häufig vorkommenden Verben (**писáть, бежáть, éхать, хотéть, звать, ждать**) kann kein Adverbialpartizip auf **-я**, **-а** gebildet werden.

Die Endung -**учи** (-**ючи**) ist umgangssprachlich.	игрá**ючи**, идý**чи**, жалé**ючи** etc.

Zur Betonung:

Die Betonung stimmt normalerweise mit der Betonung der 1. Person Singular überein.	замечá**ю** – замечá**я** дé**лаю** – дé**лая**

Adverbialpartizip des Präteritums (g prät akt) (gelesen habend)

Das Adverbialpartizip auf **-в(ши)**, **-ши** bezeichnet in der Regel eine Nebenhandlung, die gegenüber der Haupthandlung vorzeitig verlaufen ist. Die Wiedergabe im Deutschen kann durch ein weiteres Prädikat, nicht selten aber auch durch einen Adverbialsatz der Zeit erfolgen.	**Взяв** свой фотоаппарáт, мáльчик вы́бежал из кóмнаты.	*Der Junge nahm seinen Fotoapparat und lief aus dem Zimmer* (oder) *Nachdem der Junge seinen Fotoapparat genommen hatte, lief er aus dem Zimmer.*

Es wird überwiegend von vollendeten Verben gebildet. Man leitet es vom Partizip Präteritum Aktiv ab. Die Partizipendung **-вший** wird durch **-в**, **-вши**, die Endung **-ший** durch **-ши** ersetzt. Die Form auf **-в** kommt häufiger vor. Die Form auf **-вши** ist umgangssprachlicher. Reflexive Verben haben stets die Endung **-вшись**, **-шись**.

Einige Verben weisen beide Endungen des Adverbialpartizips auf.	просóхну**в**/просóх**ши** вы́сохну**в**/вы́сох**ши** замерé**в**/зáмер**ши** промóкну**в**/промóк**ши** окрéпну**в**/окрéп**ши** etc.

Einige Adverbialpartizipien des Präteritums haben neben den üblichen Endungen **-в**, **-вши**, **-ши** die Endung **-а** (**-я**).

встре́ти**вши**сь und встре́т**я**сь
приобре́т**ши** und приобрет**я́**
прише́д**ши** und прид**я́**
услы́ша**в(ши)** und услы́ш**а**

Zur Betonung:

Die Betonung stimmt meist mit der des Infinitivs überein.

прочит**а́**ть – прочит**а́**в
та́ять – та́я
окре́пнуть – окре́пнув

Passiv

Das Passiv kann mit den Partizipien des Passivs (mit einer Form von **быть** oder ohne) gebildet werden.

Он (был) уво́лен.	*Er wurde entlassen/ Er ist entlassen.*

Weitere Möglichkeiten, das Passiv auszudrücken, sind die Verwendung von reflexiven Verben und der 3. Person Plural.

Она́ пора́нилась.	*Sie wurde verletzt.*
Меня́ экзамену́ют по фи́зике.	*Ich werde in Physik geprüft.*

Aspekte

Eine Handlung oder ein Geschehen wird im Russischen meist durch zwei Verben ausgedrückt. Die beiden der Form nach verschiedenen Verben, die als Aspektpaar bezeichnet werden, haben im Deutschen die gleiche Übersetzung.

impf	pf	Übersetzung
лгать	солга́ть	*lügen*
объединя́ть	объедини́ть	*vereinen*
достига́ть	дости́гнуть	*erreichen*
укрепля́ть	укрепи́ть	*befestigen*
сооружа́ть	сооруди́ть	*bauen*
тро́гать	тро́нуть	*berühren*
шепта́ть	шепну́ть	*flüstern, zuflüstern*

Sie unterscheiden sich jedoch durch die Art, wie die Tätigkeit gesehen wird: die Betrachtungsweise oder den Aspekt. Der Gebrauch des einen oder des anderen Verbs wird durch die Betrachtungsweise des Sprechenden oder durch den Sinnzusammenhang festgelegt. Man unterscheidet sie nach imperfektiven (unvollendeten) Verben, die eine unvollendete Handlung beschreiben, und nach perfektiven (vollendeten) Verben, die eine abgeschlossene Handlung bezeichnen.

imperfektive Verben	perfektive Verben
(что делать?)	*(что сделать?)*
Dauer	Vollendung (Ergebnis)
Fortdauer	zeitliche Begrenzung
Wiederholung	Beginn
allgemeine Aussage	auf einen bestimmten Einzelfall bezogene Handlung

In der Gegenwart, die stets andauert, ist eine Handlung (ein Geschehen, ein Prozess) nur unvollendet denkbar. Perfektive Verben drücken daher kein Präsens aus. Ihre Präsensformen haben Futurbedeutung. Die Bildung eines zusammengesetzten Futurs ist bei perfektiven Verben nicht möglich.

	Präteritum	Präsens	Futur
imperfektiver (unvollendeter) Aspekt	Мы стро́или дом.	Мы стро́им дом.	Мы бу́дем стро́ить дом.
	Wir bauten ein Haus.	*Wir bauen ein Haus.*	*Wir werden ein Haus bauen.*
perfektiver (vollendeter) Aspekt	Мы постро́или дом.		Мы постро́им дом.
	Wir bauten ein Haus.		*Wir werden ein Haus bauen.*
	Wir haben (hatten) ein Haus gebaut.		*Wir werden ein Haus gebaut haben.*

Beispiele für die Bildung von Aspektpaaren

imperfektiv	perfektiv	Übersetzung
гуля́ть	**по**гуля́ть	*spazieren gehen*
де́лать	**с**де́лать	*machen*
хоте́ть	**за**хоте́ть	*wünschen*
писа́ть	**на**пи́сать	*schreiben*
чита́ть	**про**чита́ть	*lesen*
ви́деть	**у**ви́деть	*sehen*
выступа́ть	вы́ступ**и**ть	*auftreten*
пока́з**ыва**ть	показа́ть	*zeigen*
да**ва́**ть	дать	*geben*
при**ходи́ть**	при**йти́**	*kommen*

Es gibt Aspektpaare, die sich nur durch die Betonung unterscheiden:

разрез**а́**ть *impf* – разр**е́**зать *pf* *schneiden*

засып**а́**ть *impf* – зас**ы́**пать *pf* *zuschütten*

отрез**а́**ть *impf* – отр**е́**зать *pf* *abschneiden*

Einige häufig gebrauchte Verben haben sehr unterschiedliche Aspektpartner:

imperfektiv	perfektiv	Übersetzung
брать	взять	*nehmen*
выходи́ть	вы́йти	*hinausgehen*
говори́ть	сказа́ть	*sprechen*
класть	положи́ть	*legen*
ложи́ться	лечь	*sich hinlegen*
сади́ться	сесть	*sich setzen*
спра́шивать	спроси́ть	*fragen*
станови́ться	стать	*werden*

Es gibt Verben, die nur im unvollendeten Aspekt vorkommen, wie z. B.:

быва́ть *zu sein pflegen*

люби́ть *lieben*

находи́ться *sich befinden*

Alle Verben der Bewegung ohne Vorsilbe, z. B. **е́хать**, kommen ebenfalls nur imperfektiv vor.

Verben, die nur im perfektiven Aspekt vorkommen, sind z. B.:

побыва́ть *(eine Zeit lang) verweilen*

пое́хать *losfahren*

состоя́ться *stattfinden*

Obwohl sie formal wie die Aspektpartner des entsprechenden imperfektiven Verbs aussehen, werden sie nicht als Aspektpartner betrachtet, da sie sich in der Bedeutung unterscheiden.

Arten des Vokalwechsels bei Aspektpaaren

	impf	pf	Übersetzung
а/о	опáздывать	опоздáть	*zu spät kommen*
и/е	стирáть	стерéть	*abwischen*
ин/а	начинáть	начáть	*beginnen*
им/я	понимáть	поня́ть	*verstehen*
ы/о	вздыхáть	вздохну́ть	*seufzen*

Arten des Konsonantenwechsels bei Aspektpaaren

	impf	pf	Übersetzung
вл/в	обновля́ть	обнови́ть	*erneuern*
г/ж	излагáть	изложи́ть	*schildern*
ж/д	провожáть	проводи́ть	*begleiten*
жд/д	побеждáть	победи́ть	*siegen*
ж/з	снижáть	сни́зить	*herabsetzen*
мл/м	утомля́ть	утоми́ть	*ermüden*
ч/т	отвечáть	отвéтить	*antworten*
щ/ст	прощáть	прости́ть	*verzeihen*
щ/т	защищáть	защити́ть	*verteidigen*

Mit folgenden Adverbialbestimmungen steht in der Regel der imperfektive Aspekt:

кáждый день, кáждый год, кáждый час, кáждую мину́ту, обы́чно, чáсто, всегдá, ежеднéвно, еженедéльно, цéлыми дня́ми, всё лу́чше и лу́чше etc.

Der perfektive Aspekt steht in der Regel mit folgenden Adverbialbestimmungen:

вдруг, неожи́данно, внезáпно, случáйно, впервы́е, моментáльно, в одну́ мину́ту, сейчáс же etc.

Der Gebrauch der Aspekte

Der Gebrauch der Aspekte im Präteritum

Imperfektiver Aspekt

Zum Ausdruck einer sich wiederholenden Handlung:	**Роди́телей мы посеща́ли по воскресе́ньям.** *Wir besuchten die Eltern sonntags.*
Zum Ausdruck des Handlungsablaufs:	**Ма́ша весь ве́чер рисова́ла карти́ну.** *Mascha zeichnete den ganzen Abend an einem Bild.*
Zur Wiedergabe von gleichzeitig ablaufenden Handlungen:	**Я гото́вила обе́д, а муж убира́лся.** *Ich bereitete das Mittagessen zu, und mein Mann räumte auf.*
Zur Wiedergabe des Ablaufes einer Handlung vor dem Hintergrund einer anderen:	**В до́ме хло́пали дверьми́, пока́ ма́ма игра́ла на пиани́но.** *Im Haus knallte jemand (ständig) mit der Tür, während Mutter Klavier spielte.*
Zum Ausdruck eines Zustandes, der sich auf die Vergangenheit bezieht und der zum Redemoment nicht mehr besteht:	**Мне в де́тстве нра́вилась ри́совая ка́ша.** *In meiner Kindheit habe ich gerne Milchreis gegessen.*
Zum Ausdruck einer Handlung, deren Resultat zum Redemoment annulliert ist:	**Мы зна́ем, что вор открыва́л сейф, потому́ что он забы́л в нём свои́ перча́тки.** *Wir wissen, dass der Dieb den Safe öffnete, weil er seine Handschuhe darin vergessen hat.*

Perfektiver Aspekt

Zum Ausdruck einer einmaligen Handlung:	**Вчерá состоя́лось собрáние акционéров.** *Gestern fand die Aktionärsversammlung statt.*
Zum Ausdruck der Vollendung einer Handlung:	**Я написáла письмó и отпрáвила егó.** *Ich habe einen Brief geschrieben und ihn abgeschickt.*
Zur Wiedergabe von aufeinanderfolgenden und abgeschlossenen Handlungen:	**Он помолчáл немнóго, а потóм раскры́л свою́ тáйну.** *Er schwieg eine Weile, dann enthüllte er sein Geheimnis.*
Zur Wiedergabe einer momentanen Handlung vor dem Hintergrund eines Prozesses, der durch ein imperfektives Verb ausgedrückt ist:	**Телефóн зазвони́л, когдá я мы́лся под дýшем.** *Das Telefon klingelte, als ich unter der Dusche war.*
Zum Ausdruck eines Zustandes, der sich auf die Vergangenheit bezieht und zum Redemoment noch besteht:	**Емý ещё в дéтстве захотéлось стать пожáрником.** *Seit seiner Kindheit will er Feuerwehrmann werden.*

Gebrauch der Aspekte im Futur

Imperfektiver Aspekt

Zum Ausdruck einer sich wiederholenden Handlung oder einer Handlung, die als Prozess aufgefasst wird:	**Я бýду бéгать кáждый день.** *Ich werde jeden Tag laufen.*
Zum Ausdruck von gleichzeitig ablaufenden Handlungen:	**Мы бýдем петь и танцевáть.** *Wir werden singen und tanzen.*

Zum Ausdruck der Fähigkeit, Bereitschaft, Überzeugung:	**Я в доро́ге не бу́ду спать.** *Ich werde unterwegs nicht schlafen (können).*
Zur Konstatierung einer zukünftigen Handlung:	**Вы бу́дете отвеча́ть на э́то письмо́?** *Werden Sie diesen Brief beantworten?*
Zum Ausdruck der Absicht, eine Handlung in Kürze durchzuführen:	**Вы бу́дете сходи́ть на сле́дующей остано́вке?** *Werden Sie an der nächsten Haltestelle aussteigen?*

Perfektiver Aspekt

Zum Ausdruck einer einmaligen Handlung und der Überzeugung, dass eine Handlung bestimmt zum Resultat führen wird:	**За́втра я пойду́ к парикма́херу.** *Morgen gehe ich zum Friseur.*
Zum Ausdruck einer Folge von Einzelhandlungen in der Zukunft:	**Снача́ла потанцу́ем, пото́м пе́сню споём.** *Zuerst werden wir tanzen und dann ein Lied singen.*
Zum Ausdruck einer möglichen Handlung:	**Е́сли кто зайдёт, то скажи́те, что я ско́ро верну́сь.** *Sollte jemand vorbeikommen, sagen Sie ihm, ich werde bald zurück sein.*
Zum Ausdruck der Unmöglichkeit des Handlungsvollzuges:	**Я не вспо́мню доро́гу.** *Ich werde mich an den Weg nicht erinnern (können).*

Der Gebrauch der Aspekte im Infinitiv

Imperfektiver Aspekt

Zum Ausdruck eines Prozesses oder einer sich wiederholenden Handlung:

Мы всегда́ хоте́ли рабо́тать вме́сте. *Wir wollten schon immer zusammenarbeiten.*

Zum Ausdruck einer Handlung, die verneint, verboten oder nicht empfohlen wird. Der Infinitiv steht in Verbindung mit folgenden Wörtern: **нельзя́, не на́до, не́зачем, не сле́дует, не сто́ит, не обеща́ть, не хоте́ть(ся)** u. a.:

На борту́ самолёта нельзя́ кури́ть. *An Bord des Flugzeugs darf man nicht rauchen.*

Вам не сле́дует есть жи́рное. *Sie sollten nichts Fettes essen.*

Zum Ausdruck einer Bitte, eines Ratschlags oder eines Befehls, die Handlung nicht auszuführen:

Я прошу́ Вас не меша́ть. *Ich bitte Sie, nicht zu stören.*

Nach Verben, die Beginn, Fortdauer, Abbruch oder Abschluss einer Handlung bezeichnen:

Они́ отпра́вились закупа́ться. *Sie sind einkaufen gegangen.*

Он бро́сил кури́ть. *Er hat sich das Rauchen abgewöhnt.*

Perfektiver Aspekt

Zum Ausdruck einer einmaligen Handlung:

Я всегда́ хоте́ла соверши́ть кругосве́тное путеше́ствие. *Ich wollte schon immer eine Weltreise machen.*

Zum Ausdruck einer Bitte, eines Ratschlags oder eines Befehls, eine einmalige Handlung auszuführen:

Я прошу́ Вас закры́ть окно́. *Ich bitte Sie, das Fenster zu schließen.*

Nach unterordnenden Wörtern, die den perfektiven Infinitiv bedingen (**суме́ть, успе́ть, забы́ть, опозда́ть, мочь, спеши́ть** u. a.):

Он забы́л позвони́ть мне. *Er hat vergessen, mich anzurufen.*

Zum Ausdruck einer Handlung, die man nicht ausführen kann (in Verbindung mit нельзя́):

На у́лице си́льный ве́тер, да́же закури́ть нельзя́. *Draußen weht der Wind so stark, dass man nicht einmal eine Zigarette anzünden kann.*

Der Gebrauch der Aspekte im Imperativ

Imperfektiver Aspekt

Zum Ausdruck einer Einladung, eine Handlung auszuführen:

Сади́тесь, пожа́луйста! *Nehmen Sie bitte Platz!*

Zum Ausdruck einer Bitte oder einer Aufforderung, eine sich wiederholende oder andauernde Handlung auszuführen:

Прове́тривайте ко́мнату ка́ждый день. *Lüften Sie Ihr Zimmer täglich.*

Perfektiver Aspekt

Zum Ausdruck eines Befehls:

Ся́дьте! *Setzen Sie sich!*

Zum Ausdruck einer Bitte, einer Aufforderung oder eines Befehls, eine einmalige Handlung auszuführen:

Нажми́те на кра́сную кно́пку. *Drücken Sie den roten Knopf.*

Verben der Fortbewegung

Einige unvollendete Verben der Bewegung haben zwei Formen, eine bestimmte und eine unbestimmte. Die Übersetzung beider Verben bleibt im Deutschen dieselbe. Der unterschiedliche Gebrauch ist in der nachstehenden Tabelle zusammengefaßt.

bestimmt	unbestimmt
einmalig	mehrmalig
nicht unterbrochen	von unbestimmter Dauer
in bestimmter Zeit	ohne bestimmte Richtung (z. B. hin und her)
zielgerichtete Bewegung	wiederholt, gewohnheitsmäßig allgemeine Fähigkeit zur Ausführung einer Bewegung

Bestimmt (zielgerichtete Bewegung):	**Я сего́дня иду́ в бассе́йн**. *Ich gehe heute* (einmalig, nicht unterbrochen, in bestimmter Zeit) *ins Schwimmbad* (in bestimmter Richtung).
	Студе́нт е́хал в Пари́ж. *Der Student ist nach Paris gefahren*. (einmalig, in bestimmter Richtung)
	Журавли́ лете́ли на юг. *Die Kraniche zogen nach Süden* (zielgerichtete Bewegung).
Unbestimmt (nicht zielgerichtete Bewegung):	**Два ра́за в день почтальо́н но́сит по́чту**. *Zweimal am Tag trägt der Briefträger die Post aus* (wiederholt, gewohnheitsmäßig).
	Авто́бус хо́дит ка́ждые пять мину́т. *Der Bus fährt alle fünf Minuten* (mehrmalig, nach einem bestimmten Zeitplan).
	Над по́лем лета́ли журавли́. *Über dem Feld flogen die Kraniche* (Bewegung von unbestimmter Dauer und ohne Richtungsangabe).
	Вчера́ я е́здила в Москву́. *Gestern bin ich nach Moskau gefahren*. (hin und zurück, d. h. ich bin schon wieder zu Hause).
	Сего́дня я ходи́л купа́ться. *Heute war ich schwimmen* (einmalige Bewegung in zwei Richtungen, nur in der Vergangenheitsform).
	Ребёнок уже́ хо́дит. *Das Kind kann schon laufen* (Fähigkeit zur Ausführung einer bestimmten Bewegung).
	Ры́бы пла́вают. *Fische (können) schwimmen* (ständige Eigenschaft, allgemeine Fähigkeit).

Bestimmt und unbestimmt kommen folgende 15 Verbpaare vor:

bestimmt	unbestimmt	Übersetzung
бежáть	бéгать	*laufen*
везти́	вози́ть	*transportieren, fahren*
вести́	води́ть	*führen*
гнать	гоня́ть	*treiben, jagen*
гнáться	гоня́ться	*nachjagen, nachrennen*
éхать	éздить	*fahren*
идти́	ходи́ть	*gehen*
кати́ть	катáть	*rollen, wälzen*
лезть	лáзить	*klettern*
летéть	летáть	*fliegen*
нести́	носи́ть	*tragen*
нести́сь	носи́ться	*rennen, rasen*
плыть	плáвать	*schwimmen*
ползти́	пóлзать	*kriechen*
тащи́ть	таскáть	*schleppen*

Alle Verben der Fortbewegung gehören dem imperfektiven Aspekt an. Tritt eine Vorsilbe vor diese Verben, so verlieren sie ihre Bestimmtheit bzw. Unbestimmtheit. Sie werden dann zu Aspektpartnern.

выходи́ть *impf*, **вы́йти** *pf* *herausgehen*

залетáть *impf*, **залетéть** *pf* *einfliegen*

сходи́ть *impf*, **сойти́** *pf* *heruntergehen*

Vorsilben bei Verben

Zahlreiche einfache imperfektive Verben können durch Präfixe ganz bestimmte Bedeutungen erhalten. Die entstehenden zusammengesetzten Verben sind in den meisten Fällen perfektiv. Der dazugehörige Aspektpartner wird oft durch das Infix **-ива-/-ыва-** gebildet. Die wichtigsten Vorsilben sind:

в- (во-, въ-)	herein-, hinein-; ein-; hinauf-, herauf-
вз- (вс-, взо-)	hinauf-, herauf-
вы-	heraus-, hinaus-; aus-
до-	bis … zu, bis … hin; zu-
за-	ein-, (hin-)
о- (об-, обо-)	um … herum, durch-
от- (ото-, отъ-)	weg-, ab-, fort-
пере-	über-, hinüber-, herüber-, durch-
под- (подо-)	heran-, herbei-
при-	heran-, herbei-, an-; hin-
про-	durch-, hindurch-; vorbei-, vorüber-
раз- (разо-, рас-)	auseinander-, ver-; zer-
с- (со-)	zusammen-; herunter-, hinunter-
у-	weg-, fort-, davon-

Bsp.:

взбега́ть *impf/* **взбежа́ть** *pf* **на ле́стницу** *die Treppe hinauflaufen*

заполза́ть *impf/* **заползти́** *pf* **за ка́мень** *hinter einen Stein kriechen*

проходи́ть *impf/* **пройти́** *pf* **ми́мо шко́лы** *an der Schule vorbeigehen*

перебега́ть *impf/* **перебежа́ть** *pf* **че́рез у́лицу** *über die Straße laufen*

Komposita von идти́

Идти́ erscheint in Zusammensetzungen als **-йти**, z. B.: вы́йти *herausgehen*, уйти́ *weggehen*, прийти́ *kommen*. Diese Zusammensetzungen werden wie **идти́** konjugiert: **я приду́**, **ты придёшь**.

Die Präpositionen

Die Präpositionen stehen normalerweise mit einem ganz bestimmten Kasus (Fall). Es gibt aber auch Präpositionen, die mit zwei oder drei Fällen verbunden werden können. Je nach Kasus haben sie eine andere Bedeutung; welche das jeweils ist, können Sie im Wörterbuchteil nachschlagen.

Fälle	Präpositionen mit einem Fall	
Gen	без/бе́зо *ohne*	из-по́д *unter … hervor*
	близ *in der Nähe*	кро́ме *außer*
	ввиду́ *angesichts*	ми́мо *an … vorbei*
	в ка́честве *als*	насчёт *hinsichtlich*
	вме́сто *anstatt, anstelle*	о́коло *neben; circa*
	вне *außerhalb*	от *von*
	внутри́ *innerhalb*	относи́тельно *hinsichtlich*
	во вре́мя *während*	пове́рх *über*
	во́зле *neben*	по́дле *neben*
	вокру́г *um … herum*	позади́ *hinter*
	в отли́чие от *im Unterschied zu*	поми́мо *abgesehen*
	в отноше́нии *in Hinsicht auf*	по́сле *nach*
	впереди́ *vor*	посреди́ *mitten in*
	в результа́те *infolge*	про́тив *gegen*
	всле́дствие *infolge*	ра́ди *wegen, um … willen*
	в тече́ние *während, innerhalb*	сверх *über*
	для *für*	свы́ше *über*
	до *bis, vor*	с по́мощью *mittels, mit*
	из/изо́ *aus, von*	среди́ *inmitten, unter*
	из-за *wegen; hinter … hervor*	у *bei*

Fälle	Präpositionen mit einem Fall	
Dat	благодаря́ *dank*	навстре́чу *entgegen*
	вопреки́ *entgegen; trotz*	наперекóр *zum Trotz*
	вслед *hinter ... her*	соглáсно *gemäß, laut*
	к/ко *zu*	соотвéтственно *entsprechend*
Akk	несмотря́ на *trotz*	спустя́ *nach*
	про *über, von*	чéрез/чрез *durch, über; nach, in*
	сквозь *durch, hindurch*	
Inst	в связи́ с *in Verbindung mit*	над/нáдо *über*
	в соотвéтствии с *entsprechend*	пéред/пéредо *vor*
	мéжду *zwischen*	по сравнéнию с *im Vergleich zu*
Präp	при *bei*	

	Präpositionen mit zwei Fällen	
Akk	в/во *in, nach; um, an*	о/об/óбо *an, gegen*
	за *hinter, an; für; in, während*	под/пóдо *unter, gegen*
	на *auf*	
Inst	за *hinter, an, außerhalb*	под/пóдо *unter, bei*
Präp	в/во *in*	о/об/óбо *über, von*
	на *auf*	

	Präpositionen mit drei Fällen	
Gen		с/со *von, aus*
Dat	по *durch, entlang; wegen; laut*	
Akk	по *bis*	с/со *so ... wie, etwa*
Inst		с/со *mit*
Präp	по *nach*	

Die Präpositionen werden in folgenden Fällen gebraucht:

bei Angaben des Ortes (*wo? wohin? woher?*). Bei **в, за, на, под** spielt dabei die Bewegungsrichtung für die Wahl des Kasus eine Rolle, d. h. man fragt *wo?* oder *wohin?* Bsp.:	**пойти́ в магази́н** *ins Geschäft gehen* **купи́ть что́-либо в магази́не** *etwas im Geschäft kaufen*
	сесть за стол *sich an den Tisch setzen* **сиде́ть за столо́м** *am Tisch sitzen*
	идти́ на фа́брику *in die Fabrik gehen* **рабо́тать на фа́брике** *in der Fabrik arbeiten*
	поста́вить что́-либо под крова́ть *etwas unters Bett stellen* **лежа́ть под одея́лом** *unter einer Decke liegen*

bei Angaben der Zeit (*wann? seit wann? bis wann?*):	**че́рез два го́да** *in zwei Jahren*
	за после́дние пять лет *in den letzten fünf Jahren*
	в э́том столе́тии *in diesem Jahrhundert*
	до револю́ции *vor der Revolution*
	во вре́мя о́тпуска *während des Urlaubs*
	с пе́рвого по тре́тье сентября́ *vom 1. bis zum 3. September*
	под утро *gegen Morgen* etc.

bei Angaben des Grundes (*warum?*):

согла́сно реше́нию суда́ *laut Gerichtsbeschluss*

отсу́тствовать по боле́зни *wegen Krankheit fehlen*

не по́мнить себя́ от ра́дости *außer sich vor Freude sein* etc.

bei Angaben des Zwecks (*weswegen? zu welchem Zweck?*):

ра́ди бо́га *um Gottes willen*

пойти́ за сле́сарем *den Schlosser holen*

для Ва́шей по́льзы *zu Ihrem Nutzen* etc.

bei Verben:

разгова́ривать о чём-либо *über/von etwas sprechen*

проща́ться с ке́м-либо *sich von jdm verabschieden*

знако́миться с ке́м-либо *jdn kennen lernen*

уча́ствовать в чём-либо *an etwas teilnehmen* etc.

An die Präpositionen **без, в, из, к, над, от, пе́ред, под, с** kann ein **о** angehängt werden, wenn das folgende Wort mit zwei Konsonanten beginnt, unter anderem in folgenden Kombinationen:

во steht vor **в** plus Konsonant, **ф** plus Konsonant und vor **мн**

во всех стра́нах *in allen Ländern*

во Фра́нкфурте *in Frankfurt am Main*

во вто́рник *am Dienstag*

во мно́гих слу́чаях *in vielen Fällen*

пéредо und **со** stehen vor **мн**	**пéредо мной** *vor mir* **со мной** *mit mir*
бéзо steht nur vor **всех, вся́ких**.	
Man muss allerdings beachten, dass sich viele Wortkombinationen, die aus Präposition und Substantiv bestehen, traditionell herausgebildet haben und keinen Regeln unterliegen:	**во двор, со двора́** *in den Hof, aus dem Hof* aber: **в дверь, с две́рью** *in die Tür, mit der Tür*
Die Präposition **о** wird vor vokalischem Anlaut zu **об**:	**об исто́рии** *über die Geschichte* **об успе́хе** *über den Erfolg*
Vor einigen Wörtern hat sie die Form **обо**:	**обо мне́** *über mich* **обо всём** *über alles*, **обо что́** *an etwas*

Die Konjunktionen

Man unterscheidet im Russischen bei- und unterordnende Konjunktionen. Die beiordnenden Konjunktionen verbinden entweder gleichartige Satzglieder innerhalb eines Satzes oder gleichrangige Sätze innerhalb einer Satzreihe miteinander. Die unterordnenden Konjunktionen verbinden Haupt- und Nebensatz innerhalb eines Satzgefüges miteinander. Im Unterschied zum Deutschen haben die Konjunktionen im Russischen keinen Einfluss auf die Wortstellung im Nebensatz.

Zu den wichtigsten beiordnenden Konjunktionen gehören: **а** *und (weist auf einen Gegensatz hin); sondern;* **да** *und; aber;* **зато́** *dafür;* **и** *und;* **и́ли** *oder;* **и́ли ... и́ли** *entweder ... oder;* **как ..., так и** *sowohl ... als auch;* **ли́бо** *oder;* **не то́лько ..., но и** *nicht nur ..., sondern auch;* **то ..., то** *mal ..., mal ...*

Man unterscheidet folgende unterordnende Konjunktionen:

kausale: **потому́ что** *weil*, **оттого́ что** *da*, **так как** *weil*, **в виду́ того́ что** *in Anbetracht dessen, dass*, **благодаря́ тому́ что** *dadurch, dass*, **вслéдствие того́ что** *weil, nachdem (ja)* u. a.

finale: **чтóбы (чтоб), для тогó чтóбы, с тем чтóбы** *damit, um ... zu* u. a.

temporale: **когдá** *als, wenn*, **лишь** *kaum; sobald*, **лишь тóлько** *sobald*, **покá** *solange*, **едвá** *kaum*, **до тогó как** *bis*, **до тех пор покá** *solange*, **пóсле тогó как** *nachdem*, **прéжде чем** *bevor*, **в то врéмя как** *während* u. a.

konditionale: **éсли** *wenn*, **éсли бы** *wenn*, **раз** *wenn einmal*, **ли** *ob* u. a.

deklarative: **как, бýдто, словно, как бýдто, тóчно** *als, als ob*, **что** *dass*, **чтóбы** *damit* u. a.

konsekutive: **так что** *sodass*

Die Partikeln

Die russischen Partikeln verleihen wie im Deutschen Wörtern oder ganzen Sätzen Bedeutungsschattierungen. Sie sind undeklinierbar. Bsp.:

Fragepartikeln: **ли (ль), рáзве, неужéли, неýжто, небóсь**

Интерéсна **ли** э́та игрá? *Ist dieses Spiel interessant?*
Рáзве емý мóжно вéрить? *Kann man ihm denn glauben?*
Неужéли ты ещё не нашёл ключá? *Hast du etwa den Schlüssel noch nicht gefunden?*
Небóсь ты испугáлся? *Da bist du erschrocken, was?*

Ausrufepartikeln: **как, что за**

Как ты мог э́то забы́ть! *Wie konntest du das nur vergessen!*
Что за безответственность! *So eine Verantwortungslosigkeit!*

bekräftigende Partikeln: **ведь, же, и, да́же, да́же и, уж, всё, всё-таки**	**Ведь** мы её об э́том попроси́ли. *Wir hatten sie doch darum gebeten.*
	О́на **же** не сказа́ла, что сама́ уезжа́ет. *Sie hat uns ja nicht gesagt, dass sie selbst verreist.*
	Мы **и** де́ньги тебе́ заплати́ли за э́то! *Wir haben dir sogar Geld dafür bezahlt!*
	Он **да́же** гла́зом не моргну́л. *Er hat nicht einmal mit der Wimper gezuckt.* Usw.
einschränkende Partikeln: **то́лько, лишь**	Ко́мната освободи́тся **то́лько** че́рез два ме́сяца. *Das Zimmer wird erst in zwei Monaten frei.*
	Я хоте́ла **лишь** поздоро́ваться. *Ich wollte dich (Sie ...) lediglich begrüßen.*
präzisierende Partikeln: **и́менно, как раз**	**И́менно** об э́том и шла речь на конфере́нции. *Gerade davon war auf der Konferenz die Rede.*
	Вот **и́менно**! *Das ist es eben!*
	Как раз тебя́ я и хоте́ла заста́ть. *Gerade dich wollte ich auch treffen.*
hinweisende Partikeln: **вот (а вот), вон (а вон)**	**Вот и я!** *Da bin ich!*
	Вот тебе́ раз! *Da haben wir es!*
	Вот дура́к! *Das ist vielleicht ein Dummkopf!*
	Пошёл вон! *Mach, dass du wegkommst!*
	Вон оно́ что! *Da liegt der Hase im Pfeffer!*

Außerdem dienen die Partikeln **бы, да, пусть (пускáй)** zur Bildung des Konjunktivs bzw. des Imperativs:

что бы ни случи́лось *was auch geschehen mag*	
ты бы погуля́л немно́го *geh doch ein wenig spazieren; du würdest gut daran tun, ein wenig spazieren zu gehen*	
да здрáвствует свобо́да! *es lebe die Freiheit!*	
да замолчи́! *so schweige doch!*	
пусть подождёт! *soll er warten!*	

Negationspartikeln не, нет, ни und die Negation

Mit der Negationspartikel **не** können sämtliche Sätze verneint werden. Die Partikel **не** steht immer vor dem zu verneinenden Satzglied:

Мой сын ещё не хо́дит в шко́лу. *Mein Sohn geht noch nicht zur Schule.*

Nach einem den Akkusativ regierenden verneinten Verb kann das abhängige Objekt sowohl im Akkusativ als auch im Genitiv stehen:

Мы ещё не купи́ли но́вый при́нтер/но́вого при́нтера. *Wir haben noch keinen neuen Drucker gekauft.*

Das Nichtvorhandensein von etwas oder jemandem wird in unpersönlichen Sätzen mit Hilfe von **нет** (im Präsens), **не было** (im Präteritum) und **не будет** (im Futur) zum Ausdruck gebracht. Objekte der Negation stehen immer im Genitiv:

- **У меня́ нет вре́мени.** *Ich habe keine Zeit.*
- **Ра́ньше здесь не бы́ло стадио́на.** *Früher gab es hier kein Stadion.*
- **На сле́дующей неде́ле его́ не бу́дет.** *Er ist nächste Woche nicht da.*

Eine doppelte Negation durch die zweifache Verwendung von **не** hebt die Verneinung auf:

- **Это не могло́ не повлия́ть на разви́тие ребёнка.** *Das musste die Entwicklung des Kindes beeinflusst haben.*
- **Нельзя́ не заме́тить, что ...** *Es ist nicht zu übersehen, dass ...*

Wenn im Satz ein Negationspronomen mit **ни**- verwendet wird, dann muss unbedingt auch das Verb verneint werden. Nach einem den Akkusativ regierenden Verb sowie nach **нет** steht das abhängige Negationspronomen immer im Genitiv:

Я ничегó не купи́л. *Ich habe nichts gekauft.*

В э́том фи́льме нет ничегó смешнóго. *In diesem Film gibt es nichts Komisches.*

На дискотéке онá ни с кем не познакóмилась. *In der Disko hat sie niemanden kennengelernt.*

Die doppelte Verneinung gilt auch bei der Verwendung der verstärkenden Negationspartikel **ни** vor anderen Wortarten:

Там не бы́ло ни души́. *Es war keine Menschenseele da.*

Ни kann auch verallgemeinernde Bedeutung haben:

Что ни дéлал бы, всё у негó получáлось. *Was er auch gemacht hat, alles gelang ihm.*

Кудá ни посмóтришь, вездé цветы́. *Wo man auch hinsieht, überall gibt es Blumen.*

Außerdem kommt die Partikel **ни** in idiomatischen Aufforderungssätzen vor:

Ни шáгу дáльше! *Keinen Schritt weiter!*

Ни с мéста! *Rühr dich nicht vom Fleck!*

Die Interjektionen

Interjektionen geben Gefühle und Willensäußerungen wieder, ohne diese zu benennen:

Ай, горячо́! *Au, es ist heiß!*

Ба! Знако́мые всё ли́ца. *Nanu! Alles bekannte Gesichter.*

На, держи́ су́мку! *Da, halt mal meine Tasche!*

Ну-ну, расска́зывай да́льше! *Schon gut, erzähl weiter.*

Фу, как здесь воня́ет! *Pfui, das stinkt hier!*

Тсс, да́йте смотре́ть фильм. *Pst, ich will den Film sehen!*

Увы́, он не пришёл. *Leider ist er nicht gekommen.*

Ура́! Мы победи́ли! *Hurra! Wir haben gewonnen!*

Syntax

In diesem Kapitel finden Sie eine Übersicht über die wichtigsten syntaktischen Erscheinungen, die sich vom deutschen Satzbau wesentlich unterscheiden.

Wortstellung

Im Russischen ist die Wortstellung weitgehend frei. Das bedeutet, dass die einzelnen Satzglieder, zumindest theoretisch, an jeder beliebigen Stelle im Satz stehen können. Allerdings muss man beachten, dass die Bedeutung des Satzes u. a. von der Wortstellung abhängt und deswegen jede Veränderung der Wortstellung inhaltliche Verschiebungen mit sich bringt.

Wortstellung im Aussagesatz

In einem neutralen Aussagesatz sieht die Wortstellung folgendermaßen aus:

1. Subjekt + (2. Adverbialbestimmung) + 3. Prädikat + (4. Objekt im Dativ) + (5. Objekt im Akkusativ)

1.	2.	3.	4.	5.	6.
Ве́тер	**си́льно**	**ду́ет**.			*Der Wind weht stark.*
Я	**с интере́сом**	**пишу́**	**ему́**	**письмо́**.	*Ich schreibe ihm mit Interesse einen Brief.*

Eine andere Reihenfolge der Satzglieder ist grundsätzlich möglich, allerdings kommt es dadurch zu einer Bedeutungsverschiebung. Satzglieder, die im Deutschen durch Anheben der Stimme betont werden (in den Beispielen unterstrichen), stehen dabei im Russischen am Satzende:

Са́ша передаёт приве́т **дру́гу**. *Sascha bestellt seinem Freund einen Gruß.*

Приве́т дру́гу передаёт **Са́ша**. *Sascha bestellt seinem Freund einen Gruß.*

Wortstellung im Fragesatz

Fragesätze mit Fragewörtern haben in der Regel folgende Reihenfolge:

- mit einem Substantiv als Subjekt: 1. Fragewort + 2. Prädikat + 3. Subjekt

1.	2.	3.	
Кем	**рабо́тает**	**твой оте́ц?**	*Was ist dein Vater von Beruf?*

- mit einem Personalpronomen als Subjekt: 1. Fragewort + 2. Subjekt + 3. Prädikat

1.	2.	3.	
Кем	**он**	**рабо́тает?**	*Was ist er von Beruf?*

Die Wortstellung eines Fragesatzes ohne Fragewort unterscheidet sich im Russischen nicht von der eines Aussagesatzes. Der Satzteil, der erfragt wird, wird durch Anheben der Stimme betont (im folgenden Beispiel unterstrichen).

Ein weiterer wichtiger Unterschied zum deutschen Fragesatz besteht darin, dass sich die Stimme am Satzende nicht nach oben bewegt, sondern wie in einem Aussagesatz nach unten:

Он	**купи́л**	**хлеб?**	*Hat er Brot gekauft?*

Sätze ohne grammatisches Subjekt

Sätze ohne grammatisches Subjekt sind im Russischen eine weit verbreitete Erscheinung, die in Abhängigkeit von der Konjugationsform des Verbs unterschiedliche Bedeutungen wiedergeben.

Unbestimmt-persönliche Sätze

Im Russischen besteht die Möglichkeit, deutsche Passivkonstruktionen bzw. Sätze mit „man“ als Subjekt durch unbestimmt-persönliche Sätze zum Ausdruck zu bringen. Die Verben stehen in der 3. Person Plural, das grammatische Subjekt in Form eines Substantivs oder eines Personalpronomens fehlt.

Про́сят не кури́ть. *Es wird gebeten, nicht zu rauchen.*

В Москве́ мно́го стро́или. *In Moskau wurde viel gebaut.*

Allgemein-persönliche Sätze

Deutsche Konstruktionen mit „man“ als Subjekt, das durch ein allgemein-persönliches „du“ ersetzt werden kann, können im Russischen in der Regel durch Sätze mit perfektiven Verben in der 2. Person Singular wiedergegeben werden:

Слеза́ми го́рю не помо́жешь. *Mit Tränen allein wird man dem Kummer nicht abhelfen.*

Её никогда́ не заста́нешь. *Sie kann man nie erreichen.*

Das Prädikat eines allgemein-persönlichen Satzes kann außerdem durch den Imperativ Singular ausgedrückt werden:

Век живи́, век учи́сь. *Man lernt nie aus.*

Сего́дняшней рабо́ты на за́втра не откла́дывай. *Was du heute kannst besorgen, das verschiebe nicht auf morgen.*

Unpersönliche Sätze

Unpersönliche Sätze sind Sätze ohne eine handelnde Person als reales Subjekt. Das Prädikat steht in unpersönlichen Sätzen in der 3. Person Neutrum Singular:

Меня́ моро́зило. *Ich hatte Schüttelfrost.*

На восто́ке забре́зжило. *Im Osten dämmerte es.*

Wird in unpersönlichen Sätzen der Urheber der jeweiligen Handlung (das reale Subjekt) angegeben, so steht er immer im Instrumental:

Солда́та уби́ло бо́мбой. *Der Soldat wurde von einer Bombe getötet.*

Кры́шу снесло́ урага́ном. *Das Dach wurde von einem Wirbelsturm abgetragen.*

Unpersönliche modale Infinitivkonstruktionen

Reflexivverben in der 3. Person Singular drücken in Sätzen ohne grammatisches Subjekt einen Umstand aus, der sich dem Willen des realen Subjekts entzieht. Das reale Subjekt steht dabei im Dativ:

Нам придётся отмени́ть служе́бную пое́здку. *Wir werden die Dienstreise absagen müssen.*

Ему́ хоте́лось пойти́ в кино́. *Er wollte ins Kino gehen.*

Zusammen mit einem Infinitiv wird auch eine Reihe von Modalwörtern verwendet wie z. B. мóжно, нельзя́, возмóжно, невозмóжно, необходи́мо, нáдо, не нáдо, нýжно, не нýжно usw.:

Пищевы́е продýкты нýжно храни́ть в сухóм мéсте. *Die Lebensmittel müssen trocken gelagert werden.*

Э́ту говя́дину не нáдо/не нýжно есть. *Dieses Rindfleisch isst man lieber nicht.*

Das Futur dieser Modalwörter wird durch das Hinzufügen von **бýдет** und das Präteritum mit Hilfe von **бы́ло** gebildet. **Бýдет** und **бы́ло** stehen unmittelbar nach dem Modalwort:

Мне нáдо бýдет заказáть э́тот словáрь. *Ich werde dieses Wörterbuch bestellen müssen.*

Э́того нельзя́ бы́ло дéлать. *Das hätte man nicht tun dürfen.*

Prädikate können in unpersönlichen Sätzen auch aus dem infiniten Verb bestehen, wobei das reale Subjekt dann im Dativ steht:

Всемý клáссу яви́ться к дирéктору. *Die ganze Klasse hat beim Direktor zu erscheinen.*

Вам начинáть. *Sie sind dran.*

Мне за Вáми зайти́? *Soll ich Sie abholen kommen?*

Nominalsätze

Hierbei wird der Nominativ eines Substantivs, eines Personalpronomens oder einer Zahlwortverbindung prädikativ gebraucht:

Ночь. *Es ist Nacht.*

Тишинá. *Es ist still.*

Вот шалáш. *Hier ist die Laubhütte.*

Prädikatslose unpersönliche Sätze

In einigen unpersönlichen Sätzen wird das Prädikat ausgelassen, wenn das Verständnis des Satzes dadurch nicht beeinträchtigt wird:

Скóлько Вам билéтов? *Wie viele Karten möchten Sie?*

Unregelmäßige deutsche Verben

Неправильные немецкие глаголы

Die folgende Auflistung zeigt Ihnen die Vergangenheitsformen und die Partizipien Perfekt der unregelmäßigen deutschen Verben. Sie enthält aus Platzgründen nur die einfachen Verben, zum Beispiel **denken**.

Zusammengesetzte und präfigierte Verben, die dieses Grundverb enthalten – zum Beispiel **ausdenken** oder **nachdenken** –, sind nicht verzeichnet, weil sie ja dieselben Formen haben: **dachte, ausdachte, nachdachte; gedacht, ausgedacht, nachgedacht**. Daher brauchen sie hier nicht aufgeführt zu werden. Im deutsch-russischen Wörterbuchteil sind sie mit dem Kürzel *irr* (für *irregulär*) versehen. Diese grammatikalische Kennzeichnung ist gleichzeitig als Verweis gedacht, der Sie zu dieser Tabelle führen soll.

Die hier aufgelisteten Formen können Sie übrigens auch direkt im deutsch-russischen Wörterbuchteil beim jeweiligen Grundverb finden. So stehen beispielsweise beim Stichwort **binden** in Spitzklammern die Formen <band, gebunden>.

Infinitiv	Präteritum	Partizip Perfekt
backen	backte *o alt* buk	gebacken
befehlen	befahl	befohlen
beginnen	begann	begonnen
beißen	biss	gebissen
bergen	barg	geborgen
bersten	barst	geborsten
bewegen	bewog	bewogen
biegen	bog	gebogen
bieten	bot	geboten
binden	band	gebunden
bitten	bat	gebeten
blasen	blies	geblasen
bleiben	blieb	geblieben
bleichen	bleichte *o alt* blich	gebleicht *o alt* geblichen
braten	briet	gebraten
brechen	brach	gebrochen
brennen	brannte	gebrannt
bringen	brachte	gebracht

Infinitiv	Präteritum	Partizip Perfekt
denken	dachte	gedacht
dreschen	drosch	gedroschen
dringen	drang	gedrungen
dürfen	durfte	dürfen, gedurft
empfangen	empfing	empfangen
empfehlen	empfahl	empfohlen
empfinden	empfand	empfunden
essen	aß	gegessen
fahren	fuhr	gefahren
fallen	fiel	gefallen
fangen	fing	gefangen
fechten	focht	gefochten
finden	fand	gefunden
flechten	flocht	geflochten
fliegen	flog	geflogen
fliehen	floh	geflohen
fließen	floss	geflossen
fressen	fraß	gefressen
frieren	fror	gefroren
gären	gärte *o* gor	gegärt *o* gegoren
gebären	gebar	geboren
geben	gab	gegeben
gedeihen	gedieh	gediehen
gefallen	gefiel	gefallen
gehen	ging	gegangen
gelingen	gelang	gelungen
gelten	galt	gegolten
genesen	genas	genesen
genießen	genoss	genossen
geraten	geriet	geraten
geschehen	geschah	geschehen
gestehen	gestand	gestanden
gewinnen	gewann	gewonnen
gießen	goss	gegossen
gleichen	glich	geglichen
gleiten	glitt	geglitten

Infinitiv	Präteritum	Partizip Perfekt
glimmen	glimmte *o selten* glomm	geglimmt *o selten* geglommen
graben	grub	gegraben
greifen	griff	gegriffen
haben	hatte	gehabt
halten	hielt	gehalten
hangen	hing	gehangen
hängen	hing (hängte)	gehangen, (gehängt)
heben	hob	gehoben
heißen	hieß	geheißen
helfen	half	geholfen
kennen	kannte	gekannt
klimmen	klimmte *o* klomm	geklommen *o* geklimmt
klingen	klang	geklungen
kneifen	kniff	gekniffen
kommen	kam	gekommen
können	konnte	können, gekonnt
kriechen	kroch	gekrochen
laden	lud	geladen
lassen	ließ	gelassen *nach Infinitiv* lassen
laufen	lief	gelaufen
leiden	litt	gelitten
leihen	lieh	geliehen
lesen	las	gelesen
liegen	lag	gelegen
lügen	log	gelogen
mahlen	mahlte	gemahlen
meiden	mied	gemieden
melken	melkte *o veraltend* molk	gemolken
messen	maß	gemessen
misslingen	misslang	misslungen
mögen	mochte	mögen, gemocht
nehmen	nahm	genommen
nennen	nannte	genannt
pfeifen	pfiff	gepfiffen

Infinitiv	Präteritum	Partizip Perfekt
preisen	pries	gepriesen
quellen	quoll	gequollen
raten	riet	geraten
reiben	rieb	gerieben
reißen	riss	gerissen
reiten	ritt	geritten
rennen	rannte	gerannt
riechen	roch	gerochen
ringen	rang	gerungen
rinnen	rann	geronnen
rufen	rief	gerufen
salzen	salzte	gesalzen *o selten* gesalzt
saufen	soff	gesoffen
saugen	sog *o* saugte	gesogen *o* gesaugt
schaffen	schuf	geschaffen
schallen	schallte *o* scholl	geschallt
scheiden	schied	geschieden
scheinen	schien	geschienen
scheißen	schiss	geschissen
schelten	schalt	gescholten
scheren	schor	geschoren
schieben	schob	geschoben
schießen	schoss	geschossen
schinden	schindete	geschunden
schlafen	schlief	geschlafen
schlagen	schlug	geschlagen
schleichen	schlich	geschlichen
schleifen	schliff	geschliffen
schließen	schloss	geschlossen
schlingen	schlang	geschlungen
schmeißen	schmiss	geschmissen
schmelzen	schmolz	geschmolzen
schnauben	schnaubte *o veraltet* schnob	geschnaubt *o veraltet* geschnoben
schneiden	schnitt	geschnitten

Infinitiv		Präteritum	Partizip Perfekt
schrecken	*vt*	schreckte	geschreckt
	vi	schrak	geschrocken
schreiben		schrieb	geschrieben
schreien		schrie	geschrie[e]n
schreiten		schritt	geschritten
schweigen		schwieg	geschwiegen
schwellen		schwoll	geschwollen
schwimmen		schwamm	geschwommen
schwinden		schwand	geschwunden
schwingen		schwang	geschwungen
schwören		schwor	geschworen
sehen		sah	gesehen
senden		sandte *o* sendete	gesandt *o* gesendet
sieden		siedete *o* sott	gesiedet *o* gesotten
singen		sang	gesungen
sinken		sank	gesunken
sinnen		sann	gesonnen
sitzen		saß	gesessen
sollen		sollte	sollen, gesollt
spalten		spaltete	gespalten *o* gespaltet
speien		spie	gespie[e]n
spinnen		spann	gesponnen
sprechen		sprach	gesprochen
sprießen		spross *o* sprießte	gesprossen
springen		sprang	gesprungen
stechen		stach	gestochen
stecken		steckte *o geh* stak	gesteckt
stehen		stand	gestanden
stehlen		stahl	gestohlen
steigen		stieg	gestiegen
sterben		starb	gestorben
stieben		stob *o* stiebte	gestoben *o* gestiebt
stinken		stank	gestunken
stoßen		stieß	gestoßen
streichen		strich	gestrichen
streiten		stritt	gestritten

Infinitiv	Präteritum	Partizip Perfekt
tragen	trug	getragen
treffen	traf	getroffen
treiben	trieb	getrieben
treten	trat	getreten
triefen	triefte *o geh* troff	getrieft *o geh* getroffen
trinken	trank	getrunken
trügen	trog	getrogen
tun	tat	getan
verbieten	verbot	verboten
verbrechen	verbrach	verbrochen
verderben	verdarb	verdorben
vergessen	vergaß	vergessen
verlieren	verlor	verloren
verraten	verriet	verraten
verstehen	verstand	verstanden
verwenden	verwendete *o* verwandte	verwendet *o* verwandt
verzeihen	verzieh	verziehen
wachsen	wuchs	gewachsen
waschen	wusch	gewaschen
weben	webte *o geh* wob	gewebt *o geh* gewoben
weichen	wich	gewichen
weisen	wies	gewiesen
wenden	wendete *o geh* gewandt	gewendet *o geh* gewandt
werben	warb	geworben
werden	wurde	worden, geworden
werfen	warf	geworfen
wiegen	wog	gewogen
winden	wand	gewunden
winken	winkte	gewinkt *o dial* gewunken
wissen	wusste	gewusst
wollen	wollte	wollen, gewollt
wringen	wrang	gewrungen
ziehen	zog	gezogen
zwingen	zwang	gezwungen